Dr. Stefan Fuhrmann | Dr. Bodo Klein |
Andreas Fleischfresser [Hrsg.]

Arzneimittelrecht

Handbuch für die
pharmazeutische Rechtspraxis

Markus Ambrosius, Rechtsanwalt, Bonn | **Bita Bakhschai**, Rechtsanwältin und Fachanwältin für Medizinrecht, Ludwigshafen | **Thilo Bauroth**, Rechtsanwalt, Kohl Medical AG, Merzig/Saarland | **Dr. Stefanie Bodemann**, BfArM, Bonn | **Ralf Böttger**, BfArM, Bonn | **Eva Brauer**, BKartA, Bonn | **Margareta Burgard**, BfArM, Bonn | **Peter von Czettritz**, Rechtsanwalt, München | **Florian Dexel** (MBA), BfArM, Bonn | **Andreas Fleischfresser**, Richter am Verwaltungsgericht, Köln | **Elke-Marie Follmer**, Richterin am Verwaltungsgericht, Köln | **Dr. Andreas Franken** (Dipl.-Chem.), BAH, Bonn | **Dr. Stefan Fuhrmann**, Rechtsanwalt und Fachanwalt für Medizinrecht, Berlin | **Dr. Boris Handorn**, Rechtsanwalt, München | **Dr. Horst Hasskarl**, Rechtsanwalt, Ludwigshafen | **Peter Hergert**, PEI, Langen | **Dr. Cornelia Ibrahim**, Tierärztin, Berlin | **Dr. Christiane Kirchner**, BfArM, Bonn | **Dr. Bodo Klein**, BVA, Bonn | **Dr. Winfried Kleinert**, BfArM, Bonn | **Dr. Katharina Kluge**, Fachtierärztin für Pharmakologie und Toxikologie, Bonn | **PD Dr. Werner Knöss**, BfArM, Bonn | **Dr. Arletta-Marie Kösling**, BfArM, Bonn | **Dr. Carsten Krüger**, Rechtsanwalt, Frankfurt/M. | **Dr. Ulrich Lau**, Vorsitzender Richter am OVG Münster | **Dr. Birka Lehmann**, BfArM, Bonn | **Christine Lietz**, BPI, Berlin | **Beate Mainz-Kuhlmann**, Bezirksregierung Köln | **Arne Martin**, Rechtsanwalt, Berlin | **Dr. Michael Mayer** (M.B.L.T.), Richter, Bonn | **Dr. Klaus Menges**, BfArM, Bonn | **Dr. Christiane Noeske-Jungblut**, European Patent Attorney, Berlin | **Dr. Emanuel Ost**, Richter am Verwaltungsgericht, Köln | **Dr. Stephanie Pautke** (LL.M.), Rechtsanwältin, Frankfurt/M. | **Theo Pelzer**, Rechtsanwalt, Stolberg/Aachen | **Dr. Susanne Quellmann** (Dipl.-Pharm.), Fachapothekerin für Arzneimittelinformation, Köln | **Annette Rohr**, BfArM, Bonn | **Claudia Ruoff**, PEI, Langen | **Christian Schalk** (LL.M.Eur., M.A.), Rechtsanwalt, Leverkusen | **Christiane Schlenker**, Richterin am Verwaltungsgericht, Köln | **Dr. Ingo Schneider**, Rechtsanwalt und Fachanwalt für Medizinrecht, Bremen | **Dr. Rose Schraitle**, BAH, Bonn | **Stefanie Seifert**, Richterin am Verwaltungsgericht, Köln | **Prof. Dr. Barbara Sickmüller**, BPI, Berlin | **Dr. Christian Steffen**, BfArM, Bonn | **Dr. Kerstin Stephan**, BfArM, Bonn | **Dr. Friederike Stolte**, BfArM, Bonn | **Prof. Burkhard Sträter**, Rechtsanwalt, Bonn | **Dr. Axel Thiele**, BfArM, Bonn | **Ingrid Tolle**, BfArM, Bonn | **Dr. Annette Wilke**, Tierärztin, Berlin | **Simone Winnands**, Rechtsanwältin, Düsseldorf | **Stefanie Wolf**, Berlin-Chemie AG, Berlin | **Cornelia Yzer**, vfa, Berlin | **Dr. Markus Zimmermann**, Freie Universität Berlin

Dieses Buch wurde mit Sorgfalt und nach bestem Wissen erstellt. Verlag, Herausgeber und Autoren übernehmen keinen Haftung für die Richtigkeit und Vollständigkeit der in diesem Buch enthaltenen Ausführungen. Die Beiträge geben ausschließlich die persönliche Auffassung der Herausgeber und der Autoren wieder.

Die Deutsche Nationalbibliothek verzeichnet diese Publikation in der Deutschen Nationalbibliografie; detaillierte bibliografische Daten sind im Internet über http://dnb.d-nb.de abrufbar.

ISBN 978-3-8329-5159-7 (Nomos Verlag)

ISBN 978-3-8047-2765-6 (Wissenschaftliche Verlagsgesellschaft Stuttgart)

1. Auflage 2010
© Nomos Verlagsgesellschaft, Baden-Baden 2010. Printed in Germany. Alle Rechte, auch die des Nachdrucks von Auszügen, der photomechanischen Wiedergabe und der Übersetzung, vorbehalten.

Vorwort

Arzneimittelrecht ist facettenreich und komplex. Kaum ein anderes Rechtsgebiet ist derart vom europäischen Recht beeinflusst.

In Abgrenzung zur bisherigen arzneimittelrechtlichen Literatur verfolgt das *Handbuch Arzneimittelrecht* den Anspruch einer objektivierten Wissensvermittlung für die pharmazeutische Rechtspraxis. Mit seiner Autorenschaft vereinigt das *Handbuch Arzneimittelrecht* erstmals wesentliche Akteure der pharmazeutischen Industrie, der zuständigen Behörden sowie der Richter- und der Anwaltschaft. Der Praktiker erhält auf diese Weise äußerst sachkundige Informationen aus erster Hand und einen unmittelbaren Einblick in die Gerichts- und Behördenpraxis.

Der Aufbau des Handbuchs folgt den Phasen der Arzneimittelentwicklung und -zulassung: Zunächst werden die Grundlagen des Arzneimittelrechts dargestellt und die elementaren Begriffe erläutert, gefolgt von einer ausführlichen Darstellung der Zulassungs-, Herstellungs- und Marktphase nach der aktuellen Gesetzeslage. Die hieran anschließenden Kapitel betreffen das, neben dem regulatorischen Arzneimittelrecht bestehende, verzweigte Regelungsgefüge aus Wirtschaftsverwaltungsrecht oder zum Beispiel Vergaberecht, Strafrecht, Haftungsrecht, gewerblichem Rechtsschutz, Recht der gesetzlichen Krankenversicherung und weiteren Rechtsmaterien mit arzneimittelrechtlichem Bezug.

Neben dem tatkräftigen Engagement aller Autoren gilt unser Dank Frau Dr. Christine Schnieders, die in den Phasen der Konzeption einen wesentlichen Beitrag zum Entstehen des Handbuchs geleistet hat, sowie allen weiteren, hier nicht namentlich genannten Fachleuten, die uns ihre Kenntnisse zur Verfügung gestellt haben. Unser besonderer Dank gilt überdies den Lektoren, Herrn Frank Michel und Herrn Dr. Miroslav Gwozdz, für die zeitintensive und umsichtige Betreuung während der Entstehung des Handbuchs.

Berlin/Bonn/Köln, im Januar 2010

Dr. Stefan Fuhrmann
Dr. Bodo Klein
Andreas Fleischfresser

Geleitwort

Hauptanspruch der arzneimittelrechtlichen Regelungen ist die Versorgung der Patienten mit qualitativ hochwertigen, wirksamen und unbedenklichen Arzneimitteln. Das Arzneimittelrecht ist im Vergleich zu vielen anderen Rechtsgebieten zwar ein relativ junger Rechtsbereich, es musste sich aber immer wieder neuen Herausforderungen stellen, und entsprechend wurden die arzneimittelrechtlichen Gegebenheiten über die letzten Jahre erheblich weiterentwickelt und angepasst. So hat das Arzneimittelgesetz seit seinem Inkrafttreten 1976 mittlerweile fünfzehn Novellierungen und zahlreiche Eingriffe erlebt, wobei zunehmend auch die europäischen Richtlinien und Bestimmungen in nationales Recht umgesetzt wurden. Dadurch ist dessen Auslegung und Handhabung aber sicher nicht einfacher geworden und mit dem „Pharmaceutical Package" stehen schon die nächsten Änderungen an.

Wer sich mit dem Arzneimittelrecht umfassender beschäftigen will, kann bisher zwei umfassendere Loseblatt-Kommentare sowie auch einige Kurzkommentare zu Rate ziehen. Das vorliegende Handbuch stellt hierzu eine exzellente Ergänzung dar, indem die Sichtweisen der zuständigen regulatorischen Behörden, der mit arzneimittelrechtlichen Fragen befassten Richter- und Anwaltschaft wie auch der pharmazeutischen Industrie berücksichtigt und dargestellt werden. Nach einer umfassenden Übersicht zu Grundlagen und Entwicklungen des nationalen und europäischen Arzneimittelrechts folgt der weitere Aufbau des Handbuchs den üblichen Phasen der Arzneimittelentwicklung: Von der Herstellung über die verschiedenen Phasen der klinischen Prüfung bis zur Zulassung und Marktphase werden die arzneimittelrechtlichen Aspekte aus der Sicht der alltäglichen Praxis beleuchtet.

Nach Durchsicht der Manuskripte lässt sich feststellen, dass hier ein praktisches und hochaktuelles Handbuch für alle entstanden ist, die sich in ihrem Alltag mit unterschiedlichen Rechtsfragen zu Arzneimitteln befassen. Den Herausgebern ist es gelungen, die vielen Autoren zusammenzubringen, ohne dass der Text heterogen wirkt. Dem Handbuch wünsche ich daher eine weite Verbreitung, es wird mir in meiner täglichen Arbeit ein häufiger und wertvoller Begleiter sein.

Dr. Karl Broich
Vizepräsident des BfArM

Inhaltsübersicht

Vorwort 5
Geleitwort 7
Bearbeiterverzeichnis 13
Abkürzungsverzeichnis 19
Allgemeines Literaturverzeichnis 33

Teil 1 Grundlagen des Arzneimittelrechts 35
§ 1   Historische Entwicklungslinien des deutschen und europäischen Arzneimittelrechts 37
§ 2   Zentralbegriffe des Arzneimittelrechts 52
§ 3   Europäisierung des Arzneimittelrechts 119
§ 4   Arzneimittel und Therapierichtung 148
§ 5   Die Beteiligten arzneimittelrechtlicher Rechtsverhältnisse 172

Teil 2 Die Zulassung von Arzneimitteln (Zulassungsphase) 183
§ 6   Grundlagen des Zulassungsregimes nach dem AMG 185
§ 7   Die Zulassungsentscheidung 273
§ 8   Auflagen 343
§ 9   Geltungsdauer und Verlängerung der Zulassung 368
§ 10 Versagung der Zulassung 403
§ 11 Änderungen von Arzneimitteln nach der Zulassung, Mitteilungspflichten 525
§ 12 Klinische Prüfung von Arzneimitteln 546

Teil 3 Das Herstellen von Arzneimitteln (Herstellungsphase) 583
§ 13 Einführung und Begriffe der Arzneimittelherstellung 585
§ 14 Die Herstellungserlaubnis 589
§ 15 Pflichten nach der Arzneimittel- und Wirkstoffherstellungsverordnung (AMWHV) 635
§ 16 Die Einfuhr von Arzneimitteln – Einfuhrerlaubnis 642

Teil 4 Das Inverkehrbringen von Arzneimitteln (Marktphase) 649
§ 17 Begriff des Inverkehrbringens 651
§ 18 Beteiligte und Verantwortliche beim Inverkehrbringen 655
§ 19 Die Produktinformationstexte gemäß §§ 10, 11 und 11 a AMG 665
§ 20 Packungsgrößen 684
§ 21 Vertriebswege 689
§ 22 Besondere Vorschriften für den Groß- und Einzelhandel 709

Inhaltsübersicht

§ 23	Besondere Handelsformen, Reimport, Parallelimport	714
§ 24	Apothekenpflicht	733
§ 25	Verschreibungspflichtige Arzneimittel	751
Teil 5	**Arzneimittelsicherheit in der Marktphase**	757
§ 26	Pharmakovigilanz	759
§ 27	Haftung für Arzneimittelschäden	794
Teil 6	**Heilmittelwerbung**	841
§ 28	Anforderungen an Arzneimittelwerbung nach dem Heilmittelwerbegesetz (HWG) und dem Gesetz gegen den unlauteren Wettbewerb (UWG)	843
§ 29	Pharmaberater	904
Teil 7	**Gewerblicher Rechtsschutz**	913
§ 30	Gewerbliche Schutzrechte im Pharmabereich	915
Teil 8	**Stoffe biologischer Herkunft und Arzneimittel aus Stoffen biologischer Herkunft**	975
§ 31	Sera und Impfstoffe	977
§ 32	Blut und Blutprodukte	989
§ 33	Arzneimittel aus Stoffen menschlicher Herkunft	1007
§ 34	Gentechnikrechtliche Besonderheiten	1021
Teil 9	**Besonderheiten bei Tierarzneimitteln**	1033
§ 35	Zuständigkeiten und Definitionen im Tierarzneimittelrecht	1035
§ 36	Kennzeichnung, Gebrauchs- und Fachinformation bei Tierarzneimitteln	1038
§ 37	Die Zulassung von Tierarzneimitteln	1042
§ 38	Verkehr mit Tierarzneimitteln	1048
§ 39	Pharmakovigilanz bei Tierarzneimitteln	1064
§ 40	Überwachung bei Tierarzneimitteln	1067
§ 41	Die Verordnung über tierärztliche Hausapotheken (TÄHAV) und die Tierhalter-Arzneimittel-Nachweisverordnung	1070
§ 42	Besonderheiten bei der Behandlung von Equiden	1075
Teil 10	**Besondere Rechtsfragen**	1077
§ 43	Betäubungsmittel- und Grundstoffüberwachung	1079
§ 44	Informationshandeln der Behörden	1115
§ 45	Arzneimittelstrafrecht	1132

Inhaltsübersicht

Teil 11	**Arzneimittel im System der Gesetzlichen Krankenversicherung**	1163
§ 46	Arzneimittelversorgung im System der GKV – Gesundheitsrechtliche und -strategische Überlegungen	1165
§ 47	Vergaberechtliche Rahmenbedingungen	1224
§ 48	Kartellrechtliche Grenzen des Arzneimittelvertriebs	1232
§ 49	Gesundheitspolitischer Ausblick: Reformbestrebungen aus Sicht der forschenden Pharma-Unternehmen	1256

Stichwortverzeichnis 1259

Bearbeiterverzeichnis

hat bearbeitet:

Markus Ambrosius
Rechtsanwalt, Bonn

§ 6 Rn 164–240 (zs. mit *Sträter*)

Bita Bakhschai
Rechtsanwältin und Fachanwältin für Medizinrecht, Ludwigshafen

§§ 17, 18, 33, 34
(jew. zs. mit *Hasskarl*)

Thilo Bauroth
Rechtsanwalt, Mitglied des Vorstands der Kohl Medical AG, Merzig/Saarland; Mitglied des Vorstands des Verbandes der Arzneimittelimporteure Deutschlands e.V. (VAD)

§ 23

Dr. rer. nat. Stefanie Bodemann
Apothekerin; Wissenschaftliche Assessorin in der Abteilung „Besondere Therapierichtungen und Traditionelle Arzneimittel", Bundesinstitut für Arzneimittel und Medizinprodukte (BfArM), Bonn

§ 4 Rn 62–80

Ralf Böttger
Arzt, Assessor Medizin, Fachgebiet Homöopathie und Anthroposophie, Bundesinstitut für Arzneimittel und Medizinprodukte (BfArM), Bonn

§ 4 Rn 10–61 (zs. mit *Kirchner*)

Eva Brauer
3. Vergabekammer des Bundes, Bundeskartellamt, Bonn

§ 47

Margareta Burgard
Assessor jur., Leiterin des Sachgebiets „Kostenstelle" im Referat „Justiziariat/Gebühren", Bundesinstitut für Arzneimittel und Medizinprodukte (BfArM), Bonn

§ 6 Rn 241–289

Peter von Czettritz
Rechtsanwalt, München

§§ 24, 25

Florian Dexel, MBA
Stellvertretender Leiter des Referats „Justiziariat und Gebühren", Bundesinstitut für Arzneimittel und Medizinprodukte (BfArM), Bonn; Lehrbeauftragter der Rheinischen Fachhochschule Köln

§ 44 Rn 1–44

Andreas Fleischfresser
Richter am Verwaltungsgericht, Köln

§ 1 (zs. mit *Fuhrmann*);
§ 2 Rn 168–177; §§ 3, 5;
§ 6 Rn 1–64; § 7 Rn 1–23
(zs. mit *Fuhrmann*); § 10 Rn 234–271
(zs. mit *Fuhrmann*); § 20

Bearbeiterverzeichnis

Elke-Marie Follmer — § 29
Richterin am Verwaltungsgericht, Köln

Dr. rer. nat. Andreas Franken — § 12
Diplom-Chemiker, Abteilungsleiter „Klinische Forschung und elektronische Zulassung", Bundesverband der Arzneimittel-Hersteller e.V., Bonn

Dr. iur. Stefan Fuhrmann
Rechtsanwalt und Fachanwalt für Medizinrecht, Berlin
 — § 1 (zs. mit *Fleischfresser*);
§ 2 Rn 1–27, 178–205;
§ 7 Rn 1–23 (zs. mit *Fleischfresser*);
§ 10 Rn 180–233;
§ 10 Rn 234–271
(zs. mit *Fleischfresser*)

Dr. iur. Boris Handorn — § 27
Rechtsanwalt, München

Dr. iur. Horst Hasskarl — §§ 17, 18, 33, 34
Rechtsanwalt, Ludwigshafen (jew. zs. mit *Bakhschai*)

Peter Hergert — § 32
Stellvertretender Leiter des Referats „Rechtsangelegenheiten" im Paul-Ehrlich-Institut, Langen

Dr. med. vet. Cornelia Ibrahim — §§ 35, 39, 40
Tierärztin, Berlin

Dr. rer. nat. Christiane Kirchner — § 4 Rn 10–61 (zs. mit *Böttger*)
Diplom-Pharmazeutin und Fachapothekerin; Wissenschaftliche Assessorin in der Abteilung „Besondere Therapierichtungen und Traditionelle Arzneimittel", Bundesinstitut für Arzneimittel und Medizinprodukte (BfArM), Bonn

Dr. jur. Bodo Klein — § 46 (zs. mit *Pelzer*)
Referent im Bundesversicherungsamt, Grundsatzabteilung, Bonn; Lehrbeauftragter der Rheinischen Friedrich-Wilhelms-Universität, Bonn; Lehrbeauftragter der FH des Bundes in Brühl; Mediator (FU Hagen) mit dem Schwerpunkt Gesundheitswesen

Bearbeiterverzeichnis

Dr. phil. nat. Winfried Kleinert   § 43 Rn 1–76
Fachapotheker für Öffentliches Gesundheitswesen; bis 31.10.2009 Leiter des Fachgebiets „Betäubungsmittelverkehr II" und zuletzt zusätzlich Kommissarischer Leiter der Abteilung 8 „Bundesopiumstelle" im Bundesinstitut für Arzneimittel und Medizinprodukte (BfArM), Bonn; Lehrbeauftragter der Rheinischen Friedrich-Wilhelms-Universität, Bonn; Consultant

Dr. med. vet. Katharina Kluge   § 38
Fachtierärztin für Pharmakologie und Toxikologie, Bonn

PD Dr. rer. nat. habil. Werner Knöss   § 4 Rn 1–3, 81–82
Leiter der Abteilung „Besondere Therapierichtungen und Traditionelle Arzneimittel", Bundesinstitut für Arzneimittel und Medizinprodukte (BfArM), Bonn; Privatdozent an der Rheinischen Friedrich-Wilhelms-Universität, Bonn; Visiting Professor, School of Pharmacy, University of London

Dr. jur. Arletta-Marie Kösling   § 10 Rn 69–87, § 11 (zs. mit *Wolf*)
Referentin im Fachgebiet Recht, Bundesinstitut für Arzneimittel und Medizinprodukte (BfArM), Bonn

Dr. jur. Carsten Krüger   §§ 13–16
Rechtsanwalt, Frankfurt am Main

Dr. iur. Ulrich Lau   § 10 Rn 1–68
Vorsitzender Richter am Oberverwaltungsgericht, Münster

Dr. med. Birka Lehmann   § 7 Rn 24–94
Leiterin der Abteilung „Zulassung 3", Bundesinstitut für Arzneimittel und Medizinprodukte (BfArM), Bonn; Stellvertretendes Mitglied im Pädiatrieausschuss bei der Europäischen Arzneimittelagentur

Christine Lietz   §§ 9, 21, 22
Rechtsanwältin, Justiziarin des Bundesverbands der Pharmazeutischen Industrie e.V. (BPI), Berlin

Beate Mainz-Kuhlmann   § 26 Rn 83–111
Regierungspharmaziedirektorin, Bezirksregierung Köln

Bearbeiterverzeichnis

Arne Martin — § 30 Rn 141–160
Rechtsanwalt, Patentreferent, Bayer Schering Pharma AG, Berlin

Dr. iur. Michael Mayer, M.B.L.T. — § 45
Richter im Justizdienst des Landes Rheinland-Pfalz, Bonn

Dr. med. Klaus Menges — § 10 Rn 88–144, 272–305, § 19 (jew. zs. mit *Winnands*)
Referatsleiter „Wissenschaftliche Qualitätssicherung, Prozessorganisation", Bundesinstitut für Arzneimittel und Medizinprodukte (BfArM), Bonn; Lehrbeauftragter der Rheinischen Friedrich-Wilhelms-Universität, Bonn

Dr. rer. nat. Christiane Noeske-Jungblut — § 30 Rn 1, 90–140, 161–192
European Patent Attorney, Leiterin der Abteilung „Patents and Licensing", Bayer Schering Pharma AG, Berlin

Dr. jur. Emanuel Ost — § 10 Rn 306–358
Richter am Verwaltungsgericht, Köln

Dr. jur. Stephanie Pautke, LL.M. — § 48
Rechtsanwältin, Frankfurt am Main

Theo Pelzer — § 46 (zs. mit *Klein*)
Rechtsanwalt, Stolberg/Aachen

Dr. rer. medic. Susanne Quellmann — § 4 Rn 4–9
Diplom-Pharmazeutin, Fachapothekerin für Arzneimittelinformation, Köln; Mitglied im Prüfungsausschuss der Apothekerkammer Nordrhein für das Weiterbildungsgebiet „Arzneimittelinformation"

Annette Rohr — § 43 Rn 77–130
Fachgebietsleiterin „Grundstoffüberwachung", Bundesinstitut für Arzneimittel und Medizinprodukte (BfArM), Bonn

Claudia Ruoff — § 31
Leiterin des Referats „Rechtsangelegenheiten" im Paul-Ehrlich-Institut, Langen

Christian Schalk, LL.M.Eur., M.A. — § 30 Rn 2–89
Rechtsanwalt, Leverkusen

Christiane Schlenker — § 8 (zs. mit *Seifert*)
Richterin am Verwaltungsgericht, Köln

Dr. iur. Ingo Schneider — § 2 Rn 160–167, § 7 Rn 211–270
Rechtsanwalt und Fachanwalt für Medizinrecht, Bremen; Lehrbeauftragter für Arzt- und Arzneimittelrecht an der Universität Bremen

Dr. oec.troph. Rose Schraitle
Leiterin der Abteilung „Zulassung" des Bundesverbands der Arzneimittel-Hersteller e.V., Bonn; Lehrbeauftragte der Rheinischen Friedrich-Wilhelms-Universität, Bonn; Lehrbeauftragte der Humboldt-Universität, Berlin

§ 6 Rn 65–163

Stefanie Seifert
Richterin am Verwaltungsgericht, Köln

§ 8 (zs. mit *Schlenker*)

Prof. Dr. rer. nat. Barbara Sickmüller
Stellv. Hauptgeschäftsführerin des Bundesverbands der Pharmazeutischen Industrie e.V. (BPI), Berlin

§ 26 Rn 1–82 (zs. mit *Thiele*)

Dr. med. Christian Steffen
Facharzt für Pharmakologie und Toxikologie, Fachgebietsleiter „Klinische Prüfung / GCP-Inspektionen", Bundesinstitut für Arzneimittel und Medizinprodukte (BfArM), Bonn

§ 10 Rn 145–179

Dr. rer. nat. Kerstin Stephan
Fachapothekerin für Arzneimittelinformation, Sachgebietsleiterin „Allgemeine Anfragen", Bundesinstitut für Arzneimittel und Medizinprodukte (BfArM), Bonn; Lehrbeauftragte der Rheinischen Friedrich-Wilhelms-Universität Bonn

§ 2 Rn 28–108, § 44 Rn 45–59

Dr. rer. nat. Friederike Stolte
Staatl. gepr. Lebensmittelchemikerin; Wissenschaftliche Assessorin in der Abteilung „Besondere Therapierichtungen und Traditionelle Arzneimittel", Bundesinstitut für Arzneimittel und Medizinprodukte (BfArM), Bonn

§ 7 Rn 134–210

Prof. Burkhard Sträter
Rechtsanwalt, Bonn; Leiter des Masterstudiengangs „Drug Regulatory Affairs" und Honorarprofessor an der Rheinischen Friedrich-Wilhelms-Universität, Bonn

§ 6 Rn 164–240
(zs. mit *Ambrosius*)

Dr. rer. nat. Axel Thiele
Fachgebietsleiter „Risikobewertungsverfahren, Pharmakovigilanzinspektionen", Bundesinstitut für Arzneimittel und Medizinprodukte (BfArM), Bonn; Lehrbeauftragter der Rheinischen Friedrich-Wilhelms-Universität, Bonn, und der Humbold-Universität, Berlin

§ 26 Rn 1–82
(zs. mit *Sickmüller*)

Bearbeiterverzeichnis

Ingrid Tolle | § 2 Rn 109–159, § 7 Rn 95–133
Referentin im Fachgebiet Recht, Bundesinstitut für Arzneimittel und Medizinprodukte (BfArM), Bonn

Dr. med. vet. Annette Wilke | §§ 41, 42
Tierärztin, Berlin

Simone Winnands | § 10 Rn 88–144, 272–305, § 19
Rechtsanwältin, Düsseldorf; Lehrbeauftragte der Humboldt-Universität, Berlin | (jew. zs. mit *Menges*)

Stefanie Wolf | § 11 (zs. mit *Kösling*), §§ 36, 37
Rechtsanwältin, Berlin-Chemie AG, Berlin

Cornelia Yzer | § 49
Rechtsanwältin, Hauptgeschäftsführerin des Verbands Forschender Arzneimittelhersteller e.V. (vfa), Berlin

Dr. iur. Markus Zimmermann | § 28
Freie Universität Berlin, Fachbereich Rechtswissenschaft

Abkürzungsverzeichnis

A&R	Arzneimittel und Recht (Zeitschrift)
aA	anderer Ansicht
AABG	Gesetz zur Begrenzung der Arzneimittelausgaben der gesetzlichen Krankenversicherung – Arzneimittelausgaben-Begrenzungsgesetz
aaO	am angegebenen Ort
abl.	ablehnend
ABl.	Amtsblatt
Abs.	Absatz
Abschn.	Abschnitt
abw.	abweichend
aE	am Ende
AEUV	Vertrag über die Arbeitsweise der Europäischen Union (der AEUV als Teil des Vertrags von Lissabon löst mit Wirkung vom 1.12.2009 den EGV ab)
aF	alte Fassung
AG	Amtsgericht
AGMP	Arbeitsgruppe Medizinprodukte
AIDS	Acquired Immune Deficiency Syndrome
AKDÄ	Arzneimittelkommission der deutschen Ärzteschaft
AKG	Arzneimittel und Kooperation im Gesundheitswesen e.V.
AktG	Aktiengesetz
allg.	allgemein
allgA	allgemeine Ansicht
allgM	allgemeine Meinung
AM	Arzneimittel
aM	anderer Meinung
AMG	Arzneimittelgesetz
AMGVwV	Allgemeine Verwaltungsvorschrift zur Durchführung des Arzneimittelgesetzes
AMNG	Gesetz zur Neuordnung des Arzneimittelrechts
AMPreisV	Arzneimittelpreisverordnung
AM-RL	Arzneimittelrichtlinie/n (gem. § 92 Abs. 1 S. 2 Nr. 6 SGB V)
AMRNOG	Gesetz zur Neuordnung des Arzneimittelrechts
AMSachKV	Verordnung über den Nachweis der Sachkenntnis im Einzelhandel mit freiverkäuflichen Arzneimitteln
AMVerschrVO	Verordnung über verschreibungspflichtige Arzneimittel
AMVV	Verordnung über die Verschreibungspflicht von Arzneimitteln – Arzneimittelverschreibungsverordnung
AMWarnV	Arzneimittel-Warnhinweisverordnung
AMWHV	Verordnung über die Anwendung der Guten Herstellungspraxis bei der Herstellung von Arzneimitteln und Wirkstoffen und über die Anwendung der Guten fachlichen Praxis bei der Herstellung von Produkten menschlicher Herkunft (Arzneimittel- und Wirkstoffherstellungsverordnung)
ANDA	Abbreviated New Drug Application
ÄndG	Änderungsgesetz
Anh.	Anhang
Anm.	Anmerkung

AnwK	AnwaltKommentar
AOK	Allgemeine Ortskrankenkasse
AOLG	Arbeitsgemeinschaft der Obersten Landesgesundheitsbehörden
ApBetrO	Verordnung über den Betrieb von Apotheken
ApoG	Gesetz über das Apothekenwesen
APR	Apothekenrecht (Zeitschrift)
ArbnErfG	Arbeitnehmererfindergesetz
Art./Artt.	Artikel (Sing./Plural)
ArztR	Arztrecht (Zeitschrift)
ASR	Annual Safety Report
ATC	Anatomisch-therapeutisch-chemisches Klassifikationssystem
Aufl.	Auflage
ausdr.	ausdrücklich
ausf.	ausführlich
AusR	Der Arzt/Zahnarzt und sein Recht (Zeitschrift, bis 2002; ab 2003: AZR)
AVWG	Gesetz zur Verbesserung der Wirtschaftlichkeit in der Arzneimittelversorgung
Az	Aktenzeichen
AZR	Arzt/Zahnarzt Recht (Zeitschrift, seit 2003; zuvor: AusR)
BAG	Bundesarbeitsgericht
BAH	Bundesverband der Arzneimittel-Hersteller e.V.
BAnz.	Bundesanzeiger
BÄO	Bundesärzteordnung
Bay.	Bayerisch
BayObLG	Bayerisches Oberstes Landesgericht
BayObLGSt	Entscheidungen des BayObLG in Strafsachen (Jahr, Seite)
BB	Der Betriebs-Berater (Zeitschrift)
BBS	Beauftragter für die biologische Sicherheit
Bd.	Band
Begr.	Begründung
Bek.	Bekanntmachung
ber.	berichtigt
bes.	besonders
Beschl.	Beschluss
bespr.	besprochen
bestr.	bestritten
bez.	bezüglich
BfArM	Bundesinstitut für Arzneimittel und Medizinprodukte
BG	Schweizer Bundesgericht
BGA	Bundesgesundheitsamt
BGB	Bürgerliches Gesetzbuch
BGBl.	Bundesgesetzblatt
BGesBl.	Bundesgesundheitsblatt
BGH	Bundesgerichtshof
BGHSt	Entscheidungen des Bundesgerichtshofes in Strafsachen (Band, Seite)
BGHZ	Entscheidungen des Bundesgerichtshofs in Zivilsachen (Band, Seite)

BgVV	Bundesinstitut für gesundheitlichen Verbraucherschutz und Veterinärmedizin
BK	Beschwerdekammer
BKartA	Bundeskartellamt
Bl.	Blatt
BMELV	Bundesministerium für Ernährung, Landwirtschaft und Verbraucherschutz
BMF	Bundesministerium der Finanzen
BMG	Bundesministerium für Gesundheit
BMI	Bundesministerium des Innern
BMV-Ä	Bundesmantelvertrag Ärzte
BOPST	Bundesopiumstelle
BPatG	Bundespatentgericht
BPatGE	Entscheidungen des Bundespatentgerichts (Band, Seite)
BPI	Bundesverband der Pharmazeutischen Industrie e.V.
BR-Drucks.	Bundesrats-Drucksache
BReg	Bundesregierung
BSG	Bundessozialgericht
BSGE	Entscheidungen des Bundessozialgerichts
bspw	beispielsweise
BTÄO	Bundes-Tierärzteordnung
BT-Drucks.	Bundestags-Drucksache
BtM	Betäubungsmittel
BtMAHV	Betäubungsmittel-Außenhandelsverordnung
BtMBinHV	Betäubungsmittel-Binnenhandelsverordnung
BtMG	Betäubungsmittelgesetz
BtMKostV	Betäubungsmittel-Kostenverordnung
BtMVV	Betäubungsmittel-Verschreibungsverordnung
Buchholz	Sammel- und Nachschlagewerk der Rechtsprechung des Bundesverwaltungsgerichts
BVA	Bundesversicherungsamt
BVerfG	Bundesverfassungsgericht
BVerfGE	Entscheidungen des Bundesverfassungsgerichts (Band, Seite)
BVerwG	Bundesverwaltungsgericht
BVerwGE	Entscheidungen des Bundesverwaltungsgerichts (Band, Seite)
BVL	Bundesamt für Verbraucherschutz und Lebensmittelsicherheit
bzgl	bezüglich
bzw	beziehungsweise
CHMP	Committee for Medicinal Products for Human Use (zuvor: CPMP)
CMD(h)	Co-ordination Group for Mutual Recognition and Decentralised Procedures – Human
CMD(v)	Co-ordination Group for Mutual Recognition and Decentralised Procedures – Veterinary
CPMP	Committee for Proprietary Medicinal Products (später: CHMP)
CR	Computer und Recht (Zeitschrift)
CTD	Common Technical Document
CVMP	Committee for Veterinary Medicinal Products
DÄ	Deutsches Ärzteblatt (Zeitschrift)

Abkürzungsverzeichnis

DAB	Deutsches Arzneibuch (Jahr)
DAK	Deutsche Angestellten-Krankenkasse
DAMA	Deutsche Arzneimittel- und Medizinprodukteagentur
DAV	Deutscher Apothekerverband e.V.
DAZ	Deutsche Apotheker Zeitung
DCP	Decentralised Procedure
DDD	Defined Daily Dose
DDR	Deutsche Demokratische Republik
ders.	derselbe
dh	das heißt
dies.	dieselbe
DIMDI	Deutsches Institut für Medizinische Dokumentation und Information
DIN	Deutsche Industrie-Norm
DLP	Data Lock Point
DMC	Data Monitoring Committee
DMP	Disease-Management-Programm/e
DOK	Die Ortskrankenkasse (Zeitschrift)
Dok.	Dokument
DÖV	Die Öffentliche Verwaltung (Zeitschrift)
DPMA	Deutsches Patent- und Markenamt
Drucks.	Drucksache
DuD	Datenschutz und Datensicherheit (Zeitschrift)
DVBl.	Deutsches Verwaltungsblatt (Zeitschrift)
E.	Entwurf
e.V.	eingetragener Verein
ebd	ebenda
EBM	Evidence-Based Medicine; Einheitlicher Bewertungsmaßstab
EDQM	European Directorate for the Quality of Medicines
EEG	Elektroenzephalogramm
EFTA	European Free Trade Association
EG	Europäische Gemeinschaften
EGV	Vertrag zur Gründung der Europäischen Gemeinschaft (ab dem 1.12.2009: AEUV)
Einf.	Einführung
eingetr.	eingetragen
Einl.	Einleitung
einschl.	einschließlich
einschr.	einschränkend
EKG	Elektrokardiogramm
EKV-Ä	Bundesmantelvertrag-Ärzte/Ersatzkassen
EMEA/EMA	European Medicines Agency
Entsch.	Entscheidung
entspr.	entsprechend
Entw.	Entwurf
EPÜ	Europäisches Patentübereinkommen
Erkl.	Erklärung
Erl.	Erlass; Erläuterung
ErsatzK	Die Ersatzkasse (Zeitschrift)

ESTRI	Electronic Standards for the Transfer of Regulatory Information
ESzA	Entscheidungssammlung zum Arzneimittelrecht
etc.	et cetera
EU	Europäische Union
EuG	(Europäisches) Gericht (vor dem 1.12.2009: Gericht erster Instanz)
EuGH	Gerichtshof der Europäischen Union (vor dem 1.12.2009: Gerichtshof der Europäischen Gemeinschaften)
EuGVVO	Verordnung (EG) Nr. 44/2001 des Rates über die gerichtliche Zuständigkeit und die Anerkennung und Vollstreckung von Entscheidungen in Zivil- und Handelssachen vom 22.12.2000 – Brüssel I-VO
EuR	Europarecht (Zeitschrift)
EUV	Vertrag über die Europäische Union
EuZW	Europäische Zeitschrift für Wirtschaftsrecht
evtl	eventuell
EWP	Efficacy Working Party
EWR	Europäischer Wirtschaftsraum
F&E	Forschung und Entwicklung
f, ff	folgende, fortfolgende
FAO	Food and Agriculture Organisation of the United Nations
FAZ	Frankfurter Allgemeine Zeitung
FDA	Food and Drug Administration
FLI	Friedrich-Loeffler-Institut
Fn	Fußnote
FSA	Freiwillige Selbstkontrolle für die Arzneimittelindustrie
FTD	Financial Times Deutschland
GA	Goltdammer´s Archiv für Strafrecht (Zeitschrift)
G-BA	Gemeinsamer Bundesausschuss
GCP	Good Clinical Practice
GCP-Richtlinie	Richtlinie 2001/20/EG vom 4.4.2001 zur Angleichung der Rechts- und Verwaltungsvorschriften der Mitgliedstaaten über die Anwendung der guten klinischen Praxis bei der Durchführung von klinischen Prüfungen mit Humanarzneimitteln
GCP-V	Verordnung über die Anwendung der Guten Klinischen Praxis bei der Durchführung von klinischen Prüfungen mit Arzneimitteln zur Anwendung am Menschen
GDP	Good Distribution Practice
geänd.	geändert
gem.	gemäß
GenTAnhV	Gentechnik-Anhörungs-Verordnung
GenTAufzV	Gentechnik-Aufzeichnungs-Verordnung
GenTBetV	Gentechnik-Beteiligungsverordnung
GenTG	Gesetz zur Regelung der Gentechnik (Gentechnikgesetz)
GenTNotfV	Gentechnik-Notfallverordnung
GenTPflEV	Gentechnik-Pflanzenerzeugungsverordnung
GenTSV	Gentechnik-Sicherheits-Verordnung
GenTVfV	Gentechnik-Verfahrensverordnung

Abkürzungsverzeichnis

GesR	Gesundheitsrecht (Zeitschrift)
GewArch	Gewerbearchiv (Zeitschrift)
GewO	Gewerbeordnung
GG	Grundgesetz
ggf	gegebenenfalls
GKV	Gesetzliche Krankenversicherung
GKV-GSG	Gesetz zur Sicherung und Strukturverbesserung der Gesetzlichen Krankenversicherung
GKV-OrgWG	Gesetz zur Weiterentwicklung der Organisationsstrukturen in der gesetzlichen Krankenversicherung
GKV-WSG	Gesetz zur Stärkung des Wettbewerbs in der gesetzlichen Krankenkassen (GKV-Wettbewerbsstärkungsgesetz)
GLP	Good Laboratory Practice
GMG	Gesetz zur Modernisierung der gesetzlichen Krankenversicherung (GKV-Modernisierungsgesetz)
GMK	Gesundheitsministerkonferenz
GMP	Good Manufacturing Practice
GMV	Gemeinschaftsmarkenverordnung
GO	Gemeindeordnung
grds.	grundsätzlich
GRG	Gesundheitsreformgesetz
GroßhandelsBetrV	Betriebsverordnung für Arzneimittelgroßhandelsbetriebe
GRUR	Gewerblicher Rechtsschutz und Urheberrecht (Zeitschrift); Deutsche Vereinigung für gewerblichen Rechtsschutz und Urheberrecht e.V.
GRUR Int.	Gewerblicher Rechtsschutz und Urheberrecht, Internationaler Teil (Zeitschrift)
GRUR-RR	Gewerblicher Rechtsschutz und Urheberrecht – Rechtsprechungs-Report (Zeitschrift)
GSG	Gesundheitsstrukturgesetz
GÜG	Gesetz zur Überwachung des Verkehrs mit Grundstoffen, die für die unerlaubte Herstellung von Betäubungsmitteln missbraucht werden können (Grundstoffüberwachungsgesetz)
GVO	Gentechnisch veränderter Organismus; Gruppenfreistellungsverordnung
GWB	Gesetz gegen Wettbewerbsbeschränkungen
hA	herrschende Auffassung
HAB	Homöopathisches Arzneibuch (Jahr)
HABM	Harmonisierungsamt für den Binnenmarkt
HansOLG	Hanseatisches Oberlandesgericht
Hdb	Handbuch
HessVGH	Hessischer Verwaltungsgerichtshof
HGB	Handelsgesetzbuch
HIV	Human Immunodeficiency Virus
hL	herrschende Lehre
hM	herrschende Meinung
HMA	Heads of Medicines Agencies
HMPC	Committee on Herbal Medicinal Products
HMPWG	Homeopathic Medicinal Products Working Group
HomAMV	Verordnung über homöopathische Arzneimittel

Hrsg.	Herausgeber
hrsg.	herausgegeben
Hs	Halbsatz
HTA	Health Technology Assessment
HWG	Gesetz über die Werbung auf dem Gebiete des Heilwesens (Heilmittelwerbegesetz)
HWVO	Heilmittelwerbeverordnung
iA	im Auftrag
IAA	Interministerielle Arbeitsgruppe Arzneimittelhaftung
ICH	International Conference on Harmonisation of Technical Requirements for Registration of Pharmaceuticals for Human Use
idF	in der Fassung
idR	in der Regel
idS	in diesem Sinne
iE	im Ergebnis
ieS	im engeren Sinne
IFG	Informationsfreiheitsgesetz
IFGGebV	Verordnung über die Gebühren und Auslagen nach dem Informationsfreiheitsgesetz
IfSG	Infektionsschutzgesetz
IHK	Industrie- und Handelskammer
iHv	in Höhe von
IMS Health	(Unternehmensname)
INCB	International Narcotics Control Board
inkl.	inklusive
INN	International Nonproprietary Name
insb.	insbesondere
insg.	insgesamt
InsO	Insolvenzordnung
IÖD	Informationsdienst Öffentliches Dienstrecht (Zeitschrift)
IP	Intelectual Property
IQWiG	Institut für Qualität und Wirtschaftlichkeit im Gesundheitswesen
IR	Internationale Registrierung
iS	im Sinne
iSd	im Sinne des
ISO	International Organization for Standardization
iSv	im Sinne von
iÜ	im Übrigen
IUPAC	International Union of Pure and Applied Chemistry
IVD-RL	Richtlinie 98/79/EG des Europäischen Parlaments und des Rates vom 27.10.1998 über In-vitro-Diagnostika
iVm	in Verbindung mit
IWG	Gesetz über die Weiterverwendung von Informationen öffentlicher Stellen (Informationsweiterverwendungsgesetz)
iwS	im weiteren Sinne
J. Verbr. Lebensm.	Journal für Verbraucherschutz und Lebensmittelsicherheit
JMDR	Journal of Medical Device Regulation
JR	Juristische Rundschau (Zeitschrift)

jurisPK	juris Praxiskommentar
JZ	Juristenzeitung (Zeitschrift)
KAKJ	Kommission für Arzneimittel für Kinder und Jugendliche
Kap.	Kapitel
KBV	Kassenärztliche Bundesvereinigung
KG	Kammergericht; Kommanditgesellschaft
KHG	Krankenhausgesetz
KHuR	Krankenhaus & Recht (Zeitschrift)
KK	Krankenkasse
KK-SVR	Kasseler Kommentar Sozialversicherungsrecht
KliFoRe	Klinische Forschung und Recht (Zeitschrift)
krit.	kritisch
KritV	Kritische Vierteljahresschrift für Gesetzgebung und Rechtswissenschaft
KV	Kassenärztliche Vereinigung
KVNO	Kassenärztliche Vereinigung Nordrhein
Lfg.	Lieferung
LFGB	Lebensmittel- und Futtermittelgesetzbuch
LG	Landgericht
lit.	littera
Lit.	Literatur
LKRZ	Zeitschrift für Landes- und Kommunalrecht
LK-StGB	Leipziger Kommentar zum Strafgesetzbuch
LMBG	Lebensmittel- und Bedarfsgegenständegesetz
LRE	Sammlung lebensmittelrechtlicher Entscheidungen
LS	Leitsatz
LSA	Land Sachsen-Anhalt
LSG	Landessozialgericht
m.Anm.	mit Anmerkung
MarkenR	Zeitschrift für deutsches, europäisches und internationales Kennzeichenrecht
MBliV	Ministerial-Blatt für die Preußische innere Verwaltung
MBOÄ	Musterberufsordnung für Ärzte
MD	Magazin Dienst (Zeitschrift)
MDEG	Medical Devices Expert Group on Borderline and Classification
MDK	Medizinischer Dienst der Krankenkassen
mE	meines Erachtens
MEDDEV	Leitlinien für die Anwendung der EG-Richtlinien im Bereich der Medizinprodukte (MEDical DEVices)
MedDRA	Medical Dictionary for Drug Regulatory Activities
MedR	Medizinrecht (Zeitschrift)
MHRA	Medicines and Healthcare products Regulatory Agency
mind.	mindestens
Mitt.	Mitteilung(en); Mitteilungen der Deutschen Patentanwälte (Zeitschrift)
MMA	Madrider Abkommen über die internationale Registrierung von Marken (Madrider Markenabkommen)
mN	mit Nachweisen
MPEP	Manual of Patent Examining Procedure

MPG	Gesetz über Medizinprodukte (Medizinproduktegesetz)
MPJ	Medizinprodukte Journal
MPR	Medizinprodukterecht (Zeitschrift)
MPSV	Medizinprodukte-Sicherheitsplanverordnung
MPVertrV	Verordnung über Vertriebswege für Medizinprodukte
MR/DC Products	Mutual Recognition / Decentralised Products
MRA	Mutual Recognition Agreement
MRFG	Mutual Recognition Facilitation Group
MRP	Mutual Recognition Procedure
MRRL	Erste Richtlinie 89/104/EWG des Rates vom 21. Dezember 1988 zur Angleichung der Rechtsvorschriften der Mitgliedstaaten über die Marken (Markenrichtlinie)
MüAnwHdb MedR	(siehe Allg. Literaturverzeichnis: Terbille)
MüKo	Münchener Kommentar
M-V	Mecklenburg-Vorpommern
MVZ	Medizinisches Vorsorgezentrum
mwN	mit weiteren Nachweisen
mWv	mit Wirkung von
mzN	mit zahlreichen Nachweisen
n.r.	nicht rechtskräftig
n.v.	nicht veröffentlicht
Nachw.	Nachweise
nF	neue Fassung
NJOZ	Neue Juristische Online-Zeitschrift
NJW	Neue Juristische Wochenschrift
NJWE-WettbR	NJW-Entscheidungsdienst Wettbewerbsrecht
NJW-RR	NJW-Rechtsprechungsreport
NK-StGB	Nomos Kommentar zum Strafgesetzbuch
NordÖR	Zeitschrift für Öffentliches Recht in Norddeutschland
Nov.	Novelle
Nr.	Nummer
NRG	Name Review Group
NRW	Nordrhein-Westfalen
NStZ-RR	Neue Zeitschrift für Strafrecht – Rechtsprechungsreport
NtA	Notice to applicants and regulatory guidelines medicinal products for human use
NUIS	Non-Urgent Information System
NuR	Natur und Recht (Zeitschrift)
NVwZ	Neue Zeitschrift für Verwaltungsrecht
NVwZ-RR	Neue Zeitschrift für Verwaltungsrecht – Rechtsprechungsreport
NWVBl.	Nordrhein-Westfälische Verwaltungsblätter
NZS	Neue Zeitschrift für Sozialrecht
o.a.	oben angegeben, angeführt
o.Ä.	oder Ähnliches
o.g.	oben genannt
OLG	Oberlandesgericht
OLGR	OLGReport: Zivilrechtsprechung der Oberlandesgerichte (CD-ROM)
OMCL	Official Medicines Control Laboratory

OTC	Over The Counter
OVG	Oberverwaltungsgericht
OVG BE	Entscheidungen des Oberverwaltungsgericht Berlin (Band, Seite)
OVG LSA	Oberverwaltungsgericht des Landes Sachsen-Anhalt
OVGE	Entscheidungen der Oberverwaltungsgerichte für das Land Nordrhein-Westfalen in Münster sowie für die Länder Niedersachsen und Schleswig-Holstein in Lüneburg (Band, Seite)
OWiG	Ordnungswidrigkeitengesetz
PCT	Patent Cooperation Treaty
PDCO	Paediatric Committee
PEI	Paul-Ehrlich-Institut
pharmind	die pharmazeutische industrie (Zeitschrift)
PharmR	Pharma Recht (Zeitschrift)
PharmRefPrV	Verordnung über die Prüfung zum anerkannten Abschluss Geprüfter Pharmareferent/Geprüfte Pharmareferentin
PharmZ	Pharmazeutische Zeitschrift
PhEur	Europäisches Arzneibuch
Phi	Produkt- und Umwelthaftpflicht international (Zeitschrift)
PIP	Paediatric Investigation Plan
PKV	Private Krankenversicherung
PMF	Plasma-Master-File
PMMA	Protokoll zum Madrider Abkommen über die internationale Registrierung von Marken
ProdHaftG	Produkthaftungsgesetz
PRR	Proportional Reporting Ratio
PSUR	Periodic Safety Update Report
PVÜ	Pariser Verbandsübereinkunft vom 20.3.1883 zum Schutze des gewerblichen Eigentums in der Stockholmer Fassung vom 14.7.1967
PZ	Pharmazeutische Zeitung
QRD	Quality Review of Documents Group
QWP	Quality Working Party
RAJ Pharma	The Regulatory Affairs Journal Pharma
RAS	Rapid Alert System
RdL	Recht der Landwirtschaft (Zeitschrift)
RefE	Referentenentwurf
RegE	Regierungsentwurf
RegE-HWG 1963	Entwurf eines Gesetzes über die Werbung auf dem Gebiete des Heilwesens (BT-Drucks. IV/1867)
resp.	respektive
RettG	Rettungsgesetz
RGBl.	Reichsgesetzblatt
RGSt	Entscheidungen des Reichsgerichts in Strafsachen
RiA	Recht im Amt (Zeitschrift)
RKI	Robert-Koch-Institut
RL	Richtlinie
RLPVESZ	Richtlinien für das Prüfungsverfahren bei ergänzenden Schutzzertifikaten
Rn	Randnummer

RPG	Recht und Politik im Gesundheitswesen (Zeitschrift)
RSA	Risikostrukturausgleich
RSA-RefG	RSA-Reformgesetz
RSA-VO	RSA-Verordnung
Rspr	Rechtsprechung
RVG	Rechtsanwaltsvergütungsgesetz
RVO	Reichsversicherungsordnung
S.	Satz/Seite
s.	siehe
s.a.	siehe auch
s.o.	siehe oben
s.u.	siehe unten
SchKG	Schwangerschaftskonfliktgesetz
SGb	Die Sozialgerichtsbarkeit (Zeitschrift)
SGB V	Sozialgesetzbuch (SGB) Fünftes Buch (V) – Gesetzliche Krankenversicherung
SK-StGB	Systematischer Kommentar zum Strafgesetzbuch
Slg	Sammlung
SmPC	Summary of Product Characteristics
sog.	sogenannt
SOPs	Standard Operating Procedures
SozR	Sozialrecht (Zeitschrift)
SPC	Summary of Product Characteristics (Fachinformation)
STIKO	Ständige Impfkommission am Robert-Koch-Institut
StoffR	Zeitschrift für Stoffrecht
str.	streitig/strittig
stRspr	ständige Rechtsprechung
StV	Strafverteidiger (Zeitschrift)
StVG	Straßenverkehrsgesetz
SUSAR	Serious Unexpected Suspected Adverse Reaction
SVHV	Verordnung über das Haushaltswesen in der Sozialversicherung
SWP	Safety Working Party
TA	Technische Anleitung (Luft bzw Lärm)
TÄHAV	Verordnung über tierärztliche Hausapotheken
TFG	Transfusionsgesetz
TFGMV	Transfusionsgesetz-Meldeverordnung
TierSchG	Tierschutzgesetz
TPG	Gesetz über die Spende, Entnahme und Übertragung von Organen und Geweben (Transplantationsgesetz)
TransfusMedHemother	Transfusion Medicine and Hemotherapy (Zeitschrift)
TRIPS(-Abkommen)	Agreement on Trade-Related Aspects of Intellectual Property Rights (Abkommen über handelsbezogene Aspekte des geistigen Eigentums vom 14. April 1994)
TT-GVO	Verordnung Nr. 772/2004 der Kommission über die Anwendung von Artikel 81 Absatz 3 EG-Vertrag auf Gruppen von Technologietransfer-Vereinbarungen
TT-Leitlinien	Leitlinien zur Anwendung von Artikel 81 EG-Vertrag auf Technologietransfer-Vereinbarungen
u.a.	unter anderem

Abkürzungsverzeichnis

u.a.m.	und anderes mehr
uä	und ähnlich
uÄ	und Ähnliches
UAW	unerwünschte Arzneimittelwirkungen
UBA	Umweltbundesamt
uE	unseres Erachtens
UIG	Umweltinformationsgesetz
umstr.	umstritten
UmweltHG	Umwelthaftungsgesetz
unstr.	unstreitig
Urt.	Urteil
usw	und so weiter
uU	unter Umständen
uVm	und Vieles mehr
UWG	Gesetzes gegen den unlauteren Wettbewerb
v.	von/vom
VAD	Verband der Arzneimittelimporteure Deutschlands
Var.	Variante
VerfO G-BA	Verfahrensordnung des Gemeinsamen Bundesausschusses
VergabeR	Vergaberecht (Zeitschrift)
VersR	Versicherungsrecht (Zeitschrift)
VerwArch	Verwaltungsarchiv (Zeitschrift)
vfa/VFA	Verband Forschender Arzneimittelhersteller e.V.
VG	Verwaltungsgericht; Verwertungsgesellschaft
VGH	Verwaltungsgerichtshof; Verfassungsgerichtshof
vgl	vergleiche
VgV	Vergabeverordnung
VICH	Veterinary International Conference on Harmonisation
VIG	Verbraucherinformationsgesetz
VK	Vergabekammer
VO	Verordnung
VOL/A	Verdingungsordnung für Leistungen Teil A
vorl.	vorläufig
VVDStRL	Veröffentlichungen der Vereinigung der Deutschen Staatsrechtslehrer
VwGO	Verwaltungsgerichtsordnung
VwKostG	Verwaltungskostengesetz
VwVfG	Verwaltungsverfahrensgesetz
WHO	World Health Organisation
WHO-ART	WHO Adverse Reaction Terminology
WiKo Medizinprodukterecht	(siehe Allg. Literaturverzeichnis: Hill/Schmitt)
WIPO	World Intellectual Property Organization (Weltorganisation für Geistiges Eigentum)
wistra	Zeitschrift für Wirtschafts- und Steuerrecht
wN	weitere Nachweise
WRP	Wettbewerb in Recht und Praxis (Zeitschrift)
WuW	Wirtschaft und Wettbewerb (Zeitschrift)
WuW/E	WuW-Entscheidungssammlung zum Kartellrecht
zB	zum Beispiel

Ziff.	Ziffer
zit.	zitiert
ZKBS	Zentrale Kommission für die Biologische Sicherheit
ZLG	Zentralstelle der Länder für den Gesundheitsschutz bei Arzneimitteln und Medizinprodukten
ZLR	Zeitschrift für das gesamte Lebensmittelrecht
ZMGR	Zeitschrift für das gesamte Medizin- und Gesundheitsrecht
ZRP	Zeitschrift für Rechtspolitik
ZStW	Zeitschrift für die gesamte Strafrechtswissenschaft
zT	zum Teil
ZufPrüfRi	Zufälligkeitsprüfungsrichtlinie
zust.	zustimmend
zutr.	zutreffend
zVv	zur Veröffentlichung vorgesehen
zw.	zweifelhaft
zzgl	zuzüglich

Allgemeines Literaturverzeichnis

	zitiert:
Ammon/Hunnius (Hrsg.), Pharmazeutisches Wörterbuch, 9. Auflage 2004	
Anhalt/Dieners, Handbuch des Medizinprodukterechts, 2003	
Böckmann/Frankenberger, Durchführungshilfen zum Medizinproduktegesetz (Losebl.), Stand: 31. EL 2009	
Brixius/Frehse, Arzneimittelrecht in der Praxis, 2007	
Bülow/Ring, Heilmittelwerbegesetz, Kommentar, 3. Auflage 2005	Bülow/Ring, HWG
Cyran/Rotta, Apothekenbetriebsordnung, Kommentar (Losebl.), Stand: Juni 2007	Cyran/Rotta, ApBetrO
Deutsch/Lippert, Arzneimittelgesetz, Kommentar 2. Auflage 2007	Deutsch/Lippert/*Bearbeiter*, AMG
Deutsch/Spickhoff, Medizinrecht, 6. Auflage 2008	
Doepner, Heilmittelwerbegesetz, Kommentar, 2. Auflage 2000	Doepner, HWG
Etmer, Arzneimittelgesetz, Kommentar (Losebl.) Stand: Juli 1995	Etmer/*Bearbeiter*, AMG
Feiden/Blasius, Arzneimittelprüfrichtlinien, Sammlung nationaler und internationaler Richtlinien (Losebl.), Stand: 2009	
Fuhrmann, Sicherheitsentscheidungen im Arzneimittelrecht, 2005	
Gröning/Weihe-Gröning, Heilmittelwerberecht, Kommentar (Losebl.), Stand: 2009	
Harte-Bavendamm/Henning-Bodewig, Gesetz gegen den unlauteren Wettbewerb: UWG, Kommentar, 2. Auflage 2009	Harte-Bavendamm/Henning-Bodewig/*Bearbeiter*
Hefermehl/Köhler/Bornkamm, Gesetz gegen den unlauteren Wettbewerb, Kommentar, 27. Auflage 2009	
Hill/Schmitt, WiKo Medizinprodukterecht, bearb. von Meyer-Lüerßen, Kommentar (Losebl.), Stand: Juli 2005	WiKo Medizinprodukterecht
Hunnius (Begr.), Pharmazeutisches Wörtberbuch, hrsg. von Hermann P. T. Ammon, 9. Auflage 2004	
Kloesel/Cyran, Arzneimittelrecht, Kommentar (Losebl.), Stand: 2009	

Allgemeines Literaturverzeichnis

Laufs/Uhlenbruck, Handbuch des Arztrechts, 3. Auflage 2002

Münchener Kommentar zum BGB, hrsg. von Säcker/Rixecker, Bd. 1 ff, 4. Auflage 2001 ff; 5. Auflage 2006 ff — MüKoBGB/*Bearbeiter*

Münchener Kommentar zur Zivilprozessordnung, hrsg. von Rauscher/Wax/Wenzel, 3. Auflage 2007/2008 — MüKoZPO/*Bearbeiter*

Pabel, Arzneimittelgesetz, 12. Auflage 2007

Palandt, Bürgerliches Gesetzbuch, Kommentar, 68. Auflage 2009 — Palandt/*Bearbeiter*

Pfeil/Pieck/Blume, Apothekenbetriebsordnung, Kommentar (Losebl.), Stand: 2005 — Pfeil/Pieck/Blume/*Bearbeiter*, ApBetrO

Pschyrembel (Begr.), Klinisches Wörterbuch, 261. Auflage 2007

Quaas/Zuck, Medizinrecht, 2. Auflage 2008

Ratzel/Luxenburger (Hrsg.), Handbuch Medizinrecht, 2008

Rehmann, Arzneimittelgesetz, Kommentar, 3. Auflage 2008 — Rehmann, AMG

Rietbrock/Staib/Loew, Klinische Pharmakologie, 4. Auflage 2001 — Rietbrock/Staib/Loew/*Bearbeiter*

Sander, Arzneimittelrecht, Entscheidungssammlung (Losebl.) Stand: Mai 2008

Sander, Arzneimittelrecht, Kommentar (Losebl.) Stand: Dezember 2008

Schiwy, Deutsches Arzneimittelrecht, Arzneimittelgesetz, Kommentar (Losebl.), Stand: November 2009

Schorn, Medizinproduktegesetz, 3. Auflage 2002

Schorn/Baumann, Medizinprodukte-Recht, Kommentar (Losebl.), Stand: Januar 2009

Staudinger, Kommentar zum Bürgerlichen Gesetzbuch, 12. Auflage 1978 ff; 13. Auflage 1993 ff; danach bandweise neu bearbeitet — Staudinger/*Bearbeiter*

Terbille (Hrsg.), Münchener Anwaltshandbuch Medizinrecht, 2009 — MüAnwHdb MedR

Zrenner/Paintner, Arzneimittelrechtliche Vorschriften für Tierärzte (Losebl.), Stand: 2008

Teil 1
Grundlagen des Arzneimittelrechts

§ 1 Historische Entwicklungslinien des deutschen und europäischen Arzneimittelrechts

Literatur: *Blattner*, Europäisches Produktzulassungsverfahren, Das Europäische Verwaltungsverfahrensrecht dargestellt an der Zulassung gentechnischer Lebens- und Arzneimittel, 2003; *Broch/Diener/Klümper*, Nachgehakt: 15. AMG-Novelle mit weiteren Änderungen beschlossen, PharmR 2009, 373; *Collatz*, Die neuen europäischen Zulassungsverfahren, 1996; *Ehlers/Walter*, Aktuelle Entwicklungen im Arzneimittelrecht. Referentenentwurf für ein 12. Gesetz zur Änderung des AMG, pharmind 2003, 577; *Gawrich/Ziller*, Die wesentlichen Regelungsinhalte der siebten und achten AMG-Novelle, PharmR 1998, 374; *Gerstberger/Greifeneder*, Die 14. AMG-Novelle – ein kritischer Überblick über die geplanten Änderungen durch den Regierungsentwurf vom 13. April 2005, PharmR 2005, 297; *Hanika*, Europäisches Arzneimittelrecht – Die pharmazeutische Industrie in Europa auf dem Weg zur Vollendung des Binnenmarktes für Arzneimittel, MedR 2000, 63; *Kleist*, Das neue europäische Zulassungssystem, PharmR 1998, 154; *Mühl*, Abgrenzungsfragen zwischen den Begriffen „Arzneimittel" und „Lebensmittel", 2002; *Rehmann/Paal*, Die 15. AMG-Novelle – Ein Überblick, A&R 2009, 195; *Wagner*, Europäisches Zulassungssystem für Arzneimittel und Parallelhandel – unter besonderer Berücksichtigung des deutschen Arzneimittelrechts, 2000; *Zipfel*, Arzneimittelrecht, Kommentar, Sonderdruck aus Zipfel, Lebensmittelrecht, 1971.

A. Vorkonstitutionelles Recht 1	2. Das „dezentralisierte Verfahren" nach der Richtlinie 93/39/EWG 18
B. Arzneimittelgesetz 1961 2	V. 5. AMG-Änderungsgesetz 1994 19
C. Änderungsgesetz zum AMG 1964 und die europäischen Arzneimittelrichtlinien 65/65/EWG und 75/319/EWG 5	VI. Behördliche Neuordnung 1994 20
I. Änderungsgesetz zum AMG 1964 5	VII. 6. bis 9. AMG-Änderungsgesetz 1996 bis 1999 21
II. Arzneimittelrichtlinie 65/65/EWG 6	VIII. 10. und 11. AMG-Änderungsgesetz 1996 bis 1999 23
III. Arzneimittelrichtlinien 75/318/EWG und 75/319/EWG 7	IX. Arzneimittelrichtlinie 2001/83/EG, 12. AMG-Änderungsgesetz 2004 und 13. AMG-Änderungsgesetz 2005 ... 24
D. Arzneimittelgesetz 1976 9	X. 14. AMG-Änderungsgesetz 2005 26
E. Änderungsgesetze zum AMG 1976 und die Veränderung des Zulassungssystems auf europäischer Ebene 12	XI. Gewebegesetz 2007 27
I. 1. bis 4. Änderungsgesetz (1983–1990) 12	XII. 15. AMG-Novelle 28
II. Das „Konzentrierungsverfahren" nach der Richtlinie 87/22/EWG 14	F. Fazit 29
III. Die Ausdehnung des europäischen Zulassungssystems 15	
IV. Verordnung EWG/2309/93 und die Arzneimittelrichtlinie 93/39/EWG 16	
1. Das „zentralisierte Verfahren" nach der Verordnung EWG/2309/93 16	

A. Vorkonstitutionelles Recht

Die Ursprünge des deutschen Arzneimittelrechts reichen bis zum Ende des neunzehnten Jahrhunderts zurück. Bereits zu Beginn des 20. Jahrhunderts regelten zahlreiche Verordnungen, dass bestimmte Zubereitungen von Heilmitteln nur in Apotheken feilgehalten oder verkauft werden durften.[1] Die **Gewerbeordnung** aus dem Jahre 1900[2] sollte gemäß § 6 Abs. 1 GewO auf den Verkauf von Arzneimitteln nur Anwendung finden, soweit sie aus-

---

[1] VO betreffend den Verkehr mit Apothekerwaren v. 25.3.1872 (RGBl., 85), VO betreffend den Verkehr mit Arzneimitteln v. 4.1.1875 (RGBl., 5), VO betreffend den Verkehr mit Arzneimitteln v. 27.1.1890 (RGBl., 9), VO betreffend den Verkehr mit Arzneimitteln v. 25.11.1895 (RGBl., 455), VO betreffend den Verkehr mit Arzneimitteln v. 19.8.1987 (RGBl., 707).
[2] Gewerbeordnung idF v. 26.7.1900 (RGBl., 871).

drückliche Bestimmungen darüber enthielt.[3] Mit der **"Kaiserlichen Verordnung"** von **1901**[4] war festzulegen, welche Heilmittel – ohne Unterschied, ob sie heilträchtige Stoffe enthielten oder nicht – dem freien Verkehr überlassen werden sollten. Erstmals wurde ein **Heilmittel** als Mittel zur Beseitigung oder Linderung von Krankheiten gesetzlich definiert. 1929 erging das erste Gesetz über den Verkehr mit Betäubungsmitteln (**"Opiumgesetz"**).[5] Die **Verordnung über den Verkehr mit Arzneimitteln von 1941** sah erstmals vor, dass rezeptpflichtige Arzneimittel nur in Apotheken abgegeben werden durften.[6] Nach der **Verordnung über die Herstellung von Arzneimittelfertigwaren von 1943**[7] wurde die Herstellung neuer Arzneifertigwaren verboten und nur durch eine Ausnahmegenehmigung zugelassen.[8] Die Verordnung bezeichnete als Arzneimittel solche Produkte, die dazu bestimmt waren, Krankheiten, Leiden, Körperschäden oder Beschwerden bei Mensch und Tier zu verhüten, zu lindern oder zu beseitigen.[9]

B. Arzneimittelgesetz 1961

2 Die vorkonstitutionelle Gesetzeslage auf dem Gebiet des Arzneimittelwesens wurde zunehmend als „unorganisch" empfunden. Insbesondere aufgrund der Verlagerung der Produktionsweise von Arzneimitteln aus dem Apothekenbetrieb hin zur einer Produktion durch die **pharmazeutische Industrie** entstand das Bedürfnis nach einer Anpassung der Rechtslage, da die bestehenden Regelungen lediglich die Fertigung von Arzneimitteln in der Apotheke betrafen. Hinzu kam, dass die Herstellung neuer Arzneifertigwaren aufgrund der Verordnung aus dem Jahre 1943 nur mit einer Ausnahmegenehmigung zulässig war.[10] Genaue Tatbestände, die vorsahen, unter welchen Voraussetzungen eine Ausnahmegenehmigung zu erteilen oder zu versagen war, gab es nicht. Auch fehlte es an einem Überblick über den Bestand von Arzneien, da **keine Registrierungspflicht** bestand.[11] Vor diesem Hintergrund sollte ein Gesetz über den Verkehr mit Arzneimitteln gewährleisten, dass die Herstellung außerhalb von Apotheken an persönliche und betriebliche Voraussetzungen gebunden war. Industriell hergestellte Arzneimittel (sog. **Arzneispezialitäten**) sollten registriert und damit überwacht werden können.[12] Das **AMG von 1961**[13] setzte diese gesetzgeberischen Vorstellungen um.

3 Im Mittelpunkt des AMG 1961 stand die Definition des **Arzneimittelbegriffs**. In § 1 AMG 1961 wurden Arzneimittel als Stoffe oder Zubereitungen definiert, die vom Hersteller oder demjenigen, der sie sonst in Verkehr brachte, dazu bestimmt waren, durch Anwendung am oder im menschlichen oder tierischen Körper (Nr. 1) die Beschaffenheit, den Zustand oder

---

3 Die Formulierung findet sich auch in § 6 GewO aktueller Fassung.
4 VO betreffend den Verkehr mit Arzneimitteln v. 22.10.1901 (RGBl., 380).
5 Gesetz über den Verkehr mit Betäubungsmitteln v. 10.12.1929 (RGBl. I, 215).
6 VO über den Verkehr mit Arzneimitteln, die der ärztlichen Verschreibungspflicht unterliegen v. 13.3.1941 (RGBl. I, 136).
7 VO über die Herstellung von Arzneifertigwaren v. 11.2.1943 (RGBl. I. S. 99), Runderlass v. 17.5.1943 (MBliV S. 865).
8 Zur weiteren Darstellung der Entwicklung des Arzneimittelrechts bis 1965 wird auf den Allgemeinen Teil der amtl. Begr. zum Entwurf eines Gesetzes über den Verkehr mit Arzneimitteln v. 13.11.1985 (BT-Drucks. 645) verwiesen.
9 So auch bereits zuvor die Polizeiverordnung über die Werbung auf dem Gebiet des Heilwesens v. 29.9.1941 (RGBl. I, 587).
10 Vgl VO über die Herstellung von Arzneifertigwaren v. 11.2.1943 (RGBl. I. S. 99), Runderlass v. 17.5.1943 (MBliV S. 865).
11 Allgemeiner Teil der amtl. Begr. zum Entwurf eines Gesetzes über den Verkehr mit Arzneimitteln v. 13.11.1958 (BT-Drucks. 3/654).
12 Allgemeiner Teil der amtl. Begr. zum Entwurf eines Gesetzes über den Verkehr mit Arzneimitteln v. 13.11.1958 (BT-Drucks. 3/654).
13 Gesetz über den Verkehr mit Arzneimitteln v. 16.5.1961 (BGBl. I, 533).

C. ÄnderungsG zum AMG 1964 und die europ. AM-RL 65/65/EWG und 75/319/EWG

die Funktionen des Körpers oder seelische Zustände erkennen zu lassen oder zu beeinflussen, (Nr. 2) vom menschlichen oder tierischen Körper erzeugte Wirkstoffe oder Körperflüssigkeiten zu ersetzen *oder* (Nr. 3) Krankheitserreger, Parasiten oder körperfremde Stoffe zu beseitigen oder unschädlich zu machen. Die gesetzliche Definition stellte ausdrücklich auf die vom Hersteller zum Ausdruck gebrachte, mithin subjektive **Zweckbestimmung** ab. Sie sollte sich von den Begriffen „Krankheit" und „Leiden" als wesentlichen Bestimmungsmerkmalen lösen. Denn es gab eine Reihe körperlicher Zustände, bei denen die Einordnung als „Krankheit" fraglich war. Daher wurde die Verwendung der Begriffe „Krankheit", „Leiden" oder „Körperschäden" zur Erklärung des Begriffs „Arzneimittel" überflüssig.[14]

§ 1 Abs. 2 AMG 1961 betraf Gegenstände und Stoffe, die zwar keine Arzneimittel iS des § 1 Abs. 1 AMG 1961 darstellten, jedoch als solche gelten sollten (gesetzliche Fiktion).[15] Erstmalig wurden in § 1 Abs. 3 des AMG 1961 Arzneimittel von Lebens- und Futtermitteln abgegrenzt. § 6 AMG 1961 statuierte zudem Verbote zum Schutz der Gesundheit, deren Regelungsinhalte auch in der heutigen Fassung des § 5 AMG weiterhin einen wesentlichen Bestandteil des deutschen Arzneimittelrechts bilden.[16]

Die §§ 12 ff AMG 1961 sahen eine generelle **Erlaubnispflicht für die Herstellung** von Arzneimitteln vor.[17] Nach den §§ 20 ff AMG 1961 mussten **Arzneispezialitäten**[18] beim damaligen **Bundesgesundheitsamt** angemeldet werden. Eine Befugnis zur Prüfung der angemeldeten Arzneispezialitäten erhielt das Bundesgesundheitsamt nicht, da eine Verzögerung für die Entwicklung und Inverkehrbringung neuer Produkte befürchtet wurde.[19] Insbesondere mussten die Arzneispezialitäten auch nicht vom Hersteller auf ihre therapeutische Wirksamkeit geprüft werden. Desgleichen sollte nicht überprüft werden, ob ein Bedürfnis für neue Arzneispezialitäten bestand.

C. Änderungsgesetz zum AMG 1964 und die europäischen Arzneimittelrichtlinien 65/65/EWG und 75/319/EWG

I. Änderungsgesetz zum AMG 1964

Das AMG-Änderungsgesetz aus dem Jahre 1964[20] entstand vor allem unter dem Eindruck der Tragödie um das Schlafmittel „**Contergan**".[21] § 21 des AMG 1961 wurde um die Absätze 1 a und 1 b erweitert. Nach § 21 Abs. 1 a AMG 1964 mussten bei der Registrierung

---

14 Allgemeiner Teil der amtl. Begr. zum Entwurf eines Gesetzes über den Verkehr mit Arzneimitteln v. 13.11.1958 (BT-Drucks. 3/654): „Durch die genannten Wirkungen, die durch Arzneimittel hervorgerufen werden sollten, werden Zustände des menschlichen oder tierischen Organismus beeinflusst, unabhängig davon, ob es sich dabei um Krankheiten oder sonstige körperliche oder seelische Zustände handelt".
15 Zipfel, Arzneimittelrecht, § 1 Rn 24–33.
16 § 6 AMG 1961 lautete: „Es ist verboten 1.) Arzneimittel im Sinne des § 1 Abs. 1 in den Verkehr zu bringen, wenn sie geeignet sind, bei bestimmungsgemäßem Gebrauch schädliche Wirkungen, die über ein nach den Erkenntnissen der medizinischen Wissenschaft vertretbares Maß hinausgehen und nicht die Folge von besonderen Umständen des Einzelfalls sind, hervorzurufen, 2.) Arzneimittel im Sinne des § 1 Abs. 2 Nr. 1 und 2 in den Verkehr zu bringen, wenn sie geeignet sind, bei bestimmungsgemäßem Gebrauch durch ihre Beschaffenheit die Gesundheit von Mensch und Tier zu schädigen".
17 Ausgenommen von dieser Regelung waren Apotheker, Ärzte und Träger von Krankenanstalten.
18 Definiert in § 4 AMG 1961 als Arzneimittel, „die in gleichbleibender Zusammensetzung hergestellt und in abgabefertigen Packungen unter einer besonderen Bezeichnung in den Verkehr gebracht werden".
19 Sander, Arzneimittelrecht, Einführung A I S. 10.
20 Zweites Gesetz zur Änderung des AMG v. 23.6.1964 (BGBl. I, 365).
21 Vgl hierzu LG Aachen, Beschl. v. 18.12.1970, JZ 1971, 507 ff, in dem erstmals Sorgfaltspflichten eines Arzneimittelherstellers aufgezeigt wurden.

einer Arzneispezialität mit Stoffen,[22] deren Wirksamkeit in der medizinischen Wissenschaft nicht allgemein bekannt war, ein ausführlicher Bericht über die pharmakologische und klinische Prüfung vorgelegt und vom Hersteller *versichert* werden, dass „die Arzneispezialität entsprechend dem jeweiligen Stand der wissenschaftlichen Erkenntnis ausreichend und sorgfältig geprüft worden ist". Dies galt gemäß § 21 Abs. 1 b AMG 1961 auch für solche Zubereitungen, die aus in ihrer Wirksamkeit allgemein bekannten Stoffen erfolgten. Dennoch bezeichnete der in § 21 AMG 1961 verwendete Begriff „Wirksamkeit" nicht eine therapeutische Wirksamkeit, sondern vielmehr ein Nichtvorliegen bisher unbekannter **Nebenwirkungen**.[23]

II. Arzneimittelrichtlinie 65/65/EWG

6   Die im Jahre 1965 vom Rat der EWG erlassene Richtlinie 65/65/EWG[24] beinhaltete:
- eine allgemeine **Zulassung** von Arzneimitteln statt der bisherigen Registrierung (Art. 3 RL 65/65/EWG),
- das Erfordernis eines **Wirksamkeitsnachweises** für alle Arzneispezialitäten (Art. 4 und 5 RL 65/65/EWG),
- eine **Nachzulassung** bereits im Verkehr befindlicher Arzneimittel (Art. 24 RL 65/65/EWG).

Darüber hinaus begründete die Richtlinie eine neue Begriffsbestimmung des Arzneimittels.[25] Art. 1 Nr. 2 stellte dabei auf zwei Merkmale ab. So bezieht sich die Definition des Absatz 1 einerseits auf einen Krankheitsbegriff und andererseits in Absatz 2 auf die Beeinflussung der Körperfunktionen als zentrale Kriterien. Der Begriff der Arzneispezialitäten war zu diesem Zeitpunkt noch vom Begriff des Arzneimittels zu unterscheiden. Art. 1 Nr. 1 RL 65/65/EWG bezeichnete diejenigen Arzneimittel als Arzneispezialitäten, die *industriell* hergestellt unter einer besonderen Bezeichnung und Aufmachung in den Verkehr gebracht wurden. Mit der Einführung einer allgemeinen Zulassungskontrolle sollten die unterschiedlichen nationalen Regelungen zum Verkehr mit Arzneimitteln *angeglichen* werden, um damit Unterschiede in den jeweiligen nationalen Marktzugangsvoraussetzungen zu verringern.[26] Daneben stand aber auch die Richtlinie 65/65/EWG unter dem Einfluss tragischer Fälle schwerer Erkrankungen, die durch die Einnahme schädlicher Arzneimittel bedingt waren. Gerade deshalb sollte die Richtlinie auch einen neuen Standard von Gesundheitsschutz der Verbraucher gewährleisten.[27]

---

22 Wobei es sich auch um Stoffe handeln konnte, deren Verwendung in der Arzneimittelproduktion bisher nicht oder zu anderen Zwecken gebräuchlich war, vgl Zipfel, Arzneimittelrecht, Kommentar, § 21 Rn 10.
23 Sander, Arzneimittelrecht, Einführung A I S. 11.
24 RL 65/65/EWG des Rates v. 16.1.1965 zur Angleichung der Rechts- und Verwaltungsvorschriften über Arzneispezialitäten (ABl. EG Nr. L 22 v. 9.2.1965, S. 369–373).
25 Art. 1 RL 65/65/EWG: „Für die Durchführung der Richtlinie sind:
    1. (...)
    2. Arzneimittel
    alle Stoffe oder Stoffzusammensetzungen, die als Mittel zur Heilung oder zur Verhütung menschlicher oder tierischer Krankheiten bezeichnet werden,
    alle Stoffe oder Stoffzusammensetzungen, die dazu bestimmt sind, im oder am menschlichen oder tierischen Körper zur Erstellung einer ärztlichen Diagnose oder zur Wiederherstellung, Besserung oder Beeinflussung der menschlichen oder tierischen Körperfunktionen angewendet zu werden".
26 Collatz, Die neuen europäischen Zulassungsverfahren, S. 31.
27 Collatz, ebenda.

Diese „**Erste pharmazeutische Richtlinie**" wurde von einigen Mitgliedsstaaten nicht umgesetzt, da sie ohne eine Konkretisierung durch weitere Richtlinien für unzureichend erachtet wurde.[28]

III. Arzneimittelrichtlinien 75/318/EWG und 75/319/EWG

Erstmals legte die **Richtlinie 75/318/EWG** aus dem Jahre 1975 genaue **verfahrensrechtliche Anforderungen** an analytische, toxikologisch-pharmakologische und ärztliche oder klinische Vorschriften über Versuche mit Arzneispezialitäten fest.[29] Die bereits in Art. 5 RL 65/65/EWG erwähnten Begriffe „Schädlichkeit" und „therapeutische Wirksamkeit" sollten – insbesondere zum Schutz der Volksgesundheit und zur Schaffung gemeinsamer europäischer Beurteilungskriterien – nur in wechselseitiger Beziehung geprüft und nach Maßgabe des Standes der Wissenschaft und unter Berücksichtigung der Zweckbestimmung des Arzneimittels einbezogen werden.

7

Die gleichzeitig erlassene **Richtlinie 75/319/EWG**[30] („**Zweite pharmazeutische Richtlinie**") verfolgte die Einsetzung eines gemeinsamen Ausschusses für Arzneispezialitäten aus Vertretern der Mitgliedsstaaten und der Kommission (**CPMP**).[31] Der Ausschuss sollte bei der Erteilung von Zulassungen ein und derselben Arzneispezialität in mehreren Mitgliedsstaaten gutachtlich im Hinblick auf die Übereinstimmung des Präparats mit den Bestimmungen der Richtlinie 65/65/EWG tätig werden. Denn mit der Richtlinie 75/319/EWG trat neben die unterschiedlichen nationalen Zulassungsverfahren das „**Mehrstaatenverfahren**"[32] auf europäischer Ebene. Hiermit sollte eine erleichterte Zulassung von Arzneimitteln in anderen Mitgliedsstaaten ermöglicht werden, soweit dem Antragsteller in einem anderen Mitgliedsstaat eine Zulassung bereits erteilt war. Gemäß § 9 Abs. 1 RL 75/319/EWG war hierfür ein Antrag auf Zulassung in fünf Mitgliedsstaaten erforderlich. Später wurde das Antragserfordernis der Zulassung auf zwei Mitgliedsstaaten beschränkt.[33]

8

D. Arzneimittelgesetz 1976

Insbesondere wegen der erheblichen Zunahme des Verbrauchs von Arzneimitteln um ca. 400 % seit 1961 stand der Aspekt der Arzneimittelsicherheit zunehmend in einer neuen Dimension.[34] Der Gesetzgeber sah die Notwendigkeit zur Verbesserung der **Arzneimittelsicherheit** durch die Schaffung neuer gesetzlicher Bedingungen für den gesamten deutschen Arzneimittelmarkt. Aufgrund einer zunehmenden Tendenz, mit Arzneimitteln auch ohne medizinische Indikation leichtfertig regelnd in körperliche oder seelische Prozesse einzugreifen, erhöhte sich die Gefahr von Nebenwirkungen. Auch galt es, die europarechtlichen Vorgaben in nationales Recht umzusetzen. Darüber hinaus – so die Auffassung des Gesetz-

9

---

28 RL 75/318/EWG des Rates v. 20.5.1975 zur Angleichung der Rechts- und Verwaltungsvorschriften der Mitgliedsstaaten über die analytischen, toxikologisch-pharmakologischen und ärztlichen oder klinischen Vorschriften und Nachweise über Versuche mit Arzneispezialitäten (ABl. EG Nr. L 147 v. 9.6.1975, S. 1–12).
29 Collatz, Die neuen europäischen Zulassungsverfahren, S. 39.
30 RL 75/319/EWG de Rates v. 20.5.1975 zur Angleichung der Rechts- und Verwaltungsvorschriften über Arzneispezialitäten (ABl. EG Nr. L 147 v. 9.6.1975, S. 13–22).
31 Comitee for Proprietary Medicinal Products; vgl Beschl. des Rates v. 20.5.1975 betreffend die Einsetzung eines Pharmazeutischen Ausschusses (ABl. EG Nr. L 147/23 v. 9.6.1975); vgl hierzu Blattner, Europäisches Produktzulassungsverfahren, S. 79 ff.
32 Collatz, Die neuen europäischen Zulassungsverfahren, S. 41.
33 Änderung des Art. 9 Abs. 1 der RL 75/319/EWG durch Art. 3 der Richtlinie des Rates 83/570/EWG v. 26.10.1983 zur Änderung der RL 65/65/EWG, 75/318/EWG und 75/319/EWG zur Angleichung der Rechts- und Verwaltungsvorschriften über Arzneispezialitäten (ABl. EG Nr. L 332/1 v. 28.11.1983).
34 Bericht des Bundestagsausschusses für Jugend, Familie und Gesundheit v. 28.4.1976 (BT-Drucks. 7/5091, 5).

gebers – spiegelte sich der international anerkannte Standard auf dem Gebiet der Arzneimittelprüfungen und Daueüberwachung nicht mehr in ausreichendem Maß in den gesetzlichen Vorgaben des AMG 1961 und dessen Änderungsgesetzen wider.[35]

Das AMG von 1976[36] suchte den hiermit verbundenen Anforderungen gerecht zu werden: In § 2 AMG wurde der **Arzneimittelbegriff** an die Vorgaben der Richtlinie 65/65/EWG angepasst.[37] Die in der Definition eines Arzneimittels nach dem AMG 1961 ausdrücklich erwähnte Zweckbestimmung, die subjektiv vom Arzneimittelhersteller abhing, wurde nicht übernommen. Ob der Gesetzgeber allerdings eine subjektive Bestimmung des Zwecks durch den Hersteller endgültig ausschließen wollte, ließ sich daraus nicht zwingend folgern, weil der Begriff der Zweckbestimmung keiner anderen Personengruppe zugeordnet wurde.[38] In jedem Fall kam es seit dem AMG 1976 darauf an, wie das Produkt dem Verbraucher gegenüber in Erscheinung trat. Für § 2 AMG 1976 war entscheidend, zu welchen Zwecken ein Mittel nach der allgemeinen Verkehrsanschauung zu dienen bestimmt war.[39] Damit war – in Abkehr von den Regelungen des AMG 1961 – die überwiegende Zweckbestimmung eines Mittels nunmehr nach **objektiven Maßstäben** festzustellen.

10 Im 2. Abschnitt des AMG 1976 (§§ 5 bis 12) wurden die allgemeinen Anforderungen an den Arzneimittelverkehr aufgestellt. Insbesondere statuierte § 5 AMG – eine der Generalklauseln des AMG 1976 – das Verbot des Inverkehrbringens bedenklicher Arzneimittel, ohne zwischen Stoffen einerseits und Zubereitungen aus Stoffen andererseits zu differenzieren. Der 3. Abschnitt des Gesetzes (§§ 13 bis 20) regelte die Anforderungen an die Herstellung von Arzneimitteln und die Voraussetzungen der Herstellungserlaubnis. Abschnitt 4 – die grundlegendste Neuerung – regelte in den §§ 21 bis 37 AMG die **Zulassung** von Arzneimitteln. Sie wurde in § 25 Abs. 2 AMG näher ausgestaltet. Die zuständige Behörde durfte die Zulassung nur unter bestimmten Anforderungen versagen, etwa, wenn die vorgelegten Unterlagen unvollständig waren, das Arzneimittel nicht nach dem jeweils gesicherten Stand der wissenschaftlichen Erkenntnisse ausreichend geprüft war oder die vom Antragsteller angegebene therapeutische Wirksamkeit fehlte oder nach dem jeweils gesicherten Stand der wissenschaftlichen Erkenntnisse vom Antragsteller unzureichend begründet war. Diese Regelungstechnik behielt das AMG bis heute bei.

11 In § 26 AMG wurde das Bundesministerium für Gesundheit zum Erlass von **Prüfrichtlinien** ermächtigt, welche die bei der Zulassung vorausgesetzten Prüfverfahren näher ausgestalten. Die §§ 38 bis 39 AMG betrafen den Umgang mit homöopathischen Arzneimitteln, die als Sonderregelung anstelle der Verpflichtung zur Zulassung die einfache Registrierung vorsahen. Der 6. Abschnitt (§§ 40 bis 42 AMG) statuierte besondere Voraussetzungen zur Durchführung **klinischer Prüfungen** am Menschen.

---

35 Bericht des Bundestagsausschusses für Jugend, Familie und Gesundheit v. 28.4.1976, aaO.
36 Gesetz zur Neuordnung des Arzneimittelrechts v. 24.8.1976 (BGBl. I, 2445).
37 § 2 Abs. 1 AMG:
„Arzneimittel sind Stoffe und Zubereitungen aus Stoffen, die dazu bestimmt sind, durch die Anwendung am oder im menschlichen oder tierischen Körper
1. Krankheiten, Leiden, Körperschäden oder krankhafte Beschwerden zu heilen, zu lindern, zu verhüten oder zu erkennen,
2. die Beschaffenheit, den Zustand oder die Funktionen des Körpers oder seelische Zustände erkennen zu lassen,
3. vom menschlichen oder tierischen Körper erzeugte Wirkstoffe oder Körperflüssigkeiten zu ersetzen,
4. Krankheitserreger, Parasiten oder körperfremde Stoffe abzuwehren, zu beseitigen oder unschädlich zu machen oder
5. die Beschaffenheit, den Zustand oder die Funktionen des Körpers oder seelische Zustände zu beeinflussen".
38 Mühl, Abgrenzungsfragen zwischen den Begriffen „Arzneimittel" und „Lebensmittel", S. 61.
39 Sander, Arzneimittelrecht, § 2 AMG Erl. 1.

E. Änderungsgesetze zum AMG 1976 und die Veränderung des Zulassungssystems...

Außerdem wurden Regelungen zur Abgabe von Arzneimitteln (§§ 43 bis 53 AMG), Sicherung und Kontrolle der **Arzneimittelqualität** (§§ 54 bis 55 AMG), Überwachung des Arzneimittelmarktes (§§ 62 bis 69 AMG) und insbesondere die Haftung für **Arzneimittelschäden** (§§ 84 bis 94 AMG) umgesetzt. Besonders hervorzuheben sind die Regelungen der §§ 62, 63 AMG zur Beobachtung, Sammlung und Auswertung von **Arzneimittelrisiken**. Nicht zuletzt im Hinblick auf den „Contergan"-Fall ergab sich die Notwendigkeit, im Interesse einer wirksamen Verhütung von Gesundheitsgefahren auftretende Risiken schnell und umfassend festzustellen und auszuwerten.[40] Entsprechend den §§ 62, 63 AMG sollten alle am Arzneimittelverkehr beteiligten staatlichen wie nicht-staatlichen Institutionen, einschließlich des Herstellers, an der Sammlung und Beobachtung von Arzneimittelrisiken beteiligt sein. Erstmals wurde im Jahre 1980 ein „**Stufenplan**"[41] zur Beobachtung, Sammlung und Auswertung von Arzneimittelrisiken in Form einer Allgemeinen Verwaltungsvorschrift erlassen.

Zahlreiche Übergangs- und Überleitungsvorschriften betrafen Arzneimittel, die sich vor dem Inkrafttreten des AMG 1976 rechtmäßig im Verkehr befanden. Hervorzuheben ist davon Art. 3 § 7 Abs. 1 AMNG[42], der vorsah, dass alle Arzneimittel, die sich vor Inkrafttreten des Gesetzes (rechtmäßig) im Verkehr befanden, als zugelassen galten. Diese „**fiktive Zulassung**" sollte gemäß Absatz 3 der Vorschrift nach zwölf Jahren erlöschen, wenn kein Antrag auf eine Verlängerung der Zulassung oder der Registrierung gestellt wurde (sog. **Nachzulassung**).[43]

E. Änderungsgesetze zum AMG 1976 und die Veränderung des Zulassungssystems auf europäischer Ebene

I. 1. bis 4. Änderungsgesetz (1983–1990)

Das **1. AMG-Änderungsgesetz 1983**[44] hatte die Eindämmung des Arzneimittelmissbrauchs bei Tieren zum Ziel und schuf die Voraussetzungen für eine bessere Kontrolle bei der Gewinnung rückstandsunbedenklicher Arzneimittel. Gleichzeitig erfolgte hierdurch die Umsetzung der Richtlinie 81/851/EWG und der Richtlinie 81/852/EWG über Tierarzneimittel.[45]

Mit dem **2. AMG-Änderungsgesetz 1986**[46] wurde eine Beschränkung der Abgabe von Arzneimittelmustern und eine Ausdehnung der Verpflichtung zur Anzeige von Nebenwirkungen umgesetzt.[47] Gleichzeitig wurden die Änderungen der Richtlinien zur Angleichung der Rechts- und Verwaltungsvorschriften über Arzneispezialitäten (65/65/EWG und 75/319/

---

[40] Amtl. Begr. der Bundesregierung zum Entwurf eines Gesetzes zur Neuordnung des Arzneimittelrechts v. 7.1.1975 (BT-Drucks. 7/3060, 58 f).

[41] Allgemeine Verwaltungsvorschrift zur Beobachtung, Sammlung und Auswertung von Arzneimittelrisiken (Stufenplan) nach § 63 AMG v. 20.6.1980 (BAnz Nr. 114 v. 26.6.1980).

[42] Gesetz zur Neuordnung des Arzneimittelsrechts, Überleitungsvorschriften zum Arzneimittelgesetz v. 24.8.1976 (BGBl. I, 2445); später eingefügt in § 105 AMG.

[43] Die fiktive Zulassung erlosch demnach – anders als nach der Fünfjahresfrist des § 31 AMG – mit Ablauf des 2.1.1990.

[44] Erstes Gesetz zur Änderung des AMG v. 24.2.1983 (BGBl. I, 169).

[45] RL 81/851/EWG des Rates v. 28.9.1981 zur Angleichung der Rechtsvorschriften der Mitgliedsstaaten über Tierarzneimittel (ABl. EG Nr. L 317/1 v. 6.11.1981), RL 81/852/EWG des Rates v. 28.9.1981 über die analytischen, toxikologisch-pharmakologischen und tierärztlichen oder klinischen Vorschriften und Nachweise über Versuche mit Tierarzneimitteln (ABl. EG Nr. L 317/16 v. 6.11.1981).

[46] Zweites Gesetz zur Änderung des AMG v. 16.8.1986 (BGBl. I, 1296).

[47] Vgl hierzu den Allgemeinen Teil der amtl. Begr. zum RegE v. 27.2.1986 (BT-Drucks. 10/5112).

Fleischfresser/Fuhrmann

EWG) durch die Richtlinie 83/570/EWG[48] in deutsches Recht transformiert.[49] Damit ging die Verpflichtung zur Angabe eines Verfallsdatums bei allen Fertigarzneien einher. Außerdem wurden die besonderen Fachinformationen der Ärzte, Zahnärzte und Apotheker normiert.

Das **3. Gesetz zur Änderung des AMG 1988**[50] beabsichtigte den Abbau des Zulassungsstaus. So wurde die Zulassungsbehörde von einer wiederholenden materiellen Prüfung solcher Arzneimittel befreit, die mit bereits zugelassenen und auf ihre Wirksamkeit und Unbedenklichkeit geprüften Präparaten identisch waren.

Das **4. AMG-Änderungsgesetz 1990**[51] schließlich verfolgte wie sein Vorgängergesetz das Ziel, den fortbestehenden Bearbeitungsstau bei der Zulassungsbehörde abzubauen. Es sah die Einschaltung externer Sachverständiger und die Erweiterung der Auflagenbefugnis vor. Die Nachzulassungsfrist wurde auf den 30. April 1990 verlegt. Für Alt-Arzneimittel, die nicht zur Nachzulassung angemeldet waren, wurde eine gesetzliche Auslauffrist bis zum 31. Dezember 1992 gewährt.

13 Überdies galt es, das bestehende Zulassungsrecht der **DDR** im Gefolge des Einigungsvertrages in gesamtdeutsches Recht zu überführen und den Vorgaben des Gemeinschaftsrechts anzupassen. Dem diente außerhalb des AMG die **EG-Recht-Überleitungsverordnung** vom 18.12.1990,[52] die bis zu einer – modifizierten Fristen unterworfenen – Nachzulassung die Verkehrsfähigkeit solcher Produkte gewährleistete, die sich in der DDR legal im Verkehr befanden.

II. Das „Konzentrierungsverfahren" nach der Richtlinie 87/22/EWG

14 Mit der **Richtlinie 87/22/EWG**[53] wurde auf europäischer Ebene ein neues Zulassungsverfahren geschaffen. Das „Konzentrierungsverfahren"[54] trat als dritte Zulassungsform für Arzneimittel neben das bestehende Mehrstaatenverfahren der Richtlinie 75/319/EWG und die nationalen Zulassungsverfahren. Es fand ausschließlich auf technologisch hochwertige Arzneimittel Anwendung, deren europaweite Zulassung aufgrund des besonders langen und kostspieligen Forschungsaufwandes gefördert werden sollte. Die Entscheidung über die Zulassung oblag weiterhin den nationalen Zulassungsbehörden, die lediglich den Europäischen Ausschuss für Arzneispezialitäten oder Tierarzneimittel zu einer Stellungnahme anrufen mussten.

---

48 RL 83/570/EWG des Rates v. 23.10.1983 zur Änderung der Richtlinien 65/65/EWG, 75/318/EWG zur Angleichung der Rechts- und Verwaltungsvorschriften über Arzneispezialitäten (ABl. EG Nr. L 332/1 v. 28.11.1983).
49 Vgl hierzu Hanika, MedR 2000, 63, 65.
50 Drittes Gesetz zur Änderung des AMG v. 20.7.1988 (BGBl. I, 1050).
51 Viertes Gesetz zur Änderung des AMG v. 11.4.1990 (BGBl. I, 717).
52 VO zur Überleitung des Rechts der Europäischen Gemeinschaften auf das in Art. 3 des Einigungsvertrages genannte Gebiet v. 18.12.1990 (BGBl. I, 2915), zuletzt geändert durch Art. 250 der VO v. 25.11.2003 (BGBl. I, 2304).
53 RL 87/22/EWG des Rates v. 22.12.1986 zur Angleichung der einzelstaatlichen Maßnahmen betreffend das Inverkehrbringen technologisch hochwertiger Arzneimittel, insbesondere aus der Biotechnologie (ABl. EG Nr. L 15/38 v. 17.1.1987).
54 Collatz, Die neuen europäischen Zulassungsverfahren, S. 47 f; Wagner, Europäisches Zulassungssystem für Arzneimittel und Parallelhandel – unter besonderer Berücksichtigung des deutschen Arzneimittelrechts, S. 70.

E. Änderungsgesetze zum AMG 1976 und die Veränderung des Zulassungssystems...

III. Die Ausdehnung des europäischen Zulassungssystems

Mit **Art. 1 RL 89/341/EWG**[55] wurde der Begriff der Arzneispezialität im europäischen Begriffskontext abgeschafft und die bis dato von der Arzneispezialität erfassten Produkte dem Begriff des Arzneimittels zugeordnet. Die mit Art. 34 der Richtlinie 75/319/EWG bisher vom Erfordernis der Zulassung ausgeschlossenen Arzneispezialitäten wurden im weiteren Verlauf durch zahlreiche Rechtsetzungsakte der Europäischen Gemeinschaft dem europäischen Zulassungssystem unterworfen.[56] Hierbei handelte es sich um immunologische Arzneimittel, die bestimmte Reaktionen hervorrufen sollten oder um Arzneimittel, die aus bestimmten besonderen Stoffen zusammengesetzt waren, wie radioaktive Arzneimittel, Blutplasma und homöopathische Arzneimittel. Diese Zuordnung erfolgte durch die Richtlinien 89/342/EWG,[57] 89/343/EWG,[58] 89/381/EWG[59] und 92/73/EWG.[60] Gesetzestechnisch fanden danach die Merkmale „besonderer Herstellungsverfahren" und „besonderer Stoffzusammensetzung" Eingang in die Abgrenzung einzelner Gruppen innerhalb der Definition des Arzneimittelbegriffs.[61] Homöopathischen resp. anthroposophischen Arzneimitteln kam eine Sonderstellung zu. Sie wurden einem vereinfachten Registrierungsverfahren unterstellt.

IV. Verordnung EWG/2309/93 und die Arzneimittelrichtlinie 93/39/EWG

1. Das „zentralisierte Verfahren" nach der Verordnung EWG/2309/93

In Anlehnung an die Verfahrensmodalitäten des Konzentrierungsverfahrens wurde mit der Verordnung EWG/2309/93,[62] die als Verordnung keiner nationalen Umsetzungsakte bedurfte, das **„zentralisierte Verfahren"** geschaffen. Es trat neben die nationalen Zulassungsverfahren. Die Regelungen zum Konzentrierungsverfahren wurden durch die Richtlinie 93/41/EWG[63] aufgehoben. Die wesentlichen Gründe für die Schaffung eines neuen Zulassungsverfahrens bestanden darin, dass ein reibungsloses Funktionieren des **Binnenmarktes** im Arzneimittelsektor durch die bestehenden Rechtsetzungsakte nicht hinreichend

---

55 RL 89/341/EWG des Rates v. 3.5.1989 zur Änderung der Richtlinien 65/65/EWG, 75/318/EWG und 75/319 EWG zur Angleichung der Rechts- und Verwaltungsvorschriften über Arzneispezialitäten (ABl. EG Nr. L 142/11 v. 25.5.1989).
56 Collatz, Die neuen europäischen Zulassungsverfahren, S. 46; Mühl, Abgrenzungsfragen zwischen den Begriffen „Arzneimittel" und „Lebensmittel", S. 67.
57 RL 89/342/EWG des Rates v. 3.5.1989 zur Erweiterung des Anwendungsbereichs der RL 65/65/EWG und 75/319/EWG und zur Festlegung zusätzlicher Vorschriften für aus Impfstoffen, Toxinen oder Seren und Allergenen bestehende immunologische Arzneimittel (ABl. EG Nr. L 142/14 v. 25.5.1989).
58 RL 89/343/EWG des Rates v. 3.5.1989 zur Erweiterung des Anwendungsbereichs der RL 65/65/EWG und 75/319/EWG und zur Festlegung zusätzlicher Vorschriften für radioaktive Arzneimittel (ABl. EG Nr. L 142/16 v. 25.5.1989).
59 RL 89/381/EWG des Rates v. 14.6.1989 zur Erweiterung des Anwendungsbereichs der Richtlinien 65/65/EWG und 75/319/EWG zur Angleichung der Rechts- und Verwaltungsvorschriften über Arzneispezialitäten und zur Festlegung besonderer Vorschriften für Arzneimittel aus menschlichem Blut oder Blutplasma (ABl. EG Nr. L 181/44 v. 28.6.1989).
60 RL 92/73/EWG des Rates v. 22.9.1992 zur Erweiterung des Anwendungsbereichs der Richtlinien 65/65/EWG und 75/319/EWG zur Angleichung der Rechts- und Verwaltungsvorschriften über Arzneimittel und zur Festlegung zusätzlicher Vorschriften für homöopathische Arzneimittel (ABl. EG Nr. L 297/8 v. 13.10.1992).
61 Mühl, Abgrenzungsfragen zwischen den Begriffen „Arzneimittel" und „Lebensmittel", S. 67.
62 VO (EWG) Nr. 2309/93 des Rates v. 22.7.1993 zur Festlegung von Gemeinschaftsverfahren für die Genehmigung und Überwachung von Human- und Tierarzneimitteln und zur Schaffung einer Europäischen Agentur für die Beurteilung von Arzneimitteln (ABl. EG Nr. L 214/1 v. 24.8.1993); zuletzt geändert durch die Neufassung VO (EG) Nr. 726/2004 des Europäischen Parlaments und des Rates v. 31.3.2004 (ABl. EG Nr. L 136/1 v. 30.4.2004).
63 RL 93/41/EWG des Rates v. 14.6.1993 zur Aufhebung der RL 87/22/EWG zur Angleichung der einzelstaatlichen Maßnahmen betreffend das Inverkehrbringen technologisch hochwertiger Arzneimittel, insbesondere aus der Biotechnologie (ABl. EG Nr. L 214/40 v. 24.8.1993).

sichergestellt war. Hierzu trugen insbesondere die weiterhin unterschiedliche Entscheidungspraxis nationaler Behörden und die europaweit nicht abgestimmten, nationalen Regelungen einer Kontrolle des Arzneimittelverkehrs nach einer Zulassung bei.[64] Das neue Verfahren betraf, ähnlich wie das Konzentrationsverfahren, die im Anhang der Verordnung EWG/2309/93 angeführten technologisch hochwertigen Arzneimittel und solche Präparate, die in besonders aufwendigen Verfahren hergestellt wurden. Diese Praxis der enumerativen Zuständigkeitszuweisung besteht bis heute.

Für die Durchführung des zentralisierten Zulassungsverfahrens wurde eigens eine **Europäische Agentur für die Beurteilung von Arzneimitteln (EMEA)**[65] mit ständigem Sitz in London/UK als eigenständige juristische Person geschaffen.[66] Dem mit Art. 5 RL 75/319/EWG gegründeten **CPMP** (Committee for Proprietary Medicinal Products, jetzt: **CHMP** (Committee for Medicinal Products for Human Use), durch Art. 50 VO (EWG) Nr. 2309/93 der EMEA zugeordnet, oblag weiterhin die Erstellung der für das Zulassungsverfahren relevanten Sachverständigengutachten. Erstmals wurde eine Entscheidung über die Zulassung oder Nichtzulassung eines Arzneimittels am europaweiten Arzneimittelverkehr unmittelbar und für die Nationalstaaten rechtlich bindend vom **Rat** oder der **Kommission** getroffen. Dies ist das herausragende Novum des neuen europäischen Arzneimittelrechts.[67]

17 Darüber hinaus wurden Vorkehrungen für die Überwachung von Arzneimitteln getroffen, die von der Gemeinschaft genehmigt worden sind, insbesondere für die intensive Überwachung der Nebenwirkungen, um eine rasche Rücknahme solcher Arzneimittel vom Markt zu gewährleisten, die unter normalen Anwendungsbedingungen ein *nicht akzeptables Risiko* darstellten. Daneben sammelte die EMEA – wie auch noch heute – in enger Zusammenarbeit mit den nationalen Arzneimittelüberwachungsbehörden alle einschlägigen Informationen über vermutete Nebenwirkungen. In diesem Zusammenhang wurde der pharmazeutische Hersteller verpflichtet, eine für die Arzneimittelüberwachung (**Pharmakovigilanz**) verantwortliche und qualifizierte Person zur Verfügung zu stellen. Damit gingen die europäischen Rechtsetzungsorgane weit über die bisherigen Überwachungs- und Sanktionsnormierungen hinaus.[68]

2. Das „dezentralisierte Verfahren" nach der Richtlinie 93/39/EWG

18 Fast zeitgleich wurde die Richtlinie 93/30/EWG[69] erlassen, die das Mehrstaatenverfahren zum „dezentralisierten Verfahren" weiterentwickelte.[70] Es fand auf alle Arzneimittel Anwendung, die im Anhang B der Verordnung EWG/2309/93 aufgeführt waren und auf die das zentralisierte Verfahren nicht angewendet wurde, sowie auf alle Arzneimittel, die nicht unter den Anhang A sowie Anhang B der Verordnung EWG/2309/93 fielen.[71] Die Eröffnung des Anwendungsbereichs des dezentralisierten Verfahrens wurde nicht mehr an eine

---

64 Wagner, Europäisches Zulassungssystem für Arzneimittel und Parallelhandel – unter besonderer Berücksichtigung des deutschen Arzneimittelrechts, S. 169 ff; Collatz, Die neuen europäischen Zulassungsverfahren, S. 48; Mühl, Abgrenzungsfragen zwischen den Begriffen „Arzneimittel" und „Lebensmittel", S. 75.; vgl zum Ganzen auch § 3 Rn 10 ff.
65 European Medicines Evaluation Agency (EMEA), nunmehr: European Medicines Agency.
66 Weiterführend Kleist, PharmR 1998, 154 ff; Blattner, Europäisches Produktzulassungsverfahren, S. 81 ff; zur heutigen Organisationsstruktur der Agentur vgl unten § 3 Rn 45–60.
67 Vgl Art. 10 Abs. 1 iVm Art. 12 Abs. 1 VO (EWG) Nr. 2309/93; Collatz, Die neuen europäischen Zulassungsverfahren, S. 78, 81; Deutsch/Spickhoff, Medizinrecht, Rn 1028.
68 Vgl hierzu Hanika, MedR 2000, 66.
69 RL 93/93/EWG des Rates v. 14.6.1993 zur Änderung der Richtlinien 65/65/EWG, 75/318/EWG und 75/319/EWG betreffend Arzneimittel (ABl. EG Nr. L 214/22 v. 24.8.1993).
70 Wagner, Europäisches Zulassungssystem für Arzneimittel und Parallelhandel – unter besonderer Berücksichtigung des deutschen Arzneimittelrechts, S. 233 ff; vgl auch Teil 2 § 1 Rn 51, 52.
71 Mühl, Abgrenzungsfragen zwischen den Begriffen „Arzneimittel" und „Lebensmittel", S. 78.

E. Änderungsgesetze zum AMG 1976 und die Veränderung des Zulassungssystems... 1

bestimmte Anzahl bereits bestehender Arzneimittelzulassungen in mehreren Nationalstaaten gebunden. Rein nationale Zulassungsverfahren kamen seither nur noch zur Anwendung, wenn ein Arzneimittel (zunächst) ausschließlich in einem Nationalstaat zugelassen werden sollte.

V. 5. AMG-Änderungsgesetz 1994

Die 5. AMG-Novelle im Jahre 1994[72] war vornehmlich auf die Umsetzung zahlreicher Richtlinien – insbesondere der Richtlinien 89/341/EWG, 89/342/EWG und 89/343/EWG – bezogen.[73] Hervorzuheben sind darüber hinaus die Änderungen auf dem Gebiet der allgemeinen Zulassungsvorschriften, der klinischen Prüfung und der Nachzulassung von Alt-Arzneimitteln. § 25 Abs. 2 S. 3 AMG wurde dahin gehend geändert, dass „die therapeutische Wirksamkeit [eines Arzneimittels dann] fehlte, wenn der Antragsteller nicht entsprechend dem jeweils gesicherten Stand der wissenschaftlichen Erkenntnis nachwies, dass sich mit dem Arzneimittel therapeutische Ergebnisse erzielen lassen". § 40 AMG – der die besonderen Voraussetzungen zur Durchführung von klinischen Studien am Menschen festlegt – wurde erweitert um: 19

- die Notwendigkeit der Einwilligung des Patienten/Probanden in die Weitergabe und Aufzeichnung von Krankheitsdaten;
- die Zustimmung einer Ethikkommission oder das Nichtvorliegen eines Widerspruchs durch die Zulassungsbehörde innerhalb von 60 Tagen nach Eingang der vorzulegenden Unterlagen;
- die Vorlage von pharmakologisch-toxikologischen Unterlagen sowie eines Prüfplans;
- die Verpflichtung zur Meldung von schwerwiegenden Nebenwirkungen innerhalb der klinischen Prüfung;
- den Abschluss einer Probandenversicherung über eine Million DM.

Die fiktive Zulassung von Alt-Arzneimitteln wurde bis zum 31.12.2004 verlängert, sofern bis Ende 1995 der Verzicht auf eine Nachzulassung erklärt wurde. Die Mängelbeseitigungsfrist innerhalb des Zulassungsverfahrens wurde von drei Jahren auf 18 Monate verkürzt.

VI. Behördliche Neuordnung 1994

Durch Art. 11 des Gesetzes über die Neuordnung zentraler Einrichtungen des Gesundheitswesens (GNG) von 1994[74] wurde das **Bundesgesundheitsamt (BGA)** aufgelöst. Die Aufgaben des Instituts für Arzneimittel beim BGA wurden im Wesentlichen beim **Bundesinstitut für Arzneimittel und Medizinprodukte (BfArM)** angesiedelt (§ 77 Abs. 1 AMG). Die Zuständigkeit für die Zulassung und Registrierung von Tierarzneimitteln ging an das Bundesinstitut für gesundheitlichen Verbraucherschutz und Veterinärmedizin (BgVV), jetzt: Bundesamt für Verbraucherschutz und Lebensmittelsicherheit (§ 77 Abs. 1, 3 AMG). Dem Paul-Ehrlich-Institut (PEI) – bereits seit dem 1.11.1992 selbständige Bundesoberbehörde – wurde die Zuständigkeit für Blutzubereitungen zugewiesen.[75] 20

---

72 Fünftes Gesetz zur Änderung des AMG v. 9.8.1994 (BGBl. I, 2071).
73 Amtl. Begr. zum fünften Gesetz zur Änderung des AMG v. 9.8.1994 (BT-Drucks. 12/6480).
74 Gesundheitseinrichtungen-Neuordnungs-Gesetz (GNG) v. 24.6.1994 (BGBl. I, 1416).
75 Durch VO zur Änderung der Zuständigkeit des Paul-Ehrlich-Institut v. 25.9.1996 (BGBl. I, 1487) wurde die Zuständigkeit für bestimmte Blutzubereitungen für homöopathische Arzneimittel aus Blutbestandteilen von Tieren wieder dem BfArM rückübertragen.

Fleischfresser/Fuhrmann

VII. 6. bis 9. AMG-Änderungsgesetz 1996 bis 1999

21 Während das 6. AMG-Änderungsgesetz von 1996[76] Detailregelungen zum Nachzulassungsverfahren traf, kam es mit der 7. AMG-Novelle 1998[77] zu einer weiteren Anpassung an Gemeinschaftsrecht. Sie diente vor allem der Umsetzung der Verordnung EWG/2309/93 und der Richtlinie 93/39/EWG. Durch entsprechende Ergänzung der §§ 21 und 37 AMG wurde die zentrale Zulassung einer nationalen Zulassung gleichgestellt. In Umsetzung der Regelungen zum dezentralen Zulassungsverfahren nach der Richtlinie 93/39/EWG wurde die Verbindlichkeit von Zulassungen anderer Mitgliedsstaaten in § 25 Abs. 5 c AMG verankert.[78] Im Hinblick auf die Überwachung des Arzneimittelmarktes betonte die amtliche Begründung, dass die Überwachung des Arzneimittelverkehrs auch bei zentral zugelassenen Arzneimitteln weiterhin Aufgabe der nationalen Mitgliedstaaten sei.[79]

22 Das 8. AMG-Änderungsgesetz 1998[80] traf im Wesentlichen Regelungen zur Verbesserung der Arzneimittelsicherheit und diente der Umsetzung von Erfahrungen aus dem Gesetzesvollzug.[81] Die Zulassungsbefreiung für homöopathische Präparate, von denen nicht mehr als 1000 Stück im Verkehr befindlich sind („**1000er-Regel**"), wurde eingeschränkt. Sie konnte für bestimmte Arzneimittel nicht mehr in Anspruch genommen werden. § 25 Abs. 1 S. 2 AMG ermöglichte hingegen eine erleichterte Zulassung von Arzneimitteln, die nach einer homöopathischen Verfahrenstechnik hergestellt waren. Geändert wurden auch die Regelungen über die **klinische Prüfung** und die **Nachzulassung**. In der Nachzulassung wurde für fiktiv zugelassene Arzneimittel nunmehr neben der bis zum 31.12.1999 bestehenden Rücknahme des Antrags auch der Verzicht nach § 31 Abs. 1 Nr. 2 AMG ermöglicht.[82]

Das 9. AMG-Änderungsgesetz 2000[83] betraf Arzneimittel, die zur Vornahme eines Schwangerschaftsabbruchs zugelassen waren.

VIII. 10. und 11. AMG-Änderungsgesetz 1996 bis 1999

23 Die 10. AMG-Novelle[84] – die 11. Novelle betraf vornehmlich Tierarzneimittel – erfolgte unter dem Eindruck von **Rügen der Europäischen Kommission**.[85] Diese hatte in der deutschen **Nachzulassungsregelung** einen Verstoß gegen europäisches Recht gesehen. Insbesondere die sog. 2004-Regelung, die eine Verkehrsfähigkeit ungeprüfter Alt-Arzneimittel bis Ende 2004 ermöglichte, wurde beanstandet, da seit 1990 alle Zulassungen auf der Grund-

---

76 Sechstes Gesetz zur Änderung des AMG v. 20.12.1996 (BGBl. I, 2084).
77 Siebtes Gesetz zur Änderung des AMG v. 25.2.1998 (BGBl. I, 374).
78 Vgl hierzu Gawrich/Ziller, PharmR 1998, 374–375.
79 Amtl. Begr. zum siebten Gesetz zur Änderung des AMG v. 25.2.1998 (BT-Drucks. 632/97).
80 Achtes Gesetz zur Änderung des AMG v. 7.9.1998 (BGBl. I, 2649).
81 Vgl Gawrich/Ziller, PharmR 1998, 375–377. Mit der achten AMG-Novelle wurde zudem § 67a AMG eingeführt. Dem Deutschen Institut für Medizinische Dokumentation und Information (DIMDI) wurde die DV-technische Verarbeitung eines Informationssystems über Arzneimittel (AMIS) auf Grundlage der bisherigen Datenbestände des BfArM übertragen. Die gesetzgeberische Intention bestand darin, hiermit den Datenaustausch zwischen den Zulassungsbehörden, den Landesüberwachungsbehörden und den nach Gemeinschaftsrecht zuständigen Behörden der Europäischen Gemeinschaften mittels eines DV-gestützten Informationssystems zu erleichtern (Begr. der Bundesregierung v. 29.12.1997 zum Entwurf eines achten Gesetztes zur Änderung des AMG – BR-Drucks. 1029/97, 34 f).
82 § 31 Abs. 1 Nr. 2: „Die Zulassung erlischt (...) durch schriftlichen Verzicht".
83 Neuntes Gesetz zur Änderung des AMG v. 26.7.1999 (BGBl. I, 1666).
84 Zehntes Gesetz zur Änderung des AMG v. 4.7.2000 (BGBl. I, 1002). Siehe zur jetzigen Fassung des AMG die Bekanntmachung der Neufassung v. 11.12.1998 (BGBl. I, 3586), zuletzt geändert durch das Zwölfte Gesetz zur Änderung des AMG v. 30.7.2004 (BGBl. I, 2031); zuvor geändert durch das Elfte Gesetz zur Änderung des AMG v. 21.8.2002 (BGBl. I, 3348).
85 Mit Gründen versehene Stellungnahme der Kommission EG v. 21.10.1998, gerichtet an die Bundesrepublik Deutschland gemäß Art. 169 EGV, betreffend die RL 65/65/EWG, KOM (1998) 2863 end.

E. Änderungsgesetze zum AMG 1976 und die Veränderung des Zulassungssystems... 1

lage der Richtlinie 75/319/EWG erfolgen sollten und der pharmazeutische Unternehmer im Nachzulassungsverfahren nicht wie bei einer Neuzulassung Ergebnisse der pharmakologisch-toxikologischen und klinischen Prüfung „ex-ante" vorzulegen hatte.[86] Nach § 105 Abs. 4 a AMG mussten die Antragsteller diese Ergebnisse nunmehr bis zum 1.2.2001 vorlegen.[87] Eine nicht fristgerechte Vorlage hatte das Erlöschen der fiktiven Zulassung zur Folge (§ 105 Abs. 4 a S. 4 AMG).[88] Die Mängelbeseitigungsfrist im Nachzulassungsverfahren wurde von bisher 18 Monaten auf höchstens 12 Monate begrenzt. Darüber hinaus wurde mit § 105 Abs. 5 S. 3 AMG eine **Präklusionsvorschrift** geschaffen, die nach einer Versagungsentscheidung das Einreichen weiterer Unterlagen zur Mängelbeseitigung ausschloss.

Die „2004-Regelung" wurde abgeschafft. Die Zulassung erlosch am 1. Februar 2001 für alle Arzneimittel, zu denen bis zum 31.12.1999 die Rücknahme des Antrags auf Verlängerung der Zulassung erklärt worden war. Lediglich ein **Wiederaufgreifen** des Nachzulassungsverfahrens unter Vorlage der „Ex-ante-Unterlagen" nach § 104 Abs. 4 a AMG konnte diese Rechtsfolge verhindern.

Auch das Zulassungsverfahren nach §§ 21 ff AMG erfuhr deutliche Modifikationen. Die Frist zur Beseitigung gerügter Mängel der Zulassungsunterlagen betrug nunmehr höchstens sechs Monate. Wie im Nachzulassungsverfahren war eine Mängelbeseitigung nach einer Entscheidung über die Zulassung ausgeschlossen.

IX. Arzneimittelrichtlinie 2001/83/EG, 12. AMG-Änderungsgesetz 2004 und 13. AMG-Änderungsgesetz 2005

Auf europäischer Ebene wurden die bisher erlassenen Richtlinien aus Gründen der Übersicht und Klarheit in einem einzigen Text zusammengefasst und in der Richtlinie 2001/83/EG zur Schaffung eines **Gemeinschaftskodex** für Humanarzneimittel niedergelegt. Die Zielsetzung der Richtlinie wie auch der späteren Änderungsrichtlinie 2004/27/EG blieb in der Tradition der pharmazeutischen Vorgängerrichtlinien: Gewährleistung eines ausreichenden Maßes an Gesundheitsschutz für den europäischen Arzneimittelverbraucher, indem innovative und sichere Arzneimittel bereit gestellt wurden, Optimierung der Überwachung des Arzneimittelmarktes durch Stärkung des Pharmakovigilanzsystems, Vollendung des Binnenmarktes für pharmazeutische Präparate und die Stärkung der Wettbewerbsfähigkeit der pharmazeutischen Industrie.[89]

Das **12. Änderungsgesetz 2004**[90] diente, wie vorangegangene AMG-Änderungsgesetze, der Umsetzung europäischen Rechts. Die wesentlichen Änderungen betrafen die Regelungen zur Durchführung von **klinischen Prüfungen** nach den §§ 40 ff AMG. Es wurde festgeschrieben, dass bei der Durchführung klinischer Prüfungen am Menschen die Anforderungen der **Guten Klinischen Praxis** nach Maßgabe der Richtlinie 2001/20/EG einzuhalten waren. Der Beginn der klinischen Prüfung war nunmehr von einem parallel laufenden Genehmigungsverfahren unter Einbeziehung einer Ethik-Kommission und der zuständige Bundesoberbehörde abhängig. Durch die Einführung eines neuen § 63 b AMG wurden die bislang bestehenden Regelungen zur Anzeigepflicht nach § 29 AMG im Bereich der Nachmarktkontrolle entsprechend den Vorgaben des europäischen Rechts hinsichtlich der Dokumentations- und Meldepflicht des Zulassungsinhabers erweitert und angepasst. Die Tätigkeit eines

---

86 Vgl Begr. zum RegE eines Zehnten Gesetzes zur Änderung des AMG v. 15.10.1999 (BR-Drucks. 565/99).
87 Ausnahmen ließ § 105 Abs. 4 a S. 2, 3 AMG nur in begrenztem Umfang zu.
88 Eine Sonderregelung besteht für Tierarzneimittel nach § 105 Abs. 4 b AMG und für traditionell angewendete Arzneimittel nach § 109 a AMG.
89 Dok. der Europäischen Kommission v. 22.1.2001, Revision der pharmazeutischen Gesetzgebung; vgl hierzu Blattner, Europäisches Produktzulassungsverfahren, S. 86.
90 Zwölftes Gesetz zur Änderung des AMG v. 30.7.2004 (BGBl. I, 2031).

Großhandeltreibens mit Arzneimitteln wurde gesetzlich definiert (§ 3 Abs. 22 AMG) und bedurfte zukünftig einer Erlaubnis nach den Erfordernissen des neu geschaffenen § 52 a AMG.[91]

Das 13. AMG-Änderungsgesetz 2005[92] knüpfte an die Neuregelungen der 11. Novelle an und setzte Erfahrungen aus deren praktischer Anwendung bezüglich Tierarzneimitteln um.

X. 14. AMG-Änderungsgesetz 2005

26   Das **14. AMG-Änderungsgesetz 2005**[93] diente ebenfalls vornehmlich der Umsetzung gemeinschaftsrechtlicher Vorgaben.[94] Neben einer Ausweitung des Begriffs des Fertigarzneimittels, der nunmehr auch Präparate umfasste, bei deren Zubereitung in sonstiger Weise ein industrielles Verfahren angewendet wurde, und hiermit einhergehender Ausnahmevorschriften hinsichtlich der Zulassungspflicht in § 21 Abs. 1 AMG enthielt das Gesetz erstmals Regelungen zum „**Compassionate Use**" (vgl § 6 Rn 33–37), präzisierte den Begriff des bekannten Arzneimittels, bei dem die Anforderungen an die Unterlagen im Zulassungsverfahren herabgesetzt waren und gestaltete die Regelungen zur Verlängerung der Zulassung in § 31 AMG um. So war eine erstmals verlängerte Zulassung fortan grundsätzlich unbeschränkt gültig. Im Gegenzug erlosch eine erteilte Zulassung, wenn das Arzneimittel nicht binnen drei Jahren in den Verkehr gebracht wurde resp. sich in drei aufeinanderfolgenden Jahren nicht mehr im Verkehr befand („**sunset clause**"). Die durchgreifendsten Änderung betrafen jedoch den **Unterlagenschutz** für Referenzarzneimittel gegenüber generischen Zulassungen und die Neuregelungen zum Verfahren der **gegenseitigen Anerkennung** bzw des **dezentralisierten Verfahrens**. In § 25 b AMG erfolgte hier eine vollständige Neuregelung. Neu eingeführt wurde auch ein besonderes Registrierungsverfahren für traditionelle **pflanzliche Arzneimittel**. Schließlich erfolgten Änderungen im System der Arzneimittelüberwachung und -kovigilanz sowie im Patent- und Heilmittelwerberecht.

XI. Gewebegesetz 2007

27   Das **Gewebegesetz vom 20.7.2007**[95] brachte vor dem Hintergrund gemeinschaftsrechtlicher Prämissen Änderungen nicht nur des Transplantationsgesetzes und des Transfusionsgesetzes, sondern auch des AMG. Namentlich wurde mit § 21 a AMG ein Zulassungsregime für bestimmte, nicht in industriellen Verfahren hergestellte Gewebezubereitungen etabliert. Änderung erfuhren auch die Vorschriften über die Herstellung von Gewebezubereitungen. Hervorhebenswert ist, dass die Neuregelung unterschiedlichste humanbiologische Materialien mit dem Begriff „Gewebe" zusammenfasste, etwa Haut, ganze Knochen, Knochenmaterialien, Knochenmark, Herzklappen, Stammzellen usw.[96]

XII. 15. AMG-Novelle

28   Den vorläufigen Schluss der skizzierten Entwicklung bildete die 15. AMG-Novelle,[97] die umfassende Änderungen nicht nur des AMG, sondern u.a. auch arzneimittelrechtlicher

---

91   Siehe darüber hinaus zu den wesentlichen Änderungen Ehlers/Walter, Aktuelle Entwicklungen im Arzneimittelrecht. Referentenentwurf für ein 12. Gesetz zur Änderung des AMG, pharmind 2003, 577 ff.
92   Dreizehntes Gesetz zur Änderung des AMG v. 29.8.2005 (BGBl. I, 2555).
93   Vierzehntes Gesetz zur Änderung des AMG v. 29.8.2005 (BGBl. I, 2570).
94   Amtl. Begr. zum Vierzehnten Gesetz zur Änderung des AMG v. 29.8.2005 (BT-Drucks. 15/5316); zu den wesentlichen Änderungen auch: Gerstberger/Greifeneder, PharmR 2005, 297–310.
95   Gesetz über Qualität und Sicherheit von menschlichen Geweben und Zellen v. 20.7.2007 (BGBl. I, 1574, 1585).
96   Vgl amtl. Begr. zum Gewebegesetz v. 20.7.2007 (BR-Drucks. 543/06).
97   Gesetz zur Änderung arzneimittelrechtlicher und anderer Vorschriften v. 17.7.2009 (BGBl. I, 1990).

Nebengesetze, des BtMG, des Transfusionsgesetzes, des Infektionsschutzgesetzes sowie des Sozialgesetzbuches mit sich brachte und in seinem auf das AMG bezogenen Teil am 23.7.2009 in Kraft trat.[98] Erneut galt es in erster Linie, das deutsche Arzneimittelrecht an gemeinschaftsrechtliche Vorgaben anzupassen. Hierbei handelt es sich um die Verordnung (EG) Nr. 1901/2006 des Europäischen Parlaments und des Rates vom 12.12.2006 über **Kinderarzneimittel** und die Verordnung (EG) Nr. 1394/2007 des Europäischen Parlaments und des Rates vom 13.11.2007 über Arzneimittel für **neuartige Therapien**.[99] Die Änderungen durchziehen annähernd das gesamte AMG und betreffen neben Details für die Praxis bedeutsame Neuregelungen. Als Wegmarken sind zu nennen:

- Anpassung des Arzneimittelbegriffs in § 2 AMG an europarechtliche Vorgaben,
- Sondervorschriften betreffend Arzneimittel für neuartige Therapien in § 4 b AMG, insbesondere hinsichtlich Zulassungspflicht und Distributionswege,
- erweiterte Kennzeichnungsvorschriften in § 10 AMG für Tierarzneimittel,
- umfangreiche Änderungen der Vorschriften über die Herstellung und die Erteilung einer Herstellungserlaubnis in §§ 13 bis 20 d AMG,
- Erweiterung des Ausnahmekataloges des § 21 Abs. 2 AMG,
- Zulassungsunterlagen nunmehr zum Teil auch in englischer Sprache,
- Neuregelungen zu den Vertriebswegen und zur Verschreibungspflicht in §§ 47 und 48 AMG,
- Bereitstellungspflicht des pharmazeutischen Unternehmers und des Großhändlers in § 52 b AMG,
- weitgehende Neuregelung der Bestimmungen über Ein- und Ausfuhr in §§ 72-74 AMG.

Die Änderungen sind in die betreffenden Abschnitte dieses Handbuchs eingearbeitet.[100]

F. Fazit

Das deutsche Arzneimittelrecht befindet sich seit dem Inkrafttreten des AMG 1961 in einem steten und zunehmenden Prozess der Ausdifferenzierung und Vertiefung. Die wesentlichen Einflussfaktoren sind dabei neben der Fortentwicklung des Europäischen Gemeinschaftsrechts, das die innerstaatliche Rechtsentwicklung heute zu großen Teilen determiniert, ein rasanter medizinischer und technischer Fortschritt sowie ein Wandel bestehender Marktgegebenheiten, auf den es legislativ zu reagieren gilt. Deshalb ist auch mit der 15. AMG-Novelle kein Endpunkt erreicht. Das Arzneimittelrecht bleibt eine sich in erheblicher Geschwindigkeit entwickelnde Rechtsmaterie. Für die Rechtspraxis geschieht diese Entwicklung oft um den Preis einer sich steigernden Unübersichtlichkeit – ein Schicksal freilich, das nicht das Arzneimittelrecht allein trifft.

---

98 Beachte im Übrigen Art. 19 des Änderungsgesetzes.
99 Vgl Begr. des Gesetzentwurfs der Bundesregierung v. 16.3.2009 (BT-Drucks. 16/12256).
100 Einen Überblick über die Neuregelung geben Broch/Diener/Klümper, PharmR 2009, 373-377 und Rehmann/Paal, A&R 2009, 195–202.

§ 2 Zentralbegriffe des Arzneimittelrechts

Literatur: *Anhalt*, Lactobacillus-haltige Produkte im Spannungsfeld Arzneimittel-Medizinprodukte – Erläuterung von Metabolismus bzw. metabolischen Reaktionen aus biochemischer Sicht, MPR 2009, 127; *Anhalt/Lücker*, Wie wird sich der EuGH in Zukunft zur Abgrenzungsproblematik stellen?, MPJ 2007, 189; *Bley/Kreikebohm/Marschner*, Sozialrecht, 9. Auflage 2007; *Böckmann/Frankenberger*, Durchführungshilfen zum Medizinproduktegesetz (Losebl.), Stand: 31. EL 2009; *Burkhardt/Kienle*, Die Zulassung von Arzneimitteln und der Widerruf von Zulassungen nach dem Arzneimittelgesetz von 1976: Stellungnahme der Zulassungs- und Aufbereitungskommission für die anthroposophische Therapierichtung (Kommission C) am Bundesgesundheitsamt, 1982; *Damm/Hart (Hrsg.)*, Rechtliche Regulierung von Gesundheitsrisiken, 1993; *Deavin*, Medicinal Product and Medical Device Borderline: Exploring the Scope and Application of the EU Directives, Journal of Medical Device Regulation, 2008, Vol. 6, 3; *Denninger*, Die Bindungswirkung der Arzneimittelzulassung, NJW 1984, 645; *Dettling*, Physiologische, pharmakologische und toxikologische Wirkung – Ein Beitrag zur Abgrenzung von Lebensmitteln, Arzneimitteln und gefährlichen Stoffen, PharmR 2006, 58 ff (Teil 1) und PharmR 2006, 142 ff (Teil 2); *Dettling*, Spice, SensaMen und Co. – im Zweifel freiverkäuflich, A&R 2009, 65; *Dettling*, Spice, SensaMen und Co. – im Zweifel freiverkäuflich, A&R 2009, 65; *Dettling*, Zur Abgrenzung von Arzneimittel und Medizinprodukten, PharmR 2006, 578; *Dettling/Kieser/Ulshöfer*, Zytostatikaversorgung nach der AMG-Novelle (Teil 1), PharmR 2009, 421; *Deutsch*, Das Gesetz über Medizinprodukte von 1994, NJW 1994, 752; *Doepner/Hüttebräuker*, Die aktuelle Rechtsprechung des EuGH zur Rechtsnatur von Vitamin- und Mineralstoffprodukten, ZLR 2004, 429; *Erlenkämper/Fichte*, Sozialrecht, 6. Auflage 2008; *Fuhrmann*, Sicherheitsentscheidungen im Arzneimittelrecht, 2005; *Fülgraff/Palm/Lemmer/Brune (Hrsg.)*, Pharmakotherapie/klinische Pharmakologie, 11. Auflage 2001; *Gorny*, Lebensmittelrechtliche Grundbegriffe, ZLR 2001, 501; *Hart/Hilken/Merkel/Woggan (Hrsg.)*, Das Recht des Arzneimittelmarktes, 1988; *Heilmann*, Arzneimittelsicherheit – Risiko verstehen lernen, in: 25 Jahre Arzneimittelgesetz, Symposium des Bundesverbandes der Pharmazeutischen Industrie, 1986, S. 45; *Henning*, Der Nachweis der Wirksamkeit im Arzneimittelrecht, NJW 1978, 1671; *Igl/Welti*, Sozialrecht, 8. Auflage 2007; *Kienle*, Arzneimittelsicherheit und Gesellschaft. Eine kritische Untersuchung, 1974; *Kienle*, Der Wirksamkeitsnachweis im Arzneimittelrecht, ZRP 1976, 65; *Knauer*, Die Abgrenzung von Arzneimitteln und Zwischenprodukten – Zur Auslegung von § 2 AMG aus strafrechtlicher Sicht, PharmR 2008, 199; *Köhler*, Die neuen europäischen Begriffe und Grundsätze des Lebensmittelrechts, GRUR 2002, 844; *Kriele*, Wer entscheidet über die Wirksamkeit von Arzneimitteln?, ZRP 1975, 260; *Kügel/Klein*, Neue Entwicklungen bei der Abgrenzung von Arzneimitteln und Nahrungsergänzungsmitteln, PharmR 1996, 386; *Lewandowski/Schnieders (Hrsg.)*, Grundzüge der Zulassung und Registrierung von Arzneimitteln in der Bundesrepublik Deutschland, 1977; *Meyer*, Irrungen und Wirrungen, WRP 2002, 1205; *Müller*, Die Abgrenzung Arzneimittel/Lebensmittel – ein perpetuum mobile?, in: Reese/Hufnagel/Lensing-Kramer (Hrsg.), FS für Ulf Doepner, 2008, S. 267; *Plagemann*, Der Wirksamkeitsnachweis nach dem Arzneimittelgesetz von 1976. Funktionen und Folgen eines unbestimmten Rechtsbegriffs, 1979; *Prinz*, Die Herstellung von Rezepturarzneimitteln für Apotheken, PharmR 2008, 364; *Räpple*, Verbot bedenklicher Arzneimittel. Eine Kommentierung zu § 5 AMG, 1991; *Reese/Hufnagel/Lensing-Kramer (Hrsg.)*, Festschrift für Ulf Doepner, 2008; *Reese/Stallberg*, Zur gemeinschaftsrechtlichen Auslegung der sog. Zweifelsfallregelung des Art. 2 Abs. 2 der RL 2001/83/EG, ZLR 2008, 695; *Reese/Stallberg*, Zur gemeinschaftsrechtlichen Auslegung der sog. Zweifelsfallregelung des Art. 2 Abs. 2 der RL 2001/83/EG, ZLR 2008, 695; *Rehmann*, Die Abgrenzung der Arzneimittel von den Nahrungsergänzungsmitteln – die neuere Rechtsprechung, A&R 2009, 58; *Rennert*, Der Arzneimittelbegriff in der jüngeren Rechtsprechung des BVerwG, NVwZ 2008, 1179; *Scheu*, In Dubio Pro Securitate. Contergan, Hepatitis-/ AIDS-Blutprodukte, Spongiformer Humaner Wahn und kein Ende?, 2003; *Schnieders/Schuster*, Probleme der Wirksamkeitsbeurteilung bei der Zulassung von Arzneimitteln und bei der Aufarbeitung von wissenschaftlichem Erkenntnismaterial, PharmR 1983, 43; *Schorn*, Änderung des AMG mit Auslegungsbedarf, MPJ 2009, 19; *Schuster*, Wirkung und Wirksamkeit – die Relativität des Wirksamkeitsbegriffs, PharmR 1981, 57; *Schwerdtfeger*, Die Bindungswirkung der Arzneimittelzulassung. Zur rechtlichen Relevanz der Wirksamkeitsprüfung nach dem AMG für die RVO-Schiene, das Beihilferecht und die Trans-

§ 2 Zentralbegriffe des Arzneimittelrechts

parenzkommission, 1983; *Schwerdtfeger*, Mängelbeseitigungsverfahren nach § 105 V AMG, Sofortvollzug nach § 105 V b 2 AMG – Abrundungen zu einem Beschluss des VG Köln vom 22. Mai 2003, PharmR 2003, 272; *Weber*, Beobachtungen und Bewertung von unerwünschten Arzneimittelwirkungen, in: 25 Jahre Arzneimittelgesetz, Symposium des Bundesverbandes der Pharmazeutischen Industrie, 1986; *Wolz*, Bedenkliche Arzneimittel als Rechtsbegriff. Der Begriff der bedenklichen Arzneimittel und das Verbot ihres Inverkehrbringens in den §§ 95 I Nr. 1 iVm 5 AMG, 1988.

A. Der Begriff des Arzneimittels 1
  I. Nationale und europäische Gesetzesvorgaben 1
    1. § 2 Abs. 1 AMG / Art. 1 Nr. 2 RL 2001/83/EG 1
    2. „Zweifelsfallregelung" (Art. 2 Abs. 2 RL 2001/83/EG) 7
    3. Arzneimittel, Krankheit und krankhafte Beschwerden 9
      a) Krankheit 10
      b) Krankhafte Beschwerden 12
    4. „Fiktive Arzneimittel" 14
  II. Negativdefinitionen 17
    1. Abgrenzung von Arzneimitteln gegenüber Lebensmitteln 18
    2. Abgrenzung von Arzneimitteln gegenüber Medizinprodukten 24
    3. Biozid-Produkte 25
  III. Arzneimittel kraft gesetzlicher Fiktion ... 26
  IV. Arzneimittel kraft gesetzlicher Erstreckung 27
B. Abgrenzungen 28
  I. Abgrenzung Arzneimittel/Lebensmittel .. 28
    1. Urteil des EuGH vom 9.6.2005 – HLH-Warenvertrieb u.a. / Deutschland 29
    2. Pharmakologische Eigenschaften 31
    3. Zusammensetzung und Dosierung .. 46
    4. Gebrauchsmodalitäten 56
    5. Risiken 58
    6. Zweifelsfallregelung 63
    7. Präsentationsarzneimittel 79
    8. Diätetische Lebensmittel 91
  II. Abgrenzung Arzneimittel/Medizinprodukt 109
    1. Einleitung 109
    2. Überblick über das Medizinprodukterecht 110
      a) Europäische Richtlinien 110
      b) Konzeption der Medizinprodukterichtlinien 111
      c) Deutsches Medizinprodukterecht 112
      d) Voraussetzungen für die Verkehrsfähigkeit von Medizinprodukten 115
    3. Kriterien der Produktabgrenzung 117
      a) Ausgrenzungsvorschriften des MPG 117
      b) Übereinstimmungen und Unterschiede in den Begriffsbestimmungen 118
        aa) Begriffsdefinitionen 119
        (1) Definition des Medizinprodukts 119
        (2) Definition des Arzneimittels 120
        bb) Überschneidungen 121

        (1) Anwendung für Menschen 121
        (2) Stoffe und Zubereitungen aus Stoffen 122
        (a) Stoffbegriff 123
        (b) Unterschied zum Gegenstand 124
        (3) Medizinische Zweckbestimmung 125
        (4) Schnittmenge 126
      cc) Unterscheidungskriterium 127
        (1) Bestimmungsgemäße Hauptwirkung 127
        (2) Definition der pharmakologischen, immunologischen und metabolischen Wirkungsweisen 129
        (a) Fehlen gesetzlicher Definitionen 129
        (b) Europäische Leitlinie 130
        (c) Definition deutscher Behörden .. 131
        (d) Rechtsprechung und Literatur ... 132
    4. Die Einstufungsentscheidung 133
      a) Verantwortung des Herstellers ... 133
      b) Überwachung durch die Behörden 136
      c) Auswirkung der sog. Zweifelregelung des § 2 Abs. 3 a AMG auf die Einstufung von Medizinprodukten 137
      aa) Auswirkung auf die Einstufung stofflicher Medizinprodukte 138
      bb) Auslegung des § 2 Abs. 3 a AMG im Hinblick auf die Abgrenzung von Arzneimitteln zu Medizinprodukten anhand des Gemeinschaftsrechts 139
        (1) Vorgaben der Medizinprodukterichtlinie 93/42/EWG 139
        (2) Erwägungsgrund 7 der Richtlinie 2004/27/EG 140
        (3) Zweck des Art. 1 Nr. 2 lit. a RL 2001/83/EG 141
        (4) Fazit 142
      d) Bedeutung der Zweifelregelung des § 2 Abs. 3 a AMG für die Abgrenzung von Arzneimitteln und Medizinprodukten bei Zweifeln an der Wirkungsweise ... 143
      e) Einstufung bei Zweifeln auf der Grundlage des § 2 Abs. 1 Nr. 1 AMG 145
      f) Entscheidungshilfen 146
    5. Fixe Kombinationsprodukte 147
      a) Abgrenzung Geltungsarzneimittel von Medizinprodukten mit Arzneimittelanteil 148
      aa) Gesetzliche Regelungen 148
        (1) § 2 Abs. 2 Nr. 1 AMG 148
        (2) § 3 Nr. 2 und Nr. 3 MPG 149

(3) § 2 Abs. 3 MPG 150
bb) Zweckbestimmung als Unterscheidungsmerkmal 151
cc) Bedeutung der sog. Zweifelsregelung des § 2 Abs. 3 a AMG 153
b) Abgrenzung Arzneimittel gegen stoffliche Medizinprodukte mit Arzneimittelanteil 154
aa) Zweckbestimmung und Verkehrsauffassung 155
bb) Einstufung auf der Grundlage der Zweifelsregelung des § 2 Abs. 3 a AMG 156
cc) Bedeutung von § 2 Abs. 3 Nr. 7 AMG und § 2 Abs. 5 Nr. 1 MPG für die Produkteinstufung 158
6. Arzneimittel mit Medizinprodukt in loser Kombination 159
III. Abgrenzung zu Organen und Organteilen 160
C. Fertigarzneimittel und Rezepturarzneimittel 168
I. Bedeutung einer begrifflichen Abgrenzung 168
II. Gesetzliche Begriffsbestimmung 170
1. Im Voraus hergestellte Arzneimittel 171
2. Sonstige industriell oder gewerblich hergestellte Arzneimittel 172
3. Rezepturarzneimittel 173
4. Zur Abgabe an Verbraucher hergestellte Arzneimittel 175
5. Ausnahme für Zwischenprodukte ... 176
D. Arzneimittelsicherheit 178
I. Das Verkehrsverbot des § 5 Abs. 1 AMG 178
II. Der Bedenklichkeitsbegriff des § 5 Abs. 2 AMG 182
III. Bedenklichkeit als Zulassungsversagungsgrund und unabhängiges Verkehrsverbot 183
E. Wirksamkeit 186
I. Wirkung und „therapeutische Wirksamkeit" 186
1. Wirkungen 187
2. „Therapeutische Wirksamkeit" 188
II. Grad der „therapeutischen Wirksamkeit" 190
III. Wirksamkeitsnachweis 196
F. Stoffe und Wirkstoffe 202
I. Stoffe 202
II. Wirkstoffe 203

A. Der Begriff des Arzneimittels

I. Nationale und europäische Gesetzesvorgaben

1. § 2 Abs. 1 AMG / Art. 1 Nr. 2 RL 2001/83/EG

1 Die Definition des Arzneimittelbegriffs in § 2 Abs. 1 AMG aF bezeichnete bislang Arzneimittel als Stoffe oder Zubereitungen aus Stoffen, die die in der Vorschrift bezeichneten Zwecke erfüllten. Für die Einstufung eines Stoffes oder einer Zubereitung aus Stoffen galt es maßgeblich auf deren Zweckbestimmung abzustellen,[1] wofür bereits der Wortlaut des § 2 Abs. 1 AMG sprach:

Arzneimittel sind Stoffe oder Zubereitungen aus Stoffen, die dazu bestimmt sind, durch Anwendung am oder im menschlichen oder tierischen Körper 1. Krankheiten, Leiden, Körperschäden oder krankhafte Beschwerden zu heilen, zu lindern, zu verhüten oder zu erkennen, 2. [...].

2 Im Gegensatz zu der Arzneimitteldefinition des AMG 1961, wonach Arzneimittel als Stoffe oder Zubereitungen von Stoffen bezeichnet wurden, „die vom Hersteller oder demjenigen, der sie sonst in den Verkehr bringt, dazu bestimmt sind, durch Anwendung zu heilen", sollte nach dem AMG 1976 ein Arzneimittel nicht auf die vom pharmazeutischen Unternehmer zum Ausdruck gebrachte subjektive Zweckbestimmung bezogen sein, sondern darauf, zu welchen Zwecken ein bestimmtes Produkt nach der allgemeinen Verkehrsauffassung, nach Ansicht eines beachtlichen Teils der Verbraucher oder, bei neuartigen Produkten, zu denen es noch keine Verkehrsauffassung gibt, nach Auffassung des Standes der wissenschaftlichen Erkenntnisse zu dienen bestimmt ist. Damit sollte die Zuordnung eines Produkts gleichsam in ein Modell „objektiver Zweckbestimmung" eingebettet sein.[2] Der Gesetzgeber wollte auf diesem Weg den Arzneimittelbegriff verobjektivieren, um damit zu verhindern, dass ein

---

1 Kloesel/Cyran, Arzneimittelrecht, § 2 AMG Erl. 1, 20; Rehmann, AMG, § 2 Rn 1.
2 Begr. der Bundesregierung zum Entwurf eines Gesetzes zur Neuordnung des Arzneimittelrechts v. 7.1.1975 (BT-Drucks. 7/3060, 44); vgl darüber hinausgehend BGH, Urt. v. 30.3.2006 – I ZR 24/03, WRP 2006, 736 f; BGH, Urt. v. 11.7.2002, PharmR 2002, 400 f; BGH, Urt. v. 10.2.2000, PharmR 2000, 184.

A. Der Begriff des Arzneimittels 2

pharmazeutischer Unternehmer selbst darüber entscheiden könnte, ob ein Stoff oder eine Zubereitung aus Stoffen unter den Anwendungsbereich des AMG fällt oder nicht.[3]

Mit dem 15. Gesetz zur Änderung des AMG und anderer Vorschriften (15. AMG-Novelle) aus dem Jahr 2009 wurden die Elemente der Definition eines Arzneimittels nach den europäischen Richtlinienvorgaben in das deutsche Arzneimittelrecht überführt. § 2 Abs. 1 AMG lautet nunmehr wie folgt: 3

Arzneimittel sind Stoffe oder Zubereitungen aus Stoffen,
1. *die zur Anwendung im oder am menschlichen oder tierischen Körper bestimmt sind und als Mittel mit Eigenschaften zur Heilung oder Linderung oder zur Verhütung menschlicher oder tierischer Krankheiten oder krankhafter Beschwerden bezeichnet werden, oder*
2. *die im oder am menschlichen oder tierischen Körper angewendet oder einem Menschen oder einem Tier verabreicht werden können, um entweder*
    a) *die physiologischen Funktionen durch eine pharmakologische, immunologische oder metabolische Wirkung wiederherzustellen, zu korrigieren oder zu beeinflussen oder*
    b) *eine medizinische Diagnose zu erstellen.*

Die Arzneimitteldefinition in § 2 Abs. 1 AMG gemäß der 15. AMG-Novelle entspricht den gemeinschaftsrechtlichen Vorgaben der Richtlinie 2001/83/EG sowie deren Vorgängerrichtlinie 65/65/EWG. Nach Auffassung des Gesetzgebers haben die mit der 15. AMG-Novelle vorgenommenen Änderungen kaum Auswirkungen auf die Anwendungspraxis, weil die Kernelemente mit der bisherigen deutschen und der gemeinschaftsrechtlichen Arzneimitteldefinition übereinstimmen.[4] Lediglich aus Gründen der Klarstellung werden die schon bislang im deutschen Recht vorhandenen Begriffe „Linderung" und „krankhafte Beschwerden" beibehalten, weil sie deutlich machen, dass aus Gründen der Arzneimittelsicherheit alle Mittel erfasst werden sollen, für die eine arzneiliche Wirkung beansprucht wird, auch wenn zum Beispiel nur die Linderung krankhafter Beschwerden beabsichtigt ist. Der Begriff „am ... Körper verwendet" wurde durch den gebräuchlicheren und präziseren Begriff „am ... Körper angewendet" ersetzt. Die im Vergleich zur früheren Fassung (§ 2 Abs. 1 Nr. 5 AMG aF) engere Formulierung, die darauf abstellt, dass physiologische Funktionen durch eine pharmakologische, immunologische oder metabolische Wirkung wiederherzustellen, zu korrigieren oder zu beeinflussen sind, beinhaltet nur eine geringfügige Änderung, da jene Abgrenzung infolge von § 2 Abs. 3 Nr. 7 AMG schon bislang vorzunehmen war.[5] 4

In Art. 1 Nr. 2 RL 2001/83/EG wurden Arzneimittel definiert als alle Stoffe oder Stoffzusammensetzungen, die als Mittel zur Heilung oder zur Verhütung menschlicher Krankheiten bezeichnet werden, sowie alle Stoffe oder Stoffzusammensetzungen, die dazu bestimmt sind, im oder am menschlichen Körper zur Erstellung einer ärztlichen Diagnose oder Wiederherstellung, Besserung oder Beeinflussung der menschlichen physiologischen Funktionen angewandt zu werden. Diese definitorische Zweiteilung des Arzneimittelbegriffs führte dazu, dass einerseits die Bezeichnung eines Produkts als Arzneimittel (sog. **Präsentationsarzneimittel**) und anderseits die objektive Bestimmung der jeweiligen Stoffe oder Stoffzusammensetzungen, diagnostischen oder therapeutischen Zwecken zu dienen (sog. **Funktionsarznei-** 5

---

3 Bereits die Rspr. des BGH und des BVerwG legten den Begriff des Arzneimittels lange vor der Novellierung des AMG dahin gehend aus, dass entscheidend darauf abzustellen sei, wie ein Produkt beim Feilhalten oder Verkauf gegenüber einem durchschnittlichen Verbraucher aufgrund seiner stofflichen Zusammensetzung, seiner Aufmachung und der Art seines Vertriebs in Erscheinung tritt, BVerwG, Urt. v. 16.2.1971 – 1 C 25/66, BVerwGE 37, 207, 218 ff; BGH, Urt. v. 17.9.1965 – 1 b ZR 11/64, BGHZ 44, 208, 213 ff.
4 Vgl die Begr. der Bundesregierung zum Entwurf eines Gesetzes zur Änderung arzneimittelrechtlicher und anderer Vorschriften v. 16.3.2009, BT-Drucks. 16/12256, 41.
5 Vgl die Begr. der Bundesregierung, ebenda.

mittel), das Produkt zu einem Arzneimittel machte.[6] Die durch Art. 1 RL 2004/27/EG vorgenommene Neuformulierung des Arzneimittelbegriffs des Gemeinschaftskodex der Richtlinie 2001/83/EG differenziert auch weiterhin zwischen Präsentationsarzneimitteln und Funktionsarzneimitteln. Als Arzneimittel gelten nach Art. 1 Nr. 2 des Gemeinschaftskodex:

a) Alle Stoffe oder Stoffzusammensetzungen, die als Mittel mit Eigenschaften zur Heilung oder zur Verhütung menschlicher Krankheiten bestimmt sind, oder

b) alle Stoffe oder Stoffzusammensetzungen, die im oder am menschlichen Körper verwendet oder einem Menschen verabreicht werden können, um entweder die menschlichen physiologischen Funktionen durch eine pharmakologische, immunologische oder metabolische Wirkung wiederherzustellen, zu korrigieren oder zu beeinflussen oder eine medizinische Diagnose zu erstellen.

6 Demgemäß umfasst die europäische Legaldefinition in Art. 1 Nr. 2 lit. a RL 2001/83/EG weiterhin die Präsentationsarzneimittel, wenngleich der Begriff der „Bezeichnung" durch das Verb „bestimmt" inhaltlich ersetzt wurde.[7] Funktionsarzneimittel hinwiederum sollen nach Art. 1 Nr. 2 lit. b RL 2001/83/EG nunmehr auch Stoffe oder Stoffzusammensetzungen sein, die verabreicht werden *können*, um die von der Definition vorgegebenen Zwecke durch eine pharmakologische, immunologische oder metabolische Wirkungsweise zu erreichen. Diese Neufassung der Definition des Funktionsarzneimittels verfestigt ihr inhaltliches Gewicht durch eine Objektivierung des Arzneimittelbegriffs anhand wissenschaftlicher Kriterien.[8]

2. „Zweifelsfallregelung" (Art. 2 Abs. 2 RL 2001/83/EG)

7 Trotz vorgegebener gesetzlicher oder durch die Rechtsprechung entwickelter Beurteilungskriterien gestaltet sich die Abgrenzung von Arzneimitteln und anderen Produkten als äußerst schwierig.[9] Die Richtlinie 2004/27/EG zur Erweiterung des Gemeinschaftskodex der Richtlinie 2001/83/EG hat deshalb die sog. Zweifelsfallregelung eingeführt, mit der bei der Einordnung von Grenzprodukten, wie z.B. Nahrungsergänzungsmitteln oder diätetischen Lebensmitteln, Rechtsanwendungssicherheit geschaffen werden sollte. Ausweislich der Erwägungsgründe der Richtlinie ist es in **Zweifelsfällen** zur Sicherstellung der Rechtssicherheit erforderlich, dann, wenn ein bestimmtes Produkt unter die Definition eines Arzneimittels fällt und gleichzeitig mit der Definition anderer regulierter Produkte übereinstimmen könnte, ausdrücklich anzugeben, welche Vorschriften einzuhalten sind. Fällt ein Produkt eindeutig unter die Definition anderer Produktgruppen (insbesondere Lebensmittel, Nahrungsergänzungsmittel, Produkte der Medizintechnik, Biozide oder kosmetische Mittel), soll die Richtlinie nicht gelten.[10] Die – vor allem bedingt durch ein gestiegenes Ernährungs- und Gesundheitsbewusstsein der Bevölkerung und die in den letzten Jahren intensivierte Vermarktung von Nahrungsergänzungsmitteln – derart normierte Einordnungs- resp. Abgrenzungsregelung erweist die aktuelle praktische Relevanz der rechtlichen Zuordnung eines Arzneimittels.

8 Die 15. AMG-Novelle hat über eine Einfügung in § 2 Abs. 3a AMG die „Zweifelsfallregelung" aus Art. 2 Abs. 2 RL 2001/83/EG übernommen. Ausweislich der Gesetzesbegründung

---

6 Rehmann, AMG, § 2 Rn 3; Kügel/Klein, PharmR 1996, 386 ff.
7 Vgl EuGH, Urt. v. 15.11.2007 – Rs C 319/05, Slg 2007, I-9811 – Knoblauchkapseln.
8 Vgl Rehmann, AMG, § 2 Rn 6.
9 Vgl Dettling, A&R 2009, 65 ff; Rehmann, A&R 2009, 58 ff; Müller, FS Doepner, 2008, S. 267 ff; Reese/Stallberg, ZLR 2008, 695.
10 Vgl hierzu den 7. Erwägungsgrund der RL 2004/27/EG des Europäischen Parlamentes und des Rates v. 31.3.2004 zur Änderung der RL 2001/83/EG zur Schaffung eines Gemeinschaftskodex für Humanarzneimittel (ABl. EU Nr. L 136/34 v. 30.4.2004).

setzt die Anwendung der Regelung auch hier die positive Feststellung der Arzneimitteleigenschaft des jeweiligen Produkts voraus. Deshalb wurden die Abgrenzungsregelungen zu anderen Produkten des bisherigen Abs. 3 beibehalten.[11] Verbleibende Zweifel an der Zuordnung eines Produkts unter die Produktgruppen des § 2 Abs. 3 AMG (Lebensmittel, Medizinprodukte, u.a.) gehen danach zulasten des Herstellers bzw. Inverkehrbringenden.[12] Gleichwohl erfordert die Einordnung eines Produkts als Funktionsarzneimittel iSd § 2 Abs. 1 Nr. 2 AMG ungeachtet der Zweifelsregelung des § 2 Abs. 3a AMG den wissenschaftlichen Nachweis, dass die physiologischen Funktionen durch eine pharmakologische, immunologische oder metabolische Wirkung des Produkts wiederhergestellt, korrigiert oder beeinflusst werden (vgl. hierzu ausführlich Rn 50 ff).[13]

3. Arzneimittel, Krankheit und krankhafte Beschwerden

Gemäß § 2 Abs. 1 Nr. 1 AMG soll es sich dann um ein Arzneimittel handeln, wenn es dazu bestimmt ist, Krankheiten oder krankhafte Beschwerden zu heilen, zu lindern oder zu verhüten. Diese in § 2 Abs. 1 Nr. 1 AMG erwähnten Arzneimittelfunktionen gelten als die „wichtigsten".[14]

a) Krankheit

Mit Beschluss vom 21.3.1958 bezeichnete der **BGH** als Krankheit „jede, also auch eine nur unerhebliche oder nur vorübergehende Störung der normalen Beschaffenheit oder der normalen Tätigkeit des Körpers, die geheilt, d.h. beseitigt oder gelindert werden kann".[15] Diese Definition übernahm das **BVerwG** und bestätigte sie für das Gebiet des Arzneimittelrechts.[16] Im Verfolg dieser Rechtsprechung stellte das BVerwG[17] fest, dass die Normen, an denen Krankheit und Gesundheit zu messen sind, (zwar) eine gewisse Schwankungsbreite aufweisen, der Krankheitsbegriff jedoch überdehnt werde und durch die Zielsetzung der arzneirechtlichen Vorschriften nicht mehr gedeckt sei, falls jedwede körperliche Funktionsabweichung als krankhafte Beschwerden gelte.

Im Ergebnis deckt sich dies mit dem Krankheitsbegriff, wie er dem SGB V zugrunde liegt, der durch die umfangreiche sozialrechtliche Literatur und Rechtsprechung eine detaillierte Konkretisierung erfahren hat. Hiernach setzt Krankheit einen regelwidrigen Körper- oder Geisteszustand voraus. Regelwidrig ist er dann, wenn er vom „Leitbild eines Gesunden" abweicht.[18] Funktional bedeutungslose morphologische Normabweichungen fallen nicht darunter.[19]

---

11 Vgl Begr. der Bundesregierung zum Entwurf eines Gesetzes zur Änderung arzneimittelrechtlicher und anderer Vorschriften v. 16.3.2009 (BT-Drucks. 16/12256, 41).
12 VG Köln, Urt. v. 14.10.2009 – 24 K 4394/08.
13 BVerwG, Urt. v. 26.5.2009 – 3 C 5.09; EuGH, Urt. v. 15.1.2009, Rs. C 140/07 – Red Rice.
14 Vgl hierzu Bericht des Ausschusses für Jugend, Familie und Gesundheit v. 28.4.1976 (BT-Drucks. 7/5091, 11).
15 BGH, Beschl. v. 21.3.1958 – 2 StR 339/57, NJW 1958, 916, 918.
16 BVerwG, Beschl. v. 7.12.1962 – I B 121/62, DAz 1963, 73 f.
17 BVerwG, Urt. v. 16.2.1971 – I C 25/66, BVerwGE 37, 209, 214; BVerwG, Urt. v. 5.7.1973 – I C 54/69, DAZ 1973, 1363, 1364.
18 Vgl exemplarisch BSG, Urt. v. 28.4.1967 – 3 RK 12/65, BSGE 26, 240, 242 f; BSG, Urt. v. 20.10.1972 – 3 RK 93/71, BSGE 35, 10, 12; BSG, Urt. v. 12.11.1985 – 3 RK 48/83, BSGE 59, 119, 121; Igl/Welti, Sozialrecht, § 17 Rn 31 ff; zum Begriff „Krankheit" und verwandten Begriffen vgl Erlenkämper/Fichte, Sozialrecht, S. 11 ff; vgl auch Bülow/Ring, HWG, § 1 Rn 33.
19 Beispielhaft seien aufgeführt: Haarlosigkeit (BSG, Urt. v. 18.2.1981 – 3 RK 49/79, SozR 2200 § 182 b Nr. 18), Menstruation, Schönheitsfehler, die allesamt nicht unter den Begriff der Krankheit fallen. Dies gilt einschließlich der Entsprechungen auf dem Gebiet der Psychiatrie, vgl Bley/Kreikebohm/Marschner, Sozialrecht, Rn 484 ff; Doepner, HWG, § 1 Rn 52 ff.

b) Krankhafte Beschwerden

12 Dem Begriff „krankhafte Beschwerden" kommt keine besondere, eigenständige Bedeutung zu. Ihre Ausprägungen fallen bereits unter den Begriff der Krankheit, der nach Auffassung des BGH und des BVerwG auch unerhebliche oder nur vorübergehende Störungen der Gesundheit einschließt, weshalb eine ausdrückliche Erwähnung überflüssig ist.[20] Gleichwohl sind in Entsprechung zur zurückliegenden Arzneimitteldefinition vom Begriff der „krankhaften Beschwerden" auch „Leiden" und „Körperschäden" umfasst.

13 Der Begriff der **Leiden** meint Störungen der normalen Funktionen oder Beschaffenheit des Körpers, die von längerer Dauer sind. Wegen der systematischen Stellung neben dem Begriff der Krankheit dürften auch unheilbare Leiden gemeint sein.[21] Mit **Körperschäden** sollen alle irreparablen, sich nicht aus dem natürlichen Lebensablauf ergebenden Veränderungen des menschlichen Körpers gemeint sein. Sie sind weder Krankheiten noch Leiden (exemplarisch: Verlust eines Körpergliedes, Versteifung etc.) zuzuordnen.[22]

4. „Fiktive Arzneimittel"

14 § 2 Abs. 2 AMG behandelt die sog. fiktiven Arzneimittel. Das sind Stoffe, Gegenstände und Instrumente, die nach der Definition in Abs. 1 keine Arzneimittel sind, doch als solche gelten sollen. Allerdings werden lediglich die in § 2 Abs. 2 Nr. 1 bezeichneten Gegenstände den Arzneimitteln des Abs. 1 gleichgestellt, nur für sie finden sämtliche Vorschriften des AMG Anwendung.[23] Grundsätzlich soll es im Interesse der Arzneimittelsicherheit bei dieser gesetzlichen Fiktion nicht darauf ankommen, ob ein Arzneimittel isoliert oder zusammen mit einem Gegenstand eingenommen wird.[24]

15 Mit Inkrafttreten des MPG vom 2.8.1994[25] hatte sich die Menge der durch das AMG geregelten fiktiven Arzneimittel erheblich verringert. Mit § 51 Nr. 1 MPG (1994) iVm § 60 Abs. 2 MPG (1994) wurde Abs. 2 neu gefasst bzw abgeändert. Alle steril gekennzeichneten Einmalgeräte für den Humanbereich, Gegenstände, die zu med. Zwecken in den menschlichen Körper eingebracht werden, Verbandsstoffe/Nahtmaterial und auch Dentalwerkstoffe,[26] die bislang von § 2 Abs. 2 AMG aF erfasst wurden, gelten seither als Medizinprodukte.

16 § 2 Abs. 2 Nr. 1 AMG betrifft Gegenstände mit Arzneimittelzusatz, die ihre Zweckbestimmung überwiegend auf pharmakologische oder immunologische Weise oder durch Metabolismus erfüllen. Hierzu zählen zB Pflaster mit einem enthaltenen Wirkstoff (präparierte Verbandsstoffe, Brandbinden, Zugpflaster etc.) oder ein mit Heparin oder Antibiotikum beschichteter Katheder (**Drug-Delivery-Products**). § 2 Abs. 2 Nr. 1 a AMG betrifft tierärztliche Instrumente, die zur einmaligen Anwendung bestimmt sind und einem Verfahren zur Verminderung der Keimzahl unterzogen worden sind (sterile Einmalartikel).[27] Nach § 2 Abs. 2 Nr. 2 AMG wird Gegenständen, die in den tierischen Körper eingebracht werden, Arzneimittelqualität zugeschrieben. Als Arzneimittel gelten darüber hinaus Verbandsstoffe und chirurgisches Nahtmaterial zur Verwendung in der Veterinärmedizin sowie veterinär-

---

20 Kloesel/Cyran, Arzneimittelrecht, § 2 AMG Erl. 46.
21 Kloesel/Cyran, Arzneimittelrecht, § 2 AMG Erl. 43.
22 Kloesel/Cyran, Arzneimittelrecht, § 2 AMG Erl. 45.
23 Kloesel/Cyran, Arzneimittelrecht, § 2 AMG Erl. 83.
24 Deutsch/Spickhoff, Medizinrecht, Rn 842; Wolz, Bedenkliche Arzneimittel als Rechtsbegriff, 1988, S. 27; OVG NRW, Beschl. v. 2.1.1997 – 13 B 2280/96, PharmR 1997, 314 ff.
25 Gesetz über Medizinprodukte – Medizinproduktegesetz (MPG) – v. 2.8.1994 (BGBl. I, 1963) idF der Bekanntmachung v. 7.8.2002 (BGBl I, 3146), zuletzt geändert durch Gesetz v. 29.7.2009 (BGBl. I, 2326), vgl hierzu Deutsch, NJW 1994, 752, 752 f; Bülow/Ring, HWG, § 1 Rn 64.
26 Sander, Arzneimittelrecht, § 2 AMG Erl. 27 a, mwN.
27 Eine Auflistung der entsprechenden Artikel findet sich bei Sander, Arzneimittelrecht, § 2 AMG Erl. 27 a.

medizinische In-vitro-Diagnostika (Testsera und Testantigene; § 2 Abs. 2 Nr. 3 und 4 AMG).

II. Negativdefinitionen

§ 2 Abs. 3 Nr. 1 bis 8 AMG grenzt u.a. solche dem Lebensmittelrecht und dem MPG unterliegenden Produkte und Erzeugnisse ab. Hierbei handelt es sich um Lebensmittel, Tabakerzeugnisse, kosmetische Mittel, Biozide, Reinigungsmittel, Futtermittel, Chemikalien, Medizinprodukte und darüber hinaus um Organe, die unter die Bestimmung des § 1a Nr. 1 TPG[28] fallen. Die gegenüber diesen Erzeugnissen bestehenden Abgrenzungsschwierigkeiten betreffen im wesentlichen Lebensmittel, Nahrungsergänzungsmittel, Nahrungsmittel, die einem besonderen Ernährungszweck dienen und Medizinprodukte.

1. Abgrenzung von Arzneimitteln gegenüber Lebensmitteln

§ 2 Abs. 3 Nr. 1 AMG trifft zur Abgrenzung der Arzneimittel von Lebensmitteln die Aussage:

Arzneimittel sind nicht

1. Lebensmittel im Sinne des § 2 Abs. 2 des Lebensmittel- und Futtermittelgesetzbuches, ...[29]

Entsprechend § 1 LMBG[30], dem Vorgängergesetz zum LFBG, verstand man bislang unter einem Lebensmittel:

(1) Lebensmittel im Sinne dieses Gesetzes sind Stoffe, die dazu bestimmt sind, in unverändertem, zubereitetem oder verarbeitetem Zustand von Menschen verzehrt zu werden; ausgenommen sind Stoffe, die überwiegend dazu bestimmt sind, zu anderen Zwecken als zur Ernährung oder zum Genuss verzehrt zu werden.

(2) Den Lebensmitteln stehen gleich ihre Umhüllungen, Überzüge oder sonstige Umschließungen, die dazu bestimmt sind, mit verzehrt zu werden, oder bei denen der Mitverzehr vorauszusehen ist.

Bereits aus der systematischen Stellung im Gesetz ließ sich schließen, dass ein Erzeugnis zunächst unter die Lebensmitteldefinition einzuordnen ist. Soweit Stoffe oder Zubereitungen als Lebensmittel subsumiert werden können, bestimmt § 2 Abs. 3 Nr. 1 AMG, dass es sich um keine Arzneimittel handelt. Sind die Erzeugnisse jedoch überwiegend dazu bestimmt, „zu anderen Zwecken" verzehrt zu werden, war für eine Abgrenzung die Arzneimitteldefinition einschlägig.[31] Gleiches galt für Tabakerzeugnisse und kosmetische Mittel (§ 2 Abs. 3 Nr. 2 und 3 AMG). Für eine entsprechende Produkteinordnung war das von der Rechtsprechung zugrunde gelegte Modell der „objektiven Zweckbestimmung" maßgeblich (vgl hierzu Rn 2).

---

28 Gesetz über die Spende, Entnahme und Übertragung von Organen und Geweben (Transplantationsgesetz – TPG) in der Fassung der Bekanntmachung v. 4.9.2007 (BGBl. I, 2206), zuletzt geändert durch Gesetz v. 17.7.2009 (BGBl. I, 1990), vgl hierzu auch Deutsch/Spickhoff, Medizinrecht, Rn 619 ff.
29 Lebensmittel-, Bedarfgegenstände- und Futtermittelgesetzbuch (Lebensmittel- und Futtermittelgesetzbuch - LFBG) in der Fassung der Bekanntmachung v. 24.7.2009 (BGBl. I, 2205), zuletzt geändert durch VO v. 3.8.2009 (BGBl. I, 2630). – Darüber hinausgehend heißt es in § 2 Abs. 3 Nr. 2 AMG: „Arzneimittel sind nicht [...] 3. kosmetische Mittel im Sinne des § 2 Abs. 5 des Lebensmittel- und Futtermittelgesetzbuches".
30 Gesetz über den Verkehr mit Lebensmitteln, Tabakerzeugnissen, kosmetischen Mitteln und sonstigen Bedarfsgegenständen (Lebensmittel- und Bedarfsgegenständegesetz – LMBG) in der Fassung der Bekanntmachung v. 9.9.1997 (BGBl. I, 2296), zuletzt geändert durch Gesetz v. 20.7.2000 (BGBl. I, 1045).
31 Bülow/Ring, HWG, § 1 Rn 68 a; Kloesel/Cyran, Arzneimittelrecht, § 2 AMG Erl. 107 ff.

§ 2 Zentralbegriffe des Arzneimittelrechts

20 Die nach dem Inkrafttreten der Verordnung (EG) Nr. 178/2002[32] gültige europäische Definition eines Lebensmittels, die in § 2 Abs. 2 LFBG inhaltsgleich übernommen wurde,[33] hat aufgrund der verallgemeinerten Fassung des Lebensmittelbegriffs, mit welchem es nunmehr keine Zweckbestimmung für Lebensmittel gibt (frühere Zweckbestimmungskriterien: Ernährung und Genuss), die Abgrenzungsproblematik von Arznei- und Lebensmitteln deutlich verschärft.

Gemäß Art. 2 S. 1 VO (EG) Nr. 178/2002 sind Lebensmittel

im Sinne dieser Verordnung alle Stoffe oder Erzeugnisse, die dazu bestimmt sind oder von denen nach vernünftigem Ermessen erwartet werden kann, dass sie in verarbeitetem, teilweise verarbeitetem oder unverarbeitetem Zustand vom Menschen aufgenommen werden.

21 Nach Art. 2 S. 3 lit. d VO (EG) Nr. 178/2002 gehören zu den Lebensmitteln nicht Arzneimittel im Sinne der Richtlinien 65/65/EWG und 92/73/EWG (jetzt: Richtlinie 2001/83/EG). Damit ist die Arzneimitteldefinition der Arzneimittelrichtlinie 2001/83/EG im Verhältnis zur Lebensmitteldefinition integraler Bestandteil der Verordnung (EG) Nr. 178/2002. Durch die Lebensmitteldefinition der Verordnung (EG) Nr. 178/2002 wurde der bisherige Lebensmittelbegriff des § 1 LMBG vollständig verdrängt.[34] Aus der Grundaussage des Art. 2 S. 1 und S. 3 lit. d VO (EG) Nr. 178/2002 lassen sich nunmehr zwei Festlegungen für die Abgrenzung zwischen Lebensmitteln und Arzneimitteln ableiten: Einerseits kann ein Erzeugnis entweder Arzneimittel oder Lebensmittel sein, aber nicht beides.[35] Andererseits zeigt die Übernahme der Arzneimitteldefinition der Richtlinie 2001/83/EG in die Lebensmitteldefinition der Verordnung (EG) Nr. 187/2002, dass diese gegenüber der Verordnung *lex specialis* ist und in der Konsequenz erst bei einem positiven Nachweis der Tatbestandsmerkmale der Arzneimitteldefinition diese Anwendung findet und im Umkehrschluss aber daraus jedes Erzeugnis per se zunächst ein Lebensmittel darstellt.[36]

22 Auch eine verordnungskonforme Auslegung der Arzneimitteldefinition der Arzneimittelrichtlinie 2001/83/EG ändert freilich die **Einordnungsproblematik** nicht wesentlich. So bleibt die Auslegung des Begriffs der „Arzneimittel nach Bezeichnung" resp. „Arzneimittel nach Bestimmung" entsprechend Art. 1 Nr. 2 lit. a RL 2004/27/EG weiterhin an dem unbestimmten Merkmal des „durchschnittlich informierten, verständigen und aufmerksamen Verbrauchers" orientiert.[37] Zwar kam es hinsichtlich der Definition des Funktionsarzneimittels nach Art. 1 Nr. 2 lit. b RL 2001/83/EG durch Art. 1 der Änderungsrichtlinie 2004/27/EG zu einer Eingrenzung des Anwendungsbereichs auf Erzeugnisse, die eine „pharmakologische, immunologische oder metabolische Wirkung" erzielen.[38] Doch die nunmehr bestehende weite Fassung des ersten Teils der Arzneimitteldefinition in Art. 1 Nr. 2 lit. a RL 2001/83/EG „nach Bestimmung" hat zur Folge, dass weiterhin auch „funktionelle" Lebensmittel mit gesundheitsbezogenen Attributen wie „Verminderung der Ansteckungsgefahr" unter den Begriff des Lebensmittel fallen, statt in die Kategorie der Arzneimittel, zu denen sie eigentlich zählen. Denn die „Verminderung der Ansteckungsgefahr" stellt nach

---

32 VO (EG) Nr. 178/2002 des Europäischen Parlaments und des Rates v. 28.1.2002 zur Festlegung der allgemeinen Grundsätze und Anforderungen des Lebensmittelrechts, zur Errichtung der Europäischen Behörde für Lebensmittelsicherheit und zur Festlegung von Verfahren zur Lebensmittelsicherheit (ABl. EG Nr. L 31/1 v. 1.2.2002).
33 § 2 Abs. 2 LFGB: „Lebensmittel sind Lebensmittel im Sinne des Artikels 2 der VO (EG) Nr. 178/2002".
34 Meyer, WRP 2002, 1205, 1206.
35 Köhler, GRUR 2002, 844, 845.
36 Meyer, WRP 2002, 1205, 1206.
37 Köhler, WRP 2002, 1205, 1206.
38 Doepner/Hüttebräuker, ZLR 2004, 429, 448 ff, die hierin eine naturwissenschaftliche Objektivierung des Arzneimittelbegriffs sehen.

der aktuellen **Health-Claim-VO** (EG) Nr. 1924/2006[39] einen sog. *risk-reduction claim* dar, der entsprechend belegt und zugelassen werden muss.

Damit hat die neue Definition des Lebensmittels im Vergleich zu den Arzneimitteln keine Anpassung an die jüngste Entwicklung des Lebensmittelmarktes vollzogen.[40] Auch der Rechtsstatus eines Produkts, das aufgrund seiner stofflichen Zusammensetzung sowohl zur Nahrungsergänzung als auch zur Verhütung und Heilung von Krankheiten bestimmt ist und so auch zum Einsatz kommt, ist weiterhin auf die jeweilige Bezeichnung bzw Bestimmung bezogen (vgl. hierzu weiter § 2 Rn 28 ff) .[41]

2. Abgrenzung von Arzneimitteln gegenüber Medizinprodukten

Arzneimittel und Medizinprodukte stehen, wie Arzneimittel und Lebensmittel, in einem Ausschlussverhältnis zueinander. Heißt es doch in § 2 Abs. 3 Nr. 7 AMG:

Arzneimittel sind nicht [...] 7. Medizinprodukte und Zubehör für Medizinprodukte im Sinne des § 3 des Medizinproduktegesetzes, es sei denn, es handelt sich um Arzneimittel im Sinne des § 2 Abs. 1 Nr. 2.

Aus dem Wortlaut der Definition eines Medizinprodukts in § 3 Nr. 1 a, b und d MPG ergibt sich, dass Medizinprodukte überwiegend den gleichen Zwecken wie Arzneimittel dienen.[42] Das **prinzipielle Unterscheidungsmerkmal** der Medizinprodukte von den Arzneimitteln liegt in der Wirkungsweise beider Produkte.[43] Dies ergibt sich bereits aus der amtlichen Begründung zum MPG, wonach sich Arzneimittel und Medizinprodukte dadurch unterscheiden, dass der Zweck der Medizinprodukte auf physikalischem Wege erreicht wird, während Arzneimittel ihren Zweck vorwiegend auf pharmakologischem Wege erfüllen (vgl weiter § 2 Rn 109 ff).[44]

---

39 VO (EG) Nr. 1924/2006 des Europäischen Parlament und des Rates v. 20.12.2006 über nährwert- und gesundheitsbezogene Angaben über Lebensmittel (ABl. EU Nr. L 12/3 v. 18.1.2007).
40 Stellungnahme des Wirtschafts- und Sozialausschusses v. 23.3.2001 zu dem „Vorschlag des Europäischen Parlaments und des Rates zur Festlegung der allgemeinen Grundsätze und Anforderungen des Lebensmittelrechts, zur Errichtung der Europäischen Behörde für Lebensmittelsicherheit und zur Festlegung von Verfahren zur Lebensmittelsicherheit" (ABl. EG Nr. C 155 v. 29.5.2001, S. 32, 34); vgl darüber hinausgehend Gorny, ZLR 2001, 501, 504; Doepner/Hüttebräuker, ZLR 2004, 429, 448 ff; Köhler, WRP 2002, 1205, 1206; Dettling, A&R 2009, 65 ff.
41 Dettling, aaO; Köhler, aaO.
42 Die Begriffsbestimmung für Medizinprodukte in § 3 Nr. 1 MPG lautet:
„Medizinprodukte sind alle einzeln oder miteinander verbunden verwendeten Instrumente, Apparate, Vorrichtungen, Stoffe und Zubereitungen aus Stoffen oder andere Gegenstände einschließlich der für ein einwandfreies Funktionieren des Medizinprodukts eingesetzten Software, die vom Hersteller zur Anwendung für Menschen mittels ihrer Funktionen zum Zwecke
a) der Erkennung, Verhütung, Überwachung, Behandlung oder Linderung von Krankheiten,
b) der Erkennung, Überwachung, Behandlung, Linderung oder Kompensierung von
Verletzungen oder Behinderungen,
c) der Untersuchung, der Ersetzung oder der Veränderung des anatomischen Aufbaus oder eines physiologischen Vorgangs oder
d) der Empfängnisregelung
zu dienen bestimmt sind und deren bestimmungsgemäße Hauptwirkung im oder am menschlichen Körper weder durch pharmakologisch oder immunologisch wirkende Mittel noch durch Metabolismus erreicht wird, deren Wirkungsweise aber durch solche Mittel unterstützt werden kann".
43 Vgl Doepner, HWG, § 1 Rn 103.
44 Amtl. Begr. der Bundesregierung zum Entwurf eines Gesetzes über den Verkehr mit Medizinprodukten v. 8.3.1994 (BT-Drucks. 12/6991, 28); Beschlussempfehlung und Bericht des Ausschusses für Gesundheit v. 15.6.1994 (BT-Drucks. 12/7930).

3. Biozid-Produkte

25 Mit der 15. AMG-Novelle wurden in die Negativdefinition Biozid-Produkte nach § 3 b des Chemikaliengesetzes aufgenommen (§ 2 Abs. 3 Nr. 5 AMG). Bislang konnte es für Biozid-Produkte eine Doppelzulassung als Arzneimittel und Biozid geben.

III. Arzneimittel kraft gesetzlicher Fiktion

26 Gemäß § 2 Abs. 4 AMG soll ein Mittel, solange es nach § 21 AMG zugelassen, nach § 38 AMG registriert oder durch Rechtsverordnung von der Zulassung/Registrierung freigestellt ist, auch dann als Arzneimittel gelten, wenn es die entsprechenden materiellen Kriterien der Beurteilung als Arzneimittel nicht (mehr) erfüllt. Der Gesetzgeber hat für diesen Fall die Arzneimitteleigenschaft im Interesse der Rechtssicherheit fingiert.[45] Der zuständigen Bundesoberbehörde wurde die Möglichkeit eröffnet, bei der Abgrenzung von Arzneimitteln gegenüber Nichtarzneimitteln in Zweifelsfällen zu bestimmen, dass ein Produkt so lange als Arzneimittel zu behandeln ist, wie diese Bestimmung von der Zulassungsbehörde aufrechterhalten wird.[46] Umgekehrt gilt eine Ablehnung der Zulassung oder Registrierung der Bundesoberbehörde mit der Begründung, es handele sich nicht um ein Arzneimittel, als negative Fiktion der Arzneimitteleigenschaft.[47]

IV. Arzneimittel kraft gesetzlicher Erstreckung

27 Nach § 4 Abs. 2 bis 9, 26, 29, 30 und 33 AMG **gelten als Arzneimittel kraft gesetzlicher Erstreckung:**

- Blutzubereitungen, die aus Blut gewonnene Blut-, Plasma- oder Serumkonserven, Blutbestandteile oder Zubereitungen aus Blutbestandteilen sind oder als Wirkstoffe enthalten (§ 4 Abs. 2 AMG).
- Sera, die Antikörper, Antikörperfragmente oder Fusionsproteine mit einem Antikörperbestandteil als Wirkstoff enthalten und wegen dieses Wirkstoffs angewendet werden. Sera gelten nicht als Blutzubereitungen im Sinne des § 2 Abs. 2 AMG oder als Gewebezubereitungen im Sinne des § 4 Abs. 30 AMG (§ 4 Abs. 3 AMG).
- Impfstoffe, die Antigene oder rekombinante Nukleinsäuren enthalten und die dazu bestimmt sind, bei Mensch oder Tier zur Erzeugung von spezifischen Abwehr- und Schutzstoffen angewendet zu werden und, soweit sie rekombinante Nukleinsäuren enthalten, ausschließlich zur Vorbeugung oder Behandlung von Infektionskrankheiten bestimmt sind (§ 4 Abs. 4 AMG).
- Allergene, die Antigene oder Haptene enthalten und dazu bestimmt sind, bei Mensch oder Tier zur Erkennung von spezifischen Abwehr- oder Schutzstoffen angewendet zu werden (Testallergene) oder Stoffe enthalten, die zur antigenspezifischen Verminderung einer spezifischen immunologischen Überempfindlichkeit angewendet werden (Therapieallergene) (§ 4 Abs. 5 AMG).
- Testsera, die aus Blut, Organen, Organteilen oder Organsekreten gesunder, kranker, krank gewesener oder immunisatorisch vorbehandelter Lebewesen gewonnen werden, spezifische Antikörper enthalten und die dazu bestimmt sind, wegen dieser Antikörper verwendet zu werden, sowie die dazu gehörenden Kontrollsera (§ 4 Abs. 6 AMG).
- Testantigene, die Antigene oder Haptene enthalten und die dazu bestimmt sind, als solche verwendet zu werden (§ 4 Abs. 7 AMG).

---

45 Vgl Begr. der Bundesregierung zum Entwurf eines Gesetzes zur Neuordnung des Arzneimittelrechts v. 7.1.1975 (BT-Drucks. 7/3060, 44).
46 Sander, Arzneimittelrecht, § 2 AMG Erl. 40.
47 Vgl Begr. der Bundesregierung zum Entwurf eines Gesetzes zur Neuordnung des Arzneimittelrechts v. 7.1.1975 (BT-Drucks. 7/3060, 44).

- Radioaktive Arzneimittel, die radioaktive Stoffe sind oder enthalten und ionisierende Strahlen spontan aussenden und die dazu bestimmt sind, wegen dieser Eigenschaften angewendet zu werden. Als radioaktive Arzneimittel gelten auch für die Radiomarkierung anderer Stoffe vor der Verabreichung hergestellte Radionuklide (Vorstufen) sowie die zur Herstellung von radioaktiven Arzneimitteln bestimmten Systeme mit einem fixierten Mutterradionuklid, das ein Tochterradionuklid bildet (Generatoren) (§ 4 Abs. 8 AMG).
- Gentherapeutika, somatische Zelltherapeutika oder biotechnologisch bearbeitete Gewebeprodukte (Arzneimittel für neuartige Therapien) nach Art. 2 Abs. 1 lit. a VO (EG) Nr. 1394/2007 des Europäischen Parlaments und des Rates vom 13.11.2007 über Arzneimittel für neuartige Therapien und zur Änderung der Richtlinie 2001/83/EG und VO (EG) Nr. 726/2004 (ABl. EU Nr. L 324, 121) (§ 4 Abs. 9 AMG).
- Homöopathische Arzneimittel, die nach einem im Europäischen Arzneibuch oder, in Ermangelung dessen, nach einem in den offiziell gebräuchlichen Pharmakopöen der Mitgliedstaaten der Europäischen Union beschriebenen homöopathischen Zubereitungsverfahren hergestellt worden sind. Ein homöopathisches Arzneimittel kann auch mehrere Wirkstoffe enthalten (§ 4 Abs. 26 AMG).
- Pflanzliche Arzneimittel, die als Wirkstoff ausschließlich einen oder mehrere pflanzliche Stoffe oder eine oder mehrere pflanzliche Zubereitungen oder einen oder mehrere solcher pflanzlichen Stoffe in Kombination mit einer oder mehreren solcher pflanzlichen Zubereitungen enthalten (§ 4 Abs. 29 AMG).
- Gewebezubereitungen, die Gewebe im Sinne von § 1a Nr. 4 des Transplantationsgesetzes sind oder aus solchen Geweben hergestellt worden sind. Menschliche Samen- und Eizellen, einschließlich imprägnierter Eizellen (Keimzellen), und Embryonen sind weder Arzneimittel noch Gewebezubereitungen (§ 4 Abs. 30 AMG).
- Anthroposophische Arzneimittel, die nach der anthroposophischen Menschen- und Naturerkenntnis entwickelt wurden, nach einem im Europäischen Arzneibuch oder, in Ermangelung dessen, nach einem in den offiziell gebräuchlichen Pharmakopöen der Mitgliedstaaten der Europäischen Union beschriebenen homöopathischen Zubereitungsverfahren oder nach einem besonderen anthroposophischen Zubereitungsverfahren hergestellt worden sind und die dazu bestimmt sind, entsprechend den Grundsätzen der anthroposophischen Menschen- und Naturerkenntnis angewendet zu werden (§ 4 Abs. 33 AMG).

B. Abgrenzungen

I. Abgrenzung Arzneimittel/Lebensmittel

Die Abgrenzung zwischen Lebensmitteln und Arzneimitteln ist bekanntermaßen ein Dauerbrenner unter den lebensmittelrechtlichen Streitigkeiten. Hieran haben auch die in den letzten Jahren neu gestalteten Begriffsdefinitionen beider Produktkategorien und die sich daraus ergebende Abgrenzungssystematik wenig geändert. In den jüngsten Urteilen wird von einer Vollharmonisierung im Bereich der Arzneimitteldefinition ausgegangen, sodass die Arzneimitteldefinition des deutschen AMG richtlinienkonform iSd durch Art. 2 Nr. 2 RL 2001/83/EG neu gefassten europarechtlichen Arzneimittelbegriffs auszulegen ist.[48]

28

---

48 BGH, Urt. v. 26.6.2008 – I ZR 112/05 – HMB-Kapseln, und I ZR 61/05 – L-Carnitin II.

§ 2 Zentralbegriffe des Arzneimittelrechts

Beibehalten hat der Normgeber die Unterteilung des Arzneimittelbegriffs nach Art der Bestimmung („Bestimmungs- bzw Bezeichnungsarzneimittel")[49] und nach Art der Funktion („Funktionsarzneimittel").[50] Dies ist nun auch mit der Novellierung des nationalen AMG[51] umgesetzt worden.

1. Urteil des EuGH vom 9.6.2005 – HLH-Warenvertrieb u.a. / Deutschland[52]

29 Das OVG NRW hatte dem EuGH fünf Verfahren zur Vorabentscheidung vorgelegt, in denen die Kläger jeweils die Erteilung einer Allgemeinverfügung gem. § 47a LMBG für ihre Produkte begehrten. Die deutschen Behörden lehnten jeweils den Erlass einer Allgemeinverfügung mit der Begründung ab, die Produkte seien nicht als Lebensmittel oder Nahrungsergänzungsmittel, sondern als Arzneimittel einzustufen. Dies ergebe sich u.a. aus der arzneilichen Funktion der Produkte und aus der hohen Dosierung. Der EuGH stufte aus Kompetenzgründen nicht selbst ein, sondern legte in seinem Urteil fest, dass die zuständige nationale Behörde von Fall zu Fall zu entscheiden hat, ob ein Erzeugnis als Arzneimittel oder Lebensmittel im Sinne des Gemeinschaftsrechts einzustufen ist. Dabei sind all seine Merkmale zu beachten, insbesondere:

- seine Zusammensetzung,
- seine pharmakologischen Eigenschaften, wie sie sich beim jeweiligen Stand der Wissenschaft feststellen lassen,
- die Modalitäten seines Gebrauchs,
- der Umfang seiner Verbreitung,
- die Risiken, die seine Verwendung mit sich bringen kann.

30 Folglich liegt die Entscheidungsbefugnis bei den nationalen Behörden, was in Grenzfällen unterschiedliche Einstufungen in einzelnen Mitgliedstaaten zur Folge haben kann. Der Umstand, dass ein Erzeugnis in einem anderen Mitgliedstaat als Lebensmittel eingestuft sei, hindere – so der EuGH – somit nicht, ihm im Einfuhrmitgliedstaat dann die Eigenschaften eines Arzneimittels zuzuerkennen, wenn es die entsprechenden Merkmale aufweise. Der EuGH gibt den nationalen Behörden, die unter der Kontrolle der nationalen Gerichte handeln, für die Beurteilung die oben (Rn 29) genannten maßgeblichen Entscheidungskriterien vor. Dass die rechtlichen Rahmenbedingungen für die Abgrenzung innerhalb Europas nicht vollständig harmonisiert sind und dadurch Unterschiede zwischen den Mitgliedstaaten bestehen können, hat der EuGH auch in seinem Urteil vom 15.11.2007[53] bestätigt. Leider hat der EuGH diese Kriterien nicht ausreichend erläutert, so dass es unterschiedliche Interpretationen gibt. Insbesondere werden folgende Aspekte in der aktuellen Rechtsprechung und in Fachaufsätzen diskutiert:

- pharmakologische Eigenschaften (Rn 31 ff)
- Zusammensetzung und Dosierung (Rn 46 ff)
- Gebrauchsmodalitäten (Rn 56 ff)
- Risiken (Rn 58 ff)
- Zweifelsfallregelung (Rn 63 ff)

---

49 Auch: Präsentationsarzneimittel, s. Art. 1 Nr. 2 lit. a der RL 2001/83/EG des Europäischen Parlaments und des Rates v. 6.11.2001 zur Schaffung eines Gemeinschaftskodexes für Humanarzneimittel idF der RL 2004/27/EG des Europäischen Parlaments und des Rates v. 31.3.2004.
50 Siehe Art. 1 Nr. 2 lit. b der RL 2001/83/EG des Europäischen Parlaments und des Rates v. 6.11.2001 zur Schaffung eines Gemeinschaftskodexes für Humanarzneimittel idF der RL 2004/27/EG des Europäischen Parlaments und des Rates v. 31.3.2004.
51 Arzneimittelgesetz in der Fassung der Bekanntmachung v. 12.12.2005 (BGBl. I, 3394), zuletzt geändert durch Art. 1 des Gesetzes v. 17.7.2009 (BGBl. I, 1990).
52 EuGH, Urt. v. 9.6.2005, Rs. C-211/03 u.a. – HLH-Warenvertrieb u.a. / Deutschland.
53 EuGH, Urt. v. 15.11.2007, Rs. C-319/05 – Knoblauchkapsel.

- Präsentationsarzneimittel (Rn 79 ff)
- diätetische Lebensmittel (Rn 91 ff)

2. Pharmakologische Eigenschaften

Die „pharmakologische Wirkung" spielt seit langem eine zentrale Rolle in der Rechtsprechung[54], und auch der EuGH nennt die pharmakologischen Eigenschaften eines Produkts als wesentliches Abgrenzungskriterium.[55]

Mit Erlass der Änderungsrichtlinie 2004/27/EG[56] fand der Terminus „pharmakologisch" inzwischen gemeinsam mit „immunologisch" und „metabolisch" Einzug in die Definition des Funktionsarzneimittels. Dass der Gesetzgeber hier unbestimmte Rechtsbegriffe verwendet, deren praktische Anwendung erhebliche Probleme bereitet, ist hinlänglich bekannt und hat seinen Niederschlag in einer Vielzahl von Publikationen gefunden.[57] Viele Gerichte, Behörden, Sachverständige, Rechtsberater und Verbraucher sehen in den Begriffen der pharmakologischen, immunologischen oder metabolischen Wirkung nicht tatsächlich ein handhabbares Abgrenzungskriterium.[58] So ist unklar, ob für die Annahme einer pharmakologischen Wirkung jede Art von „Beeinflussung" der Körperfunktionen genügt oder ob es sich um eine qualifizierte Form der Beeinflussung handeln muss.[59]

Auch der EuGH hat bislang nicht definiert, welche Eigenschaften in dem von ihm verwendeten Sinne „pharmakologisch" sind. Es besteht jedoch Einigkeit darüber, dass der vom EuGH entwickelte Begriff der pharmakologischen Eigenschaft die pharmakologische, immunologische und metabolische Wirkung iSd Art. 1 Nr. 2 RL 2001/83/EG nF umfasst.[60]

Laut „Hunnius"[61] versteht man unter den pharmakologischen Eigenschaften eines Stoffes allgemein die Fähigkeit von Stoffen, in Wechselwirkung mit dem Organismus zu treten. Im Zusammenhang mit der **Abgrenzung Arzneimittel/Medizinprodukt**, bei der dieses Kriterium, neben der immunologischen und metabolischen Wirkung, entscheidend ist, wird als pharmakologisch wirkend eine Interaktion des fraglichen Stoffes und eines Zellbestandteils, gewöhnlich als Rezeptor bezeichnet, beschrieben. Dabei kann diese Interaktion direkt (Agonist) oder blockierend (Antagonist) verlaufen.[62] Diese Definition der pharmakologischen Wirkung beschreibt die Wirkung der meisten Arzneistoffe nach dem „**Schlüssel-Schloss-Prinzip**", bei dem die von außen zugeführten Wirkstoffmoleküle an bestimmten Stellen biologischer Makromoleküle mit bestimmten Steuerungsfunktionen wie insbesondere Enzyme oder Rezeptoren (Hormon-, Neurotransmitter-, Wachstumsfaktor- und Zytokinrezeptoren), aber auch Liganden, spannungsabhängige Ionenkanäle, Membranlipide oder Strukturproteine als Targets anbinden.

---

54 Vgl EuGH, Urt. v. 30.11.1983, Rs. 227/82– van Bennekom, Slg 1983, 3901, Rn 29, oder BGH ZLR 2000, 357, 378 ff – L-Carnitin.
55 Die pharmakologischen Eigenschaften eines Erzeugnisses sind der Faktor, aufgrund dessen die mitgliedstaatlichen Behörden, ausgehend von den Wirkungsmöglichkeiten dieses Erzeugnisses, zu beurteilen haben, ob es im Sinne des Art. 1 Nr. 2 Abs. 2 der RL 2001/83/EG des Europäischen Parlaments und des Rates v. 6.11.2001 zur Schaffung eines Gemeinschaftskodexes für Humanarzneimittel dazu bestimmt ist, im oder am menschlichen Körper zur Erstellung einer Diagnose oder zur Wiederherstellung, Besserung oder Beeinflussung der menschlichen physiologischen Funktionen angewandt zu werden (EuGH, Urt. v. 9.6.2005, Rs. C-211/03 u.a. – HLH-Warenvertrieb u.a. / Deutschland).
56 RL 2004/27/EG zur Änderung der RL 2001/83/EG, Abl. EG L 136 v. 30.4.2004, S. 34–57.
57 Vgl Hahn/Winters, ZLR 2008, 607, 608.
58 Büttner, ZLR 2006, 754, 757.
59 Dettling, PharmR 2006, 58, 64.
60 Pfortner, PharmR 2004, 388, 392.
61 Hunnius, Pharmazeutisches Wörterbuch.
62 Guidelines relating to the demarcation Directive 90/384/EEC on active implantable medical devices, Directive 93/42/EEC on medical devices and Directive 65/65/EEC relating to medicinal products and related directives = MEDDEV 2. 1/3 rev. 2 July 2001, zurzeit in Überarbeitung.

33 Der europäischen Rechtsprechung ist zu entnehmen, dass unter der **pharmakologischen Wirkung** eine nennenswerte Auswirkung auf den Stoffwechsel und somit eine nennenswerte Beeinflussung der Funktionsbedingungen des menschlichen Körpers gemeint ist.[63] In diesem Sinne stellt die pharmakologische Wirkung eine **gezielte Steuerung von außen** dar. Sie ist nicht mit der unspezifischen Aufnahme von Nährstoffen über natürliche Nahrungsmittel vergleichbar, bei welcher der Körper die benötigten Bestandteile selbst identifiziert und modifiziert.[64] Für die Einstufung eines Erzeugnisses als Arzneimitteln nach der Funktion müssen sich die nationalen Behörden daher vergewissern, dass es zur Wiederherstellung, Besserung oder Beeinflussung der Körperfunktionen bestimmt ist und somit Auswirkungen auf die Gesundheit im Allgemeinen hat.[65]

34 National hat der BGH eine pharmakologische Wirkung dahin gehend erläutert, dass diese Wirkungen eines Produkts über dasjenige hinausgehen, was physiologisch auch durch Nahrungsaufnahme im menschlichen Körper ausgelöst wird.[66] Vorgehend hat das KG Berlin[67] im Jahr 2000 dann auf ein Arzneimittel geschlossen, wenn nicht eine Nahrungsaufnahme im Sinne der Ersetzung von verbrauchten Stoffen vorliegt, sondern die Manipulation körpereigener Funktionen durch eine über den Bedarf hinausgehende Zuführung eines Stoffes im Sinne der Überversorgung („Depotcharakter) im Vordergrund steht.

35 Laut OVG Saarland[68] umfasst der Begriff der Pharmakologie auch den der Toxikologie, dh mit Blick auf das naturwissenschaftliche Verständnis der Pharmakologie umfasst diese ambivalent sowohl die **Heilwirkung** als auch die **Giftigkeit** eines Stoffes. Aus Sicht der Pharmakologie wirken viele Pharmaka dosisabhängig entweder als Arzneimittel oder als Gift. Kurz gesagt umfasst ein Funktionsarzneimittel positive als auch negative Auswirkungen auf die Gesundheit.

36 Das BVerwG teilt die Bewertung des OVG Saarland, dass einem Produkt aufgrund seiner negativen Beeinflussung der Körperfunktionen eine pharmakologische Wirkung im Sinne des Art. 1 Nr. 2 lit. b RL 2001/83/EG zukomme.[69] Anders als das OVG Saarland leitet das BVerwG hieraus jedoch nicht ab, dass es sich bei dem Erzeugnis um ein Funktionsarzneimittel handelt. Vielmehr ist es der Auffassung, dass aufgrund der Formulierungen in der gesetzlichen Regelung („um … zu", „wiederherstellen", „korrigieren" und „beeinflussen") eine bewusste und gezielte und damit therapeutische Veränderung des Gesundheitszustands, nicht aber eine von vornherein nur negative Beeinflussung gemeint sei.

Jedoch ist die pharmakologische Wirkung einzelner Bestandteile nicht entscheidend. Es kommt vielmehr darauf an, ob das Produkt insgesamt eine solche Wirkung entfaltet. Dies ist zB aufgrund synergetischer Effekte auch dann möglich, wenn jeder einzelne Bestandteil für sich für eine pharmakologische Wirkung zu gering dosiert ist.[70]

37 Das OVG NRW hält es in seinem Urteil vom 17.3.2006[71] für angebracht, dass in den Fällen, in denen ein Arzneimittel gegen ein Nahrungsergänzungsmittel abzugrenzen ist, das Vorliegen eines Funktionsarzneimittels nicht an den pharmakologischen, immunologischen oder metabolischen Wirkungen, sondern vor allem an dem **Vorliegen eines therapeutischen Zwecks** festzumachen ist. Ein solcher ist insbesondere dann gegeben, wenn ein in einem

---

63 EuGH, Urt. v. 16.4.1991, Rs. C-112/89, Slg 1991, I-1703, Rn 17–22 – Upjohn.
64 Dettling, PharmR 2006, 58, 64.
65 EuGH, Urt. v. 29.4.2004, Rs. C-387/99, Slg 2004, 3751, Rn 58 und Rs. C-150/00, Slg 2004, 3887, Rn 65.
66 BGH, Urt. v. 11.7.2002 – I ZR 34/01, BGHZ 151, 286 – Muskelaufbaupräparate; OLG München, Urt. v. 19.1.2006 – 29 U 3 361/05, ZLR 2006, 621, 627.
67 KG ZLR 2001, 576, 585 – Anti-Kataboler Muskelzellschutz.
68 OVG Saarland ZLR 2006, 173, 187 – Weihrauchextrakt.
69 BVerwG, Beschl. v. 25.10.2007 – 3 C 42.06, Rn 18.
70 BVerwG, Urt. v. 14.12.2006 – 3 C 40.05 – tibetanische Kräutertabletten.
71 OVG NRW, Urt. v. 17.3.2006 – 13 A 1977/02 u.a. – Lactobact Omni FOS II.

Produkt enthaltener Stoff oder eine Stoffzusammensetzung nach dem aktuellen Stand der Wissenschaft geeignet sein kann, eine Verhütung, Heilung oder Linderung bestimmter Krankheiten zu erreichen, ferner dann, wenn mit dem Stoff oder der Stoffzusammensetzung entweder im Wege der Veränderung der normalen physiologischen Funktionen ein sonstiger Nutzen oder Vorteil erzielt oder eine medizinische Diagnose erstellt werden kann. Diesem zweckorientierten Ansatz liegen laut OVG NRW die folgenden Überlegungen zugrunde: Pharmakologische Wirkungen sind bereits begrifflich ein untaugliches Kriterium zur Abgrenzung zwischen Lebensmittel und Arzneimittel, weil sie auf eine Zirkeldefinition bzw einen Zirkelschluss hinauslaufen: Das Vorliegen eines Arzneimittels (= Pharmakon) würde nämlich von pharmakologischen Wirkungen abhängig gemacht. Das führt in den Fällen offensichtlich nicht weiter, in denen gerade unklar ist, ob ein Stoff ein Arzneimittel ist und ob dementsprechend seine Wirkungen als pharmakologisch einzustufen sind.

Das würde in der Praxis bedeuten, dass nur nach Vorliegen klinischer Studien oder entsprechender bibliografischer Unterlagen ein Produkt als Arzneimittel eingestuft werden könnte. Dies ist aber insbesondere bei unbekannten Stoffen oder Stoffzubereitungen idR erst dann der Fall, wenn ein Antrag auf Zulassung als Arzneimittel gestellt wird. Ein Inverkehrbringer eines Nahrungsergänzungsmittels resp. Lebensmittels wird diese Unterlagen nicht vorbringen. Die Beweislast einer pharmakologischen Wirkung im Sinne einer therapeutischen Wirkung würde folglich bei den einstufenden Behörden liegen. 38

Das OVG NRW schafft mit dem therapeutischen Zweck als Arzneimitteleigenschaft somit ein vermeintlich „geeigneteres" Abgrenzungskriterium, das jedoch den eindeutigen Willen des Gesetzgebers missachtet.[72]

Das BVerwG als nächste Instanz hat in seinem Urteil vom 25.7.2007[73] diesen neuen Abgrenzungsansatz korrigiert: Richtig sei, dass ein Erzeugnis, das geeignet sei, therapeutische Zwecke zu erfüllen, in jedem Fall ein Arzneimittel sei. Dies ist in der Rechtsprechung des EuGH seit langem anerkannt. Fehle diese Eignung, so sei nicht ausgeschlossen, dass es sich dennoch um ein Funktionsarzneimittel handele. 39

Jedoch weist das Gericht darauf hin, dass zum Verzehr bestimmte Produkte nicht „auf Verdacht" den Arzneimitteln zuzurechnen seien. Pharmakologische oder metabolische Wirkungen eines Stoffes müssten für die Einstufung eines Produkts als Arzneimittel die **Erheblichkeitsschwelle** überschreiten. Die erhebliche Beeinflussung der Funktionsbedingungen des menschlichen Körpers – dh Wirkungen, die außerhalb der normalen im menschlichen Körper ablaufenden Lebensvorgänge liegen – und das Vorliegen erheblicher pharmakologischer Wirkungen müssten durch **belastbare wissenschaftliche Erkenntnisse** belegt sein. Dabei sei zwar ein positiver Wirksamkeitsnachweis nicht erforderlich, wie er Voraussetzung einer Arzneimittelzulassung ist. Es müsse aber zumindest ein **halbwegs gesicherter wissenschaftlicher Erkenntnisstand** vorliegen, der einen tragfähigen Rückschluss auf die Wirkungen erlaube. Dieses Vorgehen wird auch gestützt von Urteilen des EuGH.[74] In zwei Urteilen[75] hat der EuGH gefordert, die Behörden müssten sich „vergewissern", dass das Produkt zur Wiederherstellung, Besserung oder Beeinflussung der Körperfunktionen bestimmt sei und somit Auswirkungen auf die Gesundheit im Allgemeinen haben könne.

Das BVerwG erkennt Aufbereitungsmonografien des ehemaligen BGA als belastbare wissenschaftliche Grundlage für vorstehende Erkenntnisse an. Daher wurde in den Urteilen des 40

---

72 Hüttebräuker, ZLR 2006, 302, 329 ff.
73 BVerwG, Urt. v. 25.7.2007 – Rs. C 23.06 u.a. – Lactobact Omni FOS.
74 EuGH, Urt. v. 30.11.1983, Rs. 227/82 – van Bennekom; EuGH, Urt. v. 16.4.1991, Rs. C-112/89 – Upjohn.
75 EuGH, Urt. v. 29.4.2004, Rs. C-150/00, Slg I-3887, 3912, Rn 65 – Kommission/Österreich, und Rs. C-387/99, Slg I-3773, 3791, Rn 58 – Kommission/Deutschland.

§ 2 Zentralbegriffe des Arzneimittelrechts

BVerwG vom 25.7.2007[76] ein hochdosiertes Vitamin-E-Produkt mit 400 I.E. (268 mg) Vitamin E pro Kapsel als Arzneimittel eingestuft, da eine Aufbereitungsmonografie der Kommission B des ehemaligen BGA vorliegt. Diese wurde von einem kompetenten Expertengremium erstellt. Hinweise, dass die getroffenen Aussagen inzwischen überholt sein könnten, lagen dem Gericht nicht vor. Dagegen wurden in diesen Urteilen ein Produkt mit 50 mg aus Traubenkernen gewonnene Bioflavonole (OPC) und ein Produkt mit lebenden bzw. lebensfähigen, gefriergetrockneten Bakterien als Lebensmittel eingestuft. Hier war nach Ansicht des BVerwG ein wissenschaftlich belastbarer Beleg der pharmakologischen Wirkung nicht erbracht worden.

41   Auch in einem weiteren Urteil des EuGH[77] stellt dieser weiterhin in das Zentrum der Abgrenzungsprüfung den Aspekt der pharmakologischen Eigenschaften, wie er ihn in der Entscheidung „HLH Warenvertrieb und Orthica"[78] erläutert hat, bringt hierzu jedoch maßgebliche Ergänzungen. Vor allem stellt er darauf ab, dass der Begriff der Funktionsarzneimittel vornehmlich diejenigen Produkte erfassen soll, deren **pharmakologische Eigenschaften wissenschaftlich festgestellt** wurden und die *tatsächlich* dazu bestimmt sind, eine ärztliche Diagnose zu erstellen oder physiologische Funktionen wiederherzustellen, zu bessern oder zu beeinflussen. Der EuGH führt in diesem Urteil deutlich aus, dass es zahlreiche allgemein als Lebensmittel anerkannte Erzeugnisse gibt, die objektiv für therapeutische Zwecke verwendet werden. Das heißt, dass das streitgegenständliche Produkt[79] durchaus einem therapeutischen Zweck dienen kann und dass das konkrete Produkt damit auch über pharmakologische Eigenschaften verfügt.[80] Dennoch handelt es sich hierbei um ein Lebensmittel, da dessen Wirkungen nicht über diejenigen hinausgehen, die ein in angemessener Menge verzehrtes Lebensmittel aufweisen kann. Somit wird mit dem Verzehr dieses Produkts nicht die bereits vom BVerwG genannte **Erheblichkeitsschwelle** (nennenswerte Auswirkungen auf den Stoffwechsel) überschritten. Ähnliches führt der BGH in seinen Urteilen vom 26.6.2008 auf.[81]

Der EuGH führt weiter aus dass zwar die Mitgliedstaaten **Beschränkungen des freien Warenverkehrs** aus Gründen des Schutzes der menschlichen Gesundheit und des menschlichen Lebens aufrechterhalten können, weist aber auch darauf hin, dass der Grundsatz der **Verhältnismäßigkeit** eingehalten werden muss. Eine nationale Beschränkung des freien Warenverkehrs muss daher notwendig auf eine eingehende Prüfung des Risikos gestützt werden.

42   Im Fazit lässt sich festhalten, dass die aktuelle Rechtsprechung die pharmakologische Wirkung als eine **nennenswerte Auswirkung auf den Stoffwechsel und die Beeinflussung der Funktionsbedingungen des menschlichen Körpers** definiert, die zur Wiederherstellung, Besserung oder Beeinflussung der Körperfunktionen bestimmt ist und somit Auswirkungen auf die Gesundheit im Allgemeinen hat. Es handelt sich somit um eine **gezielte Steuerung der Körperfunktionen von außen** und ist nicht mit der unspezifischen Aufnahme von Nährstoffen über natürliche Nahrungsmittel vergleichbar, bei welcher der Körper die benötigten

---

76   BVerwG, Urt. v. 25.7.2007 – Rs.C 21.06, Rs. C 22. 06 und Rs.C 23.06.
77   EuGH, Urt. v. 15.11.2007, Rs. C-319/05 – Knoblauchkapsel.
78   EuGH, Urt. v. 9.6.2005, Rs. C-211/03 u.a., Rn 52 – HLH-Warenvertrieb u.a. / Deutschland.
79   Hierbei handelte es sich um Kapseln mit je 370 mg hochkonzentriertem allicinhaltigem Knoblauch-Extrakt-Pulver, was je Kapsel einem Äquivalent von 7,4 g frischem, rohem Knoblauch entsprach.
80   Hüttebräucker/Müller, PharmR 2008, 38, 39.
81   BGH, Urt. v. 26.6.2008 – I ZR 112/05 – HMB-Kapseln, und I ZR 61/05 – L-Carnitin II: Danach ist ein Erzeugnis, das aus einem Stoff besteht, der auch bei normaler Ernährung als Abbauprodukt im menschlichen Körper entsteht, nicht als Arzneimittel anzusehen, wenn die unmittelbare Aufnahme dieses Stoffes zu keiner gegenüber den Wirkungen bei normaler Nahrungsaufnahme nennenswerten Einflussnahme auf den Stoffwechsel führt.

B. Abgrenzungen

Bestandteile selbst identifiziert und modifiziert.[82] Es handelt sich um Wirkungen, die außerhalb der normalen im menschlichen Körper ablaufenden Lebensvorgänge liegen. Dabei müssen diese pharmakologischen Eigenschaften **wissenschaftlich festgestellt** und durch **belastbare wissenschaftliche Erkenntnisse**, wie die Aufbereitungsmonografien des ehemaligen BGA, belegt sein.

Dabei ist ein positiver Wirksamkeitsnachweis nicht erforderlich, wie er Voraussetzung einer Arzneimittelzulassung ist. Es muss aber zumindest ein **halbwegs gesicherter wissenschaftlicher Erkenntnisstand** vorliegen, der einen tragfähigen Rückschluss auf die Wirkungen des Produkts erlaubt.[83] Es werden allerdings von den Gerichten die Begrifflichkeiten Wirkung und Wirksamkeit häufig vermischt.[84]

Im Hinblick auf die **Beweislastverteilung** in einem Gerichtsverfahren bedeutet dies, dass das tatsächliche Vorliegen einer behaupteten pharmakologischen Eigenschaft von demjenigen wissenschaftlich festgestellt bzw bewiesen werden muss, der sich hierauf beruft. Solange ein solcher positiver wissenschaftlicher Nachweis nicht erbracht und eine pharmakologische Wirkung nicht bewiesen ist, ist (auch aufseiten der Überwachungsbehörden) davon auszugehen, dass das in Rede stehende Produkt ein Lebensmittel ist.[85] Der BGH stellt in diesem Zusammenhang auch klar, dass es sich bei der „pharmakologischen Wirkung" nicht etwa um einen unbestimmten Rechtsbegriff, sondern um eine Tatsachenfrage handelt.[86] **43**

In der praktischen Anwendung dieser Rechtsauslegungen bleibt unklar, wie die vom BVerwG genannte **Erheblichkeitsschwelle** definiert werden soll. Hierbei spielt zB auch die Verzehrmenge eines vergleichbaren Lebensmittels sicherlich eine Rolle, die jedoch von unterschiedlichen Essgewohnheiten abhängt.[87] Dementsprechend hat der EuGH die Arzneimitteleigenschaften eines Knoblauchextraktpulvers, das bei angabegemäßer Dosierung den Stoff Allicin in entsprechender Menge enthielt wie 7,4 g roher, frischer Knoblauch, mit der Begründung verneint, die in Rede stehenden physiologischen Wirkungen des Pulvers (auf den Blutdruck und den Cholesterinspiegel mit präventiver Wirkung gegen Arteriosklerose) könnten auch durch den Verzehr von Knoblauch als Lebensmittel erzielt werden. **44**

Auch ist bisher unklar, welcher **Evidenzgrad der wissenschaftlichen Belege** der für die Einstufung zuständigen Behörde erforderlich ist. So ist unklar, inwieweit Ergebnisse aus präklinischen Versuchen (*in vitro* oder Tierversuche) oder auch Anwendungsbeobachtungen oder der Traditionsbeleg iSv §§ 39 a ff AMG für den Beleg der pharmakologischen Wirkung herangezogen werden können, oder ob – wie vom OVG NRW gefordert[88] – der therapeutische Zweck durch klinische Studien zu belegen ist. Diese liegen jedoch meistens erst bei Einreichung eines Zulassungsantrags vor. **45**

Im Allgemeinen lässt sich feststellen, dass der EuGH in seiner jüngsten Rechsprechung eine **restriktive Auslegung des Funktionsarzneimittels** fordert, gestützt auf das Verhältnismäßig-

---

82 BVerwG, Urt. v. 14.12.2006 – 3 C 40.05 – tibetanische Kräutertabletten.
83 BVerwG, Urt. v. 25.7.2007 – Rs.C 21.06, Rs.C-22.06 und Rs.23.06.
84 ZB EuGH, Urt. v. 30.4.2009, Rs. C-27/08.
85 Vgl Anm. v. Tillmanns, A&R 2008, 236 ff., zu BGH-Urteilen „HMB-Kapseln" und „L-Carnitin II".
86 BGH, Urt. v. 26.6.2008 – I ZR 61/05 – L-Carnitin II, Tz. 26.
87 Siehe hierzu EuGH Urt. v. 15.11.2007, Rs. C-319/05 – Knoblauchkapsel: „Enthält ein Erzeugnis im Wesentlichen einen Stoff, der auch in einem Lebensmittel in dessen natürlichen Zustand vorhanden ist, so besitzt es keine nennenswerten Auswirkungen auf den Stoffwechsel, wenn seine Auswirkungen auf die physiologischen Funktionen nicht über die Wirkungen hinausgehen, die ein in angemessener Menge verzehrtes Lebensmittel auf diese Funktionen haben kann. Es kann dann nicht als ein Erzeugnis eingestuft werden, das die physiologischen Funktionen wiederherstellen, verbessern oder beeinflussen könnte.".
88 ZB OVG NRW, Urt. v. 17.3.2006 – 13 A 1977/02 u.a. – Lactobact Omni FOS II.

keitsprinzip. Eine extensive Auslegung der gemeinschaftsrechtlichen Definition des Funktionsarzneimittels könnte zulasten des freien Warenverkehrs gehen.[89]

3. Zusammensetzung und Dosierung

46 Wie vom EuGH in seinem Urteil vom 9.6.2005[90] festgelegt, ist auch die Zusammensetzung eines Produkts ein für die Abgrenzungsfrage relevantes Kriterium. Dabei ist, wie oben (Rn 31 ff) erläutert, eine mögliche pharmakologische Wirkung der verwendeten Stoffe zu prüfen. Die Dosierung dieser Stoffe spielt jedoch auch eine erhebliche Rolle.

47 So setzt sich das OVG Saarland in seinem Urteil vom 3.2.2006[91] mit der Frage auseinander, inwieweit ein Produkt mit einem pharmakologisch wirkenden Stoff dann als Arzneimittel eingestuft werden kann, wenn die **Dosierung** dieses bestimmenden Stoffes unterhalb der bisher wissenschaftlich nachgewiesenen positiv pharmakologischen Wirkung liegt.[92] Das Gericht kommt zu dem Ergebnis, dass die Tagesdosis des streitgegenständlichen Produkts zwar unterhalb der wissenschaftlich belegten positiven therapeutischen Dosierung liegt, es jedoch bei niedrigen Dosierungen – wie der hier vorliegenden – zu negativen, unerwünschten Wirkungen kommt. Der dargelegte antagonistische Effekt des Stoffgemisches, der für das Gericht nachvollziehbar und überzeugend ist, stellt eine negative pharmakologische Wirkung dar.

Der entscheidende Inhaltsstoff (**Weihrauchextrakt**) hat bei einer Gesamtbetrachtung der positiven und negativen pharmakologischen Wirkungen ein weites Spektrum der pharmakologisch wirksamen Tagesdosis. Folglich stuft das Gericht das Produkt als Funktionsarzneimittel ein. Das Gericht führt aus, dass eine Beeinflussung von Körperfunktionen mit pharmakologischer Wirkung und damit positiven und negativen Auswirkungen auf die Gesundheit für Weihrauchextrakt nicht nur in hohen, sondern auch in niedrigen Tagesdosen wie im streitgegenständlichen Produkt aufgrund der Forschungsergebnisse zu bejahen sind. Auch liegen Gesundheitsgefahren vor, die bei einem Funktionsarzneimittel in jedem Fall zu berücksichtigen sind.[93] Auch aus diesem Grund ist eine Einschränkung der freizügigen Abgabe von Weihrauch zu rechtfertigen. Das Gericht wendet hier also eine Definition des Begriffs der pharmakologischen Wirkung im Sinne einer **erheblichen Beeinflussung der Funktionsbedingungen des menschlichen Körpers** an.[94]

48 Das BVerwG hat zunächst das Revisionsverfahren ausgesetzt und dem EuGH im Vorlageverfahren folgende Frage gestellt: „Ist der Begriff des Funktionsarzneimittels in Art. 1 Nr. 2 RL 2001/83/EG in der Fassung der Richtlinie 2004/27/EG dahin auszulegen, dass ein zum menschlichen Verzehr bestimmtes und als Nahrungsergänzungsmittel bezeichnetes Produkt ein Funktionsarzneimittel ist, wenn es Stoffe enthält, die bei Beachtung der auf der

---

89 Schlussanträge der Generalanwältin *Verica Trstenjak* v. 19.6.2008, Rs. C140/07 – Red Rice.
90 EuGH, Urt. v. 9.6.2005, Rs. C-211/03 u.a. – HLH-Warenvertrieb u.a. / Deutschland.
91 OVG Saarland ZLR 2006, 173, 187 – Weihrauchextrakt.
92 Hierbei handelt es sich um ein Präparat mit 400 mg indischem Weihrauchtrockenextrakt pro Tablette, Verzehrempfehlung laut Hersteller: „Täglich 1 Tablette nach dem Essen mit etwas Flüssigkeit." Wissenschaftliche Studien belegen eine pharmakologische Wirkung insbesondere bei Tumorpatienten von 3600 mg Weihrauchtrockenextrakt pro Tag (Einstufung als „orphan drug" der EMEA). Eine positive Wirkung auf Entzündungen ist nach dem Forschungsstand mithin ungefähr bei einer Tagesdosis von 800–1600 mg gegeben. Das Gericht stellt fest, dass aufgrund der vorgelegten Veröffentlichungen und Gutachten die Untergrenze des positiven therapeutischen Einsatzes von Weihrauchextrakt bei 800–900 mg Tagesdosis liegt. Jedoch gibt es bei niedrigen Tagesdosen von 400–500 mg Weihrauchextrakt unwidersprochene Forschungsergebnisse im Sinne einer Verstärkung von Entzündungen insbesondere durch Tirucallsäure (durch Stimulierung der Leukotriensynthese) und damit einer negativen pharmakologischen Wirkung.
93 EuGH, Urt. v. 9.6.2005, Rs. C-211/03 u.a. – HLH-Warenvertrieb u.a. / Deutschland.
94 Vgl BVerwG, Urt. v. 25.7.2007 – Rs.C 23.06 u.a. – Lactobact Omni FOS.

Verpackung aufgedruckten Verzehrempfehlungen in der im Produkt enthaltenen niedrigen Dosierung gesundheitsgefährdend sind, ohne therapeutische Wirkungen erzielen zu können, die aber in hoher Dosierung therapeutisch wirksam sind?"[95]

Der EuGH stellt diesbezüglich fest, dass ein Erzeugnis – abgesehen von den Stoffen oder Stoffzusammensetzungen, die dazu bestimmt sind, zur Erstellung einer medizinischen Diagnose angewandt zu werden – nicht als Funktionsarzneimittel angesehen werden kann, wenn es aufgrund seiner Dosierung und bei normalen Gebrauch die menschlichen physiologischen Funktionen nicht in nennenswerter Weise wiederherstellen, korrigieren oder beeinflussen kann.[96] Daher sei auf die vorgelegte Frage zu antworten, dass Art. 1 Nr. 2 RL 2001/83 dahin auszulegen ist, dass ein Erzeugnis, das einen Stoff enthält, der in einer bestimmten Dosierung eine physiologische Wirkung hat, kein Funktionsarzneimittel ist, wenn es in Anbetracht seiner Wirkstoffdosierung bei normalem Gebrauch gesundheitsschädlich ist, ohne jedoch die menschlichen physiologischen Funktionen wiederherzustellen, korrigieren oder beeinflussen zu können. Der EuGH interpretiert somit die pharmakologische Wirkung eher im Sinne einer therapeutischen Wirkung, wie es bereits das OVG NRW[97] gemacht hat.

Auch das OVG Lüneburg hat sich mit der Frage der Einstufung von Produkten beschäftigt, die pharmakologisch wirksame Stoffe enthalten, die jedoch in dem jeweiligen Produkt in niedrigeren Dosierungen eingesetzt werden.[98] So hat das Gericht festgestellt, dass bei Stoffen, für die eine dosisabhängige pharmakologische Wirkung wissenschaftlich nicht eindeutig bestimmt ist, der **Vergleich mit zugelassenen Arzneimitteln** sowie möglichen **Risiken** wichtige Abgrenzungskriterien darstellt.[99]

49

Das BVerwG hat auch bei diesem Produkt („Red Rice") dem EuGH drei Fragen zur Auslegung der Richtlinie 2001/83/EG vorgelegt. So war u.a. gefragt, ob ein Produkt, das kein Präsentationsarzneimittel ist, als Funktionsarzneimittel eingestuft werden kann, wenn dieses einen Bestandteil enthält, der in bestimmter Dosierung physiologische Veränderungen hervorrufen kann, dessen Dosierung in dem zu beurteilenden Produkt – bei bestimmungsgemäßem Gebrauch – aber dahinter zurückbleibt.

50

Auch hier stellt der EuGH fest,[100] dass ein Erzeugnis nur als Arzneimittel nach Funktion angesehen werden kann, wenn es aufgrund seiner Dosierung bei bestimmungsgemäßen Gebrauch geeignet ist, die menschlichen physiologischen Funktionen durch eine pharmakologische, immunologische oder metabolische Wirkung nennenswert zu beeinflussen. Das Gericht weist auf den Grundsatz der Verhältnismäßigkeit hin. Eine andere Auslegung würde den freien Warenverkehr einschränken, auch wenn sicher wäre, dass die pharmakologische Wirkung jedenfalls bei bestimmungsgemäßem Gebrauch nicht erreicht würde. Eine solche Einschränkung wäre unter dem Blickwinkel des Schutzes der öffentlichen Gesundheit nicht zu rechtfertigen. Diese Beurteilung stützt sich auf das Urteil „van Bennekom",[101] bei dem festgestellt wurde, dass Vitamine im Allgemeinen nicht als Medikamente angesehen werden

---

95 BVerwG, Beschl. v. 25.10.2007 – Rs.C 42.06.
96 EuGH, Urt. v. 30.4.2009, Rs. C-27/08.
97 OVG NRW, Urt. v. 17.3.2006 – 13 A 1977/02 u.a. – Lactobact Omni FOS II.
98 Gegenstand des Verfahrens war ein in Form von Kapseln vertriebenes Produkt, bestehend ausweislich der Etikettierung zu 71 % aus „Red Rice Pulver". Dieses Pulver ist ein natürlicher Rohstoff und wird durch Fermentation von Reis mit Hilfe von Schimmelpilzen der Gattung Monascus gewonnen. Roter Reis, auch Angkak genannt, enthält u.a. Monakolin K, das synonym mit Lovastatin ist, ein verschreibungspflichtiger Arzneistoff, der die Cholesterinsynthese hemmt.
99 OVG Lüneburg, Urt. v. 23.3.2006 – 11 LC 180/05.
100 EuGH, Urt. v. 15.1.2009, Rs. C 140/07 –Red Rice.
101 EuGH, Urt. v. 30.11.1983, Rs. 227/82, Slg 1983, – Kommission/Deutschland.

können, da sie nur in kleinen Mengen eingenommen werden. In starken Dosen werden sie zu therapeutischen Zwecken als Arzneimittel verwendet.

51 Die **therapeutische Wirksamkeit** eines Produkts bezieht sich auf einen aufgrund einer Diagnose einer angezeigten Therapie definierten Ausschnitt aus dem allgemeinen Wirkungsspektrum. Sie zielt auf einen **bestimmten, hinreichend belegten Heilerfolg** ab. Demgegenüber ist im Hinblick auf den Funktionsarzneimittelbegriff auf das Tatbestandsmerkmal „**pharmakologische Wirkung**" abzustellen. Dieser Begriff ist unspezifischer, dh weder zweck- noch indikationsbezogen zu verstehen.[102] Die somit notwendige begriffliche Differenzierung zwischen dem hier relevanten Tatbestandsmerkmal der „pharmakologischen Wirkung" und den Begriffen „therapeutische Wirksamkeit" sowie „therapeutischer Zweck" wird in der Rechtsprechungspraxis häufig nicht hinreichend bedacht.[103]

52 Für den **Rechtsstreit „Red Rice"** würde das bedeuten, dass die Ableitung einer substanzbezogenen Unterdosierung aus dem vergleichsweise herangezogenen Wirkstoff Lovastatin unter diesen Umständen lediglich darauf hinweisen würde, dass insoweit keine therapeutische Wirksamkeit in dem arzneimittelrechtlichen Zulassungsverfahren nachgewiesen und behördlicherseits geprüft wurde. Hieraus kann nicht ohne Weiteres auf ein Fehlen einer pharmakologischen Wirkung geschlossen werden, da diese auch noch unterhalb der therapeutisch relevanten und nachgewiesenen Dosierung vorliegen kann.[104]

Auch sollte bedacht werden, dass die Anforderungen an den Nachweis einer indikationsbezogenen relevanten therapeutischen Wirksamkeit strenger sind als diejenigen an den Nachweis einer pharmakologischen Wirkung.

53 Auch das OLG Köln hat in seinem Urteil vom 21.12.2007[105] die pharmakologische Wirkung abhängig von der Dosierung des pharmakologisch wirkenden Hauptinhaltsstoffs bewertet. So kommt das Gericht zu dem Ergebnis, dass ein Erzeugnis so lange kein Arzneimittel ist, wie wissenschaftliche Studien die pharmakologischen Wirkungen nicht nachgewiesen haben.[106] Nach dem Stand der Wissenschaft – so das Gericht – kann nicht als gesichert angesehen werden, das eine Tagesdosis von 100 mg **Ginkgo-Extrakt** ausreichend ist, um pharmakologische Wirkungen auszulösen. Auch kann die pharmakologische Wirkung des vorliegenden Produkts nach Ansicht des Gerichts nicht damit bejaht werden, dass der Verbraucher sich nicht an die Trinkempfehlung halten wird und mehr als die empfohlene Verzehrmenge von ein bis zwei Gläsern pro Tag zu sich nehmen wird. Die Festlegung einer Mindestmenge für die Erreichung einer pharmakologischen Wirkung bringt es mit sich, dass Produkte, die den in Betracht kommenden Wirkstoff in einer sehr geringen Konzentration aufweisen, bei Verwendung in der empfohlenen Menge eine pharmakologische Wirkung nicht entfalten, während diese dann erreicht werden kann, wenn das Produkt unter Missachtung der Verzehrempfehlung im Übermaß konsumiert wird. In diesen Fällen wäre das Aufstellen einer Wirkungsgrenze hinfällig. Es würden dann viele Produkte, die unstreitig

---

102 Doepner, ZLR 2009, 201 ff.
103 Vgl EuGH, Urt. v. 15.11.2007, Rs. C-319/05 – Knoblauchkapsel, und OVG NRW, Urt. v. 17.3.2006 – 13 A 1977/02 u.a. – Lactobact Omni FOS II.
104 Doepner, ZLR 2009, 201, 206.
105 OLG Köln, Urt. v. 21.12.2007 – 6 U 64/06 (n.r.).
106 Hierbei handelt es sich um ein Getränk, das zu 0,02 % aus Ginkgo-Extrakt besteht und mit dem bei Einhaltung einer Verzehrempfehlung des Vertreibers täglich maximal 100 mg Ginkgo-Extrakt aufgenommen werden.

Lebensmittel sind, nur deswegen zu Arzneimitteln zu erklären sein, weil ihr Genuss, wenn er im Übermaß erfolgt, pharmakologische Wirkungen nach sich zieht.[107]
Die Vorinstanz hatte das Produkt als Präsentationsarzneimittel eingestuft.

Im Fazit lässt sich festhalten, dass die Einstufung eines Erzeugnisses als Funktionsarzneimittel maßgeblich von der pharmakologischen Wirkung im Hinblick auf das Gesamtprodukt, insbesondere unter Berücksichtigung der Dosierung erfolgen muss. Können für die in einem antragsgegenständlichen Produkt eingesetzten Mengen des arzneilich wirksamen Stoffes keine wissenschaftlich belegbaren Daten für die pharmakologische Wirkung vorgelegt werden, ist das Produkt nicht als Funktionsarzneimittel einzustufen und bleibt möglicherweise als Lebensmittel verkehrsfähig. 54

Da nach dem Wortlaut der Definition für **Nahrungsergänzungsmittel** in der Nahrungsergänzungsmittelverordnung, das Nahrungsergänzungsmittel dazu bestimmt ist, die normale Ernährung zu ergänzen, ohne dass ein Beleg erforderlich ist, dass dies auf das fragliche Produkt wirklich zutrifft, ist eine Einstufung als Nahrungsergänzungsmittel für unterdosierte Arzneimittel durchaus möglich. Ebenso ist durch die sehr weit gefasste Definition des Lebensmittels in der Basisverordnung 178/2002[108], eine Einstufung als Lebensmittel immer dann möglich, wenn der Beleg für ein Arzneimittel nicht erbracht werden kann. Für ein Lebensmittel sind nun weder ein Ernährungs- noch ein Genusszweck notwendig. 55

4. Gebrauchsmodalitäten

Nach dem Urteil des EuGH vom 9.6. 2005[109] sind auch die Gebrauchsmodalitäten und der Verbreitungsumfang weitere Kriterien, die bei der Einstufung eines Produkts als Arzneimittel berücksichtigt werden müssen. Einnahmehinweise wie „täglich eine Tablette" oder arzneimitteltypische Darreichungsformen wie Tabletten oder Kapseln, sind nach aktuellen Entscheidungen eine sowohl für Arzneimittel, als auch für Nahrungsergänzungsmittel übliche Einnahme.[110] Das Merkmal ist also nicht trennscharf.[111] 56

Auch der EuGH hat dem Umstand, dass ein streitiges Erzeugnis nach der Gebrauchsanweisung in Wasser oder Joghurt verrührt werden soll, keine an sich ausschlaggebende Bedeutung beigemessen.[112] Der EuGH hat sich im Vorlageverfahren des BVerwG zu „Red Rice"[113] mit der Frage der Relevanz der Merkmale wie Gebrauchsmodalitäten, Verbreitungsumfang oder Bekanntheit beim Verbraucher sowie die Risiken befasst.[114]

So stellt der EuGH fest, dass für die Einstufung eines Erzeugnisses als Arzneimittel auch im Licht der Definition in Art. 1 Nr. 2 RL 2001/83/EG in der Fassung der Richtlinie 2004/27/EG die Modalitäten seines Gebrauchs, der Umfang seiner Verbreitung und die Bekanntheit bei den Verbrauchern von Bedeutung sind und diese neben dem Merkmal der „pharmako-

---

107 EuGH, Urt. v. 29.4.2004, Rs. C-150/00, Slg, I-3891 – Kommission/Österreich („Einfache Tagesdosis"): Ein Präparat, dessen Gehalt an Vitaminen A, D oder K zu gering ist, um bei normalem Gebrauch das Risiko der Überdosierung zu bergen, darf nicht als Arzneimittel eingestuft werden.
108 VO (EG) Nr. 178/2002 des Europäischen Parlaments und des Rates v. 28.1.2002 zur Festlegung der allgemeinen Grundsätze und Anforderungen des Lebensmittelrechts, zur Errichtung der Europäischen Behörde für Lebensmittelsicherheit und zur Festlegung von Verfahren zur Lebensmittelsicherheit, ABl. EG Nr. L 31/1 v. 1.2.2002.
109 EuGH, Urt. v. 9.6.2005, Rs. C-211/03 u.a. – HLH-Warenvertrieb u.a. / Deutschland.
110 Vgl Art. 2 lit. a der Nahrungsergänzungsmittelrichtlinie 2002/46/EG.
111 OVG Saarland ZLR 2006, 173, 187 – Weihrauchextrakt.
112 EuGH, Urt. v. 9.6.2005, Rs. C-211/03, Rn 31.
113 BVerwG ZLR 2007, 378 ff.
114 EuGH, Urt. v. 15.1.2009, Rs. C 140/07 – Red Rice.

logischen Eigenschaften" relevante Kriterien sind, die der EuGH bisher in ständiger Rechtsprechung berücksichtigt hat.[115]

57 In der täglichen Behördenpraxis werden diese Kriterien bei der Beurteilung herangezogen. Jedoch sind diese Kriterien subjektiv zu beurteilen und ggf schwer zu belegen. So wird die Verkehrsauffassung durch die Firmen maßgeblich geprägt (entsprechende Informationen durch die Medien bei Produkten, für die bisher keine Verkehrsauffassung bestand). Eine Einstufung nur aufgrund oben (Rn 30) genannten Kriterien, ohne nachgewiesene pharmakologische Wirkung, als wesentliches Abgrenzungskriterium, ist kaum möglich. Nach der aktuellen Rechtsprechung sind diese Kriterien als **Hilfskriterien** zu verstehen und sind jedenfalls gegenüber dem Kriterium der pharmakologischen Eigenschaft nicht ausschlaggebend.[116]

5. Risiken

58 Die gesundheitlichen Risiken eines Produkts sind ein **wesentlicher Faktor** für die Einschätzung, ob es sich um ein Arzneimittel oder ein Lebensmittel handelt. Dementsprechend hat der EuGH in seinem Urteil vom 9.6.2005 ausgesprochen, die Gesundheitsgefahr sei ein eigenständiger Faktor, den die zuständigen nationalen Behörden im Rahmen der Einstufung dieses Erzeugnisses als Medikament „nach der Funktion" ebenfalls zu berücksichtigen hätten.[117] Auf dieser Grundlage hat der EuGH beispielsweise für die Einstufung von Vitaminpräparaten der Frage entscheidendes Gewicht beigemessen, ab welcher Dosierung die Unschädlichkeit der Aufnahme dieser Vitamine ungewiss werde oder welche Art der Ungewissheit mit der Überschreitung der Dosierung verbunden sei.[118]

59 Auch die Rechtsprechung des EuGH weist darauf hin, dass die von einem Präparat ausgehenden Gesundheitsrisiken, so sie vorhanden sind, aufgrund des **Schutzzwecks des Arzneimittelrechts** von entscheidender Bedeutung sind.[119] Diese Rechtsprechung nimmt jedoch zum einen noch nicht die verstärkte Berücksichtigung des **Gesundheitsschutzes auch im Lebensmittelrecht** in den Blick. Zum anderen behandelt sie nicht die Frage, ob allein die Gefahr einer Gesundheitsschädigung ein zur Einnahme durch den Menschen bestimmtes Produkt zum Arzneimittel machen kann.

60 Auch aufgrund dieser Unsicherheit hat das BVerwG entsprechende Klärung durch das EuGH mittels Vorlageverfahren angestrebt.[120] Das BVerwG argumentiert u.a., dass sich aus der Existenz des Art. 14 Abs. 2 VO (EG) 178/2002 ergebe, dass allein aus einer Gesundheitsgefahr noch nicht eine Einordnung als Arzneimittel folgen könne. Mit Art. 14 Abs. 2a, Abs. 1 VO (EG) 178/2002 begründet das Lebensmittelrecht seine eigene Rechtsfolge für die Gesundheitsschädlichkeit eines Erzeugnisses, nämlich die Verkehrsunfähigkeit. Es wäre also systemwidrig und auch für die Sicherheit der Verbraucher nicht erforderlich, ein Erzeugnis aufgrund seiner Gesundheitsschädlichkeit grundsätzlich als Arzneimittel einzuordnen. Nach Auffassung des BVerwG ergab sich aus der Rechtsprechung des EuGH bisher zwar, dass Gesundheitsrisiken bei der Abgrenzung zwischen Lebensmitteln und Arzneimitteln zu berücksichtigen sind, nicht aber, ob allein eine Gesundheitsgefahr zur Einordnung als Funktionsarzneimittel ausreicht. Des Weiteren sah das BVerwG den lebens-

---

115 EuGH, Urt. v. 29.4.2004, Rs. C-387/99, Slg 2004, I-3751 – Kommission/Deutschland, und EuGH, Urt. v. 16.4.1991, Rs. C-112/89 Slg 1991, I-1703, Rn 23 – Upjohn.
116 OVG Saarland ZLR 2006, 173, 187 – Weihrauchextrakt.
117 EuGH, Urt. v. 9.6.2005, Rs. C-211/03, Rn 53.
118 Vgl Urteile v. 29.4.2004, Rs. C-150/00, Slg 2004, I-3887, 3914, Rn 71 – Kommission/Österreich, und Rs. C 387/99, Slg 2004, I-3773, 3792, Rn 60 – Kommission/Deutschland.
119 EuGH, Urt. v. 16.4.1991, Rs. C112/89, Slg 1991, I-1703, 1744, Rn 31 – Upjohn.
120 BVerwG, Beschl. v. 25.10.2007 – Rs. C 42.06.

mitterechtlichen Gesundheitsschutz in der Rechtsprechung des EuGH bisher nicht ausreichend berücksichtigt.[121]

Der EuGH stellt in seinem Urteil vom 30.4.2009[122] fest, dass ein Gesundheitsrisiko durch die Verwendung eines Erzeugnisses nicht auf dessen pharmakologische Wirksamkeit schließen lässt. Das Gesundheitsrisiko ist nämlich, auch wenn es bei der Einstufung eines Erzeugnisses als Funktionsarzneimittels zu berücksichtigen ist, dennoch ein eigenständiger Faktor.

Die Frage, ob ein Erzeugnis ein **Risiko für die Gesundheit** birgt, ist nur eines der Kriterien, die die zuständigen nationalen Behörden für die Beurteilung, ob es ein Arzneimittel im Sinne der Art. 1 Nr. 2 lit. B RL 2001/83/EG ist, berücksichtigen können, und kann **nicht allein entscheidend** sein.

Der BGH hat in einem jüngeren Urteil[123] das **Fehlen von Gesundheitsgefahren** bei bestimmungsgemäßem Gebrauch als **starkes Indiz gegen die Arzneimitteleigenschaft** beurteilt. Dass keine Gesundheitsgefahren zu besorgen sind, kann sich insbesondere daraus ergeben, dass ein Stoff – wie l-Carnitin – nach der Diätverordnung in diätetischen Lebensmitteln uneingeschränkt und ohne vorheriges Zulassungsverfahren verwendet werden darf. Denn dies – so das Gericht – lässt erkennen, dass der Gesetzgeber die Verwendung des entsprechenden Stoffes in Lebensmitteln allgemein als gesundheitlich unbedenklich erachtet hat.[124]

6. Zweifelsfallregelung

Von Bedeutung ist im Rahmen der Produktabgrenzung zwischen Arzneimitteln und Nahrungsergänzungsmitteln insbesondere die in Art. 2 Abs. 2 RL 2001/83/EG enthaltene sog. **Zwitterregelung**, die wie folgt lautet:

In Zweifelsfällen, in denen ein Erzeugnis unter Berücksichtigung aller seiner Eigenschaften sowohl unter die Definition von „Arzneimitteln" als auch unter die Definition eines Erzeugnisses fallen kann, das durch andere gemeinschaftsrechtliche Rechtsvorschriften geregelt ist, gilt diese Richtlinie.

Der deutsche Gesetzgeber hatte anlässlich der 14. AMG-Novelle davon abgesehen, diese Zweifelsfallregelung national umzusetzen. Mit der 15. AMG-Novelle ist nun die Zweifelsfallregelung umgesetzt worden.[125]

Die Zweifelsfallregelung besteht strukturell aus zwei Teilen: einerseits aus ihren tatsächlichen Voraussetzungen, andererseits aus ihrer angeordneten Rechtsfolge. Während die angeordnete Rechtsfolge der Zweifelsfallregelung außer Streit steht, nämlich die Geltung des Arzneimittelrechts, sind die tatbestandlichen Voraussetzungen umstritten.[126]

Die Zwitterregelung soll für **„Grenzprodukte"**, wie es in den Erwägungsgründen der Richtlinie heißt, Rechtssicherheit schaffen. Die Regelung erfasst damit typischerweise die „Dual-Use-Produkte", dh die Produkte, die sowohl als Arzneimittel als auch als Nahrungsergänzungsmittel oder diätetisches Lebensmittel in Verkehr gebracht werden können.[127] Dabei verfolgt die Zweifelsfallregelung zwei Ziele, deren gleichzeitige Realisierung aufgrund des immanenten Spannungsverhältnisses erhebliche Auslegungsschwierigkeiten bereitet: die

---

121 Schulz, ZLR 2009, 487 ff.
122 EuGH, Urt. v. 30.4.2009, Rs. C-27/08.
123 BGH, Urt. v. 26.6.2008 – I ZR 61/05 – L-Carnitin II, Tz. 32 und 33.
124 BGH, Urt. v. 26.6.2008 – I ZR 61/05 – L-Carnitin II, Tz. 35.
125 § 2 Abs. 3 a AMG n.F.: „Arzneimittel sind auch Erzeugnisse, die Stoffe oder Zubereitungen aus Stoffen sind oder enthalten, die unter Berücksichtigung aller Eigenschaften des Erzeugnisses unter eine Begriffsbestimmung des Absatzes 1 fallen und zugleich unter die Begriffsbestimmung eines Erzeugnisses nach Absatz 3 fallen können.".
126 Reese/Stallberg, ZLR 2008, 695 ff.
127 Rehmann, A&R 2009, 58, 59.

§ 2 Zentralbegriffe des Arzneimittelrechts

Gewährleistung eines **hohen Gesundheitsschutzniveaus** und eine **Erleichterung der Verkehrsfähigkeit von Grenzprodukten** und damit eine Verbesserung der Funktionsfähigkeit des Binnenmarkts.[128]

65   Angesichts dieser **ambivalenten Ziele** und eines nicht völlig eindeutigen Wortlauts haben sich in der Fachliteratur unterschiedliche Positionen herausgebildet: Zahlreiche Autoren von Fachartikeln vertreten den Standpunkt, der Zweifelsfallregelung komme lediglich **deklaratorische Bedeutung** zu und insofern bringe sie keine Änderung der Rechtslage nach Inkrafttreten der Basisverordnung (EG) 178/2002 mit sich.[129] Sie sei lediglich als eine Bestätigung der traditionellen Rechtsprechung des EuGH zu verstehen, der in Anwendung des sog. Strengeprinzips, wonach das strenge Arzneimittelrecht in der Anwendung Vorrang vor weniger strengen Regelungen anderer Rechtsgebiete hat, und des Spezialitätsgrundsatzes eine Vorrangregelung für das Arzneimittelregime normiert habe. Die Anwendung des Arzneimittelregimes auf ein im Streit befindliches Erzeugnis setze danach voraus, dass zuvor die Funktionsarzneimitteleigenschaft entsprechend dem jeweiligen Stand der Naturwissenschaft positiv festgestellt worden sei.[130]

66   Demgegenüber vertraten das OVG Niedersachsen,[131] das OVG NRW[132] und andere Stimmen in der Literatur[133] den Standpunkt, die Zweifelsfallregelung sei (auch) **konstitutiver Natur**. Dies ergebe sich aus dem schlussendlich während des Gesetzgebungsverfahrens gefundenen Wortlaut von Art. 2 Abs. 2 RL 2001/83/EG. Die Zweifelsfallregelung komme folglich auch bei in tatsächlicher Hinsicht verbleibenden Zweifeln zur Anwendung. Wäre es dem europäischen Gesetzgeber tatsächlich nur darauf angekommen, die bestehende Vorrangsregel zu kodifizieren, so hätte es in Art. 2 Abs. 2 RL 2001/83/EG jedenfalls nicht eines ausdrücklichen Verweises auf einen Zweifelsfall bedurft.[134]

67   Für die Auslegung der Zwitterregel als tatsächliche Zweifelsfallregelung ist neben dem Wortlaut auch die Entstehungsgeschichte zu betrachten: Der Wortlaut des Art. 2 Abs. 2 RL 2001/83/EG besteht aus einer einzigen tatbestandlichen Voraussetzung, nämlich derjenigen des Zweifelsfalls („In Zweifelsfällen ..."). In § 2 Abs. 3 a AMG wird wie folgt formuliert: „... die unter Berücksichtigung aller Eigenschaften des Erzeugnisses unter eine Begriffsbestimmung des Absatzes 1 [Arzneimittel] fallen und zugleich unter die Begriffsbestimmungen eines Erzeugnisses nach Absatz 3 [u.a. Lebensmittel] fallen *können*."[135]

Zu klären ist dabei, ob es sich bei dem so definierten Zweifelsfall um einen solchen im tatsächlichen oder rechtlichen Sinne handelt.[136]

Im Laufe des Gesetzgebungsverfahrens wurde die Formulierung des Art. 2 Abs. 2 RL 2001/83/EG dahin gehend geändert, dass Rückschlüsse auf das vom Gesetzgeber mit dieser Regelung Gewollte möglich sind.[137] Wesentlich sind zwei Änderungen, die den Unterschied zum Kommissionsvorschlag zur endgültigen Fassung deutlich machen:

---

128   Erwägungsgründe Nr. 3, 4 und 7 der Änderungsrichtlinie 2004/27/EG, vgl Doepner ZLR 2009, 201, 203.
129   Meisterernst, StoffR 2005, 126, 127; Büttner ZLR 2006 754, 774; s. auch OLG Köln, Urt. v. 21.12.2007 – 6 U 64/06.
130   Vgl hierzu Schlussanträge der Generalanwältin *Verica Trstenjak* v. 19.6.2008, Rs. 140/07 – Red Rice.
131   OVG Lüneburg, Urt. v. 23.3.2006 – 11 LC 180/05.
132   OVG NRW, Urt. v. 10.11.2005 – 13 A 463/03.
133   Dettling, ZLR 2008, 441, 445 ff., Kraft/Röcke, ZLR 2006, 19, 26 ff.; Preuß, ZLR 2007, 435, 449.
134   Kraft/Röcke, ZLR 2006, 19 ff.
135   Ergänzungen in eckigen Klammern und Hervorhebung von der Verf.
136   Reese/Stallberg, ZLR 2008, 695 ff.
137   Der Kommissionsvorschlag lautete wie folgt: „Wenn ein Stoff oder eine Zusammensetzung der Definition des Arzneimittels entspricht, gelten die Bestimmungen dieser Richtlinie auch dann, wenn der Stoff oder die Zusammensetzung ebenfalls in den Geltungsbereich anderer gemeinschaftlicher Rechtsvorschriften fällt."

1. die Bezugnahme auf den bestehenden Zweifelsfall und
2. der Verweis darauf, dass die Arzneimittelgesetzgebung anwendbar ist, wenn ein Produkt unter die Definition des Arzneimittels fallen *kann*.[138]

Der Wortlaut des Art. 2 Abs. 2 RL 2001/83/EG stellt somit für die Anwendung der Zwitterregel zwei Voraussetzungen auf: Erstens muss das Produkt nach seinen Eigenschaften sowohl Arzneimittel als auch – beispielsweise – Nahrungsergänzungsmittel sein. Zweitens muss ein Zweifelsfall vorliegen.

Nach dem Wortlaut des Art. 2 Abs. 2 RL 2001/83/EG genügt es für die Anwendbarkeit der Richtlinie somit, dass ein „Zweifelsfall" vorliegt, dass also das Erzeugnis unter die Definition des Arzneimittels fallen „kann". Der Wortlaut des Art. 2. Abs. 2 RL 2001/83/EG verlangt für die Anwendbarkeit der Richtlinie 2001/83/EG nicht, dass die Eigenschaften eines Produkts als Arzneimittel wissenschaftlich nachgewiesen sind und damit als feststehend angesehen werden können. Letzterenfalls läge kein „Zweifelsfall" mehr vor, sondern schon zweifelsfrei ein Arzneimittel.[139] Die Zwitterregelung greift erst dann, wenn alle Erkenntnisquellen zur Vornahme einer Abgrenzung ausgeschöpft sind und das Ergebnis nicht eindeutig ausgefallen ist.[140]

68

Der Wortlaut spricht daher eindeutig dagegen, in der Zweifelsfallregelung eine (reine) Kollisionsregel zu erachten. Denn eine Kollisionsregel, die darüber entscheidet, welches der zwei gleichermaßen anzuwendenden Rechtsregime gilt, greift logischerweise nur dort ein, wo überhaupt eine Kollision zweier Regelungskomplexe existiert, mithin also positiv feststeht, dass sowohl die Anwendungsvoraussetzungen des einen wie auch des anderen Regelungsregimes erfüllt sind. Ein Kollisionsfall liegt jedoch nicht vor, wenn Ungewissheit darüber besteht, ob die Tatbestandsvoraussetzungen eines oder beider Rechtsregime vorliegen. Steht lediglich fest, dass das jeweilige Erzeugnis unter das Arzneimittelregime fallen kann, nicht jedoch ob es tatsächlich darunter fällt, so besteht offensichtlich kein Kollisionsfall.

69

Die Zwitterregelung dient allerdings nicht dem Zweck, den zuständigen Behörden eigenständige Feststellungen zur Produkteigenschaft zu ersparen und eine Einordnung auf Verdacht in die Kategorie der Arzneimittel zu ermöglichen. Diese Befürchtung wurde in der Literatur geäußert und man hatte Sorge, dass die Zweifelsfallregelung von den deutschen Gerichten dergestalt angewandt werden würde, dass die Produkte, die sich rechtlich in der Grauzone zwischen Lebensmittel und Arzneimittel befinden, insbesondere also Produkte, die „Dual-Use-Stoffe" enthalten, zukünftig ausschließlich als Arzneimittel anzusehen wären, was zu unbilligen Ergebnisse führen könne.[141]

70

Es stellt sich somit die Frage, mit welcher Sicherheit von einem Arzneimittel auszugehen ist oder **wie groß der Zweifel** bei der Zweifelsfallregelung sein darf. Die Gleichwahrscheinlichkeitsthese wird durch den Wortlaut des Art. 2 Abs. 2 der Richtlinie 2001/83/EG gestützt („sowohl unter … als auch unter … fallen kann").[142] Darüber hinaus entspricht diese Auslegung auch der Regelungsabsicht des Gemeinschaftsgesetzgebers, den Gesundheitsschutz im Bereich der Grenzprodukte zu erhöhen. Die Gründe, die für oder gegen das Vorliegen eines Arzneimittels sprechen, müssen sich daher zumindest die Waage halten. Die Anwendung der Gleichwahrscheinlichkeitsthese entspricht somit dem **Vorsorgeprinzip**, das Regime

71

---

138 Kraft/Röcke, ZLR 2006, 19, 27.
139 Dettling, A&R 2009, 65 ff.
140 Rehmann, A&R 2009, 58 ff.
141 Doepner/Hüttebräuker, ZLR 2004, 429, 452.
142 Die Zweifelsfallregelung findet Anwendung, sofern ein Produkt nach Berücksichtigung aller seiner Eigenschaften mit (mindestens) gleicher Wahrscheinlichkeit als Arzneimittel oder Lebensmittel qualifiziert werden kann (Gleichwahrscheinlichkeitsthese). Die Folge dieser Lesart wäre, dass die Zweifelsfallregelung nur eingreifen würde, wenn sich die Gründe für das Vorliegen oder das Fehlen einer Arzneimitteleigenschaft (insbesondere der pharmakologischen Wirkung) zumindest die Waage halten.

des Arzneimittelrechts bei solchen Grenzprodukten zur Anwendung zu bringen.[143] Ein Produkt, dessen Arzneimitteleigenschaft hinreichend wahrscheinlich ist, beinhaltet potenzielle Risiken für die Verbraucher, die über das hinausgehen, was beim Verzehr von Lebensmitteln üblich ist. Die Zweifelsfallregelung stellt daher eine **verhältnismäßige Maßnahme** des Gemeinschaftsgesetzgebers dar, zu verhindern, dass sich diese potenziellen Risiken in Grenzprodukten realisieren.

72 Der EuGH vertritt in seinem Urteil vom 15.1.2009[144] in dem vom BVerwG angestrengten Vorlageverfahren die Auffassung, Art. 2 Abs. 2 RL 2001/83/EG sei nicht auf ein Produkt anzuwenden, dessen Eigenschaft als Funktionsarzneimittel wissenschaftlich nicht nachgewiesen ist, ohne dass sie ausgeschlossen werden kann. Aus dem siebten Erwägungsgrund der Richtlinie 2004/27/EG ergibt sich, dass diese Vorschrift in die Richtlinie 2001/83/EG aufgenommen wurde, um klarzustellen, dass ein Produkt, das sowohl der Definition des Arzneimittels als auch der anderer regulierter Produkte entspricht, unter die Bestimmungen der Richtlinie 2001/83/EG fällt. Demnach beruht Art. 2. Abs. 2 RL 2001/83/EG auf dem Postulat, dass das betreffende Produkt die Voraussetzungen eines Arzneimittels erfüllt.[145]

Damit ist die Richtlinie 2001/83/EG nicht auf ein Produkt anwendbar, dessen Arzneimitteleigenschaften im Sinne des Art. 1 Nr. 2 lit. b dieser Richtlinie nicht nachgewiesen ist, dh ein Produkt, dessen Eignung, physiologische Funktionen durch eine pharmakologische, immunologische oder metabolische Diagnose zu erstellen, nicht wissenschaftlich festgestellt wurde.

73 Auch die Kommission hat in diesem Verfahren die Ansicht vertreten, dass Art. 2 Abs. 2 RL 2001/83/EG dahin gehend auszulegen sei, dass die Richtlinie 2001/83/EG nur auf ein Erzeugnis anzuwenden sei, dessen Arzneimitteleigenschaften im Lichte des jeweiligen Standes der Wissenschaft festgestellt worden seien.

Die Kommission bringt zusätzlich vor, dass Absicht des Gesetzgebers bei Erlass der Richtlinie 2004/27/EG einerseits gewesen sei, den Arzneimittelbegriff durch eine nähere Definition der Art der Wirkung, die das Arzneimittel auf die physiologischen Funktionen haben kann, zu präzisieren. Andererseits habe ausdrücklich angeordnet werden sollen, dass auf Produkte die unter die Definition des Arzneimittels fielen, die Vorschriften über Arzneimittel anzuwenden seien, auch wenn diese unter Umständen unter die Definition anderer regulierter Produkte, wie Nahrungsmittel und Nahrungsergänzungsmittel, fielen. In diesem Fall kämen die Vorschriften über andere regulierte Produkte jedoch nicht zur Anwendung.

74 Auch folgt der EuGH den Schlussanträgen der Generalanwältin *Trsenjak*,[146] die sich wie folgt zur Auslegung der Zweifelsfallregelung äußert:

Sollte man die Zweifelsfallregelung im Sinne einer Vermutungs- bzw Beweisregel anwenden, dh dass bereits ein gewisser Grad an Wahrscheinlichkeit ausreicht, um die Eigenschaften zu bejahen, würde das zu einer erheblichen Ausweitung des Anwendungsbereichs des Arzneimittelrechts führen.

75 Vielmehr deuten Sinn und Zweck der Regelung sowie der sowohl in den Begründungserwägungen als auch in der Entstehungsgeschichte der Richtlinie 2004/27/EG dokumentierte Wille des Gemeinschaftsgesetzgebers darauf hin, dass Art. 2 Abs. 2 RL 2001/83/EG in der durch die Richtlinie 2004/27/EG geänderten Fassung dazu bestimmt ist, den in der Rechtsprechung des EuGH anerkannten Vorrang der arzneimittelrechtlichen Vorschriften gegenüber den Vorschriften des Lebensmittel- bzw des Nahrungsergänzungsmittelrechts gesetz-

---

143 Reese/Stallberg, ZLR 2008, 695 ff.
144 EuGH, Urt. v. 15.1.2009, Rs. C140/07.
145 EuGH aaO, Rn 24.
146 Schlussanträge der Generalanwältin *Verica Trstenjak* v. 19.6.2008, Rs. 140/07 – Red Rice.

lich festschreiben. Insofern ist das Arzneimittelrecht *lex specialis* gegenüber dem Lebensmittelrecht- und dem Nahrungsmittelrecht.

Die **Zweifelsfallregelung** ist somit nicht als tatsächliche Zweifel überwindende Vermutungsregel zu verstehen, sondern **nur von deklaratorischer Bedeutung** und als Bestätigung der These des EuGH zu verstehen, das arzneimittelrechtliche Regime sei vorrangig vor den für andere Produktkategorien geltenden Normen anzuwenden.[147] Somit *muss* die Definition des Arzneimittels in § 2 Abs. 1 AMG und in Art. 1 Nr. 2 RL 2001/83/EG erfüllt sein. Damit ist § 1 Abs. 3 a AMG bzw Art. 2 Abs. 2 RL 2001/83/EG keine echte *Zweifels*regelung, sondern eine reine Vorrangregel zugunsten des strengeren Arzneimittelrechts.[148]

Eine andere Auslegung würde letztlich darauf hinauslaufen, die nationale Behörde von der Pflicht der Einzelfallprüfung der pharmakologischen Wirkung zu entbinden, da sie sich jedenfalls auf ein eventuelles, durch die Einnahme in größeren Mengen bedingtes Gesundheitsrisiko berufen könnte, um die Arzneimitteleigenschaft dieses Erzeugnisses zu bejahen. Dadurch würde die **Warenverkehrsfreiheit eingeschränkt**, obwohl gewiss wäre, dass die pharmakologische Wirkung jedenfalls bei bestimmungsgemäßem Gebrauch nicht erreicht würde. Eine solche Einschränkung wäre unter dem Blickwinkel des Schutzes der öffentlichen Gesundheit nicht zu rechtfertigen.[149]

Als Folge dieses Urteils muss derjenige, der sich auf die Arzneimitteleigenschaften eines Produkts beruft, die Tatsachen **darlegen und beweisen**, dass das Produkt den gesetzlichen Definitionen entspricht. Die Zweifelsfallregelung stellt hierbei keine Ausnahme dar, da auch hier die Arzneimitteleigenschaft im Lichte des jeweiligen Standes der Wissenschaft festgestellt werden muss. Daher kommt es in der Praxis zu einer **Beweislast der Behörde**, wenn sie ein Produkt als Arzneimittel einstufen will. Da idR erst klinische Studien im Rahmen der Arzneimittelzulassung für den Beleg der therapeutischen Wirksamkeit und Unbedenklichkeit durchgeführt werden, fehlen häufig diese für den letzten Beweis der pharmakologischen Wirkung erforderlichen Studien. Von den Gerichten wird immer mehr die pharmakologische Wirkung mit der therapeutischen Wirksamkeit gleichgesetzt. So ist ein Beweis der Arzneimitteleigenschaften eines Borderlineprodukts kaum von den Behörden zu erbringen.[150] Es besteht daher die Gefahr, dass die Verbreitung gesundheitsgefährdender Erzeugnisse dadurch gefördert wird.[151]

7. Präsentationsarzneimittel

Nach Art. 1 Nr. 2 lit. a RL 2001/83/EG fallen unter den Begriff „Arzneimittel" neben der Definition gem. Art. 1 Nr. 2 lit. b (Funktionsarzneimittel) alle Stoffe oder Stoffzusammensetzungen, die als Mittel mit Eigenschaften zur Heilung oder zur Verhütung menschlicher Krankheiten bestimmt sind. Mit der Neuregelung durch die Richtlinie 2004/27/EG wurde die vorhergehende Formulierung „als ... bezeichnet wird" ersetzt. Entgegen einer in der Literatur vereinzelt vertretenen Ansicht[152] hat sich durch die neue Fassung der Richtlinie im

---

147 Schlussanträge der Generalanwältin *Verica Trstenjak* v. 19.6.2008, Rs. 140/07 – Red Rice.
148 Müller, Die Abgrenzung Arzneimittel/Lebensmittel – ein perpetuum mobile?, FS Ulf Doepner, 2008, S. 267 ff.
149 Schlussanträge der Generalanwältin *Verica Trstenjak* v. 19.6.2008, Rs. 140/07 – Red Rice.
150 Siehe hierzu auch BVerwG, Urt. v. 26.5.2009, Rs. 3 C 5.09: Der plausible Nachweis der pharmakologischen Wirkung des in Rede stehenden Präparates (Red Rice), die wesentlich ist für die Einstufung als Funktionsarzneimittel, ist nach Meinung des Gerichts nur mit der Durchführung von klinischen Studien zu erbringen.
151 Dettling, A&R 2009, 65, 68.
152 Pfortner, PharmR 2004, 419 ff.

Jahr 2004 an dem Verständnis des Präsentationsarzneimittels nichts geändert. Es handelt sich hierbei nur um eine redaktionelle Änderung.[153]

80 Das AMG definiert in seiner aktuellen Fassung gem. § 2 Abs. 1 Nr. 1 AMG Arzneimittel als Stoffe oder Zubereitungen aus Stoffen, die zur Anwendung am oder im menschlichen oder tierischen Körper bestimmt sind und als Mittel mit Eigenschaften zur Heilung oder Linderung oder zur Verhütung menschlicher oder tierischer Krankheiten oder krankhafter Beschwerden bestimmt sind. Folglich geben beide Gesetze neben der Definition des Funktionsarzneimittels eine weitere Definition an: eine Definition „nach der Bezeichnung".

81 Ein Erzeugnis ist ein Arzneimittel, wenn es unter eine dieser beiden Definitionen fällt. Ob ein Erzeugnis als Arzneimittel nach der Bezeichnung einzustufen ist, ist **fallbezogen anhand konkreter Merkmale** zu lösen. Ein Erzeugnis kann als Arzneimittel nach der Bezeichnung (oder als Präsentationsarzneimittel) angesehen werden, wenn es infolge seiner Form und seiner Aufmachung einem Arzneimittel **genügend ähnelt** und wenn insbesondere seine Verpackung und sein Beipackzettel einen Hinweis auf Forschungen pharmazeutischer Laboratorien, auf von Ärzten entwickelte Methoden oder Stoffe oder auf bestimmte Zeugnisse von Ärzten zugunsten der Eigenschaften des Erzeugnisses enthalten.[154]

82 Nach ständiger Rechtsprechung ist der Begriff „Bezeichnung" eines Erzeugnisses **weit auszulegen**. Insoweit ist daran zu erinnern, dass die Richtlinie 2001/83/EG, soweit das Kriterium der Bezeichnung des Erzeugnisses zugrunde liegt, nicht nur Arzneimittel erfassen soll, die tatsächlich eine therapeutische oder medizinische Wirkung haben, sondern auch die Erzeugnisse, die nicht ausreichend wirksam sind oder die nicht die Wirkung haben, die der Verbraucher nach ihrer Bezeichnung von ihnen erwarten darf, so dass die Behörden das Inverkehrbringen solcher Erzeugnisse zum Schutz der Verbraucher verhindern können.[155]

83 Wegen des in der Bestimmung enthaltenen Wortes „zur" in der Definition des Arzneimittels, sind nicht nur die Erzeugnisse einbezogen, die eine tatsächliche Auswirkung auf die Körperfunktionen haben, sondern auch diejenigen, die die angekündigte Wirkung nicht haben.[156] Die Richtlinie zielt somit darauf, den Verbraucher nicht nur vor schädlichen oder giftigen Arzneimitteln zu schützen, sondern auch vor verschiedenen Erzeugnissen, die anstelle geeigneter Heilmittel verwendet werden.[157]

84 In diesem Zusammenhang ist davon auszugehen, dass ein Erzeugnis im Sinne der Richtlinie 2001/83/EG „als Mittel zur Heilung oder zur Verhütung von menschlichen Krankheiten bezeichnet" wird, wenn es, gegebenenfalls auf dem Etikett, dem Beipackzettel oder mündlich, **ausdrücklich als ein solches „bezeichnet" oder „empfohlen"** wird.[158] Auch kann eine Veröffentlichung, die das Produkt als Arzneimittel darstellt, soweit diese dem Hersteller zuzurechnen ist, zu einer Einstufung als Präsentationsarzneimittel führen. So sind Vitaminprodukte, die beworben werden als Mittel zur Heilung akuter Krebserkrankungen, als Präsentationsarzneimittel einzustufen.[159]

85 Ein Erzeugnis ist ferner stets dann „als Mittel zur Heilung oder zur Verhütung von menschlichen Krankheiten" zu bezeichnen, wenn bei einem durchschnittlich informierten Verbraucher auch nur schlüssig, aber mit Gewissheit der **Eindruck entsteht**, dass dieses Erzeugnis in

---

153 BGH, Urt. v. 26.6.2008 – I ZR 112/05 – HMB-Kapseln, und – I ZR 61/05 – L-Carnitin II.
154 EuGH, Urt. v. 21.3.1991, Rs. C 369/88 – Delattre.
155 EuGH, Urt. v. 16.4.1991, Rs C-112/89.
156 EuGH, Urt. v. 16.4.1991, Rs C-112/89.
157 EuGH, Urt. v. 30.11.1983, Rs 227/82 – van Bennekom, Slg. 1983, 3883.
158 EuGH, Urt. v. 15.11.2007, Rs. C-319/05 – Knoblauchkapseln.
159 LG Berlin, Urt. v. 16.9.2005 – 96 O 45/05.

Anbetracht seiner Aufmachung die betreffenden Eigenschaften haben müsse.[160] Insoweit ist der Einstellung eines durchschnittlich informierten Verbrauchers Rechnung zu tragen. Für die Annahme eines Präsentationsarzneimittels ist insofern keine „ausdrückliche Äußerung" des Herstellers notwendig, vielmehr reicht eine **mittelbare Willensbekundung** aus.

Der verständige Durchschnittsverbraucher wird im Allgemeinen nicht annehmen, dass ein als Nahrungsergänzungsmittel angebotenes Präparat tatsächlich ein Arzneimittel ist, wenn es in der vorgegebenen Dosierung keine pharmakologischen Wirkungen hat. Soweit aber ein Produkt ohne objektive pharmakologische Wirkung dennoch vom Hersteller oder Verkäufer als Mittel zur Heilung, Linderung oder Verhütung von Krankheiten bezeichnet oder empfohlen wird (also unter Herausstellung von pharmakologischen Wirkungen), kann ungeachtet der objektiv fehlenden pharmakologischen Wirkung ebenso von einem Arzneimittel auszugehen sein.[161] 86

Jedoch liegt ein Präsentationsarzneimittel nicht nur dann vor, wenn ein Präparat – sei es auch nur in Umschreibungen – als „Arzneimittel" „bezeichnet" wird, sondern auch dann, wenn es zB durch die **Verpackung**, aber auch durch **Werbung** im Internet oder in Printmedien bei einem durchschnittlich informierten Verbraucher der Eindruck entsteht, dass dieses Erzeugnis arzneiliche Wirkung haben müsse.[162] 87

Für diese Feststellung bedarf es der Würdigung sämtlicher Elemente, die auf das Vorstellungsbild des Verbrauchers einwirken, angefangen mit der Produktaufmachung bis hin zur Werbung und dem sonstigen Umfeld.[163] So können trotz Bezeichnung als Nahrungsergänzungsmittel andere Umstände hinzutreten, die ein Produkt gleichwohl als Arzneimittel erscheinen lassen, namentlich die **Art der Bewerbung** oder die **preisende Nennung von (vermeintlich) arzneilich wirksamen Bestandteilen**.[164]

Dabei ist bei der Frage, ob es sich bei einem Präparat um ein Präsentationsarzneimittel handelt, auch die **Irreführung gem. § 11 Abs. 1 Nr. 4 LFGB und § 12 LFGB** (Verbot der krankheitsbezogenen Werbung) zu beachten. So sind keinerlei Nachweis zugängliche, werbende Übertreibungen nicht geeignet, aus einem Lebensmittel ein Arzneimittel zu machen.[165] Dies ergibt sich bereits aus der Vorschrift des § 11 Abs. 1 S. 1, S. 2 Nr. 4 LFGB. Hiernach ist es verboten, Lebensmittel unter irreführender Bezeichnung, Angabe oder Aufmachung gewerbsmäßig in den Verkehr zu bringen oder für Lebensmittel allgemein oder im Einzelfall mit irreführenden Darstellungen oder sonstigen Aussagen zu werben. Eine Irreführung liegt insbesondere dann vor, wenn Lebensmittel der Anschein eines Arzneimittels gegeben wird. Somit geht das Gesetz davon aus, dass der durch Werbung erzeugte Anschein das Produkt nicht zu einem Arzneimittel macht. 88

Die äußere Form, wie der einer Pille, Kapsel oder Tablette, kann ein wichtiges Indiz für die Absicht des Verkäufers oder Herstellers sein, führt aber nicht zur Einstufung als Präsentationsarzneimittel, da auch Nahrungsergänzungsmittel diese Darreichungsform haben.[166] Umgekehrt können auch arzneimitteluntypische Verpackungen gegen eine Einstufung als Präsentationsarzneimittel sprechen.[167] Auch der ausschließliche Vertrieb über Apotheken 89

---

160 EuGH, Urt. v. 30.11.1983, Rs 227/82 – van Bennekom, Slg. 1983, 3883 und EuGH, Urt. v. 15.11.2007, Rs. C-319/05 – Knoblauchkapseln.
161 KG, Urt. v. 30.11.2004 – 5 U 55/04.
162 BVerwG, Urt. v. 16.5.2007 – 3 C 34.06.
163 LG Köln, Urt. v. 3.2.2006 – 81 O 257/02.
164 BVerwG, Urt. v. 26.5.2009 – 3 C 5.09.
165 VG Köln, Urt. v. 4.5.2005 – 24 K 5017/01 (das betreffende Produkt wurde mit reißerischer Werbung, wie „Schlankmoleküle fressen das Körperfett weg", „patentierter Diätknaller" oder „brandneuer Fettstopper" beworben).
166 EuGH, Urt. v. 21.3.1991, Rs. C 369/88 – Delattre.
167 VG Köln, Urt. v. 4.5.2005 – 24 K 5017/01.

stellt kein sicheres Indiz für die Zweckbestimmung als Arzneimittel dar, da auch Nahrungsergänzungsmittel zu den apothekenüblichen Waren zählen.[168]

90 Bei der Beurteilung und Entscheidung, inwieweit ein Erzeugnis ein Präsentationsarzneimittel gem. § 2 Abs. 1 Nr. 1 AMG ist, wird auch zu beurteilen sein, wie der Begriff „Krankheit" bzw „krankhafte Beschwerde" zu definieren ist. So können Aussagen wie „schwere Beine" oder „Juckreiz" als Zustand oder Empfindung verstanden werden. Sie können das Symptom einer Krankheit sein und, zusammen mit anderen klinischen Symptomen, einen pathologischen Zustand offenbaren. Ihnen kann aber auch jede pathologische Bedeutung fehlen. Der Hinweis auf diese Zustände oder Empfindungen, der in der Bezeichnung eines Erzeugnisses erhalten sein kann, ist also nicht entscheidend.[169] Der Bezug zu Krankheiten oder krankhaften Beschwerden, die im ICD-10[170] gelistet sind, gibt dagegen einen deutlichen Anhaltspunkt für die Einstufung eines Präparates als Präsentationsarzneimittel.

8. Diätetische Lebensmittel

91 Bei der Abgrenzung von Arzneimitteln zu Lebensmitteln ist neben der Definition der Nahrungsergänzungsmittel auch die der diätetischen Lebensmittel zu berücksichtigen, denn die allgemeinen Grundsätze der Abgrenzung von Lebensmitteln zu Arzneimitteln finden auch hier Anwendung.[171]

Dabei definiert die Diätverordnung diätetische Lebensmittel nach § 1 Abs. 1 DiätV als **Lebensmittel, die für eine besondere Ernährung bestimmt sind, also für einen besonderen Ernährungszweck.** Anders als Lebensmittel nach dem allgemeinen Lebensmittelbegriff beanspruchen diätetische Lebensmittel einen besonderen Nutzen, bezogen auf die Ernährungsbedürfnisse bestimmter Personengruppen, und richten sich nicht an alle Konsumenten.

92 Aus § 1 Abs. 2 DiätV ergeben sich verschiedene Kriterien, die von diätetischen Lebensmitteln zu erfüllen sind:
- Sie müssen zunächst den **besonderen Ernährungserfordernissen** bestimmter Verbrauchergruppen entsprechen, zu denen vor allen bestimmte Gruppen von Personen gehören, die sich in besonderen physiologischen Umständen befinden und deshalb einen besonderen Nutzen aus der kontrollierten Aufnahme bestimmter Nährstoffe ziehen können.
- Darüber hinaus haben sie sich für diesen **Ernährungszweck** zu eignen.
- Und schließlich ist vorgeschrieben, dass sie sich aufgrund ihrer besonderen Zusammensetzung oder ihres besonderen Herstellungsverfahrens **deutlich von Lebensmitteln des allgemeinen Verzehrs unterscheiden**.

Klassische diätetische Lebensmittel sind Säuglingsanfangs- und Folgenahrungen oder Trinknahrung für Patienten mit Kau- und Schluckstörungen.[172]

93 Im Hinblick auf diese besondere Anforderung umfasst die Kennzeichnung der Lebensmittel für besonderer medizinische Zwecke nach Art. 4 Abs. 4 RL 1999/217/EG u.a. den Hinweis „zur diätetischen Behandlung von", gefolgt von der Krankheit, Störung oder Beschwerde, für die das Erzeugnis bestimmt ist. Dadurch wird, wie auch § 12 Abs. 2 S. 2 LFGB deutlich macht, das allgemeine Verbot der krankheitsbezogenen Werbung für Lebensmittel, das sich gemeinschaftsrechtlich aus dem Irreführungsverbot gem. Art. 16 der Lebensmittelbasis-Verordnung (EG) 178/2002 ergibt, für diese speziellen Lebensmittel einschränkt. So führt § 3 Abs. 2 Nr. 4 DiätV verschiedene Erkrankungen an (Maldigestion und Maladsorption,

---

168 BGH, Urt. v. 20.2.2000 – I ZR 97/98.
169 EuGH, Urt. v. 21.3.1991, Rs. C 369/88 – Delattre.
170 Internationale Klassifikation von Krankheiten, 10. Revision, WHO, DIMDI 1994–2010.
171 Dettling, ZLR 2007, 256 ff.
172 Hahn/Hagenmeyer, DAZ 2007, 50 ff.

Gicht oder Diabetes mellitus). Diese krankheitsbezogenen Aussagen werden aus Industriesicht als wesentlicher Vorteil diätetischer Lebensmittel (inkl. ergänzend bilanzierter Diäten) gegenüber Nahrungsergänzungsmitteln gesehen.[173]

Das Recht der diätetischen Lebensmittel hat jedoch nicht den Zweck, den Anwendungsbereich des Arzneimittelrechts insgesamt einzuschränken. Vielmehr muss es sich nach den Richtlinien der Gemeinschaft zu diätetischen Lebensmitteln noch um Lebensmittel handeln, deren Wirkungsziel ausdrücklich die **Ernährung** ist, die also **auf die Erzielung physiologischer Wirkungen beschränkt** ist.[174] Sie dienen der Zufuhr von bestimmten, in besonderen Situationen, insbesondere bei bestimmten Krankheiten in besonderer Weise erforderlichen Nährstoffen als reinen Verbrauchsstoffen, die als solche vom Körper auch in der Krankheit nach dessen eigenen Programm verarbeitet werden. Diätetische Lebensmittel tragen u.a. dazu bei, eine pathophysiologische Stoffwechselsituation zu korrigieren.[175]

Dieser **Ernährungszweck muss wissenschaftlich belegt sein**, und dem diätetischen Lebensmittel dürfen Stoffe in Art und Menge nur so zugesetzt werden, wie es erforderlich ist. Gemäß § 7b Abs. 1 DiätV muss der Hersteller oder Importeur eines diätetischen Lebensmittels der zuständigen Behörde auf Verlangen die wissenschaftlichen Arbeiten und Daten vorlegen, die nach dem Stand der Wissenschaft die Eignung der zu ernährungsphysiologischen oder diätetischen Zwecken zugesetzten Stoffe für die entsprechende Personengruppe belegen. Gleichzeitig dürfen die in Anlage 2 DiätV aufgeführten Stoffe einem diätetischen Lebensmittel in Art und Menge nur so zugesetzt werden, dass sie den besonderen Ernährungserfordernissen der Personengruppe entsprechen.

Mehr oder minder wilde Produktkonzeptionen ohne qualitative und quantitative wissenschaftliche Grundlage können keine diätetischen Lebensmittel sein. Sie sind allenfalls, sofern stofflich zulässig, als Nahrungsergänzungsmittel denkbar.[176]

Zu den diätetischen Lebensmitteln zählen auch die **bilanzierten Diäten**. Sie werden unterteilt in *vollständig* bilanzierte Diäten (kompletter Tagesbedarf der betroffenen Personengruppe wird gedeckt) und *ergänzend* bilanzierte Diäten und müssen zunächst alle bereits erwähnten Anforderungen des § 1 Abs. 2 DiätV erfüllen. Bilanzierte Diäten müssen unter Vorlage eines Etikettmusters dem Bundesamt für Verbraucherschutz und Lebensmittelsicherheit (BVL) angezeigt werden (§ 4a Abs. 1 DiätV). Ein Prüfauftrag iSd § 4a DiätV ist mit diesem Anzeigeverfahren *nicht* verbunden. Inverkehrbringer und Hersteller von bilanzierten Diäten sind damit für die Einhaltung lebensmittelrechtlicher Vorschriften selbst verantwortlich.[177]

Auch die ergänzend bilanzierten Diäten müssen **nutzbringend** und **wirksam** sein. Dabei ist der Nachweis auch deswegen zu erbringen, weil diese Produkte sich an Erkrankte richten, die als empfindliche Personen in besonderem Maße vor Irreführung und unzureichenden diätetischen Maßnahmen zu schützen sind. Aus Art. 3 der zugrunde liegenden Richtlinie 1999/21/EG lässt sich dabei entnehmen, dass die Wirksamkeit ebenso wie die sichere und nutzbringende Verwendung ergänzender bilanzierter Diäten durch **allgemein anerkannte wissenschaftliche Daten** zu belegen sind. Diese Wirksamkeit einer bilanzierten Diät bedingt beim jeweiligen Ernährungserfordernis, dass das Präparat sowohl qualitativ als auch quantitativ einen Nutzen für den Verwender hat.

§ 1 Abs. 4a DiätV verlangt, dass bilanzierte Diäten **auf besondere Weise verarbeitet** oder formuliert und **für die diätetische Behandlung von Patienten bestimmt** sein müssen. Die

---

[173] Hahn/Hagenmeyer, DAZ, 2007, 50 ff.
[174] Dettling, ZLR 2007, 256 ff.
[175] Dettling, ZLR 2007, 256 ff.
[176] Hagenmeyer/Hahn, StoffR 2007, 2 ff..
[177] Stellungnahme des Arbeitskreises lebensmittelchemischer Sachverständiger der Länder und des BVL (J. Verb. Lebensm. (2006)).

ergänzend bilanzierten Diäten dienen nach dieser Norm der Ernährung von Patienten mit einem sonstigen **medizinisch bedingten Nährstoffbedarf**, für deren diätetische Behandlung eine Modifizierung der normalen Ernährung oder andere diätetische Lebensmittel nicht ausreichen. Obwohl sie definitionsgemäß Lebensmittel sind, besitzen ergänzend bilanzierte Diäten damit von Gesetzes wegen einen **therapeutischen Anspruch** bei einer definierten Krankheit, Störung oder Beschwerde. Nur muss diese Behandlung – im Gegensatz zu Arzneimitteln – eben „diätetisch" erfolgen, also auf nutritivem Wege.[178]

Eine Abgrenzung zur pharmakologischen Wirkung scheint folglich äußerst schwierig, insbesondere, wenn man diese mit einer therapeutischen Wirkung gleichsetzt.[179] Ergänzend bilanzierte Diäten müssen als Lebensmittel ernährungsphysiologisch wirken, eine pharmakologische Wirkung darf folglich nicht vorliegen.

99 Häufig werden Produkte auch fälschlicherweise als ergänzend bilanzierte Diät angezeigt, die nicht zur diätetischen Behandlung von Patienten geeignet sind, sondern lediglich auf den Ersatz und den Ausgleich unzureichender Nährstoffzufuhr abzielen. Zudem führt das Gebot des Hinweises auf eine Krankheit, Störung oder Beschwerde nicht selten dazu, dass einerseits Nahrungsergänzungsmittel unter Umgehung des Verbots der krankheitsbezogenen Werbung für Lebensmittel und anderseits nicht zugelassene Arzneimittel unter Umgehung des Zulassungsverfahrens missbräuchlich als ergänzende bilanzierte Diät angeboten werden.[180]

100 Ziel der diätetischen Behandlung mit ergänzend bilanzierten Diäten ist es, die **Ernährung** des Patienten mit bestimmten Krankheiten, Störungen oder Beschwerden **sicherzustellen**. Dies kann erfolgen durch den Ausgleich eines „medizinisch bedingten Nährstoffbedarfs", beispielsweise eines möglichen Energie- oder Nährstoffdefizits, oder die Deckung eines krankheitsbedingten Mehrbedarfs oder eines angepassten Nährstoffbedarfs. Dabei kann das Fehlen oder das Überangebot eines Nährstoffs Auslöser der Krankheit oder der Beschwerden sein, muss es aber nicht sein. Wesentlich ist, dass die Behandlung von Krankheiten, Beschwerden oder Störungen erfolgreich durch eine besondere Ernährung erfolgt.

101 Durch die diätetische Behandlung erfolgt jedoch keine medizinische Behandlung iS einer spezifischen Therapie wie bei einem **gegen die eigentliche Krankheitsursache** gerichteten und wirksamen Heilmittel. Ein therapeutischer Erfolg durch eine bedarfsangepasste Versorgung mit Nährstoffen im Sinne einer Verbesserung der Symptome der Erkrankung, der Verhinderung oder Verzögerung des Fortschreitens der Erkrankung oder Störung ist allenfalls eine Begleiterscheinung, nicht aber finaler Zweck bilanzierter oder ergänzend bilanzierter Diäten.[181] Durch den ernährungstherapeutischen Nutzen kann die Therapie mit Arzneimitteln unterstützt werden.

102 Zu den **anerkannten zulässigen Nährstoffen** gehören Wasser, Eiweiß, Fett, essentielle Fettsäuren und Kohlenhydrate. Auch werden Vitamine, Mineralstoffe, Spurenelemente, Aminosäuren, Carnitin, Taurin, Nukleotide, Cholin und Inositol als Stoffe mit einem besonderen Ernährungszweck iS der Richtlinie 2001/15/EG definiert. Darüber hinausgehend sind andere Nährstoffe in jedem Einzelfall dahin gehend zu prüfen, ob sie für den genannten Ernährungszweck nutzbringend sind, dh den besonderen Ernährungserfordernissen entsprechen.

103 Ein „Switch" von Arzneimitteln zu diätetischen Lebensmitteln ist spätestens seit der sog. Nachzulassung von fiktiv zugelassenen Arzneimitteln für die Industrie interessant gewor-

---

178 Hagenmeyer/Hahn, StoffR 2007, 2 ff.
179 Vgl hierzu OLG Hamburg ZLR 2005, 266, 273 – Epamax.
180 Stellungnahme des Arbeitskreises lebensmittelchemischer Sachverständiger der Länder und des BVL (J. Verb. Lebensm. (2006)).
181 Streinz/Fuchs, Ergänzend bilanzierte Diäten – Möglichkeiten und Grenzen, Rechtsgutachten im Auftrag von INTEGRITAS, Verein für lautere Heilmittelwerbung e.V., 2003.

den. Die „Vorteile" der bilanzierten Diäten werden in der Literatur durchaus diskutiert.[182] So ist der Marktzugang für bilanzierte Diäten deutlich leichter (Anzeige beim BVL ohne Prüfung gem. § 4 a Abs. 4 DiätV) als bei Arzneimitteln (aufwändiges Zulassungsverfahren bei der Zulassungsbehörde). Ein Switch vom Arzneimittel zum Lebensmittel, resp. bilanzierter Diät, ist daher von den Überwachungsbehörden stets kritisch zu prüfen. Grundsätzlich ist die Umwidmung von Arzneimitteln zu bilanzierten Diäten jedoch möglich, wenn die Produkte die rechtlichen Vorgaben der DiätV erfüllen.

Zahlreiche Gerichte haben sich mit der Frage beschäftigt: Entsprechen Produkte, die sich als bilanzierte Diäten auf dem Markt befinden, tatsächlich den rechtlichen Definitionen und Voraussetzungen? So wurde ein **Haarwuchsmittel** als Arzneimittel und nicht als diätetisches Lebensmittel eingestuft mit der Begründung, dass es verschiedene Patientengruppen mit verschiedenen Gründen für Haarausfall gebe.[183] Kapseln mit **Omega-3-Fettsäuren** (EPA = Eicosapentaensäure) und **Viamin E** wurden nicht als ergänzend bilanzierte Diät angesehen und die entsprechende Werbung[184] hierfür als Verstoß gegen § 18 Abs. 1 Nr. 1 des damaligen Lebensmittel- und Bedarfsgegenständegesetzes (LMBG) (Verbot krankheitsbezogener Werbeaussagen für Lebensmittel) gewertet.[185] Die Voraussetzungen für ein diätetisches Lebensmittel iSv § 1 Abs. 4 a DiätV lagen nach Meinung des Gerichts nicht vor. Aufgrund der Subsidiaritätsklausel in § 1 Abs. 4 a DiätV wurde das strittige Produkt nicht als bilanzierte Diät eingestuft. Durch Modifizierung der Ernährung und ggf Verwendung anderer diätetischer Lebensmittel sei – so das Gericht – der Ernährungszweck ebenfalls zu erfüllen. 104

In einem weiteren Urteil des OLG München[186] wurde ebenfalls ein Produkt nicht als ergänzend bilanzierte Diät eingestuft, da die Wirksamkeit für den ausgelobten Zweck nicht erwiesen war. Der BGH hat dagegen für das strittige Produkt „**Mobil Plus**" festgestellt, dass ein Nährstoffbedarf dann als medizinisch bedingt angesehen wird, wenn die an bestimmten Beschwerden, Krankheiten oder Störungen leidenden Personen einen besonderen Nutzen aus der kontrollierten Aufnahme bestimmter Nährstoffe ziehen.[187] Ein sonstiger medizinischer Nährstoffbedarf konnte – so der BGH – für das strittige Produkt nicht verneint werden. Denn für die Annahme eines solchen Bedarfs genügt es, dass Patienten mit entzündlichen Gelenkerkrankungen aufgrund ihres Leidens einen erhöhten Bedarf an der Zufuhr von Nährstoffen mit entzündungshemmender Wirkung haben. Ob es sich bei diesem Nutzen möglicherweise um eine nutritive oder eher pharmakologische Wirkung handelt, wurde bei diesem Urteil nicht geklärt. 105

Im Urteil des OLG Hamburg[188] wurde ein **Omega-3-Fettsäureprodukt** als diätetisches Lebensmittel für besondere medizinische Zwecke bei entzündlichen rheumatischen Beschwerden anerkannt. Eine Arzneimitteleigenschaft wurde verneint. Auch hier wurde die Subsidiaritätsklausel geprüft. Der diätetische Zweck kann – so das Gericht – durch andere Maßnahmen nicht erreicht werden. Das Gericht befand, dass es bei der Abgrenzung von bilanzierten Diäten zu Arzneimitteln nicht auf die pharmakologische Wirkung ankomme. 106

Der BGH hat in seinem Urteil vom 4.12.2008[189] deutlich gemacht, dass ein sonstiger medizinisch bedingter Nährstoffbedarf iSv § 1 Abs. 4 a S. 2 Fall 2 DiätV auch dann vorliegt, wenn nicht ein Nährstoffdefizit ausgeglichen, sondern auf andere Weise **durch die Nährstoffzufuhr ernährungsbedingten Erkrankungen entgegengewirkt** werden soll. Dabei wird vom 107

---

182 ZB Hahn, ZLR 2002, 543–568; Kügel, ZLR 2003, 265–293.
183 LG Frankfurt, Urt. v. 28.5.2003 – 2/3 O 130/03.
184 Zum Beispiel: "Rheuma? Arthrose? Entzündete Gelenke? M. Kapseln mit EPA und Rheumadiät helfen."
185 OLG München, Urt. v. 7.11.2002 – 29 U 4634/02, ZLR 2003, 114.
186 OLG München, Urt. v. 17.11.2005 – 29 U 4024/03, PharmR 2006,238 ff. – Mobil Plus.
187 BGH, Urt. v. 2.10.2008 – I ZR 220/05.
188 OLG Hamburg ZLR 2005, 266 – Epamax.
189 BGH, Urt. v. 4.12.2008 – I ZR 100/06 – Erfokol-Kapseln.

Gericht davon ausgegangen, dass das strittige Produkt[190] keine pharmakologische Wirkung besitzt. Nach Auffassung des BGH ist das Merkmal der pharmakologischen Wirkung iSd Funktionsarzneimittelbegriffs aus Art. 1 Abs. 1. Nr. 2 lit. b RL 2001/83/EG sowie des § 2 Abs. 1 Nr. 2 lit. a AMG auch bei der Abgrenzung zu bilanzierten Diäten anzuwenden und dahin gehend auszulegen, dass die pharmakologische Wirkung über das hinausgehen muss, was mit der (normalen) Ernährung erreicht werden kann. Nach wie vor muss die Wirkung bei bilanzierten Däten auf nutritivem Wege erfolgen, nicht auf pharmakologischem Wege.[191]

108 Zusammenfassend kann auch hier festgehalten werden, dass die korrekte Zuordnung zu einer Produktkategorie, die entscheidend für die spezifischen rechtlichen Anforderungen ist, durch fehlende Begriffsbestimmungen und eine teilweise sehr weit divergierende Rechtsprechung[192] erschwert wird. Damit wird die tägliche Beurteilungspraxis bei den Einstufungsentscheidungen sowohl bei den inverkehrbringenden Firmen als auch bei den zuständigen Behörden für Lebensmittel mit Gesundheitsversprechen oder Arzneimitteln mit ambivalenten Stoffen nicht einfacher.

II. Abgrenzung Arzneimittel/Medizinprodukt

1. Einleitung

109 Neben Arzneimitteln kommt Medizinprodukten eine bedeutende Rolle im Gesundheitswesen zu. Die Anzahl der Medizinprodukte am Markt ist unübersehbar. Die EU-Kommission geht schätzungsweise von 400.000 unterschiedlichen Produkten aus.[193] **Medizinprodukte** sind Erzeugnisse, die zur Anwendung für Menschen zu medizinischen Zwecken bestimmt sind und deren bestimmungsgemäße Hauptwirkung nicht auf pharmakologische, immunologische oder metabolische Weise erreicht wird. Für Medizinprodukte wird als typisch angesehen, dass sie ihre medizinische Zweckbestimmung hauptsächlich auf physikalische Art und Weise erzielen.[194]

Medizinprodukte unterscheiden sich zwar von Arzneimitteln durch ihre **unterschiedliche Wirkungsweise**, können aber den **gleichen Anwendungszwecken** wie Arzneimittel dienen und ihnen auch hinsichtlich ihrer Produktbeschaffenheit ähneln. Sie unterliegen jedoch anderen rechtlichen Regularien und müssen daher von Arzneimitteln eindeutig abgegrenzt werden. Grundsätzlich kann ein Erzeugnis nur unter den Anwendungsbereich eines Regelungsregimes fallen. § 2 Abs. 3 Nr. 7 AMG bestimmt, dass Medizinprodukte keine Arzneimittel sind. Ebenso nimmt § 2 Abs. 5 Nr. 1 MPG Arzneimittel aus dem Anwendungsbereich des Medizinprodukterechts aus.

2. Überblick über das Medizinprodukterecht

a) Europäische Richtlinien

110 Das geltende harmonisierte europäische Medizinprodukterecht basiert wesentlich auf drei Richtlinien:
- der **Richtlinie 90/385/EWG**[195] des Rates vom 20.6.1990 zur Angleichung der Rechtsvorschriften der Mitgliedstaaten über aktive implantierbare medizinische Geräte,

---

190 Erfokol-Kapseln enthalten 200 mg Phytosterole aus Ölen von Mais, Soja und Raps sowie Vitamin E.
191 Hahn, ZLR 2009, 358, 364.
192 Schweizer/Gründig, ZLR 2008, 418 ff.
193 Mitteilung der Kommission an den Rat und das Europäische Parlament über Medizinprodukte v. 2.7.2003, KOM(2003) 386 endgültig.
194 Vgl amtl. Begr. zum MPG (BT-Drucks. 12/6991).
195 ABl. EG Nr. L 189/17 v. 20.7.1990, zuletzt geändert durch die RL 2007/47/EG (ABl. EG Nr. L 247/21 v. 21.9.2007).

- der **Richtlinie 93/42/EWG**[196] des Rates vom 14.6.1993 über Medizinprodukte,
- der **Richtlinie 98/79/EG**[197] des Europäischen Parlaments und des Rates vom 27.10.1998 über In-vitro-Diagnostika.

Die beiden Medizinprodukterichtlinien wurden inzwischen einem Revisionsprozess unterzogen, der mit dem Erlass der **Richtlinie 2007/47/EG** des Europäischen Parlaments und des Rates der vom 5.9.2007 zur Änderung der Richtlinien 90/385/EWG des Rates zur Angleichung der Rechtsvorschriften der Mitgliedstaaten über aktive implantierbare medizinische Geräte und 93/42/EWG des Rates über Medizinprodukte sowie der Richtlinie 98/8/EG über das Inverkehrbringen von Biozid-Produkten[198] abgeschlossen wurde. Die Änderungsrichtlinie ist von den Mitgliedsstaaten bis zum 21.3.2010 in nationales Recht umzusetzen.

b) Konzeption der Medizinprodukterichtlinien

Den Medizinprodukterichtlinien liegt ein anderes Konzept der Rechtsangleichung zugrunde als den Arzneimittelrichtlinien. Die Richtlinien beruhen auf den **Grundsätzen der neuen Konzeption** auf dem Gebiet der technischen Harmonisierung und der Normung, die der Rat 1985[199] festlegte. Grundgedanke dieses „neuen Konzepts" ist die gegenseitige Anerkennung von Produkten in allen Mitgliedstaaten auf der Basis eines gemeinschaftlich festgelegten Schutzniveaus.[200] Die Richtlinien definieren dazu grundlegende Sicherheitsanforderungen, die Produkte, die in ihren Anwendungsbereich fallen, erfüllen müssen. Technische Details und spezielle Produktanforderungen werden dagegen in den Harmonisierungsrichtlinien des neuen Konzeptes nicht mehr geregelt, sondern finden sich in **harmonisierten Normen**. Mit der Erarbeitung von Normen beauftragt die EU Kommission europäische Normungsorganisationen (CEN und CENELEC) und veröffentlicht die Fundstelle der Normen im Amtsblatt der EU.[201]

111

Die Anwendung der harmonisierten Normen durch den Hersteller ist freiwillig und kann durch andere gleichwertige Methoden ersetzt werden. Werden harmonisierte Normen angewandt, wird die Konformität des Produkts mit den **grundlegenden Anforderungen** der einschlägigen Richtlinie vermutet.

c) Deutsches Medizinprodukterecht

Die europäischen Medizinprodukterichtlinien wurden mit dem am 1.1.1995 in Kraft getretenen Gesetz über Medizinprodukte (**Medizinproduktegesetz – MPG**)[202] in deutsches Recht umgesetzt. Die Änderungsrichtlinie 2007/47/EG ist Gegenstand des „4. MPG-Änderungsgesetzes",[203] das am 21.3.2010 in Kraft tritt. Das Medizinproduktegesetz wird durch zahlreiche Verordnungen ergänzt, die auf seiner Grundlage erlassen wurden.[204] Das Gesetz und die Verordnungen enthalten neben den umgesetzten gemeinschaftsrechtlichen Vorschriften

112

---

196 ABl. EG Nr. L 169/1 v. 12.7.1993, zuletzt geändert durch die RL 2007/47/EG (ABl. EG Nr. L 247/21 v. 21.9.2007).
197 ABl. EG Nr. L 331/1 v. 7.12.1998.
198 ABl. EG Nr. L 247/21 v. 21.9.2007.
199 Entschließung des Rates v. 7.5.1985 über eine neue Konzeption auf dem Gebiet der technischen Harmonisierung und der Normung (ABl. Nr. C 136 v. 4.6.1985).
200 Eine Darstellung des „Neuen Konzepts" findet sich bei Dieners/Lützeler in: Anhalt/Dieners, Handbuch des Medizinprodukterechts, S. 15 ff.
201 Näheres zur Normung bei Edelhäuser in: Anhalt/Dieners, aaO, S. 137 ff.
202 Gesetz über Medizinprodukte v. 2.8.1994 (BGBl. I, 1963), in der Fassung der Bekanntmachung v. 7.8.2002 (BGBl. I, 3146), zuletzt geändert durch Art. 6 des Gesetzes v. 29.7.2009 (BGBl. I, 2326).
203 Artikel 1 des Gesetzes zur Änderung medizinprodukterechtlicher Vorschriften v. 29.7.2009 (BGBl. I 2326).
204 Eine Zusammenstellung aller Verordnungen ist zu finden auf der Internetseite des Bundesministerium für Gesundheit (www.bmg.bund.de).

noch weitere Regelungen zum Errichten, Betreiben, Anwenden und Instandhalten von Medizinprodukten sowie auch zur Verschreibungspflicht und den Vertriebswegen.

113 Der **Vollzug des Medizinproduktegesetzes** ist gemäß Art. 83 GG **Angelegenheit der Bundesländer**. Sie überwachen den Verkehr mit Medizinprodukten und treffen die zur Beseitigung festgestellter und zur Verhütung künftiger Verstöße notwendigen Maßnahmen (§ 26 Abs. 1 und 2 MPG). Im Rahmen der **Marktüberwachung** haben die Länderbehörden auch zu prüfen und zu entscheiden, ob ein Produkt rechtmäßig als Medizinprodukt in den Verkehr gebracht wurde.

114 Die allgemeine Marktüberwachung durch die Landesbehörden wird ergänzt durch das **Medizinprodukte-Beobachtungs- und -Meldesystem**, das auf die zentrale Erfassung und Bewertung von Risiken ausgerichtet ist, zu der die Mitgliedsstaaten nach den europäischen Medizinprodukterichtlinien verpflichtet sind.[205] Die Aufgabe der zentralen Erfassung und Bewertung von Risiken wurde in Deutschland zwei Bundesoberbehörden, dem Bundesinstitut für Arzneimittel und Medizinprodukte und dem Paul-Ehrlich-Institut, zugewiesen. Das Medizinprodukte- Beobachtungs- und -Meldesystem ist in § 29 MPG geregelt und wird in verfahrensrechtlicher Hinsicht durch die **Medizinprodukte-Sicherheitsplanverordnung** (MPSV)[206] näher ausgestaltet.

d) Voraussetzungen für die Verkehrsfähigkeit von Medizinprodukten

115 Die Verkehrsfähigkeit von Medizinprodukten setzt keine staatliche Zulassung voraus. Medizinprodukte können innerhalb des Europäischen Wirtschaftsraums vermarktet werden, wenn sie ein **CE-Kennzeichen** tragen. Das CE-Kennzeichen darf nur angebracht werden darf, wenn Produkte die „**Grundlegenden Anforderungen**" erfüllen und die vorgeschriebenen **Konformitätsbewertungsverfahren** durchgeführt wurden (§ 6 Abs. 2 MPG). Die Grundlegenden Anforderungen sind für Medizinprodukte in dem jeweiligen Anhang I der Richtlinien 93/42/EWG und 90/385/EWG niedergelegt. Danach ist vom Hersteller auch durch eine entsprechende Produktauslegung sicherzustellen, dass die Medizinprodukte die von ihm vorgegebenen Leistungen erbringen dh ihre medizinischen Funktionen erfüllen.

116 Welche **Konformitätsbewertungsverfahren** durchzuführen sind, um die Übereinstimmung des Produkts mit den gesetzlichen Anforderungen festzustellen, hängt von der **Klassifizierung** des Produkts ab. Medizinprodukte werden mit Ausnahme der aktiven implantierbaren Medizinprodukte und der In-vitro-Diagnostika vier Klassen zugeordnet (I, IIa, IIb, III). Die Klassifizierungsregeln sind festgelegt in Anhang IX der Richtlinie 93/42/EWG und richten sich nach dem Risikopotenzial der Produkte. Produkte mit geringem Risikopotenzial gehören der Klasse I, Produkte mit hohem Risikopotenzial der Klasse III an. Die Konformitätsbewertung von Medizinprodukten der Klasse I, die nicht steril in den Verkehr gebracht werden und keine Messfunktion haben, kann der Hersteller in alleiniger Verantwortung vornehmen (**Selbstzertifizierung**). Für alle anderen Medizinprodukte ist eine **Fremdzertifizierung** durch eine staatlich akkreditierte Stelle (**Benannte Stelle**) erforderlich. Die Benannte Stelle hat, wenn es sich um ein **Medizinprodukt mit unterstützendem Arzneimittelanteil** handelt, Qualität, Sicherheit und Nutzen des Arzneistoffes analog zu den in der Richtlinie 2001/83/EG Anhang I genannten Verfahren zu überprüfen und entweder eine zuständige Behörde eines EU-Mitgliedsstaates oder die Europäische Arzneimittel-Agentur (EMEA) um ein wissenschaftliches Gutachten zu Qualität und Sicherheit des Stoffes, einschließlich des

---

205 Zu den Einzelheiten des Beobachtungs- und Meldesystems: Will in: Anhalt/Dieners, Handbuch des Medizinprodukterechts, S. 331 ff.
206 VO über die Erfassung, Bewertung und Abwehr von Risiken bei Medizinprodukten v. 24.7.2002 (BGBl. I, 2131), zuletzt geändert durch Art. 3 des Gesetzes zur Änderung medizinprodukterechtlicher Vorschriften v. 29.7.2009 (BGBl. I, 2326).

klinischen Nutzen-/Risiko-Profils zur ersuchen (sog. **Konsultationsverfahren**). Handelt es sich bei dem Arzneimittelanteil um ein Blutprodukt ist ausschließlich die EMEA zu konsultieren.

3. Kriterien der Produktabgrenzung
a) Ausgrenzungsvorschriften des MPG

Abgrenzungsprobleme zwischen Arzneimitteln und Medizinprodukten ergeben sich nur, wenn prinzipiell der Anwendungsbereich beider Regelungsregime eröffnet sein kann. § 2 Abs. 5 MPG schließt zahlreiche Produkte, die auch unter den Anwendungsbereich des AMG fallen oder fallen können, aus dem Anwendungsbereich des Medizinprodukterechts aus. Dazu zählen namentlich: 117

- **In-vivo-Diagnostika** im Sinne von § 2 Abs. 2 Nr. 2 lit. b AMG,
- Produkte aus **Humanblut**, soweit es sich nicht um Medizinprodukte nach § 3 Nr. 3 MPG (Medizinprodukt mit unterstützendem Arzneimittelanteil) handelt,
- Produkte, die **Gewebe, Transplantate, Zellen humanen Ursprungs** sind oder solche enthalten oder aus solchen gewonnen wurden,
- Produkte aus oder mit nicht **abgetöteten tierischen Materialien**.

Ausdrücklich **eingeschlossen in den Anwendungsbereich des MPG** werden dagegen gemäß § 2 Abs. 3 S. 1 MPG Produkte, die dazu bestimmt sind, Arzneimittel im Sinne des § 2 Abs. 1 AMG zu verabreichen.

b) Übereinstimmungen und Unterschiede in den Begriffsbestimmungen

Weiterhin stellen sich Abgrenzungsfragen zwischen Arzneimitteln und Medizinprodukten nur dort, wo Überschneidungen in den Begriffsbestimmungen der Regelwerke bestehen. Um Überlappungen festzustellen, müssen die jeweiligen gesetzlichen Definitionen nebeneinander gelegt werden. 118

aa) Begriffsdefinitionen
(1) Definition des Medizinprodukts

Die Definition des Medizinprodukts in § 3 Nr. 1 und Nr. 2 MPG lautet: 119

1. *Medizinprodukte sind alle einzeln oder miteinander verbunden verwendeten Instrumente, Apparate, Vorrichtungen, Software, Stoffe und Zubereitungen aus Stoffen oder andere Gegenstände einschließlich der vom Hersteller speziell zur Anwendung für diagnostische oder therapeutische Zwecke bestimmten und für ein einwandfreies Funktionieren des Medizinproduktes eingesetzten Software, die vom Hersteller zur Anwendung für Menschen mittels ihrer Funktionen zum Zwecke*

a) der Erkennung, Verhütung, Überwachung, Behandlung oder Linderung von Krankheiten,

b) der Erkennung, Überwachung, Behandlung, Linderung oder Kompensierung von Verletzungen oder Behinderungen,

c) der Untersuchung, der Ersetzung oder der Veränderung des anatomischen Aufbaus oder eines physiologischen Vorgangs oder

d) der Empfängnisregelung

zu dienen bestimmt sind und deren bestimmungsgemäße Hauptwirkung im oder am menschlichen Körper weder durch pharmakologisch oder immunologisch wirkende Mittel noch durch Metabolismus erreicht wird, deren Wirkungsweise aber durch solche Mittel unterstützt werden kann.

2. *Medizinprodukte sind auch Produkte nach Nummer 1, die einen Stoff oder eine Zubereitung aus Stoffen enthalten oder auf die solche aufgetragen sind, die bei gesonderter Verwendung als Arzneimittel im Sinne des § 2 Abs. 1 des Arzneimittelgesetzes angesehen werden können und die in Ergänzung zu den Funktionen des Produktes eine Wirkung auf den menschlichen Körper entfalten können.*

(2) Definition des Arzneimittels

120 § 2 Abs. 1 AMG definiert den Begriff „Arzneimittel" wie folgt:

Arzneimittel sind Stoffe oder Zubereitungen aus Stoffen,

1. die zur Anwendung im oder am menschlichen oder tierischen Körper bestimmt sind und als Mittel mit Eigenschaften zur Heilung oder Linderung oder zur Verhütung menschlicher oder tierischer Krankheiten oder krankhafter Beschwerden bestimmt sind, oder

2. die im oder am menschlichen oder tierischen Körper angewendet oder einem Menschen oder einem Tier verabreicht werden können, um entweder

a) die physiologischen Funktionen durch eine pharmakologische, immunologische oder metabolische Wirkung wiederherzustellen, zu korrigieren oder zu beeinflussen oder

b) eine medizinische Diagnose zu erstellen.

bb) Überschneidungen

(1) Anwendung für Menschen

121 Die Gegenüberstellung beider Definitionen zeigt zunächst, dass nur Produkte zur humanmedizinischen Anwendung Medizinprodukte im Sinne des MPG sein können, da es in § 3 Nr. 1 MPG „zur Anwendung für Menschen bestimmt" heißt. **Abgrenzungsfragen zu Tierarzneimitteln** stellen sich somit nicht.

(2) Stoffe und Zubereitungen aus Stoffen

122 Eine **wesentliche Übereinstimmung** in den Definitionen besteht darin, dass unter den Begriff des Medizinprodukts nicht nur medizin-technische Erzeugnisse wie Instrumente, Geräte, Software und andere zu medizinischen Zwecken bestimmte Gegenstände fallen, sondern explizit auch **Stoffe und Zubereitungen aus Stoffen**.

(a) **Stoffbegriff**

123 Gesetzlich definiert wird der Begriff „Stoff" in § 3 AMG. Unter den arzneimittelrechtlichen Stoffbegriff fallen danach:

1. chemische Elemente und chemische Verbindungen sowie deren natürlich vorkommende Gemische und Lösungen,
2. Pflanzen, Pflanzenteile, Pflanzenbestandteile, Algen, Pilze und Flechten in bearbeitetem oder unbearbeitetem Zustand,
3. Tierkörper, auch lebender Tiere, sowie Körperteile, -bestandteile und Stoffwechselprodukte von Mensch oder Tier in bearbeitetem oder unbearbeitetem Zustand,
4. Mikroorganismen einschließlich Viren sowie deren Bestandteile oder Stoffwechselprodukte.

Die arzneimittelrechtliche Definition des Stoffbegriffs kann auch für das Medizinprodukterecht herangezogen werden.[207]

---

207 Schorn/Baumann, Medizinprodukte-Recht, § 3 MPG Erl. 8.

(b) Unterschied zum Gegenstand

Nach der Stoffdefinition des § 3 AMG könnte auch ein **Gegenstand** ein Stoff oder eine Zubereitung aus Stoffen sein. Jedoch versteht man „Stoff" im arzneimittelrechtlichen Sinn nicht als (Gebrauchs)Gegenstand.[208] Dies zeigen insbesondere auch die Regelungen in § 2 Abs. 2 AMG zu den **gegenständlichen Geltungsarzneimitteln**. Stoffe und Zubereitungen aus Stoffen unterscheiden sich von Gegenständen dadurch, dass die therapeutischen Eigenschaften von der oder den Substanz/en selbst ausgehen und nicht von den aus ihnen hergestellten Produkten. Eine Tablette ist zwar ein Gegenstand, ihre Wirkung geht aber nicht von der gegenständlichen Form der verarbeiteten Stoffe, sondern von diesen selbst aus. Ein zB nur aus einem Metall bestehender Stent ist zwar Stoff im Sinne des § 3 Nr. 1 AMG, seine therapeutische Wirkung geht aber nicht von den chemischen Elementen aus, sondern von dem daraus geformten Gegenstand. Stoffe und Zubereitungen aus Stoffen lassen sich von Gegenständen somit nur durch ihren therapeutischen Zweck unterscheiden.[209]

124

(3) Medizinische Zweckbestimmung

Gemeinsamkeit in den Begriffsbestimmungen besteht ferner hinsichtlich der Zweckbestimmung. Medizinprodukte können zur Behandlung, Linderung, Verhütung von Krankheiten sowie zur Ersetzung und Veränderung eines physiologischen Vorgangs bestimmt sein. Ihre Anwendungsziele decken sich daher mit den in § 2 Abs. 1 Nr. 1 und 2 lit. a AMG genannten medizinischen Zwecken von Arzneimitteln.

125

(4) Schnittmenge

Ein Produkt, das

126

- ein Stoff oder eine Zubereitung aus Stoffen und
- zur Anwendung im oder am menschlichen Körper bestimmt ist,
- um Krankheiten oder krankhafter Beschwerden zu heilen, lindern oder zu verhüten,

fällt unter die Definition des § 2 Abs. 1 Nr. 1 AMG und erfüllt zugleich die Tatbestandsvoraussetzungen der Definition in § 3 Nr. 1 lit. a und b MPG (Behandlung oder Linderung von Krankheiten, Linderung von Verletzungen oder Behinderungen).

cc) Unterscheidungskriterium

(1) Bestimmungsgemäße Hauptwirkung

Das Kriterium der Unterscheidung von Humanarzneimitteln und Medizinprodukten ist § 3 Nr. 1 MPG zu entnehmen. Ein Medizinprodukt kann ein Erzeugnis danach nur sein, wenn es seine **bestimmungsgemäße Hauptwirkung** im oder am menschlichen Körper **nicht auf pharmakologische, immunologische oder metabolische Weise erreicht**. Medizinprodukte funktionieren überwiegend **physikalisch** (zB mechanisch, elektrisch) **oder physiko-chemisch**.[210] Ihre Funktionen im oder am menschlichen Körper können aber, wie der letzte Halbsatz der Definition in § 3 Nr. 1 MPG zeigt, durch pharmakologisch, immunologisch oder metabolisch wirkende Mittel unterstützt werden.

127

Anders als bei der Abgrenzung von Arzneimitteln zu anderen Produktkategorien wie etwa Lebensmitteln ist somit die **Präsentation bzw das äußere Erscheinungsbild des Produkts**, dh seine Darreichungsform, Aufmachung und Bewerbung kein taugliches Unterscheidungskri-

---

208 Vgl auch Kloesel/Cyran, Arzneimittelrecht, § 3 AMG Erl. 12.
209 So auch Dettling, PharmR 2006, 578, 579.
210 Schorn/Baumann, Medizinprodukte-Recht, § 3 MPG Erl. 16; Anhalt in: Anhalt/Dieners, Handbuch des Medizinprodukterechts, § 3 Rn 6.

terium.²¹¹ In ihrem Erscheinungsbild können sich (stoffliche) Medizinprodukte und Arzneimittel gleichen. Man denke etwa an Sättigungskomprimate zur Behandlung von Übergewicht, die in Kapselform angeboten werden und verschreibungspflichtig sind. Für die Unterscheidung von Arzneimittel und Medizinprodukt kommt es deshalb maßgeblich auf die nach naturwissenschaftlichen Methoden zu bestimmende Hauptwirkungsweise an. Gleichwohl sind zu medizinischen Zwecken bestimmte Mittel, die zwar pharmakologische, immunologische oder metabolische Wirkungen entfalten können, aber ungeeignet sind, die physiologischen Funktionen des menschlichen Körpers auf diese Weisen wesentlich zu verändern oder zu beeinflussen, und damit nach der Rechtsprechung²¹² nicht unter den Begriff des Funktionsarzneimittels fallen, nicht etwa per se als Medizinprodukte verkehrsfähig. Das Medizinprodukterecht ist kein Auffangbecken für unwirksame Arzneimittel. Vielmehr muss dem Produkt eine **wissenschaftlich belegte eigene, dh nicht arzneiliche Wirkungsweise** zukommen, mit der die vorgegebene medizinische Zweckbestimmung hauptsächlich erreicht wird. Andererseits steht der Einordnung eines Erzeugnisses als Medizinprodukt nicht entgegen, wenn arzneiliche Wirkungen zwar nicht ausgeschlossen werden können, sie aber nach gesicherten wissenschaftlichen Erkenntnissen nicht die bestimmungsgemäße Hauptwirkung ausmachen.²¹³

128 Die bestimmungsgemäße Hauptwirkung eines Produkts ergibt sich aus der **Zweckbestimmung**, die der Hersteller oder derjenige, unter dessen Verantwortung es in Verkehr gebracht wird, ihm beilegt, sowie aus den **wissenschaftlichen Angaben und Erkenntnissen über den Wirkmechanismus**.²¹⁴ Die vom Hersteller festgelegte Zweckbestimmung lässt sich entweder der Kennzeichnung oder der Gebrauchsinformation, unter Umständen aber auch nur den Angaben in Werbematerialien entnehmen (vgl § 3 Nr. 10 MPG).

(2) **Definition der pharmakologischen, immunologischen und metabolischen Wirkungsweisen**

(a) Fehlen gesetzlicher Definitionen

129 Weder im AMG noch im MPG noch in den ihnen zugrunde liegenden europäischen Richtlinien ist festgelegt, was unter **pharmakologischer, immunologischer oder metabolischer Wirkungsweise** zu verstehen ist. Zur Ermittlung des Bedeutungsgehaltes muss daher auf das vorherrschende **Verständnis der Begriffe in der medizinischen Wissenschaft** zurückgegriffen werden.²¹⁵ Die fehlende abstrakte Definition der Begriffe hat den Vorteil, dass ihre Deutung an den einer stetigen Entwicklung unterliegenden wissenschaftlichen Erkenntnisstand angepasst werden kann, andererseits den Nachteil, dass ein allgemein akzeptiertes Verständnis der Begriffe fehlt.²¹⁶ Letzteres steht dem Interesse einer einheitlichen und vorhersehbaren Rechtsanwendung entgegen.

(b) Europäische Leitlinie

130 Für den Bereich der Medizinprodukte wurde auf **europäischer Ebene** unter Federführung der Kommission eine **Expertengruppe**,²¹⁷ der sowohl Vertreter der mitgliedsstaatlichen Behörden als auch der Industrieverbände angehören, eingerichtet, die sich mit Abgrenzungsfragen beschäftigt. Sie hat eine Leitlinie zur Abgrenzung von Arzneimitteln und Medi-

---

211 Anhalt/Lücker, MPJ 2007, 189, 190.
212 EuGH, Urt. v. 15.1.209, Rs. C-140/07; BVerwG, Urt. v. 26.5.2009 – 3 C 5.09 – Red Rice.
213 Anhalt, MPR 2009, 127, 131.
214 Schorn/Baumann, Medizinprodukte-Recht, § 3 MPG Erl. 17.
215 Kloesel/Cyran, Arzneimittelrecht, § 2 AMG Erl. 155.
216 Deavin, JMDR 2009, Vol. 6, S. 3, 6.
217 Medical Devices Expert Group on Borderline and Classification (MDEG).

zinprodukten erarbeitet (sog. **Borderline-Leitlinie**).²¹⁸ Die letzte Revision der Leitlinie wurde im Juli 2009 abgeschlossen. In der revidierten Borderline-Leitlinie werden die Begriffe pharmakologisch, immunologisch und metabolisch – gegenüber den früheren Fassungen im Wesentlichen unverändert – wie folgt definiert:

- **Pharmacological means** is understood as an interaction between the molecules of the substance in question and a cellular constituent, usually referred to as a receptor, which either results in a direct reponse, or which blocks the reponse to another agent. Although not a completely reliable criterion, the presence of a dose-reponse correlation in indicative of a pharmacological effect.
- **Immunological means** is understood an an action in or on the body by stimulation and/or mobilisation of cells and/or products involved in a specific immune reaction.
- **Metabolic means** is understood as an action which involves an alteration, including stopping, starting or changing the speed of the normal chemical processes participating in, and available for, normal body function.

Es handelt sich bei der Borderline-Leitlinie jedoch um ein **rein interpretatorisches Dokument**, das rechtlich nicht verbindlich ist. Gleichwohl kann sie zur Auslegung der naturwissenschaftlich geprägten unbestimmten Rechtsbegriffe pharmakologisch, immunologisch und metabolisch herangezogen werden, wobei insbesondere auch davon ausgegangen werden kann, dass die von einer europäischen Expertengruppe erarbeiteten Definitionen dem derzeit allgemeingültigen medizinischen Verständnis entsprechen.²¹⁹

(c) Definition deutscher Behörden

Auf Beschluss der Gesundheits- und Arbeitsministerkonferenz 2001 wurde eine **Arbeitsgruppe Medizinprodukte (AGMP)** geschaffen, der Fachreferenten der Bundesländer angehören.²²⁰ Sie beschäftigt sich insbesondere mit Problemen des Vollzuges des Medizinprodukterechts und hat in diesem Zusammenhang ebenfalls einen **Leitfaden zur Einstufung und Klassifizierung von Medizinprodukten** erstellt.²²¹ Dort werden unter Bezug auf die Borderline-Leitlinie die Begrifflichkeiten wie folgt definiert:

- **Pharmakologisch:** Eine pharmakologische Wirkungsweise im Sinne des MPG wird verstanden als eine Wechselbeziehung zwischen den Molekülen des betreffenden Stoffs und einem gewöhnlich als Rezeptor bezeichneten Zellbestandteil, die entweder zu einer direkten Wirkung führt oder die Reaktion auf einen anderen Liganden (Agenz) blockiert (Agonist oder Antagonist). Das Vorhandensein einer Dosis-Wirkung-Korrelation ist ein Indikator für eine pharmakologische Wirkungsweise, jedoch ist dies kein unbedingt verlässliches Kriterium.
- **Immunologisch:** Eine immunologische Wirkungsweise im Sinne des MPG wird verstanden als eine Wirkungsweise im oder am Körper durch Stimulierung, Mobilisierung und/oder den Zusatz von Zellen und/oder Produkten, die an einer spezifischen Immunreaktion beteiligt sind.
- **Metabolisch:** Eine metabolische Wirkungsweise im Sinne des MPG wird verstanden als eine Wirkungsweise, die auf einer Veränderung (Stoppen, Starten, Geschwindigkeit) normaler biochemischer Prozesse beruht, die an der normalen Körperfunktion beteiligt sind oder deren Verfügbarkeit für diese von Bedeutung sind. Die Tatsache, dass ein Pro-

---

218 MEDDEV 2. 1/3 rev 3, Titel: Borderline products, drug-delivery products and medical devices incorporating, as an integral part, an ancillary medicinal substance or an ancillary human blood derivative.
219 Zur Bedeutung von EMEA-Leitlinien vgl OVG NRW, Beschl. v. 24.2.2009 – 13 A 813/08; VG Köln, Urt. v. 14.6.2007 – 13 K 4808/05; Urt. v.12.12.2006 – 7 K 9015/03.
220 Kurzportrait der AGMP auf der Internetseite der ZLG: <www.zlg.de>.
221 Verfügbar über die Internetseite der ZLG: <www.zlg.de>.

dukt selbst verstoffwechselt wird, bedeutet nicht, dass seine bestimmungsgemäße Hauptwirkung auf metabolische Art und Weise erzielt wird.

(d) Rechtsprechung und Literatur

132 Die Borderline-Leitlinie wird als **Auslegungshilfe auch von den Gerichten herangezogen**.[222] Eigene Definitionen der Begrifflichkeiten wurden bisher nicht entwickelt. Rechtsprechung des EuGH zur Abgrenzung von Arzneimitteln und Medizinprodukten liegt noch nicht vor. In den zahlreichen Entscheidungen zur Abgrenzung von Arzneimitteln und Lebensmitteln hat der EuGH zwar immer wieder die pharmakologischen Eigenschaften eines Erzeugnisse als ein Abgrenzungskriterium genannt, aber bisher nicht ausgeführt, was aus seiner Sicht darunter zu verstehen ist.[223]

In der **juristischen Literatur** findet sich sowohl Kritik[224] an den von der Borderline-Leitlinie vorgeschlagenen Definitionen als auch Zustimmung.[225] Einen eigenen Ansatz hat in diesem Zusammenhang *Dettling* entwickelt. Nach der von ihm als **Funktionssteuerungstheorie** bezeichneten und vertretenen Theorie sind pharmakologische Wirkungen biochemische Wechselwirkungen zwischen den Molekülen der Stoffe und Molekülen des Organismus, die die vom Körper selbst vorprogrammierten Funktionen überwiegend nützlich verändern. Pharmakologische Wirkung in diesem Sinne sei ein Oberbegriff der auch die immunologische Wirkung und die pharmakologisch-metabolische Wirkung mit umfasse.[226]

4. Die Einstufungsentscheidung

a) Verantwortung des Herstellers

133 Es ist in erster Linie Aufgabe des Herstellers oder desjenigen, unter dessen Verantwortung das Produkt in den Verkehr gebracht wird, die **richtige Kategorie des Produkts festzustellen**. Das ist erforderlich, um entscheiden zu können, welche gesetzlichen Marktzugangsvoraussetzungen zu erfüllen sind, also entweder die Konformitätsbewertung nach dem Medizinprodukterecht oder die Durchführung eines arzneimittelrechtlichen Zulassungsverfahrens. Dabei erweist sich die Einstufung anhand der in § 3 Nr. 1 MPG genannten Kriterien dann relativ einfach, wenn die Wirkungsweise des Produkts aus naturwissenschaftlicher und medizinischer Sicht nicht in Frage steht, wie es etwa bei Produkten der Fall ist, die, rein mechanisch wirkend, zur Reinigung und Spülung von Wunden oder Körperhöhlen bestimmt sind, oder solchen, die Haft-, Gleit- oder Fixiermittel sind.

134 **Probleme bei der Produkteinstufung** entstehen in der Praxis dann, wenn die Wirkungsweise eines Produkts wissenschaftlich nicht hinreichend geklärt oder umstritten ist oder, wenn es auf unterschiedliche Weise wirken kann. Das betrifft insbesondere, aber durchaus nicht nur, neuartige Produkte. Vom Hersteller ist zu erwarten, dass er die Hauptwirkungsweise, die er seiner eigenen Produkteinstufung zugrunde legt, auch wissenschaftlich nachvollziehbar durch technische und klinische Daten begründen kann. Er kann insbesondere ein Produkt nicht **entgegen dem Stand der wissenschaftlichen Erkenntnisse** der Kategorie des Medizinprodukts zu ordnen.[227]

135 Bei Stoffen, die sowohl aufgrund ihrer physikalischen Wirkungseigenschaften zu medizinischen Zwecken verwendet werden können als auch pharmakologisches Wirkungspotenzial

---

222 OLG Frankfurt, Urt. v. 21.1.1999 – 6 U 71/98; VG Köln, Urt. v.25.8.2006 – 18 K 1232/06; OVG NRW, Beschl. v. 11.6.2007 – 13A 903/06.
223 So auch Generalanwältin *Verica Trstenjak*, Schlussanträge v. 21.6.2007 in der Rs C-319/05, Rn 56.
224 Dettling, PharmR 2006, 578, 581 ff; Deavin, JMDR 2009, Vol. 6, S. 3, 6.
225 Anhalt/Lücker, MPJ 2007, 189 ff.
226 Dettling, PharmR 2006, 578, 581 ff und PharmR 2006, 5 ff und 142 ff.
227 Schorn/Baumann, Medizinprodukte-Recht, § 3 MPG Erl. 17.

besitzen, kommt es für Zuordnung darauf an, welchen **Zweck der Hersteller in den Vordergrund stellt**.[228]

In Zweifelsfällen kann der Hersteller gemäß § 13 Abs. 3 MPG in der ab dem 21.3.2010 geltenden Fassung bei der zuständigen Bundesoberbehörde eine **Entscheidung über die Produkteinstufung** beantragen.

b) Überwachung durch die Behörden

Im Rahmen ihrer **Marktüberwachungsaufgaben nach § 26 MPG und § 64 AMG** müssen auch die zuständigen Behörden der Länder sich häufig die Frage nach der Einstufung eines Erzeugnisses stellen. Im Interesse einer bundeseinheitlichen Kategorisierung sieht das AMG vor, dass die Länderbehörden bei der zuständigen Bundesoberbehörde eine Entscheidung über die Zulassungspflicht eines Arzneimittels beantragen können, § 21 Abs. 4 AMG. Auf der Grundlage des § 21 Abs. 4 AMG kann die Bundesoberbehörde die Zulassungspflicht auch dann feststellen, wenn es sich um ein als Medizinprodukt vermarktetes Erzeugnis handelt.[229]

136

Die **Entscheidung nach § 21 Abs. 4 AMG** ergeht nach der Verwaltungspraxis des BfArM als feststellender Verwaltungsakt gegenüber dem Hersteller bzw. dem Verantwortlichen für das Inverkehrbringen und unterliegt der verwaltungsgerichtlichen Kontrolle. Ab dem 21.3.2010 kann die zuständige Landesbehörde bei der zuständigen Bundesoberbehörde einen Antrag auf Einstufung eines Produkts auch gestützt auf **§ 13 Abs. 3 MPG** stellen.

Die Entscheidung der Behörden über die Produkteinstufung hat anhand der Kriterien des § 3 Nr. 1 MPG und auf Basis der verfügbaren wissenschaftlichen Daten, die nicht zuletzt auch vom Hersteller bereitzustellen sind, zu erfolgen.

c) Auswirkung der sog. Zweifelsregelung des § 2 Abs. 3 a AMG auf die Einstufung von Medizinprodukten

§ 2 Abs. 3 a AMG, der mit der 15. AMG-Novelle[230] in § 2 AMG eingefügt wurde, bestimmt, dass Arzneimittel auch Erzeugnisse sind, die Stoffe oder Zubereitungen aus Stoffen sind oder enthalten, die unter Berücksichtigung aller Eigenschaften des Erzeugnisses unter eine Begriffsbestimmung des § 2 Abs. 1 AMG fallen und zugleich unter die Begriffsbestimmung eines Erzeugnisses nach § 2 Abs. 3 AMG fallen können. Mit § 2 Abs. 3 a AMG wird nunmehr auch die sog. **Zweifelsregelung** des Art. 2 Abs. 2 RL 2001/83/EG in der Fassung der Änderungsrichtlinie 2004/27/EG in deutsches Recht umgesetzt.[231]

137

aa) Auswirkung auf die Einstufung stofflicher Medizinprodukte

Wie dargestellt, fallen stoffliche Medizinprodukte aufgrund ihrer medizinischen Zweckbestimmung in aller Regel zugleich unter die **Definition des Präsentationsarzneimittels** in § 2 Abs. 1 Nr. 1 AMG. Für die Einstufung eines Erzeugnisses als Präsentationsarzneimittel kommt es allein auf die ihm entweder vom Hersteller selbst gegebene oder die aufgrund seines Erscheinungsbildes[232] vom durchschnittlichen Verbraucher anzunehmende Zweck-

138

---

228 Kloesel/Cyran, Arzneimittelrecht, § 2 AMG Erl. 159.
229 VG Köln, Urt. v. 14.10.2009 – 24 K 4394/08.
230 Artikel 1 des Gesetzes zur Änderung arzneimittelrechtlicher und anderer Vorschriften v. 17.7.2009 (BGBl. I, 1990).
231 BT-Drucks. 16/12256.
232 Rennert, NVwZ 2008, 1179, 1182.

bestimmung als Mittel zum Heilen, Lindern oder Verhüten von Krankheiten an, nicht dagegen darauf, ob und auf welche Weise es therapeutische Wirkungen entfaltet.[233]

Wird § 2 Abs. 3 a AMG Wort getreu angewendet, sind Produkte, die unter die Begriffsbestimmungen des § 2 Abs. 1 Nr. 1 AMG fallen und bisher aufgrund ihrer Wirkungsweise als Medizinprodukte eingestuft wurden, nunmehr als Arzneimittel zu klassifizieren. Das Ergebnis ist unbefriedigend. Zumal erst mit der Einführung des MPG zahlreiche Produkte, die bis dahin in den Geltungsbereich des AMG fielen, dem Medizinproduktebereich neu zugeordnet worden sind.

Das aufgezeigte Problem besteht nicht nur im deutschen Recht, sondern im Hinblick auf Art. 2 Abs. 2 RL 2001/83/EG auch auf der **Ebene des Gemeinschaftsrechts**. Um festzustellen, welche Bedeutung der Zweifelsregelung zur Abgrenzung von Arzneimitteln und Medizinprodukten tatsächlich zukommen kann, sind deshalb die gemeinschaftsrechtlichen Bestimmungen heranzuziehen.

bb) Auslegung des § 2 Abs. 3 a AMG im Hinblick auf die Abgrenzung von Arzneimitteln zu Medizinprodukten anhand des Gemeinschaftsrechts

(1) **Vorgaben der Medizinprodukterichtlinie 93/42/EWG**

139 Art. 1 Abs. 5 lit. c RL 93/42/EWG in der Fassung der Änderungsrichtlinie 2007/47/EG[234] schließt zwar Arzneimittel im Sinne der Richtlinie 2001/83/EG aus dem Anwendungsbereich der Medizinprodukterichtlinie aus, schreibt aber andererseits vor, dass die Entscheidung darüber, unter welche Richtlinie ein Produkt fällt, insbesondere unter **Berücksichtigung der hauptsächlichen Wirkungsweise des Produkts** zu erfolgen habe.

Die Änderungsrichtlinie 2007/47/EG aus dem Jahr 2007 ist gegenüber der Richtlinie 2004/27/EG,[235] mit der Gemeinschaftskodex für Humanarzneimittel im Jahr 2004 geändert wurde, das jüngere Recht. Es zeigt, dass der europäische Gesetzgeber entgegen Art. 2 Abs. 2 RL 2001/83/EG im Verhältnis zum Medizinprodukterecht **nicht in jedem Fall** vom **Anwendungsvorrang des Arzneimittelrechts** ausgeht. Vielmehr sieht er auch weiterhin die bisherigen Abgrenzungskriterien zwischen den Rechtsbereichen, die sich aus der Begriffsbestimmung des Medizinprodukts ergeben, als maßgeblich an.

(2) **Erwägungsgrund 7 der Richtlinie 2004/27/EG**

140 Unabhängig davon wird auch durch den **7. Erwägungsgrund der Richtlinie 2004/27/EG** die Bedeutung der sog. Zweifelsregelung für die Produkteinordnung in Frage gestellt. Es heißt dort zu deren Erläuterung:

Mit dem gleichen Ziel, die Umstände zu klären, unter denen ein bestimmtes Produkt unter die Definition eines Arzneimittels fällt, gleichzeitig aber auch mit der Definition anderer regulierter Produkte übereinstimmen könnte, ist es in Zweifelsfällen und zur Sicherstellung der Rechtssicherheit erforderlich, ausdrücklich anzugeben, welche Vorschriften einzuhalten sind. Fällt ein Produkt eindeutig unter die Definition anderer Produktgruppen, insbesondere von Lebensmitteln, Nahrungsergänzungsmitteln, Produkten der Medizintechnik, Bioziden oder kosmetischen Mitteln, sollte diese Richtlinie nicht gelten.

---

233 EuGH, Urt. v. 28.10.1992, Rs. C-219/91 – Ter Voort.
234 ABl. EG Nr. L 247/21 v. 21.9.2007.
235 ABl. EG Nr. L 136/34 v. 30.4.2004.

Diesen Begründungsausführungen ist zu entnehmen, dass offensichtlich aus der Sicht des europäischen Gesetzgebers die Zweifelsregelung – entgegen ihrem Wortlaut – in Fällen, in denen die Zuordnung eines Produkts eindeutig ist, nicht zur Anwendung kommen soll.[236]

(3) Zweck des Art. 1 Nr. 2 lit. a RL 2001/83/EG

Schließlich spricht auch der Zweck des Art. 1 Nr. 2 lit. a RL 2001/83/EG gegen die Anwendung der Zweifelsregelung auf eindeutig unter die Begriffsbestimmung des Medizinprodukts fallende Erzeugnisse. Der **Sinn der Kategorie des Präsentationsarzneimittels** wird insbesondere in der Rechtsprechung darin gesehen, den Verbraucher vor der Anwendung von therapeutisch wirkungslosen anstelle von wirksamen Produkten zu bewahren.[237]

141

Derartige Gefahren sind bei solchen Medizinprodukten, die medizinwissenschaftlich anerkannt ihre heilenden, lindernden oder Krankheiten vorbeugenden Zwecke auf die für sie typische physikalische Weise erreichen, nicht zu erwarten. Solche Produkte sind beispielsweise **Knochenzemente, Dentalfüllstoffe, Spüllösungen, Gleitmittel** oder **Mittel zur Wundabdeckung**.

(4) Fazit

Unter Berücksichtigung von Art. 1 Abs. 5 lit. c RL 93/42/EWG, des 7. Erwägungsgrundes der Richtlinie 2004/27/EG und des Schutzzwecks von Art. 1 Nr. 2 lit. a RL 2001/83/EG kann die Zweifelsregelung auf Produkte, die aufgrund ihrer Wirkungsweise eindeutig dem Medizinprodukterecht zuzuordnen sind, keine Anwendung finden.

142

d) Bedeutung der Zweifelsregelung des § 2 Abs. 3 a AMG für die Abgrenzung von Arzneimitteln und Medizinprodukten bei Zweifeln an der Wirkungsweise

Schwierig gestaltet sich die Produktklassifizierung, wenn die vom Hersteller **angenommene Hauptwirkung aus wissenschaftlicher Sicht nicht hinreichend gesichert** ist und vorrangige arzneiliche Wirkungen nicht ausgeschlossen sind. Als Funktionsarzneimittel kann ein solches Produkt wohl kaum eingestuft werden. Nach der Rechtsprechung des EuGH sind Funktionsarzneimittel im Sinne der Definition in Art. 1 Nr. 2 lit. b RL 2001/83/EG nur solche Erzeugnisse, deren Arzneimitteleigenschaften wissenschaftlich nachgewiesen sind.[238]

143

In diesem Fall bietet es sich an, die Einstufungsentscheidung auf § 2 Abs. 3 a AMG zu stützen. Hiernach findet das Arzneimittelrecht Anwendung auf Erzeugnisse, die Stoffe oder Zubereitungen aus Stoffen sind oder enthalten, die unter die Definition des Arzneimittels in § 2 Abs. 1 AMG fallen und zugleich unter die Begriffsbestimmung eines Erzeugnisses nach § 2 Abs. 3 AMG (hier: § 3 MPG) fallen können. „Fallen können" bedeutet, dass es nicht sicher sein muss, dass das Produkt auch unter die Definition eines anderen Rechtsregimes fällt. Diese Voraussetzungen sind bei Zweifeln an der hauptsächlichen Wirkungsweise eines stofflichen Produkts, das zur Heilung, Linderung oder Verhütung von Krankheiten oder krankhafter Beschwerden bestimmt ist, gegeben. Ein solches Produkt fällt unter die Begriffsbestimmung des § 2 Abs. 1 Nr. 1 AMG, nicht eindeutig feststünde dagegen, ob es auch unter

---

236 So Schlussanträge der Generalanwältin *Verica Trstenjak* v. 19.6.2008 – C-140/0/07 – unter Hinweis auf die Äußerung der Kommission zum Gang der Gesetzgebung.
237 EuGH, Urt. v. 28.10.1992 – C-219/91 – Ter Voort; Urt. v. 15.11.2007 – C-319/05 –Knoblauchkapseln; OVG NRW, Urt. v. 17.3.2006 – 13 A 1977/02; Rennert, NVwZ 2008,1179, 1182.
238 EuGH, Urt. v. 15.1.209, Rs. C-140/07; BVerwG, Urt. v. 26.5.2009 – 3 C 5.09 – Red Rice.

die Definition des Medizinprodukts fällt. Vorrang hätte in einem solchen Zweifelsfall gemäß § 2 Abs. 3 a AMG das Arzneimittelrecht.[239]

144 In Anbetracht der **Entscheidung des EuGH zu „Red-Rice"**[240] ist jedoch fraglich, ob es sich bei Art. 2 Abs. 2 RL 2001/83/EG und damit bei § 2 Abs. 3 a AMG um eine echte Zweifelsfallregelung handelt, die eingreift, wenn Ungewissheit über die tatsächlichen Voraussetzungen der Produktklassifizierung herrscht. Das Urteil betrifft die Auslegung des Art. 2 Abs. 2 RL 2001/83/EG in Bezug auf die Abgrenzung zwischen Funktionsarzneimitteln und Lebensmitteln. Der EuGH stellt fest, dass die Zweifelsregelung nur auf solche Produkte anzuwenden sei, deren Eigenschaft als Funktionsarzneimittel im Sinne der Definition in Art. 1 Nr. 2 lit. b RL 2001/83/EG wissenschaftlich nachgewiesen sei. Nach der Auslegung des EUGH ist die Zweifelsregelung somit **keine Vermutungsregelung** zugunsten der Anwendung des Art. 1 Nr. 2 lit. b RL 2001/83/EG. Ihre Anwendung setzt nach seiner Ansicht vielmehr voraus, dass die Eigenschaft als Funktionsarzneimittel zuvor positiv festgestellt worden ist. Die Entscheidung spricht dafür, dass der EuGH Art. 2 Abs. 2 RL 2001/83/EG als **reine Kollisionsregelung** versteht, mit der festgelegt wird, welche Richtlinie anzuwenden ist, wenn ein Produkt sowohl unter die Definition des Arzneimittels als auch unter die Definition anderer regulierter Produkte fällt.

Zur Lösung des Problems der Produkteinstufung bei Ungewissheit über die Weise der bestimmungsgemäßen Hauptwirkung ist die Zweifelsregelung nach ihrer Auslegung durch den EuGH somit untauglich.[241]

e) Einstufung bei Zweifeln auf der Grundlage des § 2 Abs. 1 Nr. 1 AMG

145 **Fehlen wissenschaftlich hinreichend gesicherte Erkenntnisse**, ob ein zu medizinischen Zwecken bestimmtes Produkt hauptsächlich auf eine für Medizinprodukte typische oder auf arzneiliche Weise wirkt, kann eine Einstufung als Medizinprodukt nicht erfolgen. Die Zuordnung zum Medizinprodukterecht setzt voraus, dass die Anwendungsziele nicht hauptsächlich durch pharmakologische, immunologische oder metabolische Wirkungen erreicht werden. Das bedeutet, die Eigenschaften eines Funktionsarzneimittels müssen nach dem Stand der wissenschaftlichen Erkenntnisse ausgeschlossen sein. Ist das nicht der Fall, dürfte ein solches Produkt in aller Regel bereits aufgrund seiner Zweckbestimmung als Arzneimittel nach § 2 Abs. 1 Nr. 1 AMG (Präsentationsarzneimittel) anzusehen sein.

f) Entscheidungshilfen

146 Hilfe bei wissenschaftlich schwierig zu entscheidenden Fällen bietet auch das **Handbuch der europäischen Expertengruppe „Medical Devices Expert Group on Borderline and Classification".**[242] Das Handbuch ergänzt die eher allgemein gehaltene Borderline-Leitlinie (vgl Rn 130) um in der Praxis aufgetretene Fälle. Die von der Expertengruppe vorgenommene Einstufung eines Produkts oder von Produktgruppen ist rechtlich ebenso unverbindlich wie die Borderline-Leitlinie, kann aber von den nationalen Behörden und Gerichten als Entscheidungshilfe herangezogen werden. Immerhin handelt es sich um einen gemeinsamen Standpunkt von Vertretern der zuständigen nationalen Behörden, der Kommission und der Industrieverbände.

---

239 In diesem Sinne VG Köln, Urt. v. 14.10.2009 – 24 K 4394/08 – zur Frage der Einstufung pflanzlicher, oral anzuwendender Mittel zum Schutz vor grippalen Infekten und Behandlung von Entzündungen bei nicht sicher ausgeschlossener arzneilicher Hauptwirkung.
240 EuGH, Urt. v. 15.1.209, Rs. C-140/07; BVerwG, Urt. v. 26.5.2009 – 3 C 5.09 – Red Rice.
241 Kritisch zu dieser Auslegung der Zweifelsregelung: Dettling, A&R 2009, 65 ff.
242 Manual on borderline and classification in the Community Regulatory framework for medical devices Version, publiziert auf der Internetseite der DG Enterprise der EU Kommission.

5. Fixe Kombinationsprodukte

Kombinationen aus Arzneimitteln und Medizinprodukten sind sowohl nach dem AMG als auch nach dem Medizinproduktegesetz möglich und zulässig. Gleichwohl sind auch sie stets nur einem der Regime zuzuordnen. Das erfordert eine klare Produkteinstufung. Dabei ist zu unterscheiden zwischen **stofflichen Medizinprodukten** mit unterstützendem Arzneimittelanteil, **gegenständlichen Medizinprodukten** mit unterstützendem Arzneimittelanteil und **Gegenständen, die Arzneimittel enthalten** oder auf die ein Arzneimittel aufgebracht ist (**Geltungsarzneimittel**).

a) Abgrenzung Geltungsarzneimittel von Medizinprodukten mit Arzneimittelanteil

aa) Gesetzliche Regelungen

(1) § 2 Abs. 2 Nr. 1 AMG

Gegenstände, die Arzneimittel enthalten oder auf die ein Arzneimittel aufgebracht ist und die dazu bestimmt sind, dauern oder vorübergehend mit dem menschlichen oder tierischen Körper in Berührung gebracht zu werden, gelten nach § 2 Abs. 2 Nr. 1 AMG als Arzneimittel (**sog. Geltungsarzneimittel oder fiktive Arzneimittel**). Sie unterliegen, sofern es sich um Fertigarzneimittel im Sinne der Definition des § 4 Abs. 1 AMG handelt, der Zulassungspflicht nach § 21 Abs. 1 S. 1 AMG. Sie sind abzugrenzen gegen Medizinprodukte, die zur Unterstützung ihrer Funktionen einen Arzneistoff enthalten.

(2) § 3 Nr. 2 und Nr. 3 MPG

Gemäß § 3 Nr. 2 MPG sind Medizinprodukte auch Produkte im Sinne von § 3 Nr. 1 MPG, die Stoffe oder Zubereitungen aus Stoffen enthalten, die bei gesonderter Verwendung als Arzneimittel angesehen werden können und die in Ergänzung ihrer Funktionen eine Wirkung auf den menschlichen Körper entfalten können. Entsprechendes gilt gemäß § 3 Nr. 3 MPG für Medizinprodukte mit Humanblutderivaten, die Arzneimittel im Sinne des Art. 1 RL 2001/83/EG sind. Derartige Medizinprodukte werden als Medizinprodukte **mit arzneilicher Hilfsfunktion**[243] oder als Medizinprodukte **mit integralem unterstützendem Arzneimittelanteil**[244] bezeichnet.

(3) § 2 Abs. 3 MPG

§ 2 Abs. 3 MPG sieht ausdrücklich vor, dass **Produkte, die dazu bestimmt sind, Arzneimittel zu verabreichen**, Medizinprodukte sind. Werden sie allerdings so in den Verkehr gebracht, dass Medizinprodukt und Arzneimittel **ein einheitliches, miteinander verbundenes Produkt** bilden, das ausschließlich zur Anwendung in dieser Verbindung bestimmt und nicht wiederverwendbar ist, gilt das Medizinproduktegesetz nur insoweit, als das Medizinprodukt die **Grundlegenden Anforderungen nach § 7 MPG** erfüllen muss, die sicherheits- und leistungsbezogene Produktfunktionen betreffen. Im Übrigen gelten die Vorschriften des AMG. Letzteres bedeutet, dass die feste Kombination aus Arzneimittel und Medizinprodukt Gegenstand einer arzneimittelrechtlichen Zulassung ist.

bb) Zweckbestimmung als Unterscheidungsmerkmal

Da § 2 Abs. 3 Nr. 7 AMG Medizinprodukte aus dem Anwendungsbereich des AMG ausnimmt, ist bei Abgrenzungsentscheidungen in Bezug auf Gegenstände, die Arzneimittel ent-

---

[243] Anhalt in: Anhalt/Dieners, Handbuch des Medizinprodukterechts, § 3 Rn 27.
[244] MEDDEV 2. 1/3 rev 3, Titel: Borderline products, drug-delivery products and medical devices incorporating, as an integral part, an ancillary medicinal substance or an ancillary human blood derivative.

halten, im ersten Schritt zu prüfen, ob es sich um ein Medizinprodukt mit Arzneimittelanteil nach § 3 Nr. 2 MPG handelt.

Die Abgrenzung erfolgt nach der **Funktion des Produkts und seiner bestimmungsgemäßen Hauptwirkung.** Die Zweckbestimmung wird in erster Linie vom Hersteller bzw. vom verantwortlichen Inverkehrbringer festgelegt. Sie ist im Zweifel auch unter Heranziehung der Produktinformation zu ermitteln. Danach kann in der Regel entschieden werden, ob das Gesamtprodukt dazu bestimmt ist, ein Arzneimittel zu verabreichen oder in den Körper einzubringen, oder ob der medizinische Zweck hauptsächlich durch die **Funktion des Gegenstands im oder am menschlichen Körper** erreicht werden soll. Beruht die bestimmungsgemäße Hauptwirkung im oder am menschlichen Körper auf den Eigenschaften des Gegenstandes, ist es ein Medizinprodukt. Das ist beispielsweise bei einem Stent, dessen Zweck die Offenhaltung eines Gefäßes ist, der Fall. Diese Wirkung wird auf mechanische Weise durch die Eigenschaften des Stents erzielt, kann aber durch Beschichtung mit einem das Zellwachstum hemmenden Arzneimittel unterstützt werden.

152 Ist dagegen ein **Implantat als Träger eines Arzneimittels** dazu bestimmt, das Arzneimittel am Implantationsort an den Körper abzugeben, wird die bestimmungsgemäße Hauptwirkung des Produkts durch das Arzneimittel erreicht. Das Produkt ist dann insgesamt als Arzneimittel im Sinne des § 2 Abs. 2 Nr. 1 AMG einzustufen. Dem Medizinprodukt kommt in diesem Fall die untergeordnete Hilfsfunktion zu.

Geltungsarzneimittel im Sinne von § 2 Abs. 2 Nr. 1 AMG sind beispielsweise auch mit Arzneimitteln befüllte **Fertigspritzen, Dosieraerosole und Pflaster zur transdermalen Arzneimittelabgabe**, weitere Beispiele für derartige Kombinationen und Dosiersysteme finden sich in der Borderline-Leitlinie.[245]

cc) Bedeutung der sog. Zweifelsregelung des § 2 Abs. 3 a AMG

153 Auf der Grundlage des § 2 Abs. 3 a AMG kann keine Entscheidung über die Einstufung einer Kombination aus Arzneimittel und Medizinprodukt getroffen werden. Die Vorschrift findet ihrem Wortlaut nach Anwendung auf Erzeugnisse, die Stoffe oder Zubereitungen aus Stoffen sind oder enthalten, die unter einen Arzneimittelbegriff des § 2 Abs. 1 AMG fallen und zugleich unter die Begriffsbestimmung eines Erzeugnisses nach § 2 Abs. 3 AMG fallen können. Bei der Unterscheidung zwischen (gegenständlichen) Medizinprodukten mit Arzneimittelanteil und Geltungsarzneimitteln im Sinne von § 2 Abs. 2 Nr. 1 AMG steht die Einstufung des Stoffes als Arzneimittel außer Frage. Hier geht es maßgeblich um die Funktion des Gegenstands im oder am menschlichen Körper.

b) Abgrenzung Arzneimittel gegen stoffliche Medizinprodukte mit Arzneimittelanteil

154 Auch stoffliche Medizinprodukte können zur Unterstützung ihrer Funktion einen Arzneistoff enthalten. Häufig angeführtes Beispiel für solche Medizinprodukte mit integralem unterstützendem Arzneimittelanteil sind **Knochenzemente mit Antibiotikazusatz**, bestimmt zur Fixierung von Endoprothesen.[246] Die bestimmungsgemäße Hauptwirkung des Produkts wird auf mechanische Weise erreicht. Das zugesetzte Antibiotikum unterstützt die Wirkung des Medizinprodukts, in dem es das Risiko einer durch die Operation bedingten Infektion minimiert. Dem Arzneimittel kommt im Verhältnis zum Medizinprodukt nur eine untergeordnete Hilfsfunktion zu.

---

245 Siehe vorherige Fn.
246 Böckmann/Frankenberger, Durchführungshilfen zum Medizinproduktegesetz, 30.2.6.

aa) Zweckbestimmung und Verkehrsauffassung

Die Abgrenzung von Arzneimitteln gegenüber stofflichen Medizinprodukten mit einem unterstützenden Arzneistoff erweist sich in der Praxis schwieriger als bei Gegenständen, die Arzneimittel enthalten. Das Erscheinungsbild von Arzneimitteln und stofflichen Medizinprodukten ist meist deckungsgleich. Maßgeblich kommt es für die Einstufung zunächst auch hier wieder auf die Zweckbestimmung des Herstellers an. Daneben wird aber auch die **Verkehrsauffassung als Abgrenzungskriterium** heranzuziehen sein. Nicht immer decken sich Herstellerangaben und Verbrauchererwartung. So kann beispielsweise fraglich sein, ob Cremes oder andere stoffliche Mittel, die Antibiotika enthalten, vom Hersteller primär zur Wundabdeckung bestimmt sind, vom Anwender tatsächlich auch in erster Linie zu diesen Zwecken eingesetzt werden. Das ist insbesondere dann zweifelhaft, wenn gleichartige oder ähnliche Erzeugnisse als Arzneimittel im Verkehr sind. In solchen Fällen erscheint es gerechtfertigt, entgegen der Zweckbestimmung des Herstellers ein Produkt auf der Grundlage der Verkehrsauffassung und unter Heranziehung von § 2 Abs. 3 a AMG als Arzneimittel einzustufen (siehe dazu auch Rn 156).

155

bb) Einstufung auf der Grundlage der Zweifelsregelung des § 2 Abs. 3 a AMG

Stoffliche Medizinprodukte mit Arzneimittelanteil füllen die Tatbestandsmerkmale des § 2 Abs. 1 Nr. 1 und Nr. 2 lit. a AMG aus. Für die Anwendung der Zweifelsregelung kann zunächst nichts anderes gelten, als bereits oben (Rn 142) für Medizinprodukte ohne Arzneimittelanteil ausgeführt wurde. Wenn ein **Kombinationsprodukt** eindeutig dem Medizinproduktebereich zugeordnet werden kann, sollte es nicht unter Anwendung des § 2 Abs. 3 a AMG dem Arzneimittelrecht unterworfen werden. Das dürfte bei dem bereits erwähnten Knochenzement mit Antibiotikum der Fall sein.

156

Andererseits wird die Zweifelsregelung zur Einstufung von Kombinationsprodukten dann heranzuziehen sein, wenn zweifelhaft ist, ob die physikalische Wirkung, die der Hersteller in den Vordergrund stellt, unter Berücksichtigung aller Eigenschaften des Produkts tatsächlich als die bestimmungsgemäße Hauptwirkung anzusehen ist, die die Einordnung als Medizinprodukt rechtfertigt.

157

In der Entscheidung zu „Red-Rice"[247] hat der EuGH betont, dass auch nach der Änderung der Arzneimitteldefinition durch die Richtlinie 2004/27/EG für die Einstufung als Funktionsarzneimittels weiterhin die Modalitäten des Gebrauchs eines Produkts, der Umfangs seiner Verbreitung, die Bekanntheit bei den Verbrauchern oder die Risiken, die seine Verwendung mit sich bringen kann, relevant sind.

Unter Berücksichtigung dieser Rechtsprechung wird ein als Medizinprodukt mit unterstützendem Arzneimittelanteil in den Verkehr gebrachtes (stoffliches) Erzeugnis, für das keine **gefestigte Verkehrsauffassung als Medizinprodukt** besteht, unter Anwendung des § 2 Abs. 3 a AMG als Arzneimittel einzustufen sein.

cc) Bedeutung von § 2 Abs. 3 Nr. 7 AMG und § 2 Abs. 5 Nr. 1 MPG für die Produkteinstufung

Sowohl § 2 Abs. 3 Nr. 7 AMG als auch § 2 Abs. 5 Nr.1 MPG nehmen Arzneimittel nach § 2 Abs. 1 Nr. 2 AMG aus dem Anwendungsbereich des Medizinproduktegesetzes explizit aus. Vor der 15. AMG-Novelle bezogen sich die beiden aufeinander abgestimmten Ausschlussvorschriften nur auf In-vivo-Diagnostika, die in § 2 Abs. 1 Nr. 2 AMG aF erfasst waren. Nunmehr beziehen sie sich ihrem Wortlaut nach auf Funktionsarzneimittel und In-vivo-Diagnostika.

158

---

247 EuGH, Urt. v. 15.1.209, Rs. C-140/07; BVerwG, Urt. v. 26.5.2009 – 3 C 5.09 – Red Rice.

Da stoffliche Medizinprodukte mit Arzneimittelanteil auch unter die Definition des Funktionsarzneimittels in § 2 Abs. 1 Nr. 2 lit. b AMG fallen, hätte die durch die 15. AMG-Novelle eingetretene Änderung zur Folge, dass solche Medizinprodukte, wie zB Knochenzemente oder Zahnfüllmaterialen mit Antibiotikazusatz, die bisher dem Medizinproduktebereich zugeordnet wurden, jetzt nach deutschem Recht explizit aus dem Anwendungsbereich des MPG ausgenommen wären.[248]

Es ist jedoch anzunehmen, dass es im Gesetzgebungsverfahren versehentlich unterblieben ist, § 2 Abs. 3 Nr. 7 AMG und § 2 Abs. 5 Nr. 1 MPG an den geänderten Arzneimittelbegriff in § 2 Abs. 1 AMG anzupassen. In der Gesetzesbegründung zur 15. AMG-Novelle finden sich keine Hinweise, dass intendiert war, stoffliche Medizinprodukte mit Arzneimittelanteil per se dem Arzneimittelrecht zu unterwerfen. Abgesehen davon wäre eine solche Regelung auch nicht mit der gemeinschaftsrechtlichen Bestimmung des Art. 1 Abs. 5 lit. c RL 93/42/EWG vereinbar (vgl dazu die Ausführungen unter Rn 139). Man wird daher § 2 Abs. 3 Nr. 7 AMG und § 2 Abs. 5 Nr. 1 MPG entsprechend einschränkend auslegen und anwenden müssen.

6. Arzneimittel mit Medizinprodukt in loser Kombination

159 Arzneimittel werden häufig auch zusammen mit einem Applikator, Dosiervorrichtungen oder anderen Anwendungshilfen in loser Kombination in den Verkehr gebracht. In diesem Fall gilt für das Medizinprodukt § 2 Abs. 2 S. 2 MPG nicht. Auf das **lose beigefügte Medizinprodukt** finden die medizinprodukterechtlichen Vorschriften vollumfänglich Anwendung. Das Medizinprodukt ist nur mit **CE-Kennzeichen** verkehrsfähig.

Aus arzneimittelrechtlicher Sicht ist zu fordern, dass das Medizinprodukt mit dem Arzneimittel kompatibel ist und die Produktinformationen Hinweise auf die kombinierte Anwendung enthalten. Die lose Kombination von Arzneimittel und Medizinprodukt ist ebenfalls Gegenstand der arzneimittelrechtlichen Zulassung.

III. Abgrenzung zu Organen und Organteilen

160 Der letzte Bereich der Negativabgrenzungen zwischen Arzneimitteln und anderen (Produkt-)Kategorien betrifft die Feststellung, dass Organe im Sinne des § 1a Nr. 1 TPG keine Arzneimittel sind. Diese Regelung wurde im Zuge des 15. Gesetzes zur Änderung arzneimittelrechtlicher und anderer Vorschriften vom 17.7.2009[249] nicht geändert. Änderungen haben sich jedoch insoweit selbstverständlich auch für die Abgrenzung dieser Kategorien insoweit voneinander ergeben, als der Begriff des Arzneimittels nunmehr an das europäische Recht angeglichen wurde und auch die sog. Zweifelsfallregelung Einzug gehalten hat in § 2 Abs. 3a AMG.

161 **Organe** im Sinne des **§ 1a Nr. 1 TPG** sind

mit Ausnahme der Haut, alle aus verschiedenen Geweben bestehenden Teile des menschlichen Körpers, die in Bezug auf Struktur, Blutgefäßversorgung und Fähigkeit zum Vollzug physiologischer Funktionen eine funktionale Einheit bilden, einschließlich der Organteile und einzelnen Gewebe eines Organs, die zum gleichen Zweck wie das ganze Organ im menschlichen Körper verwendet werden können, mit Ausnahme solcher Gewebe, die zur Herstellung von Arzneimitteln für neuartige Therapien im Sinne des § 4 Absatz 9 des Arzneimittelgesetzes bestimmt sind; [...]

---

248 So auch Schorn, MPJ 2009, 198.
249 BGBl. I, 1990.

Die Regelung, dass Organe in diesem Sinne keine Arzneimittel sind, wurde erst mit der Schaffung des Transplantationsgesetzes in das AMG aufgenommen.[250] In diesem Zusammenhang bestand die Notwendigkeit zu entscheiden, ob die Regelungen des AMG auf die Entnahme und die Verpflanzung von Organen Anwendung finden sollten. In der damaligen Fassung wurde noch geregelt, dass 162

[...] die in § 9 Satz 1 des Transplantationsgesetzes genannten Organe und Augenhornhäute, wenn sie zur Übertragung auf andere Menschen bestimmt sind,

keine Arzneimittel sind. Augenhornhäute waren seinerzeit also dem Begriff des Arzneimittels entzogen, was angesichts der geltenden Fassung jedenfalls nach dem Wortlaut des Gesetzes so nicht der Fall ist. § 9 TPG aF sah vor:

Die Übertragung von Herz, Niere, Leber, Lunge, Bauchspeicheldrüse und Darm darf nur in dafür zugelassenen Transplantationszentren (§ 10) vorgenommen werden.

Diese Regelung nahm ausdrücklich bestimmte Organe aus dem Arzneimittelbegriff aus, ohne jedoch komplett alle menschlichen Organe zu erfassen. Denn auch nach der seinerzeitigen Regelung waren lediglich menschliche Organe erfasst, nicht jedoch solche von Tieren. Die Haut, ausdrücklich auch das Knochenmark sowie embryonale und fetale Organe waren ausgenommen, konnten also durchaus begrifflich Arzneimittel sein. 163

In diesem Zusammenhang regelte § 4a S. 1 Nr. 4 AMG in der Fassung des Gesetzes vom 21.8.2002[251] auch, dass

[...] menschliche Organe, Organteile und Gewebe, die unter der fachlichen Verantwortung eines Arztes zum Zwecke der Übertragung auf Menschen entnommen werden, wenn diese Menschen unter der fachlichen Verantwortung dieses Arztes behandelt werden,

vom Anwendungsbereich des AMG ausgenommen waren. Der Umgang mit Organen wurde hier von der Entnahme über die Zwischenbehandlung bis zur Reimplantierung dem Vorgang der Transplantation zugeordnet. Voraussetzung war diesbezüglich jedoch, dass diese Schritte unter der fachlichen Verantwortung desselben Arztes erfolgten. Diese Tätigkeiten bedurften also keiner Erlaubnis nach den §§ 13 ff AMG und entsprechend war auch eine Überwachung durch die für den Arzneimittelverkehr zuständigen Überwachungsbehörden nicht begründet.

Im Zuge des Gewebegesetzes wurde diese Regelung gestrichen. In den Beratungen zur Geweberichtlinie wurde unter den Mitgliedstaaten Einigkeit darüber erzielt, dass der nicht überwachte Bereich dieser Regelung zu groß war und überzeugende Gründe für eine so weitreichende Privilegierung mit der Folge, dass diese Schritte keiner Qualitätsüberwachung unterliegen, nicht vorlagen. 164

Die Öffnung des Organbegriffs zur Abgrenzung von Arzneimitteln und damit die Bezugnahme des § 2 Abs. 3 Nr. 8 AMG auf die Definition von Organen nach § 1a Nr. 1 TPG erfolgte aufgrund des Gewebegesetzes vom 20.7.2007[252] zur Umsetzung der Geweberichtlinie 2004/23/EG.[253] Diese Richtlinie, die nicht auf Organe Anwendung findet, machte im Rahmen des TPG eine stärkere Differenzierung zwischen Organen und Geweben innerhalb eines Gesetzes erforderlich, weil die Anforderungen hinsichtlich der Qualität und der Sicherheit der Entnahmen nicht variieren.

---

250 BGBl. I, 2631.
251 BGBl. I, 3348.
252 Gesetz über Qualität und Sicherheit von menschlichen Geweben und Zellen v. 20.7.2007 (BGBl. I, 1547).
253 RL zur Festlegung von Qualitäts- und Sicherheitsstandards für die Spende, Beschaffung, Testung, Verarbeitung, Konservierung, Lagerung und Verteilung von menschlichen Geweben und Zellen v. 31.3.2004 (ABl. EU Nr. L 102/48 v. 7.4.2004).

165 Zentraler Begriff betreffend die Entscheidung, dass kein Arzneimittel vorliegt, ist der des Organs. Zu dem **Begriff des Organs** gehören neben den positiv geregelten Bereichen auch Organteile und einzelne Gewebe und Zellen eines Organs, wenn diese zum gleichen Zweck wie das Organ entnommen und übertragen und nicht extrakorporal verwendet werden.[254] So gehören Pankreasinselzellen, die transplantiert werden und die Funktion der Bauchspeicheldrüse übernehmen sollen, ebenfalls zum Organbegriff. Soweit begrifflich ein menschliches Organ vorliegt, ist es nicht als Arzneimittel einzustufen, wenn es zur Übertragung auf menschliche Empfänger bestimmt ist. Liegt eine solche Zweckbestimmung nicht vor, dann ist eine Einordnung als Arzneimittel möglich, soweit die weiteren Voraussetzungen des § 2 Abs. 1 AMG vorliegen.

166 Ob ein Organ zur Übertragung auf menschliche Empfänger bestimmt ist, unterliegt nicht der subjektiven Zweckbestimmung desjenigen, welcher das Organ entnimmt, sondern richtet sich nach objektiven Maßstäben unter Berücksichtigung der Besonderheiten des Einzelfalles. Nicht erforderlich ist es, dass im Zeitpunkt der Organentnahme der Empfänger des Organs bereits bekannt bzw bestimmt ist. Eine Individualisierung ist nicht erforderlich, soweit objektive Kriterien dafür sprechen, dass das Organ später einem menschlichen Empfänger eingepflanzt werden soll.

Nicht ausgenommen sind Organe dann, wenn sie entnommen werden und durch extrakorporale Verfahren Zellen und Gewebe zum Zwecke der Vermehrung dieser entnommen werden. Dies gilt auch dann, wenn diese Zellen später auf einen anderen Menschen übertragen werden sollen.

167 Allerdings kann sich in der Zeit zwischen Entnahme des Organs und dessen Verwendung die **Zweckbestimmung ändern**. Die Zweckbestimmung ist kein einmaliger konstitutiver Vorgang mit Wirkung für die Zukunft, sondern unterliegt einer dynamischen Wandlung. Die Bestimmung des Zeitpunktes, in dem sich die Zweckbestimmung wandelt, kann im Einzelfall anhand konkreter Tatsachen benannt werden, wird jedoch mitunter Ausfluss wertender Betrachtungen sein.

Liegt ein Wandel der objektiven Zweckbestimmung vor, dann kann aus einem Organ oder Teile eines Organs ein Arzneimittel werden, wobei jedoch die weiteren Tatbestandsmerkmale nach § 2 Abs. 1 AMG hinzukommen müssen.

Ob ein Organ vorliegt, ist anhand der Definition des § 1 a Nr. 1 TPG zu ermitteln. Daraus folgt, dass bereits die Haut, obgleich es sich um ein Organ handelt, von dem Organbegriff des § 1 a Nr. 1 TPG ausgenommen ist und entsprechend als Arzneimittel eingestuft wird. Auch die Augenhornhaut kann damit als Arzneimittel qualifiziert werden, nicht jedoch die Darmschleimhaut, die als Teil des Darms und damit als Organ zu bewerten ist, das sogar im Sinne des § 1 a Nr. 2 TPG ein vermittlungspflichtiges Organ ist.

C. Fertigarzneimittel und Rezepturarzneimittel
I. Bedeutung einer begrifflichen Abgrenzung

168 Der Begriff des **Fertigarzneimittels** wird vom AMG in zahlreichen und unterschiedlichen Zusammenhängen gebraucht. So betreffen die Bestimmungen über die Kennzeichnung (§ 10 AMG), über die Gestaltung der Packungsbeilage (§ 11 AMG) oder die Notwendigkeit einer Fachinformation (§ 11 a AMG) im Grundsatz nur *Fertig*arzneimittel. Noch bedeutsamer ist aber der Umstand, dass die Verpflichtung zur Zulassung nach § 21 Abs. 1 AMG[255] ebenso wie diejenige zur Nachzulassung aufgrund von Übergangsvorschriften verkehrsfähiger Produkte nach § 105 Abs. 1, 3 AMG Fertigarzneimittel voraussetzen.

---

[254] BT-Drucks. 16/3146, 24.
[255] Vgl hierzu § 6 Rn 1 ff.

Vergleichbares ist für die besonderen Zulassungsformen des AMG geregelt.[256] So gelten die Bestimmungen über die Registrierung nach § 38 Abs. 1 AMG für homöopathische Fertigarzneimittel. Auch die Registrierung als traditionelles pflanzliches Präparat setzt ein Fertigarzneimittel voraus. Das Fertigarzneimittel steht damit im Zentrum des Zulassungsregimes des AMG und kann als dessen **Leitbild** angesehen werden. Andere Arzneimittelformen sind im Zuge des Übergangs zu einer industriellen Arzneimittelproduktion im 20. Jahrhundert in den Hintergrund getreten. Sie sind insbesondere in Gestalt des regelmäßig in einer Apotheke hergestellten **Rezepturarzneimittels** für ausgewählte Bereiche des pharmazeutischen Marktes aber durchaus von Bedeutung – etwa in Gestalt von Zytostatika, bestimmter Antibiotika oder individueller Produkte für die parenterale Ernährung[257] – stehen aber nicht im Zentrum der Regularien.

Das **europäisches Recht** sucht demgegenüber eine Abgrenzung nicht auf der begrifflichen, sondern auf der regulativen Ebene. Art. 1 RL 2001/83/EG definiert allgemein den Arzneimittelbegriff (Nr. 2).[258] Der übrige Definitionskatalog der Vorschrift enthält keine Anhaltspunkte für eine Eingrenzung auf bestimmte Herstellungs- oder Vertriebsmodalitäten. Auch ist die mitgliedstaatliche Genehmigung für das Inverkehrbringen gemäß Art. 6 RL 2001/83/EG für Arzneimittel zu beantragen, nicht etwa für Fertigarzneimittel oder Arzneispezialitäten. Eine Eingrenzung findet sich indes in Art. 2 RL 2001/83/EG. Nach dessen Absatz 2 gilt sie für Humanarzneimittel, die in den Mitgliedstaaten in den Verkehr gebracht werden sollen und die entweder *gewerblich zubereitet* werden oder bei deren Zubereitung ein *industrielles Verfahren* zur Abwendung kommt. Art. 3 RL 2001/83/EG nimmt sodann in Konkretisierung dieser Bestimmung u.a. solche Arzneimittel von ihrem Anwendungsbereich aus, die in einer Apotheke nach ärztlicher Verschreibung für einen bestimmten Patienten zubereitet werden (sog. **formula magistralis**) oder in einer Apotheke nach Vorschrift einer Pharmakopöe zubereitet werden und für die unmittelbare Abgabe an die Patienten bestimmt sind, die Kunden dieser Apotheke sind (sog. **formula officinalis**). Die sachliche Begrenzung des Gemeinschaftsrechts zielt mithin in die gleiche Richtung wie das nationale Recht, oder – im Hinblick auf die Funktion der Richtlinie anders gewendet – das deutsche Recht setzt die Richtlinie mit dem Begriff des Fertigarzneimittels auf einer begrifflichen Ebene um. Er bleibt aber ein Rechtsbegriff des deutschen Arzneimittelrechts und erheischt in diesem Zusammenhang eine präzise Eingrenzung.

169

II. Gesetzliche Begriffsbestimmung

Nach **§ 4 Abs. 1 S. 1 AMG** sind Fertigarzneimittel diejenigen Arzneimittel, die im Voraus hergestellt sind und in einer zur Abgabe an den Verbraucher bestimmten Packung in den Verkehr gebracht werden *oder* andere zur Abgabe an den Verbraucher bestimmte Arzneimittel, bei deren Zubereitung in sonstiger Weise ein industrielles Verfahren zur Anwendung kommt *oder* die, ausgenommen in Apotheken, gewerblich hergestellt werden.

170

Die Definition ist in ihrer 2. und 3. Variante in Anpassung an die bereits angesprochenen gemeinschaftsrechtlichen Vorgaben durch das 14. AMG-Änderungsgesetz vom 29.8.2005[259] entstanden. Zuvor waren nur Arzneimittel, die im Voraus hergestellt und in einer zur Abgabe an den Verbraucher bestimmten Packung in den Verkehr gebracht wurden,

---

256 Vgl hierzu § 6 Rn 38 ff.
257 Vgl Dettling/Kieser/Ulshöfer, PharmR 2009, 421 ff; Prinz, PharmR 2008, 364–370.
258 Der hiernach bestimmte Begriff gilt auch für die im Verfahren vor der Europäischen Arzneimittelagentur (EMEA) zugelassenen oder zuzulassenden Präparate, da Art. 2 der maßgeblichen VO (EG) Nr. 726/2004 auf die Definition der RL 2001/83/EG verweist.
259 BGBl. I, 2569.

als Fertigarzneimittel definiert (1. Variante). Mit ihren mehreren Varianten und ihren Ausnahmen wirft die heutige Fassung Probleme auf, die der näheren Betrachtung bedürfen:

1. Im Voraus hergestellte Arzneimittel

171 Mit dem Begriff des Arzneimittels baut die Definition in ihrer 1. Variante auf dem **allgemeinen Arzneimittelbegriff** auf, wie er durch § 2 Abs. 1 AMG in der Fassung des Gesetzes zur Änderung arzneimittelrechtlicher und anderer Vorschriften vom 17.7.2009[260] (sog. 15. AMG-Novelle) seine aktuelle Ausformung erhalten hat. Auf § 2 Rn 1 ff kann insoweit Bezug genommen werden. Fertigarzneimittel kann damit stets nur ein Arzneimittel in diesem Sinne sein.

Durchaus zweifelhaft ist jedoch, wann ein Arzneimittel **im Voraus** hergestellt ist. Das Gesetz hält hierfür keine Definition bereit. Eine Begriffsbestimmung kann daher nur aus dem Wortsinn, der Abgrenzung gegenüber anderen Arzneimittelformen sowie der Zielsetzung des AMG erfolgen:

Der Begriff des Fertigarzneimittels stellt allgemein eine Abkehr von der überkommenen Rechtsfigur der **Arzneispezialität** dar, wie sie sowohl im AMG 1961 als auch in der Richtlinie 65/65/EWG zugrunde gelegt wurde. Das AMG 1961 definierte in seinem § 4 alle Arzneimittel, die in gleich bleibender Zusammensetzung hergestellt *und* in abgabefertigen Packungen unter einer besonderen Bezeichnung in den Verkehr gebracht werden, als Arzneispezialitäten. Die Richtlinie 65/65/EWG führte demgegenüber das noch heute wesentliche Merkmal „im Voraus hergestellt" ein und sprach diejenigen im Voraus hergestellten Arzneimittel als Arzneispezialitäten an, welche unter einer besonderen Bezeichnung und in einer besonderen Aufmachung in den Verkehr gebracht werden. Allerdings fehlte auch hier dem Merkmal „im Voraus" der Bezugspunkt. Eine unbefangene sprachliche Betrachtung legt hier ein Zeitmoment nahe. Zunächst erfolgt die Herstellung auf Vorrat, sodann der Verkauf. Die Abfolge, bei der eine größere Menge eines Arzneimittels im Hinblick auf einen zeitlich nachgelagerten Verkauf hergestellt wird, ist sicher der Regelfall. „Im Voraus" bedeutet hier, dass die Vermarktung bei der Herstellung nicht sicher und auf den Einzelfall bezogen feststeht. Aus diesem für eine Vielzahl von Fällen zutreffenden Leitbild darf aber nicht der Schluss gezogen werden, Arzneimittel, die auf eine konkrete Bestellung und nicht für die Lagerhaltung produziert würden, seien keine Fertigarzneimittel. Sinn der Begriffsbestimmung ist es nämlich in erster Linie, im Interesse der Arzneimittelsicherheit den Kreis zulassungsbedürftiger Arzneimittel nachvollziehbar einzugrenzen. Angesichts dessen kann es nicht entscheidend darauf ankommen, ob und wann eine Bestellung für das Präparat vorliegt. Maßgebend ist richtiger Ansicht vielmehr, dass die Abgabe an eine *unbestimmt große Zahl von Verbrauchern* erfolgen soll, wobei es auch auf eine mögliche Lagerhaltung und mögliche Vertriebsmodalitäten nicht ankommt.[261] Unbeachtlich sind dabei naturgemäß Einschränkungen des Verbraucherkreises, die sich aus dem Anwendungsgebiet des Arzneimittels ergeben.

2. Sonstige industriell oder gewerblich hergestellte Arzneimittel

172 Der Abgrenzungsfrage ist allerdings durch das 14. AMG-Änderungsgesetz die Schärfe genommen, weil als Fertigarzneimittel nunmehr auch *andere* zur Abgabe an Verbraucher bestimmte Arzneimittel angesprochen werden, bei deren Zubereitung in sonstiger Weise ein **industrielles Verfahren** zu Anwendung kommt (2. Variante) oder die **gewerblich hergestellt** werden (3. Variante). Das AMG versteht den Begriff also nunmehr umfassender. Zwar

---

260 BGBl. I, 1990.
261 Kloesel/Cyran, Arzneimittelrecht, § 4 AMG Erl. 2 a.

C. Fertigarzneimittel und Rezepturarzneimittel

werden Arzneimittel, die im Einzelfall auf besondere Aufforderung oder Bestellung industriell oder gewerblich hergestellt werden, nicht „im Voraus" hergestellt; die gesetzliche Neuregelung erfasst sie gleichwohl als „andere zur Abgabe an Verbraucher bestimmte" Produkte und damit als (zulassungsbedürftige) Fertigarzneimittel.[262] Dies rechtfertigt es, unter „im Voraus" hergestellten Arzneimitteln im Sinne der 1. Variante (nur) solche Erzeugnisse zu verstehen, die für eine größere und nicht bestimmte Anzahl von Verbrauchern produziert werden. Den beiden anderen Varianten des § 4 Abs. 1 S. 1 AMG kommt dem gegenüber die Funktion von Auffangtatbeständen zu.[263]

3. Rezepturarzneimittel

Den Gegensatz zu der angesprochenen Gruppe der im Voraus hergestellten Arzneimittel bilden Rezepturarzneimittel. Gemeint sind damit die in einer **Apotheke** aufgrund einer **Einzelrezeptur** erstellten Präparate. Hierbei handelt es sich zwar gewerblich hergestellte Produkte, sind jedoch durch § 4 Abs. 1 S. 1 AMG in seiner aktuellen Fassung ausdrücklich vom Kreis der Fertigarzneimittel ausgenommen. Abzugrenzen sind diese wiederum von den nicht zulassungsbedürftigen Arzneimitteln des § 21 Abs. 2 S. 1 AMG. nach dieser Vorschrift bedarf es keiner Zulassung für Humanarzneimittel, die aufgrund nachweislich häufiger ärztlicher oder zahnärztlicher Verschreibung in den wesentlichen Herstellungsschritten *in einer Apotheke* in einer Menge bis zu hundert abgabefertigen Packungen an einem Tag im Rahmen des üblichen Apothekenbetriebs hergestellt und zur Abgabe im Rahmen der bestehenden Apothekenbetriebserlaubnis bestimmt sind.[264] Offenbar ging der Gesetzgeber davon aus, dass es sich bei diesen Produkten an sich um Fertigarzneimittel handelt. Sonst hätte es der Ausnahmevorschrift zu § 21 Abs. 1 AMG nicht bedurft, da das Zulassungserfordernis ohnedies nur für Fertigarzneimittel besteht. Die Norm markiert die Grenze gewerblicher Fertigung, oberhalb deren in jedem Fall eine arzneimittelrechtliche Zulassung erforderlich ist. Überschreitet eine Apotheke die in § 21 Abs. 1 AMG gesetzten Grenzen in quantitativer Hinsicht, handelt es sich um ein zulassungsbedürftiges Fertigarzneimittel. Dass hingegen aufgrund einer Einzelrezeptur hergestellte Arzneimittel nicht als Fertigarzneimittel gelten und damit auch nicht dem Zulassungserfordernis unterliegen, erschließt ich aus dem Sinn präventiver Arzneimittelkontrolle. Hiermit soll gerade dem spezifischen Risiko begegnet werden, das aus der Großproduktion unwirksamer oder bedenklicher Arzneimittel folgt.[265] Die Rezeptur im Einzelfall ist dem gegenüber zwar nicht per se risikofrei. Der Gesetzgeber vertraut hier jedoch auf die ärztliche Prüfung des Einzelfalls und die Sachkenntnis des zubereitenden Apothekers.

§ 4 Abs. 1 S. 1 AMG erwähnt allerdings die Einzelrezeptur nicht ausdrücklich. Die Bereichsausnahme für Apotheken im letzten Halbsatz der Vorschrift steht indes in Zusammenhang mit der (sonst) gewerblichen Herstellung von Arzneimitteln, die seit dem 14. AMG-Änderungsgesetz ausdrücklich erwähnt wird. Das bedeutet, dass in Apotheken durchaus Arzneimittel „im Voraus" hergestellt werden können, die entsprechend § 4 Abs. 1 S. 1 Var. 1 AMG Fertigarzneimittel sein und der Zulassungspflicht unterliegen können. Gerade für diesen Fall erlangt § 21 Abs. 2 Nr. 1 AMG Sinn. Er begrenzt die Zulassungspflicht für bestimmte apothekenerzeugte Fertigarzneimittel. Während es dort allerdings genügt, dass *wesentliche Herstellungsschritte* in einer Apotheke vollzogen werden, verlangt § 4 Abs. 1 S. 1 letzter Hs AMG die Herstellung *in* einer Apotheke. Die Auffassung, auch solche Rezepturen, die

---

262 Sander, Arzneimittelrecht, § 4 AMG Erl. 3; zur Neuverblisterung zugelassener Fertigarzneimittel: OVG Lüneburg GesR 2006, 461.
263 In diesem Sinne – bezogen auf die 3. Variante – auch Prinz, PharmR 2008, 364, 366.
264 Vgl zu der mit zahlreichen Auslegungsproblemen behafteten Vorschrift § 6 Rn 21 ff.
265 Vgl BVerwGE 70, 284, 288.

2 § 2 Zentralbegriffe des Arzneimittelrechts

eine Apotheke Im Einzelfall bei einem industriellen Hersteller in Auftrag gibt, seien keine Fertigarzneimittel[266] ist damit wohl vom Sinn, nicht aber vom Wortlaut der Norm gedeckt.

4. Zur Abgabe an Verbraucher hergestellte Arzneimittel

175 Fertigarzneimittel sind nach allen Varianten der gesetzlichen Definition nur solche Arzneimittel, die zur Abgabe an Verbraucher bestimmt sind. Allerdings wird das Verständnis der Begriffsbestimmung dadurch erschwert, dass das Tatbestandsmerkmal in der 1. Variante auf die Packung bezogen ist („... zur Abgabe an den Verbraucher bestimmten Packung..."), während es im Übrigen in Zusammenhang mit dem Inverkehrbringen des Präparats benutzt wird („... zur Abgabe an Verbraucher bestimmte Arzneimittel..."). Versteht man die beiden anderen Varianten des § 4 Abs. 1 S. 1 AMG indes als Auffangtatbestände und den Begriff des Fertigarzneimittels umfassend, dürften sich daraus keine Auslegungsprobleme ergeben. Da nunmehr auch sonst industriell oder gewerblich hergestellten Arzneimitteln die Eigenschaft als Fertigarzneimittel zukommt, sind die mit der Packung zusammenhängenden Fragen für die rechtliche Einordnung in den Hintergrund getreten.[267]

Wer als **Verbraucher** anzusehen ist, kann dem Gesetz allerdings nicht unmittelbar entnommen werden. Angesichts mehrphasiger Vertriebsvorgänge kann mit dem Begriff nicht lediglich der Patient angesprochen sein, der das Arzneimittel schließlich anwendet oder an sich anwenden lässt. Sachgerecht erscheint es, auf eine Definition des Bundesrates zurück zu greifen, wie sie schon anlässlich der Beratungen des AMG 1961 vorgenommen wurde. „Verbraucher" im Sinne der gesetzlichen Begriffsbestimmung sind danach diejenigen, die Arzneimittel erwerben, „um sie an sich, an anderen oder an Tieren anzuwenden. Verbraucher sind auch Einrichtungen der Gesundheits- und Krankenfürsorge, in denen Arzneimittel angewandt werden."[268] Damit ist klargestellt, dass zum Beispiel auch in Großpackungen für Kliniken abgegebene Präparate Fertigarzneimittel sind.

5. Ausnahme für Zwischenprodukte

176 § 4 Abs. 1 S. 2 AMG nimmt Zwischenprodukte,[269] die für eine weitere Verarbeitung durch einen Hersteller bestimmt sind, vom Begriff des Fertigarzneimittels aus. Die Vorschrift dient der Begrenzung der in ihren drei Varianten weit gefassten Definition des Satzes 1. Eine eigenständige rechtliche Bedeutung kann ihr aber nur dann zukommen, wenn es sich bei den Zwischenprodukten bereits um Arzneimittel im Sinne des § 2 AMG handelt. Sind sie hingegen Stoffe im Sinne des § 3 AMG, können auch Zwischenprodukte keine Arzneimittel und folglich keine Fertigarzneimittel sein. Der Norm käme in diesem Fall höchstens klarstellende Funktion zu. Auch jenseits hiervon ist die Notwendigkeit einer gesetzlichen Regelung hier fraglich. Die moderne Arzneimittelfertigung vollzieht sich regelmäßig mehrstufig. Dabei werden nicht nur einzelne Verfahrensschritte, sondern auch komplette Prozesse ausgelagert. Dass die im Verlauf dieser Herstellungsschritte entstandenen Zwischenprodukte keine Fertigarzneimittel sind, erschließt sich bereits aus dem Umstand, dass sie allgemein nicht zur Abgabe an den Verbraucher bestimmt und auch nicht entsprechend im Sinne der 1. Variante des § 4 Abs. 1 S. 1 AMG verpackt sind. Im Fall der 2. und 3. Variante dürfe es an einer entsprechen Zweckbestimmung zur Abgabe an Verbraucher fehlen. Denn ein Hersteller ist kein Verbraucher in diesem Sinne.

177 Mit dem Begriff des Zwischenprodukts darf der gesetzlich nicht geregelte Fall der **Bulkware** nicht gleich gesetzt werden. Hiermit ist kein Rechtsbegriff angesprochen, sondern eine

---

266 Kloesel/Cyran, Arzneimittelrecht, § 4 AMG Erl. 3.
267 Zu den Einzelheiten eingehend: Sander, Arzneimittelrecht, § 4 AMG Erl. 4.
268 Kloesel/Cyran, aaO Erl. 5; Sander, aaO.
269 Vgl hierzu Knauer, PharmR 2008, 199–202.

C. Fertigarzneimittel und Rezepturarzneimittel

in der Praxis gebräuchliche Bezeichnung für Massenware auf unterschiedlichen Produktionsebenen.[270] In der Regel fehlt es auch bei solchen **Großgebinden** an einer Bestimmung zur Abgabe an Verbraucher. Dass dies aber nicht stets der Fall zu sein braucht, verdeutlicht ein Urteil des BVerwG vom 9.3.1999.[271] Ihm lag eine Fallgestaltung zugrunde, in der ein Apotheker Großgebinde von Weichgelatinekapseln vorhielt, die er in ärztlich verordneter Anzahl in Packungen abfüllte und vorschriftsgemäß kennzeichnete. Die Verkapselung erfolgte in industrieller Fertigung, wobei der Apotheker den Wirkstoff lieferte, den er wiederum von einem dritten Unternehmen erhielt. Das **BVerwG** ging davon aus, dass Arzneimittel, die in einer Apotheke in Großgebinden bereitgehalten werden, als Fertigarzneimittel zulassungspflichtig werden, *sobald* sie in einer zur Abgabe an den Verbraucher bestimmten Packung in den Verkehr gebracht werden. Es führte u.a. aus:

„[...] Ziel der Einführung des Zulassungsverfahrens für Fertigarzneimittel durch das Arzneimittelgesetz 1976 war eine Erhöhung der Arzneimittelsicherheit durch die präventive Kontrolle des Arzneimittelverkehrs-.... Dabei dient das Tatbestandsmerkmal „im voraus hergestellt" der Abgrenzung zu den Rezepturarzneimitteln und allen sonstigen Arzneimitteln, die im Einzelfall auf besondere Anforderung hergestellt werden (vgl. U vom 29. November 1984... BVerwGE 70, 284, 288). Der Gesetzgeber sah also ein besonderes Risiko bei Arzneimitteln, die ohne Rücksicht auf einen konkreten Krankheitsfall für eine beliebige Zahl von Fällen hergestellt werden. Geht man hiervon aus, so stellt das zusätzliche Erfordernis des Inverkehrbringens in einer zur Abgabe an den Verbraucher bestimmten Packung lediglich eine Einschränkung zugunsten der Bulkware dar. Sowohl dem Ausschussbericht zum Arzneimittelgesetz 1976 (BT-Drs. 7/5091, S. 12) als auch dem Bericht der Bundesregierung über Erfahrungen mit dem Arzneimittelgesetz (BT-Drucks.9/1355, S. 8) ist zu entnehmen, daß diese Ausnahme wegen der vielfältigen Verwendungsmöglichkeiten von Bulkware für notwendig gehalten wurde. Zugleich wurde diese Ausnahme unter dem Gesichtspunkt der Arzneimittelsicherheit für vertretbar gehalten, weil ‚in den meisten Fällen aus der Bulkware, bevor sie in die Hand des Verbrauchers kommt, ein zulassungspflichtiges Fertigarzneimittel hergestellt' werde.

Unter dem Gesichtspunkt der Arzneimittelsicherheit besteht kein Grund, im voraus hergestellte Arzneimittel nur deshalb aus dem Begriff des Fertigarzneimittels auszunehmen, weil das Abpacken in die für Verbraucher bestimmte Packung und die Kennzeichnung erst auf konkrete Anforderung des Patienten hin geschehen. Diese Merkmale haben unter dem Gesichtspunkt des Patientenschutzes keine Relevanz. Einerseits sind sie im Herstellungsprozeß von untergeordneter Bedeutung. Sie vermögen den Gesichtspunkt der Serienherstellung, der die Einführung des vorbeugenden Zulassungsverfahrens rechtfertigt, nicht aufzuwiegen. Andererseits macht es aus der Sicht des Patienten keinen Unterschied, ob der Apotheker die normalerweise abgeforderte Zahl von Kapseln vor dem Erscheinen eines Patienten in ein kleineres Gefäß füllt oder ob er damit bis zum Erscheinen des Patienten wartet. [...]

Diese Überlegungen führen dazu, nur die Bulkware als solche vom Begriff des Fertigarzneimittels auszunehmen. Wird sie aber in ein zur Abgabe an den Verbraucher bestimmtes Behältnis abgefüllt und durch Abgabe an den Verbraucher in den Verkehr gebracht (§ 4 Abs. 17 AMG), so wird sie dadurch zum Fertigarzneimittel. [...]"

Die Entscheidung illustriert, dass es sich bei der Frage der Einordnung von Bulkware als Fertigarzneimittel letztlich um ein Scheinproblem handelt. Denn maßgebend ist nicht die Bezeichnung eines Gebindes im Fertigungsprozess, sondern die Subsumtion der konkreten

---

270 Vgl unten § 6 Rn 5.
271 Buchholz 418.32 Nr. 33.

Fleischfresser

Verkehrsvorgänge unter den Begriff des Fertigarzneimittels, wie er von § 4 Abs. 1 S. 1 AMG vorgegeben wird. Der oft gebrauchte Begriff erweist sich hier als *rechtlich* wenig hilfreich.

D. Arzneimittelsicherheit
I. Das Verkehrsverbot des § 5 Abs. 1 AMG

178 Nach § 5 Abs. 1 AMG ist es verboten, bedenkliche Arzneimittel in den Verkehr zu bringen. Hiermit soll – aufgrund der in § 1 AMG formulierten Zielsetzung – die gesetzgeberische Intention zum Ausdruck kommen, ein Arzneimittel *nicht* in den Verkehr bringen zu dürfen, das unter dem Verdacht steht, bei bestimmungsgemäßem Gebrauch medizinisch nicht vertretbare Gesundheitsschäden hervorzurufen.[272] § 5 AMG ist – wie die §§ 8, 25, 28 und 30 AMG, die allesamt die Sicherheit von Arzneimitteln gewährleisten sollen – an dieser Zielsetzung zu messen. Das Verkehrsverbot des § 5 AMG versteht sich in ihrem Lichte als **oberste Schutznorm für das Gesundheitsinteresse** aller potenziell gefährdeten Arzneimittelverbraucher, nicht nur als bloßer Reflex des Allgemeinschutzes.[273] Das gilt auch für die sich in diesem widerspiegelnden speziellen Regularien und Verfahren der Zulassung und der Kontrolle der auf dem Markt befindlichen Arzneimittel.

179 Nach § 25 Abs. 2 S. 1 Nr. 5 AMG darf die zuständige Bundesoberbehörde eine Arzneimittelzulassung dann versagen, wenn „das Nutzen-Risiko-Verhältnis ungünstig ist". Die Norm knüpft unmittelbar an die **Definition unbedenklicher Arzneimittel** in § 5 Abs. 2 AMG an.[274] Gleiches gilt für homöopathische Arzneimittel, die in der Regel nicht zulassungspflichtig sind, sondern nach § 38 AMG der Registrierungspflicht unterliegen. Gemäß § 39 Abs. 2 Nr. 4 ist die Registrierung zu versagen, wenn bei dem Arzneimittel der begründete Verdacht besteht, dass es bei bestimmungsgemäßem Gebrauch schädliche Wirkungen erzeugt.

180 Entsprechend § 30 Abs. 1 AMG – der ausdrücklich auf die Regelung des § 25 Abs. 2 S. 1 Nr. 5 AMG verweist – ist die Zulassungsbehörde verpflichtet, nach gleichen Maßstäben eine bereits erteilte Zulassung zurückzunehmen, zu widerrufen oder das Ruhen der Zulassung anzuordnen. Hierbei handelt es sich um die sog. **Nachmarktkontrolle**, die als staatliche Daueruüberwachung dem präventiven Zulassungsverfahren nachgeschaltet ist. Das hat seinen Grund darin, dass die aussagekräftige Analyse zur Bedenklichkeit von Arzneimitteln im Wesentlichen von einer großen Zahl von Arzneimittelanwendungen abhängt, die aber erst der Marktzulassung zeitlich folgend beurteilt werden kann. Die Beurteilung eines Arzneimittels in den Phasen I bis III der klinischen Arzneimittelprüfung ist wegen der nur geringen Teilnehmerzahl von Probanden in den meisten Fällen nicht geeignet, Aussagen über seltene oder in nur komplexen Zusammenhängen auftretende, schädliche Wirkungen zu treffen. So kann beispielsweise die Phase III an mehreren tausend Probanden durchgeführt werden,

---

272 Vgl Begr. der Bundesregierung zum Entwurf eines Gesetzes zur Neuordnung des Arzneimittelrechts v. 7.1.1975 (BT-Drucks. 7/3060, 45).
273 Sander, Arzneimittelrecht, § 1 AMG Erl. 1.
274 Vgl hierzu § 10 Rn 181 ff.

erreicht aber nicht die Zahl der Behandlungsfälle, um eine Aussage über eine schwere unerwünschte Wirkung zu ermitteln, die im Verhältnis 1:10.000 auftritt.[275]

Im gleichen Anwendungszusammenhang sind auch die §§ 31 Abs. 3, 39 Abs. 2 b AMG zu verstehen. Sie implizieren, dass eine Zulassung bzw Registrierung nur für einen Zeitraum von fünf Jahren, gerechnet ab dem Zugang des Verwaltungsaktes beim pharmazeutischen Unternehmer, erteilt wird und hiernach erlischt, soweit kein Verlängerungsantrag gestellt wird.[276] Eine der wesentlichen Voraussetzungen für eine Verlängerung ist u.a. auch hier, dass der Versagungsgrund des § 25 Abs. 2 S. 1 Nr. 5 AMG bzw inhaltsgleich für die Registrierung § 39 Abs. 2 Nr. 4 AMG nicht vorliegt (§ 31 Abs. 3 S. 1 iVm § 25 Abs. 2 S. 1 Nr. 5, § 39 Abs. 2 b S. 2 iVm § 39 Abs. 2 Nr. 4 AMG). 181

II. Der Bedenklichkeitsbegriff des § 5 Abs. 2 AMG

Gemäß § 5 Abs. 2 AMG gelten diejenigen Arzneimittel als bedenklich, „bei denen nach dem jeweiligen Stand der wissenschaftlichen Erkenntnisse der begründete Verdacht besteht, dass sie bei bestimmungsgemäßem Gebrauch schädliche Wirkungen haben, die über ein nach den Erkenntnissen der medizinischen Wissenschaft vertretbares Maß hinausgehen". Diese gesetzliche Definition – u.a. ein Ausdruck des Gedankens der Risikoabwehr und tragendes Prinzip des AMG – zeigt ihre besondere Relevanz darin, dass sämtliche Normierungen zum Zulassungsverfahren (vgl. exemplarisch §§ 21, 25 Abs. 2 S. 1 Nr. 5 AMG) sowie die Regelungen zur temporär später folgenden Nachmarktkontrolle (§§ 62 ff, 64 ff AMG) ohne diese Legaldefinition nicht auskommen. 182

III. Bedenklichkeit als Zulassungsversagungsgrund und unabhängiges Verkehrsverbot

Damit stellt sich der Bedenklichkeitsbegriff auf der einen Seite als Zulassungsversagungsgrund, andererseits als **unabhängiges Verkehrsverbot** dar.[277] Denn selbst zugelassene Arzneimittel dürfen dann nicht in den Verkehr gebracht werden, wenn sie im konkreten Fall gegen § 5 Abs. 1 AMG verstoßen.[278] In diesem Zusammenhang erweist § 25 Abs. 10 AMG, wonach die Zulassung eine zivil- und strafrechtliche Verantwortung des pharmazeutischen Unternehmers unberührt lässt, dass die Zulassung keinen Bestands- bzw Vertrauensschutz hinsichtlich der Unbedenklichkeit eines Arzneimittels begründet.[279] 183

Sinn und Zweck des in § 5 Abs. 1 AMG statuierten Verkehrsverbots ist es, eine eigenständige und unabhängige Verantwortlichkeit für die Bedenklichkeit von Arzneimitteln zu begründen. In diesem Sinne richtet sich das Verbot nicht nur gegen den pharmazeutischen Unternehmer, sondern auch gegen Großhändler, Apotheker (vgl. §§ 43, 47, 50, 51, 52 a, 184

---

275 Di Fabio, Gefahrbegriff und Nachmarktkontrolle, in: Damm/Hart, Rechtliche Regulierung von Gesundheitsrisiken, S. 109, 114; Heilmann, Arzneimittelsicherheit, in: 25 Jahre Arzneimittelgesetz, Symposium des Bundesverbandes der Pharmazeutischen Industrie, S. 45, 50; Weber, Beobachtungen und Bewertung von unerwünschten Arzneimittelwirkungen, in: 25 Jahre Arzneimittelgesetz, Symposium des Bundesverbandes der Pharmazeutischen Industrie, S. 56 ff, Kloesel/Cyran, Arzneimittelrecht, § 62 AMG Erl. 1. Um eine entsprechende Nebenwirkungen vor der Zulassung mit einer 95 %igen Wahrscheinlichkeit feststellen zu können, wäre eine Beobachtung von 40.000 Behandlungsfällen erforderlich; vgl hierzu Gundert-Remy, Arzneimittelrecht und Arzneimittelprüfung, in: Fülgraff/Palm, Pharmakotherapie/klinische Pharmakologie, S. 1, 16 f.
276 Deutsch/Lippert/*Anker*, AMG, § 31 Rn 2 ff; Sander, Arzneimittelrecht, § 31 AMG Erl. 1 ff.
277 Räpple, Verbot bedenklicher Arzneimittel, S. 22. Zur Frage der tatbestandlichen Kongruenz des Verdachtsgrades von § 5 Abs. 2 AMG und §§ 25 Abs. 2 Nr. 5, 30 Abs. 1 AMG siehe Scheu, In Dubio Pro Securitate, S. 813, 853; Räpple, Verbot bedenklicher Arzneimittel, S. 99 ff.
278 Kloesel/Cyran, Arzneimittelrecht, § 5 AMG Erl. 4; Fuhrmann, Sicherheitsentscheidungen im Arzneimittelrecht, S 77.
279 Kloesel/Cyran, ebenda; Räpple, Verbot bedenklicher Arzneimittel, S. 22; Fuhrmann, ebenda.

§ 2 Zentralbegriffe des Arzneimittelrechts

56 AMG) sowie die verordnenden Ärzte.[280] Über die Sanktionserwartung des § 95 Abs. 1 AMG wird die gesamte Gruppe der Marktteilnehmer dazu angehalten, die Verkehrsfähigkeit ihrer Produkte selbst zu überwachen und zu beurteilen (vgl. hierzu § 45).

185 Folglich schafft das AMG unter dem Gesichtspunkt der Gesetzesfunktionalität neben dem administrativen Zulassungserfordernis zur Teilnahme am Arzneimittelmarkt gemäß §§ 21 ff AMG (insbesondere § 25 Abs. 2 Nr. 5 und § 30 AMG) eine Kontrollverpflichtung der Marktteilnehmer eigener Art. Genau dieses System einer Doppelung der Verantwortlichkeiten soll, im Sinne der gesetzgeberischen Zielsetzung, die Unbedenklichkeit von Arzneimitteln für Mensch und Tier gewährleisten.[281]

E. Wirksamkeit

I. Wirkung und „therapeutische Wirksamkeit"

186 § 22 Abs. 1 Nr. 5 AMG schreibt für den Fall eines Antrags auf Zulassung eines Arzneimittels zum Zwecke seiner Inverkehrbringung die Angabe von „Wirkungen" vor. Diese in § 22 AMG[282] geforderte Angabe ist von der im AMG verwendeten Begrifflichkeit der „therapeutischen Wirksamkeit" abzugrenzen (§ 25 Abs. 2 S. 1 Nr. 4 AMG).

1. Wirkungen

187 Unter Wirkungen sind alle Reaktionen zu verstehen, „die in messbarer, fühlbarer oder sonst erkennbarer Weise durch ein Arzneimittel bei Mensch oder Tier, *in vivo* oder *in vitro* ausgelöst werden".[283] Wirkungen umfassen alle schädlichen oder nützlichen Effekte, die auf irgendeine Weise wahrnehmbar sind.[284] Daher fallen auch Neben- und Wechselwirkungen unter den Begriff der Wirkung, die im Hinblick auf das verfolgte Therapieziel in der Regel unerwünscht sind.[285]

2. „Therapeutische Wirksamkeit"

188 Gegenüber dem Begriff der „bloßen Wirkung" verwendet das Gesetz den Begriff der „therapeutischen Wirksamkeit". Im Gegensatz zu den Begriffen der Qualität und der Bedenklichkeit ist der Begriff der Wirksamkeit im AMG nicht legaldefiniert. „Wirksamkeit ist [...] in erster Linie ein ärztlich wertender Begriff und setzt die tatsächlich festgestellten Wirkungen in eine Beziehung zu dem gewählten oder erwarteten Erfolg und bewertet sie nach dem Grad, in dem der Erfolg erreicht wird. Er umfasst die Summen aller in einer bestimmten therapeutischen Situation bei einem bestimmten Anwendungsgebiet erwünschten Wirkungen."[286] Wirksamkeit manifestiert sich auf einen Ausschnitt aus dem allgemeinen Wirkungsspektrum, wobei jede Kategorie des § 2 Abs. 1 AMG gemeint ist. Deshalb bezieht sich die „therapeutische Wirksamkeit" nicht allein auf die Behandlung einer Krankheit,[287] so dass auch ein Diagnostikum vom Begriff der „therapeutischen Wirksamkeit" erfasst sein kann.

---

280 Kloesel/Cyran, Arzneimittelrecht, § 5 AMG Erl. 6; Fuhrmann, ebenda.
281 Räpple, Verbot bedenklicher Arzneimittel, S. 23.
282 So auch in § 8 Abs. 1 Nr. 2 a AMG.
283 Fülgraff, in: Lewandowski/Schnieders, Grundzüge der Zulassung und Registrierung von Arzneimitteln in der Bundesrepublik Deutschland, S. VII; vgl auch Schuster, PharmR 1981, 57 ff.
284 Plagemann, Der Wirksamkeitsnachweis nach dem Arzneimittelgesetz von 1976, S. 53.
285 Kloesel/Cyran, Arzneimittelrecht, § 25 AMG Erl. 27.
286 Fülgraff, in: Lewandowski/Schnieders, Grundzüge der Zulassung und Registrierung von Arzneimitteln in der Bundesrepublik Deutschland, S. VII; vgl auch Kienle, Arzneimittelsicherheit und Gesellschaft, S. 90.
287 Plagemann, Der Wirksamkeitsnachweis nach dem Arzneimittelgesetz von 1976, S. 54.

E. Wirksamkeit

Die Aussage, dass ein Arzneimittel wirksam sei, ist in erster Linie eine Wahrscheinlichkeitsaussage. Denn grundsätzlich muss „die Wahrscheinlichkeit des Therapieerfolges [...] bei sachgemäßer Anwendung des Arzneimittels größer sein (...), als durch Zufall oder Placebogabe anzunehmen wäre".[288] Anders ausgedrückt bedeutet dies, dass die Heilungschancen für Patienten mit Arzneimitteln, deren Wirksamkeit belegt ist, größer ist als mit Präparaten, die erfolglos auf ihre Wirksamkeit getestet wurden.[289] Gleichwohl ist eine erfolglose Testung kein Beweis für eine fehlende Wirksamkeit. Die therapeutische Wirksamkeit bezieht sich nicht auf einen einzelnen konkreten Therapieerfolg, sondern auf eine Erfolgschance, die durch ein Wahrscheinlichkeitsurteil bedingt ist.[290] Dies impliziert aber auch, dass dem Wahrscheinlichkeitsurteil „wirksam" eine konkrete Aussage für den Einzelfall in der medizinischen Praxis über den zukünftigen Eintritt therapeutisch erwünschter Wirkungen, gar eine Wirksamkeitsgarantie nicht zukommen kann.[291] Damit wird zugleich deutlich, dass der Wirksamkeitsbegriff des Zulassungsrechts ein generell-abstrakter Begriff und auf ein gedankliches „Arzneimittelmodell" bezogen ist.[292]

Die Problematik der „therapeutischen Wirksamkeit" liegt vielmehr in der Ermittlung bzw. Festsetzung eines Wahrscheinlichkeitsgrades bestimmter erwünschter Wirkungen. Ungeklärt ist insoweit, von welchem Grad an Gewissheit des Eintritts einer Reaktion das heutige Arzneimittelrecht ausgeht, um zu einer eindeutigen Zuordnung der Begriffe Wirkung und Wirksamkeit zu gelangen.[293]

189

II. Grad der „therapeutischen Wirksamkeit"

Aus dem Verbot des § 8 Abs. 1 Nr. 2 lit. b AMG zum Schutz vor Täuschung ergibt sich, dass die Wirksamkeit eines Arzneimittels u.a. auch dann anzunehmen ist, wenn sie nicht mit einer an Sicherheit grenzender Wahrscheinlichkeit erwartet werden kann. Hieraus lässt sich folgern, dass die Wirksamkeit eines Arzneimittels nicht davon abhängt, dass ein Erfolg mit Sicherheit erwartet werden kann.[294] Der Wirksamkeitsbegriff des Arzneimittelrechts ist „nicht absolut in dem Sinne [...], dass er nur ‚wirksam' oder ‚unwirksam' kennt. [...] Er umfasst vielmehr eine breite Skala abgestufter Wirksamkeiten, beginnend bei sehr schwach wirksam und endend bei deutlich wirksam",[295] weshalb qualitative und quantitative Wirksamkeitsbreiten unterschieden werden müssen. Einigkeit besteht dahin gehend, dass der betreffende Wahrscheinlichkeitsgrad über die klinische Prüfung am Menschen[296] zu ermitteln ist, deren Ergebnisse „Wirksamkeit" definieren (können).[297]

190

---

[288] Schnieders/Schuster, Probleme der Wirksamkeitsbeurteilung bei der Zulassung von Arzneimitteln und bei der Aufarbeitung von wissenschaftlichem Erkenntnismaterial, PharmR 1983, 43.
[289] Henning, Der Nachweis der Wirksamkeit von Arzneimitteln, NJW 1978, 1671, 1675; so auch BVerwG, Urt. v. 14.10.1993 – 3 C 21/91, NJW 1994, 2433, 2435.
[290] Hart, in: Hart/Hilken/Merkel/Woggan, Das Recht des Arzneimittelmarktes, S. 65; Henning, NJW 1978, 1671, 1675; aA Kriele, Wer entscheidet über die Wirksamkeit von Arzneimitteln?, ZRP 1975, 260, 264; Kienle, Der Wirksamkeitsnachweis im Arzneimittelrecht, ZRP 1976, 65.
[291] Hart, in: Hart/Hilken/Merkel/Woggan, Das Recht des Arzneimittelmarktes, S. 66; Henning, NJW 1978, 1671, 1675; Schnieders/Schuster, Probleme der Wirksamkeitsbeurteilung bei der Zulassung von Arzneimitteln und bei der Aufarbeitung von wissenschaftlichem Erkenntnismaterial, PharmR 1983, 43.
[292] Henning, Der Nachweis der Wirksamkeit von Arzneimitteln, NJW 1978, 1674.
[293] Plagemann, Wirksamkeitsnachweis, Der Wirksamkeitsnachweis nach dem Arzneimittelgesetz von 1976, S. 55.
[294] Plagemann, ebenda.
[295] Hart, in: Hart/Hilken/Merkel/Woggan, Das Recht des Arzneimittelmarktes, S. 67, Fn 125, unter Bezug auf den Bericht des Ausschusses für Jugend, Familie und Gesundheit v. 28.4.1976 (BT-Drucks. 7/5091, 6).
[296] Vgl Deutsch/Spickhoff, Medizinrecht, Rn 905, 909; Plagemann, Der Wirksamkeitsnachweis nach dem Arzneimittelgesetz von 1976, S. 43 ff.
[297] Hart, in: Hart/Hilken/Merkel/Woggan, Das Recht des Arzneimittelmarktes, S. 66.

191 Jeder Versuch, den Grad der therapeutischen Wirksamkeit zu ermitteln, muss berücksichtigen, dass das AMG keine „Bedürfnisprüfung" von Arzneimitteln vorsieht.[298] Hieraus lässt sich für eine nähere Bestimmung des Wirksamkeitsgrades eindeutig schließen, dass der Wirksamkeitsgehalt eines – neuen resp. zuzulassenden – Arzneimittels keineswegs „wirksamer" sein, dh eine „bessere" oder „höhere" Wirksamkeit auf seinem Anwendungsgebiet entfalten muss, als ein auf dem Markt bereits vorhandenes Arzneimittel des gleichen Anwendungsgebietes.[299]

192 Strittig ist indessen, inwieweit ein neues Arzneimittel eine identische oder zumindest vergleichbare **Wirksamkeitsintensität** aufweisen muss als auf dem Markt schon befindliche Präparate. Diesbezüglich wird teilweise davon ausgegangen, dass ein neues Arzneimittel nicht schwächer wirken dürfe als ein bereits auf dem Markt vorhandenes des gleichen Anwendungsbereichs. Anderes gelte, falls neue Arzneimittel weniger schädliche Nebenwirkungen haben als bisherige Präparate oder sich für solche Behandlungsfälle eignen, bei denen bisherige Mittel contraindiziert sind.[300] Andererseits wird auch die Auffassung vertreten, dass eine Zurverfügungstellung „schlechterer" Arzneimittel der Zielsetzung des AMG nicht gerecht werde. Denn die Zulassung „schlechterer" Arzneimittel widerspreche dem Schutz des Patienten und der Befähigung des Arztes, die Erfolgswahrscheinlichkeit der von ihm beabsichtigten Arzneimitteltherapie zu beurteilen.[301]

193 Die genannten Ansichten sind in der übrigen Literatur und insbesondere der Zulassungspraxis weitgehend unberücksichtigt geblieben.[302] Das hat überzeugende Gründe. Bereits aus der Entstehungsgeschichte des § 25 AMG ergibt sich, dass der Gesetzgeber bei der Schaffung des § 24 Abs. 1 Nr. 3 AMG von einer genauen Wirksamkeitsintensität oder -mindesthäufigkeit nicht ausging.[303] Denn der Begriff der „angemessenen Wirksamkeit" in § 24 Abs. 1 Nr. 3 AMG[304] soll im Zusammenhang mit den Anforderungen an die „therapeutische Wirksamkeit" (§ 25 AMG) verdeutlichen, „dass die Anforderungen in einem der Bedeutung des Anwendungsgebietes individuell angepassten Verhältnis stehen müssen, damit unangemessene, schematische oder dogmatische Maßstäbe vermieden werden".[305] Damit verkehrt sich der Begriff der „angemessenen Wirksamkeit" in sein Gegenteil: „Angemessene" Wirksamkeit soll eine Reglementierung der Wirkungsbreite gerade verhindern. In keinem anderen Zusammenhang steht diesbezüglich die Auffassung des BVerwG, wonach § 24 Abs. 1 Nr. 3 AMG die therapeutische Wirksamkeit voraussetzt und nicht etwaige Anforderungen an ihre Begründung reduziert.[306] Gleichzeitig impliziert diese Feststellung aber auch, dass „angemessene" Wirksamkeit und therapeutische Wirksamkeit nicht gleichgesetzt werden können. **„Angemessene" Wirksamkeit** verlangt eine – entsprechend dem Verhältnisgrundsatz – zusätzliche Bewertung der bestehenden therapeutischen Wirksamkeit auf das beanspruchte Anwendungsgebiet.[307]

---

298 Schwerdtfeger, Die Bindungswirkung der Arzneimittelzulassung, S. 29.
299 Hart, in: Hart/Hilken/Merkel/Woggan, Das Recht des Arzneimittelmarktes, S. 67; Plagemann, Wirksamkeitsnachweis, Der Wirksamkeitsnachweis nach dem Arzneimittelgesetz von 1976, S. 87; Schwerdtfeger, Die Bindungswirkung der Arzneimittelzulassung, S. 28.
300 Schwerdtfeger, aaO, S. 30; vgl darüber hinaus ders., PharmR 2003, 272, 275.
301 Plagemann, Wirksamkeitsnachweis, Der Wirksamkeitsnachweis nach dem Arzneimittelgesetz von 1976, S. 88 f.
302 Hart, in: Hart/Hilken/Merkel/Woggan, Das Recht des Arzneimittelmarktes, S. 67.
303 Denninger, Die Bindungswirkung der Arzneimittelzulassung, NJW 1984, 645, 646.
304 Gleichlautend auch in § 24 Abs. 1 Nr.1 AMG zur Qualität eines Arzneimittels.
305 Bericht des Ausschusses für Jugend, Familie und Gesundheit v. 28.4.1976 (BT-Drucks. 7/5091, 14).
306 BVerwG, Urt. v. 14.10.1993 – 3 C 46/91, PharmR 1994, 380 ff; Urt. v. 14.10.1993 – 3 C 21/91, NJW 1994, 2433 ff.
307 BVerwG, ebenda.

Konsequent kann daher als allgemeine Leistungsvoraussetzung keine Zulassungsvoraussetzung zwischen verschiedenen Arzneimitteln gezogen werden, um damit schematische und unverhältnismäßige Maßstäbe zu verhindern. Ansonsten blieben Therapieansätze ausgeschlossen, die die in der jeweils anderen Behandlung bestehenden Gefährdungsmöglichkeiten verringern oder zu verhindern beabsichtigen.[308] Letztlich würde der Ausschluss derartiger Medikationen auch die Bekämpfung einzelner Symptome verschiedenster Krankheiten verhindern, was aus heutiger medizinischer Sicht durchaus sinnvoll erscheint. Unter diesem Gesichtspunkt dürfte es unsachlich sein, hinsichtlich der „therapeutischen Wirksamkeit" die Wirkung auf Einzelsymptome nur dann aus § 25 Abs. 2 S. 1 Nr. 4 AMG zu legitimieren, wenn sie zur Heilung insgesamt beiträgt.[309] 194

Grundsätzlich stellt sich deshalb der arzneimittelrechtliche Wirksamkeitsbegriff – entsprechend der ihm zugrunde liegenden, gesetzgeberischen Intention – als ein Kontinuum dar, das von „sehr schwach" bis „sehr deutlich" reicht,[310] andererseits aber auch als ein gleichsam „absoluter" Begriff insofern, als Wirksamkeit durch keinen Vergleich zu anderen Arzneimitteln resp. im Hinblick auf ein vorhandenes Wirksamkeitsniveau anderer auf dem Markt befindlicher Arzneimittel bestimmt wird.[311] 195

III. Wirksamkeitsnachweis

Der Wirksamkeitsanspruch eines Arzneimittels bestimmt die Art des vom pharmazeutischen Unternehmer zu führenden Wirksamkeitsnachweises. Da die jeweilige Anspruchsintensität auf unterschiedlichste Indikationen bezogen sein kann, ist für eine Wirksamkeitsbeurteilung maßgeblich, ob der Wirksamkeitsanspruch und die bewirkten Heilerfolge in einem angemessenen Verhältnis stehen.[312] Der Wirksamkeitsanspruch bestimmt damit gleichzeitig auch die Art des Wirksamkeitsnachweises.[313] 196

Im Mittelpunkt des Wirksamkeitsnachweises stehen gemäß § 22 Abs. 2 Nr. 2 und 3 AMG die Ergebnisse der **klinischen Prüfung** von Arzneimitteln und, soweit für bereits vorhandene Arzneimittel deren Wirkungen und Nebenwirkungen bekannt sind, anderes **wissenschaftliches Erkenntnismaterial** zum Nachweis der Wirksamkeit (§ 22 Abs. 3 AMG). Mit dieser Regelung korrespondiert § 25 Abs. 2 S. 1 Nr. 4 AMG. Hiernach ist die Zulassung eines Arzneimittels dann zu versagen, wenn „dem Arzneimittel die vom Antragsteller angegebene therapeutische Wirksamkeit fehlt oder diese nach dem Stand der wissenschaftlichen Erkenntnisse vom Antragsteller unzureichend begründet ist". Der Gesetzgeber des AMG 1976 war der Auffassung, dass „es nicht Aufgabe des Gesetzgebers sein [könne], durch einseitige Festlegung bestimmter Methoden für den Nachweis der Wirksamkeit eines Arzneimittels eine der miteinander konkurrierenden Therapierichtungen in den Rang eines allgemein verbindlichen „Stand der wissenschaftlichen Erkenntnisse" und damit zum ausschließlichen Maßstab für die Zulassung eines Arzneimittels zu erheben. Der Ausschuss hat sich vielmehr bei der Beschlussfassung über die Zulassungsvorschriften, insbesondere bei der Ausgestaltung der Anforderungen an den Wirksamkeitsnachweis, von der politischen Zielsetzung leiten lassen, dass sich im Zulassungsbereich der in der Arzneimitteltherapie vorhandene **Wissenschaftspluralismus** deutlich widerspiegeln muss".[314] Damit hat sich der Gesetzgeber im Sinne des Verfassungsauftrags der Wissenschaftsfreiheit zu dem in der 197

---

308 Denninger, Die Bindungswirkung der Arzneimittelzulassung, NJW 1984, 646.
309 So jedoch Plagemann, Der Wirksamkeitsnachweis nach dem Arzneimittelgesetz von 1976, S. 84.
310 Bericht des Ausschusses für Jugend, Familie und Gesundheit v. 28.4.1976 (BT-Drucks. 7/5091, 6).
311 Hart, in: Hart/Hilken/Merkel/Woggan, Das Recht des Arzneimittelmarktes, S. 67.
312 Kloesel/Cyran, Arzneimittelrecht, § 25 AMG Erl. 29.
313 Kloesel/Cyran, ebenda. Schuster, Wirkung und Wirksamkeit, PharmR 1981, 57 ff.
314 Bericht des Ausschusses für Jugend, Familie und Gesundheit v. 28.4.1976 (BT-Drucks. 7/5091, 6).

Medizin faktisch bestehenden Pluralismus bekannt.[315] An dieser Gesetzesintention sind die wirksamkeitsbezogenen Zulassungsversagungsgründe zu messen.

198 Der Zulassungsversagungsgrund des § 25 Abs. 2 S. 1 Nr. 4 Alt. 2 AMG (unzureichende Begründung der Wirksamkeit) impliziert, dass die Wirksamkeitsbegründung bei neuen Arzneimitteln aus einer nicht bekannten stofflichen Zusammensetzung an eine **Arzneimittelprüfung** gekoppelt ist. Diese Prüfung nach dem Stand der wissenschaftlichen Erkenntnisse bezieht sich aus der heutigen Gesetzessystematik auf die nach § 26 Abs. 1 AMG erlassenen Arzneimittelprüfrichtlinien, die dem jeweiligen Stand der wissenschaftlichen Erkenntnisse entsprechen und laufend an sie angepasst werden. Das geschieht durch den Bezug auf die einschlägigen Regelungen des Europäischen Gemeinschaftsrechts (Zweite Allgemeine Verwaltungsvorschrift zur Änderung der Allgemeinen Verwaltungsvorschrift zur Anwendung der Arzneimittelprüfrichtlinien vom 11.10.2004[316], die in EudraLex[317] – insbesondere in Volume 2, 3 und 10 – niedergelegt sind).

199 Aufgrund der Ergebnisse einer kontrollierten klinischen Prüfung kann letztlich nur dann von einem zureichenden Wirksamkeitsnachweis eines Arzneimittels gesprochen werden, wenn aufgrund einer sicheren Datenlage ein **statistisch signifikantes Wirksamkeitsergebnis** erzielt wurde,[318] wobei üblicherweise eine Irrtumswahrscheinlichkeit von 5 % akzeptiert wird. Welchen quantitativen Umfang die jeweilige Datenlage bzw die Zahl der erzielten Erfolge haben muss, ist durch verschiedene prüfungsspezifische Ursachen bedingt. So kann etwa einem Medikament nicht deshalb der Zugang zum Markt versperrt bleiben, weil die Zahl der Probanden im sonst üblichen Umfang der Phase III der klinischen Studie von hundert bis zu tausend Personen, die für eine sichere und aussagefähige statistische Auswertung nötig sind, nicht erreicht wird. Dem trägt das AMG mit § 25 Abs. 2 S. 2 dadurch Rechnung, dass die Zulassung nicht deshalb versagt werden darf, weil therapeutische Ergebnisse nur in einer beschränkten Zahl von Fällen erzielt worden sind.[319] Im Zusammenhang mit dem Zulassungsversagungstatbestand nach § 25 Abs. 2 S. 1 Nr. 4 Alt. 2 AMG trägt der Antragsteller jedoch die volle Darlegungs- und Beweislast einer hinreichenden Wirksamkeitsbegründung.[320]

200 Nach § 25 Abs. 2 S. 1 Nr. 4 Alt. 1 AMG ist eine Zulassung eines Arzneimittels dann zu versagen, wenn „dem Arzneimittel die vom Antragsteller angegebene therapeutische Wirksamkeit fehlt". Das ist der Fall, wenn die gewonnenen Erkenntnisse aus medizinischer Sicht keine zu rechtfertigende Wirksamkeitsaussage zulassen.[321] Da das Zulassungsverfahren jedoch auf einer ausschließlichen Prüfung der eingereichten Unterlagen beruht (§ 25 Abs. 5 S. 1 AMG), beschränkt sich die Zulassungsbehörde darauf, ob die entsprechenden Unterlagen die therapeutische Wirksamkeit begründen. Damit hat der Zulassungsversagungsgrund der 1. Alt. des § 25 Abs. 2 S. 1 Nr. 4 AMG für das Zulassungsverfahren praktische Relevanz nur dann, soweit über die Verlängerung einer Zulassung nach § 31 Abs. 1 Nr. 3 AMG zu entscheiden ist (§ 31 Abs. 3 iVm § 30 Abs. 1 S. 2 Nr. 1 AMG).[322] Aus § 25 Abs. 2 S. 3 AMG lässt sich in diesem Zusammenhang folgern, dass die dort erwähnten

---

315 Burkhardt/Kienle, Die Zulassung von Arzneimitteln und der Widerruf von Zulassungen nach dem Arzneimittelgesetz von 1976, S. 31.
316 BAnz Nr. 197 v. 16.10.2004.
317 <http://ec.europa.eu/enterprise/pharmaceuticals/eudralex/eudralex_en.htm>.
318 Plagemann, Der Wirksamkeitsnachweis nach dem Arzneimittelgesetz von 1976, S. 71, Henning, NJW 1978, 1671, 1675; Hart, in: Hart/Hilken/Merkel/Woggan, Das Recht des Arzneimittelmarktes, S. 76.
319 Sander, Arzneimittelrecht, § 25 AMG Erl. 8.
320 BVerwG, Urt. v. 14.10.1993 – 3 C 46/91, PharmR 1994, 380 ff.; Urt. v. 14.10.1993 – 3 C 21/91, NJW 1994, 2433 ff.
321 Plagemann, Der Wirksamkeitsnachweis nach dem Arzneimittelgesetz von 1976, S. 79.
322 Schwerdtfeger, Die Bindungswirkung der Arzneimittelzulassung, S. 40; Kloesel/Cyran, Arzneimittelrecht, § 25 AMG Erl. 63 e.

„therapeutischen Ergebnisse" auf die Verwendbarkeit eines Arzneimittels in der Therapieanwendung abstellen und nicht auf spezifische pharmakologische Wirkungsweisen.³²³

Damit ist der Wirksamkeitsnachweis im Zulassungsrecht einerseits auf die Versuchsplanung nach wissenschaftlichen Erkenntnissen bzw die Arzneimittelprüfrichtlinien und andererseits auf die medizinische Verwendbarkeit der vom Antragsteller vorzulegenden Versuchsergebnisse bezogen.³²⁴ Nicht unberücksichtigt bleiben darf in diesem Zusammenhang außerdem, dass nach der Gesetzesintention „jede Entscheidung über die Zulassung eines Arzneimittels eine Ermessensentscheidung (ist), in die vor allem bei der erforderlichen Güterabwägung von Risiko und Nutzen höchstpersönliche Wertungen als mit entscheidende Faktoren einfließen.³²⁵

F. Stoffe und Wirkstoffe

I. Stoffe

Stoffe sind nach dem in § 3 AMG fixierten Stoffbegriff:
1. chemische Elemente und chemische Verbindungen sowie deren natürlich vorkommende Gemische und Lösungen,
2. Pflanzen, Pflanzenteile, Pflanzenbestandteile, Algen, Pilze und Flechten in bearbeitetem oder unbearbeitetem Zustand,
3. Tierkörper, auch lebender Tiere, sowie Körperteile, -bestandteile und Stoffwechselprodukte von Mensch oder Tier in bearbeitetem oder unbearbeitetem Zustand,
4. Mikroorganismen einschließlich Viren sowie deren Bestandteile oder Stoffwechselprodukte.

Bei der Stoffdefinition des § 3 AMG handelt es sich um eine **abschließende Aufzählung**, da aus dem Gesetzeswortlaut nicht entnommen werden kann, und auch ein Hinweis dazu fehlt, dass es sich um eine beispielhafte Auflistung handelt, wie dies bei der Verwendung des Wortes „insbesondere" der Fall wäre.

II. Wirkstoffe

§ 4 Abs. 19 AMG definiert „Wirkstoffe" als Stoffe iSd § 3 AMG, die dazu bestimmt sind, bei der Herstellung von Arzneimitteln als arzneilich wirksame Bestandteile verwendet zu werden oder bei ihrer Verwendung in der Arzneimittelherstellung zu arzneilich wirksamen Bestandteilen der Arzneimittel zu werden. Der Begriff des „Wirkstoffs", der erst mit dem 12. AMG-Änderungsgesetz aufgenommen wurde, lautete zuvor „arzneilich wirksamer Bestandteil". Die Neuformulierung des § 4 Abs. 19 AMG beabsichtigte, den Wirkstoffbegriff weiter zu fassen. Darum werden nunmehr auch solche Stoffe als Wirkstoffe bezeichnet, die erst nach einer Zusammenführung den arzneilich wirksamen Bestandteil bilden, doch jeder für sich maßgeblich sind für die Qualität und Wirksamkeit des entstehenden Wirkstoffs und Arzneimittels.³²⁶ Gleichwohl erfolgte der Austausch der inhaltsgleichen³²⁷ Begriffspaare „arzneilich wirksamer Bestandteil" und „Wirkstoff" mit dem 12. AMG-Änderungsgesetz nicht durchgängig. So unterscheidet beispielsweise § 29 Abs. 2 a Nr. 2 AMG weiterhin zwischen wirksamen Bestandteilen und arzneilich wirksamen Bestandteilen. Das europäische Arzneimittelrecht unterscheidet zwischen den Begriffspaaren „Wirkstoffe" und

---

323 Plagemann, Der Wirksamkeitsnachweis nach dem Arzneimittelgesetz von 1976, S. 79.
324 Plagemann, ebenda; Kloesel/Cyran, Arzneimittelrecht, § 25 AMG Erl. 33.
325 Bericht des Ausschusses für Jugend, Familie und Gesundheit v. 28.4.1976 (BT-Drucks. 7/5091, 7).
326 Vgl hierzu die Gesetzesbegründung der Bundesregierung zum Entwurf eines 12. Gesetzes zur Änderung des AMG v. 1.12.2003 (BT-Drucks. 15/2109, 26).
327 VG Köln, Urt. v. 16.5.2008 – 18 K 1917/06.

„Arzneiträgerstoffe" (Art. 59 RL 2001/83/EG). Im Vergleich zu den Vorgängerrichtlinien 65/65/EG und 92/27/EG wurden die Begriffe „Wirkstoff" und „wirksamer Bestandteil" gleichfalls synonym verwendet.[328]

204 Spätestens seit der mit dem 12. AMG-Änderungsgesetz vorgenommenen Erweiterung des Wirkstoffbegriffs resp. des Begriffs „arzneilich wirksamer Bestandteil" in § 4 Abs. 19 AMG wird ein Stoff, der selbst (noch) nicht arzneilich wirksamer Bestandteil, sondern dessen Vorstufe ist, als „Wirkstoff" angesehen. Ob beispielsweise eine Pflanze erst verarbeitet und dann mit anderen Wirkstoffen zusammengefügt wird oder ob eine gemeinsame Destillation stattfindet, ist daher unerheblich. Während eine Arzneipflanze als solche, bei der unterschiedliche Pflanzenbestandteile die arzneiliche Wirkung auslösen, als Gesamtpflanze nur einen Stoff iSd § 3 Nr. 2 AMG darstellt, muss bei der Verwendung von Bestandteilen unterschiedlicher Pflanzen regelmäßig von der Verwendung von Wirkstoffen ausgegangen werden.[329]

205 Soweit § 4 Abs. 19 AMG die Bestimmung eines Stoffes als arzneilich wirksamen Bestandteil anspricht, ist damit nicht ein irgendwie geartetes Bestimmungsrecht des Wirkstoffproduzenten oder des pharmazeutischen Unternehmers gemeint, sondern ein verobjektivierter Wirkstoffbegriff. Er legt eine pharmazeutisch-technische Betrachtungsweise zugrunde, die eine gewillkürte, subjektive Bestimmung ausschließt.[330] Dies steht im Einklang mit der gleichfalls nach objektiven Kriterien vorzunehmenden Einstufung eines Produkts als Arzneimittel.

---

328 Rehmann, AMG, § 4 Rn 21.
329 VG Köln, Urt. v. 16.5.2009 – 18 K 4965/06, 18 K 4947/06, 18 K 1712/06 und 18 K 1713/06; OVG NRW, Beschl. v. 21.5.2008 – 13 A 1096/06 und v. 25. 11.2008 – 13 A 3351/06.
330 VG Köln, Urt. v. 16.5.2008 – 18 K 1917/06, VG Hamburg, Urt. v. 12.12.2001 – 7 VG 1121/01, PharmR 2002, 110 ff.

§ 3 Europäisierung des Arzneimittelrechts

Literatur: *Bieber/Epiney/Haag*, Die Europäische Union – Europarecht und Politik, 6. Auflage 2005; *Bracher/Heisig/Langguth/Mutschler/Rücker/Scriba/Stahl-Biskup/Troschütz (Hrsg.)*, Arzneibuch-Kommentar (Losebl.), Stand: 2009; *Groß*, Die Kooperation zwischen europäischen Agenturen und nationalen Behörden, EuR 2005, 54; *Hart*, Europäischer Binnenmarkt – Auswirkung auf Zulassung und Vertrieb von Arzneimitteln, Gegenseitige Anerkennung, Koordinierungsprozeduren und Europäische Arzneimittelbehörde, PharmR 1989, 192; *Koch*, Mittelbare Gemeinschaftsverwaltung in der Praxis, EuZW 2005, 455; *Koenig*, Veränderungen und Perspektiven im europäischen Arzneimittelzulassungsrecht, Europäisches Arzneimittelrecht 2002, EA 1-4; *Lorenz*, Das gemeinschaftliche Arzneimittelzulassungsrecht, 2006; *Plagemann/Forch*, Das neue deutsche Arzneimittelgesetz als Bestandteil der Bemühungen um Rechtsangleichung im Rahmen der Europäischen Gemeinschaften, DBVl. 1979, 254; *Roth*, Soft Law – Ordnungsvisionen in flux – Eine Standortbestimmung mit Fokus auf compliancerelevante Fragestellungen, 2006; *Schmidt-Aßmann*, Verwaltungskooperation und Verwaltungskooperationsrecht in der Europäischen Gemeinschaft, EuR 1996, 270; *Schmidt-Aßmann/Hoffmann-Riem (Hrsg.)*, Strukturen des Europäischen Verwaltungsrechts, 1999; *Schneider*, Das Kooperationsprinzip im Vorfeld der Arzneimittelzulassung, 2003; *Schoch/Schmidt-Aßmann/Pietzner*, Verwaltungsgerichtsordnung, Kommentar (Losebl.), Stand: Oktober 2008; *Schulze/Zuleeg*, Europarecht – Handbuch für die deutsche Rechtspraxis, 2006; *Schuster*, Europäischer Binnenmarkt – Auswirkung auf Zulassung und Vertrieb von Arzneimitteln, Position der Bundesrepublik, PharmR 1989, 181; *Schwarze (Hrsg.)*, EU-Kommentar, 2. Auflage 2009; *Sodan/Ziekow*, Verwaltungsgerichtsordnung, Großkommentar, 2. Auflage 2006; *Wagner*, Europäisches Zulassungssystem für Arzneimittel und Parallelhandel, 2000; *Winter*, Die Verwirklichung des Binnenmarktes für Arzneimittel, 2004; *Zuck*, In welchem Umfang harmonisiert der Gemeinschaftskondex das Inverkehrbringen von Arzneimitteln – Anmerkung zur Antroposana-Entscheidung des EuGH, A&R 2008, 71.

A. Wesentliche Entwicklungslinien des europäischen Arzneimittelrechts 1	b) EMEA-Monografien 39
I. Rechtsharmonisierung, administrative Verschränkungen und Eigenzuständigkeit – drei Bausteine eines europäischen Arzneimittelrechts 1	c) Entscheidungen, Empfehlungen und Stellungnahmen der EMEA 41
	d) ICH-Guidelines 43
	e) Europäisches Arzneibuch 46
1. Harmonisierung der Rechtssysteme (1. Baustein) 3	f) Internationale Übereinkommen .. 51
2. Adminstrative Verschränkungen (2. Baustein) 7	B. EMEA und Kommission – Strukturen einer Binnenmarktverwaltung 53
3. Eigenzuständigkeit (3. Baustein) 11	I. Grundsatz der mitgliedstaatlichen Exekutive 53
II. Derzeitiger Stand der rechtlichen Integration 14	II. Funktion und Struktur der EMEA 58
1. Richtlinie 2001/83/EG zur Schaffung eines Gemeinschaftskodexes für Humanarzneimittel 15	1. Allgemeine Aufgabenbeschreibung .. 58
	2. Aufbau der Agentur 60
	a) Verwaltungsdirektor und Sekretariat 60
2. Verordnung (EG) Nr. 726/2004 zur Festlegung von Gemeinschaftsverfahren für die Genehmigung und Überwachung von Human- und Tierarzneimitteln und zur Errichtung einer Europäischen Arzneimittel-Agentur 17	b) Verwaltungsrat 61
	c) Die wissenschaftlichen Ausschüsse 64
	aa) Struktur der Ausschüsse 64
	bb) Meinungsbildung in den Ausschüssen 68
3. Andere Rechtsquellen 20	III. Stellung der Kommission 70
a) Guidelines der Kommission und der EMEA 20	C. Der Europäische Gerichtshof 71
	D. Fazit 73

§ 3 Europäisierung des Arzneimittelrechts

A. Wesentliche Entwicklungslinien des europäischen Arzneimittelrechts

I. Rechtsharmonisierung, administrative Verschränkungen und Eigenzuständigkeit – drei Bausteine eines europäischen Arzneimittelrechts

1 Seit 1965 vollzieht sich die Entwicklung eines gemeinsamen europäischen Arzneimittelrechts auf mehreren Ebenen und mit durchaus unterschiedlichem Tempo. Durch das Primärrecht vorgegebenes Ziel ist dabei die Schaffung eines **Binnenmarktes** für Arzneimittel. Diese nehmen als Waren wie andere auch an der **Warenverkehrsfreiheit** innerhalb der Europäischen Union und der Binnenmarktpolitik der Gemeinschaft teil. Von anderen Handelsgütern unterscheiden sie sich jedoch durch ihren unmittelbaren Bezug auf die menschliche Gesundheit und eine potenzielle Risikogeneigtheit[1], die ein besonderes Schutzniveau mit Blick auf Endverbraucher und andere Marktbetroffene bedingen. Auch rechtfertigt sich die Verkehrsfähigkeit eines Arzneimittels nicht allein aus einer angenommenen oder festgestellten Risikofreiheit. Sie erfordert vielmehr eine positive Nutzen-Risiko-Abwägung, die den Einsatz gerade des bestimmten Arzneimittels bei vorgegebenen Indikationen, ggf unter Inkaufnahme bestehender Risiken rechtfertigt.

2 Der öffentliche **Gesundheitsschutz** macht vor diesem Hintergrund ein **Zulassungsregime** erforderlich, das sich seinerseits an den Vorgaben der Binnenmarktreglungen messen lassen muss. Dies gilt für einzelstaatliche Regelungen ebenso wie für das Gemeinschaftsrecht. Die Bemühungen um ein europäisches Arzneimittelrecht stehen dabei im Kontext mit dem Gebot des Art. 2 Abs. 3 EUV in der Fassung des seit dem 1.12.2009 in Kraft getretenen Unionsvertrages von Lissabon[2] zur Verwirklichung eines Binnenmarktes. Art. 26 Abs. 2 AEUV[3] definiert den Binnenmarkt als einen Raum ohne Binnengrenzen, in dem der freie Verkehr von Waren, Personen, Dienstleistungen und Kapital gemäß den Bestimmungen des Vertrags gewährleistet ist. Damit ist gleichzeitig das **Spannungsfeld** skizziert, in dem sich gemeinschaftsrechtliche Zulassungsbestimmungen bewegen. Zudem gilt es, mitgliedstaatliche Gestaltungsräume zu beachten. Konfliktlagen zwischen öffentlichem Gesundheitsschutz einerseits und freiem Binnenmarkt andererseits aufzulösen, muss ebenso Ziel jeder arzneimittelrechtlichen Regelung auf europäischer Ebene sein wie die Achtung der den Mitgliedstaaten verbliebenen Zuständigkeiten, die in Art. 4 und 5 EUV ausdrücklich betont wird.

Auf dem Weg zu einem Binnenmarkt, der diesen Anforderungen gerecht wird, lassen sich **drei Bausteine** unterscheiden, die in ihrer Eigenart zugleich den prozesshaften Charakter der noch keineswegs abgeschlossenen Bemühungen um eine Angleichung der Rechtssysteme und die Etablierung europäischer Strukturen verdeutlichen:

- die Harmonisierung der mitgliedstaatlichen Rechtssysteme (Rn 3 ff)
- administrative Verschränkungen zwischen den Mitgliedstaaten (Rn 7 ff)
- Eigenzuständigkeiten der Gemeinschaftsorgane (Rn 11 ff)

1. Harmonisierung der Rechtssysteme (1. Baustein)

3 Der wesentliche Schritt zur Angleichung der seinerzeit noch äußerst heterogenen arzneimittelrechtlichen Vorschriften der Mitgliedstaaten war bereits mit der sog. **Erste Arzneimittelrichtlinie** des Rates der EWG vom 26.1.1965[4] getan. Sie schrieb Grundlagen des regulatorischen Systems für Human- und Tierarzneimittel fest, die – obwohl die Richtlinie inzwi-

---

1 Zu den Besonderheiten arzneimittelrechtlicher Risikoentscheidungen vgl § 7 Rn 10 ff.
2 Vertrag über die Europäische Union – Konsolidierte Fassung – (ABl. EU Nr. C 115/13 v. 9.5.2008).
3 Vertrag über die Arbeitsweise der Europäischen Union – Konsolidierte Fassung – (ABl. EU Nr. C 115/47 v. 9.5.2008).
4 RL 65/65/EWG des Rates v. 26.1.1965 zur Angleichung der Rechts- und Verwaltungsvorschriften über Arzneispezialitäten (ABl. Nr. 022 v. 9.2.1965, S. 0369–0373); vgl auch § 6 Rn 2.

A. Wesentliche Entwicklungslinien des europäischen Arzneimittelrechts

schen durch den Gemeinschaftskodex[5] abgelöst ist – bis heute Geltung beanspruchen. Dieser bedeutsame Integrationsschritt hin zu einer Angleichung der Rechtssysteme zwischen den Gründungsmitgliedern der seinerzeitigen Europäischen Wirtschaftsgemeinschaft erstaunt auf den ersten Blick, lagen die Unterzeichnung der **Römischen Verträge** und ihr Inkrafttreten am 1.1.1958[6] doch erst wenige Jahre zurück. Er zeigt aber, wie hoch die **wirtschaftliche Bedeutung** des Arzneimittelmarktes für den freien Warenverkehr innerhalb der Gemeinschaft bereits damals eingeschätzt wurde.[7] So betonten die Erwägungsgründe der Richtlinie, dass die Unterschiede zwischen den einzelstaatlichen Vorschriften den Handel mit Fertigarzneimitteln innerhalb der Gemeinschaft behinderten und sich somit unmittelbar auf die Errichtung und das Funktionieren des Gemeinsamen Marktes auswirkten. Dabei war sich der Rat schon seinerzeit der Unmöglichkeit einer sofortigen und umfassenden Gesamtharmonisierung bewusst. Die Angleichung der mitgliedstaatlichen Rechtssysteme sollte daher nur **schrittweise** und zeitlich gestaffelt erfolgen. Dabei zielte die Richtlinie zunächst auf die Beseitigung derjenigen Unterschiede, die das Funktionieren des Gemeinsamen Marktes am stärksten zu beeinträchtigen geeignet waren. Diese wurden in besonderem Maße in den mitgliedstaatlich höchst unterschiedlichen Voraussetzungen für das Inverkehrbringen von Arzneimitteln gesehen, die als Handelshemmnis und mit den Vertragszielen unvereinbar betrachtet wurden. Es ging also zunächst um eine Vereinheitlichung der Regelungen über den **Marktzutritt**.

Die Richtlinie beließ es keineswegs dabei, einen Minimalstandard vorzugeben. Vielmehr gab sie – wie das deutsche Beispiel zeigt[8] – einzelnen Mitgliedstaaten auf, ein Zulassungsregime mit einer vorgelagerten Kontrolle des Arzneimittelmarktes erstmalig einzuführen. Bis in die jüngere Zeit stellte die hiermit angestrebte **Rechtsharmonisierung** den maßgeblichen ersten Baustein eines einheitlichen europäischen Arzneimittelrechts dar. Präziser sollte von einem **vereinheitlichten Arzneimittelrecht** die Rede sein. Denn Mittel der Rechtsetzung blieb regelmäßig die **Richtlinie** (vgl. Artt. 114, 288 Abs. 3 AEUV). Diese ist zwar hinsichtlich des zu erreichenden Ziels für jeden adressierten Mitgliedstaat verbindlich, überlässt ihm jedoch gemäß Art. 288 Abs. 3 AEUV die Wahl des Mittels zur Erreichung dieses Ziels. Die Umsetzung der Rechtsharmonisierung erfolgt daher im **innerstaatlichen Gesetzgebungsverfahren**. Hierbei folgt aus dem Anwendungsvorrang des Gemeinschaftsrechts, dass Abweichungen durch mitgliedstaatliche Regelungen im Bereich der Harmonisierungsregelungen grundsätzlich gesperrt sind. Etwaige Ergänzungen oder Erweiterungen rechtlicher Bestimmungen, die von der Richtlinie erfasst werden, setzen eine sorgfältige Analyse eines verbliebenen mitgliedstaatlichen Kompetenzrahmens anhand des europäischen Primär- und Sekundärrechts voraus. Ist durch Gemeinschaftsrecht eine vollständige Harmonisierung erfolgt, kann der nationalstaatliche Gesetzgebungsrahmen auf Null schrumpfen. Der nationale Gesetzgeber ist folglich europarechtlich verpflichtet, die Inanspruchnahme eigener Kompetenz mit Blick

---

[5] RL 2001/83/EG des Europäischen Parlaments und des Rates v. 6.11.2001 zur Schaffung eines Gemeinschaftskodexes für Humanarzneimittel (ABl. EG Nr. L 311, v. 28.11.2001, S. 67–128; vgl nachfolgend Rn 14.

[6] Verträge zur Gründung der Europäischen Wirtschaftsgemeinschaft (EWG) und der Europäischen Atomgemeinschaft (EUROTOM/EAG) v. 25.3.1957 (BGBl. II 1958, 1).

[7] Ein weiterer wesentlicher Beweggrund waren die Ereignisse um die sog. Thalidomid-Tragödie, die durch ein Arzneimittel ausgelöst wurde, das in Deutschland unter dem Handelsnamen *Contergan* bekannt ist. So erfolgten erste Anregungen zu einem gemeinsamen Arzneimittelrecht bereits 1962, also unter dem unmittelbaren Eindruck der Ereignisse; vgl hierzu Lorenz, Das gemeinschaftliche Arzneimittelzulassungsrecht, 2006, S. 41; Plagemann/Forch, DVBl. 1979, 254, 256.

[8] Vgl oben § 6 Rn 2.

auf einschlägiges europäisches Sekundärrecht auf dessen möglicherweise bestehende Vorrangwirkung, resp. Sperrwirkung zu überprüfen.[9]

5 Die Durchführung des **Verwaltungsverfahrens**, etwa das Zulassungsverfahren einschließlich der Zulassungsentscheidung selbst, bleiben in diesem ersten Baustein eines europäischen Arzneimittelrechts Angelegenheit der Mitgliedstaaten und der von ihnen mit diesen Aufgaben betrauten Behörden. Die rechtlichen Grundlagen ihrer Tätigkeit sind indes in aller Regel auf europarechtliche Vorgaben rückführbar. So überrascht es nicht, dass wie seine Vorgänger beispielsweise auch das Vierzehnte Gesetz zur Änderung des deutschen AMG vom 29.8.2005[10] in einer Fußnote zu seiner Überschrift ausdrücklich als Umsetzungsgesetz zu insgesamt vier gemeinschaftsrechtlicher Richtlinien angesprochen wird. Auch das 15. AMG-Änderungsgesetz[11] dient zum großen Teil der Richtlinienumsetzung. Zudem wird auch im Text des AMG wiederholt auf Richtlinienrecht verwiesen. Auch dies mag als Beleg dafür dienen, wie begrenzt der Spielraum des mitgliedstaatlichen Gesetzgebers inzwischen ist. Das deutsche Arzneimittelrecht ist mithin heute weitgehend „richtliniengesteuert".

6 Die europäischen Institutionen betrachten den **Harmonisierungsprozess**, der seit der Ersten Arzneimittelrichtlinie als schrittweise beschrieben wurde, weiterhin nicht als abgeschlossen.[12] So findet sich auch im neueren Richtlinienrecht der Hinweis auf weitere Harmonisierungsschritte, die für erforderlich gehalten und – wie das Beispiel eines vereinfachten Registrierungsverfahrens für nicht-pflanzliche traditionelle Arzneimittel zeigt – auch diskutiert werden.[13] Weitere Richtlinien zur Vereinheitlichung der mitgliedstaatlichen Bestimmungen im Arzneimittelrecht sind folglich zu erwarten.

Durch die Vertragswerke von Lissabon hat das Arzneimittelrecht aus gemeinschaftsrechtlicher Sicht eine weitere Aufwertung erfahren. Unter dem Titel „Gesundheitswesen" erteilt **Art. 168 Abs. 4 lit. c AEUV** dem Europäischen Parlament und dem Rat den Auftrag, Maßnahmen zur Festlegung hoher Qualitäts- und Sicherheitsstandards für Arzneimittel und Medizinprodukte zu ergreifen. Aus dem Umstand, dass nunmehr zwar Qualität und Sicherheit von Arzneimitteln erwähnt sind, nicht aber deren Wirksamkeit, darf nicht der Schluss auf ein durch die Lissabon-Verträge eingeschränktes gemeinschaftsrechtliches Zulassungsregime gezogen werden. Denn Art. 168 AEUV betrifft das Niveau des Gesundheitsschutzes innerhalb der Gemeinschaft. Die Regelung des Absatzes 4 bietet hier Möglichkeiten für zusätzliche Maßnahmen der Gemeinschaftsorgane, lässt aber die bisherigen regulatorischen Befugnisse zur Verwirklichung des Binnenmarktes unberührt.

---

9 Zuck, A&R 2008, 71 mwN; zur notwendigen Beteiligung des deutschen Gesetzgebers am gemeinschaftsrechtlichen Rechtsetzungsprozess im Lichte der Artt. 38. Abs. 1 und 23 Abs. 1 GG vgl BVerfG, Urt. v. 30.6.2009 – 2 BvE 2/08 u.a. („Lissabon-Urteil").
10 BGBl. I 2005, 2569.
11 BGBl. I 2009, 1990.
12 Vgl zB RL 2004/27/EG des Europäischen Parlaments und des Rates v. 31.3.2004 zur Änderung der RL 2001/83/EG zur Schaffung eines Gemeinschaftskondexes für Humanarzneimittel (ABl. EU Nr. L 136/34 v. 30.4.2004), in deren zweiten und dritten Erwägungsgrund ausgeführt ist: „Das bisher erlassene Gemeinschaftsrecht stellt einen wichtigen Schritt zur Verwirklichung des freien und sicheren Verkehrs mit Humanarzneimitteln und des Abbaus von Hemmnissen beim Handel mit diesen Arzneimitteln dar. Die Erfahrung hat jedoch gezeigt, dass weitere Maßnahmen erforderlich sind, um die noch bestehenden Hemmnisse für den freien Handel zu beseitigen. Daher müssen die nationalen Rechts- und Verwaltungsvorschriften, die sich in den wesentlichen Grundsätzen unterscheiden, einander angenähert werden, damit das Funktionieren des Binnenmarktes verbessert und gleichzeitig ein hohes Niveau des menschlichen Gesundheitsschutzes erreicht werden kann.".
13 Vgl Art. 16 i RL 2001/83/EG idF der RL 2004/24/EG.

2. Adminstrative Verschränkungen (2. Baustein)

Die bloße Vereinheitlichung mitgliedstaatlicher Rechtssysteme schafft noch keinen Binnenmarkt. Dieser erschöpft sich nach dem schon Ende der 70er Jahre von der Kommission entwickelten **Binnenmarktkonzept** und dem 1985 vorgelegten **Weißbuch** zur Vollendung des Binnenmarktes[14] nicht in dem sukzessiven Abbau von Handelshemmnissen, sondern zielt auf die Schaffung eines einheitlichen Marktes mit einheitlichen Regeln ohne Binnengrenzen.[15] Dieses Ziel ist primärrechtlich in Art. 26 Abs. 2 AEUV niedergelegt.[16]

Auch bei unterstellter vollständiger regulatorischer Vereinheitlichung der Arzneimittelzulassung bliebe der **Vollzug** des Gemeinschaftsrechts und der angeglichenen mitgliedstaatlichen Normen wie die Arzneimittelüberwachung in Form der Nachmarktkontrolle Angelegenheit der Mitgliedstaaten. Denn nach dem in Art. 5 Abs. 1 und 2 EUV niedergelegten **Prinzip der begrenzten Einzelermächtigung**[17] wird die Gemeinschaft (nur) innerhalb der ihr im Primärrecht zugewiesenen Befugnisse und gesetzten Ziele tätig. Es liegt auf der Hand, dass gerade in regulatorisch intensiv durchdrungenen Wirtschaftsbereichen wie dem Arzneimittelmarkt das Fehlen administrativer Zusammenarbeit zwischen den Mitgliedstaaten gravierende Marktbeeinträchtigungen zur Folge hätte. Diese könnten auch durch die aus Art. 4 Abs. 3 EUV erwachsende Verpflichtung der Mitgliedstaaten zu einem effektiven Vollzug des Gemeinschaftsrechts allein nicht beseitigt werden. So müsste beispielsweise die Genehmigung für das Inverkehrbringen desselben Arzneimittels in jedem einzelnen Mitgliedstaat stets in vollem Umfang anhand der vereinheitlichten materiell-rechtlichen Vorgaben neu überprüft werden, um eine nationale Zulassung zu erlangen. Eine derartige **Verfahrensparallelität** wäre mit dem erreichten Stand der Integration unvereinbar. Denn selbst in weniger harmonisierten Märkten gilt der aus der Rechtsprechung des Europäischen Gerichtshofes abgeleitete Grundsatz, dass ein Mitgliedstaat auf seinem Hoheitsgebiet den Verkauf von Produkten, die in einem anderen Mitgliedstaat rechtmäßig in den Verkehr gebracht wurden, auch dann nicht verbieten darf, wenn bei der Erzeugung dieser Produkte technische Vorschriften zur Anwendung kamen, die sich von denen unterscheiden, die bei einheimischen Produkten eingehalten werden müssen. Ausnahmen von diesem Grundsatz sind nur bei Beschränkungen möglich, die ihre Rechtfertigung in Art. 36 AEUV, namentlich also unter Sicherheitsaspekten, oder in anderen Gründen des Allgemeininteresses finden und die überdies in einem angemessenen Verhältnis zu dem angestrebten Ziel stehen.[18] Dem liegt der Gedanke zugrunde, dass administrative Entscheidungen der Mitgliedstaaten grundsätz-

---

14 „Vollendung des Binnenmarktes. Weißbuch der Kommission an den Europäischen Rat", KOM (85) 310 endg. v. 14.6.1985.
15 Zum Ganzen: Wagner, Europäisches Zulassungssystem für Arzneimittel und Parallelhandel, S. 34-46.
16 Die rechtliche Abgrenzung der Begriffe „Binnenmarkt" und „Gemeinsamer Markt" ist im Einzelnen umstritten (vgl Hatje, in: Schwarze, EU-Kommentar, Art. 14 EGV Rn 3-14).
17 Vgl Streinz in: Schulze/Zuleeg, Europarecht, § 24 Rn 6.
18 VO (EG) Nr. 764/2008 des Europäischen Parlaments und des Rates v. 9.7.2008 zur Festlegung von Verfahren im Zusammenhang mit der Anwendung bestimmter nationaler technischer Vorschriften für Produkte, die in einem anderen Mitgliedstaat rechtmäßig in den Verkehr gebracht worden sind, und zur Aufhebung der Entscheidung Nr. 3052/95/EG (ABl. EU Nr. L 218/21 v. 13.8.2008), 3. Erwägungsgrund.

§ 3 Europäisierung des Arzneimittelrechts

lich gleichwertig sind und ein **vergleichbares Schutzniveau** gewährleisten.[19],[20] Umso mehr gilt dies in Bezug auf den Arzneimittelmarkt, der in Bezug auf die Zulassung und Überwachung von Arzneimitteln in großen Teilen bereits harmonisiert ist.

9 Von diesem Ausgangspunkt ist es zu einer grundsätzlichen Anerkennung fremder Verwaltungsentscheidungen – wie sie im **Verfahren der Gegenseitigen Anerkennung** und im **Dezentralisierten Verfahren**[21] zum Ausdruck kommt – ein konsequenter Schritt. Der 12. Erwägungsgrund zur Richtlinie 2001/83/EG umreißt die Zielsetzung mit der Formulierung, es solle eine von der zuständigen Behörde in einem Mitgliedstaat erteilte Genehmigung für ein Arzneimittel von den zuständigen Behörden der anderen Mitgliedstaaten anerkannt werden, sofern keine schwer wiegenden Gründe die Annahme rechtfertigen, dass die Genehmigung des betreffenden Arzneimittels ein Risiko für die öffentliche Gesundheit darstellen könnte. Nur im Fall von Unstimmigkeiten zwischen den Mitgliedstaaten über die Qualität, die Sicherheit oder die Wirksamkeit eines Arzneimittels solle auf Gemeinschaftsebene eine wissenschaftliche Beurteilung der Angelegenheit vorgenommen werden, die zu einer einheitlichen Entscheidung führe. Dem Gemeinschaftsrecht obliegt es daher, Mechanismen für eine **Konfliktregelung** bereit zu stellen.

10 Hiermit wird der fortbestehende **Grundsatz mitgliedstaatlicher Zuständigkeit** weiterhin geachtet. Dieser wird jedoch um Regelungen der gemeinschaftsrechtlichen Konfliktbewältigung und Entscheidungsfindung ergänzt. Gemeinsam mit grenzüberschreitenden Regularien der **Arzneimittelüberwachung** in Gestalt eines Pharmakovigilanzsystems können diese Instrumente als zweiter Baustein eines europäischen Arzneimittelrechts angesprochen werden. Gemeinschaftsrechtliche Vorgaben bewegen sich hier stets im Spannungsverhältnis zwischen den Binnenmarktzielen und fortbestehender mitgliedstaatlicher Verfahrenszuständigkeit. Ein ausgewogenes System verlangt hier nach Regeln und institutionellen Vorkehrungen, die beiden Polen gerecht werden und dabei namentlich den Ziel des Schutzes der öffentlichen Gesundheit, mithin der Arzneimittelsicherheit,[22] verpflichtet sind. Sowohl die Zulassung von Arzneimitteln als auch die sich daran anschließende **Arzneimittelüberwachung (Nachmarktkontrolle)** bedingen zahlreiche vertikale und horizontale Verknüpfungen zwischen den Verwaltungsträgern auf nationalstaatlicher und auf Gemeinschaftsebene. Zu Recht ist daher das Arzneimittelzulassungsrecht als **Verwaltungskooperationsrecht** bezeichnet worden.[23] Für die Mechanismen der Nachmarktkontrolle gilt nichts anderes. Die gesetzgeberische Initiative geht auf beiden Feldern von den Gemeinschaftsorganen aus. Mittel der Rechtsetzung ist wiederum regelmäßig die **Richtlinie**.

---

19 Vgl auch § 6 Rn 46.
20 So sah sich die Kommission durch die grundlegende Rspr. des EuGH in dem Verfahren „Cassis de Dijon" (Urt. v. 20.2.1979, Slg 1979, 649) zu der Mitteilung veranlasst: „Jedes aus einem Mitgliedstaat eingeführte Erzeugnis ist grundsätzlich im Hoheitsgebiet der anderen Mitgliedstaaten zuzulassen, sofern es rechtmäßig hergestellt worden ist, dh soweit es den in Ausfuhrland geltenden Regelungen oder den dortigen verkehrsüblichen, traditionsgemäßen Herstellungsverfahren entspricht, und in diesem Land in den Verkehr gebracht worden ist... Nach den vom Gerichtshof aufgestellten Grundsätzen kann ein Mitgliedstaat den Verkauf eines in einem anderen Mitgliedstaat rechtmäßig hergestellten und in den Verkehr gebrachten Erzeugnisses grundsätzlich nicht verbieten, auch wenn dieses Erzeugnis nach anderen technischen oder qualitativen Vorschriften als den für die inländischen Erzeugnisse geltenden Vorschriften hergestellt worden ist." (ABl. EG 1980 Nr. C 256/2; vgl auch Streinz in: Schulze/Zuleeg, Europarecht, § 24 Rn 24).
21 Vgl hierzu im Einzelnen auch § 6 Rn 42–52.
22 Vgl zB RL 2001/83/EG des Europäischen Parlaments und des Rates v. 6.11.2001 zur Schaffung enes Gemeinschaftskodexes für Humanarzneimittel (ABl. EG Nr. L 311 v. 28.11.2001, S. 67–128), 2. Erwägungsgrund.
23 Hoffmann-Riem, in: Strukturen des Europäischen Verwaltungsrechts, 1999, S. 317, 359; Lorenz, Das gemeinschaftliche Arzneimittelzulassungsrecht, 2006, S. 32; Schmidt-Aßmann, EuR 1996, 270, 285.

A. Wesentliche Entwicklungslinien des europäischen Arzneimittelrechts

3. Eigenzuständigkeit (3. Baustein)

Beschränkt sich die Bedeutung des Gemeinschaftsrechts bei der Harmonisierung und der Regelung exekutiver Zusammenarbeit auf die Gestaltung mitgliedstaatlicher Rechtsordnungen ohne eigene Exekutivbefugnisse, so hat sich seit der Verordnung 2309/93/EWG[24] über die Verordnung (EG) 726/2004[25] ein Bereich eigener exekutiver Zuständigkeit der Gemeinschaft etabliert, der zunehmend an Bedeutung gewinnt. Im Interesse des Binnenmarktziels tritt hier die Gemeinschaft aus ihrer Rolle als Motor der Rechtsharmonisierung heraus und nimmt eigene Befugnisse bei der Zulassung und der Nachmarktkontrolle von Arzneimitteln in Anspruch. Die Eckpunkte dieser Entwicklung sind mit der Gründung der **Europäischen Arzneimittel-Agentur (EMEA)** mit Sitz in London und der Einrichtung eines **zentralen Zulassungsverfahrens** markiert. Gemeinsam bilden sie den Kern des dritten Bausteins eines europäischen Arzneimittelrechts. Mittel der Rechtsetzung ist hier die Verordnung, die nach Art. 288 Abs. 2 AEUV allgemeine Geltung innerhalb der Gemeinschaft beansprucht und ohne mitgliedstaatlichen Umsetzungsakt in jedem Mitgliedstaat unmittelbar gilt. 11

Dieser Entwicklung ging eine intensive Auseinandersetzung über die Frage voraus, ob die Fortentwicklung des europäischen Arzneimittelrechts über den Ausbau eines dezentralen Zulassungssystems, insbesondere über eine Verfeinerung der Abstimmungsmechanismen zwischen den nationalen Zulassungsbehörden und der wechselseitigen Anerkennung ihrer Entscheidungen oder über ein zentrales Zulassungs- und Überwachungssystem zu suchen sei.[26] Hierbei setzte sich die Erkenntnis durch, dass ein funktionierender Binnenmarkt für Arzneimittel allein mit den bisherigen Mitteln der Rechtsharmonisierung und einer Anerkennung fremder Zulassungsentscheidungen nicht zu verwirklichen war. Denn die kulturellen Unterschiede zwischen den Mitgliedstaaten wirkten sich weiterhin bei der Bewertung von Arzneimitteln aus. Dies bedingte Unterschiede in der Verwaltungspraxis und wechselseitiges Misstrauen in Bezug auf ausländische Zulassungsentscheidungen, das bis heute in der administrativen und judiziellen Praxis fortwirkt. Auch wurde das Verfahren der gegenseitigen Anerkennung, das bis dahin den zentralen Hebel zu einer Harmonisierung regulatorischer Entscheidungen bildete, als zu langwierig und zu kompliziert empfunden. Denn häufig erkannten die nationalen Behörden die wissenschaftliche Bewertung eines anderen Mitgliedstaates nicht an und erhoben Einwände aus Gründen der öffentlichen Gesundheit.[27] Ein generelles zentrales Zulassungsverfahren für alle Arzneimittel versprach hier den Vorteil der Einheitlichkeit der Entscheidungen. Im Hintergrund dieser Vorschläge standen auch industriepolitische Überlegungen. Denn die europäische Pharmawirtschaft sollte in ihrer weltweiten Konkurrenzstellung, namentlich zu den USA und Japan, gestärkt werden. 12

Die generelle Einführung eines zentralen Zulassungsverfahrens hätte allerdings die Schaffung einer europäischen „Superbehörde" für das Arzneimittelwesen vorausgesetzt, die nicht nur im bis dahin bestehenden europäischen Wirtschaftsverwaltungsrecht ein Fremdkörper gewesen wäre, sondern auch die Ressourcen der Gemeinschaft überfordert hätte. Ein solches generelles europäisches Arzneimittelregime hätte auch nicht die Zustimmung aller Mit- 13

---

24 VO (EWG) Nr. 2309/93 des Rates v. 22.7.1993 zur Festlegung von Gemeinschaftsverfahren für die Genehmigung und Überwachung von Human- und Tierarzneimitteln und zur Schaffung einer Europäischen Agentur für die Beurteilung von Arzneimitteln (ABl. EG Nr. L 214 v. 24.8.1993, S. 1–21).
25 VO (EG) Nr. 726/2004 des Europäischen Parlaments und des Rates v. 31.3.2004 zur Festlegung von Gemeinschaftsverfahren für die Genehmigung und Überwachung von Human- und Tierarzneimitteln und zur Errichtung einer Europäischen Arzneimittelagentur (ABl. EU Nr. L 136, v. 30.4.2004, S. 1–33).
26 Eine umfassende Darstellung der Diskussion im Vorfeld der VO (EWG) Nr. 2309/93 findet sich bei Lorenz, Das gemeinschaftliche Arzneimittelzulassungsrecht, 2006, S. 57–62 mwN.
27 Koenig, Europäisches Arzneimittelrecht, 2002, EA 1-4.

gliedstaaten gefunden.[28] Die heutige Gestaltung ist daher letztlich ein für Regelungen auf Gemeinschaftsebene typischer **Kompromiss**, der nur für bestimmte Arzneimittelgruppen eine zentrale Zulassung zwingend vorschreibt, im Übrigen aber dem Antragsteller mit bestimmten Einschränkungen **Wahlfreiheit** zwischen einer zentralen und einer dezentralen Zulassung einräumt. Eine zentrale Zulassungs- und Überwachungsbehörde ist dabei nur eingeschränkt vorgesehen. Denn die Europäische Arzneimittel-Agentur erteilt selbst keine Zulassungen.[29] Sie ist vielmehr im Kern eine Bündelungsinstanz für vorhandenes Fachwissen. Ihre Befugnisse sind sowohl im Verhältnis zu den mitgliedstaatlichen Behörden als auch zur Kommission fein austariert. Von einer europäischen Zentralbehörde ist die Agentur weit entfernt. Auf die Einzelheiten hierzu wird in anderem Zusammenhang noch einzugehen sein (siehe Rn 58 ff).

II. Derzeitiger Stand der rechtlichen Integration

14 Es wurde bereits angesprochen (Rn 6), dass Arzneimittel in Art. 168 Abs. 4 lit. c AEUV in einem begrenzten Zusammenhang nunmehr im Primärrecht ausdrücklich genannt werden. Wie bisher sind die Bemühungen zur Schaffung eines Binnenmarktes für Humanarzneimittel aber weiterhin durch zahlreiche **sekundärrechtliche Bestimmungen** geprägt. Die Gemeinschaftsorgane folgen dabei dem Auftrag des Art. 114 Abs. 1 AEUV. Hiernach erlassen das Europäische Parlament und der Rat gemäß dem ordentlichen Gesetzgebungsverfahren und nach Anhörung des Wirtschafts- und Sozialausschusses die Maßnahmen zur Angleichung der Rechts- und Verwaltungsvorschriften der Mitgliedstaaten, welche die Errichtung und das Funktionieren des Binnenmarktes zum Gegenstand haben. Folglich findet die Vorgängerregelung des Art. 95 Abs. 1 EGV im Eingang der Verordnungs- und Richtlinientexte immer wieder Erwähnung. Daneben ist Art. 352 AEUV in den Blick zu nehmen, der kompetenzergänzend ein Tätigwerden der Gemeinschaft auch dann ermöglicht, wenn im Vertrag die erforderlichen Befugnisse zur Erreichung der Binnenmarktziele nicht vorgesehen sind. In diesem Fall erlässt der Rat einstimmig auf Vorschlag der Kommission und nach Zustimmung des Europäischen Parlaments die geeigneten Vorschriften. Zu beachten bleibt, dass Art. 352 AEUV gemäß seinem Absatz 3 keine Harmonisierung der Rechtsvorschriften der Mitgliedstaaten in den Fällen erlaubt, in denen das Primärrecht eine Harmonisierung ausschließt. Die Vorschrift beinhaltet daher keine Kompetenzerweiterung.

Die folgenden sekundärrechtlichen Bestimmungen verdienen Hervorhebung:

1. Richtlinie 2001/83/EG zur Schaffung eines Gemeinschaftskodexes für Humanarzneimittel[30]

15 Die Richtlinie 2001/83/EG stellt das **zentrale Regelungswerk** des europäischen Arzneimittelrechts dar, soweit nicht die Aufgabenwahrnehmung durch Gemeinschaftsorgane erfolgt und der rechtliche Rahmen durch Verordnungen gesetzt wird. Die Bezeichnung als **Gemeinschaftskodex** veranschaulicht den Anspruch, unter Zusammenfassung und Fortentwicklung der seit der Richtlinie 65/65/EWG erlassenen Vorschriften eine **grundlegende Vorgabe** für die Harmonisierung der mitgliedstaatlichen Rechtssysteme und eine die Binnengrenzen überschreitende behördliche Zusammenarbeit zu schaffen. Hierbei steht allerdings nicht eine Neuregelung, sondern die Zusammenfassung bestehender Bestimmung in einem einheitlichen Kodex im Vordergrund. Es wird nach wie vor das Ziel eines wirksamen Schutzes

---

28 Vgl Hart, PharmR 1989, 192, 196; Schuster, PharmR 1989, 181.
29 Gleichwohl ist im täglichen Sprachgebrauch der beteiligten Fachkreise häufig von einer Genehmigung oder Zulassung durch die EMEA die Rede.
30 RL 2001/83/EG des Europäischen Parlaments und des Rates v. 6.11.2001 zur Schaffung eines Gemeinschaftskodexes für Humanarzneimittel (ABl. EG Nr. L 311 v. 28.11.2001, S. 67–128).

A. Wesentliche Entwicklungslinien des europäischen Arzneimittelrechts

der öffentlichen Gesundheit betont. Wie in der Vorgängerrichtlinie 65/65/EWG wird jedoch ausgeführt, dass dieses Ziel mit Mitteln erreicht werden müsse, welche die Entwicklung der pharmazeutischen Industrie und den Handel mit Arzneimitteln innerhalb der Gemeinschaft nicht hemmen.[31]

Seit 2001 haben sich Geschwindigkeit und Breite der **Richtliniengebung im Arzneimittelsektor** verstärkt. Dabei ist auch der Gemeinschaftskodex zahlreichen Änderungen unterworfen worden:

- Richtlinie 2001/20/EG des Europäischen Parlaments und des Rates vom 4. April 2001 zur Angleichung der Rechts- und Verwaltungsvorschriften der Mitgliedstaaten über die Anwendung der **guten klinischen Praxis** bei der Durchführung von klinischen Prüfungen mit Humanarzneimitteln.[32]
- Richtlinie 2002/98/EG des Europäischen Parlaments und des Rates vom 27.1.2002 zur Festlegung von Qualitäts- und Sicherheitsstandards für die Gewinnung, Testung, Verarbeitung, Lagerung und Verteilung von **menschlichem Blut und Blutbestandteilen** und zur Änderung der Richtlinie 2001/83/EG.[33]
- Richtlinie 2003/63/EG der Kommission vom 25. Juni 2003 zur Änderung der Richtlinie 2001/83/EG des Europäischen Parlaments und des Rates zur Schaffung eines Gemeinschaftskodexes für Humanarzneimittel.[34]
- Richtlinie 2003/94/EG der Kommission vom 8. Oktober 2003 zur Festlegung der Grundsätze und Leitlinien der **Guten Herstellungspraxis** für Humanarzneimittel und für zur Anwendung beim Menschen bestimmte **Prüfpräparate**.[35]
- Richtlinie 2004/9/EG des Europäischen Parlaments und des Rates vom 11. Februar 2004 über die Inspektion und Überprüfung der **Guten Laborpraxis** (GLP)(kodifizierte Fassung).[36]
- Richtlinie 2004/23/EG des Europäischen Parlaments und des Rates vom 31. März 2004 zur Festlegung von Qualitäts- und Sicherheitsstandards für die Spende, Beschaffung, Testung, Verarbeitung, Konservierung, Lagerung und Verteilung von **menschlichen Geweben und Zellen**.[37]
- Richtlinie 2004/24/EG des Europäischen Parlaments und des Rates vom 31. März 2004 zur Änderung der Richtlinie 2001/83/EG zur Schaffung eines Gemeinschaftskodexes für Humanarzneimittel hinsichtlich **traditioneller pflanzlicher Arzneimittel**.[38]
- Richtlinie 2004/27/EG des Europäischen Parlaments und des Rates vom 31. März 2004 zur Änderung der Richtlinie 2001/83/EG zur Schaffung eines Gemeinschaftskodexes für Humanarzneimittel.[39]
- Richtlinie 2004/33/EG der Kommission vom 22. März 2004 zur Durchführung der Richtlinie 2002/98/EG des Europäischen Parlaments und des Rates hinsichtlich bestimmter technischer Anforderungen für **Blut und Blutbestandteile**.[40]
- Richtlinie 2005/28/EG der Kommission vom 8. April 2005 zur Festlegung von Grundsätzen und ausführlichen Leitlinien der **guten klinischen Praxis** für zur Anwendung beim

---

31 Erwägungsgründe 2 und 3 der RL 2001/83/EG.
32 ABl. EG Nr. L 121 v. 1.5.2001, S. 34–44.
33 ABl. EG Nr. L 33 v. 8.2.2003, S. 30–40.
34 ABl. EU Nr. L 159 v. 27.6.2003, S. 46–94.
35 ABl. EU Nr. L 262 v. 14.10.2003, S. 22–26.
36 ABl. EU Nr. L 50 v. 20.2.2004, S. 28–2.
37 ABl. EU Nr. L 102 v. 7.4.2004, S. 48–58.
38 ABl. EU Nr. L 136 v. 30.4.2004, S. 85–90.
39 ABl. EU Nr. L 136 v. 30.4.2004, S. 34–57.
40 ABl. EU Nr. L 91 v. 30.2.2004, S.25–39.

Fleischfresser

Menschen bestimmte **Prüfpräparate** sowie von Anforderungen für die Erteilung einer Genehmigung zur Herstellung oder Einfuhr solcher Produkte.[41]
- Richtlinie 2008/29/EG des Europäischen Parlaments und des Rates vom 11. März 2008 zur Änderung der Richtlinie 2001/83/EG zur Schaffung eines Gemeinschaftskodexes für Humanarzneimittel im Hinblick auf die der Kommission übertragenen **Durchführungsbefugnisse**.[42]
- Richtlinie 2009/53/EG des Europäischen Parlaments und des Rates vom 18. Juni 2009 zur Änderung der Richtlinie 2001/82/EG und der Richtlinie 2001/83/EG in Bezug auf Änderungen der Bedingungen für Genehmigungen für das Inverkehrbringen von Arzneimitteln („**Variations-Richtlinie**").[43]

Die im Titel der Richtlinien hervorgehobenen Regelungsbereiche verdeutlichen, dass sich die Harmonisierungsbestrebungen zunehmend ausdifferenzieren und vertiefen. Dies hat durch die Umsetzung in innerstaatliches Recht auch dessen zunehmende Komplexität zur Folge. Dieser Prozess ist keineswegs abgeschlossen.

2. Verordnung (EG) Nr. 726/2004 zur Festlegung von Gemeinschaftsverfahren für die Genehmigung und Überwachung von Human- und Tierarzneimitteln und zur Errichtung einer Europäischen Arzneimittel-Agentur[44]

17   Bereits in den 1990er-Jahren hatte sich in der Gemeinschaft die Überzeugung durchgesetzt, dass ein effektiver Binnenmarkt für Arzneimittel mit einer Rechtsharmonisierung und Mechanismen gegenseitiger Anerkennung mitgliedstaatlicher Marktzugangsentscheidungen allein nicht zu erreichen war.[45] Wie schon erwähnt (Rn 13), waren aber in diesem 3. Baustein eines europäischen Arzneimittelrechts eine vollständige **Zentralisierung** und der damit verbundene Übergang von Hoheitsrechten auf die Gemeinschaft realistischerweise nicht oder nicht sogleich zu verwirklichen. Es wurde daher für zweckmäßig erachtet, eine Verpflichtung zur zentralen Zulassung zunächst auf bestimmte, abschließend aufgeführte Arzneimittelarten zu begrenzen.[46] In der Formulierung „zunächst" deutete sich die Erwartung an, den Katalog der Arzneimittel zentraler Zulassung in Zukunft zu erweitern und in einer letzten Stufe doch noch ein generell zentrales Zulassungssystem zu generieren. Die **Verordnung (EWG) Nr. 2309/93** erlegte der Kommission in Art. 71 daher die Verpflichtung auf, innerhalb von sechs Jahren nach Inkrafttreten der Verordnung einen Bericht über die mit der Neuregelung gewonnenen Erfahrungen vorzulegen. Dies schloss eine Bestandsaufnahme der Arbeit der mit der Verordnung (EWG) Nr. 2309/93 gegründeten **Europäischen Arzneimittel-Agentur**[47] ein, deren Hauptaufgabe im 11. Erwägungsgrund der Verordnung darin gesehen wurde, die Gemeinschaftsinstitutionen und die Mitgliedstaaten bei der Ausübung der

---

41 ABl. EU Nr. L 91 v. 9.4.2005, S. 13–19.
42 ABl. EU Nr. L 81 v. 20.3.2008, S. 51–52.
43 ABl. EU Nr. L 168 v. 30.6.2009, S. 33–34.
44 VO (EG) Nr. 726/2004 des Europäischen Parlaments und des Rates v. 31.3.2004 zur Festlegung von Gemeinschaftsverfahren für die Genehmigung und Überwachung von Human- und Tierarzneimitteln und zur Errichtung einer Europäischen Arzneimittel-Agentur (ABl. EU Nr. L 136 v. 30.4.2004, S. 1–33).
45 Vgl die Vorschläge der Kommission für ein zukünftiges Zulasunssystem für Arzneimittel. KOM (90) 283 endg. v. 14.11.1990 (ABl. EG Nr. C 339/1 v. 31.12.1990).
46 VO (EWG) Nr. 2309/93 des Rates v. 22.7.1993 zur Festlegung von Gemeinschaftsverfahren für die Genehmigung und Überwachung von Human- und Tierarzneimitteln und zur Schaffung einer Europäischen Agentur für die Beurteilung von Arzneimitteln (ABl. EG Nr. L 214 v. 24.8.1993, S. 1–21), 18. Erwägungsgrund.
47 Die Bezeichnung lautete in der VO (EWG) Nr. 2309/93 noch „Europäische Agentur für die Beurteilung von Arzneimitteln". Die neue Bezeichnung („Europäische Arzneimittel-Agentur"/"European Medicines Agency"/"Agence européenne des médicaments") ergibt sich aus der VO (EG) Nr. 726/2004. Die Abkürzung „EMEA" ist aber unverändert geblieben und wird von der Agentur selbst weiterhin verwendet (vgl <www.emea.europa.eu> bzw nunmehr <www.ema.europa.eu>).

A. Wesentliche Entwicklungslinien des europäischen Arzneimittelrechts

ihnen durch die Gemeinschaftsvorschriften auf dem Gebiet der Arzneimittel im Zusammenhang mit der Genehmigung und Überwachung von Arzneimitteln übertragenen Befugnisse wissenschaftlich mit der höchstmöglichen Qualität zu **beraten**. Sie bereitet die gemeinschaftsrechtliche Zulassung vor, entscheidet aber nicht selbst. Diese Kompetenz verbleibt der **Kommission**, die dabei von dem bei ihr gebildeten Ausschuss für Humanarzneimittel unterstützt wird (vgl Rn 70). Dieses Prinzip durch die Verordnung (EG) Nr. 726/2004 nicht angetastet worden.

Auch das durch die Verordnung (EG) Nr. 726/2004 repräsentierte regulatorische System hat Änderungen und Ergänzungen erfahren. Hervorgehoben seien insoweit: 18

- Verordnung (EG) Nr. 2049/2005 der Kommission vom 15. Dezember 2005 zur Festlegung, aufgrund der Verordnung (EG) Nr. 726/2004 des Europäischen Parlaments und des Rates, von Regeln für die Entrichtung von Gebühren an die Europäische Arzneimittel-Agentur durch Kleinstunternehmen und kleine und mittlere Unternehmen sowie für deren **administrative Unterstützung** durch die Europäische Arzneimittel-Agentur.[48]
- Verordnung (EG) Nr. 507/2006 der Kommission vom 29. März 2006 über die **bedingte Zulassung** von Humanarzneimitteln, die unter den Geltungsbereich der Verordnung (EG) Nr. 726/2004 des Europäischen Parlaments und des Rates fallen.[49]
- Verordnung (EG) Nr. 816/2006 des Europäischen Parlaments und des Rates vom 17. Mai 2006 über **Zwangslizenzen** für Patente an der Herstellung von pharmazeutischen Erzeugnissen für die Ausfuhr in Länder mit Problemen im Bereich der öffentlichen Gesundheit.[50]
- Verordnung (EG) Nr. 1901/2006 des Europäischen Parlaments und des Rates vom 12. Dezember 2006 über **Kinderarzneimittel** und zur Änderung der Verordnung (EWG) Nr. 1768/92, der Richtlinien 2001/20/EG und 2001/83/EG sowie der Verordnung (EG) Nr. 726/2004.[51]
- Verordnung (EG) Nr. 658/2007 der Kommission vom 14. Juni 2007 über **finanzielle Sanktionen** bei Verstößen gegen bestimmte Verpflichtungen im Zusammenhang mit Zulassungen, die gemäß der Verordnung (EG) Nr. 726/2004 des Europäischen Parlaments und des Rates erteilt wurden.[52]
- Verordnung (EG) Nr. 1394/2007 des Europäischen Parlaments und des Rates vom 13. November 2007 über **Arzneimittel für neuartige Therapien** und zur Änderung der Richtlinie 2001/83/EG und der Verordnung (EG) Nr. 726/2004.[53]
- Verordnung (EG) Nr. 1234/2008 der Kommission vom 24. November 2008 über die Prüfung von **Änderungen** der Zulassungen von Human- und Tierarzneimitteln.[54]

Die Aufzählung ist keineswegs abschließend.[55] Sie deutet aber an, dass die Gemeinschaft 19 über das zentrale Zulassungsverfahren hinaus im Wege der Verordnung besondere Regelungen für einzelne Rechtsbereiche schafft und dabei gleichsam punktuell vorgeht, da ein einheitlicher Binnenmarkt mit einer zentralen Kompetenz der Gemeinschaft noch nicht besteht und angesichts fortbestehender nationaler Unterschiede – etwa auf dem Sektor der Nachmarktkontrolle, hinsichtlich der Vertriebsvorschriften oder in Bezug auf das für die

---

48 ABl. EU Nr. L 329 v. 16.12.2005, S. 371–374.
49 ABl. EU Nr. L 92 v. 30.3.2006, S. 6–9.
50 ABl. EU Nr. L 157 v. 9.6.2006, S. 1–7.
51 ABl. EU Nr. L 378 v. 27.12.2006, S. 1–19.
52 ABl. EU Nr. L 155 v. 15.6.2007, S. 10–19.
53 ABl. EU Nr. L 324 v. 10.12.2007, S. 121–137.
54 ABl. EU Nr. L 334 v. 12.12.2008, S. 7–24.
55 Eine vollständige Wiedergabe des geltenden wie des außer Kraft getretenen Gemeinschaftsrechts findet sich unter <www.eur-lex.europa.eu>.

§ 3 Europäisierung des Arzneimittelrechts

Marktstruktur und Preisbildung besonders bedeutsame Gebiet des Krankenversicherungswesens[56] – auch in überschaubarer Zukunft nicht bestehen wird.

3. Andere Rechtsquellen
a) Guidelines der Kommission und der EMEA

20 In einer in hohem Maße von außerrechtlichen Erkenntnisquellen geprägten Fachmaterie wie dem Arzneimittelrecht kommt unterschiedlichen **Konsenspapieren** sachkundiger Gremien und Institutionen auf europäischer Ebene eine besondere Rolle zu. Diese fassen den aktuellen Wissensstand zu bestimmten medizinischen oder pharmazeutischen Problemen zusammen und geben Handlungsempfehlungen bzw -anweisungen zu ihrer Bewältigung. Sie sind keine *Rechts*quellen in einem engen Sinne, setzen aber **Standards** für die Voraussetzungen der Zulassung von Arzneimitteln ebenso wie für die Nachmarktkontrolle und leisten auf diese Weise sie einen bedeutsamen Beitrag zur Marktharmonisierung innerhalb der Gemeinschaft. Für die tägliche Praxis sind sie angesichts ihrer faktischen Bedeutung oftmals wichtiger als das Sekundärrecht selbst, das sich naturgemäß auf die Beschreibung des regulatorischen Rahmens in abstrakt-genereller Form beschränken muss. Sie verdienen daher bei der Beschreibung des Integrationsstandes eine genauere Betrachtung.

21 In diesen Zusammenhang gehören zunächst die **Guidelines der Kommission**, die in Art. 65 der Richtlinie 2001/83/EG ihre Rechtsgrundlage finden. Hiernach formuliert und veröffentlicht die Kommission in Abstimmung mit den Mitgliedstaaten und den interessierten Parteien ausführliche Angaben, die insbesondere folgende Sachgebiete betreffen:

- die Formulierung bestimmter besonderer Warnhinweise für bestimmte Kategorien von Arzneimitteln,
- den besonderen Informationsbedarf bei nicht verschreibungspflichtigen Arzneimitteln,
- die Lesbarkeit der Angaben auf der Etikettierung und auf der Packungsbeilage,
- die Methoden zur Identifizierung und zur Feststellung der Echtheit der Arzneimittel,
- das Verzeichnis der Arzneiträgerstoffe, die auf der Etikettierung von Arzneimitteln anzugeben sind, sowie die Art, in der diese Arzneiträgerstoffe aufzuführen sind, sowie
- die harmonisierten Durchführungsbestimmungen zu Art. 57 der Richtlinie, der bestimmte weitere Angaben auf Wunsch der Mitgliedstaaten vorsieht.

Die Aufzählung verdeutlicht, dass es sich hierbei in erster Linie um **vertriebsbezogene Vorgaben** handelt, die nicht auf die Zusammensetzung und das Anwendungsgebiet der betroffenen Arzneimittel zielen, sondern das Ob und Wie bestimmter Angaben in der Marktphase der Präparate betreffen.

Das Wort „insbesondere" im Richtlinientext deutet dabei auf eine nicht abschließende Aufzählung. Es ist daher nicht ausgeschlossen, dass die Kommission in den Grenzen ihrer allgemeinen Zuständigkeit auf verwandte Sachgebiete ausgreift.

22 Deutlich weiter ist der Ermächtigungsrahmen für **Guidelines der EMEA** in Art. 57 Abs. 1 VO (EG) Nr. 726/2004 formuliert. Nach dem generalklauselartig gefassten 1. Unterabsatz der Bestimmung erteilt die Agentur den Mitgliedstaaten und den Organen der Gemeinschaft den bestmöglichen wissenschaftlichen Rat in Bezug auf alle Fragen der Beurteilung der Qualität, der Sicherheit und der Wirksamkeit von Humanarzneimitteln oder Tierarzneimitteln, die gemäß den Bestimmungen der gemeinschaftlichen Rechtsvorschriften über Arzneimittel an sie herangetragen werden. Während insoweit die Initiative der Mitgliedstaaten vorausgesetzt wird, liefert der 2. Unterabsatz einen umfangreichen Katalog selbstinitiierter Aufgabenwahrnehmung, aus dem im hier interessierenden Zusammenhang die folgenden Aufgabefelder hervorzuheben sind:

---

[56] Vgl hierzu Teil 8 sowie Winter, Die Verwirklichung des Binnenmarktes für Arzneimittel, 2004.

A. Wesentliche Entwicklungslinien des europäischen Arzneimittelrechts

- Koordinierung der wissenschaftlichen Beurteilung der Qualität, Sicherheit und Wirksamkeit von Arzneimitteln, die den gemeinschaftlichen Zulassungsverfahren unterliegen,
- Koordinierung der Überwachung der in der Gemeinschaft genehmigten Arzneimittel unter praktischen Anwendungsbedingungen sowie die Beratung über die erforderlichen Maßnahmen zur Sicherstellung der gefahrlosen und wirksamen Anwendung dieser Produkte, insbesondere durch die Beurteilung, die Koordinierung der Durchführung der Pharmakovigilanz-Verpflichtungen und die Kontrolle dieser Durchführung,
- Sicherstellung einer koordinierten Überprüfung der Einhaltung der Grundsätze der guten Herstellungspraxis, der guten Laborpraxis, der guten klinischen Praxis und der Pharmakovigilanz-Verpflichtungen,
- Beratung von Unternehmen in Bezug auf die Durchführung der verschiedenen Tests und Versuche zum Nachweis der Qualität, Sicherheit und Wirksamkeit von Arzneimitteln,
- auf Anfrage der Kommission Formulierung aller übrigen wissenschaftlichen Gutachten im Zusammenhang mit der Beurteilung von Arzneimitteln oder den bei der Herstellung von Arzneimitteln verwendeten Ausgangsstoffen.

In all diesen Bereichen sind Guidelines eine Voraussetzung oder zumindest wichtige Unterstützung der Aufgabenwahrnehmung. Die Ermächtigung schließt dabei nicht nur einzelfallbezogene Stellungnahmen, sondern auch die Erstellung wissenschaftlicher Regelwerke ein, die den Erkenntnisstand zu medizinischen und pharmazeutischen Fragen zusammenfassen.

Die Aufzählung des 1. Unterabsatzes – sie umfasst insgesamt 20 Punkte – ist ein Dokument des Kompromisses zwischen der Eigenzuständigkeit der Gemeinschaft und den in mitgliedstaatlicher Zuständigkeit verbleibenden Aufgaben. Dies bedingt einen nur eingeschränkten Bereich eigenständiger Wahrnehmungszuständigkeit der EMEA. Jenseits hiervon bleibt die Agentur weiterhin auf die Mitwirkung der Mitgliedstaaten oder anderer Gemeinschaftsorgane angewiesen.

Guidelines sind für die Marktbeteiligten im Grundsatz nicht als einengende Vorschriften, sondern als Hilfestellung zur Problembewältigung zu verstehen. Sie leisten einen Beitrag zur Planungssicherheit für alle Beteiligten, die bei der Befolgung der Vorgaben – namentlich im Zulassungsverfahren – der Obliegenheit eigener Begründung zum Teil enthoben sind. Von besonderer Bedeutung ist dies etwa bei pharmazeutischen **Prüfverfahren**, wie sich beispielhaft an der „Guideline on Stability Testing: Stability Testing of Existing Active Substances and Related Finished Products" vom 17.12.2003[57] verdeutlichen lässt. Diese legen detailliert Anforderungen an Haltbarkeitsuntersuchungen sowohl des Wirkstoffs als auch des Endprodukts fest. Die Vorgaben reichen von der Chargenauswahl, über die erforderlichen Spezifikationen und die in diesem Zusammenhang erforderlichen validierten stabilitätsindizierende Analyseverfahren, die Untersuchungsfrequenz bei Langzeittests, die Erforderlichkeit von Stresstests, Lagerungsbedingungen bis hin zur Evaluierung der gefundenen Ergebnisse.

In ihrer Einleitung betont die Guideline, dass sie lediglich den **Versuch** unternehme, den für chemisch wirksame Stoffe und verwandte Endprodukte, pflanzliche Drogen und Drogenzubereitungen und verwandte pflanzliche Arzneimittel erforderlichen Bestand an stabilitätsbezogenen **Kerndaten** zu exemplifizieren. Sie – die Guideline – lasse jedoch ausreichend Flexibilität, um der Vielfalt Rechnung zu tragen, die sich aus unterschiedlichen wissenschaftlichen Überlegungen oder aufgrund der Eigenschaften der evaluierten Materialien ergeben könnten. Alternative Ansätze könnten zur Verwendung kommen, wenn wissen-

---

[57] „Leitlinie zur Stabilitätsprüfung: Stabilitätsprüfung bestehender Wirkstoffe und dazugehöriger Endprodukte" (CPMP/QWP/122/02, rev. 1 corr.).

Fleischfresser

schaftlich gerechtfertigte Gründe vorlägen.[58] Namentlich im Zulassungsverfahren stellt sich damit für den Rechtsbetroffenen nicht nur die Frage nach den Grenzen der rechtlichen oder faktischen Verbindlichkeit von Guidelines, sondern auch nach den Grenzen der eigenen methodischen Freiheit angesichts der gesetzten Maßstäbe.

26 Die EMEA sieht sich in Zusammenhang mit der Erstellung von Guidelines als Teil eines **Netzwerks** von mehr als 4.000 europäischen Sachverständigen, das die wissenschaftlichen Ressourcen von über 40 nationalen Behörden in 30 EU- und EWR-EFTA-Ländern vereint.[59] Deren Sachverstand soll der Arzneimittelwirtschaft und den nationalen Behörden gleichsam gebündelt zur Verfügung gestellt werden. Über die Funktion hinaus, europaweite Transparenz der Anforderungen an wirksame und sichere Arzneimittel zu schaffen, kommt Guidelines ein nicht zu unterschätzender Stellenwert bei der **Harmonisierung** der nationalen Zulassungspraktiken zu. Denn sie bestimmen nicht nur die Anforderungen an zentrale Zulassungsentscheidungen auf Gemeinschaftsebene, sondern werden auch von den **nationalen Behörden** bei der Prüfung von Zulassungsentscheidungen herangezogen. Guidelines wirken damit wenn nicht rechtlich, so doch **faktisch harmonisierend**.

27 Die EMEA hat mit dem Papier „Procedure for European Union Guidelines and Related Documents within the Pharmaceutical Legislative Framework" vom 18. März 2009[60] ein aktuelles „Grundgesetz" erarbeitet, das Aussagen über die Definition, die Typen und das Prozedere der Erstellung von Guidelines trifft. Hiermit erfahren die Guidelines der EMEA durch definitorische Abgrenzungen und Verfahrensbestimmungen eine gewisse **Verrechtlichung**, die sie über den Status lediglich unverbindlicher Meinungsäußerungen herausheben.[61] Besondere Betonung erfährt hierbei die **Transparenz** des Verfahrens bei der Erstellung der Regelwerke. Diese ist vor allem deshalb geboten, weil die Akzeptanz ihrer Aussagen in den Mitgliedstaaten entscheidend von einer nachvollziehbaren Darstellung des wissenschaftlichen Konsenses abhängt. Das EMEA-Papier hebt die Aufgabe von Guidelines hervor, den Adressaten das jeweils bestverfügbare fachliche Wissen zur Verfügung zu stellen und verweist auf den durch das Europäische Recht – angesprochen ist damit in erster Linie das Sekundärrecht – vorgegebenen Rahmen.

28 Die **Definition** der Guideline durch die EMEA lautet vor diesem Hintergrund:

„A guideline is a Community document with explicit legal basis referred to in the legislative framework an intended to fulfil a legal obligation laid down in the Communitiy pharmaceutical legislation. It provides advice to applicants or marketing authorisation holders, competent authorities and/or other interested parties on the best or most appropriate way to fulfil an obligation laid down in the community pharmaceutical legislation. In the case of scientific guidelines, these may relate to specific scientific issues reflecting a harmonised EU approach and based on the most up-to-date scientific knowledge."

Das Grundsatzpapier hebt damit hervor, dass sich Guidelines stets innerhalb des durch das Gemeinschaftsrecht vorgegebenen rechtlichen Rahmens bewegen müssen. Es differenziert zwischen **Guidelines der Kommission** und technischen, wissenschaftlichen oder administrativen **Guidelines der EMEA**, wobei klargestellt wird, dass der Begriff „Guideline" auch Papiere anderer Bezeichnung, etwa „**Notes for Guidance**" oder „**Detailed Guideline/Guidance**" umfasst. Maßgeblich ist damit weniger die Bezeichnung als der Inhalt und die Funktion eines Papiers. In Zukunft soll der Begriff „Guideline" einheitlich für Leitlinien auf europarechtlicher Basis verwendet werden, was aus Gründen der Klarheit sicher zu begrüßen ist.

---

58 Ziff. 1.1 der Guideline, 2. und 3. Absatz.
59 Doc. Ref.: EMEA/350513/2007 v. 23.9.2008.
60 Doc. Ref. EMEA/P/24143/2004 Rev.1 corr.
61 Zur Rechtsnatur nachfolgend Rn 31 ff.

A. Wesentliche Entwicklungslinien des europäischen Arzneimittelrechts

Gleichzeitig wird eine **Kategorisierung** der Leitlinien nach inhaltlichen Gesichtspunkten vorgenommen. Es ergeben sich verschiedene Typisierungen, die auch die Vielgestaltigkeit der Anwendungsbereiche derartiger Papiere verdeutlichen: 29

- Regulatory Guidelines
- Scientific Guidelines Related to Quality, Safety and Efficacy
- Good Manufacturing Practice (GMP) Guidelines
- Maximum Residue Limits Guidelines
- Pharmacovigilance Guidelines
- Good Clinical Practice (GCP) and Conduct of Clinical Trial Guidelines
- Orphan Medicinal Products Designation Guidelines
- Herbal Medicinal Products Guidelines
- Good Distribution Practice (GDP) Guidelines
- Good Laboratory Practice (GLP) Guidelines.

Besondere **Verfahrensbestimmungen** unterstreichen die Bedeutung der EMEA-Guidelines. Ihnen liegen regelmäßig komplexe wissenschaftliche Bewertungen zugrunde. Wertungsspielräume und abweichende Auffassungen sind einem solchen Entscheidungsprozess wesensimmanent. Dies gebietet nicht nur ein höchstmögliches Maß an Transparenz ihres Zustandekommens, sondern auch eine in den Grenzen eines Regelwerks noch mögliche Pluralität wissenschaftlicher Auffassungen. Vor diesem Hintergrund teilt die EMEA in ihrem Grundsatzpapier vom 18.3.2009[62] das Prozedere der Guideline-Erstellung in insgesamt zehn Schritte ein, betont aber, dass in besonderen Fällen einzelne Schritte ausgelassen oder gesetzte Fristen reduziert werden können. In diesem Sinne verstehen sich die **zehn Punkte:** 30

- Selection of topic and inclusion in the relevant work programme(s)
- Appointment of rapporteur and (if necessary) co-rapporteur
- Development of concept paper
- Adoption and release for consultation of concept paper
- Preparation of initial draft guideline
- Release for consultation of draft guideline
- Collection of comments
- Preparation of final version of guideline
- Adoption of final guideline for publication
- Implementation

nicht als eine bindendende Verfahrensordnung, sondern eher als eine notwendige Strukturierung tatsächlicher Abläufe. Hervorhebenswert ist dabei, dass Vorschläge für die zu erstellenden **Arbeitsprogramme** nicht lediglich aus dem Bereich der europäischen Institutionen, insbesondere der EMEA selbst, sondern gerade auch durch die Mitgliedstaaten, wissenschaftliche Fachgesellschaften, die pharmazeutische Industrie und allgemein alle interessierten Kreise eingebracht werden können. Angestrebt wird also ein **offener Prozess** der Erkenntnisgewinnung ohne besondere Form- oder Fristerfordernisse. Dies bedingt, dass Guidelines angesichts des wissenschaftlichen Fortschritts selbstverständlich offen für **Änderungen** bleiben müssen, wie es auch der Praxis der EMEA entspricht.

Die **rechtliche Einordnung** der Guidelines in das nationale wie das gemeinschaftsrechtliche Verfahrensrecht ist noch nicht vollständig gelungen. Unzweifelhaft ist, dass sie **keine unmittelbare rechtliche Bindungswirkung** entfalten. Das Grundsatzpapier stellt dies auch ausdrücklich fest und verneint eine wie auch immer geartete Gesetzesähnlichkeit.[63] Gleichzeitig 31

---

62 Doc. Ref. EMEA/P/24143/2004 Rev.1 corr.
63 Vgl 2.2 des Papiers.

weist es aber auf einen „quasi-bindenden" Charakter der getroffenen wissenschaftlichen Aussagen hin. Es verweist beispielhaft auf den nach Art. 106 RL 2001/83/EG im Rahmen des Pharmakovigilanzsystems von der Kommission in Absprache mit der EMEA, den Mitgliedstaaten und interessierten Parteien zu erstellenden Leitfaden über die Erfassung, Überprüfung und Vorlage von Berichten über Nebenwirkungen, der über eine ausdrückliche gesetzliche Anknüpfung für die Zulassungsinhaber auch hinsichtlich bestimmter technischer Abläufe für verbindlich erklärt wird.

Auch jenseits solchermaßen abgeleiteten Rechts bedient sich die EMEA in diesem Zusammenhaft des Begriffs des **„Soft Law"**, der in der aktuellen rechtstheoretischen Diskussion vielfach für korporativ entwickelte Steuerungsmodelle verwendet wird, denen gerade keine eigene rechtliche Bindungswirkung zukommt und angesichts bestehender verfassungsrechtlicher Grenzen auch nicht zukommen kann.[64]

32 Deutsche Verwaltungsgerichte haben in einer prozessualen Sichtweise die Guidelines hingegen als **„antizipierte Sachverständigengutachten"** charakterisiert. Diese seien bei der Anwendung arzneimittelrechtlicher Bestimmungen heranzuziehen, die sich auf außerrechtliche Erkenntnisquellen wie etwa den „jeweils gesicherte(n) Stand der wissenschaftlichen Erkenntnisse" (§ 25 Abs. 2 S. 1 Nr. 2 und 4, S. 3 AMG) bezögen, weil sie regelmäßig widerspiegelten, was auf europäischer Ebene dem gegenwärtigen wissenschaftlichen Erkenntnisstand entspreche.[65] Das mag auf Guidelines zutreffen, denen objektivierbare wissenschaftliche Aussagen zu entnehmen sind. Allerdings können Guidelines oftmals auch **normative Aussagen** treffen. So gibt etwa die Guideline der Kommission „Excipients in the Label and Package Leaflet of Medicinal Products for Human Use" (CPMP/463/00) detaillierte Anweisungen für das Ob und Wie von Hilfsstoffangaben auf Etiketten und in Packungsbeilagen. Sie trifft daher über die Darstellung eines objektivierbaren wissenschaftlichen Erkenntnisstandes hinaus auch **wertende Aussagen,** die gegenüber den Rechtsbetroffenen in der Marktphase einen – wenngleich relativen – Geltungsanspruch erheben. Rechtsgrundlage ist in dem genannten Fall Art. 65 RL 2001/83/EG. Hiernach formuliert und veröffentlicht die Kommission in Abstimmung mit den Mitgliedstaaten und den interessierten Parteien ausführliche Angaben, die u.a. die Formulierung bestimmter besonderer Warnhinweise für bestimmte Kategorien von Arzneimitteln, die Lesbarkeit der Angaben auf der Etikettierung und auf der Packungsbeilage oder die Methoden zur Identifizierung und zur Feststellung der Echtheit der Arzneimittel betreffen können.[66] Derartige Vorgaben bestimmen maßgeblich auch die Verwaltungspraxis der nationalen Zulassungs- und Überwachungsbehörden. Von einem Sachverständigengutachten kann in diesen Fällen nicht die Rede sein.

33 Zudem wird der Begriff des „antizipierten Sachverständigengutachtens", der ursprünglich zur rechtlichen Erfassung technischer Regelwerke und Verwaltungsvorschriften[67] verwendet wurde, im deutschen Prozessrecht zunehmend kritischer gesehen. Es wird erkannt, dass Festsetzungen von Richt- oder Grenzwerten – sei es in technischen Regelwerken privater Organisationen oder in Verwaltungsvorschriften – in ganz erheblichem Umfang auch **politische Wertungen** über die Zumutbarkeit von Belastungen enthalten und sich nicht auf dem Beweis zugängliche Tatsachen beschränken. Sie verlassen also den Bereich bloßer Tatsachenfeststellung und geben wertende Vorgaben, die sich so, aber eben auch anders hätten

---

64 Vgl zum Ganzen Roth, Soft Law – Ordnungsvisionen in flux, 2006.
65 OVG NRW, Beschl. v. 24.2.2009 – 13 A 813/08; OVG Berlin, Urt. v. 25.11.1999 – 5 B 11.98.
66 Vgl Hoffmann-Riem, in: Strukturen des Europäischen Verwaltungsrechts, 1999, S. 317, 359; Lorenz, Das gemeinschaftliche Arzneimittelzulassungsrecht, 2006, S. 32; Schmidt-Aßmann, EuR 1996, 270, 285.
67 Vgl insb. TA Luft und TA Lärm.

A. Wesentliche Entwicklungslinien des europäischen Arzneimittelrechts

formulieren lassen.[68] Für zahlreiche Guidelines auf europäischer Ebene – insbesondere diejenigen der Kommission – gilt nichts anderes.

Jenseits aller rechtsdogmatischer Einordnung stellt sich für den **pharmazeutischen Unternehmer** und Antragsteller im Zulassungsverfahren die Frage, ob und unter welchen Voraussetzungen von den Vorgaben einer Guideline abgewichen werden kann. Von besonderer Bedeutung ist dies etwa bei der Planung und Ausgestaltung klinischer und pharmazeutischer Prüfungen. Eine Antwort hierauf kann nicht allgemeingültig, sondern nur in Bezug auf die jeweils in Rede stehende Guideline erfolgen. Die Papiere der Kommission und der EMEA sind ihrem Wortlaut nach zumeist offen formuliert, das heißt, sie tragen das Gewand der **Empfehlung**, von der abzuweichen in begründeten Fällen möglich und zulässig ist. 34

Die Verwendung alternativer Testmethoden, die Generierung abweichender Höchst- oder Mindestgehalte oder die Festlegung eigener Grenzwerte löst für den pharmazeutischen Unternehmer im Zulassungsverfahren aber stets erhöhte Anforderungen an die gegenüber Zulassungsbehörde abzugebenden wissenschaftlichen **Begründungen** aus. In der Praxis hat dies eine gesteigerte Darlegungslast zur Folge, die in der Regel dazu führt, dass sich der Unternehmer zur Vermeidung zusätzlicher Entwicklungskosten den Vorgaben der Guideline anpasst. In gesteigertem Maße gilt das für die Vorgaben solcher Guidelines, die normähnlichen Charakter haben, wie etwa das bereits angesprochene Regelwerk der Kommissions-Guideline „Excipients in the Label and Package Leaflet of Medicinal Products for Human Use" (CPMP/463/00). In diesen Fällen wird der Guideline, obgleich selbst keine Rechtsnorm, schon unter dem Gesichtspunkt der **Gleichbehandlung** eine gewisse Bindungswirkung nicht abzusprechen sein. Diese Bindungswirkung verfestigt sich in dem Maße, in dem sich das jeweilige Regelwerk auf ausdrückliche Bestimmungen des gemeinschaftsrechtlichen Sekundärrechts zurückführen lässt, das Sekundärrecht also gleichsam ausfüllt, was nicht nur im Beispielsfall angesichts Art. 65 RL 2001/83/EG zutrifft. In diesen Fällen zeigen Guidelines – ohne dass dies eine rechtlich tragfähige Kategorisierung wäre – Parallelen zu Rechtsverordnungen deutschen Rechts. 35

Demgegenüber tritt die Frage, inwieweit eine Guideline für die Arzneimittelzulassungs- und -überwachungsbehörden eine Bindungswirkung entfaltet, in ihrer Bedeutung zurück. Denn Fälle einer denkbaren **behördlichen Abweichung** dürften die Ausnahme bleiben. Jenseits dessen müssen sich behördliche Entscheidungen im Außenverhältnis zum Antragsteller in einem konkurrenzintensiven Markt am Gleichheitsgebot messen lassen. Insofern kommt auch insofern eine Abweichung nur in besonders gelagerten und begründeten Einzelfällen in Betracht.[69] 36

Klärungsbedürftig ist in **zeitlicher Hinsicht** die Frage, welche Guideline einer Zulassungsentscheidung zugrunde zu legen ist. Angesichts ständiger wissenschaftlicher Fortentwicklung sind auch und gerade Guidelines fortlaufenden Änderungen unterworfen. Für den pharmazeutischen Unternehmer ergibt sich gerade im Zulassungsverfahren das Problem, ob und wie auf Änderungen in der Entwicklungsphase eines Präparats zu reagieren ist, insbesondere ältere Erkenntnisquellen noch verwertbar sind. Gibt etwa die einschlägige Guideline für die Stabilitätsprüfung bestehender Wirkstoffe und dazugehöriger Endprodukte bestimmte Lagerungsbedingungen für die Prüfung der Stabilität eines Stoffes vor, werden diese Vorgaben aber im Laufe der Zeit in Anpassung an den wissenschaftlichen Erkenntnisstand geändert, so stellt sich zwangsläufig die Frage, ob unter Beachtung der nunmehr 37

---

68 Vgl Schoch/Schmidt-Aßmann/Pietzner/*Rudisile*, VwGO, § 98 Rn 112; Sodan/Ziekow/*Lang*, VwGO, § 98 Rn 151, jeweils mwN.
69 Vgl Lorenz, Das gemeinschaftliche Arzneimittelzulassungsrecht, 2006, S. 133; Schneider, Das Kooperationsprinzip im Vorfeld der Arzneimittelzulassung, S. 121 ff.

Fleischfresser

alten Guideline gewonnene Stabilitätsdaten weiterhin anerkannt und in der Zulassungsentscheidung berücksichtigt werden können oder neue Daten zu generieren sind.

38 Die Frage nach der **zeitlichen Geltung** von Guidelines stellt sich in allen Zulassungsverfahren gleichermaßen, gleichgültig ob auf nationaler oder gemeinschaftlicher Ebene. In nationalen Zulassungsverfahren ist sie namentlich für die **Nachzulassung** von Altarzneimitteln von Bedeutung, bei denen oftmals älteres Erkenntnismaterial vorgelegt wurde, das den aktuellen Anforderungen nicht mehr genügen kann. Die Beantwortung der Frage erschließt sich aus dem Charakter der Leitlinien als – mit den beschriebenen Einschränkungen – objektive Erkenntnisquelle. Guidelines sind nicht Gesetze und vermitteln keine subjektiv-öffentlichen Rechte, sondern beschreiben regelmäßig einen bestehenden Erkenntnisstand, der naturgemäß ständigen Wandel unterworfen ist. Ein pharmazeutischer Unternehmer und Antragsteller kann sich im Zulassungsverfahren damit gerade nicht mehr auf nunmehr veraltetes Erkenntnismaterial berufen, es sei denn, die Guideline sieht eine solche Ausnahme ausdrücklich vor.[70] Für die Zulassungsentscheidung kommt es schon im Interesse der Arzneimittelsicherheit grundsätzlich auf den aktuellen Erkenntnisstand an. Ein Antragsteller kann demgegenüber nicht auf einen wie auch immer gearteten Bestandsschutz verweisen.[71] Er muss vielmehr die Entwicklung des wissenschaftlichen Erkenntnisstandes kontinuierlich mitverfolgen und seine Interessen in dem beschriebenen Verfahren der Guideline-Erstellung einbringen.

b) EMEA-Monografien

39 In den Zusammenhang außerrechtlicher Erkenntnisquellen gehören auch die von der EMEA erstellten Monographien arzneilicher **Wirkstoffe**. So erstellt der Ausschuss für pflanzliche Arzneimittel der Agentur gemäß Art. 16 h Abs. 3 RL 2001/83/EG[72] gemeinschaftliche **Pflanzenmonografien** für pflanzliche Arzneimittel im Hinblick auf die Anwendung des Art. 10 Abs. 1 lit. a Ziff. ii der Richtlinie[73] sowie für traditionelle pflanzliche Arzneimittel. Grundlage sind hierbei u.a. die Erkenntnisse der einschlägigen Fachgesellschaften auf nationaler wie internationaler Ebene, namentlich der European Cooperative on Phytotherapy (ESCOP), die eigene Monografien pflanzlicher Arzneistoffe erstellt. Anzusprechen ist daneben auch die ebenfalls von der Agentur gemäß Art. 16 f RL 2001/83/EG zu erstellende Liste pflanzlicher Stoffe, pflanzlicher Zubereitungen und Kombinationen davon zur Verwendung in traditionellen pflanzlichen Arzneimitteln, die in Anlehnung an die in der deutschen

---

70 Vgl dazu die der Leitlinie zur Stabilitätsprüfung vorangestellten Hinweise (CPMP/QWP/122/02 corr. 1) v. 17.12.2003.
71 Zumindest missverständlich ist aus diesem Grunde die in der deutschen Allgemeinen Verwaltungsvorschrift zur Anwendung der Arzneimittelprüfrichtlinien v. 11.10.2004 (BAnz 22037) unter „Allgemeine Anforderungen" (Ziffer 5) enthaltene Aussage, klinische Prüfungen müssten im Anwendungsbereich des deutschen AMG den Anforderungen des AMG und der Verordnung über die Anwendung der Guten Klinischen Praxis bei der Durchführung von klinischen Prüfungen von Arzneimitteln zur Anwendung am Menschen (GCP-Verordnung) in der Fassung entsprechen, die zur Zeit ihrer Durchführung gültig waren. Intendiert ist damit wohl nur die Vermeidung unnötiger Wiederholungen von Erprobungen am Menschen, beispielsweise aufgrund verschärfter ethischer Standards. Ein „Bestandsschutz" für in wissenschaftlicher Hinsicht nach aktuellem Erkenntnisstand nicht aussagekräftige ältere Studien kann damit nicht gemeint sein. Entsprechendes ist auch der RL 2001/20/EG des Europäischen Parlaments und des Rates v. 4.4.2001 zur Angleichung der Rechts und Verwaltungsvorschriften der Mitgliedstaaten über die Anwendung der guten klinischen Praxis bei der Durchführung von klinischen Prüfungen mit Humanarzneimitteln (ABl. EG Nr. L 121 v. 1.5.2001, S. 34–44; geändert durch VO (EG) Nr. 1901/2006 v. 12.12.2006) nicht zu entnehmen.
72 In der Fassung der RL 2004/24/EG des Europäischen Parlaments und des Rates v. 31.3.2004 zur Änderung der RL 2001/83/EG zur Schaffung eines Gemeinschaftskodexes für Humanarzneimittel hinsichtlich traditioneller pflanzlicher Arzneimittel (ABl. EG Nr. L 136 v. 30.4.2004, S. 85–90).
73 Nunmehr Art. 10 a (vgl RL 2004/27/EG, ABl. EU Nr. L 136 v. 30.4.2004, S. 34–57).

Rechtspraxis in Zusammenhang mit § 109 a AMG übliche Bezeichnung als **EMEA-Traditionsliste** angesprochen werden kann.

Die EMEA wirkt auf diesem Feld tief in nationale Zulassungsverfahren hinein. Denn die Bezugnahme auf entsprechende monografische Festlegungen der Agentur kann den Antragsteller im nationalen Zulassungsverfahren von der Obliegenheit zur Vorlage eigenen Erkenntnismaterials entbinden und ist von der nationalen Zulassungsbehörde zu berücksichtigen. So kann gemäß § 39 b Abs. 2 AMG im Verfahren der Registrierung traditioneller pflanzlicher Arzneimittel anstelle eigener bibliografischer Angaben über die traditionelle Anwendung des Präparats, seiner Wirksamkeitsplausibilität und Unbedenklichkeit auf eine gemeinschaftliche Pflanzenmonografie oder eine passende Listenposition Bezug genommen werden. Die Zulassung wird damit in bestimmten Bereichen „standardisiert" und wesentlich vereinfacht. Die Monografien werden auf der Internet-Seite der EMEA[74] in aktueller Form veröffentlicht. 40

c) Entscheidungen, Empfehlungen und Stellungnahmen der EMEA

Neben Verordnungen und Richtlinien kennt das Gemeinschaftsrecht in Art. 288 AEUV noch Entscheidungen, Empfehlungen und Stellungnahmen als Formen gemeinschaftsrechtlichen Handelns. Dabei ist die **Entscheidung** in allen ihren Teilen für diejenigen verbindlich, die sie bezeichnet. **Empfehlungen** und **Stellungnahmen** sind hingegen nicht verbindlich. Zu Entscheidungen ist die EMEA nur in sehr begrenztem Umfang befugt.[75] Insbesondere im zentralen Zulassungsverfahren obliegt es gemäß Art. 10 Abs. 2 VO (EG) Nr. 726/2004 der **Kommission**, die endgültige Entscheidung über die Genehmigung eines Arzneimittels zu treffen. Die Funktion der Agentur, ist hier administrativer, wissenschaftlich vorbereitender und moderierender Natur oder – wie Art. 87 Abs. 1 der Verordnung es zusammenfasst – unterstützender Natur.[76] 41

Eingreifend tritt die Agentur den Rechtsbetroffenen nur insoweit gegenüber, als es um die Beschaffung notwendiger Informationen geht. So kann sie nach Erteilung der Genehmigung für das Inverkehrbringen gemäß Art. 16 Abs. 2 Unterabs. 3 VO (EG) Nr. 726/2004 vom Genehmigungsinhaber zur Bewertung des Nutzen-Risiko-Verhältnisses jederzeit Daten anfordern. Auch ist sie im Rahmen des Pharmakovigilanzsystems in den ersten fünf Jahren nach dem ersten Inverkehrbringen des Arzneimittels in der Gemeinschaft befugt, vom Genehmigungsinhaber die Erhebung spezifischer Pharmakovigilanzdaten bei bestimmten Patientenzielgruppen zu veranlassen. Entscheidungen im eigentlichen Sinne sind hiermit jedoch nicht verbunden. **Ausnahmen** ergeben sich für die von der Agentur zu treffenden Entscheidungen gemäß Art. 8 VO (EG) Nr. 1049/2001[77] und gemäß der Verordnung (EG) Nr. 1901/2006.[78] Diese werden in Artt. 73 und 73 a VO (EG) Nr. 726/2004 ausdrücklich als Entscheidungen angesprochen und der Beschwerde beim Bürgerbeauftragten oder dem Rechtsweg unterworfen.[79] 42

---

74 <www.emea.europa.eu>.
75 Zu Entscheidungen der Kommission im zentralen Zulassungsverfahren vgl § 6 Rn 39 ff.
76 Die Kommission wird hiernach von dem durch Art. 121 der RL 2001/83/EG eingesetzten Ständigen Ausschuss für Humanarzneimittel und dem durch Art. 89 der RL 2001/82/EG eingesetzten Ständigen Ausschuss für Tierarzneimittel unterstützt.
77 VO (EG) Nr. 1049/2001 des Europäischen Parlaments und des Rates v. 30.5.2001 über den Zugang der Öffentlichkeit zu Dokumenten des Europäischen Parlaments, des Rates und der Kommission (ABl. EG Nr. L 145 v. 31.5.2001, S. 43–48).
78 ABl. EG Nr. L 378 v. 27.12.2006, S. 1–19.
79 Zu weiteren und im Einzelnen streitigen Ausnahmen vgl Lorenz, Das gemeinschaftliche Arzneimittelzulassungsrecht, 2006, S. 114–119 mwN.

d) ICH-Guidelines

43 Die „International Conference on Harmonisation of Technical Requirements for Registration of Pharmaceuticals for Human Use" (**ICH**) geht auf eine gemeinsame weltumspannende Initiative nationaler und supranationaler Institutionen zurück. Sie greift über den hier beschriebenen europäischen Rahmen hinaus, wirkt aber u.a. durch die Erstellung eigener Guidelines auf diesen zurück. Sie soll daher im hier maßgeblichen Zusammenhang ebenfalls angesprochen werden.

44 Federführend bei der Gründung im Jahre 1990 waren die amerikanische Food and Drug Administration (FDA), die Europäische Kommission, das japanische Gesundheitsministerium und Verbände der pharmazeutischen Industrie. Kanada, die EFTA und die Weltgesundheitsorganisation (WHO) haben Beobachterstatus. Ziel der mit einem Sekretariat in Genf beheimateten internationalen Organisation ist die Vereinheitlichung der formellen wie materiellen Zulassungsvoraussetzungen auf den weltweit bedeutsamsten Arzneimittelmärkten. Hierdurch sollen – durchaus vergleichbar mit den auf europäischer Ebene verfolgten Zielen – im Verlauf der Arzneimittelentwicklung unnötige Testungen vermieden und ein ökonomischer Umgang mit menschlichen, tierischen und sachlichen Ressourcen und die Arzneimittelsicherheit gefördert werden.[80] Im Fokus steht dabei die Entwicklung von Arzneimitteln mit neuen Wirkstoffen, für die ein gemeinsamer und einheitlicher Rahmen geschaffen werden soll.

45 Die ICH erarbeitet in einem konsensualen Verfahren, das mit dem in der Kommission und der EMEA praktizierten vergleichbar ist, eigene **Guidelines** für die Bewertung von Qualität, Wirksamkeit und Unbedenklichkeit von Arzneimitteln. Diese werden von der Organisation nach der **QSEM-Formel** (Quality – Safety – Efficacy – Multidisciplinary) gegliedert und reichen von Leitlinien für Stabilitätsuntersuchungen bis zu Verfahrensvereinfachungen, etwa einem vereinheitlichten Format für die Einreichung von Zulassungsunterlagen (Common Technical Document) oder Vorgaben für die Datenübermittlung. Für den europäischen Arzneimittelmarkt sind die Papiere deshalb von besonderer Bedeutung, weil sie vom Ausschuss für Humanarzneimittel bei der EMEA (CHMP) übernommen, also gleichsam in EU-Guidelinerecht inkorporiert werden. Insgesamt hat die Arbeit der ICH bereits heute zu einer weitgehenden Harmonisierung der weltweiten Zulassungsstandards geführt, was für die Marktbeteiligten eine nicht zu unterschätzende Erleichterung gebracht hat.[81]

e) Europäisches Arzneibuch

46 Ebenfalls selbst kein Gesetz aber eine für die Praxis wichtige Erkenntnisquelle sind die Aussagen des Europäischen Arzneibuches.[82] Es liegt in drei Bänden und der nunmehr 6. Auflage vor und beinhaltet eine Sammlung der in Europa anerkannten Regeln hinsichtlich Qualität, Prüfung, Lagerung, Abgabe und Bezeichnung von Arzneimitteln und Arzneistoffen.[83]

47 Das Europäische Arzneibuch geht auf ein internationales „Übereinkommen über die Ausarbeitung eines Europäischen Arzneibuches" vom 22. Juli 1964 zurück, das durch die Regierungen Belgiens, Frankreichs, der Bundesrepublik Deutschland, Italiens, Luxemburgs, der Niederlande, der Schweiz und Großbritanniens geschlossen und in Deutschland durch Gesetz vom 4. Juli 1973[84] ratifiziert wurde. Die Erstellung des Europäischen Arzneibuchs

---

80 <www.ich.org>; die Webside enthält auch eine übersichtliche Zusammenstellung der inzwischen von der ICH erarbeiteten Guidelines.
81 Vgl Lorenz, Das gemeinschaftliche Arzneimittelzulassungsrecht, 2006, S. 140 Fn 553 mwN.
82 Pharmacopoea Europaea/Pharmakopöe.
83 Eine umfassende wissenschaftliche Erläuterung zum Europäischen wie zum Deutschen Arzneibuch bieten Bracher u.a. (Hrsg.), Arzneibuch-Kommentar (Losebl.), Stand: 2009.
84 BGBl. II 1973, 701.

A. Wesentliche Entwicklungslinien des europäischen Arzneimittelrechts

findet, wie bereits ein Blick auf den Kreis der Gründungsstaaten zeigt, nicht innerhalb der Europäischen Gemeinschaft und ihrer Organe statt, sondern beim **Europarat**. Sitz ist folglich **Straßburg**. Inzwischen hat sich der Kreis der Mitgliedstaaten deutlich erhöht. Insbesondere hat die Europäische Gemeinschaft das Übereinkommen selbst angenommen und ist in den zuständigen Gremien durch die Kommission vertreten.[85]

Die Erarbeitung und fortlaufende Aktualisierung des Europäischen Arzneibuches erfolgt durch eine aus nationalen Delegationen und mit Geschäftsordnungsautonomie ausgestatteten **Europäische Arzneibuchkommission**. Die dort geleistete Sacharbeit wird durch einen **Gesundheitsausschuss** beaufsichtigt, dessen Mitglieder ebenfalls von den vertragschließenden Parteien bestimmt werden. In Deutschland werden die Beschlüsse der Arzneibuchkommission durch das zuständige Ministerium im Bundesanzeiger bekannt gemacht, wobei zum Teil nicht die Ergebnisse wiederholt werden, sondern auf die Bezugsquelle verwiesen wird.[86] Der Arzneibuchkommission obliegt es nach Art. 6 des Übereinkommens vom 22. Juli 1964 neben der Ausarbeitung allgemeiner Verfahrensgrundsätze und der Festlegung geeigneter Untersuchungsmethoden insbesondere, in das Arzneibuch aufzunehmende **Monografien** zu erarbeiten und anzunehmen und Fristen zu deren mitgliedstaatlicher Umsetzung zu empfehlen.

Besondere Bedeutung erlangen die Arzneibuchaussagen durch die Verpflichtung der vertragsunterzeichnenden Staaten, alle notwendigen Maßnahmen zu treffen, damit die Arzneibuchmonografien innerhalb ihrer Hoheitsgebiete **anwendbare Normen** darstellen. Das deutsche Arzneimittelrecht spricht das Europäische Arzneibuch in § 55 AMG mit dem Deutschen Arzneibuch unter der gemeinsamen Oberbezeichnung „Arzneibuch" an. Hiernach kommt der Deutschen Arzneibuch-Kommission beim Bundesinstitut für Arzneimittel und Medizinprodukte neben der Erstellung des Deutschen Arzneibuchs die Aufgabe zu, das Bundesministerium bei der Ausarbeitung des Europäischen Arzneibuches (fachlich) zu unterstützen.

Allgemein dürfen Arzneimittel gemäß § 55 Abs. 8 AMG nur hergestellt und zur Abgabe an den Verbraucher im Geltungsbereich des AMG in den Verkehr gebracht werden, wenn die in ihnen enthaltenen Stoffe und ihre Darreichungsformen den **anerkannten pharmazeutischen Regeln** entsprechen. Diese werden unter anderem durch die Festsetzungen des Europäischen Arzneibuchs verkörpert. Obgleich selbst kein Gesetz, kommt den Festlegungen des Arzneibuchs – vergleichbar mit den angesprochenen Aussagen der Guidelines von EMEA und Kommission (vgl Rn 20 ff) – erhebliche praktische Bindungswirkung zu.

In der Vergangenheit hat sich das Nebeneinander von nationalen Arzneibüchern und Europäischem Arzneibuch nur bedingt bewährt. Dass es zu Unterschieden der wissenschaftlichen Aussagen, ggf auch zu Missverständnissen kommen kann, liegt auf der Hand, ist aber – solange eine Alleinzuständigkeit auf europäischer Ebene aussteht – hinzunehmen. In Deutschland wurde zunächst versucht, dem durch die Integration des Europäischen in das Deutsche Arzneibuch zu begegnen. § 55 AMG deutet dies mit der gemeinsamen Überschrift „Arzneibuch" an. Mit dem Deutschen Arzneibuch 1997 wurden das Deutsche Arzneibuch und das Europäische Arzneibuch in seiner deutschen Ausgabe getrennt dargestellt.[87] Schwierigkeiten und Verzögerungen können sich auch aus dem Umstand ergeben, dass das Europäische Arzneibuch zunächst nicht in deutscher Sprache erscheint, sondern erst übersetzt werden muss.

---

85 Beschluss des Rates zur Annahme des Übereinkommens über die Ausarbeitung eines Europäischen Arzneibuches im Namen der Europäischen Gemeinschaft (94/358/EG) v. 16.6.1994 (ABl. EG Nr. L 158/17).
86 Einen Überblick der einschlägigen Bekanntmachungen im Bundesanzeiger gibt Kloesel/Cyran, Arzneimittelrecht, § 55 AMG Erl. 26.
87 Vgl Kloesel/Cyran, aaO, Erl. 36.

Fleischfresser

f) Internationale Übereinkommen

51 In Zeiten weltweit operierender Arzneimittelhersteller und eines regen internationalen Handels macht der gegenseitige rechtliche und fachliche Abstimmungsbedarf nicht an den Außengrenzen der Europäischen Union halt. So ist die Gemeinschaft etwa in die internationale Zusammenarbeit im Rahmen der **Weltgesundheitsorganisation (WHO)** eingebunden. Gemäß Art. 58 VO (EG) Nr. 726/2004 gibt die Agentur in diesem Rahmen auf Antrag wissenschaftliche Gutachten ab, um bestimmte Humanarzneimittel zu beurteilen, die *ausschließlich* für das Inverkehrbringen außerhalb der Gemeinschaft bestimmt sind.

52 Von Bedeutung sind auch die sog. **Mutual Recognition Agreements (MRA)**, die von der Gemeinschaft mit Drittstaaten abgeschlossen werden und die gegenseitige Anerkennung staatlicher Inspektionssysteme und die Verwendung einheitlicher Zertifikate regeln. Auf einer verfahrensmäßigen Ebene wird hier die Überprüfung und Durchsetzung der GMP-Regeln[88] vereinfacht. Inspektionen in Drittländern werden entbehrlich. Entsprechende Agreements der Gemeinschaft bestehen mit Australien, Japan, Kanada, Neuseeland, der Schweiz und den USA.

B. EMEA und Kommission – Strukturen einer Binnenmarktverwaltung

I. Grundsatz der mitgliedstaatlichen Exekutive

53 Die Römischen Verträge[89] sahen die Zuständigkeit für die **Umsetzung des Gemeinschaftsrechts** bei den Mitgliedstaaten. Diese waren und sind bis heute berufen, das europäisches Recht durch eigene Vollzugsbehörden unmittelbar auszuführen oder mit eigenen legislatorischen Mitteln in innerstaatliches Recht zu überführen. An diesem Grundsatz hat auch das **Vertragswerk von Lissabon** nichts geändert. Hierbei kommt es auch nicht darauf an, ob es sich um Richtlinien oder Verordnungen handelt. Denn ungeachtet seiner unmittelbaren Geltung in den Mitgliedstaaten ist Verordnungsrecht ebenfalls grundsätzlich durch die Verwaltungen der Mitgliedstaaten umzusetzen. Diese sind nach Art. 4 Abs. 3 EUV verpflichtet, alle geeigneten Maßnahmen zur Umsetzung des Vertrages zu ergreifen und Maßnahmen zu unterlassen, welche die Verwirklichung seiner Ziele gefährden könnten.

54 Dieser **Umsetzungsverpflichtung** korrespondiert eine **Verfahrensautonomie**, die nicht nur als verfahrensmäßige, sondern auch als institutionelle Autonomie[90] angesprochen wird. Sie umfasst das Recht zu eigenständiger Verwaltungsorganisation einschließlich der Festlegung von Zuständigkeiten ebenso wie dasjenige, die Einzelheiten des Verwaltungsverfahrens zu regeln. Dies schließt auch die Regelungen über die Gerichtsorganisation und das Gerichtsverfahren ein.[91] Der EuGH hat Grenzen dieser Autonomie nur dann gesehen, wenn durch die Verwaltungsorganisation die Verwirklichung des Gemeinschaftsrechts praktisch unmöglich gemacht oder wesentlich erschwert würde.[92] Angesichts der in Art. 4 Abs. 3 EUV normierten Verpflichtung zu einer effektiven Umsetzung des Gemeinschaftsrechts ist das selbstverständlich.

55 Die Verfahrensautonomie der Mitgliedstaaten hat eine erhebliche Vielfalt der beteiligten Behörden und Stellen zur Folge. Diese unterscheiden sich in ihren Organisationsformen teils erheblich. Eine von der EMEA veröffentlichte Übersicht europäischer **Regulierungsbehör-**

---

88 „Good Manufacturing Practice".
89 Verträge zur Gründung der Europäischen Wirtschaftsgemeinschaft (EWG) und der Europäischen Atomgemeinschaft (EUROTOM/EAG) v. 25.3.1957 (BGBl. II 1958, 1).
90 Vgl Schwarze, EU-Kommentar, Art. 10 EGV Rn 37 mwN.
91 ZB EuGH Slg 1995, I-4599; Slg 1986, 1651.
92 ZB EuGH Slg 1991, I-2659; Slg 1990, I-3239.

B. EMEA und Kommission – Strukturen einer Binnenmarktverwaltung

den („Regulatory Bodies in the European Union")[93] weist nicht weniger als 44 Behörden und behördenähnliche Institute aus, die in den Mitgliedstaaten mit Fragen der Sicherheit von Human- und Tierarzneimitteln befasst sind. Die **Heterogenität** mitgliedstaatlicher Organisationsformen wird durch föderale Strukturen in einigen Ländern – namentlich in der Bundesrepublik Deutschland – verstärkt. Denn die Entscheidung über die Zulassung obliegt hier mit dem Bundesinstitut für Arzneimittel und Medizinprodukte (BfArM) einer Behörde des Bundesstaates,[94] während die Kontrolle des Marktgeschehens grundsätzlich Angelegenheit der einzelnen Landesbehörden ist.

Der hierdurch bedingte Abstimmungsbedarf und die Gefahr widersprechender Entscheidungen lassen es verständlich erscheinen, dass im Vorfeld der Verordnung (EWG) Nr. 2309/93, mit der die Europäische Agentur zur Beurteilung von Arzneimitteln geschaffen wurde, ein **zentralisierter Ansatz** mit einer europäischen Arzneimittelbehörde für die Entscheidung über die Zulassung aller Arzneimittel in der Gemeinschaft in Betracht gezogen wurde. Es wurde bereits angesprochen (Rn 11), dass ein solcher Ansatz hätte sicherlich den Vorteil gemeinschaftsweit gültiger und einheitlicher Entscheidungen mit sich gebracht hätte. Jedoch konnte er sich nicht durchsetzen. Viele Mitgliedstaaten waren nicht bereit, Kompetenzen im Bereich des öffentlichen Gesundheitsschutzes an die Gemeinschaft abzugeben. Auch wäre die Schaffung einer europäischen Zentralbehörde für die Arzneimittelzulassung mit erheblichen finanziellen und personellen Aufwendungen verbunden gewesen, zu denen die die Gemeinschaft tragenden Mitgliedstaaten sich nicht bereit finden konnten.[95] Schließlich hätte sich die Kompetenz der Behörde auf die Zulassung beschränkt. Eine umfassende Marktkontrolle durch Gemeinschaftsorgane hätte es auch dann nicht gegeben.

56

Das Fortbestehen mitgliedstaatlicher Organisationsstrukturen bedingt ein Nebeneinander europäischer und nationaler Instanzen, das klare Aufgabenzuweisungen und Regelungen zur Streitschlichtung erforderlich macht. Ein rein **nationales Zulassungsverfahren**, in dem die in nationales Recht umgesetzten gemeinschaftsrechtlichen Vorgaben zwar zu beachten sind, in dem es aber nicht zu einer gemeinschaftsrechtlich vorgegebenen Koordinierung unter den Mitgliedstaaten oder einer Beteiligung von Gemeinschaftsstellen kommt, kann inzwischen nur noch durchgeführt werden, wenn ein Antragsteller die Zulassung für ein Arzneimittel lediglich in einem Mitgliedstaat beantragt *und* in der Folgezeit auch nicht auf andere Mitgliedstaaten erstrecken will.[96] In allen übrigen Fällen besteht entweder ein **Mischsystem**, also ein Nebeneinander der Verwaltungsebenen wie beim dezentralen Verfahren oder dem Verfahren der gegenseitigen Anerkennung, oder aber ein **zentrales System** mit der Zuständigkeit der Gemeinschaft, die aber ihrerseits nicht auf die Inanspruchnahme mitgliedstaatlicher Verwaltungsressourcen verzichten kann.

57

---

93 <http://www.emea.europa.eu/exlinks/exlinks.htm>.
94 Wie eng die mit Blick auf den grundgesetzlich vorgegebenen Grundsatz der Länderexekutive gesteckten Kompetenzgrenzen des BfArM sind, verdeutlicht § 21 Abs. 4 AMG: Die Bundesbehörde kann regelmäßig nicht in das Marktgeschehen eingreifen. Eine Entscheidung über die Frage, ob ein im Verkehr befindliches Produkt der Zulassungspflicht für Arzneimittel unterliegt, kann sie außerhalb eines anhängigen Zulassungsverfahrens nur treffen, wenn ein entsprechender Antrag der zuständigen Landesbehörde vorliegt. Die Entscheidung erfolgt dann durch feststellenden Verwaltungsakt (zu dieser Fallkonstellation vgl zB VG Köln, Urt. v. 4.5.2005 – 24 K 5017/01 – und Urt. v. 14.10.2009 – 24 K 4394/08 und oben § 2 Rn 136). Ungeklärt ist in diesem Zusammenhang, ob das BfArM die Feststellung auf Antrag einer Bundesbehörde, etwa des Zolls in Zusammenhang mit der Einfuhr von möglicherweise zulassungsbedürftigen Produkten treffen darf.
95 Einen Überblick über die rechtspolitische Debatte, die auch schon im Vorfeld der RL 65/65 EWG eine generelle Zentralisierung der Arzneimittelzulassung erwog, gibt Lorenz, Das gemeinschaftliche Arzneimittelzulassungsrecht, 2006, S. 47–49, 58–64 mwN.
96 Lorenz, Das gemeinschaftliche Arzneimittelzulassungsrecht, 2006, S. 63.

II. Funktion und Struktur der EMEA

1. Allgemeine Aufgabenbeschreibung

58 Der 9. Erwägungsgrund zur Verordnung (EWG) Nr. 2309/93 rechtfertigt die Errichtung einer Arzneimittelagentur mit der programmatischen Aussage:

Der Gemeinschaft müssen die nötigen Mittel zu Durchführung einer wissenschaftlichen Beurteilung von Arzneimitteln zur Verfügung gestellt werden, die zur Genehmigung in Übereinstimmung mit den zentralisierten Gemeinschaftsverfahren vorgelegt werden. Um eine wirksame Harmonisierung der Verwaltungsentscheidungen von Mitgliedstaaten im Zusammenhang mit einzelnen Arzneimitteln zu erreichen, die zur Genehmigung in Übereinstimmung mit dem dezentralisierten Verfahren vorgelegt werden, muss der Gemeinschaft ein Mittel zur Lösung von Meinungsverschiedenheiten zwischen Mitgliedstaaten im Hinblick auf die Qualität, Sicherheit und Wirksamkeit von Arzneimitteln an die Hand gegeben werden.

In sinngemäßer Wiederholung finden sich diese Überlegungen auch im 17. Erwägungsgrund der aktuellen Verordnung (EG) Nr. 726/2004, die für die Gemeinschaftsorgane neben administrativen Vereinfachungen auch Aufgabenzuwächse gebracht hat.

59 Die in den Erwägungsgründen gewählte Formulierung deutet an, dass mit der Agentur grundsätzlich **kein Entscheidungsgremium**, sondern eine Stelle zur wissenschaftlichen **Beurteilung** von Arzneimitteln geschaffen werden sollte. Wie an anderer Stelle bereits ausgeführt (vgl Rn 26), sieht sich die EMEA nicht als europäische Superbehörde, sondern als Teil eines europaweiten Netzwerks, das wissenschaftliche Informationen über Arzneimittel in Bezug auf Qualität, Sicherheit und Wirksamkeit abgleicht und zugänglich macht. Ihre allgemeine Aufgabenbeschreibung findet sich in Art. 57 Abs. 1 VO (EG) Nr. 726/2004. Angesichts begrenzter personeller Ressourcen muss dabei fallbezogen auf externen Sachverstand insbesondere der nationalen Zulassungsbehörden zurückgegriffen werden. In diesem Umstand spiegelt sich die Tatsache, dass die Mitgliedstaaten gerade keine Zentralbehörde schaffen, insbesondere eigene Kompetenzen auf dem Arzneimittelsektor nur in eng umrissenen Fällen auf die Gemeinschaftsebene verlagern wollten. Generell sollten die in den Mitgliedstaaten bestehenden Verwaltungsstrukturen unangetastet bleiben.[97] Ein allgemeines Misstrauen gegenüber supranationalen Entscheidungsinstanzen mag hier ebenso eine Rolle gespielt haben wie der inzwischen primärrechtlich verfestigte Subsidiaritätsgedanke.[98]

2. Aufbau der Agentur

a) Verwaltungsdirektor und Sekretariat

60 Die EMEA weist eine insgesamt überschaubare Verwaltungsstruktur auf, an deren Spitze ein für einen Zeitraum von fünf Jahren, der lediglich einmal verlängerbar ist, vom Verwaltungsrat auf Vorschlag der Kommission[99] ernannter **Verwaltungsdirektor** steht. Dieser ist gemäß Art. 64 Abs. 2 S. 1 VO (EG) Nr. 726/2004 der gesetzliche Vertreter der Agentur, die wiederum gemäß Art. 71 der Verordnung Rechtspersönlichkeit besitzt, das bedeutet in jedem Mitgliedstaat die weitestgehende Rechts- und Geschäftsfähigkeit, die juristischen

---

[97] Lorenz, Das gemeinschaftliche Arzneimittelzulassungsrecht, 2006, S. 138 f mwN.
[98] Vgl hierzu allgemein Bieber/Epiney/Haag, Die Europäische Union, § 3 Rn 29–33 mwN.
[99] Der Ernennung geht eine interessante Neuerung voraus, mit der eine Stärkung der Stellung des Europäischen Parlaments bewirkt werden soll: Gemäß Art. 64 Abs. 1 S. 2 VO (EG) Nr. 726/2004 wird der vom Verwaltungsrat benannte (besser: „ernannte") Kandidat unverzüglich aufgefordert, vor dem Europäischen Parlament eine Erklärung abzugeben und Fragen der Abgeordneten zu beantworten.

B. EMEA und Kommission – Strukturen einer Binnenmarktverwaltung

Personen nach dessen Rechtsvorschriften zuerkannt ist.[100] Neben den laufenden Verwaltungsgeschäften obliegen dem Verwaltungsdirektor insbesondere der Entwurf des Haushaltsplans, die **Koordinierung** der Arbeit zwischen den wissenschaftlichen Ausschüssen und die Personalangelegenheiten. Gemäß Art. 64 Abs. 3 VO (EG) Nr. 726/2004 legt der Verwaltungsdirektor dem Verwaltungsrat jährlich den Entwurf eines Berichts über die Tätigkeit der Agentur im vergangenen Jahr und den **Entwurf eines Arbeitsprogramms** für das folgende Jahr zur Genehmigung vor. Der Verwaltungsdirektor ist in seiner Arbeit damit letztlich an den Verwaltungsrat gebunden. Auch die Kommission kann Einfluss auf die Arbeit des Verwaltungsdirektors nehmen. Neben dem Vorschlagsrecht zur Ernennung steht ihr auch das Recht zu, dem Verwaltungsrat die Amtsenthebung des Verwaltungsdirektors vorzuschlagen. Das Amt des Verwaltungsdirektors kann folglich in Bezug auf die anderen beteiligten Gremien nur kooperativ ausgeübt werden.

Das **Sekretariat** unterstützt die Ausschüsse gemäß Art. 56 Abs. 1 lit. f VO (EG) Nr. 726/2004 in technischer, wissenschaftlicher und administrativer Hinsicht.

b) Verwaltungsrat

Der Verwaltungsrat ist das **zentrale Gremium** in Verwaltungsangelegenheiten der Agentur. Insbesondere entscheidet er über das Arbeitsprogramm und den Haushaltsplan.[101] Gemäß Art. 65 Abs. 1 VO (EG) Nr. 726/2004 besteht er aus einem Vertreter jedes Mitgliedstaates, hat also inzwischen eine beträchtliche Größe erlangt. Hinzu kommen je zwei Vertreter der Kommission und des Europäischen Parlaments. Ergänzt wird der Verwaltungsrat durch zwei Vertreter von Patientenorganisationen und je einen Vertreter von Ärzte- und Tierärzteorganisationen. Die Amtszeit der Mitglieder des Verwaltungsrates beträgt drei Jahre und ist verlängerbar. 61

Die Einbeziehung von **Interessengruppen** durch vollwertige Mitglieder in die Arbeit des Verwaltungsrates der Agentur ist auf **Kritik** gestoßen.[102] Allerdings stellt die Verordnung nicht nur die allgemeine Voraussetzung höchster fachlicher Qualifikation auf, sondern gestaltet auch das Ernennungsverfahren aufwendig: Hiernach werden die Interessenvertreter vom Rat im Benehmen mit dem Europäischen Parlament anhand einer Liste ernannt, die von der Kommission erstellt wird und die eine deutlich höhere Zahl von Bewerbern enthält, als Mitglieder zu ernennen sind. Die von der Kommission erstellte Liste wird dem Europäischen Parlament gemeinsam mit der entsprechenden Dokumentation übermittelt. So rasch wie möglich und innerhalb von drei Monaten nach der Mitteilung kann das Europäische Parlament seine Position dem Rat zur Prüfung vorlegen, der sodann den Verwaltungsrat ernennt. 62

Bedeutsamer als die mögliche Einflussnahme von Interessengruppen ist dagegen der Umstand, dass durch die Zusammensetzung des Verwaltungsrates den **Mitgliedstaaten** ein wirksames Steuerungsinstrument verbleibt. Die Agentur ist damit in ihrem zentralen Verwaltungsgremium keine unabhängige europäische Institution, sondern Teil eines Interessengeflechts zwischen Nationalstaaten, Gemeinschaft und den am Arzneimittelmarkt beteiligten Verkehrskreisen. 63

---

100 Hierzu zählt insb. die Befähigung, im eigenen Namen bewegliches und unbewegliches Vermögen zu erwerben und zu veräußern und vor Gericht zu stehen (Satz 2 der Vorschrift). Insoweit ergeben sich nicht unbeträchtliche Unterschiede zur Stellung zB deutscher Behörden.
101 Vgl Art. 66 lit. d, f VO (EG) Nr. 726/2004.
102 Koch, EuZW 2005, 455, 456; vgl auch Groß, EuR 2005, 54–68.

Fleischfresser

c) Die wissenschaftlichen Ausschüsse

aa) Struktur der Ausschüsse

64 Die wissenschaftlichen Ausschüsse bilden das Herzstück der wissenschaftlichen Arbeit der Agentur. Ihre Bedeutung wird durch Art. 57 Abs. 1 Unterabs. 2 der Verordnung betont. Hiernach nimmt die Agentur die dort zugewiesenen Aufgaben *vor allem* durch ihre Ausschüsse wahr. Gegenwärtig sind **sechs wissenschaftliche Ausschüsse** eingerichtet:

- Ausschuss für Humanarzneimittel
- Ausschuss für Tierarzneimittel
- Ausschuss für Arzneimittel für seltene Leiden
- Ausschuss für pflanzliche Arzneimittel
- Ausschuss für neuartige Therapien
- Pädiatrieausschuss

65 Mit Ausnahme des Pädiatrieausschusses können die Ausschüsse gemäß Art. 56 Abs. 2 VO Nr. 726/2004 eigene ständige und nicht ständige **Arbeitsgruppen** zur Unterstützung ihrer Arbeit einsetzen. Die Arbeit des Ausschusses für Humanarzneimittel und des Ausschusses für Tierarzneimittel kann zudem durch wissenschaftliche **Beratergruppen** unterstützt werden, die bei der Beurteilung bestimmter Arten von Arzneimitteln oder Behandlungen mitwirken.

66 Gemäß Art. 61 Abs. 1 VO (EG) Nr. 726/2006 benennt jeder **Mitgliedstaat** jeweils ein **Mitglied** und ein stellvertretendes Mitglied für den Ausschuss für Human- und den Ausschuss für Tierarzneimittel. Der Einfluss der Mitgliedstaaten ist also auch hier[103] deutlich. Denn die Mitglieder und stellvertretenden Mitglieder *vertreten* die zuständigen nationalen Behörden. Die Konstruktion verdeutlicht die Rolle des EMEA als **Bündelungsinstanz** für den in der Gemeinschaft vorhandenen Sachverstand. Die Vertreter der Mitgliedstaaten werden dabei aber nicht als reine Interessenvertreter gesehen, sondern in erster Linie als sachkundige Personen mit entsprechender wissenschaftlicher Expertise. Nach der ausdrücklichen Vorgabe der Verordnung werden sie aufgrund ihrer Rolle und Erfahrung bei der Beurteilung von Human- und Tierarzneimitteln ausgewählt. In Art. 61 Abs. 5 VO (EG) Nr. 726/2004 wird ihnen eine **relative Unabhängigkeit** zuerkannt. Hiernach stützen sie sich hinsichtlich ihrer Beurteilung zwar auf die wissenschaftlichen Ressourcen, die ihnen im Rahmen der nationalen Genehmigungssysteme zur Verfügung stehen. Die Mitgliedstaaten haben es aber zu unterlassen, den Ausschussmitgliedern und begleitenden Sachverständigen Weisungen zu erteilen, die mit ihren Aufgaben oder denen der Agentur unvereinbar sind.

67 Die Ausschüsse besitzen Geschäftsordnungsautonomie. Nach Art. 63 Abs. 1 VO (EG) Nr. 726/2004 wird die Zusammensetzung der Ausschüsse **veröffentlicht**. Dabei ist insbesondere die berufliche Qualifikation eines jeden Mitgliedes anzugeben. Absatz 2 der Vorschrift enthält wichtige Bestimmungen zur Sicherung der **Unabhängigkeit** der Ausschussmitglieder. Diese dürfen keinerlei finanzielle oder sonstige Interessen in der pharmazeutischen Industrie haben, die ihre Unparteilichkeit beeinflussen könnten. Sie verpflichten sich dazu, unabhängig und im Interesse des Gemeinwohls zu handeln und jährlich eine Erklärung über ihre finanziellen Interessen abzugeben. Sogenannte indirekte Interessen, die in Zusammenhang mit der Industrie stehen könnten, werden in ein der Öffentlichkeit zugängliches **Register** eingetragen. Sofern in einer Ausschusssitzung, namentlich in Bezug auf ein bestimmtes Arzneimittel, besondere Interessen bestehen, sind diese zu erklären. Einzelheiten im Übrigen werden durch einen **Verhaltenskodex** der Agentur geregelt. Die hiermit umrissenen Verpflichtungen gelten nicht nur für Mitglieder der Ausschüsse, sondern auch für die des Verwaltungsrates, Berichterstatter oder Sachverständige. Es wird damit das Bemühen

---

[103] Vgl zum Verwaltungsrat oben Rn 61 ff.

um größtmögliche Objektivität der Beurteilung deutlich. Diese soll ausschließlich dem Gemeinwohl dienen.

bb) Meinungsbildung in den Ausschüssen

Die Ausarbeitung der Gutachten folgt dem **Konsensprinzip**. Kann zu einer wissenschaftlichen Fragen indes keine Übereinstimmung erzielt werden, so gibt das Gutachten den Standpunkt der Mehrheit wieder. Abweichende Meinungen werden dann in einem „dissenting vote" niedergelegt, das mit einer eigenen Begründung versehen wird (Art. 61 Abs. 7 VO (EG) Nr. 726/2004).

Im Mittelpunkt des Verfahrens zur Meinungsbildung innerhalb der Ausschüsse steht der **Berichterstatter** resp. ein bestellter Mitberichterstatter, dem die Koordinierung der Beurteilung durch die beteiligten Gremien und Einzelpersonen obliegt. Wegen der diesbezüglichen Einzelheiten kann auf die detaillierten Bestimmungen des Art. 62 Abs. 1 VO (EG) Nr. 726/2004 Bezug genommen werden, die auch eine **Überprüfung** bereits erstellter Gutachten vorsehen. Der Inhalt eines erstellten und genehmigten Gutachtens wird in dem im Zulassungsverfahren zu erstellenden **Beurteilungsbericht** veröffentlicht. Hierbei sind jedoch vertrauliche Angaben geschäftlicher Art zu streichen.[104]

III. Stellung der Kommission

Art. 17 Abs. 1 EUV weist der Kommission unter anderem die Aufgabe zu, nach Maßgabe der Verträge Exekutivbefugnisse auszuüben und damit in eigener Zuständigkeit **Entscheidungen** zu treffen.[105] Angesichts dessen ist es folgerichtig, dass die Entscheidungsbefugnis über die **Zulassung** eines Arzneimittels bei ihr liegt. Sie besitzt insofern im Gegensatz zur EMEA echte Exekutivbefugnisse und erlässt in einem fristgebundenen Verfahren nach Art. 10 Abs. 2 VO (EG) Nr. 726/2004 die **endgültige Entscheidung**. Der Agentur kommt hier eine vorbereitende und beratende Funktion zu, die angesichts des dort angesiedelten Sachverstandes allerdings bedeutsam ist und das Ergebnis der Entscheidung zumeist vorzeichnet. Diese Aufgabenverteilung wird gelegentlich verkannt, wie das deutsche AMG belegt. Dort wird etwa in Zusammenhang der Neuregelung generischer Zulassungen durch das 14. AMG-Änderungsgesetz in § 24b Abs. 3 S. 3 AMG von einer Genehmigung des Referenzarzneimittels durch die Europäische Arzneimittel-Agentur gesprochen – eine Genehmigung, die es im Rechtssinne so nicht gibt.

C. Der Europäische Gerichtshof

Neben den beschriebenen legislatorischen Initiativen kommt der Rechtsprechung des Europäischen Gerichtshofs eine herausgehobene Stellung bei der Ausgestaltung und Fortentwicklung des Binnenmarktes im Arzneimittelsektor zu. Der Gerichtshof wird hier wie auch auf vielen anderen Gebieten des Wirtschafts- und Wirtschaftsverwaltungsrechts seinem Ruf als **Motor der Integration** durchaus gerecht. Arzneimittelrechtliche Fragestellungen werden an das Gericht vor allem im Wege des **Vorabentscheidungsverfahrens** nach Art. 267 AEUV herangetragen, in welchem mitgliedstaatliche Gerichte vornehmlich um die Auslegung des Vertrags und um Entscheidung über die Gültigkeit und die Auslegung von Handlungen der Gemeinschaftsorgane nachsuchen, was eine Überprüfung des durch die Gemein-

---

104 Vgl Art. 13 Abs. 3 und Art. 38 Abs. 3 VO (EG) Nr. 726/2004.
105 Zu Auslegung und Bedeutung der Vorgängervorschrift vgl Nemitz in: Schwarze, EU-Kommentar, Art. 211 EGV Rn 31–38.

schaft geschaffenen Sekundärrechts einschließt.[106] Entscheidungen des Gerichtshofs betreffen dabei nicht nur die Zulassung von Arzneimitteln und die Nachmarktkontrolle durch öffentliche Rechtsträger, die dem nationalen oder europäischen Verwaltungsrecht zuzuordnen sind, sondern insbesondere auch Fragen des gewerblichen Rechtsschutzes und verwandter zivilrechtlicher Bereiche.

72 Beispielhaft hervorgehoben seien hier die folgenden Entscheidungen des EuGH:[107]

Zum Arzneimittelbegriff:
- Rs. 2277/82, Slg 1983, 3883 – van Bennekom
- Rs. 369/88, Slg 1991, I-1487 – Delattre
- Rs. C-319/05 – Knoblauchkapseln, Slg 2007, I-9811
- Rs. C-140/07 – Hecht-Pharma
- Rs C-140/07 – Red Rice

Zu Gesundheitsschutz und Zulassung:
- Rs. 104/75, Slg 1976, 613 – de Peijper
- Rs. 174/82, Slg 1983, 2445 – Sandoz
- Rs. C-88/07 – Ynsadiet u.a./Kommission

Zum gewerblichen Rechtsschutz:
- Rs. 187/80, Slg 1981, 2603 – Merck/Stephar
- Rs. C-436/93, Slg 1996, I-3457 – Bristol-Meyers Squibb
- Rs. C-443/99, Slg 2002, I-3703 – Merck/Paranova

Zum Parallelimport:
- Rs. C-172/00, Slg 2002, I-689 – Ferring
- Rs. C-276/05 – Paranova

Zu Versandhandel und Werbung:
- Rs. C-322/01, Slg 2003, I-14887 – DocMorris
- Rs. C-374/05, Slg 2007, I-9517 – Gintec

Zum Sozialversicherungsrecht:
- Rs. C-317/05, Slg 2006, I-10611 – Pohl-Boskamp

D. Fazit

73 Insgesamt ist es das Verdienst des Gemeinschaftsrechts, für eine Vereinheitlichung der Marktzugangsbedingungen im Arzneimittelsektor gesorgt und einen eingegrenzten Bereich gemeinschaftsrechtlicher zentraler Zulassung etabliert zu haben. Gleichwohl bleibt die Umsetzung arzneimittelrechtlicher Vorgaben in weiten Teilen eine Angelegenheit der Mitgliedstaaten. Das muss keineswegs ein Mangel sein und entspricht dem primärrechtlich verankerten Grundsatz der Subsidiarität, wonach eine Aufgabenwahrnehmung durch Gemeinschaftsorgane nur in Betracht zu ziehen ist, wenn eine vertragskonforme Umsetzung auf mitgliedstaatlicher Ebene nicht möglich ist. Vor dem Hintergrund der vielfältigen administrativen Verschränkungen, welche insbesondere divergierende Zulassungsentscheidungen verhindern, besteht zu dieser Annahme aber kein Anlass.

---

[106] Zum Prüfungsmaßstab im Vorabentscheidungsverfahren vgl Schwarze, in: Schwarze, EU-Kommentar, Art. 234 EGV Rn 7–23.
[107] Eine umfassende und übersichtliche Sammlung der Entscheidungen der Gemeinschaftsgerichte in deutscher Sprache bietet die Internet-Seite „euro-lex" unter <www.europa.eu>.

D. Fazit

Wenn auch das **System der europäischen Agenturen** in seiner konkreten Ausgestaltung in die Diskussion geraten ist,[108] so betrifft die Kritik die EMEA noch in einem weit geringerem Umfang als andere Institutionen. Diese hat sich vielmehr als Bestandteil des europäischen Zulassungssystems etabliert und wird heute nicht mehr ernsthaft in Frage gestellt.

Einer vollständigen Verwirklichung der Binnenmarktziele stehen deutliche Unterschiede zwischen den Mitgliedstaaten auf den Gebieten der Preisbildung und des Sozialversicherungswesens, insbesondere hinsichtlich der Erstattungsfähigkeit von Arzneimitteln, in weit stärkerem Maße entgegen als verbliebene faktische oder rechtliche Differenzen in Bezug auf den Marktzutritt. Das europäische Recht stößt hier an Grenzen, deren Überwindung auf absehbare Zeit nicht zu erwarten ist. Hieran hat auch das Inkrafttreten des Vertragswerks von Lissabon am 1.12.2009 nichts geändert.

---

108 Vgl Stellungnahme der Europäischen Kommission zu dem Beschluss des Bundesrates zur Mitteilung der Kommission der Europäischen Gemeinschaften an das Europäische Parlament und den Rat: Europäische Agenturen – Mögliche Perspektiven, KOM (2008) 135 endg.; Ratsdok. 7972/08 (BR-Drucks. 228/08 v. 23.9.2008).

§ 4 Arzneimittel und Therapierichtung

Literatur: Homöopathie: *Boericke*, Handbuch der homöopathischen Materia Medica, 1992; *Broese*, Homöopathische Pharmazie, DAZ 126 (1986), 775; *Genneper/Wegener (Hrsg.)*, Lehrbuch der Homöopathie, 2001; *Gienow*, Miasmatische Schriftenreihe; *Hahnemann*, Die chronischen Krankheiten, Bd. 1–5, 4. Nachdr. 1988; *Hahnemann*, Organon der Heilkunst, 5. Auflage (Nachdr.) 1987; *Hahnemann*, Organon der Heilkunst, Standardausgabe der 6. Auflage, hrsg. von J. Schmidt, 1999; *Hahnemann*, Reine Arzneimittellehre. Bd. 1–6, 4. Nachdr. 1989; *Keller/Greiner/Stockebrand*, Homöopathische Arzneimittel; *Kent*, Kents Repertorium der homöopathischen Arzneien, hrsg. von Keller/Künzli v. Fimmelsberg, 1998; *Lagoni*, Homöopathie und Arzneimittelrecht, DAZ 125 (1985), 2635; *Mezger*, Gesichtete homöopathische Arzneimittellehre, 11. Auflage 1999; *Sahler*, Homöopathische Komplexmittel, 2002; *Schindler*, Zur Geschichte des deutschen Homöopathischen Arzneibuchs, DAZ 125 (1985), 942–946; *Schroyens*, Synthesis Repertorium Homoeopathicum Syntheticum; *Vermeulen*, Neue Synoptische Materia Medica, Bd. I und II, 2006; *Wagner/Wiesenauer*, Phytotherapie. Phytopharmaka und pflanzliche Homöopathika, 2. Auflage 2003; *Wiesenauer*, Homöopathie für Apotheker und Ärzte, 2009.
Anthroposophie: *Husemann/Wolff*, Das Bild des Menschen als Grundlage der Heilkunst, Bd. 1–3, 11. Auflage 2003; *Steiner*, Geisteswissenschaft und Medizin, 1999; *Steiner*, Geisteswissenschaftliche Gesichtspunkte zur Therapie, 2001; *Steiner*, Theosophie, 2003; *Steiner/Wegmann*, Grundlegendes zu einer Erweiterung der Heilkunst, 7. Auflage 1991.

A. Einführung 1	2. Entwicklung und Bedeutung 66
B. Allopathie 4	a) Allgemeine Historie 66
I. Begriffsdefinition und Begriffsentwicklung 4	b) Wirkstoffe der Phytotherapie 67
II. Gesetzliche Verankerung der Allopathie 6	c) Phytotherapie als Ausgangspunkt moderner Arzneimitteltherapie .. 70
C. Besondere Therapieformen 10	d) Bedeutung der Phytotherapie in der Gegenwart 71
I. Homöopathie 10	3. Ausgewählte arzneimittelrechtliche Aspekte 74
1. Begriff 10	a) Zulassung gemäß §§ 21 ff AMG .. 75
2. Methode 11	b) Registrierung traditioneller pflanzlicher Arzneimittel gemäß §§ 39 a ff AMG 77
3. Entwicklung 19	
4. Potenzen 27	
5. Homöopathie und Arzneimittelgesetz 29	c) Der Ausschuss für pflanzliche Arzneimittel (HMPC) bei der EMEA 80
a) Pharmazeutische Aspekte 30	
b) Medizinische Aspekte 39	IV. Arzneimittelrecht, Therapiefreiheit und Therapiepluralismus 81
II. Anthroposophie 50	
1. Begriff 50	
2. Methode 51	
3. Anthroposophie und Arzneimittelrecht 56	
III. Phytotherapie 62	
1. Begriff 62	

A. Einführung

1   Krankheiten und deren Behandlung sind ein Bestandteil der menschlichen Existenz. Im Laufe der Evolution hat der menschliche Körper eine Reihe von eigenen biologischen Schutzstrategien entwickelt, zB das Immunsystem oder Barrieren wie Haut und Schleimhäute. Gleichzeitig wurden auch weitere Maßnahmen in die Therapie von Krankheiten einbezogen. Im Laufe der sozio-kulturellen Entwicklung und in Verbindung mit dem jeweiligen Kenntnisstand entstanden spezifische therapeutische Systeme. Die Methoden und Rezepturen wurden in verschiedenen Kulturen schriftlich oder mündlich überliefert. Ein Bestandteil der weiteren Maßnahmen ist die Einbindung von Arzneien (im weiteren Sinne Stoffen) in die Therapie; das Spektrum der Ergänzungen kann aber auch mechanische Maßnahmen, Ernährungsvorgaben und selbst spirituelle Ansätze beinhalten.

2   Ein Beispiel für ein spezifisches therapeutisches System ist die Homöopathie, die bereits im 19. Jahrhundert von *Samuel Hahnemann* begründet wurde. Das grundlegende Prinzip der

Ähnlichkeit findet sich im Namen dieser Therapierichtung wieder. Zur Abgrenzung wurde der Begriff Allopathie eingeführt und beschreibt die Behandlung mit andersartigen Stoffen. Auch wenn der Begriff „Allopathie" heute noch weit verbreitet ist, so findet er im Arzneimittelrecht keine konkrete Anwendung. Vielfach wird er synonym mit Schulmedizin genutzt, ohne dass damit der begriffliche Ursprung angemessen wiedergegeben wird. Im deutschsprachigen Raum hat sich für einige spezifische therapeutische Systeme der Begriff „Besondere Therapierichtungen" etabliert. Im AMG werden insbesondere Phytotherapie, Homöopathie und Anthroposophie gesondert erwähnt.

Die Ausführungen sollen an dieser Stelle verdeutlichen, dass Arzneimittel nur einen Teil eines therapeutischen Gesamtkonzeptes darstellen. Bei der Anwendung des AMG – und vor allem im Zusammenhang mit den Besonderen Therapierichtungen – ist zu berücksichtigen, dass lediglich Regelungen zu den eingesetzten Arzneimitteln getroffen werden. Das therapeutische Umfeld ist nicht grundlegendes Ziel der Regelungen.

B. Allopathie

I. Begriffsdefinition und Begriffsentwicklung

Der Begriff „All(ö)opathie" wurde vom deutschen Arzt *Samuel Hahnemann* (1755–1843) eingeführt und geprägt. *Hahnemann* verstand darunter zunächst die Behandlungsmethode, die im Gegensatz zu dem von ihm begründeten therapeutischen Konzept der Homöopathie (vgl Rn 10 ff) steht: Nach seiner Definition beruht die Allopathie auf dem **Prinzip der Gegensätzlichkeit** (lat. *contraria contrariis curentur*: Gegensätzliches werde mit Gegensätzlichem behandelt), während die Homöopathie auf dem **Ähnlichkeitsprinzip** basiert (lat. *similia similibus curentur*: Gleiches werde mit Gleichem behandelt). Allopathika waren für ihn – im Gegensatz zu Homöopathika – daher solche Arzneimittel, die beim Gesunden keinen der Krankheit ähnlichen, sondern einen anderen (griech. *állos*: anders) (Krankheits-)Zustand (griech. *páthos*: Krankheit) erzeugen. Später erweiterte *Hahnemann* die Bedeutung dieses Begriffs auf die gesamte „alte Arzneischule", die er kritisierte.[1]

Die damals übliche „alte Arzneischule" hat jedoch nichts mit der heutigen „Schulmedizin" gemein. Dennoch wird der seit Ende des 19. Jahrhunderts gängige Begriff der Schulmedizin häufig als **Synonym zur Allopathie** verwendet – vornehmlich jedoch von Gegnern der Schulmedizin, also Anhängern alternativer Heilmethoden, häufig auch mit einer **negativen Konnotation**.[2] (Hoch-)Schulmediziner selbst kritisieren den Begriff der Schulmedizin, da mit dem Wort „Schule" suggeriert werde, es gebe eine feste Lehrmeinung, die von ihren Vertretern nicht in Frage gestellt werde.[3] Das Gegenteil ist jedoch der Fall: Gerade bei der an den westlichen Universitäten gelehrten, wissenschaftlich begründeten Richtung der Medizin werden Erkenntnisse und Verfahren immer wieder in Frage gestellt und neuen Überprüfungen unterzogen. Statt von Schulmedizin sollte man daher eher von **(natur)wissenschaftlicher Medizin** sprechen. In Abgrenzung zu nicht-konventionellen Methoden, denen bisher der wissenschaftliche Nachweis der Wirksamkeit fehlt, wird darüber hinaus auch der Begriff der konventionellen Therapie verwendet. Eine relativ junge Richtung der Medizin, die die wissenschaftliche Belegbarkeit medizinischer Maßnahmen in

---

1 Hahnemann, Organon der Heilkunst, 6. Auflage (posthum) 1921.
2 Jütte, Von den medizinischen Sekten des 19. Jahrhunderts zu den unkonventionellen Richtungen von heute. Anmerkungen eines Medizinhistorikers, in: Materialdienst Evangelische Stelle für Weltanschauungsfragen, 2005, S. 363–375.
3 Köbberling, Referat: Der Begriff der Wissenschaft in der Medizin, Definition und Abgrenzung, Diskussionsforum der Arbeitsgemeinschaft der Wissenschaftlichen Medizinischen Fachgesellschaften zum Thema Die Wissenschaft in der Medizin – Wert und öffentliche Darstellung, 1998.

ihren Mittelpunkt gestellt hat, ist die sog. **evidenzbasierte Medizin** (EBM, aus dem Engl.: *evidence based medicine*).[4]

Während also *Hahnemann* seinerzeit unter Allopathie alle medizinischen Therapieansätze verstand, die seinem damals neuen Konzept der Homöopathie entgegenstanden, so wird der Begriff der Allopathie heutzutage vornehmlich im Zusammenhang mit (natur)wissenschaftlich begründeten Therapien verwendet.[5]

II. Gesetzliche Verankerung der Allopathie

6   Die **rechtlichen Anforderungen an Arzneimittel** sowie deren **Verordnungsfähigkeit zulasten der Gesetzlichen Krankenversicherung** (GKV) sind eng mit der wissenschaftlichen Belegbarkeit und damit dem heutigen Verständnis der Allopathie verknüpft. Andere Therapieansätzen, deren Wirksamkeit (noch) nicht hinreichend belegt werden konnte, erfahren jedoch besondere Berücksichtigung.

7   Nach einer Legaldefinition für den Begriff der Allopathie bzw für allopathische Arzneimittel sucht man im AMG vergeblich. Man findet jedoch – eingeführt mit der 14. AMG-Novelle – Legaldefinitionen für homöopathische (§ 4 Abs. 26 AMG) und pflanzliche (§ 4 Abs. 29 AMG) Arzneimittel.[6] Darüber hinaus werden die **Phytotherapie, die Homöopathie und die Anthroposophie im Sinne besonderer Therapierichtungen** genannt. Die Tatsache, dass diese Therapierichtungen im AMG einer besonderen Erwähnung bedürfen, verdeutlicht aber gerade, dass sich das AMG eng am heutigen Verständnis der Allopathie, nämlich im Sinne der wissenschaftlich begründeten Medizin, orientiert: Im Gegensatz zum formellen Registrierungsverfahren, das vor Inkrafttreten des AMG 1978 galt, besteht nunmehr eine Zulassungspflicht für Arzneimittel. Die Erteilung einer **Zulassung** wird grundsätzlich vom **Nachweis der Qualität, Wirksamkeit und Unbedenklichkeit** des jeweiligen Arzneimittels abhängig gemacht (vgl § 6 Rn 3 ff sowie Rn 116 ff). Dieser Nachweis muss durch entsprechende analytische, pharmakologisch-toxikologische und klinische Prüfungen erfolgen, die einem Zulassungsantrag gem. § 22 Abs. 2 AMG beizufügen sind. Allerdings werden diese Anforderungen durch den sich anschließenden Absatz 3 wieder aufgeweicht: Unter besonderen Umständen kann auf diese Prüfungen verzichtet und anderes **wissenschaftliches Erkenntnismaterial** vorgelegt werden. Berücksichtigung finden sollen in dem Zusammenhang „die medizinischen Erfahrungen der jeweiligen Therapierichtungen". Dieser gesetzlich verankerte **Tendenzschutz** ist dem Willen des Deutschen Bundestages geschuldet, der sicherstellen wollte, dass trotz der hohen Anforderungen an Arzneimittel eine **Pluralität verschiedener Therapieansätze** gewährleistet wird: Die Anwendung von Arzneimitteln, deren Gebrauch auf langer Erfahrung und auf einer besonderen Auffassung von der Aufgabe eines Arzneimittels beruhen, sollte weiterhin möglich sein.[7] Der auf diese Weise geschaffene „**Doppelstandard**" wird jedoch von den Vertretern der wissenschaftlichen Medizin heftig kritisiert.[8]

8   Auch hinsichtlich der **Verordnungsfähigkeit von Arzneimitteln zulasten der GKV** spielt die Allopathie im Sinne der wissenschaftlich begründeten Medizin eine maßgebliche Rolle: § 2 des Sozialgesetzbuchs V (SGB V), das die Bestimmungen zur Gesetzlichen Krankenversicherung zusammengefasst, setzt für die Inanspruchnahme von Leistungen voraus, dass deren

---

4 Antes/Bassler/Forster (Hrsg.), Evidenz-basierte Medizin, 2003.
5 Vgl HansOLG Hamburg, Urt. v. 10.8.2006 – 3 U 30/06, PharmR 2007, 290–294.
6 Wille, Grundlagen des Arzneimittelrechts, in: Saalfrank (Hrsg.), Handbuch des Medizin- und Gesundheitsrechts, (Losebl.) Grundwerk 2007, S. 12/V.
7 Pabel, Arzneimittelgesetz, S. 187.
8 Oepen, Referat: Aus Sicht der wissenschaftlichen Medizin – Mängel der Rechtsprechung, Sitzung des Arbeitskreises „Ärzte und Juristen", 1999.

Qualität und Wirksamkeit „dem **allgemein anerkannten Stand der medizinischen Erkenntnisse** zu entsprechen und den medizinischen Fortschritt zu berücksichtigen" haben (Hervorhebung v. Verf.). Doch wie im AMG erfährt auch im SGB V diese Forderung eine Einschränkung: Nicht verschreibungspflichtige Arzneimittel sind gem. § 34 Abs. 1 S. 1 SGB V zwar von der Versorgung nach § 31 AMG ausgeschlossen. Zur Behandlung schwerwiegender Erkrankungen kann der Gemeinsame Bundesausschuss (GB-A) jedoch in der Arzneimittelrichtlinie (AM-RL) davon Ausnahmen festlegen, wenn sie als **Therapiestandard** gelten – und wie im AMG ist dabei „der therapeutischen Vielfalt Rechnung zu tragen." Diesen inneren Widerspruch zwischen dem „**grundsätzlichen Versorgungsausschluss** und dem gleichfalls **grundsätzlichen Gebot zur Berücksichtigung besonderer Therapierichtungen**" konnte aus Sicht des GB-A lediglich dadurch – und das auch „logisch schwer begründbar" – aufgelöst werden, indem gem. § 12 AM-RL Abs. 6 anstelle der „allopathischen und phytotherapeutischen Arzneimittel" auch Arzneimittel der Anthroposophie und der Homöopathie verordnet werden können.[9] Diese Verordnungsfähigkeit zulasten der GKV gilt aber nur für den Fall, dass diese Arzneimittel auch als Therapiestandard in der jeweiligen Therapierichtung gelten, was zurzeit nur auf anthroposophische Mistelpräparate zutrifft.[10]

Neben dem Einschluss von Arzneimitteln kann der GB-A aber auch eigentlich verordnungsfähige Arzneimittel gem. § 92 Abs. 1 S. 1 Hs 3 SGB V von der **Verordnungsfähigkeit zulasten der GKV ausschließen** bzw diese **einschränken**, nämlich zB dann, wenn der **therapeutische Nutzen** „nach allgemein anerkanntem Stand der medizinischen Erkenntnisse" **nicht nachgewiesen** ist. Welche Arzneimittel davon betroffen sind, ist in Anlage III der AM-RL zusammengestellt.[11] Die Bewertung dieses medizinischen Nutzens erfolgt durch das Institut für Qualität und Wirtschaftlichkeit im Gesundheitswesen (IQWiG), einer fachlich unabhängigen wissenschaftlichen Institution, die im Auftrag des GB-A tätig wird. Das IQWiG wurde im Zuge der Gesundheitsreform im Jahre 2004 gem. § 139 a Abs. 3 SGB V mit dem Auftrag gegründet, „Fragen von grundsätzlicher Bedeutung für die Qualität und Wirtschaftlichkeit der im Rahmen der gesetzlichen Krankenversicherung erbrachten Leistungen" zu bearbeiten. Wie die Bearbeitung dieser Fragestellungen zu erfolgen hat, ist im anschließenden Absatz geregelt: Sie hat gemäß dem **international anerkannten Standard der evidenzbasierten Medizin** zu erfolgen und damit höchsten wissenschaftlichen Anforderungen zu genügen. Die Tatsache, dass dieser hohe Anspruch gesetzlich fest geschrieben ist, zeigt, welche Bedeutung die Wissenschaftlichkeit und Belegbarkeit im Arzneimittelrecht (inzwischen) einnimmt. Die **Allopathie**, wie wir sie heute verstehen, nämlich im Sinne wissenschaftlich belegbarer medizinischer Therapien, ist somit **fest im Arzneimittelrecht verankert**, auch wenn sich der Begriff selbst dort nicht wieder finden lässt.

C. Besondere Therapieformen

I. Homöopathie

1. Begriff

Als **Homöopathie** („ähnliches Leiden", von griechisch *hómoios* „das Gleiche, Gleichartige") und *páthos* „das Leid, die Krankheit") wird eine therapeutische Methode bezeichnet, die von *Samuel Hahnemann* (1755–1843) von etwa 1800 bis zu seinem Lebensende entwickelt und publiziert wurde.

---

9 Newsletter des G-BA, Ausgabe 2.3.2004, S. 4. – RL über die Verordnung von Arzneimitteln in der vertragsärztlichen Versorgung, in der Fassung v. 18.12.2008 / 22.1.2009, veröffentlicht im BAnz 2009, Nr. 49 a, zuletzt geändert am 23.4.2009.
10 Newsletter des G-BA, Ausgabe Nr. 4/April 2005, S. 4. – Anlage I: Zugelassene Ausnahmen zum gesetzlichen Verordnungsausschluss nach § 34 Abs. 1 S. 2 SGB V, in der Fassung v. 1.4.2009.
11 Anlage III: Übersicht über Verordnungseinschränkungen und -ausschlüsse, in der Fassung v. 1.4.2009.

Die Homöopathie hat seither Verbreitung in weiten Teilen der Welt sowie eine breite Anhängerschaft gefunden und wechselnde Anerkennung erfahren. Homöopathische Therapeuten haben sich um die Weiterentwicklung der Therapierichtung und die Vermittlung ihrer therapeutischen Erfahrungen bemüht, was durch eine reichhaltige Literatur dokumentiert wird. Hier finden auch persönliche Vorlieben und Ausrichtungen einzelner Autoren ihren Niederschlag. Im Rahmen dieses Handbuchs sollen zunächst die grundsätzlichen Annahmen dargestellt werden.

2. Methode

11 Bei der Homöopathie handelt es sich um ein von der naturwissenschaftlichen Medizin grundsätzlich verschiedenes System. In der naturwissenschaftlichen Medizin wird Erkrankung als – zu behebende – Störung von Partialfunktionen betrachtet, das Augenmerk liegt auf pathophysiologischen Mechanismen zur Erklärung von Krankheitsentstehung und der sich daraus ergebenden Entwicklung therapeutischer Konzepte. Hierbei geht das Bestreben dahin, zu allgemeingültigen Aussagen unabhängig von der Individualität des einzelnen Patienten zu gelangen.

12 Die Homöopathie betrachtet Menschen (wie alle Lebewesen) als komplexe Einheiten, die als Ganzes agieren und reagieren und damit von Störungen auch in ihrer Gesamtheit ergriffen werden. Hierbei ist die Symptomatik einzig erkennbarer Ausdruck der zugrunde liegenden Störung (Erkrankung) und letztendlich ein Versuch, ein Gleichgewicht unter den Bedingungen der Störung wiederherzustellen. Es wird davon ausgegangen, dass Heilung nur durch den Organismus (die „**Lebenskraft**") selbst herbeigeführt werden kann, als Anstoß hierzu dient das passend gewählte Arzneimittel. Hierbei kann das Arzneimittel als Reiz verstanden werden, der dem aktuellen Zustand des Organismus möglichst ähnlich, aber nicht identisch sein soll. Durch diesen Reiz wird eine infinitesimale Kunstkrankheit induziert, die Reaktion des Organismus hierauf führt auch zur Behebung der behandelten Erkrankung. Dies wird als Therapie nach dem **Ähnlichkeitsprinzip** („Ähnliches soll durch Ähnliches geheilt werden") bezeichnet.

13 Verdeutlichen kann man dies am Beispiel einer Verbrennung, bei der eine Therapie nach dem Ähnlichkeitsprinzip eine Wärmeanwendung erfordert, wohingegen die Anwendung von Kälte dem Prinzip „contraria contrariis curentur" der von *Hahnemann* sog. **Allopathie** (vgl oben Rn 7 ff) folgt. Das Kernproblem homöopathischen therapeutischen Bemühens ist damit auch bereits umrissen, es besteht in der Wahl des für den einzelnen Patienten in der jeweiligen Situation genau passenden Arzneimittels.

14 Zunächst ist eine möglichst präzise Erfassung der aktuell beim einzelnen Patienten vorliegenden Symptome als homöopathische Anamnese erforderlich. Hierbei handelt es sich um eine Zustandsbeschreibung in Form eines phänomenologischen Mosaikbildes, wobei den Besonderheiten des Auftretens einzelner Symptome wie auch den Abweichungen von üblicherweise zu erwartenden Phänomenen besondere Bedeutung zukommt (zB Fieber ohne Durst, Fröhlichkeit bei traurigem Anlass). Die vom Patienten gewählten Beschreibungen erfahren ebenso Beachtung (Als-ob-Symptome) wie Vorlieben und Abneigungen, besondere Aufmerksamkeit liegt auf der Erfassung der durchgemachten Erkrankung und deren Verlauf, wie überhaupt der Biografie.

15 In diesem Zusammenhang gehört auch der Begriff „**Miasma**". Hiermit werden grundsätzliche Ebenen von Reaktionsmustern beschrieben, auf denen Erkrankungen mit einer jeweils eigenen Dynamik ablaufen, ein Wechsel auf eine andere Reaktionsebene als Ausdruck der Richtung des ablaufenden Prozesses ist möglich. Schwierigkeiten bereitet hier die auf *Hahnemann* zurückgehende Begrifflichkeit insofern, als „Miasma" auch iS früher Infektionsmodelle verstanden werden kann, und die Bezeichnung der einzelnen „Miasmen" (Psora,

Tuberkulinie, Skrophulose, Sykose, Syphilinie, Carzinogenie u.a.) teilweise auf Infektionskrankheiten hindeuten. Begreift man jedoch diese Erkrankungen mit ihrer Symptomatik und ihrem Verlauf nicht als nosologische Einheiten iS eines naturwissenschaftlichen Krankheitsbegriffs, sondern als modellhaft für die Dynamik der mit ihnen bezeichneten Reaktionsebene, so ergibt sich hier ein Modell der Verlaufsbeurteilung über die einzelne Erkrankungssituation hinaus. Der Begriff des Miasmas in der Homöopathie ist mit dem naturheilkundlichen Begriff der **Konstitution** nicht inhaltsgleich.

Die Symptomatik der einzelnen in der Homöopathie als Arzneimittel verwendeten Substanzen (Pflanzen, Mineralien, Metalle, tierische Bestandteile und Gifte, Körpersekrete) wird wesentlich in der „**homöopathischen Arzneimittelprüfung am Gesunden**"[12] ermittelt. Hierbei wird zunächst ein genaues Bild des Ist-Zustandes des einzelnen Probanden einschließlich von psychischer Gestimmtheit, Erscheinung, Sozialverhalten und kognitiven Besonderheiten und der für ihn typischen Reaktionsmuster in Form der oben beschriebenen homöopathischen Anamnese ermittelt. Dann wird das zu prüfende Arzneimittel in möglichst geringer Dosis verabreicht, bis Symptome auftreten. Nach den Erfahrungen der Therapierichtung ist die Symptomentwicklung abhängig von der Ansprechbarkeit des einzelnen Probanden, der Gabengröße und Häufigkeit sowie der Höhe der verabreichten Potenz. Die auftretenden Symptome werden auch in ihrem Zeitverlauf in detaillierten täglichen Aufzeichnungen durch die Probanden festgehalten. Nach Abschluss der Prüfung erfolgt die Auswertung dahin gehend, dass die unter der Einnahme des Arzneimittels eingetretenen Veränderungen nach kritischer Prüfung nach einem „Kopf zu Fuß-Schema" aufgelistet werden. Hierbei werden akzidentelle Symptome wie zB das Auftreten von Erkältungssymptomen nach Verkühlen vernachlässigt, das Ausbleiben von erwarteten Beschwerden nach entsprechender Exposition wird dagegen als Symptom erfasst. Diese – teilweise Hunderte von Einzelsymptomen umfassenden – Symptomlisten erfordern eine Bestätigung in der Anwendung am konkreten Patienten. Die so bestätigten Symptomkonstellationen bilden das „**homöopathische Arzneimittelbild**" und werden in sog. **Arzneimittellehren** zusammengefasst, Erfahrungen aus der Toxikologie und dem sonstigen Gebrauch der Substanz werden ebenfalls berücksichtigt. Durch Zuordnung der verschiedenen Arzneimittel zu den einzelnen Symptomen entstehen sog. **Repertorien**, die als Hilfsmittel für die konkrete Arzneimittelfindung dienen und inzwischen in rechnergestützten Versionen vorliegen. Hierbei werden die beim Patienten gefundenen Symptome im Repertorium aufgesucht und unter den verschiedenen zugeordneten Arzneimitteln dasjenige ausgesucht, das die verschiedenen Symptome des Patienten möglichst vollständig abbildet. Es wird zwischen der Behandlung akuter und chronischer Krankheiten unterschieden.

Dieses Arzneimittel wird nun, wiederum in möglichst geringer Dosierung (einzelne oder einige wenige Tropfen oder Globuli) verabreicht, und die hierdurch eintretende Veränderung beobachtet. Eine erneute Arzneimittelgabe wird erst dann erforderlich, wenn auf das zuerst gegebene Arzneimittel keine Reaktion erfolgt (falsches Arzneimittel) oder aber der angestoßene Prozess zu einem Ende gekommen ist. Hierbei wird eine anfängliche Verschlimmerung der vorbestehenden Symptomatik als überschießende Reaktion als Folge einer zu großen Gabe des passenden Arzneimittels gewertet. Die erneute Gabe eines homöopathischen Arzneimittels erfordert eine Erfassung und Berücksichtigung der stattgehabten Zustandsveränderungen sowie eine Veränderung der Potenz bei Wiederholung des gleichen Arzneimittels.

Bei der Beurteilung des Therapieverlaufs dienen die „Hering'schen Regeln" (*Constantin Hering*, 1800–1880), wonach die Symptome chronischer Erkrankungen in umgekehrter Reihenfolge ihres Auftretens, von innen nach außen und von oben nach unten verschwinden.

---

12 Vgl zB Sherr, J., The Dynamics and Methodology of Homoeopathic Provings, Dynamis Books 1994.

Das Wiederauftreten früher durchgemachter Symptome wird erwartet und als positives Zeichen gewertet.

18 Die vorstehende Beschreibung gibt den Kern der Homöopathie als phänomenologische Methode unabhängig von naturwissenschaftlichen Entwicklungen und kulturellen Besonderheiten der Therapeuten und Patienten wieder. Es wird deutlich, dass Homöopathie eher durch die Art der Anwendung als durch die Herstellung der verwendeten Arzneimittel definiert ist.

3. Entwicklung

19 Die Vermischung unterschiedlicher therapeutischer Ansätze in der individuellen Praxis des einzelnen Therapeuten, der unterschiedliche Kenntnistand des einzelnen sowie die Bemühungen unterschiedlicher Autoren, ihre persönlichen Vorstellungen und insbesondere die Erkenntnisse der medizinischen Forschung – besonders des späten 19. und frühen 20. Jahrhunderts – in die Homöopathie zu integrieren (oder umgekehrt) haben zu einer Vielzahl unterschiedlicher Schulen geführt, die sich mehr oder weniger weit vom Konzept der Homöopathie entfernt haben. Hierzu hat auch der Wunsch nach Verringerung oder Vermeidung des erheblichen Aufwandes an Zeit und Mühe beigetragen, der zunächst zum Erwerb der notwendigen Kenntnisse erforderlich ist, den aber auch die Anamneseerhebung und Arzneimittelfindung für jeden einzelnen Patienten verlangt.

20 Hier seien nur beispielhaft einige dieser Richtungen erwähnt:

Die **„klinische Homöopathie"** versucht die Integration pathophysiologischer Erkenntnisse, der Kategorien und des Krankheitsverständnisses der naturwissenschaftlichen Medizin, was zu einer indikations- bzw organbezogenen Anwendung meist niederer Potenzen homöopathischer Arzneimittel führt.

21 Die **„Elektroakupunktur nach Voll"** stützt sich in der Diagnostik auf das Verhalten des elektrischen Hautwiderstandes an Akupunkturpunkten auf einen definierten Reiz. Dann werden geeignet erscheinende Arzneimittel in den Messkreis eingebracht, bis eine Normalisierung der Messwerte erreicht werden kann. Das oder die so ermittelten Arzneimittel werden dem Patienten verabreicht. Verwendung finden meist homöopathische Arzneimittel, aber auch homöopathische Zubereitungen chemisch definierter Arzneimittel, Bakterienzubereitungen, Krankheitssekrete und chemische Substanzen.

22 Die von *Reckeweg* (1905–1985) in der Mitte des 20. Jahrhunderts entwickelte **„Homotoxikologie/Antihomotoxikologie"**, die sich auch die Bezeichnung „Biologische Medizin" gegeben hat, geht davon aus, dass Erkrankung durch von außen zugeführte oder im Körper entstandene Gifte (Toxine) verursacht wird, die Therapie bedient sich homöopathischer Arzneimittel und körpereigener chemischer Substanzen in homöopathischer Zubereitung, wobei insbesondere die vermeintliche Freiheit von Nebenwirkungen homöopathischer Zubereitungen von Interesse ist. Die Schwierigkeit, für den jeweiligen Patienten die passende Potenz des gewählten Arzneimittels zu ermitteln, versucht man, durch Mischung verschiedener Potenzen des gleichen Arzneimittels zu umgehen (**Potenzakkorde**).

23 Die **„Biochemie nach Schüssler"** (*Wilhelm Heinrich Schüssler*, 1821–1898) verwendet nur ein festes Spektrum von Mineralsalzen, deren Aufnahme durch homöopathische Zubereitung erleichtert werden soll. Die „Biochemie nach Schüssler" kann als frühe Form der Substitutionstherapie betrachtet werden.

24 Im Bereich der **Naturheilkunde** finden Mischungen homöopathischer Arzneimittel im Zusammenhang mit der Irisdiagnose Verwendung, die Indikationsstellung basiert – ähnlich der klinischen Homöopathie – auf pathophysiologischen und organpathologischen Überlegungen.

Als „Spagyrik" wird eine auf der Alchemie fußende Therapierichtung bezeichnet, die in ihren Herstellungsverfahren auf alchemistische Verfahren zurückgreift. Sie ist mit der Homöopathie bereits im Hinblick auf die Arzneimittelherstellung nicht vergleichbar.

Bei der „Komplexmittelhomöopathie" – auch als „Komplexismus" bezeichnet – handelt es sich nicht im eigentlichen Sinn um eine therapeutische Richtung. Der Begriff beschreibt die Verwendung von Mischungen homöopathischer Einzelmittel in „**fixen Kombinationen**", häufig nach klinischen Indikationen. Hierbei können pathophysiologische Krankheitskonzepte Anwendung finden. Diese Mittel erfreuen sich insbesondere in der Selbstmedikation und bei Therapeuten ohne ausreichende homöopathische Kenntnisse großer Beliebtheit, da sie wie chemisch definierte Arzneimittel indikationsbezogen verwendet werden, um die komplizierte Individualisierung der Therapie zu umgehen. Mangels ausreichender Untersuchung vieler Komplexmittel wird zur Begründung der Zusammensetzung und Wirksamkeit häufig auf Erkenntnisse aus der homöopathischen Verwendung der Einzelsubstanzen zurückgegriffen. Die hierbei gewählten Dosierungsschemata (zB 3 x tgl. 30 Tropfen) sind häufig den Anwendungsgewohnheiten anderer therapeutischer Richtungen entlehnt und homöopathisch nicht begründbar.

4. Potenzen[13]

Ein besonderes Anliegen *Hahnemanns* – wohl auch unter dem Eindruck der zu seiner Zeit gebräuchlichen häufig heroischen Dosen toxischer Substanzen – war die „größtmögliche Kleinheit" der Arzneimittelgabe. In diesem Bemühen entwickelte er im Lauf seines Lebens immer höhere Verdünnungen der verwendeten Arzneimittel, deren Zubereitung in Stufen mit zwischengeschalteter Verschüttelung (**Potenzierung**) erfolgte. Nach *Hahnemanns* Auffassung wurde damit die Wirkung der Arznei frei von substanziellen Effekten erschlossen. Dies führt bei stoffbezogener Betrachtung vom Standpunkt der Chemie zur Ablehnung des Verfahrens, da aus dieser Sicht ab Verdünnungen von D23 ($1:10^{-23}$) bzw C12 ($1:100^{-12}$) kein Molekül des Ausgangsstoffes mehr enthalten ist. Neuere physikalische Forschungen zur Evolution von Lösungsmitteln dagegen liefern Anhaltspunkte für physikalische Wirkungsmodelle.

So kann man für homöopathische Arzneimittel zwei unterschiedliche Wirksamkeiten annehmen: zum einen die chemisch-toxische Wirkung des Ausgangsstoffes, die mit zunehmender Potenzierung (Verdünnung) zunehmend in den Hintergrund tritt und endlich ganz verschwindet, zum anderen die eigentlich homöopathische Wirkung, die mit ansteigender Potenzierung zunehmend in Erscheinung tritt und nach den Erfahrungen der Homöopathie auch und gerade in den höchsten Potenzen (zB C 10 000 = $1:100^{-10000}$) besonders ausgeprägt, tief greifend und anhaltend ist.

5. Homöopathie und Arzneimittelgesetz

Der deutsche Gesetzgeber maß den besonderen Therapierichtungen, zu denen neben der Phytotherapie und der Anthroposophie auch die Homöopathie zählt, bereits im Jahre 1976 eine derartige Bedeutung zu, dass für diese Therapierichtungen spezielle gesetzliche Regelungen in das AMG aufgenommen wurden.[14] Er ging bei der damaligen Neufassung des AMG vom **Wissenschaftspluralismus in der Arzneimitteltherapie** aus und schuf die Möglichkeit, verschiedene Therapien, die auf unterschiedlichen theoretischen Denkansätzen und wissenschaftlichen Methoden basieren, nebeneinander bestehen zu lassen (vgl auch Rn 82). Danach können homöopathische Arzneimittel im Geltungsbereich des AMG in den Verkehr

---

13 Siehe auch unter Rn 37, 38, 44.
14 Vgl. BT-Drucks 7/3060, 52 f und BT-Drucks 7/5091, 6.

gebracht werden, wenn sie gemäß § 22 ff AMG zugelassen oder gemäß § 39 f AMG registriert worden sind.

a) Pharmazeutische Aspekte

30   Während das Therapiekonzept der Homöopathie schon 1796 in *Hufelands* „Journal für praktische Arzneikunde" beschrieben und 1810 mit der ersten Auflage des Grundlagenwerks „Organon der rationellen Heilkunde" (spätere Auflagen mit dem Titel „Organon der Heilkunst") umfassend dargestellt wurde, erfolgte die Herausgabe einer Sammlung anerkannter Regeln für die Herstellung und Prüfung homöopathischer Arzneimittel erst 1934 in Deutschland. Es handelt sich hierbei um die 2. Auflage von *Dr. Willmar Schwabes* „Homöopathisches Arzneibuch", die durch Verordnung des Reichsgesundheitsamtes als verbindlich für das damalige Reichsgebiet erklärt wurde. In der Bundesrepublik Deutschland erschien erstmals 1978 ein **Homöopathisches Arzneibuch** als Bestandteil des Deutschen Arzneibuches unter dem Titel „HAB 1". Dies war im Zusammenhang mit den gesetzlichen Regelungen zu homöopathischen Arzneimitteln im AMG 1976 erfolgt. Das HAB ist Teil des Deutschen Arzneibuches (vgl § 55 AMG), das eine vom Bundesinstitut für Arzneimittel und Medizinprodukte im Einvernehmen mit dem Paul-Ehrlich-Institut und dem Bundesamt für Verbraucherschutz und Lebensmittelsicherheit bekannt gemachte Sammlung u.a. zu anerkannten pharmazeutischen Regeln über die Qualität, Prüfung, Lagerung und Bezeichnung von Arzneimitteln und den bei ihrer Herstellung verwendeten Stoffen darstellt. Mit dem Arzneibuch in seiner jeweils aktuellen Fassung wird damit die Basis für die in § 55 Abs. 8 AMG aufgestellte Forderung geschaffen, nach der bei der Herstellung von Arzneimitteln „nur Stoffe und die Behältnisse und Umhüllungen, soweit sie mit den Arzneimitteln in Berührung kommen, verwendet werden und nur Darreichungsformen angefertigt werden [dürfen], die den anerkannten pharmazeutischen Regeln entsprechen".[15] Da das Homöopathische Arzneibuch sowohl die in Deutschland zur Herstellung homöopathischer Arzneimittel traditionell angewendeten Vorschriften als auch eine Vielzahl von Stoffmonographien beinhaltet, erfüllt es hiermit seine Zielsetzung. Entsprechend der Einleitung zum HAB 2000 dient es „der Sicherung einer angemessenen, gleichbleibenden und kontrollierbaren Qualität der am Markt befindlichen homöopathischen Arzneimittel unter Berücksichtigung der Erfordernisse der **Registrierung bzw. Zulassung homöopathischer Arzneimittel**"[16].

31   Fachlich verantwortlich für den Inhalt des Homöopathischen Arzneibuchs zeichnen die der **Deutschen Homöopathischen Arzneibuch-Kommission** (vgl § 55 Abs. 6 iVm § 55 Abs. 2–5 AMG) angeschlossenen Ausschüsse „Analytik" und „Herstellungsregeln", die sich aus Sachverständigen der medizinischen und pharmazeutischen Wissenschaft, der Heilberufe, der beteiligten Wirtschaftskreise und der Arzneimittelüberwachung zusammensetzen. Die betreffenden Ausschüsse sind maßgeblich beteiligt an der Entwicklung von Monographien für Stoffe, die in resp. zu homöopathischen Arzneimitteln verarbeitet werden als auch an der Erfassung und Beschreibung von hierzu in Deutschland traditionell angewendeten Herstellungsmethoden. Entsprechend den arzneimittelrechtlichen Bestimmungen im § 136 Abs. 1a AMG bestand letztmals bis zum 1.10.2000 die Möglichkeit, per Antragsverfahren weitere bis zu diesem Zeitpunkt noch nicht erfasste homöopathische Verfahrenstechniken in den Homöopathischen Teil des Arzneibuches aufnehmen zu lassen. Da die damit verbundenen Arbeiten zwischenzeitlich abgeschlossen worden sind, muss die Erfassung von traditionell in Deutschland zur Herstellung homöopathischer Arzneimittel verwendeter Verfahren als beendet betrachtet werden. Neben den klassischen Herstellungsvorschriften

---

15 Arzneimittelgesetz in der Fassung der Bekanntmachung v. 12.12.2005 (BGBl. I, 3394), zuletzt geändert durch Art. 1 des Gesetzes v. 17.7.2009 (BGBl. I, 1990).
16 Homöopathisches Arzneibuch 2000, Einleitung.

nach *Hahnemann* wurden auch weitere Verfahren, die sich aufgrund pharmazeutisch-technologischer Aspekte als homöopathische Verfahren erwiesen haben, in das HAB aufgenommen. Hierzu gehörten zB spezielle anthroposophische Herstellungsvorschriften, Methoden zur Herstellung spagyrischer Arzneimittel aber auch zur Herstellung von Nosoden und Organpräparaten. Im Vorwort[17] zur Gesamtausgabe des HAB 1 wurde hervorgehoben, dass „sämtliche derzeit bekannten und in der Praxis eingesetzten homöopathischen Herstellungsvorschriften aufgenommen sind; dadurch regelt das Homöopathische Arzneibuch verbindlich das Herstellen aller Arzneimittel der verschiedenen gleichberechtigten Richtungen der besonderen Heilweisen, soweit diese Arzneimittel nach homöopathischen Verfahren hergestellt sind".

Heute sind die Ausschüsse „Analytik" und „Herstellungsregeln" der Homöopathischen Arzneibuch-Kommission zu großen Anteilen ihrer Kapazitäten mit Aufgaben betraut, die das Ziel der Harmonisierung in Europa verfolgen. Der Ausschuss „Analytik" ist u.a. beteiligt an der Erarbeitung von Monographien für Stoffe für homöopathische Zubereitungen, die zur Aufnahme in das Europäische Arzneibuch bestimmt sind. Der Ausschuss „Herstellungsregeln" unterstützt u.a. die im Rahmen der Überführung der deutschen homöopathischen Herstellungsvorschriften in das Europäische Arzneibuch erforderlichen Arbeiten. Besonderes Augenmerk ist in diesem Zusammenhang darauf zu richten, dass traditionell bedingte Festlegungen des HAB auch in das Europäische Arzneibuch Eingang finden. **32**

Erstmals definiert wurden homöopathische Zubereitungen in der Ausgabe 1997 des **Europäischen Arzneibuches** in der **Monographie 1038**. Danach werden homöopathische Zubereitungen „aus Substanzen, Stoffen oder konzentrierten Zubereitungen nach einer homöopathischen Verfahrenstechnik hergestellt".[18] In seiner aktuellen Ausgabe enthält das Europäische Arzneibuch neben speziellen Anforderungen an bestimmte Ausgangsmaterialien, so zB Ausgangsstoffe tierischen oder menschlichen Ursprungs, Monographien zu Stoffen, die zur Herstellung homöopathischer Zubereitungen bestimmt sind sowie konkrete Vorschriften zur Herstellung der in homöopathischen Arzneimitteln verarbeiteten homöopathischen Wirkstoffe. In dem Maße, in dem der Prozess der Harmonisierung in der Europäischen Union weiter fortschreitet, werden weitere Stoffmonographien und weitere bisher in den europäischen Mitgliedsstaaten verwendete homöopathische Herstellungsvorschriften in das Europäische Arzneibuch Eingang finden. **33**

Darüber hinaus müssen selbstverständlich alle Anforderungen von allgemeinen Monographien, zB die der verschiedenen Darreichungsformen, oder aber auch von Stoffmonographien zu in homöopathischen Arzneimitteln verarbeiteten Arzneiträgern und Hilfsstoffen, zB Lactose oder Wasser für Injektionszwecke, erfüllt werden. **34**

Nachdem im Rahmen der europäischen Gesetzgebung zu Arzneimitteln der Begriff „Homöopathische Arzneimittel" in der Richtlinie 2001/83/EG[19] definiert worden war, wurde in Umsetzung dieser Richtlinie eine entsprechende Definition in das 14. Gesetz zur Änderung des Arzneimittelgesetzes[20] aufgenommen. Entsprechend § 4 Abs. 26 AMG ist ein homöopathisches Arzneimittel definiert als **35**

---

17 Homöopathisches Arzneibuch, Gesamtausgabe nach der Neufassung 1985, Vorwort.
18 Europäisches Arzneibuch 1997, 3. Ausgabe.
19 RL 2001/83/EG des Europäischen Parlaments und des Rates v. 6.11.2001 zur Schaffung eines Gemeinschaftskodexes für Humanarzneimittel (ABl. EG Nr. L 311/67 v. 28.11.2001), geändert durch RL 2002/98/EG des Europäischen Parlaments und des Rates v. 27.1.2003 (ABl. EG Nr. L 33/30 v. 8.2.2003), durch RL 2003/63/EG der Kommission v. 25.6.2003 (ABl. EU Nr. L 159/46 v. 27.6.2003, berichtigt in ABl. EU Nr. L 302/40 v. 20.11.2003) durch RL 2004/24/EG des Europäischen Parlaments und des Rates v. 31.3.2004 (ABl. EU Nr. L 136/85 v. 30.4.2004), durch RL 2004/27/EG des Europäischen Parlaments und des Rates v. 31.3.2004 (ABl. EU Nr. L 136/34 v. 30.4.2004).
20 Vom 29.8.2005 (BGBl. I, 2570).

ein Arzneimittel, das nach einem im Europäischen Arzneibuch oder, in Ermangelung dessen, nach einem in den offiziell gebräuchlichen Pharmakopöen der Mitgliedstaaten der Europäischen Union beschriebenen homöopathischen Zubereitungsverfahren hergestellt worden ist. Ein homöopathisches Arzneimittel kann auch mehrere Wirkstoffe enthalten.

Insofern ist die Grundvoraussetzung für das Inverkehrbringen eines homöopathischen Arzneimittels nunmehr geregelt. Folgerichtig findet sich diese in den Gründen für die Versagung eines Antrags auf Registrierung eines homöopathischen Arzneimittels. Hier heißt es in § 39 Abs. 2 Nr. 7 AMG:

Die zuständige Bundesoberbehörde hat die Registrierung zu versagen, wenn [...]

7. das Arzneimittel nicht nach einer im Homöopathischen Teil des Arzneibuches beschriebenen Verfahrenstechnik hergestellt ist,

36 Der aktuellen **Monographie „Homöopathische Zubereitungen"** (1038)[21] des Europäischen Arzneibuches zufolge können Ausgangsstoffe für die Herstellung homöopathischer Zubereitungen natürlichen oder synthetischen Ursprungs sein. Konkretere Aussagen enthält das Kapitel H 5.2 Ausgangsstoffe der aktuellen Fassung des HAB.[22] Danach sind Ausgangsstoffe zur Herstellung homöopathischer Arzneimittel Stoffe im Sinne des AMG (vgl § 3 AMG). In den Kapiteln H 5.2.2 bis H 5.2.6 sind die allgemeinen Anforderungen an die Qualität dieser Stoffe, zu denen frische Pflanzen, getrocknete Pflanzen, Tiere, Nosoden sowie Ausgangsstoffe mineralischer Herkunft sowie anorganische und synthetische Stoffe gehören, fixiert. Die speziellen Anforderungen hinsichtlich der Qualität des jeweiligen Ausgangsstoffes sind in den Stoffmonographien geregelt.

37 Die Herstellung homöopathischer Arzneimittel wird im Wesentlichen nach denselben Prinzipien durchgeführt, wie sie *Hahnemann* entwickelte. Danach werden die jeweiligen Ausgangsstoffe mit einem Arzneiträger gemäß HAB mittels Mehrglasmethode über einen – bei flüssigen Zubereitungen – Verschüttelungsprozess oder – bei festen Zubereitungen – über eine Verreibung in einem bestimmten Verhältnis stufenförmig zu einer benötigten Potenzstufe verarbeitet („Potenzieren").

38 In Abhängigkeit von dem hierbei verwendeten Verhältnis wird zwischen D- und C-Potenzen unterschieden. Darüber hinaus enthält das HAB eine spezielle, von einer C-Potenz abgeleitete, Vorschrift zur Herstellung von sog. LM-Potenzen.

Dem galenischen Ansatz folgend können homöopathische Zubereitungen zu festen, flüssigen und halbfesten Darreichungsformen verarbeitet werden: Streukügelchen, Tabletten, Verreibungen, Suppositorien, Flüssige Verdünnungen, Flüssige Verdünnungen zur Injektion, Nasentropfen, Augentropfen und Salben. Die jeweiligen Darreichungsformen werden in Hinblick auf individuelle oder therapeutische Erfordernisse eingesetzt.

Fachlich verantwortlich für die Entscheidung über einen Antrag auf **Zulassung** gemäß §§ 21, 25 AMG bzw einen Antrag auf **Registrierung** gemäß §§ 38, 39 AMG ist das Bundesinstitut für Arzneimittel und Medizinprodukte als zuständige Bundesoberbehörde .

b) Medizinische Aspekte

39 Die Einführung des AMG und der Bestandsschutz für die auf dem Markt befindlichen Arzneimittel brachten hinsichtlich der regulatorischen Beurteilung homöopathischer Arzneimittel eine Reihe von Schwierigkeiten. So konnte der Wirksamkeitsbeleg, der nach dem Gesetz erforderlich ist, für homöopathische Arzneimittel – teilweise schon wegen des hohen Verdünnungsgrades – besonders aber wegen des Fehlens klinischer Indikationen in der Homöopathie nicht in der üblichen Weise geführt werden. In der Homöopathie können

---

21 Europäisches Arzneibuch 2008, 6. Ausgabe, 2. Nachtrag.
22 Homöopathisches Arzneibuch 2008.

wegen der oben beschriebenen Art der Arzneimittelfindung durchaus für verschiedene Patienten mit der aus naturwissenschaftlicher Sicht gleichen klinischen Indikation unterschiedliche Arzneimittel erforderlich sein, andererseits können ebenso Patienten mit unterschiedlichen klinischen Indikationen das gleiche homöopathische Arzneimittel benötigen.

Der Gesetzgeber hat hier das **Registrierungsverfahren** für homöopathische Arzneimittel geschaffen, in dem ein spezieller Wirksamkeitsbeleg nicht erforderlich ist, im Gegenzug auf die Angabe klinischer Indikationen verzichtet wird. Dies schließt auch den Hinweis auf Erkrankungen im Arzneimittelnamen aus. Für registrierte homöopathische Arzneimittel wird in Übereinstimmung mit der europäischen Gesetzgebung die insbesondere durch den Verdünnungsgrad zu garantierende toxikologische Unbedenklichkeit gefordert.[23] Nach der Richtlinie 2001/83/EG ist für registrierte homöopathische Arzneimittel auch keine Dosierungsangabe vorgesehen. Mit den registrierten Arzneimitteln stehen damit dem sachkundigen Anwender homöopathische Arzneimittel insbesondere für die Einzelfallanwendung zur Verfügung. **40**

Für diejenigen homöopathischen Arzneimittel, die mit klinischen Indikationen vermarktet werden, sollte eine erleichterte Möglichkeit zum Wirksamkeitsbeleg, insbesondere im Hinblick auf die große Menge unterschiedlicher homöopathischer Arzneimittel als Einzelmittel und – in wechselnden Kombinationen – als Komplexmittel, geschaffen werden. Hierzu wurde eine **Aufbereitungskommission** (**Kommission D**) aus Vertretern der Hersteller und der homöopathischen Fachgesellschaften berufen, um den Markt aufzubereiten und **Monographien** für die einzelnen in der Homöopathie verwendeten Substanzen zu erstellen, in denen die verwendeten Ausgangssubstanzen, die bekannten Darreichungsformen und die aus der Literatur und der Erfahrung der Anwender ableitbaren klinischen Indikationen sowie evtl Besonderheiten der Anwendung zusammengefasst werden sollten. Parallel wurden die Herstellungsvorschriften in einem **Arzneibuch** (**HAB**)[24] festgelegt. Die Bezeichnung Homöopathisches Arzneibuch ist insofern irreführend, als hier auch spagyrische Herstellungsvorschriften und solche aus der anthroposophischen Medizin Aufnahme gefunden haben. Die Monographien der Kommission D zu homöopathischen Arzneimitteln nehmen auf das HAB Bezug, sie gelten explizit nur für die nach den darin beschriebenen Herstellungsvorschriften hergestellten Arzneimittel. **41**

Leitend war dabei der Gedanke, dass für einige homöopathische Arzneimittel „**bewährte Indikationen**" bekannt sind. Dies beschreibt Arzneimittel, die nach homöopathischer Erfahrung in vielen Fällen akuter Erkrankungen auf der Grundlage weniger oder einzelner Symptome erfolgreich eingesetzt werden können, so zB Aconitum napellus bei plötzlich einsetzenden Beschwerden oder Arnica montana bei stumpfen Traumen, insbesondere Prellungen und Verstauchungen, Atropa belladonna bei Fieber mit Unruhe und Angst. Es bestand der Wunsch, solche Indikationen für alle in der Homöopathie verwendeten Einzelmittel zu benennen. Da die Monographien vor der praktischen Anwendung in der regulatorischen Beurteilung erstellt wurden und aufgrund des gewaltigen Arbeitsaufwandes Fehler und Unvollständigkeiten aufweisen, begann die Kommission D mit einer Überarbeitung, die allerdings durch die Beendigung der Aufbereitung mit der 5. AMG-Novelle endete und damit unvollständig blieb. Mit dem Ende der Aufbereitung änderte sich die Zusammensetzung der Kommission D dahin gehend, dass die Hersteller in der Kommission nicht mehr vertreten sind. **42**

---

23 In diesem Zusammenhang wird von der HMPWG eine „List of Safe Dilutions" entwickelt (http://www.hma.eu/uploads/media/FSD_Introduction_to_the_List_of_First_Safe_Dilutions_Draft_for_release_for_consultation).
24 Siehe auch Rn 30 ff.

43 Durch die Beendigung der Aufbereitung können Änderungen des Erkenntnisstandes sowohl in der Medizin als auch in Bezug auf regulatorische Anforderungen, die sich auch aus veränderten Rechtslagen ergeben können, keinen Eingang in die Monographien mehr finden, so zB die erst 1994 mit der AMG-Novelle geforderte Berücksichtigung bestimmter Personengruppen wie Schwangere oder Kinder.[25]

44 Da die Monographien stoffbezogen erstellt wurden, stellen sie keine systematische **toxikologische Bewertung** unter Berücksichtigung von Verdünnungsgrad und Dosis für konkrete Arzneimittel dar. Eine solche Bewertung muss gegebenenfalls entsprechend dem aktuellen Erkenntnisstand nachgeholt werden. Bei einer Nutzen-Risiko-Bewertung ist zu berücksichtigen, dass bei homöopathischen Arzneimitteln nicht – wie bei chemisch definierten oder pflanzlichen – von einer Dosis-Wirkungs-Beziehung ausgegangen wird. Damit kann durch Erhöhung des Verdünnungs-(Potenzierungs-)Grades ein toxikologisches Risiko ohne Wirksamkeitsverlust im Hinblick auf die homöopathische Wirkung verringert werden.

45 Bei der Verwendung der Monographien als Wirksamkeitsbeleg ergeben sich Schwierigkeiten besonders daraus, dass die Kommission D bei der Formulierung der Indikationen in den Monographien die Verwendung und Erfahrungen in der homöopathischen Therapie formuliert hat. So erscheinen Indikationen wie „Entzündungen aller Schweregrade in allen Organen und Geweben" was aber nur in der *lege artis* von einem erfahrenen Homöopathen durchgeführten Therapie im Einzelfall Gültigkeit beanspruchen und nicht zwanglos auf die Anwendung nach klinischen Indikationen übertragen werden kann[26]

46 Weiterhin hat die Kommission D Kriterien veröffentlicht, nach denen der Wirksamkeitsnachweis für fixe Kombinationen homöopathischer Arzneimittel auf der Grundlage der Monographien zu den Einzelbestandteilen geführt werden kann, ohne die eigentlich erforderlichen Arzneimittelprüfungen am Gesunden mit der Kombination durchführen zu müssen.[27] Hierbei wird nicht berücksichtigt, dass bei Mischung mehrerer homöopathischer Arzneimittel streng genommen ein neues Arzneimittel entsteht, dessen Arzneimittelbild nicht durch Summation der Arzneimittelbilder der Einzelbestandteile ermittelt werden kann. Hier sind auch Ausschlüsse wegen aus homöopathischer Sicht bestehenden Wechselwirkungen zwischen Einzelbestandteilen aufgeführt.[28]

47 Es wurden **Kriterien zur Bewertung bibliografischen Erkenntnismaterials**[29] im Hinblick auf klinische Indikationen aufgestellt. Dies wurde durch die Heterogenität der homöopathischen Literatur und die Schwere der in den Monographien genannten – und auch von den Herstellern für ihre Präparate beanspruchten – Indikationen erforderlich.

Um für den Gebrauch in der Selbstmedikation und durch homöopathisch unerfahrene Therapeuten eine angemessene und möglichst wenig schädliche Dosierungen zu gewährleisten, wurde eine **Dosierungsempfehlung**[30] formuliert.[31] Hierbei fand Berücksichtigung, dass – wie die Erfahrung mit der homöopathischen Arzneimittelprüfung am Gesunden zeigt – durch Gabe homöopathischer Zubereitungen auch jenseits stofflicher Wirkung eine von der Primärerkrankung verschiedene Symptomatik induziert werden kann, wodurch sich bei fortgesetzter Arzneimittelgabe dauernde Veränderungen manifestieren können. Weiterhin kann die Erstverschlimmerung – eine initiale kurzfristige Symptomverstärkung bei Gabe eines

---

25 BVerwG, Urt. v. 21.6.2007 – 3 C 39.06.
26 Vgl BAnz Nr 100 v. 24.4.1997.
27 Vgl BAnz Nr. 100 v. 24.4.1997, S. 6724.
28 Zur rechtlichen Bewertung vgl BVerwG, Urt. v. 16.10.2008 – 3 C 24.07.
29 Vgl „Kriterien für Erkenntnismaterial zu klinischen Indikationen in der Homöopathie" v. 9.10.2002 unter <www.bfarm.de>.
30 Vgl „Neufassung der Dosierungsempfehlungen der Kommission D für homöopathische Arzneimittel" v. 2.12.2005 unter <www.bfarm.de>.
31 Siehe hierzu auch Urteil des BVerwG v. 19.11.2009 – 3 C 10.09.

passenden homöopathischen Arzneimittels – bei bereits kritischen Zuständen und fortgesetzter Arzneimittelgabe zu bedrohlichen Entgleisungen führen. Beide Probleme bestehen bei sachgerechter homöopathischer Therapie kaum, da hier die Dosierung in einzelnen Gaben unter Verlaufsbeobachtung erfolgt.

Zu der Frage, wie der Wirksamkeitsbeleg bei homöopathischen Arzneimitteln auch für Indikationen geführt werden kann, die nicht in den Monographien der Kommission D zu den Einzelbestandteilen wiedergegeben werden, liegt inzwischen eine Beurteilung durch die Rechtsprechung vor.[32] Danach ist der Prozess der **Monographieerstellung für die gewünschte Indikation nachzuholen**. Es muss gezeigt werden, dass die gewünschte Indikation einen Tenor des entsprechenden Arzneimittelbildes wiedergibt und sich dies auch in der Anwendung am Patienten bestätigen lässt. Einzelne Symptome im Arzneimittelbild sowie die Nennung der gewünschten Indikation bei einzelnen Autoren sind nicht ausreichend.

Das AMG verwendet den Begriff „homöopathisch" in **zwei unterschiedlichen Bedeutungen**, was gelegentlich zu Missverständnissen führt. Zum einen werden homöopathische Arzneimittel als nach einer in einer entsprechenden Pharmakopoe niedergelegten Herstellungsvorschrift hergestellte Arzneimittel definiert, also nach dem Standort der Herstellungsvorschrift. Die Art der Anwendung findet hierbei keine Berücksichtigung. Bei der Beurteilung des zum Wirksamkeitsbeleg vorgelegten „anderen wissenschaftlichen Erkenntnismaterials" fordert das Gesetz dagegen die Berücksichtigung des Selbstverständnisses und der Eigenerfahrung der (homöopathischen) Therapierichtung, hiermit wird auf die Besonderheit der Anwendung in der Homöopathie verwiesen.

II. Anthroposophie

1. Begriff

Die anthroposophische Therapierichtung wurde von Dr. phil. *Rudolf Steiner* (1861–1925) und der Ärztin *Ita Wegmann* (1876–1943) auf der Grundlage der von *Steiner* begründeten Anthroposophie (griech. *anthropos* = mensch, *sophia* = Weisheit) entwickelt. Bei der Anthroposophie handelt es um eine Lehre, die als gnostische Weltanschauung eingeordnet werden kann. Aus der Anwendung der anthroposophischen Anschauungen auf Medizin und Pharmazie ist die anthroposophisch erweiterte Medizin entstanden.

2. Methode

Die anthroposophisch erweiterte Medizin betrachtet sich als eine Erweiterung (Ergänzung) der wissenschaftlichen Medizin, deren Erkenntnisse sie zu integrieren versucht. Es wird eine differenzierte Anthropologie zugrunde gelegt. Hiernach ist der Mensch beschreibbar in den Kategorien von unterschiedlichen Seinsebenen (Wesensglieder) als Entsprechungen der Naturreiche (Mineral, Pflanze, Tiere, Mensch), nämlich:

- physischer Leib,
- Ätherleib, auch Bildekräfte- oder Lebensleib, als Träger der Lebensprozesse
- Astralleib ‚der sensorische Information verarbeitet und Träger von Stimmung, Gefühl, intellektueller Aktivität und Wahrnehmung ist
- und Ich als Repräsentant des spirituellen Persönlichkeitskerns,

die in unterschiedlichen Funktionsebenen zusammenwirken, nämlich:

- Nerven-Sinnes-System,
- rhythmisches System und
- Stoffwechsel-Gliedmaßen-System.

---

32 Vgl OVG NRW, Urt. v. 29.4.2008 – 13 A 4996/04.

- Weitere Differenzierungen der Wesensglieder können hier unberücksichtigt bleiben.

Es findet eine Entwicklung durch die Lebensalter statt, so dass sich altersabhängig unterschiedliche Schwerpunkte und Funktionen dieser verschiedenen Ebenen ausbilden.

52 Krankheit wird verstanden als Verschiebung der Fließgleichgewichte und Wechselwirkungen der Ebenen, Therapie als Versuch, diese Gleichgewichte und Wechselwirkungen – zB durch Stärkung und/oder Schwächung einzelner Bereiche – wiederherzustellen. Hierbei wird teilweise bereits bei im herkömmlichen Sinne nicht krankheitswertigen Situationen ein Behandlungsbedarf im Sinne einer Prozesslenkung gesehen. Überlegungen zu Schicksals- und Entwicklungsaspekten werden in die therapeutischen Erwägungen einbezogen.

53 Das hierzu verfügbare therapeutische Instrumentarium umfasst Kunst- und Musiktherapieformen, Eurythmie (Bewegungsübungen), Diätetik, besondere Massageverfahren, ein weites Spektrum äußerlicher Anwendungen (Bäder, Wickel, Packungen, Einreibungen) und auch Arzneimittel.

Die Arzneimittelanwendung erfolgt häufig in Form fixer Kombinationen, die in ihrer Zusammensetzung (wie zT auch bereits in der Herstellung) die beabsichtigte Veränderung des Wesensgliedergefüges und der Funktionsebenen berücksichtigen. Die Anwendung durch den Therapeuten erfolgt häufig parenteral (sub- und intracutan) unter Berücksichtigung besonderer Injektionsstellen.

54 In den Arzneimitteln finden Mineralien, Pflanzen und tierische Bestandteile einzeln oder in Kombination Verwendung, die Konzentration der Einzelbestandteile reicht von substanziellen Dosen über (oft niedrige) Potenzierungen bis zu Hochpotenzen (meist maximal D30, in Einzelfällen D60). Die Betrachtung der Beziehung der verwendeten Substanzen zu physiologischen oder pathologischen Prozessen rekurriert auf Angaben *Steiners* und auf Gestaltbetrachtungen iS einer Signaturenlehre und nicht auf Arzneimittelprüfungen wie in der Homöopathie.

55 Hinsichtlich der anthroposophischen Arzneimittel besteht eine Besonderheit im Vergleich zu anderen Therapierichtungen, da die anthroposophischen Arzneimittel in enger Zusammenarbeit von Anwendern und Pharmazeuten – aus der die Firmen *Wala* (gegründet 1922 von *Dr. Hauschka* zur Entwicklung von Arzneimitteln nach Vorgaben *Steiners*) und *Weleda* (Nachfolger von *Wegmanns* „Internationale Laboratorien & Klinisch-Therapeutisches Institut Arlesheim AG") hervorgingen – erfolgte.

3. Anthroposophie und Arzneimittelrecht

56 Der Gesetzgeber hat der anthroposophischen Medizin den Status einer **besonderen Therapierichtung** zugebilligt, deren Selbstverständnis und Eigenerfahrung bei der Beurteilung der Arzneimittel dieser Therapierichtung zu berücksichtigen sind. Es wurde auch hier eine Aufbereitungskommission (Kommission C) berufen, die die Aufbereitung des Marktes und die Erstellung von Monographien übernommen hat. Anders als in der Homöopathie wurden diese Monographien jedoch nicht substanz- sondern (jedenfalls für fixe Kombinationen) präparatebezogen erstellt.

57 Wie bereits oben ausgeführt handelt es sich bei der anthroposophischen Therapie um eine weitere den besonderen Therapierichtungen zuzuordnende Therapierichtung (vgl auch Rn 29, 82). **Anthroposophische Arzneimittel** können in Deutschland – unter Berücksichtigung des verwendeten Herstellungsverfahrens – gemäß § 22 ff AMG zugelassen oder gemäß § 39 f AMG registriert werden.

C. Besondere Therapieformen 4

Im 15. Gesetz zur Änderung des AMG[33] werden anthroposophische Arzneimittel erstmalig 58
definiert. Danach ist ein anthroposophisches Arzneimittel

ein Arzneimittel, das nach der anthroposophischen Menschen- und Naturerkenntnis entwickelt wurde, nach einem im Europäischen Arzneibuch oder, in Ermangelung dessen, nach einem in den offiziell gebräuchlichen Pharmakopöen der Mitgliedsstaaten der Europäischen Union beschriebenen homöopathischen Zubereitungsverfahren oder nach einem besonderen anthroposophischen Zubereitungsverfahren hergestellt worden ist und das bestimmt ist, entsprechend den Grundsätzen der anthroposophischen Menschen- und Naturerkenntnis angewendet zu werden.

Entsprechend Erwägungsgrund 22 der Richtlinie 2001/83/EG sollen anthroposophische 59
Arzneimittel dem vereinfachten Registrierungsverfahren zugänglich sein, sofern diese nach einem homöopathischen Verfahren hergestellt werden:

Anthroposophische Arzneimittel, die in einer offiziellen Pharmakopöe beschrieben und nach einem homöopathischen Verfahren zubereitet werden, sind hinsichtlich der Registrierung und der Genehmigung für das Inverkehrbringen homöopathischen Arzneimitteln gleichzustellen.

Insofern ist auch der in § 39 Abs. 2 Nr. 7 a AMG formulierte Grund für eine Versagung eines Antrags auf Registrierung für ein homöopathisches Arzneimittel folgerichtig formuliert. Hier heißt es:

[…] Die zuständige Bundesoberbehörde hat die Registrierung zu versagen, […] Nr. 7 a. wenn die Anwendung der einzelnen Wirkstoffe als homöopathisches oder anthroposophisches Arzneimittel nicht allgemein bekannt ist, […]

Damit sind anthroposophische Arzneimittel in Hinblick auf eine angestrebte Registrierung in gleicher Weise zu behandeln wie Arzneimittel, die in der homöopathischen Therapierichtung eingesetzt werden sollen.

Hinsichtlich der Erfassung von zur Herstellung von anthroposophischen Arzneimitteln ver- 60
wendeten Vorschriften wird auf die Ausführungen zur Entwicklung des Homöopathischen Arzneibuches unter Rn 30 ff verwiesen. Die in das **HAB** aufgenommenen Vorschriften zur Herstellung anthroposophischer Arzneimittel basieren auf den Grundprinzipien der Homöopathie und sind darüber hinaus durch die anthroposophische Geisteswissenschaft geprägt. Bei der Herstellung der Zubereitungen werden neben einer nach den Regeln der Homöopathie durchgeführten Potenzierung auch speziell substanzbezogene rhythmisch ablaufende Prozesse vollzogen. Neben diesen im HAB befindlichen Verfahren werden allerdings auch eine Vielzahl von weiteren, oft sehr speziellen Herstellungsverfahren angewendet, die zT auch der Phytotherapie zuzuordnen sind. Bisher wurden diese jedoch in keinem offiziellen Arzneibuch beschrieben.

Da die Arzneimittel dieser Therapierichtung teilweise homöopathische, aber auch phyto- 61
therapeutische Zubereitungen enthalten, gelingt eine Einordnung nach den Regularien der Richtlinie 2001/83/EG nur teilweise. Da die Besonderheiten der Therapierichtung bei der Beurteilung des Wirksamkeitsbelegs in diesem Zusammenhang keine Berücksichtigung finden,[34] kann ein Marktzugang nach der Richtlinie – abgesehen von der Möglichkeit der Zulassung nach Art. 8 und den Artt. 10, 10 a, 10 b, 10 c und 11 RL 2001/83/EG[35] – entweder nach Artt. 13 bis 15 der Richtlinie als registriertes homöopathisches Arzneimittel oder nach Kapitel 2 a Art. 16a-i der Richtlinie als traditionelles pflanzliches Arzneimittel erfolgen. Da viele anthroposophische Arzneimittel zur parenteralen Anwendung vorgesehen

---

33 Arzneimittelgesetz in der Fassung der Bekanntmachung v. 12.12.2005 (BGBl. I, 3394), zuletzt geändert durch Art. 1 des Gesetzes v. 17.7.2009 (BGBl. I, 1990).
34 Vgl EuGH, Urt. v. 20.9.2007 – Rs C-84-06.
35 Vgl Art. 16 der RL 2001/83/EG.

sind und diese Anwendungsart im Selbstverständnis der Therapierichtung begründet liegt, ist eine Registrierung nach Artt. 13 bis 15 RL 2001/83/EG für Injektabilia nicht möglich. Bei der Registrierung als traditionelles pflanzliches Arzneimittel ergeben sich Schwierigkeiten hinsichtlich der Anwendungstradition, die sich in der anthroposophischen Medizin von derjenigen in der Phytotherapie unterscheidet. Die für die Registrierung traditioneller pflanzlicher Arzneimittel möglichen Indikationen entsprechen allerdings nicht der anthroposophischen Anwendungstradition.

Fachlich verantwortlich für die Entscheidung über einen Antrag auf **Zulassung** gemäß §§ 21, 25 AMG bzw einen Antrag auf **Registrierung** gemäß §§ 38, 39 AMG ist das Bundesinstitut für Arzneimittel und Medizinprodukte als zuständige Bundesoberbehörde.

III. Phytotherapie

1. Begriff

62 Der Begriff „Phytotherapie" bedeutet Therapie mit **pflanzlichen Arzneimitteln**. Dabei geht der Wortbestandteil „Phyto-" auf die griechische Bezeichnung für Pflanze zurück und ist innerhalb der Begriffe „Phytotherapie" und „Phytopharmaka" fester Bestandteil der medizinisch-pharmazeutischen Nomenklatur. Einschlägige wissenschaftliche Wörterbücher verstehen Phytotherapie als Behandlung und Vorbeugung von Krankheiten und Befindensstörungen durch Pflanzen, Pflanzenteile und deren Zubereitungen[36] bzw als Behandlung mittels Phytopharmaka.[37]

63 In das AMG wurde der Begriff der Phytotherapie als eine der sog. **besonderen Therapierichtungen** integriert.[38] In § 25 Abs. 6 AMG ist die Phytotherapie neben der Homöopathie und der Anthroposophie als eine Therapierichtung benannt, für die in den Zulassungskommissionen[39] eine spezifische Expertise durch Sachverständige mit entsprechenden wissenschaftlichen Kenntnissen und praktischen Erfahrungen vorgesehen ist. Die jeweiligen Besonderheiten der verwendeten Arzneimittel sind zu berücksichtigen. Im Gegensatz zur Homöopathie und Anthroposophie zeichnet sich die Phytotherapie jedoch nicht durch ein grundlegend eigenständiges Therapiekonzept aus, sondern ist hauptsächlich durch die Verwendung der namengebenden pflanzlichen Arzneimittel charakterisiert.

64 Im Rahmen der Richtlinie 2004/24/EG vom 31.3.2004 zur Änderung der Richtlinie 2001/83/EG[40] wurde eine Definition für pflanzliche Arzneimittel in das europäische Arzneimittelrecht aufgenommen. Unter Titel I „Begriffsbestimmungen" der Richtlinie 2001/83/EG[41] heißt es seither in Art. 1 Nr. 30:

Pflanzliches Arzneimittel: Alle Arzneimittel, die als Wirkstoff(e) ausschließlich einen oder mehrere pflanzliche Stoffe oder eine oder mehrere pflanzliche Zubereitungen oder eine oder mehrere solcher pflanzlichen Stoffe in Kombination mit einer oder mehreren solcher pflanzlichen Zubereitungen enthalten.

---

36 Vgl Pschyrembel, Klinisches Wörterbuch.
37 Vgl Hunnius, Pharmazeutisches Wörterbuch.
38 Zum Methodenpluralismus in der Medizin vgl Rn 74, 81 f.
39 Zur Bedeutung der Zulassungskommissionen vgl Rn 76 sowie § 6 Rn 240, § 7 Rn 94, § 10 Rn 57 ff.
40 RL 2004/24/EG des Europäischen Parlaments und des Rates v. 31.3.2004 zur Änderung der RL 2001/83/EG zur Schaffung eines Gemeinschaftskodexes für Humanarzneimittel hinsichtlich traditioneller pflanzlicher Arzneimittel (ABl. EU Nr. L 136 v. 30.4.2004, S. 85–90).
41 RL 2001/83/EG des Europäischen Parlaments und des Rates v. 6.11.2001 zur Schaffung eines Gemeinschaftskodexes für Humanarzneimittel (ABl. EG Nr. L 311 v. 28.11.2001, S. 67–128), in der geänderten Fassung.

Der deutsche Gesetzgeber hat im Zuge der Umsetzung der Richtlinie 2004/24/EG in nationales Recht diese Definition für pflanzliche Arzneimittel in die „sonstigen Begriffsbestimmungen" des AMG aufgenommen (§ 4 Abs. 29 AMG).

Ebenfalls ausgehend von der Richtlinie 2004/24/EG wurden Definitionen für die Begriffe „pflanzliche Stoffe" und „pflanzliche Zubereitungen" in den Nr. 31 und 32 des Art. 1 RL 2001/83/EG niedergelegt.[42] Diese Definitionen wurden nicht im Wortlaut in das AMG übernommen. Dort sind lediglich Pflanzen und Pflanzen(bestand)teile usw in bearbeitetem oder unbearbeitetem Zustand dem Stoffbegriff unterstellt (vgl § 3 Nr. 2 AMG). Aufgrund der Begriffsbestimmungen im Europäischen Arzneibuch, das gemäß § 55 AMG die für Arzneimittel verbindliche Sammlung anerkannter pharmazeutischer Regeln darstellt, sind die Definitionen für pflanzliche Stoffe und pflanzliche Zubereitungen gleichwohl ins deutsche Recht integriert. Trotz inhaltlich einheitlicher Definitionen bei der Benennung pflanzlicher Substanzen konnte jedoch bisher zwischen dem Europäischen Arzneibuch und der europäischen Arzneimittelgesetzgebung keine Vereinheitlichung der Begrifflichkeiten erreicht werden; während das Arzneimittelrecht die Begriffe pflanzlicher Stoff und pflanzliche Zubereitung verwendet, wird auf der Ebene des Europäischen Arzneibuchs an den pharmazeutisch-historisch gewachsenen Begriffen „pflanzliche Droge"[43] und „Zubereitungen aus pflanzlichen Drogen festgehalten".[44]

2. Entwicklung und Bedeutung

a) Allgemeine Historie

Aufgrund der vielfältigen und reichhaltigen Verfügbarkeit pflanzlichen Ausgangsmaterials in der Natur stellte die Verwendung pflanzlicher Präparate schon früh eine tragende Säule der Arzneimittelgewinnung dar. In den verschiedensten Kulturkreisen wurden detaillierte Beschreibungen bestimmter Pflanzen zusammen mit dem Erfahrungswissen über ihre Wirkungen in sog. Kräuterbüchern niedergelegt. Über lange Zeit herrschte eine spirituelle Vorstellung von den pflanzlichen Heilkräften vor, bis gegen Ende des Mittelalters der materielle, auf ein bekanntes Wirkprinzip fokussierte Charakter der Heilpflanzen in den Vordergrund rückte. Im Zuge der Entwicklung der Naturwissenschaften im Allgemeinen und später der Pharmakologie als originär naturwissenschaftlich geprägtem Teilgebiet der Medizin im Besonderen resultierten immer präzisere Definitionen der verwendeten pflanzlichen Stoffe und Zubereitungen bis hin zur Isolierung einzelner Wirkkomponenten.[45] Die analytisch-naturwissenschaftliche Auseinandersetzung mit den überlieferten Erkenntnissen der Pflanzenheilkunde kann daher als Wiege der modernen Pharmakologie und die Phytotherapie als Ausgangspunkt der an chemisch-definierten Wirkstoffen orientierten allopathischen Medizin angesehen werden. Parallel zu dieser Entwicklung besteht jedoch die Phytotherapie im klassischen Sinne, dh die medizinische Verwendung komplex zusammengesetzter pflanzlicher Arzneimittel, bis heute fort.

b) Wirkstoffe der Phytotherapie

Unter Berücksichtigung naturwissenschaftlicher Kriterien ist die Kenntnis und Definition des in der Phytotherapie verwendeten Pflanzenmaterials von essentieller Bedeutung. Schon

---

42 Siehe Art. 1 Nr. 1 der RL 2004/24/EG des Europäischen Parlaments und des Rates v. 31.3.2004 zur Änderung der RL 2001/83/EG zur Schaffung eines Gemeinschaftskodexes für Humanarzneimittel hinsichtlich traditioneller pflanzlicher Arzneimittel (ABl. EU Nr. L 136 v. 30.4.2004, S. 85–90).
43 Vgl Monographien „Pflanzliche Drogen" und „Zubereitungen aus pflanzlichen Drogen" im Europäischen Arzneibuch, 6. Ausgabe 2008.
44 Zur etymologischen Bedeutung des Begriffs „Droge" vgl Rn 67.
45 Einen kurzen historischen Überblick bietet zB Hänsel, Phytotherapie, Geschichtliche Einleitung, in: Hänsel/Hölzl (Hrsg.), Lehrbuch der pharmazeutischen Biologie, 1996, S. 495 ff (vergriffen).

lange erfolgt daher die exakte Beschreibung von Heilpflanzen unter Anwendung des wissenschaftlichen Pflanzennamens nach dem in der Botanik gebräuchlichen binominalen Nomenklatursystem.[46] Durch die Angabe des verwendeten Pflanzenteils wie zB Blätter oder Wurzeln erfolgt eine weitere Präzisierung. Hintergrund ist, dass aufgrund unterschiedlicher Inhaltsstoffvorkommen in den verschiedenen Pflanzenteilen und damit verbundenen unterschiedlichen Wirkqualitäten in der Regel nicht die ganze Pflanze, sondern bestimmte Teile davon Verwendung finden. Diese liegen meistens in getrockneter Form vor, da frische Pflanzen nicht unabhängig vom Ort und Zeitpunkt ihrer Ernte verfügbar sind und die Haltbarmachung durch Trocknen ein bereits seit den Anfängen der Pflanzenheilkunde tradiertes Verfahren darstellt. Hieraus leitet sich auch ein Deutungsansatz für die sprachliche Herkunft des in der Pharmazie anders als im allgemeinen Sprachgebrauch wertfrei verwendeten Begriffs der Droge (niederländisch droog = trocken)[47] her. Um allgemein verbindliche Identifikations- und Qualitätsstandards für die verschiedenen in der Phytotherapie eingesetzten Pflanzenmaterialien festzulegen, werden bereits seit einigen Jahrhunderten sog. **Drogenmonographien** erstellt, in Arzneibüchern gesammelt und veröffentlicht. Derzeit existieren im Europäischen bzw Deutschen Arzneibuch ca. 200 bzw 25 Monographien für pflanzliche Drogen, was einen Anteil von ca. 10 % bzw 30 % der Monographien insg. ausmacht.[48]

68 Wie oben (Rn 65) bereits erwähnt, hat die europäische Gesetzgebung die in den Arzneibüchern gebräuchliche Bezeichnung und Definition der pflanzlichen Droge nicht aufgegriffen und stattdessen den Begriff des pflanzlichen Stoffs in der Richtlinie 2001/83/EG etabliert (Art. 1 Nr. 31):

Pflanzliche Stoffe: Alle vorwiegend ganzen, zerkleinerten oder geschnittenen Pflanzen, Pflanzenteile, Algen, Pilze, Flechten in unverarbeitetem Zustand, gewöhnlich in getrockneter Form, aber zuweilen auch frisch. Bestimmte pflanzliche Ausscheidungen, die keiner speziellen Behandlung unterzogen wurden, werden ebenfalls als pflanzliche Stoffe angesehen. Pflanzliche Stoffe sind durch den verwendeten Pflanzenteil und die botanische Bezeichnung nach dem binomialen System (Gattung, Art, Varietät und Autor) genau definiert.

69 Aus der Definition geht eindeutig hervor, dass pflanzliche Stoffe abgesehen von Behandlungsschritten wie Zerkleinerung, Schnitt oder Trocknung ausschließlich in unverarbeitetem Zustand vorliegen dürfen. Von den Anfängen der Phytotherapie bis heute haben jedoch Präparate pflanzlicher Herkunft in weiterverarbeitetem Zustand zunehmend an Bedeutung gewonnen. Die Gründe hierfür können vielfältig sein; Aspekte der Haltbarmachung oder erleichterten Einnahme können ebenso eine Rolle spielen wie die Anreicherung bestimmter Inhaltsstoffe oder Abtrennung unerwünschter, zB toxischer Substanzen. Gängige Verfahren der Weiterverarbeitung können zB die Extraktion mit Auszugsmitteln oder die Destillation flüchtiger Inhaltsstoffe sein. Weiterverarbeitete pflanzliche Stoffe finden sich ebenfalls unter den Monographien der Arzneibücher und werden dort als Zubereitungen aus pflanzlichen Drogen bezeichnet. In der Richtlinie 2001/83/EG werden sie unter dem Begriff der pflanzlichen Zubereitungen geführt (Art. 1 Nr. 32):

Pflanzliche Zubereitungen: Zubereitungen, die dadurch hergestellt werden, dass pflanzliche Stoffe Behandlungen wie Extraktion, Destillation, Pressung, Fraktionierung, Reinigung, Konzentrierung oder Fermentierung unterzogen werden. Diese umfassen zerriebene oder pulverisierte pflanzliche Stoffe, Tinkturen, Extrakte, ätherische Öle, Presssäfte und verarbeitete Ausscheidungen von Pflanzen.

---

46 Benennung der Pflanzenart durch Kombination aus dem Namen der Gattung mit einem Art-spezifischen Beiwort und dem Namenskürzel des beschreibenden Erstautors, vgl Strasburger, Lehrbuch der Botanik, 35. Aufl. 2002, S. 579 ff.
47 Vgl Duden, Band 7, Das Herkunftswörterbuch, 4. Aufl. 2006.
48 Zur Bedeutung des Europäischen bzw Deutschen Arzneibuchs nebeneinander vgl § 3 Rn 46 ff.

c) Phytotherapie als Ausgangspunkt moderner Arzneimitteltherapie

Unabhängig davon, ob ein pflanzlicher Stoff oder eine pflanzliche Zubereitung im Sinne der Richtlinie 2001/83/EG vorliegen, stellt die Eigenschaft eines chemischen Vielstoffgemischs ein wesentliches Charakteristikum eines pflanzlichen Wirkstoffs dar. Dabei ist die Zusammensetzung dieser Vielstoffgemische gekennzeichnet vom Vorkommen verschiedenster Inhaltsstoffgruppen, die von ubiquitären Pflanzenstoffen bis hin zu Substanzen mit hochspezifischen Wirkungen reichen. Im Zuge der Entwicklung der modernen Pharmakologie wurde der Identifikation und Isolierung der wirksamen Substanzen zunehmende Bedeutung beigemessen. Dies ermöglichte in vielen Fällen eine exakte Analyse der Wechselwirkungen zwischen chemisch-definierten Substanzen und dem menschlichen Körper sowie eine exakte, von naturgemäß vorkommenden Inhaltsstoffschwankungen im pflanzlichen Ausgangsmaterial unabhängige Dosierung. Vielfach wurden die gewonnenen Substanzen chemisch modifiziert, um Wirkstoffe mit optimierten Eigenschaften zu erhalten.[49] Die moderne, auf einzelnen chemisch-definierten Wirkstoffen basierende Pharmakotherapie hat mithin ihren Ursprung in der Phytotherapie. 70

d) Bedeutung der Phytotherapie in der Gegenwart

Trotz der oben erläuterten Vorteile der Isolierung und Modifikation chemisch-definierter Wirkstoffe aus pflanzlichem Ausgangsmaterial und dem Design neuer Wirkstoffe unabhängig von natürlichem Ausgangsmaterial behält die Phytotherapie als eine der besonderen Therapierichtungen weiterhin ihren Stellenwert. Die Ursachen hierfür sind vielfältig; auch bei Anwendung fortschrittlichster chemisch-analytischer und medizinisch-pharmakologischer Methoden lassen sich in den meisten Fällen die Wirkprinzipien pflanzlicher Arzneimittel nicht auf molekular definierte Inhaltsstoffe reduzieren. Um den unterschiedlichen klinischen oder pharmakologischen Kenntnissen über die Inhaltsstoffe Rechnung zu tragen, werden **pflanzliche Stoffe und Zubereitungen** derzeit in **drei Kategorien**[50] eingeteilt: 71

- pflanzliche Stoffe/Zubereitungen mit wirksamkeitsbestimmenden Inhaltsstoffen, die auf einen bestimmten Gehalt dieser Inhaltsstoffe standardisiert sind;
- pflanzliche Stoffe/Zubereitungen, die auf eine bestimmte pharmakologisch relevante Inhaltsstoffgruppe quantifiziert sind;
- pflanzliche Stoffe/Zubereitungen ohne bekannte wirksamkeitsbestimmende oder pharmakologisch relevante Inhaltsstoffgruppe.

Dabei ist die Mehrzahl der pflanzlichen Wirkstoffe der letzten Kategorie zuzuordnen. Unabhängig davon, welche der genannten Kategorien ein pflanzlicher Stoff oder eine pflanzliche Zubereitung vertritt, ist nach den Vorstellungen der phytotherapeutischen Erfahrungsheilkunde stets das enthaltene **Vielstoffgemisch in seiner Gesamtheit** als Wirkstoff anzusehen. Darin ist eine Vielzahl verschiedener bekannter oder unbekannter Wirkkomponenten vertreten, die in Kombination mit Bestandteilen, die unterstützend eingreifen, eine synergistische Wirkung entfalten. In dieser auf vielen Angriffspunkten im Zielsystem basierenden synergistischen Wirkung pflanzlicher Vielstoffgemische sind die Vorzüge der Phytotherapie begründet. Für den Idealfall wird für dieses Zusammenspiel die Möglichkeit der Dosisreduktion der einzelnen Komponenten in Verbindung mit einer Reduktion des Schweregrades und der Anzahl von unerwünschten Wirkungen postuliert. 72

Ein Vergleich der europäischen und außereuropäischen Arzneimittelmärkte zeigt, dass die Verwendung pflanzlicher Arzneimittel insb. in Deutschland nach wie vor eine **hohe Popularität** genießt. Da es sich bei der Mehrzahl der pflanzlichen Präparate um apothekenpflich- 73

---

49 Vgl zB Lüllmann/Mohr/Hein, Taschenatlas Pharmakologie, 6. Aufl. 2008, S. 4.
50 Vgl Guideline on Quality of Herbal Medicinal Products/Traditional Herbal Medicinal Products (CPMP/QWP/2819/00 Rev 1).

tige oder freiverkäufliche Arzneimittel handelt, sind Phytotherapeutika nach dem Wegfall der Erstattungsfähigkeit nicht-verschreibungspflichtiger Arzneimittel durch die gesetzliche Krankenversicherung bis auf wenige Ausnahmen dem **Selbstmedikationsmarkt** zuzurechnen. Von zunehmender Bedeutung ist, dass pflanzliche Präparate vielmals bereits aufgrund ihrer Zusammensetzung und teilweise auch aufgrund ihrer Anwendungsgebiete im Grenzbereich zu Lebensmitteln bzw Nahrungsergänzungsmitteln und Kosmetika angesiedelt sind. In Verbindung mit den vergleichsweise hohen regulatorischen Anforderungen im Arzneimittelsektor entwickeln sich vielfältige Bestrebungen, entsprechende Produkte nicht mehr als Arzneimittel, sondern als Lebensmittel oder kosmetische Mittel im Sinne des Lebensmittel-, Bedarfsgegenstände- und Futtermittelgesetzbuchs[51] in Verkehr zu bringen.

3. Ausgewählte arzneimittelrechtliche Aspekte

74 Die begriffliche Einbindung pflanzlicher Wirkstoffe und Arzneimittel in den deutschen und europäischen Arzneimittelrechtskontext wurde bereits dargelegt. Im deutschen Arzneimittelrecht ist die Phytotherapie darüber hinaus als **eine der besonderen Therapierichtungen** verankert, worin auch das ausdrückliche Bekenntnis des Gesetzgebers zum Methodenpluralismus in der Medizin zum Ausdruck kommt.[52] Jedoch definiert sich die Phytotherapie in erster Linie durch die Beschaffenheit der verwendeten pflanzlichen Arzneimittel und nur partiell durch ein eigenständiges Therapiekonzept. Diesem Umstand trägt die Tatsache Rechnung, dass im deutschen und europäischen Arzneimittelrecht für die Phytotherapie – im Gegensatz zur Homöopathie[53] – zunächst kein eigenständiges Verfahren als Alternative zur Zulassung etabliert wurde. Problematisch ist in diesem Zusammenhang, dass pflanzliche Arzneimittel den an chemisch-definierten Arzneimitteln ausgerichteten Anforderungen für den Beleg von **Qualität, Wirksamkeit und Unbedenklichkeit** schon aufgrund ihres Vielstoffcharakters nur begrenzt bzw in modifizierter Form zugänglich sind. Deshalb wurden bereits im Rahmen der Richtlinie 75/318/EWG[54] ausgehend von Fragestellungen zur Qualität spezifische Anforderungen an pflanzliche Arzneimittel definiert, die bis zum derzeit aktuellen, durch die Richtlinie 2003/63/EG vom 25.6.2003 zur Änderung der Richtlinie 2001/83/EG[55] festgelegten Stand weiterentwickelt wurden. Zusätzlich wurde ebenfalls auf europäischer Ebene ein breit angelegter Katalog von Leitlinien geschaffen,[56] der die Anwendung der in Art. 8 Abs. 3 lit. i RL 2001/83/EG bzw in § 22 AMG festgeschriebenen Anforderungen an die Zulassungsunterlagen[57] auf dem Gebiet pflanzlicher Arzneimittel erläutert. Gleichwohl musste festgestellt werden, dass eine große Anzahl pflanzlicher Arzneimittel zwar eine hinreichende Qualität belegen kann und eine lange Tradition der medizinischen Verwendung aufweist, nicht jedoch die im Zulassungsverfahren angemessenen Anforde-

---

51 Lebensmittel- und Futtermittelgesetzbuch – LFGB; hinsichtlich Abgrenzungsfragen vgl auch § 2 Rn 28 ff.
52 Vgl Ziffer II.2. im Ausschussbericht zum Gesetz zur Neuordnung des Arzneimittelrechts v. 24.8.1976, abgedruckt bei Kloesel/Cyran, Arzneimittelrecht, Band IX, M2.
53 Vgl Registrierungsverfahren gem. § 39 AMG, s. § 7 Rn 95 ff.
54 RL 75/318/EWG des Rates v. 20.5.1975 zur Angleichung der Rechts- und Verwaltungsvorschriften der Mitgliedstaaten über die analytischen, toxikologisch-pharmakologischen und ärztlichen oder klinischen Vorschriften und Nachweise über Versuche mit Arzneimittelspezialitäten (ABl. EG Nr. L 147 v. 9.6.1975, S. 1–12).
55 RL 2003/63/EG der Kommission v. 25.6.2003 zur Änderung der RL 2001/83/EG des Europäischen Parlaments und des Rates zur Schaffung eines Gemeinschaftskodexes für Humanarzneimittel (ABl. EU Nr. L 159 v. 27.6.2003, S. 46–94).
56 Siehe Veröffentlichung der Leitlinien auf der Homepage der Europäischen Arzneimittel-Agentur (EMEA – European Medicines Agency, vgl Art. 1 Nr. 27 der RL 2001/83/EG): <http://www.emea.europa.eu>.
57 Vgl § 6 Rn 116.

rungen an die Belege von Wirksamkeit und Unbedenklichkeit erfüllen kann.[58] Vor diesem Hintergrund wurde schließlich mit der Richtlinie 2004/24/EG ein vereinfachtes Registrierungsverfahren für traditionelle pflanzliche Arzneimittel in das europäische Arzneimittelrecht eingeführt, so dass für pflanzliche Arzneimittel je nach Beleglage zum Erlangen einer Genehmigung für das Inverkehrbringen das Verfahren der Zulassung oder der Registrierung infrage kommt. Seit der Umsetzung ins AMG kennt das deutsche Arzneimittelrecht mit der Zulassung gemäß § 21 ff AMG und der Registrierung gemäß § 39 a ff AMG zwei verschiedene Marktzugangsberechtigungen für pflanzliche Arzneimittel, die im Folgenden kurz vorgestellt werden.

a) Zulassung gemäß §§ 21 ff AMG

Der überwiegenden Mehrzahl der in Deutschland für pflanzliche Arzneimittel erteilten Zulassungen liegen keine vollständigen eigenen Unterlagen mit Ergebnissen pharmakologisch-toxikologischer Versuche und klinischer Prüfungen oder sonstiger ärztlicher Erprobung zugrunde (§ 22 Abs. 2 Nr. 2 und 3 AMG), sondern es handelt sich um Zulassungen auf Basis bibliografischer Unterlagen (§ 22 Abs. 3 AMG und Art. 10 a RL 2001/83/EG). Grundlage dieser Zulassungen mit reduziertem Antragsumfang sind die Regelungen der sog. allgemeinen medizinischen Verwendung (*well-established use*),[59] die erstmals in der Richtlinie 1999/83/EG der Kommission vom 8. September 1999 zur Änderung des Anhangs der Richtlinie 75/318/EWG[60] definiert wurde. 75

Ein entsprechender Regelungsbedarf für Arzneimittel, die sich bereits vor der Etablierung eines Genehmigungsverfahrens im Markt befunden hatten, war bereits früher in den Richtlinien 75/318/EWG und 75/319/EWG[61] erkannt worden. Aufgrund ihrer langen Marktpräsenz befanden sich unter diesen Arzneimitteln in Deutschland insb. auch viele pflanzliche Arzneimittel, die mithin Gegenstand der sog. Nachzulassung[62] wurden. Im Hinblick darauf hatte die für die Phytotherapie zuständige Zulassungskommission (vgl § 25 Abs. 6 AMG; sog. Kommission E) das vorhandene wissenschaftliche Erkenntnismaterial zu den am Markt befindlichen Phytotherapeutika gesammelt, bewertet und die Ergebnisse in Monographien festgehalten. Dabei wurden Anwendungsgebiete festgeschrieben, die im Hinblick auf den *well-established use* zuerkannt werden konnten. Die Monographien-Sammlung der Kommission E stellte als Ergebnis dieser Aufbereitungsarbeit lange Zeit innerhalb und auch außerhalb Deutschlands die essentielle Grundlage für die Zulassung pflanzlicher Arzneimittel auf Basis des *well-established use* dar.[63] Zwischenzeitlich haben die Monographien aufgrund fehlender Aktualisierung und veränderter wissenschaftlicher bzw regulatorischer Gegebenheiten an Bedeutung verloren und die Aufbereitungsarbeit gehört seit geraumer Zeit nicht mehr zu den Aufgaben der Zulassungskommissionen. 76

---

58 Vgl Erwägungsgründe 3 bis 7 zur RL 2004/24/EG des Europäischen Parlaments und des Rates v. 31.3.2004 zur Änderung der RL 2001/83/EG zur Schaffung eines Gemeinschaftskodexes für Humanarzneimittel hinsichtlich traditioneller pflanzlicher Arzneimittel (ABl. EU Nr. L 136 v. 30.4.2004, S. 85–90).
59 Siehe Kap. 1 Art. 10 der RL 2001/83/EG, vgl unter § 6 Rn 131.
60 RL 1999/83/EG der Kommission v. 8.9.1999 zur Änderung des Anhangs der RL 75/318/EWG des Rates zur Angleichung der Rechts- und Verwaltungsvorschriften der Mitgliedstaaten über die analytischen, toxikologisch-pharmakologischen und ärztlichen oder klinischen Vorschriften und Nachweise über Versuche mit Arzneimittelspezialitäten (ABl. EG Nr. L 243 v. 15.9.1999, S. 9–11).
61 Zweite RL 75/319/EWG des Rates v. 20.5.1975 zur Angleichung der Rechts- und Verwaltungsvorschriften über Arzneispezialitäten (ABl. EG Nr. L 147 v. 9.6.1975, S. 13–22).
62 Siehe auch unter § 7 Rn 211 ff.
63 Die Veröffentlichung erfolgte jeweils im Bundesanzeiger, abrufbar über die Datenbank „Aufbereitungsmonographien Kommission E (Phytopharmaka)" der Wissenschaftlichen Verlagsgesellschaft Stuttgart, 2002.

b) Registrierung traditioneller pflanzlicher Arzneimittel gemäß §§ 39 a ff AMG

77 In das europäische Arzneimittelrecht wurden mit der Richtlinie 2004/24/EG Vorschriften für das bereits erwähnte vereinfachte Registrierungsverfahren für traditionelle pflanzliche Arzneimittel aufgenommen (Art. 16 a bis 16 i RL 2001/83/EG). Die Umsetzung ins AMG erfolgte in § 39 a ff AMG. Wichtige Merkmale des Verfahrens sind die Notwendigkeit der Nachweise der medizinischen Verwendung über einen Zeitraum von 30 Jahren, der Unschädlichkeit sowie der Plausibilität der pharmakologischen Wirkungen oder der Wirksamkeit aufgrund langjähriger Anwendung und Erfahrung. Im Vergleich zum Zulassungsverfahren liegen die Unterschiede insb. im Bereich des Wirksamkeitsbelegs, der durch Plausibilitätsnachweise unter Berücksichtigung der traditionellen medizinischen Verwendung vollständig ersetzt wird. Hinsichtlich der Unbedenklichkeit können bibliografische Unterlagen ausreichend sein, diese müssen aber soweit zur Beurteilung erforderlich ergänzt werden. Lediglich die Qualitätsanforderungen an traditionelle pflanzliche Arzneimittel sind identisch zu denjenigen im Zulassungsverfahren.

78 Das AMG kannte Regelungen für Arzneimittel, denen ein Wirksamkeitsbeleg entsprechend den Anforderungen im regulären Zulassungsverfahren nicht möglich war, bereits im Rahmen seiner Übergangsvorschriften für die Nachzulassung (vgl § 105 iVm §§ 109 Abs. 3, 109 a AMG; vgl § 7 Rn 256 ff). Diese Vorschriften waren ausschließlich anwendbar auf Arzneimittel, die sich bei Einführung des AMG bereits auf dem Markt befunden hatten und die einen Wirksamkeitsbeleg weder auf ausreichende eigene Unterlagen noch auf bibliografische Daten im Sinne des *well-established use* stützen konnten. Schon hier wurde der Begriff der Traditionellen Arzneimittel geprägt, der jedoch nicht auf die vorherrschende Gruppe der pflanzlichen Präparate beschränkt war, sondern auch Arzneimittel mit chemisch-definierten Wirkstoffen umfasste.

79 Im Gegensatz zu diesen Übergangsvorschriften gemäß § 105 iVm § 109 a AMG ist das Registrierungsverfahren gemäß §§ 39 a ff AMG nicht an die Existenz eines Arzneimittels gebunden, das bereits Gegenstand der Nachzulassung war. Vor dem Hintergrund der europäischen Harmonisierung ist das Verfahren vielmehr sowohl für die Überführung bestehender Nachzulassungen gemäß § 105 iVm § 109 a AMG als auch für Neuanträge auf Registrierung als traditionelles pflanzliches Arzneimittel vorgesehen. Die Anwendbarkeit erstreckt sich jedoch zunächst ausschließlich auf pflanzliche Arzneimittel, die zusätzlich Vitamine und Mineralstoffe enthalten können; für Präparate anderer Therapierichtungen oder Arzneimittel mit chemisch-definierten Wirkstoffen ist das Verfahren nicht zugänglich. Darüber hinaus ist eine Inanspruchnahme des Registrierungsverfahrens nicht möglich, wenn für das beantragte oder ein entsprechendes Arzneimittel eine Zulassung gemäß § 25 AMG oder eine Registrierung gemäß § 39 AMG erteilt wurde. Zu den weiteren Hintergründen, Voraussetzungen und Anwendungen des Registrierungsverfahrens gemäß § 39 a ff AMG wird auf die ausführlichen Ausführungen unter § 7 Rn 134 ff verwiesen.

c) Der Ausschuss für pflanzliche Arzneimittel (HMPC)[64] bei der EMEA

80 Im Rahmen der Richtlinie 2004/24/EG wurde mit dem HMPC auf europäischer Ebene erstmals ein eigenständiges Gremium für den Bereich der pflanzlichen Arzneimittel eingerichtet. Der Ausschuss ist aus Sachverständigen für pflanzliche Arzneimittel der Mitgliedstaaten zusammengesetzt. Zu seinen Aufgaben gehören u.a. die Erstellung gemeinschaftlicher Pflanzenmonografien im Hinblick auf Genehmigungen (Zulassungen) für pflanzliche Arzneimit-

---

[64] Herbal Medicinal Products Committee, vgl Art. 16 h der RL 2004/24/EG des Europäischen Parlaments und des Rates v. 31.3.2004 zur Änderung der RL 2001/83/EG zur Schaffung eines Gemeinschaftskodexes für Humanarzneimittel hinsichtlich traditioneller pflanzlicher Arzneimittel (ABl. EU Nr. L 136 v. 30.4.2004, S. 85–90).

rungen an die Belege von Wirksamkeit und Unbedenklichkeit erfüllen kann.[58] Vor diesem Hintergrund wurde schließlich mit der Richtlinie 2004/24/EG ein vereinfachtes Registrierungsverfahren für traditionelle pflanzliche Arzneimittel in das europäische Arzneimittelrecht eingeführt, so dass für pflanzliche Arzneimittel je nach Beleglage zum Erlangen einer Genehmigung für das Inverkehrbringen das Verfahren der Zulassung oder der Registrierung infrage kommt. Seit der Umsetzung ins AMG kennt das deutsche Arzneimittelrecht mit der Zulassung gemäß § 21 ff AMG und der Registrierung gemäß § 39 a ff AMG zwei verschiedene Marktzugangsberechtigungen für pflanzliche Arzneimittel, die im Folgenden kurz vorgestellt werden.

a) Zulassung gemäß §§ 21 ff AMG

Der überwiegenden Mehrzahl der in Deutschland für pflanzliche Arzneimittel erteilten Zulassungen liegen keine vollständigen eigenen Unterlagen mit Ergebnissen pharmakologisch-toxikologischer Versuche und klinischer Prüfungen oder sonstiger ärztlicher Erprobung zugrunde (§ 22 Abs. 2 Nr. 2 und 3 AMG), sondern es handelt sich um Zulassungen auf Basis bibliografischer Unterlagen (§ 22 Abs. 3 AMG und Art. 10 a RL 2001/83/EG). Grundlage dieser Zulassungen mit reduziertem Antragsumfang sind die Regelungen der sog. allgemeinen medizinischen Verwendung (*well-established use*),[59] die erstmals in der Richtlinie 1999/83/EG der Kommission vom 8. September 1999 zur Änderung des Anhangs der Richtlinie 75/318/EWG[60] definiert wurde.

75

Ein entsprechender Regelungsbedarf für Arzneimittel, die sich bereits vor der Etablierung eines Genehmigungsverfahrens im Markt befunden hatten, war bereits früher in den Richtlinien 75/318/EWG und 75/319/EWG[61] erkannt worden. Aufgrund ihrer langen Marktpräsenz befanden sich unter diesen Arzneimitteln in Deutschland insb. auch viele pflanzliche Arzneimittel, die mithin Gegenstand der sog. Nachzulassung[62] wurden. Im Hinblick darauf hatte die für die Phytotherapie zuständige Zulassungskommission (vgl § 25 Abs. 6 AMG; sog. Kommission E) das vorhandene wissenschaftliche Erkenntnismaterial zu den am Markt befindlichen Phytotherapeutika gesammelt, bewertet und die Ergebnisse in Monographien festgehalten. Dabei wurden Anwendungsgebiete festgeschrieben, die im Hinblick auf den *well-established use* zuerkannt werden konnten. Die Monographien-Sammlung der Kommission E stellte als Ergebnis dieser Aufbereitungsarbeit lange Zeit innerhalb und auch außerhalb Deutschlands die essentielle Grundlage für die Zulassung pflanzlicher Arzneimittel auf Basis des *well-established use* dar.[63] Zwischenzeitlich haben die Monographien aufgrund fehlender Aktualisierung und veränderter wissenschaftlicher bzw regulatorischer Gegebenheiten an Bedeutung verloren und die Aufbereitungsarbeit gehört seit geraumer Zeit nicht mehr zu den Aufgaben der Zulassungskommissionen.

76

---

58 Vgl Erwägungsgründe 3 bis 7 zur RL 2004/24/EG des Europäischen Parlaments und des Rates v. 31.3.2004 zur Änderung der RL 2001/83/EG zur Schaffung eines Gemeinschaftskodexes für Humanarzneimittel hinsichtlich traditioneller pflanzlicher Arzneimittel (ABl. EU Nr. L 136 v. 30.4.2004, S. 85–90).
59 Siehe Kap. 1 Art. 10 der RL 2001/83/EG, vgl unter § 6 Rn 131.
60 RL 1999/83/EG der Kommission v. 8.9.1999 zur Änderung des Anhangs der RL 75/318/EWG des Rates zur Angleichung der Rechts- und Verwaltungsvorschriften der Mitgliedstaaten über die analytischen, toxikologisch-pharmakologischen und ärztlichen oder klinischen Vorschriften und Nachweise über Versuche mit Arzneimittelspezialitäten (ABl. EG Nr. L 243 v. 15.9.1999, S. 9–11).
61 Zweite RL 75/319/EWG des Rates v. 20.5.1975 zur Angleichung der Rechts- und Verwaltungsvorschriften über Arzneispezialitäten (ABl. EG Nr. L 147 v. 9.6.1975, S. 13–22).
62 Siehe auch unter § 7 Rn 211 ff.
63 Die Veröffentlichung erfolgte jeweils im Bundesanzeiger, abrufbar über die Datenbank „Aufbereitungsmonographien Kommission E (Phytopharmaka)" der Wissenschaftlichen Verlagsgesellschft Stuttgart, 2002.

b) Registrierung traditioneller pflanzlicher Arzneimittel gemäß §§ 39 a ff AMG

77 In das europäische Arzneimittelrecht wurden mit der Richtlinie 2004/24/EG Vorschriften für das bereits erwähnte vereinfachte Registrierungsverfahren für traditionelle pflanzliche Arzneimittel aufgenommen (Art. 16 a bis 16 i RL 2001/83/EG). Die Umsetzung ins AMG erfolgte in § 39 a ff AMG. Wichtige Merkmale des Verfahrens sind die Notwendigkeit der Nachweise der medizinischen Verwendung über einen Zeitraum von 30 Jahren, der Unschädlichkeit sowie der Plausibilität der pharmakologischen Wirkungen oder der Wirksamkeit aufgrund langjähriger Anwendung und Erfahrung. Im Vergleich zum Zulassungsverfahren liegen die Unterschiede insb. im Bereich des Wirksamkeitsbelegs, der durch Plausibilitätsnachweise unter Berücksichtigung der traditionellen medizinischen Verwendung vollständig ersetzt wird. Hinsichtlich der Unbedenklichkeit können bibliografische Unterlagen ausreichend sein, diese müssen aber soweit zur Beurteilung erforderlich ergänzt werden. Lediglich die Qualitätsanforderungen an traditionelle pflanzliche Arzneimittel sind identisch zu denjenigen im Zulassungsverfahren.

78 Das AMG kannte Regelungen für Arzneimittel, denen ein Wirksamkeitsbeleg entsprechend den Anforderungen im regulären Zulassungsverfahren nicht möglich war, bereits im Rahmen seiner Übergangsvorschriften für die Nachzulassung (vgl § 105 iVm §§ 109 Abs. 3, 109 a AMG; vgl § 7 Rn 256 ff). Diese Vorschriften waren ausschließlich anwendbar auf Arzneimittel, die sich bei Einführung des AMG bereits auf dem Markt befunden hatten und die einen Wirksamkeitsbeleg weder auf ausreichende eigene Unterlagen noch auf bibliografische Daten im Sinne des *well-established use* stützen konnten. Schon hier wurde der Begriff der Traditionellen Arzneimittel geprägt, der jedoch nicht auf die vorherrschende Gruppe der pflanzlichen Präparate beschränkt war, sondern auch Arzneimittel mit chemisch-definierten Wirkstoffen umfasste.

79 Im Gegensatz zu diesen Übergangsvorschriften gemäß § 105 iVm § 109 a AMG ist das Registrierungsverfahren gemäß §§ 39 a ff AMG nicht an die Existenz eines Arzneimittels gebunden, das bereits Gegenstand der Nachzulassung war. Vor dem Hintergrund der europäischen Harmonisierung ist das Verfahren vielmehr sowohl für die Überführung bestehender Nachzulassungen gemäß § 105 iVm § 109 a AMG als auch für Neuanträge auf Registrierung als traditionelles pflanzliches Arzneimittel vorgesehen. Die Anwendbarkeit erstreckt sich jedoch zunächst ausschließlich auf pflanzliche Arzneimittel, die zusätzlich Vitamine und Mineralstoffe enthalten können; für Präparate anderer Therapierichtungen oder Arzneimittel mit chemisch-definierten Wirkstoffen ist das Verfahren nicht zugänglich. Darüber hinaus ist eine Inanspruchnahme des Registrierungsverfahrens nicht möglich, wenn für das beantragte oder ein entsprechendes Arzneimittel eine Zulassung gemäß § 25 AMG oder eine Registrierung gemäß § 39 AMG erteilt wurde. Zu den weiteren Hintergründen, Voraussetzungen und Anwendungen des Registrierungsverfahrens gemäß § 39 a ff AMG wird auf die ausführlichen Ausführungen unter § 7 Rn 134 ff verwiesen.

c) Der Ausschuss für pflanzliche Arzneimittel (HMPC)[64] bei der EMEA

80 Im Rahmen der Richtlinie 2004/24/EG wurde mit dem HMPC auf europäischer Ebene erstmals ein eigenständiges Gremium für den Bereich der pflanzlichen Arzneimittel eingerichtet. Der Ausschuss ist aus Sachverständigen für pflanzliche Arzneimittel der Mitgliedstaaten zusammengesetzt. Zu seinen Aufgaben gehören u.a. die Erstellung gemeinschaftlicher Pflanzenmonografien im Hinblick auf Genehmigungen (Zulassungen) für pflanzliche Arzneimit-

---

[64] Herbal Medicinal Products Committee, vgl Art. 16 h der RL 2004/24/EG des Europäischen Parlaments und des Rates v. 31.3.2004 zur Änderung der RL 2001/83/EG zur Schaffung eines Gemeinschaftskodexes für Humanarzneimittel hinsichtlich traditioneller pflanzlicher Arzneimittel (ABl. EU Nr. L 136 v. 30.4.2004, S. 85–90).

tel (Art. 16 h Abs. 1 lit. b RL 2004/24/EG), die den *well-established use* abbilden. In Hinblick auf vereinfachte Registrierungen ist ebenfalls die Erarbeitung von Monographien für traditionelle pflanzliche Arzneimittel sowie die Erstellung des Entwurfs einer Liste pflanzlicher Stoffe, Zubereitungen und Kombinationen davon zur Verwendung in traditionellen pflanzlichen Arzneimitteln (Art. 16 h Abs. 1 lit. a RL 2004/24/EG) Gegenstand der Arbeit des HMPC. Der HMPC leistet mithin auf europäischer Ebene einen essentiellen Beitrag zur Schaffung einer regulatorisch nutzbaren Basis für pflanzliche Arzneimittel im Hinblick auf Zulassungs- und Registrierungsverfahren.

IV. Arzneimittelrecht, Therapiefreiheit und Therapiepluralismus

Im deutschsprachigen Europa gibt es eine lange Tradition der Anwendung pflanzlicher Arzneimittel sowie der Entwicklung spezifischer therapeutischer Konzepte. Diese haben durchaus verschiedene Ansätze: In der Phytotherapie steht die Verwendung pflanzlicher Bestandteile im Vordergrund und eine – wenn auch nicht immer geklärte – mechanistische Wirkungsvorstellung der Vielstoffgemische gehört zu diesem Ansatz. Homöopathie und Anthroposophie sind ganzheitliche therapeutische Systeme, die nicht im naturwissenschaftlichen Sinne mit biomedizinischen Konzepten erklärt werden können.

In der Diskussion um die Entstehung des AMG war es bereits 1976 der deutliche Wille des Deutschen Bundestages, den Patienten eine Vielfalt therapeutischer Optionen zu ermöglichen. Im AMG wurde daher nicht nur der Umgang mit chemisch-synthetischen Reinsubstanzen geregelt, sondern es wurden auch Regelungen für die Arzneimittel der Besonderen Therapierichtungen getroffen. Diese werden an verschiedenen Stellen des AMG explizit als Phytotherapie, Homöopathie und Anthroposophie erwähnt. Es wurde vorgegeben, dass bei der Bewertung dieser Arzneimittel die Besonderheiten der jeweiligen Therapierichtung zu berücksichtigen und spezifische Kommissionen zu beteiligen sind. Darüber hinaus wurden eine Reihe spezifischer Regelungen zur Erstellung von Monographien oder zum vereinfachten Marktzugang im Rahmen einer Registrierung geschaffen.

Inzwischen gibt es im AMG spezifische Definitionen für pflanzliche Arzneimittel, traditionelle pflanzliche Arzneimittel, homöopathische Arzneimittel und mit der 15. Novellierung des AMG auch für anthroposophische Arzneimittel.

§ 5 Die Beteiligten arzneimittelrechtlicher Rechtsverhältnisse

Literatur: *v. Czettritz/Meyer*, Europarechtskonformität des Mitvertriebs von Arzneimitteln, PharmR 2001, 147; *Dettling*, Der pharmazeutische Unternehmer beim Mitvertrieb von Arzneimitteln, PharmR 2002, 96; *Hoffmann-Riem/Schmidt-Aßmann/Voßkuhle*, Grundlagen des Verwaltungsrechts, Bd. I, Methoden-Maßstäbe-Aufgaben-Organisation, 2006.

A. Einführung 1	C. Hersteller 20
B. Pharmazeutischer Unternehmer und Inhaber der Zulassung 4	D. Großhändler 22
I. Bedeutung des pharmazeutischen Unternehmers 4	E. Sponsor und Prüfer 24
II. Gesetzliche Definition des pharmazeutischen Unternehmers 7	F. Zulassungs- und Überwachungsbehörden.. 27
III. Pharmazeutischer Unternehmer im Mitvertrieb 12	I. Bundesinstitut für Arzneimittel und Medizinprodukte (BfArM)............ 28
IV. Weitere Sonderfälle 15	II. Paul-Ehrlich-Institut (PEI)............ 30
V. Inhaber der Zulassung 19	III. Bundesamt für Verbraucherschutz und Lebensmittelsicherheit................. 31
	IV. Landesbehörden......................... 32

A. Einführung

1   Das Arzneimittelrecht in seiner heutigen Gestalt ist durch eine hohe Regelungsdichte gekennzeichnet, die von der Arzneimittelentwicklung, über die Herstellung und Zulassung bis zum Vertrieb und der nachgelagerten Marktbeobachtung im Interesse des öffentlichen Gesundheitsschutzes alle Bereiche der pharmazeutischen Wirtschaft vollständig erfasst. Die Beteiligten treten hierbei sowohl untereinander als auch in Bezug auf die zuständigen Behörden auf nationaler und supranationaler Ebene in rechtlichen Kontakt. Dabei erschöpft sich dieser Kontakt regelmäßig nicht in punktuellen Ereignissen, etwa der Stellung eines wie auch immer gearteten Antrags, sondern ist in ein dauerhaftes und komplexes Netz von Kommunikationsstrukturen eingebunden, das vielfältige Rechtspflichten, Obliegenheiten[1] und tatsächliche wirtschaftliche Interdependenzen umfasst. Zu Recht ist für vergleichbare Gegebenheiten eine Parallele zu zivilrechtlichen Rechtsverhältnissen gezogen worden, namentlich zu vertraglichen Dauerschuldverhältnissen.[2]

2   Für das öffentliche Recht hat sich zur Beschreibung dieser rechtlichen Strukturen der Begriff des **Verwaltungsrechtsverhältnisses** herausgebildet.[3] Mit ihm wird die Verfestigung der wechselseitigen Beziehungen sinnfällig, wie sie für weite Bereiche des Wirtschaftsverwaltungsrechts typisch ist. Im Pharmarecht können als deren Ausprägung die Anzeigepflichten in der Herstellungsphase nach § 20 AMG oder bei Änderungen zugelassener oder zur Zulassung anstehender Arzneimittel nach § 29 AMG ebenso angesprochen werden wie das gesamte Pharmakovigilanzsystem einschließlich der Mitteilungs- und Unterrichtungs-, resp. Unterstützungspflichten der beteiligten Behörden untereinander nach § 68 AMG. All dies verdeutlicht die Verstetigung der gegenseitigen Rechtsbeziehungen, die – bezogen auf das Arzneimittelrecht – als **arzneimittelrechtliche Rechtsverhältnisse** bezeichnet werden können.

3   Zur Bestimmung dieser Rechtsverhältnisse und der aus ihnen erwachsenden gesetzlichen Pflichten ist in subjektiver Hinsicht eine präzise Definition der jeweils beteiligten **Rechtssubjekte** unerlässlich. Das deutsche AMG bedient sich hierbei eigener Begriffe, die teils gesetzlich umschrieben, teils aber auch vorausgesetzt werden. Auf einige zentrale Begriffe soll im Folgenden näher eingegangen werden.

---

[1] Zum Begriff der Obliegenheit als unvollständiger, nicht selbständig vollziehbarer Rechtsverpflichtung vgl Palandt/*Heinrichs*, vor § 241 BGB Rn 13.
[2] Zum Begriff des Dauerschuldverhältnisses vgl Palandt/*Grüneberg*, § 314 Rn 2.
[3] Vgl Masing, in: Hoffmann-Riem/Schmidt-Aßmann/Voßkuhle, Grundlagen des Verwaltungsrechts Bd. I, S. 454–456 mwN.

B. Pharmazeutischer Unternehmer und Inhaber der Zulassung

I. Bedeutung des pharmazeutischen Unternehmers

Mit dem pharmazeutischen Unternehmer ist einer der Zentralbegriffe des deutschen Arzneimittelrechts angesprochen. Er ist ein Rechtsbegriff, der einer aus dem Arzneimittelrecht abgeleiteten Definition bedarf. Diese ist umso mehr notwendig, als der pharmazeutische Unternehmer im Mittelpunkt vielfältiger arzneimittelrechtlicher Rechtsbeziehungen steht, er insbesondere als Adressat zahlreicher der Arzneimittelsicherheit dienender Verpflichtungen in Erscheinung tritt.

So bestimmt § 9 Abs. 2 AMG, dass Arzneimittel im Geltungsbereich des Gesetzes nur durch einen pharmazeutischen Unternehmer in den **Verkehr** gebracht werden dürfen, der dort oder in einem anderen Mitgliedstaat der Europäischen Union oder in einem anderen Vertragsstaat des Abkommens über den Europäischen Wirtschaftsraum (EWR) seinen Sitz hat. Auch die Bestellung eines örtlichen Vertreters entbindet ihn nicht von seiner rechtlichen Verantwortung. Gemäß § 21 Abs. 3 S. 1 AMG ist es der pharmazeutische Unternehmer, der die **Zulassung** eines Fertigarzneimittels zu beantragen hat. Ausnahmen bestehen nur unter den eng begrenzten Voraussetzungen der Sätze 2 und 3 der Vorschrift. Den pharmazeutischen Unternehmer trifft nach dem durch das 15. AMG-Änderungsgesetz[4] neu eingefügten § 52 b Abs. 1 AMG die **Arzneimittel-Bereitstellungspflicht**. Hiernach haben pharmazeutische Unternehmer neben den Betreibern von Arzneimittelgroßhandlungen die Verpflichtung zur Bedarfsdeckung hinsichtlich im Verkehr befindlicher und zugelassener Humanarzneimittel. Zu deren Ausgestaltung sind sie nach Absatz 2 der Vorschrift verpflichtet, eine bedarfsgerechte und kontinuierliche Belieferung vollversorgender Arzneimittelgroßhandlungen zu gewährleisten.[5] Im Fall einer die Einzelzulassung ersetzenden Standardzulassung ist es ebenfalls der pharmazeutische Unternehmer, der das Inverkehrbringen des Arzneimittels gemäß § 67 Abs. 5 AMG anzuzeigen hat. Der pharmazeutische Unternehmer ist neben dem Großhändler zudem Adressat der gesetzlichen Verpflichtungen zur Einhaltung der **Vertriebswege** nach §§ 47 und 47a AMG.[6] Er ist ferner als Akteur im **Stufenplanverfahren** verpflichtet, den Stufenplanbeauftragten gemäß § 63a Abs. 1 AMG zu benennen und Probenahmen nach § 65 AMG zu dulden sowie Anwendungsuntersuchungen nach § 67 Abs. 6 AMG anzuzeigen. Er hat nach § 74a AMG einen **Informationsbeauftragten** zu bestellen und darf **Pharmaberater** nur unter den Voraussetzungen des § 75 AMG einsetzen (vgl hierzu § 29). Schließlich trifft den pharmazeutischen Unternehmer die **Gefährdungshaftung** für Arzneimittelschäden nach § 84 AMG. Folglich ist er auch Adressat des der Durchsetzung dieses Anspruchs dienenden Auskunftsanspruchs nach § 84a AMG.

Vor diesem Hintergrund ist es konsequent, dass grundsätzlich Name und Anschrift des pharmazeutischen Unternehmers auf den Behältnissen, der äußeren Umhüllung und in der

---

4 Gesetz zur Änderung arzneimittelrechtlicher und anderer Vorschriften v. 17.7.2009 (BGBl. I, 1990).
5 Ob der Neuregelung eine Bedeutung zukommt, die über diejenige eines bloßen Programmsatzes hinausgeht, muss die Praxis erweisen. In der amtlichen Begründung (BT-Drucks. 16/12256) wird ausgeführt: „[…] Die Regelung korrespondiert mit der besonderen Stellung und Funktion, die der vollversorgende Großhandel bei der Versorgung der Bevölkerung mit Arzneimitteln einnimmt. Es besteht ein besonderes öffentliches Interesse daran, dass Großhandelsbetriebe vorhanden sind, die eine zeitnahe Belieferung der Apotheken sowohl in der Fläche als auch in der Angebotsbreite garantieren und die ein möglichst breites Sortiment, auch an niedrigpreisigen Arzneimitteln, dauerhaft zu Gunsten der Apotheken und der Patientinnen und Patienten vorhalten können. Großhandelsbetrieben, die sich vertraglich oder satzungsmäßig zur Wahrnehmung einer solchen Funktion verpflichten, muss umgekehrt ein entsprechender Belieferungsanspruch gegen pharmazeutische Unternehmer eingeräumt werden. Die Vorschrift begründet allerdings keinen Kontrahierungszwang. Pharmazeutische Unternehmer sind grundsätzlich frei, in welcher Form und welchen vollversorgenden Großhandlungen gegenüber sie ihrer Pflicht zur Belieferung nachkommen. […]".
6 Beachte hierzu die Änderung durch das 15. Gesetz zur Änderung arzneimittelrechtlicher und anderer Vorschriften v. 17.7.2009 (BGBl. I, 1990).

Packungsbeilage eines Fertigarzneimittels anzugeben sind. Hiermit soll eine klare Pflichtenzuordnung im Interesse der Arzneimittelsicherheit verdeutlicht und deren praktische Durchsetzbarkeit erleichtert werden.

6 Der Begriff des pharmazeutischen Unternehmers wurde bislang auch in der Betriebsverordnung für pharmazeutische Unternehmer vom 8.3.1985 (PharmBetrV[7]) verwendet. Diese regelte Einzelheiten der Herstellungsphase eines Arzneimittels. Die Verwendung des Begriffs in diesem Zusammenhang war nicht ganz glücklich. Die Verordnung wurde inzwischen durch die Arzneimittel- und Wirkstoffherstellungsverordnung vom 9.11.2006 (AMWHV[8]) ersetzt, deren Bezeichnung dem Regelungsgegenstand präziser entspricht.

II. Gesetzliche Definition des pharmazeutischen Unternehmers

7 Das AMG versucht in § 4 Abs. 18 AMG eine Begriffsbestimmung des pharmazeutischen Unternehmers. Hiernach ist bei zulassungs- oder registrierungspflichtigen Arzneimitteln der Inhaber der Zulassung oder Registrierung pharmazeutischer Unternehmer. Darüber hinaus ist aber auch derjenige pharmazeutischer Unternehmer, der Arzneimittel unter seinem Namen in den Verkehr bringt. Ausgenommen sind hier nur die Fälle des § 9 Abs. 1 S. 2 AMG, also das Inverkehrbringen von Arzneimitteln zur klinischen Prüfung bei Menschen (zum Begriff des pharmazeutischen Unternehmers vgl auch § 18 Rn 2).

8 Die Definition ist mehrerlei Hinsicht bemerkenswert: Es fällt auf, dass sie in ihrem ersten Teil keine eigenständige Begriffsbestimmung versucht, sondern auf einen anderen Begriff, den des Inhabers der Zulassung oder Registrierung verweist, der vom Gesetz ebenfalls in einer Vielzahl unterschiedlicher Zusammenhänge gebraucht wird. Außerdem spricht sie nur einen Teilbereich arzneimittelrechtlicher Sachverhalte an, nämlich den der zulassungs- und registrierungspflichtigen Präparate. Da der Begriff des pharmazeutischen Unternehmers aber nicht lediglich in diesem Segment von Bedeutung ist, wird die Definition in ihrem zweiten Teil um diejenigen Personen erweitert, die Arzneimittel – mithin auch nicht zulassungsbedürftige – unter ihrem Namen in den Verkehr bringen. Auch dies erfasst aber nicht den gesamten Begriff, da das Gesetz auch denjenigen als pharmazeutischen Unternehmer anspricht, der ein Inverkehrbringen erst beantragt (vgl § 21 Abs. 3 S. 1 AMG und oben Rn 5). Schließlich fällt auf, dass § 4 Abs. 18 AMG nur von Arzneimitteln spricht, es also nicht unbedingt eines *Fertig*arzneimittels bedarf. Die hiernach auf den ersten Blick nicht ganz überzeugend formulierte Definition bedarf einer genaueren Betrachtung:

9 Die wesentliche Aussage der Definition findet sich in ihrem zweiten Teil. Generell ist danach pharmazeutischer Unternehmer derjenige, der ein Arzneimittel **unter seinem Namen**, also durch eine nach außen erkennbare Kundgabe, **in den Verkehr** bringt. Hiermit ist der Regelfall beschrieben, in dem eine natürliche oder – wie zumeist – juristische Person ein Präparat im eigenen Namen vermarktet. Dieser Teil der Definition entspricht der Fassung des Gesetzes vor dem 14. Gesetz zur Änderung des AMG vom 29.8.2005.[9] Sie beschränkte sich auf die Aussage, dass pharmazeutischer Unternehmer sei, wer Arzneimittel unter seinem Namen in den Verkehr bringe. Wann ein Arzneimittel in den Verkehr gebracht wird, erschließt sich aus § 4 Abs. 17 AMG (vgl hierzu auch § 17 Rn 7 ff). Hiernach ist das **Inverkehrbringen** das Vorrätighalten zum Verkauf oder zu sonstiger Abgabe, das Feilhalten, das Feilbieten und die Abgabe an andere. Der Vermarkter wird dabei zum pharmazeutischen Unternehmer, wenn er durch Angabe seines Namens oder seiner Firmenbezeichnung gegenüber dem Abnehmer zum Ausdruck bringt, dass er für das Präparat verantwortlich zeichnet. Der Begriff ist damit durch ein tatsächliches – das Inverkehrbringen – und ein voluntatives Ele-

---

7 BGBl. I 1985, 546, zuletzt geändert durch Art. 3 des Gesetzes v. 10.2.2005 (BGBl. I 2005, 234).
8 BGBl. I 2006, 2523.
9 BGBl. I 2005, 2569.

ment – die bewusste Bekanntgabe – gekennzeichnet. Beide müssen stets kumulativ gegeben sein, um aus einem Unternehmer einen pharmazeutischen Unternehmer zu machen. Nicht als pharmazeutischer Unternehmer in Betracht kommt daher ein bloßer **Lohnhersteller**, der einige oder sämtliche Herstellungsschritte für einen anderen ausführt, der seinerseits das Arzneimittel unter eigenem Namen in den Verkehr bringt.

Angesichts dessen kommt dem ersten Teil der Definition eine Ergänzungsfunktion zu, indem nach einer erforderlichen Zulassung oder Registrierung der **Inhaber der Zulassung oder Registrierung** pharmazeutischer Unternehmer ist. Von besonderer Bedeutung ist dies in Fällen, in denen die Zulassung oder Registrierung nach ihrer Erteilung auf einen Dritten übertragen wird. Das Gesetz setzt in diesem Zusammenhang die **Identität** von Zulassungsinhaber und pharmazeutischem Unternehmer voraus. So ist insbesondere bei den Kennzeichnungsvorschriften auch keine Angabe eines vom Zulassungsinhaber verschiedenen pharmazeutischen Unternehmers vorgesehen. Eine solche Handhabung liefe dem Ziel einer klaren Zuordnung der aus dem arzneimittelrechtlichen Rechtsverhältnis erwachsenden Verantwortlichkeiten zuwider. Denn die Einhaltung der öffentlich-rechtlichen Pflichten kann von den zuständigen Behörden nur überwacht werden, wenn der pharmazeutische Unternehmer unzweideutig bekannt ist. Dies bedingt, dass er durch den Zulassungsantrag auch ihnen gegenüber die Verantwortung für das Inverkehrbringen des Arzneimittels übernimmt.[10] Hiervon geht auch das **Gemeinschaftsrecht** aus. So sind nach Art. 54 lit. k RL 2001/83/EG Name und Anschrift des Inhabers der Genehmigung für das Inverkehrbringen – mithin des Zulassungsinhabers – und gegebenenfalls eines von ihm benannten Vertreters auf der Packung anzugeben. Die Angabe eines hiervon verschiedenen pharmazeutischen Unternehmers ist hingegen nicht vorgesehen. Entsprechendes gilt für Arzneimittel, die im zentralen Verfahren nach der Verordnung (EG) Nr. 726/2004 zugelassen werden.

Die amtliche Begründung zum 14. AMG-Änderungsgesetz führt hierzu aus, grundsätzlich handele es sich bei dem Inhaber der Zulassung oder Registrierung um die für das Inverkehrbringen verantwortliche Person.[11] Damit wird die bestehende Parallele zum Gemeinschaftsrecht angedeutet, das vom Inhaber der Genehmigung für das Inverkehrbringen spricht. Leider ist eine vollständige Vereinheitlichung der teils etwas sperrigen Nomenklatur bislang noch nicht gelungen. Diese ist aber im Interesse einer unzweideutigen Pflichtenzuordnung wünschenswert.

III. Pharmazeutischer Unternehmer im Mitvertrieb

In der Vergangenheit hat vor allem die Frage des Verhältnisses von Zulassungsinhaber und Vertriebsunternehmer Anlass zu juristischen Auseinandersetzungen gegeben. Hierbei ging es um die Frage, ob bei der Einräumung von Mitvertriebsrechten allein der Mitvertreiber oder auch der Zulassungsinhaber auf den Beschriftungen und in der Packungsbeilage eines Fertigarzneimittels anzugeben ist. Der **Mitvertrieb** ist eine arzneimittelrechtlich nicht geregelte zivilrechtliche Gestaltung, bei welcher der Inhaber der arzneimittelrechtlichen Zulassung einem anderen Unternehmen durch Vertrag das Recht einräumt, das Arzneimittel in eigenem Namen in den Verkehr zu bringen. Die öffentlich-rechtliche Arzneimittelzulassung wird hierbei nicht mitübertragen.[12] Übertragen wird nur das kraft Zulassung entstandene Recht zum Vertrieb des Präparats. Es entsteht jedoch nur ein *Mit*vertriebsrecht, was bedeu-

---

10 BVerwG, Urteile v. 18.9.2003 – 3 C 31.02 und 3 C 32.02 – zum Wortlaut von § 4 Abs. 18 AMG vor der Änderung durch das 14. AMG-Änderungsgesetz v. 29.8.2005 (BGBl. I, 2569), durch welche die Auffassung des BVerwG gesetzlich bestätigt worden ist.
11 Wiedergegeben in Kloesel/Cyran, Arzneimittelrecht, § 4 AMG.
12 Zur arzneimittelrechtlichen Zulässigkeit der Einräumung von Mitvertriebsrechten vgl. v. Czettritz/Meier, PharmR 2001, 147 mwN.

tet, dass der pharmazeutische Unternehmer vertriebsberechtigt bleibt. Mitvertriebsrechte können an mehrere Unternehmen eingeräumt werden.

13 Dem Mitvertrieb kommt erhebliche **wirtschaftliche Bedeutung** zu. Er kann – etwa bei Einschaltung mehrerer Vertriebsunternehmer – Teil einer umfassenden Marktstrategie sein. Während es keinem Zweifel unterliegt, dass der (jeweilige) Mitvertreiber pharmazeutischer Unternehmer ist, da er das Präparat selbst unter eigenem Namen in den Verkehr bringt, konnte angezweifelt werden, ob der Zulassungsinhaber bei dieser rechtlichen Gestaltung pharmazeutischer Unternehmer bleibt und als solcher in den Beschriftungen aufzuführen ist. Denn nach der alten Fassung des § 4 Abs. 18 AMG war pharmazeutischer Unternehmer ja (nur), wer das Arzneimittel unter eigenem Namen in den Verkehr brachte.[13] Dies war der jeweilige Mitvertreiber. Das BVerwG ist dem mit Hinweis auf die gesetzlich intendierte Identität von Zulassungsinhaber und pharmazeutischem Unternehmer entgegengetreten.[14] Dies ist nicht nur im Interesse einer klaren Zuordnung der Verantwortlichkeiten zu begrüßen, sondern durch das 14. AMG-Änderungsgesetz nunmehr auch gesetzlich bestätigt. Denn neben demjenigen, der das Präparat in eigenem Namen in den Verkehr bringt, ist nunmehr stets der Zulassungsinhaber anzugeben. Diesem ist es also verwehrt, sich hinter dem Mitvertreiber gleichsam zu „verstecken".[15] Das deutsche AMG ist auch hier gemeinschaftsrechtlichen Vorgaben gefolgt.

14 Dem Mitvertrieb vergleichbare Konstellationen sind beim **Parallelvertrieb** zentral zugelassener Arzneimittel[16] denkbar. Diese bedürfen aufgrund der bestehenden zentralen Zulassung keiner nationalen Zulassung mehr. Dies stellt § 21 Abs. 1 S. 1 AMG ausdrücklich klar. Der Parallelvertreiber tritt in diesem Fall gleich dem Mitvertreiber *neben* den Inhaber der Genehmigung für das Inverkehrbringen. Bringt er das Arzneimittel in eigenem Namen in Verkehr, ist er pharmazeutischer Unternehmer. Anders liegt der Fall beim **Parallelimport**. Hier besteht keine zentrale Zulassung, sondern lediglich eine nationale Zulassung im Ausfuhrstaat. Der Parallelimporteur ist folglich verpflichtet, ein – wenngleich vereinfachtes – Zulassungsverfahren zu durchlaufen. Nach Erteilung der Zulassung ist er als Zulassungsinhaber pharmazeutischer Unternehmer.

IV. Weitere Sonderfälle

15 Zweifelhaft kann sein, ob auch der Vertreiber vom **Bulkware** pharmazeutischer Unternehmer ist. Unter den Begriff der Bulkware fallen u.a. nicht konfektionierte Arzneimittel. Die Frage, ob diese der Zulassungspflicht unterliegen,[17] ist von der zu trennen, ob er pharmazeutischer Unternehmer ist. Denn der Zulassungspflicht unterliegen *Fertig*arzneimittel. § 4 Abs. 18 S. 2 AMG lässt für den Begriff des pharmazeutischen Unternehmers demgegenüber das Inverkehrbringen von Arzneimitteln allgemein ausreichen. Da in der Praxis der Begriff der Bulkware auch für Hilfsstoffe o.ä. verwendet wird,[18] kann die Frage, ob und inwieweit der Vertrieb von Bulkware den Unternehmer zum pharmazeutischen Unternehmer macht, nicht abstrakt und allgemein, sondern nur nach genauer Betrachtung des Einzelfalls beantwortet werden. Maßgebend sind hier stets die Tatbestandsmerkmale der gesetzlichen Definition, insbesondere die Subsumtion des fraglichen Stoffs unter den Arzneimittelbegriff. In einem zweiten Schritt ist dann zu klären, ob der als Arzneimittel definierte Stoff in den Verkehr gebracht wird, was sich wiederum aus § 4 Abs. 17 AMG beantwortet. Hierzu

---

13 In diesem Sinne: Dettling, PharmR 2002, 96–101.
14 BVerwG, Urt. v. 18.9.2003 – 3 C 31.02.
15 Vgl Kloesel/Cyran, Arzneimittelrecht, § 4 AMG Erl. 59 b und § 10 AMG Erl. 29.
16 Vgl § 6 Rn 39 ff.
17 Vgl hierzu im Folgenden § 6 Rn 5.
18 ZB Ammon/Hunnius, Pharmazeutisches Wörterbuch, „Bulkware".

bedarf es großer Genauigkeit, da heute – insbesondere bei generischen und nicht-innovativen Arzneimitteln – unterschiedliche Beteiligte in den Prozess des Inverkehrbringen eines Produkts eingebunden sein und wesentliche Verfahrensschritte ausgelagert sein können.

Der **Hersteller**[19] des Arzneimittels muss nicht unbedingt pharmazeutischer Unternehmer sein. Ebenso wie bei dem eben angesprochenen Fall der Bulkware kommt es auch hier auf das Inverkehrbringen an. Soweit sich der Hersteller hier eines **Vertriebsunternehmers** bedient, der das Produkt in eigenem Namen vermarktet, ist dieser pharmazeutischer Unternehmer.[20]

Der Begriff des pharmazeutischen Unternehmers beschränkt sich nicht auf die industrielle Erzeugung von Arzneimitteln. Erfasst werden vielmehr auch natürliche Personen oder **Apotheken** gleich welcher Rechtsform, sofern ein Inverkehrbringen unter eigenem Namen vorliegt. Letzteres gilt für Apothekenarzneien unabhängig von ihrer Zulassungsbedürftigkeit regelmäßig.[21]

Eine Ausnahme besteht schließlich für solche Arzneimittel, die zur **klinischen Prüfung** am Menschen bestimmt sind. Gemäß § 4 Abs. 18 S. 2 Hs 2 AMG in der Fassung des 14. AMG-Änderungsgesetzes ist derjenige, der das Präparat in den Verkehr bringt, in diesem Sonderfall nicht pharmazeutischer Unternehmer. Der Sinn der Vorschrift erschließt sich aus der Sonderstellung derartiger Produkte, die nach § 21 Abs. 2 Nr. 2 AMG von der Pflicht zur Zulassung freigestellt sind. Ausweislich der Gesetzesmaterialien sollte durch die Gesetzesänderung klargestellt werden, dass der Sponsor einer klinischen Prüfung nicht durch die Übernahme dieser Aufgabe zum pharmazeutischen Unternehmer wird. In der Praxis sollte auch sichergestellt werden, dass die Abgabe von Prüfpräparaten kein Inverkehrbringen im Sinne des § 9 Abs. 1 AMG ist und daher die sonst übliche Verantwortlichkeit des pharmazeutischen Unternehmers die **Universitätskliniken** nicht trifft.[22]

V. Inhaber der Zulassung

Dem gegenüber ist der Begriff des Inhabers der Zulassung weitgehend selbsterklärend. Er entspricht dem des **Inhabers der Genehmigung für das Inverkehrbringen**, wie er im Gemeinschaftsrecht gebräuchlich ist. Da nach § 4 Abs. 18 AMG pharmazeutischer Unternehmer auch derjenige ist, der das Arzneimittel unter seinem Namen in den Verkehr bringt, ohne selbst Zulassungsinhaber zu sein, letzterer aber in diesem Fall kraft Gesetzes gleichwohl pharmazeutischer Unternehmer bleibt, sind beide Begriffe sachlich miteinander verschränkt und münden bei zulassungs- und registrierungspflichtigen Arzneimitteln aufgrund § 4 Abs. 18 S. 1 AMG in den Begriff des pharmazeutischen Unternehmers. Hieraus folgt im Umkehrschluss, dass bei zulassungsfreien Präparaten – hierzu zählen namentlich die Fälle des § 21 Abs. 2 und des § 36 AMG – es nur auf das tatsächliche Inverkehrbringen ankommen kann. Hier fehlt es an einem förmlichen Verwaltungsakt, der das Recht zum Inverkehrbringen einer natürlichen oder juristischen Person zuweist.

C. Hersteller

Dem AMG ist keine Definition des Begriffs eines Herstellers, wohl aber eine Bestimmung des Begriffs des Herstellens zu entnehmen. Gemäß **§ 4 Abs. 14 AMG** umfasst das **Herstellen** das Gewinnen, das Anfertigen, das Zubereiten, das Be- oder Verarbeiten, das Umfüllen

---

19 Vgl sogleich Rn 20 ff.
20 Vgl Sander, Arzneimittelrecht, § 4 AMG Erl. 22.
21 Zur Zulassungsbedürftigkeit von Apothekenarzneien vgl § 6 Rn 21 ff.
22 Ausschussbericht um 14. AMG-Änderungsgesetz, wiedergegeben bei Kloesel/Cyran, Arzneimittelrecht, § 4 AMG.

einschließlich Abfüllen, das Abpacken, das Kennzeichnen und die Freigabe eines Arzneimittels. Der Herstellungsbegriff ist damit weit formuliert und umfasst annähernd alle Tätigkeiten, die zur Produktion eines Präparats erforderlich sind. Der Gesetzeswortlaut unterscheidet hier auch nicht zwischen Fertigarzneimitteln, also im Voraus oder sonst industriell gefertigten Produkten im Sinne des § 4 Abs. 1 AMG, und anderen Arzneimitteln. Da § 4 Abs. 14 AMG den Begriff des Arzneimittels nicht einmal erwähnt und § 13 Abs. 1 AMG eine Herstellungserlaubnis nicht nur für die Herstellung von Arzneimitteln im Sinne von § 2 Abs. 1 oder Abs. 2 Nr. 1 AMG, sondern auch von Testsera oder Testantigenen oder Wirkstoffen fordert, die menschlicher, tierischer oder mikrobieller Herkunft sind oder auf gentechnischem Wege hergestellt werden und er auch die Herstellung anderer zur Arzneimittelherstellung bestimmter Stoffe menschlicher Herkunft erfasst, weist er noch deutlich über diesen Bereich hinaus.

Er beinhaltet seit dem 14. AMG-Änderungsgesetz[23] auch die **Freigabe**, also den letzten Schritt eines industriell standardisierten Herstellungsvorgangs.[24] Diese im Vergleich zum Lebensmittelrecht weit gehende Formulierung war vom Gesetzgeber ausdrücklich gewollt. Im Interesse der Arzneimittelsicherheit sollten alle Vorgänge erfasst werden, die arzneimittelrechtlich relevant sind.[25]

21 Eine Personalisierung erfährt der Herstellungsbegriff durch die Vorschriften des AMG über die **Herstellungserlaubnis** in §§ 13 bis 20 d AMG. Diese ist aufgrund der mit der Produktion von Arzneimitteln verbundenen besonderen Sorgfaltspflichten erforderlich und von zahlreichen, in § 14 AMG näher bezeichneten Voraussetzungen abhängig, die neben der Eignung der **Betriebsstätte** insbesondere das Vorhandensein einer **sachkundigen Person** und die **Zuverlässigkeit** des Herstellers betreffen. Allgemein muss der Hersteller – wie § 14 Abs. 1 Nr. 6 a AMG es ausdrückt – in der Lage sein zu gewährleisten, dass die Herstellung oder Prüfung der Arzneimittel nach dem Stand von Wissenschaft und Technik vorgenommen wird. Wegen der Einzelheiten kann auf § 14 des Handbuchs Bezug genommen werden. Im Sonderfall des § 21 Abs. 3 S. 3 AMG, ist es am Hersteller, die **Zulassung** eines Arzneimittels zu beantragen. Das Gesetz geht also davon aus, dass der Hersteller eines Fertigarzneimittels für mehrere Apotheken oder sonstige Einzelhandelsbetriebe, welches unter deren Namen und unter einer einheitlichen Bezeichnung an Verbraucher abgegeben werden soll, an sich nicht pharmazeutischer Unternehmer ist. Er wird dies gemäß § 4 Abs. 18 S. 1 AMG erst mit der Zulassung des Produkts.

D. Großhändler

22 Das AMG enthält erst sei jüngerer Zeit eine Definition des wirtschaftlich bedeutenden Großhandelsbereichs. Mit dem 12. AMG-Änderungsgesetz vom 30.7.2004[26] wurde in Umsetzung der Vorgaben der Richtlinie 2001/83/EG eine Erlaubnispflicht für diese Vertriebsform eingeführt. Der Erlaubnis bedarf nach § 52 a Abs. 1 AMG nunmehr derjenige, der Großhandel mit Arzneimitteln im Sinne des § 2 Abs. 1 oder Abs. 2 Nr. 1 AMG, Testsera oder Testantigenen betreibt, einer behördlichen Erlaubnis. Ausgenommen sind nur bestimmte freiverkäufliche Arzneimittel und medizinische Gase. Wegen der Einzelheiten kann auf § 21 Rn 3 ff verwiesen werden. Die Einführung der Erlaubnispflicht machte eine gesetzliche Begriffsbestimmung erforderlich, die sich nunmehr in § **4 Abs. 22 AMG** findet.

---

23 14. AMG-Änderungsgesetz v. 29.8.2005 (BGBl. I, 2569).
24 Vgl Kloesel/Cyran, Arzneimittelrecht, § 4 AMG Erl. 49.
25 Die amtl. Begr. zum Arzneimittelgesetz spricht wenig glücklich v. "Herstellungsbereich des Arzneimittelrechts" und stellt ergänzend klar, dass als Kennzeichnung nicht zu verstehen sei, wenn das Arzneimittel lediglich mit dem Namen des pharmazeutischen Unternehmers versehen werde. Vgl amtl. Begr., abgedruckt bei Kloesel/Cyran, Arzneimittelrecht, § 4 AMG.
26 BGBl. I, 2031.

Großhandel mit Arzneimitteln ist hiernach jede berufs- oder gewerbsmäßig zum Zwecke des Handeltreibens ausgeübte Tätigkeit, die in der Beschaffung, der Lagerung, der Abgabe oder Ausfuhr von Arzneimitteln besteht. Ausgenommen ist nur deren Abgabe *an andere Verbraucher* als Ärzte, Zahnärzte, Tierärzte oder Krankenhäuser, typischerweise also der Apothekenbetrieb.[27]

Der Großhändler ist wie der pharmazeutische Unternehmer[28] Adressat der durch das 15. AMG-Änderungsgesetz eingeführten **Bereitstellungspflicht** (vgl § 21 Rn 6 ff). Das Gesetz spricht in § 52 b Abs. 1 von Betreibern von Arzneimittelgroßhandlungen. Eine sachliche Abgrenzung gegenüber dem Begriff des Großhandels resp. des Großhändlers ist damit jedoch nicht verbunden. Ziel der Regelung ist es, die Großhändler in den öffentlichen Versorgungsauftrag einzubinden.

E. Sponsor und Prüfer

Sponsor und Prüfer sind arzneimittelrechtliche Gesetzesbegriffe mit einem über den allgemeinen Sprachgebrauch hinaus weisendem Bedeutungsgehalt. Beiden sind spezifische Funktionen und Pflichten in Zusammenhang mit der **klinischen Prüfung** von Humanarzneimitteln[29] zugewiesen. Diese sind in den §§ 40-42 a AMG näher beschrieben. Im Vordergrund steht die allgemeine Verpflichtung beider, bei der Durchführung klinischer Prüfungen eines Arzneimittels bei Menschen die Anforderungen der **guten klinischen Praxis** nach Maßgabe Richtlinie 2001/20/EG[30] einzuhalten.

Legaldefinitionen der Begriffe finden sich in **§ 4 Abs. 24 und 25 AMG**:

Hiernach ist „**Sponsor**" eine natürliche oder juristische Person, welche die **Verantwortung** für die Veranlassung, Organisation und Finanzierung einer klinischen Prüfung bei Menschen übernimmt. In der Regel wird dies ein Pharmaunternehmen sein. Was eine klinische Prüfung bei Menschen ist, wird in § 4 Abs. 23 AMG näher beschrieben. Im Zentrum steht die Verantwortlichkeit für die Prüfung in ihrer Gesamtheit. Der Bezug auf „Veranlassung, Organisation und Finanzierung" darf nicht zu der Annahme verleiten, der Sponsor sei nur initiierend tätig. Im englischen Text der Richtlinie 2001/20/EG ist von „Management" des Sponsors die Rede. Seine Verantwortlichkeit umfasst deshalb den gesamten Gang der klinischen Prüfung.[31] Seine Rolle ist damit für die klinische Prüfung zentral. Ohne einen Sponsor darf gemäß § 40 Abs. 1 S. 3 Nr. 1 AMG eine klinische Prüfung nicht durchgeführt werden. Ihn treffen auch verschiedene Mitteilungspflichten in Zusammenhang mit der Prüfung. Für ihren Bereich ist der Sponsor damit in gewisser Weise dem pharmazeutischen Unternehmer vergleichbar und etwas Anderes als ein bloßer Geldgeber (vgl im Einzelnen § 12 Rn 47 f).

„**Prüfer**" ist in der Regel ein für die Durchführung der klinischen Prüfung bei Menschen in einer Prüfstelle verantwortlicher **Arzt** oder in begründeten Ausnahmefällen eine andere Person, deren Beruf aufgrund seiner wissenschaftlichen Anforderungen oder der seine Ausübung voraussetzenden Erfahrungen in der Patientenbetreuung für die Durchführung von Forschungen am Menschen qualifiziert. Bei mehreren Prüfern in einer Prüfstelle ist ein ver-

---

27 Vgl hierzu auch § 52 a Abs. 7 AMG, der Tätigkeiten der Apotheken im Rahmen des *üblichen* Apothekenbetriebs von der Erlaubnispflicht ausnimmt (hierzu ausführlich Kloesel/Cyran, Arzneimittelrecht, § 4 AMG Erl. 24). Zu Apotheken als Großhandelsbetrieben vgl § 21 Rn 4.
28 Vgl Rn 4 ff.
29 Vgl. § 12 Rn 1 ff.
30 ABl. EG Nr. L 121 v. 1.5.2001, S. 34–44; vgl hierzu auch Verordnung über die Anwendung der Guten Klinischen Praxis bei der Durchführung von klinischen Prüfungen mit Arzneimitteln zur Anwendung am Menschen (GCP-Verordnung – GCP-V) v. 9.8.2004, zuletzt geändert durch VO v. 3.11.2006 (BGBl. I, 2523).
31 Kloesel/Cyran, Arzneimittelrecht, § 4 AMG Erl. 74.

antwortlicher Leiter als Hauptprüfer zu benennen. Sofern eine Prüfung in mehreren Prüfstellen durchgeführt, benennt der Sponsor einen Prüfer als Leiter der klinischen Prüfung. § 4 Abs. 25 AMG geht damit über eine reine Begriffsbestimmung hinaus und begründet unzweideutig Handlungspflichten des Sponsors im Interesse einer klaren Verteilung der Verantwortlichkeiten. Denn der Prüfer ist für den Ablauf der klinischen Prüfung in seiner Prüfstelle oder – als Hauptprüfer bzw Leiter der klinischen Prüfung – in seinen Prüfstellen verantwortlich (vgl im Einzelnen § 12 Rn 42 ff).

F. Zulassungs- und Überwachungsbehörden

27 Obgleich in einem streng juristischen Sinne keine Rechtssubjekte, sollen in diesem Zusammenhang auch die im Arzneimittelrecht auf nationaler Ebene[32] tätigen Behörden angesprochen werden:

I. Bundesinstitut für Arzneimittel und Medizinprodukte (BfArM)

28 Das BfArM ist eine selbständige **Bundesoberbehörde** im Geschäftsbereich des Bundesministeriums für Gesundheit. Es ist aus dem 1975 gegründeten Institut für Arzneimittel des aufgelösten Bundesgesundheitsamtes hervorgegangen[33] und hat seinen Sitz in Bonn. Heute arbeiten rund 1.000 Mitarbeiterinnen und Mitarbeiter – darunter Mediziner, Pharmazeuten, Chemiker, Biologen, technische Assistenten und Verwaltungsangestellte – an dem Ziel der Abwehr von Gesundheitsgefahren durch die kontinuierliche Verbesserung der Sicherheit von Arzneimitteln und die Risikoüberwachung von Medizinprodukten sowie die Überwachung des Betäubungsmittel- und Grundstoffverkehrs.[34] Die zentrale Rolle der Behörde im Arzneimittelwesen wird durch **§ 77 Abs. 1 AMG** betont. Hiernach besteht eine grundsätzliche Zuständigkeit, sofern nicht in besonderen Fällen andere Stellen zuständig sind. Im Zentrum der Arbeit der Behörde stehen die Zulassung von Arzneimitteln und ihre Überwachung, namentlich innerhalb des bestehenden Pharmakovigilanzsystems.

29 Die Bezeichnung als Bundes*institut* darf nicht von dem Umstand ablenken, dass es sich um eine Ober*behörde* des Bundes handelt. Nach **Art. 87 Abs. 3 S. 1 GG** kann der Bund für Angelegenheiten, in welchen ihm die Gesetzgebungskompetenz zusteht,[35] selbständige Bundesoberbehörden und neue bundesunmittelbare Körperschaften und Anstalten des öffentlichen Rechts durch Bundesgesetz errichten. „Selbständig" ist dabei in einem organisatorisch-funktionellen Sinne zu verstehen. Die Oberbehörden sind zwar auf ein Ministerium hin ausgerichtet, diesem aber nicht organisatorisch eingegliedert. Sie sind – wie das BfArM – durch das Fehlen eines eigenständigen Verwaltungsunterbaus, also Mittel- und Unterbehörden, gekennzeichnet und stehen neben dem eigenständigen Vollzug des Bundesrechts durch die Länder.[36] Im föderal verfassten Staat ist damit die nicht immer unproblematische Schnittlinie zwischen dem im Grundsatz durch die Länder erfolgenden Gesetzesvollzug und dem Kompetenzbereich der Bundesbehörde markiert. Sie bedingt klare gesetzliche Aufga-

---

32 Zu den europäischen Arzneimittelbehörden vgl § 3 Rn 53 ff.
33 Vgl Gesundheitseinrichtungen-Neuordnungs-Gesetz (GNG) v. 30.6.1994 (BGBl. I, 1416).
34 Quelle: Eigendarstellung des BfArM auf <www.bfarm.de>.
35 Vorliegend hat der Bund die konkurrierende Gesetzgebungskompetenz gemäß Art. 74 Abs. 1 Nr. 19 GG, von der er durch Erlass des AMG umfassend Gebrauch gemacht hat (vgl Art. 72 Abs. 1 GG).
36 Jestaedt in: Hoffmann-Riem/Schmidt-Aßmann/Voßkuhle, Grundlagen des Verwaltungsrechts, Bd. I, S. 923 und Wißmann, ebenda, S. 990.

benzuweisungen.[37] Denn gemäß Art. 83 GG führen die Länder die Bundesgesetze als eigene Angelegenheit aus, soweit nicht das Grundgesetz etwas Anderes bestimmt oder zulässt. Für das BfArM bedeutet dies, dass es nur in den Grenzen der ihm gesetzlich ausdrücklich zugewiesenen Aufgaben tätig werden darf. Jenseits hiervon ist der Vollzug des AMG und der anderen arzneimittelrechtlichen Regelwerke weiterhin Ländersache (hierzu § 26 Rn 83 ff).

II. Paul-Ehrlich-Institut (PEI)

Das Paul-Ehrlich-Insitut mit Sitz in Langen bei Frankfurt aM ist gemäß § 77 **Abs. 2 AMG** 30 zuständig für Sera, Impfstoffe, Blutzubereitungen, Knochenmarkzubereitungen, Gewebezubereitungen, Gewebe, Allergene, Arzneimittel für neuartige Therapien, xenogene Arzneimittel und gentechnisch hergestellte Blutbestandteile. Die eingeführte Bezeichnung der Behörde bleibt auch nach den Änderungen durch das Gesetz zur Änderung arzneimittelrechtlicher und anderer Vorschriften vom 17.7.2009[38] erhalten. Durch Art. 4 des Gesetzes ist das bisherige Gesetz über die Errichtung eines Bundesamtes für Sera und Impfstoffe vom 7.7.1972[39] nur hinsichtlich der Bezeichnung geändert worden. Hiernach unterhält der Bund unter der Bezeichnung „Paul-Ehrlich-Institut" ein **Bundesinstitut für Impfstoffe und biomedizinische Arzneimittel** als selbständige Bundesbehörde. In regulatorischer Hinsicht sind die Aufgaben des Paul-Ehrlich-Instituts hinsichtlich der beschriebenen Gruppe von Präparaten mit denen des BfArM vergleichbar. Daneben ist das Institut aber auch forschend auf diesem Gebiet tätig, mithin in den Bereichen der Allergologie, Bakteriologie, Biotechnologie, Immunologie, Hämatologie, Transfusionsmedizin und Virologie.[40]

III. Bundesamt für Verbraucherschutz und Lebensmittelsicherheit

Das Bundesamt für Verbraucherschutz und Lebensmittelsicherheit mit Standorten in Braun- 31 schweig und Berlin ist gemäß § 77 **Abs. 3 AMG** zuständig für Arzneimittel, die zur Anwendung bei Tieren bestimmt sind. Seine Befugnisse auf dem Gebiet der Tierarzneimittel sind wiederum mit denen vergleichbar, die das BfArM für Arzneimittel allgemein und das Paul-Ehrlich-Institut für Impfstoffe und biomedizinische Arzneimittel inne haben.[41]

IV. Landesbehörden

Der Grundsatz der Länderexekutive beinhaltet das Recht der Länder, den Verwaltungsauf- 32 bau auch beim Vollzug von Bundesgesetzes grundsätzlich in eigener Verantwortung zu regeln. Dies bedingt einen nicht einheitlichen Verwaltungsaufbau. Allerdings haben die Länder kraft Staatsvertrages eine **Zentralstelle der Länder für Gesundheitsschutz bei Arzneimitteln und Medizinprodukte (ZLG)** mit Sitz in Bonn gegründet, der vielfältige Koordi-

---

37 Ein Beispiel für die im Einzelfall nicht immer einfache Abgrenzung gibt § 21 Abs. 4 AMG. Hiernach entscheidet das BfArM auch unabhängig von einem Zulassungsantrag über die Zulassungspflicht eines Arzneimittels. Formell ist diese Entscheidung aber von einem Antrag der für die Arzneimittelüberwachung zuständigen Landesbehörde abhängig. Ein Recht zu eigener Initiative hat das BfArM hier auch nicht, wenn ihm bekannt wird, dass ein Arzneimittel rechtswidrig nicht zugelassen ist. Auch kann bei sehr strenger Auslegung der Vorschrift die Frage gestellt werden, ob § 21 Abs. 4 AMG nur zur Entscheidung über die Zulassungspflicht oder auch zu einer Klärung über die Frage berechtigt, ob überhaupt ein Arzneimittel vorliegt (bejahend: VG Köln, Urt. v.14.10.2009 – 24 K 4394/08 und v. 4.5.2005 – 24 K 5917/01 und OVG NRW, Beschl. v. 24.1.2008 – 13 A 2510/05).
38 Sog. 15. AMG-Novelle.
39 BGBl. I, 1163, zuletzt geändert durch Art. 32 der VO v. 31.10.2006 (BGBl. I, 2407).
40 Einen Überblick über die Tätigkeitsfelder gibt die Behörde unter <www.pei.de>; siehe auch § 31 Rn 7.
41 Näheres hierzu unter <www.bvl.bund.de> und in § 35 bis § 42 (Teil 9 des Handbuchs).

Fleischfresser

nierungsaufgaben zukommen.[42] Generell liegt der Schwerpunkt der landesbehördlichen Tätigkeit im Pharmabereich heute in der Erlaubniserteilung, namentlich der Entscheidung über Herstellungs-, Einfuhr- oder Großhandelserlaubnisse und in vielfältigen Inspektions- und Untersuchungstätigkeiten, die der nachgelagerten Kontrolle des Marktgeschehens dienen (vgl hierzu § 26 Rn 83 ff).

---

[42] Die internet-Seite der ZLG (www.zlg.de) bietet einen instruktiven Überblick über die Aufgaben der Behörde wie auch der landesrechtlichen Arzneimittelüberwachung allgemein.

Teil 2
Die Zulassung von Arzneimitteln (Zulassungsphase)

§ 6 Grundlagen des Zulassungsregimes nach dem AMG

Literatur: *Broch/Diener/Klümper*, Nachgehakt: 15. AMG-Novelle mit weiteren Änderungen beschlossen, PharmR 2009, 373; *Dettling/Kieser/Ulshöfer*, Zytostatikaversorgung nach der AMG-Novelle, PharmR 2009, 421; *Grau/Kutlu*, Die patientenindividuelle Neuverblisterung von Fertigarzneimitteln, A&R 2009, 153; *Hofmann/Nickel*, Die Nachzulassung von Arzneimitteln nach der Zehnten Novelle zum Arzneimittelgesetz, NJW 2000, 2700; *Kieser*, Beschränkte Versandmöglichkeit von Defekturarzneimitteln?, PharmR 2008, 413; *Koenig*, Europäisches Arzneimittelrecht, 2002; *Jäkel*, Hemmnisse für den Compassionate Use durch die 15. AMG-Novelle, PharmR 2009, 323; *Kopp/Ramsauer*, Verwaltungsverfahrensgesetz – VwVfG, Kommentar, 10. Auflage 2008; *Kopp/Schenke*, Verwaltungsgerichtsordnung – VwGO, Kommentar, 16. Auflage 2009; *Krüger*, Investigator Initiated Trials (IIT) = Wer zahlt?, KliFoRe 2008, 80; *Prinz*, Die Herstellung von Rezepturarzneimitteln für Apotheken, PharmR 2008, 364; *Rehmann/Paal*, Die 15. AMG-Novelle – Ein Überblick, A&R 2009, 195; *Schlabach*, Gebührenrecht der Verwaltung, Kommentar (Losebl.), Stand: Dezember 2008; *von Dreising*, Verwaltungskostengesetz, Kommentar, 1971; *Spielberg*, Europäische Arzneimittelagentur EMEA – Lücken in der Information, DÄ 2007, 51; *Stolte*, Pflanzliche und traditionelle Arzneimittel, PharmR 2008, 133; *Wagner*, Europäisches Zulassungssystem für Arzneimittel und Parallelhandel, 2000.

A. Die Zulassung als Voraussetzung der Verkehrsfähigkeit	1
I. Zulassungsbedürftigkeit	1
1. Grundsatz	1
a) Die Richtlinie 65/65/EWG	1
b) Präventive und generelle Arzneimittelüberwachung	3
2. Einzelfragen	4
a) Zulassungsbedürftige Arzneimittel	4
b) Fertigarzneimittel	5
c) Weitere Arzneimittel	6
d) Altarzneien	9
e) Grenzüberschreitende Arzneimittel	11
3. Ausnahmen	13
a) Standardzulassungen	13
aa) Begriff und Funktion	13
bb) Standardzulassung und Einzelzulassung	17
cc) Abwägungsentscheidung	18
dd) Anzeigepflicht	19
b) Apothekenarzneien	21
aa) Verschreibung	24
bb) Wesentliche Herstellungsschritte	25
cc) Apotheke	26
dd) Apothekenbetriebserlaubnis	27
ee) Arzneimittel zur Bekämpfung übertragbarer Krankheiten	28
c) Individualarzneien	29
d) Gewebezubereitungen	30
e) Heilwässer, Bademoore, medizinische Gase und Therapieallergene	31
f) Prüfarzneien	32
g) Compassionate Use	33
4. Besondere Zulassungsformen	38
a) Verkehrsgenehmigung der Europäischen Kommission	39
aa) Grundsatz	39
bb) Obligatorische und fakultative zentrale Zulassung	40
b) Zulassungen von Arzneimitteln aus anderen Staaten	45
c) Verfahren der gegenseitigen Anerkennung und dezentralisiertes Verfahren	46
aa) Gegenseitige Anerkennung	49
bb) Dezentralisiertes Verfahren	55
d) Registrierung traditioneller pflanzlicher Arzneimittel	56
e) Registrierung homöopathischer Arzneimittel	63
II. Zulassungsfähigkeit	64
B. Das Zulassungsverfahren	65
I. Grundsatz des Unterlagenverfahrens	65
II. Formale Anforderungen an den Zulassungsantrag	67
1. Antragsformat	67
2. AMG-Einreichungsverordnung (AMG-EV)	69
III. Antragsberechtigte	70
IV. Notwendiger Inhalt der Zulassungsunterlagen	71
1. Angaben nach § 22 Abs. 1 AMG	71
a) Name/Firma und Anschrift des Antragstellers und des Herstellers	72
b) Bezeichnung des Arzneimittels	73
aa) Allgemeines	73
bb) Bezeichnungszusätze	79
c) Bestandteile des Arzneimittels nach Art und Menge	82
d) Angabe der Darreichungsform	83
e) Beschreibung der Wirkungen	84
f) Anwendungsgebiete	85
g) Gegenanzeigen	86
h) Nebenwirkungen	88
i) Wechselwirkungen mit anderen Mitteln	90
j) Dosierung	93
k) Art und Dauer der Anwendung	94
l) Angaben über die Herstellung des Arzneimittels	95
m) Abgaben zur Haltbarkeit, Kontrollmethoden	96

§ 6 Grundlagen des Zulassungsregimes nach dem AMG

- n) Packungsgrößen 98
- o) GCP-Bescheinigung bei Vorlage klinischer Studien, die in Nicht-EU-Mitgliedstaaten durchgeführt wurden 101
2. Angaben zur Person des Stufenplanbeauftragten 102
3. Pharmakovigilanz- und Risikomanagementsystem 104
   - a) Pharmakovigilanzsystem 104
     - aa) Allgemeines 104
     - bb) Elemente des Pharmakovigilanzsystems 107
   - b) Risikomanagement-System 111
     - aa) Erfordernis eines Risikomanagement-Systems 112
     - bb) Entscheidungsgründe 113
4. Beleg der Wirksamkeit, Unbedenklichkeit und pharmazeutischen Qualität 116
   - a) Ergebnisse der analytischen Prüfung 118
   - b) Ergebnisse der pharmakologisch-toxikologischen Prüfung 120
   - c) Ergebnisse der klinischen Prüfungen oder sonstigen ärztlichen oder zahnärztlichen Erprobung 122
5. Sachverständigengutachten 123
   - a) Wesentliche Merkmale 123
   - b) Qualifikation und Aufgabe des Gutachters 125
6. Kombinationsbegründung 127
7. Bibliographischer Zulassungsantrag 131
   - a) Spezialfall mixed marketing authorisation application 139
   - b) Pflanzliche Arzneimittel und „well-established medicinal use" 140
8. Radioaktive Arzneimittel 141
9. Unterlagen zur Bewertung möglicher Umweltrisiken 142
10. Beschriftungsentwürfe 148
    - a) Bewertung der Packungsbeilage – Lesbarkeitstests 154
    - b) Alternativen zum User Testing ... 157
    - c) Doping-Hinweis 163
V. Generische Zulassung und Unterlagenschutz 164
1. Vollantrag und abgekürzte Verfahren 164
2. Unterlagenverwertung mit Zustimmung des Zulassungsinhabers (informed consent-Zulassung) 169
   - a) Genehmigungserfordernis bei Gemeinschaftszulassungen 172
   - b) Informed consent-Zulassung und Dublettenzulassung 175
   - c) Erteilte Vollzulassung 176
   - d) Zustimmung des Zulassungsinhabers 181
   - e) Arzneimittelprüfrichtlinien 183
   - f) Selbständige Zulassung 184
3. Generische Zulassung 185
   - a) Rechtsentwicklung 185
   - b) Gesetzliche Regelungssystematik 187
     - aa) Kernbestimmungen für generische Zulassungsanträge 187
     - bb) Übersicht über die ergänzenden Bestimmungen für generische Zulassungsanträge 190
     - cc) Vorzulegende Unterlagen 193
   - c) Referenzarzneimittel 195
     - aa) Gemeinschaftskonformität 197
     - bb) Vollzulassung 200
     - cc) Europäisches Referenzarzneimittel 201
     - dd) Bezugnahme auf erloschene Zulassungen 202
   - d) Anforderungen an das Generikum 203
   - e) Wirkstoffgleichheit und Identitätsfiktion 204
   - f) Bioäquivalenz 207
   - g) Dauer der Schutzfrist 209
   - h) Beginn der Schutzfrist und Globalzulassung 212
     - aa) Verlängerung der Schutzfrist um ein Jahr 216
     - bb) Schutz bei bekannten Stoffen ... 217
4. Hybridzulassungen 221
5. Ähnliche biologische Arzneimittel (Biosimilars) 223
VI. Verwertungsbefugnis der Bundesoberbehörden 226
1. Allgemeines 226
2. Ausnahmen von der Verwertungsbefugnis 227
3. Bedeutung für generische Zulassungsverfahren 228
VII. Behördliche Zuständigkeiten 230
1. Allgemeines 230
2. Zuständige Bundesoberbehörden 231
   - a) Paul-Ehrlich-Institut 232
   - b) Bundesamt für Verbraucherschutz und Lebensmittelsicherheit 233
   - c) Bundesinstitut für Arzneimittel und Medizinprodukte 234
   - d) Zuständigkeit der EMEA und der Europäischen Kommission 235
   - e) Zuständige Behörden der Länder 238
VIII. Beteiligung von Zulassungskommissionen bei der Zulassungserteilung 239
IX. Kosten des Zulassungsverfahrens 241
1. Kostenverordnung für die Zulassung von Arzneimitteln durch das BfArM und das BVL 241
   - a) Kostentatbestände 241
     - aa) Gebühren 242
     - bb) Auslagen 252
   - b) Kostenpflichtige 254
   - c) Kostenerhebung 257
   - d) Verjährung 273
   - e) Kostenerstattung 279
   - f) Entgelte für die Nutzung von Standardzulassungsmonographien 280
2. Kostenverordnung für Amtshandlungen des Paul-Ehrlich-Instituts nach dem AMG 281

3. Kostenverordnung für die Registrierung homöopathischer Arzneimittel durch das BfArM und das BVL 285

4. Verordnung (EG) Nr. 297/95 über die Gebühren der EMEA 286

A. Die Zulassung als Voraussetzung der Verkehrsfähigkeit
I. Zulassungsbedürftigkeit
1. Grundsatz
a) Die Richtlinie 65/65/EWG

Jedes Fertigarzneimittel bedarf der Zulassung durch die Bundesoberbehörde. Dieser in der Praxis so geläufige Satz ist keineswegs selbstverständlich. Noch bis zum Inkrafttreten des AMG 1976 beschränkten sich die formellen regulatorischen Erfordernisse auf ein **Registrierungsverfahren** sog. **Arzneispezialitäten**, welches dem seinerzeitigen Bundesgesundheitsamt lediglich einen Marktüberblick verschaffen und als Grundlage einer zeitlich nachgeordneten Arzneimittelkontrolle dienen sollte. Eine vorverlagerte, also vor dem Inverkehrbringen eines Produkts einsetzende Kontrolle des Arzneimittelmarktes durch ein Zulassungsverfahren war durch das AMG 1961 nicht gewollt und wurde als überflüssiges Hemmnis bei der Entwicklung und Vermarktung neuer Präparate empfunden.[1]

Maßgeblich für die Rechtsentwicklung hin zu einer echten Zulassung war die sog. **Erste Arzneimittelrichtlinie** des Rates der EWG vom 26.1.1965,[2] deren Art. 3 apodiktisch anordnete: „Eine Arzneispezialität darf in einem Mitgliedstaat erst dann in den Verkehr gebracht werden, wenn die zuständige Behörde dieses Mitgliedstaates die Genehmigung dafür erteilt hat." Motiv der Regelung war es, den Schutz der öffentlichen Gesundheit mit Mitteln zu erreichen, welche die Entwicklung der pharmazeutischen Industrie und den Handel mit pharmazeutischen Erzeugnissen innerhalb der Gemeinschaft nicht hemmen, und die geeignet sind, heterogene einzelstaatliche Vorschriften zu harmonisieren.[3] Die Richtlinie sah in ihrem Art. 22 eine Umsetzungsfrist von achtzehn Monaten nach ihrer Bekanntgabe für die Mitgliedstaaten vor. Für genehmigte Altarzneien verlängerte sich die Frist auf fünf Jahre.[4] Die Umsetzung durch den Gesetzgeber in der Bundesrepublik Deutschland hielt diesen zeitlichen Vorgaben jedoch nicht stand.[5] Bis heute sind zahlreiche sog. Nachzulassungsverfahren bei den deutschen Verwaltungsgerichten rechtshängig.[6]

b) Präventive und generelle Arzneimittelüberwachung

Mit dem Zulassungserfordernis ging ein Wandel des behördlichen Prüfungsrahmens einher: Während das Registrierungsverfahren formell ausgerichtet war,[7] bedingte die Zulassung eine Prüfung von Qualität, Wirksamkeit und Unbedenklichkeit des Fertigarzneimittels, mithin seine **materielle Prüfung**. In der Bundesrepublik Deutschland hatte dies eine Verlagerung des Schwerpunktes der Arzneimittelkontrolle von der repressiven und anlassbezogenen Überwachung durch die zuständigen Behörden der Bundesländer auf eine **präventive und generelle Überwachung** durch die zuständige **Bundesoberbehörde** zur Folge.

---

1 Einen Überblick über die Rechtsentwicklung gibt Sander, Arzneimittelrecht, Band 1, A I/A II.
2 RL 65/65/EWG des Rates v. 26.1.1965 zur Angleichung der Rechts- und Verwaltungsvorschriften über Arzneispezialitäten (ABl. Nr. 022 v. 9.2.1965, S. 0369-0373).
3 Begründungserwägung der RL 65/65/EWG aaO.
4 Art. 24 RL 65/65/EWG.
5 Zu den näheren Einzelheiten der legislatorischen Entwicklung vgl oben § 1 Rn 9–13.
6 Zu den Nachzulassungsverfahren vgl § 7 Rn 211–270.
7 Kloesel/Cyran, Arzneimittelrecht, § 21 AMG Erl. 10.

Fleischfresser

§ 6 Grundlagen des Zulassungsregimes nach dem AMG

2. Einzelfragen

a) Zulassungsbedürftige Arzneimittel

4 Das Gebot der Zulassung gilt grundsätzlich für alle Fertigarzneimittel, gleich, ob sie zur Anwendung am Menschen oder am Tier bestimmt sind. § 21 Abs. 1 S. 1 AMG erstreckt es auf die in § 2 Abs. 1 und Abs. 2 Nr. 1 AMG angesprochenen Arzneimittel, mithin auf alle Stoffe und Zubereitungen aus Stoffen, die den in Absatz 1 der Vorschrift definierten Arzneimittelbegriff[8] erfüllen. Zulassungsbedürftig sind auch die **fiktiven Arzneimittel** im Sinne des § 2 Abs. 2 Nr. 1 AMG, mithin Gegenstände, die als solche kein Arzneimittel sind, aber ein solches enthalten oder auf die ein solches aufgebracht ist und die dazu bestimmt sind, dauernd oder vorübergehend mit dem menschlichen oder tierischen Körper in Berührung gebracht zu werden. Hier gebietet es die Arzneimittelsicherheit, die Produkte dem selben Zulassungsregime zu unterwerfen wie Stoffe und Zubereitungen nach Absatz 1.[9] Nicht erfasst werden hingegen die in Abs. 2 Nr. 1a–4 genannten weiteren fiktiven Arzneimittel, die nach der gesetzgeberischen Entscheidung nicht in der gleichen Weise einer präventiven Kontrolle bedürfen, im Übrigen aber als Arzneimittel den Bestimmungen des AMG grundsätzlich unterworfen sind.

b) Fertigarzneimittel

5 Erfasst werden ausschließlich *Fertig*arzneimittel. § 21 Abs. 1 AMG knüpft hier an die in § 4 Abs. 1 AMG enthaltene Begriffsbestimmung an.[10] Sie umfasst Arzneispezialitäten alten Rechts und **Generika** gleichermaßen. Eine Präzisierung für bestimmte Produktgruppen bieten die Absätze 2 bis 11 des § 4 AMG, aus denen hervorgeht, dass die dort genannten Präparate – zB Sera und Impfstoffe – Arzneimittel und – bei Erfüllung der weiteren Voraussetzungen – *Fertig*arzneimittel sind oder sein können. Keiner Zulassung bedarf hingegen **Bulkware**.[11] Hier fehlt es an einer die präventive Kontrolle rechtfertigenden Abgabe an den Verbraucher. Allerdings umfasst der Begriff des Fertigarzneimittels nach der Änderung des § 4 Abs. 1 AMG durch das 14. AMG-Änderungsgesetz auch solche Arzneimittel, bei deren Zubereitung ein industrielles Verfahren zur Anwendung kommt. Ob hiermit auch Bulkware, deren Herstellung generell industriell erfolgt, angesprochen ist,[12] kann bezweifelt werden und hängt auch vom Einzelfall ab. Der Begriff der Bulkware ist zwar in der Praxis gängig, aber gesetzlich nicht definiert. Auch erfasst § 4 Abs. 1 AMG nur solche industriell hergestellten Produkte, die zur Abgabe an den Verbraucher bestimmt sind. Hieran dürfte es bei der Bulkware fehlen, deren Inverkehrbringen zusätzliche Zwischenschritte erfordert. Ein Handel mit Bulkware findet regelmäßig zwischen Arzneimittelherstellern statt. Sie ist dann ein **Vorprodukt** des abgabefertigen Arzneimittels.

c) Weitere Arzneimittel

6 Eine **Ausweitung des Zulassungserfordernisses** auf andere als die in § 21 Abs. 1 AMG genannten Arzneimittel, also solche, die keine *Fertig*arzneimittel sind oder von der Verweisung auf § 2 Abs. 1 oder Abs. 2 Nr. 1 AMG nicht erfasst werden, ermöglicht § 35 **Abs. 1 Nr. 2 AMG**. Hiernach ist das zuständige Bundesministerium ermächtigt, durch Rechtsverordnung mit Zustimmung des Bundesrates und im Einvernehmen mit dem Bundesministe-

---

[8] Vgl hierzu oben § 2 Rn 1–13 und OVG NRW, Beschl. v. 24.1.2008 – 13 A 2510/05.
[9] Einen Überblick über diese äußerst vielgestaltige Produktgruppe gibt Sander, Arzneimittelrecht, § 2 AMG Erl. 27.
[10] Zum Begriff des Fertigarzneimittels im Einzelnen oben § 2 Rn 168–172.
[11] Zum Begriff der Bulkware vgl Kloesel/Cyran, Arzneimittelrecht, § 4 AMG Erl. 4; zur Zulassungspflicht von Bulkware: BVerwG, Urt. v. 9.3.1999 – 3 C 32.98; Buchholz 418.32 AMG Nr. 33.
[12] So Kloesel/Cyran, Arzneimittelrecht, § 4 AMG Erl. 4.

A. Die Zulassung als Voraussetzung der Verkehrsfähigkeit

rium für Wirtschaft die Vorschriften über die Zulassung auf andere Arzneimittel auszudehnen, soweit es geboten ist, um eine unmittelbare oder mittelbare Gefährdung der Gesundheit von Mensch oder Tier zu verhüten. Der Gesetzgeber sah hier die Notwendigkeit einer einzelfallbezogenen Regelung für bestimmte, an sich zulassungsfreie Arzneimittel im Interesse der Arzneimittelsicherheit. Von der Verordnungsermächtigung wurde bislang nur zurückhaltend Gebrauch gemacht.

Die Notwendigkeit einer Ausweitung der Zulassungspflicht auf weitere Arzneimittel stellte sich in erster Linie bei **Testsera** und **Testantigenen**[13] sowie bei **Blutzubereitungen**. Zu nennen sind in diesem Zusammenhang die In-vitro-Diagnostika-Verordnung nach dem AMG vom 24.5.2000,[14] die 2002 durch eine Änderung des Gesetzes über Medizinprodukte abgelöst wurde, welche diese Produktgruppe aus dem AMG ausgliederte,[15] sowie die Verordnung über die Einführung der staatlichen Chargenprüfung bei Blutzubereitungen vom 15.7.1994.[16] Eine Ausdehnung der Zulassungspflicht auf **Bulkware**, die noch im Jahre 1976 Gegenstand eines Bundestagsbeschlusses war, unterblieb.[17] Die Bundesregierung sah hier keinen Handlungsbedarf, weil der Anteil der Bulkware am Arzneimittelumsatz gering sei, ein Handel im wesentlichen nur zwischen Arzneimittelherstellern erfolge und Bulkware, ehe sie in die Hände des Verbrauchers gelange, in der Regel die Form eines zulassungspflichtigen Fertigarzneimittels erhalte.[18]

Auf der Grundlage des § 35 Abs. 1 Nr. 2, Abs. 2 AMG ist nunmehr die **Therapieallergene-Verordnung vom 7.11.2008**[19] in Kraft, die bestimmte in einer Anlage aufgeführte individuelle Therapieallergene, die aufgrund einer Rezeptur aus vorgefertigten Gebinden hergestellt werden, und an sich zulassungsfrei wären, einer Zulassungspflicht unterstellt.

d) Altarzneien

Für die Zulassungspflicht ist im Grundsatz unerheblich, ob es sich um neue Produkte oder solche Arzneimittel handelt, die im Zeitpunkt des Inkrafttretens des AMG bereits im Verkehr waren, sog. **Altarzneien**.[20] Die gesetzgeberische Zielsetzung erlaubte es nicht, bisher verkehrsfähige Fertigarzneimittel von vornherein zu privilegieren und sie von einer Zulassung freizustellen. Allerdings sah schon die Richtlinie 65/65/EWG in ihrem Art. 24 vor, dass auf Arzneispezialitäten, für die eine Genehmigung für das Inverkehrbringen – gemeint ist die Zulassung – aufgrund früherer Vorschriften bereits erteilt war, die Richtlinienvorgaben erst binnen fünf Jahren nach Ablauf der Umsetzungsfrist schrittweise angewandt werden sollten. In der deutschen Verwaltungspraxis hat die schleppende Nachzulassung zu einer deutlich längeren Verkehrsfähigkeit ungeprüfter Altarzneien geführt.

Für die im Gebiet der ehemaligen **DDR** verkehrsfähigen Produkte erfolgte die Anwendung der bestehenden Zulassungsbestimmungen nach den besonderen Vorschriften der EG-

---

13 Vgl Sander, Arzneimittelrecht, § 35 AMG Erl. 4.
14 BGBl. I, 746 (Zulassungs- und Chargenprüfungsverfahren durch das Paul-Ehrlich-Institut).
15 Zur aktuellen regulatorischen Situation bei Sera und Impfstoffen vgl § 31 Rn 8–14.
16 BGBl. I, 854.
17 BT-Drucks. 7/5025: „Die Bundesregierung wird […] gebeten, dafür Sorge zu tragen, daß die Bestimmungen des Gesetzes auch auf solche Arzneimittel ausgedehnt werden, die im voraus hergestellt und in der vorgesehenen Darreichungsform ohne eine für den Verbraucher bestimmte Packung in den Verkehr gebracht werden, soweit dies unter Berücksichtigung der besonderen Gegebenheiten im Interesse der Arzneimittelsicherheit geboten ist. Um dies zu gewährleisten, sollen die Verordnungen […] alsbald erlassen werden.".
18 BT-Drucks. 9/1355.
19 VO über die Ausdehnung der Vorschriften über die Zulassung der Arzneimittel, die für einzelne Personen aufgrund einer Rezeptur hergestellt werden, sowie über Verfahrensregelungen der staatlichen Chargenprüfung (BGBl. I, 2177).
20 Vgl Hofmann/Nickel, NJW 2000, 2700–2704.

Recht-Überleitungsverordnung,[21] welche die DDR-Altarzneien im Prinzip als fiktiv zugelassen den übrigen nachzuzulassenden Arzneimitteln[22] gleichstellte und lediglich in verfahrenstechnischer Hinsicht Erleichterungen vorsah.

e) Grenzüberschreitende Arzneimittel

11 Zulassungspflichtig sind auch **Parallelimporte**. Hierunter werden landläufig diejenigen Produkte verstanden, die eingeführt werden und mit einem im Geltungsbereich des AMG bereits zugelassenen Arzneimittel in wesentlichen Punkten gleich oder identisch sind.[23] Der Parallelimport findet seine Ursache in aller Regel in den national unterschiedlichen Preisniveaus, die ein Importgeschäft wirtschaftlich attraktiv werden lassen. Das parallelimportierte Produkt kann mit dem in Deutschland bereits verkehrsfähigen Arzneimittel unter Ausnutzung dieses Unterschiedes konkurrieren. Letztlich ein Unterfall des Parallelvertriebs ist der **Reimport**. Hier wird das Arzneimittel in einem Erststaat hergestellt, in einen Zweitstaat verbracht, um schließlich in den Erststaat zurück exportiert zu werden.

Als Import ist in diesem Sinne auch das Verbringen von Arzneimitteln zu Vertriebszwecken über die EG-Binnengrenzen hinweg zu verstehen. Denn eine – gleichsam automatische – Wirkung nationaler Zulassungsentscheidungen im gesamten **Binnenmarkt** gibt es nach wie vor nicht. Vielmehr bedarf es grundsätzlich weiterhin einer Zulassung im Vertriebsstaat. Diese ist allerdings unter bestimmten Voraussetzungen gegenüber einer nationalen Erstzulassung verfahrenstechnisch erleichtert. Ausnahmen vom nationalen Zulassungserfordernis gelten hier nur für zentral unter Mitwirkung der europäischen Arzneimittelbehörde (EMEA) zugelassene Präparate.[24]

12 Nicht verwechselt werden darf der Parallelimport mit dem **Parallelvertrieb**. Parallelvertriebene Arzneimittel bedürfen gerade keiner nationalen Zulassung. Denn der Begriff fußt auf dem zentralen Zulassungsverfahren innerhalb der Europäischen Union nach der Verordnung (EWG) Nr. 2309/93 des Rates vom 22.7.1993,[25] das erstmals eine in allen Mitgliedstaaten wirksame **zentrale Zulassung** bestimmter Arzneimittel ermöglichte. Im Unterschied zum Parallelimport verfügt das parallelvertriebene Produkt bereits über eine (auch) im Importstaat wirksame Zulassung. Eine Rechtfertigung für eine einzelstaatliche Zulassung besteht daher hier nicht. Dessen ungeachtet sind auch bei diesen Arzneimitteln die nationalstaatlichen Preisniveaus durchaus unterschiedlich. Ein die europäischen Binnengrenzen überschreitender Vertrieb findet daher ebenso faktisch statt wie bei parallelimportierten Arzneimitteln, hat aber keine erneute Zulassungspflicht zur Folge.

3. Ausnahmen

a) Standardzulassungen

aa) Begriff und Funktion

13 Gegenstand der Kontrolle und damit auch des Zulassungsantrags ist regelmäßig das jeweilige Fertigarzneimittel. Nur dieses ist Gegenstand des Zulassungsverfahrens und wird individuell geprüft. Von diesem **Grundsatz der Einzelzulassung** sieht das AMG indes eine bedeutsame Ausnahme in Form von **Standardzulassungen** vor. Gemäß § 36 AMG ist das zuständige Bundesministerium für Gesundheit ermächtigt, nach Anhörung von Sachver-

---

21 VO zur Überleitung des Rechts der Europäischen Gemeinschaften auf das in Art. 3 des Einigungsvertrages genannte Gebiet (EG-Recht-Überleitungsverordnung) v. 18.12.1990 (BGBl. I, 2915).
22 Vgl hierzu § 7 Rn 211–270.
23 Zum Begriff des Parallelimports vgl ausführlich Wagner, Europäisches Zulassungssystem für Arzneimittel und Parallelhandel, 2000, S. 72 ff; zu den Einzelheiten siehe § 23 Rn 4.
24 Vgl hierzu eingehend § 3 Rn 11–13, 17–19.
25 ABl. EG Nr. L 214/1 v. 21.8.1993.

ständigen²⁶ mit Zustimmung des Bundesrates und im Einvernehmen mit den in Absatz 3 genannten weiteren Bundesministerien **durch Rechtsverordnung** bestimmte Arzneimittel oder Arzneimittelgruppen von der Zulassungspflicht freizustellen. Materiell ist stets Voraussetzung, dass die Anforderungen an die erforderliche Qualität, Wirksamkeit und Unbedenklichkeit erwiesen und deshalb Gefahren für die Arzneimittelsicherheit nicht zu gewärtigen sind. Die Freistellung im Wege der Standardzulassung kann von einer bestimmten Herstellung, Zusammensetzung, Kennzeichnung, Packungsbeilage, Fachinformation oder Darreichungsform abhängig gemacht sowie auf bestimmte Anwendungsarten, Anwendungsgebiete oder Anwendungsbereiche beschränkt werden.

Der Gesetzesbegriff der Standardzulassung ist nicht ganz präzise. Denn es handelt sich nicht um eine standardisierte Zulassung, sondern um die Ersetzung der Zulassung durch Rechtsverordnung. Das den Vorgaben der Rechtsverordnung genügende Arzneimittel ist vom Erfordernis der Einzelzulassung **freigestellt**.²⁷ Mit dieser Freistellung soll eine wiederholte und damit überflüssige Prüfung gleicher Arzneimittel vermieden und dadurch die Zulassungsbehörde entlastet werden.²⁸ Unter „Arzneimittel" im Sinne des § 36 AMG ist dabei – dem Zweck der Standardzulassung entsprechend – nicht das konkrete, durch einen bestimmten pharmazeutischen Unternehmer und eine individualisierende Bezeichnung charakterisierte Produkt zu verstehen. Gemeint ist vielmehr eine festgelegte Zusammensetzung, die bestimmten Indikationen zugeordnet wird. Insoweit weist die Standardzulassung Parallelen zu Aufbereitungsmonographien auf, wenngleich diese ein Zulassungsverfahren nicht entbehrlich machen.

14

Die Prüfung von Qualität, Wirksamkeit und Unbedenklichkeit ist durch die Festsetzungen der Standardzulassung antizipiert. Die Standardzulassung ist damit keine Zulassung minderer Qualität, sondern der Einzelzulassung gleichwertig. Ihrer Zielsetzung entsprechend kann die Standardzulassung die Merkmale eines Arzneimittels umfassend festlegen. Dies schließt namentlich diejenigen Pflichtangaben in Zulassungsunterlagen nach § 22 Abs. 1 AMG ein, soweit sie nicht einzelfallbezogen sind.²⁹ Der Vereinfachungszweck der Standardzulassung wurde bislang durch den Versagungsgrund des § 25 Abs. 2 S. 1 Nr. 8 AMG sinnfällig: War ein Arzneimittel durch Rechtsverordnung nach § 36 Abs. 1 AMG von der Zulassungspflicht freigestellt oder mit einem solchen Arzneimittel in der Art der Wirkstoffe identisch und in deren Menge vergleichbar, durfte eine Einzelzulassung versagt werden. Die Standardzulassung **sperrte** damit regelmäßig die Einzelzulassung. Eine Ausnahme sah das Gesetz zugunsten des pharmazeutischen Unternehmers nur vor, wenn ein berechtigtes Interesse an einer Einzelzulassung zu Exportzwecken geltend gemacht werden konnte. Diese Sperrwirkung der Standardzulassung ist mit der 15. AMG-Novelle entfallen. Sie wurde nach dem verwaltungstechnischen Abschluss der Nachzulassung als nicht mehr zeitgemäß empfunden.³⁰ Nunmehr hat jeder pharmazeutische Unternehmer die Möglichkeit, eine Einzelzulassung auch für solche Präparate zu beantragen, die in den Gel-

15

---

26 Ausnahmen vom Anhörungs- und Zustimmungserfordernis statuiert § 36 Abs. 4 AMG, um Angaben zu Gegenanzeigen, Neben- und Wechselwirkungen im Interesse der Arzneimittelsicherheit schnell umzusetzen, vgl amtl. Begr. zum 4. AMG-Änderungsgesetz (abgedr. bei Sander, Arzneimittelrecht, § 36 AMG, A). Im Gegenzug müssen solche Standardzulassungen zeitlich befristet sein. Zu den Einzelheiten der Bildung von Sachverständigen-Ausschüssen vgl § 53 Abs. 1 AMG.
27 Sander, Arzneimittelrecht, § 36 AMG Erl. 1.
28 Die Homepage des BfArM weist auf der Grundlage älterer Zahlen (September 2000) 312 Arzneimittel, darunter 296 Humanarzneimittel (hiervon wiederum 143 Phytopharmaka) aus, die durch Rechtsverordnung von der Einzelzulassung befreit sind. 4452 Arzneimittel seien auf dieser Grundlage in den Verkehr gebracht worden.
29 Vgl Kloesel/Cyran, Arzneimittelrecht, § 36 AMG Erl. 3.
30 Amtl. Begründung zum 15. AMG-Änderungsgesetz (BT-Drucks. 16/12256).

Fleischfresser

tungsbereich einer Standardzulassung fallen. Es bleibt abzuwarten, ob und in welchem Umfang sich hieraus Änderungen für die regulatorische Praxis ergeben.

16 Als Vorlage für die Standardzulassung dienen in erster Linie die Angaben der **Monographien** der Arzneibücher. Da diese Angaben wie jede andere Erkenntnisquelle der Alterung unterliegen, bleibt die **Verantwortlichkeit des pharmazeutischen Unternehmers** für sein Produkt durch die Standardzulassung unberührt. Die Verantwortlichkeit beschränkt sich nicht auf die Übereinstimmung seines Arzneimittels mit den Festsetzungen der Standardzulassung, sondern erstreckt sich insbesondere auf solche neuen Erkenntnisse, die zu einer veränderten Nutzen-Risiko-Bewertung des Präparats führen können. Zwar ist der Wortlaut des insoweit relevanten § 25 Abs. 10 AMG nicht ganz eindeutig. Hiernach lässt *die Zulassung* die zivil- und strafrechtliche Verantwortlichkeit des pharmazeutischen Unternehmers unberührt. Gemeint ist damit die in § 25 Abs. 1 AMG behandelte Einzelzulassung. Die Standardzulassung ist aber kein völliges aliud zur Einzelzulassung, sondern beinhaltet eine durch Rechtsverordnung antizipierte Zulassung. Dass die Eigenverantwortung des Unternehmers in jedem Falle fortbesteht, verdeutlicht § 36 Abs. 1 S. 3 AMG. Hiernach bleibt die Angabe weiterer – also in der Standardzulassung nicht vorgesehener – Gegenanzeigen, Nebenwirkungen und Wechselwirkungen durch die pharmazeutischen Unternehmer möglich. Mit Blick auf die Arzneimittelsicherheit wird man insoweit nicht nur ein Dürfen, sondern eine Verpflichtung annehmen müssen.[31]

Durch die 15. AMG-Novelle ist § 36 AMG nunmehr um einen Absatz 5 ergänzt, der an die zuständige Bundesoberbehörde das Gebot ausspricht, die den Rechtsverordnungen nach Absatz 1 zugrunde liegenden Monographien regelmäßig zu überprüfen und, soweit erforderlich, dem jeweiligen Stand von Wissenschaft und Technik anzupassen. Dabei sind die Monographien darauf hin zu prüfen, ob die Anforderungen an die erforderliche Qualität, Wirksamkeit und Unbedenklichkeit einschließlich eines positiven Nutzen-Risiko-Verhältnisses für die erfassten Arzneimittel weiterhin als erwiesen gelten können. Materiell sollen insoweit die gleichen Anforderungen gelten wie bei einer Einzelzulassung nach § 21 Abs. 1 AMG.[32]

bb) Standardzulassung und Einzelzulassung

17 Problematisch und durch die gesetzliche Ausgestaltung des § 36 AMG unbeantwortet bleibt die Frage nach der **rechtlichen Bindungswirkung** einer bestehenden Standardzulassung. Für den pharmazeutischen Unternehmer, dessen Produkt einer Standardzulassung vollständig entspricht, stellt sich vor allem die Frage, ob er sich uneingeschränkt auf die Standardzulassung berufen oder er gleichwohl auf den Weg der Einzelzulassung verwiesen werden kann, etwa, weil neue wissenschaftliche Erkenntnisse weitere Prüfungen notwendig erscheinen lassen oder die Festsetzungen einer Standardzulassung von der Zulassungsbehörde abweichend gewertet werden. Der neue § 36 Abs. 5 AMG kann hier nicht in jedem Fall Abhilfe schaffen. Denn ein subjektiv-öffentliches Recht auf Anpassung der Standardzulassung wird sich der Norm nicht entnehmen lassen. Sie dient vielmehr dem öffentlichen Interesse an einer sicheren Arzneimittelversorgung. Eine befriedigende Antwort auf die Frage wird sich nur unter Berücksichtigung der Rechtsform der Standardzulassung als Rechtsverordnung im Sinne von Art. 80 Abs. 1 GG finden lassen. Herkömmlich werden Rechtsverordnungen als von der Exekutive erlassene Rechtssätze und damit als Gesetze im materiellen Sinne verstanden. Sie lassen sich auf die Grundlage eines Parlamentsgesetzes zurückführen und gestalten dieses – nicht zuletzt im Interesse einer präziseren und flexibleren Handhabung – näher aus. Von wissenschaftlichen Erkenntnissammlungen – etwa in Form von Aufberei-

---

31 Ebenso: Kloesel/Cyran, Arzneimittelrecht, § 36 AMG Erl. 5.
32 Amtl. Begründung zum 15. AMG-Änderungsgesetz (BT-Drucks. 16/12256).

tungsmonographien – oder internen Verwaltungsvorschriften unterscheiden sie sich gerade durch ihre Bindungswirkung, die sie nicht nur verwaltungsintern, sondern auch im Verhältnis zu den Normunterworfenen entfalten können. Dies legt es nahe, der Zulassungsbehörde ein Abweichen von einer wirksamen Standardzulassung im Grundsatz zu versagen. Problematisch ist aber, ob die Festsetzungen einer Standardzulassung auch bei einer Einzelzulassung für ein identisches Präparat oder bei einer Einzelzulassung für ein vergleichbares Präparat zu beachten sind. Zugespitzt stellt sich diese Frage bei Indikationseinschränkungen, Gegenanzeigen oder Warnhinweisen, die bei der Einzelzulassung von der Zulassungsbehörde aus fachlichen Gesichtspunkten für erforderlich gehalten werden, in der entsprechenden Standardzulassung aber nicht vorgesehen sind. In diesem Fall ist die Rechtfertigung der Ungleichbehandlung der Einzelzulassung gegenüber der Standardzulassung problematisch. Sie ist allein mit dem Hinweis auf die verfahrenstechnischen Unterschiede von Standard- und Einzelzulassung nicht zu begründen.[33] Denn durch ihre rechtliche Verfestigung als Verordnungen unterscheiden sich Standardzulassungen gerade von Stellungnahmen der Zulassungskommissionen nach § 25 Abs. 6, 7 und 7a AMG, bei denen das Gesetz eine Nichtberücksichtigung ausdrücklich zulässt oder von Aufbereitungsmonographien alten Rechts, die als Darstellung eines naturwissenschaftlichen Erkenntnisstandes stets einer abweichenden Bewertung zugänglich sind. Dies gebietet es, die sachlichen Festsetzungen einer Standardzulassung auch in Verfahren der Einzelzulassung gleicher Präparate zu berücksichtigen. Ergeben sich neue wissenschaftliche Erkenntnisse, wird sich eine konsistente Verwaltungspraxis nur über eine Änderung der Standardzulassung herbeiführen lassen, die dann eine Gleichbehandlung von Einzel- und Standardzulassung ermöglicht. Allerdings ist stets zu beachten, dass Standardzulassungen nicht notwendigerweise alle Merkmale des Arzneimittels im Detail festlegen müssen. Sind sie hinsichtlich ihrer Festsetzungen nicht abschließend oder weicht ein Arzneimittel in Einzelpunkten von einer Standardzulassung mehr als nur unerheblich ab, eröffnet sich im Interesse der Arzneimittelsicherheit ein Spielraum der Zulassungsbehörde. Im Übrigen muss aber, sollte sie ganz oder teilweise überholt sein, die Standardzulassung im Verordnungswege aufgehoben oder dem neuen Stand angepasst werden. Ein Anspruch des einzelnen normunterworfenen Unternehmers hierauf dürfte – wie bereits angesprochen – indes nicht bestehen.

cc) Abwägungsentscheidung

Das Gesetz gestaltet die Standardzulassung als **Abwägungsentscheidung** aus. Nach § 36 Abs. 2 AMG *muss* bei der Auswahl der Arzneimittel, die von der Pflicht zur Zulassung freigestellt werden, den berechtigten Interessen der Arzneimittelverbraucher, der Heilberufe und der pharmazeutischen Industrie Rechnung getragen werden. Denn insbesondere für die pharmazeutische Industrie geht mit der durch das Instrument der Standardzulassung intendierten **Verfahrensvereinfachung** die Gefahr des ungewollten **Wissenstransfers** einher. Durch die Standardzulassung können Rezepturen, Verfahren und Indikationen ohne Willen des Originators allgemeine Verbreitung finden. Zwar ist die Beachtung der Vorschriften des gewerblichen Rechtsschutzes, namentlich des Patentschutzes, in diesem Zusammenhang selbstverständlich.[34] Gleichwohl ist die Standardzulassung tendenziell geeignet, Nachahmerprodukte nicht nur verfahrenstechnisch, sondern auch materiell zu begünstigen. Ebenso wie bei einem unzureichenden Unterlagenschutz wäre bei zu weitreichenden Standardzulassungen das Interesse der pharmazeutischen Industrie an der Entwicklung innovativer

---

33 So aber VG Köln, Urt. v. 1.12.2006 – 18 K 7051/03; anders OVG NRW, Urt. v. 11.2.2009, A&R 2009, 134–140.
34 Vgl hierzu „Leitsätze des Bundesministeriums für Jugend, Familie und Gesundheit zum Erlass der Rechtsverordnung nach § 36", abgedruckt bei Sander, Arzneimittelrecht, § 36 AMG Erl. 2.

Produkte herabgesetzt, da ihre Entwicklungsergebnisse zeitnah in die Festsetzungen entsprechender Rechtsverordnungen einflössen und eine Amortisierung der Entwicklungskosten erschwert wäre. Diese Bedenken spielten eine wichtige Rolle in den gesetzgeberischen Überlegungen vor Erlass der Ermächtigungsvorschrift des § 36 AMG. Insbesondere der Bundesrat gab in einer Entschließung seiner Erwartung Ausdruck, dass die Bundesregierung von der gesetzlichen Ermächtigung zum Erlass von Standardzulassungen nur restriktiv Gebrauch machen werde.[35]

Das zuständige Bundesministerium hat dem in seinen, rechtlich jedoch unverbindlichen, Leitsätzen zum Erlass von Standardzulassungen vom 1.9.1976[36] Rechnung getragen und unter Anderem festgestellt, dass nur solche Arzneimittel in Betracht kämen, die den materiellen Anforderungen der §§ 22 ff AMG genügten und für die der Nachweis einer ausreichenden Qualität, Wirksamkeit und Unbedenklichkeit als erbracht angesehen werden könne. Auch bleibe der gewerbliche Rechtsschutz, insbesondere der Patentschutz, unberührt. Gesetzestechnisch ist die Berücksichtigung berechtigter Interessen Dritter beim Erlass von Standardzulassungen neben der nach § 36 Abs. 1 S. 1 AMG obligatorischen Anhörung von Sachverständigen, der Zustimmung des Bundesrates[37] und dem erforderlichen Einvernehmen des Bundesministeriums für Wirtschaft insbesondere durch das materielle **Abwägungsgebot** des Absatzes 2 gesichert. Diese Sicherungen gewährleisten einen Interessenausgleich weitgehend, haben aber auch zur Folge, dass für Standardzulassungen nur solche Arzneimittel resp. Stoffe und Stoffkombinationen in Betracht kommen, die sich in langjähriger Marktpräsenz bereits bewährt und als unbedenklich erwiesen haben und deren Zusammensetzung ohnehin bekannt ist. Einen Schwerpunkt bilden dabei Arzneimittel aus dem phytopharmazeutischen Bereich.

dd) Anzeigepflicht

19 Für den pharmazeutischen Unternehmer, der ein der Standardzulassung entsprechendes Arzneimittel in den Verkehr bringen will, entfällt die Zulassungspflicht. Statt dessen besteht gemäß § 67 Abs. 5 AMG eine **Anzeigepflicht**. Nach der Neufassung des Absatzes 5 durch die 15. AMG-Novelle hat die Anzeige „zuvor", also vor dem Inverkehrbringen zu erfolgen. Die mit der alten Fassung verbundene Frage, ob mit der dort gebrauchten Formulierung „unverzüglich" eine Anzeige **vor dem Inverkehrbringen** gemeint ist, dürfte damit endgültig bejaht sein. Eine frühzeitige Anzeige dürfte dessen ungeachtet auch dem Interesse des pharmazeutischen Unternehmers entsprechen, um Klarheit über den Zulassungsmodus zu gewinnen und Fehlinvestitionen vorzubeugen.

20 In der Praxis stellt das BfArM für die Anzeige nach § 67 Abs. 5 AMG weiterhin ein schlichtes Formular zur Verfügung, das lediglich Angaben zu einer zusätzlichen Bezeichnung des Arzneimittels und seinen nicht wirksamen Bestandteilen sowie zum Datum des Inverkehrbringens verlangt. Mit Letzterem wird auf § 67 Abs. 5 S. 2 AMG abgestellt. Hiernach sind in der Anzeige die verwendeten nicht wirksamen Bestandteile anzugeben, soweit sie nicht in der Standardzulassung festgelegt sind. Dieser Vorschrift kommt auch ein materieller Gehalt zu, lässt sich ihr doch entnehmen, dass eine Standardzulassung, soweit es die Zusammensetzung des Arzneimittels angeht, nicht vollständig zu sein braucht. Das gilt naturgemäß

---

35 Vgl Ausschussbericht und Entschließung des Bundesrates v. 25.6.1976 (BT-Drucks. 417/76 – Beschluss, Anlage), abgedruckt bei Kloesel/Cyran, Arzneimittelrecht, § 36 AMG.
36 Abgedruckt bei Kloesel/Cyran, aaO.
37 Ausnahmen vom Anhörungsgebot und vom Zustimmungserfordernis des Bundesrates statuiert § 36 Abs. 4 AMG. Hiernach bedarf es dieser Mitwirkung nicht, wenn es erforderlich ist, Angaben zu Gegenanzeigen, Nebenwirkungen und Wechselwirkungen unverzüglich zu ändern. Die Geltung der Rechtsverordnung ist in diesen Fällen auf längstens ein Jahr zu befristen. Die Frist kann unter bestimmten Voraussetzungen einmalig um ein weiteres Jahr verlängert werden.

nicht in Bezug auf die Wirkstoffe. Abweichungen insoweit machen stets eine neue Nutzen-Risiko-Abwägung in einem Zulassungsverfahren erforderlich. § 67 Abs. 5 S. 2 AMG in der Fassung der 15. AMG-Novelle schreibt nunmehr vor, dass in der Anzeige neben der Bezeichnung und den nicht wirksamen Bestandteilen auch der Hersteller und die tatsächliche Zusammensetzung des Arzneimittels anzugeben sind, soweit die Verordnung diesbezügliche Unterschiede erlaubt. Anzuzeigen sind zudem Änderungen der diesbezüglichen Angaben und die Beendigung des Inverkehrbringens.

b) Apothekenarzneien

Grundsätzlich zulassungsbedürftig sind auch solche Fertigarzneimittel, die in Apotheken hergestellt werden. Schon die Zielsetzung der Arzneimittelsicherheit gebietet hier eine Gleichsetzung mit industriell hergestellten Produkten. Auch gilt es, eine Umgehung der Zulassungspflicht durch Verlagerung bestimmter Herstellungsstufen auf Apotheken zu verhindern. So wird ein Produkt nicht etwa dadurch zu einer zulassungsfreien Apothekenarznei, dass einzelne untergeordnete Herstellungsschritte, etwa die Verpackung, in einer Apotheke erfolgen. § 4 Abs. 1 AMG bringt den Grundsatz in seiner durch die 14. AMG-Novelle ergänzten Fassung dadurch zum Ausdruck, dass dem Begriff des (zulassungsbedürftigen) Fertigarzneimittels auch die zur Abgabe an Verbraucher bestimmten Arzneimittel unterfallen, bei deren Zubereitung generell – gleichgültig, ob innerhalb oder außerhalb einer Apotheke – ein industrielles Verfahren zur Anwendung kommt.[38]

Eine nicht unbedeutende Ausnahme an der Grenzlinie zwischen industrieller und apothekengebundener Fertigung begründet **§ 21 Abs. 2 Nr. 1 AMG**. Hiernach bedürfen solche Arzneimittel keiner Zulassung, die aufgrund nachweislich häufiger ärztlicher oder zahnärztlicher Verschreibung in den wesentlichen Herstellungsschritten in einer Apotheke in einer Menge bis zu 100 abgabefertigen Packungen an einem Tag im Rahmen des üblichen Apothekenbetriebes hergestellt werden und zur Abgabe im Rahmen der bestehenden Apothekenbetriebserlaubnis bestimmt sind. Die Vorschrift betrifft ausdrücklich nur Humanarzneimittel und richtet sich in erster Linie – aber keineswegs nur – an Krankenhausapotheken. Durch die Formulierung des Gesetzes „bis zu..." wird ferner deutlich, dass auch und erst recht solche **Rezepturarzneimittel** nicht zulassungsbedürftig sind, die aufgrund einer Einzelanforderung und einer individuellen Rezeptur in einer Apotheke hergestellt werden. Hier fehlt es bereits an einer Herstellung im Voraus. Rezepturarzneimittel stellen daher keine Fertigarzneimittel im Sinne der gesetzlichen Begriffsbestimmungen des § 4 Abs. 1 AMG dar. Sie unterfallen, ohne dass es einer gesonderten Ausnahmebestimmung bedürfte, von vornherein nicht der Regel des § 21 Abs. 1 AMG. Auch einer nachweislich häufigen Verschreibung bedarf es nicht. Für alle übrigen unter die Ausnahmebestimmung fallenden Apothekenarzneien wird der etwas ungenaue Begriff der **„verlängerten Rezeptur"**[39] verwendet. Letztlich handelt es sich auch hierbei auch um Rezepturarzneimittel, die sich lediglich quantitativ abheben. Der Vorgang der Herstellung wird auch als **Defektur** bezeichnet. Das AMG kennt die Begriffe jedoch nicht. Sie sind im Apothekenrecht geläufig und für regulatorische Fragen wenig ergiebig. Um der Klarheit willen sollten die in dieser Weise hergestellten Arzneimittel als zulassungsfreie (Rezeptur-)Arzneimittel angesprochen und anhand der Voraussetzungen des gesetzlichen Tatbestands subsumiert werden. Die näheren Einzelheiten über die Dokumentation des Arzneimittels und seiner Herstellung sind in § 8 ApoG geregelt.

Die Interpretation des § 21 Abs. 2 Nr. 1 AMG bereitet Schwierigkeiten, weil die Ausnahme von zahlreichen Voraussetzungen abhängt, die kumulativ erfüllt sein müssen und zudem in unbestimmte Rechtsbegriffe gekleidet sind. Das BVerwG und der VGH Baden-Württemberg

---

38 Vgl zu den im Einzelnen schwierigen Abgrenzungsfragen Prinz, PharmR 2008, 364 ff.
39 Vgl Kloesel/Cyran, Arzneimittelrecht, § 21 AMG Erl. 28.

als Vorinstanz haben den Charakter des § 21 Abs. 2 S. 1 AMG als eng auszulegende Ausnahmevorschrift betont.[40] Diese Annahme beansprucht über die dort entschiedenen Fallgestaltungen hinaus für alle Tatbestandsmerkmale Geltung:

aa) Verschreibung

24 Die Herstellung muss sich zunächst aufgrund nachweislich häufiger ärztlicher oder zahnärztlicher **Verschreibung** vollziehen. Da sich die Bestimmung nur auf das Zulassungserfordernis bezieht, ist „Verschreibung" untechnisch gemeint und umfasst die Veranlassung der Herstellung sowohl verschreibungspflichtiger, apothekenpflichtiger als auch freiverkäuflicher Arzneimittel.[41] Hingegen ist der Wortlaut eindeutig, soweit es um die Person des Verordners geht. Hinreichend sind nur Verschreibungen von Ärzten und Zahnärzten. Heilpraktiker sind folglich ausgeschlossen. Wann eine solche Verschreibung indes „nachweislich häufig" ist, lässt sich dem Wortlaut des Gesetzes nicht präzise entnehmen. Hierbei wird man nicht ohne Rückgriff auf die konkreten Umstände des Einzelfalls auskommen, dabei aber stets zu gewärtigen haben, dass die Vorschrift immerhin Fertigungen bis zu 100 Packungen täglich zulassungsfrei stellt. Dem und der hiermit verbundenen Vorratshaltung muss ein bestimmtes Nachfrageverhalten entsprechen. Es ist daher nachvollziehbar, wenn *Kloesel/ Cyran* regelmäßig eine täglich mehrfach oder zumindest täglich erfolgende ärztliche oder zahnärztliche Anforderung fordern.[42] Deutlichere Interpretationshilfen sind der gesetzlichen Formulierung nicht zu entnehmen. Allerdings bleiben auch hier die Besonderheiten des Einzelfalls zu berücksichtigen, etwa bei saisonal nachgefragten Zubereitungen.

bb) Wesentliche Herstellungsschritte

25 Die **Herstellung** muss zudem in ihren wesentlichen Schritten in einer Apotheke erfolgen. Wann ein Herstellungsschritt wesentlich ist, lässt sich ebenso wenig allgemeingültig definieren wie der Begriff der häufigen Verschreibung. Das AMG beschreibt den Begriff der Herstellung in einem umfassenden Sinn. Gemäß § 4 Abs. 14 AMG gehören zum „Herstellen" das Gewinnen, das Anfertigen, das Zubereiten, das Be- oder Verarbeiten, das Umfüllen einschließlich des Abfüllens, das Abpacken, das Kennzeichnen und die Freigabe. Das BVerwG hat zwar offen gelassen, ob Herstellungsschritte wie das Abpacken oder Kennzeichnen oder die Qualitätskontrolle für sich genommen als „wesentlich" anzusehen sind. Ausgehend von einem engen Verständnis der Ausnahmevorschrift und ihrem Wortlaut („in *den* wesentlichen Herstellungsschritten") hat es aber festgestellt, dass *alle* wesentlichen Herstellungsschritte apothekengebunden erfolgen müssen. Vor diesem Hintergrund hat es die Verkapselung eines sonst nicht anwendungsfähigen Arzneimittels in Weichgelatine als wesentlichen Herstellungsschritt angesehen, der zwingend in einer Apotheke erfolgen müsse, um die Zulassungspflicht entfallen zu lassen.

cc) Apotheke

26 Die Herstellung muss in einer Apotheke und **im Rahmen des üblichen Apothekenbetriebes** erfolgen. Angesprochen sind hiermit die Begrenzungen, die dem Betrieb einer Apotheke durch das Apothekenrecht insbesondere in räumlicher Hinsicht auferlegt sind. Herkömmlich wird dieses Erfordernis als eine regionale Eingrenzung verstanden, um die breite Streu-

---

40 BVerwG, Urt. v. 9.3.1999 – 3 C 32.98; Buchholz 418.32 AMG Nr. 33 und VGH Baden-Württemberg, Urt. v. 7.8.1997 – 10 S 16/96; DVBl. 1998, 153 (LS).
41 Vgl Kloesel/Cyran, Arzneimittelrecht, § 21 AMG Erl. 29.
42 Vgl Kloesel/Cyran, Arzneimittelrecht, § 21 AMG Erl. 29.

ung potenziell risikobehafteter, aber nicht zugelassener Arzneimittel zu begrenzen.[43] Damit ist allerdings noch nicht die Frage beantwortet, wie **Versandapotheken** zu behandeln sind, die in § 11 a ApoG ihre ausdrückliche Anerkennung erfahren haben. Das Apothekengesetz geht indes offenkundig davon aus, dass die Versandtätigkeit nicht zum üblichen Apothekenbetrieb zählt, wie sich aus der Formulierung in § 11 a S. 1 Nr. 1 ApoG ergibt, der Versand erfolge *zusätzlich* zu dem üblichen Apothekenbetrieb. Allerdings dürfte der Versand von Rezepturarzneimitteln noch keine nennenswerte praktische Relevanz erlangt haben.[44]

dd) Apothekenbetriebserlaubnis

Schließlich müssen die Arzneimittel dazu bestimmt sein, **im Rahmen der bestehenden Apothekenbetriebserlaubnis** abgegeben zu werden. Das erst durch das 14. AMG-Änderungsgesetz eingefügte Erfordernis bedeutet gegenüber der vorherigen Formulierung („zur Abgabe in dieser Apotheke") eine Lockerung des Zulassungserfordernisses, da inzwischen mit einer Apothekenbetriebserlaubnis eine Hauptapotheke und bis zu drei Filialapotheken betrieben werden können (§ 2 Abs. 4 und 5 ApoG). Erlaubt ist daher eine zulassungsfreie Abgabe von Defekturarzneimitteln innerhalb dieses Apothekenverbundes. Bis zu dieser Änderung durfte die zulassungsfreie Abgabe nur in derjenigen Apotheke erfolgen, in der das Arzneimittel auch hergestellt wurde.

27

ee) Arzneimittel zur Bekämpfung übertragbarer Krankheiten

Die durch das 14. AMG-Änderungsgesetz eingefügte weitere Ausnahme nach **§ 21 Abs. 2 Nr. 1 c**[45] stellt solche Apothekenarzneien von der Zulassungspflicht frei, die antivirale oder antibakterielle Wirksamkeit haben und zur Behandlung einer bedrohlichen **übertragbaren Krankheit** hergestellt werden. Dies gilt nicht allgemein, sondern nur für solche Eilsituationen, in denen die Ausbreitung der übertragbaren Krankheit eine *sofortige und das übliche Maß erheblich überschreitende* Bereitstellung von *spezifischen* Arzneimitteln erforderlich macht. Auch muss es sich um Arzneimittel handeln, die aus Wirkstoffen hergestellt werden, die von den Gesundheitsbehörden des Bundes oder der Länder oder von diesen benannten Stellen für diese Zwecke bevorratet werden. Auch hier darf die Herstellung nur zur Abgaben im Rahmen der bestehenden Apothekenbetriebserlaubnis erfolgen. Allerdings löst auch die Abgabe an andere Apotheken keine Zulassungspflicht aus. Zudem besteht keine Mengenbegrenzung. Im Gegensatz zu § 21 Abs. 2 Nr. 1 AMG kann die Fertigung im öffentlichen Interesse 100 Packungen täglich deutlich überschreiten. Insgesamt ist die Ausnahme aber außerordentlich eng gefasst und auf wenige **Notsituationen** zugeschnitten, etwa eine Influenza-Epidemie.[46]

28

c) Individualarzneien

Durch die 14. AMG-Novelle neu in das Gesetz eingefügt und durch die 15. Novelle bereits wieder neu gefasst sind auch die Bestimmungen des **§ 21 Abs. 1 Nr. 1 a und Nr. 1 b AMG**. Gemäß Nr. 1 a sind Arzneimittel zulassungsfrei, bei deren Herstellung Stoffe menschlicher Herkunft eingesetzt werden und die entweder zur autologen oder gerichteten, *für eine bestimmte Person* vorgesehenen Anwendung bestimmt sind oder aufgrund einer Rezeptur für einzelne Personen hergestellt werden, es sei denn, es handelt sich um die in § 4

29

---

43 Kloesel/Cyran, Arzneimittelrecht, § 21 AMG Erl. 31.
44 Vgl jetzt OLG Hamburg, PharmR 2008, 449 ff; hierzu Kieser, PharmR 2008, 413 ff.
45 Die Einfügung als Nr. 1 c ist systematisch wenig geglückt, weil die gleichfalls durch das 14. AMG-Änderungsgesetz ergänzten Bestimmungen der Nr. 1 a und 1 b im Gegensatz zur Nr. 1 industriell hergestellte Produkte betreffen.
46 Vgl Ausschussbericht; abgedruckt bei Kloesel/Cyran, Arzneimittelrecht, § 21 AMG.

Fleischfresser

Abs. 4 AMG genannten Impfstoffe. Nr. 1 b enthält nunmehr einen Katalog, der die Ausnahme von der Zulassungspflicht auf andere als die in Nr. 1 a genannten Arzneimittel erweitert. Zulassungsfrei sind demnach Arzneimittel, die für Apotheken, denen für einen Patienten eine Verschreibung vorliegt, aus im Geltungsbereich des AMG zugelassenen Arzneimitteln entweder

a) als Zytostatikazubereitung oder für die parenterale Ernährung sowie in anderen medizinisch begründeten Bedarfsfällen, sofern es für die ausreichende Versorgung des Patienten erforderlich ist und kein zugelassenes Arzneimittel zur Verfügung steht, hergestellt werden *oder*

b) als Blister aus unveränderten Arzneimitteln hergestellt werden *oder*

c) in unveränderter Form abgefüllt werden.

Die Verfasser der amtlichen Begründung zur Neuregelung scheinen die Schwierigkeiten bei der Auslegung der wenig übersichtlichen Norm geahnt zu haben und geben weit gehende Interpretationshilfen. Die Änderungen dienten insbesondere der Klarstellung und bezögen sich auf Stoffe anderer als menschlicher Herkunft. Buchstabe b) mache deutlich, dass von Apotheken in Auftrag gegebene Rezepturen für einzelne Patienten und Patientinnen von Herstellerbetrieben hergestellt werden dürften. Diese Möglichkeit werde aber neben parenteralen Ernährungslösungen auf Lösungen in der Onkologie beschränkt. Der Begriff „Zytostatika" sei weit zu verstehen. Beispielsweise könnten den Lösungen andere als spezifisch zytostatisch wirksame Substanzen beigemischt oder andere Lösungen betroffen sein, die die zytostatische Therapie ergänzten. Die unter Buchstabe c) festgelegte Ausnahmeregelung erfasse nur die sog. patientenindividuelle Verblisterung. Dabei dürften die Arzneimittel jedoch nicht verändert werden. Nicht zulässig sei es zB, wenn Tabletten geteilt oder zermörsert, neu verkapselt oder sonst in eine neue Darreichungsform überführt würden.[47]

d) Gewebezubereitungen

30 Einer Zulassung bedarf es ferner gemäß § 21 Abs. 2 Nr. 1 d AMG nicht für Gewebezubereitungen im Sinne von § 21 a AMG. Erfasst werden damit solche Produkte, die nichtindustriell in solchen Verfahren be- oder verarbeitet werden, die in der Europäischen Union hinreichend bekannt und deren Wirkungen und Nebenwirkungen aus dem wissenschaftlichen Erkenntnismaterial ersichtlich sind. Sie sind allerdings nicht ohne Weiteres verkehrsfähig, sondern unterliegen einem vereinfachten Genehmigungsverfahren, dessen nähere Einzelheiten in § 21 a Abs. 2–9 AMG geregelt sind. Ausgenommen wurden hiervon nunmehr gemäß § 21 a Abs. 1 a AMG ausdrücklich solche Gewebezubereitungen, die zur klinischen Prüfung am Menschen bestimmt sind. Der Gesetzgeber hielt diese Klarstellung trotz der bestehenden Ausnahme vom *Zulassungs*verfahren in § 21 Abs. 2 Nr. 2 AMG für erforderlich.

e) Heilwässer, Bademoore, medizinische Gase und Therapieallergene

31 Zulassungsfrei sind außerdem gemäß § 21 Abs. 2 Nr. 1 e AMG seit der 15. AMG-Novelle Heilwässer, Bademoore oder andere Peloide, die nicht im Voraus hergestellt und in einer zur Abgabe an den Verbraucher bestimmten Packung vor Ort in den Verkehr gebracht werden oder die ausschließlich zur äußerlichen Anwendung oder zur Inhalation vor Ort bestimmt sind.

Ferner unterliegen nach § 21 Abs. 2 Nr. 1 f AMG medizinische Gase nicht der Zulassungspflicht, sofern sie aus zugelassenen Arzneimitteln durch Abfüllen und Kennzeichnen in Unternehmen, die zum Einzelhandel mit apothekenfreien Arzneimitteln befugt sind, herge-

---

47 Vgl amtl. Begründung zum 15. AMG-Änderungsgesetz (BT-Drucks. 16/12256).

stellt werden. § 21 Abs. 2 Nr. 1 g AMG erweitert die Zulassungsfreiheit zudem auf patientenindividuelle Therapieallergene, die aufgrund einer Rezeptur hergestellt werden.

f) Prüfarzneien

Schließlich sind gemäß **§ 21 Abs. 2 Nr. 2 AMG** auch solche Arzneimittel ohne Zulassung verkehrsfähig, die zur **klinischen Prüfung** am Menschen bestimmt sind. Der Begriff der klinischen Prüfung erfasst hier nicht nur die Erprobung eines Arzneimittels in einer Klinik, sondern auch diejenige bei niedergelassenen Ärzten und Zahnärzten. Letztere kann nach § 22 Abs. 2 Nr. 4 AMG ebenso wie die Erprobung in einer Klinik den Zulassungsanspruch neuer Arzneimittel tragen. Anhaltspunkte für eine abweichende Behandlung bestehen nicht.[48] Zu den zulassungsfreien Prüfarzneien zählen außerdem wirkstofffreie Zubereitungen in Form von **Placebos**.

32

g) Compassionate Use

Unter „Compassionate Use" – was sich mit „Anwendung aus Mitgefühl" übersetzen lässt – wird gemeinhin der Gebrauch nicht zugelassener Arzneimittel unter bestimmten Voraussetzungen bei bestimmten Patienten verstanden, die an nicht anders behandelbaren schweren und lebensbedrohlichen Erkrankungen leiden. Der Begriff sollte nicht mit dem des **Off-Label-Use** verwechselt werden, der den Gebrauch eines zugelassenen Arzneimittels in einem anderen Anwendungsgebiet bezeichnet.

33

Während das mit der Behandlung verbundene Inverkehrbringen nicht zugelassener Arzneimittel unter den Voraussetzungen des Compassionate Use zuvor auf der unsicheren Grundlage zivil- und strafrechtlicher Rechtfertigungsnormen erfolgte, eröffnete die **Verordnung (EG) Nr. 726/2004** des Europäischen Parlaments und des Rates vom 31.3.2004[49] für die Mitgliedstaaten hier erstmals die Möglichkeit einer eigenständigen Regelung dieses in der medizinischen Praxis nicht ganz unbedeutenden Anwendungsbereichs von Arzneimitteln. Gemäß **Art. 83 VO (EG) Nr. 726/2004** können die Mitgliedstaaten Arzneimittel, die unter die Voraussetzungen ihres Art. 3 Abs. 1 und 2 fallen – also von der Gemeinschaft zu genehmigen sind oder neue Wirkstoffe enthalten bzw. bedeutende Innovationen darstellen, oder deren Genehmigung auf Gemeinschaftsebene im Patienteninteresse liegt – aus humanitären Erwägungen einer Gruppe solcher Patienten auch ohne Zulassung zur Verfügung gestellt werden, die an einer zu Invalidität führenden chronischen oder schweren Krankheit leiden und die mit einem genehmigten Arzneimittel nicht zufriedenstellend behandelt werden können. Das Arzneimittel muss hierbei entweder Gegenstand eines Antrags auf Genehmigung durch die Europäische Arzneimittelagentur oder (zumindest) einer noch nicht abgeschlossenen klinischen Prüfung sein. Die Verordnung verpflichtet die Mitgliedstaaten nicht zu entsprechenden Regelungen. Sie beschränkt sich vielmehr auf die Eröffnung einer Möglichkeit der Abweichung vom zwingenden Zulassungserfordernis durch die Mitgliedstaaten, deren nähere gesetzgeberische Ausgestaltung ihnen überlassen bleibt. Daneben enthält die Verordnung in Art. 83 Abs. 3–8 bestimmte Verfahrensregelungen und stellt insbesondere klar, dass die zivilrechtliche Haftung oder strafrechtliche Verantwortung des Herstellers oder des Antragstellers unberührt bleiben.

34

Der deutsche Gesetzgeber hat mit dem 14. AMG-Änderungsgesetz nunmehr in **§ 21 Abs. 2 Nr. 6 AMG** eine auf den gemeinschaftsrechtlichen Vorgaben basierende eigenständige Regelung getroffen. Hiernach bedürfen solche Arzneimittel keiner Zulassung, die unter die Voraussetzungen des Art. 83 der Verordnung fallen und die für eine Anwendung bei Patienten

35

---

48 Ebenso: Kloesel/Cyran, Arzneimittelrecht, § 21 AMG Erl. 36.
49 ABl. EU Nr. L 136 v. 30.4.2004.

zur Verfügung gestellt werden, die an einer zu einer schweren Behinderung führenden Erkrankung leiden oder deren Krankheit lebensbedrohend ist, und die mit einem zugelassenen Arzneimittel nicht zufrieden stellend behandelt werden können. Es fällt auf, dass der Text der AMG-Vorschrift in Details vom amtlichen Text der europarechtlichen Vorgabe in seiner deutschen Übersetzung abweicht. So lässt der Wortlaut des AMG jede Erkrankung genügen, solange sie zu einer schweren Behinderung führt. Die EU-Verordnung fordert hingegen eine chronische oder schwere Erkrankung. Auch fordert das AMG in der Alternative wohl eine nachgewiesenermaßen lebensbedrohliche Erkrankung („lebensbedrohend ist"), während die EU-Verordnung die Überzeugung in Fachkreisen von der Lebensbedrohlichkeit genügen lässt („als lebensbedrohend gilt"). Ob sich hieraus Schwierigkeiten in der Anwendung der Vorschrift ergeben, muss die Praxis erweisen. Schwerer wiegt, dass die in § 21 Abs. 2 Nr. 6 aE AMG postulierte **Rechtsverordnung** zum Verfahren des Compassionate Use weiterhin aussteht.[50]

Problematisch ist, dass die 15. AMG-Novelle den Anwendungsbereich des Compassionate Use auf die *kostenlose* Abgabe der Arzneimittel beschränkt hat.[51] Hier muss sich in der Praxis erweisen, ob Raum für entsprechende Programme verbleibt.

36 Das Bundesinstitut für Arzneimittel und Medizinprodukte sieht für sich vor dem Erlass der Rechtsverordnung keine Befugnis, über Compassionate-Use-Programme zu entscheiden. Es verweist auf Art. 5 RL 2001/83/EG, der gemäß Art. 83 Abs. 9 VO (EG) Nr. 726/2004 unberührt bleibt und den Mitgliedstaaten in besonderen Bedarfsfällen erlaubt, Arzneimittel zulassungsfrei zu stellen, sich allerdings nur auf Präparate bezieht, die nach ärztlichen Angaben hergestellt und zur Verabreichung an eigene Patienten unter seiner unmittelbaren persönlichen Verantwortung bestimmt sind. Vor dem Hintergrund dieser nach wie vor unbefriedigenden Rechtslage gibt die Behörde auf ihrer Homepage[52] lediglich empfehlende Hinweise für die Durchführung entsprechender Programme:

- Vorliegen eines Nachweises, dass die Patienten an einer lebensbedrohenden oder einer schweren Krankheit leiden.
- Vorliegen eines Nachweises, dass es keine zufrieden stellende alternative Therapiemöglichkeit mit einem in der EU zugelassenen Arzneimittel gibt.
- Vorliegen eines Nachweises, dass das betreffende Arzneimittel entweder Gegenstand eines Zulassungsverfahrens oder Gegenstand einer noch nicht abgeschlossenen klinischen Prüfung ist.
- Berücksichtigung der „Guideline on Compassionate Use of Medicinal Products, Pursuant to Article 83 of Regulation (EC) No 726/2004".
- Zum Nachweis einer Wirksamkeit in der vorgesehenen Indikation und Sicherheit der Behandlung – Vorhandensein geeigneter Dokumente, zB „Investigator´s Brochure" (Prüferinformation) mit den für die Anwendung relevanten klinischen und nicht-klinischen Daten (Studiendaten).
- Definition von Ein- und Ausschlusskriterien sowie ggf. Abbruchkriterien für das „Compassionate Use"-Programm.
- Maßnahmen zur Pharmakovigilanz im „Compassionate Use"-Programm.

37 Insgesamt dürfte damit ein kleiner, aber nicht zu unterschätzender Anwendungsbereich nicht zugelassener Arzneimittel im Compassionate Use bei schweren Erkrankungen verblei-

---

50 Klärungsbedürftig ist auch, ob und inwieweit ein „Compassionate Use" nicht zugelassener Arzneimittel in Zukunft über die Voraussetzungen des § 21 Abs. 2 Nr. 6 AMG hinaus zivil- und strafrechtlich gerechtfertigt werden kann. Begreift man die Vorschrift jedenfalls bei der Behandlung von Patientengruppen als abschließend, muss folgerichtig jedes darüber hinausgehende Inverkehrbringen zulassungsbedürftiger, aber nicht zugelassener Arzneimittel rechtswidrig und nach § 96 Nr. 5 AMG strafbar bleiben.
51 Kritisch hierzu Jäkel, PharmR 2009, 323–327.
52 <www.bfarm.de>.

A. Die Zulassung als Voraussetzung der Verkehrsfähigkeit

ben. Die Regelungen der Verordnung (EG) 726/2004 und des AMG zielen dabei nicht auf einzelne Patienten, sondern auf bestimmte Patientengruppen, die mit einem noch nicht zugelassenen Arzneimittel im Rahmen konkreter und mit der Zulassungsbehörde abgestimmter Programme erfolgversprechend behandelt werden sollen.

4. Besondere Zulassungsformen

Neben der gleichsam „klassischen" Zulassung eines Arzneimittels durch die zuständige Bundesoberbehörde kennt das AMG andere Rechtsakte, welche die Verkehrsfähigkeit eines Arzneimittels begründen. Die Rechtsakte sind hinsichtlich des Kreises der betroffenen Präparate sowie der Voraussetzungen und Rechtswirkungen überaus heterogen, lassen sich aber vereinfachend unter dem Begriff der „Besonderen Zulassungsformen" zusammenfassen. In diesem Zusammenhang sind zu nennen: 38

a) Verkehrsgenehmigung der Europäischen Kommission
aa) Grundsatz

§ 21 Abs. 1 S. 1 AMG stellt die von der Kommission der Europäischen Gemeinschaften oder vom Rat der Europäischen Union nach **Art. 3 Abs. 1 oder 2 VO (EG) Nr. 726/2004** des Europäischen Parlaments und des Rates vom 31.3.2004 zur Festlegung von Gemeinschaftsverfahren für die Genehmigung und Überwachung von Human- und Tierarzneimitteln und zur Errichtung einer Europäischen Arzneimittel-Agentur[53] der nationalen Zulassung gleich. Wie diese hat sie die Verkehrsfähigkeit des Produkts in der Bundesrepublik Deutschland und darüber hinaus in gesamten Union zur Folge. Die 15. AMG-Novelle hat hier klargestellt, dass hiervon auch solche gemeinschaftsrechtlichen Zulassungen erfasst sind, die auf der Verordnung (EG) Nr. 1901/2006 des Europäischen Parlaments und des Rates vom 12.12.2006 über **Kinderarzneimittel** und zur Änderung der Verordnung (EWG) Nr. 1768/92, der Richtlinie 2001/20/EG und 2001/83/EG sowie der Verordnung (EG) Nr. 726/2004 oder Nr. 1394/2007 beruhen. Das AMG trifft damit zwar eine eher deklaratorische Aussage, da sich die Verkehrsfähigkeit der im zentralen Verfahren durch die **Europäische Kommission** genehmigten Präparate bereits aus dem Gemeinschaftsrecht ergibt. Denn Verordnungen gelten in den Mitgliedstaaten ohne innerstaatlichen Umsetzungsakt unmittelbar. Gleichwohl dokumentiert die Bestimmung den vorläufigen Endpunkt einer mit dem 7. AMG-Änderungsgesetz begonnenen Entwicklung hin zu einer zentralen Europäischen Arzneimittelzulassung, die nationale Zulassungen neuer und innovativer Präparate zunehmend in den Hintergrund drängt.[54] Der Anteil der von der Kommission unter Beteiligung der **Europäischen Arzneimittel Agentur (EMEA)** zugelassenen neuen Arzneimittel am europäischen Arzneimittelmarkt wird inzwischen mit mehr als 90 % angegeben.[55] Wenn auch eine solche Quantifizierung Bedenken ausgesetzt ist,[56] illustriert sie doch die inzwischen überragende Bedeutung der zentralen Zulassung im Bereich innovativer Arzneimittel. 39

bb) Obligatorische und fakultative zentrale Zulassung

Die **VO (EG) Nr. 726/2004** trennt in verfahrensrechtlicher Hinsicht zwei Zulassungsvoraussetzungen: 40

- Die **zwingende zentrale Zulassung** ist nach **Art. 3 Abs. 1 VO (EG) Nr. 726/2004** für alle in einem Anhang zur Verordnung aufgezählten Arzneimittel vorgesehen. Diese Präpa-

---

53 ABl. EU Nr. L 136/1.
54 Vgl oben § 3 Rn 11–19.
55 Spielberg, DÄ 2007, 104 (51–52).
56 So ist nicht klar, wann ein Arzneimittel „neu" ist und was zum „europäischen Arzneimittelmarkt" zählt.

rate dürfen innerhalb der Gemeinschaft überhaupt nur dann in den Verkehr gebracht werden, wenn eine zentrale Zulassung durch die EMEA in Form einer Genehmigung für das Inverkehrbringen erteilt worden ist. Bei diesen Präparaten **verdrängt** der supranationale Rechtsakt die nationale Zulassung. Er ist obligatorisch und ersetzt nationale Zulassungen im Interesse eines gemeinschaftlichen Arzneimittelmarktes vollständig. Der Anhang zur Verordnung führt in diesem Zusammenhang als **zentral zulassungsbedürftig** an:

1. Arzneimittel, die mit Hilfe eines der folgenden biotechnologischen Verfahren hergestellt werden:
   - Technologie der rekombinierten DNS;
   - kontrollierte Expression in Prokaryonten und Eukaryonten, einschließlich transformierter Säugetierzellen, von Genen, die für biologisch aktive Proteine kodieren;
   - Verfahren auf der Basis von Hybridomen und monoklonalen Antikörpern.
2. Tierarzneimittel, die vorwiegend zur Anwendung als Leistungssteigerungsmittel zur Förderung des Wachstums oder zur Erhöhung der Ertragsleistung von behandelten Tieren vorgesehen sind.
3. Humanarzneimittel, die einen neuen Wirkstoff enthalten, der bei Inkrafttreten dieser Verordnung noch nicht in der Gemeinschaft genehmigt war und dessen therapeutische Indikation die Behandlung folgender Erkrankungen ist:
   - erworbenes Immundefizienz-Syndrom;
   - Krebs;
   - neurodegenerative Erkrankungen;
   - Diabetes;
   - Autoimmunerkrankungen und andere Immunschwächen;
   - Viruserkrankungen.
4. Arzneimittel, die als Arzneimittel für seltene Leiden gemäß der Verordnung (EG) Nr. 141/2000 ausgewiesen sind.

Der Anhang ist in seinem wesentlichen Teil nicht als abgeschlossen konzipiert. Die Kommission kann nach Anhördung der EMEA geeignete Vorschläge zur Änderung der in Nr. 3 angesprochenen Erkrankungen unterbreiten. Die Änderungen können dann vom Rat mit qualifizierter Mehrheit beschlossen werden. Die Kompetenz zur Änderung schließt diejenige zur Erweiterung der Liste ein. Der Rat hat folglich die Möglichkeit, den Kreis der zwingenden zentralen Zulassung auszudehnen und damit nationale Zulassungen in ihrer praktischen Bedeutung zurückzudrängen.

41 Die **fakultative zentrale Zulassung** kann nach **Art. 3 Abs. 2 S. 1 lit. a und b VO (EG) Nr. 726/2004** für andere Arzneimittel erteilt werden, wenn diese entweder einen **neuen Wirkstoff** enthalten, der bei Inkrafttreten der Verordnung in der Gemeinschaft noch nicht genehmigt war, oder der Antragsteller nachweist, dass das Arzneimittel eine **bedeutende Innovation** in therapeutischer, wissenschaftlicher oder technischer Hinsicht darstellt, oder die Erteilung einer zentralen Zulassung im Interesse der Patienten oder der Tiergesundheit ist.[57] Im Bereich der fakultativen zentralen Zulassung fehlt eine Verdrängung nationalen Rechts. Der pharmazeutische Unternehmer hat vielmehr ein **Wahlrecht**, ob er das Präparat in der herkömmlichen Weise national zur Zulassung stellt, er den Weg gegenseitiger Aner-

---

57 Die Möglichkeit zentraler Zulassungen für Tierarzneimittel wird durch Art. 3 Abs. 2 S. 2 VO 726/2004 auf immunbiologische Tierarzneimittel zur Behandlung solcher Tierkrankheiten ausgedehnt, die gemeinschaftlichen Prophylaxemaßnahmen unterliegen. In diesen Fällen dürfte die zentrale Zulassung oftmals schon im Interesse der Tiergesundheit sein. Eine zentrale Zulassung könnte dann auch nach Art. 3 Abs. 2 S. 1 lit. b VO 726/2004 erteilt werden.

kennung bestehender nationaler Zulassungen wählt, was wiederum zu einer nationalen Zulassung führt, oder aber eine zentrale Zulassung anstrebt.

Die heutige Fassung des Katalogs geht auf einen Reformvorschlag der Kommission zur Vorgängerverordnung **VO (EWG) 2309/93**[58] zurück.[59] Dieser empfahl namentlich eine Erweiterung der zwingenden zentralen Zulassung um alle Arzneimittel mit neuen Wirkstoffen. Für andere innovative Arzneimittel sollte das zentrale Verfahren fakultativ sein. Die Kommission begründete ihren Vorschlag im Wesentlichen damit, dass sich das bisherige zentrale Verfahren im Hinblick auf die Beurteilung von Qualität, Sicherheit und Wirksamkeit von Arzneimitteln bewährt habe und sich Arzneimittel mit neu entwickelten Wirkstoffen unter wirtschaftlichen und soziologischen Aspekten nicht für eine isolierte Vermarktung in nur einzelnen nationalen Märkten eigneten. Zudem ermögliche das zentrale Verfahren eine schnelle Verfügbarkeit in allen Mitgliedstaaten.[60] Die Verordnung (EG) Nr. 726/2004 greift diesen Vorschlag in der Weise auf, dass nicht generell alle Arzneimittel mit neuen Wirkstoffen dem Regime der zwingenden zentralen Zulassung unterstellt werden, sondern nur solche, deren Indikation bestimmte Erkrankungen betrifft. Der Katalog der Anlage deckt dabei zwar medizinisch wie wirtschaftlich bedeutende, keineswegs aber alle wesentlichen Anwendungsgebiete ab. 42

Für den pharmazeutischen Unternehmer steht dem unbestreitbaren Vorteil einer **Verfahrensbündelung** unter Fortfall des oftmals zähflüssigen Verfahrens der gegenseitigen Anerkennung der Nachteil gegenüber, dass die bisher bestehende Wahlmöglichkeit zwischen nationaler und zentraler Zulassung für weite Bereiche neu zuzulassender Arzneimittel entfällt. Im Bereich neuer und innovativer Arzneimittel ist der Unternehmer nun weitgehend auf das regulatorische Verfahren bei der EMEA und der Kommission verwiesen. Gerade für **kleinere und mittlere Unternehmen** können hiermit erhebliche praktische Erschwernisse verbunden sein. Art. 70 Abs. 2 VO (EG) Nr. 726/2004 sucht dies durch den Erlass von Bestimmungen auszugleichen, die solchen Unternehmen Gebührensenkungen, einen Zahlungsaufschub für die Gebühren oder administrative Unterstützung gewähren. 43

Art. 3 Abs. 2 VO (EG) Nr. 726/2004 lässt in seinem Anwendungsbereich keinen Raum für nationale Rechtsetzung. Die Gemeinschaft hat sich hier des Instruments der Verordnung bedient, die gemäß Art. 288 Abs. 2 AEUV (ehemals Art. 249 Abs. 2 EGV) allgemeine Geltung hat, **in allen ihren Teilen verbindlich** ist und **unmittelbar in jedem Mitgliedstaat** gilt. Art. 13 Abs. 1 der Verordnung stellt vor diesem Hintergrund klar, dass eine zentrale Zulassung (Genehmigung) für die gesamte Gemeinschaft gültig ist und die gleichen Rechte und Pflichten in jedem einzelnen Mitgliedstaat umfasst wie eine nationale Genehmigung nach Art. 6 RL 2001/83/EG. **§ 37 Abs. 1 S. 1 AMG** greift diesen Grundsatz in der Weise auf, dass er die nach der Verordnung (EG) Nr. 726/2004 – nunmehr auch in Verbindung mit VO (EG) Nr. 1901/2006 und Nr. 1394/2007 – erteilte Genehmigung einer nach § 25 Abs. 1 AMG erteilten nationalen Zulassung gleichstellt. Die gesetzestechnisch recht sperrige Formulierung „... soweit in den §§ 11 a, 13 Abs. 2 a, § 21 Abs. 2 und 2 a, §§ 40, 56, 56 a, 58, 59, 67, 69, 73, 84 oder 94 auf eine Zulassung abgestellt wird" ist dabei europarechtskonform nicht als Einschränkung, sondern als Konkretisierung der Reichweite der supranationalen Zulassung im nationalen Arzneimittelrecht zu verstehen. 44

b) Zulassungen von Arzneimitteln aus anderen Staaten

Gemäß § 37 Abs. 1 S. 2 AMG gilt auch die von einem anderen Staat für ein Arzneimittel erteilte Zulassung als Zulassung im Sinne des § 21 AMG, soweit dies durch Rechtsverord- 45

---

58 ABl. EG Nr. L 214/1 v. 24.8.1993.
59 KOM (2001) 404 endg.
60 Einen Überblick der Reformdiskussion liefert Koenig, Europäisches Arzneimittelrecht, 2002, EA 1–4.

nung des Bundesministeriums bestimmt wird. Die entsprechende Verordnungsermächtigung findet sich in Absatz 2 der Vorschrift. Soweit sie umgesetzt ist, bedarf es für die Verkehrsfähigkeit des Produkts keiner deutschen Genehmigung. Nach der amtlichen Begründung hängt eine solche Regelung von der Beachtung der Prinzipien der Gleichwertigkeit und Gegenseitigkeit ab. Die Vorschrift soll ermöglichen, durch multilaterale und bilaterale Übereinkommen Hindernisse im internationalen Arzneimittelverkehr abzubauen.[61] Derartige Übereinkommen mit anderen Staaten fehlen jedoch, sodass entsprechende Rechtsverordnungen bislang nicht erlassen wurden und die Vorschrift ohne praktische Relevanz geblieben ist.

c) Verfahren der gegenseitigen Anerkennung und dezentralisiertes Verfahren

46 Keine besondere Form der Zulassung, sondern eine verfahrensrechtliche und verfahrenstechnische Modifikation im Interesse des freien Warenverkehrs innerhalb der Europäischen Union stellen – streng genommen – das Verfahren der gegenseitigen Anerkennung und das dezentralisierte Verfahren dar. Denn beide münden in nationale Zulassungen. Da beide aber gegenüber der „klassischen" einzelstaatlichen Zulassung von Arzneimitteln sowohl für den Antragsteller als auch für die Zulassungsbehörde erhebliche verfahrens- und materiellrechtliche Abweichungen mit sich bringen, sollen sie im hier interessierenden Zusammenhang ebenfalls angesprochen werden.

47 Beide Verfahren werden im AMG und in der Arzneimittelrichtlinie nicht scharf getrennt. Sie werden vielmehr in § 25 b AMG und in Kapitel 4 der Richtlinie 2001/83/EG in der Fassung der Richtlinie 2004/27/EG jeweils zusammengefasst abgehandelt, wobei die Unterschiede in gesonderten Absätzen dargestellt werden. Beide Verfahren stellen eine praktikable Möglichkeit dar, Zulassungen von Arzneimitteln mit bekannten Stoffen in mindestens zwei Mitgliedstaaten zu erlangen. Abseits dieses Bereichs erlangt die zentrale Zulassung zunehmende Bedeutung.

48 Zu beachten bleibt, dass die hierdurch bedingten Verfahrenserleichterungen nach Maßgabe des Art. 39 RL 2001/83/EG **nicht für homöopathische Arzneimittel** gelten. Den Mitgliedstaaten verbleibt insoweit die Möglichkeit, entsprechend eigener Grundsätze und der besonderen Merkmale der homöopathischen Medizin besondere Regelungen zur Bewertung und von Wirksamkeit und Unbedenklichkeit einzuführen.[62]

aa) Gegenseitige Anerkennung

49 Das Verfahren der gegenseitigen Anerkennung[63] hat in § 25 b Abs. 2 AMG seine aktuelle Ausgestaltung im deutschen Arzneimittelrecht[64] gefunden. Es basiert – im Gegensatz zum dezentralisierten Verfahren – auf einer im Zeitpunkt der Antragstellung **bereits bestehenden Genehmigung** oder Zulassung in einem Mitgliedstaat der Europäischen Union, welche die Verkehrsfähigkeit des Arzneimittels *in diesem Mitgliedstaat* begründet. Im Zentrum des Verfahrens steht der **Beurteilungsbericht** des Staates, in dem die Zulassung erteilt wurde, dem **Referenzstaat**. Der Beurteilungsbericht bietet die Grundlage für einen **Zulassungsanspruch**, also ein subjektiv-öffentliches Recht, welches das Gesetz durch die Wendung „ist diese Zulassung... anzuerkennen,..." zum Ausdruck bringt.

50 Das Verfahren der gegenseitigen Anerkennung beruht auf der Idee der **Gleichwertigkeit aller Zulassungsentscheidungen innerhalb der Europäischen** Union. Es versucht, im Interesse des gemeinsamen Marktes dem Ziel gerecht zu werden, dass Waren, die in einem oder mehreren

---

61 Amtl. Begr. zu § 37 AMG, abgedruckt bei Sander, Arzneimittelrecht, Erl. § 37 AMG.
62 OVG NRW, Urt. v. 29.4.2008 – 13 A 4996/04 (hierzu BVerwG, Beschl. v. 15.10.2008 – 3 B 71.08).
63 „mutual recognition procedure (MRP)".
64 Zur europarechtlichen Entwicklung des Verfahrens der gegenseitigen Anerkennung vgl oben § 3 Rn 7–10.

Mitgliedstaaten legal im Verkehr sind, in der gesamten Union verkehrsfähig sein sollen. Andererseits trägt es dem Umstand Rechnung, dass die Zulassung von Arzneimitteln außerhalb der Zuständigkeiten der EMEA weiterhin eine nationale Angelegenheit ist. Eine Nicht-Anerkennung einer bestehenden Zulassung eines Mitgliedstaates bedarf folglich – ebenso wie technische Handelshemmnisse[65] – der besonderen Rechtfertigung.

Folgerichtig besteht eine Möglichkeit der Versagung bei Humanarzneimitteln, die sich im Verfahren der gegenseitigen Anerkennung befinden, nur dann, wenn Anhaltspunkte dafür vorliegen, dass die Zulassung eine **schwerwiegende Gefahr für die öffentliche Gesundheit** darstellt. Die Formulierung dieses besonderen Versagungsgrundes kann zu interpretatorischen Unsicherheiten führen. Sie beruht auf der Fassung, die Art. 29 Abs. 1 RL 2001/83/EG durch die Richtlinie 2004/27/EG gefunden hat. In der deutschsprachigen Übersetzung ist recht vage von „einer potentiellen schwerwiegenden Gefahr für die öffentliche Gesundheit" die Rede. Sie weicht damit deutlich nicht nur von der Ausgestaltung des allgemeinen Versagungsgrundes des § 25 Abs. 2 S. 1 Nr. 5 AMG ab, der diesen Aspekt unter dem Dach der Nutzen-Risiko-Abwägung berücksichtigt, sondern auch von der Übergangsvorschrift des § 105 Abs. 4c AMG, der die Versagung der Nachzulassung einer Altarznei, die bereits in einem anderen Mitgliedstaat zugelassen ist, dann gebietet, wenn diese eine *Gefahr* für die öffentliche Gesundheit *darstellen kann*. Auch von der ursprünglichen Fassung der Richtlinie 2001/83/EG weicht die Formulierung ab, verzichtete diese doch auf das Merkmal der *schwerwiegenden* Gefahr. Die Differenzierungen innerhalb des Gefahrbegriffs sind für die Praxis misslich und weder durch die Begründungserwägungen der Richtlinien noch durch die deutschen Gesetzesbegründungen nachvollziehbar aufzulösen. Letztlich beruht der mit der Nicht-Anerkennung einer fremden Zulassung durch einen Mitgliedstaat verbundene Eingriff in den Binnenmarkt auf dem Vorbehalt des Art. 36 S. 1 AEUV (ehemals Art. 30 S. 1 EGV), der unter anderem die Rechtfertigungsgründe der öffentlichen Sittlichkeit, Ordnung und Sicherheit, den Schutz der Gesundheit und des Lebens von Menschen, Tieren oder Pflanzen anspricht. Vor diesem Hintergrund und angesichts der Tatsache, dass es – ohne dass dem gemeinschaftsrechtliche Bedenken entgegen stünden – nach § 5 Abs. 1 AMG allgemein verboten ist, bedenkliche Arzneimittel in den Verkehr zu bringen, kann nicht ohne Weiteres angenommen werden, dass mit dem Hinweis auf eine schwerwiegende Gefahr eine Modifikation des Prüfungsmaßstabes in dem Sinne verbunden ist, dass nur besonders gravierende, gleichsam offenkundig lebensbedrohliche Umstände zu einer Nicht-Anerkennung berechtigten. Art. 29 Abs. 2 der Richtlinie 2001/83/EG in seiner derzeit geltenden Fassung überantwortet die Definition des Begriffs einer potenziell schwerwiegenden Gefahr für die öffentliche Gesundheit einer von der Kommission zu erlassenden Leitlinie, die nunmehr in Form der **Leitlinie 2006/C 133/05**[66] vorliegt. Diese betont, dass in eine Bewertung des Arzneimittels das gesamte Nutzen-Risiko-Verhältnis einzubeziehen ist. Es sei daher davon auszugehen, dass eine **potenzielle schwerwiegende Gefahr für die öffentliche Gesundheit** im Zusammenhang mit einem bestimmten Arzneimittel hauptsächlich unter den folgenden Gegebenheiten bestehe:

- *„Wirksamkeit: die Daten zum Nachweis der therapeutischen Wirksamkeit der vorgeschlagenen Indikation(en) und vorgeschlagenen Dosierungen (in der Definition der vorgeschlagenen Etikettierung) enthalten keine solide wissenschaftliche Begründung für die behaupteten Wirkungen; angemessene Beweise für die Bioäquivalenz von Generika mit dem Referenzarzneimittel liegen nicht vor.*

---

65 Vgl hierzu Vorschlag der Kommission für eine VO des Europäischen Parlaments und des Rates zur Festlegung von Verfahren im Zusammenhang mit der Anwendung bestimmter nationaler technischer Vorschriften für Produkte, die in einem anderen Mitgliedstaat rechtmäßig in den Verkehr gebracht worden sind, und zur Aufhebung der Entscheidung 3025/95/EG, KOM (2007) 36 endg.
66 ABl. EU Nr. C 133 v. 8.6.2006, S. 5–7.

- *Sicherheit:* die Beurteilung der vorklinischen Pharmakologie zur Toxizität/Unbedenklichkeit, die klinischen Sicherheitsdaten und der Daten, die nach der Zulassung erfasst wurden, bieten keine angemessene Grundlage für die Schlussfolgerung, dass alle potenziellen Fragen im Zusammenhang mit der Sicherheit der Zielpopulation auf der vorgeschlagenen Etikettierung angemessen und ausreichend aufgegriffen werden; oder das absolute Risiko durch das Arzneimittel bei dem vorgeschlagenen Verwendungszweck wird als nicht akzeptabel erachtet.
- *Qualität:* durch die vorgeschlagenen Produktions- und Qualitätskontrollmethoden kann nicht gewährleistet werden, dass keine schwerwiegenden Qualitätsmängel bei dem Produkt auftreten werden.
- *Nutzen-Risiko-Verhältnis insgesamt:* das Nutzen-Risiko-Verhältnis des Produkts unter Berücksichtigung der Art des/der ermittelten Risikos/Risiken und der potenzielle Nutzen bei der/den vorgeschlagenen Indikation/en und Zielpopulation/en gilt nicht als günstig.
- *Produktinformation:* die Informationen sind für die verschreibenden Ärzte oder die Patienten irreführend oder nicht korrekt und können die sichere Verwendung des Arzneimittels nicht gewährleisten."

52 Diese Kriterien deuten auf eine Annäherung an mitgliedstaatliche Prüfungsmaßstäbe hin und nehmen für sich genommen noch keine Rücksicht auf den Umstand, dass im Verfahren der gegenseitigen Anerkennung die Zulassung in einem oder mehreren Mitgliedstaaten bereits erfolgt ist. Eine Einschränkung erfährt der weite Prüfungsumfang aber durch weitere in der Leitlinie enthaltene Begriffsbestimmungen:

- Ein „**Risiko**" ist die Wahrscheinlichkeit, dass ein Ereignis eintreten wird.
- Eine „**potenzielle schwerwiegende Gefahr für die öffentliche Gesundheit**" ist eine Situation, in der es sehr wahrscheinlich ist, dass im Zusammenhang mit der vorgeschlagenen Verwendung eines Humanarzneimittels eine schwerwiegende Gefahr entsteht, die sich auf die öffentliche Gesundheit auswirkt.

53 „Schwerwiegend" bedeutet in diesem Zusammenhang, dass eine Gefahr „tödlich oder lebensbedrohend sein, eine stationäre Behandlung oder Verlängerung einer stationären Behandlung erforderlich machen, zu bleibender oder schwerwiegender Behinderung oder Invalidität führen, eine kongentiale Anomalie bzw. ein Geburtsfehler sein oder ständig auftretende bzw. lang anhaltende Symptome bei exponierten Personen hervorrufen könnte".

54 Verfahrenstechnisch abgesichert wird die nationale Entscheidung über die Anerkennung der Zulassung eines anderen Mitgliedstaates durch die Verweisung des § 25 b Abs. 2 S. 2 AMG auf das Instrumentarium der europäischen Arzneimittelrichtlinien. Dieses zielt auf einen Ausgleich der widerstreitenden Bewertungen und fußt auf dem vom **Referenzmitgliedstaat** gemäß Art. 28 Abs. 1 Unterabs. 1 RL 2001/83/EG zu erstellenden **Beurteilungsbericht**, nach dessen Eingang der Behörde eine Entscheidungsfrist vom 90 Tagen verbleibt. Eine Versagung der Anerkennung ist **nach Art. 29 Abs. 1 RL 2001/83/EG ausführlich zu begründen** und die Begründung den betroffenen Mitgliedstaaten und dem Antragsteller zu übermitteln. Hieran schließt sich ein auf eine Einigung gerichtetes Verfahren bei der nach Art. 27 der Richtlinie gebildeten **Koordinierungsgruppe** an, die sich aus einem Vertreter je Mitgliedstaat und begleitenden Sachverständigen zusammensetzt. Können die Mitgliedstaaten innerhalb von 60 Tagen nach Mitteilung der Punkte, über die unterschiedliche Auffassungen bestehen, eine Einigung erzielen, stellt der Referenzmitgliedstaat das Einverständnis fest, schließt das Verfahren ab und setzt den Antragsteller davon in Kenntnis. Dem Mitgliedstaat verbleibt anschließend eine Frist von 30 Tagen für eine – dann regelmäßig positive – Entscheidung nach § 29 Abs. 3 S. 4 AMG iVm § 28 Abs. 5 RL 2001/83/EG. Anderenfalls schließt sich ein **Verfahren vor dem zuständigen Ausschuss bei der EMEA** an, das in **Art. 32** der Richtlinie detailliert geregelt ist und auf eine Begutachtung des fraglichen Arzneimittels durch den

Ausschuss zielt. Auch dieses **Gutachten** ist, sofern es nicht dem Antrag entspricht, in einem internen Verfahren nach Art. 32 Abs. 4 Unterabs. 2 der Richtlinie überprüfbar, welches mit einem **endgültigen Gutachten** mit Beurteilungsbericht und Begründung schließt.

bb) Dezentralisiertes Verfahren

Das dezentralisierte Verfahren,[67] wie es durch die 14. Novelle Eingang in das AMG gefunden hat, zeigt deutliche Parallelen zum Verfahren der gegenseitigen Anerkennung. Der wesentliche Unterschied zu diesem Verfahren in dem Umstand, dass im Zeitpunkt der Antragstellung noch **keine Zulassung in einem Mitgliedstaat** besteht.[68] Es ist vielmehr am Antragsteller, zu bestimmen, in welchen der Mitgliedstaaten er parallel Zulassungsanträge stellt. Diese werden dann unter das gemeinsame Dach des dezentralen Verfahrens gefasst. Zum Verfahrensablauf bezieht sich § **25 b Abs. 3 AMG** weitgehend auf die gemeinschaftsrechtlichen Vorgaben. Hiernach benennt der Antragsteller wie im Verfahren der gegenseitigen Anerkennung einen **Referenzmitgliedstaat**, der einen **Beurteilungsbericht** verfasst, der wiederum Grundlage der nationalen Entscheidungen ist. Billigen die betroffenen Mitgliedstaaten den ihnen übersandten Beurteilungsbericht, die Zusammenfassung der Merkmale des Arzneimittels sowie die Etikettierung und die Packungsbeilage, setzten sie hiervon den Referenzmitgliedstaat in Kenntnis, der seinerseits das Einverständnis aller Parteien feststellt, das Verfahren schließt und den Antragsteller informiert. Die Zulassungsentscheidungen obliegen sodann den einzelnen Mitgliedstaaten, was Art. 28 Abs. 5 RL 2001/83/EG verdeutlicht. Wie das Verfahren der gegenseitigen Anerkennung zielt das dezentrale Verfahren daher auf eine **nationale Zulassung**. Es dient lediglich der Verfahrensvereinfachung durch Vermeidung unnötiger Doppelarbeit mehrerer Zulassungsbehörden. Kann ein Konsens nicht erzielt werden, schließt sich das gleiche Verfahren vor der Koordinierungsgruppe und dem Ausschuss der EMEA an wie beim Verfahren der gegenseitigen Anerkennung.

§ 25 b Abs. 3 S. 2 AMG, der durch die 15. AMG-Novelle eingefügt wurde, stellt klar, dass auch in den „europäischen Verfahren"[69] die deutsche Zulassungsbehörde auf externe Gegensachverständige zurückgreifen kann, um ihre Aufgaben in diesem Bereich termingerecht wahrzunehmen. Eine solche Inanspruchnahme externer Kompetenz dürfte auch das Gemeinschaftsrecht stillschweigend voraussetzen.

d) Registrierung traditioneller pflanzlicher Arzneimittel

Mit den Vorschriften der §§ **39 a bis 39 d AMG** hat der deutsche Gesetzgeber die Vorgaben der **Richtlinie 2004/24/EG vom 31.3.2004**[70] zur Schaffung eines besonderen Zulassungsregimes für traditionelle pflanzliche Arzneimittel umgesetzt. Die Richtlinie sucht die außerordentlich heterogenen Regelungen in den Mitgliedstaaten für eine besondere Produktgruppe an der Schnittstelle von Lebens-, Nahrungsergänzungs- und Arzneimitteln[71] zu vereinheitlichen. Der Begriff der **Registrierung** kann hier Anlass zu Missverständnissen geben, handelt es sich doch der Sache nach um ein **Zulassungsverfahren**, das auf die Zuerkennung eines belegten Anwendungsgebiets zielt und nur hinsichtlich der materiellen Anforderungen an diesen Beleg bestimmte Erleichterungen aufweist. Insoweit bestehen deutliche Unterschiede zur Registrierung homöopathischer Arzneimittel nach §§ 38 und 39 AMG. In jedem Falle bleibt die Registrierung **Voraussetzung für die Verkehrsfähigkeit** des Präpa-

---

67 Vgl hierzu auch § 3 Rn 7–10.
68 Vgl amtl. Begründung zum 15. AMG-Änderungsgesetz (BT-Drucks. 16/12256).
69 So die amtl. Begründung BT-Drucks. 16/12256. Damit dürfte auch das Verfahren der gegenseitigen Anerkennung nach § 25 b Abs. 2 AMG angesprochen sein.
70 ABl. EU Nr. L 136/85 v. 30.4.2004.
71 Vgl Stolte, PharmR 2008, 133–136.

rats. § 39 a S. 1 AMG bringt dies unmissverständlich zum Ausdruck. Fertigarzneimittel, die pflanzliche Arzneimittel *und* Arzneimittel im Sinne des § 2 Abs. 1 AMG sind, also einer der dort genannten Zweckbestimmungen dienen, dürfen *als traditionelle pflanzliche Arzneimittel* nur in den Verkehr gebracht werden, wenn sie durch die zuständige Bundesoberbehörde registriert sind.[72]

57 Die Gründe, die den europäischen Richtliniengeber zur Konstituierung eines eigenständigen Verfahrens für traditionelle pflanzliche Arzneimittel veranlasst haben, sind in den Begründungserwägungen zur Richtlinie 2004/24/EG zusammengefasst, in denen es u.a. heißt:

„*[...] (3) Trotz ihrer langen Tradition erfüllen zahlreiche Arzneimittel nicht die Anforderungen einer allgemeinen medizinischen Verwendung, einer anerkannten Wirksamkeit und eines annehmbaren Sicherheitsgrads und werden dadurch den Anforderungen für eine Genehmigung für das Inverkehrbringen nicht gerecht. Damit diese Produkte auf dem Markt bleiben können, haben die Mitgliedstaaten unterschiedliche Verfahren und Bestimmungen eingeführt. Diese derzeit bestehenden Unterschiede in den Vorschriften der Mitgliedstaaten können den Handel mit den traditionellen Arzneimitteln in der Gemeinschaft behindern und zu Diskriminierungen und Wettbewerbsverzerrungen zwischen den Herstellern dieser Arzneimittel führen. Sie können sich ferner auf den Gesundheitsschutz auswirken, da die nötigen Garantien für Qualität, Unbedenklichkeit und Wirksamkeit gegenwärtig nicht immer gegeben sind.*

(4) In Anbetracht der besonderen Merkmale dieser Arzneimittel, insbesondere ihrer langen Tradition, ist es wünschenswert, ein spezielles vereinfachtes Registrierungsverfahren für bestimmte traditionelle Arzneimittel zu schaffen. Allerdings sollte dieses vereinfachte Verfahren nur zur Anwendung kommen, wenn eine Genehmigung für das Inverkehrbringen gemäß der Richtlinie 2001/83/EG, insbesondere wegen unzureichender wissenschaftlicher Literatur zum Nachweis einer allgemeinen medizinischen Verwendung, einer anerkannten Wirksamkeit und eines annehmbaren Sicherheitsgrads, nicht gewährt werden kann. Das Verfahren sollte auch nicht für homöopathische Arzneimittel gelten, die für eine Genehmigung für das Inverkehrbringen oder eine Registrierung gemäß der Richtlinie 2001/83/EG in Frage kommen.

(5) Hat ein Arzneimittel eine lange Tradition und ist die Wirksamkeit des Arzneimittels aufgrund langjähriger Anwendung und Erfahrung plausibel, so kann die Zahl der Fälle, in denen klinische Prüfungen verlangt werden müssen, reduziert werden.[...]"

58 Die hiermit skizzierten Grundlinien des Verfahrens und die detaillierten Vorgaben der Richtlinie werden durch die Anforderungen an die **Registrierungsunterlagen** in § 39 b AMG in der Weise umgesetzt, dass Unterlagen lediglich in einem eingeschränkten Umfang beigebracht werden müssen und ein analytisches Sachverständigengutachten nach § 24 Abs. 1 S. 2 Nr. 1 AMG sowie die Ergebnisse der analytischen Prüfung vorzulegen sind. Im Übrigen ist das Verfahren auf **bibliografische Angaben zur traditionellen Anwendung** fokussiert. Hieraus oder aus entsprechenden Angaben von Sachverständigen muss sich ergeben, dass das zur Registrierung anstehende oder ein entsprechendes Arzneimittel zum Zeitpunkt der Antragstellung **seit mindestens 30 Jahren**, davon mindestens 15 Jahre in der Europäischen Union, medizinisch oder tiermedizinisch verwendet wird, es **unschädlich** ist und dass die pharmakologischen **Wirkungen** oder die **Wirksamkeit** des Arzneimittels aufgrund langjähriger Anwendung und Erfahrung **plausibel** sind (§ 39 b Abs. 1 S. 1 Nr. 4 AMG).

---

[72] Der Begriff „Zulassung" wird im europäischen Recht nicht verwendet. Vielmehr ist dort von „Genehmigung für das Inverkehrbringen" (resp. „marketing authorization", „autorisation de mise sur le marché") die Rede. Anhaltspunkte für eine rechtliche Abgrenzung der Begriffe, namentlich zur Registrierung, lassen sich auch dort nicht gewinnen.

Der hiernach zu erbringende **Traditionsbeleg** wird mit Rücksicht auf die unterschiedlichen Zulassungsregimes dadurch erleichtert, dass der Nachweis der Verwendung über einen Zeitraum von 30 Jahren auch dann erbracht werden kann, wenn für das Inverkehrbringen des Arzneimittels in der Vergangenheit keine spezielle Genehmigung erteilt wurde. Unschädlich ist auch eine zwischenzeitliche Herabsetzung von Anzahl oder Menge der Wirkstoffe (sog. Minusvarianten). Außerdem wird gesetzlich klargestellt, dass der Traditionsbeleg ungeachtet der Hilfsstoffzusammensetzung auch mit einem Arzneimittel vergleichbarer Wirkstoffzusammensetzung, ähnlichen Verwendungszwecks, äquivalenter Stärke und Dosierung und ähnlichen Verabreichungsweges geführt werden kann (§ 39 b Abs. 1 Sätze 2 bis 4 AMG). Bei Humanarzneimitteln kann zudem auf eine gemeinschaftliche **Pflanzenmonographie** nach Art. 16 h Abs. 3 RL 2001/83/EG oder eine **Listenposition** nach Art. 16 f derselben Richtlinie Bezug genommen werden (§ 39 b Abs. 2 AMG). Bei **Kombinationspräparaten** ist der Traditionsbeleg für die Kombination zu erbringen (§ 39 b Abs. 3 AMG). 59

Fehlt ein Traditionsbeleg oder ist er unvollständig, ist die Registrierung gemäß § 39 c Abs. 2 AMG zu versagen. Die Versagung ist zwingend, steht also nicht im Ermessen der Zulassungsbehörde. Die Bestimmungen über die Registrierung traditioneller pflanzlicher Arzneimittel des AMG werden schließlich durch besondere Verfahrensvorschriften in § 39 d AMG ergänzt, die in bestimmen Fällen eine Beteiligung des nach Art. 16 h RL 2001/83/EG gebildeten **Ausschusses für pflanzliche Arzneimittel bei der EMEA** vorsehen und auf eine Harmonisierung der Registrierungspraxis innerhalb der Europäischen Union gerichtet sind. 60

In der Praxis nicht immer unproblematisch ist die Frage, **wann** ein **pflanzliches Arzneimittel** vorliegt, für das eine Registrierung in Frage kommt. Eine Klarstellung des Umfangs dieser Präparategruppe bietet § 39 a S. 2 AMG. Hiernach findet das Registrierungsverfahren auch auf pflanzliche Arzneimittel Anwendung, die **Vitamine** oder **Mineralstoffe** enthalten, sofern diese die Wirkung der traditionellen pflanzlichen Arzneimittel im Hinblick auf das Anwendungsgebiet oder die Anwendungsgebiete ergänzen. Darüber hinaus definiert **§ 4 Abs. 29 AMG** pflanzliche Arzneimittel als solche Produkte, die als Wirkstoff ausschließlich einen oder mehrere **pflanzliche Stoffe** oder eine oder mehrere pflanzliche **Zubereitungen** oder eine oder mehrere solcher pflanzlichen Stoffe in Kombination mit einer oder mehreren solcher pflanzlichen Zubereitungen enthalten. Hinweise zum Stoffbegriff bei Phytopharmaka ergeben sich aus § 3 Nr. 2 AMG. Gleichwohl kann es zu Abgrenzungsschwierigkeiten kommen, etwa bei Vitaminen, Mineralstoffen, sofern sie nicht unter § 39 a S. 2 AMG fallen, oder bei Hefepräparaten. Diese dürften im Ergebnis sämtlich pflanzlicher Herkunft sein. 61

Zu beachten ist schließlich die mit dem 14. AMG-Änderungsgesetz eingefügte Übergangsvorschrift des § 141 Abs. 14 AMG. Hiernach **erlischt** die Zulassung eines traditionellen pflanzlichen Arzneimittels, die nach § 105 AMG in Verbindung mit § 109 a AMG verlängert wurde, am **30.4.2011**, es sei denn, dass vor dem 1.1.2009 ein Antrag auf Zulassung oder Registrierung nach § 39 a AMG gestellt worden war. Die Zulassung auf der Grundlage der sog. Traditionsliste wird damit für pflanzliche Produkte zum auslaufenden Recht. Die Registrierung nach §§ 39 a ff AMG wird also zum **Regelverfahren** für den überkommenen pflanzlichen Arzneischatz. Ihre Voraussetzungen und die Einzelheiten des Verfahrens sind unter § 1 Rn 134–210 näher erläutert. 62

e) Registrierung homöopathischer Arzneimittel

Als besondere Zulassungsform lässt sich schließlich auch die Registrierung homöopathischer Arzneimittel nach §§ **38 und 39 AMG** auffassen. Hiernach kann die Verkehrsfähigkeit eines nach einer im Homöopathischen Teil des Arzneibuches beschriebenen Verfahrenstechnik hergestellten Arzneimittels (auch) durch seine Eintragung in ein bei der Bundes- 63 oberbehörde geführtes **Register für homöopathische Arzneimittel** begründet werden. Die Registrierung ist von der Zulassung nach § 21 ff AMG deutlich abgegrenzt. Eine bestehende Zulassung schließt eine Registrierung zwingend aus (§ 39 Abs. 2 Nr. 8 AMG). Das Registrierungsverfahren unterscheidet sich vom Zulassungsverfahren unter anderem durch den Umstand, dass Angaben über Wirkungen und Anwendungsgebiete nicht zu erfolgen haben und Unterlagen zur klinischen Prüfung nicht vorzulegen sind. Dem entspricht es, dass im Registrierungsbescheid kein Anwendungsgebiet genannt wird. Wegen der Einzelheiten zur Registrierung homöopathischer Präparate kann auf § 7 Rn 134–210 Bezug genommen werden.

II. Zulassungsfähigkeit

64 Die Zulassungsfähigkeit eines Fertigarzneimittels bezeichnet die Summe derjenigen **Voraussetzungen materieller Art**, die für eine Erstzulassung erfüllt sein müssen. Diese erschließen sich neben den detaillierten Bestimmungen des AMG über den Inhalt der im Zulassungsverfahren vorzulegenden Unterlagen namentlich aus den Versagungsgründen des § 25 Abs. 2 und 3 AMG. Fehlen solche Gründe, ist die Zulassung im Grundsatz zu erteilen.

B. Das Zulassungsverfahren
I. Grundsatz des Unterlagenverfahrens

65 Eine Zulassungsbehörde wird auf Initiative eines pharmazeutischen Unternehmers tätig, der die Genehmigung für das Inverkehrbringen eines bestimmten Arzneimittels anstrebt. Damit eine abschließende Prüfung und Bewertung des Antrags erfolgen kann, müssen die vorzulegenden Unterlagen alle relevanten Informationen liefern. Das AMG zählt in den §§ 22 bis 24 AMG auf, welche Unterlagen einen **formal vollständigen Antrag** darstellen. Zusammen mit den Antragsunterlagen, die sich aus der Verordnung (EG) Nr. 1901/2006[73] über Kinderarzneimittel (siehe § 7 Rn 77) ergeben, ist die Aufzählung der dort genannten Informationen und Dokumente abschließend. Mit anderen Worten bedeutet dies, dass das Gesetz diejenigen Sachverhalte nennt, die in einem vollständigen Zulassungsantrag adressiert werden müssen. Auf welche Art, in welchem Umfang und in welcher Tiefe dies erfolgen muss, damit die mit dem Zulassungsantrag einzureichenden Unterlagen auch inhaltlich vollständig sind und eine positive Zulassungsentscheidung ermöglichen, hängt vom Arzneimittel ab, auf welches sich der Zulassungsantrag bezieht. Anhaltspunkte liefern die Leitlinien und Empfehlungen, die sowohl für den regulatorischen Bereich als auch für Fragen der Wirksamkeit, Unbedenklichkeit und pharmazeutischen Qualität herausgegeben wurden. Auch für rein nationale Zulassungsanträge sind die Leitlinien und Empfehlungen europäischer Institutionen[74] relevant, schließlich sind sowohl die formalen als auch die inhaltlichen Anforderungen an die Zulassungsunterlagen in allen wesentlichen Punkten europäisch harmonisiert.

66 Der Zulassungsantrag muss bei Antragstellung vollständig sein, lückenhafte Anträge werden nicht validiert und führen im Fall geringfügiger Mängel zu einer **formalen Beanstandung** und der Möglichkeit, innerhalb einer kurzen Frist die fehlenden Unterlagen nachzureichen. Werden nicht zu allen Aspekten Daten vorgelegt, sollten sie dennoch adressiert werden, am besten mit einer Begründung, weshalb diese Daten für das Arzneimittel, das Gegenstand des Zulassungsantrags ist, irrelevant sind. Weist der Antrag erhebliche Lücken auf, führt dies bereits vor einer inhaltlichen Bearbeitung zur Versagung der Zulassung nach § 25 Abs. 2 Nr. 1 AMG.

---

73 ABl. EU Nr. L 378 v. 27.12.2006, S. 1–19.
74 EU-Kommission (http://ec.europa.eu/enterprise/pharmaceuticals/index_en.htm), Europäische Arzneimittelagentur EMEA (www.emea.europa.eu); Koordinierungsgruppen CMD(h) und CMD(v) (www.hma.eu).

II. Formale Anforderungen an den Zulassungsantrag

1. Antragsformat

Die grundsätzlichen Anforderungen an den Antrag auf Zulassung eines Arzneimittels hinsichtlich Inhalt und Format regeln die Arzneimittelprüfrichtlinien aus dem Jahr 2004, die den Anhang I der Richtlinie 2001/83/EG in nationales Recht umsetzen (zu den inhaltlichen Aspekten siehe Rn 71 ff).[75] Die Arzneimittelprüfrichtlinien sind in § 26 AMG verankert, sie haben Verordnungscharakter. Neben den inhaltlichen Aspekten geben die Prüfrichtlinien vor, dass die Angaben und Unterlagen, die der Zulassungsantrag umfasst, im Format des **Common Technical Document** (CTD) und in den dort vorgesehenen fünf Modulen vorzulegen sind. Seit 1.7.2003 sind die Formatvorgaben, die in den Notice to Applicants Band 2B im Einzelnen beschrieben sind, für Anträge im Geltungsbereich des AMG verpflichtend:

- Modul 1 enthält spezifische administrative Daten. Handelt es sich um einen Antrag im gegenseitigen Anerkennungsverfahren bzw im dezentralisierten Verfahren, sind die regionalen und nur für den jeweiligen Mitgliedstaat geltenden Informationen dort zu finden.
- Modul 1 ist streng genommen nicht Bestandteil des CTD aufgrund der Tatsache, dass es regionale Informationen enthält, dagegen stellen die Module 2 bis 5 den Teil des Zulassungsantrags dar, der bei einem europäischen Zulassungsverfahren identisch bei allen beteiligten Behörden eingereicht wird.
- Modul 2 fasst diejenigen Aspekte zusammen, die Gegenstand der nachfolgenden Module sind und die dort ausführlich dargestellt werden. Wesentliche Dokumente sind die Sachverständigengutachten gemäß § 24 AMG, die in der CTD-Terminologie als „summaries" (quality overall summary, non-cinical summary, clinical summary) bezeichnet werden.
- Modul 3 enthält die chemisch-pharmazeutischen und biologischen Daten zum Wirkstoff und zum Arzneimittel.
- Modul 4 umfasst die Präklinik, dh Daten zur Pharmakologie, Pharmakokinetik, Toxikologie, ggf zur lokalen Verträglichkeit und andere.
- Modul 5 enthält sämtliche Informationen, die den Bereich Klinik betreffen, dh eine Übersicht über alle klinischen Studien und Informationen zum Thema Unbedenklichkeit.

Als **Antragsformular** ist das Formular aus den Notice to Applicants, Band 2B, Modul 1.2 (Application Form) zu verwenden.[76] Bei rein nationalen Verfahren ist das Formblatt in deutscher Sprache auszufüllen, was die Angaben nach § 22 S. 1 Nr. 1 bis 10 betrifft, die übrigen Angaben können in deutscher oder englischer Sprache beigefügt werden. Auch andere Angaben oder Unterlagen können wahlweise in deutscher oder englischer Sprache vorgelegt werden, es sei denn, es handelt sich um Angaben, die für die Kennzeichnung, Packungsbeilage oder Fachinformation verwendet werden (§ 22 Abs. 1a AMG). Damit legitimiert das AMG eine bereits geübte Praxis.

2. AMG-Einreichungsverordnung (AMG-EV)

Nach § 80 AMG wird das Bundesministerium für Gesundheit ermächtigt, durch Rechtsverordnung die weiteren Einzelheiten über verschiedene Verfahren, u.a. das Zulassungsverfahren, zu regeln. Dabei kann auch vorgeschrieben werden, dass Unterlagen in mehrfacher Ausfertigung sowie auf elektronischen oder optischen Speichermedien eingereicht werden. Von dieser Ermächtigung, die mit der 8. AMG-Novelle in § 35 Abs. 1 Nr. 1 AMG verankert

---

[75] Zweite Allgemeine Verwaltungsvorschrift zur Änderung der Allgemeinen Verwaltungsvorschrift zur Anwendung der Arzneimittelprüfrichtlinien, 11.10.2004 (BAnz Nr. 197 v. 16.10.2004).
[76] Notice to Applicants Vol. 2B, „Application Form: Module 1.2 Application form – updated version, revision 9 – May 2008" (http://ec.europa.eu/enterprise/pharmaceuticals/eudralex/eudralex_en.htm).

und durch eine entsprechende Ergänzung des § 80 AMG mit der 12. AMG-Novelle abgelöst wurde, hat das Bundesministerium für Gesundheit Gebrauch gemacht mit der „Verordnung über die Einreichung von Unterlagen in Verfahren für die Zulassung und Verlängerung der Zulassung von Arzneimitteln (AMG-Einreichungsverordnung – AMG-EV)".[77] Sie verpflichtet die Antragsteller, zusätzlich zur Papierversion einen Teil der Zulassungsunterlagen **elektronisch einzureichen**: Entwürfe für die Kennzeichnung gemäß § 10 AMG, der Text der Packungsbeilage und Fachinformation gemäß § 11 bzw 11 a AMG und die Sachverständigengutachten gemäß § 24 AMG. Ausführliche Informationen zur Vorgehensweise finden sich auf den Internetseiten der Zulassungsbehörden.

Noch ist es in Deutschland nicht möglich, Zulassungsanträge ausschließlich elektronisch einzureichen und auf die Papierversion ganz zu verzichten. Um jedoch die Zahl der erforderlichen Papierversionen möglichst gering zu halten, ist die Einreichung des gesamten Antrags auf CD oder DVD – bevorzugt in der eCTD-Struktur – in zweifacher Ausfertigung „strongly recommended".[78]

III. Antragsberechtigte

70 Die Zulassung von Arzneimitteln setzt einen Antrag voraus. Dieser kann von natürlichen oder von juristischen Personen gestellt werden. Nach § 21 Abs. 3 AMG ist die Zulassung vom **pharmazeutischen Unternehmer** zu beantragen. Obwohl die Anforderungen, die ein pharmazeutischer Unternehmer zu erfüllen hat, sich an den Erfordernissen des Inverkehrbringens eines Arzneimittels orientieren und diese in der Antragsphase teilweise noch nicht relevant sind, sind nach dem Gesetz nur pharmazeutische Unternehmer auch antragsberechtigt. Der Gesetzgeber geht davon aus, dass der Antragsteller das Arzneimittel nach dessen Zulassung auch unter seinem Namen in den Verkehr bringen will. Er kann einen Dritten mit der Durchführung des Zulassungsverfahrens beauftragen, dieser muss dann mit dem Antrag eine Vollmacht vorlegen. Nach Art. 8 RL 2001/83/EG muss der Antragsteller **in der Europäischen Gemeinschaft niedergelassen** sein. Dies schließt die Vertragsstaaten des Abkommens über den Europäischen Wirtschaftsraum (Norwegen, Island und Liechtenstein) ein; sie sind den EU-Mitgliedstaaten gleichgestellt.[79] Hat der pharmazeutische Unternehmer seinen Sitz außerhalb Europas, kann er einen örtlichen Vertreter mit Sitz in einem EU-Mitgliedstaat benennen. Es handelt sich dabei um eine (juristische) Person, die keine rechtliche Verantwortung für das Arzneimittel übernimmt.

Falls mehrere Unternehmen an der Entwicklung eines Arzneimittels beteiligt sind, muss eines dieser (pharmazeutischen) Unternehmen als Antragsteller und später als Zulassungsinhaber auftreten, oder die beteiligten pharmazeutischen Unternehmen müssen eine juristische Person ins Leben rufen, die von ihnen gemeinsam getragen wird und als Antragsteller auftritt.[80]

IV. Notwendiger Inhalt der Zulassungsunterlagen

1. Angaben nach § 22 Abs. 1 AMG

71 Der erste Abschnitt des § 22 AMG gibt die „essentials" des zuzulassenden Arzneimittels wieder. Sie stellen die Kerndaten dar, die teilweise mit dem Antragsformular erfasst werden.

---

77 BGBl. I 2000, 2036 v. 29.12.2000.
78 CMD(h), Requirements on Electronic submissions for New Applications within MRP, DCP or National procedures (http://www.hma.eu/277.html).
79 Notice to Applicants Vol. 2A, Kapitel 1; Beschluss des gemeinsamen EWR-Ausschusses Nr. 74/1999 über die Änderung des Protokolls 37 und des Anhangs II des EWR-Abkommens, ABl. EG Nr. L 284/65 v. 9.11.2000.
80 Kloesel/Cyran, Arzneimittelrecht, § 21 Abs. 3, Erl. 60 und 61.

Es handelt sich dabei um administrative Angaben, aber auch um wesentliche Charakteristika des Arzneimittels, das Gegenstand des Zulassungsantrags ist.

a) Name/Firma und Anschrift des Antragstellers und des Herstellers

Im Zulassungsantrag ist der Antragsteller auszuweisen, der pharmazeutischer Unternehmer ist (siehe Rn 70). Falls an der Herstellung des zuzulassenden Arzneimittels andere oder weitere Hersteller beteiligt sind, sind auch diese gegenüber der Zulassungsbehörde im Zulassungsantrag zu benennen. Es sind **alle Herstellungsbetriebe bzw Einrichtungen** aufzuführen, die an der Herstellung des Fertigarzneimittels oder der Halbfertigware ganz oder teilweise an einzelnen Herstellungsschritten beteiligt waren. Auch der Hersteller, der die **Freigabe** erteilt, ist anzugeben, denn die Freigabe ist ein Herstellungsschritt.

Für sämtliche Firmen, die an der Herstellung des Arzneimittels beteiligt sind, muss eine Herstellungserlaubnis gemäß §§ 13 und 16 AMG vorgelegt werden. Falls diese nicht in deutscher oder englischer Sprache vorliegt, ist es zusätzlich erforderlich, eine von einem öffentlich bestellten oder beeidigten Dolmetscher oder Übersetzer angefertigte Übersetzung vorzulegen.

b) Bezeichnung des Arzneimittels
aa) Allgemeines

Die Bezeichnung ist das entscheidende Identifikations- und Unterscheidungsmerkmal eines Arzneimittels, sie spielt daher für die Sicherheit eine maßgebliche Rolle, ist aber auch unter Marketingaspekten von ganz besonderem Interesse.

Der Antragsteller kann die Bezeichnung zunächst frei wählen, es kommen **Phantasienamen** oder auch **generische Bezeichnungen** in Frage. Generische Bezeichnungen setzen sich aus der Wirkstoff-Bezeichnung und dem Firmennamen zusammen. An erster Stelle sind bei der Wahl einer geeigneten und zulässigen Arzneimittelbezeichnung auch markenrechtliche Sachverhalte und ggf. sich daraus ergebende Beschränkungen zu prüfen.

Weiterhin ist die Verwendung **irreführender Bezeichnungen** nach § 8 Abs. 1 Nr. 2 AMG verboten. Sie dürfen nach ihrem Wortlaut keine unzutreffenden Vorstellungen über die Qualität, Wirksamkeit, Unbedenklichkeit oder sonstige erhebliche Merkmale des betreffenden Arzneimittels auslösen. Sie sollte auch nicht durch sprachliche Anklänge an ähnliche Worte mit Begriffsinhalten, die im Zusammenhang mit dem betreffenden Arzneimittel unzutreffend sind, falsche Assoziationen bei Laien oder Fachkreisen begünstigen.

Arzneimittel müssen **eindeutig und unmissverständlich benannt** werden, die Verwechslungsgefahr durch Ähnlichkeiten mit der Bezeichnung anderer Arzneimittel, die sich zudem hinsichtlich Zusammensetzung und anderer wichtiger Merkmale unterscheiden, müssen vermieden werden. Die (Phantasie-)Bezeichnung eines Arzneimittels soll sich von derjenigen eines anderen deutlich unterscheiden. Je größer die Unterschiede der einzelnen Arzneimittel sind und je höher das Anwendungsrisiko eines Arzneimittels bei Gefahr der Verwechslung mit einem anders zusammengesetzten ist, desto deutlicher sollten die Unterschiede in der Arzneimittelbezeichnung sein.[81]

Gelegentlich besteht der Wunsch, eine Bezeichnung für ein neues Arzneimittel zu verwenden, unter welcher zuvor ein **anders zusammengesetztes Arzneimittel** in den Verkehr gebracht wurde. Hier stellt sich häufig die Frage, über welchen Zeitraum diese Bezeichnung vom Markt verschwinden muss, um sie sozusagen zu neutralisieren. Im Fall von fiktiv zugelassenen Arzneimitteln, deren Wirkstoffe nach Art und/oder Menge unter bestimmten Bedin-

---

[81] BGA, PEI: Bekanntmachung über Hinweise und Empfehlungen zur Vermeidung von irreführenden Arzneimittelbezeichnungen, BAnz v. 22.8.1991, S. 6971.

gungen geändert werden konnten, war ein **unterscheidender Zusatz** für die Dauer von fünf Jahren gefordert.[82] Nach dieser Zeitspanne geht man davon aus, dass die Erinnerung der Anwender verblasst und die Bezeichnung für ihn nicht mehr mit einem ganz bestimmten Arzneimittel, dessen Wirkstoff/en und Wirkung, belegt ist. Dieser Zeitraum kann als Anhaltspunkt dienen, wenn die Bezeichnung von einem auf ein anderes Arzneimittel übertragen werden soll.

76 Deutschland gehört zusammen mit Großbritannien und Irland zu den europäischen Mitgliedstaaten, die eine vergleichsweise liberale Haltung gegenüber **Dachmarken** einnehmen. Danach ist es unter strengen Voraussetzungen möglich, für unterschiedlich zusammengesetzte Arzneimittel oder auch für Arzneimittel und Lebensmittel bzw Kosmetika eine gemeinsame Dachmarke zu wählen, wenn davon keine Verwechslungsgefahr und keine Irreführung für den Verbraucher ausgeht.[83] Die Bezeichnungen der einzelnen Produkte werden durch Zusätze präzisiert und voneinander abgegrenzt. In der Vergangenheit war das Dachmarkenkonzept kritischer für die darunter gefassten Nichtarzneimittel als für die Arzneimittel, daher wird an dieser Stelle nicht näher auf diese Problematik eingegangen.

77 Bei **wirkstoffgleichen Arzneimitteln**, die zB je nach Packungsgröße als verschreibungspflichtig oder rezeptfrei eingestuft werden, kann die gleiche Bezeichnung gewählt werden. Dies gilt im Übrigen auch bei Entlassung eines Arzneimittels aus der Verschreibungspflicht oder bei Unterstellung unter die Rezeptpflicht, die Bezeichnung kann beibehalten werden, wenn sich nicht weitere Änderungen ergeben, die eine Modifizierung oder einen Wechsel erforderlich machen.

78 Obwohl für nationale Zulassungen nicht unmittelbar relevant, empfiehlt es sich, eine Guideline der EMEA aus dem Jahr 2007 zur Orientierung heranzuziehen, die auf zentrale Zulassungen Anwendung findet, die aber auch bei der Namensfindung für national zuzulassende Arzneimittel wertvolle Anhaltspunkte liefert. Die Guideline stellt die von der Name Review Group (NRG) entwickelten Kriterien dar, nach denen über die Zulässigkeit von Bezeichnungen für zentral zugelassene Arzneimittel entschieden wird.[84]

bb) Bezeichnungszusätze

79 Gemäß § 10 Abs. 1 Nr. 2 AMG ist die Bezeichnung des Arzneimittels zu ergänzen durch die Angabe der Stärke und der Darreichungsform und soweit zutreffend den Hinweis, dass es zur Anwendung für Säuglinge, Kinder oder Erwachsene bestimmt ist, es sei denn, dass diese Angaben bereits in der Bezeichnung enthalten sind.

Was die Angabe der **Wirkstärke** betrifft, bezieht sich diese bei abgeteilten Darreichungsformen auf die in einer abgeteilten Form enthaltene Wirkstoffmenge. Bei nicht abgeteilten Formen wird der Wirkstoffgehalt bezogen auf eine definierte Menge des Arzneimittels, üblicherweise pro Gramm oder pro Milliliter, angegeben. Die Angabe in Prozent sollte vermieden werden, es sei denn, diese Art der Angabe hat sich für das betreffende Arzneimittel etabliert. Als Orientierung kann eine Guideline der EMEA aus dem Jahr 2009 dienen, die zwar im Zusammenhang mit zentralen Zulassungen steht, jedoch auch für nationale Anträge hilfreich ist.[85]

---

82 BGA: 6. Bekanntmachung über die Verlängerung der Zulassungen nach Artikel 3 § 7 des Gesetzes zur Neuordnung des Arzneimittelrechts, BAnz v. 6.11.1990, S. 5828.
83 AA Kösling, unten § 10 Rn 78.
84 Guideline on the acceptability of names for human medicinal products processed through the centralised procedure, CPMP/328/98, rev. 5 (http://www.emea.europa.eu).
85 Proposal for adoption of QRD recommendations on the expression of strength in the name of centrally authorised human medicinal products (as stated in section 1 of SPC, and in the name section of labelling and PIL), EMEA/208304/2009 (www.emea.europa.eu).

Die Vorschrift zur Angabe der Wirkstärke als Zusatz zur Arzneimittelbezeichnung schließt auch **Kombinationspräparate** ein. Bei Präparaten mit bis zu drei Kombinationspartnern muss deren jeweiliger Gehalt, bezogen auf die abgeteilte Darreichungsform oder bei nicht abgeteilten Formen auf eine definierte Menge, ausgewiesen werden. Hat man es mit mehr als drei Kombinationspartnern zu tun, kann auf die Angabe der Wirkstärke verzichtet werden. Falls dieses Kombinationsarzneimittel in mehr als einer Wirkstärke vorkommt (gleiches Mengenverhältnis der Einzelkomponenten) und dieselbe Hauptbezeichnung gewählt wird, muss ein anderer Bezeichnungszusatz als unterscheidendes Merkmal gewählt werden; möglicherweise kann in solchen Fällen auf die ansonsten nicht mehr akzeptierten Zusätze „mite", „forte" o.Ä. zurückgegriffen werden. 80

Die **Personengruppe, für die das Arzneimittel bestimmt ist**, sollte dann angegeben werden, wenn sich aus den informierenden Texten diese Altersgruppe klar ergibt und bei der stichwortartigen Wiedergabe als Bezeichnungszusatz keine Informationen verloren gehen. Handelt es sich dagegen um Arzneimittel, die für bestimmte Altersgruppen mit Einschränkungen oder unter bestimmten Voraussetzungen in Frage kommen („Bei Kindern unter 12 Jahren sollte das Arzneimittel nur auf ärztlichen Rat angewendet werden" o.Ä.), sollte eine Altersangabe in Verbindung mit der Bezeichnung des Arzneimittels unterbleiben. 81

Zur Beschreibung der **Darreichungsform** wird auf Rn 83 verwiesen.

c) Bestandteile des Arzneimittels nach Art und Menge

Üblicherweise bestehen Arzneimittel aus dem Wirkstoff bzw mehreren Wirkstoffen und sonstigen Bestandteilen, die keine arzneiliche Wirkung haben. Alle diese Inhaltsstoffe, die im **fertigen Arzneimittel** enthalten sind, müssen im Zulassungsantrag sowohl quantitativ als auch qualitativ präzise angegeben werden. Zu den Bestandteilen gehören auch die Zuschläge, beispielsweise Haltbarkeitszuschläge, die im fertig hergestellten Arzneimittel noch enthalten sind. Dagegen sind Bestandteile, die im fertigen Arzneimittel nicht mehr vorliegen, nicht aufzuführen.[86] 82

Die korrekte **Bezeichnung der einzelnen Bestandteile** war bisher der Bezeichnungsverordnung[87] zu entnehmen (§ 10 Abs. 6 Nr. 1 AMG). Diese wurde mit der 15. AMG-Novelle aufgehoben, die zu verwendenden Bezeichnungen werden zukünftig vom BfArM im Einvernehmen mit dem PEI und dem BVL veröffentlicht. Priorität haben die internationalen Kurzbezeichnungen der WHO oder, soweit solche nicht vorhanden sind, gebräuchliche wissenschaftliche Bezeichnungen.

Handelt es sich um ein Arzneimittel mit **pflanzlichen Stoffen** oder Zubereitungen aus pflanzlichen Stoffen, ist die Bezeichnung des pflanzlichen Stoffes anzugeben, die Menge des pflanzlichen Ausgangsstoffes, ggf. die Bezeichnung und Menge des Inhaltsstoffes/der Inhaltsstoffe mit bekannter therapeutischer Wirksamkeit (standardisierte Extrakte) und ggf. die Bezeichnung und Menge der Leitsubstanzen, angegeben als Spanne. Details gehen aus der Guideline des HMPC vom Januar 2009 hervor.[88]

---

86 Erläuterungen zum Antrag auf Zulassung eines Arzneimittels beim Bundesinstitut für Arzneimittel und Medizinprodukte, 3. Aufl., 31.10.1996; BAnz Nr. 44a v. 5.3.1997.
87 Bezeichnungsverordnung v. 15.9.1980 (BGBl. I, 1736), zuletzt geändert durch Art. 1 der VO v. 14.12.2001 (BGBl. I, 3751).
88 Guideline on declaration of herbal substances and herbal preparations in herbal medicinal products/traditional herbal medicinal products, EMEA/HMPC/CHMP/CVMP/287539/2005 rev. 1 (http://www.emea.europa.eu/htms/human/raguidelines/herbal.htm).

d) Angabe der Darreichungsform

83 Die Darreichungsform beschreibt die Form, in welcher das Arzneimittel in den Verkehr gebracht werden soll. Für ihre korrekte Benennung sind die Begriffe zu verwenden, die als **„Standard Terms"** vom EDQM des Europarats festgelegt wurden.[89] Der Grundsatz, dass sie lediglich die Form beschreiben, in der das Arzneimittel in den Verkehr gebracht wird, wird allerdings nicht konsequent durchgehalten, es finden sich auch Formulierungen wie „Granulat zur Herstellung einer Lösung zum Einnehmen".

Sind die vorgegebenen Standardformulierungen zur präzisen Beschreibung der individuellen Darreichungsform des zuzulassenden Arzneimittels nicht geeignet, sollte eine passende Formulierung, ggf. in Anlehnung an die existierenden Standardbegriffe des EDQM, gefunden werden.

e) Beschreibung der Wirkungen

84 Hier sind die bei der klinischen Prüfung festgestellten oder im Fall bibliografischer Anträge die in der Literatur belegten Wirkungen anzugeben. Wenn die Nennung der pharmakologischen Klasse oder Substanzklasse eindeutig und erschöpfend ist, genügt die entsprechende Angabe („Analgetikum", „Makrolid-Antibiotikum").

f) Anwendungsgebiete

85 Die beantragten Anwendungsgebiete basieren auf den Erkenntnissen, die über den Wirkstoff und das Arzneimittel bei der klinischen und präklinischen Prüfung gewonnen wurden oder die sich im Fall bibliografischer Anträge aus dem verfügbaren wissenschaftlichen Erkenntnismaterial ergeben und die mit den Modulen 4 und 5 des Zulassungsantrags belegt werden. Je nach Datenlage können Modifizierungen im **Indikationsanspruch** erforderlich sein: kausale – symptomatische – unterstützende Behandlung von Krankheiten oder Beschwerden, Beschränkung auf einen bestimmten Schweregrad der zu behandelnden Krankheit oder der Beschwerden, Mittel der ersten oder zweiten Wahl, um einige Beispiele zu nennen.

Gelegentlich werden die Anwendungsgebiete durch **differentialdiagnostische Hinweise** ergänzt. Sie dienen der Präzisierung der Anwendungsgebiete, wenn dies aus Sicherheitsgründen erforderlich ist und die entsprechenden Hinweise nicht bei den Risikoangaben eingruppiert werden, sondern an prominenter Stelle in Fach- und Gebrauchsinformation erscheinen sollen.[90]

g) Gegenanzeigen

86 Gegenanzeigen sind Umstände, unter denen das Arzneimittel aus **Sicherheitsgründen** nicht angewendet werden darf.[91] Dazu gehören
- gleichzeitig bestehende andere Erkrankungen
- diagnostische Ergebnisse, die der Anwendung des Arzneimittels entgegen stehen

---

89 EDQM: List of Standard Terms (http://www.edqm.eu/en/Standard-Terms-590.html).
90 Im Zusammenhang mit einer Zulassung für ein traditionelles Arzneimittel, die nach § 105 iVm § 109a AMG verlängert wurde, hat das VG Köln entschieden, dass für traditionelle Arzneimittel die Anwendungsgebiete verbindlich festgelegt seien und die Zulassungsbehörde daran gehindert sei, diese Anwendungsgebiete nachträglich im konkreten Zulassungsverfahren direkt oder indirekt einzuschränken oder in anderer Weise zu modifizieren, etwa durch Anordnung der Aufnahme eines differentialdiagnostischen Hinweises per Auflage. Dies spricht aber nicht grundsätzlich gegen die Zulässigkeit eines solchen Hinweises im Abschnitt „Anwendungsgebiete", siehe VG Köln, Urt. v. 27.11.2002 – 24 K 6827/01.
91 Kloesel/Cyran, Arzneimittelrecht, § 22 Abs. 1 Nr. 7, Erl. 38; Guideline on Summary of Product Characteristics – SmPC; Notice to Applicants Vol. 2C (http://ec.europa.eu/enterprise/pharmaceuticals/eudralex/vol2_en.htm).

- demografische Faktoren wie Alter, Geschlecht
- prädisponierende Faktoren für unerwünschte Wirkungen bei Anwendung des Arzneimittels, zB metabolische Faktoren, Auftreten unerwünschter Wirkungen bei vorangegangener Anwendung wirkstoffgleicher Arzneimittel oder von Arzneimitteln derselben Wirkstoffklasse

Diejenigen Populationen, die nicht im klinischen Prüfprogramm erfasst waren und für die keine Daten vorliegen, sollen nur dann von der Anwendung ausgenommen werden, wenn vorherzusehen ist, dass die sichere Anwendung bei diesen Personengruppen nicht gegeben ist.

Arzneimittel/Wirkstoffe, die nicht zusammen mit dem Arzneimittel angewendet werden dürfen, das Gegenstand des Zulassungsantrags sind, werden ebenfalls unter die Gegenanzeigen gefasst. Dies kann in begründeten Fällen ganze Wirkstoffklassen betreffen, wenn aufgrund der gleichen oder ähnlichen pharmakokinetischen oder pharmakodynamischen Eigenschaften der einzelnen Vertreter dieser Stoffklassen begründet ist oder auch nur vermutet wird.

Da eine Unverträglichkeit der Wirkstoffe oder der sonstigen Bestandteile des Arzneimittels immer möglich ist, findet sich ein entsprechender Hinweis in allen Produktinformationen.

Unter die **relativen Gegenanzeigen** fallen Situationen, in denen das Arzneimittel nur unter bestimmten, näher beschriebenen Bedingungen zur Anwendung kommen darf.

h) Nebenwirkungen

Nach § 4 Abs. 13 AMG sind Nebenwirkungen die beim **bestimmungsgemäßen Gebrauch** eines Arzneimittels auftretenden **schädlichen unbeabsichtigten Reaktionen**. Dazu gehören alle aus der klinischen Prüfung oder aus sonstiger klinischer Erfahrung bekannt gewordenen unerwünschten Erscheinungen bei Anwendung des Arzneimittels. Auch überschießende therapeutische Reaktionen, bedingt durch eine individuelle Überempfindlichkeit, sind erfasst.[92] Alle unerwünschten Reaktionen, die mit dem Arzneimittel in einem kausalen Zusammenhang stehen können, sollen unter Angabe des Schweregrades, der Häufigkeit und der Wahrscheinlichkeit, dass das betreffende Arzneimittel dafür verantwortlich ist, aufgeführt werden.[93]

Für die Angaben der Nebenwirkungen ist die **MedDRA-Terminologie** zu verwenden. MedDRA ist eine Sammlung standardisierter Begriffe aus dem Medizinbereich, sie wurde von der International Conference on Harmonisation (ICH) entwickelt, um die internationale Kommunikation zu erleichtern und eine automatisierte Datenübermittlung zu ermöglichen. Bei der Beschreibung von Nebenwirkungen ist jeweils die Organklasse anzugeben, in welche das betroffene Zielorgan fällt. Die Organklassen sind in einem Annex II zur SmPC-Guideline[90] aufgeführt.

Bei der Angabe der Häufigkeit des Auftretens der beschriebenen Nebenwirkungen finden die europäischen Empfehlungen Anwendung. Sie sind in der SmPC-Guideline[90] beschrieben; dort finden sich weitere detaillierte Hinweise und Erläuterungen.

i) Wechselwirkungen mit anderen Mitteln

In diesem Abschnitt sind klinisch relevante Interaktionen des zuzulassenden Arzneimittels mit „anderen Mitteln" zu beschreiben. Dies sind in erster Linie andere **Arzneimittel**, aber auch **Lebensmittel**, oder **andere Stoffe**, die zwar nicht zu medizinischen Zwecken angewen-

---

92 Kloesel/Cyran, Arzneimittelrecht, § 22 Abs. 1 Nr. 8 AMG, Erl. 39.
93 Guideline on Summary of Product Characteristics – SmPC; Notice to Applicants Vol. 2C (http://ec.europa.eu/enterprise/pharmaceuticals/eudralex/vol2_en.htm).

det werden, aber **pharmakologische Wirkungen** haben, etwa Alkohol. Dabei werden sowohl die Wechselwirkungen erfasst, die von dem in Frage stehenden Arzneimittel ausgehen und die Wirkung anderer Arzneimittel betreffen, als auch Einflüsse der „anderen Stoffe" auf die Wirkweise des zuzulassenden Arzneimittels.[94][95]

91 Grundlage sind die Erfahrungen aus der klinischen Anwendung wirkstoffgleicher Arzneimittel, in erster Linie werden jedoch die pharmakodynamischen Eigenschaften von Stoffgruppen herangezogen, die, falls sie unerwünschte Wechselwirkungen mit dem in Frage stehenden Arzneimittel erwarten lassen, bereits zu entsprechenden Risikoangaben führen.

Das QRD-Template[96] sieht einen entsprechenden Hinweis vor, wenn keine Interaktionsstudien oder Interaktionsstudien nur an Erwachsenen durchgeführt wurden;

Die Wechselwirkungen mit anderen Mitteln sollten in folgender Reihenfolge angegeben werden:
- „andere Mittel", deren gleichzeitige Anwendung kontraindiziert ist,
- „andere Mittel", deren gleichzeitige Anwendung nicht empfehlenswert ist,
- „andere Mittel", bei denen eine Dosisanpassung bei gleichzeitiger Anwendung mit dem zuzulassenden Arzneimittel erforderlich ist oder die eine Dosisanpassung des Arzneimittels erforderlich machen, das Gegenstand des Zulassungsantrags ist.

92 Die Betrachtung schließt auch die **Wechselwirkungen** ein, die durch die vorherige oder die nachfolgende Anwendung **anderer Arzneimittel** zustande kommen können. In diesem Fall ist es hilfreich, die Zeitspanne anzugeben, die ein zuvor angewendetes Arzneimittel noch nachwirken kann und unerwünschte Interaktionen nicht auszuschließen sind.

Hinweise auf bisher nicht beobachtete Wechselwirkungen sind in den Produktinformationen über ein Arzneimittel zunächst nicht vorgesehen. Dennoch kann es sinnvoll sein, auf eben nicht zu erwartende Probleme bei gleichzeitiger Anwendung eines bestimmten Arzneimittels, bei bestimmten Ernährungsgewohnheiten o.Ä. hinzuweisen, wenn davon ausgegangen werden kann, dass Anwender und Fachkreise solche Wechselwirkungen annehmen und allein das Fehlen eines entsprechenden Risikohinweises nicht ausreicht, diese Unsicherheit auszuräumen.

Beispiel: In der Muster-Fachinformation des BfArM für Omeprazol-haltige Arzneimittel findet sich im Abschnitt „Wechselwirkungen" folgende Angabe:

„Es gibt keinen Nachweis für eine Wechselwirkung von Omeprazol mit folgenden Arzneimitteln: Coffein, Propranolol, Theophyllin, Metoprolol, Lidocain, Chinidin, Phenacetin, Estradiol, Amoxicillin, Budesonid, Diclofenac, Metronidazol, Naproxen, Piroxicam und Antazida. Die Absorption von Omeprazol wird durch Alkohol nicht beeinflusst."[97]

j) Dosierung

93 Der Nachweis der Wirksamkeit und Unbedenklichkeit eines Arzneimittels ist untrennbar mit dem Dosierungsregime verbunden, das sich in den klinischen Studien, im Fall bekannter Stoffe auch in der klinischen Anwendung, als Optimum erwiesen hat und das die Parameter **Wirksamkeit und Verträglichkeit** bestmöglich ausbalanciert. Die empfohlene Dosierung liegt möglicherweise unterhalb derjenigen, die eine maximale Wirkung erwarten ließe, wenn die damit verbundenen erhöhten Risiken nicht mehr vertretbar und das Nutzen-Risiko-Verhältnis negativ wären.

---

94 Kloesel/Cyran, Arzneimittelrecht, § 22 Abs. 1 Nr. 9 AMG, Erl. 41.
95 Guideline on Summary of Product Characteristics – SmPC; Notice to Applicants Vol. 2C (http://ec.europa.eu/enterprise/pharmaceuticals/eudralex/vol2_en.htm).
96 CMD(h) Annotated QRD Template for MR/DC Products Rev. 4, June 2009 (www.hma.eu).
97 Muster „Omeprazol", Nr.: omeprazol_oral_spcde_2006-05-17_004, Stand 17.5.2006 (www.bfarm.de).

Die **Dosierungsanleitung** umfasst die Angabe der anzuwendenden Einzeldosis, entweder als fixe Menge oder als Spanne, und die maximale Tagesdosis. Im Regelfall bezieht sich die empfohlene Standarddosis auf einen Erwachsenen mit 60 kg Körpergewicht. Bei manchen Arzneimitteln wird die empfohlene Dosis pro Kilogramm Körpergewicht, bei äußerlicher Anwendung auch bezogen auf ein Hautareal mit definierter Fläche o.Ä. angegeben. Die Dosierungsangaben können differenziert sein nach den unterschiedlichen Anwendungsgebieten, für die die Zulassung beantragt werden soll, nach Altersklassen oder sämtlichen weiteren Gegebenheiten, die eine Korrektur nach unten oder oben erforderlich machen. Falls bei eingeschränkter Leber- oder Nierenfunktion der Abbau bzw die Ausscheidung der Wirkstoffe beeinträchtigt und eine Verringerung der Standarddosis erforderlich ist, ist dies ebenfalls anzugeben.[98]

Gelegentlich kommt es vor, dass bei Personen, für welche eine vergleichsweise niedrige Dosierung empfohlen wird, feste Darreichungsformen halbiert werden müssen. Wird die Einnahme einer halben abgeteilten Einzeldosis empfohlen, muss gewährleistet sein, dass das Arzneimittel auch teilbar ist. Anderenfalls sollte darauf hingewiesen werden, dass für diese Patientengruppe wirkstoffgleiche Arzneimittel mit niedrigerem Wirkstoffgehalt zur Verfügung stehen.

k) Art und Dauer der Anwendung

Der Erfolg einer medikamentösen Behandlung hängt ganz wesentlich von der sachgerechten Anwendung des Arzneimittels ab. Die Anleitung zu seiner Anwendung soll so präzise erfolgen, wie dies für die sichere Handhabung durch den Anwender erforderlich ist. Falls vorbereitende Maßnahmen erforderlich sind, sollen diese beschrieben werden (zB Auflösen in Wasser, Schütteln). Wichtig ist auch die Information, ob ein oral anzuwendendes Arzneimittel vor, zu oder nach den Mahlzeiten oder unabhängig davon, ob zerkaut oder unzerkaut eingenommen werden soll. **94**

Die Dauer der Anwendung hängt vom Anwendungsgebiet eines Arzneimittels und von dessen Sicherheitsprofil ab. Weiterhin spielt es für die zulässige Anwendungsdauer eine Rolle, für welchen Zeitraum bereits Daten vorliegen, in welchem sich das Arzneimittel als wirksam und sicher erwiesen hat. Liegen Erfahrungen für einen sehr begrenzten Zeitraum vor, wird die zulässige Anwendungsdauer zunächst beschränkt sein, es sei denn, die Risiken einer längerfristigen Anwendung sind als gering anzunehmen.

l) Angaben über die Herstellung des Arzneimittels

Die Details der Herstellung eines Arzneimittels sind in Modul 3 des Zulassungsantrags beschrieben; die Angaben, die für den Zulassungsantrag gefordert werden, sollen einen ausreichenden Überblick über die Art der Herstellungsvorgänge geben. Es hängt dabei maßgeblich von der individuellen Einschätzung der mit der Antragstellung beauftragten Personen ab, welcher Umfang als „ausreichend" erachtet wird. **95**

m) Abgaben zur Haltbarkeit, Kontrollmethoden

Mit dem Zulassungsantrag sind die Testergebnisse zur **Stabilität des Wirkstoffs / der Wirkstoffe und des Fertigarzneimittels** vorzulegen, sie sind im Modul 3 in den Abschnitten 3.2.1.7 (Stabilität des Wirkstoffes) und 3.2.2.8 (Fertigarzneimittel) enthalten. Ziel der Stabilitätstests ist es, Informationen darüber zu erhalten, wie sich die Qualität eines Wirkstoffes oder eines Fertigprodukts verändert im Lauf der Zeit, abhängig von Faktoren wie Temperatur, **96**

---

98 Guideline on Summary of Product Characteristics – SmPC; Notice to Applicants Vol. 2C (http://ec.europa.eu/enterprise/pharmaceuticals/eudralex/vol2_en.htm).

Feuchtigkeit, Licht. Von diesen Daten können die Lagerbedingungen und die Dauer der Haltbarkeit abgeleitet werden.

Für bekannte Wirkstoffe und Arzneimittel mit bekannten Stoffen bescheibt die EMEA-Leitlinie „Stability testing of existing active substances and related finished products" aus dem Jahr 2003 detailliert die Vorgehensweise bei der Stabilitätsprüfung.[99] Sie berücksichtigt auch die Besonderheiten der pflanzlichen Arzneimittel und deren Wirkstoffe. Die grundsätzlich geforderten Untersuchungen im höheren Temperaturbereich und bei hoher Luftfeuchte („accelerated") können ersetzt werden durch gemäßigte („intermediate") Testbedingungen, wenn die Prüfung zu Standardbedingungen entweder nicht durchführbar wäre oder nicht auswertbare Ergebnisse liefern würde.

97 Zum Thema Stabilität finden sich weitere Guidelines auf den EMEA-Internetseiten, die Anhaltspunkte für die Prüfung neuer Stoffe und daraus hergestellter Produkte und für die Lösung zahlreicher Detailfragen liefern.[100]

Im Antragsformular für die Zulassung sind Angaben zu machen zur Dauer der Haltbarkeit, die der Antragsteller von den Ergebnissen der Stabilitätsuntersuchungen ableitet, falls relevant, die Dauer der Haltbarkeit nach Anbruch, nach Herstellung einer verbrauchsfertigen Lösung sowie Angaben zu Lagerbedingungen allgemein und ggf. zu den Lagerbedingungen nach Anbruch oder nach Zubereitung für den Gebrauch.[101] Häufig liegen bei Antragstellung nur für einen kurzen Zeitraum Daten zur Haltbarkeit vor, und die Stabilitätsprüfungen sind noch nicht abgeschlossen. Im Lauf des Zulassungsverfahrens können die noch fehlenden Angaben jedoch nachgeliefert werden.

Die Angaben zu den Kontrollmethoden, die § 21 Abs. 1 Nr. 15 AMG vorsieht, sind wesentlicher Teil der chemisch-pharmazeutischen Dokumentation in Modul 3.

n) Packungsgrößen

98 Die Packungsgröße gibt die in einer Packung enthaltene Menge des Arzneimittels nach Stückzahl, Gewicht oder Rauminhalt an. Sowohl Stückzahl als auch Einzelgewicht oder Volumen werden angegeben bei nicht abgeteilten Darreichungsformen wie Lösungen, Pulver, Granulaten, die in abgepackten Einzeldosen angeboten werden („10 Ampullen à 1 ml", „20 Einzeldosisbehältnisse à 0,5 ml", 30 Beutel zu 10 g Pulver").

Bei der Festlegung der Packungsgrößen kommt es darauf an, sie so zu wählen, dass sie der **voraussichtlichen Dauer der Behandlung** angemessen sind. Als Grundlage dient die Packungsgrößenverordnung.[102] Nach dieser Verordnung können nur solche Fertigarzneimittel zulasten der gesetzlichen Krankenkassen verordnet werden, die in therapiegerechten und wirtschaftlichen Packungsgrößen angeboten werden. Mit der Verordnung werden dazu Messzahlen für kleine, mittlere und große Packungsgrößen festgelegt, jeweils bezogen auf einzelne Wirkstoffe oder Anwendungsbereiche und Darreichungsformen. Unabhängig vom Abgabestatus und von der Erstattungsfähigkeit eines Arzneimittels liefert die Verordnung Anhaltspunkte, die bei der Festlegung therapiegerechter Packungsgrößen hilfreich sind.

99 Packungen, die größer sind als die in der Packungsgrößenverordnung definierte „große" Packungsgröße kommen zwar für die Verordnung und Abgabe an einzelne Patienten/Ver-

---

99 CPMP/QWP/122/02 rev. 1 corr., 17 December 2003 (www.emea.europa.eu).
100 EMEA: Scientific Guidelines for Human Medicinal Products (http://www.emea.europa.eu/htms/human/humanguidelines/quality.htm).
101 Erläuterungen zum Antrag auf Zulassung eines Arzneimittels beim Bundesinstitut für Arzneimittel und Medizinprodukte, 3. Aufl., 31.10.1996; BAnz Nr. 44a v. 5.3.1997.
102 Veordnung über die Bestimmung und Kennzeichnung von Packungsgrößen für Arzneimittel in der vertragsärztlichen Versorgung (Packungsgrößenverordnung – PackungsV) v. 22.6.2004 (BGBl. I, 1318), zuletzt geändert durch die VO v. 12.12.2008 (BGBl. I, 2445).

braucher nicht in Frage, da nicht therapiegerecht, sie sind aber dennoch grundsätzlich zulassungsfähig. Für Kliniken und Heime werden **Großpackungen** benötigt, das Kriterium der therapiegerechten Größe spielt dabei keine Rolle. Anstelle von Großpackungen werden für den Klinikbereich häufig **Bündelpackungen** vorgesehen. Sie werden wie eine eigene Packungsgröße behandelt und müssen ebenfalls beantragt werden.

Im Zusammenhang mit der patientenindividuellen Verblisterung von Arzneimitteln werden Großpackungen unverblisterter oraler Darreichungsformen nachgefragt. Da es sich dabei nicht um Bulkware handelt, sind auch diese Gebinde als eigene Packungsgröße zu beantragen.

Es empfiehlt sich, sowohl die unbedingt erforderlichen Packungsgrößen für die spätere Markteinführung als auch solche zu beantragen, die möglicherweise benötigt werden. Stellt sich nach Erteilung der Zulassung heraus, dass das Arzneimittel in weiteren oder in anderen als den genehmigten Packungsgrößen vermarktet werden soll, müssen diese nach § 29 Abs. 2 a AMG angezeigt werden. Diese Änderungen sind zustimmungspflichtig und daher mit Verzögerungen und Wartezeiten für den pharmazeutischen Unternehmer verbunden. Sollte sich nach Erteilung der Zulassung herausstellen, dass doch nicht von allen genehmigten Packungsgrößen Gebrauch gemacht werden soll, können die nicht benötigten per einfacher Änderungsmitteilung bei vorübergehendem Nichtgebrauch abgemeldet und bei Bedarf auf die gleiche Weise wieder aktiviert werden.[103]

o) GCP-Bescheinigung bei Vorlage klinischer Studien, die in Nicht-EU-Mitgliedstaaten durchgeführt wurden

Wird der Nachweis der Wirksamkeit und Unbedenklichkeit mit dem Ergebnis klinischer Prüfungen geführt, die außerhalb der Europäischen Union durchgeführt wurden, muss gemäß § 22 Abs. 2 Nr. 4 AMG vom Antragsteller eine Erklärung vorgelegt werden, dass die ethischen Anforderungen der europäischen Richtlinie 2001/20/EG über die Anwendung der Guten Klinischen Praxis (GCP-Richtlinie) auch in diesen Fällen erfüllt wurden. Weitere Belege sind mit dieser Erklärung nicht einzureichen. Falls die Behörde weitere Angaben benötigt, kann sie diese nachfordern, sie hätte ggf auch die Möglichkeit, zulassungsbezogene Inspektionen durchzuführen (§ 25 Abs. 5 AMG).[104]

2. Angaben zur Person des Stufenplanbeauftragten

§ 63 b AMG schreibt vor, dass jeder pharmazeutische Unternehmer, der im Geltungsbereich des AMG Fertigarzneimittel in den Verkehr bringt, einen Stufenplanbeauftragten bestellen muss. Es handelt sich dabei um eine in einem **EU-Mitgliedstaat ansässige qualifizierte Person** mit der erforderlichen Sachkenntnis und der zur Ausübung ihrer Tätigkeit erforderlichen Zuverlässigkeit. Die wesentliche Aufgabe besteht darin, bekannt gewordene Meldungen über Arzneimittelrisiken zu sammeln, zu bewerten und die notwendigen Maßnahmen zu koordinieren.

Nach § 22 Abs. 2 Nr. 6 AMG umfassen die Antragsunterlagen den Nachweis, dass der Antragsteller über eine qualifizierte Person nach § 63 a AMG verfügt.

Diese verantwortliche Person kommt in der Beschreibung des Pharmakovigilanz-Systems, die ebenfalls Bestandteil des Zulassungsantrags ist, an prominenter Stelle vor und muss auch aus diesem Grund bereits vor Antragstellung bestellt worden sein (vgl Rn 107 und § 26 Rn 25). Bis zum Inkrafttreten der 15. AMG-Novelle wurde der **Sachkundenachweis** des Stufenplanbeauftragten durch ein abgeschlossenes Hochschulstudium der Medizin, der Bio-

---

103 OVG NRW, Urt. v. 13.6.2006 – 13 A 1532/04.
104 Kloesel/Cyran, Arzneimittelrecht, § 22 Abs. 2 Nr. 4 AMG, Erl. 79.

logie, Tiermedizin oder Pharmazie und eine mindestens zweijährige Berufserfahrung, alternativ durch Nachweis der Qualifikation als sachkundige Person nach § 15 AMG, erbracht. Andere Studienabschlüsse konnten nicht akzeptiert werden. Diese Beschränkung ist in Anpassung an europäisches Recht aufgehoben worden. Die Personalunion zwischen Stufenplanbeauftragtem und Herstellungsleiter ist auch weiterhin zulässig, nicht jedoch mit dem Informationsbeauftragten. Zukünftig hängt es maßgeblich vom pharmazeutischen Unternehmer ab, welche Kriterien er für die Beurteilung der Sachkunde zugrunde legt.

3. Pharmakovigilanz- und Risikomanagementsystem
a) Pharmakovigilanzsystem
aa) Allgemeines

104 Eines der Ziele, die mit der letzten großen Novellierung des europäischen Arzneimittelrechts im Jahr 2004 verfolgt wurden, war die Stärkung der Pharmakovigilanz. So wurde das maximale Berichtsintervall für die PSURs von fünf auf drei Jahre verkürzt. Weiterhin sind Pharmakovigilanz-Inspektionen vorgesehen, die es der zuständigen Bundesoberbehörde ermöglicht, bei Betrieben und Einrichtungen, die Arzneimittel herstellen, in den Verkehr bringen oder klinisch prüfen, die Sammlung und Auswertung von Meldungen über Arzneimittelrisiken (UAW-Meldungen) und die Koordinierung notwendiger Maßnahmen zu überprüfen; zusammen mit der zuständigen Landesbehörde können vor Ort Unterlagen eingesehen und Auskünfte eingeholt werden (§ 63 b AMG). Die **Strukturen** innerhalb eines Unternehmens, die es ermöglichen sollen, die gesetzliche Verpflichtung zur **Erfassung, Bewertung und Weiterleitung von Nebenwirkungsmeldungen** bestmöglich zu erfüllen, stellen in ihrer Gesamtheit das Pharmakovigilanzsystem dar.

105 Die einzelnen Aspekte, die bei der Beschreibung des Pharmakovigilanzsystems berücksichtigt werden sollen, sind ausführlich beschrieben in **Band 9A der Regeln für Arzneimittel in der Europäischen Union**.[105] Die britische Zulassungsbehörde MHRA, die innerhalb der EU eine Vorreiterrolle bei der Durchführung von Pharmakovigilanz-Inspektionen eingenommen hat, erstellte eine Leitlinie über die Beschreibung des Pharmakovigilanzsystems, die bei Inspektionen vorzulegen ist.[106] Auch das BfArM hat die erforderlichen Einzelkomponenten des Pharmakovigilanzsystems, die in einer Beschreibung adressiert werden sollen, in Form einer Checkliste zusammengefasst.[107] Zur konkreten Ausgestaltung sollten Volume 9A als Basisdokument und ggf. weitere Leitfäden zugezogen werden, die von den Verbänden der Arzneimittel-Hersteller und anderen Experten aus der Praxis erstellt wurden.

106 Nach § 22 Abs. 2 Nr. 5 AMG muss bereits mit dem Antrag auf Zulassung eines Arzneimittels eine detaillierte Beschreibung des Pharmakovigilanzsystems eingereicht werden. Es bezieht sich auf die Firma und ist unabhängig von einzelnen Zulassungen und Arzneimitteln. Das BfArM akzeptiert es bereits, dass die Beschreibung des Pharmakovigilanzsystems als „**Pharmakovigilanz Master File**" lediglich einmal pro Firma eingereicht wird.[108] Bei nationalen Zulassungsanträgen ist es in diesem Fall ausreichend, in Modul 1.8.1 der Zulassungsdokumentation auf die hinterlegte Beschreibung zu verweisen. Mittelfristig könnte das

---

[105] Volume 9A of the rules governing medicinal products in the European Union: Guidelines on pharmacovigilance for medicinal products for human use. EudraLex – Volume 9 Pharmacovigilance Guidelines (http://ec.europa.eu/enterprise/pharmaceuticals/eudralex/eudralex_en.htm).

[106] MHRA Statutory Pharmacovigilance Inspection Version 8, February 2008 (www.mhra.gov.uk)..

[107] Mitteilung des BfArM zur Einreichung von Unterlagen gemäß § 22 Abs. 2 Nr. 5 und Nr. 6 AMG (Pharmakovigilanz- und Risikomanagement-System, qualifizierte Person für Pharmakovigilanz; 9.1.2007; <www.bfarm.de>, „Pharmakovigilanz", „Mitteilungen").

[108] Mitteilung des BfArM zur Einreichung von Unterlagen gemäß § 22 Abs. 2 Nr. 5 und Nr. 6 AMG (Pharmakovigilanz- und Risikomanagement-System, qualifizierte Person für Pharmakovigilanz; 9.1.2007; <www.bfarm.de>, „Pharmakovigilanz", „Mitteilungen").

Master-file-Verfahren in ganz Europa möglich werden, dies ist Teil der derzeit diskutierten Vorschläge der EU-Kommission im Rahmen des EG-Pharmapakets, das weitreichende Änderungen des Arzneimittelrechts, u.a. im Bereich Pharmakovigilanz, vorsieht.[109]

Zweckmäßigerweise beschränkt sich die Beschreibung des Pharmakovigilanzsystems auf die **wesentlichen Merkmale** und verweist bei Detailregelungen, die häufiger Änderungen erfahren, auf **SOPs**. Dies entspricht dem Sinn und Zweck der Regelung, außerdem kann so die Zahl der Aktualisierungen der Beschreibung in Grenzen gehalten werden.

bb) Elemente des Pharmakovigilanzsystems

In Part I, „Guideline for the Marketing Authorisation Holder", Abschnitt 2.1.5 ff, werden die Sachverhalte aufgeführt, die die maßgeblichen Komponenten eines funktionierenden Pharmakovigilanzsystems darstellen; die wesentlichen sind nachfolgend stichwortartig genannt. **107**

Zunächst muss der Antragsteller gegenüber der Zulassungsbehörde nachweisen, dass er eine „**Qualified person**" für **Pharmakovigilanz**, dh einen Stufenplanbeauftragten, bestellt hat und dass die notwendigen Mittel zur Erfüllung der Meldeverpflichtungen verfügbar sind. Eine entsprechende Erklärung ist vom Antragsteller und vom Stufenplanbeauftragten zu unterschreiben.

Informationen über den Stufenplanbeauftragten: Neben dem Namen und den Kontaktdaten des Stufenplanbeauftragten muss ein Lebenslauf hinzugefügt werden, der auch seine Qualifikation und Erfahrung sowie Fortbildung in den Bereichen, die für die Funktion des Stufenplanbeauftragten wichtig sind, wiedergibt. Eine Arbeitsplatzbeschreibung muss ebenfalls vorhanden sein. **108**

Angaben zur Erreichbarkeit sind ebenfalls erforderlich. Grundsätzlich muss eine telefonische Erreichbarkeit über 24 Stunden gewährleistet sein; dies macht es notwendig, dass hilfsweise weitere Personen – Stellvertreter, Beauftragte – einbezogen werden und dass klare Vertretungsregelungen für den Fall der Abwesenheit, insbesondere für den Urlaubs- und Krankheitsfall, aufgestellt werden.

Organisatorisches: Bei internationalen Unternehmen sind diejenigen Unternehmenseinheiten und Organisationen anzugeben, die national und weltweit Pharmakovigilanz-Aktivitäten für das Unternehmen durchführen. Dazu gehören die Einheiten, bei welchen die Nebenwirkungen für das ganze Unternehmen gesammelt, erfasst und weitergeleitet werden, die sie abrufbar halten und die die PSURs erstellen. Die MHRA erläutert in ihren Leitlinien anhand einiger Beispiele, wie dies bei komplexen Firmensituationen geregelt werden kann.[110] Weiterhin sind Organigramme der verschiedenen Pharmakovigilanz-Einheiten und eine kurze Beschreibung ihrer Aktivitäten vorgesehen, ein Flussdiagramm, das den Ablauf bei der Bearbeitung von Meldungen über unerwünschte Arzneimittelwirkungen hervorgeht, und Angaben zur Archivierung der Dokumente einschließlich Verantwortlichkeiten. **109**

Ein weiterer Teil des Pharmakovigilanzsystems betrifft die **schriftlichen Verfahrensabläufe** innerhalb des Unternehmens, die im Zusammenhang mit den Pharmakovigilanz-Aktivitäten stehen. Im Vordergrund steht die Beschreibung der Aufgaben des Stufenplanbeauftragten und der festgelegten **Handhabung der UAW-Meldungen** in allen relevanten Punkten – Sammlung, Bearbeitung, Qualitätskontrolle, Kodierung und Klassifikation, medizinischer Review, Meldung an die Behörde. Die UAW-Meldungen, die den pharmazeutischen Unternehmer erreichen, können unterschiedlicher Herkunft sein: Die Berichte können aus dem **110**

---

109 EU-Kommission: Safe, innovative and accessible medicines : a renewed vision for the pharmaceutical sector (http://ec.europa.eu/enterprise/pharmaceuticals/pharmacos/pharmpack_en.htm).
110 MHRA Statutory Pharmacovigilance Inspection Version 8, February 2008 (www.mhra.gov.uk).

europäischen Wirtschaftsraum oder aus Drittstaaten stammen, die informierenden Personen bzw Institutionen können Ärzte und andere „healthcare professionals" sein, Lizenzpartner, Patienten/Verbraucher, aber auch Behörden. Die Meldungen müssen nachverfolgt werden können, um ggf. fehlende Informationen oder Informationen zum weiteren Verlauf der berichteten unerwünschten Arzneimittelwirkung einholen zu können. Die dafür vorgesehenen Strukturen müssen aus der Beschreibung des Pharmakovigilanzsystems hervorgehen. Doppelmeldungen müssen erkannt werden; aus der Beschreibung des Pharmakovigilanzsystems muss hervorgehen, wie diese identifiziert werden. Es ist zu beschreiben, wie die Erfüllung der Berichtspflicht einschließlich der erforderlichen elektronischen Übermittlung sichergestellt wird. Weitere Stichworte und Sachverhalte, auf die eingegangen werden soll, sind die Zuständigkeiten bei der Beantwortung von Behördenanfragen, Angaben zu den Datenbanken, die im Pharmakovigilanzbereich verwendet werden einschließlich Nennung der Mitarbeiter, die die technischen Voraussetzungen für den uneingeschränkten Betrieb verantworten; Schulung der mit Pharmakovigilanz-Aspekten befassten Mitarbeiter des Unternehmens; Archivierung der Originaldokumente; zusammenfassende Darstellung des Qualitäts-Management-Systems.

b) Risikomanagement-System

111 Das Pharmakovigilanzsystem beschreibt das Instrumentarium des pharmazeutischen Unternehmers, mit welchem er seinen Verpflichtungen im Bereich Arzneimittelsicherheit nachkommt, das auf die Belange des jeweiligen Unternehmens, aber nicht auf bestimmte Zulassungen oder Arzneimittel ausgerichtet ist. Ein Risikomanagementplan dagegen ist **zulassungs-/produktbezogen**. Er ist dann erforderlich, wenn das übliche Instrumentarium des Pharmakovigilanzsystems die spezifischen Risiken des betreffenden Arzneimittels nicht mit der für die Sicherheit der Patienten erforderlichen Effizienz auffangen kann.

Detaillierte Ausführungen zum Risikomanagementplan finden sich in Volume 9A der Notice to Applicants, Part I, Kapitel 3.

aa) Erfordernis eines Risikomanagement-Systems

112 Ein Risikomanagementplan wird grundsätzlich bei Zulassungsanträgen für erforderlich gehalten, wenn es sich handelt um
- Arzneimittel mit neuem Wirkstoff
- „Biosimilars"
- bezugnehmende (generische) oder Hybrid-Anträge, mit denen auf Referenzpräparate Bezug genommen wird, für welche risikominimierende Maßnahmen erforderlich sind
- Anträge für PUMA-Zulassungen
- Erweiterungsanträge (auch bei Änderungsanträgen für bestehende Zulassungen), die eine signifikante Neuerung hinsichtlich Darreichungsform, Applikationsweg, Herstellungsverfahren bei biotechnologisch hergestellten Arzneimitteln, Indikation, Ausweitung auf weitere Patientenpopulationen, insbesondere Kinder, darstellen.

Für neu zuzulassende Arzneimittel mit bekannten Stoffen im nationalen Verfahren sind Risikomanagementpläne die große Ausnahme. Es sind allenfalls Fälle vorstellbar, bei denen für die bereits am Markt befindlichen wirkstoffgleichen Arzneimittel risikomindernde Maßnahmen erforderlich sind. In Zweifelsfällen kann die Frage im Rahmen eines Beratungsgesprächs vor Antragstellung mit der Behörde geklärt werden. Falls kein Risikomanagementplan erstellt und mit dem Zulassungsantrag eingereicht wird, sind die Gründe in jedem Fall darzulegen. Je nach Sachverhalt genügt eine kurze Begründung.

bb) Entscheidungsgründe

Ein Risikomanagementplan bezieht sich, wie bereits dargelegt, auf ein spezifisches Produkt, Gegenstand ist die Erkennung und Bewertung seiner Risiken, das Ableiten geeigneter Maßnahmen zu deren Minderung und die Kommunikation.

Risikospezifikation: Bei Arzneimitteln mit neuen Stoffen oder mit anderen innovativen Merkmalen sind die Erfahrungen aus der präklinischen und klinischen Prüfung naturgemäß begrenzt. Dies hat zur Folge, dass etwa präklinische Befunde noch nicht abschließend geklärt werden konnten und für die Bewertung der Sicherheit des Arzneimittels noch weitere Informationen erforderlich sind – Sicherheitsprofil bei Patientenpopulationen, die nicht in die klinische Prüfung einbezogen waren, abschließende Bewertung identifizierter Risiken –. Neben den Informationsdefiziten, die bei Arzneimitteln mit innovativen Eigenschaften vorkommen, kennt man Wirkstoffe, die mit dem Risiko bestimmter unerwünschter Wirkungen behaftet sind und die besondere Maßnahmen erfordern. Diese Bestandsaufnahme und die anschließende Analyse ist der Ausgangspunkt für die weiteren Schritte.

Risikomanagementplan: Ausgehend von der Darstellung der produktspezifischen Risiken sind die jeweils angemessenen Maßnahmen zu deren Minimierung zu prüfen. Falls die routinemäßig erfolgenden, im Pharmakovigilanzsystem des pharmazeutischen Unternehmers beschriebenen Aktivitäten ausreichend sind, um die definierten Risikoaspekte zu kontrollieren, sind keine weiteren Regelungen notwendig. Falls diese nicht ausreichen, ist ein Risikominimierungsplan (risk minimisation plan, RMP) zu erstellen.

Je nach Arzneimittel können ganz unterschiedliche Maßnahmen für die **Risikominimierung**, die im RMP beschrieben werden, in Frage kommen: Es kann eine verstärkte Kontrolle der Vertriebswege erforderlich sein, die Erstellung von Anwendungsprotokollen, Hinweise für die ärztliche Verordnung, Schulungsprogramme, Patientenregister u.v.a.

Spezifische Hinweise zu den Risikomanagement-Aspekten bei Advanced-therapy-Produkten finden sich in einer Guideline der EMEA aus dem Jahr 2008[111]

Als Vorlage für die Erstellung eines Risikomanagementplans nach europäischen Vorgaben (EU risk management plan, EU-RMP) steht ein Template zur Verfügung. Es gibt Hinweise zum Umfang und zur Aufbereitung der erforderlichen Angaben. Je nachdem, wie sich der Einzelfall darstellt, ist nur ein Teil der Informationen relevant, die in dem Template angesprochen werden.[112]

Beispiel: Im Jahr 2007 erteilte die Europäische Kommission eine zentrale Zulassung für ein Arzneimittel mit dem Wirkstoff Lenalidomid, in 2008 wurde ein Thalidomid-haltiges Arzneimittel als Arzneimittel für seltene Leiden (orphan drug) ebenfalls zentral zugelassen. Die beiden Präparate sind zur Behandlung des multiplen Myeloms als Mittel der zweiten Wahl zugelassen. Das hohe teratogene Potenzial der beiden Wirkstoffe ist bekannt, es erfordert ein Maximum an sichernden Maßnahmen. Die beiden Arzneimittel zeigen eindrucksvoll, wie ein detaillierter und auf maximale Sicherheit ausgerichteter Risikomanagementplan aussehen kann.[113]

4. Beleg der Wirksamkeit, Unbedenklichkeit und pharmazeutischen Qualität

Die Unterlagen zum Nachweis der Wirksamkeit des zuzulassenden Arzneimittels in den beanspruchten Anwendungsgebieten, seiner Unbedenklichkeit und der angemessenen phar-

---

111 Guideline on safety and efficacy follow-up-risk management of advanced therapy medicinal products; EMEA/149995/2008 (http://www.emea.europa.eu/pdfs/human/advancedtherapies/14999508en.pdf).
112 Annex C: Template for EU Risk Management Plan (EU-RMP); EMEA/192632/2006 (http://www.emea.europa.eu/pdfs/human/euleg/19263206en.pdf).
113 Bedingungen oder Einschränkungen hinsichtlich der sicheren und wirksamen Anwendung des Arzneimittels, die v. Mitgliedstaaten umgesetzt werden müssen. – Revlimid: http://www.emea.europa.eu/humandocs/PDFs/EPAR/revlimid/H-717-en6.pdf; – Thalidomide Celgene: http://www.emea.europa.eu/humandocs/PDFs/EPAR/thalidomidecelgene/H-823-Annex-de.pdf.

mazeutischen Qualität sind das Kernstück eines jeden Zulassungsantrags. Sie dienen dazu, die **nutzbringende Anwendung und die umfassende Sicherheit für den Patienten** zu belegen. Diesem Ziel dienen direkt oder indirekt auch alle weiteren Unterlagen und Informationen, die zu einem vollständigen Antrag gehören.

Der Aufbau eines Zulassungsantrags ist für die Europäische Gemeinschaft in den Notice to Applicants Band 2B festgelegt worden, er entspricht dem Common Technical Document, CTD [114] (vgl § 6 Rn 67). Die vorgegebene Struktur ist für sämtliche Antragstypen, Verfahrensarten und Arzneimittelkategorien verbindlich. Es gibt die Gliederung der Antragsunterlagen innerhalb der fünf vorgeschriebenen Module und das Nummerierungssystem vor. Obwohl ein europäisches Format, ist es auch für rein nationale Zulassungsverfahren in nur einem Mitgliedstaat verpflichtend.[115]

117 Das CTD-Format gibt den formalen Rahmen für den Zulassungsantrag vor und adressiert alle Aspekte, die für die Entscheidung über die Zulassung des betreffenden Arzneimittels relevant sein können. Ob dies tatsächlich der Fall ist, muss jedoch im Einzelfall entschieden werden.

Wenn es um die **Inhalte des Zulassungsantrags**, speziell der Informationen und Daten zur pharmazeutischen Qualität, Wirksamkeit und Unbedenklichkeit geht, liefert **Anhang I der Richtlinie 2001/83/EG**, national umgesetzt mit den **Arzneimittelprüfrichtlinien**, die Basisinformationen. Außerdem spielen die wissenschaftlichen Leitlinien eine zentrale Rolle, die für Humanarzneimittel von erarbeitet und von EMEA und EU-Kommission veröffentlicht wurden und die kontinuierlich überarbeitet und durch weitere ergänzt werden. Weitere Informationen zu Detailfragen, zur gängigen Amtspraxis und zu Auslegungsfragen liefern „Concept papers", „Position papers" oder „Points to Consider", die von den europäischen Gremien im Bereich Arzneimittelzulassung veröffentlicht werden. Diese Leitlinien und Verlautbarungen geben die behördliche Interpretation der jeweiligen Sachverhalte wieder; sie beschreiben den aktuellen wissenschaftlichen Erkenntnisstand und sind der Maßstab, der bei der behördlichen Entscheidung über einen Zulassungsantrag angelegt wird. Demzufolge muss sich der Antragsteller mit den Guidelines auseinandersetzen und sie berücksichtigen. Aus rechtlicher Sicht haben Leitlinien zwar „nur" Empfehlungscharakter; dies darf aber nicht darüber hinwegtäuschen, dass sie, obwohl nicht bindendes Recht, hohe Verbindlichkeit haben. Antragsteller können von den Vorgaben der Leitlinien abweichen, allerdings ist dies nur dann akzeptabel, wenn es dafür Gründe gibt. Andernfalls riskiert der Antragsteller Nachforderungen im Rahmen der Mängelbeseitigung, im schlimmsten Fall eine (Teil-)Versagung, wenn sich dadurch ein Versagungsgrund gemäß § 25 Abs. 2 AMG ergibt (vgl. § 10 Rn 6–10).

a) Ergebnisse der analytischen Prüfung

118 Nach § 22 Abs. 2 Nr. 1 AMG sind „die Ergebnisse physikalischer, chemischer, biologischer oder mikrobiologischer Versuche und die zu ihrer Ermittlung angewandten Methoden" im Rahmen eines Zulassungsantrags vorzulegen bzw zu beschreiben. Mit der Dokumentation muss belegt werden, dass das Arzneimittel hinsichtlich seiner pharmazeutischen Qualität nach dem gesicherten Stand der wissenschaftlichen Erkenntnis **ausreichend geprüft** worden

---

114 Notice to Applicants Vol. 2B, „Presentation and format of the dossier – Common Technical Document (CTD)" (http://ec.europa.eu/enterprise/pharmaceuticals/eudralex/eudralex_en.htm).

115 Zweite Allgemeine Verwaltungsvorschrift zur Änderung der Allgemeinen Verwaltungsvorschrift zur Anwendung der Arzneimittelprüfrichtlinien, 11.10.2004 (BAnz Nr. 197 v. 16.10.2004).

ist und dass es die nach den anerkannten pharmazeutischen Regeln **notwendige Qualität** aufweist.[116] Diese Unterlagen stellen Modul 3 der Dokumentation dar.

Die erforderlichen Angaben beschreiben zum einen den Wirkstoff/die Wirkstoffe, zum anderen das Fertigarzneimittel. Sowohl hinsichtlich des/der Wirkstoff(e) als auch des Fertigarzneimittels sind die einschlägigen Angaben zu folgenden Punkten zu machen:
- Entwicklung
- Herstellungsprozess
- kennzeichnende Merkmale und Eigenschaften
- Verfahren und Anforderungen an die Qualitätskontrolle
- Haltbarkeit
- Beschreibung der Zusammensetzung und Verpackung des Fertigarzneimittels

Zusätzlich sind detaillierte Informationen zu den Ausgangs- und Rohstoffen, die während der Herstellungsschritte des/der Wirkstoff(e) verwendet werden, und zu den Hilfsstoffen des Fertigarzneimittels verlangt. GMP-konforme Herstellung der Wirkstoffe und des Fertigarzneimittels werden vorausgesetzt. Methodik und Prüfverfahren, die jeweils aktuell sind, werden in Pharmakopöen und den zahlreichen ICH/CHMP-Guidelines einschließlich der Guidelines des HMPC für pflanzliche Arzneimittel beschrieben. Letztere sind in den Notice to Applicants Band 3 im Abschnitt „Quality Guidelines", außerdem in der Rubrik „Biotechnology Guidelines" enthalten.[117][118]

b) Ergebnisse der pharmakologisch-toxikologischen Prüfung

Die nach § 22 Abs. 2 Nr. 2 AMG geforderten Ergebnisse der pharmakologischen und toxikologischen Versuche finden sich in Modul 4 der Zulassungsdokumentation, „Präklinische Berichte (Nonclinical Study Reports)". Die präklinischen Untersuchungen, die am Tier durchgeführt werden, sollen Aufschluss geben über das **Toxizitätspotenzial** des Arzneimittels und etwaige gefährliche oder unerwünschte toxische Wirkungen, die unter den vorgeschlagenen Anwendungsbedingungen beim Menschen auftreten können. Diese müssen im Verhältnis zur Erkrankung, die mit dem Arzneimittel behandelt werden soll, bewertet werden. Außerdem sind die pharmakologischen Eigenschaften des Arzneimittels in qualitativer und quantitativer Hinsicht in Relation zur vorgeschlagenen Anwendung beim Menschen aufzuklären. Schließlich sind die Erkenntnisse, die aus den pharmakologisch-toxikologischen Prüfungen gewonnen werden, die **Voraussetzung für die Anwendung beim Menschen**. Sie liefern wichtige Informationen für die sich anschließende klinische Prüfung des Arzneimittels.[119]

Entscheidungskriterien und Details zur Ausführung präklinischer Untersuchungen finden sich in den ICH/CHMP-Guidelines.[120]

Das volle **Prüfprogramm umfasst** Untersuchungen zur Pharmakologie, Pharmakokinetik (Resorption, Verteilung, Abbau und Ausscheidung des Wirkstoffs, pharmakokinetische Wechselwirkungen), akute und chronische Toxizität und ggf. die Prüfung der lokalen Verträglichkeit. Das besondere Augenmerk gilt darüber hinaus den Daten zur Erfassung von

---

116 Erläuterungen zum Antrag auf Zulassung eines Arzneimittels beim Bundesinstitut für Arzneimittel und Medizinprodukte, 3. Aufl., 31.10.1996; BAnz Nr. 44a v. 5.3.1997.
117 RL 2001/83/EG, Annex I, Abschnitt 3.2.
118 Notice to Applicants Vol. 3, Scientific guidelines for medicinal products for human use – Quality Guidelines, Biotechnology Guidelines (http://ec.europa.eu/enterprise/pharmaceuticals/eudralex/vol3_en.htm).
119 RL 2001/83/EG, Annex I Abschnitt 4.2.
120 Notice to Applicants Vol. 3, Scientific guidelines for medicinal products for human use – Non-Clinical Guidelines (http://www.emea.europa.eu/htms/human/humanguidelines/nonclinical.htm).

Arzneimittelwirkungen, die in der klinischen Prüfung nicht abgeklärt werden können. Dazu gehören die Reproduktionstoxikologie, Genotoxizität, Toxikologie, Kanzerogenität, die experimentelle Abklärung kardiotoxischer Aspekte oder von Abhängigkeitspotenzialen.[121]

Ob auch zu jedem dieser Sachverhalte Daten vorgelegt werden müssen, hängt vom Einzelfall ab. Handelt es sich um bekannte Stoffe, kann teilweise oder ganz auf bereits vorhandene Daten zurückgegriffen werden. Wenn zudem umfangreiche klinische Erfahrungen mit wirkstoffgleichen Arzneimitteln dokumentiert sind, die bereits seit mindestens zehn Jahren in nennenswertem Umfang in der Praxis eingesetzt werden, ist möglicherweise eine Beurteilung des Risikoprofils auch dann möglich, wenn die toxikologischen Daten zu dem betreffenden Wirkstoff nicht vollständig vorliegen (siehe Rn 131 ff, „Bibliographischer Zulassungsantrag").

c) Ergebnisse der klinischen Prüfungen oder sonstigen ärztlichen oder zahnärztlichen Erprobung

122 Die in § 22 Abs. 2 Nr. 3 AMG erwähnten Unterlagen beschreiben die Ergebnisse von Studien, die am Menschen durchgeführt wurden, und weiteres sachdienliches Erkenntnismaterial, das die mit dem Arzneimittel beanspruchten Anwendungsgebiete stützt. Die klinischen Daten müssen es erlauben, zu einer **hinreichend begründeten** und wissenschaftlich fundierten Aussage darüber zu gelangen, ob das Arzneimittel die Zulassungskriterien erfüllt. Um ein verlässliches Bild sowohl über die erwünschten als auch die nicht auszuschließenden unerwünschten Wirkungen zu erhalten, ist es notwendig, die Ergebnisse aller ärztlichen und klinischen Prüfungen vorzulegen, unabhängig davon, ob diese günstig oder ungünstig ausgefallen sind.[122]

Die Ergebnisse klinischer Studien und weitere Erkenntnisse aus der ärztlichen Erprobung finden sich in Modul 5 des Zulassungsantrags. Bei einem Arzneimittel mit neuem Wirkstoff sind Daten zu folgenden Aspekten erforderlich:[123]

- Biopharmazeutische Eigenschaften (Bioverfügbarkeit, Bioäquivalenz, Berichte über In-vitro/In-vivo-Korrelationsstudien u.a.)
- Pharmakokinetik unter Einsatz von menschlichem Biomaterial (Plasmaproteinbindung, hepatische Metabolisierung/Wechselwirkungen u.a.)
- Pharmakokinetik am Menschen (anfängliche Verträglichkeit beim Patienten, Einfluss innerer und äußerer Faktoren auf die Pharmakokinetik, populationsbezogene Studien)
- Pharmakodynamik

Detaillierte Informationen zu übergeordneten und zu indikationsspezifischen Fragestellungen finden sich in den Guidelines des CHMP.[124]

Bei Arzneimitteln mit bekannten Wirkstoffen, können bibliographische Belege an die Stelle eigener klinischer Daten treten (siehe Abschnitt 8, Bibliographischer Zulassungsantrag).

5. Sachverständigengutachten

a) Wesentliche Merkmale

123 Zu den Teilen pharmazeutische Qualität (Modul 3), Pharmakologie/Toxikologie (Modul 4) und Klinik (Modul 5) ist jeweils ein Sachverständigengutachten einzureichen. Die Sachver-

---

121 BfArM: „Bearbeitung von Zulassungsanträgen in der Pharmakologie-Toxikologie", 23.12.2005 (www.bfarm.de, „Zulassungsarten", „Nationale Verfahren").
122 RL 2001/83/EG, Annex I, Abschnitt 5.2.
123 RL 2001/83/EG, Annex I Abschnitt 5.1.
124 Notice to Applicants Vol. 3, Scientific guidelines for medicinal products for human use – Clinical Efficacy and Safety Guidelines (http://www.emea.europa.eu/htms/human/humanguidelines/efficacy.htm).

ständigengutachten finden sich in Modul 2 des Dossiers. Sie stellen eine Zusammenfassung der wichtigsten Inhalte der Module 3, 4 und 5 dar, außerdem enthalten sie eine Wertung dieser Daten, inwieweit das Arzneimittel die zulassungsrelevanten Anforderungen erfüllt. In der CTD-Terminologie und in der Reihenfolge, die das Modul 2 vorgibt, sind dies: Quality Overall Summary, Nonclinical Overview, Clinical Overview, Nonclinical Summary und Clinical Summary.

Bei der Erstellung der Gutachten werden die Antragsunterlagen abschließend gesichtet und letztmalig vor Einreichung des Antrags auf Vollständigkeit, Richtigkeit und Kongruenz hin geprüft. Sie erleichtern der Behörde die Bearbeitung entscheidend, weil sie die zum Teil sehr umfangreichen ausführlichen Daten in aufbereiteter Form präsentieren und im besten Fall ein klares Bild ergeben von den Eigenschaften, der Qualität, der vorgeschlagenen Spezifikationen und Kontrollmethoden sowie der Wirksamkeit und Unbedenklichkeit einschließlich einer Bewertung der Vorzüge und Nachteile des Arzneimittels. Die Gutachten sollen die Planung und Durchführung der beschriebenen Versuche ebenso wie die Ergebnisse kritisch beleuchten, Sie können sich nur auf Daten und Sachverhalte beziehen, die in der Dokumentation enthalten bzw beschrieben sind; es ist nicht zulässig, an dieser Stelle neue Aspekte in die Diskussion zu bringen.

Die **Qualität eines Gutachtens** wird maßgeblich durch den Umgang mit tatsächlichen oder vermeintlichen Schwachstellen in der Belegkette bestimmt: Sie müssen benannt und ihre möglichen Auswirkungen auf die Bewertung des Arzneimittels müssen dargestellt werden. Auf wichtige kritische Parameter und sonstige Fragen zu qualitäts-, wirksamkeits- oder sicherheitsbezogenen Aspekten muss hingewiesen werden; falls von einschlägigen Leitlinien abgewichen wurde, muss dies begründet werden.[125] **124**

Nach Art. 8 Abs. 3 lit. n RL 2001/83/EG sind den Ergebnissen der pharmazeutischen, vorklinischen und klinischen Versuche „detaillierte Zusammenfassungen" beizufügen. Die Erfordernisse des § 24 AMG sind erfüllt, wenn gemäß CTD-Format folgende Dokumente vorgelegt werden:

- die Informationen bezüglich der chemischen, pharmazeutischen und biologischen Daten des Moduls 3 in Form einer Zusammenfassung der pharmazeutischen Qualität (Quality Overall Summary, Modul 2.3);
- die Informationen zur Präklinik, die Gegenstand von Modul 4 sind, werden in Tabellenform (Non-clinical Overview, Modul 2.4) und in Textform (Non-clinical Summary, Modul 2.6) zusammengefasst;
- auch die Daten zur Klinik in Modul 5 werden zusammengefasst in Form des Clinical Overview (Modul 2.5) und der Clinical Summary (Modul 2.7).[126]

b) Qualifikation und Aufgabe des Gutachters

Nach Art. 12 RL 2001/83/EG hat der Antragsteller sicherzustellen, dass die detaillierten Zusammenfassungen von Sachverständigen erstellt und unterzeichnet werden, die über die erforderliche fachliche und berufliche Qualifikation verfügen. Dies muss in einem Lebenslauf dargestellt werden, der mit den Gutachten einzureichen ist. Der Gesetzgeber definiert allerdings keine fixen Voraussetzungen, was die Ausbildung oder Art und Dauer der beruflichen Tätigkeit eines Sachverständigen betrifft. Sachverständige können Betriebsangehörige oder externe Experten sein. **125**

Der Gutachter ist für seine eigenen Ausführungen, nicht jedoch für die Vollständigkeit und Korrektheit der Unterlagen verantwortlich, die ihm zur Begutachtung vorgelegt werden. **126**

---

125 Kloesel/Cyran, Arzneimittelrecht, § 24 Abs. 1 S. 1 AMG Erl. 2.
126 Notice to Applicants Vol. 2B, „Presentation and format of the dossier – Common Technical Document (CTD)" (http://ec.europa.eu/enterprise/pharmaceuticals/eudralex/eudralex_en.htm).

Allerdings darf er von ihm erkannte Defizite in den Unterlagen nicht zudecken und die Entdeckung durch die Zulassungsbehörde nicht erschweren.[127] Als Sachverständige(r) für die Erstellung des analytischen Gutachtens kommt die Sachkundige Person nach § 15 AMG in Frage, außerdem externe Experten, u.a. aus dem universitären Bereich, Apotheker für pharmazeutische Analytik, Sachverständige, die von den zuständigen Behörden der Länder für die Untersuchung von Gegenproben anerkannt sind (§ 65 Abs. 4 AMG), und vom BfArM benannte Gegensachverständige nach §§ 25 Abs. 5 und 105 Abs. 5a Nr. 5 AMG. Für das pharmakologisch-toxikologische Gutachten kommen erfahrene Firmenangehörige oder externe Fachleute mit der entsprechenden Expertise in Betracht, außerdem Pharmakologen und Toxikologen aus Forschungseinrichtungen u.a. Je komplexer die zu begutachtenden Unterlagen sind, desto höher sind die Anforderungen an die Qualifikation des Sachverständigen. Gleiches gilt für das klinische Gutachten.

Zu den Details, auf die in den Gutachten einzugehen ist, finden sich ausführliche Informationen in den Notice to Applicants Band 2B, außerdem in den Erläuterungen des BfArM.[128]

6. Kombinationsbegründung

127 Fixe Kombinationen aus mehreren Wirkstoffen sollen hinsichtlich der Art der Kombinationspartner und ihrer mengenmäßigen Zusammensetzung so konzipiert sein, dass jede der Komponenten geeignet ist, einen Beitrag zur beabsichtigten Wirkung des Arzneimittels zu leisten. Bei Arzneimitteln mit mehr als einem Wirkstoff muss begründet werden, dass jeder arzneilich wirksame Bestandteil einen **Beitrag zur positiven Beurteilung des Arzneimittels** leistet. Die Dosierung eines jeden Kombinationspartners muss – wie bei Monopräparaten auch – sicher und wirksam sein. Das Nutzen-Risiko-Verhältnis der fixen Kombination muss denjenigen der Einzelkomponenten entsprechen oder günstiger sein.

128 Zentrales Dokument für die Beurteilung und die Begründung fixer Kombinationen sowohl auf europäischer als auch auf nationaler Ebene ist die **„Guideline on clinical development of fixed combination medicinal products"** der EMEA.[129] Die Guideline nennt zwei wesentliche Merkmale, die eine fixe Kombination gegenüber Monopräparaten auszeichnen. Ein starkes Indiz für die Überlegenheit gegenüber Monopräparaten ist eine Verbesserung des Nutzen-Risiko-Verhältnisses im Vergleich zur Monotherapie. Dies ist der Fall, wenn die Wirkung der Einzelkomponenten überadditiv ist mit gleichzeitig angemessenem Sicherheitsprofil. Ein verbessertes Nutzen-Risiko-Verhältnis liegt auch vor, wenn sich die Wirkung der Einzelkomponenten addiert, das Sicherheitsprofil jedoch besser ist als das der Einzelkomponenten. Schließlich kann ein Kombinationspartner, der unerwünschte Wirkungen eines Wirkstoffes abschwächt, die Sinnhaftigkeit einer fixen Kombination ebenfalls begründen, vorausgesetzt, diese unerwünschten Wirkungen sind schwerwiegend oder treten häufig auf.

Als weitere Merkmale, die eine fixe Kombination alternativ begründen können, kommen die Vereinfachung der Therapie und die Verbesserung der Patientencompliance in Frage. Diese Aspekte haben besondere Bedeutung, wenn dadurch beispielsweise die Häufigkeit des Auftretens von Resistenzen, etwa bei Arzneimitteln zur Behandlung der Tuberkulose oder zum Einsatz bei HIV-Infektionen, reduziert werden kann.

---

127 Kloesel/Cyran, Arzneimittelrecht, § 24 Abs. 1 S. 1 AMG Erl. 12.
128 Notice to Applicants Vol. 2B, „Presentation and format of the dossier – Common Technical Document (CTD)" (http://ec.europa.eu/enterprise/pharmaceuticals/eudralex/eudralex_en.htm). BfArM: Eigenständige Dokumentationen auf der Basis eigener Studien gemäß Art. 8, § 3 der RL 2001/83/EG as amended" 12.12.2005 (www.bfarm.de, „Zulassungsarten/Nationale Verfahren").
129 CHMP/EWP/240/95 rev. 1 (http://www.emea.europa.eu/pdfs/human/ewp/024095en.pdf).

Fixe Kombinationen können auch auf die **Behandlung mehrerer Symptome** einer Krankheit ausgerichtet sein. Die positive Bewertung solcher Kombinationen setzt voraus, dass die Symptome regelmäßig gleichzeitig auftreten, klinisch relevante Ausprägung haben und von nennenswerter Dauer sind. Als Beispiel können hier fixe Kombinationen zur Linderung der Beschwerden dienen, die bei Erkältungskrankheiten auftreten.

Ein möglicher Einwand gegen die fixe Kombination von Wirkstoffen besteht in der begrenzten Möglichkeit zur Anpassung der Behandlung an den individuellen Patienten. Sofern sich die unerwünschten Effekte der einzelnen Wirkstoffe gegenseitig verstärken, spricht dies eher gegen eine fixe Kombination. Ganz allgemein sind Wirkstoffe, deren Wirkdauer sich signifikant unterscheidet, nur sehr bedingt geeignete Kombinationspartner. Dennoch kann eine solche Kombination therapeutisch sinnvoll sein, etwa dann, wenn die Wirkstoffe nacheinander zur Wirkung kommen sollen, die Kombination aus Compliance-Gründen sinnvoll ist, die Kombinationsparter aber unabhängig voneinander wirken, oder wenn die Resorption eines Wirkstoffes durch Hinzufügen eines weiteren verbessert werden kann.

Die wissenschaftlichen Kriterien, die bei der Beurteilung fixer Wirkstoffkombinationen angelegt werden, finden auch Anwendung auf **Kombinationspackungen**. Die Zulassungshürde ist hoch, die Guideline nennt als Bedingung deren klare Überlegenheit für bestimmte Behandlungsregimes oder für die Compliance. Kombinationspackungen bedürfen stets einer eigenen Zulassung, auch dann, wenn die einzelnen Arzneimittel, aus denen sich die Kombipackung zusammensetzt, jeweils individuell zugelassen sind.

Für fixe Kombinationen aus pflanzlichen Stoffen gelten grundsätzlich die gleichen Bedingungen, die an fixe Kombinationen allgemein gestellt werden. Auf die besonderen Belange der fixen Kombinationen im Bereich Phytopharmaka geht die „Guideline on the clinical assessment of fixed combinations of herbal substances/herbal preparations"[130] des HMPC ein.

7. Bibliographischer Zulassungsantrag

Das europäische und nationale Arzneimittelrecht beschreibt als „Normalfall" den Zulassungsantrag, der sich auf ein Arzneimittel mit neuem Wirkstoff bezieht und in welchem alle Aspekte, die im Bereich Klinik und Pharmakologie/Toxikologie im Rahmen des Zulassungsantrags zu behandeln sind, mit Daten belegt sind, die der Antragsteller im Hinblick auf den Zulassungsantrag generiert hat. Die Mehrzahl der Zulassungsanträge betrifft jedoch **Arzneimittel mit bekannten Stoffen**, bei denen allenfalls Teilinnovationen vorkommen. Dies ist der Fall, wenn etwa ein neues Anwendungsgebiet, das über die bereits bekannten hinausgeht, beantragt und mit eigenem Datenmaterial belegt wird. Handelt es sich jedoch um Arzneimittel, deren Wirkstoff(e) und Anwendungsbereiche bekannt sind, sieht das AMG die Möglichkeit vor, auf wissenschaftliches Erkenntnismaterial zurückzugreifen und auf dieser Basis den Nachweis der Wirksamkeit und Unbedenklichkeit zu führen.

Der Beleg der Wirksamkeit und Unbedenklichkeit durch Rückgriff auf sonstiges wissenschaftliches Erkenntnismaterial kann erwogen werden bei Arzneimitteln, deren Wirkstoff bzw Wirkstoffe „**allgemein medizinisch verwendet**" werden und die Kriterien des *well-established medicinal use* erfüllen. Folgende Voraussetzungen müssen erfüllt sein, damit bei einem Wirkstoff von einer „allgemeinen medizinischen Verwendung" gesprochen werden kann:[131]

---

130 EMEA/HMPC/166326/2005 (http://www.emea.europa.eu/pdfs/human/hmpc/16632605en.pdf).
131 Zweite Allgemeine Verwaltungsvorschrift zur Änderung der Allgemeinen Verwaltungsvorschrift zur Anwendung der Arzneimittelprüfrichtlinien, 11.10.2004 (BAnz. Nr. 197 v. 16.10.2004).

- Der Zeitraum, in welchem der betreffende Stoff systematisch und dokumentiert in der Europäischen Gemeinschaft als Arzneimittel verwendet wurde, muss mindestens zehn Jahre betragen.
- Der quantitative Aspekt der Verwendung des in Frage stehenden Wirkstoffs spielt ebenfalls eine Rolle. Dies bedeutet, dass Arzneimittel mit dem betreffenden Wirkstoff in nennenswertem Umfang eingesetzt worden sein mussten, damit von einer angemessenen Erfahrung gesprochen werden kann.
- Ein weiteres Kriterium ist das Ausmaß des wissenschaftlichen Interesses an der Verwendung des Stoffes, beurteilt nach den wissenschaftlichen Veröffentlichungen, die sich auf den Wirkstoff beziehen. In diesem Zusammenhang spielt auch die Einheitlichkeit der wissenschaftlichen Beurteilung eine maßgebliche Rolle.

Die Informationen, die sich zu den genannten Punkten in Bezug auf den in Frage stehenden Wirkstoff ergeben, sollen Antragsteller und Behörde in die Lage versetzen, eine sachgerechte Entscheidung zu treffen, ohne weitere klinische oder präklinische Daten fordern zu müssen.

133 Für Arzneimittel, deren Wirkstoffe die Kriterien der „allgemeinen medizinischen Verwendung" erfüllen, räumt das europäische und das nationale Arzneimittelrecht Sonderkonditionen ein, was die Art der akzeptierten Daten betrifft. Allerdings müssen die Unterlagen, die vom Antragsteller eingereicht werden, alle Aspekte der Unbedenklichkeits- und Wirksamkeitsbewertung abdecken, wie dies bei einem Antrag, der auf eigenen Daten basiert, auch der Fall ist.

134 Als **„anderes wissenschaftliches Erkenntnismaterial"** gelten wissenschaftliche Veröffentlichungen, nicht veröffentlichte Gutachten, außerdem wird gelegentlich medizinisches Erfahrungsmaterial genannt, das nach wissenschaftlichen Methoden aufbereitet wurde. Auf Letzteres kann ggf. ergänzend und unterstützend zurückgegriffen werden. Generell gilt, dass diejenigen Publikationen bzw Berichte über durchgeführte Untersuchungen die größte Überzeugungskraft haben, die hinsichtlich Studienkonzept, Durchführung und Auswertung den heute üblichen Standards entsprechen. Handelt es sich um ältere Daten, sollten diese einer Nachauswertung unterzogen und die Aussagekraft ihrer Ergebnisse unter Berücksichtigung aktueller Auswertungsmethoden geprüft werden. Annex I der Richtlinie 2001/83/EG stellt ausdrücklich fest, dass nicht nur Versuche und Prüfungen als gültiger Nachweis für die Sicherheit und Wirksamkeit eines Erzeugnisses dienen können, sondern auch der „bibliographische Verweis" auf andere Informationsquellen, beispielsweise Untersuchungen nach dem Inverkehrbringen oder epidemiologische Studien, wenn der Antragsteller hinreichend erläutert und begründet, warum er diese Informationsquellen anführt. In diesem Zusammenhang werden auch häufig die Ergebnisse von Anwendungsbeobachtungen genannt. Sofern sie nach wissenschaftlich nachvollziehbaren Kriterien geplant und durchgeführt wurden, können sie solide Daten liefern und als wissenschaftliches Erkenntnismaterial bei der Zulassungsentscheidung berücksichtigt werden.

135 Bei der Erstellung eines **bibliographischen Zulassungsantrags** stellen die einzelnen Aspekte des Belegs der Wirksamkeit und Unbedenklichkeit, die das Gerüst der Module 4 und 5 darstellen, ebenfalls die Grundlage dar. Es ist allerdings der Regelfall, dass nicht zu allen Aspekten, auf welche eingegangen werden muss, wissenschaftliches Erkenntnismaterial angeführt werden kann. Fehlen solche Informationen, ist es besonders wichtig zu begründen, dass trotz dieser Lücken ein „annehmbarer Grad an Unbedenklichkeit und Wirksamkeit" angenommen werden kann. Dies stellt eine besondere Herausforderung dar. Es bleibt dabei dem jeweiligen Begutachter überlassen, unter welchen Voraussetzungen von einem annehmbaren Grad an Sicherheit und Wirksamkeit im Einzelfall ausgegangen werden kann.

136 Bei vielen bekannten Stoffen, die schon seit langem in Arzneimitteln vorkommen, sind häufig die **präklinischen Daten** unvollständig, oder sie entsprechen nicht den heutigen Anforde-

rungen. Auf diesen Umstand gehen zwei Guidelines der EMEA ein.[132] Die Guidelines liefern Anhaltspunkte, wie bei der uneinheitlichen Datenlage, wie bei vielen bibliographischen Anträgen der Fall, und trotz vorhandener Lücken in der Nachweiskette dennoch eine solide Risikoabschätzung vorgenommen werden kann. Die Intention der Guideline besteht darin, die Mindestanforderungen an präklinische Daten zu definieren, um damit zu verhindern, dass allein aus grundsätzlichen Erwägungen heraus tierexperimentelle Studien durchgeführt werden müssen, obwohl von ihnen kein entscheidender Erkenntnisgewinn erwartet werden kann. Im Vordergrund steht in diesen Fällen das Gesamtbild, das sich ergibt aus präklinischen und klinischen Studien, die einen Teil der relevanten Aspekte abdecken, und die ergänzt werden durch Literaturbelege einschließlich Monographien. Eine wichtige Rolle spielen die Erkenntnisse aus dem „großen Feldversuch", dh die Erfahrungen, die mit der therapeutischen Anwendung wirkstoffgleicher Arzneimittel in den Jahren ihres Bestehens gesammelt wurden. So gilt der Grundsatz, dass präklinische Untersuchungen normalerweise entbehrlich sind, wenn ausreichende gut dokumentierte klinische Erfahrungen vorliegen, die es zulassen, die Wirksamkeit und Sicherheit des in Frage stehenden Wirkstoffes bzw Arzneimittels zu bewerten. Präklinische Daten könnten dann erforderlich werden, wenn es konkrete Verdachtsmomente gibt, die sich direkt aus der klinischen Anwendung ergeben haben oder die mit den pharmakologischen Eigenschaften des Wirkstoffes zusammenhängen.

137 Die Forderung nach der Erhebung präklinischer Daten steht auch im Raum, wenn es um sicherheitsrelevante Eigenschaften bekannter Stoffe geht, die allein aus der klinischen Erfahrung nicht abschließend zu beurteilen sind. Dies trifft auf mögliche reproduktionstoxische, genotoxische oder karzinogene Eigenschaften zu. In vielen Fällen kommt man um die Durchführung genotoxischer Tests nicht herum; falls Daten zur Genotoxizität eng verwandter Substanzen vorliegen, kann ggf. auf diese zurückgegriffen werden. Kanzerogenitätsstudien sind nur dann erforderlich, wenn es Verdachtsmomente gibt, ebenso tierexperimentelle Untersuchungen zur Klärung einer möglichen nachteiligen Auswirkung auf die Fortpflanzung und die Entwicklung des Embryos.

138 Es ist Aufgabe der Gutachter, im Rahmen der Sachverständigengutachten Klinik bzw Pharmakologie/Toxikologie darzulegen, dass anhand des vorgelegten wissenschaftlichen Erkenntnismaterials die Wirksamkeit des zuzulassenden Arzneimittels in den beanspruchten Anwendungsgebieten, die Unbedenklichkeit und das positive Nutzen-Risiko-Verhältnis belegt sind. Vorhandene **Lücken in der Belegkette** müssen klar angesprochen und ihre Relevanz für die Gesamtbewertung diskutiert werden. Es darf allerdings nicht verkannt werden, dass die Beurteilung eines Zulassungsantrags, der auf sonstigem wissenschaftlichem Erkenntnismaterial aufgebaut ist, mit größeren Unwägbarkeiten verbunden ist als ein Zulassungsantrag, der auf Originaldaten basiert.

Zulassungen, die auf Basis bibliographischer Unterlagen zur Klinik und Pharmakologie/Toxikologie erteilt wurden, sind voll dokumentierte Zulassungen. Damit kann auf solche Zulassungen im Rahmen eines generischen Zulassungsantrags Bezug genommen werden, sie erfüllen die Voraussetzung für Referenzpräparate.[133]

---

132 Guideline on non-clinical documentation for herbal medicinal products in applications for marketing authorisation (bibliographical and mixed applications) and in applications for simplified registration, EMEA/HMPC/32116/2005 (http://www.emea.europa.eu/pdfs/human/hmpc/3211605en.pdf). – Guideline on the non-clinical documentation for mixed marketing authorisation applications, CPMP/SWP/799/95 (http://www.emea.europa.eu/pdfs/human/swp/079995en.pdf).
133 Vgl Notice to Applicants Vol. 2A Kapitel 5.3.1, "Reference medicinal product".

a) Spezialfall mixed marketing authorisation application

139 Mit „gemischten Zulassungsanträgen" sind solche Anträge gemeint, bei denen die Unterlagen zum Beleg der Wirksamkeit (Modul 4) und/oder der Unterlagen zur Sicherheitsbewertung (Modul 5) teils aus Daten bestehen, die der Antragsteller selbst generiert hat, teils aus bibliographischen Unterlagen.

Im Fall gemischter Zulassungsanträge wird zunächst davon ausgegangen, dass es sich um Anträge handelt, die im Wesentlichen auf Originaldaten basieren, die der Antragsteller generiert hat und dass die bibliographischen Daten lediglich unterstützenden Charakter haben. Solche Anträge werden daher nicht als bibliographische Anträge klassifiziert, sondern als Vollantrag gemäß Art. 8 Abs. 3 RL 2001/83/EG. Dies ist nicht in jedem Fall gerechtfertigt; stehen die bibliographischen Belege im Vordergrund und werden Teilaspekte durch eigene Daten untermauert, handelt es sich nach wie vor um einen bibliographischen Antrag, der auch so einzuordnen ist.

b) Pflanzliche Arzneimittel und „well-established medicinal use"

140 Mit der Novellierung des europäischen Arzneimittelrechts im Jahr 2004 und der Umstrukturierung der EMEA wurde der Ausschuss für pflanzliche Arzneimittel, HMPC, bei der EMEA eingerichtet. Der Ausschuss hat unter anderem die Aufgabe, **Monographien** sowohl für den Bereich des well-established medicinal use als auch für die traditionelle Anwendung pflanzlicher Stoffe zu erstellen und eine Liste zu erarbeiten, die pflanzliche Stoffe, pflanzliche Zubereitungen und Kombinationen daraus zur Verwendung in traditionellen pflanzlichen Arzneimitteln umfasst. Die HMPC-Monographien, die die „allgemeine medizinische Verwendung" der betreffenden Pflanze belegen, können die Basis entsprechender Zulassungsanträge darstellen. Mit den jeweiligen Monographien ist der Beleg der Wirksamkeit und Unbedenklichkeit im monographierten Anwendungsgebiet erbracht, darüber hinausgehende Belege sind für den Zulassungsantrag nicht erforderlich. Dagegen stellen die Aufbereitungsmonographien der Kommission E, die vor Inkrafttreten der 5. AMG-Novelle im Jahr 1994 veröffentlicht wurden, zwar noch wissenschaftliches Erkenntnismaterial dar, allerdings können sie eine Dokumentation, wie sie für bibliographische Zulassungsanträge erforderlich ist, nicht ersetzen.

8. Radioaktive Arzneimittel

141 Radiopharmazeutika finden in der Nuklearmedizin Anwendung Die radioaktive Substanz kann allein das Arzneimittel ausmachen, oder sie ist an einen Carrier gekoppelt. Sie ermöglichen sowohl eine funktionelle Diagnostik als auch die gezielte Strahlentherapie.

§ 22 Abs. 3 b AMG regelt, dass bei Zulassungsanträgen für radioaktive Arzneimittel, die Generatoren sind, eine allgemeine Beschreibung des Systems mit einer detaillierten Beschreibung der Bestandteile des Systems, die die Zusammensetzung oder Qualität der Tochterradionuklidzubereitung beeinflussen können, und qualitative und quantitative Besonderheiten des Eluats oder Sublimats erfolgen muss. Näheres dazu regeln die Arzneimittelprüfrichtlinien[134] und Guidelines der EMEA.[135]

---

[134] Zweite Allgemeine Verwaltungsvorschrift zur Änderung der Allgemeinen Verwaltungsvorschrift zur Anwendung der Arzneimittelprüfrichtlinien, 11.10.2004 (BAnz. Nr. 197 v. 16.10.2004).

[135] Guideline on radiopharmaceuticals; EMEA/CHMP/QWP/306970/2007 (http://www.emea.europa.eu/pdfs/human/qwp/30697007enfin.pdf).

9. Unterlagen zur Bewertung möglicher Umweltrisiken

Mit der Richtlinie 2004/27/EG, die auf nationaler Ebene mit der 14. AMG-Novelle umgesetzt wurde, sind Unterlagen zur Bewertung möglicher Umweltrisiken obligatorischer Bestandteil eines voll dokumentierten Zulassungsantrags. Nach § 22 Abs. 3 c sind Unterlagen vorzulegen, mit denen eine Bewertung möglicher Umweltrisiken, die von dem zuzulassenden Arzneimittel ausgehen können ‚vorgenommen wird. Für den Fall, dass die Aufbewahrung des Arzneimittels oder seine Anwendung oder die Beseitigung seiner Abfälle besondere Sicherheitsmaßnahmen erfordert, um Gefahren für die Umwelt oder die Gesundheit von Menschen, Tieren oder Pflanzen zu vermeiden, muss dies ebenfalls angegeben werden. § 22 Abs. 3 c in der Fassung vor Inkrafttreten der 14. AMG-Novelle forderte bereits begründete Angaben zur Verminderung von Gefahren für die Umwelt, sollte dies für die Aufbewahrung oder die Beseitigung von Abfällen notwendig sein.

142

Unterlagen zur Umweltbewertung sind **grundsätzlich bei allen voll dokumentierten Zulassungsanträgen** erforderlich, unabhängig davon, ob es sich um Arzneimittel mit neuen oder mit bekannten Wirkstoffen handelt. Handelt es sich um einen bezugnehmenden Zulassungsantrag, der sich auf ein Referenzpräparat bezieht, welches ohne diese Unterlagen zugelassen wurde, muss ebenfalls entsprechend vorgelegt werden. Grundlage ist die Guideline der EMEA aus dem Jahr 2006.[136] Für Arzneimittel mit genetisch modifizierten Mikroorganismen, GMOs, findet die Guideline „Environmental risk assessment for human medicinal products containing or consisting of, genetically modified organisms (GMO)" Anwendung.[137] Bestimmte Stoffgruppen werden hinsichtlich ihrer Umweltverträglichkeit als unproblematisch angesehen, Zulassungsanträge für Arzneimittel mit diesen Stoffen sind auch ohne Unterlagen zur Bewertung der Umweltverträglichkeit vollständig. Dies gilt für Vitamine, Elektrolyte, Aminosäuren, Peptide, Proteine, Kohlenhydrate und Fette; generell ausgenommen sind auch Impfstoffe und pflanzliche Arzneimittel.[138]

143

Es sollen die **potenziellen Risiken für die Umwelt** betrachtet werden, die sich aus der Anwendung, Lagerung und Entsorgung der Arzneimittel ergeben, nicht jedoch die Risiken, die mit der Herstellung der Wirkstoffe bzw Arzneimittel verbunden sein können.

144

Die Unterlagen sind in Form eines Gutachtens vorzulegen, das die Unterschrift des Gutachters trägt und dem dessen Lebenslauf sowie eine Erklärung beigefügt ist, aus welcher hervorgeht, in welcher Beziehung er zum Antragsteller steht.[139] Handelt es sich um ein Arzneimittel, bei welchem die Umweltbewertung entbehrlich ist (siehe oben Rn 143), sollte eine entsprechende Begründung, ggf. unter Verweis auf die Guideline, eingefügt werden.

Bei der Einschätzung der Auswirkungen des zuzulassenden Arzneimittels auf die Umwelt ist ein Vorgehen in **zwei Phasen** vorgesehen. Die erste Phase dient der Abschätzung, in welchem Ausmaß die Umwelt voraussichtlich belastet wird (predicted environmental concentration, PEC). Die Parameter, anhand deren das Ausmaß der Umweltbelastung bewertet wird, sind in Abschnitt 4 der Environmental risk assessment Guideline beschrieben. Mit Hilfe einer vorgegebenen Formel wird die voraussichtliche Wirkstoffkonzentration näherungsweise berechnet, die für die Oberflächengewässer anzunehmen ist. Falls der PEC für die Oberflächengewässer weniger als 0,01 μg/Liter beträgt und keine weiteren potenziellen Umweltrisiken bekannt sind, wird davon ausgegangen, dass von dem jeweiligen Arzneimittel kein Risiko für die Umwelt ausgeht, vorausgesetzt, der tatsächliche Anwendungsumfang ent-

145

---

136 EMEA Guideline on the environmental risk assessment of medicinal products for human use, CHMP/SWP/447/00 (http://www.emea.europa.eu/pdfs/human/swp/444700en.pdf).
137 EMEA/CHMP/BWP/473191/2006 (http://www.emea.europa.eu/pdfs/human/bwp/47319106en.pdf).
138 EMEA Guideline on the environmental risk assessment of medicinal products for human use, CHMP/SWP/447/00 (http://www.emea.europa.eu/pdfs/human/swp/444700en.pdf).
139 Notice to Applicants Vol. 2B, Presentation and formate of the dossier.

spricht dem des für die Vorbewertung angenommenen. In diesen Fällen ist die Bewertung des möglichen Umweltrisikos abgeschlossen, weitere Schritte sind nicht erforderlich.

146 Liegt der **PEC für die Oberflächengewässer oberhalb des Schwellenwerts von 0,01 µg/Liter**, sind weitergehende Untersuchungen notwendig, sie sind Gegenstand der zweiten Phase. Diese Phase befasst sich, basierend auf den Eigenschaften der Substanz und den berechneten Konzentrationen in der Umwelt, mit ihrem Verhalten in der Umwelt und mit den möglichen Auswirkungen. In dieser Phase werden nicht nur mögliche toxische Auswirkungen auf aquatische, sondern auch ggf. auf terrestrische Systeme erfasst. Die Guideline beschreibt die zu prüfenden Kriterien, die schließlich Informationen liefern über den Abbauweg der in Frage stehenden Substanz im Körper, über Art und Menge der ausgeschiedenen Abbauprodukte, ggf. auch über die chronische Toxizität, ggf. wachstumshemmende Wirkungen auf Mikroorganismen und über die biologische Abbaubarkeit.

147 Liegen alle genannten Daten über die Bewertung der Umweltverträglichkeit vor, stellt sich die Frage, in welcher Weise sie sich auf das zuzulassende Arzneimittel bzw auf das Zulassungsverfahren auswirken. Auch dann, wenn das *environmental risk assessment* eine Umweltgefährdung ergeben sollte, stellt dies kein Versagungsgrund dar. Die Ergebnisse der Umweltverträglichkeits-Bewertung schlagen sich ggf. in entsprechenden Hinweisen in den Produktinformationen nieder, um beispielsweise die Anwender dazu zu veranlassen, sorgsam mit dem entsprechenden Arzneimittel umzugehen. Die Guideline nennt weitere Hinweise, die zur Minderung von Umweltfolgen beitragen können. So ist es beispielsweise sinnvoll, die Packungsgrößen exakt an die Anwendungssituation anzupassen und so Restmengen zu vermeiden, die entsorgt werden müssten. Auch Hinweise zur Entsorgung des Arzneimittels nach Ablauf der Haltbarkeitsdauer können sinnvoll sein. Diese sind unabhängig von spezifischen Entsorgungshinweisen, etwa bei radioaktiv markierten Substanzen aufzunehmen.

Die Unterlagen zur Bewertung der Umweltverträglichkeit sind im Zulassungsdossier im Modul 1.6 einzuordnen. Der Expert Report sollte ggf. Empfehlungen für Hinweise in Fach- und Gebrauchsinformation enthalten, die für die Unterrichtung der Anwender über angeratene Vorsichtsmaßnahmen zur Verringerung der Umweltbelastung wichtig sind.

10. Beschriftungsentwürfe

148 Mit dem Zulassungsantrag müssen die Entwurfsfassungen für die vorgesehene Kennzeichnung, Gebrauchs- und Fachinformation vorgelegt werden. Im Gegensatz zu anderen europäischen Mitgliedstaaten werden von den deutschen Zulassungsbehörden keine *mock ups* der Ausstattungsmaterialien mit dem Zulassungsantrag verlangt. Dies bedeutet, dass lediglich die Textentwürfe Gegenstand der Bewertung und späteren Genehmigung sind, die ordnungsgemäße Umsetzung, insbesondere die Beachtung der Grundsätze, die in der Readability Guideline[140] vorgegeben sind, liegt in der Zuständigkeit des pharmazeutischen Unternehmers, die Überwachung ist Sache der Landesbehörde.

Handelt es sich um einen Vollantrag, der auf Studien beruht, die mit dem zuzulassenden Arzneimittel durchgeführt wurden, spiegeln Fach- und Gebrauchsinformation die Ergebnisse dieser Studien wieder. Dies gilt in erster Linie für das beanspruchte Anwendungsgebiet und die Dosierungsanleitung, ebenso für die Risikoangaben.

149 Die **Reihenfolge der Angaben in Packungsbeilage und Fachinformation** ist in § 11 bzw 11 a AMG verbindlich vorgeschrieben. Für die Kennzeichnungselemente gemäß § 10 AMG gibt es naturgemäß keine Reihenfolge. Als Vorlage für Fach- und Gebrauchsinformation

---

140 Guideline on the readability of the labeling and package leaflet of medicinal products for human use, rev. 1, 12 Jan. 2009; ENTR/F/2/SF/jr (2009) D/869. Notice to Applicants Vol. 2C (http://ec.europa.eu/enterprise/pharmaceuticals/eudralex/vol2_en.htm).

dienen die Templates der EMEA Working Group on the Quality Review of Documents (QRD). Die Textvorlagen für Fach- und Gebrauchsinformation liegen in allen Sprachen der Europäischen Gemeinschaft vor, die deutsche Version ist sowohl auf der EMEA-Homepage als auch auf den Internetseiten des BfArM zu finden. Die Templates enthalten auch Formulierungsvorschläge für Angaben zur Anwendung des Arzneimittels in Schwangerschaft und Stillzeit, zu den Auswirkungen auf die Verkehrstüchtigkeit und auf die Fähigkeit zum Bedienen von Maschinen.

Für die Erstellung der Fachinformation dient außerdem die „Guideline on summary of product characteristics (SmPC)" der Europäischen Kommission als Orientierung. Sie enthält detaillierte Hinweise zu allen Abschnitten der Fachinformation, berücksichtigt die Besonderheiten einzelner Produktgruppen, u.a. der biologischen Arzneimittel, außerdem nehmen die Informationen zu Angaben bzgl pädiatrischer Altersgruppen in den einzelnen Abschnitten der Fachinformation breiten Raum ein. Ausführliche Informationen und Formulierungsalternativen finden sich auch für den Abschnitt „Verwendung bei Schwangerschaft und Stillzeit". Für die Angaben der Nebenwirkungen ist die MedDRA-Terminologie zu verwenden (vgl § 6 Rn 89). **150**

Weiterhin zu beachten ist die Arzneimittel-Warnhinweisverordnung (AMWarnV), die Warnhinweise auf Behältnissen und äußeren Umhüllungen sowie in Fach- und Gebrauchsinformation für Arzneimittel vorsieht, die 0,05 g Alkohol oder mehr, bezogen auf die maximale Einzeldosis, enthalten und zur inneren Anwendung bestimmt sind, außerdem für Arzneimittel mit Tartrazin.

Sehr viel umfangreicher und auch aktueller als die Warnhinweis-Verordnung ist eine Guideline der Europäischen Kommission „Excipients in the label and package leaflet of medicinal products for human use" vom Juli 2003.[141] Die Guideline umfasst **Hilfsstoffe**, die in Arzneimitteln aus technologischen Gründen, als Farbstoffe, Aromastoffe usw enthalten sein können und auf welche in den informierenden Texten und ggf. auf den äußeren Umhüllungen besonders hingewiesen werden soll, weil von ihnen unerwünschte Wirkungen ausgehen können oder bestimmte Vorsichtsmaßnahmen der Anwender notwendig sind. Auf Basis dieser Guideline erstellte das BfArM die sog. Besonderheitenliste. Sie umfasst die Informationen der Excipients-Guideline, der Warnhinweis-Verordnung und wurde ergänzt durch entsprechende Stufenplanmaßnahmen und Gerichtsentscheidungen. Die Liste findet Anwendung bei rein nationalen Zulassungsverfahren, Abweichungen müssen überzeugend begründet werden. Handelt es sich um Anträge, die in ein europäisches Verfahren eingebunden sind, hat die Excipients-Guideline tendenziell höheren Stellenwert. **151**

Bei Arzneimitteln mit bekannten Stoffen kann ggf. auf **Textvorlagen** zurückgegriffen werden, oder diese können zumindest zur Orientierung herangezogen werden, die das BfArM als Mustertexte veröffentlicht. Diese Texte stellen zum einen die Grundlage für die Vereinheitlichung der informierenden Texte für gleich zusammengesetzte Arzneimittel dar, zum anderen dokumentieren sie auch den von Behördenseite als aktuell erachteten Kenntnisstand. Es muss allerdings einschränkend angemerkt werden, dass nicht alle Texte immer aktuell sind. Es ist also ratsam, abhängig vom Erstellungsdatum des jeweiligen Mustertexts zu prüfen, ob dieser noch übernommen werden kann. **152**

Mustertexte mögen bei rein nationalen Zulassungsverfahren nach wie vor ihren Stellenwert haben, bei europäischen Verfahren treten sie deutlich in den Hintergrund. Werden mehrere europäische Verfahren zu wirkstoffgleichen Arzneimitteln durchgeführt, schließen die Verfahren mit jeweils unterschiedlichen Texten ab, so dass die Einheitlichkeit der Texte für wirkstoffgleiche Arzneimittel längst Vergangenheit ist. Es ist bei der Vorbereitung eines **153**

---

141 Excipients in the label and package leaflet of medicinal products for human use; Notice to Applicants Vol. 3 (http://www.emea.europa.eu/htms/human/humanguidelines/multidiscipline.htm).

Zulassungsverfahrens jedoch auf jeden Fall ratsam, die informierenden Texte, die aus aktuell abgeschlossenen Zulassungsverfahren resultierten, zur Orientierung heranzuziehen und ggf. als Vorlage für die eigenen Textentwürfe zu nehmen.

a) Bewertung der Packungsbeilage – Lesbarkeitstests

154 Mit dem Zulassungsantrag müssen der Zulassungsbehörde Ergebnisse von Bewertungen der Packungsbeilage vorgelegt werden, die in Zusammenarbeit mit Patienten-Zielgruppen durchgeführt wurden. Diese Forderung, die im europäischen Recht verankert ist, ist darauf zurückzuführen, dass die Patientenvertreter und damit die Belange der Patienten und Verbraucher auf europäischer Ebene an Bedeutung gewonnen haben. Die Beteiligung der potenziellen Anwender soll einen Beitrag zu besser lesbaren und verständlichen Packungsbeilagen leisten. Dabei ist es nichts Neues, dass Informationen, die an den Patienten bzw Verbraucher gerichtet sind, sowohl inhaltlich als auch sprachlich auf diese Zielgruppe ausgerichtet sein sollen. Nunmehr wird die Durchführung eines Tests gefordert, an welchen potenzielle Anwender des jeweiligen Arzneimittels beteiligt werden, um mögliche Schwachstellen der Texte und des Layout zu identifizieren.

155 Im Annex der überarbeiteten **Readability-Guideline**[142] werden Empfehlungen zur Durchführung von Lesbarkeitstests gegeben. Als mögliches Verfahren wird das **Interviewverfahren** nach *Sless* und *Wiseman* angeführt, es hat sich inzwischen zur Standardmethode entwickelt. Bei diesem Verfahren werden 10 bis 15 Fragen zu den wichtigsten Inhalten der Packungsbeilage formuliert und diese 20 Probanden vorgetragen. Innerhalb einer vorgegebenen Zeit sollen die Probanden die Informationen, die sich auf die Fragen beziehen, finden und mit eigenen Worten wiedergeben. Ein Text hat den Lesbarkeitstest bestanden, wenn 90 % der Probanden die gefragten Informationen im Text gefunden haben, wovon wiederum 90 % in der Lage sein mussten, den Inhalt auch richtig wiederzugeben.

Eine weitere Testmethode, die validiert ist und ebenfalls für die Prüfung von Packungsbeilagen hinsichtlich ihrer Lesbarkeit in Frage kommt, ist das **schriftliche Interviewverfahren**. Ein weiteres Modell basiert auf kommunikationswissenschaftlichen Erkenntnissen, das allerdings bis jetzt keinen nennenswerten Einsatz gefunden hat.

156 Zwar ist es nicht erforderlich, mit dem Zulassungsantrag bereits den Entwurf einer Gebrauchsinformation im Originalformat und im endgültigen Layout und Design vorzulegen. Bei einem Lesbarkeitstest kommt es jedoch nicht nur auf den Text an, vielmehr spielt die Art der Darstellung, Schriftgröße, Gliederung, Kontrast usw. eine maßgebliche Rolle. Das Ergebnis eines Lesbarkeitstests schließt daher immer das jeweils verwendete Design ein. Konsequenterweise sollten diese Merkmale, die sich als positiv erwiesen haben, in der gedruckten Packungsbeilage der vermarkteten Arzneimittel wiederfinden.

Hat der Lesbarkeitstest Schwachstellen bei der zu prüfenden Gebrauchsinformation ergeben, reicht es selbstverständlich nicht, es bei dieser Feststellung zu belassen, die Gebrauchsinformation muss entsprechend überarbeitet werden und kann so mit dem Zulassungsantrag vorgelegt werden.

b) Alternativen zum User Testing

157 Die Vorschrift des § 22 Abs. 7 S. 2 AMG führt in der Regel dazu, dass der Entwurf der Packungsbeilage für das zuzulassende Arzneimittel einem Lesbarkeitstest unterzogen wird. Dies ist allerdings nur dann sinnvoll, wenn davon weiterführende Erkenntnisse erwartet

---

[142] Guideline on the readability of the labeling and package leaflet of medicinal products for human use, rev. 1, 12 Jan. 2009; ENTR/F/2/SF/jr (2009) D/869. Notice to Applicants Vol. 2C (http://ec.europa.eu/enterprise/pharmaceuticals/eudralex/vol2_en.htm).

werden. In bestimmten Fällen kann jedoch der erforderliche Nachweis indirekt erbracht werden. Dazu äußert sich die CMD(h) in einem Papier „Consultation with target patient groups – meeting the requirements of article 59(3) without the need for a full test – recommendations for bridging".[143] Mit diesem Papier trägt die CMD(h) dem Grundsatz Rechnung, dass die Durchführung eines Lesbarkeitstests keinen Wert an sich darstellt, sondern dass es darauf ankommt, die Verständlichkeit der Gebrauchsinformation für die Anwender sicherzustellen und bei Bedarf zu verbessern.

Das Papier der CMD(h) beschreibt die Voraussetzungen, die es ermöglichen, auf Packungsbeilagen Bezug zu nehmen, die einem Lesbarkeitstest unterzogen wurden („bridging"). Eine Bezugnahme kommt dann in Frage, wenn Parallelen zum Referenzpräparat bestehen und sich die beiden Arzneimittel und deren Packungsbeilage weitgehend gleichen („... are sufficiently similar in both content and layout"). Auch die Bezugnahme auf mehrere Referenzprodukte ist zulässig, so dass beispielsweise hinsichtlich der Gestaltung eines Beipackzettels auf ein Produkt Bezug genommen wird, für die inhaltliche Gestaltung wird auf eine andere Zulassung verwiesen.

Die Bezugnahme auf Packungsbeilagen vergleichbarer Präparate ist außerdem möglich bei *line extensions* und bei Arzneimitteln mit Wirkstoffen aus derselben Indikations- bzw Stoffgruppe („drug class", „therapeutic class"). Als Beispiele werden die Statine und die Thiaziddiuretika genannt. Die Ergebnisse eines *user testing*, das beispielsweise mit der Gebrauchsinformation für ein Simvastatin-haltiges Arzneimittel durchgeführt wurde, können auch auf die Packungsbeilagen anderer Statine übertragen werden; das Gleiche gilt für die Thiazide: Eine Packungsbeilage für ein Bendroflumethiazid-haltiges Arzneimittel, die den Lesbarkeitstest bestanden hat, kann als Vorlage für die Gebrauchsinformationen für Chlorothiazid-, Cyclothiazid- und andere Thiazid-haltige Arzneimittel dienen, ebenso für Arzneimittel, die neben den Thiaziden Kalium als weiteren Wirkstoff enthalten.

Das Papier der CMD(h) trägt auch der Tatsache Rechnung, dass viele Arzneimittel sehr risikoarm sind und dadurch die Gefahr von Fehlanwendungen, bedingt durch eine falsch oder nicht verstandene Gebrauchsinformation, nur sehr gering ist. Im Fall dieser unproblematischen Arzneimittel kann ebenfalls Bezug genommen werden auf die Packungsbeilage vergleichbarer Präparate. Je sicherer das Produkt zu bewerten ist, desto großzügiger können die „bridging"-Kriterien gewählt werden.

Der Bericht über die Ergebnisse des Lesbarkeitstests werden im Modul 1.3.4 des Zulassungsdossiers eingeordnet. Wurde vom „bridging" Gebrauch gemacht, findet sich an dieser Stelle ersatzweise der „bridging report". Die Empfehlungen der CMD(h) zum „bridging" beschreiben die Vorgehensweise bei der Erstellung des Berichts, mit welchem schlüssig darzulegen ist, weshalb auf die individuelle Prüfung der Packungsbeilage hinsichtlich Lesbarkeit verzichtet werden kann.

Ein formal vollständiger Zulassungsantrag bedingt, dass auch die Ergebnisse von Bewertungen der Packungsbeilage vorzulegen sind, falls eine alternative Vogehensweise, wie oben beschrieben, nicht in Frage kommt. Zum Start des Zulassungsverfahrens liegt jedoch die Packungsbeilage lediglich als Entwurfsfassung vor, die sich in der Regel im Lauf des Zulassungsverfahrens noch ändert. Daher muss zwangsläufig die Entwurfsfassung der Gebrauchsinformation einem Test unterzogen werden, und der Antragsteller muss in Kauf nehmen, dass sich der geprüfte und für gut befundene Text punktuell noch ändern kann. Bisher hat dies jedoch nicht dazu geführt, dass durch diese Änderungen das Ergebnis des *user test* in Frage gestellt worden wäre und der Text wiederholt werden musste.

---

143 Consultation with Target Patient Groups: meeting the requirements of Article 59(3) without the need for a full test - Recommendations for bridging, rev. 1, April 2009; CMD(h)/100/2007 rev. 1 (http://www.hma.eu/218.html).

162 Entscheidet ein Antragsteller dennoch, den Lesbarkeitstest nicht mit der Entwurfsfassung der Packungsbeilage durchzuführen und ist er im Übrigen der Auffassung, dass ein individueller Test nicht zwingend notwendig ist, muss eine Begründung vorgelegt werden – am besten in Form eines *bridging report* –, dass ein individueller Test verzichtbar ist. Mit einer solchen Begründung besteht der Zulassungsantrag die formale Vorprüfung. Es entscheidet sich dann bei der Prüfung in der zuständigen Fachabteilung, ob die Begründung überzeugend ist und sich die Behörde anschließen kann. Besteht Nachbesserungsbedarf oder muss ein individueller Test nachgeholt werden, besteht dazu die Möglichkeit während der Mängelbeseitigungsfrist, die per Gesetz auf maximal sechs Monate begrenzt ist.

c) Doping-Hinweis

163 Das Gesetz zur Verbesserung der Bekämpfung des Dopings im Sport[144] enthält eine Verpflichtung zur Aufnahme eines besonderen Warnhinweises in die Gebrauchsinformation von Arzneimitteln, die Stoffe enthalten, die zu den im Anhang des Übereinkommens gegen Doping[145] aufgeführten Gruppen von verbotenen Wirkstoffen gehören oder Stoffe enthalten, die zur Verwendung bei den dort aufgeführten verbotenen Methoden bestimmt sind, sofern das Doping beim Menschen erfolgt oder erfolgen soll. Die arzneimittelrechtlichen Dopingverbote erstrecken sich auch auf die in dem erwähnten Anhang aufgeführte Verbotsliste der Welt-Anti-Doping-Agentur WADA. Sie steht unter www.nada-bonn.de zum Download zur Verfügung.

Für die genannten Stoffe ist der Vorsichtshinweis vorgesehen für die Fach- und Gebrauchsinformation: „Auswirkungen bei Fehlgebrauch zu Dopingzwecken: Die Anwendung von [...] kann bei Dopingkontrollen zu positiven Ergebnissen führen." Ergänzungen sind möglich, wenn auf die Gesundheitsgefährdung durch den Fehlgebrauch des Arzneimittels zu Dopingzwecken hingewiesen werden soll.

V. Generische Zulassung und Unterlagenschutz
1. Vollantrag und abgekürzte Verfahren

164 Bis zum Inkrafttreten des Zweiten Gesetzes zur Änderung des Arzneimittelgesetzes vom 16.8.1986 kannte das AMG keine speziellen Regelungen, die sich mit der Zulassung von Generika im abgekürzten Verfahren befassten. Dies entsprach der europäischen Rechtslage. Die Richtlinie 65/65/EWG sah ursprünglich ebenfalls vor, dass eine Genehmigung für das Inverkehrbringen eines Arzneimittels nur dann erteilt werden kann, wenn der Antragsteller Unterlagen über die Ergebnisse der pharmakologischen und toxikologischen Untersuchungen sowie der klinischen Prüfung oder aber bibliographische Unterlagen vorgelegt hat. Erst durch die Richtlinie 87/21/EWG des Rats vom 22.12.1986 zur Änderung der Richtlinie 65/65/EWG zur Angleichung der Rechts- und Verwaltungsvorschriften über Arzneispezialitäten wurde auf Gemeinschaftsebene die Möglichkeit eröffnet, für im Wesentlichen gleiche Arzneimittel eine Genehmigung für das Inverkehrbringen ohne die Vorlage der Ergebnisse der entsprechenden pharmakologisch-toxikologischen Untersuchungen und der Ergebnisse der klinischen Prüfung zu erlangen.

165 Ein sog. **Vollantrag**,[146] der sich auf die Ergebnisse der vom Antragsteller durchgeführten pharmakologisch-toxikologischen Untersuchungen sowie der Ergebnisse der klinischen Prü-

---

144 VO zur Festlegung der nicht geringen Menge von Dopingmitteln (Dopingmittel-Mengen-Verordnung – DmMV), BGBl. I 2007, 2607 v. 28.11.2007.
145 Gesetz v. 2.3.1994 zu dem Übereinkommen v. 16.11.1989 gegen Doping (BGBl. II 1994, 334 v. 11.3.1994).
146 Im Englischen „full application". Gemeint sind Anträge, die auf den Unterlagen nach § 22 Abs. 2 Nr. 2, 3 AMG inklusive der betreffenden Sachverständigengutachten beruhen.

fung stützt, ist daher aus Sicht des Arzneimittelrechts der Regelfall. Dagegen handelt es sich bei den Bestimmungen über die Zulassung von Generika um Ausnahmeregelungen.[147] Generische Zulassungen dürfen demgegenüber ebenso wie bibliographische Zulassungen nur dann erteilt werden, wenn deren spezifische Voraussetzungen vorliegen. Fehlt eine dieser Voraussetzungen, bleibt es bei der Verpflichtung des Antragstellers, Unterlagen über die Ergebnisse der vorklinischen und klinischen Prüfung vorzulegen. Geschieht dies nicht, ist der Zulassungsantrag zu versagen, da die vorgelegten Unterlagen unvollständig sind (§ 25 Abs. 2 Nr. 1 AMG).

In europäischem Zulassungsverfahren (dh dem Verfahren der gegenseitigen Anerkennung, dem dezentralisierten Verfahren sowie dem zentralisierten Verfahren) entspricht es der etablierten behördlichen Praxis, einen Zulassungsantrag, bei dem das abgekürzte Verfahren beansprucht wird, nicht zu validieren, sofern Zweifel an der Zulässigkeit des Antrags, etwa im Hinblick auf den Ablauf der Schutzfrist, bestehen. Dies hat zur Folge, dass diese Verfahren gar nicht erst begonnen werden. Zudem unterlassen es die zuständigen beteiligten Behörden der Mitgliedstaaten in solchen Fällen häufig, den gestellten Antrag durch Erlass eines Versagungsbescheids abzulehnen. Derartige Verfahren enden mit der Rücknahme des Antrags.

166

Zulassungsanträge, die auf § 24a AMG (Art. 10c RL 2001/83/EG) bzw § 22 Abs. 3 AMG (Art. 10a RL 2001/83/EG) beruhen, werden ebenfalls in abgekürzten Verfahren erteilt.[148] Als weitere abgekürzte Verfahren stehen daher die sog. Informed consent-Zulassung (dazu gleich unter Rn 169) und die bibliographische Zulassung zur Verfügung. Letztere unterscheidet sich von einer generischen Zulassung dadurch, dass bei einer Informed consent-Zulassung mit Zustimmung des Vorantragstellers auf die von ihm vorgelegten vorklinischen und klinischen Unterlagen Bezug genommen wird.

167

Bibliographische Zulassungen können dagegen für solche Arzneimittel beantragt werden, die bekannte Wirkstoffe enthalten, die allgemein medizinisch verwendet werden und für die der Nachweis der Wirksamkeit und Unbedenklichkeit durch die Vorlage entsprechender bibliographischer Unterlagen in Form anderen wissenschaftlichen Erkenntnismaterials geführt werden kann. Die Rechtsgrundlage für solche bibliographische Anträge findet sich in § 22 Abs. 3 AMG bzw in Art. 10a RL 2001/83/EG. Einem Antragsteller, der nicht über (ausreichende) Unterlagen über die vorklinische und klinische Prüfung des betreffenden Arzneimittels verfügt, stehen damit im Wesentlichen drei Wege zur Verfügung, um eine Zulassung in einem abgekürzten Verfahren zu erlangen:

168

- Bezugnahme auf die entsprechenden Unterlagen des Vorantragstellers mit dessen Zustimmung
- Beantragung einer generischen Zulassung
- Beantragung einer Zulassung auf der Grundlage bibliographischer Unterlagen (well-established-use-Zulassung)

2. Unterlagenverwertung mit Zustimmung des Zulassungsinhabers (informed consent-Zulassung)

Mit Inkrafttreten der Änderungsrichtlinie 2004/27/EG haben sich die Rahmenbedingungen für die Erteilung einer generischen Zulassung mit Zustimmung des Zulassungsinhabers für das Referenzarzneimittel maßgeblich geändert. Ursprünglich[149] sah das Gemeinschaftsrecht vor, dass die Vorlage der entsprechenden vorklinischen und klinischen Versuche im Rahmen

169

---

147 So EuGH, Urt. v. 18.6.2009 – C-527/07, Rn 18 in Bezug auf Art. 10 Abs. 1 RL 2001/83/EG.
148 EuGH, Urt. v. 29.4.2004 – Rs. C-156/01, Rn 5 sowie, Urt. v. 3.12.1998 – Rs. C-268/96, Rn 4 sowie, Urt. v. 16.10.2003 – Rs. C-223/01, Rn 4 in Bezug auf generische Anträge.
149 Seit Inkrafttreten der RL 87/21/EWG.

eines Zulassungsverfahrens für ein Generikum dann entbehrlich sein sollte, wenn entweder die Schutzfrist für das Referenzarzneimittel abgelaufen war oder aber – vor Ablauf der Schutzfrist – der Zulassungsinhaber für das Referenzarzneimittel der Bezugnahme zugestimmt hatte. Dieser Regelungssystematik folgte § 24 a AMG aF.

170 Heute finden sich die entsprechenden Regelungen in separaten Vorschriften. § 24 a AMG betrifft nunmehr ausschließlich die Voraussetzungen für die Erteilung einer exakten Kopie eines bereits zugelassenen Referenzarzneimittels mit Zustimmung des Vorantragstellers. Bei der Novellierung dieser Vorschrift durch das 14. AMG-Änderungsgesetz wurde versucht, sich soweit als möglich am bisherigen Wortlaut der Vorschrift zu orientieren. Dieser weicht jedoch vom Wortlaut des Art. 10 c RL 2001/83/EG ab, was Probleme beim Verständnis der Norm verursacht.

171 Im Ergebnis führt ein Antrag nach § 24 a AMG zur Erteilung einer Zulassung für ein Arzneimittel, die in jeder Hinsicht der Zulassung des Vorantragstellers gleicht. Die Texte der Gebrauchs- und Fachinformation sowie der Kennzeichnung sind also jeweils identisch. Da im Rahmen eines Zulassungsverfahrens auf der Grundlage von § 24 a AMG keine aufwendige Prüfung von Unterlagen zur Qualität, Wirksamkeit oder Unbedenklichkeit dieses Arzneimittels erfolgen muss, werden derartige Zulassungen in der behördlichen Praxis verhältnismäßig zügig erteilt. Die Erteilung einer derartigen Zulassung kann durchaus innerhalb von sechs Monaten nach Antragstellung erfolgen. Vergleicht man dies mit der häufig mehrjährigen Verfahrensdauer für die Zulassung von Arzneimitteln, kann dieses Verfahren eine attraktive Alternative darstellen.

a) Genehmigungserfordernis bei Gemeinschaftszulassungen

172 Sofern es um die Erteilung einer Zweitzulassung im zentralisierten Verfahren geht, ist allerdings zu beachten, dass nach Art. 82 Abs. 1 Unterabs. 1 VO (EG) Nr. 726/2004 ein Antragsteller im Grundsatz nur eine einzige Gemeinschaftszulassung für ein bestimmtes Arzneimittel erhalten kann. Der Antragsteller muss daher vor der Beantragung einer zweiten Gemeinschaftszulassung im Verfahren nach Art. 10 c RL 2001/83/EG die Genehmigung der Europäischen Kommission einholen. Damit diese vorab einzuholende Genehmigung nicht das eigentliche Zulassungsverfahren verzögert, empfiehlt die EMEA, einen Genehmigungsantrag nach Art. 82 Abs. 1 Unterabs. 2 VO (EG) Nr. 726/2004 mindestens vier Monate vor der geplanten Stellung des Zulassungsantrags einzureichen.

173 Die Kommission ist verpflichtet, eine derartige Genehmigung zu erteilen, wenn dies – so die deutsche Sprachfassung der Verordnung – aus Gründen der gemeinsamen Vermarktung gerechtfertigt ist. Die englische Sprachfassung der Verordnung macht deutlich, was hiermit gemeint ist. Es geht um das sog. Co-Marketing von Arzneimitteln, also den Vertrieb desselben Arzneimittels unter zwei verschiedenen Marken und damit unter zwei Zulassungen. Im Rahmen dieses Genehmigungsverfahrens lässt sich die Kommission regelmäßig die entsprechenden Verträge bzw Vertragsentwürfe der Co-Marketing-Partner vorlegen, die insbesondere unter wettbewerbsrechtlichen Gesichtspunkten (Artt. 101 ff AEUV; ehemals Artt. 81 ff EGV) geprüft werden.

174 Darüber hinaus kommt noch die Genehmigung der Erteilung einer zweiten Zulassung aus Gründen, die die öffentliche Gesundheit betreffen, in Betracht. Dieser Genehmigungsgrund hat bisher jedoch keine praktische Bedeutung erlangt.

b) Informed consent-Zulassung und Dublettenzulassung

175 Neben der Möglichkeit, eine sog. Informed consent-Zulassung als Kopie einer bereits bestehenden Zulassung zu erhalten, besteht in der Praxis der Bundesoberbehörden auch die Möglichkeit, eine sog. Dublettenzulassung zu erhalten. Die AMG-KostV definiert eine

Dublette als „vollständige Bezugnahme eines Antragstellers auf ein identisches Arzneimittel desselben Antragstellers, dessen Zulassung zum Zeitpunkt der Antragstellung nicht länger als fünf Jahre zurückliegt." Weitergehende Regelungen, die sich speziell mit Dublettenzulassungen befassen würden, enthält das AMG nicht. Wie bereits die Begriffsbestimmung in der AMG-KostV erkennen lässt, akzeptieren die zuständigen Bundesoberbehörden Anträge für Dubletten nur dann, wenn die entsprechende Zulassung, die dublettiert werden soll, nicht älter als fünf Jahre ist. Eine weitere Besonderheit besteht darin, dass prinzipiell jede Zulassung vervielfacht werden kann, und zwar unabhängig davon, ob es sich um Vollzulassungen, generische Zulassungen oder bibliographische Zulassungen gehandelt hat. Auch die Dublettierung von Registrierungen für traditionelle pflanzliche Arzneimittel oder Homöopathika ist danach möglich.

Die Erteilung einer Informed consent-Zulassung kommt dagegen nur dann in Betracht, wenn auf die der zuständigen Bundesoberbehörde vorliegenden Unterlagen einer Vollzulassung Bezug genommen werden kann.

c) Erteilte Vollzulassung

Sowohl aus § 24 a AMG als auch aus Art. 10 c RL 2001/83/EG ergibt sich nur unzureichend, **176** auf welche Unterlagen eines Vorantragstellers mit dessen Zustimmung Bezug genommen werden kann. Der Verweis auf die Unterlagen nach § 22 Abs. 2 und 3 AMG sowie die Sachverständigengutachten nach § 24 Abs. 1 S. 2 AMG macht jedoch deutlich, dass ein Antrag nach § 24 a AMG voraussetzt, dass auf Zulassungsunterlagen Bezug genommen werden kann, die die Ergebnisse der pharmakologisch-toxikologischen Versuche sowie die Ergebnisse der klinischen Prüfung enthalten. Es muss also Bezug genommen werden auf die Unterlagen, die für die Erteilung einer sog. Vollzulassung vorgelegt worden sind.

Dagegen kommt die Bezugnahme auf eine generische Zulassung nicht in Betracht, da für **177** deren Erteilung die Vorlage entsprechender Unterlagen nicht erforderlich gewesen ist. Entsprechendes ergibt sich auch aus Art. 10 c RL 2001/83/EG, wonach u.a. auf die „vorklinischen und klinischen Unterlagen" eines Vorantragstellers zurückgegriffen wird, die in dem Zulassungsdossier für dieses Arzneimittel enthalten sind. Der Verweis auf § 22 Abs. 3 AMG in § 24 a AMG macht deutlich, dass die Erteilung einer Informed consent-Zulassung auch dann in Betracht kommt, wenn auf eine Zulassung Bezug genommen werden soll, für die anderes wissenschaftliches Erkenntnismaterial (bibliographische Zulassung) vorgelegt worden ist.

Die Vorlage der in Modul 4 und 5[150] genannten vorklinischen und klinischen Unterlagen ist daher bei der Beantragung einer Informed consent-Zulassung entbehrlich. Gleiches gilt für die entsprechenden Sachverständigengutachten.

Fraglich ist allerdings, inwieweit auch die Vorlage der in Modul 3 genannten herstellungs- **178** bezogenen Unterlagen entbehrlich ist. § 24 a S. 1 AMG spricht in diesem Zusammenhang lediglich davon, dass auf die in § 22 Abs. 2 AMG genannten Unterlagen, zu denen auch die Ergebnisse der analytischen Prüfung gehören, Bezug genommen werden kann. Dagegen lässt sich § 24 a AMG kein Hinweis darauf entnehmen, dass auf die Angaben über die Herstellung des Arzneimittels (§ 22 Abs. 1 Nr. 11 AMG), über die Art der Haltbarmachung, die Dauer der Haltbarkeit, die Art der Aufbewahrung, die Ergebnisse von Stabilitätsprüfungen (§ 22 Abs. 1 Nr. 14 AMG) sowie die Angaben über die Kontrollmethoden (§ 22 Abs. 1 Nr. 15 AMG) Bezug genommen werden kann.[151]

---

150 Gemeint sind die Module der Arzneimittelprüfrichtlinien bzw des Anhangs I der RL 2001/83/EG.
151 So auch Kloesel/Cyran, Arzneimittelrecht, § 24 a AMG Erl. 4.

179 Auch Art. 10 c RL 2001/83/EG lässt sich lediglich entnehmen, dass auf die „pharmazeutischen" Unterlagen zurückgegriffen werden kann. Wie sich aus dem Kapitel 1, Volume 2 A der Notice to Applicants[152] ergibt, sind hiermit jedoch nicht nur die Ergebnisse der analytischen Prüfung gemeint, sondern sämtliche im Modul 3 des Anhangs I der Richtlinie 2001/83/EG genannten Angaben und Unterlagen. Dieser Auslegung ist zu folgen. Allerdings wäre es wünschenswert, wenn dies bei der überfälligen Überarbeitung des Anhangs I der Richtlinie 2001/83/EG klargestellt würde.

Festzuhalten ist daher, dass für einen Zulassungsantrag auf der Grundlage nach § 24 a AMG nur die in Modul 1 der Arzneimittelprüfrichtlinien genannten Angaben gemacht werden müssen. Die Module 2 bis 5 können dagegen entfallen.

180 Durch das Gesetz zur Änderung arzneimittelrechtlicher und anderer Vorschriften vom 17.7.2009 (sog. 15. AMG-Novelle) wurde durch die Hinzufügung des Satzes 3 klargestellt, dass eine teilweise Bezugnahme auf die Unterlagen eines Vorantragstellers nicht zulässig ist. Nur so lässt sich der eigentliche Zweck der Vorschrift, exakte Kopien bereits zugelassener Arzneimittel ohne inhaltliche Prüfung durch die zuständige Bundesoberbehörde möglichst zügig zuzulassen, verwirklichen. Durch diese Neuregelung soll verhindert werden, dass Antragsteller eine Erklärung vorlegen, die lediglich eine Bezugnahme auf die Module 2 bis 5 erlaubt, nicht jedoch auf das Modul 3, das die herstellungsbezogenen Angaben und Unterlagen enthält. Eine derartige teilweise Bezugnahme lässt Satz 3 des § 24 a hier also nicht zu. Dies entspricht dem Verständnis der Europäischen Kommission.[153] Nach Auffassung der Europäischen Kommission kann aber ein Zulassungsantrag, bei dem mit Zustimmung des Vorantragstellers auf die Module 4 und 5 eines bereits zugelassenen Arzneimittels Bezug genommen werden soll, als ein sog. Vollantrag nach Art. 8 Abs. 3 RL 2001/83/EG gestellt werden.[154]

d) Zustimmung des Zulassungsinhabers

181 Damit eine Zulassung auf der Grundlage von § 24 a AMG erteilt werden kann, muss der Antragsteller die Zustimmungserklärung des Vorantragstellers vorlegen. Wie sich aus einem Vergleich mit der Bestimmung des Art. 10 c RL 2001/83/EG ergibt, ist hiermit der Inhaber der Zulassung des Bezugsarzneimittels gemeint. Die Abgabe einer derartigen Zustimmungserklärung ist häufig eingebettet in umfangreiche Lizenz- und Lohnherstellungsverträge. Aus Gründen der Produktverantwortung ist in diesen Verträgen insbesondere zu regeln, wie gewährleistet werden kann, dass der spätere Zulassungsinhaber seinen arzneimittelrechtlichen Verpflichtungen nachkommen kann. Auch wenn im Rahmen des Zulassungsverfahrens die Vorlage von herstellungsbezogenen Unterlagen ebenso wenig erforderlich ist wie die Vorlage von präklinischen und klinischen Daten, muss gewährleistet sein, dass der spätere Zulassungsinhaber Zugang zu den notwendigen Informationen über das betreffende Arzneimittels hat, damit er in der Lage ist, dessen Nutzen-Risiko-Verhältnis jederzeit kompetent bewerten zu können (§ 29 Abs. 1 a AMG).

182 In Bezug auf die herstellungsbezogenen Unterlagen ist zu berücksichtigen, dass die Freigabe gemäß § 16 Abs. 2 Nr. 4 AMWHV nur dann erfolgen darf, wenn die sachkundige Person nach § 14 AMG die Übereinstimmung mit den Zulassungsunterlagen bescheinigt hat. Will der Inhaber einer Zulassung nach § 24 a AMG also selbst herstellen oder einen Lohnhersteller mit der Herstellung des Arzneimittel beauftragen, benötigt er zwangsläufig Zugang

---

152 Rev. 3, November 2005, veröffentlicht von der Kommission auf deren Webseite <http://ec.europa.eu/enterprise/pharmaceuticals/eudralex/eudralex_en.htm>.
153 Notice to Applicants, Volume 2A Kap. 1, Rev. 3, November 2005, S. 28.
154 Notice to Applicants, Volume 2A Kap. 1, Rev. 3, November 2005, S. 28.

zu den herstellungsbezogenen Unterlagen. Dies vertraglich zu regeln ist jedoch Sache des Zulassungsinhabers und des Antragstellers.

e) Arzneimittelprüfrichtlinien

Darüber hinaus muss der Antragsteller die Erklärung des Zulassungsinhabers vorlegen, dass die Unterlagen, auf die Bezug genommen wird, den Anforderungen der Arzneimittelprüfrichtlinien nach § 26 AMG entsprechen. Insoweit weicht § 24 a AMG von der Bestimmung des Art. 10 c AMG ab, der die Vorlage einer derartigen Erklärung nicht verlangt. Sinn und Zweck dieser Erklärung ist es offenbar, der zuständigen Bundesoberbehörde zu ersparen, zu prüfen, ob tatsächlich auf einen voll dokumentierten Zulassungsantrag Bezug genommen wird.[155] Berücksichtigt man, dass die Arzneimittelprüfrichtlinien heute neben den Vorgaben für Vollanträge auch solche für die abgekürzten Verfahren enthalten (zB für generische Anträge), führt diese Erklärung nicht weiter. Sie ist daher obsolet geworden. § 24 a AMG sollte auch mit Blick auf die europäische Rechtslage entsprechend geändert werden.

183

f) Selbständige Zulassung

Das Ergebnis einer Zulassung, die auf der Grundlage von § 24 a AMG erteilt worden ist, ist eine vollwertige Zulassung, die ebenso wie jede andere arzneimittelrechtliche Zulassung nachträglich in dem dafür vorgesehenen Rahmen geändert oder erweitert werden kann. Nach Erteilung der Zulassung besteht keine Verknüpfung mehr mit derjenigen Zulassung, auf die ursprünglich Bezug genommen worden ist. Der Zulassungsinhaber ist also berechtigt, die in § 29 AMG bzw der Verordnung (EG) Nr. 1234/2008 eröffneten Änderungsmöglichkeiten voll auszuschöpfen. Umgekehrt bewirkt eine Änderung der ursprünglichen Bezugszulassung keine automatische Änderung der informed consent-Zulassung und auch keine Verpflichtung zur Anpassung derselben.

184

3. Generische Zulassung

a) Rechtsentwicklung

Weder die Richtlinie 65/65/EWG noch das AMG enthielten ursprünglich eine sog. Zweitanmelder-Regelung. Während auf europäischer Ebene die Richtlinie 87/21/EWG vom 22.9.1986 erstmals die Möglichkeit für die Erteilung generischer Zulassungen in einem abgekürzten Verfahren eingeführt hat, wurde in Deutschland vor verfassungsrechtlichem Hintergrund[156] eine Zweitanmelderregelung durch das Zweite Gesetz zur Änderung des Arzneimittelgesetzes vom 16.8.1986 geschaffen. Diese Regelung war ursprünglich in § 24 a AMG enthalten. Die damalige Regelung bestimmte die Zulässigkeit und den Umfang der Bezugnahme auf Zulassungsunterlagen eines früheren Antragstellers bei der Beantragung der Zulassung durch einen Zweitanmelder. Ein großer Mangel dieser Bestimmung bestand jedoch darin, dass § 24 a AMG aF nicht regelte, inwieweit sich das Arzneimittel des Vorantragstellers und das Arzneimittel des sog. Zweitanmelders im Hinblick auf die Zusammensetzung gleichen mussten. Ebenfalls keine Erwähnung im AMG fand nach altem Recht die Erforderlichkeit der Vorlage von Ergebnissen von Bioäquivalenzstudien. Zudem bestand Unterlagenschutz nur für solche Arzneimittel, die der sog. automatischen Verschreibungs-

185

---

[155] So Kloesel/Cyran, Arzneimittelrecht, § 24 a AMG Erl. 8 mit Hinweis auf die amtl. Begr. zum 8. AMG-ÄndG.
[156] Sander, Arzneimittelrecht, § 24 a AMG Erl. 2.

pflicht nach § 49 AMG aF unterlagen oder unterlegen hatten[157] – ein Kriterium, dessen gemeinschaftsrechtliche Zulässigkeit zu Recht bestritten worden ist.[158]

186 Auch im Gemeinschaftsrecht wurden die Voraussetzungen für die Erteilung generischer Zulassungen zunächst nur angedeutet, indem Art. 4 RL 65/65/EWG in der Fassung der Richtlinie 87/21/EWG anordnete, dass zwischen dem Arzneimittel des Vorantragstellers und dem Arzneimittel des Zweitanmelders „wesentliche Gleichheit" bestehen müsse, ohne näher zu definieren, welche Kriterien hierfür maßgeblich sein sollten.[159] Mit der Auslegung dieses Begriffs und der daran anknüpfenden Frage, inwieweit Weiterentwicklungen eines bereits in der EU zugelassenen Arzneimittels einen neuen Schutz auslösen können, hat sich folglich der EuGH in einer Reihe von Entscheidungen befassen müssen.[160] Im Ergebnis bedeuten diese Entscheidungen des EuGH, die sich noch auf die alte Rechtslage vor Inkrafttreten der Richtlinie 2004/27/EG beziehen, dass Weiterentwicklungen eines Referenzarzneimittels durch den sog. Originator (zB die Zulassung neuer Indikationen oder Darreichungsformen) keinen neuen Unterlagenschutz bewirken, sofern der Wirkstoff derselbe bleibt. Dieses Prinzip wurde im Rahmen der Novellierung des pharmazeutischen Acquis Communautaire im Jahr 2004[161] nicht aufgegeben, aber an einigen Stellen modifiziert und zugunsten der Forschung mit bekannten Stoffen geändert. Allerdings bevorzugt das Gemeinschaftsrecht weiterhin einseitig die Entwicklung neuer Wirkstoffe, während die Weiterentwicklung von Arzneimitteln mit bekannten Stoffen nur sehr unzureichend im Bereich des Unterlagenschutzes gefördert wird. Der häufig beklagte Off-Label-Use, also die Anwendung eines Arzneimittels außerhalb der Rahmenbedingungen einer Zulassung, etwa in einer nicht zugelassenen Indikation, ist die Folge.[162]

b) Gesetzliche Regelungssystematik
aa) Kernbestimmungen für generische Zulassungsanträge

187 Während früher die Anforderungen an generische Zulassungsanträge verhältnismäßig kompakt in § 24a AMG bzw auf Gemeinschaftsebene in Art. 4 RL 65/65/EWG geregelt waren, weisen die heutigen Regelungen einen wesentlich höheren Detaillierungsgrad auf, was das Verständnis der Normen nicht erleichtert. Hinzukommt, dass der Anhang I der Richtlinie 2001/83/EG, soweit es um Art. 10 RL 2001/83/EG in der Fassung der Richtlinie 2004/27/EG geht, noch nicht an die Bestimmungen dieser Änderungsrichtlinie angepasst wurde. In Teil II dieses Anhangs ist daher weiterhin von im Wesentlichen gleichen Arzneimitteln die Rede und nicht von Referenzarzneimittel und Generikum.

188 Die grundlegenden Anforderungen an generische Zulassungsanträge sind in § 24b Abs. 1 S. 1, 2 sowie in Abs. 2 S. 1 bis 5 AMG geregelt. Dies gilt insbesondere für die Schutzfrist, den in der Regel erforderlichen Nachweis der Bioäquivalenz und den Begriff des Generikums. Der Begriff des Referenzarzneimittels wird in diesen Vorschriften zwar verwendet, im AMG aber nicht definiert. Für den Bereich der Arzneimittelzulassung insgesamt und insbesondere für generische Zulassungsanträge bewirkt die Richtlinie 2001/83/EG jedoch

---

157 Vgl zu diesem Kriterium OVG Berlin, Urt. v. 23.9.1999 – 5 B 12.97.
158 Rehmann, AMG, § 24a Rn 2 mwN.
159 Zur historischen Entwicklung des Gemeinschaftsrechts im Hinblick auf den Unterlagenschutz: Gassner, GRUR Int. 2004, 983–994.
160 EuGH, Urt. v. 3.12.1998 – C-368/96;, Urt. v. 29.4.2004 – C-106/01;, Urt. v. 9.12.2004, C-36/03;, Urt. v. 20.1.2005 – C-74/03; Lorenz, Das gemeinschaftliche Arzneimittelzulassungsrecht, 2006, S. 197–210.
161 RL 2004/24/EG sowie RL 2004/27/EG und VO (EG) Nr. 726/2004, jeweils v. 31.3.2004 (ABl. EU Nr. L 136).
162 Zur erstattungsrechtlichen Problematik des Off-Label-Use: BSG, Urt. v. 19.3.2002 – B 1 KR 37/00 R; Urt. v. 28.2.2008 – B 1 KR 15/07 sowie BVerfG, Beschl. v. 6.12.2005 – 1 BvR 347/98.

eine Vollharmonisierung.[163] Im Wege der richtlinienkonformen Auslegung ist daher für die Auslegung des Begriffs des Referenzarzneimittels unmittelbar auf die Bestimmung des Art. 10 Abs. 2 a) RL 2001/83/EG zurückzugreifen.

Die Kernbestimmungen über generische Zulassungsanträge finden sich auf europäischer Ebene in Art. 10 Abs. 1 Unterabs. 1, 2 sowie Abs. 2 RL 2001/83/EG. Sie werden ergänzt durch den Anhang I der Richtlinie 2001/83/EG, dort Teil II, 2. „Arzneimittel, die im Wesentlichen einem bereits zugelassenen Arzneimittel gleichen". Dieser Teil des Anhangs I wurde zuletzt durch die Richtlinie 2003/63/EG geändert. Er berücksichtigt die wichtigen Änderungen des Art. 10 RL 2001/83/EG durch die Richtlinie 2004/27/EG daher noch nicht. 189

bb) Übersicht über die ergänzenden Bestimmungen für generische Zulassungsanträge

Diese Bestimmungen, die für den Normalfall einer generischen Zulassung gelten, werden von einer ganzen Reihe weiterer Regelungen ergänzt, die teils materiellen Charakter, teils verfahrensrechtliche Bedeutung haben: 190

- Für den Beginn der Schutzfrist für das Referenzarzneimittel und den Umfang des Unterlagenschutzes sind die Regelungen über die sog. Globalzulassung (global marketing authorisation) von überragender Bedeutung (§ 25 Abs. 9 AMG, Art. 6 Abs. 1 RL 2001/83/EG). Sie werden ergänzt durch die Übergangsbestimmungen in § 141 Abs. 5 AMG, Art. 2 RL 2004/27/EG sowie Art. 89 VO (EG) Nr. 726/2004/EG für die Schutzzeiträume.
- Bei der Zulassung neuer Indikationen, die von bedeutendem klinischen Nutzen sind, kann es zu einer Verlängerung des Schutzzeitraums um ein Jahr kommen, wenn diese Indikationen innerhalb der ersten acht Jahre nach Erteilung der Erstzulassung genehmigt werden (§ 24 b Abs. 1 S. 3 AMG und Art. 10 Abs. 1 Unterabs. 4 RL 2001/83/EG).
- Kommt es nach Ablauf der ursprünglichen Schutzfrist zur Zulassung eines neuen Anwendungsgebiets für ein Arzneimittel, das einen bekannten Wirkstoff enthält, genießen die für die Zulassung dieses Anwendungsgebiets erforderlichen vorklinischen und klinischen Studien einen einjährigen Schutz (§ 24 b Abs. 6 AMG und Art. 10 Abs. 5 RL 2001/83/EG).
- Für den Fall, dass das Referenzarzneimittel nicht in Deutschland, sondern in mindestens einem anderen Mitgliedstaat zugelassen wurde, kann ebenfalls eine generische Zulassung für den Anwendungsbereich des AMG erteilt werden (§ 24 b Abs. 3 AMG bzw. Art. 10 Abs. 1 Unterabs. 3 RL 2001/83/EG). Umgekehrt können in anderen Mitgliedstaaten generische Zulassungen mit Bezug auf solche Referenzarzneimittel erteilt werden, die in Deutschland, nicht aber in diesem Mitgliedstaat zugelassen sind (§ 24 b Abs. 4 AMG bzw Art. 10 Abs. 1 Unterabs. 3 RL 2001/83/EG).
- Verfügt das Referenzarzneimittel dagegen über eine Gemeinschaftszulassung, ergibt sich aus Art. 3 Abs. 3 VO (EG) Nr. 726/2004 die Möglichkeit der Erteilung einer generischen Zulassung durch die zuständigen Behörden der Mitgliedstaaten.
- Bestehen bestimmte Unterschiede zwischen Referenzarzneimittel und dem Generikum (zB andere Stärke, andere Darreichungsform oder andere Indikation), ist der Antragsteller verpflichtet, die Ergebnisse der entsprechenden vorklinischen und klinischen Untersuchungen vorzulegen. Diese Unterlagen dienen dazu, es der zuständigen Bundesoberbehörde zu ermöglichen zu prüfen, ob das Arzneimittel, für das die Zulassung beantragt wird, trotz der bestehenden Unterschiede zum Referenzarzneimittel wirksam und sicher ist. Die Rechtsgrundlage für diese Antragsart, die häufig Hybridantrag

---

163 So auch BGH, Urt. v. 30.3.2006 – I ZR 24/03, Rn 33 – Arzneimittelwerbung im Internet; Schlussanträge des Generalanwalts *Yves Bot*, Rs. C-84/06 Rn 34 ff; EuGH Urt. v. 20.9.2007 – Rs. C-84/06 Rn 37 ff.

(hybrid application) genannt wird, findet sich in § 24 b Abs. 2 S. 6 AMG und Art. 10 Abs. 3 RL 2001/83/EG.
- Aus patentrechtlichen Gründen gestattet § 11 a Abs. 1 e) AMG (Art. 11 aE RL 2001/83/ EG), auf die Angabe von zum Zeitpunkt des Inverkehrbringens des Generikums noch geschützten Anwendungsgebieten, Dosierungen, etc. in der Fach- und Gebrauchsinformation zu verzichten.

191 **Für einzelne Produktgruppen bestehen Sonderregelungen**, die sich nur zum Teil im AMG finden:
- Bei Humanarzneimitteln, die über eine Gemeinschaftszulassung verfügen, ist der Unterlagenschutz in Art. 14 Abs. 11 VO (EG) Nr. 726/2004 geregelt.
- Zulassungen für die pädiatrische Verwendung im Sinne des Art. 30 VO (EG) Nr. 1901/2006 genießen eigenständigen Unterlagenschutz (Art. 38 VO (EG) Nr. 1901/2006).
- Bei Arzneimitteln, die als Arzneimittel für seltene Leiden zugelassen worden sind (sog. orphan drugs), besteht ein Marktexklusivitätsrecht auf der Grundlage von Art. 8 VO (EG) Nr. 141/2000. Solange ein solches Recht besteht, darf keine Zulassung für ein ähnliches Arzneimittel für dasselbe therapeutische Anwendungsgebiet erteilt werden oder ein Zulassungsantrag für ein solches Arzneimittel angenommen werden. Dies verhindert den Marktzugang über einen Zeitraum von zehn Jahren nicht nur für Generika, die per definitionem nicht nur ähnlich, sondern wirkstoffgleich sein müssen, sondern auch für Arzneimittel, die die Kriterien der Verordnung (EG) Nr. 847/2000 für die Bestimmung der Ähnlichkeit erfüllen.
- Kopien bereits zugelassener biologischer Arzneimittel, insbesondere biotechnologisch hergestellter Arzneimittel (sog. biosimilars), gelten in der Regel nicht als Generika mit der Folge, dass Bioäquivalenzuntersuchungen nicht ausreichend sind, um die Zulassung zu erteilen. Vielmehr ist die Vorlage umfangreicher vorklinischer oder klinischer Studien erforderlich, um die Wirksamkeit und Unbedenklichkeit dieser Präparate zu belegen (§ 24 b Abs. 5 AMG und Art. 10 Abs. 4 RL 2001/83/EG).
- Ergänzende Sonderregelungen bestehen zudem für Tierarzneimittel.

192 Angesichts dieser Vielzahl von Sonderregelungen ist es sinnvoll, sich vor Augen zu führen, welche Voraussetzungen im Normalfall für einen generischen Zulassungsantrag erfüllt werden müssen. Hierzu gehört zunächst, dass der Antragsteller in der Lage sein muss, ein entsprechendes Referenzarzneimittel zu benennen. Die zweite Voraussetzung ist, dass die Schutzfrist für die Zulassung dieses Referenzarzneimittels abgelaufen ist. Drittens ist zu prüfen, ob es sich bei dem Arzneimittel, für das die Zulassung beantragt werden soll, um ein Generikum handelt. Viertens kommt es darauf an, ob zwischen Referenzarzneimittel und Generikum Bioäquivalenz besteht.

cc) Vorzulegende Unterlagen

193 § 24 b Abs. 1 S. 1 AMG ermöglicht es einem generischen Antragsteller, auf die Ergebnisse der pharmakologischen und toxikologischen Versuche sowie die Ergebnisse der klinischen Prüfung eines zugelassenen Referenzarzneimittels Bezug zu nehmen (so die Wortwahl des AMG) bzw auf die Vorlage dieser Unterlagen zu verzichten (so der Regelungsansatz des Art. 10 RL 2001/83/EG). Zusätzlich darf auf die Sachverständigengutachten nach § 24 Abs. 1 S. 2 Nr. 2 bis 4 AMG Bezug genommen werden. Letzteres steht jedoch im Widerspruch zur Bestimmung des Art. 10 Abs. 1 S. 1 RL 2001/83/EG, wonach ein generischer Antragsteller lediglich von der Verpflichtung entbunden ist, die Ergebnisse der vorklinischen und klinischen Versuche vorzulegen, nicht aber von der Verpflichtung zur Vorlage der

Sachverständigengutachten (Art. 8 Abs. 3 letzter Unterabs. und Art. 12 sowie Anhang I, Modul 2 der Richtlinie 2001/83/EG).

In der behördlichen Praxis, insbesondere im Rahmen von europäischen Zulassungsverfahren, wird daher die Vorlage der in Modul 2 der Arzneimittelprüfrichtlinien genannten Übersichten und Zusammenfassungen verlangt. Da ein Antragsteller für ein Generikum im Regelfall keinen Zugriff auf die Unterlagen des Originators hat, beschränken sich diese Dokumente, soweit sie die präklinischen und klinischen Aspekte betreffen, auf die Auswertung der veröffentlichten wissenschaftlichen Literatur zu dem betreffenden Wirkstoff, sowie die Bioäquivalenzuntersuchungen. Ein generischer Zulassungsantrag besteht deshalb aus den Modulen 1 bis 3 der Arzneimittelprüfrichtlinien.

c) Referenzarzneimittel

Der Antragsteller für eine generische Zulassung ist verpflichtet, im Antragsformular das Referenzarzneimittel, das Grundlage für seinen generischen Zulassungsantrag sein soll, zu benennen. Von daher ist die Frage, welche Voraussetzungen ein Arzneimittel erfüllen muss, damit es sich als Referenzarzneimittel qualifiziert, von großer praktischer Bedeutung. Art. 10 Abs. 2 lit. a RL 2001/83/EG definiert den Begriff des Referenzarzneimittels als „ein gemäß Art. 6 in Übereinstimmung mit Art. 8 genehmigtes Arzneimittel."

Die Festlegung des Referenzarzneimittels durch den Antragsteller für das Generikum ist auch deshalb in jeder Hinsicht von großer Bedeutung, da der Umfang der Zulassung für das Referenzarzneimittel den Umfang der Zulassung für das Generikum bestimmt. Zudem hat der Antragsteller nachzuweisen, dass die Schutzfrist für das Referenzarzneimittel abgelaufen ist. Für die Bestimmung der Schutzfrist ist nicht allein auf das Datum der Erstzulassung des Referenzarzneimittels abzustellen. Vielmehr ist im Sinne einer Globalzulassung[164] zu prüfen, ob weitere Einzelzulassungen des Referenzarzneimittels vorliegen, die für den Beginn der Schutzfrist maßgeblich sein können.

aa) Gemeinschaftskonformität

Als Referenzarzneimittel in diesem Sinne kommen nur solche Arzneimittel in Betracht, die in der Europäischen Union gemäß den Vorgaben des pharmazeutischen Aquis Communautaire, insbesondere der Vorgaben der Richtlinie 2001/83/EG und der Verordnung (EG) Nr. 726/2004, zugelassen worden sind.[165]

Das Erfordernis einer gemeinschaftsrechtskonformen Zulassung für das Referenzarzneimittel lässt sich aus dem Verweis in Art. 10 Abs. 2 lit. a RL 2001/83/EG auf Art. 6 und Art. 8 derselben Richtlinie entnehmen. Denn aus Art. 6 Abs. 1 RL 2001/83/EG ergibt sich, dass ein Arzneimittel erst dann in einem Mitgliedstaat in den Verkehr gebracht werden darf, wenn es gemäß dem Gemeinschaftsrecht zugelassen worden ist. Damit sind sämtliche Arzneimittel von einer Bezugnahme als Referenzarzneimittel ausgeschlossen, die aufgrund von nationalen Rechtsvorschriften zugelassen worden sind, die nicht dem Gemeinschaftsrecht entsprechen oder entsprochen haben.

Praktische Bedeutung hat dies zunächst für solche Arzneimittel, die vor dem Beitritt eines Mitgliedstaats zugelassen worden sind und deren Zulassung auch später nicht an das Gemeinschaftsrecht angepasst wurde. Dasselbe gilt für Arzneimittel, die aufgrund von nationalen Übergangsvorschriften, wie sie zB § 105 AMG enthält, in den Verkehr gebracht worden sind. Selbst wenn diese Arzneimittel gegebenenfalls jahrzehntelang in einem Mit-

---

164 Vgl § 25 Abs. 9 S. 3 AMG sowie Art. 6 Abs. 1 S. 2 u. 3 RL 2001/83/EG.
165 EuGH, Urt. v. 18.6.2009 – C-527/07, Rn 30 sowie OVG NRW, Beschl. v. 26.6.2008 – 13 B 345/08; aA Rehmann, AMG, § 24 b Rn 7.

gliedstaat in den Verkehr gebracht worden sind, eignen sie sich nicht als Referenzarzneimittel, sofern keine Anpassung an die gemeinschaftsrechtlichen Vorgaben erfolgte.[166] Auch für die Berechnung der Schutzfrist spielen derartige Zulassungen keine Rolle. Erst wenn Gemeinschaftsrechtskonformität eingetreten ist (etwa durch Erteilung eines Verlängerungsbescheids iS v. § 105 AMG) kann ein derartiges Arzneimittel als Referenzarzneimittel für einen generischen Zulassungsantrag herangezogen werden.

199 Der EuGH[167] begründet dieses Erfordernis der Gemeinschaftsrechtskonformität im Wesentlichen damit, dass auch für Arzneimittel, die in einem abgekürzten Verfahren zugelassen werden sollen, keine Erleichterungen in Bezug auf die Anforderungen an die Wirksamkeit und Unbedenklichkeit gelten. Dahinter steckt die Überlegung, dass für ein Referenzarzneimittel, das nicht gemäß den gemeinschaftsrechtlichen Vorgaben zugelassen worden ist, die Sicherheit und Wirksamkeit für dieses Arzneimittel nicht nachgewiesen wäre. Würde man unter diesen Umständen die Zulassung eines Generikums gestatten, würde dies im Ergebnis nichts anderes bedeuten als die Zulassung eines Arzneimittels, dessen Wirksamkeit und Unbedenklichkeit nur unzureichend belegt wäre. Daraus folgt, dass die zuständigen Bundesoberbehörden ebenso wie die zuständigen Behörden der übrigen Mitgliedstaaten im Rahmen eines Zulassungsverfahrens für ein Generikum zu prüfen haben, ob das Referenzarzneimittel, auf das sich der Antragsteller bezieht, gemäß dem europäischen Gemeinschaftsrecht zugelassen worden ist. Dabei ist insbesondere zu prüfen, ob diese Zulassung bereits zu einem Zeitpunkt erfolgte, als die Richtlinie 2001/83/EG bzw ihre Vorgängerrichtlinien in dem betreffenden Mitgliedstaat umgesetzt worden ist. Zudem ist zu prüfen, ob diese Zulassung auch gemäß diesen Bestimmungen erteilt worden ist. Sollten sich etwaige Zweifel an der Gemeinschaftsrechtskonformität der Zulassung für das Referenzarzneimittel ergeben, ist diesen nachzugehen. Sofern sie vom Antragsteller nicht ausgeräumt werden können, ist der generische Zulassungsantrag zu versagen.

bb) Vollzulassung

200 Neben dem Kriterium der Gemeinschaftsrechtskonformität muss es sich bei der Zulassung für das Referenzarzneimittel um eine solche handeln, die auf der Grundlage vollständiger präklinischer und klinischer Unterlagen iSv § 22 Abs. 2 Nr. 2 und 3 AMG erteilt worden ist (Vollzulassung).[168] Dies schließt eine Bezugnahme auf solche Arzneimittel aus, die als Generika zugelassen worden sind.

Ebenso wenig kann auf Referenzarzneimittel Bezug genommen werden, für die lediglich wissenschaftliches Erkenntnismaterial iSv § 22 Abs. 3 AMG (bibliographische Zulassungen) vorgelegt worden ist. Dies ergibt sich daraus, dass § 24 b Abs. 1 AMG – anders als § 24 a AMG – keine Bezugnahme auf die in § 22 Abs. 3 AMG genannten Unterlagen erlaubt.[169] Zudem scheidet eine Bezugnahme auf solche Arzneimittel aus, deren Zulassung auf der Grundlage von § 24 b Abs. 2 S. 6 AMG bzw Art. 10 Abs. 3 RL 2001/83/EG erteilt wurde (Hybridzulassung).

cc) Europäisches Referenzarzneimittel

201 Soll in einem bestimmten Mitgliedstaat eine generische Zulassung beantragt werden, war es früher zwangsläufig erforderlich, dass das Referenzarzneimittel in diesem Mitgliedstaat

---

166 So auch Sander, FS Deutsch, 2009, S. 453 ff, 458; a.A. I. Schneider, pharmind 2008, 374 ff, 378.
167 Urt. v. 18.6.2009 – C-527/07 Rn 24.
168 So auch M. Lorenz, Das gemeinschaftsrechtliche Arzneimittelzulassungsrecht, 2006, S. 210; Kortland, FS Sander, 2008, S. 155 ff, 158.
169 AA Kommission, Notice to Applicants, Vol. 2A Kap. 1 Rev. 3, November 2005, S. 22; Kortland, FS Sander, 2008, S. 161, Fn 12.

auch zugelassen worden ist. Seit Inkrafttreten des 14. AMG-Änderungsgesetz ist jedoch eine Bezugnahme auch auf solche Referenzarzneimittel möglich, für die Zulassungen in anderen Mitgliedstaaten vorliegen. Der Antragsteller braucht in diesem Fall lediglich anzugeben, in welchem Mitgliedstaat die Zulassung erteilt wurde (§ 24 b Abs. 3 S. 1 AMG). Alle weiteren Angaben (Bestätigung über die Zulassung des Referenzarzneimittels, Angaben über dessen vollständige Zusammensetzung sowie weitere gegebenenfalls für erforderlich gehaltene Unterlagen) hat die zuständige Bundesoberbehörde von der zuständigen Behörde dieses Mitgliedstaats anzufordern. Umgekehrt enthält § 24 b Abs. 4 AMG die Verpflichtung, der zuständigen Bundesoberbehörde entsprechende Angaben und Unterlagen der zuständigen Behörde eines anderen Mitgliedstaats auf Anfrage vorzulegen. Hierzu ist die zuständige Bundesoberbehörde allerdings erst dann berechtigt, wenn die Schutzfrist für das Referenzarzneimittel abgelaufen ist. Dabei ist die Übergangsvorschrift des § 141 Abs. 5 AMG zu beachten. Den Bestimmungen des § 24 b Abs. 3 und 4 AMG entsprechen die Regelung in Art. 10 Abs. 1 Unterabs. 3 RL 2001/83/EG. Diese Bestimmungen sind vor allem deshalb interessant, weil sie eine echte gegenseitige Anerkennung von Zulassungsentscheidungen eines anderen Mitgliedstaats bedeuten. Denn die zuständige Behörde des Mitgliedstaats, für den die generische Zulassung beantragt wird, hat lediglich zu prüfen, ob die Voraussetzungen für die Erteilung einer generischen Zulassung vorliegen. Prüfungsgegenstand ist dagegen nicht die inhaltliche Überprüfung der präklinischen und klinischen Unterlagen, die für das europäische Referenzarzneimittel vorgelegt worden sind. Ebenso wenig ist in diesem Zusammenhang vorgesehen, dass ein Verfahren nach Art. 29 RL 2001/83/EG durchgeführt werden kann, um Bedenken in Bezug auf das Referenzarzneimittel auszuräumen.

dd) Bezugnahme auf erloschene Zulassungen

Die Zulassung für das Referenzarzneimittel muss zum Zeitpunkt der Antragstellung für die Zulassung des Generikums nicht mehr bestehen. Sie darf also bereits erloschen sein.[170] Dies ergibt sich bereits aus dem Wortlaut des § 24 b Abs. 1 AMG, nach dem es lediglich darauf ankommt, dass das Referenzarzneimittel zugelassen ist oder zugelassen wurde.[171] Der Sinn und Zweck dieser Bestimmung besteht darin, dass der Zulassungsinhaber für ein Referenzarzneimittel nicht durch Verzicht auf seine Zulassung generischen Wettbewerb verhindern können soll.[172] Ist die Zulassung für das Referenzarzneimittel dagegen aus anderen Gründen erloschen, die mit dem Nutzen-Risiko-Verhältnis des Referenzarzneimittels im Zusammenhang stehen – etwa weil sie aus Risikogründen widerrufen worden ist – scheidet eine Bezugnahme aus.[173] Denn auch bei einem generischen Arzneimittel muss das Nutzen-Risiko-Verhältnis positiv sein. Andernfalls würde der überragende Zweck des AMG, für die Sicherheit im Verkehr mit Arzneimitteln und insbesondere für die Qualität, Wirksamkeit und Unbedenklichkeit von Arzneimitteln zu sorgen (vgl § 1 AMG sowie Erwägungsgrund 2 der Richtlinie 2001/83/EG), nicht beachtet werden.

202

d) Anforderungen an das Generikum

Welche Anforderungen an das Generikum zu stellen sind, ist gemäß § 24 b Abs. 2 S. 1 AMG am Referenzarzneimittel zu messen. Es muss daher die

203

- gleiche Wirkstoffzusammensetzung nach Art und Menge und die
- gleiche Darreichungsform
- aufweisen wie das Referenzarzneimittel.

---

170 So bereits OVG NRW, Beschl. v. 17.10.2000 – 13 B 1187/00, Rn 15 zur alten Rechtslage.
171 Kortland, FS Sander, 2008, S. 161, Fn 12.
172 Dies war offenbar der Hintergrund der Entscheidung des EuGH v. 16.11.2003 – C-223/01.
173 M. Lorenz, Das gemeinschaftsrechtliche Arzneimittelzulassungsrecht, 2006, S. 214.

Zudem muss das Generikum im Vergleich zum Referenzarzneimittel
- bioäquivalent

sein.

e) Wirkstoffgleichheit und Identitätsfiktion

204 In Bezug auf das Kriterium der Wirkstoffgleichheit bestimmt § 24 b Abs. 2 S. 2 AMG, dass die verschiedenen Salze, Ester, Ether, Isomere, Mischungen von Isomeren, Komplexe oder Derivate eines Wirkstoffs als ein- und derselbe Wirkstoff anzusehen sind. Etwas anderes gilt nur dann, wenn sich die verschiedenen Varianten in ihren Eigenschaften erheblich hinsichtlich der Unbedenklichkeit oder der Wirksamkeit voneinander unterscheiden.

Bereits der **EuGH** hat zur alten Rechtslage in Bezug auf die unterschiedlichen Salze eines Wirkstoffs entschieden, dass die Verwendung unterschiedlicher Salze desselben therapeutisch wirksamen Bestandteils in Referenzarzneimittel und Generikum einen generischen Antrag nicht prinzipiell ausschließe.[174] Identität in diesem Sinne ist also nur in Bezug auf die in Referenzarzneimittel und Generikum enthaltenen Wirkstoffe gefordert. Die sonstige Zusammensetzung in Bezug auf die Art und Menge der Hilfsstoffe ist dagegen unerheblich. Die Identitätsfiktion[175] des § 24 b Abs. 2 S. 2 AMG für pharmazeutische Alternativen[176] lässt jedoch viele Fragen offen. Dies gilt auch für die Identitätsfiktion in den ergänzenden Bestimmungen des § 24 b Abs. 2 S. 3 AMG. Dies liegt zunächst daran, dass arzneimittelrechtlich sehr unterschiedliche Fallgestaltungen als gleich fingiert werden, die sich nach dem Stand der wissenschaftlichen Erkenntnisse stark voneinander unterscheiden können. Die Frage ist daher, unter welchen Voraussetzungen angenommen werden kann, dass sich die unterschiedlichen pharmazeutischen Alternativen des pharmazeutisch wirksamen Teils eines Wirkstoffs erheblich in ihren Eigenschaften hinsichtlich der Unbedenklichkeit oder Wirksamkeit voneinander unterscheiden. Insoweit ist der Sinn und Zweck dieser Regelung zu berücksichtigen. Er besteht darin, die Zulassung eines Generikums auch dann zu ermöglichen, wenn die Verwendung derjenigen Variante des Wirkstoffs, die im Referenzarzneimittel enthalten ist, aus Patentgründen ausgeschlossen ist und der generische Anbieter deshalb auf eine andere „pharmazeutische Alternative" dieses Wirkstoffs ausweichen muss.[177] Es handelt sich also typischerweise um Situationen, bei denen für diejenige Variante des Wirkstoffs, die im Generikum zur Zulassung gebracht werden soll, noch keine Zulassung besteht. Daraus folgt jedoch, dass es auf klinisch relevante Unterschiede, die womöglich durch klinische Studien belegt sein müssten, nicht ankommen kann. Entscheidend ist vielmehr, ob sich die im Referenzarzneimittel und Generikum verwendeten pharmazeutischen Alternativen eines Wirkstoffs in den stofflichen Eigenschaften derart voneinander unterscheiden, dass dies Auswirkungen auf die Wirksamkeit oder Unbedenklichkeit des Arzneimittels haben könnte. Bestehen derartige Anhaltspunkte, so ist der Antragsteller verpflichtet, der zuständigen Bundesoberbehörde ergänzende Unterlagen vorzulegen, die die Unbedenklichkeit oder Wirksamkeit der verschiedenen Salze, Ester, Ether, Isomere, Mischungen von Isomeren, Komplexe oder Derivate des Wirkstoffs belegen (vgl § 24 b Abs. 2 S. 3 AMG). Ein Beispiel für diese Vorgehensweise bietet bereits erwähnte[178] Zulassung für Clopidogrel Ratiopharm GmbH. Aus dem öffentlichen Beurteilungsbericht der EMEA für dieses Arz-

---

174 EuGH, Urt. v. 20.1.2005 – C-74/03, Rn 44. Zu dieser Problematik im Verfahren der gegenseitigen Anerkennung EuGH, Urt. v. 16.12.2008 – C-452/06.
175 Kloesel/Cyran, Arzneimittelrecht, § 24 b AMG Erl. 48.
176 So die Wortwahl der Leitlinie der EMEA „Note for Guidance on the Investigation of Bioavailability and Bioequivalence" (CPMP/EWP/QWP/1401/98 v. 26.7.2001): „Pharmaceutical alternative".
177 ZB Referenzarzneimittel *Plavix*, das als Wirkstoff Clopidogrel als Hydrogensulfat enthält und das Generikum Clopidogrel Ratiopharm GmbH, das Clopidogrel als Besilat enthält.
178 Siehe vorherige Fn.

neimittel[179] ist ersichtlich, dass die Verwendung des Besilats für den wissenschaftlichen Ausschuss CHMP zunächst ein „major issue" im Hinblick auf den Nachweis eines positiven Nutzen-Risiko-Verhältnisses darstellte, das vom Antragsteller aber offenbar ausgeräumt werden konnte.

Die Bestimmung des § 24 b Abs. 2 S. 3 AMG ist daher so zu verstehen, dass die ergänzenden Unterlagen geeignet sein müssen nachzuweisen, dass sich die Alternativen eines Wirkstoffs nicht erheblich in ihren stofflichen Eigenschaften voneinander unterscheiden. Gelingt dieser Nachweis nicht oder bestehen sonstige Anhaltspunkte dafür, dass sich die Alternativen eines Wirkstoffs voneinander unterscheiden, greift die Identitätsfiktion des § 24 b Abs. 2 S. 2 AMG nicht. Der in dem vermeintlichen Generikum verwendete Wirkstoff ist dann als ein solcher einzustufen, der nicht mit dem im Referenzarzneimittel verwendeten Wirkstoff übereinstimmt. Es handelt sich insoweit um einen neuen Wirkstoff, für den eine generische Zulassung nicht beansprucht werden kann. Die Voraussetzungen für die Erteilung einer generischen Zulassung liegen dann nicht vor. 205

Zur Identitätsfiktion gehört auch die Bestimmung des § 24 b Abs. 2 S. 4 AMG. Danach gelten die **verschiedenen oralen Darreichungsformen** mit sofortiger Wirkstofffreigabe als ein und dieselbe Darreichungsform. Wird im Referenzarzneimittel eine schnell freisetzende Formulierung verwendet und soll im Generikum eine Retardformulierung eingesetzt werden, ist daher ein generischer Zulassungsantrag im Sinne von § 24 b Abs. 1 S. 1 AMG nicht möglich. Der Antragsteller kann dann nur unter den Voraussetzungen des § 24 b Abs. 2 S. 6 AMG (Art. 10 Abs. 3 RL 2001/83/EG) einen sog. Hybridantrag stellen oder aber eine Vollzulassung beantragen. 206

f) Bioäquivalenz

§ 24 b Abs. 2 S. 1 AMG ermöglicht die Zulassung eines Generikums im Regelfall nur unter der Voraussetzung, dass die Bioäquivalenz zwischen Referenzarzneimittel und Generikum durch Bioverfügbarkeitsstudien nachgewiesen wurde. Diese Verpflichtung entfällt nur dann, wenn es dem Antragsteller gelingt, nachzuweisen, dass das Generikum die nach dem Stand der Wissenschaft für die Bioäquivalenz relevanten Kriterien erfüllt (vgl § 24 b Abs. 2 S. 5 AMG). Dieser Stand der wissenschaftlichen Erkenntnisse spiegelt sich regelmäßig in den von der EMEA veröffentlichten wissenschaftlichen Leitlinien wieder, auf die Art. 10 Abs. 2 lit. b letzter Satz RL 2001/83/EG ebenfalls verweist. Bei dem Nachweis der Bioäquivalenz geht es letztendlich darum, die Bioverfügbarkeit des in Referenzarzneimittel und Generikum enthaltenen Wirkstoffs miteinander zu vergleichen. Im Regelfall werden hierfür klinische Studien an gesunden Probanden durchgeführt. 207

Der Nachweis der Bioäquivalenz bereitet in der Zulassungspraxis erhebliche Schwierigkeiten. Der überwiegende Teil der Schiedsverfahren nach Art. 29 RL 2001/83/EG, soweit sie Generika betreffen, haben diese Problematik zum Gegenstand. Es bleibt abzuwarten, ob die derzeit in Überarbeitung befindliche Guideline on the Investigation of Bioequivalence[180] zukünftig diese Problematik besser lösen wird. 208

g) Dauer der Schutzfrist

Ausweislich des § 24 b Abs. 1 S. 1 AMG darf auf die entsprechenden Unterlagen eines Referenzarzneimittels erst dann Bezug genommen werden, wenn dieses seit mindestens acht Jahren zugelassen ist oder vor mindestens acht Jahren zugelassen wurde. Ein derartiges Generikum darf frühestens nach Ablauf von zehn Jahren nach Erteilung der Erstzulassung 209

---

179 EMEA/533408/2009, S. 11 u. 12.
180 CPMP/EWP/QWP/1401/98, Entwurf v. 24.7.2008.

für das Referenzarzneimittel in den Verkehr gebracht werden. Soweit es um die Schutzfristen geht, hat diese Bestimmung bis auf weiteres keine praktische Bedeutung.[181] Dies liegt daran, dass § 141 Abs. 5 AMG in Übereinstimmung mit Art. 2 RL 2004/27/EG bestimmt, dass für solche Referenzarzneimittel, deren Zulassung vor dem 30.10.2005 beantragt worden ist, die Schutzfrist nach § 24a AMG aF weiter gilt. Diese Neuregelung ist also nur für solche generischen Zulassungsanträge relevant, die nach dem 30.10.2013 oder später gestellt werden. Bis dahin gilt die alte Schutzfrist von zehn Jahren in Bezug auf Referenzarzneimittel, deren Zulassung vor dem 30.10.2005 beantragt wurde, weiter. Handelt es sich bei dem Referenzarzneimittel um ein solches, das über eine Gemeinschaftszulassung verfügt, ist der maßgebliche Stichtag der 20.11.2005 (Art. 89 VO (EG) Nr. 726/2004).

210 Die Übergangsregelung des Art. 2 RL 2004/27/EG bedeutet zudem, dass sich generische Antragsteller auch in den übrigen Mitgliedstaaten an den bisherigen Schutzfristen orientieren müssen. Eine zehnjährigen Schutzfrist gilt danach nicht nur für Deutschland, sondern auch für Belgien, Frankreich, Italien, die Niederlande, Schweden, das Vereinigte Königreich sowie Luxemburg. In allen übrigen Mitgliedstaaten besteht eine nur sechsjährige Schutzfrist. Zudem besteht eine zehnjährige Schutzfrist für die Arzneimittel, die im sog. Konzertierungsverfahren der Richtlinie 87/22/EWG zugelassen worden sind.

211 Angesichts dieser Übergangsregelungen stellt sich die Frage, ob generische Zulassungsanträge bereits vor Ablauf der zehnjährigen Schutzfrist gestellt werden können. Dagegen spricht der Wortlaut des Art. 10 Abs. 1 RL 2001/83/EG. Danach ist der Antragsteller nur dann von der Verpflichtung zur Vorlage der Ergebnisse der präklinischen und klinischen Prüfungen entbunden, wenn unter anderem die Schutzfrist für das Referenzarzneimittel abgelaufen ist. Ein solcher, vorzeitig gestellter Zulassungsantrag ist daher bereits offensichtlich unvollständig. Er wird daher in der Zulassungspraxis der Mitgliedstaaten und der EMEA nicht validiert werden.

Die Rechtsprechung nimmt allerdings an, dass dem Originator kein einklagbares Recht im Hinblick darauf zusteht, dass generische Anträge nicht vorzeitig gestellt und bearbeitet werden können.[182]

h) Beginn der Schutzfrist und Globalzulassung

212 Maßgeblich für den Beginn der Schutzfrist ist das Datum der Erteilung der Erstzulassung für das Referenzarzneimittel in der Europäischen Union. Für die Prüfung der Frage, ob für ein bestimmtes Referenzarzneimittel noch Unterlagenschutz besteht, ist immer auf das Datum der Erstzulassung in der EU abzustellen. Das Datum der Erstzulassung für das Referenzarzneimittel in Deutschland ist daher nur dann maßgeblich, wenn es sich hierbei um die erste Zulassung für das Arzneimittel in der EU gehandelt hat.

213 Für die **Berechnung der Schutzfrist** ist aber nicht allein das Datum der Erteilung der Erstzulassung für das Referenzarzneimittel maßgeblich, für das eine generische Zulassung beantragt werden soll. Vielmehr ist hierbei auch das in Art. 6 Abs. 1 Unterabs. 2 RL 2001/83/EG verankerte Konzept der Globalzulassung zu berücksichtigen. Ist eine Zulassung für ein Arzneimittel erstmals erteilt worden, so müssen danach auch alle weiteren Stärken, Darreichungsformen, Verabreichungswege und Verabreichungsformen sowie alle Änderungen und Erweiterungen zugelassen oder in die Erstzulassung einbezogen werden. Diese Zulassungen werden insbesondere für den Zweck des Unterlagenschutzes als Bestandteil ein und der selben umfassenden Zulassung angesehen. Konkret bedeutet dies für die Berechnung der Schutzfrist, dass zu prüfen ist, zu welchem Zeitpunkt erstmals eine dem Gemeinschaftsrecht

---

181 So auch Kortland, FS Sander, 2008, S. 166.
182 OVG NRW, Beschl. v. 26.9.2008 – 13 B 1169/08, Rn 47 und 59 zu § 24a AMG aF; Kloesel/Cyran, Arzneimittelrecht, § 24b AMG Erl. 28 unter Hinweis auf die Rspr des VG und OVG Berlin.

entsprechende Vollzulassung, die denselben Wirkstoff enthält wie das Referenzarzneimittel, in der EU erteilt worden ist. Alle Weiterentwicklungen dieses Arzneimittels, so zB die Zulassung weiterer Stärken, zusätzlicher Darreichungsformen (zB Injektionslösung – orale Darreichungsform) sowie neue Verabreichungswege und -formen lösen daher keinen neuen Unterlagenschutz aus. Dasselbe gilt für die in Art. 3 VO (EG) Nr. 1084/2003 definierten Änderungen sowie die im Anhang II derselben Verordnung genannten Erweiterungen einer bereits erteilten Zulassung für das Referenzarzneimittel.

Die Erstzulassung eines Arzneimittels erfolgt häufig mit nur einer bestimmten Indikation sowie in einer Darreichungsform und Stärke. Im Rahmen der Weiterentwicklung dieses Arzneimittels können dann weitere Stärken, Darreichungsformen, Verabreichungswege und Indikationen zugelassen. Selbst wenn es sich hierbei um erhebliche Innovationen handelt, lösen diese im Allgemeinen keine neue Schutzfrist aus. Die Schutzfrist läuft vielmehr mit Erteilung der ersten Zulassung für das Referenzarzneimittel. Selbst wenn der generische Antragsteller auf diejenigen präklinischen und klinischen Unterlagen Bezug nimmt, die erst vor weniger als zehn Jahren beispielsweise zur Zulassung einer weiteren Stärke oder Darreichungsform geführt haben, ist dies zulässig, wenn die ursprüngliche Zulassung für das Referenzarzneimittel länger als zehn Jahre zurückliegt. Die innovative Arzneimittelindustrie muss also bei der Entscheidung über die Weiterentwicklung eines Arzneimittels immer im Blick haben, zu welchem Zeitpunkt die Erstzulassung für das entsprechende Referenzarzneimittel erfolgte, um entscheiden zu können, ob sich eine derartige Weiterentwicklung angesichts von möglichem generischen Wettbewerb und vorbehaltlich etwaiger Patentansprüche noch lohnt. 214

In Bezug auf das Konzept der **Globalzulassung** ist zudem zu berücksichtigen, dass hierzu nach Auffassung der Europäischen Kommission nicht nur solche Zulassungen zählen, die zugunsten desselben Zulassungsinhabers im Sinne ein und derselben juristischen Person erteilt worden sind. Zu einer solchen Globalzulassung können vielmehr auch solche Zulassungen gehören, die zugunsten eines anderen pharmazeutischen Unternehmens erteilt wurden, wenn die Zulassungsinhaber über entsprechende Lizenzverträge miteinander verbunden sind. Unternehmen, die zu derselben Muttergesellschaft oder Unternehmensgruppe gehören, ebenso wie solche, die entsprechende Vereinbarungen miteinander getroffen haben, sollen als ein und derselbe Zulassungsinhaber auch für die Zwecke der Globalzulassung angesehen werden. Diese Begriffsbestimmung geht zurück auf eine Mitteilung der Europäischen Kommission vom 22.7.1998 über die gemeinschaftlichen Zulassungsverfahren für Arzneimittel.[183] Diese Definition bezog sich ursprünglich nur auf das Verfahren der gegenseitigen Anerkennung. Obwohl diese Begriffsbestimmung dringend der Präzisierung bedarf, wird sie nicht nur für die Interpretation von Artt. 17 und 18 RL 2001/83/EG und das Konzept der Globalzulassung verwendet, sondern auch in Bezug auf Artt. 7 und 8 der Kinderarzneimittel-Verordnung.[184] 215

aa) Verlängerung der Schutzfrist um ein Jahr

Lediglich die Zulassung einer neuen Indikation, die als von bedeutenden klinischem Nutzen im Vergleich zu bestehenden Therapien beurteilt wird, kann gemäß § 24 b Abs. 1 S. 3 AMG unter besonderen Voraussetzungen zu einer einjährigen Verlängerung der Schutzfrist führen (sog. 8+2+1-Regelung). Allerdings ist auch insoweit zu beachten, dass diese Bestimmung auf solche Referenzarzneimittel keine Anwendung findet, für die vor dem 30.10.2005 die Zulassung beantragt wurde (§ 141 Abs. 5 AMG). Zu den einzelnen Voraussetzungen für eine solche einjährige Verlängerung der Schutzfrist hat die Kommission eine umfangreiche Leit- 216

---

[183] ABl. EG Nr. C 29/4 v. 22.7.1998, ber. durch ABl. EG Nr. C 29/24 v. 4.2.1999.
[184] VO 1901/2006/EG (ABl. EU Nr. L 378).

linie erlassen, die aus November 2007 stammt und über die Webseite der Kommission abrufbar ist.[185]

bb) Schutz bei bekannten Stoffen

217 Davon zu unterscheiden ist die Bestimmung in § 24b Abs. 6 AMG. Sie betrifft Arzneimittel eines Originators, deren Schutzfrist bereits abgelaufen ist. Erwirkt der Originator für ein Arzneimittel, das einen bekannten Wirkstoff enthält, die Zulassung einer neuen Indikation und beruht diese auf bedeutenden vorklinischen oder klinischen Studien, so werden diese für einen Zeitraum von einem Jahr geschützt. Zu beachten ist in diesem Zusammenhang, dass sich der Schutz nach § 24b Abs. 6 AMG nicht auf sämtliche präklinischen und klinischen Unterlagen des Referenzarzneimittels bezieht, sondern nur auf diejenigen Unterlagen, die zur Zulassung der neuen Indikation vorgelegt worden sind. Auch insoweit hat die Kommission eine Leitlinie veröffentlicht, die vom November 2007 datiert. Angesichts der Tatsache, dass diese Bestimmung nicht die Zulassung von Generika für die bis dahin zugelassenen Indikationen verhindert und angesichts von Aut-idem ist der tatsächliche Innovationsanreiz, der von dieser Vorschrift ausgeht, als gering einzustufen.

218 Der Wortlaut des § 24b Abs. 6 AMG bzw des Art. 10 Abs. 5 RL 2001/83/EG könnte den Eindruck erwecken, dass ein Unterlagenschutz für einen bekannten Wirkstoff nur für die Entwicklung weiterer Indikationen und auch nur für die dafür erforderlichen (präklinischen oder klinischen) Studien in Betracht kommt. Zu beachten ist jedoch, dass der Schutz dieser Unterlagen „zusätzlich" zum Unterlagenschutz nach allgemeinen Regeln gewährt wird. Gemeint sind also Fallkonstellationen, bei denen der Originator nach Ablauf der ursprünglichen Schutzfrist eine neue Indikation für das bereits zugelassene Arzneimittel erforscht und sodann die Zulassung einer neuen Indikation erwirkt. Würde dies außerhalb der Achtjahresfrist des § 24b Abs. 1 S. 1 AMG geschehen, wären diese Unterlagen unter Berücksichtigung des Konzepts der Globalzulassung nicht vor einer Bezugnahme durch generische Wettbewerber geschützt. Es geht also darum, dem Originator einen zusätzlichen Anreiz zur Zulassung weiterer Indikationen auch bei einem bekannten Wirkstoff zu bieten.

219 Dagegen lässt sich weder § 24b Abs. 6 noch Art. 10 Abs. 5 RL 2001/83/EG die Intention entnehmen, den Unterlagenschutz auch für solche Fällen zu limitieren, bei denen der Antragsteller erstmals und aufgrund eines Vollantrags die Zulassung für ein Arzneimittel erwirkt, das einen bekannten Wirkstoff enthält. Dies betrifft beispielsweise Fallkonstellationen, bei denen – ohne Beteiligung des ursprünglichen Originators – pharmazeutische Unternehmen bekannte Wirkstoffe für völlig neue Indikationen entwickeln. Häufig geht damit auch die Entwicklung neuer Stärken und Darreichungsformen einher. Der Entwicklungsaufwand dabei entspricht etwa demjenigen, der für die Entwicklung eines neuen Wirkstoffs erforderlich wäre. Eine derartige Vollzulassung würde – auch wenn sie einen bekannten Wirkstoff enthält – bereits deshalb Unterlagenschutz nach allgemeinen Regeln genießen, weil eine derartige neue Zulassung nicht Bestandteil der Globalzulassung des ursprünglichen Innovators wäre. Wie oben bereits ausgeführt, ist Voraussetzung des Konzepts der Globalzulassung, dass die betreffenden Einzelzulassungen zugunsten desselben pharmazeutischen Unternehmers erteilt worden sind. Selbst wenn man diesen Begriff weit fasst und hierzu auch konzernzugehörige oder durch Lizenzvertrag verbundene Unternehmen zählt, gehören unabhängige Dritte nicht hierzu.

220 Die Anwendung von § 24b Abs. 6 AMG bzw Art. 10 Abs. 5 RL 2001/83/EG auf solche Neuentwicklungen würde nur zudem nur dazu führen, dass der dort geregelte einjährige Schutz nicht „zusätzlich" gewährt, sondern dass der Schutz auf eben dieses eine Jahr

---

185 Notice to Applicants, Volume 2 C, veröffentlicht von der Kommission auf deren Webseite <http://ec.europa.eu/enterprise/pharmaceuticals/eudralex/eudralex_en.htm>.

beschränkt würde. Dieses Ergebnis lässt sich weder mit dem Wortlaut noch mit Sinn und Zweck der Regelung vereinbaren.

4. Hybridzulassungen

§ 24 b Abs. 2 S. 6 AMG regelt in Übereinstimmung mit Art. 10 Abs. 3 RL 2001/83/EG den Fall, dass zwischen Referenzarzneimittel und dem Arzneimittel, das zur Zulassung gebracht werden soll, erhebliche Unterschiede bestehen, so dass die Vorlage zusätzlicher präklinischer oder klinischer Daten erforderlich ist, um die Wirksamkeit und Unbedenklichkeit des Arzneimittels abschließend zu bewerten.[186] Die Sachverhalte, die Art. 10 Abs. 3 erfasst, sind aber außerordentlich vielgestaltig. Erfasst werden Fälle, die von lokal anzuwendenden und lokal wirksamen Arzneimitteln (etwa einer Creme) reichen bis hin zu der Zulassung einer neuen Stärke oder Indikation, die für das betreffende Referenzarzneimittel (auch unter Berücksichtigung des Konzepts der Globalzulassung) nicht zugelassen worden ist. Vorzulegen sind jeweils die Ergebnisse der „geeigneten" bzw „entsprechenden" Ergebnisse von präklinischen oder klinischen Versuchen. 221

Gemeint sind damit sog. **Brückenstudien**. Sie sollen es den zuständigen Behörden der Mitgliedstaaten ermöglichen, unter Berücksichtigung der für das Referenzarzneimittel vorgelegten präklinischen und klinischen Daten und den Daten, die vom Antragsteller für den Hybridantrag vorgelegt worden sind, die Wirksamkeit und Unbedenklichkeit dieses Arzneimittels abschließend zu beurteilen. Als Beispiel für eine solche Konstellation seien lokal wirksame Topika genannt (zB Cremes oder Salben), die denselben Wirkstoff enthalten wie ein bereits zugelassenes Arzneimittel mit derselben Darreichungsform. Der Antragsteller für ein solches lokal wirksames Generikum ist nicht gezwungen, die Wirksamkeit und Unbedenklichkeit unter Vorlage der dafür normalerweise erforderlichen präklinischen und klinischen Daten insgesamt zu belegen, da die Wirksamkeit und Unbedenklichkeit des Wirkstoffs im Allgemeinen bereits bekannt und durch die Zulassungsunterlagen, die für das Referenzarzneimittel vorgelegt worden ist, bereits nachgewiesen worden ist. Da bei solchen lokal wirksamen Topika die galenische Formulierung eine große Rolle spielen kann und Bioäquivalenzuntersuchungen im Sinne von Blutspiegelmessungen nicht geeignet sind, die Wirksamkeit und Unbedenklichkeit nachzuweisen, ist in solchen Fällen eine klinische Studie zum Nachweis der therapeutischen Äquivalenz[187] beider Formulierungen vorzulegen. 222

§ 24 b Abs. 2 S. 6 AMG erfasst jedoch sehr unterschiedliche Fallgestaltungen, die bis hin zur Entwicklung neuer Stärken, Darreichungsformen und Indikationen reichen. Welche zusätzlichen Brückenstudien insoweit erforderlich sind, ist eine Frage des Einzelfalls.

5. Ähnliche biologische Arzneimittel (Biosimilars)

Im Gegensatz zu chemisch definierten Arzneimitteln ist es bei biologischen Arzneimitteln, die einem bereits zugelassenen Referenzarzneimittel ähneln, nicht möglich, die Wirksamkeit und Unbedenklichkeit allein anhand einer Bioäquivalenzstudie mit dem Referenzarzneimittel zu bewerten. Für die Beurteilung der Wirksamkeit und Unbedenklichkeit eines biologischen Arzneimittels können sowohl die verwendeten Rohstoffe als auch der spezifische Herstellungsprozess eine entscheidende Rolle spielen. Da der Herstellungsprozess üblicherweise zu den Betriebs- und Geschäftsgeheimnissen eines pharmazeutischen Unternehmens gehört, ist ein Unternehmen, das ein Biosimilar zulassen möchte, darauf angewiesen, einen eigenen Herstellungsprozess zu entwickeln. 223

---

[186] Zu einem Sonderfall bei *Racemat* (Referenzarzneimittel) und *Isomer* (Generikum) vgl OVG NRW, Beschl. v. 5.9.2008 – 13 B 1013/08; VG Köln, Beschl. v. 11.6.2008 – 24 L 666/08.
[187] So die Guideline der EMEA CPMP/EWP/239/95.

224 Der Anhang I der Richtlinie 2001/83/EG definiert ein biologisches Arzneimittel als ein solches, dessen Wirkstoff ein Stoff biologischen Ursprungs ist oder aus biologischem Ursprungsmaterial erzeugt wird und zu dessen Charakterisierung und Qualitätsbestimmung physikalische, chemische und biologische Prüfungen und die Beurteilung des Produktionsprozesses und seiner Kontrolle erforderlich sind. Hiervon erfasst werden sehr unterschiedliche Produkte wie zB solche, die mit den im Anhang der Verordnung (EG) Nr. 726/2004 beschriebenen biotechnologischen Verfahren hergestellt werden, sowie Impfstoffe, Allergene oder Blutprodukte. Entsprechend heterogen sind die Anforderungen, die an die Zulassung eines solchen biologischen Arzneimittels gestellt werden, die einem bereits zugelassenen Referenzarzneimittel ähneln. Der Teil II.4. des Anhangs I der Richtlinie 2001/83/EG führt insoweit Folgendes aus: „Wegen der Verschiedenartigkeit der biologischen Arzneimittel ist von der zuständigen Behörde unter Berücksichtigung der spezifischen Merkmale jedes einzelnen Arzneimittels festzulegen, welche der in Modul 4 und 5 vorgesehenen Studien erforderlich sind."

225 Kurz gesagt handelt es sich um eine Einzelfallentscheidung auf der Basis des sich weiterhin rasant weiterentwickelnden wissenschaftlichen Erkenntnisstands. Die EMEA hat hierzu bereits eine ganze Reihe von Leitlinien veröffentlicht. Eine erste Orientierung bietet die Guideline on Similar Biological Medicinal Products (CHMP/437/04 vom 30.10.2005).

VI. Verwertungsbefugnis der Bundesoberbehörden

1. Allgemeines

226 § 24 d AMG befasst sich mit der Frage, inwieweit die zuständigen Bundesoberbehörden auch außerhalb von konkreten Zulassungsanträgen berechtigt sind, ihr vorliegende Gutachten und Unterlagen zur Erfüllung ihrer Aufgaben zu verwerten. Bei der Auslegung dieser Vorschrift ist zudem der in § 24 VwVfG verankerte Untersuchungsgrundsatz zu berücksichtigen. Im Grundsatz sollen die zuständigen Bundesoberbehörden berechtigt sein, sämtliche Erkenntnisse, die sich aus den ihr vorliegenden Unterlagen ergeben, zur Erfüllung ihrer Amtsaufgaben zu verwerten.

2. Ausnahmen von der Verwertungsbefugnis

227 Ausgenommen von dieser allgemeinen Verwertungsbefugnis sind ausdrücklich die herstellungsbezogenen Angaben, die im Rahmen der Arzneimittelzulassung gemacht werden müssen, sowie entsprechenden Angaben und Unterlagen über die Art der Haltbarmachung, die Dauer der Haltbarkeit, die Art der Aufbewahrung sowie die Ergebnisse von Stabilitätsprüfungen. Dasselbe gilt für die Kontrollmethoden und das analytische Gutachten. Bei diesen Angaben und Unterlagen handelt es sich grundsätzlich um solche, die ein Betriebs- und Geschäftsgeheimnis des jeweiligen Antragstellers darstellen und die deswegen nicht verwertet werden dürfen. Alle übrigen Angaben, Unterlagen und Gutachten, die den zuständigen Bundesoberbehörden vorgelegt worden sind, darf sie grundsätzlich verwerten und die daraus gewonnen Erkenntnisse auch für andere Zulassungsverfahren heranziehen. Allerdings besteht eine derartige Berechtigung zur Verwertung nur dann, wenn die erstmalige Zulassung des Arzneimittels, deren Unterlagen für andere Zwecke verwertet werden sollen, länger als acht Jahre, gerechnet von der erstmaligen Zulassung des Arzneimittels in der EU, zurückliegt oder ein Verfahren nach § 24 c AMG noch nicht abgeschlossen ist. Praktische Bedeutung erlangt diese Vorschrift zB im Rahmen von Risikoverfahren für Arzneimittel, die ganze Substanzklassen erfassen können, sowie Stellungnahmen zur Verschreibungspflicht und zum Vertriebsweg.[188]

---

188 Kloesel/Cyran, Arzneimittelrecht, § 24 d AMG Erl. 2.

3. Bedeutung für generische Zulassungsverfahren

Durch das Gesetz zur Änderung arzneimittelrechtlicher oder anderer Vorschriften vom 17.7.2009 (sog. 15. AMG-Novelle) wurde klargestellt, dass sich die Verwertung von Unterlagen, die für die Zulassung eines Referenzarzneimittels vorgelegt worden sind, nach den §§ 24 und 24 b AMG richten. In der Amtlichen Begründung[189] heißt es hierzu zutreffend, dass das europäische Recht die Möglichkeiten zur Bezugnahme und Verwertungsbefugnis abschließend regele und in den § 24 a und § 24 b AMG umgesetzt sei. § 24 d AMG hat daher für Zulassungsanträge im Sinne von § 24 a und § 24 b AMG keine Bedeutung mehr.

Unklar ist jedoch nun, welche Bedeutung die achtjährige Verwertungssperre des § 24 d AMG angesichts dieser Neuregelung noch hat. Ihr Sinn bestand ursprünglich darin, eine Verwertung von Unterlagen zugunsten generischer Antragsteller erst dann zu gestatten, wenn die entsprechende Schutzfrist abgelaufen war. Angesichts des jetzt erfolgten Hinweises, dass es sich bei § 24 a und § 24 b AMG um spezielle Regelungen handelt, dürfte die zeitliche Begrenzung der Verwertungssperre überflüssig geworden sein.

VII. Behördliche Zuständigkeiten

1. Allgemeines

In der Sprache des AMG kommen sowohl zuständige Behörden vor als auch die zuständigen Bundesoberbehörden. So erteilt etwa die zuständige Bundesoberbehörde die Zulassung (§ 25 Abs. 1 S. AMG) während die Herstellungserlaubnis im Sinne von § 13 Abs. 1 AMG von der zuständigen Behörde zu erteilen ist. Diese Kompetenzverteilung entspricht den grundgesetzlichen Vorgaben in Artt. 30 und 83 des Grundgesetzes. Art. 87 Abs. 3 S. 1 GG ermächtigt den Bund, zuständige Bundesoberbehörden durch Bundesgesetz zu errichten, was eine entsprechende Bundesgesetzgebungskompetenz voraussetzt. Dies geschah durch das Gesetz über Nachfolgeeinrichtungen des Bundesgesundheitsamtes (BGA-Nachfolgegesetz) in Bezug auf das Bundesinstitut für Arzneimittel und Medizinprodukte sowie das Robert-Koch-Institut sowie durch das Gesetz über das Bundesinstitut für Impfstoffe und biomedizinische Arzneimittel für das Paul-Ehrlich-Institut. Diese Bundesoberbehörden unterstehen dem Bundesministerium für Gesundheit. Dagegen wurde das Bundesamt für Verbraucherschutz und Lebensmittelsicherheit durch das BVL-Gesetz vom 6.8.2002 errichtet. Es ist im Geschäftsbereich des Bundesministeriums für Ernährung, Landwirtschaft und Verbraucherschutz tätig.

2. Zuständige Bundesoberbehörden

Welche Bundesoberbehörden im Einzelnen zuständig ist, bestimmt sich nach § 77 AMG. Aus § 77 Abs. 1 AMG ergibt sich insoweit, dass grundsätzlich das Bundesinstitut für Arzneimittel und Medizinprodukte die zuständige Bundesoberbehörde ist, es sei denn, dass das Paul-Ehrlich-Institut oder das Bundesamt für Verbraucherschutz und Lebensmittelsicherheit zuständig ist. Ergibt sich aus § 77 Abs. 2 bis 4 AMG keine Spezialzuständigkeit einer anderen Bundesoberbehörde, bleibt also das Bundesinstitut für Arzneimittel und Medizinprodukte zuständig (Auffangzuständigkeit).

Die Abgrenzung der Zuständigkeiten der Bundesoberbehörden erfolgt produktbezogen.

a) Paul-Ehrlich-Institut

Das Paul-Ehrlich-Institut ist gemäß § 77 Abs. 2 AMG für folgende Produktgruppen zuständig: Sera (§ 4 Abs. 3 AMG), Impfstoffe (§ 4 Abs. 4 AMG), Blutzubereitungen, Knochen-

---

[189] BT-Drucks. 16/12256.

markzubereitungen, Gewebezubereitungen (§ 4 Abs. 30 AMG), Gewebe, Allergene (§ 4 Abs. 5 AMG), Arzneimittel für neuartige Therapien (Verordnung 1349/2007/EG), xenogene Arzneimittel (§ 4 Abs. 21 AMG) und gentechnisch hergestellte Blutbestandteile. Zu den Aufgaben des Paul-Ehrlich-Instituts gehören, soweit nicht die EMEA zuständig ist, insbesondere folgende Aufgaben:

- Zulassung von Sera und Impfstoffen
- Chargenfreigabe gemäß § 32 AMG
- Erteilung von Zulassungen und Chargenfreigaben nach dem Viehseuchenrecht sowie
- die Risikoerfassung und -bewertung sowie Durchführung von Maßnahmen nach dem Stufenplan.

Das Paul-Ehrlich-Institut hat seinen Sitz in Langen.

b) Bundesamt für Verbraucherschutz und Lebensmittelsicherheit

233   Dieses Bundesamt ist zuständig für Tierarzneimittel. Dies gilt insbesondere für die Zulassung und Registrierung von Tierarzneimitteln. Ausgenommen hiervon sind Tierimpfstoffe, die in die Zuständigkeit des Paul-Ehrlich-Instituts fallen. Darüber hinaus ist das BVL zuständig für das Resistenzmonitoring. Das BVL hat seinen Sitz in Berlin und Braunschweig.

c) Bundesinstitut für Arzneimittel und Medizinprodukte

234   Angesichts der sich aus § 77 Abs. 1 AMG ergebenen Restzuständigkeit des Bundesinstituts für Arzneimittel und Medizinprodukte (BfArM) ist dieses zuständig für chemisch definierte Arzneimittel, pflanzliche Arzneimittel im Sinne des § 4 Abs. 29 AMG, für anthroposophische Arzneimittel (§ 4 Abs. 33 AMG) sowie für Homöopathika. Dies gilt jeweils jedoch nur, soweit es sich um Humanarzneimittel handelt. Neben der Zulassung und Registrierung von Arzneimitteln gehören zu den Aufgaben des BfArM insbesondere die Risikoerfassung und Bewertung sowie die Überwachung des Verkehrs mit Betäubungsmitteln. Das BfArM hat seinen Sitz in Bonn.

d) Zuständigkeit der EMEA und der Europäischen Kommission

235   Die oben aufgeführten Zuständigkeiten der Bundesoberbehörden, die sich aus den Vorschriften des AMG sowie aus den Einrichtungsgesetzen dieser Bundesoberbehörden ergeben, dürfen nicht darüber hinweg täuschen, dass viele zentrale Aufgaben nicht mehr in die (alleinige) Zuständigkeit der Bundesoberbehörden fallen, sondern in die Zuständigkeit der EMEA und der Europäischen Kommission. Dies gilt selbst für so zentrale Regelungsbereiche wie die Risikobewertung und das Treffen von Risikoentscheidungen. Als Beispiel für eine derartige Kompetenzverlagerung sei hier auf Art. 107 RL 2001/83/EG hingewiesen. Diese Bestimmung verpflichtet die Mitgliedstaaten, immer dann, wenn sie eine Anordnung der Aussetzung, des Widerrufs oder der Änderung einer Zulassung aus Risikogründen erwägen, die anderen Mitgliedstaaten, die EMEA sowie den Zulassungsinhaber zu informieren.

236   Sofern es um eine Aussetzung oder den Widerruf einer Zulassung aus Risikogründen geht, ergibt sich aus Art. 107 Abs. 2 RL 2001/83/EG, dass der CHMP ein Gutachten über die betreffende Angelegenheit abzugeben hat. Dies führt sodann zu einer Entscheidung der Europäischen Kommission, die an die Mitgliedstaaten gerichtet und die von den zuständigen Bundesoberbehörden umzusetzen ist. Dies bedeutet jedoch nichts anderes, als dass den Mitgliedstaaten, sofern es um den Widerruf oder die Aussetzung einer Zulassung aus Risikogründen geht, die Zuständigkeit entzogen worden ist. Dies gilt insbesondere auch für nationale Zulassungen.

Zwar wirken die zuständigen Bundesoberbehörden über ihre Mitglieder im CHMP bzw CVMP an diesem Entscheidungsprozess mit. Jedoch darf nicht verkannt werden, dass es sich bei den Entscheidungen der Ausschüsse der EMEA grundsätzlich um Mehrheitsentscheidungen handelt. Einzelne Mitgliedstaaten können daher ohne Weiteres überstimmt werden, was in der Vergangenheit bereits häufiger geschehen ist.

Auch im Bereich der Arzneimittelzulassung wurde den zuständigen Bundesoberbehörden die Zuständigkeit für therapeutisch besonders wichtige Arzneimittel entzogen. Dies gilt insbesondere für diejenigen Arzneimittel, die im Anhang der Verordnung (EG) Nr. 726/2004 genannt sind. Bei der Frage, ob eine Bundesoberbehörde also tatsächlich für eine bestimmte Aufgabe zuständig ist, ist daher immer auch im Blick zu behalten, ob das Gemeinschaftsrecht der EMEA bzw der Kommission eine Zuständigkeit zugewiesen hat. Die EMEA hat ihren Sitz in London. 237

e) Zuständige Behörden der Länder

Soweit das AMG von den zuständigen Behörden spricht, handelt es sich um die jeweils zuständigen Behörden der Bundesländer. Welche Behörden konkret sachlich und örtlich zuständig sind, wird durch landesrechtliche Zuständigkeitsverordnungen bestimmt. Die Zentralstelle für Länder für Gesundheitsschutz bei Arzneimitteln und Medizinprodukten hält auf ihrer Webseite[190] die entsprechenden Zuständigkeitsverordnungen der Bundesländer zum Download bereit. Ebenfalls sehr hilfreich ist das „Verzeichnis der für den Vollzug des Arzneimittelgesetzes zuständigen Behörden, Stellen und Sachverständigen" das vom Bundesministerium für Gesundheit auf seiner Webseite[191] veröffentlicht wird. 238

Die Kernaufgaben der Bundesländer bestehen in der Überwachung sowie in der Erteilung von Herstellungserlaubnissen nach § 13 AMG sowie von Erlaubnissen nach §§ 20 b und 20 c AMG sowie die Erteilung von Einfuhrerlaubnis nach § 72 AMG.

VIII. Beteiligung von Zulassungskommissionen bei der Zulassungserteilung

Durch das Gesetz zur Änderung arzneimittelrechtlicher und anderer Vorschriften vom 17.7.2009 (sog. 15. AMG-Novelle) wurde die Verpflichtung der zuständigen Bundesoberbehörde, vor der Zulassung eine Zulassungskommission zu hören, erheblich eingeschränkt. Dies geschah aufgrund der Erkenntnis, dass viele Arzneimittel nur noch im Verfahren der gegenseitigen Anerkennung, im dezentralisierten Verfahren oder dem zentralisierten Verfahren zugelassen werden. Bei diesen Verfahren ist für die Beteiligung einer Zulassungskommission in dem in § 25 Abs. 6 AMG beschriebenen Umfang kein Raum. 239

Nach der Neuregelung dürfte es nur in seltenen Fällen erforderlich werden, eine Zulassungskommission zu beteiligen. Denn durch die 15. AMG-Novelle ist nur noch dann eine Zulassungskommission zu hören, wenn es sich um ein Arzneimittel handelt, das den Therapierichtungen Phytotherapie, Homöopathie oder Anthroposophie zuzurechnen ist. Des Weiteren muss es sich um ein Verfahren handeln, das auf die Erteilung einer Zulassung gerichtet ist. Bei der Erteilung von Registrierungen homöopathischer Arzneimittel im Sinne von § 39 AMG ist daher eine Zulassungskommission ebenso wenig zu hören wie bei der Entscheidung über die Registrierung eines traditionellen pflanzlichen Arzneimittels gemäß § 39 c AMG. Schließlich besteht eine Verpflichtung zur Anhörung der Zulassungskommission nur dann, wenn das entsprechende Arzneimittel der Verschreibungspflicht nach § 48 Abs. 2 Nr. 1 AMG unterliegt. Dies sind jedoch nur solche, die Stoffe mit in der medizinischen Wissenschaft nicht allgemein bekannten Wirkungen oder Zubereitungen solcher Stoffe enthalten. Es ist kaum vorstellbar, dass diese Voraussetzungen von einem Arzneimittel für die oben genannten Therapierichtungen erfüllt werden. 240

---

190 <www.zlg.de>.
191 <www.bmg.bund.de>.

IX. Kosten des Zulassungsverfahrens

1. Kostenverordnung für die Zulassung von Arzneimitteln durch das BfArM und das BVL

a) Kostentatbestände

241 Die zuständigen Bundesoberbehörden erheben gemäß § 33 Abs. 1 AMG **Kosten** für die Entscheidungen über die Zulassung, über die Genehmigung von Gewebezubereitungen, über die Freigabe von Chargen, für die Bearbeitung von Anträgen, die Tätigkeit im Rahmen der Sammlung und Bewertung von Arzneimittelrisiken, für das Widerspruchsverfahren sowie für andere Amtshandlungen nach dem AMG und nach der Verordnung (EG) Nr. 1084/2003.[192] § 33 Abs. 2 S. 1 AMG ermächtigt das Bundesministerium, durch Rechtsverordnung die gebührenpflichtigen Tatbestände näher zu bestimmen und dabei feste Sätze oder Rahmensätze vorzusehen. Auf dieser Grundlage wurden die Kostenverordnung für die Zulassung von Arzneimitteln durch das Bundesinstitut für Arzneimittel und Medizinprodukte und das Bundesamt für Verbraucherschutz und Lebensmittelsicherheit (AMG-KostV)[193] sowie die Kostenverordnung für Amtshandlungen des Paul-Ehrlich-Instituts nach dem AMG[194] (PEIKostVO) erlassen. Zunächst soll in diesem Abschnitt näher auf die AMG-KostV eingegangen werden. Die „Kosten", die erhoben werden, umfassen Gebühren und zu erstattende Auslagen, vgl § 33 Abs. 1 AMG und § 1 Abs. 1 VwKostG.

aa) Gebühren

242 Unter „Gebühren" sind öffentlich-rechtliche Geldleistungen zu verstehen, die dem Gebührenschuldner aus Anlass einer individuell zurechenbaren Leistung der Verwaltung (Amtshandlung) auferlegt werden und dazu bestimmt sind, in Anknüpfung an diese Leistung deren Kosten ganz oder teilweise zu decken.[195]

Voraussetzung für die Erhebung einer Gebühr ist das Vorliegen einer Amtshandlung, vgl § 1 Abs. 1 Hs 2 VwKostG. Unter **„Amtshandlung"** versteht man jede mit Außenwirkung in Ausübung hoheitlicher Befugnisse vorgenommene Handlung.[196] Es ist nicht erforderlich, dass es sich um einen Akt der Eingriffsverwaltung oder um Genehmigungsverwaltung handelt; auch Amtshandlungen lediglich prüfender Art fallen darunter.[197] Eine Amtshandlung ist auch dann gebührenrelevant, wenn sie nur einen geringen zeitlichen und sachlichen Aufwand erfordert und durch erhebliche Mitwirkungshandlungen des Veranlassers geprägt ist.[198]

243 Hinsichtlich der Höhe der Gebühr gilt für den Verordnungsgeber das in § 33 Abs. 2 S. 2 AMG angeordnete **Kostendeckungsprinzip**, dh die Höhe der Gebühr bestimmt sich jeweils nach dem Personal- und Sachaufwand. Die Gebührensätze sind gemäß § 3 S. 2 VwKostG so zu bemessen, dass das erwartete Gebührenaufkommen den durchschnittlichen Verwaltungsaufwand des betreffenden Verwaltungszweiges nicht übersteigt.

---

[192] Diese VO wird zum 1.1.2010 durch die VO (EG) Nr. 1234/2008 (ABl. EU Nr. L 334/7) ersetzt.
[193] Kostenverordnung für die Zulassung von Arzneimitteln durch das Bundesinstitut für Arzneimittel und Medizinprodukte und das Bundesamt für Verbraucherschutz und Lebensmittelsicherheit v. 10.12.2003 (BGBl. I, 2510), die zuletzt durch die VO v. 23.4.2008 (BGBl. I, 749) geändert worden ist.
[194] Kostenverordnung für Amtshandlungen des Paul-Ehrlich-Instituts nach dem Arzneimittelgesetz in der Fassung der Bekanntmachung v. 4.10.2002 (BGBl. I, 4017), die zuletzt durch die VO v. 30.6.2009 (BGBl. I, 1671) geändert worden ist.
[195] BVerfGE 50, 217; BVerwGE 109, 272; Kopp/Schenke, § 80 VwGO Rn 58.
[196] Schlabach, § 1 VwKostG Rn 8.
[197] VG Köln, Urt. v. 5.12.2003 – 25 K 1587/03; Schlabach, § 1 VwKostG Rn 9.
[198] VG Köln, Urt. v. 5.12.2003 – 25 K 1587/03.

Daneben muss das aus dem Grundsatz der Verhältnismäßigkeit abgeleitete **Äquivalenzprinzip** beachtet werden.[199] Das Äquivalenzprinzip besagt, dass kein Missverhältnis zwischen der Höhe der Gebühr und dem Wert der Leistung für den Empfänger bestehen darf.[200] Dass dem Gebührenschuldner aus der behördlichen Tätigkeit kein unmittelbarer, konkret bezifferbarer Wert im Sinne eines objektiven Nutzens zufließt, steht der Gebührenerhebung unter dem Aspekt des Äquivalenzprinzips nicht entgegen.[201] Die Gebühr darf jedoch nicht abschreckend wirken.[202] Die alleinige Anwendung des Äquivalenzprinzips würde es zulassen, dass die Gebühren den durchschnittlichen Verwaltungsaufwand übersteigen. Durch das angeordnete Kostendeckungsprinzip wird jedoch eine Obergrenze gesetzt.[203] Zur Aufhebung einer angefochtenen Gebührenentscheidung kann nur eine gröbliche Verletzung des Kostendeckungs- oder des Äquivalenzprinzips führen.[204]

244

Schließlich kommt auch dem **Gleichheitssatz** im Hinblick auf die Differenzierung nach Gebührentatbeständen eine besondere Bedeutung zu. Grundsätzlich liegt es im Ermessen des Verordnungsgebers, ob und in welchem Umfang er bei der Gebührenbemessung differenzieren will.[205] Dabei sind gewisse Pauschalierungen und Schematisierungen nicht zu vermeiden und im Rahmen des Gebührenrechts zulässig und rechtsstaatlich.[206] Die Verknüpfung zwischen den Kosten der Staatsleistung und den dafür auferlegten Gebühren darf sich aber nicht in einer Weise gestalten, die, bezogen auf den Zweck der gänzlichen oder teilweisen Kostendeckung, sich unter keinem vernünftigen Gesichtspunkt als sachgemäß erweist.[207] Der gewählte Maßstab darf also nicht willkürlich sein.[208]

245

Die einzelnen gebührenpflichtigen Tatbestände und die Höhe der Gebühr wurden in der AMGKostV sehr differenziert niedergelegt. So finden sich nicht nur Tatbestände für die einzelnen gesetzlich vorgesehenen Verfahren wie zB nationale Zulassung und Verlängerung, DC-Verfahren, MR-Verfahren und Registrierungsverfahren traditioneller pflanzlicher Arzneimittel, sondern es wird innerhalb einzelner Verfahrensarten soweit möglich je nach Bearbeitungsaufwand weiter differenziert, zB danach ob es sich um einen neuen oder bekannten Stoff, eine Dublette, Serie, teilweise oder vollständige Bezugnahme oder eine Bezugnahme nach § 24 a AMG handelt. Die Definitionen der in diesem Zusammenhang verwendeten Begriffe finden sich in der Anlage zur AMGKostV. Eine weitere Differenzierung wird seit der Zweiten Änderungsverordnung zur AMGKostV[209] danach getroffen, ob eine Bewertung möglicher Umweltrisiken von Arzneimitteln durch das Umweltbundesamt stattfinden hat.

246

Als **andere Amtshandlungen** iSd § 33 Abs. 1 AMG wurden in die AMGKostV insbesondere die Bearbeitung von Änderungen nach § 29 AMG und nach der Verordnung (EG) Nr. 1084/2003 (Variations)[210], die Anordnung von Auflagen, Maßnahmen nach § 30 Abs. 1, 1 a und 2 sowie nach § 42 a AMG, wissenschaftliche Stellungnahmen, Wiedereinsetzung in den vorigen Stand, Wiederaufgreifen des Verfahrens, nicht einfache schriftliche Auskünfte, Einsichtnahme in Zulassungsakten in bestimmten Fällen sowie die Beratung des Antragstellers aufgenommen.

247

---

199 BVerwGE 26, 305; 109, 272.
200 BVerfGE 20, 257; BVerwGE 26, 305; 109, 272.
201 BVerwGE 109, 272.
202 BVerwGE 12, 162.
203 Schlabach, § 1 VwKostG Rn 24.
204 BVerwGE 12, 162; 26, 305; v. Dreising, § 3 VwKostG Anm. 3.
205 BVerwGE 26, 305; VG Köln, Urt. v. 9.2.2007 – 25 K 7213/05.
206 BVerwGE 26, 305.
207 BVerfGE 50, 217.
208 BVerwGE 26, 305; VG Köln, Urt. v. 9.2.2007 – 25 K 7213/05.
209 VO v. 23.4.2008 (BGBl. I, 749).
210 Ab 1.1.2010 nach der VO (EG) Nr. 1234/2008 (ABl. EU Nr. L 334/7).

248 Auch wenn es nicht zu einer abschließenden Entscheidung der Behörde kommt, zB weil der Antrag zuvor zurückgenommen wurde, können seit der 12. AMG-Novelle Kosten erhoben werden, da ab diesem Zeitpunkt gemäß § 33 Abs. 1 AMG auch die **Bearbeitung von Anträgen** kostenpflichtig ist. Eine Gebühr wird nur dann nicht erhoben, wenn der Antrag bzw der Widerspruch vor Beginn der sachlichen Bearbeitung zurückgenommen wird. Dies ergibt sich aus einem Gegenschluss aus § 2 AMGKostVO bzw aus den Gebührennummern 20.1.3 und 20.2.3. Bei Rücknahme eines Antrags nach Beginn der sachlichen Bearbeitung wird die Gebühr gemäß § 2 AMGKostV auf 75 % der für die Amtshandlung festzusetzenden Gebühr ermäßigt. Sie kann bis zu einem Viertel der vorgesehenen Gebühr ermäßigt oder es kann von ihrer Erhebung abgesehen werden, wenn dies der Billigkeit entspricht. Die sachliche Bearbeitung beginnt, sobald eine inhaltliche Befassung mit dem Antrag stattfindet.[211] Dagegen fallen lediglich formale Tätigkeiten wie Aktenanlegung, Registrierung von Schriftstücken, Vergabe eines Aktenzeichens nicht unter die sachliche Bearbeitung.[212]

249 Eine **analoge Anwendung von Gebührentatbeständen** auf ähnliche Fälle kommt im Kostenrecht im Allgemeinen nicht in Betracht.[213] Diese muss in der Regel explizit in der Kostenverordnung vorgesehen sein, was in der AMGKostV nicht geschehen ist. Gegen eine analoge Anwendung spricht insbesondere auch die weitgehende Ausdifferenzierung der Tatbestände in der AMGKostV.[214]

250 Mit der 14. AMG-Novelle wurde die Kostenpflichtigkeit von **Widerspruchsverfahren** sowohl gegen Sach- als auch Kostenentscheidungen wieder eingeführt. Die AMGKostV sieht hierfür überwiegend Rahmengebühren vor. Da der Aufwand für die Bearbeitung eines Widerspruches gegen eine Sachentscheidung durchaus dem für die nachzuprüfende Entscheidung erforderlichen Aufwand entsprechen kann, wurde der obere Gebührenrahmen an der für die Sachentscheidung vorgesehenen Gebühr bemessen.[215] Bei Widerspruchsverfahren gegen Kostenentscheidungen ist der Aufwand idR geringer, so dass hier auch geringere Gebühren anfallen. Kostenpflichtig ist jeweils die Zurückweisung als unzulässig, die teilweise oder vollständige Zurückweisung als unbegründet sowie die Rücknahme eines Widerspruchs nach Beginn der sachlichen Bearbeitung, jedoch vor deren Beendigung.

251 Im Falle eines erfolgreichen Widerspruches erfolgt nunmehr auch eine **Erstattung der notwendigen Aufwendungen**. Zu beachten ist jedoch die Begrenzung der Erstattung in § 33 Abs. 4 AMG. Danach werden notwendige Aufwendungen im Sinne des § 80 Abs. 1 VwVfG nur bis zur Höhe der in einer Rechtsverordnung für die Zurückweisung eines entsprechenden Widerspruchs vorgesehenen Gebühren, bei Rahmengebühren bis zu deren Mittelwert, erstattet. Die entsprechende Kostenfestsetzung durch die Behörde erfolgt gemäß § 80 Abs. 3 VwVfG auf Antrag. Bei dieser Kostenfestsetzung handelt es sich um einen Verwaltungsakt.[216]

bb) Auslagen

252 „Auslagen" sind Aufwendungen, die einer Behörde im Interesse der kostenpflichtigen Amtshandlungen entstehen. Die vom Kostenschuldner zu erstattenden Auslagen ergeben sich aus § 10 VwKostG. Von Bedeutung sind im Rahmen der Zulassungsverfahren insbesondere

---

211 v. Dreising, § 15 VwKostG Anm. 2.1.
212 Schlabach, § 15 VwKostG Rn 3.
213 VG Köln, Urt. v. 9.2.2007 – 25 K 7213/05.
214 VG Köln, Urt. v. 9.2.2007 – 25 K 7213/05.
215 Vgl Begr. zur Zweiten Änderungsverordnung, veröffentlicht auf der Homepage des BfArM (www.bfarm.de).
216 Kopp/Ramsauer, § 80 VwVfG Rn 64.

Auslagen für die vorgeschriebene öffentliche Bekanntmachung im Bundesanzeiger, für Kopien und weitere Ausfertigungen sowie die Vergütung für Sachverständige.

Hinsichtlich der Auslagen für **Sachverständige** besteht nach § 4 AMGKostV in bestimmten Fällen eine Besonderheit. Das AMG enthält eine Reihe von Regelungen, in denen die Möglichkeit des Einsatzes von Sachverständigen und Gegensachverständigen vorgesehen ist, vgl zB § 25 Abs. 5 S. 2 und 5, § 31 Abs. 3 S. 2 iVm § 25 Abs. 5 S. 5 AMG. Der Einsatz externen Sachverstandes soll insbesondere der Beschleunigung des Zulassungsverfahrens und der Entlastung der Behörde dienen.[217] Für den Antragsteller ist dieser Einsatz in den überwiegenden Fällen kostenneutral, da gemäß § 4 AMGKostV die hierfür zunächst zu erstattenden Kosten auf die festzusetzende Gebühr angerechnet werden. Für die Höhe der Vergütung der Sachverständigen gilt das Justizvergütungs- und -entschädigungsgesetz (JVEG) entsprechend. Die Kosten für diese Sachverständigen werden also zunächst dem Kostenschuldner als Auslagen in Rechnung gestellt und nach der Sachentscheidung von der zu zahlenden Gebühr abgezogen.

Die Erstattung von Auslagen kann gemäß § 10 Abs. 2 VwKostG auch dann verlangt werden, wenn für eine Amtshandlung Gebührenfreiheit besteht.

b) Kostenpflichtige

Wer der Behörde gegenüber kostenpflichtig ist, ergibt sich aus § 13 VwKostG. Danach ist **Kostenschuldner**,

- wer die Amtshandlung veranlasst oder zu wessen Gunsten sie vorgenommen wird,
- wer die Kosten durch eine vor der zuständigen Behörde abgegebene oder ihr mitgeteilte Erklärung übernommen hat,
- wer für die Kostenschuld eines anderen kraft Gesetzes haftet.

Veranlasser ist nicht nur derjenige, der einen formellen Antrag bei der Behörde einreicht, sondern auch derjenige, der durch sein Verhalten der Behörde nach Maßgabe der Gesetze Grund zum Tätigwerden gegeben hat.[218] **Begünstigter** ist derjenige, dem die Behörde einen Vorteil verschaffen will.[219] Dies wird insbesondere in den Fällen der Rechtsnachfolge relevant. Wirkt eine Amtshandlung auch für den Rechtsnachfolger eines Antragstellers, so ist der Rechtsnachfolger gleichfalls Kostenschuldner, da die Amtshandlung auch zu seinen Gunsten vorgenommen wurde.[220]

Mehrere Schuldner haften gemäß § 13 Abs. 2 VwKostG als Gesamtschuldner. Die §§ 421 bis 427 BGB sind entsprechend anwendbar.[221] Danach kann die Behörde auswählen, welchen Kostenschuldner sie heranziehen will.[222] Sie kann die Kosten ganz oder teilweise von jedem der Gesamtschuldner fordern, aber insgesamt nur einmal einziehen.[223]

Bei **Einschaltung eines Vertreters** bleibt Kostenschuldner grundsätzlich der Vertretene,[224] es sei denn, es liegt eine Kostenübernahmeerklärung vor oder der Vertreter handelt ohne Vertretungsmacht. Die Bekanntgabe der Kostenentscheidung erfolgt jedoch in der Regel gemäß § 14 Abs. 3 S. 1 VwVfG an den Vertreter.

Im Rahmen der klinischen Prüfung bestimmt § 4 Abs. 24 AMG, dass der Verantwortliche für die Finanzierung der Sponsor ist, der somit auch Kostenschuldner ist.

---

[217] Begr. zum 4. AMG-Änderungsgesetz, BR-Drucks. 375, 89.
[218] Schlabach, § 13 VwKostG Rn 4.
[219] Schlabach, § 13 VwKostG Rn 8.
[220] Schlabach, § 13 VwKostG Rn 9.
[221] v. Dreising, VwKostG, § 13 Anm. 2.
[222] v. Dreising, VwKostG, § 13 Anm. 2; Schlabach, § 13 VwKostG Rn 12.
[223] VG Oldenburg, Urt. v. 27.2.2009 – 7 A 297/06; v. Dreising, § 13 VwKostG Anm. 2.
[224] Schlabach, § 13 VwKostG Rn 9.

c) Kostenerhebung

257 Die Kostenentscheidung soll gemäß § 14 Abs. 1 S. 2 VwKostG, soweit möglich, zusammen mit der Sachentscheidung ergehen. Sie kann aber bis zum Verjährungszeitpunkt des Anspruchs noch nachgeholt werden; eine fehlerhafte Kostenentscheidung kann bis zu diesem Zeitpunkt noch zuungunsten des Kostenschuldners korrigiert werden.[225] Eine Amtshandlung, die auf Antrag vorzunehmen ist, kann gemäß § 16 VwKostG von der Zahlung eines Vorschusses bis zur Höhe der voraussichtlich entstehenden Kosten abhängig gemacht werden.

258 Gemäß § 8 Abs. 1 Nr. 2 VwKostG besteht für die Länder und die juristischen Personen des öffentlichen Rechts, die nach den Haushaltsplänen eines Landes für Rechnung eines Landes verwaltet werden, **persönliche Gebührenfreiheit**. Von besonderer Bedeutung ist diese Regelung im Rahmen **klinischer Prüfungen**. Kostenschuldner für Amtshandlungen im Rahmen klinischer Prüfungen ist grundsätzlich der Sponsor. Soweit Sponsor eine Universität ist, dürfte diese in der Regel die Voraussetzungen des § 8 Abs. 1 Nr. 2 VwKostG erfüllen. Allerdings tritt die Befreiung gemäß § 8 Abs. 2 VwKostG dann nicht ein, wenn die betroffene juristische Person berechtigt ist, die Gebühren Dritten aufzuerlegen. Bei den Universitätsklinika ist die Rechtslage eine andere. In den vergangenen Jahren wurden die meisten Universitätsklinika verselbständigt und aus dem Landeshaushalt ausgegliedert, so dass sie nicht mehr die Voraussetzungen für eine persönliche Gebührenfreiheit erfüllen. Das VG Köln hat hierzu festgestellt, dass es weder darauf ankommt, ob das Klinikum Landeszuschüsse erhält noch um welche Aufgabe des Klinikums – Forschung oder Krankenbehandlung – es sich handelt.[226] § 8 VwKostG betrifft eine persönliche und keine sachliche Gebührenfreiheit. Die Regelung knüpft ausschließlich an die haushaltstechnische Führung der jeweiligen juristischen Person an.[227] Dies bedeutet, dass ein Universitätsklinikum auch dann nicht persönlich gebührenbefreit ist, wenn die Forschung als Aufgabe grundsätzlich der Universität zugewiesen ist, aber das Klinikum die Studie durchführt. Liegt grundsätzlich keine Gebührenfreiheit vor, kommt es folglich auch nicht mehr darauf an, ob es sich um eine kommerzielle oder nichtkommerzielle Studie handelt.

259 Auch die **Gemeinnützigkeit** eines Kostenschuldners führt nicht zu einer persönlichen Gebührenbefreiung nach § 8 VwKostG.[228] Die **Beweislast** für das Vorliegen der Voraussetzungen persönlicher Gebührenfreiheit liegt beim Gebührenschuldner.[229]

260 Die AMGKostV enthält mehrere **Ermäßigungstatbestände**. § 2 AMGKostV sieht eine Ermäßigung für den Fall der Ablehnung eines Antrags auf Vornahme einer gebührenpflichtigen Amtshandlung oder der Rücknahme eines Antrags nach Beginn der sachlichen Bearbeitung vor. Im Fall der Rücknahme eines Antrags vor Beginn der sachlichen Bearbeitung wird keine Gebühr erhoben. Nach § 3 Abs. 2 AMGKostV kann die Gebühr bis auf die Hälfte der vorgesehenen Gebühr ermäßigt werden, wenn der mit der Amtshandlung verbundene Personal- und Sachaufwand einerseits und die Bedeutung, der wirtschaftliche Wert oder der sonstige Nutzen der Amtshandlung für den Gebührenschuldner andererseits dies rechtfertigen. Die Voraussetzungen müssen also kumulativ vorliegen.

261 Für die Ermäßigung nach § 3 Abs. 2 AMGKostV ist kein Antrag erforderlich; der Behörde müssen aber Anhaltspunkte dafür vorliegen, dass die Voraussetzungen erfüllt sein können.

---

[225] Schlabach, § 14 VwKostG Rn 5.
[226] VG Köln, Urt. v. 9.11.2007 – 25 K 661/07.
[227] VG Braunschweig, Urt. v. 12.9.2007 – 1 A 341/06; VG Köln, Urt. v. 9.11.2007 – 25 K 4096/06; vgl auch Krüger, KliFoRe 2008, 80.
[228] VG Köln, Urt. v. 9.11.2007 – 25 K 4096/06; VG Darmstadt, Urt. v. 17.4.2008 – 3 E 228/05.
[229] v. Dreising, § 8 VwKostG Anm. 1.

Zum wirtschaftlichen Wert oder sonstigen Nutzen der Amtshandlung ist daher ein entsprechender Vortrag des Gebührenschuldners zu erwarten.[230]

Eine Regelung, die allein auf geringe Umsätze abstellt, wie sie in § 7 der AMG-Kostenverordnung vom 16.9.1993 (BGAAMZulKostV 1993)[231] vorgesehen war, enthält die AMG-KostV in der aktuellen Fassung nicht mehr. Weitere Ermäßigungsmöglichkeiten bestehen nach § 3 Abs. 3 AMGKostV. Danach können auf Antrag bestimmte Gebühren bis auf ein Viertel der vorgesehenen Gebühr ermäßigt werden, wenn der Antragsteller einen den Entwicklungs- und Zulassungskosten angemessenen wirtschaftlichen Nutzen nicht erwarten kann und 1. an dem Inverkehrbringen des Arzneimittels aufgrund des Anwendungsgebietes ein öffentliches Interesse besteht oder 2. die Anwendungsfälle selten oder die Zielgruppe, für die das Arzneimittel bestimmt ist, klein ist.

Eine Ermäßigung allein aufgrund eines Status als kleineres oder mittleres Unternehmen (KMU), wie es in den europäischen zentralen Verfahren vorgesehen ist (*micro, small or medium-sized enterprise* – SME),[232] kann nach dem Gesagten nach der AMGKostV nicht gewährt werden.

Im Rahmen der Vorschusserhebung kommt in der Regel eine Ermäßigung nicht in Betracht, da zu diesem Zeitpunkt noch nicht feststeht, ob die jeweiligen Voraussetzungen erfüllt sind, insbesondere kann der tatsächliche Personal- und Sachaufwand in diesem Stadium des Verfahrens noch nicht bestimmt werden.[233]

§ 3 Abs. 1 AMGKostV eröffnet die Möglichkeit einer Erhöhung der vorgesehenen Gebühr bis auf das Doppelte, wenn die Amtshandlung im Einzelfall einen außergewöhnlich hohen Aufwand erfordert hat. Der Gebührenschuldner ist vorher anzuhören.

Da die Kostenverordnung aufgrund der Änderungen des AMG und geänderter Personal- und Sachkosten in unregelmäßigen Abständen der Entwicklung angepasst werden muss, stellt sich die Frage, welche Kostenverordnung für die Festsetzung der Kosten jeweils maßgeblich ist.

Hierzu hat das VG Köln entschieden, dass jedenfalls in dem Fall, in dem die Amtshandlung zum Zeitpunkt der Antragstellung dem Grunde nach gebührenpflichtig war, der Antragsteller davon ausgehen muss, in den Grenzen der allgemeinen gebührenrechtlichen Grundsätze zu einer Gebühr herangezogen zu werden und sich nicht darauf berufen kann, er habe nicht mit einer Gebühr in der nun festgelegten Höhe rechnen können.[234] Bei der Anwendung der neuen Fassung der Kostenverordnung handelt es sich um eine zulässige **unechte Rückwirkung**. Etwas anderes gilt dann, wenn das Vertrauen aufgrund besonderer Umstände schutzwürdig ist. So hat das VG Köln für Zulassungsentscheidungen ausgeführt, dass das Vertrauen dann schutzwürdig ist, wenn die Anwendung der neuen Kostenverordnung nur darauf zurückzuführen ist, dass die Behörde die Bearbeitungsfrist von sieben Monaten überschritten hat.[235] Auf Verlängerungsentscheidungen ist dies jedoch nicht übertragbar, da im § 31 Abs. 3 AMG keine gesetzlich angeordnete Frist gesehen werden kann, auf deren Einhaltung der Antragsteller zum Zeitpunkt seines Verlängerungsantrags vertrauen durfte. Die Regelung stellt vielmehr eine Sollvorschrift dar, deren Nichtbeachtung keine rechtlichen Auswirkungen mehr hat.[236]

---

230 Kloesel/Cyran, Arzneimittelrecht, § 33 AMG Erl. 6.
231 BGBl. I 1993, 1634.
232 Vgl VO (EG) Nr. 2049/2005, ABl. EU Nr. L 329/4 v. 16.12.2005.
233 Vgl auch Kloesel/Cyran, Arzneimittelrecht, § 33 AMG Erl. 11.
234 VG Köln, Urt. v. 3.9.2007 – 25 K 8570/04; Urt. v. 3.9.2007 – 25 K 1786/06.
235 VG Köln, Urt. v. 3.9.2007 – 25 K 1786/06.
236 VG Köln, Urt. v. 3.9.2007 – 25 K 8570/04.

266 Die aktuelle AMGKostV enthält im Gegensatz zu früheren Fassungen nun in § 5 Abs. 1 S. 1 eine Übergangsvorschrift, nach der die vorherige Fassung weiter anzuwenden ist, wenn die zugrunde liegende Amtshandlung, soweit ein Antrag notwendig ist, vor dem 1.5.2008 beantragt worden ist. Entsprechendes gilt nach § 5 Abs. 1 S. 2 AMGKostV, wenn kein Antrag notwendig und die Amtshandlung vor dem 1.5.2008 beendet worden ist.

267 Allerdings sieht § 5 Abs. 2 AMGKostV vor, dass für Amtshandlungen, die nach dem 31.12.2003 und vor dem 1.5.2008 vorgenommen worden sind, Gebühren nach Maßgabe der aktuellen Fassung der Kostenverordnung erhoben werden können, soweit bei den Amtshandlungen unter Hinweis auf den bevorstehenden Erlass der Verordnung eine Kostenentscheidung ausdrücklich vorbehalten worden ist (sog. Kostenvorbehalt). Von dieser Regelung sind derzeit insbesondere Gebühren für DC-Verfahren, Registrierungsverfahren für traditionelle pflanzliche Arzneimittel und Widerspruchsverfahren betroffen, für die erst die Zweite Änderungsverordnung zur AMGKostV gesonderte Gebührentatbestände vorsieht.

268 Mit der Bekanntgabe der Kostenentscheidung an den Kostenschuldner wird die Kostenschuld fällig; Widerspruch und Anfechtungsklage haben keine aufschiebende Wirkung, vgl § 80 Abs. 2 Nr. 1 VwGO. Der Kostenschuldner kann einen Antrag auf **Aussetzung der Vollziehung** bei der jeweiligen Behörde stellen, § 80 Abs. 4 VwGO. Die Aussetzung soll gemäß § 80 Abs. 4 S. 3 VwGO erfolgen, wenn ernstliche Zweifel an der Rechtmäßigkeit des angegriffenen Verwaltungsakts bestehen oder wenn die Vollziehung für den Kostenpflichtigen eine unbillige, nicht durch überwiegende öffentliche Interessen gebotene Härte zur Folge hätte.

269 Ernstliche Zweifel sind gegeben, wenn ein Erfolg des Rechtsbehelfs in der Hauptsache wahrscheinlicher ist als ein Misserfolg.[237] Eine unbillige Härte liegt dann vor, wenn die sofortige Vollziehung für den Kostenschuldner Nachteile mit sich bringt, die über die eigentliche Zahlung hinausgehen und die nicht oder nur schwer wieder gutzumachen sind, zB im Falle der Existenzgefährdung.[238]

270 Werden bis zum Ablauf eines Monats nach dem Fälligkeitstag die Gebühren und Auslagen nicht entrichtet, so kann gemäß § 18 VwKostG für jeden angefangenen Monat der Säumnis ein **Säumniszuschlag** von eins vom Hundert des rückständigen Betrages erhoben werden, wenn dieser 100 DM[239] übersteigt.

Wird einem Antrag auf Aussetzung der Vollziehung nicht stattgegeben bzw liegt kein solcher Antrag vor, kann der Kostenbescheid grundsätzlich nach den Vorschriften des Verwaltungsvollstreckungsgesetzes vollstreckt werden.

271 Voraussetzung für die **Vollstreckung** ist neben der Fälligkeit und Ablauf einer Frist von einer Woche seit der Bekanntgabe eine Mahnung mit einer Zahlungsfrist von einer weiteren Woche nach § 3 Abs. 3 VwVG, die ihrerseits kostenpflichtig ist, vgl § 19 Abs. 2 VwVG.

Stundung, Niederschlagung und Erlass richten sich gemäß § 19 VwKostG nach der Bundeshaushaltsordnung (BHO). Eine Stundung kann nur auf Antrag gewährt werden, vgl VV 1.1 zu § 59 BHO.

272 **Rechtsbehelfe** gegen die Kostenentscheidung sind Widerspruch und Anfechtungsklage. Die Kostenentscheidung kann gemäß § 22 Abs. 1 VwKostG zusammen mit der Sachentscheidung, aber auch selbständig angefochten werden; der Rechtsbehelf gegen eine Sachentscheidung erstreckt sich auf die Kostenentscheidung. Lehnt die Behörde einen Antrag auf Aus-

---

[237] OVG LSA, Beschl. v. 21.1.2009 – 4 M 355/08; Hess. VGH, Beschl. v. 26.3.2008 – 8 TG 2493/07; OVG Münster NVwZ-RR 1994, 617; aA Kopp/Schenke, VwGO, § 80 Rn 116, nach dem es ausreichen soll, wenn ein Erfolg des Rechtsmittels in der Hauptsache mindestens ebenso wahrscheinlich ist wie ein Misserfolg.
[238] Kopp/Schenke, § 80 VwGO Rn 116.
[239] Dies entspricht 51,13 €. Das VwKostG weist noch den DM-Betrag aus.

setzung der Vollziehung ab, so kann der Kostenschuldner gem. § 80 Abs. 5 VwGO einen Antrag auf Aussetzung beim Gericht der Hauptsache stellen. Wird nur die Kostenentscheidung angefochten, erfolgt grundsätzlich keine Überprüfung der zugrunde liegenden Sachentscheidung, wenn diese bereits rechtskräftig ist;[240] eine Ausnahme gilt nur bei offensichtlicher Rechtswidrigkeit.[241]

d) Verjährung

Die Verjährung richtet sich nach § 20 VwKostG. Danach verjährt der Anspruch auf Zahlung von Kosten nach drei Jahren, spätestens mit dem Ablauf des vierten Jahres nach der Entstehung. Die Verjährung beginnt gemäß § 20 Abs. 1 S. 2 VwKostG mit Ablauf des Kalenderjahres, in dem der Anspruch fällig geworden ist. Der Fälligkeitszeitpunkt ist gemäß § 17 VwKostG der Zeitpunkt der Bekanntgabe der Kostenentscheidung an den Kostenschuldner. **273**

Die beiden genannten Fristen haben unterschiedliche Anknüpfungspunkte. Während die dreijährige Frist auf den Ablauf des Jahres abstellt, in dem die Forderung fällig geworden ist, handelt es sich bei der vierjährigen Frist um eine absolute Frist, die nicht an die Fälligkeit, sondern an die Entstehung der Forderung anknüpft. Dies hat das BVerwG mit Urteil vom 24.2.2005[242] klargestellt. § 20 Abs. 1 S. 2 VwKostG (Verjährungsbeginn mit Ablauf des Jahres, in dem der Anspruch fällig geworden ist) gilt also nur für die dreijährige Frist. **274**

Maßgebend für die vierjährige Frist ist daher der Zeitpunkt der Entstehung der Kostenschuld. Für die Gebühren bestimmt § 11 Abs. 1 VwKostG, dass die Gebührenschuld, soweit ein Antrag notwendig ist, mit dessen Eingang bei der zuständigen Behörde entsteht, im Übrigen mit der Beendigung der gebührenpflichtigen Amtshandlung. Die Verpflichtung zur Erstattung der Auslagen entsteht nach § 11 Abs. 2 VwKostG grundsätzlich mit der Aufwendung des zu erstattenden Betrages. Hinsichtlich der Auslagen ist also ein anderer, bei Antragsverfahren in der Regel späterer Zeitpunkt für die Entstehung der Schuld und damit für die Verjährung maßgebend als für die Gebühren. **275**

Eine weitere Regelung zur Verjährung findet sich in § 20 Abs. 6 VwKostG. Wird eine Kostenentscheidung angefochten, erlöschen danach Ansprüche aus ihr nicht vor Ablauf von sechs Monaten, nachdem die Kostenentscheidung unanfechtbar geworden ist oder das Verfahren sich auf andere Weise erledigt hat. Diese Frist gewinnt erst dann Bedeutung, wenn die drei- oder vierjährige Frist bereits abgelaufen ist.[243] **276**

Die Verjährung wird gemäß § 20 Abs. 3 VwKostG unterbrochen durch schriftliche Zahlungsaufforderung, durch Zahlungsaufschub, durch Stundung, durch Aussetzen der Vollziehung, durch Sicherheitsleistung, durch eine Vollstreckungsmaßnahme, durch Vollstreckungsaufschub, durch Anmeldung im Insolvenzverfahren und durch Ermittlungen des Kostengläubigers über Wohnsitz oder Aufenthalt des Zahlungspflichtigen. Gemäß § 20 Abs. 4 VwKostG beginnt mit Ablauf des Kalenderjahres, in dem die Unterbrechung endet, eine neue Verjährung. **277**

Da mit der Erhebung eines Vorschusses gleichzeitig eine Zahlungsaufforderung verbunden ist, unterbricht diese Anforderung in der Regel die Verjährung. Die Verjährung wird gemäß § 20 Abs. 5 VwKostG in Höhe des Betrages unterbrochen, auf die sich die Unterbrechungshandlung bezieht.

Folgerungen für den Beginn der Verjährungsfrist lassen sich auch aus der Rechtsprechung des BVerwG zur Fünfjahresfrist des § 31 Abs. 1 Nr. 3 AMG für das Erlöschen der Zulassung **278**

---

240 VG Köln, Urt. v. 9.2.2007 – 25 K 2425/05.
241 VG Köln, Urt. v. 9.2.2007 – 25 K 2425/05.
242 BVerwGE 123, 92.
243 Schlabach, § 20 VwKostG Rn 22.

ziehen. Bis zur 14. AMG-Novelle war vorgesehen, dass die Verlängerung alle fünf Jahre beantragt werden musste. Hierzu hat das BVerwG festgestellt, dass die Frist zur Stellung des (zweiten) Verlängerungsantrags mit der Bekanntgabe des Verlängerungsbescheides beginnt.[244] Dies bedeutet, dass zunächst über den ersten Antrag auf Verlängerung zu entscheiden ist. Die Gebührenforderung ist demzufolge verjährt, wenn der Eingang des ersten noch unbeschiedenen Antrags länger als vier Jahre zurückliegt und keine verjährungsunterbrechende Maßnahmen vorgenommen wurden. Durch einen zwischenzeitlich eingereichten zweiten Antrag wurde keine neue Verjährungsfrist in Gang gesetzt.

Mit dem Ablauf der Verjährungsfrist erlischt der Anspruch auf Zahlung von Kosten, vgl § 20 Abs. 1 S. 3 VwKostG. Die Verjährung ist von Amts wegen zu beachten.[245]

e) Kostenerstattung

279 Überzahlte oder zu Unrecht erhobene Kosten sind gemäß § 21 VwKostG unverzüglich zu erstatten, zu Unrecht erhobene Kosten jedoch nur, soweit die Kostenentscheidung noch nicht unanfechtbar geworden ist. Danach können zu Unrecht erhobene Kosten nur aus Billigkeitsgründen erstattet werden.

f) Entgelte für die Nutzung von Standardzulassungsmonographien

280 § 33 Abs. 5 AMG, der durch die 15. AMG-Novelle eingefügt wurde, sieht vor, dass das Bundesinstitut für Arzneimittel und Medizinprodukte für die Nutzung von Monographien für Arzneimittel, die nach § 36 AMG von der Pflicht zur Zulassung freigestellt sind, Entgelte verlangt. Dabei besteht die Möglichkeit, pauschale Entgeltvereinbarungen mit den Verbänden, denen die Nutzer angehören, zu treffen. Für die Bemessung der Entgelte sollen die für die Gebühren maßgebenden Grundsätze gelten.[246]

2. Kostenverordnung für Amtshandlungen des Paul-Ehrlich-Instituts nach dem AMG

281 Das Paul-Ehrlich-Institut erhebt Kosten nach der Kostenverordnung für Amtshandlungen des Paul-Ehrlich-Instituts nach dem AMG[247] (PEIKostVO), die ebenfalls aufgrund des § 33 Abs. 2 AMG erlassen wurde. Das VwKostG ist auch hier gemäß § 33 Abs. 3 AMG anwendbar, so dass die o.g. Ausführungen zu den Regelungen des VwKostG (Kostenschuldner, persönliche Gebührenfreiheit, Fälligkeit, Vorschusserhebung, Verjährung) grundsätzlich entsprechend gelten. Eine vom VwKostG abweichende Regelung zur Verjährung wurde mit der 15. AMG Novelle eingeführt. Der Anspruch auf Zahlung von Kosten, die nach § 33 Abs. 1 AMG iVm der Therapieallergene-Verordnung zu erheben sind, verjährt erst drei Jahre nach der Bekanntgabe der abschließenden Entscheidung über die Zulassung.

282 Die **Höhe der Gebühren** richtet sich grundsätzlich gemäß § 33 Abs. 2 S. 2 AMG nach dem Personal- und Sachaufwand, zu dem insbesondere der Aufwand für das Zulassungsverfahren, bei Sera, Impfstoffen und Allergenen auch der Aufwand für die Prüfungen und für die Entwicklung geeigneter Prüfungsverfahren gehört. Für die Entscheidung über die Freigabe einer Charge bestimmt sich die Gebühr gemäß § 33 Abs. 2 S. 3 AMG nach dem durchschnittlichen Personal- und Sachaufwand, wobei der Aufwand für vorangegangene Prüfungen unberücksichtigt bleibt; daneben ist die Bedeutung, der wirtschaftliche Wert oder der

---

244 BVerwG NVwZ-RR 2006, 125.
245 Schlabach, § 20 VwKostG Rn 1.
246 Begr. zum RegE, BT-Drucks. 16/12256, 49.
247 Kostenverordnung für Amtshandlungen des Paul-Ehrlich-Instituts nach dem Arzneimittelgesetz in der Fassung der Bekanntmachung v. 4.10.2002 (BGBl. I, 4017), die zuletzt durch die VO v. 30.6.2009 (BGBl. I, 1671) geändert worden ist.

sonstige Nutzen der Freigabe für den Gebührenschuldner angemessen zu berücksichtigen.²⁴⁸

Auch die PEIKostVO enthält sehr differenzierte Gebührentatbestände. Als andere Amtshandlungen iSd § 33 AMG sind u.a. die Anordnung einer Auflage, die Anordnung des befristeten Ruhens einer Zulassung, die Bearbeitung von Änderungen, wissenschaftliche Stellungnahmen, selbständige Beratungen, nicht einfache schriftliche Auskünfte, Wiedereinsetzung in den vorigen Stand, Zertifikate für Chargen und die Testung eines Plasmapools kostenpflichtig.

Die allgemeinen **Ermäßigungstatbestände** unterscheiden sich von denen der AMGKostV. Nach § 6 PEIKostVO können bestimmte Gebühren bis auf die Hälfte ermäßigt werden, wenn die Bedeutung, der wirtschaftliche Wert oder der sonstige Nutzen der Amtshandlung für den Gebührenschuldner sowie dessen wirtschaftliche Verhältnisse dies rechtfertigen. Hier muss nicht kumulativ ein geringer Aufwand des Verfahrens vorliegen. Nach § 7 PEIKostVO besteht auf Antrag des Gebührenschuldners die Möglichkeit, die Gebühr bis auf ein Viertel zu ermäßigen, wenn an dem Inverkehrbringen des Arzneimittels aufgrund des Anwendungsgebietes ein öffentliches Interesse besteht und der Antragsteller infolge der Seltenheit der Anwendungsfälle einen diesen Gebühren und dem Entwicklungsaufwand angemessenen wirtschaftlichen Nutzen nicht erwarten kann. Von der Erhebung der Gebühren kann ganz abgesehen werden, wenn der zu erwartende Nutzen im Verhältnis zu den Entwicklungskosten besonders gering ist. Daneben bestehen noch spezielle Ermäßigungs- und Erhöhungstatbestände, die auf einen außergewöhnlich geringen bzw außergewöhnlich hohen Aufwand abstellen. Eine besondere Ermäßigungsmöglichkeit besteht nach § 4 Abs. 8 PEIKostVO. Danach kann von der Erhebung einer Gebühr für die Bearbeitung einer Änderung abgesehen werden, wenn es sich um eine Änderung des Prüfverfahrens handelt, die zum Ersatz oder zur Vermeidung von Tierversuchen führt. Auslagen werden nach Maßgabe des § 10 VwKostG erhoben.

3. Kostenverordnung für die Registrierung homöopathischer Arzneimittel durch das BfArM und das BVL

Für die Registrierung homöopathischer Arzneimittel werden Kosten nach der auf der Grundlage des § 39 AMG erlassenen Kostenverordnung für die Registrierung homöopathischer Arzneimittel durch das Bundesinstitut für Arzneimittel und Medizinprodukte und das Bundesamt für Verbraucherschutz und Lebensmittelsicherheit (BGAHomAMKostV) erhoben.²⁴⁹

4. Verordnung (EG) Nr. 297/95 über die Gebühren der EMEA

Die Gebührenerhebung für zentrale Zulassungsverfahren durch die EMEA richtet sich nach der Verordnung (EG) Nr. 297/95 über die Gebühren der Europäischen Arzneimittel-Agentur.²⁵⁰ Differenziert wird in dieser Verordnung nach Humanarzneimitteln, Tierarzneimitteln, die Festlegung von Höchstgrenzen für Rückstände von Tierarzneimitteln und sonstigen Gebühren. Die Berechnung der **Höhe der Gebühren** muss nach dem Grundsatz der tatsächlich erbrachten Dienstleistung erfolgen und auf bestimmte Arzneimittel abgestimmt

---

248 Vgl hierzu Hess. VGH, Beschl. v. 7.2.2007 – 5 UZ 1686/06.
249 In der Fassung v. 24.10.2003 (BGBl. I, 2157).
250 ABl. EG Nr. L 35/1 v. 15.2.1995, zuletzt geändert durch die VO (EG) Nr. 249/09 (ABl. EG Nr. L 79/34 v. 25.3.2009).

sein.²⁵¹ Außerdem müssen die Gebühren in einem angemessen Verhältnis zu den Kosten der Beurteilung eines Antrags sowie zur Erbringung der verlangten Leistung stehen.²⁵²

287 Der **Fälligkeitszeitpunkt** der Gebühren ist ein anderer als nach dem VwKostG, das für die nationalen Kostenverordnungen gilt. Die Gebühren sind in der Regel gemäß Art. 10 Abs. 1 der Verordnung (EG) Nr. 297/95 zum Zeitpunkt der administrativen Validierung des betreffenden Antrags fällig und binnen 45 Tagen nach dem Zeitpunkt der Notifizierung des Antragstellers über die Validierung zu entrichten. Um die Ausgaben für die Überwachung der genehmigten Arzneimittel zu decken, wird eine **Jahresgebühr** für das Inverkehrbringen eines Arzneimittels erhoben.

288 Eine allgemeine Regelung zu möglichen **Gebührenermäßigungen** enthält Art. 9 VO (EG) Nr. 297/95. Danach können unter außergewöhnlichen Umständen und aus zwingenden Gründen der Volksgesundheit oder der Tiergesundheit vom Verwaltungsdirektor nach Anhörung des zuständigen wissenschaftlichen Ausschusses im Einzelfall Gebührenermäßigungen gewährt werden. Eine vollständige oder teilweise Befreiung von den vorgesehenen Gebühren kann insbesondere für Arzneimittel gewährt werden, mit denen seltene Krankheiten oder Krankheiten, die weniger wichtige Arten betreffen, behandelt werden sollen, oder für die Ausdehnung einer bereits festgesetzten Höchstgrenze für Rückstände auf weitere Tierarten oder für nach dem „Compassionate use"-Prinzip verwendete Arzneimittel.

289 Auf der Grundlage des Art. 70 Abs. 2 VO (EG) Nr. 726/2004²⁵³ (Zentrales Verfahren und EMEA) wurde die Verordnung (EG) Nr. 2049/2005²⁵⁴ erlassen, in der festgelegt wurde, unter welchen Umständen Kleinstunternehmen und kleinen und mittleren Unternehmen eine Gebührensenkung, ein Zahlungsaufschub für die Gebühren oder administrative Unterstützung gewährt werden kann.

---

251 Erwägungsgründe aus der VO (EG) Nr. 297/95 (ABl. EG Nr. L 35/1); Erwägungsgründe aus der VO (EG) Nr. 1905/2005 (ABl. EU Nr. L 304/1).
252 Erwägungsgründe aus der VO (EG) Nr. 1905/2005 (ABl. EU Nr. L 304/1).
253 ABl. EU Nr. L 136/1 v. 30.4.2004.
254 ABl. EU Nr. L 329/4 v. 16.12.2005.

§ 7 Die Zulassungsentscheidung

Literatur: *Damm/Hart (Hrsg.)*, Rechtliche Regulierung von Gesundheitsrisiken, 1993; *Di Fabio*, Risikoentscheidungen im Rechtsstaat. Zum Wandel der Dogmatik im öffentlichen Recht, insbesondere am Beispiel der Arzneimittelüberwachung, 1994; *Erichsen*, Der Schutz der Allgemeinheit und der individuellen Rechte durch die polizei- und ordnungsrechtlichen Handlungsvollmachten der Exekutive, VVDStRL 35 (1977), 171; *Fuhrmann*, Sicherheitsentscheidungen im Arzneimittelrecht. Eine rechtliche Analyse zum Verbot bedenklicher Arzneimittel nach § 5 AMG und zum Nachmarktkontrollsystem unter Berücksichtigung des Lebensmittelrechts, 2005; *Hart/Reich*, Integration und Recht des Arzneimittelmarktes in der EG. Eine Untersuchung zum Produkt- und Marktrecht der Gemeinschaft und ausgewählter Mitgliedstaaten, 1990; *Hoffmann-Riem/Schmidt-Aßmann/Voßkuhle*, Grundlagen des Verwaltungsrechts Band II – Informationsordnung – Verwaltungsverfahren – Handlungsformen, 2008; *Klöpfer*, Umweltrecht, 3. Auflage 2004; *Kriele*, Wer entscheidet über die Wirksamkeit von Arzneimitteln?, ZRP 1975, 260; *Kriele*, „Stand der medizinischen Wissenschaft" als Rechtsbegriff, NJW 1976, 355; *Ladeur*, Gefahrenabwehr und Risikovorsorge bei der Freisetzung von gentechnisch veränderten Organismen, NuR 1992, 251; *Lisken/Denninger (Hrsg.)*, Handbuch des Polizeirechts, 4. Auflage 2007; *Maurer*, Allgemeines Verwaltungsrecht, 17. Auflage 2009; *Mühl*, Abgrenzungsfragen zwischen den Begriffen „Arzneimittel" und „Lebensmittel", 2002; *Pannenbecker*, Die allgemeine Bekanntheit der Anwendung als homöopathisches Arzneimittel i.S.d. § 39 Abs. 2 Nr. 7 a AMG als „K.O.-Kriterium" bei der Registrierung?, PharmR 2004, 181; *Plagemann*, Der Wirksamkeitsnachweis nach dem Arzneimittelgesetz von 1976. Funktionen und Folgen eines unbestimmten Rechtsbegriffs, 1979; *Räpple*, Das Verbot bedenklicher Arzneimittel. Eine Kommentierung zu § 5 AMG, 1991; *Scherzberg*, Risiko als Rechtsproblem, VerwArch 84 (1993), 484; *Schmidt (Hrsg.)*, Öffentliches Wirtschaftsrecht, Besonderer Teil 2, 1996; *Stelkens/Bonk/Sachs*, Verwaltungsverfahrensgesetz – VwVfG, Kommentar, 7. Auflage 2008; *Stolte*, Pflanzliche und traditionelle Arzneimittel – erste Erfahrungen mit der Registrierung nach §§ 39 a ff AMG, PharmR 2008, 133; *Tettinger*, Public Private Partnership, Möglichkeiten und Grenzen – ein Sachstandsbericht, NWVBl. 2005, 1; *Wolff/Bachof/Stober*, Verwaltungsrecht II, 6. Auflage 2000; *Zuck*, Was versteht man unter einem anthroposophischen Arzneimittel?, A&R 2008, 200.

A. Einführung 1	ee) Klinische Daten 49
I. Rechtsnatur der Zulassungsentscheidung 3	2. Die Rückstellung der Durchführung
II. Rechtswirkungen der Zulassungsent-	des Prüfkonzeptes 55
scheidung 8	3. Freistellung von der Vorlage eines
1. Inhaltliche Rechtswirkungen 9	Prüfkonzeptes 58
2. Zeitliche Rechtswirkungen 18	IV. Zulassung 61
3. Personelle Rechtswirkungen 19	1. Zulassungspflicht (Artt. 7 und 8
III. Form der Zulassungsentscheidung 21	VO (EG) Nr. 1901/2006) 61
B. Die Zulassung von Kinderarzneimitteln 24	2. Zulassungsmöglichkeit
I. Die Verordnung (EG) Nr. 1901/2006 ... 24	(Art. 30 VO (EG) Nr. 1901/2006) ... 67
II. Klinische Prüfung als Voraussetzung für	3. Überprüfung der existierenden Zulas-
die Zulassung von Kinderarzneimitteln	sung (Artt. 45, 46 iVm Art. 29
(Richtlinie 2001/20/EG) 30	VO (EG) Nr. 1901/2006) 68
1. Einwilligung 30	a) Erfassung abgeschlossener pädia-
2. Rekrutierung und Gruppengrößen .. 33	trischer Studien, Art. 45
3. Transparenz, Information über klini-	VO (EG) Nr. 1901/2006 70
sche Studien 34	b) Erfassung laufender pädiatrischer
III. Das pädiatrische Prüfkonzept 35	Studien, Art. 46 VO (EG)
1. Vorlage und Inhalt eines pädiatri-	Nr. 1901/2006 72
schen Prüfkonzeptes 39	V. Zulassungsantrag und Zulassungsbe-
a) Allgemeines 39	scheid 74
b) Für die pädiatrische Entwicklung	1. Validierung eines Zulassungsantrags
vorgeschlagene Gesamtstrategie	42	nach Art. 23 VO (EG)
aa) Indikationen 43	Nr. 1901/2006 77
bb) Ausgewählte Altersgruppe(n) ... 44	2. Zulassungsbescheid nach Art. 28
cc) Strategie in Bezug auf Qualitäts-	VO (EG) Nr. 1901/2006 79
aspekte 45	a) Antrag auf Verlängerung des
dd) Strategie in Bezug auf nichtklini-	Schutzzertifikates nach Art. 28
sche Daten 47	VO (EG) Nr. 1901/2006 80

b) Verlängerung der Marktexklusivität für Arzneimittel für seltene Erkrankungen Art. 37 VO (EG) Nr. 1901/2006	83	
c) Pädiatrische Anwendung (PUMA) Artt. 30 und 28 VO (EG) Nr. 1901/2006	84	
3. Fach- und Gebrauchsinformation	85	
4. Informationen in der Fachinformation	86	
VI. Zuständigkeiten	87	
1. Europäische Arzneimittel-Agentur (EMEA)	87	
2. Pädiatrieausschuss	88	
3. Mitgliedstaaten	90	
4. Kommission für Arzneimittel für Kinder und Jugendliche (KAKJ)	91	
C. Die Registrierung als Unterfall der Zulassung	95	
I. Homöopathische Arzneimittel	95	
1. Überblick über die Rechtsentwicklung	95	
a) Deutschland	95	
b) Europa	97	
c) Auswirkungen des Gemeinschaftsrechts auf die deutschen Regelungen	98	
d) Abweichende deutsche Regelungen	99	
aa) Sogenannte 1000er-Regelung	99	
bb) Tierarzneimittel	100	
2. Allgemeine Voraussetzungen für die Registrierung	101	
3. Das Registrierungsverfahren	104	
a) Antrag	104	
aa) Antragsbefugnis	104	
bb) Antragsform	105	
cc) Antragsunterlagen	106	
(1) Allgemeine Angaben, Unterlagen zur pharmazeutischen Qualität	106	
(2) Ergebnisse pharmakologisch-toxikologischer Prüfungen	107	
b) Mängel des Registrierungsantrags	109	
c) Registrierungsentscheidung	110	
4. Versagungsgründe des § 39 Abs. 2 AMG	111	
a) § 39 Abs. 2 Nr. 1 AMG (Unvollständigkeit der Unterlagen)	112	
b) § 39 Abs. 2 Nr. 2 und Nr. 3 AMG (Mängel der pharmazeutische Qualität)	113	
c) § 39 Abs. 2 Nr. 4 AMG (bedenkliche Arzneimittel)	114	
d) § 39 Abs. 2 Nr. 4 a AMG (Tierarzneimittel)	117	
e) § 39 Abs. 3 Nr. 5 AMG (Wartezeit)	118	
f) § 39 Abs. 2 Nr. 5 a AMG (Anwendungsart)	119	
g) § 39 Abs. 2 Nr. 5 b AMG (Verdünnungsgrad)	121	
h) § 39 Abs. 2 Nr. 6 AMG (Verschreibungspflicht)	122	

i) § 39 Abs. 2 Nr. 7 AMG (homöopathisches Herstellungsverfahren)	123	
j) § 39 Abs. 2 Nr. 7 a AMG (allgemeine Bekanntheit)	124	
k) § 39 Abs. 2 Nr. 8 und Nr. 9 AMG (Zulassung und Verkehrsverbot)	127	
5. Verlängerung, Änderung, Rücknahme und Widerruf der Registrierung	128	
a) Verlängerung	129	
b) Änderung der Registrierung	130	
c) Rücknahme, Widerruf und Ruhen der Registrierung	131	
6. Kennzeichnung und Angaben in der Packungsbeilage	132	
II. Traditionelle pflanzliche Arzneimittel	134	
1. Einführung zur Situation der traditionellen pflanzlichen Arzneimittel in Deutschland und Europa	134	
2. Ausschuss für pflanzliche Arzneimittel (HMPC), Pflanzenmonographien und Listenpositionen	146	
3. Umsetzung der Artt. 16 a bis 16 i RL 2001/83/EG in nationales Recht	153	
4. Unterlagen zum Beleg der medizinischen Verwendung iSv § 39 b Abs. 1 Nr. 4 AMG – „Traditionsbeleg"	179	
5. Versagungsgründe gemäß § 39 c Abs. 2 AMG	190	
6. Texte für die Kennzeichnung, Packungsbeilage, Fachinformation und SPC	203	
7. Dokumentations- und Meldepflichten gemäß § 63 b AMG	209	
8. Lesbarkeitstests, Umweltverträglichkeit u.a.	210	
D. Die Nachzulassung	211	
I. Einführung	211	
II. Gesetz zur Neuordnung des Arzneimittelrechts	218	
III. Entstehen der fiktiven Zulassung	219	
1. Die 78er Anzeige	219	
2. Ausmaß fiktiver Zulassungen	222	
3. Unterlagen des Verlängerungsantrags	223	
a) Kurz- und Langantrag	223	
b) Ex-ante-Unterlagen	228	
4. Exkurs: Ex-ante und § 136 Abs. 1 AMG	231	
a) Rechtsprechung	232	
b) Folgeprobleme	237	
c) Vergleichbarkeit der Versagungsgründe	238	
IV. Änderungen fiktiv zugelassener Arzneimittel	244	
V. Mängelbeseitigung	251	
VI. Auflagen	254	
VII. Nachzulassung traditioneller Arzneimittel	256	
VIII. Unterlagenschutz für Nachzulassungen?	260	

A. Einführung

Das AMG enthält keine ausdrückliche Bestimmung über Rechtscharakter und Gestaltung einer Zulassungsentscheidung. Es setzt aber eine solche Entscheidung in unterschiedlichen Zusammenhängen voraus: Nach § 21 Abs. 1 S. 1 AMG bedürfen Fertigarzneimittel im Sinne des § 2 Abs. 1 oder Abs. 2 Nr. 1 AMG der Zulassung durch die zuständige Bundesoberbehörde oder einer gemeinschaftsrechtlichen Genehmigung für das Inverkehrbringen. Angesprochen ist damit das **Zulassungserfordernis** selbst. Die §§ 22 bis 24 d AMG äußern sich detailliert über die im Zulassungsverfahren vorzulegenden **Unterlagen**. § 25 Abs. 2 AMG bestimmt, wann eine Zulassung versagt und § 28 AMG schließlich, wann sie mit Auflagen versehen werden darf. § 27 Abs. 1 und 3 AMG legen bestimmte, teils gemeinschaftsrechtlich determinierte **Fristen** für die Zulassungserteilung fest, und §§ 30, 31 AMG regeln ihre Fortgeltung.

Spezifisch auf die Zulassungsentscheidung zugeschnittene Vorgaben finden sich dem gegenüber nur in Teilbereichen. So bestimmt § 25 Abs. 1 AMG, dass die zuständige Bundesoberbehörde die Zulassung **schriftlich** und unter Zuteilung einer **Zulassungsnummer** erteilt. Zum materiell-rechtlichen Geltungsumfang heißt es, die Zulassung gelte nur für das im Zulassungsbescheid aufgeführte Arzneimittel und bei Arzneimitteln, die nach einer homöopathischen Verfahrenstechnik hergestellt sind, auch für den in einem in einer Aufbereitungsmonographie alten Rechts bekannt gemachten Ergebnis genannten und im Zulassungsbescheid aufgeführten Verdünnungsgrad. Dieser Regelungsbefund lässt Fragen zur rechtlichen Einordnung, zur Wirkung und zur Form der Zulassungsentscheidung offen.

I. Rechtsnatur der Zulassungsentscheidung

Den angesprochenen Normen ist gemein, dass stets von einer **Zulassung** die Rede ist. Synonym hierzu spricht das Gemeinschaftsrecht, das ein Zulassungsregime für Arzneimittel noch vor dem deutschen Recht postulierte,[1] von einer Genehmigung für das Inverkehrbringen (**marketing authorization, Autorisation de mise sur le marché**). Diese Begriffe deuten bereits von ihrem Wortsinn her auf eine behördliche **Einzelfallentscheidung**, mit der einem Arzneimittel der legale Marktzutritt ermöglicht wird. Von diesem Verständnis geht ersichtlich auch § 25 Abs. 1 AMG aus, der eine Zulassung *für* ein bestimmtes, durch die Zulassungsnummer individualisiertes Arzneimittel voraussetzt. Es unterliegt daher keinen durchgreifenden Zweifeln, dass die Zulassungsentscheidung als **Verwaltungsakt** im Sinne des § 35 S. 1 VwVfG, also als behördliche Maßnahme zur Regelung eines Einzelfalls auf dem Gebiet des öffentlichen Rechts, die auf Rechtswirkung nach außen gerichtet ist, qualifiziert werden muss. Diese rechtliche Einordnung ist keineswegs nur von theoretischer Bedeutung, hat die Qualifikation als Verwaltungsakt doch eine Vielzahl von Auswirkungen in Bezug auf Geltungsanspruch, Bestand und Anfechtbarkeit der Regelung.

Aus dem System des Arzneimittelrechts folgt für die zuständige Behörde ein zwingendes **Rechtsformerfordernis**. Das bedeutet, dass die Zulassung eines Arzneimittels stets in der Rechtsform des Verwaltungsakts zu erfolgen hat. Hiergegen spricht auch nicht die Ermächtigung des zuständigen Bundesministeriums nach § 36 AMG, durch Rechtsverordnung **Standardzulassungen** zu erteilen. Bereits in anderem Zusammenhang[2] wurde ausgeführt, dass der Begriff der Standardzulassung nicht ganz präzise gewählt ist. Es handelt sich nicht um eine standardisierte Zulassung durch Rechtsverordnung, sondern um die Ersetzung einer Zulassung durch eine Rechtsverordnung. Das Arzneimittel oder die Arzneimittelgruppe

---
1 Vgl § 1 Rn 6, § 3 Rn 3 und § 6 Rn 2.
2 Vgl § 6 Rn 14.

wird im Umfang der Standardzulassung vom Zulassungserfordernis freigestellt. Die Zulassungspflicht schrumpft zur Anzeigepflicht.

Das Rechtsformerfordernis sperrt ein Ausweichen auf andere behördliche Handlungsformen. So ist insbesondere die Erteilung einer arzneimittelrechtlichen Zulassung im Wege des **öffentlich-rechtlichen Vertrages** ausgeschlossen. Zwar kann eine Behörde nach § 54 S. 2 VwVfG generell, anstatt einen Verwaltungsakt zu erlassen, einen öffentlich-rechtlichen Vertrag mit demjenigen schließen, an den sie sonst den Verwaltungsakt richten würde. Ein solcher Vertrag ist gesetzlich namentlich bei Ungewissheit über die Sach- oder Rechtslage als Vergleichsvertrag im Sinne des § 55 VwVfG oder als Austauschvertrag bei einer Gegenleistung des Betroffenen im Sinne des § 56 VwVfG zulässig. Die Ermächtigung, öffentlich-rechtliche Rechtsverhältnisse vertraglich zu gestalten, besteht indes nach § 54 S. 1 Hs 2 VwVfG nur, soweit Rechtsvorschriften nicht entgegenstehen. Ob dies der Fall ist, muss aus dem Gesamtinhalt des jeweiligen Gesetzes oder einer zusammenhängenden gesetzlichen Regelung geschlossen werden. Nicht erforderlich sind ausdrückliche gesetzliche Verbote, die sich gegen die Vertragsform oder einen bestimmten Vertragsinhalt richten. Es reichen Unzulässigkeitserklärungen, die sich aus Sinn, Zweck oder Systematik des Gesetzes durch Auslegung oder Umkehrschluss ergeben, desgleichen solche aus allgemeinen Rechtsgrundsätzen.[3] Angesichts der gemeinschaftsrechtlichen Vorgaben und des Umstandes, dass auch das deutsche Arzneimittelrecht ersichtlich eine Zulassung in Bescheidform voraussetzt, kann ohne Weiteres für die Erteilung der Zulassung von einem **Rechtsformgebot** ausgegangen werden. Der zuständigen Bundesoberbehörde ist es daher nicht nur durch § 25 Abs. 1 S. 1 AMG verwehrt, einen Zulassungsbescheid mündlich zu erteilen.[4] Sie ist vielmehr durch das AMG auch gehalten, durch Verwaltungsakt zu handeln.

5 Hiervon streng zu unterscheiden ist jedoch die Frage, ob die Behörde sich im Wege des öffentlich-rechtlichen Vertrages *verpflichten* darf, eine arzneimittelrechtliche Zulassung zu erteilen. Diese Frage ist grundsätzlich zu bejahen. Denn das AMG statuiert das Rechtsformerfordernis im Interesse der Rechtssicherheit und -klarheit. Diesem Erfordernis ist mit dem späteren Erlass eines Zulassungsbescheides Genüge getan. Deshalb bestehen auch gegen gerichtliche **Vergleiche** oder **Zusicherungen** im Sinne von § 38 Abs. 1 VwVfG gleichen Inhalts keine grundsätzlichen Bedenken. Eine andere Frage ist es, ob eine solche Vorgehensweise in einem äußerst differenzierten und mehrstufigen Verwaltungsverfahren wie dem der Arzneimittelzulassung angebracht ist. In aller Regel wird den beiderseitigen Interessen in einem Streitfall durch die Zusage einer erneuten Prüfung der vorgelegten Unterlagen und einer erneuten Prüfung – also ohne Vorwegnahme eines Ergebnisses – besser gedient sein. Eine Vorab-Bindung der Behörde ist auch im Hinblick auf den ständigen pharmazeutischen und medizinischen Fortschritt und den fortlaufenden Wandel der rechtlichen Rahmenbedingungen nicht unproblematisch. Etwaige Änderungen in diesen Bereichen sind regelmäßig bis zur Zulassungsentscheidung zu berücksichtigen und können im Einzelfall einer Erfüllung der Zusicherung entgegenstehen. Gemäß § 38 Abs. 3 VwVfG ist die Behörde nämlich an eine Zusicherung nicht mehr gebunden, wenn sich nach ihrer Abgabe die Sach- oder Rechtslage derart *ändert*, dass die Behörde bei Kenntnis der nachträglich eingetretenen Änderung die Zusicherung nicht gegeben hätte oder aus rechtlichen Gründen nicht hätte geben dürfen.

6 Mit dem Rechtsformgebot geht eine zwingende **Zuständigkeitsordnung** einher. Nach § 77 Abs. 1 AMG ist für die Erteilung der arzneimittelrechtlichen Zulassung das Bundesinstitut für Arzneimittel und Medizinprodukte zuständig, es sei denn, es besteht ausnahmsweise die Zuständigkeit des „Paul-Ehrlich-Instituts" als Bundesinstitut für Impfstoffe und biomedizinische Arzneimittel oder des Bundesamtes für Verbraucherschutz und Lebensmittelsicher-

---

[3] Stelkens/*Bonk*/Sachs, § 54 VwVfG Rn 99 mwN.
[4] Vgl Sander, Arzneimittelrecht, § 25 AMG Erl. 1.

heit.⁵ Damit liegt die Zuständigkeit für die Zulassung stets in der Hand von **Bundesbehörden**. Sie ist hoheitliche Maßnahme im Sinne des § 35 VwVfG und als solche der Mitwirkung Privater – jedenfalls auf der Ebene der Letztentscheidung – entzogen. Auf der Grundlage des geltenden Arzneimittelrechts ist es daher auch nicht möglich, die Befugnis zur Arzneimittelzulassung auf Private zu übertragen oder in eine Mischung aus privatrechtlichen und öffentlich-rechtlichen Gestaltungsformen – etwa in Form des „Public Private Partnership"⁶ – zu überführen. Jenseits hiervon sind jedoch Bemühungen um eine größere Flexibilität und Autonomie der Zulassungsbehörde, etwa durch die Überführung in ein Agenturmodell,⁷ das den hoheitlichen Charakter der Zulassungsentscheidung unangetastet lässt, nicht generell ausgeschlossen. Die Pläne, das Bundesinstitut für Arzneimittel und Medizinprodukte durch ein Errichtungsgesetz in eine selbständige bundesunmittelbare Anstalt des öffentlichen Rechts mit eigener Organisations-, Personal- und Finanzhoheit mit der Bezeichnung „Deutsche Arzneimittel- und Medizinprodukteagentur (**DAMA**)" zu überführen, sind jedoch zunächst gescheitert.

Die Erteilung einer arzneimittelrechtlichen Zulassung ist **antragsgebunden**. § 21 Abs. 1 AMG spricht ein Antragserfordernis zwar nicht ausdrücklich an, sondern beschränkt sich darauf, die Zulassung als Voraussetzung der Verkehrsfähigkeit eines Arzneimittels zu statuieren. Absatz 3 der Norm spricht aber unzweideutig aus, dass die Zulassung vom pharmazeutischen Unternehmer, in besonderen Fällen auch vom Herausgeber der Herstellungsvorschrift oder vom Hersteller zu beantragen ist. Auch setzt § 22 AMG einen Zulassungsantrag als selbstverständlich voraus. Die arzneimittelrechtliche Zulassung ist folglich ein **mitwirkungsbedürftiger Verwaltungsakt**, dessen (rechtmäßiger) Erlass einen Antrag voraussetzt.⁸ Der für die Erteilung der Zulassung zuständigen Bundesoberbehörde ist es daher verwehrt, die Zulassung ohne Antrag zu erteilen und dem Betroffenen die Begünstigung damit gleichsam aufzudrängen.⁹ Hierzu besteht auch dann keine Veranlassung, wenn Streit über die Subsumtion eines Präparats unter den Arzneimittelbegriff und seine Zulassungsbedürftigkeit besteht. In derartigen Fallgestaltungen liegt es regelmäßig im Interesse des Unternehmers, das Produkt außerhalb der Regularien des AMG verkehrsfähig zu halten. Die Bundesoberbehörde kann in solchen Fällen gemäß § 21 Abs. 4 AMG lediglich *auf Antrag* der zuständigen Landesbehörde über die Zulassungspflicht des Produkts entscheiden, was durch feststellenden Verwaltungsakt geschieht und die Beantwortung der Arzneimitteleigenschaft einschließt. Von sich aus darf sie nicht tätig werden. Diese gesetzliche Aufgabenverteilung kann nicht dadurch umgangen werden, dass die Bundesoberbehörde die vom Unternehmer nicht gewünschte Zulassung erteilt und damit schlüssig die Zulassungsbedürftigkeit bejaht.

Der arzneimittelrechtliche Antrag markiert auch die äußeren **Grenzen der Zulassungsentscheidung**. So ist es der Behörde verwehrt, die Zulassung für ein anderes als das beantragte Anwendungsgebiet oder für eine andere Zusammensetzung des Präparats zu erteilen, es sei denn, der Antragsteller stimmt dem zu. Ist der Antrag in der vorliegenden oder im Wege der Mängelbeseitigung geänderten Form nicht zulassungsfähig, ist er abzulehnen. Dessen ungeachtet besteht jedoch die Möglichkeit der **Teilversagung**, also einer Entscheidung, die hinter dem Antragsbegehren zurückbleibt. Eine Teilversagung ist beispielsweise geboten, wenn die

---

5 Vgl hierzu im Einzelnen § 5 Rn 30 und 31.
6 Vgl Bauer in: Hoffmann-Riem/Schmidt-Aßmann/Voßkuhle, Grundlagen des Verwaltungsrechts Bd. II, S. 1186–1191; Tettinger, NWVBl. 2005, 1–10; Wolff/Bachof/Stober, Verwaltungsrecht II, § 54 Rn 2.
7 Vgl Döhler in: Jann/Döhler, Agencies in Westeuropa, 2007; veröffentlicht auch unter <www.fernuni-hagen.de/imperia/md/content/politikwissenschaft/lg-iv/vom_amt_zur_agentur.pdf>.
8 Vgl Bumke in: Hoffmann-Riem/Schmidt-Aßmann/Voßkuhle, Grundlagen des Verwaltungsrechts Bd. II, S. 1070 f; *Stelkens*/Bonk/Sachs, § 35 VwVfG Rn 229–239 mwN.
9 *Stelkens*/Bonk/Sachs, § 35 VwVfG Rn 231 mwN.

Antragsunterlagen die Zulassung eines Arzneimittels nur für bestimmte der beantragten Anwendungsgebiete rechtfertigen oder abgrenzbare Patientengruppen von der Anwendung des Arzneimittels auszuschließen sind.[10] Grenzen sind aber auch hier durch den Antrag gezogen. So ist es ohne Mitwirkung des Antragstellers nicht möglich, mit der Teilversagung etwas anderes als das Beantragte zu gewähren, sondern stets nur ein „Weniger".

II. Rechtswirkungen der Zulassungsentscheidung

8 Die Rechtswirkungen eines Verwaltungsakts allgemein wie auch der arzneimittelrechtlichen Zulassung sind nach (1.) inhaltlichen, (2.) zeitlichen und (3.) personellen Folgen der Entscheidung zu differenzieren. Dabei sind nicht lediglich die Rechtsfolgen, sondern auch die Voraussetzungen der Zulassung in den Blick zu nehmen:

1. Inhaltliche Rechtswirkungen

9 Wie im Grundsatz jeder in einem Verwaltungsakt[11] enthaltenen Regelung kommt auch der Zulassungsentscheidung gestaltende Wirkung zu. Das beinhaltet eine gegenüber dem Antragsteller verbindliche Zuweisung des Rechts, das im Bescheid bezeichnete Arzneimittel unter den dort genannten Voraussetzungen in den Verkehr zu bringen. Die Gestaltungswirkung beschränkt sich dabei auf die öffentlich-rechtlichen Voraussetzungen des Inverkehrbringens. Diese werden nicht lediglich deklaratorisch festgestellt, sondern durch **gestaltenden Verwaltungsakt** begründet. Die hierdurch verliehene Rechtsstellung ist jedoch nicht in jeder Hinsicht absolut und unterliegt im öffentlichen Interesse der Arzneimittelsicherheit vielfachen **Einschränkungen**. So lässt die Zulassung gemäß § 25 Abs. 10 AMG die zivil- und strafrechtliche Verantwortlichkeit des pharmazeutischen Unternehmers unberührt. Er kann sich insoweit also grundsätzlich nicht darauf berufen, ein Arzneimittelschaden sei durch ein *zugelassenes* Präparat verursacht. Der Eigenverantwortlichkeit des pharmazeutischen Unternehmers entspricht es, dass der Inhaber der Zulassung zum Beispiel unter den Voraussetzungen des § 63 b Abs. 2 AMG verpflichtet ist, jede ihm bekannt gewordene Nebenwirkung zu melden – dies auch und gerade dann, wenn die Meldung die Rücknahme oder den Widerruf der Zulassung zur Folge haben kann. Die Zulassung gestaltet folglich nur die Voraussetzungen für das legale Inverkehrbringen eines Arzneimittels. Über den Wortlaut des § 25 Abs. 10 AMG hinaus lässt sie auch die öffentlich-rechtliche Verantwortlichkeit des pharmazeutischen Unternehmers unberührt. Dieser kann – ordnungsrechtlich gewendet – Störer sein und als solcher in Anspruch genommen werden, obgleich er eine formell legale Rechtsstellung innehat. In diesem Sinne kann von einer auf das **Recht zum Marktzugang** eingeschränkten Rechtswirkung der Zulassungsentscheidung gesprochen werden.

10 Aus der besonderen Stellung, die das Arzneimittelrecht an der Schnittstelle zwischen Wirtschaftsverwaltungsrecht und Gesundheitsschutz einnimmt, folgt die Frage, ob sich die mit der Zulassungsentscheidung bewirkte Rechtsgestaltung auf ein grundsätzlich erlaubtes oder ein grundsätzlich verbotenes Handeln bezieht. Im erstgenannten Fall spricht das allgemeine Verwaltungsrecht von einem **präventiven Verbot mit Erlaubnisvorbehalt**, im letztgenannten Fall von einem **repressiven Verbot mit Befreiungsvorbehalt**. Ersteres dient der gefahrenabwehrenden Kontrolle grundsätzlich erwünschter privater Freiheitsbetätigung; Letzteres erfasst Ausnahmen von unter Gefahrgesichtspunkten grundsätzlich unerwünschten Betäti-

---

10 Zu der – namentlich in Abgrenzung zur Auflage nach § 28 AMG bei Gegenanzeigen – nicht unproblematischen Qualifizierung der personellen Einschränkung des Anwenderkreises als Teilversagung vgl nachfolgend § 8 Rn 11 ff.
11 Bumke in: Hoffmann-Riem/Schmidt-Aßmann/Voßkuhle, Grundlagen des Verwaltungsrechts Bd. II, S. 1066 f.

gungen.[12] Die besseren Gründe sprechen hier für ein präventives Verbot mit Befreiungsvorbehalt:

Mit dem Inkrafttreten des AMG im Jahre 1976 sind die beiden wesentlichen Voraussetzungen für die Zulassung von Arzneimitteln deren „therapeutische Wirksamkeit" (§ 25 Abs. 2 S. 1 Nr. 4 AMG) und deren „Unbedenklichkeit" (§ 25 Abs. 2 S. 1 Nr. 5 AMG). Beide Begrifflichkeiten können nicht isoliert von der Zielsetzung des AMG verstanden werden.[13] Diese besteht nach § 1 AMG darin, für eine „ordnungsgemäße Arzneimittelversorgung von Mensch und Tier für die Sicherheit im Verkehr mit Arzneimitteln, insbesondere für die Qualität, *Wirksamkeit* und *Unbedenklichkeit* der Arzneimittel […] zu sorgen". Thematisch fällt das Arzneimittelrecht nach der Zweckbestimmung des § 1 AMG unter die **staatliche Gefahrenabwehr**. Das ergibt sich zwar nicht unmittelbar aus § 1 AMG, jedoch kann Arzneimittelsicherheit – so die vornehmliche gesetzgeberische Intention[14] – nur darin bestehen, mögliche Schadenseintritte im Umgang mit Arzneimitteln zu verhindern und damit einen bestimmten Sicherheitsstandard zu begründen. Insoweit ist an den polizeilichen Begriff der Gefahr anzuknüpfen. Dieser bezieht sich auf eine Sachlage, bei der im einzelnen Fall die hinreichende Wahrscheinlichkeit besteht, dass ein Schaden für die öffentliche Sicherheit in absehbarer Zeit eintreten wird.[15] Nach der Definition des BVerwG besteht darüber hinaus eine Gefahr, „wenn eine Sachlage oder ein Verhalten bei ungehindertem Ablauf des objektiv zu erwartenden Geschehens mit Wahrscheinlichkeit ein polizeiliches Rechtsgut schädigen wird".[16] Danach müsste auf dem Gebiet des Arzneimittelrechts *abstrakt* ein Anlass zu einem Handeln gegeben sein, wenn, durch ein Arzneimittel bedingt, im Hinblick auf einen Schaden und eine Eintrittswahrscheinlichkeit eine bestimmte Gefahrenschwelle überschritten wird. **11**

Das Arzneimittelrecht möchte jedoch einen **Sicherheitsstandard eigener (und neuer) Art** begründen. Denn neben der Gefahrenabwehr beinhaltet die Zielsetzung des AMG auch eine Ausrichtung auf Maßnahmen zur **Gefahrenvorsorge**. Eine solche Differenzierung zwischen Maßnahmen gegen eine Gefahr und Maßnahmen der Gefahrenvorsorge finden sich insbesondere auch im Umweltrecht, Gentechnikrecht und Atomrecht. Bei alledem geht es darum, eine Einwirkung auf nachteilige Geschehensabläufe „unterhalb der Gefahrenschwelle" zu ermöglichen.[17] Gegenstand der Gefahrenvorsorge ist die Steuerung von noch nicht potenziell gefährlichen Risiken[18] und von Geschehensabläufen, die erst in der weiteren Zukunft schädigende Folgen zeigen können oder die nicht isoliert, sondern im Zusammenwirken mit weiteren Faktoren als rechtsgutschädigend anzusehen sind.[19] Das Arzneimittelrecht operiert systematisch zwischen den Bereichen der Gefahrenabwehr und der Risikovorsorge.[20] Denn es können bereits theoretische Zusammenhänge belastendes staatliches Handeln legitimieren.[21] Hiermit ist gemeint, dass im Arzneimittelrecht bereits solche Sachverhalte zu einem Eingriff berechtigen, bei denen ein noch nicht verifizierter **Gefahrenverdacht** besteht. Der **12**

---

12 Vgl ausführlich Bumke in: Hoffmann-Riem/Schmidt-Aßmann/Voßkuhle, Grundlagen des Verwaltungsrechts Bd. II, S. 1066 f.
13 Plagemann, Der Wirksamkeitsnachweis nach dem Arzneimittelgesetz von 1976, S. 49.
14 Vgl Begr. der Bundesregierung zum Entwurf eines Gesetzes zur Neuordnung des Arzneimittelrechts v. 7.1.1975 (BT-Drucks. 7/3060, 43), nach dem dieses Gesetz „eine tiefgreifende und systematische Umgestaltung des Arzneimittelrechts mit dem Ziel [vollzieht], eine optimale Arzneimittelsicherheit zu verwirklichen".
15 Vgl hierzu Denninger, in: Lisken/Denninger, Handbuch des Polizeirechts, S. 214.
16 BVerwG, Urt. v. 26.2.1974 – 1 C 31/72, BVerwGE 45, 51, 57.
17 Scherzberg, VerwArch 84 (1993), 484, 491.
18 Kloepfer, Umweltrecht, § 4 Rn 12.
19 Scherzberg, VerwArch 84 (1993), 484, 491.
20 Di Fabio, Risikoentscheidungen im Rechtsstaat, S. 168.
21 Di Fabio, Risikoentscheidungen im Rechtsstaat, S. 182.

hiermit angesprochene Verdacht liegt schon dann vor, wenn eine Schadensmöglichkeit vermutet wird oder auch nur theoretisch denkbar ist, ohne dass ein Wahrscheinlichkeitsnachweis überhaupt geführt werden kann.[22] Danach liegen die wesentlichen Merkmale einer Gefahrensvorsorge im Bereich des noch nicht verifizierten Gefahrenverdachts und der Risikovorsorge.

13 Hierbei wird der jeweils gesicherte Stand der wissenschaftlichen Erkenntnisse Beurteilungsgrundlage für die Begrifflichkeiten „Wirksamkeit" und „Unbedenklichkeit" und bewertet das theoretische Gefährdungspotenzial und den gebotenen Sicherheitsstand.[23] Die Besonderheit des Arzneimittelrechts gegenüber anderen Rechtsmaterien mit seiner Ausrichtung auf eine **Risikovorsorge** drückt sich zudem in dem Gebot der **Nutzen-Risiko-Abwägung** aus. § 21 Abs. 1 AMG geht davon aus, dass Fertigarzneimittel nur dann in den Verkehr gebracht werden dürfen, wenn sie zugelassen sind und Versagungsgründe nicht entgegenstehen. So gewähren die §§ 21 Abs. 1, 25 Abs. 1 AMG einen **Anspruch auf Zulassung**, soweit keiner der § 25 Abs. 2 und 3 AMG bezeichneten Versagungsgründe vorliegt. Die Formulierung des § 25 Abs. 2 S. 1 AMG („Die zuständige Bundesoberbehörde *darf* die Zulassung *nur versagen, wenn* ...") schließt auf der Ebene der Zulassungserteilung ein wie auch immer geartetes Ermessen der Behörde aus. Hieraus ergibt sich, dass das Inverkehrbringen eines Arzneimittels nicht generell unterbleiben soll, jedoch eine Zulassung von einer **Vormarktkontrolle** abhängt, anhand deren geprüft wird, ob das Inverkehrbringen eines Arzneimittels im Einzelfall gegen Rechtsvorschriften verstößt.[24] Diese Form des Inverkehrbringens eines Arzneimittels unter dem Vorbehalt einer behördlichen Zulassung wird in der modernen Verwaltungsrechtslehre als **„präventives Verbot mit Erlaubnisvorbehalt"** bezeichnet.[25] Die aufgeworfene Frage ist damit grundsätzlich im Sinne der erstgenannten Möglichkeit zu beantworten. Dessen ungeachtet ist aber auch auf die besondere Ausgestaltung des Zulassungsverfahrens aufmerksam zu machen. Es trifft nämlich den pharmazeutischen Unternehmer trotz des Bestehens eines präventiven Verbots mit Erlaubnisvorbehalt die volle Darlegungs- und Beweislast, insbesondere bei der Frage der Wirksamkeit eines Arzneimittels (§ 25 Abs. 2 S. 1 Nr. 4 AMG).[26]

14 Aus rechtlicher Sicht stellt bereits die Koppelung des Inverkehrbringens eines Arzneimittels an eine behördliche Zulassung einen Eingriff in die **Berufsfreiheit** des pharmazeutischen Unternehmers nach Art. 12 GG dar. Darüber hinaus führt aber die verfahrensrechtliche Ausgestaltung des Zulassungsverfahrens zulasten des Unternehmers zu einer **Intensivierung der Eingriffsqualität**. In einer Gesamtbetrachtung der grundrechtlichen Betroffenheit des Unternehmers stellt sich damit das Rechtsverhältnis zwischen ihm und der Behörde als eine Zwischenstufe zwischen dem präventivem Verbot mit Erlaubnisvorbehalt und dem repres-

---

22 Kloepfer, Umweltrecht, § 4 Rn 18.
23 Erichsen, VVDStRL 35 (1977), 171 ff, 186; Ladeur, NuR 1992, 251 ff; Scherzberg, VerwArch 84 (1993), 484, 492.
24 Der Begriff „Vormarktkontrolle", wie auch der Begriff „Nachmarktkontrolle", erklärt sich über dessen englischsprachigen Ursprung, nach dem zwischen „pre-market-" und „post-market-control" unterschieden wird; vgl hierzu Hart in: Hart/Reich, Integration und Recht des Arzneimittelmarktes in der EG, S. 99; Di Fabio, Gefahrbegriff und Nachmarktkontrolle in: Damm/Hart, Rechtliche Regulierung von Gesundheitsrisiken, S. 109, 114, wonach es sich hierbei entweder um eine Nachzulassungskontrolle oder um eine Marktüberwachung handelt. Beide Begriffe wären verständlicher gewesen.
25 Vgl Maurer, Allgemeines Verwaltungsrecht, § 9 Rn 51 ff.
26 Klargestellt durch BVerwG, Urt. v. 14.10.1993 – 3 C 46/91, PharmR 1994, 380 ff; BVerwG, Urt. v. 14.10.1993 – 3 C 21/91, NJW 1994, 2433; Kloesel/Cyran, Arzneimittelrecht, § 25 AMG Erl. 37 ff; Plagemann, Der Wirksamkeitsnachweis nach dem Arzneimittelgesetz von 1976, S. 104, 172 ff; Di Fabio, Risikoentscheidungen im Rechtsstaat, S. 204 ff; vgl zur gegensätzlichen Position BVerwG, Beschl. v. 2.7.1979 – 1 C 9/75, NJW 1980, 656, 658 ff; Kriele, ZRP 1975, 260 ff; Kriele, NJW 1976, 355, 358.

siven Verbot mit Befreiungsvorbehalt[27] dar, das *faktisch* durch die verfahrensrechtliche Ausrichtung in der Zulassungspraxis zu Letzterem tendiert.[28]

Das Schwergewicht der staatlichen Arzneimittelkontrolle soll nach der gesetzgeberischen Intention in der **Nachmarktkontrolle** liegen. Somit schafft das AMG unter dem Gesichtspunkt der Gesetzesfunktionalität neben dem administrativen Zugang zum Arzneimittelmarkt gemäß den §§ 21 ff AMG eine Kontrollverpflichtung der Marktteilnehmer eigener Art. Gerade dieses System der Doppelung der Verantwortlichkeiten soll im Sinne der gesetzgeberischen Zielsetzung die Unbedenklichkeit von Arzneimitteln für Mensch und Tier gewährleisten.[29] Dabei bleibt allerdings dahingestellt, ob die angesprochene Tendenz des Rechtsverhältnisses zwischen Unternehmer und der Zulassungsbehörde zu einem repressiven Verbot mit Befreiungsvorbehalt unter rechtlichen Gesichtspunkten überhaupt haltbar ist. Unbestritten stellen die arzneimittelrechtlichen Regelungen der Vormarkt- wie auch der Nachmarktkontrolle einen wichtigen Beitrag zum verfassungsrechtlich zu gewährleistenden Schutz des Gemeinwohls dar. Diese Regelungen begründen von der Natur der Sache her zwar einen Konflikt zwischen der Berufsfreiheit des pharmazeutischen Unternehmers und den Belangen des Verbraucherschutzes. Die derzeitige Ausgestaltung des Zulassungsverfahrens für Arzneimittel, in der dem pharmazeutischen Unternehmer die Darlegungs- und Beweislasten auferlegt werden, führt aber zu keiner Überbetonung des Verbraucherschutzes. So ist zwar angeführt worden, dass die Absenkung der Eingriffs- resp. der Verbotsschwelle von einer Gefahr zum Gefahrenverdacht bzw Risikoverdacht, die im Vergleich zu den §§ 48, 49 VwVfG eine deutlich erleichterte Aufhebungsmöglichkeit der Zulassung und zuletzt auch eine generelle Missbilligung der Inverkehrbringung von Arzneimitteln darstellt, die Position des pharmazeutischen Unternehmers aus Art. 12 Abs. 1 GG abgeschwächt und dies bereits der Figur des repressiven Verbots mit Befreiungsmöglichkeit angenähert sei.[30] Darüber hinaus wird betont, dass das Zulassungsverfahren für Arzneimittel zumeist als multipolares Rechtsverhältnis zwischen Behörde, Kommissionen, pharmazeutischen Unternehmern, Ärzten und Verbrauchern ausgestaltet sei; in dieser Perspektive stünden die subjektiven Rechte des Unternehmers aus Art. 12 Abs. 1 GG den regelmäßig vorrangigen subjektiven Rechten des Arzneimittelverbrauchers aus Art. 2 GG gegenüber, auf welche die im bipolaren Rechtsverhältnis zwischen Behörde und Hersteller geltenden Regeln zur Darlegungs- und Beweislast keine Anwendung fänden.[31]

Die Argumente in Richtung eines *rechtlich* gegründeten repressiven Verbots mit Befreiungsvorbehalt überzeugen jedoch nicht. Denn der Eingriff in die Berufsfreiheit des pharmazeutischen Unternehmers durch ein präventives Verbot mit Erlaubnisvorbehalt ohne Annäherung eines in der Praxis der Zulassung zugrunde gelegten Typus eines repressiven Verbots mit Befreiungsvorbehalt durch einseitige Darlegungs- und Beweislastregelungen dürfte für einen hinreichenden Gesundheitsschutz der Arzneimittelkonsumenten ausreichende Gewähr bieten.[32] Der pharmazeutische Unternehmer befindet sich gegenüber anderen Rechtsunterworfenen, die zur Ausübung einer grundrechtlich geschützten Position einer behördlichen Genehmigung bedürfen, in einer nur graduell anderen Position.

---

27 Vgl hierzu Maurer, Allgemeines Verwaltungsrecht, § 9 Rn 54.
28 Mühl, Abgrenzungsfragen zwischen Arzneimittel und Lebensmittel, S. 156.
29 Fuhrmann, Sicherheitsentscheidungen im Arzneimittelrecht, S. 77; Räpple, Verbot bedenklicher Arzneimittel, S. 23, nach dem diese Konstruktion der doppelten Verantwortlichkeit der Entscheidungsträger in der Konsequenz kumulativ wirkt.
30 Di Fabio, Risikoentscheidungen im Rechtsstaat, S. 207.
31 Di Fabio, Risikoentscheidungen im Rechtsstaat, S. 207 f.
32 Hufen in: Schmidt (Hrsg.), Öffentliches Wirtschaftsrecht, Besonderer Teil 2, Lebensmittelrecht, § 12 Rn 85; Mühl, Abgrenzungsfragen zwischen Arzneimittel und Lebensmittel, S. 17 f.

§ 7 Die Zulassungsentscheidung

17 Die Zulassung gilt gemäß § 25 Abs. 1 AMG nur für das im Zulassungsbescheid aufgeführte Arzneimittel. Das Gesetz geht damit im Grundsatz davon aus, dass für jedes Arzneimittel ein gesonderter Bescheid erteilt wird.[33] Als Arzneimittel ist *in einem formellen Sinne* dabei das durch seine Bezeichnung, seine Zusammensetzung, seine Darreichungsform und sein Anwendungsgebiet individualisierte Produkt zu verstehen. Diesem wird unter einer bestimmten **Zulassungsnummer** durch den Bescheid eine Rechtsstellung zugewiesen. Dabei ist fraglich, ob diese rechtliche Zuweisung an den Adressaten des Zulassungsbescheides erfolgt, mithin personenbezogen ist, oder das Arzneimittel betrifft, also sachbezogen ist. Der BGH ist in einer zivilrechtlichen Streitigkeit von der Sachbezogenheit der Zulassung ausgegangen.[34] Dafür spricht sicherlich der Umstand, dass die Erteilung der Zulassung grundsätzlich nicht von der Person des Antragstellers abhängt. Die im Antragsverfahren nach § 22 AMG vorzulegenden Unterlagen sind auf das Produkt, nicht auf den Antragsteller bezogen. Aus formellen Gründen sind lediglich Name oder Firma und die Anschrift des Antragstellers und des Herstellers anzugeben. Der Antragsteller tritt damit als **Adressat** der Zulassung auf und wird vom Gesetz nach deren Wirksamkeit als Zulassungsinhaber bezeichnet. Eine gesonderte Zuverlässigkeits- oder Eignungsprüfung des Antragstellers, wie sie einer Vielzahl anderer öffentlich-rechtlicher Erlaubnisse eigen ist, findet nicht statt. Hierdurch unterscheidet sich die Arzneimittelzulassung auch von anderen Erlaubnisformen des AMG, etwa der Herstellungserlaubnis nach § 13 AMG oder der Großhandelserlaubnis nach § 52 a AMG. Dem entspricht es, dass die Zulassungsbescheide des Bundesinstituts für Arzneimittel und Medizinprodukte in ihrem Kopf keinen Zulassungsinhaber aufführen, sondern lediglich einen Antragsteller. Die besseren Argumente sprechen damit für die Qualifizierung der arzneimittelrechtlichen Zulassung als **sachbezogenen Verwaltungsakt**.[35] Davon, dass Antragsteller und Inhaber der Zulassung nicht identisch zu sein brauchen, geht erkennbar auch das Gesetz aus. So trifft die Verpflichtung zur Anzeige allfälliger Änderungen bis zur Erteilung der Zulassung den Antragsteller, danach den Inhaber der Zulassung. Hiermit ist die Möglichkeit einer späteren **Übertragung der Zulassung** auf Dritte angedeutet. Sie wird unter der Annahme eines sachbezogenen Verwaltungsakts erleichtert, bedarf es dann doch keiner Änderung der Zulassungsentscheidung in Bezug auf den Zulassungsinhaber, die in einem solchen Fall keine bloße Förmlichkeit, sondern eine inhaltliche Änderung des Verwaltungsakts bedeutete.

2. Zeitliche Rechtswirkungen

18 In **zeitlicher** Hinsicht ist die Zulassung zunächst befristet. § 31 Abs. 1 S. 1 Nr. 3 AMG ordnet ein Erlöschen der Zulassung nach Ablauf von **fünf Jahren** seit ihrer Erteilung an, es sei denn, dass spätestens sechs Monate vor Ablauf der Frist ein Antrag auf Verlängerung gestellt wird. Einschränkungen in zeitlicher Hinsicht finden sich auch für Arzneimittel, die zwar zugelassen, aber nicht auf den Markt gebracht werden. Hier erlischt die Zulassung innerhalb von drei Jahren seit ihrer Erteilung oder – sofern das Arzneimittel einmal im Verkehr war – es sich in drei aufeinander folgenden Jahren nicht mehr im Verkehr befindet (sog. **sunset clause**). Allgemein gilt eine verlängerte Zulassung zeitlich unbeschränkt, es sei denn, die Zulassungsbehörde ordnet in besonderen Fällen eine weitere Verlängerung an (§ 31 Abs. 1 a AMG).[36]

---

33 Gleichwohl werden in der Praxis zum Teil mehrere Präparate – etwa bei verschiedenen Gehalten des selben Wirkstoffs – in einem Zulassungsbescheid zusammengefasst.
34 BGH, Urt. v. 17.7.1997 – I 2R 58/95, abgedruckt bei Sander, Arzneimittelrecht (Entscheidungsband).
35 Anders: Sander, Arzneimittelrecht, § 25 AMG Erl. 1.
36 Wegen der Einzelheiten kann auf § 9 Rn 4 ff verwiesen werden.

3. Personelle Rechtswirkungen

Personell erfolgt die Rechtszuweisung an den *jeweiligen* Zulassungsinhaber. Die Charakterisierung der Zulassungsentscheidung als sachbezogener Verwaltungsakt hat zur Folge, dass die Berechtigung zum Marktzutritt nach dem Übergang der Zulassung auf einen Dritten diesem auch ohne eine Änderung der Entscheidung zusteht. Das gilt nicht nur bei einer rechtsgeschäftlichen Veräußerung der Zulassung, sondern auch bei derem gesetzlichen Übergang kraft Rechtsnachfolge.

Als subjektiv-öffentliches Recht steht die Zulassung indes dem Zulassungsinhaber nur in ihrem *jeweiligen*, dh möglicherweise nach Änderungsanzeige variierten Bestand zu. Dieser Bestand ist auch von einem **Mitvertreiber** zu beachten. Denn dessen Rechtsstellung ist akzessorisch zu der des Zulassungsinhabers. Der Mitvertrieb ist zwar eine in der Praxis übliche, arzneimittelrechtlich aber nicht abschließend geregelte Vertriebsform, bei der weiteren Unternehmern zivilrechtlich das Recht eingeräumt wird, ein zugelassenes Arzneimittel unter eigenem Namen in den Verkehr zu bringen (vgl § 5 Rn 12 f). Dies hat zur Folge, dass der Mitvertreiber öffentlich-rechtlich nur dasjenige Präparat in den Verkehr bringen darf, das der Zulassung entspricht. So ist es ihm beispielsweise verwehrt, das Arzneimittel unter einer anderen als der zugelassenen Bezeichnung zu vertreiben.[37] Auch etwaige Bezeichnungszusätze wird man vor diesem Hintergrund für unzulässig halten müssen.

III. Form der Zulassungsentscheidung

Das AMG gibt in § 25 Abs. 1 die **Schriftform** vor. Es verweist damit auf die allgemeinen Bestimmungen des Verwaltungsverfahrensrechts. Nach § 37 Abs. 3 S. 1 VwVfG muss ein schriftlicher Verwaltungsakt die erlassende Behörde ausweisen und die Unterschrift oder die Namenswiedergabe des Behördenleiters, seines Vertreters oder seines Bevollmächtigten enthalten.

§ 37 Abs. 3 S. 2 VwVfG lässt bei Verwaltungsakten, für die wie im Fall der Arzneimittelzulassung die Schriftform angeordnet ist, auch die **elektronische Form** zu. Allerdings ist es zur Identitätssicherung erforderlich, dass das der Signatur zugrunde liegende qualifizierte Zertifikat oder ein zugehöriges qualifiziertes Attributzertifikat die jeweilige Behörde erkennen lassen.[38] Fehlt es an einer solchen Zuordnung des Regelungsinhalts, hat dies nach § 44 Abs. 2 Nr. 1 VwVfG die Nichtigkeit des Verwaltungsakts zur Folge.

In der Praxis gliedert sich die Zulassungsentscheidung in einen verfügenden Teil mit Angaben zur **Individualisierung des Arzneimittels** wie

- Zulassungsnummer
- Bezeichnung
- Darreichungsform
- Zusammensetzung
- Packungsgrößen,

und Angaben zur **Anwendung** wie

- Art der Anwendung
- Anwendungsgebiete sowie
- Haltbarkeit
- Aufbewahrung und Lagerung.

Daneben werden in diesem Abschnitt auch der Antragsteller und der Hersteller des Präparats sowie die Verkaufsabgrenzung aufgeführt.

---

37 Sander, Arzneimittelrecht, § 25 AMG Erl. 1.
38 Vgl *Stelkens*/Bonk/Sachs, VwVfG, § 37 Rn 121–125.

23 Dem Bescheid sind außerdem regelmäßig **Anlagen** beigefügt, die den Wortlaut der für das Behältnis und die äußere Umhüllung vorgesehenen Angaben und den Wortlaut der Packungsbeilage (Gebrauchsinformation) vorgeben. Gleiches gilt für die ggf erforderliche Fachinformation. In Anlagen finden sich zudem oftmals **Auflagen** Im Sinne des § 28 AMG (vgl hierzu unten § 8). Der Zulassungsbescheid kann zudem durch **Hinweise** auf gesetzliche Verpflichtungen des Zulassungsinhabers ergänzt werden. Diesen kommt kein eigener Regelungscharakter zu. Den Abschluss bildet schließlich die erforderliche **Rechtsbehelfsbelehrung**.

B. Die Zulassung von Kinderarzneimitteln
I. Die Verordnung (EG) Nr. 1901/2006

24 Die Verordnung (EG) Nr. 1901/2006[39] hat einen Paradigmenwechsel in der Zulassung von Arzneimitteln bewirkt. Die klinische Prüfung von Arzneimitteln in der pädiatrischen Bevölkerungsgruppe galt über viele Jahrzehnte hinweg als nicht sinnvoll und wurde als unethisch angesehen. Damit basierte die Behandlung von Kindern auf einer willkürlichen Extrapolation von Studienergebnissen und Erkenntnissen aus der Therapie bei Erwachsenen auf Kinder. Somit wurden und werden Arzneimittel bei Kindern angewendet, die nie oder nicht ausreichend an Kindern geprüft worden sind.

25 Dieses gesellschaftlich akzeptierte Vorgehen wurde mit Beginn der 1990er Jahre von Kinderärzten/-innen und von Patienten und deren verantwortlichen Personen kritisch hinterfragt, und wissenschaftliche Erkenntnisse legten nahe, dass hier Handlungsbedarf ist. Kinder sind keine kleinen Erwachsenen und „die Kinder" sind eine inhomogene Gruppe an sich. Kinder durchlaufen von Geburt bis zum Ende des 17. Lebensjahrs mehrere Entwicklungsstadien, die auch bei der Gabe von Arzneimitteln – zB im Hinblick auf die Dosierung – berücksichtigt werden müssen.

26 Es musste sorgfältig abgewogen werden, ob die gängige Praxis, Kinder mit Arzneimittel zu behandeln, bei denen weder die Wirksamkeit noch die Sicherheit oder gar die korrekte Dosierung geprüft worden ist, ein Vorgehen ist, das dem medizinischen Erkenntnisstand des 20. oder 21. Jahrhunderts entspricht.

In den 27 Mitgliedstaaten der Europäischen Union präsentieren Kinder 20 % der Bevölkerung. Es ist an der Zeit, dass sie eine wissenschaftlich fundierte Therapie bei einer Erkrankung erhalten und dass Arzneimittelinformationen, die Kindern gegeben werden, auf autorisierten Informationen aus einem Arzneimittelzulassungsverfahren beruhen.

27 Mit der Forderung zur Durchführung von klinischen Prüfungen an Kindern für die sichere Anwendung von Arzneimitteln in Kindern sollte jedoch auch eine erhöhte Transparenz im Hinblick auf die Durchführung von klinischen Studien an Kindern erfolgen, damit Mehrfachuntersuchungen zur selben Thematik und/oder zum selben Arzneimittel vermieden werden. Dies auch unter dem Aspekt, dass die Rekrutierung von Kindern für klinische Studien per se schwierig ist, unter der Berücksichtigung der verschiedenen Alters- und Entwicklungsstufen und der Inzidenz der Erkrankungen.

28 Die Verordnung (EG) Nr. 1901/2006 des Europäischen Parlaments und des Rates richtet sich an:

- die pharmazeutische Industrie, die Arzneimittel mit und ohne Patentschutz in den Verkehr bringen will,

---

39 VO (EG) Nr. 1901/2006 des Europäischen Parlaments und des Rates v. 12.12.2006 über Kinderarzneimittel und zur Änderung der VO (EWG) Nr. 1768/92, der Richtlinien 2001/20/EG und 2001/83/EG sowie der VO (EG) Nr. 726/2004 in: <http://ec.europa.eu/enterprise/pharmaceuticals/eudralex/vol1_en.htm>.

B. Die Zulassung von Kinderarzneimitteln

- an die Mitgliedstaaten zur Schaffung von Anreizen und Bonussen für die Unterstützung der Erforschung, Entwicklung und Verfügbarkeit von Kinderarzneimitteln und Sanktionen für Unternehmen, die dieser Verordnung, unter Bezug auf die Richtlinie 2001/83/EG, nicht nachkommen,
- an die nationalen Zulassungsbehörden, denen die Erfassung und Bewertung aller vorliegenden pädiatrischen Studien, die Erfassung des Off-Label-Use von zugelassenen Arzneimitteln sowie die Sicherstellung der Zulässigkeit eines Zulassungsantrags mit einem neuen Arzneimittel nach dem 26.7.2008 oder eines Erweiterungsantrags eines bereits zugelassenen Arzneimittels nach dem 6.1.2009 in ihrem Zuständigkeitsbereich obliegt.

Der Zweck der Verordnung (EG) Nr. 1901/2006 ist es, die Entwicklung und die Zugänglichkeit von Arzneimitteln zur Verwendung bei der pädiatrischen Bevölkerungsgruppe zu erleichtern und zu gewährleisten, dass die zur Behandlung der pädiatrischen Bevölkerungsgruppe verwendeten Arzneimittel im Rahmen ethisch vertretbarer und qualitativ hochwertiger Forschungsarbeiten entwickelt und eigens für die pädiatrische Verwendung genehmigt werden, sowie die über die Verwendung von Arzneimitteln bei den verschiedenen pädiatrischen Bevölkerungsgruppen verfügbaren Informationen zu verbessern.

Im Folgenden wird der Begriff „Kind/er" synonym verwendet im Sinne des Art. 2(1) VO (EG) Nr. 1901/2006, der die pädiatrische Bevölkerungsgruppe als Teil der Bevölkerung zwischen Geburt und 18 Jahren definiert, und entsprechend der Definition der ICH-Guideline E 11[40] für den Lebenszeitraum vom Frühgeborenen bis zum Ende des 17. Lebensjahres.

II. Klinische Prüfung als Voraussetzung für die Zulassung von Kinderarzneimitteln (Richtlinie 2001/20/EG)

1. Einwilligung

Mit der Verabschiedung der Richtlinie 2001/20/EG[41] wurde die Einholung der befürwortenden Stellungnahme einer Ethikkommission und die Nicht-Einwendung des Mitgliedstaates, in dem eine klinische Studie durchgeführt werden soll, Voraussetzung für die Durchführung einer klinischen Studie. Die Umsetzung der Richtlinie 2001/20/EG in das deutsche AMG erfolgte mit der 12. AMG-Novelle in den §§ 40 bis 42 a AMG.[42]

Der Ethikkommission obliegt es nach Art. 6 lit. g RL 2001/20/EG, das Verfahren im Hinblick auf die Einwilligung des Studienteilnehmers nach Aufklärung durch den Prüfer zu beurteilen. Das heißt, die Überprüfung, ob ein Studienteilnehmer sein Einverständnis zur Teilnahme an der klinischen Prüfung, basierend auf den Informationen des Sponsors, geben kann, ohne sich einer Gefährdung auszusetzen.

Art. 4 RL 2001/20/EG legt eine besondere Fürsorgepflicht für Minderjährige als Prüfungsteilnehmer fest. So wird neben der Einwilligung der Eltern oder des gesetzlichen Vertreters die Berücksichtigung des mutmaßlichen Willens des Minderjährigen (Kindes) mit gefordert. Die Einbeziehung des Kindes in die Entscheidung zur Teilnahme an der klinischen Prüfung wird sowohl in der Leitlinie der Europäischen Kommission zur Durchführung von klini-

---

40 ICH E 11 Clinical investigation of medicinal products in the paediatric population (CPMP/ICH/2711/99), <http://www.emea.europa.eu/htms/human/paediatrics/sci_gui.htm>.
41 RL 2001/20/EG des Europäischen Parlaments und des Rates v. 4.4.2001 zur Angleichung der Rechts- und Verwaltungsvorschriften der Mitgliedstaaten über die Anwendung der guten klinischen Praxis bei der Durchführung von klinischen Prüfungen mit Humanarzneimitteln in: <http://ec.europa.eu/enterprise/pharmaceuticals/eudralex/vol1_en.htm>.
42 Gesetz über den Verkehr mit Arzneimitteln (Arzneimittelgesetz) in der Fassung der Bekanntmachung v. 11.12.1998, Sechster Abschnitt.

schen Studien⁴³ in Altersabhängigkeit gesehen als auch im Hinblick auf die Autonomie von Entscheidungen.⁴⁴

2. Rekrutierung und Gruppengrößen

33 Um die Durchführung von klinischen Studien im Hinblick auf die Einbindung von pädiatrischen Patienten zu verbessern, hat die Verordnung die Entwicklung eines europäischen Netzwerkes von Institutionen und Ärzten vorgesehen. Art. 44 VO (EG) Nr. 1901/2006 fordert die Entwicklung eines Europäischen Netzwerks, basierend auf bereits bestehenden nationalen und europäischen Netzwerken. Die Agentur ist für den Aufbau und die Umsetzung zur Einrichtung des europäischen Netzes (Netzwerk der Netzwerke) verpflichtet.⁴⁵

3. Transparenz, Information über klinische Studien

34 Die VO (EG) Nr. 1901/2006 verlangt in Art. 53 eine Änderung des Art. 11 RL 2001/20/EG mit dem Inhalt, dass Abweichend von Absatz 1 die Agentur teilweise die in der europäischen Datenbank eingegebenen Informationen über pädiatrische klinische Prüfungen veröffentlichen kann. Der Umfang der öffentlich zugänglich gemachten Informationen ist in der „Mitteilung der Organe und Einrichtungen der Europäischen Kommission — Anleitung für die gemäß Art. 41 der Verordnung (EG) Nr. 1901/2006 des Europäischen Parlaments und des Rates in die EU-Datenbank über klinische Prüfungen (EudraCT) einzugebenden Informationen über pädiatrische klinische Prüfungen und die von der Europäischen Arzneimittel-Agentur der Öffentlichkeit zugänglich zu machenden Informationen (2009/C 28/01)"⁴⁶ zu finden.

III. Das pädiatrische Prüfkonzept

35 In der „Mitteilung der Organe und Einrichtungen der Europäischen Kommission – Leitlinie der Kommission für Format und Inhalt von Anträgen auf Billigung oder Änderung eines pädiatrischen Prüfkonzepts sowie auf Freistellung oder Zurückstellung und für die Prüfung auf Übereinstimmung und die Kriterien zur Bewertung wesentlicher Studien (2008/C 243/01)"⁴⁷ sind Empfehlungen zum erwarteten Inhalt des pädiatrischen Prüfkonzeptes vorgegeben. In Auszügen wird dies in diesem Abschnitt wiedergegeben.⁴⁸

Alle Entscheidungen im Hinblick auf die Entwicklung und Zulassung eines Arzneimittels für die pädiatrische Bevölkerung müssen sich gemäß Art. 6(2) VO (EG) Nr. 1901/2006 am Grundsatz des erheblichen therapeutischen Nutzens messen lassen.

36 Da in einem sehr frühen Stadium der Entwicklung eines Arzneimittel möglicherweise keine oder nur sehr begrenzte Erfahrungen mit der Anwendung des Arzneimittels insgesamt sowie in der pädiatrischen Bevölkerungsgruppe vorliegen, kann der erhebliche therapeutische Nutzen auch auf gut begründete, plausible Annahmen gestützt werden. Damit der Pädiatrieausschuss eine Bewertung vornehmen kann, sind diese Annahmen auf der Grundlage fundierter Argumente und relevanter Literatur darzulegen. Im Antrag ist aufzuführen, wenn der therapeutische Nutzen im Therapiebedarfsinventar des Pädiatrieausschusses gemäß

---

43 Ethical Considerations for Clinical Trials on Medicinal Products Conducted with the Paediatric Population Volume 10 Eudralex Kapitel V: <http://ec.europa.eu/enterprise/pharmaceuticals/eudralex/vol10_en.htm>.
44 The ethics of psychopharmacological research in legal minor, Jacinta O.A. Tan, Michael Kölch in: Clinical research in minors and the mentally ill, S. 42, Graue Reihe No 46, November, Europäische Akademie.
45 <http://www.emea.europa.eu/htms/human/paediatrics/network.htm>.
46 <http://ec.europa.eu/enterprise/pharmaceuticals/eudralex/vol10_en.htm>.
47 <http://ec.europa.eu/enterprise/pharmaceuticals/eudralex/vol1_en.htm>.
48 <http://ec.europa.eu/enterprise/pharmaceuticals/eudralex/vol1_en.htm>.

Art. 43 VO (EG) Nr. 1901/2006 aufgenommen worden ist, ansonsten muss der Antrag ausreichende Informationen enthalten, um diese Annahme zu begründen.

Der **erhebliche therapeutische Nutzen** kann begründet werden mit: 37
- der berechtigten Erwartung hinsichtlich der Sicherheit und Wirksamkeit einer in Verkehr gebrachten oder neuen Medikation zur Behandlung einer pädiatrischen Erkrankung, wenn kein zugelassenes pädiatrisches Arzneimittel auf dem Markt ist;
- der erwarteten Verbesserung der Wirksamkeit in einer pädiatrischen Bevölkerungsgruppe im Vergleich zum aktuellen Behandlungs-, Diagnose- oder Präventionsstandard für die betreffende Erkrankung;
- der erwarteten Verbesserung der Sicherheit im Hinblick auf Nebenwirkungen oder potenzielle Medikationsfehler in einer pädiatrischen Bevölkerungsgruppe im Vergleich zum aktuellen Behandlungs-, Diagnose- oder Präventionsstandard für die betreffende Erkrankung;
- der Verbesserung des Dosierschemas oder der Verabreichungsmethode (Anzahl der Dosen pro Tag, orale gegenüber intravenöser Verabreichung, kürzere Behandlungsdauer), was zu besserer Sicherheit, Wirksamkeit oder Compliance führt;
- der Verfügbarkeit einer neuen klinisch relevanten altersgemäßen Formulierung;
- der Verfügbarkeit von klinisch relevanten und neuen therapeutischen Kenntnissen über die Anwendung des Arzneimittels in der pädiatrischen Bevölkerungsgruppe, was zu besserer Wirksamkeit oder Sicherheit des Arzneimittels in dieser Bevölkerungsgruppe führt;
- einem anderen Wirkmechanismus mit potenziellen Vorteilen für die pädiatrische/n Bevölkerungsgruppe/n im Hinblick auf bessere Wirksamkeit oder Sicherheit;
- dem Umstand, dass wegen fehlender zufrieden stellender Behandlungsmöglichkeiten, alternative Methoden mit einem besseren Nutzen-Risiko-Verhältnis benötigt werden;
- der erwarteten Verbesserung der Lebensqualität des Kindes.

Das Gesetz kennt in der Umsetzung der Anforderungen drei verschiedene Anwendungen: 38
- die Vorlage eines Prüfkonzeptes zur Durchführung,
- die Vorlage eines Prüfkonzeptes mit der Rückstellung der Durchführung,
- und die Freistellung von der Vorlage eines Prüfkonzeptes.

Wenn ein erheblicher therapeutischer Nutzen in dem frühen Stadium der Entwicklung nicht begründet werden kann, kann der Pädiatrieausschuss daher eine Freistellung oder eine Zurückstellung in Erwägung ziehen.

1. Vorlage und Inhalt eines pädiatrischen Prüfkonzeptes
a) Allgemeines

Das pädiatrische Prüfkonzept sollte Einzelheiten zum Zeitplan und zu den Maßnahmen 39 enthalten, durch die die Qualität, Sicherheit und Wirksamkeit des Arzneimittels in der pädiatrischen Bevölkerungsgruppe nachgewiesen werden sollen. Da sich die pädiatrische Bevölkerungsgruppe aus einer Reihe von unterschiedlichen Altersgruppen zusammensetzt, sollte im pädiatrischen Prüfkonzept angegeben sein, in welchen Untergruppen auf welche Weise und bis zu welchem Zeitpunkt die Prüfungen durchgeführt werden.

Das pädiatrische Prüfkonzept sollte zu einem frühen Zeitpunkt der Entwicklungsphase vorgelegt werden, und zwar so frühzeitig, dass die pädiatrischen Prüfungen durchgeführt werden können, bevor der Antrag auf Genehmigung gestellt wird.

In dem Antrag ist zu jeder Krankheit/Erkrankung, für die es bereits eine genehmigte Indi- 40 kation gibt, und zu jeder Krankheit/Erkrankung, die Gegenstand einer neuen Entwicklung ist, unabhängig davon, ob es ein neues Arzneimittel oder eine neue Indikation bereits genehmigter Arzneimittel ist, anzugeben, ob sie in der pädiatrischen Bevölkerungsgruppe auftritt.

Mögliche Unterschiede oder Ähnlichkeiten zwischen erwachsener und pädiatrischer Bevölkerungsgruppe und zwischen den pädiatrischen Altersgruppen sind darzulegen.

Dies muss insbesondere im Hinblick auf die Schwere der Krankheit, die Ätiologie und Epidemiologie, das Mindestalter, in dem die Krankheit/Erkrankung auftreten kann, auf die klinischen Manifestationen und die Prognose sowie die Pathophysiologie dargelegt werden. Nach Möglichkeit unter Berücksichtigung der Inzidenz und/oder Prävalenz in der Europäischen Gemeinschaft. Dies kann bibliographisch dargestellt werden.

41 Die pharmakologischen Eigenschaften und Wirkmechanismen sind zu beschreiben, ebenso wie Unterschiede und Ähnlichkeiten im Hinblick auf das Sicherheits- und Wirksamkeitsprofil des Arzneimittels. Dies insbesondere im Vergleich zwischen der erwachsenen und pädiatrischen Bevölkerungsgruppe und zwischen den einzelnen pädiatrischen Altersgruppen. Die bereits genehmigten oder bisherigen Diagnose-, Präventions- oder Behandlungsmethoden in pädiatrischen Bevölkerungsgruppen sind darzustellen.

b) Für die pädiatrische Entwicklung vorgeschlagene Gesamtstrategie

42 Im Antrag sind in zwei Teilen unterschiedliche wissenschaftliche Fragen zu beantworten. In einem Teil soll die Gesamtentwicklung des Arzneimittels einschließlich der Entwicklung in Bezug auf die erwachsene Bevölkerungsgruppe und Angaben zu den Erkrankungen dargestellt werden. In einem weiteren Teil wird die Darlegung der Entwicklung des Arzneimittels für die pädiatrische Bevölkerungsgruppe erwartet.

Im Antrag sollen alle vorhandenen wissenschaftlichen Leitlinien/Beratungen berücksichtigt und jede Abweichung im Rahmen der Entwicklung begründet werden.

Ein Überblick über alle Informationen zum Arzneimittel in der pädiatrischen Bevölkerungsgruppe soll gegeben werden einschließlich Berichte über Off-Label-Use, unerlaubte Verwendung oder über versehentliche Expositionen sowie bekannte Gruppeneffekte. Literatur oder andere relevante Informationen sollten herangezogen werden.

aa) Indikationen

43 Die vorgeschlagenen Indikationen in der pädiatrischen Bevölkerungsgruppe, für die ein pädiatrisches Prüfkonzept entwickelt wird, berücksichtigend, ob dies für einige oder für alle Altersgruppen gilt, ist darzulegen, und es ist zu spezifizieren, ob das Arzneimittel zur Diagnose, Vorbeugung oder Behandlung der betreffenden Krankheiten/Erkrankungen vorgesehen ist.

bb) Ausgewählte Altersgruppe(n)

44 Das pädiatrische Prüfkonzept soll alle Altersgruppen der pädiatrischen Bevölkerungsgruppe abdecken, für die keine Freistellung gilt. Welche Gruppen ausgewählt werden, kann je nach Pharmakologie des Arzneimittels, der Manifestation der Erkrankung in den verschiedenen Altersgruppen und anderen Faktoren variieren. Die Auswahl ist zu begründen. Sofern keine andere Begründung angeführt wird, sollte sich der Antrag auf die Altersklassifikation der Leitlinie E 11 der ICH/CHMP[49] stützen. Zusätzlich zur Altersklassifizierung kann die pädiatrische Bevölkerungsgruppe auch nach anderen Variablen wie Schwangerschaftsalter, Pubertätsstadium/-stadien oder Nierenfunktion unterteilt werden.

---

[49] <http://www.ich.org/cache/compo/276-254-1.html>.

cc) Strategie in Bezug auf Qualitätsaspekte

Im Antrag sollen die Entwicklung des Arzneimittels bei Erwachsenen skizziert und für den pädiatrischen Bereich die maßgeblichen pharmazeutischen Entwicklungen und, soweit verfügbar, die Ergebnisse aufgezeigt werden. Die chemischen, pharmazeutischen, biologischen und biopharmazeutischen Aspekte im Zusammenhang mit der Verabreichung des Arzneimittel in den relevanten pädiatrischen Altersgruppen sind zu beschreiben. Dabei sind die pharmazeutische Entwicklung des Arzneimittels und darüber hinaus die nachfolgenden kritische Aspekte zu berücksichtigen:

- die Notwendigkeit spezifischer Formulierungen oder Dosierungsformen für die jeweilige(n) Altersgruppe(n) und eine Diskussion über den Nutzen der gewählten Formulierung oder Dosierungsform. Dies beinhaltet auch die Berücksichtigung von Hilfsstoffen unter Formulierungsaspekten und Geschmacksstoffen;
- die qualitative und quantitative Zusammensetzung sollte beschrieben werden, sobald sie verfügbar ist;
- die Verfügbarkeit und der Zeitrahmen für die Entwicklung einer altersgemäßen Dosierungsform sollen dargelegt werden.

Wenn keine Formulierung entwickelt werden kann, die für die pädiatrische Verwendung im industriellen Maßstab relevant und akzeptabel ist, muss im Antrag angegeben werden, wie die magistrale Zubereitung einer individuellen gebrauchsfertigen Formulierung zur pädiatrischen Verwendung erleichtert werden soll.

Die Ergänzung einer pädiatrischen Indikation kann dazu führen, dass eine neue Darreichungsform oder neue Stärke (zB eine Lösung statt einer Tablette oder eine Tablette mit neuer Dosisstärke) benötigt wird, weil die vorhandene Darreichungsform oder Dosisstärke zur Verwendung in der gesamten oder einem Teil der pädiatrischen Bevölkerungsgruppe ungeeignet ist. Die Eignung vorhandener Darreichungsformen/Dosisstärken ist immer im pädiatrischen Prüfkonzept zu diskutieren. Dabei ist auf alle ethnischen oder kulturellen Unterschiede im Verabreichungsweg und in den akzeptablen Dosierungsformen und Trägerstoffen einzugehen.

dd) Strategie in Bezug auf nichtklinische Daten

Im Antrag soll die Strategie für die nichtklinische Entwicklung, die *zusätzlich* zur klassischen nichtklinischen Entwicklung oder zu bereits vorhandenen Daten von Erwachsenen benötigt wird, dargelegt werden. Studien mit Jungtieren kommen in Betracht, wenn die bereits vorliegenden Daten zur Sicherheit beim Menschen und aus früheren Tierstudien unzureichend das Sicherheitsprofil des Arzneimittels in Bezug auf die pädiatrische Bevölkerung insgesamt oder auf eine spezifische Altersgruppe darlegen. Zu berücksichtigen ist für den Bereich Pharmakologie die Notwendigkeit eines Konzeptnachweises für die Verwendung in den pädiatrischen Bevölkerungsgruppen, zB anhand von nichtklinischen In-vitro- und/oder In-vivo- Modellen.

Es kann die notwendig sein, **pharmakodynamische Studien** durchzuführen, zB zur Ermittlung einer Dosis-Wirkungsbeziehung für einen pharmakodynamischen Endpunkt, wenn es ein zuverlässiges Tiermodell gibt, um die Auswahl der relevantesten Tierspezies für potenzielle Studien mit Jungtieren zu begründen. Oder es kann sich die Durchführung von sicherheitspharmakologischen Studien mit nichtklinischen In-vitro- und/oder In-vivo-Modellen zur Untersuchung spezifischer Funktionen des physiologischen Systems als notwendig erweisen. Untersuchungen zur **Pharmakokinetik** können notwendig sein, um die Auswahl der relevantesten Tierspezies für potenzielle Studien mit Jungtieren zu begründen.

Untersuchungen der **spezifischen Toxizität** und der **Toxikokinetik** bei Jungtieren können notwendig sein oder auch Toxizitätsstudien zur Untersuchung spezifischer Endpunkte, zB bei Neurotoxizität, Immunotoxizität oder Nephrotoxizität in einer bestimmten Entwicklungsphase und ggf zusätzliche Studien zur lokalen Toleranz.

ee) Klinische Daten

49 Die Strategie für die klinische pädiatrische Entwicklung in Bezug auf die Standardentwicklung soll diskutiert und begründet werden unter Bezug auf die Entwicklung für Erwachsene und auf bereits vorhandene Daten. Der gesamte klinische Ansatz zur Unterstützung der Arzneimittelentwicklung in den Indikationen und Altersgruppen des pädiatrischen Prüfkonzepts, einschließlich der kritischen Aspekte des Studiendesigns und der Grenzen der vorgeschlagenen klinischen Entwicklung, sollen dargelegt werden. Die Eignung von Endpunkten je nach Alter, Einzelheiten der zu verwendenden Formulierungen und Konzepte zur Überbrückung zwischen den verschiedenen Formulierungen sollen betrachtet werden. Eine mögliche Extrapolation von Erwachsenen-Daten auf pädiatrische Patienten sowie von älteren auf jüngere Altersgruppen sollte dargelegt werden. Zeitachsen im Hinblick auf die Entwicklung und Verifizierung der Dosierung, Formulierung(en) und Verabreichungsweg(e) sind im Antrag zu begründen.

50 Die Prüfung ist grundsätzlich unter dem Aspekt der Sicherheit zu planen. Dies bedeutet, dass bei Erwachsenen statt bei Kindern, bei älteren statt bei jüngeren Kindern die Prüfung begonnen und ggf durchgeführt werden soll. Wenn Ergebnisse nicht auf jüngere Altersgruppen extrapoliert werden können, so ist dies zu begründen. Ebenso ist die Anzahl der Studienteilnehmer pro Altersgruppe zu begründen.

Die pharmakodynamischen Unterschiede zwischen erwachsener und pädiatrischer Population (zB Einfluss der Reifung von Rezeptoren und/oder Systemen) und die Anwendung des pharmakodynamischen Ansatzes, insbesondere bei nicht messbarer Pharmakokinetik, sind ebenfalls zu begründen.

51 Die Extrapolation von verschiedenen Populationen (von erwachsenen [adulten] und/oder älteren pädiatrischen Altersgruppen), ggf mit pharmakodynamischen Modellen ist heranzuziehen. Ebenso die Berücksichtigung von Biomarkern für die Pharmakokinetik/Pharmakodynamik.

Studien zur Pharmakokinetik können sich als notwendig erweisen, wenn die Möglichkeit nicht gegeben ist, Wirksamkeit und Sicherheit von erwachsenen oder älteren Altersgruppen auf der Basis von Pharmakokinetik zu extrapolieren. Dabei sind die Verwendung pharmakokinetischer Stichproben und die Anwendung von Studien zur Pharmakokinetik/Pharmakodynamik zu berücksichtigen.

52 Eine ausführliche Diskussion über Altersgruppen, für die Studien benötigt werden, zB wegen der erwarteten hohen kinetischen Variabilität, wird erwartet. Die Notwendigkeit spezifischer Studien zur Dosisermittlung soll dargelegt werden. Die Pharmakogenetik ist in der Regel zu extrapolieren. Die Notwendigkeit spezifischer Studien ist zu begründen. Das/die Studiendesign(s), zB die Verwendung von Placebos oder einer aktiven Kontrolle, die Alterseignung von Endpunkten, die Verwendung von Surrogatmarkern unter Berücksichtigung der verschiedenen Altersgruppen müssen diskutiert werden.

53 Ein **gebilligter EU-Risikomanagementplan** sollte die für die pädiatrische Population geeignete Risikominimierungen bei der Entwicklung des pädiatrischen Prüfkonzepts beinhalten. Im pädiatrischen Prüfkonzept ist darauf zu verweisen, wenn der EU-Risikomanagementplan Pharmakovigilanzstudien vorsieht, in die auch die pädiatrische Population einbezogen werden sollen. Die Notwendigkeit langfristiger Sicherheitsstudien in der pädiatrischen Population soll im pädiatrischen Prüfkonzept erörtert werden. Die Details sind im EU-Risikomanagementplan anzugeben, der zum Zeitpunkt des Zulassungsantrags vorgelegt wird; grundsätzlich ist dies aber nicht Bestandteil des gebilligten pädiatrischen Prüfkonzepts.

Die Maßnahmen zum Schutz der pädiatrischen Bevölkerungsgruppe während der Entwicklung sind zu erörtern wie zB die Anwendung weniger invasiver Methoden, die Verwendung eines Daten- und Sicherheitskontrollboards oder für bestimmte Studien und Aspekte, die Machbarkeit der vorgeschlagenen Studien, zB Rekrutierung oder Menge der Blutentnahme gemessen am Blutvolumen.

2. Die Rückstellung der Durchführung des Prüfkonzeptes

In bestimmten Fällen sollten die Einleitung oder der Abschluss einiger oder aller Maßnahmen des pädiatrischen Prüfkonzepts zurückgestellt werden, damit gewährleistet werden kann, dass die klinischen Prüfungen nur dann durchgeführt werden, wenn sie sicher und ethisch vertretbar sind und die Genehmigung von Arzneimitteln für andere Bevölkerungsgruppen nicht blockiert oder verzögert wird. Gemäß Art. 7 Abs. 2 VO (EG) Nr. 1901/2006 soll ein Antrag alle Untergruppen der pädiatrischen Population abdecken, entweder mit einer Freistellung oder einem pädiatrischen Prüfkonzept mit oder ohne Zurückstellung.

Gemäß Art. 20 Abs. 1 VO (EG) Nr. 1901/2006 kann mit der Vorlage des pädiatrischen Prüfkonzepts ein Antrag auf Rückstellung der Einleitung oder des Abschlusses einiger oder aller im Prüfkonzept vorgesehenen Maßnahmen gestellt werden. Es sind Fristen zur Zurückstellung der Einleitung oder des Abschlusses von Maßnahmen anzugeben mit Bezug auf die Indikation(en), welcher Verabreichungsweg und welche Darreichungsform für die Zurückstellung gelten sollen. In einem Antrag auf Zurückstellung ist anzugeben, für welche Altersgruppe sie gelten soll. Die Fristen sind mit Monat und Jahr anzugeben. Sie können auch in Bezug auf die Entwicklung bei Erwachsenen angegeben werden.

Der Antrag auf Zurückstellung ist mit wissenschaftlichen und technischen oder mit Aspekten der öffentlichen Gesundheit zu begründen. Eine Zurückstellung kann gewährt werden, wenn Studien an Erwachsenen vor Einleitung der Studien in der pädiatrischen Bevölkerungsgruppe angezeigt sind oder wenn Studien in der pädiatrischen Bevölkerungsgruppe länger dauern als die Studien an Erwachsenen.

Weitere Begründungen ergeben sich bei der Notwendigkeit der Durchführung zusätzlicher nichtklinischer Studien oder bei erheblichen Problemen in der Entwicklung der relevanten Formulierung(en).

3. Freistellung von der Vorlage eines Prüfkonzeptes

Gemäß Art. 11 Abs. 1 lit. a VO (EG) Nr. 1901/2006 ist ein Grund für die Freistellung, dass „das spezifische Arzneimittel oder die Arzneimittelgruppe in Teilen oder in der Gesamtheit der pädiatrischen Bevölkerungsgruppe wahrscheinlich unwirksam oder bedenklich ist". Auf dieser Grundlage kann der Antrag auf Freistellung mit der nachweislichen Wirkungslosigkeit in der pädiatrischen Bevölkerungsgruppe begründet werden. Im Antrag sind dabei die verschiedenen pädiatrischen Altersgruppen, die Schwere der Erkrankung/Krankheit und die Verfügbarkeit zu berücksichtigen. Jeder verfügbare Nachweis ist anzugeben, und ggf ist die Wirkungslosigkeit in Teilen oder der Gesamtheit der pädiatrischen Bevölkerungsgruppe zu beschreiben. Zur Begründung können aus nichtklinischen Modellen, aus Studien und Prüfungen beobachtete Wirkungen angeführt werden, soweit sie verfügbar sind.

Eine Freistellung kann damit begründet werden, dass das Produkt nicht sicher ist in der Anwendung in der pädiatrischen Population. Diese Begründung ist in Abhängigkeit von den Erfahrungen mit dem Arzneimittel zu sehen, da die vollständige Beschreibung des Sicherheitsprofils eines Arzneimittels normalerweise erst nach Marktzulassung vollständig zu erfassen ist. Daher sollten im Freistellungsantrag die pharmakologischen Eigenschaften des Produkts oder der Produktgruppe diskutiert werden. Ergebnisse nichtklinischer Studien, klinischer Prüfungen oder Daten, die nach dem Inverkehrbringen gesammelt wurden, sind zu berücksichtigen. Es ist anzugeben, ob ein bestimmter Sicherheitsaspekt bekannt ist oder vermutet wird. In einem frühen Entwicklungsstadium wird das Fehlen verfügbarer Daten zur Sicherheit oder Wirksamkeit in der pädiatrischen Bevölkerungsgruppe als einzige Begründung für eine Freistellung nicht akzeptiert.

60 Die Freistellung kann geändert werden, zB im Hinblick auf neue Erkenntnisse aus klinischen Studien. Wird eine Freistellung widerrufen, so sollte die Vorschrift erst nach Ablauf einer bestimmten Frist gelten, damit ausreichend Zeit zur Billigung eines pädiatrischen Prüfkonzepts und zur Einleitung pädiatrischer Studien vor dem Antrag auf Genehmigung für das Inverkehrbringen zur Verfügung steht.

IV. Zulassung

1. Zulassungspflicht (Artt. 7 und 8 VO (EG) Nr. 1901/2006)

61 Für pharmazeutische Unternehmer besteht seit dem 26.7.2008 mit dem Einreichen eines Zulassungsantrags, entsprechend Art. 7 VO (EG) Nr. 1901/2006 eine Belegpflicht zur Vorlage eines pädiatrischen Prüfplanes, gemäß Artt. 54 und 55 VO (EG) Nr. 1901/2006 zur Änderung von Art. 6 RL 2001/83/EG und Art. 57 Abs. 1 lit. t VO (EG) Nr. 726/2004.

Art. 7 Abs. 1 VO (EG) Nr. 1901/2006 definiert die Verpflichtung für die Vorlage eines pädiatrischen Prüfplanes für Arzneimittelanträge basierend auf der Genehmigung für das Inverkehrbringen im Sinne des Art. 6 RL 2001/83/EG, in Bezug auf ein Humanarzneimittel, dessen Inverkehrbringen zum Zeitpunkt des Inkrafttretens dieser Verordnung noch nicht in der Gemeinschaft genehmigt war.

62 Die **Ausnahmen von dieser Vorlagepflicht** sind in Art. 9 VO (EG) Nr. 1901/2006 abschließend aufgeführt: Art. 7 VO (EG) Nr. 1901/2006 gilt nicht für Arzneimittel, die gemäß Art. 10 (Generika), Art. 10 a (bibliographische Anträge), Artt. 13 bis 16 (homöopathische Arzneimittel) oder Artt. 16 a bis 16 i (traditionelle pflanzliche Arzneimittel) der Richtlinie 2001/83/EG zugelassen oder zuzulassen sind.

Art. 23 VO (EG) Nr. 1901/2006 verpflichtet die zuständigen Behörden, nationale Zulassungsbehörden oder die Agentur ab dem Stichtag 26.7.08, die eingehenden Anträge nach Art. 7 VO (EG) Nr. 1901/2006 nur nach einer Übereinstimmungskontrolle zwischen einem vom Pädiatrischen Ausschuss (PDCO) akzeptierten Prüfplan und einem vorgelegten Antragsdossier zur Bearbeitung zu akzeptieren (*compliance check*).

63 Die nationalen Behörden und die Agentur sind zur Einholung einer Stellungnahme beim PDCO zur Übereinstimmungskontrolle berechtigt. Die nationalen Behörden und die Agentur werden von dieser Berechtigung Gebrauch machen. Der PDCO muss innerhalb von 60 Tagen eine Stellungnahme abgeben.

64 Für zugelassene Humanarzneimittel mit einem ergänzendem Schutzzertifikat oder einem Patent sind seit dem 26.1.2009, bei Anträgen auf Genehmigung einer neuen Indikation, einschließlich einer pädiatrischer Indikation, einer neuer Darreichungsformen oder eines neuen Verabreichungsweges, ein pädiatrisches Prüfkonzept vorzulegen.

65 Voraussetzung für die Validierung neuer Arzneimittelzulassungsanträge nach dem 26.7.2008 bzw für zugelassene Arzneimittel mit einem Schutzzertifikat bei Anträgen auf Genehmigung einer neuen Indikation, neuen Darreichungsform und neuem Verabreichungsweg ab dem 26.1.2009 ist die Übereinstimmung der vorgelegten Unterlagen mit den Entscheidungen der Agentur zu einem gebilligten Prüfkonzept und oder die Gewährung einer Frei- oder Rückstellung. Die Informationen sind im Modul 1.10 des Zulassungsantrags einzufügen. Die entsprechenden Informationen sind auf der Website der Europäischen Kommission im Abschnitt 2B publiziert.

Die zuständige Behörde überprüft, ob eine Genehmigungs- oder Änderungsantrag die Anforderungen der Artt. 7 und 8 KVO erfüllt und ob ein Antrag nach Art. 30 KVO das gebilligte pädiatrische Prüfkonzept einhält. Der Pädiatrieausschuss kann um Stellungnahme gebeten werden. Diese muss innerhalb von 60 Tagen vorliegen. Hinweise auf die Durchführung der Übereinstimmungsprüfung sind in der Mitteilung der Europäischen Kommission zum pädiatrischen Prüfkonzept (2008/C243/01, Seite 11 und 12) vorgelegt worden.[50]

2. Zulassungsmöglichkeit (Art. 30 VO (EG) Nr. 1901/2006)

Für Arzneimittel, für die kein Patentschutz mehr besteht, sind nach Art. 30 VO (EG) Nr. 1901/2006 besondere Anreize vorgesehen, wenn eine Anwendung in der pädiatrischen Population beantragt wird. Dies berührt Datenschutzfristen (siehe Rn 84) und die Verwendung des Arzneimittelnamens. Darüber hinaus sind die Mitgliedstaaten aufgefordert, über diese in der Verordnung (EG) Nr. 1901/2006 festgelegten Bonusse und Anreize weitere Anreize und Bonusse zur Unterstützung von Erforschung, Entwicklung und Verfügbarkeit von Arzneimitteln für die pädiatrische Verwendung bereitzustellen.

3. Überprüfung der existierenden Zulassung (Artt. 45, 46 iVm Art. 29 VO (EG) Nr. 1901/2006)

Nach Art. 42 VO (EG) Nr. 1901/2006 sind die Mitgliedstaaten aufgefordert, Daten über die derzeitige Anwendung von Arzneimitteln in der pädiatrischer Bevölkerung (In- und Off-Label-Use) zu sammeln und die Europäischen Kommission entsprechend zu informieren. Eine Anleitung zu Inhalt und Form der zu erhebenden Daten wurde vom Pädiatrieausschuss vorgegeben. Die Mitgliedstaaten tragen die verfügbaren Daten über alle derzeitigen Verwendungen von Arzneimitteln in den pädiatrischen Bevölkerungsgruppen zusammen und übermitteln diese an die Agentur bis zum 26.1.2009.

Die Erfassung des Off-Label-Use ist sicher eine Herausforderung für alle Mitgliedstaaten, und die vorhandenen Strukturen lassen eine allgemein verbindliche Vorgabe nicht zu. Inwieweit dann das Ergebnis der Befragung direkt oder indirekt, zum Beispiel über die Förderung einer Studie durch die General-Direktion „Forschung" im Rahmen des 7. Forschungsrahmenprogramms in eine Änderung des Zulassungsbescheides eines Unternehmens münden kann, ist noch offen.

a) Erfassung abgeschlossener pädiatrischer Studien, Art. 45 VO (EG) Nr. 1901/2006

Pädiatrische Studien, die bereits vor dem Inkrafttreten der Verordnung (EG) Nr. 1901/2006 abgeschlossen wurden und in der Gemeinschaft ein zugelassene Arzneimittel betreffen, müssen entsprechend Art. 45 VO (EG) Nr. 1901/2006 der zuständigen Behörde vom Genehmigungsinhaber bis zum 26.1.2008 zur Bewertung vorgelegt werden. Die zuständige Behörde kann die Zusammenfassung der Merkmale des Arzneimittels und der Packungsbeilage aktualisieren und die Genehmigung entsprechend ändern. Die zuständigen Behörden tauschen Informationen über die vorgelegten Studien und gegebenenfalls über deren Auswirkungen auf betroffene Genehmigungen aus. Die Agentur koordiniert den Informationsaustausch.

Dieser Aufforderung sind die Zulassungsinhaber nachgekommen und haben die Informationen an die dafür eigens eingerichteten E-Mail-Adressen sowohl bei den nationalen Zulassungsbehörden als auch bei der Agentur eingereicht. Die Agentur wertet die eingegangenen Informationen zur Zeit aus. Die wissenschaftliche Beurteilung wird im Rahmen des „Paed-

---

50 <http://ec.europa.eu/enterprise/pharmaceuticals/paediatrics/medchild_key_en.htm>.

iatric Worksharing Programme" der Koordinierungsgruppe[51] durchgeführt. Die Festlegung der Reihenfolge der Bearbeitung der eingegangenen Studien sollte unter Einbeziehung des Pädiatrieausschusses erfolgen und ggf. unter Berücksichtigung des besonderen Inventars des Kinderarzneimittelbedarfs gemäß Art. 43 VO (EG) Nr. 1901/2006.

Die ersten Ergebnisse des Paediatric Worksharing Programme sind auf der Webseite der Koordinierungsgruppe[52] zu finden. Zu den Arzneimitteln, die in diesem Programm abschließend bearbeitet wurden, sind die Public Assessment Reports, die auch die ggf notwendigen Änderungen für die Fach- und Gebrauchsinformation (Summary of Product Characteristics und Package Leaflet) beinhalten, publiziert. Die Änderungen müssen dann von den Zulassungsinhabern über eine nationale oder europäische Änderungsanzeige umgesetzt werden.

b) Erfassung laufender pädiatrischer Studien, Art. 46 VO (EG) Nr. 1901/2006

72 Andere von einem Genehmigungsinhaber gesponserte Studien, die die Verwendung eines zugelassenen Arzneimittels in der pädiatrischen Bevölkerungsgruppe zum Inhalt haben, werden gemäß Art. 46 VO (EG) Nr. 1901/2006 unabhängig davon, ob sie entsprechend einem gebilligten pädiatrischen Prüfkonzept durchgeführt wurden, der zuständigen Behörde innerhalb von sechs Monaten nach Abschluss der betreffenden Studien vorgelegt.

73 Dies gilt unabhängig davon, ob der Genehmigungsinhaber eine pädiatrische Indikation zu beantragen gedenkt. Die zuständige Behörde kann die Zusammenfassung der Merkmale des Arzneimittels und der Packungsbeilage aktualisieren und die Genehmigung entsprechend ändern. Die zuständigen Behörden tauschen Informationen über die vorgelegten Studien und gegebenenfalls über deren Auswirkungen auf betroffene Genehmigungen aus. Die Agentur koordiniert den Informationsaustausch.

Die Zulassungsinhaber sind aufgefordert, dieser Anforderung nachzukommen und die Informationen an die dafür eigens eingerichteten E-Mail-Adressen sowohl bei den nationalen Zulassungsbehörden als auch bei der Agentur zu schicken. Die Bewertung der vorgelegten Studien und die ggf daraus resultierenden Änderungen der Fach- und Gebrauchinformation erfolgt wie unter Rn 71 beschrieben.

V. Zulassungsantrag und Zulassungsbescheid

74 Art. 32 VO (EG) Nr. 1901/2006 fordert die besondere Kennzeichnung von Arzneimitteln, für die eine pädiatrische Indikation zugelassen wird oder wurde, mittels eines Symbols. Bis zum 26.1.2008 wählt die Kommission, entsprechend Art. 32 Abs. 2 VO (EG) Nr. 1901/2006, auf Empfehlung des Pädiatrieausschusses ein entsprechendes Symbol aus und veröffentlicht dieses.

75 Diese Kennzeichnungspflicht gilt auch für Arzneimittel, die vor Inkrafttreten dieser Verordnung zugelassen wurden, sowie für Arzneimittel, die nach Inkrafttreten dieser Verordnung, aber vor Veröffentlichung des Symbols zugelassen wurden, sofern sie für pädiatrische Indikationen zugelassen sind. In diesem Fall sind das Symbol und die Erläuterung spätestens zwei Jahre nach Veröffentlichung des Symbols in das Etikett und die Packungsbeilage der betreffenden Arzneimittel aufzunehmen. Die Umsetzung soll durch geeignete Maßnahmen in den Mitgliedstaaten erfolgen.

76 Der Pädiatrieausschuss hat jedoch in seiner Sitzung im Dezember 2007 entschieden, sich gegen die Empfehlung eines Symbols auszusprechen, da nach der Meinung der Mehrheit der Mitglieder die Aufbringung eines Symbols auf das Etikett einschließlich der Erklärung des Symbols in der Packungsbeilage ein weitaus größeres Risiko für eine nicht sachgerechte

---

51 Art. 27 RL 2001/83/EG.
52 <http://www.hma.eu/99.html>.

Anwendung des Arzneimittels birgt als der eventuelle Nutzen eines solchen Symbols. Die ausführliche Begründung für die Ablehnung eines Symbols sowie das Minderheitenvotum für ein Symbol ist auf der Website der Kommission zu finden.[53] Die Kommission hat mitgeteilt, dass daher die Anforderungen aus Art. 32 VO (EG) Nr. 1901/2006 nicht umgesetzt werden können.[54]

1. Validierung eines Zulassungsantrags nach Art. 23 VO (EG) Nr. 1901/2006

Art. 23 VO (EG) Nr. 1901/2006 ordnet den Zulassungsbehörden eine Überprüfung der eingereichten Zulassungsanträge zu im Hinblick auf die Akzeptanz, sprich: Validierung eines Zulassungsantrags, der unter Art. 7 oder Art. 8 VO (EG) Nr. 1901/2006 fällt. Die zuständige Behörde muss eine Übereinstimmungsüberprüfung mit einem vom Pädiatrieausschuss gebilligten pädiatrischen Prüfkonzept bei Antragseingang durchführen und darf nur den Antrag in die inhaltliche Bearbeitung geben, wenn diese Überprüfung positiv ausgefallen ist (*compliance check*). Die zuständige Behörde kann beim Pädiatrieausschuss eine Stellungnahme zur Übereinstimmungskontrolle einholen. Die Mitgliedstaaten und die Europäische Arzneimittel-Agentur haben sich dahin gehend geeinigt, immer den Pädiatrieausschuss anzurufen, wenn ein entsprechender Antrag eingereicht wird. Es besteht für den Antragsteller die Möglichkeit, diese Übereinstimmungskontrolle auch vor Einreichung des Zulassungsantrags beim Pädiatrieausschuss einzuholen. Der Pädiatrieausschuss muss innerhalb von 60 Tagen seine Stellungnahme abgeben.

Sollte die zuständige Behörde im Verlauf der wissenschaftlich-inhaltlichen Überprüfung des Antrags zu dem Schluss kommen, dass die vorgelegten Studien doch nicht mit dem gebilligten pädiatrischen Prüfkonzept übereinstimmen, kann kein Bonus oder Anreiz vergeben werden. Diese Übereinstimmungskontrolle verpflichtet den Antragsteller zu einer kontinuierlichen Aktualisierung eines pädiatrischen Prüfkonzeptes. Dies schließt die Genehmigung der Modifikation des Prüfkonzeptes durch den Pädiatrieausschuss ein.

2. Zulassungsbescheid nach Art. 28 VO (EG) Nr. 1901/2006

Der Zulassungsbescheid ist die Grundlage für den Erhalt des Bonusses. Art. 36 Abs. 1 VO (EG) Nr. 1901/2006 gewährt eine sechsmonatige Verlängerung des Zeitraums nach Art. 13 Abs. 1 und 2 VO (EWG) Nr. 1768/92, dh des Patents oder des ergänzenden Schutzzertifikats. Dieser Bonus wird auch gewährt, wenn die Ausführungen des gebilligten pädiatrischen Prüfkonzeptes nicht zur Genehmigung einer pädiatrischen Indikation geführt haben, die Studienergebnisse jedoch in der Zusammenfassung der Merkmale des Arzneimittels (Fachinformation) und ggf in der Packungsbeilage des Arzneimittels wiedergegeben werden. Die Bonusse für die pädiatrische Verwendung und für die Arzneimittel für seltene Erkrankungen sind sinngemäß entsprechend zu erhalten.

a) Antrag auf Verlängerung des Schutzzertifikates nach Art. 28 VO (EG) Nr. 1901/2006

Um die Verlängerung des Schutzzertifikates zu erlangen, muss bei den Patentämtern die Entscheidung zur Genehmigung des Zulassungsantrags mit den Informationen in der Fachinformation (Zusammenfassung der Merkmale des Arzneimittels) und ggf in der Packungsbeilage des Arzneimittels aufgenommen sein. Dies unabhängig davon, ob die pädiatrischen Indikationen genehmigt worden sind oder nicht.

---

53 <http://ec.europa.eu/enterprise/pharmaceuticals/paediatrics/medchild_key_en.htm>.
54 Publication of this announcement serves to inform stakeholders that on the basis of this recommendation, the European Commission is at present not in a position to select a symbol and the provisions of Article 32 of the Paediatric Regulation cannot therefore be implemented.

81 Unter der Voraussetzung, dass alle Maßnahmen übereinstimmen, die im gebilligten Prüfkonzept enthalten sind, und die Fachinformation die Ergebnisse der Studien wiedergibt, die entsprechend dem gebilligten Prüfkonzept durchgeführt worden sind, nimmt die zuständige Behörde eine Erklärung in den Zulassungsbescheid auf, aus der hervorgeht, dass der Antrag mit dem gebilligten und durchgeführten pädiatrischen Prüfkonzept übereinstimmt.

82 Die Verlängerung des Schutzzertifikates kann nach Art. 36(3) VO (EG) Nr. 1901/2006 nur erteilt werden, wenn alle Mitgliedstaaten die Zulassung ausgesprochen haben. Um hier ein harmonisiertes Vorgehen zu ermöglichen, gibt die Verordnung nach Art. 29 VO (EG) Nr. 1901/2006 für national zugelassene Arzneimittel, zB in Verfahren der gegenseitigen Anerkennung oder in dezentralen Verfahren, die Möglichkeit einer Entscheidung im Ausschuss für Humanarzneimittel der Europäischen Arzneimittel-Agentur als Basis vor.

b) Verlängerung der Marktexklusivität für Arzneimittel für seltene Erkrankungen Art. 37 VO (EG) Nr. 1901/2006

83 Die Marktexklusivität für Arzneimitteln zur Behandlung von seltenen Leiden wird um zwei, von zehn auf zwölf Jahre, nach Art. 37 VO (EG) Nr. 1901/2006 verlängert. Unter der Voraussetzung, dass alle Maßnahmen übereinstimmen, die im gebilligten Prüfkonzept enthalten sind, und die Fachinformation die Ergebnisse der Studien wiedergibt, die entsprechend dem gebilligten Prüfkonzept durchgeführt worden sind, nimmt die zuständige Behörde eine Erklärung in den Zulassungsbescheid auf, aus der hervorgeht, dass der Antrag mit dem gebilligten und durchgeführten pädiatrischen Prüfkonzept übereinstimmt. Dies ist unabhängig davon, ob die pädiatrische Indikation genehmigt wurde oder nicht.

c) Pädiatrische Anwendung (PUMA) Artt. 30 und 28 VO (EG) Nr. 1901/2006

84 Arzneimittel, die über Art. 30 VO (EG) Nr. 1901/2006 eine Zulassung zur pädiatrischen Verwendung mit Bezug auf die Verordnung (EG) Nr. 726/2006 oder Richtlinie 2001/83/EG erhalten, haben einen Anspruch auf eine 10-jährige Datenschutzzeit entsprechend Art. 38 VO (EG) Nr. 1901/2006 bei Zulassung einer für die pädiatrische Population adäquaten Stärke, Darreichungsform oder eines adäquaten Verabreichungsweges, unter der Voraussetzung, dass alle Maßnahmen, wie in Rn 81 dargelegt, übereinstimmen.

3. Fach- und Gebrauchsinformation

85 Die Inhalte der einzelnen Abschnitte der Fach- und Gebrauchsinformation wurden modifiziert im Hinblick auf die erforderlichen Angaben zur Anwendung des Arzneimittels bei Kindern. Die Information zur europäischen Fachinformation (Summary of Product Characteristics) und zur Packungsbeilage (Patient Leaflet) einschließlich der entsprechenden Leitlinien (Guideline on the Summary of Product Charateristics) ist auf der Website der Agentur zu finden.[55]

4. Informationen in der Fachinformation

86 Die Beschreibungen der Studienergebnisse sind entsprechend der Leitlinie in den einzelnen Abschnitten aufzuführen:

„4.1 Indikationen": In Abschnitt 4.1 müssen Angaben gemacht werden, für welche Patientenpopulation das Arzneimittel geeignet ist, einschließlich Angaben, in welchen Altersgruppen/Untergruppen bei den pädiatrischen Patienten das Arzneimittel eingesetzt werden soll.

---

[55] <http://www.Agentur.europa.eu/htms/human/qrd/qrdreference.htm> und <http://www.Agentur.europa.eu/htms/human/raguidelines/intro.htm>.

„4.2 Anwendung des Arzneimittels": In Abschnitt 4.2 sollen Angaben gemacht werden, die die konkrete Anwendung des Arzneimittel in der pädiatrischen Population oder in den einzelnen Altersgruppen darlegen. Dies schließt die Information, wann das Arzneimittel nicht angewendet werden soll, oder auch wenn keine konkreten Angaben zur Anwendung gemacht werden können, mit ein.

In den Abschnitten 4.4, 4.5 und 4.8 sind gesonderte Informationen zur pädiatrischen Population gefordert.

„5. Pharmakologische Eigenschaften":

In den Abschnitten 5.1 Pharmakologische Eigenschaften und 5.2 Pharmakokinetik sollen Angaben zur pädiatrischen Population aufgeführt werden.

Abschnitt 5.1 soll die Angaben enthalten, ob der Zulassungsinhaber

a) Studien in der pädiatrischen Population durchgeführt hat und welche Ergebnisse diese Studien ergaben, zB in Form einer Indikation für Kinder und/oder Jugendliche, oder
b) die Studienergebnisse eine Kontraindikation in der pädiatrischen Population begründen,
c) dem Zulassungsinhaber eine Rückstellung (Deferral) zur Durchführung von klinischen Studien in der pädiatrischen Population genehmigt worden ist oder
d) der Zulassungsinhaber von der Durchführung von klinischen Studien mit diesem Arzneimittel befreit worden ist (Waiver).

In Abschnitt 5.2 sind Angaben zu den Untersuchungen zur Pharmakokinetik in der pädiatrischen Population aufzuführen.

VI. Zuständigkeiten

1. Europäische Arzneimittel-Agentur (EMEA)

Die EMEA ist zuständig für alle administrativen Aufgaben im Zusammenhang mit der Annahme des pädiatrischen Prüfkonzeptes, einschließlich der Vorlage des pädiatrischen Prüfkonzeptes zur Begutachtung durch den Pädiatrieausschuss, die Durchführung einer Anhörung des Antragstellers, sofern dies von diesem gewünscht wird: Sie legt einen Entwurf für die Entscheidung zur endgültigen Stellungnahme des Pädiatrieausschusses zum vorgelegten pädiatrischen Prüfkonzept vor. Die EMEA übermittelt nach Art. 25 VO (EG) Nr. 1901/2006 die Stellungnahme des PDCO als Entscheidung. Diese kann einmalig auf Wunsch des Antragstellers durch das PDCO überprüft werden. Im Anschluss an diese Überprüfung trifft die EMEA eine endgültige Entscheidung, die dem Antragsteller schriftlich mitgeteilt wird. Nach Art. 55 VO (EG) Nr. 1901/2006 kann aufgrund der Einfügung des Art. 73 a in die VO (EG) Nr. 726/2004 gegen die Entscheidungen der EMEA Klage beim EuGH nach Maßgabe von Art. 263 AEUV (ehemals Art. 230 EGV) erhoben werden.

2. Pädiatrieausschuss[56]

Die Aufgaben des Pädiatrieausschusses umfassen:
- die Beurteilung des Inhalts eines pädiatrischen Prüfkonzepts für ein Arzneimittel, einschließlich der Beurteilung von Freistellungen und Zurückstellungen und Formulierung einer entsprechenden Stellungnahme;
- auf Ersuchen des Ausschusses für Humanarzneimittel, einer zuständigen Behörde oder des Antragstellers die Bewertung der Übereinstimmung des Genehmigungsantrags mit dem dazugehörigen gebilligten pädiatrischen Prüfkonzept;
- auf Ersuchen des Ausschusses für Humanarzneimittel oder einer zuständigen Behörde die Bewertung von Daten, die gemäß einem gebilligten pädiatrischen Prüfkonzept erar-

---
56 <http://www.Agentur.europa.eu/htms/general/contacts/PDCO/PDCO.html>.

beitet wurden, und die Formulierung einer Stellungnahme zu Qualität, Sicherheit und Wirksamkeit des Arzneimittels für die Verwendung in der pädiatrischen Bevölkerungsgruppe;
- die Beratung zu Inhalt und Format der für die Zwecke der Erhebung nach Art. 42 VO (EG) Nr. 1901/2006 (Off-Label-Use) zusammenzutragenden Daten;
- die Unterstützung und Beratung der EMEA bei der Einrichtung des europäischen Netzwerkes nach Art. 44 VO (EG) Nr. 1901/2006;
- die Erstellung und regelmäßige Aktualisierung eines besonderen Inventars des Kinderarzneimittelbedarfs gemäß Art. 43 VO (EG) Nr. 1901/2006;
- die Beratung der EMEA und der Kommission bei Mitteilungen über die Bedingungen für die Durchführung von Studien zu Arzneimitteln für die pädiatrische Bevölkerungsgruppe.

89 Bei der Ausführung seiner Aufgaben wägt der Pädiatrieausschuss ab, ob von einer vorgeschlagenen Studie zu erwarten ist, dass sie von signifikantem therapeutischen Nutzen für die pädiatrische Bevölkerungsgruppe ist und/oder einem Therapiebedarf dieser Gruppe entspricht. Dabei berücksichtigt der Pädiatrieausschuss sämtliche ihm vorliegenden Informationen, einschließlich Stellungnahmen, Beschlüssen oder Empfehlungen der zuständigen Behörden von Drittländern.

3. Mitgliedstaaten

90 Die Zuständigkeit der Mitgliedstaaten liegt in der Validierung (*compliance check*) des Zulassungsantrags nach Art. 23 VO (EG) Nr. 1901/2006, dies ggf unter Einbeziehung des Pädiatrieausschusses nach Art. 23 Abs. 2 lit. b VO (EG) Nr. 1901/2006, und in der Zulassung des Arzneimittels mit den Informationen in der Fachinformation und Packungsbeilage nach Art. 28 VO (EG) Nr. 1901/2006.

4. Kommission für Arzneimittel für Kinder und Jugendliche (KAKJ)

91 Die Verbesserung der Arzneimittelsicherheit bei Kindern und Jugendlichen ist seit langem das besondere Anliegen nationaler und internationaler Gesetzesinitiativen: Viele Arzneimittel, die bei Kindern eingesetzt werden, sind nicht ausreichend an Kindern geprüft und deshalb auch nicht für Kinder zugelassen. Die geeignete, das heißt zugleich wirksame und sichere Dosierung ist häufig unbekannt. Oft fehlt es an für Kinder geeigneten Darreichungsformen. Dennoch sind Kinder- und Jugendmediziner häufig darauf angewiesen, Arzneimittel, die eigentlich nur an Erwachsenen ausreichend geprüft wurden, auch bei Kindern anzuwenden. Ein Recht von Kindern auf eine angemessene Versorgung mit Arzneimitteln und ein Recht von Ärzten auf mehr Sicherheit bei der Verordnung von Arzneimitteln wurde von allen betroffenen Gruppen eingefordert.

92 In das Zwölfte Gesetz zur Änderung des Arzneimittelgesetzes vom 30.7.2004 wurde deshalb zur Verbesserung der Arzneimittelsicherheit für Kinder und Jugendliche unter § 25 (Entscheidung über die Zulassung) ein neuer Absatz 7a eingefügt, demzufolge beim Bundesinstitut für Arzneimittel und Medizinprodukte eine Kommission für Arzneimittel für Kinder und Jugendliche gebildet wird, die bei Zulassungsentscheidungen für Arzneimittel für Kindern von der zuständigen Bundesoberbehörde beteiligt wird.

Basierend auf diesem Gesetz hat das Bundesministerium für Gesundheit (BMG) mit Erlass[57] vom 1.11.2006 die Errichtung einer solchen Kommission angeordnet. In dem Erlass

---

57 <http://www.bfarm.de/cln_028/nn_1198658/DE/Arzneimittel/2__zulassung/zulVerfahren/kakj/EE__KAKJ.html>.

sind Aufgaben, Mitglieder, Organisation und Arbeitsweise der Kommission sowie die Teilnahme von Nichtmitgliedern an den Sitzungen festgelegt.

Gemäß Errichtungserlass hat die Kommission folgende Aufgaben: 93

- bei der Vorbereitung der Entscheidung der zuständigen Bundesoberbehörde über den Antrag auf Zulassung eines Arzneimittels, das auch zur Anwendung bei Kindern oder Jugendlichen bestimmt ist, mitzuwirken;
- auf Anfrage der zuständigen Bundesoberbehörde bei der Vorbereitung der Entscheidung über den Antrag auf Zulassung eines anderen als in Ziffer 1 genannten Arzneimittels, bei dem eine Anwendung bei Kindern oder Jugendlichen in Betracht kommt, mitzuwirken;
- zu Arzneimitteln, die nicht für die Anwendung bei Kindern oder Jugendlichen zugelassen sind, den anerkannten Stand der Wissenschaft dafür festzustellen, unter welchen Voraussetzungen diese Arzneimittel bei Kindern oder Jugendlichen angewendet werden können, sowie
- an der Erstellung des Therapiebedarfsinventars in der pädiatrischen Bevölkerungsgruppe der Europäischen Gemeinschaft gemäß Artt. 42 und 43 VO (EG) Nr. 1901/2006 mitzuarbeiten.

Arzneimittel für bestimmte Therapierichtungen (Homöopathie, Anthroposophie, Phytotherapie), die auch zur Anwendung bei Kindern und Jugendlichen bestimmt sind, werden weiterhin von den dafür zuständigen Kommissionen (Kommission C, Kommission D[58] und Kommission E)[59] beurteilt. 94

C. Die Registrierung als Unterfall der Zulassung
I. Homöopathische Arzneimittel
1. Überblick über die Rechtsentwicklung
a) Deutschland

Für homöopathische Arzneimittel wurden bereits im AMG 1976 mit den Vorschriften der §§ 38 und 39 AMG besondere Marktzugangsvoraussetzungen geschaffen. Sie eröffnen den pharmazeutischen Unternehmern die Möglichkeit, homöopathische Fertigarzneimittel ohne Wirksamkeitsnachweis und ohne Angabe von Anwendungsgebieten nach Durchführung eines **Registrierungsverfahrens** in den Verkehr zu bringen. Die Sonderregeln des Registrierungsverfahrens tragen dem Umstand Rechnung, dass die Homöopathie in Deutschland eine lange Tradition in der medizinischen Praxis hat und sich zudem bei Inkrafttreten des AMG 1976 eine große Anzahl homöopathischer Arzneimittel am Markt befand. Homöopathische Arzneimittel unterscheiden sich sowohl in der Herstellungs- als auch in der Wirkungsweise deutlich von allopathischen Arzneimitteln. Sie werden meist individuell angewendet, so dass sich in aller Regel kein allgemein gültiges Anwendungsgebiet angeben lässt. Der für allopathische Arzneimittel geforderte objektiv nachprüfbare Wirksamkeitsnachweis kann für sie nicht erbracht werden.[60] Zur Herstellungs-, Anwendungs- und Wirkungsweise homöopathischer Arzneimittel siehe oben § 4. 95

Das Registrierungsverfahren gilt für homöopathische Arzneimittel jedoch nicht zwingend. Pharmazeutische Unternehmer haben vielmehr das Recht, auch homöopathische Arzneimittel mit **Angabe von Indikationen** in den Verkehr zu bringen. In diesem Fall ist eine 96

---

58 <http://www.bfarm.de/cln_028/nn_1198658/DE/Arzneimittel/2__zulassung/zulArten/besTherap/amAnthropo/amanthropo-inhalt.html>.
59 <http://www.bfarm.de/cln_028/nn_1198658/DE/Arzneimittel/2__zulassung/zulArten/besTherap/amPflanz/ampflanz-inhalt.html>.
60 Kloesel/Cyran, Arzneimittelrecht, § 38 AMG Erl. 1.

Zulassung zu beantragen. Es sind dann die für die Zulassung geltenden Anforderungen zu erfüllen.

b) Europa

97 Mit den **Richtlinien 92/73/EWG und 92/74/EWG des Rates vom 22.9.1992**[61] wurden auch auf gemeinschaftsrechtlicher Ebene im Interesse der weiteren Rechtsharmonisierung und des freien Warenverkehrs Regelungen für ein **besonderes vereinfachtes Registrierungsverfahren** für homöopathische Human- und Tierarzneimittel geschaffen. Beide Richtlinien sind in die Gemeinschaftskodizes (dort: Artt. 13 bis 16 RL 2001/83/EG[62] und Artt. 16 bis 20 RL 2001/82/EG[63]) integriert worden.

Die nach den europäischen Richtlinien vorgesehenen Bedingungen für den Marktzugang mittels des vereinfachten Registrierungsverfahrens sind jedoch wesentlich strenger als diejenigen, die das AMG 1976 vorsah. Registrierungsfähig sind danach homöopathische Arzneimittel nur ab einem bestimmten Verdünnungsgrad (nicht mehr als 1/10.000 der Urtinktur und nicht mehr 1/100 der kleinsten in der allopathischen Medizin verwendeten Dosis eines verschreibungspflichtigen Arzneimittels). Humanarzneimittel sind ferner nur registrierungsfähig, wenn sie zur oralen oder äußerlichen Anwendung bestimmt sind. Nicht registrierungsfähig sind homöopathische Arzneimittel, die für Tiere bestimmt sind, die der Gewinnung von Lebensmitteln dienen.

c) Auswirkungen des Gemeinschaftsrechts auf die deutschen Regelungen

98 Die Harmonisierung der Vorschriften für homöopathische Arzneimittel führte zu einer erheblichen Einschränkung der Registrierungsmöglichkeiten für den deutschen Arzneimittelmarkt. Die einschränkenden Regelungen wurden weitgehend in deutsches Recht, zuletzt noch mit der 14. AMG-Novelle vom 5.9.2005, umgesetzt. Art. 13 Abs. 1 S. 1 RL 2001/83/EG berechtigt allerdings die Mitgliedstaaten, bei homöopathischen Arzneimitteln, die bis zum 31.12.1993 nach nationalen Vorschriften registriert oder genehmigt wurden, von der Anwendung der europäischen Vorgaben abzusehen. Von dieser Möglichkeit hat der deutsche Gesetzgeber aus Gründen des Bestandsschutzes mit weitgehenden Übergangsregelungen in §§ 132 Abs. 4 und 141 Abs. 10 AMG Gebrauch gemacht. Die Übergangsvorschriften beziehen sich nicht nur auf Arzneimittel, die zum Zeitpunkt der jeweiligen Anpassung an das europäische Recht bereits registriert waren, sondern schließen auch solche ein, die mit diesen identisch sind, so dass unter diesen Voraussetzungen auch **Neuregistrierungen für Parenteralia und Tiefpotenzen** möglich bleiben.

d) Abweichende deutsche Regelungen
aa) Sogenannte 1000er-Regelung

99 Abweichend von den Vorgaben des harmonisierten europäischen Rechts sieht § 38 Abs. 1 S. 3 AMG weiterhin eine Ausnahme von der Pflicht zur Registrierung vor für Arzneimittel, die von einem pharmazeutischen Unternehmer in **Mengen bis zu 1000 Packungen pro Jahr** in den Verkehr gebracht werden.

Diese sog. **1000er-Regelung gilt** gemäß § 38 Abs. 1 S. 3 letzter Hs AMG **dann nicht**, wenn das homöopathische Arzneimittel

- eine Zubereitung aus Stoffen gemäß § 3 Nr. 3 und 4 AMG enthält (Tierkörper, Körperteile, Körperbestandteile und Stoffwechselprodukte von Mensch oder Tier in bear-

---

61 ABl. EG Nr. L 297/8 und 12.
62 ABl. EG Nr. L 311/67 v. 28.11.2001.
63 ABl. EG Nr. L 311/9 v. 28.11.2001.

C. Die Registrierung als Unterfall der Zulassung

beitetem oder unbearbeitetem Zustand, Mikroorganismen, Viren sowie deren Bestandteilen oder Stoffwechselprodukte)
- mehr als den hundertsten Teil der in nicht homöopathischen, der Verschreibungspflicht nach § 48 unterliegenden Arzneimitteln verwendeten kleinsten Dosis enthält oder
- bei ihm die Tatbestände der Versagungsgründe des § 39 Abs. 2 Nr. 3, 4, 5, 6, 7 oder 9 vorliegen.

Die **nicht vollständige Nennung aller Versagungsgründe** im letztgenannten Punkt (§ 38 Abs. 1 S. 3 Nr. 3 AMG) bedeutet, dass auf der Grundlage der 1000er-Regelung auch homöopathische Fertigarzneimittel in kleinen Mengen in den Verkehr gebracht werden können, die wegen ihrer Darreichungsform, ihres Verdünnungsgrades oder ihrer fehlenden allgemeinen Bekanntheit in der homöopathischen Therapierichtung nicht registrierungsfähig sind. Die Ausnahme von der Registrierungspflicht ist nicht unproblematisch. Die Bundesregierung hat sich mit dieser Regelung in ihrem Erfahrungsbericht von 1993 befasst.[64] Sie sieht die 1000er-Regelung darin als **eine Art industrielle Rezeptur**[65] an, die es den pharmazeutischen Unternehmern ermögliche, den speziellen Wünschen homöopathischer Ärzte nachzukommen. Die pharmazeutische Qualität sieht die Bundesregierung in dem Erfahrungsbericht durch die Bindung der pharmazeutischen Unternehmer an die Herstellungsvorschriften des HAB sowie die Überwachung der zuständigen Behörden der Länder als ausreichend gewährleistet an.

Hinsichtlich der weiteren Sicherheitsaspekte solcher Arzneimittel kommt dem pharmazeutischen Unternehmer ein besonderes Maß an Eigenverantwortung zu.

bb) Tierarzneimittel

Nachdem zunächst mit der 5. AMG-Novelle homöopathische Arzneimittel, die zur Anwendung bei **Tieren** bestimmt sind, die der Gewinnung von Lebensmitteln dienen, vom Registrierungsverfahren ausgenommen worden waren, sind solche Arzneimittel seit der 14. AMG-Novelle nunmehr wieder registrierungsfähig. Voraussetzung ist jedoch, dass sie keinen pharmakologisch wirksamen Bestandteil enthalten, der nicht in Anhang II der Verordnung (EWG) Nr. 2377/90[66] aufgeführt ist.

100

2. Allgemeine Voraussetzungen für die Registrierung

Die Vorschriften der §§ 38, 39 AMG gelten nur für homöopathische Arzneimittel, die Fertigarzneimittel im Sinne des § 4 Abs. 1 AMG sind.

101

Der **Begriff des homöopathischen Arzneimittels** wird erstmals mit der 14. AMG-Novelle gesetzlich definiert. Die Legaldefinition in **§ 4 Abs. 26 AMG** lautet:

Arzneimittel ist ein Arzneimittel, das nach einem im Europäischen Arzneibuch oder, in Ermangelung dessen, nach einem in den offiziell gebräuchlichen Pharmakopöen der Mitgliedstaaten der Europäischen Union beschriebenen homöopathischen Zubereitungsverfahren hergestellt worden ist. Ein homöopathisches Arzneimittel kann auch mehrere Wirkstoffe enthalten.

Die Definition entspricht im Wesentlichen der europäischen Begriffsdefinition in den Gemeinschaftskodizes.

Entscheidendes Kriterium für die Einstufung eines Arzneimittels als homöopathisches Arzneimittel ist gemäß der Legaldefinition somit das **Herstellungsverfahren**. Homöopathische Arzneimittel müssen nach einer Methode hergestellt werden, die im Europäischen Arznei-

102

---

64 Abgedruckt bei Kloesel/Cyran, Arzneimittelrecht, unter M 16.
65 So auch Kloesel/Cyran, Arzneimittelrecht, § 28 AMG Erl. 17.
66 ABl. EG Nr. L 224/1 v. 18.8.1990.

buch oder in einem offiziell gebräuchlichen Arzneibuch eines Mitgliedsstaats der Europäischen Union als homöopathisches Zubereitungsverfahren beschrieben ist. Offiziell gebräuchlich sind das deutsche **Homöopathische Arzneibuch (HAB)** und die französische Pharmakopoe.[67]

103 Soweit in offiziell gebräuchlichen europäischen Pharmakopöen, zB dem deutschen Homöopathischen Arzneibuch (HAB), auch **anthroposophische Arzneimittel** monographiert sind, können auch anthroposophische Arzneimittel, die nach einem homöopathischen Zubereitungsverfahren hergestellt werden, nach den §§ 38 und 39 AMG registriert werden. Dass für anthroposophische Arzneimittel unter den genannten Bedingungen von dem besonderen vereinfachten Registrierungsverfahrens Gebrauch gemacht werden kann, ergibt sich im Übrigen aus § 39 Abs. 2 Nr. 7a AMG sowie auf europäischer Ebene aus dem 22. Erwägungsgrund der Richtlinie 2001/83/EG. Im Sinne der Vorschriften des §§ 38 und 39 AMG gelten sie jedoch als homöopathische Arzneimittel und müssen sich nach deren Regularien richten. Zum Begriff des anthroposophischen Arzneimittels[68] und zur **Anthroposophie** siehe § 4 Rn 50 ff.

3. Das Registrierungsverfahren
a) Antrag
aa) Antragsbefugnis

104 Die Registrierung erfolgt wie die Zulassung nur auf Antrag. § 38 Abs. 1 S. 2 Hs 2 AMG verweist auf § 21 Abs. 3 AMG. Danach ist der Antrag vom pharmazeutischen Unternehmer zu stellen. Das ist nach der Definition in § 4 Abs. 18 S. 2 AMG derjenige, der das Arzneimittel unter seinem eigenen Namen in den Verkehr bringt (bringen will).

bb) Antragsform

105 Der Antrag ist auf **Formularen** zu stellen, die die zuständige Bundesoberbehörde herausgibt und im Bundesanzeiger bekannt macht hat (§ 1 der Verordnung zur Festlegung von Anforderungen an den Antrag auf Zulassung, Verlängerung der Zulassung und Registrierung von Arzneimitteln vom 21.12.1989).[69]

Die **AMG-EV**[70] gilt nicht für Registrierungsanträge. Das Bundesinstitut für Arzneimittel und Medizinprodukte bittet jedoch auf seiner Internetseite[71] anstelle der im Bundesanzeiger bekannt gemachten noch nicht aktualisierten Formulare die aktuellen europäischen **Formulare der Notice to applicants (NtA)**[72] zu verwenden und auch die AMG-EV zu beachten.

cc) Antragsunterlagen
(1) Allgemeine Angaben, Unterlagen zur pharmazeutischen Qualität

106 Gemäß § 38 Abs. 2 S. 1 AMG sind dem Antrag auf Registrierung die in den §§ 22 bis 24 AMG aufgeführten Angaben, Unterlagen und Gutachten beizufügen, mithin die formalen Angaben über den Antragsteller und den Hersteller sowie die Angaben zur Beschreibung des Arzneimittels einschließlich der Angaben zur Packungsgröße, Haltbarkeitsdauer

---

67 Kloesel/Cyran, Arzneimittelrecht, § 4 AMG Erl. 79.
68 Siehe auch Zuck, A&R 2008, 200 ff.
69 BGBl. I, 2547.
70 AMG-Einreichungsverordnung v. 21.12.2000 (BGBl. I, 2036), zuletzt geändert durch Art. 353 der VO v. 31. 12.2006 (BGBl. I, 2407).
71 <www.bfarm.de>.
72 Vol. 2 B, Module 1, Administrative Information, <http://ec.europa.eu/enterprise/pharmaceuticals/eudralex/vol2_en.htm#2b>.

C. Die Registrierung als Unterfall der Zulassung

und zu den Methoden der Qualitätskontrolle. **Ausgenommen** davon sind die in § 22 Abs. 7 S. 2 AMG für Humanarzneimittel geforderten **Ergebnisse der Bewertung der Packungsbeilage** in Zusammenarbeit mit Patienten-Zielgruppen, die Beschreibung des Pharmakovigilanzsystems nach § 22 Abs. 2 S. 1 Nr. 5 AMG sowie die in § 22 Abs. 1 AMG vorgeschriebenen Angaben über die Wirkungen und Anwendungsgebiete. Vorzulegen sind weiter Unterlagen über die analytische Prüfung einschließlich des analytischen Sachverständigengutachtens gemäß § 24 Abs. 1 S. 2 Nr. 1 AMG. Hinsichtlich der Unterlagen zur pharmazeutischen Qualität gelten für Humanarzneimittel die nach § 26 AMG erlassenen Arzneimittelprüfrichtlinien. Für Tierarzneimittel gilt die Allgemeine Verwaltungsvorschrift zur Registrierung homöopathischer Arzneimittel zur Anwendung bei Tieren.[73]

(2) Ergebnisse pharmakologisch-toxikologischer Prüfungen

Nicht vorzulegen sind Unterlagen und Gutachten über die klinische Prüfung. Die in § 22 Abs. 2 Nr. 2 AMG geforderten **Ergebnissen über die pharmakologisch-toxikologische Prüfung** sind jedoch dann erforderlich, wenn sich die Unbedenklichkeit des Arzneimittels nicht anderweitig, insbesondere durch einen angemessen hohen Verdünnungsgrad ergibt (§ 38 Abs. 2 S. 3 AMG). Die Pflicht zur Vorlage auch pharmakologisch-toxikologischer Prüfergebnisse ist in § 38 Abs. 2 AMG erst mit dem Gesetz zur Änderung arzneimittelrechtlicher Vorschriften vom 15.4.2005[74] eingefügt worden. Damit werden die Vorgaben in Teil III Abschnitt 3 Anhang I der Richtlinie 2001/83/EG umgesetzt. Die Regelung gilt auch für **Tierarzneimittel**.[75]

Eine **Übergangsregelung** aus Anlass dieser Gesetzesänderung wurde nicht geschaffen, so dass § 38 Abs. 2 S. 3 AMG auch Anwendung finden dürfte auf Neuregistrierungsanträge für Arzneimittel, die unter die Übergangsregelungen der §§ 132 Abs. 4 und 141 Abs. 10 AMG fallen.

Ein angemessen hoher Verdünnungsgrad liegt unter Berücksichtigung des Versagungsgrundes des § 39 Abs. 2 Nr. 5 b AMG in der Regel vor, wenn das Arzneimittel nicht mehr als einen Teil pro Zehntausend der Ursubstanz/en (das entspricht der Verdünnungsstufe D4) enthält. Im Einzelfall, dh in Abhängigkeit vom Risikopotenzial der verwendeten Ausgangsstoffe können aber auch unter diesen Voraussetzungen noch pharmakologisch-toxikologische Prüfergebnisse erforderlich sein. Insbesondere bei Arzneimitteln zur **parenteralen Anwendung**, soweit sie nach der **Übergangsvorschrift des § 132 Abs. 4 AMG** weiterhin noch registrierungsfähig sind, kann auch bei einer Verdünnung der verwendeten Ausgangsstoffe von 1:10000 der Urtinktur von der Unbedenklichkeit nicht ohne Weiteres ausgegangen werden,[76] insbesondere dann nicht, wenn es sich um **Ausgangsstoffe pflanzlichen oder tierischen Ursprungs** handelt.

Dass das Arzneimittel einen **annehmbaren Grad der Sicherheit** aufweist und daher Untersuchungen zur Toxikologie nicht vorgelegt werden müssen, ist vom Antragsteller zu begründen.[77] Er kann dabei auch auf anderes wissenschaftliches Erkenntnismaterial zum Beleg der Unbedenklichkeit der verwendeten Stoffe im vorgesehenen Verdünnungsgrad zurückgreifen.[78]

---

73 Abgedruckt unter A 2.4 bei Kloesel/Cyran, Arzneimittelrecht.
74 BGBl. I, 1068.
75 Siehe amtl. Begr., abgedruckt bei Kloesel/Cyran, Arzneimittelrecht, § 38 AMG.
76 Siehe VG Berlin, Urt. v. 22.4.1999 – VG 14 A 276.95 u. VG 14 A 190.95.
77 Vgl Teil III Abschnitt 3 des Anhangs I RL 2001/83/EG.
78 Siehe amtl. Begr. zum AMG-Änd.Gesetz v. 15.4.2005, abgedruckt bei Kloesel/Cyran, Arzneimittelrecht, § 38 AMG.

§ 7 Die Zulassungsentscheidung

b) Mängel des Registrierungsantrags

109 Stellt die zuständige Bundesoberbehörde nach Prüfung des Registrierungsantrags Mängel fest, die der Erteilung der Registrierung entgegenstehen, so hat sie dem Antragsteller dies unter Angabe der Gründe mitzuteilen.[79] § 39 Abs. 1 S. 2 AMG verweist insoweit auf die für das Zulassungsverfahren geltende Vorschrift des § 25 Abs. 4 AMG. Dem Antragsteller ist danach Gelegenheit zu geben, die Mängel innerhalb einer angemessenen Frist, die sechs Monate nicht übersteigen darf, zu beseitigen.

c) Registrierungsentscheidung

110 Die Entscheidung über den Antrag auf Registrierung ist wie die Zulassungsentscheidung ein **gebundener Verwaltungsakt**. Es besteht ein Rechtsanspruch auf Registrierung, wenn keiner der in § 39 Abs. 2 AMG abschließend aufgezählten Versagungsgründe vorliegt. Die zuständige Bundesoberbehörde hat das homöopathische Arzneimittel gemäß § 39 Abs. 1 S. 1 AMG dann zu registrieren und dem Antragsteller eine **Registrierungsnummer** schriftlich zuzuteilen.

Der Regierung gilt für das **im Bescheid aufgeführte Arzneimittel und seine Verdünnungsgrade**. Das bedeutet: Führt der Bescheid ein homöopathisches Arzneimittel in der Verdünnungsstufe D4 auf, gelten auch die weiteren höheren Verdünnungsstufen als vom Bescheid mit erfasst und dürfen auf der Grundlage des Bescheids in den Verkehr gebracht werden. Das gilt dagegen nicht für Verdünnungsstufen, die niedriger als sind als die im Registrierungsbescheid genannte.

Die Entscheidung über die Registrierung kann gemäß § 39 Abs. 1 S. 4 AMG mit **Auflagen** verbunden werden. Es gelten hier die Vorschriften des § 28 Abs. 2 und 4 AMG. Zum möglichen Inhalt von Auflagen siehe § 8 Rn 7 ff.

4. Versagungsgründe des § 39 Abs. 2 AMG

111 Gemäß § 39 Abs. 2 AMG ist die Registrierung **zwingend** zu versagen, wenn einer der in den Nummern 1 bis 9 genannten Versagungsgründe vorliegt. Der Katalog der Versagungsgründe in § 39 Abs. 2 AMG ist abschließend.

a) § 39 Abs. 2 Nr. 1 AMG (Unvollständigkeit der Unterlagen)

112 Die Registrierung ist zu versagen, wenn die vorgelegten Unterlagen unvollständig sind. Unvollständig sind die Unterlagen, wenn die in § 38 Abs. 2 AMG genannten Angaben, Unterlagen und Gutachten nicht eingereicht wurden. **Maßstab für die Vollständigkeit** der Unterlagen bilden ferner die **Arzneimittelprüfrichtlinien**.[80] Fehlen die dort genannten Prüfungsergebnisse ist der Antrag unvollständig. In diesem Zusammenhang ist insbesondere zu beachten, dass auch **Unterlagen zur pharmakologisch-toxikologischen Prüfung** vorzulegen sein können, wenn die Unbedenklichkeit des Arzneimittels sich nicht aus dem Verdünnungsgrad ergibt. Das ist insbesondere bedeutsam für Arzneimittel mit Tiefpotenzen, für die eine Registrierung auf der Grundlage der Übergangsregelungen des § 141 Abs. 10 AMG beantragt werden soll.

b) § 39 Abs. 2 Nr. 2 und Nr. 3 AMG (Mängel der pharmazeutische Qualität)

113 Die Registrierung kann nur erteilt werden, wenn das Arzneimittel nach dem jeweils gesicherten Stand der wissenschaftlichen Erkenntnisse **ausreichend analytisch geprüft** worden

---

[79] Zu den Anforderungen an eine Mängelmitteilung s. OVG NRW, Urt. v. 11.2.2009 – 13 A 2150/06.
[80] Kloesel/Cyran, Arzneimittelrecht, § 39 AMG Erl. 6.

ist (§ 39 Abs. 2 Nr. 2 AMG) und eine nach den **anerkannten pharmazeutischen Regeln angemessene Qualität** (§ 39 Abs. 2 Nr. 3 AMG) aufweist.

Hinsichtlich der erforderlichen analytischen Prüfungen gelten für homöopathische Arzneimittel im Wesentlichen die gleichen Anforderungen als für chemisch definierte Arzneimittel. Die **Arzneimittelprüfrichtlinien** und die **Leitlinien der EMEA** sind anzuwenden. Das Bundesinstitut für Arzneimittel und Medizinprodukte hat speziell für die **Stabilitätsprüfung** der nach homöopathischen Verfahrenstechniken hergestellten Arzneimittel einen **Leitfaden** zur herausgegeben.[81] Die Anforderungen an die einzuhaltenden pharmazeutischen Qualitätsmaßstäbe ergeben sich daneben aus den Arzneibüchern, in erster Linie dem homöopathischen Teil des deutschen Arzneibuches sowie der Monographie des Europäischen Arzneibuches (PhEur) „Homöopathische Zubereitungen". Die Einhaltung der dort festgelegten Regeln ist freiwillig, sie können durch eigene gleichwertige Verfahren und Verfahrensvorschriften des pharmazeutischen Unternehmers ersetzt werden.[82]

c) § 39 Abs. 2 Nr. 4 AMG (bedenkliche Arzneimittel)

Ausgeschlossen von der Registrierung sind Arzneimittel, bei denen der begründete Verdacht besteht, dass sie bei bestimmungsgemäßem Gebrauch **schädliche Wirkungen** haben, die über ein nach den Erkenntnissen der medizinischen Wissenschaft vertretbares Maß hinausgehen. Dieser Versagungsgrund korrespondiert einerseits mit § 38 Abs. 2 S. 3 AMG, wonach die **Unbedenklichkeit** durch pharmakologisch-toxikologische Prüfungen oder einen angemessen hohen Verdünnungsgrad zu gewährleisten ist, und entspricht insoweit auch den **europäischen Vorgaben des Art. 14 Abs. 2 dritter Spiegelstrich RL 2001/83/EG**. Andererseits sind unter schädlichen Wirkungen im Sinne dieser Vorschrift nicht nur schädliche pharmakologisch-toxikologische Wirkungen, sondern alle schädlichen Wirkungen, gleich welcher Ursache, zu verstehen.[83] Der Begriff „**schädliche Wirkungen**" umfasst alle nachteiligen Auswirkungen auf die Gesundheit von Mensch oder Tier, die bei bestimmungsgemäßer Anwendung des Arzneimittels auftreten.[84] Schädliche Wirkungen in diesem Sinne können daher auch spezifische homöopathische Wirkungen, wie etwa Arzneimittelprüfsymptome sein.[85]

114

Zur Auslegung des Versagungsgrundes des § 39 Abs. 2 Nr. 4 AMG kann im Übrigen auf die Rechtsprechung zu 25 Abs. 2 S. 1 Nr. 5 AMG in der vor dem Inkrafttreten der 14. AMG-Novelle geltenden Fassung gleichen Wortlauts zurückgegriffen werden.[86] Danach ist der Verdacht schädlicher Wirkungen begründet, wenn ernst zu nehmende Erkenntnisse, dh tragfähige Anhaltspunkte für einen möglichen Kausalzusammenhang zwischen dem Arzneimittel und der schädlichen Wirkung bei bestimmungsgemäßem Gebrauch vorliegen.[87] Bei seit langem auf dem Markt befindlichen Arzneimitteln ist die etwaige theoretische Möglichkeit schädlicher Wirkungen an den praktischen Erfahrungen zu messen und muss ggf. näher belegt werden. Erkenntnisse zu den schädlichen Wirkungen einer Gruppe von Arz-

115

---

81 Stabilitätsprüfung bei nach homöopathischen Verfahrenstechniken hergestellten Arzneimitteln, Leitfaden zur Anwendung der „Guideline on Stability Testing: Stability Testing of Existing Active Substances and-Related Finished Products" (CPMP/QWP/122/02, rev 1) Stand: 23.6.2006, <www.bfarm.de>.
82 Kloesel/Cyran, Arzneimittelrecht, § 39 AMG Erl. 7.
83 So auch BVerwG, Urt. v. 19.11.2009 – 3 C 10.09; aA OVG NRW, Urt. v. 11.2.2009 – 13 A 385/07, wonach schädliche Wirkungen im Sinne des AMG nur pharmakologisch-toxikologische Wirkungen sein sollen.
84 Kloesel/Cyran, Arzneimittelrecht, § 5 AMG Erl. 15.
85 Siehe auch BVerwG, Urt. v. 19.11.2009 – 3 C 10.09.
86 VG Köln, Urt. v. 26.1.2007 – 18 K 9981/03.
87 OVG Berlin, Beschl. v. 16.5.1990 – 5 S 124.89; OVG Berlin, Urt. v. 16.9.1995 – 5 B 34.97; BVerwG, Urt. v. 26.4.2006 – 3 C 36.06.

neimitteln können allerdings dann ausreichen, wenn das betroffene Präparat keine Sonderstellung einnimmt..[88]

116 Bei der Entscheidung über die Vertretbarkeit schädlicher Wirkungen sind die Nachteile der Anwendung des Arzneimittels mit den Nachteilen der Nichtanwendung des Arzneimittels, insbesondere im Hinblick auf den Nutzen des Arzneimittels und bestehende Behandlungsalternativen, gegeneinander abzuwägen.[89] Da bei zu registrierenden homöopathischen Arzneimitteln ein konkreter Nutzen wegen fehlender Indikationsangaben nicht festzustellen ist, kann eine **Vertretbarkeitsentscheidung** in diesem Sinne nicht getroffen werden. Sie sind daher nur registrierungsfähig, wenn ihre Anwendung nach den vorhandenen wissenschaftlichen Erkenntnismöglichkeiten **nicht mit schädlichen Wirkungen**, dh nachteiligen Auswirkungen auf die Gesundheit, gleich welchen Ausmaßes und welcher Ursache, **einhergeht**.

d) § 39 Abs. 2 Nr. 4 a AMG (Tierarzneimittel)

117 Homöopathische Tierarzneimittel, die zur **Gewinnung von Lebensmitteln** dienen, sind von der Registrierung ausgeschlossen, wenn sie Stoffe enthalten, die nicht in Anhang II der Verordnung (EWG) Nr. 2377/90 aufgeführt sind. Bei Anhang II handelt es sich um das Verzeichnis der Stoffe, für die keine **Rückstandshöchstmengen** gelten.

§ 39 Abs. 2 Nr. 4 a AMG findet gemäß der **Übergangsregelung des § 132 Abs. 4 S. 1 AMG** keine Anwendung auf Arzneimittel, die bis zum 31.12.1993 registriert worden sind oder deren Registrierung bis zu diesem Zeitpunkt beantragt wurde. Die Norm findet ferner keine Anwendung, wenn für die zuvor genannten Arzneimittel eine neue Registrierung beantragt wird, weil ein oder mehrere Bestandteile entfernt werden sollen oder der Verdünnungsgrad heraufgesetzt werden soll (§ 132 Abs. 4 S. 2 AMG). Gemäß **§ 132 Abs. 4 S. 3 AMG** findet § 39 Abs. 2 Nr. 4 a AMG ebenfalls keine Anwendung bei Entscheidungen über Registrierungen und Verlängerungen von Registrierungen für Arzneimittel, die mit den in § 132 Abs. 4 S. 1 AMG genannten Arzneimitteln identisch sind.

e) § 39 Abs. 3 Nr. 5 AMG (Wartezeit)

118 Dieser Versagungsgrund betrifft die unzureichende Wartezeit bei Arzneimitteln, die zur Anwendung bei lebensmittelliefernden Tieren bestimmt sind. Der Begriff „Wartezeit" ist in § 4 Abs. 12 AMG gesetzlich definiert, siehe dazu auch § 36 Rn 5.

f) § 39 Abs. 2 Nr. 5 a AMG (Anwendungsart)

119 § 39 Abs. 2 Nr. 5 a AMG schließt die Registrierung von homöopathischen Humanarzneimitteln, die nicht zur Einnahme oder zur äußerlichen Anwendung bestimmt sind, aus. Dieser Versagungsgrund wurde mit der 5. AMG-Novelle zur Umsetzung von Art. 14 Abs. 1 erster Spiegelstrich RL 2001/83/EG in § 39 Abs. 2 AMG eingefügt. In der Richtlinienvorschrift heißt es wörtlich „orale Anwendung". Der in § 39 Abs. 2 Nr. 5 a AMG verwendete Begriff „Einnahme" muss daher dementsprechend als Aufnahme des Arzneimittels über den Mund verstanden werden. Folglich sind Arzneimittel, die auf andere Art in den Körper eingebracht werden sollen, nicht registrierungsfähig.

120 Der Begriff „äußerliche Anwendung" ist weder im AMG noch in der Richtlinie 2001/83/EG definiert, wird aber als Anwendung außerhalb des Körperinneren zu interpretieren sein. Darunter fällt somit nicht die Anwendung in Körperhöhlen (Nase, Mund, Vagina), ebenso

---

88 OVG Berlin, Urt. v. 16.9.1999 – 5 B 34.97; OVG NRW, Beschl. v. 9.4.2001 – 13 B 1625/00 und 1626/00.
89 OVG Berlin, Urt. v. 16. 9.1999 – 5 B 34.97; VG Köln, Urt. v. 26.1.2007 – 18 K 9981/07.

nicht die rektale Anwendung in Form von Zäpfchen.⁹⁰ Für die Registrierung traditioneller pflanzlicher Arzneimittel existiert ein öffentliches Statement zur Interpretation des Begriffs „äußerliche Anwendung" des Ausschusses für Pflanzliche Arzneimittel der EMEA (HPMC).⁹¹ „Äußerliche Anwendung" wird durch den HPMC als „Anwendung auf der Haut" interpretiert. Die Anwendung auch auf der Schleimhaut, wenn diese traditionell für ein bestimmtes Arzneimittel belegt ist und nur eine lokale Wirkung intendiert ist, wird jedoch nicht ausgeschlossen. Ob diese, letztlich doch weite Auslegung auf homöopathische Arzneimittel übertragbar ist, ist fraglich, bedürfte zumindest aber ebenfalls einer Interpretation auf europäischer Ebene.

§ 39 Abs. 2 Nr. 5 a AMG ist nicht anzuwenden bei Registrierungsanträgen für Arzneimittel, die unter die Übergangsregelung des § 132 Abs. 4 S. 1 und S. 3 AMG fallen (siehe dazu oben Rn 117).

g) § 39 Abs. 2 Nr. 5 b AMG (Verdünnungsgrad)

Die Registrierung ist zu versagen, wenn das Arzneimittel mehr als einen Teil pro Zehntausend der Ursubstanz oder bei Arzneimitteln, die zur Anwendung bei Menschen bestimmt sind, mehr als den hundertsten Teil der in allopathischen der Verschreibungspflicht nach § 48 unterliegenden Arzneimitteln verwendeten kleinsten Dosis enthält. **121**

Es handelt sich bei diesem Versagungsgrund um eine weitere Anpassung an die Gemeinschaftskodizes für Human- und Tierarzneimittel, die erst mit der 14. AMG-Novelle vollzogen wurde. Damit sind Registrierungen von Arzneimitteln in niedrigen Verdünnungen – unterhalb der Potenzstufe D4 – nicht mehr möglich. **Bestandsschutz** für in Deutschland gebräuchliche Niedrigpotenzen wird durch die **Übergangsregelung in § 141 Abs. 10 AMG** gewährleistet. Hiernach findet § 39 Abs. 3 Nr. 5 b AMG keine Anwendung auf homöopathische Arzneimittel, die zum Zeitpunkt des Inkrafttretens der 14. AMG-Novelle am 6.9.2005 bereits registriert waren, sowie auf solche, deren Registrierung vor dem 30.4.2005 beantragt worden war. § 39 Abs. 2 Nr. 5 b AMG findet ferner bei Entscheidungen über die Registrierung und über die Verlängerung der Registrierung keine Anwendung auf Arzneimittel, die nach Art und Menge der Bestandteile und hinsichtlich der Darreichungsform mit den zuvor genannten Arzneimitteln identisch sind.

h) § 39 Abs. 2 Nr. 6 AMG (Verschreibungspflicht)

Verschreibungspflichtige Arzneimittel sind von der Registrierung ausgeschlossen. Eine Ausnahme davon gilt für Tierarzneimittel, die ausschließlich Stoffe enthalten, die in Anhang II der Verordnung (EWG) Nr. 2377/90 aufgeführt sind. **122**

i) § 39 Abs. 2 Nr. 7 AMG (homöopathisches Herstellungsverfahren)

Gemäß § 39 Abs. 2 Nr. 7 AMG ist die Registrierung nur möglich, wenn das Arzneimittel nach einer **im Homöopathischen Teil des Arzneibuches beschriebenen Verfahrenstechnik** hergestellt wird. Wie sich aus der Legaldefinition in § 4 Abs. 26 AMG ergibt, wird der Charakter eines Arzneimittels als homöopathisches Arzneimittel wesentlich durch seine Herstellung mittels eines homöopathischen Zubereitungsverfahrens, das in einer offiziell gebräuchlichen Pharmakopöe eines EU-Mitgliedsstaats beschrieben sein muss, bestimmt. § 39 Abs. 2 Nr. 7 AMG wird daher in Übereinstimmung mit der Legaldefinition und den Vorgaben der Gemeinschaftskodizes für Human- und Tierarzneimittel dahin gehend auszulegen und anzuwenden sein, dass neben den im deutschen Homöopathischen Arzneibuch **123**

---

90 Näher dazu Kloesel/Cyran, Arzneimittelrecht, § 39 AMG Erl. 12.
91 EMEA/HMPC/31897/2006.

(HAB) beschriebenen Herstellungsverfahren auch homöopathische Zubereitungsverfahren, die **in Arzneibüchern anderer EU-Mitgliedstaaten bzw im Europäischen Arzneibuch (PhEur) beschriebenen** sind, Grundlage für die Registrierung sein können.

j) § 39 Abs. 2 Nr. 7 a AMG (allgemeine Bekanntheit)

124 Arzneimittel, die aus Wirkstoffen hergestellt sind, deren Anwendung in Homöopathie oder Anthroposophie nicht allgemein bekannt ist, können nicht als homöopathisches Arzneimittel registriert werden. Der mit der 4. AMG-Novelle 1990 in § 39 Abs. 2 AMG eingefügte Versagungsgrund Nr. 7 a soll sicherstellen, dass das Registrierungsverfahren nicht missbräuchlich[92] in Anspruch genommen wird für Arzneimittel, die zwar nach einer im HAB beschriebenen Verfahrenstechnik hergestellt werden, für die aber keine Anwendungstradition in der homöopathischen oder anthroposophischen Therapierichtung besteht. Auch das Gemeinschaftsrecht fordert, dass die homöopathische Verwendung der Ursubstanzen anhand entsprechender bibliografischer Unterlagen belegt wird (Art. 15 zweiter Spiegelstrich RL 2001/83/EG, Art. 18 zweiter Spiegelstrich RL 2001/82/EG).

125 Nach der ursprünglichen Fassung von § 39 Abs. 2 Nr. 7 a AMG waren Arzneimittel ohne entsprechende Anwendungstradition von der Registrierung geschlossen. Hingegen stellen die gemeinschaftsrechtlichen Vorschriften auf die Gebräuchlichkeit der Verwendung der Ursubstanzen in der Homöopathie ab. Die Auslegung des § 39 Abs. 2 Nr. 7 a AMG in der Fassung von 1990 im Lichte europäischen Rechts war Gegenstand eines Vorabentscheidungsersuchens des VG Berlin an den EuGH. Das VG Berlin hatte über die Registrierungsfähigkeit einer neuen, dh bisher nicht bekannten, fixen Kombination bekannter homöopathischer Einzelmittel zu befinden. Der EuGH entschied, dass es allein auf die Bekanntheit der verwendeten Ausgangsstoffe (Ursubstanzen) in der homöopathischen Therapierichtung, nicht dagegen auf die Gebräuchlichkeit der Anwendung der Kombination als solcher ankomme.[93] Der deutsche Gesetzgeber hat dem Urteil des EuGH mit der 14. AMG-Novelle Rechnung getragen, indem es nun auch in § 39 Abs. 2 Nr. 7 a AMG nur noch auf die Bekanntheit der Wirkstoffe und nicht des jeweiligen Arzneimittels in der Homöopathie und Anthroposophie ankommt.

126 In der Literatur werden Zweifel angemeldet, ob die Registrierung von Wirkstoffkombinationen, bei der die Einzelbestandteile nach unterschiedlichen nationalen Arzneibüchern hergestellt werden, nach dem Gemeinschaftsrecht tatsächlich zwingend geboten ist.[94] In Frage gestellt wird auch, ob die homöopathische Verwendung der Ursubstanzen bejaht werden kann, wenn die Kombination nach den Regeln und Erkenntnissen der Homöopathie abzulehnen ist.[95] Dem Wortlaut des § 39 Abs. 2 Nr. 7 a AMG nach kommt es jedoch nur auf die Bekanntheit der Verwendung der Wirkstoffe, dh der Ausgangsstoffe, in der homöopathischen oder anthroposophischen Therapierichtung an, so dass andere Aspekte nicht zu einer Versagung nach dieser Vorschrift führen können.

Die Bekanntheit der Verwendung eines Stoffes lässt sich in erster Linie durch die Stoffmonographien in den Arzneibüchern der EU-Mitgliedstaaten (zB dem HAB) oder, sofern vorhanden, im Europäischen Arzneibuch (PhEur) belegen. Daneben ist aber auch die Bezugnahme auf homöopathische Literatur zum Nachweis der Anwendungstradition möglich.[96]

---

92 So Stellungnahme des Bundesrates v. 22.9.1989, BT-Drucks. 375/89.
93 EuGH, Urt. v. 12.5.2005 – C-444/03.
94 Kloesel/Cyran, Arzneimittelrecht, § 39 AMG Erl. 18.
95 Pannenbecker, PharmR 2004, 181,192.
96 Pannenbecker, aaO.

k) § 39 Abs. 2 Nr. 8 und Nr. 9 AMG (Zulassung und Verkehrsverbot)

Arzneimittel, für die bereits eine Zulassung erteilt wurde, können nicht registriert werden (§ 39 Abs. 2 Nr. 8 AMG). Ebenfalls keine Registrierung kann erteilt werden, wenn das Inverkehrbringen des Arzneimittels oder seine Anwendung bei Tieren gegen gesetzliche Vorschriften verstoßen würde (Nr. 9). § 39 Abs. 2 Nr. 9 AMG entspricht § 25 Abs. 2 S. 2 Nr. 7 AMG, so dass auf die Darstellung zu dem Zulassungsversagungsgrund unter § 10 Rn 272 ff verwiesen werden kann. **127**

5. Verlängerung, Änderung, Rücknahme und Widerruf der Registrierung

Mit Art. 6 des Gesetzes vom 17.7.2009[97] wurde die Verordnung über homöopathische Arzneimittel vom 15.3.1978[98] aufgehoben. Die Verordnung ergänzte bis dahin §§ 38 und 39 AMG um Regelungen zur Änderung, Neuregistrierung, Verlängerung sowie zur Löschung der Registrierung für homöopathische Arzneimittel. Die Regelungen der Verordnung sind nun in § 39 AMG eingefügt und dabei gleichzeitig auch geändert worden. **128**

a) Verlängerung

Die Registrierung wird wie die Zulassung nur für die Dauer von fünf Jahren erteilt. Sie erlischt gemäß § 39 Abs. 2 c AMG, wenn nicht **spätestens sechs Monate**[99] vor Ablauf der Geltungsdauer ein Antrag auf Verlängerung gestellt wird. Für das Erlöschen und die Verlängerung der Registrierung gilt § 31 AMG entsprechend mit der Maßgabe, dass die Versagungsgründe des § 39 Abs. 2 Nr. 3 bis 9 Anwendung finden. Zu den Rechtsfragen der Verlängerung im Einzelnen siehe unten § 9. **129**

b) Änderung der Registrierung

Das Recht der Änderung registrierter homöopathischer Arzneimittel wurde mit der 15. AMG-Novelle in Anpassung an die für zugelassene Arzneimittel geltenden Vorschriften in § 39 Abs. 2 b AMG neu geregelt. Änderungen in den Angaben und Unterlagen nach § 38 Abs. 2 S. 1 AMG sind der zuständigen Bundesoberbehörde unverzüglich unter Beifügung entsprechender Unterlagen anzuzeigen. Ferner gilt nun gemäß § 39 Abs. 2 b S. 2 AMG auch für registrierte homöopathische Arzneimittel, dass Änderungen der in § 29 Abs. 2 a AMG aufgeführten Inhalte der Registrierung nur nach vorheriger Zustimmung der Zulassungsbehörde vorgenommen werden dürfen. Es werden ferner in § 39 Abs. 2 b S. 4 AMG in Angleichung an § 29 Abs. 3 AMG Tatbestände angegeben, die eine Neuregistrierung erfordern. Hervorzuheben ist hier, dass danach auch für die Änderung der Potenzstufe ein neuer Antrag auf Registrierung zu stellen ist. Dies betrifft jedoch nur den im Bescheid genannten niedrigsten Verdünnungsgrad, denn die höheren Verdünnungsstufen gelten gemäß § 39 Abs. 1 S. 3 AMG als vom Bescheid umfasst. **130**

c) Rücknahme, Widerruf und Ruhen der Registrierung

Für Rücknahme, Widerruf und Ruhen der Registrierung gilt § 30 Abs. 1 S. 1, Abs. 2, 2 a, 3 und 4 AMG entsprechend mit der Maßgabe, dass die Versagungsgründe des § 39 Abs. 2 Nr. 2 bis 9 Anwendung finden (§ 39 Abs. 2 d AMG). **131**

---

97 BGBl. I, 1990.
98 BGBl. I, 401.
99 Für Arzneimittel, die unter die Übergangsvorschrift des § 141 Abs. 10 AMG fallen, gilt weiterhin die vor dem 6.9.2005 geltende Antragsfrist von drei Monaten.

6. Kennzeichnung und Angaben in der Packungsbeilage

132 Besonderheiten für registrierte homöopathische Arzneimittel gelten auch hinsichtlich der Kennzeichnung und der Angaben in der Gebrauchsinformation nach §§ 10 Abs. 4, 11 Abs. 3 AMG. Sie sind mit einem besonderen Hinweis auf ihre homöopathische Beschaffenheit zu kennzeichnen. Anzugeben ist nach der mit „Reg.-Nr." abgekürzten Registrierungsnummer: „Registriertes homöopathisches Arzneimittel, daher ohne Angabe einer therapeutischen Indikation." (§ 10 Abs. 4 Nr. 9 AMG). Ferner ist vorgeschrieben, dass ein Hinweis an den Anwender, bei während der Anwendung des Arzneimittels fortdauernden Krankheitssymptomen medizinischen Rat einzuholen, aufgebracht wird (§ 10 Abs. 4 Nr. 10 AMG).

133 Für die Packungsbeilage sind gemäß § 11 Abs. 3 AMG **keine Angaben über Gegenanzeigen, Neben- und Wechselwirkungen sowie keine Dosierungsangaben vorgesehen**. Derartige Angaben können nur nach § 11 Abs. 3 iVm § 10 Abs. 4 Nr. 7 AMG als Warnhinweis oder weitere, zur sicheren Anwendung erforderliche Angabe aufgenommen werden. Zur sicheren Anwendung können Dosierungsangaben geboten sein, um die Aufnahme toxikologisch bedeutsamer Mengen des Arzneimittels zu verhindern. Dies gilt insbesondere für homöopathische Arzneimittel, die aufgrund der Übergangsregelungen Tiefpotenzen enthalten, aber auch für Arzneimittel in Verdünnungsstufen in D4 und höher, denn der Verdünnungsgrad garantiert nicht immer auch die toxikologische Unbedenklichkeit jedweder Dosierung.

Die genannten Sonderregelungen für registrierte homöopathische Arzneimittel in § 11 Abs. 3 AMG beruhen auf Art. 69 RL 2001/83/EG sowie auf Art. 64 RL 2001/82/EG und wurden mit der 14. AMG-Novelle in deutsches Recht umgesetzt. Die Packungsbeilagen von registrierten Arzneimitteln, die sich am 5.9.2005, mithin vor dem Inkrafttreten der 14. AMG-Novelle, im Verkehr befanden, sind innerhalb des in der Übergangsvorschrift des § 141 Abs. 1 AMG vorgegebenen Zeitrahmens anzupassen. **§ 141 Abs. 1 AMG** ist im Verhältnis zu § 141 Abs. 10 S. 1 AMG, der vorsieht, dass auf Arzneimittel, die bis zum 6.9.2005 als homöopathische Arzneimittel registriert worden sind, weiterhin die bis dahin geltenden Vorschriften anzuwenden sind, insoweit die **speziellere Vorschrift**. Er regelt speziell die Anpassung an die Änderungen der §§ 10 und 11 AMG, während § 141 Abs. 10 AMG darauf zielt, infolge der durch § 39 Abs. 2 Nr. 5 b AMG eingetretenen Einschränkungen der Registrierungsmöglichkeiten Bestandsschutz zu gewähren.

II. Traditionelle pflanzliche Arzneimittel

1. Einführung zur Situation der traditionellen pflanzlichen Arzneimittel in Deutschland und Europa

134 Einleitend ein kurzer Überblick über die bestehenden gesetzlichen Regelungen traditioneller Arzneimittel in Deutschland:

Gesetzliche Regelungen speziell für traditionelle Arzneimittel mit pflanzlichen, chemischen oder tierischen Wirkstoffen sowie deren Kombinationen sind im AMG seit der 5. AMG-Novelle durch **§ 109 a AMG** national festgelegt. Mit dem 5. Änderungsgesetz war diese Regelung in das Gesetz aufgenommen worden, da die Befürchtung bestand, dass eine größere Anzahl von Arzneimitteln im Rahmen der Nachzulassung[100] den Anforderungen an einen „schulmedizinischen" Wirksamkeitsnachweis nicht entsprechen könnte. Zu diesen Arzneimitteln gehörte eine große Anzahl von pflanzlichen Arzneimitteln auch kombiniert mit chemischen und/oder tierischen Wirkstoffen.

135 Zur erheblichen Beschleunigung des Verfahrens wurde eine **pauschalierte Bewertung** zugrunde gelegt. Der Beleg der Wirksamkeit und Unbedenklichkeit wird über den Bezug auf

---

100 Zum Begriff „Nachzulassung" vgl § 7 Rn 211 ff.

eine Listenposition nach § 109 a Abs. 3 AMG erbracht, zum Beleg der Qualität ist eine eidesstattliche Versicherung des pharmazeutischen Unternehmers erforderlich. Die Besonderheit dieser Arzneimittel wird durch den Zusatz „Traditionell angewendet ..." bei der Angabe der Anwendungsgebiete gekennzeichnet.[101] Damit existierte in Deutschland für den Markt traditioneller Arzneimittel unter Berücksichtigung der Besonderheiten dieser Arzneimittelgruppe eine gesetzliche Regelung.

Anders stellte sich diese Situation auf europäischer Ebene in den einzelnen Mitgliedstaaten dar. Die Bestrebungen, einer Harmonisierung im europäischen Binnenmarkt näher zu kommen und den Handel mit Arzneimitteln innerhalb der europäischen Gemeinschaft weiter zu erleichtern, hatten zu einer Vielzahl von verschiedenen europäischen Vorschriften geführt, die in der Richtlinie 2001/83/EG[102] erstmals kodifiziert und in einem Text zur Schaffung eines Gemeinschaftskodexes für Humanarzneimittel neu zusammengefasst wurden. In der Folgezeit wurde diese Richtlinie durch weitere Richtlinien erweitert. Die Umsetzung dieser Vorschriften in die jeweilige nationale Gesetzgebung führte in den einzelnen Mitgliedstaaten zu teilweise sehr unterschiedlichen Regelwerken. Die Harmonisierung pflanzlicher Arzneimittel war zusätzlich dadurch erschwert, dass sich die Traditionen dieser Präparate in den einzelnen Staaten deutlich von einander unterschieden. **136**

Während in Deutschland und Frankreich etwa die Hälfte der Umsätze des europäischen Phytopharmaka-Marktes erfolgt, ist die Bedeutung pflanzlicher Arzneimittel in anderen Ländern der Europäischen Gemeinschaft geringer einzustufen. Neben den unterschiedlichen wirtschaftlichen Aspekten besteht in einigen Mitgliedstaaten grundsätzlich eine unterschiedliche Einstufung von pflanzlichen Produkten hinsichtlich der Abgrenzung zwischen Arzneimittel bzw Lebensmittel/Nahrungsergänzungsmittel. Um diesen pflanzlichen Produkten den Markterhalt zu sichern, haben die Mitgliedstaaten unterschiedliche Verfahren und Bestimmungen zur Klassifizierung dieser Produkte eingeführt. **137**

Die unterschiedlichen Regelungen in den Mitgliedstaaten und das Bemühen diese pflanzlichen Produkte als Arzneimittel auf dem Markt zu erhalten, führte zu der Notwendigkeit, für diese spezielle Präparategruppe, vor dem Hintergrund des europäischen Binnenmarktes weitergehende einheitliche rechtliche Bestimmungen zu schaffen, um den Prozess der Harmonisierung der Verfahren zum Inverkehrbringen dieser Arzneimittel in der Gemeinschaft zu verbessern. Die Umsetzung erfolgte mit der Richtlinie 2004/24/EG,[103] die in der Richtlinie 2001/83/EG aufging. **138**

Auf der Grundlage dieser Regelungen soll diesen Präparaten der Marktzugang als Arzneimittel unter Berücksichtigung ihrer Besonderheiten erhalten bleiben. Die Richtlinie 2004/24/EG beschreibt dazu die Voraussetzungen und Kriterien für das **„vereinfachte Registrierungsverfahren"**. Der Begriff „vereinfacht" bezieht sich auf die für den Nachweis der Wirksamkeit erforderlichen Unterlagen. Zahlreiche dieser (pflanzlichen) Arzneimittel erfüllen trotz ihrer langen Tradition nicht die Anforderungen einer allgemeinen medizinischen Verwendung, einer anerkannten Wirksamkeit und eines annehmbaren Sicherheitsgrades und werden dadurch den Anforderungen für eine Genehmigung für das Inverkehrbringen nicht gerecht.[104] Das „vereinfachte Registrierungsverfahren" kann also dann zur Anwendung **139**

---

101 Vgl hierzu weitere Ausführungen zu § 109 a AMG in § 7 Rn 256.
102 RL 2001/83/EG des Europäischen Parlaments und des Rates v. 6.11.2001 zur Schaffung eines Gemeinschaftskodexes für Humanarzneimittel (ABl. EG Nr. L 311/67 v. 28.11.2001), in der geänderten Fassung; vgl auch § 3 Rn 15.
103 RL 2004/24/EG des Europäischen Parlaments und des Rates v. 31.3.2004 zur Änderung der RL 2001/83/EG zur Schaffung eines Gemeinschaftskodexes für Humanarzneimittel hinsichtlich traditioneller pflanzlicher Arzneimittel (ABl. EU Nr. L 136/85 v. 30.4.2004).
104 Vgl Erwägungsgründe zur RL 2004/24/EG (s. vorherige Fn).

kommen, wenn eine Zulassung für das Inverkehrbringen gemäß der Richtlinie 2001/83/EG nicht gewährt werden kann.

140 Besteht für ein solches pflanzliches Arzneimittel eine lange Tradition, dh ist die beantragte Wirksamkeit aufgrund einer langen medizinischen Verwendung plausibel und kann weiterhin belegt werden, dass das Arzneimittel unschädlich ist, so kann ein solches Präparat registriert werden.

Deutlich herausgestellt wird, dass der Qualitätsaspekt eines traditionellen pflanzlichen Arzneimittels von der traditionellen Verwendung unabhängig ist. Zur Sicherstellung der gleich bleibenden Qualität werden dieselben Anforderungen zugrunde gelegt wie für alle pflanzlichen Arzneimittel auch.

Da es sich um eine europäische Richtlinie handelt, war diese innerhalb der in der Richtlinie festgesetzten Frist in den einzelnen Mitgliedstaaten in nationales Recht umzusetzen. Dies ist in Deutschland noch vor Ablauf dieser Frist mit der 14. AMG-Novelle zum 5.9.2005 erfolgt.

141 Mit dem § 109 a AMG bestand in Deutschland bereits ein gesetzliches nationales Regelwerk für die Gruppe der traditionellen Arzneimittel. Aus diesem Grund ergab sich hier die Notwendigkeit, die unter die Definition von § 39 a AMG fallenden traditionellen pflanzlichen Arzneimittel in das „vereinfachte Registrierungsverfahren" zu überführen. Entsprechende **Übergangsvorschriften** wurden mit dem § 141 Abs. 14 AMG in das Gesetz aufgenommen:

Die Zulassung eines traditionellen pflanzlichen Arzneimittels, die nach § 105 in Verbindung mit § 109 a verlängert wurde, erlischt am 30.4.2011, es sei denn, dass vor dem 1.1.2009 ein Antrag auf Zulassung oder Registrierung nach § 39 a gestellt wurde. Die Zulassung nach § 105 in Verbindung mit § 109 a erlischt ferner nach Entscheidung über den Antrag auf Zulassung oder Registrierung nach § 39 a. Nach der Entscheidung darf das Arzneimittel noch zwölf Monate in der bisherigen Form in den Verkehr gebracht werden.

142 Zum 31.12.2008 sind aufgrund dieser gesetzlichen Forderung beim BfArM[105] entsprechende Anträge auf traditionelle Registrierung eingegangen. Etwa für die Hälfte der bestehenden Zulassungen traditioneller pflanzlicher Arzneimittel nach § 109 a AMG wurde ein Überführungsantrag gestellt. Für die Markteinführung des registrierten Präparates und damit für den Ersatz des bisherigen nach § 109 a zugelassenen Arzneimittels lässt der Gesetzgeber mit der 15. AMG-Novelle dem pharmazeutischen Unternehmer einen Zeitraum von zwölf Monaten. Für die nach § 109 a AMG zugelassenen pflanzlichen Arzneimittel, für die kein solcher Antrag gestellt wurde, erlischt demzufolge die Zulassung zum 30.4.2011.

143 Die Zulassung der Arzneimittel nach § 109 a AMG, die nicht unter die Definition von § 39 a AMG fallen, sind von der Regelung der §§ 39 a bis 39 d AMG ausgeschlossen, dh die jeweilige Zulassung nach § 109 a AMG bleibt weiter bestehen. Bisher adressiert die Richtlinie 2004/24/EG eine Registrierung nur für pflanzliche Arzneimittel.[106] Eine Ausdehnung auf weitere traditionelle Präparate ist in der europäischen Diskussion.[107]

Hinweis Die in § 141 AMG genannte Frist besteht nur für einen sog. Überführungsantrag. Die Möglichkeit, einen Antrag auf Registrierung eines traditionellen pflanzlichen Arzneimittels zu stellen – unabhängig von der Notwendigkeit, ein nach § 109 a AMG zugelassenes Arzneimittel zu überführen – besteht zu jeder Zeit.

---

105 Bundesinstitut für Arzneimittel und Medizinprodukte (BfArM), Bundesoberbehörde im Geschäftsbereich des Bundesministeriums für Gesundheit.

106 Vgl hierzu den Erwägungsgrund 6 der RL 2004/24/EG des Europäischen Parlaments und des Rates v. 31.3.2004 zur Änderung der RL 2001/83/EG zur Schaffung eines Gemeinschaftskodexes für Humanarzneimittel hinsichtlich traditioneller pflanzlicher Arzneimittel (ABl. EU Nr. L 136/85 v. 30.4.2004).

107 Mitteilung der Kommission an das Europäische Parlament und den Rat zum Bericht über die Erfahrung mit der Anwendung von Kapitel 2 a der RL 2001/83/EG in der Fassung der RL 2004/24/EG auf bestimmte für traditionelle pflanzliche Arzneimittel geltende Vorschriften v. 29.9.2008 (KOM(2008)584 endgültig).

C. Die Registrierung als Unterfall der Zulassung

Hervorzuheben ist noch einmal der grundlegende Unterschied einer Beurteilung im Verfahren der Zulassung nach § 109a AMG und der Registrierung nach § 39a AMG.

Während der Bearbeitung im § 109a-Verfahren eine sehr pauschalisierte Bewertung zugrunde gelegt wurde (Bezug auf eine Listenposition nach § 109a Abs. 3 AMG zum Beleg der Wirksamkeit und Unbedenklichkeit, eidesstattliche Versicherung des pharmazeutischen Unternehmers zum Beleg der Qualität), erfolgt im Verfahren der Registrierung nach § 39a AMG eine präparatespezifische Bearbeitung anhand vollständiger vom Unternehmer eingereichter Unterlagen zur Wirksamkeitsplausibilität, Unbedenklichkeit und Qualität. Die Anpassung insbesondere der Unterlagen zur Qualität und Unbedenklichkeit an den aktuellen wissenschaftlichen Kenntnisstand ist damit in vielen Fällen für einen Überführungsantrag mit größerem Aufwand verbunden.

Die geänderte Gesetzesgrundlage zur Bewertung eines traditionellen pflanzlichen Arzneimittels führt zu der Möglichkeit, für Arzneimittel, die aus formalen oder inhaltlichen Gründen im Verfahren nach § 105 AMG auch iVm § 109a AMG zurückgewiesen wurden, erneut einen Antrag auf Registrierung nach § 39a AMG zu stellen.

2. Ausschuss für pflanzliche Arzneimittel (HMPC),[108] Pflanzenmonographien und Listenpositionen

Eine wichtige Neuerung der Richtlinie 2004/24/EG ist die Einrichtung des Ausschusses für pflanzliche Arzneimittel (HMPC) unter dem Dach der Europäischen Arzneimittelagentur EMEA.[109] Der Ausschuss soll Aufgaben im Zusammenhang mit der vereinfachten Registrierung und Zulassung von Arzneimitteln gemäß dieser Richtlinie wahrnehmen und soll aus Sachverständigen für pflanzliche Arzneimittel der einzelnen Mitgliedstaaten zusammengesetzt werden. Der Ausschuss wurde als Nachfolger der unter dem CPMP[110] bisher bestehenden Working Party on Herbal Medicinal Products gemäß der Richtlinie 2004/24/EG und des Artikels 55 der Parliament and Council Regulation (EC) No 726/2004 vom 30.4.2004[111] gegründet und HMPC benannt.[112]

Die Hauptaufgabe des HMPC besteht in der Erarbeitung von **Pflanzenmonographien** gemäß Art. 16h und **Listenpositionen** gemäß Art. 16f RL 2001/83/EG. Die Monographien/Listen sind angelehnt an die rechtlichen Vorgaben für eine „Summary of Product Characteristics" (SPC)[113] und enthalten jeweils spezifische Informationen, die Grundlage einer Zulassung bzw Registrierung sein sollen.

Im Rahmen der Erarbeitung dieser Monographien/Listen wird das in den Mitgliedstaaten vorliegende bzw in der Literatur verfügbare Datenmaterial zu den pflanzlichen Stoffen und pflanzlichen Zubereitungen hinsichtlich der Einstufung in einen *well-established use* oder *traditional use* bewertet. Eine Monographie für einen pflanzlichen Stoff enthält verschieden Zubereitungen, die aufgrund der unterschiedlichen Datenlage zu den einzelnen Zubereitungen einem *well-established use* bzw einem *traditional use* zugeteilt werden. In der Mono-

---

108 Herbal Medicinal Products Committee, vgl Art. 16h RL 2004/24/EG.
109 European Medicines Agency, EMEA; vgl VO (EG) Nr. 2309/93 iVm VO (EG) Nr. 726/2004; vgl auch § 3 Rn 58 ff.
110 CPMP, Committee for Proprietary Medicinal Products, iVm der RL 2004/24/EG und der VO (EG) Nr. 726/2004 umbenannt in CHMP, Committee for Medicinal Products for Human Use.
111 Regulation (EC) No 726/2004 of the European Parliament and of the Council of 31 March 2004 laying down Community procedures for the authorisation and supervision of medicinal products for human and veterinary use and establishing a European Medicines Agency.
112 Vgl Knöß/Stolte/Reh, Europäische Gesetzgebung zu besonderen Therapierichtungen. Bundesgesundheitsblatt 51 (7), 2008, 771–778.
113 Vgl EudraLex, The rules governing medicinal products in the European Union, Volume 2C, Guideline on Summary of Product Characteristics.

graphie wird der *well-established use* und der *traditional use* dann für die einzelnen Zubereitungen getrennt nebeneinander dargestellt.

148 Liegen im Rahmen einer Monographie-Erstellung nicht alle für eine traditionelle Registrierung erforderlichen Daten vor – fehlen zB Unterlagen mit Aussagen zur Genotoxizität – werden die vorhandenen Lücken in der Monographie thematisiert. Diese müssen dann im Rahmen der Antragsbearbeitung durch präparatespezifische Unterlagen ergänzt und bewertet werden.

Während nach der gesetzlichen Festlegung ein *well-established use* nur in einer Monographie beschrieben werden kann, ist für einen *traditional use* eine Monographie oder Listenposition möglich.

149 Auf eine Listenposition kann also nur im vereinfachten Registrierungsverfahren Bezug genommen werden. Im Unterschied zu einer Monographie müssen für eine Listenposition definitionsgemäß alle für eine Registrierung erforderlichen Daten vorhanden sein. Die Listenposition enthält also abschließend alle für eine Registrierung bezüglich Wirksamkeitsplausibilität und Unbedenklichkeit erforderlichen Angaben.

Ein weiterer Unterschied zwischen einer Monographie und einer Listenposition besteht im Zuständigkeitsbereich der Verabschiedung. Eine Monographie wird von der EMEA veröffentlicht, die Verabschiedung einer Listenposition erfolgt nach Art. 121 Abs. 2 RL 2001/83/EG und hat damit einen höheren rechtlichen Status.

150 Es bleibt abschließend zu diskutieren, welche Stellung die Pflanzenmonographien und Listenpositionen im Rahmen eines europäischen und nationalen Zulassungs- bzw Registrierungsantrags haben. Nach europäischem Recht ist für einen Registrierungsantrag eine Listenposition verbindlich, eine Monographie dagegen ist im Rahmen eines Registrierungs- bzw Zulassungsantrags „nur" zu berücksichtigen. Die Existenz einer Listenposition schließt also nach europäischer Gesetzgebung eine Zurückweisung des Antrags aufgrund fehlender Unterlagen zur Wirksamkeitsplausibilität und Unbedenklichkeit aus. Unberührt bleibt die Bewertung der Qualität.

151 Im Vorgriff auf die weiter unten näher erläuterten nationalen gesetzlichen Regelungen können eine Monographie und eine Listenposition in einem rein nationalen Verfahren die Unterlagen zu Wirksamkeit und Unbedenklichkeit ersetzen, haben aber keinen bindenden Charakter. Gemäß nationaler Gesetzgebung ist für ein europäisches Registrierungsverfahren die Existenz einer Monographie bzw Listenposition Voraussetzung.

152 Wird im Rahmen eines nationalen Registrierungsantrags Bezug auf eine bestehende Monographie oder Listenposition genommen, so wird diese im Normalfall Grundlage der Entscheidung sein. Es ist absehbar, dass die bisherigen nationalen Entscheidungen in Deutschland im *well-established use* entsprechend den Monographien der Kommission E[114] nicht immer kongruent zu den aktuellen europäischen Pflanzenmonographien sind. Da die bestehenden Zulassungen aufgrund der aktuellen gesetzlichen Regelungen Bestandskraft behalten werden, wird es demzufolge auf dem deutschen Markt zukünftig unumgänglich einen unterschiedlichen Zulassungs-/Registrierungsstatus für vergleichbare Arzneimittel geben.

3. Umsetzung der Artt. 16 a bis 16 i RL 2001/83/EG in nationales Recht

153 Im AMG finden sich die rechtlichen Bestimmungen zu diesem „vereinfachten Registrierungsverfahren" in den §§ 39 a bis 39 d AMG. Sie beruhen auf dem Titel III Kapitel 2 a der geänderten Richtlinie 2001/83/EG in den Artt. 16 a bis 16 i. Dabei unterliegt die Abfolge der rechtlichen Bestimmungen im AMG dem nationalen Regelungsinhalt des AMG und weicht daher von der Reihenfolge in den Artt. 16 a bis 16 i ab.

---

114 Vgl § 25 Abs. 6 AMG; sog. Kommission E, vgl § 4 Rn 76.

C. Die Registrierung als Unterfall der Zulassung

Regelungen zu traditionellen pflanzlichen Registrierungen gelten im nationalen Recht auch für Tierarzneimittel. Dieser Tatbestand basiert auf dem diesbezüglichen Regelungsinhalt des AMG. Eine der 2004/24/EG entsprechende Regelung gibt es auf europäischer Ebene für Tierarzneimittel, die zu einer entsprechenden Änderung der Richtlinie 2001/82/EG[115] führt, nicht. Eine Anwendung auf Homöopathika iS von § 4 Abs. 26 AMG ist dagegen sowohl auf europäischer als auch auf nationaler Ebene ausgeschlossen.

Die **Gliederung der §§ 39 a bs 39 d AMG** stellt sich wie folgt dar:

- § 39 a AMG enthält die Definition der für das Verfahren in Frage kommenden Arzneimittel;
- in § 39 b AMG werden die für eine Registrierung erforderlichen Unterlagen definiert;
- § 39 c AMG enthält die Beurteilungskriterien zur Entscheidung über die Registrierung;
- in § 39 d AMG sind weitere Verfahrensvorschriften festgelegt.

In **§ 39 a AMG** heißt es:

Fertigarzneimittel, die pflanzliche Arzneimittel und Arzneimittel im Sinne des § 2 Abs. 1 AMG sind, dürfen als traditionelle pflanzliche Arzneimittel nur in den Verkehr gebracht werden, wenn... registriert sind. Dies gilt auch für pflanzliche Arzneimittel, die Vitamine oder Mineralstoffe enthalten, sofern die Vitamine oder Mineralstoffe die Wirkung der traditionellen pflanzlichen Arzneimittel im Hinblick auf das Anwendungsgebiet oder die Anwendungsgebiete ergänzen.

Die Definition traditioneller pflanzlicher Arzneimittel leitet sich aus den in §§ 39 a ff AMG festgesetzten Kriterien ab. Dabei handelt es sich um pflanzliche Arzneimittel, die Arzneimittel iSv § 2 Abs. 1 AMG sind. Definiert werden pflanzliche Arzneimittel im AMG in § 4 Abs. 29.

Neben den rein pflanzlichen Arzneimitteln, wird in § 39 a S. 2 AMG der Geltungsbereich durch eine Öffnungsklausel auf traditionelle Kombinationsarzneimittel aus pflanzlichen Wirkstoffen mit Vitaminen und/oder Mineralien ausgedehnt. Dabei findet sich weder für den Begriff der „Vitamine" oder „Mineralien" noch für den Begriff „in Hinblick auf das Anwendungsgebiet ergänzen" im Gesetz oder in der Richtlinie selbst eine weitergehende Definition. Bezüglich der Vitamine und Mineralien liefert ein Bezug auf den Anhang 1 der Richtlinie 2002/46/EG,[116] eine Richtlinie aus dem Lebensmittelbereich, einen möglichen Anhaltspunkt. Dagegen existiert für den Begriff „in Hinblick auf das Anwendungsgebiet ergänzen" keine weitere Definition oder Erläuterung.

In **§ 39 b AMG** werden die für einen Antrag auf traditionelle Registrierung erforderlichen Unterlagen zum Antrag und zum Nachweis der Qualität, Wirksamkeit und Unbedenklichkeit aufgeführt. Mit der 15. AMG-Novelle wird – wie auch bei den Zulassungen – ergänzend festgelegt, dass nur die Unterlagen nach § 22 Abs. 1 S. 1 Nr. 1–10 AMG in **deutscher Sprache** vorgelegt werden müssen; alle weiteren Unterlagen können in deutscher oder englischer Sprache vorgelegt werden (siehe § 39 b Abs. 1a AMG). Für die nationalen Texte ist die Verwendung der deutschen Sprache selbstverständlich.

Hinsichtlich der Anforderungen an die Unterlagen zur **Qualität** (§ 39 b Abs. 1 Nr. 2 AMG) wird mit dem Verweis auf die für einen Zulassungsantrag erforderlichen Unterlagen gemäß § 22 Abs. 2 Nr. 1 AMG deutlich, dass, wie oben dargelegt, hier keine grundsätzlich abweichenden Forderungen zwischen einer Zulassung nach § 21 AMG und einer traditionellen Registrierung nach § 39 a AMG bestehen. Bereits in den Erwägungsgründen zur Richtlinie

---

[115] RL 2001/82/EG des Europäischen Parlaments und des Rates v. 6.11.2001 zur Schaffung eines Gemeinschaftskodexes für Tierarzneimittel (ABl. EG Nr. L 168/33), in der geänderten Fassung.

[116] RL 2002/46/EG des Europäischen Parlaments und des Rates v. 10.6.2002 zur Angleichung der Rechtsvorschriften der Mitgliedstaaten über Nahrungsergänzungsmittel (ABl. EU Nr. L 183/51), in der geänderten Fassung.

2004/24/EG heißt es: „Der Qualitätsaspekt des Arzneimittels ist von seiner traditionellen Verwendung unabhängig …". Dieser Sachverhalt findet sich auch in den einschlägigen europäischen Leitlinien wieder. Eine Zusammenstellung der wichtigsten europäischen Regelungen für pflanzliche Arzneimittel findet sich auf der Homepage der EMEA.[117]

159 Weiterhin sind Unterlagen vorzulegen, anhand derer die **Unbedenklichkeit** des Arzneimittels beurteilt werden kann. Hierzu sind bibliographische Unterlagen, ggf ergänzt durch weitere präparatespezifische Unterlagen, vorzulegen. Auch zu diesem Punkt wird auf die entsprechenden europäischen Leitlinien verwiesen.

160 Während im Zulassungsverfahren zum Beleg der **Wirksamkeit** klinische Belege erforderlich sind, wird im Registrierungsverfahren von einer Plausibilität der pharmakologischen Wirkungen oder von einer Plausibilität der Wirksamkeit gesprochen, die sich aus einer langjährigen medizinischen Anwendung und Erfahrung des Arzneimittels ableiten lassen muss. Das Gesetz stellt für den Beleg der medizinischen Verwendung eine zeitliche Mindestforderung von 30 Jahre. Davon muss mindestens für einen Zeitraum von 15 Jahren die Verwendung in einem Staat der Europäischen Gemeinschaft nachgewiesen werden. Dem festgelegten Zeitraum von 30 Jahren liegt die zeitliche Bestimmung einer Generation zugrunde.

161 Hier liegt also der entscheidende Unterschied zwischen dem Zulassungs- und dem Registrierungsverfahren, auf den sich auch die Bezeichnung „vereinfachtes" Verfahren bezieht. In diesem vereinfachten Verfahren geht es um die Wirksamkeitsplausibilität, die sich alleine aus Unterlagen zur traditionellen Anwendung desselben oder eines entsprechenden Präparates ableiten lässt, ohne dass klinische Belege erforderlich sind. Zusätzliche Daten zB aus klinischen Tests sind als Ergänzung zur Unterstützung der Plausibilität unter Umständen hilfreich. Dies schließt auch nicht aus, dass Ergebnisse aus pharmakologischen oder klinischen Studien, die nicht mehr den aktuellen Anforderungen an eine Zulassung entsprechen, zum Beleg verwendet werden.

162 Ausdrücklich vom Gesetz gefordert werden weitere Daten zur Plausibilität der beantragten Indikation, wenn die eingesetzten Wirkstoffe für die beantragte Indikation nicht hinreichend bekannt sind. Weitere Ausführungen zu den Unterlagen zum Beleg der traditionellen medizinischen Verwendung siehe auch unter Rn 179.

163 Alternativ zu den – wie oben Rn 161 dargelegt – präparatespezifischen Unterlagen zur Unbedenklichkeit und Plausibilität der Wirksamkeit kann gemäß § 39 b Abs. 2 AMG Bezug genommen werden auf eine sog. Pflanzenmonographie gemäß Art. 16 h RL 2001/83/EG oder eine Listenposition nach Art. 16 f RL 2001/83/EG. Hinsichtlich der Unterschiede einer Monographie und einer Listenposition wird auf die Ausführungen unter Rn 140 verwiesen.

164 § 39 b Abs. 3 AMG enthält eine weitere Erläuterung zu den möglichen Kombinations-Arzneimitteln aus mehreren pflanzlichen Wirkstoffen bzw pflanzlichen Wirkstoffen in Kombination mit Vitaminen und/oder Mineralien. Die Plausibilität der Wirksamkeit iSv § 39 b Abs. 1 S. 1 Nr. 4 AMG muss für die Kombination der Wirkstoffe belegt werden; der Beleg nur über die Plausibilität der einzelnen Wirkstoffe reicht für die Kombination nicht aus. Enthält das Präparat allerdings Wirkstoffe, die nicht hinreichend bekannt sind, sind ergänzende Unterlagen zu den einzelnen Wirkstoffen vorzulegen. Auch hier wird die Tradition des entsprechenden Präparates mit seiner traditionellen Wirkstoffkombination, seiner Indikation und seiner Dosierung in den Mittelpunkt gestellt.

165 **§ 39 c Abs. 1 AMG** legt die Kriterien für eine Erteilung bzw eine Versagung der Registrierung fest. Bei einer positiven Entscheidung wird dem Antragsteller ein Registrierungsbescheid mit einer Registrierungsnummer mitgeteilt. Nicht zu verwechseln ist diese Registrierungsnummer mit der identisch bezeichneten Nummer für ein homöopathisch registrierten Arznei-

---

117 Vgl Veröffentlichung der Leitlinien auf der Homepage der Europäischen Arzneimittel-Agentur (EMEA): <http://www.emea.europa.eu/htms/human/hmpc/hmpcguide.htm>; vgl § 2 Rn 22 ff.

C. Die Registrierung als Unterfall der Zulassung 7

mittels nach § 39 AMG. Die Registrierungsnummer traditioneller pflanzlicher Arzneimittel entspricht im Aufbau einer Zulassungsnummer, ist also neunstellig. Weitere diesbezügliche Erläuterungen siehe Kommentar zu § 25 Abs. Abs. 1 AMG.[118]

Zur Mängelbeseitigung und Versagung wird der direkte Bezug auf § 25 Abs. 4 und Abs. 5 S. 5 AMG gezogen.[119] Die Auflagenbefugnis gemäß § 28 Abs. 2 und 4 AMG entspricht dem Vorgehen im Verfahren der Zulassung gemäß § 21 AMG (vgl unten § 8). **166**

Die Gründe, die zu einer Versagung führen, sind in § 39 c Abs. 2 AMG im Einzelnen abschließend aufgeführt. Hierzu finden sich zu den einzelnen Tatbeständen unter dem Punkt „Versagungsgründe" (s.u. Rn 190 ff) weitere Ausführungen.

In § 39 c Abs. 3 werden unter Bezugnahme auf § 31 AMG die Tatbestände, die zum Erlöschen der Registrierung führen können, sowie die Verpflichtung zur mindestens einmaligen 5-Jahres-Verlängerung aufgeführt.

In **§ 39 d AMG** werden weitere spezielle Verfahrensvorschriften festgelegt. Absatz 1 regelt die Auskunftsverpflichtung gegenüber einem Antragsteller, der EU-Kommission oder der zuständigen Behörde eines anderen europäischen Mitgliedsstaates. Auf Anfrage müssen den genannten Personen bzw Einrichtungen die getroffene ablehnende Entscheidung über einen Registrierungsantrag eines traditionellen Arzneimittels und die Gründe dafür mitgeteilt werden. **167**

Gemäß **§ 39 d Abs. 2 AMG** ist das Verfahren der gegenseitigen Anerkennung bzw das dezentralisierte Verfahren entsprechend § 25 b AMG nur dann möglich, wenn eine gemeinschaftliche Pflanzenmonographie gemäß Art. 16 h oder eine Listenposition gemäß Art. 16 f RL 2001/83/EG existiert; dh in allen anderen Fällen handelt es sich um nationale Verfahren, die präparatespezifisch national entschieden werden. Es ist lediglich festgelegt, dass die Registrierungsentscheidungen anderer Mitgliedstaaten im Rahmen eines nationalen Antrags gebührend zu berücksichtigen sind. Dabei wird weder im AMG noch in der Richtlinie 2001/83/EG der Begriff „berücksichtigen" weiter definiert. **168**

Bestehen bei der zuständigen Behörde Zweifel, dass im Rahmen eines nationalen Antrags auf Registrierung eines pflanzlichen Arzneimittels iSv § 39 a AMG die Voraussetzungen nach § 39 b Abs. 1 S. 1 Nr. 4 AMG („Traditionsbeleg") erfüllt sind, kann basierend auf **§ 39 d Abs. 3 AMG** der HMPC um eine Stellungnahme zum Nachweis der traditionellen Anwendung ersucht werden; es wird ein sog. Referral eingeleitet. Der HMPC erstellt dann anhand der von dem Mitgliedstaat vorgelegten Unterlagen eine Stellungnahme zu der Frage, ob der Nachweis der traditionellen Anwendung mit den vorgelegten Unterlagen aus seiner Sicht ausreicht. **169**

Im Unterschied zu einem nach **§ 39 d Abs. 4 AMG** eingeleiteten Verfahren, gibt der HMPC auf eine Anfrage nach § 39 b Abs. 3 „nur" ein Meinungsbild ab, eine Verpflichtung dieser Auffassung zu folgen, ergibt sich für den anfragenden Mitgliedsstaat nicht. **170**

Ein erstes derartiges Referral wurde im Januar 2008 von der Slowakei gestartet. Es ging um die Frage der Wirksamkeitsplausibilität eines pflanzlichen Kombinationsarzneimittels, bei dem die Anzahl der Wirkstoffe über den zum Beleg der Tradition erforderlichen Zeitraum von 30 Jahren reduziert wurde. Der HMPC befürwortete in seiner Stellungnahme, dass der Beleg der traditionellen medizinischen Verwendung ausreichend sei.[120] **171**

Wenn dagegen einer positiven Registrierungsentscheidung alleine entgegensteht, dass die zeitliche Forderung hinsichtlich der traditionellen Anwendung von mindestens 15 Jahren innerhalb der Europäischen Gemeinschaft nicht belegt ist, hat die zuständige Bundesober- **172**

---

118 Kloesel/Cyran, Arzneimittelrecht, § 25 AMG Erl. 3; vgl § 7 Rn 2.
119 Vgl § 8 Rn 44 und § 10 Rn 306 ff.
120 Vgl Doc. Ref. EMEA/HMPC/144374/2008.

behörde gemäß § 39 d Abs. 4 AMG ein Referral nach Art. 16 c Abs. 4 RL 2001/83/EG einzuleiten. Der Mitgliedstaat legt die entsprechenden Unterlagen dem HMPC zur Bewertung vor. Bei einer positiven Bewertung des HMPC mündet diese Entscheidung in eine gemeinschaftliche Pflanzenmonographie gemäß Art. 16 h Abs. 3 RL 2001/83/EG. Mit einem solchen Verfahren wird die Entscheidung in der Gesamtheit an den HMPC verwiesen. Auch wenn es für den Mitgliedstaat keine gesetzliche Festlegung gibt, sich im Rahmen der nationalen Bearbeitung an die Monographie anzupassen, sollte dies als sinnvoll angesehen werden. Zum Verfahrensablauf existieren eigens für dieses Verfahren festgelegte Regularien.[121]

173 In § 39 d Abs. 5 AMG wird angeordnet, dass Registrierungen, die unter Bezug auf § 39 b Abs. 2 AMG, die also auf Grundlage einer Listenposition gemäß Art. 16 f RL 2001/83/EG entschieden wurden, zu widerrufen sind, wenn die zugrunde liegende Listenposition nachträglich gestrichen wird. Da mit dem Bezug auf eine derartige Listenposition die Anforderungen an die Wirksamkeitsplausibilität und Unbedenklichkeit erfüllt sind, ist die Konsequenz des Widerrufs der entsprechenden Registrierungen nachvollziehbar.

174 Kann der Antragsteller aber innerhalb von drei Monaten eigene Angaben und Unterlagen zu den in § 39 b Abs. 1 AMG genannten Forderungen (Beleg der Plausibilität der Wirksamkeit und der Unbedenklichkeit) vorlegen, kann die Registrierung bestehen bleiben.

Der mit der 15. AMG-Novelle ins AMG eingebrachte **Absatz 6** regelt die bis dahin fehlenden Informationsmöglichkeiten der Öffentlichkeit gemäß § 34 Abs. 1 Nr. 1–7, Abs. 1 a Nr. 1, 3 sowie Abs. 1 b AMG, die damit entsprechend dem Zulassungsverfahren auch für das Registrierungsverfahren angewendet werden (siehe hierzu § 8 Rn 5).

175 In § 39 d Abs. 7 AMG werden mit dem 15. Änderungsgesetz die bis dahin fehlenden Regelungen hinsichtlich der Änderungsmöglichkeiten für registrierte traditionelle pflanzliche Arzneimittel eingeführt. Der erste Satz legt die grundsätzliche Anzeigepflicht der Änderungen in den Angaben und Unterlagen nach § 39 b Abs. 1 Satz1 iVm Abs. 2 AMG fest. In Satz 2 wird hinsichtlich der Änderung der Bezeichnung des Arzneimittels und der zustimmungspflichtigen Änderungen ein direkter Bezug auf die diesbezüglichen Änderungen (§ 29 Abs. 2, 2 a) im Zulassungsverfahren genommen (siehe hierzu § 11 Rn 19 ff und 22 ff).

176 Entsprechend § 29 Abs. 1 AMG obliegt allein dem Antragsteller, also dem Zulassungsinhaber, die Verantwortung für entsprechende Änderungen (§ 39 d Abs. 7 S. 3 AMG). In § 39 d Abs. 7 S. 4 AMG werden die Änderungstatbestände aufgezählt, die zu einer Neuregistrierungspflicht führen. Inhaltlich entsprechen die Tatbestände denen von § 29 Abs. 3 AMG; hier fehlt nur der § 29 Abs. 3 Nr. 3 a AMG (Einführung gentechnologischer Verfahren), der für traditionelle pflanzliche Arzneimittel aufgrund ihrer Besonderheit entbehrlich ist. Mit § 39 d Abs. 7 AMG sind die Änderungsmöglichkeiten abschließend geregelt.

177 Auf folgende Tatsache ist hier hinzuweisen: Eine Änderung entsprechend § 29 Abs. 1 b und 1 c AMG, also die Anzeigepflicht einer Änderung des Inverkehrbringens, ist für registrierte traditionelle Arzneimittel nach der bisherigen Gesetzeslage nicht vorgesehen und steht damit der europäischen Gesetzgebung entgegen (Art. 16 g Abs. 1 und Verweis auf Art. 24 Abs. 5 RL 2001/83/EG). Durch die Verlinkung von § 39 c Abs. 3 mit § 31 AMG erlischt zwar die Registrierung, wenn das Arzneimittel drei Jahre nicht im Verkehr ist; eine Anzeige dazu ist aber gesetzlich nicht geregelt. Für die Bundesoberbehörde fehlt somit jegliche Handhabe, entsprechende Vorgänge nachzuvollziehen.

178 In § 39 d **Abs. 8 AMG** finden sich die entsprechenden Vorschriften zu Rücknahmen, Widerruf und Ruhen der Registrierung. Es wird auf die diesbezüglichen Vorschriften in § 30 Abs. 1 S. 1, Abs. 2, 2 a, 3, 4 AMG Bezug genommen, ergänzt durch die Klarstellung, dass

---

121 EudraLex, Pharmaceutical Legislation Notice to applicants and regulatory guidelines medicinal products for human use, Volume 2A – Procedures for marketing authorisation, Chapter 3 – Community Referral.

hier die Versagungsgründe nicht nach den für das Registrierungsverfahren maßgeblichen Vorschriften des § 39 c AMG Anwendung finden.

Regelungen hinsichtlich der Gebühren für die kostenpflichtige Registrierung finden sich schließlich in **§ 39 d Abs. 9 AMG**. Hier wird im 1. Satz der Bezug zur Kostenverordnung des Bundesinstitutes für Arzneimittel und Medizinprodukte hergestellt.[122]

4. Unterlagen zum Beleg der medizinischen Verwendung iSv § 39 b Abs. 1 Nr. 4 AMG – „Traditionsbeleg"

Das Gesamtpaket der Unterlagen, mit denen die traditionelle medizinische Verwendung und damit die Plausibilität der Wirksamkeit gemäß § 39 b Abs. 1 AMG belegt wird, wird in der Verwaltungspraxis als „Traditionsbeleg" bezeichnet. Im Folgenden werden weitere Einzelheiten dargestellt, die für den Beleg der Tradition erwartet werden. **179**

Der einfachste Fall ist, dass ein Antrag auf Registrierung für ein Präparat gestellt wird, das über mindestens 30 Jahre in unveränderter Form medizinisch verwendet wurde. In diesem Fall lässt sich die Plausibilität der Wirksamkeit durch Bezug auf dieses Präparat belegen, ggf. ergänzt durch einige Unterlagen aus der Literatur, die die Plausibilität für die Wirkstoffe unterstützen. Sind Daten aus klinischen Tests vorhanden, können diese zur Unterstützung der Plausibilität herangezogen werden. **180**

Daneben sieht das Gesetz auch die Möglichkeit vor, dass auf ein „entsprechendes Präparat" Bezug genommen wird. Dazu findet sich in § 39 b Abs. 1 S. 4 AMG folgende Erläuterung: **181**

Ein entsprechendes Arzneimittel hat dieselben oder vergleichbare Wirkstoffe, denselben oder einen ähnlichen Verwendungszweck, eine äquivalente Stärke und Dosierung und denselben oder einen ähnlichen Verabreichungsweg.

Weitere Definitionen zu den Begriffen „vergleichbar, ähnlich oder äquivalent" werden nicht gegeben, so dass ein Interpretationsraum bleibt, den das Gesetz nicht abschließend regelt. **182**

Eindeutig geregelt ist, dass auch Präparate, die über den Zeitraum von 30 Jahren hinsichtlich der Anzahl oder Menge mehr als die beantragten Wirkstoffe enthielten, zum Beleg einer **Minusvariante** – Elimination oder Mengenreduktion von Wirkstoffen – herangezogen werden können. Für die Bewertung ist es dann von Bedeutung, dass begründet werden kann, dass die Plausibilität der Wirksamkeit des verbliebenen Präparates auch nach der Elimination / Reduktion erhalten bleibt.

Alleine auf Basis der gesetzlichen Vorschriften ist die Elimination eines Kombinationspräparates bis zu einem **Monopräparat** möglich. Für diesen „Extremfall" wären sicherlich weitere Unterlagen erforderlich, die u.a. belegen, dass für die Verwendung eines Monopräparates mit einem vergleichbaren Wirkstoff in einer vergleichbaren Darreichungsform die Tradition gegeben ist. Art und Umfang der erforderlichen Unterlagen richten sich stets nach dem konkreten Einzelfall. Eine pauschale Aussage welche Unterlagen erforderlich sind, kann nicht getroffen werden. **183**

Aus allgemeinen Überlegungen heraus lässt sich postulieren, dass bei der Bewertung der Plausibilität diese umso einfacher zu belegen ist, je länger eine präparatespezifische Tradition für den/die beantragten Wirkstoff(e), eine Indikation und eine Dosierung besteht. Je geringer das **Niveau der Daten** zu einer präparatespezifischen Tradition ist, desto höher wird damit der Anspruch an die Unterlagen zur Plausibilität der Wirkstoffe, Kombination, Dosierung und Indikation sein. Dies steht in direktem Konsens mit dem eigentlichen Sinn und Zweck dieses Verfahrens, für traditionell genutzte Präparate, alleine auf Grundlage einer **184**

---

[122] Kostenverordnung für die Zulassung von Arzneimitteln durch das Bundesinstitut für Arzneimittel und Medizinprodukte und das Bundesamt für Verbraucherschutz und Lebensmittelsicherheit – AMGKostV, in der geänderten Fassung. Vgl auch § 6 Rn 241 ff.

langen (traditionellen) medizinischen Verwendung, die Plausibilität der Wirksamkeit anzuerkennen.

185 Ausdrücklich wird in § 39 b Abs. 1 S. 2 AMG darauf hingewiesen, dass zum Beleg der Tradition auch Präparate herangezogen werden können, die nicht als Arzneimittel im Verkehr sind. Hier wird berücksichtigt, dass auch Produkte mit entsprechenden medizinischen Verwendungen, wie sie zB in der Kosmetik gebräuchlich sind oder in anderen europäischen Ländern als bisher „ungeregelte" Produkte auf dem Markt waren, zum Beleg der Tradition herangezogen werden können. Siehe hierzu auch den Erwägungsgrund 12 der Richtlinie 2004/24/EG.

186 Die **Unterlagen**, mit denen eine solche medizinische Verwendung im Einzelfall belegt wird, ist nicht näher definiert. Es sind alle Unterlagen, Daten, Schriftstücke zum Nachweis der Wirksamkeitsplausibilität geeignet, aus denen hervorgeht, dass das betreffende oder entsprechende Präparat vermarktet und angewendet wurde. Hierzu können zB Herstellungsprotokolle, in der Historie verwendete Informationstexte, Werbungsmaterialien, Abgabeprotokolle, Rote-Liste-Auszügen u.a. herangezogen werden, wenn sie die entsprechenden Informationen zu Wirkstoffen, Indikationen und Dosierung enthalten. Die Unterlagen müssen die medizinische Verwendung über den gesetzlich geforderten Zeitraum von 30 Jahren darstellen.

187 Zum Schluss dieses Kapitels ist noch die Frage zu stellen, was sich hinter dem Begriff **„vergleichbarer Wirkstoff"** verbirgt. Wie oben (Rn 181) bereits gesagt, hat das Gesetz hier keine eindeutige Definition vorgegeben. Um eine Lösung zu finden, muss man sich hierzu die Definition einer pflanzlichen Zubereitung ansehen, Art. 1 Nr. 2 RL 2001/83/EG. Danach wird der pflanzliche Wirkstoff definiert durch den pflanzlichen (Ausgangs)stoff, der durch ein spezifisches Herstellungsverfahren ggf unter Zuhilfenahme von einem definierten Extraktionsmitteln erfolgt.

188 Will man die Vergleichbarkeit solcher Wirkstoffe begründen, sind die Kenngrößen der Zubereitung „Ausgangsdroge – Auszugsmittel – Droge-Extrakt-Verhältnis" hinsichtlich einer möglichen Übereinstimmung zu diskutieren. Besonders schwierig gestaltet sich eine solche Begutachtung deshalb, weil pflanzliche Wirkstoffe sog. Vielstoffgemische darstellen und sich nicht auf eine kleine Zahl zu überprüfender Substanzen zurückführen lassen.

189 Auch hier ist keine pauschale Aussage hinsichtlich eindeutiger Beurteilungskriterien möglich. Es wird sich aufgrund der vielfältig vorstellbaren Möglichkeiten immer um Einzelfallentscheidung handeln.
Wie die bisher veröffentlichten europäischen Pflanzenmonographien zeigen, werden zB auf Seiten des HMPC Wirkstoffe aus derselben Ausgangsdroge, die mit unterschiedlichen Auszugsmitteln extrahiert werden, nicht als vergleichbare Zubereitungen angesehen. Diese Beurteilung ist vor dem Hintergrund der o.g. Definitionen für einen pflanzlichen Wirkstoff schlüssig und nachvollziehbar und wird in den nationalen Verfahren Grundlage der Bewertung darstellen.[123]

5. Versagungsgründe gemäß § 39 c Abs. 2 AMG

190 Wie oben (Rn 166) bereits ausgeführt, sind in § 39 c Abs. 2 AMG die Gründe, die zu einer Versagung des Registrierungsantrags führen, abschließend aufgeführt. Die einzelnen Gründe lassen sich alle aus der Richtlinie 2001/83/EG ableiten. Im Folgenden soll im Einzelnen auf die genannten Gründe eingegangen werden:

191 Der erste Versagungsgrund findet sich direkt im ersten Satzteil, in dem es heißt, dass „die Registrierung zu versagen ist, wenn der Antrag nicht die in § 39 b AMG vorgeschriebenen

---

123 Vgl auch Stolte, PharmR 2008, 133–176.

Angaben und Unterlagen enthält". Entsprechend dem identischen Versagungsgrund nach § 25 Abs. 2 Nr. 1 AMG für das Zulassungsverfahren wird unter diesem Punkt die Gesamtheit der nach § 39 b iVm §§ 22 bis 24 geforderten Angaben und Unterlagen adressiert. Dazu gehören das Erkenntnismaterial, die Nachweise, Genehmigungen und Wortlautangaben. Das Registrierungsverfahren kann nur mit der Vorlage vollständiger Unterlagen durchgeführt werden.

Nach § 39 c Abs. 1 Nr. 1 AMG ist die Registrierung zu versagen, „wenn die qualitative oder quantitative Zusammensetzung nicht den Angaben nach § 39 b Abs. 1 AMG entspricht oder sonst die pharmazeutische Qualität nicht angemessen ist". Der Begriff „**Qualität**" ist in § 4 Abs. 15 AMG als „die Beschaffenheit eines Arzneimittels definiert, die nach Identität, Gehalt, Reinheit, sonstigen chemischen, physikalischen, biologischen Eigenschaften oder durch das Herstellungsverfahren bestimmt wird" definiert. Die Anforderungen an die Untersuchungen zum Nachweis der Qualität bei Humanarzneimitteln sind im 2. Abschnitt der Arzneimittelprüfrichtlinien[124] – spezifische Anforderungen an pflanzliche Arzneimittel in Teil III unter Punkt 4 – festgelegt. Grundlage der Arzneimittelprüfrichtlinie stellt § 26 AMG dar. **192**

Eine weitere Forderung hinsichtlich der Qualität lässt sich aus § **55 Abs. 8 AMG** ableiten. Danach dürfen Arzneimittel nur hergestellt und in den Verkehr gebracht werden, wenn die in ihnen enthaltenen Stoffe und ihre Darreichungsformen den anerkannten pharmazeutischen Regeln entsprechen, die gemäß § 55 Abs. 1 AMG im Arzneibuch festgeschrieben sind. Sowohl die Arzneimittelprüfrichtlinie als auch das Arzneibuch fordern eine Prüfung entsprechend dem aktuellen wissenschaftlichen Kenntnisstand, der in einschlägigen europäischen Leitlinien[125] festgeschrieben ist. Hervorzuheben ist in diesem Zusammenhang die Leitlinie on Quality of Combination Herbal Medicinal Products / Traditional Herbal Medicinal Products EMEA/HMPC/CHMP/CVMP/214869/06.[126] Sie ist vor dem Hintergrund der zahlreichen traditionellen pflanzlichen Kombinationsarzneimitteln veröffentlicht worden und berücksichtigt die komplexe Zusammensetzung pflanzlicher Kombinationsprodukte. Besonders in Hinblick auf die Identitäts- und Gehaltsbestimmung der einzelnen Wirkstoffe im Fertigarzneimittel werden Lösungsansätze aufgezeigt.[127] **193**

§ 39 c Abs. 1 Nr. 2 AMG zielt auf die Besonderheiten der Anwendungsgebiete der traditionellen Arzneimittel ab. Die Registrierung ist zu versagen, wenn „die Anwendungsgebiete nicht ausschließlich denen traditioneller pflanzlicher Arzneimittel entsprechen, die nach ihrer Zusammensetzung und dem Zweck ihrer Anwendung dazu bestimmt sind, am Menschen angewandt zu werden, ohne dass es der ärztlichen Aufsicht im Hinblick auf die Stellung einer Diagnose, die Verschreibung oder die Überwachung der Behandlung bedarf." **194**

Die Indikation muss bestimmte Voraussetzungen einer Selbstmedikation erfüllen. Es dürfen keine Indikationen beansprucht werden, die die ärztliche Abklärung voraussetzen oder einer ärztlichen Überwachung bedürfen. Die Indikation bewegt sich daher im untersten Level of Evidence;[128] dabei kommt der Abgrenzung der Indikation zwischen einem echten therapeu- **195**

---

124 Vgl Zweite Allgemeine Verwaltungsvorschrift zur Änderung der Allgemeinen Verwaltungsvorschrift zur Anwendung der Arzneimittelprüfrichtlinien Vom 11.10.2004 (BAnz Nr. 197 v. 16.10.04).
125 Vgl Veröffentlichung der Leitlinien auf der Homepage der Europäischen Arzneimittel-Agentur (EMEA): <http://www.emea.europa.eu/htms/human/hmpc/hmpcguide.htm>.
126 Guideline on Quality of Combination Herbal Medicinal Products / Traditional Herbal Medicinal Products, Doc. Ref. EMEA/HMPC/CHMP/CVMP/214869/2006.
127 Das BfArM im Dialog, 4.11.2009: Traditionelle pflanzliche Arzneimittel, Bewertung der Qualität, Stolte, <www.bfarm.de>.
128 Guideline on the assessment of clinical safety and efficacy in the preparation of community herbal monographs for well-established and of community herbal monographs/entries to the community list for traditional herbal medicinal products/substances/preparations, Doc. Ref. EMEA/HMPC/104613/2005.

tischen Anspruch und einem zu allgemeinen Anspruch ohne Definition eines speziellen Anwenderkreises eine bedeutende Rolle zu. Aufgrund dieses oben (Rn 194) genannten Sachverhalts ist die Frage der Verschreibungspflicht dieser Arzneimittelgruppe hinfällig.

196 Der Versagungsgrund des § 39 c Abs. 1 Nr. 2 AMG bietet – auch auf europäischer Ebene – eine reichhaltige Basis für kontroverse Diskussionen über die Frage, wann eine Indikation im Sinne dieser Vorschriften akzeptabel ist und wann nicht. Dabei spielt sicherlich auch die historisch bedingte unterschiedliche Bewertung pflanzlicher Arzneimittel in den verschiedenen europäischen Mitgliedstaaten eine entscheidende Rolle. Anhaltspunkt für die Bewertung stellen die Entscheidungen des HMPC in den veröffentlichten Pflanzenmonographien dar.[129]

197 Der nächste Versagungsgrund gemäß § 39 c Abs. 1 Nr. 3 AMG bezieht sich auf die Frage der Unschädlichkeit bei bestimmungsgemäßem Gebrauch. Hierzu heißt es in den Erwägungsgründen zur Richtlinie 2004/24/EG:

Vorklinische Tests scheinen unnötig, wenn das Arzneimittel aufgrund der Informationen über seine traditionelle Anwendung unter festgelegten Anwendungsbedingungen nachweislich unschädlich ist. Jedoch lassen sich unter Umständen selbst bei einer langen Tradition Bedenken bezüglich der Sicherheit des Produkts nicht ausschließen, so dass die zuständigen Behörden berechtigt sein sollten, alle für eine Sicherheitsbewertung erforderlichen Daten anzufordern.

Unter diesen Punkt fallen zB fehlende Daten zur Genotoxizität, die gemäß dem aktuellen wissenschaftlichen Kenntnisstand[130] vorzulegen sind, wie auch Angaben und ggf Unterlagen zur Unbedenklichkeit des Arzneimittels bei bestimmten Personengruppen wie zB Kindern, Schwangeren, Stillenden u.a.

Die Problematik der diesbezüglichen Beurteilung ist auch in der Mitteilung der EU-Kommission an das europäische Parlament und den Rat[131] aufgegriffen.

198 Auch in § 39 c Abs. 1 Nr. 4 AMG ist die Frage der fehlenden Belege zum Nachweis der Unbedenklichkeit adressiert. Dieser Punkt zielt aber ausschließlich auf die Kombinations-Arzneimittel mit Vitaminen oder Mineralien. Während unter dem vorherigen Punkt die Unbedenklichkeit des Arzneimittels als Ganzem nachgewiesen werden muss, geht es hier um die Frage der Unbedenklichkeit der in dem Arzneimittel enthaltenen einzelnen Vitamine oder Mineralien.

199 Auf Grundlage von § 39 c Abs. 1 Nr. 5 AMG wird eine Versagung ausgesprochen, wenn die Angaben zur traditionellen Anwendung unzureichend sind und sich aus den vorgelegten Unterlagen die pharmakologischen Wirkungen oder die Wirksamkeit auf der Grundlage der langjährigen Anwendung und Erfahrung nicht plausibel darstellen lässt. Hierunter fallen zB die Fälle, in denen die Tradition über ein entsprechendes Präparat geführt wird und die Vergleichbarkeit der Wirkstoffe nicht gegeben ist. Auch die Reduktion oder Elimination von Wirkstoffen über den Zeitraum der 30 Jahre kann zu einem Verlust der Plausibilität der Wirksamkeit bezogen auf das Ausgangsprodukt führen. Können in so einem Fall keine wei-

---

129 Vgl Publication and consultation of Community monographs, <http://www.emea.europa.eu/htms/human/hmpc/hmpcmonographs.htm>.
130 Guideline on Non-Clinical Documentation for Herbal Medicinal Products in Applications for Marketing Authorisation (Bibliographical and Mixed Applications) and in Applications for Simplified Registration und Guideline on the assessment of genotoxicity of herbal substances/preparations Doc. Ref. EMEA/HMPC/32116/2005 Doc. Ref. EMEA/HMPC/107079/2007.
131 Mitteilung der Kommission an das Europäische Parlament und den Rat zum Bericht über die Erfahrung mit der Anwendung von Kapitel 2 a der RL 2001/83/EG in der Fassung der RL 2004/24/EG auf bestimmte für traditionelle pflanzliche Arzneimittel geltende Vorschriften, <http://ec.europa.eu/enterprise/pharmaceuticals/pharmacos/docs/doc2008/2008_09/comm_2008_584_de.pdf>.

teren Unterlagen zum Beleg der Plausibilität vorgelegt werden, ist die Registrierung zu versagen.

Ist ein Arzneimittel nicht ausschließlich in einer bestimmten Stärke und Dosierung zu verabreichen, ist die Registrierung gemäß § 39 c Abs. 2 Nr. 6 AMG zu versagen. Es muss im Gegensatz zu zum Beispiel Nahrungsergänzungsmitteln oder Kosmetika sichergestellt sein, dass eine eindeutige Dosierung und damit eine definierte Menge des Wirkstoffes pro Einzel- bzw Tagesdosis angewendet wird.

Die Registrierung ist auf traditionell übliche Darreichungsformen beschränkt. Zulässig sind gemäß § 39 c Abs. 1 Nr. 7 AMG ausschließlich die orale und äußerliche Anwendungen sowie die Anwendung zur Inhalation.[132]

Während nach Nr. 5 die fehlende Wirksamkeitsplausibilität zur Versagung führt, zielt § 39 c Abs. 1 Nr. 8 AMG auf die fehlende zeitliche Vorgabe hinsichtlich der Unterlagen zum Beleg der traditionellen medizinischen Verwendung ab. Ist der gesetzlich bestimmte Zeitraum von 30 Jahren, davon mindestens 15 Jahre in der Europäischen Gemeinschaft, nicht belegt, ist die Registrierung zu versagen. Hinzuweisen ist hier auf die Möglichkeit gemäß § 39 d Abs. 4 AMG ein Verfahren nach Art. 16 c Abs. 4 RL 2001/83/EG einzuleiten, wenn das Präparat weniger als 15 Jahre in der Europäischen Gemeinschaft angewendet wurde (siehe unter § 39 b Abs. 4 AMG).

Der letzte Punkt in § 39 c Abs. 1 Nr. 9 AMG untersagt eine Registrierung für den Fall, dass für das traditionelle pflanzliche Arzneimittel oder ein entsprechendes Arzneimittel eine Zulassung gemäß § 25 AMG oder eine Registrierung nach § 39 AMG erteilt wurde. Noch direkter wird es in der Richtlinie 2001/83/EG ausgedrückt. Hier heißt es in Art. 16 a Abs. 3:

Erfüllt ein traditionelles pflanzliches Arzneimittel jedoch nach dem Urteil der zuständigen Behörden die Anforderungen für eine Genehmigung gemäß Artikel 6 oder eine Registrierung gemäß Artikel 14, so ist dieses Kapitel nicht anwendbar.

Mit diesem Versagungsgrund soll verhindert werden, dass für pflanzliche Arzneimittel das vereinfachte Registrierungsverfahren genutzt wird, obwohl die Grundlage einer regulären Zulassung gegeben ist.

6. Texte für die Kennzeichnung, Packungsbeilage, Fachinformation und SPC

In §§ 39 a bis 39 d AMG sind keine speziellen Kennzeichnungsvorschriften für traditionelle pflanzliche Arzneimittel aufgeführt. Diese finden sich in den für die Kennzeichnung zugrunde liegenden §§ 10, 11 und § 11 a AMG (vgl hierzu unten § 19).

Bei den traditionellen pflanzlichen Arzneimitteln handelt es sich gemäß § 39 a S. 1 AMG um Fertigarzneimittel iSv § 4 Abs. 1 AMG. Demzufolge dürfen diese gemäß § 10 und § 11 AMG nur in den Verkehr gebracht werden, wenn in den Texten für die äußere Umhüllung und das Behältnis die Angaben gemäß § 10 AMG angegeben sind. Des weiteren muss ihnen eine Packungsbeilage mit der Überschrift „Gebrauchsinformation" beiliegen, die die Angaben gemäß § 11 AMG in der vorgeschriebenen Reihenfolge enthält.

Zusätzlich zu den entsprechenden Pflichtangaben gemäß §§ 10, 11 AMG müssen folgende Hinweise gemäß § 10 Abs. 4 a bzw § 11 Abs. 3 b AMG angegeben werden, mit denen auf die Besonderheit dieser Arzneimittel und der Indikation aufmerksam gemacht wird:

1. Das Arzneimittel ist ein traditionelles Arzneimittel, das ausschließlich auf Grund langjähriger Anwendung für das Anwendungsgebiet registriert ist, und

---

[132] Public statement on the interpretation of the term „external use" for use in the field of traditional herbal medicinal products, Doc. Ref. EMEA/HMPC/31897/2006.

2. der Anwender sollte bei fortdauernden Krankheitssymptomen oder beim Auftreten anderer als der in der Packungsbeilage erwähnten Nebenwirkungen einen Arzt oder eine andere in einem Heilberuf tätige qualifizierte Person konsultieren.

205   Für die Packungsbeilage wird für den unter Punkt 1 genannten Hinweis gefordert, dass dieser direkt nach den Angaben nach § 11 Abs. 1 S. 1 Nr. 2 AMG (Anwendungsgebiet) anzugeben ist. Der unter Punkt 2 genannte Hinweis ist zusätzlich aufzunehmen. Dabei trifft das AMG keine Aussage zur genauen Platzierung dieses Hinweises im Text. Sinnvoll erscheint hier die Angabe im Anschluss an die Angaben zu den „Vorsichtsmaßnahmen für die Anwendung" (§ 11 Abs. 1 Nr. 3 lit. b AMG), eine gesetzliche Forderung dazu gibt es aber nicht. § 10 Abs. 3 a AMG bestimmt darüber hinaus, dass an die Stelle der Angabe nach Abs. 1 S. 1 Nr. 3 die Registrierungsnummer mit der Abkürzung „Reg.-Nr." tritt.

Bezüglich der Besonderheiten der Kennzeichnung pflanzlicher Stoffe und Zubereitungen ist auch für die traditionellen Arzneimittel auf die für pflanzliche Arzneimittel gültige europäische Leitlinie EMEA/HMPC/CHMP/CVMP/287539/2005 rev. 1 zu verweisen.[133]

206   Folgender Sachverhalt ist in diesem Zusammenhang noch zu beachten: § 39 b Abs. 1 Nr. 3 AMG fordert die Vorlage einer Zusammenfassung der Merkmale des Arzneimittels. Diese ist nicht zu verwechseln mit einer Fachinformation gemäß § 11 a AMG, die für apothekenpflichtige Arzneimittel gemäß der nationalen Gesetzgebung vorzulegen ist. Die Forderung der Vorlage einer Zusammenfassung der Merkmale des Arzneimittels im Rahmen des Registrierungsantrags ist auf das europäische Recht Art. 16 c Abs. 1 a) iii) RL 2001/83/EG zurückzuführen. Dort wird die Vorlage einer solchen Zusammenfassung gefordert mit Ausnahme der Angaben zu „Pharmakologische Eigenschaften und, soweit diese Angaben für die therapeutische Verwendung zweckdienlich sind, Angaben über die Pharmakokinetik" gemäß Art. 11 Abs. 4 RL 2001/83/EG. Auch diese Forderung wird in § 39 b Abs. 1 Nr. 3 AMG durch den Zusatz „unter Berücksichtigung, dass es sich um ein traditionelles Arzneimittel handelt" berücksichtigt.

207   Da es sich bei den traditionellen pflanzlichen Arzneimitteln zumeist um freiverkäufliche Arzneimittel gemäß § 44 Abs. 1 AMG handelt, ist hier die Vorlage einer Fachinformation gemäß § 11 a AMG in der Regel nicht erforderlich. Die Vorlage der Zusammenfassung der Merkmale des Arzneimittels ist jedoch gemäß § 39 b Abs. 1 Nr. 3 AMG als Unterlage zum Antrag auf Registrierung vorzulegen. Es bleibt dem pharmazeutischen Unternehmer selbstverständlich freigestellt, auch für ein freiverkäufliches Arzneimittel eine Fachinformation vorzulegen.

208   Hinsichtlich des Abgabestatus traditioneller pflanzlicher Arzneimittel gelten keine abweichenden Regelungen zu anderen Arzneimitteln. Da eine große Zahl der Arzneimittel aufgrund ihres Anwendungsgebietes unter die Regelungen des § 44 Abs. 1 AMG fallen, wird über die grundsätzliche Ausnahme von der Apothekenpflicht über Aufnahme eines entsprechenden Passus in die Verordnung über apothekenpflichtige und freiverkäufliche Arzneimittel im Sachverständigen Ausschuss für Apothekenpflicht nach § 53 AMG diskutiert.

7. Dokumentations- und Meldepflichten gemäß § 63 b AMG

209   Die Maßnahmen, mit denen der Antragsteller die Pharmakovigilanz sicherstellt, unterliegen denselben Anforderungen wie alle Arzneimittel (vgl hierzu unten § 26).

Mit der 15. AMG-Novelle wird auch hinsichtlich der traditionellen pflanzlichen Arzneimittel eine Verpflichtung zur Dokumentation und Meldung bekannt gewordener Ver-

---

133   Draft Guideline on Declaration of Herbal Substances and Herbal Preparations in Herbal Medicinal Products/Traditional Herbal Medicinal Products EMEA/HMPC/CHMP/CVMP/287539/2005 rev 1.

dachtsfälle schwerwiegender Nebenwirkungen durch eine Ergänzung in § 63 b Abs. 7 AMG aufgenommen:
Die Verpflichtungen nach den Absätzen 1 bis 5 b gelten entsprechend
1. für den Inhaber der Registrierung nach § 39 a,
2. für einen pharmazeutischen Unternehmer, der nicht Inhaber der Zulassung oder Inhaber der Registrierung nach § 39 a ist und der ein zulassungspflichtiges oder ein von der Pflicht zur Zulassung freigestelltes oder ein traditionelles pflanzliches Arzneimittel in den Verkehr bringt.
Es wird unterschieden, welche Regelungen aus den Absätzen 1 bis 5 b auf Inhaber der Registrierung für traditionelle pflanzliche Arzneimittel, für Fälle des Mitvertriebs und für das Inverkehrbringen Anwendung finden sollen.

8. Lesbarkeitstests, Umweltverträglichkeit u.a.

Bezüglich dieser Erfordernisse soll nur darauf hingewiesen werden, dass sich Forderungen zu diesen Punkten nicht von den entsprechenden Forderungen im Zulassungsverfahren unterscheiden (vgl hierzu oben § 6 Rn 154 ff).

D. Die Nachzulassung
I. Einführung

Das derzeit gültige AMG stammt aus dem Jahre 1976. Es trat zum 1.9.1976 (AMG 76) in Kraft und war das Ergebnis einer europäischen Angleichung der Zugangsvoraussetzungen von Arzneimitteln zu den jeweils nationalen Märkten. Diese waren europaweit unterschiedlich geregelt und reichten von Zulassungsverfahren mit dem Nachweis besonderer Voraussetzungen zur Erlangung einer Zulassung bis zu einem lediglich formalen Anzeige- und Registrierungsverfahren, wie dies in der Bundesrepublik der Fall war.

Es war jedoch nicht eben nur diese Motivation, welche die Grundlage des AMG 76 bildete, sondern auch der Umstand, dass es sich bei Arzneimitteln um Risikoprodukte handelt, die eine adäquate Risikobewertung erforderlich machen. Die Lehren aus dem Contergan-Skandal zeigten auf, dass Arzneimittel nicht zu kontrollieren sind, befinden sie sich erst im menschlichen Organismus. Es ist die Verteilung im Körper durch den Blutkreislauf, ihre Metabolisierung etc., die aufzeigen, dass neben den erwünschten Wirkungen auch solche vorhanden sind, die unerwünscht sind. Einzelne Nebenwirkungen oder auch unerwünschte Arzneimittelwirkungen sind auch mit den heutigen Methoden der klinischen Forschung im Vorfeld der Antragstellung auf Erteilung einer Arzneimittelzulassung nicht herauszufinden, wenn sie nur bei einem von 10.000 Patienten auftauchen. Die Annahme, in konfirmatorische klinische Studien würden stets mehrere Tausend Patienten eingeschlossen und dem Behandlungsplan entsprechend behandelt, sind angesichts der Kosten solcher Studien illusorisch, wenn man bedenkt, dass für die Durchführung einer monozentrischen Studie der Phase I für bekannte Stoffe bereits Kosten um 500.000 € zu tragen sind. Die Anforderungen, welche an die zulässige Durchführung von klinischen Prüfungen von Arzneimitteln an Menschen gestellt werden, haben auch dazu geführt, dass die Infrastruktur und Organisation dieser gestiegen sind und mit diesen auch die Preise für die Durchführung solcher Studien. Dies führt in der weiteren Konsequenz eben auch zu steigenden Arzneimittelpreisen, gleich ob sie im Rahmen der GKV abgegeben werden oder als OTC außerhalb der GKV-Versorgung.

Dies alles sorgt dafür, dass die Datenlage im Zeitpunkt der Antragstellung mit Blick auf die Arzneimittelsicherheit nicht vollständig sein kann, also trotz des prospektiv angelegten Ansatzes des Arzneimittelzulassungsverfahrens doch große Wissenslücken bestehen können, die erst im Rahmen des Arzneimittelnachmarktes durch eine entsprechende Organisation der Arzneimittelbeobachtung und Arzneimittelüberwachung durch epidemiologische Verfahren mit der Zeit jedenfalls teilweise geschlossen werden können.

214 Diese normative Kenntnis war im Zeitpunkt des Inkrafttretens des AMG 61 nicht existent, jedenfalls nicht in der Bundesrepublik. Dabei ist auch zu berücksichtigen, dass sich der deutsche Gesetzgeber mit der Tatsache konfrontiert sah, dass Deutschland seinerzeit noch als die „Apotheke der Welt" galt und über eine entsprechend einflussreiche pharmazeutische Industrie mit Bedeutung verfügte. War es ein Anliegen des AMG 61, einen Überblick über den Arzneimittelmarkt zu erhalten, ohne eine wirklich materielle Prüfung des Registrierungsantrags zur Beurteilung von Registrierungsvoraussetzung durchzuführen, so waren die Änderungen im Rahmen des AMG 76 ungleich bedeutender. Immerhin wurden den pharmazeutischen Unternehmern nunmehr Nachweise über die therapeutische Wirksamkeit abverlangt, die zuvor nicht gefordert waren. Der Einzug des sog. Verbots mit Erlaubnisvorbehalt in das AMG 76 mit seinen verpflichtenden Nachweisen der therapeutischen Wirksamkeit, Qualität und Unbedenklichkeit zur Erlangung der Verkehrserlaubnis kam einer Revolution gleich, welche die pharmazeutische Industrie jedoch nicht unvorbereitet traf.

215 Dieser Abschnitt gibt einen Überblick über wesentliche Gegenstände des Rechts zur Überleitung des sog. Altarzneimittelmarktes in den regulären Markt, jenes Rechts also, das als „Nachzulassung" bezeichnet wird und die Verlängerung der sog. fiktiven Zulassung zum Gegenstand hatte. Hatte wird aus dem Grunde formuliert, weil das Recht der Überleitung des Altarzneimittelmarktes praktisch kaum noch eine Rolle spielt. Die behördliche Bewältigung der Nachzulassung endete am 31.12.2005. Ausgenommen hiervon waren Arzneimittel, die nach homöopathischen Verfahren hergestellt wurden. Hiervon sind homöopathische wie auch anthroposophische Arzneimittel betroffen.

216 Auch die Rechtsstreitigkeiten zwischen den Antragstellern und der Zulassungsbehörde sind im Zeitpunkt der Abfassung dieses Abschnitts weitgehend beendet, so dass dieser Abschnitt als eine rechtshistorische Abhandlung zu verstehen ist. Dies gibt dem Verfasser die Freiheit, das dogmatische Korsett rechtlicher Regelungen abzustreifen und verleiht ihm auch die Freiheit, narrativ Zusammenhänge darzustellen, die aus der intensiven Beschäftigung mit dieser Materie erschlossen werden konnten.

Allerdings enthält die Nachzulassung auch Bezüge aktueller Art, die im jeweiligen Zusammenhang eine ausführlichere Darstellung erfahren, so u.a. die aktuellen Entwicklungen zum Unterlagenschutz von Altarzneimitteln und der Regelungsbereich des § 136 Abs. 1 AMG.

217 Wenn eben gesagt wurde, dass hier lediglich rechtshistorisch berichtet werde, so wird dies der Bedeutung der Nachzulassung nicht in vollem Umfang gerecht. Denn immerhin war sie das Forum, in dem Grundsätze durch die Rechtsprechung gebildet wurden, die auch nach Beendigung der Nachzulassung noch Gültigkeit für sich in beanspruchen dürfen. Dies gilt mit Blick auf die Bedeutung der Auflagennormen des § 28 AMG und die Fragen der Möglichkeit der Anordnung weiterer Studien,[134] der Bedeutung des Ausschlusses von Patientengruppen von der Anwendung eines Arzneimittels,[135] die Rechtsnatur der Mängelbeseitigungsfristen[136] sowie den Umgang mit den Aufbereitungsmonographien.[137]

II. Gesetz zur Neuordnung des Arzneimittelrechts

218 Die erwähnte Überleitung des Altarzneimittelmarktes in den regulären Markt wurde durch das Gesetz zur Neuordnung des Arzneimittelrechts (AMNG) reguliert und darin insbeson-

---

[134] OVG NRW, Urt. v. 27.9.2005 – 13 A 4378/03.
[135] BVerwG, Urt. v. 21.6.2007 – 3 C 39/06.
[136] VG Köln, Urt. v. 23.1.2007 – 7 K 2784/04.
[137] VG Köln, Urt. v. 29.6.2005 – 24 K 8979/01.

dere durch Art. 3 § 7 AMNG. Dieses Gesetz trat am 1.1.1978 in Kraft. Der Gesetzgeber sah sich verfassungsrechtlichen Zwängen ausgesetzt, die letztlich dazu führten, dass im Zeitpunkt des Inkrafttretens des AMNG zwar nunmehr die Voraussetzungen der therapeutischen Wirksamkeit, Qualität und Unbedenklichkeit zu erfüllen waren, um eine Arzneimittelzulassung zu erlangen. Diese Voraussetzungen konnten im Zeitpunkt des Inkrafttretens jedoch kaum erfüllt werden von bestehenden Fertigarzneimitteln mit der Folge, dass trotz Formulierung der Voraussetzungen der gesamte Arzneimittelmarkt diese nicht erfüllte. Nun war es eine Grundentscheidung, diesen Zustand für einen Übergangszeitraum zu dulden. Denn einerseits konnten die betroffenen pharmazeutischen Unternehmen unter gewissen Voraussetzungen auf einen Bestandsschutz vertrauen, andererseits hatte der Gesetzgeber zu gewährleisten, dass die ordnungsgemäße Versorgung mit Arzneimitteln nicht zum Erliegen kommt mit der Folge, dass Krankheiten medikamentös nicht behandelt werden konnten. Für die Rechtsposition der pharmazeutischen Unternehmen sprachen die Grundrechte aus der Eigentumsgarantie und Berufsfreiheit, für die der Patienten wiederum die Grundrechte auf Leben, Gesundheit und körperliche Unversehrtheit. Es war verfassungsrechtlich nicht zulässig, alle Arzneimittel, die im Zeitpunkt des Inkrafttretens des AMG 76 nicht den Kriterien der therapeutischen Wirksamkeit, Qualität und Unbedenklichkeit entsprachen, die Verkehrsfähigkeit vorzuenthalten.

III. Entstehen der fiktiven Zulassung

1. Die 78er Anzeige

219 Voraussetzung für die Entstehung einer fiktiven Zulassung nach § 105 Abs. 1 und 2 AMG war, dass sich die Arzneimittel am 1.1.1978 in Verkehr befanden und zusätzlich entweder am 1.9.1976 in Verkehr befanden oder aufgrund eines Antrags, der bis zum genannten Zeitpunkt gestellt worden war, in das Spezialitätenregister nach dem AMG 61 eingetragen waren. Waren diese Voraussetzungen erfüllt, so galten diese Fertigarzneimittel als zugelassen; entsprechend wurde von fiktiven Zulassungen gesprochen.

Die Merkmale, die zum Entstehen dieser fiktiven Zulassung führten, haben auch heute noch in anderen Zusammenhängen eine zentrale Bedeutung. Die Voraussetzung, dass sich das Arzneimittel am 1.1.1978 in Verkehr befand, also zuvor denklogisch in Verkehr gebracht wurde, folgte der Definition des § 4 Abs. 17 AMG, der seinerzeit die nachfolgende Fassung hatte:

Inverkehrbringen ist das Vorrätighalten zum Verkauf oder zu sonstiger Abgabe, das Feilhalten, das Feilbieten und die Abgabe an andere.

220 Dieser Begriff, der auch heute zentral ist für die Anwendung des Erlöschenstatbestands nach § 31 Abs. 1 Nr. 2 AMG, muss entsprechend dem jeweiligen Zusammenhang ausgelegt werden, in dem dieser verwendet wird. Das Inverkehrbringen nach § 31 Abs. 1 Nr. 2 AMG meint das der Zulassung entsprechende. Teil der Zulassung sind unter anderem die Angaben zur Chargengröße, weil diese in den Angaben über Herstellung zu nennen ist. Das Arzneimittel wird heute also nur dann zulassungsrechtlich konform in den Verkehr gebracht, wenn auch die entsprechende Chargengröße zuvor hergestellt wurde. Das war seinerzeit jedoch nicht so, weil die Angabe der Chargengröße nicht zu denen gehörte, die zwingend mit der Anzeige anzugeben waren, die nach § 105 Abs. 2 AMG bis zum 30.6.1978 beim seinerzeit zuständigen Bundesgesundheitsamt erstattet werden musste. Zu diesen Angaben gehörten lediglich die Nennung der arzneilich wirksamen Bestandteile der Menge und der Art nach sowie die Anwendungsgebiete. Diese Angaben bildeten damit den Rahmen für die fiktive Zulassung und in der Folge auch die Grenzen zulässiger Änderungen.

221 Die Voraussetzungen des Inverkehrbringens waren seinerzeit damit ungleich einfacher zu erfüllen, als sie es heute sind. Seinerzeit reichte es in der Praxis aus, wenn Nachweise in Gestalt von Rechnungen und Lieferscheinen beigebracht wurden.

Wurden die Voraussetzungen der fiktiven Zulassung erfüllt, so galt diese bis zum 30.4.1990. Dieses Datum ist in § 105 Abs. 3 S. 1 AMG geregelt, demzufolge die Zulassung am 30.4.1990 erlischt, wenn nicht zuvor ein Antrag auf Verlängerung der Zulassung gestellt wurde. Dieses Datum ist kein vom damaligen Gesetzgeber willkürlich gewähltes, sondern hat seine europarechtliche Grundlage in Art. 39 Abs. 2 RL 75/319/EWG. Dieser sah eine Frist zur Überleitung des Altarzneimittelmarktes in den regulären Markt von fünfzehn Jahren ab dem Datum der Bekanntmachung, also dem 9.6.1975 vor. Hier handelte es sich um eine Maximalfrist, die der damalige deutsche Gesetzgeber nicht vollumfänglich ausschöpfte, indem er eben den 30.4.1990 bestimmte. Die europarechtliche Regelung sah allerdings vor, dass bis zu dem genannten Zeitpunkt die Arzneimittel hinsichtlich Wirksamkeit, Qualität und Unbedenklichkeit hätte bewertet sein müssen, was Deutschland jedoch zu diesem Zeitpunkt nicht erreicht hat.

2. Ausmaß fiktiver Zulassungen

222 Die Regelung selbst wurde zunächst für 140.000 Arzneimittel in Anspruch genommen.[138] Man wird annehmen können, dass nicht alle dauerhaft in Verkehr waren, da bis in das Jahr 1993 nur noch 41.000 zur Nachzulassung bzw Nachregistrierung anstanden. Allein im Jahr 1992 wurden in einer Löschungsliste 70.000 Arzneimittel aufgeführt, deren fiktive Zulassungen erloschen. Diese Zahlen zeigen, dass es ein Konzept der Regelungen über die Nachzulassung war, den Markt um solche Arzneimittel zu bereinigen, die letztlich im Markt nicht geführt wurden und an denen weder pharmazeutische Unternehmer noch Patienten und die Öffentlichkeit insgesamt ein Interesse hatten. Diese Marktbereinigung wurde durch verschiedene Mechanismen realisiert.

3. Unterlagen des Verlängerungsantrags

a) Kurz- und Langantrag

223 Mit dem Verlängerungsantrag nach § 105 Abs. 3 AMG mussten abweichend von § 31 Abs. 2 AMG die Unterlagen nach § 22 Abs. 1 Nr. 1 bis 6 AMG beigefügt werden. Die Einreichung hatte bis zum 30.4.1990 zu erfolgen und war im Nachgang ausgeschlossen. Es handelt sich bei dieser Frist um eine gesetzliche Frist, die nicht verlängert werden konnte, weil solche Fristen nicht zur Disposition der Verwaltung stehen. Wurde die Frist versäumt, erlosch die fiktive Zulassung, wie sich aus der Norm selbst ergibt. Anders als bei verspäteten Zulassungsverlängerungsverfahren nach § 31 Abs. 1 AMG war ein Abverkauf für die Dauer von zwei Jahren beginnend mit dem Datum des Erlöschens in § 105 Abs. 3 AMG nicht vorgesehen; dieser nahm seinerzeit die Anwendbarkeit des § 31 Abs. 4 S. 1 AMG durch seinen Satz 3 aus. Vielmehr wurde mit dem 4. AMG-Änderungsgesetz vom 11.4.1990 in § 105 Abs. 3 S. 3 AMG geregelt, dass diese Fertigarzneimittel noch bis zum 31.12.1992 verkehrsfähig waren. Damit wurde also diese Lücke, die zuvor noch im Verhältnis des § 105 Abs. 3 AMG zu § 31 Abs. 4 AMG bestand, geschlossen.

224 Der Umstand, dass es sich bei der Frist des § 105 Abs. 3 S. 1 AMG um eine **gesetzliche Frist** handelt, ist in weiteren Zusammenhängen von Bedeutung. Denn zum einen ist ein Antrag auf Wiedereinsetzung in den vorigen Stand nach § 32 Abs. 5 VwVfG dann ausgeschlossen, wenn sich ein solcher Ausschluss aus der Norm, also hier § 105 Abs. 3 AMG ausdrücklich oder aber im Wege der Auslegung ergibt. § 105 Abs. 3 AMG ist eine materi-

---

138 AMG-Erfahrungsbericht 1993, BT-Drucks. 12/5226, 10 f.

ellrechtliche Ausschlussfrist mit der Folge, dass eine Wiedereinsetzung in den vorigen Stand in aller Regel nicht möglich war. Diese Rechtsfolge setzte auch dann ein, wenn ein Antrag auf Verlängerung eingereicht wurde, der ein Arzneimittel betraf, das nicht über eine fiktive Zulassung verfügte. Es war seinerzeit für solche Fertigarzneimittel möglich, diese zu ändern, wobei die Grenzen der zulässigen Änderungen zu wahren waren. Wurde ein Fertigarzneimittel unzulässig geändert, dann konnte das zur Folge haben, dass dieses unzulässig geänderte Fertigarzneimittel über eine fiktive Zulassung nicht mehr verfügte, die dann folglich auch nicht mehr verlängert werden konnte. Der eingereichte Verlängerungsantrag betraf also ein Fertigarzneimittel, für das eine fiktive Zulassung nicht bestand; für das Fertigarzneimittel, das über eine fiktive Zulassung verfügte, wurde ein Antrag über die Verlängerung der fiktiven Zulassung nicht eingereicht. Die Antragsteller wurden hierüber in aller Regel erst mit dem Bescheid über die Versagung der Verlängerung der fiktiven Zulassung konfrontiert. Das Risiko der Zulässigkeit bzw Unzulässigkeit von Änderungen war allein vom jeweiligen Antragsteller zu tragen. Solche Konstellationen waren brisant, weil diese Arzneimittel während der ganzen Zeit zwischen der Änderung bzw des nicht fristgerecht eingereichten Verlängerungsantrags bis zur Entscheidung über die Verlängerung der Zulassung ohne Zulassung in Verkehr gebracht wurden, was mit Blick auf das Erstattungsrecht des SGB V bzw der früheren RVO, das Wettbewerbsrecht und zum Teil wohl auch strafrechtlich relevant war. Denn Arzneimittel, die nicht über eine arzneimittelrechtliche Zulassung verfügen, sind nicht erstattungsfähig.[139] Auch ist das Inverkehrbringen von Arzneimitteln ohne eine erforderliche Zulassung nach § 4 Nr. 11 UWG in Verbindung mit § 21 Abs. 1 AMG wettbewerbswidrig.[140] Schließlich stellt das Inverkehrbringen von Arzneimitteln ohne die erforderliche Zulassung einen Straftatbestand nach § 96 Nr. 5 AMG dar oder jedenfalls bei fahrlässiger Begehung zumindest noch eine Ordnungswidrigkeit. Praxisrelevant sind diese Risiken in aller Regel bis auf die in den Nachweisen genannten Beispiele jedoch nicht geworden.

Der Verlängerungsantrag nach § 105 Abs. 3 AMG beschreibt den in der Praxis sog. **Kurzantrag**. Die Namensgebung erklärt sich daraus, dass mit diesem Antrag nur wenige Angaben zu machen waren, die letztlich von formaler Natur waren. Inhaltlich wissenschaftliche Angaben waren darin noch nicht enthalten und durch die gesetzliche Unterlagenvorlageverpflichtung nicht vorgesehen. **225**

Die Vorlage dieser Unterlagen war durch § 105 Abs. 4 S. 2 AMG ebenfalls vorgesehen, wobei der Kreis der vorzulegenden Unterlagen kleiner war als der, der im Rahmen von Neuzulassungsanträgen zu beachten war und auch heute ist. Dieser weitere Verlängerungsantrag, der aufgrund seines Mehr an Angaben in der Praxis auch **Langantrag** genannt wurde, beinhaltete die Unterlagen nach § 22 Abs. 1 Nr. 7 bis 15, Abs. 2 Nr. 1 und Abs. 3 a AMG sowie das analytische Gutachten nach § 24 Abs. 1 AMG. Nachweise zur therapeutischen Wirksamkeit sowie zur Unbedenklichkeit mussten nicht vorgelegt werden. Dies war letztlich mit Anlass der Kommission, ein Verfahren gegen die Bundesrepublik anzustrengen, weil die Verpflichtungen aus der Richtlinie 65/65/EWG sowie Richtlinie 75/319/EWG nicht ordentlich erfüllt wurden.

Der **Einreichungszeitpunkt für den Langantrag** wurde in die Entscheidungskompetenz der Zulassungsbehörde gelegt. Diese bestimmte mittels Bekanntmachungen die Einreichungszeitpunkte für unterschiedliche Wirkstoffe. Die Aufrufe zum Einreichen der Langanträge **226**

---

139 Vgl hierzu BSG, Urt. v. 27.9.2005 – B 1 KR 6/04 R; dieses Urteil betrifft zwar eine andere Konstellation im Bereich des Nachzulassungsrechts, stellt aber dar, dass bereits bei einer Versagung der Verlängerung der fiktiven Zulassung eine die Voraussetzungen für die Erstattung zulasten der GKV nicht mehr gegeben sind.
140 Vgl hierzu BGH, Urt. v. 2.12.2002 – I ZR 177/00; OLG Köln, Urt. v. 4.4.2004 – 6 U 103/04; Urt. v. 16.6.2000 – 6 U 127/99.

wurden in der Praxis auch Taktaufrufe genannt. Der Sinn und Zweck dieser Vorgehensweise lag darin, dass die Funktionsfähigkeit der Zulassungsbehörde nicht unter den zu erwartenden Mengen an Einreichungen beeinträchtigt werden sollte. Aus diesem Grunde konnte die Zulassungsbehörde selbst darüber befinden, in welchen Takten die Langanträge eingereicht werden sollten. Diese mussten innerhalb von vier Monaten nach dem jeweiligen Aufruf eingereicht werden, wobei diese Frist durch Änderungen der Arzneimittel verschoben werden konnte. Wurden Änderungen innerhalb der Taktfrist angezeigt, so waren die Unterlagen innerhalb von vier Monaten ab dem Zugang der Änderungsanzeige bei der Zulassungsbehörde einzureichen. Hier wurde in der Praxis auch von sog. Taktflüchtigen gesprochen.

227 Die Frist zur Einreichung von vier Monaten nach Bekanntmachung des Taktaufrufs war als gesetzliche Frist ausgestaltet. Das Versäumen dieser Frist selbst hatte nicht die Folge, die das verspätete Einreichen des Verlängerungsantrags hatte. Die Zulassung erlosch nicht, wenn der Antrag als solcher rechtzeitig eingereicht wurde. Die Einreichung der weiteren Unterlagen eröffnete die Frage nach der Möglichkeit der Wiedereinsetzung in den vorigen Stand gemäß § 32 VwVfG, die hier anders zu beurteilen war als im Fall der Fristversäumnis des § 105 Abs. 3 S. 1 AMG. Denn im Falle der verspäteten Einreichung der weiteren Antragsunterlagen war eine Wiedereinsetzung in den vorigen Stand bei Erfüllung der Voraussetzungen möglich. In der Praxis wurden den Antragstellern noch Nachfristen zur Einreichung der Unterlagen gewährt.

b) Ex-ante-Unterlagen

228 Mit dem Einreichen des Langantrags war jedoch für die fiktiv zugelassenen Fertigarzneimittel die Historie der geforderten Nachweise noch nicht beendet. Unterlagen des Langantrags waren in wissenschaftlicher Hinsicht und damit mit Blick auf die Anforderungen der Arzneimittelsicherheit nach § 1 AMG nur solche zur pharmazeutischen Qualität, nicht aber solche zur Wirksamkeit und Unbedenklichkeit. Soweit Verlängerungsverfahren bis zum 11.7.2000 noch nicht abgeschlossen waren, wurden die Antragsteller durch das 10. AMG-Änderungsgesetz in § 105 Abs. 4 a S.1 AMG verpflichtet, die Unterlagen nach § 22 Abs. 2 Nr. 2 und 3 AMG sowie die zugehörigen Gutachten nach § 24 Abs. 1 S. 2 Nr. 2 und 3 AMG bis zum 1.2.2001 nachzureichen. Vollumfänglich ausgenommen von dieser Verpflichtung waren Homöopathika sowie Arzneimittel, deren fiktive Zulassungen nach den Vorschriften der §§ 105, 109 a AMG verlängert werden sollten. Für die musste jedoch bis zu diesem Zeitpunkt zumindest eine Erklärung eingereicht werden, dass eine Verlängerung nach §§ 105, 109 a AMG angestrebt werde. Wurde nämlich dieser Zeitpunkt versäumt, erlosch die Zulassung nach § 105 Abs. 4 a S. 4 AMG.

229 Das 10. AMG-Änderungsgesetz hatte diesbezüglich einen **europarechtlichen Hintergrund**. Aufgrund einer Stellungnahme der Kommission zur möglichen Einleitung eines Vertragsverletzungsverfahrens wurde die Bundesrepublik Deutschland verpflichtet, die Regelungen über die Verlängerung fiktiver Zulassungen zu modifizieren. Die Bundesrepublik Deutschland hatte es einerseits versäumt, die Nachzulassung bis in den Juni 1990 hinein zu beenden. Die Einreichung von Verlängerungsanträgen reichte hierzu nicht aus. Des Weiteren wurde beanstandet, dass diesen Verlängerungsanträgen keine Unterlagen über die therapeutische Wirksamkeit und Unbedenklichkeit beigefügt werden mussten, was in der Folge dazu führte, dass die therapeutische Wirksamkeit und Unbedenklichkeit nicht derart belegt werden mussten, wie dies bei Neuzulassungsanträgen der Fall war. Daneben wurden auch weitere Gegenstände als nicht konform mit Richtlinie 65/65/EWG beanstandet. Die Bundesrepublik wurde verpflichtet, die Nachzulassung bis zum 31.12.2005 zu beenden und dabei die Vorgaben der therapeutischen Wirksamkeit und Unbedenklichkeit zu beachten.

Zwischen dem Inkrafttreten des 10. AMG-Änderungsgesetz und dem Einreichungszeitpunkt der pharmakologisch-toxikologischen und klinischen Dossiers lagen gut sechs Monate. In dieser Zeit hatten also die Antragsteller zu entscheiden, ob sie die Verlängerung nach §§ 105, 109a AMG verfolgen wollten oder eben nach § 105 AMG. Die Generierung der geforderten Unterlagen stellte die Antragsteller und damit die pharmazeutische Industrie vor nicht eben kleine Probleme, die mit hohen Kosten verbunden waren. Dies traf vor allem den pharmazeutischen Mittelstand schwer.

4. Exkurs: Ex-ante und § 136 Abs. 1 AMG

Die Verpflichtung zur Vorlage dieser Unterlagen betraf Arzneimittel, für die diese Unterlagen noch nicht vorgelegt wurden. In vielen Fällen wurden solche Unterlagen jedoch vor Verlängerung der fiktiven Zulassung und vor Inkrafttreten des 10. AMG-Änderungsgesetz bei der Behörde eingereicht. Hier ergibt sich ein Problem, das mit einer ersten Entscheidung des VG Köln nun auch in der Rechtsöffentlichkeit zunehmend wahrgenommen wird.

§ 136 Abs. 1 AMG sieht vor, dass für Arzneimittel, bei denen die beantragte Verlängerung der fiktiven Zulassung bereits vor dem 10. AMG-Änderungsgesetz erteilt worden ist, die Ex-ante-Unterlagen nach § 105 Abs. 4a S. 1 AMG spätestens mit dem Antrag nach § 31 Abs. 1 Nr. 3 AMG vorzulegen sind und damit im Zeitpunkt des Verlängerungsantrags. Voraussetzung für die Verlängerung einer solchen Zulassung ist, dass die Versagungsgründe nach § 25 Abs. 2 AMG nicht erfüllt sind. Diese Regelung ist am 1.8.2005 in Kraft getreten, obgleich sie mit dem 10. AMG-Änderungsgesetz verabschiedet wurde.

a) Rechtsprechung

In einer Entscheidung des VG Köln vom 13.5.2009[141] hatte die Klägerin mit Bescheid aus 1997 die Verlängerung der fiktiven Zulassung nach § 105 AMG vom Bundesinstitut für Arzneimittel und Medizinprodukte (BfArM) erhalten. Fristgerecht beantragte die Klägerin im Jahr 2002 die Verlängerung der Zulassung des Arzneimittels. Ex-ante-Unterlagen waren diesem Antrag nicht beigefügt. Dieser Verlängerungsantrag wurde vom BfArM noch im Jahr 2002 beschieden. Im Frühjahr des Jahres 2008 teilte das BfArM der Klägerin mit, dass die Zulassung zwischenzeitlich erloschen sei, da ein Verlängerungsantrag nach § 31 Abs. 1 Nr. 3 AMG in Verbindung mit § 136 Abs. 1 AMG nicht eingereicht worden sei. Das Erlöschen werde im Bundesanzeiger bekannt gegeben. Das BfArM vertrat die Auffassung, dass die Verlängerung der Zulassung im Jahre 2002 keine zeitlich unbegrenzte Zulassung für das Arzneimittel zur Folge gehabt habe, da die Vorschrift des § 31 Abs. 1a AMG gemäß § 141 Abs. 6 S. 1 Hs 2 AMG keine Anwendung finde.

Die gegen die Auffassung des BfArM erhobene Feststellungsklage wurde vom Verwaltungsgericht Köln als unbegründet zurückgewiesen. Das VG Köln teilte die Auffassung des BfArM, der zu Folge die Zulassung durch Nichteinreichung eines Verlängerungsantrags erloschen sei. Ein weiterer Verlängerungsantrag sei nach Auffassung des VG Köln erforderlich gewesen, obgleich mit Bescheid aus November 2002 die Zulassung für weitere fünf Jahre verlängert worden sei. Das streitbefangene Arzneimittel unterfalle weiterhin der Bestimmung des § 31 Abs. 3 AMG aF, der wiederholte Verlängerungen im fünfjährigen Rhythmus zwingend vorgesehen habe. Die Regelung des § 31 Abs. 1a AMG, der eine zeitlich unbeschränkte Geltung einer einmalig verlängerten Zulassung anordnet, könne die Klägerin nicht beanspruchen.

Dies folge auch daraus, dass die Übergangsregelung des § 141 Abs. 6 AMG in ihrem Satz 7 die Anwendung des § 136 Abs. 1 AMG unberührt lasse. Gerade dieser § 136

---

141 VG Köln, Urt. v. 13.5.2009 – 24 K 2996/08.

Abs. 1 AMG, der die Vorlage der in § 105 Abs. 4 a S. 1 AMG bezeichneten Unterlagen bei Verlängerungsanträgen für die Fertigarzneimittel vorsieht, deren fiktive Zulassung vor Inkrafttreten des 10. AMG-Änderungsgesetz beschieden wurde. Die Vorlage dieser Ex-ante-Unterlagen war jedoch erst mit Inkrafttreten des § 136 Abs. 1 AMG und damit erst ab 1.8.2005 verbindlich. Zuvor waren lediglich die Unterlagen einzureichen, die im Rahmen des § 31 Abs. 2 AMG vorgesehen waren.

235 Zu den Erwägungen des VG Köln lassen sich noch weitere anfügen, die die Auffassung sowohl des VG Köln wie auch des BfArM bekräftigen: Die Absicht, eine zeitlich unbefristet geltende Zulassung zu gewähren, kann mit Blick auf die Erwägungen der Arzneimittelsicherheit nur dann befürwortet werden, wenn das betroffene Fertigarzneimittel tatsächlich auch hinsichtlich seiner Wirksamkeit und Unbedenklichkeit beurteilt wurde. Dies ist jedoch bei Fertigarzneimitteln, deren fiktive Zulassungen vor Inkrafttreten des 10. AMG-Änderungsgesetz verlängert wurden, nicht der Fall. Denn seinerzeit galt nicht die Verpflichtung, Unterlagen zum Beleg beispielsweise der therapeutischen Wirksamkeit beizubringen. Diese Verpflichtung bestand auch nicht mit Einreichung des Verlängerungsantrags nach Erteilung der Verlängerung der fiktiven Zulassung. Denn auch bei diesem waren entsprechende Unterlagen nicht einzureichen, wie sich aus § 31 Abs. 2 AMG ergibt.

236 Selbst wenn solche Unterlagen mit dem Antrag auf Verlängerung der Zulassung nach § 31 AMG eingereicht worden wären, hätte die Zulassungsbehörde nicht die Möglichkeit gehabt, die Verlängerung der Zulassung aus Gründen der nicht belegten therapeutischen Wirksamkeit zu versagen. Solche Versagungsgründe sieht § 31 AMG nicht vor. Der Verweis auf § 25 Abs. 2 AMG ist jedoch in § 136 Abs. 1 AMG enthalten. Die Regelung, der zu Folge § 136 Abs. 1 AMG erst zum 1.8.2005 in Kraft tritt, hat ebenfalls zur Folge, dass auch erst ab diesem Zeitpunkt § 25 Abs. 2 AMG im Rahmen des Verlängerungsantrags berücksichtigt werden muss.

b) Folgeprobleme

237 Die Regelung des § 136 Abs. 1 AMG beinhaltet Unklarheiten. So ist nicht ohne Weiteres ersichtlich, wie mit Verlängerungsanträgen zu verfahren ist, die vor dem 1.8.2005 gestellt und erst nach dem 1.8.2005 beschieden wurden. Hier verhält sich die Praxis des BfArM so, dass in solchen Fällen Ex-ante-Unterlagen nicht nachgefordert werden. Gleichwohl könnte man aber die Auffassung vertreten, dass die Zulassungsbehörde über den Antrag nach der Sach- und Rechtslage im Zeitpunkt der Entscheidung zu entscheiden habe, also Ex-ante-Unterlagen nachfordern kann bzw muss. Dem wird man wiederum entgegensetzen können, dass § 136 Abs. 1 AMG auf den Verlängerungsantrag abstellt, der nach Inkrafttreten dieser Regelung zu stellen ist. Bereits laufende Verlängerungsanträge mussten jedoch vor Inkrafttreten des § 136 Abs. 1 AMG gestellt werden.

c) Vergleichbarkeit der Versagungsgründe

238 Aus diesem Problemkreis erwachsen weitere Folgeprobleme, die in der näheren Zukunft die Gerichte vermehrt beschäftigen werden. Eine Fragestellung, die in diesem Zusammenhang einer Diskussion zugeführt wird, wird davon handeln, wie mit Fällen umzugehen ist, in denen vor der Verlängerung der fiktiven Zulassung schon die Unterlagen nach § 105 Abs. 4 a S. 1 AMG vorgelegt wurden. Hier stellt sich die Frage, ob auch für diese Arzneimittel ein weiterer Verlängerungsantrag unter erneuter Vorlage dieser Unterlagen eingereicht werden muss und ob dann die Zulassungsversagungsgründe des § 25 Abs. 2 AMG erneut zur Anwendung kommen.

In diesem Zusammenhang ist das Normengefüge der möglichen Zulassungsversagungsgründe vor Inkrafttreten des 10. AMG-Änderungsgesetz zu untersuchen und mit dem des 10. AMG-Änderungsgesetz zu vergleichen.

Die Vorlage der Unterlagen nach § 105 Abs. 4 a S. 1 AMG diente keinem Selbstzweck. Sie sollten in materieller Hinsicht sicherlich die Belege für die Prüfung der Anforderungen an die therapeutische Wirksamkeit und Unbedenklichkeit erbringen. Beleg und Zulassungsvoraussetzung stehen hierbei selbstverständlich in Beziehung zueinander. Mit § 105 Abs. 4 f AMG hat der damalige Gesetzgeber die Zulassungsversagungsgründe in die Nachzulassungsentscheidung vollumfänglich anwendbar gemacht, die bei Neuzulassungen gelten. Die Verlängerung einer fiktiven Zulassung sollte hinsichtlich der pharmazeutischen Qualität, Wirksamkeit und Unbedenklichkeit einer solchen für einen Neuzulassungsantrag in nichts nachstehen. Auch das ist eine Konsequenz aus der Stellungnahme der Kommission aus dem Jahr 1997. Bestands- und Vertrauensschutzerwägungen hatten hierbei keinen Raum mehr. **239**

Es ist jedoch fraglich, ob sich materiell jedenfalls mit Blick auf die Anwendung der Zulassungsversagungsgründe durch diese Gesetzesänderung Wesentliches geändert hat. Denn auch zuvor war nach §§ 105 Abs. 4 c, 31 Abs. 3 AMG aF die Verlängerung der Zulassung zu versagen, wenn die therapeutische Wirksamkeit unzureichend begründet war, die pharmazeutische Qualität nicht den anerkannten pharmazeutischen Regeln entsprach oder das Fertigarzneimittel bedenklich war. Dies entspricht auch den wesentlichen Versagungsgründen des § 25 Abs. 2 AMG. Problematisch war nur, dass diese Versagungsgründe nicht in jeder Hinsicht mit einer entsprechenden Verpflichtung zur Vorlage solcher Unterlagen verbunden waren. **240**

Die Struktur der Versagungsgründe nach §§ 105 Abs. 4 c, 31 Abs. 3 AMG entsprach zum Teil der einer Verlängerung der Zulassung nach § 31 AMG, nicht aber in jeder Hinsicht einer Neuzulassung. Aus dieser Systematik heraus war es auch systemgerecht, der Zulassungsbehörde die Nachweispflicht aufzuerlegen, dass das Arzneimittel als bedenklich zu bewerten sei. Es wurde nicht geprüft, ob es dem Antragsteller gelungen sei, die Unbedenklichkeit des Fertigarzneimittels nachzuweisen; vielmehr wurde die Nachweislast umgekehrt. Allerdings war die pharmazeutische Qualität bereits mit dem Langantrag und die therapeutische Wirksamkeit seit dem 5. AMG-Änderungsgesetz durch den Antragsteller zu begründen, wie sich aus der Vorschrift des § 105 Abs. 4, 4 c AMG ergab. Vor diesem Hintergrund wurde also die Möglichkeit der Versagung aus den Gründen der Wirksamkeit und pharmazeutischen Qualität durch das 10. AMG-Änderungsgesetz nicht substanziell verändert, sondern jedenfalls bei der Wirksamkeit lediglich noch mit der nunmehr ausdrücklichen Verpflichtung verbunden, diesbezügliche Nachweise und Gutachten zu erbringen. **241**

Es stellt sich mit Blick auf die Anwendbarkeit des § 136 Abs. 1 AMG die Frage, wie mit Fällen umzugehen ist, in denen Ex-ante-Unterlagen eingereicht wurden und die Verlängerung der Zulassung bis zum 11.7.2000 erteilt wurde. Ob auch dann noch ein Verlängerungsantrag zu stellen ist, erscheint zunächst fraglich, denn die Unterlagen für die Klinik waren jedenfalls aufgrund des § 105 Abs. 4 c AMG zu bewerten. Der Versagungsgrund des §§ 105 Abs. 4 c, 31 Abs. 3, 25 Abs. 2 S. 1 Nr. 5 AMG war zwar durch die Zulassungsbehörde nachzuweisen, wobei den Antragsteller keine Verpflichtung zur Vorlage der Unterlagen traf. Allerdings hatte die Zulassungsbehörde das Recht, entsprechend eingereichte Unterlagen zu berücksichtigen. Die fehlende Verbindung des § 25 Abs. 2 S. 1 Nr. 5 AMG mit einer Einreichungsverpflichtung entsprechender Unterlagen war durch die Vorlage der Unterlagen durch den Antragsteller obsolet. Dies spricht gegen eine weitere Verpflichtung des Antragstellers, einen weiteren Verlängerungsantrag einzureichen. **242**

243 Hiergegen spricht jedoch der insoweit scheinbar eindeutige Wortlaut des § 136 Abs. 1 AMG. Doch auch dieser trügt, verweist er doch auf die Unterlagen nach § 105 Abs. 4a AMG. Dieser jedoch stellt auf eine Einreichungsverpflichtung ab für den Fall, in dem zuvor noch keine Ex-ante-Unterlagen eingereicht wurden. Lagen diese bereits vor, bestand auch keine Einreichungsverpflichtung. Daraus folgt, dass der Gesetzgeber sehr wohl den praktischen Fall einer Regelung zuführen wollte, dass trotz mangelnder Verpflichtung vor dem 10. AMG-Änderungsgesetz Ex-ante-Unterlagen eingereicht wurden. Wurden solche Unterlagen eingereicht, dann sah das Normengefüge vor dem 10. AMG-Änderungsgesetz sehr wohl die Möglichkeit vor, die Verlängerung der Zulassung aus den Gründen zu versagen, die vollumfänglich denen des § 25 Abs. 2 AMG entsprachen. Vor diesem Hintergrund ist eine weitere Vollzulassung in diesem Sinne im Zusammenhang mit einer weiteren Verlängerung nicht erforderlich. Sie behandelt diese Arzneimittel auch ungleich mit jenen, die nach dem 11.7.2000 nachzugelassen wurden.

IV. Änderungen fiktiv zugelassener Arzneimittel[142]

244 In der ursprünglichen Fassung des AMNG waren besondere Regelungen über die Änderung fiktiv zugelassener Arzneimittel nicht enthalten, so dass sich die Zulässigkeit solcher Änderungen nach den allgemeinen Vorschriften über die Änderung von Arzneimitteln richtete. Dieser Zustand wurde mit Gesetz vom 24.2.1983 durch die Aufnahme des neuen Satz zwei geändert, der den nachfolgenden Wortlaut hatte:

Ein Fertigarzneimittel nach Absatz 1 darf bis zum Erlöschen der Zulassung abweichend von § 29 Abs. 3 des Arzneimittelgesetzes auch in geänderter Zusammensetzung der wirksamen Bestandteile nach Art und Menge in den Verkehr gebracht werden, wenn der pharmazeutische Unternehmer der zuständigen Bundesoberbehörde die Änderung angezeigt hat, die Änderung sich darauf beschränkt, dass ein bislang enthaltener wirksamer Bestandteil nach der Änderung nicht mehr enthalten ist und der pharmazeutische Unternehmer die bisherige Bezeichnung des Arzneimittels mit einem unterscheidenden Zusatz versieht oder sicherstellt, dass das Arzneimittel in der bisherigen Zusammensetzung nicht mehr in den Verkehr gebracht wird.

245 Nach dieser Norm war die Eliminierung arzneilich wirksamer Bestandteile ausnahmsweise zulässig. Einen weiteren Schritt hin zu besonderen Reglungen über Änderungen fiktiv zugelassener Fertigarzneimittel wurde mit dem 4. AMG-Änderungsgesetz durch die Einfügung des Art. 3 § 7 Abs. 3a AMNG wie folgt vollzogen:

(3a) Auf Fertigarzneimittel nach Absatz 1 findet bis zur erstmaligen Verlängerung der Zulassung § 29 Abs. 2a Satz 1 keine Anwendung. Ein Fertigarzneimittel nach Absatz 1 darf bis zur erstmaligen Verlängerung der Zulassung abweichend von § 29 Abs. 3

1. in geänderter Zusammensetzung der arzneilich wirksamen Bestandteile nach Art und Menge, wenn die Änderung sich darauf beschränkt, dass ein oder mehrere bislang enthaltene arzneilich wirksame Bestandteile nach der Änderung nicht mehr oder in geringerer Menge enthalten sind,

2. mit geänderter Menge des arzneilich wirksamen Bestandteils und innerhalb des bisherigen Anwendungsbereiches mit geänderter Indikation, wenn das Arzneimittel insgesamt dem nach § 25 Abs. 7 Satz 1 bekannt gemachten Ergebnis angepasst wird,

3. mit geänderter Menge der arzneilich wirksamen Bestandteile, soweit es Stoffe im Sinne des § 3 Nr. 2 oder deren Zubereitungen und mehr als einen arzneilich wirksamen Bestandteil enthält, wenn sich die Änderung im Rahmen eines nach § 25 Abs. 7 Satz 1 bekannt gemach-

---

142 Eine ausführliche Darstellung zu den Änderungen fiktiv zugelassener Arzneimittel: Brixius/Schneider, Nachzulassung und AMG-Einreichungsverordnung, 2003, S. 40 ff; Schneider, pharmind 2008, 730,734.

ten Ergebnisses hält und erforderlich ist, um die Wirksamkeit im bisherigen Anwendungsbereich zu erhalten,

4. mit geänderter Menge der arzneilich wirksamen Bestandteile, soweit es sich um ein nach einer homöopathischen Verfahrenstechnik hergestelltes Arzneimittel mit mehreren wirksamen Bestandteilen handelt, deren Anzahl verringert worden ist, oder

5. mit geänderter Art oder Menge der arzneilich wirksamen Bestandteile ohne Erhöhung ihrer Anzahl innerhalb des gleichen Anwendungsbereichs und der gleichen Therapierichtung, wenn das Arzneimittel insgesamt einem nach § 25 Abs. 7 Satz 1 bekannt gemachten Ergebnis oder einem vom Bundesinstitut für Arzneimittel und Medizinprodukte vorgelegten Muster für ein Arzneimittel angepasst und das Arzneimittel durch die Anpassung nicht verschreibungspflichtig wird […]

Änderungen sollten die Bearbeitung der Nachzulassung beschleunigen, jedoch belegte die Praxis, dass das genaue Gegenteil hiervon eintrat. Die umfangreichen Änderungsmöglichkeiten verzögerten die Nachzulassung, was auch mit ein Grund dafür war, dass die Änderungsmöglichkeiten später wieder reduziert wurden.

Aufgrund dieser Vorschriften war es möglich, Fertigarzneimittel umfassend zu ändern, mit der Folge, dass der Zulassungsbehörde im Zusammenhang mit der Bearbeitung der Verlängerungsanträge der tatsächliche Zustand des Fertigarzneimittels nicht immer deutlich wurde. Die Möglichkeit zu extensiven Änderungen wurde durch das 5. AMG-Änderungsgesetz modifiziert und vor allem in die Steuerung der Zulassungsbehörde gelegt. Änderungen waren fortan nur noch zulässig, wenn sie zur Beseitigung von Mängeln erforderlich waren. Mit dem 10. AMG-Änderungsgesetz wurde die Möglichkeit für solche Änderungen für alle Arzneimittel außer Homöopathika gestrichen.

Art. 3 § 7 Abs. 3 a S. 1 Nr. 1 AMNG erlaubte die Änderung der arzneilich wirksamen Bestandteile nach Art und Menge, wenn sich die Änderungen auf eine Reduzierung entweder der Anzahl der arzneilich wirksamen Bestandteile bezogen oder die Menge der arzneilich wirksamen Bestandteile reduziert wurde. Eine Erhöhung war weder für die Anzahl der arzneilich wirksamen Bestandteile noch für die Menge des jeweiligen arzneilich wirksamen Bestandteils von dieser Norm gedeckt. Derartige Änderungen waren für Mono- wie für Kombinationsarzneimittel zulässig.

Nach **Art. 3 § 7 Abs. 3 a S. 1 Nr. 2 AMNG** war es zulässig, sowohl die Menge des arzneilich wirksamen Bestandteils als auch die Indikation zu ändern, wobei dies an die Voraussetzung geknüpft war, dass das Arzneimittel insgesamt einer Aufbereitungsmonographie nach § 25 Abs. 7 AMG aF angepasst wurde. Die Regelung galt ausschließlich für Monopräparate und erlaubte im Gegensatz zu Nr. 1 auch die mengenmäßige Erhöhung des arzneilich wirksamen Bestandteils. Voraussetzung für die Änderung war jedoch eine Anpassung an eine entsprechende Aufbereitungsmonographie. Gab es eine solche für den arzneilich wirksamen Bestandteil des Fertigarzneimittels nicht, dann war die Änderung nach dieser Norm nicht zulässig. Das so geänderte Arzneimittel musste insgesamt an die Aufbereitungsmonographie angepasst werden, wobei mit Blick auf die Indikation und die Darreichungsform Fragen blieben. Denn die Regelungen über die Änderung der fiktiven Zulassung sahen Ausnahmen von § 29 Abs. 3 AMG nur hinsichtlich der arzneilich wirksamen Bestandteile, nicht jedoch hinsichtlich der Indikation vor. Eine Erweiterung der Anwendungsgebiete war hiervon nicht erfasst, so dass die Indikation entgegen dem Wortlaut dieser Regelung nicht vollumfänglich aus der Monographie übernommen werden durfte bzw musste.

Anders verhielt es sich jedoch mit der Darreichungsform, die nach der Änderung ebenfalls der monographierten Darreichungsform zu entsprechen hatte, ohne dass sie im Ergebnis mit der vorherigen vergleichbar sein musste. Insoweit war ebenfalls eine Ausnahme von § 29 Abs. 3 S. 1 Nr. 2 AMG vorhanden, auch wenn diese nicht ausdrücklich genannt wurde.

249 Art. 3 § 7 Abs. 3 a S. 2 Nr. 3 AMNG, der im Zuge des 10. AMG-Änderungsgesetz gestrichen wurde, erlaubte die Erhöhung der Menge der arzneilich wirksamen Bestandteile in einem Kombinationspräparat, wenn sich die Änderung im Rahmen einer Monographie hielt. Zugleich musste die Änderung auch erforderlich sein, um die Wirksamkeit der Fertigarzneimittels im bisherigen Anwendungsbereich zu erhalten. Die Regelung fand ausschließlich auf pflanzliche Arzneimittel Anwendung.

Nach **Art. 3 § 7 Abs. 3 a S. 2 Nr. 4 AMNG** konnte bei Arzneimitteln, die nach einer homöopathischen Verfahrenstechnik hergestellt wurden, die Menge der arzneilich wirksamen Bestandteile geändert werden.

250 **Art. 3 § 7 Abs. 3 a S. 2 Nr. 5 AMNG** schließlich eröffnete die größten Freiheiten für Änderungen von Fertigarzneimitteln. Nach dieser war die Änderung der Art und der Menge der arzneilich wirksamen Bestandteile ohne Erhöhung ihrer Anzahl zulässig, wobei auch wieder zu berücksichtigen war, dass das Arzneimittel insgesamt einer Monographie oder einem vom BfArM bekannt gemachten Muster angepasst worden und nicht verschreibungspflichtig geworden ist. Wie bei Anpassungen an Monographien insgesamt, so durfte auch in diesem Fall der bisherige Anwendungsbereich nicht verlassen werden.

Die Auseinandersetzung, welche die größte Beachtung erfahren hat, war die Frage, ob diese Regelung nur auf Kombinations- oder auch auf Monoarzneimittel anzuwenden war. Denn bei einem Monoarzneimittel führte der Austausch von arzneilich wirksamen Bestandteilen dazu, dass ein sog. Totalaustausch stattfand, weil letztlich alle arzneilich wirksamen Bestandteile ausgetauscht wurden und die stoffliche Zusammensetzung vor und nach der Änderung keine Gemeinsamkeiten aufwies. Der Wortlaut schränkte den Anwendungsbereich nicht ein. Auch die Praxis des BfArM nahm an einem solchen Totalaustausch keinen Anstoß. Jedoch hatte die Rechtsprechung solche Änderungen für unzulässig gehalten und Versagungen von Verlängerungen fiktiver Zulassungen bereits aus diesem Grunde für rechtmäßig erachtet.[143]

Zwischenzeitlich hat das BVerwG[144] jedoch entgegen der bis dahin absolut herrschenden Auffassung in der Rechtsprechung entschieden, dass ein solcher Totalaustausch zulässig ist.

V. Mängelbeseitigung

251 Die Anträge auf Verlängerung der Zulassungen waren in aller Regel nicht gleich nach Eingang des Antrags entscheidungsreif. Vielmehr enthielten die Anträge Mängel unterschiedlicher Art, die im Rahmen eines förmlichen Mängelbeseitigungsverfahrens beseitigt werden konnten. Als Frist für die Beseitigung solcher Mängel wurden ursprünglich drei Jahre, sodann 18 Monate und schließlich 12 Monate vorgesehen. Die stete Verkürzung der Fristen verfolgte das Ziel einer Straffung des Nachzulassungsverfahrens.

Sinn und Zweck des Beanstandungsverfahrens ist es nach der Rechtsprechung, das Verwaltungsverfahren zu optimieren und die Gerichte zu entlasten.[145] Die Mängel mussten Innerhalb der Mängelbeseitigungshöchstfrist bearbeitet und der Zulassungsbehörde in Form eines Schriftsatzes mitgeteilt werden. Wurden diese Höchstfristen nicht eingehalten, war der Antragsteller mit weiteren Unterlagen zur Beseitigung der Mängel präkludiert. Auch folgte daraus die Versagung nach § 105 Abs. 5 S. 2 AMG.

252 Bei Mängeln musste es sich um solche handeln, die einer Verlängerung der fiktiven Zulassung entgegenstanden und aufgrund ihrer Schwere auch nicht Gegenstand von Auflagen sein konnten.

---

143 Nachw. hierzu bei Schneider, pharmind 2008, 730, 734.
144 BVerwG, Urt. v. 21.5.2008 – 3 C 14/07 und 15/07.
145 VG Köln, Urt. v. 25.7.2006 – 7 K 1908/04.

Die Praxis des BfArM zeichnete sich dadurch aus, dass Unternehmen sich innerhalb kurzer Zeit mit einer Vielzahl von Mängelschreiben konfrontiert sahen. Die Bearbeitung der Nachzulassung erfolgte beim BfArM unternehmensweise mit der Folge, dass vor allem Unternehmen des Mittelstandes mit der Bearbeitung der Mängel stark belastet waren.

Trotz des Wortlauts des § 105 Abs. 5 a S. 2 AMG ist von der **Rechtsprechung** die Auffassung vertreten worden, dass entweder ein Beanstandungsverfahren durchzuführen oder aber die Verlängerung der fiktiven Zulassung mit Auflagen zu verbinden war.[146] Dabei stellt die Regelung die Beanstandung, Auflage und Versagung der Verlängerung alternativ nebeneinander, was zu der Annahme führt, dass der Gesetzgeber durchaus eine sofortige Versagung bei einer bestimmten Kategorie von Mängeln ermöglichen wollte. Berücksichtigt man nämlich, dass innerhalb der Mängelbeseitigungshöchstfrist die Durchführung von klinischen Prüfungen zum Nachweis der therapeutischen Wirksamkeit in aller Regel nicht möglich ist, dann verkommt das Mängelbeseitigungsverfahren zu einer reinen Förmelei ohne seinen Zweck verwirklichen zu können. Ein Beanstandungsverfahren war auch dann durchzuführen, wenn Teilversagungen beschieden werden sollten, so etwa bei der Herausnahme einer ganzen Patientengruppe aus der Behandlung mit dem Arzneimittel[147] oder aber die Reduzierung der Dosierung.[148] Schließlich war seit dem 5. AMG-Änderungsgesetz ein Mängelschreiben Voraussetzung für eine Änderung von Arzneimitteln nach § 105 Abs. 3 a AMG.

253

Das Gesetz ging grundsätzlich von lediglich einem Mängelschreiben und einem Beanstandungsverfahren aus, so dass Antragsteller keinen Anspruch auf ein wiederholtes Mängelschreiben hatten. Ein zweites Mängelschreiben war jedoch zumindest dann zulässig, wenn es Mängel betraf, die mit dem ersten Mängelschreiben noch nicht beanstandet wurden.[149]

Das Beanstandungsverfahren war auch in Nachzulassungsverfahren nach § 109 a AMG anzuwenden.[150]

VI. Auflagen

In geeigneten Fällen war die Verlängerung der fiktiven Zulassung nach § 105 Abs. 5 a AMG mit Auflagen u.a. zur Wirksamkeit, Unbedenklichkeit und zur pharmazeutischen Qualität zu verbinden. Es handelt sich bei den Gegenständen möglicher Auflagen um eine Besonderheit des Nachzulassungsrechts, denn auch wenn § 28 Abs. 1 AMG den Rahmen möglicher Auflagen weit zieht, bestehen doch Zweifel, dass dieser Auflagen die Wirksamkeit, Qualität und Unbedenklichkeit betreffend zulässt. Auflagen nach § 105 Abs. 5 a AMG konnten nicht derart erfolgen, dass der komplette Nachweis der therapeutischen Wirksamkeit nachzuholen sei, jedoch war es durchaus zulässig, Lücken im Wirksamkeitsnachweis und die Ausfüllung dieser zum Gegenstand von Auflagen zu machen.

254

Auflagen waren insgesamt von großer praktischer Bedeutung, denn mit diesen wurden auch Mängel des Verlängerungsantrags benannt, die jedoch durch Erfüllung von Auflagen beseitigt werden konnten. Für die Erfüllung von Auflagen wurden den Antragstellern Fristen gesetzt. Die Erfüllung der Auflagen war der Zulassungsbehörde ferner unter Beifügung einer eidesstattlichen Versicherung eines unabhängigen Gegensachverständigen mitzuteilen, wobei diese Verpflichtung lediglich auf Auflagen zur pharmazeutischen Qualität Anwendung fand.

255

---

146 OVG NRW, Beschl. v. 26.9.2008 – 13 A 2727/04.
147 VG Köln, Urt. v. 29.9.2008 – 18 K 4987/05.
148 VG Köln, Urt. v. 25.7.2006 – 7 K 1908/04.
149 OVG NRW, Beschl. v. 18.12.2008 – 13 A 1835/06; Brixius/Schneider, Nachzulassung und AMG-Einreichungsverordnung, 2004, Ziffer 9.2.1, S. 125 f.
150 OVG NRW, Beschl. v. 29.5.2007 – 13 A 5160/05.

VII. Nachzulassung traditioneller Arzneimittel

256 Für viele Fertigarzneimittel war der Nachweis der therapeutischen Wirksamkeit schwierig oder gar nicht leistbar. So gab es eine Vielzahl von Fertigarzneimitteln, die in Zusammensetzung, Indikation und Darreichungsform keiner Aufbereitungsmonographie entsprachen. Für solche Arzneimittel fügte der Gesetzgeber mit dem 5. AMG-Änderungsgesetz mit § 109a AMG ein pauschaliertes Prüfverfahren in das AMG ein. Das Verfahren sollte für Arzneimittel in Anspruch genommen werden können, für die ein Wirksamkeitsnachweis kaum zu führen war und die sich im Verkehr als risikoarm erwiesen. Voraussetzung war jedoch auch, dass diese Arzneimittel nicht apotheken- oder verschreibungspflichtig waren. Es handelt sich dabei um eine Besonderheit dieser Arzneimittelgruppe, für die konstitutiv gefordert wurde, dass diese nicht apothekenpflichtig sein durfte. Das ist beispielsweise für Arzneimittel nach § 38 AMG oder aber § 39a AMG nicht vorgesehen.

257 Ob Antragsteller das Verfahren nach § 109a AMG in Anspruch nehmen wollten, hatten diese bis zum 1.2.2001 zu entscheiden.[151] Das war der Zeitpunkt, in dem die Ex-ante-Unterlagen eingereicht sein mussten, um ein Erlöschen der Zulassung zu verhindern. Die Antragsteller hatten schriftlich zu erklären, dass sie das Verfahren nach § 109a AMG anstreben. Der Zugang zu diesem Verfahren war versagt, wenn Ex-ante-Unterlagen zuvor eingereicht wurden.

Das Nachzulassungsverfahren für traditionelle Arzneimittel hatte von seiner Struktur her einen **Subsudiaritätscharakter**. Es konnte nicht in Anspruch genommen werden, wenn Ex-ante-Unterlagen vorlagen bzw eingereicht wurden. Ausgeschlossen waren auch solche Arzneimittel, die einer Aufbereitungsmonographie entsprachen, weil für solche Arzneimittel das reguläre Verlängerungsverfahren nach § 105 AMG einschlägig war. Dieser Zustand wurde im Zuge des 12. AMG-Änderungsgesetz insoweit relativiert, als das Verfahren nach § 109a AMG jedenfalls insoweit trotz vorhandener Aufbereitungsmonographien beansprucht werden konnte, wenn die Verlängerung der fiktiven Zulassung hätte versagt werden müssen, weil die Monographie zum Nachweis der therapeutischen Wirksamkeit nicht mehr anerkannt werden konnte. Das galt jedoch auch nur in diesem Fall; waren andere Versagungsgründe denkbar, kam diese Regelung nicht mehr zur Anwendung.

258 Der Wirksamkeitsnachweis für diese Fertigarzneimittel wurde erbracht, indem Stoffe oder Stoffkombinationen in die Aufstellung für Stoffe und Stoffkombinationen nach § 109a Abs. 3 AMG aufgenommen wurden (sog. **Traditionsliste**). In dieser Liste wurden die Stoffe und Stoffkombinationen bestimmten Indikationen zugeordnet. Nach der Rechtsprechung stellen die Aufnahme in wie auch die Streichung aus der Traditionsliste Verwaltungsakte dar, gegen die mit Widerspruch und Anfechtungs- bzw Bescheidungs- oder Verpflichtungsklage vorgegangen werden konnte.[152] Die einzelnen Listenpositionen geben nicht nur Auskunft über die Wirksamkeit, sondern auch über die Unbedenklichkeit der Stoffe und Stoffkombinationen.[153]

Zur pharmazeutischen Qualität musste neben den entsprechenden Unterlagen nach § 109a Abs. 1 AMG auch eine eidesstattliche Versicherung der Antragsteller eingereicht werden mit dem Inhalt, dass das Arzneimittel nach den Arzneimittelprüfrichtlinien geprüft wurde und die angemessene pharmazeutische Qualität aufweist. Diese Erklärung musste nicht bis zum 1.2.2001 eingereicht werden.

259 Im Zuge des 14. und nunmehr auch 15. AMG-Änderungsgesetz wurden Übergangsvorschriften aufgenommen, die Auswirkungen auf pflanzliche Arzneimittel haben, die nach

---

151 OVG NRW, Beschl. v. 12.3.2009 – 13 A 1573/08.
152 BVerwG, Urt. v. 20.11.2003 – 3 C 29/02.
153 VG Köln, Urt. v. 13.12.2005 – 7 K 10399/02.

§§ 105, 109 a AMG nachzugelassen wurden. Mit dem 14. AMG-Änderungsgesetz wurden Regelungen über die Registrierung traditioneller pflanzlicher Arzneimittel aufgenommen. § 141 Abs. 14 AMG sieht vor, dass Zulassungen nach §§ 105, 109 a AMG zum 30.4.2011 erlöschen, wenn nicht vor dem 1.1.2009 ein Antrag auf Zulassung oder Registrierung nach § 39 a AMG gestellt wurde. Das Schicksal der Zulassung war im Übrigen jedoch nicht geregelt, so dass eine Regelungslücke diesbezüglich bestand. Diese Lücke wurde mit § 141 Abs. 14 S. 3 AMG geschlossen. Das Arzneimittel ist danach noch für eine Zeit von 12 Monaten nach der Entscheidung über die Registrierung oder Zulassung verkehrsfähig.

VIII. Unterlagenschutz für Nachzulassungen?[154]

In jüngerer Zeit und vor allem durch die Änderungen des AMG aufgrund des 14. AMG-Änderungsgesetz ist die Frage aufgekommen, ob Ex-ante-Unterlagen, die im Zuge des § 105 Abs. 4 a AMG oder aber später im Zusammenhang mit der Einreichung eines Schriftsatz zur Mängelbeseitigung eingereicht wurden, Unterlagenschutz genießen können. Hier geht es nicht um solche Unterlagen, die anderes wissenschaftliches Erkenntnismaterial begründen, sondern um Ergebnisse pharmakologisch-toxikologischer sowie klinischer Prüfungen. Damit einher geht die weitere Frage, ob veröffentlichte Ergebnisse von solchen Studien als anderes wissenschaftliches Erkenntnismaterial für Zulassungsanträge von anderen Antragstellern verwendet werden können. Die Praxis des BfArM jedenfalls deutet darauf hin, dass Unterlagenschutz auch für nachzugelassene Fertigarzneimittel dann bestehen kann, wenn für die Verlängerung der fiktiven Zulassung eigene Studien durchgeführt wurden. Ob eine solche Praxis mit den Wertungen des Unterlagenschutzes rechtmäßig ist, erscheint zumindest zweifelhaft. **260**

Durch das 14. AMG-Änderungsgesetz sind vor allem Änderungen in der Ausgestaltung der Schutzfristen zur Anpassung an die geänderte Richtlinie 2001/83/EG neu gefasst worden. Die Zulassung neuer Stoffe löst eine achtjährige Verwertungsschutzfrist aus und eine sich daran anschließende weitere zweijährige Vermarktungsschutzfrist. Auch die Voraussetzungen zur Entstehung von Unterlagenschutz knüpfen seither nicht mehr an die automatische Verschreibungspflicht des § 49 Abs. 1 AMG aF an. Dieser regelte, dass Arzneimittel, die Stoffe enthalten, deren Wirkungen in der medizinischen wissenschaftlich nicht allgemein bekannt waren, nur nach Vorlage einer ärztlichen, zahnärztlichen oder tierärztlichen Verschreibung an Verbraucher abgegeben werden durften. Hierbei handelte es sich um Stoffe, die von bekannten Stoffen im Sinne des § 22 Abs. 3 S. 1 Nr. 1 AMG abzugrenzen waren. § 49 AMG aF wurde durch das 14. AMG-Änderungsgesetz ersatzlos gestrichen. **261**

Ausweislich der Begründung zum 14. AMG-Änderungsgesetz wollte der Gesetzgeber den bisherigen Unterlagenschutz nicht völlig neu gestalten. In den Begründungen heißt es zu § 24 b:

§ 24 b wird neu gefasst unter Präzisierung der bisher geltenden Vorschriften für die Zulassung von Generika und Berücksichtigung der neuen EU-rechtlichen Bestimmungen über Schutzfristen für Humanarzneimittel und Tierarzneimittel.

[…] Voraussetzung für die Anwendung der geänderten Schutzfristen des Review […] ist die Gewährung einer neuen Indikation.[155]

Maßgeblich geht es bei den Neuerungen also um die Einfügung **zusätzlicher Schutzfristen bei neuen Indikationen**, die nach bisher geltendem Recht keine weitere Schutzfrist nach sich zogen. **262**

---

154 Hierzu ausführlich Schneider, pharmind 2008, 374.
155 Abgedruckt bei Kloesel/Cyran, Arzneimittelrecht, § 24 b AMG.

Die Beschränkung des Unterlagenschutzes auf neue Stoffe hat sich durch die Streichung des § 49 Abs. 1 AMG aF nicht geändert. Ein so verstandener Unterlagenschutz ist vom EU-Richtliniengeber durch die Regelungen des Art. 10 RL 2001/83/EG auch gewollt, wie sich aus der Entstehungsgeschichte der insoweit maßgeblichen Richtlinie 87/21/EWG zur Änderung der Richtlinie 65/65/EWG ergibt. In seiner Entschließung vom 16.1.1986 begrüßt das Europäische Parlament unter Punkt 18 die an der Richtlinie 65/65/EWG vorgenommenen Änderungen, die einen Schutz der Rechte des Erfinders eines neuen Erzeugnisses gegenüber etwaigen Nachahmern gewähren sollen.[156]

263 Auch in der Rechtsprechung finden sich Stimmen, nach denen sich der Unterlagenschutz nur auf neue Stoffe bezieht. So hat das OVG Berlin in seinem Urteil vom 23.9.1999 (Az 5 B 12.97) entschieden:

Das vom Gesetzgeber mit §§ 24a bis c AMG geschaffene Instrumentarium bringt unter Berücksichtigung der Möglichkeiten des Patentschutzes und des ihn ergänzenden gemeinschaftsrechtlichen Schutzzertifikats das Interesse des Erstanmelders an einem ausreichenden Schutz seiner Zulassungsunterlagen einerseits und das Interesse der Allgemeinheit, von bei der Zulassungsbehörde vorhandenen Erkenntnissen der Pharma-Forschung zwecks Vermeidung unnötiger und ethisch nicht vertretbarer Wiederholung von Tierversuchen oder klinischen Studien zu profitieren, sowie die wirtschaftlichen Interessen von Zweitanmeldern andererseits zu einem gerechten Ausgleich, indem Unterlagenschutz nur bei neuen, nach ihren Wirkungen noch nicht allgemein bekannten Arzneimitteln gewährt wird; denn nur bei solchen Mitteln sind regelmäßig und typischerweise Unterlagen einzureichen, die mit großem zeitlichen und finanziellen Aufwand erarbeitet worden sind und einen schützenswerten Inhalt haben [...]

264 Im Übrigen wird dieses Ergebnis auch durch systematische Erwägungen gestützt. Geschützt werden nach § 24b AMG in der Fassung des 14. AMG-Änderungsgesetz vom 29.8.2005 u.a. die Unterlagen nach § 22 Abs. 2 S. 1 Nr. 2 und 3 AMG, also die Ergebnisse pharmakologisch-toxikologischer Prüfungen und solche von klinischen Prüfungen. Diese Ergebnisse müssen jedoch nur vorgelegt werden, wenn Zulassungsanträge für neue Stoffe gestellt werden.

Vor diesem Hintergrund gestaltete sich die Praxis des BfArM jedenfalls in der Vergangenheit so, dass Unterlagenschutz für Arzneimittel, deren fiktive Zulassungen nach § 105 Abs. 3 AMG verlängert wurden, nicht gewährt wurde, da diese regelmäßig nicht der automatischen Verschreibungspflicht nach § 49 AMG aF unterfielen. Insofern waren die jeweiligen arzneilich wirksamen Bestandteile also nicht als neu zu bewerten, was Voraussetzung für die Gewährung von Unterlagenschutz war und auch noch ist.

Im Ergebnis ist die Frage, ob für ein Altarzneimittel Unterlagenschutz besteht, nach den gleichen Kriterien zu bewerten wie noch vor Inkrafttreten des 14. AMG-Änderungsgesetz.

265 **Teleologische Erwägungen** lassen ebenfalls Zweifel daran aufkommen, ob Unterlagenschutz auf Altarzneimittel Anwendung finden kann. Die §§ 24a ff AMG haben nach Auffassung des VG Köln nicht den Zweck, vor jedweder Konkurrenz zu schützen.[157]

Die in den §§ 24a ff AMG geregelten Schutzfristen bilden einen Ausgleich dafür, dass auf die Originalunterlagen nach Ablauf der achtjährigen Verwertungsfrist Bezug genommen und auf dieser Grundlage das so zugelassene Generikum nach weiteren zwei Jahren vermarktet werden kann. Die durch den Originalhersteller getätigten Investitionen in die Schaffung von Unterlagen zu Erlangung der arzneimittelrechtlichen Zulassung verlieren im Verlaufe der Schutzfrist an Wert.

---

156 Entschließung des Europäischen Parlaments v. 16.1.1986 (ABl. EG Nr. C 36, S. 150, 154).
157 VG Köln, Beschl. v. 21.12.2000 – 24 L 1922/00.

Das VG Köln stellt in dem eben genannten Beschluss auf eine ganz wesentliche Besonderheit ab: Der Originalhersteller schafft anhand der geschützten Unterlagen die Voraussetzung dafür, eine Zulassung zu erhalten. Insofern dienen die geschützten Unterlagen also dazu, den Marktzugang überhaupt erst zu ermöglichen, indem nämlich erstmals eine Zulassung und damit auch eine Verkehrsgenehmigung erteilt wird. Die Schutzfrist gibt dem Originalhersteller damit die Möglichkeit, innerhalb dieser unabhängig von Patentrechten die Investitionen zu amortisieren. Insofern kommt der Schutzfrist eine ungeschriebene ökonomische Kompensationsdimension zu.

266 Diese Voraussetzungen liegen jedoch bei Altarzneimitteln, deren Zulassungen nach § 105 Abs. 3 AMG verlängert wurden, nicht vor, denn bei diesen dienen die Unterlagen zur Erhaltung der Marktpräsenz und nicht zu deren Erlangung. Sie konnten zuvor bereits im Verkehr sein, ohne entsprechende Unterlagen eingereicht zu haben. Aufwendungen also derart, wie sie bei Arzneimitteln, die nach § 25 Abs. 1 AMG zugelassen sind, waren zuvor nicht notwendig.

Würde vor dem Hintergrund des Gesagten für Altarzneimittel Unterlagenschutz gewährt, führte dies im Ergebnis zu einer Privilegierung von Altarzneimitteln im Verhältnis zu Arzneimitteln, die nach §§ 21 ff AMG zugelassen werden, denn die Investitionen, die für die Durchführung der Studien erforderlich sind, haben sich bei Altarzneimittel bereits vor der Verlängerung der Zulassung durch den in Deutschland zumindest jahrzehntelangen Verkehr mit an Sicherheit grenzender Wahrscheinlichkeit amortisiert.

267 **Vor der Verlängerung der Zulassung nach § 105 Abs. 3 AMG für Altarzneimittel** konnten Generikahersteller auf die Unterlagen des Altarzneimittels nicht Bezug nehmen, da entsprechende Unterlagen und die notwendige Zulassung nicht vorlagen. Damit waren Altarzneimittel also dem generischen Wettbewerb für diese Zeit nicht ausgesetzt. Würde für die Ex-ante-Unterlagen Unterlagenschutz gewährt, dann wären diese Altarzneimittel um weitere zehn Jahre einem generischen Wettbewerb entzogen, ohne dass ein sachlicher Grund vorliegt, der rechtfertigen könnte, diese Produkte länger vor dem generischen Wettbewerb zu schützen als Innovationen, für die eine Zulassung nach § 25 Abs. 1 AMG erteilt wurde.

268 **Europarechtlich** ist die Gewährung von Unterlagenschutz ebenfalls zumindest zweifelhaft. Art. 6 Abs. 1 RL 2001/83/EG statuiert das in § 21 Abs. 1 AMG ebenfalls enthaltene Prinzip des Verbots mit Erlaubnisvorbehalt. Danach ist es dem pharmazeutischen Unternehmer untersagt, Arzneimittel ohne die hierzu erforderliche Zulassung in den Verkehr zu bringen. Mit der Zulassung erst beginnt die Verkehrsfähigkeit des Arzneimittels, zuvor darf das Arzneimittel nicht in Verkehr gebracht werden. Die Zulassung selbst wiederum erfordert zwingend eine positive Bewertung der Zulassungsunterlagen des Arzneimittels hinsichtlich seiner pharmazeutischen Qualität, therapeutischen Wirksamkeit und Sicherheit. Dieser Grundsatz ist auch im nationalen Arzneimittelrecht mittlerweile eine Selbstverständlichkeit geworden, wenn nicht in § 21 Abs. 2 AMG geregelte Ausnahmen greifen.

269 Art. 6 Abs. 1 RL 2001/83/EG regelt nicht die Verlängerung einer Zulassung, was jedoch die Verlängerung der fiktiven Zulassung ist. Denn mit der Entscheidung über die Verlängerung der fiktiven Zulassung nach § 105 Abs. 3 AMG wird die Verkehrsfähigkeit nicht konstitutiv und erstmalig begründet, sondern ihr Fortbestand erhalten und verlängert. Verlängerungsverfahren und mit diesen die Nachzulassung sind Verkehrsfähigkeitserhaltungsverfahren, die Zulassung nach Art. 6 Abs. 1 RL 2001/83/EG demgegenüber ein Verfahren, an dessen Ende die erstmalige und konstitutive Erlaubnis für das Inverkehrbringen.

Art. 10 Abs. 1 RL 2001/83/EG knüpft an die Entstehung von Unterlagenschutz durch den Verweis auf Art. 6 Abs. 1 RL 2001/83/EG eine Entscheidung über die Erlangung der Verkehrsfähigkeit und nicht über die Erhaltung dieser. Anhaltspunkte dafür, dass Unterlagenschutz durch Entscheidungen über die Erhaltung der Verkehrsfähigkeit entstehen soll, sind nicht ersichtlich.

270 Schließlich ist die Gewährung von Unterlagenschutz eine **unzulässige Privilegierung von Altarzneimitteln,** denen im Ergebnis die verspätete Abwicklung des Arzneimittelaltmarktes zugute kommt. Die Bundesrepublik Deutschland hat ihre Verpflichtung nach Art. 39 Abs. 2 RL 75/319/EWG zur Beendigung der Nachzulassung bis Juni 1990 nicht erfüllt. Selbst wenn also eine Entscheidung nach § 105 Abs. 3 AMG bzw Art. 3 § 7 Abs. 3 AMNG als ausreichende Zulassung im Sinne von Artt. 10 Abs. 1 iVm 6 Abs. 1 RL 2001/83/EG bzw Art. 4 Nr. 8.2 iVm Art. 3 RL 65/65/EWG gewertet würde, dann müsste auch das Datum der nach EG-Recht vorgesehen Beendigung der Nachzulassung als maßgebliches spätestes Datum für den Unterlagenschutz herangezogen werden mit der Folge, dass für solche Arzneimittel jedenfalls seit dem 1.5.2000 kein Unterlagenschutz mehr bestehen kann. Dieses legislative Unrecht, dass die BRD verursacht hat, dürfte insoweit nicht zulasten der Generikahersteller gehen und damit auch zulasten der Solidargemeinschaft gehen.

§ 8 Auflagen

Literatur: *Abelmann*, Kindergesicherte Verpackungen für pharmazeutische Produkte, pharmind 2008, 934; *Brixius/Frehse*, Arzneimittelrecht in der Praxis, 2007; *Brixius/Schneider*, Nachzulassung und AMG-Einreichungsverordnung, 2004; *Hofmann/Nickel*, Die Nachzulassung von Arzneimitteln nach der Zehnten Novelle zum Arzneimittelgesetz, NJW 2000, 2700; *Kopp/Ramsauer*, Verwaltungsverfahrensgesetz – VwVfG, Kommentar, 10. Auflage 2008; *Wagner*, Die Beauflagbarkeit von Versagungsgründen des § 25 Absatz 2 AMG nach § 36 VwVfG, PharmR 2003, 306.

A. Voraussetzungen und Umfang der Auflagenbefugnis ... 1	2. Weitere Ermächtigungen des § 28 AMG ... 33
I. Rechtsnatur arzneimittelrechtlicher Auflagen ... 1	a) § 28 Abs. 2 a AMG ... 33
II. Ermächtigungskatalog des § 28 AMG ... 7	b) § 28 Abs. 3 AMG ... 34
1. Die einzelnen Auflagenermächtigungen des § 28 Abs. 2 AMG ... 8	c) § 28 Abs. 3 a AMG ... 36
a) § 28 Abs. 2 Nr. 1, 2, 2 a jeweils Hs 1 AMG ... 8	d) § 28 Abs. 3 b AMG ... 37
aa) Kinder-, Schwangeren- und Stillendenhinweis ... 11	e) § 28 Abs. 3 c AMG ... 38
bb) Weitere Fälle der Teilversagung ... 16	f) § 28 Abs. 3 d AMG ... 39
b) § 28 Abs. 2 Nr. 1, 2, 2 a jeweils Hs 2 AMG ... 17	3. Erweiterung durch Rückgriff auf § 36 VwVfG? ... 40
aa) Hinweise und Warnhinweise, insbesondere differentialdiagnostischer Hinweis ... 18	B. Verhältnis zum Mängelbeseitigungsverfahren ... 44
bb) Aufbewahrungs- und Lagerhinweise ... 22	C. Frist zur Auflagenerfüllung ... 45
c) § 28 Abs. 2 Nr. 3 AMG ... 26	D. Auflagen im Nachzulassungsverfahren ... 46
d) § 28 Abs. 2 Nr. 4 AMG ... 29	I. Rechtsgehalt und Grenzen der Beauflagung von Versagungsgründen ... 49
e) § 28 Abs. 2 Nr. 5 AMG ... 30	II. Anforderungen an die Auflagenerfüllung ... 51
	III. Nachträgliche Anordnung von Auflagen ... 52
	E. Vollzug und Folgen der Nichterfüllung ... 53
	I. Widerruf und Ruhen ... 54
	II. Verwaltungszwang ... 59
	III. Wettbewerbsrecht ... 60

A. Voraussetzungen und Umfang der Auflagenbefugnis

I. Rechtsnatur arzneimittelrechtlicher Auflagen

Arzneimittelrechtliche Auflagen treten zu einem begünstigenden Verwaltungsakt, der Zulassung bzw der Nachzulassung[1] bzw der Verlängerung[2] hinzu. Das Arzneimittelrecht selbst enthält keine Definition der Auflage. Hier kann auf die **Legaldefinition** des § 36 Abs. 2 Nr. 4 VwVfG zurückgegriffen werden, wonach es sich bei der Auflage um eine Bestimmung handelt, durch die dem Begünstigten ein Tun, Dulden oder Unterlassen vorgeschrieben wird. Umstritten ist zunächst, ob es sich bei Auflagen um selbständige Verwaltungsakte handelt. Nach zutreffender Auffassung sind sie **Verwaltungsakte**.[3] Sie sind aber an den Hauptverwaltungsakt gebunden. Wird der Hauptverwaltungsakt aufgehoben, so entfällt auch die Auflage.

1

Nach der inzwischen gefestigten Rechtsprechung des BVerwG ist gegen belastende Nebenbestimmungen eines Verwaltungsaktes die **Anfechtungsklage** gegeben.[4] Ob diese zur isolierten Aufhebung der Nebenbestimmung führen kann, hängt davon ab, ob der begünstigende Verwaltungsakt ohne die Nebenbestimmung sinnvoller- und rechtmäßigerweise

2

---

1 So BVerwG PharmR 1989, 229, im Gegensatz zu BVerwG NJW 1990, 2948, wo betont wird, dass der in § 28 Abs. 1 AMG verwendete Begriff der „Zulassung" sich mit dem Zulassungsakt nach § 25 AMG 1976 deckt.
2 Deutsch/Lippert/*Anker*, AMG, § 31 Rn 4; Wagner, Die Beauflagbarkeit von Versagungsgründen des § 25 Abs. 2 AMG nach § 36 VwVfG, PharmR 2007, 306.
3 Kopp/Ramsauer, § 36 VwVfG Rn 31.
4 BVerwG NVwZ-RR 2007, 776; NVwZ 2001, 429 und NVwZ-RR 1996, 20.

§ 8 Auflagen

bestehen bleiben kann. Dies ist eine Frage der Begründetheit und nicht der Zulässigkeit des Anfechtungsbegehrens, sofern nicht eine isolierte Aufhebbarkeit offenkundig von vornherein ausscheidet.[5]

3 Gemäß § 28 Abs. 1 S. 1 AMG kann die zuständige Bundesoberbehörde die Zulassung mit Auflagen versehen. Wer zuständige Bundesoberbehörde ist, ergibt sich aus § 77 AMG. § 28 Abs. 1 S. 1 AMG gibt der zuständigen Bundesoberbehörde keine umfassende in ihr pflichtgemäßes Ermessen gestellte Auflagenbefugnis. Die Arzneimittelzulassung ist nach § 25 Abs. 2 AMG eine gebundene Entscheidung, die nur bei Vorliegen der im Gesetz vorgesehenen Gründe versagt werden darf. Damit wäre eine umfassende, gesetzlich nicht konkretisierte Auflagenbefugnis unvereinbar.[6] Im Übrigen gelten für die Beurteilung der Rechtmäßigkeit der Auflagen die Grundsätze des Allgemeinen Verwaltungsrechts. Es sind die gleichen Zuständigkeits-, Form- und Verfahrensvoraussetzungen zu erfüllen wie für den Hauptverwaltungsakt. Im Rahmen der formellen Rechtmäßigkeit muss zunächst die beauflagende Behörde zuständig sein. Des Weiteren ist es Ausfluss des rechtlichen Gehörs, den Adressaten der Auflage vor Erlass anzuhören. Die **Anhörungspflicht** ist in § 28 Abs. 4 S. 1 AMG spezialgesetzlich geregelt. Zwar enthält diese Vorschrift – anders als die allgemeine Regelung in § 28 Abs. 1 VwVfG – nicht ausdrücklich die Verpflichtung zur Anhörung vor Erlass des belastenden Verwaltungsaktes, sie setzt diese Verpflichtung vielmehr voraus.[7] § 28 Abs. 4 S. 1 AMG ist auch für das Nachzulassungsverfahren anwendbar. Allerdings wurde im Nachzulassungsverfahren in der Praxis die Anhörung nicht beachtet. In den einphasigen Bearbeitungen der Nachzulassungsverfahren wurde den Antragstellern die Nachzulassung mit Auflagen ohne vorherige Anhörung erteilt. Auf diesen formellen Verfahrensfehler sind fast ausnahmslos weder die Antragsteller noch die Gerichte eingegangen.[8] Dieser Verfahrensfehler kann allerdings sowohl im Nachzulassungsverfahren als auch im Neuzulassungsverfahren gemäß § 45 Abs. 1 Nr. 3 iVm Abs. 2 VwVfG durch Nachholung bis zum Abschluss des verwaltungsgerichtlichen Verfahrens geheilt werden. Des Weiteren muss die Auflage mit einer **Begründung** versehen werden (§ 39 Abs. 1 VwVfG). Eine Verletzung der Begründungspflicht führt zur formellen Rechtswidrigkeit der Auflage. Die Begründung kann jedoch gleichfalls gemäß § 45 Abs. 1 Nr. 2 iVm Abs. 2 VwVfG nachgeholt und damit der formelle Fehler geheilt werden. Allerdings kann die Nachholung der Begründung ggf mit Kostennachteilen für die zuständige Behörde verbunden sein (vgl § 80 Abs. 1 S. 2 VwVfG). Schließlich muss die Auflage hinreichend bestimmt sein (§ 37 VwVfG). Inhaltlich hinreichende **Bestimmtheit** setzt voraus, dass insbesondere für den Adressaten des Verwaltungsaktes die von der Behörde getroffene Regelung so vollständig, klar und unzweideutig erkennbar ist, dass er sein Verhalten danach richten kann. Dabei richten sich die Anforderungen an die notwendige Bestimmtheit im Einzelnen nach den Besonderheiten des jeweiligen anzuwendenden und mit dem Verwaltungsakt umzusetzenden materiellen Rechts.[9]

4 In materiell-rechtlicher Hinsicht muss die Auflage über eine Ermächtigungsgrundlage verfügen. Hier stellen sich in der Praxis Probleme bei der Abgrenzung zwischen „echten" **Auflagen** und Regelungen, die die Zulassungsebene betreffen, also unter Umständen eine **konkludente Teilversagung** darstellen. Bei der Auslegung des Regelungsgehalts eines Verwaltungsakts ist auf den Empfängerhorizont, mithin darauf abzustellen, wie Adressaten und

---

[5] Vgl BVerwG NVwZ 1984, 366.
[6] BVerwG NVwZ-RR 2007, 776.
[7] So auch Brixius/Schneider, Nachzulassung und AMG-Einreichungsverordnung, 2004, S. 141 f.
[8] Wohl aber VG Köln, Urt. v. 25.9.2006 – 18 K 6695/03.
[9] BVerwG NVwZ 2004, 878.

Drittbetroffene ihn nach Treu und Glauben verstehen müssen bzw dürfen.[10] Die aktuelle Rechtsprechung zu diesem Problemkreis wird anhand des Kinder-, Schwangeren- und Stillendenhinweises in Rn 11 ff behandelt. Die Darlegungslast für die Voraussetzungen der Auflagenerteilung trägt die Zulassungsbehörde.[11] Schließlich muss die Auflage in ihrer konkreten Form geeignet, erforderlich und angemessen sein, und die Behörde muss ihre Ermessensentscheidung begründen. Allerdings kann sie – falls nicht ein totaler Ausfall der Begründung vorliegt – ihre Ermessenserwägungen im Verlauf des gerichtlichen Verfahrens in zulässiger Weise gemäß § 114 S. 2 VwGO ergänzen.

Gemäß § 28 Abs. 1 S. 4 AMG können Auflagen auch **nachträglich** angeordnet werden. Dies gilt sowohl für die Nachzulassung als auch die Neuzulassung als auch die Verlängerung. Will die zuständige Behörde, dass die Auflage im öffentlichen Interesse sofort durchgesetzt wird, muss sie die sofortige Vollziehung nach § 80 Abs. 2 Nr. 4 VwGO anordnen, da ansonsten Widerspruch und Anfechtungsklage gegen die Auflage aufschiebende Wirkung hätten. Die nachträgliche Auflagenbefugnis stellt eine Reaktion des Gesetzgebers auf das Auftreten von Erkenntnisfortschritten dar. Sie ermöglicht der Verwaltung die Abwehr von Gefahren, die bei der Erteilung der Zulassung nicht berücksichtigt werden konnten. Eine nachträglich angeordnete Auflage kann im Falle von Arzneimitteln mit gleicher Zusammensetzung, die jedoch von verschiedenen pharmazeutischen Unternehmern in Verkehr gebracht werden, durch **Allgemeinverfügung** erlassen werden. Als Allgemeinverfügung definiert § 35 Abs. 2 VwVfG einen Verwaltungsakt, der sich an einen nach allgemeinen Merkmalen bestimmten oder bestimmbaren Personenkreis richtet. Das Bundesgesundheitsamt hat in der Vergangenheit von der Möglichkeit, Auflagen durch Allgemeinverfügung zu erlassen, Gebrauch gemacht.[12] Das Verwaltungsgericht Berlin hat die Zulässigkeit der Anordnung von Auflagen nach § 28 Abs. 2 Nr. 5 AMG im Wege der Allgemeinverfügung durch Urteil bestätigt.[13] Die Bekanntmachung solcher Allgemeinverfügungen erfolgt gemäß § 41 Abs. 3 VwVfG durch öffentliche Bekanntmachung. Die Bekanntmachung im Bundesanzeiger ist die Bekanntmachungsform für Allgemeinverfügungen, wie sich aus § 34 AMG ergibt. Die Überleitungsvorschrift des § 110 AMG, die ursprünglich aus Anlass des Gesetzes zur Neuordnung des Arzneimittelrechts vom 24.8.1976 als Art. 3 § 12 eingefügt wurde, verleiht der zuständigen Bundesoberbehörde die Befugnis, auch schon *vor* Erteilung einer Nachzulassung für zulassungs- und registrierungspflichtige Arzneimittel durch Auflagen einen Warnhinweis zu erteilen.[14] Die Vorschrift ergänzt insoweit die in § 28 Abs. 2 Nr. 1, 2, 2 a jeweils Hs 2 lit. a AMG vorgesehene Befugnis (siehe Rn 17 ff).

Soweit Auswirkungen auf die Umwelt zu bewerten sind, entscheidet die zuständige Bundesoberbehörde im **Einvernehmen** mit dem **Umweltbundesamt** bei Auflagen nach den Absätzen 2 bis 3 d. Hierbei handelt es sich insbesondere um Fragen der Herstellung und der Entsorgung.[15] Damit das Umweltbundesamt prüfen kann, ob es sein Einvernehmen erteilt oder nicht, stellt die für die Zulassung zuständige Behörde dem Umweltbundesamt alle zur Beurteilung der Auswirkungen des Arzneimittels auf die Umwelt notwendigen Angaben und Unterlagen zur Verfügung, die sich insbesondere aus § 22 AMG ergeben.[16] Der Begriff „Einvernehmen" – im Gegensatz zum Begriff „Benehmen" – bedeutet die Zustimmung des Umweltbundesamtes. Für den Fall, dass das Umweltbundesamt sein Einvernehmen nicht

---

10 OVG NRW A&R 2009, 134.
11 VG Köln, Urt. v. 16.7.2003 – 24 K 8660/99.
12 Anordnung einer Auflage v. 18.4.1979 „kindergesicherte Verschlüsse".
13 VG Berlin, Urt. v. 1.2.1982 – 14 A 348/80.
14 Rehmann, AMG, § 110 Rn 1.
15 Deutsch/Lippert/*Anker*, AMG, § 28 Rn 5.
16 Vgl amtl. Begr. zum Achten Gesetz zur Änderung des Arzneimittelgesetzes, abgedruckt bei Sander, Arzneimittelrecht, § 28 AMG.

§ 8 Auflagen

erteilt, ist die zuständige Bundesoberbehörde gehindert, die Auflage zu erteilen. Im Streitverfahren um die Zulassungsentscheidung wird die Rechtmäßigkeit des vom Umweltbundesamt verweigerten Einvernehmens mitgeprüft.[17]

II. Ermächtigungskatalog des § 28 AMG

7 Eine detaillierte Regelung der Auflagenbefugnis erfolgt in § 28 Abs. 2 bis 3 d AMG. Die Auflagenermächtigung bezieht sich dabei im Wesentlichen auf die Kennzeichnung des Behältnisses und der äußeren Umhüllung eines Arzneimittels, die nähere Ausgestaltung von Packungsbeilage und Fachinformation sowie die Anordnung spezieller Hinweise oder sonstiger Maßnahmen zur Gewährleistung der Arzneimittelsicherheit. Ob über den Katalog des § 28 AMG hinaus weitere Auflagen denkbar sind, wird in Rechtsprechung und Literatur kontrovers diskutiert (vgl hierzu unten Rn 40 ff).

1. Die einzelnen Auflagenermächtigungen des § 28 Abs. 2 AMG

a) § 28 Abs. 2 Nr. 1, 2, 2 a jeweils Hs 1 AMG

8 § 28 Abs. 2 Nr. 1, 2, 2 a jeweils Hs 1 AMG regeln die Übereinstimmung der Informationstexte eines Arzneimittels mit den gesetzlichen Anforderungen.[18] Danach können Auflagen angeordnet werden, um sicherzustellen, dass die Kennzeichnung des Behältnisses und der äußeren Umhüllung eines Arzneimittels sowie dessen Packungsbeilage und Fachinformation den Vorschriften der §§ 10 bis 11 a AMG entsprechen.

9 Die **Kennzeichnung** bestimmt die Identität des Arzneimittels nach seiner stofflichen Zusammensetzung und Herkunft. Sie unterrichtet über Herkunft, Bezeichnung, Art und ggf den Verwendungszweck des Arzneimittels.[19] Die **Packungsbeilage** dient der Information des Verbrauchers und soll eine sachgerechte Anwendung des Arzneimittels gewährleisten.[20] Die notwendige wissenschaftliche Information der Fachkreise liefert die **Fachinformation**, die zugleich der Entlastung der Packungsbeilage dient.[21]

10 Der Gesetzgeber hat in §§ 10 bis 11 a AMG die näheren Einzelheiten zur Kennzeichnung eines Fertigarzneimittels und zu den erforderlichen Angaben in der Packungsbeilage und in der Fachinformation festgelegt. Packungsbeilage und Fachinformation dienen zwar der Information von Anwendern und Fachkreisen, beinhalten jedoch keine materiell-rechtlichen, die Zulassungsentscheidung selbst betreffenden Regelungen. Auch wenn bspw § 11 Abs. 1 S. 1 Nr. 3 a AMG und § 11 a Abs. 1 S. 2 Nr. 4 c AMG die Aufnahme von Gegenanzeigen vorsehen, so handelt es sich bei dieser Auflagenbefugnis um keine eigenständige Ermächtigungsgrundlage für die Festsetzung von Gegenanzeigen, sondern sie dient lediglich der formalen Umsetzung einer auf der Zulassungsebene zu treffenden materiell-rechtlichen Entscheidung.[22]

aa) Kinder-, Schwangeren- und Stillendenhinweis

11 Vor allem im Rahmen der Nachzulassung verband das BfArM seine Entscheidung häufig mit der Auflage, in die Packungsbeilage und in die Fachinformation den folgenden Hinweis aufzunehmen: „Zur Anwendung des Arzneimittels bei Kindern/Schwangeren/Stillenden liegen keine ausreichend dokumentierten Erfahrungen/keine ausreichenden Untersuchungen

---

17 OVG Lüneburg DÖV 1999, 922.
18 Brixius/Schneider, Nachzulassung und AMG-Einreichungsverordnung, 2004, S. 166.
19 Kloesel/Cyran, Arzneimittelrecht, § 10 AMG Erl. 1.
20 Amtl. Begr., abgedruckt bei Kloesel/Cyran, Arzneimittelrecht, § 11 AMG.
21 Amtl. Begr. zum 2. Änderungsgesetz, abgedruckt bei Kloesel/Cyran, Arzneimittelrecht, § 11 a AMG.
22 BVerwG NVwZ-RR 2007, 776.

vor. Es soll deshalb bei Kindern/Schwangeren/Stillenden nicht angewendet werden." Gestützt wurde diese Auflage überwiegend auf § 28 Abs. 2 AMG, und zwar entweder auf die Befugnis, in der Packungsbeilage/Fachinformation eine Gegenanzeige anzugeben oder auf die Befugnis, einen Warnhinweis anzuordnen.

Gegenanzeigen beschreiben körperliche oder seelische Zustände, bei deren Vorhandensein ein Arzneimittel nicht, nur beschränkt oder nur unter besonderen Voraussetzungen angewendet werden darf. Eine Gegenanzeige kann sich auf das Alter der Patienten, bestimmte Begleitkrankheiten oder gleichzeitig bestehende Funktionsstörungen beziehen.[23] Gegenanzeigen sind das Gegenstück zur Festlegung der Anwendungsgebiete („Indikationen"), die den Einsatzbereich des Arzneimittels bezeichnen.[24] Das Anwendungsgebiet gibt an, welche Krankheiten, Leiden, Körperschäden oder krankhafte Beschwerden geheilt, gelindert, verhütet oder erkannt werden sollen.[25]

Nach der übereinstimmenden neueren Rechtsprechung[26] handelt es sich bei dieser Gegenanzeige der Sache nach um eine Einschränkung im Sinne einer teilweisen Versagung der beantragten Zulassung, die *nicht* auf § 28 Abs. 2 AMG oder § 105 Abs. 5a S. 2 AMG gestützt werden kann. Der Ausschluss einer bestimmten Personengruppe von der Anwendung eines Arzneimittels stellt eine Einschränkung dar, die für den pharmazeutischen Unternehmer und für die auf das Arzneimittel angewiesene Bevölkerung von derselben Bedeutung sein kann wie die Abgrenzung der Anwendungsgebiete eines Arzneimittels. Dabei macht es keinen Unterschied, ob die Formulierung „darf nicht angewendet werden" oder „soll nicht angewendet werden" gewählt worden ist, weil ein verantwortungsbewusster Verbraucher in beiden Fällen von einer Anwendung des Arzneimittels absehen wird, sofern nähere Angaben dazu fehlen, unter welchen Voraussetzungen die Einnahme trotz der angesprochenen fehlenden Untersuchungen gleichwohl unbedenklich sein könnte.[27]

Eine derart formulierte „Auflage" enthält zwei voneinander zu unterscheidende Regelungen, nämlich zum einen konkludent die oben (Rn 13) genannte **Teilversagung** hinsichtlich der Anwendung des Arzneimittels bei der angeführten Personengruppe und zum anderen eine „echte" **Auflage** zur Formulierung der Packungsbeilage und Fachinformation.[28] Dieser Auslegung steht weder der konkrete Wortlaut der Regelung entgegen, die sich formal nur auf die Änderung der Informationstexte bezieht und die Anordnung ausdrücklich als „Auflage" bezeichnet, noch der Hinweis auf § 28 Abs. 2 AMG als Ermächtigungsgrundlage:[29] Der konkrete Inhalt einer Zulassung kann regelmäßig nicht auf den Kerntext des Bescheides beschränkt werden, weil das BfArM in ständiger Verwaltungspraxis in dem „Haupttext" seines Bescheides den Zulassungsinhalt nur torsohaft regelt, insbesondere wesentliche Merkmale des Arzneimittels wie Gegenanzeigen, Dosierung und die Art der Anwendung nicht erwähnt. Aus der fehlenden Erwähnung der oben (Rn 11) genannten Gegenanzeige in dem Haupttext des Bescheides kann auch nicht der Schluss gezogen werden, dass die Zulassung hinsichtlich dieses Merkmales antragsgemäß erfolgt ist, weil der Bescheid ansonsten in sich widersprüchlich wäre. In diesem Falle würden nämlich die Zulassungsentscheidung selbst und die vom BfArM zugleich geforderte Gestaltung der Gebrauchs- und Fachinfor-

---

23 Kloesel/Cyran, Arzneimittelrecht, § 11 AMG Erl. 33.
24 BVerwG NVwZ-RR 2007, 776; OVG NRW A&R 2009, 134.
25 Kloesel/Cyran, Arzneimittelrecht, § 11 AMG Erl. 29.
26 BVerwG NVwZ-RR 2007, 776; OVG NRW PharmR 2005, 497 und A&R 2009, 134; VG Köln, Urt. v. 15.1.2008 – 7 K 3115/04, Urt. v. 26.8.2008 – 7 K 238/06 (zu einer Gegenanzeige für Säuglinge) und Urt. v. 29.9.2008 – 18 K 4987/05; vgl auch Schneider, A&R 2006, 133.
27 BVerwG NVwZ-RR 2007, 776; OVG NRW A&R 2009, 134; VG Köln, Urt. v. 26.8.2008 – 7 K 238/06.
28 OVG NRW A&R 2009, 134 und VG Köln, Urt. v. 15.1.2008 – 7 K 3115/04 jeweils m. ausf. Begr.; anders: BVerwG NVwZ-RR 2007, 776.
29 Anders aber das BVerwG NVwZ-RR 2007, 776 und zunächst auch das OVG NRW PharmR 2005, 497 und A&R 2006, 128: Die Anordnung sei lediglich als eine „echte" Auflage zu verstehen.

mation inhaltlich auseinanderlaufen. Der Bescheid ist deshalb dahin auszulegen, dass mit der oben (Rn 11) genannten „Auflage" hinreichend deutlich zum Ausdruck gebracht wird, dass das Arzneimittel für den in der Gegenanzeige genannten Personenkreis nicht zugelassen wird.[30]

15 Entsprechend dem erkennbaren Rechtsschutzziel dürfte der Klageantrag daher regelmäßig dahin auszulegen sein, dass Klage auf Neubescheidung im Hinblick auf die Teilversagung und zugleich auch Klage auf Aufhebung der „echten" Auflage nach § 28 Abs. 2 AMG erhoben wurde. Da die „echte" Auflage (nur) der formalen Umsetzung der Teilversagung in den Informationstexten dient, ist diese Auflage zwingend aufzuheben, wenn die Teilversagung rechtswidrig und entsprechend aufzuheben ist. Die Teilversagung ist nur rechtmäßig, wenn ein Versagungsgrund nach § 25 Abs. 2 AMG vorliegt und das erforderliche Beanstandungsverfahren ordnungsgemäß durchgeführt worden ist, ohne dass der Antragsteller den Beanstandungen abgeholfen hat. Als möglicher Versagungsgrund dürften regelmäßig eine nicht ausreichende Prüfung des Arzneimittels bzw unzureichendes anderes wissenschaftliches Erkenntnismaterial – § 25 Abs. 2 S. 1 Nr. 2 AMG – oder ein ungünstiges Nutzen-Risiko-Verhältnis – § 25 Abs. 2 S. 1 Nr. 5 AMG – in Betracht kommen. In der Praxis haben Klagen gegen die oben (Rn 11) genannte Gegenanzeige häufig wegen der nicht ordnungsgemäßen Durchführung des Beanstandungsverfahrens Erfolg, weil das BfArM zunächst davon ausging, dass es die Regelungen gemäß § 28 Abs. 2 AMG im Wege einer Auflage treffen durfte und dementsprechend für die Beanstandungen auch kein Mängelbeseitigungsverfahren einleitete.[31]

bb) Weitere Fälle der Teilversagung

16 Auch die einem (Nach-)Zulassungsbescheid beigefügten „Auflagen" zur Streichung der Art der Anwendung,[32] zur Anwendung eines nicht verschreibungspflichtigen homöopathischen Arzneimittels bei Kindern unter zwölf Jahren „nur nach Rücksprache mit einem homöopathisch erfahrenen Arzt",[33] zur Änderung der vom pharmazeutischen Unternehmer beantragten Dosierungsanleitung[34] oder zur Änderung der Bezeichnung der arzneilich wirksamen und sonstigen Bestandteile[35] enthalten neben der Gestaltung der Informationstexte konkludent eine teilweise Versagung des Zulassungsantrags, die mit einer Verpflichtungsklage angegriffen werden kann. Soweit die Klage sich gegen die „echte" Auflage richtet, ist statthafte Klageart eine Anfechtungsklage.

b) § 28 Abs. 2 Nr. 1, 2, 2 a jeweils Hs 2 AMG

17 § 28 Abs. 2 Nr. 1, 2, 2 a jeweils Hs 2 AMG eröffnen es der zuständigen Bundesoberbehörde, auf den Inhalt der Informationstexte selbst Einfluss zu nehmen. Sie kann Hinweise oder Warnhinweise anordnen, soweit sie erforderlich sind, um bei der Anwendung des Arzneimittels eine unmittelbare oder mittelbare Gefährdung der Gesundheit von Mensch oder Tier zu verhüten (§ 28 Abs. 2 Nr. 1, 2, 2 a jeweils Hs 2 lit. a AMG). Darüber hinaus kann sie gemäß § 28 Abs. 2 Nr. 1, 2, 2 a jeweils Hs 2 lit. b AMG auch Aufbewahrungs- und Lagerhinweise anordnen, soweit sie geboten sind, um die erforderliche Qualität des Arzneimittels

---

30 Eingehend hierzu VG Köln, Urt. v. 15.1.2008 – 7 K 3115/04.
31 Vgl bspw VG Köln, Urt. v. 29.9.2008 – 18 K 4987/05 und Urt. v. 17.2.2009 – 7 K 7297/04.
32 VG Köln, Urt. v. 15.1.2008 – 7 K 3115/04.
33 VG Köln, Urt. v. 18.11.2008 – 7 K 8670/99.
34 OVG NRW, Urt. v. 11.2.2009 – 13 A 385/07 und VG Köln, Urt. v. 26.8.2008 – 7 K 238/06, jeweils mwN.
35 OVG NRW MedR 2008, 736 (zur Angabe des Zusatzes „geschnitten" bei der Auflistung der Bestandteile eines Arzneitees).

zu erhalten. Schließlich kann sie in der Fachinformation Hinweise auf Auflagen nach § 28 Abs. 3 AMG anordnen (siehe Rn 34 f).

aa) Hinweise und Warnhinweise, insbesondere differentialdiagnostischer Hinweis

Hinweise und Warnhinweise dienen der präventiven **Gefahrenabwehr**. Sie sollen die Patienten vor potenziellen Gefahren bei der Anwendung des Arzneimittels schützen. Diese Auflagenbefugnis ist allerdings nicht unbegrenzt, da die Hinweise und Warnhinweise nach den Erkenntnissen der medizinischen Wissenschaft erforderlich sein müssen. Die Zulassungsbehörde ist insoweit darlegungs- und beweispflichtig. Praxisrelevant ist in diesem Zusammenhang der sog. differentialdiagnostische Hinweis.

Differentialdiagnostische Hinweise dienen u.a. der Abgrenzung von Erkrankungen, die sich zwar durch gleiche oder ähnliche Symptome bemerkbar machen, die aber verschiedene Ursachen haben und sich nach Art und Schwere unterschiedlich auswirken können.[36] Sie lauten beispielsweise:

- „Bei anhaltenden und wiederholten Verdauungsbeschwerden wie Völlegefühl, Übelkeit oder Blähungen sollte ein Arzt aufgesucht werden."
- „Bei leichten Krämpfen im Magen-Darm-Bereich, Blähungen oder Völlegefühl, die länger als eine Woche andauern oder regelmäßig wiederkehren, ist ein Arzt aufzusuchen."

Mit ihnen werden die Grenzen der Selbstmedikation aufgezeigt. Das AMG fordert bei zwei Gruppen von Arzneimitteln explizit einen „differentialdiagnostischen Hinweis", nämlich bei in das Register eingetragenen homöopathischen Arzneimitteln (§ 11 Abs. 3 S. 1 iVm § 10 Abs. 4 S. 1 Nr. 10 AMG) und bei traditionellen pflanzlichen Arzneimitteln nach § 39a AMG (§ 11 Abs. 3 b S. 2 iVm § 10 Abs. 4 a S. 1 Nr. 2 AMG). Darüber hinaus ist in der Rechtsprechung höchstrichterlich geklärt, dass ein differentialdiagnostischer Hinweis bei einem nach § 109a Abs. 3 AMG zugelassenen Arzneimittel ohne heilenden Indikationsanspruch nicht aufgrund des § 28 Abs. 2 Nr. 1 lit. a AMG verlangt werden kann.[37] Ausgangspunkt der Entscheidung sind die Besonderheiten der traditionellen Arzneimittel. Der Gesetzgeber hat in § 109a Abs. 3 AMG bewusst auf einen Wirksamkeitsnachweis verzichtet. Er hat dies getan, weil es sich um Arzneimittel handelt, die seit langem im Verkehr sind und deren Anwendung kaum Risiken birgt. Gleichzeitig hat er in § 109a Abs. 3 AMG angeordnet, dass dies durch einen entsprechenden Hinweis auf Behältnis, Umhüllung und Packungsbeilage des Arzneimittels deutlich gemacht wird. Diese Hinweise sieht der Gesetzgeber als ausreichende Aufklärung über Charakter und Funktion der traditionellen Arzneimittel an. Daher ist für einen Hinweis des Inhalts, dass bei gravierenden Beschwerden ein Arzt zu Rate gezogen werden sollte, kein Raum. Ob diese Überlegungen auch auf andere als traditionelle Arzneimittel übertragen werden können, ist in der Rechtsprechung bislang noch nicht höchstrichterlich geklärt. Nach der Rechtsprechung des Oberverwaltungsgerichts für das Land Nordrhein-Westfalen[38] lässt sich dem Beschluss des BVerwG vom 20.12.2006[39] nicht ohne Weiteres entnehmen, dass ein entsprechender Hinweis bei freiverkäuflichen Arzneimitteln generell unzulässig wäre.[40] Auch der Einwand des BVerwG, dass ein entsprechender Hinweis das System des AMG verlasse, als er mit dem dafür genannten Grund des fehlenden Wirksamkeitsnachweises nicht korreliere, ist auf die Besonderheiten traditioneller Arzneimittel zu beziehen. Dass ein solcher Hinweis generell aus dem Rege-

---

36 OVG Berlin, Urt. v. 16.8.2001 – 5 B 3.00.
37 BVerwG PharmR 2007, 110.
38 OVG NRW, Urt. v. 11.2.2009 – 13 A 976/07.
39 BVerwG PharmR 2007, 110.
40 AA Kleist, Differentialdiagnostischer Hinweis – quo vadis?, in: Wartensleben u.a. (Hrsg.), Iuri pharmaceutico deditus, FS Axel Sander zum 65. Geburtstag, 2008, S. 149, 153 f.

lungszusammenhang herausfällt, ist nicht anzunehmen. Dagegen spricht bereits, dass der Gesetzgeber den „differentialdiagnostischen Hinweis" – wie oben bereits ausgeführt – selbst für bestimmte Gruppen von Arzneimitteln angeordnet hat.[41] Dass § 11 Abs. 1 S. 1 AMG den differentialdiagnostischen Hinweis nicht erwähnt, ist ebenfalls unschädlich, da die Auflagen die Angaben einer „Vorsichtsmaßnahme für die Anwendung" (§ 11 Abs. 1 S. 1 Nr. 3 b AMG) oder eines „Warnhinweises" (§ 11 Abs. 1 S. 1 Nr. 3 d AMG) betreffen.[42] Dass der Gesetzgeber den differentialdiagnostischen Hinweis bei sonstigen Arzneimitteln hat ausschließen wollen, lässt sich aus den gesetzlich geregelten Fällen nicht schließen, da diese Vorschriften Rechtsetzungsverfahren auf europäischer Ebene entstammen, bei denen nicht das AMG als Ganzes im Fokus stand, sondern besondere Regelungen für bestimmte Gruppen von Arzneimitteln geschaffen werden sollten.[43] Auch den Begründungen der Umsetzungsgesetze lässt sich nicht entnehmen, dass der Gesetzgeber über die Frage der Zulässigkeit oder Erforderlichkeit eines differentialdiagnostischen Hinweises bei anderen Arzneimitteln eine Regelung hat treffen wollen.[44]

20 Rechtsgrundlage für den differentialdiagnostischen Hinweis ist § 28 Abs. 2 Nr. 2 lit. a, Nr. 1 lit. a AMG. Tatbestandliche Voraussetzung ist zunächst eine bei der Anwendung des Arzneimittels **drohende Gefährdung der Gesundheit von Mensch oder Tier**. Nach der Rechtsprechung des Oberverwaltungsgerichts für das Land Nordrhein-Westfalen wird als „Gefahr" im Allgemeinen eine Sachlage bezeichnet, die bei ungehindertem Ablauf den Eintritt eines Schadens erwarten lässt.[45] Die für die Annahme einer Gefahr erforderliche Wahrscheinlichkeit hängt maßgeblich von dem gefährdeten Schutzobjekt ab. Da es sich bei den Gefährdungen im Zusammenhang mit der Anwendung des Arzneimittels, vor denen die Auflage schützen soll, schon tatbestandlich um Gefährdungen der Gesundheit handeln muss und damit ein hochrangiges Rechtsgut betroffen ist, sind die Anforderungen an die Wahrscheinlichkeit des Schadenseintritts eher gering. Allerdings muss beachtet werden, dass es nicht lediglich um eine Maßnahme der Risikovorsorge gehen darf. Denn der Gesetzgeber unterscheidet im AMG zwischen dem Begriff der Gefahr und demjenigen des Risikos, den er etwa in § 4 Abs. 27 und § 28 Abs. 3 c AMG verwendet und in § 6 Abs. 1 S. 1 letzter Hs AMG sogar dem Begriff der Gefahr gegenüberstellt.[46]

21 Weitere Tatbestandsvoraussetzung ist eine **bei der Anwendung des Arzneimittels** drohende Gefahr. Dies bedeutet, dass die drohende Gefahr durch die Anwendung des Arzneimittels hervorgerufen wird.[47] Mit diesem Tatbestandsmerkmal ist die **Kausalität** angesprochen. Da der Gesetzgeber neben der unmittelbaren ausdrücklich auch eine mittelbare Gefährdung (vgl § 6 Abs. 1 S. 1 AMG) genügen lässt, sind an die Kausalität keine hohen Anforderungen zu stellen. Erforderlich, aber auch ausreichend, ist vielmehr, dass die Anwendung des Arzneimittels die in Rede stehende Gefahr hervorruft oder mehr als unwesentlich erhöht, auch wenn zur Realisierung der Gefahr weitere Umstände hinzutreten müssen.[48] Umstritten und in der Rechtsprechung bislang noch nicht geklärt ist die Frage, ob die Auflagenermächtigung durch den Zusatz „bei der Anwendung des Arzneimittels" auf die Abwehr solcher Gefahren begrenzt wird, die im Rahmen des bestimmungsgemäßen Gebrauchs des Arzneimittels ent-

---

41 OVG NRW, Urt. v. 11.2.2009 – 13 A 976/07.
42 Das OVG NRW lässt dies in seiner Entscheidung v. 11.2.2009 – 13 A 976/07 offen, da sich der differentialdiagnostische Hinweis jedenfalls unter § 11 Abs. 1 S. 5 AMG idF der 14. AMG-Novelle bzw § 11 Abs. 1 S. 4 AMG aF einordnen lasse („weitere Angaben").
43 OVG NRW, Urt. v. 11.2.2009 – 13 A 976/07.
44 Vgl BT-Drucks. 12/6480, 19 und BT-Drucks. 15/5316, 34 f.
45 OVG NRW, Urt. v. 11.2.2009 – 13 A 976/07.
46 OVG NRW, Urt. v. 11.2.2009 – 13 A 976/07.
47 Vgl BVerwG NJW 2007, 859.
48 OVG NRW, Urt. v. 11.2.2009 – 13 A 976/07 mwN.

stehen können, oder ob auch der nicht bestimmungsgemäße Gebrauch erfasst wird.[49] Sinn und Zweck der Kennzeichnungsvorschriften und der Packungsbeilage ist es, die Verbraucher über das zugelassene Arzneimittel zu informieren und auf diese Weise eine sachgerechte Anwendung zu gewährleisten.[50] Ausgehend hiervon setzt der Begriff „der Anwendung des Arzneimittels" eine sachgerechte Anwendung voraus. Eine sachgerechte oder bestimmungsgemäße Anwendung liegt dann vor, wenn sie sich im Rahmen der zugelassenen Anwendungsgebiete – Pflichtangabe in der Packungsbeilage nach § 11 Abs. 1 S. 1 Nr. 6 AMG – hält.[51] Fiele auch die nicht sachgerechte bzw nicht bestimmungsgemäße Anwendung unter die Auflagenbefugnis und müsste dementsprechend auch vor aus einer solchen Anwendung resultierenden Gesundheitsgefahren durch Auflagen gewarnt werden, würde dies die Kapazität der Zulassungsbehörde sprengen, weil unzählige solcher Fälle denkbar sind, die die Behörde zumindest im Rahmen des eingeräumten Ermessens mit in den Blick nehmen müsste.[52] Auch für den pharmazeutischen Unternehmer ergäben sich ggf nicht beherrschbare Risiken.

bb) Aufbewahrungs- und Lagerhinweise

Die zuständige Bundesoberbehörde kann gemäß § 28 Abs. 2 AMG Aufbewahrungs- und Lagerhinweise für die Erhaltung der erforderlichen Qualität des Arzneimittels anordnen. Zweck dieser Auflagenbefugnis ist es, die **Qualität** des Arzneimittels während der Laufzeit bzw die Haltbarkeit des Arzneimittels zu erhalten.[53] Die Qualität ist in § 4 Abs. 15 AMG als die Beschaffenheit eines Arzneimittels definiert, die nach Identität, Gehalt, Reinheit, sonstigen chemischen, physikalischen, biologischen Eigenschaften oder durch das Herstellungsverfahren bestimmt wird. Die Erhaltung der Qualität ist unabdingbare Voraussetzung für das Arzneimittel, da gemäß § 55 Abs. 8 S. 1 AMG Arzneimittel nur hergestellt und zur Abgabe an den Verbraucher im Geltungsbereich dieses Gesetzes in den Verkehr gebracht werden dürfen, wenn die in ihnen enthaltenen Stoffe und ihre Darreichungsformen den anerkannten pharmazeutischen Regeln entsprechen. Zudem muss im Rahmen des Zulassungsverfahrens nachgewiesen werden, dass das Arzneimittel die nach den anerkannten pharmazeutischen Regeln angemessene Qualität aufweist. Gelingt der Nachweis nicht, wird die Zulassung versagt (vgl § 25 Abs. 2 S. 1 Nr. 3 AMG).

Das Gesetz unterscheidet zwischen Aufbewahrungs- und Lagerhinweisen. **Aufbewahrungshinweise** richten sich an den Verbraucher, **Lagerhinweise** an die Fachkreise. Unter Aufbewahrung wird der Verbleib des Arzneimittels beim Verbraucher verstanden.[54] Aufbewahrungshinweise für den Verbraucher können sein: „Vor Licht geschützt aufbewahren", „Nach Gebrauch sofort gut verschließen", „In der Originalverpackung aufbewahren". Der Begriff „**Fachkreise**" ist im AMG selbst nicht geregelt. Hier kann auf die Legaldefinition des Heilmittelwerbegesetzes (HWG) zurückgegriffen werden. Nach § 2 HWG sind Fachkreise Angehörige der Heilberufe oder des Heilgewerbes, Einrichtungen, die der Gesundheit von Mensch oder Tier dienen, oder sonstige Personen, soweit sie mit Arzneimitteln, Medizinprodukten, Verfahren, Behandlungen, Gegenständen oder anderen Mitteln erlaubterweise Handel treiben oder sie in Ausübung ihres Berufes anwenden.

---

49 Vgl dazu OVG NRW, Urt. v. 10.11.2005 – 13 A 4246/03; OVG Berlin, Beschl. v. 9.6.2000 – 5 N 32.99; Brixius/Schneider, Nachzulassung und AMG-Einreichungsverordnung, 2004, S. 170 f.
50 Vgl die Begr. zum Entwurf der Bundesregierung eines Gesetzes zur Neuordnung des Arzneimittelrechts, BT-Drucks. 7/3060, 46 f (zu § 11).
51 Vgl OVG NRW, Urt. v. 10.11.2005 – 13 A 4246/03.
52 Vgl OVG NRW, Urt. v. 10.11.2005 – 13 A 4246/03.
53 Vgl Brixius/Schneider, Nachzulassung und AMG-Einreichungsverordnung, 2004, S. 174.
54 Vgl Sander, Arzneimittelrecht, § 11 AMG Erl. 17.

§ 8 Auflagen

24 Die Europäische Arzneimittelagentur hat eine Empfehlung „**Declaration of Storage Conditions (A) in the Product Information of Medicinal Products**"[55] herausgegeben, um einheitliche in die Etikettierung von Arzneimitteln aufzunehmende Angaben zu den Lagerungsbedingungen festzulegen.[56] Der wesentliche Teil dieser Leitlinie wird nachfolgend in deutscher Sprache wiedergegeben:

4. Lagerungshinweise

Die angegebenen Lagerungsbedingungen müssen für den Anwender befolgbar sein. Die Hinweise sind daher auf in der Praxis umsetzbare Vorgaben zu beschränken. Die zum Zeitpunkt der Einreichung vorgelegten Ergebnisse aus Haltbarkeitsuntersuchungen sollen als Richtschnur dienen, wobei zwischen den Angaben auf der Etikettierung und den nachgewiesenen Haltbarkeitseigenschaften des Fertigarzneimittels ein direkter Zusammenhang bestehen soll. Allerdings kann ein Lagerungshinweis nicht als Ersatz für ungenügende Haltbarkeitsdaten, wie zB den Verzicht auf Stabilitätsuntersuchungen unter beschleunigten Alterungsbedingungen oder Zwischenprüfungen „missbraucht" werden. Die Verwendung von Begriffen wie „Raumtemperatur" oder „Umgebungsbedingungen" ist nicht akzeptabel.

Untersuchungsbedingungen, unter denen das Präparat stabil ist	Obligatorische Angabe auf Etikettierung	Ggf Zusatzhinweis auf Etikettierung
25°C/60 % r.F. (Langzeitprüfung) 40°C/75 % r.F. (beschleunigte Prüfung) oder 30°C/65 % r.F. (Langzeitprüfung) 40°C/75 % r.F. (beschleunigt)	*Keine****	*Nicht im Kühlschrank lagern oder einfrieren*
25°C/60 % r.F. (Langzeitprüfung 30°C/60 oder 65 % r.F. (Zwischenprüfung) oder 30°C/65 r.F. (Langzeitprüfung)	*Nicht über 30°C lagern oder unter 30°C lagern*	*Nicht im Kühlschrank lagern oder einfrieren*
25°C/60 %r.F. (Langzeitprüfung)	*Nicht über 25°C lagern oder unter 25°C lagern*	*Nicht im Kühlschrank lagern oder einfrieren*
5°C±3°C (Langzeitprüfung)	*Im Kühlschrank lagern oder kühl aufbewahren und transportieren* **** **	*Nicht einfrieren*

---

55 Abgedruckt in englischer Sprache unter Kap. 2.73 a in K. Feiden, Arzneimittelprüfrichtlinien, 29. Akt.lfg. 2009.
56 Vgl A.2 der "Declaration of Storage Conditions (A) in the Product Information of Medicinal Products".

Untersuchungsbedingungen, unter denen das Präparat stabil ist	Obligatorische Angabe auf Etikettierung	Ggf Zusatzhinweis auf Etikettierung
Unter 0°C	Im Gefrierschrank lagern oder tiefgekühlt aufbewahren und transportieren ***** **	

* Je nach Darreichungsform und Eigenschaften des Präparats besteht bei Exposition gegenüber niedrigen Temperaturen infolge physikalischer Veränderungen unter Umständen die Gefahr einer Qualitätsminderung. In bestimmten Fällen können sich niedrige Temperaturen auch auf die Verpackung auswirken. Zur Berücksichtigung dieser Möglichkeiten ist ggf ein entsprechender Zusatzhinweis aufzunehmen.

** In die Fachinformation (SPC) und die Gebrauchsinformation (PIL) ist ein entsprechender Verweis auf den jeweiligen Temperaturbereich, zB (2°C – 8°C), aufzunehmen.

***In die Fachinformation (SPC) und die Gebrauchsinformation (PIL) ist Folgendes aufzunehmen: Für dieses Arzneimittel sind keine besonderen Lagerungsbedingungen erforderlich.

****Bei der Entscheidung, ob beim Transport eine Kühlung erforderlich ist, sind die bei 25°C/60 % r.F. (beschleunigt) erarbeiteten Haltbarkeitsdaten zu berücksichtigen. Diese Angabe ist nur in Ausnahmefällen aufzunehmen.

*****Die Angabe ist nur dann aufzunehmen, wenn sie unbedingt erforderlich ist.

Eine Empfehlung allgemeiner Art über **Lagerhinweise für Fertigarzneimittel** hat auch der **Bundesminister für Jugend, Familie, Frauen und Gesundheit** veröffentlicht.[57] Diese Empfehlung, die dem Zweck dient, unnötige und nicht sachgerechte Lagerungshinweise für Fertigarzneimittel zu vermeiden und die erforderlichen Hinweise zu vereinheitlichen, gilt für eine länger dauernde Aufbewahrung durch die Fachkreise (Lagerung). Während kurzzeitiger Unterbrechungen (zB beim Transport) kann von der Beachtung der Hinweise abgesehen werden, wenn nicht ausdrücklich ihre Einhaltung gefordert wird (zB Kühlkette). Die Hinweise lauten:

25

1. Fertigarzneimittel sind im Normalfall bei Raumtemperatur lagerungsfähig. Sie bedürfen dann keines besonderen Lagerungshinweises. Dabei wird davon ausgegangen, dass eine Lagerungstemperatur von +2°C nicht unterschritten wird, es sei denn, dass ein anderslautender Hinweis angebracht ist.
2. Soweit im Interesse der Erhaltung einer einwandfreien Beschaffenheit der Fertigarzneimittel die Überschreitung einer bestimmten Temperatur vermieden werden soll, sollen folgende Hinweise verwendet werden:
   – „Nicht über 25° C lagern!"
   – „Nicht über 20° C lagern!"
   – „Nicht über 8° C lagern!"
3. Zäpfchen sollen nur in besonders begründeten Fällen einen Lagerungshinweis erhalten, weil in Fachkreisen bekannt ist, dass sie nicht – auch nicht kurzfristig – über 30° C gelagert werden dürfen.

---

57 Bekanntmachung v. 1.3.1989 (BAnz, S. 1216).

4. *Lagerungshinweise sind an gut sichtbarer Stelle auf dem Behältnis und, soweit verwendet, auf der äußeren Umhüllung in gut lesbarer Schrift anzugeben.*

c) § 28 Abs. 2 Nr. 3 AMG

26 Die inhaltliche Übereinstimmung der Informationstexte mit den Zulassungsunterlagen ist in § 28 Abs. 2 Nr. 3 AMG geregelt. Diese Vorschrift regelt die Anpassung der Informationstexte an die vom Antragsteller eingereichten Unterlagen, ist jedoch dahin auszulegen, dass damit ggf auch eine Anpassung an die eingereichten Unterlagen in der genehmigten Form gemeint ist.[58] Weicht die Zulassungsentscheidung von den Zulassungsunterlagen ab, so ist auch der Text von Packungsbeilage und Fachinformation entsprechend zu korrigieren.

27 Die Vorschrift stellt überdies sicher, dass dabei einheitliche und allgemeinverständliche Begriffe und ein einheitlicher Wortlaut verwendet werden. Die Auflagenbefugnis beschränkt sich insoweit nicht nur auf die Änderung einzelner Formulierungen des vom Antragsteller vorgelegten Textentwurfs. Die zuständige Bundesoberbehörde darf vielmehr auch umfassendere Textgestaltungen vorgeben, die auf vorab entwickelten **Mustertexten** beruhen und der Verwendung für eine Mehrzahl vergleichbarer Arzneimittel dienen sollen.[59]

28 Eine weitergehende Ermächtigung enthält § 28 Abs. 2 Nr. 3 AMG jedoch nicht, auch nicht aus den in der Vorschrift genannten Gründen der Arzneimittelsicherheit, Transparenz oder rationellen Arbeitsweise. Da der Regelungsgehalt der Norm eher formeller Art ist,[60] kann hierdurch insbesondere nicht die Zulassung selbst eingeschränkt oder der Hinweis verlangt werden, der pharmazeutische Unternehmer habe bestimmte Unterlagen nicht vorgelegt bzw bestimmte Untersuchungen nicht durchgeführt.[61] Zwar bleibt nach § 28 Abs. 2 Nr. 3 Hs 1 AMG die Angabe weiterer Gegenanzeigen, Nebenwirkungen und Wechselwirkungen zulässig. Diese Regelung soll jedoch lediglich eine Änderung der Angaben ermöglichen, wenn weitere Gegenanzeigen, Nebenwirkungen oder Wechselwirkungen nach § 29 AMG angezeigt werden.[62] Auch § 28 Abs. 2 Nr. 3 Hs 3 AMG erlaubt keine Beschränkung der Zulassung selbst, sondern bietet die Möglichkeit, aus therapeutischen Gründen zugelassene Anwendungsgebiete in der Packungsbeilage zu „verschweigen".[63]

d) § 28 Abs. 2 Nr. 4 AMG

29 § 28 Abs. 2 Nr. 4 AMG ermächtigt die Bundesoberbehörde zur Anordnung therapiegerechter Packungsgrößen. Unter **Packungsgröße** ist die in einem Behältnis für Arzneimittel jeweils enthaltene Menge des Arzneimittels zu verstehen. Die Bundesoberbehörde kann dem pharmazeutischen Unternehmer aus Gründen der Arzneimittelsicherheit auferlegen, kleinere oder größere Packungen als vorgesehen in den Verkehr zu bringen. Beurteilungskriterium für die Bestimmung der angemessenen Packungsgröße ist das jeweilige Anwendungsgebiet und die vorgesehene Therapiedauer: Zu kleine Packungen können zu einer Verschleppung der Krankheit führen und zu große Packungen evtl einer bestimmungswidrigen (weiteren)

---

58 OVG NRW PharmR 2005, 497; VG Köln, Urt. v. 15.1.2008 – 7 K 3115/04.
59 OVG NRW PharmR 2009, 94.
60 Brixius/Schneider, Nachzulassung und AMG-Einreichungsverordnung, 2004, S. 176.
61 Vor allem im Zusammenhang mit dem „Kinderhinweis" berief das BfArM sich wiederholt auf eine derartige Befugnis.
62 BVerwG NVwZ-RR 2007, 776 unter Bezugnahme auf die amtl. Begr. zum Entwurf des 3. AMG-Änderungsgesetzes, BT-Drucks. 11/2357, 7.
63 OVG NRW PharmR 2005, 497; Kloesel/Cyran, Arzneimittelrecht, § 28 AMG Erl. 30.

Verwendung⁶⁴ Vorschub leisten. Weichen der Packungsinhalt eines Arzneimittels und die übliche Therapiedauer nicht unerheblich voneinander ab, darf die Behörde einschreiten.⁶⁵

Im Jahr 1980 legten die Arbeitsgemeinschaft der Berufsvertretungen Deutscher Apotheker, die Kassenärztliche Bundesvereinigung, der Bundesverband der Pharmazeutischen Industrie e.V. und die Spitzenverbände der Gesetzlichen Krankenversicherung in der „**Empfehlung über therapiegerechte Packungsgrößen**"⁶⁶ Richtwerte für oral zu applizierende Arzneimittel im ambulanten Bereich fest. Danach war grundsätzlich zwischen drei unterschiedlichen Packungsgrößen zu unterscheiden:

N1: („Kleinpackung")	■ Arzneimittelmenge für eine Kurzzeitbehandlung ■ zur Verschreibung bei Verträglichkeitstests
N2: („Normalpackung")	■ zur Behandlung von Krankheiten mit mittlerer Verlaufsdauer
N3: („Großpackung")	■ zur Dauermedikation

Diese Dreiteilung der Packungsgrößen wurde in der Folgezeit wiederholt aufgegriffen, vgl die Ermächtigung zur Festlegung der Packungsgrößen in § 12 Abs. 3 AMG und die auf § 31 Abs. 4 S. 1 SGB V beruhende **Packungsgrößenverordnung vom 22.6.2004** (BGBl. I, 1318), zuletzt geändert durch die Verordnung vom 12.12.2008 (BGBl. I, 2445). In der Packungsgrößenverordnung ist für bestimmte Arzneimittelgruppen und unterschiedliche Darreichungsformen im Einzelnen näher festgelegt, welche Stückzahl oder Menge die Packungsgrößen N1, N2 oder N3 jeweils enthalten sollen. Zwar bezieht sich die Packungsgrößenverordnung im Wesentlichen nur auf Fertigarzneimittel, die von einem Vertragsarzt für Versicherte verordnet und zulasten der gesetzlichen Krankenversicherung abgegeben werden können, vgl § 1 Abs. 1 und § 2 Abs. 6 S. 1 der Verordnung. Da diese Verordnung jedoch auch therapiegerechte Packungsgrößen zum Ziel hat, können die dort angegebenen Messzahlen für die Entscheidung nach § 28 Abs. 2 Nr. 4 AMG wichtige Anhaltspunkte bieten.

e) § 28 Abs. 2 Nr. 5 AMG

§ 28 Abs. 2 Nr. 5 AMG regelt Einzelheiten zum Arzneimittelbehältnis, soweit dies zur Gewährleistung der Einhaltung der Dosierungsanleitung oder zur Verhütung einer Missbrauchsgefahr durch Kinder geboten ist.

Der Begriff des **Behältnisses** ist identisch mit dem Begriff der „Primärverpackung" nach Art. 1 Nr. 23 RL 2001/83/EG vom 6.11.2001 zur Schaffung eines Gemeinschaftskodexes für Humanarzneimittel. Hierunter versteht man jede Form der Arzneimittelverpackung, die unmittelbar mit dem Arzneimittel in Berührung kommt (zB Flaschen, Ampullen, Tuben). Unter der **äußeren Umhüllung** ist demgegenüber diejenige Verpackung zu verstehen, in der die Primärverpackung enthalten ist, vgl Art. 1 Nr. 24 RL 2001/83/EG vom 6.11.2001.

§ 28 Abs. 2 Nr. 5 AMG ermächtigt die Bundesoberbehörde zur Anordnung konkreter Vorkehrungen mechanischer oder vergleichbarer Art zur Gewährleistung einer hinreichenden Dosiergenauigkeit. Die Anordnung ist geboten, wenn ein durchschnittlicher Verbraucher die erforderliche Dosis nicht ohne ein Hilfsmittel abmessen kann, das im Allgemeinen im

---

64 VG Köln, Urt. v. 22.11.2005 – 7 K 5513/03 zu einer Injektionslösung, bei der Restmengen aus Gründen der Keimfreiheit sofort zu verwerfen waren.
65 Brixius/Schneider, Nachzulassung und AMG-Einreichungsverordnung, 2004, S. 179; anders: Sander, Arzneimittelrecht, § 28 AMG, Erl. 9: eine Auflage sei nur in gravierenden Fällen zulässig, also lediglich bei einer evidenten Unangemessenheit der Packungsgröße.
66 Abgedruckt in Sander, Arzneimittelrecht, Anhang II/8 b.

Haushalt nicht ohne weiteres verfügbar ist. Eine **Dosierungsvorrichtung** (Messbecher etc.) kann demnach zum Beispiel zum Abmessen konkreter ml-Angaben angeordnet werden. Die Dosierungsvorrichtung muss dabei nicht zwingend mit dem Behältnis fest verbunden sein, ein räumlich-funktionaler Bezug zwischen dem Behältnis und der Sicherheitsvorkehrung reicht aus.[67]

32 Von einer generellen Anordnung **kindergesicherter Verschlüsse** sah der Gesetzgeber bewusst ab; die oberste Bundesbehörde soll von der Auflagenbefugnis des § 28 Abs. 2 Nr. 5 AMG aus Gründen der Arzneimittelsicherheit und soweit es der Stand von Wissenschaft und Technik erlaubt, Gebrauch machen.[68] Für die Anordnung eines kindersicheren Behältnisses reicht die potenzielle Gefährlichkeit eines Stoffes für Kinder aus, es ist nicht erforderlich, dass von dem betroffenen Arzneimittel bereits eine konkrete Gefahr für Kinder ausgegangen ist.[69] Das Bundesgesundheitsamt hat für verschiedene Stoffe, bei denen es eine erhöhte Vergiftungsgefahr für Kleinkinder sah, eine entsprechende Anordnung im Wege der Allgemeinverfügung getroffen. Die Anordnungen beziehen sich auf Schlafmittel, Schmerzmittel, Husten- und Beruhigungsmittel sowie Eisenpräparate. Eine alphabetische Liste aller betroffenen Stoffe kann – ebenso wie eine Aufstellung der Verpackungsarten, die den einschlägigen Normen entsprechen – vom BfArM abgerufen werden.[70]

2. Weitere Ermächtigungen des § 28 AMG
a) § 28 Abs. 2 a AMG

33 Die Auflagenbefugnis des § 28 Abs. 2 a AMG ist durch das 4. Änderungsgesetz eingeführt worden. Danach kann die Zulassungsbehörde Warnhinweise nach Absatz 2 auch anordnen, um sicherzustellen, dass das Arzneimittel nur von Ärzten bestimmter Fachgebiete verschrieben und unter deren Kontrolle oder nur in Kliniken oder Spezialkliniken oder in Zusammenarbeit mit solchen Einrichtungen angewendet werden darf, wenn dies erforderlich ist, um bei der Anwendung eine unmittelbare oder mittelbare Gefährdung der Gesundheit von Menschen zu verhüten, insbesondere wenn die Anwendung des Arzneimittels nur bei Vorhandensein besonderer Fachkunde oder besonderer therapeutischer Einrichtungen unbedenklich erscheint. Solche Warnhinweise dienen der Arzneimittelsicherheit und erleichtern gleichzeitig die Zulassungsentscheidung.[71] Denn mit diesen Arten von Arzneimitteln, die nur durch **Ärzte bestimmter Fachrichtungen** verschrieben werden dürfen, sind Risiken verbunden, die es ohne den Warnhinweis zu einem bedenklichen Arzneimittel machen würden, deren Zulassung versagt werden müsste. Durch den Warnhinweis werden diese Arzneimittel aber beherrschbar.[72] Da § 28 Abs. 2 a AMG auf Absatz 2 verweist, ist der Warnhinweis sowohl auf dem Behältnis und auf der äußeren Umhüllung als auch in der Packungsbeilage sowie in der Fachinformation anzugeben.[73] Durch die Angabe des Warnhinweises schützt sich auch der pharmazeutische Unternehmer, da er bei Anwendung der Arzneimittel durch nicht zum Kreis der Berechtigten gehörende Ärzte keiner Haftung ausgesetzt wird.[74] Aller-

---

67 Vgl zu den vorstehenden Ausführungen VG Köln, Urt. v. 27.8.2003 – 24 K 6074/01 (Ausstattung eines Arzneimittels mit einer Dosierungsvorrichtung, wie zB Kippspender, Messbecher oder einer entsprechenden Verschlusskappe); kritisch hierzu Brixius/Schneider, Nachzulassung und AMG-Einreichungsverordnung, 2004, S. 182 f.
68 Vgl Ausschussbericht, abgedruckt bei Kloesel/Cyran, Arzneimittelrecht, § 28 AMG.
69 VG Berlin, Urt. v. 1.2.1982 – 14 A 366.80.
70 <http://www.bfarm.de>; eine Übersicht über den aktuellen Wissensstand und die wichtigsten Standards gibt Abelmann, Kindergesicherte Verpackungen für pharmazeutische Produkte, pharmind 2008, 934.
71 Vgl amtl. Begr., abgedruckt bei Kloesel/Cyran, Arzneimittelrecht, § 28 AMG.
72 Vgl Sander, Arzneimittelrecht, § 28 AMG Erl. 10 a.
73 So auch Sander, Arzneimittelrecht, § 28 AMG Erl. 10 a.
74 Vgl Sander, Arzneimittelrecht, § 28 AMG Erl. 10 a.

dings sollte der pharmazeutische Unternehmer „unverkäufliche" Muster auch nur an die entsprechenden Fachärzte abgeben. Der Arzt, der nicht zur Fachgruppe gehört und das mit einem ordnungsgemäßen Warnhinweis versehene Arzneimittel dennoch verschreibt, wird – sollte sein Patient zu Schaden kommen – einem erhöhten Haftungsrisiko ausgesetzt sein.[75] Zur Unwirksamkeit der Verschreibung durch andere Ärzte führt ein Warnhinweis jedoch nicht.[76] Zur Verschreibungspflicht insgesamt wird auf § 25 des Handbuchs verwiesen. Schließlich kann die Anwendung des Arzneimittels auch auf **bestimmte Kliniken** beschränkt werden, die über besondere therapeutische Einrichtungen verfügen. Beispielhaft sei hier die Intensivstation genannt, auf der gezielt Gegenmaßnahmen ergriffen werden können, wenn es zu Zwischenfällen bei der Arzneimitteltherapie kommt.[77] Für die Auslegung der Tatbestandsvoraussetzungen „drohende Gefährdung der Gesundheit von Mensch oder Tier" und „bei der Anwendung des Arzneimittels" kann auf die Rechtsprechung, die beim allgemeinen Warnhinweis am Beispielfall des differentialdiagnostischen Hinweises wiedergegeben ist, verwiesen werden (siehe Rn 19 ff).

b) § 28 Abs. 3 AMG

Gemäß § 28 Abs. 3 AMG kann die zuständige Bundesoberbehörde durch Auflagen ferner anordnen, dass weitere analytische, pharmakologisch-toxikologische oder klinische Prüfungen durchgeführt werden und über die Ergebnisse berichtet wird, wenn hinreichende Anhaltspunkte dafür vorliegen, dass das **Arzneimittel einen großen therapeutischen Wert** haben kann und deshalb ein öffentliches Interesse an seinem unverzüglichen Inverkehrbringen besteht, jedoch für die umfassende Beurteilung des Arzneimittels weitere wichtige Angaben erforderlich sind. Diese Auflagenbefugnis der Zulassungsbehörde wurde durch das 4. Änderungsgesetz eingeführt. Mit dieser Ausnahmevorschrift will der Gesetzgeber der Gefahr begegnen, dass dringend benötigte Arzneimittel durch ein langes Zulassungsverfahren den Patienten vorenthalten werden. Die Zulassungsbehörde soll in die Lage versetzt werden, insbesondere bei gravierenden Erkrankungen, für die eine adäquate medikamentöse Therapie bislang nicht existiert, flexibel auf der Grundlage einer **vorläufigen Nutzen-Risiko-Abwägung** zu entscheiden.[78] Eine derartige Abwägung setzt jedoch stets hinreichende, dh nach aktuellem wissenschaftlichen Erkenntnisstand deutliche Indizien für eine Wirksamkeit in dem beanspruchten Anwendungsgebiet voraus, da anderenfalls einer Nutzen-Risiko-Abwägung – auch in vorläufiger Form – jede Grundlage fehlt. Der Wortlaut der Vorschrift („weitere ... Prüfungen") verdeutlicht zudem, dass diese Indizien sich aus bereits nach § 22 Abs. 2 Nr. 1, 2 und 3 AMG vorliegenden Prüfungen ergeben müssen. § 28 Abs. 3 S. 1 AMG statuiert damit keinen Verzicht auf die dort genannten Prüfungen, sondern nur die Möglichkeit zu deren Ergänzung nach der Zulassung in besonderen Fällen.[79] Die Norm modifiziert damit die Anforderungen der arzneimittelrechtlichen Trias (Wirksamkeit, Unbedenklichkeit und Qualität) zugunsten eines angenommenen Nutzens.[80] Allerdings wird die Zulassungsbehörde auch hier als äußerste Grenze das Verbot bedenklicher Arzneimittel (§ 5 AMG) zu beachten haben. Der Anwendungsbereich der Ausnahmevorschrift ist daher nicht eröffnet, wenn zB eine klinische Prüfung keine Anhaltspunkte für die Wirksamkeit geliefert hat. Er ist auch dann nicht eröffnet, wenn es therapeutische Alternativen zum beantragten Arzneimittel gibt. Für die weiteren klinischen Prüfungen gelten gemäß

---

75 Kloesel/Cyran, Arzneimittelrecht, § 28 AMG Erl. 38; Rehmann, AMG, § 28 Rn 11.
76 Kloesel/Cyran, Arzneimittelrecht, § 28 AMG Erl. 38.
77 Kloesel/Cyran, Arzneimittelrecht, § 28 AMG Erl. 38; Rehmann, AMG, § 28 Rn 11.
78 VG Köln, Urt. v. 23.7.2008 – 24 K 6535/05; vgl auch amtl. Begr. zum 4. Änderungsgesetz, abgedruckt bei Kloesel/Cyran, Arzneimittelrecht, § 28 AMG.
79 VG Köln, Urt. v. 23.7.2008 – 24 K 6535/05.
80 Vgl Brixius/Frehse, Arzneimittelrecht in der Praxis, S. 76.

§ 42 AMG grundsätzlich die Vorschriften über die klinische Prüfung (§§ 40 und 41 AMG). Die Geltung der genannten Vorschriften wurde durch das 2. AMG-Änderungsgesetz aus Gründen des Probanden- und Patientenschutzes auch auf die Fälle ausgedehnt, in denen die (weitere) klinische Prüfung nach § 28 Abs. 3 AMG angeordnet wurde. Lediglich die Anwendung des § 40 Abs. 1 Nr. 5 und Nr. 6 AMG ist gemäß § 42 S. 2 AMG entbehrlich. Gleichzeitig erhält die Zulassungsbehörde die Möglichkeit, den Inhalt der Fachinformation durch eine Auflage nach § 28 Abs. 3 AMG zu beeinflussen. Sie kann anordnen, dass Hinweise auf Auflagen nach Abs. 3 in der Fachinformation angegeben werden müssen (§ 28 Abs. 2 Nr. 2 a lit. c AMG). Dies ist zur Unterrichtung der Fachkreise notwendig.[81] Zudem entspricht dies auch der Sorgfaltspflicht des pharmazeutischen Unternehmers, die behandelnden Ärzte von dem Auflageninhalt zu unterrichten, weil für diese eine Aufklärungspflicht gegenüber den Patienten besteht.[82]

35 Die schon nach ihrem Wortlaut auf das **Neuzulassungsverfahren** zugeschnittene Vorschrift des § 28 Abs. 3 AMG ist auf fiktiv zugelassene Arzneimittel nicht anwendbar. Somit findet auch die Auflagenbefugnis nach § 28 Abs. 2 a lit. c AMG in der Nachzulassung keine Anwendung.

Beachtung sollte in diesem Zusammenhang auch die „Verordnung (EG) Nr. 507/2006 der Kommission vom 29.3.2006 über die bedingte Zulassung von Humanarzneimitteln, die unter den Geltungsbereich der Verordnung (EG) Nr. 726/2004 des europäischen Parlaments und des Rates fallen" finden. Die **bedingte Zulassung** im zentralisierten Verfahren der EU ermöglicht es im Einzelfall auf der Grundlage der genannten Verordnung, insbesondere bei zu schwerer Invalidität führenden oder lebensbedrohlichen Krankheiten, ein Arzneimittel noch vor Abschluss der vollständigen klinischen Prüfung auf den Markt zu bringen. Die bedingte Zulassung weist Gemeinsamkeiten mit der Auflagenbefugnis des § 28 Abs. 3 AMG auf, so dass die Erwägungsgründe der Verordnung als Auslegungshilfe herangezogen werden können.

Gemäß § 28 Abs. 3 S. 2 AMG gilt Satz 1 entsprechend für Unterlagen über das Rückstandsnachweisverfahren nach § 23 Abs. 1 Nr. 2 AMG.

c) § 28 Abs. 3 a AMG

36 Gemäß § 28 Abs. 3 a AMG kann die zuständige Bundesoberbehörde, wenn dies im Interesse der Arzneimittelsicherheit erforderlich ist, durch Auflagen ferner anordnen, dass nach der Zulassung ein **Risikomanagementsystem** eingeführt wird, das die Zusammenstellung von Tätigkeiten und Maßnahmen im Bereich der Pharmakovigilanz beschreibt, einschließlich der Bewertung der Effizienz derartiger Maßnahmen, und dass nach der Zulassung Erkenntnisse bei der Anwendung des Arzneimittels systematisch gesammelt, dokumentiert und ausgewertet werden und ihr über die Ergebnisse dieser Untersuchung innerhalb einer bestimmten Frist berichtet wird. Dieser Absatz ist durch das 4. Änderungsgesetz eingefügt und durch die 15. AMG-Novelle um das Risikomanagementsystem erweitert worden. Die durch Auflage angeordneten Anwendungsbeobachtungen sollen Beurteilungsmaterial für die Verlängerung der Zulassung nach § 31 AMG liefern. Der Begriff der **Anwendungsbeobachtung** selbst ist im Gesetz nicht definiert. Eine Begriffsbestimmung enthalten die Empfehlungen zur Planung, Durchführung und Auswertung von Anwendungsbeobachtungen vom

---

[81] Vgl. amtl. Begr. zum 2. Gesetz zur Änderung des AMG zu Abs. 2 Nr. 2 a, abgedruckt bei Kloesel/Cyran, Arzneimittelrecht, § 28 AMG.
[82] Kloesel/Cyran, Arzneimittelrecht, § 28 AMG Erl. 45.

12.11.1998,[83] die bei der Durchführung der Anwendungsbeobachtungen zu beachten sind. Danach sind Anwendungsbeobachtungen Beobachtungsstudien, die dazu bestimmt sind, Erkenntnisse bei der Anwendung verkehrsfähiger Arzneimittel zu sammeln. Anwendungsbeobachtungen sind aber keine klinischen Prüfungen iSv § 4 Abs. 23 S. 1 AMG. Sie sind daher nicht genehmigungspflichtig. Gleichwohl hat der pharmazeutische Unternehmer nach § 67 Abs. 6 S. 1 AMG Untersuchungen, die dazu bestimmt sind, Erkenntnisse bei der Anwendung zugelassener oder registrierter Arzneimittel zu sammeln, den kassenärztlichen Bundesvereinigungen, den Spitzenverbänden der Krankenkassen sowie der zuständigen Bundesoberbehörde unverzüglich anzuzeigen. Die Einführung des Risikomanagementsystems geht insbesondere auf Art. 34 Abs. 2 der Verordnung (EG) Nr. 1901/2006 des Europäischen Parlaments und des Rates vom 12.12.2006 über Kinderarzneimittel und zur Änderung der Verordnung (EWG) Nr. 1768/92, der Richtlinien 2001/20/EG und 2001/83/EG sowie der Verordnung (EG) Nr. 726/2004 zurück.[84] Dieser Artikel enthält die Verpflichtung, für Arzneimittel für eine pädiatrische Verwendung bestimmte Berichte abzugeben sowie bestimmte Studien und deren Ergebnisse mitzuteilen.[85]

d) § 28 Abs. 3 b AMG

Gemäß § 28 Abs. 3 b AMG kann die zuständige Bundesoberbehörde bei Auflagen nach den Absätzen 3 und 3 a Art und Umfang der Untersuchung oder Prüfungen sowie Tätigkeiten, Maßnahmen und Bewertungen im Rahmen des Risikomanagementsystems bestimmen (Satz 1). Nach Satz 2 sind die Ergebnisse durch Unterlagen so zu belegen, dass aus diesen Art, Umfang und Zeitpunkt der Untersuchung oder Prüfungen hervorgehen. Das Risikomanagementsystem geht auf die in Absatz 3 a durch die 15. AMG-Novelle vorgenommene Erweiterung zurück.[86]

e) § 28 Abs. 3 c AMG

Gemäß § 28 Abs. 3 c AMG kann die zuständige Bundesoberbehörde durch Auflage ferner anordnen, dass bei der Herstellung und Kontrolle solcher Arzneimittel und ihrer Ausgangsstoffe, die biologischer Herkunft sind oder auf biotechnischem Wege hergestellt werden,

1. bestimmte Anforderungen eingehalten und bestimmte Maßnahmen und Verfahren angewendet werden,
2. Unterlagen vorgelegt werden, die die Eignung bestimmter Maßnahmen und Verfahren begründen, einschließlich von Unterlagen über die Validierung,
3. die Einführung oder Änderung bestimmter Anforderungen, Maßnahmen und Verfahren der vorherigen Zustimmung der zuständigen Bundesoberbehörde bedarf, soweit es zur Gewährleistung angemessener Qualität oder zur Risikovorsorge geboten ist (Satz 1).

Da es sich bei der Auflagenbefugnis des § 28 Abs. 3 c AMG um **Maßnahmen der Gefahrenabwehr** handelt, sollen Widerspruch und Anfechtungsklage grundsätzlich keine aufschie-

---

[83] BAnz, S. 16884, abgedruckt bei Kloesel/Cyran, Arzneimittelrecht, A 2.13 m; vgl auch die Entwurfsfassung der „Gemeinsamen Empfehlung des BfArM und des Paul-Ehrlich-Instituts zur Planung, Durchführung und Auswertung von Anwendungsbeobachtungen", wonach Anwendungsbeobachtungen nichtinterventionelle Prüfungen iSv § 4 Abs. 23 S. 3 AMG sind, dh Untersuchungen, in deren Rahmen Erkenntnisse aus der Behandlung von Personen mit Arzneimitteln gemäß den in der Zulassung festgelegten Angaben für seine Anwendung anhand epidemiologischer Methoden analysiert werden.

[84] Vgl Begr. zu Nr. 31 (§ 28) des RefE für ein Gesetz zur Änderung des Arzneimittelgesetzes und anderer Vorschriften (Stand 22.12.2008).

[85] Vgl auch Erwägungsgrund 24 der VO (EG) Nr. 1901/2006 des Europäischen Parlaments und des Rates v. 12.12.2006 über Kinderarzneimittel und zur Änderung der VO (EWG) Nr. 1768/92, der Richtlinien 2001/20/EG und 2001/83/EG sowie der VO (EG) Nr. 726/2004.

[86] Vgl Begr. zu Nr. 31 (§ 28) des RefE für ein Gesetz zur Änderung des Arzneimittelgesetzes und anderer Vorschriften (Stand 22.12.2008).

bende Wirkung haben (vgl § 28 Abs. 3 c S. 3 AMG). Die sofortige Vollziehbarkeit sieht § 28 Abs. 3 c S. 2 AMG vor.

f) § 28 Abs. 3 d AMG

39 Durch die 15. AMG-Novelle wurde in § 28 der Absatz 3 d eingefügt, nach dem die zuständige Bundesoberbehörde bei Arzneimitteln, die zur Anwendung bei Tieren bestimmt sind, in begründeten Einzelfällen ferner anordnen kann, dass weitere Unterlagen, mit denen eine Bewertung möglicher Umweltrisiken vorgenommen wird, und weitere Ergebnisse von Prüfungen zur Bewertung möglicher Umweltrisiken vorgelegt werden, sofern dies für die umfassende Beurteilung der Auswirkungen des Arzneimittels auf die Umwelt erforderlich ist (§ 28 Abs. 3 d S. 1 AMG). Gemäß § 28 Abs. 3 d S. 2 AMG überprüft die zuständige Bundesoberbehörde die Erfüllung einer Auflage nach Satz 1 unverzüglich nach Ablauf der Vorlagefrist. Absatz 1 S. 2 und 3 findet entsprechende Anwendung (§ 28 Abs. 3 d S. 3 AMG). Wegen der Einzelheiten wird auf Teil 9 (§§ 35 ff) des Handbuchs verwiesen.

3. Erweiterung durch Rückgriff auf § 36 VwVfG?

40 Nach wie vor umstritten ist die Frage, ob neben der spezialgesetzlichen Auflagenbefugnis der §§ 28 und 105 Abs. 5, 5 a AMG ein Rückgriff auf die allgemeine Auflagenermächtigung des § 36 VwVfG des Bundes erfolgen kann. Diskutiert wird insoweit vor allem die Zulässigkeit der Beauflagung von Zulassungsversagungsgründen über § 36 VwVfG.[87]

Als allgemeine Befugnisnorm kommt grundsätzlich § 36 Abs. 1 Alt. 2 VwVfG in Betracht. Danach darf ein Verwaltungsakt, auf den – wie bei der arzneimittelrechtlichen (Nach-)Zulassung – ein Anspruch besteht, mit einer Nebenbestimmung nur versehen werden, wenn diese sicherstellen soll, dass die gesetzlichen Voraussetzungen des Verwaltungsaktes erfüllt werden. Nach § 1 Abs. 1 VwVfG gilt das Verwaltungsverfahrensgesetz – und damit auch die Regelung des § 36 VwVfG – nur vorbehaltlich gleicher oder entgegenstehender Regelungen des Bundes. Existieren besondere Rechtsvorschriften des Bundes, ist zu prüfen, ob diese eine **abschließende Regelung** für die Anordnung von Nebenbestimmungen treffen. Entscheidend sind insoweit Sinn und Zweck der Sonderregelung.[88]

41 Rechtsprechung und Literatur vertreten zu dieser Frage unterschiedliche Standpunkte: Teilweise wird ein Rückgriff nicht für erforderlich gehalten, weil der Auffangtatbestand des § 28 Abs. 1 S. 1 AMG bereits dem Rechtsgedanken des § 36 Abs. 1 Alt. 2 VwVfG Rechnung trage.[89] Andere Stimmen gehen von einer Anwendbarkeit des § 36 Abs. 1 Alt. 2 VwVfG neben dem Auflagenkatalog des AMG aus,[90] während die erstinstanzliche Rechtsprechung wiederholt auf eine eher abschließende Regelung der Auflagenbefugnis im AMG hingewiesen, die Frage der grundsätzlichen Anwendbarkeit von § 36 VwVfG letztlich aber offen gelassen hat.[91]

42 Auf eine abschließende Regelung der Auflagenbefugnis weist der sehr umfangreiche und detaillierte Auflagenkatalog des § 28 AMG hin. Überdies hat der Gesetzgeber in § 28 Abs. 3 AMG und § 105 Abs. 5 a S. 2 AMG die Beauflagung von einigen Versagungsgründen explizit geregelt und auf ganz bestimmte Fälle beschränkt, nämlich auf Arzneimittel mit hohem therapeutischem Wert bzw bei der Nachzulassung auf nicht gravierende Mängel der

---

87 Eingehend hierzu Wagner, Die Beauflagbarkeit von Versagungsgründen des § 25 Abs. 2 AMG nach § 36 VwVfG, PharmR 2003, 306.
88 BVerwG NVwZ 1987, 488.
89 OVG NRW A&R 2006, 128 und PharmR 2005, 497.
90 OVG Berlin, Beschl. v. 24.7.1990 – 5 S 38.90; Kloesel/Cyran, Arzneimittelrecht, § 28 AMG Erl. 2; Sander, Arzneimittelrecht, § 105 AMG Erl.17; Wagner, PharmR 2003, 306.
91 VG Köln PharmR 2003, 390; Urt. v. 16.7.2003 – 24 K 8660/99; Urt. v. 30.8.2006 – 24 K 1803/06.

pharmazeutischen Qualität, Wirksamkeit und Unbedenklichkeit. Der Vorschrift des § 28 Abs. 3 AMG wird insoweit zwar vorgehalten, dass sie nur eine Umsetzung von Art. 22 RL 2001/83/EG vom 6.11.2001 darstellt und deshalb eine besondere gesetzgeberische Intention zum abschließenden Charakter des § 28 Abs. 3 AMG nicht ersichtlich sei.[92] Zumindest die Regelung in § 105 Abs. 5 a S. 2 AMG legt jedoch den Schluss nahe, dass der Gesetzgeber eine Beauflagung von Versagungsgründen für grundsätzlich möglich hält, diese jedoch nur für ganz bestimmte Fälle zulassen wollte.

Für eine abschließende Regelung des Auflagenkatalogs sprechen vor allem Sinn und Zweck des AMG, im Interesse der ordnungsgemäßen Arzneimittelversorgung von Mensch und Tier für die Sicherheit im Verkehr mit Arzneimitteln zu sorgen, vgl § 1 AMG. Die Auflagen dienen damit auch und gerade dem Schutz wichtiger Rechtsgüter Dritter. Aus diesem Grund ist im Arzneimittelrecht davon auszugehen, dass der Gesetzgeber selbst eine Entscheidung über mögliche Auflageninhalte trifft und der Exekutive über diese spezialgesetzlich normierten Auflageninhalte hinaus weitere Regelungen über die allgemeine Befugnisnorm des § 36 VwVfG nicht vorbehalten sind.[93] Abgesehen davon stellt § 36 Abs. 1 Alt. 2 VwVfG auch keine allgemeine Ermächtigung der Behörde dar, nach eigenem Ermessen von der Erfüllung oder Prüfung zwingender Genehmigungsvoraussetzungen abzusehen und stattdessen auf Nebenbestimmungen auszuweichen.[94]

B. Verhältnis zum Mängelbeseitigungsverfahren

Praxisrelevant ist die Frage, wann die zuständige Bundesoberbehörde eine Versagung aussprechen muss und in welchen Fällen eine Verpflichtung zur Erteilung einer beauflagten Zulassung besteht. In der Nachzulassung kommt eine beauflagte Zulassung auch bei bestimmten Zulassungsversagungsgründen in Betracht, nämlich dann, wenn ein „geeigneter Fall" vorliegt bzw nur ein „leichter Mangel" gegeben ist (vgl § 105 Abs. 5 S. 4 und Abs. 5 a S. 2 AMG sowie Rn 47 ff). Ob diese Ermächtigung, Zulassungsversagungsgründe zum Gegenstand von Auflagen zu machen, auch für die Neuzulassung und die Verlängerung der Zulassung gilt, ist bislang nicht entschieden worden. Eine dem § 105 AMG vergleichbare gesetzliche Regelung sieht § 28 AMG nicht vor. Ob die Behörde aufgrund des Verhältnismäßigkeitsgrundsatzes zur vorrangigen Erteilung von Auflagen bei leichten Mängeln der Qualität, Wirksamkeit und Unbedenklichkeit verpflichtet ist, erscheint fraglich. Der Gesetzgeber hat in § 28 Abs. 3 AMG eine Modifizierung der Anforderungen der arzneimittelrechtlichen Trias geschaffen. Dies stellt sich als Ausfluss des Verhältnismäßigkeitsgrundsatzes dar. Allerdings hat es der Gesetzgeber hinsichtlich der Versagungsgründe des § 25 Abs. 2 S. 1 Nr. 3, 4 und 5 AMG bei der alleinigen „Ausnahmevorschrift" des § 28 Abs. 3 AMG belassen. Dies deutet auf eine abschließende Regelung des § 28 AMG hin. Zudem besteht bei einer Ausweitung der Auflagenbefugnis die Gefahr, dass bei leichten Mängeln der arzneimittelrechtlichen Trias Gefahren für die Patienten entstehen können, da die Nachweise von Qualität, Wirksamkeit sowie Unbedenklichkeit erst mit der Auflagenerfüllung und damit ggf Jahre später erbracht werden. Dies hat zur Folge, dass das Arzneimittel ohne den kompletten Nachweis von Qualität, Wirksamkeit und Unbedenklichkeit auf den Markt kommt und bei Nichterfüllung der Auflage der komplizierte Weg über Rücknahme, Widerruf bzw Ruhen von der zuständigen Behörde gegangen werden muss. Die dem Arzneimittelrecht innewohnende Arzneimittelsicherheit spricht auch im Falle des § 28 AMG eher für eine abschließende Regelung. Eine Zulassung unter Auflagen kommt daher (wohl) nur in den Fällen in Betracht, die § 28 AMG ausdrücklich vorsieht.

---

92 So Wagner, PharmR 2003, 306.
93 Brixius/Schneider, Nachzulassung und AMG-Einreichungsverordnung, 2004, S. 163.
94 VG Köln, Urt. v. 16.7.2003 – 24 K 8660/99 mwN.

C. Frist zur Auflagenerfüllung

45 Wurde die Zulassung mit Auflagen verbunden, müssen die Auflagen fristgerecht erfüllt werden. Die Erfüllung von Auflagen zur pharmazeutischen Qualität ist dem BfArM durch ein Gutachten eines Gegensachverständigen mitzuteilen, in dem die Erfüllung der Auflagen entsprechend dem Stand der wissenschaftlichen Erkenntnisse bestätigt wird. Die Erfüllung der übrigen Auflagen (Formalpharmazie, Pharmakologie, Toxikologie, Medizin) ist dem BfArM durch Vorlage der die Auflagen umsetzenden Texte (Behältnis und äußere Umhüllung, Gebrauchs- und Fachinformation) unter Beachtung der AMG-Einreichungsverordnung (AMG-EV) vom 21.12.2000[95] innerhalb einer vom BfArM gesetzten Frist nach Zugang des Bescheides anzuzeigen. Die Frist muss so bemessen sein, dass der pharmazeutische Unternehmer in der Lage ist, die Auflagen erfüllen zu können. Die Frist muss angemessen sein. Dies ist eine Frage des Einzelfalles und hängt vom Aufwand zur Erfüllung der Auflagen ab. Da die Auflagenfrist keine gesetzliche Frist ist, kann beim BfArM **Fristverlängerung** für die Auflagenerfüllung beantragt werden. Solche Anfragen werden, wenn sie mit einer nachvollziehbaren Begründung versehen sind, der üblichen Verwaltungspraxis des BfArM entsprechend großzügig behandelt, dh in der Regel wird den begründeten Fristverlängerungsanträgen stattgegeben. In dem Bescheid sollte zudem der Hinweis enthalten sein, dass die nicht fristgerechte Erfüllung der Auflagen das Ruhen oder den Widerruf der Zulassung zur Folge haben kann.

D. Auflagen im Nachzulassungsverfahren

46 Die zuständige Bundesoberbehörde kann auch die sog. Nachzulassung mit Auflagen verbinden. Die Nachzulassung bezieht sich auf Fertigarzneimittel, die vor 1978 auf dem Markt waren und als „fiktiv zugelassen" galten, vgl § 105 Abs. 1 AMG. Auch diese Arzneimittel mussten sich einem Zulassungsverfahren unterziehen, der sog. Nachzulassung. Die Bearbeitung der Nachzulassungsanträge ist mittlerweile abgeschlossen.[96] Da jedoch zahlreiche pharmazeutische Unternehmer gegen die Entscheidung über die Nachzulassung den Rechtsweg beschritten, beschäftigen sich die Gerichte weiterhin mit rechtlichen Problemen der Nachzulassung.

47 Nach § 105 Abs. 5 S. 4 AMG hat die zuständige Bundesoberbehörde in allen geeigneten Fällen keine Beanstandung auszusprechen, sondern die Nachzulassung nach Maßgabe des § 105 Abs. 5 a AMG mit einer Auflage zu verbinden. Neben der Sicherstellung der in § 28 Abs. 2 AMG genannten Anforderungen können die Auflagen sich auch auf Aspekte der Qualität, Wirksamkeit und Unbedenklichkeit beziehen. Die Nachzulassung wird dadurch wesentlich beschleunigt: Anders als beim Beanstandungsverfahren iSv § 105 Abs. 5 S. 1–3 AMG, bei dem der pharmazeutische Unternehmer die Nachzulassung erst erhält, wenn er den gerügten Mängeln innerhalb der gesetzten Frist abgeholfen hat, wird die Nachzulassung beim Auflageverfahren sofort erteilt, ihr Bestand hängt aber von der fristgerechten Erfüllung der Auflage ab.[97] Überdies ist die zuständige Bundesoberbehörde nicht an die im Beanstandungsverfahren geltende Höchstfrist von 12 Monaten gebunden, sondern kann dem pharmazeutischen Unternehmer ggf auch eine längere Frist zur Erfüllung der Auflagen setzen. Damit kann sie flexible, einzelfallbezogene Regelungen treffen.

48 Der Gesetzgeber führte die Auflagenbefugnis in zwei Schritten ein: Mit dem 5. Änderungsgesetz eröffnete er die grundsätzliche Befugnis, Auflagen auch zur Gewährleistung von

---

95 BGBl. I Nr. 60 v. 29.12.2000.
96 Nach Einleitung eines Vertragsverletzungsverfahrens verpflichtete sich die Bundesregierung, die Bearbeitung der Nachzulassungsanträge bis Ende 2005 abzuschließen.
97 Ausschussbericht zum 10. Änderungsgesetz, abgedruckt bei Kloesel/Cyran, Arzneimittelrecht, § 105 AMG.

Anforderungen an die Qualität, Wirksamkeit und Unbedenklichkeit zu erlassen. Im 10. Änderungsgesetz verpflichtete er die Behörde, vorrangig Nachzulassungen mit Auflagen zu erteilen. Das Beanstandungsverfahren des § 105 Abs. 5 S. 1–3 AMG sollte zukünftig nur noch bei Mängeln durchgeführt werden, deren Gewicht und Tragweite gegen die Durchführung des Auflagenverfahrens sprachen.[98] Zu dem Beanstandungsverfahren im Einzelnen vgl § 10 Rn 306 ff. Ferner bezog der Gesetzgeber nunmehr auch Unterlagen nach § 23 Abs. 1 Nr. 1 AMG in die Auflagenbefugnis ein. Diese Unterlagen betreffen Arzneimittel zur Anwendung bei Tieren, die der Gewinnung von Lebensmitteln dienen. Damit konnten auch Ergebnisse der Rückstandsprüfung über den Verbleib der Arzneimittel im Tierkörper und über die Beeinflussung der Lebensmittel tierischer Herkunft im Wege der Auflage angefordert werden, soweit damit keine gesundheitlichen Gefahren für den Verbraucher verbunden waren. Auch diese Maßnahme diente der Effektivierung der Nachzulassung.[99]

Die Regelungen des § 105 Abs. 5a AMG gelten entsprechend für die Registrierung nach Absatz 3 S. 1, vgl § 105 Abs. 5a S. 7 AMG.

I. Rechtsgehalt und Grenzen der Beauflagung von Versagungsgründen

Im Rahmen der Nachzulassung kommt – wie bereits gesagt – auch eine Beauflagung von Zulassungsversagungsgründen in Betracht. Die Auflagenbefugnis bezieht sich jedoch nicht auf alle Versagungsgründe des § 25 Abs. 2 AMG, sondern nur auf die Gewährleistung von Anforderungen an die **Qualität, Wirksamkeit und Unbedenklichkeit**, vgl § 105 Abs. 5a S. 2 AMG. Auflagen können insoweit nur bei leichten Mängeln angeordnet werden, bei gravierenden Mängeln[100] findet das Beanstandungsverfahren statt. Der Gesetzgeber hat den **Begriff des gravierenden Mangels** nicht näher definiert. Den Gesetzesmaterialien sind jedoch Anhaltspunkte dafür zu entnehmen, wann ein gravierender Mangel vorliegt: Hierunter fallen alle Mängel, die so schwerwiegend sind, dass vor ihrer Beseitigung eine Erteilung der Nachzulassung ausgeschlossen ist.[101] Auflagen kommen demnach nur bei Mängeln in Betracht, die vorübergehend – bis zur Erfüllung der Auflage – toleriert werden können.[102] Sinn und Zweck der Auflagenbefugnis ist es insbesondere nicht, sicherzustellen, dass ein Arzneimittel erst durch die Erfüllung der Auflagen die Zulassungsreife erlangt.[103]

49

Eine auf § 105 Abs. 5a S. 2 AMG gestützte Auflage muss sich immer auch auf die **Behebung des Mangels** beziehen. Deshalb kann die bloße Anordnung eines Hinweises auf unzureichendes Erkenntnismaterial nicht auf § 105 Abs. 5a S. 2 AMG gestützt werden,[104] weil der Mangel auch nach Erfüllung der Auflage nicht beseitigt ist. Damit der Mangel auch tatsächlich behoben wird, hat die zuständige Bundesoberbehörde den Unternehmer vielmehr in geeigneten Fällen aufzufordern, entsprechende Unterlagen vorzulegen. In der Praxis denkbar sind bspw Auflagen zur Anforderung weiterer Unterlagen zur Stabilität.[105] Hat der pharmazeutische Unternehmer hingegen noch gar keine Stabilitätsunterlagen vorgelegt, liegt ein gravierender Mangel vor, weil er die Haltbarkeit nicht belegt hat.[106] Auch die Anfor-

50

---

98 Ausschussbericht zum 10. Änderungsgesetz, aaO.
99 Amtl. Begr. zum 10. Änderungsgesetz, abgedruckt bei Kloesel/Cyran, Arzneimittelrecht, § 105 AMG.
100 Beispiele aus der Rspr.: VG Köln, Urt. v. 22.11.2005 – 7 K 72/03; Urt. v. 22.3.2007 – 13 K 325/05; Urt. v. 18.10.2007 – 13 K 37/05; Urt. v. 11.4.2007 – 18 K 3753/06.
101 Ausschussbericht zum 10. Änderungsgesetz, aaO; vgl auch Hofmann/Nickel, Die Nachzulassung von Arzneimitteln nach der Zehnten Novelle zum Arzneimittelgesetz, NJW 2000, 2700.
102 VG Köln, Urt. v. 22.11.2005 – 7 K 72/03.
103 Brixius/Schneider, Nachzulassung und AMG-Einreichungsverordnung, 2004, S. 146 f.
104 VG Köln PharmR 2003, 390 und nachfolgend OVG NRW A&R 2006, 128.
105 OVG NRW PharmR 2005, 495; VG Köln, Urt. v. 12.12.2006 – 7 K 1408/04.
106 Brixius/Schneider, Nachzulassung und AMG-Einreichungsverordnung, 2004, S. 155 mit weiteren Beispielen.

derung ergebnisoffener Studien zur Ermittlung möglicher Nebenwirkungen eines Arzneimittels für eine bestimmte Patientengruppe kann nicht auf § 105 Abs. 5 a S. 2 AMG gestützt werden, weil die angeforderten Studien erst die Grundlage für eine abschließende Beurteilung der Risiken schaffen, jedoch nicht den erforderlichen Beleg für die Unbedenklichkeit des Arzneimittels liefern sollen.[107]

II. Anforderungen an die Auflagenerfüllung

51 Der pharmazeutische Unternehmer hat die Auflagen unverzüglich – also ohne schuldhaftes Verzögern – oder innerhalb eines festgelegten Zeitraums zu erfüllen. Die zuständige Bundesoberbehörde setzt die Frist zur Erfüllung der Auflagen nach bestimmungsgemäßem Ermessen fest (zu den Einzelheiten der Frist vgl bereits Rn 45). Die Erfüllung der Auflagen zur Qualität ist durch eine eidesstattliche Erklärung eines unabhängigen Gegensachverständigen mitzuteilen, in der bestätigt wird, dass die Qualität des Arzneimittels dem Stand der wissenschaftlichen Erkenntnisse entspricht. Diese Regelung dient der Entlastung der Behörde. Die Behörde muss die zur Erfüllung der Qualitätsauflagen eingereichten Unterlagen nicht selbst einer inhaltlichen Überprüfung unterziehen, sondern kann sich auf die eidesstattliche Erklärung und das regelmäßig[108] angeforderte Gutachten des Gegensachverständigen stützen, jedenfalls sofern beide eine hinreichende Aussagekraft besitzen. Eine Aufstellung der vom BfArM bestellten unabhängigen Gegensachverständigen nach Namen, Adressen und Fachbereichen kann über das Internet abgerufen werden.[109] Die Auswahl eines bestimmten Gegensachverständigen aus dieser Liste obliegt dem pharmazeutischen Unternehmer.

III. Nachträgliche Anordnung von Auflagen

52 § 105 Abs. 5, 5 a AMG enthalten keine ausdrückliche Befugnis zur nachträglichen Anordnung von Auflagen. Das ist auch nicht erforderlich, weil mit Erteilung der Nachzulassung der Anwendungsbereich des 18. Abschnitts des AMG, Erster Unterabschnitt verlassen wird, da das Arzneimittel nicht mehr fiktiv zugelassen ist. Beabsichtigt die Behörde bei nachzugelassenen Arzneimitteln eine nachträgliche Anordnung von Auflagen, hat sie diese auf § 28 Abs. 1 S. 4 AMG zu stützen und kann insoweit auf den gesamten Befugniskatalog des § 28 AMG zurückgreifen.[110] Zu den weiteren Einzelheiten der nachträglichen Anordnung von Auflagen, vgl Rn 5.

E. Vollzug und Folgen der Nichterfüllung

53 Wenn der pharmazeutische Unternehmer Auflagen nicht beachtet bzw nicht erfüllt, ändert sich an der Zulassung zunächst nichts, da die Auflage selbst nicht Bestandteil der Zulassung ist. Das Arzneimittel kann also nach wie vor in den Verkehr gebracht werden. Der Zulassungsbehörde stehen jedoch mehrere Alternativen zur Verfügung auf die Nichtbeachtung von Auflagen zu reagieren.

---

107 VG Köln, Urt. v. 31.7.2007 – 7 K 6609/03; vgl auch, Urt. v. 11.5.2009 – 7 K 444/06 zur Anordnung von Studien zur Immunsuppression.
108 Zu dieser ständigen Praxis des BfArM: Brixius/Schneider, Nachzulassung und AMG-Einreichungsverordnung, 2004, S. 159.
109 <www.bfarm.de>.
110 Vgl zum Vorstehenden: Brixius/Schneider, Nachzulassung und AMG-Einreichungsverordnung, 2004, S. 163.

E. Vollzug und Folgen der Nichterfüllung 8

I. Widerruf und Ruhen

Die Bundesoberbehörde hat zunächst die Möglichkeit des Widerrufs und des Ruhens der Zulassung. Dabei ist nach der Art der Auflagen zu unterscheiden. 54

Bei Arzneimitteln mit großem therapeutischem Wert ist in den Fällen des § 28 Abs. 3 die Zulassung gemäß § 30 Abs. 1 S. 2 Nr. 2 AMG zurückzunehmen oder zu widerrufen, wenn die **therapeutische Wirksamkeit** nach dem jeweiligen Stand der wissenschaftlichen Erkenntnisse unzureichend begründet ist. Diese Vorschrift ist mit dem 4. Änderungsgesetz eingeführt worden. Anlass war die Erweiterung der bereits bestehenden Auflagenbefugnis der Zulassungsbehörde durch Einführung des § 28 Abs. 3 AMG.[111] Nach der bisherigen Rechtslage konnte die Zulassung nur widerrufen werden, wenn sich herausstellte, dass die therapeutische Wirksamkeit fehlt. Da die Begründung für die fehlende therapeutische Wirksamkeit oft sehr schwierig war, hat der Gesetzgeber für die Zulassungsbehörde die Möglichkeit geschaffen, die Zulassung wegen mangelnder Begründung der Wirksamkeit rückgängig zu machen, wenn die gesammelten Erfahrungen keine ausreichende Begründung für die Wirksamkeit liefern.[112] Bei § 30 Abs. 1 S. 2 Nr. 2 AMG handelt es sich um einen **absoluten Rücknahme- und Widerrufsgrund**, der der Zulassungsbehörde keinen Ermessensspielraum lässt. 55

In allen anderen Fällen, in denen nach § 28 AMG angeordnete Auflagen nicht eingehalten werden, greift die Regelung des § 30 Abs. 2 S. 1 Nr. 2 AMG. Danach kann die zuständige Bundesoberbehörde die Zulassung widerrufen, wenn eine der nach § 28 AMG angeordneten Auflagen nicht eingehalten und diesem Mangel nicht innerhalb einer von der zuständigen Bundesoberbehörde zu setzenden angemessenen Frist abgeholfen worden ist; dabei sind Auflagen nach § 28 Abs. 3 und 3 a AMG jährlich zu überprüfen. Gemäß § 30 Abs. 2 S. 2 AMG kann die zuständige Bundesoberbehörde in diesen Fällen bei Auflagennichterfüllung statt des Widerrufs auch das Ruhen der Zulassung befristet anordnen. Dies ist im Falle des § 30 Abs. 1 S. 2 Nr. 2 AMG hingegen nicht möglich. Voraussetzung des Widerrufs nach § 30 Abs. 2 S. 1 Nr. 2 AMG ist zunächst die **Nichteinhaltung einer nach § 28 AMG angeordneten Auflage**. Fragen der anderweitigen Erfüllung der Auflage bzw der Rechtswidrigkeit der bestandskräftigen Auflage sind für die Feststellung der Nichterfüllung zunächst unerheblich. Sie spielen erst im Rahmen der Ermessensausübung eine Rolle.[113] Weitere Tatbestandsvoraussetzung ist das erfolglose Setzen einer angemessenen Frist. Wann eine Frist angemessen ist, ergibt sich nicht aus dem Gesetz, sondern ist vom konkreten Einzelfall abhängig. 56

Sowohl im Falle einer Entscheidung nach § 30 Abs. 1 S. 2 Nr. 2 AMG als auch im Falle einer Entscheidung nach § 30 Abs. 2 S. 1 Nr. 2 AMG hat die zuständige Bundesoberbehörde den Inhaber der Zulassung gemäß § 30 Abs. 3 S. 1 AMG **anzuhören**, es sei denn, dass Gefahr im Verzuge ist. Bei Gefahr im Verzuge wird die Anordnung der sofortigen Vollziehung nach § 80 Abs. 2 Nr. 4 VwGO zwingende Folge sein, da ansonsten die Einlegung des zulässigen Rechtsmittels aufschiebende Wirkung hätte (Umkehrschluss aus § 30 Abs. 3 S. 3 AMG). Für Rücknahme, Widerruf und Ruhensanordnung ist nach allgemeinen Rechtsgrundsätzen **Schriftform** zu fordern, da § 25 Abs. 1 S. 1 AMG für die Zulassung selbst Schriftform vorsieht.[114] Eine exakte gesetzlich fixierte **zeitliche Grenze** für den Widerruf oder die Rücknahme sieht § 30 AMG nicht vor.[115] Das Oberverwaltungsgericht Berlin vertritt die Auffassung, dass § 49 Abs. 2 iVm § 48 Abs. 4 VwVfG durch die arzneimittelrechtliche Sonderregelung verdrängt werde (vgl § 1 Abs. 1 aE VwVfG). Dieser Auffassung ist aus Gründen 57

---

111 Vgl amtl. Begr. zum 4. Änderungsgesetz, abgedruckt bei Kloesel/Cyran, Arzneimittelrecht, § 30 AMG.
112 Vgl amtl. Begr. zum 4. Änderungsgesetz, abgedruckt bei Kloesel/Cyran, Arzneimittelrecht, § 30 AMG.
113 OVG Berlin PharmR 1991, 358.
114 Vgl Kloesel/Cyran, Arzneimittelrecht, § 30 AMG Erl. 6.
115 OVG Berlin PharmR 1991, 358.

der Arzneimittelsicherheit zu folgen. Eine ergänzende Anwendung des Verwaltungsverfahrensgesetzes soll nach der Rechtsprechung dann ausgeschlossen sein, wenn die jeweilige Spezialvorschrift eine ausdrückliche oder inhaltsgleiche Regelung zwar nicht trifft, aber eine abschließende Problemlösung für sich in Anspruch nimmt.[116] Ob die Sonderregelung abschließend ist, muss im Wege der Auslegung nach Sinn und Zweck der Regelung ermittelt werden.[117] Gegen die Anwendbarkeit spricht vorliegend die dem Arzneimittelrecht innewohnende Arzneimittelsicherheit, die einer „Verwirkung" der Einschreitensmöglichkeiten entgegensteht. Auch die Ausgestaltung des § 30 Abs. 1 AMG als Muss-Vorschrift spricht für eine abschließende Sonderregelung ohne zeitliche Begrenzung. Die Zulassungsbehörde muss schließlich das ihr nach § 30 Abs. 2 S. 1 Nr. 2 AMG eröffnete **Ermessen** fehlerfrei ausüben. Dabei hat sie gemäß § 40 VwVfG ihr Ermessen entsprechend dem Zweck der Ermächtigung auszuüben und die gesetzlichen Grenzen des Ermessens einzuhalten. Ob die Nichterfüllung einer rechtswidrigen Auflage zu einem Widerruf führen kann, ist umstritten.[118] Für den vergleichbaren Fall des Widerrufsvorbehalts hat das BVerwG entschieden, dass die Behörde im Rahmen ihres Ermessens die Rechtmäßigkeit oder Rechtswidrigkeit der nicht erfüllten Auflage nicht erneut gesondert prüfen und berücksichtigen muss. Vielmehr kann sie bei der Ausübung des Ermessens ihrer Widerrufsentscheidung die Gültigkeit der Auflage zugrunde legen.[119] Dies gilt jedenfalls dann, wenn die Rechtswidrigkeit nicht bereits offensichtlich feststeht. Dieser Auffassung ist aufgrund der Arzneimittelsicherheit zu folgen. Auch die anderweitige Erfüllung der Auflage ist nur dann im Rahmen des Ermessens von Bedeutung, wenn die Gleichwertigkeit des Wirksamkeitsnachweises auf der Hand liegt.[120] Bei der Ermessensentscheidung sind Belange der Arzneimittelsicherheit und der Interessen des pharmazeutischen Unternehmers zu berücksichtigen. Die absolute Grenze für einen Verzicht auf ein Tätigwerden sind die Belange der Arzneimittelsicherheit.[121]

58 Sowohl im Falle des Widerrufs bzw der Rücknahme als auch im Falle des Ruhens der Zulassung darf der pharmazeutische Unternehmer das Arzneimittel weder in den Verkehr bringen noch in den Geltungsbereich des AMG verbringen (§ 30 Abs. 4 S. 1 AMG).

II. Verwaltungszwang

59 Neben dem Widerruf und dem Ruhen hat die zuständige Behörde auch die Möglichkeit, die Auflagen mit Verwaltungszwang durchzusetzen. Die Auflage selbst stellt bereits die Grundverfügung dar.[122] Da das Arzneimittelrecht das Vollstreckungsrecht nicht regelt, werden Verwaltungsakte des BfArM nach dem Verwaltungsvollstreckungsgesetz (des Bundes) vollzogen. Zum Schutz des pharmazeutischen Unternehmers vollzieht sich die Vollstreckung nicht überfallartig, sondern in mehreren Handlungsabschnitten (Androhung und Festsetzung). Allerdings kann es bei dringenden Gefahren zu Verkürzungen kommen. In der Praxis wird idR wohl nur das Zwangsgeld (vgl § 9 Abs. 1 lit. b und § 11 VwVG) zur Anwendung kommen.

---

116 BVerwG NJW 1998, 2756.
117 OVG M-V, Beschl. v. 16.6.2005 – 1 L 141/05.
118 Zum Meinungsstand vgl Kopp/Ramsauer, VwVfG, § 49 Rn 38 a.
119 BVerwG NJW 1991, 766 und NVwZ 1987, 498.
120 OVG Berlin PharmR 1991, 358.
121 Kloesel/Cyran, Arzneimittelrecht, § 30 AMG Erl. 17.
122 Kopp/Ramsauer, § 36 VwVfG Rn 70.

III. Wettbewerbsrecht

Schließlich können Wettbewerber des pharmazeutischen Unternehmers, der an ihn gerichtete Auflagen nicht erfüllt, mit den Mitteln des Wettbewerbsrechts zur Einhaltung der Auflagen zwingen, da sich dieser durch die Nichtbeachtung einen rechtswidrigen Wettbewerbsvorteil verschafft.[123]

---

123 Vgl Rehmann, AMG, § 28 Rn 3.

§ 9 Geltungsdauer und Verlängerung der Zulassung

Literatur: *Von Czettritz*, Rechtsschutz im zentralisierten und dezentralisierten Zulassungsverfahren, PharmR 2000, 202; *Fuhrmann/Schulte-Bunert/Klein*, Der faktische Abverkaufsvergleich als Besonderheit des Verwaltungsprozess- und Arzneimittelrechts, A&R 2008, 76; *Hoffmann/Nickel*, Die Nachzulassung von Arzneimitteln nach der Zehnten Novelle des Arzneimittelgesetzes, NJW 2000, 2700; *Horn*, Neuregelung der Verlängerung von Zulassungen und Einführung der Sunset-Clause, BGesBl. 2008, 787; *Jäkel*, Arzneimittelabverkauf nach Bezeichnungsänderung, Zulassungsverzicht oder Zulassungsübertragung, PharmR 2002, 101; *Kopp/Ramsauer*, Verwaltungsverfahrensgesetz – VwVfG, Kommentar, 10. Auflage 2008; *Linse/Porstner*, Auslegungsfragen des Inverkehrbringens von Arzneimitteln im Rahmen der Sunset Clause PharmR 2005, 420; *Lorenz*, Das gemeinschaftliche Arzneimittelzulassungsrecht, 2006; *Pannenbecker*, Die Bedeutung der Erklärung zur pharmazeutischen Qualität im Rahmen der Verlängerung der Zulassung nach § 31 AMG – insbesondere im Hinblick auf Stabilitätsprüfungen, PharmR 2004, 37; *Rädler*, Einstweiliger Rechtsschutz gegen den Zulassungswiderruf durch die EU-Kommission, PharmR 2000, 298; *Räpple*, Rechtswirksamkeit von mangelhaften Anträgen im Rahmen der Zulassung, Nachzulassung und Zahlungsverlängerung von Arzneimitteln, PharmR 1991, 263; *Reese/Hufnagel/Lensing-Kramer*, Festschrift für Ulf Doepner, 2008; *Reinacher*, Die Vergemeinschaftung von Verwaltungsverfahren am Beispiel der Freisetzungsrichtlinie, 2005; *Schnieders/Mecklenburg*, Zulassung und Nachzulassung von Arzneimitteln: Verfahren und Entscheidungskriterien nach dem Arzneimittelgesetz, internationale Vereinbarungen, 1987; *Sickmüller/Knauer/Sander*, Die Sunset Clause im Arzneimittelgesetz, PharmR 2009, 60; *Wagner*, Die Folgen eines Wegfalls der Zulassung des im Einfuhrstaat zugelassenen Arzneimittels für den Parallelimport am Beispiel Deutschlands, PharmR 2001, 174.

A. Grundsatz der befristeten Zulassung	1
I. Hintergrund	1
II. Entwicklungen auf europäischer Ebene	3
III. Umsetzung durch das 14. AMGÄndG	6
1. Übergangsvorschriften im AMG	7
2. Besonderheiten im Verfahren der gegenseitigen Anerkennung (MRP) und im dezentralen Verfahren (DCP)	8
B. Rücknahme und Widerruf	9
I. Wirkung	9
II. Zeitpunkt des Wirksamwerdens	10
III. Bekanntmachung	12
IV. Folgen der Aufhebung der Zulassung durch Widerruf oder Rücknahme	13
1. Verkehrsverbot	13
2. Rückgabe der Arzneimittel	14
3. Maßnahmen der Überwachungsbehörde	15
4. Sanktionen	16
V. Behördliche Entscheidung über Rücknahme oder Widerruf	17
1. Absolute Rücknahme und Widerrufsgründe	17
a) § 30 Abs. 1 S. 1 AMG	17
b) Fehlen oder ungenügende Begründung der therapeutischen Wirksamkeit, § 30 Abs. 1 S. 2 AMG	22
2. Relative Rücknahme- und Widerrufsgründe	24
VI. Umsetzung der Entscheidung der Gemeinschaftsorgane bei gemeinschaftsrechtlicher Zulassung	27
VII. Beauflagung der Zulassung	28
VIII. Verfahren und Rechtsschutz	30
1. Sonderfall: Umsetzung von Entscheidungen der Gemeinschaftsorgane nach § 30 Abs. 1 a AMG	30
2. Verfahren und Rechtsschutz bei Maßnahmen nach § 30 Abs. 1 und 2 AMG	32
IX. Aufhebung, Änderung und Suspendierung von Zulassungen in europäischen Verfahren	34
C. Erlöschen der Zulassung	36
I. Erlöschen durch Verzicht	37
II. Erlöschen durch Zeitablauf	38
1. Wirkung des Verlängerungsantrags	39
a) Nationale Zulassungen	39
b) Zulassungen im zentralisierten Verfahren	40
2. Antragsfrist und Fristberechnung	41
3. Versäumung der Verlängerungsfrist und Möglichkeiten der Wiedereinsetzung	45
III. Erlöschen durch Nichtgebrauch	48
IV. Tierarzneimittel	49
V. Traditionelle pflanzliche Arzneimittel	51
VI. Versagung der Verlängerung der Zulassung	52
VII. Abverkaufsmöglichkeit	53
1. Gesetzlich vorgesehene Fallgestaltungen	53
2. Faktische Abverkaufsvereinbarungen	56
VIII. Auswirkungen des Erlöschens der für das Bezugsarzneimittel erteilten Zulassung auf die Parallelimport-Zulassung	58
D. Verlängerung der Zulassung	61
I. Anspruch auf Zulassungsverlängerung	61

II. Inhalt des Verlängerungsantrags 62	IV. Entscheidung über die Nachzulassung... 95
III. Entscheidung über die Verlängerung der Zulassung 66	F. Ruhen der Zulassung 96
IV. Feststellungslast 70	I. Wirkung der Ruhensanordnung 96
V. Verlängerung auf Basis von BfArM-Mustertexten 72	1. Wegfall der Verkehrsfähigkeit 97
	2. Fortbestand der Zulassung 98
VI. Verlängerung im zentralisierten Verfahren 73	3. Bekanntgabe 99
VII. Verlängerung von Zulassungen, die im Verfahren der gegenseitigen Anerkennung bzw im dezentralen Verfahren erteilt wurden 74	II. Voraussetzungen und Entscheidung über das Ruhen der Zulassung 100
	III. Wirksamwerden der Ruhensanordnung ... 105
	G. Sunset-Clause 107
E. Besonderheiten des Nachzulassungsverfahrens 75	I. Hintergrund 107
I. Geltungsdauer und Erlöschen der fiktiven Zulassung 75	II. Der Begriff des Inverkehrbringens 111
	1. Umfang 112
1. Besondere Erlöschenstatbestände 76	2. Exportarzneimittel 113
a) Stichtagsregelung für Verlängerungsanträge 76	3. Ärztemuster und Prüfarzneimittel ... 114
b) Stichtagsregelung für sog. Ex-ante-Verpflichtung 77	III. Die Dreijahresfrist 115
	1. Fristbeginn bei Einstellung des Vertriebs 115
c) Stichtagsregelung für Antragsrücknahmen nach der sog. 2004-Regelung 78	2. Fristbeginn nach Erteilung der Zulassung 116
	3. Unterbrechung des Fristablaufs 117
2. Verzicht und Abverkauf 81	IV. Ausnahmegenehmigung 118
II. Inhalt des Nachzulassungsantrags 84	V. Im europäischen Verfahren erteilte nationale Zulassungen 119
1. Allgemeine Anforderungen 85	
2. „Ex-ante"-Unterlagen 89	VI. Im zentralisierten Verfahren erteilte Zulassungen 120
III. Möglichkeiten der Bezugnahme 91	
1. Monographien 92	
2. Tierarzneimittel 93	
3. Bezugnahme auf EU-Zulassungen ... 94	

A. Grundsatz der befristeten Zulassung

I. Hintergrund

Sowohl eine im zentralisierten Verfahren als auch eine durch die nationalen Zulassungsbehörden erteilte Zulassung ist zunächst fünf Jahre gültig. Sie erlischt, wenn der Zulassungsinhaber nicht rechtzeitig vor deren Ablauf eine Verlängerung beantragt.

Im europäischen Arzneimittelrecht war bis zur Revision der Richtlinie 2001/83/EG[1] durch die Richtlinie 2004/27/EG[2] vorgesehen, dass auch die Verlängerung der Zulassung jeweils nur für weitere fünf Jahre erteilt wird, so dass zur Aufrechterhaltung der Verkehrsgenehmigung regelhaft eine **Verlängerung** erforderlich war. In Deutschland wurde diese Anforderung aufgrund von Art. 10 RL 65/65/EG[3] mit dem Gesetz zur Neuordnung des Arzneimittelrechts[4] im AMG implementiert (§ 31 Abs. 3 AMG aF).

Die regelmäßige Durchführung eines Verlängerungsverfahrens diente zum einen der **Beseitigung** nicht mehr benötigter Zulassungen/Registrierungen, da sich der Genehmigungsinhaber mit Ablauf der Verkehrsgenehmigung oder deren Verlängerung jeweils entscheiden konnte, ob das betreffende Arzneimittel für ihn noch von Wert ist oder ob er auf eine (wei-

---

[1] RL 2001/83/EG des Europäischen Parlaments und des Rates v. 6.11.2001 zur Schaffung eines Gemeinschaftskodexes für Humanarzneimittel (ABl. EG Nr. L 311/67 v. 28.11.2001).
[2] RL 2004/27/EG des Europäischen Parlaments und des Rates zur Änderung der RL 2001/83/EG zur Schaffung eines Gemeinschaftskodexes für Humanarzneimittel v. 31.3.2004 (ABl. EG Nr. L 136/34 v. 30.4.2004).
[3] RL 65/65/EWG des Rates v. 26.1.1965 zur Angleichung der Rechts- und Verwaltungsvorschriften über Arzneispezialitäten (ABl. Nr. 022 v. 9.2.1965, S. 369).
[4] Gesetz zur Neuordnung des Arzneimittelrechts (BGBl. I 1976, 2445).

tere) Verlängerung verzichtet.[5] Vor allem aber sollte das Arzneimittel aus Gründen des **Gesundheitsschutzes** in angemessenen Abständen anhand des aktuellen Stands der wissenschaftlichen Erkenntnisse überprüft werden,[6] weil sich die Beurteilungskriterien für das Arzneimittel mit dem Fortschreiten der wissenschaftlichen Erkenntnis ändern können. Eine regelmäßige Überprüfung des Arzneimittels sollte außerdem auch die Berücksichtigung der Erfahrungen aus der Anwendungspraxis ermöglichen.

II. Entwicklungen auf europäischer Ebene

3   Das Ziel des Gesundheitsschutzes konnte nach Ansicht der EU-Kommission durch das Verlängerungsverfahren in vielen Fällen jedoch nicht erreicht werden, sondern verursachte vielmehr einen nicht unerheblichen Verwaltungsaufwand, der für den Gesundheitsschutz keinen entscheidenden Vorteil beinhaltete.[7] Daher schlug die EU-Kommission zu Beginn des Verfahrens zur Reform des gemeinschaftsrechtlichen Arzneimittelzulassungsrechts 2004/2005 die Abschaffung des Verlängerungsverfahrens bei gleichzeitiger Verschärfung der Pharmakovigilanzbestimmungen vor.[8] Aus Gründen der **Arzneimittelsicherheit** wollte man jedoch die umfassende Überprüfung der Zulassung und Anpassung der Unterlagen an den Stand der wissenschaftlichen Erkenntnisse in Bezug auf Qualität, Wirksamkeit und Unbedenklichkeit nach der Zulassung nicht vollständig aufgeben. Der Kompromissvorschlag des Wirtschafts- und Sozialausschusses sah daher eine Überprüfung im Zehn-Jahres-Rhythmus vor.[9]

4   Letztendlich führte die Änderung der Richtlinie 2001/83/EG durch die Richtlinie 2004/27/EG nicht zu einem Verzicht auf die Zulassungsverlängerung, aber zum grundsätzlichen **Wegfall** des Erfordernisses der wiederholten Verlängerung. Gemäß Art. 24 der geänderten Richtlinie 2001/83/EG[10] (für Tierarzneimittel Art. 28 der geänderten Richtlinie 2001/82/EG)[11] muss eine Genehmigung für das Inverkehrbringen nunmehr fünf Jahre, nachdem sie erteilt wurde, in der Regel nur noch einmal verlängert werden und ist danach **unbegrenzt** gültig. Dies gilt nicht, wenn die Kommission bzw die zuständige nationale Behörde in begründeten Fällen aus Gründen der Pharmakovigilanz das Erfordernis einer weiteren Verlängerung nach Ablauf von fünf Jahren beschließt, bspw wenn nachträglich für ein bereits zugelassenes Arzneimittel eine neue Indikation genehmigt wird, für die noch – nach der Nutzen-Risiko-Abwägung grundsätzlich hinnehmbare – Sicherheitsbedenken bestehen.[12] Die Möglichkeit der Anordnung einer weiteren Verlängerung steht der Kommission bzw der zuständigen nationalen Behörde nur ein Mal zu.[13] Diese **Ausnahmeregelung** wurde auf

---

5   Vgl Horn, Bundesgesundheitsblatt 2008, 740.
6   Amtl. Begr. zu § 31, abgedruckt bei Sander, Arzneimittelrecht, § 31 AMG.
7   Bericht der Kommission über die Erfahrungen mit den Verfahren zur Erteilung von Genehmigungen für das Inverkehrbringen von Arzneimitteln gemäß der VO 2309/93/EWG, Kapitel III der RL 75/319/EWG und Kapitel IV der RL 81/851/EWG, KOM (2001) 606 endg. v. 23.10.2001, 15. – Die obligatorische Verlängerung der Arzneimittel im Fünf-Jahres-Rhythmus führte zu einem kumulativen Anstieg der der Verlängerungsanträge mit steigendem Alter der Zulassungen. Der Eingang der Verlängerungsanträge hätte sich in Deutschland von 1997 bis 2008 mehr als verdreifacht, vgl Horn, Bundesgesundheitsblatt 2008, 740, 741.
8   Vorschlag der Kommission für eine Richtlinie des Europäischen Parlaments und des Rates zur Änderung der RL 2001/83/EG zur Schaffung eines Gemeinschaftskodexes für Humanarzneimittel (ABl. EG Nr. C 75 E v. 26.3.2002, S. 216).
9   Vgl Stellungnahme des Europäischen Wirtschafts- und Sozialausschusses, (ABl. EG Nr. C 61 v. 14.3.2003, S. 1).
10 Konsolidierte Fassung v. 30.4.2004, abrufbar unter <www.zlg.de>.
11 Konsolidierte Fassung v. 30.4.2004, abrufbar unter <www.zlg.de>.
12 Sickmüller/Boullard, RAJ Pharma 2004, 801, 802.
13 Lorenz, Das gemeinschaftsrechtliche Arzneimittelzulassungsrecht, S. 337.

A. Grundsatz der befristeten Zulassung

Betreiben des Rates eingefügt, um ein zusätzliches Überwachungsinstrument für genehmigte Arzneimittel zu schaffen.[14]

Außerdem wurde die **Frist** zur Einreichung des Verlängerungsantrags von spätestens drei auf sechs Monate vor Ablauf der Genehmigung vorverlegt. In Art. 24 Abs. 2 der geänderten Richtlinie 2001/83/EG wurden die inhaltlichen Anforderungen des Verlängerungsantrags erweitert, wonach zusätzlich eine überarbeitete Fassung der Unterlagen in Bezug auf **Qualität, Unbedenklichkeit** und **Wirksamkeit** vorzulegen ist. Zur Stärkung der **Pharmakovigilanz** wurden darüber hinaus die Fristen für die Einreichung der periodischen Berichte (PSUR – Periodic Safety Update Report) von fünf auf drei Jahre verkürzt, so dass die Arzneimittel bzw die betroffenen Wirkstoffe einer häufigeren Risikoanalyse unterliegen.

Für das **zentralisierte Zulassungsverfahren** wurden die geänderten Vorschriften der Art. 24 RL 2001/83/EG und Art. 28 RL 2001/82/EG in Art. 14 VO (EG) Nr. 726/2004[15] übernommen.

III. Umsetzung durch das 14. AMGÄndG

Im deutschen AMG wurden die Änderungen der Richtlinie 2001/83/EG mit dem 14. AMGÄndG[16] umgesetzt, das zum 6.9.2006 in Kraft trat. Seither gilt auch für nationale Zulassungen und Registrierungen – inklusive der im Verfahren der gegenseitigen Anerkennung (MRP) oder im dezentralisierten Verfahren (DCP) erteilten – dass sie nach einmaliger Verlängerung grundsätzlich zeitlich **unbegrenzt** gelten (§ 31 Abs. 1a AMG). Nur in **Ausnahmefällen** kann die Zulassungsbehörde im Rahmen der Entscheidung über die Zulassungsverlängerung anordnen, dass ein weiterer **Verlängerungsantrag** gestellt werden muss, soweit dies erforderlich ist, um das sichere Inverkehrbringen des Arzneimittels weiterhin zu gewährleisten. Dies kann beispielsweise für Arzneimittel mit neuen Arzneistoffen aufgrund eines besonderen Nutzen-Risiko-Profils der Fall sein.[17]

Entsprechendes gilt für Registrierungen **homöopathischer Arzneimittel** gem. § 39 Abs. 2b AMG[18] und für **traditionelle pflanzliche Arzneimittel**, § 39c Abs. 3 AMG.

Seit dem 6.9.2006 ist also grundsätzlich nur noch einmal eine Verlängerung der Zulassung/Registrierung nach deren Erteilung erforderlich, danach besteht die Verkehrsgenehmigung zeitlich **unbegrenzt**. Unproblematisch gilt dies für alle seit dem Inkrafttreten des 14. AMGÄndG erteilten Verkehrsgenehmigungen sowie nach diesem Zeitpunkt fällige erstmalige Verlängerungen, die nach den seither geltenden Vorschriften durchzuführen sind.

1. Übergangsvorschriften im AMG

§ 141 Abs. 6 AMG enthält **Übergangsvorschriften** für nationale Zulassungen und Registrierungen, die vor Inkrafttreten des 14. AMG-Änderungsgesetz erteilt wurden.[19] Diese lassen sich im Wesentlichen wie folgt zusammenfassen:[20]

---

14 Begr. des Rates zu seinem Gemeinsamen Standpunkt 60/2003/EG (ABl. EU Nr. C 297 E v. 9.12.2003, S. 1).
15 VO (EG) Nr. 726/2004 des Europäischen Parlaments und des Rates v. 31.3.2004 zur Festlegung von Gemeinschaftsverfahren für die Genehmigung und Überwachung von Human- und Tierarzneimitteln und zur Errichtung einer Europäischen Arzneimittel-Agentur (ABl. EU Nr. L 136/1 v. 30.4.2004).
16 Vierzehntes Gesetz zur Änderung des Arzneimittelgesetzes (14. AMGÄndG) v. 29.8.2005 (BGBl. I, 2570).
17 Vgl BT-Drucks. 15/5316, 40.
18 Zuvor galt eine Registrierung und deren Verlängerung für die Dauer von zehn Jahren, § 3 Abs. 2 Nr. 3 HomAMV.
19 Siehe auch „FAQ Verlängerungen nach §§ 31,39 AMG" auf der Homepage des BfArM unter <www.bfarm.de>.
20 Vgl Horn, Bundesgesundheitsblatt 2008, 744.

§ 9 Geltungsdauer und Verlängerung der Zulassung

Keine weitere Verlängerung ist grundsätzlich erforderlich für

- Zulassungen, die zwischen dem 1.1.2001 und dem Inkrafttreten des 14. AMGÄndG bestandskräftig verlängert wurden. Als Verlängerung gilt auch die Erteilung der Nachzulassung. Die zuständige Zulassungsbehörde konnte jedoch eine weitere Verlängerung anordnen, um das sichere Inverkehrbringen weiterhin zu gewährleisten (§ 141 Abs. 6 S. 3 AMG).[21] Danach nicht mehr erforderliche Verlängerungsanträge galten als erledigt, § 141 Abs. 6 S. 4 AMG.

Eine weitere Verlängerung der Zulassung/Registrierung ist erforderlich für

- erteilte Nachzulassungen, für die noch die sog. Ex-ante-Verpflichtung gem. § 136 AMG besteht (siehe § 6 Rn 231 ff und § 7 231 ff.)
- Zulassungen, die vor dem 1.1.2001 verlängert wurden und/oder für die zum Zeitpunkt des Inkrafttretens des 14.AMGÄndG keine bestandskräftige Entscheidung über die Verlängerung vorlag, § 141 Abs. 6 S. 1 AMG.

2. Besonderheiten im Verfahren der gegenseitigen Anerkennung (MRP) und im dezentralen Verfahren (DCP)

8 Bei der Verlängerung von Zulassungen im MRP/DCP-Verfahren ergeben sich aufgrund unterschiedlicher Übergangsregelungen der Mitgliedstaaten in Fällen mit mehreren beteiligten Staaten (concerned member states – CMS) dann Schwierigkeiten, wenn in diesen Ländern noch eine weitere Verlängerung vorgesehen ist und bspw in Deutschland als Referenzstaat (reference member state – RMS) nicht mehr. Damit eine Verlängerung auch in den beteiligten Staaten durchgeführt werden kann, duldet das BfArM in derartigen Fällen das Verlängerungsverfahren auf ausdrücklichen Wunsch des Antragstellers.[22]

B. Rücknahme und Widerruf

I. Wirkung

9 Rücknahme und Widerruf der Zulassung sind Instrumente der Risikoabwehr zur Gewährleistung der Arzneimittelsicherheit im Rahmen der behördlichen Nachmarktkontrolle. Für Rücknahme oder Widerruf der Verkehrsgenehmigung als actus contrarius zur Genehmigungserteilung ist die Behörde zuständig, die die Zulassung erteilt hat. Nimmt die zuständige Behörde die Verkehrsgenehmigung zurück oder widerruft diese, **erlischt** die Zulassung mit Bestandskraft der Entscheidung; dies kann auch nur Teile der Zulassung betreffen. Rücknahme und Widerruf sind belastende Verwaltungsakte und müssen – wie die Zulassung selbst – schriftlich ergehen.

Für Rücknahme und Widerruf von Verkehrsgenehmigungen der nationalen Zulassungsbehörden enthält § 30 AMG **Sonderregelungen** gegenüber den allgemeinen Bestimmungen der §§ 48, 49 VwVfG. Danach gibt es bestimmte, sog. **absolute** Rücknahme- und Widerrufsgründe, bei deren Vorliegen die Zulassung zurückgenommen oder widerrufen werden muss (§ 30 Abs. 1 AMG), und **relative** Gründe, bei denen Rücknahme oder Widerruf in das **Ermessen** der Zulassungsbehörde gestellt ist (§ 30 Abs. 2 AMG). § 30 AMG gilt auch für fiktiv zugelassene Arzneimittel gem. §§ 103 bis 105 AMG (zum Ruhen der Zulassung siehe § 9 Rn 96 ff).

---

[21] Ausweislich der Bekanntmachung des BfArM v. 27.3.2006 zu den Übergangsvorschriften zur Verlängerung der Zulassung von Arzneimitteln gem. § 31 des AMG und über die Verlängerung von homöopathischen Arzneimitteln gem. § 39 Abs. 2 b AMG aus Anlass des 14. AMGÄndG galten alle diese von § 141 Abs. 6 S. 4 AMG betroffenen Zulassungen in der Zuständigkeit des BfArM unbefristet bis auf die Nachzulassungen, für die noch gem. § 136 Abs. 1 AMG die „ex-ante"-Verpflichtung bestand (BAnz Nr. 58 v. 23.5.2006, S. 97).

[22] Vgl Horn, Bundesgesundheitsblatt 2008, 744, 745.

Seit Inkrafttreten der sog. 15. AMG-Novelle[23] zum 23.7.2009 finden für die Registrierung **homöopathischer Arzneimittel** und **traditioneller pflanzlicher Arzneimittel** die Vorschriften des § 30 Abs. 1 S. 1, Abs. 2 bis 4 AMG für Rücknahme und Widerruf entsprechend Anwendung (§§ 39 Abs. 2 d, 39 d Abs. 8 AMG nF).[24]

II. Zeitpunkt des Wirksamwerdens

Ein **Widerruf** der Verkehrsgenehmigung kommt in Betracht, wenn bestimmte Zulassungsversagungsgründe nachträglich eingetreten sind, die Grundlage für die Erteilung der Zulassung also nicht mehr vorliegt. Der Widerruf einer Zulassung bewirkt den Wegfall der Zulassung zum Zeitpunkt des Vorliegens einer rechtskräftigen Widerrufsentscheidung für die Zukunft.

Die **Rücknahme** einer Zulassung ist möglich, wenn sich nach Zulassungserteilung herausstellt, dass **von Anfang an** ein Zulassungsversagungsgrund vorgelegen hat, die Zulassung also gar nicht hätte erteilt werden dürfen. Gemäß § 48 Abs. 1 S. 1 VwVfG kann die Rücknahme eines Verwaltungsakts für die Vergangenheit oder für die Zukunft erfolgen. Eine Rücknahme mit Wirkung für die Vergangenheit kommt insbesondere in Betracht, wenn der pharmazeutische Unternehmer die Zulassungsbehörde über das Vorliegen der Zulassungsvoraussetzungen getäuscht hat (vgl § 48 Abs. 2 S. 3,4 VwVfG).[25] Beruht die Erteilung der Zulassung jedoch auf einem Fehler der Zulassungsbehörde bei der Zulassungsprüfung, ist die Zulassung aus Gründen des Vertrauensschutzes mit Wirkung für die Zukunft zurückzunehmen.[26]

Während die Rücknahme also der Korrektur von Fehlern im Zulassungsverfahren dient, ermöglicht der Widerruf der Zulassung den Entzug der Verkehrsgenehmigung, falls dies infolge der kontinuierlichen Prüfung des Arzneimittels zum Schutz der öffentlichen Gesundheit erforderlich wird.

III. Bekanntmachung

Widerruf und Rücknahme einer Zulassung werden wegen ihrer Bedeutung gem. § 34 Abs. 1 S. 1 Nr. 2 bzw Nr. 3 AMG im **Bundesanzeiger** bekannt gemacht. Der Zeitpunkt der Bekanntmachung ist für das Wirksamwerden von Rücknahme oder Widerruf ohne Bedeutung, maßgeblich ist der Zeitpunkt der Rechtskraft des betreffenden Verwaltungsakts. Auch entbindet die öffentliche Bekanntmachung den pharmazeutischen Unternehmer nicht von Informations- und Hinweispflichten.

Die Entscheidungen über Widerruf oder Rücknahme einer Zulassung sind öffentlich zugänglich zu machen, § 34 Abs. 1 b AMG. Dies gilt gem. § 34 Abs. 1 c AMG nicht für **zentralisierte Zulassungen**; hier übernimmt dies die europäische Zulassungsagentur gem. Art. 20 Abs. 7 VO (EG) Nr. 726/2004.

---

23 Gesetz zur Änderung arzneimittelrechtlicher und anderer Vorschriften v. 17.7.2009 (BGBl. I, 1990).
24 Gemäß Art. 6 des Gesetzes zur Änderung arzneimittelrechtlicher und anderer Vorschriften tritt die VO über homöopathische Arzneimittel (HomAMV) v. 15.3.1978 (BGBl. I, 401) außer Kraft, um das Nebeneinander von gesetzlichen und Rechtsverordnungsvorschriften zu beenden. Die HomAMV sah in den §§ 3 und 4 für die Löschung von Registrierungen dem § 30 AMG entsprechende Regelungen vor.
25 Kloesel/Cyran, Arzneimittelrecht, § 30 AMG Erl. 4; Sander, Arzneimittelrecht, § 30 AMG Erl. 2.
26 Kloesel/Cyran, Arzneimittelrecht, § 30 AMG Erl. 4.

IV. Folgen der Aufhebung der Zulassung durch Widerruf oder Rücknahme

1. Verkehrsverbot

13 Im Falle des Widerrufs oder der Rücknahme der Zulassung entfällt die **Verkehrsfähigkeit** des Arzneimittels. Das Arzneimittel darf dann von niemandem mehr in den Verkehr (vgl § 30 Abs. 4 S. 1 Nr. 1 AMG) oder in den Geltungsbereich des AMG gebracht werden (vgl § 30 Abs. 4 S. 1 Nr. 2 AMG), bspw durch **Einfuhr** oder **Einzelimport**. Die Möglichkeit des Einzelimports gem. § 73 Abs. 3 AMG lässt nur Raum für den Import bereits im Ausland zugelassener, im Inland mangels Durchführung bzw Abschluss eines Zulassungsverfahrens noch nicht zugelassener Medikamente. Es darf keine negative Zulassungsentscheidung (Rücknahme, Widerruf, Ruhen der Zulassung) vorliegen.[27]

2. Rückgabe der Arzneimittel

14 Die Rückgabe an den pharmazeutischen Unternehmer, die ebenfalls ein Inverkehrbringen im Sinne des § 4 Abs. 17 AMG darstellt,[28] ist mit entsprechender Kenntlichmachung (§ 7 Abs. 2 AMWHV) zulässig und kann durch die zuständigen **Überwachungsbehörden** der Bundesländer angeordnet werden (§ 30 Abs. 4 S. 3,4 AMG).

Es ist streitig, ob der pharmazeutische Unternehmer mangels gesetzlicher Regelung auch ohne vereinbarte oder behördlich angeordnete Rückgabe zur **Rücknahme** der Arzneimittel – etwa aufgrund seiner Verkehrssicherungspflicht – verpflichtet ist.[29]

Etwaige weitere **Ansprüche** der einzelnen Handelsstufen gegen den pharmazeutischen Unternehmer wegen erst nachträglich eingetretener **Unverkäuflichkeit** der Arzneimittel infolge einer späteren Aufhebung der Zulassung sind nach **zivilrechtlichen Grundsätzen** zu beurteilen. Da mit der Übergabe des ursprünglich einwandfreien Arzneimittels die Gefahr der zufälligen Verschlechterung auf den Käufer übergeht (§ 446 BGB) können daher Ansprüche auf Rücktritt oder Wandlung des Kaufvertrages wegen einer erst später eingetretenen Unverkäuflichkeit des Arzneimittels gegen den pharmazeutischen Unternehmer idR nicht geltend gemacht werden, sofern dieser nicht die Verkehrsfähigkeit bis zum Aufbrauch des Arzneimittelvorrats zugesichert hat.[30]

3. Maßnahmen der Überwachungsbehörde

15 Möglich sind auch – soweit die entsprechenden Voraussetzungen vorliegen – flankierende Maßnahmen der zuständigen Arzneimittelüberwachungsbehörde gem. § 69 Abs. 1 S. 2 AMG, wie zB die Anordnung des **Rückrufs** oder die **Sicherstellung der Arzneimittel**. Bei einer Rückrufanordnung ist der pharmazeutische Unternehmer gehalten, zur Wiedererlangung der Arzneimittel alle rechtlich zulässigen Maßnahmen zu ergreifen.[31]

4. Sanktionen

16 Wird ein Arzneimittel vorsätzlich entgegen dem Verbot des § 30 Abs. 4 S. 1 Nr. 1 AMG in den Verkehr gebracht, so wird dies gem. § 96 Nr. 7 AMG als **Straftat** geahndet, bei fahrlässiger Begehung als **Ordnungswidrigkeit** gem. § 97 Abs. 1 AMG. Ein vorsätzlicher oder fahrlässiger Import nicht mehr verkehrsfähiger Arzneimittel entgegen § 30 Abs. 4 S. 1 Nr. 2 AMG ist ebenfalls eine Ordnungswidrigkeit, § 97 Abs. 2 Nr. 8 AMG.

---

27 BSG, Urt. v. 17.3.2005, NZS 2006, 29, 31.
28 Kloesel/Cyran, Arzneimittelrecht, § 4 AMG Erl. 57; Sander, Arzneimittelrecht, § 4 AMG Erl. 21; Rehmann, AMG, § 4 Rn 19.
29 So Kloesel/Cyran, Arzneimittelrecht, § 30 AMG Erl. 29; aA Sander, Arzneimittelrecht, § 30 AMG Erl. 12.
30 Kloesel/Cyran, Arzneimittelrecht, § 30 AMG Erl. 31.
31 Kloesel/Cyran, Arzneimittelrecht, § 30 AMG Erl. 31.

V. Behördliche Entscheidung über Rücknahme oder Widerruf

1. Absolute Rücknahme und Widerrufsgründe

a) § 30 Abs. 1 S. 1 AMG

Gemäß § 30 Abs. 1 S. 1 AMG ist die Zulassung zurückzunehmen, wenn nachträglich 17
bekannt wird, dass bei Erteilung der Zulassung einer der **Zulassungsversagungsgründe** des
§ 25 Abs. 2 Nr. 2, 3, 5, 5 a, 6 oder 7 AMG vorgelegen hat (siehe § 10 Rn 88 ff).

Die Zulassung ist danach zurückzunehmen, wenn

- das Arzneimittel unzureichend geprüft ist,
- nicht über die erforderliche Qualität verfügt,
- ein ungünstiges Nutzen-Risiko-Verhältnis aufweist,
- eine Kombination für ein Kombinationspräparat nicht ausreichend begründet ist,
- die Wartezeit nicht ausreicht oder
- das Inverkehrbringen gegen eine gesetzliche – auch EU-rechtliche – Vorschrift oder EU-Verordnung verstößt.

Tritt einer dieser Versagungsgründe nachträglich ein, ist ein **Widerruf** der Zulassung vorgesehen, ausgenommen der Fall, dass sich ein Arzneimittel erst nach Erteilung der Zulassung als unzureichend geprüft erweist (§ 25 Abs. 2 Nr. 2 AMG) – hier besteht für die Zulassungsbehörden ein Ermessensspielraum in Bezug auf die anzuordnende Maßnahme.[32]

Für **homöopathische Arzneimittel** gelten mit Inkrafttreten der sog. 15. AMG-Novelle als 18
Rücknahme- bzw Widerrufsgründe nach § 30 Abs. 1 S. 1 AMG die Versagungsgründe des
§ 39 Abs. 2 Nr. 2 bis 9 AMG (§ 39 Abs. 2 d AMG nF). Rücknahme oder Widerruf der
Registrierung sind danach möglich, wenn

- die analytische Prüfung oder
- die Qualität unzureichend ist,
- der begründete Verdacht besteht, dass das Arzneimittel bei bestimmungsgemäßem Gebrauch schädliche Wirkungen hat, die über ein nach den Erkenntnissen der medizinischen Wissenschaft vertretbares Maß hinausgehen,
- bei Tierarzneimitteln, die an Tieren angewendet werden sollen, die der Lebensmittelgewinnung dienen, ein pharmakologisch wirksamer Bestandteil nicht in Anhang II der Verordnung (EWG) Nr. 2377/90 aufgeführt ist oder
- die angegebene Wartezeit nicht ausreicht,
- das Arzneimittel eine unzulässige Anwendungsart aufweist,
- Niedrigpotenzen unterhalb der gesetzlich normierten Mindestverdünnung enthält oder
- der Verschreibungspflicht unterfällt.

Für **traditionelle pflanzliche Arzneimittel** gelten mit Inkrafttreten der sog. 15. AMG-Novelle 19
als Rücknahme- bzw Widerrufsgründe die Versagungsgründe nach § 39 c Abs. 2 AMG
(§ 39 d Abs. 8 AMG nF), dh

- unzureichende Qualität
- Verschreibungspflichtigkeit
- Schädlichkeit oder Bedenklichkeit
- unzureichender Wirkungs- und Wirksamkeitsnachweis
- keine feststehende Stärke und Dosierung
- unzulässige Darreichungsform
- nicht ausreichender zeitlicher Traditionsnachweis
- bestehende Zulassung oder Registrierung nach § 39 AMG

---

32 Sander, Arzneimittelrecht, § 30 AMG Erl. 3.

20 In den vorgenannten Fällen hat die Bundesoberbehörde dem Grundsatz der Verhältnismäßigkeit Rechnung zu tragen und kann daher auch das **Ruhen** der Zulassung/Registrierung anordnen, wenn dies das mildere Mittel zur Zweckerreichung darstellt, § 30 Abs. 1 S. 4 AMG[33] (siehe § 9 Rn 96 ff). Aus dem Grundsatz der **Verhältnismäßigkeit** folgt auch, dass die Zulassung dann nicht zurückgenommen werden kann, wenn zwar ein Mangel bei der Zulassung bestanden hat, dieser jedoch nachträglich beseitigt worden ist.[34]

21 Es ist streitig, ob sich im Hinblick auf § 30 Abs. 1 S. 4 AMG, der die Möglichkeit der Ruhensanordnung in Fällen des § 30 Abs. 1 S. 1 AMG vorsieht, ergibt, dass entgegen dem Gesetzeswortlaut („Die Zulassung ist zurückzunehmen …") der Behörde in Bezug auf Rücknahme oder Widerruf ein gewisser Ermessensspielraum verbleibt, wenn auch in weit engeren Grenzen als in den Fällen des § 30 Abs. 2 AMG.[35]

b) Fehlen oder ungenügende Begründung der therapeutischen Wirksamkeit, § 30 Abs. 1 S. 2 AMG

22 Die Zulassung ist auch zurückzunehmen oder zu widerrufen, wenn bekannt wird, dass
- dem Arzneimittel die therapeutische Wirksamkeit fehlt (§ 30 Abs. 1 S. 2 Nr. 1 AMG) oder
- die therapeutische Wirksamkeit in den Fällen der vorzeitigen Zulassung nach § 28 Abs. 3 AMG unzureichend begründet ist (§ 30 Abs. 1 S. 2 Nr. 2 AMG).

Eine Ruhensanordnung kommt in diesen Fällen nicht in Betracht, § 30 Abs. 1 S. 4 AMG.

23 Bei der Beurteilung der therapeutischen Wirksamkeit ergeben sich häufig Schwierigkeiten. Die therapeutische Wirksamkeit fehlt, wenn sich mit dem Arzneimittel keine therapeutischen Ergebnisse erzielen lassen, § 30 Abs. 1 S. 3 AMG. Hierfür trägt die Behörde die **Beweislast**, da sie die Voraussetzungen für den Erlass des belastenden Verwaltungsakts nachzuweisen hat.[36]

Für die hinreichende Begründung der therapeutischen Wirksamkeit bei einer vorzeitigen Zulassung wegen erwartetem großen therapeutischen Nutzen nach § 28 Abs. 3 AMG ist hingegen der pharmazeutische Unternehmer verantwortlich.[37]

2. Relative Rücknahme- und Widerrufsgründe

24 Liegt einer der in § 30 Abs. 2 AMG genannten Rücknahme- und Widerrufsgründe vor, stehen Widerruf oder Rücknahme der Zulassung im pflichtgemäßen **Ermessen** der Behörde, dh sie hat nach allgemeinen verwaltungsrechtlichen Grundsätzen die Wahl zwischen verschiedenen Entscheidungen. Es gilt der Grundsatz der **Verhältnismäßigkeit** unter Berücksichtigung des mildesten Mittels zur Zweckerreichung (**Übermaßverbot**).[38] Zur Ruhensanordnung siehe § 9 Rn 96 ff.

---

33 Für Registrierungen ergibt sich dies aus dem neuen Wortlaut der §§ 39 Abs. 2 d, 39 c Abs. 8 AMG nF, wonach für Rücknahme, Widerruf und Ruhen der Registrierung § 30 Abs. 1 S. 1, Abs. 2–4 entsprechend gilt.
34 Kloesel/Cyran, Arzneimittelrecht, § 30 AMG Erl. 9.
35 So Brixius/Frehse/Brixius, Arzneimittelrecht in der Praxis, 123; Rehmann, AMG, § 30 Rn 2; aA Sander, Arzneimittelrecht, § 30 AMG Erl. 2; differenzierend: Kloesel/Cyran, Arzneimittelrecht, § 30 AMG Erl. 9.
36 Sander, Arzneimittelrecht, § 30 AMG Erl. 2; Rehmann, AMG, § 30 Rn 2; aA Kloesel/Cyran, Arzneimittelrecht, § 30 AMG Erl. 11.
37 Vgl BVerwG, Urt. v. 14.10.1993, PharmR 1994, 380 ff – Herpes simplex; BVerwG, Urt. v. 14.10.1993, NJW 1994, 2433 ff – Heilerde.
38 Vgl Kopp/Ramsauer, VwVfG, § 40 Rn 29.

B. Rücknahme und Widerruf

Die zuständige Bundesoberbehörde kann die Zulassung gem. § 30 Abs. 2 Nr. 1 AMG **zurücknehmen**,

- wenn in den Zulassungsunterlagen nach §§ 22, 23 oder 24 AMG unrichtige oder unvollständige Angaben gemacht wurden oder
- bei Zulassungserteilung einer der tierarzneimittelspezifischen Versagungsgründe des § 25 Abs. 2 S.1 Nr. 6 a oder 6 b AMG vorgelegen hat (siehe § 37 Rn 12).

Dabei muss für den Einzelfall geprüft werden, ob die Unrichtigkeit oder Unvollständigkeit der Angaben in ihren Auswirkungen die Arzneimittelsicherheit derart gefährdet, dass eine Rücknahme der Zulassung erforderlich ist.

Ein **Widerruf** kann erfolgen, wenn

- einer der Versagungsgründe des § 25 Abs. 2 S.1 Nr. 2, 6 a oder 6 b AMG nachträglich eingetreten ist (siehe § 10 Rn 117 ff und § 37 Rn 12) oder
- wenn eine der nach § 28 AMG angeordneten Auflagen auch nicht nach einer von der zuständigen Bundesoberbehörde zu setzenden angemessenen Frist eingehalten wird (§ 30 Abs. 2 Nr. 2 AMG).

Die bloße **Fortentwicklung** eines wissenschaftlichen Kriteriums oder der Umstand, dass **veraltete** und nach aktuellem Erkenntnisstand mangelhafte Prüfungen zur Wirksamkeit und Unbedenklichkeit des Arzneimittels eingesetzt wurden, können für sich genommen den Widerruf der Genehmigung für das Inverkehrbringen eines Arzneimittels nicht rechtfertigen, sofern dies nicht auf neuen Daten oder Informationen beruht.[39] Der pharmazeutische Unternehmer ist während der Geltungsdauer der Zulassung nicht verpflichtet, Wirksamkeit und Unbedenklichkeit des Arzneimittels nachzuweisen.[40] Ein zum Widerruf der Zulassung berechtigender nachträglicher Eintritt des Zulassungsversagungsgrundes des § 25 Abs. 2 Nr. 2 AMG dürfte daher nur dann anzunehmen sein, wenn sich aufgrund neuer Tatsachen oder Erkenntnisse nachträglich die Notwendigkeit ergibt, das Arzneimittel in bestimmter Hinsicht weiteren Prüfungen, zB zur Kanzerogenität, Mutagenität oder Teratogenität zu unterwerfen.[41]

Im Benehmen mit der zuständigen Überwachungsbehörde kann die Zulassung auch dann widerrufen werden, wenn die für das Arzneimittel vorgeschriebenen **Qualitätsprüfungen** nicht oder nicht ausreichend durchgeführt worden sind (§ 30 Abs. 2 Nr. 3 AMG). Da die Maßnahme der Zulassungsbehörde hier den Bereich der **Arzneimittelüberwachung** tangiert, ist eine Abstimmung mit der zuständigen Landesbehörde vorgesehen – eine Zustimmung der Landesbehörde ist jedoch nicht erforderlich.

VI. Umsetzung der Entscheidung der Gemeinschaftsorgane bei gemeinschaftsrechtlicher Zulassung

Aufgrund des Vorrangs des Gemeinschaftsrechts gelten **besondere Verfahrensregelungen** für Rücknahme, Widerruf und Ruhensanordnung der Zulassungsbehörde aufgrund von Entscheidungen der Europäischen Gemeinschaft und des Rates der Europäischen Union im Schiedsverfahren über dezentrale oder im Verfahren der gegenseitigen Anerkennung erteilte Zulassungen nach Art. 34 RL 2001/83/EG bei Humanarzneimitteln oder bei Tierarzneimitteln nach Art. 38 RL 2001/82/EG (gem. § 30 Abs. 1 a AMG). Diese Entscheidungen sind für die Mitgliedstaaten **verbindlich** und innerhalb der bestimmten Frist umzusetzen. Die

---

39 Vgl EuGH, Urt. v. 26.11.2002, T-74/00, Rn 211 – Anorektika.
40 Vgl EuGH, Urt. v. 26.11.2002, T-74/00, Rn 191 – Anorektika; VG Köln, Urt. v. 11.2.2004, PharmR 2005, 186, 190.
41 Vgl VG Köln, Urt. v. 11.2.2004, PharmR 2005, 186, 190; Kloesel/Cyran, Arzneimittelrecht, § 30 AMG Erl. 19.

Bindungswirkung der Entscheidung der Gemeinschaftsorgane besteht jedoch nur für das jeweils von der Entscheidung konkret betroffene Arzneimittel.[42] Die Festlegung der Folgen eines in diesem Verfahren ergehenden ablehnenden Gutachtens der Fachausschüsse für ähnliche Arzneimittel obliegt den Mitgliedstaaten.[43]

VII. Beauflagung der Zulassung

28 Entsprechend dem Grundsatz der **Verhältnismäßigkeit** und dem daraus folgenden Übermaßverbot, hat die Bundesoberbehörde bei belastenden Maßnahmen grundsätzlich das mildeste Mittel zur Zweckerreichung zu wählen. Dementsprechend ist auch bei Rücknahme und Widerruf der Zulassung in § 30 Abs. 2 a AMG eine **Beauflagung** vorgesehen, wenn damit der Rücknahme- oder Widerrufsgrund beseitigt werden kann (siehe hierzu auch oben § 8).

In den Fällen, in denen eine **Ermessensbindung** der zuständigen Bundesoberbehörde besteht (§ 30 Abs. 1 und 1 a AMG), ist die Behörde verpflichtet, die Zulassung durch Auflage zu ändern, wenn dadurch der betreffende **Versagungsgrund** entfällt oder der Entscheidung der Gemeinschaftsorgane bei gemeinschaftsrechtlicher Zulassung entsprochen wird (§ 30 Abs. 2 a S. 1 AMG).

29 Sind Widerruf oder Rücknahme in das Ermessen der Behörde gestellt (§ 30 Abs. 2 AMG,) steht auch die Änderung der Zulassung durch Auflagen im pflichtgemäßen Ermessen, wenn dies ausreichend ist, um den Belangen der Arzneimittelsicherheit Rechnung zu tragen, § 30 Abs. 2 a S. 2 AMG.

Wenn die nachträglich angeordneten Auflagen so gravierend sind, dass sie einem Widerruf der Zulassung gleichkommen, sind sie wie ein Widerruf zu behandeln, zB bei einer ganz engen Beschränkung auf eine Indikation oder eine wesentliche Einengung der Vermarktung.[44]

VIII. Verfahren und Rechtsschutz

1. Sonderfall: Umsetzung von Entscheidungen der Gemeinschaftsorgane nach § 30 Abs. 1 a AMG

30 Hinsichtlich des verwaltungsrechtlichen Verfahrens und des **Rechtsschutzes** bestehen bei behördlichen Maßnahmen zur Umsetzung von Entscheidungen der Gemeinschaftsorgane iSd § 30 Abs. 1 a AMG Sonderregelungen. So ist vor entsprechenden Maßnahmen der nationalen Behörden eine nochmalige **Anhörung** nicht vorgesehen, § 30 Abs. 3 S. 1 AMG, da dem Zulassungsinhaber rechtliches Gehör bereits im Rahmen des Schiedsverfahrens gem. Art. 29 Abs. 2 S. 2 RL 2001/83/EG eingeräumt wird. Bei Rechtsmitteln gegen die Maßnahmen der Bundesoberbehörde gem. § 30 Abs. 1 a S. 2 AMG ist auch ein **Vorverfahren** nach § 68 VwGO nicht statthaft. Da hier zwei Entscheidungen angefochten werden müssen, sind zwei Verfahren einzuleiten.

31 Gegen die Maßnahme der zuständigen Bundesoberbehörde ist innerhalb der Rechtsmittelfrist gem. § 74 Abs. 1 S. 2 VwGO die **Anfechtungsklage** zu erheben. Gegen die Entscheidung der Kommission, die die Mitgliedstaaten zum Widerruf einer Zulassung verpflichtet, kommt neben einer Klage zum EuGH, die gem. Art. 278 S. 1 AEUV (ehemals Art. 242 S. 1 EGV)

---

42 Rehmann, AMG, § 30 Rn 3.
43 Vgl BT-Drucks. 632/97, 25.
44 Deutsch/Spickhoff, Medizinrecht, Rn 1254.

keine aufschiebende Wirkung hat,[45] auch ein Antrag auf Außerkraftsetzung der Kommissionsentscheidung im Wege des **einstweiligen Rechtsschutzes** in Betracht.[46] Ein solcher Antrag ist statthaft, wenn glaubhaft gemacht wird, dass ohne die beantragte Aussetzung ein schwerer, nicht wiedergutzumachender Schaden eintritt.[47] Diese Gefahr besteht im Regelfall bei sofortigem Vollzug von Kommissionsentscheidungen, die den Widerruf von Zulassungen betreffen, wegen der Gefahr der Marktverdrängung.[48] Die Anfechtungsklage vor dem Verwaltungsgericht wird wegen der Vorgreiflichkeit der Entscheidung über die Rechtmäßigkeit der Kommissionsentscheidung zweckmäßiger Weise ausgesetzt.

2. Verfahren und Rechtsschutz bei Maßnahmen nach § 30 Abs. 1 und 2 AMG

Bei den nach § 30 Abs. 1 oder 2 AMG anzuordnenden Maßnahmen ist der Zulassungsinhaber zuvor **anzuhören**, es sei denn, es ist Gefahr im Verzug (§ 30 Abs. 3 S. 1 AMG). Diese Maßnahmen können als belastende Verwaltungsakte mit **Widerspruch** und **Anfechtungsklage** gem. § 42 Abs. 1 VwGO angefochten werden. Sie haben grundsätzlich aufschiebende Wirkung.

Bei **Gefahr im Verzug** kann die Zulassungsbehörde die **sofortige Vollziehbarkeit** der Maßnahmen gem. § 80 Abs. 5 VwGO anordnen, wenn der Allgemeinheit erhebliche Nachteile oder Gefahren drohen würden, falls die Vollziehung des Verwaltungsakts hinausgeschoben würde.[49] Die Anordnung der sofortigen Vollziehbarkeit ist gesondert zu begründen. Widerspruch und Anfechtungsklage haben dann keine aufschiebende Wirkung. Gegen die Anordnung des Sofortvollzugs kann der pharmazeutische Unternehmer nach § 80 Abs. 5 VwGO vorgehen und die Anordnung der aufschiebenden Wirkung des Rechtsmittels beantragen. Dabei muss er darlegen, warum die Fortsetzung des Vertriebs des Arzneimittels bis zur endgültigen Klärung kein unvertretbares Risiko für die Patienten darstellt.[50]

Wenn Rücknahme, Widerruf oder Ruhensanordnung aufgrund des Tatbestands des § 25 Abs. 2 Nr. 5 ausgesprochen wird, also der begründete Verdacht besteht, dass das Arzneimittel bei bestimmungsgemäßem Gebrauch schädliche Wirkungen hat, die über ein nach den Erkenntnissen der medizinischen Wissenschaft vertretbares Maß hinausgehen, ist die Entscheidung der Bundesoberbehörde bereits **kraft Gesetzes** gem. § 30 Abs. 3 S. 3 AMG **sofort vollziehbar**. Dies soll die Behörde in diesem Fall von der Begründungspflicht für die Anordnung der sofortigen Vollziehbarkeit entlasten.[51] Mit dieser gesetzlich festgeschriebenen Wertung besteht ein Vorrang der Abwehr von Arzneimittelrisiken vor den Produktions- und Verkaufsinteressen der pharmazeutischen Unternehmer.[52] Dies hat im Rahmen der Interessenabwägung bei der Frage des Sofortvollzugs im Falle der Interessengleichheit den Vorrang des **Sofortvollzugs** zur Folge.[53]

---

45 Zum Rechtsschutz im zentralisierten und dezentralisierten Zulassungsverfahren vgl v. Czettritz, PharmR 2000, 202 ff.
46 EuG, Beschl. v. 28.6.2000, PharmR 2000, 302, 304/305; Rehmann, AMG, Vor § 21 Rn 21.
47 EuG, Beschl. v. 28.6.2000, PharmR 2000, 302, 308.
48 EuG, Beschl. v. 28.6.2000, PharmR 2000, 302, 308; Rädler, PharmR 2000, 298, 301; Rehmann, AMG, Vor § 21 Rn 21.
49 Sander, Arzneimittelrecht, § 30 AMG Erl. 9.
50 Rehmann, AMG, § 30 Rn 12.
51 Vgl BT-Drucks. 10/5112, 19; Sander, Arzneimittelrecht, § 30 AMG Erl. 9.
52 Vgl VG Berlin, Urt. v. 26. 10.1987, PharmR 1988, 105, 109.
53 Sander, Arzneimittelrecht, § 30 AMG Erl. 9.

IX. Aufhebung, Änderung und Suspendierung von Zulassungen in europäischen Verfahren

34 Auch die Arzneimittel, die in europäischen Verfahren zugelassen worden sind, werden von den mitgliedstaatlichen Arzneimittelbehörden überwacht. Zuständig sind die Behörden, die auch die Herstellungserlaubnis gem. Art. 40 Abs. 1 RL 2001/83/EG für das betreffende Arzneimittel erteilen. Erhält die zuständige Überwachungsbehörde eines Mitgliedstaates Informationen über eine mögliche Schädlichkeit eines zentral oder im MRP/DCP-Verfahren zugelassenen Arzneimittels, über seine fehlende therapeutische Wirkung oder Abweichungen von der genehmigten Zusammensetzung, so unterrichtet sie unverzüglich den Ständigen Ausschuss für Humanarzneimittel sowie die Europäische Kommission von den festgestellten Verstößen unter gleichzeitiger Angabe eines Entscheidungsentwurfs und einer Begründung.

Das nachfolgende Verfahren zur Entscheidung über **Fortbestand** oder **Widerruf** der Arzneimittelzulassung gleicht im Wesentlichen dem Verfahren zur Genehmigungserteilung[54] (siehe § 6 Rn 38 ff).

35 Aus Gründen des Gesundheitsschutzes kann die Verwendung des Arzneimittels im Hoheitsgebiet des Mitgliedstaates gem. Art. 20 Abs. 4 VO (EG) Nr. 726/2004 bzw Art. 117 RL 2001/83/EG auch vorläufig ausgesetzt werden, soweit dies zum Schutz der Gesundheit oder der Umwelt dringend erforderlich ist.[55] Handelt der Mitgliedstaat von sich aus, muss er spätestens an dem auf die Aussetzung folgenden Arbeitstag die Kommission und die EMEA über die Gründe dieser Maßnahme unterrichten. Die EMEA informiert dann unverzüglich die anderen Mitgliedstaaten, während die Kommission das weitere Verfahren einleitet. Der Mitgliedstaat wiederum informiert die Angehörigen der Heilberufe und unterrichtet EMEA und Kommission über die ergriffenen Maßnahmen.

Für Tierarzneimittel gilt ein entsprechendes Verfahren gem. Art. 45 VO (EG) Nr. 726/2004 und Art. 84 RL 2001/82/EG.

Verwaltungsentscheidungen der Europäischen Kommission über Aufhebung, Änderung und Suspendierung von Zulassungen im europäischen Verfahren sind der Rechtmäßigkeitskontrolle durch die europäischen Gerichte unterstellt.

C. Erlöschen der Zulassung

36 Unter bestimmten Voraussetzungen erlischt die Zulassung **kraft Gesetzes**, ohne dass die Zulassungsbehörde tätig werden muss. Diese Regelungen finden sich für Zulassungen/ Registrierungen, die in die Zuständigkeit der deutschen Zulassungsbehörden fallen, in § 31 Abs. 1 AMG. Das Erlöschen der Zulassung wird von Amts wegen im **Bundesanzeiger** bekannt gemacht, § 34 Abs. 1 Nr. 5 AMG. Diese und/oder eine entsprechende Mitteilung der Zulassungsbehörde hat lediglich **deklaratorische Wirkung** und ist als schlichtes Verwaltungshandeln anzusehen.[56] Wenn keine Bedenken in Bezug auf die Arzneimittelsicherheit bestehen, darf das Arzneimittel in einigen Fällen trotz erloschener Zulassung für einen gewissen Zeitraum weiterhin **in Verkehr** gebracht werden. Diese Möglichkeit sieht die Verordnung (EG) 726/2004 im Falle des Erlöschens einer im **zentralisierten Verfahren** erteilten Zulassung nicht vor.

Für das Erlöschen der **Registrierung homöopathischer Arzneimittel** gilt § 31 AMG entsprechend (§ 39 Abs. 2 b S. 2 AMG), so auch für **Registrierungen traditioneller pflanzlicher Arzneimittel** (§ 39 c Abs. 3 S. 2 AMG).

---

54 Reinacher, Die Vergemeinschaftung von Verwaltungsverfahren am Beispiel der Freisetzungsrichtlinie, S. 172.
55 Rietbrock/Staib/Loew/*Schnieders*, Klinische Pharmakologie, S. 11.
56 Kloesel/Cyran, Arzneimittelrecht, § 31 AMG Erl. 1.

C. Erlöschen der Zulassung 9

I. Erlöschen durch Verzicht

Die Zulassung erlischt gem. § 31 Abs. 1 Nr. 2 AMG im Falle einer schriftlichen **Ver-** 37
zichtserklärung des Zulassungsinhabers als einseitige empfangsbedürftige Willenserklärung mit dem **Zugang** dieser Erklärung bei der zuständigen Zulassungsbehörde. Die gesetzlich vorgesehene **Schriftform** dient Beweiszwecken. Ein mündlicher oder konkludenter Verzicht auf die Zulassung kommt mithin nicht in Frage.[57] Praktische Bedeutung hat der Verzicht auf die Zulassung insbesondere aufgrund der dadurch grundsätzlich bestehenden Möglichkeit, das Arzneimittel trotz erloschener Zulassung für einen Zeitraum von ca. zwei Jahren weiterhin in den Verkehr zu bringen, § 31 Abs. 4 AMG (siehe § 9 Rn 58 ff).

II. Erlöschen durch Zeitablauf

Seit Inkrafttreten des 14. AMG-Änderungsgesetz bedarf die Zulassung regelmäßig nur noch 38
einer einmaligen **Verlängerung** (siehe § 9 Rn 1 ff). Diese ist zwingend notwendig, um den Fortbestand der Zulassung zu sichern, denn die Zulassung erlischt gem. § 31 Abs. 1 Nr. 3 AMG nach Ablauf von fünf Jahren seit ihrer Erteilung, wenn nicht spätestens sechs Monate vor Ablauf der fünfjährigen Geltungsdauer der Zulassung ein Antrag auf Verlängerung gestellt wird.

1. Wirkung des Verlängerungsantrags

a) Nationale Zulassungen

Die Antragsfrist von sechs Monaten vor Ablauf der **Geltungsdauer** der Zulassung gem. 39
§ 31 Abs. 1 Nr. 3 AMG korreliert mit der in § 31 Abs. 3 S. 1 AMG vorgesehenen sechsmonatigen Entscheidungsfrist der Behörde über den Verlängerungsantrag. Die Antragsfrist soll der Zulassungsbehörde die Möglichkeit geben, das Vorliegen von **Versagungsgründen** für die Verlängerung gem. § 31 Abs. 3 AMG zu prüfen, bevor die Gültigkeitsdauer der Zulassung endet. Dieser Zusammenhang war in der frühen Fassung des § 31 Abs. 1 Nr. 3 AMG durch das Gesetz zur Neuordnung des Arzneimittelrechts,[58] der das Erlöschen der Zulassung nach Ablauf von fünf Jahren seit ihrer Erteilung vorschrieb, wenn sie nicht vorher verlängert wurde, eindeutig. Dies führte jedoch dann zu Problemen, wenn zwar der Zulassungsinhaber den Verlängerungsantrag fristgemäß eingereichte, eine behördliche Entscheidung über die Verlängerung aber bis zum Ablauf der Geltungsdauer der Zulassung noch nicht vorlag. Um zu vermeiden, dass eine Zulassung durch die nicht rechtzeitige Entscheidung der Behörde ihre Gültigkeit verliert, wurde daher mit dem Zweiten AMGÄndG[59] das Erfordernis einer Verlängerung vor Erlöschen in § 31 Abs. 1 Nr. 3 AMG durch die Notwendigkeit eines rechtzeitig gestellten Antrags ersetzt.[60] Dies bedeutet, dass die Zulassung bis zur Entscheidung der Behörde über die Verlängerung weiter gültig bleibt,[61] da § 31 Abs. 1 AMG die Erlöschenstatbestände regelt. Davon unberührt bleibt der Grundsatz, dass die Behörde sechs Monate vor dem Erlöschen der Zulassung über die Verlängerung zu entscheiden hat, § 31 Abs. 3 S. 1 AMG. Dementsprechend muss die Verlängerung der Zulassung bei verspäteter Erteilung auch nicht an das Datum des Ablaufs der ursprünglich erteilten Zulassung anschließen, sondern wirkt wegen des Fortbestands der Zulassung während des Verlängerungsverfahrens ab Erteilung der Verlängerung.

---

57 Deutsch/Lippert/*Anker*, AMG, § 31 Rn 5.
58 Gesetz zur Neuordnung des Arzneimittelrechts (BGBl. I 1976, 2445).
59 Zweites Gesetz zur Änderung des Arzneimittelgesetzes (Zweites AMGÄndG; BGBl. I 1986, 1296).
60 Vgl BT-Drucks. 10/5112, 19.
61 Vgl BVerwG, Urt. v. 9. 6. 2005, A&R 2005, 133 ff.

b) Zulassungen im zentralisierten Verfahren

40 Anders verhält es sich bei der Zulassungsverlängerung im **zentralisierten Verfahren** nach der Verordnung (EG) Nr. 726/2004. Gemäß Art 14 Abs. 1 der Verordnung ist eine Verkehrsgenehmigung fünf Jahre gültig und kann gem. Art 14 Abs. 2 nach fünf Jahren verlängert werden. Zu diesem Zweck legt der Inhaber der Genehmigung spätestens sechs Monate vor dem Ablauf der Gültigkeitsdauer entsprechende Unterlagen vor. Bei nicht rechtzeitiger Entscheidung der Zulassungsbehörde ist die Zulassung dann gem. Art. 14 Abs. 1 nicht mehr gültig, das Arzneimittel darf aber bis zum Abschluss des Verlängerungsverfahrens weiterhin vermarktet werden, da dem Antragsteller aus rechtsstaatlichen Erwägungen keine Nachteile aus dieser durch die Behörde verschuldeten Situation erwachsen dürfen.[62] Folgerichtig wird bei der Verlängerung der zentralen Zulassung bei verspäteter Entscheidung der Zulassungsbehörde der Beginn des neuen Gültigkeitszeitraums durch eine Fiktion auf den Tag des Erlöschens der Genehmigung zurückdatiert.

2. Antragsfrist und Fristberechnung

41 Die **Antragsfrist** für die Verlängerung wurde mit dem 14. AMG-Änderungsgesetz vorverlegt von drei auf sechs Monate vor Ablauf der Zulassung (§ 31 Abs. 1 S. 1 Nr. 3 AMG).[63] Sie beginnt mit **Erteilung** der Zulassung und ist vom Zulassungsinhaber eigenverantwortlich zu überwachen. Entscheidend für die Rechtzeitigkeit der Antragstellung ist der **Eingang** bei der Behörde.

42 Als Erteilung der Zulassung und damit **Fristbeginn** gilt der **Zugang** des schriftlichen, eine Zulassungsnummer enthaltenden Zulassungsbescheids (§ 25 Abs. 1 S. 1 AMG).[64] Die Frist endet fünf Jahre später am gleichen Tag um 24 h. Fällt die Frist auf einen Samstag, Sonntag oder einen gesetzlichen Feiertag, endet die Frist am nachfolgenden Werktag um 24.00 h (§ 31 Abs. 3 S. 1 VwVfG).

43 Ein **Widerspruch** gegen den Zulassungsbescheid oder gegen die **Rücknahme** oder den **Widerruf** der Zulassung führt nicht zu einer **Verschiebung** der Frist für die Zulassungsverlängerung, denn die aufschiebende Wirkung des Widerspruchs führt nicht dazu, dass durch Gesetz oder durch den in Frage stehenden Verwaltungsakt festgesetzte Fristen hinausgeschoben werden oder sonstige Abweichungen von dem an sich anwendbaren materiellen Recht eintreten.[65] Die Pflicht zur rechtzeitigen Einreichung des Verlängerungsantrags gilt aufgrund der fortbestehenden Zulassung auch im Falle des **Ruhens** der Zulassung[66] (siehe § 9 Rn 96 ff). Das Arzneimittel, dessen Zulassung verlängert werden soll, muss sich also nicht in Verkehr befinden.[67]

44 Sofern eine weitere Verlängerung gem. § 31 Abs. 1a AMG bzw gemäß den Übergangsbestimmungen des § 141 Abs. 6 AMG erforderlich ist, beginnt die weitere Fünf-Jahres-Frist mit der **Zustellung** des Verlängerungsbescheids.[68]

---

62 Vgl Lorenz, Das gemeinschaftliche Arzneimittelzulassungsrecht, S. 332.
63 Entsprechend den Übergangsregelungen in § 141 Abs. 6 AMG gilt in bestimmten Fällen die alte Dreimonatsfrist (siehe hierzu auch „FAQs für Verlängerungen nach §§ 31,39 AMG" auf der Homepage des BfArM, <www.bfarm.de>). Für MRP-Zulassungen endete die Übergangsfrist aufgrund einer Festlegung der Mutual Recognition Facilitation Group (MRFG) bereits am 1.5.2006. Für Registrierungen ist die Übergangsregelung gem. § 141 Abs. 10 AMG zu beachten.
64 Vgl auch Kloesel/Cyran, Arzneimittelrecht, § 31 AMG Erl. 4; Sander, Arzneimittelrecht, § 31 AMG Erl. 6.
65 VG Berlin, Urt. v. 14.10.1999 – 14 A 201.95, Rn 18 nach juris.
66 Vgl OVG Berlin, Beschl. v. 1.8.1990, OVG BE 19, 18 ff.
67 Vgl Rehmann, AMG, § 31 Rn 9; aA Kloesel/Cyran, Arzneimittelrecht, § 31 AMG Erl. 7.
68 BVerwG, Urt. v. 9. 6. 2005, A&R 2005, 133 ff.

3. Versäumung der Verlängerungsfrist und Möglichkeiten der Wiedereinsetzung

Die Antragsfrist ist eine **Ausschlussfrist**, deren Versäumung zum **Erlöschen** der Zulassung führt.[69] Eine **Wiedereinsetzung** in den vorigen Stand kommt – außer in sehr seltenen Ausnahmefällen[70] – nach Ablauf der Frist nicht mehr in Betracht, da eine solche Ausschlussfrist wegen Verlustes des materiellen Rechts bei Versäumung des Stichtags der Anwendung des Wiedereinsetzungsrechts nicht zugänglich ist.[71]

Eine **Wiedereinsetzung** ist jedoch dann möglich, wenn Verlängerungs- und Wiedereinsetzungsantrag noch vor Ablauf der fünfjährigen Geltungsdauer der Zulassung gestellt und mithin Wiedereinsetzung in die sechsmonatige Verlängerungsfrist begehrt wird,[72] da die Zulassung dann noch nicht erloschen ist.

Eine Wiedereinsetzung setzt voraus, dass der Betroffene **ohne Verschulden** an der Einhaltung der Frist gehindert war. Grundsätzlich muss der Zulassungsinhaber zur Wahrung der Frist diejenige Sorgfalt beachten, die für einen gewissenhaften, seine Rechte und Pflichten sachgemäß wahrnehmenden Verfahrensbeteiligten geboten ist und die ihm nach den Gesamtumständen des Einzelfalls zuzumuten war.[73] Insbesondere muss der pharmazeutische Unternehmer die notwendigen **organisatorischen Vorkehrungen** zur Einhaltung der Frist treffen und die Einhaltung der Fristen **überwachen**.[74]

III. Erlöschen durch Nichtgebrauch

Die Zulassung **erlischt** gem. § 31 Abs. 1 Nr. 1 AMG, wenn das zugelassene Arzneimittel innerhalb von drei Jahren nach Erteilung der Zulassung nicht in den Verkehr gebracht wird oder wenn sich das Arzneimittel, das nach der Zulassung in den Verkehr gebracht wurde, in drei aufeinander folgenden Jahren nicht mehr im Verkehr befindet (sog. **Sunset-Clause**). Die zuständige Bundesoberbehörde kann **Ausnahmen** gestatten, sofern dies aus Gründen des Gesundheitsschutzes für Mensch oder Tier erforderlich ist. (siehe § 9 107 ff).

IV. Tierarzneimittel

Zur Umsetzung der Verordnung (EWG) Nr. 2377/90 über **Tierarzneimittelrückstände in Nahrungsmitteln** tierischen Ursprungs[75] wurde für Tierarzneimittel, die der Gewinnung von Lebensmitteln dienen und einen pharmakologisch wirksamen Bestandteil enthalten, ein spezieller Erlöschenstatbestand in § 31 Abs. 1 Nr. 3 a AMG aufgenommen (siehe auch § 37 Rn 17).

Art. 4 VO (EWG) Nr. 2377/90 lässt die Festsetzung einer vorläufigen **Höchstmenge** von Rückständen pharmakologischer Stoffe für maximal fünf Jahre zu, sofern die Rückstandskonzentration nicht gesundheitsgefährdend ist. Eine **Verlängerung** ist nur einmal für den Zeitraum von zwei Jahren zulässig, dann müssen die Rückstandsuntersuchungen und ihre Auswirkungen auf die menschliche Gesundheit abgeschlossen sein. Anderenfalls **erlischt** die

---

[69] St. Rspr des OVG Berlin, vgl etwa Urt. v. 8.6.1990 – Az 5 B 1.89; Beschl. v. 1.8.1990, OVGE 19, 18 ff; Urt. v. 19.11.1992 – Az 5 B 5.92.
[70] Bei Vorliegen höherer Gewalt oder treuwidrigem Verhalten der Behörde kann ein Anspruch auf die Gewährung von „Nachsicht" entsprechend §§ 58 Abs. 2, 60 Abs. 3 VwGO; 32 Abs. 3 VwVfG bestehen, vgl VG Berlin, Urt. v. 14.10.1999 – Az 14 A 201.95., Rn 21 nach juris.
[71] Vgl BVerwG, Urt. v. 3.6.1988, NVwZ 1988, 1128.
[72] Vgl VG Köln, Urt. v. 11.7.2001, PharmR 2001, 372, 375; VG Köln, Urt. v. 18.10.2006 – 24 K 945/03 mwN.
[73] Vgl Kopp/Ramsauer, VwVfG, § 32 Rn 20 mwN.
[74] VG Köln, Urt. v. 6.12.2007 – 13 K 1652/07.
[75] VO (EWG) Nr. 2377/90 des Rates v. 26.6.1990 zur Schaffung eines Gemeinschaftsverfahrens für die Festsetzung von Höchstmengen für Tierarzneimittelrückstände in Nahrungsmitteln tierischen Ursprungs v. 26.6.1990, ABl. EG Nr. L 224/1 v. 18.8.1990.

Zulassung des betreffenden Tierarzneimittels gem. § 31 Abs. 1 Nr. 3 a AMG, wenn der pharmakologisch wirksame Bestandteil des Tierarzneimittels in den Anhang IV der Verordnung (EWG) Nr. 2377/90 aufgenommen wurde, nach Ablauf einer Frist von 60 Tagen nach Veröffentlichung im Amtsblatt der Europäischen Union, sofern nicht innerhalb dieser Frist auf die Anwendungsgebiete bei Tieren, die der Gewinnung von Lebensmitteln dienen, nach § 29 Abs. 1 AMG verzichtet worden ist. Damit soll den Fällen Rechnung getragen werden, in denen endgültige Entscheidungen in der EU nicht rechtzeitig getroffen werden können oder wenn Stoffe in den Anhang IV aufgenommen werden, die zuvor in Anhang III nicht genannt waren.[76]

Der betreffende pharmakologisch wirksame Bestandteil kann auch durch eine **Änderungsanzeige** nach § 29 Abs. 2a AMG aus dem Arzneimittel herausgenommen werden. Dies **hemmt** die 60-Tage-Frist bis zur rechtskräftigen Entscheidung der zuständigen Bundesoberbehörde oder bis zum Ablauf der Dreimonatsfrist nach § 29 Abs. 2a S. 2 AMG. Während dieser Zeit ruht die Zulassung. Entsprechendes gilt, soweit für die Änderung des Arzneimittels die VO (EG) Nr. 1084/2003[77] Anwendung findet.

V. Traditionelle pflanzliche Arzneimittel

51 Mit § 39a AMG wurde für die traditionellen pflanzlichen Arzneimittel ein Registrierungsverfahren eingeführt. Die nach dem bisherigen Verfahren zugelassenen Arzneimittel (§ 105 iVm § 109a AMG) bleiben gem. § 141 Abs. 14 S. 1 AMG verkehrsfähig, wenn vor dem 1.1.2009 ein Antrag auf Zulassung oder Registrierung gestellt wurde. Geschah dies nicht, erlischt die Zulassung am 30.4.2011, dh mit dem Ablauf der Umsetzungsfrist, welche durch die maßgebliche gemeinschaftsrechtliche Vorgabe in Form der Richtlinie 2004/24/EG[78] vorgesehen ist.

Mit der Regelung in § 141 Abs. 14 S. 2 AMG nF, die mit der sog. 15. AMG-Novelle[79] eingefügt worden ist, wird nunmehr ausdrücklich geregelt, dass die Altzulassung mit einer Entscheidung über den gestellten Registrierungs- oder Zulassungsantrag erlischt. Dies war zuvor unklar in Fällen, in denen vor dem 1.1.2009 zwar ein Zulassungs- oder Registrierungsantrag gestellt worden war, dieser aber vor dem Ablauf der Übergangsfrist, also vor dem 30.4.2011, negativ beschieden wurde.[80] In der Praxis dürfte die neue Regelung allerdings kaum von Bedeutung sein, da in der Regelung das gegen die Versagung der Registrierung- oder Zulassung eingelegte Rechtsmittel aufschiebende Wirkung hat und damit die Erlöschenswirkung der Versagung erst mit der Rechtskraft des Versagungsbescheids eintritt.[81] Gemäß § 141 Abs. 14 S. 3 AMG nF darf das betreffende Arzneimittel nach der bestandskräftigen Entscheidung noch zwölf Monate in der bisherigen Form in den Verkehr gebracht werden.

---

76 Rehmann, AMG, § 31 Rn 7.
77 VO (EG) Nr. 1084/2003 der Kommission v. 3.6.2003 über die Prüfung von Änderungen einer Zulassung für Human- und Tierarzneimittel, die von einer zuständigen Behörde eines Mitgliedstaats erteilt wurde, ABl. EU Nr. L 159/1 v. 27.6.2003.
78 RL 2004/24/EG des Europäischen Parlaments und des Rates v. 31.3.2004 zur Änderung der RL 2001/83/EG zur Schaffung eines Gemeinschaftskodexes für Humanarzneimittel hinsichtlich traditioneller pflanzlicher Arzneimittel (ABl. EU Nr. L 136/85 v. 30.4.2004).
79 Gesetz zur Änderung arzneimittelrechtlicher und anderer Vorschriften v. 17.7.2009 (BGBl. I, 1990).
80 Man musste wohl bisher davion ausgehen, dass der pharmazeutische Unternehmer, der einen Antrag gestellt hat, welcher aber negativ beschieden wurde, nicht schlechter gestellt werden kann als derjenige, der diesen Antrag nicht gestellt hat, mit der Folge, dass auch im Falle einer negativen Entscheidung die Übergangsfrist bis zum 30.4.2011 greifen müsste, vgl Rehmann, Stellungnahme zum Entwurf eines Gesetzes zur Änderung arzneimittelrechtlicher und anderer Vorschriften, Ausschuss-Drucks. 16(14)0514(48), 6.
81 Vgl Rehmann, Stellungnahme zum Entwurf eines Gesetzes zur Änderung arzneimittelrechtlicher und anderer Vorschriften, Ausschuss-Drucks. 16(14)0514(48), 7.

VI. Versagung der Verlängerung der Zulassung

Die Zulassung erlischt ferner kraft Gesetzes gem. § 31 Abs. 1 Nr. 4 AMG mit rechtskräftiger Versagung der Verlängerung der Zulassung (siehe unten § 10). 52

VII. Abverkaufsmöglichkeit

1. Gesetzlich vorgesehene Fallgestaltungen

Erlischt die Zulassung durch **Verzicht** (§ 31 Abs. 1 Nr. 2 AMG) oder **Zeitablauf** (§ 31 Abs. 1 Nr. 3 AMG), darf das Arzneimittel gem. § 31 Abs. 4 S. 1 AMG in der Regel noch zwei Jahre, beginnend mit dem auf die Bekanntmachung des Erlöschens im Bundesanzeiger gemäß § 34 Abs. 1 S. 1 Nr. 5 AMG folgenden 1. Januar oder 1. Juli, in den Verkehr gebracht werden. Diese Termine sind aus Gründen der Praktikabilität im Handel festgelegt worden.[82] 53

Ein **Abverkauf** ist in den Fällen des § 31 Abs. 1 Nr. 2 und 3 AMG aus Gründen der Arzneimittelsicherheit jedoch dann nicht zulässig, wenn die zuständige Bundesoberbehörde durch Bescheid feststellt, dass eine Voraussetzung für die **Rücknahme** oder den **Widerruf** der Zulassung nach § 30 AMG vorgelegen hat (siehe § 9 Rn 17 ff). Dann gilt das **Verkehrs- und Verbringungsverbot** nach § 30 Abs. 4 AMG vom Zeitpunkt des Erlöschens der Zulassung. Im Falle eines begründeten Verdachts unvertretbarer schädlicher Wirkungen nach § 25 Abs. 2 Nr. 5 AMG ist die **Feststellung der Widerrufsvoraussetzungen** nach § 31 Abs. 4 S. 2 AMG ebenso **sofort vollziehbar** wie die Widerrufsentscheidung, die sich auf diesen Tatbestand stützt.[83] 54

Innerhalb der **Abverkaufsfrist** ist eine weitere **Herstellung** zulässig.[84] Die Pflicht zur **Einreichung periodischer Berichte** bleibt während dieser Zeit gem. § 63 b Abs. 7 S. 1 AMG bestehen. Aus Gründen der **Arzneimittelsicherheit** können während der Abverkaufsfrist trotz erloschener Zulassung entsprechend dem analog anzuwendenden Rechtsgedanken des § 28 Abs. 2 Nr. 3 AMG auch noch Änderungen der **Risikoangaben** vorgenommen werden – eine Änderung in der **Bezeichnung** ist hingegen gem. § 29 Abs. 2 S. 1 AMG nicht mehr möglich.[85] 55

2. Faktische Abverkaufsvereinbarungen

Eine Abverkaufsmöglichkeit kann auch im gerichtlichen Verfahren zwischen der Zulassungsbehörde und dem pharmazeutischen Unternehmen durch eine sog. **faktische Abverkaufsvereinbarung** geschaffen werden. Hierfür verpflichtet sich der pharmazeutische Unternehmer, die Klage innerhalb eines bestimmten Zeitraums **zurückzunehmen**. Für die Dauer, die das Verfahren dann vereinbarungsgemäß ruht, kann das Arzneimittel weiterhin in den Verkehr gebracht werden, da aufgrund der **aufschiebenden Wirkung** der Klage die Bestandskraft des angefochtenen Verwaltungsakts, der zum Erlöschen der (fiktiven) Zulassung führen würde, bis zur Beendigung des Verfahrens gehemmt ist (vgl § 80 b Abs. 1 S. 1 VwGO). Diese Art von Vereinbarung findet sich aufgrund der Vielzahl der rechtshängigen Klageverfahren vor allem in den Klageverfahren der **Nachzulassung** (siehe § 7 Rn 21 ff). In der 56

---

82 Kloesel/Cyran, Arzneimittelrecht, § 31 AMG Erl. 10.
83 Vgl OVG Berlin, Beschl. v. 1.8.1990, OVG BE 19, 18 ff; Kloesel/Cyran, Arzneimittelrecht, § 31 AMG Erl. 11.
84 Jäkel, PharmR 2002, 101,103; Kloesel/Cyran, Arzneimittelrecht, § 31 AMG Erl. 10; Sander, Arzneimittelrecht, § 31 AMG Erl. 9.
85 Vgl Sander, Arzneimittelrecht, § 105 AMG Erl. 8. Gegen jegliche Änderungen gem. § 29 AMG in der Abverkaufsphase hingegen Kloesel/Cyran, Arzneimittelrecht, § 31 AMG Erl. 10.

Regel wird für die Klagerücknahme und somit für den Abverkauf ein Zeitraum von zwölf bis höchstens 14 Monaten eingeräumt.[86]

57 Da mit dem Abschluss der Abverkaufsvereinbarung der zeitliche Rahmen des Abverkaufs für den Einzelfall im Rahmen eines Prozessvergleichs einvernehmlich bestimmt wird, liegt im Abschluss der Abverkaufsvereinbarung regelmäßig zugleich ein Verzicht des pharmazeutischen Unternehmers auf die **Abverkaufsrechte**, die ihm das Gesetz gem. § 31 Abs. 4 S. 1 AMG im Falle eines Verzichts auf die Zulassung einräumt.[87] Wurde eine Abverkaufsvereinbarung getroffen, ist daher ein kurz vor Ablauf der Klagerücknahmefrist erklärter **Verzicht** auf die Zulassung gem. § 31 Abs. 1 S. 1 Nr. 2 AMG zur Schaffung einer weiteren zweijährigen Abverkaufsmöglichkeit nach § 31 Abs. 4 S. 1 AMG grundsätzlich materiell-rechtlich unzulässig.[88]

VIII. Auswirkungen des Erlöschens der für das Bezugsarzneimittel erteilten Zulassung auf die Parallelimport-Zulassung

58 Da die Parallelimport-Zulassung Bezug nimmt auf eine bereits bestehende Zulassung, kann das **Erlöschen** der Zulassung für das **Bezugsarzneimittel** jedenfalls dann Auswirkungen auf die Zulassung bzw Verkehrsfähigkeit des Importarzneimittels haben, wenn die Arzneimittelsicherheit gefährdet ist. Soweit die Zulassung des Bezugsarzneimittels durch **Widerruf** oder **Rücknahme** der Zulassung (siehe § 9 Rn 9 ff) oder wegen einer **Versagung der Zulassungsverlängerung** gem. § 31 Abs. 1 Nr. 4 AMG erlischt, werden die Aufhebungs- bzw Versagungsgründe regelmäßig auch für das parallelimportierte Arzneimittel bestehen.[89]

59 Daher sind die Auswirkungen des Erlöschens der Zulassung des Bezugsarzneimittels durch **Verzicht** des Zulassungsinhabers (§ 31 Abs. 1 Nr. 2 AMG) oder durch **Zeitablauf** (§ 31 Abs. 2 Nr. 3 AMG) für den Parallelimporteur von besonderer Relevanz. Erlischt die nach den §§ 21 ff AMG erteilte Zulassung des Bezugsarzneimittels durch Verzicht oder Zeitablauf – also nicht aus Gründen der Arzneimittelsicherheit – so darf dies zum Schutz der **Warenverkehrsfreiheit** nach der Rechtsprechung des EuGH nicht automatisch zum Erlöschen der Zulassung des Importarzneimittels im Einfuhrstaat führen.[90] Dies gilt jedenfalls dann, wenn eine Zulassung für das Bezugsarzneimittel in den anderen Mitgliedstaaten noch vorhanden ist und daher eine **Zusammenarbeit** des Einfuhrstaates mit den Behörden der Mitgliedstaaten, in denen die Zulassung des Bezugsarzneimittels noch besteht, im Rahmen der **Pharmakovigilanz** möglich ist.[91] Die **vereinfachte Zulassung** besteht unter diesen Voraussetzungen daher so lange fort, bis sie nach § 31 Abs. 1 S. 1 Nr. 3 AMG durch **Zeitablauf** fünf Jahre nach ihrer Erteilung von Gesetzes wegen erlischt, wenn nicht aus sonstigen Gründen eine Gesundheitsgefährdung vorliegt, die die Rücknahme oder den Widerruf der Parallelimportzulassung erfordern.[92] Danach greift die Aufbrauchfrist gem. § 31 Abs. 4 S. 1 AMG.

60 Eine **Verlängerung der Parallelimportzulassung** wird nach dem Erlöschen der Zulassung des Bezugsarzneimittels regelmäßig aufgrund der Anforderungen an die Zulassungsverlängerung nach § 31 Abs. 2 und 3 AMG nicht mehr in Betracht kommen.[93] Ist die Zulassung für das Parallelimportarzneimittel allerdings bereits einmal verlängert worden, greift hier unter

---

86 Fuhrmann/Schulte-Bunert/Klein, A&R 2008, 76, 77.
87 Fuhrmann/Schulte-Bunert/Klein, A&R 2008, 76, 79.
88 Fuhrmann/Schulte-Bunert/Klein, A&R 2008, 76, 79.
89 Wagner, PharmR 2001, 174; Rehmann, AMG, § 31 Rn 5.
90 Vgl EuGH, Urt. v. 16.12.1999 – Rs. C-94/98 – Rhône-Poulenc Rorer; Urt. v. 10.9.2002 – Rs. C 172/00 – Ferring.
91 Ist die Zulassung erloschen und befindet sich das Arzneimittel nicht mehr in Verkehr, besteht auch keine Verpflichtung mehr zur Einreichung periodischer Berichte, vgl § 63 b Abs. 7 S. 1 AMG.
92 Siehe auch Quaas/Zuck, Medizinrecht, § 52 Rn 20; Rehmann, AMG, § 31 Rn 5.
93 Wagner, PharmR 2001, 174, 175/176.

Beachtung der Übergangsbestimmungen in § 141 Abs. 6 AMG ebenfalls der Grundsatz der unbefristeten Zulassung nach § 31 Abs. 1 a AMG.

Da für ein Parallelimportarzneimittel, das einem **fiktiv zugelassenen Arzneimittel** entspricht, eine eigene Zulassung nicht besteht, entfällt die Verkehrsfähigkeit des Parallelimportarzneimittels bei Erlöschen der fiktiven Zulassung nach schriftlichem **Verzicht** oder nach Ablauf der **Übergangsfrist** gem. § 105 Abs. 3 AMG.[94]

Beim Wegfall einer im **zentralisierten Verfahren** erteilten Zulassung entfällt automatisch die Grundlage für den Parallelimporteur (siehe auch unten § 23).

D. Verlängerung der Zulassung

I. Anspruch auf Zulassungsverlängerung

Die Zulassungsbehörde muss über den Verlängerungsantrag gem. § 30 Abs. 3 AMG regelmäßig innerhalb von sechs Monaten vor Erlöschen der Zulassung entscheiden (siehe auch § 9 Rn 39). Auf die Erteilung der Zulassungsverlängerung hat der Zulassungsinhaber einen **Anspruch**, wenn keiner der in § 31 Abs. 3 AMG abschließend genannten Versagungsgründe vorliegt.[95] Für die Verlängerung der Zulassung werden von den Zulassungsbehörden unterschiedliche Gebühren entsprechend ihrer Kostenverordnungen erhoben.

61

II. Inhalt des Verlängerungsantrags

Der notwendige **Inhalt** des Verlängerungsantrags für nationale Zulassungen ergibt sich aus § 31 Abs. 2 AMG.[96] Zudem sind die Bekanntmachungen des Bundesinstituts für Arzneimittel und Medizinprodukte (BfArM) zur Zulassungsverlängerung zu beachten, die auch die Verwendung der aktuellen Formularsätze vorsehen[97] sowie die Regelungen der AMG-EV.[98] Für eine **Erklärung** des Zulassungsinhabers zur **pharmazeutischen Qualität** fehlt jedoch die Rechtsgrundlage.[99]

62

Seit Inkrafttreten des Zweiten AMGÄndG[100] muss der Zulassungsinhaber mit dem Zulassungsantrag gemäß § 31 Abs. 2 AMG einen **Bericht** einreichen, aus dem sich ergibt, ob und in welchem Umfang sich die **Beurteilungsmerkmale** des Arzneimittels in den letzten fünf Jahren geändert haben – ursprünglich bestand diese Pflicht nur auf Aufforderung der Zulassungsbehörde. Seit dem 14. AMGÄndG hat der Inhaber der Zulassung der zuständigen Bundesoberbehörde mit dem Verlängerungsantrag zudem eine überarbeitete Fassung der Unterlagen in Bezug auf Kriterien der **Qualität**, **Unbedenklichkeit** und **Wirksamkeit** vorzulegen, in der alle seit der Erteilung der Zulassung vorgenommenen **Änderungen** berücksichtigt sind. Dies gilt gem. Art. 14 Abs. 2 VO (EG) Nr. 726/2004 auch für den Verlängerungsantrag im **zentralisierten Verfahren**.

63

---

94 Vgl Quaas/Zuck, Medizinrecht, § 52 Rn 19; Wagner, PharmR 2001, 174, 176 f.
95 Vgl Kloesel/Cyran, Arzneimittelrecht, § 31 AMG Erl. 8; Sander, Arzneimittelrecht, § 31 AMG Erl. 8.
96 Zu Formmängeln siehe Räpple, PharmR 1991, 263 ff.
97 Abrufbar auf der BfArM-Homepage unter <www.bfarm.de>. Für Verlängerungen rein nationaler Zulassungen, die in der Zuständigkeit des Paul-Ehrlich-Instituts (PEI) liegen, steht kein gesondertes Formular zur Verfügung. Dieser Antrag kann durch ein formloses Schreiben (unter Beifügung der erforderlichen Unterlagen gemäß § 31 Abs. 2 AMG) gestellt werden.
98 VO über die Einreichung von Unterlagen in Verfahren für die Zulassung und Verlängerung der Zulassung von Arzneimitteln (AMG-Einreichungsverordnung – AM-EV) v. 21.12.2000 (BGBl. I, 2036).
99 VG Köln, Urt. v. 30.8.2005 – 7 K 2685 bis 2687/04; VG Köln, Urt. v. 10.1.2006 – 7 K 5425/03 u. 7 K 6124/03; Sander, Arzneimittelrecht, § 31 AMG Erl. 7; Pannenbecker, PharmR 2004, 37 ff.
100 Zweites Gesetz zur Änderung des Arzneimittelgesetzes (Zweites AMGÄndG) v. 16.8.1986 (BGBl. I, 1296).

64 Da das Verlängerungsverfahren eigenständig ausgestaltet ist und keine Wiederholung der Zulassung darstellt,[101] ist die Vorlage aktualisierter Unterlagen nach den §§ 22 bis 24 AMG nicht verpflichtend.[102] Das bedeutet, dass zwar Berichte zur Pharmakovigilanz, nicht aber weitere Studien vorzulegen sind.[103] Auch die bloße Veralterung der eingereichten Unterlagen rechtfertigt eine Versagung der Verlängerung nicht.[104] Ein **Verkehrsnachweis** ist in Übereinstimmung mit europarechtlichen Vorgaben seit dem Siebten AMGÄndG[105] nicht mehr einzureichen.

65 Bei **Tierarzneimitteln** ist anstelle der überarbeiteten Fassung des Beurteilungsberichts eine konsolidierte Liste der Änderungen vorzulegen. Bei Arzneimitteln, die zur Anwendung bei Tieren bestimmt sind, die der Gewinnung von Lebensmitteln dienen, kann die zuständige Bundesoberbehörde ferner verlangen, dass der Bericht Angaben über Erfahrungen mit dem **Rückstandsnachweisverfahren** enthält.

Abweichende Unterlagen sind wegen der Besonderheiten des **vereinfachten Verfahrens** auch für die Verlängerung von **Parallelimportzulassungen** einzureichen.[106]

Für Verlängerungen im **Verfahren der gegenseitigen Anerkennung** bzw im **dezentralen Verfahren** finden die Regelungen der „Guideline on the Processing of Renewals in the Mutual Recognition and Decentralised Procedures"[107] Anwendung.

III. Entscheidung über die Verlängerung der Zulassung

66 Der Gesamttatbestand des § 31 Abs. 3 AMG enthält hinsichtlich der **Versagungsgründe** keine bloße Inbezugnahme der Zulassungsversagungsgründe des § 25 Abs. 2 AMG, sondern trifft eine differenzierende, den Unterschieden zwischen Zulassungs- und Verlängerungsverfahren Rechnung tragende Regelung. Da das Verlängerungsverfahren ein eigenständig ausgestaltetes Verfahrens ist, rechtfertigt nicht jeder der in § 25 Abs. 2 AMG genannten Zulassungsversagungsgründe auch eine Versagung der Verlängerung der Zulassung.

67 Diese darf nach § 31 Abs. 3 AMG vielmehr nur abgelehnt werden, wenn einer der dort bezeichneten Versagungsgründe des § 25 Abs. 2 AMG, also einer der Fälle der **§§ 25 Abs. 2 Nr. 3, 5, 5a, 6, 6a oder 6b, 7 oder 8 AMG** vorliegt (siehe § 10 Rn 88 ff und § 37 Rn 12 ff), die Zulassung gem. § 30 Abs. 1 S. 2 AMG zurückzunehmen oder zu widerrufen ist oder wenn von der Möglichkeit der **Rücknahme** nach § 30 Abs. 2 Nr. 1 AMG oder des **Widerrufs** nach § 30 Abs. 2 Nr. 2 AMG (siehe § 9 Rn 9 ff) Gebrauch gemacht werden soll. In den beiden letztgenannten Fällen bedeutet dies, dass

- zum einen die Möglichkeit bestehen muss, die Zulassung gem. § 30 Abs. 2 Nr. 1 oder 2 AMG aufzuheben und dass
- zum anderen von dieser Aufhebungsmöglichkeit wegen des nachträglichen Eintritts eines Zulassungsversagungsgrundes tatsächlich Gebrauch gemacht werden soll als Ergebnis

---

101 Vgl VG Köln, Urt. v. 11.2.2004, PharmR 2005, 186, 190; Deutsch/Spickhoff, Medizinrecht, Rn 1278; Deutsch/Lippert/*Anker*, AMG, § 31 Rn 4; Rehmann, AMG, § 31 Rn 9.
102 VG Köln, Urt. v. 18.11.2008 – 7 K 8670/99, Rn 70 nach juris; Rehmann, AMG, § 31 Rn 9.
103 Vgl VG Berlin, Urt. v. 15.12.2004, PharmR 2005, 107, 113.
104 VG Köln, Urt. v. 11.2.2004, PharmR 2005, 186, 190.
105 Siebtes Gesetz zur Änderung des Arzneimittelgesetzes (Siebtes AMGÄndG), BGBl. I 1998, 374.
106 Siehe 2. Bekanntmachung des BfArM über die Verlängerung der Zulassung von Arzneimitteln gemäß § 31 Abs. 3 des Arzneimittelgesetzes (AMG), über die Verlängerung der Registrierung von homöopathischen Arzneimitteln gemäß § 39 Abs. 2b AMG und über die Verlängerung der Registrierung traditioneller pflanzlicher Arzneimittel gemäß § 39c Abs. 3 AMG v. 2.9.2008.
107 Abrufbar unter <http://ec.europa.eu/enterprise/pharmaceuticals/eudralex/vol-2/c/renewal_guid_final_oct2005.pdf>.

einer fehlerfreien Ermessensausübung der Behörde, die im Versagungsbescheid darzulegen ist.[108]

Die zuständige Bundesoberbehörde überprüft bei der Entscheidung über die Verlängerung auch, ob das Arzneimittel der **Verschreibungspflicht** unterstellt oder von ihr ausgenommen werden kann. Damit wird gewährleistet, dass auch diese Entscheidung nach fünf Jahren auf ihre Richtigkeit hin überprüft wird.[109]

Für die Verlängerung von Registrierungen **homöopathischer Arzneimittel** gelten gem. § 39 Abs. 2 b S. 2 AMG die Regelungen des § 31 Abs. 3 AMG entsprechend mit der Maßgabe, dass die Versagungsgründe nach § 39 Abs. 2 Nr. 3 bis 9 AMG Anwendung finden (siehe § 7 Rn 111 ff). Zu beachten ist die Übergangsregelung zum 14. AMGÄndG gem. § 141 Abs. 10 AMG, wonach für die Verlängerung von Registrierungen, die bis zum 6.9.2005 erfolgt sind oder vor dem 30.4.2005 beantragt wurden, § 39 Abs. 2 Nr. 5 b AMG keine Anwendung findet, soweit die betreffenden Arzneimittel in Art und Menge der Bestandteile und hinsichtlich der Darreichungsform identisch geblieben sind. Dies dient dem Bestandsschutz dieser Arzneimittel vor dem Hintergrund möglicher Richtlinien der Kommission zum Verdünnungsgrad homöopathischer Arzneimittel.

Für die Registrierungen **traditioneller pflanzlicher** Arzneimittel gilt § 31 Abs. 3 AMG gem. § 39 c Abs. 3 S.2 AMG entsprechend unter Anwendung der Versagungsgründe des § 39 c Abs. 2 AMG (siehe § 7 Rn 190 ff).

Neben der Erteilung oder der teilweisen oder vollständigen Versagung der Verlängerung der Verkehrsgenehmigung kommt auch die Erteilung der Verlängerung unter Auflagen in Betracht (zu Voraussetzungen und Umfang der Auflagenbefugnis siehe § 8 Rn 1 ff; zum Rechtsschutz siehe § 10 Rn 328 ff).

IV. Feststellungslast

Die **Feststellungslast** für das Nichtvorliegen von Ablehnungsgründen für die Zulassungsverlängerung nach den §§ 25 Abs. 2 Nr. 3 oder 5 bis 7 AMG liegt grundsätzlich beim Zulassungsinhaber.

Soweit § 31 Abs. 3 AMG auf die Vorschriften für **Rücknahme** oder **Widerruf** verweist, gelten für die Nachweislast jedoch die Grundsätze für Rücknahme und Widerruf.[110] Das bedeutet, dass die Behörde das Fehlen der therapeutischen Wirksamkeit nachweisen muss, wenn sie die die Versagung der Verlängerung der Zulassung auf den Rücknahme- bzw Versagungsgrund nach §§ 30 Abs. 1 S.2 iVm § 25 Abs. 1 Nr. 4 AMG stützen will, ansonsten ist die Entscheidung im gerichtlichen Verfahren aufzuheben.[111] Entsprechendes gilt, wenn sich die Behörde bei der Versagung der Verlängerung auf das Vorliegen von Rücknahme – oder Widerrufsgründen nach § 30 Abs. 2 Nr.2 AMG[112] stützt.[113]

Mit der Verlängerung, die nach § 31 Abs. 1 a AMG nunmehr grundsätzlich nur noch einmal erforderlich ist, muss die zuständige Bundesoberbehörde im Rahmen der Verlängerung auch entscheiden, ob diese erneut auf fünf Jahre zu befristen und mithin das Erfordernis einer weiteren Verlängerung anzuordnen ist, um das sichere Inverkehrbringen des Arzneimittels

---

108 Vgl VG Köln, Urt. v. 11.2.2004, PharmR 2005, 186, 191.
109 Deutsch/Lippert/*Anker*, AMG, § 31 Rn 5.
110 Deutsch/Spickhoff, Medizinrecht, Rn 1278; Kloesel/Cyran, Arzneimittelrecht, § 31 AMG Erl. 8; Sander, Arzneimittelrecht, § 31 AMG Erl. 8; Schnieders/Mecklenburg/Schuster, Zulassung und Nachzulassung von Arzneimitteln, S. 108.
111 Sander, Arzneimittelrecht, § 31 AMG Erl. 8.
112 Insb. nicht ausreichende Prüfung nach dem jeweils gesicherten Stand der wissenschaftlichen Erkenntnisse oder unzureichendes anderes wissenschaftliches Erkenntnismaterial (§ 25 Abs. 2 Nr.5 AMG).
113 Sander, Arzneimittelrecht,§ 31 AMG Erl. 8.

weiterhin zu gewährleisten. Das Vorliegen dieser Voraussetzungen muss ebenfalls die Behörde nachweisen.[114]

V. Verlängerung auf Basis von BfArM-Mustertexten

72 Das BfArM führt aus Zwecken des ökonomischen Ressourceneinsatzes bei Vorliegen mehrerer gleichartiger Verlängerungsanträge, für die es bezogen auf den/die arzneilich wirksamen Bestandteil/e, Darreichungsform und Stärke passende **Mustertexte** gibt, stoffbezogen durch, wobei ein einheitlicher Wortlaut für Kennzeichnung, Packungsbeilage und Fachinformation wirkstoffidentischer Arzneimittel durch Auflage gem. § 28 Abs. 2 Nr. 3 AMG verbindlich gemacht werden soll.[115]

VI. Verlängerung im zentralisierten Verfahren

73 Eine Verkehrsgenehmigung, die im **zentralisierten Verfahren** erteilt wurde, kann gem. Art. 14 Abs. 2 der Verordnung (EG) Nr. 726/2004 nach fünf Jahren auf der Grundlage einer Neubeurteilung des Nutzen-Risiko-Verhältnisses verlängert werden. Mangels einer ausdrücklichen Regelung in Bezug auf die Entscheidung über die Verlängerung, ist grundsätzlich das Verfahren über die Erteilung der Genehmigung nach Artt. 9 ff VO (EG) Nr. 726/2004 entsprechend anzuwenden.[116]

VII. Verlängerung von Zulassungen, die im Verfahren der gegenseitigen Anerkennung bzw im dezentralen Verfahren erteilt wurden

74 Infolge des Harmonisierungsgrundsatzes können die nationalen Zulassungsbehörden eine Zulassung, die im **Verfahren der gegenseitigen Anerkennung** bzw im **dezentralen Verfahren** erteilt worden ist, nur dann ohne Beteiligung der europäischen Zulassungsagentur verlängern, wenn ihrer Auffassung nach keine Änderungen oder keine Versagung der Verlängerung in Betracht kommt. Ansonsten muss das Verfahren unverzüglich an die europäische Zulassungsagentur verwiesen werden, die das Verfahren nach den Artt. 32, 33 und 34 RL 2001/83/EG einleitet. Auf der Grundlage der vom Ausschuss für Humanarzneimittel vorgenommenen Neubeurteilung des Nutzen-Risiko-Verhältnisses trifft die Gemeinschaft dann eine verbindliche Entscheidung, die von den betroffenen Mitgliedstaaten umzusetzen ist.

E. Besonderheiten des Nachzulassungsverfahrens

I. Geltungsdauer und Erlöschen der fiktiven Zulassung

75 Für fiktive Zulassungen/Registrierungen bestehen in Bezug auf deren Geltungsdauer, Erlöschen sowie für deren Verlängerung Sonderregelungen in § 105 AMG. Im Übrigen gilt auch hier § 31 AMG.

1. Besondere Erlöschenstatbestände

a) Stichtagsregelung für Verlängerungsanträge

76 Für fiktiv zugelassene Arzneimittel regelt § 105 Abs. 3 AMG in Abweichung von § 31 Abs. 1 Nr. 3 AMG einen besonderen Erlöschenstatbestand. Danach **erlosch** die fiktive

---

[114] Deutsch/Lippert/*Anker*, AMG, § 31 Rn 2.
[115] Bekanntmachung des Bundesinstitut für Arzneimittel und Medizinprodukte zur Verlängerung der Zulassung gem. § 31 AMG auf der Basis von BfArM-Mustertexten v. 12.7.2002 (BAnz Nr. 146 v. 8.8.2002).
[116] Vgl Lorenz, Das gemeinschaftliche Arzneimittelzulassungsrecht, S. 334 f.

E. Besonderheiten des Nachzulassungsverfahrens 9

Zulassung am 30.4.1990, wenn nicht vor diesem Termin ein Verlängerungs- oder Registrierungsantrag gestellt worden war, sofern keine **Freistellung** von der Zulassung oder Registrierung erfolgte. Ein **Verlängerungsantrag** war damit für fiktiv zugelassene Arzneimittel erst nach zwölf Jahren und nicht bereits schon nach fünf Jahren erforderlich.

Die fiktiven Zulassungen für die **DDR-Altspezialitäten** nach der EG-Rechts-Überleitungsverordnung[117] erloschen am 30.6.1991, sofern die Arzneimittel von der Zulassung oder Registrierung nicht freigestellt wurden, wenn vor diesem Zeitpunkt kein Verlängerungs- oder Registrierungsantrag gestellt worden war (§ 105 Abs. 5 d AMG).

b) Stichtagsregelung für sog. Ex-ante-Verpflichtung

Abweichend von den vorgenannten Erlöschenstatbeständen ist in § 105 Abs. 4 a S. 4 AMG das Erlöschen der fiktiven Zulassung ungeachtet eines rechtzeitig gestellten Verlängerungsantrags für die am 12.7.2000 noch anhängigen Nachzulassungsverfahren auch dann vorgesehen, wenn Unterlagen über die Ergebnisse der **pharmakologisch-toxikologischen** und **klinischen Prüfungen** (§ 22 Abs. 2 Nr. 2 und 3 AMG) mit entsprechenden **Sachverständigengutachten** (§ 24 Abs. 1 S. 2 Nr. 2 und 3 AMG) nicht bis zum 1.2.2001 nachgereicht wurden (sog. Ex-ante-Verpflichtung), ausgenommen die fiktiven Zulassungen der freiverkäuflichen oder diesen gleichgestellter Arzneimittel im pauschalierten Prüfverfahren für **traditionell angewendete Arzneimittel** nach § 109 a AMG. Für **Vollblut**, **Plasma** und **Blutzellen** ohne körperfremde Stoffe waren nur die Ergebnisse der klinischen Prüfung nach § 22 Abs. 2 Nr. 3 AMG und das klinische Gutachten nach § 24 Abs. 1 S. 2 Nr. 3 AMG nachzureichen. **Homöopathische Arzneimittel** sind gem. § 105 Abs. 4 a S.2 AMG von der Pflicht zur Vorlage dieser Unterlagen zum Stichtag „ex-ante" ausgenommen.[118]

Die gesetzliche Erlöschensanordnung knüpft allein an die Einhaltung der Nachreichungsfrist an. Ein Verstoß gegen die AMG-EV[119] im Falle einer im Übrigen fristgemäßen Einreichung der Unterlagen führte nicht zum Erlöschen der fiktiven Zulassung.[120]

c) Stichtagsregelung für Antragsrücknahmen nach der sog. 2004-Regelung

Die fiktive Zulassung, deren Verlängerungsantrag bis zum 31.12.1999 zurückgenommen wurde, erlosch gem. § 105 Abs. 5 c S. 1 AMG am 1.2.2001, sofern nicht vor diesem Termin das Verlängerungsverfahren wieder aufgegriffen wurde. Der Antrag auf **Wiederaufgreifen** des Nachzulassungsverfahrens musste bis zum 31.1.2001 unter Vorlage der „Ex-ante"-Unterlagen gestellt werden. Ein Wiederaufgreifen des Nachzulassungsverfahrens kam nur in Betracht, wenn der pharmazeutische Unternehmer einer vor dem 17.8.1994 ausgesprochenen **Unterlagenanforderung** der Behörde nach § 105 Abs. 4 AMG entsprechend der in der Anforderung bestimmten Frist nachgekommen war oder wenn die Anforderung erst nach diesem Zeitpunkt ausgesprochen wurde (siehe § 9 Rn 87). Bei einer zulässigen Wiederaufnahme des Nachzulassungsverfahrens hatte die Behörde die Prüfung des Nachzulassungsantrags vollständig neu zu beginnen.[121]

Diese Erlöschensregelung war erforderlich, um die vor Inkrafttreten des Zehnten AMGÄndG bis zum 12.7.2000 vorgesehene **Privilegierung** für bis zum 31.12.1999 erfolgte

---

[117] VO zur Überleitung des Rechts der Europäischen Gemeinschaften auf das in Art. 3 des Einigungsvertrages genannte Gebiet (EG-Recht-Überleitungsverordnung) v. 18.12.1990 (BGBl. I, 2915).
[118] Vgl BVerwG, Urt. v. 16.10.2008, NVwZ-RR 2009, 240: Dies entbindet jedoch nicht von der Pflicht, im Nachzulassungsverfahren entsprechendes wissenschaftliches Erkenntnismaterial auf Anforderung der Behörde vorzulegen.
[119] VO über die Einreichung von Unterlagen in Verfahren für die Zulassung und Verlängerung der Zulassung von Arzneimitteln (AMG-Einreichungsverordnung – AM-EV) v. 21.12.2000, BGBl. I, 2036.
[120] VG Köln, Urt. v. 13.7.2005 – 24 K 7750/02.
[121] Hoffmann/Nickel, NJW 2000, 2700, 2701; Rehmann, AMG, § 105 Rn 22.

Antragsrücknahmen, die den Fortbestand entsprechender fiktiver Zulassungen bis zum 31.12.2004 vorsah („2004-Regelung"), aufzuheben, da diese Privilegierung gegen EU-rechtliche Bestimmungen verstieß und die EU-Kommission bereits ein **Vertragsverletzungsverfahrens** eingeleitet hatte. Keine Möglichkeit zur Weiterverfolgung der Nachzulassung sollte für diejenigen Arzneimittel bestehen, für die bereits vor Schaffung der „2004-Regelung" durch das Fünfte AMGÄndG[122] trotz eines entsprechenden Aufrufs der zuständigen Bundesoberbehörde nicht die seinerzeit für eine materielle Prüfung des Antrags erforderlichen Unterlagen eingereicht wurden. Die betreffenden Unternehmen mussten bereits zum Zeitpunkt des Inkrafttretens des Fünften Gesetzes zur Änderung des Arzneimittelgesetzes am 17.8.1994 sicher mit der Versagung der Nachzulassung für die betroffenen Arzneimittel rechnen.[123]

80 Für **homöopathische Arzneimittel** galt mangels einer entgegenstehenden europarechtlichen Regelung gem. § 136 Abs. 3 AMG weiterhin die „2004-Regelung", so dass die fiktive Zulassung/Registrierung für diese Arzneimittel im Falle einer bis zum 21.12.1999 erfolgten Antragsrücknahme am 31.12.2004 erlosch.

2. Verzicht und Abverkauf

81 Für die nicht zur Verlängerung angemeldeten Arzneimittel, deren fiktive Zulassung am 30.4.1990 bzw 30.6.1991 erlosch, wurde mit dem Vierten AMGÄndG[124] in § 7 Abs. 3 S.3 AMNG[125] eine einheitliche **Abverkaufsfrist** bis zum 31.12.1992 festgelegt, soweit nicht die zuständige Bundesoberbehörde feststellte, dass Gründe für eine **Rücknahme** oder einen **Widerruf** der fiktiven Zulassung gem. § 30 AMG vorlagen. In diesem Fall durfte das Arzneimittel nicht mehr in den Verkehr gebracht werden (siehe § 9 Rn 54).

82 Auch im Nachzulassungsverfahren kann durch einen vor Erlöschen der Zulassung nach § 31 Abs. 1 S. 1 Nr. 2 AMG erklärten **Verzicht** die **Abverkaufsmöglichkeit** gem. § 30 Abs. 4 S. 1 AMG erhalten werden, soweit nicht die zuständige Bundesoberbehörde feststellt, dass Gründe für eine **Rücknahme** oder einen **Widerruf** der fiktiven Zulassung gem. § 30 AMG vorliegen. § 105 Abs. 3 S. 2 AMG sieht in Einklang mit den stichtagsbezogenen Erlöschenstatbeständen vor, dass der Verzicht spätestens bis zum 31.1.2001 zu erklären war. Besteht kein Risiko für die Arzneimittelsicherheit, konnte das betreffende Arzneimittel dann noch zwei Jahre, beginnend mit dem auf die Bekanntmachung des Erlöschens im Bundesanzeiger gemäß § 34 Abs. 1 S. 1 Nr. 5 AMG folgenden 1. Januar oder 1. Juli, in den Verkehr gebracht werden.

83 Die Option des Verzichts war insbesondere bei drohendem Erlöschen der fiktiven Zulassung bei Nichterfüllung der sog. Ex-ante-Verpflichtung (§ 105 Abs. 4a S. 4 AMG) oder infolge der Anschlussregelung zur „2004-Regelung" gem. § 105 Abs. 5c S. 1 AMG zu erwägen, wenn der pharmazeutische Unternehmer das Nachzulassungsverfahren nicht wiederaufgreifen konnte oder wollte.

Eine mit einer **Abverkaufsvereinbarung** im gerichtlichen Verfahren eingeräumte **Abverkaufsmöglichkeit** kann im **Nachzulassungsverfahren** auch zu dem, Zweck eingeräumt werden, während der Zeit des Ruhens des Klageverfahrens die Unterlagen für eine Neuzulassung oder –Registrierung vorzubereiten („gestufter Abverkauf")[126] (siehe hierzu auch § 9 Rn 56).

---

122 Fünftes Gesetz zur Änderung des Arzneimittelgesetzes (Fünftes AMGÄndG), BGBl. I 1994, 2071.
123 Vgl BT-Drucks. 14/2292, 10.
124 Viertes Gesetz zur Änderung des Arzneimittelgesetzes (Viertes AMGÄndG), BGBl. I 1990, 717.
125 Gesetz zur Neuordnung des Arzneimittelrechts (AMNG), BGBl. I 1983, 169.
126 Fuhrmann/Schulte-Bunert/Klein, A&R 2008, 76,77.

II. Inhalt des Nachzulassungsantrags

Der **Inhalt** des Verlängerungsantrags für fiktiv zugelassene Arzneimittel unterschied sich aufgrund der Eigenart der fiktiven Zulassung von den im regulären Verlängerungsverfahren nach § 31 Abs. 2 AMG geforderten Angaben erheblich. Es waren sämtliche zur Vervollständigung des **Zulassungsdossiers** erforderlichen Angaben zu machen, weshalb es sich inhaltlich nicht um einen bloßen Verlängerungsantrag, sondern um einen nachträglichen Zulassungsantrag (**Nachzulassung**) handelte.[127] Der Umfang der in der Nachzulassung vorzulegenden Unterlagen wurde mit dem Zehnten AMGÄndG[128] erweitert; damit wurde das Nachzulassungsverfahren dem Zulassungsverfahren nach den §§ 22 ff AMG weiter angenähert.

84

1. Allgemeine Anforderungen

Für die Nachzulassung war zunächst fristgemäß ein **Kurzantrag**[129] zu stellen, in dem die Basisdaten gem. § 22 Abs. 1 Nr. 1 bis 6 AMG zur **Identifizierung** des Arzneimittels angegeben werden mussten (§ 105 Abs. 4 S. 3 AMG).

85

Bei **homöopathischen Arzneimitteln** konnte im Kurzantrag die Mitteilung der **Anwendungsgebiete** entfallen, § 105 Abs. 4 d AMG. Für nicht HAB-konforme Arzneimittel darf die Verfahrenstechnik trotz fehlender Beschreibung im Arzneibuch angewendet werden und ist Gegenstand des Nachzulassungs-/Registrierungsantrags, sofern bis zum 1.10.2000 ein Antrag auf Aufnahme der Verfahrenstechnik in den Homöopathischen Teil des Arzneibuchs gestellt wurde, § 136 Abs. 1 a AMG.

Die für die materielle Prüfung des Antrags erforderlichen Unterlagen gem. § 22 Abs. 1 Nr. 7 bis 15, Abs. 2 und Abs. 3 a AMG sowie bei **Tierarzneimitteln** zusätzlich Unterlagen für **Arzneimittelvormischungen** gem. § 23 Abs. 2 S.1 und 2 AMG und das **analytische Gutachten** nach § 24 Abs. 1 AMG sowie weitere in § 105 Abs. 4 S. 4 genannten Unterlagen bspw zum Beleg der ausreichenden biologischen Verfügbarkeit der arzneilich wirksamen Bestandteile mit bewertendem Sachverständigengutachten mussten erst nach **Aufruf** durch die Bundesoberbehörde innerhalb einer **Frist** von vier Monaten vorgelegt werden (§ 105 Abs. 4 S. 6 AMG).

86

Diese Aufrufe erfolgten einheitlich für Arzneimittel mit gleichen Wirkstoffen im **Bundesanzeiger** und bestimmen zusammen mit § 105 Abs. 4 AMG den Inhalt der vorzulegenden Unterlagen und die zu beachtenden Fristen, die jedoch in Ansehung der gesetzlichen Fristbestimmung nicht kürzer als vier Monate sein dürften. Gemäß § 34 Abs. 2 S. 2 AMG gilt der Inhalt des Aufrufs zwei Wochen nach Erscheinen des Bundesanzeigers als bekannt gegeben. Von diesem Zeitpunkt an lief die im Aufruf angegebene Einreichungsfrist. Streitig ist, ob der behördliche **Aufruf** als **Allgemeinverfügung**[130] gem. § 34 Abs. 2 S. 1 AMG oder als **schlichtes Verwaltungshandeln** iSe sonstigen Mitteilung gem. § 34 Abs. 2 S. 3 AMG[131] zu qualifizieren ist.

87

Entschied sich der pharmazeutische Unternehmer für eine Registrierung gem. § 38 AMG, musste er die weiteren Unterlagen als **Langantrag** gem. § 22 Abs. 1 Nr. 7 bis 15, die Ergebnisse der analytischen Prüfung sowie das bewertende Gutachten nach § 24 Abs. 1 AMG sowie die Unterlagen gem. § 22 Abs. 4 bis 7 AMG mit Ausnahme der Fachinformation bin-

88

---

127 Rehmann, AMG, § 105 Rn 3.
128 Zehntes Gesetz zur Änderung des Arzneimittelgesetzes (Zehntes AMGÄndG), BGBl. I 2000, 1002.
129 Vgl Art. 3 § 7 Abs. 3 S. 1 AMNG in der Fassung v. 24.2.1983 (BGBl. I, 169).
130 Vgl Rehmann, AMG, § 105 Rn 14; Sander, Arzneimittelrecht, § 105 AMG Erl. 11; Sander, pharmind 1991, 12.
131 Vgl Kloesel/Cyran, Arzneimittelrecht, § 105 AMG Erl. 51.

§ 9 Geltungsdauer und Verlängerung der Zulassung

nen einer Frist von zwei Monaten nach Aufruf durch die Behörde vorlegen, § 105 Abs. 4 d AMG.

2. „Ex-ante"-Unterlagen

89 Die sog. Ex-ante-Unterlagen gem. § 105 Abs. 5 a AMG über die Ergebnisse der eigenen **pharmakologisch-toxikologischen und klinischen Prüfungen** und entsprechende **Sachverständigengutachten** waren für Nachzulassungsverfahren, die zum Inkrafttreten des Zehnten AMGÄndG[132] am 12.7.2000 noch anhängig waren, bis zum 1.2.2000 nachzureichen, ansonsten erlosch die Zulassung (siehe § 9 Rn 77).[133] Diese Pflicht wurde zur Herstellung der Übereinstimmung mit EU-rechtlichen Vorgaben eingeführt. Anstelle der Ergebnisse der pharmakologisch-toxikologischen und klinischen Prüfungen gem. § 22 Abs. 2 Nr. 2 und 3 AMG konnte auch **anderes wissenschaftliches Erkenntnismaterial** gem. § 22 Abs. 3 AMG eingereicht werden (§ 105 Abs. 4 a S. 1 Hs 2 AMG), das ein Gewicht haben muss, das in etwa dem der „Ergebnisse" der pharmakologisch-toxikologischen und klinischen Prüfungen entspricht.[134]

90 Im Sinne einer weitgehenden Gleichbehandlung und zur Sicherstellung eines einheitlichen Dokumentationsstands wurde in der zum 1.8.2005 in Kraft getretenen **Übergangsregelung** zum Zehnten AMGÄndG in § 136 Abs. 1 AMG[135] festgelegt, dass die sog. Ex-ante-Unterlagen für Arzneimittel, die zum Inkrafttreten des Zehnten AMGÄndG am 12. Juli 2000 bereits eine Nachzulassung erhalten hatten, spätestens mit dem nächsten auf den 1.8.2005 folgenden Verlängerungsantrag nach § 31 Abs. 1 Nr. 3 AMG vorzulegen sind. Abweichend vom normalen Verlängerungsverfahren ist die Zulassung dann zu verlängern, wenn kein Versagungsgrund nach § 25 Abs. 2 AMG vorliegt.

Dies bedeutet, dass die Zulassung auch dann versagt werden kann, wenn

- das Arzneimittel nicht am Stand der wissenschaftlichen Erkenntnisse ausreichend geprüft worden ist oder das andere wissenschaftliche Erkenntnismaterial gem. § 22 Abs. 3 AMG nicht dem jeweils gesicherten Stand der wissenschaftlichen Erkenntnisse entspricht (§ 25 Abs. 2 Nr. 2 AMG) oder
- wenn dem Arzneimittel die therapeutische Wirksamkeit fehlt oder diese nach dem jeweils gesicherten Stand der wissenschaftlichen Erkenntnisse von Antragsteller unzureichend begründet ist (§ 25 Abs. 2 Nr. 4 AMG).

III. Möglichkeiten der Bezugnahme

91 In verschiedenen Fällen besteht die Möglichkeit, auf bereits vorliegende Unterlagen Bezug zu nehmen.

1. Monographien

92 Aufgrund der Kommissionsrichtlinie 1999/83/EG,[136] die Regelungen zu bibliographischen Zulassungen für althergebrachte Arzneimittel trifft, ist eine Bezugnahme auf Aussagen in

---

132 Zehntes Gesetz zur Änderung des Arzneimittelgesetzes (Zehntes AMGÄndG), BGBl. I 2000, 1002.
133 Ausweislich der BfArM-Pressemitteilung v. 7.7.2004 (abrufbar unter <www.bfarm.de>) sind die geforderten Unterlagen bis zum Stichtag in ca. 12.500 Nachzulassungsvorgängen nachgereicht worden. In etwa 5.300 Fällen sind die fiktiven Zulassungen erloschen, weil die Antragsteller die erforderlichen Unterlagen nicht binnen der gesetzlichen Fristen nachgereicht und auch keinen Verzicht erklärt haben.
134 Vgl OVG NRW, Beschl. v. 16.12.2008 – 13 A 2085/07.
135 Vgl Art. 4 Abs. 2 Nr. 3 des Zehnten AMGÄndG (BGBl. I 2000, 1002).
136 RL 1999/83/EG der Kommission v. 8.9.1999 zur Änderung des Anhangs der RL 75/318/EWG des Rates zur Angleichung der Rechts- und Verwaltungsvorschriften der Mitgliedstaaten über die analytischen, toxikologisch-pharmakologischen und ärztlichen oder klinischen Vorschriften und Nachweise über Versuche mit Arzneimittelspezialitäten (ABl. EG Nr. L 243/9 v. 15.9.1999).

den Monographien der ehemaligen Aufbereitungskommissionen zulässig, wenn diese noch dem aktuellen Wissensstand entsprechen, was ggf. durch das mit einzureichende Gutachten zu belegen ist.[137]

2. Tierarzneimittel

Bei Tierarzneimitteln mit **pharmakologisch wirksamen Stoffen** kann aus Gründen des Tierschutzes[138] in der Nachzulassung bei der Vorlage von Unterlagen zur **pharmakologisch-toxikologischen Prüfung** gem. § 105 Abs. 4 b AMG eine Bezugnahme auf die nach Anhang V der Verordnung (EWG) Nr. 2377/90 eingereichten Unterlagen erfolgen, wenn die pharmakologisch wirksamen Stoffe nach der Verordnung (EWG) Nr. 2377/90 geprüft und in einen der Anhänge I bis III aufgenommen worden sind, in einem EU-Mitgliedstaat bereits eine Zulassung für ein Tierarzneimittel mit diesem pharmakologisch wirksamen Bestandteil besteht und die Voraussetzungen für die Verwendung der Unterlagen des Vorantragstellers gem. § 24 a AMG vorliegen.

3. Bezugnahme auf EU-Zulassungen

Für bereits in einem anderen Mitgliedstaat zugelassene Arzneimittel können die Bewertungsergebnisse aus anderen EU-Mitgliedstaaten im Rahmen der Nachzulassung durch die deutschen Zulassungsbehörden genutzt werden, § 105 Abs. 4 c AMG. Besteht eine Zulassung in einem anderen **EU-Mitgliedstaat**, ist die Verlängerung zu erteilen, wenn sich das Arzneimittel in dem betreffenden Mitgliedstaat in Verkehr befindet und der Antragsteller sämtliche Angaben zu der ausländischen Zulassung gem. §22 Abs. 6 AMG einreicht, ausgenommen die für die im Anerkennungsverfahren nach den Artt. 28 und 34 RL 2001/83/EG erforderlichen Erklärungen und Angaben.[139] Ferner muss der Antragsteller erklären, dass die eingereichten Unterlagen zur Wirksamkeit und Unbedenklichkeit sowie die Sachverständigengutachten mit den der ausländischen Zulassung zugrundeliegenden Unterlagen übereinstimmen.

IV. Entscheidung über die Nachzulassung

Versagungsgründe für die Nachzulassung ergeben sich bei Arzneimitteln, für die in einem anderen EU-Mitgliedstaat eine Zulassung bereits vorliegt, aus § 105 Abs. 4 c AMG. Danach kann bei Vorliegen der sonstigen Voraussetzungen nach § 105 Abs. 4 c die Verlängerung nur versagt werden, wenn dies eine **Gefahr** für die öffentliche Gesundheit oder bei Tierarzneimitteln eine Gefahr für die Gesundheit von Mensch und Tier oder für die Umwelt darstellt.

Bei Arzneimitteln, für die keine Zulassung in einem anderen Mitgliedstaat der EU besteht, ist die fiktive Zulassung gem. § 105 Abs. 4 f AMG zu verlängern, sofern kein Versagungsgrund nach § 25 Abs. 2 AMG vorliegt (siehe § 10 Rn 88 ff).

Die Besonderheiten bei einzelnen Therapierichtungen (**Phytotherapie, Homöopathie, Anthroposophie**) sind im Rahmen der Ermessensausübung bei der Entscheidung über die Nachzulassung zu berücksichtigen, § 105 Abs. 4 f S. 2 AMG.

---

[137] Hoffmann/Nickel, NJW 2000, 2700, 2701; Rehmann, AMG, § 105 Rn 13.
[138] Vgl BT-Drucks. 14/2292, 9.
[139] Hoffmann/Nickel, NJW 2000, 2700, 2702; Rehmann, AMG, § 105 Rn 13.

F. Ruhen der Zulassung

I. Wirkung der Ruhensanordnung

96 Bei Bedenken in Bezug auf die Sicherheit eines Arzneimittels kann die zuständige Bundesoberbehörde anstelle der Rücknahme oder des Widerrufs der Zulassung als minder schwere Maßnahme in bestimmten Fällen auch das Ruhen der Zulassung anordnen, vgl § 30 AMG. Das Ruhen der Zulassung kann nur mit Wirkung für die Zukunft angeordnet werden.

1. Wegfall der Verkehrsfähigkeit

97 Die Ruhensanordnung führt nicht zum Verlust der Zulassung, sondern zum vorläufigen Wegfall der Verkehrsfähigkeit des betreffenden Arzneimittels. Dieses darf bei Vorliegen einer Ruhensanordnung gem. § 30 Abs. 4 AMG von niemandem mehr in den Verkehr oder in den Geltungsbereich des AMG verbracht werden (siehe § 9 Rn 13), auch nicht im Rahmen des **Einzelimports** gem. § 73 Abs. 3 AMG.[140]

Das Ruhen der Zulassung ist jedoch kein Hindernis für den **Export**, wenn das Arzneimittel ausschließlich für den Exports hergestellt und zuvor in Deutschland nicht in den Verkehr gebracht wird, da es für den Export einer Verkehrsfähigkeit in Deutschland nicht bedarf.[141]

2. Fortbestand der Zulassung

98 Da die Zulassung bei einer Ruhensanordnung weiterhin Bestand hat, der Zulassungsinhaber nach der Aufhebung der Ruhensanordnung also keine neue Zulassung beantragen muss, bestehen auch die gesetzlichen Pflichten des Zulassungsinhabers während der Zeit des Ruhens der Zulassung fort, zB die Pflicht zur Erstellung periodischer Berichte gem. § 63 b Abs. 7 S. 1 AMG. Sofern weiterhin Interesse an der Zulassung besteht und eine **Verlängerung** der Zulassung nach § 31 Abs. 1 S. 1 Nr. 3 oder Abs. 1 a AMG erforderlich ist, muss ein Verlängerungsantrag fristgemäß auch bei ruhender Zulassung gestellt werden, da durch die Anordnung des Ruhens die zeitliche Geltung der Zulassung nicht berührt wird.[142]

3. Bekanntgabe

99 Die Anordnung des Ruhens der Zulassung ist gem. § 34 Abs. 1 S. 1 Nr. 4 AMG im **Bundesanzeiger** bekannt zu machen; die Entscheidung muss der Öffentlichkeit zugänglich sein, § 34 Abs. 1 b AMG, es sei denn es handelt sich um eine zentrale Zulassung nach der Verordnung (EG) Nr. 726/2004 (§ 34 Abs. 1 c AMG).

II. Voraussetzungen und Entscheidung über das Ruhen der Zulassung

100 Das Ruhen der Zulassung kann gem. § 30 Abs. 1 S. 4 AMG anstelle des Widerrufs oder der Rücknahme der Zulassung als milderes Mittel befristet angeordnet werden, wenn bekannt wird, dass bei Zulassungserteilung einer der in § 30 Abs. 1 S. 1 AMG genannten **absoluten Rücknahmegründe** des § 25 Abs. 2 Nr. 2, 3, 5, 5a, 6 oder 7 AMG (siehe § 10 Rn 88 ff) vorgelegen hat oder nachträglich einer der Versagungsgründe des § 25 Abs. 2 Nr. 3, 5, 5a, 6 oder 7 AMG (siehe § 10 Rn 88 ff) eingetreten ist, also ein **Widerruf** der Zulassung in Rede steht.

---

[140] Vgl BSG, Urt. v. 17.3.2005, NZS 2006, 29.
[141] Vgl Sickmüller/Knauer/Sander, PharmR 2009, 60,62.
[142] VG Berlin, Urt. v. 28. 11. 1996 – Az 14 A 197.91; VG Berlin, Urt. v. 14.10.1999 – 14 A 201.95, Rn 20 nach juris; Kloesel/Cyran, Arzneimittelrecht, § 31 AMG Erl. 4.

Mit Inkrafttreten der sog. 15. AMG-Novelle[143] finden für die **Registrierung** homöopathischer Arzneimittel und traditioneller pflanzlicher Arzneimittel die Vorschriften des § 30 Abs. 1 S. 1, Abs. 2 bis 4 AMG für Rücknahme und Widerruf und Ruhen entsprechend Anwendung (§§ 39 Abs. 2 d, 39 d Abs. 8 AMG nF). Für **homöopathische Arzneimittel** gelten als Gründe für die Ruhensanordnung nach § 30 Abs. 1 S. 1 AMG die Versagungsgründe des § 39 Abs. 2 Nr. 2 bis 9 AMG (§ 39 Abs. 2 d AMG nF). Für **traditionelle pflanzliche Arzneimittel** gelten die Versagungsgründe nach § 39 c Abs. 2 AMG (§ 39 d Abs. 8 AMG nF).

Die Möglichkeit der Ruhensanordnung wurde mit dem Zweiten AMGÄndG[144] eingefügt. **Hintergrund** war die Auslegung der Rücknahme- bzw Widerrufsvoraussetzungen für bedenkliche Arzneimittel gem. § 25 Abs. 2 Nr. 5 AMG durch die Rechtsprechung.[145] Ein begründeter Verdacht auf unvertretbare schädliche Wirkungen, der eine Rücknahme bzw einen Widerruf der Zulassung gem. § 30 Abs. 1 S. 1 iVm § 25 Abs. 2 Nr. 5 AMG rechtfertigt, liegt aus Gründen des Gesundheitsschutzes bereits dann vor, wenn ernst zu nehmende Erkenntnisse irgendwelcher Art den Schluss nahelegen, dass das fragliche Präparat **unvertretbare Nebenwirkungen** hat.[146] Falls sich der Verdacht jedoch letztlich als unbegründet erweist, sollte dem Zulassungsinhaber nicht die Beantragung einer neuen Zulassung aufgebürdet werden. Daher wurde es der Behörde gesetzlich ermöglicht, auch das **Ruhen** der Zulassung befristet anzuordnen.[147]

Wenn nach den Grundsätzen der Rechtsprechung ein begründeter Verdacht besteht, dass das Arzneimittel ein ungünstiges Nutzen-Risiko-Verhältnis besitzt, welches einen Versagungsgrund nach § 25 Abs. 2 Nr. 5 AMG darstellt, muss die Behörde nunmehr **abwägen**, ob für den Zulassungsinhaber eine Möglichkeit besteht, diesen Verdacht zu widerlegen, zB durch eine klinische Prüfung.[148] Auch in sonstigen Fällen, in denen die Möglichkeit einer Ruhensanordnung besteht, bietet sich diese an, wenn die nachträglich eingetretenen oder nachträglich festgestellten Versagungsgründe durch Beibringung weiterer Unterlagen **geheilt** werden können.[149]

Der Aspekt der **Behebbarkeit** ist ebenfalls in den Fällen zu berücksichtigen, in denen die Bundesoberbehörde bei Bedenken in Bezug auf die Arzneimittelsicherheit nach pflichtgemäßem **Ermessen** zwischen verschiedenen Maßnahmen (Rücknahme/Widerruf, Auflage oder Ruhensanordnung) wählen kann, § 30 Abs. 2 S. 2 AMG. Für die Abwägungsentscheidung sind außerdem **Arzneimittelsicherheitsaspekte** von Bedeutung. Ob die Behörde eine **Auflage** mit Umsetzungsfrist, in der das Arzneimittel weiterhin in den Verkehr gebracht werden darf, oder das Ruhen der Zulassung befristet anordnet, hängt vom **Gefährdungspotenzial** der Sicherheitsmängel ab.[150] Das Ruhen kann auch parallel zur Einräumung einer Mängelbeseitigungsfrist nach § 30 Abs. 2 Nr. 2 AMG angeordnet werden.[151]

III. Wirksamwerden der Ruhensanordnung

Vor der Anordnung des Ruhens der Zulassung ist dem pharmazeutischen Unternehmer **rechtliches Gehör** zu gewähren, es sei denn, es ist **Gefahr im Verzug** (§ 30 Abs. 3 S. 1 AMG). Als belastender Verwaltungsakt kann die Ruhensanordnung mit **Widerspruch** und **Anfech-**

---

143 Gesetz zur Änderung arzneimittelrechtlicher und anderer Vorschriften v. 17.7.2009 (BGBl. I, 1990).
144 Zweites Gesetz zur Änderung des Arzneimittelgesetzes, BGBl. I 1986, 1296.
145 Vgl Kloesel/Cyran, Arzneimittelrecht, § 30 AMG Erl. 16.
146 VG Berlin, Urt. v. 15.1.1979, Az. VG 14 A 4/79 – Clofibrat; Sander, Arzneimttelrecht (Entscheidungsband), § 30 AMG/Nr. 1.
147 Vgl BT-Drucks. 10/5112, 18/19.
148 Vgl Sander, Arzneimittelrecht, § 30 AMG Erl. 2.
149 Vgl Rehmann, AMG, § 30 Rn 2.
150 Vgl Sander, Arzneimittelrecht, § 30 AMG Erl. 9.
151 Vgl Kloesel/Cyran, Arzneimittelrecht, § 30 AMG Erl. 21.

tungsklage gem. § 42 Abs. 1 VwGO angefochten werden. Sie haben grundsätzlich aufschiebende Wirkung.

106 Da die Ruhensanordnung als vorläufige Gefahrenabwehrmaßnahme aber vorrangig **Eilfälle** betrifft und somit ein öffentliches Interesse an dem sofortigen Wirksamwerden der Maßnahme besteht, wird die Behörde in der Regel die **sofortige Vollziehung** der Ruhensanordnung nach § 80 VwGO anordnen.[152] Die aufschiebende Wirkung des Widerspruchs gegen die Maßnahme kann auf Antrag des pharmazeutischen Unternehmers durch das Gericht der Hauptsache gem. § 80 Abs. 5 VwGO angeordnet werden, jedoch werden im Rahmen der vorzunehmenden **Interessenabwägung** die dem pharmazeutischen Unternehmer durch den Sofortvollzug drohenden, zumeist wirtschaftlichen Nachteile hinter mögliche Gesundheitsgefährdungen für den Verbraucher in der Regel zurücktreten (siehe auch § 9 Rn 32).

G. Sunset-Clause
I. Hintergrund

107 Mit dem 14. AMG-Änderungsgesetz[153] wurde das **Erlöschen** der Zulassung bei längerem **Nichtgebrauch** (sog. Sunset Clause)[154] in das AMG in § 31 Abs. 1 S. 1 Nr. 1 AMG aufgenommen. Dies geschah in Umsetzung der Regelung in Art. 24 Abs. 4 der geänderten Richtlinie 2001/83/EG.[155] Diese Regelung dient den Behörden als Kompensation für die Abschaffung der obligatorischen 5-Jahres-Verlängerung der Zulassung[156] (siehe § 9 Rn 1 ff). Ziel der Einführung der gesetzlichen Erlöschensanordnung bei längerem Nichtgebrauch ist die Verhinderung zusätzlichen Verwaltungsaufwands für die Fortführung nicht genutzter Verkehrsgenehmigungen.[157] Zudem sollen zugelassene Arzneimittel Ärzten und Patienten auch tatsächlich zur Verfügung stehen.[158]

Im AMG existierte bis zum Fünften AMG-Änderungsgesetz[159] an gleicher Stelle schon einmal ein ähnlicher Erlöschenstatbestand. Dieser musste aber wegen Verstoßes gegen EU-rechtliche Bestimmungen gestrichen werden.[160]

108 Gemäß § 31 Abs. 1 S. 1 Nr. 1 AMG erlischt die **Zulassung, Registrierung** oder **fiktive Zulassung**, wenn das Arzneimittel nicht innerhalb von drei Jahren nach Erteilung der Zulassung in den Verkehr gebracht wird oder wenn sich das zugelassene und in Verkehr gebrachte Arzneimittel in drei aufeinanderfolgenden Jahren nicht mehr im Verkehr befindet. Die Bundesoberbehörden können **Ausnahmen** gestatten, soweit dies aus Gründen des Gesundheitsschutzes für Mensch oder Tier erforderlich ist.

109 Um den Behörden eine Kontrolle dieser Fristen zu ermöglichen, sieht § 29 Abs. 1 b und 1 c AMG entsprechende **Meldepflichten** für das Inverkehrbringen und die Einstellung des Inverkehrbringens vor. Der Vertriebsstatus ist zu melden, soweit die Zulassung noch besteht. Erlischt die Zulassung aber durch **Verzicht** oder **Zeitablauf**, ist eine Anzeige nicht erforder-

---

152 Kloesel/Cyran, Arzneimittelrecht, § 30 AMG Erl. 21.
153 Vierzehntes Gesetz zur Änderung des Arzneimittelgesetzes (14. AMGÄndG), BGBl. I 2005, 2570.
154 Zu dieser Bezeichnung vgl Cone, RAJ Pharma 2003, 107 ff.
155 RL 2001/83/EG des Europäischen Parlaments und des Rates v. 6.11.2001 zur Schaffung eines Gemeinschaftskodexes für Humanarzneimittel (ABl. EG Nr. L 311/67 v. 28.11.2001).
156 Vgl Horn, BGesBl. 2008, 740, 745.
157 Erwägungsgrund 17 zur RL 2004/27/EG v. 31.3.2004 zur Änderung der RL 2001/83/EG zur Schaffung eines Gemeinschaftskodexes für Humanarzneimittel (ABl. EU Nr. L 136/35 v. 30.4.2004).
158 Bericht der Kommission über die Erfahrungen mit dem Verfahren zur Erteilung von Genehmigungen für das Inverkehrbringen von Arzneimitteln gemäß der VO (EWG) Nr. 2309/93, Kapitel III der RL 75/319/EWG und Kapitel IV der RL 81/851/EWG, KOM (2001) 606 end. v. 23.10.2001, S. 15.
159 Fünftes Gesetz zur Änderung des Arzneimittelgesetzes (Fünftes AMGÄndG), BGBl. I 1994, 2071.
160 Vgl EuGH, Urt. v. 7.12.1993 – C-83/92.

lich, da eine nicht mehr existierende Zulassung nicht noch einmal gemäß § 31 Abs. 1 Nr. 1 AMG erlöschen kann.[161]

Die sog. Sunset-Clause trat in Deutschland mit dem 14. AMG-Änderungsgesetz am 6.9.2005 in Kraft. Die **Dreijahresfrist** begann bei Arzneimitteln, die sich zum Zeitpunkt des Inkrafttretens des 14. AMG-Änderungsgesetz nicht mehr in Verkehr befanden, zu diesem Zeitpunkt. Die pharmazeutischen Unternehmer waren mit Inkrafttreten des 14. AMGÄndG verpflichtet, der Bundesoberbehörde unverzüglich die Arzneimittel anzuzeigen, für die zu diesem Zeitpunkt zwar eine Zulassung bestand, die sich aber nicht in Verkehr befanden, § 141 Abs. 7 AMG. Die gesetzlich vorgesehene Erlöschensfrist lief erstmals drei Jahre später am 6.9.2008 aus.

Da die Anwendung der Sunset-Clause viele praktische Fragen aufwirft, haben die Zulassungsbehörden auf den Homepages sog. Fragen-und-Antwort-Kataloge (FAQs) veröffentlicht.[162]

II. Der Begriff des Inverkehrbringens[163]

Der Begriff des Inverkehrbringens ist in § 4 Abs. 17 AMG legal definiert und meint das Vorrätighalten zum Verkauf oder zu sonstiger Abgabe an andere sowie das Feilhalten oder Feilbieten eines Arzneimittels.

1. Umfang

Es ist nicht erforderlich, dass die Zulassung vollumfänglich genutzt wird.[164] Um das Tatbestandsmerkmal des Inverkehrbringens im Sinne der Sunset-Clause zu erfüllen und damit das Erlöschen der Zulassung durch Zeitablauf zu verhindern, reicht das Inverkehrbringen nur einer der zugelassenen **Packungsgrößen** aus.

Ausreichend ist auch das Inverkehrbringen von **Kleinstmengen** – ggf. auch beschränkt auf eine **Darreichungsform** –, soweit dies nicht in Widerspruch zum Zulassungsdossier steht und ein Volumen umfasst, welches die Ernsthaftigkeit des Angebots untermauert; der **IFA-Eintrag** dient als Nachweis für das Inverkehrbringen.[165]

2. Exportarzneimittel

Bei Exportarzneimitteln besteht in Bezug auf das Inverkehrbringen das Dilemma, dass sie grundsätzlich nicht zur Abgabe im Geltungsbereich dieses Gesetzes hergestellt werden und somit die Voraussetzungen für das Fortbestehen der Zulassung nicht erfüllen. Sie gelten jedoch dann als in Verkehr gebracht im Sinne des § 31 Abs. 1 Nr. 1 AMG, wenn die **Endfreigabe**[166] und das **Inverkehrbringen** (Übergabe an den Exporteur) im Geltungsbereich des AMG erfolgen.

---

161 Vgl Sander, FS Ulf Doepner, 2008, S. 315 ff.
162 Homepages des BfArM (www.bfarm.de) sowie der EMEA (www.emea.europa.eu).
163 Umfassend hierzu Linse/Porstner, PharmR 2005, 421 ff.
164 Vgl OVG NRW, Urt. v. 13.6.2006, A&R 2006, 172 ff, wonach der Nichtvertrieb zugelassener Packungsgrößen keine zustimmungsbedürftige Änderungsanzeige gem. § 29 Abs. 2 a S. 1 Nr. 5 AMG ist.
165 Sickmüller/Knauer/Sander, PharmR 2009, 60, 62.
166 Vgl BfArM, FAQ zum Thema „Anzeigeverfahren zur Sunset-Clause" (www.bfarm.de). Der Export lediglich verblisterter Tabletten reiche insoweit nicht.

3. Ärztemuster und Prüfarzneimittel

114 Arzneimittelmuster nach § 47 Abs. 3 und 4 AMG und Prüfarzneimittel werden mit der Absicht der Abgabe an andere[167] hergestellt und daher im Sinne des § 4 Abs. 17 AMG in Verkehr gebracht. Bei Prüfarzneimitteln sollte beachtet werden, dass das Prüfarzneimittel dem zugelassenen Arzneimittel in seiner Zusammensetzung entsprechen muss, was bei Phase IV-Studien oder Follow-up-Studien zur zulassungsrelevanten Hauptstudie angenommen werden kann. Abweichungen in der Kennzeichnung sind prüfbedingt und damit systemimmanent.[168]

III. Die Dreijahresfrist

1. Fristbeginn bei Einstellung des Vertriebs

115 Wenn der pharmazeutische Unternehmer den Vertrieb eines Arzneimittels einstellt, hat dies keine Auswirkungen auf die **Verkehrsfähigkeit** der in den Handelsstufen noch vorhandenen Produkte. Bis zum Ablauf des **Haltbarkeitsdatums** der zuletzt in Verkehr gebrachten **Charge** gilt ein Arzneimittel daher als „im Handel befindlich".[169] Aus diesem Grund ist das Haltbarkeitsdatum der zuletzt in Verkehr gebrachten Charge in der Meldung nach § 29 Abs. 1 c AMG anzugeben. Mit Ablauf dieses Stichtags beginnt die Dreijahresfrist des § 31 Abs. 1 Nr. 1 AMG.

2. Fristbeginn nach Erteilung der Zulassung

116 Nach Erteilung der Zulassung beginnt die Dreijahresfrist erst, wenn tatsächlich die Möglichkeit besteht, das Arzneimittel rechtmäßig in Verkehr zu bringen.[170] Bei bestehenden **Patenten** zB läuft die Dreijahresfrist erst ab der Beseitigung des rechtlichen Hindernisses. Dies ist der Behörde durch Vorlage aussagekräftiger Unterlagen zu belegen – einer Ausnahmegenehmigung nach § 31 Abs. 1 S. 2 AMG bedarf es hierfür nicht.[171]

3. Unterbrechung des Fristablaufs

117 Ein angeordnetes **Ruhen** der Zulassung aus Gründen der **Pharmakovigilanz** suspendiert die Frist in entsprechender Anwendung des § 27 Abs. 2 AMG.[172] Ruht die Zulassung jedoch wegen fehlenden Nachweises der **pharmazeutischen Qualität** oder aufgrund der **FCKW-Verbotsverordnung**, führt dies nicht zu einer Unterbrechung der Frist.[173] Da das Arzneimittel im Falle des Ruhens der Zulassung nicht mehr in Verkehr gebracht werden darf, ist auch die Einstellung des Inverkehrbringens aufgrund einer Ruhensanordnung nach § 29 Abs. 1 c AMG bzw § 141 Abs. 7 AMG anzuzeigen.

Die Frist kann auf **Antrag** ausgesetzt werden, wenn die Arzneimittel infolge verlängerter Bearbeitungszeiten oder schwebender Rechtsmittelverfahren länger als drei Jahre nicht in den Verkehr gebracht werden können. Das BfArM empfiehlt, entsprechende Anträge spätestens drei Monate vor Ablauf der Dreijahresfrist einzureichen.[174]

---

167 Kritisch, ob Ärztemuster „abgegeben" werden: Rehmann, AMG, § 4 Rn 19.
168 Sickmüller/Knauer/Sander, PharmR 2009, 60, 62.
169 Sander, Arzneimittelrecht, § 31 AMG Erl. 3.
170 Vgl Horn, Bundesgesundheitsblatt 2008, 740, 746.
171 BfArM, FAQ zum Thema „Anzeigeverfahren zur Sunset-Clause" (www.bfarm.de).
172 Vgl Horn, aaO.
173 BfArM, FAQ zum Thema „Anzeigeverfahren zur Sunset-Clause" (www.bfarm.de).
174 BfArM, FAQ zum Thema „Anzeigeverfahren zur Sunset-Clause" (www.bfarm.de).

IV. Ausnahmegenehmigung

Durch Verwaltungsakt kann die zuständige Bundesoberbehörde **Ausnahmen** von der Sunset-Clause gestatten (§ 31 Abs. 1 S. 2 AMG). Der Antrag ist aufgrund der gesetzlichen Erlöschensanordnung rechtzeitig vor Ablauf der gesetzlichen Ausschlussfrist zu stellen, da eine **Wiedereinsetzung** bei gesetzlichen Ausschlussfristen nicht möglich ist (siehe § 9 Rn 45). 118

Dem Antrag kann grundsätzlich nur aus Gründen des **Gesundheitsschutzes** stattgegeben werden. Die Hürde für die Erteilung einer solchen Ausnahmegenehmigung ist hoch. Die Ausnahmegenehmigung soll dazu dienen, die Arzneimittelversorgung in bestimmten **Notfällen** sicherzustellen.[175] Ausweislich der amtlichen Begründung zum 14. AMGÄndG hat der Gesetzgeber hier beispielsweise an Zulassungen für Impfstoffe gedacht, die nur im Bedarfsfall in den Verkehr gebracht werden sollen.[176]

Bis zur abschließenden Entscheidung über einen Ausnahmeantrag nach § 31 Abs. 1 S. 2 AMG bleibt die Zulassung erhalten. Bei ablehnender rechtskräftiger Entscheidung gilt die Dreijahresfrist jedoch uneingeschränkt, selbst wenn das Arzneimittel zuvor doch noch einmal, aber nach Ablauf von drei Jahren in den Verkehr gebracht worden ist.

V. Im europäischen Verfahren erteilte nationale Zulassungen

Zulassungen, die im Verfahren der gegenseitigen Anerkennung (**MRP**) oder im dezentralen Verfahren (**DCP**) erteilt wurden, müssen zum Erhalt der Zulassung in jedem einzelnen Mitgliedstaat in Verkehr gebracht werden. Dies ist problematisch, wenn die Zulassung nur in einzelnen der beteiligten Staaten (concerned member states – CMS) benötigt wird. Wenn dann ausgerechnet in dem Staat, der Referenzstaat für die Zulassung war, das Arzneimittel nicht in den Verkehr gebracht wird und die Zulassung daher infolge der Sunset-Clause erlischt, muss eigentlich ein beteiligter Staat die Funktion des Referenzstaates übernehmen mit der Folge, dass das MRP/DCP-Verfahren ggf. in mehrere Einzelverfahren zerfällt. In mehreren EU-Ländern einschließlich Deutschland wird daher für solche Fallkonstellationen eine **Ausnahmegenehmigung** erteilt („**Heimatschein**"). Nachzuweisen ist in einem solchen Fall gegenüber dem BfArM nur die Zulassung in einem CMS.[177] 119

VI. Im zentralisierten Verfahren erteilte Zulassungen

Für zentral zugelassene Arzneimittel ist die Sunset-Clause in Art. 14 Abs. 4 VO (EG) Nr. 726/2004 geregelt. Für diese Arzneimittel begann die Dreijahresfrist mit Inkrafttreten der Verordnung (EG) Nr. 726/2004 ab dem 20.11.2005. Im Falle der **Vertriebseinstellung** beginnt die Dreijahresfrist nach Auffassung der EMEA mit der letzten Vertriebshandlung des Zulassungsinhabers, also der Abgabe des Arzneimittels in den Vertriebskanal.[178] Zum Erhalt der zentralen Zulassung muss das Arzneimittel tatsächlich „in der Gemeinschaft" in Verkehr gebracht werden. Es ist ausreichend, wenn das Arzneimittel in einem Mitgliedstaat einschließlich Island, Norwegen und Liechtenstein in Verkehr gebracht wird.[179] Zudem findet bei zentral zugelassenen Arzneimitteln das **Konzept der globalen Zulassung** Anwendung. Daher ist es für den Erhalt der Zulassung ausreichend, wenn von allen zugelassenen Stärken 120

---

175 Vgl Horn, Bundesgesundheitsblatt 2008, 740, 746.
176 Vgl BT-Drucks. 15/5316, 40.
177 BfArM, FAQ zum Thema „Anzeigeverfahren zur Sunset-Clause" (www.bfarm.de).
178 Vgl EMEA-Guide „Questions and answers on the application of the so-called „Sunset Clause" to centrally authorized medicinal products" v. 23.2.2006 (www.emea.europa.eu).
179 Lorenz, Das gemeinschaftliche Arzneimittelzulassungsrecht, S. 340.

und Darreichungsformen nur eine Form der Produktfamilie im Verkehr ist.[180] Dies wird vor dem Hintergrund, dass auch einige Mitgliedstaaten das Konzept der globalen Zulassung im Rahmen der Sunset-Clause bei nationalen Zulassungen anwenden,[181] auf der Grundlage von Art. 6 Abs. 1 der geänderten Richtlinie 2001/83/EG aus Gründen der **Gleichbehandlung** sowohl für deutsche Zulassungen als auch für Zulassungen, die im Verfahren der gegenseitigen Anerkennung (MRP) oder im dezentralisierten Verfahren (DCP)erteilt wurden, gefordert.[182]

---

[180] Vgl EMEA-Guide „Questions and answers on the application of the so-called „Sunset Clause" to centrally authorized medicinal products" v. 23.2.2006 (www.emea.europa.eu).
[181] Informationen bzgl Interpretation und Umsetzungsstatus der Sunset-Clause durch die Zulassungsbehörden aller Mitgliedstaaten sind abrufbar auf den Internetseiten der Heads of Medicines Agencies (HMA) unter <www.hma.eu/ind-ex.php?id=66>.
[182] Vgl Sickmüller/Knauer/Sander, PharmR 2009, 60, 63 f.

§ 10 Versagung der Zulassung

Literatur: *Arbeitsgemeinschaft Rechtsanwälte im Medizinrecht e.V. (Hrsg.)*, Arzneimittelsicherheit – Wunsch und Wirklichkeit, 2008; *Beck*, Risikogesellschaft. Auf dem Weg in eine andere Moderne, 1988; *Breuer*, Anlagensicherheit und Störfälle – Vergleichende Risikobewertung im Atom- und Immissionsschutzrecht, NVwZ 1990, 211; *Di Fabio*, Risikoentscheidungen im Rechtsstaat. Zum Wandel der Dogmatik im öffentlichen Recht, insbesondere am Beispiel der Arzneimittelüberwachung, 1994; *Di Fabio*, Risikovorsorge – uferlos?, ZLR 2003, 163; *Drews/Wacke/Vogel/Martens*, Gefahrenabwehr. Allgemeines Polizeirecht (Ordnungsrecht) des Bundes und der Länder, 1986; *Erbs/Kohlhaas/Ambs*, Strafrechtliche Nebengesetze, Kommentar (Losebl.), Band 1 bis 4, Stand: Juli 2009; *Evers/Nowotny*, Über den Umgang mit Unsicherheit. Die Entdeckung der Gestaltbarkeit von Gesellschaft, 1987; *Feiden*, Arzneimittelprüfrichtlinien, Losebl., Stand: 2009; *Fries*, Die arzneimittelrechtliche Nutzen/Risiko-Abwägung und Pharmakovigilanz, 2009; *Fuhrmann*, Sicherheitsentscheidungen im Arzneimittelrecht. Eine rechtliche Analyse zum Verbot bedenklicher Arzneimittel nach § 5 AMG und zum Nachmarktkontrollsystem unter Berücksichtigung des Lebensmittelrechts, 2005; *Fuhrmann/Schulte-Bunert/Klein*, Der faktische Abverkaufsvergleich als Besonderheit des Verwaltungsprozess- und Arzneimittelrechts, A&R 2008, 76; *Fülgraff*, Arzneimittelsicherheit. Möglichkeiten und Probleme, PharmZ 1978, 954; *Glaeske/Greiser/Hart*, Arzneimittelsicherheit und Länderüberwachung. Konzeption zur strukturellen Optimierung der Länderüberwachung aus rechtlicher, pharmakologischer und gesundheitspolitischer Sicht, 1993; *Grimm (Hrsg.)*, Staatsaufgaben, 1996; *Hansen-Dix*, Die Gefahr im Polizeirecht, im Ordnungsrecht und im technischen Sicherheitsrecht, 1982; *Hart/Hilken/Merkel/Woggan (Hrsg.)*, Das Recht des Arzneimittelmarktes, 1988; *Hart*, Arzneimitteltherapie und ärztliche Verantwortung, 1990; *Hasskarl*, Bestimmungsgemäßer Gebrauch, pharmind 1980, 662; *Hauke/Kremer*, Der bestimmungsgemäße Gebrauch eines Arzneimittels, PharmR 1992, 162; *Hunnius*, Pharmazeutisches Wörterbuch, hrsg. v. Ammon/Hermann, 9. Auflage 2004; *Hielscher*, Zulassung von Phytopharmaka, PharmR 1984, 1; *Hielscher*, Die Unbedenklichkeit von Arzneimitteln, MedR 1989, 15; *Jarass/Pieroth*, Grundgesetz für die Bundesrepublik, 10. Auflage 2009; *Kaufmann*, Tatbestandsmäßigkeit und Verursachung im Contergan-Verfahren, JZ 1971, 569; *Kimminich/v. Lersner/Storm (Hrsg.)*, Handbuch des Umweltrechts, Band 1, 2. Auflage 1994; *Ladeur*, Das Umweltrecht der Wissensgesellschaft. Von der Gefahrenabwehr zum Risikomanagement, 1995; *Laufs/Uhlenbruck*, Handbuch des Arztrechts, 3. Auflage 2002; *Letzel/Wartensleben*, „Begründeter Verdacht" und „Jeweils gesicherter Stand der wissenschaftlichen Erkenntnisse" – Zur Wissenschaftstheorie und -dynamik von zwei AMG-Begriffen, PharmR 1989, 2; *Lewandowski*, Sicherheitsentscheidungen im Zulassungsverfahren und bei der Risikoabwehr, PharmR 1982, 132; *Lewandowski/Schnieders (Hrsg.)*, Grundzüge der Zulassung und Registrierung von Arzneimitteln in der Bundesrepublik Deutschland, 1977; *Lisken/Denninger (Hrsg.)*, Handbuch des Polizeirechts, 4. Auflage 2007; *Luhmann*, Soziologie des Risikos, 1991; *Luhmann*, Soziologische Aufklärung, 1990; *Marburger*, Die Regeln der Technik im Recht, 1979; *Meurer (Hrsg.)*, Marburger Gespräche zum Pharmarecht, Die Haftung der Unternehmensleitung, 1999; *Murswiek*, Die staatliche Verantwortung für die Risiken der Technik. Verfassungsrechtliche Grundlagen und immissionsschutzrechtliche Ausformung, 1985; *Papier*; Der bestimmungsgemäße Gebrauch der Arzneimittel – die Verantwortung des pharmazeutischen Unternehmers, 1980; *Plagemann*, Das neue Arzneimittelrecht in der Bewährung, WRP 1978, 779; *Plagemann*, Der Wirksamkeitsnachweis nach dem Arzneimittelgesetz von 1976. Funktionen und Folgen eines unbestimmten Rechtsbegriffs, 1979; *Porstner*, Arzneimittelsicherheit und der Umgang mit unerwünschten Wirkungen, in: Arbeitsgemeinschaft Rechtsanwälte im Medizinrecht e.V. (Hrsg.), Arzneimittelsicherheit – Wunsch und Wirklichkeit, 2008, 16; *Quaas/Zuck*, Medizinrecht, 2. Auflage 2008; *Räpple*, Das Verbot bedenklicher Arzneimittel. Eine Kommentierung zu § 5 AMG, 1991; *Samson/Wolz*, Bedenklichkeit von Arzneimitteln und Gebrauchsinformation, MedR 1988, 71; *Schenke*, Polizei- und Ordnungsrecht, 6. Auflage 2009; *Schönhöfer*, Wie kann zwischen Nutzen und Risiko bei Arzneimitteln abgewogen werden?, PharmR 1982, 125; *Schnieders/Mecklenburg (Hrsg.)*, Zulassung und Nachzulassung von Arzneimitteln. Verfahren und Entscheidungskriterien nach dem Arzneimittelgesetz; 1987; *Schwerdtfeger*, Die Bindungswirkung der Arzneimittelzulassung. Zur rechtlichen Relevanz der Wirksamkeitsprüfung nach dem AMG für die RVO-Schiene, das Beihilferecht und die Transparenzkommission, 1988; *Wolf*, Umwelt-

§ 10 Versagung der Zulassung

recht, 2002; *Wolz*, Bedenkliche Arzneimittel als Rechtsbegriff. Der Begriff der bedenklichen Arzneimittel und das Verbot ihres Inverkehrbringens in den §§ 95 I Nr. 1 iVm 5 AMG, 1988.

A. Maßstäbe der Versagungsentscheidung	1
I. Wirksamkeit und Unbedenklichkeit als zentrale Zulassungsvoraussetzungen	1
1. Vorbemerkung	1
2. Arzneimittelprüfung vor der Versagung	2
a) Arzneimittelprüfrichtlinien	3
b) Guidelines	6
aa) ICH-Guidelines	7
bb) EMEA-Guidelines	8
c) EMEA-Monographien	9
d) Aufbereitungsmonographien der Kommission E	10
3. Anforderungen an Kinderarzneimittel	11
a) Kommission für Arzneimittel für Kinder und Jugendliche (KAKJ)	12
b) EU-Verordnung über Kinderarzneimittel	13
4. Arzneimittel der besonderen Therapierichtungen	16
a) Vorbemerkung	16
b) Pflanzliche Arzneimittel	19
aa) Grundsatz	19
bb) Traditionelle pflanzliche Arzneimittel	21
c) Homöopathische Arzneimittel	26
aa) Grundsatz	26
bb) Versagung der Registrierung	31
d) Anthroposophische Arzneimittel	36
aa) Vorbemerkung	36
bb) Zulassung und Registrierung von anthroposophischen Arzneimitteln	38
II. Besonderheiten der Versagung im Nachzulassungsverfahren	41
1. Vorbemerkung	41
2. Unzulässige Änderungen des fiktiv zugelassenen Arzneimittels	44
3. Fehlender Traditionsnachweis	48
4. Erfolgloses Beanstandungsverfahren	53
B. Beteiligung von Gremien vor der Versagung	56
I. Vorbemerkung	56
II. Die Gremien und ihre Aufgaben	57
1. Zulassungskommission, § 25 Abs. 6 AMG	57
2. Kommissionen für bestimmte Anwendungsgebiete oder Therapierichtungen (§ 25 Abs. 7 AMG)	59
3. Kommission für Arzneimittel für Kinder und Jugendliche (KAKJ; § 25 Abs. 7 a AMG)	62
III. Folgen einer unterbliebenen oder unzureichenden Beteiligung	64
1. Obligatorische und fakultative Beteiligung	65
2. Kausalität und Unbeachtlichkeit	66
3. Nachholbarkeit	67
4. Inhaltliche Mängel	68
C. Schutz vor Täuschung, § 8 AMG (Irreführungsverbot)	69
I. Einführung	69
II. Irreführung	71
III. Angesprochener Personenkreis	72
IV. Bezeichnung von Arzneimitteln	73
1. Grundsätze	73
2. Zusammensetzung und Wirkstoffe	77
3. Bezeichnungszusätze	79
4. Umbenennung	84
V. Verfahren bei irreführenden Angaben	85
D. Die Versagungsgründe des § 25 Abs. 2 und 3 AMG im Einzelnen	88
I. Entstehungsgeschichte	88
II. Europarechtskonformität	90
III. § 25 Abs. 2 S. 1 Nr. 1 AMG (unvollständige Unterlagen)	92
1. Zielsetzung	92
2. Regelungsgehalt	93
a) Maßstab für die Vollständigkeit der Unterlagen	93
b) Rechtsfolge der Unvollständigkeit	100
c) Prüfungsmaßstab	101
3. Korrespondierende und konkretisierende Regelungen	110
4. Bedeutung dieser Regelung für die Verwaltungspraxis	114
IV. § 25 Abs. 2 S. 1 Nr. 2 AMG (ausreichende Prüfung)	117
1. Entstehungsgeschichte und Regelungshintergrund	117
2. Regelungsinhalt	122
a) Prüfung nicht nach dem gesichertem Stand der wissenschaftlichen Erkenntnisse	123
b) Unzureichendes anderes wissenschaftliches Erkenntnismaterial	125
3. Prüfungsmaßstab	130
4. Ergänzende konkretisierende Regelungen	133
5. Bedeutung in der Verwaltungspraxis	134
V. § 25 Abs. 1 S. 1 Nr. 3 AMG (pharmazeutische Qualität)	136
1. Regelungshintergrund	136
2. Regelungsinhalt	139
a) Anerkannte pharmazeutische Regeln	140
b) Angemessene Qualität	141
3. Prüfungsmaßstab	142
4. Bedeutung der Regelung in der Praxis	143
VI. § 25 Abs. 2 S. 1 Nr. 4 AMG (Wirksamkeit)	145
1. Historische Entwicklung	145
2. Wirksamkeitsnachweis	151
a) Der Begriff der Wirksamkeit	151
b) Wirksamkeit als Voraussetzung für die Zulassung	155
c) Der Wirksamkeitsnachweis bei Arzneimitteln mit neuen Wirkstoffen	159

- d) Der Wirksamkeitsnachweis bei Arzneimitteln mit bekannten Wirkstoffen 171
- e) Der Wirksamkeitsnachweis bei homöopathischen Arzneimittel .. 174
- f) Der Wirksamkeitsnachweis bei anthroposophischen Arzneimitteln 177
- g) Der Wirksamkeitsnachweis bei pflanzlichen Arzneimitteln 178
- h) Der Wirksamkeitsnachweis bei traditionellen pflanzlichen Arzneimitteln 179

VII. § 25 Abs. 2 S. 1 Nr. 5 AMG (ungünstiges Nutzen-Risiko-Verhältnis) 180
1. Schädliche Wirkungen 182
   - a) Wirkungen 182
   - b) „Schädliche" Wirkungen 183
     - aa) Schädliche Wirkungen und Nebenwirkungen/Wechselwirkungen 184
     - bb) Schädliche Wirkungen und Befindlichkeitsstörungen/pharmakologisch-toxikologische Wirkungen 187
       - (1) Bloße Befindlichkeitsstörungen .. 187
       - (2) Berücksichtigung von ausschließlich pharmakologisch-toxikologischen Wirkungen? 188
       - (3) Definitionsreichweite des Begriffs „schädliche Wirkungen" 190
2. Bestimmungsgemäßer Gebrauch 192
   - a) Verantwortungssphären 193
   - b) Bestimmungsgemäßer Gebrauch und Fehlgebrauch 194
     - aa) Gebrauch in Entsprechung zu den informativen Texten 195
     - bb) Fehlgebrauch und bestimmungswidriger Gebrauch 196
       - (1) Grenzen in der Verantwortungssphäre des pharmazeutischen Unternehmers 197
       - (2) Die Verantwortlichkeitssphäre von Akteuren mit besonderem Sachverstand 201
3. Begründeter Verdacht 203
   - a) Verdacht/Gefahrenverdacht 204
   - b) Konkretisierung des Wahrscheinlichkeitsurteils 207
   - c) Der Begriff des rechtlichen Risikos 210
   - d) Kriterien einer risikobezogenen Verdachtsentscheidung nach § 5 Abs. 2 AMG 213
     - aa) Menschliches Leben und menschliche Gesundheit als maßgebliche Rechtsgüter 215
     - bb) Ausmaß des befürchteten Gesundheitsschadens 216
4. Nutzen-Risiko-Abwägung 219
   - a) Nutzen- /Bedenklichkeitsgrenzen 220
     - aa) Absolute Bedenklichkeit 223
     - bb) Relative Bedenklichkeit 227
   - b) Zwingende Notwendigkeit einer vergleichenden Nutzen-Risiko-Bewertung? 232

VIII. § 25 Abs. 2 S. 1 Nr. 5 a AMG (Kombination) 234
1. Grundsatz 234
2. Begriff des Kombinationsarzneimittels 237
   - a) Arzneimittelkombination bei zeitlich abgestimmter Anwendungsvorgabe 239
   - b) Auszüge von Arzneipflanzen 243
   - c) Prodrugs/Wirkstoffaufspaltung .. 244
3. Kombinationsbegründung und Therapierichtung 245
4. Kombinationsbegründung im Nachzulassungsverfahren und bei der Zulassungsverlängerung 250
5. Verhältnis zu anderen Versagungsgründen 252
6. Kombinationsbegründung und Gemeinschaftsrecht 254
7. Umfang des Begründungserfordernisses 257
8. Begründungserfordernis und Darlegungslast 262
9. Hilfestellungen zur Bewertung fixer Arzneimittelkombinationen 266
   - a) Erläuterungen zur Beurteilung von Arzneimitteln aus chemisch definierten Stoffen, die in einem definierten Mengenverhältnis miteinander kombiniert sind (Fixe Kombinationen) 267
   - b) „Beurteilungskriterien für fixe Arzneimittelkombinationen" der Kommission E 268
   - c) „Bewertungskriterien der Kommission D nach § 25 Abs. 6 und 7 des Arzneimittelgesetzes für fixe Kombinationen homöopathischer Einzelmittel" vom 24.4.1997 269
   - d) Arzneimittelprüfrichtlinien 271

IX. § 25 Abs. 2 S. 1 Nr. 7 AMG (Gesetzesverstoß) 272
1. Entstehungsgeschichte und Regelungshintergrund 272
2. Regelungsinhalt 274
   - a) Anwendungsbereich 274
   - b) Verbotstatbestände 275
     - aa) Verstoß gegen gesetzliche Vorschriften 275
     - bb) Verstoß gegen europäisches Recht und Entscheidungen 276
   - c) Bedeutung der Regelung in der Praxis 280

X. § 25 Abs. 3 AMG (Arzneimittelbezeichnung) 281
1. Ratio legis und Entstehungsgeschichte 281
2. Regelungsinhalte 285
   - a) Zugelassenes oder in Verkehr befindliches Arzneimittel 286
   - b) Bezeichnungsgleichheit 288

c) Wirkstoffgleichheit 291
d) Unterschiedliche Wirkstoffmenge 293
3. Ergänzende Regelungen 294
   a) Irreführung nach § 8 AMG 295
   b) Bekanntmachung zu irreführenden Arzneimittelbezeichnungen 296
   c) Guideline zu Invented Names 299
   d) Abgrenzung zur Kennzeichnungsvorschrift nach § 10 Abs. 1 S. 1 Nr. 1 301
4. Bedeutung dieser Regelung in der Verwaltungspraxis 304

E. Mängelbeseitigung und Präklusion 306
  I. Einführung 306
    1. Entstehungsgeschichte 309
    2. Sinn und Zweck der Vorschriften ... 311
    3. Verfassungsmäßigkeit der Vorschriften 312
  II. Anwendungsbereich der Vorschriften ... 313
    1. Materiell 313
    2. Prozedural 314
      a) Verwaltungsverfahren 314
      b) Gerichtsverfahren 316
  III. Das Mängelbeanstandungsverfahren im Einzelnen 317
    1. Mängel 317
    2. Mängelschreiben 318
    3. Fristsetzung 319
    4. Nichtbehebung der Mängel 321
    5. Versagung der Zulassung 322
  IV. Die Rechtsfolgen der Zulassungsversagung im Mängelbeanstandungsverfahren 324
    1. Rechtsfolgen der rechtmäßigen Zulassungsversagung wegen unterbliebener Mängelbeseitigung 324
    2. Rechtsfolgen der rechtswidrigen Zulassungsversagung 326
  V. Sonstige Rechtsfolgen der Durchführung des Beanstandungsverfahrens 327

F. Rechtsschutz 328
  I. Einführung 328
  II. Generelle Merkpunkte für die Inanspruchnahme verwaltungsgerichtlichen Rechtsschutzes in arzneimittelrechtlichen Zulassungs- bzw Nachzulassungsverfahren 329
  III. Hauptsacherechtsschutz 331
    1. Ausgewählte Zulässigkeitsvoraussetzungen der Klage im arzneimittelrechtlichen Zulassungs- bzw Nachzulassungsverfahren 331
      a) Die Wahl der richtigen Klageart in arzneimittelrechtlichen Klageverfahren gegen die Versagung der Zulassung bzw Nachzulassung .. 331
        aa) Die arzneimittelrechtliche Bescheidungsklage 332
        bb) Auflagenbezogene Verpflichtungsklagen 333
      b) Die Klagebefugnis in arzneimittelrechtlichen Streitverfahren auf Zulassung bzw Nachzulassung . . 334
      c) Durchführung des Vorverfahrens 335
      d) Klagefrist 336
    2. Der Verlauf des arzneimittelrechtlichen Hauptsacheverfahrens auf Erteilung einer Zulassung- bzw Nachzulassung 337
      a) Der generelle Verlauf von Hauptsachverfahren 337
      b) Der Verkauf der streitbefangenen Zulassung im Nachzulassungsverfahren 338
      c) Der „Ruhensvergleich" im arzneimittelrechtlichen Nachzulassungsverfahren 339
      d) Klagerücknahme und Erledigungserklärung im arzneimittelrechtlichen Hauptsacheverfahren auf Erteilung einer Zulassung bzw Nichtzulassung 341
    3. Die verwaltungsgerichtliche Hauptsacheentscheidung im arzneimittelrechtlichen Hauptsacheverfahren 342
      a) Der maßgebliche Zeitpunkt für die Beurteilung der Sach- und Rechtslage 343
      b) Die Präklusion im arzneimittelrechtlichen Zulassungs- bzw Nachzulassungsverfahren 344
      c) Die Ermittlung des Sachverhalts im arzneimittelrechtlichen Zulassungs- bzw Nachzulassungsverfahren 345
        aa) Maßstäbe der Amtsermittlung im arzneimittelrechtlichen Verfahren 346
        bb) Einschränkungen der gerichtlichen Prüfung – antizipierte Sachverständigengutachten, Monographien, Kommissionsbeteiligungen 347
      d) Verpflichtungs- und Bescheidungsurteil im arzneimittelrechtlichen Verfahren 350
  IV. Vorläufiger Rechtsschutz im Zulassungs- bzw Nachzulassungsverfahren 351
    1. Der vorläufige Rechtsschutz in den einzelnen Konstellationen 351
      a) Zulassungsverfahren 352
      b) Nachzulassungsverfahren 353
    2. Der generelle Verlauf von Verfahren des vorläufigen Rechtsschutzes 356
  V. Der Streitwert im Arzneimittelprozess auf Zulassung bzw Nachzulassung 357

A. Maßstäbe der Versagungsentscheidung
I. Wirksamkeit und Unbedenklichkeit als zentrale Zulassungsvoraussetzungen
1. Vorbemerkung

§ 25 Abs. 2 und Abs. 3 AMG enthalten die Voraussetzungen, unter denen die Zulassung 1
eines Arzneimittels versagt werden darf (Abs. 2) oder zu versagen ist (Abs. 3). Die Versagungsgründe des § 25 Abs. 2 AMG sind auch im Verfahren der Verlängerung einer fiktiven Zulassung eines Arzneimittels (Nachzulassungsverfahren) zu berücksichtigen (§ 105 Abs. 4 f AMG). § 25 Abs. 3 AMG regelt den Sonderfall einer Versagung, um die Verwechselung mit einem anderen zugelassenen oder im Verkehr befindlichen Arzneimittel gleicher Bezeichnung aber mit anderen Wirkstoffen auszuschließen. „Maßstäbe der Versagungsentscheidung" sind die in § 25 Abs. 2 AMG genannten materiellen Gründe, die einer Zulassung entgegenstehen. Allerdings werden auch Verfahrensmängel, die im Verantwortungsbereich des pharmazeutischen Unternehmers liegen, etwa unvollständige Unterlagen (§ 25 Abs. 2 S. 1 Nr. 1 AMG), materiellen Versagungsgründen gleichgestellt, etwa in § 25 Abs. 2 S. 1 Nr. 4 Alt. 2 AMG (unzureichende Begründung der therapeutischen Wirksamkeit) oder in § 25 Abs. 2 S. 3 AMG (fehlender Nachweis therapeutischer Ergebnisse). Ähnlich verhält es sich mit den Versagungsgründen des § 25 Abs. 2 S. 1 Nr. 2 AMG. War die Arzneimittelprüfung nicht ausreichend oder entspricht das vorgelegte andere wissenschaftliche Erkenntnismaterial nicht dem Stand der Wissenschaft, lassen sich Qualität, Wirksamkeit und Unbedenklichkeit des Arzneimittels zumindest nicht abschließend beurteilen und die Zulassung muss aus diesem – materiellen – Grund versagt werden. Die eigentlichen materiellen Versagungsgründe sind in § 25 Abs. 2 S. 1 Nr. 3, 4, 5 und 5 a AMG genannt (Qualität, Wirksamkeit, Nutzen-Risiko-Verhältnis), wobei § 25 Abs. 2 S. 1 Nr. 5 a AMG lediglich die Versagungsgründe der Nr. 4 und Nr. 5 für Kombinationspräparate ergänzt und konkretisiert. Weitere Ergänzungen der Versagungsgründe der Nr. 3, 4 und 5 finden sich in den Begriffsbestimmungen des § 4 Abs. 15 (Qualität), Abs. 19 (Wirkstoffe), Abs. 23 (klinische Prüfung), Abs. 27 (Risiko) und Abs. 28 AMG (Nutzen-Risiko-Verhältnis) sowie im Verbot bedenklicher Arzneimittel nach § 5 AMG.

2. Arzneimittelprüfung vor der Versagung

Im Zulassungsverfahren werden Arzneimittel auf ihre Qualität, Wirksamkeit und Unbedenklichkeit überprüft. Dafür gibt es zahlreiche – bindende – Richtlinien, – empfehlende – Leitlinien und Monographien. 2

a) Arzneimittelprüfrichtlinien

Arzneimittelprüfrichtlinien enthalten nach § 26 Abs. 1 S. 1 AMG die Anforderungen an die 3
in den §§ 22 bis 24 AMG bezeichneten Angaben, Unterlagen und Gutachten sowie deren Prüfung durch das BfArM. Sie werden vom Bundesgesundheitsministerium als Rechtsverordnung erlassen und im Bundesanzeiger veröffentlicht. Die Arzneimittelprüfrichtlinie vom 11.10.2004[1] entspricht im Wesentlichen dem Anhang 1 der Richtlinie 2001/83/EG in der Fassung der Richtlinie 2003/63/EG.

Arzneimittelprüfrichtlinien müssen dem jeweils gesicherten Stand der wissenschaftlichen 4
Erkenntnisse entsprechen und sind dementsprechend laufend diesen anzupassen, § 26 Abs. 1 S. 2 AMG. Das BfArM und die Kommissionen nach § 25 Abs. 7 AMG müssen die Arzneimittelprüfrichtlinien sinngemäß auch auf das im sog. bibliographischen Zulassungs-

---
[1] BAnz Nr. 197 v. 16.10.2004.

10 § 10 Versagung der Zulassung

verfahren nach § 22 Abs. 3 AMG vorgelegte wissenschaftliche Erkenntnismaterial anwenden, § 26 Abs. 2 AMG.

5 Die Anforderungen der Arzneimittelprüfrichtlinien werden von den Verwaltungsgerichten wie „antizipierte Sachverständigengutachten" bei der Anwendung solcher arzneimittelrechtlicher Bestimmungen herangezogen, die sich wie etwa § 25 Abs. 2 S. 1 Nr. 2 und 4, S. 3 AMG auf den „jeweils gesicherte(n) Stand der wissenschaftlichen Erkenntnisse" beziehen.[2] Genügt ein Arzneimittel diesen Anforderungen nicht, kann es nicht zugelassen werden.

Für die Durchführung von klinischen Prüfungen mit Arzneimitteln zur Anwendung am Menschen gilt die Verordnung über die Anwendung der Guten Klinischen Praxis (Good Clinical Practice), GCP-V vom 9.8.2004.[3]

b) Guidelines

6 Guidelines sind grundsätzlich empfehlende Leitlinien für die Prüfung vom Qualität, Wirksamkeit und Unbedenklichkeit (Sicherheit) vom Arzneimitteln. Sie werden von internationalen Institutionen herausgegeben und haben rechtlich ebenso wie die nationalen Arzneimittelprüfrichtlinien (vgl Rn 3) die Bedeutung „antizipierter Sachverständigengutachten" bei der gerichtlichen Ermittlung des gesicherten Standes der wissenschaftlichen Erkenntnisse.

aa) ICH-Guidelines

7 Die International Conference on Harmonisation of Technical Requirements for Registration of Pharmaceuticals for Human Use (ICH)[4] will die Kriterien für die Beurteilung von Arzneimitteln im Rahmen der Arzneimittelzulassung in Europa, den USA und in Japan harmonisieren. Dafür erstellt sie Guidelines für die Prüfung der Qualität (Quality Guidelines Q 1 – Q 10), der Wirksamkeit (Efficacy Guidelines E 1 – E 15) und der Unbedenklichkeit (Safety Guidelines S 1 – S 8).[5]

bb) EMEA-Guidelines

8 In der Europäischen Union werden die ICH-Guidelines vom Ausschuss für Humanarzneimittel (Commitee for Medical Products for Human Use, CHMP) der Europäischen Arzneimittelagentur (engl. European Medicines Agency, EMEA) übernommen.[6]

Die derzeitige Rechtsgrundlage der EMEA ist die **Verordnung (EG) Nr. 726/2004** des Europäischen Parlaments und des Rates vom 31.3.2004, deren Art. 88 die Verordnung Nr. 2309/93, mit der die Agentur unter dem Namen European Agency for the Evaluation of Medicinal Products errichtet worden war, aufgehoben hat. Innerhalb der EMEA werden Aufgaben bei der Beurteilung und Überwachung von Arzneimitteln von verschiedenen Ausschüssen wahrgenommen. Für Humanarzneimittel ist gemäß Art. 5 Abs. 1 der Verordnung ein entsprechender Ausschuss eingerichtet werden (CHMP), dessen Zusammensetzung und Organisation sich nach den Artt. 61 ff dieser Verordnung bestimmt. Der Ausschuss für Humanarzneimittel formuliert (unter anderem) Gutachten zu wissenschaftlichen Fragen im Zusammenhang mit der Beurteilung von Humanarzneimitteln (Art. 5 Abs. 3 S. 1 der Verordnung). Auch sonst erteilt die Agentur durch ihre Ausschüsse den Mitgliedstaaten und

---

2 Vgl OVG NRW, Beschlüsse v. 19.3.2009 – 13 A 1022/08 – und v. 24.2.2009 – 13 A 813/09; OVG Berlin, Urt. v. 25.11.1999 – 5 B 11.98; VG Köln, Urteile v. 25.3.2008 – 7 K 5766/05 – und v. 14.6.2007 – 13 K 4808/05.
3 BGBl. I, 2081.
4 <www.ich.org>.
5 <www.ich.org/cache/html/250-272-1.html>.
6 <www.emea.europa.eu/htms/human/ich/background.htm>.

den Organen der Gemeinschaft wissenschaftlichen Rat in Bezug auf alle Fragen der Beurteilung der Qualität, der Sicherheit und der Wirksamkeit von Humanarzneimitteln (vgl Artt. 57 ff der Verordnung). Die EMEA koordiniert demnach eine laufende Bewertung und Überwachung von Arzneimitteln und bedient sich bei ihrer Arbeit der wissenschaftlichen Ressourcen aus den nationalen Arzneimittelbehörden der Mitgliedstaaten (Art. 61 VO (EG) Nr. 726/2004).

Neben den ICH-Guidelines veröffentlicht die EMEA auch eigene Guidelines für die EU.[7]

c) EMEA-Monographien

Bei der Zulassung von pflanzlichen Arzneimitteln, Phytopharmaca, die in § 4 Abs. 29 AMG definiert sind, spielen standardisierte Datensammlungen zur Beurteilung von Qualität, Wirksamkeit und Unbedenklichkeit der Stoffe und Zubereitungen eine wesentliche Rolle. Der in Art. 16 h RL 2001/83/EG vorgesehene EMEA-Ausschuss für pflanzliche Arzneimittel (Committee for Herbal Medicinal Products, HMPC) hat entsprechende Monographien erarbeitet.[8]

d) Aufbereitungsmonographien der Kommission E

Die früher beim Bundesgesundheitsamt und heute beim BfArM nach § 25 Abs. 7 AMG für die Phytotherapie gebildete Kommission E[9] hat bis 1994 in sog. Aufbereitungsmonographien wissenschaftliches und erfahrungskundliches Material zu erwünschten und unerwünschten Wirkungen pflanzlicher Drogen und Drogenzubereitungen zusammengetragen.[10] Sie geben jedenfalls den damaligen Stand der wissenschaftlichen Erkenntnisse wieder.

3. Anforderungen an Kinderarzneimittel

Die Erkenntnis, dass Kinder keine „kleinen Erwachsenen" sind und es nicht ausreicht, für Erwachsene zugelassene Arzneimittel bei der Anwendung bei Kindern lediglich niedriger zu dosieren, hat sich im nationalen und im europäischen Pharmarecht spät durchgesetzt.[11]

a) Kommission für Arzneimittel für Kinder und Jugendliche (KAKJ)

Mit dem 12. Änderungsgesetz zum AMG vom 30.7.2004[12] wurde § 25 Abs. 7 a AMG eingefügt. Er sieht zur Verbesserung der Arzneimittelsicherheit für Kinder und Jugendliche vor, dass beim BfArM eine Kommission für Arzneimittel für Kinder und Jugendliche (KAKJ) gebildet wird. Sie wirkt bei der Vorbereitung der Entscheidung über die Zulassung eines Arzneimittels mit, das auch zur Anwendung bei Kindern und Jugendlichen bestimmt ist. Bei anderen Arzneimitteln kann sie den anerkannten Stand der Wissenschaft dafür feststellen, unter welchen Voraussetzungen diese Arzneimittel bei Kindern oder Jugendlichen angewendet werden können.

---

7 <www.emea.europa.eu/htms/human/humanguidelines/background.htm>.
8 <www.emea.europa.eu/htms/human/hmpc/hmpcmonographs.htm> und zB EMEA/HMPC/340719/2005, <www.emea.europa.eu/pdfs/human/hmpc/valerianae_radix/34071905fin.pdf> (Baldrianwurzel).
9 Vgl die Homepage des BfArM <www.bfarm.de>.
10 Vgl die Liste der Aufbereitungsmonographien unter <www.heilpflanzen-welt.de/buecher/BGA-Kommission-E-Monographien/> und unter <www.bfarm.de>.
11 Vgl Heinemann/Tieben, A&R 2007, 53.
12 BGBl. I, 2031.

b) EU-Verordnung über Kinderarzneimittel

13 Die **Verordnung (EG) Nr. 1901/2006** vom 12.12.2006[13], geändert durch Verordnung (EG) Nr. 1902/2006 vom 20.12.2006[14], soll die Entwicklung und die Zugänglichkeit von Arzneimitteln zur Verwendung bei der pädiatrischen Bevölkerungsgruppe erleichtern und gewährleisten, dass solche Arzneimittel in ethisch vertretbarer und qualitativ hochwertiger Forschung entwickelt und eigens für die pädiatrische Verwendung genehmigt werden[15]. Nach Art. 2 Abs. 1 der Verordnung ist die pädiatrische Bevölkerungsgruppe der Teil der Bevölkerung zwischen der Geburt und 18 Jahren.

14 Bei der EMEA wird ein Pädiatrieausschuss (Paediatric Committee, PDCO) gebildet, dessen Aufgaben im Einzelnen in Art. 6 der Verordnung umschrieben sind. Eine wichtige Aufgabe ist die Beurteilung des sog. pädiatrischen Prüfkonzepts (paediatric investigation plan, PIP), dem zentralen Instrument im Verfahren der Zulassung neuer Arzneimittel (Art. 7 der Verordnung, der seit dem 26.7.2008 gilt) oder von Änderungen zugelassener Arzneimittel (Art. 8 der Verordnung, der seit dem 26.1.2009 gilt). Für bereits auf dem Markt befindliche Arzneimittel gelten diese Vorschriften nicht.

15 Eine Freistellung von der Verpflichtung, einen PIP vorzulegen, kann nach den Artt. 11 ff der Verordnung beantragt werden für solche Arzneimittel oder Arzneimittelgruppen, die für die pädiatrische Bevölkerungsgruppe nicht in Betracht kommen.

Unter den Voraussetzungen der Artt. 20 und 21 der Verordnung kann die Durchführung der in einem PIP vorgesehenen Maßnahmen ganz oder teilweise zurückgestellt werden, etwa wenn zunächst Studien mit Erwachsenen angezeigt sind.

Wird trotz entsprechender Verpflichtung kein PIP eingereicht oder wird ein eingereichter PIP nicht gebilligt, wird die Zulassung versagt, und zwar auch die Zulassung des Arzneimittels für Erwachsene. Einzelheiten zum Inhalt eines PIP und zum Verfahren seiner Billigung finden sich in den Artt. 15 ff der Verordnung.

4. Arzneimittel der besonderen Therapierichtungen
a) Vorbemerkung

16 Besondere (bestimmte) Therapierichtungen sind nach § 25 Abs. 7 S. 4 AMG die Phytotherapie, die Homöopathie und die Anthroposophie. Pflanzliche Arzneimittel (Phytopharmaca) werden in § 4 Abs. 29 AMG und homöopathische Arzneimittel (Homöopathica) werden in § 4 Abs. 26 AMG definiert. Eine Definition vom homöopathischen Arzneimitteln enthält auch Art. 1 Nr. 5 RL 2001/83/EG. Für die Phytotherapie wesentliche Begriffsbestimmungen finden sich in Art. 1 Nr. 29 „Traditionelles pflanzliches Arzneimittel", Nr. 30 „Pflanzliches Arzneimittel", Nr. 31 „Pflanzliche Stoffe" und Nr. 32 der Richtlinie „Pflanzliche Zubereitungen".

17 Eine Definition anthroposophischer Arzneimittel (Anthroposophica) gibt es in § 4 Abs. 33 AMG. Die Richtlinie 2001/83/EG enthält außerdem in ihren Artt. 13 bis 16 besondere auf homöopathische Arzneimittel anzuwendende Bestimmungen und nach der Änderung durch die Richtlinie 2004/24/EG vom 31.3.2004[16] in den Artt. 16 a bis 16 i besondere auf traditionelle pflanzliche Arzneimittel anzuwendende Bestimmungen. Die Erwägungsgründe 21 bis 25 der Richtlinie 2001/83/EG befassen sich mit homöopathischen und anthroposophischen Arzneimitteln, während die Erwägungsgründe (1 bis 14) der Richtlinie 2004/24/EG die traditionellen pflanzlichen Arzneimittel betreffen.

---

13 ABl. EU Nr. L 378/1 v. 27.12.2006.
14 ABl. EU Nr. L 378/20 v. 27.12.2006.
15 AaO Erwägungsgrund 4.
16 ABl. EU Nr. L 136/85.

A. Maßstäbe der Versagungsentscheidung

Die genannten Vorschriften der Richtlinie 2001/83/EG sind u.a. in den §§ 38, 39 AMG über die Registrierung homöopathischer Arzneimittel und in den §§ 39a bis 39d AMG für die Registrierung traditioneller pflanzlicher Arzneimittel in nationales Recht umgesetzt.

Die besondere Kennzeichnung registrierter homöopathischer Arzneimittel ist in § 10 Abs. 4 AMG geregelt, für die Kennzeichnung traditioneller pflanzlicher Arzneimittel gelten § 10 Abs. 4a AMG und § 1 Abs. 3b S. 2 AMG. Bemerkenswert ist die jeweils angeordnete Verpflichtung, einen differentialdiagnostischen Hinweis in die Angaben aufzunehmen.[17]

b) Pflanzliche Arzneimittel
aa) Grundsatz

Pflanzliche Arzneimittelzubereitungen sind komplex zusammengesetzte Mehrstoffsysteme, die neben den Hauptinhaltsstoffen wirksamkeitsmitbestimmende Stoffe, Leitsubstanzen und Begleitstoffe enthalten. Wirkstoff dieser Arzneimittel ist das Substanzgemisch als solches. Bei pflanzlichen Arzneimitteln bestimmt das Herstellungsverfahren den Stoff. Neben der zu extrahierenden Ausgangsdroge und den technischen Bedingungen des Extraktionsverfahrens kommt bei Pflanzenextrakten auch dem dabei verwendeten Auszugsmittel Bedeutung zu.[18]

Grundsätzlich müssen auch pflanzliche Arzneimittel wie andere Arzneimittel im Verfahren nach den §§ 21ff AMG zugelassen werden. Werden Qualität, Wirksamkeit oder Unbedenklichkeit nicht auf der Grundlage pharmakologisch-toxischer und klinischer Studien oder anhand anderen wissenschaftlichen Erkenntnismaterials, etwa bibliographischer Daten wie Monographien des HMPC der EMEA (vgl oben Rn 9) nachgewiesen, ist die Zulassung zu versagen. Hier gelten die allgemeinen Regeln.

bb) Traditionelle pflanzliche Arzneimittel

Pflanzliche Arzneimittel gibt es in allen Ländern und Kulturen und das oft in (sehr) langer Tradition. Die §§ 39a bis 39d AMG sehen deshalb ein vereinfachtes Zulassungsverfahren in Form der „Registrierung als traditionelles Arzneimittel" vor.[19]

Im Rechtssinn traditionell angewendet und damit grundsätzlich registrierungsfähig ist ein pflanzliches Arzneimittel, das im Zeitpunkt des Registrierungsantrags seit mindestens 30 Jahren, davon mindestens 15 Jahre in der EU, medizinisch verwendet wird (§ 39b Abs. 1 S. 1 Nr. 4 AMG); Erleichterungen für den Nachweis der Verwendungsdauer sieht § 39b Abs. 1 S. 2 und 3 AMG vor.

Nicht nur die traditionelle Verwendung des Arzneimittels, sondern auch seine Qualität, Wirksamkeit und Unbedenklichkeit werden grundsätzlich durch bibliographische Angaben oder Sachverständigengutachten nachgewiesen. Eigenständige klinische, pharmakologische und toxikologische Studien werden nicht gefordert.

Aus dem Katalog der möglichen Versagungsgründe in § 39c Abs. 2 AMG folgt allerdings, dass die Behörde im Registrierungsverfahren nicht auf die – allein vorzulegenden – bibliographischen oder Sachverständigen-Unterlagen beschränkt ist, sondern aus Gründen der Arzneimittelsicherheit und des Gesundheitsschutzes weitere Erkenntnisquellen heranziehen kann.

---

17 Vgl dazu und zum differentialdiagnostischen Hinweis im Allgemeinen: OVG NRW, Urteile v. 11.2.2009 – 13 A 976/07, 13 A 977/07, 13 A 2150/07 und 13 A 2446/06.
18 Vgl OVG NRW, Beschlüsse v. 25.11.2008 – 13 A 3351/06, v. 19.11.2008 – 13 A 2151/06 und v. 21.5.2008 – 13 A 19066; Urt. v. 22.8.2006 – 13 A 3030/04, A&R 2006, 228; ebenso: OVG Berlin, Urteile v. 31.10.2002 – 5 B 24.00 und 5 B 25.00; VG Köln, Urt. v. 5.10.2005 – 24 K 8159/01, PharmR 2006, 228.
19 Vgl dazu Heßhaus, PharmR 2006, 158; Krüger, PharmR 2006, 572.

§ 10 Versagung der Zulassung

24 Eine Gruppe von verfahrensrechtlichen Versagungsgründen ergibt sich aus § 39 c Abs. 2 S. 1 Alt. 1 AMG, wenn der Registrierungsantrag nicht die in § 39 b AMG vorgeschriebenen Angaben und Unterlagen enthält. Versagt wird die Registrierung – zwingend – auch dann, wenn die pharmazeutische Qualität nicht angemessen ist (§ 39 c Abs. 2 S. 1 Nr. 1 AMG), wenn die Anwendungsgebiete über das hinausgehen, was traditionell indiziert ist, ohne dass es ärztlicher Aufsicht bedarf (§ 39 c Abs. 2 S. 1 Nr. 2 AMG) und wenn das Arzneimittel bei bestimmungsgemäßem Gebrauch schädlich sein kann (§ 39 c Abs. 2 S. 1 Nr. 3 AMG) oder die Unbedenklichkeit der die Wirkung des Arzneimittels ergänzenden Vitamine und Mineralstoffe nicht nachgewiesen ist (§ 39 c Abs. 2 S. 1 Nr. 4 AMG). Fehlt es an der Plausibilität der Wirkungen und der Wirksamkeit aufgrund langjähriger Anwendung und Erfahrung, ist die Registrierung ebenso zu versagen (§ 39 c Abs. 2 S. 1 Nr. 5 AMG), wie wenn Wirkstärke und Dosierung nicht stabil und die drei Darreichungsformen oral, äußerlich und Inhalation nicht eingehalten werden (§ 39 c Abs. 2 S. 1 Nr. 6 und 7 AMG). Das sind die inhaltlichen Versagungsgründe, die unmittelbar der Qualität, Wirksamkeit und Unbedenklichkeit des Arzneimittels dienen.

25 Eine dritte Gruppe von Versagungsgründen findet sich in den Vorschriften des § 39 c Abs. 2 S. 1 Nr. 8 und 9 AMG. Sie weisen sowohl verfahrensbezogene wie inhaltliche Elemente auf. So ist die Registrierung zu versagen, wenn der Traditionsnachweis nach § 39 b Abs. 1 S. 1 Nr. 4 AMG nicht gelungen ist. Und wenn für das traditionelle pflanzliche Arzneimittel oder ein entsprechendes Arzneimittel bereits eine Zulassung nach § 25 AMG oder eine Registrierung als homöopathisches Arzneimittel nach § 39 AMG erteilt wurde, scheidet eine (zusätzliche) Registrierung als traditionelles pflanzliches Arzneimittel aus (§ 39 c Abs. 2 S. 1 Nr. 9 AMG). Dieser letztgenannte Versagungsgrund entspricht nicht ganz der Vorgabe in Art. 16 a Abs. 3 RL 2001/83/EG. Danach kommt eine Registrierung als traditionelles pflanzliches Arzneimittel schon dann nicht in Betracht, wenn das Arzneimittel die Voraussetzungen für eine reguläre Zulassung oder eine Registrierung als homöopathisches Arzneimittel erfüllt. § 39 c Abs. 2 S. 1 Nr. 9 AMG setzt diese Richtlinienbestimmung nur insoweit um, als dort auch die Zulassung nach § 25 AMG oder die Registrierung nach § 39 AMG eines „entsprechenden Arzneimittels" eine Registrierung des angemeldeten Arzneimittels ausschließt. Das setzt voraus, dass auch das angemeldete Arzneimittel die Voraussetzungen für eine solche Zulassung oder Registrierung erfüllen kann.[20]

c) Homöopathische Arzneimittel
aa) Grundsatz

26 Die von dem deutschen Arzt *Samuel Hahnemann* um 1800 begründete Homöopathie ist eine nicht nur in Deutschland und im deutschsprachigen Ausland, sondern auch darüber hinaus anerkannte und verbreitete Therapieform.[21]

Die Besonderheit homöopathischer Arzneimittel liegt darin, dass sie nach den Regeln der Homöopathie hergestellt sind und nach diesen Regeln angewendet werden sollen. Ein Wirksamkeitsnachweis für ein bestimmtes Anwendungsgebiet ist bei einem Teil dieser Arzneimittel wegen des hohen Verdünnungsgrades und des damit verbunden geringen Gehalts an wirksamen Bestandteilen kaum zu führen. Außerdem werden Art und Verdünnungsgrad dieser Arzneimittel aufgrund der individuellen Notwendigkeiten und unter Berücksichtigung der besonderen Umstände des Einzelfalles vom Arzt ausgewählt und verordnet.[22]

---

20 Vgl Rehmann, AMG, § 39 c Rn 9.
21 Vgl <http://de.wikipedia.org>, Stichwort „Homöopathie"; vgl auch oben § 4 Rn 10 ff.
22 Vgl die amtl. Begr. zum Gesetz zur Neuordnung des Arzneimittelrechts, zitiert nach Sander, Arzneimittelrecht, § 38 AMG Erl. A.

Wer ein nicht verschreibungspflichtiges homöopathisches Arzneimittel in den Verkehr bringen will, kann zwischen dem Zulassungsverfahren nach den §§ 21 ff AMG und dem Registrierungsverfahren nach den §§ 38, 39 AMG wählen. Ist das Arzneimittel allerdings „nur" registriert, darf es weder in der Kennzeichnung noch in der Werbung Anwendungsgebiete für sich in Anspruch nehmen. Vielmehr ist es insoweit durch den Hinweis „homöopathisches Arzneimittel" zu kennzeichnen (§ 10 Abs. 4 und § 11 Abs. 3 AMG). **27**

Insbesondere homöopathische Kombinationspräparate, also Stoffkombinationen, werden für bestimmte Integrationen hergestellt[23] und sollen dementsprechend Anwendungsgebiete erhalten. Solche Arzneimittel müssen zugelassen werden. Dafür gelten dann die allgemeinen Regeln. Zu diesen gehört auch die Pflicht, im Zulassungsverfahren die Sinnhaftigkeit der Kombination nach den Maßstäben der homöopathischen Therapierichtung durch geeignetes Erkenntnismaterial zu unterlegen.[24] **28**

Dabei können im Hinblick auf die zu berücksichtigen Besonderheiten der Therapierichtung die von der Kommission D entwickelten Kriterien zur Bewertung fixer Kombinationen homöopathischer Einzelmittel vom 24.4.1997[25] herangezogen werden. Ihnen kommt die Qualität eines antizipierten Sachverständigengutachtens insoweit zu, als sie den Stand der wissenschaftlichen Erkenntnisse widerspiegeln. **29**

Da Wirksamkeit und Unbedenklichkeit der Kombination (allein) nach Maßgabe der homöopathischen Therapierichtung zu prüfen sind, kann auf allopathische Anwendungserfahrungen mit einem Stoff oder einer Kombination von Stoffen nicht zurückgegriffen werden. Solche Erfahrungen können die für die Erstellung des Arzneimittelbildes maßgeblichen homöopathischen Erfahrungen am Patienten nicht ersetzen.[26] **30**

bb) Versagung der Registrierung

Im Registrierungsverfahren sind ähnliche Angaben zu machen und Unterlagen vorzulegen wie im Zulassungsverfahren (§ 38 Abs. 2 S. 1 AMG). Entbehrlich sind allerdings Angaben zu den Wirkungen, insbesondere zur Wirksamkeit und damit zugleich über die Anwendungsgebiete, namentlich Unterlagen und Gutachten über die pharmakologisch-toxikologische und klinische Prüfung (§ 38 Abs. 2 S. 2 AMG). Demgegenüber wird im Registrierungsverfahren neben der Qualität auch die Unbedenklichkeit, etwa im Hinblick auf Nebenwirkungen, geprüft.[27] **31**

Das ergibt sich nunmehr eindeutig aus § 38 Abs. 2 S. 3 AMG, der durch das Gesetz zur Änderung arzneimittelrechtlicher Vorschriften vom 15.4.2005[28] eingefügt worden ist. Danach folgt die Unbedenklichkeit in der Regel aus dem angemessen hohen Verdünnungsgrad (Potenzen).[29]

Ist das nicht der Fall, müssen Unterlagen über die pharmakologisch-toxikologische Prüfung vorgelegt werden. Nicht erfasst werden damit allerdings die spezifischen Risiken homöopathischer Arzneimittel, wie Erstverschlimmerungen und Prüfsymptomatik. Denn diese fallen nicht unter den Begriff der „Bedenklichkeit" oder der „schädlichen Wirkungen" im Sinne des § 5 Abs. 1 und 2 AMG und erfüllen damit nicht die Voraussetzungen eines Versagungsgrundes. In dieser Vorschrift sind wie bei den allopathischen Arzneimitteln nur pharmako- **32**

---

23 Sander, Arzneimittelrecht, § 38 AMG Erl. C 2.
24 Vgl BVerwG, Urt. v. 16.10.2008 – 3 C 23.07; OVG NRW, Urt. v. 29.4.2008 – 13 A 4996/04 – und v. 10.11.2005 – 13 A 4137/03.
25 BAnZ Nr. 100 v. 5.6.1997, S. 6724.
26 Vgl OVG NRW, Urt. v. 29.4.2008, aaO.
27 Vgl Sander, § 38 AMG Erl. C 6, § 39 AMG Erl. C 6, 7.
28 BGBl. I, 1068.
29 Vgl insoweit <http://de.wikipedia.org.>, Stichwort „Potenzieren (Homöopathie)".

logisch-toxikologische Wirkungen erfasst. Durch die in § 38 Abs. 2 S. 3 AMG angesprochene Verdünnung wird nur das Risiko von toxischen Wirkungen des Stoffes beseitigt. Sie ist von der Menge des zugeführten Stoffes abhängig. Demgegenüber bleiben die spezifischen Risiken homöopathischer Arzneimittel wie Erstverschlimmerung und Prüfsymptomatik auch bei hohen Verdünnungsgraden bestehen.[30]

33 Die in § 39 Abs. 2 AMG genannten Versagungsgründe sind abschließend und zwingend. Der Versagungsgrund „Vorlage unvollständiger Unterlagen", § 39 Abs. 2 Nr. 1 AMG, entspricht § 25 Abs. 2 S. 1 Nr. 1 AMG und bezieht sich auf die nach § 38 Abs. 2 AMG vorzulegenden Unterlagen.

Eine gemessen am jeweils gesicherten Stand der wissenschaftlichen Erkenntnisse nicht ausreichende analytische Prüfung führt ebenfalls zur Versagung (§ 39 Abs. 2 Nr. 2 AMG). Die Prüfung richtet sich nach im homöopathischen Arzneibuch (HAB) beschriebenen Verfahren.[31]

34 Fehlt die pharmazeutische Qualität, deren Kriterien sich vielfach ebenfalls aus dem HAB ergeben, ist die Registrierung gleichfalls zu versagen (§ 39 Abs. 2 Nr. 3 AMG). Das Gleiche gilt für den Fall, dass das Arzneimittel bei bestimmungsgemäßem Gebrauch unvertretbare schädliche Wirkungen hat (§ 39 Abs. 2 Nr. 4 AMG). Registriert werden können auch nur solche homöopathischen Arzneimittel, die eingenommen oder äußerlich angewendet werden (§ 39 Abs. 2 Nr. 5 a AMG). Andere Darreichungsformen wie etwa die Injektion scheiden für eine Registrierung aus. Dasselbe gilt für homöopathische Arzneimittel, die nach § 48 AMG der Verschreibungspflicht unterliegen (§ 39 Abs. 2 Nr. 6 AMG). Sie müssen, bevor sie in den Verkehr gebracht werden, nach §§ 21 ff AMG zugelassen werden.

35 Der Versagungsgrund des § 39 Abs. 2 Nr. 7 AMG ist durch die Definition in § 4 Abs. 26 S. 1 AMG zu ergänzen. Gemeint ist also nicht nur eine Verfahrenstechnik, die im deutschen HAB beschrieben ist.[32] Vielmehr muss es sich um ein Herstellungsverfahren handeln, das sich in einem offiziell gebräuchlichen Pharmakopöen der Mitgliedstaaten der EU findet.

Mit der Neufassung des Versagungsgrundes des § 39 Abs. 2 Nr. 7a AMG durch die 14. AMG-Novelle hat der Gesetzgeber den Bedenken Rechnung getragen, die sich aus der Rechtsprechung des EUGH im Hinblick darauf ergaben, dass die frühere Fassung auf die Bekanntheit der Anwendung des homöopathischen Arzneimittels abstellte.[33] Nunmehr kommt es auf die Bekanntheit der Anwendung einzelner Wirkstoffe als homöopathisches Arzneimittel an.

Schließlich kommt eine Registrierung auch dann nicht in Betracht, wenn für das homöopathische Arzneimittel bereits eine Zulassung, gemeint ist eine bestandskräftige,[34] vorliegt.

d) Anthroposophische Arzneimittel

aa) Vorbemerkung

36 Anthroposophische Arzneimittel, die Teil der auf *Rudolf Steiner* und *Ita Wegman* zurückgehenden anthroposophischen Medizin sind (vgl oben § 4 Rn 50 ff), werden in der Richtlinie 2201/83/EG nicht definiert, sondern lediglich erwähnt. Nach Erwägungsgrund 22 der Richtlinie sind anthroposophische Arzneimittel solche, die in einem offiziellen Pharmakopöe beschrieben und nach einem homöopathischen Verfahren zubereitet werden; sie sind

---

30 Vgl OVG NRW, Urt. v. 11.2.2009 – 13 A 385/07, und Beschl. v. 17.6.2009 – 13 A 2710/08; aA BVerwG, Urt. v. 19.11.2009 – 3 C 10.09, welches die Entscheidung des OVG NRW v. 11.2.2009 aufgehoben und an dieses zurückverwiesen hat; siehe auch Rn 183 ff und 188.
31 Sander, § 39 AMG Erl. C 5.
32 Vgl Deutsch/Lippert/*Anker*, AMG, § 39 Rn 17.
33 Vgl dazu im Einzelnen Sander, § 39 AMG Erl. C 10 a; Deutsch/Lippert/*Anker*, AMG, § 39 Rn 18.
34 Vgl Deutsch/Lippert/*Anker*, AMG, § 39 Rn 19.

diesen hinsichtlich Registrierung und Genehmigung gleichzustellen. Mit der 15. AMG-Novelle werden anthroposophische Arzneimittel nunmehr auch im AMG, nämlich in § 4 Abs. 33 AMG definiert. Danach ist ein anthroposophisches Arzneimittel ein Arzneimittel, das nach der anthroposophischen Menschen- und Naturerkenntnis entwickelt wurde, nach einem im europäischen Arzneibuch oder, in Ermangelung dessen, nach einem in den offiziell gebräuchlichen Pharmakopöen der Mitgliedstaaten der EU beschriebenen homöopathischen Zubereitungsverfahren oder nach einem besonderen anthroposophischen Zubereitungsverfahren hergestellt worden ist und das bestimmt ist, entsprechend den Grundsätzen der anthroposophischen Menschen- und Naturerkenntnis angewendet zu werden. Die Aufnahme dieser Legaldefinition für anthroposophische Arzneimittel steht im Zusammenhang mit den Bestrebungen, Regelungen für diese Therapierichtung im europäischen Recht zu verankern (vgl den Entwurf eines Gesetzes zur Änderung arzneimittelrechtlicher und anderer Vorschriften der Bundesregierung vom 16.3.2009[35]). Erwähnt werden anthroposophische Arzneimittel im Arzneimittelgesetz in den §§ 25 Abs. 7 und 7a, 39 Nr. 2 Nr. 7a und § 105 Abs. 4 f AMG.

Nach dem Urteil des EuGH vom 20.9.2007[36] sind gesonderte Zulassungsverfahren für anthroposophische Arzneimittel nicht zulässig. Die Entscheidung betrifft keineswegs alle anthroposophischen Arzneimittel sondern vielmehr die sog. Anthroposophika, die nicht in einem homöopathischen Verfahren hergestellt werden. Für diese Präparate gibt es derzeit keine Registrierungsmöglichkeit.[37] 37

bb) Zulassung und Registrierung von anthroposophischen Arzneimitteln

Anthroposophische Arzneimittel mit Bezeichnung eines Anwendungsgebietes unterliegen den allgemeinen Zulassungsvorschriften der §§ 21 ff AMG, also insbesondere der Prüfung von Qualität, Wirksamkeit und Unbedenklichkeit. Letztere bezieht sich auch auf die Dosierung des anthroposophischen Arzneimittels, deren Bedenklichkeit oder Unbedenklichkeit sich aus Fachinformationen und der sonstigen Beteiligung der nach § 25 Abs. 7 AMG gebildeten Kommission C ergeben kann.[38] 38

Anthroposophische Arzneimittel mit Angabe einer Indikation können, soweit sie pflanzliche Stoffe oder Stoffkombinationen enthalten und die Traditionsvoraussetzungen nach § 39 b Abs. 1 S. 1 Nr. 4 oder S. 2 ff AMG erfüllen als traditionelle pflanzliche Arzneimittel nach §§ 39 a ff AMG registriert werden. Für die Registrierung und deren Versagung gelten die oben unter Rn 21 ff dargestellten Grundsätze. 39

Anthroposophische Arzneimittel, die kein Anwendungsgebiet für sich in Anspruch nehmen und nach § 4 Abs. 26 AMG in einem homöopathischen Zubereitungsverfahren hergestellt worden sind, können nach den §§ 38, 39 AMG registriert werden. Für diese Verfahren gelten die oben unter Rn 26 ff genannten Regeln. 40

II. Besonderheiten der Versagung im Nachzulassungsverfahren

1. Vorbemerkung

Die Nachzulassung von Arzneimitteln, heute in den §§ 105 und 109 a iVm 109 Abs. 3 AMG geregelt, geht zurück auf Art. 3 § 7 AMNG vom 24.8.1976,[39] wie das AMG (Art. 1 AMNG) in Kraft getreten am 1.1.1978. Sie erfasst die an diesem Tag in Verkehr befindlichen Arz- 41

---

35 BT-Drucks. 16/12256, 74.
36 A&R 2007, 230.
37 Vgl Zuck, A&R 2008, 71, 72; ders., A&R 2008, 200 f.
38 Vgl VG Köln, Urteile v. 11.5.2009 – 7 K 1359/03 und 7 K 444/06.
39 BGBl. I, 2445.

neimittel, die sich schon am 1.9.1976, dem Tag der Verkündung des AMNG, im Verkehr oder im Verfahren auf Eintragung in das Spezialitätenregister nach dem AMG 1961 befanden (§ 105 Abs. 1 AMG).

Für diese Arzneimittel wurde eine Zulassung fingiert. Diese fiktive Zulassung bestand zunächst bis zum 30.5.1978 und bestand weiter, wenn das Arzneimittel wie in § 105 Abs. 2 AMG vorgesehen der zuständigen Behörde angezeigt wurde (§ 105 Abs. 2 S. 4 AMG).[40]

42 Nach erfolgter Anzeige blieb das Arzneimittel fiktiv zugelassen bis zum 30.4.1990 und darüber hinaus, wenn grundsätzlich ein Antrag auf Verlängerung der Zulassung gestellt wurde (§ 105 Abs. 3 AMG). In der Praxis wurde zunächst der sog. Kurzantrag mit den Eckdaten des Arzneimittels und später (auch nach dem 30.4.1990 und Anforderung, § 105 Abs. 4 S. 8 AMG) dann der sog. Langantrag mit den weiteren in § 105 Abs. 4 AMG genannten Unterlagen gestellt.[41]

§ 105 Abs. 3 AMG wird ergänzt durch die Privilegierung bei (Zusage der) Antragsrücknahme in § 105 Abs. 5 c AMG. Diese durch das 10. Änderungsgesetz zum AMG vom 4.7.2000[42] eingeführte Vorschrift löste die für den pharmazeutischen Unternehmer wesentlich günstigere sog. 2004-Regelung ab, die durch das 5. Änderungsgesetz zum AMG vom 9.8.1994[43] eingeführt worden war.[44]

43 Für die Entscheidung über den Antrag nach § 105 Abs. 3 S. 1 AMG gilt § 105 Abs. 4 f AMG. Danach ist die fiktive Zulassung um fünf Jahre zu verlängern, wenn kein Versagungsgrund nach § 25 Abs. 2 AMG vorliegt. Die Vorschriften des Nachzulassungsverfahrens gelten nur für die Verlängerungen der fiktiven Zulassung. Für weitere Verlängerungen findet § 31 AMG Anwendung (§ 105 Abs. 4 f S. 1 Hs 2 AMG).

Im Nachzulassungsverfahren wird die Verlängerung der fiktiven Zulassung des Arzneimittels im Wesentlichen aus drei materiellen Gründen versagt, nämlich

- wenn das Arzneimittel nach seiner fiktiven Zulassung unzulässig geändert worden ist (§ 105 Abs. 3 a AMG),
- wenn für ein angebliches Traditionsarzneimittel der Traditionsnachweis nicht gelingt (§ 109 a AMG) oder
- wenn im Beanstandungsverfahren die beanstandeten Mängel nicht fristgerecht behoben werden (§ 105 Abs. 5 AMG).

Kommt eine Nachzulassung nicht in Betracht, bedarf das Arzneimittel der Neuzulassung.

2. Unzulässige Änderungen des fiktiv zugelassenen Arzneimittels

44 Die fiktive Zulassung umfasst nur das Arzneimittel in der Form im Zeitpunkt der Entstehung der fiktiven Zulassung oder in einer später zulässig geänderten Form. Wird das Arzneimittel unzulässig geändert, erlischt die fiktive Zulassung. Sie kann dann nicht mehr verlängert werden und die Nachzulassung ist zu versagen. Wird die Nachzulassung im Fall einer unzulässigen Änderung gleichwohl – rechtswidrig – erteilt, bleibt es beim Erlöschen der fiktiven Zulassung mit der Folge, dass die fehlerhaft erteilte, aber rechtswirksame Nachzulassung

---

40 Vgl Rehmann, AMG, § 105 Rn 2; Sander, § 105 AMG Rn 6; aA Brixius/Schneider, Nachzulassung und AMG-Einreichungsverordnung, 2004, 2.1, die wohl vom Fortbestehen der fiktiven Zulassung, aber vom Verlust der Verkehrsfähigkeit ausgehen. Die Zulassung ist jedoch die Genehmigung zum Inverkehrbringen.
41 Vgl auch Brixius/Schneider, aaO, 3.1.1.2.
42 BGBl. I, 1002.
43 BGBl. I, 2071.
44 Vgl Hofmann/Nickel, NJW 2000, 2700, 2701.

nicht nachträglich etwa durch eine Ausdehnung des Anwenderkreises erweitert werden kann.[45]

Fiktiv zugelassene Arzneimittel können zulässigerweise nur unter den Voraussetzungen des § 105 Abs. 3 a S. 1 und 2 AMG geändert werden und mit einer solchen Änderung eine (erstmalige) Verlängerung der Zulassung erhalten. § 105 Abs. 3 S. 3 bis 5 AMG regelt die Pflichten des Unternehmers nach der Änderung im Hinblick auf das Arzneimittel vor und nach seiner Änderung. Eine zulässige Änderung sowohl nach § 105 Abs. 3 a S. 1 wie nach S. 2 AMG ist nur möglich, sofern sie zur Behebung der von der Zulassungsbehörde dem Antragsteller mitgeteilten Mängel bei der Wirksamkeit oder Unbedenklichkeit erforderlich ist. Die Änderungsmöglichkeit des § 105 Abs. 3 a S. 1 AMG bezieht sich auf alle fiktiv zugelassenen Arzneimittel. Sie wurde durch das 10. Änderungsgesetz zum AMG vom 4.7.2000[46] mit Wirkung vom 12.7.2000 neu geregelt. Zuvor galt vor allem seit dem 4. Änderungsgesetz vom 11.4.1990[47] eine wesentlich weitergehende Regelung (zunächst als Art. 3 § 7 Abs. 3 a S. 2 AMNG) ähnlich der heutigen nur noch für homöopathische Arzneimittel geltenden Regelung des § 105 Abs. 3 a S. 2 AMG. Nach § 136 Abs. 2 AMG gilt die alte Regelung noch, wenn dem Unternehmer vor dem 12.7.2000 Mängel hinsichtlich Wirksamkeit und Unbedenklichkeit mitgeteilt worden sind. **45**

Lange bestand Streit über die Frage, ob auf der Grundlage des § 105 Abs. 3 a S. 2 Nr. 5 AMG (alter wie neuer Fassung) hinsichtlich der arzneilich wirksamen Bestandteile des Arzneimittels ein Totalaustausch vollzogen werden dürfe.[48] Das BVerwG hat diese Frage in zwei Urteilen vom 21.5.2008[49] anders als die Vorinstanzen beantwortet: Der Rahmen des § 105 Abs. 3 a S. 2 Nr. 5 AMG werde durch den Austausch sämtlicher arzneilich wirksamer Bestandteile nicht überschritten. Im Urteil – 3 C 14/07 – ist nun auch entschieden, dass ein Arzneimittel nur dann im Sinne von § 105 Abs. 3 a S. 2 Nr. 5 AMG insgesamt einer dort genannten Aufbereitungsmonographie angepasst worden ist, wenn die Gesamtaussage der Monographie übernommen worden ist. **46**

Im Übrigen gilt § 29 Abs. 3 S. 1 Nr. 1 AMG bei der Änderung eines arzneilich wirksamen Bestandteils auch für fiktiv zugelassene Arzneimittel, so dass eine Neuzulassungspflicht besteht, wenn die Änderung nicht durch § 105 Abs. 3 a S. 1 und 2 AMG gedeckt ist.[50] **47**

Eine „Umdeklaration" eines arzneilich wirksamen Bestandteils in einen (nur) wirksamen oder sonstigen Bestandteil, etwa der Wechsel von einem Kombinationspräparat zu einem Monopräparat, löst danach die Neuzulassungspflicht aus.[51]

3. Fehlender Traditionsnachweis

Um die Abwicklung der vielen Nachzulassungsverfahren zu beschleunigen, sieht § 109 a Abs. 3 AMG für frei verkäufliche, schwach wirksame und traditionell angewendete Arzneimittel (§ 109 Abs. 3 AMG) einen vereinfachten Wirksamkeitsnachweis vor: Der ansonsten individuell und präparatespezifisch zu erbringende Wirksamkeitsnachweis gilt als erbracht, wenn sich der Antragsteller für die von ihm beanspruchte Indikation auf eine laufende Nummer der in § 109 a Abs. 3 AMG vorgesehenen Aufstellung der Anwendungsge- **48**

---

45 Vgl OVG NRW, Beschl. v. 11.5.2009 – 13 A 678/08.
46 BGBl. I, 1002.
47 BGBl. I, 717.
48 Vgl – auch zum Meinungsstand – bejahend: Brixius/Schneider, Nachzulassung und AMG-Einreichungsverordnung, 2004, 4.7.3.
49 Az 3 C 14/07 und 3 C 15/07, letzteres auch A&R 2008, 184.
50 Vgl OVG NRW, Beschl. v. 25.3.2009 – 13 A 1046/08.
51 Vgl OVG NRW, wie vor.

biete für Stoffe oder Stoffkombinationen (sog. Traditionsliste)[52], dh auf eine Listenposition, berufen kann.

49 Aufnahme und Streichung einer solchen Listenposition sind jeweils Verwaltungsakte[53] und können zeitlich unbegrenzt erfolgen. Maßgeblich für eine solche Listenposition, die sich grundsätzlich nur auf Stoffe und Stoffkombinationen, nicht aber auf einzelne Präparate und deren Dosierung bezieht,[54] ist die „tradierte und dokumentierte Erfahrung" (§ 109 a Abs. 3 S. 2 AMG).

Gibt es noch keine Listenposition, auf die sich der Antragsteller berufen kann, muss auf der ersten Stufe die Schaffung einer solchen und danach auf der zweiten Stufe die Zulassung des Traditionsarzneimittels beantragt werden. Auf der zweiten Stufe kann er sich auch auf eine „traditionelle" Dosierung berufen.[55]

50 Den jeweils erforderlichen Traditionsnachweis muss der Antragsteller führen. Es muss eine tradierte Erfahrung dokumentiert sein, die heute noch Gültigkeit hat. „Dokumentiert" bedeutet nicht, dass der Nachweis nur durch Urkunden geführt werden könnte; auch Zeugenbeweis ist möglich.[56]

Die Tradition des Stoffs, der Stoffkombination und seiner bzw ihrer Dosierung kann sich aus anderen vergleichbaren Arzneimitteln ergeben, die sich traditionell im Verkehr befinden. Gibt es solche Arzneimittel nicht, kann der Traditionsnachweis auch dadurch erbracht werden, dass belegt wird, dass das Arzneimittel, für das eine Listenposition begehrt wird, „traditionell" mit der begehrten Dosierung im Verkehr ist.[57]

51 Die Tradition muss vor dem 1.1.1978, dem Inkrafttreten des AMG und maßgeblichen Zeitpunkt nach § 105 Abs. 1 AMG, begründet worden sein. Sie ist jedenfalls dann zu bejahen, wenn der Stoff, die Stoffkombination oder vergleichbare Arzneimittel oder das betreffende Arzneimittel selbst sich bereits am 1.8.1961 am Markt befand(en). Denn an diesem Tag trat das erste deutsche einheitliche Arzneimittelgesetz in Kraft. Arzneimittel, die vor dieser Regelung im Verkehr waren, sind „traditionell".[58]

52 Kann ein solcher Traditionsnachweis nicht erbracht werden oder bezieht sich der Traditionsnachweis auf ein anderes als das vom Antragsteller beanspruchte Anwendungsgebiet, nur auf einen Stoff an Stelle der vom Antragsteller verwendeten Stoffkombination oder umgekehrt oder wurde das Arzneimittel, das für sich selbst eine Tradition belegen soll, – wenn auch zulässigerweise – in der Vergangenheit geändert, scheidet eine Nachzulassung nach § 105 iVm § 109 a AMG aus. Es kommt dann nur eine Neuzulassung in Betracht. Eine „normale" Nachzulassung nach § 105 AMG ist in diesem Fall nach Einfügung des § 109 a Abs. 4 AMG durch das 10. Änderungsgesetz zum AMG vom 4.7.2000[59] ausgeschlossen.[60]

4. Erfolgloses Beanstandungsverfahren

53 Wie im Zulassungsverfahren (vgl § 25 Abs. 4 AMG) gibt es auch im Nachzulassungsverfahren ein Beanstandungsverfahren. § 105 Abs. 5 S. 1 bis 3 AMG gleicht § 25 Abs. 4 AMG. Allerdings beträgt die Höchstfrist für die Mängelbeseitigung im Nachzulassungsverfahren

---

52 Vgl <www.bfarm.de>.
53 Vgl Rehmann, AMG, § 109 a Rn 3; Brixius/Schneider, Nachzulassung und AMG-Einreichungsverordnung, 2004, 16.1.2.
54 Vgl OVG NRW, Urteile v. 6.9.2007 – 13 A 4643/06 und 13 A 4644/06.
55 Vgl OVG NRW, wie vor.
56 Vgl OVG NRW, aaO.
57 Vgl OVG NRW, aaO.
58 Vgl OVG NRW, aaO.
59 BGBl. I, 1002.
60 Vgl BVerwG, Urt. v. 26.4.2007 – 3 C 26.06, NVwZ-RR 2007, 774; OVG NRW, Beschl. v. 12.3.2009 – 13 A 1573/08.

(inzwischen)⁶¹ zwölf Monate und die Mängelbeseitigung muss in einem Schriftsatz dargelegt werden. In allen geeigneten Fällen, dh wohl für die Beseitigung nicht gravierender Mängel, ist vorrangig vor dem Beanstandungsverfahren das Auflagenverfahren, also die Erteilung der Nachzulassung mit der Verpflichtung, bestehende Mängel zu beseitigen, zu wählen (§ 105 Abs. 5 S. 4 AMG).⁶²

Praktisch bedeutsam ist das Beanstandungsverfahren. Es führt zur Versagung der Nachzulassung, wenn ein zu Recht gerügter Mangel nicht innerhalb einer angemessenen Frist beseitigt worden ist (§ 105 Abs. 5 S. 2 AMG). Nach einer solchen Versagung sind weitere Versuche, denselben erfolglos gerügten Mangel zu beseitigen, präkludiert (§ 105 Abs. 5 S. 3 AMG).⁶³ **54**

Hat der Antragsteller ihm mitgeteilte Mängel innerhalb der gesetzten Frist beseitigt, stellt die Behörde aber bei der anschließenden Bearbeitung des Nachzulassungsantrags weitere Mängel fest, kann sie insoweit ein neues Beanstandungsverfahren durchführen.⁶⁴

Der pharmazeutische Unternehmer erleidet durch die bei einer Mehrzahl von Beanstandungsverfahren eintretende Verzögerung keinen gravierenden Nachteil; die fiktive Zulassung besteht ja bis zur bestandskräftigen Versagung der Nachzulassung fort.

Welche Frist für die Beseitigung gerügter Mängel im Einzelfall angemessen ist, wird allein durch den vom Antragsteller zu leistenden Aufwand bestimmt, der objektiv mit der Mängelbeseitigung verbunden ist. Selbst wenn aus der Sicht der Behörde eine Mängelbeseitigung innerhalb der Höchstfrist von zwölf Monaten ausgeschlossen werden kann, muss sie grundsätzlich diese Frist gewähren.⁶⁵ **55**

Ist die Frist zu kurz bemessen, muss die Behörde sie – notfalls aufgrund einer entsprechenden gerichtlichen Verpflichtung – angemessen verlängern. In diesem Fall läuft nicht etwa eine ohne weitere behördliche Entscheidung zu beachtende gesetzliche Frist von zwölf Monaten.⁶⁶

Allerdings kann ausnahmsweise eine wegen einer zu kurz bemessenen Mängelbeseitigungspflicht verfahrensfehlerhafte Versagung der Nachzulassung nach § 46 VwVfG „gehalten" werden, wenn sich der Fehler im Beanstandungsverfahren letztlich auf die Versagung nicht ausgewirkt haben kann, weil auch ein neues Beanstandungsverfahren mit Sicherheit zu keiner anderen Entscheidung (als der Versagung) hätte führen können.⁶⁷

B. Beteiligung von Gremien vor der Versagung

I. Vorbemerkung

Behandelt wird die Beteiligung von Gremien in einem konkreten Verwaltungsverfahren, in dem es um die Zulassung oder Nichtzulassung eines Arzneimittels geht. Davon zu unterscheiden ist, wenn diese oder andere Gremien allgemeine Stellungnahmen etwa in Form von Aufbereitungsmonographien oder der Traditionsliste im Sinne des § 109 a Abs. 3 AMG oder in Feststellungen nach § 25 Abs. 7 a S. 7 AMG außerhalb eines konkreten Verwaltungsverfahrens abgeben, eine Art der mittelbaren Beteiligung im Zulassungsverfahren. **56**

---

61 Sie ist mehrfach, zuletzt im 10. Änderungsgesetz zum AMG, verkürzt worden.
62 Vgl dazu Brixius/Schneider, Nachzulassung und AMG-Einreichungsverordnung, 2004, 9.1 und 9.6; Hofmann/Nickel, NJW 2000, 2700, 2702.
63 Vgl dazu im Einzelnen OVG NRW, Urt. v. 29.4.2008 – 13 A 4996/04.
64 Vgl OVG NRW, Beschl. v. 18.12.2008 – 13 A 1833/06.
65 Vgl OVG NRW, Urt. v. 17.5.2009 – 13 A 228/08.
66 Vgl OVG NRW, wie vor.
67 Vgl OVG NRW, wie vor, sowie Beschl. v. 26.9.2006 – 13 A 2727/04, A&R 2007, 185, 189.

II. Die Gremien und ihre Aufgaben

1. Zulassungskommission, § 25 Abs. 6 AMG

57 Im Verfahren der Zulassung eines verschreibungspflichtigen phytotherapeutischen, homöopathischen oder anthroposophischen Arzneimittels ist eine Zulassungskommission zu hören (§ 25 Abs. 6 S. 1 AMG). Bis zum Inkrafttreten des 15. Änderungsgesetzes zum AMG vom 17.7.2009 am 23.7.2009[68] war die Zulassungskommission vor der Entscheidung über die Zulassung eines jeden verschreibungspflichtigen Arzneimittels zu hören. In der Begründung des dem Änderungsgesetz zugrundeliegenden Gesetzentwurfs der Bundesregierung vom 16.3.2009[69] heißt es dazu:

Für die Zulassung von Arzneimitteln aus neuen Stoffen werden weitestgehend und im Wesentlichen aufgrund rechtlicher Vorgaben die zentralen europäischen Verfahren in Anspruch genommen. Dem entsprechend wird aus praktischen Erfordernissen die Zuständigkeit der deutschen Zulassungskommissionen auf die Arzneimittel der genannten besonderen Therapierichtungen beschränkt.[70]

58 Die Bestellung und Zusammensetzung der Zulassungskommission ergibt sich im Einzelnen aus § 25 Abs. 6 S. 4 bis 6 AMG. Dieses Verfahren gilt entsprechend für die Bildung anderer Kommissionen nach § 25 Abs. 7 (dort Satz 2) AMG und § 25 Abs. 7a (dort Satz 2) AMG. Die Anhörung der Zulassungskommission ist zwingend und nicht in das Belieben der Zulassungsbehörde gestellt. Sie erstreckt sich auf alle für die Entscheidung über die Zulassung wesentlichen Unterlagen und Erwägungen (Gründe), (§ 25 Abs. 6 S. 2 AMG). Weicht die Behörde bei ihrer Entscheidung über den Zulassungsantrag von dem Ergebnis der Anhörung ab, muss sie das im Zulassungs- oder Versagungsbescheid begründen (§ 25 Abs. 6 S. 3 AMG).[71]

2. Kommissionen für bestimmte Anwendungsgebiete oder Therapierichtungen (§ 25 Abs. 7 AMG)

59 Entsprechend dem für die Bildung der Zulassungskommission in § 25 Abs. 6 S. 4 bis 6 AMG geregelten Verfahren sind für anthroposophische Arzneimittel die Kommission C, für homöopathische Arzneimittel die Kommission D und für pflanzliche Arzneimittel die Kommission E gebildet.[72] Als Aufbereitungskommissionen werden sie über die Verwendung der von ihnen erstellten Aufbereitungsmonographien im Zulassungs- und im Nachzulassungsverfahren beteiligt.[73]

60 Abgesehen von dem in § 25 Abs. 7a S. 8 AMG geregelten Fall der Zulassung eines pädiatrischen Arzneimittels werden sie im „normalen" Zulassungsverfahren nicht, sondern nur im Nachzulassungsverfahren nach § 105 Abs. 3 AMG beteiligt (§ 25 Abs. 7 S. 3 AMG). Ihre Beteiligung ist grundsätzlich fakultativ. Zwingend ist sie für die Arzneimittel der drei besonderen Therapierichtungen, wenn die Nachzulassung vollständig versagt werden soll oder die Entscheidung in dem jeweiligen Nachzulassungsverfahren grundsätzliche Bedeutung hat, etwa wenn ganze Anwendungsgebiete im Wege der Teilversagung gestrichen werden.[74]

61 Die zuständige Kommission muss im Beteiligungsverfahren keine Stellungnahme abgeben; sie hat zwei Monate lang Gelegenheit dazu (§ 25 Abs. 7 S. 4 Hs 2 AMG). Gibt die Kom-

---

68 BGBl. I, 1990.
69 BT-Drucks. 16/12256.
70 BT-Drucks. 16/12256, 85 zu Nr. 6 b.
71 Vgl auch Rehmann, AMG, § 25 Rn 20.
72 Vgl <www.bfarm.de>.
73 Vgl Deutsch/Lippert/*Anker*, AMG, § 25 Rn 9; Rehmann, AMG, § 25 Rn 21.
74 Vgl für anthroposophische Arzneimittel VG Köln, Urt. v. 11.5.2009 – 7 K 444/06.

mission eine Stellungnahme ab und berücksichtigt die Zulassungsbehörde diese bei der Entscheidung über den Nachzulassungsantrag nicht vollständig („soweit"), hat sie dies im Zulassungs- oder Versagungsbescheid zu begründen (§ 25 Abs. 7 S. 5 AMG).

3. Kommission für Arzneimittel für Kinder und Jugendliche (KAKJ; § 25 Abs. 7 a AMG)

Eine weitere Zulassungskommission, die ebenfalls entsprechend dem Verfahren nach § 25 Abs. 6 S. 4 bis 6 AMG gebildet wird (§ 25 Abs. 7 a S. 2 AMG), sieht § 25 Abs. 7 a AMG vor.[75] Sie ist zwingend zu beteiligen im Zulassungsverfahren für ein Arzneimittel, das auch zur Anwendung bei Kindern und Jugendlichen bestimmt ist (§ 25 Abs. 7 a S. 3 AMG).

In Zulassungsverfahren für andere Arzneimittel, bei denen eine Anwendung bei Kindern und Jugendlichen nur in Betracht kommt, kann die Zulassungsbehörde die Kommission beteiligen (§ 25 Abs. 7 a S. 4 AMG). Die Beteiligung besteht darin, dass Gelegenheit zur Stellungnahme gegeben wird (§ 25 Abs. 7 a S. 5 AMG). Auch hier hat die Zulassungsbehörde ein etwaiges Abweichen von der Stellungnahme der Kommission im Zulassungs- oder Versagungsbescheid zu begründen (§ 25 Abs. 7 a S. 6 AMG).

Für phytotherapeutische, homöopathische und anthroposophische Arzneimittel, die auch für Kinder und Jugendliche bestimmt sind oder in Betracht kommen, treten an die Stelle der in § 25 Abs. 7 a S. 1 AMG vorgesehenen Kommission KAKJ die in § 25 Abs. 7 AMG für diese drei besonderen Therapierichtungen vorgesehenen Kommissionen C, D und E (§ 25 Abs. 7 a S. 8 AMG).

III. Folgen einer unterbliebenen oder unzureichenden Beteiligung

Hat die Zulassungsbehörde eine der in § 25 Abs. 6 bis 7 a AMG vorgesehenen Kommissionen gar nicht, inhaltlich oder zeitlich nicht ausreichend beteiligt oder ist die Beteiligung zwar erfolgt, aber deshalb unzureichend, weil die Stellungnahme der Kommission fehlerhaft, gleichwohl aber zur Grundlage der Versagungsentscheidung gemacht worden ist, stellt sich die Frage, welche Auswirkungen ein solcher Fehler auf die Versagungsentscheidung hat.

1. Obligatorische und fakultative Beteiligung

Eine unterbliebene oder unzureichende Kommissionsbeteiligung durch die Behörde ist nur dann für die Versagungsentscheidung von Bedeutung, wenn die Kommission zwingend, obligatorisch, zu beteiligen war. Diese Fälle sind vorstehend unter II. beschrieben worden. Dann leidet die Versagung an einem Verfahrensfehler.[76]

Hat die Behörde die Kommission im Rahmen der Beteiligungsmöglichkeit, also fakultativ, beteiligt und gibt die Kommission eine fehlerhafte Stellungnahme ab, so kann diese Bedeutung erlangen, wenn die Versagungsentscheidung darauf gestützt wird. In diesem Fall ist die Versagung materiell fehlerhaft.

2. Kausalität und Unbeachtlichkeit

Nach § 46 VwVfG wird ein verfahrensfehlerhafter Verwaltungsakt nicht aufgehoben, wenn der Fehler offensichtlich ohne Einfluss auf das Entscheidungsergebnis war. In diesem Fall fehlt es an der Kausalität des Verfahrensfehlers, der deshalb unbeachtlich ist.

Ist etwa die fiktive Zulassung für ein pflanzliches Arzneimittel zB durch eine unzulässige Änderung erloschen, kann sie nicht verlängert werden. Die Nachzulassung ist zu versagen, auch wenn die Kommission D entgegen § 25 Abs. 7 S. 4, Alt. 1 AMG nicht beteiligt worden

---

75 Vgl <www.bfarm.de>.
76 Vgl VG Köln, Urt. v. 11.5.2009 – 7 K 444/06.

ist. Der (mögliche) Verfahrensfehler wirkt sich also (letztlich) nicht auf die Versagung aus.[77]

3. Nachholbarkeit

67 Ist die vorgeschriebene Beteiligung einer Kommission unterblieben oder unzureichend, ist dieser Verfahrensfehler auch dann unbeachtlich, wenn die erforderliche Beteiligung nachgeholt wird (§ 45 Abs. 1 Nr. 4 VwVfG). Nach § 45 Abs. 2 VwVfG kann das bis zum Abschluss der letzten Tatsacheninstanz eines verwaltungsgerichtlichen Verfahrens (in der Regel das Oberverwaltungsgericht oder der Verwaltungsgerichtshof) geschehen.

4. Inhaltliche Mängel

68 Die Stellungnahmen der Kommissionen, ob sie abstrakt sind oder in einem konkreten Zulassungsverfahren abgegeben wurden, sind wie Sachverständigengutachten vom Verwaltungsgericht daraufhin zu überprüfen, ob sie sachgerecht, nachvollziehbar, in sich schlüssig und auch sonst plausibel sind. Fehlt es daran, wie etwa bei der Dosierungsrichtlinie der Kommission D vom 12.6.2002[78] ist eine auf eine solche fehlerhafte Stellungnahme gestützte Versagung materiell rechtswidrig und aufzuheben. Die Behörde muss dann erneut über den Zulassungsantrag entscheiden.

C. Schutz vor Täuschung, § 8 AMG (Irreführungsverbot)

I. Einführung

69 Versagungsrelevant sind solche Bezeichnungen, Angaben oder Aufmachungen, die den Verkehr – bestehend aus Verbrauchern (Patienten) und Fachkreisen wie Apothekern, Ärzten und sonstigem medizinischem Personal[79] – irreführen können. Damit schlägt § 8 Abs. 1 Nr. 2 AMG für die öffentliche Verwaltung eine Brücke zu vergleichbaren Vorschriften des Wettbewerbsrechts, insbesondere §§ 3, 5 UWG und §§ 3, 3 a HWG. Mit § 4 Nr. 11 UWG wird zudem § 8 AMG selbst in das zivilrechtliche Wettbewerbsrecht unmittelbar einbezogen.

70 In praktischer Hinsicht stellt das in § 8 Abs. 1 Nr. 2 AMG genannte Irreführungsverbot mitsamt den dort in lit. a bis lit. c aufgeführten Beispielen den Kern der Norm dar, der auch in der Zulassungspraxis von Bedeutung ist. Zur Anwendung kann das Irreführungsverbot über § 25 Abs. 2 Nr. 7 AMG gelangen, wenn wegen Verstoßes gegen ein gesetzliches Verbot – und § 8 AMG stellt ein solches gesetzliches Verbot dar[80] – eine beantragte Neuzulassung nicht erteilt wird. Ebenso kann es als Aufhänger für den Widerruf einer bereits erteilten Zulassung gem. § 30 Abs. 1 S. 1 AMG dienen, ebenso zur Versagung der Zulassung im Rahmen einer Verlängerung gem. § 31 Abs. 3 S. 1 AMG. Schließlich fand § 8 Abs. 1 Nr. 2 AMG über § 105 Abs. 4 f AMG auch im Verfahren der Nachzulassung Anwendung.[81] In der Praxis werden in der Regel mildere Mittel angewendet, um irreführende Angaben vor Ausspruch der Zulassung zu eliminieren (siehe dazu Rn 85 ff). Einen weiteren Anlass, die Einhaltung des Irreführungsverbotes zu überprüfen, stellt die Einreichung einer

---

77 Vgl OVG NRW, Beschl. v. 19.11.2008 – 13 A 2151/06.
78 Vgl OVG NRW, Urt. v. 11.2.2009 – 13 A 385/07; Beschl. v. 17.6.2009 – 13 A 2710/08, sowie die Neufassung der Dosierungsempfehlungen der Kommission D für homöopathische Arzneimittel v. 2.12.2005 (www.bfarm.de).
79 OLG Hamburg, Urt. v. 24.2.2003 – 3 U 106/02 sowie unten Rn 72.
80 OVG NRW, Urt. v. 12.8.2009 – 13 A 2147/06; VG Köln, Urt. v. 7.4.2004 – 24 K 8164/01.
81 Vgl zB VG Köln, Urt. v. 7.4.2004 – 24 K 8164/01.

Änderungsanzeige gem. § 29 Abs. 1 AMG zu Bezeichnungsänderungen dar.[82] Gemäß § 29 Abs. 2 AMG ist zunächst der Zulassungsbescheid zu ändern, bevor das Arzneimittel unter der neuen Bezeichnung in den Verkehr gebracht werden darf;[83] in diesem Rahmen ist die Zulassungsbehörde somit gehalten, auch die Einhaltung gesetzlicher Verbote zu überprüfen.[84]

II. Irreführung

Eine Bezeichnung, Angabe oder Aufmachung eines Arzneimittels ist dann irreführend, wenn dadurch bei den angesprochenen Verkehrskreisen unzutreffende Erwartungen[85] oder unrichtige Vorstellungen ausgelöst werden insbesondere über die Art, Qualität, therapeutische Wirksamkeit, Unbedenklichkeit oder sonstige wesentliche Merkmale des betreffenden Arzneimittels wie Zusammensetzung, Anwendungsart oder Wirkmechanismus geweckt werden.[86] Dabei gelten mit Blick auf die Bedeutung des Rechtsgutes Gesundheit und wegen der hohen Werbewirkung gesundheitsbezogener Aussagen besonders strenge Anforderungen an den Ausschluss einer Irreführung (sog. Strengeprinzip).[87] Für eine Irreführung genügt dabei, dass ein nicht völlig unerheblicher Teil der angesprochenen Verkehrskreise zu relevanten Fehlvorstellungen veranlasst wird.[88]

Das **Gemeinschaftsrecht** führt irreführende Angaben nicht explizit als Versagungsgrund auf, jedoch sind werbliche Angaben auf der äußeren Umhüllung und der Packungsbeilage gem. Art. 62 RL 2001/83/EG unzulässig. Im Übrigen lässt sich aus dem Zusammenwirken von Art. 61 Abs. 2 mit Artt. 54 ff RL 2001/83/EG herleiten, dass irreführende Bezeichnungen die Eindeutigkeit und Verständlichkeit der Umhüllung und Packungsbeilage beeinträchtigen und mithin zu unterbleiben haben.[89]

III. Angesprochener Personenkreis

Vor Irreführung – mit den Risiken der Täuschung, Übervorteilung und Gesundheitsschädigung[90] – sollen vor allem **Verbraucher** bewahrt werden.[91] Sie werden heute als „durchschnittlich informiert, aufmerksam und verständig" beschrieben.[92] Die Verkaufsabgrenzung der Apothekenpflicht und somit die Anwesenheit von geschultem Verkaufspersonal setzt nicht die Anforderungen an die Bezeichnung, Angaben oder Aufmachung der Arzneimittel herab, da eine Beratungsleistung durch das Fachpersonal weder verpflichtend ist noch

---

82 OVG NRW, Urt. v. 12.8.2009 – 13 A 2147/06.
83 So zutreffend Kloesel/Cyran, Arzneimittelrecht, § 29 AMG Erl. 12.
84 OVG NRW, Urt. v. 23.5.2007 – 13 A 3657/04, Rn 31 nach juris; OVG NRW, Beschl. v. 28.2.2008 – 13 A 3272/07, Rn 6 nach juris; vgl auch Kloesel/Cyran, Arzneimittelrecht, § 29 AMG Erl. 12; Rehmann, AMG, § 29 Rn 6.
85 So OVG NRW, Urt. v. 23.5.2007 – 13 A 3657/04, Rn 36; Hefermehl/Köhler/*Bornkamm*, § 5 UWG Rn 4176; Doepner, HWG, § 3 Rn 22.
86 Vgl Kloesel/Cyran, Arzneimittelrecht, § 8 AMG Erl. 22; Sander, Arzneimittelrecht, § 8 AMG Erl. 5.
87 OVG NRW, Urt. v. 12.8.2009 – 13 A 2147/06, Rn 44 nach juris, mwN; OVG NRW, Urt. v. 23.5.2007 – 13 A 3657/04.
88 BGHZ 13, 244, 253; BGH, Urt. v. 5.4.1990 – I ZR 19/88, Rn 20 nach juris.
89 OVG NRW, Urt. v. 23.5.2007 – 13 A 3657/04, Rn 35 nach juris, unter Hinweis auch auf den Erwägungsgrund 40 der RL 2001/83/EG.
90 VG Berlin, Urt. v. 11.11.1999 – 14 A 259.96.
91 So schon die Ausschussbegründung zu dem entsprechenden § 8 AMG 1961, zitiert nach Kloesel/Cyran, Arzneimittelrecht, § 8 AMG Erl. 1; vgl nur OLG Köln, Urt. v. 28.5.2008 – 6 U 27/08; OVG NRW, Urt. v. 12.8.2009 – 13 A 2147/06.
92 OVG NRW Beschl. v. 28.2.2008 – 13 A 3272/07; BGH, Urt. v. 21.7.2005 – I ZR 94/02, LRE 52, 302; OVG NRW, Beschl. v. 19.12.2007 – 13 A 1178/05; OVG Berlin-Brandenburg, Urt. v. 21.9.2006 – 5 B 12.05, PharmR 2007, 54; OLG Hamburg, Urt. v. 3.2.2005 – 3 U 212/03.

durchgängig in Anspruch genommen wird.[93] Die Veränderungen im Verbraucherverhalten durch die neuen Informationsmöglichkeiten im Internet haben auf die Beurteilung des irreführenden Charakters von Angaben und Bezeichnungen bislang noch keine Auswirkungen: weiterhin entscheidet der konkrete Eindruck der vorgefundenen Präsentation. Die Verbrauchererwartung bestimmt sich einerseits nach den gesetzlichen und vergleichbaren Standards, andererseits auch danach, wie es die damit befassten Kreise und Stellen asl richtig befinden (sog. verweisende Verkehrsvorstellung),[94] wenngleich die Beweislast für den irreführenden Charakter (im öffentlichen Recht) bei der Behörde liegt.

Auch **medizinische Fachkreise** – Ärzte, Apotheker, pharmazeutisches Verkaufspersonal – genießen den Schutz des § 8 AMG,[95] wenngleich bei ihnen andere – höhere – Anforderungen an Vorkenntnisse gestellt werden. So dürfen sie sich grundsätzlich nicht allein an der Produktbezeichnung orientieren, sondern müssen auch weitere zum Arzneimittel erhältliche Informationen – insbesondere die Fachinformation – berücksichtigen.[96]

IV. Bezeichnung von Arzneimitteln

1. Grundsätze

73 Die Bezeichnung von Arzneimitteln hat im Rahmen des Irreführungsverbotes des § 8 Abs. 1 Nr. 2 AMG die größte praktische Relevanz. Der Begriff der Bezeichnung ist dabei zunächst gleichzusetzen mit demjenigen in §§ 10 Abs. 1 S. 1 Nr. 2, 11 Abs. 1 Nr. 1 lit. a, 11 a Abs. 1 S. 2 Nr. 1 sowie § 22 Abs. 1 Nr. 2 AMG, darüber hinaus auch mit dem in § 29 Abs. 2 und § 25 Abs. 3 AMG. Ergänzend kann § 10 Abs. 6 AMG bei der Prüfung der Bezeichnung eines Arzneimittels von Bedeutung sein; allerdings geht es dort vorrangig um die Art und Weise, wie die jeweiligen Bestandteile eines Arzneimittels bezeichnet werden sollen. Bezogen auf das Irreführungsverbot kommt dieser Norm mithin allenfalls eine untergeordnete Rolle zu.[97]

74 Unter „Bezeichnung" versteht man den Namen des Arzneimittels, unter dem es in den Verkehr gebracht wird (siehe auch § 6 Rn 73). Maßgebend sind die Angaben im Zulassungsbescheid, der wiederum auf den Angaben des Zulassungsantrags gem. § 22 Abs. 1 S. 1 Nr. 2 AMG beruht. Die gewählte Bezeichnung des Arzneimittels ist zwingender Teil der Zulassung und von ihr nicht zu trennen.[98] Ändert sich der Name im Laufe des Produktzyklus', so ist dies durch eine einfache Änderungsanzeige gem. § 29 Abs. 1 AMG mitzuteilen; allerdings muss dann gem. § 29 Abs. 2 S. 1 AMG der Zulassungsbescheid geändert werden.[99]

75 Aus § 10 Abs. 1 S. 1 Nr. 2 AMG ergibt sich, dass in die Bezeichnung des Arzneimittels auch Stärke und Darreichungsform einbezogen werden dürfen, ebenso Hinweise auf die Anwendung bei bestimmten Personengruppen. Durch diesen Passus, der mit dem 5. AMG-Ände-

---

93 OLG Köln, Urt. v. 28.5.2008 – 6 U 27/08; OVG NRW, Urt. v. 12.8.2009 – 13 A 2147/06, Rn 52 nach juris.
94 OVG NRW, Urt. v. 23.5.2007 – 13 A 3657/04, Rn 38 nach juris, unter Hinweis auf BGH, Urt. v. 13.12.1984, I ZR 71/83; Doepner, HWG, § 3 Rn 20.
95 Dies wird nicht immer ausreichend hervorgehoben, eindeutig jedoch zB OLG Hamburg, Urt. v. 3.2.2005, 3 U 212/03;.
96 OVG NRW, Urt. v. 12.8.2009 – 13 A 2147/06, Rn 49 nach juris.
97 Anders offenbar Kloesel/Cyran, Arzneimittelrecht, § 8 AMG Erl. 20.
98 Grundlegend BVerwG, Urt. v. 13.4.1989 – 3 C 11/86, Rn 35 nach juris = BVerwGE 82,7 (Revisionsentscheidung zu BayVGH, Urt. v. 25.7.1984 – 25 B 83 A.510); OVG NRW, Urt. 23.5.2007 – 13 A 3657/04; OVG NRW Beschl. v. 28.2.2008 – 13 A 3272/07.
99 In der Praxis wird dies allerdings derzeit nicht so gehandhabt; wenn eine Bezeichnungsänderung angezeigt worden ist und die Zulassungsbehörde sieht den Irreführungstatbestand als erfüllt an, rügt sie die aus ihrer Sicht gesetzeswidrige Bezeichnung. Vielfach wurden Feststellungsbescheide gefertigt, gelegentlich wurde auch der Widerruf der Zulassung gem. § 30 Abs. 1 AMG angedroht.

C. Schutz vor Täuschung, § 8 AMG (Irreführungsverbot)

rungsgesetz[100] eingeführt wurde, hat sich die Art, wie Arzneimittel bezeichnet werden, durchaus verändert; waren früher Bezeichnungen mit nur einem Wort die Regel (fiktives Beispiel: „Ursipan"), sind heute teilweise bandwurmartige Namen zu beobachten (etwa nach der Art: „Ursipan gegen Hautreizungen Hydrocortisonacetat 0,25 % Creme bei Kindern über 6 Jahre"). Entgegen dem Sprachgebrauch des Gesetzes, der allgemein nur von „Bezeichnung" spricht, ist für die Beurteilung des irreführenden Charakters der Gesamtname wie auch die einzelnen Bestandteile – Hauptbezeichnung und Bezeichnungszusätze – zu würdigen. Es kommt allerdings ausschließlich auf die Bezeichnung an; weitere Angaben auf der Umhüllung oder der Packungsbeilage sind für die Beurteilung des irreführenden Charakters unerheblich.[101]

Die Bezeichnung ist *das* identitätsstiftende Merkmal eines Arzneimittels schlechthin;[102] wie allen Namen kommt ihm eine Zuordnungsfunktion zu, die die Identität des jeweiligen Arzneimittels – gerade auch in Abgrenzung zu anderen Arzneimitteln – kennzeichnet.[103] Bei der Wahl des Namens ist der Zulassungsinhaber schon wegen des Schutzes der freien Berufsausübung aus Art. 12 Abs. 1 GG grundsätzlich frei;[104] seine Grenze findet er jedoch insbesondere durch das Irreführungsverbot des § 8 Abs. 1 Nr. 2 AMG, ebenso aber auch durch § 3 HWG, das ebenfalls als gesetzliches Verbot im Sinne des § 25 Abs. 2 Nr. 7 AMG gilt.[105] Der hohe Rang der Gesundheit als Rechtsgut und die damit einhergehende besondere Schutzwürdigkeit der Gesundheitsinteressen rechtfertigen es dabei nach ständiger Rechtsprechung, an die Bezeichnung von Arzneimitteln strenge Maßstäbe hinsichtlich der Wahrheit, Eindeutigkeit und Klarheit anzulegen.[106]

2. Zusammensetzung und Wirkstoffe

Das Gesetz normiert in § 25 Abs. 3 AMG den Grundsatz, dass Arzneimittel unter einer einheitlichen Bezeichnung nur zugelassen werden dürfen, wenn ihre Zusammensetzung der wirksamen Bestandteile nach Art und Menge identisch ist. Die einzige gesetzlich zugelassene Ausnahme[107] besteht – bei gleicher Art der wirksamen Bestandteile – darin, dass bei unterschiedlichen Darreichungsformen die Menge der Wirkstoffe unterschiedlich sein darf. Das BfArM hat diesen Maßstab aufgegriffen und in einer Bekanntmachung aus dem Jahre 1991[108] erläutert.

Dieses Bezeichnungskonzept sieht dabei vor, dass bei mehreren Arzneimitteln einer sogenannten „Arzneimittelserie" – die stets denselben Wirkstoff enthalten müssen – unterschiedliche Mengen bzw Stärken zulässig sein können. Von der Vermarktung unterschiedlicher Wirkstoffe unter identischen Bezeichnungen wird in der Bekanntmachung abgera-

---

100 Vom 9.8.1994 (BGBl. I, 2071).
101 VG Köln, Urt. v. 7.4.2004 – 24 K 8164/01, Rn 28 nach juris.
102 Ebenso BVerwG, Urt. v. 13.4.1989 – 3 C 11/86 = BVerwGE 82, 7.
103 In diesem Sinne schon BVerwG, Urt. v. 13.4.1989 – 3 C 11/86 = BVerwGE 82, 7.
104 BGH GRUR 1996, 806, OVG NRW, Urt. v. 12.8.2009 – 13 A 2147/06; Kloesel/Cyran, Arzneimittelrecht, § 8 AMG Erl. 32.
105 BGH, Urt. v. 13.3.2008 – I ZR 95/05 – Amlodipin, Rn 36 nach juris.
106 OVG NRW, Beschl. v. 28.2.2008 – 13 A 3272/07, Rn 15 nach juris; OVG NRW, Urt. v. 12.8.2009 – 13 A 2147/06, Rn 44 nach juris, mwN.
107 Während des Nachzulassungsverfahrens gab es vielfach Veränderungen in der Zusammensetzung der Arzneimittel, dazu bestimmte Art. 3 § 7 S. 3 AMNG (= § 105 Abs. 3 a S. 3, 4 AMG), dass im Falle einer Änderung der Zusammensetzung die bisherige Bezeichnung des Arzneimittels mindestens für die Dauer von fünf Jahren mit einem deutlich unterscheidenden Zusatz zu versehen war, der Verwechslungen mit der bisherigen Bezeichnung ausschloss.
108 Bekanntmachung des Bundesgesundheitsamtes und des Paul-Ehrlich-Instituts über Hinweise und Empfehlungen zur Vermeidung von irreführenden Arzneimittelbezeichnungen v. 9./22.8.1991, BAnz S. 6971; abgedruckt zB bei Kloesel/Cyran, Arzneimittelrecht, A 2.75.

ten;[109] dies steht auch nicht im Einklang mit § 25 Abs. 3 AMG und wurde bei den Beratungen bereits zum 2. AMG-Änderungsgesetz im Ausschussbericht zum Ausdruck gebracht: Ärzte, Apotheker und Verbraucher erwarten danach unter einer einheitlichen Bezeichnung Arzneimittel mit identischer Zusammensetzung.[110] Dies gilt auch heute noch: Selbst wenn Wirkstoffe und Anwendungsbereiche in den Namen aufgenommen werden, wird die Unterscheidung durch den Verbraucher über die Hauptbezeichnung geleistet;[111] die Kenntnis pharmakologischer Unterschiede bei verschiedenen Wirkstoffe unter gleicher Bezeichnung sind vom Verbraucher nicht zu leisten und nicht zu erwarten. In der Praxis – insbesondere bei älteren Produkten, die eine Nachzulassung erhalten haben – wurde dieser Satz offenbar nicht hinreichend beachtet, so dass sich unter einigen erfolgreichen Marken ganze Paletten von Wirkstoffen befinden, die nicht immer genügend zu unterscheiden sind. Solche „Dachmarkenkonzepte", wie sie zB in der Kosmetikindustrie üblich sind, kennt das Arzneimittelrecht allerdings nicht; sie sind gerade wegen der Gefahr der Irreführung abzulehnen.[112]

3. Bezeichnungszusätze

79 Eine Irreführung kann auch über die verwendeten Bezeichnungszusätze erfolgen, die das Arzneimittel charakterisieren sollen. Diese können sich auf den Wirkstoff, die Wirkstärke oder den Wirkmechanismus (allgemein also: wesentliche Wirkungen)[113] beziehen, ebenso auf pharmakologische Eigenschaften wie Gewicht, Herkunft, Herstellungsart oder den Reinheitsgrad.[114]

Die Benennung bekannter Wirkstoffe und ihrer Abkürzungen wie zB „Ibu" für *Ibuprofen* oder „ASS" für *Acetylsalicylsäure* erwecken beim Verbraucher den Eindruck, das Mittel enthalte entsprechende Stoffe.[115] Gibt es dagegen kein klares Vorstellungsbild der Verbraucher, wie dies beim „Japanischen Heilpflanzenöl" der Fall ist, so besteht über die Erwartung eines hohen Pfefferminzanteiles hinaus keine weitere Irreführungsgefahr über die Bestandteile.[116] Ist in einem bekannten Arzneimittel ein Zusatz enthalten, kann dieser als Wirkstoff oder als sonstiger Bestandteil im Rahmen der Bezeichnung mitgeteilt werden; bekannte Beispiele sind „plus C" oder „mit Zitronengeschmack". Dies setzt allerdings voraus, dass unter der Hauptbezeichnung stets nur derselbe Wirkstoff bzw dieselbe Wirkstoffkombination verwendet wird.

80 Die Indikationen dürfen in den Arzneimittel-Namen aufgenommen werden, wenn es nicht zu Verwechslungen mit anderen Erkrankungen kommen kann. So ist „Kontragripp" wegen des Bezuges zur „echten Grippe" und deren Bekämpfung eine unzulässige Bezeichnung, wenn das zugelassene Anwendungsgebiet nur die Symptome eines „grippalen Infektes" bekämpft.[117] Andererseits wurde wettbewerbsrechtlich die gestalterische Hervorhebung von „Migräne" als Teil des Arzneimittelnamens für zulässig erachtet, wenn sich die

---

109 Ziff. 3.1: „Unterschiedlich zusammengesetzte Arzneimittel (…) sollten so bezeichnet werden, dass eine Verwechslung durch die Fachkreise und Patienten weitestgehend vermieden wird"; Ziff. 3.2: „Für Mono- und Kombinationsarzneimittel, die nach Art der Wirkstoffe deutlich unterschiedliche Bestandteile enthalten, wird die Wahl verschiedener Hauptbezeichnungen empfohlen.".
110 Abgedruckt bei Kloesel/Cyran, Arzneimittelrecht, § 8 AMG Erl. 1.
111 Gleicher Ansicht ist auch Kloesel/Cyran, Arzneimittelrecht, § 8 AMG Erl. 22.
112 AA Schaitle, oben § 6 Rn 76.
113 OVG NRW, Beschl. v. 28.2.2008 – 13 A 3272/07, Rn 8 nach juris.
114 Kloesel/Cyran, Arzneimittelrecht, § 8 AMG Erl. 23 unter Hinweis auf OLG Köln, Urt. v. 22.1.1997 – 6 U 62/96.
115 Sander, Arzneimittelrecht, § 8 AMG Erl. 5; Kloesel/Cyran, Arzneimittelrecht, § 8 AMG Erl. 22.
116 LG Düsseldorf, Urt. v. 1.4.1981 – 12 O 891/81 (abgedruckt bei Sander, Arzneimittelrecht, Entscheidungssammlung § 8/Nr. 1); ebenso: Kloesel/Cyran, Arzneimittelrecht, § 8 AMG Erl. 22.
117 BGH, Urt. v. 14.4.1983 – I ZR 173/80.

Beschränkung auf die tatsächliche Indikation „migränebedingter Kopfschmerz" durch die weitere Bezeichnung des Produkts ergibt (das den Namen: „XY Migräne bei migränebedingtem Kopfschmerz" trug).[118]

Der Bezeichnungszusatz „forte" ist unproblematisch zulässig, wenn es ein vergleichbares Basisprodukt desselben Herstellers gibt und in der Forte-Formulierung signifikant mehr Wirkstoff enthalten ist. Fehlt es am eigenen Basisprodukt und sind bei anderen Herstellern unterschiedliche Mengen an Wirkstoff enthalten, bietet sich für den Verbraucher kein einheitliches Bild, mithin besteht in Ermangelung einer einheitlichen (Basis- oder Forte-)Dosierung der Inhaltsstoffe keine Gefahr der Irreführung.[119] Im Übergang von homöopathischen zu phytotherapeutischen Arzneimitteln ist allerdings darauf zu achten, dass eine Urtinktur nicht als „forte" bezeichnet wird, wenn diese die gleiche Menge an Wirkstoffen wie gängige Standard-Phytotherapeutika enthält.[120] 81

Ein üblicher Bezeichnungszusatz zum Wirkeintritt ist der Hinweis auf eine verlangsamte Freisetzung („retard"), auf die Darreichungsform „liquid", auf besonders schnelle Freisetzung „rapid". Der Zusatz „akut" weist zumeist auf einen schnellen Wirkeintritt hin, gelegentlich wird er verwendet, um das zu behandelnde Krankheitsbild von gleichartigen chronischen Beschwerden abzugrenzen. Dagegen ist er nicht eingeführt zur Abgrenzung von verschreibungspflichtigen zu nur apothekenpflichtigen Arzneimitteln. Werbliche Zusätze, die mit Krankheits- oder Heilungsverlauf nicht im Einklang stehen oder eine Harmlosigkeit des Arzneimittels nahelegen, sind unzulässig, so zB „sanft" für ein Nasenspray, das bei Babies und Kleinkinder verwendet wird, aber gravierende Nebenwirkungen haben kann,[121] Gleiches gilt für „leicht" oder „mild". 82

Bezeichnungszusätze können sich auch auf die Art der Anwendung beziehen. Der Aufdruck „Uso im o sc" kann von medizinischem Fachpersonal in dem Sinne verstanden werden, dass das Arzneimittel für intramuskuläre Injektionen zugelassen ist; fehlt diese Anwendungsart, stellt der Aufdruck eine irreführende Angabe dar.[122] Eine Salbe, Gel oder Creme darf nur dann als kühlend bezeichnet werden, wenn sich dies aus der Formulierung im DAB ergibt oder für das Produkt im Einzelnen nachgewiesen wird. 83

Bei der Bezeichnung der Inhaltsstoffe und deren Mengenangaben sind die Maßstäbe des § 10 Abs. 6 AMG relevant. Ist demnach für einen Wirkstoff eine Maßeinheit vorhanden, treten dahinter andere Mengenangaben (biologische Einheiten oder andere Angaben zur Wertigkeit) zurück;[123] dies gilt selbst dann, wenn sie wissenschaftlich oder populärwissenschaftlich noch teilweise verwendet werden.[124]

Die Verwendung von Bezeichnungszusätzen sollte grundsätzlich zurückhaltend erfolgen und tatsächlich nur dann verwendet werden, wenn sie zur Unterscheidung oder als Einnahme-Hinweis von Nutzen und Bedeutung sind.

4. Umbenennung

Ein zugelassenes Arzneimittel kann zwar vermittels Änderungsanzeige einen gänzlich anderen Namen erhalten; war dieser aber zuvor durch ein anderes Arzneimittel belegt, besteht 84

---

[118] OLG Hamburg, Urt. v. 5.4.2001 – 3 U 289/00; mit einer anderen Tendenz aber wohl OVG NRW, Urt. v. 23.5.2007 – 13 A 3657/04.
[119] VG Berlin, Urt. v. 7.8.2000 – 14 A 251.96.
[120] OLG Düsseldorf, Urt. v. 19.9.1991 – 2 U 59/91.
[121] OVG NRW, Beschl. v. 28.2.2008 – 13 A 3272/07.
[122] OLG Köln, Urt. v. 22.1.1997 – 6 U 62/96; ausführlich dazu Kloesel/Cyran, Arzneimittelrecht, § 8 AMG Erl. 23.
[123] OVG NRW, Urt. v. 12.8.2009 – 13 A 2147/06, Rn 20 nach juris.
[124] „Vitamin E" wird auch in wissenschaftlichen Quellen teilweise noch in internationalen Einheiten angegeben, allerdings stets mit Umrechnungsformeln auf Milligramm und Tocopherol-Äquivalenten.

das Risiko einer Irreführung.[125] Eine Karenzzeit sollte dann in jedem Fall gewahrt werden, um die Verbraucher nicht zu irritieren und die Verwechselungsgefahr zu minimieren. Das BfArM schlägt dazu in seiner Bekanntmachung von 1991 einen Zeitraum von vier Jahren vor.[126] Fraglich ist in diesem Zusammenhang, ob Bezeichnungszusätze, die auf den veränderten Wirkstoff hinweisen, ein früheres Inverkehrbringen unter der neuen Bezeichnung rechtfertigten. Dies ist jedoch – gerade bei eingeführten Markennamen, bei denen der bisher verwendete Wirkstoff prägend war – abzulehnen, da dem Verbraucher die Unterscheidung zwischen den Wirkstoffen nicht zugemutet werden kann und naturgemäß bei verschiedenen Wirkstoffen auch verschiedene Nebenwirkungsprofile von Bedeutung sind. Soweit dadurch ein Markenname des längeren nicht verwertet werden kann, ist dies im Interesse der Verbrauchersicherheit durch den Unternehmer hinzunehmen.

V. Verfahren bei irreführenden Angaben

85 Irreführende Angaben können zu jeder Zeit durch die Bundesoberbehörde[127] wie auch durch die Landesbehörden (§ 69 AMG) gerügt werden; insbesondere muss die Bundesoberbehörde nicht erst die Umsetzung von irreführenden Angaben abwarten, bevor sie tätig werden kann.[128]

Im Neuzulassungsverfahren gem. §§ 21 ff AMG ist dem Antragsteller rechtzeitig ein Hinweis auf die Ungeeignetheit der Namenswahl zu geben, da das Arzneimittel ansonsten wegen Verstoßes gegen § 25 Abs. 2 Nr. 7 iVm § 8 Abs. 1 S. 2 AMG nicht zugelassen werden kann und für eine Ersetzung kein Anlass besteht. Bei Verlängerungsverfahren gem. § 31 AMG bietet sich – nach Anhörung – eine Ersetzung des beanstandeten Namens durch einen von der Bundesoberbehörde gewählten Namen an,[129] da anderenfalls in Ermangelung einer Bezeichnung das Medikament vom Markt genommen werden muss; es handelt sich mithin um ein milderes Mittel und somit um die Konkretisierung des Verhältnismäßigkeitsgrundsatzes.[130] Parallel zur Ersetzung ist der Unternehmer sodann im Wege der Auflage gehalten, den „Ersatz"-Namen auf den Packmaterialien und Begleitinformationen zu übernehmen.

86 Im Streit bei Neuzulassungs- und Verlängerungsverfahren wie auch im Nachzulassungsverfahren kann separat nur die Frage der Bezeichnung angegriffen werden; die weiteren Elemente des Bescheides können bestandskräftig werden.[131] Richtige Klageart ist die Verpflichtungsklage gem. § 42 Abs. 1 Alt. 2 VwGO; bei erfolgreicher Klage besteht dann der Anspruch des Klägers, dass die Bundesoberbehörde über den (Zulassungs- bzw Verlängerungs-)Antrag unter der gewählten Bezeichnung erneut entscheidet.[132] Dagegen kann eine separate Aufhebung der von der Behörde gewählten Bezeichnung im Wege der Anfechtungsklage nicht beansprucht werden, da es ohne (irgendeine) Bezeichnung keine Zulassung geben kann.[133]

87 Bei zu beanstandenden Änderungsanzeigen gem. § 29 Abs. 1 AMG wird das Verfahren durch § 29 Abs. 2 AMG vorgezeichnet. Dabei rügt die Behörde in einem Feststellungsbescheid die Rechtswidrigkeit der Bezeichnungsänderung unter Hinweis auf § 8 AMG. Akzep-

---

125 Kloesel/Cyran, Arzneimittelrecht, § 8 AMG Erl. 22.
126 Ziffer 3.1 der Bekanntmachung, abgedruckt zB bei Kloesel/Cyran, Arzneimittelrecht, A 2.75.
127 OVG NRW, Beschl. v. 28.2.2008 – 13 A 3272/07 – sanft; OVG NRW, Urt. v. 23.5.2007 – 13 A 3657/04 – Blutreinigungstee.
128 BVerwG, Beschl. v. 27.3.2008 – 3 B 91/07, Rn 5 nach juris.
129 OVG NRW, Urt. v. 12.8.2009 – 13 A 2147/06; OVG NRW, Urt. v. 23.5.2007 – 13 A 3657/04, Rn 64 nach juris; VG Köln, Urt. v. 7.4.2004 – 24 K 8164/01.
130 OVG NRW, Urt. v. 23.5.2007 – 13 A 3657/04, Rn 64 nach juris.
131 VG Köln, Urt. v. 7.4.2004 – 24 K 8164/01.
132 OVG NRW, Urt. v. 12.8.2009 – 13 A 2147/06.
133 OVG NRW, Urt. v. 23.5.2007 – 13 A 3657/04, Rn 71 nach juris.

tiert der pharmazeutische Unternehmer dies nicht, kann er dagegen mit einer Anfechtungsklage gem. § 42 Abs. 1 Alt. 1 VwGO vorgehen.[134] Die parallel dazu gewünschte Änderung der Bezeichnung im Zulassungsbescheid gem. § 29 Abs. 2 S. 1 AMG muss er im Wege der allgemeinen Leistungsklage erstreiten, da es sich um einen Realakt der Behörde handelt;[135] der Klageantrag ist entsprechend auszulegen.

D. Die Versagungsgründe des § 25 Abs. 2 und 3 AMG im Einzelnen

I. Entstehungsgeschichte

§ 25 Abs. 2 S. 1 Nr. 1 bis 7 und Abs. 3 AMG enthalten die Gründe, die die Zulassungsbehörde berechtigen, einen Antrag auf Zulassung eines Arzneimittels zu versagen (vgl § 10 Rn 1 ff). Vor 1978 konnte im Prinzip jeder ein Arzneimittel in Verkehr bringen, ohne dass es einer expliziten Prüfung des Nutzens oder Risikos bedurft hätte. Durch das AMG von 1961 war nur optional eine Registrierung eingeführt worden. In geringem Umfang wurden wissenschaftliche Unterlagen zur Erläuterung der Registrierung eingereicht. Damit konnte das Schädigungspotenzial eines Arzneimittels jedoch keineswegs erkannt werden. Durch das allgemeine Verbot des Inverkehrbringens von Arzneimitteln mit dem Arzneimittelrechtsneuordnungsgesetz 1976 wurden die Verhältnisse vollständig verändert. Das Inverkehrbringen von Arzneimitteln wurde als Verbot mit Erlaubnistatbestand ausgestaltet, aber zugleich wurde ein Anspruch auf Zulassungserteilung formuliert, der nur aus den abschließend im AMG aufgezählten Gründen nicht realisierbar sein sollte.

Diese expliziten Vorgaben stehen im engem Zusammenhang mit den Erkenntnissen nach den Erfahrungen mit Contergan und den Vorgaben des europäischen Rechts, wie sie erstmals in der Richtlinie 65/65/EWG zusammengestellt wurden (vgl § 1 Rn 6). Nach der Zusammenfassung und Neuordnung zahlreicher relevanter Richtlinien als **Gemeinschaftskodex für Humanarzneimittel** in der Richtlinie 2001/83/EG findet sich die Grundlage für diese Versagungsgründe in Art. 26 dieses Gemeinschaftskodexes.

II. Europarechtskonformität

Die **Implementierung der Richtlinie 65/65/EWG** in das AMG erfolgte aufgrund der nationalen Historie mit etwas abweichendem Wortlaut, jedoch ohne letztlich materiell etwas anderes zu bedeuten oder andere Voraussetzungen für den Marktzugang festzulegen. Die drei Unterpunkte des Artikels 26, S. 1 sowie des S. 2 sind in sechs Unterpunkte im § 25 Abs. 2 AMG überführt worden (Tabelle 1). Dabei wurde der Unterpunkt c) de facto durch die Vorschrift des § 8 Abs. 1 Nr. 1 AMG übernommen, wenn auch nicht im Wortlaut. Materiell ist er aber auch in Nr. 3 in Verbindung mit § 4 Abs. 15 AMG enthalten. Ist die Zusammensetzung nach Art und Menge falsch, entspricht sie auch nicht den anerkannten pharmazeutischen Regeln bzw weist sie nicht die angemessene Qualität auf. Aus nationaler Sicht ist dies letztlich ein Aspekt der Überprüfung durch die Landesbehörden. Marktware, die nicht der Deklaration bzw dem Zulassungsstatus entspricht, ist nicht verkehrsfähig und muss somit vom Zulassungsinhaber zurückgenommen werden. Einzelheiten zu den verschiedenen Versagungsgründen werden in den weiteren Abschnitten erläutert.

---

[134] VG Berlin, Urt. v. 11.11.1999 – 14 A 259.96 und Urt. v. 7.8.2000 – 14 A 251.96.
[135] VG Berlin, Urt. v. 11.11.1999 – 14 A 259.96 und Urt. v. 7.8.2000 – 14 A 251.96.

§ 10 Versagung der Zulassung

91 Tabelle 1: Konkordanz der Versagungsgründe gemäß Richtlinie 2001/83/EG und AMG

Richtlinie 2001/83/EG, Art. 26	AMG § 25
a) dass das Arzneimittel bei bestimmungsgemäßem Gebrauch schädlich ist	5. das Nutzen-Risiko-Verhältnis ungünstig ist,
b) dass seine therapeutische Wirksamkeit fehlt oder vom Antragsteller unzureichend begründet ist	4. dem Arzneimittel die vom Antragsteller angegebene therapeutische Wirksamkeit fehlt oder diese nach dem jeweils gesicherten Stand der wissenschaftlichen Erkenntnisse vom Antragsteller unzureichend begründet ist,
c) dass das Arzneimittel nicht die angegebene Zusammensetzung nach Art und Menge aufweist	
wenn die Angaben und Unterlagen zur Stützung des Antrags nicht den Bestimmungen der Art. 8 und 10 Abs. 1 entsprechen	1. die vorgelegten Unterlagen einschließlich solcher Unterlagen, die aufgrund einer Verordnung der Europäischen Gemeinschaft vorzulegen sind, unvollständig sind, 2. das Arzneimittel nicht nach dem jeweils gesicherten Stand der wissenschaftlichen Erkenntnisse ausreichend geprüft worden ist oder das andere wissenschaftliche Erkenntnismaterial nach § 22 Abs. 3 nicht dem jeweils gesicherten Stand der wissenschaftlichen Erkenntnisse entspricht, 3. das Arzneimittel nicht die nach den anerkannten pharmazeutischen Regeln angemessene Qualität aufweist
	5 a. bei einem Arzneimittel, das mehr als einen Wirkstoff enthält, eine ausreichende Begründung fehlt, dass jeder Wirkstoff einen Beitrag zur positiven Beurteilung des Arzneimittels leistet, wobei die Besonderheiten der jeweiligen Arzneimittel in einer risikogestuften Bewertung zu berücksichtigen sind

III. § 25 Abs. 2 S. 1 Nr. 1 AMG (unvollständige Unterlagen)

1. Zielsetzung

92 Primäre Zielsetzung ist, dass **vollständige Unterlagen für die inhaltliche Prüfung** vorliegen. Dies wird in der sog. **Validierungsphase** geprüft (zur detaillierten Erläuterungen des Unterlagenumfangs vgl oben § 6). Allerdings kann sich auch nach Erteilung der Zulassung herausstellen, dass die Unterlagen unvollständig waren. Für die Behörde bedeutet dieser Fall, dass sie die Zulassung zurücknehmen kann (§ 30 Abs. 2 Nr. 1 AMG) oder zurücknehmen muss (§ 30 Abs. 1 AMG) (vgl § 9 Rn 17 bzw Rn 24).

Durch die Ergänzung in § 25 Abs. 2 Nr. 1 AMG mit der sog. 15. Novelle zum AMG werden Unterlagen, die aufgrund von Verordnungen der Europäischen Gemeinschaft vorzulegen sind, explizit einbezogen. Damit ist für das AMG und seine Anwendung eine vollständige und zweifelsfreie Übernahme europäischer Vorgaben vollzogen.

2. Regelungsgehalt

a) Maßstab für die Vollständigkeit der Unterlagen

Maßstab für die Prüfung der Vollständigkeit der Unterlagen sind die **§§ 22 bis 24 b AMG**, in denen die Unterlagen genannt und beschrieben werden, die ein Zulassungsantrag umfassen muss, differenziert nach den verschiedenen Zulassungsarten (vgl § 6 Rn 17 und Rn 38 ff). Ergänzend dazu können noch Unterlagen aufgrund einer unmittelbar geltenden Verordnung der Europäischen Gemeinschaft erforderlich sein. Dies trifft zB für Unterlagen gemäß der Verordnung (EG) Nr. 1901/2006 über Kinderarzneimittel[136]zu, hat zukünftig aber auch Relevanz für jede neue Verordnung der Europäischen Gemeinschaft. 93

Ziel ist es auf der Grundlage von **nach einheitlichen Kriterien zusammengestellten Unterlagen** über den Marktzugang entscheiden zu können. Jede andere Vorgehensweise hätte fatale Folgen: Grundlegende Divergenzen zwischen zentral zugelassenen und nicht zentral zugelassenen Arzneimitteln mit gleichen Wirkstoffen und Indikationsansprüchen, Zulassung auf der Basis wesentlich anders zusammengestellter Unterlagen oder unterschiedlich beurteilter Daten. Insoweit steht dahinter das vorrangige Ziel, nach einheitlichen Maßstäben eine Vorlage der Daten zu verlangen und im Weiteren eine konsistente Bewertung dieser Daten zu erreichen und schließlich für eine effiziente Arzneimittelversorgung bei größtmöglicher Minimierung der Risiken zu sorgen ohne wesentlichen Einfluss durch die Art des Zulassungsverfahrens. 94

Diese Vorschriften werden entscheidend konkretisiert und ergänzt bzw erst mit Leben erfüllt durch die **Arzneimittelprüfrichtlinien**, die durch die Mitteilung zur Umsetzung der Änderungsrichtlinie 2003/63/EG zur Änderung des Anhangs I der Richtlinie 2001/83/EG – Änderung der Arzneimittelprüfrichtlinien vom 23.1.2004[137] – europäischem Recht entsprechen und damit die **Struktur des CTD** auch für Deutschland als verbindlich erklärt wird, so dass es in dieser Hinsicht keine differenten Beurteilungen der Vollständigkeit geben muss. Nach einer Übergangsperiode von Juni 2001 bis Oktober 2003 wurde das CTD-Format ab 1.11.2003 für Europa grundsätzlich verbindlich.[138] 95

Dabei ist darauf hinzuweisen, dass es einen international (überregional) akzeptierten / gültigen Teil dieser Struktur gibt, die Module 2 bis 5, und einen europäischen (regionalen) Teil im Modul 1, der die genauen Angaben zum Zulassungsantrag zusammen mit der Zusammenfassung der Produktmerkmale, den Angaben über die Gutachter, der Bewertung der Umweltrisiken und den Angaben zum Pharmakovigilanz-System umfasst (siehe § 6 Rn 71 ff). 96

Das **Common Technical Document** als Vorgabe für die Struktur (einschließlich der Hinweise, was in den Unterkapiteln einsortiert werden sollte) und die Arzneimittelprüfrichtlinien (in nationaler Spiegelung des Anhangs 1 der Richtlinie 2001/83/EG) als Erläuterung inhaltlicher Anforderungen (durchaus mit dem Hinweis auf die Gültigkeit der CTD-Struktur) stellen zwei Seiten einer Medaille dar: Die Zusammenstellung und die Bewertung eines Zulassungsdossiers. Seit den Siebziger Jahren wurden die Regelungen zum Format des Zulassungsdossiers und dessen Bewertung in Europa zunehmend harmonisiert mit dem Ziel eines einheitliches Formats für das Dossier und ebenso einheitlicher Regeln für die Bewertung. Dies ist mit der verbindlichen Einführung des CTD in den drei wichtigsten Regionen Japan, Vereinigte Staaten von Amerika und Europa für das Format praktisch weltweit gelungen. Die Bewertungsmaßstäbe sind zumindest europäisch so weit harmonisiert, dass 97

---

136 ABl. EU Nr. L 378/1 v. 27.12.2006.
137 BAnz Nr. 25 v. 6.2.2004.
138 Europäische Kommission: Notice to Applicants, Volume 2B, incorporating the Common Technical Document (CTD) (June 2006): <http://ec.europa.eu/enterprise/pharmaceuticals/eudralex/vol-2/b/ctd_06-2006.pdf>.

in Deutschland nur noch Entscheidungen getroffen werden, die auch von den anderen Mitgliedstaaten anerkannt werden können. Dabei gibt es natürlich immer wieder unterschiedliche Interpretationen der Vorgaben, unterschiedliche Sichtweisen auf vorgelegte Daten oder divergierende Schlussfolgerungen. Aber alle im europäischen Netzwerk der Arzneimittelzulassung Tätigen bewegen sich gleichwohl auf dem harmonisierten Boden des europäischen und überwiegend konsistent national implementierten Regelwerks. Damit wird aber nicht nur den Bedürfnissen der weltweit agierenden pharmazeutischen Unternehmer Rechnung getragen, sondern auch dem Bedürfnis der Verbraucher nach einheitlichen Informationen zu Arzneimitteln auf der Grundlage transparenter Regeln.

98 Folgende Rechtsgrundlagen sind zu unterscheiden, die einen **unterschiedlichen Umfang an Unterlagen** nach sich ziehen bzw erfordern. Dies gilt im nationalen Kontext ebenso wie bei europäischen Anträgen. Die Bezüge zueinander sollen nachfolgend kurz dargestellt werden.

Selbständige Zulassungen sind in sich begründet. Die vorgelegten Daten dokumentieren ohne Bezugnahme auf früher eingereichte Dossiers Nutzen und Risiko des Arzneimittels (Art. 8, 10 a, 10 b RL 2001/83/EG). Bezugnehmende Zulassungen nehmen entweder vollständig Bezug auf die Unterlagen des Erstantragsteller (mit einem „full dossier") (Art. 10 c RL 2001/83/EG) oder weisen Bioäquivalenz nach, weil der Wirkstoff im Wesentlichen gleich ist und die Darreichungsform vergleichbar ist (Art. 10(1), 10(2), 10(4) RL 2001/83/EG). Dieser Aufteilung können entsprechend der Vorschriften des AMG nationale Anträge gegenüber gestellt werden (Tabelle 2; vgl auch oben § 6) .

99 Tabelle 2: Rechtsgrundlagen möglicher Verfahren und Umfang der erforderlichen Unterlagen

Directive 2001/83/EC	AMG	Unterlagen
Article 8 full dossier	§ 22 Abs. 2 Nr. 2 und 3 bzw § 24 b Abs. 2 S. 6	Administrative Daten, Dokumentation der pharmazeutischen Qualität, Nicht-klinische und klinische Dokumentation von Studiendaten (und Literatur unterstützend)
Article 10(1) Generic	§ 22 Abs. 3 Nr. 2, und § 24 b Abs. 1 und 2, S. 1 bis 2 erster Teil, S. 4 oder S. 5	Administrative Daten, Dokumentation der pharmazeutischen Qualität, Nachweis der Bioäquivalenz (Bioäquivalenzstudien oder Waiver Begründung)
Article 10(3) Generic, additional data	§ 22 Abs. 3 Nr. 2, und § 24 b Abs. 2 S. 2 zweiter Teil, S. 3	Administrative Daten, Dokumentation der pharmazeutischen Qualität, Nicht-klinische und klinische Dokumentation von Studiendaten zum Nachweis der Bioäquivalenz
Article 10(4) Biosimilar	§ 22 Abs. 3 Nr. 2, und § 24 b Abs. 1 und 2, S. 1 bis 6, Abs. 5	Administrative Daten, Dokumentation der pharmazeutischen Qualität, Nicht-klinische und klinische Dokumentation von Studiendaten zum Nachweis der Bioäquivalenz

D. Die Versagungsgründe des § 25 Abs. 2 und 3 AMG im Einzelnen

Article 10 a Well established use	§ 22 Abs. 3 Nr. 1	Administrative Daten, Dokumentation der pharmazeutischen Qualität, Nicht-klinische und klinische Dokumentation durch Bibliographie (und Studiendaten unterstützend)
Article 10 b combination of known substances	§ 22 Abs. 3 Nr. 3	Administrative Daten, Dokumentation der pharmazeutischen Qualität, Nicht-klinische und klinische Dokumentation durch Bibliographie oder Studiendaten
Article 10 c informed consent	§ 24 a	Administrative Daten, Zustimmung des Ersteinreichers zur Nutzung

b) Rechtsfolge der Unvollständigkeit

Neben der Definition, welche Unterlagen im Hinblick auf die Rechtsgrundlage eines Zulassungsantrags vorzulegen sind, ist entscheidend, dass diese Unterlagen vollständig vorgelegt werden.[139] In der Formulierung des AMG zu dieser Anforderung ist ein systematischer Ansatz zu erkennen: Ein Antrag muss vollständig sein, bevor er weiter inhaltlich bewertet werden kann. Somit ist ein unvollständiger Antrag auch zurückzuweisen. In der Formulierung des Art. 26 RL 2001/83/EG werden zunächst inhaltliche Aspekte benannt und dann erst die formalen Versagungsgründe. Insoweit wird die Bearbeitung des Antrags praktisch auch erst gestartet, wenn die Unterlagen vollständig sind. Trotz der unterschiedlichen Formulierungen der Vorschriften ergibt sich daraus für die Arbeit der Assessoren in den Behörden keinerlei Unterschiede für zentralisierte und nicht zentralisierte Verfahren unter Beteiligung europäischer Mitgliedstaaten oder für rein nationale Zulassungen im Hinblick auf die Vollständigkeitsanforderung. Rechtlich sind die Konsequenzen jedoch grundverschieden. Gegen eine **Versagung** wegen Unvollständigkeit der Unterlagen können Rechtsmittel eingelegt werden, nicht jedoch dagegen, dass ein Verfahren gar nicht erst gestartet wird. Allerdings hat der EuGH auch entschieden, dass ein Verfahren prinzipiell zu starten ist, weil inhaltlich unterschiedliche Auffassungen nicht dazu führen dürfen, dass die Bewertung eines Antrags gar nicht erst begonnen wird (Synthon Case).[140]

c) Prüfungsmaßstab

Eine Vollständigkeitsprüfung ist für die Behörde zwingend und einer inhaltlichen Prüfung zeitlich vorgelagert. Die Behörde kann gemäß § 25 a AMG mit dieser Prüfung externe Sachverständige beauftragen.

Der Umfang der Unterlagen, der zum Testat der Vollständigkeit führt, variiert entsprechend der Art des Antrags. Eine Zulassung, die sich auf rein bibliographische Angaben stützt ist anders zusammengestellt als ein Zulassungsantrag für einen neuen Wirkstoff mit speziellen klinischen und nicht-klinischen Prüfungen.

Ein **generisches Arzneimittel** benötigt neben den pharmazeutischen Angaben vor allem den Nachweis der Bioäquivalenz, mit der der Bezug auf die schon vorangehend bewerteten nicht-

---
139 Vgl Art. 8 und Art. 10 Abs. 1 RL 2001/83/EG und §§ 22 bis 24 AMG.
140 EuGH, Urt. v. 16.10.2008, Rs. C-452/06, Tenor: ABl. EU Nr. C 313/4 v. 6.12.2008, Urteilsbegründung unter <http://eur-lex.europa.eu/LexUriServ/LexUriServ.do?uri=CELEX:62006J0452:EN:HTML>.

klinischen und klinischen Daten möglich gemacht werden soll: eine oder mehrere Bioäquivalenzstudien – wenn es sich um den gleichen Wirkstoff einschließlich verschiedener Salze, Ester, Ether, Isomere, Mischungen von Isomeren, Komplexe oder Derivate eines Wirkstoffes handelt, solange ihre Eigenschaften sich nicht erheblich hinsichtlich der Unbedenklichkeit oder der Wirksamkeit unterscheiden. Die verschiedenen oralen Darreichungsformen mit sofortiger Wirkstofffreigabe gelten dabei ebenfalls als ein und dieselbe Darreichungsform – oder eine tragfähige Begründung, warum auf eben eine solche Studie verzichtet werden kann. Soweit sich im Dossier Dokumente mit einer entsprechenden Überschrift finden, wird der Antrag nicht als unvollständig bewertet werden können. Das bedeutet nicht, dass bei der inhaltlichen Bewertung nicht erhebliche Zweifel an der Validität der Aussagen aufkommen können und die Zulassung aus anderen inhaltlichen Gründen versagt werden muss.

103 Nimmt der Antragsteller gemäß § 24a AMG vor Ablauf der Schutzfristen **vollständig Bezug** auf Unterlagen eines Vorantragstellers ist entscheidend, dass die Zustimmung des Vorantragstellers zur Nutzung der Unterlagen vorgelegt wird. Andernfalls muss der Antrag schon wegen Unzulässigkeit aufgrund der Verletzung von Schutzrechten abgewiesen werden. Eine Vollständigkeitsprüfung erübrigt sich. Es wird in einem solchen Fall gar nicht mehr auf weitere Fragestellungen gemäß § 25 AMG ankommen.

104 Zulassungsanträge, die für ein Arzneimittel mit einem **allgemein medizinisch verwendeten** Wirkstoff gestellt werden und deren Wirkungen und Nebenwirkungen grundsätzlich als bekannt und aus dem wissenschaftlichen Erkenntnismaterial ersichtlich angesehen werden müssen, können nicht deswegen als unvollständig abgewiesen werden kann, weil etwa nur zehn Literaturstellen beigefügt sind. Oder es kann in einem anderen Fall ein Antrag für ein Generikum nicht deswegen abgewiesen werden, wenn zwar keine Bioäquivalenzstudie, aber eine Argumentation vorgelegt wird, warum eine solche Studie entbehrlich ist. Unterstützende Studiendaten im ersten Fall sind ebenso möglich wie bibliographische Unterlagen im zweiten Fall, soweit damit nicht die wesentliche Begründung zur Zulassung vorgetragen wird. Das heißt, es kommt entscheidend darauf an, auf welcher Rechtsgrundlage eine Zulassung beantragt wird und dass die prinzipiell erforderlichen Unterlagen identifizierbar sind.

105 Die Anforderungen unterscheiden sich bei einer Zulassung im zentralisierten Verfahren, im dezentralen Verfahren, bei gegenseitiger Anerkennung oder rein nationalen Verfahren in diesen Punkten nicht. Ein Zulassungsantrag für ein Generikum muss **unabhängig vom Verfahrensweg dieselben Nachweise** beinhalten.

106 Die nationale Implementierung trennt eindeutig zwischen reiner Vollständigkeitsprüfung und inhaltlicher Bewertung. Jeder Bearbeitungsschritt kann eine Versagung nach sich ziehen, wenn Mängel nicht ausgeräumt werden können. Innerhalb der Behörde werden nur bearbeitungsfähige, dh inhaltlich bewertbare Anträge von der Validierung in die Fachabteilung weitergeleitet.

Nun kommt es allerdings höchst selten vor, dass aus rein formaler Sicht ein Antrag unvollständig bleibt. Im Allgemeinen werden Unterlagen nachgereicht oder zumindest eine Begründung, warum etwa zB eine Bioäquivalenz-Studie nicht erforderlich sei. Klassisch ist dies für Generika, für die in Ersetzung einer Bioäquivalenzstudie eine Argumentation vorgelegt wird / werden kann, warum eine solche Studie verzichtbar ist. Doch auch diese Argumentation muss auf Daten gestützt sein und kann nicht allein aus „guten Worten" bestehen.

107 **Vorgaben zur Vollständigkeitsprüfung** werden in den **Notice to Applicants (NtA)** Volume 2B angeführt. Mindestens in den nicht zentralen und zentralen europäischen Verfahren, ist diese Anleitung Grundlage für die Entscheidung, durchaus im Sinne einer Checkliste. Für nationale Verfahren trifft diese Liste analog zu, als nationale Besonderheit wird zusätzlich

D. Die Versagungsgründe des § 25 Abs. 2 und 3 AMG im Einzelnen

gefordert, dass Dokumente, die als Arbeitsversion mit einem Textverarbeitungswerkzeug bearbeitbar sein sollen, mit einer standardisierten E-Mail eingereicht werden (AMG-EV).[141]

In der Eingangsprüfung wird u.a. überprüft, ob eine **Zusammenfassung der Produktmerkmale** gemäß Art. 11 RL 2001/83/EG bzw §11a AMG vorliegt. Es findet aber keine inhaltliche Bewertung statt. Gleiches gilt für die **Sachverständigengutachten**, Dokumente des Moduls 2 oder für die **Erklärungen der Sachverständigen** gemäß Modul 1.4.

Im Regelfall fehlen diese Art Unterlagen nicht. Bei **Herstellungserlaubnissen** ist es oft anders. Sie sind zuweilen nicht aktuell oder umfassen nicht die entsprechenden Herstellungsschritte, die für das beantragte Produkt erforderlich sind.

Sinnvollerweise wird dieser Prüfung noch vorausgehen, ob der Antragsteller als pharmazeutischer Unternehmer seinen **Geschäftssitz im Europäischen Wirtschaftsraum** hat und die Einreichungsbehörde tatsächlich zuständig ist. (Abgrenzung PEI, BfArM, BVL, EMEA). Die Zuständigkeit regeln der § 77 AMG und die Richtlinie 726/2004/EG.

In Fall des Berichts über die **Konsultation mit Patientenzielgruppen** zur Verständlichkeit der Packungsbeilage akzeptieren die Behörden auch, dass Unterlagen zu einem späteren Zeitpunkt nachgereicht werden, da die Vorlage zum Einreichungszeitpunkt naturgemäß nicht eine Textfassung berücksichtigen kann, die erst durch die Kommentare der Behörden nach der ersten Bewertung der Unterlagen entstehen wird.

Die Beschreibung des **Pharmakovigilanz-Systems** wird zum Einreichungszeitpunkt verlangt, häufig aber in direktem Austausch zwischen der Pharmakovigilanz-Abteilung und dem pharmazeutischen Unternehmern bis zur Zustimmungsreife in einem separaten Prozess bewertet und praktisch bereits heute national als Masterfile behandelt, wie es jüngste Vorschläge der Kommission mit ihrem Vorschlagspaket zur Verbesserung der europäischen Arzneimittelgesetzgebung zukünftig vorsehen.[142]

3. Korrespondierende und konkretisierende Regelungen

Im Februar 1998 fand in den USA das erste Treffen von Vertretern der Zulassungsbehörden der drei Regionen **USA, Europa und Japan** zusammen mit Vertretern der Pharmaverbände EFPIA (EU), JPMA (Japan) und PhRMA (USA) zur Erarbeitung einer **gemeinsam zu akzeptierenden Antragsstruktur** im Rahmen der Internationalen Konferenz zur Harmonisierung (**ICH**) statt. Im Dezember 1999 konnte der erste Entwurf zur Kommentierung (Step 2) des sog. **Common Technical Document** (**CTD**) veröffentlicht werden. Knapp ein Jahr später wurde im November 2000 die endgültige Fassung zur Implementierung verabschiedet (Step 4). Die Vertreter der Regionen konnten sich allerdings nicht vollständig auf ein Format verständigen. Ein regionales Modul blieb außen vor, um die unterschiedlichen administrativen Anforderungen aufnehmen zu können (vgl Abbildung 1).

---

141 VO über die Einreichung von Unterlagen in Verfahren für die Zulassung und Verlängerung der Zulassung von Arzneimitteln (AMG-EV) unter <http://www.gesetze-im-internet.de/bundesrecht/amg-ev/gesamt.pdf> und Erläuterungen zum Vollzug der AMG-EV, Version 5.0, Stand 01.7.2007 unter <http://www.bfarm.de/cln_028/nn_1199116/SharedDocs/Publikationen/DE/Arzneimittel/2__zulassung/zul-Verfahren/amg-ev/2007-07-01__Erl_V5-0,templateId=raw,property=publicationFile.pdf/2007-07-01_Erl_V5-0.pdf>.

142 <http://ec.europa.eu/enterprise/pharmaceuticals/pharmacos/pharmpack_en.htm>.

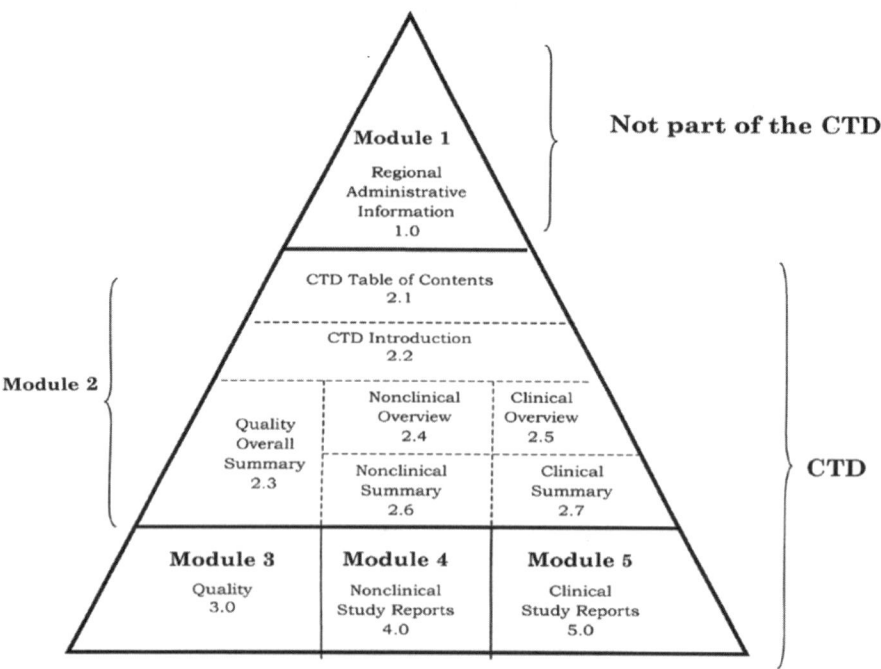

Abbildung 1: Struktur des Dossiers gemäß *Common Technical Document* und der regionalen Ergänzung für die EU

111 Die **Implementierung** wurde formal im Juni 2003 mit der Änderungsrichtlinie 2003/63/EG als neu gefasstem Anhang 1 der Richtlinie 2001/83 vollzogen.[143] Diese Vorgaben mussten jedoch in die Gesetzgebung der Mitgliedstaaten übernommen werden. Dies geschah in **Deutschland** durch die Zweite Änderung der Allgemeinen Verwaltungsvorschrift zur Anwendung der Arzneimittelprüfrichtlinien vom 11.10.2004.[144] Eine Mitteilung über einen Erlass an die Bundesoberbehörden, dass nunmehr die Richtlinie 2003/63/EG anzuwenden sei, erfolgte bereits im Januar 2004.[145]

112 Auf **europäischer Ebene** wurden die *Notice to Applicants* entsprechend überarbeitet und zum 1.7.2003 in Kraft gesetzt. Inzwischen sind alle Übergangsregelungen für früher eingereichte Dossiers abgelaufen, so dass das CTD-Format allgemein Verwendung findet – und dies mit guter Akzeptanz. Lediglich für Homöopathika erarbeitete der zuständige Ausschuss

---

143 Europäische Kommission: RL 2003/63/EG der Kommission v. 25.6.2003 zur Änderung der RL 2001/83/EG des Europäischen Parlaments und des Rates zur Schaffung eines Gemeinschaftskodexes für Humanarzneimittel (ABl. EG Nr. L 159/46 v. 27.6.2003).

144 Bundesministerin für Gesundheit und Soziale Sicherung: Zweite Allgemeine Verwaltungsvorschrift zur Änderung der Allgemeinen Verwaltungsvorschrift zur Anwendung der Arzneimittelprüfrichtlinien v. 11.10.2004 (BAnz Nr. 197, S. 22037 v. 16.10.2004).

145 Bundesministerin für Gesundheit und Soziale Sicherung: Mitteilung zur Umsetzung der Änderungsrichtlinie 2003/63/EG zur Änderung des Anhangs I der RL 2001/83/EG Änderung der Arzneimittelprüfrichtlinien v. 23.1.2004 (BAnz Nr. 25 v. 6.2.2004).

bei der EMEA noch eine kompatible Vorgabe für das Antragsformular (Modul 1.2) extra.¹⁴⁶

Damit hat sich die Gesamtstruktur der Vorgaben entscheidend geändert. Nunmehr ist in den *Notice to Applicants* das Format getrennt von inhaltlichen Vorgaben beschrieben. Es werden ausführliche Erläuterungen gegeben, welche Inhalte in die einzelnen Unterkapitel einzusortieren sind, es werden aber keine fachlichen Anforderungen konkretisiert.

Das Volume 2A Kapitel 7 „General Information" der *Notice to Applicants* gibt Auskunft, welche **Einzeldokumente in der Landessprache zusätzlich** gefordert sind, wie viele Kopien des Dossiers einzureichen und wohin diese zu schicken sind, welcher Mitgliedsstaat welche zusätzlichen Daten oder Muster, Proben und Modelle fordert. Es werden Namen und Bezugsquellen der offiziellen Amtsblätter, der zuständigen Behörden und die Konten für die Gebühreneinzahlungen aufgeführt. Angesichts ständiger Veränderungen finden in diesem Kapitel die häufigsten Revisionen statt (zuletzt im Juli 2008).¹⁴⁷ Dennoch ist es bisher nicht gelungen, die Anforderungen völlig zu vereinheitlichen. Dies machen schon die 81 Fußnoten deutlich, die erforderlich sind, um alle nationalen Besonderheiten bei der Neuzulassung eines Arzneimittels in allen 27 Mitgliedstaaten abzubilden.

4. Bedeutung dieser Regelung für die Verwaltungspraxis

Die formale Prüfung auf Vollständigkeit ist unter diesen Voraussetzungen damit kein leichtes, sondern vor allem ein zeitraubendes Unterfangen. Hervorzuheben ist, dass zu diesem Zeitpunkt keine inhaltliche Prüfung stattfinden soll und darf. Zuweilen sind Unterlagen versehentlich nicht beigefügt oder nicht unterschrieben. Zuweilen sind sie falsch eingeordnet und nicht sofort identifizierbar.

Im Allgemeinen führt die Unvollständigkeit der Unterlagen nicht zu einer Versagung, da die Behörde oder der gemäß § 25 a Abs. 2 AMG beauftragte externe Sachverständige zuvor eine Anhörung durchführen muss, um dem Antragsteller Gelegenheit zur Nachbesserung zu geben. Der Mangel „unvollständige Unterlagen" kann in praktisch allen Fällen soweit ausgeglichen werden, dass eine inhaltliche Prüfung beginnen kann. In der nationalen Handhabung ist die Vollständigkeitsprüfung der erste Verfahrensschritt mit der bereits erwähnten Konsequenz einer Versagung gemäß dieser Vorschrift und der Möglichkeit des Rechtsbehelfs. Bei anderen europäischen Behörden einschließlich der EMEA beginnt das Verfahren erst nach Feststellung der Vollständigkeit. Das Druckmittel zur Vervollständigung der Unterlagen ist in dem Fall die Verzögerung der eigentlichen Bewertung.

Die an den Verfahren beteiligten Mitgliedstaaten haben die Möglichkeit in der Validierungsphase aus ihrer Sicht fehlende Unterlagen nachzufordern. Im dezentralen Verfahren haben alle beteiligten Mitgliedstaaten (RMS und CMS) sowie im Anerkennungsverfahren die CMS zeitgleich die Validierung durchzuführen.

Invalidierungsmeldungen werden darüber hinaus auch zur strategischen Verfahrensplanung missbraucht. Es ist durchaus möglich und letztlich wegen der Vorgabe, dass 14 Tage nach dem Beginn der Validierungsphase durch den *Reference Member State* die Vollständigkeit der Unterlagen und rechtliche Einordnung des Verfahrens anerkannt wird, auch notwendig, eine Invalid-Meldung frühzeitig abzugeben, falls Zweifel beim *Concerned Member State* bestehen, sei es wegen tatsächlicher Mängel oder nur aufgrund ungenügender Kapazität zur

---

146 Europäische Kommission: Notice to Applicants Volume 2B, Module 1.2 Homeopathic application form (December 2005): <http://ec.europa.eu/enterprise/pharmaceuticals/eudralex/vol-2/b/applicformhomeo_2005_12.pdf>.

147 Europäische Kommission: Notice to Applicants Volume 2A Chapter 7: General Information (Revision July 2008): <http://ec.europa.eu/enterprise/pharmaceuticals/eudralex/vol-2/a/vol2a_chap7_rev_2008_07.pdf>.

Prüfung oder um unterschiedliche Auffassungen über die Rechtsgrundlage für das Verfahren zu klären. Letztlich hängt von dieser Einordnung ab, ob die Unterlagen als vollständig bewertet werden oder nicht.

IV. § 25 Abs. 2 S. 1 Nr. 2 AMG (ausreichende Prüfung)
1. Entstehungsgeschichte und Regelungshintergrund

117 Dieser Versagungsgrund setzt eine inhaltliche Prüfung der einzureichenden Zulassungsunterlagen durch die zuständige Behörde voraus. Aufgrund der enthaltenen unbestimmten Rechtsbegriffe, bedarf es weiterer Konkretisierungen und Ergänzungen. Im Mittelpunkt dabei steht die Ausfüllung des Tatbestandsmerkmals des **„jeweils gesicherten Standes der wissenschaftlichen Erkenntnisse"**. Dieser muss im Licht verschiedener europäischer und nationaler Dokumente (vgl Rn 2 ff) verstanden werden. In erster Reihe stehen dabei gemäß der einführenden Bemerkungen des Anhangs 1 des Gemeinschaftskodexes:

(4) ...the scientific guidelines relating to the quality, safety and efficacy of medicinal products for human use as adopted by the Committee for Proprietary Medicinal Products (CPMP) and published by the European Medicine Evaluation Agency (EMEA) and the other pharmaceutical Community guidelines published by the Commission in the different volumes of The rules governing medicinal products in the European Community.

Diese finden sich wieder im Ersten Abschnitt, Allgemeine Anforderungen der **Arzneimittelprüfrichtlinien** nach § 26 AMG. Sie sind zum einen Maßstab für Format, Umfang und Prüfungstiefe der vom Antragsteller gemäß §§ 22 bis 24 AMG einzureichenden Zulassungsangaben und -unterlagen, und gleichzeitig bilden sie die Grundlage für die Entscheidung der Zulassungsbehörden über den Antrag. Dies verdeutlicht ihre **zentrale Stellung**. Damit liegt es auf der Hand, dass ihre Inhalte und Formulierungen zwischen den Verfahrensbeteiligten intensiv diskutiert werden. Dies belegt auch ihre Entstehungsgeschichte.

118 Die Arzneimittelprüfrichtlinien und die Bemühung zur Harmonisierung waren bereits in den Siebziger Jahren des vergangenen Jahrhunderts tragender Gedanke bei der Neugestaltung des AMG. Inzwischen ist nicht mehr die nationale, sondern vielmehr die europäische und internationaler (weltweite) Harmonisierung das Ziel. Damit kommt dem Versagungsgrund der Nr. 2 eine universelle Bedeutung zu. Zugleich steckt darin aber auch ein erheblicher Interpretations- und Ermessensspielraum, der unterschiedliche Bewertungen nach sich ziehen muss.

119 Einerseits finden die besonderen Therapierichtungen Phytotherapie, Homöopathie und Anthroposophie seit Anfang an ihre explizite Berücksichtigung (1976). Andererseits sind Aspekte der Vermeidung von Tierversuchen (1988) sowie des erweiterten Verbraucherschutzes hinzugekommen, aber auch Gedanken des Umweltschutzes (2005). Aber nicht nur die Behörde selbst, sondern auch die bei ihr organisierten Kommissionen, die über Zulassungsempfehlungen befinden, haben sich nach diesen Prüfrichtlinien zu richten (1976).

120 Durch die Bekanntmachung vom Oktober 2004[148] wurde der Anhang 1 der Richtlinie 2001/83/EG als Arzneimittelprüfrichtlinien nach § 26 AMG identisch übernommen und damit volle europäische Kompatibilität hergestellt. Die inhaltliche Gliederung unterstreicht die Harmonisierung der Anforderungen für alle Formen von Arzneimitteln in allen Verfahren (vgl Abbildung 2). Das heißt, die Vorschriften gelten für Zulassungsanträge im zentralisierten Verfahren ebenso wie im dezentralen oder rein nationalen Verfahren; auch wenn für bestimmte Gruppen wie Biologische Arzneimittel oder Radiopharmazeutika zusätzlich

---

148 Bundesministerin für Gesundheit und Soziale Sicherung: Zweite Allgemeine Verwaltungsvorschrift zur Änderung der Allgemeinen Verwaltungsvorschrift zur Anwendung der Arzneimittelprüfrichtlinien v. 11.10.2004 (BAnz 197, S. 22037 v. 16.10.2004).

Anforderungen oder wie für Generika und medizinisch allgemein bekannte Wirkstoffe abweichende Anforderungen festgelegt werden. Der entscheidende Aspekt **einheitlicher Standardanforderungen** ist Voraussetzung für die europäische Harmonisierung. Die **spezifischen und besonderen Anforderungen für bestimmte Arzneimittelgruppen** tragen den jeweiligen Besonderheiten Rechnung und stehen einer Harmonisierung keineswegs entgegen. Vielmehr wird dadurch vermieden, dass jeder Mitgliedsstaat nationale Anforderungen aufstellen kann.

Teil 1: Standardanforderungen an einen Zulassungsantrag
Module 1 bis 5

Teil 2: Spezifische Zulassungsanträge und Anforderungen
"well established use", "essential similar", fixed combinations,

Teil 3: Besondere Arzneimittel
Biologische AM, Radiopharmazeutika, Homöopathika, Phytopharmaka, "orphan drugs"

Teil 4: Arzneimittel für neuartige Therapien
Gen- und Zelltherapeutika

Abbildung 2: Inhalte des Anhangs 1 der Richtlinie 2001/83/EG

Wegen der notwendigen Allgemeingültigkeit der Vorschriften kann nicht erwartet werden, dass auf konkrete Verhältnisse des Einzelfalls alle Anforderungen zutreffen müssen. Hier sind die Anforderungen abgestellt auf die Erfordernisse des Einzelfalls umzusetzen. Dies konstatierte bereits bei der Beschlussfassung zum Arzneimittelneuordnungsgesetz 1976 der federführende Bundestagsausschuss.[149]

2. Regelungsinhalt

Diese nach der formalen Vollständigkeitsprüfung vorzunehmenden inhaltliche Bewertung zielt auf die Prüfung der Frage ab, ob

- das Arzneimittel *nicht* nach dem jeweils gesicherten Stand der wissenschaftlichen Erkenntnisse ausreichend geprüft worden ist oder
- das andere wissenschaftliche Erkenntnismaterial nach § 22 Abs. 3 *nicht* dem jeweils gesicherten Stand der wissenschaftlichen Erkenntnisse entspricht.

a) Prüfung nicht nach dem gesichertem Stand der wissenschaftlichen Erkenntnisse

Der jeweils gesicherte Stand der wissenschaftlichen Erkenntnisse stellt sich außer durch die eher allgemein gefassten Grundsätze in Anhang 1 der Richtlinie 2001/83/EG, dem die Arzneimittelprüfrichtlinien nachgebildet sind, durch das Konvolut der wissenschaftlichen Empfehlungen des CHMP zu verschiedenen Indikationsbereichen, Wirkstoffgruppen, biometrischen Aspekten, nicht-klinischen Prüfanforderungen und pharmazeutischen Qualitätsaspekten etc. dar, der ursprünglich in Teilen als *Volume 3* der *Notice to Applicants* von der Europäischen Kommission und zum anderen Teil und teilweise überschneidend von der EMEA zur Verfügung gestellt wurde. Seit 2005 sind nunmehr alle wissenschaftlichen Emp-

---

149 Bundestagsausschuss für Jugend, Familie und Gesundheit: Beschlussfassung zum Arzneimittelneuordnungsgesetz 1976 (BT-Drucks. 7/5091 v. 7.5.1976).

fehlungen an einer Stelle unter dem Titel „*Scientific Guidelines for Human Medicinal Products*" bei der EMEA zusammengefasst verfügbar.[150]

124 Im Konkreten bedeutet dies, das zB ein Arzneimittel gegen Depressionen den Anforderungen gemäß der „*Note for guidance on clinical investigation of medicinal products in the treatment of depression*" im Hinblick auf die Unterdrückung des Wiederauftretens von Depressionssymptomen geprüft sein muss, wenn dieser Anspruch gestellt wird. Fehlen solche Studien, kann dieser Indikationsanspruch gar nicht gestellt werden, ist also *nicht* nach gesichertem Stand der Erkenntnis geprüft worden. Sind in diese Studien zu wenige Patienten einbezogen worden, ist die Aussagekraft der Studie nicht gegeben, ist *nicht ausreichend* geprüft worden. Beide Aspekte sind jeweils zu bewerten. Zielkriterien und Fallzahlschätzung sind beispielhafte Schlüsselaspekte für die Bewertung und Entscheidung über die Frage, ob nach dem jeweils gesicherten Stand der wissenschaftlichen Erkenntnisse ausreichend geprüft worden ist. Die Frage der Wirksamkeit stellt sich in diesem Zusammenhang gar nicht. Sie wird in der Beurteilung zu § 25 Abs. 2 S. 1 Nr. 4 AMG beantwortet werden müssen (vgl Rn 151 ff).

b) Unzureichendes anderes wissenschaftliches Erkenntnismaterial

125 Müssen entsprechend der Rechtsgrundlage für den Zulassungsantrag keine Studiendaten vorgelegt werden, da es sich um bekannte Stoffe handelt, sondern anderes *wissenschaftliches* Erkenntnismaterial, also bibliographische Unterlagen, ist einerseits zu klären, ob die vorgelegten Unterlagen tatsächlich anderes wissenschaftliches Erkenntnismaterial darstellen und in zweiter Linie, ob damit die gestellten Ansprüche hinsichtlich Wirksamkeit und Unbedenklichkeit hinreichend begründet werden können. Zu dem ersten Aspekt enthalten Anhang 1 des Gemeinschaftskodex: bzw die Prüfrichtlinien Ausführungen.[151]

126 **Bis zur Änderung im Jahr 2004** enthielten die Arzneimittelprüfrichtlinien einen Fünften Abschnitt, der in seinem dritten Absatz unter Bezug auf § 22 Abs. 3 AMG sonstiges wissenschaftliches Erkenntnismaterial zum Nachweis der klinischen Wirksamkeit bei bekannten Stoffen folgendermaßen charakterisierte.

- kontrollierte Studien
- nicht kontrollierte Studien
- Anwendungsbeobachtungen nach § 67 Abs. 6 AMG
- Sammlung von Einzelfallberichten, die eine wissenschaftliche Auswertung ermöglichen ferner nach wissenschaftlichen Methoden aufbereitetes Erfahrungsmaterial, zB
  - wissenschaftliche Fachliteratur
  - Gutachten von Fachgesellschaften
  - Erfahrungsberichte[152]

127 § 22 Abs. 3 AMG und seine erläuternden Ergänzungen **in der gültigen Fassung** der Arzneimittelprüfrichtlinien definiert die Bedingungen, die erfüllt sein müssen, um anderes Erkenntnismaterials verwenden zu können nun konform mit den europäischen Vorgaben.

---

[150] <http://ec.europa.eu/enterprise/pharmaceuticals/eudralex/vol3_en.htm>.

[151] Europäische Kommission: RL 2001/83/EG des Europäischen Parlaments und des Rates zur Schaffung eines Gemeinschaftskodexes für Humanarzneimittel; Anhang 1 Teil 2 Abschnitt 1.b); in der Fassung zuletzt geändert durch RL 2008/29/EG des Europäischen Parlaments und des Rates v. 11.3.2008: <http://ec.europa.eu/enterprise/pharmaceuticals/eudralex/vol-1/dir_2001_83_cons/dir2001_83_cons_20081230_de.pdf>.

[152] Bundesministerin für Jugend, Familie und Gesundheit: Allgemeine Verwaltungsvorschrift zur Anwendung der Arzneimittelprüfrichtlinien v. 14.12.1989 (BAnz Nr. 243 a v. 29.12.1989). Bundesministerin für Gesundheit: Bekanntmachung der Neufassung der Allgemeine Verwaltungsvorschrift zur Anwendung der Arzneimittelprüfrichtlinien v. 5.5.1995 (BAnz Nr. 96 a v. 20.5.1995).

D. Die Versagungsgründe des § 25 Abs. 2 und 3 AMG im Einzelnen 10

Anderes wissenschaftliches Erkenntnismaterial kann auch umfassen:
- PMS-Studien,
- epidemiologische Studien,
- Studien mit ähnlichen Produkten

Aber sowohl günstige wie ungünstige Ergebnisse müssen einbezogen werden.

Bei der Feststellung „allgemein medizinisch verwendet" müssen als Kriterien erfüllt sein: 128
- die Zeitdauer des Inverkehrbringens (> 10 Jahre)
- der Verordnungsumfang
- der Grad des wissenschaftlichen Interesses (anhand der publizierten wissenschaftlichen Literatur)
- die Übereinstimmung in der wissenschaftlichen Bewertung.

Dabei sollen Erkenntnislücken dargelegt und kritisch bewertet werden. Erfahrungen mit ähnlichen Produkten können berücksichtigt werden.

Mit der Übernahme der europäischen Konditionen für *well-established use* wurden die Anforderungen klarer eingegrenzt. Wenn ein Antragsteller sich auf *well-established use*, zu deutsch „allgemein medizinisch verwendet", stützen will, muss er begründen, dass der bibliographische Verweis auf andere Informationsquellen anstelle von klinischen und nicht-klinischen Prüfungen und Versuchen als gültiger Nachweis für die Sicherheit und Wirksamkeit eines Erzeugnisses dienen kann. 129

Gleichermaßen gilt das bereits Gesagte zur Aktualität des wissenschaftlichen Erkenntnisstandes. Auch bei der Begründung mit bibliographischen Unterlagen sind für ein Antidepressivum Publikationen zur Recurrence vorzulegen, wenn diese Indikation beansprucht werden soll.

Satz 2 des § 22 Abs. 3 AMG schreibt darüber hinaus fest, dass die jeweiligen Therapierichtungen zu berücksichtigen sind, also in Sonderheit Phytopharmaka, Homöopathika und vergleichbare Produkte. Die Analogie findet sich in Anhang 1, Teil III Nr. 3 und 4 für Homöopathika und Phytotherapeutika.

3. Prüfungsmaßstab

Wegen der **notwendigen Allgemeingültigkeit** der Vorschriften kann nicht erwartet werden, dass auf **konkrete Verhältnisse des Einzelfalls** alle Anforderungen zutreffen müssen. Damit wird deutlich gemacht, dass diese Vorschriften auf den Einzelfall der Zulassung differenziert anzuwenden sind. Dies gilt insbesondere für den Wirksamkeitsnachweis, der nicht durch einen allgemeingültigen Wert darzustellen ist. Gleichwohl sind Festlegungen erforderlich, um im Hinblick auf ähnliche Arzneimittel in einem bestimmten Therapiegebiet oder Anwendungsbereich eine vergleichbare Bewertung zu erreichen. Problembezogene Empfehlungen enthalten die zahlreichen Guidelines zur Qualität, Toxikologie und Klinik weiter detailliert, die als Volume 3 des Europäischen Arzneimittelrechts zusammengefasst sind. 130

Im Hinblick auf selbständige Anträge mit einer eigenständigen nicht-klinischen und klinischen Dokumentation wird man in Abhängigkeit von der Indikation und damit vor dem Hintergrund der spezifischen verabschiedeten Guidelines des CHMP, aber auch nach dem Verständnis der besonderen Therapierichtungen in der Hömöopathie und anthroposophisch orientierten Medizin urteilen, ob alle Prüfaspekte berücksichtigt wurden und die Berichte auch aus biostatistischer Sicht valide und relevante Aussagen *„reliable"* belegen. Werden diese Aussagen durch bibliographische Unterlagen begründet, müssen letztlich die gleichen Anforderungen bedient werden. Die Unterlagen müssen einer wissenschaftlichen Bewertung zugänglich sein. Kurz gefasste Kongressberichte sind genauso wenig wie Berichte über offene unkontrollierte Studien oder einfache Wirksamkeitsbeteuerungen einer wissen- 131 schaftlichen Auswertung zugänglich. Bei Generika sind entsprechend Nachweise der Bioäquivalenz zu führen oder je nach Konstellation auch ergänzende Daten vorzulegen.

132 Aspekte der ausreichenden Prüfung bzw ausreichender Unterlagen sind im Hinblick auf Wirksamkeit, Sicherheit, pharmazeutische Qualität, Nutzen-Risiko-Bewertung ganz allgemein relevant und betreffen vor allem methodische und systematische Prüfkriterien. Hinzu kommen spezifische Gründe in Abhängigkeit des Produkts einerseits und der speziellen Defizite andererseits. Wurden die gültigen Guidelines methodisch angemessen angewendet? Wenn ja, kommt eine Versagung gemäß § 25 Abs. 2 S. 2 Nr. 2 AMG nicht in Betracht. Ob die Ergebnisse ausreichen, wird an anderer Stelle bewertet (vgl Rn 159 bis Rn 179).

Dieser Grundsatz gilt unabhängig von der Rechtsgrundlage für einen Zulassungsantrag und ist auch europäische Praxis. Die Schlussfolgerungen unterscheiden sich allerdings immer noch, so dass eine einheitliche europäische Umsetzung noch keineswegs erreicht ist.

4. Ergänzende konkretisierende Regelungen

133 Der jeweils gesicherte Stand der wissenschaftlichen Erkenntnisse kann prinzipiell auch durch **Empfehlungen von Fachgesellschaften** festgelegt werden. Für Zulassungszwecke ist dies immer dann relevant, wenn keine Empfehlungen des CHMP vorliegen und Ersatzargumentationen bemüht werden müssen. Allerdings ist der Umfang der zur Verfügung stehenden weiteren Empfehlungsdokumente doch so groß – und im europäischen Kontext betrachtet – letztlich praktisch irrelevant, was bestimmte Fachgesellschaften als Regeln für die therapeutische Praxis in Deutschland publiziert haben. In Grenzfällen würde man neben diesen nationalen Leitlinien auch **Leitlinien der FDA oder der WHO** heranziehen können. Hieraus können sich aber jeweils nur unterstützende Argumente ableiten lassen. Eine unmittelbare Bindung geht von solchen Dokumenten natürlich nicht aus. Damit ist der **Stellenwert** insgesamt doch eher als beschränkt einzustufen.

5. Bedeutung in der Verwaltungspraxis

134 Während für selbständige Zulassungen durch die Vorgabe der CHMP Guidelines der aktuelle wissenschaftliche Erkenntnisstand weithin klar ist und Zweifelsfragen durch wissenschaftliche Beratungsgespräche im Vorfeld der Studienplanungen geklärt werden können, ergeben sich immer wieder Schwierigkeiten in der Akzeptanz und Bewertung bibliographischer Unterlagen: Der Grad des wissenschaftlichen Interesses und der Verordnungsumfang sind schwer zu bemessen. Welcher Grad an Übereinstimmung in der wissenschaftlichen Bewertung ist notwendig bzw (noch) akzeptabel? Andererseits kann nicht mehr alles an irgendwie geartetem Erkenntnismaterial vorgelegt werden. Die geforderte Beschränkung, dass es einer wissenschaftlichen Auswertung zugänglich sein müsse, hat jedoch bisher keinen Antragsteller abgehalten, alles an erreichbaren Druck-Erzeugnissen einzureichen.

135 Zur Klärung der Beurteilung, was unter dem Begriff „wissenschaftlich" in diesem Zusammenhang zu verstehen ist, kann am besten beitragen, wenn die Unterlagen einer rationalen, biometrischen Auswertung zugänglich sind und über verschiedene Publikationen hinweg eine allgemeine wissenschaftliche Anerkennung plausibel gemacht werden kann. Abzugrenzen sind in dieser Hinsicht auf jeden Fall Einzelmeinungen und bestimmte von Einzelinteressen geleitete Publikationen. Das kann auf der anderen Seite aber nicht bedeuten, dass ausschließlich Berichte über Placebo kontrollierte doppelblind durchgeführte Studien aus Journalen, die einem Peer Review unterliegen, akzeptabel sind. Es wird der Beurteilung im Einzelfall unterliegen, welchen Grad an Aussagekraft die einzelnen Publikationen haben und ob sie Wirksamkeit und Unbedenklichkeit hinreichend begründen können.

D. Die Versagungsgründe des § 25 Abs. 2 und 3 AMG im Einzelnen 10

V. § 25 Abs. 1 S. 1 Nr. 3 AMG (pharmazeutische Qualität)

1. Regelungshintergrund

Zielsetzung ist hier, den Patienten und Verbraucher davor zu schützen, dass Arzneimittel in Verkehr gebracht werden, die eine nicht ausreichende pharmazeutische Qualität aufweisen und nicht entsprechend der erteilten Zulassung hergestellt werden. Dabei konzentriert sich die Richtlinie 2001/83/EG in Anhang 1 auf einen wesentlichen Teilbereich der Qualität, nämlich die qualitative und quantitative Zusammensetzung, dass das Arzneimittel **nicht die angegebene Zusammensetzung nach Art und Menge** aufweist. 136

Gemäß der Richtlinie 2001/83/EG führt der Mangel in der qualitativen und quantitativen Zusammensetzung zu einer Versagung. In dieser globalen Formulierung kommt auch zum Ausdruck, dass das Arzneimittel nicht die erforderliche pharmazeutische Qualität aufweist. Die Formulierung des Versagungsgrundes im AMG erscheint in dieser Hinsicht handhabbarer. Es muss aber ebenso der Zusammenhang mit § 4 Abs. 15 AMG als Begriffsbestimmung zur Qualität gesehen werden (vgl § 8 Rn 22). Mangelnde pharmazeutische Qualität kann aber auch nach der Zulassung unter der Kontrolle der Überwachungsbehörden der Länder aufgedeckt werden und zu Konsequenzen wie Rückruf einer Charge, Ruhen der Zulassung oder sofortigem Widerruf der Zulassung führen (vgl § 9 Rn 17 ff). 137

Im Hinblick auf die pharmazeutische Qualität bestehen darüber hinaus gravierende Unterschiede in Abhängigkeit von der Art des Produkts. Unterschiedliche Guidelines müssen entsprechend berücksichtigt werden wie zB 138
- Quality of herbal medicinal products
- Quality of vaccines
- Guideline on Vaccine Master File (VMF) und Plasma Master File (PMF)
- Homeopathics
- Advanced therapies

Dabei ist die qualitative und quantitative Zusammensetzung allein nicht immer das wichtigste Kriterium für die angemessen pharmazeutische Qualität.

2. Regelungsinhalt

§ 25 Abs. 1 S. 1 Nr. 3 AMG zielt darauf ab, dass nur solche Arzneimittel in Verkehr gebracht werden, die nach gültigen Standards im Sinne einer guten Herstellungspraxis (GMP) hergestellt sind. Der Schwerpunkt dieser Norm scheint angesichts der Formulierungsunterschiede zwischen der nationalen und der europäischen Vorgabe verschieden zu sein. Als Versagungsgrund hebt die nationale Regelung darauf ab, ob die Herstellung des Arzneimittels insgesamt den **wissenschaftlichen und technischen Anforderungen zum Zeitpunkt der Zulassung** entspricht. Die Herstellung des Wirkstoffes oder der Wirkstoffe wie auch der sonstigen Bestandteile und dann die Herstellung des Produkts müssen dem aktuellen Stand von Wissenschaft und Technik entsprechen. Unter europäischen Vorgaben scheint die Übereinstimmung der deklarierten mit der tatsächlichen Menge des Wirkstoffs entscheidend, sollte aber ebenso unter der allgemein gültigen Anforderung einer angemessenen pharmazeutischen Qualität interpretiert werden. 139

a) Anerkannte pharmazeutische Regeln

Die anerkannten pharmazeutischen Regeln definieren sich wiederum aus dem Kanon der **wissenschaftlichen Leitlinien des CHMP und einschlägiger Arzneibücher**, möglicherweise auch solcher von Fachgesellschaften und werden als **Gute Herstellungspraxis (GMP)** zusammengefasst. Diese Leitlinien sind auch für spezielle Produktklassen wie zB transdermale 140 therapeutische Systeme erarbeitet worden, jeweils unter Berücksichtigung der dokumentierten Erkenntnisse zu einer bestimmten Darreichungsform oder Applikationsart.

b) Angemessene Qualität

141 Dies ist wiederum ein unbestimmter Rechtsbegriff. Angemessene Qualität kann einerseits bedeuten, dass zusammengefasst ein Arzneimittel tatsächlich die deklarierten Inhaltsstoffe nach Art und Menge enthält, oder dass speziell die Festlegungen der Stabilitätsdaten auch für die vorliegende Charge zutreffen oder dass eine Injektionslösung wirklich steril ist. Im Zulassungsdossier muss beschrieben sein, wie gleich bleibende Qualität gesichert und geprüft werden soll. Sind die Kontrollprozesse nicht ausreichend plausibel, kann angenommen werden, dass nicht gemäß einer Guten Herstellungspraxis produziert wird oder werden kann. Die Anforderungen werden im AMG eindeutig definiert wie etwa im bereits angesprochenen § 4 Abs. 15 AMG (vgl Rn 137).

3. Prüfungsmaßstab

142 Zur Beantwortung, ob dieser Versagungsgrund vorliegen könnte, ist die **Bewertung des Dossiers zur pharmazeutischen Qualität** erforderlich. Die Herstellungsprozesse und Qualitätssicherungsmaßnahmen für die enthaltenen Stoffe (Wirkstoffe wie sonstige Bestandteile) müssen ausreichend plausibel beschrieben sein. Es wird ein Modell geprüft und zugelassen, nach dem die Herstellung des Fertigarzneimittel erfolgen soll. Erst danach kann die qualitative und quantitative Zusammensetzung (der Marktware) geprüft werden. Zusätzlich bestehen spezifische Anforderungen gemäß der Darreichungsformen oder spezieller Wirkstoffgruppen, Verunreinigungen, Herstellungsverfahren, Prozesskontrollen, Analysen- und Validierungsmethoden (vgl § 6 Rn 95 bis Rn 97).

4. Bedeutung der Regelung in der Praxis

143 Die Zusammensetzung nach Art und Menge ist deutlich leichter zu prüfen, zB durch Überwachungsbehörden wie in Deutschland in den Bundesländern. Nicht nach anerkannten pharmazeutischen Regeln angemessene Qualität kann nur mit einem deutlich höheren Untersuchungsaufwand – also in der Regel durch Inspektionen und der Überprüfung vor Ort, ob die mit der Zulassung geprüften Vorgehensweisen tatsächlich eingehalten werden bzw die entsprechende Dokumentation vorgelegt werden kann – nachgewiesen werden und stellt daher den Schwerpunkt bei der Unterlagenprüfung während des Zulassungsverfahrens dar. In dem Kontext wird das gesamte Inventar an Empfehlungen für die Gute Herstellungspraxis (GMP) bedeutsam.

144 **Beispiele** einer Nicht-Einhaltung der Regeln der Guten Herstellungspraxis anhand typischer Problemsituationen zB bei Analyseverfahren können sein:
- Das Prinzip von selten eingesetzten Analysenverfahren (theoretische Grundlagen) wird nicht erläutert und beschrieben.
- Validierungsunterlagen der verwendeten Prüfverfahren zur Gehaltsbestimmung der Wirkstoffe sind nicht vorhanden oder unvollständig.
- Oft werden für die Überprüfung eines Qualitätsmerkmals (zB Gehalt) alternativ verschiedene Prüfverfahren beschrieben, ohne einen eindeutigen Bezug zur Spezifikation herzustellen. Die Vergleichbarkeit der Ergebnisse aus den alternativ angewendeten Prüfverfahren wird nicht belegt, zB durch F-Test, t-Test.
- Bei der Verwendung eines Arzneibuch-Prüfverfahrens fehlt die produktspezifische Validierung für das beantragte Arzneimittel.

D. Die Versagungsgründe des § 25 Abs. 2 und 3 AMG im Einzelnen 10

- Angaben und Belege zur Validierung der Prüfverfahren für die Gehaltsbestimmung und für die Reinheitsprüfungen – durchgeführt am Fertigprodukt – fehlen oder sind nicht ausreichend.
- Statistische Kennzahlen werden nicht vollständig angegeben (nur Mittelwert und Standardabweichung, keine Einzelwerte).
- Es fehlen Abbildungen von Chromatogrammen, die die Nachweisgrenze belegen.
- Reinheitsprüfungen am Fertigprodukt werden nicht oder nur sehr mangelhaft durchgeführt. Es fehlen Belege, die nachweisen, dass mögliche Verunreinigungen und Zersetzungsprodukte mit den angegebenen Prüfverfahren detektiert werden können.
- Die Prüfung auf mikrobiologische Reinheit bei Dermatika und oral anzuwendenden Arzneimitteln wird nicht entsprechend Ph. Eur. spezifiziert und durchgeführt oder fehlt ganz.
- Bei der Prüfung auf Endotoxine (LAL-Test) wird nicht entsprechend der Forderung der Ph. Eur. validiert.

Allerdings sind solche Mängelpunkte in der Regel ausräumbar und führen daher auch nicht zu einer Versagung. Neben ausreichend begründeten Spezifikationen für Wirkstoffe und sonstige Bestandteile sind relevante Prozesskontrollen während der Herstellung und verwertbare Stabilitätsdaten entscheidende Prüfkriterien.

VI. § 25 Abs. 2 S. 1 Nr. 4 AMG (Wirksamkeit)
1. Historische Entwicklung

Die Wirksamkeit von Arzneimitteln ist neben der Qualität und der Unbedenklichkeit eine der Voraussetzungen für eine optimale Arzneimittelsicherheit.[153] Im Gesetz zur Neuordnung des Arzneimittelrechts von 1976 wurde erstmals der Nachweis der Wirksamkeit in das deutsche Arzneimittelrecht eingeführt. Das AMG 1961 hat noch ausdrücklich auf den Wirksamkeitsnachweis mit der Begründung verzichtet, dass eine Prüfung der Wirksamkeit die Einführung neuer Medikamente verzögern würde.[154] Ebenfalls wurde befürchtet, dass eine staatliche Wirksamkeitsprüfung als behördliche Empfehlung für eine bestimmte Therapie gewertet werden könnte.[155] Der Gesetzgeber wollte die Verantwortlichkeit für Beschaffenheit, Wirksamkeit und Unschädlichkeit bei der Herstellerfirma belassen und nicht auf die Regierung übertragen.[156] Zwar wurde durch das zweite AMG-Änderungsgesetz vom 23.6.1964 der Anmelder eines Arzneimittels verpflichtet, neue Substanzen nach dem jeweiligen Stand der Wissenschaft zu prüfen[157] und der Behörde die Möglichkeit eingeräumt, die Registrierung abzulehnen, wenn keine ausreichenden pharmakologischen und klinischen Prüfungen durchgeführt worden sind,[158] doch erst 1971 wurden die Anforderungen durch die Arzneimittelprüfrichtlinie konkretisiert.[159] Neben der öffentlichen Diskussion, die durch die Contergan-Katastrophe entstanden war, war es in erster Linie die Notwendigkeit der Umsetzung der europäischen Richtlinien, insbesondere der Richtlinie 65/65/EWG[160] vom 26.1.1965 des Rates zur Angleichung der Rechts- und Verwaltungsvorschriften über Arz-

145

---

153 BT-Drucks. 7/3060 v. 7.1.1975.
154 Amtl. Begr. zum Entwurf des Arzneimittelgesetzes 1961 v. 13.11.1958, BT-Drucks. 3/654, S. 15.
155 Schriftl. Bericht des Ausschusses für Gesundheitswesen v. 19.1.1961, BT-Drucks. 3/2421, S. 2.
156 Maio, Zur Geschichte der Contergan-Katastrophe im Lichte der Arzneimittelgesetzgebung, Dtsch. Med. Wochenschrift 2001, 126:1183-1186.
157 Amtl. Begr. zum Entwurf eines zweiten Gesetzes zur Änderung des Arzneimittelgesetzes v. 20.6.1963, BT-Drucks. 4/1370.
158 BGBl. I 1964, 365.
159 Richtlinie über die Prüfung von Arzneimitteln v. 11.6.1971, BAnz Nr. 113 v. 25.6.1971.
160 ABl. EG Nr. 22 v. 9.2.1965, S. 369.

neimittel (erste pharmazeutische Richtlinie), der Richtlinie 75/318/EWG[161] des Rates vom 20.5.1975 über die analytischen, toxikologisch-pharmakologischen und ärztlichen oder klinischen Nachweise über Versuche mit Arzneispezialitäten (EG-Prüfrichtlinie) und der zweiten Richtlinie 75/319/EWG[162] vom 20.5.1975 des Rates zur Angleichung der Rechts- und Verwaltungsvorschriften über Arzneimittel (zweite pharmazeutische Richtlinie).

146 Diese Pflicht zum Nachweis der Wirksamkeit war nicht unumstritten. Insbesondere Vertreter der besonderen Therapierichtungen postulierten, dass der Nachweis der Wirksamkeit aus verschiedenen Gründen für ihre Arzneimittel nicht zu erbringen sei. Eine Aktion Therapiefreiheit sah durch den geforderten Wirksamkeitsnachweis die Naturheilkunde bedroht. Insbesondere für die bereits auf dem Markt befindlichen Arzneimittel wurde der Wirksamkeitsnachweis von einigen Autoren als illegal, unethisch und unzumutbar betrachtet („Der Staat ist – gemessen am bundesdeutschen Grundgesetz und an der Deklaration des Weltärztebundes – *nicht* legitimiert, kontrollierte Studien zur Nachzulassung von Alt-Arzneimitteln zu fordern. Abgesehen von der ethischen Problematik besteht für die meisten der Alt-Arzneimittel eine unüberwindliche Fülle von technischen, praktischen und organisatorischen Barrieren gegen das Zustandekommen ‚beweisender' klinischer Studien").[163]

147 Dieser Auffassung entspricht die Einschränkung der Versagungsgründe des § 25 Abs. 2 S. 1 Nr. 4 AMG: Die Zulassung darf nur versagt werden, wenn die angegebene Wirksamkeit fehlt oder nach dem jeweils gesicherten Stand der wissenschaftlichen Erkenntnisse vom Antragsteller unzureichend begründet ist. Die Einschränkung besteht darin, dass nach § 25 Abs. 2 S. 2 AMG die Zulassung nicht deshalb versagt werden darf, weil therapeutische Ergebnisse nur in einer beschränkten Zahl von Fällen erzielt worden sind. *Hasskarl*[164] hat darauf hingewiesen, dass dieser Satz als Umkehr der Beweislast interpretiert werden könne (die Behörde muss die fehlende Wirksamkeit eines Arzneimittels belegen). Er hat die diesbezügliche Diskussion in den parlamentarischen Anhörungen ausführlich beschrieben und den Wirksamkeitsnachweis im AMG 1976 als „amputierten Wirksamkeitsnachweis" bezeichnet. Die weitere Entwicklung hat unter dem populären Begriff des „Wissenschaftspluralismus" zu einer Dichotomisierung auch des Wirksamkeitsnachweises geführt.

148 Einerseits wurden die methodischen Anforderungen an die Wirksamkeitsnachweise immer weiter an den Stand der wissenschaftlichen Erkenntnis angepasst und durch internationale (ICH – Europäische Gemeinschaft, Vereinigte Staaten, Japan)[165] und europäische Regelungen[166] (Richtlinien und Leitlinien) regulatorisch festgeschrieben. Die durch die internationale Harmonisierungskonferenz erarbeiteten **Leitlinien** werden dem Ausschuss für Humanarzneimittel (CHMP) vorgelegt, der nach Konsultation der Europäischen Kommission und nach öffentlicher Anhörung von der Europäischen Kommission implementiert und in den *Rules Governing Medicinal Products in the European Union*[167] publiziert wird. Der Prozess

---

161 ABl. EG Nr. L 147/1 v. 9.6.1975.
162 ABl. EG Nr. L 147/13 v. 9.6.1975.
163 Keine/Kalisch, Wissenschaftliche Dogmen bei der Nachzulassung von Arzneimitteln, 1995, S. 30.
164 Hasskarl, Der amputierte Wirksamkeitsnachweis: Die Auseinandersetzungen um die Arzneimittelrechtsreform, FAZ, Blick durch die Wirtschaft, 9.11.1976 und 11.9.1976.
165 International Conference on Harmonisation of Technical Requirements for Registration of Pharmaceuticals for Human Use (Internationale Konferenz zur Angleichung der technischen Anforderungen an die Zulassung von Humanarzneimitteln; Internationale Harmonisierungskonferenz).
166 Vom Ausschuss für Arzneispezialitäten (früher: Committee for Proprietary Medicinal Products –CPMP, jetzt: Committee for Medicinal Products for Human Use – CHMP) verabschiedet und von der Europäischen Agentur für die Beurteilung von Arzneimitteln (European Medicine Evaluation Agency — EMEA) veröffentlicht.
167 <http://ec.europa.eu/enterprise/pharmaceuticals/eudralex/index.htm>.

der Implementierung dieser Leitlinie ist von *Ohno*[168] ausführlich beschrieben worden. Eine vollständige Liste der ICH-Leitlinien ist unter <http://www.ich.org/LOB/media/MEDIA356.pdf> erhältlich.

149 Anderseits wurden den Vertretern der sog. **besonderen Therapierichtungen**[169] (Homöopathie, Anthroposophie und Phytotherapie – die Phytotherapie ist allerdings nach ihrem eigenen Verständnis eher eine besondere Stoffgruppe) ein weitgehender Verzicht auf den Wirksamkeitsnachweis sowie ein Mitwirkungsrecht bei den Zulassungsentscheidungen der zuständigen Bundesoberbehörden eingeräumt. Dies veranlasste den bekannten Pharmakologen *Ernst Habermann*, diese Therapierichtungen als „privilegierte Therapierichtungen" zu bezeichnen.[170] Nach Richtlinie 2001/83 Kapitel 2 Artt. 13 bis 15 können homöopathische und anthroposophische Arzneimittel ohne Angabe von Anwendungsgebieten registriert werden und brauchen dann auch keinerlei Wirksamkeitsnachweis zu erbringen. Für traditionelle pflanzliche Arzneimittel sind hingegen Anwendungsgebiete vorgesehen. Sie müssen den Hinweis tragen, dass das Produkt ein traditionelles pflanzliches Arzneimittel zur Verwendung für ein oder mehrere spezifizierte Anwendungsgebiete ausschließlich aufgrund langjähriger Anwendung ist.[171]

150 Diese Erleichterungen sind umso wertvoller für die pharmazeutischen Unternehmer, als die Anforderungen an den Wirksamkeitsnachweis stetig gestiegen sind. Schon die verbindliche Festlegung von Standards für die Planung von Arzneimittelstudien durch die Arzneimittelprüfrichtlinie[172] von 1971 soll eine Beeinträchtigung der Forschungstätigkeit zur Folge haben.[173] Die Richtlinie 2001/20/EG (**GCP-Richtlinie**)[174] und deren Umsetzung durch das AMG mit einem Genehmigungsverfahren für klinische Prüfungen[175] wurde gleichermaßen als Hemmschuh für die Forschung gesehen.[176] Dies muss jedoch in Kauf genommen werden, da klinische Prüfungen, die nicht entsprechend dem Stand der wissenschaftlichen Erkenntnis durchgeführt werden, ethisch nicht vertretbar sind.

2. Wirksamkeitsnachweis

a) Der Begriff der Wirksamkeit

151 Gemeinsam haben die Begriffe „Wirkung" und „Wirksamkeit", dass sie eine kausale Beziehung zwischen der Anwendung eines Arzneimittels (oder auch generell jeder Intervention – Ursache) und einem Effekt herstellen. Dabei beschreibt der Begriff „Wirkung" jeden Effekt – ob erwünscht oder unerwünscht. Die Wirkung kann als „toxisch" bezeichnet werden,

---

168 Y. Ohno, ICH Guidelines – Implementation of the 3Rs (Refinement, Reduction, and Replacement): Incorporating Best Scientific Practices into the Regulatory Process, ILAR Journal 43 (Suppl.) 595-598, 2002; <http://dels.nas.edu/ilar_n/ilarjournal/43_supp/v43supOhno.pdf>.
169 § 25 Abs. 7 S. 4 AMG.
170 Habermann, Wissenschaft, Glaube und Magie in der Arzneitherapie: Manifestationen, Theorie und Bedarf, Skeptiker 1994, 7:4-14.
171 RL 2004/24/EG, Kapitel 2 a, Art. 16.
172 BAnz Nr. 113 v. 25.6.1971, S. 1.
173 Kamp, Forschungsfreiheit und Kommerz: Der grundrechtliche Schutz mit wirtschaftlicher Zielsetzung betriebener Forschung und ihre Verwertung, beispielhaft anhand der Arzneimittelzulassung, 2004.
174 RL 2001/20/EG der Europäischen Parlaments und des Rates v. 4.4.2001 zur Angleichung der Rechts- und Verwaltungsvorschriften der Mitgliedstaaten über die Anwendung der guten klinischen Praxis bei der Durchführung von klinischen Prüfungen mit Humanarzneimitteln (ABl. EG Nr. L 121/34 v. 1.5.2001).
Guideline for strategies to identify and mitigate risks for first-in-human clinical trials with investigational medicinal products, EMEA/CHMP/SWP/28367/07, 19.7.2007.
175 Schriever et al, Das Genehmigungsverfahren klinischer Prüfungen von Arzneimitteln bei den Bundesoberbehörden, Bundesgesundheitsblatt 2009, 52:377–386.
176 Schwarz/Frölich/Striebel/Hennerici, Das Deutsche Arzneimittelgesetz: ein Hindernis für nicht-kommerzielle Studien?, Dtsch. Med. Wochenschrift 2007, 132:108–112.

§ 10 Versagung der Zulassung

wenn sie als schädlich für den lebenden Organismus betrachtet wird oder als unerwünscht, wenn sie beispielsweise die Fähigkeit zur Teilnahme am Straßenverkehr beeinträchtigt. Oft ist jedoch anfangs nicht erkennbar, ob oder unter welchen Umständen eine Wirkung als positiv oder negativ zu bewerten ist, da dies auch vom geplanten Anwendungsgebiet abhängt.

152 Der Begriff der Wirksamkeit ist im AMG nicht definiert. **Wirksamkeit** ist die Eignung für einen bestimmten therapeutischen Zweck. In § 25 Abs. 1 Nr. 4 AMG ist nur die therapeutische Wirksamkeit erwähnt. Er umfasst dem Wortsinn nach nur Arzneimittel, die für therapeutische Zwecke verwendet werden. Für zahlreiche andere Arzneimittel ist der Begriff jedoch nicht oder nur bedingt geeignet, wenn sie zB

- Krankheiten, Leiden, Körperschäden, oder krankhafte Beschwerden verhüten („**prophylaktische Wirksamkeit**"),
- Krankheiten, Leiden, Körperschäden, oder krankhafte Beschwerden erkennen („**diagnostische Eignung**")
- Krankheitserreger oder Parasiten abwehren, beseitigen oder unschädlich machen („**antibiotische, antivirale, antimykotische, antiparasitäre Wirksamkeit**"),
- benutzt werden, um eine Narkose zu bewirken, um schmerzfrei operieren zu können („**anästhetische Wirksamkeit**"),
- zur Schwangerschaftsverhütung („**kontrazeptive Wirkung**") benutzt werden,
- fehlende körpereigene Substanzen zu ersetzen („**Substitution**") oder
- eine Transplantatabstoßung („**immunsuppressive Wirkung**") verhindern sollen.

153 Insbesondere bei der Anwendung eines Arzneimittels als Diagnostikum wird die unpassende Begrifflichkeit deutlich, da Wirkungen von Diagnostika im Regelfall unerwünscht sind. Es erscheint daher besser, die Wirksamkeit in unmittelbarer Abhängigkeit vom Anwendungsgebiet zu definieren. Danach ist die Wirksamkeit die nachgewiesene Eignung, die in den Anwendungsgebieten beschriebenen (therapeutischen, prophylaktischen, diagnostischen oder anderen) Ziele zu erreichen.

154 Das BVerwG hat dies im „**Heilerde**"-Urteil[177] für die therapeutische Wirkung klar formuliert:

„Die Behauptung, dass das Arzneimittel die vom Antragsteller angegebene therapeutische Wirksamkeit hat, ist der Sache nach jedenfalls dann unzureichend begründet, wenn sich aus dem vorgelegten Material nach dem jeweils gesicherten Stand der wissenschaftlichen Erkenntnisse nicht ergibt, dass die Anwendung des Arzneimittels zu einer größeren Zahl an therapeutischen Erfolgen führt als seine Nichtanwendung. Das lässt sich nur dartun, wenn ausgeschlossen wird, dass die den Unterlagen zu entnehmenden therapeutischen Ergebnisse auf Spontanheilungen oder wirkstoffunabhängige Effekte zurückzuführen sind. Kann nämlich die Anwendung des Arzneimittels hinweggedacht oder durch die Anwendung eines Scheinmedikaments – eines Placebos – ersetzt werden, dann darf die die therapeutische Wirksamkeit dem zur Zulassung gestellten Arzneimittel nicht zugesprochen werden."

Weiter führt das BVerwG unter Bezug auf den Bericht des Gesundheitsausschusses[178] aus:

„Werden an dem Erfordernis der nach gesichertem Stand der wissenschaftlichen Erkenntnisse begründeten Wirksamkeit des Arzneimittels Abstriche gemacht, so birgt das die Gefahr in sich, dass – entgegen § 1 AMG – unwirksame Arzneimittel auf den Markt kommen. Auch die Anwendung eines unschädlichen, aber unwirksamen Arzneimittels ist mit Nachteilen für die Volksgesundheit verbunden, weil dem Patienten ein anderes angemessen wirksames

---

177 BVerwG, Urt. v. 14.12.1993 – 3 C 21.91.
178 BT-Drucks. 7/5091, 6.

Arzneimittel vorenthalten bleibt und damit seine Heilung möglicherweise verschleppt oder unmöglich wird."

b) Wirksamkeit als Voraussetzung für die Zulassung

§ 25 Abs. 2 S. 1 Nr. 4 AMG bestimmt, dass die Zulassung zu versagen ist, wenn „dem Arzneimittel die vom Antragsteller angegebene therapeutische Wirksamkeit fehlt oder diese nach dem jeweiligen Stand der wissenschaftlichen Erkenntnisse vom Antragsteller unzureichend begründet ist. Die erste Alternative, das Fehlen der therapeutischen Wirksamkeit, ist aus methodischen Gründen für die Versagung der Zulassung irrelevant. Der Nachweis des Fehlens der Wirksamkeit ist schon aus statistischen Gründen kaum zu führen. Wohl aus diesem Grunde wurde diese Bestimmung durch § 25 Abs. 2 S. 3 AMG erläutert. Danach fehlt die Wirksamkeit, wenn der Antragsteller nicht entsprechend dem jeweiligen Stand der wissenschaftlichen Erkenntnisse nachweist, dass sich mit dem Arzneimittel therapeutische Ergebnisse erzielen lassen. Die zweite Alternative ist die unzureichende Begründung der Wirksamkeit.

Da sich die Entscheidung über die Zulassung durch die zuständigen Bundesoberbehörden nach § 25 Abs. 5 AMG auf die Beurteilung der eingereichten Unterlagen, ggf unter Verwertung eigener wissenschaftlicher Ergebnisse, und die Verifikation dieser Unterlagen durch Inspektionen beschränkt, fällt es schwer, einen praktischen Unterschied zwischen den beiden Versagungsalternativen zu erkennen. Die entsprechende Definition der fehlenden Wirksamkeit in § 30 Abs. 2 S. 3 AMG ist allerdings unverändert geblieben. Damit ist die Rücknahme oder der Widerruf einer einmal erteilten Zulassung wegen fehlender Wirksamkeit praktisch ausgeschlossen.

Der einzige konkrete Hinweis auf die Anforderungen, die an den Nachweis der Wirksamkeit gestellt werden, findet sich in **§ 25 Abs. 2 S. 2 AMG**. Danach darf eine Zulassung nicht deshalb versagt werden, weil therapeutische Ergebnisse nur in einer beschränkten Zahl von Fällen erzielt worden sind. Der praktische Nutzen dieser Bestimmung ist gering, da die für den Wirksamkeitsnachweis erforderliche Zahl der Patienten nicht absolut ist, sondern vom spontanen Verlauf der Erkrankung sowie der Wirksamkeit des Arzneimittels abhängt. Weiterhin ist nach § 25 Abs. 2 S. 4 AMG die medizinische Erfahrung der jeweiligen Therapierichtung zu berücksichtigen. Dies wird durch die nach § 25 Abs. 5 und 6 AMG gebildeten Kommissionen gewährleistet, die bei den Entscheidungen über die Zulassung oder ggf. deren Verlängerung zu beteiligen sind.

Insgesamt sind die gesetzlichen Vorgaben für die Beurteilung der Wirksamkeit wenig detailliert. Sie sind weitgehend der fachlichen Beurteilung überlassen, die dem jeweiligen Stand der wissenschaftlichen Erkenntnisse zu entsprechen hat. Dieser ändert sich in einigen therapeutischen und diagnostischen Bereichen infolge des wissenschaftlichen Fortschritts so schnell, dass eine Kodifizierung oft dem jeweiligen Erkenntnisstand nicht zu folgen vermag. Liegen jedoch entsprechende publizierte Richtlinien oder Leitlinien vor, sind sie anzuwenden und (gelegentlich notwendige) Abweichungen fachlich zu begründen. Diese Regeln erstrecken sich auf allgemeine Grundsätze zur Planung klinischer Prüfungen[179] bis hin zu detaillierten Vorgaben für bestimmte Stoffgruppen oder Indikationen. „Generell gilt: Je detaillierter das Regelwerk offizieller Richtlinien ist, um so stärker betonen sie die Notwendigkeit, Besonderheiten und Abweichungen zu begründen."[180]

---

179 ICH Harmonised tripartite guideline: General considerations for clinical trials E8, 17.7.1997.
180 Gundert-Remy et al, Zur Verbindlichkeit von Richtlinien und Empfehlungen für Therapiestudien, Bundesgesundheitsblatt 4:151-52, 1993.

c) Der Wirksamkeitsnachweis bei Arzneimitteln mit neuen Wirkstoffen

159 Der Nachweis der therapeutischen Wirksamkeit neuer Wirkstoffe erfolgt durch die **klinische Prüfung** am Menschen, der umfangreiche Versuche an Tieren, Zellen und menschlichem Gewebe („präklinische" Versuche) vorausgehen, die dazu dienen, die mit der ersten Anwendung am Menschen verbundenen Risiken zu minimieren. Je nach Dauer der beabsichtigten Anwendung sind die Anforderungen an die notwendigen toxikologischen Untersuchungen unterschiedlich.[181] Auch muss aus den Ergebnissen der Tierversuche die erste Dosis für den Menschen abgeschätzt werden, was besonders bei neuartigen Wirkmechanismen schwierig sein kann.[182]

Der Begriff „klinische Prüfung" beschränkt sich dabei nicht auf Untersuchungen, die in Kliniken (stationär) stattfinden, sondern umfasst alle interventionellen Untersuchungen am Menschen, also auch die ärztliche, zahnärztliche oder tierärztliche Erprobung außerhalb einer stationären Behandlung in Krankenhäusern.[183]

160 **Die klinische Prüfung wird traditionell in vier Phasen eingeteilt:**[184]

- **Phase I (Humanpharmakologie):** Untersuchung des Verhaltens des Wirkstoffs im Körper (Pharmakokinetik: Aufnahme, Verteilung, Verstoffwechselung, Ausscheidung); Beobachtung der Wirkungen (Pharmakodynamik); Bestimmung der tolerierbaren Dosis; Entwicklung von geeigneten und verträglichen Darreichungsformen; Studien zu Interaktionen, Bioäquivalenzstudien. Phase I-Studien werden in der Regel an gesunden Probanden durchgeführt.
- **Phase II (explorativ therapeutisch):** Prüfung der Eignung für das geplante Anwendungsgebiet; Bestimmung der therapeutisch erforderliche Dosis („proof of concept"); Beobachtung von klinischen Nebenwirkungen und Sicherheitsparametern. Diese Untersuchungen werden in der Regel bei einer ausgesuchten Patientenpopulation durchgeführt.
- **Phase III (konfirmatorisch therapeutisch):** Studie an einem größeren Patientenkollektiv zum Nachweis der Wirksamkeit. Die häufigste Form ist die kontrollierte Studie mit einer Vergleichsgruppe (Kohortenstudie), bei der die Patienten zufällig den Behandlungsarmen zugeteilt („randomisiert") werden, von denen ein Arm den Wirkstoff („Verum"), der andere ein Vergleichspräparat oder ein wirkstoffloses Präparat („Placebo") erhält. Zur Vermeidung von systematischen Fehlern („bias") ist oft der Patient unwissend („blind") und der Prüfarzt („doppelblind") über die Zuteilung zu den jeweiligen Behandlungsarmen.
- **Phase IV (therapeutische Anwendung):** Studie nach erfolgter Zulassung unter der Bedingungen der Zulassung (Anwendungsgebiet, Dosierung etc), die dem Gewinn zusätzlicher Informationen dient.

Diese Phasen sind weder eine exakte Abgrenzung noch stellen sie einen festgelegten zeitlichen Plan dar. Phase I-Studien können in jedem Stadium der Entwicklung eines Arzneimittels die Datenlage verbessern.

161 Der Nachweis der Wirksamkeit erfolgt durch konfirmatorische klinische Prüfungen (Phase III), die entsprechend dem genehmigten Prüfplan durchgeführt und ausgewertet werden müssen. Diese Prüfung kann sich auf die Untersuchung der diagnostischen, prophylaktischen oder der therapeutischen Wirksamkeit erstrecken.

---

181 ICH Harmonised tripartite guideline M 3 (R2) Non-Clinical Safety Studies for the Conduct of Human Clinical Trials and Marketing Authorization for Pharmaceuticals v. 11.7.2009; Note for guidance on non-clinical safety studies for the conduct of human clinical trials and marketing authorisation for pharmaceuticals (CPMP/ICH/286/95).
182 Strategies to identify and mitigate risks for first-in-human clinical trials with investigational medicinal products, CHMP/SWP/28367/07.
183 BT-Drucks.7/3060 v. 7.1.1975, Erläuterungen zu § 21 AMG.
184 ICH Harmonised tripartite guideline: General considerations for clinical trials E8, 17.7.1997.

D. Die Versagungsgründe des § 25 Abs. 2 und 3 AMG im Einzelnen   10

Wesentliche Punkte des Prüfplans sind die Beschreibung:
- des Prüfarzneimittels, seiner Applikationsart, Dosierung und Anwendungsdauer
- des Studienziels,
- der Probanden- bzw Patientenpopulation,
- der Ein- und Ausschlusskriterien,
- des Studiendesigns,
- der Zielvariablen,
- der Fallzahlschätzung,
- des Studiendesigns,
- der Art der Verblindung,
- der Art der Randomisierung,
- der Art der Kontrolle und
- der geplanten statistischen Auswertung und etwaiger Zwischenauswertungen.

Das Studienziel kann außer dem Nachweis der therapeutischen Wirksamkeit auch der Nachweis der Bioäquivalenz oder die Untersuchung anderer Fragestellungen, zB pharmakokinetischer, pharmakologischer (Dosis-Wirkungs-Beziehungen) oder pharmakogenetischer Art sein. Für solche Studien sind teilweise andere Methoden als für den Nachweis der Wirksamkeit erforderlich.   162

Die typische konfirmatorische Studie zum Wirksamkeitsnachweis ist die Studie der Phase III. Sie soll die vorläufigen Daten aus Phase II bestätigen und den Wirksamkeitsnachweis in der beabsichtigten Indikation und der Zielpopulation erbringen. Ebenfalls kann die Dosis-Wirkungs-Beziehung[185] untersucht werden, um so die für die Zulassung notwendigen Daten zu erhalten. Zusätzliche Studien in vulnerablen Bevölkerungsgruppen wie geriatrischen Patienten,[186] Kindern,[187] Schwangeren oder stillenden Frauen sind für eine breitere Anwendung erforderlich.

Die **methodischen Anforderungen** an das Studiendesign dienen dazu, zufällige Fehler zu minimieren, die eine Wirksamkeit vortäuschen können. Zufällige Fehler sind mit statistischen Methoden zu quantifizieren. Systematische Fehler können hingegen nur durch eine sorgfältige Studienplanung und Studiendurchführung vermieden werden. Ein systematischer Fehler („bias") kann durch (beabsichtigte oder unbeabsichtigte) Fehler in Design, Durchführung, Auswertung oder Interpretation der Studie zustande kommen. Die Einhaltung der Regeln der Guten Klinischen Praxis[188] ist daher unverzichtbar, um die Validität der Wirksamkeitsdaten zu sichern. Methoden zur Vermeidung eines systematischen Fehlers sind die Randomisierung und die Verblindung.   163

Das häufigste Studiendesign zum Wirksamkeitsnachweis ist die **randomisierte kontrollierte Kohortenstudie**. Dabei werden Patienten nach einem Zufallsverfahren den Studienarmen zugeteilt, damit keine systematischen Differenzen zwischen den Armen auftreten. Ein Studienarm enthält dabei das Prüfpräparat („Verum"), der andere das Vergleichspräparat. Bei diesem kann es sich um ein Placebo (Scheinpräparat) oder um ein Vergleichspräparat handeln. Auch mehrere Verum- und Vergleichsarme sind möglich. Eine Placebogabe bedeutet   164

---

[185] ICH Harmonised tripartite guideline: Dose-response information to support drug registration E4, 10.3.1994.
[186] ICH Harmonised tripartite guideline: Studies in support of special populations: Geriatrics E7, 24.6.1993.
[187] ICH Harmonised tripartite guideline: Clinical investigations of medicinal products in the paediatric population E11, 20.7.2000.
[188] RL 2001/20/EG des Europäischen Parlaments und des Rates v. 4.4.2001 zur Angleichung der Rechts- und Verwaltungsvorschriften der Mitgliedstaaten über die Anwendung der guten klinischen Praxis bei der Durchführung von klinischen Prüfungen mit Humanarzneimitteln (ABl. EG Nr. L 121/34 DE v. 1.5.2001).

nicht, dass der Patient unbehandelt bleibt. In vielen Placebo-kontrollierten Studien werden Verum und Placebo zusätzlich zu einer Standard-Therapie gegeben.

Studien ohne Vergleichsgruppe sind nur in Ausnahmefällen für den Wirksamkeitsnachweis geeignet. Der Vergleich mit publizierten Daten („historische Kontrolle") ist nur in besonderen Fällen vertretbar, da hier die Fehlermöglichkeiten groß sind. Die Wahl der Kontrollgruppe ist daher einer der wichtigen Faktoren bei der Studienplanung.[189]

165 Ein anderer Studientyp ist die **Cross-over-Studie**. Hier wird die Wirksamkeit zweier Behandlungsformen verglichen, indem diese zeitlich versetzt den gleichen Probanden bzw Patienten verabreicht werden. In der ersten Studienphase erhalten die Probanden des ersten Studienarmes zunächst Therapie A, die Probanden des zweiten Studienarmes Therapie B oder Placebo. Nach einer definierten Behandlungsdauer und einer Wartezeit („wash-out-phase") wird zur zweiten Studienphase gewechselt: Studienarm 1 erhält nun Therapie B und Studienarm 2 Therapie A.

166 Ein wichtiges Instrument ist die **Verblindung**. Diese kann sich auf den Patienten und auf den behandelnden Arzt beziehen, um psychologische Einflüsse auf das Studienergebnis zu vermeiden. In manchen Fällen ist eine Verblindung nicht durchführbar. Eine Verblindung sollte auch bei der Auswertung so lange wie möglich beibehalten werden. Sie ist auch erforderlich, wenn bei der Auswertung subjektive Aspekte wichtig sind, wie bei der Bewertung von Röntgenbildern oder histologischen Präparaten.

167 Der Nachweis der Wirksamkeit ist nicht absolut, sondern immer mit einem **Fehler** behaftet. Es besteht eine gewisse Wahrscheinlichkeit, dass die Wirksamkeit (ein „signifikanter Unterschied" zwischen Verum und Placebo) angenommen wird, diese jedoch nur auf einem Zufallsbefund beruht. Die Größe dieses Fehlers wird mit statistischen Methoden abgeschätzt. Bei einer Signifikanz auf dem Niveau 5 % besteht ein ‚Restrisiko' in dieser Höhe, dass Verum nicht besser als Placebo (oder die Vergleichstherapie) ist, obwohl das Signifikanzniveau statistisch erreicht wurde. Für den Wirksamkeitsnachweis wird konventionell eine Fehlerwahrscheinlichkeit von 5 % akzeptiert. Dieser Wert ist ein Kompromiss. Einerseits ist damit eine große Wahrscheinlichkeit gegeben, dass das Arzneimittel wirksam ist, andererseits wird vermieden, dass die Anforderungen an den Wirksamkeitsnachweis zu hoch sind und dadurch fehlerhaft tatsächlich wirksame Arzneimittel als unwirksam betrachtet werden.

Da die Signifikanz eines Tests von der Fallzahl abhängt, können auch kleine und klinisch nicht mehr relevante Unterschiede signifikant werden, wenn die Fallzahl nur hinreichend groß ist. Der „klinisch relevante" Unterschied ist daher schon bei der Studienplanung zu berücksichtigen.

168 Wenn die durch das Verum erzielten Effekte groß sind und bei einer großen Zahl von Patienten auftreten, sind signifikante Unterschiede schon mit kleinen Patientenzahlen zu erhalten. **Biometrische Überlegungen** sind daher früh in der Studienplanung einzubeziehen und auch bei der Auswertung zu berücksichtigen.[190] Ebenfalls ist zu berücksichtigen, aufgrund welcher Zielkriterien die Wirksamkeit belegt werden soll. Dies können „harte" Kriterien sein wie zB die Überlebenszeit bei Krebspatienten, die Veränderungen von Messwerten (zB Senkung des Blutdrucks oder des Blutzuckers) oder auch „weiche" subjektive Werte wie zB die Senkung des Schmerzes. Viele Zielkriterien sind „Surrogatparameter". Diese haben den Vorteil, gut messbar zu sein und schnell auf die Therapie zu reagieren. So wird die Senkung des Risikofaktors Cholesterin im Blut als Surrogat für eine Verminderung des Arterioskle-

---

189 ICH Harmonised tripartite guideline: Choice of control group and related issues in clinical trials, 20.7.2000.
190 ICH Harmonised tripartite guideline: Statistical principles for clinical trials E9, 5.2.1998; Note for guidance on statistical principles for clinical trials, CPMP/ICH/363/96, September 1998.

roserisikos betrachtet. Dieser Zusammenhang gilt jedoch nicht für alle Arzneimittel, die den Cholesterinwert senken. Die Eignung des Surrogatparameters zum Beleg der therapeutischen Wirksamkeit muss daher im Einzelfall nachgewiesen werden.[191]

Analog ist auch der Wirksamkeitsnachweis bei einem allgemein bekannten Arzneimittel für ein neues Anwendungsgebiet durch klinische Prüfungen zu erbringen. Ein neues Anwendungsgebiet kann vielfältig aussehen,[192] zB: **169**

- eine neue Erkrankung,
- verschiedene Stadien oder Schweregrade einer Erkrankung
- eine Erweiterung der Zielgruppe, zB eine neue Altersgruppe oder Patienten mit eingeschränkter Nierenfunktion,
- Wechsel von einer Kombinations- zu eine Monotherapie
- Wechsel von einer kurativen Behandlung zur Prophylaxe
- Wechsel von einer kurz dauernden Behandlung zu einer Dauerbehandlung.

Zur Durchführung und Bewertung von Studien für einzelne Indikationen existieren eine große Zahl von Leitlinien, die bei der Planung und Auswertung von klinischen Prüfungen beachtet werden sollen. Besonders wichtig für Studien zum Wirksamkeitsnachweis sind die wissenschaftlichen Leitlinien zur Wirksamkeit,[193] die von der EMEA veröffentlicht wurden und auf deren Homepage in aktueller Form zu finden sind. Diese Leitlinien sind gegliedert nach **170**

- klinischer Pharmakologie und Pharmakokinetik
- Verdauungstrakt und Stoffwechsel
- Blut und blutbildende Organe
- Herz-Kreislauf-System
- Haut
- Urogenitalsystem
- Krebs- und immunmodulatorische Mittel
- Muskel- und Skelettsystem
- Nervensystem
- Atmungsorgane
- Allgemeine Richtlinien

Die Ergebnisse sind in einem Bericht zur Zulassung darzulegen, der nach Inhalt und Form ICH E 3[194] entsprechen soll. Die Ergebnisse müssen vollständig vorgelegt werden. Auch unvollständige oder abgebrochene toxikologische oder pharmakologische Versuche oder klinische Prüfungen zu dem Arzneimittel sind vorzulegen (§ 22 Abs. 2 S. 3 und 4 AMG).

d) Der Wirksamkeitsnachweis bei Arzneimitteln mit bekannten Wirkstoffen

Als bekannt gelten Wirkstoffe, die in der Europäischen Union seit mindestens zehn Jahren allgemein medizinisch oder tiermedizinisch verwendet wurden (§ 22 Abs. 3 S. 3 Nr. 1 AMG). **171**

---

[191] Meyer, Die Zulassung von Arzneimitteln auf der Basis von Surrogaten – ein Risiko für die Patienten!, Ärzteblatt Sachsen-Anhalt 20 (2009) 2:38-42.
[192] Guidance on a new therapeutic indication for a well-established substance, European Commission, November 2007; <http://ec.europa.eu/enterprise/pharmaceuticals/eudralex/vol-2/c/10 %20_5_ %20 guideline_11-2007.pdf>.
[193] <http://www.emea.europa.eu/htms/human/humanguidelines/efficacy.htm>.
[194] ICH Harmonised tripartite guideline: Structure and Content of Clinical Study Reports E3, 30 November 1995; Note for Guidance on Structure and Content of Clinical Study Reports (CPMP/ICH/137/95) v. 7.1996.

Anderes wissenschaftliches Erkenntnismaterial kann zum Beleg der Wirksamkeit vorgelegt werden, wenn

- die Wirkungen und Nebenwirkungen eines Arzneimittels bekannt und aus dem wissenschaftlichen Erkenntnismaterial ersichtlich sind,
- es mit einem bereits bekannten Arzneimittel vergleichbar ist oder
- die Wirksamkeit und Unbedenklichkeit aufgrund des anderen wissenschaftlichen Erkenntnismaterials bestimmbar ist.

172 Anderes wissenschaftliches Erkenntnismaterial ist jede Information, die zur Bewertung von Wirksamkeit und Unbedenklichkeit benutzt werden kann. Es wird sich meist um publiziertes Material handeln. Dabei wird oft eine Rangfolge der Art des Materials benutzt, je nach Grad der wissenschaftlichen Aussagekraft. Diese Evidenz lässt sich nach Validitätskriterien hierarchisch ordnen, wobei die höchste Evidenz die randomisierte kontrollierte Studie hat. Die folgende Einteilung[195] bezieht sich auf die grundsätzliche Eignung eines Studiendesigns, durch Vermeidung systematischer Fehler ("bias") zu validen Ergebnissen zu kommen und ist an Studien zu Therapie und/oder Prävention orientiert. Sie ist nicht ohne Weiteres auf andere Fragestellungen, zB der der diagnostischen Eignung zu übertragen.

Stufe	Evidenz-Typ
Ia	wenigstens ein systematischer Review auf der Basis methodisch hochwertiger kontrollierter, randomisierter Studien (RCTs)
Ib	wenigstens ein ausreichend großer, methodisch hochwertiger RCT
IIa	wenigstens eine hochwertige Studie ohne Randomisierung
IIb	wenigstens eine hochwertige Studie eines anderen Typs quasi-experimenteller Studien
III	mehr als eine methodisch hochwertige nichtexperimentelle Studie
IV	Meinungen und Überzeugungen von angesehenen Autoritäten (aus klinischer Erfahrung); Expertenkommissionen; beschreibende Studien

173 Eine detaillierte Evidenzhierarchie, die auf die Erfordernisse unterschiedlicher Fragestellungen eingeht, findet sich auf den Seiten des Centre for Evidence-Based Medicine, Oxford.[196] In besonderen Fällen, zB bei seltenen Erkrankungen oder Vergiftungen,[197] bei denen eine systematische Untersuchung nicht möglich ist, muss als Wirksamkeitsnachweis auch anderes Erkenntnismaterial herangezogen werden. In jedem Fall ist jedoch der Maßstab der Arzneimittelprüfrichtlinien und der aktuellen wissenschaftlichen Erkenntnisse bei der Bewertung des Erkenntnismaterials anzuwenden. Dies gilt auch für Anwendungsbeobachtungen. Dies sind nicht interventionelle Prüfungen, bei denen ein Arzneimittel gemäß den in der Zulassung festgelegten Angaben für seine Anwendung anhand epidemiologischer Methoden analysiert wird, wobei die Behandlung ausschließlich der ärztlichen Praxis folgt (§ 4 Abs. 223 S. 3 AMG). Anwendungsbeobachtungen (AWB) sind aus dem Regelungsbereich

---

195 <http://www.cochrane.de/de/gradesys.htm>.
196 <http://www.cebm.net/index.aspx?o=1025#levels>.
197 Steffen, The dilemma of approving antidotes, Toxicology 2007, 233(1-3):13-19.

e) Der Wirksamkeitsnachweis bei homöopathischen Arzneimittel

Nach Richtlinie 2001/83/EG, Kapitel 2, Artt. 13 bis 15 können homöopathische Arzneimittel ohne Angabe von Anwendungsgebieten registriert werden. Die Registrierung ist allerdings beschränkt auf die orale oder äußerliche Anwendung und der Verdünnungsgrad muss die Unbedenklichkeit garantieren. Homöopathische Arzneimittel können auch nach nationalem Recht zugelassen werden. Ein Wirksamkeitsnachweis ist für registrierte homöopathische Arzneimittel nicht erforderlich.[199] Erfolgt eine Zulassung mit Angabe eines Anwendungsgebietes, so ist die Wirksamkeit zu belegen. Dabei sind die medizinischen Erfahrungen der homöopathischen Therapierichtung zu berücksichtigen (§ 25 Abs. 2 S. 4 AMG).

In der Regel wird zum Wirksamkeitsnachweis in der Homöopathie auf das von der Kommission D[200] im Rahmen der Aufbereitung zwischen 1978 und 1994 monographierte Erkenntnismaterial zurückgegriffen. Bei der Bewertung dieses Materials sind jedoch die aktuellen Richtlinien zu berücksichtigen. Daher sind die Monographien nicht mehr als alleiniger Beleg der Wirksamkeit und Unbedenklichkeit ausreichend. Die Kommission D hat demzufolge entsprechend der Klassifizierung der *evidence-based medicine* ein Bewertungsschema für homöopathisches Erkenntnismaterial erarbeitet,[201] wobei die Anforderungen an den Evidenzgrad zum Beleg der Wirksamkeit abhängig von der Schwere der Erkrankung sind. Zusätzlich zu den o.a. Studientypen wird auch die homöopathische Arzneimittelprüfung als wissenschaftliches Erkenntnismaterial benutzt.

Bei einer solchen homöopathische Arzneimittelprüfung wird das homöopathische Arzneimittel einem gesunden Probanden verabreicht. Dieser **Proband**, der als Prüfer bezeichnet wird, zeichnet sein Befinden vor, während und nach der Gabe der Testsubstanz und ggf eines Placebos schriftlich auf. Diese homöopathische Arzneimittelprüfung dient der Erstellung, Erweiterung oder Präzisierung der homöopathischen Arzneimittelbilder,[202] aus dem sich dann nach dem „Simile-Prinzip" das Anwendungsgebiet ableitet. Nach *Hahnemann* soll Gleiches mit Gleichem behandelt werden. „Wähle, um sanft, schnell, gewiss und dauerhaft zu heilen, in jedem Krankheitsfalle die Arznei, welche ein ähnliches Leiden für sich erregen kann, als sie heilen soll!" Homöopathische Arzneimittel werden als **Urtinktur** oder als **Verdünnung** verwendet. Dabei erfolgt eine Verdünnung („Potenzierung") um den Faktor 10 (D) oder 100 (C). Als Dosierung der Urtinktur und der niedrigen Verdünnungsgrade (bis einschließlich D23/C11) schlägt die Kommission generell folgendes Dosierungsschema vor:

---

198 BfArM, Empfehlung zur Planung und Durchführung von Anwendungsbeobachtungen, BAnz 229, 4.12.1998, S. 16884–16885; Gemeinsame Empfehlungen des Bundesinstituts für Arzneimittel und Medizinprodukte und des Paul-Ehrlich-Instituts zur Planung, Durchführung und Auswertung von Anwendungsbeobachtungen, Entwurfsfassung v. 9.5.2007 zur Kommentierung durch die Fachöffentlichkeit; <http://www.bfarm.de/cln_028/nn_1198672/DE/Arzneimittel/1__vorDerZul/klinPr/nichtInterventPruef/nichtInterventPruef-node.html__nnn=true>.
199 RL 2001/83/EG Kapitel 2 Art. 14.
200 Aufbereitungskommission nach § 25 Abs. 7 S. 1 AMG 1976.
201 Kriterien für Erkenntnismaterial zu klinischen Indikationen in der Homöopathie (http://www.bfarm.de/cln_028/nn_1199016/SharedDocs/Publikationen/DE/Arzneimittel/2__zulassung/zulArten/bes-therap/am-anthropo/agkriterienem209t).
202 Bekanntmachung über die Zulassung, Nachzulassung und Registrierung von Arzneimitteln (Empfehlungen der Kommission D nach § 25 Abs. 6 und Abs. 7 des Arzneimittelgesetzes zur Planung und Durchführung homöopathischer Arzneimittelprüfungen) v. 18.11.1998 (http://www.bfarm.de/cln_028/nn_1199016/SharedDocs/Bekanntmachungen/DE/Arzneimittel/besTherap/bm-besTherap-19981118-zul-hom-pdf,templateId).

Steffen

"Soweit nicht anders verordnet:

Bei akuten Zuständen alle halbe bis ganze Stunde, höchstens 6-mal täglich, je [...] 5 Tropfen oder 1 Tablette oder 5 Streukügelchen oder 1 Messerspitze Verreibung einnehmen; parenteral 1-2 ml bis zu 3-mal täglich [...] injizieren.

Eine über eine Woche hinausgehende Anwendung sollte nur nach Rücksprache mit einem homöopathisch erfahrenen Therapeuten erfolgen.

Bei chronischen Verlaufsformen 1- bis 3-mal täglich je [...] 5 Tropfen oder 1 Tablette oder 5 Streukügelchen oder 1 Messerspitze Verreibung) einnehmen; parenteral 1-2 ml täglich [...] injizieren.

Bei Besserung der Beschwerden ist die Häufigkeit der Anwendung zu reduzieren."[203]

f) Der Wirksamkeitsnachweis bei anthroposophischen Arzneimitteln

177 Die von *Steiner* und *Wegmann* entwickelte anthroposophische Medizin betrachtet sich als geisteswissenschaftliche Ergänzung der Medizin. Es werden vier Wesensglieder des Menschen unterschieden: der physische Leib, der Ätherleib, der Astralleib und der Ich-Leib.[204] Wichtige Wirkstoffe sind Quecksilber und Mistel.

Nach europäischem Recht sind anthroposophische Arzneimittel, die in einer offiziellen Pharmakopöe beschrieben und nach einem homöopathischen Verfahren zubereitet werden, hinsichtlich der Registrierung und der Genehmigung für das Inverkehrbringen homöopathischen Arzneimitteln gleichzustellen.[205] Bei der Bewertung der Wirksamkeit sind die medizinischen Erfahrungen der anthroposophischen Therapierichtung zu berücksichtigen (§ 25 Abs. 2 S. 4 AMG).

g) Der Wirksamkeitsnachweis bei pflanzlichen Arzneimitteln

178 Pflanzliche Arzneimittel stellen die dritte besondere Therapierichtung dar. Die Phytotherapie hat jedoch im Gegensatz zur Homöopathie und Anthroposophie kein eigenes Therapieprinzip. Es handelt sich eher um eine besondere Stoffgruppe als um eine besondere Therapierichtung. Phytotherapeutika sind alle Arzneimittel, die als Wirkstoff(e) ausschließlich einen oder mehrere pflanzliche Stoffe oder eine oder mehrere pflanzliche Zubereitungen oder eine oder mehrere solcher pflanzlichen Stoffe in Kombination mit einer oder mehreren solcher pflanzlichen Zubereitungen enthalten.[206] Der Wirksamkeitsnachweis erfolgt durch klinische Prüfungen oder durch anderes wissenschaftliches Erkenntnismaterial.

h) Der Wirksamkeitsnachweis bei traditionellen pflanzlichen Arzneimitteln

179 Für traditionelle pflanzliche Arzneimittel ist ein Wirksamkeitsnachweis nicht erforderlich. Es ist für die Registrierung nach § 39 AMG ausreichend, zu belegen, dass das Arzneimittel seit mindestens 30 Jahren im Verkehr ist, davon mindestens 15 Jahre in der Europäischen Union, dass es unter den angegebenen Anwendungsbedingungen unschädlich ist und dass die pharmakologischen Wirkungen oder die Wirksamkeit aufgrund langjähriger Anwendung und Erfahrung plausibel ist. Anstelle dieser Unterlagen kann auch auf eine gemein-

---

203 <http://www.bfarm.de/cln_028/nn_1199016/DE/Arzneimittel/2__zulassung/zulArten/besTherap/amAnthropo/neufass-dos-empfehlung.html>.
204 Steiner/Wegman, Grundlegendes zur Erweiterung der Heilkunst nach geisteswissenschaftlichen Erkenntnissen, 1925.
205 RL 2001/83/EG, Erwägungsgrund 22.
206 RL 2001/83/EG, Art. 1 Nr. 30.

schaftliche Pflanzenmonographie Bezug genommen werden, die vom Ausschuss für pflanzliche Arzneimittel (Committee for Herbal Medicinal Products, HMPC) erstellt wurde.[207]

VII. § 25 Abs. 2 S. 1 Nr. 5 AMG (ungünstiges Nutzen-Risiko-Verhältnis)

Nach § 25 Abs. 2 S. 1 Nr. 5 AMG darf die zuständige Bundesoberbehörde eine Arzneimittelzulassung dann versagen, wenn „das Nutzen-Risiko-Verhältnis ungünstig ist". In § 4 Abs. 28 AMG heißt es beim Versuch einer Definition des „Nutzen-Risiko-Verhältnis", dass dieses eine Bewertung der positiven therapeutischen Wirkungen des Arzneimittels im Verhältnis zum normierten Risikobegriff nach § 4 Abs. 27 lit. a AMG umfasst.[208] Ein mit der Anwendung eines Arzneimittels verbundenes Risiko ist nach § 4 Abs. 27 lit. a AMG „jedes Risiko im Zusammenhang mit der Qualität, Sicherheit oder Wirksamkeit des Arzneimittels für die Gesundheit der Patienten oder die öffentliche Gesundheit, bei zur Anwendung bei Tieren bestimmten Arzneimitteln für die Gesundheit von Mensch oder Tier". 180

Der abstrakte gesetzliche Definitionsinhalt der Begriffe „Risiko" und „Nutzen-Risiko-Verhältnis", die jeweils – redundant – auf sich selbst bezogen sind, gibt zu einer handhabbaren Konkretisierung eines ungünstigen Nutzen-Risiko-Verhältnisses Anlass dafür, auf die vorhergehende Gesetzesfassung zurückzugreifen.[209] Nach § 25 Abs. 2 S. 1 Nr. 5 AMG in der bis zur Änderung durch Art. 1 Nr. 22 lit. a, aa des 14. AMG-Änderungsgesetzes vom 29.8.2005[210] geltenden Fassung konnte die Bundesoberbehörde eine Arzneimittelzulassung dann versagen, wenn bei einem Arzneimittel der begründete Verdacht bestand, dass es bei bestimmungsgemäßem Gebrauch schädliche Wirkungen hat, die über ein nach den Erkenntnissen der medizinischen Wissenschaft vertretbares Maß hinausgehen. Die Neufassung des derzeitigen Versagungstatbestands nach § 25 Abs. 2 S. 1 Nr. 5 AMG erfolgte in Umsetzung von Art. 26 Abs. 1 lit. a RL 2001/83/EG und Art. 30 lit. a RL 2001/82/EG. Nach dem Willen des Gesetzgebers handelte es sich bei dem neu eingefügten Kriterium des „Nutzen-Risiko-Verhältnis" um keine inhaltliche Abweichung gegenüber der bislang geltenden Fassung des Versagungstatbestands nach § 25 Abs. 2 S. 1 Nr. 5 AMG.[211] Der maßgebliche Norminhalt des § 25 Abs. 2 S. 1 Nr. 5 AMG findet sich in vollständiger Form daher nur in der Legaldefinition bedenklicher Arzneimittel nach § 5 Abs. 2 AMG,[212] dessen Formulierung sämtliche Tatbestandsmerkmale der vorherigen Fassung des Versagungstatbestands nach § 25 Abs. 2 S. 1 Nr. 5 AMG – inhaltsgleich – abbildet.[213] Die Lesart des § 25 Abs. 2 S. 1 Nr. 5 AMG führt deshalb zwangsläufig über die Generalklausel in § 5 Abs. 1 AMG, wonach es verboten ist, bedenkliche Arzneimittel in den Verkehr zu bringen, und die hierauf bezogenen Begriffe „schädliche Wirkungen", „begründeter Verdacht", „bestimmungsgemäßer Gebrauch" und „Vertretbarkeit" des Nutzen-Risiko-Verhältnis. 181

---

207 RL 2001/83/EG, Artt. 16 d und 16 f.
208 Bei zur Anwendung bei Tieren bestimmten Arzneimitteln wird zudem auf den Risikobegriff nach § 4 Abs. 27 lit. b AMG Bezug genommen, wonach ein mit der Anwendung eines Arzneimittels verbundenes Risiko „jedes Risiko unerwünschter Auswirkungen auf die Umwelt" ist.
209 Vgl VG Köln, Urt. v. 20.1.2009 – 7 K 4264/06 und 7 K 4243/06; Urt. v. 3.4.2008 – 13 K 5437/05; Urt. v. 10.1.2008 – 13 K 3789/05; Urt. v. 26.1.2007 – 18 K 9981/03; Urt. v. 20.1.2006 – 18 K 6872/03.
210 BGBl. I, 2570.
211 BT-Drucks. 15/5316, 38.
212 § 5 Abs. 2 AMG: „Bedenklich sind Arzneimittel, bei denen nach dem jeweiligen Stand der wissenschaftlichen Erkenntnisse der begründete Verdacht besteht, dass sie bei bestimmungsgemäßem Gebrauch schädliche Wirkungen haben, die über ein nach den Erkenntnissen der medizinischen Wissenschaft vertretbares Maß hinausgehen".
213 Vgl exemplarisch BVerwG, Urt. v. 21.6.2007 – 3 C 39/06, NVwZ-RR 2007, 776, 777.

§ 10 Versagung der Zulassung

1. Schädliche Wirkungen

a) Wirkungen

182 Unter „Wirkungen" iSd § 22 Abs. 1 S. 1 Nr. 5 AMG sind sämtliche Effekte zu verstehen, „die in messbar, fühlbar oder sonstiger erkennbarer Weise durch ein Arzneimittel bei Mensch oder Tier in vito oder in vitro ausgelöst werden".[214] Es kommt nicht darauf an, ob sie stören, schaden oder nutzen. Gleichwohl müssen die mit einer „Wirkung" bezeichneten Reaktionen in irgendeiner Weise objektivierbar sein.[215]

b) „Schädliche" Wirkungen

183 Als „schädliche" Wirkungen sind diejenigen Folgen der bestimmungsgemäßen Anwendung eines Arzneimittels zu verstehen, die die Gesundheit von Mensch und Tier nachteilig beeinflussen. Gleichgültig ist demgegenüber, ob die schädlichen arzneilichen Wirkungen direkt nach der Arzneimittelanwendung oder erst zukünftig eintreten.[216] Demgegenüber sah die ältere Rechtsprechung des VG Berlin und des OVG Berlin als schädliche Wirkung nicht schon jede unerwünschte Nebenwirkung oder bloße Befindlichkeitsstörung an, sondern lediglich eine Nebenwirkung von gewissem Gewicht im Sinne der Gefährdung der Gesundheit.[217] Teile der neueren Rechtsprechung sehen hingegen vom Begriff der „schädlichen Wirkungen" iSd § 25 Abs. 2 S. 1 Nr. 5 AMG – sowie demjenigen innerhalb des inhaltsgleichen Registrierungsversagungstatbestandes nach § 39 Abs. 2 Nr. 4 AMG – ausschließlich pharmakologisch-toxikologische Wirkungen erfasst.[218] Beide Rechtsprechungsentwicklungen stoßen auf grundsätzliche Bedenken, da durch eine konsequente Weiterentwicklung jener Begriffsauslegung bestimmte Wirkungen eines Arzneimittels – qua gesetzlich nicht vorgegebener Definition – als unmaßgeblich resp. unerheblich zu bezeichnen und innerhalb einer Vertretbarkeitsentscheidung nicht relevant wären. Dies führt im Ergebnis zu einer Relativierung des Bedeutungsinhalts der Nutzen-Risiko-Abwägung.

aa) Schädliche Wirkungen und Nebenwirkungen/Wechselwirkungen

184 Das Vorliegen von bloßen Wirkungen liefert keine Informationen darüber, ob die jeweiligen Wirkungen eines Arzneimittels als positiv oder negativ zu beurteilen sind. Daher kann eine entsprechende Bewertung nur durch eine begriffliche Systematisierung von Wirkungen in „unbeabsichtigte" und „beabsichtigte" Wirkungen vollzogen werden. Beurteilungsmaßstab ist hierbei der Begriff der Nebenwirkung. **Nebenwirkungen** sind in § 4 Abs. 13 AMG definiert als „[…] die beim bestimmungsgemäßen Gebrauch eines Arzneimittels auftretenden schädlichen unbeabsichtigten Reaktionen. **Schwerwiegende Nebenwirkungen** sind Nebenwirkungen, die tödlich oder lebensbedrohend sind, eine stationäre Behandlung oder Verlängerung einer stationären Behandlung erforderlich machen, zu bleibender oder schwerwiegender Behinderung, Invalidität, kongenitalen Anomalien oder Geburtsfehlern führen […]. Unerwartete Nebenwirkungen sind Nebenwirkungen, deren Art, Ausmaß oder Ausgang von der Packungsbeilage des Arzneimittels abweichen". Ob eine Arzneimittelreaktion

---

[214] Fülgraff, in: Lewandowski/Schnieders (Hrsg.), Grundzüge der Zulassung und Registrierung von Arzneimitteln in der Bundesrepublik Deutschland, Einleitung S. VII.
[215] Plagemann, Der Wirksamkeitsnachweis nach dem Arzneimittelgesetz von 1976, S. 54.
[216] So Kloesel/Cyran, Arzneimittelrecht, § 5 AMG Erl. 15.
[217] OVG Berlin, Beschl. v. 26.11.1987 – OVG 5 S 75/87, PharmR 1988, 57, 58; OVG Berlin, Beschl. v. 10.4.1989 – OVG 5 S 107/88, PharmR 1989, 160, 161; OVG Berlin, Beschl. v. 16.5.1990 – OVG 5 S 124/89, Sander, ESzA § 30 Nr. 8 b; VG Berlin, Beschl. v. 17.11.1989 – VG 14 A 482/88, PharmR 1990, 23, 24; VG Berlin, Beschl. v. 19.3.1992 – VG 14 A 450/91, PharmR 1992, 246, 249; VG Berlin, Beschl. v. 22.12.1992 – VG 14 A 169/92, PharmR 1993, 183, 184.
[218] OVG NRW, Urt. v. 11.2.2009 – 13 A 385/07; VG Köln, Urt. v. 29.1.2008 – 7 K 4227/04; Urt. v. 26.8.2008 – 7 K 238/06; Urt. v. 20.1.2009 – 7 K 4243/06 u. 7 K 4264/06.

als beabsichtigt oder unbeabsichtigt anzusehen ist, wird durch die vorgegebene medizinische Indikation bestimmt. Beabsichtigt sind nur diejenigen Wirkungen, die auf der Grundlage der medizinischen Indikation zu dem beabsichtigten Behandlungserfolg beitragen sollen. Zwangsläufig sind deshalb sämtliche anderen Wirkungen als unbeabsichtigt zu bezeichnen.[219]

Entgegen der alltagsprachlichen Verwendung sind schädliche Wirkungen mit Nebenwirkungen prinzipiell nicht gleichzusetzen.[220] Dies hätte zur Konsequenz, dass jede unerwünschte Begleiterscheinung als Kriterium einer Nebenwirkung zugleich auch eine schädliche Begleiterscheinung darstellt. Gleichwohl folgt aus der Bezeichnung einer Wirkung als unerwünscht nicht, eine verlässliche Aussage über die Qualität einer Veränderung im menschlichen Organismus abzuleiten.[221] So kann nämlich auch eine eigentlich unbeabsichtigte Wirkung eine gesundheitlich positive Auswirkung zur Folge haben, die nicht schädlich ist.[222] Deshalb kann eine Gleichsetzung von schädlichen Wirkungen und Nebenwirkungen nur dann vorgenommen werden, wenn eine unbeabsichtigte Wirkung zugleich auch eine schädliche (gesundheitlich negative) Wirkung ist.[223] Auch die Definition der Nebenwirkung nach der europäischen Richtlinienvorgabe bestätigt diese Annahme. Nach Art. 1 Nr. 11 RL 2001/83/EG wird eine Nebenwirkung bezeichnet als „eine Reaktion auf das Arzneimittel, die schädlich und unbeabsichtigt ist und bei Dosierungen auftritt, wie sie normalerweise beim Menschen zur Prophylaxe, Diagnose oder Therapie von Krankheiten oder für die Wiederherstellung, Korrektur oder Änderung einer physiologischen Funktion verwendet werden".

185

Im Ergebnis fallen in den Anwendungsbereich nach den §§ 5 Abs. 2, 25 Abs. 2 S. 1 Nr. 5 AMG nur solche Nebenwirkungen, die zugleich auch schädlich sind. Durch Begriffsfestsetzung kann eine schädliche Wirkung nicht von vornherein mit einer Nebenwirkung gleichgesetzt werden. Gleiches gilt für den Begriff der Wechselwirkungen. Solche sind gemäß §§ 11 Abs. 1 Nr. 3 c, 11 a Abs. 1 Nr. 4 e AMG (Wechsel-)Wirkungen mit anderen Arzneimitteln oder anderen Mitteln, soweit sie die Wirkung des Arzneimittels beeinflussen können. In Entsprechung zu § 4 Abs. 13 S. 4 AMG gelten die Kriterien einer Nebenwirkung auch für die als Folge einer **Wechselwirkung** auftretenden Nebenwirkungen. Deshalb sind Wechselwirkungen auch dann als schädliche Wirkungen anzusehen, soweit sie, wie die Nebenwirkungen nach 4 Abs. 13 S. 1 bis 3 AMG, zugleich schädlich sind.

186

bb) Schädliche Wirkungen und Befindlichkeitsstörungen/pharmakologisch-toxikologische Wirkungen

(1) Bloße Befindlichkeitsstörungen

Die vom Gesetz verwendeten Begrifflichkeiten nach § 4 Abs. 13 AMG („unbeabsichtigte Reaktionen")[224] und den §§ 5 Abs. 2, 25 Abs. 2 S. 1 Nr. 5 AMG („schädliche Wirkungen") sind durch einen funktionellen Unterschied bedingt und auch so zu verstehen. § 4 Abs. 13 AMG stellt im Zusammenhang mit der Anzeige- resp. Meldeverpflichtung nach den §§ 29 Abs. 1, 63 b AMG und den Organisationsvorschriften zur Beobachtung und Sammlung von Arzneimittelrisiken einen formalen Nebenwirkungsbegriff dar. Hingegen bestimmt

187

---

219 Hart, in: Hart/Hilken/Merkel/Woggan (Hrsg.), Das Recht des Arzneimittelmarktes, S. 84.
220 So aber Erbs/Kohlhaas/Ambs/*Pelchen*, Strafrechtliche Nebengesetze, § 95 AMG Erl. 2.
221 Fuhrmann, Sicherheitsentscheidungen im Arzneimittelrecht, S. 112.
222 So als Anwendungsbeispiele die Verursachung von verstärktem Haarwuchs bei Einnahme eines Herzmittels, vgl Wolz, Bedenkliche Arzneimittel als Rechtsbegriff, S. 56; oder die einhergehende Blutdrucknormalisierung verbunden mit der Anwendung eines Arzneimittels gegen Magenbeschwerden, vgl Räpple, Das Verbot bedenklicher Arzneimittel, S. 45.
223 Fuhrmann, aaO, S. 113.
224 § 4 Abs. 13 aF AMG verwendete den Begriff „unerwünschte Begleiterscheinungen".

§ 10 Versagung der Zulassung

§ 25 Abs. 2 S. 1 Nr. 5 AMG eine schädliche Wirkung als das der Nutzen-Risiko-Abwägung zugrunde liegende maßgebliche Zulassungsversagungskriterium. Die durch eine direkte Gegenüberstellung beider Rechtsvorschriften mögliche Schlussfolgerung, wonach nur eine Gesundheitsgefährdung von gewissem Gewicht als schädliche Wirkung anzusehen ist und „bloße" Befindlichkeitsstörungen aus einem Schädlichkeitsbereich herauszunehmen sind,[225] überschreitet die Grenzen zulässiger Gesetzesinterpretation aufgrund einer unterschiedlichen Zielsetzung und der fehlenden sachlichen Übereinstimmung beider Vorschriften.[226] Auch ein Hinweis auf § 28 Abs. 2 AMG muss in diesem Zusammenhang fehl gehen, weil ein pauschaler Hinweis auf Befindlichkeitsstörungen im Wege der Beauflagung dann nicht ausreicht, soweit es sich um Auswirkungen von Befindlichkeitsstörungen im Zusammenhang mit Arzneimitteln handelt, die ihrerseits selbst lediglich zur Linderung von Befindlichkeitsstörungen vorgesehen sind.[227] Eine begriffsgeleitete Ausnahme von Gesundheitsgefährdungen unterhalb eines gewissen Gewichts hätte zur Folge, dass der zwingend vorzunehmenden Nutzen-Risiko-Abwägung keine eigene Regelungsfunktion mehr zukommen würde. Das Ergebnis der Bestimmung einer Schädlichkeitsschwelle kann nicht zur Folge haben, dass das Tatbestandselement der Vertretbarkeitsentscheidung – durch begriffliche Festsetzung – ausgehebelt resp. mit aufgenommen wird.

(2) Berücksichtigung von ausschließlich pharmakologisch-toxikologischen Wirkungen?

188 Tendenzen der neueren Rechtsprechung des VG Köln und des OVG NRW sehen vom Begriff der „Bedenklichkeit" oder der „schädlichen Wirkungen" explizit nur **pharmakologisch-toxikologische Wirkungen** erfasst.[228] Jener Rechtsprechung lag die Entscheidungskonstellation zugrunde, ob sog. Risiken der Erstverschlimmerung und das Auftreten einer Prüfsymptomatik nach der homöopathischen Arzneimittellehre als relevante Risiken in eine Nutzen-Risiko-Abwägung einzubeziehen sind. Die Gerichte gingen u.a. davon aus, dass sich nach der Regelung in § 38 Abs. 2 S. 3 AMG die Unbedenklichkeit eines Arzneimittels insbesondere aus einem angemessen hohen Verdünnungsgrad ergeben könne. Durch eine Verdünnung würde aber nur das Risiko von toxischen Wirkungen beseitigt, da diese von der Menge des zugeführten Stoffes abhängig seien und die Menge mit der Verdünnung abnehme. Spezifische Risiken homöopathischer Arzneimittel (Erstverschlimmerung, Prüfsymptomatik) blieben jedoch auch bei hohen Verdünnungsgraden bestehen; diese könnten vom

---

225 So OVG Berlin, Beschl. v. 26.11.1987 – OVG 5 S 75/87, PharmR 1988, 57, 58; OVG Berlin, Beschl. v. 10.4.1989 – OVG 5 S 107/88, PharmR 1989, 160, 161; OVG Berlin, Beschl. v. 16.5.1990 – OVG 5 S 124/89, Sander, ESzA § 30 Nr. 8 b.
226 Kloesel/Cyran, Arzneimittelrecht, § 5 AMG Erl. 16; Hart, MedR 1989, 15, 17.
227 Zwar kann ein begründeter Verdacht schädlicher Wirkungen durch einen Warnhinweis auf ein vertretbares Maß gesenkt werden. Dies dürfte gleichwohl ausschließlich innerhalb der Vertretbarkeitsentscheidung maßgeblich sein und nicht auf der Ebene zur Ermittlung einer schädlichen Arzneimittelwirkung. Vgl darüber hinausgehend Kloesel/Cyran, Arzneimittelrecht, § 25 AMG Erl. 55.
228 OVG NRW, Urt. v. 11.2.2009 – 13 A 385/07; VG Köln, Urt. v. 29.1.2008 – 7 K 4227/04, Urt. v. 26.8.2008 – 7 K 238/06, Urt. v. 20.1.2009 – 7 K 4243/06 u. 7 K 4264/06; auch fielen unter den Begriff des Risikos und der Gesundheitsgefahr nur pharmakologisch-toxikologische Risiken. Das Urteil des OVG NRW vom 11.2.2009 wurde nunmehr durch Urteil des BVerwG vom 19.11.2009 – 3 C 10.09 – aufgehoben; die Sache wurde zur erneuten Prüfung unter Risikoaspekten an die Vorinstanz zurückverwiesen.

Gesetzgeber mit dem Begriff der schädlichen Wirkungen resp. Risiken nicht gemeint sein.²²⁹

Entgegen der Ansicht des VG Köln und des OVG NRW lässt sich aber weder aus § 5 Abs. 2 AMG noch aus 25 Abs. 2 S. 1 Nr. 5 AMG ableiten, dass unter schädlichen Arzneimittelwirkungen ausschließlich unbeabsichtigte pharmakologisch-toxikologische Reaktionen zu verstehen sind. Gegen eine derartige Einschränkung spricht insbesondere, dass Arzneimittel ihre beabsichtigte therapeutische, prophylaktische oder diagnostische Wirkung nicht ausschließlich nur auf pharmakologische Weise erreichen.²³⁰ Folglich kann die Anwendung von Arzneimitteln auch mit nachteiligen gesundheitlichen Folgen verbunden sein, die nicht pharmakologischer Natur sind. Abgesehen davon sind Arzneimittel in der Regel komplex zusammengesetzt und enthalten neben dem Wirkstoff noch Hilfsstoffe. Auch von Hilfsstoffen können schädliche Wirkungen ausgehen, die jedoch in der Regel nicht auf pharmakologische Weise hervorgerufen werden. Gleiches gilt, wenn das Arzneimittel mit einem Applikator eine feste Einheit bildet (zB Fertigspritze oder Pflaster zur kontinuierlichen Arzneimittelabgabe). In diesem Fall sind unter anderem auch mechanische Schädigungen denkbar. Vor diesem Hintergrund erweist sich die von der Rechtsprechung vorgenommene Auslegung des Begriffs „schädliche Wirkungen", dh seine Reduzierung auf unbeabsichtigte pharmakologische Wirkungen, als fehlerhaft. Ein solches Auslegungsergebnis ist nicht mit der Zwecksetzung des AMG, wie sie in § 1 AMG niedergelegt ist, vereinbar. Die Sicherheit von Arzneimitteln wird nicht nur durch pharmakologisch-toxikologische Wirkungen beeinflusst, sondern hängt von einer Vielzahl sicherheitsrelevanter Aspekte ab. Daher kann auch ein Ausschluss von Niedrigkeitsschwellen bestimmter schädlicher Wirkungen, qualitativen wie auch quantitativen Ausmaßes, gesetzgeberisch nicht beabsichtigt sein.

(3) Definitionsreichweite des Begriffs „schädliche Wirkungen"

Es sprechen deshalb gewichtige Gründe dafür, jede Folge des bestimmungsgemäßen Gebrauchs eines Arzneimittels, die die Gesundheit ungünstig beeinflusst, als schädliche Wirkung anzusehen. Denn jede schädliche Wirkung muss bereits auf der Ebene der Sachverhaltsklärung (Tatsachenebene) berücksichtigt werden und nicht erst als eine Nebenwirkung bzw Gesundheitsgefährdung von gewissem Gewicht. Dabei ist es unerheblich, auf welche Weise schädliche Wirkungen hervorgerufen werden. Gesundheitlich nachteilige Folgen der Arzneimittelanwendung können nicht nur durch pharmakologische und toxikologische Wirkungen, sondern zB auch durch immunologische oder metabolische Wirkungen eines Arzneimittels eintreten.

Anderenfalls hätte eine Beschränkung von schädlichen Wirkungen auf ein gewisses Gewicht oder ausschließlich pharmakologisch-toxikologischen Wirkungszusammenhängen sachlogisch auch die Einengung des Wirksamkeitsbegriffs zur Folge. Denn innerhalb der Nutzen-Risiko-Abwägung ist ebenso jeder Nutzen eines Arzneimittels relevant. Dürften „schädliche" Wirkungen oder immunologische, chemische sowie metabolische Wirkungszusammenhänge nicht in eine Abwägung einbezogen werden, so müsste zur Gewährleistung einer

---

229 Auch verdeutliche – so die Gerichte – der Wegfall der Dosierungsanleitung in der Neuregelung für registrierte homöopathische Arzneimittel entsprechend § 11 Abs. 3 AMG iVm § 10 Abs. 4 AMG und Art. 69 RL 2001/83/EG, dass der Gesetzgeber ab einer bestimmten Verdünnungsstufe keine Risiken mehr sieht, die eine Überprüfung und Genehmigung einer Dosierung erfordern. Zudem sei auch eine Einbeziehung von nicht messbaren Risiken in die Dosierung von homöopathischen Arzneimitteln nicht zum Schutz von Patienten in der Selbstmedikation erforderlich, da der Arzneimittelsicherheit in ausreichender Weise durch in der Packungsbeilage enthaltene Hinweise auf die Gefahr einer Erstverschlimmerung und die Empfehlung, das Medikament abzusetzen, Rechnung getragen würde. Vgl hierzu exemplarisch OVG NRW, Urt. v. 11.2.2009 – 13 A 385/07.
230 Vgl die Definition des Funktionsarzneimittels in Art. 1 Nr. 2 lit. b RL 2001/83/EG und § 2 Abs. 1 Nr. 2 lit. a AMG.

gleich gewichteten Abwägungsbasis auch eine „geringere" Wirksamkeit zwangläufig per se unberücksichtigt bleiben. Dies würde zu einem Vorentscheid über die Wirksamkeit von Arzneimitteln allein auf begrifflicher Ebene führen, die gesetzgeberisch nicht beabsichtigt und zugleich der gesetzgeberischen Intention der Gewährleistung einer bestmöglichen Arzneimittelversorgung zu wider laufen würde.[231]

2. Bestimmungsgemäßer Gebrauch

192 Der Zulassungsversagungstatbestand des § 25 Abs. 2 S. 1 Nr. 5 AMG iVm § 5 Abs. 2 AMG setzt voraus, dass ein Arzneimittel dann als bedenklich anzusehen ist, wenn dieses bei bestimmungsgemäßem Gebrauch schädliche Wirkungen hat. Neben der Erwähnung in § 5 Abs. 2 AMG ist der „bestimmungsgemäße Gebrauch" u.a. auch inhaltlicher Bestandteil der Anzeigeverpflichtung in § 63 b AMG iVm § 4 Abs. 13 AMG, des § 69 Abs. 1 Nr. 4 AMG im Zusammenhang mit Maßnahmen der Überwachungsbehörden im Falle einer Inverkehrbringung bedenklicher Arzneimittel oder der Gefährdungshaftung in § 84 Abs. 1 S. 2 Nr. 1 AMG. Für eine einheitliche Rechtsanwendung erscheint es daher angebracht, den „bestimmungsgemäßen Gebrauch" für den gesamten arzneimittelrechtlichen Regelungskontext einheitlich und bedeutungsgleich zu verstehen.

a) Verantwortungssphären

193 Mit dem Merkmal des „bestimmungsgemäßen Gebrauch" grenzt das AMG die sich gegenüberstehenden Verantwortungssphären der am Arzneimittelmarkt unmittelbar beteiligten Akteure ab.[232] Maßgebliche Akteure des Arzneimittelmarktes sind die pharmazeutischen Unternehmer iSd § 4 Abs. 18 AMG, Ärzte, die Arzneimittelverbraucher sowie die Vertriebsunternehmer, die Großhändler, die sonstigen Einzelhändler und die Apotheker. Grundsätzlich obliegt dem pharmazeutischen Unternehmer die Verantwortung dafür, dass schädliche Wirkungen eines unter seinem Namen zugelassenen Arzneimittels bei bestimmungsgemäßem Gebrauch nicht eintreten. Weicht jedoch beispielsweise ein Arzt im Rahmen einer Arzneimittelverordnung von dem vom Zulassungsstatus eines Arzneimittels vorgegebenen Anwendungsgebiet oder seiner Anwendungsart ab, so sind hieraus resultierende schädliche Folgen in dessen Verantwortungsbereich zu verorten. Ein derartiger bestimmungswidriger Gebrauch ist regelmäßig als Verstoß gegen allgemein anerkannte Grundsätze der medizinischen Wissenschaft und als haftungsrelevanter ärztlicher Behandlungsfehler zu qualifizieren.[233] Infolgedessen betrifft ein nach dem Stand der medizinischen Erkenntnisse unsachgemäßes Verhalten eines Arztes dessen Verantwortungssphäre. Unklar ist jedoch, ob ein bestimmungswidriger Fehlgebrauch, dessen Ursache ausschließlich auf dem Entschluss eines Arzneimittelkonsumenten beruht, dessen Risikobereich zuzuordnen ist.

b) Bestimmungsgemäßer Gebrauch und Fehlgebrauch

194 Die Rechtsprechung des BGH in Zivilsachen hat wiederholt betont, dass ein pharmazeutischer Unternehmer nicht nur zur Warnung vor Gefahren bei einem **versehentlichen Fehlgebrauch** oder einer aus Unachtsamkeit resultierenden Überdosierung verpflichtet ist, sondern auch im Falle eines nahe liegenden Fehlgebrauchs eines Arzneimittels.[234] Ein Verstoß gegen

---

231 Vgl Hart, MedR 1989, 15, 18; Glaeske/Greiser/Hart, Arzneimittelsicherheit und Länderüberwachung, S. 155, die diese Folge als verkappte Wirksamkeitspräjudizierung bezeichnen.
232 Papier, Der bestimmungsgemäße Gebrauch der Arzneimittel – die Verantwortung des pharmazeutischen Unternehmers, S. 11.
233 *Quaas*/Zuck, Medizinrecht, S. 288 ff.; Papier, ebenda.
234 Vgl BGH, Urt. v. 11.7.1972 – VI ZR 194/70, NJW 1972, 2217 ff; BGH, Urt. v. 24.1.1989 – VI ZR 112/88, NJW 1989, 1542, 1544.

die einem pharmazeutischen Unternehmer obliegende Verpflichtung, vor einem nahe liegenden Fehlgebrauch zu warnen, führt jedoch nicht zu der Annahme, diesen Gebrauch im arzneimittelzulassungsrechtlichen Kontext als versagungsrelevant zu erachten.[235]

aa) Gebrauch in Entsprechung zu den informativen Texten

Die Verwendung eines Arzneimittels ist zumindest dann als bestimmungsgemäß zu bezeichnen, wenn sie den vom pharmazeutischen Unternehmer vorgegebenen Hinweisen entspricht.[236] Hierunter fallen sämtliche Informationen, die dem Arzneimittel vom pharmazeutischen Unternehmer beigegeben wurden und für deren Angabe eine Zustimmung der Zulassungsbehörde besteht. Dies entspricht den gesetzlichen Vorgaben der §§ 10 ff AGM, wonach es dem pharmazeutischen Unternehmer als maßgeblichen Inverkehrbringer von Arzneimitteln obliegt, den richtigen Umgang mit Arzneimitteln zu beschreiben.

195

bb) Fehlgebrauch und bestimmungswidriger Gebrauch

Problematisch ist hingegen, ob auch eine andere – vom vorgegebenen Gebrauch nach der Packungsbeilage abweichende – Anwendung eines Arzneimittels bestimmungsgemäß sein kann. In Betracht kommen hierbei mehrere anwendungsbezogene Konstellationen: einerseits ein möglicher Gebrauch eines Arzneimittels, der von den Zulassungsunterlagen nicht erfasst ist und keine medizinische Akzeptanz hat, andererseits ein Gebrauch im Sinne einer objektiven Zweckbestimmung durch eine in der Wissenschaft anerkannte therapeutische Praxis und ein voraussehbarer Fehlgebrauch.

196

(1) Grenzen in der Verantwortungssphäre des pharmazeutischen Unternehmers

Die Frage, ob objektive Kriterien unter Berücksichtigung eines **typisierten Fehlgebrauchs** oder ausschließlich formale Merkmale nach den einem Arzneimittel beigegebenen Angaben einen bestimmungsgemäßen Gebrauch kennzeichnen, steht mit der Reichweite der Verantwortlichkeit des pharmazeutischen Unternehmers in unmittelbarem Zusammenhang. Unbestritten liegt die primäre Verantwortlichkeit für die Vermarktung eines Arzneimittels in den Händen des pharmazeutischen Unternehmers; dies ist rechtspolitisch auch so gewollt. Dennoch kann eine Verantwortlichkeit des pharmazeutischen Unternehmers nicht unbegrenzt bestehen.

197

Die Beurteilung eines bestimmungsgemäßen Gebrauchs anhand einer „objektiven" Zweckbestimmung eines Arzneimittels, wie er der Definition eines Arzneimittels in § 2 AMG zugrunde liegt, hätte zur Folge, dass ein in der ärztlichen Praxis vollzogener Fehlgebrauch eines Arzneimittels entgegen den Angaben des pharmazeutischen Unternehmers eine Art neuen Standard des Gebrauchs schaffen würde.[237] Im Falle einer objektiven Begriffsauslegung würde sich daher auch der naheliegende oder vorauszusehende Gebrauch eines Arzneimittels – insbesondere unter Berücksichtigung der Gebrauchsauffassung der einschlägigen Verkehrskreise – zwangsläufig als die Folge eines Inverkehrbringens darstellen und damit von einem bestimmungsgemäßen Gebrauch umfasst sein, da ein bestimmter Teil der Arzneimittelanwender eine Fehlanwendung immer bewusst praktizieren wird.[238] Zur Untermauerung einer solchen Auffassung wird von vereinzelten Teilen der arzneimittelrechtlichen

198

---

235 Hauke/Kremer, PharmR 1992, 162.
236 Kloesel/Cyran, Arzneimittelrecht, § 5 AMG Erl. 17; Räpple, Das Verbot bedenklicher Arzneimittel, S. 59; Samson/Wolz, MedR 1988, 71, 72.
237 So Plagemann, WRP 1978, 779, 783.
238 Bertelsmann, Grundzüge der Abwehr von Arzneimittelrisiken, Stufenplanverfahren, in Schnieders/Mecklenburg (Hrsg.), Zulassung und Nachzulassung von Arzneimitteln, S. 162; Räpple, Das Verbot bedenklicher Arzneimittel, S. 69 f.

§ 10 Versagung der Zulassung

Literatur angeführt, dass von einem selbstverantwortlichen und vernünftigen Handeln eines Arzneimittelverbrauchers aufgrund der mangelnden eigenen Steuerbarkeit der hoch komplexen Sachverhalte auf dem Gebiet der Medizin und Pharmazie nicht ohne weiteres auszugehen sei und daher die durch einen – nicht nur möglichen, sondern auch wahrscheinlichen – Fehlgebrauch für einen größeren Verbraucherkreis zu erwartenden Gefahren zulasten des pharmazeutischen Unternehmers im Rahmen der Vertretbarkeitsentscheidung zu berücksichtigen und in dessen Haftungssphäre zu verlagern seien.[239]

199 Für eine ausschließliche Festlegung des bestimmungsgemäßen Gebrauchs iSd § 5 Abs. 2 AMG anhand der **Herstellerangaben** spricht jedoch vielmehr, dass deren Vorhandensein wesentlicher Bestandteil der Zulassungsunterlagen (§§ 22 Abs. 1 iVm 10, 11, 11a AMG) ist.[240] Die Produktaussagen des pharmazeutischen Unternehmers definieren damit über die Zulassung eines Arzneimittels hinausgehend die Verkehrsfähigkeit eines Arzneimittels als solchen. Eine derartige Kennzeichnung die auf die Verkehrsfähigkeit eines Arzneimittels abstellt, macht den über die Produktaussagen und Zulassungsunterlagen des Unternehmers bezeichneten Gebrauch prüfbar und gegenüber einem bestimmungswidrigen Gebrauch abgrenzbar.

200 Diese Auffassung lässt sich auch auf die Systematik der Gefährdungshaftung in § 84 Abs. 1 S. 2 Nr. 1 und 2 AMG und auf die Kausalitätsvermutung des durch das Zweite Gesetz zur Änderung schadenersatzrechtlicher Vorschriften neu eingefügten § 84 Abs. 2 AMG stützen. Grundsätzlich liegt der Gefährdungshaftung des § 84 AMG die gesetzgeberische Intention zugrunde, dass ein pharmazeutischer Unternehmer die Folgen einer von ihm beherrschbaren Gefahrenquelle tragen soll.[241] Soweit sich eine Vermutung, dass ein erlittener Schaden nach einer Arzneimittelanwendung durch eben dieses Arzneimittel verursacht wurde, u.a. nach der Dosierung und nach Art und Dauer seiner bestimmungsgemäßen Anwendung beurteilt (§ 84 Abs. 2 AMG), aber auf der anderen Seite nach § 84 Abs. 3 AMG den pharmazeutischen Unternehmer eine Ersatzpflicht dann nicht treffen soll, soweit nach den Umständen davon auszugehen ist, dass die schädliche Wirkung ihre Ursache nicht im Bereich der Entwicklung und Herstellung hat, so trifft diesen eine Verantwortlichkeit nur im Rahmen seiner eigenen beherrsch- und steuerbaren Handlungsmöglichkeiten. Hiermit kann aber keinesfalls ein „bestimmungswidriger Gebrauch" gemeint sein, sondern vielmehr ein Gebrauch entsprechend den jeweiligen Herstellerangaben. Auch die vom BGH in der „**Alupent-Dosier-Aerosol**"-Entscheidung[242] aufgestellten Grundsätze im Haftungssystem des Arzneimittelrechts führen, über die Warnverpflichtung hinausgehend, nicht zu einer Verpflichtung zum Ausschluss jeder mit zumutbaren Mitteln vermeidbaren Gefahr bei einem naheliegenden Fehlgebrauch. Insoweit wies der BGH darauf hin, dass vom Kläger nachzuweisen sei, dass ein Warnhinweis auch beachtet worden wäre. Auf einen solchen Nachweis wäre aber zu verzichten gewesen, wenn der BGH eine Pflicht zum Ausschluss der Gefahr bei einem nahe-

---

239 Vgl Räpple, aaO, S. 74.
240 Papier, Der bestimmungsgemäße Gebrauch der Arzneimittel – die Verantwortung des pharmazeutischen Unternehmers, S. 11 ff, 53; Hauke/Kremer, PharmR 1992, 162, 164; Hart, in: Hart/Hilken/Merkel/Woggan (Hrsg.), Das Recht des Arzneimittelmarktes, 1988, S. 83 f; Sander, Arzneimittelrecht, § 5 AMG Erl. 5, § 84 AMG Erl. 13; Hasskarl, pharmind 1980, 662; Fries, Die arzneimittelrechtliche Nutzen-/Risiko-Abwägung und Pharmakovigilanz, S. 342 f; in diesem Sinne auch OVG Berlin, Beschl. v. 26.11.1987 – OVG 5 S 75/87, PharmR 1988, 57, 59: „Risiken, die aufgrund falscher Spritztechnik entstehen, auf die die Packungsbeilage im übrigen deutlich hinweist, werden durch bestimmungswidrigen Gebrauch verursacht und müssen bei der rechtlichen Betrachtung im Rahmen des § 25 Abs. 2 S. 1 Nr. 5 AMG außer Betracht bleiben".
241 Hauke/Kremer, PharmR 1992, 162, 168.
242 BGH, Urt. v. 24.1.1989 – VI ZR 112/88, NJW 1989, 1542, 1545, vgl darüber hinausgehend BGH, Beschl. v. 1.7.2008 – VI ZR 287/ 07, NJW 2008, 2994 f.

liegenden Fehlgebrauch hätte annehmen wollen.²⁴³ Dafür, dass es hinsichtlich eines Fehlgebrauchs mit einer **deutlichen Warnung des Herstellers** im Hinblick auf eine Gefährdungshaftung nach § 84 Genüge getan ist, spricht auch die Eigenverantwortlichkeit des Arzneimittelanwenders, der sich zumindest mit dem Arzneimittel und den Anleitungen des pharmazeutischen Unternehmers vertraut machen muss. In einer Entscheidung des BVerfG, die die sog. Kindertee-Fälle der Rechtsprechung der Zivilgerichte betraf, wurde eine vergleichbare Verantwortungsobliegenheit ausdrücklich betont.

(2) Die Verantwortlichkeitssphäre von Akteuren mit besonderem Sachverstand

Aus haftungsrechtlicher Sicht lässt das fehlerhafte Handeln eines Arztes bei der Medikamentenanwendung gleichzeitig eine mögliche Verantwortlichkeit des pharmazeutischen Herstellers für seine Produktinformationen unberührt.²⁴⁴ Die Verantwortlichkeit des pharmazeutischen Unternehmers muss aber letztlich dort enden, wo ein Verhalten von Akteuren mit besonderem Sachverstand eine Verletzung durch die pflichtwidrige Anwendung „des den Standard" entsprechenden Arzneimittels verursacht.²⁴⁵ Dem Standard entsprechen bedeutet in diesem Sinne insbesondere, dass zB ein Arzt oder Apotheker durch Fortbildung einen genauen Informationsstand über die von ihm verordneten bzw feilgehaltenen Arzneimittel besitzen muss. Dies entspricht vollumfänglich der dem Arzt oder Apotheker obliegenden **Sorgfaltspflicht**.²⁴⁶ Hieraus ergibt sich in Abgrenzung zum Verantwortungsbereich des pharmazeutischen Unternehmers, dass ein am Arzneimittelmarkt beteiligter Akteur mit besonderem medizinischen oder pharmazeutischen Sachverstand weder hinter der vom Unternehmer zu erbringenden Produktsicherheit noch hinter der dem Arzneimittel beigegebenen Gebrauchs- und Fachinformation zurückbleiben darf.²⁴⁷

201

Soweit danach die Verantwortungssphäre des Arztes oder Apothekers jenseits der vom pharmazeutischen Unternehmer vorgegebenen Produktinformationen liegt, führt eine **systematische Zuordnung von Verantwortungsbereichen** im Umgang mit Arzneimitteln zu dem Ergebnis, die Festlegung des bestimmungsgemäßen Gebrauchs und die damit verbundene Risiko- und Verantwortungszuordnung ausschließlich an die Angaben der Pharmahersteller zu koppeln. Zwar kann es im Verhältnis zur Verantwortlichkeit eines Arztes zu Überschneidungen kommen.²⁴⁸ Eine Gleichsetzung des naheliegenden Gebrauchs und insbesondere auch des in der medizinischen bzw ärztlichen Praxis anerkannten Gebrauchs mit dem „bestimmungsgemäßen Gebrauch" würde zu einer willkürlichen Festlegung und Erweiterung der Haftung des pharmazeutischen Unternehmers gegenüber der anderer Akteure mit medizinischem oder pharmazeutischem Sachverstand und damit zu einer rechtspolitisch nicht vertretbaren Verantwortungsverlagerung führen, die eine nicht zu rechtfertigende Pri-

202

---

243 Voit, Zivilrechtliche Haftungsrisiken der Leistungsorgane pharmazeutischer Unternehmen, in: Meurer (Hrsg.), Marburger Gespräche zum Pharmarecht, Die Haftung der Unternehmensleitung, S. 36, 49.
244 Vgl hierzu die „Estil"-Entscheidung des BGH, Urt. v. 11.7.1972 – VI ZR 194/70, NJW 1972, 2217 ff. In dem der Entscheidung zugrunde liegenden Sachverhalt wurde eine Patientin durch einen Arzt das Kurznarkosemittel „Estil" intraarteriell injiziert, das jedoch entsprechend den Informationen der Packungsbeilage nur intravenös anzuwenden war; ausdrücklich sollte eine intraarterielle Injektion mit Sicherheit vermieden werden. Nach einer Gefäßreaktion musste im weiteren Verlauf der Oberarm – wie sich später herausstellte, darüber hinausgehend auch in weiteren 18 Fällen – amputiert werden. Trotz ärztlichen Behandlungsfehlers hat der BGH den pharmazeutischen Unternehmer für solche Schäden verantwortlich gemacht, die durch einen naheliegenden Fehlgebrauch des Arzneimittels bedingt sind.
245 Hart, Arzneimitteltherapie und ärztliche Verantwortung, S. 179; Porstner, Arzneimittelsicherheit – Wunsch und Wirklichkeit, in: Arbeitsgemeinschaft Rechtsanwälte im Medizinrecht e.V. (Hrsg.), Arzneimittelsicherheit und der Umgang mit unerwünschten Wirkungen, S. 7, 16.
246 Hart, Arzneimitteltherapie und ärztliche Verantwortung, S. 180, 183; Laufs/Uhlenbruck, Handbuch des Arztrechts, § 11 Rn 7 ff.
247 Hart, aaO, S. 180, 183.
248 Hart, aaO, S. 180.

§ 10 Versagung der Zulassung

vilegierung des Handelns der Heilberufe zur Folge hätte. Darüber hinaus würde eine Erweiterung der Verbots- und Haftungsnormen um den naheliegenden Fehlgebrauch oder einen anerkannten Gebrauch in der medizinischen Praxis solche arzneimittelabgabebezogenen Berufsgruppen und diejenigen Arzneimittelverbraucher einseitig benachteiligen, die ein unbedenkliches Arzneimittel bestimmungsgemäß anwenden und die dieses Mittel als Mittel der ärztlichen Therapie verwenden oder zur Erhaltung des Lebens oder der Gesundheit abgeben.[249]

3. Begründeter Verdacht

203 Umgangssprachlich wird dann von einem Verdacht gesprochen, wenn eine Vermutung über den Ablauf eines Sachverhalts besteht. Die Bandbreite eines Verdachts liegt zwischen bloßer Spekulation, in der logische Erklärungsmuster keine Verwendung finden, und einem begründeten Verdacht, dessen Erklärungsinhalt an einen gesicherten Kausalzusammenhang grenzen kann.[250] Dabei kann es sich zum einen um ein psychologisches Phänomen handeln, wonach ein Beobachter zu einer Vermutung gelangt, die wahr oder falsch oder begründet oder unbegründet sein kann. Zum anderen kann ein Verdacht auch eine Hypothese sein, die erst in der Folge empirisch zu überprüfen ist, soweit es auf die Begründung des Verdachts ankommen soll.[251] Die letztgenannte Bedeutungsvariante ist für das AMG maßgeblich, da das Arzneimittelrecht ausschließlich den „begründeten" Verdacht meint. Die begriffliche Vielfältigkeit eines möglichen Verdachts verdeutlicht, dass eine Aussage über den Ablauf eines Sachverhalts in jedem Falle mit einer Ungewissheit oder auch einer Unsicherheit auf der Beurteilungsebene behaftet ist. Dieser Ungewissheit lässt sich nur mit Wahrscheinlichkeitsurteilen begegnen. Für den arzneimittelrechtlichen Kontext bedeutet dies, dass ein Verdacht iSd § 5 Abs. 2 AMG durch ein zu fällendes Wahrscheinlichkeitsurteil zu bestätigen ist.[252] Entscheidend für den Verdacht nach § 5 Abs. 2 AMG ist danach ein Wahrscheinlichkeitsurteil über einen Kausalzusammenhang zwischen der Arzneimittelanwendung und dem Eintritt schädlicher Wirkungen.[253]

Das führt dazu, den Ausgangspunkt einer Verdachtsentscheidung in einem Vergleich mit dem allgemeinen polizeilichen Gefahrenbegriff zu suchen. Denn auch hier wird auf die Wahrscheinlichkeit eines Schadenseintritts abgestellt.

a) Verdacht/Gefahrenverdacht

204 Als **Gefahr** wird eine Sachlage bezeichnet, bei der im einzelnen Falle die hinreichende Wahrscheinlichkeit besteht, dass in absehbarer Zeit ein Schaden für die öffentliche Sicherheit oder Ordnung eintreten wird.[254] Darüber hinaus bezeichnet das BVerwG eine Gefahr insbesondere auch dann, wenn eine Sachlage oder ein Verhalten bei ungehindertem Ablauf eines objektiv zu erwartenden Geschehens mit Wahrscheinlichkeit ein polizeilich geschütztes Rechtsgut schädigen wird.[255] Im Gefahrenbegriff drückt sich demnach nicht ein Kausalzusammenhang zwischen einer gegenwärtigen Lage und einem zukünftigen Schadenseintritt aus, sondern vielmehr ein Urteil über einen solchen Zustand.[256] Hierbei gilt für das Vorliegen einer Gefahr der **Grundsatz der gegenläufigen Proportionalität** von Wahrscheinlich-

---

249 Papier, Der bestimmungsgemäße Gebrauch der Arzneimittel – die Verantwortung des pharmazeutischen Unternehmers, S. 54; Hauke/Kremer, PharmR 1992, 162, 168.
250 Letzel/Wartensleben, PharmR 1989, 2 f.
251 Letzel/Wartensleben, ebenda.
252 Kloesel/Cyran, Arzneimittelrecht, § 5 AMG Erl. 23.
253 Letzel/Wartensleben, aaO, S. 2 f.
254 Denninger, in: Lisken/Denninger (Hrsg.), Handbuch des Polizeirechts, S. 319 ff.
255 BVerwG, Urt. v. 26.2.1974 – 1 C 31/72, BVerwGE 45, 51, 57.
256 Preuß, Risikovorsorge als Staatsaufgabe, in: Grimm (Hrsg.), Staatsaufgaben, S. 523, 527.

D. Die Versagungsgründe des § 25 Abs. 2 und 3 AMG im Einzelnen

keits- und Schadensstufe, nach dem gilt: Je größer der zu befürchtende Schaden ist, umso geringer sind die Anforderungen an die Wahrscheinlichkeit.[257] Umgekehrt gilt jedoch auch: Je bedeutungsloser der zu erwartende Schaden ist, desto sicherer muss mit einem Schadenseintritt zu rechnen sein, um eine Gefahr bejahen zu können.[258]

Für das Arzneimittelrecht gibt gerade die Bezeichnung des Verdachts in § 5 Abs. 2 AMG als **„begründeter Verdacht"** Aufschluss über die Qualität des anzustellenden Wahrscheinlichkeitsurteils. Hierbei handelt es sich um einen Verdachtsanlass von gewisser Festigkeit.[259] Soweit nämlich als Ursache für eine schädliche Wirkung ein bestimmtes Arzneimittel verdächtigt wird, bezieht sich ein anzustellendes Wahrscheinlichkeitsurteil auf ein Ereignis bzw eine Tatsachenfeststellung.[260] Die Definition des Gefahrenbegriffs als hinreichende Wahrscheinlichkeit eines Schadenseintritts bezieht sich hingegen auf ein prognostisches Wahrscheinlichkeitsurteil, das nicht an ein bereits bestehendes Ereignis gekoppelt ist;[261] die tatsächliche Grundlage für die Erstellung einer **Schadensprognose** ist **ungewiss**.[262]

Gleiches gilt für den in der Literatur vielfach vorgeschlagenen Begriff des Gefahrenverdachts.[263] Von einem solchen Gefahrenverdacht wird insbesondere dann gesprochen, wenn eine Ordnungsbehörde aufgrund objektiver Umstände über Anhaltspunkte verfügt, die auf eine Gefahr hindeuten, letztlich weiß, dass ihre Erkenntnis unvollständig ist und eine Gefahr möglicherweise nicht vorliegt.[264] Im Gegensatz zur prognostischen Ungewissheit liegt in diesem Fall eine Ungewissheit über einen Sachverhalt und über seinen kausalen Zusammenhang mit anderen Sachverhalten vor.[265] Daher ist auch beim Gefahrenverdacht offensichtlich, dass die entscheidungsrelevante Grundlage einer prognostischen Beurteilung ungewiss ist. Gerade hierin liegt aber auch das maßgebliche Unterscheidungskriterium des Verdachts iSd § 5 Abs. 2 AMG vom polizeilichen Gefahrenbegriff resp. Gefahrenverdacht.

b) Konkretisierung des Wahrscheinlichkeitsurteils

Da der im Tatbestand des § 5 Abs. 2 AMG verwendete Begriff des Verdachts mit dem polizeilichen Gefahrenbegriff resp. Gefahrenverdacht nicht gleichgesetzt werden kann, würde es unzulänglich sein, einen Verdacht als Verdachtsanlass von gewisser Festigkeit zu qualifizieren. Für die Rechtspraxis ist daher von Belang, wie die Anforderungen an ein Wahrscheinlichkeitsurteil und der diesem zugrunde liegende Wahrscheinlichkeitsgrad näher zu bestimmen sind.

Unter Zugrundelegung der bisher ergangenen Rechtsprechung lassen sich die wesentlichen Merkmale zur Bestimmung des jeweiligen Wahrscheinlichkeitsgrades kennzeichnen. Nach der Rechtsprechung des VG Berlin und des OVG Berlin ist ein Verdacht schädlicher Wirkungen dann begründet, wenn ernst zu nehmende Erkenntnisse irgendwelcher Art den Schluss nahe legen, dass das fragliche Medikament unvertretbare Nebenwirkungen hat, oder

---

257 BVerwG, Urt. v. 26.2.1974 – 1 C 31/72, BVerwGE 45, 51, 61; BVerwG, Urt. v. 6.9.1974 – 1 C 17/73, BVerwGE 47, 31, 40; vgl auch BVerwG, Urt. v. 17.3.1981 – 1 C 74/76, BVerwGE 62, 36, 39, das die Beurteilung der Wahrscheinlichkeit des Schadenseintritts von einer Differenzierung nach Maßgabe des Verhältnismäßigkeitsgrundsatzes abhängig macht.
258 Hansen-Dix, Die Gefahr im Polizeirecht, im Ordnungsrecht und im technischen Sicherheitsrecht, S. 135.
259 Di Fabio, Risikoentscheidungen im Rechtsstaat, S. 257.
260 Letzel/Wartensleben, PharmR 1989, 2 f, unter Bezugnahme auf *Kaufmann*, der jene Tatsache als „generelle Kausalität" bezeichnet. Siehe Kaufmann, Tatbestandsmäßigkeit und Verursachung im Contergan-Verfahren, JZ 1971, 569, 572.
261 Räpple, Das Verbot bedenklicher Arzneimittel, S. 79.
262 Di Fabio, Risikoentscheidungen im Rechtsstaat, S. 257.
263 Siehe zum Gefahrenverdacht Denninger, in: Lisken/Denninger (Hrsg.), Handbuch des Polizeirechts, S. 320 mwN.
264 Schenke, Polizei- und Ordnungsrecht, Rn 83.
265 Preuß, Risikovorsorge als Staatsaufgabe, in: Grimm (Hrsg.), Staatsaufgaben, S. 523, 529.

tragfähige Anhaltspunkte für einen möglichen Kausalzusammenhang zwischen dem Arzneimittel und der schädlichen Wirkung bei bestimmungsgemäßem Gebrauch des Arzneimittels vorliegen.[266] Hierzu hat das OVG Berlin Beurteilungskriterien für einen Verdacht schädlicher Wirkungen im Einzelfall aufgestellt:

- So soll bei der Neuzulassung eines Arzneimittels – mangels praktischer Erfahrungen – auch eine **theoretisch begründete Gefahr** schädlicher Wirkungen ausreichend sein.
- Bei bereits auf dem Arzneimittelmarkt befindlichen Mitteln ist eine theoretisch begründete Gefahr darüber hinaus (empirisch) zu konkretisieren.
- **Praktische Erfahrungswerte**, die nicht theoretisch erklärbar sind, können für Altpräparate einen Verdacht begründen.
- Letztlich sind die Anforderungen an die **Eintrittswahrscheinlichkeit** umso geringer, je schwerwiegender sich die drohende Gefahr auswirkt, wenn sie eintritt.[267]

209 Hieraus ergibt sich, dass die Beurteilungskriterien für einen arzneimittelrechtlichen Verdacht in einem asymmetrischen Verhältnis zueinander stehen.[268] Einerseits können bereits einfache Beobachtungen schon dann für einen Verdacht ausreichend sein, wenn es für ein Wahrscheinlichkeitsurteil keine wissenschaftlich belegbare Grundlage bzw theoretische Erklärung dafür gibt, wie es überhaupt zu der jeweiligen Wirkung kam. Andererseits genügen aber auch bloße wissenschaftlich-theoretische Annahmen über die Schädlichkeit eines Arzneimittels. Folglich weist der arzneimittelrechtliche Verdachtsbegriff des § 5 Abs. 2 AMG wie auch der Gefahrenbegriff genügend Flexibilität auf, um einer **Prognoseunsicherheit** gerade in solchen Konstellationen Rechnung zu tragen, in denen es um die mögliche Beeinträchtigung höchster Rechtsgüter, wie Leben oder Gesundheit, oder um die Befürchtung des Eintritts größter Schäden geht.

c) Der Begriff des rechtlichen Risikos

210 Üblicherweise wird ein Risiko definiert als die Möglichkeit des Eintritts eines Schadens. Schaden meint dabei jede als unerwünscht bezeichnete Folge eines Geschehens, wobei der jeweilige Schaden nicht rechtstechnisch zu verstehen ist.[269] Die Größe des Risikos wird durch das Produkt aus potenziellem Schadenausmaß und der vermuteten Eintrittswahrscheinlichkeit bestimmt, kurz: R = S x W.[270] Eine Gefahr ist demgegenüber bei derartigen Risiken gegeben, bei denen eine Schädigung rechtlich geschützter Güter zu befürchten ist.

211 Hiernach ist eine Gefahr zwar zugleich ein Risiko, gleichwohl Risiken nicht etwa objektiv weniger wahrscheinliche Schadensereignisse als Gefahren sind.[271] Jedoch sollen – nach vereinzelten Stimmen in der Literatur – nur solche Risiken auch als Gefahr zu bezeichnen sein,

---

266 VG Berlin, Beschl. v. 9.4.1987 – 14 A 43/87, PharmR 1988, 74, 76; VG Berlin, Beschl. v. 16.7.1987 – 14 A 115/87, PharmR 1988, 53, 55; VG Berlin, Urt. v. 26.10.1987 – 14 A 259/87, PharmR 1988, 105, 108 f; OVG Berlin, Beschl. v. 26.11.1987 – OVG 5 S 75/87, PharmR 1988, 57, 58, unter Bezugnahme auf die Begr. zum Entwurf eines zweiten Gesetzes zur Änderung des Arzneimittelgesetzes (BT-Drucks. 10/5112, 18 zu Nr. 15); OVG Berlin, Beschl. v. 16.5.1990 – OVG 5 S 124/89, Sander, ESzA, § 30 Nr. 8 b.
267 OVG Berlin, Beschl. v. 26.11.1987 – OVG S 75/87, PharmR 1988, 57, 58; OVG Berlin, Beschl. v. 22.1.1988 – OVG 5 S 102/87, PharmR 1988, 66, 67.
268 Di Fabio, Risikoentscheidungen im Rechtsstaat, S. 259.
269 Murswiek, Die staatliche Verantwortung für die Risiken der Technik, S. 82 f (Fn 8).
270 Ipsen, VVDStRL 48 (1990), 177, 186 f; Murswiek, aaO, S. 83; Murswiek, in: Kimminich/ v. Lersner/ Storm (Hrsg.), Handbuch des Umweltrechts, S. 803 f (zum Begriff „Gefahr"). Eine andere Bestimmung des Risikobegriffs aus der Sicht moderner gesellschaftlicher Risikowahrnehmungen findet sich in der Soziologie, siehe hierzu Beck, Risikogesellschaft, Auf dem Weg in eine andere Moderne; Evers/Nowotny, Über den Umgang mit Unsicherheit; Luhmann, Soziologie des Risikos; ders., Risiko und Gefahr, in: ders., Soziologische Aufklärung V, S. 131 ff.
271 Preuß, Risikovorsorge als Staatsaufgabe, in: Grimm (Hrsg.), Staatsaufgaben, S. 523, 529; siehe auch Di Fabio, ZLR 2003, 163, 164.

D. Die Versagungsgründe des § 25 Abs. 2 und 3 AMG im Einzelnen

die „oberhalb einer Risikoschwelle" liegen und von „hinreichender" Größe sind.[272] Risiko ist danach ein Oberbegriff, gegenüber dem sich die Gefahr nur noch als Sonderfall darstellt.[273] Andere Teile der verwaltungsrechtlichen Literatur sehen eine Gefahr nur bei Vorliegen der hinreichenden Wahrscheinlichkeit einer Rechtsgutverletzung. Wiederum andere Auffassungen vermögen keinen inhaltlichen Unterschied zwischen einer Gefahr und einem Risiko zu erkennen, was u.a. damit begründet wird, dass es sich lediglich um unterschiedliche Bezeichnungen ohne weiteren Bedeutungsinhalt für dieselbe Sache handelt, nämlich, um einen möglichen Schaden. Eine dritte Kategorie zwischen möglichen Schäden und nichtmöglichen Schäden würde in virtuelle Bereiche führen.[274]

Die stark abweichenden Positionen zur Definition des Risikos zeigen, dass es keinen einheitlichen Risikobegriff gibt. Einigkeit besteht innerhalb der vorstehend umrissenen Ansätze nur bezüglich des Gefahrenbegriffs, soweit diesem das Merkmal der Eintrittswahrscheinlichkeit einer Rechtsgutverletzung zugrunde liegt.

d) Kriterien einer risikobezogenen Verdachtsentscheidung nach § 5 Abs. 2 AMG

Die vorweg getroffene Feststellung, die Verdachtsentscheidung nach § 5 Abs. 2 AMG jenseits der traditionellen Wahrscheinlichkeitsprognose losgelöst von Alltagserfahrungen und empirisch gesichertem Wissen, als risikobezogen einzuordnen, ist für eine systematische Einordnung des Arzneimittelrechts unter ein Modell staatlicher Risikoentscheidungen sowie für eine praxisbezogene Handhabung von besonderer Bedeutung. Dennoch sagt auch die Möglichkeit einer bloß „theoretisch begründeten Gefahr schädlicher Wirkungen" für sich genommen nichts darüber aus, welche genauen Anforderungen an eine entsprechende Verdachtsintensität im konkreten Einzelfall zu stellen sind. Die Feststellung einer risikobezogenen Verdachtsentscheidung gibt nur an, welches abstrakte Maß einer Eintrittswahrscheinlichkeit vorliegen kann. Dagegen obliegt die jeweilige Konkretisierung der für den Einzelfall erforderlichen Anforderungen an die Verdachtsintensität ausschließlich dem Normanwender.[275]

Für eine Konkretisierung der für den Einzelfall erforderlichen Anforderungen an eine Verdachtsintensität ist es zweckmäßig – trotz Abkopplung von einer herkömmlichen Wahrscheinlichkeitsprognose –, den in der polizeilichen Gefahrendogmatik vorherrschenden Grundsatz der **gegenläufigen Proportionalität** heranzuziehen. Dieser beurteilt den Grad einer Wahrscheinlichkeit nach dem Rang des betroffenen Rechtsguts und dem Ausmaß des zu befürchtenden Schadens.[276] So sind die Anforderungen an die Eintrittswahrscheinlichkeit um so geringer, je schwerwiegender und folgenschwerer sich eine drohende Gefahr auswirkt.[277] Dabei handelt es sich aber nicht um eine bloße Tatsachenfeststellung, sondern um eine wertende Abwägung der im Einzelfall betroffenen Rechtsgüter im Rahmen des Verhältnismäßigkeitsprinzips.[278] Nicht zuletzt impliziert diese Schlussfolgerung auch die durch die Änderungsrichtlinie 2004/27/EG eingeführte Arzneimittelrisikodefinition des Art. 1 Nr. 28 RL 2001/83/EG, nach der es heißt: „Mit der Verwendung des Arzneimittels verbun-

---

272 Marburger, Die Regeln der Technik im Recht, S. 121 ff.
273 Ladeur, Das Umweltrecht der Wissensgesellschaft, S. 76.
274 Wolf, Umweltrecht, Rn 111.
275 Räpple, Das Verbot bedenklicher Arzneimittel, S. 83.
276 Drews/Wacke/Vogel/Martens, Gefahrenabwehr, S. 224 mwN; Murswiek, in: Kimminich/ v. Lersner/ Storm (Hrsg.), Handbuch des Umweltrechts, S. 85 f; Hansen-Dix, Die Gefahr im Polizeirecht, im Ordnungsrecht und im technischen Sicherheitsrecht, S. 43 ff.
277 OVG Berlin, Beschl. v. 26.11.1987 – OVG 5 S 75/87, PharmR 1988, 57, 58; OVG Berlin, Beschl. v. 22.1.1988 – OVG 5 S 102/87, PharmR 1988, 60, 61.
278 Drews/Wacke/Vogel/Martens, Gefahrenabwehr, S. 224; Fuhrmann, Sicherheitsentscheidungen im Arzneimittelrecht, S. 150; Räpple, Das Verbot bedenklicher Arzneimittel, S. 83.

denes Risiko: – jedes Risiko im Zusammenhang mit der Qualität, Sicherheit oder Wirksamkeit des Arzneimittels für die Gesundheit der Patienten oder die öffentliche Gesundheit".

aa) Menschliches Leben und menschliche Gesundheit als maßgebliche Rechtsgüter

215 Im Zusammenhang mit einer Beurteilung der Verdachtsintensität ist vornehmlich der Rang des betroffenen Rechtsguts zu berücksichtigen. Naturgemäß betreffen schädliche Wirkungen eines Humanarzneimittels das menschliche Leben und die menschliche Gesundheit. Offensichtlich wären daher hochrangige Rechtsgüter betroffen, wobei das menschliche Leben innerhalb der grundgesetzlichen Ordnung einen Höchstwert darstellt.[279] Daher wird für die Annahme eines Verdachts im Hinblick auf die Rangstellung der betroffenen Rechtsgüter grundsätzlich von geringen Anforderungen an eine Eintrittswahrscheinlichkeit auszugehen sein.[280] Dies ist verfassungsrechtlich auch so geboten. Denn insbesondere aus Art. 2 Abs. 2 S. 1 GG iVm Art. 1 S. 2 GG ergibt sich für den Staat die Pflicht, sich schützend vor das Leben und die körperliche Unversehrtheit zu stellen.[281]

bb) Ausmaß des befürchteten Gesundheitsschadens

216 Die **zentrale Einflussgröße** für die Beurteilung der Verdachtsintensität liegt in dem mit der Einnahme eines Arzneimittels befürchteten Ausmaß eines gesundheitlichen Schadens. Die durch das LG Aachen im „Contergan"-Verfahren aufgestellten Grundsätze haben diesbezüglich zu einer maßgeblichen Konkretisierung beigetragen.

217 Danach muss ein pharmazeutischer Unternehmer, wie auch die zuständigen Landesüberwachungsbehörden und die Bundesoberbehörde, grundsätzlich umso eher handeln, je schwerer die Gesundheitsschäden sind, die durch ein Arzneimittel verursacht werden können. Bei Schäden geringerer Intensität kann es vertretbar sein, einen Verdacht durch gezielte Prüfungen zu widerlegen und erst dann Maßnahmen zu ergreifen, wenn eine Widerlegung nicht gelingt oder bereits aufgrund einer Vielzahl von unerwünschten Arzneimittelwirkungen eine größere Wahrscheinlichkeit besteht, dass sich der Verdacht bestätigt.[282] Besonders schwere Schäden, wie Missbildungen oder der Eintritt von Todesfällen, zwingen einen pharmazeutischen Unternehmer und die Behörden schon dann zu einer sofortigen Unterlassen resp. Untersagung einer weiteren Inverkehrbringung eines Arzneimittels, wenn auch nur die entfernte Möglichkeit besteht, dass der bestehende Schädlichkeitsverdacht richtig sein könnte. Darüber hinausgehend kann es bedeutsam sein, ob die auftretenden Schäden langsam oder schnell wieder abklingen. So hat ein pharmazeutischer Unternehmer im Falle der möglichen Verursachung langwieriger oder gar chronischer Beschwerden schneller die weitere Vermarktung eines Arzneimittels zu unterbinden, als bei nach kürzester Zeit wieder abklingenden schädlichen Wirkungen.[283]

218 Für die Beurteilung der Verdachtsintensität ist überdies zu berücksichtigen, **wie häufig** die mit einer Arzneimitteleinnahme verbundenen **Gesundheitsschäden** eintreten. Treten diese mit einer gewissen Regelmäßigkeit oder in zahlreichen Fällen auf, ist der pharmazeutische Unternehmer oder die zuständige Behörde bereits bei einem geringen Grad eines Verdachts dazu verpflichtet das weitere Inverkehrbringen des Arzneimittels zu verhindern.[284] Ein ausschließliches Abstellen auf die Zahl der dokumentierten Verdachtsfälle kann in diesem Zusammenhang kein Maßstab für einen begründeten Verdacht sein, da aufgrund der hohen

---

279 BVerfG, Beschl. v. 1.8.1973 – 2 BvR 1013, 1019, 1934/77, BVerfGE 49, 24, 53.
280 Räpple, Das Verbot bedenklicher Arzneimittel, S. 84.
281 *Jarass*/Pieroth, Grundgesetz für die Bundesrepublik, Kommentar, Art. 2 Rn 80, 91 ff.
282 LG Aachen, Beschl. v. 18.12.1970 – 4 KMs 1/68, 15-115/68, JZ 1971, 507, 516.
283 LG Aachen, ebenda.
284 LG Aachen, ebenda.

D. Die Versagungsgründe des § 25 Abs. 2 und 3 AMG im Einzelnen 10

Dunkelziffer weiterer Verdachtsfälle keine validen Rückschlüsse auf das tatsächliche Ausmaß der Gefährdung gezogen werden können.[285] Unerheblich ist in diesem Zusammenhang der therapeutische Wert resp. Nutzen eines Arzneimittels.[286] Zwar können bei therapeutisch wertvollen oder sogar lebenserhaltenden Arzneimitteln schwerere Arzneimittelschädigungen in Kauf genommen werden als bei therapeutisch „unmaßgeblicheren" oder leicht ersetzbaren Arzneimitteln. Dies betrifft jedoch ausschließlich die einer Verdachtsentscheidung anschließende Abwägung zwischen Risiko und Nutzen.[287]

4. Nutzen-Risiko-Abwägung

Im Mittelpunkt der Vertretbarkeitsentscheidung nach § 25 Abs. 2 S. 1 Nr. 5 AMG resp. § 5 Abs. 2 AMG steht einer Beurteilung des Nutzens und der Abschätzung des Risikos folgend auf „Sekundärebene" der eigentliche Abwägungsvorgang.[288] Die Nutzen-Risiko-Abwägung gilt als methodischer Vorgang zur Feststellung des „Vertretbaren".[289] Gleichwohl kann aber eine Nutzenbeurteilung wie auch eine Risikoabschätzung schon im Vorfeld abwägende Elemente aufweisen. Dies findet seinen Grund darin, dass die Begriffe „Schädlichkeit" und „therapeutischer Nutzen" bei einer Entscheidung über die Unbedenklichkeit nur in ihrer wechselseitigen Beziehung geprüft werden können und letztlich nur eine relative Bedeutung haben, die nach Maßgabe des Standes der Wissenschaft und unter Berücksichtigung der Zweckbestimmung beurteilt wird.[290] Gleiches gilt ausdrücklich für die Nutzen-Risiko-Bilanzierung als solche. Ein allgemein anerkannter oder gesetzlich normierter Maßstab, an dem ein Nutzen-Risiko-Verhältnis gemessen oder der Prozess der Nutzen-Risiko-Abwägung ausgerichtet werden kann, existiert nicht.[291] 219

a) Nutzen- /Bedenklichkeitsgrenzen

Es ist anerkannt, dass der zu erwartende therapeutische Nutzen eines Arzneimittels gegenüber den potenziellen Risiken überwiegen muss bzw hinter dem Arzneimittelrisiko nicht zurückbleiben darf. Eine dem entsprechende Kurzformel lautet: Eine Arzneimittelanwendung darf prinzipiell nicht mehr schaden als nützen.[292] In dieser Kurzformel spiegelt sich gleichzeitig die arzneimittelsicherheitsrechtliche Zielsetzung des AMG wieder. Hiernach soll der Arzneimittelverbraucher einerseits prinzipiell vor unwirksamen Arzneimitteln geschützt werden. Andererseits soll ein mit einer Arzneimittelgabe beabsichtigtes Behandlungsziel für den Arzneimittelverbraucher nicht mit überhöhten Risiken verbunden sein.[293] 220

Ein Abstellen auf diese beiden sicherheitsrechtlichen Aspekte ermöglicht es, abstrakte und relative Nutzen-/Bedenklichkeitsgrenzen zu definieren. So lassen sich zwei Nutzen-/ Bedenklichkeitsschwellen bzw „Vertretbarkeitsschwellen"[294] ausmachen, die essenzielle Parameter einer Nutzen-Risiko-Abschätzung sind. 221

---

285 VG Berlin, Beschl. v. 19.10.1987 – 14 A 222/87, PharmR 1988, 61, 65; Hart, MedR 1989, 15, 19.
286 AA Räpple, Das Verbot bedenklicher Arzneimittel, S. 87 f; LG Aachen, Beschl. v. 18.12.1970 – 4 KMs 1/68, 15-115/68, JZ 1971, 507, 516.
287 Hart, MedR 1989, 15, 18 f.
288 Fuhrmann, aaO, S. 233; Räpple, aaO, S. 110.
289 Hart, in: Hart/Hilken/Merkel/Woggan (Hrsg.), Das Recht des Arzneimittelmarktes, S. 88.
290 Vgl Nr. 7 der Erwägungsgründe der RL 2001/83/EG zur Schaffung eines Gemeinschaftskodexes für Humanarzneimittel.
291 Kloesel/Cyran, Arzneimittelrecht, § 25 AMG Erl. 54.
292 Fuhrmann, Sicherheitsentscheidungen im Arzneimittelrecht, S. 234; Kloesel/Cyran, Arzneimittelrecht, § 5 AMG Erl. 31, § 25 AMG Erl. 54, Fries, Die arzneimittelrechtliche Nutzen/Risiko-Abwägung und Pharmakovigilanz, S. 353.
293 Plagemann, Der Wirksamkeitsnachweis nach dem Arzneimittelgesetz von 1976, S. 49 ff.
294 In dieser Terminologie Räpple, Das Verbot bedenklicher Arzneimittel, S. 111.

222 Eine Arzneimitteltherapie schadet dann mehr, als sie nützt, soweit das Risiko der Arzneimittelanwendung größer ist als das Krankheitsrisiko bzw das Arzneimittel einen größeren Schaden anrichten kann als die Krankheit selbst. Die Nutzen-Risiko-Bilanz dieser Arzneimittelanwendung wird als „absolut bedenklich" bezeichnet.[295] Demgegenüber können schädliche Arzneimittelwirkungen aber auch dann unvertretbar sein, wenn ein Arzneimittelanwender durch ein Präparat mit einem höheren Risiko belastet wird als durch Arzneimittel desselben Therapiezieles mit geringerem Risiko oder bei gleichwertigem Risiko diese einen höheren Nutzen aufweisen. Diese Konstellation wird als „relativ bedenklich"[296] bezeichnet.[297]

aa) Absolute Bedenklichkeit

223 Die Einordnung eines Arzneimittels als absolut bedenklich ist das Ergebnis einer isolierten Nutzen-Risiko-Bilanzierung. Die Beurteilung eines Arzneimittels als absolut bedenklich erschöpft sich in einem Vergleich zwischen dem mit der Arzneimitteleinnahme verbundenen Risiko als solchem und der Schwere der Krankheit.

Beispiel 1: Ein Arzneimittel gegen Rheuma bewirkt weder eine Linderung noch eine Heilung rheumatischer Erkrankungen. In lediglich 0,01 % aller Anwendungsfälle führt das Mittel zu leichten Leberschäden.

224 Die Einnahme des Arzneimittels führt zu keinerlei Nutzen für rheumaerkrankte Patienten. Trotz dessen wird ein geringer Teil der Patienten gefährdet sein, an einer Leberschädigung zu erkranken. Das Mittel ist – bereits wegen seiner fehlenden Wirksamkeit – als absolut bedenklich einzustufen.[298]

Beispiel 2: Ein Arzneimittel A zur Bekämpfung einer Krankheit, an der 10 % aller Erkrankten sterben, führt in 10 % aller Anwendungsfälle zum plötzlichen Herztod.

225 Das Arzneimittel führt bei 90 % der überlebenden Patienten zu therapeutischen Erfolgen. Das Risiko, an der Krankheit zu sterben, ist gleich groß zu dem Risiko einer tödlichen Wirkung des Arzneimittels. Auf den ersten Blick scheint die Gleichheit der sich gegenüberstehenden Risiken und der hohen Heilerfolgsquote gegen die Annahme einer absoluten Bedenklichkeit zu sprechen. Unberücksichtigt bleibt hierbei jedoch der Aspekt, dass das Präparat wegen der Möglichkeit eines plötzlichen Herztodes gegenüber der Möglichkeit, an der Krankheit zu sterben, zugleich eine lebensverkürzende Wirkung hat. Unter dem Gesichtspunkt der Verkürzung der Lebenszeit ist aber das mit der Arzneimitteleinnahme verbundene Risiko größer als das der Nichtbehandlung. Demgegenüber kann nicht unberücksichtigt bleiben, dass das Arzneimittel bei 90 % aller Anwendungsfälle zu einer Krankheitsverkürzung führt oder diese zumindest lindert. Eine eindeutige Einordnung des Arzneimittels als absolut bedenklich ist zumindest nicht möglich.[299]

Beispiel 3: Ein Arzneimittel A zur Behandlung einer Krankheit, an der 0,01 % aller Erkrankten sterben, führt in 90 % aller Anwendungsfälle zu Haarausfall und Magenreizungen.

---

295 Schwerdtfeger, Die Bindungswirkung der Arzneimittelzulassung, S. 32; Kloesel/Cyran, Arzneimittelrecht, § 5 AMG Erl. 13.
296 Kloesel/Cyran, ebenda.
297 Wolz, Bedenkliche Arzneimittel als Rechtsbegriff, S. 88 ff, und Räpple, Das Verbot bedenklicher Arzneimittel, S. 112 ff, haben für die Beurteilung von Bedenklichkeitsschwellen Beispielkonstellationen entwickelt, die den Abwägungsprozess für eine Vielzahl von Anwendungsfällen konkretisieren; Abwandlungen jener Beispielsfälle sind nachstehend dargestellt.
298 Wolz, aaO, S. 89; Fülgraff, PharmZ 1978, 954.
299 So auch Wolz, ebenda; anders: Räpple, aaO, S. 113.

Beispiel 3 zeigt, dass schon von vornherein nicht eindeutig entschieden werden kann, ob das Arzneimittel mehr nützt oder schadet, da eine logische Deduktion nicht möglich ist.[300] Ähnlich verhält es sich in denjenigen Anwendungskonstellationen, in denen der mit der Einnahme eines Arzneimittels verbundene Schadensumfang größer ist als der Nutzen, jedoch die Schadenseintrittswahrscheinlichkeit auf unterstem Niveau liegt. Auch hier kann es kein eindeutiges Ergebnis einer Vertretbarkeitsprüfung geben. Eine Lösung des Entscheidungsproblems kann auch nicht dadurch erfolgen, indem auf die abstrakte Erwägung zurückgegriffen wird, wonach die Anwendung von Arzneimitteln mit einer großen Wirksamkeit bei schweren Krankheitsbildern dann vertretbar erscheint, wenn mit der Anwendung schädliche Wirkungen in einem großen Umfang oder mit großem Schädigungsgrad verbunden sind.

226

bb) Relative Bedenklichkeit

Schädliche Wirkungen eines Arzneimittels sind auch dann als unvertretbar anzusehen, wenn der Arzneimittelverbraucher einem sinnlosen Risiko ausgesetzt wird, da für den gleichen Therapieerfolg weniger riskante Arzneimittel zur Verfügung stehen. So muss eine Nutzen-Risiko-Abwägung negativ ausfallen, wenn ein Arzneimittel unter Nutzen- oder Risikogesichtspunkten anderen Arzneimitteln des gleichen Indikationsanspruchs unterlegen oder zumindest nicht gleichwertig ist.[301] In diesem Fall der negativen Nutzen-Risiko-Abwägung ist ein Arzneimittel als relativ bedenklich einzustufen. Nach Auffassung der verwaltungsgerichtlichen Rechtsprechung gelten Aussagen über die Ersetzbarkeit eines Medikaments durch andere therapeutisch gleichwertige, aber risikoärmere Arzneimittel sogar grundsätzlich als unverzichtbarer Teil der Vertretbarkeitsentscheidung.[302] Konsequenterweise folgt daher aus dem Bestehen einer adäquaten Behandlungsalternative mit einem geringen Risikopotenzial, dass die Nutzen-Risiko-Abwägung bei Bestehen schwerwiegender Risiken negativ ausfällt.[303]

227

Keineswegs handelt es sich hierbei um eine Bedürfnisprüfung wie sie gelegentlich für das Zulassungsverfahren diskutiert wird, vielmehr um eine ausschließlich am Arzneimittelsicherheitsziel ausgerichtete Abwägungsmöglichkeit.[304] Von einer Bedürfnisprüfung kann nämlich nur dann gesprochen werden, soweit die Zulassung eines Arzneimittels deshalb abgelehnt würde, weil es gegenüber bereits zugelassenen Arzneimitteln gleichwertig wäre.[305] Das methodische Vorgehen zur Feststellung einer relativen Bedenklichkeit ist auf die Gegenüberstellung von Risiko und Nutzen verschiedener Arzneimittel mit gleichem Indikationsgebiet bezogen. Deshalb sind alle Alternativ- und Ersatzmethoden, sowie das Risiko der „Null-Strategie", in die Vertretbarkeitsentscheidung einzubeziehen.[306]

228

Beispiel 1: Arzneimittel A, ein Kopfschmerzmittel, das in 80 % aller Anwendungsfälle zu einer Schmerzlinderung führt, verursacht bei 20 % der Arzneimittelkonsumenten Hautausschlag. Das Kopfschmerzmittel B, das ebenfalls in 80 % aller Anwendungsfälle eine Schmerzlinderung bewirkt, führt in nur 0,5 % aller Anwendungsfälle zu Hautausschlag.

229

---

300 Räpple, aaO, S. 114.
301 Lewandowski, Sicherheitsentscheidungen im Zulassungsverfahren und bei der Risikoabwehr, PharmR 1982, 132, 133 f.
302 OVG Berlin, Beschl. v. 16.5.1990 – OVG 5 S 124/89, Sander, ESzA, § 30 Nr. 8 b, S. 22; VG Berlin, Beschl. v. 15.1.1979 – VG 14 A 4/79, Sander, ESzA, § 30 Nr. 1, S. 3 f; VG Berlin, Beschl. v. 7.9.1981 – VG 14 A 155/81, Sander, ESzA, § 30 Nr. 2, S. 3.
303 OVG NRW, Beschl. v. 9.4.2001 – 13 B 1625/00 und 13 B 1626/00; VG Köln, Beschl. v. 2.8.2002 – 24 K 1685/02; VG Köln, Urt. v. 16.1.2007 – 18 K 9981/03.
304 Hart, in: Hart/Hilken/Merkel/Woggan, Recht des Arzneimittelmarktes, S. 89.
305 Hart, in: Hart/Hilken/Merkel/Woggan, ebenda.
306 Schönhöfer, PharmR 1982, 125 f; Hielscher, PharmR 1984, 1, 4; Lewandowski, PharmR 1982, 132.

§ 10 Versagung der Zulassung

Das Arzneimittel A ist als relativ bedenklich einzustufen. Arzneimittel A und B unterscheiden sich ausschließlich durch die Eintrittswahrscheinlichkeit des Hautausschlags. Deshalb ist die Abwägungsentscheidung in dieser Konstellation unproblematisch, gleichwohl zur möglichen generellen Anwendungs-Akzeptanz der schädlichen Wirkung „Hautausschlag" keine Aussage getroffen werden kann.

Beispiel 2: Die Arzneimittel A und B wirken in 50 % aller Anwendungsfälle. Arzneimittel A führt in 1 % der Anwendungsfälle zu irreversiblen Nierenschäden, Arzneimittel B in 30 % der Fälle zu Juckreiz an den Oberarmen.

Arzneimittel A ist offensichtlich relativ bedenklich, da das Qualitätsniveau der möglichen Schadensgröße bei A überwiegt.

230 **Beispiel 3:** Arzneimittel A verursacht in 20 % der Behandlungsfälle einen reversiblen Riechverlust, während das gleich wirksame Arzneimittel B bei 20 % der Patienten zu einem reversiblen Geschmacksverlust führt.

Obwohl beide Arzneimittel unterschiedliche Nebenwirkungen hervorrufen, ist kein relevanter Unterschied im Nutzen-Risiko-Verhältnis festzustellen. Arzneimittel A und B sind unbedenklich, soweit keine weiteren Arzneimittel gleichen Indikationsgebietes mit geringerer Nebenwirkungsintensität zur Verfügung stehen.[307]

Beispiel 4: Arzneimittel A führt in 20 % aller Anwendungsfälle zu Haarausfall und Kopfschmerzen, während das gleich wirksame Arzneimittel B in 10 % der Behandlungsfälle zu reversiblen Leber- und Nierenfunktionsstörungen führt.

231 Eine eindeutige Vertretbarkeitsentscheidung kann für die vorliegende Fallkonstellation nicht getroffen werden, da die zu vergleichenden Schadenswahrscheinlichkeiten und Schadenshöhen divergieren. Auch die Wertigkeit des jeweiligen Risikos bleibt durch den Vergleich unklar. Noch problematischer wird die Vergleichssituation, wenn zusätzlich Wirksamkeitsgröße und Wirksamkeitswahrscheinlichkeit unterschiedlich ausfallen.[308] Beispiel 4 zeigt auf, wo der Nutzen-Risiko-Vergleich verschiedener Arzneimittel gleichen Indikationsgebietes an seine Funktionsgrenzen stößt.

b) Zwingende Notwendigkeit einer vergleichenden Nutzen-Risiko-Bewertung?

232 Vertretbarkeitsentscheidungen sind, um nachvollziehbar und rational sein, auf interne Vergleiche von Nutzen und Risiko und externe Vergleiche des einen Risikos mit anderen Risiken nahezu zwangsläufig angewiesen.[309] Erst eine vergleichende Risikobewertung zeigt auf, welcher naturwissenschaftliche, medizinische und auch rechtliche Stellenwert der relativen Bedenklichkeit eines Arzneimittels zukommt.[310] Es verwundert daher nicht, dass die bewertende Risikoeinteilung (Riskmanagement) im Gentechnikrecht bei der Beurteilung der gentechnischen Freisetzung, im Pflanzenschutzrecht die pflanzenschutzrechtliche Vertretbarkeitsabwägung und auf europäischer Ebene die Definition des Riskmanagement im Lebensmittelrecht auf Risikovergleiche bezogen sind. Am weitesten ist die Idee vergleichender Risikobewertungen in das Immissionsschutzrecht, insbesondere jedoch in das Atomrecht, eingedrungen.

233 Risikovergleiche stellen ein grundsätzlich geeignetes Vorgehen dar, um zu einer rationalen Risikoentscheidung resp. Vertretbarkeitsentscheidung gelangen zu können. Ein Risikovergleich im Arzneimittelrecht kann aber nur dann sinnvoll sein, wenn der Vergleich zwischen Arzneimitteln desselben Therapieanspruchs überhaupt zu eindeutigen Ergebnissen kommen

---

307 Wolz, Bedenkliche Arzneimittel als Rechtsbegriff, S. 94; Räpple, Das Verbot bedenklicher Arzneimittel, S. 114.
308 Wolz, aaO, S. 95; Räpple, aaO, S. 115.
309 Di Fabio, Risikoentscheidungen im Rechtsstaat, S. 61.
310 Breuer, NVwZ 1990, 211, 215.

kann.³¹¹ Deshalb ist die Auffassung abzulehnen, die den Nutzen-Risiko-Vergleich eines Arzneimittels gleichen Indikationsgebietes für eine Vertretbarkeitsentscheidung als generellen Beurteilungsmaßstab ansehen möchte.³¹² Das muss insbesondere dann gelten, wenn es sich um Arzneimittel zu neuen Indikationen handelt, für die keinerlei Vergleichspräparate existieren. Darum kann im Arzneimittelrecht keine zwingende Notwendigkeit zu einer vergleichenden Nutzen-Risiko-Bewertung bestehen. Gleichwohl ist die Möglichkeit einer vergleichenden Nutzen-Risiko-Bewertung hinsichtlich der Beurteilung der relativen Bedenklichkeit von Arzneimitteln zu betonen.

VIII. § 25 Abs. 2 S. 1 Nr. 5 a AMG (Kombination)
1. Grundsatz

Der mit dem 4. Gesetz zur Änderung des AMG³¹³ eingefügte § 25 Abs. 2 S. 1 Nr. 5 a AMG sieht vor, dass die Zulassung eines Arzneimittels zu versagen ist, wenn „bei einem Arzneimittel, das mehr als einen Wirkstoff enthält, eine ausreichende **Begründung** fehlt, dass jeder Wirkstoff einen Beitrag zur positiven Beurteilung des Arzneimittels leistet, wobei die Besonderheiten der jeweiligen Arzneimittel in einer risikogestuften Bewertung zu berücksichtigen sind". Die Vorschrift ist seither mit Ausnahme der Übernahme des Begriffs „Wirkstoff" statt „arzneilich wirksamen Bestandteil" durch das 14. Gesetz zur Änderung des AMG,³¹⁴ dem nur redaktionelle Bedeutung zukam,³¹⁵ unverändert geblieben. Sie ist in Zusammenhang mit § 22 Abs. 3 a AMG zu lesen. Hiernach hat ein Antragsteller bei einem Arzneimittel, das mehr als einen Wirkstoff enthält, zu begründen, dass jeder Wirkstoff einen Beitrag zur positiven Beurteilung des Arzneimittels leistet. Das Fehlen einer hinreichenden Kombinationsbegründung kann zudem Grund für den Widerruf oder die Rücknahme der Zulassung nach § 30 Abs. 1 AMG sein oder aber im Fall des § 31 Abs. 3 AMG ihrer Verlängerung entgegen stehen.

234

Das Erfordernis der Kombinationsbegründung ist nicht Selbstzweck, sondern bedarf angesichts des grundsätzlich bestehenden Zulassungsanspruchs,³¹⁶ der sich in der abschließenden Aufzählung der Versagungsgründe in § 25 Abs. 2 AMG („darf ... nur versagen, wenn ...") ausdrückt, der **sachlichen Rechtfertigung**. Sie wurde in der Gesetzesbegründung darin gesehen, dass jeder (weitere) in ein Arzneimittel aufgenommene **Wirkstoff** tendenziell die Gefahr zusätzlicher unerwünschter Wirkungen erhöht. Die Verpflichtung zu einer Kombinationsbegründung soll hiernach dem Risiko Rechnung tragen, das mit der Anwendung sämtlicher Wirkstoffe verbunden ist.³¹⁷ Einem Arzneimittelverbraucher sollen nur so viele arzneiliche Wirkstoffe zugemutet werden wie zur Therapie notwendig. Andernfalls würden Wirkstoffe, die in Bezug auf die therapeutische Wirksamkeit des Arzneimittels neutral sind, potenzielle Anwendungsrisiken schaffen, die mit der Zielsetzung in § 1 AMG – also der Arzneimittelsicherheit – nicht in Einklang stehen.³¹⁸

235

Das BVerwG sieht § 25 Abs. 2 S. 1 Nr. 5 a AMG als eine spezielle Ausprägung der Versagungsgründe der fehlenden oder der unzureichend begründeten therapeutischen Wirksamkeit (§ 25 Abs. 2 S. 1 Nr. 4 AMG) und des Verdachts einer schädlichen Wirkung des Arz-

236

---

311 Fuhrmann, Sicherheitsentscheidungen im Arzneimittelrecht, S. 242; Räpple, Das Verbot bedenklicher Arzneimittel, S. 115.
312 So aber im Erg. OVG Berlin, Beschl. v. 16.5.1990 – OVG 5 S 124/89, Sander, ESzA, § 30 Nr. 8 b, S. 22.
313 Viertes Gesetz zur Änderung des Arzneimittelgesetzes v. 11.4.1990 (BGBl. I, 717).
314 Vierzehntes Gesetz zur Änderung des Arzneimittelgesetzes v. 29.8.2005 (BGBl. I, 2570).
315 Vgl hierzu den Entwurf eines Vierzehnten Gesetzes zur Änderung des Arzneimittelgesetzes der Fraktionen SPD und Bündnis 90/Die Grünen, BTDrucks. 15/5316, 38 v. 19.4.2005.
316 Vgl hierzu § 7 Rn 13.
317 Amtl. Begr., BT-Drucks. 10/5112, 17.
318 Vgl Plagemann, Der Wirksamkeitsnachweis nach dem Arzneimittelgesetz 1976, S. 88.

neimittels (§ 25 Abs. 2 S. 1 Nr. 5 AMG) für Kombinationspräparate.[319] Im Zusammenhang mit der Einführung des § 25 Abs. 2 S. 1 Nr. 5a AMG und des korrespondierenden § 22 Abs. 3a AMG war es gesetzgeberisches Anliegen, die Stoffkombination in Bezug auf Wirksamkeit und Unbedenklichkeit zu rechtfertigen.[320] Es war insbesondere unter dem Gesichtspunkt der Arzneimittelsicherheit intendiert, der potenziellen Gefahrerhöhung in Folge der in ein Arzneimittel aufgenommenen weiteren Wirkstoffe einen positiven Beitrag gegenüberzustellen, den jeder arzneilich wirksame Bestandteil zur (Gesamt)Beurteilung des Arzneimittels leisten muss.[321]

2. Begriff des Kombinationsarzneimittels

237   Der Begriff des Kombinationsarzneimittels ist nicht legaldefiniert. Er wird aber in § 25 Abs. 2 S. 1 Nr. 5a AMG ebenso wie in § 22 Abs. 3a AMG vorausgesetzt, wenn dort von Arzneimitteln die Rede ist, die mehr als einen Wirkstoff enthalten. Angeknüpft wird damit an den **Wirkstoffbegriff** des § 4 Abs. 19 AMG. Wirkstoffe sind hiernach Stoffe,[322] die dazu bestimmt sind, bei der Herstellung von Arzneimitteln als arzneilich wirksame Bestandteile verwendet oder bei ihrer Verwendung in der Arzneimittelherstellung zu arzneilich wirksamen Bestandteilen der Arzneimittel zu werden.

Als fixe Kombinationsarzneimittel oder **fixe Kombinationen** werden solche Arzneimittel bezeichnet, die mehr als einen Wirkstoff enthalten und bei denen das Vorhandensein jedes Wirkstoffes für die Indikation notwendig ist.[323] Arzneimittel, in denen nur ein Wirkstoff und ein oder mehrere Hilfsstoffe enthalten sind, können deshalb nicht als Kombinationsarzneimittel angesehen werden, dies ungeachtet der Frage, welche Bedeutung dem Hilfsstoff in Bezug auf das Präparat zukommt.

238   Die Einstufung eines Arzneimittels als Kombinationspräparat kann sich schwierig gestalten, wenn

- verschiedene Arzneimittel in einer Verkaufsverpackung enthalten sind und zeitlich aufeinander abgestimmt angewendet werden sollen,
- das Arzneimittel aus der Gesamtheit einer Arzneipflanze gewonnen wird und den Einzelbestandteilen der Arzneimittelpflanze jeweils eine eigene therapeutische Wirksamkeit zugeschrieben werden kann,
- das Arzneimittel zunächst pharmakologisch inaktive Stoffe enthält (sog. Prodrugs) oder sich ein Wirkstoff vor der Stoffaufnahme des Körpers in mehrere Einzelwirkstoffe aufspaltet.

a) Arzneimittelkombination bei zeitlich abgestimmter Anwendungsvorgabe

239   Nicht selten enthält eine Arzneimittelverpackung mehrere Arzneimittel, die nach einer bestimmten Anwendungsvorgabe – gleichzeitig, nacheinander oder in einem zeitlichen Abstand zueinander – eingenommen werden sollen, um damit ein bestimmtes **Therapiekonzept** zu verfolgen (**Kombinationspackung**). Überwiegendes spricht dafür, diese Vermarktungsformen als Arzneimittelkombinationen anzusehen, da die unterschiedlichen Wirkstoffe der Einzelarzneimittel auf einen einheitlichen Anwendungs-, resp. Behandlungs-

---

319 BVerwG, Urt. v. 16.10.2003 – BVerwG 3 C 28.02 u. BVerwG 3 C 3.03 (Parallelentscheidung zu BVerwG 3 C 28.02), NVwZ-RR 2004, 180 f.
320 Entwurf eines Zweiten Gesetzes zur Änderung des Arzneimittelgesetzes der Bundesregierung, BTDrucks. 10/5112, 17.
321 Begr. der Bundesregierung, ebenda.
322 Zum Stoffbegriff vgl § 3 AMG und Kloesel/Cyran, Arzneimittelrecht, § 4 AMG Erl. 60 f.
323 VG Berlin, Urt. v. 20.1.1993 – 14 A 77.89 unter Bezugnahme auf die EG-Empfehlung 83/571/EWG Anhang 5 Ziff. 2 Abs. 1; Kloesel/Cyran, Arzneimittelrecht, § 22 AMG Erl. 56.

D. Die Versagungsgründe des § 25 Abs. 2 und 3 AMG im Einzelnen

ablauf bezogen sind. In diesem Falle führt die fest vorgegebene Verbindung von unterschiedlichen Wirkstoffen dazu, dass auch die Nebenwirkungen der jeweiligen Wirkstoffe nicht mehr getrennt betrachtet werden können. Möglich ist hier auch die Kombination mehrerer Kombinationsarzneimittel in einer Arzneimittelverpackung mit einheitlicher Anwendungsvorgabe, was die Anforderungen an die Kombinationsbegründung naturgegebenermaßen zusätzlich erhöht. Ohne eine gemeinsame Bewertung aller dargereichten Wirkstoffe ist aber auch hier eine sachgerechte Nutzen-Risiko-Abwägung nicht möglich. Denn die Zusammenfassung der Arzneimittel in einer Verpackung dient nicht Marketingzwecken, sondern dem auf das einheitliche Anwendungsgebiet bezogenen Therapieziel. Den pharmazeutischen Unternehmer zwingt das Erfordernis der Kombinationsbegründung in diesem Fall, sein Therapiekonzept zu begründen und den Sinn eines jeden Arzneimittels in Bezug auf das Therapieziel darzulegen.

Als Kombinationsarzneimittel muss vor diesem Hintergrund auch der Fall gelten, dass zwei – für sich genommen selbständige – Arzneimittel mit **identischen Wirkstoffen**, aber unterschiedlicher **Darreichungsform** in einer Verkaufspackung in den Verkehr gebracht werden. Dies ist zum Beispiel bei einer gemeinsamen Verpackung von Hämorrhoidalzäpfchen und -salbe der Fall. Anders als in einer Einzelbetrachtung der jeweiligen Arzneimittel folgt aus der Arzneimitteltherapie durch ein Arzneimittel mit gleichem arzneilich wirksamen Wirkstoff in unterschiedlicher Darreichungsform ein anderes Wirkverhalten als bei einer separaten Anwendung des Wirkstoffs im Wege nur einer Darreichungsform. Auch hier dient die gemeinsame Verpackung dem Therapiekonzept, das sich in Dosierung, Anwendungsvorgaben und Anwendungsgebiet ausdrückt. Mithin sind auch solche Arzneimittel als Kombinationspräparate einzuordnen, in denen eine Arzneimittelverpackung zwei Arzneimittel gleichen Wirkstoffs in unterschiedlicher Wirkstärke enthält, die nach der Anwendungsvorgabe zu unterschiedlichen Zeiten einzunehmen sind.

Deshalb ist von einem Kombinationsarzneimittel nicht nur dann auszugehen, wenn ein Arzneimittel mehr als einen Wirkstoff enthält oder mehrere Arzneimittel mit verschiedenen Wirkstoffen in einer Packung mit gemeinsamen Anwendungsgebiet kombiniert werden, sondern auch dann, wenn die gleichzeitige oder zeitlich gestufte Anwendung eines Arzneimittels mit einem gleichem Wirkstoff in unterschiedlicher Darreichungsform eine zusätzliche Wirkart manifestiert. Die Arzneimitteltherapie setzt in diesem Fall im Vergleich zu nur einer Darreichungsform ein notwendigerweise anderes Wirkverhalten voraus. Ausgehend von diesem Wirkverhalten stellen allgemein Arzneimittel, die für sich genommen als Monopräparate anzusehen sind, dann eine fixe Arzneimittelkombination dar, wenn sich verschiedene dieser Arzneimittel in einer Arzneimittelverpackung oder auf einem Blisterstreifen befinden und ihre Anwendung zeitlich aufeinander abgestimmt ist.[324] Denn eine konkret vorgegebene Dosierung, wie sie eine Kombinationspackung aufgrund einer gemeinsamen Verblisterung oder vergleichbarer Verpackungsformen vorsieht, schafft im Gegensatz zum jeweiligen Monoarzneimittel ein Medikament mit neuer Wirkungsstufe und neuem Wirkungsanspruch.

Dies muss auch dann gelten, wenn für jedes der Einzelarzneimittel eine eigene Zulassung erforderlich ist. Die Einzelzulassungen ersetzen in diesem Fall nicht die erforderliche Kombinationszulassung. Begrifflich lassen sich solche Fälle unter der Bezeichnung **Arzneimittelkombinationen** zusammenfassen. Denn die Besonderheit besteht darin, dass die zusammengefassten Stoffe für sich genommen den Arzneimittelbegriff erfüllen. In ihrer Zusammenfassung bilden sie jedoch gleichzeitig ein eigenes Kombinationsarzneimittel.

---

324 VG Berlin, Urt. v. 20.1.1993 – 14 A 77.89.

b) Auszüge von Arzneipflanzen

243 Problematisch kann die Einstufung als Kombinationsarzneimittel auch bei Auszügen oder Zubereitungen von verschiedenen **Bestandteilen** einer Arzneipflanze sein. Den verschiedenen Bestandteilen derselben Pflanze können eigene und durchaus unterschiedliche pharmakologische Wirkungen zugeschrieben werden kann. Dies drückt sich beispielsweise in den unterschiedlichen Monographien für die jeweiligen Bestandteile aus. So existieren hinsichtlich der Arzneipflanze „Weißdorn" vier Monographien, nämlich „Crataegi flos / Weißdornblüten", Crataegi folium / Weißdornblätter", „Crataegi folium cum flore /Weißdornblätter mit Blüten" und „Crataegi fructus / Weißdornfrüchte"[325] mit eigenständigen inhaltlichen Aussagen. Wirkstoff ist in einem solchen Fall der jeweilige Pflanzenbestandteil. Denn maßgeblich für die Frage der Arzneimittelkombination ist nach der unzweideutigen Gesetzesformulierung, ob das Arzneimittel mehr als einen arzneilich wirksamen Wirkstoff enthält. Auch ein Verweis auf die Stoffdefinition in § 3 Nr. 2 AMG würde zu keinem anderen Ergebnis führen, da die Einordnung einer Pflanze resp. deren Bestandteile als Stoff iSv § 3 Nr. 2 AMG die generelle Annahme eines Arzneimittels nach § 2 Abs. 1 AMG eröffnet, jedoch keine Aussage darüber trifft, ob es sich um ein Kombinationsarzneimittel handelt. Jedenfalls dürfte bei der Verwendung von Bestandteilen unterschiedlicher Pflanzen regelmäßig eine Wirkstoffkombination vorliegen. Auch das Hinzufügen von Bestandteilen einer weiteren Arzneipflanze bei der Herstellung eines Arzneimittels löst die Pflicht zur Kombinationsbegründung aus. Ob die Pflanze erst verarbeitet und anschließend mit anderen Wirkstoffen zusammengefügt wird oder eine gemeinsame Destillation stattfindet, dürfte keinen Unterschied machen.[326] Erleichterungen für den Antragsteller ergeben sich hier nur dann, wenn für die kombinierten Wirkstoffe eine **Kombinationsmonographie** vorliegt. Sie kann im Einzelfall geeignet sein, eine Kombinationsbegründung in den Antragsunterlagen zu ersetzen.

c) Prodrugs/Wirkstoffaufspaltung

244 Die Frage nach dem Erfordernis einer Kombinationsbegründung kann sich auch im Falle von Arzneimitteln stellen, bei denen sich ein Wirkstoff vor der Stoffaufnahme des Körpers in mehrere Einzelwirkstoffe aufspaltet. Hiermit verwandt sind die Fälle sog. Prodrugs. Hierunter werden Arzneistoffe verstanden, die erst nach der Verabreichung im Körper in eine wirksame Form überführt werden.[327] Es wird hier auch von **maskierten Arzneistoffen** gesprochen, denen nach der Synthese ein zusätzliches Molekül angehängt wird, das während der ersten Leberpassage abgespalten wird, so dass ein wirksamer Arzneistoff entsteht. Hierdurch soll eine bessere Resorption des Arzneistoffes erreicht werden.[328] Auch Prodrugs sind Wirkstoffe. Eine Aufspaltung in einen pharmakologisch inaktiven Zeitraum und den Zeitraum nach bestimmten Stoffwechselprozessen wäre hier künstlich und würde der intendierten Wirkung des Stoffes nicht gerecht. Ist ein Prodrug also zusammen mit einem anderen Wirkstoff Bestandteil eines Arzneimittels, liegt ein Kombinationspräparat vor. Eine Kombinationsbegründung ist folglich erforderlich. Vergleichbares muss gelten, wenn im Körper eine Wirkstoffaufspaltung stattfindet, die zu einer Mehrzahl von Wirkstoffen führt. Allerdings sollten auf der tatsächlichen Ebene die Anforderungen an die Kombinationsbegründung nicht überspannt werden. Stoffwechselvorgänge im menschlichen Körper sind außerordentlich komplex und zum Teil unerforscht. Zudem laufen sie nicht in einer standardi-

---

325 Jeweils BAnz Nr. 133 v. 19.7.1994; vgl ferner auch die Monographien „Echinaceae purpureae herba / Purpursonnenhutkraut" (BAnz Nr. 43 v. 2.3.1989) und „Echinaceae purpureae radix (BAnz Nr. 162 v. 29.8.1992).
326 VG Köln, Urt. v. 15.5.2009 – 18 K 4947/06 und 18 K 4965/06.
327 Hunnius, Pharmazeutisches Wörterbuch, „Prodrug".
328 Kloesel/Cyran, Arzneimittelrecht, § 4 AMG Erl. 61.

3. Kombinationsbegründung und Therapierichtung

Das AMG unterscheidet hinsichtlich des grundsätzlichen Erfordernisses der Kombinationsbegründung nicht zwischen den unterschiedlichen Therapierichtungen. Alle Therapierichtungen müssen sich grundsätzlich denselben regulatorischen Anforderungen stellen. Allerdings findet sich in § 22 Abs. 3 S. 2 AMG der Hinweis, dass bei der Frage nach der Vorlage anderen wissenschaftlichen Erkenntnismaterials, also solchen Materials, das nicht Prüfergebnisse nach § 22 Abs. 2 S. 1 Nr. 2 und 3 AMG betrifft, die **Erfahrungen** der jeweiligen Therapierichtungen zu berücksichtigen seien. Obschon systematisch nicht ganz eindeutig, dürfte diese Aussage auch auf die erforderliche Kombinationsbegründung zu beziehen sein. Zudem ordnet § 25 Abs. 2 S. 4 AMG an, dass bei der Entscheidung über die Zulassung, die naturgemäß auch die Prüfung der Kombinationsbegründung voraussetzt, die medizinischen Erfahrungen der jeweiligen Therapierichtung zu berücksichtigen seien. Insgesamt sind hiermit inhaltliche **Differenzierungen** gesetzlich durchaus geboten.

Das BVerwG hat dies in seinen Urteilen vom 16.10.2008[329] für homöopathische Kombinationsarzneimittel dahin gehend zusammengefasst, dass solche Mittel nicht von der Verpflichtung freigestellt seien, die Sinnhaftigkeit der Kombination nach den Maßstäben der Therapierichtung wissenschaftlich zu unterlegen. Hinsichtlich des hierbei anzulegenden Maßstabes hat es auf seine Rechtsprechung zum Beleg therapeutischer Wirksamkeit allgemein verwiesen (vgl § 10 Rn 153 f), ergänzt um den Hinweis, dass der Gesetzgeber für diese Mittel, soweit es um die Zulassung für bestimmte Anwendungsgebiete gehe, also nicht lediglich eine Registrierung angestrebt werde, das Anforderungsniveau an die Begründung der Wirksamkeit und der Sinnhaftigkeit einer Wirkstoffkombination nicht abgesenkt, sondern eine Prüfung an den Maßstäben der eigenen Therapierichtung vorgegeben habe. Hierzu heißt es:

„Er [der Gesetzgeber] ist davon ausgegangen, dass bei einem Teil der homöopathischen Arzneimittel ein Wirksamkeitsnachweis für ein bestimmtes Anwendungsgebiet kaum zu führen sei. Er hat deshalb neben einer Zulassung die Möglichkeit einer Registrierung nach den §§ 38, 39 AMG vorgesehen. Im Falle der Erbringung des Wirksamkeitsnachweises sollte ein solches Arzneimittel dagegen von der zuständigen Bundesoberbehörde zuzulassen sein (BT-Drucks. 7/3060 S. 52 f). Der Gesetzgeber wollte sich nicht auf bestimmte Therapierichtungen festlegen und im Sinne eines „Wissenschaftspluralismus" den Wettstreit der miteinander konkurrierenden Therapierichtungen nicht allgemein verbindlich entscheiden. Gleichwohl hielt er es aus gesundheitspolitischen Erwägungen für erforderlich, den Herstellern eine nach der konkreten Indikation abgestufte Nachweispflicht aufzuerlegen, weil auch die Abgabe von unwirksamen Arzneimitteln die Volksgesundheit gefährdet. Zugleich wollte er erreichen, dass das teilweise jahrhundertealte Erfahrungswissen der besonderen Heilverfahren anerkannt wird (vgl BT-Drucks. 7/5091 S. 6)".

Aus dem derart skizzierten Spannungsverhältnis von evidenzbasierter Medizin und besonderen Therapierichtungen erklärt sich das Gebot, die Besonderheiten der Therapierichtungen *zu berücksichtigen*. Die grundsätzliche Obliegenheit, eine Kombinationsbegründung vorzulegen, bleibt hiervon jedoch unberührt. Allerdings wird das Erfordernis der Kombinationsbegründung aus den Besonderheiten der Therapierichtung heraus interpretiert.

---

329 BVerwG, Urt. v. 16.10.2008 – 3 C 23.07 und 3 C 24.07, A&R 2009, 34 (Leitsätze).

Anlass zu Kritik gibt nur der Umstand, dass mit dem Begriff der **Sinnhaftigkeit** eine nicht nur sprachlich zweifelhafte, sondern auch dem Versagungstatbestand fremde Bezeichnung eingeführt wird. Es bleibt dabei, dass Wirksamkeit und Unbedenklichkeit zu belegen sind. Bei Kombinationspräparaten wird dieses Erfordernis durch die Darlegung des Beitrags eines jeden Wirkstoffs zur positiven Beurteilung des Arzneimittels ergänzt (hierzu sogleich Rn 257 ff).

248 Das BVerwG hat die Anforderungen an die Kombinationsbegründung allgemein wie folgt zusammengefasst:

„Auf die Anforderung an die Begründung, im einzelnen darzulegen, dass die Anwendung des Arzneimittels zu einer größeren Zahl an therapeutischen Erfolgen führt als seine Nichtanwendung, kann auch dann nicht verzichtet werden, wenn es sich um ein Arzneimittel im Sinne des § 22 Abs. 3 Satz 1 Nr. 1 AMG handelt, dessen Wirkungen und Nebenwirkungen bereits bekannt und aus dem wissenschaftlichen Erkenntnismaterial ersichtlich sind. Diese Vorschrift betrifft nicht den Maßstab der therapeutischen Wirksamkeit, sondern nur das dem Antrag auf Zulassung beizufügende Erkenntnismaterial, das sie belegen soll. Das ergibt sich aus ihrem Wortlaut und aus ihrer systematischen Stellung. § 22 Abs. 3 Satz 1 AMG lässt zu, dass an die Stelle der Ergebnisse der pharmakologisch-toxikologischen und der klinischen Prüfungen anderes wissenschaftliches Erkenntnismaterial tritt. Die Überschrift des § 22 AMG weist zudem aus, dass die Regelung die „Zulassungsunterlagen" betrifft und nicht etwa den Versagungsgrund des § 25 Abs. 2 Satz 1 Nr. 4 AMG, der im Übrigen auf § 22 Abs. 3 Satz 1 Nr. 1 AMG auch keinen Bezug nimmt".[330]

249 Wenn aber nach der Rechtsprechung des BVerwG nicht angenommen werden kann, dass der nach seinem Standort die Regelungen in § 25 Abs. 2 S. 1 Nr. 4 und Nr. 5 AMG für Kombinationspräparate verbindende § 25 Abs. 2 S. 1 Nr. 5 a AMG für die Kombinationsbegründung geringere Begründungsanforderungen stellt als die Ausgangsnorm,[331] so gilt im Umkehrschluss, dass die Kombinationsbegründung von Arzneimitteln der besonderen Therapieformen in der Neu- und Nachzulassung durch wissenschaftliches Erkenntnismaterial erfolgen muss, wie sie auch im Zusammenhang mit der Begründung der Wirksamkeit und Unbedenklichkeit zu erfolgen hat.[332] Überdies muss darauf hingewiesen werden, dass jedes Arzneimittel an dem nach § 22 Abs. 1 Nr. 6 AMG anzugebenden Anwendungsgebiet zu messen ist. Dies gilt auch für homöopathische Arzneimittel, die dem Zulassungsverfahren unterliegen. Aus §§ 38 Abs. 2 S. 2, 105 Abs. 4 d AMG folgt, dass bei homöopathischen Arzneimitteln die Besonderheiten dieser Therapierichtung zu berücksichtigen sind (§ 105 Abs. 4 f S. 2 AMG) Die Besonderheiten der homöopathischen Therapierichtung werden durch die von der **Kommission D** entwickelten Kriterien zur Bewertung von fixen Kombinationen homöopathischer Einzelmittel und die dazu ergangenen exemplarischen Erläuterungen[333] konkretisiert. In diesen Kriterien ist durchgängig die Rede vom homöopathischen Anwendungsgebiet bzw von der homöopathischen Indikation. Ein „Beitrag zur positiven

---

[330] BVerwG, Urt. v. 14.10.1993 – 3 C 21/91.
[331] BVerwG, Urt. v. 16.10.2003 – 3 C 28.02, NVwZ-RR 2004, 180, 181.
[332] BVerwG, Beschl. v. 8.1.2007 – 3 B 16.06. § 105 Abs. 4 a S. 2 AMG, demzufolge im Nachzulassungsverfahren für Arzneimittel, die nach einer im Homöopathischen Arzneibuch beschriebenen Verfahrenstechnik hergestellt sind, keine Unterlagen nach § 22 Abs. 2 Nr. 2 und 3 AMG sowie die Gutachten nach § 24 Abs. 1 S. 2 Nr. 2 und 3 AMG (sog. Ex-ante-Unterlagen) vorgelegt werden müssen, führt zu keiner abweichenden Einschätzung. Dem steht insb. § 105 Abs. 4 f AMG entgegen, der die uneingeschränkt vorsieht, dass ein Antrag auf Verlängerung der Zulassung zu versagen ist, wenn einer der Versagungsgründe des § 25 Abs. 2 S. 1 AMG vorliegt. Dies hat zwingend zur Folge, dass dargelegten Mängeln der Zulassungsbehörde im Zusammenhang mit den Versagungstatbeständen nach § 25 Abs. 2 S. 1 AMG – also auch einer Versagung aufgrund einer fehlenden Kombinationsbegründung – durch die Vorlage von wissenschaftlichem Erkenntnismaterial seitens der Antragsteller abzuhelfen ist.
[333] BAnz Nr. 100 v. 5.6.1997, S. 6724.

Beurteilung" im Sinne des § 22 Abs. 3 a AMG liegt aber dann vor, wenn der Beitrag entweder die Wirksamkeit des Präparats in der vorgegebenen Indikation fördert oder unerwünschten Effekten entgegenwirkt. Dies setzt nicht voraus, dass jeder Wirkstoff für sich genommen bei gegebener Indikation wirksam ist. Vielmehr reicht es aus, wenn der Wirkungseintritt, soweit therapeutisch erwünscht, früher erreicht, verstärkt, verlängert oder der erstrebte Heilerfolg mit einer geringeren Menge der Wirksubstanz erreicht wird.[334] Eine nach § 22 Abs. 3 a AMG hinreichende Begründung setzt eine Darlegung dahin gehend voraus, wie im Zusammenhang mit dem angegebenen Anwendungsgebiet ein Beitrag zur positiven Beurteilung feststeht. Der geforderte positive Beitrag jedes Bestandteils kann dann nur darin bestehen, dass dieser entweder zur Wirksamkeit des Präparats in der vorgegebenen Indikation beiträgt oder unerwünschten Effekten entgegenwirkt. Soweit es um einen positiven Beitrag zur therapeutischen Wirksamkeit handelt, hat dieses Erfordernis bei einem Kombinationsarzneimittel für jeden arzneilich wirksamen Bestandteil dasselbe Gewicht wie bei einem Monopräparat.[335]

4. Kombinationsbegründung im Nachzulassungsverfahren und bei der Zulassungsverlängerung

Anlass zu juristischen Auseinandersetzungen hat die Frage gegeben, ob und in welchem Umfang es im Nachzulassungsverfahren fiktiv zugelassener Arzneimittel[336] einer Kombinationsbegründung bedarf. **§ 105 Abs. 4 f AMG** verweist hinsichtlich der Versagung der Nachzulassung insgesamt auf § 25 Abs. 2 AMG. Dies schließt den Versagungsgrund fehlender oder mangelhafter Kombinationsbegründung ein. Auch hier sind die Besonderheiten der Therapierichtungen, die ausdrücklich mit Phytotherapie, Homöopathie und Anthroposophie abschließend angesprochen werden, zu berücksichtigen. Das Erfordernis einer Kombinationsbegründung auch im Nachzulassungsverfahren wird heute nicht mehr ernsthaft in Frage gestellt. Davon gehen ersichtlich auch die Urteile des BVerwG vom 16.10.2008[337] aus. Obwohl die Obliegenheit zur Vorlage einer Kombinationsbegründung erst durch Art. 3 § 7 Abs. 4 des Gesetzes zur Neuordnung des Arzneimittelrechts in der Fassung des 4. AMG-Änderungsgesetzes vom 11.4.1990 eingeführt wurde,[338] zu einem Zeitpunkt also, in welchem die mit der Verkehrsanzeige im Jahre 1978 entstandenen sog. fiktiven Zulassungen bereits bestanden, ist hiermit keine unzulässige Rückwirkung verbunden. Denn der Rechtsstatus der fiktiven Zulassung ist ungesichert und steht schon im öffentlichen Interesse des Gesundheitsschutzes unter dem Vorbehalt der Zulassungserteilung. Deren Voraussetzungen zu regeln steht grundsätzlich im gesetzgeberischen Ermessen, solange hinreichende Übergangsregelungen dem erworbenen wirtschaftlichen Bestand Rechnung tragen. 250

Zweifelhaft kann ferner sein, ob eine Kombinationsbegründung auch im Falle der **Verlängerung** einer bestehenden Zulassung nach § 31 Abs. 3 AMG zu erbringen ist, eine solche Verlängerung also durch die Zulassungsbehörde versagt werden kann, wenn eine den Erfordernissen des § 22 Abs. 3 a AMG genügende Begründung im Verlängerungsverfahren nicht vorliegt. Bei der Beantwortung dieser Frage ist zu beachten, dass das Verfahren zur Verlängerung der Zulassung nach § 31 AMG keine Wiederholung des Zulassungsverfahrens darstellt, sondern ein eigenständig ausgestaltetes Verfahren. So ist der pharmazeutische Unternehmer insbesondere nicht verpflichtet, die in den §§ 22 bis 24 AMG bezeichneten Unterlagen im Verlängerungsverfahren erneut vorzulegen und die therapeutische Wirksamkeit 251

---

334 OVG NRW, Urt. v. 23.5.2007 – 13 A 328/04.
335 BVerwG, Urt. v. 16.10.2003 – 3 C 28.02, NVwZ-RR 2004, 180; OVG NRW, Urt. v. 10.11.2005 – 13 A 4137/03, A&R 2006, 89.
336 Zum Nachzulassungsverfahren allgemein vgl § 7 Rn 211 ff.
337 Az: 3 C 23.07 unf 3 C 24.07.
338 BGBl. I 1990, 717.

und Unbedenklichkeit des Arzneimittels erneut zu belegen. Dies umfasst grundsätzlich auch die Kombinationsbegründung. Die im Zulassungsverfahren erforderlichen Prüfungen müssen nicht wiederholt werden, und zwar auch dann nicht, wenn sie sich nach dem aktuellen Stand der Wissenschaft möglicherweise als methodisch veraltet erweisen. Dem Verlängerungsantrag ist gemäß § 31 Abs. 2 AMG lediglich ein Bericht beizufügen, der Angaben darüber enthält, ob und in welchem Umfang sich die **Beurteilungsmerkmale** für das Arzneimittel innerhalb der letzten fünf Jahre geändert haben. Der Zulassungsinhaber hat zudem eine überarbeitete Fassung der Unterlagen in Bezug auf Qualität, Unbedenklichkeit und Wirksamkeit vorzulegen, in der alle seit der Erteilung der Zulassung vorgenommenen **Änderungen** berücksichtigt sind. Zwar ist der Versagungsgrund des § 25 Abs. 2 S. 1 Nr. 5 a AMG in § 31 Abs. 3 AMG, der die Versagung *der Verlängerung* regelt, ausdrücklich aufgeführt. Hieraus darf aber nicht der Schluss gezogen werden, es dürfe im Verlängerungsverfahren – gleichsam routinemäßig – eine Kombinationsbegründung gefordert werden. Die Verlängerung der Zulassung kann nach dem Sinn der Vorschriften vielmehr nur dann versagt werden, wenn bei der erstmaligen Zulassung eine Kombinationsbegründung – aus welchen Gründen auch immer – noch gar nicht vorgelegen hat oder sich in den letzten fünf Jahren nach dem Beurteilungsbericht Änderungen ergeben haben, die ausnahmsweise eine neuerliche Begründung erforderlich machen.[339]

5. Verhältnis zu anderen Versagungsgründen

252 § 25 Abs. 2 S. 1 Nr. 5 a AMG vereint in seiner speziellen Ausgestaltung die Zulassungsversagungsgründe der fehlenden oder unzureichenden Begründung der therapeutischen Wirksamkeit eines Arzneimittels (§ 25 Abs. 2 S. 1 Nr. 4 AMG) sowie des Verdachts einer schädlichen Arzneimittelwirkung bzw des ungünstigen Nutzen-Risiko-Verhältnisses (§ 25 Abs. 2 S. 1 Nr. 5 AMG). Dies wirft die Frage nach dem rechtlichen Verhältnis der Versagungstatbestände untereinander auf.

253 Als spezieller Versagungstatbestand ist § 25 Abs. 2 S. 1 Nr. 5 a AMG nicht vorrangig gegenüber dem Versagungstatbestand der unzureichenden Begründung der therapeutischen Wirksamkeit (§ 25 Abs. 2 S. 1 Nr. 4 Hs 2 AMG), wenn die Wirksamkeit der einzelnen Bestandteile hinsichtlich des Indikationsanspruchs eines Arzneimittels belegt ist. Gleiches gilt für den Fall, in dem die Unbedenklichkeit der jeweils einzelnen Bestandteile eines Arzneimittels feststeht. Denn ausweislich des gesetzgeberischen Willens soll die Aufnahme eines weiteren Wirkstoffes in ein Arzneimittel nur dann gerechtfertigt sein, wenn dies insgesamt zu einer besseren Wirksamkeit in der beanspruchten Indikation beiträgt oder unerwünschten Effekten entgegenwirkt.[340] Insoweit kann einerseits der Beleg der Wirksamkeit eines einzelnen Bestandteils noch keinen Aufschluss darüber geben, ob die Aufnahme eines weiteren – wirksamen – Bestandteils insgesamt zu einer besseren Wirksamkeit führt. Andererseits kann aber auch der Beleg der Unbedenklichkeit eines einzelnen Wirkstoffs keine Aussage darüber treffen, ob mehrere Bestandteile zueinander verträglich sind. Deshalb kann dem Zulassungsversagungsgrund des § 25 Abs. 2 S. 1 Nr. 5 a AMG aufgrund seiner Eigenständigkeit kein Anwendungsvorrang gegenüber den übrigen Versagungstatbeständen des § 25 Abs. 2 S. 1 AMG zukommen. Geboten ist vielmehr eine parallele Prüfung aller Versagungstatbestände durch die Zulassungsbehörde. § 25 Abs. 2 S. 1 Nr. 5 a AMG ist darum nicht deckungsgleich mit den angesprochenen Tatbeständen, sondern tritt *ergänzend* hinzu.

---

339 Vgl VG Köln, Urt. v. 11.2.2004 – 24 K 4227/00, PharmR 2005, 186; Urt. v. 9.3.2005 – 24 K 5808/01; VG Berlin, Urt. v. 15.12.2004 – 14 A 329/99, PharmR 2005, 107; anders: VG Köln, Urt. v. 14.12.2004 – 7 K 4712/00.
340 DT-Drucks. 10/5112, 17.

D. Die Versagungsgründe des § 25 Abs. 2 und 3 AMG im Einzelnen 10

6. Kombinationsbegründung und Gemeinschaftsrecht

Bereits in seinen Urteilen vom 16.10.2003[341] stellte das BVerwG fest, dass § 25 Abs. 2 S. 1 Nr. 5 a AMG „nicht allein" einem der drei gemeinschaftsrechtlichen Versagungsgründe der Schädlichkeit bei bestimmungsgemäßem Gebrauch, dem Fehlen oder der unzureichenden Begründung der therapeutischen Wirksamkeit und Mängeln der angegebenen Zusammensetzung[342] zuzuordnen sei. Dessen ungeachtet ist mit der Rechtsprechung des BVerwG von der **Richtlinienkonformität** des Versagungsgrundes fehlender oder mangelhafter Kombinationsbegründung auszugehen. Denn aus Art. 10 Abs. 1 lit. b iVm Art. 26 Abs. 1 RL 2001/83/EG – nunmehr Art. 10 lit. b iVm Art. 26 Abs. 1 RL 2004/27/EG – lässt sich eine hinreichende Grundlage für die nach § 25 Abs. 2 S. 1 Nr. 5 a AMG geforderte Kombinationsbegründung herleiten. Enthalten Arzneimittel Wirkstoffe, die Bestandteil bereits genehmigter Arzneimittel sind, bisher jedoch zu therapeutischen Zwecken noch nicht miteinander kombiniert wurden, so sind nach Art. 10 lit. b RL 2004/27/EG die Ergebnisse neuer vorklinischer (toxikologischer und pharmakologischer) oder neuer klinischer Versuche zu dieser Kombination vorzulegen, ohne dass zu jedem einzelnen Wirkstoff wissenschaftliche Referenzen angegeben werden müssen. Das Gemeinschaftsrecht geht mithin ebenfalls davon aus, dass Kombinationen der medizinischen und pharmakologischen Abklärung bedürfen. Das BVerwG fasst dies dahin gehend zusammen, dass im Hinblick auf die erhöhten Risiken von Kombinationspräparaten, die auch in der sinnlosen Beigabe von Wirkstoffen liegen können, die Rechtfertigung der Kombination im Gemeinschaftsrecht wie im deutschen Recht verlange. Die Richtlinie fordere die selbe Verknüpfung von Schädlichkeit und Wirksamkeit wie das deutsche AMG. Dem ist zuzustimmen, zumal diese Verknüpfung heute durch den Begriff der **Nutzen-Risiko-Abwägung** noch prägnanter ausgedrückt wird. Denn eine Nutzen-Risiko-Abwägung ist ohne Analyse des Beitrags eines jeden der einzelnen Wirkstoffe zur Wirkung des Präparats kaum möglich. Umso mehr gilt dies für die Feststellung unerwünschter Wirkungen. 254

Ergänzt wird Art. 10 lit. b RL 2001/83/EG in ihrer aktuellen Fassung durch Ziff. 5 des Anhangs I Teil II der Richtlinie 2001/83/EG resp. Ziff. 5.2.h) des Anhangs I der Richtlinie 2003/63/EG vom 25.6.2003, in dem unter dem Titel „Fixe Kombinationen" ausgeführt wird: 255

Anträge, die auf Artikel 10 Absatz 1 Buchstabe b) beruhen, beziehen sich auf neue Arzneimittel, die aus mindestens zwei Wirkstoffen bestehen, welche bisher als feste Kombination nicht als Arzneimittel zugelassen waren. Bei solchen Anträgen ist ein vollständiges Dossier (Modul 1 bis 5) für die feste Kombination als Arzneimittel einzureichen. Gegebenenfalls sind Angaben zu den Herstellungsstandorten und zur Unbedenklichkeitsbewertung hinsichtlich Fremd-Agenzien vorzulegen.

Hiernach sind europarechtliche Vorgaben im Zusammenhang mit einer Kombinationsbegründung auf *neue* Kombinationsformen mit bekannten arzneilich wirksamen Bestandteilen bezogen. In Entsprechung zu den formalen Begründungsanforderungen nach § 22 Abs. 3 Nr. 3 AMG kann danach für Kombinationen mit *bekannten* arzneilich wirksamen Bestandteilen der Zulassungsbehörde wissenschaftliches Erkenntnismaterial vorgelegt werden, welches an die Stelle der Ergebnisse einer pharmakologisch-toxikologischen und einer klini-

---

341 Az: 3 C 28.02, NVwZ-RR 2004, 180–182.
342 In ihrer aktuellen Formulierung lauten die Versagungsgründe des Art. 26 Abs. 1 RL 2001/83/EG wie folgt:
„a) das Nutzen-Risiko-Verhältnis nicht als günstig betrachtet wird oder
b) seine therapeutische Wirksamkeit v. Antragsteller unzureichend begründet ist oder
c) das Arzneimittel nicht die angegebene Zusammensetzung nach Art und Menge aufweist."

schen Prüfung tritt. Die besondere Begründungspflicht für Kombinationspräparate nach § 22 Abs. 3 a AMG besteht weiterhin.[343]

256 Da die spezielle Regelung des § 25 Abs. 2 S. 1 Nr. 5 a AMG die Versagungsgründe der Bedenklichkeit und der fehlenden oder unzureichend begründeten therapeutischen Wirksamkeit miteinander verknüpft, ist die Regelung vom Normgehalt des Zulassungsversagungstatbestandes nach Art. 26 RL 2001/83/EG mit umfasst, der nach Art. 126 RL 2001/83/EG die Versagungsgründe abschließend vorgibt.[344] Die siebte Begründungserwägung der Richtlinie sieht ausdrücklich vor, dass die Begriffe der Schädlichkeit und der therapeutischen Wirksamkeit nur in ihrer **wechselseitigen Beziehung** geprüft werden können und nur eine relative Bedeutung haben, die nach Maßgabe des Standes der Wissenschaft und unter Berücksichtigung der Zweckbestimmung des Arzneimittels beurteilt wird. Das veranschaulicht, dass die Richtlinie 2001/83/EG genau die Verknüpfung der Kriterien Schädlichkeit und Wirksamkeit verlangt, wie sie § 25 Abs. 2 S. 1 Nr. 5 a AMG für Kombinationsarzneimittel vorsieht. Bestätigt wird dies durch die formalen Anforderungen, die Ziff. 5 des Anhangs I Teil II der Richtlinie 2001/83/EG resp. Ziff. 5.2.h) des Anhangs I der Richtlinie vorschreibt. Da folglich auch das Gemeinschaftsrecht die Zusammenfassung mehrerer Wirkstoffe zu einem Kombinationspräparat in besonderem Maße für rechtfertigungsbedürftig hält, ist das Erfordernis der Kombinationsbegründung im deutschen Recht richtlinienkonform.[345]

7. Umfang des Begründungserfordernisses

257 Welche inhaltlichen Anforderungen an eine zureichende Kombinationsbegründung zu stellen sind, lässt sich nicht allgemein, sondern nur einzelfallbezogen, namentlich im Hinblick auf die potenziell von einem Wirkstoff oder einer Wirkstoffkombination ausgehenden Gefahr, bestimmen. Allgemein gilt wie beim Wirksamkeitsbeleg eines Einzelstoffs jedoch, dass kein naturwissenschaftlicher Beweis, sondern lediglich eine **ausreichende Begründung** gefordert wird. Die gesetzlichen Kriterien entsprechen dabei denen des Versagungsgrundes gemäß § 25 Abs, 2 S. 1 Nr. 4 AMG für die Darlegung der angegebenen therapeutischen Wirksamkeit des Arzneimittels. Zu den Anforderungen an eine Kombinationsbegründung führte das BVerwG aus, dass unter dem Gesichtspunkt der Arzneimittelsicherheit die Parallelität des Begründungserfordernisses für die therapeutische Wirksamkeit und den spezifischen Beitrag eines Bestandteils in einem Kombinationspräparat als legitimes gesetzgeberisches Anliegen anzusehen sei.[346] Infolgedessen ist die Feststellung der therapeutischen Wirksamkeit eines Arzneimittels zugleich ein wesentlicher Aspekt der Arzneimittelsicherheit. Nach Ansicht des BVerwG ist die therapeutische Wirksamkeit eines jeden einzelnen Wirkstoffs eines Kombinationspräparates nicht anders zu beurteilen als bei einem Monopräparat. So muss bei einem Kombinationspräparat mit verschiedenen Wirkstoffen, welches unterschiedlichen Symptomen einer Krankheit begegnen soll, „verlangt werden, dass jeder dieser Wirkstoffe seine Aufgabe erfüllt. Es liegt nahe, diese Forderung bereits in § 25 Abs. 2 S. 1 Nr. 4 AMG enthalten zu sehen. Jedenfalls kann nicht angenommen werden, dass der nach seinem systematischen Standort die Regelungen in § 25 Abs. 2 S. 1 Nr. 4 und 5 AMG für Kombinationspräparate verbindende § 25 Abs. 2 S. 1 Nr. 5 a AMG insoweit

---

343 Dies gilt auch für sämtliche Arzneimittel der Nachzulassung. Denn jene Arzneimittel gelten nach ihrem derzeitigen fiktiven Zulassungsstatus als Alt-Arzneimittel, welche bislang als feste Kombination nicht zugelassen sind. Jene Arzneimittel sind insoweit als „neue" Arzneimittel iSd Art. 10 Abs. 1 lit b RL 2001/83/EG resp. Art. 10 lit. b RL 2004/27/EG anzusehen.
344 BVerwG, Urt. v. 16.10.2003 – 3 C 28.02, NVwZ-RR 2004. 180 f.
345 BVerwG, Urt. v. 16.10.2003 – 3 C 28.02, NVwZ-RR 2004, 180 f.
346 BVerwG, ebenda.

D. Die Versagungsgründe des § 25 Abs. 2 und 3 AMG im Einzelnen

für den Beitrag eines Bestandteils eine geringere Begründungsanforderung stellt als die Ausgangsnorm".[347]

Eine hiernach erforderliche ausreichende Kombinationsbegründung fehlt, wenn das vorgelegte wissenschaftliche Erkenntnismaterial nach dem jeweils gesicherten Stand der wissenschaftlichen Erkenntnisse den geforderten Schluss nicht zulässt oder es sachlich unvollständig ist.[348] Da die Begründung der Wirksamkeit und Unbedenklichkeit – unabhängig von der jeweiligen Therapierichtung – für sämtliche Arzneimittel zu erbringen ist und sich die erforderlichen Schlussfolgerungen aus dem vorliegenden Erkenntnismaterial ergeben müssen, hat dies zur Folge, dass zB bei einer Inanspruchnahme bibliographischer Angaben sie hinreichende Informationen zur Wirksamkeit und Unbedenklich des Arzneimittels enthalten müssen. Hierbei kann es sich nach der Gesetzessystematik des AMG aber nur um solche Unterlagen resp. bibliographische Angaben handeln, die den Anforderungen an „anderes wissenschaftliches Erkenntnismaterial" nach § 22 Abs. 3 AMG entsprechen. Das Erkenntnismaterial muss dabei nach Sinn und Zweck der Vorschrift des § 22 Abs. 3 a AMG dergestalt beschaffen sein, dass es ein Gewicht hat, welches den Ergebnissen nach § 22 Abs. 2 S. 1 Nr. 2 und 3 AMG entspricht. Nur so kann gewährleistet sein, dass bezüglich eines positiven Beitrags eines Bestandteils keine geringeren Begründungsanforderungen gestellt werden als hinsichtlich der Wirksamkeit und Unbedenklichkeit eines Arzneimittels.[349] Jedenfalls muss aber das Erkenntnismaterial eine wissenschaftliche Bewertung überhaupt zulassen.

Zweifelhaft ist, ob der Beleg von Wirksamkeit, Unbedenklichkeit und Qualität bei Kombinationspräparaten für die Kombination **insgesamt** oder für jeden der Wirkstoffe gesondert erbracht werden muss. Eine Antwort auf diese Frage lässt sich nicht pauschal, sondern unter Zugrundelegung des Gesetzeswortlauts nur mit Blick auf bestimmte Gruppen von Kombinationspräparaten geben. Einen Hinweis liefert der Zulassungsversagungsgrund selbst. Erforderlich ist demnach die ausreichende Begründung für die **positive Beurteilung** des Arzneimittels. Angesprochen ist damit das positive Nutzen-Risiko-Verhältnis, das zwar insgesamt mit Blick auf das gesamte Arzneimittel festgestellt werden muss. Bezogen auf den einzelnen Wirkstoffes bedarf es zur Rechtfertigung seiner Existenzberechtigung gleichwohl eines „Herausrechnens" dieses Wirkstoffs und seiner isolierten Betrachtung. Allerdings sind die Anforderungen gegenüber dem Gesamtprodukt insoweit herabgestuft, als es lediglich eines Beitrags zu seiner positiven Beurteilung bedarf, nicht der Begründung der Wirksamkeit des einzelnen Wirkstoffs, was auch durch das BVerwG nicht in Zweifel gezogen wird.

Überdies kann der Umfang des Begründungserfordernisses nach der **Art der Wirkstoffkombination** differieren. Hierbei sind zu unterscheiden:
- neue Kombination mit bekannten Wirkstoffen,
- Kombination mit unbekannten Wirkstoffen,
- bekannte Kombination mit bekannten Wirkstoffen.

Es wurde bereits angesprochen (Rn 245), dass der Zulassungsversagungsgrund des § 25 Abs. 2 S. 1 Nr. 5 a AMG nicht losgelöst von den Vorschriften über die vorzulegenden Zulassungsunterlagen in § 22 AMG betrachtet werden kann. In einem auf Unterlagen des Antragstellers und nicht auf Ermittlungen der Zulassungsbehörde basierenden Verfahren wie der Arzneimittelzulassung stehen Unterlagenprüfung und Versagung in einem untrennbaren Zusammenhang. Die Versagung kann regelmäßig nur aufgrund solcher (fehlender oder mangelhafter) Unterlagen versagt werden, zu deren Vorlage der Antragsteller gesetzlich verpflichtet ist. Eine bedeutsame Erleichterung ergibt sich vor diesem Hintergrund für Kom-

---
347 BVerwG, ebenda.
348 BVerwG, Beschl. v. 8.1.2007 – 3 B 16.06.
349 BVerwG, Urt. v. 16.10.2003 – 3 C 28.02, NVwZ-RR 2004, 180, 181.

binationen aus bekannten Wirkstoffen (§ 22 Abs. 3 S. 1 AMG). Hiernach kann an Stelle der Ergebnisse pharmakologischer und toxikologischer Versuche und der Ergebnisse klinischer Prüfungen oder vergleichbarer Erprobung auf anderes wissenschaftliches Erkenntnismaterial zurückgegriffen werden, wenn es sich entweder um ein Arzneimittel handelt, dessen *Wirkstoffe* seit mindestens zehn Jahren in der Europäischen Union **allgemein medizinisch** oder tiermedizinisch verwendet wurden oder deren Wirkungen und Nebenwirkungen bekannt und aus dem wissenschaftlichen Erkenntnismaterial ersichtlich sind. Es liegt auf der Hand, dass es bei bekannten Wirkstoffen schon im Interesse der Vermeidung unnötiger klinischer Versuche am Menschen keiner weitergehenden Wirksamkeitsbegründung durch die genannten Primärunterlagen bedarf.

261 Allerdings kann diese Erleichterung nur in Bezug auf Kombinationspräparate von bereits bekannten Kombinationen bekannter Wirkstoffe gelten. Problematisch ist es jedoch, sie auch auf **neue Kombinationen bekannter Wirkstoffe** zu erstrecken.[350] Eine derart weitgehende Erleichterung würde den potenziellen Gefahren, die sich gerade aus der neuen Kombination der bekannten Wirkstoffe ergeben können, nicht gerecht. In diesem Fall bedarf es selbst bei bekannten Wirkstoffen der vertiefenden Begründung. Letztere ist dann allerdings weniger wirkstoff- als kombinationsbezogen. Bestätigt wird dies durch die Ausnahmevorschrift des § 22 Abs. 3 S. 1 Nr. 3 AMG. Hiernach kann es hinsichtlich der *Bestandteile* bei der Vorlage sonstigen Erkenntnismaterials verbleiben. Hinsichtlich der *Kombination* als solcher ist jedoch grundsätzlich eine uneingeschränkte Unterlagenvorlage erforderlich. Eine Erleichterung greift hier nur dann ein, wenn die Wirksamkeit und Unbedenklichkeit des Arzneimittels nach Zusammensetzung, Dosierung, Darreichungsform und Anwendungsgebieten aufgrund des anderen wissenschaftlichen Erkenntnismaterials bestimmbar sind. In diesem Fall beschränkt sich das vorzulegende Material zur Kombination auf die wissenschaftlich begründete Ableitung des Ergebnisses.[351]

Dass schließlich eine **Kombination neuer Wirkstoffe** keinen Erleichterungen der Begründung unterliegt, erschließt sich vor diesem Hintergrund von selbst. Hier bedarf es der uneingeschränkten Unterlagenvorlage auf beiden Ebenen. Denn neu ist in diesem Fall auch stets die Kombination.[352]

8. Begründungserfordernis und Darlegungslast

262 § 25 Abs. 2 S. 1 Nr. 5 a AMG sieht vor, dass eine Zulassung dann zu versagen ist, wenn eine ausreichende Begründung dafür fehlt, dass jeder arzneilich wirksame Bestandteil einen Beitrag zur positiven Beurteilung des Arzneimittels leistet. Der Wortlaut des § 25 Abs. 2 S. 1 Nr. 5 a AMG verlangt eine **ausreichende Begründung**, jedoch keinen zwingenden Nachweis. Die Bezeichnung „ausreichende" wurde bewusst gewählt, um die Schwelle für die Begründbarkeit nicht zu hoch zu setzen.[353] Nach der Gesetzessystematik muss sich aber die Begründung der therapeutischen Wirksamkeit oder des Beitrages eines jeden Bestandteils eines Kombinationspräparates zur positiven Bewertung des Arzneimittels aus den mit dem Zulassungsantrag überreichten **Unterlagen** ergeben (vgl § 25 Abs. 5 AMG). Es gilt insoweit nichts Anderes als für den Zulassungsantrag für ein Monopräparat. In beiden Fällen handelt es sich um ein **unterlagenbezogenes Verfahren**, bei dem es grundsätzlich nicht der Zulassungsbehörde obliegt, durch eigene Sachverhaltsermittlung die Zulassungsreife herbeizuführen. Vielmehr obliegt es am Antragsteller, hinreichendes Erkenntnismaterial für die Bewertung von Wirksamkeit und Unbedenklichkeit des Arzneimittels zur Verfügung zu stellen.

---

350 So offenbar im Ansatz Kloesel/Cyran, Arzneimittelrecht, § 25 AMG Erl. 81.
351 In diesem Sinne auch Kloesel/Cyran, Arzneimittelrecht, § 22 AMG Erl. 94.
352 Vgl Kloesel/Cyran, Arzneimittelrecht, § 22 AMG Erl. 93.
353 BTDrucks. 12/5226, 33.

Es ist daher gerechtfertigt, den Begriff des Fehlens einer ausreichenden Begründung in § 25 Abs. 2 S. 1 Nr. 5 a AMG ebenso zu definieren wie denjenigen der unzureichenden Begründung in § 25 Abs. 2 S. 1 Nr. 4 AMG. Denn es besteht sprachlich kein entscheidender Unterschied zwischen einer unzureichenden Begründung und dem Fehlen einer ausreichenden Begründung. Zudem ist unter dem Gesichtspunkt der Arzneimittelsicherheit die Parallelität des Begründungserfordernisses für die therapeutische Wirksamkeit und den spezifischen Beitrag eines Bestandteils in einem Kombinationspräparat evident.[354] Soll nämlich in einem Kombinationspräparat mit verschiedenen Wirkstoffen unterschiedlichen Symptomen einer Krankheit begegnet werden, so muss die therapeutische Wirksamkeit für jeden dieser Bestandteile genauso beurteilt werden können wie bei einem Monopräparat.

Allerdings sind bei Kombinationspräparaten die Anforderungen an die vom Antragsteller zu erbringende Begründung insoweit modifiziert, als der **Beitrag** eines jeden Wirkstoffs zur positiven Beurteilung des Arzneimittels zu begründen ist.[355] Die Begründung muss folglich aus der Sicht des jeweiligen Wirkstoffs erfolgen, sein Beitrag zum therapeutischen Gesamterfolg ist zu begründen. Da dies nach der Rechtsprechung des BVerwG kein „Vollerfolg" zu sein braucht, sondern eben lediglich ein Beitrag, ergibt sich hier eine andere Sichtweise als im Fall des § 25 Abs. 2 S. 1 Nr. 4 Hs 2 AMG. Missverständlich und mit dem Gesetzeswortlaut nicht zu vereinbaren ist die oft gebrauchte Formulierung, es sei ein „positiver Beitrag" zu begründen. Dies ist nicht bloß ein semantischer Unterschied gegenüber der positiven Bewertung des Arzneimittels. Denn Ausgangspunkt einer jeden Prüfung der Zulassungsunterlagen ist das Fertigarzneimittel in seiner konkreten Zusammensetzung mit Blick auf die in Anspruch genommenen Indikationen. Ist dieses an sich positiv – also als wirksam und unbedenklich – zu bewerten, stellt sich die Frage nach dem Beitrag eines jeden Wirkstoffs.

Misslingt die hiernach erforderliche Begründung, geht dies wie im Fall anderer Versagungsgründe auch, zulasten des Antragstellers. Es ist jedoch nicht zu verkennen, dass mit der **Zahl der Kombinationspartner** die Schwierigkeiten, einen Beitrag des einzelnen Wirkstoffs zu identifizieren und mit den Mitteln evidenzbasierter Medizin zu belegen, exponentiell zunehmen. Die Arbeitsgruppe „Fixe Arzneimittelkombinationen – chemisch definierte Stoffe" beim seinerzeitigen Bundesgesundheitsamt[356] hielt daher nur eine Zahl von drei Wirkstoffen für noch tragfähig begründbar. Insgesamt trägt das Erfordernis der Kombinationsbegründung daher dazu bei, den „Trend" zu einer Verringerung der Wirkstoffanzahl in Arzneimitteln zu verstärken. Keinesfalls darf eine größere Anzahl von Kombinationspartnern zum Anlass genommen werden, die inhaltlichen Anforderungen an die Kombinationsbegründung herabzusetzen. Diese sind vielmehr unabhängig von der Anzahl der im Präparat enthaltenen Wirkstoffe stets gleich. Modifikationen ergeben sich lediglich aus den Besonderheiten des jeweiligen Arzneimittels, die in einer risikogestuften Bewertung zu berücksichtigen sind. Neben dem Verweis auf die allgemeine Nutzen-Risiko-Bewertung sind hiermit auch die Besonderheiten der jeweiligen Therapierichtung angesprochen, wie sie zum Beispiel in den Bewertungskriterien der Kommission D für homöopathische Komplexarzneimittel sinnfällig werden (siehe Rn 269).

9. Hilfestellungen zur Bewertung fixer Arzneimittelkombinationen

Die Bewertung fixer Kombinationen kann im Einzelfall mit erheblichen Schwierigkeiten verbunden sein. Eine Hilfestellung und eine gewisse Systematisierung bieten hier Bewertungskriterien fachlicher Gremien. Insoweit sind hervorzuheben:

---

354 BVerwG, Urt. v. 16.10.2003 – 3 C 28.02, NVwZ-RR 2004, 180.
355 Vgl hierzu Sander, Arzneimittelrecht, § 25 AMG Erl. 7.
356 Dazu sogleich Rn 267.

a) Erläuterungen zur Beurteilung von Arzneimitteln aus chemisch definierten Stoffen, die in einem definierten Mengenverhältnis miteinander kombiniert sind (Fixe Kombinationen)

267 Dieses ältere Papier[357] beruht auf einem Konsens der Arbeitsgruppe „Fixe Arzneimittelkombinationen – chemisch definierte Stoffe" beim seinerzeitigen Bundesgesundheitsamt.[358] Sie nimmt schwerpunktmäßig eine Eingrenzung möglicher Kombinationspartner unter Sicherheitsaspekten vor. Außerdem such sie nach einer Begrenzung der Anzahl möglicher Kombinationspartner. Zu diesen Themenbereichen wird ausgeführt:

[...]

1 Eingrenzung von möglichen Kombinationspartnern

1.1 Arzneimittel mit enger therapeutischer Breite

Entsprechend dem Anhang V „Fixe Arzneimittelkombinationen" als Hinweis zur Erläuterung des Anhangs der Richtlinie 75/318/EWG ‚ist es unwahrscheinlich, daß sich Stoffe mit einem kritischen Dosierungsbereich oder einer engen therapeutischen Breite für eine Zusetzung in Fixen Kombinationen eignen'.

Im Folgenden soll ein Katalog von Stoffgruppen bzw Stoffklassen gegeben werden, bei denen davon ausgegangen werden kann, daß bei systemischer Anwendung eine enge therapeutische Breite vorliegt.

1. *Antiarrhythmika, mit Ausnahme von Betablockern*
2. *Antidiabetika*
3. *Antiepileptika, mit Ausnahme von Bezodiazepinen*
4. *Antikoagulanzien*
5. *Hormone*
6. *Theophyllin*
7. *Betasympathomimetika*
8. *Herzglykoside*
9. *Zytostatika*

1.2 Arzneimittel, die zu Abhängigkeit und Mißbrauch führen können

Wiewohl bislang nicht in der o.g. Empfehlung der EWG ausgeführt, erscheint es dennoch medizinisch fraglich, ob sich Arzneimittel, die zu Abhängigkeit führen können, als Kombinationspartner in Kombinationsarzneimittel eignen. Hierzu müßten dann alle Stoffe gezählt werden, die dem BtMG unterstellt sind (zB auch Benzodiazepine). Als eine Ausnahme ist Codein anzusehen.

2 Definition einer Zahl von Partnern, die in ihrem Einfluß auf das Therapieergebnis als noch abschätzbar erscheint

In § 22 Abs. 3 a AMG heißt es: ‚Enthält ein Arzneimittel mehr als einen arzneilich wirksamen Bestandteil, so ist zu begründen, daß jeder Bestandteil einen Beitrag zur positiven Beurteilung des Arzneimittels leistet.' Diese Formulierung wird in § 25 Abs. 2 Nr. 5 a aufgegriffen und das Fehlen einer ausreichenden Begründung als eigenständiger Versagungsgrund benannt. Dieser Versagungsrund wird in § 30 und § 31 aufgegriffen als Grund für die Rücknahme einer Zulassung bzw Nichtverlängerung.

---

357 Zu Tierarzneimitteln vgl „Beurteilungskriterien für fixe Arzneimittelkombinationen bei Tierarzneimitteln" der Kommission F beim Bundesgesundheitsamt (Bekanntmachung des Bundesgesundheitsamtes v. 4.2.1987, BAnz, S. 1378).

358 Bundesgesundheitsblatt 2/92, S. 108; abgedruckt auch bei Kloesel/Cyran, Arzneimittelrecht, A 2.65 a.

Die Begründung, daß jeder der Bestandteile einen Beitrag zur positiven Beurteilung eines Arzneimittels liefert, dürfte ab einer gewissen Zahl von Kombinationspräparaten[359] nicht mehr möglich sein. Unter Berücksichtigung der Tatsache, daß bei neuen Kombinationen zur Zeit ein faktorielles Design mit drei Dosisstufen plus Placebo für notwendig erachtet wird, um Aussagen zu einer Kombination in der oben beschriebenen Weise machen zu können, erscheint eine Anzahl von drei Kombinationspartners als limitierend.

3 Eingrenzung von möglichen Kombinationen über die Defintion der notwendigen Dosis

In einem Arzneimttel aus chemisch definierten Stoffen, die in einem definierten Mengenverhältnis kombiniert sind (Fixe Kombinationen) müssen die Kombinationspartner in wirksamen Dosen vorhanden sein.

4 Abweichungen

Abweichungen von diesen Erläuterungen erfordern eine besondere Begründung mit entsprechenden Belegen.

b) „Beurteilungskriterien für fixe Arzneimittelkombinationen" der Kommission E

Während für chemisch definierte Kombinationen nur eine grobe Eingrenzung bestehender Kombinationsmöglichkeiten vorliegt, von denen insbesondere die **Begrenzung** der höchstmöglichen **Anzahl** der Kombinationspartner auf drei hervorhebenswert ist, hat die zuständige Kommission E für den Bereich der Phytopharmaka[360] in der Vergangenheit inhaltliche Bewertungskriterien[361] erarbeitet, in welchen u.a. ausgeführt ist:

[...]

Grundgedanke

Die einzelnen arzneilich wirksamen Bestandteile müssen eine positiven Beitrag zur Beurteilung des Gesamtpräparates leisten, indem sie zu seiner Wirksamkeit und/oder Unbedenklichkeit beitragen

Die Kombinationspartner müssen in einer für die Wirksamkeit angemessenen Dosierung enthalten sein.

Zur Wirksamkeit der fixen Kombination

Ein Beitrag zur positiven Beurteilung ist gegeben, wenn der arzneilich wirksame Bestandteil zur therapeutischen Wirksamkeit beiträgt. Es können auch arzneilich wirksame Kombinationspartner enthalten sein, für die auf Grund ihrer Wirkungen ein Beitrag zur Wirksamkeit der Gesamtkombination plausibel gemacht werden kann. Die Kombination muß Indikationsbezogen der Therapie oder Vorbeugung dienen. Eine Indikation muß ein Krankheitszustand, eine Funktionsstörung, ein Syndrom oder eine pathologische Einheit bekannter Art sein. Denkbar ist, daß die einzelnen Bestandteile einer fixen Kombination gleichzeitig Erleichterung bei unterschiedlichen Symptomen eines solchen Krankheitszustands bringen sollen. Es wäre jedoch nicht richtig, jedes einzelne Symptom als Indikation für eine fixe Kombination zu betrachten, da dieses auch bei anderen Krankheiten auftreten kann und die anderen Bestandteile für die Behandlung dieses Symptoms irrelevant sein können. Die Kombination gleichsinnig wirksamer Bestandteile ist möglich.

Fixe Kombinationen können positiv beurteilt werden, wenn

1. additive synergistische Wirkungen der Kombinationspartner mit gleichen oder verschiedenen Angriffspunkte vorliegen und/oder

---

359 Gemeint sind offenkundig „Kombinationspartner".
360 Zu den Besonderheiten der Phytopharmazie vgl § 4 Rn 62 ff.
361 Bundesgesundheitsblatt 3/89, S. 125; abgedruckt auch bei Kloesel/Cyran, Arzneimittelrecht, A 2.65.

2. es zu einer überadditiven Wirkung der fixen Kombination gegenüber den einzelnen Kombinationspartnern kommt und/oder
3. unerwünschte Wirkungen einzelner Kombinationspartner verringert oder aufgehoben werden (zB bei gleichsinnig wirkenden Kombinationspartnern durch Dosisreduktion) und/oder
4. die Kombination eine Therapievereinfachung oder Verbesserung der Therapiesicherheit mit sich bringt. Dies kann der Fall sein, wenn
   – eine Verbesserung der Compliance (zB durch eine Verringerung der Einnahmefrequenz und/oder Vereinfachung des Dosierungsschemas) und/oder
   – eine Verbesserung der Resorption und/oder
   – eine Vermeidung galenischer Inkompatibilitäten erreicht wird und/oder
5. einer der arzneilich wirksamen Bestandteile eine oder mehrere der unerwünschten

Wirkungen eines anderen Bestandteils relevant mindert oder aufhebt, wenn die unerwünschte Wirkung üblicherweise auftritt.

Zur Unbedenklichkeit der fixen Kombination

Eine fixe Kombination gilt als bedenklich, wenn

1. wesentliche pharmakokinetische und/oder pharmakodynamische Interaktionen vorliegen, die das Nutzen/Risiko nicht verbessern oder sogar verschlechtern,
2. die Halbwertzeit und/oder die Dauer der Wirkung der arzneilich wirksamen Bestandteile signifikant voneinander abweichen. Dies muß jedoch nicht unbedingt zutreffen, sofern nachgewiesen werden kann, daß die Kombination trotz diesbezüglicher Unterschiede klinisch vorteilhaft ist,
3. die Kombination einen Bestandteil enthält, der zur Vorbeugung gegen Mißbrauch unangenehme Wirkungen hervorrufen soll.

Die Unbedenklichkeit aller fixen Kombinationen ist mit geeigneten Methoden zu untersuchen. Das ist jedoch nicht erforderlich bei bereits bekannten fixen Kombinationen mit bekannten arzneilich wirksamen Bestandteilen, wenn die Unbedenklichkeit des Arzneimittels nach der Zusammensetzung, Dosierung, Darreichungsform und Anwendungsgebieten auf Grund von wissenschaftlichem Erkenntnismaterial bestimmbar ist.

Die Beurteilungskriterien der Kommission E sprechen damit zahlreiche Gesichtspunkte an, die angesichts der gesetzlichen Vorgaben, wie sie durch die Rechtsprechung des BVerwG konkretisiert worden sind, auch über den phytopharmazeutischen Bereich hinaus Geltung beanspruchen können.

c) „Bewertungskriterien der Kommission D nach § 25 Abs. 6 und 7 des Arzneimittelgesetzes für fixe Kombinationen homöopathischer Einzelmittel" vom 24.4.1997[362]

269 Deutlicher auf die Besonderheiten der Therapierichtung[363] bezogen sind die Bewertungskriterien der Kommission D für homöopathische Kombinationspräparate. Wenngleich auf die Tätigkeit der Kommission D im Rahmen der Nachzulassungsverfahren bezogen und vom BfArM für die Verlängerungsverfahren nach § 105 AMG bekannt gemacht, dürften ihnen auch fachliche Aussagen für neuzuzulassende Präparate zu entnehmen sein. Unter Anderem heißt es:

[...]

---

362 BAnz 1997, S. 6224; abgedruckt auch bei Kloesel/Cyran, Arzneimittelrecht, A 2.64.
363 Vgl hierzu eingehender § 4 Rn 10 ff.

Fixe Kombinationen homöopathischer Einzelmittel müssen folgende Voraussetzungen erfüllen:

1. *Sie müssen so zusammengesetzt sein, daß jeder Bestandteil einen Beitrag zur positiven Beurteilung des Arzneimittels leistet, dh, daß sich die Arzneimittelbilder der Einzelbestandteile hinsichtlich des Indikationsanspruchs gleichen oder ergänzen. In begründeten Einzelfällen können auch dokumentierte konstitutionelle Merkmale des Arzneimittels der beanspruchten Indikation entsprechend, in die Bewertung einbezogen werden.*

   Der Indikationsanspruch muß ein Krankheitszustand, eine Funktionsstörung, ein Syndrom oder eine pathologische Einheit bekannter Art sein. Der Indikationsanspruch der Kombination ist nicht identisch mit der Summe der Indikationsansprüche der Einzelmittel.

   Die Beurteilung bekannter fixer Kombinationen erfolgt unter Verwertung der Monographien der Einzelstoffe. Sofern Wirksamkeit und Unbedenklichkeit der fixen Kombination nach Zusammensetzung, Dosierung, Darreichungsform und Anwendungsbieten aufgrund der Monographien der Einzelstoffe nicht bestimmbar sind, ist zusätzliches wissenschaftliches Erkenntnismaterial erforderlich.

   Neue Kombinationen bekannter Einzelmittel erfordern Untersuchungen mit der Kombination, zB die Durchführung einer homöopathischen Arzneimittelprüfung, klinische Prüfungen oder wissenschaftlich auswertbares Erkenntnismaterial zu der Kombination in freier Rezeptur.
2. *Sie müssen toxikologisch unbedenklich sein.*
3. *Sie dürfen nicht so zusammengesetzt sein, daß Einzelmittel darin enthalten sind, die nach den Erfahrungen der Homöopathie unverträgliche (feindliche, inkompatible) Mittel sind, es sei denn, daß der positive Beitrag dieser Bestandteile präperatespezifisch durch wissenschaftliches Erkenntnismaterial belegt wird.*

Vor- und Nachteile

Fixe Kombinationen homöopathischer Einzelmittel haben den Vorteil, daß sie eine indikationsbezogene Therapie vereinfachen können.

Sie haben den Nachteil, daß sie keine gezielte, das heißt auf den individuellen Krankheitsfall abgestimmte Therapie zulassen, wie sie mit homöopathischen Einzelmitteln möglich ist [...]

Allen zitierten Dokumenten ist gemein, dass sie keine bindenden rechtlichen Vorgaben treffen (können). Gleichwohl enthalten sie für die Praxis wichtige **fachliche Aussagen**, die auch bei der rechtlichen Bewertung von Zulassungsentscheidungen herangezogen werden können. Insbesondere zieht jede Abweichung der Zulassungsunterlagen des Antragstellers von diesen Vorgaben eine erhöhten Begründungsbedarf nach sich.

d) Arzneimittelprüfrichtlinien

Die auf der Grundlage des § 26 Abs. 1 AMG erlassene Allgemeine Verwaltungsvorschrift zur Anwendung der Arzneimittelprüfrichtlinien vom 11.10.2004[364] gibt für **neue Arzneimittel**, die aus bekannten Bestandteilen bestehen, welche bisher zu therapeutischen Zwecken noch nicht miteinander in Verbindung gebracht worden sind[365] im Zulassungsverfahren die Vorlage eines vollständigen Dossiers für die fixe Kombination vor. Denn es handelt sich nicht um eine Kombination bekannter, sondern um ein neues Arzneimittel. Die Arzneimittelprüfrichtlinien folgen damit den oben (Rn 256) angesprochenen europarechtlichen Vorgaben.

---

364 BAnz 2004, S. 22037; siehe Feiden, Arzneimittelprüfrichtlinien.
365 Ehemals Art. 10 Abs. 1 lit. b, heute Art. 10 b RL 2001/83/EG.

IX. § 25 Abs. 2 S. 1 Nr. 7 AMG (Gesetzesverstoß)

1. Entstehungsgeschichte und Regelungshintergrund

272 Der in dieser Vorschrift festgelegte Versagungsgrund des Verstoßes gegen ein gesetzliches Verbot war zunächst ausschließlich national ausgerichtet. Erst im Zuge der zunehmenden europäischen Harmonisierung, des Inkrafttretens unmittelbar geltenden Verordnungsrechts und der Möglichkeit der Europäischen Gremien, die Mitgliedstaaten bindende Entscheidungen zu treffen, wurde dieser auch auf europäische Verbote ausgerichtet. Dies vollzog sich zunächst mit dem 4. AMG-Änderungsgesetz 1994, und ergänzt wurde die Vorschrift im Zuge der 7. AMG-Novelle 1998.

273 Diese Ergänzung beseitigt eine vormals bestehende Lücke. Bis dahin bestand jeweils die Notwendigkeit einer nationalen Umsetzung europäischer Entscheidungen – und je nach Lage des Falles – das Risiko divergenter nationaler Entscheidungen und nationaler gerichtlicher Auseinandersetzungen. Diese Regelung trägt somit zur Konsistenzsicherung innerhalb des europäischen Raumes bei und ermöglicht eine erhebliche Vereinfachung der Verwaltungspraxis. Nunmehr sind Entscheidungen der Europäischen Kommission oder des Rates national zu übernehmen bzw eine Zulassung kann nicht erteilt werden, wenn die Zulassung gegen Entscheidungen der Kommission oder des Rates verstoßen würde.

2. Regelungsinhalt

a) Anwendungsbereich

274 Neben dem Inverkehrbringen von Arzneimitteln ist auch deren Anwendung an Tieren erfasst. Diese auf den ersten Blick befremdliche Ergänzung ist notwendig, da zum einen das AMG grundsätzlich nur das Inverkehrbringen von Arzneimitteln und nicht ihre Anwendung regelt. Ausnahmen enthalten u.a. §§ 6a S. 1 Alt. 2 und 56a AMG. Zum anderen gibt es Fälle, in denen erst die Anwendung des Arzneimittels beim Tier und nicht bereits dessen Inverkehrbringen gegen ein gesetzliches Verbot verstößt.[366]

b) Verbotstatbestände

aa) Verstoß gegen gesetzliche Vorschriften

275 In erster Linie sind in diesem Zusammenhang arzneimittelrechtliche Vorschriften, gegen die eine Zulassungserteilung und die Vermarktung des zugelassenen Arzneimittels verstoßen könnte, relevant, soweit diese nicht schon als inhaltlicher Versagungsgrund in den vorangegangenen Versagungsgründen behandelt wurden. Zu nennen sind hier in erster Linie aus dem AMG:

- § 5 AMG, Verbot bedenklicher Arzneimittel
- § 6a AMG, Verbot des Inverkehrbringens von Arzneimitteln zu Dopingzwecken
- § 8 Abs. 1 Nr. 2 AMG, Verbot der irreführenden Bezeichnung
- §§ 10 bis 11 AMG, Arzneimittel ohne oder mit nicht gesetzeskonformer Kennzeichnung oder Packungsbeilage.

Darüber hinaus können Vorschriften des Betäubungsmittelrechtes einschlägig sein, Patent- oder markenrechtliche Vorschriften, die nur privatrechtliche Ansprüche auf Unterlassung des Inverkehrbringens oder Schadensersatz auslösen, reichen nicht aus, um eine Zulassung nach dieser Ziffer zu versagen.[367]

---

366 Kloesel/Cyran, Arzneimittelrecht, § 25 AMG Erl. 94.
367 Vgl Kloesel/Cyran, Arzneimittelrecht, § 25 AMG Erl. 94.

bb) Verstoß gegen europäisches Recht und Entscheidungen

Europarechtliche Verbote, die eine Versagung begründen, sind auf zwei Ebenen denkbar: 276
auf der Rechtssetzungs- und auf der Entscheidungsebene. Zunächst kommen Verstöße gegen europaweit im Rahmen von Verordnungsrecht erlassene Anwendungsverbote für bestimmte Stoffe in Betracht. Gleichermaßen denkbar sind aber auch Verstöße gegen die Verordnung (EG) Nr. 726/2004 über das zentrale Zulassungsverfahren, wenn im nationalen Verfahren zB die Zulassung eines Arzneimittels beantragt wird, das zwingend gemäß Anhang I dieser Verordnung zentral zugelassen werden muss. Einschlägig kann insoweit auch die Kinderarzneimittelverordnung sein. Solche Fälle haben sicherlich kaum praktische Relevanz, aber eine Versagung im nationalen Verfahren würde sich mit dieser Vorschrift begründen lassen.

Obwohl Richtlinien keine unmittelbare Geltung in einem Mitgliedstaat haben, können sie 277
jedoch unter bestimmten Voraussetzungen unmittelbar anwendbar sein. Durch die Vorschrift ist im Einzelfall eine unmittelbare Geltung also praktisch schon antizipiert. Durch diese Vorschrift ist die deutsche Zulassungsbehörde jedoch nicht ermächtigt, die Versagung eines nationalen Zulassungsantrags unmittelbar auf die Richtlinie zu stützen. Insoweit bleiben die auf der Basis des Richtlinienrechts in den Ziffern 1 bis 6 ausgestalteten Versagungsgründe des AMG unberührt. Die praktische Anwendung dieser Vorschrift ist ebenfalls eher gering.

Entscheidungen der Europäischen Kommission oder des Rates sind Einzelfallregelungen. Sie 278
entsprechen dem Verwaltungsakt im deutschen Recht. Entscheidungen werden üblicherweise von der Europäischen Kommission erlassen, wobei mittlerweile in vielen Fällen das sog. Mitentscheidungsverfahren zur Anwendung kommt. Sie richten sich an Mitgliedstaaten oder an Einzelne und sind nur für den speziellen Adressaten verbindlich.

Entscheidungen die zu einer Versagung nach Nr. 7 führen, können Entscheidungen der 279
Kommission in Zulassungs-, Verlängerungs- und Referralverfahren sein. Legt für ein identisches Arzneimittel der identische Antragsteller einen nationalen Zulassungsantrag vor, so sind solche Entscheidungen zu berücksichtigen, wenn die europäische Entscheidung ein Verbot des Inverkehrbringens dieses Arzneimittels in Gänze beinhaltet. Wurde zB lediglich gerügt, dass das zentrale Zulassungsverfahren beschritten wurde, oder handelt es sich um ein Arzneimittel, welches sowohl zentral als auch national zugelassen werden kann, kann eine Versagung nicht auf eine solche europäische Entscheidung gestützt werden.

c) Bedeutung der Regelung in der Praxis

Insbesondere folgt aus dieser Regelung, auch vor dem Hintergrund der wachsenden Bedeu- 280
tung europäischer Zulassungsentscheidungen, dass der Verbraucher bzw Patient vor nicht nachvollziehbaren divergierenden Behördenentscheidungen bewahrt wird und Entscheidungen europäischer Gremien deutlich einfacher umgesetzt werden können.

Beispiel Der Wirkstoff A wird im Rahmen eines Referrals als nicht mehr hinreichend unbedenklich bewertet und die Kommission widerruft die Zulassung für zentral zugelassene Arzneimittel. Generika mit dem gleichen Wirkstoff sind aber auch national zugelassen. In dem Fall würde das weitere Inverkehrbringen gegen eine Entscheidung der Kommission verstoßen. Die nationale Versagung der Zulassung unter Berufung auf die europäische Entscheidung würde in diesem Fall sichern, dass der Widerruf für die zentrale Zulassung nicht umgangen werden kann. Nicht unmittelbar lässt sich diese Regelung nutzen, wenn zwar alle Mitgliedstaaten in dem dezentralen Verfahren die Auffassung vertreten, eine Zulassung könne nicht erteilt werden, aber eine Entscheidung der Kommission oder des Rates nicht vorliegt. In diesem Fall müsste in einer nationalen Entscheidung die Argumentation zur Nicht-Zulassung für den Versagungsbescheid aufgenommen werden. Interessanterweise könnte der nationale Gerichtsweg an dieser Entscheidung nichts ändern, da die Behörde – insbesondere als CMS – ein solches Verfahren gar nicht anders abschließen könnte. Gegen eine Entscheidung im dezentralen Verfahren sind also Rechtsmittel zwar grundsätzlich möglich, sie lassen sich aber gar nicht praktisch durchsetzen, da ein beteiligter Mitgliedstaat keine Einzelentscheidung abweichend von der Bewertung des Referenzmitgliedstaats treffen kann – erst recht nicht nach Abschluss des Verfahrens.

X. § 25 Abs. 3 AMG (Arzneimittelbezeichnung)

1. Ratio legis und Entstehungsgeschichte

281 Das AMG enthält nur wenige Regelungen zur Arzneimittelbezeichnung. Dies ist insofern erstaunlich, als die Bezeichnung des Arzneimittels integraler Bestandteil der Zulassung ist, sie ein wesentliches Merkmal zur Individualisierung des Arzneimittels darstellt, ihr für die Vermarktung große Bedeutung zukommt und *last but not least* mit ihr erhebliche markenrechtliche und werberechtliche Implikationen verbunden sind.

282 Neben § 25 Abs. 3 nehmen lediglich folgende Regelungen des AMG Bezug auf die Arzneimittelbezeichnung:

- § 8 Abs. 1 S. 1 Nr. 2
- § 10 Abs. 1 S. 1 Nr. 2
- § 11 Abs. 1 S. 1 Nr. 1 a)
- § 11 a Abs. 1 S. 2 Nr. 1
- § 22 Abs. 1 Nr. 2
- § 29 Abs. 2
- § 44 Abs. 2 Nr. 3
- § 105 Abs. 3 a S. 3.

283 Die Vorschrift hat keine ausdrückliche Grundlage im europäischen Recht. Materiell herleiten lässt sie sich jedoch partiell aus Art. 1 Abs. 20 und dem allgemeinen Irreführungsverbot nach Art. 87 Abs. 3 RL 2001/83/EG.[368] Auf diesen Vorschriften basiert letztlich auch die zur Konkretisierung der Beurteilungsmaßstäbe für Bezeichnungen von Arzneimitteln, deren Zulassung in einem zentralen Zulassungsverfahren gemäß der Verordnung (EG) Nr. 726/2004[369] erteilt werden soll, erarbeitete Guideline des Ausschusses Humanarzneimittel (Committee for Human Medicinal Products – CHMP) bei der europäischen Zulassungsbehörde (European Medinces Agency – EMEA).[370] In dieser ist als elementarer Grundsatz festgelegt, dass Bezeichnungen für zwei Arzneimittel dann nicht identisch sein dürfen, wenn sich durch eine Verwechselung Sicherheitsrisiken realisieren können. Als eigenständiger Versagungsgrund existiert eine solche Vorschrift im EG-Recht jedoch nicht. Eine in dem Sinn zu sicherheitsrelevanten Verwechslungen führende Arzneimittelbezeichnung lässt sich nach europäischem Recht ggf als Unterfall eines ungünstigen Nutzen-Risiko-Verhältnisses gemäß Art. 26 Abs. 1 lit. a RL 2001/83/EG bewerten. Da in der Regel die Wahl der Bezeichnung im zentralen Zulassungsverfahren schon in der dem Start des eigentlichen Verfahrens vorgeschalteten Beratungsphase diskutiert und geklärt wird, ist unter praktischen Erwägungen ein solcher Versagungsgrund auch nicht zwingend erforderlich.

284 Auch der nationalen Bestimmung liegen Arzneimittelsicherheitserwägungen zugrunde. Die Vorschrift soll die Risiken ausschließen, die entstehen können, wenn ein Arzneimittel mit einem namensgleichen aber unterschiedlich zusammengesetzten Arzneimittel verwechselt

---

[368] RL 2001/83/EG des Europäischen Parlaments und des Rates v. 6.11.2001 zur Schaffung eines Gemeinschaftskodexes für Humanarzneimittel (ABl. EG Nr. L 311/67 v. 28.11.2001).

[369] VO (EG) Nr. 726/2004 des Europäischen Parlaments und des Rates v. 31.3.2004 zur Festlegung von Gemeinschaftsverfahren für die Genehmigung und Überwachung von Human- und Tierarzneimitteln und zur Errichtung einer europäischen Arzneimittel-Agentur (ABl. EU Nr. L 136/1 v. 30.4.2004).

[370] Guideline on the acceptability of names for human medicinal products processed through the centralised procedure, December 2007, CPMP/328/98, Revision 5, <http://www.emea.europa.eu/pdfs/human/regaffair/032898en.pdf>.

wird. Die Vorschrift existiert seit dem Arzneimittelneuordnungsgesetz von 1976[371] und wurde bisher nur ein Mal im Rahmen des 2. AMG-Änderungsgesetzes geändert.[372]

2. Regelungsinhalte

§ 25 Abs. 3 AMG stellt neben den Versagungstatbeständen nach § 25 Abs. 2 Nr. 1 bis 7 AMG einen eigenständigen Versagungstatbestand dar.

a) Zugelassenes oder in Verkehr befindliches Arzneimittel

Erste Voraussetzung für die Versagung ist, dass die gleiche Bezeichnung bereits für ein zugelassenes oder im Verkehr befindliches Arzneimittel verwandt wird.

Neben den individuell oder auf der Basis von Standardzulassungen nach § 36 AMG zugelassenen Arzneimitteln sind damit sämtliche im Markt befindlichen Arzneimittel in die Prüfung einbezogen. Dabei kann es sich handeln um

- registrierte homöopathische Arzneimittel nach § 39 AMG,
- von der Registrierung nach § 38 Abs. 1 S. 3 AMG freigestellte Arzneimittel,
- auf der Basis von Standardregistrierungen nach § 39 Abs. 3 S. 1 Nr. 2 AMG verkehrsfähige Arzneimittel,
- registrierte pflanzliche traditionelle Arzneimittel nach § 39 a AMG,
- nicht zulassungspflichtige Arzneimittel iS von § 4 Abs. 1 AMG oder
- von der Zulassung nach § 21 Abs. 2 AMG befreite Arzneimittel.

Dem Tatbestandsmerkmal immanent ist, dass es sich bei den bereits auf den Markt befindlichen Arzneimitteln um legal vertriebene Produkte handeln muss. Ein bei der Prüfung dieser Tatbestandsvoraussetzung auffallendes illegales Produkt kann keinen Versagungsgrund für ein zur Zulassung beantragtes Arzneimittel begründen. Bezüglich des im Rahmen dieser Prüfung aufgefallenen ohne Verkehrsgenehmigung vertriebenen Arzneimittels können dann ggf. Maßnahmen nach § 69 AMG ergriffen werden.

b) Bezeichnungsgleichheit

Das Tatbestandsmerkmal der gleichen Bezeichnung lässt verschiedene Interpretationen zu, da eine Bezeichnung aus mehreren Bestandteilen, der (ein- oder mehrteiligen) **Hauptbezeichnung** und Zusätzen, bestehen kann.[373] Im Rahmen von Arzneimittelserien, in denen zB wirkstoffgleiche aber in unterschiedlicher Stärke und/oder Darreichungsform oder auch verschieden zusammengesetzte Arzneimittel in einem Indikationsfeld unter einer Dachbezeichnung/Dachmarke zusammengefasst werden, ist dies häufig der Fall.

Reichte für das Vorliegen einer gleichen Bezeichnung nach § 25 Abs. 3 AMG eine identische Hauptbezeichnung allein aus, ohne dass es auf die übrigen ergänzenden Bestandteile ankäme, wäre für solche Arzneimittelserien kein Raum. Solche sind jedoch nicht nur am Markt üblich, sondern auch zulässig, wie sich aus der o.g. Bekanntmachung „Verwechselungsgefahr" ergibt. Dort heißt es unter „Definitionen" in Pkt. 2.1 „Die Arzneimittelbezeichnung ist die vollständige Bezeichnung, die die Hauptbezeichnung sowie ggfl. einen Bezeichnungszusatz enthält."

Diese offizielle Erläuterung ist mangels anderer Hinweise auch für die Interpretation des Tatbestandsmerkmales „Arzneimittelbezeichnung" im AMG maßgeblich. Ausgehend von

---

[371] BGBl. I 1976, 2445.
[372] BGBl. I 1986, 1296.
[373] Pkt. 2 der Bekanntmachung des Bundesgesundheitsamts und des Paul-Ehrlich-Instituts (Bundesamtes für Sera und Impfstoffe) über Hinweise und Empfehlungen zur Vermeidung von irreführenden Arzneimittelbezeichnungen v. 9./22.8.1991 (BAnz, S. 6971).

dieser ist als gleiche Bezeichnung iS des § 25 Abs. 3 AMG eine solche zu bewerten, die vollständig mit einer anderen identisch ist. Jegliche auch geringfügige Abweichung ist nicht mehr als solche versagungsrelevante Bezeichnungsgleichheit zu werten.

c) Wirkstoffgleichheit

291 Ist eine vollständige **Bezeichnungsidentität** festgestellt, führt diese dann zu einer Versagung, wenn die Arzneimittel sich in Art und/oder der Menge der Wirkstoffe unterscheiden. Der Begriff des Wirkstoffes ist in § 4 Abs. 19 AMG definiert und bezeichnet die Bestandteile, die arzneilich wirksam sind oder bei der Herstellung zu arzneilich wirksamen Bestandteilen werden. Dies sind diejenigen Bestandteile des Arzneimittels, die für die Indikation eines Arzneimittels, seine Wirkungen entscheidend sind. Ist die Art der Wirkstoffe gleich, scheidet eine identische Bezeichnung aus, ohne dass es auf weitere Elemente ankommt.

292 Wirkstoffgleichheit spielt auch in anderen Regelungszusammenhängen eine entscheidende Rolle, zB im Rahmen der Generikazulassungen nach § 24b AMG. Dort ist die gleiche Zusammensetzung der Wirkstoffe nach Art und Menge das entscheidende Kriterium für die Bewertung eines Arzneimittels als Generikum und somit entscheidende Eingangsvoraussetzung für das abgekürzte Zulassungsverfahren, in dem auf Unterlagen zur Pharmakologie/Toxikologie und Klinik bei Vorliegen weiterer Voraussetzungen eines anderen Antragstellers Bezug genommen werden kann. Des weiteren spielt diese Gleichheit auch eine Rolle in den Regelungen zur Änderung von Zulassungen nach § 29. § 29 Abs. 3 Nr. 1 AMG bestimmt, dass eine Änderung der Zusammensetzung der Wirkstoffe nach Art und Menge eine Neuzulassung erfordert und nicht mehr im Rahmen einer Änderung möglich ist.

Die Frage der Wirkstoffgleichheit kann im Einzelfall schwierig zu beantworten sein. Problematische Fallgruppen betreffen chemisch-synthetische Wirkstoffe, zB Molekülvarianten, aber auch pflanzliche Wirkstoffe, zB unterschiedliche Extrakte (vgl § 6 Rn 203 ff).

d) Unterschiedliche Wirkstoffmenge

293 Neben fehlender Wirkstoffgleichheit führt eine Bezeichnungsidentität aber auch bereits bei jeder Mengenabweichung zur Versagung, es sei denn, es liegt eine andere Darreichungsform vor. Ist dies der Fall, ist nach § 25 Abs. 3 S. 2 AMG eine Bezeichnungsidentität möglich. Liegen also Mengenabweichungen und gleichzeitig unterschiedliche Darreichungsformen, zB Tabletten, Kapseln oder flüssige Darreichungsformen vor, ist die Verwendung einer identischen Bezeichnung möglich. Nach dem Wortlaut der Vorschrift ist kein unterscheidender Zusatz in der Bezeichnung erforderlich, sondern die Tatsache der anderen Darreichungsform bei einer Mengenabweichung reicht allein aus, um eine Versagung nach dieser Vorschrift auszuschließen. Da gemäß §§ 10 Abs. 1 Nr. 2 und 11 Abs. 1 Nr. 1 lit. a AMG der Angabe der Bezeichnung auf dem Behältnis und/oder der äußeren Umhüllung und in der Packungsbeilage jedoch auch immer die Darreichungsform folgen muss, auch wenn diese dadurch nicht zum Bezeichnungsbestandteil wird, findet zumindest dadurch im Zusammenhang mit der Bezeichnung in den Ausstattungsmaterialien eine verbale Differenzierung statt.

3. Ergänzende Regelungen

294 Der Rahmen für eine Versagung nach § 25 Abs. 3 AMG ist, wie gezeigt, sehr gering, da er vollständige Bezeichnungsidentität voraussetzt. Damit sind die Möglichkeiten der Zulassungsbehörde, Zulassungen wegen Beanstandungen der gewählten Bezeichnung zu versagen, jedoch nicht erschöpft. Gemäß § 25 Abs. 2 S. 1 Nr. 7 AMG, darf die Zulassung u.a. versagt werden, wenn sie gegen ein gesetzliches Verbot verstößt. Als solche kommen in erster Linie Vorschriften des AMG in Betracht.

D. Die Versagungsgründe des § 25 Abs. 2 und 3 AMG im Einzelnen

a) Irreführung nach § 8 AMG

Im Kontext von Bezeichnungen kann ein versagungsrelevanter Verstoß gegen das Irreführungsverbot gemäß § 8 Abs. 1 Nr. 2 AMG vorliegen, der ausdrücklich an eine irreführende Arzneimittelbezeichnung anknüpft (vgl oben Rn 71). Kriterien für die Bewertung einer Arzneimittelbezeichnung als irreführend ergeben sich aus der bereits o.g. Bekanntmachung der Zulassungsbehörden (vgl Rn 77).

b) Bekanntmachung zu irreführenden Arzneimittelbezeichnungen

Hintergrund für die Bekanntmachung waren die umfangreichen Änderungsmöglichkeiten im Rahmen der Nachzulassung gemäß § 105 Abs. 3a AMG, die nach Ansicht des BfArM und auch der beteiligten Verkehrskreise eine klare Regelung zu unterscheidenden Zusätzen der Bezeichnung, sowie dies in § 105 Abs. 3a S. 3 AMG vorgesehen ist, erforderlich machten. Über diesen engen Anwendungsbereich hinaus enthält diese Bekanntmachung jedoch auch allgemeine Grundsätze, um eine Irreführung durch eine Bezeichnung zu vermeiden, die auch noch heute in der Verwaltungspraxis eine zentrale Rolle spielen.

Als Prinzipien zur Vermeidung von irreführenden Arzneimittelbezeichnungen sind festzuhalten:

- Zur Vermeidung von Verwechslungen und damit Sicherheitsrisiken sollen sich Bezeichnungen von im Wirkungs- und Sicherheitsprofil unterschiedlichen Arzneimitteln deutlich unterscheiden. Je weniger sich die Arzneimittel in ihrer Zusammensetzung und in ihren Indikationen und in ihrem Risikoprofil ähneln, umso deutlicher müssen die Unterschiede in den Bezeichnungen ausfallen.
- Arzneimittelbezeichnungen dürfen bei den angesprochenen Verkehrskreisen keine unzutreffenden Vorstellungen über Qualität, Wirksamkeit, Unbedenklichkeit oder über sonstige für den Wert des Arzneimittels maßgeblichen Eigenschaften hervorrufen.

Die Beurteilung anhand dieser Kriterien ist im Einzelfall zu treffen, und muss die Marktgegebenheiten berücksichtigen. Die Bekanntmachung enthält über diese allgemeinen Empfehlungen hinaus eine Reihe von Beispielen und konkreten Hinweisen.

c) Guideline zu Invented Names

Gleichen Prinzipien folgt auch die o.g. Guideline der europäischen Zulassungsbehörde, EMEA. Auch wenn diese unmittelbar nur auf Bezeichnungen für zentral zugelassene Arzneimittel Anwendung findet, sind die in ihr festgelegten Grundsätze und Hinweise vergleichbar mit denen der nationalen Regelungen.

So sollen Arzneimittelbezeichnungen insbesondere nicht geeignet sein,

- gedruckt, geschrieben oder gesprochen mit einem Phantasienamen eines anderen Arzneimittels verwechselt zu werden,
- eine Irreführung in Bezug auf die Indikationen, andere pharmazeutische Merkmale und/oder über die Zusammensetzung des Arzneimittels herbei zu führen.

Auf europäischer Ebene wurde für das Thema eigens eine Arbeitsgruppe, die Name Review Group (NRG), gegründet. Diese setzt sich aus Vertretern der Mitgliedstaaten, der EU-Kommission und der EMEA zusammen. Andere Experten zB aus der WHO werden im Bedarfsfall hinzugezogen.

Dieser Arbeitsgruppe sind 18 Monate vor Stellung eines zentralen Zulassungsantrags die geplante Arzneimittelbezeichnung zusammen mit den für die Charakterisierung des Arzneimittels wichtigen Merkmalen, wie Zusammensetzung, Darreichungsform, Indikationen, zB in Form eines Entwurfs der *Summary of Product Characteristics*, zu übersenden. Die

Arbeitsgruppe erarbeitet dann eine Stellungnahme, die Grundlage für die weitere Entscheidungsfindung im CHMP ist.

Vor diesem Hintergrund kommt es bezüglich der Arzneimittelbezeichnung im zentralen Zulassungsverfahren auch nicht zu Versagungen, sondern das Thema der Arzneimittelbezeichnung wird im Vorfeld diskutiert und entschieden.

d) Abgrenzung zur Kennzeichnungsvorschrift nach § 10 Abs. 1 S. 1 Nr. 1

301 Überschneidungen zu diesem Versagungsgrund können sich mit der Kennzeichnungsvorschrift nach § 10 Abs. 1 S. 1 Nr. 1 AMG ergeben. Diese fordert, dass im Rahmen der Kennzeichnung des Behältnisses und/oder der äußeren Umhüllung, und gleichermaßen gilt dies auch für die Packungsbeilage nach § 11 Abs. 1 S. 1 Nr. 1 lit. a AMG, der gewählten Bezeichnung immer Angaben zur Wirkstärke, Darreichungsform und für den Fall, dass für verschiedene Personengruppen, wie Säuglinge, Kinder, unterschiedliche Varianten des Arzneimittels existieren, auch ein Hinweis auf die Personengruppe folgen soll.

302 Diese differenzierenden Hinweise müssen der Bezeichnung *folgen*. Nach dem Wortlaut ist damit eindeutig festgelegt, dass diese nicht automatisch Bezeichnungsbestandteil werden. Sollen sie Bezeichnungsbestandteil werden, kann der Antragsteller diese Möglichkeit wählen.

Sind sie nicht Bezeichnungsbestandteil, bleibt die Tatsache, dass in den Ausstattungsmaterialien diese Zusätze mit angegeben werden, für die Prüfung des Vorliegens des Versagungsgrundes nach § 25 Abs. 3 AMG außer Betracht. Denn, wie oben erläutert, ist für diesen nur die Bezeichnung entscheidend, ohne dass Zusätze zu dieser Berücksichtigung finden.

Allerdings schließt zB bei unterschiedlicher Wirkstoffmenge aber gleicher Darreichungsform ein in die Bezeichnung integrierter Hinweis auf die unterschiedliche Menge an Wirkstoff zu der ansonsten identischen (Haupt)bezeichnung das Eingreifen dieses Versagungsgrundes aus.

303 Ebenso kann dem Irreführungsverbot nach § 8 Abs. 1 S. 1 Nr. 2 AMG, auch in Verbindung mit der Bekanntmachung der Zulassungsbehörden, durch eine Integration solcher Hinweise auf Stärke, Darreichungsform in die Bezeichnung begegnet werden. Allerdings dürften solche alleine nicht ausreichen, wenn die Wirkstoffe unterschiedlich sind und von daher sich Anwendungs- und Risikoprofil unterscheiden.

Diese Überlegungen können den Antragsteller zwingen, solch unterscheidende Zusätze in die Bezeichnung mit aufzunehmen, so dass sie integraler Bezeichnungsbestandteil sind. Aus § 10 Abs. 1 S. 1 Nr. 1 AMG lässt sich eine solche Betrachtung nicht herleiten, auch wenn dies von den nationalen Zulassungsbehörden partiell anders gesehen wird.

Diese Frage ist nicht ohne Belang. Käme § 10 Abs. 1 S. 1 Nr. 1 AMG ein solcher Regelungsgehalt zu, müsste immer wenn im AMG oder auch in anderen Gesetzen, zB HWG, oder in Verordnungen von Bezeichnung die Rede ist, der gesamte „Rattenschwanz" an Zusätzen mit angegeben werden. Dies ist in manchen Zusammenhängen nicht nur lästig, da platzraubende Tatsache, sondern beeinträchtigt auch die Lesbarkeit und kann durch Abkürzungen zu Fehlinterpretationen und Einschränkungen bei der Anwendungssicherheit führen.

4. Bedeutung dieser Regelung in der Verwaltungspraxis

304 Bezüglich der Bedeutung der Regelungen für die Praxis ist zu differenzieren. Der Versagungsgrund nach § 25 Abs. 3 AMG hat nur geringe Bedeutung, führt quasi ein Schattendasein. Dies liegt sicher u.a. daran, dass es heute umfassende Recherchemöglichkeiten gibt und von daher eine zufällige Bezeichnungsidentität selten sein dürfte, markenrechtliche Verbote zumeist einer solchen entgegenstehen und von einer identischen Bezeichnung für unter-

schiedliche Arzneimittel aus Marketingsicht nur in wenigen Fällen das später in den Verkehr gebrachte Arzneimittel auf Dauer profitiert.

Anders sieht dies sicherlich bei Fällen partieller Identität der Bezeichnung oder Ähnlichkeiten anderer Art aus, durch die eine Nähe zu anderen eingeführten und anerkannten Arzneimitteln hergestellt wird. Gleichwohl haben solche dann irreführenden, verwechselungsfähigen Arzneimittelbezeichnungen in der Praxis der nationalen Zulassungsbehörden selten zu Versagungen geführt, sondern solche Mängel werden in der Regel bereits im Verlauf des Zulassungsverfahrens selbst behoben oder solche Probleme tauchen erst später, zB im Rahmen von Bezeichnungsänderungen nach § 29 Abs. 2 AMG auf. In der Vergangenheit spielte das Thema aufgrund der umfangreichen Änderungsmöglichkeiten im Rahmen der Nachzulassung eine besondere Rolle. Diskussionen tauchten vor allem dann auf, wenn nach einer Änderung der Zusammensetzung oder einer anderen größeren Änderung, diese nur durch einen Bezeichnungszusatz bestehend aus einem oder zwei Buchstaben kenntlich gemacht werden sollte. In der Regel reichte dies der Zulassungsbehörde nicht aus, insbesondere dann nicht, wenn sich mit der Änderung auch der Charakter des Produkts veränderte.

E. Mängelbeseitigung und Präklusion
I. Einführung

Das sog. Beanstandungsverfahren – das in dieser Form keine Parallelen in anderen Rechtsgebieten des Verwaltungsrechts findet[374] – wird im Arzneimittelrecht durch §§ 25 Abs. 4, 105 Abs. 5 AMG geregelt. Nach § 25 Abs. 4 S. 1 AMG teilt die zuständige Bundesoberbehörde im Zulassungsverfahren, wenn sie der Auffassung ist, dass eine Zulassung aufgrund der vorgelegten Unterlagen nicht erteilt werden kann, dies dem Antragsteller unter Angabe von Gründen mit. Dem Antragsteller ist dabei Gelegenheit zu geben, Mängeln innerhalb einer angemessenen Frist, jedoch höchstens innerhalb von sechs Monaten, abzuhelfen (§ 25 Abs. 4 S. 2 AMG). Wird den Mängeln nicht innerhalb dieser Frist abgeholfen, so ist die Zulassung zu versagen (§ 25 Abs. 4 S. 3 AMG). Nach einer Entscheidung über die Versagung der Zulassung ist das Einreichen von Unterlagen zur Mängelbeseitigung ausgeschlossen (§ 25 Abs. 4 S. 4 AMG).

Im Nachzulassungsverfahren gilt § 105 Abs. 5 AMG: Bei Beanstandungen hat der Antragsteller innerhalb einer angemessenen Frist, jedoch höchstens innerhalb von zwölf Monaten nach Mitteilung der Beanstandungen, den Mängeln abzuhelfen; die Mängelbeseitigung ist in einem Schriftsatz darzulegen (§ 105 Abs. 5 S. 1 AMG). Wird den Mängeln nicht innerhalb dieser Frist abgeholfen, so ist die Zulassung zu versagen (§ 105 Abs. 5 S. 2 AMG). Nach einer Entscheidung über die Versagung der Zulassung ist das Einreichen von Unterlagen zur Mängelbeseitigung ausgeschlossen (§ 105 Abs. 5 S. 3 AMG). Die zuständige Bundesoberbehörde hat in allen geeigneten Fällen keine Beanstandungen nach S. 1 erster Hs auszusprechen, sondern die Verlängerung der Zulassung auf der Grundlage des § 105 Abs. 5a S. 1 und 2 AMG mit einer Auflage zu verbinden, mit der dem Antragsteller aufgegeben wird, die Mängel innerhalb einer von ihr nach pflichtgemäßem Ermessen zu bestimmenden Frist zu beheben (§ 105 Abs. 5 S. 4 AMG). Anders als im Zulassungsverfahren – vgl § 29 AMG – führt das Beanstandungsverfahren in der Nachzulassung zu Erleichterungen hinsichtlich der Änderbarkeit von Arzneimitteln, wenn und soweit eine Beanstandung ausgesprochen worden ist (§§ 105 Abs. 3a S. 1 und 2, 136 Abs. 2 AMG).

Vergleichbare Regelungen finden sich auch sonst im AMG. So findet sich im Zulassungsverfahren für die Vorprüfung nach § 25a AMG eine teilweise vergleichbare Regelung in

---

[374] Zwar gibt es „Beanstandungsverfahren" auch sonst im besonderen Verwaltungsrecht, zB – am bekanntesten – im Kommunalrecht (vgl §§ 119 ff GO NRW). In der Sache sind diese „Beanstandungsverfahren" jedoch nicht mit dem arzneimittelrechtlichen Beanstandungsverfahren zu vergleichen.

§ 25 a Abs. 2 und 3 AMG, vergleichbare Regelungen gibt es auch für das Herstellen von Arzneimitteln in § 14 Abs. 5 und § 20 c Abs. 4 AMG.

1. Entstehungsgeschichte

309 § **25 Abs. 4 AMG** lautet in der bis zum 11.7.2000 geltenden Fassung wie folgt:

Bei Beanstandungen der vorgelegten Unterlagen ist dem Antragsteller Gelegenheit zu geben, Mängeln innerhalb einer angemessenen Frist abzuhelfen. Wird den Mängeln nicht abgeholfen, so ist die Zulassung zu versagen.

Die bis zum 5.9.2005 geltende Fassung hatte dann folgenden Wortlaut:

Bei Beanstandungen der vorgelegten Unterlagen ist dem Antragsteller Gelegenheit zu geben, Mängeln innerhalb einer angemessenen Frist, jedoch höchstens innerhalb von sechs Monaten, abzuhelfen. Wird den Mängeln nicht innerhalb dieser Frist abgeholfen, so ist die Zulassung zu versagen. Nach einer Entscheidung über die Versagung der Zulassung ist das Einreichen von Unterlagen zur Mängelbeseitigung ausgeschlossen.

Die diesbezügliche amtliche Begründung[375] lautet wie folgt:

Die Regelung zur Mängelbeseitigungsfrist in § 25 Abs. 4 AMG, nach der diese künftig höchstens sechs Monate betragen darf, erfolgt übereinstimmend mit der für die Nachzulassung in § 105 Abs. 5 AMG vorgesehenen Änderung.

In den Bereichen Neu- und Nachzulassung soll die Mängelbeseitigung von ihrem Ansatz her aus Gründen der Verfahrensökonomie die Behebung kleinerer Mängel im laufenden Verfahren ermöglichen, soweit dadurch das Verfahren nicht über Gebühr in die Länge gezogen und unnötigerweise Kapazitäten gebunden werden. In der Vergangenheit war dies jedoch teilweise der Fall. Die Zulassungsbehörden müssen sich nach Ablauf einer längeren Mängelbeseitigungsfrist erneut mit der Materie befassen, ggf. auch erneut in die Problematik einarbeiten. Hinzu kam, dass sich durch Fortschritt des wissenschaftlichen Erkenntnisstandes mitunter die Anforderungen an die Antragsunterlagen änderten und damit sowohl auf Seiten des pharmazeutischen Unternehmers als auch auf Seiten der Zulassungsbehörden eine weitgehend neue Bearbeitung erforderlich wurde. Die jetzt vorgesehene Änderung hat auch zur Folge, dass alle pharmazeutischen Unternehmer gehalten sind, von Anfang an entscheidungsreife Anträge einzureichen. Die nunmehr grundsätzlich eingeräumte Sechsmonatsfrist ist dann ausreichend, um kleinere Nachbesserungen vornehmen zu können. Mängel, die sich aus einer Anpassung an einen gegenüber dem Zeitpunkt der Antragstellung geänderten wissenschaftlichen Erkenntnisstand ergeben, können ausnahmsweise über diese Frist hinaus behoben werden. Soweit jedoch die eingereichten Unterlagen andere Mängel aufweisen, zu deren Behebungen weitere zeitaufwendige Untersuchungen oder Prüfungen erforderlich sind, ist zu gegebener Zeit die Stellung eines neuen Zulassungsantrags sachgerecht. Übereinstimmend mit dieser Zielsetzung wird einheitlich für Zulassung und Nachzulassung ausgeschlossen, durch Nachreichen von Unterlagen einen Antrag erst im Rechtsmittelverfahren zulassungsreif zu machen. Dies ist zur Konzentration der Arbeiten der Behörden auf die laufenden Verfahren erforderlich. Die amtliche Begründung[376] für die nunmehr geltende Fassung – mit der hauptsächlich die Begründungspflicht im Rahmen der sog. Mängelrüge vertieft wurde – zeigt auf, dass wesentliche Änderungen gegenüber dem vorhergehenden Rechtszustand nicht gewollt sind: „Die Änderung in Absatz 4 präzisiert Verfahren bei den Bundesoberbehörden; die festgestellten Mängel sind von diesen hiernach in der Mitteilung konkret zu benennen."

---

375 BT Drucks. 14/2292.
376 BT-Drucks. 15/5316.

E. Mängelbeseitigung und Präklusion **10**

Die **Vorgängerregelung des § 105 Abs. 5 AMG** – Art. 3 § 7 Abs. 5 AMRNOG – lautete in der 310
bis zum 16.8.1994 geltenden Fassung wie folgt:
Abweichend von § 25 Abs. 4 des Arzneimittelgesetzes hat der Antragsteller bei Beanstandungen innerhalb von drei Jahren nach Mitteilung der Beanstandungen den Mängeln abzuhelfen. Wird den Mängeln nicht innerhalb dieser Frist abgeholfen, so ist die Zulassung zu versagen.

Die Nachfolgeregelung trat dann am 17.8.1994 in Kraft. Sie lautete nunmehr – im Rahmen des § 105 Abs. 5 AMG – wie folgt:
Abweichend von § 25 Abs. 4 hat der Antragsteller bei Beanstandungen innerhalb von drei Jahren nach Mitteilung der Beanstandungen den Mängeln abzuhelfen; die Mängelbeseitigung ist in einem Schriftsatz darzulegen. Wird den Mängeln nicht innerhalb dieser Frist abgeholfen, so ist die Zulassung zu versagen.

Neu ist hier also das Schriftsatzerfordernis.

In dem nämlichen Gesetz – dem Fünften Gesetz zur Änderung des Arzneimittelgesetzes vom 9.8.1994 – bestimmte dann zum 1.1.1996 eine neue Fassung des § 105 Abs. 5 AMG, die bis zum 11.7.2000 gelten sollte:
Abweichend von § 25 Abs. 4 hat der Antragsteller bei Beanstandungen innerhalb von 18 Monaten nach Mitteilung der Beanstandungen den Mängeln abzuhelfen; die Mängelbeseitigung ist in einem Schriftsatz darzulegen. Wird den Mängeln nicht innerhalb dieser Frist abgeholfen, so ist die Zulassung zu versagen.

Hier wurde also die Mängelbeseitigungsfrist von drei Jahren auf anderthalb Jahre verkürzt.

Die **amtliche Begründung**[377] für die **derzeit geltende Fassung** – mit der die Vorschrift im Wesentlichen um die Regelungen der Sätze 3 und 4 ergänzt wird – lautet schließlich wie folgt:
Die in Satz 1 vorgesehene kurze Mängelbeseitigungsfrist trägt wesentlich zur Beschleunigung des Entscheidungsvorgangs zur Nachzulassung des betreffenden Arzneimittels bei. Die Konzentration der Arbeiten auf die laufenden Nachzulassungsverfahren durch Ausschluss weiterer Mängelbeseitigungsversuche im Rechtsmittelverfahren ist zwingend notwendig, um in vertretbarem Zeitrahmen ein Abschluss der Nachzulassung zu erreichen. Ergänzend wird auf die Begründung zu § 25 Abs. 4 Bezug genommen. Im Übrigen kann die Zulassungsbehörde nach Absatz 5 a durch Auflagen zur Verlängerungsentscheidung anordnen, dass nicht gravierende Mängel innerhalb einer festgesetzten Frist beseitigt werden müssen.

2. Sinn und Zweck der Vorschriften

Der Sinn und der Zweck von §§ 25 Abs. 4, 105 Abs. 5 AMG kann nur „janusköpfig" 311
bestimmt werden: Einerseits begünstigen die Beanstandungsverfahren die Antragsteller im Zulassungs- bzw Nachzulassungsverfahren, da sie der Zulassungsbehörde die Möglichkeit „abschneiden", ohne Durchführung des Beanstandungsverfahrens den Zulassungs- bzw Nachzulassungsantrag abzulehnen. Die Antragsteller erhalten eine – letzte – Frist zur Behebung der beanstandeten Mängel. Damit ist zwangsläufig ein Zeitverlust verbunden, insoweit dient die Regelung nicht der Beschleunigung des Verfahrens, sondern der Wahrung der Interessen der Antragsteller. Sachlich findet dieser Aspekt des Beanstandungsverfahrens seine Rechtfertigung in den hohen Aufwendungen der Antragsteller im Zulassungsverfahren bzw in dem Umstand, dass die Arzneimittel, die der Nachzulassung unterliegen, regelmäßig

---
377 BT-Drucks. 14/2292.

ohnehin schon seit Jahrzehnten auf dem Markt sind.[378] Andererseits belasten die Beanstandungsverfahren die Antragsteller im Zulassungs- bzw Nachzulassungsverfahren, da nach Ablauf der gesetzten Frist die Zulassung zwingend zu versagen ist; ein „Nachschieben" von Unterlagen ist dann – auch im Klageverfahren – nicht mehr möglich. Insoweit dient die Regelung ersichtlich der Vereinfachung und Beschleunigung der arzneimittelrechtlichen Zulassungs- bzw Nachzulassungsverfahren. Dieser Aspekt des Beanstandungsverfahrens findet seine Rechtfertigung darin, dass die genannten Verfahren hochkomplex sind und eine ausgedehnte Beschäftigung der Behörde in einem einzelnen Zulassungsverfahren bei begrenzter Personalkapazität die gebotene zügige Behandlung anderer Zulassungsanträge beeinträchtigt.[379] Verkürzt ausgedrückt: Mit den Beanstandungsverfahren im Zulassungs- und Nachzulassungsverfahren werden die Interessen der Antragsteller und die öffentlichen Interessen an einer zügigen Entscheidung dahin gehend in Ausgleich gebracht, dass eine „letzte" Frist gesetzt werden muss, nach fruchtlosem Ablauf dieser Frist aber dann die Zulassung zu versagen ist und ein „Nachschieben" ausscheidet. Schließlich und endlich ist hervorzuheben, dass es sich bei §§ 25 Abs. 4, 105 Abs. 5 AMG um Verfahrensvorschriften handelt. Bei ihrer Auslegung wird man daher darauf achten müssen, dass der dienende Aspekt dieser Verfahrensvorschriften[380] im Blick gehalten wird und sie nicht auf eine „nur" formale Funktion reduziert werden (vgl Rn 315). Auch können Verstöße gegen diese Vorschriften ggf. nach § 46 VwVfG unbeachtlich bleiben (vgl Rn 326).

3. Verfassungsmäßigkeit der Vorschriften

312 An einer Verfassungsmäßigkeit der Vorschriften des §§ 25 Abs. 4, 105 Abs. 5 AMG ist nicht zu zweifeln, soweit es darum geht, dass die Behörde vor der Versagung der Zulassung eine letzte Frist setzen muss. Dasselbe gilt für den Umstand, dass die Behörde nach Ablauf der gesetzten Frist die Zulassung- bzw Nachzulassung zu versagen hat (§§ 25 Abs. 4 S. 3, 105 Abs. 5 S. 3 AMG); dieses „Versagungsrecht" stünde ihr nach allgemeinem Verwaltungsrecht bereits ohne das Beanstandungsverfahren zu.[381] Verfassungsrechtliche Probleme sind daher nur insoweit ersichtlich, als im Rahmen des Beanstandungsverfahrens eine materielle Präklusion erfolgt, dh soweit nach Ablauf der gesetzten Frist nachgereichte Unterlagen weder im Verwaltungs- noch im Gerichtsverfahren Berücksichtigung finden. Hinsichtlich der Regelungen der §§ 25 Abs. 4 S. 4, 105 Abs. 5 S. 4 AMG ist geklärt, dass diese eine materielle Präklusion zur Folge haben, die grundsätzlich auch verfassungsmäßig ist. Denn der Gesetzgeber verfolgt mit diesen Regelungen legitime Ziele – Vereinfachung und Beschleunigung des Verfahrens – und die Regelungen sind zur Erreichung dieser Ziele geeignet, erforderlich und verhältnismäßig. Insoweit ist daran zu erinnern, dass der Präklusion eine letzte Fristsetzung vorausgeht und dass in der Sache ein endgültiger Rechtsverlust nicht bewirkt wird: Den Antragstellern ist es unbenommen, nach Ablehnung ihres Zulassungs- bzw Nachzulassungsantrags einen neuen Zulassungsantrag zu stellen, mag dies auch mit Kosten verbunden sein. Nur im Nachzulassungsverfahren mag es zu gewissen substanziellen Rechtsverlusten kommen; diese sind indes hinzunehmen, da die Nachzulassungsverfahren bereits seit Jahrzehnten dauern und deren beschleunigten Abarbeitung auch gemeinschaftsrechtlich

---

378 Zu diesem Aspekt des Beanstandungsverfahrens vgl Brixius/Schneider, Nachzulassung und AMG- Einreichungsverordnung, 2004, S. 123 f.
379 Zu diesem Aspekt des Beanstandungsverfahrens vgl OVG NRW A&R 2007, 126, 127; A&R 2007, 185, 188; OVG NRW, Beschl. v. 18.12.2008 – 13 A 1833/06.
380 Vgl allg. dazu zB Hoffmann-Riem in: Hoffmann-Riem/Schmidt-Aßmann/Voßkuhle, Grundlagen des Verwaltungsrechts II, 2008, § 27 Rn 64 f.
381 Vgl OVG NRW A&R 2007, 185, 188; OVG NRW, Urt. v. 29.4.2008 – 13 A 4996/04.

E. Mängelbeseitigung und Präklusion   10

vorgegeben ist.[382] Eine andere Frage ist, ob die bis zum 11.7.2000 gültigen „Vorgängerregelungen" der genannten Vorschriften – §§ 25 Abs. 4, 105 Abs. 5 AMG aF[383] – eine materielle Präklusion beinhalteten und ob diese materielle Präklusion verfassungsmäßig war. Hinsichtlich der Regelung des § 25 Abs. 4 AMG aF hat das OVG NRW eine Präklusionswirkung verneint, hinsichtlich der Regelung des § 105 Abs. 5 AMG aF hat es eine Präklusionswirkung und deren Verfassungsmäßigkeit bejaht; die dagegen gerichtete Revisionsnichtzulassungsbeschwerde blieb erfolglos.[384]

II. Anwendungsbereich der Vorschriften

1. Materiell

Materiell gelten §§ 25 Abs. 4, 105 Abs. 5 AMG grundsätzlich für alle Mängel bzw Beanstandungen, die zur Zulassungsversagung führen können. § 25 Abs. 4 S. 1 AMG spricht insoweit von einer Mangelhaftigkeit der vorgelegten „Unterlagen". Dabei ist der Begriff der „Unterlagen" in § 25 Abs. 4 S. 1 AMG weit zu verstehen, erfasst werden alle Unterlagen, die im Rahmen der Zulassung bzw Nachzulassung vorzulegen sind.[385] § 105 Abs. 5 S. 1 AMG spricht – zunächst einmal scheinbar weitergehend – allgemein von „Beanstandungen", wobei dies dadurch wiederum relativiert wird, dass § 105 Abs. 5 S. 3 AMG den Unterlagenbegriff aufgreift. Jedenfalls ist auch der Begriff der „Beanstandungen" in § 105 Abs. 5 S. 1 AMG weit zu verstehen, erfasst werden alle durch Unterlagen und Erklärungen grundsätzlich beseitigbaren Mängel und Beanstandungen.[386] Grundsätzlich ausgenommen von dem Mängel bzw Beanstandungsbegriff in §§ 25 Abs. 4, 105 Abs. 5 AMG sind nur materielle Rechtsmängel, die nicht – auch nicht durch die Vorlage von Unterlagen irgendwelcher Art – behoben werden können. Kann beispielsweise eine Nachzulassung nach § 105 Abs. 1 AMG schon deswegen nicht erteilt werden, da an die ursprüngliche Zulassung nach § 105 Abs. 1 AMG nicht angeknüpft werden kann, weil das Arzneimittel unzulässig geändert wurde, muss das Beanstandungsverfahren nicht durchgeführt werden.[387] Soll das Arzneimittel als traditionelles Arzneimittel nach § 109a AMG zugelassen werden, fehlt aber eine Listenposition nach § 109a Abs. 3 AMG, ist das Beanstandungsverfahren ebenfalls nicht durchzuführen.[388]   313

2. Prozedural

a) Verwaltungsverfahren

§ 25 Abs. 4 AMG gilt für das Zulassungsverfahren und die beiden Arten der Registrierungsverfahren (§ 39 Abs. 1 S. 2, 39c Abs. 1 S. 2 AMG). § 105 Abs. 5 AMG gilt für das Nachzulassungsverfahren, innerhalb des Nachzulassungsverfahrens gilt die Vorschrift auch   314

---

382   OVG NRW A&R 2007, 126, 127; OVG NRW, Urt. v. 29.4.2008 – 13 A 4996/04. So im Erg. auch Forstmann/Collatz, PharmR 2000, 106 f. AA Meier/von Czettritz, PharmR 2003, 333 ff.
383   § 25 Abs. 4 AMG lautete: „Bei Beanstandungen der vorgelegten Unterlagen ist dem Antragsteller Gelegenheit zu geben, Mängeln innerhalb einer angemessenen Frist abzuhelfen. Wird den Mängeln nicht abgeholfen, so ist die Zulassung zu versagen." – § 105 Abs. 5 AMG lautete: „Abweichend von § 25 Abs. 4 hat der Antragsteller bei Beanstandungen innerhalb von 18 Monaten nach Mitteilung der Beanstandungen den Mängeln abzuhelfen; die Mängelbeseitigung ist in einem Schriftsatz darzulegen. Wird den Mängeln nicht innerhalb dieser Frist abgeholfen, so ist die Zulassung zu versagen.".
384   OVG NRW, Urt. v. 29.4.2008 – 13 A 4996/04; BVerwG, Beschl. v. 15.10.2008 – 3 B 71/08.
385   OVG NRW A&R 2007, 126 f.
386   OVG NRW A&R 2007, 238 f.
387   Vgl allgemein OVG NRW aaO. Zum fehlenden Bezug des Beanstandungsverfahrens auf im Nachzulassungsverfahren unzulässig geänderte Arzneimittel siehe VG Köln, Urt. v. 29.3.2006 – 24 K 2302/02; VG Köln, Urt. v. 10.1.2007 – 24 K 5201/02.
388   OVG NRW A&R 2007, 238, 239.

§ 10 Versagung der Zulassung

für das Nachzulassungsverfahren für Arzneimittel, die sich auf die Traditionsliste nach § 109a AMG beziehen.[389] Hingegen dürfte § 105 Abs. 5 AMG nicht für das Verfahren auf Erlangung einer Listenposition nach § 109a Abs. 3 AMG gelten, da dieses Verfahren im Prinzip eigenständig ist.[390]

315 Hingegen finden § 25 Abs. 4 AMG und § 105 Abs. 5 S. 1 bis 3 AMG keine Anwendung, wenn eine **Zulassung** bzw **Nachzulassung** erteilt wird. Dies ist zunächst einmal banal, gewinnt aber für die Erteilung der Zulassung bzw Nachzulassung unter Auflagen eine gewisse Bedeutung, wie für die Nachzulassung in § 105 Abs. 5 S. 4 AMG ausdrücklich angesprochen wird. Generell wird man wohl sagen können: Die Erteilung einer Zulassung unter Auflagen stellt gegenüber dem Beanstandungsverfahren und erst recht gegenüber der Versagung der Zulassung das mildere Mittel dar; bei der Wahl der Frist zur Auflagenerfüllung besteht keine Bindung an § 25 Abs. 4 S. 2 AMG bzw § 105 Abs. 5 S. 1 AMG.[391] Für den Bereich der Nachzulassung wird dies durch § 105 Abs. 5 S. 4 AMG explizit geregelt.[392] Vor diesem Hintergrund ist zu erwägen, ob man die Vorschrift entsprechend auch im Zulassungsverfahren anwendet, wogegen immerhin sprechen mag, dass § 105 Abs. 5 S. 4 AMG eine Sonderregelung darstellt. Jedenfalls kommt die Erteilung einer Zulassung bzw Nachzulassung unter Auflagen dann nicht in Betracht, wenn hierfür kein „geeigneter Fall" vorliegt bzw wenn „gravierende Mängel" bestehen (vgl § 105 Abs. 5 S. 4 AMG, § 105 Abs. 5a S. 2 AMG);[393] wie vor diesem Hintergrund im Einzelnen das Beanstandungsverfahren von dem Auflagenverfahren abzugrenzen ist, wird in Rn 49 f behandelt. Auf ein Problem sei aber aufmerksam gemacht: Wählt die Zulassungsbehörde – vor der Frage stehend, ob ein Beanstandungsverfahren durchgeführt werden soll oder ob die Zulassung bzw Nachzulassung auflagenbewehrt erteilt werden soll – das Beanstandungsverfahren und versagt dann die Erteilung der Zulassung, obschon tatsächlich die Erteilung einer auflagenbewehrten Zulassung das Mittel der Wahl gewesen wäre, unterliegt sie im Gerichtsverfahren. Erteilt hingegen die Behörde die Zulassung unter Auflagen, obwohl nur eine gänzliche oder teilweise Zulassungsversagung in Betracht gekommen wäre, unterliegt sie im Gerichtsverfahren ebenfalls regelmäßig. Denn die Rechtsprechung geht davon aus, dass auch in den Fällen der fehlerhaften Erteilung der Zulassung unter Auflagen, wenn richtigerweise nur eine gänzliche oder teilweise Versagung der Zulassung nach Durchführung des Beanstandungsverfahrens in Betracht gekommen wäre, das Beanstandungsverfahren noch durchgeführt werden müsse.[394] Die Möglichkeit der Aussetzung des Verfahrens, um den Beteiligten Gelegenheit zu geben, das Beanstandungsverfahren durchzuführen, wird hier nicht erörtert;[395] auch insgesamt mag man zweifeln, ob mit dem beschriebenen Vorgehen dem Grundsatz der Verfahrensökonomie – der ja eben auch § 25 Abs. 4 und § 105 Abs. 5 AMG innewohnt – hinreichend Rechnung getragen wird. Denn welchen praktischen Sinn sollte die Durchführung

---

389 OVG NRW aaO; OVG NRW, Beschl. v. 29.5.2007 – 13 A 5160/05.
390 Vgl BVerwG NVwZ 2004, 349, 350; NVwZ-RR 2007, 774.
391 Brixius/Schneider, Nachzulassung und AMG-Einreichungsverordnung, 2004, S. 138.
392 Vgl aus der Rspr zB VG Köln, Urt. v. 19.6.2007 – 24 K 104/06; VG Köln, Urt. v. 18.10.2007 – 13 K 37/05; VG Köln, Urt. v. 11.4.2008 – 18 K 3753/06. So auch Brixius/Schneider, Nachzulassung und AMG-Einreichungsverordnung, 2004, S. 139.
393 Aus der Rspr zB VG Köln aaO.; VG Köln, Urt. v. 22.11.2005 – 7 K 73/03; VG Köln, Urt. v. 22.3.2007 – 13 K 325/05.
394 OVG NRW, Urt. v. 11.2.2009 – 13 A 2150/06 (Kinderhinweis); VG Köln, Urt. v. 25.7.2006 – 7 K 1908/04 (Dosierung).
395 Vgl zur Aussetzung des Verfahrens, um die Gelegenheit zu geben, ein Widerspruchsverfahren durchzuführen, BVerwGE 66, 342, 345; BVerwG NVwZ 1987, 969, 970.

des Beanstandungsverfahrens haben, wenn der Antragsteller sich bereits zuvor – im Rahmen der Auflagen – geweigert hat, dem behördlichen Begehren nachzukommen.[396]

b) Gerichtsverfahren

In der Rechtsprechung wird davon ausgegangen, dass § 25 Abs. 4 und § 105 Abs. 5 AMG auch dann Anwendung fänden, wenn Beanstandungen bzw Mängel von Behördenseite erstmals im gerichtlichen Verfahren geltend gemacht wurden. Auch für diesen Fall müsse das Beanstandungsverfahren durchgeführt werden, eine Bescheidungsklage habe Erfolg.[397] Praktisch relevant ist dieser Ansatz dann, wenn die Behörde im gerichtlichen Verfahren absieht, dass sie mit ihren bisherigen Bedenken nicht durchdringt und sich nunmehr auf neue Beanstandungen bzw Mängel zur Begründung für den Klageabweisungsantrag stützen will. Problematische Folge dieser Auffassung ist allerdings, dass damit faktisch neue Beanstandungen der Behörde im Klageverfahren präkludiert werden. Auch hier – siehe Rn 315 – wird im Übrigen auf eine Aussetzung des Verfahrens zur Durchführung des Beanstandungsverfahrens verzichtet, auch mag zweifelhaft sein, ob mit dem beschriebenen Vorgehen dem Grundsatz der Verfahrensökonomie hinreichend Rechnung getragen wird (vgl Rn 315).

III. Das Mängelbeanstandungsverfahren im Einzelnen

1. Mängel

Wie bereits dargelegt erfassen § 25 Abs. 4 bzw § 105 Abs. 5 AMG grundsätzlich alle Mängel bzw Beanstandungen, die zur Zulassungsversagung führen (vgl Rn 313); ob tatsächlich ein Mangel vorgelegen hat, ist im ggf sich anschließenden Gerichtsverfahren zu überprüfen. Dabei kann der Mangel bzw Beanstandungsbegriff nicht auf solche Mängel reduziert werden, deren Behebung „zeitaufwendig" ist, erfasst werden vielmehr auch ohne Weiteres behebbare Mängel.[398] Die genannten Vorschriften gelten dabei auch – ungeachtet der für das Nachzulassungsverfahren geltenden Vorschrift des § 105 Abs. 5a S. 2 AMG – für besonders gravierende Mängel, sodass auch bei solchen das Beanstandungsverfahren durchgeführt werden muss und nicht etwa sofort die Zulassung bzw Nachzulassung versagt werden kann.[399] Eine andere Frage ist freilich, ob auch solche Mängel bzw Beanstandungen erfasst werden, die binnen der jeweiligen gesetzlichen Höchstfristen tatsächlich gar nicht beseitigt werden können.[400] Dabei ist einerseits klar, dass die Präklusionswirkung, wenn und soweit das Beanstandungsverfahren durchgeführt wurde, auch dann eintritt, wenn der Mangel in der Höchstfrist nicht beseitigbar war.[401] Andererseits bleibt unter verfahrensökonomischen Gesichtspunkten fraglich, ob in einem solchen Fall das Beanstandungsverfahren durchgeführt werden muss. Dieses Problem wird allerdings dadurch entschärft, dass

---

[396] Dementsprechend ist in einer gewissermaßen umgekehrten Konstellation in der Rechtsprechung anerkannt, dass ein Verfahren nicht durchgeführt werden muss, wenn dessen Ergebnis aufgrund des gerichtlichen Vortrags bereits vorgezeichnet ist; die Durchführung des Widerspruchsverfahrens ist nach der Rechtsprechung grundsätzlich dann entbehrlich, wenn die beklagte Behörde im Prozess Klageabweisung aus Sachgründen beantragt, vgl BVerwGE 15, 306, 310; 18, 300,301; 57, 204, 211; 64, 325, 330; 68, 121, 123; BVerwG DVBl. 1982, 1195; BVerwG NVwZ-RR 1995, 90. Vgl zu alldem Eyermann/Rennert, VwGO, 12. Aufl. 2006, § 68 Rn 29 ff mwN und Differenzierungen.
[397] VG Köln, Urt. v. 29.3.2006 – 24 K 5695/02. Der hiergegen gerichtete Antrag auf Zulassung der Berufung blieb ohne Erfolg, wobei das Problem der Geltendmachung von Mängeln erstmals im Klageverfahren ausdrücklich ausgeklammert wurde, OVG NRW A&R 2007, 238 f.
[398] OVG NRW A&R 2007, 126 f.
[399] OVG NRW A&R 2007, 185, 187 f; VG Köln, Beschl. v. 27.5.2003 – 24 L 801/03; VG Köln, Urt. v. 29.11.2007 – 13 K 128/05.
[400] Vgl dazu OVG NRW aaO; VG Köln, Urt. v. 26.7.2006 – 9 K 380/05; VG Köln, Urt. v. 23.1.2007 – 7 K 2784/04; VG Köln, Urt. v. 27.2.2007 – 7 K 2703/04.
[401] VG Köln, Urt. v. 26.7.2006 – 9 K 380/05.

das Unterlassen der Durchführung des Beanstandungsverfahrens jedenfalls dann sanktionslos bleibt, wenn offensichtlich ausgeschlossen ist, dass bei Durchführung des Verfahrens der Mangel bzw die Beanstandung ausgeräumt worden wäre (siehe Rn 326). Dies alles gilt nach der Rechtsprechung der 24. Kammer des VG Köln auch dann, wenn der Antragsteller sich zuvor geweigert hat, die gerügten Mängel zu beseitigen.[402] Hier könnte man immerhin daran zweifeln, ob nicht die sich dieser Weigerung anschließende Berufung des Antragstellers (im Gerichtsverfahren) auf eine fehlende Durchführung des Beanstandungsverfahrens gegen das Verbot des „venire contra factum proprium" verstößt oder ob die fehlende Durchführung im Hinblick auf § 46 VwVfG unbeachtlich bleibt. Ausgenommen vom Mängel bzw Beanstandungsbegriff in §§ 25 Abs. 4, 105 Abs. 5 AMG sind nur materielle Rechtsmängel, die nicht – auch nicht durch die Vorlage von Unterlagen irgendwelcher Art – behoben werden können (vgl Rn 313).

2. Mängelschreiben

318 § 25 Abs. 4 S. 1 AMG spricht von einer Mängelmitteilung, § 105 Abs. 5 S. 1 AMG von einer Beanstandung. Sachlich dürfte damit jeweils dasselbe gemeint sein, insbesondere folgt aus dem Sinn und Zweck der Vorschriften, dass die Mitteilung bzw Beanstandung die Mängel konkret benennen muss, da sonst eine Beanstandungs- bzw Mängelbehebung nicht möglich ist; für das Zulassungsverfahren ist dies ausdrücklich in § 25 Abs. 4 S. 1 AMG geregelt.[403] Eine Begründung für die Dauer der gesetzten Frist ist hingegen nicht notwendig, da die Mängelmitteilung bzw Beanstandung keinen Verwaltungsakt darstellt.[404] Weiter muss das Beanstandungs- bzw Mängelschreiben ausdrücklich als solches gekennzeichnet sein, da ansonsten die eintretenden – ggf einschneidenden – Folgen nicht berechenbar wären; eine solche Kennzeichnung entspricht auch der Verwaltungspraxis des BfArM.[405] Mehrere Beanstandungs- bzw Mängelschreiben in Bezug auf *denselben* Mangel sind unzulässig.[406] Stellt sich hingegen während oder nach Durchführung des ersten Beanstandungsverfahrens eine *weitere* Beanstandung bzw ein *weiterer* Mangel heraus, kann das Beanstandungs- bzw Mängelverfahren erneut durchgeführt werden.[407]

3. Fristsetzung

319 Nach § 25 Abs. 4 S. 2 AMG bzw § 105 Abs. 5 S. 1 AMG hat die zuständige Behörde für die Mängelbeseitigung eine „angemessene Frist" zu setzen. Welche Frist dabei „angemessen" ist, richtet sich nach den Umständen des Einzelfalles. Dabei wird man grundsätzlich folgendes sagen können: Je schwerer ein Mangel wiegt, desto großzügiger wird grundsätzlich die Frist zu setzen sein, da eine gewisse Vermutung dafür spricht, dass für die Beseitigung schwererer Mängel grundsätzlich mehr Zeit benötigt wird; das Umgekehrte dürfte dann gelten, wenn leichtere Mängel in Rede stehen.[408] Kündigt der Antragsteller selbst an, dass er die Mängel innerhalb einer bestimmten Frist beseitigen werde, so wird eine Fristsetzung auf diese – vom Antragsteller selbst zugrunde gelegte Frist – ganz regelmäßig angemessen sein.[409]

---

[402] VG Köln, Urt. v. 19.6.2007 – 24 K 104/06.
[403] Vgl zu alldem VG Köln, Urt. v. 24.1.2006 – 7 K 6804/03.
[404] VG Köln, Urt. v. 17.2.2006 – 18 K 6077/03.
[405] OVG NRW, Beschl. v. 29.5.2007 – 13 A 5160/05. Vgl auch OVG NRW A&R 2008, 286, 288.
[406] OVG NRW, Urt. v. 29.4.2008 – 13 A 4996/04; OVG NRW, Beschl. v. 18.12.2008 – 13 A 1833/06.
[407] OVG NRW Beschlüsse v. 18.12.2008 – 13 A 1833/06 und 1835/06. Zum Sonderfall von „Erstmängelmitteilungen", die vor dem 10. AMG-Änderungsgesetz erfolgt sind vgl Brixius/Schneider, Nachzulassung und AMG-Einreichungsverordnung, 2004, S. 125 f.
[408] Vgl OVG NRW A&R 2007, 185, 188; OVG NRW, Beschl. v. 18.12.2008 – 13 A 1835/06.
[409] VG Köln, Urt. v. 24.1.2006 – 7 K 6804/03.

Die gesetzte „angemessene" Frist ist nach § 31 Abs. 7 VwVfG verlängerbar, jedoch nur bis zur gesetzlichen Höchstfrist.[410] Die gesetzliche Höchstfrist beträgt für das Zulassungsverfahren sechs Monate, für das Nachzulassungsverfahren zwölf Monate (§ 25 Abs. 4 S. 2 AMG bzw § 105 Abs. 5 S. 1 AMG). Ob es sich bei dieser Höchstfrist um eine Ausschlussfrist handelt, die eine Wiedereinsetzung in den vorigen Stand nicht zulässt (vgl § 32 Abs. 5 VwVfG), ist bislang obergerichtlich noch nicht geklärt worden.[411] Die Fristsetzung im Zulassungsverfahren verlängert die Entscheidungsfrist nach § 27 AMG (§ 27 Abs. 2. AMG).

4. Nichtbehebung der Mängel

§ 25 Abs. 4 S. 2 und 3 AMG sprechen schlicht davon, dass den beanstandeten Mängeln binnen der gesetzten Frist abzuhelfen ist, nicht aber davon, dass die Mängelbeseitigung in einem Schriftsatz darzulegen ist; aus pragmatischen Gründen empfiehlt sich diese Darlegung aber auch im Zulassungsverfahren. § 105 Abs. 5 S. 1 2. Hs AMG ergänzt dies für das Nachzulassungsverfahren dahin gehend, dass die Mängelbeseitigung tatsächlich erfolgt sein muss *und* sie in einem Schriftsatz darzulegen ist. Unterbleibt die Darlegung der Mängelbeseitigung durch Schriftsatz, so ist – schon nach dem Wortlaut der Vorschrift – die Nachzulassung zu versagen.[412] Sind die Mängel bzw Beanstandungen behoben worden, so ist in der Folge die begehrte Zulassung oder Nachzulassung – ggf unter Auflagen – zu erteilen. Sind die Mängel bzw Beanstandungen hingegen nicht behoben worden, so ist die Zulassung zu versagen, und zwar unmittelbar (§ 25 Abs. 4 S. 3 AMG, § 105 Abs. 5 S. 2 AMG). Auch wenn eine Mängel- bzw Beanstandungsbehebung versucht worden ist, aber fehlgeschlagen ist, ist die Zulassung zu versagen; die Durchführung eines erneuten Beanstandungsverfahrens ist jedenfalls nicht gefordert.[413]

5. Versagung der Zulassung

Sind die Mängel bzw Beanstandungen nicht fristgerecht behoben worden, so *ist* die begehrte Zulassung zu versagen; ein Ermessen steht der Zulassungsbehörde diesbezüglich nicht zu.[414] Werden nach Ablauf der Frist aber vor Entscheidung über die Versagung der Zulassung weitere Unterlagen vorgelegt, so ist – wohl – zu unterscheiden: Nach Ablauf der Höchstfrist von sechs bzw zwölf Monaten tritt die Präklusion unmittelbar ein, nachgeschobene Unterlagen können und dürfen nicht mehr berücksichtigt werden.[415] Läuft hingegen „nur" eine von der Behörde gesetzte Frist ab, so können und müssen nachgeschobene Unterlagen noch berücksichtigt werden. Denn sowohl § 25 Abs. 4 S. 4 als auch § 105 Abs. 5 S. 4 AMG stellen hinsichtlich der Präklusionswirkung auf die *Entscheidung* über die Versagung der Zulassung ab, dh vor der Entscheidung liegende Unterlagen sind zu berück-

---

410 OVG NRW, Urt. v. 29.4.2008 – 13 A 4996/04.
411 Vgl OVG NRW A&R 2007, 185, 186. Soweit das OVG NRW in dieser Entscheidung auf ein Urteil des VG Köln v. 9.11.2004 – 7 K 2931/00 Bezug nimmt, dürfte dieses Urteil unergiebig sein.
412 VG Köln, Urt. v. 4.11.2009 – 24 K 434/06 – ;Kloesel/Cyran, Arzneimittelrecht, § 105 AMG Erl. 70; aA Brixius/Schneider, Nachzulassung und AMG-Einreichungsverordnung, 2004, S. 132 f.
413 OVG NRW, Urt. v. 29.4.2008 – 13 A 4996/04 mit möglicherweise sogar weitergehendem Inhalt: „Hieraus folgt, dass der Zulassungsbehörde nach Ablauf der Mängelbeseitigungsfrist keinerlei Ermessen zusteht, weitere Mängelbeseitigungsversuche zu berücksichtigen". Vgl zB auch VG Köln, Urt. v. 22.11.2005 – 7 K 73/03; VG Köln, Urt. v. 31.5.2007 – 13 K 40/05; VG Köln, Urt. v. 15.6.2007 – 18 K 5328/05; VG Köln, Urt. v. 3.4.2008 – 13 K 5035/05.
414 OVG NRW, Urt. v. 29.4.2008 – 13 A 4996/04.
415 OVG NRW, aaO.

§ 10 Versagung der Zulassung

sichtigen.[416] Aus pragmatischen Gesichtspunkten heraus ist es daher der Zulassungsbehörde anzuraten, bei Ablauf einer von ihr gesetzten Frist unmittelbar zu entscheiden.

323 Wenn nach dem Gesagten keinerlei weitere Unterlagen zu berücksichtigen sind, so gilt dies grundsätzlich auch dann, wenn die nunmehr nachgereichten Unterlagen „ohne Weiteres" verständlich sind[417] oder der Mangel ein „geringfügiger" ist.[418] Auch ist unerheblich, ob die Bearbeitung noch nicht begonnen worden ist oder ob auch bei einer Berücksichtigung der Unterlagen die Entscheidung nicht unangemessen verzögert würde.[419] Eine ganz andere Frage ist freilich, ob auch nach Eintritt der Präklusion nachgereichte Unterlagen – jedenfalls in einfachen Fällen – durch die Zulassungsbehörde „erwähnungshalber" gewürdigt werden sollten. Dies dürfte jedenfalls dann sinnvoll sein, wenn hinsichtlich der Rechtmäßigkeit der Durchführung des Beanstandungsverfahrens Fragen offen bleiben, da durch eine solche Würdigung ausgeschlossen wird, dass bei „richtiger" Durchführung des Beanstandungsverfahrens ein anderes Ergebnis erzielt worden wäre (§ 46 VwVfG).[420]

IV. Die Rechtsfolgen der Zulassungsversagung im Mängelbeanstandungsverfahren

1. Rechtsfolgen der rechtmäßigen Zulassungsversagung wegen unterbliebener Mängelbeseitigung

324 Ist die Zulassung bzw Nachzulassung wegen unterbliebener Mängelbeseitigung rechtmäßigerweise versagt worden – dh es lag ein Mangel vor und das Beanstandungsverfahren wurde rechtmäßig durchgeführt – so ist der Antragsteller mit seinem Begehren auf Erteilung einer Zulassung bzw Erteilung einer Nachzulassung zunächst gescheitert; er kann auch nicht damit gehört werden, dass eine Nachzulassung nach § 105 Abs. 4c AMG zu erteilen wäre.[421] Der Antragsteller hat daher nur zwei Möglichkeiten: Zum einen kann er einen neuen Zulassungsantrag stellen;[422] war das erste Verfahren ein Nachzulassungsverfahren, so gehen im dadurch freilich die Erleichterungen des Nachzulassungsverfahrens verloren. Zum anderen kann der Antragsteller – ggf neben der Stellung eines neuen Zulassungsantrags – Klage erheben; im Nachzulassungsverfahren kommt ihm insoweit zugute, dass seine fiktive Zulassung nach § 105 Abs. 1 AMG erst erlischt, wenn der die Nachzulassung versagende Bescheid Bestandskraft erlangt (vgl dazu Rn 353).

325 Im Rahmen der Durchführung des Klageverfahrens sind allerdings die Regelungen des § 25 Abs. 4 S. 4 und § 105 Abs. 4 S. 3 AMG zu beachten. Diese Regelungen gelten auch für das Klageverfahren, sodass der Unternehmer mit einem neuen Sachvortrag vollständig präkludiert ist;[423] diese Präklusion ist grundsätzlich verfassungsmäßig (siehe Rn 312). Dabei ist selbstverständlich Voraussetzung für den Eintritt der Präklusionswirkung, dass das Beanstandungsverfahren rechtmäßig durchgeführt wurde. Maßgeblicher Zeitpunkt für den Eintritt der Präklusion ist der Zeitpunkt des Ablaufs der Höchstfrist, bei behördlicher Fristsetzungen der Zeitpunkt der behördlichen Entscheidung über die Nichtzulassung (siehe

---

416 Zum maßgeblichen Zeitpunkt für den Eintritt der Präklusionswirkung siehe OVG NRW aaO, Rn 138. Die Ausführungen des OVG dazu, dass in keinem Fall nach Ablauf der Frist erfolgte Mängelbeseitigungsversuche berücksichtigungsfähig seien (aaO Rn 104), dürften sich allein auf die jeweiligen Vorgängervorschriften von § 25 Abs. 4 bzw § 105 Abs. 5 AMG beziehen.
417 OVG NRW A&R 2007, 126 f; aA möglicherweise VG Berlin, Urt. v. 11.1.2006 – 14 A 252.98.
418 OVG NRW, Urt. v. 29.4.2008 – 13 A 4996/04.
419 OVG NRW, aaO.
420 Vgl dazu VG Köln, Urt. v. 10.1.2008 – 13 K 3789/05.
421 OVG NRW, Urt. v. 7.10.2009 – 13 A 306/08, VG Köln, Urt. v. 4.12.2007 – 7 K 583/05; VG Köln, Urt. v. 15.5.2009 – 18 K 4947/06.
422 OVG NRW A&R 2007, 126, 127; OVG NRW, Urt. v. 29.4.2008 – 13 A 4996/04.
423 Zur Präklusionswirkung der genannten Regelungen auch für das Gerichtsverfahren zB OVG, aaO.

Rn 322). Alle nach diesem Zeitpunkt vorgelegten Unterlagen sind umfassend präkludiert, dh: Die Präklusionswirkung tritt grundsätzlich auch dann ein, wenn die neuen Unterlagen „ohne größere Prüfung" berücksichtigt werden könnten bzw wenn der Mangel, wegen dessen das Beanstandungsverfahren durchgeführt wurde, ein „geringfügiger Mangel" war und ist (siehe Rn 317). Auch ist unerheblich, ob der gerügte Mangel in der Höchstfrist von sechs bzw zwölf Monaten tatsächlich gar nicht beseitigt werden konnte.[424] Dies ist die zwangsläufige Folge davon, dass das Gesetz mit Höchstfristen zur Mängelbeseitigung arbeitet; will der Unternehmer diesen Fristen ausweichen, mag er einen vollständigen Zulassungs- bzw Nachzulassungsantrag vorlegen. Dem pharmazeutischen Unternehmer bleibt daher im gerichtlichen Verfahren nur übrig, zu rügen, dass der Mangel tatsächlich nicht bestanden habe bzw dass das Beanstandungsverfahren fehlerhaft gewesen sei. In diesem Rahmen – aber nur in diesem! – mag die Vorlage von Unterlagen zur Erläuterung noch möglich sein.[425]

2. Rechtsfolgen der rechtswidrigen Zulassungsversagung

326 Ist die Zulassungsversagung rechtswidrig erfolgt, so muss der Unternehmer dagegen Klage erheben. Ist die Zulassungsversagung deswegen rechtswidrig, weil tatsächlich kein Mangel vorgelegt hat, so hat die Klage schon deswegen Erfolg; die begehrte Zulassung bzw Nachzulassung ist – ggf nach dem Ergehen eines Bescheidungsurteils – zu erteilen.[426] Problematischer sind dagegen die Rechtsfolgen, wenn das Beanstandungsverfahren fehlerhafterweise gänzlich unterblieben ist bzw wenn fehlerhaft – etwa mit einer zu kurzen Fristsetzung – durchgeführt worden ist: Insoweit kann der Unternehmer grundsätzlich eine Neubescheidung seines Zulassungs- bzw Nachzulassungsantrags erreichen. Die Grenze hierbei wird durch den im Bescheidungsverfahren entsprechend anwendbaren § 46 VwVfG markiert: Ist offensichtlich, dass ein Zulassungsantrag bzw ein Nachzulassungsantrag im Ergebnis keinen Erfolg haben kann, so bleibt auch das Neubescheidungsbegehren ohne Erfolg. Es wäre sinnlos, zur Neubescheidung zu verpflichten, obschon klar ist, dass der Kläger mit seinem Begehren „nichts werden" kann.[427] So kann eine entsprechende Anwendung des § 46 VwVfG etwa dann in Betracht kommen, wenn die Mängel objektiv nicht behebbar sind[428] oder wenn die zuständige Behörde die außerhalb der Präklusionsfrist nachgereichten Unterlagen berücksichtigt hat, ohne zu einem abweichenden Ergebnis zu kommen.[429] Ob darüber hinausgehend ein Verstoß gegen das Erfordernis der angemessenen Fristsetzung auch dann sanktionslos bleibt, wenn die jeweilige Höchstfrist abgelaufen ist und der Unternehmer innerhalb dieser Frist keine weiteren Unterlagen vorgelegt hat, ist zweifelhaft. Dies hat das OVG NRW mit kurzer Begründung in einem ganz besonders gelagerten Einzelfall bejaht,[430] im Allgemeinen aber verneint.[431] Nachdem § 24 Abs. 4 bzw § 105 Abs. 5 AMG keine Regelungen dahin gehend enthalten, dass an die Stelle einer zu kurz gesetzten Frist die gesetzliche Höchstfrist treten soll, dürfte jedenfalls die letztgenannte Auffassung des OVG NRW zutreffend sein.[432]

---

424 VG Köln, Urt. v. 26.7.2006 – 9 K 380/05.
425 Vgl Brixius/Schneider, Nachzulassung und AMG-Einreichungsverordnung, 2004, S. 135 f; Kloesel/Cyran, Arzneimittelrecht, § 105 AMG Erl. 71.
426 Zur Bedeutung des Bescheidungsurteils im Arzneimittelrecht siehe Rn 332.
427 OVG NRW, Beschl. v. 29.5.2007 – 13 A 5160/05; OVG NRW, Urt. v. 11.2.2009 – 13 A 2150/06.
428 Vgl VG Köln, Urt. v. 27.2.2007 – 7 K 2703/04.
429 VG Köln, Urt. v. 10.1.2008 – 13 K 3789/05.
430 OVG NRW A&R 2007, 185, 189.
431 OVG NRW, Urt. v. 27.5.2009 – 13 A 228/08.
432 So auch VG Köln, Urt. v. 23.1.2007 – 7 K 2784/04; VG Köln, Urt. v. 29.11.2007 – 13 K 128/05.

V. Sonstige Rechtsfolgen der Durchführung des Beanstandungsverfahrens

327 Im Rahmen des Zulassungsverfahrens verlängert die Durchführung des Beanstandungsverfahrens die Frist nach § 27 Abs. 1 AMG (§ 27 Abs. 2 AMG). Im Rahmen des Nachzulassungsverfahrens erleichtert die Durchführung des Beanstandungsverfahrens die Änderung von Arzneimitteln (§ 105 Abs. 3 a S. 1 und S. 2 AMG). Für Arzneimittel, bei denen dem Antragsteller von dem 12.7.2000 Mängel bei der Wirksamkeit oder Unbedenklichkeit mitgeteilt worden sind, findet § 105 Abs. 3 a AMG in der bis zum 12.7.2000 geltenden Fassung – also in einer Fassung, die Änderung „einfacher" ermöglichte, als es der derzeit geltende § 105 Abs. 3 a AMG tut – Anwendung (§ 136 Abs. 2 AMG). Insoweit spricht vieles dafür, als Mängelmitteilung in diesem Sinne nur einen förmlichen Mängelbescheid anzusehen; Mindestvoraussetzung ist jedenfalls, dass es sich um eine Mitteilung im eigentlichen Nachzulassungsverfahren handelt. Eine Bekanntgabe von Gründen für die Ablehnung der Aufnahme in die Traditionsliste genügt insoweit nicht.[433]

F. Rechtsschutz
I. Einführung

328 Nach einer Versagung der arzneimittelrechtlichen Zulassung oder Nachzulassung steht der pharmazeutische Unternehmer vor der Frage, ob er – ggf neben der Stellung eines (neuen) Zulassungs- oder Registrierungsantrags (§§ 38 f AMG, 39 a ff AMG) – gegen die Versagung der Zulassung verwaltungsgerichtlichen Rechtsschutz in Anspruch nimmt; in den Nachzulassungsverfahren wird er sich dieser Frage schneller stellen müssen, da dort ein Widerspruchsverfahren nicht stattfindet (§ 105 Abs. 5 b S. 1 AMG). Dabei werden auf der einen Seite die Erfolgsaussichten der Inanspruchnahme in den Blick zu nehmen sein, auf der anderen Seite werden pragmatische Gesichtspunkte ausschlaggebend sein (welche Bedeutung hat das Produkt für das Unternehmen, wie lange dauert die Durchführung des verwaltungsgerichtlichen Verfahrens, wird ein Anwalt benötigt, welche Kosten entstehen durch die Durchführung des Verfahrens). Der folgende Beitrag versucht, einen Überblick zu schaffen, der allerdings naturgemäß auf die rechtlichen Gegebenheiten unter Außerachtlassung der materiellen Determinanten beschränkt bleibt; gleichzeitig wird die Praxis des verwaltungsgerichtlichen Arzneimittelverfahrens beleuchtet.

II. Generelle Merkpunkte für die Inanspruchnahme verwaltungsgerichtlichen Rechtsschutzes in arzneimittelrechtlichen Zulassungs- bzw Nachzulassungsverfahren

329 Zunächst einmal ist danach zu differenzieren, welche Form des verwaltungsgerichtlichen Rechtsschutzes in Anspruch genommen werden soll: Hauptsacherechtsschutz und/oder vorläufiger Rechtsschutz. Die Inanspruchnahme vorläufigen Rechtsschutzes wird nur bei Eilbedürftigkeit der Sache bzw dann zu erwägen sein, wenn die Versagung der Zulassung – wie im Fall der Nachzulassung möglich – unmittelbare rechtliche Wirkungen auf den status quo des Arzneimittels zeitigt (vgl § 105 Abs. 5 b S. 2 AMG). Generell ist für beide Arten der Verfahren zu beachten:
- **Form:** Die Klage bzw der Antrag auf Gewährung vorläufigen Rechtsschutzes ist schriftlich bzw zu Protokoll der Geschäftsstelle zu erheben. Die Klage bzw der Antrag muss den Kläger bzw Antragsteller, den Beklagten bzw Antragsgegner und den Gegenstand des Begehrens bezeichnen. Die Klage bzw der Antrag auf Gewährung vorläufigen Rechtsschutzes soll einen bestimmten Antrag enthalten, und es soll eine Abschrift der

---
433 OVG NRW A&R 2008, 286 ff.

angefochtenen Verfügung bzw des Widerspruchsbescheides beigefügt werden. Schließlich sollen in der Klage bzw im Antrag die zur Begründung dienenden Tatsachen bzw Beweismittel angegeben werden (§ 82 Abs. 1 VwGO für die Klage, die Vorschrift wird entsprechend auf den vorläufigen Rechtsschutz angewendet). Fehlt es an diesen Voraussetzungen, wird das Gericht nach § 82 Abs. 2 VwGO (direkt bzw analog) vorgehen.

- **Frist:** Die Klage gegen die Versagung einer Zulassung bzw Nachzulassung ist fristgebunden (1 Monat nach Bekanntgabe der versagenden Entscheidung). Für die Versagung der Zulassung folgt dies aus § 74 Abs. 2 iVm § 74 Abs. 1 S. 1 VwGO, für die Versagung der Nachzulassung aus §§ 105 Abs. 5 b S. 1 AMG, 74 Abs. 2, 74 Abs. 1 S. 2 VwGO). Die Anträge auf Gewährung vorläufigen Rechtsschutzes nach § 80 bzw § 123 VwGO sind hingegen für sich genommen nicht fristgebunden. Aber: Wird gegen den versagenden Bescheid nicht fristgerecht binnen eines Monats Hauptsacherechtsschutz (Klage oder Widerspruch) erhoben, so kommt auch die Gewährung vorläufigen Rechtsschutzes nicht mehr in Betracht.[434]
- **Anwaltszwang:** Das Verfahren vor den Verwaltungsgerichten unterliegt in der ersten Instanz – Verwaltungsgericht – nicht dem Anwaltszwang; erst in zweiter (Oberverwaltungsgericht) und dritter Instanz (BVerwG) wird ein Anwalt benötigt (§ 67 Abs. 2 und 1 VwGO). Eine andere Frage ist freilich, ob ein Anwalt bereits in erster Instanz hinzugezogen werden sollte. Dies ist wegen der Komplexität der arzneimittelrechtlichen Verfahren regelmäßig jedenfalls dann zu bejahen, wenn der pharmazeutische Unternehmer nicht über eine eigene Rechtsabteilung verfügt.
- **Zuständigkeit:** Zuständig für Klagen gegen die Versagung von Zulassungen oder Nachzulassungen durch das BfArM ist das Verwaltungsgericht Köln (§ 52 Nr. 2 S. 1 und 2 VwGO). Bei dem Verwaltungsgericht Köln sind derzeit schwerpunktmäßig die 7. und die 24. Kammer mit Arzneimittelverfahren beschäftigt.

Die durchschnittliche Dauer aller verwaltungsgerichtlichen Hauptsacheverfahren betrug am Verwaltungsgericht Köln für das Jahr 2008 durchschnittlich 8,7 Monate; bei Nachzulassungsverfahren ist die Verfahrenslaufzeit freilich länger, da die Verfahren regelmäßig komplex sind und die Beteiligten nur ein geringes Interesse an einer zügigen Entscheidung haben. Für die Verfahren des vorläufigen Rechtsschutzes lag die durchschnittliche Verfahrensdauer aller verwaltungsgerichtlichen Verfahren im Jahr 2008 bei 2 Monaten.[435]

III. Hauptsacherechtsschutz

1. Ausgewählte Zulässigkeitsvoraussetzungen der Klage im arzneimittelrechtlichen Zulassungs- bzw Nachzulassungsverfahren

a) Die Wahl der richtigen Klageart in arzneimittelrechtlichen Klageverfahren gegen die Versagung der Zulassung bzw Nachzulassung

Ist die Zulassung bzw Nachzulassung versagt worden, so richtet sich das Begehren des Klägers auf die Erteilung der Zulassung bzw Nachzulassung; richtige Klageart ist daher im Regelfall die Verpflichtungsklage. Geht es um eine Versagung der Nachzulassung könnte man allerdings auch an die Erhebung einer isolierten Anfechtungsklage denken; deren Vorteil wäre, dass das Verwaltungsgericht die angegriffene Entscheidung allein aufhöbe, wobei sodann das BfArM im Verwaltungsverfahren erneut über den gestellten Nachzulassungsantrag zu entscheiden hätte; in diesem Zeitraum käme der Kläger weiterhin in den Genuss der fiktiven Zulassung nach § 105 Abs. 1 AMG. Indes hat das OVG NRW – wohl zu Recht

---

434 Vgl dazu zB Sodan/Ziekow/Puttler, VwGO, 2. Aufl. 2006, § 80 Rn 129; Finkelnburg/Dombert/Külpmann, Vorläufiger Rechtsschutz im Verwaltungsstreitverfahren, 5. Aufl. 2008, Rn 892.
435 Vgl VG Köln Pressemitteilung v. 22.4.2009, abzurufen unter <http://www.vg-koeln.nrw.de/presse/pressemitteilungen/09_090422/index.php>.

– hier die Erhebung einer isolierten Anfechtungsklage nicht als zulässig angesehen und hat dies u.a. damit begründet, dass es an einem rechtsschutzwürdigen Interesse fehle, sich in einem Hauptsacheverfahren auf eine isolierte Anfechtung des die Nachzulassung versagenden Bescheids zu beschränken, um auf diese Weise lediglich die sog. fiktive Zulassung des Arzneimittels aufrecht zu erhalten oder wieder aufleben zu lassen. Dem stünden insbesondere die zahlreichen nachträglich in das AMG eingefügten Vorschriften (beispielsweise § 105 Abs. 3 a S. 1 Hs 1, Abs. 5 S. 1 und 3, Abs. 5 b AMG) entgegen, in denen die Absicht des Gesetzgebers zum Ausdruck komme, die arzneimittelrechtlichen Nachzulassungsverfahren zum Abschluss zu bringen und zu beschleunigen. Damit lasse es sich nicht vereinbaren, von der an sich statthaften und im Prüfungsumfang weitergehenden Verpflichtungsklage abzusehen.[436]

aa) Die arzneimittelrechtliche Bescheidungsklage

332 Keine Abweichung von dem eben Gesagten bedeutet es, wenn im arzneimittelrechtlichen Zulassungs- oder Nachzulassungsverfahren ganz regelmäßig die Bescheidungsklage als die richtige Klageart angesehen wird, denn auch die Bescheidungsklage ist eine „echte" Verpflichtungsklage (vgl § 113 Abs. 5 S. 1 und 2 VwGO).[437] Zwei Punkte sind hier zu unterscheiden: Der Kläger kann die Bescheidungsklage wählen, ohne dass dem entgegengesetzt werden könnte, dass er das rechtsschutzintensivere Begehren – nämlich die Verpflichtungsklage – hätte wählen müssen. Dies folgt schon daraus, dass im Einzelfall gerade im Arzneimittelrecht fraglich sein kann, ob einer Verpflichtungsklage durchschlagend Erfolg beschieden wäre, weil das Verwaltungsgericht möglicherweise an einer „Spruchreifmachung" gehindert ist oder zu einer solchen jedenfalls nicht verpflichtet ist. Auf das Risiko der Stellung eines Verpflichtungsantrags mit etwaigen Kostennachteilen (§ 155 Abs. 1 VwGO) müssen sich die Kläger aber nicht einlassen.[438] Eine andere Frage ist hingegen, ob und ggf wann das Gericht bei – ungeachtet der gerichtlichen Praxis – gestelltem Verpflichtungsantrag die Sache spruchreif machen dürfte bzw müsste bzw auf einen Bescheidungsausspruch – unter teilweiser Klageabweisung – ausweichen dürfte; davon wird noch zu handeln sein (Rn 350).

bb) Auflagenbezogene Verpflichtungsklagen

333 Ein Sonderfall der Klagen gegen die Versagung der Zulassung bzw Nachzulassung sind Klagen gegen Teilversagungen; unproblematisch ist auch hier – allein – die Verpflichtungsklage gegeben. Probleme gibt es allein bei „verdeckten" Teilversagungen durch Auflagen. Solche „verdeckten" Teilversagungen gibt es einmal bei Dosierungsfragen,[439] aber auch bei der Aufnahme von Gegenanzeigen mit Breitenwirkung (u.a. „Kinderhinweis").[440] Auch hier ist zunächst allein die Erhebung einer Verpflichtungsklage in der Form der Bescheidungsklage geboten, die Erhebung einer Anfechtungsklage hinsichtlich des „materiellen" Teils der Teilversagung scheitert hingegen, weil die „Auflage" – da in der Sache eben Teilversagung

---

436 OVG NRW PharmR 2006, 39, 40; OVG NRW A&R 2006, 25, 26; OVG NRW, Beschl. v. 15.11.2005 – 13 B 780/05.
437 Vgl Schoch/Schmidt-Aßmann/Pietzner/*Gerhardt*, VwGO, Kommentar (Losebl.), Stand: Oktober 2008, § 113 Rn 73.
438 Vgl OVG NRW, Urt. v. 23.5.2007 – 13 A 328/04. Auch im Weiteren wird in der Rechtsprechung des OVG NRW die Bescheidungsklage als statthafte Klageart angesehen, siehe zB OVG NRW, Urt. v. 29.4.2008 – 13 A 4996/04.
439 OVG NRW A&R 2007, 279, 284.
440 OVG NRW, Urt. v. 11.2.2009 – 13 A 2150/06.

– nicht isoliert aufgehoben werden kann.⁴⁴¹ Soweit es hingegen um den „formalen" Teil der diesbezüglichen Auflagen geht, soweit nämlich in diesen Auflagen die Angabe der bestimmten Dosierung bzw der bestimmten Gegenanzeigen in Packungsbeilage und Fachinformation angeordnet wird, wird die „einfache" Anfechtungsklage als zulässig angesehen.⁴⁴²

b) Die Klagebefugnis in arzneimittelrechtlichen Streitverfahren auf Zulassung bzw Nachzulassung

Klagebefugt im arzneimittelrechtlichen Streitverfahren auf Zulassung bzw Nachzulassung ist der pharmazeutische Unternehmer bzw der Inhaber der fiktiven Zulassung nach § 105 Abs. 1 AMG. Wechselt der Inhaber der fiktiven Zulassung während des Nachzulassungsverfahrens, kann nur der Erwerber der Zulassung Klage auf Erteilung der Nachzulassung erheben. Probleme mit der Klagebefugnis gibt es im Arzneimittelrecht daher praktisch nur, wenn die Zulassung erteilt worden ist und ein Dritter diese Erteilung angreift.⁴⁴³ 334

c) Durchführung des Vorverfahrens

Im Zulassungsverfahren muss ein Vorverfahren durchgeführt werden, zuständige Widerspruchsbehörde ist das BfArM (§§ 68 Abs. 1 S. 1, 73 Abs. 1 S. 2 Nr. 2 VwGO). Hingegen wird in den Nachzulassungsverfahren – jetzt – kein Widerspruchsverfahren (mehr) durchgeführt, § 68 Abs. 1 S. 2 1. Alt. VwGO iVm § 105 Abs. 5 b S. 1 AMG. 335

d) Klagefrist

An dieser Stelle ist nochmals daran zu erinnern, dass die Klage gegen die Versagung einer Zulassung bzw Nachzulassung fristgebunden ist (ein Monat nach Bekanntgabe der versagenden Entscheidung). Für die Versagung der Zulassung folgt dies aus § 74 Abs. 2 iVm § 74 Abs. 1 S. 1 VwGO, für die Versagung der Nachzulassung aus §§ 105 Abs. 5 b S. 1 AMG, 74 Abs. 2, 74 Abs. 1 S. 2 VwGO. 336

2. Der Verlauf des arzneimittelrechtlichen Hauptsacheverfahrens auf Erteilung einer Zulassung- bzw Nachzulassung

a) Der generelle Verlauf von Hauptsachverfahren

Für Form, Frist und Notwendigkeit der Hinzuziehung eines Anwalts gilt das oben Gesagte. Nach dem Eingang der Klage stellt das Gericht diese zu und fordert – falls die Klage bereits begründet worden ist – die Verwaltungsvorgänge an (§ 99 Abs. 1 S. 1 VwGO); zugleich wird der Beklagte unter Fristsetzung zur Klageerwiderung aufgefordert (§ 85 VwGO). Das Verfahren kann nach Anhörung durch Beschluss auf den Einzelrichter übertragen werden (§ 6 Abs. 1 VwGO), die Beteiligten können aber auch ihr Einverständnis mit einer Entscheidung durch den Berichterstatter erklären (§ 87 a Abs. 2 und 3 VwGO). Nach Eingang der Verwaltungsvorgänge und der Klageerwiderung hat das Gericht im Rahmen der Anwendung des § 86 VwGO (Näheres dazu unter Rn 345 ff) u.a. die Möglichkeit, die Sache schriftlich (§ 87 Abs. 1 S. 2 Nr. 2, 3 und 4 VwGO) oder im Rahmen eines Erörterungstermins (§ 87 Abs. 1 S. 2 Nr. 1 VwGO) weiter aufzuklären oder vorzubereiten. Ist die Sache spruchreif, gibt es drei Möglichkeiten wie diese erledigt werden kann: Nach Anhörung durch Gerichts- 337

---

441 OVG NRW A&R 2007, 279 f und PharmR 2009, 400, 403. Gänzlich andere dogmatische Konzeption bei BVerwG NVwZ-RR 2007, 776 ff.
442 OVG NRW, Urt. v. 11.2.2009 – 13 A 2150/06.
443 Vgl dazu zB OVG NRW, Beschl. v. 5.9.2008 – 13 B 1013/08, und vorhergehend: VG Köln, Beschl. v. 11.6.2008 – 24 L 666/08; OVG NRW, PharmR 2006, 274, und vorhergehend: VG Köln, PharmR 2006, 34.

bescheid (§ 84 VwGO), nach Verzicht der Beteiligen auf die Durchführung einer mündlichen Verhandlung durch Urteil ohne mündliche Verhandlung (§ 101 Abs. 2 VwGO) oder – im Regelfall – durch Urteil aufgrund mündlicher Verhandlung (§ 101 Abs. 1 VwGO). Zur mündlichen Verhandlung wird mit einer Ladungsfrist von mindestens zwei Wochen geladen (§ 102 Abs. 1 S. 1 VwGO) wobei in der arzneimittelrechtlichen Praxis die Ladungsfrist meist länger ist und der Termin vorher mit den Beteiligten abgestimmt wird. Nach der mündlichen Verhandlung – deren Gang sich aus §§ 103 bis 105 VwGO ergibt – ergeht, wie gesagt, eine Entscheidung durch Urteil. An dem Urteil wirken drei Berufsrichter und zwei ehrenamtliche Richter mit (§ 5 Abs. 3 S. 1 VwGO), falls die Sache nicht zuvor auf den Einzelrichter übertragen worden ist (§ 6 Abs. 1 VwGO); dann entscheidet nur der Einzelrichter. Gegen das Urteil ist – falls das Gericht die Berufung nicht selbst zugelassen hat (vgl § 124a Abs. 1 VwGO) – der Antrag auf Zulassung der Berufung gegeben (§ 124a Abs. 4 VwGO); es herrscht Anwaltspflicht (§ 67 Abs. 1 S. 2 VwGO). Der Antrag ist binnen 1 Monats nach Zustellung des Urteils beim Verwaltungsgericht zu stellen und binnen 2 Monaten zu begründen (§ 124a Abs. 4 S. 1 und 4 VwGO). Die Berufung ist nur zuzulassen, wenn einer der Zulassungsgründe nach § 124 Abs. 2 VwGO vorliegt. Lässt das Oberverwaltungsgericht die Berufung nicht zu, so ist der diesbezügliche Beschluss unanfechtbar (§ 124a Abs. 5 S. 4 VwGO). Wird die Berufung durch das Oberverwaltungsgericht zugelassen, so ist sie innerhalb eines Monats nach Zustellung des Berufungszulassungsbeschlusses zu begründen (§ 124a Abs. 6 VwGO), das Verfahren wird in der Folge als Berufungsverfahren fortgesetzt (§§ 125 ff VwGO). Gegen das Urteil des Oberverwaltungsgerichts sind dann die Revision bzw der Antrag auf Zulassung der Revision zum BVerwG gegeben (§§ 132, 133 VwGO), wobei das BVerwG im Prinzip die angegriffene Entscheidung nur auf Rechtsfehler – nicht aber auf fehlerhaft festgestellte Tatsachen – überprüft (§ 137 VwGO).

b) Der Verkauf der streitbefangenen Zulassung im Nachzulassungsverfahren

338 Während des Verlaufs des erst- bzw zweitinstanzlichen Verfahrens kommt es in den Nachzulassungsfällen häufiger dazu, dass die Zulassung – genauer: die fiktive Zulassung nach § 105 Abs. 1 AMG – verkauft wird. Ein solcher Verkauf ist zunächst einmal ohne Weiteres möglich (vgl § 29 Abs. 1 S. 1 AMG). Fraglich ist nur, ob im Prozess dadurch die Aktivlegitimation des Verkäufers entfällt bzw eine subjektive Klageänderung notwendig wird (vom Verkäufer zum Käufer der Zulassung). Das Problem wird dadurch gelöst, dass der Verkauf der fiktiven Zulassung nach § 105 Abs. 1 AMG als Verkauf der streitbefangenen Sache nach § 173 VwGO, § 265 Abs. 2 S. 1 ZPO angesehen wird. Damit ist der Verkäufer bzw Kläger ermächtigt, das Verfahren nunmehr als Prozessstandschafter für den Käufer fortzuführen.[444]

c) Der „Ruhensvergleich" im arzneimittelrechtlichen Nachzulassungsverfahren

339 Im erstinstanzlichen – nicht aber im zweitinstanzlichen – Nachzulassungsverfahren werden häufiger „Ruhensvergleiche" getroffen, die regelmäßig im Rahmen der mündlichen Verhandlung erfolgen. Hintergrund ist, dass die Kläger mit diesen Vergleichen Zeit gewinnen, in der das Arzneimittel weiter vertrieben werden kann; das BfArM stimmt solchen Vergleichen häufig zu. Es lassen sich zwei Arten von „Ruhensvergleichen" unterscheiden:
- „Abverkaufsvergleich": Im Rahmen des „Abverkaufsvergleiches" erklären beide Seiten das Ruhen des Verfahrens bis zu einem Zeitpunkt X, der Kläger verpflichtet sich zum Zeitpunkt X die Klage zurückzunehmen und ggf die Kosten des Verfahrens zu übernehmen. Als Zeitpunkt X werden regelmäßig ein oder zwei Jahre gewählt. Sinn dieses Ver-

---

[444] Vgl VG Köln, Urt. v. 29.11.2005 – 7 K 740/03.

gleichs ist es, dem Kläger auf der Basis der dann noch vorhandenen fiktiven Zulassung einen „Abverkauf" bereits gefertigter Arzneimittel zu ermöglichen.[445] Geht die Klagerücknahme ein, wird der Ruhensbeschluss aufgehoben und das Verfahren eingestellt, dh das Ruhen des Verfahrens steht einer wirksamen Klagerücknahme nicht entgegen.[446]

- **„Registrierungsvergleich":** Im Rahmen des „Registrierungsvergleiches" erklären beide Seiten das Ruhens des Verfahrens bis zu einem Zeitpunkt X. Der Kläger verpflichtet sich, bis zu diesem Zeitpunkt X einen Antrag nach §§ 38 ff oder §§ 39 a ff AMG zu stellen, wird der Antrag gestellt, ruht das Verfahren weiterhin. Der Kläger verpflichtet sich allerdings, die Klage zurückzunehmen, nachdem der Beklagte – gleichviel ob positiv oder negativ – den gestellten Antrag beschieden hat. Nach Eingang der Klagerücknahme wird auch hier der Ruhensbeschluss aufgehoben, und es wird das Verfahren eingestellt. Sinn dieses Vergleiches ist es, dem Kläger die fiktive Zulassung so lange zu belassen, bis über das Registrierungsverfahren durch die Behörde entschieden worden ist. Freilich ist dieser Vergleich mittlerweile ein Stück weit „überholt", da für Arzneimittel nach § 109 a AMG der Antrag nach §§ 39 a ff AMG ohnehin bis zum 31.12.2008 gestellt sein musste (vgl § 141 Abs. 14 AMG).

Die Diktion darf nicht darüber hinwegtäuschen, dass es sich bei den genannten „Vergleichen" nicht um Vergleiche im Sinne von § 106 VwGO handelt,[447] sondern dass insoweit allein ein abgesprochenes Vorgehen zwischen den Beteiligten und dem Gericht vorliegt. Das folgt zum einen daraus, dass mit dem „Ruhensvergleich" das Verfahren nicht unmittelbar erledigt werden soll, wie § 106 S. 1 VwGO voraussetzt;[448] vielmehr wird das Verfahren für eine gewisse Zeit noch bewusst „am Leben" gehalten, um dem Kläger den Genuss der fiktiven Zulassung nach § 105 Abs. 1 AMG zu sichern. Zum anderen ist das Gericht nicht an einen diesbezüglichen „Vergleich" der Parteien untereinander gebunden, wie es im Falle des „echten" Vergleiches nach § 106 VwGO, der letztlich Ausfluss der Dispositionsbefugnis der Beteiligten ist (vgl § 106 S. 1 Hs 2 VwGO), der Fall ist. Vielmehr hat das Gericht auch im Rahmen der übereinstimmenden Ruhenserklärung nach § 173 VwGO iVm § 251 S. 1 ZPO zu prüfen, ob die Anordnung des Ruhens des Verfahrens aus sonstigen wichtigen Gründen zweckmäßig ist. Dies ist in sich schlüssig: Der „echte" Vergleich beendet das Verfahren unmittelbar, das Gericht kann auf ein beendetes Verfahren keinen Einfluss haben; der „Ruhensvergleich" beendet das Verfahren gerade nicht unmittelbar, deshalb hat das Gericht anhand des gezeigten Maßstabs zu prüfen, ob das Ruhen des Verfahrens zweckmäßig ist. Von dem Gesagten unabhängig ist der Umstand, dass die Zusage der Klagerücknahme in dem Sinne wirksam ist, als das Verfahren wieder auflebt und die Klage unzulässig wird, wenn die Klage nicht fristgerecht zurückgenommen wird.[449] Schließlich und endlich dürfen die „Ruhensvergleiche" nicht mit der allgemeinen Anordnung des Ruhens des Verfahrens (§ 173 VwGO iVm § 251 S. 1 ZPO) bzw der Aussetzung des Verfahrens nach § 94 VwGO verwechselt werden.

---

445 Zu diesem „Abverkaufsvergleich" siehe Fuhrmann/Schulte-Bunert/Klein, A&R 2008, 76 ff.
446 Das folgt schon daraus, dass mit Eingang der Klagerücknahme die Ruhensvoraussetzungen entfallen, weswegen der Ruhensbeschluss dann aufzuheben ist. In der gleichen „logischen Sekunde" kann dann das nicht mehr ruhende Verfahren eingestellt werden. Im Übrigen folgt schon aus den allgemeinen prozessualen Grundsätzen, dass eine Klagerücknahme auch bei ruhendem Verfahren möglich ist, vgl MüKoZPO/Gehrlein, § 251 Rn 14 iVm § 249 Rn 17.
447 So aber Fuhrmann/Schulte-Bunert/Klein, aaO, A&R 2008, 76, 80. Eine andere Frage ist allerdings, ob ungeachtet des Umstands, dass ein „echter" Vergleich nicht vorliegt, die Einigungsgebühr nach Nr. 1000 ff VV RVG gleichwohl anfällt. Dies ist mit der gerichtlichen Praxis wohl zu bejahen, da insoweit eine sog. Zwischeneinigung vorliegen dürfte, mit der in der Regel Streitpunkte zwischen den Beteiligten ausgeräumt werden, vgl AnwK-RVG/Schneider, 3. Aufl. 2006, VV 1000 Rn 115.
448 Vgl hierzu zB BVerwG DVBl. 1994, 211, 212; BGH NJW 1986, 1348 f; MüKoZPO/Wolfsteiner, § 794 Rn 51.
449 BVerwG DVBl. 1994, 211, 213; BGH NJW-RR 1987, 307.

d) Klagerücknahme und Erledigungserklärung im arzneimittelrechtlichen Hauptsacheverfahren auf Erteilung einer Zulassung bzw Nichtzulassung

341 Wenn sich im Laufe des Verfahrens herausstellt, dass es keinen Sinn macht, das Klageverfahren durchzuführen, kann die Klage selbstverständlich zurückgenommen werden, nach Stellung der Anträge in der mündlichen Verhandlung allerdings nur mit Zustimmung des Beklagten, § 92 Abs. 1 VwGO. Das Verfahren wird dann eingestellt und der Kläger trägt die Kosten des Verfahrens, §§ 92 Abs. 3, 155 Abs. 2 VwGO. Die Rücknahme der Klage im Nachzulassungsverfahren führt weiter dazu, dass die fiktive Zulassung nach § 105 Abs. 1 AMG erlischt; sowohl im Zulassungs- als auch im Nachzulassungsverfahren kann ohne Weiteres in der Folge ein neuer Zulassungsantrag gestellt werden. Der „Reiz" einer Klagerücknahme besteht darin, dass von den drei nach Klageerhebung bezahlten Gerichtsgebühren (vgl § 6 Abs. 1 Nr. 4 GKG und Gebührentatbestand Nr. 5110) nach Klagerücknahme – allerdings nur nach vollständiger!450 – zwei erstattet werden. Ähnliches gilt letztlich für die übereinstimmende Erledigungserklärung: Gelingt es dem Kläger, sich mit dem Beklagten über das Schicksal des Zulassungs- oder Nachzulassungsantrags außergerichtlich zu verständigen, so kann in der Folge das Verfahren übereinstimmend für erledigt erklärt werden, ohne dass das Gericht zu überprüfen hätte, ob tatsächlich eine Erledigung vorliegt.451 Erklären die beiden Beteiligten auch übereinstimmend, zu welcher Kostenfolge die Erledigungserklärung führen soll, so ist das Gericht in der Regel ebenfalls an diese Erklärung gebunden,452 und die Gerichtsgebühren werden von drei auf eine herabgesetzt (vgl Gebührentatbestand Nr. 5111). Entsprechend dem oben Gesagten gilt dies aber nur dann, wenn der gesamte Streitgegenstand übereinstimmend für erledigt erklärt wird.

3. Die verwaltungsgerichtliche Hauptsacheentscheidung im arzneimittelrechtlichen Hauptsacheverfahren

342 Falls das Verfahren nicht durch Klagerücknahme oder übereinstimmende Erledigungserklärung beendet wird, bedarf es einer Hauptsacheentscheidung, die durch Gerichtsbescheid oder – häufiger – Urteil erfolgt. Im Rahmen der Hauptsacheentscheidung sind spezifische arzneimittelrechtlich einige Gesichtspunkte zu beachten:

a) Der maßgebliche Zeitpunkt für die Beurteilung der Sach- und Rechtslage

343 Der maßgebliche Zeitpunkt für die Beurteilung der Sach- und Rechtslage im Verwaltungsprozess bei Verpflichtungsklagen – die Bescheidungsklage ist nur ein Unterfall der Verpflichtungsklage – richtet sich nach dem materiellen Recht.453 Bei Bescheidungsklagen auf Erteilung bzw Verlängerung der Zulassung nach dem AMG folgt aus dem materiellen Recht, dass der maßgebliche Zeitpunkt der der mündlichen Verhandlung ist. Zweck des AMG ist es u.a., im Interesse einer ordnungsgemäßen Arzneimittelversorgung von Menschen für die Sicherheit im Verkehr mit Arzneimitteln, insbesondere für die Qualität, Wirksamkeit und Unbedenklichkeit der Arzneimittel zu sorgen (§ 1 AMG). Diesem Schutzzweck kann nur dadurch Rechnung getragen werden, dass das jeweils aktuelle gesetzliche Schutzniveau zugrunde gelegt wird. Schließlich ergibt sich die Maßgeblichkeit des Zeitpunktes der mündlichen Verhandlung aus §§ 25 Abs. 4 S. 4, 105 Abs. 5 S. 3 AMG. Diese Regelungen wären überflüssig, wenn der maßgebliche Zeitpunkt für die Beurteilung der Sach- und Rechtslage

---

450 Hartmann, Kostengesetze, 3. Aufl. 2008, KV 1211 Rn 4.
451 BVerwGE 46, 215, 217.
452 Schoch/Schmidt-Aßmann/Pietzner/*Clausing*, VwGO, Kommentar (Losebl.), Stand: Oktober 2008, § 161 Rn 24.
453 BVerwGE 61, 176, 192; BVerwG NVwZ-RR 1998, 517, 518; BVerwG Buchholz 239.2 § 28 SVG Nr. 2.

ohnehin der Zeitpunkt des Bescheiderlasses wäre.[454] Ausnahmen von diesem Grundsatz ergeben sich ebenfalls aus dem materiellen Recht. So ist der maßgebliche Zeitpunkt für die rechtliche Beurteilung von Änderungen eines Arzneimittels der Zeitpunkt der Änderungsanzeige,[455] im Mängelbeanstandungsverfahren ist die Sach- und Rechtslage im Zeitpunkt des Erlasses des Mängelbescheides in den Blick zu nehmen,[456] auch finden die Präklusionsvorschriften der §§ 25 Abs. 4 S. 4, 105 Abs. 5 S. 3 AMG aus verfassungsrechtlichen Gründen keine Anwendung auf Sachverhalte, die vor Inkrafttreten dieser Präklusionsvorschriften abgeschlossen waren.[457]

b) Die Präklusion im arzneimittelrechtlichen Zulassungs- bzw Nachzulassungsverfahren

Ungeachtet des Umstandes, dass maßgeblicher Zeitpunkt für die Beurteilung der Sach- und Rechtslage im gerichtlichen Zulassungs- bzw Nachzulassungsverfahren regelmäßig der Zeitpunkt der mündlichen Verhandlung ist, ist zu beachten, dass bezogen auf diesen Zeitpunkt tatsächliches Vorbringen des Klägers präkludiert sein kann. Dies ist immer dann der Fall, wenn das Beanstandungsverfahren nach § 25 Abs. 4 bzw 105 Abs. 5 AMG rechtmäßig durchgeführt worden ist. Folge ist, dass dann der Kläger mit allem tatsächlichen Vorbringen, dass nach Ablauf der Beanstandungsfrist bzw der gesetzlichen Höchstfrist nach § 25 Abs. 4 S. 2 bzw 105 Abs. 5 S. 1 AMG liegt, präkludiert ist, § 25 Abs. 4 S. 4 und § 105 Abs. 5 S. 3 AMG (vgl Rn 325). 344

c) Die Ermittlung des Sachverhalts im arzneimittelrechtlichen Zulassungs- bzw Nachzulassungsverfahren

Nach § 86 Abs. 1 S. 1 VwGO erforscht das Gericht den Sachverhalt von Amts wegen; im Rahmen dieser Amtsermittlung fordert es die Akten an (§ 99 Abs. 1 S. 1 VwGO). An das Vorbringen und an die Beweisanträge der Beteiligten ist es dabei nicht gebunden, § 86 Abs. 1 S. 2 VwGO. Im Rahmen der so verstandenen Amtsermittlung zieht es das Vorbringen und die Beweisanträge allerdings mit heran (vgl § 86 Abs. 1 S. 1 Hs 2 VwGO). Dabei sind Umfang und Grenzen der richterlichen Amtsermittlung nicht ein für allemal „fest" zu bestimmen, maßgeblich sind dabei auch und gerade die Sonderheiten des Sachbereiches und die Interessen der Beteiligten.[458] 345

aa) Maßstäbe der Amtsermittlung im arzneimittelrechtlichen Verfahren

Das gerichtliche arzneimittelrechtliche Zulassungs- bzw Nachzulassungsverfahren ist einerseits dadurch gekennzeichnet, dass die Beteiligten in der Regel in hohem Maße über Fachwissen verfügen. Die Kläger werden regelmäßig durch hochqualifizierte Rechtsanwälte vertreten, die sich im Wesentlichen auf das Arzneimittelrecht spezialisiert haben; das Beklagte BfArM beschäftigt sich ausschließlich mit Arzneimittelrecht. Andererseits werden sowohl im Zulassungs- wie auch im Nachzulassungsverfahren regelmäßig Sachverständigengutachten vorgelegt, sei es von den Klägern (vgl §§ 22 Abs. 1 Nr. 15, Abs. 2 und 3 AMG, § 24 AMG bzw § 105 Abs. 4 S. 2 und 4, Abs. 4 a S. 1 AMG), sei es von der Beklagten (§ 25 Abs. 5 S. 2 AMG), sei es durch die sog. Gegensachverständigen (§ 25 Abs. 5 S. 5 AMG bzw 346

---

454 OVG NRW, Urt. v. 23.5.2007 – 13 A 328/04; OVG NRW, Urt. v. 29.4.2008 – 13 A 4996/04; OVG Berlin, Urt. v. 25.11 1999 – 5 B 11.98; OVG Berlin, Urt. 12.7.2001 – 5 B 6.99. Für die Verlängerung einer Registrierungsentscheidung siehe VG Köln, Urt. v. 26.1.2007 – 18 K 9981/03.
455 BVerwG NVwZ-RR 2008, 92 und A&R 2008, 184, 186; OVG NRW, Urt. v. 23.5.2007 – 13 A 328/04; OVG NRW, Beschl. v. 27.8.2008 – 13 A 4034/05.
456 OVG NRW, Urt. v. 29.4.2008 –13 A 4996/04.
457 OVG NRW, Urt. v. 23.5.2007 – 13 A 328/04.
458 BVerfGE 85, 36, 58; BVerwGE 116, 188; Sodan/Ziekow/Höfling/Rixen, VwGO, 2. Aufl. 2006, § 86 Rn 48 ff.

§ 105 Abs. 4e AMG). Der erste Umstand – hohe Fachkenntnisse der Beteiligten – dürfte dazu führen, dass das Gericht der Leitlinie, dass eine „ungefragte" Fehlersuche im Zweifel nicht sachgerecht ist, erhöhte Bedeutung zumisst. Das bedeutet in der Praxis, dass das Gericht im Zweifel nur die vom Kläger angeführten Gründe, die gegen die Rechtmäßigkeit der Versagung der Zulassung bzw Nachzulassung sprechen, prüfen wird. Der zweite Umstand – Vorlage vielfältiger Sachverständigengutachten bereits im Verwaltungsverfahren – führt dazu, dass das Gericht in der Regel keine weiteren Sachverständigengutachten einholen dürfte, denn die Beurteilung von Sachverständigengutachten auch ohne Hinzuziehung fachwissenschaftlichen Sachverstands ist regelmäßig ureigenste Aufgabe des Gerichtes. Etwas anderes gilt nur dann, wenn die bereits eingeholten Gutachten ungenügend waren, sich eine Beweiserhebung offensichtlich hätte aufdrängen müssen oder das Verwaltungsgericht sich im Rahmen der Bewertung der Sachverständigengutachten eine Sachkunde zuschreibt, die es nicht haben kann.[459]

bb) Einschränkungen der gerichtlichen Prüfung – antizipierte Sachverständigengutachten, Monographien, Kommissionsbeteiligungen

347 Das Arzneimittelrecht sieht in einer Vielzahl von Fällen die Erstellung abstrakt-genereller untergesetzlicher **Rahmenregeln** durch Sachverständige vor, diese Rahmenregeln werden dann bei der Zulassung bzw Nachzulassung herangezogen. Dabei geht es u.a. um die Arzneimittelprüfrichtlinien (§ 26 AMG), das Arzneibuch (§ 55 AMG) sowie die „Leitlinie zu den klinischen Anforderungen an lokal anwendbare, lokal wirksame Produkte mit bekannten Bestandteilen" der EMEA (CPMP/QWP/239/95) und das Europäische Arzneibuch. Bei homöopathischen Kombinationsarzneimitteln treten die von der Kommission D aufgestellten Bewertungskriterien für fixe Kombinationen homöopathischer Arzneimittel vom 24.4.1997 hinzu (BAnz S. 6224). Die Rechtsnatur dieser Rahmenregelungen ist verschieden: Bei den Arzneimittelprüfrichtlinien ergibt sich nunmehr unmittelbar aus § 26 Abs. 1 S. 1 AMG, dass sie als Verordnung ergehen. Hinsichtlich der „Leitlinie zu den klinischen Anforderungen an lokal anwendbare, lokal wirksame Produkte mit bekannten Bestandteilen" der EMEA (CPMP/QWP/239/95), das Arzneibuch und des Europäischen Arzneibuches wird in der Rechtsprechung davon ausgegangen, dass es sich insoweit um sog. antizipierte Sachverständigengutachten handelt.[460] Das nämliche gilt für die von der Kommission D aufgestellten Bewertungskriterien für fixe Kombinationen homöopathischer Arzneimittel vom 24.4.1997.[461] Das bedeutet, dass diese Regelungen zunächst einmal wie Sachverständigengutachten zugrunde zu legen sind. Gegen die Richtigkeit dieser Sachverständigengutachten kann nur eingewendet werden, dass sie nicht von Sachverständigen erstellt worden seien, dass das Verfahren der Erstellung fehlerhaft sei, dass sie überholt seien, dass der zu entscheidende Fall nicht von den Sachverständigengutachten abgedeckt sei und dass sie ersichtlich falsch seien.[462]

348 Weiter kennt das Arzneimittelrecht jedenfalls für das Nachzulassungsverfahren sog. **Aufbereitungsmonographien** (vgl heute §§ 105 Abs. 3a S. 2 Nr. 5, 109a Abs. 4a AMG. Diese Monographien waren nach § 25 Abs. 7 AMG in der Fassung vom 24.8.1976[463] Bekanntmachungen des Bundesgesundheitsamtes, die das durch Kommissionen aufbereitete wissenschaftliche Erkenntnismaterial nach § 22 Abs. 3 AMG aufzeigten. Diese Bekanntmachungen bildeten die Grundlage der vom Bundesgesundheitsamt zu treffenden Entschei-

---

459 OVG NRW PharmR 2008, 83, 85; A&R 2009, 94f.
460 Vgl OVG NRW A&R 2009, 94,96; VG Köln, Urt. v. 12.12.2006 – 7 K 9015/03.
461 BVerwG, Urt. v. 16.10.2008 – 3 C 23.07.
462 BVerwG NVwZ 2008, 675ff; BVerwGE 77, 285, 288ff; 55, 250, 256ff.
463 BGBl. I, 2445.

dungen. Wich es davon ab, so hatte es die Gründe hierfür darzulegen. Das Fünfte Änderungsgesetz zum Arzneimittelgesetz vom 9.8.1994[464] hat die Erstellung von Aufbereitungsmonographien beendet. Nach der Rechtsprechung des BVerwG waren diese Monographien ihrem Charakter nach eine sachverständige Feststellung des jeweiligen wissenschaftlichen Erkenntnisstandes.[465] Das bedeutet, dass nach der Rechtsprechung des BVerwG die Aufbereitungsmonographien wohl antizipierte Sachverständigengutachten sein dürften, womit die oben aufgezeigten Maßstäbe für die Beurteilung antizipierter Sachverständigengutachten anwendbar wären. An anderer Stelle zieht das BVerwG freilich die Aufbereitungsmonographien unmittelbar als Beleg für die Wirksamkeit und Unbedenklichkeit von Arzneimitteln heran.[466] Bei alldem ist zu beachten, dass die Aufbereitungsmonographien allesamt vor dem 9.8.1994 entstanden sind, dh älteren Datums sind. Klar ist, dass sie aufgrund ihres Alters hinfällig werden *können*, wie sich schon aus § 109a Abs. 4a AMG ergibt. Wann freilich ein solches „hinfällig werden" angenommen werden kann, ist problematisch.[467]

Schließlich und endlich ist im Rahmen der Erteilung einer Zulassung bei nach § 48 Abs. 2 Nr. 1 AMG verschreibungspflichtigen Arzneimitteln eine **Zulassungskommission zu hören** (§ 25 Abs. 6 AMG), die aus Sachverständigen besteht und die in einem besonderen Verfahren zusammengesetzt wird (§ 25 Abs. 6 S. 4, 5, und 6 AMG). Will das BfArM bei der Entscheidung über den Antrag vom Ergebnis der Anhörung abweichen, so hat es die Gründe für die abweichende Entscheidung darzulegen (§ 25 Abs. 6 S. 3 AMG) Eine „abgeschwächte" Regelung findet sich – für Arzneimittel, die in dem genannten Sinne nicht verschreibungspflichtig sind – in § 25 Abs. 7 S. 1. Nach dieser Vorschrift sind sachverständige Kommissionen für bestimmte Anwendungsgebiete bzw Therapierichtungen zu bilden. Diese *können* im Nachzulassungsverfahren beteiligt werden (§ 25 Abs. 7 S. 3 AMG). Geht es um Arzneimittel einer bestimmten Therapierichtung (Phytotherapie, Homöopathie, Anthroposophie), wenn ein vollständige Versagung der Verlängerung nach § 105 Abs. 3 S. 1 AMG beabsichtigt ist oder die Entscheidung von grundsätzlicher Bedeutung ist, *muss* die Kommission beteiligt werden (§ 25 Abs. 7 S. 4 AMG). Soweit das BfArM bei der Entscheidung von der Stellungnahme der Kommission im Fall der Muss – Beteiligung abweichen will, muss es die diesbezüglichen Gründe darlegen (§ 25 Abs. 7 S. 5 AMG). Nun könnte man daran denken, dass einer vollständigen Überprüfung der Entscheidung des BfArM entgegenstünde, dass diesbezüglich – in Anlehnung an die Rechtsprechung des BVerwG – ein Beurteilungsspielraum der Behörde bestehe, da eine Entscheidung wertender Art vorliege, bei der eine Beteiligung von weisungsfreien, mit Sachverständigen und/oder Interessenvertretern besetzten Ausschüssen vorliege.[468] Dabei würde jedoch verkannt, dass die Zuerkennung eines Beurteilungsspielraumes nach der Rechtsprechung des BVerwG voraussetzt, dass die Entscheidung selbst durch den Ausschuss erfolgt; hier wird ein Ausschuss aber nur beteiligt, seinem Votum kommt auch keine abschließende Wirkung zu. Zu überprüfen ist vielmehr die Entscheidung des BfArM, also einer „normalen" Behörde, für die – von den oben genannten Abweichungen abgesehen – keine Modifikation der verwaltungsgerichtlichen Prüfungsdichte besteht. Eine andere Frage ist freilich, ob den Kommissionsstellungnahmen eben wegen der Zusammensetzung der Kommission aus Sachverständigen, die von Interes-

349

---

464 BGBl. I, 2071.
465 BVerwG PharmR 2007, 159, 161.
466 BVerwG NVwZ-RR 2007, 776, 777.
467 Vgl BVerwG A&R 2008, 184, 188; OVG NRW, Urt. v. 11.2.2009 – 13 A 385/07.
468 Vgl BVerwGE 12, 20, 26 ff; 59, 213, 215 ff; 62, 330, 337 ff; 72, 195, 197 ff; 91, 211, 215 f; 99, 371, 377 f.

senvertretern ausgewählt worden sind, im Rahmen der Beweiswürdigung als sachverständige Äußerung eine besondere Bedeutung zukommt; dies ist zu bejahen.[469]

d) Verpflichtungs- und Bescheidungsurteil im arzneimittelrechtlichen Verfahren

350 Wie bereits oben dargelegt wurde, ist die „übliche" und zulässige Klageart im arzneimittelrechtlichen Zulassungs- oder Nachzulassungsverfahren die Verpflichtungsklage in der Form der Bescheidungsklage (siehe Rn 332). Problematisch ist allerdings, wie zu verfahren ist, wenn der Kläger die Verpflichtungsklage gewählt hat und in der Sache Erfolg hat. Muss das Gericht dann die Sache vollständig spruchreif machen oder kann es – unter Klageabweisung im Übrigen – nur zu einem Bescheidungsausspruch kommen? Grundsätzlich trifft das Gericht die Pflicht, eine Verpflichtungsklage vollständig spruchreif zu machen, dh alle tatsächlichen und rechtlichen Voraussetzungen des geltend gemachten Anspruchs auf Erlass des Verwaltungsakts in eigener Verantwortung festzustellen.[470] Ausnahmen hiervon sind zum einen anerkannt, wenn mit einer unmittelbaren Entscheidung durch das Gericht wesentliche Teile des Verwaltungsverfahrens überspielt würden, dies zumal dann, wenn die Behörde mit besonderen Fachkenntnissen ausgestattet ist oder einem besonders qualifizierten Fachgremium übertragen ist.[471] Solche Fälle wird man annehmen können, wenn bislang das Beanstandungsverfahren nicht durchgeführt worden ist oder eine notwendige Kommissionsbeteiligung unterblieben ist – freilich immer nur unter der Voraussetzung, dass man in diesen Fällen die Notwendigkeit der Aussetzung des Gerichtsverfahrens bis zur Entscheidung über die Beanstandung bzw bis zu einer Kommissionsentscheidung verneint (vgl Rn 315 f). Weiter ist anerkannt, dass eine Spruchreifmachung dann unterbleiben kann, wenn die Klärung komplexer technischer Sachverhalte in Rede steht, die – besser oder effektiver – durch eine mit besonderer Sachkunde ausgestattete Behörde erfolgen kann.[472] Nach der Rechtsprechung dürften die Voraussetzungen für diese Alternative im Arzneimittelrecht regelmäßig vorliegen.[473] Ob darüber hinausgehend eine Spruchreifmachung immer dann unterbleiben kann, wenn – wie im Arzneimittelrecht – der begehrte Verwaltungsakt mit – einer Vielzahl von – Auflagen zu versehen wäre, wird in der Rechtsprechung des BVerwG wohl unterschiedlich beantwortet.[474]

IV. Vorläufiger Rechtsschutz im Zulassungs- bzw Nachzulassungsverfahren

1. Der vorläufige Rechtsschutz in den einzelnen Konstellationen

351 Ob und ggf welche Form des vorläufigen Rechtsschutzes in Anspruch genommen werden soll, richtet sich nach der jeweiligen Konstellation.

a) Zulassungsverfahren

352 Ist dem pharmazeutischen Unternehmer im Zulassungsverfahren die Erteilung einer Zulassung verweigert worden, so kann er das streitgegenständliche Arzneimittel nicht auf den Markt bringen. Sein Ziel muss daher sein, die Erteilung einer Zulassung im Wege des vorläufigen Rechtsschutzes zu erwirken. Diesbezüglich kann er – neben der Einlegung von Widerspruch bzw der Erhebung der Klage – einen Antrag nach § 123 VwGO stellen. Da aber mit der Erteilung der Zulassung im Wege des vorläufigen Rechtsschutzes die Haupt-

---

469 BVerwG PharmR 2007, 159, 161.
470 BVerwG DVBl. 1995, 857, 858; BVerwGE 90, 18, 24; BVerwG, Urt. v. 6.11.2002 – 6 C 16.02.
471 Vgl Kopp/Schenke, VwGO, 16. Aufl. 2009, § 113 Rn 197 ff.
472 BVerwG NVwZ-RR 2003, 719, 720.
473 Vgl OVG NRW, Urt. v. 11.2.2009 – 13 A 385/07. Vgl auch BVerwG DÖV 1991, 1025.
474 Vgl einerseits BVerwG, Urt. v. 6.11.2002 – 6 C 16.02 und andererseits BVerwG, Urt. v. 14.4.1989 – 4 C 52.87 und BVerwG, Beschl. v. 25.11.1997 – 4 B 179.97.

sache – und wenn nur auch nur zeitlich – vorweggenommen werden würde, kann der Antrag auf Erlass einer einstweiligen Anordnung nach § 123 Abs. 1 und 3 VwGO iVm § 920 Abs. 1 und 2 ZPO nur dann Erfolg haben, wenn ohne das Ergehen der einstweiligen Anordnung bis zum Zeitpunkt der Hauptsacheentscheidung unzumutbare Nachteile eintreten (Anordnungsgrund), wenn glaubhaft gemacht wird, dass für das Bestehen eines Anordnungsanspruchs ein hoher Grad an Wahrscheinlichkeit spricht und wenn gegenläufige öffentliche Interessen der Verwaltung nicht überwiegen.[475] Das Vorliegen der ersten beiden Voraussetzungen hat der pharmazeutische Unternehmer glaubhaft zu machen (§ 123 Abs. 3 VwGO iVm § 920 Abs. 2 ZPO). Die Voraussetzungen für einen Anordnungsgrund in diesem Sinne werden daher im Zulassungsverfahren nur selten vorliegen, da es größtenteils um noch beherrschbaren finanzielle Auswirkungen der Nichtzulassung gehen wird. Das nämliche gilt für das Vorliegen eines Anordnungsanspruches, da die arzneimittelrechtlichen Zulassungsverfahren im Regelfall eine hohe Komplexität aufweisen, weshalb es selten gelingen wird, glaubhaft zu machen, dass ein hoher Grad der Wahrscheinlichkeit des Erfolgs in der Hauptsache besteht. Faktisch dürfte also die Erteilung einer Zulassung im Wege des einstweiligen Rechtsschutzes die Ausnahme sein (selbst wenn man die spezifische Problematik der Verpflichtungs- bzw Bescheidungsklage im Arzneimittelrecht, siehe Rn 350, außer Acht lässt). Allenfalls dürfte es dem pharmazeutischen Unternehmer – bei evident fehlerhaften Erwägungen der Zulassungsbehörde – gelingen, im Wege der einstweiligen Anordnung eine Neubescheidung durchzusetzen.[476]

b) Nachzulassungsverfahren

Im Vergleich zu der Situation im Zulassungsverfahren stellt sich die Situation im Nachzulassungsverfahren anders dar, was darauf beruht, dass der pharmazeutische Unternehmer im Nachzulassungsverfahren noch im Besitz der fiktiven Zulassung nach § 105 Abs. 1 AMG ist. Hier liegt es grundsätzlich so, dass der pharmazeutische Unternehmer gegen die Versagung der Nachzulassung allein Klage erheben muss; auf die Gewährung vorläufigen Rechtsschutzes – in Betracht kommt hier ein solcher nach § 80 Abs. 5 VwGO – ist er grundsätzlich nicht angewiesen. Denn die fiktive Zulassung nach § 105 Abs. 1 AMG erlischt nach Ansicht des OVG NRW grundsätzlich erst mit *Bestandskraft* der die Nachzulassung versagenden Behördenentscheidung und nicht schon mit der Entscheidung als solcher. Dies folge daraus, dass es grundsätzlich keine Norm gebe, die das Erlöschen der fiktiven Zulassung bereits an die Behördenentscheidung als solche knüpfe, bestätigt werde dies durch § 105 Abs. 5 b S. 2 AMG.[477] Das bedeutet, dass die Erhebung der Klage gegen die die Nachzulassung versagende Entscheidung „aus sich heraus" die Bestandskraft der versagenden Entscheidung hemmt und sich der Weiterbestand der fiktiven Zulassung nicht erst aus § 80 Abs. 1 VwGO – der prinzipiell ohnehin nur auf Anfechtungs- und nicht auf Verpflichtungsklagen zugeschnitten ist – ergibt. In der Konsequenz dieser Auffassung folgt daraus auch, dass eine „aufschiebende Wirkung" der Verpflichtungsklage gem. § 80 Abs. 1 VwGO nicht etwa nach § 80 b Abs. 1 S. 1 VwGO befristet ist, da es eben gar keine „aufschiebende Wirkung" der Erhebung der Verpflichtungsklage gibt; auch eine analoge Anwendung von § 80 b Abs. 1 S. 1 VwGO auf die Versagung der Nachzulassung wird vom OVG NRW abgelehnt.[478] Die

353

---

475 BVerfGE 79, 69, 74 ff; BVerwGE 109, 258, 262 ff; OVG NRW, Beschl. v. 19.1.2007 – 13 B 2749/06; OVG NRW RiA 1995, 200, 201 mwN; OVG Berlin, DVBl. 1991, 762, 763.
476 Vgl zur Möglichkeit der Neubescheidung im Verfahren nach § 123 VwGO OVG NRW IÖD 2008, 146; OVG NRW VD 2004, 280, 282; OVG NRW, Beschl. v. 1.9.1998 – 13 B 1556/98.
477 OVG NRW PharmR 2006, 39, 41; OVG NRW, Beschl. v. 10.11.2005 – 13 B 192/05; OVG NRW, Beschl. v. 9.9.2006 – 13 B 1838/05.
478 OVG NRW aaO.

fiktive Zulassung erlösche eben erst mit Bestandskraft der versagenden Nachzulassungsentscheidung.

354 Allerdings hat das BfArM die Möglichkeit, die sofortige Vollziehung der versagenden Nachzulassungsentscheidung nach § 105 Abs. 5 b S. 2 AMG anzuordnen. Nach dieser Vorschrift soll die sofortige Vollziehung der die Nachzulassung versagenden Entscheidung nach § 80 Abs. 2 Nr. 4 VwGO angeordnet werden, es sei denn, dass die Vollziehung für den pharmazeutischen Unternehmer eine unbillige, nicht durch überwiegende öffentliche Interessen gebotene Härte zur Folge hätte. Entgegen dem Wortlaut dieser Vorschrift – "soll" –, wird in der Praxis von dieser Vorschrift außerordentlich selten Gebrauch gemacht, was möglicherweise mit der Rechtsprechung der 24. Kammer des VG Köln zusammenhängt. Nach dieser Rechtsprechung modifiziere die genannte Vorschrift weder die Voraussetzungen für die sofortige Vollziehung einer Versagungsentscheidung nach § 80 Abs. 2 S. 1 Nr. 4 VwGO noch die Maßstäbe für die diesbezügliche gerichtliche Überprüfung. Das besondere öffentliche Interesse bleibe weiterhin Voraussetzung der Anordnung des Sofortvollzuges, § 105 Abs. 5 b S. 2 AMG modifiziere nur die Rechtsfolgenseite des § 80 Abs. 2 S. 1 Nr. 4 VwGO; liege ein besonderes öffentliches Interesse vor, sei die sofortige Vollziehung in aller Regel anzuordnen. Besonderen Fallkonstellationen könne durch die Härtefallklausel Rechnung getragen werden. Eine generelle Interessenbewertung zugunsten eines beschleunigten Abschlusses der Nachzulassungsverfahren, die bei offenen Erfolgsaussichten im Rahmen der nach § 80 Abs. 5 VwGO vorzunehmenden Abwägung der widerstreitenden Interessen auch vom Gericht zu beachten wäre, sei dieser Vorschrift nicht zu entnehmen. Erforderlich blieben damit auch im Hinblick auf § 105 Abs. 5 b S. 2 AMG besondere Gründe, die im Einzelfall den sofortigen Vollzug der Versagungsentscheidung geböten. Solche besonderen Gründe folgten weder daraus, dass ein besonderes öffentliches Interesse an einer schleunigen Behandlung der Nachzulassungsentscheidung bestehe noch daraus, dass eine Nachzulassung des streitgegenständlichen Arzneimittels in der Sache (wegen erheblicher Mängel) nicht in Betracht komme. Vielmehr sei ein besonderes öffentliches Interesse nur dann anzunehmen, wenn es konkrete Gefahren gebe, die mit der Anwendung des Präparates verbunden seien.[479]

355 Schließlich bleibt noch zu ergänzen, dass im Bereich der Nachzulassung die Gewährung vorläufigen Rechtsschutzes nach § 123 VwGO dann in Betracht kommt, wenn es um die Erstreitung einer Listenposition nach § 109 a AMG geht; die Erfolgsaussichten eines solchen Antrags werden allerdings regelmäßig gering sein (vgl Rn 352).[480]

2. Der generelle Verlauf von Verfahren des vorläufigen Rechtsschutzes

356 Für Form, Frist und Notwendigkeit der Hinzuziehung eines Anwalts gilt das oben Gesagte; nochmals ist hier daran zu erinnern, dass die Gewährung vorläufigen Rechtsschutzes ohne die fristgerechte Erhebung eines Widerspruchs bzw einer Klage ohne Erfolg bleibt. Nach dem Eingang des Antrags auf Gewährung vorläufigen Rechtsschutzes stellt das Gericht diesen zu und fordert – falls der Antrag bereits begründet worden ist – die Verwaltungsvorgänge an (§ 99 Abs. 1 S. 1 VwGO); zugleich wird der Antragsgegner unter Fristsetzung zur Antragserwiderung aufgefordert (§ 85 VwGO analog). Nach Eingang der Verwaltungsvorgänge und der Antragserwiderung hat das Gericht im Rahmen der Anwendung des § 86 VwGO (Näheres dazu unter Rn 345 ff) die Möglichkeit, die Sache schriftlich (§ 87 Abs. 1 S. 2 Nr. 2, 3 und 4 VwGO) oder im Rahmen eines Erörterungstermins (§ 87 Abs. 1 S. 2

---

479 Vgl VG Köln PharmR 2003, 237, 238 ff; VG Köln, Beschl. v. 22.5.2003 – 24 L 243/03; VG Köln, Beschl. v. 22.5.2003 – 24 L 674/03; VG Köln, Beschl. v. 23.5.2003 – 24 L 856/03; VG Köln, Beschl. v. 27.5.2003 – 24 L 801/03.
480 Vgl VG Köln PharmR 2003, 122 ff.

Nr. 1 VwGO) weiter aufzuklären oder vorzubereiten. Ist die Sache – hinsichtlich des Antrags auf Gewährung vorläufigen Rechtsschutzes – spruchreif, so entscheidet das Gericht über den Antrag, in der Regel ohne mündliche Verhandlung (§ 101 Abs. 3 VwGO), durch Beschluss (§ 123 Abs. 4 bzw arg. e § 80 Abs. 7 S. 1 VwGO). An dem Beschluss wirken drei Berufsrichter mit (§ 5 Abs. 3 S. 2 VwGO), falls die Sache nicht zuvor auf den Einzelrichter übertragen worden ist (§ 6 Abs. 1 VwGO); dann entscheidet nur der Einzelrichter. Gegen den Beschluss nach § 80 VwGO oder § 123 VwGO ist – es herrscht freilich Anwaltszwang (§ 67 Abs. 1 S. 2 VwGO) – binnen zwei Wochen die bei dem Verwaltungsgericht einzulegende (§ 147 Abs. 1 S. 1 VwGO) Beschwerde zum OVG NRW gegeben (§ 146 Abs. 1 VwGO), die Beschwerde muss dann binnen 4 Wochen nach Bekanntgabe der erstinstanzlichen Begründung begründet werden, wobei die Begründung den Maßstäben des § 146 Abs. 4 VwGO zu entsprechen. Das Oberverwaltungsgericht entscheidet über die Beschwerde durch Beschluss (§ 150 VwGO), der Beschluss ist unanfechtbar (§ 152 Abs. 1 VwGO).

V. Der Streitwert im Arzneimittelprozess auf Zulassung bzw Nachzulassung

In Verfahren vor den Gerichten der Verwaltungsgerichtsbarkeit ist, soweit nichts anderes bestimmt ist, der Streitwert nach der sich aus dem Antrag des Klägers für ihn ergebenden Bedeutung der Sache nach Ermessen zu bestimmen (§ 52 Abs. 1 GKG). In Anwendung dieser Vorschrift wird der Streitwert in den Klageverfahren auf Zulassung bzw Nachzulassung eines Arzneimittels im Ermessenswege jetzt regelmäßig auf 50.000 € (pro Arzneimittel) festgesetzt.[481] Diese Typisierung schließt allerdings eine Abweichung von der gefundenen Regel in Einzelfällen nicht aus, wenn abweichende Werte erkennbar sind. Eine Abweichung nach unten kommt dann in Betracht, wenn mit dem Arzneimittel nur ein geringer Umsatz erwirtschaftet wird, dann ist der Streitwert regelmäßig auf 25.000 € festzusetzen.[482] Eine Abweichung nach oben ist dann in den Blick zu nehmen, wenn mit dem Arzneimittel ein besonders hoher Umsatz erzielt wird.[483] Auch sind abweichende Werte dann erkennbar, wenn der Jahresreingewinn nachvollziehbar dargelegt wird; dann ergibt sich der Streitwert aus dem Jahresreingewinn (vgl 16.1, 25.2, 54.1. des Streitwertkatalogs für die Verwaltungsgerichtsbarkeit in der Fassung der am 7./8.7.2004 beschlossenen Änderungen).[484] Insoweit ist der Kläger freilich gehalten, den Jahresreingewinn möglichst frühzeitig anzugeben (vgl § 61 S. 1 GKG). Eine erst im weiteren Verlauf des Verfahrens – etwa nach Verlust des Prozesses – erfolgte Angabe oder eine Berichtigung der zuvor gemachten Angaben ist zwar möglich (vgl § 61 S. 2 GKG). Da diese Angaben dann insoweit jedoch nachgeschoben sind, sind diesbezüglich hohe Substantiierungsanforderungen zu stellen. In Verfahren des vorläufigen Rechtsschutzes beträgt der Streitwert die Hälfte des Hauptsachstreitwerts, dh regelmäßig 25.000 €.[485]

357

Wird der Regelstreitwert von 50.000 € angesetzt, so fallen in der ersten Instanz für den Zulassungs- oder Nachzulassungsprozess regelmäßig Gerichtsgebühren in Höhe von ca. 1.300 € an. Sind die Anwaltsgebühren abhängig vom Streitwert – dh wenn keine Vergü-

358

---

481 Siehe zB OVG NRW, Beschl. v. 17.11.2008 – 13 A 2287/06; OVG NRW, Beschl. v. 19.11.2008 – 13 A 2151/06; OVG NRW, Beschl. v. 18.12.2008 – 13 A 1833/06; OVG NRW, Beschl. v. 24.2.2009 – 13 A 813/08.
482 BVerwG, Urt. v. 16.10.2008 – 3 C 24.07.
483 BVerwG, Urt. v. 16.10.2008 – 3 C 23.07.
484 Vgl BVerwG DÖV 1991, 1025, 1026; OVG NRW, Beschl. v. 26.9.2006 – 13 A 2727/04; OVG NRW, Beschl. v. 19.3.2009 – 13 A 1022/08.
485 Vgl 1.5 des Streitwertkatalogs für die Verwaltungsgerichtsbarkeit in der Fassung der am 7./8.7.2004 beschlossenen Änderungen (abgedruckt bei Kopp/Schenke, VwGO, 16. Aufl. 2009, Anh § 164).

tungsvereinbarung geschlossen worden ist – fallen regelmäßig für die erste Instanz Anwaltsgebühren in Höhe von ca. 3.100 € an.

§ 11 Änderungen von Arzneimitteln nach der Zulassung, Mitteilungspflichten

Literatur: *Brixius/Schneider*, Nachzulassung und AMG-Einreichungsverordnung, 2004; *Fries*, Die arzneimittelrechtliche Nutzen/Risiko-Abwägung und Pharmakovigilanz, 2009; *Friese*, EMEA and European Commission – Topical News, New Commission Regulation on Variations replacing the two Commission Regulations on Variations, Commission Regulation (EC) No. 1084/2003 and Commission Regulation (EC) No. 1085/2003, has been adopted by Standing Committees, pharmind 2008, 837 ff, 950 ff; *Friese*, EMEA and European Commission – Topical News, Draft Guidelines according to Articles 4 (1) (a) and 4 (1) (b) of the New Variations Regulation (EC) No. 1234/2008, pharmind 2009, 604; *Müller-Buttmann*, Die Verpflichtung des pharmazeutischen Unternehmers zur Anzeige unerwünschter Arzneimittelwirkung und von Fällen des Arzneimittelmissbrauchs, PharmR 1986, 250; *Sickmüller/Knauer/Sander*, Die „Sunset Clause" im Arzneimittelgesetz, PharmR 2009, 60; *Zirkel*, Der vorübergehende Nichtvertrieb einer Packungsgröße setzt keine zustimmungspflichtige Änderungsanzeige voraus, PharmR 2006, 407.

A. Einführung 1	3. Änderung wirksamer Bestandteile... 33
B. Änderungsanzeigen 3	4. Änderung der Darreichungsform.... 36
I. Überblick 3	5. Änderung der Packungsgröße........ 40
1. Funktion der Änderungsanzeige..... 3	C. Mitteilungspflichten 42
2. Verfahren der Änderungsanzeige.... 8	I. Pharmakovigilanzmitteilungen,
a) Einreichen des Antrags/Verfahrensmanagement 8	§ 29 Abs. 1 a AMG...................... 43
b) Zeitpunkt der Änderungsanzeige 11	II. Verkehrsanzeigepflichten, § 29 Abs. 1 b, 1 c AMG 44
II. Anzeigebedürftige Änderungen, § 29 Abs. 1 AMG 12	III. Mitteilungspflichten zu Absatzmenge und Verschreibungsvolumen,
III. Änderung der Bezeichnung gem. § 29 Abs. 2 AMG 19	§ 29 Abs. 1 d AMG...................... 50
IV. Zustimmungspflichtige in Abgrenzung zu neuzulassungspflichtigen Änderungen,	D. Die neue Verordnung (EG) Nr. 1234/2008 51
§ 29 Abs. 2 a, 3 AMG 22	I. Hintergrund und Zielsetzung............ 52
1. Einführung 22	II. Regelungsinhalt 54
2. Änderung von Dosierung, Anwendung, Anwendungsgebieten, Gegenanzeigen, Nebenwirkungen, Wechselwirkungen 25	1. Geltungsbereich 54
	2. Änderungskategorien 55
	3. Verfahren 56
	a) Typ IA – „Do and Tell" 57
a) Dosierung, Art oder Dauer der Anwendung............................ 27	b) Typ IB – „Tell, Wait and Do"... 58
b) Anwendungsgebiete 28	c) Typ II: Verfahren der Vorabgenehmigung gem. Art. 10 bzw 16 – „Tell and Wait prior Approval" 59
c) Gegenanzeigen 29	
d) Nebenwirkungen 31	4. Verfahren zur Gruppenbildung und Arbeitsteilung 60
e) Wechselwirkungen 32	III. Die Richtlinie 2009/53/EG 61

A. Einführung[1]

§ 29 AMG regelt das Verfahren bei Änderungen von Arzneimitteln nach der Zulassung. Daneben sind Anzeige- und Mitteilungspflichten für den Zulassungsinhaber in § 29 Abs. 1 a bis 1 d AMG geregelt. Diese waren mit den die Human- und Tierarzneimittelrichtlinie 2001/83/EG und 2001/82/EG ändernden Richtlinien 2004/27/EG und 2004/28/EG[2]

---

[1] Wir danken Frau *Dr. Alexandra Eckhoff*, Berlin-Chemie AG, sowie Frau *Susanne Winterscheid* und Herrn *Dr. Günter Omlor*, Bundesinstitut für Arzneimittel und Medizinprodukte, für ihre wertvollen Anregungen.
[2] RL 2004/27/EG des Europäischen Parlaments und des Rates v. 31.3.2004 zur Änderung der RL 2001/83/EG (ABl. EU Nr. L 136 v. 30.4.2004, S. 34–57), und RL 2004/28/EG des Europäischen Parlaments und des Rates v. 31.3.2004 zur Änderung der RL 2001/82/EG (ABl. EU Nr. L 136 v. 30.4.2004, S. 58–84).

eingeführt worden;[3] der deutsche Gesetzgeber hat sie mit der 14. AMG-Novelle[4] in den vorgenannten Vorschriften umgesetzt. Die Anzeige- und Mitteilungspflichten dienen dem Ziel einer verbesserten Arzneimittelsicherheit in der Europäischen Union und ermöglichen den Zulassungsbehörden eine verstärkte Marktüberwachung. Mit der 15. AMG-Novelle[5] hat § 29 AMG keine grundlegenden Änderungen erfahren. Der Gesetzgeber hat lediglich eine strengere Regelung bzgl der Änderung von nicht apothekenpflichtigen Arzneimitteln eingeführt (vgl § 29 Abs. 2 a AMG nF).

2 Änderungen von Zulassungen im gegenseitigen Anerkennungsverfahren und dezentralen Zulassungen wurden bisher in der Verordnung (EG) Nr. 1084/2003,[6] Änderungen von zentralen Zulassungen in der Verordnung (EG) Nr. 1085/2003[7] geregelt. Ihre Geltung endet am 31.12.2009; das europäische Variations-System befindet sich im Umbruch. Unter Beibehaltung vieler Elemente der bisherigen Verordnungen hat sich der europäische Gesetzgeber für eine künftig noch stärkere Harmonisierung von Änderungsanzeigen entschlossen, die regulatorisch weit fortgeschritten ist. Es handelt sich um die Verordnung (EG) Nr. 1234/2008,[8] die sämtliche unterschiedlichen Zulassungsarten (zentrale und dezentrale Zulassungen, Zulassungen im gegenseitigen Anerkennungsverfahren sowie nationale Zulassungen) einem einheitlichen System von Änderungsanzeigen unterwerfen wird. Aufgrund der Richtlinie 2009/53/EG wird die Verordnung (EG) Nr. 1234/2008 grundsätzlich auch auf nationale Zulassungen anzuwenden sein.[9] Die Richtlinie ist bis zum 20.1.2011 in nationales Recht umzusetzen (vgl Rn 52 ff).

B. Änderungsanzeigen

I. Überblick

1. Funktion der Änderungsanzeige

3 Wie jedes Wirtschaftsgut unterliegen auch Arzneimittel Produktzyklen: Es kommt nach der erstmaligen Zulassung gem. § 21 AMG zu Veränderungswünschen und -möglichkeiten, bedingt durch neue wissenschaftliche Erkenntnisse teilweise auch zur Pflicht, vom ursprünglichen Umfang der Zulassung abweichen zu müssen. Die Veränderungen können sich auf essenzielle Elemente der Zulassung beziehen, zB Indikationen, aber auch nur den Text der äußeren Aufmachung betreffen.

4 Die erstmalige Zulassung gem. § 21 AMG gibt dem Zulassungsinhaber das Recht, das Arzneimittel nach Maßgabe des Inhalts des Zulassungsbescheides in den Verkehr zu bringen. Werden nun Änderungen an diesem Produkt vorgenommen, unterliegen diese je nach Aus-

---

[3] Artikel 23 und 23a der geänderten RL 2001/83/EG des Europäischen Parlaments und des Rates v. 6.11.2001 zur Schaffung eines Gemeinschaftskodexes für Humanarzneimittel (ABl. EU Nr. L 311/67 v. 28.11.2001, S. 67–128) sowie Art. 27 Abs. 3 und Art. 27 a der RL 2001/82/EG des Europäischen Parlaments und des Rates v. 6.11.2001 zur Schaffung eines Gemeinschaftskodexes für Tierarzneimittel (ABl. EU Nr. L 11 v. 28.11.2001, S. 1–66).
[4] Vierzehntes Gesetz zur Änderung des Arzneimittelgesetzes v. 29.8.2005 (BGBl. I, 2570).
[5] Gesetz zur Änderung arzneimittelrechtlicher und anderer Vorschriften v. 17.7.2009 (BGBl. I, 1990).
[6] VO (EG) Nr. 1084/2003 der Kommission v. 3.6.2003 über die Prüfung von Änderungen einer Zulassung für Human- und Tierarzneimittel, die von einer zuständigen Behörde eines Mitgliedstaates erteilt wurde (ABl. EU Nr. L 159 v. 27.6.2003, S. 1–23).
[7] VO (EG) Nr. 1085/2003 der Kommission v. 3.6.2003 über die Prüfung von Änderungen einer Zulassung für Human- und Tierarzneimittel gemäß der VO (EWG) Nr. 2309/93 des Rates (ABl. EU Nr. L 159 v 27.6.2003, S. 24–45).
[8] VO (EG) Nr. 1234/2008 der Kommission v. 24.11.2008 über die Prüfung von Änderungen der Zulassungen von Human- und Tierarzneimitteln (ABl. EU Nr. L 334 v. 12.12.2008, S. 7–24).
[9] RL 2009/53/EG des Europäischen Parlaments und des Rates v. 18.6.2009 zur Änderung der RL 2001/82/EG und der RL 2001/83/EG in Bezug auf Änderungen der Bedingungen für Genehmigungen für das Inverkehrbringen von Arzneimitteln (ABl. EU Nr. L 168 v. 30.6.2009, S. 33–34).

maß der geplanten Änderung unterschiedlichen Anforderungen, die von einer einfachen Anzeigepflicht bis hin zur Neuzulassungspflicht reichen.

Dieses System wird in § 29 Abs. 1, 2, 2 a, 3 AMG für das nationale Zulassungsverfahren geregelt. Das zu wählende Änderungsverfahren ist abhängig von der materiellen Qualität der Änderung: Dem Grunde nach unterscheidet man „nur" anzeigepflichtige Änderungen (Abs. 1), zustimmungspflichtige Änderungen (Abs. 2 a) und solche, die eine Neuzulassung des Arzneimittels erforderlich machen (Abs. 3). Für Änderungen der Bezeichnung sieht Abs. 2 nach Eingang und Prüfung der Änderungsanzeige ein besonderes Verfahren vor, das nach dem Gesetzeswortlaut mit einer Änderung des Zulassungsbescheides abgeschlossen werden soll.[10]

Adressat der Anzeigepflicht ist *während* des Zulassungsverfahrens der Antragsteller (Abs. 1 S. 1), nach Abschluss des Verfahrens der Zulassungsinhaber (Abs. 1 S. 2). Durch diese mit der Antragstellung einhergehende Pflichtenstellung wird sichergestellt, dass die Zulassungsbehörde bereits während des Zulassungsverfahrens über sich ergebende oder avisierte Änderungen informiert wird und sich die Zulassungsentscheidung am aktuellen Stand des Arzneimittels orientiert. Desgleichen führt die Mitteilungspflicht *nach* der Zulassung dazu, dass die Zulassungsunterlagen beständig dem zugelassenen Arzneimittel in seiner konkret vermarkteten Gestalt entsprechen.[11] Die Kenntnisnahme der Änderungen ermöglicht der Zulassungsbehörde zudem die Überwachung des Arzneimittels im Hinblick auf Aspekte der Arzneimittelsicherheit (Pharmakovigilanz).

Eine Änderungsanzeige ist generell erforderlich, sobald sich Änderungen in den Angaben und Unterlagen gem. §§ 22 bis 24 a sowie 25 b AMG ergeben. Von hoher praktischer Relevanz sind dabei sämtliche Angaben gem. § 22 Abs. 1 AMG, die den Charakter des Arzneimittels prägen (Name des Antragstellers, Bezeichnung des Arzneimittels, Bestandteile, Darreichungsform, Wirkung, Indikation etc.) und zudem in den Informationen zum Arzneimittel benannt werden (Gebrauchs- und Fachinformation, Beschriftung von Behältnis und äußerer Umhüllung des Arzneimittels). Von geringerer praktischer Relevanz sind dagegen Änderungen an den vorzulegenden Unterlagen nach § 22 Abs. 2 bis 6 AMG (mit Ausnahme des Abs. 4) sowie §§ 24, 24 a AMG, da nach Erteilung der Zulassung auf die Grundlagen der Zulassung wohl nur selten durch den Zulassungsinhaber ändernd zugegriffen wird. Wechselt der Hersteller, so ist dafür wegen § 22 Abs. 4 AMG gem. § 29 Abs. 1 AMG eine einfache Änderungsanzeige erforderlich. Änderungsanzeigen können sich für Tierarzneimittel zusätzlich auf den Regelungsbereich des § 23 AMG beziehen (siehe dazu § 37 Rn 9 ff).

2. Verfahren der Änderungsanzeige

a) Einreichen des Antrags/Verfahrensmanagement

Das Verfahren der Einreichung einer Änderungsanzeige befindet sich derzeit im Umbruch – weg von der papiergestützten Einreichung hin zu ausschließlich elektronisch einzureichenden Änderungsanzeigen. Dazu hat das Bundesministerium für Gesundheit für die Zulassungsbehörden das „**PharmNet**" ins Leben gerufen; unter der Adresse www.pharmnet-bund.de besteht für pharmazeutische Unternehmer die Möglichkeit, sich zu registrieren und zu einem späteren Zeitpunkt – derzeit ist dies noch nicht möglich – nurmehr elektro-

---

10 Dies ist im Einzelnen streitig. Dazu und zu § 29 Abs. 2 AMG allgemein siehe ausführlich unten Rn 19 ff sowie oben § 10 Rn 69.

11 Diese Grundentscheidung des deutschen Gesetzgebers („Tell and Do") wird von der künftigen Variations-Verordnung (EG) Nr. 1234/2008 nicht vollständig übernommen. Insbesondere geringfügige Änderungsanzeigen können nach diesem Konzept erst umgesetzt und dann angezeigt werden („Do and Tell"). Für pharmazeutische Unternehmer besteht danach auch die Möglichkeit, geringfügige Änderungsanzeigen vom Typ IA über ein Jahr hinweg zu sammeln und dann erst anzuzeigen („annual report"). Siehe dazu unten Rn 57.

nisch einzureichen. Nicht im Pharmnet registrierte Antragsteller bzw Zulassungsinhaber können (jedenfalls im BfArM) zur Zeit noch papiergestützt ihre Änderung vorlegen; u.a. die Texte sind dann allerdings zusätzlich elektronisch gem. AMG-Einreichungsverordnung[12] vorzulegen. Zum jeweils geltenden Verfahrensablauf im Einzelnen gibt es Bekanntmachungen, Anleitungen und Vordrucke der Zulassungsbehörden, die auf den jeweiligen Homepages zu finden sind.[13] Das BfArM nutzt zur Verwaltungsvereinfachung und exakten Zuordnung der Änderungsanzeigen ein System von Strukturnummern, anhand deren die Änderungen klassifiziert werden können.[14]

9 Der Antragsteller ist gehalten, den Antrag sorgfältig auszufüllen. Vor allem ist auf Zweifelsfälle zu achten, bei denen die Zustimmungspflichtigkeit seitens des Antragstellers und der entgegennehmenden Behörde anders gewertet werden könnte. Die Zulassungsbehörden sind berechtigt, die Zustimmungspflichtigkeit einer Änderung durch Bescheid festzustellen;[15] dies ermöglicht dem Zulassungsinhaber im Streitfalle, seine Rechtsposition gerichtlich überprüfen zu lassen.[16] Änderungen, die materiellrechtlich dem Katalog des § 29 Abs. 2 a AMG unterfallen, ohne also solche gekennzeichnet zu sein, können nicht die Dreimonatsfrist in Gang setzen.

10 Das Unterlassen einer Änderungsanzeige ebenso wie eine falsche, unvollständige oder nicht rechtzeitige Einreichung ist bußgeldbewehrt gem. § 97 Abs. 2 Nr. 7, 7a AMG. Davon zu trennen ist die Verkehrsfähigkeit des Arzneimittels, diese wird durch eine verspätete oder unterlassene Änderungsanzeige nicht beeinträchtigt.[17] Die Behörde bestätigt den Eingang der einfachen Änderungsanzeige; dies stellt keine abschließende fachliche Beurteilung dar.[18] Die zuständige Landesbehörde wird zur Erfüllung ihrer Überwachungsaufgaben über den Eingang informiert.

b) Zeitpunkt der Änderungsanzeige

11 Wann eine geplante Änderung durchgeführt werden darf, ist abhängig von der Art der Änderung. Bei einfachen Änderungen, die nur anzeigepflichtig sind, kann die Änderung mit „unverzüglicher" Anzeige vorgenommen werden.[19] „Unverzüglich" bedeutet gem. § 121 BGB dabei „ohne schuldhaftes Zögern". Bis zur Änderung des § 29 AMG durch das 12. AMG-Änderungsgesetz[20] erläuterte der frühere § 29 Abs. 1 S. 2 AMG dies als „spätestens innerhalb von 15 Tagen nach Bekanntwerden".[21] In Kenntnis dieses bisherigen gesetzesinternen Sprachgebrauchs kann auch heute noch diese Frist als das Äußerste angesehen werden, was „unverzüglich" im Rahmen der Änderungsanzeige bedeutet. Bei den Änderungen aus dem Katalog des § 29 Abs. 2 a AMG muss der Zulassungsinhaber dagegen die

---

12 VO über die Einreichung von Unterlagen in Verfahren für die Zulassung und Verlängerung der Zulassung von Arzneimitteln (AMG-Einreichungsverordnung – AMG-EV) v. 21.12.2000 (BGBl. I, 2036); <www.bfarm.de> → Arzneimittel → Zulassung → Verfahren → AMG-EV.
13 <www.bfarm.de> → Arzneimittel → Nach der Zulassung → Änderung/Variations → Bekanntmachungen; <www.pei.de> → Informationen für Antragsteller und pharmazeutische Unternehmer → Zulassung (human) → Folgeverfahren; dort dann: Antragsformulare; <www.bvl.bund.de> → Tierarzneimittel → Für Antragsteller und Anwender.
14 Siehe den „Katalog der Änderungstatbestände", der auf der BfArM-Homepage zu finden ist: <www.bfarm.de> → Arzneimittel → Nach der Zulassung → Änderung/Variations → Formulare.
15 OVG Münster, Urt. v. 13.6.2006 – Az 13 A 1532/04, Rn 30 ff nach juris = A&R 2006, 172 ff.
16 OVG Münster, Urt. v. 13.6.2006 – Az 13 A 1532/04, Rn 30 ff nach juris = A&R 2006, 172 ff.
17 Rehmann, AMG, § 29 Rn 3.
18 OVG NRW, Urt. v. 20.11.2008 – 13 A 3566/06.
19 Sander, Arzneimittelrecht, § 29 AMG Erl. 2; Kloesel/Cyran, Arzneimittelrecht, § 29 AMG Erl. 9.
20 Zwölftes Gesetz zur Änderung des Arzneimittelgesetzes v. 30.7.2004 (BGBl. I, 2031).
21 Siehe dazu auch Müller-Buttmann, Die Verpflichtung des pharmazeutischen Unternehmers zur Anzeige unerwünschter Arzneimittelwirkung und Fällen das Arzneimittelmissbrauchs, PharmR 1986, 250 ff.

Zustimmung der Behörde oder längstens die Dreimonatsfrist abwarten, bevor er diese umsetzen darf. Handelt es sich um eine Änderung, die eine Neuzulassungspflicht auslösen würde, darf die Änderung für das fragliche Arzneimittel nicht ohne Erteilung einer neuen Zulassung ausgeführt werden. Bei einer Umbenennung empfiehlt sich ein Zuwarten auf den gem. § 29 Abs. 2 AMG geänderten Zulassungsbescheid, um bei beanstandeter Bezeichnungsänderung das Arzneimittel nicht ohne Zulassung zu vertreiben (siehe oben § 10 Rn 87).

II. Anzeigebedürftige Änderungen, § 29 Abs. 1 AMG

Der Kanon der „nur anzeigebedürftigen" Änderungen ist sehr weit. § 29 Abs. 1 AMG ist Auffangtatbestand für solche Änderungen, die zwar die „Angaben und Unterlagen nach §§ 22 bis 24 a und 25 b AMG" betreffen, die jedoch weder eine Neuzulassungspflicht gem. § 29 Abs. 3 AMG begründen noch gem. § 29 Abs. 2 a AMG zustimmungspflichtig sind. Er reicht von Änderungen beim pharmazeutischen Unternehmer, einem Mitvertreiber oder Hersteller über solche in den gesamten Informationstexten (Gebrauchs- und Fachinformation, Behältnis, äußere Umhüllung), soweit diese nicht zustimmungspflichtig sind (wie zB bei Änderung der Anwendungsart), Haltbarkeit, Zusammensetzung (soweit nicht zustimmungspflichtig) bis hin zu Änderungen aus dem Bereich der Herstellung, Analytik etc. sowie Pharmakovigilanz und Parallelimport.

Die sog. redaktionellen Änderungen gelten als grundsätzlich nicht anzeigebedürftig.[22] Es handelt sich dabei um jene marginalen Schreib- und Interpunktionsfehler, deren Korrekturen den Zulassungsbescheid materiell nicht betreffen. Jedoch weisen *Kloesel/Cyran* zu Recht auf den schmalen Grat hin, der zu den jedenfalls anzeigepflichtigen Tatbeständen besteht. Daher sind der zuständigen Bundesoberbehörde auch solche Änderungen durch Übersendung der korrigierten Texte mitzuteilen.

Die nachfolgende Aufstellung – angelehnt an eine Veröffentlichung auf der Homepage des BfArM zu den vorhandenen „Strukturnummern" – gibt einen Überblick über den Umfang der (nur) anzeigebedürftigen Änderungen:[23]

Pharmazeutischer Unternehmer/Mitvertreiber/Hersteller/Adresse Bezeichnung Informationstexte nach § 22 Abs. 7 AMG - Wirkungen - Änderung der Verkaufsabgrenzung - nicht amtlicher Teil der Packungsbeilage - redaktionelle Änderungen - Änderung des ATC-Codes *- soweit nicht zustimmungspflichtig!* Risikoangaben in Informationstexten - Warnhinweise/Vorsichtsmaßnahmen - Hinweise bei Überdosierung, unterlassener Einnahme oder Absetzen - Schwangerschaft und Stillzeit - Nebenwirkungen (soweit es sich nicht Einschränkungen der Nebenwirkungen handelt) - Gegenanzeigen, soweit diese nicht eingeschränkt werden - Wechselwirkungen, soweit diese nicht eingeschränkt werden - Angaben zur Resistenzsituation Betroffene Informationstexte (ergänzende Angaben) - GI/FI gem. §§ 11,11a AMG - Äußere Umhüllung u Behältnis gem. § 10 AMG	- Ergebnisse von Bewertungen der Packungsbeilage gem. § 22 Abs. 7 AMG - nicht-zustpfl Änderung der äußeren Umhüllung gem. § 10, 11, 11a AMG Anlass der Änderung (ergänzende Angaben) - Anpassung an Muster-GI/FI - Auflagenerfüllung - nationale Anpassung nach MRP mit D als RMS - Anpassung an Referral - Anpassung an die Besonderheitenliste - Änderung zur Vorbereitung eines MRP mit D als RMS Haltbarkeit betreffend (12 Änderungsmöglichkeiten vorgesehen) Zusammensetzung/Darreichungsform/Anwendung betreffend - sonstige Bestandteile nach Art und Menge - Wirkstoffe - Bezugsmenge - Farb- und Geschmacksstoffänderung - Gewichtsänderung von Kapselhüllen oder Überzugsicht von Tabletten - Kurzbezeichnung der Art der Anwendung - Bezeichnung der Darreichungsform - Deklaration - Hilfsstoffänderung – tierischer auf pflanzlichen Ursprung	- Wirkstoffbezeichnung (§§ 10-11a AMG) – Anhang 1 Nr. 3 EG-VO 1084/2003) - Adjuvantien Packungsgröße/Behältnis - gemäß Anhang 1 Nr. 26, 27,29,36, 43 und 45 EG-VO 1084/2003 Herstellung/Analytik/Kontrollmethoden/Spezifikationen (sehr umfangreicher Katalog) Dokumentation - Unterlagen betreffend § 22 Abs. 2 Nr. 1, 2, 3, § 24, DMF, BV, § 24a, § 25b AMG - Unterlagen über die Bewertung möglicher Umweltrisiken) Pharmakovigilanz - Informationen incl Verboten und Beschränkungen mit Einfluss der Nutzen/Risiko-Bewertung - Pharmakovigilanz-/Risikomanagement-System - Nachweis über qualifizierte Person gem. § 63a AMG Parallelimport - Veränderung bei den PI-Ländern; - Anpassung an die GI/FI der Bezugszulassung, - Veränderung der Bezeichnung/der Zulassungsnummer im Importland

---

22 Kloesel/Cyran, Arzneimittelrecht, § 29 AMG Erl. 3.
23 Die Strukturnummern werden in Abständen aktualisiert. Bei Einreichung der Änderungsanzeigen sollte sichergestellt sein, dass jeweils eine aktuelle Übersicht zur Verfügung steht. Diese ist auf der Homepage des BfArM veröffentlicht.

14 Bei Änderungen des Zulassungsinhabers sollte derjenige die Meldepflicht ausüben, der die Zulassung überträgt, sie also bisher innehatte, sofern nicht vertraglich sichergestellt wird, dass der Übernehmende der Meldepflicht nachkommt.[24] Bei Änderungen der Bezeichnung ist zu beachten, dass diese zwar nicht zustimmungspflichtig sind, jedoch von der Bundesoberbehörde dennoch gerügt werden können (siehe dazu sogleich Rn 19 ff). In der Praxis ist dies verwirrend, da die Behörde zwar die Änderungsanzeige zur Kenntnis nimmt, sich der Antragsteller/Zulassungsinhaber gleichwohl – jedenfalls bis zur Veröffentlichung im Bundesanzeiger – nicht darauf verlassen kann, dass die Änderung der Bezeichnung akzeptiert wird.

15 Vielfach besteht – im Wege der einfachen Änderungsanzeige – die Möglichkeit der Übernahme von Mustertexten, die von den Bundesoberbehörden bereitgestellt werden. Dann ist es möglich, dass ein in der konkreten Zulassung enthaltenes Anwendungsgebiet bei Übernahme des Mustertextes entfällt (streitig ist, ob darin zugleich ein materieller Verzicht auf das ursprüngliche Anwendungsgebiet liegen mag). Gibt es im Zulassungsbescheid Hinweise, die über den Mustertext hinausgehen, müssen sie bei Übernahme des Mustertextes erhalten bleiben. Auch bleiben Abweichungen von den Mustertexten möglich, sie müssen aber in derselben Änderungsanzeige mitgeteilt und begründet werden.

16 Die in der Aufstellung angeführte „Anpassung an Referral" als Anlass der Änderungsanzeige stellt keinen originären Änderungstatbestand dar, sondern weist lediglich auf den Grund der Anpassung hin. Materiellrechtlich müssen die Anpassungen bei rein nationalen Zulassungen weiterhin den jeweiligen Anforderungen des § 29 AMG genügen.

17 Bei Änderungen des Herstellungsverfahren besteht zwar grundsätzlich keine Zustimmungspflicht, abweichendes gilt aber bei pflanzlichen Arzneimittelzubereitungen. Diese sind „komplex zusammengesetzte Mehrstoffsysteme",[25] die neben den Hauptinhaltsstoffen wirksamkeitsmitbestimmende Stoffe, Leitsubstanzen und Begleitstoffe enthalten. Wirkstoff dieser Arzneimittel ist daher das Substanzgemisch als solches, das neben der Ausgangsdroge und ggf Auszugsmittel durch das Herstellungsverfahren bestimmt wird. Sind die wirksamkeitsbestimmenden Inhaltsstoffe zudem nicht oder nur unzureichend bestimmt, so kann eine Änderung zB des Extraktionsverfahrens zu einer Änderung des Wirkstoffs der Art nach führen und mithin zu einer gem. § 29 Abs. 3 Nr. 1 AMG neuzulassungspflichtigen Änderung.[26]

18 Als Auffangtatbestand sind solche Angaben nur anzeigepflichtig, die eine Risikominimierung zum Inhalt haben: wird auf ein „Mehr" an Risiko verzichtet – wie zB Anwendungsgebiete oder die Anwendung bei bestimmten Personenkreisen – oder werden Risikotatbestände neu benannt – wie zB die Aufnahme von Gegenanzeigen, Nebenwirkungen und Wechselwirkungen –, besteht kein näherer Prüfungsbedarf und die Anzeige allein reicht für die Umsetzung aus.[27]

III. Änderung der Bezeichnung gem. § 29 Abs. 2 AMG

19 Die Änderung der Bezeichnung des Arzneimittels stellt keinen per se zustimmungspflichtigen, sondern lediglich einen anzeigepflichtigen Tatbestand dar. Dennoch ist die Behörde angehalten, die Änderung materiellrechtlich zu prüfen,[28] denn die Bezeichnung des Arznei-

---

24 So im Erg. wohl Sander, Arzneimittelrecht, § 29 AMG Erl. 2.
25 OVG NRW, Beschl. v. 25.11.2008 – 13 A 3351/06.
26 OVG NRW, Beschl. v. 25.11.2008 – 13 A 3351/06 (st Rspr); OVG Berlin, Urt. v. 31.10.2002 – 5 B 24.00 (st Rspr).
27 Sander, Arzneimittelrecht, § 29 AMG Erl. 2.
28 So ausdrücklich OVG NRW, Urt. v. 23.5.2007 – 13 A 3657/04.

mittels ist gem. § 22 Abs. 1 S. 1 Nr. 2 AMG wesentliches Element der Zulassung,[29] und gem. § 29 Abs. 2 S. 1 AMG ist der Zulassungsbescheid zu ändern. Damit dieser Vorgang im Einklang mit dem geltenden Recht steht, ist eine Prüfung der Vereinbarkeit der Bezeichnungsänderung insbesondere mit § 25 Abs. 3 und § 25 Abs. 2 S. 1 Nr. 7 iVm § 8 Abs. 1 Nr. 2 S. 1 AMG unerlässlich.[30]

Umstritten ist, ob der Zulassungsinhaber die Änderung des Zulassungsbescheides abwarten muss oder unmittelbar nach der Anzeige das umbenannte Produkt vermarkten darf, wie dies *Sander* als zulässig erachtet und wie es teilweise der beobachteten Praxis entspricht, die auf ein separates Ausfertigen des geänderten Zulassungsbescheides verzichtet.[31] Es wäre allerdings hilfreich, wenn die Zulassungsbescheide nach Bezeichnungsänderungen generell neu ausgefertigt werden würden. Da bei Bezeichnungsänderungen auch keine Fristen vorgesehen sind, besteht für den Zulassungsinhaber immer ein wirtschaftliches Risiko, wenn er sich nicht auf einen geänderten Zulassungsbescheid stützen kann und die Behörde später die Umbenennung rügt. Dieses Recht steht ihr wegen § 25 Abs. 2 S. 1 Nr. 7 iVm § 8 Abs. 1 Nr. 2 S. 1 AMG jedenfalls bei irreführenden Bezeichnungen unabhängig vom Zeitpunkt der Änderungsanzeige zu.

20

Sofern die Behörde keine Bedenken an der Umbenennung äußert, wird diese für eine Veröffentlichung im Bundesanzeiger vorgemerkt. Zugleich bleibt das Arzneimittel unter der alten Bezeichnung für den Zulassungsinhaber noch wenigstens ein Jahr verkehrsfähig (Fristbeginn jeweils 1. Januar oder 1. Juli nach Bekanntmachung der Änderung im Bundesanzeiger) und für den Groß- und Einzelhandel gem. § 29 Abs. 2 AMG sogar noch zwei Jahre (Fristbeginn wie vor).

21

IV. Zustimmungspflichtige in Abgrenzung zu neuzulassungspflichtigen Änderungen, § 29 Abs. 2 a, 3 AMG

1. Einführung

Zustimmungspflichtige Änderungsanzeigen sind eine Zwischenstufe zwischen rein anzeigebedürftigen Änderungen und solchen, die eine Neuzulassung erfordern. Nach dem Willen des Gesetzgebers sollte letzteres nur noch dann erforderlich sein, wenn die Zulassung wegen der Bedeutung der Änderung als Ganzes zur Disposition steht.[32] Eine neue Zulassung ist daher gem. § 25 Abs. 3 AMG bei gravierenden Änderungen des Arzneimittels zu beantragen, die eine erneute Prüfung vor allem des Nutzen-Risiko-Verhältnisses erfordern.

22

Die Zustimmung ist ein begünstigender Verwaltungsakt, der auf den durch die Änderungsanzeige implizierten Antrag auf Änderung der Zulassung ergeht.[33] Gegen die Versagung der Zustimmung kann der pharmazeutische Unternehmer Widerspruch erheben. Prüfungsmaßstab für die Erteilung der Zustimmung ist § 25 Abs. 2 AMG. Danach darf sie nur versagt werden, sofern einer der dort aufgeführten Versagungsgründe vorliegt. In erster Linie in Betracht kommen eine unzureichende Prüfung (Nr. 2), eine mangelnde therapeutische Wirksamkeit (Nr. 4) sowie ein begründeter Verdacht der Bedenklichkeit (Nr. 5).[34] Die vom pharmazeutischen Unternehmer beabsichtigten Änderungen sind durch Vorlage von Unterlagen gem. § 22 Abs. 2 Nr. 2, 3 AMG oder anderem wissenschaftlichen Erkenntnismaterial gem.

23

---

29 BVerwG, Beschl. v. 27.3.2008 – 3 B 91/07.
30 OVG NRW, Urt. v. 23.5.2007 – 13 A 3657/04; ebenso: Kloesel/Cyran, Arzneimittelrecht, § 29 AMG Erl. 12; Rehmann, AMG, § 29 Rn 10.
31 Sander, Arzneimittelrecht, § 29 AMG Erl. 4.
32 4. AMG-Novelle, amtl. Begr. abgedruckt bei Kloesel/Cyran, Arzneimittelrecht, § 29 AMG; vgl auch VG Berlin, Beschl. v. 25.9.1998 – 14 A 205.94.
33 Kloesel/Cyran, Arzneimittelrecht, § 29 AMG Erl. 16.
34 Kloesel/Cyran, Arzneimittelrecht, § 29 AMG Erl. 16.

§ 22 Abs. 3 AMG zu belegen. Auch die Vorlage von Unterlagen zur Bewertung möglicher Umweltrisiken gem. § 22 Abs. 3c AMG kann im Einzelfall erforderlich sein.[35]

24 Die angezeigte Änderung darf gem. § 29 Abs. 2a S. 1 AMG erst vollzogen werden, wenn die Zustimmung seitens der Bundesoberbehörde erteilt ist bzw die Zustimmung gem. § 29 Abs. 2a S. 3 AMG bei Verstreichen von drei Monaten fingiert wird. Sofern die Bundesoberbehörde der Änderung nicht innerhalb von drei Monaten widerspricht, gilt die Zustimmung als erteilt. Ausschlaggebend ist die Absendung des Bescheides, nicht der Zugang beim pharmazeutischen Unternehmer.[36] Die Dreimonatsfrist beginnt bei Einreichung einer papiergestützten Änderungsanzeige mit dem Zugang des Schreibens in der Behörde; dies gilt selbst dann, wenn zusätzlich Texte auf elektronischem Weg eingereicht werden und diese früher in der Behörde eingehen. Sollte künftig auch die ausschließlich elektronische Einreichung möglich sein, wird deren Eingangsdatum maßgeblich sein (siehe Rn 8). Die Zustimmungsfrist endet drei Monate später, also gem. § 188 Abs. 2 BGB mit dem Ablauf des Tages, der dieselbe Zahl trägt wie der Tag des Eingangs bei der Behörde, § 187 Abs. 1 BGB. Die Sonn- und Feiertagsregel des § 193 BGB ist beim Ablauf der Frist ggf als fristverlängernd zu berücksichtigen.

Beispiel: Eingang des maßgeblichen Antrags am 2.1., dann regulärer Fristablauf am 2.4.; sofern dies ein Samstag oder Sonntag ist, endigt die Frist am nächsten Montag, bei einem Feiertag entsprechend am nächsten Werktag.

2. Änderung von Dosierung, Anwendung, Anwendungsgebieten, Gegenanzeigen, Nebenwirkungen, Wechselwirkungen

25 Die in § 29 Abs. 2a S. 1 Nr. 1 AMG zusammengefassten anzuzeigenden Änderungen beziehen sich zunächst nur auf die Informationstexte gem. §§ 10, 11 und 11a AMG. Dahinter verbergen sich jedoch vom Gesetzgeber als immer wenigstens überprüfungswürdig eingestufte Abweichungen von den bisherigen Anwendungsmodalitäten und -risiken des Arzneimittels. Dies betrifft zunächst die Dosierung und die Art oder Dauer der Anwendung, Veränderungen in der Indikation – soweit sie nicht grundlegender Natur sind – sowie eine Reduzierung des Gefahrenpotenzials, wenn Gegenanzeigen, Nebenwirkungen oder Wechselwirkungen eingeschränkt werden. Als grundlegende Veränderungen bei der Indikation (Anwendungsgebiete) werden die Hinzufügung einer neuen Indikation oder die Veränderung einer Indikation hin zu einem neuen Therapiegebiet gewertet, daher sieht § 29 Abs. 3 S. 1 Nr. 3 AMG spiegelbildlich zu § 29 Abs. 2a S. 1 Nr. 1 AMG in diesem Falle eine Neuzulassungspflicht vor. In deren Rahmen wird eine erneute Nutzen-Risiko-Abwägung von der Zulassungsbehörde vorgenommen.

26 Mit der 15. AMG-Novelle ist die Einschränkung der Vorschrift auf apothekenpflichtige Arzneimittel aufgehoben worden.[37] Die Einbeziehung auch nicht apothekenpflichtiger Arzneimittel trägt dem Umstand Rechnung, dass die Möglichkeit sicherheitsrelevanter Änderungen unabhängig von der Apothekenpflicht eines Arzneimittels besteht. Nunmehr sind somit die oben genannten Änderungen in Kennzeichnung, Gebrauchs- und Fachinformation

---

[35] In Betracht kommt hier die Zufügung einer oder die Veränderung in eine Indikation in demselben Therapiegebiet gem. § 29 Abs. 2a Nr. 1 AMG oder Änderungen gem. § 29 Abs. 2a Nr. 6 AMG bzgl. der Wartezeit, s. auch AMGKostV, Gebühren-Nr. 8.6.1. Die Notwendigkeit der Vorlage von Umweltrisikounterlagen ist im Einzelfall zu prüfen. Da im erstgenannten Fall der Patientenkreis im Wesentlichen derselbe bleibt, so dass kein erhöhter Eintrag in die Umwelt zu erwarten ist, wird die Vorlage einer Umweltverträglichkeitsprüfung regelmäßig nicht erforderlich sein.

[36] Kloesel/Cyran, Arzneimittelrecht, § 29 AMG Erl. 17.

[37] BT-Drucks. 16/12256, 49. In der Begr. des Vierten Gesetzes zur Änderung des Arzneimittelgesetzes v. 11.4.1990 (BGBl. I, 717) war die Einschränkung auf apothekenpflichtige Arzneimittel mit der Konzentration der Zulassungsbehörde auf die für die Arzneimittelsicherheit relevanten Fälle begründet worden, abgedruckt bei Kloesel/Cyran, Arzneimittelrecht, § 29 AMG.

auch bei nicht apothekenpflichtigen Arzneimitteln anzuzeigen. Der Gesetzgeber hat damit die Kontrolle der Zulassungsbehörde erweitert.

a) Dosierung, Art oder Dauer der Anwendung

Die Dosierung eines Arzneimittels bestimmt die Einnahmemenge und -häufigkeit eines Arzneimittels, getrennt nach Einzel- und Tagesdosen. Die grundsätzlich empfohlene Standarddosis bezieht sich auf einen (zumeist männlichen) Erwachsenen mit ca. 70 kg Körpergewicht. Bestehen Unterschiede bei den empfohlenen Dosen nach Alter, Geschlecht, Anwendungsgebiet, Begleiterkrankungen etc., ist die Dosierungsanleitung entsprechend zu gliedern.[38] Die Art der Anwendung beschreibt die Einnahme des Arzneimittels, zB zu den Mahlzeiten oder unzerkaut. Bei der Dauer der Behandlung werden die Regeltherapiedauer, die maximale Therapiedauer sowie Behandlungspausen festgelegt (vgl § 6 Rn 93 f). **27**

b) Anwendungsgebiete

Die Anwendungsgebiete eines Arzneimittels sind diejenigen Krankheiten, Leiden, Körperschäden oder krankhaften Beschwerden, zur deren Beseitigung, Linderung, Verhütung oder Erkennung das Arzneimittel dient (vgl § 6 Rn 85).[39] Sie umschreiben die Zweckbestimmung des Arzneimittels bzw den Nutzen des Arzneimittels für den Patienten und grenzen den Patientenkreis ab.[40] Die Anwendungsgebiete sind insb. wichtig für den haftungsrechtlich relevanten bestimmungsgemäßen Gebrauch (vgl § 27 Rn 41) des Arzneimittels.[41] Aus Gründen der Arzneimittelsicherheit führt die Zufügung einer oder Veränderung in eine Indikation, die einem anderen Therapiegebiet zuzuordnen ist, zur Neuzulassungspflicht, § 29 Abs. 3 S. 1 Nr. 3 AMG. Wird somit ein neuer, zusätzlicher therapeutischer Nutzen des Arzneimittels beansprucht, der den Patientenkreis erweitert, liegt eine neuzulassungspflichtige Erweiterung des Anwendungsgebietes vor. Sind hingegen die gewählten Indikationsangaben mit den bisherigen Indikationsangaben nahe verwandt und dient das Arzneimittel im Wesentlichen der Behandlung der gleichen Grunderkrankung, so dass gewissermaßen der gleiche Patient behandelt wird, liegt nur eine zustimmungspflichtige **Änderungsanzeige** vor.[42] Zur Beurteilung dieser Einordnung orientiert sich das BfArM auf der Grundlage einer älteren Bekanntmachung[43] am ATC-Code: „Das BGA wird bei der Prüfung des Anwendungsbereiches von der Einstufung der fiktiv zugelassenen Indikationen auf der Basis des ATC-Codes (Anatomisch-Therapeutisch-Chemische Klassifizierung) ausgehen. Dieser unterscheidet fünf Ordnungsebenen. Bei Arzneimitteln mit chemisch definierten Stoffen und Phytopharmaka wird in der Regel die 3. Ebene, also die therapeutische Untergruppe, als Anwendungsbereich anzusehen sein, sofern sich nicht (…) auf der 4. Ebene eine weitere therapeutische, also indikationsbezogene Angabe findet." Die Rechtsprechung hat sich dieser Auffassung nicht explizit angeschlossen.[44] Die Änderung der Anwendungsgebiete von einem Vorbeugemittel zu einem Arzneimittel mit krankheitswertiger Indikation ist eine **28**

---

38 Kloesel/Cyran, Arzneimittelrecht, § 11 AMG Erl. 43.
39 Kloesel/Cyran, Arzneimittelrecht, § 22 AMG Erl. 35.
40 VG Köln, Urt. v. 17.2.2009 – 7 K 589/06. Vorliegend ging es um die unzulässige Änderung der Anwendungsgebiete eines Magnesiumpräparates durch Hinzufügung von Herzerkrankungen als Anwendungsgebiet neben dem ursprünglichen Anwendungsgebiet Magnesiummangel.
41 Deutsch/Lippert/*Deutsch*, AMG, § 11 Rn 5.
42 OVG NRW, Beschl. v. 3.4.2009 – 13 A 3057/07; OVG NRW, Beschl. v. 2.12.2008 – 13 A 4726/06; OVG NRW, Beschl. v. 20.11.2008 – 13 A 3567/06; OVG NRW, Beschl. v. 20.6.2007 – 13 A 744/06; OVG Berlin, Urt. v. 20.9.2001 – 5 B 15.99.
43 Vgl die 6. Bek. des BGA über die Verlängerung der Zulassung nach Art. 3 § 7 des Gesetzes zur Neuordnung des Arzneimittelgesetzes v. 23.10.1990.
44 Siehe dazu ausführlich Brixius/Schneider, Nachzulassung und AMG-Einreichungsverordnung, 2004, S. 36.

neuzulassungsbedürftige Änderung.⁴⁵ Ebenso ist bei einer Erweiterung der Anwendungsgebiete eines Arzneimittels für Herzerkrankungen auf homöopathische Arzneibilder eine Neuzulassung erforderlich.⁴⁶

c) Gegenanzeigen

29 Gegenanzeigen sind Umstände, unter denen das Arzneimittel aus Gründen der Sicherheit nicht angewendet werden darf, zB für bestimmte Altersklassen, einzelne oder sämtliche Schwangerschaftsstadien, besondere Stadien und Verlaufsformen einer prinzipiell mit dem Mittel behandelbaren Krankheit, bestimmte Begleiterkrankungen oder gleichzeitig bestehende Funktionsstörungen, gleichzeitige Anwendung anderer Arzneimittel oder sonstiger Heilmaßnahmen.⁴⁷ Die Gegenanzeigen bezeichnen zusammen mit den Anwendungsgebieten und sonstigen personenbezogenen Einschränkungen den Personenkreis, der das Arzneimittel anwenden kann (vgl § 6 Rn 86 f).

30 Nur eine Einschränkung der Gegenanzeigen ist zustimmungspflichtig, weil das Arzneimittel durch diese Änderung für einen größeren Personenkreis Anwendung finden kann. Die Zustimmungspflicht erfolgt hier aus Gründen der Arzneimittelsicherheit. Dagegen ist die Ausweitung von Gegenanzeigen mit einfacher Änderungsanzeige möglich, da damit eine Einschränkung des Patientenkollektivs einhergeht und das Risiko sinkt.

d) Nebenwirkungen

31 Nebenwirkungen sind in § 4 Abs. 13 S. 1 AMG definiert als die beim bestimmungsgemäßen Gebrauch eines Arzneimittels auftretenden schädlichen unbeabsichtigten Reaktionen (vgl § 6 Rn 88 f). Schädliche Reaktionen sind Beeinträchtigungen des Gesundheitszustandes, die aufgrund ernst zu nehmender Hinweise, insbesondere aufgrund ihrer Art und des zeitlichen Zusammenhangs, mit der Anwendung des Arzneimittels in Verbindung gebracht werden. Unbeabsichtigt ist eine Reaktion, wenn sie nicht zu den Wirkungen gehört, die den therapeutischen Erfolg herbeiführen sollen.⁴⁸ Die Unterfälle „schwerwiegende Nebenwirkungen" und „unerwartete Nebenwirkungen" sind in § 4 Abs. 13 S. 2, 3 AMG definiert. Nebenwirkungen sind auch die als Folge von Wechselwirkungen auftretenden Nebenwirkungen (siehe § 4 Abs. 13 S. 4 AMG). Auch bei Nebenwirkungen ist lediglich die Einschränkung der Angaben zustimmungspflichtig.

e) Wechselwirkungen

32 Wechselwirkungen sind Wirkungen mit anderen Arzneimitteln oder Mitteln (zB Alkohol, Milchprodukte etc.), die die Wirkung des Arzneimittels beeinflussen können (vgl § 6 Rn 90 ff). Wechselwirkungen können die Wirkungen des Arzneimittels stärken, schwächen oder ganz aufheben. Unterschieden wird zwischen pharmakodynamischen Wechselwirkungen, also solchen am Ort, und pharmakokinetischen Wechselwirkungen, die bei Resorption, Biotransformation oder der Ausscheidung auftreten.⁴⁹ Wie auch bei Gegenanzeigen und Nebenwirkungen ist nur die Einschränkung der Angaben eine zustimmungspflichtige Änderungsanzeige.

---

45 OVG NRW, Urt. v. 20.11.2008 – 13 A 3567/06.
46 OVG NRW, Beschl. v. 3.4.2009 – 13 A 3057/07.
47 Kloesel/Cyran, Arzneimittelrecht, § 22 AMG Erl. 38.
48 Kloesel/Cyran, Arzneimittelrecht, § 4 AMG Erl. 47.
49 Kloesel/Cyran, Arzneimittelrecht, § 11 AMG Erl. 35.

3. Änderung wirksamer Bestandteile

Eine Änderung der wirksamen Bestandteile, ausgenommen der arzneilich wirksamen Bestandteile, ist gem. § 29 Abs. 2 a Nr. 2 AMG lediglich zustimmungspflichtig. Hingegen ist bei einer Änderung der Zusammensetzung der Wirkstoffe nach Art und Menge die Zulassung gem. § 29 Abs. 3 S. 1 Nr. 1 AMG neu zu beantragen. **33**

Nach der Legaldefinition in § 4 Abs. 19 AMG sind Wirkstoffe Stoffe, die dazu bestimmt sind, bei der Herstellung von Arzneimitteln als arzneilich wirksame Bestandteile verwendet zu werden oder bei ihrer Verwendung in der Arzneimittelherstellung zu arzneilich wirksamen Bestandteilen der Arzneimittel zu werden. Arzneilich wirksame Bestandteile sind dadurch gekennzeichnet, dass sie an der bestimmungsgemäßen pharmakologischen, immunologischen oder metabolischen Hauptwirkung des Produkts allein oder zusammen mit anderen arzneilich wirksamen Bestandteilen beteiligt sind, indem sie diese Wirkungen unmittelbar oder jedenfalls mittelbar durch eine Beeinflussung der pharmakologischen Eigenschaften eines anderen Stoffes hervorrufen, es sei denn, es handelt sich lediglich um eine pharmakokinetische oder pharmakodynamische Beeinflussung.[50] Auch das Substanzgemisch als solches kann Wirkstoff eines Arzneimittels sein (vgl Rn 17).[51] Entscheidend für die Abgrenzung, ob es sich lediglich um eine zustimmungspflichtige Änderungsanzeige oder um eine Änderung handelt, die eine Neuzulassung nach sich zieht, ist somit die arzneiliche Wirksamkeit. Wird ein Stoff aufgrund neuer wissenschaftlicher Erkenntnisse zu einem arzneilich wirksamen Bestandteil, bleibt aber die Zusammensetzung des Arzneimittels gleich, unterfällt dies nicht der Neuzulassungspflicht gem. § 29 Abs. 3 S. 1 AMG, da es an einer Änderung der Zusammensetzung fehlt. Auch führt die bloße Verbesserung der arzneilichen Wirksamkeit nicht dazu, dass ein anderer Wirkstoff vorliegt als der, für den die Zulassung erteilt worden ist.[52] Ein Konservierungsstoff ist kein arzneilich wirksamer Bestandteil.[53]

Eine Ausdehnung des § 29 Abs. 3 S. 1 AMG auf Hilfsstoffe widerspricht dem Charakter der Ausnahmevorschrift mit seiner abschließenden Aufzählung und ist abzulehnen. Sicherlich kann auch die Änderung der Zusammensetzung der Hilfsstoffe nach Art und Menge von hoher Relevanz für das jeweilige Arzneimittel sein, zB durch Interaktion mit den arzneilich wirksamen Bestandteilen, jedoch wird dieser Bedeutung bereits über § 29 Abs. 2 a AMG Rechnung getragen.[54] **34**

Wird die Neuzulassungspflicht festgestellt, ist ein entsprechender Zulassungsantrag zu stellen. Soll das neue Arzneimittel neben dem alten (nicht geänderten) Arzneimittel am Markt geführt werden, ist wegen § 25 Abs. 3 AMG auch der Name anders zu wählen. Sofern der Zulassungsinhaber auf die alte Zulassung verzichtet und sichergestellt ist, dass das Arzneimittel unter der alten Wirkstoffzusammensetzung nicht mehr im Verkehr ist, kann der alte Name weiter verwandt werden. Diese Konstellation kommt insbesondere in Betracht bei zugelassenen, aber nicht im Verkehr befindlichen Arzneimitteln. Bei in Verkehr befindlichen Arzneimitteln wird es regelmäßig schwierig sein sicherzustellen, dass diese nicht mehr in den einzelnen Handelsstufen erhältlich sind. **35**

---

[50] VG Köln, Urt. v. 16.5.2008 – 18 K 1917/06.
[51] OVG NRW, Urt. v. 25.11.2008 – 13 A 3351/06. Das Gericht urteilte, dass der Austausch des verwendeten Rosskastaniensamenextrakts bei einem pflanzlichen Arzneimittel eine Änderung des arzneilich wirksamen Bestandteils der Art nach darstellt und damit die Neuzulassungspflicht gem. § 29 Abs. 3 S. 1 AMG nach sich zieht.
[52] BGH PharmR 2009, 134, 136.
[53] VG Köln, Urt. v. 7.12.2007 – 18 K 4532/05.
[54] Im Erg. so auch Rehmann, AMG, § 29 Rn 13; aA Arbeitspapier des Bundesgesundheitsamtes zur Handhabung von Hilfsstoffen als wirksame Bestandteile, vgl Kloesel/Cyran, Arzneimittelrecht, § 29 AMG Erl. 22.

4. Änderung der Darreichungsform

36 Die jeweilige Darreichungsform eines Arzneimittels wird durch die Zulassungsunterlagen bezeichnet.[55] Konkret versteht man darunter die galenische Form, in der ein Wirkstoff einer Person zugeführt wird.[56] Wird die Darreichungsform nunmehr abgewandelt, ist – abhängig vom Grad der Änderung – ein verändertes Freisetzungsverhalten des Wirkstoffes möglich; damit sind zugleich Fragen nach gleichbleibender Wirksamkeit und Qualität sowie der Arzneimittelsicherheit aufgeworfen. Da es dazu aber keine generellen Festlegungen geben kann, müssen diese durch die zuständige Behörde inhaltlich beurteilt und also die vorzulegenden Unterlagen geprüft werden. Dabei ist das Unterscheidungskriterium die Vergleichbarkeit der angezeigten neuen Darreichungsform mit der bisherigen, bereits zugelassenen. Ist diese gegeben, muss die zuständige Behörde zustimmen, ansonsten ist die Änderung als Fall des § 29 Abs. 3 Nr. 2 AMG für das zugelassene Arzneimittel nicht statthaft und muss im Rahmen der dann erforderlichen Neuzulassung gesondert geprüft werden.

37 Regulatorische Hinweise für die Vergleichbarkeit von Darreichungsformen gaben insbesondere im Kontext der Nachzulassung verschiedene Bekanntmachungen des Bundesgesundheitsamtes.[57] Hinzu kommen mittlerweile auch europäische Erläuterungen.[58] Die thematisch ebenfalls einschlägige „Guideline on the categorisation of Extension Applications (EA) versus Variations Applications (V)" (Stand Oktober 2003)[59] trifft zwar Aussagen zu Darreichungsformen, die jedoch für das nationale Änderungsverfahren als regulatorische Grundlage nicht herangezogen werden können, da sich die Guideline selbst nur Geltung im Rahmen des gegenseitigen Anerkennungsverfahrens bzw des zentralen Verfahrens zuschreibt.[60] Daher ist sie im nationalen Verfahren nicht zu verwenden, da das dahinterstehende (europäische) regulatorische System sich von dem deutschen grundlegend unterscheidet.[61] Insbesondere kennt das europäische System – wie schon früher das nationale[62] – keine Differenzierung zwischen wesentlichen und unwesentlichen Änderungen, sofern die Darreichungsform („pharmaceutical form") betroffen ist. Solchen Abweichungen zwischen europäischem und deutschen Recht will die EU durch vollständige Harmonisierung des Systems der Änderungsanzeigen begegnen (vgl Rn 2 und 52 ff). Soweit man allerdings anerkennt, dass die Guideline keine eigene Rechtsgrundlage darstellt und insofern also auch keine Maßstäbe zu Fragen der „Vergleichbarkeit von Darreichungsformen" setzen kann, dürfte sie grundsätzlich als „Stand der wissenschaftlichen Erkenntnisse" ergänzend herangezogen werden, wenn dadurch nationale Regelungskonzepte nicht übergangen werden.

38 Für die Vergleichbarkeit ist eine individuelle Prüfung der angezeigten Änderung unerlässlich. Zwar gibt es nach den bereits genannten Bekanntmachungen Anhaltspunkte für grundsätz-

---

55 Kloesel/Cyran, Arzneimittelrecht, § 10 AMG Erl. 23; vgl auch § 6 Rn 83.
56 Kloesel/Cyran, Arzneimittelrecht, § 10 AMG Erl. 23.
57 Vollzug des 3. Gesetzes zur Änderung des AMG, Bek. des BGA v. 20.7.1998 (BAnz S. 3267); auf diese nahm die amtl. Begr. zum Entwurf des 4. AMG-ÄndG ausdrücklich Bezug. Sie wurde später durch die 6. Bek. des BGA über die Verlängerung der Zulassung nach Art. 3 § 7 AMNG v. 23.10.1990 (BAnz S. 5827) hinsichtlich Fragen der Nachzulassung präzisiert. Ziff. 4 der Bek. v. 20.7.1998 wurde ersetzt durch die Bek. über die Zulassung nach § 21 AMG (Bioverfügbarkeit/Bioäquivalenz) v. 18.12.2002 (BAnz 2003 S. 5296), alle abgedruckt bei Kloesel/Cyran, Arzneimittelrecht.
58 „Note for Guidance on the Investigation of Bioavailibility and Bioequivalence", CPMP/EWP/QWP/140/98, 26.7.2001; Europäische Standardterms (Liste der europäischen Arzneibuch-Kommission „Standard Terms/Pharmaceutical Dosage Forms, Routes of Administration, Containers", in: Pharmeuropa).
59 Fundstelle: EudraLex – Volume 2 – Pharmaceutical Legislation – Notice to applicants and regulatory guidelines medicinal products for human use (Volume 2C – Regulatory Guidelines), http://ec.europa.eu/enterprise/pharmaceuticals/eudralex/vol2_en.htm; die Guideline wird auch unter dem neuen EU-Recht basierend auf der VO (EG) Nr. 1234/2008 Geltung behalten.
60 VG Köln, Urt. v. 14.6.2007 – 13 K 4808/05, Rn 36 nach juris.
61 VG Köln, Urt. v. 14.6.2007 – 13 K 4808/05, Rn 40 nach juris.
62 Bis zum 4. AMG-Änderungsgesetz.

lich vergleichbare Darreichungsformen wie zB „alle oralen retardierten",[63] jedoch sind stets auch Überlegungen zur Freisetzung, Bioverfügbarkeit und Verfügbarkeit am Erfolgsorgan anzustellen. In Anlehnung an die 6. Bek. des BGA ist damit von einer Vergleichbarkeit der Darreichungsformen bei identischem Aggregatzustand, Anwendungsart und Anwendungsort auszugehen, wenn zudem eine in etwa gleiche Freisetzung und Bioverfügbarkeit der arzneilich wirksamen Bestandteile gewährleistet sind.[64] Die Beibringungslast liegt insofern beim Antragsteller.[65]

Ein weiterer Maßstab für die Vergleichbarkeit ist die Intention des Gesetzgebers zur 4. AMG-Novelle, der darauf abstellte, dass bei gegebener Vergleichbarkeit nicht mehr alle Aspekte der Zulassung neu geprüft werden müssten.[66] Die sachlichen Unterschiede müssen damit also von solchem Gewicht sein, dass die Zulassung als solche in Frage steht.[67] Aus der Rechtsprechung sind auf dieser Grundlage als vergleichbar anerkannt worden Brausetablette und Filmtabletten,[68] nicht aber Veränderungen wie Gel zu Salbe, sofern damit auch eine Veränderung im Anwendungsort einhergeht (von Nasenschleimhaut zur Brust),[69] Zäpfchen zu Tablette[70] und Teeaufguss zu Hartkapseln.[71]

5. Änderung der Packungsgröße

Unter der Packungsgröße versteht man die in einer Packung jeweils enthaltene Menge der Darreichungsform nach Gewicht, Rauminhalt oder Stückzahl.[72] Für die Zustimmung zur Änderung von Packungsgrößen gilt zunächst das Leitbild des § 28 Abs. 2 Nr. 4 AMG, wonach diese dem Anwendungsgebiet und der Dauer der Anwendung angemessen sein muss.

Eine Änderung der Packungsgröße bezeichnet nur ein „Mehr" oder „Weniger" des einzelnen Arzneimittels,[73] nicht aber eine Veränderung des Verhältnisses von Wirkstoff pro Bezugsmenge. Gelegentlich kann mit der Änderung einer Packungsgröße auch eine Änderung des Wirkstoffes der Menge nach einhergehen. In der Praxis kommt dies insbesondere bei der Umstellung von Mehrdosen- auf Eindosenbehältnisse wie Injektionslösungen und Augentropfen vor.

Durch die Anpassung kann unter Umständen gem. § 29 Abs. 3 Nr. 1 AMG eine Neuzulassungspflicht eintreten, wenn sich die Menge eines arzneilich wirksamen Bestandteils ändert. Dabei ist zu beachten, dass sich die Stärkedefinitionen von Mehrdosen-Zubereitungen und Einzeldosen-Zubereitungen zur Teilentnahme von Einzeldosen-Zubereitungen zur Gesamtapplikation unterscheiden: Erstere haben eine identische Stärkedefinition, nämlich die Konzentration, unabhängig vom Volumen des Behältnisses. Letztere habe eine Stärkedefinition nach Wirkstoffmenge pro Behältnis, unabhängig von der Konzentration. Damit wird die Dosierungseinheit entscheidend für den Stärkebegriff: Wird nach Volumen dosiert, entscheidet die Konzentration über die Stärke. Wird nach Stückzahl (der Behältnisse) dosiert,

---

63 Sander, Arzneimittelrecht, § 29 AMG Erl. 5 unter Hinweis auf die Bekanntmachung des BGA v. 20.7.1988.
64 Kloesel/Cyran, Arzneimittelrecht, § 29 AMG Erl. 15.
65 Kloesel/Cyran, Arzneimittelrecht, § 29 AMG Erl. 15.
66 Amtl. Begr. zum 4. AMG-Änderung, abgedruckt zB bei Sander, Arzneimittelrecht, § 29 AMG.
67 So zu Recht VG Berlin, Beschl. v. 25.9.1998 – 14 A 205.94, Rn 14 nach juris.
68 VG Berlin, Beschl. v. 25.9.1998 – 14 A 205.94, Rn 4 nach juris.
69 VG Köln, Urt. v. 5.7.2005 – 7 K 3870/01, Rn 45 ff nach juris.
70 OVG Berlin, Urt. v. 7.4.2005 – 5 B 8.03.
71 VG Köln, Urt. v. 7.6.2006 – 24 K 630/03, Rn 44 nach juris.
72 Kloesel/Cyran, Arzneimittelrecht, § 22 AMG Erl. 49; vgl dazu auch oben § 6 Rn 98 ff.
73 Sander, Arzneimittelrecht, § 29 AMG Erl. 5 e; OVG NRW, Urt. v. 13.6.2006 – 13 A 1532/04; OVG Berlin, Urt. v. 12.5.2004 – 5 B 8.01.

§ 11 Änderungen von Arzneimitteln nach der Zulassung, Mitteilungspflichten

z.B. ein bis zwei Ampullen, ist die Wirkstoffmenge im Behältnis für die Stärke entscheidend. Daher entsteht eine Neuzulassungspflicht wegen Änderung der Wirkstoffmenge, wenn dem Patienten bei gleicher Anwendung bzw. Dosierung (per Volumen oder Ampullenzahl) des Arzneimittels nach der Änderung eine andere Wirkstoffmenge zugefügt wird.[74] Zu diesen Fragestellungen bietet die o.g. Guideline weiterführende Hinweise.[75]

41 Entschieden ist mittlerweile die Frage, ob das Unterlassen des Vertriebs (**Nichtvertrieb**) von zugelassenen Packungsgrößen anzeigepflichtig ist; dem hat das OVG NRW widersprochen und festgestellt, dass dies nicht der Fall ist.[76] Das OVG verwies das BfArM stattdessen auf die Auflagenbefugnis gem. § 28 Abs. 2 Nr. 4 AMG, durch die sichergestellt werden kann, dass sämtliche therapienotwendigen Packungsgrößen im Verkehr sind.[77]

C. Mitteilungspflichten

42 Neben den bereits aufgezeigten Anzeigepflichten obliegen dem Zulassungsinhaber seit 2005 in Umsetzung europarechtlicher Vorschriften[78] weitere Anzeige- bzw Mitteilungspflichten, deren Erfüllung der zuständigen Bundesoberbehörde die Überwachung von Nutzen und Risiko erleichtern soll (§ 29 Abs. 1 a AMG). Sie umfassen den Termin des Inverkehrbringens und den konkreten Umfang der Vermarktung des Arzneimittels im Hinblick auf Stärke und Darreichungsform (§ 29 Abs. 1 b AMG), ein vorgesehenes vorübergehendes oder dauerhaftes Einstellen des Inverkehrbringens (§ 29 Abs. 1 c AMG) und, sofern von der Behörde angefordert, auch Daten über die Absatzmenge und Verschreibungsvolumen (§ 29 Abs. 1 d AMG).

I. Pharmakovigilanzmitteilungen, § 29 Abs. 1 a AMG

43 § 29 Abs. 1 a S. 1 AMG normiert neben der allgemeinen Anzeigepflicht gem. Abs. 1 und den Pharmakovigilanzanzeigepflichten in § 63 b AMG weitere eigenständige Mitteilungspflichten des Zulassungsinhabers gegenüber der Bundesoberbehörde zur Wahrung der Arzneimittelsicherheit. Der Zulassungsinhaber hat zum einen unverzüglich alle Verbote oder Beschränkungen durch die zuständigen Behörden jedes Landes, in dem das Arzneimittel in Verkehr gebracht wird, der zuständigen Bundesoberbehörde mitzuteilen. Diese Mitteilungspflicht dient der Schaffung eines aktuellen Kenntnisstandes der Bundesoberbehörde bzgl des Arzneimittelverkehrs in der Europäischen Union. Des Weiteren hat der Zulassungsinhaber alle anderen neuen Informationen mitzuteilen, die die Beurteilung des Nutzens oder der Risiken des betreffenden Arzneimittels beeinflussen könnten. Damit das Nutzen-Risiko-Verhältnis (vgl § 10 Rn 219 ff) kontinuierlich bewertet werden kann, verpflichtet § 29 Abs. 1 a S. 2 AMG den Zulassungsinhaber, auf Verlangen der Bundesoberbehörde alle Angaben und Unterlagen vorzulegen, die belegen, dass das Nutzen-Risiko-Verhältnis weiterhin günstig zu bewerten ist.[79] Die Nichteinhaltung der Informations- und Anzeigepflichten ist gem. § 97 Abs. 2 Nr. 7, 7 a, Abs. 3 AMG mit bis zu 25.000 € bußgeldbewehrt.

---

74 Vgl auch LG Köln, Urt. v. 19.12.1985 – 31 O 338/85.
75 „Guideline on the categorisation of Extension Applications (EA) versus Variations Applications (VA)" (Stand Oktober 2003); die Beispiele 11 und 12 der Guideline (Injektionslösung) zeigen den entscheidenden Unterschied des Stärkebegriffs.
76 OVG NRW, Urt. v. 13.6.2006 – 13 A 1532/04.
77 Zirkel, Der vorübergehende Nichtvertrieb einer Packungsgröße setzt keine zustimmungspflichtige Änderungsanzeige voraus, PharmR 2006, 407 f.
78 RL 2004/27/EG des Europäischen Parlaments und des Rates v. 31.3.2004 zur Änderung der RL 2001/83/EG (ABl. EU Nr. L 136 v. 30.4.2004, S. 34–57), und RL 2004/28/EG des Europäischen Parlaments und des Rates v. 31.3.2004 zur Änderung der RL 2001/82/EG (ABl. EU Nr. L 136 v. 30.4.2004, S. 58-84).
79 § 29 Abs. 1 a AMG implementiert Art. 23 Abs. 4, 5 der geänderten RL 2001/83/EG in deutsches Recht.

§ 29 Abs. 1 a AMG gilt nicht für den Parallelimporteur, da dieser nicht Inhaber einer im dezentralen Verfahren erteilten Zulassung ist. Wie im Zulassungsverfahren ist hier auf die Unterlagen der Referenzzulassung und die Informationen des Inhabers der Zulassung zurückzugreifen.[80]

II. Verkehrsanzeigepflichten, § 29 Abs. 1 b, 1 c AMG

Mit der 14. AMG-Novelle wurden mit den § 29 Abs. 1 b, 1 c AMG die Anzeigepflichten für den Zulassungsinhaber um die Anzeige des Inverkehrbringens des Arzneimittels und die Anzeige der vorübergehenden oder dauerhaften Einstellung des Inverkehrbringens erweitert.[81] Die Anzeigepflichten gelten für jede zugelassene Darreichungsform und Wirkstärke.[82] Ebenso wie die neu eingefügte Anzeigepflicht in § 29 Abs. 1 a AMG dienen sie einer verstärkten Überwachung des Arzneimittelmarktes.

44

Die Anzeigepflichten gem. § 29 Abs. 1 b und 1 c AMG stehen im engen sachlichen Zusammenhang mit der Sunset-Clause-Regelung gem. § 31 Abs. 1 S. 1 Nr. 1 AMG, wonach die Zulassung erlischt, wenn das Arzneimittel nicht innerhalb von drei Jahren nach Erteilung der Zulassung in Verkehr gebracht wird oder wenn sich das zugelassene Arzneimittel, das nach der Zulassung in Verkehr gebracht wurde, in drei aufeinander folgenden Jahren nicht mehr im Verkehr befindet (vgl § 9 Rn 48).[83] Mit Anzeige der Einstellung des Inverkehrbringens gem. § 29 Abs. 1 c AMG beginnt die Sunset-Clause-Frist von dem Zeitpunkt an zu laufen, ab dem sich das Arzneimittel nicht mehr im Verkehr befindet. Hierzu ist vom Zulassungsinhaber mit der Anzeige gem. § 29 Abs. 1 c AMG das Ende der Haltbarkeit der zuletzt in den Verkehr gebrachten Charge anzugeben.[84] Mit der Sunset-Clause-Regelung ist die Geltung der Zulassung für ein Arzneimittel an dessen Gebrauch geknüpft.

45

Die Anzeige des Inverkehrbringen des Arzneimittels hat unverzüglich (siehe Rn 11), die Anzeige der Einstellung des Inverkehrbringens hat spätestens zwei Monate vorab zu erfolgen. Letzteres gilt nicht, sofern Umstände vorliegen, die der Inhaber der Zulassung nicht zu vertreten hat. Für Arzneimittel, die sich bei Inkrafttreten der 14. AMG-Novelle nicht im Verkehr befanden, war dies gem. § 141 Abs. 7 AMG ebenfalls anzuzeigen.

46

Inverkehrbringen ist gem. § 4 Abs. 17 AMG das Vorrätighalten zum Verkauf oder zu sonstiger Abgabe, das Feilhalten, das Feilbieten und die Abgabe an andere (vgl § 17 Rn 8 ff). Im Humanarzneimittelbereich ist im Regelfall der Zeitpunkt des Inverkehrbringens konkretisiert mit der Meldung in der Lauer-Taxe,[85] welche die Daten aller bei der Informationsstelle für Arzneispezialitäten[86] gemeldeten in Deutschland zugelassenen Fertigarzneimittel enthält. Die Meldung in der Lauer-Taxe als „außer Vertrieb" ist spiegelbildlich der Zeitpunkt der Einstellung des Inverkehrbringens. Keine vorübergehende Einstellung liegt in einer nur

47

---

80 BT-Drucks. 15/5728, 81.
81 § 29 Abs. 1 b, c AMG setzt die Vorgaben von Art. 23 a der geänderten RL 2001/83/EG in deutsches Recht um.
82 Die Einstellung einer Packungsgröße ist hingegen nicht entscheidend, s. auch Rn 41.
83 Siehe hierzu Sickmüller/Knauer/Sander, Die „Sunset Clause" im Arzneimittelgesetz, PharmR 2009, 60 ff.
84 Vgl FAQ Anzeigeverfahren „Sunset Clause" – Rechtliche Fragen, aaO, A.3.
85 Die Lauer-Taxe, auch ABDA-Artikelstamm oder Große Deutsche Spezialitätentaxe, enthält u.a. Artikelbezeichnung, Darreichungsform, Packungsgrößen, Pharmazentralnummer und Preise. Die Lauer-Taxe wird in 14-tägigem Abstand aktualisiert. Nähere Informationen zur Lauer-Taxe s. <www.lauer-taxe-online.de>.
86 Die Informationsstelle für Arzneispezialitäten (IFA GmbH) ist ein Informationsdienstleister für den Pharmamarkt, der die sog. Pharmazentralnummern vergibt, die zum Vertrieb in der Apotheke benötigt werden.

kurzfristig bestehenden Lieferunfähigkeit, da hier nach wie vor die Absicht besteht, das Arzneimittel in den Verkehr zu geben.[87]

48   Auch beim Export[88] von Arzneimitteln können nach Auffassung des BfArM die Voraussetzungen für das Inverkehrbringen eines Arzneimittels erfüllt sein. Voraussetzung hierfür ist, dass die Endfreigabe des zugelassenen Arzneimittels im Geltungsbereich des AMG erfolgt und lediglich eine Anpassung der Aufmachung sowie der informativen Texte hinsichtlich der Sprache erfolgt.[89] Der Export von lediglich verblisterten Tabletten ist hingegen nicht hinreichend. Ein Inverkehrbringen liegt ebenfalls vor bei der Abgabe von Ärztemustern gem. § 47 Abs. 3, 4 AMG.

49   Die Meldepflichten sind unabhängig von einer Ruhensanordnung vorzunehmen. Insbesondere impliziert eine Anmeldung gem. § 29 Abs. 1 b AMG nicht die Aufhebung eines bereits angeordneten Ruhens. Über diese wird in einem gesonderten Verwaltungsverfahren durch die zuständige Bundesoberbehörde aufgrund eines entsprechenden Antrags entschieden.[90] Keine Meldeverpflichtungen bestehen bei Standardzulassungen gem. § 36 AMG, da hier das BfArM als Zulassungsinhaber fungiert.[91]

Zur Minimierung des erheblichen Aufwands, den die Anzeigepflichten gem. § 29 Abs. 1 b, 1 c AMG sowohl für die zuständigen Bundesoberbehörden als auch für den pharmazeutischen Unternehmer mit sich bringen, haben die Bundesoberbehörden für dieses Änderungsanzeigen ein elektronisches Anzeigeverfahren eingeführt.[92]

III. Mitteilungspflichten zu Absatzmenge und Verschreibungsvolumen, § 29 Abs. 1 d AMG

50   § 29 Abs. 1 d AMG beinhaltet eine Ermächtigungsgrundlage für die zuständige Bundesoberbehörde, aus Gründen der Arzneimittelsicherheit Daten bzgl. der Absatzmenge eines Arzneimittels und dessen Verschreibungsvolumen vom Zulassungsinhaber anzufordern. Diese Mitteilungsverpflichtung auf Anforderung ergänzt die gem. § 66 AMG gegenüber der örtlich zuständigen Arzneimittelüberwachungsbehörde bestehende Mitwirkungsverpflichtung zur Erteilung von Auskünften im Rahmen der Überwachung. Der mit der 14. AMG-Novelle eingeführte § 29 Abs. 1 d AMG kann insbesondere im Rahmen eines Stufenplanverfahrens oder bei dessen Vorbereitung zum Tragen kommen.[93]

D. Die neue Verordnung (EG) Nr. 1234/2008

51   Durch die Verordnung (EG) Nr. 1234/2008 wird die Systematik der Änderungsanzeigen alsbald erheblich verändert werden, wobei allerdings einzelne Bereiche der Arzneimittelzulassung auch weiter dem bisherigen nationalen Reglement des § 29 AMG unterliegen könnten. Zu diesen Änderungen, deren regulatorische Umsetzung zum Zeitpunkt der Drucklegung noch nicht vollumfänglich abgeschlossen war, soll auf der Grundlage der Verordnung (EG) Nr. 1234/2008 ein kurzer Überblick gegeben werden.

---

87 Rehmann, AMG, § 29 Rn 8.
88 Mit der 15. AMG-Novelle ist das Verbringen eines Arzneimittels nunmehr legaldefiniert: „jede Beförderung in den, durch den oder aus dem Geltungsbereich des Gesetzes" (§ 4 Abs. 32 AMG nF).
89 Vgl FAQ Anzeigeverfahren „Sunset Clause" – Rechtliche Fragen, Stand: 5.6.2008, B.2., B.4 unter <http://www.bfarm.de> → Arzneimittel → Nach der Zulassung → Änderung/Variations → Sunset-Clause.
90 Bekanntmachung des BfArM für Zulassungen bzw Registrierungen, für die auf Antrag des Zulassungsinhabers das Ruhen der Zulassung bzw die befristete Löschung wegen fehlenden Nachweises der pharmazeutischen Qualität oder aufgrund der FCKW-Verbots-Verordnung angeordnet wurde, v. 29.4.2008.
91 Vgl FAQ Anzeigeverfahren „Sunset Clause" – Rechtliche Fragen, aaO, D.10.
92 Vgl <https://sunset-clause.dimdi.de/ssc/index.html>.
93 Fries, Die arzneimittelrechtliche Nutzen/Risiko-Abwägung und Pharmakovigilanz, 2009, S. 143.

D. Die neue Verordnung (EG) Nr. 1234/2008

I. Hintergrund und Zielsetzung

Die Verordnung (EG) Nr. 1234/2008 der Kommission regelt die Prüfung von Änderungen der Zulassungen von Arzneimitteln im europäischen Kontext (sog. Variations).[94] Ihre Geltung entfaltet sie ab dem 1.1.2010.[95] Sie löst die Verordnungen (EG) 1084/2003[96] und 1085/2003[97] ab.[98]

52

Hintergrund der Variations-Regelungen im Allgemeinen ist sicherzustellen, dass die im Rahmen des Zulassungsverfahrens erreichte Harmonisierung beibehalten wird. Der Zulassungsinhaber ist verpflichtet, in allen betroffenen Mitgliedstaaten (sog. CMS, Concerned Member States) Variations einzureichen. Ein Mitgliedstaat übernimmt als Referenzmitgliedstaat (sog. RMS, Reference Member State) die Federführung für das Verfahren.[99] Ziel der neuen Verordnung ist es, den gemeinschaftlichen Rechtsrahmen für Zulassungsänderungen zu vereinfachen, zu präzisieren und flexibler zu gestalten, ohne dabei Abstriche beim Schutz der öffentlichen Gesundheit und der Tiergesundheit zu machen.[100] Das in den Verordnungen (EG) 1084/2003 und 1085/2003 festgelegte Verfahren wird grundsätzlich beibehalten, allerdings sollen dessen Mängel eliminiert werden.

Angestrebt wird eine vollständige Harmonisierung des Änderungsanzeigen-/Variations-Systems in der Europäischen Union. Derzeit weisen die nationalen Regelungen zu Änderungsanzeigen im Vergleich zu den europäischen teilweise deutliche inhaltliche Unterschiede auf. Insbesondere Deutschland und Österreich gehen einen eigenen Weg gegenüber den europäischen Regelungen. Beispielsweise ist eine Indikationserweiterung im deutschen Recht entweder zustimmungspflichtig oder sie erfordert eine Neuzulassung.[101] Im europäischen Recht handelt es sich stets um eine größere Änderung des Typs II.[102] Andere Mitgliedstaaten haben bereits das europäische Variations-System in ihr nationales Recht implementiert[103] oder dessen grundlegende Strukturen übernommen.[104] Die die Richtlinien 2001/83/EG (Humanarzneimittel) und 2001/82/EG (Tierarzneimittel) ändernde Richtlinie 2009/53/EG schafft die Rechtsgrundlage, die Verordnung (EG) Nr. 1234/2008 auch auf rein nationale Zulas-

53

---

94 VO (EG) Nr. 1234/2008 der Kommission v. 24.11.2008 über die Prüfung von Änderungen der Zulassungen von Human- und Tierarzneimitteln (ABl. EU Nr. L 334 v. 12.12.2008, S. 7–24). Näheres zum Entscheidungsprozess unter <http://ec.europa.eu/enterprise/pharmaceuticals/index_en.htm> → Better Regulation → Review of the Variations Regulations → Major developments.
95 Art. 28 VO (EG) Nr. 1234/2008 (aaO).
96 VO (EG) Nr. 1084/2003 der Kommission v. 3.6.2003 über die Prüfung von Änderungen einer Zulassung für Human- und Tierarzneimittel, die von einer zuständigen Behörde eines Mitgliedstaates erteilt wurde (ABl. EU Nr. L 159 v. 27.6.2003, S. 1–23).
97 VO (EG) Nr. 1085/2003 der Kommission v. 3.6.2003 über die Prüfung von Änderungen einer Zulassung für Human- und Tierarzneimittel gem. der VO (EWG) Nr. 2309/93 des Rates (ABl. EU Nr. L 159 v. 27.6.2003, S. 24–45).
98 Friese, EMEA and European Commission – Topical News, New Commission Regulation on Variations replacing the two Commission Regulations on Variations, Commission Regulation (EC) No. 1084/2003 and Commission Regulation (EC) No. 1085/2003, has been adopted by Standing Committees, pharmind 2008, 837 ff, 950 ff.
99 Weitere Informationen unter <www.bfarm.de> → Arzneimittel → Nach der Zulassung → Änderung/Variations.
100 Vgl Abs. 1 der Erwägungsgründe der VO (EG) Nr. 1234/2008 (aaO).
101 Siehe § 29 Abs. 2 a S. 1 Nr. 1, Abs. 3 S. 1 Nr. 3 AMG (vgl dazu Rn 28). Die Zufügung einer oder die Veränderung in eine Indikation, die einem anderen Therapiegebiet zuzuordnen ist, ist neuzulassungspflichtig. Übrige Indikationsänderungen sind zustimmungspflichtig.
102 Anhang II, Ziffer 2 lit. a VO (EG) Nr. 1234/2008 (aaO).
103 Bspw Großbritannien.
104 Bspw Niederlande.

sungen auszudehnen und die Verpflichtung für die Mitgliedstaaten, ihr nationales Änderungsanzeigensystem zu harmonisieren.[105] Die Umsetzungsfrist läuft bis zum 20.1.2011.[106]

II. Regelungsinhalt

1. Geltungsbereich

54 Die Verordnung (EG) Nr. 1234/2008 gilt derzeit[107] für Zulassungen im gegenseitigen Anerkennungsverfahren, dezentrale und zentrale Zulassungen, Zulassungen im Exkonzertierungsverfahren[108] sowie für Zulassungen, die gem. Artt. 32 bis 34 RL 2001/83/EG vollständig harmonisiert worden sind.[109] Die Verordnung gilt nicht für die Übertragung einer Zulassung.[110] Registrierte homöopathische und traditionelle pflanzliche Arzneimittel unterfallen ebenfalls nicht der neuen Verordnung.[111]

2. Änderungskategorien

55 Unterschieden wird in der Verordnung (EG) Nr. 1234/2008 zwischen verschiedenen Änderungskategorien, die in Art. 2 Nr. 2-5 iVm den Anhängen der Verordnung definiert sind:
- geringfügige Änderung des Typs IA (Anhang II, Ziffer 1)
- geringfügige Änderung des Typs IB
- größere Änderung des Typs II (Anhang II, Ziffer 2)
- Zulassungserweiterung (Anhang I).

Die geringfügige Änderung des Typs IB ist Auffangtatbestand, dh in diese Kategorie fallen Änderungen, die weder eine geringfügige Änderung des Typs IA noch eine größere Änderung des Typs II oder eine Zulassungserweiterung sind. Diese Auffangtatbestandsregelung soll eine Verfahrenserleichterung darstellen. Zuvor war Typ II Auffangtatbestand mit der Folge, dass auch für die Arzneimittelsicherheit unbedeutende Änderungen ein aufwendiges Verfahren durchlaufen mussten. Eine Höherkategorisierung des Typs IB in Typ II ist auf Verlangen des Zulassungsinhabers oder der Mitgliedstaaten unter den Voraussetzungen des Art. 3 Abs. 3 VO (EG) Nr. 1234/2008 möglich.[112]

Die oben aufgeführten Kategorien berücksichtigen den Grad des Risikos für die öffentliche Gesundheit und die Tiergesundheit sowie den Umfang der Auswirkungen auf Qualität, Unbedenklichkeit und Wirksamkeit des betreffenden Arzneimittels. Die verschiedenen Änderungskategorien, zugehörige Verfahren und Unterlagenanforderungen sind in Guidelines konkretisiert. Diese sollen dem wissenschaftlichen und technischen Fortschritt entsprechen und der internationalen Harmonisierung Rechnung tragen. Zuständig für die Erstellung der Guidelines ist die Kommission nach Konsultation der Mitgliedstaaten, der EMEA und der Interessengruppen. Es handelt sich um die

---

105 RL 2009/53/EG des Europäischen Parlaments und des Rates v. 18.6.2009 zur Änderung der RL 2001/82/EG und der RL 2001/83/EG in Bezug auf Änderungen der Bedingungen für Genehmigungen für das Inverkehrbringen von Arzneimitteln (ABl. EU Nr. L 168 v. 30.6.2009, S. 33–34). Zur Europäisierung des Arzneimittelrechts vgl § 3.
106 Art. 3 RL 2009/53/EG (aaO).
107 Redaktionsschluss: November.2009.
108 RL 87/22/EWG des Rates v. 22.12.1986 zur Angleichung der einzelstaatlichen Maßnahmen betreffend das Inverkehrbringen technologisch hochwertiger Arzneimittel, insbesondere aus der Biotechnologie, aufgehoben zum 1.1.1995 durch die RL 93/41/EWG des Rates v. 14.6.1993.
109 Art. 1 Abs. 1 lit. a VO (EG) Nr. 1234/2008 (aaO). Zu den unterschiedlichen Zulassungsverfahren vgl § 6 Rn 38 ff.
110 Art. 1 Abs. 1 lit. b VO (EG) Nr. 1234/2008 (aaO).
111 Vgl Abs. 2 S. 2 der Erwägungsgründe der VO (EG) Nr. 1234/2008 (aaO).
112 Kritikpunkt im Gesetzgebungsverfahren an der Höherstufung seitens des RMS nach Anhörung der CMS war insbesondere, dass der Antragsteller nicht an diesem Prozess beteiligt ist.

- Guideline on the details of the various categories of variations to the terms of marketing authorisations for medicinal products for human use and veterinary medicinal products,
- Guideline on the operation of the procedures laid down in Chapters II, III an IV of Commission Regulation (EC) No 1234/2008 of 24 November 2008 concerning the examination of variations to the terms of marketing authorisations for medicinal products for human use and veterinary medicinal products.[113]

Ferner hat die Koordinierungsgruppe für gegenseitige Anerkennungsverfahren und dezentralisierte Verfahren für Humanarzneimittel (CMD(h)) den „Best Practice Guides for the Submission and Processing of Variations in the Mutual Recognition Procedure" aktualisiert.[114] Der Best Practice Guide gibt technisch-organisatorische Hinweise zur Vorbereitung und zum Ablauf eines Änderungsverfahrens von MRP- und DCP-Zulassungen.

3. Verfahren

Anhand der Kategorie bestimmt sich das Verfahren, von dem es drei gibt:

56

a) Typ IA – „Do and Tell"

Nach dem Mitteilungsverfahren für geringfügige Änderungen des Typs IA gem. Art. 8 bzw 14 VO (EG) Nr. 1234/2008 muss der Zulassungsinhaber die Mitteilung innerhalb von zwölf Monaten nach der Durchführung der Änderung einreichen.[115] Dieses System jährlicher Berichte soll die Zahl weniger bedeutsamer Änderungsanträge senken und damit den zuständigen Behörden ermöglichen, sich auf arzneimittelsicherheitsrelevante Änderungen zu konzentrieren.[116] Das jährliche Berichtssystem gilt nicht, sofern es sich um eine geringfügige Änderung handelt, die zur ständigen Überwachung des Arzneimittels eine unverzügliche Mitteilung erfordert.[117] Innerhalb von 30 Tagen prüft die zuständige Behörde des Referenzmitgliedstaates die Änderung.[118]

57

b) Typ IB – „Tell, Wait and Do"

Das Mitteilungsverfahren für geringfügige Änderungen des Typs IB gem. Art. 9 bzw 15 VO (EG) Nr. 1234/2008 ähnelt der Zustimmungsfiktion gem. § 29 Abs. 2a AMG (vgl Rn 22 ff). Die zuständige Behörde des Referenzmitgliedstaates prüft die Änderungsmitteilung des Zulassungsinhabers, hört die beteiligten Mitgliedstaaten an und bestätigt dem Zulassungsinhaber den Erhalt der Änderungsmitteilung. Sofern die zuständige Behörde des Referenzmitgliedstaates dem Zulassungsinhaber nicht innerhalb von 30 Tagen nach der Bestätigungsmitteilung einen negativen Bescheid übermittelt, gilt die Zustimmung als erteilt. Widerspricht sie der Änderungsmitteilung, ist gem. Art. 9 Abs. 3 bzw 4 VO (EG) Nr. 1234/2008 vorzugehen.

58

---

113 Zum Zeitpunkt des Redaktionsschlusses (November 2009) befanden sich die Guidelines noch im Entwurfstadium. Näheres zu den Entwürfen: Friese, EMEA and European Commission – Topical News, Draft Guidelines according to Articles 4 (1) (a) and 4 (1) (b) of the New Variations Regulation (EC) No. 1234/2008, pharmind 2009, 604 ff.

114 Auch diese befinden sich noch im Entwurfstadium, siehe <www.hma.eu/cmdh.html> → Procedural Guidance → Variation. Ergänzt wurden die Kapitel „Best Practice Guide for the processing of grouped applications", „CMD(h) Best Practice Guide on worksharing" sowie „Recommendations on unforeseen variations".

115 Anders als zuvor muss die Mitteilung nicht mehr im Vorfeld erfolgen.

116 Vgl Abs. 5 S. 1 der Erwägungsgründe der VO (EG) Nr. 1234/2008 (aaO).

117 Eine unverzüglich anzuzeigende Typ IA-Änderung ist zB die Anpassung der SmPC, Gebrauchsinformation und ggf Kennzeichnung der direkt betroffenen Arzneimittel nach einem Referral-Verfahren.

118 Siehe im Detail zu den Maßnahmen Art. 8 Abs. 2 iVm Art. 11 VO (EG) Nr. 1234/2008 (aaO).

c) Typ II: Verfahren der Vorabgenehmigung gem. Art. 10 bzw 16 – „Tell and Wait prior Approval"

59 Das Verfahren der Vorabgenehmigung für größere Änderungen des Typs II ist in Art. 10 bzw 16 VO (EG) Nr. 1234/2008 geregelt. Hierbei erstellt der Referenzmitgliedstaat innerhalb von grundsätzlich 60 Tagen nach Bestätigung des Empfangs eines formgültigen Antrags einen Beurteilungsbericht sowie einen Entscheidungsentwurf und legt diese Unterlagen den beteiligten Mitgliedstaaten vor.[119] Sofern der Referenzmitgliedstaat zusätzliche Informationen vom Antragsteller benötigt, kann er das 60-Tage-Verfahren aussetzen. Die beteiligten Mitgliedstaaten haben im Anschluss an das 60-Tage-Verfahren 30 Tage Zeit, um dem Entscheidungsentwurf zuzustimmen. Sofern ein beteiligter Mitgliedstaat eine potenziell schwerwiegende Gefahr für die öffentliche Gesundheit sieht, kann die Koordinierungsgruppe gem. Art. 13 VO (EG) Nr. 1234/2008 mit dieser strittigen Angelegenheit befasst werden. Für die Genehmigung der Änderung ist erforderlich, dass alle Mitgliedstaaten dem Entscheidungsentwurf des Referenzmitgliedstaates zustimmen.

4. Verfahren zur Gruppenbildung und Arbeitsteilung

60 Mit dem Ziel der Verfahrensvereinfachung und -flexibilisierung ermöglicht Art. 7 Abs. 2 VO (EG) Nr. 1234/2008 die Einreichung einer Gruppe von Änderungen bzgl mehrerer Zulassungen eines Zulassungsinhabers, sofern es sich um dieselbe Gruppe von Änderungen handelt. Anhang III der Verordnung beinhaltet Beispiele für Anwendungsfälle der Gruppenbildung; nach Rücksprache mit dem RMS sind weitere Gruppen möglich.[120]

Ebenfalls vor dem Hintergrund der Verfahrensvereinfachung ermöglicht Art. 20 VO (EG) Nr. 1234/2008 ein Verfahren zur Arbeitsteilung für geringfügige Änderungen des Typs IB und größere Änderungen des Typs II. Das Verfahren der Gruppenbildung und der Arbeitsteilung kann zudem kombiniert werden, sofern es sich um verschiedene Zulassungen eines Zulassungsinhabers handelt und die Änderungen keine Erweiterungen beinhalten. Beim Verfahren der Arbeitsteilung überprüft eine Behörde, die unter den zuständigen Behörden und der EMEA ausgewählt wird, die Änderung im Auftrag der übrigen Behörden.[121]

Es bleibt abzuwarten, inwieweit und wann die Neuregelungen zu einer Entlastung für Zulassungsinhaber und Zulassungsbehörden führen werden. EMEA und BfArM weisen darauf hin, dass das Verfahren zur Gruppenbildung und/oder Arbeitsteilung rechtzeitig der jeweils zuständigen Behörde angekündigt werden soll, insbesondere auch, um abzuklären, ob es im konkreten Fall sinnvoll ist.

III. Die Richtlinie 2009/53/EG

61 Die Richtlinie 2009/53/EG vom 18.6.2009[122] schafft die Rechtsgrundlage dafür, dass auch bei rein nationalen Zulassungen die Verordnung (EG) Nr. 1234/2008 zur Anwendung kommt. Für Humanarzneimittel wird Art. 23 b in die Richtlinie 2001/83/EG eingefügt; für Tierarzneimittel Art. 27 b in die Richtlinie 2001/82/EG. Die Richtlinie 2009/53/EG zur Änderung der Arzneimittelkodizes wird eine grundlegende Änderung der deutschen Änderungsanzeigenregelung gem. § 29 AMG nach sich ziehen. Bisher unterscheidet sich das

---

119 Die Frist kann aus Sicherheitsgründen verkürzt oder auf 90 Tage verlängert werden; Letzteres, sofern es sich um Änderungen oder Ergänzungen der therapeutischen Indikationen handelt, Art. 10 Abs. 2 iVm Anhang V Teil 1 der VO (EG) Nr. 1234/2008 (aaO).
120 Zu den Verfahrensdetails s. Art. 7 Abs. 2 iVm Anhang III der VO (EG) Nr. 1234/2008 (aaO).
121 Zu den Verfahrensdetails s. Art. 20 VO (EG) Nr. 1234/2008 (aaO).
122 RL 2009/53/EG des Europäischen Parlaments und des Rates v. 18.6.2009 zur Änderung der RL 2001/82/EG und der RL 2001/83/EG in Bezug auf Änderungen der Bedingungen für Genehmigungen für das Inverkehrbringen von Arzneimitteln (ABl. EU Nr. L 168 v. 30.6.2009, S. 33–34).

deutsche Konstrukt von anzeige- bzw zustimmungspflichtiger Änderungsanzeige sowie neuzulassungspflichtiger Änderung deutlich vom europäischen Variations-System (siehe bereits Rn 53). Die Richtlinie 2009/53/EG ist bis zum 20.1.2011 in nationales Recht umzusetzen.[123]

Eine Ausnahmeregelung beinhaltet die Richtlinie für rein national zugelassene Humanarzneimittel. Hier dürfen die Mitgliedstaaten ihre nationale Änderungsregelung beibehalten, sofern es sich um Zulassungen handelt, die vor dem 1.1.1998 erteilt wurden.[124] Wird jedoch die Zulassung auf andere Mitgliedstaaten erweitert, so gilt die europäische Variations-Verordnung. Ob Deutschland von dieser Ausnahmeregelung Gebrauch machen wird, bleibt abzuwarten. Insbesondere die fiktiven Arzneimittelzulassungen im Nachzulassungsverfahren werden hier eine Vielzahl von Streitfragen aufwerfen.

---

123 Vgl Art. 3 RL 2009/52/EG (aaO).
124 Vgl Art. 2 RL 2009/52/EG (aaO), dort Art. 23 b Abs. 4.

§ 12 Klinische Prüfung von Arzneimitteln

A. Begriff der klinischen Prüfung 1
  I. Allgemeines 3
  II. Abgrenzung zu nicht-interventionellen Studien 5
  III. Nicht-kommerzielle klinische Studien ... 7
  IV. Abgrenzung zu präklinischen Studien ... 9
  V. Compassionate Use 10
  VI. Studienpopulation, Fallzahlplanungen, Vergleichsgruppe, Randomisierung 17
  VII. Kennzeichnung von Prüfpräparaten 20
  VIII. Verblindung 21
  IX. Endpunkte 22
B. Funktion der klinischen Prüfung im Zulassungsverfahren 23
  I. Allgemeines 23
  II. Die Phasen der klinischen Prüfungen 29
    1. Phase I 32
    2. Phase II 34
    3. Phase III 35
    4. Phase IV 38
C. Beteiligte 40
  I. Prüfungsteilnehmer 41
  II. Prüfer/Prüfpersonal 42
  III. Auftragsforschungsinstitut 45
  IV. Sponsor 47
  V. Ethikkommission 49
  VI. Versicherung/Versicherer 50
  VII. Zuständige Bundesoberbehörde 53
  VIII. Aufsichtsbehörden 55
D. Allgemeine Voraussetzungen (§ 40 AMG)/Vorgaben der Richtlinie 2001/20/EG 57
  I. Die 13 GCP-Prinzipien 57
  II. Ethische Grundsätze 59
  III. Gesetzlich Vorgaben 61
E. Schutz der Betroffenen 62
  I. Die Deklaration von Helsinki 62
  II. Pharmakovigilanz in klinischen Prüfungen 64
    1. Dokumentations- und Meldepflichten 65
      a) Prüfer 66
      b) Sponsor 68
    2. Spontanberichte, SUSAR 71
    3. Data Monitoring Commitee (DMC) ... 75
    4. Jahressicherheitsbericht 77
  III. Klinische Prüfung im Ausland 80
  IV. Die „International Conference on Harmonisation" (ICH) 84
  V. Klinische Prüfung mit Kindern 85
    1. Minimierung der Risiken und der Belastungen 93
    2. Pharmakovigilanz 94
  VI. Weitere besonders schutzbedürftige Personengruppen 96
F. Besondere Voraussetzungen 99
  I. Europäische Texte 100
  II. Das Deutsche Arzneimittelgesetz (AMG) 104
  III. GCP-Verordnung 106
  IV. Bekanntmachung des BfArM und des PEI zu klinischen Prüfungen am Menschen .. 109
G. Genehmigung/Ethik-Kommission 112
  I. Beantragung der EudraCT-Nummer 114
  II. Genehmigung durch die zuständige Bundesoberbehörde 116
    1. Ausnahmen von der Fristsetzung für die zuständige Bundesoberbehörde .. 119
    2. Rücknahme, Widerruf und Ruhen der Genehmigung 122
  III. Bewertung durch die Ethikkommissionen 125
    1. Bewertung durch die federführende Ethikkommission 126
    2. Rücknahme der positiven Bewertung durch die federführende Ethikkommission 127
    3. Parallele Verfahrensführung 128
H. Haftung und Versicherung 131
  I. Haftung 131
  II. Versicherungen 135
    1. Probandenversicherung 137
    2. Wegeunfallversicherung 138
    3. Prüferhaftpflicht 140
    4. Produkthaftung 141
    5. Auskunftsanspruch 143

A. Begriff der klinischen Prüfung

1 Der Begriff der klinischen Prüfung ist seit der 12. AMG-Novelle im Mai 2004 im Arzneimittel-Gesetz verankert. In **§ 4 Abs. 23 S. 1 AMG** lautet es:

Klinische Prüfung bei Menschen ist jede am Menschen durchgeführte Untersuchung, die dazu bestimmt ist, klinische oder pharmakologische Wirkungen von Arzneimitteln zu erforschen oder nachzuweisen oder Nebenwirkungen festzustellen oder die Resorption, die Verteilung, den Stoffwechsel oder die Ausscheidung zu untersuchen, mit dem Ziel, sich von der Unbedenklichkeit oder Wirksamkeit der Arzneimittel zu überzeugen.

Diese Begrifflichkeit ist aus der europäischen Gesetzgebung nahezu wörtlich übernommen worden. Im allgemeinen Kontext wird der Begriff **„Klinische Prüfung"** synonym mit dem Begriff „Klinische Studie" benutzt, im Englischen „Clinical Trial" bzw „Clinical Study" aber auch schon mal „Clinical investigation".

2 Eine klinische Studie ist die systematische Untersuchung von Arzneimitteln am Menschen. Im Rahmen einer klinischen Prüfung werden die zu untersuchenden Arzneimittel bei einer

begrenzten Anzahl von Personen unter Einhaltung wissenschaftlicher Verfahren und Kriterien angewendet, um aussagekräftige Erkenntnisse über die Sicherheit und Wirksamkeit des jeweiligen Arzneimittels zu gewinnen, um dann über seine Eignung für die Verwendung in der medizinischen Praxis entscheiden zu können. Klinische Studien sind weltweit ein wesentlicher Bestandteil bei der Entwicklung und Erforschung von Arzneimitteln. Klinische Studien beginnen erst, wenn in Laboruntersuchungen und Tierversuchen, sog. präklinischen Studien, die Sicherheit des Wirkstoffes ausreichend belegt wurde. Auf Basis der gewonnenen Daten kann sowohl der entwickelnde pharmazeutische Unternehmer als auch die jeweilige Arzneimittel-Zulassungsbehörde und die zuständige Ethikkommission beurteilen, ob der Nutzen einer Anwendung des jeweiligen Arzneimittels das Risiko überwiegt (Nutzen-Risiko-Bewertung).

I. Allgemeines

Klinische Studien sind fest in einen Entwicklungsplan für ein Arzneimittel eingebunden. Dabei muss es sich nicht unbedingt um ein Arzneimittel mit einem völlig neuen Wirkstoff handeln. Es können auch neue Indikationen, neue Formulierungen, neue Darreichungsformen etc. für ein bereits existierendes Arzneimittel untersucht werden. Im Rahmen des Entwicklungsplans wird festgelegt, in welchen Bereichen Studien notwendig sind und wo auf andere Datenquellen, wie zB Literaturrecherchen, Metaanalysen oder bereits durchgeführte Studien zurückgegriffen werden kann. Neue Studien sind dabei so zu konzipieren, dass sie diese Lücken füllen, um später der zuständigen Bundesoberbehörde bei der Begutachtung des Antrags auf Zulassung ausreichende Informationen für eine zustimmende Bewertung zu liefern. Das Konzept jeder einzelnen Studie wird in einem individuellen Prüfplan festgehalten. Ein Prüfplan ist das Kerndokument jeder klinische Studie und enthält die Beschreibung der Zielsetzung, Planung, Methodik, statistischen Überlegungen und Organisation der Studie. Klinische Studien stellen generell den kostenintensivsten Teil einer Arzneimittelentwicklung dar. Abhängig vom Arzneimittel und dem Konzept des Entwicklungsplans können durchaus 80 % des Gesamtbudgets hierfür veranschlagt werden.

Während früher die Zulassungsbehörde erst mit dem Zulassungsantrag für ein Arzneimittel von den Ergebnissen der durchgeführten Studien Kenntnis erlangte, findet heute in vielen Fällen bereits in der Planungsphase einer Studie oder studienbegleitend im Rahmen der wissenschaftlichen Beratungsgespräche auf nationaler Ebene bei den Zulassungsbehörden der Mitgliedstaaten bzw der „Scientific Advice Procedure" der EMEA auf europäischer Ebene ein **Austausch** über inhaltliche Aspekte einzelner Studien oder ganzer Entwicklungsprogramme zwischen Sponsor und Behörde statt. Dieser Austausch dient einer wesentlich zielgeführten Forschung da zu einem frühen Zeitpunkt die Position beider Seiten gegenseitig erörtert wird. Ein Austausch, der in der Vergangenheit erst mit Einreichung eines Zulassungsantrags begonnen wurde und dann oftmals aufgrund von stark kontroversen Standpunkten zu erheblichen Problemen seitens des Antragstellers geführt hat. Obwohl es sich hierbei, mit Ausnahme der Beratung zu pädiatrischen Studien im Zusammenhang mit einem Pädiatrischen Prüfkonzept (s.a. § 7 Rn 35) beim Paediatric Committee der EMEA, um gebührenpflichtige Serviceleistungen der Behörden handelt, macht sich der finanzielle Aufwand für ein Beratungsgespräch durch Einsparungen im optimierten Verlauf der klinischen Entwicklungsphase bezahlt.

II. Abgrenzung zu nicht-interventionellen Studien

Im Unterschied zu klinischen Studien werden sog. nicht-interventionelle Studien ohne Vorgabe spezieller Diagnose und Therapievorgaben für den Prüfer durchgeführt. Eine **nicht-interventionelle Studie** dient der Beobachtung der Arzneimitteltherapie gemäß den in der

Zulassung enthaltenen Vorgaben. Der Prüfer folgt dabei keinen Fremd-Vorgaben sondern ausschließlich den eigenen Diagnose- und Therapievorstellung gemäß der üblichen Praxis. Der Begriff der nicht-interventionellen Prüfung wird, wie die klinische Prüfung, ebenfalls im § 4 Abs. 23, hier im Satz 3, definiert:

Nicht-interventionelle Prüfung ist eine Untersuchung, in deren Rahmen Erkenntnisse aus der Behandlung von Personen mit Arzneimitteln gemäß den in der Zulassung festgelegten Angaben für seine Anwendung anhand epidemiologischer Methoden analysiert werden; dabei folgt die Behandlung einschließlich der Diagnose und Überwachung nicht einem vorab festgelegten Prüfplan, sondern ausschließlich der ärztlichen Praxis.

6   Unter den Begriff nicht-interventionelle Studien fallen hier in Deutschland auch die sog. Anwendungsbeobachtungen (AWB). Die gesetzlichen Vorgaben für AWBs sind bei weitem nicht so streng, wie sie es für klinische Studien sind. Grund hierfür ist die weitestgehende Nichtintervention in die ärztliche Therapiefreiheit. Obwohl für die Durchführung von AWBs gemäß § 67 Abs. 6 AMG eine Reihe von Informationen wie beispielsweise der Nennung der beteiligten Ärzte sowohl den Aufsichtsbehörden als auch dem Spitzenverband Bund der Krankenkassen und den kassenärztlichen Bundesvereinigungen mitzuteilen ist, ist die Erfüllung anderer Voraussetzungen, wie sie für klinische Studien unumgänglich sind, nicht erforderlich. So braucht man beispielsweise keine Genehmigung einer Bundesoberbehörde und auch nicht in jedem Fall die Beurteilung durch eine Ethikkommission. Auch ist es nicht unbedingt notwendig, dass die betroffenen Patienten in eine Teilnahme oder in die Verwendung ihrer Daten einwilligen. Besondere Umstände bei einer AWB können jedoch sowohl eine Patienten-Einwilligung als auch die Beratung durch eine Ethikkommission notwendig machen. Für die Planung, Durchführung und Auswertung von AWBs in Deutschland existieren gemeinsame Empfehlungen des BfArM und des PEI. Die einzige, bislang in einer endgültigen Fassung publizierte Version dieser Empfehlungen stammt noch aus dem Jahr 1998. Im Jahr 2007 wurde eine überarbeiteter Entwurf der Empfehlungen zur Kommentierung vorgestellt, bislang wurde jedoch keine endgültige Fassung auf Basis des Entwurfs und der eingegangen Kommentare veröffentlicht.

III. Nicht-kommerzielle klinische Studien

7   Nicht-kommerzielle klinische Studien (Investigator-Initiated-Trials oder -Studies, IIT/IIS) gelten als Studien, die vom wissenschaftlichen Erkenntnisinteresse geleitet sind und unabhängig von der pharmazeutischen Industrie durchgeführt werden. Die Rolle des Sponsors der klinischen Studie mit all seinen Verpflichtungen übernimmt in diesem Fall der initiierende Prüfer/Wissenschaftler oder die jeweilige Fakultät/Träger einer Klinik. Die Realität zeigt, dass derartige Studien oftmals nicht ohne Beteiligung der pharmazeutischen Industrie durchgeführt werden, bzw aus finanziellen oder arbeitstechnischen Gründen nur so durchgeführt werden können. Da in der Gesetzgebung als „klassischer" Sponsor einer klinischen Studie überwiegend ein pharmazeutischer Unternehmer gesehen wird, gibt es bislang für die o.g. Personen/Institutionen in der Rolle des Sponsors bis auf verschiedenen Vorgaben bei der Kennzeichnung der Prüfpräparate, den zu entrichtenden Gebühren bei Bundesoberbehörde und Ethikkommission sowie bei der Übermittlung von Meldungen im Bereich der Pharmakovigilanz an die Bundesoberbehörde keine Erleichterungen, so dass alle Vorgaben, die generell einem Sponsor in einer klinischen Studie obliegen, zu erfüllen sind.

Für die Europäische Gesetzgebung wurde im Juli 2006 der Entwurf einer entsprechende 8
Guideline der EU-Kommission,[1] die nicht nur die geforderte Legaldefinition einer nicht-
kommerziellen klinischen Prüfung enthält, sondern auch den Bereich der Erleichterungen
und Vergünstigungen sowie Kooperationsmöglichkeiten mit der pharmazeutischen Industrie für derartige Studien näher umreißt, veröffentlicht. Die Erstellung dieser Guideline
wurde der Europäischen Kommission in Richtlinie 2005/28/EG (Erwägungsgrund 11) auferlegt. Leider wird dieser Entwurf nicht weiter verfolgt wird, da sich die Mitgliedstaaten
nicht auf eine gemeinsame Line einigen konnten. In der europäischen Datenbank für klinische Prüfungen (EudraCT) bei der EMEA werden etwa 20 % der dort gemeldeten klinischen
Prüfungen in Europa als nicht-kommerzielle klinische Prüfungen geführt.

IV. Abgrenzung zu präklinischen Studien

Präklinische Studien sind ebenfalls keine klinischen Studien. Zu den präklinischen Studien 9
gehören Untersuchung der chemisch-physikalischen Eigenschaften, die Erprobung an Zell-
kulturen etc. und schließlich die verschiedenen vorgeschriebenen und notwendigen Tests, in
Form von in Tierexperimenten zB für toxikologische Studien,. Einzelheiten zu den vorgeschriebenen Test sind dem Gemeinschaftskodex der EU für Humanarzneimittel Annex 1
Teil 3 „Toxicological and pharmacological test" (OJ L 311 28.11.2001 S. 67 ff) und der
ICH-Guideline M3 „Guidance on Nonclinical Safety Studies for the Conduct of Human
Clinical Trials and Marketing Authorisation for Pharmaceuticals" (CPMP/ICH/286/95) zu
entnehmen. All diese Untersuchungen sind genau festgelegt. Während die Laboruntersuchungen den Richtlinien der sog. Good Laboratory Practice (GLP) unterliegen gibt es besondere Vorgaben für die Durchführung von Tierexperimente. Letztere sind in der Richtlinie
des Rates 86/609/EEC vom 24 November 1986 „on the approximation of laws, regulation
and administrative provisions of the Member States regarding the protection of animals for
experimental and other scientific purposes" (OJ L 358 18.12.1986 S. 1 ff) geregelt. Vor der
ersten Anwendung eines neuen Arzneimittels in klinischen Prüfungen am Menschen ist eine
Kaskade von Tierstudien vorgeschrieben, die je nach Art des Arzneimittels variiert. Dies
dient der Erforschung der Sicherheit des zukünftigen Arzneimittels mit Erkenntnissen über
die Wirkung des neuen Wirkstoffes auf Gewebe, Organe und Metabolismus bei Tieren, die
dann die Grundlage für die Entscheidung über eine weitere Erforschung am Menschen bilden.

V. Compassionate Use

Unter dem Begriff „Compassionate Use" (wörtliche Übersetzung: „Anwendung aus Mitge- 10
fühl") versteht man den Einsatz eines nicht zugelassenen Arzneimittels an Patienten oder
auch vorzeitig geduldete Anwendung eines noch nicht zugelassenen Arzneimittels aus humanitären Erwägungen. In der deutschen Sprache gibt es kein unmittelbares Äquivalent für den
Begriff. Daher wird generell der englische Begriff verwendet (s.a. § 6 Rn 33).

In vielen europäischen Staaten, in der Schweiz besonders aber in den USA sind die Anfor- 11
derungen an eine Therapie mit nicht zugelassenen Substanzen vor der Zulassung und außerhalb klinischer Prüfungen bereits seit längerem reglementiert. Da es sich dabei immer um
namentlich bekannte und vom jeweiligen Arzt auch benannte Patienten handelt, kann die
Anwendung unter auch unter dem Begriff „Individueller Heilversuch" (named patient use)
eingeordnet werden.

---

1 „Draft guidance on 'specific modalities' for non-commercial clinical trials referred to in Commission Directive 2005/28/EC laying down the principles and detailed guidelines for good clinical practice" v. 28.7.2006;
<http://ec.europa.eu/enterprise/pharmaceuticals/pharmacos/archives_en.htm>.

§ 12 Klinische Prüfung von Arzneimitteln

12 Mit der Umsetzung der EU-Richtlinie 2001/83/EG in nationales Recht unter Berücksichtigung der Verordnung (EG) Nr. 726/2004, wurde durch die 14. AMG-Novelle der Compassionate Use offiziell auch in das deutsche AMG aufgenommen (§ 21 Abs. 2 Nr. 6 AMG). Mit der 15. AMG-Novelle wurden weitere Konkretisierungen und Klarstellungen zum Compassionate Use in Deutschland in das AMG eingeführt.

Dass die Regelung der Detailfragen aber noch weitere Abstimmungen erfordern werden, macht der Hinweis auf die noch ausstehende Rechtsverordnung nach § 80 S. 1 Nr. 3 a AMG deutlich, in der die notwendigen Verfahren vom Gesetzgeber ausgeführt werden sollen.

13 Wie bereits erwähnt (Rn 12) haben die Regelungen zum Compassionate Use im AMG ihre Grundlage im Europäischen Gemeinschaftskodex. Es wird Bezug genommen auf **Art. 83 VO (EG) Nr. 726/2004**, die Bestandteil des Gemeinschaftskodexes ist:

Abweichend von Artikel 6 der Richtlinie 2001/83/EG können die Mitgliedstaaten ein Humanarzneimittel, das zu den Kategorien im Sinne des Artikels 3 Absätze 1 und 2 dieser Verordnung gehört, für einen „compassionate use" zur Verfügung stellen.

Und weiter:

Für die Zwecke dieses Artikels bedeutet „compassionate use", dass ein den Kategorien des Artikels 3 Absätze 1 und 2 zugehöriges Arzneimittel aus humanen Erwägungen einer Gruppe von Patienten zur Verfügung gestellt wird, die an einer zu Invalidität führenden chronischen oder schweren Krankheit leiden oder deren Krankheit als lebensbedrohend gilt und die mit einem genehmigten Arzneimittel nicht zufrieden stellend behandelt werden können. Das betreffende Arzneimittel muss entweder Gegenstand eines Antrags auf Erteilung einer Genehmigung für das Inverkehrbringen nach Artikel 6 dieser Verordnung oder Gegenstand einer noch nicht abgeschlossenen klinischen Prüfung sein.

14 Durch die Neuerungen aus den beiden AMG-Novellen wurde einem allgemeinen Bedürfnis nach neuen Therapien, die zwar bereits hinreichend aber noch nicht ausreichend erforscht sind, Rechnung getragen. Gerade schwerkranken Menschen bieten die neuen Therapieansätze eine Option auf Lebensrettung oder zumindest -verlängerung, bevor diese offiziell mit einer Zulassung eine Genehmigung für den Marktzugang erhalten.

Ethisch wie auch rechtlich kann diese Option unter bestimmten Voraussetzungen (s.u. Rn 16) nicht verweigert werden. Ein absolutes Verbot der Durchführung eines individuellen Arzneimittelversuches stellt immerhin einen nicht gerechtfertigten Eingriff in das Grundrecht der Patienten auf Leben und körperliche Unversehrtheit (Art. 1 Abs. 2 S. 1 GG) dar.

15 Der individuelle Heilversuch ist nur geboten, wenn alle anderen Therapiemaßnahmen erfolglos ausgeschöpft sind, die von dem Arzt für den Heilversuch vorgesehene pharmazeutische Substanz aufgrund klinischer Wirksamkeit bzw. ihrer pharmakologischen Wirkung bekannt ist und schließlich die Gefährdung des Lebens des Patienten nicht anders abwendbar ist.

Hinsichtlich der (haftungs-)rechtlichen Anforderungen muss das von dem individuellen Heilversuch ausgehende Risikopotenzial für die betroffenen Patienten im Einzelfall Berücksichtigung finden.

16 Zudem müssen weitere grundlegende Voraussetzungen erfüllt sein:
- Ein Therapieversuch darf niemals die Durchführung einer klinischen Prüfung ersetzen. Es muss also ausgeschlossen sein, dass die Behandlung im Rahmen einer klinischen Studie erfolgt.
- Es muss sich um eine schwerwiegende (lebensbedrohliche oder die Lebensqualität auf Dauer nachhaltig beeinträchtigende) Erkrankung handeln, wobei der Todeseintritt oder eine erhebliche Gesundheitsverletzung ohne Therapieversuch als wahrscheinlich erscheinen müssen.

- Eine Erfolg versprechende zugelassene Standardtherapie als Behandlungsalternative darf nicht zur Verfügung stehen, muss medizinisch aussichtslos oder bereits erfolglos angewandt worden sein.
- Es muss eine begründete Aussicht bestehen, dass mit der neuartigen Substanz ein Behandlungserfolg (kurativ / palliativ) erzielt werden kann.

VI. Studienpopulation, Fallzahlplanungen, Vergleichsgruppe, Randomisierung

Die Wahl der **Studienpopulation** steht in engem Zusammenhang mit der angestrebten Indikation. Beide sollten kongruent sein. Die Auswahl ist insbesondere bei Studien in einem späteren Stadium der klinischen Entwicklung essenziell. Besonders in Indikationsgebieten für die keine eindeutige Indikationsstellung existiert bzw deren Patienten ein sehr heterogenes Krankheitsbild aufweisen, sind die Auswahlkriterien oftmals kritisch. Von die Wahl geeigneter Ein- und Ausschlusskriterien für die Patienten kann letztendlich die Qualität der Ergebnisse der Studie und somit die Zulassung des Arzneimittels abhängen.

Im Bereich der **Fallzahlplanung** (Gesamtzahl der notwendigen Prüfungsteilnehmer) können Diskrepanzen dazu führen, dass die geplante Zahl von Patienten nicht ausreicht, die zu untersuchende Fragestellung statistisch mit genügender Sicherheit zu beantworten. Insbesondere bei konfirmatorischen Studien ist die Fallzahlplanung ein Punkt, dem besondere Aufmerksamkeit gelten sollte. Dabei sollte nicht nur die Methodik der Fallzahlplanung korrekt und nachvollziehbar sein, besonderes Augenmerk verdient die Berücksichtigung der für die Planung getroffenen Annahmen bzgl. klinisch relevanter bzw zu erwartender Effekte.

Von Seiten der Behörde besteht bei der regulatorischen Bewertung klinischer Studien das Problem einer möglichen Verzerrungen der Ergebnisse durch ein uneinheitliches Patientenkollektiv. Für eine hinreichend genaue Einschätzung der Wirksamkeit und Sicherheit eines Arzneimittels sind oftmals **vergleichende Studien** notwendig. Durch die Wahl von einer (oder mehreren) geeigneten Vergleichsgruppe(n) im Studiendesign kann eventuellen Verzerrungen begegnet werden. Die in einer Studie untersuchten Gruppen sollten jedoch hinsichtlich ihrer demografischen und anamnestischen Charakteristika vergleichbar sein. Üblicherweise wählt man eine randomisierte Zuteilung der Patienten zu den verschiedenen Behandlungsgruppen. Im Prüfplan ist das entsprechende **Randomisationsverfahren** zu beschreiben.

VII. Kennzeichnung von Prüfpräparaten

Die Kennzeichnung der verwendeten Prüfpräparate ist auf europäischer Ebene im Annex 13 der EG-GMP-Leitlinie[2] enthalten. In Deutschland ist die Kennzeichnung von Prüfpräparaten in der Rechtsverordnung zu klinischen Prüfungen festgelegt (§ 5 GCP-V). Die dort enthaltenen Kennzeichnungsvorschriften sind in enger Anlehnung an die europäischen Vorgaben gestaltet. Neben einer Liste mit 16 Positionen, wie zB: Name oder Firma und Anschrift des Sponsors oder Bezeichnung der Stärke des Prüfpräparates, enthält § 5 GCP-V eine Reihe von Ausnahmetatbeständen, in denen aufgeführt ist, in welchen Sonderfällen bestimmte Kennzeichnungen entfallen bzw in Begleitdokumente ausgegliedert werden können.

VIII. Verblindung

Eine Verblindung wird in der Regel eingesetzt, wenn in einer Studie neben dem eigentlichen zu prüfenden neuen Arzneimittel (Verum) als Vergleichsgröße (s.o.) noch ein Placebo und/

---

2 EudraLex Volume 4 Annex 13 "Manufacture of investigational medicinal products".
<http://ec.europa.eu/enterprise/pharmaceuticals/eudralex/vol-4/pdfs-en/an13final_24-02-05.pdf>.

oder ein zugelassenes Arzneimittel als Vergleichspräparat eingesetzt wird. Gemäß der Definition in der GCP-Verordnung ist Verblindung das bewusste Vorenthalten der Informationen über die Identität eines Prüfpräparates. Verum, Placebo und/oder Vergleichspräparat werden optisch einander angeglichen (sofern dies möglich ist) und nach eindeutiger Kennzeichnung der einzelnen Packungen gemäß einem zuvor definierten (und im Prüfplan beschriebenen) mathematischen Zufallsprinzip durchmischt. Dies geschieht in der Regel in der beauftragten biometrischen Institution, die von da an alleinig mittels einer unter Verschluss stehenden Referenzliste die wahre Identität rückverfolgen kann. Die Prüfmedikation erhält lediglich einen Identifikationscode, der durch den Prüfer im Prüfzentrum mit der entsprechenden Patientenidentifikationsnummer des Patienten verknüpft wird. Auf diese Weise ist weder dem Prüfer noch dem Patienten ersichtlich, ob er Verum, Placebo oder Vergleichspräparat erhält. Um jedoch im Notfall, zB bei Auftreten eines schwerwiegenden unerwarteten Ereignisses, das offensichtlich in direktem Zusammenhang mit der Gabe der Prüfmedikation steht eine möglichst schnelle Identifikation des Prüfpräparates zu gewährleisten, erhält der Prüfer sog. Notfallkuverts. Der Inhalt eines Notfallkuverts gibt Auskunft darüber, welche Medikation (Verum/Placebo/Vergleichsmedikation) der Patient/Proband erhalten hat. Die Funktion der Notfallkuverts wird heutzutage immer mehr durch elektronische Verfahren übernommen, die dem Prüfer im Notfall zB telefonisch Auskunft über die Identität der Studienmedikation geben. Der Vorgang des Aufhebens der Verblindung nennt man Entblindung.

IX. Endpunkte

22 Neben der Studienpopulation spielt die Wahl der Endpunkte einer klinischen Studie eine zentrale Rolle; Endpunkte müssen klinisch relevant und allgemein akzeptiert sein. Sie müssen es ermöglichen, einen postulierten Therapieerfolg durch eindeutige Aussagen belegen zu können. Surrogatparameter (also Ersatz-Endpunkte, die indirekt ein Ergebnis belegen können) als Endpunkte können nur „zweite" Wahl sein und sind auch dann nur akzeptabel, wenn klinisch nachgewiesen ist, dass sie ein verlässlicher Indikator für die eigentliche Zielgröße sind und sich klinisch relevante Unterschiede in der eigentlichen Zielgröße auch in entsprechende Werte der Surrogatparameter umsetzen lassen.

B. Funktion der klinischen Prüfung im Zulassungsverfahren
I. Allgemeines

23 Mit einem Antrag auf Zulassung eines Arzneimittels stellt der Antragsteller ein Muster des Arzneimittels, das er gerne zulassen möchte, der Zulassungsbehörde vor. Neben dem Aussehen des Produkts hat er gleichzeitig drei wesentliche Voraussetzungen für das zukünftige Arzneimittel zu belegen:
- die pharmazeutische Qualität des Produkts,
- seine Wirksamkeit hinsichtlich der postulierten Anwendung und schließlich
- seine Sicherheit bei der Anwendung am Patienten.

24 Wie bereits aus der Begriffsbestimmung für klinische Prüfungen im AMG (s.o. Rn 5) hervorgeht, sind die beiden Positionen Wirksamkeit und Sicherheit diejenigen, die es durch klinische Arzneimittelstudien zu erforschen und zu belegen gilt. Die Sicherheit wird oftmals als Unbedenklichkeit des Arzneimittels bezeichnet. Dies kann jedoch durchaus irreführend sein. Die Gabe eines Arzneimittels sollte niemals unbedenklich erfolgen. Auch gibt es bei der Verabreichung von Arzneimitteln nie eine absolute Sicherheit. Neben den erwarteten Wirkungen eines Produkts kommt es immer zu Nebenwirkungen, die zum einen unvermeidlich sind aber zum anderen auch durchaus unerwartet sein können.

B. Funktion der klinischen Prüfung im Zulassungsverfahren

Aus diesen Überlegungen heraus ergibt sich, dass die Erlaubnis für die Vermarktung eines Arzneimittels primär das Ergebnis einer wohlbedachten Abwägung des Nutzens gegenüber der Risiken eines Arzneimittels darstellt. Durch die Ergebnisse der klinischen Studien hofft der Antragsteller für die Zulassung eben dieses Arzneimittels den Beleg zu erbringen, dass es nicht nur die erhoffte Wirkung in zufriedenstellender Weise hat, sondern auch, dass alle Risiken der Arzneimittelgabe in Form von unerwünschten Nebenwirkungen ausreichend erforscht, somit bekannt und berechenbar sind. Gleichzeitig muss er die Zulassungsbehörde davon überzeugen, dass die positive Wirkung mit ihrem Benefit für den Patienten die möglichen Risiken derart überwiegt, dass die Arzneimittelgabe gerechtfertigt ist.

Damit die Zulassungsbehörde alle notwendigen Informationen für eine Bewertung erhält, sind dem Zulassungsantrag für ein Arzneimittel nicht nur die Ergebnisse der präklinischen Untersuchungen beizulegen (§ 22 Abs. 2 S. 1 Nr. 1 und 2 AMG) sondern auch die Ergebnisse aller klinischen Studien (§ 22 Abs. 2 S. 1 Nr. 3 AMG) sowie alle weiteren Unterlagen, die Art, Umfang und Zeitpunkt der Studien belegen.

Innerhalb eines Zulassungsdossiers nach der Strukturierung des Common Technical Documents (CTD) werden zusammenfassende Bewertungen und Übersichten für alle Studien im Modul 2 hinterlegt. Dort enthalten die Kapitel 2.4 und 2.6 die entsprechende Zusammenfassung und die Übersichten für die präklinischen Studien und die Kapitel 2.5 und 2.7 diejenigen für die klinischen Studien.

Bei erfolgter Zulassung des Arzneimittels finden sich die Ergebnisse aus den Studien über Anwendung aber auch über die Risiken des Arzneimittels in Form von informativen Texten, die zusammen mit dem Arzneimittel vermarktet werden. Dies sind zum einen für den Patienten die Packungsbeilage (s.a. § 11 AMG) als auch in etwas detaillierterer Form für die Fachkreise die Fachinformation (s.a. § 11 a AMG).

II. Die Phasen der klinischen Prüfungen

Im Rahmen der klinischen Entwicklungsphase eines Arzneimittels werden kaskadenartig verschieden ausgelegte Studien, die auch unterschiedliche Zielparameter für die zu erwartenden Daten haben, in Sequenz geplant und durchgeführt. Dies erfolgt nicht willkürlich sondern gemäß auf internationaler und europäischer Ebene festgelegten Vorgaben. Neben generellen Rahmenbedingungen hat die EMEA für verschiedene Arzneimittelklassen jeweils eigene Vorgaben für die präklinische und die klinische Entwicklungsphase veröffentlicht.

Generell gilt, dass alle Studien Bestandteil eines Entwicklungsplanes für ein Arzneimittel sind und je nach Aufbau dieses Planes in Folge oder auch parallel durchgeführt werden können. Sie beeinflussen sich dabei gegenseitig in der Form, dass die Ergebnisse vorangegangener Studien ausschlaggebend sind für die Planung noch ausstehender Studien oder sogar dazu führen können, dass laufende parallele Studien modifiziert werden müssen oder sogar abgebrochen werden. In der Regel folgt man jedoch der numerischen Reihenfolge der Phasen.

Es existieren **vier Phasen** von klinischen Studien, die in der Praxis mit den römischen Zahlen I bis IV gekennzeichnet werden. Hinzu kommt, dass man Studien der Phase II noch in die Untergruppen IIa (Proof of concept) und IIb (Dose finding) unterteilen kann. Bei Phase III gibt es als zusätzliche Kategorien IIIa und IIIb (Peri approval, also Durchführung während das eigentliche Zulassungsverfahren bereits läuft). Studien der Phasen I bis III erfolgen in der Regel vor der eigentlichen Zulassung des Arzneimittels während Phase-IV-Studien nach der Zulassung durchgeführt werden.

Die einzelnen Phasen sowohl die übliche Positionierung einzelner Studien im Entwicklungsprogramm eines Arzneimittels werden international harmonisiert in der ICH-Guideline E 8

"General Considerations for Clinical Trials" (CPMP/ICH/291/95 Stand März 1998) beschrieben.

1. Phase I

32 Phase-I-Studien werden üblicherweise in speziell eingerichteten Zentren an etwa zehn bis 20 gesunden Freiwilligen (Probanden) durchgeführt. Ziel der Phase I ist die Ermittlung der pharmakokinetischen Daten einer Substanz, also eine Überprüfung von dosisabhängigen Wirkungen und der Verträglichkeit. Außerdem untersucht man die Aufnahme des Wirkstoffes, die Verteilung im menschlichen Körper, den Einfluss auf den Stoffwechsel, die Metabolisierung und letztendlich die Ausscheidung.

33 Bei Biotechnologischen Arzneimitteln und besonders bei gentherapeutischen Arzneimitteln ist zusätzliche Vorsicht geboten. Da es sich bei den Prüfungsteilnehmern um gesunde Menschen handelt, müssen sowohl die Auswirkungen der Arzneimittelgabe als auch die Frage, ob sich die gewünschten Daten überhaupt an gesunden Menschen ermitteln lassen, genau überlegt werden. Gentechnisch veränderte Zellen werden nicht ohne weiteres aus dem menschlichen Organismus ausgeschieden. Sofern hier eine Zellteilung und damit ein Fortbestand der veränderten Zellen von vorne hinein unterbunden wurde, erfolgt eine Elimination erst mit dem Zelltod. Es stellt sich hierbei also generell die Frage, inwiefern Phase-I-Studien an gesunden Freiwilligen vertretbar sind. Toxizität und die maximal verträgliche Dosis dürfen in allen Fällen nur behutsam und mit aller Vorsicht ermittelt werden. Die EMEA hat für die Durchführung von Phase-I-Studien mit Wirkstoffen, die ein erhöhtes Gefährdungspotenzial besitzen, besondere Vorgaben veröffentlicht (EMEA/CHMP/SWP/28367/07 "Guideline to identify and mitigate risks for first-in-human clinical trialswith investigational medicinal products"). Diese Guideline bezieht sich zwar nicht auf gen- und zelltherapeutische Prüfpräparate, sie sollte jedoch für jede Phase-I-Studie zuvor zur Kenntnis genommen werden.

Aufgrund der vorangegangen Überlegungen wird bei bestimmten Arzneimitteln wie Zytostatika oder gentherapeutischen Arzneimitteln die Phase I übergangen und man erforscht das Arzneimittel direkt an erkrankten Patienten innerhalb von Phase-II-Studien.

2. Phase II

34 In Studien der Phase II wird ein Wirkstoff erstmals bei kranken Personen (Patienten) eingesetzt. Dies erfolgt selbstverständlich wiederum auf freiwilliger Basis. Der Patientenstamm beträgt diesmal meist einige 100 Personen. Hauptziele sind die Abschätzung der Wirksamkeit und der optimalen Dosierung sowie die Ermittlung eines Sicherheits- und Verträglichkeitsprofils. Darüber hinaus geht es um die Feststellung von Unterschieden in der Pharmakokinetik zwischen gesunden Personen und Patienten, die an der zu untersuchenden Krankheit erkrankt sind. Außerdem beobachtet man die gewünschten sowie die unerwünschten Wirkungen und ermittelt die optimal Dosis.

3. Phase III

35 Phase-III-Studien sind das wichtigste Instrument zur Erforschung und Dokumentation der Sicherheit und Wirksamkeit eines Wirkstoffes. Sie werden erst durchgeführt, wenn bereits umfangreiche Kenntnisse über den zu untersuchenden Wirkstoff vorhanden sind. Zu diesem Zeitpunkt erfolgt auch meistens eine erste Information der Öffentlichkeit über ein mögliches neues Arzneimittel. Im Gegensatz zu den beiden vorangegangen Phasen wird in diesen Studien eine sehr viel größere Patientenzahl eingebunden.

36 Phase-III-Studien erfordern hohe Anforderungen an eine ordnungsgemäße statistische Auswertung, da sie oft mit mehreren 1000 Patienten durchgeführt werden. Der gleichzeitige

Einsatz von Placebos und/oder einem bereits etablierten Vergleichspräparat in der selben Studie liefert direkte Vergleichsdaten. Fünf bis zehn solcher Studien stellen eine übliche Zahl dar, in Einzelfällen können es deutlich mehr sein, um die erstrebte Zulassung eines Medikamentes zu erreichen. Aufgrund der Größe des benötigten Patientenstamms kann es, je nach Häufigkeit einer Krankheit, notwendig sein, diese Studien multizentral oder sogar multinational durchzuführen, um die notwendige Patientenzahl zu erreichen.

Diese Studien sind für die eigentliche Zulassung des Arzneimittels besonders wichtig, da sie die wesentlichen Daten zum Beleg der Wirksamkeit und der Unbedenklichkeit des zukünftigen Arzneimittels liefern. Zu den Phase-III-Studien gehören auch Nutzen-Risiko-Untersuchungen zu bereits bekannten Arzneimitteln.

4. Phase IV

Mit der erteilten Zulassung endet jedoch nicht die Verantwortung des Zulassungsinhabers für die Gewährleistung der drei Hauptkriterien seines Arzneimittels. Auch nach der Zulassung gilt es, die Erkenntnisse zur Qualität, Unbedenklichkeit und zur Wirksamkeit des Arzneimittels auf dem neuesten wissenschaftlichen Erkenntnisstand zu halten oder die Anwendung des Arzneimittels in bestimmten besonderen Situationen zu untersuchen.

Bei klinische Studien der Phase IV wird nach der erfolgten Zulassung eines Arzneimittels die Anwendung unter therapeutischen Routinebedingungen überwacht. Sie dienen im Wesentlichen der kontinuierlichen Gewährleistung der Sicherheit für den Patienten durch die Erfassung der Langzeitsicherheit sowie die Identifizierung und statistische Erfassung sehr selten auftretender Nebenwirkungen oder von Nebenwirkungen aufgrund bisher nicht untersuchter Fremdeinflüsse. Auch die Untersuchung bislang nicht in die Erforschung eingeschlossener Patientenkollektive (zB Schwangere, multimorbide Patienten oder bestimmte ethnische Bevölkerungsgruppen) kann innerhalb von Phase-IV-Studien (auch als Phase-IIIb-Studien) geschehen. So können während der Phasen vor der Zulassung oftmals aufgrund der verhältnismäßig geringen Patientenzahl (im Vergleich zum Patientenkollektiv nach der Zulassung) sehr seltene Nebenwirkungen nicht erfasst werden oder entsprechende Daten zur Anwendung bei besonderen Patientengruppen nicht ausreichend untersucht werden. Bei einer Nebenwirkungsrate von 0,01 % benötigt man bereits 30.000 Patienten, um diese Nebenwirkung beobachten zu können. In Phase-IV-Studien werden große Patientenkollektive einbezogen, um diese Daten erfassen zu können. In der Regel umfassen Phase-IV-Studien für derartige Zwecke mehr als 10.000 Patienten.

C. Beteiligte

Bei einer klinischen Studie gibt es eine ganze Reihe von Personen und Institutionen, die mit verschiedenen Aufgaben betraut sind. Die Meisten stehen nicht in direktem Kontakt mit den Prüfungsteilnehmern.

I. Prüfungsteilnehmer

Hierbei spricht man von Probandinnen/Probanden oder Patientinnen/Patienten, je nachdem, ob es sich um gesunde oder an der zu untersuchenden Krankheit erkrankte Prüfungsteilnehmer handelt. Als übergreifenden und geschlechtsneutralen Beschreibung hat der Gesetzgeber in Deutschland an dieser Stelle den Begriff „Betroffene Person" im Gesetz verankert. Die Rekrutierung der Teilnehmer erfolgt auf unterschiedlichen Wegen. Während man erkrankte Personen (Patienten) über die Prüfer ansprechen kann, erreicht man die freiwillige Teilnahme von gesunden Teilnehmern (Probanden) meist über Werbemaßnahmen in Zeitungen oder über Aushänge und Plakate, die an öffentlichen Orten platziert werden.

Aber auch Patienten kann man auf diese Weise über geplante Studien unterrichten und für eine Teilnahme gewinnen. Der Prüfungsteilnehmer wird über Wesen, Bedeutung, Risiken und Tragweite der klinischen Studie aufgeklärt und muss in die Teilnahme schriftlich einwilligen. Bei Minderjährigen oder nicht einwilligungsfähigen Personen ist die Einwilligung des gesetzlichen Vertreters notwendig (s.u. Rn 86). Die Einwilligung zur Teilnahme kann jederzeit widerrufen werden. Zusätzlich ist der Prüfungsteilnehmer über den Umfang der Verwendung von personenbezogenen Daten, besonders Gesundheitsdaten, aufzuklären und muss auch hierzu seine Einwilligung erklären. Diese Einwilligung ist jedoch unwiderruflich. Jeder Prüfungsteilnehmer erhält eine Patientenidentifikationsnummer, unter der er im weiteren Verlauf der Studie geführt wird. Die zu dieser Nummer gehörenden Patientendaten sind lediglich dem Prüfer bekannt und werden auch nicht an den Sponsor weitergegeben. Dies gewährleistet eine anonymisierte Handhabung der Studiendaten.

II. Prüfer/Prüfpersonal

42 Dabei handelt es sich um denjenigen Arzt oder diejenige Person, die aufgrund ihres Berufes, ihrer wissenschaftlichen Ausbildung und ihrer Erfahrung in der Patientenbetreuung, die sie für die klinische Forschung bei Menschen qualifiziert, die Verantwortung in der Prüfstelle für die Durchführung der klinischen Studie bei den Prüfungsteilnehmern übernimmt. Existieren mehrere Prüfer an einer Prüfstelle, so wird einer der Prüfer zum sog. **Hauptprüfer** ernannt. Der Prüfer ist ebenfalls für die Rekrutierung von Patienten verantwortlich. Die Anzahl von Prüfern in einer klinischen Studie variiert dabei je nach Studienvorhaben, Patientendichte (Standort) und Häufigkeit der untersuchten Krankheit.

43 Bei multizentrischen Studien in Deutschland ist einer der beteiligten Prüfer vom Sponsor zum Leiter der klinischen Prüfung (LKP) zu benennen. Die für den LKP verantwortliche Ethikkommission ist diejenige Ethikkommission, die eine Bewertung über die ethische und wissenschaftliche Vertretbarkeit der Studie abzugeben hat. Derjenige Prüfer, der vom Sponsor mit der Leitung der klinische Studie betraut wurde (bei multizentrischen Studien ist es der LKP), muss nachweislich eine zweijährige Erfahrung in der klinischen Prüfung besitzen und hat den Prüfplan in seiner endgültigen Fassung mit zu unterschreiben. Bei monozentrischen Studien bleibt die Position des LKP unbenannt und die Leitung der Studie übernimmt der einzige Prüfer oder der Hauptprüfer.

44 Für das Prüfpersonal hat der verantwortliche Prüfer vor Ort eine Liste zu führen, in der diejenigen Personen aufgeführt sind, an die er wichtige Aufgaben im Zusammenhang mit der Studie delegiert hat (ICH E6 Kapitel 4.1.5). Gleichzeitig hat er dafür zu sorgen, dass ihn genügend Personen unterstützen um einen ordnungsgemäßen Ablauf der Studie im Prüfzentrum zu gewährleisten. Diese Personen müssen adäquat über den Prüfplan, das Prüfpräparat und ihre Aufgaben im Zusammenhang mit der Studie informiert sein.

III. Auftragsforschungsinstitut

45 Ein Auftragsforschungsinstitut (**Contract Research Organisation – CRO**), üblicherweise wird als Abkürzung auch im Deutschen „CRO" verwendet, übernimmt bestimmte Aufgaben und Pflichten des Sponsors bei der Planung, Durchführung, Überwachung und Auswertung einer klinischen Studie. Die CRO dient häufig als Beauftragte des eigentlichen Sponsors, wenn dieser in einem anderen europäischen Land oder außerhalb der EU ansässig ist. In der Regel wird eine Studie vollständig von einer CRO betreut, da der eigentliche Sponsor keine eigenen Kapazitäten aufbringen kann. Das Maß der zu übernehmenden Aufgaben wird in Absprache mit dem Sponsor detailliert vertraglich festgehalten. Die Inhalte des Vertrages mit den darin enthalten Zuweisungen der Verantwortlichkeiten sind maßgeblich für eine eventuelle Zuweisung der Verantwortung bei Feststellung eines Fehlverhal-

tens. Aus diesem Grund kommt der vertraglichen Ausgestaltung eine besondere Bedeutung bei, da die gesetzlichen Verpflichtungen, die in der Regel ein Sponsor zu erfüllen hat, per Vertrag an die CRO übertragen werden, letztendlich jedoch der Sponsor immer per Gesetz der alleinig Verantwortliche bleibt. Lediglich die Inhalte des Vertrages belegen das Ausmaß einer Delegation und damit auch eine Übertragung der Verantwortlichkeiten hinsichtlich etwaiger Konsequenzen aus festgestelltem Fehlverhalten.

Der **Monitor** stellt im Auftrag des Sponsors oder dessen Beauftragten (CRO) die Verbindung zu den an der Studie teilnehmenden Prüfern dar. Ihm obliegen zumeist die Aufgaben der Begutachtung (screening) von Prüfzentren, Rekrutierung der entsprechenden Prüfer in den Prüfzentren und Überwachung/Kontrolle des Fortgangs der Studie bei den Prüfern. Er hat Prüfer und Prüfpersonal über deren Aufgaben und Pflichten im Rahmen der Studie, über Bedeutung, Wesen und Tragweite der Studie und über das einzusetzende Prüfpräparat zu unterrichten. Des Weiteren stellt er durch regelmäßige Besuche während der Studie sicher, dass die Qualität der Daten gewährleistet ist und die Vorgaben der Studie, wie sie im Prüfplan festgehalten sind, befolgt werden. Dazu überprüft er die Einhaltung der Vorgaben anhand der Dokumentation im Prüfzentrum, nimmt Einsicht in die gewonnenen Daten und verifiziert diese stichprobenartig.

IV. Sponsor

Sponsor ist gemäß Definition diejenige natürliche oder juristische Person (s.a. Rn 7), die die Verantwortung für die Veranlassung, Organisation und Finanzierung einer klinischen Prüfung beim Menschen übernimmt. Dem Sponsor obliegen besonders eine Vielzahl von Verpflichtungen zur Wahrung der Sicherheit der Prüfungsteilnehmer. Eine Auflistung der Aufgaben des Sponsors findet sich in Kapitel 5 der der ICH-Leitlinie E 6. Dazu zählt beispielsweise:

- Planung der Studie gemäß den Vorgaben der GCP
- Erstellung des Prüfplans und aller weiteren notwendigen Dokumente
- Identifikation, Rekrutierung und Schulung geeigneter Prüfer
- Sicherstellung und Überwachung der Qualität der Studie und der gewonnenen Daten
- Finanzierung der Studie
- Sammlung, Auswertung und Meldung von Ereignissen, die im Zusammenhang mit der Studie bzw. mit der Gabe des Prüfpräparates stehen.
- Auswertung der Ergebnisse
- Abschluss einer entsprechenden Probandenversicherung
- Antragstellung für die Genehmigung durch die zuständige Bundesoberbehörde
- Beantragung der zustimmenden Bewertung durch die federführende Ethikkommission

Sofern der Sponsor diese und/oder weitere im obliegende Aufgaben nicht delegiert (zB an eine CRO), hat er selber die Erfüllung seiner Aufgaben und Verpflichtungen sicher zu stellen. Dies betrifft besonders die Sammlung, Bewertung und Weiterleitung von Berichten über unerwünschte Ereignisse sowie die Initiierung geeigneter Maßnahmen. Für den Genehmigungsantrag bei der Bundesoberbehörde sowie für den Antrag bei der zuständigen Ethikkommission benötigt der Sponsor eine EudraCT-Nummer, die er oder ein Beauftragter zuvor auf einer Internetseite der EMEA beantragen kann (eudract.emea.eu.int).

V. Ethikkommission

Im Rahmen einer klinischen Studie gibt es eine Reihe von Ethikkommissionen, die vor Beginn einer Studie unterschiedliche Sachverhalte bewerten und entspreche Voten abgeben. Für jede Studie gibt es eine zuständige unabhängige und interdisziplinär besetzte Ethikkommission (oftmals auch federführende Ethikkommission genannt), die nach Antrag durch den Sponsor innerhalb von in der Regel 60 Tagen eine Bewertung der ethischen und wissenschaftlichen Vertretbarkeit der Studie durchführt unter besonderer Beachtung der Wahrung der Patientenrechte (s.a. §§ 7 und 8 GCP-Verordnung). Darüber hinaus existieren weitere Ethikkommissionen, die für den jeweils teilnehmenden Prüfer zuständig sind; sog. lokale Ethikkommissionen. Sie bewerten ebenfalls nach Antrag durch den Sponsor innerhalb von 30 Tagen, die Eignung des Prüfers und des Prüfzentrums unter dem Aspekt der Teilname an der jeweiligen Studie und teilen das Ergebnis der für das Votum zuständigen Ethikkommission mit.

VI. Versicherung/Versicherer

50 Der Abschluss einer sog. **Probandenversicherung** (Achtung: feststehender Begriff; gilt auch für klinische Studien, in die keine Probanden, sondern Patienten eingebunden werden) ist gemäß GCP eines der wesentlichen Voraussetzungen dafür, dass eine klinische Studie überhaupt begonnen werden darf (§ 40 Abs. 1 S. 3 Nr. 8 AMG). Eine Probandenversicherung muss Leistung gewähren, wenn kein andere Versicherung für den Schaden haftet (zB Ärzte- oder Firmenhaftpflicht).

51 Der Versicherer muss in der EU/EWR zum Geschäftsbetrieb zugelassen sein. Damit wäre bei multinationalen Studien in Europa ein einziger Versicherer pro Studie, der in einem Europäische Mitgliedstaat ansässig ist (dort muss noch nicht einmal ein Prüfzentrum der Studie liegen) zugelassen. Dies ist zwar gemäß der Europäischen Gesetzgebung so verankert, in der Praxis wird sich jedoch nur schwer ein Versicherer in einem Europäischen Land finden, der eine klinische Studie in einem anderen Europäischen Land versichert. Sofern der Versicherer nicht länderübergreifend über entsprechende Niederlassungen der Versicherungspflicht nachkommen kann, wird in der Regel für jeden Mitgliedstaat, in dem die Studie durchgeführt wird, ein eigener Versicherer zu finden sein.

52 Das AMG schreibt vor, dass für jeden Todesfall/dauernde Erwerbsunfähigkeit 500.000 € zur Verfügung stehen müssen. Dies setzt eine Abschätzung voraus, die hinsichtlich des Risikopotenzials des Prüfpräparates und der jeweiligen Fallzahl für die einzuschließenden Prüfungsteilnehmer die mögliche maximale Versicherungssumme festlegen sollte. Sofern die Versicherungskonditionen es nicht anders vorsehen, hat der Sponsor zu diesem Zweck dem Versicherer alle Informationen zur Verfügung zu stellen, die eine entsprechende Abschätzung erlauben. Die Handhabung bei dieser Vorgehensweise ist bei den verschiedenen Versicherungen stark unterschiedlich und hängt auch von den zuvor ausgehandelten Konditionen ab.

Ein weiterer wesentlicher Aspekt der Probandenversicherung ist, dass aus ihr im Schadensfall geleistete Zahlungen weitere Schadensersatzansprüche ausschließen. Im Schadensfall wird soll so eine Haftungsbegrenzung herbeigeführt werden.

VII. Zuständige Bundesoberbehörde

53 In Deutschland gibt es drei Bundesoberbehörden, die je nach Art des zu prüfenden Arzneimittels, eine klinische Studie mit Menschen zu genehmigen haben. Das Paul-Ehrlich-Institut (PEI), das für Sera, Impfstoffe, Blutzubereitungen, Testallergene, Testsera und Testantigene zuständig ist, das Bundesamt für Verbraucherschutz und Lebensmittelsicherheit, das für Tierarzneimittel zuständig ist, und das Bundesinstitut für Arzneimittel und Medizinprodukte (BfArM), das für alle anderen, bislang nicht genannten Arzneimittel zuständig ist. Die Zuteilung der Fachbereiche ist im § 77 AMG festgeschrieben.

54 Vor Beginn einer Studie, muss die jeweils zuständige Bundesoberbehörde die Studie genehmigt haben. Dazu reicht der Sponsor neben einem Genehmigungsantrag, der detaillierte

D. Allgemeine Voraussetzungen (§ 40 AMG)/Vorgaben der Richtlinie 2001/20/EG

Angaben zur Studie enthält, alle weiteren Unterlagen ein, die die Bundesoberbehörde benötigt (s.a. §§ 7 und 9 GVP-Verordnung). Der Fokus liegt dabei auf der Qualität und der Sicherheit des Prüfpräparates und auf der Bedeutung des zu prüfenden Arzneimittels für das Arzneimittelwesen. Die Bundesoberbehörde leitet die im Genehmigungsantrag enthaltenen Informationen an die EMEA zur Einspeisung in die europäische Datenbank EudraCT weiter. Zum Verfahren siehe auch Rn 116 ff.

VIII. Aufsichtsbehörden

Gemäß § 67 Abs. 1 AMG sind alle an einer klinischen Studie beteiligten Institutionen unter anderem an die jeweils zuständigen Aufsichtsbehörden zu melden. In der GCP-Verordnung (§ 12 Abs. 1 AMG) werden konkrete Vorgaben gemacht, welche Informationen durch den Prüfer bzw durch den Sponsor im Auftrag des Prüfers im Zusammenhang mit der Anzeige einer beteiligten Prüfstelle zu übermitteln sind.

Die Aufsichtsbehörden sind in ihrem Bereich für das Inverkehrbringen von Arzneimitteln und damit auch von Prüfpräparaten zuständig. Darüber hinaus überwachen sie die Einhaltung der Vorgaben der Good Manufacturing Practice (GMP) bei der Herstellung von Arzneimitteln und vergeben die jeweils entsprechende Herstellungserlaubnis, in der auch explizit die Herstellung des jeweiligen Prüfpräparates enthalten ist. Die Einhaltung der GMP-Vorgaben wird durch die Aufsichtsbehörden kontrolliert. Dies geschieht durch Inspektionen, die stichprobenartig nach Ankündigung oder auf Verdacht auch unangekündigt durchgeführt werden. Im Auftrag der zuständigen Bundesoberbehörde können die Aufsichtsbehörden auch die Einhaltung der GCP-Vorgaben bei der Durchführung von klinischen Studien in den beteiligten Institutionen überwachen. Dies geschieht ebenfalls durch Inspektionen.

D. Allgemeine Voraussetzungen (§ 40 AMG)/Vorgaben der Richtlinie 2001/20/EG

I. Die 13 GCP-Prinzipien

Auf Basis existierender Rahmenbedingungen für die Durchführung von klinischen Studien im damaligen Europa, Japan, den Vereinigten Staaten, Australien, Kanada, den Nordischen Ländern und der WHO wurden von der ICH insgesamt 13 international gleichlautende Prinzipien für die Good Clinical Practice formuliert und diese dann in der ICH-Guidance E6 (CPMP/ICH/135/95) im Jahr 1997 verabschiedet. Diese sollten weltweit in jedem Land, das sich dazu bereit erklärt hat, klinische Forschung am Menschen gemäß den GCP-Vorgaben durchzuführen, in die eigenen relevanten Gesetze implementiert werden. Die **13 GCP-Prinzipien** lauten:

1. Klinische Prüfungen sollten gemäß den ethischen Grundsätze durchgeführt werden, die ihren Ursprung in der Deklaration von Helsinki haben und mit der Guten Klinischen Praxis sowie den geltenden gesetzlichen Bestimmungen vereinbar sind.
2. Vor Beginn einer klinischen Prüfung sollten die vorhersehbaren Risiken und Unannehmlichkeiten gegen den zu erwartenden Nutzen für den einzelnen Prüfungsteilnehmer und die Gesellschaft abgewogen werden. Eine klinische Prüfung sollte nur begonnen und fortgesetzt werden, wenn die zu erwartenden Vorteile die Risiken rechtfertigen.
3. Die Rechte, die Sicherheit und das Wohl der Prüfungsteilnehmer genießen oberste Priorität und haben Vorrang vor den Interessen von Wissenschaft und Gesellschaft.
4. Die vorliegenden präklinischen und klinischen Informationen zu einem Prüfpräparat sollten die vorgeschlagene klinische Prüfung hinreichend stützen.
5. Klinische Prüfungen sollten wissenschaftlich fundiert sein und in einem klar formulierten, detaillierten Prüfplan beschrieben werden.

6. Eine klinische Prüfung sollte in Übereinstimmung mit dem Prüfplan durchgeführt werden, der zuvor durch eine unabhängige Ethik-Kommission genehmigt / zustimmend bewertet wurde.
7. Die medizinische Versorgung der Prüfungsteilnehmer sowie die in ihrem Namen getroffenen medizinischen Entscheidungen sollten immer von einem qualifizierten Arzt oder gegebenenfalls einem qualifizierten Zahnarzt verantwortet werden.
8. Jede an der Durchführung einer klinischen Prüfung beteiligte Person sollte durch Aus- und Weiterbildung sowie berufliche Erfahrung für die Ausführung ihrer jeweiligen Aufgabe(n) qualifiziert sein.
9. Vor der Teilnahme an einer klinischen Prüfung sollte von jedem Prüfungsteilnehmer eine freiwillig abgegebene Einwilligungserklärung nach vorheriger Aufklärung eingeholt werden.
10. Alle klinischen Prüfungsdaten sollten so aufgezeichnet, behandelt und aufbewahrt werden, dass eine korrekte Berichterstattung, Interpretation und Überprüfung möglich ist.
11. Die vertrauliche Behandlung der Aufzeichnungen, anhand deren die Identifizierung der Prüfungsteilnehmer möglich wäre, sollte gewährleistet sein, wobei die Regelungen zum Schutz der Privatsphäre und zur Wahrung der Vertraulichkeit gemäß den geltenden gesetzlichen Bestimmungen eingehalten werden sollten.
12. Herstellung, Handhabung und Lagerung der Prüfpräparate sollten gemäß der geltenden Guten Herstellungspraxis (GMP, Good Manufacturing Practice) erfolgen. Sie sollten gemäß dem genehmigten Prüfplan angewendet werden.
13. Es sollten Systeme mit Maßnahmen eingeführt werden, die die Qualität jedes Aspektes der klinischen Prüfung gewährleisten.

58 Zur Erfüllung dieser Prinzipien gibt es nicht nur in der ICH-Guideline E 6 eine Vielzahl von Ausführungsbestimmungen und weiterer Vorgaben. In nationalen Gesetzen finden sich oftmals zusätzliche Regelungen, die jene internationalen Vorgaben vertiefen und ergänzen. Viele davon sind spezifisch für die Länder, in denen sie Gültigkeit besitzen. Aufgrund der Implementierung der internationalen Prinzipien in bereits bestehenden Gesetze der Länder kommt es aufgrund von (erlaubten) Anpassungen oftmals zu unterschiedlichen gesetzlichen Vorschriften, die der Erreichung der Prinzipien dienen. Darüber hinaus haben die Guidelines der ICH, auch wenn sie von der Europäischen Kommission ratifiziert wurden, einen eher geringen Status in der gesetzgebenden Hierarchie. Aus diesem Grund wurden die GCP-Grundlagen zusätzlich in insgesamt drei europäische Richtlinien (2001/20/EG, 2005/28/EG, 2003/94/EG) gekleidet, die alle Mitgliedstaaten innerhalb einer gewissen Frist in ihre eigene Gesetzgebung zu übernehmen hatten. In Deutschland geschah dies hauptsächlich mit der 12. AMG-Novelle im Jahr 2004, mit der die wichtigste der drei Richtlinien, die GCP-Direktive 2001/20/EG, umgesetzt wurde.

II. Ethische Grundsätze

59 Eine klinische Studie muss in jedem Fall ethisch vertretbar und wissenschaftlich unverzichtbar sein. Es ist abzuwägen, ob das Risiko, dem die Prüfungsteilnehmer ausgesetzt werden, durch den späteren Nutzen, den die Erkenntnisse aus der Studie für das gesamte Patientenkollektiv darstellen, aufgewogen wird. Für die Bewertung eben dieser Voraussetzung ist eine Ethikkommission zuständig, die sich aus Ärzten und nicht-medizinischen Mitgliedern, wie zB Theologen und Patientenvertretern, zusammensetzt. Die zustimmende Bewertung (positives Votum) dieser Institution ist eine der formalen Voraussetzungen dafür, dass überhaupt mit der Studie begonnen werden darf (gem. § 40 Abs. 1 AMG).

60 Im AMG sind eine Reihe von weiterführenden grundlegenden ethischen Prinzipien festgelegt. So ist es untersagt, Patienten in klinische Studien einzubinden, die auf gerichtliche oder

D. Allgemeine Voraussetzungen (§ 40 AMG)/Vorgaben der Richtlinie 2001/20/EG 12

behördliche Anordnung in einer Anstalt untergebracht sind (§ 40 Abs. 1 S. 2 Nr. 4 AMG). Des Weiteren ist die klinische Forschung mit kranken Minderjährigen und mit nicht einwilligungsfähigen Erwachsenen zwar möglich, aber strengen Rahmenbedingungen unterworfen (§ 40 Abs. 4 und § 41 AMG). Generell sind die Gesetzesvorgaben unter der Maßgabe formuliert, dass den Prüfungsteilnehmern ein größtmögliches Maß an Sicherheit zuteil wird (s.u.).

III. Gesetzlich Vorgaben

Im AMG sind eine Reihe von Voraussetzungen verankert, ohne deren Erfüllung keine klinische Studie durchgeführt werden darf. Ein Teil davon wurde bereits im vorangegangen Text beschrieben. An dieser Stelle soll eine Übersicht der **formalen Voraussetzungen für den Beginn einer klinischen Studie gemäß GCP und gemäß dem AMG** gegeben werden:

- Die Risiken für die Patienten/Probanden müssen vertretbar sein. Eine entsprechende Bewertung bzw Nutzen-Risiko-Abschätzung ist durch den Sponsor vorzunehmen und der Dokumentation für einen Antrag auf Genehmigung beizulegen.
- Zwei getrennte Einwilligungen des Prüfungsteilnehmers in 1. die Teilnahme und in 2. die Verarbeitung und Weitergabe der eigenen Daten (anonymisiert) sind zuvor einzuholen, nachdem der Teilnehmer zuvor durch einen Prüfer, der Arzt oder Zahnarzt (bei einer zahnmedizinischen Studie) ist über Wesen, Bedeutung, Risiken und Tragweite der der klinischen Studie aufgeklärt wurde. Beide Einwilligungen können durchaus in einem Dokument vereint werden, sofern eine Trennung beider Einwilligungen voneinander gewährleistet ist. Die Einwilligungen sind schriftlich (Unterschrift) abzugeben. Seit der 15. AMG-Novelle gibt es auch die Möglichkeit in Sonderfällen die Einwilligung in Anwesenheit eines Zeugen mündlich zu erteilen.
- Zusätzlich zu der Aufklärung vor Einwilligung ist dem Prüfungsteilnehmer die Gelegenheit zu geben, mit einem Prüfer über die sonstigen Bedingungen der Durchführung der klinischen Studie zu sprechen.
- Im AMG ist verankert, dass der Prüfungsteilnehmer nicht auf gerichtliche oder behördliche Anordnung in einer Anstalt untergebracht sein darf. Dabei handelt es sich um eine Vorgabe, die nicht international gleichlautend ist. In anderen Ländern existiert dieses Ausschlusskriterium nicht.
- Für die Durchführung einer klinischen Studie in einem Prüfzentrum gilt die Maßgabe, dass Prüfer, Personal und Einrichtung geeignet sein müssen. Die jeweilige Eignung ist eine Fall zu Fall Beurteilung, die im Rahmen der Gesamtbewertung durch die federführende Ethikkommission durch die beteiligten Ethikkommissionen, in deren Verantwortungsbereich das jeweilige Prüfzentrum liegt, abgegeben werden. Es gibt bislang keine eindeutigen Vorgaben, wann die Eignung gegeben ist. Mit der 15. AMG-Novelle wurde durch eine Ergänzung im § 42 Abs. 3 S. 2 Nr. 4 das BMG dazu ermächtigt, per Rechtsverordnung die Voraussetzungen für die Eignung eines Prüfzentrums festzulegen.
- Derjenige Prüfer, der die Leitung der klinischen Studie übertragen bekommen hat, muss eine mindestens zweijährige Erfahrung in der klinischen Prüfung von Arzneimitteln nachweisen. Bei multizentrischen Studien ist dies der LKP, bei monozentrischen Studien entweder der Hauptprüfer oder der einzige Prüfer.
- Bei einem Prüfpräparat, das aus einem gentechnisch veränderten Organismus oder einer Kombination von gentechnisch veränderten Organismen besteht oder solche enthält, ist nicht nur das Risiko für die Prüfungsteilnehmer selber sondern auch das Risiko für beteiligte Dritte (Prüfer, Prüfpersonal, andere Personen mit denen der Patient Kontakt hat) hinsichtlich unvertretbarer schädlicher Auswirkungen auf die Gesundheit zu bewerten. Darüber hinaus wird auch eine Beurteilung des Einflusses auf die Umwelt erwartet.

- Da der jeweilige Prüfer nicht unbedingt selber Mediziner sein muss (siehe Begriff des Prüfers) ist in jedem Fall die medizinische Betreuung der Prüfungsteilnehmer durch einen Arzt sicherzustellen.
- Vor Beginn der ersten klinischen Prüfung hat eine pharmakologisch-toxikologische Prüfung des Prüfpräparates nach neuestem wissenschaftlichem Erkenntnisstand zu erfolgen. Die Ergebnisse dieser Prüfung und die daraus abgeleiteten Erkenntnisse über mögliche Risiken sind von dem für die pharmakologisch-toxikologische Prüfung verantwortlichen Wissenschaftler aufzubereiten und dann jedem an einer klinischen Studie mit diesem Prüfparat beteiligten Prüfer zur Kenntnis zu bringen.
- Als Hauptverantwortlicher für die klinische Studie muss der Sponsor selber oder aber ein offizieller gesetzlicher Vertreter (Beauftragter) seinen Sitz in einem Mitgliedstaat der Europäischen Union oder in einem anderen Vertragsstaat des Abkommens über den Europäischen Wirtschaftsraum haben.
- Vor Beginn einer klinischen Studie ist eine Genehmigung der jeweils zuständigen Bundesoberbehörde zu beantragen (s.u. Rn 116 ff). Nur mit dieser Genehmigung darf eine klinische Studie begonnen werden.
- Ebenfalls vor Beginn der klinischen Studie ist die Bewertung durch eine federführende Ethik-Kommission (Votum) zu beantragen (s.u. Rn 126 ff). Nur mit einer positiven Bewertung darf eine klinische Studie begonnen werden.
- Für die jeweilige klinische Studie ist eine Probandenversicherung abzuschließen (siehe Kapitel Probandenversicherung). Jedem Prüfungsteilnehmer sind Informationen zu dieser Versicherung auszuhändigen.
- Für die Prüfungsteilnehmer oder deren gesetzliche Vertreter muss eine zusätzliche Kontaktstelle eingerichtet sein. Dort können sie Informationen über alle Umstände, denen eine Bedeutung für die Durchführung einer klinischen Prüfung beizumessen ist, einholen. In den Europäischen Mitgliedstaaten ist dies unterschiedlich geregelt. In Deutschland ist die Kontaktstelle bei der jeweils zuständigen Bundesoberbehörde eingerichtet. Die Kontaktdaten sind dem Prüfungsteilnehmer mitzuteilen.
- Für Studien mit Minderjährigen oder nicht einwilligungsfähigen Personen gelten noch engere Vorgaben (s.u. Rn 85 ff).

E. Schutz der Betroffenen
I. Die Deklaration von Helsinki

62 Der Weltärztebund hat erstmals 1964 in Helsinki mittels der „Deklaration von Helsinki" grundlegende ethische Prinzipien für die Durchführung von klinischen Studien verbindlich festgelegt. Diese spiegeln die ärztliche Standesauffassung zur medizinischen Forschung am Menschen wider. Die Prinzipien gelten weltweit und werden in der Regel in die jeweiligen nationalen Vorgaben für die Beteiligung von Ärzten an der klinischen Forschung eingearbeitet. Bei uns in Deutschland geschieht dies im Rahmen der Musterberufsordnungen (MBO) der Ärzte. Die Deklaration wird unregelmäßig während des Treffens des Weltärztebundes überarbeitet. Die letzte Fassung stammt aus dem Jahr 2008 (Seoul).

63 Die aktuell gültige Fassung der Deklaration von Helsinki ist ein Dokument, dass zur Information der Prüfer jederzeit ein Bestandteil der Prüferinformation (Investigator Broschure) sein sollte. Sie enthält Informationen und Maßgaben, die über die Inhalte der jeweiligen Berufsordnung der Ärzte hinausgeht.

II. Pharmakovigilanz in klinischen Prüfungen

Die Pharmakovigilanz in klinischen Prüfungen ist von erheblicher Bedeutung für das Wohlergehen der Prüfungsteilnehmer, aber auch für spätere Aussagen zur (Anwendungs-)Sicherheit des zukünftigen Arzneimittels.

Bei klinischen Studien geht man prinzipiell davon aus, dass die Prüfungsteilnehmer einem erhöhten Risiko ausgesetzt sind, da es jederzeit zu schweren oder minderschweren Nebenwirkungen kommen kann, die bislang noch nicht im Zusammenhang mit der Gabe des jeweiligen Prüfpräparates bekannt waren. Hier ist es von besonderer Bedeutung, dass diese Informationen möglichst schnell den Verantwortlichen (dem Sponsor) bekannt werden, damit diese, sofern sie einen dringenden Handlungsbedarf auslösen, entsprechende Maßnahmen ergreifen können, wozu auch, sofern notwendig, die Unterrichtung der anderen beteiligten Institutionen und Personen gemäß den gesetzlichen Vorgaben gehört. Diese Informationsvermittlung kann je nach Schweregrad des Vorkommnisses unmittelbar nach auftreten desselben als Einzelmeldung oder in Form von zusammenfassenden Berichten und Übersichten erfolgen.

1. Dokumentations- und Meldepflichten

Neben den wissenschaftlichen Ergebnissen einer klinischen Studie sind Ereignisse, die im Zusammenhang mit der Studie oder der Gabe des Prüfpräparates stehen von wesentlicher Bedeutung. Die Auswertung dieser Ereignisse ist von hoher Bedeutung für die Sicherheit der Prüfungsteilnehmer und für die Nutzen-Risiko Bewertung des Prüfpräparates. Die Auswertung der Ereignisse lässt Rückschlüsse auf mögliche Nebenwirkungen des Prüfpräparates zu, kann aber auch auf Fehldosierungen oder Anwendungsfehler hinweisen. Die GCP-Vorgaben regeln eindeutig, welche Personen und Institutionen welche Meldewege und -fristen einzuhalten und wen sie zu unterrichten haben. In Deutschland ist die Rechtsgrundlage hierzu im AMG verankert und wird detailliert in der GCP-Verordnung beschrieben.

a) Prüfer

Die Dokumentations- und Meldepflichten des Prüfers sind in § 12 der GCP-Verordnung beschrieben. Generell unterrichtet der Prüfer primär den Sponsor von den dort aufgeführten Fällen. Für die Meldungen verwendet er Formblätter, die ihm vom Sponsor im Rahmen der Studienunterlagen zur Verfügung gestellt werden. Im Falle des Todes eines Prüfungsteilnehmers ist der Prüfer zusätzlich dazu verpflichtet, ergänzende Auskünfte auf Anforderung an die Bundesoberbehörde, die zuständige EK, bei multizentrischen Studien auch den beteiligten EK und den Sponsor zu übermitteln. Personenbezogene Daten sind dabei vor ihrer Weitergabe an den Sponsor und die Bundesoberbehörde zu pseudonymisieren, vor ihrer Übermittlung an eine Ethikkommission sind sie zu anonymisieren.

Der **Prüfer unterrichtet** den Sponsor

- unverzüglich über das Auftreten eines schwerwiegenden unerwünschten Ereignisses, ausgenommene Ereignisse, über die laut Prüfplan oder Prüferinformation nicht unverzüglich berichtet werden muss. Der Meldung folgt ein ausführlicher schriftlicher Bericht;
- über unerwünschte Ereignisse und unerwartete klinisch-diagnostische Befunde, die im Prüfplan für die Bewertung der klinischen Prüfung als entscheidend bezeichnet sind. Dies hat innerhalb von Fristen zu geschehen, die der Sponsor im Prüfplan festgelegt hat;
- bei klinischen Prüfungen mit Arzneimitteln, die aus einem gentechnisch veränderten Organismus oder einer Kombination von gentechnisch veränderten Organismen bestehen oder solche enthalten, unverzüglich über Beobachtungen von in der Risikobewertung nicht vorgesehenen etwaigen schädlichen Auswirkungen auf die Gesundheit nicht betroffener Personen und die Umwelt.

Die Nichteinhaltung der hier gemachten Vorgaben wird nach § 16 GCP-V als Ordnungswidrigkeit im Sinne des § 97 Abs. 2 Nr. 31 AMG eingestuft.

b) Sponsor

68 Die Dokumentations- und Meldepflichten des Sponsors sind in § 13 der GCP-Verordnung festgelegt. Da beim Sponsor die Hauptverantwortung für die Sicherheit der Prüfungsteilnehmer liegt, sind die dort verankerten Vorgaben äußerst stringent. Der Sponsor hat die ihm bekannt werdenden Meldungen zu bewerten und je nach Schweregrad innerhalb der vorgegebenen Fristen weiterzuleiten. Die Nichteinhaltung der hier gemachten Vorgaben wird nach § 16 GCP-V als Ordnungswidrigkeit im Sinne des § 97 Abs. 2 Nr. 31 AMG eingestuft.

Der Sponsor hat alle ihm von den Prüfern mitgeteilten unerwünschten Ereignisse ausführlich zu dokumentieren. Die Daten müssen auf Anfrage der deutschen oder auch jeder anderen zuständigen Behörde in der EU/EWR in anonymisierter Form zur Verfügung gestellt werden.

69 Der **Sponsor unterrichtet** unter Beachtung der Verpflichtung zur Anonymisierung von personenbezogenen Daten:

- unverzüglich die zuständige Bundesoberbehörde bei klinischen Prüfungen mit Arzneimitteln, die aus einem gentechnisch veränderten Organismus oder einer Kombination von gentechnisch veränderten Organismen bestehen oder solche enthalten, über neue Informationen sowie über Gefahren für die Gesundheit nicht betroffener Personen und die Umwelt;
- unverzüglich, spätestens aber innerhalb von sieben Tagen nach Bekanntwerden über jeden ihm bekannt gewordenen Verdachtsfall einer unerwarteten schwerwiegenden Nebenwirkung, die zu einem Todesfall geführt hat oder lebensbedrohlich ist die zuständige Ethikkommission, die betroffene zuständige Bundesoberbehörde und die betroffenen zuständigen Behörden anderer Mitgliedstaaten der EU/EWR sowie die beteiligten Prüfer,. Innerhalb weiterer acht Tage liefert er alle weiteren relevanten Informationen nach;
- unverzüglich, spätestens aber innerhalb von 15 Tagen nach Bekanntwerden über jeden ihm bekannt gewordenen Verdachtsfall einer unerwarteten schwerwiegenden Nebenwirkung die zuständige Ethikkommission, die betroffene zuständige Bundesoberbehörde und die betroffenen zuständigen Behörden anderer Mitgliedstaaten der EU/EWR sowie die an der klinischen Prüfung beteiligten Prüfer;
- unverzüglich, spätestens aber innerhalb von 15 Tagen nach Bekanntwerden über jeden Sachverhalt, der eine erneute Überprüfung der Nutzen-Risiko-Bewertung des Prüfpräparates erfordert die zuständige Bundesoberbehörde, die zuständige Ethikkommission und die betroffenen zuständigen Behörden anderer Mitgliedstaaten der EU/EWR;
- sofern Maßnahmen zum Schutz der Prüfungsteilnehmer oder der Umwelt vor unmittelbarer Gefahr gemäß § 11 GCP-V getroffen werden, alle betroffenen zuständigen Behörden in der EU und die zuständige EK über diese sowie die auslösenden Umstände;
- alle betroffenen zuständigen Behörden in der EU und die zuständige EK einmal jährlich in Form einer Liste über aller während der Prüfung aufgetretenen Verdachtsfälle schwerwiegender Nebenwirkungen sowie über die Sicherheit der betroffenen Personen (s.u. ASR, Rn 77);
- innerhalb von 90 Tagen nach dem geplanten Ende einer Studie die zuständige Behörde, die betroffene zuständige Bundesoberbehörde, die zuständige Ethikkommission und die betroffenen zuständigen Behörden anderer Mitgliedstaaten der EU/EWR über die Beendigung;

- innerhalb von 15 Tagen bei Abbruch oder Unterbrechung einer Studie durch den Sponsor die zuständige Behörde, die betroffene zuständige Bundesoberbehörde, die zuständige Ethikkommission und die betroffenen zuständigen Behörden anderer Mitgliedstaaten der EU/EWR unter Angabe der Gründe für den Abbruch oder die Unterbrechung.

Nach Beendigung der klinischen Prüfung übermittelt der Sponsor der zuständigen Bundesoberbehörde innerhalb eines Jahres eine Zusammenfassung des Berichts über die klinische Prüfung, die alle wesentlichen Ergebnisse der klinischen Studie abdeckt.

Sofern nicht andere Vorgaben weitergehende Fristen für die Archivierung vorschreiben, stellt der Sponsor sicher, dass die wesentlichen Unterlagen der klinischen Studie einschließlich der Prüfbögen nach der Beendigung oder dem Abbruch der Prüfung mindestens zehn Jahre aufbewahrt werden (§ 13 Abs. 10 GCP-Verordnung).

2. Spontanberichte, SUSAR

Auf die Bedeutung und die Fristen für Spontanberichte, sei es innerhalb von 7 oder 15 Tagen, wurde bereits eingegangen. Von besonderer Bedeutung sind die sog. SUSARs (**Serious Unexpected Suspected Adverse Reactions**). Die Definition der Unerwartetheit eines Ereignisses orientiert sich an den Informationen innerhalb des Prüfplans für die bereits bekannten Nebenwirkungen eines Prüfpräparates bzw an dem Referenzdokument (Fachinformation, SmPC, oder Prüferinformation) das dem Prüfer vorliegt. Dabei ist es unerheblich, ob das Prüfpräparat innerhalb der zugelassenen oder in einer nicht zugelassenen Indikation angewendet wird.

Die Definition eines Verdachtfalls auf eine meldepflichtige schwerwiegende und unerwartete Nebenwirkung (SUSAR) setzt bei den meisten Studien die Kenntnis voraus, ob es sich um das verwendete Prüfpräparat, um eine Placebo oder das Vergleichspräparat handelt. In klinischen Studien, die bezüglich des Prüfpräparates verblindet sind, müsste daher die Entblindung (Offenlegung der Identität eines verblindeten Prüfpräparates) im Einzelfall einer Nebenwirkungsanzeige vorausgehen und ihr Ergebnis dem Anzeigepflichtigen bekannt sein.

Eine Verfahrensweise zur Anzeige schwerwiegender und unerwarteter Nebenwirkungen (SUSAR) in verblindeten klinischen Studien findet sich in der Leitlinie der Europäischen Kommission ENTR/CT 3. Hier wird, beim Auftreten eines schwerwiegenden Ereignisses in verblindeten Studien, für den Einzelfall eine Entblindung durch den Sponsor (soweit nicht bereits durch den Prüfarzt erfolgt) empfohlen. Eine Entblindung durch den Prüfarzt wäre zuvor auch möglich, sie sollte jedoch nur dann durchgeführt werden, wenn eine unmittelbare Gefährdung für die Sicherheit der Studienteilnehmer anzunehmen ist.

In klinischen Studien mit einer hohen Morbiditäts- bzw Mortalitätsrate, wie es beispielsweise bei onkologischen Erkrankungen oder Herzinfarkt vorkommt, sind leider krankheitsbedingte tödliche oder andere schwerwiegende Ereignisse der Prüfungsteilnehmer identisch mit den primären Endpunkten. In diesen Studien kann eine unverzügliche Entblindung von allen schwerwiegenden Ereignissen ihre valide Durchführung mit einem doppelblinden Design erschweren und damit die Aussagefähigkeit der Ergebnisse gefährden. Für solche Studien wird eine abweichendes Vorgehen empfohlen. Im Fall des Auftretens schwerwiegender Ereignisse, die primäre Endpunkte der Studie darstellen, sollen diese bereits im Prüfplan als krankheitsbedingt dargestellt werden. Dann wären für solche schwerwiegenden Ereignisse, die identisch mit den primären Endpunkten der Studie sind, keine unverzügliche Mitteilung erforderlich. Anstelle der unverzüglichen Meldung wäre der Anzeigepflicht mit einer zusammenfassenden Meldung am Ende der Studie bzw nach der Entblindung Genüge getan. Essenziell für diese Abweichung vom vorgesehenen Verfahren ist jedoch eine detaillierte Beschreibung der Vorgehensweise im Prüfplan, der als Teil des Antrags auf Genehmigung der klinischen Prüfung durch die zuständige Bundesoberbehörde genehmigt wird.

3. Data Monitoring Commitee (DMC)

75 Nicht nur für die Beurteilung von SUSARs empfiehlt sich die Einbindung eines sog. unabhängigen Data Monitoring Committees (DMC) für die klinische Studie. Für schwerwiegende Ereignisse, die nicht mit dem primären Endpunkt der Studie identisch sind, gelten die oben beschriebenen unverzüglichen Anzeigenpflichten. Besonders für solche Studien empfiehlt die Leitlinie der Europäischen Kommission ENTR/CT 3 (Detailed guidance on the collection, verification and presentation of adverse reaction reports arising from clinical trials on medicinal products for human use), dass ein unabhängiges DMC eingesetzt werde sollte. Dafür hat die EMEA eine eigene Guideline veröffentlicht „Guideline on Data Monitoring Committees" (EMEA/CHMP/EWP/5872/03).

76 In jedem Fall sollte die Einsetzung eines DMC im Prüfplan beschrieben sein. Die Bewertungen und Empfehlungen des DMC sollten unverzüglich vom Sponsor der zuständigen Ethik-Kommission sowie den zuständigen Behörden der betreffenden Mitgliedstaaten mitgeteilt werden, sofern die Voraussetzungen gemäß § 13 Abs. 2–4 GCP-Verordnung erfüllt sind.

4. Jahressicherheitsbericht

77 Die Europäische Gesetzgebung benennt diese Berichte **Annual Safety Reports** (ASR; Guideline ENTR/CT 3, Kapitel 5.2). Der ASR ist in Europa über die Umsetzung der GCP-Richtlinie 2001/20/EG (Art. 17 Abs. 2) gesetzlich verankert. In Deutschland ist dies in der GCP-Verordnung geregelt (§ 13 Abs. 6). Die ICH erarbeitet derzeit eine eigene Guideline (Topic E2F) zu diesen Berichten, die dort unter der Bezeichnung Development Safety Update Reports (DSUR) geführt werden.

§ 13 Abs. 6 der GCP-Verordnung lautet:

Der Sponsor hat der zuständigen Ethik-Kommission, der zuständigen Bundesoberbehörde und den zuständigen Behörden anderer Mitgliedstaaten der Europäischen Union und anderer Vertragsstaaten des Abkommens über den Europäischen Wirtschaftsraum, in deren Hoheitsgebiet die klinische Prüfung durchgeführt wird, während der Dauer der Prüfung einmal jährlich oder auf Verlangen eine Liste aller während der Prüfung aufgetretenen Verdachtsfälle schwerwiegender Nebenwirkungen sowie einen Bericht über die Sicherheit der betroffenen Personen vorzulegen.

78 Die Jahresfrist läuft mit dem Datum der Genehmigung der klinischen Prüfung an. Innerhalb eines Zeitfensters von 60 Tagen muss dann der ASR eingereicht werden. Es kann durchaus vorkommen, dass mehrere Studien mit dem gleichen Prüfpräparate parallel durchgeführt werden. In einem solchen Fall ist ein zusammengefasster Jahresbericht über alle diese Studien erwünscht. Dabei kommt es zu einer „Eintaktung" der zu verschiedenen Zeitpunkten begonnenen Studien, bei der die geforderte Jahresfrist jederzeit verkürzt, aber auf keinen Fall für eine der Studien überschritten werden darf. Sofern Studien mit zugelassenen Arzneimitteln durchgeführt werden (Zulassungsinhaber = Sponsor), sollte eine Eintaktung auf den „international birthdate" des Arzneimittels erfolgen. Es wird in diesem Fall erwartet, dass der ASR neben dem für zugelassenen Arzneimittel vorgeschriebenen PSUR (siehe Pharmakovigilanz bei zugelassenen Arzneimittel) eingereicht wird. Trotz der Ähnlichkeit der Informationen handelt es sich bei ASR und PSUR um eigenständige Dokumente.

79 Gemäß der Europäischen Leitlinie ENTR/CT3 besteht ein ASR aus drei Teilen:
1. Bericht über die Sicherheit der Prüfungsteilnehmer.

   Damit ist eine kurze und prägnante Beschreibung aller berichteten neuen Erfahrungswerte, die im Zusammenhang mit der Gabe des Prüfpräparates stehen, gefolgt von einer kritischen Analyse möglicher Auswirkungen auf die Sicherheit der betroffenen Personen

gemeint. Dazu gehört auch ein Vermerk über den aktuellen Zustand des jeweils betroffenen Prüfungsteilnehmers (recovered, still in hospital etc.).Neue Erfahrungswerte sind solche, die nicht in der Investigator's Brochure stehen oder in der Produktbeschreibung aufgeführt sind. Erwartet wird auch eine abschließende Diskussion, ob es notwendig ist, relevante Texte zu ändern.
2. Eine Auflistung aller vermuteten schwerwiegenden Nebenwirkungen einschließlich der SUSARs

    Bei der Auflistung werden Schlüsselinformationen erwartet, keine ausführliche Beschreibung. Jedes Vorkommnis sollte möglichst nur ein Mal aufgeführt werden. Bei mehreren Nebenwirkungen erfolgt eine Auflistung nach Schweregrad. Die Mehrfachlistung eines Prüfungsteilnehmers bei verschiedenen Vorkommnissen ist möglich. Dann sollten jedoch Querverweise gesetzt werden, aus den der Zusammenhang hervorgeht. Die Vorkommnisse sollten nach Körperfunktionen sortiert werden (standard system organ classification scheme). Im Normalfall wird eine Auflistung pro Studie erwartet, zusätzliche Auflistungen können wenn nötig für ein Placebo, ein Vergleichspräparat oder aus anderen Gründen erstellt werden.
3. Zusammenfassende Übersichten

    In Form von Tabellen sollten die Berichtsfälle sortiert nach Körperfunktion, Nebenwirkung und nach Patientengruppe statistisch ausgewertet werden, um eine direkte Übersicht über signifikante Anhäufungen von Vorkommnissen zu erhalten.

III. Klinische Prüfung im Ausland

Es gibt eine ganze Reihe von internationalen Dokumenten, die den Schutz und die Rechte von Patienten beschreiben. Die Deklaration von Helsinki als Positionspapier der weltweiten Ärzteschaft wurde bereits zuvor beschrieben. Im europäischen Raum gibt es die „Convention for Protection of Human Rights and Fundamental Freedoms" (Rom, 4.11.1950) und die „Convention for the Protection of Individuals with Regard to Automatic Processing of Personal Data" (Straßburg, 28.1.1981). Darüber hinaus existieren als weitere wesentliche Dokumente der amerikanische Erlass zum Schutz von Prüfungsteilnehmern „Protection of Human Subjects" (FDA; Title 21, Chapter I, Subchapter A, Part 50), die „Universal Declaration of Human Rights" der Vereinten Nationen vom 10.12.1948 und auch im „Internationalen Pakt über bürgerliche und politische Rechte" ist in Art. 7 festgehalten: „Niemand darf der Folter oder grausamer, unmenschlicher oder erniedrigender Behandlung oder Strafe unterworfen werden. Insbesondere darf niemand ohne seine freiwillige Zustimmung medizinischen oder wissenschaftlichen Versuchen unterworfen werden." Über die hier genannten Dokumente hinaus existiert noch ein Vielzahl weiterer Papiere, die sich mit diesem Thema befassen und zumeist für spezielle Personengruppen, wie zB behinderte Personen, besondere Anforderung, die es einzuhalten gilt, festlegen.

Generell werden die Grundsätze der GCP auch bei Studien im europäischen Ausland vorausgesetzt. Die Grundlagen hierfür bilden die Guidelines der International Conference on Harmonisation (ICH, www.ich.org), die einen Zusammenschluss der Wirtschaftsregionen USA, Europa und Japan darstellt. Diese drei Regionen haben seit 1990 harmonisierte Rahmenbedingungen für den pharmazeutischen Bereich festgelegt. Die resultierenden ethischen und wissenschaftlichen Anforderungen in Form von Leitlinien (Guidelines und/oder Guidances) werden nicht nur von den beteiligten Regionen anerkannt und als eigene Dokumente von den jeweiligen Zulassungsbehörden veröffentlicht. Sie bilden auch die regulatorische Basis für den Arzneimittelbereich in vielen anderen Ländern, die ebenfalls diese Dokumente anerkennen. Ein Arbeitsfeld der ICH ist der Bereich der klinischen Forschung am Menschen. Bislang wurden 16 verschiedene Guidelines in diesem Bereich veröffentlicht. (s.u. Rn 84 ff)

82 Werden innerhalb eines Zulassungsantrags für ein Arzneimittel auch Ergebnisse von klinischen Studien eingereicht, die außerhalb der Europäischen Union durchgeführt wurden, so hat der Antragsteller gemäß § 22 Abs. 2 S. 1 Nr. 4 AMG eine Erklärung beizulegen, dass diese Studien den ethischen Anforderungen der Richtlinie 2001/20/EG des Europäischen Parlaments und des Rates vom 4.4.2001 zur Angleichung der Rechts- und Verwaltungsvorschriften der Mitgliedstaaten über die Anwendung der guten klinischen Praxis bei der Durchführung von klinischen Prüfungen mit Humanarzneimitteln (ABl. EG Nr. L 121 S. 34) gleichwertig sind.

83 Sind diese sog. Studien in Drittländern Bestandteil eine Pädiatrischen Prüfkonzeptes gemäß den Vorgaben der Verordnung über Kinderarzneimittel (vgl § 7 Rn 87 ff), so ist für jede dieser Studien nachträglich eine eigene EudraCT-Nummer bei der EMEA zu beantragen und die entsprechenden Informationen sind in der EudraCT-Datenbank zu hinterlegen.[3]

IV. Die „International Conference on Harmonisation" (ICH)

84 Auf Internationaler Ebene haben die drei größten Pharma-Wirtschaftsstandorte (USA, EU und Japan) bereits 1990 gemeinsam ein Projekt initiiert, das darauf hinzielt, harmonisierte Leitlinien zu entwickelten, die dann in diesen drei Regionen gleichsam anerkannt werden. Damit wären die Vorgaben in bestimmten Bereichen identisch und eine gegenseitige Anerkennung der Daten, die auf diese Weise gewonnen würden, wäre möglich. Das Projekt trägt den Namen „International Conference on Harmonisation of technical requirements for registration of pharmaceuticals for human use" (ICH). Beteiligt sind jeweils die Industrieverbände und die Vertreter der zuständigen Behörde aus den drei genannten Regionen sowie weitere Vertreter aus anderen Ländern wie Schweiz, Kanada oder aber auch internationale Organisationen wie die WHO. Expertengruppen, die sich aus Vertretern der Institutionen zusammensetzen, erarbeiten zu bestimmten Themen Leitlinien, die am Ende eines Erstellungsprozesses als gemeinsame Dokumente verabschiedet werden. Der letzte Schritt ist dann, dass diese Papiere in den jeweiligen Regionen als Teil der eigenen gesetzlichen Vorgaben verabschiedet werden (www.ich.org). Ein großer Teil der Papiere beschäftigt sich mit der Planung, Durchführung und Auswertung von klinischen Studien. Überwiegend sind die Papiere der ICH in diesem Bereich mit dem Großbuchstaben „E" (für Efficacy) und einer nachfolgenden durchlaufenden Nummer (teilweise mit einer weiteren Unterteilung des Themas durch zusätzlichen Buchstaben) gekennzeichnet.

Die **Titel der derzeit von der ICH publizierten Texte** in diesem Bereich mit den zugehörigen Kennzeichnungen sind nachfolgend aufgezählt:

- E1 The Extent of Population Exposure to Assess Clinical Safety for Drugs Intended for Long-Term Treatment of Non-Life Threatening Conditions
- E2A Clinical Safety Data Management: Definitions and Standards for Expedited Reporting
- E2B Clinical Safety Data Management: Data Elements for Transmission of Individual Case Safety Reports
- E2C Clinical Safety Data Management: Periodic Safety Update Reports for Marketed Drugs
- E2C Addendum to E2C: Periodic Safety Update Reports for Marketed Drugs (in E2C)
- E2D Post-Approval Safety Data Management: Definitions and Standards for Expedited Reporting
- E2E Pharmacovigilance Planning
- E2F Development Safety Update Report

---

3 <http://ec.europa.eu/enterprise/pharmaceuticals/eudralex/vol-10/2009_c28_01/2009_c28_01_de.pdf>.

- E3 Structure and Content of Clinical Study Reports
- E4 Dose-Response Information to Support Drug Registration
- E5 Ethnic Factors in the Acceptability of Foreign Clinical Data
- E6 Good Clinical Practice
- E7 Studies in Support of Special Populations: Geriatrics
- E8 General Consideration of Clinical Trials
- E9 Statistical Principles for Clinical Trials
- E10 Choice of Control Group and Related Issues in Clinical Trials
- E11 Clinical Investigation of Medicinal Products in the Pediatric Population
- E12 Principles for Clinical Evaluation of New Antihypertensive Drugs
- E14 The Clinical Evaluation of QT/QTc Interval Prolongation and Proarrhythmic Potential for Non-Antiarrhythmic Drugs
- E15 Definitions for Genomic Biomarkers, Pharmacogenomics, Pharmacogenetics, Genomic Data and Sample Coding Categories
- E16 Genomic Biomarkers Related to Drug Response: Context, Structure and Format of Qualification Submissions

V. Klinische Prüfung mit Kindern

Die grundsätzlichen Anforderungen an die Durchführung klinischer Prüfungen gelten natürlich auch für klinische Studien mit Minderjährigen. Bereits vor der 14. AMG-Novelle gab es im deutschen AMG über diese generellen Rahmenbedingungen hinaus noch besondere, zusätzliche Vorgaben für klinische Studien mit Minderjährigen. Als besonders schützenswerte Bevölkerungsgruppe waren zusätzliche Beschränkungen verankert, die über entsprechende Vorgaben in anderen europäischen Mitgliedstaaten hinausgingen. Durch die Verabschiedung und Umsetzung (12. AMG-Novelle) der europäischen Richtlinie 2001/20/EG erfolgte auch in diesem Bereich eine Harmonisierung zwischen den gesetzlichen Vorgaben der Europäischen Mitgliedstaaten. In dieser Richtlinie zur Guten Klinischen Praxis (GCP) wird in mehreren Artikeln auch auf die Besonderheiten der klinischen Prüfungen an Kindern und Jugendlichen eingegangen. Die Europäische Kommission hat die besonderen Anforderungen an klinische Studien mit Kindern in einem eigenen Papier aus dem Jahr 2008 zusammen gefasst „Ethical considerations for clinical trials on medicinal products conducted with the paediatric population".[4]

So bedarf es einer besonderen Sorgfalt bei der Einholung der Einwilligung zur Teilnahme an der klinischen Prüfung (Art. 4 „Minderjährige"): Es muss zunächst die Einwilligung der/des informierten (aufgeklärten) gesetzlichen Vertreter/s vorliegen. Zudem muss die Teilnahme dem (mutmaßlichen) Willen des Minderjährigen entsprechen. Seine Zustimmung ist einzuholen, sobald ihm die Fähigkeit zugesprochen werden kann, eine altersgerecht formulierte Aufklärung durch pädiatrisch erfahrenes Personal zu erfassen. Offiziell erlangen Kinder diese Fähigkeit mit Erreichen des Vorschulalters. In der Praxis kann es durchaus vorkommen, dass einem jüngeren Kind bereits diese Fähigkeit zugesprochen werden muss. Hier ist das Urteilsvermögen des jeweiligen Prüfers gefragt.

Wie in dem Abschnitt zur EG-Verordnung für Kinderarzneimittel bereits beschrieben (siehe Rn 24 ff), gibt es per Definition **fünf verschiedene Altersgruppen** im Altersbereich der Kinder und Jugendlichen. In dem weiten Bereich der 6- bis 17-Jährigen, die alle um eine eigene Zustimmung zu ersuchen sind, sind unterschiedliche informative Texte für die minderjährigen Prüfungsteilnehmer notwendig, die der Erläuterung von Sinn, Zweck und Ziel der jeweilige Studie dienen. Der Prüfer kann sich flexibel bei den Erläuterungen auf das Alter

---

[4] <http://ec.europa.eu/enterprise/pharmaceuticals/eudralex/vol-10/ethical_considerations.pdf>.

des Minderjährigen einstellen, das Material, das ihm als Hilfestellung zur Verfügung gestellt werden sollte, muss jedoch vorab hinsichtlich der verwendeten Begriffe und Formulierungen auf die unterschiedlichen Altersklassen abgestimmt sein und möglicherweise sogar durch bildliche Darstellungen ergänzt werden.

88 Es ist eine **Dokumentation** des Prozesses der Zustimmung erforderlich. Aufgrund der erweiterten Konstellation fällt diese ausführlicher aus, als bei „normalen" Erwachsenen als Prüfungsteilnehmer. Der Prüfer sollte durch den Sponsor oder dessen Beauftragten diesbezüglich gesondert geschult werden. Die Einwilligung in die Teilnahme kann jederzeit sowohl vom gesetzlichen Vertreter als auch vom Minderjährigen widerrufen werden. Für die Einwilligung in die Verwendung der Daten gilt auch hier, dass sie unwiderruflich ist.

89 Im **klinischen Studien-Protokoll** muss ausgeführt werden, wie die Risikoschwelle und der Belastungsgrad definiert und überprüft werden, damit die Studie für das Kind beziehungsweise den Minderjährigen mit möglichst wenig Schmerzen, Beschwerden, Angst und anderen vorhersehbaren Risiken verbunden ist. Bezogen auf die erforderlichen Maßnahmen sind die (Schwere der) Erkrankung und der Entwicklungsstand des Kindes zu berücksichtigen. Dies soll eine kontinuierliche Studienteilnahme des Kindes gewährleisten.

Entsprechend GCP dürfen bei Kinderstudien keine Anreize oder finanzielle Vergünstigungen – abgesehen von einer Aufwandsentschädigung – gewährt werden. Die Höhe der Aufwandsentschädigung ist vor Studienbeginn festzulegen.

90 Zusätzlich wird für die Ethikkommissionen, die klinische Studien an Kindern genehmigen, pädiatrische Expertise entsprechend der Richtlinie 2001/20/EG gefordert. Seit 2004 sind diese Anforderungen im AMG und der GCP-Verordnung rechtsverbindlich umgesetzt. So wird in § 42 Abs. 1 AMG verlangt, dass für die Beurteilung von Kinderstudien spezielle pädiatrische Fachkenntnisse vorzuweisen und gegebenenfalls pädiatrische Sachverständige hinzuzuziehen bzw entsprechende Gutachten zu erstellen sind.

91 § 40 Abs. 4 AMG legt die allgemeinen Voraussetzungen für eine klinische Studie bei allen Minderjährigen, unabhängig von ihrem Gesundheitszustand, fest. Hervorzuheben ist, dass bei gesunden (!) Kindern ein Arzneimittel nur dann in der klinischen Prüfung verwendet werden darf, wenn es zum Erkennen oder zum Verhüten von Krankheiten bestimmt und es auch medizinisch indiziert ist. Für Impfstudien an gesunden Kindern ergeben sich besondere Anforderungen an den Einsatz von Placebo und das Studiendesign damit ein Individualnutzen erreicht werden kann. Beispielsweise kann der Kontrollgruppe ein alternativer Impfstoff, der gegen eine andere als die untersuchte Erkrankung schützt, verabreicht werden. Reine Pharmakokinetik-Studien oder Arzneimittel-Interaktionsstudien bei gesunden Kindern sieht das Gesetz nicht vor.

92 § 41 Abs. 2 AMG beschreibt die besonderen Voraussetzungen für klinische Prüfungen und bezieht sich auch speziell auf kranke Minderjährige. Mit der 12. AMG-Novelle wurde im § 41 Abs. 2 die gruppennützige Forschung legalisiert, das heißt, hier muss die Studienteilnahme nicht mehr zwingend mit einem direkten Nutzen für das an der Studie teilnehmende Kind begründet werden. Vielmehr kann eine Teilnahme auch dann erlaubt sein, wenn die Gesamtheit der Kinder, die an der zu untersuchenden Krankheit leidet, einen Nutzen von der klinischen Prüfung hat. Sofern ein Gruppennutzen angenommen wird, muss die Durchführung der klinischen Studie für die Bestätigung bereits vorhandener Daten unbedingt erforderlich sein (§ 41 Abs. 2 b AMG). Zudem muss sich die Studie auf einen klinischen Zustand beziehen, an dem der Minderjährige als Prüfungsteilnehmer selbst leidet (§ 41 Abs. 2 c AMG).

E. Schutz der Betroffenen

1. Minimierung der Risiken und der Belastungen

Die internationalen Vorgaben und auch die europäische Gesetzgebung enthalten die Vorgabe, dass für die Minderjährigen die Forschung nur mit möglichst geringen Risiken und Belastungen verbunden sein darf. Die Vorgaben innerhalb des Prüfplans sollten so ausgelegt sein, dass dies so gut wie möglich erfüllt wird. Dazu zählt beispielsweise, invasive Methoden zu vermeiden oder, sofern nicht zu vermeiden, die Menge der zu entnehmenden Probe so gering wie möglich zu halten. Der deutsche Gesetzgeber hat daraus Anforderungen gemacht, die minimale Risiken und Belastungen fordern, ohne selber hierfür die Schwellen zu definieren, die es dabei einzuhalten gilt (§ 41 Abs. 2 d AMG). Eine Bewertung, ob diese Forderung ausreichend berücksichtigt wurde, erfolgt meist durch die jeweilige federführende Ethikkommission.

2. Pharmakovigilanz

Zur Überwachung der Arzneimitteltherapie in pädiatrischen klinischen Studien können grundsätzlich die bereits etablierten Methoden der Arzneimittelsicherheit angewendet werden. Darüber hinaus schreibt die EMEA u.a. eine Langzeitbeobachtung hinsichtlich möglicher Spätfolgen vor, die auf Auswirkungen auf den sich entwickelnden Organismus zurückzuführen sind und die es in dieser Form bei Erwachsenenstudien nicht gibt („Guideline on conduct of pharmacovigilance for medicines used by the paediatric population" (EMEA/CHMP/PhVWP/235910/2005).

Die Vorgaben für klinische Studien mit Minderjährigen fordern, dass möglichst kleine Patientenkollektive eingebunden werden. Dies hat jedoch zur Folge, dass die Erfassung von UAWs in klinischen Studien vor Zulassung eines Arzneimittels häufig nur eingeschränkte Aussagen über seine Sicherheit zulassen, da nur selten ausreichend große pädiatrische Kohorten verfügbar sind, um die Wahrscheinlichkeit für das Auftreten identifizierter oder auch potenzieller Risiken zu berechnen. Hier ist eine proaktive, weiterführende Überwachung der Arzneimittelrisiken nach der Zulassung essenziell. In Fällen von Arzneimitteln bei denen die Nebenwirkungen möglicherweise erst nach einer längeren Latenzzeit auftreten oder entdeckt werden können (zum Beispiel Wachstumsstörungen), kann möglicherweise eine lebenslange Beobachtungszeit erforderlich sein.

VI. Weitere besonders schutzbedürftige Personengruppen

In § 41 AMG werden auch zusätzliche Vorgaben für klinische Studien mit weiteren besonders schutzbedürftigen Personengruppen gemacht. Dazu zählen neben Minderjährigen auch nicht einwilligungsfähige volljährige Personen und Prüfungsteilnehmer, die im Rahmen von Notfallsituationen in klinische Studien eingebunden werden sollen aber nicht selber einwilligen können. Für minderjährige Prüfungsteilnehmer wurden die Vorgaben bereits aufgeführt (siehe Rn 85 ff).

In Notfallsituationen (§ 41 Abs. 1 S. 2 und 3 AMG) wird festgelegt, dass die sonst unumgängliche Einwilligung des Prüfungsteilnehmers vorausgesetzt wird, sofern die Einwilligung wegen einer Notfallsituation nicht eingeholt werden kann und die Behandlung, die ohne Aufschub erforderlich ist, um das Leben der betroffenen Person zu retten, ihre Gesundheit wiederherzustellen oder ihr Leiden zu erleichtern, umgehend erfolgen muss. Die Einwilligung zur weiteren Teilnahme ist einzuholen, sobald dies möglich und zumutbar ist.

Für nicht einwilligungsfähige volljährige Personen, die nicht in der Lage sind, Wesen, Bedeutung und Tragweite der klinischen Prüfung zu erkennen und ihren Willen hiernach auszurichten gibt es ebenfalls zusätzliche Einschränkungen;

- Die Person muss an einer Krankheit leiden, zu deren Behandlung das zu prüfende Arzneimittel angewendet werden soll.

- Die Anwendung des zu prüfenden Arzneimittels muss nach den Erkenntnissen der medizinischen Wissenschaft angezeigt sein, um das Leben der betroffenen Person zu retten, ihre Gesundheit wiederherzustellen oder ihr Leiden zu erleichtern.
- Die Forschung muss sich unmittelbar auf einen lebensbedrohlichen oder sehr geschwächten klinischen Zustand beziehen, in dem sich die betroffene Person befindet.
- Die klinische Prüfung muss für die betroffene Person mit möglichst wenig Belastungen und anderen vorhersehbaren Risiken verbunden sein.
- Der Belastungsgrad und die Risikoschwelle müssen im Prüfplan definiert sein und vom Prüfer ständig überprüft werden.
- Die klinische Prüfung darf nur durchgeführt werden, wenn die begründete Erwartung besteht, dass der Nutzen der Anwendung des Prüfpräparates für die betroffene Person die Risiken überwiegt oder keine Risiken mit sich bringt.
- Beide Einwilligungen (Teilnahme und Verwendung der Daten) werden durch den gesetzlichen Vertreter oder Bevollmächtigten abgegeben, nachdem er gemäß den gesetzlichen Vorgaben aufgeklärt worden ist.
- Die Forschung muss für die Bestätigung von Daten, die bei klinischen Prüfungen an zur Einwilligung nach Aufklärung fähigen Personen oder mittels anderer Forschungsmethoden gewonnen wurden, unbedingt erforderlich sein.
- Geldwerte Vorteile mit Ausnahme einer angemessenen Entschädigung dürfen nicht gewährt werden.

F. Besondere Voraussetzungen

99 Bei der Planung, Durchführung und Auswertung von klinischen Studien ist eine Reihe von unterschiedlichen Papieren zu beachten. Teilweise handelt es sich um europäische Papiere, deren Inhalte sich bislang nicht in den deutschen Vorgaben widerspiegeln, die aber dennoch eine gewisse Relevanz besitzen. Einige grundlegende Vorgaben stammen von internationalen Gremien.

I. Europäische Texte

100 Am 14.4.2001 wurde die sog. **EG-GCP-Richtlinie** (2001/20/EC) publiziert. Diese Richtlinie enthält die grundlegenden Anforderungen an die Durchführung von klinischen Studien in Europa gemäß den international gültigen Kriterien der Good Clinical Practice (GCP). Die Richtlinie war jedoch nicht mit Publikation Gesetz in allen Europäischen Mitgliedstaaten, wie es bei EU-Verordnungen (Regulations) der Fall ist, sondern sie muss von jedem einzelnen Mitgliedstaat umgesetzt, also in die nationale Gesetzgebung implementiert werden. Diese Umsetzung hatte bis zum 1.5.2004 zu geschehen, was in Deutschland und in einigen anderen europäischen Mitgliedstaaten jedoch nicht eingehalten werden konnte. Die Umsetzung und damit die Implementierung der Inhalte der EG-GCP-Richtlinie erfolgte in Deutschland mittels der 12. AMG-Novelle (in Kraft getreten am 6.8.2004). Die Europäische Arzneimittel-Zulassungsbehörde (EMEA) publiziert darüber hinaus bereits seit vielen Jahren eine Reihe von Leitlinien, die sich mit dem Bereich der klinischen Forschung beschäftigen. Dabei handelt es sich neben den ratifizierten Leitlinien der ICH zusätzlich um Papiere, die von der Efficacy Working Party (EWP) des CHMP in Ergänzung erarbeitet werden. Die meisten Leitlinien der EWP befassen sich mit konkreten Indikationen bzw mit den Rahmenbedingungen für die Durchführung entsprechender Studien in diesen Indikationen.

101 Nachfolgend wurde eine weitere Richtlinie zu den grundlegenden Anforderung der GCP (General Principles) in Europa mit der Nummer 2005/28/EG am 8.4.2005 verabschiedet. Eine eigene Umsetzung in das AMG erübrigte sich, da die Inhalte dieser Richtlinie bereits in den relevanten Paragraphen des AMG bzw in den Artikeln der GCP-Verordnung enthalten

sind. Die Richtlinie war jedoch auf europäischer Ebene notwendig, um die eigentlich selbstverständlichen Grundlagen der GCP, die bereits in dieser Form seit Veröffentlichung der ICH-GCP Leitlinie im Jahre 1998 beachtet und praktiziert wurden, rechtsverbindlich in den Gesamtkontext der europäischen Gesetzgebung für den Pharmabereich einzubinden.

Eine dritte Richtlinie befasst sich mit den Anforderungen an die ordnungsgemäße Herstellung von Prüfpräparaten (2003/94/EG). Diese wird ergänzt durch die generellen Vorgaben der GMP, die auch für Prüfpräparate gelten sowie den zusätzlichen Anforderungen, die in Annex 13 zum GMP-Leitfaden enthalten sind.

Alle relevanten Gesetzestexte für Human- und Tierarzneimittel sind in einem Gesamtwerk namens EudraLex[5] eingebunden. Diese Gesetzessammlung besteht aus europäischen Verordnungen, Richtlinie und Guidelines und unterteilt sich in insgesamt 10 Bände (Volumes), die jedes für sich unterschiedliche Teilbereiche behandeln. Band 10 beinhaltet die Vorgaben für die klinischen Prüfungen. Es unterteilt sich wiederum in sechs Kapitel:

1. Antragstellung und Antragsformulare
2. Monitoring und Pharmakovigilanz
3. Qualität der Prüfpräparate
4. Inspektionen
5. Zusätzliche Informationen
6. Gesetzgebende Texte (Richtlinien)

II. Das Deutsche Arzneimittelgesetz (AMG)

Der 6. Abschnitt des AMG lautet „Schutz des Menschen bei der klinischen Prüfung". Vorgaben für den Beginn und die Durchführung von klinischen Prüfungen finden sich dort in den §§ 40 bis 42 a AMG. § 40 beschreibt die Voraussetzungen, unter denen eine klinische Prüfung in Deutschland erst begonnen werden darf. Dazu gehört unter anderem die Genehmigung der zuständigen Bundesoberbehörde, die zustimmende Bewertung durch die zuständige (federführende) Ethikkommission, das Vorhandensein einer Probandenversicherung in ausreichender Höhe, dass die Prüfungsteilnehmer aufgeklärt wurden und daraufhin eingewilligt haben, und vor allem die Verpflichtung, zuvor die Sicherheit des Arzneimittels in vorangegangenen pharmakologisch-toxikologischen Prüfungen untersucht zu haben. § 41 behandelt bestimmte Patientengruppen und enthält für diese besondere Voraussetzungen, die es zusätzlich zu erfüllen gilt. § 42 schließlich enthält die grundlegenden Vorgaben für das Genehmigungsverfahren bei der zuständigen Bundesoberbehörde und das Bewertungsverfahren bei der federführenden Ethikkommission sowie eine Ermächtigungsgrundlage für das Bundesministerium, detaillierte Vorgaben zu den Verantwortlichkeiten von Sponsor, Bundesoberbehörde und Prüfer, der Handhabung personenbezogener Daten sowie zu den Aufgaben und den Verfahren bei Ethikkommission und Bundesoberbehörde per Rechtsverordnung festzulegen.

Darüber hinaus finden sich im AMG Detailregelungen in § 4 AMG (Begriffsbestimmung von „Klinische Prüfung", „Sponsor" und „Prüfer"), § 14 Abs. 4 AMG (Ausnahmeregelung für die Herstellung von Prüfpräparaten in Apotheken), § 67 AMG (Anzeige von beteiligten Institutionen bei die Aufsichtsbehörde und der zuständigen Bundesoberbehörde) und § 72 a AMG (Ausnahmeregelung für den Import von Prüfpräparaten). Wie zuvor ausgeführt, wird das AMG in diesem Bereich durch eine begleitende Rechtsverordnung (GCP-Verordnung) ergänzt, die die Verfahren zu klinischen Prüfungen näher ausführt.

---

5 <http://ec.europa.eu/enterprise/pharmaceuticals/eudralex/eudralex_en.htm>.

III. GCP-Verordnung

106 Die Verordnung über die Anwendung der Guten Klinischen Praxis bei der Durchführung von klinischen Prüfungen mit Arzneimitteln zur Anwendung am Menschen (GCP-Verordnung) wurde zeitgleich mit Inkrafttreten der 12. AMG-Novelle im Mai 2004 publiziert.[6]

107 Die Verordnung gibt ausführliche Anleitungen für die Umsetzung der Vorgaben des AMG im Bereich der klinischen Studien in Deutschland. Dazu gehören neben Details zu den Genehmigungsverfahren (Fristen, vorzulegenden Unterlagen) und den Verpflichtungen der an einer Studie teilnehmenden Prüfer und des Sponsors auch Vorgaben für die Kennzeichnung von Prüfpräparaten.

108 Die Verordnung unterteilt sich in 18 Paragrafen:
1. Zweck der Verordnung
2. Anwendungsbereich
3. Begriffsbestimmungen
4. Herstellung und Einfuhr
5. Kennzeichnung von Prüfpräparaten
6. Entblindung in Notfallsituationen und Rücknahme
7. Antragstellung (Bundesoberbehörde und Ethikkommission)
8. Bewertung durch die Ethik-Kommission
9. Genehmigung durch die zuständige Bundesoberbehörde
10. Nachträgliche Änderungen
11. Maßnahmen zum Schutz vor unmittelbarer Gefahr
12. Anzeige-, Dokumentations- und Meldepflichten des Prüfers
13. Dokumentations- und Meldepflichten des Sponsors
14. Mitteilungspflichten der zuständigen Bundesoberbehörde
15. Inspektionen
16. Ordnungswidrigkeiten
17. Übergangsbestimmungen
18. Inkrafttreten

IV. Bekanntmachung des BfArM und des PEI zu klinischen Prüfungen am Menschen

109 Die Bekanntmachung (BAnz Nr. 166 vom 4.9.2006) beschreibt formale und inhaltliche Anforderungen an die Unterlagen, die mit dem Antrag auf Genehmigung einer klinischen Prüfung von Humanarzneimitteln durch die zuständige Bundesoberbehörde nach § 42 Abs. 2 AMG sowie § 7 Abs. 1, 2, 4, 5, 6 und 7 der GCP-Verordnung (GCP-V) bei dieser vorzulegen sind, sowie die Anforderungen nach § 10 Abs. 1 und 3 (nachträgliche Änderungen) und nach § 13 Abs. 8 (Anzeige der Beendigung der klinischen Prüfung) und § 9 (Zusammenfassung eines Abschlussberichts) der GCP-Verordnung.

110 Die Bekanntmachung geht besonders auf die geforderten Inhalte der vorzulegenden Dokumentation ein, erläutert aber auch die möglichen Erleichterungen bei der einzureichenden Dokumentation, sofern eine Bezugnahme auf bereits der Bundesoberbehörde vorliegende Daten in Anspruch genommen werden kann. Sie ergänzt dies durch tabellarische Auflistungen und Beispielen von möglichen Ausnahmen.

111 Innerhalb der Bekanntmachung erfolgt darüber hinaus eine Klarstellung hinsichtlich der Kategorisierung (*substantial – non substantial*) von nachträglichen Änderungen, die bei der Bundesbehörde einzureichen sind. Auch dies wird durch Beispiele ergänzt.

---

6 BGBl. I 2004, 2081–2091.

Die Inhalte der Bekanntmachung gliedern sich wie folgt:
  I. Einleitung
  II. Verzeichnis der vom Sponsor mit dem Genehmigungsantrag einzureichenden Dokumentation
  III. Anforderungen an die chemisch-pharmazeutische und biologische Dokumentation für Prüfpräparate der Phasen I–III
  IV. Anforderungen an die präklinische Dokumentation für Prüfpräparate
  V. Anforderungen an die klinische Dokumentation
  VI. Zusammenfassende Nutzen-Risiko-Bewertung
  VII. Nachträgliche Änderungen
  VIII. Unterbrechung, Beendigung und Zusammenfassung des Berichts
  IX. Glossar
  X. Verzeichnis der zitierten Richtlinien und Leitlinien

Anlagen zu Abschnitt II:
- Tabellarische Übersicht zum vereinfachten IMPD in Abhängigkeit vom Zulassungsstatus sowie weiterer Besonderheiten der Prüfpräparate

Anlagen zu Abschnitt III:
- Allgemeine Anforderungen an die mit dem Antrag auf Prüfgenehmigung vorzulegende chemisch-pharmazeutische und biologische Dokumentation für Prüfpräparate der Phasen I–III
- Anforderungen an die chemisch-pharmazeutische und biologische Dokumentation für Testpräparate in generischen Bioäquivalenzstudien
- Anforderungen an die chemisch-pharmazeutische und biologische Dokumentation für zugelassene, modifizierte Referenzpräparate in klinischen Prüfungen
- Anforderungen an die chemisch-pharmazeutische und biologische Dokumentation für zugelassene, nicht modifizierte Referenzpräparate in klinischen Prüfungen
- Anforderungen an die chemisch-pharmazeutische Dokumentation für nicht zugelassene Placebos

Anlagen zu Abschnitt IV
- Pharmakodynamik
- Pharmakokinetik
- Toxikologie
- Studien zur Toxizität als Voraussetzung für klinische Prüfungen mit Frauen und Kindern

Anlagen zu Abschnitt V
- Schematische Übersicht der im Regelfall vor Beginn einer klinischer Prüfungen in den Phasen I, II, III und IV erwarteten Angaben zu den Eigenschaften des/der Prüfpräparates/e nach den Empfehlungen der Leitlinie CPMP/ICH/291/95
- Klinische Unterlagen zum Genehmigungsantrag

G. Genehmigung/Ethik-Kommission

Während vor der 12. AMG Novelle im Jahr 2004 eine **Genehmigung der klinischen Prüfung** durch eine zuständige Bundesoberbehörde (BfArM oder PEI, je nach Art des Prüfpräparates, s.a. § 77 AMG) im AMG nicht vorgesehen war, bis dato war die positive Bewertung durch die Ethikkommission des LKPs ausschlaggebend – durch die Bundesbehörde wurde lediglich eine Studiennummer nach Notifizierung der Prüfung vergeben – ist seitdem eine Genehmigung mit vorheriger Prüfung der eingereichten Unterlagen vorgeschrieben. Parallel dazu existiert nach wie vor die Verpflichtung, von der federführenden Ethikkommission eine positive Bewertung (Votum) einzuholen.

113 In der sog. GCP-Verordnung werden die Verfahren zur Genehmigung einer klinischen Studie durch die zuständige Bundesoberbehörde und zur Bewertung durch die federführende Ethikkommission ausführlich beschrieben. Dort enthalten ist auch eine Auflistung der jeweils notwendigen Dokumentation, die einerseits sowohl der Bundesoberbehörde als auch der Ethikkommission einzureichen ist, anderseits sind diejenigen Informationen aufgelistet, die ausschließlich entweder Bundesoberbehörde oder Ethikkommission erhalten.

I. Beantragung der EudraCT-Nummer

114 Die EMEA hat seit dem 1.5.2004 eine Europäische Datenbank für klinische Prüfungen installiert. Alle klinischen Prüfungen, die nach diesem Stichtag in einem Mitgliedstaat der EU begonnen werden, sind in diese Datenbank einzutragen. Um eine eindeutige Zuordnung aller Daten zu einer bestimmten Prüfung zu gewährleisten, wird für jede einzelne klinische Studie, die in der EU durchgeführt wird, egal ob sie monozentrisch, multinational oder international durchgeführt wird, eine eindeutige Identifikationsnummer vergeben: die sog. EudraCT-Nummer (eudract.emea.europa.eu).

115 Das Verfahren zur Vergabe dieser Nummer ist dabei denkbar einfach. Jeder Antragsteller kann sich über ein Webformular auf der EMEA-Homepage eine entsprechende Nummer generieren lassen. Die ihm zugeteilte Nummer hat er von nun an für alle Vorgänge, die mit dieser Studie in Verbindung stehen, als Identifikator zu verwenden. Jede Studie erhält dabei nur eine Nummer, auch wenn sie übergreifend in mehreren europäischen Ländern durchgeführt wird. Gleichzeitig mit der Generierung und Übermittlung der EudraCT-Nummer können sich über die EMEA alle Mitgliedstaaten, in denen die Studie durchgeführt werden soll, über die Vergabe der Nummer informieren.

II. Genehmigung durch die zuständige Bundesoberbehörde

116 Sobald ein Genehmigungsantrag für eine Studie bei der zuständigen Behörde des Mitgliedstaates einzureichen ist, füllt der Studienverantwortliche hierzu ein Webformular im Bereich EudraCT (Rn 114) auf der Homepage der EMEA aus, das detaillierte Daten zur Studie abfragt. Nach Beendigung des Ausfüllvorgangs wird das Formular zum einen in einer elektronischen Form (XML-Datei) und zum anderen in einer ausdruckbaren Form zur Erzeugung einer Papierversion erzeugt. Beide Versionen (Ausdruck und XML-Datei) werden, im Rahmen des Genehmigungsantrags gemeinsam mit der geforderten Dokumentation an die zuständige Behörde im Mitgliedstaat übermittelt. Einzelheiten zu der notwendigen Dokumentation für den Antrag findet man in § 7 der GCP-Verordnung[7]. Die Bundesoberbehörde leitet dann das elektronische Formular mit den darin enthaltenen Informationen an die EMEA weiter, die wiederum die Informationen zur Studie in Ihre Datenbank einspeist. Der Antragsteller benötigt für das Ausfüllen und Herunterladen des Antragsformulars außer einem Internet-Browser keine zusätzliche Software.

117 Nach Eingang des Antrags erfolgt innerhalb von zehn Tagen eine formale Prüfung der Antragsunterlagen durch die Bundesoberbehörde (dh auf Vollständigkeit und ob der Antrag formal korrekt ist). Der Antragsteller erhält innerhalb dieser Zeit eine Nachricht in der entweder die Vollständigkeit der Unterlagen bestätigt wird oder der Antragsteller aufgefordert wird Korrekturen vorzunehmen und/oder weitere Unterlagen einzureichen. Dafür erhält der Antragsteller eine Frist von 14 Tagen. Eine Verlängerung der Frist kann unter Nennung der Gründe und eines konkreten Zeitraums formlos beantragt werden. Nach der Nachreichung erfolgt erneut eine formale Prüfung bei der Bundesoberbehörde innerhalb von zehn Tagen.

---

7 BGBl. I 2004, 2081–2091.

G. Genehmigung/Ethik-Kommission

Sofern bei der Ersteinreichung oder nach Korrektur/Nachreichung festgestellt wird, dass ein ordnungsgemäßer Antrag vorliegt erfolgt eine inhaltliche Prüfung der Unterlagen. Für diese Prüfung besteht eine Frist von maximal 30 Tagen, die vom Eingangsdatum der vollständigen Unterlagen an beginnt. Innerhalb dieser Frist erhält der Antragsteller in der Regel entweder die Genehmigung für seinen Antrag erteilt oder er bekommt mit Gründen versehene Einwände gegen die Durchführung der Klinischen Prüfung mitgeteilt. Sollte das BfArM dem Antragsteller nicht innerhalb der gesetzlichen Frist eine Genehmigung oder eine Ablehnung übermittelt haben, so ist im Gesetz eine Genehmigungsfiktion enthalten. Ein Ablauf der Frist ohne Mitteilung von der zuständigen Bundesoberbehörde gilt automatisch als Genehmigung der Studie.

1. Ausnahmen von der Fristsetzung für die zuständige Bundesoberbehörde

Für die Prüfung von Studien mit xenogenen Zelltherapeutika gibt es keine Befristung für die Bundesoberbehörde. Für somatische Zelltherapeutika, Gentransfer Arzneimittel, Arzneimittel, die genetisch veränderte Organismen enthalten oder deren Wirkstoff ein biologisches Produkt menschlichen oder tierischen Ursprungs ist oder biologische Bestandteile menschlichen oder tierischen Ursprungs enthält oder zu seiner Herstellung derartige Bestandteile erfordert verlängert sich gemäß § 42 Abs. 2 S. 8 AMG die Frist auf 60 Tage und zusätzlich darf die Studie nicht ohne eine explizite schriftliche Genehmigung der Bundesoberbehörde begonnen werden.

Bei Einwänden besteht eine Frist von 90 Tagen für die Nachreichung von Unterlagen die Einwände des BfArM auszuräumen. Diese Frist kann nicht verlängert werden. Nach Ihrer Nachreichung hat das BfArM maximal 15 Tage Zeit die Unterlagen ein letztes Mal zu prüfen und Ihnen die abschließende Bewertung mitzuteilen. Als abschließende Bewertung kann eine Genehmigung oder eine Ablehnung des Antrags ausgesprochen werden.

Auch eine Verkürzung der Genehmigungsfrist ist im Gesetz vorgesehen. Gemäß § 9 Abs. 3 der GCP-Verordnung kann sich die Frist bei einem Antrag zu einer klinischen Studie der Phase I, die als Teil eines mehrere klinische Studien umfassenden Entwicklungsprogramms auf einer durch die zuständige Bundesoberbehörde genehmigten klinischen Studie desselben Entwicklungsprogramms aufbaut auf 14 Tage verkürzen, sofern bestimmte Angaben des bereits genehmigten Antrags unverändert zugrunde liegen.

2. Rücknahme, Widerruf und Ruhen der Genehmigung

Das AMG enthält für die zuständige Bundesoberbehörde in § 42 a AMG auch die Option, die bereits erteilte Genehmigung für die klinische Studie zurücknehmen zu können oder zu widerrufen. Sie hat auch die Option, ein Ruhen der Genehmigung anzuordnen. Gründen hierfür sind in § 40 Abs. 2 S. 3 AMG enthalten. Zusätzlich wird in § 42 a Abs. 2 AMG aufgeführt, dass die zuständige Bundesoberbehörde die Genehmigung widerrufen kann, wenn die Gegebenheiten der klinischen Prüfung nicht mit den Angaben im Genehmigungsantrag übereinstimmen oder wenn Tatsachen Anlass zu Zweifeln an der Unbedenklichkeit oder der wissenschaftlichen Grundlage der klinischen Prüfung geben. In diesem Fall kann auch das Ruhen der Genehmigung befristet angeordnet werden.

Mit der 15. AMG-Novelle wurde eine weiterer Versagungsgrund in § 42 Abs. 2 S. 3 AMG eingefügt. Der neue Versagungsgrund berücksichtigt, dass die Bundesoberbehörde bislang keine Rechtsgrundlage für Maßnahmen hatte, sobald Versagungsgründe vorliegen, die nicht innerhalb ihrer Prüfungsaufgaben lagen, sondern im Prüfungsumfeld der Ethikkommissionen verankert sind. Derartige Kenntnisse könnten zB auf Basis von GCP-Inspektionen an Prüfstellen vorliegen, deren Ergebnisse den Ethikkommissionen nicht zur Kenntnis gelangt sind.

124 In Betracht kommen hier etwa:
- Kenntnis der Bundesoberbehörden aus GCP-Inspektionen in anderen Verfahren, dass im Prüfzentrum gegen die GCP verstoßen wird (Beispiel: Feststellung von Fälschungen in einem Prüfzentrum).
- Feststellung in einer „pre-approval-Inspektion", dass im Prüfzentrum die erforderliche Infrastruktur nicht vorhanden ist.
- Aus den Antragsunterlagen ist deutlich, das die Sicherheit der Patienten nicht gewährleistet ist (Beispiel: fehlende Voraussetzung für klinische Prüfungen First-in-human nach 4.4.3 de Guideline on Strategies to Identify and Mitigate Risks for First-in-human Clinical trials with Investigational Medicinal Products, 2007)

III. Bewertung durch die Ethikkommissionen

125 Jeder Prüfer, der klinische Forschung am Menschen betreibt, ist gemäß der für ihn gültigen Berufsordnung dazu verpflichtet, sich hierzu von der für ihn zuständigen Ethikkommission beraten zu lassen. Diese sog. beteiligten Ethikkommissionen teilen der federführenden Ethikkommission im Rahmen des Bewertungsverfahrens mit, ob die beteiligten Prüfstellen in ihrem Zuständigkeitsbereich geeignet sind, an der Studie teilzunehmen und ob der jeweilige Prüfer über ausreichende Qualifikationen verfügt.

1. Bewertung durch die federführende Ethikkommission

126 Eine der Voraussetzungen für den Beginn einer Studie ist die vorliegende zustimmende Bewertung der zuständigen (federführenden) Ethikkommission. Dieses sog. positive Votum wird von derjenigen Ethikkommission erteilt, die für den Leiter der klinischen Prüfung (LKP) zuständig ist. Sollte kein LKP bei der Studie benannt werden müssen, weil es sich um eine monozentrische Studie handelt, so ist die Ethikkommission des Hauptprüfers (bei mehreren Prüfern an einem Prüfzentrum) bzw des einzigen Prüfers der Studie die entsprechende zuständige Ethikkommission. In der Regel beträgt die Frist binnen der das Votum zu erteilen ist, 60 Tage. Bei klinischen Prüfungen von somatischen Zelltherapeutika und Arzneimitteln, die gentechnisch veränderte Organismen enthalten, verlängert sich die Frist auf 90 Tage; eine weitere Verlängerung der Frist auf insgesamt 180 Tage tritt ein, wenn die zuständige Ethikkommission zur Vorbereitung ihrer Bewertung Sachverständige beizieht oder Gutachten anfordert. Für die klinische Prüfung von Gentransfer-Arzneimitteln beträgt die Frist höchstens 180 Tage. Für die Prüfung xenogener Zelltherapeutika gibt es keine zeitliche Begrenzung für den Bewertungszeitraum. Generell obliegt es der Ethikkommission zu entscheiden, ob sie für die Bewertung externe Gutachten oder Sachverständige hinzuziehen muss. Alle Ethikkommissionen sind jedoch dazu verpflichtet, externe Sachverständige und Gutachten hinzuzuziehen, wenn es sich um klinische Studien mit Minderjährigen als Prüfungsteilnehmern handelt oder um Studien mit Prüfpräparaten die xenogenen Zelltherapeutika oder Gentransfer-Arzneimittel enthalten, sofern sie nicht über eigene Fachkenntnisse auf diesen Gebieten verfügen.

2. Rücknahme der positiven Bewertung durch die federführende Ethikkommission

127 Als Novum ist mit der 15. AMG-Novelle (§ 42 a Abs. 4 a AMG) die Option für die federführenden Ethikkommission eingeführt worden, dass sie ihre zustimmende Bewertung auch nachträglich zurücknehmen oder widerrufen kann, wenn die für die Erteilung erforderlichen Voraussetzungen weggefallen sind oder nachträglich festgestellt wird, dass sie bei Erteilung nicht vorlagen. Bei einem Verwaltungsakt – als solcher ist die Bewertung der federführenden Ethikkommission zu bewerten – war dies auch zuvor gängige Rechtspraxis. Jedoch beruhte

die vor der 15. AMG-Novelle von einzelnen Ethikkommissionen praktizierte Widerruf- / Rücknahmemöglichkeit auf den Verwaltungsverfahrensgesetzen der Länder.

3. Parallele Verfahrensführung

Wie bereits zuvor ausgeführt, ist vorgesehen, dass die Bundesoberbehörde und die (federführende) Ethikkommission verschiedene Aspekte der beabsichtigten klinischen Prüfung bewerten. Bei dieser Aufteilung begutachtet die Ethikkommission die Vertretbarkeit der Durchführung der Studie, die Geeignetheit des Prüfdesigns, die Einhaltung aller Rahmenbedingungen zur Patientensicherheit sowie die Anwendbarkeit und den Nutzen des Therapiekonzeptes. So wie für den Genehmigungsantrag bei der Bundesoberbehörde nicht das Vorliegen des befürwortenden Votums Voraussetzung ist, gilt dies auch umgekehrt für die Genehmigung der Bundesoberbehörde bei Antragstellung für ein Votum. Diese Unabhängigkeit der beiden notwendigen Genehmigungen ermöglicht erst eine parallele Verfahrensführung. Darüber hinaus begutachten beide Institutionen unterschiedliche Aspekte der klinischen Studie. Während die Bundesoberbehörde sich auf die Qualität des Prüfpräparates und die Durchführbarkeit der Studie konzentriert, begutachtet die federführende Ethikkommission die Studie unter dem Aspekt der Sicherheit und des Wohlergehens der Studienteilnehmer sowie der ethischen und wissenschaftlichen Vertretbarkeit der Studie. Vor Beginn einer klinischen Prüfung ist eine Zustimmung in beiden Genehmigungsverfahren erforderlich.

128

Eine parallele Verfahrensführung birgt den Vorteil einer möglichen Verkürzung der gesamten Zeitspanne bis zum Vorliegen aller notwendigen Formalkriterien in sich. Dieser Vorteil gilt, solange keines der Gremien berechtigte Gründe für eine Änderung oder Ergänzung der eingereichten Unterlagen vorbringt. Dies würde den Antragsteller dazu zwingen, auch bei der jeweils anderen Institution die Änderungen/Ergänzungen zu vollziehen. Je nach Fortschritt des Verfahrens bis zu diesem Zeitpunkt kann die Änderung durchaus eine teilweise Neubearbeitung notwendig machen, sofern bewertungsrelevante Inhalte der jeweils anderen Institution betroffen sind. Da die gesetzlich festgelegten Fristen erst bei Vorliegen eines formal vollständigen Antrags anlaufen, können die Änderungen möglicherweise dazu führen, dass eine bereits angelaufene Frist ausgesetzt und der Zeitpunkt der Nachreichung als neuer Fristbeginn genommen wird.

129

Es liegt somit im Ermessen des Antragstellers zu entscheiden, ob die Verfahren bei der Bundesoberbehörde und bei der federführenden Ethikkommission parallel oder sequenziell gestartet werden sollen.

130

H. Haftung und Versicherung

I. Haftung

Die Frage der **Haftung bei einer klinischen Studie** ist ein sehr diffiziles Thema, das zudem von verschiedenen Positionen aus kontrovers diskutiert wird. Generell muss die Frage der Haftung für alle beteiligten Personen differenziert betrachtet werden. Wie überall anders ist auch bei klinischen Studien für die Haftungszuweisung immer die Schuldfrage ausschlaggebend.

131

Bei einem Prüfpräparat handelt es sich um ein nicht vollständig geprüftes und abschließend durch eine Bundesoberbehörde beurteiltes und genehmigtes Arzneimittel. Eine Anwendung am Menschen ist demnach mit einem erhöhten Risiko gegenüber der Anwendung eines zugelassenen Arzneimittels verbunden. Dieses erhöhte Risiko versucht man durch geeignete Regelinstrumente, wie beispielsweise einer erhöhten Überwachung des Patienten durch den Prüfer (häufige Visiten, intensivere Untersuchungen und Analysen) zu kompensieren. Mit

132

fortschreitendem Kenntnisgewinn im Verlauf der klinischen Forschungsphase verringert sich das Risiko. Viele Arzneimittelwirkungen – und dazu gehören auch die unerwünschten Nebenwirkungen – zeigen sich erst nachdem ein Medikament seit Jahren auf dem Markt ist und daher von Tausenden, wenn nicht Millionen Patienten angewendet wurde. Eine vollkommene Sicherheit kann es nicht geben, weil sich alle Risiken im Zusammenhang mit der Medikamenteneinnahme nicht ausschließen lassen.

133 Ein eintretender Schaden kann verschiedene Gründe haben, zB:
- eine erwartete oder unerwartete Nebenwirkung des Prüfpräparates bei korrekter Applikation,
- ein Fehlgebrauch (gewollt oder ungewollt) des Prüfpräparates bei der Einnahme durch den Patienten,
- ein qualitativer Defekt des Prüfpräparates durch Herstellung, Transport oder Lagerung,
- ein Applikationsfehler des Prüfers.

Für diese Schäden sollte im Rahmen einer klinischen Studie eine oder besser gesagt mehrere Versicherungen existieren, die in ihrer Summe alle Bereiche möglicher Schäden abdecken.

134 Primär wird nach Haftung innerhalb oder außerhalb vertraglicher Beziehung unterteilt. Innerhalb vertraglicher Beziehungen sind die Pflichten zwischen den Vertragsparteien zu regeln. Außerhalb vertraglicher Beziehungen unterteilt man in verschuldungsabhängige, deliktische Haftung (§§ 823 ff BGB) und verschuldungsunabhängige, sondergesetzliche Haftung. Letztere führen zu Pflichten kraft gesetzlicher Sonderregelungen für denjenigen, der die Gefahr schafft. Dazu gehören beispielsweise die generelle Produkthaftung für Hersteller, Haftungen nach dem Gentechnikgesetz für die Betreiber entsprechender Anlagen oder aber auch die Haftung für Pflichten die gemäß dem AMG den pharmazeutischen Unternehmern obliegen (Herstellung, Kennzeichnung, Information).

II. Versicherungen

135 Bei einer Klinischen Prüfung tragen alle Beteiligten ein erhöhtes Risiko. Eventuelle körperliche Schäden, die ein Prüfungsteilnehmer davontragen könnte, sind je nach Ursache durch eine ganze Staffel von verschiedenen Versicherungen abgedeckt. Welche der Versicherungen letztendlich für den Schaden aufkommt, entscheidet sich zumeist aus der jeweiligen Fallkonstellation und der Ursache, die zu dem Schaden geführt hat. Dass jede Eventualität abgedeckt ist, ist eine der Grundvoraussetzungen der klinischen Prüfung und dient ausschließlich dem Schutz der Prüfungsteilnehmer.

Die meisten beteiligten Versicherungen existieren auch ohne die Tatsache, dass eine klinische Prüfung durchgeführt wird. Dazu gehört auf jeden Fall eine Produkthaftpflicht beim Sponsor und eine Haftpflichtversicherung des Prüfers.

136 Die internationalen GCP-Vorgaben verlangen, dass eine sog. **Probandenversicherung** (Achtung: feststehender Begriff; sie heißt auch so bei Patienten, also erkrankten Prüfungsteilnehmern) im Zusammenhang mit einer klinische Prüfung abzuschließen ist. Diese deckt die Lücken ab, die nicht auf das Verschulden der anderen Beteiligten zurückgeführt werden können. Im Fall von klinischen Prüfungen ist dies das Risiko, dass die zu prüfende Substanz ungeahnte Wirkungen hervorruft, die zum einen schädlich aber auch trotz aller Vorkenntnisse nicht zu erwarten waren. Auch in Deutschland schreibt das AMG das Vorhandensein einer Probandenversicherung für die betroffene klinische Studie als eine der Hauptvoraussetzungen, bevor eine Studie überhaupt begonnen werden darf, vor.

1. Probandenversicherung

137 Mit der 12. AMG-Novelle erfolgte ebenfalls eine Neuregelung der Vorgaben für die Versicherung der an der Studie teilnehmenden Patienten/Probanden. Basis für die Berechnung der

Deckungssumme ist nun eine Risikoabschätzung durch die Versicherer auf Basis von Studiendaten. Statistisch gesehen müssen für jeden möglichen Fall des Todes oder der dauernden Erwerbsunfähigkeit einer von der klinischen Prüfung betroffenen Person mindestens 500.000,- € zur Verfügung stehen. Daran wird sich auch die Höhe der Beiträge bemessen. Eine Probandenversicherung wird für studienbedingte Risiken abgeschlossen, die von keiner anderen Versicherung gedeckt sind. Im Schadensfall sind bei Leistungen aus dieser Versicherung zusätzliche Schadensersatzansprüche ausgeschlossen (s.a. Rn 50 ff).

2. Wegeunfallversicherung

Durch die Probandenversicherung sind Schäden abgedeckt, die dem Prüfungsteilnehmer durch die Teilnahme an der Studie entstehen, die auf die Gabe des Prüfpräparates zurückzuführen sind und die nicht durch andere Versicherungen abgesichert sind. Oftmals wird jedoch durch Ethikkommissionen bemängelt, dass keine zusätzliche Wegeunfallversicherung abgeschlossen wurde, sofern sie nicht bereits Bestandteil der Probandenversicherung ist.

Der Prüfungsteilnehmer wird, bedingt durch die Vorgaben der Studie, sehr viel öfter zur Untersuchung beim Prüfer eingestellt, als es in der Praxis üblich ist. Geschieht ihm etwas auf dem Weg zu oder von der Visite, so ist dies indirekt auf die Teilnahme an der Studie zurückzuführen, er währe nicht passiert, wenn der Patient/Proband nicht an der Studie teilgenommen hätte. Der entstandene Schaden wird jedoch oftmals durch keine der existierenden Versicherungen getragen. Da die Ethikkommissionen die Maßnahmen zur bestmöglichen Wahrung der Sicherheit und des Wohlergehens der Prüfungsteilnehmer vor Beginn einer Studie bewerten, wird oftmals besonderen Wert darauf gelegt, dass eine gesonderte Wegeunfallversicherung abgeschlossen ist.

3. Prüferhaftpflicht

Der Prüfer hat zu jeder Zeit gemäß seiner Ausbildung und den aktuellen wissenschaftlichen Erkenntnissen, dazu zählen besonders die Erkenntnisse zum Prüfpräparat, den Umgang mit den Prüfungsteilnehmern sowie deren Behandlung, auch wenn dies durch die Vorgaben im Prüfplan geleitet ist, vorzunehmen. Gleichzeitig hat er nach den Bedingungen der GCP und vor allem gemäß den ethischen Grundlagen seines Berufsstandes zu handeln. Für Fehler, die aus einem Fehlverhalten des Prüfers resultieren, kommt primär weder die Probandenversicherung noch eine Versicherung des Sponsors auf. Für diese Fälle sollte in jedem Fall eine Prüferhaftpflicht existieren. In der Regel wird dies eine Arzthaftpflichtversicherung sein. Zu beachten ist, dass durch entsprechendes Fehlverhalten nicht nur Prüfungsteilnehmern ein Schaden entstehen kann. Dies steht zwar primär im Fokus einer Probandenversicherung, aber auch dem Sponsor entsteht in der Regel ein Schaden, der durch unbrauchbare oder mangelhafte Daten hervorgerufen wird. Durch eine notwendige Verlängerung der Studie oder die Nachrekrutierung von Prüfzentren, was letztlich auch eine Verzögerung des Marktzugangs des zukünftigen Arzneimittels zur Folge hat (in Verbindung mit Patentlaufzeiten), entsteht ein teils erhebliche finanzielle Belastung.

4. Produkthaftung

Der Sponsor hat neben seinen Verpflichtungen, die aus den GCP-Vorgaben resultieren, auch die Verantwortung für die Qualität und die Sicherheit der Prüfpräparate in der Studie, die gemäß den Europäischen Vorgaben der GMP herzustellen sind. Wie bereits erwähnt, gelten neben den grundlegenden GMP-Anforderungen zusätzliche Maßgaben für die Herstellung und Kennzeichnung von Prüfpräparaten (Annex 13 zum GMP-Leitfaden). Je nach Konstellation kann der Sponsor diese Aufgaben auch an einen Lohnhersteller delegieren (vertragliche Haftungsübertragung).

142 Es sei erwähnt, dass gemäß § 15 ProdHaftG das Produkthaftungsgesetz nicht für Arzneimittel gilt. Die Haftung für Schäden, die durch fehlerhafte Arzneimittel entstanden sind, kann entweder als Verschuldenshaftung nach § 823 Abs. 1 BGB oder als verschuldensunabhängige Gefährdungshaftung nach den §§ 84 ff AMG erfolgen. Die Unterschiede zwischen der verschuldensabhängigen und der verschuldensunabhängigen Haftung bestehen vor allem darin, dass bei letzterer im Rahmen des AMG auch für sog. Entwicklungsfehler gehaftet wird und die Haftung durch Höchstbeträge summenmäßig begrenzt ist.

5. Auskunftsanspruch

143 Mit § 84 a AMG wurde den Patienten in Deutschland das Recht eingeräumt, vom pharmazeutischen Unternehmer und von den zuständigen Behörden Auskünfte erteilt zu bekommen, sofern nicht Gründe der Geheimhaltung dagegen sprechen. Dieser Auskunftsanspruch erstreckt sich auch auf Informationen zu klinischen Studien.

Teil 3
Das Herstellen von Arzneimitteln (Herstellungsphase)

§ 13 Einführung und Begriffe der Arzneimittelherstellung

A. Allgemeines 1
B. Begriff des Herstellens 4
   I. Allgemeines 4
   II. Einzelne Herstellungshandlungen 5
C. Person des Herstellers 15

A. Allgemeines

Neben den durch die Eigenschaften der Wirkstoffe vermittelten Eigenarten eines Arzneimittels sind für dessen Wirksamkeit und Unbedenklichkeit auch die Qualität der für die Herstellung verwendeten Ausgangsstoffe sowie die jeweiligen Herstellungsumstände maßgeblich. Nicht nur die Herstellung von Arzneimitteln, sondern auch die Herstellung bestimmter Wirkstoffe unterliegt daher zur Sicherstellung eines hohen Schutzniveaus der Patienten zT detaillierten Regelungen, die nicht nur im AMG, sondern auch in anderen Gesetzen bzw Verordnungen normiert sind. **1**

Die Herstellung von Arzneimitteln hat danach so zu erfolgen, dass die Eignung der Arzneimittel für den vorgesehenen Gebrauch gewährleistet ist. Dabei müssen die von der jeweiligen Zulassung bzw sonstigen Inverkehrbringenserlaubnis vorgegebenen Spezifikationen beachtet werden. Bei der Herstellung von Wirkstoffen ist ebenfalls die Eignung für den vorgesehenen Gebrauch zu gewährleisten. Ferner sind die Vorgaben der Zulassung oder ggf zB des Arzneibuchs zu beachten. **2**

Die Herstellung von Arzneimitteln ist ebenso erlaubnispflichtig wie die Herstellung bestimmter Wirkstoffe und Ausgangsstoffe, vgl 13 Abs. 1 S. 1 AMG. Sie unterliegt einem Verbot mit Genehmigungsvorbehalt, so dass eine Herstellungshandlung bzgl entsprechender Produkte bzw Stoffe erst beginnen darf, wenn eine entsprechende behördliche Erlaubnis vorliegt.[1] Die Erlaubnispflicht besteht unabhängig von der Zweckbestimmung, der ein Arzneimittel unterliegt, so dass zB grundsätzlich auch die Herstellung von Arzneimitteln, die zur Anwendung im Rahmen einer klinischen Prüfung bestimmt sind, mit bestimmten Ausnahmen der Erlaubnispflicht unterliegt (vgl dazu unten § 14 Rn 44 ff und 53 ff). Diese Erlaubnispflichtigkeit der Arzneimittelherstellung besteht nicht nur in Deutschland, sondern in allen EU-Mitgliedstaaten, vgl Art. 40 Abs. 1 RL 2001/83/EG, und zB der Schweiz, vgl Art. 5 S. 1 HMG. Die Erlaubnispflichtigkeit gilt allerdings nicht für alle Stoffe, die bei der Arzneimittelherstellung Verwendung finden (vgl dazu unten § 14 Rn 32 ff). **3**

Nicht zuletzt zur Vermeidung eines Verstoßes gegen das strafbewehrte Verbot, Arzneimittel und bestimmte Stoffe und Wirkstoffe nicht ohne die erforderliche Herstellungserlaubnis herzustellen (vgl § 96 Nr. 4 AMG), kommt der Frage, welche Handlungen und Maßnahmen vom Begriff des Herstellens iSd AMG erfasst werden, besondere Bedeutung zu.

B. Begriff des Herstellens

I. Allgemeines

Der Begriff des Herstellens wird in § 4 Abs. 14 AMG definiert. Herstellen ist danach das Gewinnen, das Anfertigen, das Zubereiten, das Be- oder Verarbeiten, das Umfüllen einschließlich Abfüllen, das Abpacken, das Kennzeichnen und die Freigabe. Damit wird ein Herstellungsbegriff definiert, der zumindest teilweise über das eigentliche Begriffsverständnis von „herstellen" hinausgeht und zB mit der Freigabe Handlungen einbezieht, die landläufig nicht unbedingt als Herstellung angesehen werden. Dass zB auch Tätigkeiten wie das Abfüllen, das Abpacken und die Aufmachung bzw Kennzeichnung nicht dem allgemeinen Begriffsverständnis vom Herstellen entsprechen, zeigt die Regelung des Art. 40 Abs. 2 **4**

---

[1] Ähnlich: Kloesel/Cyran, Arzneimittelrecht, § 13 AMG Erl. 1.

RL 2001/83/EG. Dort heißt es, dass eine Erlaubnis für die Herstellung „sowohl für die vollständige oder teilweise Herstellung als auch für die Abfüllung, das Abpacken und die Aufmachung erforderlich" ist. Indem der Richtlinienwortlaut das vollständige und das teilweise Herstellen neben die Begriffe Abfüllung, Abpacken und Aufmachung stellt wird deutlich, dass im Hinblick auf diese Begriffe eine Ausweitung vom allgemeinen Wortverständnis als „Herstellung" im arzneimittelrechtlichen Sinne erfolgt. Aufgrund der entsprechenden gesetzlichen Definition sind jedoch entsprechende Tätigkeiten vom Herstellungsbegriff der Richtlinie 2001/83/EG sowie des AMG erfasst.

Die einzelnen im Rahmen der Herstellungsdefinition aufgeführten Handlungen, die vom Herstellungsbegriff erfasst sein sollen, weisen zT gewisse Überschneidungen auf. Dies zeigt, dass die Herstellungsdefinition auf eine möglichst vollständige Erfassung aller Herstellungshandlungen ausgerichtet ist.

II. Einzelne Herstellungshandlungen

5   Nach der gesetzlichen Definition des Herstellungsbegriffs ist u.a. das **Gewinnen** Teil der Herstellung. Gewinnen meint in diesem Zusammenhang Entnahme von Stoffen aus ihrem ursprünglichen Beziehungskontext.[2] So ist beispielsweise das Ernten von Pflanzen und das Abbauen von Mineralien ebenso ein Gewinnen iSd § 4 Abs. 14 AMG wie die Gewinnung von Organen und die Gewinnung tierischer oder menschlicher Körperflüssigkeiten. Sowohl pflanzliche als auch tierische Stoffe und mineralische Stoffe können, ebenso wie menschliche Stoffe, Gegenstand einer Gewinnung im Sinne der Herstellungsdefinition sein.

Keine Gewinnung iSd § 4 Abs. 14 AMG ist hingegen die Produktion natürlicher Stoffe durch Anbau, Aufzucht oder sonstige Erzeugung. Entsprechende Tätigkeiten liegen vor der vom Herstellungsbegriff erfassten Gewinnung. Damit ist zB das Anpflanzen von Pflanzen, die später als Teedroge verwendet werden sollen, kein Gewinnen iSd § 4 Abs. 14 AMG.[3] Die Ernte der Pflanzen ist hingegen als Gewinnung bereits Teil der Herstellung.

Ähnlich verhält es sich mit der Aufzucht von Tieren, deren Organe oder Körperflüssigkeiten für die Wirkstoff- bzw Arzneimittelherstellung verwendet werden sollen. Während die Aufzucht noch keine Gewinnung iSd § 4 Abs. 14 ist, ist die Zerlegung des Tieres mit dem Ziel, Organe oder Körperflüssigkeiten zu entnehmen, als Gewinnung iSd § 4 Abs. 14 AMG anzusehen.

6   Das **Anfertigen** erfasst als umfassender Begriff bereits sämtliche Tätigkeiten, die im Ergebnis zu einem fertigen Arzneimittel führen. Darunter fallen beispielsweise das Vermischen von Wirkstoffen und sonstigen Bestandteilen. Anfertigen meint allerdings auch das Zubereiten sowie Bearbeiten.

7   Der Begriff „**Zubereiten**" erfasst einer Vielzahl verschiedener Handlungen, die dergestalt mit einem Wirkstoff oder sonstigen Stoff durchgeführt werden, dass diese nach Abschluss der Tätigkeit noch ganz oder teilweise vorhanden sind, ggf auch in einer durch die Herstellung modifizierten Form.[4] Zubereiten ist daher zB die Extraktion, die Destillation, die Pressung, Fraktionierung, Reinigung, Konzentrierung oder Fermentierung pflanzlicher Stoffe.[5] Auch die Fraktionierung von Plasma ist eine Zubereitung.

Bearbeiten ist die Behandlung eines Stoffes, einer Stoffkombination oder einer Zubereitung, die dazu führt, dass der Stoff bzw die Stoffkombination oder die Zubereitung der Substanz

---

2   Ähnlich: Kloesel/Cyran, Arzneimittelrecht, § 4 AMG Erl. 49.
3   Kloesel/Cyran, Arzneimittelrecht, § 4 AMG Erl. 49 a).
4   Kloesel/Cyran, Arzneimittelrecht, § 4 AMG Erl. 49 c).
5   Vgl Art. 1 Nr. 32 RL 2001/83/EG.

nach erhalten bleiben. Beispiel für die Bearbeitung eines Stoffes ist zB die Sterilisation.[6] Auch die Verblisterung von Tabletten ist damit ein Bearbeiten und somit ein Herstellen.

Im Unterschied zum Bearbeiten ist das **Verarbeiten** die Behandlung eines Stoffes, einer Stoffkombination oder einer Zubereitung, die dazu führt, dass eine Veränderung der Substanz nach eintritt. Verarbeiten und Zubereiten als Bestandteiles der Herstellungsdefinition weisen zT Überschneidungen auf. So ist zB das Extrahieren sowohl ein Zubereiten als auch ein Verarbeiten.

Umfüllen und **Abfüllen** sind eng verwandte Tätigkeiten. Während das Umfüllen Bezug einen Vorgang beschreibt, bei dem etwas von einem Behältnis o.ä. in ein anderes Behältnis o. ä. verbracht wird, beschreibt der Begriff des Abfüllens einen Unterfall des Umfüllens, nämlich die Umfüllung in zur Abgabe – nicht zwingend zur Abgabe an Verbraucher[7] – bestimmte Behältnisse. Dass es sich beim Abfüllen um einen Unterfall des Umfüllens handelt, wird bereits aus der gesetzlichen Definition des Begriffs Herstellen deutlich. Dort wird ausdrücklich bestimmt, dass Herstellen jedes Umfüllen einschließlich des Abfüllens ist.

Abpacken beschreibt insbesondere die Tätigkeiten des Einbringens von Blistern, Tuben usw in Faltschachteln. Auch das Einbringen von Packungsbeilagen ist Abpacken iSd Herstellungsdefinition des § 4 Abs. 14 AMG.[8]

Auch das **Kennzeichnen** ist Herstellen iSd arzneimittelrechtlichen Herstellungsdefinition. Kennzeichnen meint dabei die Anbringung Pflichtkennzeichnungsangaben, zB die Anbringung der nach § 10 AMG vorgeschriebenen Kennzeichnungselemente für den Bereich des Etiketts bzw der äußeren Umhüllung. Nicht jedes Anbringen von Kennzeichen bzw Angaben ist allerdings Herstellen.

Da die Zielsetzung der weiten Herstellungsdefinition ist, möglichst umfassend alle Herstellungsschritte zu erfassen, um so das gewünschte Sicherheitsniveau zu gewährleisten, ist die Anbringung solcher Angaben bzw Informationen, die nicht zu den Pflichtkennzeichnungselementen gehören, kein Kennzeichnen iSd arzneimittelrechtlichen Herstellungsdefinition. So ist die Angabe einer Pharmazentralnummer kein Kennzeichnen in diesem Sinne und damit nicht Herstellungserlaubnispflichtig.

Dies gilt auch für die Angabe des Einführers eines Arzneimittels bei zentral zugelassen Arzneimitteln, die im Wege des Parallelvertriebs zB von Österreich nach Deutschland verbracht werden (vgl zum Parallelvertrieb § 6 Rn 12). Die Angabe des pharmazeutischen Unternehmers auf der äußeren Umhüllung eines parallel importierten Arzneimittels ist hingegen ein Kennzeichnen iSd arzneimittelrechtlichen Herstellungsdefinition.[9]

Seit dem 14. AMG-Änderungsgesetz ist auch die **Freigabe** Teil der arzneimittelrechtlichen Herstellungsdefinition. Freigabe meint insbesondere die Freigabe für das Inverkehrbringen eines Arzneimittels nach § 16 AMWHV durch die Sachkundige Person, aber auch die Freigabe von Wirkstoffen nach § 25 AMWHV.

Die Erlaubnispflichtigkeit der Freigabe als solcher begründet nicht die Erlaubnispflichtigkeit freigaberelevanter Prüfungen. Mit dem 15. AMG-Änderungsgesetz wurde jedoch auch die Durchführung freigaberelevanter Prüfungen ausdrücklich der Erlaubnispflicht unterstellt, vgl § 13 Abs. 1 S. 2 AMG.

Die mit dem 15. AMG-Änderungsgesetz eingeführte Neuregelung eröffnet die Möglichkeit, beschränkt auf die Durchführung freigaberelevanter Prüfungen eine Herstellungserlaubnis zu beantragen. Die Regelung des § 14 Abs. 4 AMG, nach der bestimmte Tätigkeiten auch

---

6 Kloesel/Cyran, Arzneimittelrecht, § 4 AMG Erl. 49 d).
7 Anders: Kloesel/Cyran, Arzneimittelrecht, § 4 AMG Erl. 49 e).
8 Kloesel/Cyran, Arzneimittelrecht, § 4 AMG Erl. 49 f).
9 Unklar: Kloesel/Cyran, Arzneimittelrecht, § 4 AMG Erl. 49 g).

außerhalb der Betriebsstätte des Erlaubnisinhabers durchgeführt werden dürfen – zB die Prüfung von Arzneimitteln in beauftragten Betrieben – bleibt davon jedoch unberührt. Dementsprechend können freigaberelevante Prüfungen sowohl von **Prüflaboren mit eigener Herstellungserlaubnis** als auch von **beauftragten Prüflaboren ohne eigene Herstellungserlaubnis** durchgeführt werden, sofern diese beauftragten Labore in die Erlaubnis des Auftraggebers einbezogen sind.[10]

13 Die einzelnen Herstellungstätigkeiten unterliegen der Erlaubnispflicht unabhängig von der Frage, ob eine Herstellung lediglich im Lohnauftrag für Dritte erfolgt oder für eigene Rechnung durchgeführt wird. Die Erlaubnispflichtigkeit knüpft ausschließlich an die Ausübung einer Herstellungstätigkeit an, ohne dass es auf die rechtlichen oder wirtschaftlichen Hintergründe ankommt. Für die Erlaubnispflichtigkeit kommt es auch nicht darauf an, ob eine Herstellung vollständig erfolgt oder ob nur einzelne Herstellungsschritte durchgeführt werden. Eine Erlaubnis ist sowohl für die vollständige als auch für eine nur teilweise Herstellung erforderlich, vgl auch Art. 40 Abs. 2 RL 2001/83/EG.

14 Die Erlaubnispflichtigkeit der Herstellungstätigkeit ist auch nicht abhängig davon, dass die hergestellten Produkte als Arzneimittel zugelassen sind. Maßgeblich ist nur, dass es sich bei den Produkten um Arzneimittel oder um andere der Erlaubnispflicht unterworfene Produkte handelt. Auch die Herstellung eines zulassungspflichtigen aber – rechtswidrig – ohne Zulassung in Verkehr gebrachten Produkts, das der Arzneimitteldefinition unterliegt – kann daher eine erlaubnispflichtige Herstellungshandlung sein. Dies gilt im Übrigen auch für die Herstellung von gefälschten Arzneimitteln. Auch deren Herstellung unterliegt der Erlaubnispflicht.

C. Person des Herstellers

15 Hersteller können grundsätzlich sowohl natürliche als auch juristische Personen sein. Auch Personengesellschaften können Hersteller im Sinne des AMG sein.

Die Gewerberechtsfähigkeit ist für die Erteilung einer Herstellungserlaubnis nach § 13 AMG unerheblich. Dies ergibt sich zum einen daraus, dass die Erlaubnispflichtigkeit des Herstellens nicht nur an die Gewerbsmäßigkeit, sondern ausdrücklich auch an ein berufsmäßiges Herstellen anknüpft, vgl § 13 Abs. 1 S. 1 AMG. Darüber hinaus sah § 13 Abs. 1 S. 2 AMG schon in der Fassung vor dem 15. AMG-Änderungsgesetz vor, dass auch nicht rechtsfähige Vereine und Gesellschaften des bürgerlichen Rechts erlaubnispflichtig sind, wenn sie Arzneimittel an ihre Mitglieder abgeben.

---

10 In der Begr. zur Einführung des § 13 Abs. 1 S. 2 AMG heißt es: „Mit Satz 2 wird der seit erstmaligem Inkrafttreten des AMG fortschreitenden Globalisierung und Spezialisierung der pharmazeutischen Betriebe Rechnung getragen, die dazu geführt hat, dass die freigaberelevanten Prüfungen der Arzneimittel in vom Herstellungsbetrieb separaten Betrieben erfolgen können. Für solche Betriebe wird, wie in anderen Mitgliedstaaten, zur besseren EU-weiten Transparenz nunmehr als Option eine eigenständige Erlaubnis für die Durchführung von Prüfungen eingeführt, soweit diese freigaberelevant sind. Die Möglichkeit des § 14 Absatz 4, wonach diese Prüfungen teilweise außerhalb der Betriebsstätte des Arzneimittelherstellers in beauftragten Betrieben durchgeführt werden können, bleibt jedoch erhalten." (BR-Drucks. 171/09, 72).

§ 14 Die Herstellungserlaubnis

A. Rechtsnatur	1
B. Verfahren zur Erteilung der Herstellungserlaubnis	4
C. Erteilungsfristen	7
D. Aufhebungs- und Ruhensanordnung, vorläufige Einstellung der Herstellung	12
I. Aufhebungsentscheidung und Ruhensanordnung	13
II. Anordnung der vorläufigen Einstellung der Herstellung	17
E. Zuständige Behörde	23
F. Erlaubnispflichtige Herstellung	26
I. Art und Umfang der Herstellung als Anknüpfungspunkt für die Erlaubnispflichtigkeit	26
1. Berufsmäßiges und gewerbsmäßiges Herstellen	27
2. Zweckbestimmung der Abgabe an andere	28
3. Herstellung durch Vereine usw für die Abgabe an Mitglieder	30
II. Das herzustellende Produkt als Anknüpfungspunkt für die Erlaubnispflichtigkeit	32
1. Erlaubnispflicht der Arzneimittelherstellung	33
2. Ausnahme von der Erlaubnispflicht für Geltungsarzneimittel	34
3. Erlaubnispflicht der Wirkstoffherstellung und Herstellung bestimmter Stoffe	37
G. Ausnahmen von der Erlaubnispflicht	43
I. Produktbezogene Ausnahmen von der Erlaubnispflicht	44
1. Bestimmte Gewebe	44
2. Rekonstitution von Arzneimitteln	46
II. Personenbezogene Ausnahmen von der Erlaubnispflicht	47
1. Apotheker	49
a) Allgemeines	49
b) Herstellung zum Zwecke des Versandes	51
c) Rezepturarzneimittel, Defekturarzneimittel und Großherstellung	52
d) Abpacken und Kennzeichnen von Arzneimitteln zur klinischen Prüfung	53
2. Krankenhausträger	56
a) Allgemein	56
b) Abpacken und Kennzeichnen von Arzneimitteln zur klinischen Prüfung	58
3. Ärzte und Heilpraktiker	59
4. Tierärzte	64
5. Großhändler	69
6. Einzelhändler	70
7. Hersteller von Wirkstoffen für homöopathische Arzneimittel	73
H. Voraussetzungen für die Erteilung der Herstellungserlaubnis	74
I. Zuverlässigkeit des Antragstellers	75
II. Vorhandensein einer Sachkundigen Person nach § 14 AMG	81
1. Sachkundenachweis	84
a) Approbation als Apotheker oder Hochschulstudium	84
b) Praktische Tätigkeit	90
c) Besondere Anforderungen an die Sachkenntnis im Hinblick auf bestimmte Produkte	97
d) Zeitliche Anforderungen an die praktische Tätigkeit	109
2. Zuverlässigkeit	110
3. Ständige Möglichkeit zur Pflichterfüllung	116
III. Andere Personen	118
1. Leiter der Herstellung und Leiter der Qualitätskontrolle	118
2. Sonstige Personen	127
a) Anforderungen an Personalausstattung	127
b) Anforderungen an Einweisung und Schulung des Personals	128
c) Anforderung an Personalorganisation und Dokumentation	137
IV. Anforderungen an die Betriebsstätte	138
1. Allgemeine Anforderungen an Räumlichkeiten	139
2. Anforderungen an Produktionsräume	149
3. Lagerbereich	156
4. Qualitätskontrollbereich	157
5. Nebenbereiche	159
6. Einrichtungen und Ausstattung	160
7. Exkurs: Hygiene und Reinigung	162
V. Gewährleistung des Standes der Wissenschaft und Technik	168
VI. Besondere Anforderungen bei bestimmten Produkten	174

A. Rechtsnatur

Die arzneimittelrechtliche Herstellungserlaubnis ist nach den allgemeinen Grundsätzen des Verwaltungsrechts ein **Verwaltungsakt** und wird nur auf entsprechenden Antrag hin erteilt. Die Herstellungserlaubnis gestattet lediglich die Herstellung als solche. 1

Mit der Erteilung der Herstellungserlaubnis ist nicht die Berechtigung verbunden, die hergestellten Arzneimittel in den Verkehr zu bringen. Sofern Arzneimittel nicht von der Pflicht zur Zulassung ausnahmsweise freigestellt sind, ist für das rechtmäßige Inverkehrbringen eine Inverkehrbringensgenehmigung erforderlich, also zB eine Zulassung oder Registrierung durch die zuständige Bundesoberbehörde.

2 Die Herstellungserlaubnis wird für einen bestimmten Antragsteller erteilt und ist mithin **personengebunden**. Dies folgt bereits daraus, dass nach § 14 Abs. 1 AMG die Erlaubnispflicht denjenigen trifft, der Arzneimittel herstellen will. Dementsprechend ist die Erlaubnis einer Person oder Personenvereinigung zu erteilen. Da die Erteilung der Herstellungserlaubnis zumindest auch von den persönlichen Eigenschaften des Antragstellers abhängig ist, handelt es sich um eine **höchstpersönliche Erlaubnis** (vgl dazu unten Rn 75 ff).

3 Die Herstellungserlaubnis wird für bestimmte Betriebsstätten bzw Räumlichkeiten und bestimmte Arzneimittel und Darreichungsformen erteilt. Neben der Bindung an die Person des Erlaubnisinhabers besteht daher eine **Bindung an bestimmte Örtlichkeiten** und bestimmte Arzneimittel bzw Darreichungsformen. Wenn auch die Herstellungserlaubnis wegen ihres Anknüpfens an subjektive Merkmale des Erlaubnisinhabers eine höchstpersönliche Erlaubnis ist, entfaltet sie daher rechtliche Folgen für den Erlaubnisinhaber nur in Bezug auf bzw im Zusammenhang mit den konkreten von der Erlaubnis erfassten Räumlichkeiten, Arzneimitteln und Darreichungsformen, so dass eine räumliche Verlagerung der Herstellung oÄ nicht ohne Weiteres möglich ist.

B. Verfahren zur Erteilung der Herstellungserlaubnis

4 Die Erteilung der Herstellungserlaubnis erfolgt ausschließlich auf einen an die zuständige Behörde gerichteten Antrag hin. Eine Herstellungserlaubnis darf durch die Behörde nicht erteilt werden, wenn ein Antrag nicht vorliegt.

Die Erteilung der Herstellungserlaubnis ist vom Vorliegen bestimmter Voraussetzungen abhängig. Diese Voraussetzungen werden im AMG zT durch Normierung der abschließend aufgeführten Versagungsgründe gleichsam negativ formuliert, vgl § 14 AMG. Eine Analyse der Versagungsgründe zeigt, dass die die Erteilung der Herstellungserlaubnis nicht nur an Eigenschaften anknüpft, die in der Person des Erlaubnisinhabers liegen. Abgesehen von dem Erfordernis der persönlichen Zuverlässigkeit des Antragstellers knüpfen die Voraussetzungen für die Erteilung einer Herstellungserlaubnis vielmehr überwiegend an das Vorhandensein und die Beschaffenheit von geeigneten Räumlichkeiten und das Vorhandensein und die Eigenschaften notwendigerweise nach dem AMG erforderlicher Personen an. Für die Erteilung einer Herstellungserlaubnis nach dem AMG ist erforderlich, dass eine Sachkundige Person vorhanden ist, die ihrerseits bestimmte Eigenschaften – fachliche Qualifikationen und persönliche Zuverlässigkeit – aufweisen muss, um die entsprechenden Funktionen wahrnehmen zu dürfen (vgl unten Rn 81 ff).

Sofern die Voraussetzungen für die Erteilung der Herstellungserlaubnis vorliegen bzw in den Fällen, in denen die in § 14 AMG abschließend normierten Versagungsgründe nicht vorliegen, hat der Antragsteller **Anspruch auf Erteilung** einer Herstellungserlaubnis.

5 Meint die Behörde, einer oder mehrere Versagungsgründe stünden der Erteilung der beantragten Herstellungserlaubnis entgegenstehen, muss sie dem Antragsteller eine angemessene **Mängelbeseitigungsfrist** einräumen, vgl § 14 Abs. 4 AMG. Anders als in Fällen der Mängelbeseitigungsverfahren in Zulassungs- und Registrierungsverfahren normiert das Gesetz für die dem Antragsteller zur Mängelbeseitigung einzuräumende Frist keine gesetzliche Höchstfrist. Alleiniger Maßstab für die Fristsetzung, die im pflichtgemäßen Ermessen der Behörde zu erfolgen hat, ist die Angemessenheit. Ob eine Frist angemessen ist, richtet sich insbesondere nach Art und Schwere des gerügten Mangels sowie danach, innerhalb welcher Zeit ein entsprechender Mangel beseitigt werden kann. Die verfügte Frist muss so bemessen sein, dass die dem Antragsteller gesetzlich eingeräumte Möglichkeit eigener Abhilfe und damit der Vermeidung einer versagenden behördlichen Entscheidung nicht von vornherein

unmöglich wird. Ist die von der Behörde verfügte Mängelbeseitigungsfrist so knapp bemessen, dass es dem Antragsteller unmöglich ist, innerhalb dieser Frist dem gerügten Mangel abzuhelfen, ist die Fristsetzung unwirksam.[1]

Räumt der Antragsteller die gerügten Mängel nicht innerhalb der – angemessenen – Frist aus und bestehen die gerügten Mängel tatsächlich, beruht also die behördliche Mängelrüge nicht lediglich auf einem Irrtum oder einer Fehleinschätzung seitens der Behörde, muss die beantragte Erlaubnis versagt werden, vgl § 14 Abs. 5 S. 2 AMG. Ein Ermessen steht der Behörde hinsichtlich ihrer Entscheidung nicht zu.

Wird die Erteilung der Herstellungserlaubnis durch die Behörde abgelehnt, hat der Antragsteller die Möglichkeit, im Wege des Widerspruchs und der anschließenden sog. Verpflichtungsklage vorzugehen.[2]

C. Erteilungsfristen

Nach § 17 Abs. 1 AMG hat der Antragsteller Anspruch auf den Erlass einer Entscheidung über die beantragte Herstellungserlaubnis binnen einer Frist von **drei Monaten** ab Eingang des Antrags bei der zuständigen Behörde. Trifft die Behörde binnen dieser Frist keine Entscheidung, steht dem Antragsteller die Möglichkeit der sog. Untätigkeitsklage zum zuständigen Verwaltungsgericht zur Verfügung.

Eine **Überschreitung** der gesetzlich vorgegebenen Erteilungsfristen ist in jedem Falle rechtswidrig und kann nicht durch besondere Umstände,[3] mangelhafte personelle behördliche Ausstattung oÄ gerechtfertigt werden.[4] Da dem Anspruchsteller mit § 17 AMG ein subjektives Recht auf fristgebundene Entscheidung gewährt wird,[5] stellt sich eine verspätete Entscheidung als eine Verletzung der bestehenden **Amtspflicht** dar, das Antragsverfahren in der gesetzlich vorgeschriebenen Frist durchzuführen.[6]

Sofern die zuständige Behörde dem Antragsteller einer Herstellungserlaubnis mitteilt, dass der Erteilung einer Erlaubnis Versagungsgründe nach § 14 Abs. 1 AMG entgegenstehen und eine entsprechende Mängelbeseitigungsfrist verfügt, wird die für die behördliche Entscheidung zur Verfügung stehende Dreimonatsfrist ab dem Tag der Zustellung des Mängelschreibens gehemmt, vgl § 17 Abs. 3 S. 2 AMG. Die **Hemmung** endet, wenn der Behörde die Mängelbeantwortung zugeht, spätestens jedoch mit Ablauf der behördlich verfügten Mängelbeseitigungsfrist. Nach dem Ende der Hemmung läuft die Frist weiter. Es wird also nicht erneut eine Dreimonatsfrist in Gang gesetzt. Vielmehr hat die Behörde nach der Mängelbeantwortung noch soviel Zeit zur Verfügung, wie vor Zustellung des Mängelschreibens von der Dreimonatsfrist verblieben ist.

---
1 VG Köln PharmR 2003, 279 ff, zu den Folgen einer rechtswidrig zu kurz verfügten Mängelbeseitigungsfrist im Nachzulassungsverfahren nach § 105 Abs. 5 S. 1 AMG.
2 In einzelnen Bundesländern ist die Durchführung eines Widerspruchsverfahrens uU nicht mehr erforderlich bzw möglich, so dass ggf unmittelbar Klage eingereicht werden muss.
3 Tomuschat, PharmR 1992, 322, 330, zur Frist für die Erteilung einer Zulassung nach § 27 AMG.
4 BVerwG PharmR 1991, 327, 329 zur Erteilung einer Zulassung nach § 27 AMG; nach KG Berlin PharmR 2001, 410, liegt bei mangelhafter Ausstattung mit Personal- und Sachmitteln ein Organisationsverschulden vor; so auch Müller, PharmR 1991, 226, 228.
5 Vgl zum subjektiven Recht auf fristgebundene Entscheidung nach § 27 AMG BVerwG PharmR 1991, 327, 330; Hiltl, PharmR 1991, 112, 116; Tomuschat, PharmR 1992, 322, 329.
6 Der Antragsteller muss zunächst Untätigkeitsklage erheben, da andernfalls ein Anspruch auf Schadensersatz wegen des Vorrangs der Inanspruchnahme primären Rechtsschutzes nach §§ 839 Abs. 3, 252 BGB entfällt. Der Umfang des Anspruchs richtet sich nach allgemeinen Erwägungen und erfasst insbesondere entgangenen Gewinn (KG Berlin PharmR 2001, 410, 414). Voraussetzung ist, dass die Voraussetzungen der Erteilung der Herstellungserlaubnis – oder im Falle des § 17 Abs. 2 AMG der Ausweitung der bestehenden Herstellungserlaubnis – vorliegen, da nur in diesem Fall durch die verspätete behördliche Entscheidung die Herstellung rechtswidrig verzögert wird.

9 Bei der Beantragung einer Änderung einer bereits bestehenden Herstellungserlaubnis im Hinblick auf die von der Erlaubnis erfassten Arzneimittel, auf die von der Erlaubnis erfassten Räume oder Einrichtungen, die zur Herstellung oder Lagerung der Arzneimittel dienen, hat die Behörde innerhalb eines Monats eine Entscheidung zu treffen. Lediglich in **Ausnahmefällen** verlängert sich die Monatsfrist um zwei Monate auf insgesamt drei Monate. Unter welchen Voraussetzungen ein solcher Ausnahmefall vorliegt, wird im Gesetz nicht definiert. Liegt ein Ausnahmefall vor, erfolgt die Verlängerung der Erteilungsfrist Kraft Gesetzes, ohne dass es eines behördlichen Tätigwerdens bedarf.

10 Die Behörde hat den Antragsteller allerdings über den Umstand und insbesondere über die Gründe zu informieren, die zu einer Fristverlängerung führen, vgl § 17 Abs. 2 S. 3 AMG. Es handelt sich bei der Verlängerung der Frist nicht um einen behördlichen Verwaltungsakt, mit dem die Verlängerung der Frist bewirkt wirkt.[7] Dementsprechend besteht für den Antragsteller auch nicht die Möglichkeit, die Verlängerung der Frist als rechtswidrig zu beanstanden. Der Antragsteller kann allerdings ggf gerichtlich überprüfen lassen, ob die Voraussetzungen für eine Kraft Gesetzes eingetretene Fristverlängerung tatsächlich vorliegen. Ist dies nicht der Fall, liegt in der Überschreitung der Monatsfrist eine rechtswidrige Handlung der Behörde, die ggf zu Schadenersatzansprüchen wegen Amtspflichtverletzung führen kann (vgl Rn 7).

11 **Ausnahmefälle**, die zu einer Verlängerung der Monatsfrist um zwei Monate nach § 17 Abs. 2 S. 2 AMG führen, liegen nur vor, wenn **besondere Umstände** gegeben sind, die aus Besonderheiten im Bereich des Antragstellers bzw des Antragsgegenstandes erwachsen, wie zB eine von den üblichen Umständen abweichende technisch besonders Komplexe Herstellung, deren sachgerechte Beurteilung eines längeren Zeitraums bedarf. Umstände aus dem Bereich der Behörde, zB Krankheit des zuständigen Sachbearbeiters, personelle Unterbesetzung usw. führen hingegen nicht zu einer Verlängerung der Bearbeitungsfrist nach § 17 Abs. 2 S. 2 AMG.[8]

D. Aufhebungs- und Ruhensanordnung, vorläufige Einstellung der Herstellung

12 Eine Herstellungserlaubnis kann von der zuständigen Behörde durch Erlass eines entsprechenden Verwaltungsaktes aufgehoben oder zum Ruhen gebracht werden. Mit einer entsprechenden Maßnahme hat die Behörde die Möglichkeit, im Interesse der Arzneimittelsicherheit auf Änderungen bzw neue Erkenntnisse in Bezug auf die Herstellungsumstände usw. zu reagieren und sicherzustellen, dass eine Herstellung nur in Übereinstimmung mit den gesetzlichen Anforderungen erfolgt.

I. Aufhebungsentscheidung und Ruhensanordnung

13 Die Voraussetzungen für eine Aufhebens- bzw Ruhensentscheidung werden in § 18 AMG abschließend normiert. Nach § 18 Abs. 1 AMG ist die für die Erlaubniserteilung zuständige Behörde verpflichtet, die Herstellungserlaubnis **zurücknehmen**, wenn ihr bekannt wird, dass bei Erlaubniserteilung ein Versagungsgrund nach § 14 AMG vorgelegen hat. Wird der zuständigen Behörde bekannt, dass einer der in § 14 AMG normierten Gründe für die Versagung einer Herstellungserlaubnis nachträglich eingetreten ist, ist sie nach § 18 Abs. 1

---

7 Ähnlich auch Kloesel/Cyran, Arzneimittelrecht, § 17 AMG Erl. 7, sowie Rehmann, AMG, § 17 Rn 2; allerdings erhält die Behörde, anders als bei *Kloesel/Cyran* und *Rehmann* ausgeführt, nicht die Befugnis zur Fristüberschreitung; vielmehr kommt es zu einer Verlängerung der Frist, so dass gerade keine Überschreitung vorliegt.
8 AA Kloesel/Cyran, Arzneimittelrecht, § 17 AMG Erl. 7.

D. Aufhebungs- und Ruhensanordnung, vorläufige Einstellung der Herstellung

S. 2 AMG verpflichtet, die Herstellungserlaubnis zu **widerrufen**. Gegen Aufhebungs- und Ruhensanordnung besteht die Möglichkeit des Widerspruchs[9] und der Anfechtungsklage.

Die Verpflichtung zur Rücknahme der Herstellungserlaubnis für den Fall, dass einer der Versagungsgründe bereits im Zeitpunkt der Erlaubniserteilung vorgelegen hat und dies der Behörde nachträglich bekannt wird, wird in § 18 Abs. 1 S. 1 AMG **ohne Einräumung eines Ermessens** normiert. Beim Vorliegen der entsprechenden Voraussetzungen muss die Behörde daher eine Rücknahmeentscheidung treffen.

Etwas anderes gilt für den Fall, dass der Behörde bekannt wird, dass die Voraussetzungen für die Versagung einer Herstellungserlaubnis nachträglich eingetreten sind. In diesem Fall eröffnet § 18 Abs. 1 S. 2 Hs 2 AMG die Möglichkeit, anstelle des Widerrufs das Ruhen der Herstellungserlaubnis auszusprechen. Der Behörde steht insoweit **Ermessen** zu, das sie pflichtgemäß auszuüben hat. Da die rechtskräftige Anordnung des Ruhens der Herstellungserlaubnis dazu führt, dass die Herstellung einzustellen ist, ist die Ruhensanordnung insoweit ebenso effektiv im Hinblick auf den beabsichtigten Schutz eines hohen Produktionsstandards und einer damit einhergehenden hohen Patientensicherheit wie die Anordnung des Widerrufs einer Zulassung. Die Ruhensanordnung stellt allerdings im Vergleich zum Widerruf **das mildere Mittel** dar, so dass aus Gründen der Verhältnismäßigkeit vorrangig die Ruhensanordnung in Betracht zu ziehen ist.

Sofern sich die Herstellungserlaubnis bezieht auf Blutzubereitungen, Gewebezubereitungen, Sera, Impfstoffen, Allergenen, gentechnisch hergestellte Arzneimittel oder Wirkstoffe oder andere zur Arzneimittelherstellung bestimmte Stoffe, die menschlicher, tierischer oder mikrobieller Herkunft sind oder die auf gentechnischem Wege hergestellt werden, muss die für die Erteilung der Herstellungserlaubnis zuständige Behörde die Entscheidung über die Aufhebungs- bzw Ruhensanordnung im **Benehmen mit der zuständigen Bundesoberbehörde** treffen, vgl §§ 18 Abs. 1 S. 3, 13 Abs. 4 AMG. Das Erfordernis, eine Entscheidung im Benehmen zu treffen, bedeutet nicht, dass die für die Herstellungserlaubnis zuständige Behörde und die Bundesoberbehörde im Einvernehmen eine Entscheidung treffen müssen. Die zuständige Behörde muss die Bundesoberbehörde jedoch anhören und deren Vorbringen berücksichtigen. Sie ist aber befugt, zB auch gegen eine Empfehlung der Bundesoberbehörde zu entscheiden, wenn dies fachlich gerechtfertigt ist.

Maßnahmen zur Aufhebung der Herstellungserlaubnis oder das Ruhen der Erlaubnis betreffen grundsätzlich jeden Herstellungsschritt, so dass bei bestandskräftigen Aufhebungs- bzw Ruhensanordnungen **unverzüglich** jede weitere erlaubnispflichtige Herstellung zu unterbleiben hat.

Zu beachten ist darüber hinaus, dass von einer Aufhebungs- oder Ruhensanordnung auch die Befugnis des Unternehmens betroffen sein kann, Arzneimittel abzugeben. Der nach § 52 a AMG erlaubnispflichtige Großhandel mit Arzneimitteln liegt nämlich zB auch dann vor, wenn ein pharmazeutischer Unternehmer die von ihm hergestellten Arzneimittel an Apotheken usw. abgibt. Grundsätzlich erfasst nach § 52 a Abs. 6 AMG eine Herstellungserlaubnis iSd § 13 AMG auch die **Erlaubnis zum Großhandel** mit denjenigen Arzneimitteln, die von der Herstellungserlaubnis erfasst werden. Daher benötigt der Inhaber einer Herstellungserlaubnis keine Großhandelserlaubnis, um die entsprechenden Arzneimittel an andere als Endverbraucher abzugeben. Wird die bestehende Herstellungserlaubnis aufgehoben oder zum Ruhen gebracht, führt dies jedoch dazu, dass die Abgabe zB vorhandener Arzneimittelbestände iS einer Großhandelstätigkeit nach § 4 Abs. 22 AMG unzulässig wird, solange nicht eine entsprechende Großhandelserlaubnis vorliegt.

---

9 In einzelnen Bundesländern ist die Durchführung eines Widerspruchsverfahrens uU nicht mehr erforderlich bzw möglich, so dass ggf unmittelbar Klage eingereicht werden muss.

II. Anordnung der vorläufigen Einstellung der Herstellung

17 Weniger umfassend in ihren Folgen als die Anordnung der Aufhebung oder die Anordnung des Ruhens der Herstellungserlaubnis ist die nach § 18 Abs. 2 AMG mögliche Anordnung, die Herstellung eines bestimmten Arzneimittels **vorläufig einzustellen**. Diese vorläufige Anordnung kann die zuständige Behörde treffen, wenn Hersteller die für die Herstellung und Prüfung eines Arzneimittels zu führenden Nachweise nicht vorlegt. Welche Nachweise diesbezüglich vorzulegen sind, wird zwar nicht im AMG bestimmt,[10] jedoch finden sich entsprechende Vorgaben in der AMWHV, vgl zB §§ 13, 14 AMWHV. Die nach den Vorgaben der AMWHV zu fertigenden Unterlagen und Dokumentationen sind den zuständigen Überwachungsbehörden auf Verlangen vorzulegen, § 64 AMG. Eine Anordnung nach § 18 Abs. 2 AMG ist allerdings nicht gerechtfertigt, wenn die Vorlage von Unterlagen verweigert wird, die nicht Voraussetzung für die Erteilung einer Herstellungserlaubnis sind.[11]

18 Eine vorläufige Anordnung nach § 18 Abs. 2 AMG darf nur getroffen werden in Bezug auf die Herstellung von Arzneimitteln. Dies ergibt zweifelsfrei der insoweit eindeutige Wortlaut des § 18 Abs. 2 AMG, der auf die Einstellung der Herstellung „eines Arzneimittels" abstellt. Eine entsprechende Anordnung darf mithin mangels entsprechender Ermächtigungsgrundlage nicht getroffen werden in Bezug auf die unter Umständen erlaubnispflichtige Herstellung von Wirkstoffen, obwohl auch für die **Wirkstoffherstellung** bestimmte Nachweise bzgl Herstellung und Prüfung in der AMWHV gefordert werden. Möglich ist allerdings, eine vorläufige Anordnung bzgl der Herstellung mehrerer Arzneimittel und nicht nur bzgl. eines Arzneimittels auszusprechen, sofern die erforderlichen Voraussetzungen vorliegen.[12]

19 Obwohl nach dem Wortlaut des § 18 Abs. 2 AMG eine entsprechende vorläufige Anordnung nur erfolgen kann, wenn der Inhaber der Herstellungserlaubnis die entsprechenden Unterlagen nicht vorlegt, kann auch die **Nichtvorlage** entsprechender Unterlagen durch die Sachkundige Person oder andere Funktionsträger des Unternehmens, die nach dem AMG oder der AMWHV zur Anfertigung und ggf Aufbewahrung von Unterlagen verpflichtet sind, zu einer vorläufigen Anordnung führen. Dies ergibt sich nicht zuletzt daraus, dass die Handlungen entsprechender Personen dem Inhaber der Herstellungserlaubnis **zugerechnet** werden.

Ob die Behörde eine Anordnung nach § 18 Abs. 2 AMG trifft, ist in ihr pflichtgemäßes Ermessen gestellt.[13] Eine **Ermessensbetätigung** muss daher grundsätzlich einer entsprechenden Anordnung vorausgehen; anderenfalls ist die Anordnung wegen Ermessensnichtgebrauchs rechtswidrig.

20 Die Behörde hat bei Ausübung ihres Ermessens zu berücksichtigen, dass nach § 18 Abs. 2 S. 2 AMG die vorläufige Anordnung der **Einstellung der Herstellung** eines Arzneimittels auf eine Charge beschränkt werden kann. Möglich ist auch, die Anordnung auf mehrere Chargen auszudehnen. Ob es sich dabei um verschiedene Anordnungen handelt, von denen jede nur jeweils eine Charge betrifft, oder ob es sich um eine Anordnung bzgl mehrerer Chargen handelt, ist dabei unerheblich. Die **Beschränkung** der Anordnung auf eine oder mehrere Chargen ist angezeigt, wenn die Nichtvorlage entsprechender Dokumente sich lediglich auf eine oder bestimmte mehrere Chargen bezieht. Dies dürfte bei der **chargenweisen Herstellung** von Arzneimitteln grundsätzlich immer der Fall sein. Im Regelfall ist daher – eine chargenweise Herstellung vorausgesetzt – die vorläufige Anordnung der Einstellung der Her-

---

10 Anders unter Verweis auf § 64 Abs. 4 Nr. 2 AMG Kloesel/Cyran, Arzneimittelrecht, § 18 AMG Erl. 7.
11 Etmer/*Bolck*, AMG, § 18 Erl. 2.
12 Etmer/*Bolck*, AMG, § 18 Erl. 2; Rehmann, AMG, § 18 Rn 5.
13 Etmer/*Bolck*, AMG, § 18 Erl. 2; Kloesel/Cyran, Arzneimittelrecht, § 18 AMG Erl. 7.

stellung auf bestimmte Chargen zu beschränken.[14] Eine pauschale chargenunabhängige Anordnung bezogen auf ein Arzneimittel wird in diesen Fällen in der Regel unverhältnismäßig und ermessensfehlerhaft sein.

Die Anordnung der Einstellung der Herstellung nach § 18 Abs. 2 AMG ist grundsätzlich aufzuheben, wenn diejenigen Unterlagen, deren Nichtvorlage zur Anordnung geführt haben, der Behörde vorgelegt werden.[15] Unerheblich ist dabei, ob die Unterlagen eine ordnungsgemäße Herstellung belegen. Selbst wenn sich aus den Unterlagen ergeben sollte, dass Herstellung oder Prüfung nach Durchführung oder Ergebnis nicht den Anforderungen entsprechen, rechtfertigt dies nicht die Aufrechterhaltung der Anordnung nach § 18 Abs. 2 AMG. In diesen Fällen muss die Behörde vielmehr zu prüfen, ob Maßnahmen nach § 69 AMG zu treffen sind, zB das Untersagen des Inverkehrbringens eines Arzneimittels oder Wirkstoffs oder deren Rückruf, vgl § 69 Abs. 1 S. 1 Nr. 2, 5 AMG.

Gegen eine vorläufige Anordnung nach § 18 Abs. 2 AMG steht dem Inhaber der Herstellungserlaubnis die Möglichkeit des Widerspruchs[16] und der nachfolgenden Anfechtungsklage zu.

Die Behörde kann die **sofortige Vollziehung** einer entsprechenden Maßnahme anordnen, **22** wenn ein besonderes öffentliches Interesse an der sofortigen Einstellung der Herstellung besteht, vgl § 80 Abs. 2 S. 1 Nr. 4 VwGO. Gegen die Anordnung der sofortigen Vollziehung steht dem Inhaber der Herstellungserlaubnis die Möglichkeit eines Antrags auf Wiederherstellung der aufschiebenden Wirkung des Widerspruchs bzw der Klage zu, vgl § 80 Abs. 5 VwGO.

E. Zuständige Behörde

Welche Behörde für die Erteilung einer Herstellungserlaubnis zuständig ist, bestimmt sich **23** nach den landesgesetzlichen Regelungen, die am **Sitz des Antragstellers** bzw der jeweiligen Betriebsstätte gelten.

Sofern eine Herstellungserlaubnis beantragt wird, die **mehrere Betriebsstätten** erfassen soll, die in verschiedenen Bundesländern und damit in verschiedenen Zuständigkeitsbereichen liegen, ist ein entsprechender Antrag für die jeweilige Betriebsstätte an die jeweils zuständige Behörde zu richten.[17]

Wird eine Herstellungserlaubnis beantragt, die eine Erlaubnis zur Auftragsprüfung nach § 14 Abs. 4 AMG einbezieht, ist die Erlaubnis bei der für den Sitz des Herstellungsbetriebs des Auftraggebers der Auftragsprüfung zu stellen. Diese entscheidet im Benehmen mit der Behörde, die am Sitz des Auftragsunternehmens zuständig ist.[18]

Die Entscheidung über die Erteilung einer Erlaubnis zur Herstellung bestimmter Arzneimittel, Wirkstoffe und Ausgangsstoffe muss von der nach Landesrecht zuständigen Behörde

---

14 Dabei ist zu berücksichtigen, dass die vorläufige Anordnung nach § 18 Abs. 2 AMG nicht der Durchsetzung von Vorlagepflichten o.Ä. dient, sondern allein der Sicherstellung einer ordnungsgemäßen Arzneimittelherstellung und deren Überprüfbarkeit. Ist diese nicht sichergestellt, muss im Interesse der Arzneimittelsicherheit eine entsprechende Anordnung getroffen werden. Diese kann allerdings nur so weit reichen, wie das Interesse an der Sicherstellung der Arzneimittelsicherheit reicht. Daher ist die vorläufige Anordnung der Einstellung der Herstellung eines Arzneimittels zu weitgehend und durch den Sinn- und Zweck des § 18 Abs. 2 AMG nicht mehr gedeckt, wenn sich die nicht vorgelegten Unterlagen auf eine einzelne Charge beziehen, für alle anderen Chargen die erforderlichen Unterlagen jedoch zur Verfügung stehen.
15 Kloesel/Cyran, Arzneimittelrecht, § 18 AMG Erl. 7; Rehmann, AMG, § 18 Rn 5.
16 In einzelnen Bundesländern ist die Durchführung eines Widerspruchsverfahrens uU nicht mehr erforderlich bzw möglich, so dass ggf unmittelbar Klage eingereicht werden muss.
17 Kloesel/Cyran, Arzneimittelrecht, § 13 AMG Erl. 4; Rehmann, AMG, § 13 Rn 14.
18 Kloesel/Cyran, Arzneimittelrecht, § 13 AMG Erl. 4; Rehmann, AMG, § 13 Rn 14.

im **Benehmen** mit der jeweils zuständigen **Bundesoberbehörde** getroffen werden. Dies ist der Fall bei Blutzubereitungen, Gewebezubereitungen, Sera, Impfstoffen, Allergenen, Gentransfer-Arzneimitteln, somatischen Zelltherapeutika, xenogenen Zelltherapeutika, gentechnisch hergestellten Arzneimitteln sowie Wirkstoffen und anderen zur Arzneimittelherstellung bestimmten Stoffen, die menschlicher, tierischer oder mikrobieller Herkunft sind oder die auf gentechnischem Wege hergestellt werden, vgl § 13 Abs. 4 AMG. Dass die Entscheidung im Benehmen mit der zuständigen Bundesoberbehörde erfolgen muss, bedeutet nicht, dass die Bundesoberbehörde die Erteilung der Erlaubnis durch Versagung ihrer Zustimmung verhindern kann. Die Landesbehörde entscheidet vielmehr auch ohne Zustimmung der Bundesoberbehörde. Eine Zustimmung der Bundesoberbehörde bzw ein Einvernehmen sind nicht erforderlich.

25 Die Zuständigkeit der Bundesoberbehörde ergibt sich aus der **gesetzlichen Aufgabenzuweisung** in § 77 AMG. Danach ist die zuständige Bundesoberbehörde für Sera, Impfstoffe, Blutzubereitungen, Knochenmarkzubereitungen, Gewebezubereitungen, Allergene, Gentransfer-Arzneimittel, somatische Zelltherapeutika, xenogene Zelltherapeutika und gentechnisch hergestellte Blutbestandteile das Paul-Erhlich-Institut. Die zuständige Behörde für zur Anwendung am Tier bestimmte Arzneimittel ist das Bundesamt für Verbraucherschutz und Lebensmittelsicherheit. In den übrigen Fällen ist das Bundesinstitut für Arzneimittel und Medizinprodukte zuständig.

F. Erlaubnispflichtige Herstellung

I. Art und Umfang der Herstellung als Anknüpfungspunkt für die Erlaubnispflichtigkeit

26 Grundsätzlich unterliegt nicht jede Herstellung von Arzneimitteln oder bestimmten Wirkstoffen der Erlaubnispflicht. Erlaubnispflichtig ist nur die gewerbs- oder berufsmäßig Herstellung. Eine Herstellung, die weder gewerbs- noch berufsmäßig erfolgt, ist nicht nach dem AMG erlaubnispflichtig.

1. Berufsmäßiges und gewerbsmäßiges Herstellen

27 Ein berufsmäßiges Herstellen beschreibt eine Herstellungstätigkeit, die auf Dauer angelegt ist, dem Erwerb dient und dabei nicht gewerbsmäßig erfolgt. Auf Dauer angelegt ist eine Tätigkeit auch bereits bei ihrer ersten Vornahme, wenn die Aufnahme der Tätigkeit mit dem Willen verbunden ist, diese bei entsprechender Nachfrage erneut vorzunehmen bzw durchzuführen. Dem Erwerb dient eine Herstellungstätigkeit, wenn nach objektiven Maßstäben entsprechende Tätigkeiten dem Wesen nach geeignet sind, eine Lebensgrundlage zu schaffen bzw zu erhalten. Ob im Einzelfall die Tätigkeit tatsächlich lohnend iS von gewinnbringend ist, ist hingegen unerheblich. Nicht gewerbsmäßig ist eine Herstellung, wenn sie nicht im Rahmen eines Gewerbes ausgeübt wird. Eine berufsmäßige Herstellung liegt daher zB vor, wenn ein Arzt als Angehöriger eines freien Berufes regelmäßig Arzneimittel herstellt, um sie bei seinen Patienten anzuwenden oder diesen zur eigenen Anwendung auszuhändigen.

Gewerbsmäßiges Herstellen setzt ein auf die auf Dauer angelegte und dem Erwerb dienendes Handeln voraus. Apotheker, die als Gewerbetreibende anzusehen sind,[19] stellen Arzneimittel damit im Rahmen ihres Apothekenbetriebes gewerblich her. Auch die Herstellung durch ein Lohnherstellungsunternehmen ist eine gewerbliche Herstellung.

---

19 BVerfGE 7, 377, 397.

2. Zweckbestimmung der Abgabe an andere

Seit dem 15. AMG-Änderungsgesetz ist die Zweckbestimmung der Abgabe an andere nicht mehr Voraussetzung für das Vorliegen einer erlaubnispflichtigen Herstellung. Die entsprechende einschränkende Formulierung im Bereich des § 13 Abs. 1 S. 1 AMG wurde in Anpassung an europarechtliche Vorgaben gestrichen, vgl Art. 40 Abs. 1 RL 2001/83/EG, Art. 44 RL 2001/82/EG. Bis zur Änderung der Rechtslage durch das 15. AMG-Änderungsgesetz war eine Herstellung nur dann erlaubnispflichtig, wenn die Herstellung mit dem Zweck der Abgabe an andere erfolgte. Dementsprechend unterlag ein Arzt bei der Herstellung eines Arzneimittels nicht der Erlaubnispflicht, wenn die hergestellten Arzneimittel an seinen Patienten anwendete,[20] ohne sie an diese zur eigenen Verwendung bzw zur eigenen Anwendung auszuhändigen.[21] Räumte der Arzt dem Patienten jedoch die Verfügungsgewalt über die Arzneimittel ein und erfolgte die Herstellung mit dieser Zweckbestimmung, lag ein erlaubnispflichtiges Herstellen vor.[22]

28

Da die Bestimmung zur Abgabe als Tatbestandsmerkmal mit dem 15. AMG-Änderungsgesetz entfallen ist, ist nunmehr grundsätzlich auch die Herstellung eines Arzneimittels erlaubnispflichtig, das unmittelbar am Patienten angewendet werden soll. Eine Erlaubnispflicht besteht lediglich dann nicht, wenn entsprechende Herstellungsvorgänge bzw bestimmte Hersteller ausdrücklich von der Erlaubnispflichtigkeit bzw der Erlaubnispflicht ausgenommen werden, vgl § 13 Abs. 2 AMG.

29

3. Herstellung durch Vereine usw für die Abgabe an Mitglieder

In bestimmten Fällen unterliegt allerdings auch die nicht gewerbs- oder berufsmäßig erfolgende Herstellung der Erlaubnispflicht. Der Gesetzgeber hat bereits vor dem 15. AMG-Änderungsgesetz die Erlaubnispflicht bzgl der Herstellung durch juristische Personen, nicht rechtsfähige Vereine und Gesellschaften bürgerlichen Rechts normiert, die Arzneimittel zum Zwecke der Abgabe an ihre Mitglieder herstellten. Dadurch sollte eine Umgehung der Erlaubnispflichtigkeit vermieden werden.[23] Die Bestimmung sollte zunächst im Gesetzgebungsverfahren zum 15. AMG-Änderungsgesetz gestrichen werden, wurde dann aber auf Betreiben des Bundesrates wieder aufgenommen. Damit ist die Herstellung von Arzneimitteln auch dann weiterhin erlaubnispflichtig, wenn diese durch juristische Personen, nicht rechtsfähige Vereine und Gesellschaften bürgerlichen Rechts zum Zwecke der Abgabe an die jeweiligen Mitglieder erfolgt.

30

Die Ausweitung der Erlaubnispflicht über die gewerbs- und berufsmäßige Herstellung hinaus ist allerdings nur unvollständig. Sie erfasst nach dem ausdrücklichen Wortlaut des § 13 Abs. 1 S. 2 AMG nur die Herstellung von Arzneimitteln, wenn diese an die Mitglieder abgegeben werden sollen. Nicht erfasst ist hingegen die Herstellung und Abgabe von Wirkstoffen menschlicher, tierischer oder mikrobieller Herkunft sowie die Abgabe von Wirkstoffen, die auf gentechnischem Wege hergestellt werden, und die Abgabe anderer zur Arzneimittelherstellung bestimmter Stoffe menschlicher Herkunft. Entsprechende Stoffe dürfen ohne Herstellungserlaubnis hergestellt werden, solange dies weder gewerbs- noch berufsmäßig erfolgt.

31

---

20 Vgl zur umfangreichen Rechtsprechung zur bisherigen Rechtslage BVerfG NJW 2000, 857; BVerwG NVwZ 1994, 1013; OVG Münster NJW 1998, 847 unter Aufgabe der bisherigen Rspr.; vgl OVG Münster NJW 1989, 792.
21 Kloesel/Cyran, Arzneimittelrecht, § 13 AMG Erl. 15; unklar im Hinblick auf die Abgabe an Patienten und das Anwendenlassen durch den Patienten BVerfG NJW 2000, 857.
22 Kloesel/Cyran, Arzneimittelrecht, § 13 AMG Erl. 15; Rehmann, AMG, § 13 Rn 2; Sander, Arzneimittelrecht, § 13 AMG Erl. 4.
23 Vgl Rehmann, AMG, § 13 Rn 2.

II. Das herzustellende Produkt als Anknüpfungspunkt für die Erlaubnispflichtigkeit

32 Der Erlaubnispflicht unterliegen nur solche Herstellungstätigkeiten, die sich auf Produkte beziehen, für die die Erlaubnispflichtigkeit der Herstellung ausdrücklich normiert ist.

1. Erlaubnispflicht der Arzneimittelherstellung

33 Zum einen ist erlaubnispflichtig die Herstellung von Arzneimitteln im Sinne des § 2 Abs. 1, Abs. 2 Nr. 1 AMG, vgl § 13 Abs. 1 S. 1 Nr. 1 AMG (vgl hierzu oben § 2). Zum anderen unterliegen aufgrund ausdrücklicher Anordnung die Herstellung von Testsera oder Testantigenen der Erlaubnispflicht. Testsera und Testantigene sind nach den Definitionen des § 4 Abs. 6, 7 AMG Arzneimittel iSd § 4 Abs. 2 Nr. 4 AMG. Damit sind von den Begriffen Testsera und Testantigene iSd AMG nur Arzneimittel zur Anwendung im Veterinärbereich erfasst.[24] Damit unterliegt die Herstellung beinahe jeder Art von Arzneimitteln der Erlaubnispflicht.

2. Ausnahme von der Erlaubnispflicht für Geltungsarzneimittel

34 Nicht erfasst von der Erlaubnispflichtigkeit ist allerdings die Herstellung bestimmter Arzneimittel, die auch als sog. **Geltungsarzneimittel** oder **fiktive Arzneimittel**[25] bezeichnet werden. Dabei handelt es sich um Produkte, die nicht unter die Arzneimitteldefinition in § 2 Abs. 1 AMG fallen, gleichwohl aber dem Regelungsregime des AMG – zumindest teilweise – unterworfen werden sollen. Da die Erlaubnispflichtigkeit nach § 13 Abs. 1 S. 1 Nr. AMG auf diejenigen Geltungsarzneimittel beschränkt ist, die unter die Definition des § 2 Abs. 2 Nr. 1 AMG fallen, besteht für alle anderen Geltungsarzneimittel nach § 2 Abs. 2 AMG keine Erlaubnispflichtigkeit in Bezug auf die Herstellung.

35 Zu den Geltungsarzneimitteln, deren Herstellung nicht erlaubnispflichtig ist, gehören u.a. tierärztliche Instrumente, soweit sie zur einmaligen Anwendung bestimmt sind und aus der Kennzeichnung hervorgeht, dass sie einem Verfahren zur Verminderung der Keimzahl unterzogen worden sind, vgl § 2 Abs. 2 Nr. 1 a AMG. Außerdem gehören zu dieser Arzneimittelgruppe Gegenstände, die, ohne Gegenstände nach § 2 Abs. 2 Nr. 1 oder 1 a AMG zu sein, dazu bestimmt sind, zu den in § 2 Abs. 1 Nr. 2 oder 5 AMG bezeichneten Zwecken in den tierischen Körper dauernd oder vorübergehend eingebracht zu werden, ausgenommen tierärztliche Instrumente, vgl § 2 Abs. 2 Nr. 2 AMG. Ferner gehören zu den Geltungsarzneimitteln Verbandstoffe und chirurgische Nahtmaterialien, soweit sie zur Anwendung am oder im tierischen Körper bestimmt und nicht Gegenstände nach § 2 Abs. 2 Nr. 1, 1 a oder 2 AMG sind, vgl § 2 Abs. 2 Nr. 3 AMG. Schließlich gehören zur Gruppe der Geltungsarzneimittel, deren Herstellung nicht der arzneimittelrechtlichen Erlaubnispflicht unterliegt, Stoffe und Zubereitungen aus Stoffen, die, ggf auch im Zusammenwirken mit anderen Stoffen oder Zubereitungen aus Stoffen, dazu bestimmt sind, ohne am oder im tierischen Körper angewendet zu werden, die Beschaffenheit, den Zustand oder die Funktion des tierischen Körpers erkennen zu lassen oder der Erkennung von Krankheitserregern bei Tieren zu dienen, vgl § 2 Abs. 2 Nr. 4 AMG.

36 Die den in § 2 Abs. 2 Nr. 2 bis Nr. 4 AMG aufgeführten Geltungsarzneimitteln, die sich durch eine auf die Anwendung am Tier bestimmte Zweckbestimmung auszeichnen, entsprechenden Produkte zur Anwendung beim Menschen unterliegen als **Medizinprodukte** dem Medizinproduktegesetz. Für Medizinprodukte sind die Herstellungsvorschriften des

---

[24] Vgl Kloesel/Cyran, Arzneimittelrecht, § 4 AMG Erl. 31.
[25] Vgl Kloesel/Cyran, Arzneimittelrecht, § 2 AMG Erl. 80; Rehmann, AMG, § 2 Rn 21; nicht zu verwechseln sind fiktive Arzneimittel mit den sog. fiktiv zugelassenen Arzneimitteln, vgl dazu § 7 Rn 215.

F. Erlaubnispflichtige Herstellung

AMG grundsätzlich nicht einschlägig, so dass für die Herstellung entsprechender Medizinprodukte eine arzneimittelrechtliche Herstellungserlaubnis nicht erforderlich ist.

3. Erlaubnispflicht der Wirkstoffherstellung und Herstellung bestimmter Stoffe

Erlaubnispflichtig nach dem AMG ist außerdem die Herstellung von Wirkstoffen, sofern es sich um Wirkstoffe menschlicher, tierischer oder mikrobieller Herkunft handelt oder um solche Wirkstoffe, die auf gentechnischem Wege hergestellt werden, vgl § 13 Abs. 1 S. 1 Nr. 2 AMG. Die Herstellung anderer Wirkstoffe – zB pflanzlicher Wirkstoffe – unterliegt damit grundsätzlich nicht der Erlaubnispflicht nach § 13 AMG. Darüber hinaus besteht nach dem AMG eine Erlaubnispflicht für bestimmte Stoffe menschlicher Herkunft, die zur Arzneimittelherstellung bestimmt sind. Von der Erlaubnispflicht werden insoweit auch Stoffe erfasst, die noch keine Wirkstoffe oder Arzneimittel sind, die aber dazu bestimmt sind, zu Wirkstoffen oder Arzneimitteln oder zu sonstigen Bestandteilen von Arzneimittel weiterverarbeitet zu werden, vgl § 13 Abs. 1 S. 1 Nr. 4 AMG.

Nicht der Erlaubnispflicht unterliegt hingegen die Herstellung von Stoffen tierischer Herkunft, die dazu bestimmt sind, zu Wirkstoffen oder Arzneimitteln oder zu sonstigen Bestandteilen von Arzneimittel weiterverarbeitet zu werden. Die Herstellung pflanzlicher Ausgangsstoffe ist ebenso wie die Herstellung pflanzlicher Wirkstoffe nicht nach § 13 AMG erlaubnispflichtig.

Für die Frage der Erlaubnispflichtigkeit einer Herstellung von Stoffen oder Zubereitungen aus Stoffen sind damit verschiedene, zT einander nachgeschaltete Fragen zu beantworten. Zunächst ist die Frage zu klären, ob eine Wirkstoffherstellung erfolgt und ob es sich um einen Wirkstoff menschlicher, tierischer oder mikrobieller Herkunft oder um einen auf gentechnischem Wege hergestellten Wirkstoff handelt. Ist dies der Fall, liegt eine erlaubnispflichtige Herstellung vor. Sofern keine erlaubnispflichtige Wirkstoffherstellung vorliegt, kann ggf eine erlaubnispflichtige Herstellung von **Ausgangsstoffen** gegeben sein, vgl § 13 Abs. 1 Nr. 4 AMG.

Ob ein Wirkstoff vorliegt, beurteilt sich nach der gesetzlichen Definition in § 4 Abs. 19 AMG. Nach dieser Definition ist ein Stoff ein Wirkstoff, wenn er dazu bestimmt ist, bei der Herstellung von Arzneimitteln als arzneilich wirksamer Bestandteil verwendet zu werden oder bei der Verwendung in der Arzneimittelherstellung zu arzneilich wirksamen Bestandteilen eines Arzneimittels zu werden. Die Definition verdeutlicht zum einen, dass Wirkstoffe Stoffe iSd AMG sind. Dementsprechend ist auf die Definition des § 3 AMG – der Legaldefinition des Stoffbegriffes – zu verweisen (vgl dazu oben § 2 Rn 202). Zum anderen wird aus der Definition des Wirkstoffbegriffes deutlich, dass maßgebliches Kriterium für die Qualifizierung eines Stoffes als Wirkstoff der Zweck ist, dem zu dienen ein Stoff bestimmt ist.[26]

Nach der gesetzlichen Definition kommen zwei unterschiedliche **Bestimmungszwecke** in Betracht, die dazu führen, dass ein Stoff zum Wirkstoff iSd § 4 Abs. 19 AMG wird. Zum einen handelt es sich um den Bestimmungszweck, bei der Herstellung von Arzneimitteln als arzneilich wirksamer Bestandteil verwendet zu werden. Zum anderen handelt es sich um den Bestimmungszweck, bei der Verwendung des Stoffes in der Arzneimittelherstellung zu einem arzneilich wirksamen Bestandteil der herzustellenden Arzneimittel zu werden. Der letztgenannte Bestimmungszweck wurde erst im Rahmen des 12. AMG-Änderungsgesetzes

---

[26] VG Hamburg PharmR 2002, 110, 115; Niedersächsisches OVG ZLR 2003, 371, 382.

in die Definition des Wirkstoffbegriffes aufgenommen.[27] Da die gesetzliche Wirkstoffdefinition in beiden Alternativen ausdrücklich auf die Zweckbestimmung als maßgebliches Kriterium abstellt, ist die bloße tatsächliche Eignung eines Stoffes, als Wirkstoff verwendet zu werden, nicht maßgeblich für die Kategorisierung eines Stoffes als Wirkstoff.[28] Ebenso wie bei der Kategorisierung eines Produkts als Arzneimittel kommt es bei der Ermittlung des Wirkstoff-Bestimmungszweckes nicht allein auf die subjektive Zweckbestimmung des Inverkehrbringers, Einführers oder des Anbauenden an. Der Bestimmungszweck richtet sich vielmehr grundsätzlich nach **objektiven Maßstäben**.[29] Im Rahmen der Ermittlung der objektiven Zweckbestimmung kommt es darauf an, zu welchen Zwecken ein bestimmtes Mittel bzw ein bestimmter Stoff nach der allgemeinen Verkehrsauffassung zu dienen bestimmt ist.[30] Durch das Abstellen auf einen objektivierten Maßstab wird eine Umgehung der Vorschriften des AMG und der AMWHV bei Stoffen erreicht, die von den Verkehrskreisen nur als Wirkstoff – oder Arzneimittel – verstanden werden können und nur nach rein subjektive Bestimmung des Inverkehrbringenden für andere als die in § 4 Abs. 19 AMG genannten Zwecke bestimmt sind bzw sein sollen.

41 Der grundsätzlich anzuwendende objektivierte Beurteilungsmaßstab bei der Qualifizierung eines Stoffes als Wirkstoff und damit bei der Frage der Erlaubnispflichtigkeit seiner Herstellung bedarf einer Konkretisierung in Fällen von Stoffen und Stoffzubereitungen, die sowohl einer in § 4 Abs. 19 AMG genannten Zweckbestimmung als auch anderen nicht arzneilichen Zweckbestimmungen unterliegen können. Liegen solche sog. **ambivalente Stoffe** oder Stoffzubereitungen vor, muss die Beurteilung und Qualifizierung nach ergänzenden bzw abweichenden Kriterien vorgenommen werden. Ob derartige Stoffe oder Stoffzubereitungen Wirkstoffe iSd § 4 Abs. 19 AMG oder sonstige Stoffe sind, hängt in diesen Fällen zunächst maßgeblich von der Zweckbestimmung durch den Hersteller bzw den Inverkehrbringenden ab.[31] Liegt keine Zweckbestimmung iS einer Verwendung als Wirkstoff vor, ist der Herstellungsvorgang – noch – nicht erlaubnispflichtig nach § 13 AMG, so dass eine Herstellungserlaubnis nach dem AMG nicht wegen der Herstellung eines Wirkstoffes erforderlich ist.[32]

42 Eine Erlaubnispflichtigkeit kann sich dann allerdings dann ergeben, wenn ein es sich bei dem hergestellten Stoff zwar nicht um einen Wirkstoff, jedoch um einen Stoff menschlicher Herkunft handelt, der zur Arzneimittelherstellung bestimmt ist. Auch wenn keine Bestimmung als Wirkstoff gegeben ist, kann ein Stoff zur Arzneimittelherstellung bestimmt sein, wenn er zB als sonstiger Bestandteil für die Arzneimittelherstellung ist. Auch in diesen Fällen ist die Erlaubnispflichtigkeit der Herstellung jedoch maßgeblich davon abhängig, dass der Stoff für eine entsprechende arzneiliche Verwendung bestimmt ist. Der auch hier anzulegende objektive Maßstab bedarf im Falle ambivalenter Stoffe wiederum einer einschränkenden Betrachtung unter Berücksichtigung der subjektiven Zweckbestimmung des Herstellers.

---

27 BGBl. I 2004, 2031 ff – Die Gesetzesbegründung bezieht sich auf die Definition in Annex 18 zum EU-GMP-Leitfaden, vgl Anlage 3 zur Bekanntmachung des Bundesministeriums für Gesundheit zu § 2 Nr. 3 AMWHV v. 27.10.2006 (BAnz S. 6887), Leitfaden der Guten Herstellungspraxis Teil II, Abschnitt 20, Glossar, Stichwort: Wirkstoff.
28 Niedersächsisches OVG ZLR 2003, 371, 382.
29 Vgl Niedersächsisches OVG ZLR 2003, 371, 379; VG Hamburg PharmR 2002, 109, 114; Heßhaus, StoffR 2006, 27, 28.
30 Vgl nur Kloesel/Cyran, Arzneimittelrecht, § 2 AMG Erl. 9.
31 VG Hamburg, PharmR 2002, 110, 115; ähnlich Niedersächsisches OVG, ZLR 2003, 371, 382; vgl auch Kloesel/Cyran, Arzneimittelrecht, § 4 AMG Erl. 19.
32 Vgl eingehend zur Abgrenzung zwischen Wirkstoffen und Ausgangsstoffen Krüger, pharmind 2007, 1077 ff und 1187 ff.

G. Ausnahmen von der Erlaubnispflicht

Von der grundsätzlichen Erlaubnispflicht für die Herstellung von Arzneimitteln und bestimmter Wirkstoffe nach § 13 AMG sieht das AMG Ausnahmen vor. Diese Ausnahmen knüpfen zum einen an die herzustellenden Produkte an, vgl § 13 Abs. 1 a AMG. Zum anderen sind Ausnahmen von der Erlaubnispflichtigkeit der Herstellung für bestimmte Personen vorgesehen, vgl § 13 Abs. 2, 2 a AMG.

I. Produktbezogene Ausnahmen von der Erlaubnispflicht

1. Bestimmte Gewebe

Seit dem 15. AMG-Änderungsgesetz ist eine Erlaubnispflicht nach § 13 AMG für bestimmte Handlungen im Zusammenhang mit **Gewebe** im Sinne des § 1 a Nr. 4 TPG, für deren Gewinnung und Laboruntersuchung es einer Erlaubnis nach § 20 b AMG bzw für deren Be- oder Verarbeitung, Konservierung, Lagerung und Inverkehrbringen es einer Erlaubnis nach § 20 c AMG bedarf, nicht mehr gegeben. Für die Gewinnung von Gewebe sowie für die für die Gewinnung von Gewebe erforderlichen Laboruntersuchungen normiert § 20 b AMG vielmehr eine selbständige Erlaubnispflicht. Die Erteilung einer entsprechenden Erlaubnis knüpft an eigene Voraussetzungen an, die in § 20 b Abs. 2 AMG gleichsam negativ durch die abschließende Aufzählung entsprechender Versagungsgründe geregelt werden. Beim Vorliegen der entsprechenden Voraussetzungen bzw beim Nichtvorliegen der in § 20 b Abs. 2 AMG normierten Versagungsgründe besteht ein Anspruch auf Erteilung der Erlaubnis.

Dies gilt auch für die Gewinnung und die Laboruntersuchung von **autologem Blut** zur Herstellung von biotechnologisch bearbeiteten Gewebeprodukten, für die es einer Erlaubnis nach § 20 b AMG bedarf. Eine Erlaubnispflicht ergibt sich diesbezüglich nicht aus § 13 AMG, sondern aus § 20 b Abs. 1 AMG.

Auch für **Gewebezubereitungen**, für die es einer Erlaubnis nach § 20 c AMG bedarf, findet § 13 AMG und die dort normierte Erlaubnispflicht für die Herstellung keine Anwendung. Die Erlaubnispflichtigkeit ergibt sich vielmehr aus § 20 c Abs. 1 AMG.[33] Betroffen von der Erlaubnispflicht nach § 20 c AMG sind Gewebe und Gewebezubereitungen, die nicht mit industriellen Verfahren be- oder verarbeitet werden. Erlaubnispflichtig ist bzgl dieser Produkte die Be- oder Verarbeitung, das Konservieren, Lagern und Inverkehrbringen, vgl § 20 c Abs. 1 S. 1 AMG. Gewebe und Gewebezubereitungen, die mittels eines industriellen Verfahrens be- oder verarbeitet werden, unterliegen hingegen nicht der Erlaubnispflicht nach § 20 c Abs. 1 AMG, sondern der Erlaubnispflicht nach § 13 AMG.[34] Sofern eine Erlaubnispflicht nach § 20 c Abs. 1 AMG besteht und keiner der Versagungsgründe des § 20 c Abs. 2 AMG gegeben ist, besteht für den Antragsteller ein Anspruch auf Erlaubniserteilung.

2. Rekonstitution von Arzneimitteln

Nicht erlaubnispflichtig ist außerdem die Rekonstitution von Arzneimitteln, sofern diese nicht zur Anwendung im Rahmen einer **klinischen Prüfung** bestimmt sind, vgl § 13 Abs. 1 a Nr. 4 AMG.

---

33 Mit § 20 c AMG werden die Vorgaben der RL 2004/23/EG umgesetzt; die Umsetzung als solche geht jedoch zT über die Vorgaben der Richtlinie hinaus, vgl dazu die Kommentierung bei Rehmann, AMG, § 20 c Rn 1 ff.
34 Rehmann, AMG, § 20 c Rn 1.

Die Rekonstitution[35] – also die Überführung eines Arzneimittels in seine anwendungsfähige Form, zB durch Zuführung eines Lösungsmittels – wird als solche vom Gesetzgeber grundsätzlich als Herstellungshandlung angesehen.[36] Mit § 13 Abs. 1 a Nr. 4 AMG wird eine Ausnahme von der – vermeintlich – begründeten Erlaubnispflichtigkeit der Rekonstitution normiert. Diese Ausnahme führt dazu, dass die Rekonstitution eines Arzneimittels jedenfalls dann nicht herstellungserlaubnispflichtig ist, wenn die Rekonstitution nicht im Rahmen einer klinischen Prüfung erfolgt. Da die Ausnahme für die Erlaubnispflicht ausdrücklich nur die Rekonstitution außerhalb einer klinischen Prüfung erfasst, unterliegen Rekonstitutionen im Rahmen einer klinischen Prüfung nach dem AMG grundsätzlich der Erlaubnispflicht.[37] Allerdings wurden mit dem 15. AMG-Änderungsgesetz Ausnahmen von der Erlaubnispflichtigkeit der Rekonstitution durch Inhaber einer Apotheke und Träger eines Krankenhauses normieren (vgl Rn 54 f).

II. Personenbezogene Ausnahmen von der Erlaubnispflicht

47 Neben den produktbezogenen Ausnahmen von der Erlaubnispflichtigkeit der Herstellung werden in § 13 Abs. 2, 2 b, 2 c AMG Ausnahmen von der Erlaubnispflicht für die Herstellung durch bestimmte Personen bzw Personengruppen normiert. Diese benötigen für grundsätzlich erlaubnispflichtige Herstellungsvorgänge ausnahmsweise keine Herstellungserlaubnis nach § 13 AMG.

48 Zu beachten ist aber, dass die in § 13 Abs. 2 AMG normierten Ausnahmen nicht uneingeschränkt gelten. Die Ausnahmen gelten nicht für die Herstellung bestimmter Produkte. So unterliegen Herstellungshandlungen der von den Ausnahmeregelungen des § 13 Abs. 2 AMG erfassten Personen nur dann nicht der Erlaubnispflicht, wenn sich diese Herstellungshandlungen auf andere Produkte als Blutzubereitungen, Gewebezubereitungen, Sera, Impfstoffe, Allergene, Testsera, Testantigene und radioaktive Arzneimittel beziehen. Herstellungshandlungen bzgl der vorgenannten Produkte sind grundsätzlich ohne Ansehung der sie durchführenden Personen erlaubnispflichtig. Für die Herstellung der aufgeführten Produkte bedürfen daher auch die in § 13 Abs. 2 AMG genannten Personen bzw Personengruppen einer Herstellungserlaubnis.

1. Apotheker

a) Allgemeines

49 Von der Erlaubnispflicht nach § 13 AMG ausgenommen sind Inhaber einer Apotheke bzgl der Herstellung von Arzneimitteln im Rahmen des üblichen Apothekenbetriebs. Der Begriff Inhaber erfasst sowohl die Eigentümer eine Apotheke, soweit sie Apotheker sind, als auch Pächter einer Apotheke.[38] Auch derjenige, der als Verwalter nach dem Tode des Inhabers einer Apothekenbetriebserlaubnis für die Erben, die nicht selbst die Voraussetzung zur

---

35 Vgl die mit dem 15. AMG-Änderungsgesetz in das AMG aufgenommene Definition der Rekonstitution in § 4 Abs. 31 AMG.
36 BR-Drucks. 171/09, 67; aA VG Oldenburg, Beschl. v. 19.12.2007 – 7 B 3409/07; das VG Oldenburg argumentiert, dass die Rekonstitution, im konkreten Fall die Verflüssigung der getrockneten Wirksubstanz für die Anwendung durch Auflösung in einem Lösungsmittel, bei bestimmungsgemäß durchgeführten Verfahren keine Herstellung eines Arzneimittels darstelle, sondern lediglich die Bereitstellung des Arzneimittels in der für die Verabreichung vorgesehenen – flüssigen – Form sei. Die Rekonstitution erfülle damit nicht den Tatbestand des § 13 AMG. Die Auffassung des VG Oldenburg steht im Widerspruch zu der im Gesetzgebungsverfahren geäußerten Rechtsauffassung.
37 Dies steht jedoch in Widerspruch zu Art. 9 Abs. 2 RL 2005/28/EG; danach unterliegt die Zubereitung vor der Verabreichung im Rahmen einer klinischen Prüfung gerade nicht der Genehmigungspflicht.
38 Kloesel/Cyran, Arzneimittelrecht, § 13 Erl. 32.

Fortführung einer Apotheke erfüllen, verwaltet,[39] ist in diesem Sinne Inhaber einer Apotheke.[40]

Unabhängig von den im Detail umstrittenen Fragen, welche Handlungen und Maßnahmen dem Begriff des üblichen Apothekenbetriebs unterfallen, besteht Einigkeit darin, dass jedenfalls die Abgabe eines in der Apotheke zuvor hergestellten Arzneimittels an den Patienten im Rahmen des üblichen Apothekenbetriebs liegt.[41] Die Abgabe an andere Apotheken, sachkundiger Einzelhändler oder des pharmazeutischen Großhandels liegt nicht im Rahmen des üblichen Apothekenbetriebs.[42] Lediglich die Belieferung eigener Filialapotheken bzw die Belieferung der Hauptapotheke durch die herstellende Filialapotheke liegt im Rahmen des üblichen Apothekenbetriebs.[43]

b) Herstellung zum Zwecke des Versandes

Ob die Herstellung von Arzneimitteln zum Zwecke des Versandes durch die Ausnahmebestimmung des § 13 Abs. 2 S. 1 Nr. 1 AMG von der **Erlaubnispflicht** ausgenommen ist, ist **umstritten**. Berücksichtigend, dass in § 11a Abs. 1 S. 1 Nr. 1 ApoG für den Versandhandel von Arzneimitteln normiert wird, dass dieser „aus einer öffentlichen Apotheke zusätzlich zu dem üblichen Apothekenbetrieb und nach den dafür geltenden Vorschriften" zu erfolgen hat, spricht zunächst durchaus einiges dafür, dass der Versand von Arzneimitteln zwar bei Vorliegen der entsprechenden Voraussetzungen zulässig, jedoch nicht Teil des üblichen **Apothekenbetriebs** ist.[44] Allerdings lässt sich allein aus der Gegenüberstellung des Begriffsinhaltes des üblichen Apothekenbetriebs im Bereich des Apothekengesetzes noch nicht herleiten, dass der Begriffsinhalt des üblichen Apothekenbetriebs in § 13 Abs. 2 S. 1 Nr. 1 AMG in derselben Weise auszulegen ist. Zu beachten ist, dass die Verwendung derselben Begrifflichkeit durch den Gesetzgeber in unterschiedlichen Normen durchaus in unterschiedlicher Art und Weise und mit abweichender Bedeutung erfolgen kann. Entscheidend für das Begriffsverständnis ist in erster Linie der Sinn und Zweck der jeweiligen Regelung. Zweck des § 11a Abs. 1 S. 1 Nr. 1 ApoG ist, die Zulässigkeit und die Voraussetzungen des Versandhandels mit Arzneimitteln zu normieren. Der Versandhandel tritt dabei neben den bekannten ortsgebundenen Handel mit Arzneimitteln durch die Abgabe in der Apotheke. Sinn und Zweck des § 13 Abs. 2 S. 1 Nr. 1 AMG ist hingegen, die Arzneimittelherstellung durch den Apotheker in seiner Apotheke nicht einem zusätzlichen Genehmigungserfordernis zu unterstellen, da der Arzneimittel herstellende Apotheker dem Leitbild des Apothekerberufes entspricht und die Herstellung von Arzneimitteln zu den Kerntätigkeiten des Apothekers seit Alters her gehört. Es lässt sich vor diesem Hintergrund durchaus vertreten, dass der Begriff des üblichen Apothekenbetriebs in § 13 Abs. 2 S. 1 Nr. 1 AMG abweichend von der Begriffsverwendung in § 11a Abs. 1 S. 1 Nr. 1 ApoG und weitergehend dahin gehend

---

39 Vgl § 13 Abs. 1, 2 ApoG.
40 Nicht Inhaber einer Apotheke im vorgenannten Sinne ist hingegen der Verpächter einer Apotheke; dies gilt auch dann, wenn der Verpächter approbierter Apotheker ist, vgl dazu Pfeil/Pieck/Blume/*Schulte-Löbbert/Tisch*, ApBetrO, § 2 Rn 7.
41 OVG Hamburg, Beschl. v. 11.1.2000 – 5 Bs 282/99 (NordÖR 2000, 508-512 – Leitsatz und Gründe); OLG Hamburg PharmR 2008, 449, 453 f; Kloesel/Cyran, Arzneimittelrecht, § 13 AMG Erl. 32; Sander, Arzneimittelrecht, § 13 AMG Erl. 6; Pfeil/Pieck/Blume/*Schulte-Löbbert/Tisch*, ApBetrO, § 1 Rn 19; differenzierend: Rehmann, AMG, § 13 Rn 5, der zwar die Belieferung anderer Apotheken außerhalb des üblichen Apothekenbetriebs im Rahmen einer kollegialiter erfolgenden Aushilfe als außerhalb des üblichen Apothekenbetriebs beurteilt, jedoch den Versand an Patienten im Rahmen einer bestehenden Versandhandelserlaubnis als im Rahmen des üblichen Apothekenbetriebs liegend bewertet.
42 Pfeil/Pieck/Blume/*Blume*, ApBetrO, § 9 Rn 3; Kloesel/Cyran, Arzneimittelrecht, § 13 AMG Erl. 32.
43 Kloesel/Cyran, Arzneimittelrecht, § 13 AMG Erl. 32.
44 So OLG Hamburg PharmR 2008, 449, 453 f; aA – allerdings vor dem Hintergrund der Frage, ob eine patientenindividuelle Verblisterung in einer Apotheke der Erlaubnispflicht des § 13 AMG unterliege, wohl OVG Niedersachsen GesR 2006, 461, 464 f.

zu verstehen ist, dass der übliche Apothekenbetrieb alle Tätigkeiten erfasst, die nach der apothekenrechtlichen Erlaubnissituation zulässig ausgeübt werden dürfen. Dazu gehörte auch der Versandhandel. Nach diesem – keineswegs unbestrittenen – Verständnis ist die Herstellung von Arzneimitteln in der Apotheke und deren Versand an Patienten nicht erlaubnispflichtig, da sie durch die Ausnahmeregelung des § 13 Abs. 2 S. 1 Nr. 1 AMG erfasst wird.[45]

c) Rezepturarzneimittel, Defekturarzneimittel und Großherstellung

52 Nicht erlaubnispflichtig ist die im Rahmen des üblichen Apothekenbetriebs erfolgende Herstellung von Rezepturarzneimitteln (vgl § 7 ApBetrO), Defekturarzneimitteln (vgl § 8 ApBetrO) und auch die sog. Großherstellung (vgl § 9 ApBetrO), sofern sie im Rahmen des üblichen Apothekenbetriebs erfolgt und die hergestellten Arzneimittel mithin nicht an andere als an Patienten der herstellenden Apotheke bzw angeschlossenen Filialapotheken abgegeben werden.[46]

d) Abpacken und Kennzeichnen von Arzneimitteln zur klinischen Prüfung

53 Ebenfalls nicht der Erlaubnispflicht unterliegen das Abpacken sowie das Kennzeichnen von Arzneimitteln durch den Inhaber einer Apotheke, wenn die Arzneimittel zur klinischen Prüfung bestimmt sind und Abpacken und Kennzeichnen dem **Prüfplan** der jeweiligen Studie entsprechen.

Voraussetzung für die Erlaubnisfreiheit ist, dass Abpacken und Kennzeichnen durch den Apotheker erfolgen. Außerdem muss das Abpacken und Kennzeichnen im Prüfplan vorgesehen sein und hinsichtlich der Art und Weise der Durchführung mit den **Prüfplanvorgaben** übereinstimmen. Diese Ausnahme folgt den Vorgaben der Richtlinie 2005/28/EG, setzt diese aber nicht exakt um.

54 Nach Art. 9 RL 2005/28/EG iVm Art. 13 Abs. 1 RL 2001/20/EG ist die Herstellung und Einfuhr von Prüfpräparaten genehmigungspflichtig. Diese Genehmigungspflicht betrifft sowohl das vollständige als auch das teilweise Herstellen sowie die das Abfüllen, das Abpacken und die Aufmachung im Sinne der Kennzeichnung. In Art. 9 Abs. 2 RL 2005/83/EG werden hingegen neben der Zubereitung vor der Verabreichung – also der Rekonstitution – auch die Verpackung von Prüfarzneimitteln nicht der Genehmigungspflicht nach Art. 13 RL 2001/20/EG unterworfen. Voraussetzung ist nach der Richtlinie, dass sowohl die Rekonstitution als auch das Verpacken in Krankenhäusern, Gesundheitszentren oder Kliniken von Apothekern oder anderen nach den nationalen Bestimmungen **berechtigten Personen** durchgeführt wird und dass die jeweiligen Prüfpräparate ausschließlich zur **Anwendung in diesen Einrichtungen** bestimmt sind.

55 Die Ausnahme von der Erlaubnispflicht der Zubereitung vor der Verabreichung wird mit der Ausnahmeregelung des § 13 Abs. 1 S. 1 Nr. 1 AMG nicht umgesetzt. Auch § 13 Abs. 1 a Nr. 4 AMG setzt die europarechtliche Vorgabe nicht um, da gerade die Rekonstitution von Arzneimitteln, die zur klinischen Prüfung bestimmt sind, ausdrücklich nicht von § 13 Abs. 1 a Nr. 4 AMG erfasst wird. Die europarechtlichen Vorgaben bzgl der Ausnahme von der Erlaubnispflicht für das Verpacken von Prüfpräparaten in den Prüfeinrichtungen

---

45 Ähnlich: OVG Niedersachsen GesR 2006, 461, 464 f; nach dem Urteil des OVG Niedersachsen ist die patientenindividuelle Verblisterung von Arzneimitteln in der Apotheke zum Zwecke der Abgabe an Patienten im Rahmen eines Heimbelieferungsvertrags nicht erlaubnispflichtig nach § 13 AMG. Dabei ist allerdings zu beachten, dass Heimbelieferungsverträge eine gewisse räumliche Nähe zwischen der Apotheke und dem zu beliefernden Heim erfordern, vgl § 12 a Abs. 1 S. 1 Nr. 1 ApoG, so dass in räumlicher Hinsicht eine gewisse Beschränkung im Vergleich zum bundesweiten Versandhandel besteht; so wohl auch Rehmann, AMG, § 13 Rn 5.
46 Pfeil/Pieck/Blume/*Blume*, ApBetrO, § 9 Rn 1 ff.

G. Ausnahmen von der Erlaubnispflicht

sind nur insoweit hinreichend umgesetzt, als der im nationalen Recht verwendete Begriff des Abpackens europarechtskonform ausgelegt wird iSd im Richtlinientext verwendeten Begriff des Verpackens.

2. Krankenhausträger

a) Allgemein

Eine weitere Ausnahme von dem Verbot der Herstellung von Arzneimitteln ohne Herstellungserlaubnis normiert § 13 Abs. 1 Nr. 2 AMG für den Träger eines Krankenhauses, soweit dieser nach dem Apothekengesetz Arzneimittel abgeben darf. Der Träger eines Krankenhauses bedarf für den Betrieb einer Krankenhausapotheke eine Apothekenbetriebserlaubnis, vgl § 14 ApoG. Im Rahmen dieser Erlaubnis dürfen Arzneimittel abgegeben werden.

Die Krankenhausapotheke als solche ist befugt, Arzneimittel ohne Herstellungserlaubnis herzustellen, soweit die Abgabe dieser Arzneimittel im Rahmen der Vorgaben des Apothekengesetzes erfolgt. Danach ist die Abgabe von Arzneimitteln durch die Krankenhausapotheke **innerhalb des Krankenhauses** zulässig, dessen Träger Inhaber der jeweiligen Erlaubnis zum Betrieb der Krankenhausapotheke ist. Eine Arzneimittelabgabe durch eine Krankenhausapotheke ist darüber hinaus auch zulässig an andere Krankenhäuser, sofern zwischen dem Inhaber der Erlaubnis zum Betrieb der Krankenhausapotheke und dem Träger der zu **versorgenden Krankenhäuser** einen entsprechenden schriftlicher Vertrag besteht, vgl § 14 Abs. 3 ApoG.

b) Abpacken und Kennzeichnen von Arzneimitteln zur klinischen Prüfung

Darüber hinaus bedarf eine Krankenhausapotheke keiner Herstellungserlaubnis für das Abpacken sowie das Kennzeichnen von Arzneimitteln, sofern die Arzneimittel zur klinischen Prüfung bestimmt sind und Abpacken und Kennzeichen dem Prüfplan der jeweiligen Studie entsprechen, vgl § 13 Abs. 2 S. 1 Nr. 2 AMG. Zu Einzelheiten im Zusammenhang auf die Ausführungen zur Ausnahme von Erlaubnispflicht in Bezug auf Apotheken ist zu verweisen (vgl Rn 53 ff).

3. Ärzte und Heilpraktiker

Ärzte und andere zur Ausübung der Heilkunde beim Menschen befugte Personen – Heilpraktiker – bedürfen keiner Herstellungserlaubnis nach § 13 AMG, sofern die entsprechenden Arzneimittel unter der unmittelbaren fachlichen Verantwortung des Arztes bzw des Heilpraktikers zum Zweck **der persönlichen Anwendung** bei einem **bestimmten Patienten** hergestellt werden, vgl § 13 Abs. 2 b AMG.

Voraussetzung für die Ausnahme der Erlaubnispflicht ist danach zwar nicht, dass der Arzt oder der Heilpraktiker das Arzneimittel selbst herstellen. Allerdings muss die Herstellung unter ihrer **unmittelbaren fachlichen Verantwortung** erfolgen. Der Arzt bzw Heilpraktiker muss die Herstellungshandlungen daher zwar nicht selbst vornehmen, sondern darf sich von dem ihn unterstellten Personal helfen lassen bzw darf Herstellungshandlungen an ihn unterstelltes Personal **delegieren**. Allerdings muss die Herstellung unter der **Gesamtaufsicht** des Arztes bzw Heilpraktikers erfolgen, damit dieser zu jedem Zeitpunkt der Herstellung die Herstellungsschritte hinsichtlich etwaiger Auswirkungen auf die Arzneimittelqualität und die Unbedenklichkeit der Arzneimittel beurteilen kann. Dementsprechend muss sichergestellt sein, dass die Organisation der Herstellung gewährleistet, dass der Arzt bzw Heilpraktiker jeden relevanten Herstellungsschritt unmittelbar prüfen und kontrollieren kann und von dieser Möglichkeit auch Gebrauch macht.[47]

61 Erlaubnisfrei ist außerdem nur eine Herstellung durch Ärzte und Heilpraktiker zur Anwendung des Arzneimittels durch den herstellenden Arzt bzw Heilpraktiker bei einem bestimmten Patienten.[48] **Nicht erlaubnisfrei** ist danach eine Herstellung von Arzneimitteln durch Ärzte oder Heilpraktiker zum Zwecke der **Abgabe an Dritte**, zB andere Ärzte oder Heilpraktiker.

62 Ebenfalls nicht erlaubnisfrei ist die Herstellung von Arzneimitteln durch den Arzt oder Heilpraktiker, wenn diese Herstellung im voraus erfolgt, ohne dass zum Zeitpunkt der Herstellung bereits feststeht, bei welchem Patienten das herzustellende Arzneimittel angewendet wird. Eine **Vorratsherstellung** ist mithin nur eingeschränkt erlaubnisfrei. Bei der Vorratsherstellung muss sichergestellt sein, dass bereits im Moment der Herstellung ein bestimmtes Arzneimittel einem bestimmten Patienten zugeordnet wird.

63 Nicht erlaubnisfrei ist die Herstellung von Arzneimitteln durch Ärzte oder Heilpraktiker, wenn es sich um Arzneimittel für neuartige Therapien, um **xenogene Arzneimittel**, soweit diese **genetisch modifiziert** oder durch andere Verfahren in ihren **biologischen Eigenschaften** veränderte lebende Körperzellen sind oder enthalten, oder um Arzneimittel, die zur klinischen Prüfung bestimmt sind, handelt. Die Herstellung von Arzneimitteln, die zur klinischen Prüfung bestimmt sind, ist nur insoweit erlaubnisfrei, als es sich bei den entsprechenden Herstellungsschritten um eine Rekonstitution handelt.

4. Tierärzte

64 Auch die Arzneimittelherstellung durch Tierärzte unterliegt in Teilbereichen nicht der Erlaubnispflicht nach dem AMG. So dürfen Tierärzte im Rahmen des Betriebs einer **tierärztlichen Hausapotheke** für die Anwendung bei von ihnen behandelten Tieren Arzneimittel erlaubnisfrei herstellen.

Voraussetzung ist, dass die Herstellung unter der unmittelbaren fachlichen Verantwortung des Tierarztes zum Zwecke der persönlichen Anwendung der hergestellten Arzneimittel bei bestimmten Tierbeständen erfolgt, vgl § 13 Abs. 2 c AMG.[49] Anders als die Arzneimittelherstellung durch Ärzte und Heilpraktiker ist die Herstellung durch Tierärzte im Rahmen

---

47 Vgl BT-Drucks. 16/13428, 128, dort zu Buchst. e.
48 Die Ausnahme von der Erlaubnispflichtigkeit der Arzneimittelherstellung durch Ärzte und Heilpraktiker bezüglich Arzneimitteln, die von diesen selbst hergestellt werden, um sie bei ihren eigenen Patienten anzuwenden, basiert auf der Entscheidung des BVerfG zur Frischzellenverordnung (vgl BVerfGE 102, 26 ff). Mit der Streichung des § 4a Nr. 3 AMG im Rahmen des 15. AMG-Änderungsgesetzes wurde es erforderlich, die Ausnahme von der Erlaubnispflichtigkeit der o.g. Herstellung durch Ärzte und Heilpraktiker neu zu normieren.
49 Nach § 13 Abs. 2 c AMG gilt die Regelung des § 13 Abs. 2 b S. 1 AMG für Tierärzte im Rahmen des Betriebs einer tierärztlichen Hausapotheke für die Anwendung bei von ihnen behandelten Tieren entsprechend. Die Anordnung der entsprechenden Anwendbarkeit führt dazu, dass die Regelung des § 13 Abs. 2 b AMG unter Berücksichtigung der Besonderheiten des Betriebs einer tierärztlichen Hausapotheke durch den Tierarzt anzuwenden ist. Dies führt dazu, dass erlaubnisfrei nur die Herstellung von Arzneimitteln ist, soweit diese unter der unmittelbaren fachlichen Verantwortung des Tierarztes zum Zwecke der persönlichen Anwendung durch den Tierarzt erfolgt. Darüber hinaus müssen die von der Erlaubnispflicht freigestellten Arzneimittel zur Anwendung bei bestimmten Tierbeständen hergestellt werden. Nicht erforderlich ist die Zweckbestimmung der persönlichen Anwendung bei einem bestimmten „Patienten" bzw bei einem bestimmten Tier. Der Tierarzt muss sich von dem konkret mit dem Arzneimittel zu behandelnden Tier keine exakte Vorstellung machen, insb. keine personifizierte Vorstellung – zB in Form der Ohrmarkennummern bei Rindern. Erforderlich ist lediglich, dass der Tierarzt das Arzneimittel herstellt mit der Bestimmung der Anwendung bei dem Bestand eines bestimmten Halters.

des Betriebes einer tierärztlichen Hausapotheke[50] auch dann erlaubnisfrei, wenn Arzneimittel für neuartige Therapien und xenogene Arzneimittel sowie Arzneimittel, die zur klinischen Prüfung bestimmt sind, hergestellt werden. Dies folgt daraus, dass § 13 Abs. 2 c AMG ausdrücklich nur die Bestimmung des § 13 Abs. 2 b S. 1 AMG für entsprechend anwendbar erklärt. Ein Verweis auf die Bestimmungen des § 13 Abs. 2 b S. 2 AMG fehlt hingegen.

Der Tierarzt bedarf keiner Herstellungserlaubnis für das Umfüllen, Abpacken oder Kennzeichnen von Arzneimitteln in unveränderter Form. Dabei handelt es sich grundsätzlich um einfache Herstellungsvorgänge. Die Erlaubnisfreiheit gilt **unabhängig von Vertriebswegregelungen**, also unabhängig davon, ob es sich bei den von den Herstellungsvorgängen betroffenen Arzneimitteln um frei verkäufliche, apothekenpflichtige oder verschreibungspflichtige Arzneimittel handelt.[51] 65

Grundsätzlich von der Erlaubnispflichtigkeit ausgenommen ist die Herstellung von Arzneimitteln durch den Tierarzt, sofern die herzustellenden Arzneimittel ausschließlich frei verkäufliche Stoffe beinhalten. Maßgeblich für die Beurteilung der Freiverkäuflichkeit ist, dass nach §§ 44 Abs. 2, 45 AMG die entsprechenden Stoffe bzw Arzneimittel mit den entsprechenden Stoffen für den Verkehr außerhalb der Apotheke freigegeben sind. Sofern durch eine Rechtsverordnung nach § 46 AMG Arzneimittel bestimmten Stoffen der Apothekenpflicht unterstellt werden, darf der Tierarzt entsprechende Arzneimittel nach § 13 Abs. 2 S. 1 Nr. 3 lit. b AMG erlaubnisfrei herstellen. 66

Erlaubnisfrei ist auch die Herstellung **homöopathischer Arzneimittel** durch den Tierarzt. Soweit entsprechende Arzneimittel zur Anwendung bei Tieren bestimmt sind, die der Gewinnung von Lebensmitteln dienen, gilt diese Erlaubnisfreiheit allerdings nur für Arzneimittel mit solchen Wirkstoffen, die in Anhang II der Verordnung (EWG) Nr. 2377/90 ausdrücklich aufgeführt sind. 67

Der Tierarzt darf darüber hinaus erlaubnisfrei Arzneimittel aus einem Fertigarzneimittel und arzneilich nicht wirksamen Bestandteilen zubereiten. Gemeint ist damit die Vermischung von Fertigarzneimitteln mit Stoffen, bei denen es sich nicht um Wirkstoffe handelt. Darunter fällt zB auch die Rekonstitution. Der Tierarzt darf außerdem erlaubnisfrei verschiedene Fertigarzneimittel mischen, um Zoo-, Well- und Gehegetiere zu immobilisieren.

Nicht erlaubnisfrei ist die Herstellung von **Fütterungsarzneimitteln** durch den Tierarzt. Entsprechende Ausnahmebestimmungen, die eine Erlaubnisfreiheit normierten, wurden abgeschafft. Die erlaubnisfreie Herstellung von Fütterungsarzneimitteln war danach nur noch übergangsweise zulässig, vgl § 137 AMG. Die entsprechenden Übergangsregelungen endeten bereits am 31.12.2005. 68

5. Großhändler

In eingeschränktem Umfang ist auch dem Großhändler, also dem Inhaber einer Großhandelserlaubnis nach § 52 a AMG, eine erlaubnisfreie Arzneimittelherstellung gestattet. 69

Nicht der Erlaubnispflicht unterliegt das Umfüllen, Abpacken oder Kennzeichnen von Arzneimitteln durch den Großhändler. Voraussetzung ist dabei, dass durch die Herstellungshandlungen des Großhändlers die Form der Arzneimittel nicht verändert wird.[52] Keine Ausnahme von der Erlaubnispflichtigkeit besteht für die Herstellung von Arzneimittelpackun-

---

50 Der Begriff der tierärztlichen Hausapotheke ist als solcher sicherlich nicht selbsterklärend. Eine gesetzliche Definition findet sich – etwas versteckt – in § 54 Abs. 2 Nr. 12 iVm Nr. 1 AMG. Danach ist die Entwicklung, Herstellung, Prüfung, Lagerung, Verpackung, Qualitätssicherung, der Erwerb und das Inverkehrbringen von Arzneimitteln durch den Tierarzt als Betrieb einer tierärztlichen Hausapotheke definiert.
51 Kloesel/Cyran, Arzneimittelrecht, § 13 AMG Erl. 37.
52 Etmer/*Bolck*, AMG, § 13 Erl. 5; Kloesel/Cyran, Arzneimittelrecht, § 13 AMG Erl. 44.

gen, die zur Abgabe an den Verbraucher bestimmt sind. Dementsprechend unterliegen Herstellungshandlungen des Großhändlers der Erlaubnispflicht, wenn Bulkware in zur Abgabe an den Verbraucher bestimmte Packungen umgefüllt wird. Nicht erlaubnispflichtig ist hingegen zB das Umfüllen von Bulkware in andere Behältnisse, die nicht zur Abgabe an den Verbraucher bestimmt sind, also zB das Umpacken von Großgebinden in kleinere Einheiten.[53] Ob der Großhändler ein von ihm umgepacktes, abgepacktes oder gekennzeichnetes Arzneimittel subjektiv zur unmittelbaren Abgabe an den Verbraucher bestimmt hat, ist für die Frage der Erlaubnispflichtigkeit eines Herstellungsvorganges nicht entscheidend. Maßgeblich kommt es vielmehr darauf an, ob es sich bei den hergestellten Arzneimittelpackungen um solche handelt, die objektiv zur Abgabe an den Verbraucher bestimmt sind. Dies bemisst sich nach der konkreten Beschaffenheit der Packung, insbesondere nach ihrer Art, ihrem Umfang und ihrer Aufmachung.[54]

Die Herstellung von Fertigarzneimitteln durch den Großhändler ist grundsätzlich erlaubnispflichtig.[55]

6. Einzelhändler

70 Einzelhändler, die über einen Sachkundenachweis nach § 50 AMG verfügen, sind ebenfalls – in einem sehr beschränkten Umfang – von der Erlaubnispflicht für bestimmte eher untergeordnete Herstellungsvorgänge befreit. Dies betrifft das Umfüllen, Abpacken und Kennzeichnen von Arzneimitteln zur Abgabe in unveränderter Form unmittelbar an den Verbraucher. Auch Einzelhändler dürfen daher durch ihre Herstellungshandlungen die Form des Arzneimittels, also insbesondere die Darreichungsform und die Zusammensetzung, nicht verändern.

71 Der Einzelhändler, der zum Einzelhandel mit frei verkäuflichen Arzneimitteln nach § 50 AMG befugt ist, unterliegt daher keiner Erlaubnispflicht für das Abfüllen von Arzneimitteln aus großen Gebinden in Behältnisse, die zur Abgabe an den Verbraucher bestimmt sind. Eine Abfüllung von Arzneimitteln aus großen Gebinden in Behältnisse, die zwar zur Abgabe an Verbraucher geeignet sind, jedoch nicht an Verbraucher, sondern an (Groß-)Händler oder selbständige Drogeriemarktfilialen weitergegeben werden, unterliegt hingegen der Erlaubnispflicht.[56] Einer Herstellungserlaubnis bedarf der Einzelhändler außerdem dann, wenn er zB lose verpackten Arzneitee in Filterbeutel abfüllt oder aber ein in Pulverform geliefertes Arzneimittel in Kapseln abfüllt.[57]

72 Da Einzelhändler mit der erforderlichen Sachkenntnis im Sinne des § 50 AMG freiverkäufliche Arzneimittel abgeben dürfen, bezieht sich die Ausnahme von der Erlaubnispflichtigkeit bestimmter Herstellungshandlungen in § 13 Abs. 2 S. 1 Nr. 5 AMG ebenfalls nur auf frei verkäufliche Arzneimittel.[58] Will der Einzelhändler entsprechende Herstellungshandlungen in Bezug auf apothekenpflichtige Arzneimittel ausführen, unterliegt er einer Erlaubnispflichtigkeit nach § 13 Abs. 1 AMG.

7. Hersteller von Wirkstoffen für homöopathische Arzneimittel

73 Die Hersteller von Wirkstoffen für homöopathische Arzneimittel unterliegen hinsichtlich dieser Wirkstoffe ebenfalls nicht der Erlaubnispflicht. Anders als der Wortlaut des § 13 Abs. 2 S. 1 Nr. 6 AMG ist erlaubnisfrei nicht nur die Herstellung von Wirkstoffen, die für

---

53 Etmer/Bolck, AMG, § 13 Erl. 5; Rehmann, AMG, § 13 Rn 8.
54 Vgl BVerwG, Beschl. v. 9.10.1981 – 3 B 45/81; OVG NRW PharmR 1981, 185.
55 Rehmann, AMG, § 13 Rn 8.
56 Vgl OVG Hamburg, Urt. v. 17.2.1999 – 5 Bf 98/98, MedR 1999, 418 (nur Leitsatz).
57 Vgl weitere Beispiele bei Kloesel/Cyran, Arzneimittelrecht, § 13 AMG Erl. 47.
58 Vgl Kloesel/Cyran, Arzneimittelrecht, § 13 AMG Erl. 47.

die Herstellung von Arzneimitteln bestimmt sind, die nach einer im homöopathischen Teil des Arzneibuches beschriebene Verfahrenstechnik hergestellt werden. Erlaubnisfrei ist vielmehr auch die Herstellung solcher Wirkstoffe, die nach einem anderen anerkannten homöopathischen Zubereitungsverfahren hergestellt werden.[59]

H. Voraussetzungen für die Erteilung der Herstellungserlaubnis

Die Erteilung der Herstellungserlaubnis knüpft an verschiedene Voraussetzungen. Beim Vorliegen der entsprechenden Voraussetzungen besteht ein Anspruch auf Erteilung der Herstellungserlaubnis. Die Voraussetzungen für die Erteilung einer Herstellungserlaubnis ergeben sich im Umkehrschluss aus den in § 14 AMG normierten Versagungsgründen. Betrachtet man die Voraussetzungen, die für die Erteilung einer Herstellungserlaubnis vorliegen müssen, so zeigen sich verschiedene Bereiche, denen die Einzelanforderungen zugeordnet werden können. **74**

I. Zuverlässigkeit des Antragstellers

Mit dem 15. AMG-Änderungsgesetz wurde erstmals ein persönlicher Anforderungsbereich eingeführt, der die Person des Antragstellers betrifft. Nach § 14 Abs. 1 Nr. 3 AMG ist Voraussetzung für die Erteilung der Herstellungserlaubnis, dass der Antragsteller über die zur Ausübung seiner Tätigkeit erforderliche Zuverlässigkeit verfügt. Damit ist die Herstellungserlaubnis seit dem Inkrafttreten des 15. AMG-Änderungsgesetzes eine **höchstpersönliche Erlaubnis**. **75**

Maßgeblich ist die Zuverlässigkeit des Antragstellers. Handelt es sich beim Antragsteller um eine **natürliche Person**, muss diese die erforderliche Zuverlässigkeit aufweisen. Handelt es sich um eine **juristische Person**, müssen deren Organe über die erforderliche Zuverlässigkeit verfügen. Bei einem Wechsel der jeweiligen Personen, zB bei der Neubestellung des Geschäftsführers einer GmbH mit entsprechender Herstellungserlaubnis, ist diese Neubestellung der für die Erteilung der Herstellungserlaubnis zuständigen Behörde mitzuteilen und ggf der Nachweis der erforderlichen Zuverlässigkeit des neuen Geschäftsführers zu führen.[60] Fehlt dem neuen **Geschäftsführer** die erforderliche Zuverlässigkeit, führt dies zum nachträglichen Eintritt des entsprechendes Versagungsgrundes für die Erteilung der Herstellungserlaubnis, so dass die Erlaubnis widerrufen bzw deren Ruhen angeordnet werden kann, vgl § 18 Abs. 1 AMG. **76**

Bis zum Inkrafttreten des 15. AMG-Änderungsgesetzes war die Zuverlässigkeit des Antragstellers nach den Vorgaben der arzneimittelrechtlichen Bestimmungen keine Voraussetzung für die Erlaubniserteilung.[61] Verschiedentlich wurde angenommen, dass das Erfordernis der Zuverlässigkeit des Antragstellers aus gewerberechtlichen Bestimmungen abzuleiten sei.[62] Die Frage, ob die Gründe für die Versagung einer Herstellungserlaubnis nach dem Arzneimittelrecht abschließend sind,[63] oder ob daneben unter Umständen gewerberechtliche Bestimmungen zur Begründung einer Erlaubnisversagung herangezogen werden können,[64] ist jedenfalls im Hinblick auf die Zuverlässigkeit des Antragstellers seit Einführung des 15. AMG-Änderungsgesetzes obsolet. Nunmehr wird die Zuverlässigkeit des Antragstellers ausdrücklich als Voraussetzung für die Erteilung einer Herstellungserlaubnis normiert. **77**

---

59 Vgl Kloesel/Cyran, Arzneimittelrecht, § 13 AMG Erl. 50; Rehmann, AMG, § 13 Rn 10.
60 Bis zum 15. AMG-Änderungsgesetz war dies nicht erforderlich, da die Erteilung der Herstellungserlaubnis nicht an die Zuverlässigkeit des Antragstellers anknüpfte.
61 Kügel, PharmR 2005, 66, 72.
62 Vgl HessVGH GewArch 2000, 424, 426.
63 Marcks, GewArch 2000, 488 ff.
64 HessVGH GewArch 2000, 424, 425; einschränkend: Kügel, PharmR, 2005, 66, 71.

78 Die mit dem 15. AMG-Änderungsgesetz zusätzlich eingeführte persönliche Zuverlässigkeit als Erteilungsvoraussetzung hat nicht nur Auswirkungen auf Erteilung der Herstellungserlaubnis, sondern auch auf den Fortbestand der Herstellungserlaubnis im Falle der **Umstrukturierung** eines Unternehmens, das im Besitz einer Herstellungserlaubnis ist. Da die Herstellungserlaubnis aufgrund der nun u.a. erfolgenden Anknüpfung an die Zuverlässigkeit des Antragstellers höchstpersönlichen Charakter hat, muss zB im Falle der **Verschmelzung** oder **Spaltung** eine neue Herstellungserlaubnis für das aufnehmende bzw neu entstehende Unternehmen beantragt werden.[65] Es ist dringend zu empfehlen, im Vorfeld etwaiger Maßnahme Kontakt mit den zuständigen Genehmigungsbehörden aufzunehmen, um das Erlöschen einer bestehenden Herstellungserlaubnis durch Umstrukturierungsmaßnahmen zu vermeiden.[66]

79 Die für die Erteilung der Herstellungserlaubnis erforderliche persönliche Zuverlässigkeit des Antragstellers bezieht sich nach dem Wortlaut des § 14 Abs. 1 Nr. 3 AMG ausschließlich auf die für die Tätigkeit des Antragstellers als Hersteller erforderliche Zuverlässigkeit. Zu diesen Tätigkeiten gehört, dafür Sorge zu tragen, dass die weiteren nach dem AMG oder nach sonstigen gesetzlichen Bestimmungen – zB nach der AMWHV – verantwortlichen Personen ihren Aufgaben ordnungsgemäß und unbehindert nachgehen und diese wahrnehmen können. Sofern Tatsachen vorliegen, die nahe legen, dass der Antragsteller den Funktionsträgern im Herstellungsbereich nach dem AMG und anderen gesetzlichen Vorschriften nicht die nach dem Gesetz erforderlichen Kompetenzen und Entscheidungsmöglichkeiten einräumt und die betriebliche Organisation nicht so vornimmt, dass die entsprechenden Funktionsträger ihre Aufgaben und Verantwortungsbereiche ordnungsgemäß wahrnehmen können, mag es an der erforderlichen Zuverlässigkeit im Sinne des § 14 Abs. 1 Nr. 3 AMG fehlen.

80 Allein das Vorliegen von Verstößen gegen zB heilmittelwerberechtliche Bestimmungen oder arzneimittelrechtliche Bestimmungen, die nicht im Zusammenhang mit der Herstellung von Arzneimitteln stehen, vermag noch keine Unzuverlässigkeit zu begründen. Dies ergibt sich aus dem eindeutigen Wortlaut des § 14 Abs. 1 Nr. 3 AMG, nach dem ausschließlich die zur Ausübung der Tätigkeit des Antragstellers die erforderliche Zuverlässigkeit relevant ist (vgl dazu auch die Ausführungen zur Zuverlässigkeit der Sachkundigen Person, unter Rn 110 ff).

II. Vorhandensein einer Sachkundigen Person nach § 14 AMG

81 Voraussetzung für die Erteilung einer Herstellungserlaubnis ist nach § 14 Abs. 1 Nr. 1 AMG das Vorhandensein mindestens einer sog. Sachkundigen Person, die in Anlehnung an die englische Sprachfassung der Richtlinie 2001/83/EG auch als **Qualified Person** bezeichnet wird. Diese ist dafür verantwortlich, dass jede Arzneimittelcharge entsprechend der gesetzlichen Vorschriften hergestellt und geprüft wird. Es liegt ferner in ihrer Verantwortung, die Einhaltung der gesetzlichen Vorgaben für jede Arzneimittelcharge in einem fortlaufenden Register oder in vergleichbarer Art und Weise vor dem Inverkehrbringen der Arzneimittelcharge zu bescheinigen, vgl § 19 AMG.

Die Sachkundige Person kann sowohl angestellter Mitarbeiter im Unternehmen des Inhabers der Herstellungserlaubnis sein als auch externer Mitarbeiter, der ohne Angestellter zu sein

---

65 Vgl zum Meinungsstand bzgl der Auswirkungen von Umstrukturierungen, insbesondere Formwechsel, Verschmelzung und Spaltung, vor dem 15. AMG-Änderungsgesetz Kügel, PharmR 2005, 66 ff mwN.
66 Dies ist umso wichtiger, als bei fortlaufender Produktion beim Wegfall der Herstellungserlaubnis uU ein Herstellen ohne Herstellungserlaubnis gegeben ist und dies nicht nur strafrechtliche Relevanz hat, vgl § 96 Nr. 4 AMG, sondern auch die Verkehrsfähigkeit der ohne Erlaubnis hergestellten Arzneimittel berührt.

H. Voraussetzungen für die Erteilung der Herstellungserlaubnis

im Rahmen vertraglicher Vereinbarungen für den Erlaubnisinhaber als Sachkundige Person tätig wird.

Die Sachkundige Person muss aufgrund vertraglicher und organisatorischer Vorkehrungen in die Lage versetzt werden, den ihnen obliegenden Verpflichtungen als Sachkundige Person nachzukommen. Dies gilt insbesondere in zeitlicher Hinsicht, vgl § 14 Abs. 1 Nr. 4 AMG.[67] Aber auch in organisatorischer Hinsicht ist dies sicherzustellen. Die Sachkundige Person muss in der Lage sein, die ihr obliegenden Pflichten ständig zu erfüllen, vgl § 14 Abs. 1 Nr. 4 AMG. Dies setzt voraus, dass die betrieblichen Verhältnisse durch den Erlaubnisinhaber so organisiert sind, dass die Aufgaben- und Pflichtenwahrnehmung überhaupt möglich ist. Im Hinblick auf die Freigabe nach §§ 16, 25 AMWHV muss zB gewährleistet sein, dass die Sachkundige Person ihre Beurteilung und die darauf gestützte Entscheidung **frei von Weisung**en treffen und durchsetzen kann. Ist der Sachkundigen Person aufgrund der betrieblichen Verhältnisse und insbesondere der betrieblichen Organisation die ordnungsgemäße Erfüllung ihrer Aufgaben und Pflichten – auch nur zeitweise – nicht möglich, liegt ggf ein Versagungs- und ggf auch ein Aufhebungsgrund im Hinblick auf die Herstellungserlaubnis vor, vgl § 14 Abs. 1 Nr. 4 AMG.

Die Sachkundige Person muss hinsichtlich ihrer Sachkenntnis bestimmten Voraussetzungen genügen. Diese werden in § 15 AMG normiert. Die erforderliche Sachkenntnis der Sachkundigen Person ist bei der Stellung eines Antrags auf Erlass einer Herstellungserlaubnis vom Antragsteller gegenüber der Behörde zu belegen, zB durch geeignete Zeugnisse und sonstige Unterlagen. Die Sachkenntnis einer Sachkundigen Person wird grundsätzlich nicht isoliert, sondern ausschließlich im Rahmen eines Antrags auf Erteilung einer Herstellungserlaubnis durch die Behörden geprüft. Die Erteilung eines „Zertifikats" o.ä., mit dem eine zuständige Behörde die Voraussetzung zur Eignung als Sachkundige Person isoliert bestätigt, ist nach dem AMG nicht vorgesehen.[68]

1. Sachkundenachweis

a) Approbation als Apotheker oder Hochschulstudium

§ 15 AMG legt fest, wie der Nachweis der erforderlichen Sachkunde erbracht werden kann. Vorgesehen sind grundsätzlich zwei **verschiedene Nachweismöglichkeiten**. Zum einen kann der Nachweis erbracht werden durch die Approbation der Sachkundigen Person als Apotheker, vgl § 15 Abs. 1 Nr. 1 AMG. Zum anderen kann der Nachweis der erforderlichen Sachkenntnis der Sachkundigen Person erbracht werden durch Vorlage eines Zeugnisses über eine durch die Sachkundige Person abgeschlossenes Hochschulstudium der Pharmazie, der Chemie, der Biologie, der Human- oder Veterinärmedizin abgelegte Prüfung, vgl § 15 Abs. 1 Nr. 2 AMG. In beiden Fällen ist darüber hinaus der Nachweis einer mindestens zweijährigen praktischen Tätigkeit in der Arzneimittelprüfung zu führen.

Soweit der Sachkundenachweis geführt werden soll durch den Nachweis eines in § 15 Abs. 1 Nr. 2 AMG aufgeführten **Hochschulstudiums**, muss im Rahmen der Antragstellung nachgewiesen werden, dass das Studium in bestimmten Fächern **theoretischen und praktischen Unterricht** umfasst hat. Die entsprechenden Fächer sind in § 15 Abs. 2 S. 1 AMG abschließend aufgeführt und stellen die Mindestanforderung an die Studieninhalte dar. Die Aufzählung entspricht – bis auf marginale sprachliche Abweichungen ohne weitergehende inhaltliche Auswirkungen – der entsprechenden Aufzählung in Art. 49 Abs. 1 RL 2001/83/EG. Zu den erforderlichen **Ausbildungsinhalten** gehören experimentelle Physik, allgemeine

---

[67] Zu beachten ist, dass nach Art. 48 Abs. 1 RL 2001/83/EG die Mitgliedstaaten verpflichtet sind, dafür Sorge zu tragen, dass der Inhaber der Herstellungserlaubnis ständig und ununterbrochen über mindestens eine „sachkundige Person" mit den entsprechenden Voraussetzungen verfügt.

[68] Vgl VG Köln, Urt. v. 17.12.2007 – 24 K 2342/07.

und anorganische Chemie, organische Chemie, analytische Chemie, pharmazeutische Chemie einschließlich Arzneimittelanalyse, allgemein und angewandte Biochemie, Physiologie, Mikrobiologie, Pharmakologie, pharmazeutische Technologie, Toxikologie und pharmazeutische Biologie. Pharmazeutische Biologie ist in Art. 49 Abs. 1 RL 2001/83/EG definiert als die Lehre von der Zusammensetzung und den Wirkungen von natürlichen Wirkstoffen pflanzlichen oder tierischen Ursprungs.

86 In Umsetzung des Art. 49 Abs. 2 RL 2001/83/EG wird in § 15 Abs. 2 S. 1 AMG gefordert, dass in den aufgeführten Grundfächern Unterricht erfolgt sein muss und dass die jeweilige Person in den entsprechenden Fächern ausreichende Kenntnisse hat. Ausreichend im Sinne des § 15 Abs. 2 S. 2 AMG können entsprechende Kenntnisse nur sein, wenn sie die betreffende Person in die Lage versetzen, die Aufgabe als Verantwortliche Person im Sinne des AMG wahrnehmen zu können.

87 **Ausländische Prüfungen** sowie der deutschen Approbation als Apotheker vergleichbare **ausländische Zulassungen** sind als hinreichend anzuerkennen, wenn die jeweiligen Prüfungen bzw. Voraussetzungen mit den in Deutschland geltenden Anforderungen vergleichbar sind. Da die Voraussetzungen für den Zugang zum Apothekerberuf und die Bedingungen für die Berufsausübung gemeinschaftsweit harmonisiert sind, vgl. RL 85/43/EG und RL 85/433/EG, erfüllen nach dem Recht anderer EU-Mitgliedstaaten approbierte Apotheker die Voraussetzung des § 15 Abs. 1 Nr. 1 AMG.

88 Da das AMG hinsichtlich der Anforderungen an die Sachkenntnis nicht danach differenziert, ob ein abgeschlossenes Studium an einer wissenschaftlichen Hochschule oder an einer Fachhochschule absolviert wurde, stehen **Fachhochschulabschlüsse** den entsprechenden Abschlüssen an einer wissenschaftlichen Hochschule gleich. Dies gilt nicht zuletzt deswegen, weil nach dem Hochschulrechtsrahmengesetz die Fachhochschulen grundsätzlich zu den Hochschulen gehören.[69]

89 Der Nachweis der erforderlichen Sachkenntnis durch die Approbation des Apothekers nach § 15 Abs. 1 Nr. 1 AMG steht dem Nachweis der erforderlichen Sachkenntnis durch ein abgeschlossenes Hochschulstudium nach § 15 Abs. 1 Nr. 2 AMG gleich. Beide Nachweise sind mithin gleichwertig. Unterschiede in der Nachweisführung bezüglich der Sachkenntnis rechtfertigen mithin keine Einschränkungen oder Beschränkungen der Herstellungserlaubnis.[70]

b) Praktische Tätigkeit

90 Weder der Nachweis der Sachkenntnis durch Approbation als Apotheker noch der Nachweis der Sachkenntnis durch Vorlage eines Zeugnisses über ein abgeschlossenes Hochschulstudium in einem der o.g. Bereiche sind jedoch hinreichend für den Nachweis der erforderlichen Sachkenntnis als Sachkundige Person. Vielmehr ist nach § 15 Abs. 1 AMG darüber hinaus der Nachweis einer **mindestens zweijährigen praktischen Tätigkeit** im Bereich der Arzneimittelprüfung notwendig.

91 Die nachzuweisende praktische Tätigkeit muss in einem Betrieb abgeleistet worden sein, dem eine **Herstellungserlaubnis** nach § 13 Abs. 1 AMG oder nach den nationalen Bestimmungen eines Mitgliedsstaates der EU in Umsetzung der Vorgaben der Artt. 40 ff RL 2001/83/EG erteilt worden ist, vgl. § 15 Abs. 4 AMG. Die erforderliche praktische Tätigkeit kann darüber hinaus auch in einem Unternehmen **außerhalb der EU** abgeleistet werden, wenn dieses Unternehmen über eine Herstellungserlaubnis verfügt, die von einem Staat

---

[69] So auch Kloesel/Cyran, Arzneimittelrecht, § 15 AMG Erl. 6.
[70] Vgl. Kloesel/Cyran, Arzneimittelrecht, § 15 AMG Erl. 2.

H. Voraussetzungen für die Erteilung der Herstellungserlaubnis

erteilt wurde, mit dem eine gegenseitige Anerkennung von Zertifikaten nach § 72 a S. 1 Nr. 1 AMG besteht.[71]

Da ausdrücklich vorausgesetzt wird, dass die praktische Tätigkeit in einem Betrieb mit Herstellungserlaubnis abgeleistet wird, vgl § 15 Abs. 4 AMG, ist eine **Tätigkeit in einer Apotheke**, der keine Herstellungserlaubnis nach § 13 Abs. 1 AMG erteilt wurde, zum Nachweis einer entsprechenden praktischen Tätigkeit ebenso wenig hinreichend wie der Nachweis einer praktischen Tätigkeit in einem Herstellungsunternehmen, für das keine Erlaubnispflichtigkeit besteht und damit auch keine Herstellungserlaubnis erteilt wurde.[72]

Die erforderliche Sachkenntnis kann darüber hinaus nur nachgewiesen werden, wenn die zweijährige praktische Tätigkeit auf dem Gebiet der **qualitativen und quantitativen Analyse** sowie sonstiger **Qualitätsprüfung** von Arzneimitteln erfolgt ist, vgl § 15 Abs. 1 AMG.[73] Eine Tätigkeit in einem Unternehmen mit Herstellungserlaubnis, ist nicht hinreichend, wenn sie außerhalb des Bereichs der Arzneimittelprüfung liegt. So sind bloße kaufmännische und nicht praktische wissenschaftliche Tätigkeiten nicht geeignet, um die Anforderungen an die geforderte zweijährige praktische Tätigkeit zu erfüllen.[74]

Die mit dem 15. AMG-Gesetz vorgenommene Präzisierung in Bezug auf den Inhalt der praktischen Tätigkeit beseitigt die bis dahin bestehende Unsicherheit bzgl der Frage, welche Tätigkeiten für den Nachweis der praktischen Erfahrungen erforderlich sind. Indem das Gesetz nunmehr ausdrücklich Tätigkeiten auf dem Gebiet der qualitativen und die quantitativen Analysen fordert,[75] ist klargestellt, dass es sich um Tätigkeiten handelt, die mit **labortechnischen Mitteln** durchgeführt werden.[76]

Daneben müssen auch sonstige Arzneimittelprüfungen durchgeführt worden sein. Sonstige Arzneimittelprüfungen sind in Abgrenzung zur qualitativen und quantitativen Prüfung von Arzneimitteln jedenfalls auch solche Prüfungen, die **ohne labortechnische Mittel** erfolgen können, also zB die visuelle Prüfung von Arzneimitteln, die Überprüfung von Lagerungs- und Versandtemperaturen uÄ.

Nur wenn sowohl Tätigkeiten auf dem Gebiet der qualitativen als auch der quantitativen Prüfung von Arzneimitteln ausgeübt wurden und darüber hinaus Gegenstand der praktischen Tätigkeit auch eine sonstige Arzneimittelprüfung war, genügt dies den gesetzlichen Anforderungen an die praktische Erfahrung nach § 15 Abs. 1 AMG. Liegen praktische Erfahrungen nur in einem oder zwei der drei im Gesetz genannten Bereiche vor, genügt dies nicht den gesetzlichen Anforderungen.

---

71 Einzelheiten bei Kloesel/Cyran, Arzneimittelrecht, § 15 AMG Erl. 18.
72 Etmer/*Bolck*, AMG, § 15 I c; Kloesel/Cyran, Arzneimittelrecht, § 15 AMG Erl. 17.
73 Bis zum 15. AMG-Änderungsgesetz war im Gesetz vorgesehen, dass die Tätigkeit „in der Arzneimittelprüfung" erfolgt sein muss. Mit dem 15. AMG-Änderungsgesetz wurde präzisiert, dass die Tätigkeit auf dem Gebiet der qualitativen und quantitativen Analyse sowie sonstiger Qualitätsprüfung von Arzneimitteln erfolgt sein muss; es handelt sich um eine Umsetzung der Vorgaben des Art. 49 Abs. 3 RL 2001/83/EG. Auch wenn die Umsetzung nicht wortlautgetreu erfolgt ist, kann doch davon ausgegangen werden, dass ein Umsetzungsdefizit nicht besteht.
74 Etmer/*Bolck*, AMG, § 15 I c; Kloesel/Cyran, Arzneimittelrecht, § 15 AMG Erl. 8 und 17.
75 Bei einer *qualitativen* Analyse wird untersucht, welcher Stoff vorliegt. Die qualitative Analyse untersucht die Zusammensetzung eines Stoffgemisches, also zB eines Extraktes oder einer aus mehreren Stoffen bestehenden Tablette. Die qualitative Analyse untersucht auch Verunreinigungen als solche. Bei der *quantitativen* Analyse wird untersucht, in welcher Menge ein Stoff in einem Stoffgemisch bzw einer Zubereitung enthalten ist. Die quantitative Analyse bezieht sich dabei nicht nur auf Wirkstoffe, sondern auch auf sonstige Bestandteile sowie ggf auf Verunreinigungen. Entsprechende Untersuchungen erfordern eine labortechnische Ausstattung.
76 Vgl zu den Anforderungen an die Art der praktischen Tätigkeit vor dem 15. AMG-Änderungsgesetz VG Köln, Urt. v. 17.12.2007 – 24 K 2342/07.

c) Besondere Anforderungen an die Sachkenntnis im Hinblick auf bestimmte Produkte

97 Abweichend von den allgemeinen Anforderungen an die erforderliche Sachkunde ist gesetzlich vorgesehen, dass die für bestimmte Produkte verantwortliche Sachkundige Person besondere Anforderungen im Hinblick auf den **Sachkundenachweis** erfüllen muss. Gefordert werden besondere Anforderungen an den Sachkundenachweis für die Herstellung und Prüfung der in § 15 Abs. 3, 3a AMG abschließend aufgeführten Arzneimittel. Dies sind Blutzubereitungen, Sera, Impfstoffe, Allergene, Testsera und Testantigene sowie Arzneimittel für neuartige Therapien, xenogene Arzneimittel, Gewebezubereitungen, Arzneimittel zur In-vivo-Diagnostik mittels Markergenen sowie radioaktive Arzneimittel und Wirkstoffe.

98 Übereinstimmend mit den Anforderungen an den allgemeinen Sachkundenachweis ist entweder die Approbation als Apotheker oder der Nachweis eines abgeschlossenen Hochschulstudiums in einem der in § 15 Abs. 1 Nr. 2 AMG aufgeführten Fächer erforderlich. Allerdings – insoweit handelt es sich zunächst um eine Erleichterung im Vergleich zum allgemeinen Sachkundenachweis – ist ein weitergehender Nachweis des theoretischen und praktischen Unterrichts in den in § 15 Abs. 2 AMG aufgeführten Grundfächern sowie entsprechender ausreichender Kenntnisse in diesen Fächern nicht erforderlich, vgl § 15 Abs. 3 S. 1, Abs. 3a S. 1 AMG.

99 Erhebliche Unterschiede bestehen jedoch im Hinblick auf die Anforderungen an die **praktische Tätigkeit**. Anstelle der nach den allgemeinen Anforderungen erforderlichen zweijährigen praktischen Tätigkeit in der Arzneimittelprüfung tritt eine mindestens **dreijährige** Tätigkeit auf dem Gebiet der medizinischen Serologie oder medizinischen Mikrobiologie, die vom Antragsteller für die Sachkundige Person nachzuweisen ist. Diese Anforderungen an die praktische Tätigkeit beziehen sich auf die Herstellung bestimmter **Blutzubereitungen, Sera, Impfstoffe, Allergene, Testsera** und **Testantigene**.

100 Für bestimmte **Blutzubereitungen** und **Blutstammzellenzubereitungen** sind die Anforderungen an die praktische Tätigkeit zum Sachkundenachweis noch einmal abweichend normiert, § 15 Abs. 3 S. 3 AMG. So muss derjenige, der als Sachkundige Person in einem Betrieb für die Herstellung von Blutzubereitung aus Blutplasma zur Fraktionierung tätig sein will, über eine mindestens dreijährige Tätigkeit in der Herstellung oder Prüfung in **plasmaverarbeitenden Betrieben** mit Herstellungserlaubnis und zusätzlich eine mindestens **sechsmonatige** Erfahrung in der **Transfusionsmedizin** oder der medizinischen Mikrobiologie, Virologie, Hygiene oder Analytik nachweisen können. Ebenso wie bezüglich der allgemeinen Anforderungen an die praktische Tätigkeit gilt im Hinblick auf die mindestens dreijährige Tätigkeit, dass diese in einem Betrieb mit Herstellungserlaubnis absolviert worden sein muss. Diese Herstellungserlaubnis muss sich auf die Verarbeitung von Plasma beziehen. Nicht normiert ist, welche Art und Weise der Nachweis der geforderten mindestens sechsmonatigen Erfahrung in der Transfusionsmedizin oder der medizinischen Mikrobiologie, Virologie, Hygiene oder Analytik erfolgen muss. Aus dem Fehlen der ausdrücklichen Anordnung, dass eine entsprechende Tätigkeit in einem Betrieb mit entsprechender Herstellungserlaubnis erfolgen muss, ist zu folgern, dass dieses Erfordernis im Hinblick auf die mindestens sechsmonatige Erfahrung in der Transfusionsmedizin usw. nicht besteht. Dementsprechend können die transfusionsmedizinische Erfahrung ebenso wie die alternativen praktischen Erfahrungen durchaus auch in Betrieben und Einrichtungen gesammelt werden, die nicht über eine Herstellungserlaubnis nach dem AMG verfügen. Entsprechende Erfahrungen können darüber hinaus auch im **Ausland** gesammelt worden sein, da weitergehende Anforderungen an den Betrieb bzw die Einrichtung, in der die entsprechenden Erfahrungen gesammelt wurden, nicht normiert sind. Der Nachweis der transfusionsmedizinischen Erfahrung bzw der alternativ geforderten Erfahrungen kann grundsätzlich geführt werden durch die Vorlage entsprechender **Zeugnisse** oder **Bestätigungen** des Betriebes bzw der Ein-

H. Voraussetzungen für die Erteilung der Herstellungserlaubnis

richtung, in der die entsprechenden Tätigkeiten ausgeübt wurden. Neben dem Nachweis durch Vorlage entsprechender Unterlagen ist jedoch auch ein Nachweis durch die **persönliche Auskunft** einer vertretungsberechtigten Person des jeweiligen Betrieben bzw der jeweiligen Einrichtung möglich.

Für die Tätigkeit als Sachkundige Person in einem Betrieb zur Herstellung von Blutzubereitungen aus **Blutzellen**, Zubereitungen aus **Frischplasma** sowie für Wirkstoffe und Blutbestandteile zur Herstellung von **Blutzubereitungen** ist nach § 15 Abs. 3 S. 3 Nr. 2 AMG eine mindestens **zweijährige** transfusionsmedizinische Erfahrung erforderlich, die sich auf sämtliche Bereiche der Herstellung und Prüfung entsprechender Produkte erstrecken muss. Zwar wird in § 15 Abs. 3 S. 3 Nr. 2 AMG nicht ausdrücklich gefordert, dass entsprechende praktische Erfahrungen in einem Betrieb bzw Einrichtung mit entsprechender Herstellungserlaubnis gesammelt worden sein muss. Dies ergibt sich jedoch daraus, dass die Bestimmung des § 15 Abs. 3 AMG lediglich Ausnahmen für Art und Umfang der praktischen Tätigkeit als solcher normiert, jedoch die Regelung des § 15 Abs. 4 AMG unberührt lässt. Nach § 15 Abs. 4 AMG muss die praktische Tätigkeit jedoch in einem Betrieb abgeleistet werden, für den eine Herstellungserlaubnis erteilt wurde. Dies gilt daher auch für die Tätigkeit nach § 15 Abs. 3 S. 3 Nr. 2 AMG.

Wer als Sachkundige Person in Betrieben tätig sein will, in denen **autologe Blutzubereitungen** hergestellt werden, muss über eine mindestens sechsmonatige transfusionsmedizinische Erfahrung oder über eine einjährige Tätigkeit in der Herstellung autologer Blutzubereitungen verfügen. Auch diese Erfahrungen müssen in einer Einrichtung bzw einem Betrieb mit entsprechender Herstellungserlaubnis gesammelt worden sein.

Die Tätigkeit als Sachkundige Person in einem Unternehmen für die Herstellung von **Stammzellenzubereitungen** setzt eine mindestens zweijährige Erfahrung in der Blutstammzellenzubereitung voraus. Diese Erfahrung muss sich insbesondere auf die zugrunde liegende Technik beziehen. Darüber hinaus müssen entsprechende Personen über ausreichende Kenntnisse auf dem Gebiet der Blutstammzellenzubereitungen verfügen. Die erworbenen praktischen Erfahrungen müssen in einem Unternehmen bzw einer Einrichtung mit entsprechender Herstellungserlaubnis gesammelt worden sein.

Soweit in einem Herstellungsbetrieb Personen zur Separation von Blutstammzellen oder anderen Blutbestandteilen **vorbehandelt** werden, muss die entsprechend verantwortliche Person über ausreichende Kenntnisse und über eine mindestens zweijährige Erfahrung in dieser Tätigkeit verfügen und diese nachweisen.

Sofern die in § 15 Abs. 3 AMG aufgeführten biologischen Arzneimittel – also Blutzubereitungen, Sera, Impfstoffe, Allergene, Testsera und Testantigene – lediglich abgepackt und gekennzeichnet werden, ist lediglich auf die allgemeinen Sachkundeanforderungen nach § 15 Abs. 1 AMG abzustellen. Voraussetzung ist daher entweder die Approbation als Apotheker oder aber das Zeugnis über ein abgeschlossenes Hochschulstudium in einem der in § 15 Abs. 1 Nr. 2 AMG genannten Fächer. Ein Nachweis über bestimmte Studieninhalte nach § 15 Abs. 2 AMG muss abweichend von den allgemeinen Anforderungen nicht geführt werden.[77]

Abweichend von den allgemeinen Anforderungen an die praktische Tätigkeit muss eine Sachkundige Person für den Bereich der Herstellung von Arzneimitteln zu In-vivo-Diagnostik mittels **Markergenen, Gentherapeutika, somatischer Zelltherapeutika** oder **biotechnologisch bearbeiteter Gewebeprodukte** eine mindestens **zweijährige Tätigkeit** in einem medizinisch relevanten Gebiet nachweisen. Als medizinisch relevante Gebiete sieht das AMG

---

[77] Dies ergibt sich, da § 15 Abs. 3 AMG die Anwendbarkeit von § 15 Abs. 2 AMG insgesamt ausschließt und dies damit auch für das bloße Abpacken und Kennzeichnen der in § 15 Abs. 3 AMG genannten Arzneimittel gilt; so auch Kloesel/Cyran, Arzneimittelrecht, § 15 AMG Erl. 14.

insbesondere die Gentechnik, die Mikrobiologie, die Zellbiologie, die Virologie sowie die Molekularbiologie vor. Diese Aufzählung ist nicht abschließend, sondern lediglich beispielhaft. Die praktische Tätigkeit kann mithin auch auf einem anderen medizinischen Gebiet erfolgt sein. Voraussetzung für die Anerkennung ist allerdings, dass es sich um ein medizinisch relevantes Gebiet handelt. Diese Relevanz kann sich nur aus einem Zusammenhang mit Gentherapeutika bzw Gentherapie bzw mit In-vivo-Diagnostik mittels Markergenen ergeben. Erfahrung im Bereich der Herstellung entsprechender Produkte ist nicht erforderlich. Vielmehr kann die Erfahrung zB durch eine praktische ärztliche Tätigkeit im Umgang mit entsprechenden Produkten belegt werden. Dementsprechend ist auch nicht erforderlich, dass die zum Beleg des Erfahrungsnachweises in Bezug genommene Tätigkeit in Betrieben oder Einrichtungen mit entsprechender Herstellungserlaubnis ausgeübt wurde.

106 Für den Sachkundenachweis bzgl der Herstellung **xenogener Arzneimittel** ist der Nachweis einer mindestens **dreijährigen Tätigkeit** auf einem medizinisch relevanten Gebiet erforderlich. Diese dreijährige Tätigkeit muss eine mindestens zwei Jahre umfassende Tätigkeit auf dem Gebiet der Gentechnik, der Mikrobiologie, der Zellbiologie, der Virologie oder der Molekularbiologie umfassen. Die übrige Zeit muss sich auf ein medizinisch relevantes Gebiet beziehen, kann jedoch auch auf demselben Gebiet absolviert worden sein wie die zuvor genannte mindestens zweijährige Tätigkeit. Nicht erforderlich ist, dass die Erfahrung im Bereich der Herstellung entsprechender Arzneimittel gesammelt worden ist. Hinreichend ist damit zB eine entsprechende praktische ärztliche Tätigkeit in den vorgenannten medizinischen Gebieten.

107 Besondere Anforderungen bestehen auch im Hinblick auf die praktische Tätigkeit als Teil des Sachkundenachweises der im Bereich der Herstellung von **Gewebezubereitungen** tätig werdenden Sachkundigen Person. Voraussetzung ist eine mindestens **zweijährige Tätigkeit** auf dem Gebiet der Herstellung und Prüfung von Gewebezubereitungen. Diese praktische Tätigkeit muss in Betrieben oder Einrichtungen absolviert worden sein, die über eine Herstellungserlaubnis nach dem AMG oder nach dem Gemeinschaftsrecht bzw über eine Erlaubnis zur Herstellung nach den Bestimmungen anderer EU-Mitgliedstaaten verfügen, die in Übereinstimmung mit den europarechtlichen Vorgaben erteilt wurde. Als entsprechende Erlaubnis nach dem AMG kommt in Betracht die Herstellungserlaubnis nach § 13 AMG sowie die Erlaubnis nach § 20c AMG.

108 Eine Sachkundige Person für die Herstellung **radioaktiver Arzneimittel** bedarf des Nachweises einer praktischen Tätigkeit auf dem Gebiet der Nuklearmedizin oder der radiopharmazeutischen Chemie. Die entsprechende Tätigkeit muss einen Zeitraum von **drei Jahren** erfassen. Nicht erforderlich ist, dass die Tätigkeit in Betrieben oder Einrichtungen ausgeübt wurde, die über eine Herstellungserlaubnis verfügen. Die Erfahrung muss auch nicht im Bereich der Herstellung entsprechender Arzneimittel gesammelt worden sein. So ist die Erfahrung auf dem Gebiet der Nuklearmedizin und mithin eine entsprechende praktische ärztliche Tätigkeit als solche ausreichend.

d) Zeitliche Anforderungen an die praktische Tätigkeit

109 Im Zusammenhang mit den zeitlichen Anforderungen an die praktische Tätigkeit ist zu berücksichtigen, dass unabhängig von den genauen Ausgestaltungen an die inhaltlichen Anforderungen bzw fachlichen Anforderungen dieser Tätigkeit die zeitlichen Voraussetzungen nur erfüllt sind, wenn die jeweilige Tätigkeit über den relevanten Zeitraum im Rahmen einer **Vollzeitstelle** ausgeübt wurde. Hintergrund ist, dass der Gesetzgeber mit dem Erfordernis der praktischen Erfahrung über einen bestimmten Zeitraum die Erwartung des Erwerbs bestimmter Kenntnisse und Fertigkeiten verbindet, die für die erforderliche Sachkunde als notwendig angesehen werden. Da erkennbar die Erwartung zugrunde liegt, dass

H. Voraussetzungen für die Erteilung der Herstellungserlaubnis

zum Erwerb der erforderlichen Sachkunde eine Tätigkeit über den im Gesetz vorgesehenen Zeitraum erforderlich ist, kann zB eine Halbtagstätigkeit über einen entsprechenden Zeitraum nicht als hinreichend erachtet werden zum Erwerb der erforderlichen Sachkenntnis durch praktische Tätigkeit. Zwar ist nicht ausgeschlossen, dass zB auch mit einer **Halbtagsstelle** die für den Sachkundenachweis erforderliche praktische Tätigkeit absolviert wird. Erforderlich ist dabei jedoch, dass sich die Zeitdauer der Tätigkeit in dem Umfang verlängert, wie die Arbeitszeit im Vergleich zu einer vollen Stelle reduziert ist. Die praktische Tätigkeit im Rahmen des allgemeinen Sachkundenachweises müsste daher zB im Falle einer Halbtagesstelle einen Zeitraum von vier Jahren umfassen.

2. Zuverlässigkeit

Neben der Sachkunde gehört zu den erforderlichen Eigenschaften einer Sachkundigen Person die erforderliche Zuverlässigkeit. Die Sachkundige Person muss nach den gesetzlichen Vorgaben über die zur Ausübung der Tätigkeit erforderliche Zuverlässigkeit verfügen. Mit dem Verweis auf die zur Ausübung der Tätigkeit erforderliche Zuverlässigkeit stellt der Gesetzgeber klar, dass nicht eine generelle Zuverlässigkeit gefordert wird. Vielmehr muss – wie auch sonst im Gewerberecht – nur die zur Ausübung der jeweiligen Tätigkeit erforderliche Zuverlässigkeit gegeben sein. 110

Im AMG wird der Begriff der Zuverlässigkeit nicht definiert. Es handelt sich bei dem Begriff um einen sog. unbestimmten Rechtsbegriff, der als solcher im vollen Umfang gerichtlich nachprüfbar ist.[78] Die behördliche Entscheidung, eine Person als unzuverlässig und mithin ungeeignet für die Übernahme der Funktionen einer Sachkundigen Person zu beurteilen, ist daher voll umfänglich gerichtlich nachprüfbar. Ein vom Gericht nicht nachprüfbarer Beurteilungsspielraum der Behörden besteht damit nicht. 111

Allgemein wird davon ausgegangen, dass das Kriterium der Zuverlässigkeit durch eine Prognose zu bestimmen ist.[79] Von besonderer Bedeutung für diese **prognostische Beurteilung** der Zuverlässigkeit ist bei der Sachkundigen Person deren Verhalten in Bezug auf den Verkehr mit Arzneimitteln. Etwaige Straftaten oder Ordnungswidrigkeiten im Zusammenhang mit dem Verkehr mit Arzneimitteln können die Zuverlässigkeit zur Ausübung der Funktion als Sachkundige Person entfallen lassen. 112

Vom Fehlen der Zuverlässigkeit kann allerdings nicht ausgegangen werden, wenn aufgrund anderer Umstände anzunehmen ist, dass zukünftig eine ordentliche und gewissenhafte Ausübung der Tätigkeit als Sachkundige Person erfolgt. Nicht ausreichend für eine negative Prognose und damit für die Verneinung der Zuverlässigkeit ist das Bestehen bloßer **Verdachtsmomente** im Hinblick darauf, dass evtl gegen arzneimittelrechtliche Vorschriften verstoßen wurde.[80] Das Fehlen der Zuverlässigkeit muss feststehen. Vom Fehlen der erforderlichen Zuverlässigkeit darf nicht bereits deshalb ausgegangen werden, weil die zuständige 113

---

[78] St. Rspr im Hinblick auf den Begriff der Zuverlässigkeit in § 35 GewO, vgl BVerwGE 28, 202, 209 f.
[79] Rehmann, AMG, § 14 Rn 6.
[80] Kloesel/Cyran, Arzneimittelrecht, § 14 AMG Erl. 9; Rehmann, AMG, § 13 Rn 6.

Behörde meint, die erforderliche Zuverlässigkeit einer Person nicht **positiv feststellen** zu können.[81]

114 Eine negative prognostische Entscheidung im Hinblick auf die Zuverlässigkeit kann begründet sein, wenn **nachgewiesene Verstöße** gegen gesetzliche Regelungen gegeben sind, die den Tätigkeitsbereich der Sachkundigen Person berühren bzw mit diesem in Zusammenhang stehen. Dabei ist zu berücksichtigen, dass die Sachkundige Person mit ihren Qualifikationen vom Gesetzgeber als Funktionsträger etabliert wurde, um die Qualität der Arzneimittel und deren ordnungsgemäße Herstellung zu gewährleisten, um so den Schutz der Allgemeinheit vor schadhaften Arzneimitteln bzw Arzneimitteln minderer Qualität zu verbessern. Man wird daher davon ausgehen können, dass nicht jeder Verstoß gegen gesetzliche Bestimmungen die Unzuverlässigkeit einer Sachkundigen Person begründet, sondern nur der Verstoß gegen solche Bestimmungen, die ein vergleichbares Schutzziel haben.[82]

115 Die Unzuverlässigkeit kann sich auch aus anderen Umständen ergeben. Auch ein Verhalten außerhalb spezieller pharma- bzw arzneimittelrechtlicher Regelungen kann eine negative Prognose im Hinblick auf die Zuverlässigkeit begründen, zB bei einem Verhalten, das auf erhebliche Charakterfehler schließen lässt. Grundsätzlich kommt dabei jedes Verhalten in Betracht, das einen allgemeinen Mangel an Sorgfalt oder Leichtsinn in Bezug auf die Gefährdung Dritter belegt. Sofern die durch das jeweilige Verhalten zum Ausdruck kommende **Charaktereigenschaft** zu dem Schluss führt, dass die entsprechende Person nicht die Gewähr dafür bietet, dass sie die Tätigkeit als Sachkundige Person zukünftig ordnungsgemäß ausüben wird, ist das Fehlen der erforderlichen Zuverlässigkeit anzunehmen. Darüber hinaus kann das Fehlen der erforderlichen Zuverlässigkeit angenommen werden bei bestimmten **Krankheiten** wie zB Suchterkrankungen,[83] wenn aufgrund der Auswirkungen einer entsprechenden Erkrankung die Annahme begründet ist, dass die entsprechende Person ihrer Verantwortung nicht gerecht werden kann und damit Gefahren für die Allgemeinheit drohen.

3. Ständige Möglichkeit zur Pflichterfüllung

116 Die Sachkundige Person muss die Möglichkeit haben, den ihr obliegenden Verpflichtungen ständig nachzukommen. Dies ergibt sich bereits aus § 14 Abs. 1 Nr. 4 AMG.

Damit diese Voraussetzung gegeben ist, muss die Sachkundige Person zum einen ständig **anwesend** sein. Dies meint nicht, dass eine Verfügbarkeit rund um die Uhr gegeben sein muss. Die Sachkundige Person muss aber jedenfalls in einem Umfang im jeweiligen Herstellungs- bzw Prüfbetrieb anwesend sein, der es ihr ermöglicht, die ihr obliegenden Aufgaben zu erfüllen. Werden in einem Betrieb lediglich nur an bestimmten Tagen überhaupt Herstellungstätigkeiten durchgeführt, muss die Sachkundige Person an den übrigen Tagen sicherlich nicht ständig im Betrieb anwesend sein, um den ihr obliegenden Aufgaben verantwortlich nachkommen zu können.

---

81 Darin unterscheidet sich die Beurteilung der Zuverlässigkeit der „sachkundigen Person" von der Beurteilung der Zuverlässigkeit in anderen Bereichen des Gesundheitsschutzes. So ist gem. §§ 18 S. 1, 19 Abs. 1 Nr. 2, Abs. 3 S. 1 RettG NRW für den Betrieb eines Unternehmens zur Notfallrettung und den Krankentransport nach dem Rettungsgesetz NRW bereits dann vom Fehlen der für den Betrieb erforderlichen Zuverlässigkeit auszugehen, wenn die Zuverlässigkeit nicht positiv festgestellt werden kann. Dies ist bereits dann der Fall, wenn nicht davon ausgegangen werden kann, dass die zur Führung der Geschäfte bestellten Personen den Betrieb unter Beachtung der für die Notfallrettung und den Krankentransport geltenden Vorschriften führen und dabei die Allgemeinheit vor Schäden und Gefahren bewahren, vgl OVG NRW, Beschl. v. 27.4.2009 – 13 B 34/09.
82 Im Einzelnen ist im Bereich des allgemeinen Gewerberechts sehr umstritten, unter welchen Voraussetzungen aus Gesetzesverstößen die Unzuverlässigkeit einer Person abgeleitet werden kann, vgl zB BVerwG, Beschl. v. 5.12.2008 – 6 B 76/08.
83 Kloesel/Cyran, Arzneimittelrecht, § 14 AMG Erl. 9.

Neben der Anwesenheit der Sachkundigen Person setzt die Möglichkeit zur ständigen Pflichterfüllung voraus, dass **betriebliche Verhältnisse** geschaffen werden, die es der Sachkundigen Person ermöglichen, ihren Aufgaben nachzukommen. Eine Betriebsorganisation, die der Sachkundigen Person notwendige Informationen vorenthält, ist nicht hinreichend und versetzt die Sachkundige Person nicht in die Lage, der ihr obliegenden Verantwortung nachzukommen.[84]

117

Sofern dies für die Wahrnehmung der ihr obliegenden Aufgaben erforderlich ist, muss die Sachkundige Person ggf mit besonderen **Weisungsrechten** gegenüber den übrigen Arbeitnehmern eines Betriebes bzw einer Einrichtung ausgestattet sein.[85] Gegebenenfalls muss diese Weisungsbefugnis auch ausnahmsweise dem Direktionsrecht des Arbeitgebers vorgehen können.[86]

III. Andere Personen

1. Leiter der Herstellung und Leiter der Qualitätskontrolle

Vor den Änderungen durch das 15. AMG-Änderungsgesetz musste der Inhaber einer Herstellungserlaubnis neben der Sachkundigen Person einen Leiter der Herstellung und einen Leiter der Qualitätskontrolle mit jeweils ausreichender fachlicher Qualifikation und praktischer Erfahrung vorweisen können. Sowohl der Leiter der Herstellung als auch der Leiter der Qualitätskontrolle mussten über die zur Ausübung ihrer Tätigkeit erforderliche Zuverlässigkeit verfügen. Mit dem 15. AMG-Änderungsgesetz wurde der ursprünglich in § 14 Abs. 1 Nr. 2 AMG normierte Versagungsgrund des Nichtvorhandenseins eines entsprechend qualifizierten Leiters der Herstellung bzw eines entsprechend qualifizierten Leiters der Qualitätskontrolle gestrichen.

118

Ausweislich der Gesetzesbegründung soll mit der Streichung des Fehlens eines Leiters der Herstellung und eines Leiters der Qualitätskontrolle als **Versagungsgrund** für eine Herstellungserlaubnis in Angleichung an die Situation in anderen EU-Mitgliedstaaten hinsichtlich der personellen Voraussetzungen nunmehr allein auf die Sachkundige Person nach § 14 AMG abzustellen sein. Gleichzeitig wird in der Gesetzesbegründung jedoch darauf verwiesen, dass es dabei bleibe, dass Arzneimittelhersteller über einen Leiter der Herstellung sowie einen Leiter der Qualitätskontrolle verfügen müssten.[87]

119

Die gesetzliche Begründung ist zumindest teilweise unklar. Die Streichung der Versagungsmöglichkeit beim Fehlen des Leiters der Herstellung oder des Leiters der Qualitätskontrolle ist zunächst insoweit eindeutig, als ein ausdrücklicher Versagungsgrund nicht mehr besteht. Allerdings sieht die AMWHV weiterhin vor, dass ein Leiter der Herstellung sowie ein Leiter der Qualitätskontrolle vorhanden sein müssen. Diesen Personen werden im Rahmen der AMWHV im Einzelnen näher beschriebene Aufgaben zugewiesen. So obliegt dem Leiter der Herstellung die Sicherstellung, dass die Produkte vorschriftsmäßig hergestellt und gelagert werden, die Genehmigung der Herstellungsanweisung sowie die Sicherstellung, dass die Vorgaben der Herstellungsanweisung eingehalten werden, die Kontrolle der Wartung, der Räumlichkeiten und der Ausrüstung für die Herstellung, die Sicherstellung der Durchführung der notwendigen Validierungen der Herstellungsverfahren sowie die Sicherstellung der

120

---

84 Dies gilt im Übrigen auch für alle anderen Funktionsträger nach dem AMG, also zB für den Stufenplanbauftragten und den Informationsbeauftragten, aber auch für die Funktionsträger nach der AMWHV, also den Leiter der Herstellung und den Leiter der Qualitätskontrolle.
85 Die hierarchischen Beziehungen der einzelnen Personen bzw Funktionsträger und sonstigen Arbeitnehmer bzw Mitarbeiter sowie insbesondere der „sachkundigen Person" sind in einem entsprechenden Organisationsschema zu erfassen, vgl § 4 Abs. 2 S. 3 AMWHV.
86 Vgl zu diesen Fragen im Zusammenhang mit der Position des Herstellungsleiters und Kontrollleiters vor der Einführung der „sachkundigen Person" ausführlich Mandry, Die Beauftragten im Pharmarecht, 2004.
87 BR-Drucks. 171/09, 84.

Schulung des im Bereich der Herstellung tätigen Personals, vgl § 12 Abs. 1 S. 3 AMWHV. Zu den Aufgaben des Leiters der Qualitätskontrolle gehört danach die Billigung oder Zurückweisung von Ausgangsstoffen, Verpackungsmaterial und Zwischenprodukten, die Genehmigung von Spezifikationen, Anweisungen zur Probenahme und von Prüfanweisungen sowie die Sicherstellung deren Einhaltung, die Sicherstellung der Durchführung aller erforderlichen Prüfungen, die Zustimmung zur Beauftragung sowie die Überwachung der im Auftrag tätigen Analysenlabors, die Kontrolle der Wartung, der Räumlichkeiten und der Ausrüstung für die Prüfungen, die Sicherstellung der notwendigen Validierungen der Prüfverfahren sowie die Sicherstellung der erforderlichen Schulung des im Bereich der Prüfung tätigen Personals.

121 Sowohl dem Leiter der Herstellung als auch dem Leiter der Qualitätskontrolle kommt damit nach der AMWHV eine wichtige Bedeutung im Bereich der Herstellung und Prüfung zu. Dass den beiden Personen im Rahmen der AMWHV bestimmte Aufgabenbereiche zur verantwortlichen Betreuung und Aufgabendurchführung zugewiesen werden, führt dazu, dass der Inhaber einer Herstellungserlaubnis nach wie vor sowohl über einen Leiter der Herstellung als auch über einen Leiter der Qualitätskontrolle verfügen muss.

122 Da die AMWHV weiterhin die Person des **Leiters der Herstellung** und des **Leiters der Qualitätskontrolle** im Rahmen der Arzneimittelherstellung als erforderlich voraussetzt und deren Vorhandensein verlangt, wie dies durch die Zuweisung verschiedener Aufgaben und Pflichten im Zusammenhang mit der Arzneimittelherstellung und Arzneimittelprüfung ersichtlich ist, kann davon ausgegangen werden, dass beim Fehlen der vorgenannten Personen durch den Erlaubnisinhaber nicht im Sinne des § 14 Abs. 1 Nr. 6 a AMG gewährleistet ist, dass die Herstellung oder Prüfung nach dem **Stand von Wissenschaft und Technik** vorgenommen wird. Gewähr für die Durchführung einer dem Stand von Wissenschaft und Technik entsprechenden Herstellung und Prüfung bietet nur eine den Vorgaben der AMWHV entsprechende Vorgehensweise und Organisation. Dementsprechend ist für die Gewährleistung einer dem Stand von Wissenschaft und Technik entsprechenden Herstellung und Prüfung das Vorhandensein sowohl eines Leiters der Herstellung als auch eines Leiters der Qualitätskontrolle erforderlich. Fehlen diese Personen, kann darin ein Versagungsgrund nach § 14 Abs. 1 Nr. 6 a AMG liegen.[88]

Für die Gewährleistung einer dem Stand von Wissenschaft und Technik entsprechenden Herstellung und Prüfung ist erforderlich, dass sowohl der Leiter der Herstellung als auch der Leiter der Qualitätskontrolle eine **bestimmte Qualifikation** aufweisen.

123 Die Anforderung an die jeweilige **Qualifikation** der entsprechenden Personen wird im Gesetz nicht definiert. Weder das AMG noch die AMWHV normieren entsprechende Sachkundeanforderungen. Dementsprechend sind die Anforderungen an die Sachkunde und Qualifizierung aus den Aufgabenbereichen zu ermitteln, für den der Leiter der Herstellung bzw den Leiter der Qualitätskontrolle nach den Vorgaben der AMWHV zuständig ist. Erforderlich ist damit, dass der Leiter der Herstellung aufgrund seiner fachlichen Qualifikation in der Lage sein muss, den **Leitungsaufgaben** im Bereich des gesamten Herstellungsprozesses

---

88 Die gegenteilige Auffassung von *Rehmann*, AMG, § 14 Rn 10, lässt sich nach Streichung des Fehlens eines Leiters der Herstellung und eines Leiters der Qualitätskontrolle als Versagungsgrund so nicht mehr aufrechterhalten; *Rehmann* meint, dass der Versagungsgrund des § 13 Abs. 1 Nr. 2, 3 AMG iVm § 15 AMG in der Fassung vor dem 15. AMG-Änderungsgesetz die personellen Voraussetzungen für die Erteilung der Herstellungserlaubnis abschließend regele. Dies ist jedenfalls nach dem 15. AMG-Änderungsgesetz nicht mehr der Fall. Nur wenn sowohl der Leiter der Herstellung als auch der Leiter der Qualitätskontrolle die unter Berücksichtigung der Aufgabenzuweisung der AMWHV erforderliche Qualifikation aufweisen, ist eine dem Stand der Wissenschaft und Technik entsprechende Herstellung gewährleistet. Auch die einschränkende Auslegung bei Kloesel/Cyran, Arzneimittelrecht, § 14 AMG Erl. 18, vermag aus den vorgenannten Gründen nicht zu überzeugen.

gerecht zu werden. Der Leiter der Qualitätskontrolle muss aufgrund seiner Qualifikation den Leitungsaufgaben im Bereich der Qualitätskontrolle gerecht werden können.

Diese Voraussetzungen knüpfen nicht zwingend an die Absolvierung eines Hochschulstudiums oder einer bestimmten Ausbildung an. Eine weniger umfassende theoretische Ausbildung kann durchaus durch eine umfassende praktische Tätigkeit ausgeglichen werden. Welcher Umfang an praktischer Erfahrung und theoretischer Ausbildung hinreichend sind, ist im jeweiligen **Einzelfall** in Abhängigkeit von der Art der jeweils relevanten Herstellungshandlungen unter Berücksichtigung der Besonderheiten der jeweiligen Arzneimittel, auf die sich die Herstellungserlaubnis bezieht, zu bewerten.

Der Leiter der Herstellung und der Leiter der Qualitätskontrolle müssen neben der erforderlichen Qualifikation außerdem über die **erforderliche Zuverlässigkeit** verfügen. Diesbezüglich ist auf die Ausführungen zu den Anforderungen an die Zuverlässigkeit der Sachkundigen Person zu verweisen (vgl oben Rn 110 ff). Die Ausführungen gelten entsprechend für die Zuverlässigkeit des Leiters der Herstellung und des Leiters der Qualitätskontrolle.

Das Personal, das in leitender oder verantwortlicher Stellung für die Einhaltung der guten Herstellungspraxis bzw für die Einhaltung der guten fachlichen Praxis zuständig ist, muss vom Betrieb bzw der Einrichtung mit **ausreichenden Befugnissen** ausgestattet sein, um der ihnen obliegenden Verantwortung nachkommen zu können, vgl § 4 Abs. 2 S. 5 AMWHV. Die entsprechenden Personen – also insbesondere der Leiter der Herstellung und der Leiter der Qualitätskontrolle – müssen daher durch die **betriebliche Organisation** in die Lage versetzt werden, ihrer Verantwortung jederzeit gerecht werden zu können.[89]

2. Sonstige Personen

a) Anforderungen an Personalausstattung

Für die Erteilung einer Herstellungserlaubnis sieht das AMG zunächst ausdrücklich keine weiteren Personen als erforderlich vor. Die Herstellungserlaubnis ist jedoch zu versagen, wenn der Hersteller nicht in der Lage ist, zu gewährleisten, dass die Herstellung oder die Prüfung der Arzneimittel nach dem Stand der Wissenschaft und Technik erfolgt.

Eine solche Gewährleistung setzt voraus, dass der Hersteller über sachkundiges und angemessen **qualifiziertes Personal** in ausreichender Zahl verfügt. Nur wenn entsprechendes Personal in ausreichender Zahl vorhanden ist, kann der Hersteller gewährleisten, dass die Herstellung den gesetzlichen Vorgaben entsprechend erfolgt. § 4 Abs. 1 AMWHV nimmt diesen Gedanken auf und normiert, dass Betriebe und Einrichtungen über sachkundiges und angemessen qualifiziertes Person in ausreichender Zahl verfügen müssen, wenn sie in den Anwendungsbereich der AMWHV fallen.

b) Anforderungen an Einweisung und Schulung des Personals

Voraussetzung für die Gewährleistung einer dem Stand von Wissenschaft und Technik entsprechenden Herstellung ist, dass das bei der Herstellung eingesetzte Personal entsprechend seiner **Ausbildung** und seiner **Kenntnisse** eingesetzt wird. Das Personal ist mithin ausbildungsspezifisch bzw kenntnisspezifisch einzusetzen, so dass grundsätzlich jedem Mitarbeiter eine bestimmte Tätigkeit zugeordnet werden muss, die dieser aufgrund seiner Vor- und Ausbildung sowie seiner erworbenen Kenntnisse in der Lage ist, angemessen auszuüben. Um den Ausbildungs- und Kenntnisstand des eingesetzten Personals dem sich unter Umständen ändernden Stand von Wissenschaft und Technik anzupassen, ist erforderlich, dass nicht nur

---

89 Vgl dazu oben die entsprechenden Ausführungen zur „sachkundigen Person", Rn 116 f.

zu Beginn der Tätigkeit eine **Unterweisung** erfolgt, sondern dass Unterweisungen fortlaufend durchgeführt werden, vgl § 4 Abs. 1 S. 2, 3 AMWHV.[90]

129 Die Gewährleistung einer dem Stand von Wissenschaft und Technik entsprechenden Herstellung setzt ferner voraus, dass das eingesetzte Personal nicht nur fortlaufend unterwiesen bzw geschult wird, sondern dass der Erfolg entsprechender **Schulungsmaßnahmen** festgestellt und dokumentiert wird. Nur eine nachweislich erfolgreiche Schulung bietet Gewähr dafür, dass die Mitarbeiter in der Lage sind, die ihnen bei der Herstellung und Überprüfung von Arzneimitteln bzw im Zusammenhang mit entsprechenden Tätigkeiten obliegenden Aufgaben anforderungsgemäß auszuüben.[91]

130 Durch die AMWHV werden die vom Anwendungsbereich erfassten Unternehmen und Einrichtungen verpflichtet, das vorhandene Personal zu Beginn seiner Tätigkeit und anschließend fortlaufend zu schulen. Die AMWHV verwendet insoweit den Begriff des „Unterweisens", vgl § 4 Abs. 1 S. 2 AMWHV. Zu schulen sind alle Mitarbeiter mit Einfluss auf die Produktqualität.[92] Dies gilt auch für technisches Personal externer Unternehmen, die zB mit Wartungs- oder Reparaturaufgaben betraut sind.[93] Die Schulungen müssen sich beziehen auf die rechtlichen Grundlagen der Tätigkeiten, die in dem jeweiligen Betrieb bzw in der jeweiligen Einrichtung ausgeübt werden. Dazu gehören vor allem das AMG und die AMWHV sowie etwaige einschlägige Sonderregelungen für bestimmte Produktgruppen, wie zB Blutprodukte. Darüber hinaus ist über die GMP-Grundlagen zu schulen. Zum Inhalt der Schulungen muss auch das nach § 3 AMWHV erforderliche Qualitätsmanagementsystem zählen, so dass über entsprechende Arbeitsanweisungen zu informieren ist.

131 Zum Inhalt entsprechender Personalschulungen müssen auch die allgemeine und besondere Hygiene, Kreuzkontamination und Dokumentation gehören. Außerdem treten arbeitsspezifische Schulungen, wie zB Gerätebedienung usw, hinzu. Ebenfalls Gegenstand der Personalschulung sind grundlegende und ggf besondere Gesundheitsanforderungen. Dazu gehört, dass das Personal informiert wird über das Verhalten beim Vorliegen meldepflichtiger Erkrankungen usw

132 Nach der AMWHV ist außerdem erforderlich, den Erfolgt der Schulung zu überprüfen, vgl § 4 Abs. 1 S. 4 AMWHV. Um den Erfolg einer Schulung zu überprüfen sollte ein **Schulungsbeauftragt**er eingesetzt werden, der die Einhaltung und Umsetzung spezieller Schulungs-SOPs überwacht und sicherstellt. Um gegenüber den zuständigen Überwachungsbehörden die Ordnungsgemäßheit einer Schulungsmaßnahme darlegen zu können, müssen die Qualifikation des jeweiligen Schulungspersonals sowie die Anforderungsprofile und jeweiligen Lernziele festgelegt und definiert sein. Außerdem muss ein Schulungsplan aufgestellt werden, aus dem die Schulungsinhalte, Schulungstermine sowie das zu schulende Personal ersichtlich sind.

133 Die Schulung selbst muss umfassend dokumentiert sein. Zeitpunkt, Ort, Dauer, Inhalte und Teilnehmer sind ebenso zu **dokumentieren** wie die Person des jeweiligen Schulungsperso-

---

90 Das Schulungssystem muss bei den regelmäßig durchzuführenden Selbstinspektionen (vgl § 11 AMWHV) berücksichtigt werden.
91 Vgl Anlage 2 zur Bekanntmachung des Bundesministeriums für Gesundheit zu § 2 Nr. 3 der Arzneimittel- und Wirkstoffherstellungsverordnung v. 27.10.2006 (BAnz S. 6887), Leitfaden der Guten Herstellungspraxis Teil I, Kapitel 2 „Personal".
92 ZB aus den Bereichen der Produktion, Herstellung und Verpackung, der Qualitätskontrolle und Qualitätssicherung, der Lagerhaltung, der Technik, Galenik, der Reinigung sowie ggf externes Personal, das sich in Betriebsbereichen aufhält oder tätig wird, die für die Produktqualität entscheidend sein können.
93 Ggf sind auch Besucher zu schulen. Diese Verpflichtung ergibt sich allerdings nicht aus § 4 Abs. 1 AMWHV, da es sich bei Besuchern nicht um Personal handelt. Die Schulung von Besuchern kann allerdings erforderlich sein, wenn – entgegen der insoweit bestehenden Empfehlungen – Besucher in Bereiche geführt werden, die eine Frist bzw Relevanz im Hinblick auf die Produktqualität haben bzw haben können.

nals, deren fachliche Qualifikation belegt werden können muss. Die Schulungsteilnehmer sollten mit ihrer Unterschrift die Teilnahme an der Schulung bestätigen. Eine entspr. Bestätigung soll den zuständigen Behörden auf Verlangen vorgelegt werden können. Ferner sollte die Dokumentation der Schulung einen Hinweis auf evtl dem geschulten Personal überreichte Schulungsunterlagen beinhalten. Es empfiehlt sich, entspr. Schulungsunterlagen zur Schulungsdokumentation zu nehmen. Es muss sichergestellt sein, dass sämtliches zu schulendes Personal tatsächlich an Schulungen teilnimmt, so dass Abwesenheiten wegen Urlaub, Krankheit oÄ erfasst und dokumentiert werden muss. Entsprechende Abwesenheiten müssen durch Nachschulungen oÄ berücksichtigt werden.

Um den **Schulungserfolg** zu kontrollieren, stehen verschiedene Möglichkeiten zur Verfügung. Im Hinblick auf die erforderliche Dokumentation sind die schriftliche Prüfung sowie ggf E-Learning-Systeme naturgemäß eher geeignet als eine mündliche Überprüfung durch das Schulungspersonal. Im Falle einer mündlichen Überprüfung des Personals durch das Schulungspersonal muss das Schulungspersonal die Ergebnisse der mündlichen Überprüfung dokumentieren. Dies gilt auch für **Arbeitsplatzüberprüfungen** durch Schulungspersonal und/oder Vorgesetzte, die zB im Rahmen der Selbstinspektion regelmäßig durchgeführt werden sollten. 134

Weder AMG noch AMWHV fordern eine konkrete Art und Weise der Erfolgskontrolle in Bezug auf Schulungsmaßnahmen. Die Art und Weise der jeweiligen Erfolgskontrolle ist vielmehr an den Erfordernissen und Möglichkeiten des jeweiligen Unternehmens bzw der jeweiligen Einrichtung und insb. unter Berücksichtigung der dort hergestellten, geprüften oder gelagerten Produkte anzupassen und durchzuführen.[94] 135

Die Art und der Umfang der Schulung sowie deren Häufigkeit bestimmt sich nicht zuletzt nach dem Tätigkeitsbereich der jeweiligen Personen und können daher in Abhängigkeit von den vorgenannten Umständen durchaus variieren. Dies gilt selbstverständlich auch für die Inhalte von Schulungsmaßnahmen. Diese müssen den jeweiligen besonderen Aufgaben einzelner Personen bzw Personengruppen gerecht werden und diese hinreichend berücksichtigen.[95] 136

c) Anforderung an Personalorganisation und Dokumentation

In jedem Betrieb und in jeder Einrichtung, die für den Anwendungsbereich der AMWHV eröffnet ist, müssen die Aufgaben derjenigen Mitarbeiter, die für die Einhaltung der guten Herstellungspraxis bzw die Einhaltung der guten fachlichen Praxis zuständig sind, in Arbeitsplatzbeschreibungen festgelegt sein, vgl § 4 Abs. 2 S. 1. Die Verantwortungsbereiche müssen so ausgestaltet sein, dass keine verantwortungsfreien Bereiche existieren, dass also für jeden Bereich zumindest eine Person ausdrücklich zuständig und verantwortlich ist. Darüber hinaus muss allerdings auch vermieden werden, dass verschiedene Funktionsträger für einen Verantwortungsbereich gleichzeitig zuständig sind, damit es nicht zu Unklarheiten bzw zu Unstimmigkeiten in diesem Bereich kommen kann. Entsprechende **Arbeitsplatzbe-** 137

---

94 Grundsätzlich nicht erforderlich ist eine Einzelüberprüfung der jeweiligen Mitarbeiter. Eine Einzelüberprüfung kann ausnahmsweise dann erforderlich sein, wenn einzelne Mitarbeiter für bestimmte Aufgaben bzw Aufgabenbereiche zuständig sind, die einer gesonderten Unterweisung und Schulung bedürfen. Es ist allerdings zu beachten, dass nach § 4 Abs. 1 AMWHV die Betriebe und Einrichtungen funktionsbezogene Qualifizierungsnachweise für das von ihnen eingesetzte Personal vorweisen müssen. Dies kann die Einzelprüfung des jeweiligen Mitarbeiters bzw der jeweiligen Mitarbeiterin am jeweiligen Arbeitsplatz bedingen. In der Einarbeitungsphase eines Mitarbeiters ist die Einzelprüfung unerlässlich, da anders nicht sichergestellt werden kann, dass der neu einzuarbeitende Mitarbeiter die entsprechenden Kenntnisse und Qualifikationen aufweist.
95 Vgl Anlage 2 zur Bekanntmachung des Bundesministeriums für Gesundheit zu § 2 Nr. 3 der Arzneimittel- und Wirkstoffherstellungsverordnung v. 27.10.2006 (BAnz S. 6887), Leitfaden der Guten Herstellungspraxis Teil I, Kapitel 2.10.

schreibungen müssen nach einem zuvor festgelegten betriebsinternen Verfahren genehmigt werden. Diesbezüglich ist eine entsprechende Arbeitsanweisung zu erstellen. Dies gilt auch für die Erstellung von Organisationsschemata. Auch diese sind nach einem zuvor festgelegten Verfahren zu genehmigen, so dass auch hier eine entsprechende Arbeitsanweisung existieren sollte.

IV. Anforderungen an die Betriebsstätte

138 Neben den Voraussetzungen in der Person des Antragstellers sowie bezüglich weiterer Personen müssen für die Erteilung einer Herstellungserlaubnis bestimmte Voraussetzungen im Hinblick auf die **räumlichen Gegebenheiten** sowie deren **Ausstattung** erfüllt sein. Dies ergibt sich aus § 14 Abs. 1 Nr. 6 AMG. Danach ist eine Herstellungserlaubnis zu versagen, wenn der Antragsteller nicht über geeignete Räume oder Einrichtungen für die beabsichtigte Herstellung, Prüfung und Lagerung der Arzneimittel verfügt. Zwar lassen sich grundsätzlich allgemeine Anforderungen an die für die Arzneimittelherstellung und Arzneimittelprüfung genutzten Räume formulieren. Allerdings ergeben sich in Abhängigkeit von den jeweils herzustellenden bzw zu prüfenden Arzneimitteln unter Umständen gesonderte Anforderungen, auf die hier nicht genauer eingegangen werden kann.

1. Allgemeine Anforderungen an Räumlichkeiten

139 Aus der Formulierung des vorgenannten Versagungsgrunde sowie aus dem Umstand, dass eine Herstellungserlaubnis nach § 16 AMG für eine bestimmte Betriebsstätte und für bestimmte Arzneimittel und Darreichungsformen erteilt wird, folgt, dass die Anforderungen an Räumlichkeiten und Betriebsstätten nicht einheitlich für jede Herstellung bzw Herstellungserlaubnis gelten. Vielmehr können sich die Anforderungen im Einzelfall in Abhängigkeit von den von der Herstellungserlaubnis erfassten Herstellungshandlungen, Arzneimitteln und Darreichungsformen unterscheiden.

140 So sind zB die Anforderungen an die Betriebsstätte eines mit dem Umpacken und Umkennzeichnen von parallel importierten Arzneimitteln befassten Herstellers andere als die Anforderungen an einen Hersteller von Blutprodukten oder Impfstoffen. Es ist auch leicht nachvollziehbar, dass nicht nur die Art der verarbeiteten Stoffe und der hergestellten Arzneimittel die Anforderungen beeinflusst, sondern dass darüber hinaus die konkrete Nutzung der einzelnen Räume ebenfalls Einfluss auf die im Einzelnen zu fordernden Eigenschaften der Räumlichkeiten hat. So ist zB leicht nachvollziehbar, dass an Produktionsräume andere Anforderungen zu stellen sind als an Lagerräume, um von einer **zweckentsprechenden Eignung** ausgehen zu können.

141 Im AMG selbst findet sich zunächst nur die Forderung, dass Räume und Einrichtungen für die beabsichtigte Herstellung, Prüfung und Lagerung der herzustellenden Arzneimittel geeignet sein müssen. Unter welchen Umständen eine entsprechende **Eignung** gegeben ist, wird im AMG nicht weiter dargelegt. Der Begriff der Eignung wird jedoch im Rahmen der AMWHV näher ausgeführt. Als relevante Parameter für die Beurteilung der Eignung von Betriebsräumen sind dort die Art, Größe, Zahl und Ausrüstung der Betriebsräume unter Berücksichtigung der beabsichtigten Herstellung genannt, vgl § 5 S. 1 AMWHV.

142 Die Räumlichkeiten müssen so gestaltet sein und genutzt werden, dass das Risiko von Fehlern auf ein Minimum reduziert wird. Während die Forderung nach einer fehlervermeidenden und nachteilige Qualitätseffekte verhindernden Ausgestaltung der Betriebsräume den baulichen Zustand und die technische Ausstattung der Räumlichkeiten betrifft, richtet sich die Forderung nach einer das Fehlerrisiko minimierenden und die Vermeidung von Produktqualität beeinträchtigenden Effekten auf den Zweck, den die jeweiligen Räumlichkeiten im Rahmen der konkreten Produktion und Herstellung erfüllen sollen.

H. Voraussetzungen für die Erteilung der Herstellungserlaubnis 14

Minimalanforderungen an den **baulichen Zustand** sind eine ausreichende Beleuchtung[96] und geeignete klimatische Verhältnisse, vgl § 5 Abs. 3 S. 2 AMWHV. Sowohl eine ausreichende Beleuchtung als auch geeignete klimatische Verhältnisse sind zwar notwendige, jedoch keineswegs hinreichende Bedingungen, um Räumlichkeiten als geeignet für die Herstellung, Prüfung und Lagerung von Arzneimitteln erscheinen zu lassen. Im Einzelnen sind weitere wesentliche Anforderungen zu erfüllen. Diese richten sich danach, ob die jeweilige Räumlichkeit für einen Herstellungsvorgang, einen Prüfvorgang oder die Lagerung genutzt werden.[97] 143

Allgemeine Anforderungen an Räumlichkeiten und Ausrüstungen finden sich darüber hinaus im Leitfaden der guten Herstellungspraxis, Teil I. Diese **allgemeinen Anfor**derungen müssen unabhängig von der Frage erfüllt sein, ob eine Räumlichkeit zur Herstellung, Prüfung und Lagerung von Arzneimitteln verwendet wird. Zu den allgemeinen Anforderungen gehört zunächst, dass die Räumlichkeiten so gelegen sein müssen, dass eine umgebungsbedingte **Kontamination** sowohl der bei der Herstellung verwendeten Stoffen als auch der Zwischen- und End- bzw Fertigprodukte vermieden wird.[98] Sollte aufgrund der örtlichen Gegebenheiten ein solches Kontaminationsrisiko nicht ausgeschlossen sein, sind entsprechende Schutzmaßnahmen zu ergreifen, um das Kontaminationsrisiko für Material und Produkte zu minimieren. 144

Auch die Gewährleistung einer ausreichenden Beleuchtung und Belüftung, vgl § 5 Abs. 3 S. 2 AMWHV, sowie angemessener Temperaturen und Luftfeuchtigkeit gehört zu den allgemeinen Anforderungen an die Betriebsräume. Es muss sichergestellt werden, dass die genannten Umstände weder direkt noch indirekt die Arzneimittel während der Herstellung, Kontrolle oder Lagerung beeinflussen.[99] Auch das einwandfreie Funktionieren der Ausrüstung in den Betriebsräumen darf durch Temperatur, Luftfeuchtigkeit und andere Umstände nicht beeinflusst werden.[100] Dementsprechend ist je nach Art der hergestellten Arzneimittel unter Umständen eine Klimatechnik zu fordern, die eine gleichmäßige Temperatur und Luftfeuchtigkeit gewährleistet. Sollte für die Herstellung eines Arzneimittels eine besondere Keimarmut oder Keimfreiheit erforderlich sein, muss das Belüftungssystem entsprechend ausgelegt sein und sichergestellt werden, dass die Belüftung nicht zu einer Verkeimung führt. 145

Sämtliche Räumlichkeiten – also sowohl im Bereich der Herstellung, als auch im Bereich der Qualitätskontrolle und Lagerung – müssen außerdem so gut wie möglich gegen das 146

---

96 Die Forderung nach einer ausreichenden Beleuchtung findet sich auch in Kapitel 3.3 Leitfaden der guten Herstellungspraxis Teil I als allgemeine Anforderung an jede Räumlichkeit, die für Produktion, Lagerung oder Prüfung verwendet wird. Daneben finden sich Forderungen nach einer ausreichenden Beleuchtung in Kapitel 3.16 Leitfaden der guten Herstellungspraxis Teil I, ohne dass dort allerdings weitergehende Anforderungen formuliert wären, vgl Anlage 2 zur Bekanntmachung des Bundesministeriums für Gesundheit zu § 2 Nr. 3 der Arzneimittel- und Wirkstoffherstellungsverordnung v. 27.10.2006 (BAnz S. 6887), Leitfaden der Guten Herstellungspraxis Teil I,.
97 Vgl Anlage 2 zur Bekanntmachung des Bundesministeriums für Gesundheit zu § 2 Nr. 3 der Arzneimittel- und Wirkstoffherstellungsverordnung v. 27.10.2006 (BAnz S. 6887), Leitfaden der Guten Herstellungspraxis Teil I, Kapitel 3.1.
98 Vgl Anlage 2 zur Bekanntmachung des Bundesministeriums für Gesundheit zu § 2 Nr. 3 der Arzneimittel- und Wirkstoffherstellungsverordnung v. 27.10.2006 (BAnz S. 6887), Leitfaden der Guten Herstellungspraxis Teil I, Kapitel 3.1.
99 Vgl Anlage 2 zur Bekanntmachung des Bundesministeriums für Gesundheit zu § 2 Nr. 3 der Arzneimittel- und Wirkstoffherstellungsverordnung v. 27.10.2006 (BAnz S. 6887), Leitfaden der Guten Herstellungspraxis Teil I, Kapitel 3.3.
100 Vgl Anlage 2 zur Bekanntmachung des Bundesministeriums für Gesundheit zu § 2 Nr. 3 der Arzneimittel- und Wirkstoffherstellungsverordnung v. 27.10.2006 (BAnz S. 6887), Leitfaden der Guten Herstellungspraxis Teil I, Kapitel 3.3.

Eindringen von Insekten und anderen Tieren geschützt sein, um eine Kontamination oder sonstige Gefahren für die Qualität der Arzneimittel zu vermeiden.[101]

147 Die für die Herstellung, Qualitätskontrolle und Lagerung genutzten Räumlichkeiten müssen außerdem vor dem unbefugten Zutritt Dritter geschützt sein.[102] Welche Schutzmaßnahmen im Einzelfall erforderlich sind, hängt von den hergestellten, geprüften und gelagerten Arzneimitteln, Wirkstoffen und sonstigen Stoffen und den mit deren Abhandenkommen, Fehlanwendung bzw unsachgemäßer Anwendung verbundenen Risiken ab. So ist zB bei der Lagerung von Betäubungsmitteln ein Höchstmaß an Zutrittskontrolle sowie an sonstigen Maßnahmen erforderlich, um den unbefugten Zutritt zu verhindern. Ein Element entsprechender Maßnahmen zur **Zutrittskontrolle** und **Zutrittsverhinderung** besteht darin, dass Produktions- und Lagerräume nicht als Durchgang verwendet werden.[103] Im Übrigen soll gewährleistet werden, dass sich nur solches Personal in entsprechenden Räumlichkeiten aufhält, dass dort im jeweiligen Moment aufgabengemäß tätig ist.[104]

148 Alle für Produktion, Lagerung und Prüfung genutzten Räumlichkeiten müssen darüber hinaus sorgfältig in Stand gehalten werden. Durch erforderlich werdende **Reparatur- und Wartungsarbeiten** darf weder die Qualität der herzustellenden Produkte noch der Ausgangsstoffe beeinträchtigt werden.[105] Reparatur- und Wartungsarbeiten müssen daher ebenso wie Baumaßnahmen zur Erweiterung oder Umgestaltung entweder während einer allgemeinen Betriebsunterbrechung durchgeführt werden oder aber in einer Art und Weise, die den fortlaufenden Produktionsbetrieb und insbesondere die Qualität von Ausgangsstoffen und hergestellten Produkten nicht beeinflusst. Im Einzelfall sollten Reparatur- und Wartungsarbeiten ebenso wie Baumaßnahmen mit den zuständigen Aufsichts- und Überwachungsbehörden abgesprochen werden. Dabei sollten die Maßnahmen zur Vermeidung von Kontaminationsrisiken sowie sonstiger die Qualität der Produkte beeinträchtigender Effekte besprochen und ein Plan zur Verhinderung nachteiliger Effekte erarbeitet werden.

---

101 Vgl Anlage 2 zur Bekanntmachung des Bundesministeriums für Gesundheit zu § 2 Nr. 3 der Arzneimittel- und Wirkstoffherstellungsverordnung v. 27.10.2006 (BAnz S. 6887), Leitfaden der Guten Herstellungspraxis Teil I, Kapitel 3.4; einfachste Maßnahmen sind dabei zB Fliegengitter vor Fenstern. Auch das Aufstellen von Tierfallen – zB Mausefallen – und deren regelmäßige Kontrolle, die selbstverständlich zu dokumentieren ist, kann erforderlich sein. Es können aber auch in Abhängigkeit von den konkreten Gegebenheiten der jeweiligen Örtlichkeit sowie der herzustellenden Produkte erheblich weitergehende Maßnahmen erforderlich sein.

102 Die Forderung nach einer Verhinderung des Zutritts unbefugter Dritter findet sich im Leitfaden der guten Herstellungspraxis Teil I, vgl Anlage 2 zur Bekanntmachung des Bundesministeriums für Gesundheit zu § 2 Nr. 3 der Arzneimittel- und Wirkstoffherstellungsverordnung v. 27.10.2006 (BAnz S. 6887), an mehreren Stellen. Zum einen findet sich eine entsprechende Forderung in Kapitel 3.5 als Teil der allgemeinen Anforderung an die für Produktion, Lagerung und Prüfung genutzten Räume. Zum anderen findet sich bei den besonderen Anforderungen an Lagerräume in Kapitel 3.21 sowie in Kapitel 5.16 bei der Beschreibung der allgemeinen Anforderungen an die Produktionsvorgänge, vgl Anlage 2 zur Bekanntmachung des Bundesministeriums für Gesundheit zu § 2 Nr. 3 der Arzneimittel- und Wirkstoffherstellungsverordnung v. 27.10.2006 (BAnz S. 6887), Leitfaden der Guten Herstellungspraxis, Teil I.

103 Vgl Anlage 2 zur Bekanntmachung des Bundesministeriums für Gesundheit zu § 2 Nr. 3 der Arzneimittel- und Wirkstoffherstellungsverordnung v. 27.10.2006 (BAnz S. 6887), Leitfaden der Guten Herstellungspraxis Teil I, Kapitel 3.5.

104 Vgl § 5 Abs. 3 S. 3 AMWHV sowie Anlage 2 zur Bekanntmachung des Bundesministeriums für Gesundheit zu § 2 Nr. 3 der Arzneimittel- und Wirkstoffherstellungsverordnung v. 27.10.2006 (BAnz S. 6887), Leitfaden der Guten Herstellungspraxis Teil I, Kapitel 3.5.

105 Vgl Anlage 2 zur Bekanntmachung des Bundesministeriums für Gesundheit zu § 2 Nr. 3 der Arzneimittel- und Wirkstoffherstellungsverordnung v. 27.10.2006 (BAnz S. 6887), Leitfaden der Guten Herstellungspraxis Teil I, Kapitel 3.2.

2. Anforderungen an Produktionsräume

Neben den allgemeinen Anforderungen muss bei den zur Produktion genutzten Bereichen sichergestellt sein, deren bauliche Beschaffenheit so ist, dass eine möglichst leichte und gründliche **Reinigung** und nötigenfalls **Desinfektion** möglich ist. Dementsprechend sind insbesondere in den Bereichen, in denen Rohstoffe, Ausgangsstoffe, Arzneimittel und andere für die Produktion erforderliche Produkte unverpackt und damit ungeschützt vor äußeren Einwirkungen verwendet werden, tiefe Fugen und Risse[106] aber auch schwer zu reinigende[107] Rohrleitungen oder Klimageräte oder andere eine leichte und gründliche Reinigung erschwerende oder gar verhindernde Ausstattungen[108] zu vermeiden.

149

Es muss außerdem sichergestellt werden, dass nicht durch weitere Nutzung eine **Kontamination** zB von Ausgangsstoffen oder Arzneimitteln eintreten kann. Es kann daher erforderlich sein, die Nutzung bestimmter Räumlichkeiten ggf durch entsprechende ausdrückliche Widmung auf die Produktion und Verarbeitung bestimmter Stoffe bzw Arzneimittel zu beschränken.[109]

150

Die für die Produktion genutzten Räume müssen außerdem eine Anordnung aufweisen, die unter Berücksichtigung der jeweiligen Widmung der Räume die Produktion in logisch aufeinander folgenden Schritten ermöglicht.[110]

Da bei der Produktion durch Verwechslungen zB von Ausgangsstoffen oder durch deren Vermischung erhebliche Risiken für die Qualität der herzustellenden Arzneimittel bestehen, muss in Produktionsräumen durch hinreichendes **Platzangebot** sichergestellt sein, dass die bei der Produktion verwendeten Materialien ordnungsgemäß und ohne Beeinträchtigung der Abläufe sowie ohne die Begründung eines **Verwechslungsrisikos** abgestellt werden können. Auch die Bereitstellung der erforderlichen Ausrüstung muss vom Platzangebot her möglich sein, ohne dass zB durch eine aus Platzgründen ungeordnete oder beengte Bereithaltung erforderliche Produktions- oder Kontrollschritte versehentlich nicht durchgeführt werden.[111]

151

---

106 Vgl Anlage 2 zur Bekanntmachung des Bundesministeriums für Gesundheit zu § 2 Nr. 3 der Arzneimittel- und Wirkstoffherstellungsverordnung v. 27.10.2006 (BAnz S. 6887), Leitfaden der Guten Herstellungspraxis Teil I, Kapitel 3.9, sowie umfassender formuliert § 5 Abs. 1 S. 2 AMWHV.

107 Vgl Anlage 2 zur Bekanntmachung des Bundesministeriums für Gesundheit zu § 2 Nr. 3 der Arzneimittel- und Wirkstoffherstellungsverordnung v. 27.10.2006 (BAnz S. 6887), Leitfaden der Guten Herstellungspraxis Teil I, Kapitel 3.10, sowie umfassender formuliert § 5 Abs. 1 S. 2 AMWHV.

108 Vgl Anlage 2 zur Bekanntmachung des Bundesministeriums für Gesundheit zu § 2 Nr. 3 der Arzneimittel- und Wirkstoffherstellungsverordnung v. 27.10.2006 (BAnz S. 6887), Leitfaden der Guten Herstellungspraxis Teil I, Kapitel 3.10 ; wird darauf verwiesen, dass offene Abflussrinnen vermieden werden sollten und – wenn dies nicht möglich ist – diese jedenfalls so flach sein sollen, dass eine leichte Reinigung und Desinfektion möglich ist.

109 In Anlage 2 zur Bekanntmachung des Bundesministeriums für Gesundheit zu § 2 Nr. 3 der Arzneimittel- und Wirkstoffherstellungsverordnung v. 27.10.2006 (BAnz S. 6887), Leitfaden der Guten Herstellungspraxis Teil I, Kapitel 3.6, wird darauf hingewiesen, dass zB Pestizide oder Herbizide in Räumlichkeiten, die für die Arzneimittelherstellung genutzt werden, nicht hergestellt werden dürfen. Außerdem wird darauf verwiesen, dass uU Räumlichkeiten und Produktionsanlagen der Herstellung bestimmter hoch sensibilisierender Stoffe – als Beispiel werden Penicilline genannt – oder biologischer Zubereitungen zugeordnet und vorbehalten sein sollen. Allerdings wird das Prinzip der Produktion in Kampagnen ausdrücklich als Möglichkeit einer alternativen Risikovermeidung anerkannt.

110 Vgl Anlage 2 zur Bekanntmachung des Bundesministeriums für Gesundheit zu § 2 Nr. 3 der Arzneimittel- und Wirkstoffherstellungsverordnung v. 27.10.2006 (BAnz S. 6887), Leitfaden der Guten Herstellungspraxis Teil I, Kapitel 3.7, sowie § 5 Abs. 1 S. 2 AMWHV.

111 Vgl Anlage 2 zur Bekanntmachung des Bundesministeriums für Gesundheit zu § 2 Nr. 3 der Arzneimittel- und Wirkstoffherstellungsverordnung v. 27.10.2006 (BAnz S. 6887), Leitfaden der Guten Herstellungspraxis Teil I, Kapitel 3.8, Isowie § 5 Abs. 2 S. 2 AMWHV.

152 Die Räumlichkeiten müssen außerdem so ausgestattet sein, dass zB durch Staubentwicklung zB beim Umfüllen, Wiegen[112] oder der Probennahme keine **Kreuzkontamination** eintritt. Wenn sich die Staubentwicklung und dadurch die Gefahr einer Kreuzkontamination nicht als solche verhindern lassen, sind die entsprechenden Räumlichkeiten ggf. mit einer wirksamen Vorrichtung zum Absaugen auszustatten und damit das Risiko minimieren.[113]

Neben den vorgenannten Anforderungen können sich im Einzelfall weitere Anforderungen an die für die Produktion genutzten Räumlichkeiten zB in Abhängigkeit von den konkret anfallenden Produktionsschritten, den ver- bzw bearbeiteten Stoffen und den hergestellten Arzneimitteln ergeben.

153 Für die Herstellung **steriler Arzneimittel** ergeben sich weitergehende Anforderungen zB aus Anhang 1 zum EG-Leitfaden der Guten Herstellungspraxis, Herstellung steriler Arzneimittel.[114] Räume müssen ggf so gegenüber umliegenden Räumen versiegelt sein, dass ein Eintrag von Verunreinigungen aus darüber oder darunter liegenden Räumen vermieden wird.[115] Soweit Reinbereiche betroffen sind, müssen diese mit Oberflächen ausgestattet sein, die glatt, undurchlässig und ohne Risse sind, so dass eine Abgabe oder Ansammlung von Partikeln oder Mikroorganismen so gering wie möglich gehalten und außerdem eine wiederholte Anwendung von Reinigungs- und gegebenenfalls Desinfektionsmitteln ermöglicht wird. Die Ausstattung und bauliche Anlage der Räume soll die Ansammlung von Staub usw an für die Reinigung unzugänglichen Stellen vermeiden, so dass unzugängliche Nischen, freiliegende Rohrleitungen mit unzugänglichen Bereichen,[116] Schiebetüren[117] uÄ vermieden werden sollten.[118]

154 Für Bereiche der Reinheitsklassen A/B, die für **aseptische Herstellung** genutzt werden, sind Ausgüsse und Abflüsse grundsätzlich nicht zugelassen. Auch in anderen Räumlichkeiten, die für die Herstellung steriler Arzneimittel genutzt werden, sollten Ausgüsse und Abflüsse nur eingeschränkt und soweit unbedingt erforderlich vorhanden und mit Geruchsverschlüssen ausgestattet sein. Durch Einbau von Rückstauklappen bzw Verschlüssen in Ausgüssen bzw Abflüssen muss eine Rückströmung und das damit bestehende Risiko einer Kontaminierung verhindert werden.[119]

---

112 Für das Abwiegen von Ausgangsstoffen fordert Kapitel 3.13 Leitfaden der guten Herstellungspraxis Teil I (vgl Anlage 2 zur Bekanntmachung des Bundesministeriums für Gesundheit zu § 2 Nr. 3 der Arzneimittel- und Wirkstoffherstellungsverordnung v. 27.10.2006, BAnz S. 6887) in der Regel einen eigens für diesen Zweck gewidmeten und ausgestatteten Raum. Durch die Auslagerung in einen separaten Raum, der nicht für andere Zwecke verwendet wird, wird zB das Risiko einer Kontamination durch Staubentwicklung usw reduziert.

113 Vgl Anlage 2 zur Bekanntmachung des Bundesministeriums für Gesundheit zu § 2 Nr. 3 der Arzneimittel- und Wirkstoffherstellungsverordnung v. 27.10.2006 (BAnz S. 6887), Leitfaden der Guten Herstellungspraxis Teil I, Kapitel 3.14.

114 Veröffentlicht als Anlage zur Bekanntmachung des Bundesministeriums für Gesundheit zu § 2 Nr. 3 der Arzneimittel- und Wirkstoffherstellungsverordnung v. 12.3.2008 im BAnz S. 1217.

115 Vgl Anhang 1 zum EG-Leitfaden der Guten Herstellungspraxis (Anlage zur Bekanntmachung des Bundesministeriums für Gesundheit zu § 2 Nr. 3 der Arzneimittel- und Wirkstoffherstellungsverordnung v. 12.3.2008 im BAnz S. 1217), Herstellung steriler Arzneimittel, Ziffer 48.

116 Vgl Anhang 1 zum EG-Leitfaden der Guten Herstellungspraxis (Anlage zur Bekanntmachung des Bundesministeriums für Gesundheit zu § 2 Nr. 3 der Arzneimittel- und Wirkstoffherstellungsverordnung v. 12.3.2008 im BAnz S. 1217), Herstellung steriler Arzneimittel, Ziffer 49.

117 Vgl Anhang 1 zum EG-Leitfaden der Guten Herstellungspraxis (Anlage zur Bekanntmachung des Bundesministeriums für Gesundheit zu § 2 Nr. 3 der Arzneimittel- und Wirkstoffherstellungsverordnung v. 12.3.2008 im BAnz S. 1217), Herstellung steriler Arzneimittel, Ziffer 47.

118 Vgl Anhang 1 zum EG-Leitfaden der Guten Herstellungspraxis (Anlage zur Bekanntmachung des Bundesministeriums für Gesundheit zu § 2 Nr. 3 der Arzneimittel- und Wirkstoffherstellungsverordnung v. 12.3.2008 im BAnz S. 1217), Herstellung steriler Arzneimittel, Ziffer 47.

119 Vgl Anhang 1 zum EG-Leitfaden der Guten Herstellungspraxis (Anlage zur Bekanntmachung des Bundesministeriums für Gesundheit zu § 2 Nr. 3 der Arzneimittel- und Wirkstoffherstellungsverordnung v. 12.3.2008 im BAnz S. 1217), Herstellung steriler Arzneimittel, Ziffer 50.

Umkleideräume, die von Personal genutzt werden, das an der Herstellung steriler Arznei- 155
mittel beteiligt ist – dazu gehört auch das Reinigungspersonal für entsprechende Herstel-
lungsbereiche – sollen in der Regel als Schleusen so ausgelegt sein und genutzt werden, dass
die Umkleidevorgänge voneinander getrennt erfolgen, so dass eine Kontamination der
Schutzkleidung mit Mikroorganismen und Partikeln möglichst gering ist. Umkleideräume
müssen darüber hinaus wirksam mit gefilterter Luft belüftet werden.

Schleusen, die den Zugang zu Reinräumen oÄ gestatten, müssen so ausgestaltet sein, dass
ein gleichzeitiges Öffnen der Schleusentüren in der Regel nicht möglich ist.[120] Auf welche
Art dies erreicht wird, ist grundsätzlich unerheblich, so dass zB sowohl elektronische Siche-
rungssysteme als auch bauliche Ausstattungen denkbar sind,[121] um ein gleichzeitiges Öffnen
der Schleusentüren zu vermeiden.

Die bauliche Ausstattung von Räumen, die für die **Herstellung steriler Arzneimittel** genutzt
werden sollen, muss im Hinblick auf die Belüftung die Besonderheiten der sterilen bzw
aseptischen Herstellung berücksichtigen. Einzelheiten dazu finden sich in entsprechenden
Leitlinien.[122]

3. Lagerbereich

Für den Lagerbereich sind im Hinblick auf die Räumlichkeiten insbesondere eine ausrei- 156
chende Größe[123] der Räumlichkeiten sowie die Sicherstellung angemessener Lagerbedingungen[124] zu fordern. Die Anforderungen an die Größe der Räumlichkeiten werden dadurch
bestimmt, in welchem Umfang zB Ausgangsstoffe, Bulkware, Fertigarzneimittel, zurückge-
wiesene oder zurückgerufene Produkte gelagert werden sollen. Dies kann nur im Einzelfall
beurteilt werden. Dies gilt auch für die Lagerungsbedingungen im Hinblick auf Luftfeuchtigkeit, Temperatur und Lichteinfall. Welche Bedingungen zu fordern sind, ergibt sich im
Einzelfall aus den zu lagernden Produkten und deren Eigenschaften und Anforderungen an
eine qualitätswahrende Lagerung.

Für bestimmte Produkte sind eigene Lagerbereiche zu schaffen, die gegen unbefugten Zutritt
ggf besonders zu schützen sind. Dies gilt zB für die Bereiche, in denen unter Quarantäne

---

120 Vgl Anhang 1 zum EG-Leitfaden der Guten Herstellungspraxis (Anlage zur Bekanntmachung des Bundesministeriums für Gesundheit zu § 2 Nr. 3 der Arzneimittel- und Wirkstoffherstellungsverordnung
v. 12.3.2008 im BAnz S. 1217), Herstellung steriler Arzneimittel, Ziffer 52.
121 In Anhang 1 zum EG-Leitfaden der Guten Herstellungspraxis (Anlage zur Bekanntmachung des Bundesministeriums für Gesundheit zu § 2 Nr. 3 der Arzneimittel- und Wirkstoffherstellungsverordnung
v. 12.3.2008 im BAnz S. 1217), Herstellung steriler Arzneimittel, Ziffer 50, wird darauf verwiesen, dass
das gleichzeitige Öffnen von mehr als einer Tür durch eine Sperre oder ein visuelles oder akustisches
Warnsystem – ggf auch beides – verhindert werden soll.
122 Vgl Anhang 1 zum EG-Leitfaden der Guten Herstellungspraxis (Anlage zur Bekanntmachung des Bundesministeriums für Gesundheit zu § 2 Nr. 3 der Arzneimittel- und Wirkstoffherstellungsverordnung
v. 12.3.2008 im BAnz S. 1217), Herstellung steriler Arzneimittel, Ziffer 53 sowie zB DIN ISO 14644
und 21 CFR Part 210 und 211.
123 Vgl Anlage 2 zur Bekanntmachung des Bundesministeriums für Gesundheit zu § 2 Nr. 3 der Arzneimit-
tel- und Wirkstoffherstellungsverordnung v. 27.10.2006 (BAnz S. 6887), Leitfaden der Guten Herstellungspraxis Teil I, Kapitel 3.18Teil I.
124 Vgl Anlage 2 zur Bekanntmachung des Bundesministeriums für Gesundheit zu § 2 Nr. 3 der Arzneimit-
tel- und Wirkstoffherstellungsverordnung v. 27.10.2006 (BAnz S. 6887), Leitfaden der Guten Herstellungspraxis Teil I, Kapitel 3.19Teil I.

befindliche Produkte vor Freigabe gelagert werden,[125] sowie für die Bereiche, in denen besonders risikobehaftete Produkte oder Materialien gelagert werden.[126]

4. Qualitätskontrollbereich

157 Die für die Qualitätskontrolle genutzten Bereiche der von der Herstellungserlaubnis erfassten Räumlichkeiten sollen von den Produktionsbereichen grundsätzlich getrennt sein. Darüber hinaus ist – wie sich bereits aus den allgemeinen Anforderungen an sämtliche Räume ergibt – ein im Hinblick auf die konkret beabsichtigten Tätigkeiten hinreichendes Platzangebot erforderlich und zu gewährleisten.[127] Beengte räumliche Verhältnisse können unter Umständen zu Kreuzkontaminationen, Verwechslungen usw führen und sind damit zu vermeiden. Gegebenenfalls sind ergänzende Maßnahmen zur Risikominimierung erforderlich.

158 In bestimmten Fällen kann es erforderlich sein, besondere räumliche Ausstattungen zum Schutz für besonders empfindliche Instrumente zu fordern. Gegebenenfalls sind die entsprechenden Räumlichkeiten und deren Lage und Ausstattung auf die im Einzelfall erforderlichen Instrumente abzustimmen und anzupassen.[128]

Sofern biologische oder radioaktive Proben untersucht werden, müssen die Besonderheiten dieser Proben berücksichtigend unter Umständen weitergehende Anforderungen an die Räumlichkeiten für die Qualitätskontrolle gestellt werden, so zB Schleusen, besondere Lüftungssysteme usw.[129]

5. Nebenbereiche

159 Zu berücksichtigen sind bei Erteilung einer Herstellungserlaubnis neben den eigentlichen für die Produktion, Lagerung und Prüfung genutzten Räumen auch die sog Nebenbereiche, also zB Umkleiden, Aufenthaltsräume, Waschräume und Toiletten sowie ggf. Werkzeugräume und Räume für die Tierhaltung.

Diese Nebenbereiche sind von den eigentlichen Produktions-, Lager- und Prüfbereichen getrennt zu halten. Dies gilt insbesondere für Toilettenbereiche. Gleichzeitig ist aber zu gewährleiste, dass Umkleiden, Waschräume und Toiletten leicht erreichbar sind.[130] Die Ausstattung der Nebenbereiche muss unter Berücksichtigung der Zahl der in den Räumen insgesamt tätigen Personen ausreichend dimensioniert sein, so dass zB eine hinreichende Zahl an Toiletten und Waschmöglichkeiten zur Verfügung stehen muss.

Sofern Räume für **Tierhaltung** benötigt werden, müssen diese von den übrigen Bereichen isoliert sein. Es darf keine Verbindung zu anderen Bereichen geben. Räume für die Tierhal-

---

125 Vgl Anlage 2 zur Bekanntmachung des Bundesministeriums für Gesundheit zu § 2 Nr. 3 der Arzneimittel- und Wirkstoffherstellungsverordnung v. 27.10.2006 (BAnz S. 6887), Leitfaden der Guten Herstellungspraxis Teil I, Kapitel 3.21Teil I.
126 Vgl Anlage 2 zur Bekanntmachung des Bundesministeriums für Gesundheit zu § 2 Nr. 3 der Arzneimittel- und Wirkstoffherstellungsverordnung v. 27.10.2006 (BAnz S. 6887), Leitfaden der Guten Herstellungspraxis Teil I, Kapitel 3.24; dort findet sich der Hinweis darauf, dass hochaktive Materialien und Produkte in gesicherten und geschützten Bereichen gelagert werden sollten.
127 Vgl Anlage 2 zur Bekanntmachung des Bundesministeriums für Gesundheit zu § 2 Nr. 3 der Arzneimittel- und Wirkstoffherstellungsverordnung v. 27.10.2006 (BAnz S. 6887), Leitfaden der Guten Herstellungspraxis Teil I, Kapitel 3.27.
128 Vgl Anlage 2 zur Bekanntmachung des Bundesministeriums für Gesundheit zu § 2 Nr. 3 der Arzneimittel- und Wirkstoffherstellungsverordnung v. 27.10.2006 (BAnz S. 6887), Leitfaden der Guten Herstellungspraxis Teil I, Kapitel 3.28.
129 Vgl Anlage 2 zur Bekanntmachung des Bundesministeriums für Gesundheit zu § 2 Nr. 3 der Arzneimittel- und Wirkstoffherstellungsverordnung v. 27.10.2006 (BAnz S. 6887), Leitfaden der Guten Herstellungspraxis Teil I, Kapitel 3.29.
130 Vgl Anlage 2 zur Bekanntmachung des Bundesministeriums für Gesundheit zu § 2 Nr. 3 der Arzneimittel- und Wirkstoffherstellungsverordnung v. 27.10.2006 (BAnz S. 6887), Leitfaden der Guten Herstellungspraxis Teil I, Kapitel 3.31.

tung müssen insbesondere auch über eine eigene Belüftung verfügen, die nicht mit der Belüftung der übrigen Bereiche in Verbindung steht.[131]

6. Einrichtungen und Ausstattung

Die für die Herstellung, Prüfung und Lagerung zur Verfügung stehenden Einrichtungen[132] müssen ebenfalls geeignet im Hinblick auf die jeweiligen konkreten Zwecke sein. Die Trennung zwischen den Begriffen **Räumlichkeiten** und **Einrichtungen** ist dabei nicht immer ganz einfach, der Sache nach aber auch nicht erforderlich, da beide für die jeweiligen Zwecke geeignet sein müssen. Es kommt daher nicht darauf an, ob zB Wasserleitungen,[133] Klimaanlagen usw den Räumlichkeiten oder den Einrichtungen zugeordnet werden. 160

Unter welchen Voraussetzungen die vorhandenen Einrichtungen dieser Anforderung entsprechen, wird im Gesetz nicht definiert und hängt maßgeblich vom konkreten Einzelfall ab. Im Hinblick auf die zu stellenden Anforderungen ist u.a. zurückzugreifen auf die AMWHV[134] und den EG-GMP-Leitfaden.[135] Danach müssen die Einrichtungen so beschaffen sein, dass keine Qualitätsbeeinträchtigung von ihnen ausgeht und dass sie für den ihnen jeweils zugedachten Zweck tatsächlich verwendbar sind. 161

7. Exkurs: Hygiene und Reinigung

Die Anforderungen an Räumlichkeiten und Ausstattung bzw Ausrüstung zeichnen sich u.a. dadurch aus, dass deren Reinigung und Sauberhaltung sichergestellt sein muss, um die Qualität der herzustellenden Produkte nicht durch Verunreinigungen oÄ zu gefährden. Neben baulichen und anderen o.g. Maßnahmen sind daher Maßnahmen zur Hygiene und Reinigung erforderlich. 162

Insbesondere die unter den Anwendungsbereich der AMWHV fallenden Betriebe und Einrichtungen müssen eine gründliche Reinigung sowohl der Betriebsräume als auch der Ausrüstungen sicherstellen. Die Reinigung muss erfolgen, um Verunreinigungen und Kreuzkontaminationen sowie jeden die Qualität der herzustellenden Produkte beeinträchtigenden Effekt zu vermeiden, § 5 Abs. 4 S. 1 AMWHV. 163

Dies setzt voraus, dass validierte Reinigungsverfahren zur Anwendung kommen. Mit der **Reinigungsvalidierung** wird belegt, dass das jeweilige Reinigungsverfahren geeignet ist, potenzielle Kontaminanten in einem Herstellungsprozess oÄ wirkungsvoll unter einen vorgegebenen bzw festgelegten Grenzwert abzureinigen. Die Reinigungsvalidierung sowie die ordnungsgemäß durchgeführte Reinigung sind damit wesentliche Bestandteile zur Gewährleistung und Sicherstellung der Qualität der herzustellenden Produkte. 164

---

131 Vgl Anlage 2 zur Bekanntmachung des Bundesministeriums für Gesundheit zu § 2 Nr. 3 der Arzneimittel- und Wirkstoffherstellungsverordnung v. 27.10.2006 (BAnz S. 6887), Leitfaden der Guten Herstellungspraxis Teil I, Kapitel 3.33.
132 In Anlage 2 zur Bekanntmachung des Bundesministeriums für Gesundheit zu § 2 Nr. 3 der Arzneimittel- und Wirkstoffherstellungsverordnung v. 27.10.2006 (BAnz S. 6887), Leitfaden der Guten Herstellungspraxis Teil I, Kapitel 3, wird nicht zwischen Räumlichkeiten und Einrichtungen, sondern zwischen Räumlichkeiten und Ausrüstung unterschieden. Diese Unterscheidung nimmt auch § 5 AMWHV auf.
133 In Anlage 2 zur Bekanntmachung des Bundesministeriums für Gesundheit zu § 2 Nr. 3 der Arzneimittel- und Wirkstoffherstellungsverordnung v. 27.10.2006 (BAnz S. 6887), Leitfaden der Guten Herstellungspraxis Teil I, Kapitel 3.42 f, werden fest installierte Rohrleitungen und insbesondere Wasserleitungen der Ausrüstung und nicht den Räumlichkeiten zugeordnet. Diese Zuordnung ist jedoch keineswegs zwingend und steht zumindest in einem gewissen Widerspruch zur zivilrechtlichen Betrachtung nach deutschem Recht, auf die es hier jedoch nicht weiter ankommt.
134 Vgl § 5 Abs. 2, 4 AMWHV.
135 Vgl Anlage 2 zur Bekanntmachung des Bundesministeriums für Gesundheit zu § 2 Nr. 3 der Arzneimittel- und Wirkstoffherstellungsverordnung v. 27.10.2006 (BAnz S. 6887), Leitfaden der Guten Herstellungspraxis Teil I, Kapitel 3.34 ff.

165 Die Festlegung konkreter Reinigungsverfahren sowie deren Validierung hängt selbstverständlich von der Art der jeweils in den entspr. Räumlichkeiten bzw mit den entspr. Ausrüstungsgegenständen hergestellten Produkte ab. Dementsprechend muss sowohl der Festlegung eines Reinigungsverfahrens als auch der Validierung des Reinigungsverfahrens eine Risikoanalyse vorausgehen. Im Rahmen dieser Risikoanalyse muss zunächst ermittelt werden, welche Kontaminanten oÄ auftreten können. Ferner muss festgelegt werden, welches Reinigungsziel zu erreichen ist. Ein evtl Reinigungsprozess muss dann im Hinblick auf die festgelegten Reinigungsziele untersucht werden.

166 Art und Umfang der Reinigung sowie die jeweiligen Reinigungsziele hängen nicht zuletzt von der konkreten Nutzung der Räumlichkeiten und Anlagen ab. Werden zB in den relevanten Räumlichkeiten und damit den relevanten Ausrüstungsgegenständen verschiedene Arzneimittel hergestellt, stellt dies eine mögliche Kontaminationsquelle dar, da unter Umständen ein Übertrag aus der Herstellung einer Charge in das jeweilige Folgeprodukt stattfinden kann. Dies ist bei der **Risikoanalyse** sowie bei der Festsetzung des Reinigungsverfahrens und dessen Validierung zu berücksichtigen.[136]

167 Die AMWHV normiert zur Sicherstellung der ordnungsgemäßen Produktqualität darüber hinaus, dass die in den Anwendungsbereich der AMWHV fallenden Betrieben und Einrichtungen die Reinigung und erforderlichenfalls auch die Desinfektion und Sterilisation nach einem schriftlichen Hygieneplan durchführen bzw durchführen lassen müssen.[137] Der **Hygieneplan** muss neben der Häufigkeit der jeweiligen Maßnahmen die durchzuführenden Reinigungs-, Desinfektions- oder Sterilisationsverfahren und die dazu zu verwendenden Geräte und Hilfsmittel – zB Reinigungsmittel – genau aufführen. Im Hinblick auf zu verwendende Reinigungsmittel ist zB nicht nur das Reinigungsmittel als solches, sondern auch dessen Verdünnungsgrad uÄ aufzuführen. Im Hygieneplan ist ferner die Art und Weise der **Erfolgskontrolle** bzgl der Hygienemaßnahmen festzulegen. Außerdem sind die mit der Beaufsichtigung der Hygienemaßnahmen betrauten Personen namentlich zu benennen.

V. Gewährleistung des Standes der Wissenschaft und Technik

168 Der Inhaber der Herstellungserlaubnis muss gewährleisten, dass Herstellung und Prüfung – je nach Umfang der Erlaubnis – nach dem Stand der Wissenschaft und Technik vorgenommen werden.[138] Sind Blutprodukte betroffen, muss darüber hinaus sichergestellt sein, dass die Regelungen des zweiten Abschnittes des Transfusionsgesetzes eingehalten werden.

169 Als problematisch erweist sich, dass das Gesetz mit dem Stand der Wissenschaft und Technik auf einen unbestimmten Rechtsbegriff abstellt, der darüber hinaus von einer gewissen Unschärfe geprägt und damit in der praktischen Anwendung durchaus problematisch ist. Das AMG definiert nicht, wie der Stand der Wissenschaft und Technik zu ermitteln ist. Zu berücksichtigen ist bei der Auslegung des Begriffs, dass es den einen Stand der Wissenschaft, auf den § 14 Abs. 1 Nr. 6 AMG abstellt, wohl nur als **fiktiven Zustand** geben kann, da zum einen die Wissenschaft ständig fortschreitet und mithin auch die entsprechenden Erkenntnisse einer permanenten Weiterentwicklung unterworfen sind und zum anderen ein einheitlicher Wissensstand angesichts der Pluralität der verschiedenen wissenschaftlichen Strömungen und Richtungen praktisch nicht existiert.

---

[136] Vorgaben für die Reinigungsvalidierung finden sich in Anhang 15 zum EU-Leitfaden einer guten Herstellungspraxis, Qualifizierung und Validierung, dort Ziffer 36 ff, veröffentlicht unter <www.ec.europa.eu/enterprise/pharmaceuticals/eudralex/vol-4/pdfs-m/vol4_an15_de.pdf>.

[137] Auch der Hygieneplan sollte Gegenstand der regelmäßigen Selbstinspektionen sein.

[138] Zu gewährleisten ist, dass Herstellung und Prüfung tatsächlich nach dem Stand der Wissenschaft und Technik durchgeführt werden; nicht hinreichend ist die Gewähr dafür, dass Herstellung und Prüfung nach dem Stand der Wissenschaft und Technik durchgeführt werden können; insoweit missverständlich Rehmann, AMG, § 14 Rn 10.

H. Voraussetzungen für die Erteilung der Herstellungserlaubnis

Da die Arzneimittelherstellung und Arzneimittelprüfung, die dem Stand der Wissenschaft und Technik entsprechen muss, durch eine Mehrzahl von Fachrichtungen beeinflusst wird, ist eine **Gesamtschau** vorzunehmen. Zu berücksichtigen ist dabei immer die konkret zu beurteilende Herstellung und Prüfung, da die Vielzahl verschiedener Arzneimittel und Arzneimittelformen dazu führt, dass ein einheitlicher Stand der Wissenschaft und Technik für die Herstellung und Prüfung von Arzneimitteln nicht existieren kann.

Die Auslegung des unbestimmten Rechtsbegriffes Stand der Wissenschaft und Technik muss den in § 1 AMG niedergelegten Gesetzeszweck, die Sicherheit im Verkehr mit Arzneimitteln zu gewährleisten, berücksichtigen. Der Stand der Wissenschaft und Technik ist unter Berücksichtigung aller relevanten Erkenntnisse zu ermitteln. Dabei kann durchaus auf die Äußerung von Experten, Sachverständigen und sachverständigen Gremien zurückgegriffen werden.

Sofern sich diese dazu äußern, können u.a. auch **Guidelines** des sog. Committee for Medicinal Products for Human Use (CHMP) der EMEA als Hinweis auf den Stand der Wissenschaft gewertet werden. Dies bedeutet jedoch nicht, dass pauschal jede Äußerung im Rahmen einer entsprechenden Guideline den Stand der Wissenschaft wiedergibt.[139] Es ist durchaus möglich, dass der Inhalt einer Guideline vom Stand der Wissenschaft abweicht. Dies kann zB der Antragsteller durchaus darlegen. Darüber hinaus sind nur solche Guideline-Inhalte überhaupt als denkbarer Stand der Wissenschaft anzusehen, die einem wissenschaftlichen Erkenntnisstand überhaupt zugänglich sind. Zu beachten bei der Auslegung ist dabei, dass der Gesetzgeber ebenso wie die Verwaltung nicht einer bestimmten Richtung in der Wissenschaft den Vorzug geben darf, sondern das ein pluralistisches Wissenschaftsbild zugrunde zulegen ist.

Zur Konkretisierung des unbestimmten Rechtsbegriffs Stand der Wissenschaft und Technik kann darüber hinaus auf Vorgaben des **EG-GMP-Leitfadens** zurückgegriffen werden. Anders als zB das PEI meint, spiegelt jedoch auch der EG-GMP-Leitfaden keineswegs pauschal den Stand der Wissenschaft und Technik wider, sondern kann lediglich als Anhaltspunkt dafür dienen, den Stand der Wissenschaft und Technik zu ermitteln.[140] Auch technische Normungen sind ggf – insbesondere im Bereich der Arzneimittelprüfung – zu berücksichtigen.

VI. Besondere Anforderungen bei bestimmten Produkten

Bei bestimmten Arzneimitteln bzw Wirkstoffen bestehen besondere Anforderungen bestehen sowohl hinsichtlich der personellen Ausstattung als auch bzgl der Räumlichkeiten und Ausrüstung. Zu nennen sind zB die Herstellung und Prüfung von Betalactam-Antibiotika, Zytostatika, Ektoparasitika, Hormonen und Substanzen mit hormoneller Wirkung, Immunsuppressiva, Arzneimitteln mit Prionen, genotoxischen oder teratogenen Stoffen, Prosta-

---

[139] Das VG Köln (Urt. v. 6.2.2007 – 7 K 2434/03) hat zutreffend dargelegt, dass der Inhalt einer Guideline keineswegs per se den Stand wissenschaftlicher Erkenntnisse widerspiegelt.

[140] Das PEI meint auf seiner Homepage, <http://www.pei.de/cln_109/nn_157174/DE/infos/pu/03-zulassung-human/08-erlaubnisse/01-herstell/herstell-node.html?__nnn=true>, dass auf dem Gebiet der Guten Herstellungspraxis der aktuelle Stand von Wissenschaft und Technik im Leitfaden der Europäischen Kommission zur Guten Herstellungspraxis für Arzneimittel niedergelegt sei; der Leitfaden der Guten Herstellungspraxis Teil I und Teil II sind als Anlagen 2 und 3 zur Bekanntmachung des Bundesministeriums für Gesundheit zu § 2 Nr. 3 der Arzneimittel- und Wirkstoffherstellungsverordnung v. 27.10.2006 (BAnz S. 6887) veröffentlicht worden.

glandinen und Zytokinen, radioaktiven Arzneimitteln[141] und Blutprodukten sowie steriler Arzneimittel.[142]

175 Im Hinblick auf das Personal ergeben sich Besonderheiten aus einem besonderen Ausbildungsstand, den das Personal im Hinblick auf die jeweiligen Produkte und den Umgang mit ihnen aufweisen muss. Außerdem ergeben sich Unterschiede im Hinblick auf die Schulungsinhalte. Diese müssen grundsätzlich neben den allgemeinen Schulungsinhalten besondere produktspezifische Inhalte berücksichtigen und vermitteln.

176 Auch die Besonderheiten im Hinblick auf Räumlichkeiten und Ausrüstung ergeben sich aus den Eigenarten und Besonderheiten der jeweiligen Produkte. So sind die von bestimmten Produkten und den ihnen zugrunde liegenden Herstellungsprozessen ausgehenden Risiken zu berücksichtigen und durch entsprechende Ausstattung der Räumlichkeiten sowie durch entsprechende Ausrüstung diesen Risiken Rechnung zu tragen.[143] Eine detaillierte Befassung mit den spezifischen Besonderheiten ist hier aus Platzgründen nicht möglich, so dass insbesondere auf die einschlägigen EU-Guidelines sowie die relevanten Anhänge zum EG-GMP-Leitfaden verwiesen wird.

---

141 Weitergehenden Anforderungen an die Herstellung von Radiopharmazeutika werden in Annex 3, Manufacture of Radiopharmaceuticals, zum EG-GMP-Leitfaden aufgeführt, der in der aktuellen Fassung seit dem 1.3.2009 in Kraft ist, vgl Anlage 1 zur Bekanntmachung des Bundesministeriums für Gesundheit zu § 2 Nr. 3 der Arzneimittel- und Wirkstoffherstellungsverordnung v. 6.8.2009 (BAnz S. 2890). Im Unterschied zur ursprünglichen Fassung wird zB in Bezug auf Gebäude und Ausrüstung eine Risikobetrachtung des „environmental cleanliness levels" gefordert. Unter anderem werden auch spezielle Anforderungen an Räume und Ausrüstung bzgl Radioaktivität beschrieben, so sollen zB keine absorptiven Oberflächen Verwendung finden und ggf soll in den Herstellungsbereichen mit Unterdruck gearbeitet werden. Außerdem sind für bestimmte Tätigkeiten bestimmte Reinheitsklassen vorgesehen. Das Personal ist nach besagtem Annex mit besonderer Ausrichtung auf Radiopharmazeutika zu schulen.

142 Bzgl der Anforderungen für die Herstellung steriler Arzneimittel vgl Anhang 1 zum EG-Leitfaden der Guten Herstellungspraxis, veröffentlicht als Anlage zur Bekanntmachung des Bundesministeriums für Gesundheit zu § 2 Nr. 3 der Arzneimittel- und Wirkstoffherstellungsverordnung v. 12.3.2008 (BAnz S. 1217).

143 So soll aufgrund der besonderen Risiken, die von radioaktiven Substanzen ausgehen, die Herstellung radioaktiver Arzneimittel ausschließlich in in sich abgeschlossenen Räumen erfolgen, die nur für die Herstellung radioaktiver Arzneimittel bestimmt sind, vgl Annex 3 EG-GMP-Leitfaden, dort Punkt 16. Darüber hinaus müssen entsprechende Räume mit Messvorrichtungen zur Kontrolle der Radioaktivität ausgestattet sein, vgl Annex 3 EG-GMP-Leitfaden, dort insbesondere Punkt 17 und 19.

§ 15 Pflichten nach der Arzneimittel- und Wirkstoffherstellungsverordnung (AMWHV)

A. Allgemeines	1	D. Pflicht zur allgemeinen Dokumentation	7
B. Anwendungsbereich der AMWHV	3	E. Pflicht zur Selbstinspektion und zur Lieferantenqualifizierung	20
I. Anknüpfung an bestimmte Produkte	3	I. Selbstinspektion	20
II. Anknüpfung an bestimmte Personen	4	II. Lieferantenqualifizierung	22
C. Pflicht zur Einrichtung und Erhaltung eines Qualitätsmanagementsystems	5		

A. Allgemeines

Die Verordnung über die Anwendung der guten Herstellungspraxis bei der Herstellung von Arzneimitteln und Wirkstoffen und über die Anwendung der guten fachlichen Praxis bei der Herstellung von Produkten menschlicher Herkunft (Arzneimittel- und Wirkstoffherstellungsverordnung – AMWHV) normiert u.a. für diejenigen, die Arzneimittel, bestimmte Wirkstoffe und bestimmte zur Arzneimittelherstellung bestimmte Stoffe herstellen, bestimmte Pflichten. 1

Die Vorgaben der AMWHV beziehen sich dabei zT auf die Räumlichkeiten und Ausstattungen, die zur Herstellung usw genutzt werden. Außerdem finden sich Regelungen zum erforderlichen Personal sowie zu Hygienemaßnahmen. Da diese Vorgaben zT die Anforderungen konkretisieren, die für die Erteilung einer Herstellungserlaubnis zu beachten sind, finden sich entsprechende Ausführungen oben in den Ausführungen zur Herstellungserlaubnis (vgl § 14 Rn 74 ff). Daneben werden in der AMWHV weitere Pflichten begründet für diejenigen, die in den Anwendungsbereich der AMWV fallen. 2

Die AMWHV normiert darüber hinaus Vorgaben zur Freigabe von Arzneimitteln und Wirkstoffen für das Inverkehrbringen, die sich an die Sachkundige Person bzw die für die Freigabe verantwortliche Einheit richten.

B. Anwendungsbereich der AMWHV

I. Anknüpfung an bestimmte Produkte

Der Anwendungsbereich der AMWHV ist in § 1 AMWHV normiert. Die AMWHV findet danach Anwendung auf Personen, Betrieben und Einrichtungen, die Arzneimittel, Wirkstoffe[1] sowie zur Arzneimittelherstellung bestimmte Stoffe menschlicher Herkunft gewerbsmäßig herstellen, prüfen, lagern, in den Verkehr bringen, in den oder aus dem Geltungsbereich des AMG verbringen, einführen oder ausführen.[2] 3

Neben den vorstehend aufgeführten Produkten wird der Anwendungsbereich der AMWHV darüber hinaus erstreckt auf bestimmte Stoffe, die – ohne Wirkstoff zu sein – für die Arzneimittelherstellung als sonstige Bestandteile bzw Hilfsstoffe verwendet werden sollen. Diese „bestimmten Hilfsstoffe" gehen zurück auf eine Regelung in Art. 46 lit. f RL 2001/83/EG. Die in § 1 Abs. 1 S. 1 Nr. 5 AMWHV in Bezug genommene europarechtliche Regelung ist derzeit allerdings leer laufend, da die EU-Kommission am 3.6.2009 die Entscheidung veröffentlicht hat, die Verabschiedung und Einführung einer Richtlinie bzgl GMP für bestimmte Hilfsstoffe nicht weiter zu verfolgen.[3]

---

[1] Die Einbeziehung von Wirkstoffen im Geltungsbereich der AMWHV erfolgt dadurch, dass der Gesetzgeber zunächst solche Wirkstoffe dem Anwendungsbereich der AMWHV unterstellt, die als Stoffe menschlicher, tierischer oder mikrobieller Herkunft oder gentechnisch hergestellt zur Herstellung von Arzneimitteln bestimmt sind, vgl § 1 Abs. 1 S. 1 Nr. 2 AMWHV. In einem zweiten Schritt werden dann alle anderen Wirkstoffe in den Anwendungsbereich der AMWHV einbezogen, vgl § 1 Abs. 1 S. 1 Nr. 4 AMWHV.

[2] Zu dem Begriff des gewerbsmäßigen Handelns vgl oben § 14 Rn 26 ff.

[3] <http://ec.europa.eu/enterprise/pharmaceuticals/pharmacos/new_en.htm>.

II. Anknüpfung an bestimmte Personen

4 Der Anwendungsbereich der AMWHV erstreckt sich ferner auch auf Apotheken, den Einzelhandel mit freiverkäuflichen Arzneimitteln, Ärzte, Zahnärzte, Tierärzte, tierärztliche Hausapotheken und Arzneimittelgroßhandelsbetriebe, soweit sie eine Erlaubnis nach § 13 oder § 72 Abs. 1 AMG bedürfen, vgl § 1 Abs. 2 Nr. 1 AMWHV. Ferner unterliegen dem Anwendungsbereich der AMWHV pharmazeutische Unternehmer im Sinne des § 4 Abs. 18 AMG. Aufgrund der gesetzlichen Definition des Begriffes pharmazeutischer Unternehmer unterliegen damit sowohl der Zulassungsinhaber als auch diejenigen, die ein Arzneimittel unter eigenem Namen in Verkehr bringen, ohne Zulassungsinhaber zu sein (Mitvertreiber, vgl zum Begriff des Mitverteibers oben § 5 Rn 12), den Vorgaben der AMWHV, vgl § 1 Abs. 2 Nr. 2 AMWHV.

C. Pflicht zur Einrichtung und Erhaltung eines Qualitätsmanagementsystems

5 Die AMWHV gliedert sich in unterschiedliche Abschnitte, die jeweils verschiedene Regelungsbereiche betreffen. Ein Abschnitt normiert allg. Anforderungen an die unter die AMWHV fallenden Personen bzw Unternehmen und Einrichtungen. Zu diesen allg. Anforderungen gehört die Forderung nach Einführung und Betrieb eines funktionierenden Qualitätsmanagementsystems, vgl § 3 Abs. 1 S. 1 AMWHV. Das Qualitätsmanagementsystem muss schriftlich niedergelegt sein.[4] Es müssen daher entsprechende Unterlagen vorgehalten werden, die das Qualitätsmanagementsystem abbilden und darstellen, vgl § 3 Abs. 1 S. 4 AMWHV. Das Qualitätsmanagementsystem muss darüber hinaus auf seine Funktionstüchtigkeit kontrolliert werden, so dass geeignete Überprüfungen vorzunehmen sind, vgl § 3 Abs. 1 S. 4 AMWHV.[5]

6 Das Qualitätsmanagementsystem muss so ausgerichtet sein, dass die Herstellung, Prüfung, Lagerung, das Inverkehrbringen bzw das Verbringen, die Einfuhr oder die Ausfuhr solcher Produkte, die unter die AMWHV fallen, den jeweiligen Anforderungen und Vorgaben entsprechen, vgl § 2 Nr. 4 AMWHV. Das Qualitätsmanagementsystem muss neben der Qualitätssicherung die Einhaltung der guten Herstellungspraxis bzw der guten fachlichen Praxis einschließlich entsprechender Qualitätskontrollen und periodischer Qualitätsüberprüfungen beinhalten und sicherstellen, vgl § 2 Nr. 4 AMWHV.

Art und Ausgestaltung des Qualitätsmanagementsystems richten nicht nur nach der Art der Tätigkeiten, die in einem Betrieb ausgeführt werden, sondern auch nach der Art der herzustellenden Produkte.

D. Pflicht zur allgemeinen Dokumentation

7 Die AMWHV verpflichtet die in ihrem Anwendungsbereich fallenden Betriebe und Einrichtungen zur Unterhaltung eines **Dokumentationssystems**, dass an die jeweiligen Tätigkeiten des Betriebs bzw der Einrichtung angepasst ist, § 10 Abs. 1 S. 1 AMWHV. Die Forderung nach einem Dokumentationssystem basiert auf der bereits im EG-Leitfaden der Guten Herstellungspraxis Teil I niedergelegten Erkenntnis,[6] dass ein **Qualitätssicherungssystem** als

---

4 Vgl auch Anlage 2 zur Bekanntmachung des Bundesministeriums für Gesundheit zu § 2 Nr. 3 der Arzneimittel- und Wirkstoffherstellungsverordnung v. 27.10.2006 (BAnz S. 6887), Leitfaden der Guten Herstellungspraxis Teil I, Kapitel 1.

5 Vgl auch Anlage 2 zur Bekanntmachung des Bundesministeriums für Gesundheit zu § 2 Nr. 3 der Arzneimittel- und Wirkstoffherstellungsverordnung v. 27.10.2006 (BAnz S. 6887), Leitfaden der Guten Herstellungspraxis Teil I, Kapitel 1.

6 Vgl Anlage 2 zur Bekanntmachung des Bundesministeriums für Gesundheit zu § 2 Nr. 3 der Arzneimittel- und Wirkstoffherstellungsverordnung v. 27.10.2006 (BAnz S. 6887), Leitfaden der Guten Herstellungspraxis Teil I, Kapitel 4.

wesentliche Grundlage einer funktionierenden und ordnungsgemäßen Dokumentation bedarf. Das Dokumentationssystem muss gewährleisten, dass der Werdegang einer jeden Arzneimittelcharge und eines jeden Prüfarzneimittels sowie evtl vorgenommene Änderungen zurückverfolgt werden können, § 10 Abs. 1 S. 2 AMWHV.

Grundvoraussetzung einer ordnungsgemäßen Dokumentation ist die Klarheit der niedergelegten Anweisungen. Um zu gewährleisten, dass die Dokumentation und deren Bestandteile immer dem aktuellen Stand entsprechen, sind durch entsprechende **SOP** Verfahrensweisen sicherzustellen, die u.a. das Erfordernis der Abzeichnung der jeweils aktuellen Fassungen durch die für Einhaltung und Durchführung verantwortlichen Personen vorsehen sowie den Austausch und die Einführung entsprechender Änderungen regeln.

Um die Aussagekraft und **Dokumentationseignung** insbesondere von Protokollen und Logbüchern zu gewährleisten ist sicherzustellen, dass Eintragungen nicht nur gut lesbar, sondern auch aus sich heraus verständlich sind. Etwaige Streichungen sollten so vorgenommen werden, dass die Lesbarkeit der gestrichenen Eintragung weiterhin gewährleistet ist. Darüber hinaus muss bei Änderungen, Streichungen und Ergänzungen die zeitliche Reihenfolge der Eintragungen kenntlich gemacht werden, ggf durch Angabe des Eintragungsdatums, vgl auch § 10 Abs. 1 S. 5 AMWHV. Dies dient der Nachvollziehbarkeit evtl Fehler. Eintragungen müssen ferner so vorgenommen werden, dass sie – soweit dies technisch möglich ist – unauslöschbar sind.[7]

Zu den **allgemeinen Anforderungen** an eine entsprechende Dokumentation gehört, dass Spezifikationen jedes herzustellenden Produkts, Ausgangsstoffes, Verpackungsmaterials und sonst relevanten Produkts, das bei Herstellung, Prüfung usw eingesetzt wird, schriftlich niedergelegt sind.

Bezüglich der Spezifikationen ist zu unterscheiden, ob diese Fertigprodukte, Verpackungsmaterial oder zB Ausgangsstoffe und Bulkware betreffen. Für Fertigprodukte ist zumindest zu fordern, dass die Spezifikationen den Produktnamen und – sofern für das Produkt festgelegt – den internen Referenzcode, die Zusammensetzung oder eine Bezugnahme auf die Zusammensetzung, eine Beschreibung der Darreichungsform und der Einzelheiten der Verpackung, die Vorschriften für die Probenahme und Prüfung oder eine Verweisung auf entsprechende Verfahrensbeschreibungen, die qualitativen und quantitativen Anforderungen mit den jeweils zulässigen Grenzwerten, die Lagerungsbedingungen und etwaige Vorsichtsmaßnahmen sowie die Haltbarkeitsdauer aufweisen.[8]

Die Spezifikationen für Ausgangsstoffe und Primärpackmittel sollten eine Beschreibung der Materialien unter Verwendung der festgesetzten Bezeichnung und des internen Referenzcodes, sofern vorhanden die Bezugnahme auf eine Arzneibuchmonografie und die Angabe der für das jeweilige Produkt zugelassenen Lieferanten aufweisen. Bei Primärpackmitteln sollte außerdem ein Muster des bedruckten Verpackungsmaterials Teil der Spezifikation sein. Darüber hinaus müssen Vorschriften für die Probenahme und Prüfung oder eine Verweisung auf entsprechende Verfahrensbeschreibungen, qualitative und quantitative Anforderungen mit den zulässigen Grenzwerten, Lagerungsbedingungen und etwaige Vorsichtsmaßnahmen sowie die Angabe der maximalen Lagerungsdauer bis zu einer etwaigen Nachkontrolle angegeben werden.[9]

---

[7] So sollten Eintragungen mit Bleistift ebenso unterbleiben wie die Verwendung computergestützter Dokumentationen, die nachträglich ohne Weiteres verändert werden können.

[8] Vgl Anlage 2 zur Bekanntmachung des Bundesministeriums für Gesundheit zu § 2 Nr. 3 der Arzneimittel- und Wirkstoffherstellungsverordnung v. 27.10.2006 (BAnz S. 6887), Leitfaden der Guten Herstellungspraxis Teil I, Kapitel 4.13.

[9] Vgl Anlage 2 zur Bekanntmachung des Bundesministeriums für Gesundheit zu § 2 Nr. 3 der Arzneimittel- und Wirkstoffherstellungsverordnung v. 27.10.2006 (BAnz S. 6887), Leitfaden der Guten Herstellungspraxis Teil I, Kapitel 4.11.

§ 15 Pflichten nach der Arzneimittel- und Wirkstoffherstellungsverordnung (AMWHV)

12 Zu einer ordnungsgemäßen allgemeinen Dokumentation gehören auch **Herstellungsvorschriften** und **Verarbeitungsanweisungen**[10] für jedes herzustellende Produkt und jede Chargengröße. Die Herstellungsvorschriften sollten den Produktnamen mit einem Produktreferenzcode, der auf die Spezifikation des Produkts hinweist, die Beschreibung der Darreichungsform, der Stärke des Arzneimittels und der Chargengröße, eine Auflistung aller einzusetzenden Ausgangsstoffe mit den jeweiligen Mengen, bezeichnet mit den festgesetzten Namen und eindeutigen Referenzcodes sowie jede Substanz, die im Endprodukt nicht mehr enthalten ist, bei der Herstellung jedoch verwendet wird, aufgeführt werden. Außerdem sollten Angaben zur erwarteten Endausbeute mit den zulässigen Grenzwerten und ggf zur Ausbeute auf relevanten Zwischenstufen gemacht werden.

13 Die **Verarbeitungsanweisungen** sollten Angaben zur Verarbeitungsstätte und der wichtigsten verwendeten Ausrüstung, die Methoden oder eine Verweisung auf die Methoden, nach denen die kritischen Teile der Ausrüstung vorzubereiten sind,[11] detaillierte schrittweise Verarbeitungsanweisungen,[12] Anweisungen für alle Inprozesskontrollen mit den jeweiligen Grenzwerten, erforderlichenfalls die Anforderungen an die Lagerung der Bulkware und evtl zu beachtende besondere Vorsichtsmaßnahmen aufführen.

14 Auch **Verpackungsanweisungen** müssen entsprechend niedergelegt und dokumentiert werden. Verpackungsanweisungen sollte so gehalten werden, dass Verwechslungen und Irrtümer bei ihrer Anwendung vermieden werden, so dass es sich anbietet, für jedes Produkt, jede Packungsgröße und jeden Packungstyp Verpackungsanweisungen zu etablieren. Welche Angaben im Rahmen einer Verpackungsanweisung zu machen sind, bestimmt sich im jeweiligen Einzelfall nach dem konkret zu verpackenden Produkt. Mindestinhalte für Verpackungsanweisungen sind aufgeführt in Kapitel 4.16 Leitfaden der guten Herstellungspraxis Teil I.

15 **Protokolle der Chargenfertigung** sowie **Protokolle der Chargenverpackung** gehören ebenso zu einem ordnungsgemäßen Dokumentationssystem, das es erlaubt, die Herstellung einer Charge zurückzuverfolgen. Anforderungen an den Inhalt eines Protokolls bzgl der Chargenfertigung sowie bzgl der Chargenverpackung sind aufgeführt in Kapitel 4.17 bzw Kapitel 4.18 Leitfaden der guten Herstellungspraxis Teil I aufgeführt.

16 Verfahrensbeschreibungen und Protokolle sind darüber hinaus erforderlich für den Bereich des Wareneingangs,[13] der Probennahme[14] und der Material- und Produktprüfung.[15] Ferner müssen Verfahrensbeschreibungen für die Freigabe und Zurückweisung von Materialien

---

10 Diese können auch in einem Dokument zusammengefasst werden, vgl Anlage 2 zur Bekanntmachung des Bundesministeriums für Gesundheit zu § 2 Nr. 3 der Arzneimittel- und Wirkstoffherstellungsverordnung v. 27.10.2006 (BAnz S. 6887), Leitfaden der Guten Herstellungspraxis Teil I, Vorbemerkung zu Kapitel 4.14.

11 ZB Reinigung, Montage, Kalibrierung, Sterilisation usw, vgl Anlage 2 zur Bekanntmachung des Bundesministeriums für Gesundheit zu § 2 Nr. 3 der Arzneimittel- und Wirkstoffherstellungsverordnung v. 27.10.2006 (BAnz S. 6887), Leitfaden der Guten Herstellungspraxis Teil I, Kapitel 4.15.

12 Ggf zB unter Angabe von Materialkontrollen, evtl Vorbehandlungen von Materialien, ggf der Reihenfolge der Materialzugabe, Mischzeiten, einzuhaltenden Temperaturen usw, vgl Anlage 2 zur Bekanntmachung des Bundesministeriums für Gesundheit zu § 2 Nr. 3 der Arzneimittel- und Wirkstoffherstellungsverordnung v. 27.10.2006 (BAnz S. 6887), Leitfaden der Guten Herstellungspraxis Teil I, Kapitel 4.15.

13 Zu den Inhalten und Anforderungen vgl Anlage 2 zur Bekanntmachung des Bundesministeriums für Gesundheit zu § 2 Nr. 3 der Arzneimittel- und Wirkstoffherstellungsverordnung v. 27.10.2006 (BAnz S. 6887), Leitfaden der Guten Herstellungspraxis Teil I, Kapitel 4.19 ff.

14 Zu den Inhalten und Anforderungen vgl Anlage 2 zur Bekanntmachung des Bundesministeriums für Gesundheit zu § 2 Nr. 3 der Arzneimittel- und Wirkstoffherstellungsverordnung v. 27.10.2006 (BAnz S. 6887), Leitfaden der Guten Herstellungspraxis Teil I, Kapitel 4.22.

15 Zu den Inhalten und Anforderungen vgl Anlage 2 zur Bekanntmachung des Bundesministeriums für Gesundheit zu § 2 Nr. 3 der Arzneimittel- und Wirkstoffherstellungsverordnung v. 27.10.2006 (BAnz S. 6887), Leitfaden der Guten Herstellungspraxis Teil I, Kapitel 4.23.

D. Pflicht zur allgemeinen Dokumentation

und Produkten existieren.[16] Außerdem müssen ggf weitere Verfahrensanweisungen existieren.[17] Von Bedeutung ist dabei, dass die Verfahrensanweisungen in ihrer Gesamtheit geeignet sein müssen, die Rückverfolgbarkeit des Werdegangs und des Inverkehrbringens einer Charge sowie des Verlaufs der Entwicklung eines Prüfpräparates zu ermöglichen. Im Hinblick auf das Inverkehrbringen muss die Dokumentation darüber hinaus so geordnet und aufbewahrt werden, dass ggf der **unverzügliche Rückruf** eines Arzneimittels möglich ist, § 10 Abs. 3 AMWHV.

Sofern die Dokumentation unter Verwendung **elektronischer Aufzeichnungsgeräte** oder **EDV-Systeme** erfolgt, schreibt § 10 Abs. 2 AMWHV deren Validierung vor. Darüber hinaus ist sicherzustellen, dass die Daten nicht nur gegen Verlust, unbefugten Zugriff und unbefugte Veränderung geschützt sind, sondern auch, dass die Daten jedenfalls während der Dauer der Aufbewahrungsfrist lesbar gemacht werden können. Die Lesbarkeit muss innerhalb einer angemessenen Frist hergestellt werden können.[18]

In Ergänzung zu den allgemeinen Dokumentationspflichten finden sich in den §§ 20, 29 AMWHV **Aufbewahrungspflichten** bzgl bestimmter zu dokumentierender Aufzeichnungen. Es handelt sich um die Dokumentationsunterlagen bzgl der mit der Herstellung von Arzneimitteln und Wirkstoffen unmittelbar in Zusammenhang stehenden Herstellungsschritte. Dabei ist zu beachten, dass die Aufbewahrung der auf die Herstellung von Arzneimitteln, Blutprodukten und anderen Blutbestandteilen sowie Produkten menschlicher Herkunft bezogenen Dokumentationen nur dann gesetzeskonform ist, wenn sie in Räumlichkeiten erfolgt, die von der Herstellungserlaubnis nach § 13 AMG oder von der Einfuhrerlaubnis nach § 72 AMG erfasst sind. Eine Aufbewahrung außerhalb der von der Herstellungs- bzw Einfuhrerlaubnis erfassten Räumlichkeiten erfüllt nicht die gesetzlich normierten Dokumentationspflichten nach § 20 AMWHV. Anders verhält es sich mit der Dokumentation bzgl der Wirkstoffherstellung. Für diese kann eine Aufbewahrung an jedem geeigneten Ort erfolgen. Die Einbeziehung des Aufbewahrungsortes in eine Erlaubnis ist diesbezüglich nicht erforderlich.

Von besonderer Bedeutung ist, dass nach § 20 Abs. 1 S. 4 AMWHV der pharmazeutische Unternehmer eines Arzneimittels dafür Sorge zu tragen hat, dass die Herstellungsdokumentation für Arzneimittel, Blutprodukte und andere Blutbestandteile sowie Produkte menschlicher Herkunft auch dann sichergestellt ist, wenn das der Aufbewahrungspflicht unterliegende und Herstellungs- bzw Prüfunternehmen wegen **Schließung des Betriebes** den Aufbewahrungspflichten nicht für die Dauer der festgelegten Aufbewahrungsfrist nachkommen kann. Dementsprechend ist dringend zu empfehlen, in **Verantwortungsabgrenzungsverträgen** Regelungen aufzunehmen, nach denen das Herstellungs- bzw Prüfunternehmen die den gesetzlichen Aufbewahrungsfristen unterliegenden Unterlagen im Falle einer Schließung, Insolvenz oder sonstigen Hinderungen an der Fortführung der Aufbewahrung dem pharmazeutischen Unternehmer bzw dem Auftraggeber des Liefervertrages oder einer von ihm benannten dritten Person aushändigt. Die Übergabe der Unterlagen ist ordnungsgemäß zu dokumentieren.

---

16 Vgl Anlage 2 zur Bekanntmachung des Bundesministeriums für Gesundheit zu § 2 Nr. 3 der Arzneimittel- und Wirkstoffherstellungsverordnung v. 27.10.2006 (BAnz S. 6887), Leitfaden der Guten Herstellungspraxis Teil I, Kapitel 4.24.

17 Vgl Anlage 2 zur Bekanntmachung des Bundesministeriums für Gesundheit zu § 2 Nr. 3 der Arzneimittel- und Wirkstoffherstellungsverordnung v. 27.10.2006 (BAnz S. 6887), Leitfaden der Guten Herstellungspraxis Teil I, Kapitel 4.26.

18 Während nach § 10 Abs. 2 S. 2 AMWHV hinreichend ist, dass die Daten innerhalb einer angemessenen Frist lesbar gemacht werden können, stellt Anlage 2 zur Bekanntmachung des Bundesministeriums für Gesundheit zu § 2 Nr. 3 der Arzneimittel- und Wirkstoffherstellungsverordnung v. 27.10.2006 (BAnz S. 6887), Leitfaden der Guten Herstellungspraxis Teil I, dort Kapitel 4.9, darauf ab, dass die Daten schnell verfügbar sind.

E. Pflicht zur Selbstinspektion und zur Lieferantenqualifizierung

I. Selbstinspektion

20 Den vom Anwendungsbereich der AMWHV erfassten Unternehmen und Einrichtungen obliegt die Verpflichtung zur Selbstinspektion, § 11 Abs. 1 AMWHV.

Die Selbstinspektion dient insbesondere der Überwachung der Anwendung und ordnungsgemäßen Beachtung der einschlägigen gesetzlichen Bestimmungen, der Regeln der Guten Herstellungspraxis sowie der intern aufgestellten Verfahrensanweisungen. Darüber hinaus sollen Selbstinspektionen helfen, Abläufe zu verbessern, indem ggf vorhandene Schwachstellen aufgedeckt werden.

21 Wie jede Kontrolle ist auch eine Selbstinspektion am effektivsten, wenn sie unabhängig durchgeführt wird. Zwar ist nicht die Einschaltung externer **Inspektoren** erforderlich. Es sollte aber sichergestellt werden, dass die mit der Selbstinspektion beauftragten Personen gegenüber anderen Mitarbeitern die **erforderlichen Befugnisse** haben, um die Inspektion ordnungsgemäß durchführen zu können.

Jede Selbstinspektion ist zu **protokollieren** und deren Ergebnis schriftlich auszuwerten. Werden im Rahmen einer Selbstinspektion änderungsbedürftige Zustände bzw Abläufe erkannt, sollte über die in der Folge ergriffenen **Maßnahmen** ebenfalls ein Protokoll bzw ein Vermerk erfolgen.[19]

II. Lieferantenqualifizierung

22 Neben der Verpflichtung zur Selbstinspektion sieht die AMWHV die Verpflichtung zur Lieferantenqualifizierung vor.[20] Diese Verpflichtung gilt nach Ablauf der Übergangsregelung des § 33 AMWHV umfassend spätestens seit dem 9.11.2008. Die Verpflichtung zur Lieferantenqualifizierung entfällt grundsätzlich nicht dadurch, dass das zu qualifizierende Unternehmen durch die für GMP-Inspektionen zuständige Behörde eines EU-Mitgliedsstaates auditiert wurde und ein gültiges GMP-Zertifikat vorliegt. Dies ergibt sich daraus, dass die Pflicht zur Lieferantenqualifizierung grundsätzlich uneingeschränkt in § 11 Abs. 2 AMWHV normiert ist.[21]

23 Die Lieferantenqualifizierung für Ausgangsmaterialien, primäres und sekundäres Verpackungsmaterial muss Bestandteil des Qualitätsmanagementsystems und muss nach schriftlich festgelegten Abläufen und Arbeitsanweisungen erfolgen. Im Rahmen der Lieferantenqualifizierung sind neben den Räumlichkeiten, Ausrüstungsgegenständen, Anlagen und Computersystemen und deren Eignung für die Herstellung der relevanten Produkte auch das Personal sowie deren Eignung, Qualifizierung und Schulung zu prüfen. Ferner muss die

---

19 Anlage 2 zur Bekanntmachung des Bundesministeriums für Gesundheit zu § 2 Nr. 3 der Arzneimittel- und Wirkstoffherstellungsverordnung v. 27.10.2006 (BAnz S. 6887), Leitfaden der Guten Herstellungspraxis Teil I, Kapitel 9.3.

20 Anlage 2 zur Bekanntmachung des Bundesministeriums für Gesundheit zu § 2 Nr. 3 der Arzneimittel- und Wirkstoffherstellungsverordnung v. 27.10.2006 (BAnz S. 6887), Leitfaden der Guten Herstellungspraxis Teil I, verweist in Kapitel 5.25 darauf, dass der Einkauf von Ausgangsstoffe für die Herstellung ein wichtiger Vorgang ist und dass an diesem Vorgang daher Personal beteiligt sein sollte, das über die Lieferanten genaue und gründliche Kenntnisse hat. In Kapitel 5.26 findet sich der Hinweis, dass Ausgangsstoffe nur von zugelassenen Lieferanten bezogen werden sollten.

21 Dies entspricht auch der von Behörden und der EMEA regelmäßig geäußerten Rechtsauffassung, vgl <http://www.emea.europa.eu/Inspections/gmp/q03.htm>. Die EMEA stellt darauf ab, dass nach dem EG-GMP-Leitfaden bei dem mit dem Einkauf von Ausgangsstoffen befassten Personal genaue Kenntnisse über die Lieferanten vorhanden sein sollen, vgl Anlage 2 zur Bekanntmachung des Bundesministeriums für Gesundheit zu § 2 Nr. 3 der Arzneimittel- und Wirkstoffherstellungsverordnung v. 27.10.2006 (BAnz S. 6887), Leitfaden der Guten Herstellungspraxis Teil I, Kapitel 5.25. Diese Kenntnisse können nicht erlangt werden durch behördliche Auditierungen.

E. Pflicht zur Selbstinspektion und zur Lieferantenqualifizierung

Fremdinspektion das Qualitätsmanagementsystem des Lieferanten prüfen und bewerten. Dies gilt auch für die relevanten Arbeitsanweisungen und Dokumentationen.

Die in § 11 Abs. 2 AMHWV normierte Pflicht zur Lieferantenqualifizierung setzt ein Audit beim Lieferanten selbst voraus. Eine allein auf vorgelegten Unterlagen beruhende Qualifizierung erfüllt nicht die gesetzlichen Vorgaben.

Die Lieferantenqualifizierung erfordert neben der Durchführung eines Audits die Erstellung eines entsprechenden Auditberichts, der neben der Bewertung des Qualifizierungsstatus' auch evtl mögliche bzw erforderliche Follow-up-Maßnahmen enthalten muss. Die Umsetzung dieser Maßnahmen muss nachverfolgt und dokumentiert werden. Sowohl die Auditberichte als auch Unterlagen über etwaige Follow-up-Maßnahmen müssen ggf der zuständigen Überwachungsbehörde vorgelegt werden.

Die Durchführung der Lieferantenqualifizierung kann auch durch beauftragte Dritte durchgeführt werden. Die AMWHV eröffnet diese Möglichkeit ausdrücklich, vgl § 11 Abs. 2 S. 3 AMWHV.[22] Neben einem schriftlichen Vertrag über die Durchführung der Qualifizierung ist erforderlich, dass die Anforderungen des Qualitätsmanagementsystems des der Pflicht zur Lieferantenqualifizierung unterliegenden Unternehmens eingehalten werden. Es dürfen also keine abweichenden Maßstäbe angelegt werden. Unter diesen Voraussetzungen kann zB auch ein Unternehmen einer Unternehmensgruppe die Lieferantenqualifizierung für die gesamte Unternehmensgruppe durchführen.

Bei einer Lieferantenqualifizierung durch Dritte muss außerdem sichergestellt werden, dass zwischen dem zu qualifizierendem Unternehmen und dem mit der Qualifizierung beauftragen Dritten keine wirtschaftliche Verbundenheit besteht, die die Unabhängigkeit des Dritten und dessen Objektivität beinträchtigen kann.[23] Das Bestehen dieser Unabhängigkeit sollte von dem mit der Qualifizierung beauftragten Dritten dem Auftraggeber schriftlich versichert werden.

---

22 Vgl Heisig/Amschler, pharmind 2008, 2 ff zur Auditierung bzw Qualifizierung von Wirkstoffherstellern durch akkreditierte Stellen.
23 Vgl auch <http://www.emea.europa.eu/Inspections/gmp/q01.htm>.

§ 16 Die Einfuhr von Arzneimitteln – Einfuhrerlaubnis

A. Allgemeines 1	I. Erfordernis eines Einfuhrzertifikates 19
B. Begriff des Einführens 4	1. Einfuhrzertifikat der Behörde des Ausfuhrlandes 20
C. Person des Einführers 5	
D. Rechtsnatur der Einfuhrerlaubnis 6	2. Einfuhrzertifikat der inländischen Überwachungsbehörde 21
E. Verfahren zur Erteilung der Einfuhrerlaubnis 10	
	3. Einfuhrzertifikat wegen öffentlichen Interesses an der Einfuhr 24
F. Voraussetzungen für die Erteilung der Einfuhrerlaubnis 13	
I. Allgemeine Einfuhrvoraussetzungen 13	4. Verhältnis der Möglichkeiten zur Zertifikaterteilung 25
II. Besondere Voraussetzungen für die Einfuhr bestimmter Arzneimittel 14	II. Ausnahme vom Erfordernis eines Einfuhrzertifikates 27
G. Ausnahmen von der Erlaubnispflicht 17	
H. Einfuhrzertifikate 18	III. Exkurs: Einfuhrverbot 31

A. Allgemeines

1 Um die Arzneimittelsicherheit in der Bundesrepublik Deutschland hinreichend sicherzustellen, hat der Gesetzgeber nicht nur die im Inland erfolgende Herstellung bestimmten gesetzlichen Vorgaben unterworfen und von der Erteilung einer Erlaubnis[1] abhängig gemacht. Vielmehr stehen auch die Einfuhr von Arzneimitteln, Wirkstoffen menschlicher, tierischer und mikrobieller Herkunft sowie gentechnisch hergestellter Wirkstoffe und die Einfuhr von anderen zur Arzneimittelherstellung bestimmten Stoffen menschlicher Herkunft unter einem Verbot mit **Erlaubnisvorbehalt**. Die gewerbs- oder berufsmäßige Einfuhr entsprechender Produkte aus Ländern, die nicht der EU oder dem EWR angehören, darf daher nur nach vorheriger Erteilung einer Einfuhrerlaubnis erfolgen. Das Erfordernis der Beantragung einer Einfuhrerlaubnis ergibt sich aus § 72 AMG. § 72 setzt die Vorgaben des Art. 40 Abs. 3 RL 2001/83/EG um.

2 Für **Gewebe** und bestimmte **Gewebezubereitungen** bestimmt § 72 b AMG eigene Voraussetzungen für die Erteilung einer Einfuhrerlaubnis sowie hinsichtlich der Erforderlichkeit von Zertifikaten, die die GMP-Konformität der Herstellung der von § 72 b AMG erfassten Produkte bestätigen. Diesbezüglich wird verwiesen auf die Ausführungen in § 33 Rn 14 ff.

3 Für die Einfuhr von Arzneimitteln, Wirkstoffen menschlicher, tierischer oder mikrobieller Herkunft, von gentechnisch hergestellten Wirkstoffen und sonstigen zur Arzneimittelherstellung bestimmten Stoffen menschlicher Herkunft aus einem Mitgliedsstaat der EU ist eine Einfuhrerlaubnis nicht erforderlich. Hintergrund ist, dass nach den Vorgaben der Richtlinie 2001/83/EG bzw für Tierarzneimittel nach den Vorgaben der Richtlinie 2001/82/EG vereinheitlichte Grundlagen für die Herstellung und Überwachung der Herstellung von Arzneimitteln innerhalb der EG gelten. Nach dem gesetzlichen Leitbild ist daher europaweit ein einheitlicher Sicherheits- und Qualitätsmaßstab festgelegt, so dass bei einer innergemeinschaftlichen Verbringung von Arzneimitteln keiner weiteren Kontrollen bedarf.

B. Begriff des Einführens

4 Die Erlaubnispflichtigkeit nach § 72 AMG knüpft an den Begriff des Einführens an. Mit dem 15. AMG-Änderungsgesetz wurde in das AMG eine Definition des Begriffs des Einführens aufgenommen. § 4 Abs. 32 S. 2 AMG definiert das Einführen als die Überführung von unter das AMG fallenden Produkten aus Drittstaaten, die nicht Vertragsstaaten des Abkommens über den Europäischen Wirtschaftsraum sind, in den zollrechtlich freien Verkehr. Zu unterscheiden ist der Begriff des **Einführens** von dem Begriff des **Verbringens**. Der Begriff des Verbringens ist zwischenzeitlich ebenfalls gesetzlich definiert als jede Beförde-

---

[1] Vgl. zur Herstellungserlaubnis nach § 13 AMG oben § 14.

rung in den, durch den oder aus dem Geltungsbereich des AMG, vgl § 4 Abs. 32 S. 1 AMG. Der Begriff des Einführens ist enger als der Begriff des Verbringens, da der Begriff des Verbringens sowohl die Einfuhr als solche auch die Durchfuhr und die Ausfuhr von Produkten erfasst.

Eine **Durchfuhr** von Arzneimitteln und anderen Produkten, deren Einfuhr nach § 72 AMG grundsätzlich erlaubnispflichtig ist, bedarf keiner Erlaubnis, wenn die Durchfuhr unter zollamtlicher Überwachung erfolgt.[2]

C. Person des Einführers

Einführer von Produkten nach § 72 AMG können grundsätzlich sowohl natürliche als auch juristische Personen sein. Auch Personengesellschaften können Einführer iSd AMG sein. Der Erlaubnispflichtigkeit des § 72 Abs. 1 AMG unterliegt eine Einfuhr jedoch nur dann, wenn der Einführer die Einfuhr gewerbs- oder berufsmäßig betreibt (vgl zu den Begriffen des berufsmäßigen und gewerbsmäßigen Handelns oben § 14 Rn 27).

D. Rechtsnatur der Einfuhrerlaubnis

Die arzneimittelrechtliche Einfuhrerlaubnis ist nach den allg. Grundsätzen des Verwaltungsrechtes ebenso wie die Herstellungserlaubnis ein **Verwaltungsakt** und wird nur auf entsprechenden Antrag hin erteilt. Sie ist notwendige – jedoch nicht hinreichende – Bedingung für die Einfuhr von der Erlaubnispflicht unterliegenden Produkten in den Geltungsbereich des AMG. Neben die Einfuhrerlaubnis muss nach den Vorgaben des § 72 a AMG – ggf auch nach § 72 b AMG – ein Einfuhrzertifikat treten. Die Einfuhrerlaubnis berechtigt – unter Berücksichtigung des Einfuhrzertifikates nach § 72 a AMG – grundsätzlich nur zur Einfuhr von der Erlaubnispflicht unterliegenden Produkten in den Geltungsbereich des AMG. Die Einfuhrerlaubnis ersetzt nicht die ggf erforderliche Inverkehrbringensgenehmigung für Arzneimittel. Dementsprechend darf auch beim Vorliegen einer Einfuhrerlaubnis ein eingeführtes Arzneimittel nur dann in Verkehr gebracht werden, wenn eine entsprechende Zulassung oder sonstige Inverkehrbringensgenehmigung erteilt wurde und das Arzneimittel darüber hinaus den übrigen gesetzlichen Vorgaben – insbesondere auch den kennzeichnungsrechtlichen Bestimmungen – entspricht.

Die Einfuhrerlaubnis wird dem Antragsteller erteilt und ist **personengebunden**. Dies ergibt sich bereits daraus, dass nach § 72 Abs. 1 AMG die Erlaubnispflicht denjenigen trifft, der Arzneimittel einzuführen beabsichtigt. Bezüglich der Voraussetzungen für die Erteilung einer Einfuhrerlaubnis verweist § 72 Abs. 1 S. 2 AMG allgemein auf die Regelungen für die Herstellungserlaubnis und damit auch auf die Bestimmung des § 14 AMG. Nach § 14 Abs. 1 Nr. 3 AMG ist die Herstellungserlaubnis zu versagen, wenn der Antragsteller nicht die erforderliche **Zuverlässigkeit** besitzt. Da die vorgenannte Regelung nach § 72 Abs. 1 S. 2 AMG für die Erteilung der Herstellungserlaubnis entsprechend anzuwenden ist, bedeutet dies, dass die Herstellungserlaubnis beim Fehlen der erforderlichen Zuverlässigkeit des Antragstellers zu versagen ist. Da die Erlaubniserteilung an die persönliche Zuverlässigkeit des Antragstellers anknüpft, handelt es sich um eine **höchstpersönliche Erlaubnis**.

Diesen Charakter als höchstpersönliche Erlaubnis, hat die Einfuhrerlaubnis erst seit den mit dem 15. AMG-Änderungsgesetz eingeführten Änderungen und Ergänzungen. Vor dem 15. AMG-Änderungsgesetz kam es weder für die Erteilung der Herstellungserlaubnis – auf dessen Erteilungsvoraussetzungen die Regelungen zur Einfuhrerlaubnis verweisen – noch für die Erteilung der Einfuhrerlaubnis auf die persönliche Zuverlässigkeit des Antragstellers

---

2 Rehmann, AMG, § 72 Rn 2.

an. Dementsprechend handelt es sich weder bei der Herstellungs- noch bei der Einfuhrerlaubnis vor dem 15. AMG-Änderungsgesetz um eine höchstpersönliche Erlaubnis.

9   Der Charakter als höchstpersönliche Erlaubnis führt dazu, dass die Einfuhrerlaubnis grundsätzlich nicht übertragbar ist. Dies ist zu beachten im Hinblick auf den Fortbestand einer Einfuhrerlaubnis im Falle der Umstrukturierung eines Unternehmens, das im Besitz einer entspr. Einfuhrerlaubnis ist. Diesbezüglich ist zu verweisen auf die entspr. Ausführungen zur Herstellungserlaubnis (vgl oben § 14 Rn 78).

E. Verfahren zur Erteilung der Einfuhrerlaubnis

10 Die Erteilung der Einfuhrerlaubnis erfolgt ausschließlich auf einen an die zuständige Behörde gerichteten **Antrag** hin. Eine Einfuhrerlaubnis darf durch die Behörde nicht erteilt werden, wenn ein Antrag nicht vorliegt.

Die Erteilung der Einfuhrerlaubnis ist grundsätzlich vom Vorliegen derselben Voraussetzungen abhängig wie die Erteilung einer Herstellungserlaubnis nach § 13 AMG, vgl § 72 Abs. 1 S. 2 AMG. Die Erteilung der Einfuhrerlaubnis knüpft damit ebenso wie die Erteilung der Herstellungserlaubnis u.a. an die persönliche Zuverlässigkeit des Antragstellers an. Außerdem sind außerhalb der Person des Antragstellers liegende Umstände relevant, wie das Vorhandensein und die Beschaffenheit von geeigneten Räumlichkeiten und das Vorhandensein und die Eigenschaften notwendigerweise nach dem AMG erforderlicher Personen. Für die Erteilung einer Einfuhrerlaubnis nach dem AMG ist danach erforderlich, dass eine Sachkundige Person vorhanden ist, die ihrerseits bestimmte Eigenschaften – fachliche Qualifikationen und persönliche Zuverlässigkeit – aufweisen muss, um die entsprechenden Funktionen wahrnehmen zu dürfen (vgl oben § 14 Rn 81 ff).

11 Sofern die Voraussetzungen für die Erteilung der Einfuhrerlaubnis vorliegen bzw in den Fällen, in denen die in § 14 AMG abschließend normierten Versagungsgründe nicht vorliegen, hat der Antragsteller **Anspruch auf Erteilung** einer Einfuhrerlaubnis. Meint die Behörde, dass einer oder mehrere Versagungsgründe der Erteilung der beantragten Einfuhrerlaubnis entgegenstehen, muss sie dem Antragsteller eine angemessene **Mängelbeseitigungsfrist** einräumen, vgl § 72 Abs. 1 S. 2 iVm § 14 Abs. 4 AMG. Eine gesetzliche Höchstfrist existiert nicht. Alleiniger Maßstab für die nach pflichtgemäßem Ermessen festzusetzende Frist ist die Angemessenheit im jeweiligen Einzelfall. Ob eine Frist angemessen ist, richtet sich insbesondere nach Art und Schwere des gerügten Mangels sowie danach, innerhalb welcher Zeit ein entsprechender Mangel beseitigt werden kann. Die verfügte Frist muss so bemessen sein, dass die dem Antragsteller gesetzlich eingeräumte Möglichkeit eigener Abhilfe und der damit einhergehenden Vermeidung einer versagenden Entscheidung nicht von vornherein unmöglich wird. Ist die von der Behörde verfügte Mängelbeseitigungsfrist so knapp bemessen, dass es dem Antragsteller unmöglich ist, innerhalb dieser Frist dem gerügten Mangel abzuhelfen, ist die Fristsetzung unwirksam.[3]

12 Räumt der Antragsteller die gerügten Mängel nicht innerhalb der wirksam verfügten Frist aus und bestehen die gerügten Mängel tatsächlich, beruht also die behördliche Mängelrüge nicht lediglich auf einem Irrtum oder einer Fehleinschätzung seitens der Behörde, muss die beantragte Erlaubnis versagt werden, vgl § 72 Abs. 1 S. 2 AMG iVm § 14 Abs. 5 S. 2 AMG. Ein Ermessen steht der Behörde hinsichtlich ihrer Entscheidung dann nicht mehr zu.

Wird die Erteilung der Einfuhrerlaubnis durch die Behörde abgelehnt, hat der Antragsteller die Möglichkeit, seinen Anspruch auf Erlaubniserteilung im Wege der sog. Verpflichtungsklage gerichtlich durchzusetzen.

---

3   VG Köln PharmR 2003, 279 ff, zu den Folgen einer rechtswidrig zu kurz verfügten Mängelbeseitigungsfrist im Nachzulassungsverfahren nach § 105 Abs. 5 S. 1 AMG.

F. Voraussetzungen für die Erteilung der Einfuhrerlaubnis

I. Allgemeine Einfuhrvoraussetzungen

§ 72 Abs. 1 AMG verweist hinsichtlich der Voraussetzungen für die Erteilung einer Einfuhrerlaubnis auf die Regelungen zur Herstellungserlaubnis, die entspr. anwendbar sind. Danach kann eine Einfuhrerlaubnis versagt werden, wenn die Versagungsgründe des § 14 Abs. 1 AMG vorliegen. Diesbezüglich ist auf die obigen Ausführungen zu den Erteilungsvoraussetzungen für die Herstellungserlaubnis zu verweisen (vgl § 14 Rn 74 ff).

II. Besondere Voraussetzungen für die Einfuhr bestimmter Arzneimittel

Abweichend von den Vorgaben des § 72 Abs. 1 AMG und dem dortigen Verweis auf die Bestimmungen über die Herstellungserlaubnis normiert § 72 Abs. 2 AMG für bestimmte Arzneimittel und deren Einfuhr eigenständige Versagungsgründe.

In Abweichung zu § 72 Abs. 1 S. 2, 14 Abs. 1 AMG normiert § 72 Abs. 2 AMG, dass die berufs- oder gewerbsmäßige Einfuhr eines **Arzneimittels menschlicher Herkunft** zur unmittelbaren Anwendung bei Menschen nur versagt werden darf, wenn der Antragsteller nicht nachweisen kann, dass für die Beurteilung der Qualität und Sicherheit des Arzneimittels und für die ggf erforderliche Überführung des Arzneimittels in ihrer anwendungsfähigen Form nach dem Stand von Wissenschaft und Technik qualifiziertes Personal und geeignete Räume vorhanden sind. Auf andere Punkte darf die Versagung einer entsprechenden Einfuhrerlaubnis dem Wortlaut des § 72 Abs. 2 AMG nach nicht gestützt werden. Allerdings wird zu fordern sein, dass der Versagungsgrund des § 14 Abs. 1 Nr. 3 AMG bzgl der Zuverlässigkeit des Antragstellers auch bei der entspr. Einfuhr von unter § 72 Abs. 2 AMG fallenden Arzneimitteln zu berücksichtigen ist.

§ 72 Abs. 2 AMG erfasst Arzneimittel im Allgemeinen, also nicht nur Fertigarzneimittel, sondern auch Arzneimittel, die keine Fertigarzneimittel sind.[4] Da § 72 Abs. 2 AMG nur auf eine Einfuhr von Arzneimitteln abstellt, die zur unmittelbaren Anwendung bei Menschen bestimmt sind, ist eine Einfuhr zum Zwecke der **Weiterverarbeitung** oder **Lagerung** grundsätzlich nicht von § 72 Abs. 2 AMG erfasst. Lediglich eine ganz kurzzeitige Lagerung bis zur bereits zum Zeitpunkt der Einfuhr feststehenden Anwendung des einzuführenden Arzneimittels bei einem bestimmten Patienten ist hinnehmbar und führt nicht aus dem Anwendungsbereich des § 72 Abs. 2 AMG hinaus.

Voraussetzung für die Erlaubniserteilung nach § 72 Abs. 2 AMG ist der Nachweis durch den Antragsteller, dass qualifiziertes Personal und geeignete Räume vorhanden sind, um die Qualität und Sicherheit des einzuführenden Arzneimittels zu beurteilen sowie die ggf erforderliche Überführung des Arzneimittels in seine anwendungsfähige Form sicherzustellen. Besondere **Qualifikationsvoraussetzungen** werden nicht ausdrücklich gesetzlich normiert. Abgestellt wird lediglich auf den Stand von Wissenschaft und Technik. Daher hat eine Bewertung im Einzelfall unter Berücksichtigung der Art des jeweils einzuführenden Arzneimittels zu erfolgen.[5] Für das Verfahren zur Erlaubniserteilung sowie hinsichtlich entspr. Fristen, Aufhebungs- und Ruhensgründe verweist § 72 Abs. 1 S. 2 AMG auf die Regelungen zur Herstellungserlaubnis, so dass auf die dortigen Ausführungen verwiesen wird.

G. Ausnahmen von der Erlaubnispflicht

Keine Anwendung findet die Regelung des § 72 Abs. 1 AMG auf die Einfuhr von Gewebe iSd § 1 a Nr. 4 TPG, für das es eine Einfuhrerlaubnis nach § 72 b AMG bedarf. Außerdem

---

4 Vgl insoweit zur Fassung vor dem 15. AMG-Änderungsgesetz Kloesel/Cyran, Arzneimittelrecht, § 72 AMG Erl. 50.
5 Zum Begriff des Standes von Wissenschaft und Technik vgl oben § 14 Rn 168.

findet § 72 Abs. 1 AMG keine Anwendung auf **autologes Blut** zur Herstellung von **biotechnologisch bearbeiteten Gewebeprodukten**, für das es eine Erlaubnis nach § 72 b AMG bedarf. Die Regelung ist ferner nicht anwendbar auf die Einfuhr von Gewebezubereitungen iS von § 20 c AMG, für das es ebenfalls eine Erlaubnis nach § 72 b AMG bedarf. Eine weitere Ausnahme im Hinblick auf den Anwendungsbereich der Regelungen zur Einfuhrerlaubnis besteht für die Einfuhr von Wirkstoffen, die für die Herstellung von nach einer im **homöopathischen** Teil des Arzneibuches beschriebene Verfahrenstechnik herzustellenden Arzneimitteln bestimmt sind. Für entspr. Erfassung dieser Ausnahmeregelung sind wohl auch solche Wirkstoffe, die nach einem homöopathischen Zubereitungsverfahren, das in einem offiziell gebräuchlichen Pharmakopöe eines anderen EU-Mitgliedstaates oder nach einer im Europäischen Arzneibuch beschriebenen homöopathischen Verfahrensweise hergestellt werden.[6]

H. Einfuhrzertifikate

18 Die Erteilung einer Herstellungserlaubnis als solche ist jedoch noch nicht hinreichend für die zulässige Einfuhr der vom § 72 AMG erfassten Produkte. Vielmehr bedarf es darüber hinaus eines Zertifikates iSd § 72 a AMG.

I. Erfordernis eines Einfuhrzertifikates

19 Für die Einfuhr bestimmter in § 72 a AMG aufgeführter Arzneimittel bzw Produkte besteht neben dem Erfordernis des Vorhandenseins einer Einfuhrerlaubnis das Erfordernis eines Einfuhrzertifikats. Dieses bescheinigt – abgesehen vom Fall der Zertifikaterteilung nach § 72 a Abs. 1 S. 1 Nr. 3 AMG – die Einhaltung der GMP-Vorgaben bei der Herstellung des Produkts, auf das sich das Zertifikat bezieht.

Es bestehen drei Möglichkeiten der Erteilung eines Zertifikates, die in § 72 a Abs. 1 S. 1 AMG normiert werden.

1. Einfuhrzertifikat der Behörde des Ausfuhrlandes

20 Zum einen kann ein Zertifikat der zuständigen Behörde des Herstellungslandes vorgelegt werden, mit dem bestätigt wird, dass Arzneimittel bzw Wirkstoffe entsprechend den anerkannten Grundregeln für die Herstellung und die Sicherung ihrer Qualität, insbesondere der EG oder der Weltgesundheitsorganisation hergestellt werden, § 72 a Abs. 1 S. 1 Nr. 1 AMG. Voraussetzung ist ferner, dass entspr. Zertifikate aufgrund zwischenstaatlicher Vereinbarungen gegenseitig anerkannt werden. Es existieren Verträge der EG mit Drittstaaten, in denen die Anerkennung entspr. Zertifikate vereinbart wird. Diese Verträge – sog. Mutual Recognition Agreements (MRA) – bestehen zB mit Australien, Kanada, Neuseeland, Japan und der Schweiz. Soweit diese MRAs reichen, sind etwaige bilaterale Verträge zwischen einzelnen Mitgliedstaaten der EU und Drittstaaten gegenstandslos.[7]

2. Einfuhrzertifikat der inländischen Überwachungsbehörde

21 Eine zweite Variante eines entspr. Einfuhrzertifikates besteht darin, dass die für den Antragsteller zuständige Überwachungsbehörde im Inland bescheinigt, dass bzgl der einzuführenden Produkte die Grundregeln für die Herstellung und die Sicherung ihrer Qualität insb. in den EG oder der Weltgesundheitsorganisation eingehalten werden, vgl § 72 a Abs. 1 S. 1 Nr. 2 AMG.

---

6 Zur Rechtslage vor dem 15. AMG-Änderungsgesetz so auch Kloesel/Cyran, Arzneimittelrecht, § 72 AMG Erl. 4.
7 So auch Kloesel/Cyran, Arzneimittelrecht, § 72 a AMG Erl. 12.

H. Einfuhrzertifikate

Ein solches Zertifikat kann grundsätzlich nur ausgestellt werden, wenn sich die im Inland zuständige Überwachungsbehörde oder die zuständige Behörde eines anderen EU-Mitgliedsstaates vor der Erteilung eines Zertifikates davon überzeugt hat, dass die mit dem Zertifikat bestätigten Umstände tatsächlich gegeben sind. Grundsätzlich ist daher erforderlich, dass die zuständige Überwachungsbehörde eine Inspektion des Betriebes vornimmt, in dem das einzuführende Produkt im Ausland hergestellt wird. Diese Fremdinspektion durch die Behörde entlastet den Einführenden allerdings nicht von den ihm nach der AMWHV obliegenden Inspektionspflichten.[8]

Die Fremdinspektion durch die im Inland zuständige Überwachungsbehörde muss von demjenigen, der das entspr. Produkt einzuführen beabsichtigt, beantragt werden. Die durch die Inspektion entstehenden Kosten hat der Beantragende gegenüber der Behörde auszugleichen.[9]

3. Einfuhrzertifikat wegen öffentlichen Interesses an der Einfuhr

Die für den Antragsteller im Inland zuständige Überwachungsbehörde kann darüber hinaus ein Zertifikat nach § 72 a Abs. 1 S. 1 Nr. 3 AMG erteilen, ohne dass das aufgrund einer entsprechenden Vereinbarung anerkannte Zertifikat einer Behörde aus dem Ausfuhrland oder ein Zertifikat auf Grundlage einer Fremdinspektion erteilt wurden. Dies ist möglich, wenn die Einfuhr des konkreten Arzneimittels öffentlich im Interesse ist. Dieses Bestehen eines öffentlichen Interesses kann die im Inland zuständige Überwachungsbehörde bestätigen und damit die Einfuhr nach § 72 a Abs. 1 S. 1 Nr. 3 AMG möglich machen.

4. Verhältnis der Möglichkeiten zur Zertifikaterteilung

Der Gesetzgeber hat die drei eben beschriebenen Möglichkeiten einer Zertifikaterteilung **nicht gleichwertig** nebeneinander gestellt, sondern eine deutliche **Abstufung** vorgenommen. Grundsätzlich vorrangig ist die Zertifikaterteilung nach § 72 a Abs. 1 S. 1 Nr. 1 AMG durch die im Herkunftsland des einzuführenden Produkts zuständige Behörde. Die Erteilung eines Zertifikates aufgrund einer Fremdinspektion darf ausdrücklich nur erfolgen, wenn ein Zertifikat der im Ausland zuständigen Behörde nicht vorliegt bzw ein entsprechendes Zertifikat nicht durch entsprechende Vereinbarung anerkannt ist, § 72 a Abs. 1 S. 2 lit. a AMG.

Die Erteilung eines Einfuhrzertifikates aufgrund des Bestehens eines öffentlichen Interesses an der Einfuhr des jeweiligen Produkts hat der Gesetzgeber lediglich als subsidiäre Möglichkeit vorgesehen. Eine solche Zertifikatserteilung darf nur erfolgen, wenn weder ein entsprechend anerkanntes Zertifikat der im Ausfuhrland zuständigen Behörde vorliegt noch ein Zertifikat auf Grundlage einer Fremdinspektion möglich ist oder die Erteilung eines Zertifikates auf Grundlage einer Fremdinspektion nicht vorgesehen ist, § 72 a Abs. 1 S. 2 lit. b AMG.

II. Ausnahme vom Erfordernis eines Einfuhrzertifikates

Eines Zertifikates nach § 72 a AMG bedarf es für die Einfuhr bestimmter Produkte ausnahmsweise nicht. Entsprechende Ausnahmen sind in § 72 a Abs. 1 a, 1 b, 1 c und 1 d AMG ausdrücklich aufgeführt. Die Aufzählung ist ersichtlich **abschließend**, so dass für alle anderen von § 72 a Abs. 1 S. 1 AMG erfassten Produkte eine Einfuhrerlaubnis ausnahmslos erforderlich ist.

Ein Einfuhrzertifikat nach § 72 a AMG ist daher für die Einfuhr eines aus einem Nicht-EU-Mitgliedsstaat stammenden Arzneimittels nicht erforderlich, wenn es sich um ein Arznei-

---

[8] Kloesel/Cyran, Arzneimittelrecht, § 72 a AMG Erl. 21.
[9] Kloesel/Cyran, Arzneimittelrecht, § 72 a AMG Erl. 24; Rehmann, AMG, § 72 a Rn 2.

mittel handelt, das zur klinischen Prüfung beim Menschen bestimmt ist, § 72a Abs. 1a Nr. 1 AMG. Ferner bedarf es keines Zertifikates für die Einfuhr von Arzneimitteln menschlicher Herkunft zur unmittelbaren Anwendung sowie für die Einfuhr von Blutstammzellenzubereitungen, die zur gerichteten, für eine bestimmte Person vorgesehenen Anwendung bestimmt sind, § 72a Abs. 1a Nr. 2 AMG. Wirkstoffe, die zwar menschlicher, tierischer oder mikrobieller Herkunft sind, jedoch für die Herstellung eines nach einer im Homöopathischen Teil des Arzneibuches beschriebenen Verfahrenstechnik herzustellenden Arzneimittels bestimmt sind, bedürfen ebenfalls für ihre Einfuhr keines Zertifikates.

29 Darüber hinaus ist ein Zertifikat nach § 72a AMG nicht erforderlich für solche Wirkstoffe, die Pflanzen, Pflanzenteile, Pflanzenbestandteile, Algen, Pilze und Flechten in bearbeitetem oder unbearbeitetem Zustand sind bzw entspr. Stoffe enthalten. Voraussetzung ist allerdings, dass die Bearbeitung entspr. Stoffe nicht über eine Trocknung, Zerkleinerung und ggf initiale Extraktion hinausgeht, vgl § 72a Abs. 1a Nr. 4 AMG.

30 Weitere Ausnahmen wurden mit dem 15. AMG-Änderungsgesetz für den Anwendungsbereich des § 72 Abs. 1 AMG normiert. Danach bedarf es für die Einfuhr von Gewebe iSd § 1a Nr. 4 TPG sowie für die Einführung autologen Blutes zur Herstellung von biotechnologisch bearbeiteten Gewebeprodukten und für Gewebezubereitungen iSd § 20c AMG keines Zertifikates nach § 72a Abs. 1 AMG, sofern für entspr. Produkte ein Zertifikat bzw eine Bescheinigung nach § 72b AMG erforderlich ist, § 72a Abs. 1a Nr. 5 bis Nr. 7 AMG.

III. Exkurs: Einfuhrverbot

31 Das Bundesgesundheitsministerium kann mit Zustimmung des Bundesrates ein Einfuhrverbot im Wege einer Rechtsverordnung für Stoffe und Zubereitungen aus Stoffen erlassen, die als Arzneimittel oder zur Herstellung von Arzneimitteln verwendet werden können.

Der Erlass einer entsprechenden Rechtsverordnung, mit der ein Einfuhrverbot normiert wird, setzt voraus, dass der Erlass der Rechtsverordnung und das mithin begründete Verbot einer Einfuhr erforderlich sind zur Abwehr von Gefahren zur Gesundheit des Menschen oder zur Risikovorsorge, § 72a Abs. 2 AMG. Nach den mit dem 15. AMG-Änderungsgesetz eingeführten Änderungen ist die Möglichkeit eines Einfuhrverbotes nach dem Wortlaut des § 72a Abs. 2 AMG nicht mehr nur auf Nicht-EU-Staaten und Nicht-EWR-Staaten beschränkt. Vielmehr ist diese Beschränkung mit dem 15. AMG-Änderungsgesetz durch Streichung der relevanten Textpassage in § 72a Abs. 2 AMG entfallen. Gleichwohl dürfte ein Verbot für Einfuhren aus EU-Mitgliedstaaten mit europarechtlichen Vorgaben regelmäßig nicht in Übereinstimmung stehen und damit insoweit zumindest bedenklich sein.

Teil 4
Das Inverkehrbringen von Arzneimitteln (Marktphase)

§ 17 Begriff des Inverkehrbringens

A. Relevanz des Begriffs....................	1	V. Gesetzliche Verbote (§§ 5, 6a, 8 AMG)	6
I. Zulassungspflicht nach § 21 Abs. 1 S. 1 AMG....................	2	B. Definition (§ 4 Abs. 17 AMG).............	7
II. Genehmigungspflicht nach § 21a Abs. 1 S. 1 AMG.................	3	I. Vorrätighalten zum Verkauf oder zu sonstiger Abgabe..................	8
III. Erlaubnis für Gewebe oder Gewebezubereitungen nach § 20c AMG........	4	II. Feilhalten und Feilbieten................	9
IV. Maßnahmen der Landesbehörden nach § 69 AMG...................	5	III. Abgabe an andere......................	10

A. Relevanz des Begriffs

Das Inverkehrbringen von Arzneimitteln spielt eine zentrale Rolle im Arzneimittelrecht. Die Frage, ob und ab welchem Zeitpunkt ein Arzneimittel in den Verkehr gebracht wird und ab diesem Zeitpunkt potenziell eine Gefährdung bewirken könnte, ist insbesondere von Bedeutung für die Zulassungspflicht nach § 21 AMG, die Genehmigungspflicht nach § 21a AMG, die Erlaubnis für Gewebe und Gewebezubereitungen nach § 20c AMG, die Verfügungen nach § 69 AMG und für verschiedene gesetzliche Verbote nach §§ 5, 6a, 8 AMG. 1

I. Zulassungspflicht nach § 21 Abs. 1 S. 1 AMG

Fertigarzneimittel im Sinne des § 4 Abs. 1 AMG (siehe zum Begriff „Fertigarzneimittel" § 2 Rn 168 ff) dürfen gem. § 21 Abs. 1 AMG im Geltungsbereich des AMG, also in Deutschland, grundsätzlich nur in den Verkehr gebracht werden, wenn sie national oder zentral zugelassen oder genehmigt sind. Ein Verstoß gegen § 21 Abs. 1 AMG ist nach § 96 Nr. 5 AMG strafbar (siehe § 45 Rn 4 ff). 2

Ist die Zulassung für ein Arzneimittel zurückgenommen oder widerrufen (siehe zu Rücknahme und Widerruf § 9 Rn 9 ff) oder ruht die Zulassung (siehe zum Ruhen der Zulassung § 9 Rn 96 ff), darf das Arzneimittel nicht (mehr) in den Verkehr gebracht (§ 30 Abs. 4 S. 1 Nr. 1 AMG) und nicht in den Geltungsbereich des AMG verbracht werden (§ 30 Abs. 4 S. 1 Nr. 2 AMG). Ein Verstoß gegen § 30 Abs. 4 S. 1 Nr. 1 AMG stellt eine Straftat nach § 96 Nr. 7 AMG dar, während ein Verstoß gegen § 30 Abs. 4 S. 1 Nr. 2 AMG nach § 97 Abs. 2 Nr. 8 AMG mit einer Geldbuße geahndet wird (siehe § 45 Rn 4 ff).

Eine Übersicht über die sich zulässigerweise im Verkehr befindlichen Arzneimittel wird dadurch ermöglicht, dass die nach § 77 AMG zuständigen Bundesoberbehörden – das Bundesinstitut für Arzneimittel und Medizinprodukte (BfArM), das Paul-Ehrlich-Institut (PEI) und das Bundesamt für Verbraucherschutz und Lebensmittelsicherheit (BVL) – gesetzlich nach § 34 Abs. 1 AMG verpflichtet sind, unter anderem die Erteilung und Verlängerung einer Zulassung, die Rücknahme, den Widerruf, das Ruhen sowie das Erlöschen einer Zulassung im Bundesanzeiger bekannt zu machen.

II. Genehmigungspflicht nach § 21a Abs. 1 S. 1 AMG

Durch das Gewebegesetz[1] hat der Gesetzgeber eine grundsätzliche Genehmigungspflicht für das Inverkehrbringen von bestimmten Gewebezubereitungen (legaldefiniert in § 4 Abs. 30 AMG; zum Begriff siehe auch § 33 Rn 13 ff) eingeführt. Nach § 21a Abs. 1 AMG dürfen Gewebezubereitungen, die nicht mit industriellen Verfahren be- oder verarbeitet werden und deren wesentliche Be- oder Verarbeitungsverfahren in der Europäischen Union hinreichend bekannt und deren Wirkungen und Nebenwirkungen aus dem wissenschaftli- 3

---

[1] Gesetz über Qualität und Sicherheit von menschlichen Geweben und Zellen (Gewebegesetz) v. 20.7.2007 (BGBl. I, 1574).

chen Erkenntnismaterial ersichtlich sind, im Geltungsbereich des AMG nur in den Verkehr gebracht werden, wenn sie – abweichend von der Zulassungspflicht nach § 21 Abs. 1 AMG – von der zuständigen Bundesoberbehörde (vgl § 77 Abs. 2 AMG) genehmigt worden sind. Dementsprechend bedarf es keiner Zulassung für Gewebezubereitungen, die der Pflicht zur Genehmigung nach den Vorschriften des § 21 a Abs. 1 AMG unterliegen (siehe § 21 Abs. 2 Nr. 1 d AMG; zum Inverkehrbringen von Gewebezubereitungen siehe auch § 33 Rn 40 ff).

III. Erlaubnis für Gewebe oder Gewebezubereitungen nach § 20 c AMG

4 Ferner spielt der Begriff des Inverkehrbringens überraschenderweise eine Rolle für die grundsätzliche „Verarbeitungserlaubnispflicht" des § 20 c Abs. 1 AMG. Danach bedarf eine Einrichtung, die Gewebe (iSv § 1 a Nr. 4 TPG) oder Gewebezubereitungen (iSv § 4 Abs. 30 AMG), die nicht mit industriellen Verfahren be- oder verarbeitet werden und deren wesentliche Be- oder Verarbeitungsverfahren in der Europäischen Union hinreichend bekannt sind, nicht herstellen, sondern lediglich in den Verkehr bringen will, abweichend von § 13 Abs. 1 AMG einer Erlaubnis der zuständigen Behörde (siehe hierzu auch § 33 Rn 22 ff). Dies gilt auch im Hinblick auf Gewebe oder Gewebezubereitungen, deren Be- oder Verarbeitungsverfahren neu, aber mit einem bekannten Verfahren vergleichbar sind.

IV. Maßnahmen der Landesbehörden nach § 69 AMG

5 Die zuständigen Überwachungsbehörden – das sind stets die Landesbehörden – können das Inverkehrbringen von Arzneimitteln oder Wirkstoffen untersagen, deren Rückruf anordnen und diese sicherstellen, wenn einer der in § 69 Abs. 1 S. 2 Nr. 1 bis 7 AMG, allerdings nicht abschließend aufgeführten Gründe vorliegt. Dies ist zum Beispiel der Fall, wenn die erforderliche Zulassung für das Arzneimittel nicht vorliegt oder deren Ruhen angeordnet ist (Nr. 1) oder das Arzneimittel oder der Wirkstoff nicht nach den anerkannten pharmazeutischen Regeln hergestellt ist oder nicht die nach den anerkannten pharmazeutischen Regeln angemessene Qualität aufweist (Nr. 2).

V. Gesetzliche Verbote (§§ 5, 6 a, 8 AMG)

6 Nach § 5 Abs. 1 AMG ist es verboten, bedenkliche Arzneimittel in den Verkehr zu bringen oder bei anderen anzuwenden. Was unter bedenklichen Arzneimitteln zu verstehen ist, ergibt sich aus § 5 Abs. 2 AMG. Ferner ist es gem. § 6 a Abs. 1 AMG unter anderem verboten, Arzneimittel zu Dopingzwecken im Sport in den Verkehr zu bringen. § 8 Abs. 1 AMG regelt das Verbot des Herstellens, aber auch des Inverkehrbringens von Arzneimitteln zum Schutz vor Täuschung (siehe § 10 Rn 69 ff).

B. Definition (§ 4 Abs. 17 AMG)

7 Der Begriff des Inverkehrbringens ist in § 4 Abs. 17 AMG legaldefiniert. Danach ist Inverkehrbringen das Vorrätighalten zum Verkauf oder zu sonstiger Abgabe, das Feilhalten, das Feilbieten und die Abgabe an andere. Dieser Terminologie lässt sich entnehmen, dass der Gesetzgeber des AMG bereits Handlungen, die zeitlich vor dem Wechsel in der Verfügungsgewalt – also vor der „Abgabe an andere" – liegen, erfassen möchte.[2]

---

[2] Zum Begriff des Inverkehrbringens in verschiedenen Gesetzen siehe Horn, Das „Inverkehrbringen" als Zentralbegriff des Nebenstrafrechts, NJW 1977, 2329.

I. Vorrätighalten zum Verkauf oder zu sonstiger Abgabe

Das Vorrätighalten zum Verkauf oder zu sonstiger Abgabe (also auch unentgeltlich oder im Wege des Tausches) setzt voraus, dass Arzneimittel in ein irgendwie geartetes Lager aufgenommen werden.[3] Ferner muss die Handlung mit der Absicht der Abgabe im Geltungsbereich des AMG vorgenommen werden.[4] Hat der Besitzer der Arzneimittel noch nicht entschieden, was er mit den Arzneimitteln machen wird, liegt kein Vorrätighalten vor.

II. Feilhalten und Feilbieten

Feilhalten ist das nach außen erkennbare Vorrätighalten zum Verkauf.[5] **Feilbieten** ist ein Feilhalten, das mit zum Verkauf anregenden Handlungen verbunden wird.[6]

III. Abgabe an andere

Der in der Praxis wichtigste Unterfall des Inverkehrbringens ist die Abgabe an andere. Nach dem üblichen arzneimittelrechtlichen Sprachgebrauch wird als Abgabe an andere im allgemeinen ein „Wechsel in der Verfügungsgewalt", also die „Einräumung der Verfügungsgewalt" an einen anderen durch körperliche Überlassung des Arzneimittels, verstanden.[7]

Dabei ist allerdings unklar, was unter **Verfügungsgewalt** zu verstehen ist, insbesondere ob es allein auf die tatsächliche Möglichkeit und/oder die rechtliche Befugnis zu verfügen, ankommt. Nach Auffassung der Autoren[8] ist zumindest auch auf die rechtliche Verfügungsbefugnis abzustellen. Nur dann, wenn ein anderer dazu berechtigt wird, über das Arzneimittel zu verfügen, liegt eine Abgabe an andere und damit ein Inverkehrbringen vor. Käme es nämlich alleine auf die tatsächlichen Besitzverhältnisse an, müsste konsequenterweise auch die (auftragsgemäße) Übergabe eines Arzneimittels an einen bloßen Boten (zB Taxifahrer), der ein Arzneimittel ausfährt und dem bestimmungsgemäßen Empfänger aushändigt, eine Abgabe an andere und damit ein Inverkehrbringen darstellen. Dass dies nicht zutreffend sein kann, liegt auf der Hand. Der Bote wird nämlich von seinem Auftraggeber gerade nicht berechtigt, über das Arzneimittel (rechtlich) zu verfügen, sondern lediglich es – zum Zwecke der Übermittlung – für den Auftraggeber zu besitzen und körperlich auszuhändigen.[9]

Die Richtigkeit dieser Auffassung findet im Übrigen ihre Bestätigung durch die insoweit gegebenen und unbestrittenen rechtlichen Verhältnisse bei der Lohnherstellung.[10] Es besteht nämlich im Ergebnis kein Zweifel daran, dass derjenige, der gewerblich ein Arzneimittel herstellt, um es – in Erfüllung seiner vertraglichen Herstellungsverpflichtung – ausschließlich seinem Auftraggeber zum Inverkehrbringen zu überlassen, das Fertigarzneimittel nicht selbst im Sinne des § 4 Abs. 17 AMG in den Verkehr bringt. Eine „Abgabe an andere" liegt in diesem Falle nicht vor. Ansonsten dürfte der Lohnauftragnehmer das Arzneimittel nur

---

3 Kloesel/Cyran, Arzneimittelrecht, § 4 AMG Erl. 53, mwN.
4 Sander, Arzneimittelrecht, § 4 AMG Erl. 21.
5 Sander, Arzneimittelrecht, unter Hinweis auf LG Mannheim, Urt. v. 21.12.1990 – 70210/90.
6 Kloesel/Cyran, Arzneimittelrecht, § 4 AMG Erl. 55.
7 Kloesel/Cyran, Arzneimittelrecht, § 4 AMG Erl. 57; zu § 13 AMG siehe Sander, Arzneimittelrecht, § 13 AMG Erl. 4.
8 Hasskarl/Hasskarl/Ostertag, Gewinnung und Anwendung hämatopoetischer Stammzellen aus Nabelschnurblut – medizinische und arzneimittelrechtliche Aspekte, PharmR 2002, 81 ff.
Hasskarl/Bakhschai, Ausgewählte Fragen im Zusammenhang mit dem Gewebegesetz, Transfusion Medicine and Hemotherapy 2008; 35: 414-420.
9 So im Ergebnis auch Kloesel/Cyran, Arzneimittelrecht, § 4 AMG Erl. 57, allerdings mit der Begründung, dass ein „Bote, der Arzneimittel ausführt, [...] in der Regel nicht Täter einer verbotswidrigen Abgabe [ist]", weil er nicht verfügungsberechtigt ist".
10 Zur Lohnherstellung vgl § 9 AMWHV.

dann dem Lohnauftraggeber überlassen, wenn der Lohnauftragnehmer für das von ihm hergestellte Arzneimittel über eine Zulassung nach § 21 AMG oder Genehmigung nach § 21a AMG verfügt. Gerade im Falle der Lohnherstellung ist aber meist der Lohnauftraggeber, niemals aber der Lohnauftragnehmer, Inhaber der Zulassung bzw Genehmigung für das Inverkehrbringen des hergestellten Arzneimittels.[11]

12 Die **unmittelbare Anwendung** eines Arzneimittels **durch Angehörige der Heilberufe** an einem Patienten stellt kein Inverkehrbringen dar.[12] Daher regelt § 5 Abs. 1 AMG speziell, dass nicht nur das Inverkehrbringen bedenklicher Arzneimittel verboten ist, sondern auch deren Anwendung bei anderen.

13 Die Frage, ob eine „Abgabe an andere" vorliegt, hat vor Inkrafttreten der sog. 15. AMG-Novelle[13] nicht nur im Rahmen des Inverkehrbringens eine Rolle gespielt, sondern auch bei dem Erfordernis einer Herstellungserlaubnis gem. § 13 AMG (siehe § 14 Rn 1 ff) und einer Einfuhrerlaubnis gem. § 72 AMG (siehe § 16 Rn 6 ff).

Entscheidend für die **Herstellungserlaubnispflicht** nach § 13 Abs. 1 S. 1 AMG aF war nämlich, ob die Herstellung „zum Zwecke der Abgabe andere" erfolgt. Dabei lag eine Abgabe an andere im Sinne des Satzes 1 vor, wenn die Person, die das Arzneimittel herstellt, eine andere ist als die, die es anwendet (§ 13 Abs. 1 S. 3 AMG aF). Diese Legaldefinition wurde durch die sog. 15. AMG-Novelle beseitigt. Nunmehr regelt § 13 Abs. 1 S. 2 AMG, dass Satz 1 auch für juristische Personen, nicht rechtsfähige Vereine und Gesellschaften bürgerlichen Rechts, die Arzneimittel zum Zwecke der Abgabe an ihre Mitglieder herstellen, gilt. Bei der **Einfuhrerlaubnispflicht** kam es ursprünglich ebenfalls darauf an, ob die Einfuhr „zum Zwecke der Abgabe an andere oder zur Weiterverarbeitung" erfolgt (§ 72 Abs. 1 S. 1 AMG aF).

14 Hieraus stellte sich in der Praxis die Frage, ob die lediglich für den Bereich der Herstellung geschaffene Legaldefinition des Begriffs „Abgabe an andere" zwingend auch auf den Begriff des Inverkehrbringens im Sinne des § 4 Abs. 17 AMG (Abgabe an andere als Unterfall des Inverkehrbringens mit allen Konsequenzen wie zum Beispiel Zulassungs- bzw Genehmigungspflicht) anzuwenden ist oder ob im Rahmen des Inverkehrbringens ein anderes Verständnis möglich ist. Infolge der Aufhebung der herstellungsbezogenen Legaldefinition des Abgabebegriffs dürfte es hierauf inzwischen nicht mehr ankommen. Der Abgabebegriff ist nunmehr lediglich im Rahmen der Legaldefinition des Inverkehrbringens im Sinne des § 4 Abs. 17 AMG relevant.

---

11 Daher kann auch kein Vorrätighalten zum Verkauf oder zu sonstiger Abgabe vorliegen, wenn der Lohnhersteller die von ihm auftragsgemäß fertig hergestellten Arzneimittel für den Lohnauftragnehmer bereitstellt (aA Sander, Arzneimittelrecht, § 13 AMG Erl. 4).
12 Sander, Arzneimittelrecht, § 13 AMG Erl. 4.
13 Gesetz zur Änderung arzneimittelrechtlicher und anderer Vorschriften v. 17.7.2009 (BGBl. I, 1990).

§ 18 Beteiligte und Verantwortliche beim Inverkehrbringen

A. Übersicht	1	II. Ausnahmen vom Apothekenmonopol	17
B. Pharmazeutischer Unternehmer	2	III. Inverkehrbringen von in der Apotheke hergestellten Arzneimitteln	18
I. Begriff	2	IV. Besondere Pflichten	20
II. Einzuhaltende Vorschriften	5	E. Einführer	21
III. Verantwortlichkeiten und besondere Pflichten	6	F. Sonstige Vertriebsunternehmer und Einzelhändler	22
C. Großhändler	9	G. Sponsor	24
I. Begriff	9	I. Begriff	24
II. Ausnahmen von der Großhandelserlaubnispflicht	11	II. Einzuhaltende Vorschriften	25
III. Einzuhaltende Vorschriften	13	III. Besondere Pflichten	26
D. Apotheker	15	H. Hersteller	29
I. Apothekenmonopol	15	I. Pharmaberater	32

A. Übersicht

Am Inverkehrbringen von Arzneimitteln sind verschiedene Unternehmen und Betriebe beteiligt. Die Frage, wer konkret beteiligt ist, hängt unter anderem zunächst davon ab, ob es sich um ein bereits zugelassenes Arzneimittel oder um ein (noch nicht zugelassenes und im Rahmen einer klinischen Prüfung einzusetzendes) Prüfpräparat handelt. Auch Prüfpräparate werden in den Verkehr gebracht, jedoch dürfen sie – außer an Apotheken – nur an Krankenhäuser und Ärzte und ausschließlich kostenlos abgegeben werden (vgl § 47 Abs. 1 S. 1 Nr. 2 lit. g AMG). Sie sind nicht auf dem freien Markt erhältlich. Bei bereits zugelassenen Arzneimitteln ist maßgebend, ob das Arzneimittel auf dem deutschen Markt oder in einem EU/EWR-Staat erhältlich ist oder aus einem Drittland eingeführt werden muss (vgl § 73 AMG). Schließlich spielt der arzneimittelrechtlich zulässige Vertriebsweg (vgl §§ 43, 47 AMG) eine Rolle.

B. Pharmazeutischer Unternehmer

I. Begriff

Pharmazeutischer Unternehmer ist gem. § 4 Abs. 18 AMG bei zulassungs- oder registrierungspflichtigen Arzneimitteln der Inhaber der Zulassung oder Registrierung, aber auch derjenige, der – ohne **Inhaber einer Zulassung oder Registrierung** zu sein – Arzneimittel unter seinem Namen in den Verkehr bringt. Pharmazeutischer Unternehmer ist daher auch, wer Fertigarzneimittel unter seinem Namen in den Verkehr bringt, wenn diese wegen § 21 Abs. 2 AMG keiner Zulassung bedürfen.

Apotheker und **Großhändler**, die Arzneimittel gegebenenfalls umfüllen (einschließlich abfüllen), abpacken, kennzeichnen und unter eigenem Namen in den Verkehr bringen, sind pharmazeutische Unternehmer gem. § 4 Abs. 18 S. 2 AMG.

Gestattet der Inhaber der Zulassung einem anderen Unternehmen, das auf ihn zugelassene Arzneimittel zugleich unter dessen Namen so in den Verkehr zu bringen, wie es zugelassen ist, räumt der Zulassungsinhaber ein sog. Mitvertriebsrecht ein.[1] Der **Mitvertreiber**, der Arzneimittel unter seinem Namen in den Verkehr bringt ohne selbst Inhaber der Zulassung zu sein, ist damit pharmazeutischer Unternehmer (vgl § 4 Abs. 18 S. 2 AMG). Dementsprechend muss das Arzneimittel mit dem Namen oder der Firma und der Anschrift des hinzugetretenen Mitvertreibers (zusätzlich zum Zulassungsinhaber) gekennzeichnet werden (§ 10 Abs. 1 S. 1 Nr. 1 AMG).

---

[1] Der Mitvertreiber ist strikt vom „örtlichen Vertreter" iSd Art. 1 Nr. 18 a RL 2001/83/EG (RL des Europäischen Parlaments und des Rates zur Schaffung eines Gemeinschaftskodexes für Humanarzneimittel v. 6.11.2001, ABl. EG Nr. L 311/67 v. 28.11.2001, zuletzt geändert durch RL 2008/29 v. 11.3.2008, ABl. EU Nr. L 81/51 v. 20.3.2008, zu trennen.

§ 18 Beteiligte und Verantwortliche beim Inverkehrbringen

Zu beachten ist, dass der Zulassungsinhaber in jedem Fall „Herr" der Zulassung bleibt. Dies folgt zum Beispiel aus den in §§ 29, 63 b und 63 c AMG enthaltenen Anzeige-, Dokumentations- und Meldepflichten (zu Änderungen von Arzneimitteln nach der Zulassung siehe § 11 Rn 1 ff). In einem schriftlichen **Vertrag** zwischen dem Zulassungsinhaber und dem Mitvertreiber sind unter anderem die Verantwortlichkeiten jeder Seite für die Einhaltung der gesetzlichen Verpflichtungen klar festzulegen (vgl § 9 Abs. 1 S. 2 AMWHV).

Da der Mitvertreiber Arzneimittel in den Verkehr bringt, trifft ihn grundsätzlich eine **Anzeigepflicht** gem. § 67 Abs. 1 S. 1 AMG. Er betreibt allerdings zugleich Großhandel mit Arzneimitteln im Sinne des § 4 Abs. 22 AMG und bedarf daher einer **Großhandelsbetriebserlaubnis** gem. § 52 a AMG (siehe § 18 Rn 9). In diesem Fall besteht keine Anzeigepflicht wegen § 67 Abs. 4 S. 1 AMG.

Bei zentral zugelassenen Arzneimitteln nach Art. 3 VO (EG) Nr. 726/2004[2] ist die Einräumung eines Mitvertriebsrechts nicht möglich.

4 Der **Sponsor** im Sinne des § 4 Abs. 24 AMG gibt zwar auch unter seinem Namen Arzneimittel ab, er ist aber nicht pharmazeutischer Unternehmer. § 4 Abs. 18 S. 2 AMG nimmt nämlich von dem Begriff des pharmazeutischen Unternehmers den Inverkehrbringer von Prüfpräparaten, also den Sponsor, aus. Dies folgt aus dem in § 4 Abs. 18 S. 2 AMG enthaltenen Verweis auf die Fälle des § 9 Abs. 1 S. 2 AMG (zum Sponsor siehe § 18 Rn 24).

II. Einzuhaltende Vorschriften

5 Der pharmazeutische Unternehmer ist insbesondere zur Beachtung und Einhaltung der Vorschriften des AMG und der AMWHV (vgl § 1 Abs. 2 Nr. 2 AMWHV) verpflichtet. Zur Anwendbarkeit der GroßhandelsBetrV[3] siehe § 1 S. 1 GroßhandelsBetrV.

III. Verantwortlichkeiten und besondere Pflichten

6 Durch die in § 9 AMG getroffene Regelung wird sichergestellt, dass sowohl öffentlich-rechtlich als auch zivil- und strafrechtlich auf den für das Inverkehrbringen verantwortlichen pharmazeutischen Unternehmer innerhalb des EU/EWR-Raums zugegriffen werden kann. Danach dürfen nämlich Arzneimittel im Geltungsbereich des AMG nur durch einen pharmazeutischen Unternehmer, der seinen Sitz im Bundesgebiet oder im EU/EWR-Raum hat, in den Verkehr gebracht werden. Bestellt der pharmazeutische Unternehmer einen örtlichen Vertreter, entbindet ihn dies nicht von seiner rechtlichen Verantwortung (§ 9 Abs. 2 AMG).[4]

Der pharmazeutische Unternehmer, der ein zulassungspflichtiges Arzneimittel in den Verkehr bringt, haftet im Schadensfalle verschuldensunabhängig (vgl § 84 Abs. 1 AMG; zur Gefährdungshaftung und Pflicht zur Deckungsvorsorge gem. § 94 AMG siehe § 27 Rd 5 ff und 130 ff).

7 Nach § 63 a Abs. 1 S.1 AMG hat der pharmazeutische Unternehmer, der Fertigarzneimittel im Sinne des § 4 Abs. 1 AMG in den Verkehr bringt, einen in einem EU-Mitgliedstaat ansässigen **Stufenplanbeauftragten** zu beauftragen, ein Pharmakovigilanzsystem einzurichten, zu führen und bekannt gewordene Meldungen über Arzneimittelrisiken zu sammeln, zu bewer-

---

2 VO (EG) Nr. 726/2004 des Europäischen Parlaments und des Rates v. 31.3.2004 zur Festlegung von Gemeinschaftsverfahren für die Genehmigung und Überwachung von Human- und Tierarzneimitteln und zur Errichtung einer Europäischen Arzneimittel-Agentur (ABl. EU Nr. L 136/1 v. 30.4.2004), zuletzt geändert durch VO (EG) Nr. 1394/2007 des Europäischen Parlaments und des Rates v. 13.11.2007 (ABl. EU Nr. L 324/121 v. 10.12.2007).
3 Betriebsverordnung für Arzneimittelgroßhandelsbetriebe (GroßhandelsBetrV) v. 10.11.2007 (BGBl. I, 2370), zuletzt geändert durch Gesetz v. 20.7.2007 (BGBl. I, 1574).
4 Die in § 9 Abs. 2 AMG getroffene Vertreterregelung geht zurück auf Art. 1 Nr. 18 a und Art. 6 Abs. 1 a RL 2001/83/EG.

ten und die notwendigen Maßnahmen zu koordinieren (zur Pharmakovigilanz siehe § 26 Rn 1 ff). Dies gilt allerdings nicht für Personen, soweit sie nach § 13 Abs. 2 S. 1 Nr. 1, 2, 2a oder 3 AMG keiner Herstellungserlaubnis bedürfen (§ 63a Abs. 1 S. 2 AMG), also für den Apotheker im Rahmen des üblichen Apothekenbetriebs, für Krankenhausapotheken, für Ärzte im Falle der ärztlichen Eigenherstellung zur Anwendung am eigenen Patienten und für den Tierarzt im Rahmen des Betriebes einer tierärztlichen Hausapotheke.

Bringt der pharmazeutische Unternehmer Fertigarzneimittel im Sinne des § 4 Abs. 1 AMG in den Verkehr, hat er einen **Informationsbeauftragten** nach § 74a Abs. 1 S. 1 AMG zu bestellen. Dieser hat die Aufgabe der wissenschaftlichen Information über die Arzneimittel verantwortlich wahrzunehmen. Dies gilt allerdings nicht für Personen, soweit sie nach § 13 Abs. 2 S. 1 Nr. 1, 2, 2a oder 3 AMG keiner Herstellungserlaubnis bedürfen (§ 74a Abs. 1 S. 3 AMG).

C. Großhändler

I. Begriff

Mit der 12. AMG-Novelle[5] ist der Großhandel mit Arzneimitteln im Sinne des § 2 Abs. 1 oder Abs. 2 Nr. 1 AMG der grundsätzlichen Erlaubnispflicht gem. § 52a Abs. 1 S. 1 AMG unterstellt worden. Ein Verstoß gegen § 52a Abs. 1 AMG ist nach § 96 Nr. 14 AMG strafbar (siehe § 45 Rn 4 ff).

Was unter „Großhandel mit Arzneimitteln" zu verstehen ist, ergibt sich aus § 4 Abs. 22 AMG. Danach ist Großhandel mit Arzneimitteln jede berufs- oder gewerbsmäßige zum Zwecke des Handeltreibens ausgeübte Tätigkeit, die in der Beschaffung, der Lagerung, der Abgabe oder Ausfuhr von Arzneimitteln besteht, mit Ausnahme der Abgabe von Arzneimitteln an andere Verbraucher als Ärzte, Zahnärzte, Tierärzte oder Krankenhäuser. Daher ist die Abgabe von Händedesinfektionsmitteln an Ärzte und Krankenhäuser erlaubnispflichtig, nicht aber an Alten- und Pflegeheime.

Der pharmazeutische Unternehmer im Sinne des § 4 Abs. 18 AMG betreibt Großhandel (zum Erfordernis einer Großhandelserlaubnis siehe § 18 Rn 11). Entsprechendes gilt für den Mitvertreiber, der ebenfalls pharmazeutischer Unternehmer ist.

Makler (Broker) und Betriebe, die Streckengeschäfte betreiben, beschaffen Arzneimittel beruf- oder gewerbsmäßig zum Zwecke des Handeltreibens und sind daher Großhändler. Auf eine körperliche Entgegennahme der Arzneimittel kommt es nicht an. **Einzelhändler** (also zum Beispiel die Inhaber von Drogeriemärkten und Reformhäusern), die Arzneimittel auch an andere Einzelhändler (Wiederverkäufer) abgeben, betreiben Großhandel.

Nicht unter die Definition fallen dagegen **Logistikunternehmen** (zum Beispiel Spediteure), die Arzneimittel transportieren, weil sie diese Tätigkeit nicht zum Zwecke des Handeltreibens ausüben. Dabei trägt die Verantwortung für die Lagerung der Auftraggeber des Logistikunternehmens (zum Beispiel der pharmazeutische Unternehmer oder Großhändler).

Der Warenfluss zwischen verschiedenen Betriebsstätten eines Konzerns stellt kein Handeltreiben dar und ist daher nicht erlaubnispflichtig.

II. Ausnahmen von der Großhandelserlaubnispflicht

Ausgenommen von der Erlaubnispflicht sind die für den Verkehr außerhalb der Apotheken freigegebenen Fertigarzneimittel, die im Reisegewerbe abgegeben werden dürfen (vgl § 51 Abs. 1 Hs 2 AMG; also zB Pflanzen, Pflanzenextrakte, Heilwässer) sowie Gase für medizinische Zwecke (§ 52a Abs. 1 S. 2 AMG).

---

5 Zwölftes Gesetz zur Änderung des Arzneimittelgesetzes v. 30.7.2004 (BGBl. I, 2031).

Die Herstellungserlaubnis nach § 13 AMG umfasst auch die Erlaubnis zum Großhandel mit den Arzneimitteln, die von der Erlaubnis nach § 13 AMG erfasst sind (§ 52 a Abs. 6 AMG). Betriebe, die mit anderen Arzneimitteln handeln als mit denjenigen, die in ihrer Herstellungserlaubnis aufgeführt sind, brauchen daher zusätzlich insoweit eine Großhandelsbetriebserlaubnis. Der Pharmazeutische Unternehmer, der nicht zugleich Inhaber einer Herstellungserlaubnis für die von ihm in den Verkehr gebrachten Arzneimitteln ist, bedarf gleichfalls einer Großhandelserlaubnis.

Entsprechendes gilt für **Importeure**, die Arzneimittel in den Geltungsbereich des AMG einführen. Die Einfuhrerlaubnis nach § 72 AMG umfasst auch die Erlaubnis zum Großhandel mit den Arzneimitteln, die von der Erlaubnis nach § 72 AMG erfasst sind (§ 52 a Abs. 6 AMG).

12 Ferner gilt die Erlaubnispflicht nicht für die Tätigkeit der **Apotheken** im Rahmen des üblichen Apothekenbetriebs (§ 52 a Abs. 7 AMG). Der Gesetzgeber hat den „**üblichen Apothekenbetrieb**" nicht definiert, obwohl dieses Merkmal nicht nur bei der Großhandelserlaubnispflicht von Bedeutung ist, sondern auch bei der Herstellungserlaubnispflicht (§ 13 Abs. 2 Nr. 1 AMG) und der Zulassungspflicht (§ 21 Abs. 2 Nr. 1 AMG). Zum üblichen Apothekenbetrieb gehören jedenfalls alle Tätigkeiten, die den Apotheken nach dem AMG, ApoG, SGB V und der ApBetrO erlaubt sind. Daher dürfen öffentliche Apotheken aufgrund der Apothekenbetriebserlaubnis (vgl § 1 ApoG) Arzneimittel unmittelbar an Verbraucher wie zum Beispiel Patienten, Ärzte, Zahnärzte, Tierärzte oder Krankenhäuser abgeben. Ferner gehören zum üblichen Apothekenbetrieb auch der Bezug von Arzneimitteln im Rahmen von Einkaufsgemeinschaften, der Einzelimport von Arzneimitteln gem. § 73 Abs. 3 AMG, die Heimversorgung (vgl § 12 a ApoG),[6] der Versandhandel (vgl § 11 a ApoG), Retouren (Rückgabe an den Großhändler oder pharmazeutischen Unternehmer, von denen diese Arzneimittel zuvor bezogen wurden, vgl § 4 a Abs. 1 S. 2 GroßhandelsBetrV), die Weitergabe von Arzneimitteln im Rahmen von Haupt- und Filialapotheken[7] und die Weitergabe von Arzneimitteln an andere Apotheken im Einzelfall (kollegiales Aushelfen).[8]

III. Einzuhaltende Vorschriften

13 Den Inhaber einer Großhandelserlaubnis gem. § 52 a Abs. 1 AMG trifft keine **Anzeigepflicht** (vgl § 67 Abs. 4 AMG). Soweit allerdings der Großhandel mit Arzneimitteln gem. § 52 a Abs. 1 S. 2 AMG nicht unter die Großhandelserlaubnispflicht fällt (freiverkäufliche Arzneimittel nach § 51 Abs. 1 Hs 2 und medizinische Gase, siehe § 18 Rn 11), besteht die Anzeigepflicht nach § 67 Abs. 1 S. 1 AMG.

Der Großhändler bedarf keiner **Herstellungserlaubnis** für das Umfüllen, Abpacken oder Kennzeichnen von Arzneimitteln in unveränderter Form, soweit es sich nicht um zur Abgabe an den Verbraucher bestimmte Packungen handelt (§ 13 Abs. 2 S. 1 Nr. 4 AMG).

14 Die **GroßhandelsBetrV** gilt für alle Betriebe und Einrichtungen, soweit sie Großhandel mit Arzneimitteln treiben, soweit nicht nach § 1 Abs. 2 AMWHV deren Vorschriften Anwendung finden (§ 1 S. 1 GroßhandelsBetrV). Unerheblich für die Anwendbarkeit der GroßhandelsBetrV ist somit die Frage nach der Erlaubnispflicht gem. § 52 a AMG. Die GroßhandelsBetrV gilt nicht für den Großhandel mit den in § 51 Abs. 1 Hs 2 AMG genannten für den Verkehr außerhalb der Apotheken freigegebenen Fertigarzneimitteln oder mit Gasen für medizinische Zwecke (§ 1 S. 2 GroßhandelsBetrV).

---

6 Kloesel/Cyran, Arzneimittelrecht, § 13 AMG Erl. 32; zur Verblisterung bei Heimversorgung durch Apotheke und zum üblichen Apothekenbetrieb siehe OVG Niedersachsen, Urt. v. 16.5.2006 – 11 LC 265/05.
7 Zu § 13 siehe Kloesel/Cyran, Arzneimittelrecht, § 13 AMG Erl. 32 a.
8 Zu § 13 siehe Kloesel/Cyran, Arzneimittelrecht, § 13 AMG Erl. 32; Sander, Arzneimittelrecht, § 13 AMG Erl. 6.

Gemäß § 1 Abs. 2 AMWHV findet die AMWHV Anwendung auf Apotheken, den Einzelhandel mit Arzneimitteln außerhalb von Apotheken, Ärzte, Zahnärzte, Tierärzte, tierärztliche Hausapotheken und Arzneimittelgroßhandelsbetriebe, soweit sie einer Erlaubnis nach § 13 AMG oder § 72 Abs. 1 AMG bedürfen, und auf pharmazeutische Unternehmer nach § 4 Abs. 18 AMG. Daher findet die GroßhandelsBetrV auf Apotheken nur Anwendung, soweit sie keiner Herstellungserlaubnis nach § 13 AMG bedürfen. Hiermit korrespondiert im übrigen die Ermächtigungsnorm des § 54 Abs. 4 AMG.

Gemäß § 1 a S. 1 GroßhandelsBetrV müssen Betriebe und Einrichtungen die **EU-Leitlinien für die Gute Vertriebspraxis**[9] von Arzneimitteln einhalten.

Die im Rahmen der Antragstellung nach § 52 a Abs. 2 S. 1 Nr. 3 AMG benannte **verantwortliche Person** ist für den ordnungsgemäßen Betrieb, insbesondere für die Einhaltung der Vorschriften der §§ 1 a, 4 bis 7 c GroßhandelsBetrV verantwortlich (vgl § 2 Abs. 1 GroßhandelsBetrV). Sie muss die zur Ausübung der Tätigkeit erforderliche Sachkenntnis besitzen.

D. Apotheker

I. Apothekenmonopol

Nach der amtlichen Begründung zu § 28 AMG 1961[10] ist die älteste Abgabestelle von Arzneimitteln an den Verbraucher die Apotheke. Im Laufe der Zeit sind allerdings für eine Reihe von Arzneimitteln, die nicht der Rezeptpflicht unterliegen, andere Abgabestellen neben die Apotheken getreten. Die Abgabe von Arzneimitteln in diesen Stellen ist jedoch auf solche Arzneimittel beschränkt, die nicht durch besondere gesetzliche Vorschriften ausdrücklich den Apotheken vorbehalten sind. § 43 Abs. 1 S. 1 Hs 1 AMG stellt dementsprechend den Grundsatz auf, dass Arzneimittel im Sinne des § 2 Abs. 1 oder Abs. 2 Nr. 1 AMG, die nicht durch die Vorschriften des § 44 AMG oder der nach § 45 Abs. 1 AMG erlassenen Rechtsverordnung für den Verkehr außerhalb der Apotheken freigegeben sind, außer in den Fällen des § 47 AMG, berufs- oder gewerbsmäßig für den Endverbrauch nur in Apotheken und ohne behördliche Erlaubnis nicht im Wege des Versandes in den Verkehr gebracht werden dürfen.

Dementsprechend dürfen gem. § 17 Abs. 1 ApBetrO (apothekenpflichtige) Arzneimittel außer im Falle des Versandes (vgl § 11 a ApoG) nur in den Apothekenbetriebsräumen in den Verkehr gebracht und nur durch pharmazeutisches Personal (vgl § 3 Abs. 3 ApBetrO) ausgehändigt werden.

Ein Inverkehrbringen für den **Endverbrauch** ist jede Abgabe eines Arzneimittels an eine das Arzneimittel verbrauchende Person und deshalb auch eine Abgabe an einen Arzt oder an eine sonstige Person, die das Arzneimittel an einer anderen Person anwendet.[11] Jeder Anwender eines Arzneimittels verbraucht es als Endverbraucher. Keine Abgabe an den Endverbraucher ist die Lieferung vom pharmazeutischen Unternehmer an den Arzneimittelgroßhändler und vom Großhändler an die Apotheke und jede Lieferung auf der gleichen Handelsstufe und die Rücklieferung zwischen den Handelsstufen.[12]

---

9 Leitlinien für die Gute Vertriebspraxis von Humanarzneimitteln (EU Guideline on Good Distribution Practice [GDP] of Medicinal Products for Human Use) v. 1.3.1994 (ABl. EG Nr. C 63/4); Concept Paper on Revision of the EU Guideline on Good Distribution Practice (GDP), Doc.Ref.EMEA/INS/GMP/42223/2009 v. 2.3.2009; WHO Good Distribution Practices (GDP) for Pharmaceutical Products (WHO Technical Report Series, No. 937, Annex 5, 2006); Proposal for Revision of WHO Good Distribution Practices (GDP) for Pharmaceutical Products, Working document QAS/08.252, Januar 2008.
10 Abgedruckt in Kloesel/Cyran, Arzneimittelrecht, § 43 AMG Erl. 1.
11 Kloesel/Cyran, Arzneimittelrecht, § 43 AMG Erl. 7.
12 Kloesel/Cyran, Arzneimittelrecht, § 43 AMG Erl. 7.

II. Ausnahmen vom Apothekenmonopol

17 Als Ausnahme von dem in § 43 Abs. 1 AMG festgelegten Apothekenmonopol regelt § 47 Abs. 1 AMG die unmittelbare Abgabe von apothekenpflichtigen Arzneimitteln durch pharmazeutische Unternehmer und Großhändler an die in § 47 Abs. 1 S. 1 Nr. 1–9 AMG genannten Betriebe, Einrichtungen und Personen. Dabei ist zu beachten, dass die Ausnahmen teilweise auf ganz bestimmte Arzneimittel beschränkt sind.

Rein deklaratorischer Natur ist die Regelung des § 47 Abs. 1 S. 1 Nr. 1 AMG, wonach pharmazeutische Unternehmer und Großhändler apothekenpflichtige Arzneimittel direkt an andere pharmazeutische Unternehmer und Großhändler abgeben dürfen. In diesem Fall liegt nämlich kein Inverkehrbringen für den Endverbrauch nach § 43 Abs. 1 S. 1 Hs 1 AMG vor (siehe § 18 Rn 16), sodass es insoweit keiner Ausnahmeregelung bedarf.

Zu beachten ist allerdings auch in diesem Fall, dass Lieferungen von Arzneimitteln nur an Betriebe und Einrichtungen erfolgen dürfen, die über eine Erlaubnis nach § 13 oder nach § 52a AMG verfügen oder die zur Abgabe an den Endverbraucher befugt sind (vgl § 6 Abs. 1 GroßhandelsBetrV).

III. Inverkehrbringen von in der Apotheke hergestellten Arzneimitteln

18 Die Herstellung von Arzneimitteln durch den Apotheker ist eine Kernkompetenz des Apothekers. Apothekenrechtlich ist die Herstellung und Abgabe von Arzneimitteln in der ApBetrO geregelt, arzneimittelrechtlich im AMG.[13]

Der Inhaber einer Apotheke darf grundsätzlich Arzneimittel ohne arzneimittelrechtliche Herstellungserlaubnis im Rahmen des üblichen Apothekenbetriebs herstellen (vgl § 13 Abs. 2 Nr. 1 AMG; zum Rahmen des üblichen Apothekenbetriebs siehe § 18 Rn 12) und unter den in § 21 Abs. 2 Nr. 1 AMG genannten Voraussetzungen auch ohne Zulassung nach § 21 Abs. 1 AMG abgeben. Dies ergibt sich apothekenrechtlich aus § 7 ApBetrO (**Rezeptur**) (zum Begriff des Rezepturarzneimittels siehe § 2 Rn 173), § 8 ApBetrO (**Defektur**) und § 9 ApBetrO (**Großherstellung**).

19 Sofern die Arzneimittelherstellung in der Apotheke einerseits die mengenmäßige Beschränkung der Defektur übersteigt (100er-Regelung), andererseits jedoch weiterhin den Rahmen des üblichen Apothekenbetriebs einhält, liegt eine **Großherstellung nach § 9 ApBetrO** vor, die keiner Herstellungserlaubnis nach § 13 AMG bedarf. Derart hergestellte Arzneimittel sind jedoch Fertigarzneimittel im Sinne des § 4 Abs. 1 S. 1 Alt. 1 AMG (zum Begriff des Fertigarzneimittels siehe § 2 Rn 168 ff) und daher grundsätzlich zulassungspflichtig, aber nur soweit sie in einer Anzahl von mehr als hundert abgabefertigen Packungen pro Tag hergestellt werden (vgl § 21 Abs. 2 Nr. 1 AMG).

Überschreitet der Apotheker den Rahmen des üblichen Apothekenbetriebs, ist für die Herstellung der Arzneimittel eine Erlaubnis nach § 13 Abs. 1 S. 1 AMG erforderlich und das Inverkehrbringen nach § 21 Abs. 1 AMG bedarf der (Einzel-)Zulassung, es sei denn es liegt eine Standardzulassung (vgl § 36 AMG) vor. Es findet dann nicht mehr die ApBetrO, sondern die (für die pharmazeutische Industrie geschaffene) AMWHV Anwendung.

IV. Besondere Pflichten

20 Der Apotheker, der Arzneimittel unter seinem eigenen Namen in den Verkehr bringt, ist pharmazeutischer Unternehmer gem. § 4 Abs. 18 S. 2 AMG (siehe § 18 Rn 2 ff) und als solcher für das Inverkehrbringen verantwortlich (vgl § 9 AMG; siehe § 18 Rn 6).

---

13 Zur Herstellung von Arzneimitteln in der Apotheke siehe Hasskarl/Bakhschai, APR 2007, 29–35.

Sind allerdings die vom Apotheker hergestellten Arzneimittel keine Fertigarzneimittel im Sinne des § 4 Abs. 1 S. 1 Alt. 1 AMG oder aber nach § 21 Abs. 2 Nr. 1 AMG von der Zulassungspflicht ausgenommen, greift die Gefährdungshaftung des § 84 Abs. 1 AMG (siehe § 27 Rn 5 ff) nicht. Ebenso wenig trifft ihn dann die Pflicht zur Deckungsvorsorge gem. § 94 Abs. 1 S. 1 AMG.

Die Pflicht zur Bestellung eines Stufenplanbeauftragten gem. § 63 a Abs. 1 S. 1 AMG besteht nicht, wenn es keiner Herstellungserlaubnis bedarf (vgl § 63 a Abs. 1 S. 2 AMG). Entsprechendes gilt hinsichtlich der Bestellung eines Informationsbeauftragen (vgl § 74 a Abs. 1 S. 1, 3 AMG).

Der Inhaber einer Apothekenbetriebserlaubnis ist nach § 67 Abs. 4 S. 1 AMG von den Anzeigepflichten gem. § 67 Abs. 1, 2 und 3 AMG ausgenommen. Für die Tätigkeit der Apotheken im Rahmen des üblichen Apothekenbetriebs bedarf es keiner Großhandelserlaubnis (§ 52 a Abs. 7, 1 AMG; siehe § 18 Rn 12).

E. Einführer

Hinsichtlich der Einfuhr von Arzneimitteln ist zwischen Arzneimitteln aus EU/EWR-Mitgliedstaaten einerseits und Drittstaaten andererseits zu unterscheiden. Gemäß § 4 Abs. 31 S. 1 AMG ist Verbringen jede Beförderung in den, durch den oder aus dem Geltungsbereich des AMG. Einfuhr ist dagegen das Verbringen aus Ländern, die nicht Mitgliedstaaten der Europäischen Union oder andere Vertragsstaaten des Abkommens über den Europäischen Wirtschaftsraum sind, in den Geltungsbereich des Gesetzes, mit Ausnahme der Beförderung durch den Geltungsbereich des Gesetzes unter zollamtlicher Überwachung oder der Überführung in ein Zolllagerverfahren oder eine Freizone des Kontrolltyps II (§ 4 Abs. 31 S. 2 AMG). Wer Arzneimittel oder Wirkstoffe (menschlicher, tierischer oder mikrobieller Herkunft oder auf gentechnischem Wege hergestellte Wirkstoffe im Sinne des § 4 Abs. 19 AMG) oder andere zur Arzneimittelherstellung bestimmte Stoffe menschlicher Herkunft gewerbs- oder berufsmäßig aus einem Drittstaat in den Geltungsbereich des AMG einführen will, bedarf gem. § 72 Abs. 1 S. 1 AMG grundsätzlich einer Einfuhrerlaubnis. Die Erlaubnispflicht besteht also nicht für Wirkstoffe pflanzlicher oder chemischer Herkunft. Zu welchem Zwecke die Einfuhr erfolgt, ist unerheblich (siehe § 17 Rn 13). Das bloße Verbringen aus einem EU-Mitgliedstaat ist nicht erlaubnispflichtig.

Der Einführer, der das Fertigarzneimittel für das Inverkehrbringen freigegeben hat (vgl §§ 17, 16 AMWHV), ist in der Packungsbeilage mit Name und Anschrift aufzuführen (vgl § 11 Abs. 1 S. 1 Nr. 6 lit. g) AMG). Bringt der Importeur das Arzneimittel unter seinem Namen in den Verkehr, so ist er pharmazeutischer Unternehmer.

Dem Inhaber einer Einfuhrerlaubnis gem. § 72 AMG obliegt keine Anzeigepflicht (§ 67 Abs. 4 AMG). Einer Großhandelserlaubnis gem. § 52 a AMG bedarf er nur für die Arzneimittel, die nicht von der Einfuhrerlaubnis umfasst sind (vgl § 52 a Abs. 6 AMG).

F. Sonstige Vertriebsunternehmer und Einzelhändler

Die Legaldefinition des Großhandels nach § 4 Abs. 22 AMG umfasst auch die Ausfuhr von Arzneimitteln (siehe § 17 Rn 9), sodass der **Exporteur** für seine Tätigkeit grundsätzlich einer Großhandelserlaubnis gem. § 52 a Abs. 1 S. 1 AMG bedarf. Sofern der Ausführer die Arzneimittel auf der Grundlage einer Herstellungserlaubnis gem. § 13 AMG herstellt, ist keine Großhandelserlaubnis erforderlich (vgl § 52 a Abs. 6 AMG). Eine arzneimittelrechtliche Anzeigepflicht entfällt nach § 67 Abs. 4 S. 1 AMG.

Die Ausfuhr von Arzneimitteln ist grundsätzlich ohne staatliche Erlaubnis zulässig. Das AMG enthält insoweit kein verwaltungsrechtliches Verbot mit Erlaubnisvorbehalt. Eine

§ 18 Beteiligte und Verantwortliche beim Inverkehrbringen

Ausnahme von dem Grundsatz der Exportfreiheit enthält § 73 a Abs. 1 AMG, wonach abweichend von den §§ 5 und 8 Abs. 1 AMG die dort bezeichneten Arzneimittel nur dann ausgeführt werden dürfen, wenn die zuständige Behörde des Bestimmungslandes die Einfuhr genehmigt hat.

23 Der **Einzelhändler**, der die Sachkenntnis nach § 50 AMG besitzt, bedarf keiner Herstellungserlaubnis für das Umfüllen, Abpacken oder Kennzeichnen von Arzneimitteln zur Abgabe in veränderter Form unmittelbar an den Verbraucher (§ 13 Abs. 2 Nr. 5 AMG). Von der Herstellungserlaubnispflicht für die genannten Herstellungsschritte im Sinne des § 4 Abs. 14 AMG sind daher nur der Unternehmer, der zur Vertretung des Unternehmens gesetzlich berufene Vertreter oder die von dem Unternehmer mit der Leitung des Unternehmens oder mit dem Verkauf beauftragte Person befreit, die über die erforderliche **Sachkenntnis** (vgl § 50 Abs. 2 AMG) verfügen. Bringt der Einzelhändler die von ihm umgefüllten, abgepackten oder gekennzeichneten Arzneimittel unter seinem Namen in den Verkehr, wird er zum pharmazeutischen Unternehmer nach § 4 Abs. 18 S. 2 AMG (siehe § 18 Rn 2).

Der Einzelhändler (Inhaber einer Drogerie, eines Reformhauses, eines Selbstbedienungsladens oder eines sonstigen Einzelhandelsgeschäftes) ist zur Anzeige nach § 67 Abs. 1 S. 1 AMG verpflichtet und unterliegt der Überwachung durch die zuständige Landesbehörde (vgl § 64 AMG). Die AMWHV findet gem. § 1 Abs. 2 Nr. 1 AMWHV Anwendung.

G. Sponsor

I. Begriff

24 Der Sponsor im Sinne des § 4 Abs. 24 AMG trägt die Verantwortung für die Veranlassung, Organisation und Finanzierung einer klinischen Prüfung bei Menschen (siehe § 12 Rn 47). Unter klinischer Prüfung ist der in § 4 Abs. 23 S. 1 AMG definierte Begriff zu verstehen (siehe § 12 Rn 1 ff). Ferner ist der Sponsor für das Inverkehrbringen der für die klinische Prüfung bestimmten Prüfpräparate im Sinne des § 3 Abs. 3 GCP-V[14] verantwortlich. Dies ergibt sich aus einer Gesamtbetrachtung der §§ 9 Abs. 1 S. 2, 12 Abs. 1b Nr. 2, 42 Abs. 3 S. 2 Nr. 1 AMG und §§ 5 Abs. 2 Nr. 1, 7 Abs. 1, 10 Abs. 1, 13 GCP-V. Auch Prüfpräparate sind Fertigarzneimittel im Sinne des § 4 Abs. 1 AMG, wie sich § 21 Abs. 2 Nr. 2 AMG entnehmen lässt, sodass der Sponsor Fertigarzneimittel in den Verkehr bringt.

II. Einzuhaltende Vorschriften

25 Der Sponsor einer klinischen Prüfung ist insbesondere zur Einhaltung der Vorschriften des AMG, der AMWHV und der GCP-V verpflichtet, soweit diese Anwendung finden.

III. Besondere Pflichten

26 Da der Sponsor kein pharmazeutischer Unternehmer gem. § 4 Abs. 18 S. 2 AMG ist (siehe § 18 Rn 4), ist der Sponsor nicht rechtlich verpflichtet, einen Stufenplanbeauftragten im Sinne des § 63 a AMG zu bestellen. Die für die klinische Prüfung maßgebende GCP-Richtlinie,[15] die in das deutsche Recht durch die 12. AMG-Novelle[16] transponiert wurde, enthält

---

14 VO über die Anwendung der Guten Klinischen Praxis bei der Durchführung von klinischen Prüfungen mit Arzneimitteln zur Anwendung am Menschen v. 9.8.2004 (BGBl. I, 2081), zuletzt geändert durch VO v. 15.3.2006 (BGBl. I, 542).
15 RL 2001/20/EG v. 4.4.2001 zur Angleichung der Rechts- und Verwaltungsvorschriften der Mitgliedstaaten über die Anwendung der guten klinischen Praxis bei der Durchführung von klinischen Prüfungen mit Humanarzneimitteln (ABl. EG Nr. L 121/34).
16 Zwölftes Gesetz zur Änderung des Arzneimittelgesetzes v. 30.7.2004 (BGBl. I, 2031).

keinen dem deutschen Stufenplanbeauftragten vergleichbaren Verantwortungsträger, der durch den Sponsor zu bestellen wäre.[17]

Im Übrigen gilt Entsprechendes bezüglich der Bestellung eines Informationsbeauftragten, der nach § 74a Abs. 1 S. 1 AMG dafür zuständig ist, die Aufgabe der wissenschaftlichen Information über Arzneimittel verantwortlich wahrzunehmen. Der Sponsor ist nicht verpflichtet, einen Informationsbeauftragten zu bestellen, weil er kein pharmazeutischer Unternehmer ist.

Die Melde- und Beurteilungsverpflichtungen in Bezug auf qualitätsbezogene Arzneimittelrisiken bei Prüfpräparaten in der AMWHV treffen – entgegen dem Wortlaut des § 19 Abs. 4 AMWHV – ausschließlich den Hersteller der Prüfpräparate, nicht aber den Sponsor.[18] Der Sponsor ist jedoch als Inverkehrbringer eines vom Hersteller hergestellten Prüfpräparats und als Gesamtverantwortlicher entscheidend auf die Zusammenarbeit mit dem Hersteller und dessen sachkundiger Person nach § 14 AMG, nicht jedoch mit einem gesetzlich nicht vorgesehenen Stufenplanbeauftragten angewiesen.

Die Dokumentations- und Mitteilungspflichten bezüglich unerwünschter Ereignisse und Nebenwirkungen im Zusammenhang mit der Durchführung klinischer Prüfungen obliegen in einem umfassenden Sinne dem Sponsor und sind in § 13 GCP-V im Einzelnen geregelt (siehe § 12 Rn 65 ff). An die Stelle des Sponsors tritt, soweit der Sponsor außerhalb der Europäischen Union oder in einem anderen Vertragsstaat des Abkommens über den Europäischen Wirtschaftsraum seinen Sitz hat, der Vertreter des Sponsors (vgl § 40 Abs. 1 S. 3 Nr. 1 AMG).[19]

H. Hersteller

Ist der Zulassungsinhaber nicht zugleich der Hersteller des Arzneimittels, so ist der Hersteller, der das Arzneimittel für das Inverkehrbringen freigegeben hat (vgl §§ 16, 17 AMWHV), mit Name und Anschrift in der Packungsbeilage anzugeben (vgl § 11 Abs. 1 S. 1 Nr. 6 lit. g AMG). Die Freigabe ist ein Herstellungsschritt (§ 4 Abs. 14 AMG), sodass für die (End-)Freigabe zum Inverkehrbringen eine Herstellungserlaubnis gem. § 13 Abs. 1 AMG erforderlich ist.

Dem Inhaber einer Herstellungserlaubnis obliegt keine Anzeigepflicht nach § 67 Abs. 1 AMG (vgl § 67 Abs. 4 S. 1 AMG). Er bedarf keiner Großhandelserlaubnis für die Arzneimittel, die von der Herstellungserlaubnis umfasst sind (§ 52a Abs. 6 AMG). Der Hersteller ist insbesondere zur Einhaltung des AMG und der AMWHV verpflichtet. Auch wenn die Herstellung von Wirkstoffen chemischer oder pflanzlicher Herkunft nicht nach § 13 Abs. 1 AMG erlaubnispflichtig ist, findet in diesem Fall die AMWHV grundsätzlich Anwendung (vgl § 1 Abs. 1 S. 1 Nr. 4 AMWHV). Auch diese Wirkstoffe sind also GMP-gerecht herzustellen (vgl auch § 11 Abs. 2 AMWHV).

Die Lohnherstellung stellt eine Tätigkeit im Auftrag dar, sodass hierüber ein schriftlicher Vertrag zwischen dem Auftraggeber (zum Beispiel Zulassungsinhaber) und Auftragnehmer (Lohnhersteller) zu schließen ist (vgl § 9 Abs. 1 S. 1 AMWHV). In diesem Vertrag müssen die Verantwortlichkeiten jeder Seite klar festgelegt und insbesondere die Einhaltung der Guten Herstellungspraxis geregelt sein (vgl § 9 Abs. 1 S. 2 AMWHV).[20]

---

17 Siehe Hasskarl, Sponsorpflichten: keine Pflicht zur Bestellung eines Stufenplanbeauftragten, in: FS Sander, Iuri Pharmaceutico, 2008, S. 113.
18 Hasskarl, Sponsorpflichten: keine Pflicht zur Bestellung eines Stufenplanbeauftragten, in: FS Sander, Iuri Pharmaceutico, 2008, S. 113, 115.
19 Ausführlich: Ziegler, Rechtliche Verantwortung des Vertreters des Sponsors klinischer Studien, pharmind 2006, 74–77.
20 Hasskarl/Bakhschai, pharmind 2008, 629–634.

I. Pharmaberater

32 Pharmazeutische Unternehmer dürfen nur Pharmaberater beauftragen, hauptberuflich Angehörige von Heilberufen aufzusuchen, um diese über Arzneimittel fachlich zu informieren (vgl § 75 Abs. 1 AMG). Soweit der Pharmaberater vom pharmazeutischen Unternehmer beauftragt wird, Muster von Fertigarzneimitteln an die nach § 47 Abs. 3 AMG berechtigten Personen abzugeben, hat er über die Empfänger von Mustern sowie über Art, Umfang und Zeitpunkt der Abgabe von Mustern Nachweise zu führen und auf Verlangen der zuständigen Landesbehörde vorzulegen (§ 76 Abs. 2 AMG; zum Pharmaberater siehe § 29 Rn 1 ff).

§ 19 Die Produktinformationstexte gemäß §§ 10, 11 und 11 a AMG

Literatur: *Europäische Kommission*, A Guideline on the Product Summary Characteristics (SmPC). Revision 2, September 2009, <http://ec.europa.eu/enterprise/pharmaceuticals/eudralex/vol-2/c/smpc_guideline_rev2.pdf> (6.11.2009); *Europäische Kommission*, Readability Guideline, <http://ec.europa.eu/enterprise/pharmaceuticals/eudralex/vol-2/c/2009_01_12_readability_guideline_final.pdf> (6.11.2009); *EMEA*, Product information, <http://www.emea.europa.eu/htms/human/raguidelines/productinformation.htm> (6.11.2009); *MHRA*, Always read the leaflet, <http://www.mhra.gov.uk/home/groups/pl-a/documents/publication/con-2018041.pdf> (8.11.2009).

A. Entstehungsgeschichte	1
B. Europarechtskonformität	3
C. Kennzeichnung (§ 10 AMG)	4
I. Ziel der Kennzeichnung	4
II. Regelungsinhalt	6
1. Sekundärverpackung	6
2. Primärverpackung	20
3. Blister	21
4. Kleine Behältnisse	22
III. Prüfungsmaßstab	23
IV. Ergänzende konkretisierende Regelungen	24
V. Bedeutung der Regelung in der Praxis	26
D. Packungsbeilage (§ 11 AMG)	27
I. Entstehungsgeschichte und Regelungshintergrund	27
II. Regelungsinhalt	28
III. Prüfungsmaßstab	37
IV. Ergänzende konkretisierende Regelungen	38
V. Bedeutung der Regelung in der Praxis	39
E. Fachinformation (§ 11 a AMG)	40
I. Regelungshintergrund	40
II. Regelungsinhalt	41
III. Prüfungsmaßstab	49
IV. Ergänzende konkretisierende Regelungen	50
V. Bedeutung der Regelung in der Praxis	51

A. Entstehungsgeschichte

Die §§ 10 bis 11 a AMG bestimmen die Details der Informationen, mit denen ein Fertigarzneimittel zu kennzeichnen ist (§ 10 AMG), die in der dem Arzneimittel beigefügten Gebrauchsinformation aufzuführen sind (§ 11 AMG) und die als Zusammenfassung der Produktmerkmale (§ 11 a AMG) wiederzugeben sind. 1

Lag mit dem AMG von 1961 noch der Schwerpunkt auf der Kennzeichnung und einem relativ freigestellten Umfang der Information für den Anwender, so wurde mit dem Neuordnungsgesetz von 1978 eine Übernahme des inzwischen auf europäischer Ebene mit der Richtlinie 65/65/EWG festgelegten Umfangs der Angaben vorbereitet. Erst mit dem 2. AMG-Änderungsgesetz wurde eine spezielle Information für Fachkreise, die sog. Fachinformation, 1987 ergänzend aufgenommen. Anhaltende Kritik an der Struktur und Verständlichkeit der Packungsbeilage führte zur Erarbeitung der Richtlinie 92/27EG, die wiederum eine Novellierung der §§ 10 bis 11 a AMG 1994 nach sich zog. Mit dem 14. AMG-Änderungsgesetz wurden die Anforderungen für die Produktinformationstexte 2005 endgültig an die europäischen Anforderungen nach dem Kodex für Humanarzneimittel, der Richtlinie 2001/83/EG in ihrer jeweils geltenden Fassung, angepasst. Aufgrund der Übergangsregelungen in § 141 AMG sind jedoch nach wie vor Packungsbeilagen wie auch Fachinformationen in Verkehr, die nicht den derzeit gültigen europäischen Vorgaben entsprechen. Mit der sog. 15. AMG-Novelle wurden nun die bislang separaten Absätze für traditionelle pflanzliche zu registrierende Arzneimittel in die schon bisher geltenden Anforderungen für Humanarzneimittel integriert.

Diese grobe Skizze des Wechselspiels zwischen nationalen und europäischen Überarbeitungen der Normen jeweils mit dem Ziel, die Kennzeichnung zu verbessern, Anwendern und Patienten möglichst leicht auffindbare und verständliche Informationen zur Verfügung zu stellen und Angehörigen der Heilberufe die für sie essenziellen Angaben zu einem Arzneimittel zugänglich zu machen, muss ergänzt werden durch die Regelungen, die die Vereinheitlichung von Angaben zu Arzneimitteln mit gleichen Wirkstoffen zum Ziel haben (Auflagenbefugnis gem. § 28 Abs. 3 AMG für sog. Mustertexte) und seit Ende 2005 durch die 2

Verpflichtung im Zulassungsverfahren Ergebnisse von Lesbarkeitstests vorzulegen (§ 22 Abs. 7 S. 2 AMG) sowie durch Art. 28 RL 2001/83/EG, in der jeweils gültigen Fassung, nicht nur die SmPC, sondern auch die Kennzeichnung und die Packungsbeilage in europäischen Verfahren harmonisieren zu müssen. Die Gesamtheit der Normen ist darauf ausgerichtet, dass ein Fertigarzneimittel eindeutig im Hinblick auf seine Herkunft, seine Bezeichnung, seine Inhaltsstoffe, seine Art und in bestimmten Fällen auch seinen Verwendungszweck bestimmt werden, sicher und effektiv angewendet werden kann und alle wesentlichen Eigenschaften in einem Dokument – auch konsistent über mehrere Zulassungsinhaber verschiedener Produkte mit gleichen Wirkstoffen und Verkehrsfähigkeit in mehreren oder allen Mitgliedstaaten hinweg – beschrieben sind.

B. Europarechtskonformität

3   Mit der Richtlinie 65/65/EWG wurde für Europa erstmals einheitlich vorgegeben, dass die Produktmerkmale in einem beschreibenden Dokument zusammenzufassen sind. Dabei wurde ein deutliches Gewicht auf die Zusammenfassung der Produktmerkmale gelegt, die letztlich die Dossierbewertung durch die Zulassungsbehörden widerspiegeln soll (Art. 4 a RL 65/65/EWG). Die Festlegungen für die Kennzeichnung und die Packungsbeilage werden in einem anderen Abschnitt später beschrieben (Artt. 13 bis 20 RL 65/65/EWG). Bis dahin kannten einige der Mitgliedstaaten weder eine Packungsbeilage noch die Summary of Product Characteristics (SmPC). Dosierungsangaben durch den Apotheker auf der Faltschachtel waren nicht unüblich. Andererseits hatten auch die Fachkreise nur die Packungsbeilage als Information zur Hand und erwarteten für ihre Bedürfnisse ausreichend ausführliche Angaben. Mit der jeweiligen nationalen Implementierung befinden sich die Mitgliedstaaten auf dem Wege, die Anforderungen zu harmonisieren. Mit Einführung des zentralen Zulassungsverfahrens wurde *de facto* durch die Europäische Kommission selbst, die letztlich die Zulassungsbescheide für die Arzneimittel ausspricht, eine Umsetzung der Normen vorgenommen, die beispielgebend für die nationalen Verfahren wurde und heute für alle Zulassungsverfahren durchgängig die Grundlage darstellt. Diese wird unterstützt durch Empfehlungen zur Interpretation der Norm wie der Guideline on SmPC oder der Guideline on Readability sowie den darauf Bezug nehmenden sog. QRD-Templates[1]. Diese Formatvorlagen für die Kennzeichnung, die Packungsbeilage und die Fachinformation sind Grundlage für die Bekanntmachung des BfArM über Empfehlungen zur Gestaltung von Packungsbeilagen und deren Anlagen. Seit 2002 sind beide Formatvorlagen, die für das zentrale Zulassungsverfahren und die national publizierten, kompatibel. Mit Inkrafttreten der 14. AMG-Novelle und kleineren Korrekturen durch die sog. 15. AMG-Novelle ist auch die Fachinformation vollständig analog zu den Anforderungen des Art. 11 RL 2001/83/EG zu gestalten. Details dazu werden in den nachfolgenden Kapiteln besprochen.

C. Kennzeichnung (§ 10 AMG)

I. Ziel der Kennzeichnung

4   Das Arzneimittel soll dauerhaft und gut lesbar in seiner **Primär- wie Sekundärverpackung** gekennzeichnet sein. Primärverpackung ist dabei die Verpackung, die unmittelbar mit dem Arzneimittel in Berührung kommt, etwa die Glasampulle mit einer Injektionslösung oder die Aluminiumtube mit der Creme oder Salbe, aber auch der Blister (Durchdrückpackung)

---

1 QRD steht für Quality Review of Documents. Aufgaben und Empfehlungsdokumente dieser Arbeitsgruppe der EMEA sind zugänglich unter <http://www.emea.europa.eu/htms/human/raguidelines/productinformation.htm>. Zur Implementierung der Version, die die Revision der SmPC-Guideline berücksichtigt, siehe <http://www.emea.europa.eu/htms/human/qrd/qrdplt/ImplementationQRDv7.3.pdf>.

mit den Tabletten oder Kapseln. In den meisten Fällen ist diese Primärverpackung mit einer Faltschachtel umgeben, der Sekundärverpackung oder Umverpackung. Auch wenn dies die Regel ist, gibt es doch einige Produkte, die nur in einer Primärverpackung in Verkehr gebracht werden. Dies spielt für die Kennzeichnung in so fern eine Rolle, als die Angaben der Gebrauchsinformation in solchen Fällen mit/auf der Primärverpackung anzugeben sind, zB bei einer Druckgasflasche für Lachgas. Die Norm regelt den Umfang der Angaben, nicht jedoch deren Anordnung oder grafische Gestaltung. Dabei gelten spezielle Vorschriften für Blister und einige Ausnahmen für sog. kleine Behältnisse. Letztere haben mit dem 15. Änderungsgesetz des AMG mit der Festlegung auf 10 ml Nennfüllmenge eine Neudefinition erfahren. Zuvor bestehende besondere Auflistungen für homöopathische Arzneimittel, die der Zulassung bedurften, sind mit der gleichen Novelle aufgehoben worden, ohne dabei die bisher bestehenden inhaltlichen Besonderheiten für diese Produkte zu ändern. Für zu registrierende Homöopathika und registrierte traditionelle pflanzliche Arzneimittel sowie Tierarzneimittel sind die Vorschriften zwar in gesonderten Absätzen beschrieben, um notwendige Differenzierungen sinnvoll vornehmen zu können (Angabe zB der Registriernummer, Ursubstanz und Verdünnungsgrad oder Tierarten und Wartezeiten). Der grundsätzliche Umfang der geforderten Angaben unterscheidet sich dadurch aber nicht.

Besonders herausgehoben ist die **ergänzende Kennzeichnung für Blinde und Sehbehinderte**. Für diese spezielle Patientengruppe ist durch die Prägung der Bezeichnung und der Stärke in Braille auf der Faltschachtel ein Abbau von Barrieren beabsichtigt. Blinde und Sehbehinderte können dadurch ihre Arzneimittel besser identifizieren und ggf unterscheiden. Über die Einführung dieser Regelung hat es umfangreiche Diskussionen gegeben.[2] Mittlerweile ist die Implementierung weitgehend umgesetzt und Übergangsregelungen in fast allen Mitgliedstaaten sind abgelaufen. Kürzlich hat das Europäische Komitee für Normung (CEN) für die technische Umsetzung eine Norm verabschiedet, so dass auch in der Hinsicht ein europäisch einheitliches Niveau für die technische Umsetzung erreicht ist.

II. Regelungsinhalt

1. Sekundärverpackung

Nachfolgend werden die einzelnen **Ziffern des § 10 Abs. 1 S. 1 AMG** kurz erläutert:[3]

1. der Name oder die Firma und die Anschrift des pharmazeutischen Unternehmers und, soweit vorhanden, der Name des von ihm benannten örtlichen Vertreters,

Damit soll sicher gestellt werden, dass der Zulassungsinhaber und damit der für das Inverkehrbringen verantwortliche pharmazeutische Unternehmer (gem. § 4 Abs. 18 AMG) bekannt ist und bei erforderlichen Rückfragen auch angesprochen (angeschrieben, telefonisch kontaktiert, ggf. zur Verantwortung gezogen) werden kann.

2. die Bezeichnung des Arzneimittels, gefolgt von der Angabe der Stärke und der Darreichungsform, und soweit zutreffend, dem Hinweis, dass es zur Anwendung für Säuglinge, Kinder oder Erwachsene bestimmt ist, es sei denn, dass diese Angaben bereits in der Bezeichnung enthalten sind,

Diese Angaben dienen der Identifizierung des Produkts einschließlich der Wirkstärke. Diese Angaben sind in jedem Fall anzugeben, auch wenn nur eine Darreichungsform, eine Wirkstärke in den Verkehr gebracht wird. Die Bezeichnung selbst kann bereits Angaben zum Wirkstoff, der Stärke oder Darreichungsform enthalten, muss es aber nicht. Im ersten Fall

---

[2] Dörfe/Klein, Braille. Aktuelle Fragestellung anlässlich des Vollzugs des § 10 Abs. 1 b AMG im Kontext des Art. 56 a der RL 823/2001/EG, PharmR 2008, 89–132.
[3] Ausführliche Hinweise und Referenzen zu Gerichtsurteilen können den Kommentaren *Kloesel/Cyran* und *Sander* entnommen werden (siehe Allg. Literaturverzeichnis).

müssen solche Angaben nicht wiederholt werden. Im anderen Fall sollen diese Angaben unmittelbar der Bezeichnung folgen, dh die räumliche Nähe muss auch auf der Faltschachtel eindeutig gegeben sein. Der ergänzende Hinweis auf die Anwendung für Säuglinge, Kinder oder Erwachsene ist jedenfalls dann hilfreich und sinnvoll, wenn das Produkt speziell ausgerichtet ist auf die eine oder andere Patientenzielgruppe oder bei zB Säuglingen und Kindern wegen besonderer Risiken nicht angewendet werden darf. Allerdings ist die Festlegung „Kinder" eher unspezifisch und für die meisten Produkte wenig aussagekräftig, wenn nicht zwischen Kleinkindern, Schulkindern oder Jugendlichen unterschieden werden kann. Auch bei der Gruppe der Säuglinge kann es häufig sinnvoll sein, diese noch aufzuteilen.

8 *3. die Zulassungsnummer mit der Abkürzung „Zul.-Nr.",*

Zumindest für die Zulassungs- und Überwachungsbehörden ist dies zur eindeutigen Identifizierung eine zwingende Angabe, da auf behördlicher Seite diese Nummern als „unique identifier" genutzt werden. Der pharmazeutische Unternehmer muss für den Warenverkehr zusätzlich die Pharmazentralnummer (PZN) oder Europäische Artikelnummer (EAN) aufbringen, die von der Norm nicht berührt wird. Angesichts der unterschiedlichen Intentionen beider Nummernsysteme ist keine 1:1-Beziehung zwischen der Zulassungsnummer und den vertriebsorientierten Nummern herzustellen. Hierfür müssten noch eindeutige Zuweisungen der Packungsgrößen erfolgen wie es für Zulassungen im zentralen Verfahrnem erfolgt. An dieser Stelle wird aber durch die europäische Gesetzgebung keine Einheitlichkeit eingefordert.

9 *4. die Chargenbezeichnung, soweit das Arzneimittel in Chargen in den Verkehr gebracht wird, mit der Abkürzung „Ch.-B.", soweit es nicht in Chargen in den Verkehr gebracht werden kann, das Herstellungsdatum,*

Damit ist der Produktionslauf beim Hersteller von den Ausgangsstoffen bis zur Freigabe der Charge zurückzuverfolgen. Für die Überprüfung von Qualitätsmängeln oder zur Vermeidung von Schädigungen bei Produktionsfehlern ist dies eine essenzielle Angabe. Das Produktionsdatum der Charge bestimmt das Datum der Haltbarkeit (s.u. Rn 4).

10 *5. die Darreichungsform,*

Auch wenn häufig direkt erkennbar, ist eine solche Angabe in vielen anderen Fällen doch unabdingbar, da nicht vom äußeren Ansehen eine Filmtablette von einer Retardtablette unterscheidbar sein muss. Bei einer Angabe wie „Injektions- und Infusionslösung" können unmittelbar Schlussfolgerungen auf die Anwendungsart möglich sein. Die Angabe gemäß Nr. 2 ersetzt die Angabe dieser gemäß Nr. 5 nicht.

11 *6. der Inhalt nach Gewicht, Rauminhalt oder Stückzahl,*

7. die Art der Anwendung,

In manchen Fällen der Bezeichnung der Art der Anwendung mögen Überschneidungen mit der Angabe gemäß Nr. 5 ins Auge fallen, doch es gibt ebenso eine Reihe von Situationen, in denen die Art der Anwendung nicht aus der Darreichungsform selbsterklärend ist: Eine Tablette kann zB zum Einnehmen, zum Lutschen oder zum Auflösen bestimmt sein. In jedem Fall ist hier die bestimmungsgemäße Anwendung gemeint.

12 *8. die Wirkstoffe nach Art und Menge und sonstige Bestandteile nach der Art, soweit dies durch Auflage der zuständigen Bundesoberbehörde nach § 28 Abs. 2 Nr. 1 angeordnet oder durch Rechtsverordnung nach § 12 Abs. 1 Nr. 4, auch in Verbindung mit Abs. 2, oder nach § 36 Abs. 1 vorgeschrieben ist; bei Arzneimitteln zur parenteralen oder zur topischen Anwendung, einschließlich der Anwendung am Auge, alle Bestandteile nach der Art,*

Für die Bezeichnung der Wirkstoffe und sonstigen Bestandteile gelten seit Inkrafttreten der sog 15. AMG-Novelle die Angaben der Stoffdatenbank der Bundesoberbehörden. Dadurch wird die bisherige Bezeichnungsverordnung in gedruckter Form abgelöst mit dem Vorteil einer unmittelbaren Aktualität der Angaben und nutzerfreundlicheren Pflegemöglichkeit. Schwierigkeiten durch die Übertragung englischer Wirkstoffbezeichnungen ins Deutsche oder aufgrund einer strikten Anwendung von Nomenklaturregeln abweichenden Bezeichnung von allgemein gebräuchlichen Bezeichnungen werden dadurch zwar nicht ausgeschlossen, wenigstens fallen aber Korrekturen fort, die sich allein durch die permanent erforderliche Fortschreibung ergeben können.

Insbesondere bei parenteral und topisch anzuwendenden Arzneimitteln spielen Überempfindlichkeitsreaktionen auch auf die sonstigen Bestandteile eine bedeutende Rolle, so dass der Anwender bereits vor Erwerb oder Aushändigung sich darüber informieren können soll, um ggf auf Alternativen ausweichen zu können. Daher müssen bei solchen Darreichungsformen auch die sonstigen Bestandteile angegeben werden, die üblicher Weise sonst nicht auf der Faltschachtel erscheinen müssen.

8 a. bei gentechnologisch gewonnenen Arzneimitteln der Wirkstoff und die Bezeichnung des bei der Herstellung verwendeten gentechnisch veränderten Mikroorganismus oder die Zelllinie, **13**

Bei dieser besonderen Wirkstoffgruppe ist die reine Wirkstoffbezeichnung nicht ausreichend. Diese Ergänzung steht in Übereinstimmung mit den besonderen Anforderungen für diese Produkte gemäß der Richtlinie 2001/83/EG Anhang 1, Teil 4 (vgl auch Guideline on SmPC, revidierte Fassung vom 23.9.2009, in Kraft ab 1.5.2010)

9. das Verfalldatum mit dem Hinweis „verwendbar bis", **14**

Auf der Grundlage der Ergebnisse der Stabilitätsuntersuchungen wird ein Datum der Verwendbarkeit angegeben, bei dem Sicherheit und Wirksamkeit gesichert sind. Das Datum ist auch bei Prägung auf den Umkarton mit Schriftfarbe aufzubringen, damit die Lesbarkeit erleichtert wird.

10. bei Arzneimitteln, die nur auf ärztliche, zahnärztliche oder tierärztliche Verschreibung abgegeben werden dürfen, der Hinweis „Verschreibungspflichtig", bei sonstigen Arzneimitteln, die nur in Apotheken an Verbraucher abgegeben werden dürfen, der Hinweis „Apothekenpflichtig", **15**

Diese Angabe ist in erster Linie für den Apotheker informativ, der das Arzneimittel in korrekter Weise abzugeben hat. Durch gesetzliche Normen (Siebenter Abschnitt, §§ 43 bis 53 AMG) sowie darauf Bezug nehmende Verordnungen[4] regeln explizit den Abgabestatus eines Arzneimittels oder auch einer Packungsgröße.

11. bei Mustern der Hinweis „Unverkäufliches Muster", **16**

Diese Kennzeichnung dient in erster Linie der Vermeidung von Falschabrechnung kostenfrei abgegebener Ärztemuster. Der Arzt soll die Möglichkeit haben, sich mit einem Produkt vertraut zu machen, diese jedoch nicht als Verordnung einer Krankenkasse in Rechnung stellen. Musterpackungen sind in der Regel die kleinste zugelassenen Packungsgröße (siehe §20 Rn 19)

12. der Hinweis, dass Arzneimittel unzugänglich für Kinder aufbewahrt werden sollen, es sei denn, es handelt sich um Heilwässer, **17**

13. soweit erforderlich besondere Vorsichtsmaßnahmen für die Beseitigung von nicht verwendeten Arzneimitteln oder sonstige besondere Vorsichtsmaßnahmen, um Gefahren für die Umwelt zu vermeiden,

---

4 Arzneimittelverschreibungsverordnung v. 21.12.2005 (BGBl. I, 3632), die zuletzt durch die VO v. 21.7.2009 (BGBl. I, 2114) geändert worden ist. – VO über apothekenpflichtige und freiverkäufliche Arzneimittel in der Fassung der Bekanntmachung v. 24.11.1988 (BGBl. I, 2150; 1989 I, 254), die zuletzt durch Artikel 1 der VO v. 19.12.2006 (BGBl. I, 3276) geändert worden ist.

Nr. 13 trifft vorrangig für spezielle Arzneimittelgruppen wie zB Onkologika oder radioaktive Arzneimittel zu. Da in den meisten Fällen eine Entsorgung über den Hausmüll, der weit überwiegend verbrannt wird, möglich ist – und damit in jedem Fall umweltverträglicher als über die Abwasserentsorgung erfolgt – ist ein spezieller Hinweis zumeist entbehrlich.

18 *14. Verwendungszweck bei nicht verschreibungspflichtigen Arzneimitteln.*
Arzneimittel, die nicht verordnet werden, sollen durch den Verbraucher richtig eingestuft werden. Er kann den Verwendungszweck nicht aus der Zusammensetzung heraus erkennen, muss aber vor dem Erwerb entscheiden können, ob der Verwendungszweck überhaupt seinen Kaufabsichten entspricht, ohne die Packung öffnen und die Packungsbeilage lesen zu müssen. Der Verwendungszweck ergibt sich regelmäßig aus den zugelassenen Anwendungsgebieten, ist aber mit diesen nicht notwendig wortidentisch, sondern kann aus einem Überbegriff bestehen, zB können Begriffe wie Erkältungsmittel, Mittel gegen Schnupfen oder Schmerzmittel verwendet werden.

19 **Weitere Angaben sind zulässig, wenn** sie mit der gesundheitlichen Aufklärung des Patienten oder für die Anwendung des Arzneimittels wichtig sind oder im Zusammenhang stehen. Darüber hinaus sind natürlich auch solche Angaben erlaubt, die durch eine Verordnung der Europäischen Gemeinschaft vorgeschrieben oder bereits nach einer solchen Verordnung zulässig sind. Zum letzteren Punkt ergeben sich keine Streitfragen, hingegen werden unter dem ersten Punkt immer wieder Diskussionen geführt. Dabei spielen nicht selten Marketingaspekte eine Rolle, die erkennbar nicht mit der Anwendung in Zusammenhang stehen oder für die gesundheitliche Aufklärung erforderlich sind.[5] Überwiegend werden diese unerlaubten Ergänzungen durch die Landesüberwachungsbehörde beanstandet, wenn nicht bereits durch die Konkurrenz rechtliche Schritte eingeleitet wurden. Grundsätzlich gilt, dass solche weiteren Angaben nicht den Angaben nach § 11 a AMG widersprechen dürfen.

Arzneimittel, die nach einer homöopathischen Verfahrenstechnik hergestellt werden und nach § 25 zugelassen sind, sind zusätzlich mit einem Hinweis auf die homöopathische Beschaffenheit zu kennzeichnen.

2. Primärverpackung

20 Für Primärverpackungen gelten hinsichtlich der Kennzeichnung dieselben Anforderungen wie für Sekundärverpackungen. Besondere Anforderungen bestehen, wenn das Arzneimittel nur mit einer Primärverpackung in Verkehr gebracht wird, da in solchen Fällen die Angaben der Gebrauchsinformation zusätzlich aufzubringen sind in Form eines zweiten Etiketts, eines Leporellos oder bei klaren Flüssigkeiten und durchsichtigen Behältnissen denkbar auch auf der Rückseite eines Etiketts. In jedem Fall muss die Lesbarkeit gewährleistet sein.

3. Blister

21 Eine Sonderregelung gilt für Durchdrückpackungen (Blister). Auf diesen muss der Name oder die Firma des pharmazeutischen Unternehmers als verantwortlicher Zulassungsinhaber, die Bezeichnung des Arzneimittels, die Chargenbezeichnung und das Verfalldatum angegeben werden. Allerdings müssen gemäß der Forderung der Readability Guideline diese Angaben auch dann noch lesbar sein, wenn die letzte Tablette herausgedrückt worden ist.

Bei Parallelimporten gilt als Besonderheit, dass der Name des Parallelimporteurs, der pharmazeutischer Unternehmer ist, nicht angegeben werden muss, sondern nur der ursprüngliche pharmazeutische Unternehmer unverändert erscheint. Dadurch wird eine Umblisterung ver-

---

[5] Zur Problematik der Notwendigkeit von Information und Anforderung an Werbung bei der Gestaltung von Packungsbeilagen s.a. Winnands, Die Packungsbeilage im Spannungsfeld des Werberechts, pharmind 2009, 1358–1362.

mieden, die im Hinblick auf die Haltbarkeitsdaten auch durchaus problematisch angesehen werden kann. Dadurch soll das in der Europäischen Union erwünschte Parallelimportgeschäft im Sinne eines freien Warenverkehrs durch formale Regeln nicht unnötig behindert werden.

4. Kleine Behältnisse

Für kleine Behältnisse werden Ausnahmen ermöglicht. Das trifft dann zu, wenn nicht mehr als 10 ml Flüssigkeitsvolumen eingefüllt werden (sog. Nennfüllmenge). Auch bei Ampullen, die nicht mehr als eine Gebrauchseinheit fassen, können die Angaben in gleicher Weise reduziert werden. Mindestens anzugeben sind: Bezeichnung des Arzneimittels einschließlich Stärke und Darreichungsform, Chargenbezeichnung, Inhalt, Art der Anwendung und Verfalldatum. Für Sera und Impfstoffe ist zusätzlich § 10 Abs. 3 AMG zu berücksichtigen. Für Tierarzneimittel gelten vergleichbare Erleichterungen. Trotz des reduzierten Umfangs der Angaben unterschreitet die Schriftgröße auf den kleinen Etiketten in vielen Fällen die Grenzen guter Lesbarkeit unvermeidlich.

III. Prüfungsmaßstab

Der Antragsteller legt mit seinem Zulassungsantrag Textentwürfe vor, die entsprechend der Bewertung des Dossiers anzupassen sind. Grundlage ist in so weit das Ergebnis der fachlichen Prüfung. Dies trifft insbesondere für die Angaben der Haltbarkeit oder Art der Anwendung, die Bezeichnung der Wirkstoffe oder den Abgabestatus zu. In so weit werden die sog. Standardterms[6] ebenso herangezogen wie die Wirkstoffbezeichnungen der Stoffdatenbank oder das Bewertungsergebnis der Stabilitätsdaten des pharmazeutischen Qualitätsdossiers. Außerdem dürfen keine zur Zusammenfassung der Produktmerkmale abweichenden Daten eingesetzt werden.

Nicht geprüft wird hingegen das Layout oder Design des Etiketts oder der Faltschachtel. In dieser Hinsicht ist der Zulassungsinhaber relativ frei, so lange die Anforderung nach „gut lesbarer Schrift, allgemein verständlich in deutscher Sprache und auf dauerhafte Weise" eingehalten wird.

IV. Ergänzende konkretisierende Regelungen

Empfehlungen zur Umsetzungen der Richtlinie im Hinblick auf die Kennzeichnung sind in der **Guideline on Readability**[7] im Kapitel 2 zusammengefasst und beziehen die **QRD-Templates**[8] mit ein. Spezielle nationale Empfehlungsdokumente existieren nicht, sieht man mal von den Erläuterungen zur Antragstellung aus dem Jahr 1996[9] ab, die zwar nicht in allen Teilen überholt sind, aber doch weitgehend von europäischen Vorgaben abgelöst wurden.

Zur **Vermeidung irreführender Bezeichnungen** gibt es eine spezielle Bekanntmachung aus dem Jahr 1996.[10] Insbesondere wird dort auf die Verwechselungsgefahr abgehoben und damit die Notwendigkeit unterscheidender Merkmale einer Bezeichnung, wenn das Arzneimittel in seiner Zusammensetzung geändert wird. Nicht immer reichen in der Hinsicht dann zwei Buchstaben in der Schreibweise aus, wenn zB die Aussprache dadurch kaum verändert

---

6 EDQM: Standard terms, <http://www.edqm.eu/en/Standard-Terms-590.html>.
7 Guideline on the Readability of the Labelling and the Package Leaflet of Medicinal Products, Revision 1, 12 January 2009.
8 EMEA: Product information, <http://www.emea.europa.eu/htms/human/raguidelines/productinformation.htm>.
9 Erläuterung zum Antrag auf Zulassung eines Arzneimittels beim BfArM v. 31.10.1996.
10 Bekanntmachung des Bundesgesundheitsamtes und des Paul-Ehrlich-Instituts über Hinweise und Empfehlungen zur Vermeidung von irreführenden Arzneimittelbezeichnungen v. 9./22.8.1991, BAnz, S. 6971.

ist: Natrolen und Nadrolin. Zu diesem Thema gibt es auf europäischer Ebene eine eigene Arbeitsgruppe, die auch darüber entscheidet, ob eine Ausnahme von der Vorgabe einer einheitlichen Arzneimittelbezeichnung akzeptiert werden muss, weil bereits national ein Produkt in Verkehr ist, das damit verwechselt werden könnte(vgl § 8 Rn 85 ff).

Die QRD-Arbeitsgruppe hat zur **Angabe der Dosisstärke** konkrete Empfehlungen erarbeitet, die sich sinnvoll auch für nationale Zwecke anwenden lassen. Dies betrifft insbesondere Konzentrationsangaben und die Berücksichtigung der Teilung in Einzeldosen.[11]

25   Unabhängig von allen Bemühungen, eine einheitliche Kennzeichnung insbesondere für zentral zugelassene Arzneimittel zu erreichen, bestehen die Mitgliedstaaten auf mehr oder weniger umfangreichen nationalen Ergänzungen, die für solche Produkte mit einer blauen Umrahmung versehen werden zur Verdeutlichung, dass es sich um zusätzliche nationale Angaben handelt, den sog. **Blue Box Requirements**.[12] Die nicht harmonisierten Angaben betreffen den Abgabestatus, Erstattungskennzeichnung, zusätzliche Piktogramme oder Preisangaben und Identifizierungsmerkmale.

V. Bedeutung der Regelung in der Praxis

26   Die bisherigen Ausführungen machen deutlich, dass es sich bei der Kennzeichnung um **absolut essenzielle Abschnitte und Ergebnisse des Bewertungsprozesses** eines Zulassungsantrags handelt. Gerade weil die Faltschachtel als Präsentationsebene für den Verkauf eines Arzneimittels wesentliche Bedeutung hat, sind die vielfältigen Diskussionen, Optionen auszuweiten, und Gerichtsverfahren darüber, ob die Grenzen nicht doch überschritten werden können, nicht verwunderlich. Andererseits ist diese Norm durch Ausführungsvorschriften und gerichtliche Entscheidungen[13] weitestgehend definiert und interpretiert, so dass für die regulatorische Praxis hinreichend präzise Vorgaben existieren.

D. Packungsbeilage (§ 11 AMG)
I. Entstehungsgeschichte und Regelungshintergrund

27   Die Anforderung, einem Fertigarzneimittel eine Gebrauchsanweisung auf einer Packungsbeilage beizufügen, wurde bereits im ersten AMG festgelegt. Seither wurden die Regelungen und die Empfehlungen, wie eine Packungsbeilage zu gestalten ist, in einem Wechselspiel zwischen nationalen Vorstellungen und europäischen Neuregelungen vielfach überarbeitet. Tragende Motivationen waren dabei einerseits der Anspruch, den **Patienten umfassend zu informieren**, damit sie/er bewusst in die Therapie einwilligen kann (*informed consent*, der mündige Patient) und andererseits der Forderung nach **Lesbarkeit und Verständlichkeit** Rechnung zu tragen. Bis Anfang der 1980er Jahre war die Packungsbeilage die einzige unmittelbar verfügbare Information für Patienten und Ärzte. Dadurch wurden auch die Gebrauchsinformationen für den (nicht-ärztlichen) Anwender mit vielen Fakten belastet, die vor allem für das medizinische Fachpersonal wichtig waren und in einer Form abgefasst, dass vielfach nur die Fachkreise den Inhalt verstehen und umsetzen konnten. Erst mit Einführung der Fachinformation national 1987 war für Fachkreise ein spezifisches Dokument vorgesehen. Der tradierte Gebrauch der Packungsbeilage von Fachkreisen hatte aber über viele Jahrzehnte zur Folge, dass medizinisches Wissen in medizinischer Fachterminologie in

---

11   QRD Recommendations on the expression of strength in the name of centrally authorised human medicinal products (www.emea.europa.eu).
12   Guideline on the packaging information of medicinal products for human use authorised by the Community (February 2008), <http://ec.europa.eu/enterprise/pharmaceuticals/eudralex/vol2_en.htm>.
13   Entscheidungssammlungen finden sich bei Kloesel/Cyran, Arzneimittelrecht, und Sander, Arzneimittelrecht.

Packungsbeilagen formuliert wurde. Dies beginnt sich erst nach Einführung eines Berichts über die Konsultation mit Patientenzielgruppen zur Verständlichkeit der Packungsbeilage (gem. § 22 Abs. 7 S. 2 AMG) im September 2005 allmählich zu wandeln. Gleichwohl bleibt der Konflikt zwischen umfassender Information, Konzentration auf das aus Sicht von Patienten Wesentliche, haftungsrechtlich bedingter Vollständigkeit und ebenfalls vollständige Übernahme der Inhalte aus der Zusammenfassung der Produktmerkmale bestehen.

Mit der 14. AMG-Novelle wurde letztmalig § 11 AMG grundlegend an die europäischen Vorgaben in Art. 59 RL 2001/83/EG angepasst. Mit der 15. AMG-Novelle wurden lediglich Übernahmefehler korrigiert. Somit ist volle Europa-Compliance hergestellt.

II. Regelungsinhalt

Für alle zuzulassenden oder zu registrierenden Arzneimittel ist eine Packungsbeilage erforderlich. Keine solche Gebrauchsinformation benötigen Arzneimittel für die klinische Prüfung oder aus anderen Gründen von der Zulassung ausgenommene Zubereitungen. Herauszuheben ist neben der Forderung nach allgemein verständlicher Sprache und gut lesbarer Schrift und der Übereinstimmung mit der Fachinformation, dass die Reihenfolge der Angaben fest vorgeschrieben ist. Gemäß **§ 11 Abs. 1 S. 1 AMG** sind dies im Einzelnen:

1. zur Identifizierung des Arzneimittels:

a) die Bezeichnung des Arzneimittels, § 10 Abs. 1 S. 1 Nr. 2 und Abs. 1 a finden entsprechende Anwendung,

Hier gilt also Entsprechendes wie bei der Kennzeichnung, insbesondere auch für die Benennung einer speziellen Adressatengruppe (siehe Rn 7). In jedem Fall ist durch die Bezugnahme auf § 10 AMG sichergestellt, dass die Angaben identisch sind und auch hier nicht den Angaben gemäß § 11 a AMG widersprechen dürfen.

b) die Stoff- oder Indikationsgruppe oder die Wirkungsweise;

Diese Beschreibung in allgemein verständlicher deutscher Sprache vorzunehmen, ist einerseits durchaus eine Herausforderung, weil häufig komplexe medizinische Sachverhalte eher schlagwortartig erläutert werden sollen. Andererseits möchten Patienten genauer verstehen, warum sie dieses Arzneimittel einnehmen sollen. Außer in dem darauffolgenden – ebenfalls eher kurzen Abschnitt zu den Anwendungsgebieten – werden sich sonst kaum positive Aussagen in der Packungsbeilage finden.[14]

2. die Anwendungsgebiete;

Hier ist eine Beschreibung der Indikation gemäß der Fachinformation, aber in allgemein verständlicher Formulierung einzusetzen, allerdings ohne durch die laienverständliche Formulierung die Indikation auszuweiten oder werbliche Aussagen zu treffen. Der rechtlich unbedenkliche Weg, die Formulierung der Fachinformation zu übernehmen, wird der gesetzlichen Anforderung nach guter Lesbarkeit nicht immer gerecht. Inhaltlicher Maßstab für diese und die folgenden Angaben sind die Inhalte der Zusammenfassung der Produktmerkmale.

---

14 Patientenorganisationen kritisieren allerdings sehr deutlich, dass Packungsbeilagen fast ausschließlich negative Aussagen enthalten und damit für den Patienten gar nicht deutlich werde, warum das Arzneimittel eigentlich sinnvoll sei, auch wenn es vom Arzt verschrieben wurde. Quelle: Arbeitskreis „Patientenfreundlicher Beipackzettel", Präsentation von Leitlinien für patientenfreundliche Packungsbeilagen am 10.10.2008 in Berlin; siehe auch: Fuchs/Hippius/Schaefer, So wünschen sich Patienten ihre Packungsbeilage, Pharmazie 147:1986-1991, 2002.

31 *3. eine Aufzählung von Informationen, die vor der Einnahme des Arzneimittels bekannt sein müssen:*

a) Gegenanzeigen,

Hierzu zählen Situationen, in denen das Arzneimittel eindeutig nicht angewendet werden darf. Die Aufzählung ist nicht wörtlich aber inhaltlich analog derjenigen in der Fachinformation, abzufassen.

b) entsprechende Vorsichtsmaßnahmen für die Anwendung,

Dazu gehören alle Maßnahmen, die der Anwender vor, während oder auch nach der Einnahme berücksichtigen muss. Sinnvoll ist es, für den Anwender genaue Handlungsanweisungen anzugeben. Der allgemeine Hinweis „Bei leichten Leberfunktionsstörungen ist vorsichtig zu dosieren" ist in keiner Weise umsetzbar, auch nicht für den Arzt. Es sollte konkret beschrieben werden, was diese Vorsicht bedeutet: Geringere Dosierung, größere Dosierungsabstände, Kontrolle der Enzymaktivität, keine Begleitmedikation oder ein- bzw ausschleichende Dosierung und keine abrupten Dosissteigerungen sind alles Maßnahmen, die je nach Arzneimittel sinnvoll sein können und deshalb so konkret wie möglich genannt werden sollen.

c) Wechselwirkungen mit anderen Arzneimitteln oder anderen Mitteln, soweit sie die Wirkung des Arzneimittels beeinflussen können,

Die Information über die Wechselwirkungen ist ein essenzieller Aspekt der Anwendungssicherheit. Diese so darzustellen, dass der Patient die wesentlichen Informationen erhält, versteht und diese auch bei der Arzneimitteleinnahme beachten kann, stellt eine wirkliche Herausforderung dar.

d) Warnhinweise, insbesondere soweit dies durch Auflage der zuständigen Bundesoberbehörde nach § 28 Abs. 2 Nr. 2 angeordnet oder durch Rechtsverordnung nach § 12 Abs. 1 Nr. 3 vorgeschrieben ist;

Auflagen können sich aus der Bewertung des Dossiers ergeben oder durch vorangehende Stufenpläne oder europäische Risikoverfahren erforderlich sein. Aus Gründen einer einheitlichen Information ordnet die Zulassungsbehörde dann systematisch solche Auflagen an. Durch Rechtverordnung vorgesehen sind gemäß der Arzneimittel-Warnhinweisverordnung[15] lediglich Warnhinweise in Bezug auf den Tartrazin- oder Alkoholgehalt eines Arzneimittels. Fachlich wird diese Verordnung bereits ersetzt und vor allem auch ergänzt durch die Excipients-Guideline der Europäischen Kommission[16]. Es gibt eine Reihe von sonstigen Bestandteilen, die in einem Arzneimittel verwendet werden (müssen), die aber insbesondere durch Überempfindlichkeitsreaktionen Beschwerden verursachen können. Auf solche Umstände ist hinzuweisen, eine abschließende europäische Harmonisierung steht jedoch noch aus, zumindest sind die aus nationaler Sicht erforderlichen Angaben zu derartig besonderen sonstigen Bestandteilen in einer gegenüber der europäischen Excipients-Guideline umfangreicheren Liste, der sog. Besonderheitenliste[17], zusammengefasst.

32 *4. die für eine ordnungsgemäße Anwendung erforderlichen Anleitungen über*

a) Dosierung,

Die Dosierungsangaben sollten so genau wie möglich erfolgen mit der Nennung der Einzeldosis, der maximalen Tagesdosis, der Aufteilung über den Tag, einer ggf höheren Anfangsdosis und/oder niedrigeren Erhaltungsdosis, der Notwendigkeit des Ein- oder/und

---

15 Arzneimittel-Warnhinweisverordnung v. 21.12.1984 (BGBl. I 1985, 22).
16 Excipients in the Label and Package leaflet of Medicinal Products for Human Use. July 2003, <http://www.emea.europa.eu/pdfs/human/productinfo/3bc7a_200307en.pdf>.
17 Besonderheitenliste (Version 1-09), <www.bfarm.de/cln_028/nn_424304/SharedDocs/Publikationen/DE/Arzneimittel/BSHL,templateId=raw,property=publicationFile.doc/BSHL.doc>.

Ausschleichens, der Dosisanpassung bei Störungen der Ausscheidung über die Leber oder Niere, in unterschiedlichen Altersgruppen und bei Besonderheiten des Wirkstoffabbaus durch angeborenen Enzymkonstellationen (pharmakogenomische Eigenschaften).

b) Art der Anwendung,

Für Tabletten ist es vielleicht ein weniger bedeutsamer Abschnitt, aber zB bei Einreibungen, Inhalationen, Selbstinjektionen muss die Art der Anwendung hinreichend erklärt werden, damit das Arzneimittel sicher und mit den erwünschten Wirkungen angewendet werden kann.

c) Häufigkeit der Verabreichung, erforderlichenfalls mit Angabe des genauen Zeitpunkts, zu dem das Arzneimittel verabreicht werden kann oder muss,

sowie, soweit erforderlich und je nach Art des Arzneimittels,

In diesen Abschnitt sind Hinweise zur Dauer der Behandlung, zu möglichen Absetzphänomenen oder Kontrollmaßnahmen während der Behandlung anzugeben. Dies hat selbstverständlich zur Voraussetzung, dass auch die Fachinformation dazu Angaben macht.

d) Dauer der Behandlung, falls diese festgelegt werden soll,

e) Hinweise für den Fall der Überdosierung, der unterlassenen Einnahme oder Hinweise auf die Gefahr von unerwünschten Folgen des Absetzens,

Die unter e) angesprochenen Hinweise müssen speziell für das Arzneimittel angegeben werden, da nicht in jedem Fall Absetzphänomene vorkommen oder eine unterlassenen Einnahme bedeutsame Folgen hat. Andererseits kann beispielsweise bei einer Retardtablette eine sehr detaillierte Information erforderlich sein, wann bzw bis zu welchem Zeitraum noch die vergessene Dosis nachgeholt werden darf oder besser zum nächsten regulären Zeitpunkt die Fortsetzung der Therapie erfolgen sollte. Überdosierungshinweise sollten sich darauf beschränken, was der Patient oder seine Angehörigen erkennen und umsetzen können. Der Hinweis auf intensivmedizinische Behandlungen gehört in diesem Zusammenhang sicher nicht dazu.

f) die ausdrückliche Empfehlung, bei Fragen zur Klärung der Anwendung den Arzt oder Apotheker zu befragen;

Der unter f) geforderte Hinweis hat Standardcharakter und ist bereits in den QRD-Templates mit einer Formulierung vorgegeben..

5. die Nebenwirkungen; zu ergreifende Gegenmaßnahmen sind, soweit dies nach dem jeweiligen Stand der wissenschaftlichen Erkenntnisse erforderlich ist, anzugeben; den Hinweis, dass der Patient aufgefordert werden soll, dem Arzt oder Apotheker jede Nebenwirkung mitzuteilen, die in der Packungsbeilage nicht aufgeführt ist;

33

Dieser Teil der Packungsbeilage ist für Patienten am schwierigsten zu verstehen. Deshalb ist eine nachvollziehbare Struktur innerhalb dieser Angaben besonders wichtig. Nicht jeder Anwender bekommt alle Nebenwirkungen, es ist immer nur eine bestimmte Wahrscheinlichkeit im Durchschnitt. Die Häufigkeitsangaben sind äußerst abstrakt und sind begrifflich mit der Alltagsrealität nicht in Einklang zu bringen. Dennoch erscheint die Häufigkeit als erstes Ordnungskriterium noch am besten geeignet zu sein, um die Angabe der Nebenwirkungen zu strukturieren. Im Weiteren sollte der Schweregrad der möglichen Beeinträchtigung berücksichtigt werden und auf jeden Fall bei einer häufigeren und/oder stärker beeinträchtigenden Nebenwirkung eine durch den Patienten umzusetzende Gegenmaßnahme beschrieben werden. Aufgrund des Wechselspiels zwischen Gebrauchsinformation und Fachinformation ist bereits bei der Formulierung der Fachinformation daran zu denken, damit auf der Basis der Angaben dort auch sinnvolle und verständliche Angaben für den Patienten in der Packungsbeilage möglich sind.

34 6. einen Hinweis auf das auf der Verpackung angegebene Verfalldatum sowie

a) Warnung davor, das Arzneimittel nach Ablauf dieses Datums anzuwenden,

b) soweit erforderlich besondere Vorsichtsmaßnahmen für die Aufbewahrung und die Angabe der Haltbarkeit nach Öffnung des Behältnisses oder nach Herstellung der gebrauchsfertigen Zubereitung durch den Anwender,

c) soweit erforderlich Warnung vor bestimmten sichtbaren Anzeichen dafür, dass das Arzneimittel nicht mehr zu verwenden ist,

d) vollständige qualitative Zusammensetzung nach Wirkstoffen und sonstigen Bestandteilen sowie quantitative Zusammensetzung nach Wirkstoffen unter Verwendung gebräuchlicher Bezeichnungen für jede Darreichungsform des Arzneimittels, § 10 Abs. 6 findet Anwendung,

e) Darreichungsform und Inhalt nach Gewicht, Rauminhalt oder Stückzahl für jede Darreichungsform des Arzneimittels,

f) Name und Anschrift des pharmazeutischen Unternehmers und, soweit vorhanden, seines örtlichen Vertreters,

g) Name und Anschrift des Herstellers oder des Einführers, der das Fertigarzneimittel für das Inverkehrbringen freigegeben hat;

Diese insgesamt mehr technischen Angaben stehen zwar nicht im vordersten Interesse des Patienten, sind aber gleichwohl notwendig. Bei der Adressenangabe des Zulassungsinhabers wird häufig diskutiert, ob eine E-Mail-Adresse zulässig ist. Hier ist die Maßgabe, dass es sich um eine konkrete Adresse, zB des Informations- oder Stufenplanbeauftragten, handeln sollte. Die Angabe einer Internetadresse des pharmazeutischen Unternehmers, auf der Werbung für dieses oder andere seiner Produkte gemacht wird, ist nicht zulässig.

35 7. bei einem Arzneimittel, das unter anderen Bezeichnungen in anderen Mitgliedstaaten der Europäischen Union nach den Artikeln 28 bis 39 der Richtlinie 2001/83/EG des Europäischen Parlaments und des Rates zur Schaffung eines Gemeinschaftskodexes für Humanarzneimittel vom 6.11.2001 (ABl. EG Nr. L 311 S. 67), geändert durch die Richtlinien 2004/27/EG (ABl. EU Nr. L 136 S. 34) und 2004/24/EG vom 31.3.2004 (ABl. EU Nr. L 136 S. 85), für das Inverkehrbringen genehmigt ist, ein Verzeichnis der in den einzelnen Mitgliedstaaten genehmigten Bezeichnungen;

Diese Angaben können bei der Zulassung teilweise noch gar nicht vollständig gemacht werden, wenn zB in einem Anerkennungsverfahren die Zulassungsbescheide der Behörden der beteiligten Mitgliedstaaten noch ausstehen. Diese Angaben muss dann vom Antragsteller/Zulassungsinhaber nachgeholt werden.

36 8. das Datum der letzten Überarbeitung der Packungsbeilage.

Diese Angabe ist für den Patienten wichtig, um die Aktualität einschätzen und um verschiedene Versionen auseinanderhalten zu können. Eine Änderung des Datums ist nach Ansicht der Zulassungsbehörde nur dann möglich, wenn eine Änderung vorgenommen wurde, und nicht, wenn eine Überprüfung stattgefunden hat, die aber zu keiner Änderung führte. In den Fällen, in denen die Gebrauchsinformation lange unverändert bleibt, kann durch die Angabe des dann längst zurückliegenden Datums beim Patienten der Eindruck entstehen, nicht nur eine überalterte Packungsbeilage, sondern auch ein überaltertes Produkt in den Händen zu halten. Andererseits ist die einfache Korrektur der Herstelleradresse und ein dadurch bedingtes aktuelles Überarbeitungsdatum nicht gleichzusetzen mit einer inhaltlichen Überprüfung und damit einem medizinisch aktuellen Stand. Streng genommen kann zwischen „überarbeitet" und „genehmigt" unterschieden werden. Im Fall einer nicht zustimmungspflichtigen Änderungsanzeige wird die Packungsbeilage wohl überarbeitet, nicht aber (aktiv) genehmigt. Für den Verbraucher ist letztlich jedoch der medizinische und pharmazeutische Stand der Information entscheidend und eine derartig differenzierte Wortwahl eher nicht nachvollziehbar. Deshalb sollte diese Angabe nicht (nur) nach rein formalen Kriterien erfolgen.

III. Prüfungsmaßstab

Grundlage für die Inhalte der Packungsbeilage ist die Zusammenfassung der Produktmerkmale nach dem Abschluss der fachlichen Bewertung. Anwendungsgebiete, Warnhinweise, Nebenwirkungen etc. werden auf Basis der SmPC übernommen. Die formale Gliederung soll den QRD-Templates entsprechen. Die Formulierungen sollen allgemein verständlich und in deutscher Sprache umgesetzt werden. Dass diese oder eine in der gleichen Intention formulierte Packungsbeilage lesbar ist, verstanden wird und vom Anwender umgesetzt werden kann, muss mit den Ergebnissen von Bewertungen der Packungsbeilage dokumentiert werden (siehe § 6 Rn 154 ff), die in Zusammenarbeit mit Patientenzielgruppen durchgeführt wurden.[18]

In den Zulassungsbescheid wird der akzeptierte Text für die Packungsbeilage übernommen. Es erfolgen keine Festlegungen zur Gestaltung und grafischen Aufteilung dieses Textes. Der Gesetzgeber unterstellt, dass tatsächlich das Muster der Packungsbeilage, das für das sog. User Testing genutzt wurde, auch zur Produktion verwendet wird.

IV. Ergänzende konkretisierende Regelungen

Wesentliches Empfehlungsdokument ist die **Guideline on the Readability** of the Labelling and Package Leaflet for Medicinal Products.[19] Die nationale Bekanntmachung der Zulassungsbehörden vom 30.11.2006 zu „Empfehlungen zur Gestaltung von Packungsbeilagen" nimmt darauf explizit Bezug. Mit der Revision der „Readability-Guideline" wurden die **QRD-Templates** explizit als Referenz einbezogen, so dass sich jetzt eine Regelungskaskade ausgehend vom Gemeinschaftskodex über das AMG, die Guideline und nationale Bekanntmachung bis hin zur detaillierten Mustervorlage der QRD-Gruppe ergibt. Für konkrete Wirkstoffe können außerdem europäische Core-SmPCs vorliegen, Ergebnisse aus Referral-Entscheidungen herangezogen werden oder auf nationaler Basis sog. Mustertexte genutzt werden. Dies trifft insbesondere für generische Produkte zu, die sich auf bereits bewertete Originalprodukte beziehen und daher auch die Fach- und – unter Umsetzung in das firmeneigene Design und Layout – die Gebrauchsinformation weitestgehend übernehmen.

V. Bedeutung der Regelung in der Praxis

In gleicher Weise wie für die Kennzeichnung und die Fachinformation sind die Vorgaben für die Packungsbeilage essenziell für die Vorbereitung der Antragsunterlagen, deren Bewertung und die Entscheidung über das Inverkehrbringen bzw die Erstellung des Zulassungs- oder Registrierungsbescheides. Bei fast jeder Änderung oder Verlängerung einer Zulassung oder Registrierung sind auch die Produktinformationstexte betroffen. Kein Teil des Dossiers unterliegt einem häufigeren Wandel. Abgesehen von den Möglichkeiten der modernen Medienwelt ist die Packungsbeilage für den Anwender *die* Informationsquelle, auf die er unmittelbar zugreifen kann. Mit der Packungsbeilage wird dem Anwender die sichere und effektive Anwendung des Arzneimittels vermittelt. Die Packungsbeilage kann auch Gegenstand bzw Grundlage für einen Haftungsprozess sein, auch wenn wohl häufiger – zumindest

---

18 Zur Problematik der Umsetzung, Durchführung und Bewertung dieser Beteiligung von Patientenzielgruppen s. Menges, Lesbarkeitsprüfungen von Packungsbeilagen, pharmind 2008, 1332–1338.
19 Guideline on the Readability of the Labelling and the Package Leaflet of Medicinal Products, Revision 1, 12 January 2009.

bei ärztlich verordneten Arzneimitteln – eher der Arzt und die Fachinformation im Mittelpunkt des Interesses stehen. Die Packungsbeilage und die sie regelnden Normen und Umsetzungsempfehlungen haben damit eine zentrale Position im Arzneimittelrecht.

E. Fachinformation (§ 11 a AMG)
I. Regelungshintergrund

40 Die Anforderung an eine Zusammenfassung der Produktmerkmale war bereits in der Richtlinie 65/65/EEG festgelegt (Art. 4 a). National wurde aber erst mit dem 2. AMG-Änderungsgesetz die Notwendigkeit anerkannt, dass medizinisches Fachpersonal eine weitergehende Information benötigt, als sie mit der Packungsbeilage gegeben werden kann. Die Information für Fachkreise, sog. Fachinformation, wird somit seit dem 1.2.1987 in § 11 a AMG geregelt und wurde mit entsprechenden Übergangsregelungen auch für die bereits in Verkehr befindlichen verschreibungspflichtigen Arzneimittel stufenweise verbindlich.[20] Sie erhielt zunächst ihre eigene nationale Struktur, basierend auf Vorschlägen der pharmazeutischen Industrie. Darüber hinaus waren mit der Angabe des Abgabestatus und dem Stand der Information auch wenigstens zwei über den Umfang der SmPC hinausgehende Angaben enthalten, so dass die Fachinformation über viele Jahre hinweg eben nicht der SmPC europäischer Prägung entsprach. Seit etwa 2001 wurde jedoch bereits die Fachinformation in der Struktur der SmPC toleriert. Spätestens mit Einführung des dezentralen Verfahrens 2005 sind SmPCs als Fachinformationen gängige Praxis. Mit der 14. AMG-Novelle wurde der § 11 a AMG auch konsequenter Weise wörtlich aus der Richtlinie übernommen, doch erst durch die Übergangsvorschriften in § 141 Abs 2 AMG für die meisten bereits zugelassenen Arzneimittel, für die eine Fachinformation erforderlich ist, seit dem 1.1.2009 in dieser Struktur verpflichtend. Die Ergänzung der beiden oben genannten Angaben – Abgabestatus und Stand der Information – bleibt aber nach wie vor erforderlich. Hierin kommt auch zum Ausdruck, dass man sich in Europa nicht auf die Vereinheitlichung der Regeln zur Abgabe von Arzneimitteln einigen konnte und daher der Abgabestatus von der Harmonisierung ausgeschlossen blieb.

II. Regelungsinhalt

41 In Übernahme des Art. 11 RL 2001/83/EG in der derzeit gültigen Fassung sind gem. **§ 11 a Abs. 1 S. 2 AMG** in der Zusammenfassung der Produktmerkmale folgende Angaben zu machen:

42 *1. die Bezeichnung des Arzneimittels, gefolgt von der Stärke und der Darreichungsform;*
Diese Angabe ist analog zur Kennzeichnung und zur Packungsbeilage. Jedoch wird hier verzichtet auf die zusätzliche Angabe einer Altersgruppe. Der Rückbezug auf § 10 AMG wurde mit der letzten Novelle gestrichen, um eine vollständige Harmonisierung mit Art. 11 RL 2001/83/EG zu erreichen. Vor dem Hintergrund, dass einerseits diese zusätzliche Angabe in erster Linie einen Hinweis auf die ungefähre Altergruppe, für die das Arzneimittel bestimmt ist, beim Verbraucher leisten soll und dass andererseits der Arzt nach dem therapeutischen Erfordernis und in Kenntnis der Eigenschaften des Arzneimittels über die Verordnung entscheidet, ist diese Korrektur nur konsequent.

43 *2. qualitative und quantitative Zusammensetzung nach Wirkstoffen und den sonstigen Bestandteilen, deren Kenntnis für eine zweckgemäße Verabreichung des Mittels erforderlich ist, unter Angabe der gebräuchlichen oder chemischen Bezeichnung; § 10 Abs. 6 findet Anwendung;*

---

[20] Die entsprechenden Bestimmungen finden sich in § 128 AMG und wurden mit dem Einigungsvertrag durch Ergänzung des § 131 AMG auch für die Arzneimittel der ehemaligen DDR nachgetragen.

Durch den Rückbezug wird hier analog die Stoffdatenbank (bisher Bezeichnungsverordnung) eingebunden. Die Nennung der sonstigen Bestandteile zielt überwiegend auf die Excipients-Guideline[21] bzw in ihrer nationalen Umsetzung ergänzt durch die Besonderheitenliste[22] ab (vgl Rn 12).

3. *Darreichungsform;* 44

Basierend auf den vom European Directorate for the Quality of Medicinies & Health Care – Council of Europe (EDQM) herausgegebenen Standardterms, in denen die Bezeichnungen für die verschiedenen Darreichungsformen, Behältnisse und Anwendungsarten in den Sprachen der EU-Mitgliedstaaten (und darüber hinaus u.a. in Chinesisch, Russisch und Türkisch) gelistet sind, muss die Darreichungsform beschrieben werden.

4. *klinische Angaben:* 45

a) Anwendungsgebiete,

b) Dosierung und Art der Anwendung bei Erwachsenen und, soweit das Arzneimittel zur Anwendung bei Kindern bestimmt ist, bei Kindern,

c) Gegenanzeigen,

d) besondere Warn- und Vorsichtshinweise für die Anwendung und bei immunologischen Arzneimitteln alle besonderen Vorsichtsmaßnahmen, die von Personen, die mit immunologischen Arzneimitteln in Berührung kommen und von Personen, die diese Arzneimittel Patienten verabreichen, zu treffen sind, sowie von dem Patienten zu treffenden Vorsichtsmaßnahmen, soweit dies durch Auflagen der zuständigen Bundesoberbehörde nach § 28 Abs. 2 Nr. 1 lit. a (AMG) angeordnet oder durch Rechtsverordnung vorgeschrieben ist,

e) Wechselwirkungen mit anderen Arzneimitteln oder anderen Mitteln, soweit sie die Wirkung des Arzneimittels beeinflussen können,

f) Verwendung bei Schwangerschaft und Stillzeit,

g) Auswirkungen auf die Fähigkeit zur Bedienung von Maschinen und zum Führen von Kraftfahrzeugen,

h) Nebenwirkungen,

i) Überdosierung: Symptome, Notfallmaßnahmen, Gegenmittel;

Dies ist der wichtigste Abschnitt der Fachinformation, der den Nutzen des Arzneimittels beschreibt, die Bedingungen für die Anwendung im Detail festlegt und die möglichen Auswirkungen bei der Anwendung darstellt. Dazu gehören auch alle ärztlichen Maßnahmen zur Risikominderung (Anwendungsbeschränkungen, Monitoring und Gegenmaßnahmen bei Nebenwirkungen, Überdosierungen oder Therapieabbruch) sowie detaillierte Dosierungsanweisungen. Als Auswirkung der sog. **Kinder-Verordnung**[23] werden in allen Unterabschnitten besondere Absätze für pädiatrische Daten ergänzt mit dem Anspruch, den Kenntnisstand möglichst sachgerecht wiederzugeben. Die vor Jahren noch gängige Praxis, bei fehlenden Daten über die Anwendung bei Kindern diese Altersgruppe einfach als Kontraindikation zu definieren, hat Ärzte regelmäßig in Schwierigkeiten gebracht, wenn sie

---

21 Excipients in the Label and Package leaflet of Medicinal Products for Human Use. July 2003, <http://www.emea.europa.eu/pdfs/human/productinfo/3bc7a_200307en.pdf>.

22 Besonderheitenliste (Version 1-09), <www.bfarm.de/cln_028/nn_424304/SharedDocs/Publikationen/DE/Arzneimittel/BSHL,templateId=raw,property=publicationFile.doc/BSHL.doc>.

23 VO (EG) Nr. 1901/2006 des Europäischen Parlaments und des Rates v. 12.12.2006 über Kinderarzneimittel. Das Ziel der Kinder-VO ist die Verbesserung der Gesundheit von Kindern durch die Unterstützung der Entwicklung und Verfügbarkeit von Arzneimitteln für Kinder im Alter von 0 bis 17 Jahren, Sicherstellung, dass Arzneimittel für Kinder eine hohe pharmazeutische Qualität haben, ethisch vertretbar geprüft sind und angemessen zugelassen werden, Verbesserung der Verfügbarkeit der Informationen über Arzneimittel für Kinder bei Vermeidung unnötiger klinischer Prüfungen oder Verzögerung der Zulassung zur Anwendung bei Erwachsenen.

Kindern durchaus auf der Grundlage klinischer Daten nach der Zulassung ein Arzneimittel verordnen wollten, aber gegen diese Kontraindikation verstoßen mussten. Nunmehr soll deutlich beschrieben werden, welche Erkenntnisse vorliegen, ob eine bestimmte Dosierung empfohlen wird oder die Daten für eine allgemeine Dosierungsempfehlung eben noch nicht ausreichen. Außer bei konkreten Risiken für Kinder ist eine Kontraindikation nicht vorgesehen. Grundsätzlich gilt dies auch für andere spezielle Zielpopulationen oder Risikogruppen wie ältere Patienten oder Menschen mit eingeschränkter Leber- oder Nierenfunktion.

Eine genaue Anleitung, in welcher Form welche Inhalte in welchem Unterabschnitt darzustellen sind, gibt die **Guideline on the Summary of Product Characteristics**, die nach der Revision der europäischen Gesetzgebung 2005 im September 2009 von der Europäischen Kommission zur Anwendung ab 1.5.2010 publiziert wurde.[24] Außer den Ergänzungen aufgrund der Kinder-Verordnung, die darauf abzielen, dass in nahezu allen Abschnitten ein zusätzlicher Unterabschnitt für die Anwendung bei Kindern ergänzt werden soll, ist für die Revision hervorzuheben das völlig neu gestaltete Kapitel zu unerwünschten Wirkungen: Für die SmPC bedeutet dies, dass in einem einführenden Absatz auf die häufigsten Nebenwirkungen hingewiesen werden kann, insbesondere solche, die zu Beginn der Therapie auftreten, aber im weiteren Verlauf wieder verschwinden. Besonderheiten, wie häufige, aber harmlose Nebenwirkungen oder besondere Beschwerden, die systematisch erfasst werden sollen (in Analogie zum Risk Management Plan, vgl § 6 Rn 111 ff), sollten angesprochen werden. Es soll eine konsolidierte Zusammenstellung aller bekannten Nebenwirkungen folgen, wobei die Datenquellen qualitativ anzugeben sind, aber auch quantitativ genannt werden können. Die Strukturierung der Angaben erfolgt unter Anwendung der durch das MedDRA[25] vorgegebenen Organklassen und darunter der Häufigkeitseinstufungen. Gibt es weitere Besonderheiten, für die auch der Patient spezielle Gegenmaßnahmen ergreifen kann, sind solche Aussagen in einem dritten Abschnitt zu tätigen. Angaben zu speziellen Populationen, wie Kinder oder ältere Patienten, bilden einen vierten und ggf fünften Abschnitt dieses Abschnitts der SmPC.

Zur **Einstufung der Häufigkeiten**[26] gibt die **SmPC-Guideline** eine genaue Hilfestellung in Abhängigkeit von der Datenquelle. Basierend auf kontrollierten klinischen Prüfungen, sind die originären Häufigkeiten anzugeben, ohne Differenzwerte zu Placebo. Ähnlich soll verfahren werden mit den Ergebnissen von Sicherheitsstudien, die nach der Zulassung initiiert wurden. Bei Spontanberichten über bisher nicht bekannte Nebenwirkungen, der am schwierigsten zu bewertenden Quelle mit der größten Datenunsicherheit, erfolgt eine Abschätzung im Verhältnis zur Zahl der exponierten Patienten in den klinischen Prüfungen und Sicherheitsstudien unter Berücksichtigung von Konfidenzintervallen. In der Praxis bedeutet dies, dass für eine Einstufung als „selten" (mehr als ein Fall bei 1000 behandelten, aber weniger als ein Fall von 100 Behandelten) wenigstens 3600 Patienten behandelt worden sein müssen. Daraus leitet sich ein Punktschätzer von 1/1200 ab, mit der diese Nebenwirkung auch in den klinischen Prüfungen aufgetreten sein könnte. Unter Annahme der schlechtesten Bedingungen wird die tatsächliche Häufigkeit der Nebenwirkung nicht größer als „selten" eingestuft. Es bedarf rund dreimal mehr Beobachtungen, um hinreichend in einem vertretbaren Vertrauensbereich (95 %) sicher sein zu können, dass die bisher unbekannte Nebenwirkung nicht häufiger auftritt, als der Punktschätzer angibt („Rule of 3").

---

24 A Guideline on Summary of Product Characteristics (SmPC) Revision 2, September 2009, <http://ec.europa.eu/enterprise/pharmaceuticals/eudralex/vol-2/c/smpc_guideline_rev2.pdf>.

25 **M**edical **D**ictionary for **R**egulatory **A**ctivities (Medizinisches Wörterbuch für Aktivitäten im Rahmen der Arzneimittelzulassung) ist eine Sammlung standardisierter, vorwiegend medizinischer Begriffe, die in verschiedensten regulatorischen Prozessen rund um das Arzneimittel verwendet werden.

26 Further guidance on the estimation of frequency of adverse reactions. In: A Guideline on Summary of Product Characteristics (SmPC) Revision 2, September 2009, Seite 18 f.

5. pharmakologische Eigenschaften:

a) pharmakodynamische Eigenschaften,

b) pharmakokinetische Eigenschaften,

c) vorklinische Sicherheitsdaten;

In diesem Abschnitt werden die wichtigsten Aspekte zu den pharmakologischen Eigenschaften zusammengefasst. Er ist keineswegs dazu gedacht, nicht in die Anwendungsgebiete eingeflossene klinische Studienergebnisse nachträglich als Wirksamkeitsbelege zu zitieren, um damit indirekt Indikationserweiterungen zu suggerieren. Anderseits werden zukünftig die Befunde aus klinischen Prüfungen an Kindern ausführlicher aufzunehmen sein, da man für diese Patientengruppe den bislang unzureichenden Kenntnisstand gern systematisch erweitern möchte. Dies schließt auch alle Entscheidungen des Pädiatrischen Komitees bei der EMEA[27] ein, die darüber befindet, welche der vom Antragsteller oder Zulassungsinhaber vorgeschlagenen Untersuchungen durchgeführt werden sollen oder ob klinische Prüfungen zurückgestellt werden können bzw gar nicht erforderlich sind.

6. pharmazeutische Angaben:

a) Liste der sonstigen Bestandteile,

b) Hauptinkompatibilitäten,

c) Dauer der Haltbarkeit und, soweit erforderlich, die Haltbarkeit bei Herstellung einer gebrauchsfertigen Zubereitung des Arzneimittels oder bei erstmaliger Öffnung des Behältnisses,

d) besondere Vorsichtsmaßnahmen für die Aufbewahrung,

e) Art und Inhalt des Behältnisses,

f) besondere Vorsichtsmaßnahmen für die Beseitigung von angebrochenen Arzneimitteln oder der davon stammenden Abfallmaterialien, um Gefahren für die Umwelt zu vermeiden;

Dieser mehr technische Abschnitt beschreibt auch, welche anderen Arzneimittel etwa über ein Infusionssystem gleichzeitig gegeben werden können oder vermieden werden müssen, welche Lagerungsbedingungen einzuhalten sind und wie lange das Arzneimittel aus einem angebrochenen Behältnis verwendet werden darf oder die aktuell hergestellte Zubereitung angewendet werden darf.

7. Inhaber der Zulassung;

8. Zulassungsnummer;

9. Datum der Erteilung der Zulassung oder der Verlängerung der Zulassung;

10. Datum der Überarbeitung der Fachinformation.

Die Angabe des auch in haftungsrechtlichem Sinne verantwortlichen Inhabers der Zulassung ist nicht weniger bedeutsam als die Identifikationsnummer der Zulassungsbehörde(n) und die Aussage zur Aktualität der Information. Das Datum der Zulassung oder Verlängerung gibt dem Anwender letztlich eine Einschätzung, wie viel Erfahrung mit dem Arzneimittel bereits vorliegt. Für neue Wirkstoffe ist dies insgesamt bedeutsam, bei generischen Produkten ist es vor allem für die jeweilige Zubereitung relevant.

---

27 Als Teil der Implementierung der Kinder-VO wurde das Pädiatrische Komitee bei der EMEA gebildet: Das Komitee ist verantwortlich für die Bewertung der Entwicklungspläne für Arzneimittel für Kinder. Gesetzliche Grundlagen, Aufgaben und Entscheidungen der PDCO sind auf den entsprechenden Internetseiten der EMEA ausführlich nachzulesen: <http://www.emea.europa.eu/htms/human/paediatrics/introduction.htm>.

III. Prüfungsmaßstab

49 Außer einer formalen Prüfung auf Übereinstimmung mit den Vorgaben des **QRD-Templates** und damit der Einhaltung der Anforderungen des AMG ist die Prüfung vorrangig darauf ausgerichtet, die Übereinstimmung der Aussagen mit den Prüfungsergebnissen des klinischen und nicht-klinischen Dossiers sowie der pharmazeutischen Qualität festzustellen. Inhaltlich sind dabei die Empfehlungen der **Guideline on SmPC** als grundlegende Handlungsanweisung zu berücksichtigen. Die Liste der Inhaltsstoffe, die Beschreibung des Wirkstoffs und des pharmazeutischen Produkts sowie der Haltbarkeit, die Darreichungsform und Anwendungsart müssen mit den Antragsangaben übereinstimmen, Indikationen müssen in der Art beschrieben sein, wie sie in den klinischen Prüfungen oder anderem medizinischem Erkenntnismaterial belegt wurden, die Angaben zu Schwangerschaft, Stillzeit und Zeugungsfähigkeit müssen den toxikologischen Erkenntnissen entsprechend formuliert sein, um nur einige wesentliche Aspekte zu benennen. In der Regel werden Textentwürfe in verschiedenen Stadien der Bewertung ausgetauscht mit dem Antragsteller einerseits, aber ebenso mit den Behörden anderer Mitgliedstaaten, je nach Verfahrensbeteiligung. In bestimmten Verfahrensabschnitten hat das Verhandlungsergebnis zwischen den Behörden das bedeutendere Gewicht bzw die Festlegungen erfolgen unter Umständen einseitig durch die Behörden, wenn zB bestimmte Risiken in Stufenplanverfahren abzuwehren sind, die durch die Vorschläge des Antragstellers oder Zulassungsinhabers nur unzureichend adressiert sein würden.

Da die Zusammenfassung der Produktmerkmale als Ergebnis der behördlichen Prüfung das entscheidende Dokument im Zulassungsverfahren ist, wird dem besondere Aufmerksamkeit gewidmet.

IV. Ergänzende konkretisierende Regelungen

50 Als Anleitung zur Umsetzung der gesetzlichen Vorgaben ist die Guideline on the Summary of Products Chrarcteristics das wichtigste Dokument. Durch die Referenzierung auf das QRD-Template als „mitgeltende" Unterlage ergibt sich wiederum eine Regelungseinheit bis hinunter ins Detail. Die QRD-Gruppe hat darüber hinaus noch einige praktische Hilfestellungen publiziert, auf die oben aber bereits verwiesen wurde (siehe Rn 3). Besonders hingewiesen sei auf die Guideline on Risk Assessment of Medicinal Products on Human Reproduction and Lactation: From Data to Labelling[28] in der erstmals der direkte Bezug zwischen Datenlage, deren Bewertung und Umsetzung in konkrete Formulierungen für die Fachinformation hergestellt wurde. Diese Textbausteine sind in alle relevanten Sprachen übersetzt[29] und werden zu einer systematischen Information beitragen. Zur immer wiederkehrenden Frage, ob das BfArM einen Fachinformationstext für mehrere Stärken oder Darreichungsformen akzeptiere, gibt seit August 2009 ein Antwortpapier speziell Auskunft:[30] Zusammenfassende Texte können verwendet werden, wenn sich die Angaben auf wirkstoffgleiche Arzneimittel beziehen, ein identisches Anwendungsgebiet betreffen, in identischer Darreichungsform und einheitlicher Dosierungsanleitung in Verkehr gebracht werden

---

28 Guideline on Risk Assessment of Medicinal Products on Human Reproduction and Lactation: From Data to Labelling Summary of Product Characteristics, <www.emea.europa.eu/pdfs/human/swp/20392705en-fin.pdf>.

29 Appendix I – Statements for use in Section 4.6 "Pregnancy and lactation" of SmPC (Appendix 3 to the "Guideline on Risk Assessment of Medicinal Products on Human Reproduction and Lactation: From Data to Labelling Summary of Product Characteristics"), <http://www.emea.europa.eu/htms/human/qrd/docs/HappendixI.doc>.

30 Erstellung von gemeinsamen Produktinformationstexten (Fachinformation und Packungsbeilage) – Regeln zur Zulässigkeit Stand: August 2009, <www.bfarm.de/cln_028/nn_579876/SharedDocs/Publikationen/DE/Arzneimittel/gemeinsame-PI,templateId=raw, property=publicationFile.pdf/gemeinsame-PI.pdf>.

sollen und sich somit nur hinsichtlich des Gehalts des Wirkstoffs (im Sinne der oben, Rn 24, bezeichneten Stärke) unterscheiden. Unterschiede im Hinblick auf die sonstigen Bestandteile bleiben unberücksichtigt.

V. Bedeutung der Regelung in der Praxis

Die zentrale Bedeutung dieser Norm wurde schon mehrfach betont und auf die Zusammenhänge mit den korrespondierenden Angaben der Packungsbeilage und Kennzeichnung hingewiesen. Insoweit bestimmen die Inhalte der Zusammenfassung der Produktmerkmale auch alle weiteren Inhalte der Packungsbeilage und der Kennzeichnung. Aus der Breite und Detailtiefe eines klinischen Studienberichts und seiner Anlagen leitet sich in der „Clinical Summary", der Gesamtschau auf alle Studien, die Darlegung für die Wirksamkeit in einer bestimmten Indikation ab. Dieses Ergebnis wird als Begründung für einen bestimmten Indikationsanspruch im „Clinical Overview" kritisch gewürdigt und als Ergebnis in die SmPC übernommen. Die Packungsbeilage gibt dies als Anwendungsgebiet in verständlicher nachvollziehbarer Sprache wieder, und – im Fall nicht verschreibungspflichtiger Arzneimittel – findet sich auch auf der Faltschachtel eine Angabe wie „Schmerzmittel" wieder. Den Regelungen des § 11 a AMG kommt damit *die* zentrale Bedeutung im Bereich der Produktinformationstexte zu. 51

Abgesehen von den inhaltlichen Bewertungsunterschieden, ob ein Vorsichtshinweis in der vorgeschlagenen Form ausreichend ist oder weiter bzw präziser formuliert werden muss oder in den pharmakologischen Eigenschaften auch solche Hinweise aus pharmakodynamische Effekte aufgenommen werden können, die gerade nicht als ausreichend für den Beleg der klinischen Wirksamkeit eingestuft wurden, gibt es weniger rechtliche Auseinandersetzungen zur formalen Grenzziehung des Umfangs der Angaben. 52

Durch die Kinder-Verordnung (Rn 45) wurden die erforderlichen Angaben in der SmPC nochmals erweitert. Die revidierte SmPC-Guideline nimmt dies auf und die QRD-Templates wurden in dieser Richtung überarbeitet. Solche Veränderungen haben dann auch Einfluss auf die technische Modalitäten der Einreichung. Die Textentwürfe müssen entsprechend ergänzt werden, die Behörden haben ihre Bewertung entsprechend einzurichten und auf die neuen Inhalte abzustimmen. 53

Zukünftig wird die EMEA die Erstellung, den Austausch, die Bewertung und die weitere Verwendung dieser Texte durch ein elektronisches System, das Produkt-Information-Management-(PIM)-System unterstützen. Hier werden definierte Regeln basierend auf den inhaltlichen Vorgaben der QRD-Gruppe den elektronischen Austausch der Textinformation organisieren. Im Unterschied zu der bisherigen Arbeitsweise ist für ein solches System eine definierte Implementierungsphase wegen des ebenfalls zu revidierenden Austauschstandard erforderlich. 54

Auch diese beiden Aspekte unterstreichen die zentrale inhaltliche Bedeutung und Abhängigkeit der weiteren Prozesse von den inhaltlichen Vorgaben dieser Norm.

§ 20 Packungsgrößen

Literatur: *Dettling*, Arzneimitteleinheiten, Packungseinheiten und Teilmengen, PharmR 2008, 27–35 (Teil 1), 96–100 (Teil 2), 140 f (Teil 3); juris Praxiskommentar SGB V, Gesamt-Hrsg.: Schlegel/Voelzke, Band-Hrsg.: Engelmann/Schlegel, 2008 (zitiert: jurisPK-SGB V/*Bearbeiter*); *Zikel*, Der vorübergehende Nichtvertrieb einer Packungsgröße setzt keine zustimmungspflichtige Änderungsanzeige voraus, PharmR 2006, 407.

A. Grundsätze	1	D. Nachträgliche Änderung von Packungsgrößen	12
B. Packungsgrößen im Zulassungsverfahren	5		
C. Packungsgrößen und Auflagenbefugnis	10		

A. Grundsätze

1 Der **Begriff** der Packungsgröße ist im AMG nicht definiert. Er wird vielmehr entsprechend dem allgemeinen pharmazeutischen Sprachgebrauch vorausgesetzt. Dieser versteht, anders als es der allgemeine Sprachgebrauch nahelegen könnte, unter dem Begriff nicht etwa das Volumen einer Umverpackung oder eines Behältnisses, sondern dessen eigentlichen **Inhalt**, gleich ob in fester, flüssiger oder anderer Form. Hierbei trifft das AMG selbst keine konkreten Vorgaben für die Packungsgrößen einzelner Präparate. Es geht vielmehr im Ansatz nur davon aus, dass überhaupt Packungsgrößen durch den pharmazeutischen Unternehmer festgelegt werden. Auf den Behältnissen und/oder der äußeren Umhüllung ist dann der Inhalt nach Gewicht, Rauminhalt oder Stückzahl anzugeben (§ 10 Abs. 1 S. 1 Nr. 6 AMG). Entsprechendes gilt für die beigelegten Informationstexte und die Zulassungsunterlagen. Grundsätzlich[1] ist die Entscheidung, welche Menge eines Fertigarzneimittels in einer Verkaufspackung feilgeboten wird, aber in die Entscheidung des pharmazeutischen Unternehmers gestellt.

2 Eine für die Praxis bedeutsame Systematisierung folgt jedoch aus den gesetzlichen Vorgaben für die gesetzliche Krankenversicherung. Die **Packungsgrößenverordnung** (PackungsV)[2] bestimmt in ihrem § 1, dass Fertigarzneimittel nach § 4 Abs. 1 AMG, die von einem Vertragsarzt für Versicherte verordnet und zulasten der **gesetzlichen Krankenversicherung** abgegeben werden können, einer Packungsgrößenkennzeichnung mit folgenden Kategorien unterworfen werden:

N 1: Packungen mit einem Inhalt bis zu den in einer Anlage als N 1 bezeichneten Messzahlen als **kleine** Packungsgröße,

N 2: Packungen mit einem Inhalt über den dort als N 1 bezeichneten Messzahlen bis zu den als N 2 bezeichneten Messzahlen als **mittlere** Packungsgröße,

N 3: Packungen mit einem Inhalt über den als N 2 bezeichneten Messzahlen bis zu den als N 3 bezeichneten Messzahlen als **große** Packungsgröße.

Nach § 2 Abs. 1 PackungsV kennzeichnen pharmazeutische Unternehmen die von ihnen in den Verkehr gebrachten Fertigarzneimittel mit den maßgeblichen Packungsgrößenkennzeichen auf den Behältnissen oder, soweit verwendet, auf den Umverpackungen. Welche Packung welcher Kategorie zuzuordnen ist, bestimmt sich nach den Anlagen 1 bis 6 der PackungsV, die in tabellarischer Form – differenzierend nach den verschiedenen Darreichungsformen – für bestimmte Produktgruppen Inhaltsmengen vorgeben. So umfasst beispielsweise bei einem Analgetikum die Kategorie N 1 Packungen bis zu 10 Stück abgeteilte Arzneiform, während die gleiche Kategorie bei Beta-Rezeptorenblockern bis zu 30 oder bei

---

1 Zu den Ausnahmen und Begrenzungen sogleich Rn 10.
2 VO über die Bestimmung und Kennzeichnung von Packungsgrößen für Arzneimittel in der vertragsärztlichen Versorgung v. 22.6.2004 (BGBl. I, 1318), zuletzt geändert durch Rechtsverordnung v. 12.12.2008 (BGBl. I, 2445).

homöopathischen bzw anthroposophischen Arzneimitteln bis zu 150 Stück abgeteilte Arzneiform umfassen kann. Hiermit werden die Besonderheiten verschiedenen Anwendungsgebiete und die unterschiedlichen Dosierungsvorgaben auch im System der gesetzlichen Krankenversicherung berücksichtigt (siehe hierzu unten Teil 11, §§ 46 ff).

Die Systematisierung von Packungsgrößen im Interesse des gesetzlichen Krankenversicherungswesens ist keineswegs neu. Bereits 1980 haben sich die Bundesvereinigung Deutscher Apothekerverbände, die Kassenärztliche Bundesvereinigung, die Spitzenverbände der Krankenkassen und er Bundesverband der Pharmazeutischen Industrie darauf geeinigt, Arzneimittel in drei als N 1, N 2 und N 3 bezeichneten Packungsgrößen zu vertreiben. Diese Einigung war jedoch rechtlich nicht zwingend und von den Verbänden nur mittelbar gegenüber ihren Mitgliedern durchsetzbar.[3] § 131 Abs. 1 SGB V bietet seit 1989 eine gesetzliche Grundlage für entsprechende, rechtlich bindende Abreden. Hiernach können die Spitzenverbände der Krankenkasse und die für die Wahrnehmung der wirtschaftlichen Interessen gebildeten maßgeblichen Spitzenorganisationen der pharmazeutischen Unternehmer auf Bundesebene einen **Vertrag über die Arzneimittelversorgung in der gesetzlichen Krankenversicherung** schließen. Vertragsgegenstand kann u.a. nach Absatz 2 der Vorschrift auch die Bestimmung therapiegerechter und wirtschaftlicher Packungsgrößen sein. Die Bestimmung ist in zweierlei Hinsicht bemerkenswert. Zum einen bezieht sie mit den durch ihre Spitzenorganisationen vertretenen pharmazeutischen Unternehmer eine Gruppe ein, die nicht zu den Leistungserbringern gehört, deren Mitwirkung aber aus praktischen Gründen unerlässlich ist.[4] Zum anderen spricht sie – wie mit dem des pharmazeutischen Unternehmers auch – mit dem Hinweis auf *therapiegerechte* Packungsgrößen dem Arzneimittelrecht entlehnte Rechtsbegriffe an. Sie bezeichnet daher die Schnittstelle zwischen den wirtschaftlichen Erfordernissen und Zwängen des öffentlichen Krankenversicherungswesens und dem Gebot der Arzneimittelsicherheit, das dem AMG in allererster Linie zugrunde liegt. Hierbei zeigt gerade das Beispiel der Packungsgrößen, das die durch die Frage nach der Erstattungsfähigkeit bedingte Marktsteuerung auch Rückwirkungen auf das Arzneimittelrecht zeitigt, da es oft nicht im Interesse des pharmazeutischen Unternehmers liegen wird, nicht erstattungsfähige Packungsgröße zur Zulassung anzustellen.

Gleichwohl bleiben beide Bereiche – Arzneimittelrecht auf der einen, Recht der gesetzlichen Krankenversicherung[5] auf der anderen Seite – sorgfältig zu trennende Rechtsmaterien mit unterschiedlichen Zielsetzungen. Während bei den Bestimmungen des SGB V und den auf seiner Grundlage erlassenen Rechtsvorschriften primär um die Finanzierbarkeit des Krankenversicherungswesens geht – hier kommen den Packungsgrößen etwa bei der Gestaltung von Rabattverträgen der Krankenversicherungsträger oder bei Festbetragsregelungen zu – dient das AMG dem übergeordneten Ziel der Arzneimittelsicherheit. Dieser Differenzierung ist bei der Auslegung der einzelnen Bestimmungen des AMG über die Packungsgrößen Rechnung zu tragen.

B. Packungsgrößen im Zulassungsverfahren

Die Angabe der Packungsgrößen gehört zum zwingenden Inhalt der Zulassungsunterlagen eines Arzneimittels. § 22 Abs. 1 Nr. 13 AMG beschränkt sind allerdings auf diese Anordnung. Weitere Vorgaben für die Art und den näheren Inhalt der Angabe finden sich nicht. Insbesondere gibt das AMG keine Systematisierung von Packungsgrößen vor.

Da die Zulassung auf der Grundlage der eingereichten Unterlagen erteilt wird und nachträgliche Änderungen der Packungsgrößen gemäß § 29 Abs. 2 S. 1 Nr. 5 AMG der Zustim-

---

3 Vgl jurisPK-SGB V/*Schneider*, § 131 SGB V Rn 7.
4 Vgl jurisPK-SGB V/*Schneider*, § 131 SGB V Rn 2.
5 Hierzu eingehend unten § 46.

mung der zuständigen Bundesoberbehörde bedürfen,[6] versteht es sich von selbst, dass stets **alle Packungsgrößen** anzugeben sind, in denen das Arzneimittel in den Verkehr gebracht werden soll. Maßgebend ist stets die Absicht des Inverkehrbringens, wobei die Begriffsbestimmung des § 4 Abs. 17 AMG zugrunde zu legen ist. Dies hat zur Folge, dass auch solche Packungsgrößen angegeben werden müssen, die nur an einen beschränkten Abnehmerkreis abgegeben werden sollen, zB Anstaltspackungen, Unverkäufliche Muster, Probepackungen oder Bündelpackungen.[7] In welcher Form die Angabe erfolgt, hängt von der Art des Arzneimittels und seiner Verpackung ab. So genügt bei abgeteilten Arzneiformen regelmäßig die Angabe der Anzahl, während bei anderen Darreichungsformen Gewichts- oder Flüssigkeitsmaße erforderlich sind. Zu beachten ist auch, dass sich Besonderheiten aus der Art des resp. der in einer Umverpackung befindlichen Behältnisse ergeben können. Beispielhaft seien genannt:

- 10 Filmtabletten
- 30 g Pulver
- 10 (Tee)Beutel zu je 3 g
- 5 Ampullen zu 2 ml (Injektionslösung).[8]

Die – insoweit weiterhin aktuellen – Erläuterungen des BfArM zum Antrag auf Zulassung eines Arzneimittels[9] fassen dies so zusammen:

"Die Stückzahl ist bei abgeteilten Arzneiformen (zB Tabletten, Zäpfchen oder Lösungen in Ampullen) bestimmend, die Gewichts- oder Volumenmenge bei nicht abgeteilten (zB Granulate, Lösungen zur Mehrfachentnahme).

Wenn sich bei abgeteilten Arzneiformen die Größe der abgeteilten Einheit (zB größere Ampulle) ändert, entsteht keine andere Packungsgröße des Arzneimittels, sondern eine andere Dosierungsstärke, die als gesondertes Arzneimittel einer eigenen Zulassung bedarf (eigener Antrag). Letzteres gilt u.a. auch für in Beutelchen („Sachets") abgeteilte Granulate."

7 Das BfArM verweist in diesem Zusammenhang zudem auf die Verordnung des BMWi betreffend Fertigpackungen – Fertigpackungsverordnung –, die nunmehr in der Fassung vom der Verordnung vom 11.6.2008[10] vorliegt. Unzulässig sind danach unbestimmte Füllmengenangaben oder die Angabe eines Füllmengenbereichs, zB 245–250 g Pulver.

Mit diesen Vorgaben korrespondiert die **Kennzeichnungsvorschrift** des § 10 Abs. 1 S. 1 Nr. 6 AMG. Hiernach sind auf den Behältnissen und, soweit verwendet, auf den äußeren Umhüllungen von Fertigarzneimitteln[11] u.a. der Inhalt nach Gewicht, Rauminhalt oder Stückzahl anzugeben. Auch hier ist eine konkrete, der Darreichungsform des Arzneimittels entsprechende Angabe gefordert.

8 Fehlende oder unvollständige Angaben in den Zulassungsunterlagen zu den Packungsgrößen erfüllen den **Versagungstatbestand** des § 25 Abs. 2 S. 1 Nr. 1 AMG. Vor einer Versagung besteht in einem solchen Fall allerdings Anlass, den Antragsteller nach § 25 Abs. 4 AMG auf den Mangel der Zulassungsunterlagen hinzuweisen und Gelegenheit zur Mängelbeseitigung binnen angemessener Frist zu geben.

9 Die **Zulassung** der Fertigarzneimittel erfolgt sodann stets für eine oder mehrere bestimmte Packungsgrößen. Hierdurch wird das Recht des Zulassungsinhabers begründet, das Arzneimittel in den zugelassenen Packungsgrößen in der Verkehr zu bringen, nicht aber eine

---

6 Siehe nachfolgend Rn 12 ff.
7 Kloesel/Cyran, Arzneimittelrecht, § 22 AMG Erl. 49.
8 Vgl Kloesel/Cyran, Arzneimittelrecht, § 22 AMG Erl. 49.
9 3. Auflage, Stand: 31.10.1996, BAnz Nr. 44 a v. 5.3.1997.
10 BGBl. I, 1079.
11 Zu homöopathischen Arzneimitteln vgl § 10 Abs. 4 AMG.

Pflicht hierzu. Macht der Zulassungsinhaber von seinem Recht nicht für alle Packungsgrößen Gebrauch, lässt dies die Zulassung grundsätzlich unberührt. Folgerichtig ist der Nichtvertrieb einzelner zugelassener Packungsgrößen keine zustimmungsbedürftige Änderung des Arzneimittels.[12]

C. Packungsgrößen und Auflagenbefugnis

Zur Durchsetzung der Kennzeichnungsvorschriften über die Packungsgrößen steht der zuständigen Bundesoberbehörde die allgemeine Auflagenbefugnis des § 28 Abs. 2 Nr. 1 und 3 AMG zur Verfügung. Klarstellend stellt § 28 Abs. 1 S. 4 AMG fest, dass Auflagen auch nachträglich, also nach Erteilung einer Zulassung angeordnet werden können. Angesprochen ist damit der Fall, dass die Auflage nicht mit der Zulassungsentscheidung verbunden wird, wie dies oftmals der Fall ist, sondern erst erteilt wird, nachdem ein Fehler offenbar wird.

Eine materiell ausgerichtete Auflagenbefugnis enthält hingegen § 28 Abs. 2 Nr. 4 AMG die Bundesoberbehörde kann hiernach – wiederum auch nachträglich – anordnen, dass das Arzneimittel in Packungsgrößen in den Verkehr gebracht wird, die den Anwendungsgebieten und der Dauer der vorgesehenen Anwendung angemessen sein. Der Bezug zu Anwendungsgebiet und -dauer deutet dabei ebenso wie der Hinweis auf den unbestimmten Rechtsbegriff der **Angemessenheit** auf ein Ziel hin, das im Bereich des gesetzlichen Krankenversicherung mit dem der therapiegerechten Packungsgröße umschrieben wird. Wenngleich das AMG keine Systematisierung der Packungsgrößen kennt, bieten die dort getroffenen Festlegungen doch fachliche Anhaltspunkte für die Angemessenheit. Dennoch wird die Behörde bei der Ausübung des ihr eingeräumten Auflagenermessens das Übermaßverbot zu beachten haben. Denn das AMG dient primär der Arzneimittelsicherheit, nicht aber der Kostendämpfung im Gesundheitswesen. Geringfügige Abweichungen dürfen daher keinen Anlass zu einem Eingriff in die unternehmerische Freiheit des Zulassungsinhabers geben. Ergeben sich aber bei bestimmungsgemäßen Gebrauch des Arzneimittels zwangsläufig deutliche Restmengen ohne therapeutischen Sinn oder überschreitet der Packungsinhalt das für die übliche Therapiedauer Benötigte erheblich, kann dies Anlass für eine Auflage nach § 28 Abs. 2 Nr. 4 AMG sein.[13]

D. Nachträgliche Änderung von Packungsgrößen

Ändert der Zulassungsinhaber die Packungsgröße, verringert oder vergrößert er also den Packungsinhalt oder will er weitere, bisher nicht zugelassene Packungsgrößen in den Verkehr bringen, darf diese Änderung erst vollzogen werden, wenn die zuständige Behörde dem **zugestimmt** hat (§ 29 Abs. 2 a Nr. 5 AMG).[14] Allerdings wird die Zustimmung nach Satz 3 der Vorschrift fingiert, wenn die Behörde der Änderung nicht innerhalb einer Frist von drei Monaten widerspricht. Der Lauf der Frist beginnt mit dem Eingang der nach § 29 Abs. 1 AMG obligatorischen Änderungsanzeige.

In der Rechtsprechung ist noch ungeklärt, ob das Bestehen einer solchermaßen fingierten Zustimmung Auswirkungen auf die Befugnis hat, durch Auflagen angemessene Packungsgrößen durchzusetzen. Geht man davon aus, dass die Zustimmung der zuständigen Bundesoberbehörde zu einer Änderung des Arzneimittels ein begünstigender Verwaltungsakt ist, könnte dies auch für eine fingierte Änderung gelten. Dann stellt sich die Frage, ob die

---

12 Vgl OVG NRW A&R 2006, 172–174; vorangehend: VG Köln, Urt. v. 14.1.2004 – 24 K 2017/01; Zirkel, PharmR 2006, 407 f; zu Änderungen der Packungsgrößen zugelassener Arzneimittel vgl sogleich Rn 12 ff.
13 Vgl VG Köln, Urt. v. 22.11.2005 – 7 K 5513/03.
14 Zu den Änderungsbestimmungen ausführlich oben § 11.

nachfolgende Auflage die Aufhebung dieses Verwaltungsaktes voraussetzt. Regelmäßig wird man jedoch in die Auflage als eine solche Aufhebung interpretieren können. Einer gesonderten Aufhebungsentscheidung bedarf es dann nicht.

14 Zu beachten bleibt, dass mit der Änderung der Packungsgröße eine neuzulassungspflichtige Änderung des Arzneimittels selbst einher gehen kann. In diesem Fall handelt es sich rechtlich betrachtet gar nicht um eine neue Packungsgröße, sondern um ein neues Arzneimittel. Eine solche Fallgestaltung ist insbesondere denkbar, wenn eine Injektionsampulle, die zur einmaligen Entnahme gedacht war, in ein Mehrdosenbehältnis geändert wird. In diesem Fall wird zwar unbestreitbar die Menge des Arzneimittels in der Packung erhöht, die nunmehr für mehrere Behandlungen ausreicht. Es stellt sich jedoch schon die Frage, ob der Übergang von der Ampulle zum Mehrdosenbehältnis noch als Änderung der Packungs*größe* angesehen werden kann oder ob die Änderung schon begrifflich zu einem anderen Arzneimittel führt. Zumindest erfordert die Änderung andere und weiter gehende pharmazeutische Prüfungen, namentlich im Hinblick auf die Stabilität und den Zusatz von Konservierungsmitteln.[15] Dies kann die Bundesoberbehörde zum Anlass nehmen, die Zustimmung zur Änderung zu versagen. Auf jeden Fall besteht eine Neuzulassungspflicht, wenn die Änderung zu einer Erhöhung oder Verminderung der Wirkstoffmenge bei jeder Entnahme führt.

---

15 In diesem Sinne für das Nachzulassungsverfahren: OVG NRW, Beschl. v. 21.8.2008 – 13 A 44/06.

§ 21 Vertriebswege

Literatur: *Becker*, Steuerung der Arzneimittelversorgung im Recht der GKV, 2006; *Dettling*, Arzneimittelverkauf oder -versorgung?, PharmR 2004, 66; *Dettling*, Anspruch ausländischer Versandapotheken auf Erstattung des Abschlags des pharmazeutischen Unternehmers?, A&R 2008, 204; *Diekmann/Idel*, Der einheitliche Apothekenabgabepreis für verschreibungspflichtige Arzneimittel, APR 2009, 93; *Fricke/Schöffski/Guminski*, Pharmabetriebslehre, 2. Auflage 2008; *Gloy/Loschelder*, Handbuch des Wettbewerbsrechts, 4. Auflage 2009; *Graßnickel/Kirsch*, Arzneimittelkosten im Krankenhaus, DOK 1988, 435; *Kaeding*, Auswirkungen des § 52 b AMG-E auf den Parallelhandel mit Arzneimitteln, PharmR 2009, 269; *Kamann/Gey/Kreuzer*, Das EuGH-Urteil zum Apotheken-Fremdbesitzverbot – „Renationalisierung" des Gesundheitssektors?, PharmR 2009, 320; *Lenz*, Warenverkehrsfreiheit nach der DocMorris-Entscheidung zum Versand von Arzneimitteln, NJW 2004, 332 ff; *Mand*, Internationaler Anwendungsbereich des deutschen Preisrechts für Arzneimittel gemäß AMG, AMPreisV und § 130 a SGB V, PharmR 2008, 582; *Plassmeier/Höld*, Die Rabattgewährung der Pharmaunternehmen im Arzneimittelhandel, PharmR 2007, 309; *Quaas/Zuck*, Medizinrecht, 2. Auflage 2008; *Rehmann/Pahl*, Die 15. AMG-Novelle – Ein Überblick, A&R 2009, 195; *Siebert/Pries*, Kartellrechtliche Marktabgrenzung im Pharma-Bereich, PharmR 2007, 147; *Wiedemann*, Handbuch des Kartellrechts, 2. Auflage 2008; *Wille*, Bedeutung der zugelassenen Indikation eines Arzneimittels im Sozial-, Arzneimittel- und Wettbewerbsrecht, PharmR 2009, 365; *Ziller*, Versandhandel mit Arzneimitteln, PharmR 1999, 186.

A. Einleitung 1	2. Informations- und Kontrollpflichten 43
B. Großhandel 3	II. Preisvorschriften und Wettbewerb 44
I. Begriff des Großhandels 3	1. Verschreibungspflichtige Arznei-
II. Bereitstellung von Arzneimitteln durch	mittel 44
den Großhandel 6	2. Nicht verschreibungspflichtige
1. Sicherstellungsauftrag 6	Arzneimittel 45
2. Belieferungsanspruch zwischen den	3. Sonstige Entgelte 46
Handelsstufen 7	4. Wettbewerb 47
III. Vertriebswegausnahmen (§ 47 AMG) ... 16	III. Besondere Bestimmungen für die Abgabe
IV. Arzneimittelmuster 19	und das Inverkehrbringen von Arzneimit-
V. Spezielle Regelungen für Tierarzneimittel 23	teln 49
VI. Sondervertriebswege 24	1. Abgabe verschreibungspflichtiger
VII. Entgelt 25	Arzneimittel 50
1. Verschreibungspflichtige Arznei-	2. Modifizierte Abgabebestimmungen 51
mittel 25	3. Substitution von Arzneimitteln durch
2. Nicht verschreibungspflichtige	den Apotheker 52
Arzneimittel 29	IV. Betrieb der Apotheke 54
C. Krankenhäuser 32	1. Fremd- und Mehrbesitzverbot 54
I. Vertriebsbindung in der stationären	2. Apotheken-Kooperationen 56
Versorgung 33	E. Einzelhandel 57
II. Besondere Regelungen bei der Arzneimit-	I. Voraussetzungen des Vertriebs über den
telabgabe 35	Einzelhandel 57
III. Ausnahmen von der Apothekenpflicht im	II. Einbindung des Einzelhandels in den
Krankenhaus 36	Versandhandel: Pick-up-Stellen 59
IV. Arzneimittelpreise im Krankenhaus 37	F. Versand 60
V. Bedeutung des Krankenhauses als	I. Hintergrund 60
Vertriebsweg 39	II. Voraussetzungen des Versandhandels... 61
D. Apotheken 42	III. Geltung der deutschen Abrechnungsvor-
I. Bedeutung und Aufgaben der Apotheke	schriften beim Arzneimittelversand durch
in der pharmazeutischen Versorgungs-	ausländische Versandapotheken 63
kette 42	
1. Abgabepflicht 42	

A. Einleitung

Der Vertrieb von Arzneimitteln unterliegt aus Gründen des Patientenschutzes und der Arzneimittelsicherheit einer **Vertriebsbindung**, die risikobasiert ausgestaltet ist. Die Vertriebsbindung knüpft je nach Risikopotenzial des Arzneimittels und dem damit zusammenhän- 1 genden Beratungs- und Kontrollbedarf bei der Arzneimittelabgabe an den Patienten/Verbraucher an die Apothekenpflichtigkeit eines Arzneimittels an (siehe hierzu § 24). Die Abgabe apothekenpflichtiger Arzneimittel für den Endverbrauch ist gem. § 43 Abs. 1 S. 1 AMG grundsätzlich den Apotheken vorbehalten (siehe § 24 Rn 5 ff). Von dieser Vertriebsbindung sind jedoch bestimmte Fallgestaltungen ausgenommen, § 47 Abs. 1 AMG (siehe dazu Rn 16 ff).

Das klassische Vertriebsmodell für apothekenpflichtige Arzneimittel geht von einer **dreigliedrigen Vertriebskette** aus:

> Pharmazeutisches Unternehmen → Großhandel → Apotheke → Verbraucher

2   Im Gegensatz dazu besteht für **freiverkäufliche Arzneimittel** der Apothekenvorbehalt hinsichtlich der Abgabe an den Verbraucher nicht. Aber auch bei der Abgabe freiverkäuflicher Arzneimittel im Einzelhandel sind besondere Rahmenbedingungen sicherzustellen (siehe § 22 Rn 16). Die gesetzlichen Regelungen zum Vertriebsweg von Arzneimitteln dienen daher zugleich als Qualitätssicherungssystem, das für den Umgang mit dem Arzneimittel als einer besonderen Ware erforderlich ist.

B. Großhandel
I. Begriff des Großhandels

3   Gemäß der arzneimittelrechtlichen Definition ist Großhandel mit Arzneimitteln „jede berufs- oder gewerbsmäßige zum Zwecke des Handeltreibens ausgeübte Tätigkeit, die in der Beschaffung, der Lagerung, der Abgabe oder Ausfuhr von Arzneimitteln besteht, mit Ausnahme der Abgabe von Arzneimitteln an andere Verbraucher als Ärzte, Zahnärzte, Tierärzte oder Krankenhäuser" (§ 4 Abs. 22 AMG). Diese Definition wurde mit dem 12. AMG-Änderungsgesetz[1] in das AMG eingefügt. Damit wurde der Begriff des Großhandels über die Vertriebsstufe „Großhandel" hinaus ausgedehnt. Jeder pharmazeutische Unternehmer ist danach gleichzeitig Großhändler im Sinne des § 4 Abs. 22 AMG.

4   Auch kann ein **Apotheker** gleichzeitig Großhändler sein, wenn seine Vertriebstätigkeit über den üblichen Apothekenbetrieb hinausgeht, vgl § 52 a Abs. 7 AMG. Apothekenüblich sind Vertriebshandlungen, die von der Apothekenbetriebserlaubnis gem. den §§ 1, 14 ApoG abgedeckt sind. Dies schließt die Versorgung von Krankenhäusern und Heimen, mit denen ein entsprechend genehmigter Vertrag vorliegt, ein, da die Apothekenbetriebserlaubnis den Rahmen für den üblichen Apothekenbetrieb steckt. Auch die Rückgabe von Retouren an den Großhandel oder die Belieferung zugelassener Filialapotheken sind insoweit üblicher Apothekenbetrieb.[2]

5   Als Großhandelstätigkeit anzusehen sind dagegen Vertriebstätigkeiten zentraler **Apotheken-Einkaufsgemeinschaften**, da für die zentrale Lagerung und Verwaltung regelmäßig auch zusätzliches Personal und geeignete Betriebsräume erforderlich sein dürften.[3] Ebenso gilt der von einer Apotheke betriebene Parallelhandel als Großhandel. Die Großhandelstätigkeit unterliegt der Erlaubnispflicht gem. § 52 a AMG (siehe hierzu § 22 Rn 1 ff).

---

[1] Zwölftes Gesetz zur Änderung des Arzneimittelgesetzes (12. AMG-Änderungsgesetz) v. 30.7.2004 (BGBl. I, 2031).
[2] Vgl Rehmann, AMG, § 52 a Rn 6; Kloesel/Cyran, Arzneimittelrecht, § 52 a AMG Erl. 24.
[3] Vgl Rehmann, AMG, § 52 a Rn 6; Kloesel/Cyran, Arzneimittelrecht, § 52 a AMG Erl. 24.

II. Bereitstellung von Arzneimitteln durch den Großhandel

1. Sicherstellungsauftrag

Der pharmazeutische Großhandel ist wichtiger Bestandteil der pharmazeutischen Versorgungskette, da er durch apothekenübergreifende Lagerhaltung und zeitnahe Lieferung[4] dazu beiträgt, die Versorgung der Bevölkerung mit Arzneimitteln durch die Apotheke, deren Lagerkapazitäten begrenzt sind, zu gewährleisten. Ein Anspruch auf Einbeziehung in die pharmazeutische Versorgungskette bestand für den pharmazeutischen Großhandel bis zum Inkrafttreten des Gesetzes zur Änderung arzneimittelrechtlicher und anderer Vorschriften[5] (sog. 15. AMG-Novelle) zum 23.7.2009 jedoch nicht, so dass es pharmazeutischen Unternehmen möglich war, Arzneimittel ausschließlich direkt an die Apotheke zu liefern („Direct-to-Pharmacy"-Belieferungsmodelle). Seit Inkrafttreten der 15. AMG-Novelle zum 23.7.2009 sind die Arzneimittelgroßhandlungen und pharmazeutischen Unternehmer in Umsetzung des Art. 81 RL 2001/83/EG in den gesetzlichen Sicherstellungsauftrag für die Versorgung mit Arzneimitteln eingebunden. Das bedeutet: Der Pharmagroßhandel und die pharmazeutischen Unternehmen haben „eine angemessene und kontinuierliche Bereitstellung" von Arzneimitteln sicherzustellen, um den Bedarf der Patienten zu decken, § 52 b Abs. 1 S. 1 AMG. Bis zu diesem Zeitpunkt oblag dieser Versorgungsauftrag nur den Apotheken (§ 1 ApoG; siehe auch § 21 Rn 42). Die Einbindung pharmazeutischer Unternehmen und Großhändler in den öffentlichen Versorgungsauftrag erfolgte mit dem Ziel, den Apotheken eine kontinuierliche Arzneimittelbelieferung sowie eine funktionierende Infrastruktur, Distribution und Lagerung zur Verfügung zu stellen.[6]

2. Belieferungsanspruch zwischen den Handelsstufen

Dem in § 52 b Abs. 1 S. 1 AMG normierten Sicherstellungsauftrag für die Arzneimittelversorgung entsprechend, besteht nunmehr ein Belieferungsanspruch zwischen den Handelsstufen: Die pharmazeutischen Unternehmer müssen „im Rahmen ihrer Verantwortlichkeit eine bedarfsgerechte und kontinuierliche Belieferung" des vollversorgenden Pharmagroßhandels gewährleisten (§ 52 b Abs. 2 S. 1 AMG) und dem Pharmagroßhandel, Voll- sowie Teilsortimentern, obliegt dies in Bezug auf den mit ihm in Geschäftsbeziehung stehenden Apotheken, § 52 b Abs. 3 AMG. Dies geht zwar über die EU-rechtlichen Vorgaben der Richtlinie 2001/83/EG hinaus, wird aber EU-rechtlich und verfassungsrechtlich als zulässig erachtet.[7]

§ 52 b Abs. 2 S. 2 AMG definiert als **vollversorgende Arzneimittelgroßhandlungen** solche, „die ein vollständiges, herstellerneutral gestaltetes Sortiment an apothekenpflichtigen Arzneimitteln unterhalten, das nach Breite und Tiefe so beschaffen ist, dass damit der Bedarf von Patienten von den mit der Großhandlung in Geschäftsbeziehung stehenden Apotheken werktäglich innerhalb angemessener Zeit gedeckt werden kann; die vorzuhaltenden Arzneimittel müssen dabei mindestens dem durchschnittlichen Bedarf für zwei Wochen entsprechen."

Der **Belieferungsanspruch** steht nur den Großhandelsbetrieben zu, die sich vertraglich oder satzungsgemäß zur Wahrnehmung einer solchen Funktion verpflichten. Politischer Hintergrund für diese Regelung war das Bedürfnis, den Großhandel als „Vollversorger" zu erhalten. Der Direktvertrieb für umsatzstarke Arzneimittel sollte eingedämmt bzw dem Groß-

---

[4] Vgl Quaas/Zuck, Medizinrecht, § 37 Rn 3.
[5] Gesetz zur Änderung arzneimittelrechtlicher und anderer Vorschriften v. 17.7.2009 (BGBl. I, 1990).
[6] Vgl BT-Drucks. 16/12256, 52.
[7] Vgl Stellungnahme des Einzelsachverständigen *Dr. Wolfgang A. Rehmann* zur Anhörung des BT-Gesundheitsausschusses am 6.5.2009 zur 15. AMG-Novelle, Ausschuss-Drucks. 16(14)0514(48), S. 8 ff; Rehmann/Pahl, A&R 2009, 198, 199.

handel erhalten bleiben.[8] Allerdings handelt es sich auch hier nicht um einen generellen Belieferungsanspruch, dh es besteht kein Kontrahierungszwang in jedem Einzelfall.[9] Vielmehr ist lediglich eine „bedarfsgerechte und kontinuierliche Belieferung" der nachfolgenden Handelsstufe zu gewährleisten. Ein Wettbewerb zwischen den vollversorgenden Großhandlungen untereinander und mit den pharmazeutischen Unternehmen soll nicht ausgeschlossen werden. Dem pharmazeutischen Unternehmer steht es also weiterhin grundsätzlich frei, in welchem Umfang und gegenüber welchem Vollsortimenter er seiner Pflicht zur Belieferung nachkommt. Dies bedeutet aber auch, dass der pharmazeutische Unternehmer den vollversorgenden Großhandel nicht mehr vollständig umgehen darf, wenngleich eine Direktbelieferung von Apotheken durch den pharmazeutischen Unternehmer nicht ausgeschlossen ist.

10 Der **Belieferungsanspruch** besteht auch **nicht unbegrenzt**: Der Bedarf orientiert sich am hiesigen Markt. Eine Belieferung für Exportgeschäfte oder den Zwischenhandel innerhalb der EU ist von der Belieferungspflicht nicht erfasst.[10] Im Zweifel, so heißt es in der Gesetzesbegründung, muss der vollversorgende Großhandel, der eine bedarfsgerechte Belieferung geltend macht, seinen Bedarf belegen, wobei dies anhand der Marktdaten des entsprechenden Vorjahresmonats zuzüglich eines angemessenen Sicherheitszuschlags überprüft werden kann.[11] Ausnahmesituationen wie zB Grippewellen, verstärkte Nachfrage vor Feiertagen oder bei bestimmten Saisonartikeln sind zu berücksichtigen. Bei Neueinführungen von Arzneimitteln kann gegebenenfalls erst nach Ablauf eines bestimmten Zeitraums eine Bedarfsschätzung vorgenommen werden.[12] Vor diesem Hintergrund wird man aufgrund endlicher Produktionskapazitäten bspw im Fall von Pandemien, in dem große Mengen bestimmter Arzneimittel benötigt werden, aus dem Gesetz keine Pflicht des pharmazeutischen Herstellers herleiten können, mehrere gleichartige Bestellungen von Vollsortimentern in dem angeforderten Umfang und zu gleichen Konditionen zu erfüllen.

11 **Keine Belieferungspflicht** besteht gegenüber Adressaten, die nach § 47 Abs. 1 S. 1 Nr. 2–9 AMG unter Ausnahme vom Apothekenvorbehalt direkt beliefert werden dürfen (siehe auch § 21 Rn 16), für Arzneimittel, die einem Sondervertriebsweg nach § 47 a AMG unterliegen (siehe § 24 Rn 53 f) oder die aus anderen rechtlichen oder tatsächlichen Gründen nicht über den Großhandel ausgeliefert werden können (§ 52 b Abs. 2 S. 3 AMG). In der Praxis wird insbesondere die letztgenannte Alternative dieser Ausnahmeregelung Interpretationsspielraum bieten. Rechtliche Gründe, die gegen eine Auslieferung über den Großhandel sprechen, können bestimmte Vertriebsregelungen sein, wie etwa der erst zum 21.7.2009 eingefügte § 47 b AMG für diamorphinhaltige Substitutionsmittel.[13] Tatsächliche Gründe sind zum Beispiel Produktionsstörungen. In Betracht kommen auch Zulassungsauflagen, durch die der Zulassungsinhaber zur Sammlung bestimmter Patientendaten im Rahmen von Risikominimierungsprogrammen (RMP) verpflichtet wird und die bei einer Zwischenschaltung des Großhandels nicht mehr möglich wären. Tatsächliche Gründe für eine Nichtbelieferung des Großhandels müssen objektiv vorliegen; rein wirtschaftliche Erwägungen erfüllen dieses Kriterium nach der Gesetzesbegründung nicht.[14] Die Darlegungs- und

---

8 Vgl Protokoll der Frühjahrssitzung des GRUR-Fachausschusses Arznei- und Lebensmittelrecht am 11.3.2009, GRUR 2009, 652.
9 Vgl BT-Drucks. 16/12256, 52.
10 Vgl BT-Drucks. 16/12256, 53.
11 Zu den möglichen Auswirkungen des § 52 b AMG auf den Parallelhandel siehe Kaeding, PharmR 2009, 269 ff.
12 Vgl BT-Drucks. 16/12256, 52 f.
13 Vgl Gesetz zur diamorphingestützten Substitutionsbehandlung v. 15.7.2009 (BGBl. I, 1801).
14 BT-Drucks. 16/13428, 85 .

Beweislast dafür, dass ein Arzneimittel ausnahmsweise nicht über den Großhandel ausgeliefert werden kann, obliegt im Streitfall dem pharmazeutischen Unternehmer.[15]

Der Gesetzgeber hat in § 52 b Abs. 4 AMG normiert, dass die Vorschriften des Gesetzes gegen Wettbewerbsbeschränkungen (**GWB**) **unberührt** bleiben. Da die kartell- und wettbewerbsrechtlichen Pflichten im Verhältnis zwischen pharmazeutischem Unternehmer und Arzneimittelgroßhändlern ohnehin bereits vor Inkrafttreten der 15. AMG-Novelle vollumfänglich galten, dürfte dieser Verweis jedoch nur deklaratorische Bedeutung haben und klarstellen, dass mit § 52 b AMG kein besonderes Kartellrecht geschaffen werden soll. Die vertriebsrelevanten Vorschriften des AMG und des GWB verfolgen unterschiedliche Regelungsziele, nämlich bedarfsgerechte Patientenversorgung einerseits und Wettbewerbsschutz andererseits, und begründen unabhängig voneinander Pflichten des pharmazeutischen Unternehmers. In Bezug auf etwaige Belieferungspflichten der pharmazeutischen Unternehmer müssen die Sachverhalte entsprechend der gesetzlichen Konzeption klar getrennt werden. Auch wenn sich aus arzneimittelrechtlichen Verpflichtungen nach § 52 b AMG kein Kontrahierungszwang ergibt, kann eine Lieferpflicht gleichwohl entsprechend den Vorschriften des GWB bestehen. Dies ist jedoch am Einzelfall zu beurteilen. **12**

Sofern nach kartellrechtlichen Vorschriften ein **Kontrahierungszwang** besteht, kann der Belieferungsanspruch im Wege des quasi-negatorischen Beseitigungsanspruchs geltend gemacht werden.[16] So kann ein Belieferungsanspruch insbesondere auf die Verletzung des § 20 GWB sowie Art. 102 AEUV (ehemals Art. 82 EGV), also auf den Missbrauch einer marktbeherrschenden Stellung, gestützt werden. Dies setzt zunächst voraus, dass eine marktbeherrschende Stellung des betreffenden pharmazeutischen Unternehmers vorliegt. Maßgeblich ist der räumlich relevante Markt der Bundesrepublik Deutschland, da der vollversorgende pharmazeutische Großhandel in aller Regel bundesweit tätig ist. Zur Eingrenzung des sachlich relevanten Marktes liegt es nahe, entsprechend des Bedarfsmarktkonzeptes auf das einzelne Produkt abzustellen.[17] Bei verschreibungspflichtigen Arzneimitteln sind daher das Verordnungsverhalten der Ärzte sowie insbesondere die Abgabevorschriften der Apotheken (zB „aut idem") für die Bestimmung des relevanten Marktes wesentlich. Daher wird man bei der Frage der Marktbeherrschung im Arzneimittelbereich an das Vorhandensein von Ausschließlichkeitsrechten oder an die Marktabdeckung anknüpfen müssen. So wird vertreten, dass jedes patentgeschützte Produkt einen eigenen Markt darstellt und eine marktbeherrschende Stellung begründen kann,[18] die bei nicht gerechtfertigter Lieferverweigerung einen Belieferungsanspruch des Großhandels auslöst. Als Orientierungspunkt für die **Marktanteilsbewertung** kann die Marktbeherrschungsvermutung des § 19 Abs. 3 S. 1 GWB (mindestens ein Drittel Marktanteil) herangezogen werden. Die Rechtsprechung versteht den Marktanteil idR als den durch den Umsatz ausgedrückten Wertanteil eines Produkts am relevanten Markt, nicht als Mengenanteil.[19] **13**

Zur Frage der Missbräuchlichkeit der Lieferverweigerung marktbeherrschender Unternehmen besteht eine große Vielfalt an EuGH-Rechtsprechung, die zunächst grundlegend zwischen den Fällen der Verweigerung einer Belieferung, eines neuen Nachfragers und in Fällen der weiteren oder nur eingeschränkten Belieferung bereits vorhandener, bisher uneinge- **14**

---

15 BT-Drucks. 16/13428, 85.
16 Dieckmann in: Wiedemann, Handbuch des Kartellrechts, § 40 Rn 22.
17 Zur kartellrechtlichen Marktabgrenzung im Pharma-Bereich siehe Siebert/Pries, PharmR 2007, 147 ff.
18 Vgl Stellungnahme des Einzelsachverständigen *Dr. Wolfgang A. Rehmann* zur Anhörung des BT-Gesundheitsausschusses am 6.5.2009 zur 15. AMG-Novelle, Ausschuss-Drucks. 16(14)0514(48), S. 14; Rehmann/Pahl, A&R 2009, 200.
19 KG v. 24.8.1978, WuW/E OLG 2053, 2057 – Valium; BGH v. 12.2.1980, WuW/E BGH 1678, 1681 – Valium II; BGH v. 25.6.1985, WuW/E BGH 2150, 2154 – Edelstahlbestecke; BGH v. 7.7.1992, WuW/E BGH 2783, 2790.

schränkt belieferter Vertragshändler unterscheidet.[20] So hat der EuGH, gestützt auf Art. 82 EGV (nunmehr Art. 102 AEUV), im Falle einer marktbeherrschenden Stellung einen Belieferungsanspruch des pharmazeutischen Großhandels in „üblichem Umfang" grundsätzlich bejaht.[21] Pharmazeutische Unternehmer sind jedoch berechtigt, bei atypischem Bestellverhalten eines Großhändlers die eigenen geschäftlichen Interessen durch angemessene Maßnahmen zu schützen. Im Einzelfall kann es daher angemessen sein, atypische Bestellungen nicht zu bedienen.

15 Abschließend kann festgehalten werden, dass sich in der Praxis durch die neue Aufgabenverteilung und die Verwendung unbestimmter Rechtsbegriffe in § 52 b AMG zukünftig noch eine Reihe von Auslegungsfragen stellen werden. Wie weit der Regelungsgehalt des § 52 b AMG tatsächlich reicht, wird sich daher erst in den nächsten Jahren zeigen.

III. Vertriebswegausnahmen (§ 47 AMG)

16 Grundsätzlich ist die Abgabe apothekenpflichtiger Arzneimittel zum Endverbrauch den Apotheken vorbehalten, § 43 Abs. 1 S. 1 AMG. § 47 Abs. 1 AMG regelt jedoch abschließend bestimmte Ausnahmen vom Vertriebsweg über die Apotheke. In diesen Fällen handelt es sich entweder um Fälle, in denen keine Abgabe „zum Endverbrauch" vorliegt, wie zwischen pharmazeutischen Unternehmern und/oder Großhändlern, oder um besondere Fallgestaltungen, in denen die Arzneimittel entweder durch Fachpersonal direkt angewendet werden oder die Anwendung unter besonderer fachkundiger Kontrolle erfolgt, so dass eine Kontrolle und/oder Beratung durch den Apotheker aus Gründen des Gemeinwohls als nicht zwingend erforderlich erachtet wird.

17 Die Produktions- und Handelsstufen – pharmazeutischer Unternehmer und Großhandel – dürfen apothekenpflichtige Arzneimittel gem. § 47 Abs. 1 AMG außer an Apotheken nur abgeben an

- andere pharmazeutische Unternehmer und Großhändler (§ 47 Abs. 1 S. 1 Nr. 1 AMG),
- Krankenhäuser und Ärzte, soweit es sich um die in § 47 Abs. 1 S. 1 Nr. 2 lit. a bis i AMG genannten Arzneimittel (bspw Blut- und Gewebezubereitungen, Infusionslösungen, Diagnosemittel, medizinische Gase, radioaktive Arzneimittel, Prüfarzneimittel) unter den spezifisch genannten Voraussetzungen handelt, sowie
- Zahn- und Tierärzte sowie öffentliche Einrichtungen gem. § 47 Abs. 1 S. 1 Nr. 3 bis 9 AMG wie bspw Gesundheitsämter, Gesundheitsbehörden, Impfzentren, anerkannte zentrale Beschaffungsstellen, Hochschulen unter den jeweils genannten Voraussetzungen.

Im Rahmen der 15. AMG-Novelle wurden auch in § 47 Abs. 1 AMG Änderungen vorgenommen. Die Ausnahme von der Apothekenpflicht wurde für Lösungen zur Peritonealdialyse erweitert (§ 47 Abs. 1 S. 1 Nr. 2 lit. c AMG). Diese Lösungen, die bereits vor der Novellierung vom pharmazeutischen Unternehmer direkt an Ärzte und Krankenhäuser abgegeben werden durften, dürfen nun auf Verschreibung eines nephrologisch qualifizierten Arztes im Rahmen der ärztlich kontrollierten Selbstbehandlung an dessen Dialysepatienten abgegeben werden.

Für Arzneimittel, die im sog. Compassionate Use unter den Voraussetzungen des Art. 83 VO (EG) Nr. 726/2004 zur Verfügung gestellt werden, ist mit der 15. AMG-Novelle in

---

20 Vgl Stellungnahme des Einzelsachverständigen *Dr. Wolfgang A. Rehmann* zur Anhörung des BT-Gesundheitsausschusses am 6.5.2009 zur 15. AMG-Novelle, Ausschuss-Drucks. 16(14)0514(48), S. 15.
21 EuGH, Urt. v. 16.12.2008, Rs C-468/06 bis C-478/06 – Lelos; EuGH GRUR Int. 2009, 228 ff; EuZW 2008, 634 ff.

§ 47 Abs. 1 S. 1 Nr. 2 lit. i AMG eine weitere Vertriebswegausnahme vorgesehen.[22] Im Einzelnen siehe § 24 Rn 31 ff.

Die Ausnahmen von der Vertriebsbindung über die Apotheke gem. § 47 Abs. 1 AMG gelten mangels entgegenstehender Regelungen auch für verschreibungspflichtige Arzneimittel. Weil sich die Vorschrift des § 48 AMG nur an Apotheken richtet, bedarf es bei einer Abgabe an die in § 47 Abs. 1 AMG genannten Stellen und Personen keiner Verschreibung im Sinne des § 1 AMVerschrVO.[23] Daher ist auch gem. § 95 Abs. 1 Nr. 5 AMG die Abgabe verschreibungspflichtiger Arzneimittel an andere Personen als in § 47 Abs. 1 AMG mit Freiheitsstrafe bis zu drei Jahren oder mit Geldstrafe bedroht.

IV. Arzneimittelmuster

Weitere Ausnahmen vom Vertriebsweg über die Apotheke bestehen gem. § 47 Abs. 3 AMG für pharmazeutische Unternehmer bei der Abgabe von Fertigarzneimittelmustern an

- Ärzte, Zahnärzte und Tierärzte,
- andere die Heil- oder Zahnheilkunde berufsmäßig ausübende Personen,[24] ausgenommen verschreibungspflichtige Arzneimittel,[25] sowie
- Ausbildungsstätten für die Heilberufe in einem dem Ausbildungszweck angemessenen Umfang.

Mit der 15. AMG-Novelle wurden Betäubungsmittel, die Stoffe oder Zubereitungen enthalten, die in der Anlage I oder II des Betäubungsmittelgesetzes aufgeführt sind oder die gem. § 48 Abs. 2 S. 3 AMG nur auf Sonderrezept verschrieben werden dürfen, von der Musterabgabe ausgenommen (§ 47 Abs. 3 S. 3 AMG).

Bei „**Ärztemustern**" handelt es sich um zugelassene oder registrierte Fertigarzneimittel, die sich von den im Handel befindlichen Verkaufspackungen durch den zusätzlichen Hinweis „Unverkäufliches Muster" gem. § 10 Abs. 1 Nr. 11 AMG unterscheiden. Eine Musterabgabe darf gem. § 47 Abs. 4 S. 1 AMG nur erfolgen auf schriftliche Anforderung einer empfangsberechtigten Person, in der kleinsten Packungsgröße und im Umfang von nicht mehr als zwei Mustern in einem Jahr. Eine schriftliche Anforderung erfordert eine eigenhändige Unterschrift, so dass eine telefonische, telegrafische oder faksimilierte Übermittlung der Anforderung nicht ausreicht.[26] Streitig ist jedoch, ob diese von der nach § 47 Abs. 3 AMG empfangsberechtigten Person selbst unterzeichnet werden muss[27] oder ob die Unterschrift auch von einer bevollmächtigten Person stammen kann.[28]

Mit der Bestimmung „**in der kleinsten Packungsgröße**" ist die kleinste im Handel erhältliche Packung gemeint, unabhängig davon, ob arzneimittelrechtlich noch kleinere Packungsgrößen zugelassen sind. § 47 Abs. 4 S. 1 AMG enthält kein Gebot, unabhängig von den im Handel befindlichen Packungsgrößen nur die kleinste zugelassene Packungsgröße als Mus-

---

22 Compassionate Use meint die Zurverfügungstellung noch nicht zugelassener Arzneimittel für die Behandlung Schwerstkranker.
23 Kloesel/Cyran, Arzneimittelrecht, § 47 AMG Erl. 3.
24 Dies sind zB Heilpraktiker iSd Gesetzes über die berufsmäßige Ausübung der Heilkunde ohne Bestallung (Heilpraktikergesetz) v. 17.2.1939 (RGBl. I, 251), geändert durch Art. 53 des Einführungsgesetzes zum StGB v. 2.3.1974 (BGBl. I, 469), Dentisten und andere Zahnbehandler (§ 19 des Gesetzes über die Ausübung der Zahnheilkunde) und Tierheilpraktiker sowie die sog. Heilhilfsberufe, vgl Kloesel/Cyran, Arzneimittelrecht, § 47 AMG Erl. 45, 47.
25 Dies entspricht § 48 AMG, wonach verschreibungspflichtige Arzneimittel nur nach Vorlage einer ärztlichen, zahnärztlichen oder tierärztlichen Verschreibung an Verbraucher abgegeben werden dürfen.
26 Vgl Kloesel/Cyran, Arzneimittelrecht, § 47 AMG Erl. 52; Sander, Arzneimittelrecht, § 47 AMG Erl. 20.
27 So Kloesel/Cyran, Arzneimittelrecht, § 47 AMG Erl. 52.
28 So Sander, Arzneimittelrecht, § 47 AMG Erl. 20.

ter abzugeben.²⁹ Soweit vorgeschrieben, ist die Fachinformation nach § 11 a AMG beizufügen. Für jeden Empfänger von Arzneimittelmustern hat der pharmazeutische Unternehmer Nachweise über Art, Umfang und Zeitpunkt der Abgabe zu führen und diese auf Verlangen der zuständigen Behörde vorzulegen, § 47 Abs. 4 AMG.

22 Die Begrenzung der Musterabgabe soll verhindern, dass Ärzte bei der Arzneimittelauswahl durch nicht sachgerechte, dh nicht vom Erprobungszweck bestimmte Erwägungen beeinflusst werden, durch kostenlose Musterabgabe in größerem Umfang an die Patienten unerlaubt für ihre Praxis werben oder gegenüber Krankenkassen ihren Arzneimittelkostendurchschnitt senken.³⁰ Die begrenzte Musterabgabe dient aber auch der Arzneimittelsicherheit, da nicht selbstverständlich von einer ordnungsgemäßen Lagerung und Kontrolle ausgegangen werden kann.³¹

V. Spezielle Regelungen für Tierarzneimittel

23 Für Tierarzneimittel gelten spezielle Regelungen sowohl im Hinblick auf den Apothekenvorbehalt (vgl § 43 Abs. 4 AMG) als auch hinsichtlich der Ausnahmen von der Vertriebsbindung (§ 47 Abs. 1 S. 1 Nr. 6, Abs. 1 a AMG) – siehe hierzu unten Teil 9, §§ 38 ff.

VI. Sondervertriebswege

24 Entsprechend dem risikobasierten Ansatz der Vertriebsbindung sind für bestimmte Medikamente – Arzneimittel zur Vornahme eines Schwangerschaftsabbruchs und diamorphinhaltige Fertigarzneimittel – weitere Einschränkungen des Vertriebsweges vorgesehen, um durch eine möglichst kurze und kontrollierte Versorgungskette, vor allem einen Arzneimittelmissbrauch zu verhindern. Der Apothekenvorbehalt gem. § 43 AMG und die Regelungen zum Vertriebsweg gem. § 47 AMG finden auf diese Arzneimittel keine Anwendung (vgl. §§ 47 a Abs. 3, 47 b Abs. 2 AMG; siehe hierzu § 24 Rn 53 ff).

VII. Entgelt

1. Verschreibungspflichtige Arzneimittel

25 Die Entgelte des pharmazeutischen Großhandels bemessen sich im Regelfall nach der Arzneimittelpreisverordnung (AMPreisV), deren Ermächtigungsgrundlage sich in § 78 AMG findet. Für verschreibungspflichtige Fertigarzneimittel regelt § 2 AMPreisV als Großhandelsvergütung gestaffelte Höchstzuschläge, die sich auf den Abgabepreis des pharmazeutischen Unternehmers beziehen.

26 Gemäß § 1 Abs. 3 AMPreisV gilt die Preisbindung durch die AMPreisV nicht bei der Abgabe
- durch Krankenhausapotheken,
- an Krankenhäuser und diesen nach § 14 Abs. 8 S. 2 ApoG gleichgestellte Einrichtungen sowie an Justizvollzugsanstalten und Jugendarrestanstalten,
- an die in § 47 Abs. 1 S. 1 Nr. 2 bis 9 AMG genannten Personen und Einrichtungen unter den dort bezeichneten Voraussetzungen,
- von Impfstoffen, die zur Anwendung bei öffentlich empfohlenen Schutzimpfungen im Sinne des § 20 Abs. 3 des Infektionsschutzgesetzes vom 20.7.2000 (BGBl. I, 1045)

---

29 OLG Hamburg, Urt. v. 9.9.2004 – 3 U 33/04, Leitsatz abgedruckt in A&R 2005, 45. Eine Packung mit drei Stechampullen ist auch dann „kleinste Packungsgröße" iSd § 47 Abs. 4 AMG, wenn daneben zwar eine Packung mit einer Ampulle auf dem Markt ist, diese jedoch für die erforderliche Auffrischungsinjektion vorgesehen ist, vgl LG München, Urt. v. 19.2.1990, NJW-RR, 434 ff.
30 Vgl Kloesel/Cyran, Arzneimittelrecht, § 47 AMG Erl. 41.
31 Vgl Kloesel/Cyran, Arzneimittelrecht, § 47 AMG Erl. 41.

bestimmt sind, und wenn diese Impfstoffe an Krankenhäuser, Gesundheitsämter und Ärzte abgegeben werden,
- von Impfstoffen, die zur Anwendung bei allgemeinen, insbesondere behördlichen oder betrieblichen Grippevorsorgemaßnahmen bestimmt sind,
- an Gesundheitsämter für Maßnahmen der Rachitisvorsorge,
- von Blutkonzentraten, die zur Anwendung bei der Bluterkrankheit, sowie von Arzneimitteln, die zur Anwendung bei der Dialyse Nierenkranker bestimmt sind,
- von aus Fertigarzneimitteln entnommenen Teilmengen, soweit deren Darreichungsform, Zusammensetzung und Stärke unverändert bleibt,
- von Fertigarzneimitteln in parenteralen Zubereitungen.[32]

27 Mit dem GKV-Wettbewerbsstärkungsgesetz (GKV-WSG) vom 26.3.2007[33] wurde der pharmazeutische Unternehmer in § 78 Abs. 3 AMG verpflichtet, für apothekenpflichtige Arzneimittel, die nach den Vorschriften der AMPreisV abgegeben werden, einen **einheitlichen Abgabepreis** zu gewährleisten. Unter Berücksichtigung der BGH-Entscheidung „Apothekerspannen" ist bei der Frage der Einhaltung eines einheitlichen Abgabepreises darauf abzustellen, ob der Herstellerabgabepreis in beachtlichem Umfang eingehalten bzw als Herstellerabgabepreis der Preis definiert wird, der von dem pharmazeutischen Unternehmer im Normalfall, also von wenigen besonderen Ausnahmen abgesehen, verlangt wird.[34] Dies bedeutet, dass eine in ihren Voraussetzungen abstrakt und für alle potenziellen Abnehmer gleich festgeschriebene Rabattgewährung des pharmazeutischen Unternehmers, die den einheitlichen Abgabepreis dauerhaft unterschreitet, unzulässig ist. Dieses Rabattverbot findet auch in Bezug auf Arzneimittel Anwendung, die gegenüber dem Regelfall über eine deutlich verminderte Resthaltbarkeit verfügen.[35] Die gelegentliche, in den Voraussetzungen nicht fixierte Rabattgewährung hingegen lässt den einheitlichen Abgabepreis unberührt.[36] Damit sind bei verschreibungspflichtigen Arzneimitteln regelmäßig gewährte Preisrabatte zwischen dem pharmazeutischem Unternehmer und dem Großhandel bzw eine systematische Unterschreitung der Großhandelsmarge als Apothekenrabatt im Fall der Direktbelieferung unzulässig.[37]

28 Bereits seit Inkrafttreten des Gesetzes zur Verbesserung der Wirtschaftlichkeit in der Arzneimittelversorgung (AVWG)[38] zum 1.5.2006 dürfen sich **Barrabatte** des pharmazeutischen Großhandels an die Apotheke für Arzneimittel, die der Preisbindung durch die AMPreisV unterliegen, nur innerhalb der gesetzlich geregelten Preisspannen bewegen, § 7 Abs. 1 Hs 3 HWG. Im Falle der Direktbelieferung der Apotheke durch den pharmazeutischen Unternehmer steht dem pharmazeutischen Unternehmer auch die Großhandelsmarge zu, die er der Apotheke vollständig oder teilweise als Barrabatt überlassen darf.

---

32 Diese Ergänzung wurde mit der 15. AMG-Novelle mit Wirkung zum 23.7.2009 in die AMPrVO aufgenommen. Damit soll die Offizinapotheke im Wettbewerb mit Krankenhausapotheken und sonstigen Lohnherstellern gleichgestellt werden, vgl BT-Drucks. 16/12256, 62.
33 Gesetz zur Stärkung des Wettbewerbs in der gesetzlichen Krankenversicherung (GKV-Wettbewerbsstärkungsgesetz – GKV-WSG) v. 26.3.2007 (BGBl. I, 378).
34 BGH, Urt. v. 22.2.1984, GRUR 1984, 748 ff.
35 OLG München, Urt. v. 15.1.2009 – 29 U 3500/08, WRP 2009, 660 (red. Leitsatz); aA LG Hamburg, Urt. v. 11.3.2008, Magazindienst 2009, 204–207.
36 OLG Köln Urt. v. 8.12.2006, A&R 2007, 91–93.
37 Vgl LG Hamburg, Urt. v. 12.7.2007 – 327 O 631/06; aA – allerdings ohne Würdigung des § 78 Abs. 3 AMG – LG Hamburg, Urt. v. 26.8.2008 – 312 O 696/07, S. 8 ff. Für eine teleologische Reduktion des Anwendungsbereichs des § 78 Abs. 3 AMG bei nicht erstattungsfähigen verschreibungspflichtigen Arzneimitteln (zB „Life-Style"-Arzneimittel) Plassmeier/Höld, PharmR 2007, 309, 314.
38 Gesetz zur Verbesserung der Wirtschaftlichkeit in der Arzneimittelversorgung (AVWG) v. 26.4.2006 (BGBl. I, 984).

§ 21 Vertriebswege

Dabei sind **Skonti** nicht als Barrabatte anzusehen, wenn sie in der Höhe handelsüblich sind und allein dem Zweck dienen, einen vorfristigen Zahlungseingang bei einer angemessenen Frist in Sinne der einschlägigen Vorschriften, insbesondere der §§ 271, 286 Abs. 3 BGB, zu gewährleisten. Ebenfalls nicht als Barrabatte zählen zinslose Stundungen, Retouren oder ein Lagerwertverlustausgleich bei Preissenkungen. Diese sind weiterhin zulässig.[39]

Naturalrabatte wurden mit dem AVWG gem. § 7 Abs. 1 S. 1 Hs 4 HWG für alle apothekenpflichtigen Arzneimittel, dh auch für die nicht verschreibungspflichtigen, grundsätzlich verboten.

2. Nicht verschreibungspflichtige Arzneimittel

29   Nicht verschreibungspflichtige Arzneimittel sind gem. § 1 Abs. 4 AMPreisV vom Anwendungsbereich der Arzneimittelpreisverordnung ausgenommen. Auch die Bindung des pharmazeutischen Unternehmers an den einheitlichen Abgabepreis gilt für nicht verschreibungspflichtige Arzneimittel gem. § 78 Abs. 2 S. 3 AMG nicht. Für nicht verschreibungspflichtige Arzneimittel, die gem. § 34 Abs. 2, 5 SGB V zulasten der GKV verordnet werden können, hat der pharmazeutische Unternehmer gem. § 78 Abs. 3 S. 1 Hs 2 AMG zu Abrechnungszwecken mit der Krankenkasse den einheitlichen Abgabepreis anzugeben, „von dem bei der Abgabe im Einzelfall abgewichen werden kann". Für diese Arzneimittel gilt bei der Abrechnung gem. § 129 Abs. 5 a SGB V die Arzneimittelpreisverordnung in der am 31.12.2003 gültigen Fassung.

30   Für nicht verschreibungspflichtige Arzneimittel dürfen also die Preise zwischen den Handelsstufen, dh sowohl zwischen dem pharmazeutischen Unternehmer und Großhandel sowie der Apotheke, frei vereinbart werden.[40] Dies gilt sowohl für reine Selbstmedikationsarzneimittel als auch für solche, die ausnahmsweise zulasten der GKV verordnet werden können, da eine Verordnung zulasten der GKV „im Einzelfall" erfolgt und der Hersteller bei der Lieferung nicht feststellen kann, welche Packungen zulasten der GKV abgegeben werden.[41]

31   Ziel dieser mit dem Gesetz zur Modernisierung der gesetzlichen Krankenversicherung (GMG)[42] mit Wirkung zum 1.1.2004 eingeführten Regelung ist die Förderung des Wettbewerbs in der Hoffnung, dass damit das Preisniveau sinkt,[43] denn auch die Apotheken können ihre Verkaufspreise für nicht verschreibungspflichtige Arzneimittel frei festlegen. Die Öffnung des OTC-Markts für den Wettbewerb mit dem Ziel sinkender Preise beruht vor allem darauf, dass der Gesetzgeber mit dem GMG nicht verschreibungspflichtige Arzneimittel gem. § 34 Abs. 1 S. 1 SGB V grundsätzlich von der Leistungspflicht der gesetzlichen Krankenversicherung ausgenommen hat, dh dass die Patienten diese Arzneimittel regelmäßig selbst bezahlen müssen.

C. Krankenhäuser

32   Krankenhäuser sind gem. § 2 Krankenhausfinanzierungsgesetz „Einrichtungen, in denen durch ärztliche oder pflegerische Hilfeleistung Krankheiten, Leiden oder Körperschäden festgestellt, geheilt oder gelindert werden sollen oder Geburtshilfe geleistet wird und in denen die zu versorgenden Personen untergebracht und verpflegt werden können."

---

39 Vgl BT-Drucks.16/691, 13.
40 Sie unterliegen insoweit aber den kartell- und wettbewerbsrechtlichen Schranken. Unzulässig sind danach bspw „Mondpreise" oder „Dumpingpreise", dh die beachtliche Unterschreitung des v. Pharmaunternehmen grundsätzlich frei bestimmbaren Abgabepreises, vgl Plassmeier/Höld, PharmR 2007, 309, 311. Allgemein hierzu Gloy/Loschelder, Handbuch des Wettbewerbsrechts, § 45 Rn 77 mwN.
41 Vgl auch Stellungnahme des Fachausschusses für Arzneimittel- und Lebensmittelrecht zur Regelung von Zuwendungen im Gesundheitswesen nach § 7 HWG, GRUR 2008, 594.
42 Gesetz zur Modernisierung der gesetzlichen Krankenversicherung (GMG) v. 14.11.2003 (BGBl. I, 2190).
43 Vgl BT-Drucks. 15/1525, 166.

C. Krankenhäuser

I. Vertriebsbindung in der stationären Versorgung

Auch die Arzneimittelversorgung des Krankenhauses erfolgt – ausgenommen in den Fällen des § 47 Abs. 1 AMG – aufgrund des Apothekenvorbehalts gem. § 43 Abs. 1 AMG grundsätzlich entweder über die Krankenhausapotheke (vgl § 14 Abs. 1 ApoG) oder die krankenhausversorgende Apotheke, die gem. § 14 Abs. 4, 5 ApoG einen Versorgungsvertrag mit dem Krankenhausträger abschließen muss, der behördlich zu genehmigen ist.

Hinweis: Bei der Belieferung einer krankenhausversorgenden Apotheke gelten mitunter zwei Preisregime, nämlich hinsichtlich des Apothekenbedarfs grundsätzlich die Preisbindung über die Arzneimittelpreisverordnung, hinsichtlich des Krankenhausbedarfs gelten die vertraglich vereinbarten Preise. Hierfür sind sog. Vertriebsbindungsverträge abzuschließen, deren Einhaltung allerdings durch den pharmazeutischen Unternehmer/Großhändler fortlaufend durch geeignete Maßnahmen wirksam überwacht und bekannt gewordene Verstöße alsbald verfolgt werden müssen, ansonsten verlieren die Verträge ihre Wirksamkeit.[44]

Die Arzneimittelversorgung eines Krankenhauses kann auch auf vertraglicher Grundlage über die Krankenhausapotheke eines anderen Krankenhausträgers erfolgen, § 14 Abs. 3 ApoG.

Seit der Abschaffung des Regionalprinzips mit dem Gesetz zur Änderung des Apothekengesetzes vom 15.6.2005 dürfen auch Apotheken aus allen EU-Ländern Krankenhäuser in Deutschland versorgen.[45] Apotheke und Krankenhaus schließen hierbei einen Vertrag über die Arzneimittelversorgung, der vom jeweiligen Bundesland genehmigt werden und bestimmte Qualitätsanforderungen an die Arzneimittelversorgung erfüllen muss, § 14 Abs. 5 ApoG. Die in § 14 Abs. 5 ApoG normierten Anforderungen an einen Versorgungsvertrag hat der EuGH mit Urteil vom 11.9.2008 als mit den EU-rechtlichen Vorschriften vereinbar erachtet, da sie der Qualitätssicherung der Krankenhausversorgung und damit dem Gesundheitsschutz dienen.[46]

II. Besondere Regelungen bei der Arzneimittelabgabe

Arzneimittel dürfen gem. § 14 Abs. 4 ApoG von der zuständigen Krankenhausapotheke/ Vertragsapotheke nur abgegeben werden an

- die einzelnen Stationen und andere Teileinheiten zur Versorgung von Personen, die in dem Krankenhaus vollstationär, teilstationär, vor- oder nachstationär (§ 115 a SGB V) behandelt, ambulant operiert oder im Rahmen sonstiger stationsersetzender Eingriffe (§ 115 b SGB V) versorgt werden – nur aufgrund einer Verschreibung im Einzelfall oder aufgrund einer schriftlichen Anforderung (vgl § 31 ApBetrO), ferner
- zur unmittelbaren Anwendung bei Patienten an ermächtigte Ambulanzen des Krankenhauses (§§ 117 bis 119 SGB V) und ermächtigte Krankenhausärzte (§ 116 SGB V) sowie
- Patienten im Rahmen der ambulanten Behandlung im Krankenhaus, wenn das Krankenhaus hierzu ermächtigt (§ 116 a SGB V) oder berechtigt (§§ 116 b und 140 b Abs. 4 S. 3 SGB V) ist. Gemäß § 116 b Abs. 3 S. 2 SGB V gelten für die sächlichen und perso-

---

44 Dies basiert auf dem von der Rechtsprechung entwickelten Erfordernis einer sowohl gedanklichen als auch praktischen Lückenlosigkeit bei Vertriebsbindungsverträgen. Diese hohen Anforderungen werden aus dem Grundsatz von Treu und Glauben hergeleitet, wonach eine in das Wettbewerbsverhalten eingreifende Beschränkung nur bei einer Bindung aller Beteiligter unter gleichartigen Bedingungen zu rechtfertigen ist. Vgl exemplarisch BGHZ 40, 135, 139, 141; BGH GRUR 1964, 154 ff – Trockenrasierer II. Zur praktischen Lückenlosigkeit einer Vertriebsbindung von Anstaltspackungen vgl auch OLG Stuttgart, Urt. v. 27.2.1987 – 2 U 276/86, Rn 51 (nach juris).
45 Gesetz zur Änderung des Apothekengesetzes v. 15.6.2005; vgl hierzu Tisch, PZ 2005, 2193.
46 EuGH, Urt. v. 11.9.2008, Rs. C-141/07, A&R 2008, 228–234; EuGH NJW 2008, 3693–3697; EuGH APR 2008, 149–155; EuGH GesR 2009, 99–104; EuGH MedR 2009, 339–342.

nellen Anforderungen an die ambulante Leistungserbringung des Krankenhauses die Anforderungen für die vertragsärztliche Versorgung entsprechend.

Bei der Entlassung von Patienten nach stationärer oder ambulanter Behandlung im Krankenhaus darf an diese die zur Überbrückung benötigte Menge an Arzneimitteln nur abgegeben werden, wenn im unmittelbaren Anschluss an die Behandlung ein Wochenende oder ein Feiertag folgt. An Patienten, für die die Verordnung häuslicher Krankenpflege nach § 92 Abs. 7 S. 1 Nr. 3 SGB V vorliegt, können die zur Überbrückung benötigten Arzneimittel für längstens drei Tage abgegeben werden.

Ein vorsätzlicher oder fahrlässiger Verstoß gegen diese Abgabebestimmungen kann gem. § 24 Abs. 1 Nr. 5 iVm Abs. 3 ApoG als Ordnungswidrigkeit mit einer Geldbuße in Höhe von bis zu 5.000 € geahndet werden.

An Beschäftigte des Krankenhauses dürfen Arzneimittel nur für deren unmittelbaren eigenen Bedarf abgegeben werden.

III. Ausnahmen von der Apothekenpflicht im Krankenhaus

36 In den Fällen des § 47 Abs. 1 S. 1 Nr. 2, 3 und 3 b AMG können Krankenhäuser ohne Einbindung der Krankenhausapotheke/Vertragsapotheke vom pharmazeutischen Unternehmer oder dem Großhandel direkt beliefert werden.

IV. Arzneimittelpreise im Krankenhaus

37 Im Verhältnis zum pharmazeutischen Unternehmer oder dem Großhandel erfolgt die Vergütung der Arzneimittel, die an Krankenhäuser bzw Krankenhausapotheken/Vertragsapotheken geliefert werden, außerhalb des Anwendungsbereichs der Arzneimittelpreisverordnung (gem. § 1 Abs. 3 Nr. 1 und 2 AMPreisV), dh die Preise werden in einzelvertraglichen Vereinbarungen mit dem Krankenhausträger festgelegt. Im Verhältnis zur GKV werden die im Rahmen der stationären Versorgung entstehenden Arzneimittelkosten regelmäßig als Bestandteil der diagnosebezogenen Vergütungspauschalen (Diagnosis Related Groups – DRGs) abgedeckt, in seltenen Fällen auch durch sog. Sonderentgelte. Die GKV muss sich hier also angesichts der Behandlungspauschalen um die Arzneimittelkosten nicht sorgen, diese wirtschaftlich auszugestalten, ist Sache des Krankenhauses.

38 Die Abrechnung von Arzneimitteln, die im Rahmen der ambulanten Behandlung nach § 116 b SGB V von Krankenhausapotheken/Vertragsapotheken an Patienten zulasten der GKV abgegeben werden, erfolgt im Verhältnis zwischen Krankenhaus und Krankenkasse auf der Grundlage von Verträgen gem. § 129 a SGB V, in denen insbesondere der für den Versicherten maßgebliche Abgabepreis vereinbart wird.

Der Einkauf der Arzneimittel erfolgt im Krankenhaus aufgrund von einrichtungsspezifischen Arzneimittellisten mit ca. 1.500 bis 3.000 Arzneimitteln, die von den Krankenhausärzten gemeinsam mit dem Apothekenleiter in der krankenhausinternen Arzneimittelkommission zusammengestellt werden.[47]

V. Bedeutung des Krankenhauses als Vertriebsweg

39 Dem Vertriebsweg „Krankenhaus" kommt aufgrund des speziellen Leistungs- und Vergütungssystems in der Gesetzlichen Krankenversicherung ein besonderer Stellenwert zu. Aufgrund der Vergütungspauschalen der GKV hat das Krankenhaus ein besonderes Interesse an attraktiven Arzneimittelpreisen, um aus der Behandlungspauschale maximale Effizienz zu generieren. Umgekehrt hatten die pharmazeutischen Unternehmer bis vor einigen Jahren

---

47 Vgl zur Arzneimittelauswahl im Krankenhaus und dem Verfahren: Graßnickel/Kirsch, DOK 1988, 435 ff.

ebenfalls ein großes Interesse daran, die Abgabe ihrer Arzneimittel in den Krankenhäusern durch günstige Preise zu befördern, um sich nach der Entlassung aus der stationären Behandlung eine Weiterbehandlung mit ihren Präparaten in der Ambulanz zu sichern.

Das Krankenhaus als „Marketingtool" hat aber in den letzten Jahren an Bedeutung verloren. Zum einen besteht die Verpflichtung des Krankenhauses, die Medikation vor einer Entlassung im Hinblick auf die Rahmenbedingungen der ambulanten Versorgung anzupassen (vgl § 115 c SGB V). Zum anderen haben sich die Restriktionen für die Verordnungsfähigkeit und Abgabe von Arzneimitteln in der vertragsärztlichen Versorgung bspw durch Verordnungseinschränkungen gem. § 92 Abs. 2 Nr. 6 AMG (Arzneimittelrichtlinie) oder Rabattverträge nach § 130 a Abs. 8 SGB V verdichtet, so dass sich eine kostengünstige Abgabe an das Krankenhaus nicht mehr mit einer Ausweitung der Verordnungen in der ambulanten Versorgung amortisieren lässt. **40**

Für die Arzneimittelversorgung nach wie vor von Bedeutung ist der Umstand, dass im Krankenhaus die speziellen Regelungen über die Arzneimittelverordnung im ambulanten Bereich nicht gelten.[48] In Bezug auf Leistungsinhalte gilt die Methodenfreiheit gem. § 137 c SGB V – der sog. Verbotsvorbehalt. Das bedeutet, dass im Krankenhaus in den Grenzen der ärztlichen Heilkunst alles erlaubt ist und Gegenstand der GKV-Leistung ist, was nicht explizit nach einer Überprüfung gem. § 137 c SGB V durch eine Entscheidung des G-BA von der GKV-Versorgung ausgeschlossen ist. **41**

Hinweis: Der Krankenhausmarkt sollte als Vertriebsweg und „Toröffner" für eine mögliche Erstattung auch in der ambulanten Versorgung – gerade bei zu erwartenden Vorteilen in der Therapie – immer berücksichtigt werden. Verordnungsausschlüsse in der ambulanten Versorgung (Arzneimittel-Richtlinie gem. § 92 Abs. 1 Nr. 6 SGB V) gelten hier nicht. Aber auch nicht verschreibungspflichtige Arzneimittel, die in der ambulanten Versorgung gem. § 34 Abs. 1 S. 1 SGB V regelmäßig nicht erstattungsfähig sind, werden im Krankenhaus benötigt. Gelingt es hier, auf die „Einkaufsliste" gesetzt zu werden und idealerweise gleichzeitig Daten für den Behandlungserfolg zu sammeln, sichert dies jedenfalls den Zugang zum Patienten, und die gewonnenen Daten können unter den Voraussetzungen des § 34 Abs. 1 S. 2 SGB V im Rahmen eines Antrags auf Aufnahme in die sog. OTC-Erstattungsliste (Anlage I der Arzneimittel-Richtlinie) für die Erlangung einer Erstattungsfähigkeit in der ambulanten Versorgung genutzt werden.

D. Apotheken
I. Bedeutung und Aufgaben der Apotheke in der pharmazeutischen Versorgungskette
1. Abgabepflicht

Die Apotheke hat in Bezug auf apothekenpflichtige Arzneimittel wegen des hierfür geltenden Apothekenvorbehalts (vgl 43 Abs. 1 S. 1 AMG) eine Schlüsselrolle und Monopolstellung bei der Abgabe von Arzneimitteln zum Endverbrauch. Die zentrale Aufgabe der Apotheke besteht in der im öffentlichen Interesse gebotenen Sicherstellung einer ordnungsgemäßen Arzneimittelversorgung der Bevölkerung gem. § 1 Abs. 1 ApoG. Wie diese Arzneimittelversorgung im Einzelnen zu erfolgen hat, ergibt sich aus einer Vielzahl von Vorschriften (zB AMG, ApoG, ApBetrO). Infolge des Sicherstellungsauftrags unterliegen Apotheker einem Kontrahierungszwang, dh sie müssen die vom Patienten benötigen Arzneimittel auch dann abgeben, wenn die Beschaffung/Herstellung im Einzelfall nicht kostendeckend ist.[49] Dabei ist es dem Apotheker zur Gewährleistung einer umfassenden und produktneutralen Arznei- **42**

---

48 Becker, Steuerung der Arzneimittelversorgung im Recht der GKV, II.C., S. 113.
49 Vgl Bauer in: Fricke/Schöffski/Guminski, Pharmabetriebslehre, S. 340.

mittelversorgung untersagt, exklusive Vertriebsvereinbarungen abzuschließen (§ 10 ApoG) oder mit Ärzten in Bezug auf die Abgabe bestimmter Arzneimittel zu kooperieren (§ 11 ApoG).

Die Pflicht zur Abgabe von Arzneimitteln wird durch weitere Sonderpflichten konkretisiert. Hierzu gehören vor allem die Vorratshaltung für den durchschnittlichen Bedarf einer Woche (§ 15 ApBetrO), die ordnungsgemäße Lagerung und damit die Sicherstellung und Kontrolle der Qualität der Arzneimittel (vgl §§ 11, 16 ApBetrO) sowie die Dienstbereitschaft (§ 23 ApBetrO).

2. Informations- und Kontrollpflichten

43 Der zweite wichtige Pflichtenblock des Apothekers besteht in der Information und Beratung des Kunden. Die Beratung, die der Apotheker von sich aus anzubieten hat, darf die ärztliche Therapie nicht beeinträchtigen.[50] Sie bezieht sich auf die Dosierung, Einnahmefrequenz, Therapiedauer, Einnahmemodalitäten und mögliche Interaktionen mit anderen Arznei- und Nahrungsmitteln.[51] Eigenständige Informationspflichten bestehen insbesondere, soweit Arzneimittel ohne Verschreibung abgegeben werden, § 20 Abs. 1 S. 3 ApBetrO. Daher dürfen apothekenpflichtige Arzneimittel auch nicht im Wege der Selbstbedienung in den Verkehr gebracht werden (§ 52 Abs. 1 AMG, § 17 Abs. 3 ApBetrO).

Im Interesse der Arzneimittelsicherheit hat der Apotheker zudem besondere Kontrollpflichten. Bei begründetem Verdacht auf Missbrauch hat er die Arzneimittelabgabe zu verweigern, § 17 Abs. 8 ApBetrO.

Darüber hinaus ist der Apotheker verpflichtet, Unklarheiten bei einer ärztlichen Verordnung vor der Arzneimittelabgabe zu beseitigen, § 17 Abs. 5 ApBetrO. Der Krankenkasse sind die erforderlichen Abrechnungsdaten nach § 300 SGB V zu übermitteln, § 17 Abs. 6 ApBetrO.

II. Preisvorschriften und Wettbewerb

1. Verschreibungspflichtige Arzneimittel

44 Bei der Abgabe verschreibungspflichtiger Fertigarzneimittel unterliegt auch die Apotheke der Preisbindung gemäß der AMPreisV. Der Grund dafür ist, dass die Apothekenabgabepreise für verschreibungspflichtige Arzneimittel in allen Apotheken gleich sein sollen und damit im Verhältnis zwischen Apotheker und Verbraucher ein Preiswettbewerb nicht stattfindet.[52] Bis 2004 war die Vergütung der Apotheken ausschließlich prozentual vom Preis des abgegebenen Arzneimittels abhängig. Seit Inkrafttreten des GKV-Modernisierungsgesetzes[53] (GMG) zum 1.1.2004 erhalten die Apotheken gem. § 3 AMPreisV pro Packung einen Zuschlag von 3 % bezogen auf den Apothekeneinkaufspreis zuzüglich eines Fixzuschlages in Höhe von 8,10 €.[54] Die Abrechnung erfolgt über Apothekenrechenzentren, die auch die Verordnungsdaten gem. § 300 SGB V übermitteln.

2. Nicht verschreibungspflichtige Arzneimittel

45 Nicht verschreibungspflichtige Arzneimittel sind gem. § 3 Abs. 4 AMPreisV von der Preisbindung ausgenommen. Das heißt, dass die Preise im Apothekeneinkauf mit dem Groß-

---

50 Vgl Bauer in: Fricke/Schöffski/Guminski, Pharmabetriebslehre, S. 340.
51 Quaas/Zuck, Medizinrecht, § 38 Rn 53.
52 Vgl BGH, Urt. v. 12.10.1989, GRUR 1990, 1010 = NJW-RR 1990, 360 = WRP 1990, 269 – Klinikpackung; OLG Frankfurt aM, Urt. v. 20.10.2005, GRUR-RR 2006, 233.
53 Gesetz zur Modernisierung der gesetzlichen Krankenversicherung (GMG) v. 14.11.2003 (BGBl. I, 2190).
54 Zum Hintergrund der Neustrukturierung der Apothekenvergütung siehe Bauer in: Fricke/Schöffski/Guminski, Pharmabetriebslehre, S. 344. Gemäß § 130 Abs. 1 SGB V vermindert sich die Vergütung der Apotheken bei GKV-Versicherten um 2,30 € aufgrund des Apothekenrabatts zugunsten der GKV.

handel, respektive dem pharmazeutischen Unternehmer, frei vereinbart werden können und der Apotheker im Verkauf entscheidet, zu welchem Preis er diese Arzneimittel veräußert. Um bei nicht verschreibungspflichtigen Arzneimitteln, die gem. § 34 Abs. 1 SGB V ausnahmsweise zulasten der GKV verordnet werden dürfen, eine einheitliche Abrechnungsgrundlage zu haben, wird auf die Arzneimittelpreisverordnung in der bis zum 31.12.2003 gültigen Fassung zurückgegriffen, § 129 Abs. 5 a SGB V.

3. Sonstige Entgelte

Für einige Leistungen der Apotheken gibt es Sonderentgelte entsprechend der AMPreisV (zB Notdienstgebühr) oder aufgrund von Verträgen zwischen dem DAV und dem GKV-Spitzenverband, zB für die Herstellung von Rezepturarzneimitteln. 46

4. Wettbewerb

Aus dem Vorgenannten ergibt sich, dass Apotheken in Bezug auf die Abgabe apothekenpflichtiger Arzneimittel nur untereinander im Wettbewerb stehen, der allerdings durch die allen Apotheken obliegenden Pflicht zur Vorratshaltung und Beschaffung sowie durch die Regelungen der Arzneimittelpreisverordnung eingeschränkt ist. Das in diesem Bereich fehlende kaufmännische Element der selbstbestimmten Sortiments- und Lagerhaltung hat seinen Grund in den Besonderheiten des Gutes „Arzneimittel", die spezielle Anforderungen an den Vertrieb stellen. Denn der Patient kann hier – anders als bei vielen anderen Gütern – den Erwerb nur selten hinausschieben oder durch ein anderes Produkt substituieren.[55] 47

Ein freier **Preiswettbewerb** besteht durch die freie Preisbildung im Bereich der nicht verschreibungspflichtigen Arzneimittel einschließlich derer, die durch Rechtsverordnung zum freien Verkauf zugelassen sind (sog. freiverkäufliche Arzneimittel) und ebenfalls von der Apotheke angeboten werden können. Hier stehen die Apotheken auch im Wettbewerb mit den Einzelhandelsunternehmen, die gem. § 50 AMG zum Arzneimittelverkauf zugelassen sind (siehe dazu auch § 21 Rn 57 ff). Im Bereich der apothekenüblichen Waren im Sinne des § ApBetrO (sog. Randsortiment) stehen die Apotheken im allgemeinen Wettbewerb des Einzelhandels.[56] 48

III. Besondere Bestimmungen für die Abgabe und das Inverkehrbringen von Arzneimitteln

Nur Apotheker oder pharmazeutisch qualifiziertes Personal unter der Leitung eines Apothekers dürfen Arzneimittel an Patienten abgeben.[57] 49

1. Abgabe verschreibungspflichtiger Arzneimittel

Bei der Abgabe von Arzneimitteln ist insbesondere § 48 Abs. 1 AMG zu beachten, wonach bestimmte Arzneimittel nur bei Vorliegen einer ärztlichen, zahnärztlichen oder tierärztlichen Verschreibung[58] an Verbraucher abgegeben werden dürfen. Dabei handelt es sich zum einen um Arzneimittel, die 50

- gemäß der Arzneimittelverschreibungsverordnung[59] (AMVV) verschreibungspflichtig sind (§ 48 Abs. 1 S. 1 Nr. 1 AMG), oder

---

55 Vgl Bauer in: Fricke/Schöffski/Guminski, Pharmabetriebslehre, S. 341.
56 Vgl Quaas/Zuck, Medizinrecht, § 38 Rn 4.
57 Vgl Bauer in: Fricke/Schöffski/Guminski, Pharmabetriebslehre, S. 340.
58 Zum Inhalt der Verschreibung siehe § 2 AMVV.
59 Arzneimittelverschreibungsverordnung v. 21.12.2005 (BGBl. I, 3632), zuletzt geändert durch die VO v. 21.7.2009 (BGBl. I, 2114).

- zur Anwendung bei Tieren, die der Gewinnung von Lebensmitteln dienen, bestimmt sind (§ 48 Abs. 1 S. 1 Nr. 2 AMG) oder
- Stoffe mit in der medizinischen Wissenschaft nicht allgemein bekannten Wirkungen oder Zubereitungen solcher Stoffe enthalten (§ 48 Abs. 1 S. 1 Nr. 3 AMG).

2. Modifizierte Abgabebestimmungen

51 Der Grundsatz, wonach Arzneimittel gem. § 17 Abs. 2 ApoG nur in den Apothekenbetriebsräumen in den Verkehr gebracht und nur durch pharmazeutisches Personal ausgehändigt werden dürfen, hat durch die Zulassung des Versandhandels (siehe dazu § 21 Rn 60 ff) eine neue Bedeutung erfahren. Denn die apothekenpflichtigen Arzneimittel müssen seither zwar *von* einer Apotheke abgegeben werden (§ 43 Abs. 3 AMG), der Kunde ist jedoch nicht mehr gehalten, die Arzneimittel auch *in* den Apothekenräumen in Empfang zu nehmen. Daher ist es zulässig, apothekenpflichtige Arzneimittel auch außerhalb des Notdienstes über einen Außenschalter abzugeben.[60] Durch die Zulassung des Versandhandels hat der Gesetzgeber das normativ ausgeformte System der Apothekenbetriebs- und Arzneimittelsicherheit jedoch nicht so weitgehend modifiziert, dass damit zugleich die rechtlichen Voraussetzungen für technisierte Formen des Arzneimittelabsatzes geschaffen worden wären.[61] Im Einzelfall darf eine Zustellung durch einen Boten erfolgen; dies fällt nicht unter den Begriff des erlaubnispflichtigen Versandhandels, § 17 Abs. 2 ApoG.

Eine besondere Ausprägung des neuen Verständnisses der Abgabevorschriften sind auch die sog. Pick-up-Stellen für Arzneimittel im Einzelhandel (siehe hierzu § 21 Rn 59).

3. Substitution von Arzneimitteln durch den Apotheker

52 Mit Inkrafttreten des Arzneimittelausgaben-Begrenzungsgesetzes[62] (AABG) zum 23.2.2002 wurde die Substitution generischer Arzneimittel in der Apotheke als Regelmodell ausgestaltet. Danach sind vom Arzt verordnete Arzneimittel im Falle einer Wirkstoffverordnung oder wenn der Arzt die Substitution auf dem Verordnungsblatt nicht ausgeschlossen hat, gegen ein preiswerteres Medikament auszutauschen („Aut-idem-Regelung").[63] Das Substitutionsgebot des § 129 Abs. 1 S. 2 SGB V, das sich auch im Rahmenvertrag über die Arzneimittelversorgung zwischen dem Spitzenverband Bund der Krankenkassen und der für die Wahrnehmung der wirtschaftlichen Interessen gebildeten maßgeblichen Spitzenorganisation der Apotheker gem. § 129 Abs. 2 SGB V wiederfindet,[64] schreibt im Aut-idem-Fall die Abgabe eines wirkstoffgleichen Arzneimittels vor, das mit dem verordneten in Wirkstärke und

---

60 BVerwG, Urt. v. 14.4.2005, NVwZ 2005, 1198 ff.
61 Vgl zum Rowa-visavia-Apothekenterminal OVG Rheinland-Pfalz, Urt. v. 7.7.2009, A&R 2009, 175 ff.
62 Gesetz zur Begrenzung der Arzneimittelausgaben der gesetzlichen Krankenversicherung (AABG) v. 15.2.2002 (BGBl. I, 684).
63 Lateinisch für „oder das Gleiche".
64 Der Rahmenvertrag nach § 129 Abs. 2 SGB V kann bspw unter <www.deutschesapothekenportal.de/599.html> abgerufen werden.

Packungsgröße identisch[65] sowie für den gleichen Indikationsbereich zugelassen ist[66] und die gleiche oder eine austauschbare Darreichungsform besitzt; und es dürfen einer Ersetzung des verordneten Arzneimittels keine betäubungsmittelrechtlichen Vorschriften entgegenstehen.[67] Zur Gewährleistung der Arzneimittelsicherheit muss der Apotheker jedoch dann von einem Arzneimittelaustausch absehen, wenn diesem pharmazeutische Bedenken als wichtigste Fallgruppe „sonstiger Bedenken" iSv § 17 Abs. 5 ApoBetrO entgegenstehen.[68]

Mit dem GKV-Wettbewerbsstärkungsgesetz[69] (GKV-WSG) wurde mit Wirkung zum 1.4.2007 im Zuge des Bestrebens, das System der gesetzlichen Krankenversicherung durch die erweiterte Möglichkeit des Abschlusses von Selektivverträgen wettbewerblicher auszugestalten, bei der Substitution gem. § 129 Abs. 1 S. 3, 4 SGB V vorgeschrieben, dass bei Vorliegen der Aut-idem-Voraussetzungen vorrangig Arzneimittel abzugeben sind, für die ein Rabattvertrag zwischen der Krankenkasse und dem pharmazeutischen Unternehmen nach § 130 a Abs. 8 SGB V besteht.

IV. Betrieb der Apotheke

1. Fremd- und Mehrbesitzverbot

Der Betrieb einer Apotheke ist gem. § 1 Abs. 2 ApoG erlaubnispflichtig. Die Voraussetzungen für die Erlaubniserteilung regelt § 2 ApoG. Sie kann nur einem approbierten Apotheker erteilt werden, der die Apotheke persönlich und unter eigener Verantwortung leitet, § 7 ApoG.[70] Seit dem 1.1.2004 dürfen die Apothekeninhaber neben ihrer Hauptapotheke bis zu drei weitere öffentliche Apotheken (sog. Filialapotheken) betreiben (eingeschränkter Mehrbesitz, § 1 Abs. 1 und § 2 Abs. 4 und 5 ApoG). Die Hauptapotheke muss der Apotheker persönlich leiten, für jede der weiteren Betriebsstätten ist ein approbierter Apotheker als Leiter zu benennen. Dies soll die wirtschaftliche Unabhängigkeit von Drittinteressen sicherstellen. Diese Konstruktion beinhaltet zudem die persönliche Haftung des Apothekenleiters mit seinem Privatvermögen.

Der EuGH hat in seinem Urteil vom 19.5.2009 bestätigt, dass die Grundsätze des Fremd- und Mehrbesitzverbots mit dem europäischen Recht vereinbar sind, und dabei hervorgehoben, dass die durch das Fremdbesitzverbot bestehende Beschränkung der Niederlassungs-

---

65 Das Kriterium der „identischen Packungsgröße" wird nicht einheitlich beurteilt: Nach LG Hamburg kommt es nicht auf die konkrete Tablettenzahl, sondern lediglich auf die übereinstimmende Normgröße (N 1, N 2 oder N 3) nach der Packungsgrößenverordnung an, LG Hamburg, Beschl. v. 1.10.2009 – 408 O 170/09. Für eine Austauschbarkeit bei nur geringen inhaltlichen Abweichungen innerhalb einer Normpackungsgröße; 1. VK Bund, Beschl. v. 29.10.2009, VK 1-185/09.
66 Ein wirkstoffgleiches preisgünstiges Arzneimittel verfügt bereits dann über den „gleichen Indikationsbereich" im Sinne des § 129 Abs. 1 S. 2 SGB V, wenn es für diejenige Einzelindikation zugelassen ist, für welche das auszutauschende Arzneimittel verordnet wurde. Ist die Substituierbarkeit wegen unterschiedlicher Indikationsbereiche unklar, darf der Apotheker das preisgünstige Arzneimittel gem. § 17 Abs. 5 ApBetrO nicht abgeben, bevor die Unklarheit – etwa durch Rücksprache mit dem verordnenden Arzt – beseitigt ist, vgl OLG Hamburg, Urt. v. 2.7.2009, A&R 2009, 180 ff. Gegen die Ersetzung eines namentlich verordneten Arzneimittels durch ein Generikum mit engerem Anwendungsgebiet: Wille, PharmR 2009, 365, 368.
67 Die Voraussetzungen der Generika-Substitution, insbesondere hinsichtlich der Auslegung des Tatbestandsmerkmals „gleicher Indikationsbereich" sind streitig. Siehe hierzu gemeinsame Pressemitteilung von BAH, BPI, Pro Generika und vfa v. 20.7.2009; Pressemitteilung der AOK Baden-Württemberg v. 1.9.2009. Rechtsgutachten zu dieser Fragestellung sind abrufbar unter <http://www.progenerika.de/de/publik.html und http://www.aok.de/baden-wuerttemberg/presse/topthema-arznei-rabattvertraege-57739.php#57750>.
68 Die Deutsche Pharmazeutische Gesellschaft hat hierzu die Leitlinie „Gute Substitutionspraxis" v. 5.3.2002 entwickelt, aufrufbar unter <www.dphg.de>.
69 Gesetz zur Stärkung des Wettbewerbs in der gesetzlichen Krankenversicherung (GKV-WSG), BGBl. I 2007, 378.
70 Vgl auch BT-Drucks. 15/1525, 166.

freiheit und des freien Kapitalverkehrs sich mit dem Ziel rechtfertigen lasse, eine sichere und qualitativ hochwertige Arzneimittelversorgung der Bevölkerung sicherzustellen. Wie hoch das Schutzniveau anzulegen sei, liege dabei in der Entscheidung der Mitgliedstaaten. Ein Mitgliedstaat könne daher im Rahmen seines Wertungsspielraums der Ansicht sein, dass der Betrieb einer Apotheke durch einen Nichtapotheker eine Gefahr für die Gesundheit der Bevölkerung, insbesondere für die Sicherheit und Qualität des Einzelhandelsvertriebs der Arzneimittel, darstelle.[71]

Um eine Apothekenbetriebserlaubnis zu erlangen, müssen zudem die Betriebsräume der Apotheke unmittelbar von außen zugänglich sein sowie bestimmten Anforderungen an Größe und Unterteilung genügen. Des Weiteren müssen sie die Vertraulichkeit der Beratung wahren helfen.[72]

2. Apotheken-Kooperationen

56 Unbeschadet des bis auf weiteres fortbestehenden Verbots von Apothekenketten,[73] nutzen Apotheker verstärkt anderweitige Möglichkeiten der Zusammenarbeit, um Wettbewerbsvorteile zu generieren. Zum einen bestehen große Apotheken-Kooperationen, in denen Ressourcen bspw für gemeinsame Werbeaktionen und Einkäufe gebündelt werden.[74] Eine andere Variante besteht in der Nutzung der stetig expandierenden Franchisekonzepte,[75] bei denen rechtlich weiterhin selbständige Apotheken die betreffenden Unternehmenslogos gegen Lizenzzahlung nutzen können. Das gleichförmige Corporate Design der Inneneinrichtung zielt auf den Wiedererkennungseffekt ab. Dadurch treten Franchise-Apotheken jedenfalls in der Ausgestaltung der Betriebsräume gegenüber dem Verbraucher einheitlich auf. Im Falle einer Kombination von Teilnahme an einer Kooperation mit einem gemeinsamen Einkauf und Franchise kann die wirtschaftliche Eigenständigkeit der Apotheken daher durchaus auch ohne Apothekenketten eine kritische Grenze erreichen.

E. Einzelhandel

I. Voraussetzungen des Vertriebs über den Einzelhandel

57 Freiverkäufliche Arzneimittel gem. §§ 44, 45 AMG dürfen vom Einzelhandel außerhalb von Apotheken vertrieben werden. Voraussetzung hierfür ist allerdings, dass der Unternehmer, der gesetzliche Vertreter oder die mit der Leitung des Unternehmens oder dem Verkauf von Waren beauftragte Person die erforderliche Sachkenntnis besitzen (zum Nachweis siehe § 22 Rn 16]). Eine sachkundige Person muss in jeder Betriebsstelle während der üblichen Verkaufszeiten anwesend sein.[76] Wer Arzneimittel ohne die erforderliche Sachkenntnis verkauft, handelt ordnungswidrig gem. § 97 Abs. 1 Nr. 14 AMG.

58 Eine Sachkenntnis ist gem. § 50 Abs. 3 AMG nicht erforderlich bei
- Arzneimitteln, die im Reisegewerbe gem. § 51 AMG abgegeben werden dürfen,
- nicht verschreibungspflichtigen Fertigarzneimitteln zur Schwangerschaftsverhütung oder zur Verhütung von Geschlechtskrankheiten, die zum Verkehr außerhalb der Apotheken freigegeben sind (vgl § 43 Abs. 3 AMG),

---

71 EuGH, Urt. v. 19.5.2009, Rs. C-171/07, C-172/07, NJW 2009, 2803 ff; krit. hierzu Kamann/Gey/Kreuzer, PharmR 2009, 320 ff.
72 Vgl Bauer in: Fricke/Schöffski/Guminski, Pharmabetriebslehre, S. 340.
73 Siehe hierzu auch Kaeding, Anm. zum EuGH-Urt. v. 19.5.2009, APR 2009, 88.
74 Beispiele für Kooperationen mit insgesamt etwa 7.000 Mitgliedern sind „MVDA" (mit allein etwa 3.600 Mitgliedern), „vivesco", „meine apotheke", „parmapharm" und einige andere mehr.
75 ZB „DocMorris", „Easy"-Apotheke.
76 Vgl Rehmann, AMG, § 50 Rn 1; Sander, Arzneimittelrecht, § 50 AMG Erl. 3, Kloesel/Cyran, § 50 AMG Erl. 4.

- Desinfektionsmitteln, die ausschließlich zum äußeren Gebrauch bestimmt sind, sowie
- Sauerstoff.

II. Einbindung des Einzelhandels in den Versandhandel: Pick-up-Stellen

Der Einzelhandel hat für den Arzneimittelvertrieb durch eine neue Form der Kooperation mit Apotheken im Bereich des Arzneimittelversandhandels an Stellenwert hinzugewonnen. Versandapotheken dürfen für das Einsammeln von Bestellungen und die Aushändigung der bestellten Arzneimittel den Dienst von Drogeriemärkten in Anspruch nehmen.[77] Dabei muss sich die Beteiligung des Drogeriemarkts allerdings auf rein logistische Leistungen beschränken. Auch die Werbung muss insoweit eindeutig sein.

Die Einrichtung dieser **Arzneimittelabholstellen** beschränkt sich jedoch nicht auf Drogeriemärkte, auch in Blumenläden und Tankstellen werden solche Pick-up-Stellen mittlerweile mangels entgegenstehender gesetzlicher Regelungen eingerichtet.[78]

F. Versand

I. Hintergrund

Vor dem 1.1.2004 war der Versandhandel mit apothekenpflichtigen Arzneimitteln gem. §§ 43 Abs. 1, 73 Abs. 1 AMG aF bis auf wenige Ausnahmen verboten.[79] Mit seiner bekannten Entscheidung „DocMorris" vom 11.12.2003[80] stellte der EuGH klar, dass ein grundsätzliches Verbot des Versandhandels jedenfalls für nicht verschreibungspflichtige Arzneimittel gegen das Gebot des freien Warenverkehrs gem. Art. 28 EGV (nunmehr Art. 34 AEUV) verstößt. Verschreibungspflichtige Arzneimittel, so der EuGH weiter, könne ein Mitgliedstaat unter Berufung auf Art. 30 EGV (nunmehr Art. 36 AEUV) bei Vorliegen eines besonderen Schutzbedürfnisses gegenüber der Allgemeinheit vom Versandhandel ausnehmen. Mit dem Gesundheitsmodernisierungsgesetz[81] (GMG) wurde der Versandhandel mit apothekenpflichtigen Arzneimitteln aus dem In- und Ausland zum 1.1.2004 unter bestimmten Voraussetzungen auf Antrag mit Erteilung einer Versandhandelserlaubnis zugelassen. Der Gesetzgeber ist also über das europarechtlich geforderte Mindestmaß einer Versandhandelsfähigkeit hinausgegangen.[82] Der Versand von Tierarzneimitteln ist jedoch aus verbraucherschutzrechtlichen Gründen nach § 43 Abs. 5 AMG verboten, um einen unkontrollierten Bezug der Arzneimittel und deren Einsatz bei Tieren, die zur Lebensmittelgewinnung dienen, zu verhindern.

II. Voraussetzungen des Versandhandels

Der Versandhandel ist als zusätzlicher Vertriebsweg neben dem Betrieb einer Präsenzapotheke vorgesehen, § 11a Abs. 1 Nr. 1 ApoG. § 11a ApoG regelt hier besondere Pflichten und Voraussetzungen für den Betrieb des Versandhandels durch Apotheken.

Seit dem 21.4.2009 führt das Deutsche Institut für Medizinische Information und Dokumentation (DIMDI) im Auftrag des Bundesministeriums für Gesundheit (BMG) ein Register, in dem alle Apotheken erfasst werden, die über eine behördliche Erlaubnis zum Versand von Arzneimitteln für Deutschland verfügen und die ihr Einverständnis zum Eintrag in das

---

77 BVerwG, Urt. v. 13.3.2008, GesR 2008, 382 ff.
78 Vgl zB APR aktuell: „Medikamentenabholung an Tankstellen", APR 4/2009, I.
79 Siehe hierzu Ziller, PharmR 1999, 186.
80 EuGH, Urt. v. 11.12.2003, Rs. C-322/01 – DocMorris.
81 Gesetz zur Modernisierung der gesetzlichen Krankenversicherung (GMG) v. 14.11.2003 (BGBl. I, 2190).
82 Vgl hierzu auch Dettling, PharmR 2004, 66; Lenz, NJW 2004, 332.

Versandapothekenregister gegeben haben.[83] Für dieses Register wurde mit Inkrafttreten der 15. AMG-Novelle eine Rechtsgrundlage geschaffen. Mit der Ergänzung des § 43 Abs. 1 AMG um den Satz 3 wurden die Behörden, die die Erlaubnisse zum Versand von Arzneimitteln ausstellen, verpflichtet, die Angaben über die Ausstellung in die Datenbank nach § 67a AMG einzugeben. Die registrierten Versandapotheken erhalten für ihre Internetseiten ein offizielles Logo, das für den Verbraucher die Seriosität des Angebots signalisiert.

62 Der Versandhandel aus anderen EU-Ländern ist nur von einer zum Versandhandel berechtigten Apotheke zulässig, § 73 Abs. 1 S. 1 Nr. 1a AMG. Die Berechtigung kann sich dabei entweder aus den jeweiligen nationalen Bestimmungen des EU- oder EWR-Landes ergeben, in dem die Apotheke ihren Sitz hat, oder nach deutschem Recht. Die nationalen Bestimmungen haben dabei dem deutschen Apothekenrecht zu entsprechen. Für die Vergleichbarkeit ist nicht allein auf die geschriebene Gesetzeslage abzustellen, sondern die „jeweilige Rechtslage im Blick auf die tatsächlich bestehenden Sicherheitsstandards" maßgeblich.[84] Die Länder, in denen mit Deutschland vergleichbare Sicherheitsstandards bestehen, werden vom BMG in einer „Länderliste" aufgeführt, § 73 Abs. 1 S. 3 AMG. Nach der am 21.6.2005 im Bundesanzeiger Nr. 113 (Az 113–5028-3) veröffentlichten Liste erfüllen Apotheken in den Niederlanden und im Vereinigten Königreich diese Voraussetzung. Die „Länderliste" ist insoweit bindend, als sie feststellt, dass in bestimmten Mitgliedstaaten der Europäischen Union – gegebenenfalls unter bestimmten Voraussetzungen – zum Zeitpunkt ihrer Veröffentlichung vergleichbare Sicherheitsstandards bestanden.[85]

III. Geltung der deutschen Abrechnungsvorschriften beim Arzneimittelversand durch ausländische Versandapotheken

63 Ob beim Versand verschreibungspflichtiger Arzneimitteln aus einem EU-Mitgliedstaat nach Deutschland die Festpreise nach der Arzneimittelfestpreisverordnung gelten, wird derzeit nicht einheitlich beurteilt.[86] Diese Problematik betrifft insbesondere die Frage, ob Preisnachlässe EU-ausländischer Versandapotheken auch für verschreibungspflichtige Medikamente erlaubt sind. Die Zivilrechtsprechung beantwortete dies bislang uneinheitlich.[87] Eine höchstrichterliche Rechtsprechung des BGH liegt bislang nicht vor.[88] Hingegen hat das BSG bereits entschieden, dass die deutschen Preisvorschriften des AMG und der AMPreisV bei EU-ausländischen Versandapotheken nicht zur Anwendung kommen und die EU-ausländischen Versandapotheken daher nicht an den einheitlichen Apothekenabgabepreis gebunden sind.[89]

---

83 Das Register ist über die Internetseiten des DIMDI zu erreichen unter der Adresse <http://www.dimdi.de/dynamic/de/amg/var/index.htm>.
84 BGH, Urt. v. 20.12.2007, MedR 2008, 611 ff.
85 BGH, Urt. v. 20.12.2007, MedR 2008, 611 ff.
86 Siehe zur Preisbindung für ausländische Versandapotheken innerhalb der EU: Diekmann/Idel, APR 2009, 93 ff.
87 *Dagegen*: OLG München, Urt. v. 2.7.2009, PharmR 2009, 511 ff; OLG Frankfurt, Urt. v. 29.11.2007, APR 2008, 98 ff; LG Berlin, Urt. v. 28.8.2007, A&R 2007, 284 ff; OLG Hamburg, Urt. v. 11.10.2007, APR 2008, 71 ff; LG Hamburg, Urt. v. 17.8.2006, PharmR 2006, 477 ff; *dafür*: OLG Köln, Urt. v. 8.5.2009, APR 2009, 109 ff; OLG Hamm, Urt. v. 21.9.2004, GesR 2005, 31 ff.
88 Aufgrund eines derzeit anhängigen Verfahrens zu dieser Problematik kann damit jedoch gerechnet werden: Revisionsverfahren gegen das Urteil des OLG Frankfurt v. 29.11.2007 – 6 U 26/07, APR 2008, 98 ff, anhängig beim BGH unter dem Az: I ZR 72/08.
89 BSG, Urt. v. 28.7.2008, GesR 2008, 654 ff; krit. hierzu Dettling, A&R 2008, 204 ff; Mand, PharmR 2008, 582 ff.

§ 22 Besondere Vorschriften für den Groß- und Einzelhandel

A. Großhandel	1	2. Bezug von Arzneimitteln	12
I. Erlaubnispflicht	1	3. Auslieferung	13
II. Erteilung der Großhandelserlaubnis	3	4. Dokumentation	14
III. Anzeigepflichten	8	5. Selbstinspektion	15
IV. Versagung und Entzug der Großhandelserlaubnis	9	B. Sachkenntnisnachweis im Einzelhandel gemäß § 50 Abs. 2 AMG	16
V. Besondere Pflichten nach der AMGrHdlBetrV	10		
1. Qualitätssicherungssystem	11		

A. Großhandel

I. Erlaubnispflicht

Die Großhandelstätigkeit mit Arzneimitteln im Sinne des § 2 Abs. 1 oder Abs. 2 Nr. 1 AMG, Testsera oder Antigenen unterliegt gem. § 52 a AMG der Erlaubnispflicht (zum Begriff des Großhandels vgl § 21 Rn 3). Einer Erlaubnis bedürfen alle Pharmagroßhändler, Arzneimittelvertriebsunternehmer, pharmazeutische Unternehmer, die unter ihrem Namen nicht selbst hergestellte Arzneimittel vertreiben, Mitvertreiber, sog. Arzneimittelkontore, die Arzneimittel handeln, ohne selbst zu transportieren oder zu lagern, Exporteure und Importeure, Franchisegeber mit zentralem Arzneimitteleinkauf für Apotheken als Franchisenehmer sowie alle Apotheken, deren Tätigkeit über den üblichen Apothekenbetrieb hinausgeht.[1] **1**

Ausgenommen von der Erlaubnispflicht ist der Großhandel mit den in § 51 Abs. 1 Nr. 1 und 2 AMG aufgeführten nicht apothekenpflichtigen Fertigarzneimitteln, wie bestimmten Pflanzen, Pflanzenteilen, Presssäften sowie Heilwässern und medizinischen Gasen, vgl § 52 a Abs. 1 S. 2 AMG. **2**

Ebenfalls keine gesonderte Großhandelserlaubnis benötigt ein pharmazeutischer Unternehmer, der ausschließlich Arzneimittel vertreibt, für die er eine Herstellungserlaubnis gem. § 13 AMG oder eine Einfuhrerlaubnis gem. § 72 AMG besitzt. Die behördlich erteilte Herstellungserlaubnis gem. § 13 AMG oder die Einfuhrerlaubnis nach § 72 AMG beinhalten insoweit bereits die Großhandelserlaubnis, vgl § 52 a Abs. 6 AMG.

II. Erteilung der Großhandelserlaubnis

Die Großhandelserlaubnis wird auf Antrag erteilt. Zuständig ist die Landesbehörde, in deren Bezirk der Antragsteller seinen Sitz hat. Diese hat innerhalb von drei Monaten über den Antrag zu entscheiden, § 52 a Abs. 3 AMG. Sind Angaben nachzuliefern, ist die Frist so lange ausgesetzt. Hinsichtlich des Verfahrens gelten die Verwaltungsverfahrensgesetze der Länder. Im Falle einer Versagung oder gegen Auflagen kann – soweit landesrechtlich vorgesehen – nach erfolglosem Widerspruch Klage zu den Verwaltungsgerichten erhoben werden. **3**

Die Großhandelserlaubnis ist sowohl personen- als auch betriebsbezogen und wird einem Großhändler für (mindestens) eine bestimmte Betriebsstätte erteilt. In der Erlaubnisurkunde sind alle Betriebsstätten und ggf Logistikunternehmen, die im Auftrag tätig werden sollen, sowie die jeweils auszuübenden Tätigkeiten zu benennen.[2] Ein im Ausland ansässiger Großhändler ohne eigene Betriebsstätte in Deutschland hat daher keinen Anspruch auf Erteilung einer Großhandelserlaubnis.[3] § 52 a Abs. 2 AMG nennt die Voraussetzungen, bei deren Vorliegen ein Anspruch auf Erteilung der Großhandelserlaubnis besteht. **4**

---

[1] Vgl Sander, Arzneimittelrecht, § 52 a AMG Erl. 2.
[2] Vgl Sander, Arzneimittelrecht, § 52 a AMG Erl. 10.
[3] BVerfG, Beschl. v. 15.9.2008, GesR 2009, 54–55 = NVwZ-RR 2009, 60–61.

Lietz

5   Im Antrag ist die bestimmte Betriebsstätte zu benennen, für die die Erlaubnis erteilt werden soll, § 52 a Abs. 2 Nr. 1 AMG. Betriebsstätte in diesem Sinne ist jeder Betrieb, in dem eine Tätigkeit gem. § 4 Abs. 22 AMG ausgeführt wird (zum Begriff siehe § 21 Rn 3). Dabei kann es sich um reine Bürotätigkeiten handeln. Auch weitere Betriebsstätten, in denen einzelne Tätigkeiten im Zusammenhang mit dem Großhandel ausgeübt werden, bspw Lagerhaltung, sind anzugeben. Dies gilt auch für Auftragslagerung (externe Lager). Wenn diese nicht eigenständig agieren, können sie die Tätigkeit unter der Erlaubnis des Auftraggebers ausführen.[4] Der Auftraggeber ist dann für die Einhaltung der Großhandelsbetriebsverordnung verantwortlich. Die vorgesehenen Tätigkeiten sind vertraglich zu regeln, bspw wie die Chargendokumentation bei Auslieferung vorgenommen wird, vgl § 6 Abs. 2 S. 2 AMGrHdlBetrV.

Logistikunternehmen bedürfen einer eigenen Großhandelserlaubnis nur, wenn sie Großhandelstätigkeiten in eigener Verantwortung betreiben, indem sie bspw für einen pharmazeutischen Unternehmer mit Sitz im EG- oder EWR-Ausland tätig werden.[5]

6   Gemäß § 52 a Abs. 2 Nr. 2 AMG sind mit dem Antrag auf Erteilung der Großhandelserlaubnis Nachweise über das Vorhandensein **geeigneter und ausreichender Räumlichkeiten, Anlagen und Einrichtungen** vorzulegen, um eine ordnungsgemäße Lagerung und einen ordnungsgemäßen Vertrieb zu gewährleisten, vgl auch §§ 3, 5 AMGrHdlBetrV. Gemäß § 64 Abs. 3 S. 3 AMG darf die Erlaubnis erst erteilt werden, wenn sich die zuständige Behörde durch eine Abnahmebesichtigung aller Betriebsstätten davon überzeugt hat, dass die Voraussetzungen für die Erteilung der Großhandelserlaubnis vorliegen. Für Betriebsstätten, die außerhalb des Zuständigkeitsbereichs der für die Erteilung zuständigen Behörde liegen, sind die Besichtigungen durch Einforderung von Amtshilfe der zuständigen Behörden zu veranlassen.[6]

7   Gemäß § 52 a Abs. 2 Nr. 3 AMG ist ferner die **verantwortliche Person** zu benennen, die die zur Ausübung der Tätigkeit erforderliche Sachkunde besitzt. Der Umfang der Sachkunde ist im Gesetz nicht geregelt und richtet sich daher nach den vertriebenen Arzneimitteln. Es müssen praktische und theoretische Kenntnisse vorhanden sein, die eine Einhaltung der Leitlinien für eine Gute Vertriebspraxis von Humanarzneimitteln[7] ermöglichen, vgl § 2 Abs. 2 AMGrHdlBetrV. Für jede Betriebsstätte ist gem. § 2 Abs. 1 AMGrHdlBetrV mindestens eine verantwortliche Person mit der erforderlichen Sachkunde zu bestellen. Die sachkundige Person muss persönlich zuverlässig sein, vgl § 52 a Abs. 4 Nr. 2 AMG.

Schließlich hat der Antragsteller gem. § 52 a Abs. 2 Nr. 4 AMG eine **schriftliche Erklärung** abzugeben, in der er sich verpflichtet, die für den ordnungsgemäßen Betrieb eines Großhandels geltenden Regelungen einzuhalten.[8]

III. Anzeigepflichten

8   § 52 a Abs. 8 AMG, der mit dem 14. AMG-Änderungsgesetz[9] mit Wirkung zum 6.9.2005 angefügt wurde, verpflichtet den Erlaubnisinhaber zur Anzeige der Veränderung von Sachverhalten, die Gegenstand der behördlichen Prüfung bei der Erlaubniserteilung waren, also Veränderungen der in § 52 a Abs. 2 AMG genannten Kriterien, wie zB der **Wechsel der ver-**

---

4 Vgl Sander, Arzneimittelrecht, § 52 a AMG Erl. 4.
5 Vgl Sander, Arzneimittelrecht, § 52 a AMG Erl. 4.
6 Vgl Sander, Arzneimittelrecht, § 52 a AMG Erl. 4.
7 Leitlinien für eine Gute Vertriebspraxis von Humanarzneimitteln v. 1.3.1994 (ABl. EG Nr. C 63/4 ff).
8 Zu den Voraussetzungen für die Erteilung der Großhandelserlaubnis siehe auch Merkblatt der Regierung von Oberbayern, abrufbar unter <www.regierung.oberbayern.bayern.de>.
9 Vierzehntes Gesetz zur Änderung des Arzneimittelgesetzes (14. AMG-Änderungsgesetz) v. 29.8.2005 (BGBl. I, 2570).

antwortlichen Person nach § 52a Abs. 2 Nr. 3 AMG. Anzuzeigen ist insbesondere auch eine **wesentliche Veränderung der Großhandelstätigkeit**. Eine solche ist anzunehmen, wenn die Art und Weise der im Antrag beschriebenen Tätigkeit sich nicht nur geringfügig ändert, wenn zB zukünftig ein Umfüllen oder Abpacken von Arzneimitteln vorgesehen ist, das ursprünglich nicht Gegenstand der Erlaubnis war, oder wenn Räume, Einrichtungen oder andere Vertriebshilfen wesentlich verändert werden.[10] Grundsätzlich sind die Anzeigen vorher zu tätigen, ein unvorhergesehener Wechsel der verantwortlichen Person nach § 52a Abs. 2 Nr. 3 AMG ist unverzüglich anzuzeigen.

IV. Versagung und Entzug der Großhandelserlaubnis

Da es sich bei der Großhandelserlaubnis um ein Verbot mit Erlaubnisvorbehalt handelt, darf die Erteilung der Großhandelserlaubnis nur versagt werden, wenn ein Versagungsgrund nach § 52a Abs. 4 AMG vorliegt. Neben dem Nichtvorliegen der Voraussetzungen nach § 52a Abs. 2 AMG kann die Erlaubnis versagt werden, wenn Tatsachen vorliegen, die die Annahme rechtfertigen, dass der Antragsteller oder die verantwortliche Person nach § 52a Abs. 2 Nr. 3 AMG die erforderliche Zuverlässigkeit nicht besitzen. Es müssen allerdings belastbare Tatsachen gegeben sein, die eine Unzuverlässigkeit gerade für die vorgesehene Tätigkeit belegen.[11]

Die Großhandelserlaubnis kann gem. § 52a Abs. 5 AMG zurückgenommen oder widerrufen werden, wenn nachträglich bekannt wird, dass bei Erlaubniserteilung ein Versagungsgrund nach § 52a Abs. 4 AMG vorgelegen hat oder dieser später eingetreten ist. Als minderschwere Maßnahme, insbesondere bei behebbaren Mängeln, kann das Ruhen der Erlaubnis angeordnet werden.

V. Besondere Pflichten nach der AMGrHdlBetrV

Für die Großhandelstätigkeit sind die Vorschriften der Betriebsverordnung für Arzneimittelgroßhandelsbetriebe (AMGrHdlBetrV) zu beachten. Für Apotheken, die Arzneimittelgroßhandel betreiben, bedeutet dies, dass Lagerung und Dokumentation für Arzneimittel, die zum üblichen Apothekenbetrieb gehören, und für die Arzneimittel, mit denen Großhandel betrieben wird, klar zu trennen sind. Insbesondere bestehen nach der AMGrHdlBetrV die folgenden Verpflichtungen:

1. Qualitätssicherungssystem

Großhandelsbetriebe müssen gem. § 1a AMGrHdlBetrV die EU-Leitlinien für die Gute Vertriebspraxis von Arzneimitteln einhalten und hierfür ein funktionierendes Qualitätssicherungssystem entsprechend Art und Umfang der durchgeführten Tätigkeiten betreiben. Das Qualitätssicherungssystem muss insbesondere gewährleisten, dass Arzneimittel nur von hierfür berechtigten Betrieben und Einrichtungen bezogen und nur an solche geliefert werden, die Qualität der Arzneimittel auch während Lagerung und Transport nicht nachteilig beeinflusst wird, Verwechslungen vermieden werden und ein ausreichendes System der Rückverfolgung einschließlich der Durchführung eines Rückrufs besteht.

2. Bezug von Arzneimitteln

Arzneimittel dürfen im Rahmen des Großhandels nur von Betrieben und Einrichtungen bezogen werden, die über eine Erlaubnis gem. § 13 oder § 52a AMG verfügen. Lieferungen

---
10 Vgl Rehmann, AMG, § 52a Rn 7.
11 Vgl Sander, Arzneimittelrecht, § 52a AMG Erl. 9.

dürfen daher nur angenommen werden, wenn der Lieferant unter Angabe der ausstellenden Behörde und des Ausstellungsdatums bestätigt, dass er über eine entsprechende Erlaubnis verfügt, § 4 a Abs. 2 AMGrHdlBetrV.

3. Auslieferung

13 Auch die Auslieferung von Arzneimitteln darf gem. § 6 AMGrHdlBetrV nur an Betriebe und Einrichtungen erfolgen, die über eine Erlaubnis nach § 13 oder nach § 52 a AMG verfügen oder die zur Abgabe an den Endverbraucher befugt sind. Den Lieferungen sind ausreichende Unterlagen beizufügen, aus denen insbesondere das Datum der Auslieferung, die Bezeichnung und Menge des Arzneimittels sowie Name und Anschrift des Lieferanten und des Empfängers hervorgehen.

Im Falle der Lieferung an andere Großhandelsbetriebe muss zusätzlich die Chargenbezeichnung des jeweiligen Arzneimittels angegeben werden. Darüber hinaus muss unter Angabe der ausstellenden Behörde und des Ausstellungsdatums bestätigt werden, dass der Lieferant über eine Erlaubnis gem. § 52 a AMG verfügt.

Die Verpflichtung zur zusätzlichen Angabe der Chargenbezeichnung gilt gem. § 6 Abs. 2 AMGrHdlBetrV auch

- bei der Abgabe von Arzneimitteln an pharmazeutische Unternehmer,
- Krankenhausapotheken und krankenhausversorgende Apotheken für die Zwecke der Belieferung von Krankenhäusern,
- im Falle der Abgabe von Blutzubereitungen, Sera aus menschlichem Blut und Zubereitungen aus anderen Stoffen menschlicher Herkunft sowie gentechnisch hergestellten Blutbestandteilen, die fehlende Blutbestandteile ersetzen, auch bei Lieferung an Betriebe und Einrichtungen zur Abgabe an den Endverbraucher sowie
- bei Abgabe von zur Anwendung bei Tieren bestimmten Arzneimitteln.

4. Dokumentation

14 Über jeden Bezug und jede Abgabe von Arzneimitteln sind Aufzeichnungen in Form von Einkaufs-/Verkaufsrechnungen zu führen, die die Angaben nach § 6 Abs. 2 AMGrHdlBetrV enthalten, § 7 Abs. 1 AMGrHdlBetrV.

Des Weiteren sind Aufzeichnungen zu führen über das Umfüllen und das Abpacken von Arzneimitteln sowie über die Rücknahme, Rückgabe oder das Vernichten von Arzneimitteln, die nicht in den Verkehr gebracht werden dürfen; dabei sind Angaben über den Zeitpunkt sowie über Art und Menge der Arzneimittel zu machen. Die Aufzeichnungen sind von der nach § 52 a Abs. 2 Nr. 3 AMG bzw § 2 Abs. 1 AMGrHdlBetrV bestellten verantwortlichen Person oder einer von ihr beauftragten Person namentlich zu unterzeichnen. Diese Aufzeichnungen sind mindestens fünf Jahre nach der letzten Eintragung aufzubewahren. Bei Blutzubereitungen, Sera aus menschlichem Blut und Zubereitungen aus anderen Stoffen menschlicher Herkunft sowie gentechnisch hergestellten Blutbestandteilen, die fehlende Blutbestandteile ersetzen, sind Ein- und Verkaufsrechnungen mindestens dreißig Jahre aufzubewahren oder zu speichern.

5. Selbstinspektion

15 Um die Beachtung der Vorschriften der AMGrHdlBetrV sicherzustellen, müssen regelmäßig Selbstinspektionen durchgeführt werden, § 7 c AMGrHdlBetrV. Über die Selbstinspektionen und anschließend ergriffene Maßnahmen müssen Aufzeichnungen geführt und aufbewahrt werden.

B. Sachkenntnisnachweis im Einzelhandel gemäß § 50 Abs. 2 AMG

Ist für den Einzelhandel mit Arzneimitteln (zum Umfang vgl § 21 Rn 57]) eine sachkundige Person zu bestellen, muss die Sachkunde gem. § 50 Abs. 2 AMG nachgewiesen werden. Diese umfasst Kenntnisse und Fertigkeiten zum Abfüllen, Abpacken, Kennzeichnen, Lagern und Inverkehrbringen von Arzneimitteln, vgl § 50 Abs. 2 S. 1 AMG. Die Sachkenntnis ist durch eine entsprechende Prüfung bei der IHK oder durch Prüfzeugnisse über eine bestimmte andere berufliche Ausbildung oder auf andere Art nachzuweisen. Einzelheiten sind in der in Vollzug des § 50 Abs. 2 AMG erlassenen Verordnung über den Nachweis der Sachkenntnis im Einzelhandel mit freiverkäuflichen Arzneimitteln (AMSachKV)[12] bestimmt.

Gemäß § 4 Abs. 2 AMSachKV soll durch die Prüfung bei der IHK festgestellt werden, ob der Prüfungsteilnehmer

- das Sortiment freiverkäuflicher Arzneimittel übersieht,
- die in freiverkäuflichen Arzneimitteln üblicherweise verwendeten Pflanzen und Chemikalien sowie die Darreichungsformen kennt,
- offensichtlich verwechselte, verfälschte oder verdorbene freiverkäufliche Arzneimittel erkennen kann,
- freiverkäufliche Arzneimittel ordnungsgemäß, insbesondere unter Berücksichtigung der Lagertemperatur und des Verfalldatums, lagern kann,
- über die für das ordnungsgemäße Abfüllen, Abpacken und die Abgabe freiverkäuflicher Arzneimittel erforderlichen Kenntnisse verfügt,
- die mit dem unsachgemäßen Umgang mit freiverkäuflichen Arzneimitteln verbundenen Gefahren kennt,
- die für freiverkäufliche Arzneimittel geltenden Vorschriften des Arzneimittelrechts und des Rechts der Werbung auf dem Gebiete des Heilwesens kennt.

Die AMSachKV regelt in § 10 auch die Anerkennung anderer Ausbildungsnachweise sowie sonstige Nachweise der Sachkenntnis, § 11 AMSachKV.

---

12 VO über den Nachweis der Sachkenntnis im Einzelhandel mit freiverkäuflichen Arzneimitteln v. 20.6.1978 (BGBl. I, 753), zuletzt geändert durch Art. 1 der VO v. 6.8.1998 (BGBl. I, 2044).

§ 23 Besondere Handelsformen, Reimport, Parallelimport

Literatur: *Keck*, Zulassungsbestimmungen – der Arzneimittelimporteur als pharmazeutischer Unternehmer, in: VAD, 30 Jahre Parallelhandel mit Arzneimittel, 2009, S. 20; *Lieck*, Abstocken, Aufstocken und Bündeln: Begriffe der Vergangenheit?, GRUR 2008, 611; *Rehmann*, Rechtliche Grundlagen des Parallelhandels in Europa, in: VAD, 30 Jahre Parallelhandel mit Arzneimitteln, 2009, S. 8; *Vigener*, Arzneimittelaufsicht bei Parallelimporten, in: VAD, 30 Jahre Parallelhandel mit Arzneimittel, 2009, S. 24.

A. Grundlagen 1	5. Indikationserweiterung 16
I. Bekanntmachungen 2	6. Bestand der Bezugszulassung 17
II. Mitteilungen 3	7. Blisterkennzeichnung 18
III. Definitionen 4	III. Zentrale Zulassung der EMEA 19
B. Zulassungsfragen 6	C. Markenrecht 21
I. Allgemeines 6	I. Grundsatz 22
II. Vereinfachtes Zulassungsverfahren des BfArM 8	II. Art und Weise des Umpackens 23
1. Formalien 9	1. Erforderlichkeit 27
2. Kosten 10	2. Packungsdesign 35
3. Dauer des Verfahrens 11	3. Bezeichnung des Arzneimittels 43
4. Gemeinsamer Ursprung 12	4. Vorabinformation 50
	D. Besonderer Mechanismus 55

A. Grundlagen

1 Der seit den 1960er Jahren etablierte Europäische Binnenmarkt für Arzneimittel bildet gemeinsam mit verschiedenen Grundsatzentscheidungen den rechtlichen Rahmen des Parallelhandels, der in den 30 Jahren seines Bestehens zu einem wichtigen Mittel der Kostenreduzierung in der Arzneimittelversorgung geworden ist.[1]

I. Bekanntmachungen

2 Ausgestaltet wird dieser Rahmen in Deutschland neben dem AMG durch verschiedene Bekanntmachungen und Mitteilungen. Hierbei handelt es sich im Wesentlichen um

- die Bekanntmachung über den Nachweis der Qualitätsprüfung bei parallelimportierten Arzneimitteln vom 23.2.1995,[2]
- die Bekanntmachung über die Zulassung von parallelimportierten Arzneimitteln im Rahmen eines vereinfachten Verfahrens vom 6.11.1995,[3]
- die Bekanntmachung über die Zulassung von parallelimportierten Arzneimitteln (Bezugnahme auf § 105 AMG) vom 17.4.1996[4]
- die Bekanntmachung zur Verwaltungspraxis bei zugelassenen parallelimportierten Arzneimitteln vom 22.7.2002[5] und
- die Bekanntmachung über die Bestimmungen des besonderen Mechanismus nach Nummer 2 des Anhangs IV der Beitrittsakte des EU-Beitrittsvertrages vom 16.4.2003[6] betreffend den Parallelimport von Human- oder Tierarzneimitteln aus den Republiken Estland, Lettland, Litauen, Polen, Slowenien, Ungarn, der Slowakischen Republik oder der Tschechischen Republik in die Bundesrepublik Deutschland vom 30.4.2004,[7] die um

---

1 Rehmann, Rechtliche Grundlagen des Parallelhandels in Europa, in: VAD, 30 Jahre Parallelhandel mit Arzneimitteln, 2009, S. 8.
2 BAnz 1995, Nr. 46, 2277.
3 BAnz 1996, Nr. 10, 398.
4 BAnz 1996, Nr. 95, 5834.
5 BAnz 2002, Nr. 140, 17897.
6 BGBl. II 2003, 1408.
7 BAnz 2004, Nr. 86, 9971.

II. Mitteilungen

Instruktiv sind darüber hinaus

- die Mitteilung der Europäischen Kommission vom 30.12.2003,[9] mit der die Mitteilung der Kommission aus dem Jahre 1982 zum selben Thema[10] aktualisiert worden ist, sowie
- die Guidance der EMEA vom 6.7.2006,[11] die die ursprüngliche Fassung vom 19.5.2004 aktualisiert hat und derzeit noch gültig ist, wobei darauf hinzuweisen ist, dass die EMEA derzeit bereits an einer weiteren Aktualisierung arbeitet und unter Umständen zum Anfang des Jahres 2010 publiziert.

III. Definitionen

Bei den auf Basis dieser Regelungen vertriebenen Arzneimitteln handelt es sich zum weit überwiegenden Teil um **Parallelimporte**. Arzneimittel werden dann als Parallelimport-Arzneimittel bezeichnet, wenn ein Drittes vom ursprünglichen Zulassungsinhaber bzw Hersteller unabhängiges Unternehmen sie in einem anderen EU bzw EWR-Mitgliedstaat erwirbt und nach Deutschland importiert, um sie dort – parallel zum ursprünglichen pharmazeutischen Unternehmer – ebenfalls in den Verkehr zu bringen.[12] Beim **Reimport** wird dagegen das Arzneimittel in Deutschland hergestellt, in einen anderen Mitgliedstaat der Europäischen Union verbracht, um schließlich nach Deutschland zurück exportiert zu werden (§ 6 Rn 11). Sowohl beim klassischen Parallel- als auch Reimport handelt es sich um in Deutschland für den jeweiligen Importeur zugelassene Arzneimittel.

Der Parallel- und Reimport wird ergänzt um den **Parallelvertrieb**, denn parallel vertriebene Arzneimittel bedürfen gerader keiner nationalen Zulassung, da sie aufgrund des zentralen Zulassungsverfahrens der EMEA innerhalb der Europäischen Union verkehrsfähig sind (§ 6 Rn 12). Der Begriff Parallelvertrieb sagt lediglich etwas über den Zulassungsstatus – also von der EMEA zugelassen – aus. Faktisch werden diese vom Importeur parallel vertriebenen Arzneimittel – um sie nach Deutschland zu verbringen – aber wie zuvor beschrieben in der Form eines Parallel- oder Reimportes nach Deutschland eingeführt.

Hiervon zu unterscheiden ist der **Einzelimport**. Gemäß § 73 Abs. 3 AMG dürfen Fertigarzneimittel, die zur Anwendung bei Menschen bestimmt sind und nicht zum Verkehr im Geltungsbereich dieses Gesetzes zugelassen, nach § 21a AMG genehmigt, registriert oder von der Zulassung oder Registrierung freigestellt sind, in den Geltungsbereich dieses Gesetzes verbracht werden, wenn

1. sie von Apotheken auf vorliegende Bestellung einzelner Personen in geringer Menge bestellt und von diesen Apotheken im Rahmen der bestehenden Apothekenbetriebserlaubnis abgegeben werden,
2. sie in dem Staat rechtmäßig in Verkehr gebracht werden dürfen, aus dem sie in den Geltungsbereich dieses Gesetzes verbracht werden, und

---

8 BAnz 2007, Nr. 77, 4257.
9 <http://eur-lex.europa.eu/LexUriServ/site/de/.../com2003_0839de01.pdf>.
10 ABl. EG Nr. C 115/5.
11 EMEA Post-authorisation guidance on parallel distribution <http://www.emea.europa.eu/htms/human/parallel/parallel.htm>.
12 <http://www.bfarm.de/nn_1198876/DE/Arzneimittel/2__zulassung/zulArten/parimp/parimp-node.html__nnn=true>.

3. für sie hinsichtlich des Wirkstoffs identische und hinsichtlich der Wirkstärke vergleichbare Arzneimittel für das betreffende Anwendungsgebiet im Geltungsbereich des Gesetzes nicht zur Verfügung stehen

oder wenn sie nach den apothekenrechtlichen Vorschriften oder berufsgenossenschaftlichen Vorgaben oder im Geschäftsbereich des Bundesministeriums der Verteidigung für Notfälle vorrätig zu halten sind oder kurzfristig beschafft werden müssen, wenn im Geltungsbereich dieses Gesetzes Arzneimittel für das betreffende Anwendungsgebiet nicht zur Verfügung stehen. Die Bestellung und Abgabe bedürfen der ärztlichen oder zahnärztlichen Verschreibung für Arzneimittel, die nicht aus Mitgliedstaaten der Europäischen Union oder anderen Vertragsstaaten des Abkommens über den Europäischen Wirtschaftsraum bezogen worden sind. Das Nähere regelt die Apothekenbetriebsordnung.

Dieser Einzelimport ist nicht Gegenstand dieses Kapitels.

B. Zulassungsfragen

I. Allgemeines

6   Im Gegensatz zum Einzelimporteur müssen Importeure von Parallel- und Reimporten pharmazeutische Unternehmer sein und alle dementsprechenden Vorschriften erfüllen. Das sog. vereinfachte Zulassungsverfahren gewährleistet, dass die vom Parallelimporteur in Deutschland in Umlauf gebrachten Arzneimittel den strengen Auflagen von EU- und deutscher Gesetzgebung entsprechen.[13] Für Re- und Parallelimporte gelten Qualitätsstandards wie für alle Fertigarzneimittel. Qualität, Wirksamkeit und Unbedenklichkeit werden nach den Vorschriften des AMG im Zulassungsverfahren geprüft.[14] Die Kennzeichnung einschließlich Verpackung von Arzneimitteln wird im jeweiligen Zulassungsverfahren festgelegt und von der zuständigen Landesbehörde überwacht. Abweichungen von den Festlegungen im jeweiligen Zulassungsbescheid sind unzulässig und unterliegen der Verfolgung durch die jeweils zuständige Behörde.[15]

7   Diese Feststellung ist zwar einerseits trivial, denn es sollte eine Selbstverständlichkeit sein, dass dies so ist, andererseits aber doch bemerkenswert, denn es ist in diesem Zusammenhang darauf hinzuweisen, dass die Parallel- und Reimporteure die von ihnen vertriebenen Arzneimittel unter dem eigenen Namen in den Verkehr bringen. Damit sind sie pharmazeutische Unternehmer gem. § 4 Abs. 18 AMG und unterliegen der gleichen Haftung wie sämtliche anderen pharmazeutischen Unternehmer gem. §§ 84 ff AMG. Darüber hinaus sind alle nach dem AMG notwendigen Positionen wie zB sachkundige Person, Stufenplanbeauftragter und Informationsbeauftragter mit den damit verbundenen Verantwortlichkeiten zu besetzen. Schließlich ist zu berücksichtigen, dass die Parallel- und Reimporteure gem. § 4 Abs. 14 AMG auch Hersteller der von ihnen vertriebenen Arzneimittel sind, denn die importierten Arzneimittel müssen nicht nur gem. §§ 10 und 11 AMG deutschsprachig gekennzeichnet und mit einer Gebrauchsinformation versehen werden, sondern im Hinblick auf die in der Europäischen Union verwandten unterschiedlichen Packungsgrößen für den deutschen Markt umgepackt werden.

---

13 Keck, Zulassungsbestimmungen – der Arzneimittelimporteur als pharmazeutischer Unternehmer, in: VAD, 30 Jahre Parallelhandel mit Arzneimittel, 2009, S. 20.
14 Antwort der Bundesregierung auf eine kleine Anfrage verschiedener Abgeordneter des Deutschen Bundestages v. 16.7.2003, BT-Drucks. 15/1431.
15 Vigener, Arzneimittelaufsicht bei Parallelimporten, in: VAD, 30 Jahre Parallelhandel mit Arzneimittel, 2009, S. 24.

II. Vereinfachtes Zulassungsverfahren des BfArM

Die Basis des vereinfachten Zulassungssystems für Parallel- und Reimporte stellt das Urteil des EuGH vom 25.5.1976 in der Sache „De Peijper" dar. In diesem Urteil hat der EuGH festgestellt, dass es eine mit den Bestimmungen über den freien Warenverkehr unvereinbare Anforderung nationaler Zulassungsbehörden ist, vom Parallelimporteur als Voraussetzung für ein zulässiges Inverkehrbringen parallel importierter Arzneimittel in einem Zulassungsverfahren die Vorlage von Unterlagen zu verlangen, welche der Zulassungsbehörde im Einfuhrland bereits aufgrund der bestehenden Zulassung für das Bezugsarzneimittel vorliegen.[16] Anders als der ursprüngliche pharmazeutische Unternehmer erhält der Parallelimporteur die Zulassung also in einem vereinfachten Zulassungsverfahren. Maßgebend hierfür ist, dass das von ihm aus einem EU-Mitgliedstaat importierte Arzneimittel therapeutisch identisch ist mit dem in der Bundesrepublik Deutschland vertriebenen Arzneimittel.

Da sich das vereinfachte Zulassungsverfahren nur hinsichtlich des Verfahrens von den Grundlagen des Zulassungsregimes nach dem AMG[17] unterscheidet, beschränken sich die nachfolgenden Ausführungen lediglich auf einige ausgewählte relevante Aspekte des Zulassungsverfahrens für Parallel- und Reimportarzneimittel.

1. Formalien

Obwohl es sich um ein vereinfachtes Zulassungsverfahren handelt, sind eine Vielzahl von formalen Antragserfordernissen und abzugebenden Erklärungen einzuhalten. Einzelheiten hierzu ergeben sich aus der Veröffentlichung des BfArM auf der Homepage.[18]

2. Kosten

Für diese Zulassung hat der Parallelimporteur gem. Ziffer 1.4 der Anlage zu § 1 AMG KostV eine Gebühr in Höhe von 2.800 € zu entrichten.[19]

3. Dauer des Verfahrens

Auf die Anzeige des Parallelimporteurs hin fragt das BfArM sowohl beim pharmazeutischen Unternehmer des Bezugsarzneimittels als auch bei der Zulassungsbehörde in dem Land, aus dem das Arzneimittel importiert werden soll, nach. Dies ist eigentlich ein relativ schlichter Vorgang, so dass sowohl die Europäische Kommission in ihrer Mitteilung vom 30.12.2003[20] als auch das Bundesministerium der Gesundheit in der Bekanntmachung vom 6.11.1995[21] davon ausgehen, dass eine solche Zulassung in einem Zeitraum von etwa 45 Tagen zu erteilen ist. Dies hat jedoch mit der Realität nichts zu tun. Tatsächlich wird in Deutschland eine solche Zulassung in der Regel erst nach etwa acht Monaten erteilt. Allerdings kann es auch deutlich länger dauern. Es ist zB erst im Jahr 2004 ein Verfahren abgeschlossen worden, in dem der Zulassungsantrag 1994 gestellt wurde. Wirtschaftlich interessant war diese Zulassung dann nicht mehr.

---

16 EuGH, Slg 1976, 613.
17 Siehe § 6 Rn 65.
18 <http://www.bfarm.de/cln_028/nn_1198796/DE/Arzneimittel/2__zulassung/zulArten/parimp/parimp-node.html__nnn=true>.
19 AMG KostV v. 10.12.2003 (BGBl. I, 2510); zuletzt geändert durch Art. 1 V. v. 23.4.2008 (BGBl. I, 749).
20 <http://eur-lex.europa.eu/LexUriServ/site/de/.../com2003_0839de01.pdf>.
21 BAnz 1996, Nr. 10, 398.

4. Gemeinsamer Ursprung

12 Der EuGH hat am 1.4.2004 über eine Vorlagefrage entschieden, die auf diesen Zulassungsantrag aus dem Jahre 1994 zurückgeht.[22] In diesem Verfahren hat das OVG Nordrhein-Westfalen im Jahre 2002 dem EuGH folgende Frage vorgelegt:

Ist es durch Art. 30 EGV oder nach sonstigem Gemeinschaftsrecht gerechtfertigt, wenn die zuständige deutsche Behörde den Parallelimport eines Arzneimittels durch Verweigerung der Zulassung im vereinfachten Verfahren entgegen Art. 28 EGV behindert, obwohl sie einerseits davon ausgeht, dass das einzuführende, in Italien für die Firma Chiesi Farmaceutici S.p.A. zugelassene Arzneimittel („Jumex") in Bezug auf den arzneilich wirksamen Bestandteil „Selegilinhydrochlorid" identisch mit dem in Deutschland in Verkehr befindlichen Arzneimittel („Movergan") der deutschen Zulassungsinhaberin Firma Orion Pharma GmbH ist, wobei der arzneilich wirksame Bestandteil von der in Ungarn ansässigen Herstellerfirma an die italienische Firma aufgrund eines Lizenzvertrages, an die deutsche Firma jedoch allein aufgrund eines Liefervertrages (Supply Agreement) mit der Orion Corp. Finland – sei es unmittelbar, sei es über Finnland – geliefert wird, wenn die deutsche Behörde andererseits weder hinsichtlich des arzneilich wirksamen Bestandteils noch hinsichtlich der Hilfsstoffe, die sich nach Auffassung der Behörde im vorliegenden Fall qualitativ und quantitativ unterscheiden, substantiiert geltend macht, dass die beiden Arzneimittel nicht gleich seien, insbesondere nicht nach der gleichen Formel und unter Verwendung des gleichen Wirkstoffs hergestellt würden oder unterschiedliche therapeutische Wirkung hätten?

Mit der Vorabentscheidungsfrage möchte das vorlegende Gericht im Wesentlichen wissen, ob die Artt. 28 und 30 EGV (nunmehr Artt. 34 und 36 AEUV) dem entgegenstehen, dass die zuständigen Behörden einem Arzneimittel die Zulassung unter Bezugnahme auf ein schon zugelassenes Arzneimittel nur deshalb nicht erteilen, weil diese beiden Arzneimittel keinen gemeinsamen Ursprung haben, wenn die Beurteilung des schon zugelassenen Arzneimittels im Hinblick auf seine Sicherheit und Wirksamkeit ohne jedes Risiko für den Schutz der Gesundheit für das zweite Erzeugnis verwendet werden kann.

Der Generalanwalt ist zu dem Ergebnis gekommen, dass Art. 28 EGV (nunmehr Art. 34 AEUV) einer nationalen Behörde verbietet, den Parallelimport einer im Ausfuhrmitgliedstaat zugelassenen Arzneispezialität zu behindern, die zwar mit einer im Einfuhrmitgliedstaat zugelassenen Arzneispezialität nicht identisch ist und mit ihr auch keinen gemeinsamen Ursprung hat, aber qualitativ und quantitativ die selben arzneilich wirksamen Bestandteile enthält, die gleiche pharmazeutische Form aufweist, bioäquivalent ist und im Licht der wissenschaftlichen Erkenntnisse offenbar keine wesentlichen Unterschiede hinsichtlich der Sicherheit und Wirksamkeit aufweist.

Bestehen trotz der Angaben des Importeurs ernste Zweifel daran, dass es zwischen einer aus einem Mitgliedstaat importierten Arzneispezialität, die in diesem Staat aufgrund einer von der dort zuständigen Behörde erteilten Genehmigung für das Inverkehrbringen rechtmäßig vermarktet wird, und einer Arzneispezialität, die sich im Einfuhrmitgliedstaat im Verkehr befindet, keine wesentlichen Unterschiede gibt, so darf die im Einfuhrmitgliedstaat zuständige Behörde für das Inverkehrbringen der importierten Arzneispezialität die vollständige Einhaltung der in der Richtlinie 2001/83/EG festgelegten Voraussetzungen nur verlangen, nachdem sie selbst alle Untersuchungen, die opportun sind, auch in Zusammenarbeit mit den im Ausfuhrmitgliedstaat zuständigen Behörden durchgeführt hat.

13 Der EuGH hat 2004 entschieden, dass die Artt. 28 und 30 EGV (nunmehr Artt. 34 und 36 AEUV) in einem Fall, in dem

---

22 EuGH PharmR 2004, 199 ff.

- unter Bezugnahme auf ein Arzneimittel, das schon zugelassen ist, eine Genehmigung für das Inverkehrbringen für ein Arzneimittel beantragt wird,
- das von dem Antrag auf Genehmigung für das Inverkehrbringen betroffene Arzneimittel aus einem Mitgliedstaat eingeführt wird, indem es zugelassen ist, und
- die für das schon zugelassene Arzneimittel durchgeführte Beurteilung der Sicherheit und Wirksamkeit ohne jedes Risiko für die Gesundheit für das von dem Antrag auf Genehmigung für das Inverkehrbringen betroffene Arzneimittel verwendet werden kann, dem entgegenstehen, dass der Antrag auf Genehmigung für das Inverkehrbringen allein deshalb abgelehnt wird, weil die beiden Arzneimittel keinen gemeinsamen Ursprung haben.

Infolgedessen hat das BfArM den ursprünglichen Ablehnungsbescheid aufgehoben, da die auf der Voraussetzung der Ursprungsidentität gründende Versagung nicht länger haltbar war. Das BfArM hat danach das Zulassungsantragsverfahren fortgesetzt und bei den italienische Behörden weitere Informationen eingeholt. Eine Zulassung wurde später in diesem Zulassungsverfahren erteilt.

Im Hinblick auf die praktischen Auswirkungen der EuGH-Entscheidung für Importzulassungen spielt die Frage der Ursprungsidentität jedoch keine große Rolle, da die dem Ausgangsverfahren zugrunde liegende Sachverhaltskonstellation sehr ungewöhnlich war. Von größerer praktischer Bedeutung und außerordentlich hilfreich für die Situation der Parallelimporteure ist die Frage der Darlegungs- und Beweislast, die mit dieser Entscheidung ein Stück weit vom Parallelimporteur auf das BfArM übertragen worden ist. Dies ist sachgerecht, da es dem BfArM eher möglich ist, die notwendigen Informationen zu erhalten, als einem Importeur.

Auch nach Erteilung der Zulassung kann es jedoch zu weiteren Problemen für den Parallelimporteur kommen.

5. Indikationserweiterung

Bis zum Jahre 2002 hat es das ständige Problem gegeben: Was passiert eigentlich, wenn der Inhaber der Bezugszulassung, also der pharmazeutische Unternehmer, eine neue Zulassung wegen einer Indikationserweiterung erhält? In diesen Fällen war der Parallelimporteur gezwungen, einen neuen Zulassungsantrag zu stellen, da auch der deutsche pharmazeutische Unternehmer für das erweiterte Indikationsgebiet über eine neue Zulassung verfügte.

Dieses Prozedere war aber sachlich nicht gerechtfertigt, denn die betroffenen Arzneimittel – also Bezugszulassung und Importzulassung – sind identisch geblieben. Das BfArM hat deshalb im Juli 2002 mittels einer Bekanntmachung geregelt, dass in solchen Fällen der Importeur lediglich eine Änderungsanzeige gem. § 29 AMG einzureichen hat.[23] Infolge dessen ist seit 2002 dieses Problem gelöst. Eine neue Zulassung ist nicht mehr erforderlich.

6. Bestand der Bezugszulassung

Ein weiteres Problem hat es in der Vergangenheit gegeben, wenn sich an dem Bestand der Bezugszulassung etwas geändert hat. Hier bedurfte es wieder einmal der Klarstellung durch den EuGH, dass der Bestand der Bezugszulassung unerheblich ist für die weitere Wirksamkeit der einmal erteilten Importzulassung. Der EuGH hat in seiner Entscheidung vom September 2002[24] festgestellt, dass das Erlöschen einer Parallelimportzulassung infolge des Erlöschens der Bezugszulassung eindeutig eine Art. 28 EGV (nunmehr Art. 34 AEUV) zuwiderlaufende Beschränkung des freien Warenverkehrs darstellt, es sei denn, dass sie zum Schutz der öffentlichen Gesundheit gem. Art. 30 EGV (nunmehr Art. 36 AEUV) gerechtfer-

---

23 BAnz 2002, Nr. 140, 17897.
24 EuGH, Slg 2002, 6891.

tigt sei. Der EuGH hat diese Rechtsprechung nochmals in seiner Entscheidung vom Mai 2003[25] bestätigt.

7. Blisterkennzeichnung

18 Im Zusammenhang mit der Zulassung steht auch die Frage der Blisterkennzeichnung gem. § 10 Abs. 8 AMG, denn diese hat in der Vergangenheit häufiger zu Schwierigkeiten geführt. Mit der 10. AMG-Novelle ist allerdings im Jahre 2000 klargestellt worden, dass gem. § 10 Abs. 8 AMG auf die Angabe von Namen und Firma eines Parallelimporteurs auf dem Blister verzichtet werden kann. Es bedarf also keiner zusätzlichen Kennzeichnung mehr. Zu ergänzen ist insoweit, dass es immerhin eines Verfahrens bis zum BGH bedurfte, dass klargestellt wurde, dass die Angaben des pharmazeutischen Unternehmers auf dem Blister nicht entfernt werden müssen.[26]

III. Zentrale Zulassung der EMEA

19 Im Gegensatz zu der nationalen Zulassung ist fraglich, wie Parallelimporteure im Rahmen des Parallelvertriebs mit von der EMEA zentral zugelassenen Arzneimitteln umzugehen haben. Gemäß Art. 57 Abs. 1 lit. o VO (EG) Nr. 726/2004 nimmt die EMEA beim Parallelvertrieb die Aufgabe wahr, die Einhaltung der Bedingungen, die in den gemeinschaftlichen Rechtsvorschriften über Arzneimittel und den Genehmigungen für das Inverkehrbringen festgelegt sind, zu überprüfen. Art. 8 Abs. 3 VO (EG) Nr. 297/95 legt für die EMEA eine Verwaltungsgebühr zwischen 100 € und 6.100 € fest. Gemäß Nr. 12 der Guidance der EMEA[27] sollte eine Gebühr in Höhe von 3.480 € entrichtet werden.

20 Das OLG Hamburg hat jedoch in seiner Entscheidung vom 29.1.2009 festgestellt, dass unter Zugrundelegung des Wortlauts, der Systematik, des Sinns und Zwecks sowie der Entstehungsgeschichte dieser Vorschrift nicht ersichtlich ist, dass dort ein EMEA-Prüfungsverfahren geregelt ist, dass vor Aufnahme des Parallelvertriebs durchzuführen ist und durch eine Genehmigung der EMEA beendet werden muss.[28] Die Durchführung des Parallelvertriebs eines zentral zugelassenen und in einem Mitgliedstaat der Europäischen Union in Verkehr gebrachten Arzneimittels in Deutschland setzt also nicht voraus, dass die EMEA den ordnungsgemäß angezeigten Parallelvertrieb zuvor prüft und genehmigt. Für ein derartiges „Vorab- Genehmigungsverfahren" fehlt es also an einer Rechtsgrundlage.[29]

C. Markenrecht

21 Das Markenrecht stellt das größte Spannungsverhältnis im Verhältnis zwischen einem Parallelimporteur und dem pharmazeutischen Unternehmer der Bezugszulassung bzw dem Markeninhaber dar. Es bildet in der Regel die Grundlage für gerichtliche Streitigkeiten und führt schließlich auch zu einer Nachmarktkontrolle der pharmazeutischen Unternehmer.

Im Bereich des gewerblichen Rechtsschutzes ist der gemeinschaftsrechtliche Erschöpfungsgrundsatz die Grundregel, die unter Art. 36 AEUV (ehemals Art. 30 EGV) dahin gehend

---

25 EuGH, Slg 2003, 4243.
26 BGH WRP 2003, 503 f.
27 EMEA Post-authorisation guidance on parallel distribution <http://www.emea.europa.eu/htms/human/parallel/parallel.htm>.
28 OLG Hamburg v. 29.1.009 – 3 U 107/09.
29 OLG Hamburg, aaO.

eingeschränkt wird, dass die wesentliche Funktion der Marke und ihre Herkunfts- und Qualitätsfunktion gesichert und erhalten werden müssen.[30]

I. Grundsatz

Ein Einschnitt ist im Jahre 1996 zu verzeichnen. In der Entscheidung in den verbundenen Rechtssachen aus dem Juli 1996 hat der EuGH[31] seine bisherige Rechtsprechung bestätigt, dass ein Markeninhaber seine Markenrechte gegenüber einem Parallelimporteur grundsätzlich dann nicht geltend machen kann, wenn folgende Voraussetzungen erfüllt sind:

- *Es ist erwiesen, dass die Geltendmachung einer Marke durch den Markeninhaber zu dem Zweck, sich dem Vertrieb der umgepackten Waren unter der Marke zu widersetzen, zu einer künstlichen Abschottung der Märkte zwischen Mitgliedstaaten beitragen würde. Dies ist insbesondere dann der Fall, wenn der Markeninhaber das gleiche Arzneimittel in unterschiedlichen Packungen in verschiedenen Mitgliedstaaten in den Verkehr gebracht hat und das Umpacken durch den Importeur zum einen erforderlich ist, um das Arzneimittel im Einfuhrmitgliedstaat vertreiben zu können, und zum anderen unter solchen Bedingungen erfolgt, daß der Originalzustand des Arzneimittels dadurch nicht beeinträchtigt werden kann. Diese Voraussetzung bedeutet nicht, daß der Importeur nachweisen muß, daß der Markeninhaber beabsichtigt hat, die Märkte zwischen Mitgliedstaaten abzuschotten.*

- *Es ist dargetan, dass das Umpacken den Originalzustand der in der Verpackung enthaltenen Ware nicht beeinträchtigen kann. Dies ist insbesondere der Fall, wenn der Importeur nur Handlungen vorgenommen hat, mit denen kein Risiko einer Beeinträchtigung verbunden ist, so zB wenn er Blisterstreifen, Flaschen, Ampullen oder Inhalatoren aus ihrer äußeren Originalverpackung herausgenommen und in eine neue äußere Verpackung umgepackt hat, wenn er auf der inneren Verpackung der Ware Aufkleber angebracht hat, oder wenn er in die Verpackung einen neuen Beipack- oder Informationszettel oder einen zusätzlichen Artikel eingelegt hat. Das nationale Gericht hat zu prüfen, ob der Originalzustand der in der Verpackung enthaltenen Ware insbesondere dadurch mittelbar beeinträchtigt wird, daß die äußere oder innere Verpackung der umgepackten Ware oder ein neuer Beipack- oder Informationszettel bestimmte wichtige Angaben nicht enthält oder aber unzutreffende Angaben enthält oder daß ein vom Importeur in die Verpackung eingelegter zusätzlicher Artikel, der zur Einnahme und zur Dosierung des Arzneimittels dient, nicht der Gebrauchsanweisung und den Dosierungsempfehlungen des Herstellers entspricht.*

- *Auf der neuen Verpackung ist klar angegeben, von wem das Arzneimittel umgepackt worden ist und wer der Hersteller ist. Diese Angaben müssen so aufgedruckt sein, daß sie ein normalsichtiger Verbraucher bei Anwendung eines normalen Maßes an Aufmerksamkeit verstehen kann. Ferner muß die Herkunft eines zusätzlichen Artikels, der nicht vom Markeninhaber stammt, in einer Weise angegeben sein, die den Eindruck ausschließt, daß der Markeninhaber dafür verantwortlich ist. Dagegen braucht nicht angegeben zu werden, daß das Umpacken ohne Zustimmung des Markeninhabers erfolgt ist.*

- *Das umgepackte Arzneimittel ist nicht so aufgemacht, daß dadurch der Ruf der Marke und ihres Inhabers geschädigt werden kann. Die Verpackung darf folglich nicht schadhaft, von schlechter Qualität oder unordentlich sein.*

- *Der Importeur unterrichtet den Markeninhaber vorab vom Feilhalten des umgepackten Arzneimittels und liefert ihm auf Verlangen ein Muster der umgepackten Ware.*

---

30 Rehmann, Rechtliche Grundlagen des Parallelhandels in Europa, in: VAD, 30 Jahre Parallelhandel mit Arzneimitteln, 2009, S. 10, siehe auch § 30 Rn 4 ff.
31 EuGH GRUR Int. 1996, 1144 ff.

Gegenstand dieser EuGH-Verfahren waren Arzneimittel, die vom Importeur in eine neue Umverpackung umgepackt worden waren. Diese Entscheidungen haben zu einer Reihe von streitigen Auseinandersetzungen zwischen den Markeninhabern und Importeuren geführt.

II. Art und Weise des Umpackens

23 Bis zum Jahre 1996 wurden die importierten Arzneimittel mit landessprachlichen Aufklebern versehen, unter Umständen mehrere Importpackungen zusammen gebündelt, um die im jeweiligen Land verkehrsfähige Packungsgröße zu erreichen, oder der Packungsinhalt der importierten Packungen durch Aufstocken um weitere Blister ergänzt. Hier gab es eine Fülle von Abmahnungen und einstweiligen Verfügungsverfahren, weil die Markeninhaber meinten, dass die gebündelten Packungen unordentlich oder die aufgestockten Packungen „schwanger" seien oder unter Umständen beides zusammen zuträfe, so dass sie im Ergebnis ihre Markenrechte wegen etwaiger Unordentlichkeit der Originalpackung geltend gemacht haben.

24 Insbesondere wegen der EuGH-Entscheidungen aus dem Jahre 1996 sind die Importeure dazu übergegangen, diese Angriffe dadurch zu vermeiden, dass die Arzneimittel in eigene Umverpackungen umgepackt worden sind. So sind zB von einigen Herstellern in den Jahren 1996 und 1997 Angriffe gegen Bündelpackungen erfolgt. Die Importeure haben sich darauf hin verpflichtet diese Bündelpackungen nicht mehr und statt dessen eigene Umverpackungen zu vertreiben.

Die selben Markeninhaber haben aber zum Teil die dann vertriebenen eigenen Umverpackungen im Jahre 2002 erneut angegriffen und darauf gedrängt, künftig gebündelte Importarzneimittel zu vertreiben. Dies erklärt, warum bis zum Jahre 2007 Europackungen, also die eigenen Umverpackungen der Importeure, weniger geworden sind. Dieser Trend hat sich aber aufgrund der jüngsten Rechtsprechung des BGH wieder umgedreht.

25 In diesem Zusammenhang ist zu berücksichtigen, dass der BGH in seinem Urteil vom 12.7.2007[32] entschieden hat, dass Importeure berechtigt sind, die eigene Umverpackung weiter zu benutzen, wenn der Markeninhaber diesen Vertrieb seit längerer Zeit unbeanstandet geduldet hat. „Da die Klägerin die Verwendung der ‚Europackung' nicht in angemessener Zeit nach der Vorabunterrichtung durch die Beklagte beanstandet hat, steht dem geltend gemachten Unterlassungsanspruch somit der Einwand des widersprüchlichen Verhaltens (§ 242 BGB) entgegen."

Diese Entscheidung ist sicherlich ein richtiger und wichtiger Schritt in Richtung Rechtssicherheit, denn es kann nicht sein, dass es dem Belieben des Markeninhabers obliegt, sich ständig neu zu entscheiden und der Importeur diesem Sinneswandel folgen muss.

26 Entscheidend ist, dass sich aus der bestehenden Vorabinformationspflicht ein gesetzliches Schuldverhältnis zwischen dem Markeninhaber und dem Importeur ergibt, indem beide Beteiligten Rechte und Pflichten haben.

Der Zweck der Vorabunterrichtung, zwischen den Beteiligen in kurzer Zeit Klarheit darüber zu schaffen, ob die von dem Parallelimporteur angekündigte Art und Weise der Vermarktung des importieren Arzneimittels vom Markeninhaber beanstandet wird, hat zur Folge, dass der Parallelimporteur in besonderem Maße auf die Reaktion des Markeninhabers vertrauen darf. Beanstandet dieser das beabsichtigte Umverpacken in der angezeigten Form nicht oder nur unter einem bestimmten Gesichtspunkt, kann der Parallelimporteur sich darauf verlassen, der Markeninhaber werde gegen ihn auch in Zukunft Ansprüche aus der

---

[32] BGH GRUR 2008, 156 ff.

Marke nicht auf einen bislang nicht gerügten tatsächlichen oder rechtlichen Gesichtspunkt stützen.[33]

Das bedeutet, dass der Markeninhaber nach der Vorabinformation etwaige Beanstandungen zu erheben hat. Tut er dies nicht, darf der Importeur davon ausgehen, dass alles in Ordnung ist.

Worin liegt aber die juristische Begründung für die Packungsgestaltung eines Importarzneimittels?

1. Erforderlichkeit

Der EuGH hat in seiner Entscheidung vom April 2002[34] festgestellt, dass ein Umpacken von Arzneimitteln in neue Packungen objektiv erforderlich ist, wenn ohne dieses Umpacken aufgrund des starken Widerstandes eines nicht unerheblichen Teils der Verbraucher gegen mit Etiketten überklebte Arzneimittelpackungen von einem Hindernis für den tatsächlichen Zugang zum betreffenden Markt oder zu einem beträchtlichen Teil des Marktes auszugehen ist.

In der Begründung hat der EuGH in den Randziffern 30 und 31 hierzu Folgendes ausgeführt.

30: Eine Abneigung gegen mit Etiketten überklebte Arzneimittelpackungen stellt nicht stets ein Hindernis für den tatsächlichen Zugang zum Markt dar, das ein Umpacken in eine neue Verpackung erforderlich im Sinne der Rechtsprechung des Gerichtshofes macht.

31: Auf einem Markt oder einem beträchtlichen Teil dieses Marktes kann aber ein so starker Widerstand eines nicht unerheblichen Teils der Verbraucher gegen mit Etiketten überklebte Arzneimittelpackungen bestehen, dass von einem Hindernis für den tatsächlichen Zugang zum Markt auszugehen ist. Unter diesen Umständen würde mit dem Umpacken der Arzneimittel nicht ausschließlich ein wirtschaftlicher Vorteil angestrebt, sondern es diente zur Erlangung des tatsächlichen Zugang zum Markt.

Die nationalen Gerichte haben unter Berücksichtigung dieser Ausführungen den jeweiligen Einzelfall im Hinblick auf die landesspezifischen Besonderheiten zu entscheiden.

Hierzu gehört auch die Frage, wie die Blister in der Originalpackung nach einem Aufstocken angeordnet werden müssen. Der BGH hat in seiner Entscheidung vom Dezember 2002 festgestellt, dass das Umpacken eines parallel importieren Arzneimittels in einen neuen Umkarton erforderlich im Sinne der Rechtsprechung des EuGH zur Erschöpfung des Markenrechts sein kann, wenn das Aufstocken des Inhalts der Originalpackung von 60 auf 100 Tabletten mittels versetztem (es wird im Gegensatz zur ursprünglichen Verpackung die Anordnung der in einer Packung übereinander gestapelten Blister in jeder zweiten Lage dergestalt verändert, dass der Blisterstreifen umgedreht wird, also die Blisterhöfe aufeinander liegen) Einschieben der Blisterstreifen in den Originalkarton auf den Widerstand der Verbraucher stößt.[35]

Festgestanden hat in den ganzen letzten Jahren allerdings, dass Importeure nicht verpflichtet werden können, aufgrund der Tatsache, dass umgepackt werden muss, Restblister zu vernichten. Jedenfalls für diese Restblister ist eine eigene Umverpackung – zumindest nach der deutschen Rechtsprechung – immer möglich gewesen. Das OLG Hamburg hat in soweit im Jahre 2002 festgestellt, dass es dem Parallelimporteur jedenfalls grundsätzlich nicht verwehrt werden kann, sämtliche Blister zum Parallelimport zu verwenden.[36]

---

33 BGH GRUR 2008, 156 ff.
34 EuGH GRUR Int. 2002, 745 f.
35 BGH WRP 2003, 526.
36 OLG Hamburg GRUR RR 2002, 319 f.

Wenn also zB eine 60er Packung importiert und auf die Packungsgröße 50 abgestockt wird, könnten diese 50 Tabletten in der Originalverpackung vertrieben werden und 10 Tabletten würden übrig bleiben. Allerdings können auf diese Weise fünf Packungen hergestellt werden und die jeweils verbleibenden zehn Tabletten könnten dann in eigenen Umverpackungen zusammengefasst werden.

30 Ein besonders schönes Beispiel ist der Import einer 30er Packung, die nach diesem Muster auf eine 20er Packung abgestockt werden könnte. Die selbe 30er Importpackung wird aber auch für eine 10er Packung eingesetzt. Hier stellt beim Abstocken der verbleibende sog. Rest bereits die Mehrzahl da. Kann das richtig sein?

Mit dieser Frage hat sich dann der BGH befasst und am 14.6.2007 in der Sache „Stilnox" entschieden, dass in solchen Fällen eigene Umverpackungen für sämtliche Packungen eingesetzt werden dürfen.

Der BGH hat Folgendes ausgeführt:

Da das Umpacken als solches erforderlich ist, beschränkt sich die Prüfung, ob die Beklagte die neue Umverpackung mit dem von der Klägerin beanstandeten Design versehen darf, darauf, ob durch die Art und Weise des Umpackens berechtigte Interessen der Klägerin als Markeninhaberin beeinträchtigt werden, insbesondere der Ruf der Marke geschädigt wird. Demgegenüber hat das Berufungsgericht maßgeblich darauf abgestellt, dass die von den Beklagten gewählte Gestaltung nicht notwendig sei, um eine im Inland vermarktungsfähige Verpackung zu schaffen. Es hat somit auch die Art und Weise des Umpackens unter dem Gesichtspunkt der Erforderlichkeit beurteilt und ist deshalb von einem unzutreffenden rechtlichen Maßstab ausgegangen.[37]

Der BGH hat darauf abgestellt, dass es maßgeblich darauf ankommt, ob es erforderlich ist, dass der Importeur das Arzneimittel umpacken muss. Wenn diese Frage bejaht ist, ist das „Wie" sekundär, so dass die gesamten umgepackten Arzneimittel in eigenen Umverpackungen vertrieben werden dürfen.

„Die jüngsten Entscheidungen des BGH haben für die Praxis teilweise erhebliche Konsequenzen. Parallelhändler sind im Falle des Abstockens des originären Packungsinhalts nun berechtigt sämtliche Blisterstreifen – also nicht nur überzählige – in eigene Verpackungen umzupacken, so dass sie in diesem Fall nicht mehr zur Benutzung der originären ausländischen Verpackung und entsprechendem Überkleben gezwungen sind. Obwohl sich der BGH explizit nur mit dem Abstocken beschäftigt hat, muss diese Entscheidung konsequenterweise auch für das Aufstocken des Packungsinhaltes gelten, vorausgesetzt, dass es um das Aufstocken einer einzelnen Packung geht."[38]

31 Darüber hinaus ist auf die weitere Entscheidung des BGH aus dem Jahre 2007 hinzuweisen, in der der BGH Folgendes festgestellt hat:

Für die Prüfung, ob das Erfordernis, dass das Umpacken eines parallel importierten Arzneimittels notwendig ist, um die Ware in dem Einfuhrmitgliedstaat vermarkten zu können, als eine der Voraussetzungen dafür erfüllt ist, dass sich der Markeninhaber dem Vertrieb des Arzneimittels in einer neuer Verpackung und der Wiederanbringung der Marke nicht widersetzen kann, kommt es nur auf das konkrete, im europäischen Wirtschaftsraum in den Verkehr gebrachte Warenexemplar an und nicht auf mit diesem identische oder ähnliche Waren.[39]

Der Importeur kann also frei entscheiden, welche Packungsgröße er aus einem Mitgliedstaat der Europäischen Union importiert und in welcher Packungsgröße er dieses importierte

---
37 BGH GRUR 2007, 1075 ff.
38 Lieck, GRUR 2008, 661, 664.
39 BGH GRUR 2008, 160 ff.

Arzneimittel in dem Importland vertreibt. Bestätigt wurde diese Rechtsprechung nochmals von einer jüngeren Entscheidung des LG Hamburg vom 27.1.2009.[40] Die Berufung wurde dann vom Hanseatischen Oberlandesgericht am 29.10.2009 zurückgewiesen.[41]

Zur Thematik der eigenen Umverpackungen gelten für die von der EMEA zentral zugelassenen Präparate grundsätzlich einfachere Regeln. Der EuGH hat in seiner Entscheidung aus dem September 2002 festgestellt, dass

Die Verordnung (EWG) Nr. 2309/93 des Rates vom 22.7.1993 zur Festlegung von Gemeinschaftsverfahren für die Genehmigung und Überwachung von Human- und Tierarzneimitteln und zur Schaffung einer Europäischen Agentur für die Beurteilung von Arzneimitteln steht dem entgegen, das ein Arzneimittel für das zwei verschiedenen zentrale Genehmigungen des Inverkehrbringens nämlich für eine Packung mit fünf Einheiten und für eine Packung mit zehn Einheiten erteilt worden sind, in einer Bündelpackung vertrieben wird, die aus zwei neu etikettierten Packungen mit je fünf Einheiten gebildet wird. [42]

Hintergrund dieses Verfahrens ist die schlichte Frage, ob zwei Packungen mit einer konkreten Zulassungsnummer zu einer Packung mit einer anderen Zulassungsnummer gebündelt werden können. Da jedoch mit einem Zulassungsantrag bei der EMEA zB auch die Packmittel mit eingereicht werden müssen, und deshalb die Zulassung mit einer konkreten Zulassungsnummer auf eine konkrete Aufmachung bezogen ist, ist dies nicht möglich. Infolge dieser klaren Vorgabe hat das vorlegende Landgericht Köln mit seiner rechtskräftigen Entscheidung vom Dezember 2002 die Unterlassungsklage abgewiesen.

Aufgrund dieser eindeutigen Entscheidung des EuGH ist jedenfalls für die von der EMEA zugelassenen Arzneimittel klar, dass Importeure eigene Umverpackungen einsetzen dürfen und nicht auf Bündelpackungen ausweichen müssen.

Die EMEA hat in ihrer Anleitung zur Durchführung der Paralleldistribution schließlich im Mai 2004 darauf hingewiesen, dass sie keine Bündelpackungen von Parallelimporteuren akzeptiert, da diese unterschiedlichen Präsentationen jeweils separaten Arzneimittelzulassungen zuzuordnen sind. Die Guidance der EMEA ist mit Wirkung zum 19.6.2006 überarbeitet worden und in soweit unverändert geblieben:[43]

The EMEA does not accept any proposals from parallel distributors to bundle existing presentations of a centrally authorised product to create a lager pack-size, even if this pack-size is covered by the Community marketing authorization of the concerned medicinal product. The reason is that the different presentations are subject to seperate central marketing authorisation.

2. Packungsdesign

Wenn eigene Umverpackungen eingesetzt werden dürfen, stellt sich die weitere Frage, welches Packungsdesign hierfür erlaubt ist. Dieser Gesichtspunkt wird nicht nur juristisch höchst unterschiedlich bewertet, auch die Markeninhaber verfolgen hier keine einheitliche Linie. Es gibt Markeninhaber, die möchten, dass die Importpackungen total anders aussehen als die eigenen Packungen, es gibt aber auch genau den umgekehrten Trend, dass sie wünschen, dass die Importpackungen identisch aussehen, bis hin zur Übernahme des eigenen Logos.

---

40 Az 312 O 769/08.
41 Az 3 U 30/09.
42 EuGH GRUR Int. 2003, 166 f.
43 EMEA Post-authorisation guidance on parallel distribution <http://www.emea.europa.eu/htms/human/parallel/parallel.htm>.

36 Eine maßgebliche Rolle spielt in diesem Zusammenhang die „Aspirin"-Entscheidung des BGH aus dem Juli 2002:[44]

Ist ein Umpacken von parallelimportierten Arzneimitteln in neu hergestellte Verpackungen unter Wiederanbringung der ursprünglichen Marke erforderlich, um einer künstlichen Abschottung der Märkte entgegenzuwirken, kann dem Parallelimporteur darüber hinaus auch die erneute Anbringung der Originalaufmachung selbst dann nicht verboten werden, wenn diese ihrerseits Schutz als Benutzungsmarke im Sinne von § 4 Nr. 2 MarkenG genießt.

Der BGH hat in dieser Entscheidung festgestellt, dass es im Falle der Erforderlichkeit einer eigenen Umverpackung einem Importeur nicht verboten werden kann, die Originalaufmachung der Importpackung erneut anzubringen.

37 Diese Rechtsprechung hat der BGH mit seiner „Micardis"-Entscheidung vom Dezember 2007 fortentwickelt:[45]

Kann sich die Klägerin aber der im Umpacken der Arzneimittel liegenden Veränderung nicht widersetzen, ist die Beklagte nicht nur berechtigt, auf der neuen Umverpackung die Marke ‚Micardis' (wieder) anzubringen; vielmehr darf sie auch die durch die Ausstattungsmarken der Klägerin geschützte Gestaltung übernehmen. Denn in soweit sind die Markenrechte der Klägerin durch das Inverkehrbringen der Arzneimittel in Italien gleichfalls erschöpft.

Danach darf der Importeur das Design der Importpackung für eigene Umverpackungen 100 %ig übernehmen. Die Begründung hierfür liegt in der Anwendung des europaweiten markenrechtlichen Erschöpfungsgrundsatzes.

38 Darüber hinaus lässt sich aus der ebenfalls aus dem Jahre 2007 stammenden „Stilnox"-Entscheidung des BGH ableiten, dass es dem Parallelimporteur auch möglich ist, eine eigene Umverpackung in einem hiervon unabhängigen Design zu erstellen, denn „für die Rechtmäßigkeit der von der Beklagten gewählten Verpackungsgestaltung kommt es nicht darauf an, ob diese dem Aufbau eines eigenen Markenimages dient. Vielmehr ist auch insoweit maßgeblich darauf abzustellen, ob die Aufmachung geeignet ist, den Ruf der Marke der Klägerin zu schädigen."[46]

39 Im Zusammenhang mit der Gestaltung von eigenen Umverpackungen ist auf die Entscheidung des EFTA-Gerichtshofs vom Juli 2003 hinzuweisen:

1. „Legitimate reasons" within the meaning of Article 7(2) of the Directive to oppose the further commercialisation of repackaged pharmaceutical products may exist where the packaging has been equipped with coloured stripes along the edges if this is liable to damage the reputation of the trade mark. Whether this is the case, is to be answered by the national court on the basis of the relevant facts.

2. The question of whether „legitimate reasons" exist if coloured stripes are used in the described presentation of a product cannot mechanically be assessed on the basis of the necessity test as developed by the Court of Justice of the European Communities.[47]

In dieser Entscheidung hat der EFTA-Gerichtshof festgestellt, dass die Frage der äußeren Gestaltung keinen gesonderten Grund zur Beanstandung der Packung durch den Originalhersteller geben darf, sofern sie überhaupt hergestellt werden darf und so lange hierdurch nicht die Reputation des Markeninhabers beeinträchtigt wird.

Das Oberste Gericht Norwegens hat sich mit seiner Entscheidung vom 4.6.2004 (Rs. Nr. 2002/582) der Auffassung des EFTA-Gerichtshofs angeschlossen und das Packungsdesign des Parallelimporteurs in dem dortigen Verfahren für zulässig erachtet.

---

44 BGH GRUR Int. 2003, 250 ff.
45 BGH GRUR 2008, 707 ff.
46 BGH GRUR 2007, 1075 ff.
47 EFTA-Gerichtshof GRUR Int. 2003, 936 ff.

Auch die Rechtsprechung des EuGH hat sich zwischenzeitlich mit der Entscheidung vom 26.4.2007[48] weiter entwickelt und darauf abgestellt, dass die Frage des „Wie" der Umverpackung sekundär ist und nach nationalem Recht zu entscheiden ist, wenn die Frage des „Ob" der Umverpackung bereits zugunsten des Importeurs entschieden ist. Dieser Auffassung hat sich der BGH in den oben genannten Entscheidungen aus dem Jahre 2007 (Rn 37 und 38) angeschlossen.

Die aktuelle Rechtsprechung des EuGH wird durch seine Entscheidung vom 22.12.2008 nochmals bestätigt. Der EuGH hat festgestellt, dass, sofern das Umpacken des Arzneimittels durch Neuverpackung nachweislich für seinen weiteren Vertrieb im Einfuhr-Mitgliedstaat erforderlich ist, die Art der Gestaltung dieser Verpackung nur an der Voraussetzung zu messen ist, dass sie nicht so aufgemacht sein darf, dass dadurch der Ruf der Marke und ihres Inhabers geschädigt werden kann.[49]

Interessant ist in diesem Zusammenhang die Entscheidung des BGH vom 24.4.2008,[50] in der der BGH Folgendes ausgeführt hat:

Bringt der Parallelimporteur auf der Umverpackung des von ihm umgepackten parallelimportierten Arzneimittels sein Unternehmenslogo in der Weise an, dass es in einem unmittelbaren räumlichen Zusammenhang mit dem gebotenen Hinweis auf das die Umverpackung vornehmende Unternehmen steht und vom Verkehr als Bestandteil dieses Hinweises angesehen wird, schädigt er damit weder den Ruf der Marke des Arzneimittelherstellers noch beeinträchtigt er deren Herkunftsfunktion.

Das Hanseatische Oberlandesgericht hat sich mit seiner Entscheidung vom 11.6.2009 der Rechtsprechung des BGH angeschlossen und festgestellt,

dass die rechtliche Grenze zur beachtlichen Rufschädigung unter Berücksichtigung der Umstände des Einzelfalles jedenfalls dort verläuft, wo das „Co-Branding" nicht mehr – erlaubte – Kennzeichnung einer – erlaubten – Dienstleistung, nämlich diejenige des Parallelimports ist, sondern die Kennzeichen des Originators derart dominiert werden, dass beim Verkehr der irreführende Eindruck entsteht, der Parallelimporteur garantiere mit seinem Zeichen nicht nur für seine Dienstleistung „Parallelimport", sondern auch für die Herkunft, also die Entwicklung, Herstellung und Qualität des Produkts selbst. Denn jedenfalls dann greift das „Co-Branding" in die Funktion der Marke des Originators ein und beeinträchtigt diese.[51]

3. Bezeichnung des Arzneimittels

Ein weiterer wichtiger Aspekt ist die Frage der Umkennzeichnung. Hiermit ist die Frage gemeint, ob die Bezeichnung eines Arzneimittels nach seiner Einfuhr in die im Einfuhrmitgliedstaat im Verkehr befindliche Bezeichnung geändert werden darf.

Der EuGH hat in seiner Entscheidung vom Oktober 1999[52] festgestellt, dass es Aufgabe des nationalen Gerichtes ist, die Frage zu prüfen, ob der Markeninhaber sich nach nationalem Recht dagegen zur Wehr setzen kann, dass ein Parallelimporteur von Arzneimitteln die im Ausfuhrmitgliedstaat benutzte Marke durch die vom Markeninhaber im Einfuhrmitgliedstaat benutzte Marke ersetzt, im Zeitpunkt des Vertriebes im Einfuhrmitgliedstaat bestehende Umstände zu berücksichtigen sind, die den Parallelimporteur objektiv dazu zwingen die ursprüngliche Marke durch die im Einfuhrmitgliedstaat benutzte Marke zu ersetzen, um das betreffende Produkt in diesem Staat in den Verkehr bringen zu können.

---

48 EuGH ELR 2007, 193 ff.
49 EuGH GRUR 2009, 154 ff.
50 BGH WRP 2008, 1557 ff.
51 OLG Hamburg A&R 2009, 192.
52 EuGH, Slg 1999, 6927.

44 In Deutschland hat es hierzu eine Reihe von Rechtsstreitigkeiten gegeben, wobei den beiden Urteilen des OLG Frankfurt „Markenersetzung I"[53] und „Markenersetzung II"[54] aus dem November 1999 maßgebliche Bedeutung zukommt. Nach Auffassung des OLG Frankfurt konnten die Ausführungen des EuGH in ihrem Gesamtzusammenhang nur so verstanden werden, dass die „ausschließliche" Absicht des Parallelimporteurs, einen wirtschaftlichen Vorteil zu erlangen, jedenfalls dann vorliegt, wenn der Parallelimporteur durch die Verhältnisse im Importland gerade nicht objektiv daran gehindert ist, die importierte Ware dort unter der ursprünglichen Bezeichnung zu vertreiben. Andererseits handelt es sich nach Auffassung des Senates bei entgegenstehenden Markenrechten Dritter um „Regelungen und Praktiken im Einfuhrmitgliedstaat", die im Sinne der genannten Entscheidung des EuGH den Vertrieb der betreffenden Ware auf dem Markt dieses Staates unter der Marke, die sie im Ausfuhrmitgliedstaat trägt, verhindern können. Entscheidend ist allein, ob dem Parallelimporteur der Vertrieb des Importarzneimittels unter der Ursprungsmarke im Inland aufgrund objektiver, von ihm nicht beeinflussbarer Umstände unmöglich ist.

45 Die Zwangslage kann sich dabei zB sowohl aus markenrechtlichen als auch aus arzneimittelrechtlichen Gründen ergeben. Beispielsweise ist in den gerade genannten Entscheidungen die Umkennzeichnung der Bezeichnung des importierten Arzneimittels von Ciproxin in Ciprobay wegen der entgegenstehenden Marke Chibroxin erlaubt worden, während die Umkennzeichnung von Prozac in Fluctin verboten worden ist, weil das importierte Arzneimittel unter der Bezeichnung Prozac auch in Deutschland vertrieben werden kann. Der BGH hat sich dann mit seiner Entscheidung vom 11.7.2002[55] ebenfalls in diesem Sinne mit dieser Thematik befasst.

46 Besonders interessant ist auch der Fall „Klacid": Der BGH hat der Revision am 5.6.2008[56] stattgegeben. In dem Verfahren ging es um den Vertrieb von Klacid Pro. In Spanien wird das Arzneimittel Klacid 250 comprimidos in der Packungsgröße 12 Filmtabletten vertrieben. Dieses Arzneimittel ist seit Jahren von den Importeuren nach Deutschland importiert und hier in der Packungsgröße 10 und 20 Filmtabletten vertrieben worden, denn dies sind die Packungsgrößen, in denen es in Deutschland bisher vom pharmazeutischen Unternehmer unter der Bezeichnung Klacid vertrieben worden ist. Nunmehr hat dieser pharmazeutische Unternehmer in Deutschland das Arzneimittel Klacid Pro mit der Packungsgröße 12 Filmtabletten in den Verkehr gebracht. Dieses neue Arzneimittel verfügt über eine eigene Zulassung. Die Indikationsgebiete sind allerdings identisch, lediglich in der Initialdosierung am ersten Tag nimmt der Patient nicht 2 x 1 Tablette sondern 2 x 2 Tabletten ein, so dass für dieses Arzneimittel mit dieser Packungsgröße zwei Tabletten mehr benötigt werden. Die Importeure haben für dieses Arzneimittel Klacid Pro ebenfalls eine eigene Zulassung erhalten, und zwar für das aus Spanien importierte Arzneimittel Klacid 250 comprimidos. Nach der vom BfArM erteilten Zulassung wollten die Importeure neben dem bisherigen Klacid nunmehr das neu zugelassene Arzneimittel Klacid Pro im Jahre 1997 auf den Deutschen Markt bringen. Hierfür war es allerdings notwendig, dass die Angabe 250 comprimidos mit der Angabe „pro" auf der eingeführten Arzneimittelpackung überklebt wurde. Hierin hat der Markeninhaber eine unzulässige Umkennzeichnung gesehen.

47 Hinweis: Meines Erachtens handelt es sich nicht um eine unzulässige Umkennzeichnung, denn die Importeure haben sowohl die Zulassung für den Vertrieb von Klacid als auch für den Vertrieb von Klacid Pro. In diesem Fall sind die Importeure auch seitens des BfArM gehalten das Arzneimittel Klacid Pro als solches zu kennzeichnen. Der einzige Aspekt der

---

53 OLG Frankfurt PharmR 2000, 84 ff.
54 OLG Frankfurt PharmR 2000, 87 ff.
55 BGH GRUR Int. 2003, 67 ff.
56 BGH MD 2008, 1266 ff.

dagegen sprechen könnte, ist die Tatsache, das bisher das Arzneimittel Klacid vertrieben werden konnte und dies auch weiterhin vertrieben werden kann. Dies ist aber eine künstliche Marktabschottung, da der Marktzutritt zum neuen Arzneimittelmarkt Klacid Pro auf diese Weise verwehrt wird.

Demzufolge hat der BGH festgestellt, dass durch die vom Markeninhaber vorgenommene Beschränkung des Vertriebs von „Klacid Pro" auf Deutschland dem Parallelimporteur der Vertrieb eines entsprechend bezeichneten Arzneimittels mit doppelter Dosierung am ersten Tag ohne Markenersetzung verwehrt wird. Der Ausschluss von diesem Teilmarkt rechtfertigt die Annahme einer künstlichen Marktabschottung, ohne dass es auf die Möglichkeit ankommt, „Klacid" spanischen Ursprungs im Inland unter der Bezeichnung „Klacid" vertreiben zu können.[57] 48

Für den Fall, dass eine Umkennzeichnung nicht möglich ist, hat das OLG Frankfurt in seiner Entscheidung vom 3.1.2002 festgestellt, dass ein unauffälliger Hinweis auf einem mit der ausländischen Ursprungsmarke gekennzeichneten Importarzneimittel, dass das Arzneimittel in Deutschland unter einer anderen Marke angeboten werde und es sich lediglich um einen Namensunterschied bei gleichem Produkt handele, keine Verletzung der Inlandsmarke darstelle, sondern es sich um eine zulässige, vergleichende Werbeangabe handelt, so dass ein Importeur über einen Namensunterschied die Verkehrskreise bzw den Patienten informieren kann.[58] 49

4. Vorabinformation

Schließlich ist auf die Frage der Vorabinformation einzugehen: Obwohl der EuGH in seiner „Hoffmann-La Roche"-Entscheidung aus dem Jahre 1978[59] festgestellt hat, dass der Importeur den Markeninhaber vor dem Feilhalten der umgepackten Ware unterrichten muss, hat sich bis zu den Entscheidungen aus dem Jahre 1996[60] niemand hierum gekümmert. Obwohl die pharmazeutischen Unternehmer keine Informationen eingefordert haben, gab es gleichwohl eine Fülle von Rechtsstreitigkeiten zwischen den Markeninhabern und den Importeuren, denn selbstverständlich haben die Markeninhaber auch schon ohne diese Vorabinformation vom Vertrieb der Parallelimporteure Kenntnis gehabt. Entweder erhalten sie diese Informationen von den Zulassungsbehörden oder durch allgemeine Bekanntmachungen oder – und dies auf jeden Fall – durch ihre Marktbeobachtung und die Auswertung zB der IMS-Daten, so dass jeder verantwortliche Produktmanager sofort darauf aufmerksam wird, wenn ein Importeur den Import des von ihm betreuten Produkts aufnimmt. 50

Gleichwohl hat sich das Verhalten der Markeninhaber und Importeure nach den Entscheidungen aus dem Jahre 1996 verändert, so dass seit dem vor der Vertriebsaufnahme ständig informiert wird. Ein solches Informationsschreiben beinhaltet neben der Angabe des Importlandes und der Packungsgröße auch die Angaben über die Packungsgrößen, die vertrieben werden sollen, sowie die Art der Verpackung. Es wird also darüber informiert, ob es sich zB um eine lediglich deutschsprachig beklebte Importpackung oder um eine eigene Umverpackung handelt. 51

Diese äußerst dezidierte Vorabinformation wird noch dadurch gesteigert, dass über sämtliche Änderungen, die sich nach der Vertriebsaufnahme ergeben, informiert wird. Dies kann zB eine Änderung der Gebrauchsinformation oder die äußere Gestaltung der Verpackung sein. Damit ist ein erheblicher Verwaltungsaufwand sowohl auf der Seite des Parallelimporteurs als auch auf der Seite des Markeninhabers verbunden.

---

57 BGH MD 2008, 1266 ff.
58 OLG Frankfurt GRUR Int. 2002, 764 f.
59 EuGH, Slg 1978, 1139.
60 EuGH GRUR Int. 1996, 1144 ff.

52 Hinweis: In Skandinavien ist dies übrigens anders. Dort informiert der Importeur den Markeninhaber ein Mal vor der Vertriebsaufnahme ganz pauschal. Danach erfolgt dann keine weitere Information. In den skandinavischen Ländern funktioniert dieses Prinzip, ohne dass es der dezidierten und fortlaufenden Information bedarf.

53 Der EuGH ist in seiner Entscheidung vom April 2002[61] davon ausgegangen, dass es Sache des Parallelimporteurs ist, den Markeninhaber von dem beabsichtigten Umpacken zu unterrichten. Im Streitfall ist es Sache des nationalen Gerichts, unter Berücksichtigung aller relevanten Umstände zu prüfen, ob der Markeninhaber über eine angemessene Frist zur Reaktion auf das Umpackvorhaben verfügte. Das System der Unterrichtung kann nur dann angemessen funktionieren, wenn alle Beteiligten sich in redlicher Weise bemühen, die berechtigten Interessen des Anderen zu beachten. Der EuGH ist in jenem Verfahren von 15 Arbeitstagen ausgegangen. Eine verbindliche Festlegung des notwendigen Zeitraumes existiert allerdings nicht, denn hierbei handelt es sich lediglich um eine Zeitbestimmung mit bloßem Hinweischarakter.[62] Der Zeitraum kann von Einzelfall zu Einzelfall variieren und deutlich kürzer sein. Zwischen den Beteiligten, also dem Markeninhaber und dem Importeur, soll in kurzer Zeit Klarheit darüber geschaffen werden, ob die von dem Parallelimporteur angekündigte Art und Weise der Vermarktung des importierten Arzneimittels vom Markeninhaber beanstandet wird.[63] Dies hat zur Folge, dass der Parallelimporteur in besonderem Maße auf die Reaktion des Markeninhabers vertrauen darf. Beanstandet dieser das beabsichtigte Umverpacken in der angezeigten Form nicht oder nur unter einem bestimmten Gesichtspunkt, kann der Parallelimporteur sich darauf verlassen der Markeninhaber werde gegen ihn auch in Zukunft Ansprüche aus der Marke nicht auf einen bislang nicht gerügten tatsächlichen oder rechtlichen Gesichtspunkt stützen.[64]

54 Der EuGH hat in seiner jüngsten Entscheidung vom Dezember 2008 den Umfang der Informationspflicht etwas gelockert. Danach hat der Parallelimporteur zur Erfüllung seiner Mitteilungspflicht nach Art. 7 MRRL in der Auslegung durch den EuGH dem Markeninhaber lediglich die notwendigen und ausreichenden Angaben zu übermitteln, aus denen die Erforderlichkeit des Umpackens objektiv hervorgeht.[65] Ob also die bisher in Deutschland geübte Praxis der umfangreichen Information weiterhin notwendig ist, ist nach dieser Entscheidung fraglich.

D. Besonderer Mechanismus

55 Nach den markenrechtlichen Ausführungen ist noch auf die patentrechtliche Problematik einzugehen, die sich im wesentlichen aus dem spezifischen bzw besonderen Mechanismus ergibt, denn hierdurch ist das vereinfachte Zulassungsverfahren für Parallelimporte verkompliziert und verlängert worden.

Hinweis: Meines Erachtens ist bereits die Verknüpfung dieser Zulassungsregeln mit dem spezifischen Mechanismus systemwidrig, denn der spezifische Mechanismus räumt lediglich einem Patentinhaber bestimmte Rechte ein. Mit diesem Recht hat die Zulassungsbehörde überhaupt nichts zu tun.

56 Gleichwohl sind die Zulassungsregeln dahin gehend ergänzt worden, dass der Parallelimporteur verpflichtet ist, dem BfArM nachzuweisen, dass er spätestens einen Monat vor der Stellung des Antrags auf Erteilung einer vereinfachten Zulassung den Schutzrechtinhaber

---

[61] EuGH GRUR Int. 2002, 739 ff.
[62] So auch die Europäische Kommission vgl <http://eur-lex.europa.eu/LexUriServ/site/de/.../com2003_0839de01.pdf>.
[63] BGH GRUR 2002, 879.
[64] BGH GRUR 2008, 156 ff.
[65] EuGH GRUR 2009, 154 ff.

hierüber informiert hat. Mit dieser **Notifizierungsverpflichtung** trifft der spezifische Mechanismus eine Sonderregelung im Bereich des Arzneimittelzulassungsrecht, die öffentlich-rechtlicher Natur ist. Die Implementierung dieser Regelung durch den EU-Beitrittsvertrag in das Gemeinschaftsrecht und ihre Überführung in das deutsche Recht durch das EU-Vertragsgesetz bewirken eine Erweiterung der öffentlich- rechtlichen Zulassungsvorschriften des Arzneimittelrechts[66] der Gemeinschaft und des deutschen Arzneimittelrechts zulasten der Importeure. Wenn dieser Nachweis nicht geführt wird, beabsichtigt das BfArM den Zulassungsantrag wegen Unvollständigkeit zurück zuweisen. Diese Rechtsfolge ist meines Erachtens unzulässig, denn hiermit wird eine unsachliche Verknüpfung von zulassungsrechtlichen und patentrechtlichen Fragen vorgenommen. Eine fehlende Vorabinformation hat nämlich nichts mit dem Zulassungsstatus eines Arzneimittels oder mit sicherheitsrelevanten Fragestellungen zu tun. Wenn Patente verletzt werden, kann der Patentinhaber selbstverständlich gegen den Parallelimporteur vorgehen, genauso wie es in der Vergangenheit und in der Zukunft bei markenrechtlichen Verstößen der Fall war und ist, ohne dass die Zulassungsbehörden insoweit involviert ist.

Der besondere Mechanismus sieht vor, dass der Inhaber der Schutzrechte oder der von ihm Begünstigte (im Folgenden gemeinsam: Schutzrechteinhaber) die Verbringung und das Inverkehrbringen eines erstmalig in einem der neuen Mitgliedstaaten auf den Markt gebrachten Arzneimittels in den Geltungsbereich des AMG verhindern kann, wenn hier das Schutzrecht für das betreffende Arzneimittel zu einem Zeitpunkt beantragt wurde, zu dem für dieses ein entsprechender Schutz in einem der neuen Mitgliedstaaten noch nicht erlangt werden konnte. In sofern trifft der besondere Mechanismus eine **Ausnahme vom Rechtsprinzip der gemeinschaftsweiten Erschöpfung gewerblicher Schutzrechte** und bewirkt eine Einschränkung des Grundsatzes des freien Warenverkehrs mit Arzneimitteln im Binnenmarkt, deren Inverkehrbringen bereits genehmigt ist. Hiervon ausgenommen sind lediglich die Republiken Malta und Zypern, da hier bereits ein entsprechender Patentschutz bestanden hat. Für die Beitrittsländer gelten für den Beginn des Patentschutzes folgende Daten: 57

1.1.1991	Tschechien
1.1.1991	Slowakei
1.1.1992	Rumänien
4.4.1992	Slovenien
31.3.1993	Lettland
16.4.1993	Polen
1.6.1993	Bulgarien
1.2.1994	Litauen
23.5.1994	Estland
1.7.1994	Ungarn

Zusammenfassend kann zum spezifischen Mechanismus festgestellt werden, dass diese Regelung den freien Warenverkehr innerhalb der Europäischen Union nicht sicherstellt, sondern zum Teil für einen langen Zeitraum behindert.

Die Behinderung und die Schwierigkeiten des Importeurs ergeben sich zB daraus, dass nicht immer ohne weiteres nachvollziehbar ist, ob und welcher Patentschutz besteht. Es ist im Arzneimittelsektor durchaus üblich, mehrere Patente um einen Wirkstoff herum zu beantragen (*patent clustering*).[67] Der vermeintliche Patentinhaber teilt dem Importeur lediglich mit, dass aufgrund der gegebenen Situation der spezifische Mechanismus anwendbar sei und 58

---

66 BAnz 2004, Nr. 86, 9971, 9972.
67 Pharmaceutical Sector Inquriy, Final Report v. 8.7.2009, S. 183 ff, <http://ec.europa.eu/competition/sectors/pharmaceuticals/inquiry/index.html>.

dementsprechend die einschlägigen Patentrechte geltend gemacht würden. Ein Importeur ist kein Patentspezialist und kann diese Angabe nicht so ohne weiteres nachvollziehen.

59 Zur Frage der Auskunftsverpflichtung des Patentinhabers gegenüber dem Parallelimporteur hat das OLG Hamburg in seiner Entscheidung vom 23.4.2009[68] zwar festgestellt, dass ein Ausgleich zwischen den berechtigten Interessen des Schutzrechtsinhabers einerseits und des Parallelimporteurs andererseits durch gegenseitige Informations- und Mitteilungspflichten herbei zu führen ist, allerdings gehöre es aber grundsätzlich in den Pflichtenkreis des Parallelimporteurs, sich vor Aufnahme des Parallelimports darüber zu informieren, ob die geschäftliche Tätigkeit rechtmäßig sei, so dass es zunächst Aufgabe des Parallelimporteurs sei, zu klären, ob der besondere Mechanismus hinsichtlich des beabsichtigten Parallelimports überhaupt eingreift.

60 Hinweis: Meines Erachtens ist in soweit allerdings einerseits zu berücksichtigen, dass aufgrund der Anzeigeverpflichtung des Parallelimporteurs ein besonderes Vertrauensverhältnis entsprechend der markenrechtlichen BGH-Rechtsprechung zwischen dem Parallelimporteur und dem Patentinhaber besteht und andererseits ein Patentinhaber aufgrund seiner Berühmung, dass die Voraussetzungen des spezifischen Mechanismus vorliegen und die Rechtsfolge geltend gemacht wird, verpflichtet sein könnte, die relevanten Patentangaben zu machen.

Die Entscheidung des Hanseatischen Oberlandesgerichtes vom 23.4.2009 ist nicht rechtskräftig. Es ist Nichtzulassungsbeschwerde zur Zulassung der Revision beim BGH eingelegt worden. Mit Spannung bleibt also der Ausgang dieses Verfahren abzuwarten.

---

68 OLG Hamburg PharmR 2009, 338 ff.

§ 24 Apothekenpflicht

Literatur: *Mand*, Widerrufsrecht gegenüber Versandapotheke?, NJW 2008, 190; *Voit*, Zivilrechtliche Aspekte des Versandhandels mit Arzneimitteln, DAZ 2004, 991.

A. Historie	1
I. Ursprünge	1
II. Arzneimittelgesetz 1961	2
III. Aktuelle Entwicklung	3
B. Grundzüge der gesetzlichen Regelung der §§ 43 bis 46 AMG	5
I. Apothekenpflicht, Inverkehrbringung durch Tierärzte (§ 43 AMG)	5
1. Grundsatz	5
a) Abgabeort	7
b) Versand	8
2. Umgehungsausschluss	11
3. Verschriebene Arzneimittel	12
4. Tierärztliche Hausapotheke	13
5. Versandverbot für Tierarzneimittel	14
6. Weiterverwendung von Tierarzneimitteln durch Praxisnachfolger	15
II. Ausnahme von der Apothekenpflicht (§ 44 AMG)	16
1. Befreiung von der Apothekenpflicht aufgrund der Zweckbestimmung	16
2. Ausnahmekatalog	18
a) Heilwässer	19
b) Heilerde, Bademoore, Seifen	20
c) Pflanzen, Pflanzenteile	21
d) Pflaster	22
e) Desinfektionsmittel	23
3. Ausnahmen von der Ausnahme der Apothekenpflicht	24
III. Ermächtigung zu weiteren Ausnahmen von der Apothekenpflicht und zur Ausweitung der Apothekenpflicht (§§ 45 und 46 AMG)	25
1. Regelungssystematik	25
2. Freiverkäuflichkeit	26
3. Wiederherstellung der Apothekenpflicht	27
4. Beschränkung der Freiverkäuflichkeit oder Wiederherstellung der Apothekenpflicht	28
5. Verordnungsgeber	29
6. Verordnung über apothekenpflichtige und freiverkäufliche Arzneimittel	30
C. Vertriebsweg (§ 47 AMG)	31
I. Vertriebswege außerhalb von Apotheken	31
1. Belieferung von pharmazeutischen Unternehmern und Großhändlern	32
2. Krankenhäuser und Ärzte	33
a) Blutzubereitungen und Blutbestandteile	34
b) Gewebezubereitungen und tierisches Gewebe	35
c) Infusionslösungen	36
d) Zubereitungen zu Diagnosezwecken	37
e) Medizinische Gase	38
f) Radioaktive Arzneimittel	39
g) Arzneimittel zur klinischen Prüfung	40
h) Blutegel und Fliegenlarven	42
i) Compassionate Use	43
3. Impfstoffe	44
4. Veterinärbehörden und zentrale Beschaffungsstellen	45
5. Tierärzte	46
6. Zahnärzte	48
7. Forschungseinrichtungen und Hochschulen	49
II. Verwendungsbeschränkung	50
III. Muster von Fertigarzneimitteln	51
D. Sondervertriebsweg nach § 47 a und § 47 b AMG	53
I. Arzneimittel zum Schwangerschaftsabbruch	53
II. Diamorphin	57

A. Historie

I. Ursprünge

Das Wort „Apotheke" stammt aus dem Griechischen und bedeutet so viel wie „Aufbewahrungsort". In Klöstern gab es früher einen Raum zur Aufbewahrung von Heilkräutern, der mit dem lateinischen Wort „apotheca" bezeichnet wurde.[1] Die Geburtsstunde der Apotheke in der heutigen Form geht bis in das Jahr 1241 zurück, als der Stauferkaiser Friedrich II. eine Medizinalordnung erließ, die die Trennung der bis dahin häufig gleichzeitig ausgeübten Berufe von Arzt und Apotheker gesetzlich vorschrieb. Seitdem ist allein den Apothekern die Abgabe der Arzneimittel vorbehalten.[2]

1

---

1 Wikipedia, die freie Enzyklopädie.
2 <www.aponet.de/apotheke/geschichte>, „Die Apotheke im Wandel der Zeiten".

In Folge der Medizinalordnung gab es zahlreiche städtische Apothekenordnungen, was sich bis in die Neuzeit fortgesetzt hat. Anfänglich waren die Apotheker umherziehende Händler, bis sie im Laufe der Zeit zu sesshaften und angesehenen Bürgern wurden. Dementsprechend wandelte sich die Apotheke auch vom reinen Verkaufsort für Heilpflanzen, Drogen und Gewürze hin zur Herstellungsstätte von Arzneimitteln in der sog. Offizin (von lat. *officina* = Werkstätte).[3]

So verwundert es nicht, dass zahlreiche bekannte Pharmafirmen wie Merck, Beiersdorf, Schwabe, Schering und Fresenius aus Apotheken hervorgegangen sind.[4] Mit der Industrialisierung haben sich die Apotheken von einer Fabrikationsstätte von Arzneimitteln zur letzten Kontrollinstanz der Arzneimittel vor der Abgabe an den Verbraucher gewandelt.[5]

II. Arzneimittelgesetz 1961

2   Bereits im AMG 1961 (siehe § 1 Rn 3 f), dem Vorläufer des AMG wie wir es heute kennen, war in § 28 die Abgabe von Arzneimitteln durch die Apotheken geregelt. In der amtlichen Begründung zu § 28 AMG 1961 hieß es einleitend „Die älteste Abgabestelle von Arzneimitteln an den Verbraucher ist die Apotheke". Im Erwägungsgrund 4 hieß es dann u.a.: „Maßgebender Gesichtspunkt für die geplante gesetzliche Regelung muss das Interesse der Volksgesundheit sein", und im Erwägungsgrund 5 hieß es schließlich: „Der Gesetzentwurf geht davon aus, dass auch in Zukunft die Apotheken das Rückgrat der Versorgung der Bevölkerung mit Arzneimitteln im Sinne des § 1 Abs. 1 AMG bilden sollen, da nur bei ihnen die persönlichen und sachlichen Voraussetzungen erfüllt sind, die im Interesse des Gesundheitsschutzes gefordert werden müssen".[6]

Sinn und Zweck der Apothekenpflicht ist es seither, das seit Jahrhunderten bei den Apothekern vorhandene Wissen um die Herstellung, Wirkung und den gewissenhaften Umgang mit Arzneimitteln bei der Arzneimittelversorgung der Bevölkerung zu nutzen.

III. Aktuelle Entwicklung

3   Die Aufgabe der Apotheken besteht heutzutage darin, die von der pharmazeutischen Industrie hergestellten Arzneimittel vor der Abgabe an den Patienten noch einmal zu kontrollieren und die Patienten zu beraten sowie über Nebenwirkungen und mögliche Wechselwirkungen aufzuklären (siehe § 21 Rn 43). Hierzu erhalten Apotheker eine erweiterte pharmakologische und biochemische Ausbildung, die es ihnen ermöglichen soll, die Patienten vor allem bei der Selbstmedikation zu einem verantwortungsvollen Umgang mit den Arzneimitteln zu beraten.[7]

Auf diesem Wege ist sichergestellt, dass Arzneimittel, die als apothekenpflichtig eingestuft worden sind, immer nur von einer Person abgegeben werden, die aufgrund ihrer akademischen Ausbildung dazu in der Lage ist, den Patienten eine fundierte Beratung zu den jeweiligen Arzneimitteln und ihren Wirkungen, Nebenwirkungen und möglichen Wechselwirkungen zukommen zu lassen.

4   Vor diesem Hintergrund ist es daher durchaus zutreffend, wenn das BVerfG im ersten grundlegenden Apothekenurteil vom 11.6.1958 von einem „natürlichen Monopol" der Apotheken für die Abgabe von Arzneimitteln ausgeht.[8] An dieser Bewertung wird sich auch

---

[3] <www.aponet.de/apotheke/geschichte>, „Die Apotheke im Wandel der Zeiten".
[4] Bedürftig, Geschichte der Apotheke, 2005, S. 272 ff.
[5] <www.aponet.de/apotheke/geschichte>, „Die Apotheke im Wandel der Zeiten".
[6] Kloesel/Cyran, Arzneimittelrecht, § 43 AMG Erl. 1.
[7] <www.aponet.de/apotheke/geschichte>, „Die Apotheke im Wandel der Zeiten".
[8] BVerfGE 7, 377, 431.

so schnell nichts ändern nachdem der EuGH mit Urteil vom 19.5.2009 zum Fremdbesitzverbot die deutsche Regelung, wonach nur approbierte Apotheker Inhaber und Betreiber von Apotheken sein können, gebilligt hat (siehe § 21 Rn 55).[9] Mit dem Fortbestand des Fremdbesitzverbotes wurde zugleich das Apothekenmonopol festgeschrieben. Zutreffend hat der EuGH festgestellt, dass das Fremdbesitzverbot geeignet ist, eine sichere und qualitativ hochwertige Versorgung der Bevölkerung mit Arzneimitteln zu gewährleisten und somit den Schutz der Gesundheit der Bevölkerung sicherzustellen.

B. Grundzüge der gesetzlichen Regelung der §§ 43 bis 46 AMG
I. Apothekenpflicht, Inverkehrbringung durch Tierärzte (§ 43 AMG)
1. Grundsatz

§ 43 Abs. 1 AMG enthält den Grundsatz, dass alle Arzneimittel iSd § 2 Abs. 1 und Abs. 2 Nr. 1 AMG nur in Apotheken abgegeben werden dürfen (siehe § 18 Rn 15). Diese Regelung beinhaltet das Apothekenmonopol, nachdem das BVerfG in seinen beiden grundlegenden Entscheidungen vom 11.6.1958 und 7.1.1959 die Versorgung der Bevölkerung mit Arzneimitteln durch Apotheken als mit dem Grundgesetz und insbesondere mit Art. 12 GG (Berufsfreiheit) vereinbar angesehen und eine sachverständige Beratung durch den Apotheker als notwendig erachtet hat.[10]

Ausgenommen von der grundsätzlichen Apothekenpflicht sind nur die in § 44 AMG ausdrücklich aufgeführten Arzneimittel und die Arzneimittel, deren Inverkehrbringung ausdrücklich durch Rechtsverordnung nach § 45 AMG von der Apothekenpflicht ausgenommen worden sind.

Zu beachten ist hierbei, dass sich die Apothekenpflicht nicht nur auf Fertigarzneimittel im Sinne des § 4 Abs. 1 AMG bezieht, dh im Voraus hergestellte und in einer zur Abgabe an den Verbraucher bestimmten Packung in den Verkehr gebrachte Arzneimittel, sondern vielmehr alle Arzneimittel erfasst. Dies bedeutet, dass die Apothekenpflicht beispielsweise auch für Bulkware gilt oder für Arzneimittel, die für einzelne Personen aufgrund einer Rezeptur hergestellt werden.

Eine geringfügige Einschränkung erhält die Apothekenpflicht dadurch, dass von ihr nur jede berufs- oder gewerbsmäßige Abgabe an den Endverbraucher erfasst wird. Durch die Einschränkung der Abgabe an den Endverbraucher ist eine Lieferung von pharmazeutischen Unternehmen an den Arzneimittelgroßhandel oder Apotheken nicht von der Vorschrift erfasst. Seit der 8. AMG-Novelle bezieht sich die Vorschrift nicht mehr nur auf die Inverkehrbringung durch den Einzelhandel. Damit ist auch eine über die Notfallversorgung hinausgehende unentgeltliche Abgabe von Arzneimitteln durch Ärzte oder Zahnärzte unzulässig. Dies ist jedoch im Hinblick auf die bei den Ärzten vorhandenen Ärztemuster wenig einleuchtend, denn selbstverständlich ist auch die Abgabe durch einen Arzt sicher und er sollte in gleicher Weise wie ein Apotheker zur Aufklärung der Patienten in der Lage sein. Zutreffend hat das OLG München die Abgabe von Ärztemustern nicht als Einzelhandel im Sinne des § 43 Abs. 1 AMG angesehen, da eine gewerbsmäßige Abgabe bereits deshalb ausscheide, da der Arzt die Muster unentgeltlich abgegeben hatte.[11]

Seit der 8. AMG-Novelle spielt auch eine entgeltliche Abgabe keine Rolle mehr. Man fragt sich nur, warum eine unentgeltliche Weitergabe von Arzneimitteln an Patienten durch Ärzte

---

9 EuGH, Urt. v. 19.5.2009, Rs. C-171/07 und C-172/07.
10 BVerfGE 7, 377 = DAZ 1958, 589 und BVerfGE 9, 73 = DAZ 1959, 127; vgl auch EuGH, Urt. v. 19.5.2009, Rs. C-171/07 und C-174/07.
11 OLG München, Urt. v. 26.1.1989 – 29 U 3295/88; vgl Kloesel/Cyran, Arzneimittelrecht, § 43 AMG Erl. 16 und 26, und Rehmann, AMG, § 43 Rn 2.

unzulässig sein soll, insbesondere vor dem Hintergrund der Ärztemusterregelung in § 47 Abs. 3 und 4 AMG.

Der Auffassung von *Sander* ist daher zu folgen, dass apothekenpflichtige Ärztemuster auch an Patienten abgegeben werden dürfen, denn sonst wäre die Ärztemusterregelung in § 47 Abs. 3 und 4 AMG in Teilbereichen sinnlos, wenn der Arzt nicht auch durch die Anwendung einen Eindruck von der Wirkung der Arzneimittel gewinnen dürfte.[12]

a) Abgabeort

7   Grundsätzlich sollen Arzneimittel in der Apotheke, dh in den Räumen der Apotheke, abgegeben werden. Dadurch ist auch gewährleistet, dass der Apotheker seiner nach § 12 ApBetrO bestehenden Verpflichtung zur Prüfung der Arzneimittel nachkommen kann. Im Einzelfall kann unabhängig von den Regelungen zum Versand eine Abgabe außerhalb der Apotheke zulässig sein und zwar wenn ein Kunde, zB aus gesundheitlichen Gründen, nicht in der Lage ist, die Apotheke selbst aufzusuchen oder wenn das benötigte Arzneimittel erst besorgt werden muss und ein neuerliches Aufsuchen der Apotheke dem Patienten nicht zugemutet werden kann. In diesen Fällen ist die Zustellung und Abgabe der Arzneimittel durch Boten im Einzugsbereich der Apotheke zulässig.[13] Die Einzelheiten hierzu sind in § 17 Abs. 1 und 2 ApBetrO geregelt.

b) Versand

8   Mit dem GKV-Modernisierungsgesetz hat der Gesetzgeber, ohne eine Entscheidung des EuGH in einem Vorlageverfahren zu „DocMorris" abzuwarten, das bis dahin geltende generelle Versandverbot in ein Versandverbot mit Erlaubnisvorbehalt umgewandelt (siehe § 21 Rn 60).

Versandhandel liegt dann vor, wenn sich die Apotheke eines Dienstleisters, wie DHL, UPS etc. zur Auslieferung der Arzneimittel bedient.[14] Der EuGH hat mit Urteil vom 11.12.2003 ein generelles Versandhandelsverbot, wie es seit 1987 nach einer Neufassung der ApBetrO in Deutschland gegolten hatte, für nichtverschreibungspflichtige Arzneimittel als mit den Bestimmungen des freien Warenverkehrs unvereinbar angesehen, zugleich jedoch für verschreibungspflichtige Arzneimittel gebilligt.[15]

9   Die Einzelheiten der zu beantragenden Erlaubnis sind in den §§ 11a, 11b ApoG geregelt. Ferner gibt es Empfehlungen des Bundesministeriums für Gesundheit und soziale Sicherung zum Versandhandel mit Arzneimitteln.[16]

Wenn ein wie in § 11a S. 1 Nr. 1 ApoG beschriebenes Qualitätssicherungssystem besteht, der Versand von bestellten Arzneimitteln innerhalb von zwei Arbeitstagen sichergestellt ist und die Versandapotheken ein Vollsortiment unterhält, besteht ein Anspruch auf Erteilung der Versandhandelserlaubnis. Die weiteren Einzelheiten, was die Apotheke beim Versand sicherzustellen hat, sind in § 17 Abs. 2a Nr. 1–9 ApBetrO enthalten. Außerdem muss der Apotheker zur Erlangung der Erlaubnis versichern, dass eine kostenfreie Zweitzustellung erfolgt, ein System zur Sendungsverfolgung besteht und eine Transportversicherung abgeschlossen ist. Wenn für eine ausländische Apotheke nach ihren nationalen Vorschriften ebenfalls Regelungen und Sicherheitsbestimmungen für den Versand gelten und diese den deutschen Bestimmungen entsprechen, ist auch eine ausländische Apotheke gem. § 73 AMG

---

12 Sander, Arzneimittelrecht, § 43 AMG Erl. 4; vgl Rehmann, AMG, § 43 Rn 2.
13 So auch Sander, Arzneimittelrecht, § 43 AMG Erl. 6.
14 Vgl Cyran/Rotta, ApBetrO, § 17 Rn 351.
15 EuGH GRUR 2004, 593.
16 Vgl Kloesel/Cyran, Arzneimittelrecht, A 2.32.

zum Versandhandel befugt. Die Einzelheiten sind in § 73 Abs. 1 Nr. 1 a AMG festgelegt (siehe § 21 Rn 62).

Eine höchst interessante und zugleich strittige Frage ist die Frage des **Widerrufs- und Rückgaberechts** beim Versandhandel mit Arzneimitteln. Bekanntlich ist nach § 312 b BGB bei Fernabsatzverträgen, dh Verträgen über die Lieferung von Waren, die ausschließlich unter Verwendung von Fernkommunikationsmitteln wie dem Internet abgeschlossen werden,[17] dem Verbraucher gem. § 312 d BGB ein Widerrufsrecht einzuräumen. Der Ausschlussgrund des § 312 d Abs. 4 Nr. 1 BGB greift nur dann, wenn Waren nach Kundenspezifikationen angefertigt werden, aufgrund ihrer Beschaffenheit nicht für eine Rücksendung geeignet sind oder schnell verderben können oder das Verfallsdatum überschritten würde. Bei **Rezepturarzneimitteln** ist die Voraussetzung der auf persönliche Bedürfnisse zugeschnittenen Anfertigung gegeben.[18] Bei **zugelassenen Fertigarzneimitteln** ist dies jedoch nicht der Fall. Nach den Kommentierungen zu § 17 ApBetrO ist die Weiterveräußerung von zurückgenommenen Arzneimitteln durch den Apotheker an und für sich unzulässig, so dass hier durchaus diskussionswürdig ist, ob Arzneimittel aufgrund dieser Vorschrift nicht für eine Rücksendung ungeeignet sind.[19] In der Literatur werden hierzu die unterschiedlichsten Meinungen vertreten. Teilweise wird die Auffassung vertreten, dass das Widerrufsrecht im Fernabsatz in erster Linie vor Spontanbestellungen schützen soll, so dass eine Einschränkung dieser Regelung bei der Bestellung verschreibungspflichtiger Arzneimittel erwogen werden sollte.[20] Dem ist in jedem Fall zuzustimmen.

Das Amtsgericht Köln ist demgegenüber in einem Urteil vom 31.5.2007 zu dem Ergebnis gelangt, dass der Käufer eines apothekenpflichtigen Arzneimittels vom Fernabsatzvertrag zurücktreten und die Ware zurücksenden könne, da es einem Arzneimittel an der besonderen Beschaffenheit, die es zur Rücksendung ungeeignet mache, fehle. Der Umstand, dass der Apotheker das Medikament möglicherweise nicht mehr in den Verkehr bringen dürfe, liege allein in dessen Risikobereich. In dem entschiedenen Fall hatte der Apotheker eine entsprechende Klausel, die die Rückgabe ausschloss in seinen AGB. Diese Ausschlussklausel hat das Amtsgericht jedoch gem. § 312 f BGB als unwirksam angesehen.[21] Diese Entscheidung ist teilweise auf Zustimmung gestoßen.[22]

Da Arzneimittel jedoch eine besondere Ware sind, für die der EuGH wiederholt Ausnahmeregelungen zugelassen hat, erscheint es auch hier sachgerecht, einen Widerruf des Verbrauchers, entgegen der Annahme des Gerichts, nach § 312 d Abs. 4 Nr. 1 BGB als ausgeschlossen anzusehen, sofern die Versandapotheke auf diesen Ausschluss hinweist.

2. Umgehungsausschluss

Mit der Regelung des § 43 Abs. 2 AMG soll eine Umgehung des Apothekenmonopols ausgeschlossen werden. Hierdurch soll die Bildung von Vereinigungen verhindert werden, die den Zweck haben, ihren Mitgliedern durch Direktbezug vom pharmazeutischen Unternehmer oder Großhändler apothekenpflichtige Arzneimittel zu günstigeren Konditionen zu beschaffen. Durch den „es sei denn"-Halbsatz ist jedoch sichergestellt, dass die Bildung von Einkaufsgenossenschaften durch Apotheken zulässig ist (siehe § 21 Rn 56).[23]

---

17 Vgl Palandt/*Grüneberg*, § 312 b BGB Rn 6; Cyran/Rotta, ApBetrO, § 17 Rn 387.
18 Mand, Widerrufsrecht gegenüber Versandapotheke?, NJW 2008, 190, 191 und Cyran/Rotta, ApBetrO, § 17 Rn 411.
19 Cyran/Rotta, ApBetrO, § 17 Rn 162 und Voit, DAZ 2004, 991, 993.
20 Voit, Zivilrechtliche Aspekte des Versandhandels mit Arzneimitteln, DAZ 2004, 991.
21 AG Köln, Arzneimittel und Recht Nr. 2/2008, abgedruckt in Kloesel/Cyran, Arzneimittelrecht, E 109.
22 Kloesel/Cyran, Arzneimittelrecht, § 43 AMG Erl. 48; Mand, NJW 2008, 190.
23 Vgl Kloesel/Cyran, Arzneimittelrecht, § 43 AMG Erl. 52; Sander, Arzneimittelrecht, § 43 AMG Erl. 8.

3. Verschriebene Arzneimittel

12 § 43 Abs. 3 AMG stellt klar, dass von Ärzten und Heilpraktikern verschriebene Arzneimittel im Sinne des § 2 Abs. 1 und Abs. 2 Nr. 1 AMG immer nur durch Apotheken abgegeben werden dürfen, selbst wenn sie nicht apothekenpflichtig sind. Hintergrund dieser Regelung ist, dass der Qualität und der Kontrolle verschriebener Arzneimittel besondere Bedeutung zugemessen wird und sichergestellt werden soll, dass tatsächlich das verschriebene Präparat abgegeben wird.

4. Tierärztliche Hausapotheke

13 § 43 Abs. 4 AMG regelt, dass apothekenpflichtige Tierarzneimittel in Abweichung von § 43 Abs. 1 AMG von Tierärzten unmittelbar an Tierhalter abgegeben werden dürfen. Das Dispensierrecht für Tierärzte gilt jedoch nur für vom Tierarzt behandelte Tiere und Tierbestände. Weitere Voraussetzung ist, dass der Tierarzt eine tierärztliche Hausapotheke unterhält (siehe § 38 Rn 1 ff). Die Einzelheiten sind in der Verordnung über tierärztliche Hausapotheken (TÄHAV) geregelt, die alles Nähere zum Erwerb, der Herstellung, der Aufbewahrung und der Abgabe der Tierarzneimittel enthält (siehe § 41).[24]

5. Versandverbot für Tierarzneimittel

14 § 43 Abs. 5 AMG enthält ein ausdrückliches Versandverbot für Tierarzneimittel, da diese nur in einer Apotheke oder tierärztlichen Hausapotheke oder durch den Tierarzt ausgehändigt werden dürfen (siehe § 38 Rn 5). Sinn und Zweck des Versandverbotes ist die Verhinderung einer unkontrollierten Anwendung von Arzneimitteln durch die Tierhalter. Versandt werden dürfen nur Fütterungsarzneimittel und Arzneimittel zur Durchführung tierseuchenrechtlicher Maßnahmen, die nicht verschreibungspflichtig sind. In gewisser Weise soll durch das Verbot des Versandhandels für Tierarzneimittel auch einer Fernbehandlung vorgebeugt werden. Das Verbot des Versandhandels mit Tierarzneimittel gilt nicht nur für Tierärzte, sondern gem. § 17 Abs. 2 S. 3 ApBetrO auch für Apotheken.[25]

6. Weiterverwendung von Tierarzneimitteln durch Praxisnachfolger

15 § 43 Abs. 6 AMG, der erst mit der 13. AMG-Novelle eingefügt worden ist, lässt nunmehr die Übergabe von in einer Tierarztpraxis vorhandenen Arzneimitteln an einen Praxisnachfolger und die Weiterverwendung in dessen Hausapotheke zu (siehe § 38 Rn 7). Auch wenn es sich beim Wechsel der Verfügungsgewalt über Arzneimittel um eine Inverkehrbringung, dh Abgabe im Sinne des § 4 Abs. 17 AMG handelt, ist es doch überraschend, dass der Gesetzgeber mit der 13. AMG-Novelle eine ausdrückliche Regelung für notwendig erachtet hat, denn eigentlich sollte es eine Selbstverständlichkeit sein, dass bei Übernahme einer Praxis auch die dort vorhandenen Arzneimittel mitübernommen werden können, ohne dass dies als ein Verstoß gegen die Apothekenpflicht angesehen wird.

II. Ausnahme von der Apothekenpflicht (§ 44 AMG)

1. Befreiung von der Apothekenpflicht aufgrund der Zweckbestimmung

16 § 44 Abs. 1 AMG gibt Arzneimittel für den Verkehr außerhalb der Apotheken frei, die vom pharmazeutischen Unternehmen, und dies kann in diesem Kontext nur der Zulassungsinhaber gem. § 4 Abs. 18 S. 1 AMG sein, ausschließlich zu anderen Zwecken als zur Beseitigung oder Linderung von Krankheiten, Leiden, Körperschäden oder krankhaften Beschwer-

---

24 Abgedruckt in Kloesel/Cyran, Arzneimittelrecht, unter A 2.22.
25 Vgl Kloesel/Cyran, Arzneimittelrecht, § 43 AMG Erl. 70.

den zu dienen bestimmt sind. Hierbei handelt es sich in erster Linie um Vorbeugemittel, aber auch Röntgenkontrastmittel, Narkosemittel, Lokalanästhetika und Schwangerschaftsverhütungsmittel, sofern nicht über § 44 Abs. 3 AMG doch wieder eine Apothekenpflicht besteht.[26]

Auch wenn die Zweckbestimmung subjektiv vom pharmazeutischen Unternehmen vorgegeben wird, so muss dennoch nach der Rechtsprechung geprüft werden, ob sich das Mittel nicht doch nach seiner regelmäßigen Anwendung objektiv als Heilmittel darstellt.[27] Es reicht somit nicht, gängige Indikationsangaben einfach wegzulassen.[28] Ein Arzneimittel das nach dieser Vorschrift für den Verkehr außerhalb der Apotheken zugelassen ist, darf somit von Einzelhandelsgeschäften, wie Drogerien und Supermärkten bezogen und an den Verbraucher abgegeben werden. Allerdings muss auch der Einzelhandel gem. § 50 Abs. 1 und 2 AMG über bestimmte Sachkenntnisse verfügen.

2. Ausnahmekatalog

§ 44 Abs. 2 AMG nimmt zahlreiche Arzneimittelgruppen von der Apothekenpflicht aus, wobei es sich um einen abschließenden Katalog handelt. Beweggrund für diese Regelung ist, dass es bei diesen Arzneimitteln aufgrund ihrer Produkteigenschaften, dh Zusammensetzung oder Anwendung, keiner Kontrolle durch einen Apotheker bedarf. Bei zahlreichen der im Katalog unter Nr. 1 bis Nr. 5 genannten Mittel ist allerdings zunächst einmal zu prüfen, ob es sich überhaupt um Arzneimittel oder nicht doch um Lebensmittel oder Nahrungsergänzungsmittel handelt.

a) Heilwässer

Sofern die Arzneimitteleigenschaft zu bejahen ist, sind nach § 44 Abs. 2 Nr. 1 lit. a und b AMG natürliche und künstliche Heilwässer sowie deren Salze auch in Tabletten- oder Pastillenform freiverkäuflich. Natürliche Heilwässer zeichnen sich dadurch aus, dass sie aus warmen Quellen oder Quellen mit einem hohen Mineralstoffgehalt stammen. Die Salze hieraus werden durch Flüssigkeitsentzug gewonnen.[29]

b) Heilerde, Bademoore, Seifen

Ebenfalls freiverkäuflich ist nach § 44 Abs. 2 Nr. 2 AMG Heilerde, eine Zubereitung aus Ton, Lehm oder Aluminiumsilikat, die zur äußeren Anwendung in der Regel mit Wasser angerührt und für warme oder kalte Umschläge verwendet wird.[30] Bademoore und andere Peloide sind Schlamme, die sich durch eine Wärmeabgabe über einen längeren Zeitraum auszeichnen.[31] Unter Seifen im Sinne von § 44 Abs. 2 Nr. 2 AMG versteht man die sog. medizinischen Seifen, die zu therapeutischen Zwecken verwendet werden.[32]

---

26 Vgl Sander, Arzneimittelrecht, § 44 AMG Erl. 2; Kloesel/Cyran, Arzneimittelrecht, § 44 AMG Erl. 2 mit weiteren Beispielen.
27 BGHZ 23, 184 = NJW 1957, 949; OLG München DAZ 1960, 370.
28 Kloesel/Cyran, Arzneimittelrecht, § 44 AMG Erl. 2 mit zahlr. Beispielen und Sander, Arzneimittelrecht, § 44 AMG Erl. 1 mit weiteren Beispielen.
29 Weitere Einzelheiten bei Kloesel/Cyran, Arzneimittelrecht, § 44 AMG Erl. 7 ff, und Sander, Arzneimittelrecht, § 44 AMG Erl. 5 ff.
30 Sander, Arzneimittelrecht, § 44 AMG Erl. 9; Kloesel/Cyran, Arzneimittelrecht, § 44 AMG Erl. 15.
31 Sander, Arzneimittelrecht, § 44 AMG Erl. 10; Kloesel/Cyran, Arzneimittelrecht, § 44 AMG Erl. 16.
32 Kloesel/Cyran, Arzneimittelrecht, § 44 AMG Erl. 18.

c) Pflanzen, Pflanzenteile

21 Die in § 44 Abs. 2 Nr. 3 lit. a–d AMG aufgeführten Pflanzen und Pflanzenteile, Mischungen, Destillate oder Presssäfte hieraus sind nur dann von der Apothekenpflicht ausgenommen, wenn sie einen verkehrsüblichen deutschen Namen haben und auch unter dieser Bezeichnung in den Verkehr gebracht werden. Sobald Fremdsprachen oder die bei Pflanzen häufigen lateinischen, wissenschaftlichen Bezeichnungen oder Phantasiebezeichnungen verwendet werden, unterfallen diese Arzneimittel der Apothekenpflicht. Nachdem sich im Laufe der Jahre das Verbraucherleitbild vom unmündigen hin zum aufgeklärten und informierten Verbraucher gewandelt hat, stellt sich die berechtigte Frage, ob diese Regelung noch zeitgemäß ist. Bei den Pflanzen und Pflanzenteilen kann es sich sowohl um frische als auch um getrocknete Pflanzenteile handeln. In erster Linie geht es hierbei um Teeerzeugnisse zu arzneilichen Zwecken, wie beispielsweise Kamillentee. Bei den Mischungen handelt es sich in der Regel ebenfalls um Tees in Form von Mischungen aus mehreren unterschiedlichen Pflanzen.

Destillate werden durch Verdampfung mit Hilfe von Wasser oder Alkohol gewonnen. Presssäfte werden durch Pressen der frischen Pflanzen oder Pflanzenteile gewonnen.

d) Pflaster

22 Pflaster sind gem. § 44 Abs. 2 Nr. 4 AMG ebenfalls freiverkäuflich. Bei Pflastern handelt es sich umgangssprachlich um eine vorgefertigte Kombination aus Wundauflage und Heftpflaster, fachsprachlich auch als Wundschnellverband bezeichnet. Die Auflage ist teilweise mit antibakteriell wirkenden Substanzen versehen. Pflaster werden dazu verwendet, kleine Wunden abzudecken.[33] Pflaster sind auch Heftpflaster, dh ein klebendes Textilband zur Fixierung von Verbänden, Mullbinden und auch Kathetern. Die Pflaster sind mit Art. 3 Nr. 2 des 2. Änderungsgesetzes zum MPG in die Vorschrift des § 44 AMG aufgenommen worden um die Freiverkäuflichkeit für arzneiliche Pflaster wiederherzustellen.[34] Allerdings ist insoweit festzustellen, dass Sprühpflaster, Pflaster zur Fixierung und Pflaster mit Wundkissen keine Arzneimittel sind, sondern Medizinprodukte, wenn sie rein physikalisch wirken.[35] Auch Pflaster mit Wirkstoffen, zB Antiseptika sind Medizinprodukte, wenn die bestimmungsgemäße Hauptwirkung im oder am menschlichen Körper weder durch pharmakologisch oder immunologisch wirkende Mittel noch durch Metabolismus erreicht wird.

Diese Pflaster sind jedoch bereits nach der Verordnung über Vertriebswege für Medizinprodukte von der Apothekenpflicht ausgenommen. Nach Nr. 2 der Anlage zu § 1 Abs. 1 Nr. 2 MPVertrV gilt dies auch für Pflaster, die einen Stoff enthalten, der nach der Verordnung über apothekenpflichtige und freiverkäufliche Arzneimittel apothekenpflichtig ist, wobei hiervon auch Pflaster ausgenommen sind, soweit sie nicht der Verordnung über die Verschreibungspflicht von Medizinprodukten unterliegen. Es ist daher nicht so richtig feststellbar, welche Pflaster, die Arzneimittel sind, eigentlich von der Regelung in § 44 Abs. 2 Nr. 4 AMG erfasst werden, denn Pflaster, die Antibiotika enthalten, auch wenn sie als Medizinprodukte einzustufen wären, sind apothekenpflichtig. Transdermale Pflaster, die nur Mittel zum Zweck der Verabreichung des Wirkstoffes sind, sind zweifelsfrei als Arzneimittel einzustufen, da es hier keine physikalische Hauptwirkung gibt und sind als solches gem. § 44 Abs. 3 AMG in jedem Fall apothekenpflichtig, da sie in der Regel verschreibungspflichtig sind oder vom Verkehr außerhalb der Apotheken durch Rechtsverordnung ausge-

---

33 Wikipedia, die freie Enzyklopädie.
34 Kloesel/Cyran, Arzneimittelrecht, § 44 AMG Erl. 25 a.
35 WiKo Medizinprodukterecht, § 13 MPG Rn 6; Anhalt/Dieners, Handbuch des Medizinprodukterechts, § 4 Rn 72.

e) Desinfektionsmittel

Mit § 44 Abs. 2 Nr. 5 AMG werden zum äußeren Gebrauch bestimmte Desinfektionsmittel sowie Mund- und Rachendesinfektionsmittel von der Apothekenpflicht ausgenommen. Nach dem Deutschen Arzneibuch (DAB) wird durch Desinfektion „totes oder lebendes Material in einen Zustand versetzt, dass es nicht mehr infizieren kann". Desinfektionsmittel im Sinne der Vorschrift sind daher Stoffe und Zubereitungen, die dazu bestimmt sind, am menschlichen oder tierischen Körper Krankheitserreger zu beseitigen oder unschädlich zu machen (vgl. § 2 Abs. 1 Nr. 4 AMG). Hierbei handelt es sich in erster Linie um Handdesinfektionsmittel und Desinfektionsmittel zur Hautdesinfektion vor chirurgischen Eingriffen. Mittel, die dazu bestimmt sind, Läuse, Flöhe oder andere Parasiten zu beseitigen, sind keine Desinfektionsmittel. Da der Befall mit derartigen Parasiten als Krankheit einzustufen ist, sind solche Produkte Mittel zur Heilung von Krankheiten.

Desinfektionsmittel zum inneren Gebrauch sind apothekenpflichtig, mit Ausnahme der ausdrücklich aufgeführten Mund- und Rachendesinfektionsmittel. Wenn diese jedoch ein verschreibungspflichtiges Arzneimittel enthalten oder unabhängig davon auf Rezept verschrieben worden sind, sind diese gem. § 44 Abs. 3 AMG doch wieder apothekenpflichtig.

3. Ausnahmen von der Ausnahme der Apothekenpflicht

§ 44 Abs. 3 AMG lässt die in den vorhergehenden Absätzen 1 und 2 geregelten Ausnahmen von der Apothekenpflicht nicht zur Anwendung gelangen, wenn die Mittel verschreibungspflichtig sind oder gemäß der Verordnung nach § 46 AMG doch ausdrücklich der Apothekenpflicht unterstellt worden sind. Sehr glücklich ist diese Regelung mit einer Ausnahme von der zuvor geregelten Ausnahme nicht.

III. Ermächtigung zu weiteren Ausnahmen von der Apothekenpflicht und zur Ausweitung der Apothekenpflicht (§§ 45 und 46 AMG)

1. Regelungssystematik

Die §§ 45 und 46 AMG sind in weiten Teilen deckungsgleich, nur dass in § 45 AMG eine Befreiung von der Apothekenpflicht und in § 46 AMG das Gegenteil davon, die Anordnung der Apothekenpflicht durch Rechtsverordnung geregelt wird. Ein Unterschied besteht zwischen den beiden Vorschriften hinsichtlich der jeweils gemäß Abs. 1 zu erfüllenden Voraussetzungen zur Einschränkung bzw Wiederherstellung der Apothekenpflicht.

2. Freiverkäuflichkeit

§ 45 Abs. 1 AMG regelt in Nr. 1–4 die Voraussetzung für eine Freiverkäuflichkeit durch eine Rechtsverordnung. **§ 45 Abs. 1 Nr. 1 AMG** stellt nur noch einmal klar, dass verschreibungspflichtige Arzneimittel nicht von der Apothekenpflicht befreit werden können. Dies entspricht der Regelung in § 44 Abs. 3 Nr. 1 AMG. **§ 45 Abs. 1 Nr. 2 AMG** befasst sich mit Arzneimitteln die aufgrund ihrer Zusammensetzung oder Wirkung die Prüfung, Aufbewahrung und Abgabe durch eine Apotheke erforderlich machen. Dies sind Arzneimittel, die aufgrund ihrer Zusammensetzung oder Wirkung eine fachkundige Beratung durch einen Apotheker erforderlich machen oder eine besondere Lagerung benötigen, weil sie leicht verderblich sind oder eine Kühlkette einzuhalten ist. Die Regelung in **§ 45 Abs. 1 Nr. 3 AMG** soll einer unkontrollierten und unsachgemäßen Selbstmedikation vorbeugen. Hierbei handelt es sich um Arzneimittel, die bei unsachgemäßer Anwendung gesundheitlich bedenklich sein können. Bei diesen Arzneimitteln soll durch die Einschaltung eines Apothekers gewährleistet werden, dass dieser auf die Gefahr eines unsachgemäßen Gebrauchs, dh zu häufigen oder regelmäßigen Gebrauch, hinweist und gegebenenfalls die Hinzuziehung eines Arztes empfiehlt. Die Regelung in **§ 45 Abs. 1 Nr. 4 AMG** dient der Aufrechterhaltung einer ordnungsgemäßen Arzneimittelversorgung vor dem Hintergrund, dass Apotheker nach der Apothekenbetriebsordnung verpflichtet sind, eine breite Palette von Arzneimitteln vorrätig zu halten. Da die Apotheken im deutschen Arzneimittelversorgungssystem eine ganz wesentliche Rolle spielen, ermöglicht die Regelung in § 45 Abs. 1 Nr. 4 AMG auf die wirtschaftlichen Belange der Apotheken Rücksicht zu nehmen.

3. Wiederherstellung der Apothekenpflicht

27 § 46 Abs. 1 AMG ermöglicht die Wiederherstellung der Apothekenpflicht für Arzneimittel, die an und für sich nach § 44 Abs. 1 oder 2 AMG vom Verkehr außerhalb der Apotheken freigegeben sind. Dieser Regelung liegt der Gedanke des Gesundheitsschutzes zugrunde. Wenn das Arzneimittel bei bestimmungs- oder gewohnheitsmäßigem Gebrauch Risiken für Mensch oder Tier befürchten lässt, dann soll durch eine Anordnung der Apothekenpflicht die Abgabe durch einen Apotheker und dessen Kontrolle und Beratung herbeigeführt werden.

4. Beschränkung der Freiverkäuflichkeit oder Wiederherstellung der Apothekenpflicht

28 Die Absätze 2 und 3 der §§ 45 und 46 AMG sind weitgehend identisch. Bei § 45 Abs. 2 AMG kann die Freigabe außer auf bestimmte Dosierungen, Anwendungsgebiete oder Darreichungsformen auch auf Fertigarzneimittel beschränkt werden. Wie zu § 43 AMG dargestellt, unterfallen dem Grundsatz der Apothekenpflicht grundsätzlich alle Stoffe und Zubereitungen aus Stoffen, die Arzneimittel im Sinne des § 2 Abs. 1 oder Abs. 2 Nr. 1 AMG sind, dh nicht nur Fertigarzneimittel, sondern auch Bulkware oder Rezepturarzneimittel. Insoweit hat der Gesetzgeber vorgesehen, dass bestimmte Fertigarzneimittel, die nicht wie die von § 44 AMG erfassten Arzneimittel, die ausschließlich zu anderen Zwecken als zur Beseitigung oder Linderung von Krankheiten zu dienen bestimmt sind (Vorbeugemittel), nach dieser Verordnung von der Apothekenpflicht freigestellt werden können. § 46 Abs. 2 AMG hingegen sieht vor, dass Arzneimittel die nach § 44 AMG freiverkäuflich sind, wieder der Apothekenpflicht unterstellt werden, wobei § 46 Abs. 2 AMG diese Möglichkeit auf bestimmte Dosierungen, Anwendungsgebiete oder Darreichungsformen beschränkt. Die Beschränkung auf Fertigarzneimittel ist insoweit nicht vorgesehen.

5. Verordnungsgeber

29 Sowohl bei § 45 AMG als auch bei § 46 AMG hat die Verordnung gemäß dem jeweiligen Abs. 3 durch das zuständige Bundesministerium zusätzlich im Einvernehmen mit dem Bundesministerium für Umwelt, Naturschutz und Reaktorsicherheit zu ergehen, soweit es sich um radioaktive Arzneimittel handelt. In allen anderen Fällen hat das Bundesministerium die Verordnung nur im Einvernehmen mit dem Bundesministerium für Wirtschaft erlassen. Erforderlich ist außerdem gem. § 45 Abs. 1 S. 1 AMG und § 46 Abs. 1 S. 1 AMG die Anhörung eines Sachverständigenausschusses. Die Einzelheiten des Sachverständigenausschusses hinsichtlich seiner Zusammensetzung sind in § 53 AMG geregelt. Vor ihrer Verkündung bedürfen sowohl die Verordnung zur Einschränkung als auch die Verordnung zur Ausweitung der Apothekenpflicht der Zustimmung des Bundesrates.

6. Verordnung über apothekenpflichtige und freiverkäufliche Arzneimittel

Die aufgrund der §§ 45 und 46 AMG erlassene Verordnung über apothekenpflichtige und freiverkäufliche Arzneimittel vom 24.11.1988, die seitdem zahlreiche Änderungen erfahren hat, regelt in ihrem ersten Abschnitt in den §§ 1 bis 6 die Freigabe aus der Apothekenpflicht und in ihrem zweiten Abschnitt in den §§ 7 bis 10 die Einbeziehung in die Apothekenpflicht. Sodann sind in den Anlagen 1 a bis 4 zahlreiche Stoffe und Pflanzen aufgeführt, die entweder zum Verkehr außerhalb der Apotheken freigegeben oder ausgeschlossen sind.[36]

C. Vertriebsweg (§ 47 AMG)

I. Vertriebswege außerhalb von Apotheken

§ 47 AMG ist eine der ganz wesentlichen Vorschriften des AMG, die insbesondere für die pharmazeutische Industrie von besonderer Bedeutung hinsichtlich der Abgabe von Arzneimitteln ist. § 47 AMG stellt eine Ausnahme von dem Grundsatz des Vertriebsweges über Apotheken dar (siehe § 18 Rn 17 und § 21 Rn 16).

§ 47 Abs. 1 AMG regelt abschließend unter welchen Voraussetzungen welche Personen und Einrichtungen Arzneimittel, die der Apothekenpflicht unterliegen, vom pharmazeutischen Unternehmer (siehe § 5 Rn 7 f) (Definition in § 4 Abs. 18 AMG) oder vom Großhandel (Definition in § 4 Abs. 22 AMG; siehe § 5 Rn 22) direkt beziehen dürfen. Die Erlaubnis zur Direktbelieferung umfasst auch die verschreibungspflichtigen Arzneimittel, da sich die Vorschrift des § 48 AMG, die die Verschreibungspflicht von Arzneimitteln regelt, nur an Apotheken richtet.[37] Da Verbraucher nicht nur Endverbraucher, dh Patienten sind, sondern auch Krankenhäuser, Ärzte oder sonstige in § 47 Abs. 1 AMG aufgeführten Einrichtungen, wird in diesen Fällen teilweise die Vorlage einer ärztlichen Verschreibung verlangt.[38] Die Sinnhaftigkeit dieser Forderung darf teilweise bezweifelt werden, denn bei Krankenhäusern und Impfzentren aber auch bei Ärzten kann eine Vorratshaltung, ohne dass bereits eine konkrete Verschreibung vorliegt, durchaus sinnvoll sein.

1. Belieferung von pharmazeutischen Unternehmern und Großhändlern

Pharmazeutische Unternehmer (siehe § 5 Rn 7 und § 17 Rn 2) und Großhändler (siehe § 17 Rn 9 und § 21 Rn 3 f) dürfen gem. § 47 Abs. 1 S. 1 Nr. 1 AMG Arzneimittel an andere pharmazeutische Unternehmer und Großhändler abgeben. Allerdings hat der Abgebende zu prüfen, ob der zu Beliefernde tatsächlich ein pharmazeutischer Unternehmer oder Arzneimittelgroßhändler ist. Hierzu ist es erforderlich, dass sich der Abgebende entweder eine Kopie der Herstellerlaubnis nach § 13 AMG oder der Großhandelserlaubnis nach § 52a AMG vorlegen lässt. Für Großhändler ist dies in § 6 Abs. 1 AMGrHdlBetrV ausdrücklich vorgeschrieben (siehe § 22 Rn 13). Die Arzneimittel- und Wirkstoffherstellungsverordnung (AMWHV) enthält in § 17 Abs. 6 für pharmazeutische Unternehmen eine entsprechende Regelung für die Abgabe von Fertigarzneimitteln, wobei hier auch die Vorlage einer Einfuhrerlaubnis nach § 72 AMG ausreichend sein kann.

2. Krankenhäuser und Ärzte

Krankenhäuser und Ärzte dürfen von pharmazeutischen Unternehmen und Großhändlern unter den in § 47 Abs. 1 S. 1 Nr. 2 lit. a–g AMG abschließend aufgeführten Voraussetzungen direkt beliefert werden. Krankenhäuser sind nach der Definition des § 2 KHG Einrichtun-

---

36 Abgedruckt in Pharma Kodex, Band I.10.
37 Kloesel/Cyran, Arzneimittelrecht, § 47 AMG Erl. 3.
38 Rehmann, AMG, § 47 Rn 2; Sander, Arzneimittelrecht, § 47 AMG Erl. 2; aA Kloesel/Cyran, Arzneimittelrecht, § 47 AMG Erl. 3.

gen, in denen durch ärztliche und pflegerische Hilfeleistung Krankheiten, Leiden oder Körperschäden festgestellt, geheilt oder gelindert werden sollen oder Geburtshilfe geleistet wird und in denen die zu versorgenden Personen untergebracht und verpflegt werden können. Relevant ist § 47 Abs. 1 S. 1 Nr. 2 AMG nur für Krankenhäuser ohne eigene Krankenhausapotheke, denn an Krankenhausapotheken wäre eine Direktbelieferung ohnehin möglich.

Ärzte müssen gemäß der BÄO approbiert sein, da die Berufungsbezeichnung nur führen darf, wer gem. § 2 a BÄO als Arzt approbiert oder nach § 2 Abs. 2, 3 oder 4 BÄO zur Ausübung des ärztlichen Berufs befugt ist. Heilpraktiker sind, da sie in der Vorschrift nicht aufgeführt sind, vom Direktbezug mit Arzneimitteln ausgeschlossen. Dies hat auch das BVerwG bestätigt, da Heilpraktiker nicht die gleichen Voraussetzungen für eine Arzneimittelkontrolle erfüllen wie ein Arzt.[39]

a) Blutzubereitungen und Blutbestandteile

34 Blutzubereitungen und gentechnologisch hergestellte Blutbestandteile dürfen gem. § 47 Abs. 1 S. 1 Nr. 2 lit. a AMG unmittelbar an Ärzte und Krankenhäuser abgegeben werden (siehe § 32 Rn 53). Blutzubereitungen sind nach der Definition des § 4 Abs. 2 AMG Arzneimittel, die aus Blut gewonnene Blut-, Plasma- oder Serumkonserven, Blutbestandteile oder Zubereitungen aus Blutbestandteilen sind oder als Wirkstoffe enthalten (siehe unten § 32). Abzugrenzen sind die Blutzubereitungen von den Sera die in § 4 Abs. 3 AMG definiert sind. Inzwischen werden von Buchstabe a) auch ausdrücklich Gerinnungsfaktorenzubereitungen wie die überwiegend gentechnologisch hergestellten Faktor VIII Präparate für Bluter erfasst. Letztere dürfen von hämostaseologisch qualifizierten Ärzten direkt an die Patienten (Bluter) abgegeben werden. Tatsächlich gibt es jedoch keine derartige Qualifikation beispielsweise in Form einer Fachgebietsbezeichnung. Da die Regelung insgesamt auf Hämophiliezentren ausgerichtet ist, die die Präparate ihren Patienten zur ärztlich kontrollierten Selbstbehandlung mitgeben, erfüllt jeder Arzt, der schon einige Zeit in diesem Bereich tätig ist, die Qualifikation. Eine ärztlich kontrollierte Selbstbehandlung im Sinne des Gesetzes ist so zu verstehen, dass der Arzt dem Patienten bestimmte Vorgaben machen und deren Einhaltung in einer nachvollziehbaren Form kontrollieren muss.[40]

b) Gewebezubereitungen und tierisches Gewebe

35 Gewebezubereitungen oder tierisches Gewebe dürfen gem. § 47 Abs. 1 S. 1 Nr. 2 lit. b AMG ebenfalls direkt an Krankenhäuser und Ärzte abgegeben werden. Gewebe sind eine Untergruppe der Stoffe im Sinne des § 3 Nr. 3 AMG. Gewebe ist eine Ansammlung gleichartig oder unterschiedlich differenzierter Zellen einschließlich ihrer extrazellulären Matrix. Dabei lassen sich vier Grundgewebearten unterscheiden und zwar Epithelgewebe, Binde- und Stützgewebe, Muskelgewebe und Nervengewebe.[41] Mit der 15. AMG-Novelle ist der bis dahin verwendete Begriff „menschliches Gewebe" in Anpassung an die Definition in § 4 Abs. 30 AMG in „Gewebezubereitungen" geändert worden, da nur Gewebezubereitungen, die Gewebe iSd § 1 a Nr. 4 TPG enthalten, erfasst werden sollen (siehe § 33 Rn 3). Sinn der Regelung ist, dass zum Beispiel Frischzellpräparate die häufig tiefgekühlt versendet werden müssen, ohne Umwege zum anwendenden Arzt gelangen.

---

[39] BVerwGE 66, 367; vgl Hamburgisches OVG, Urt. v. 21.3.1984 – OVG Bf VII 2/83 in: Sander, Arzneimittelrecht, Entscheidungssammlung, § 47 AMG Nr. 3.
[40] Vgl Kloesel/Cyran, Arzneimittelrecht, § 47 AMG Erl. 11 a.
[41] Wikipedia, die freie Enzyklopädie und Der Brockhaus.

c) Infusionslösungen

Für die Direktabgabe von Infusionslösungen an Krankenhäuser oder Ärzte gem. § 47 Abs. 1 S. 1 Nr. 2 lit. c AMG ist Voraussetzung, dass diese in Packungsgrößen von mindestens 500 ml Inhalt abgegeben werden. Bei Infusionslösungen handelt es sich um eine Lösung zum Ersatz oder zur Korrektur von Körperflüssigkeit sowie Lösungen zur Hämodialyse und Peritonealdialyse, wobei die beiden letztgenannten Gruppen die größte Bedeutung haben. Ein Grund für die Direktbelieferung liegt darin, dass in Krankenhäusern erhebliche Mengen an Infusionslösungen benötigt werden und diese Mengen und die damit einhergehenden Gewichte bei einer Abwicklung über Apotheken mit logistischen Schwierigkeiten verbunden wären.[42] Da Peritonealdialysepatienten erhebliche Mengen an Peritonealdialyselösungen benötigen, gab es in der Vergangenheit eine von den Behörden in der Regel tolerierte Handhabung, wonach die Lieferung nicht an den Arzt, sondern in Abstimmung mit diesem direkt an den Patienten erfolgt ist. Diese nicht ganz mit der gesetzlichen Regelung im Einklang stehende praktikable Lösung wurde nun endlich mit der am 23.7.2009 in Kraft getretenen 15. AMG-Novelle gesetzlich geregelt. Nunmehr dürfen die Lösungen zur Peritonealdialyse auf Verschreibung eines nephrologisch qualifizierten Arztes im Rahmen der ärztlich kontrollierten Selbstbehandlung seiner Dialysepatienten direkt an diese abgegeben werden. Ebenso wie bei der Regelung des Buchst. a) (Blutzubereitung) gibt es auch hier keine entsprechende Fachgebietsbezeichnung, so dass hier Gleiches gilt wie vorstehend beim hämostaseologisch qualifizierten Arzt beschrieben (siehe Rn 34). Insgesamt ist die neue Regelung der schon länger im Gesetz befindlichen Regelung zu den Gerinnungsfaktorenzubereitungen nachgebildet, mit dem Unterschied, dass hier ausdrücklich durch den etwas abweichendem Wortlaut zu § 47 Abs. 1 S. 1 Nr. 2 lit. a) AMG geregelt ist, dass die Direktabgabe bei Vorliegen einer Verschreibung an die Dialysepatienten selbst erfolgen kann.

d) Zubereitungen zu Diagnosezwecken

Unter diese Ausnahmeregelung des § 47 Abs. 1 S. 1 Nr. 2 lit. d AMG fallen ausschließlich Diagnostika, die in Form von Injektionen oder Infusionen zur Anwendung gelangen. Oral zu applizierende Diagnostika fallen nicht darunter.[43]

e) Medizinische Gase

Da medizinische Gase in der Regel in Gastanks oder Stahlflaschen geliefert werden, ist mit der 8. AMG-Novelle der Direktvertrieb an Krankenhäuser und Ärzte in erster Linie aus praktischen und logistischen Erwägungen mit § 47 Abs. 1 S. 1 Nr. 2 lit. e AMG zugelassen worden. Bei dieser Ausnahmevorschrift ist ausdrücklich auch eine Abgabe an Heilpraktiker zulässig.

f) Radioaktive Arzneimittel

Die Direktabgabe von radioaktiven Arzneimitteln gem. § 47 Abs. 1 S. 1 Nr. 2 lit. f AMG ist infolge ihrer kurzen Haltbarkeit (Halbwertzeiten) und der einzuhaltenden besonderen Lagerungsbedingungen als zulässig geregelt worden.

g) Arzneimittel zur klinischen Prüfung

Arzneimittel, die den Hinweis „zur klinischen Prüfung bestimmt" tragen, der gem. § 10 Abs. 10 S. 2 AMG für Prüfpräparate vorgeschrieben ist, dürfen gem. § 47 Abs. 1 S. 1 Nr. 2

---

42 Vgl Sander, Arzneimittelrecht, § 47 AMG Erl. 9 mit anschaulichen Mengen- und Berechnungsbeispielen.
43 OLG München, Urt. v. 22.2.2001 – 29 U 4890/00, abgedruckt in Kloesel/Cyran, Arzneimittelrecht, unter E70.

lit. g AMG unmittelbar an die Prüfärzte und Krankenhäuser abgegeben werden. Dies gilt gleichermaßen für das Prüfpräparat, das Vergleichspräparat und gegebenenfalls auch das Placebopräparat. Da sowohl nach der Good-Clinical-Practice-Empfehlung der Europäischen Union als auch der ICH Guideline for Good Clinical Practice der Prüfarzt sicherzustellen hat, dass die in den Vorschriften genannten Einzelheiten gewährleistet sind, wird vielfach gefordert, die Prüfarzneimittel, sofern eine Lieferung unmittelbar an Krankenhäuser erfolgt, durch den Krankenhausapotheker, sofern vorhanden, überprüfen zu lassen.[44]

41 Lange Zeit strittig war die im Gesetz vorgeschriebene kostenlose Zurverfügungstellung der Prüfarzneimittel. Durch diese Regelung sollte erreicht werden, dass klinische Prüfungen nicht zulasten der gesetzlichen Krankenversicherung durchgeführt werden. Gegen diese mit der 5. AMG-Novelle eingeführte Beschränkung wurde seinerzeit Verfassungsbeschwerde eingelegt. Zunächst wurde durch das BVerfG die Regelung durch wiederholte einstweilige Anordnungen ausgesetzt.[45] Schließlich wurde dann mit Beschluss vom 14.3.2001 die Verfassungsbeschwerde nicht zur Entscheidung angenommen.[46]

Abgesehen davon, dass das AMG nicht das richtige Gesetz ist, um den Erstattungsumfang der gesetzlichen Krankenkassen zu regeln, lässt sich aus der Gesetzessystematik, wonach die Direktbelieferung von Prüfarzneimitteln nur zulässig ist, sofern sie kostenlos zur Verfügung gestellt werden, im Umkehrschluss ableiten, dass im Falle einer Auslieferung unter Einbeziehung der Apotheken eine Erstattung durch die Krankenkassen doch in Frage kommen könnte, sofern dies nach der Rechtsprechung des Bundessozialgerichtes zur Erstattung nicht zugelassener Arzneimittel ausnahmsweise der Fall sein kann.[47]

h) Blutegel und Fliegenlarven

42 Der mit der 15. AMG-Novelle neu eingefügte § 47 Abs. 1 S. 1 Nr. 2 lit. h AMG sieht vor, dass Blutegel und Fliegenlarven direkt abgegeben werden können, wobei auch ausdrücklich eine direkte Abgabe an Heilpraktiker zulässig ist.

i) Compassionate Use

43 Der ebenfalls mit der 15. AMG-Novelle hinzugekommene § 47 Abs. 1 S. 1 Nr. 2 lit. i AMG lässt nunmehr die Direktbelieferung von Arzneimitteln zur Anwendung beim Compassionate Use gem. § 21 Abs. 2 Nr. 6 AMG zu. Da die nach § 80 AMG zu erlassene Rechtsverordnung immer noch nicht vorliegt, kann man sich bisher nur nach den Anforderungen des Art. 83 VO (EG) Nr. 726/2004 richten. Weitere Empfehlungen und Kriterien hierzu enthält eine Empfehlung des Bundesinstitutes für Arzneimittel und Medizinprodukte.[48] Zu beachten ist, dass ebenfalls seit der 15. AMG-Novelle gem. § 21 Abs. 2 Nr. 6 AMG, die für den Compassionate Use vorgesehenen Arzneimittel unentgeltlich abgegeben werden müssen. Hier hat der Gesetzgeber erneut systemfremd eine Regelung zur Entlastung der gesetzlichen Krankenkassen im AMG anstatt im SGB V untergebracht.

3. Impfstoffe

44 In § 47 Abs. 1 S. 1 Nr. 3–3 c AMG sind Regelungen zur Direktabgabe für Impfstoffe (Definition § 4 Abs. 4 AMG) an Impfzentren und andere Einrichtungen des Infektionsschutzes

---

44 Vgl Kloesel/Cyran, Arzneimittelrecht, § 47 AMG Erl. 21 mit ausf. Erläuterungen.
45 BVerfG v. 15.9.1994, NJW 1995, 771; Beschl. v. 23.8.1996, BGBl. I, 1720; Beschl. v. 11.12.1998, BGBl. I, 3186; Beschl. v. 4.9.2000, BGBl. I,1474.
46 BVerfG, Beschl. v. 14.3.2001 – 1 BvR 1651/94 in: Kloesel/Cyran, Arzneimittelrecht, E. 68.
47 BSG v. 5.7.1995, NZS 1996, 169 – Remedacen; OLG Köln v. 30.5.1990 – 27 U 169/89, VersR 1991, 186 – Aciclovir.
48 Siehe <www.bfarm.de> mit Hinweisen zu Compassionate-Use-Programmen, aktualisiert 13.8.2009.

enthalten, um Schutzimpfungen oder andere Maßnahmen zur Bekämpfung von Pandemien, wie beispielsweise aktuell die Schweinegrippe (H1N1-Virus), sicherzustellen.

4. Veterinärbehörden und zentrale Beschaffungsstellen

§ 47 Abs. 1 S. 1 Nr. 4 und 5 AMG regeln die Direktbelieferung der nach Landesrecht zur Bekämpfung übertragbarer Tierkrankheiten zuständigen Behörden und der anerkannten zentralen Beschaffungsstellen, wie das Rote Kreuz.[49]

5. Tierärzte

Nach § 47 Abs. 1 S. 1 Nr. 6 AMG dürfen Tierärzte als Pendant zu dem im § 43 Abs. 4 AMG geregelten Dispensierrecht durch pharmazeutische Unternehmer und Großhändler direkt beliefert werden. Der Empfänger muss gem. §§ 2, 4 BTÄO als Tierarzt approbiert oder zur Ausübung des tierärztlichen Berufs befugt sein. Hiervon hat sich der pharmazeutische Unternehmer oder Großhändler zu vergewissern. § 47 Abs. 1 a AMG schreibt insoweit vor, dass pharmazeutische Unternehmer und Großhändler die Arzneimittel an die berechtigten Empfänger erst abgeben dürfen, wenn ihnen eine Bescheinigung der zuständigen Aufsichtsbehörde vorgelegt worden ist, wonach die Empfänger ihrer Anzeigepflicht nach § 67 AMG nachgekommen sind. Hierdurch soll sichergestellt werden, dass die Lieferung nicht an unberechtigte Empfänger gelangt.

§ 47 Abs. 1 b und 1 c AMG enthalten weitergehende Regelungen zu **Nachweispflichten** im Zusammenhang mit der Lieferung von Tierarzneimitteln. Für bestimmte Arzneimittel sind Meldungen an das vom deutschen Institut für Medizinische Dokumentation und Information (DIMDI) geführte datenbankgestützte Informationssystem gem. § 67 a AMG vorzunehmen. Mit der 15. AMG-Novelle ist nunmehr geregelt worden, dass diese Meldung einmal im Jahr bis zum 31.3. über die im vorangegangenen Kalenderjahr vorgenommenen Lieferungen von bestimmten Arzneimitteln, die in § 47 Abs. 1 c S. 1 Nr. 1–3 AMG aufgeführt sind, zu erfolgen hat. Die Einzelheiten sollen in einer Rechtsverordnung niedergelegt werden, wobei bestimmte Vorgaben, wie die Angabe der Zulassungsnummern, der abgegebenen Arzneimittel und die Verpflichtung, die ersten beiden Ziffern der Postleitzahlen der empfangenden Tierärzte anzugeben, bereits in § 47 Abs. 1 c S. 2 Nr. 2 lit. a und b AMG enthalten sind.

Der Direktbezug ist mittlerweile auf Fertigarzneimittel beschränkt, so dass die erlaubnisfreien Herstellungsmöglichkeiten des Tierarztes, die in § 13 Abs. 2 Nr. 3 lit. a–e AMG geregelt sind, weiter eingeschränkt sind. Weitere Voraussetzung ist schließlich, dass der Tierarzt eine tierärztliche Hausapotheke betreibt und die Arzneimittel nur zur Anwendung an den von ihm behandelten Tieren und zur Abgabe an deren Halter verwendet werden.

6. Zahnärzte

§ 47 Abs. 1 S. 1 Nr. 7 AMG lässt eine Direktbelieferung von Fertigarzneimitteln, die ausschließlich in der Zahnheilkunde bei der Behandlung von Patienten Anwendung finden, direkt an Zahnärzte und Dentisten zu.

7. Forschungseinrichtungen und Hochschulen

§ 47 Abs. 1 S. 1 Nr. 8 und 9 AMG regeln die Direktbelieferung von Forschungseinrichtungen und Hochschulen. Forschungseinrichtungen denen nach § 3 BtMG durch die Bundesopiumstelle eine entsprechende Erlaubnis erteilt worden ist, dürfen Betäubungsmittel direkt

---

[49] Vgl Kloesel/Cyran, Arzneimittelrecht, § 47 AMG Erl. 29 mit einer Liste der aktuell anerkannten 20 Beschaffungsstellen (Erl. 30).

beziehen. Hochschulen dürfen zu Ausbildungszwecken für die Fachbereiche Pharmazie und Veterinärmedizin Arzneimittel direkt beziehen.

II. Verwendungsbeschränkung

50 Da bei der Direktbelieferung keine Mengenbegrenzung gegeben ist, regelt § 47 Abs. 2 AMG, dass die in § 47 Abs. 1 S. 1 Nr. 5–9 AMG bezeichneten Empfänger (Beschaffungsstellen, Tierärzte und Zahnärzte) die Arzneimittel nur für den eigenen Bedarf im Rahmen der Erfüllung ihrer Aufgaben beziehen dürfen, dh, ausgenommen ist nach der Formulierung ausdrücklich ein Direktbezug zur Deckung des persönlichen Bedarfs der in den Impfzentren tätigen Personen bzw der Tierärzte oder Zahnärzte.

III. Muster von Fertigarzneimitteln

51 Muster von Fertigarzneimitteln sind entsprechend § 10 Abs. 1 Nr. 11 AMG als „unverkäufliches Muster" gekennzeichnete Fertigarzneimittel in der kleinsten Packungsgröße. Die kleinste Packungsgröße ergibt sich in der Regel aus dem Zulassungsbescheid, gemeint ist aber die kleinste im Handel befindliche Packungsgröße (siehe § 21 Rn 21). Muster dürfen nur an die in § 47 Abs. 3 Nr. 1–3 AMG angegebenen Empfänger abgegeben werden. Dies sind in erster Linie Ärzte, Zahnärzte und Tierärzte. Die in Nr. 2 aufgeführten anderen Personen sind hauptsächlich Heilpraktiker, die entsprechend der dort vorgesehenen Regelung jedoch von verschreibungspflichtigen Arzneimitteln keine Muster erhalten dürfen. Da die Musterabgabe insbesondere dem Zweck dient, dass sich der Arzt mit dem jeweiligen Arzneimittel vertraut macht, ist die mengenmäßige Abgabe von Mustern begrenzt, damit der Arzt nicht die Möglichkeit hat, durch die kostenlose Abgabe der Muster an Patienten in unsachgerechter Weise für sich oder bestimmte Arzneimittel oder pharmazeutische Unternehmen zu werben. Deshalb dürfen pro Jahr von einem Fertigarzneimittel nicht mehr als zwei Muster an einen Arzt abgegeben werden.

Voraussetzung der Abgabe gem. § 47 Abs. 4 AMG ist, dass eine **schriftliche Anforderung** des Arztes vorliegt, wobei es auch als ausreichend anzusehen sein sollte, wenn beispielsweise die Sprechstundenhilfe die Anforderung für den Arzt in seinem Auftrag vornimmt und mit dem Praxisstempel versieht.[50] Zu beachten ist, dass Apotheker ausdrücklich nicht zu dem Kreis der Empfangsberechtigten für Arzneimittelmuster gehören. Dies hat dazu geführt, dass teilweise die Zulässigkeit der Abgabe von Arzneimittelproben an diesen Personenkreis erwogen wird. Arzneimittelproben sind in der Regel Packungen in kleineren Einheiten als die kleinste Packungsgröße, die für den Endverbraucher (Patienten) bestimmt sind. Dem steht jedoch die Vorschrift des § 7 Abs. 1 Nr. 2 HWG entgegen.[51]

Im Falle eines Arzneimittels, das im **Mitvertrieb** (siehe § 5 Rn 12 f) von mehreren pharmazeutischen Unternehmern in Verkehr gebracht wird, können selbstverständlich von jedem pharmazeutischen Unternehmer zwei Muster pro Jahr auf entsprechende schriftliche Anforderung des Arztes abgegeben werden, da nach der Gesetzessystematik nicht der die Muster anfordernde Arzt Adressat der Vorschrift ist, sondern der jeweilige pharmazeutische Unternehmer.[52]

52 Über die Empfänger der Muster sowie über die Art und Weise der Abgabe sind gem. § 47 Abs. 4 AMG entsprechende **Nachweise** zu führen und der zuständigen Aufsichtsbehörde auf

---

50 So auch Sander, Arzneimittelrecht, § 47 AMG Erl. 20; aA Kloesel/Cyran, Arzneimittelrecht, § 47 AMG Erl. 52 und Rehmann, AMG, § 47 Rn 17.
51 Vgl Doepner, HWG, § 7 Rn 27, Warenmuster und -proben; Gröning/Weihe-Gröning, Heilmittelwerberecht, § 7 HWG Rn 14.
52 Siehe auch Sander, Arzneimittelrecht, § 47 AMG Erl. 20.

Verlangen vorzulegen. Hiermit korrespondierend haben die Pharmareferenten, soweit eine Abgabe der Muster durch sie erfolgt, gem. § 76 Abs. 2 AMG über die Abgabe der Muster entsprechende Nachweise zu führen, die auf Verlangen ebenfalls der zuständigen Aufsichtsbehörde vorzulegen sind. Wichtig ist, dass zusammen mit den angeforderten Mustern immer die dazugehörige Fachinformation abzugeben ist. Aus der Formulierung in § 76 Abs. 2 AMG „soweit der Pharmaberater vom pharmazeutischen Unternehmer beauftragt wird, Muster von Arzneimitteln abzugeben" ist ersichtlich, dass die Musterabgabe nicht nur auf diesem Wege erfolgen kann, sondern auch im Wege des Postversandes oder durch Unternehmen, die sich auf den Versand von Arzneimittelmustern für pharmazeutische Unternehmer spezialisiert haben. Ausgenommen von der Musterregelung sind die verkehrsfähigen Betäubungsmittel im Sinne des § 2 BtMG, die in den Anlagen II und III zu dieser Vorschrift aufgeführt sind. Seit der 15. AMG-Novelle sind auch die Arzneimittel nach § 48 Abs. 2 S. 3 AMG, deren Verschreibung besondere Sicherheitsanforderungen erfordert und die nur auf Sonderrezept verschrieben werden dürfen, wie zB die thalidomidhaltigen Präparate von der Musterregelung ausdrücklich ausgenommen.

Ausgenommen von der Musterregelung sind gem. § 47a Abs. 3 und § 47 Abs. 2 AMG ausdrücklich auch die zum Schwangerschaftsabbruch und zur substitutionsgestützten Behandlung zugelassenen diamorphinhaltigen Arzneimittel.

D. Sondervertriebsweg nach § 47a und § 47b AMG
I. Arzneimittel zum Schwangerschaftsabbruch

Mit § 47a AMG ist ein Sondervertriebsweg für Arzneimittel, die zur Vornahme eines Schwangerschaftsabbruchs zugelassen sind, eingeführt worden. Die erstmalige Zulassung und Inverkehrbringung eines derartigen Präparates ist politisch und gesellschaftlich höchst umstritten gewesen. Bisher ist nur ein Arzneimittel zum medikamentösen Schwangerschaftsabbruch in Deutschland und Europa zugelassen und zwar Mifegyne, auch als „RU 486" bekannt. Bereits nach dem Zulassungsbescheid ist der medikamentöse Schwangerschaftsabbruch nur unter Beachtung besonderer Vorsichtsmaßnahmen erlaubt. **53**

Zur Flankierung dieser Sicherheitsmaßnahmen bei der Anwendung sieht § 47a Abs. 1 AMG vor, dass solche Arzneimittel nicht den allgemeinen Vertriebsweg von Arzneimitteln über Großhandel und Apotheken durchlaufen, sondern ausschließlich vom pharmazeutischen Unternehmer an Einrichtungen gem. § 13 SchKG abgegeben werden dürfen, die berechtigt sind, Schwangerschaftsabbrüche vorzunehmen. Nach dem Wortlaut der Vorschrift ist nicht nur das Abgeben an andere Personen untersagt, sondern jegliche Inverkehrbringung im Sinne des § 4 Abs. 17 AMG, also auch bereits das Feilhalten oder Feilbieten (siehe § 17 Rn 9 f). Dementsprechend darf eine Inverkehrbringung auch nicht durch einen anderen pharmazeutischen Unternehmer erfolgen, sondern nur durch den Zulassungsinhaber (siehe § 5 Rn 7 und § 17 Rn 2) oder Mitvertreiber (siehe § 5 Rn 12) selbst. **54**

Sinn und Zweck der Sonderregelung ist es, zu verhindern, dass andere Personen als der pharmazeutische Unternehmer und die zum Schwangerschaftsabbruch berechtigten Einrichtungen in Besitz der Arzneimittel gelangen. Um dieses Ziel zu erreichen sieht § 47a Abs. 2 AMG noch weitere Bedingungen und Kontrollen vor. So muss der pharmazeutische Unternehmer die einzelnen Packungen fortlaufend nummerieren. Ohne eine entsprechende Kennzeichnung zusätzlich zu den nach § 10 Abs. 1 AMG vorgeschriebenen Angaben darf das Arzneimittel nicht abgegeben werden. Der pharmazeutische Unternehmer hat gem. § 3 AMVV auf Original und Durchschrift der Verschreibung die fortlaufende Nummer der abgegebenen Packung einzutragen. Die Durchschrift der Verschreibung ist zusammen mit dem Arzneimittel der den Schwangerschaftsabbruch vornehmenden Einrichtung zuzustellen. Das Original verbleibt bei dem pharmazeutischen Unternehmer und ist von diesem zeitlich geordnet fünf Jahre lang aufzubewahren und auf Verlangen der zuständigen Aufsichtsbehörde vorzulegen.

55 § 47a Abs. 2a AMG fordert darüber hinaus eine **besondere Lagerhaltung** sowohl durch den pharmazeutischen Unternehmer als auch durch die den Schwangerschaftsabbruch vorzunehmende Einrichtung. Sie müssen nicht nur von anderen Arzneimitteln getrennt gelagert werden, sondern zusätzlich auch gegen unbefugte Entnahme gesichert sein. Es bedarf daher einer zusätzlichen Sicherung beispielsweise in einem abschließbaren Behältnis, das nicht nur Schutz gegen Diebstahl bietet, sondern auch einen Zugriff durch nicht befugte Mitarbeiter ausschließt.

56 § 47a Abs. 3 AMG bestimmt, dass die §§ 43 und 47 AMG auf die zum Schwangerschaftsabbruch bestimmten Arzneimittel keine Anwendung finden. In Bezug auf die in § 43 AMG geregelte Abgabe durch Apotheken kommt dieser Bestimmung nur noch einmal klarstellende Wirkung zu, denn es ergibt sich bereits aus Abs. 1, dass eine Abgabe an Apotheken ausgeschlossen ist. Dass die in § 47 AMG enthaltene Direktabgabe an Ärzte, Krankenhäuser und sonstige Institute und die Musterregelung für derartige Arzneimittel nicht zur Anwendung gelangt, ist nahe liegend und sachgerecht.

II. Diamorphin

57 Nach § 47b AMG dürfen diamorphinhaltige Fertigarzneimittel zur substitutionsgestützten Behandlung von pharmazeutischen Unternehmern nur an anerkannte Einrichtungen iSd § 13 Abs. 3 S. 2 Nr. 2a BtMG und nur auf Verschreibung eines dort tätigen Arztes abgegeben werden. Apotheken, Großhandel und andere pharmazeutische Unternehmer außer dem Zulassungsinhaber und Mitvertreiber sind hier ebenfalls vom Vertriebsweg ausgenommen. Ausgeschlossen ist in gleicher Weise eine Musterabgabe.

§ 25 Verschreibungspflichtige Arzneimittel

Literatur: *Guttau/Winnands*, Verschreibungspflicht zentral zugelassener Arzneimittel, PharmR 2009, 274; *Helios/Eckstein*, Grundsätze der Abgabe von verschreibungspflichtigen Arzneimitteln in Notfällen, PharmR 2002, 130; *Pabel*, Die Verschreibungspflicht von Arzneimitteln nach dem Änderungsgesetz 2009, PharmR 2009, 499.

A. Einführung	1	C. Inhalt der Rechtsverordnung	10
B. Verschreibungspflicht	2	D. Aufhebung der Verschreibungspflicht	14
I. Verschreibungsberechtigung	2	E. Höchstmengen	15
II. Formerfordernisse	3	F. Wiederholbarkeit der Abgabe	16
III. Rezeptvorlage und Kennzeichnung	4	G. Beschränkung der Veschreibungsberechtigung	17
IV. Verschreibungspflichtige Medizinprodukte	5	H. Sonderrezepte	18
V. Kategorien der verschreibungspflichtigen Arzneimittel	6	I. Beschränkung der Verschreibungspflicht	19
VI. Verordnungsermächtigung	9	J. Verstöße gegen die Verschreibungspflicht	20

A. Einführung

Bis zur 14. AMG-Novelle war die Verschreibungspflicht in den §§ 48 und 49 AMG geregelt, wobei § 48 AMG die Fälle der Anordnung der Verschreibungspflicht durch Verordnung und § 49 AMG die sog. automatische Verschreibungspflicht bei neuen Stoffen enthielt. Mit der 14. AMG-Novelle wurden die beiden Vorschriften entsprechend der amtlichen Begründung aus Gründen der Verfahrensvereinfachung zu einer Vorschrift zusammengefasst, so dass die Verschreibungspflicht für Arzneimittel nunmehr nur noch in einer einzigen Verordnung geregelt ist, deren Anlage regelmäßig dem Stand der wissenschaftlichen Erfahrung und Erkenntnis angepasst wird. Mit der am 23.7.2009 in Kraft getretenen 15. AMG-Novelle wurden einige handwerkliche Fehler der 14. AMG-Novelle, wie beispielsweise die für neue Stoffe eingetretene Lücke bis zur Aufnahme in der Rechtsverordnung, beseitigt. 1

B. Verschreibungspflicht

I. Verschreibungsberechtigung

Verschreibungsberechtigt sind nur approbierte Ärzte, Zahnärzte und Tierärzte sowie Ärzte 2 aus einem anderen Mitgliedstaat der EU. Nach § 48 Abs. 3 S. 2 AMG kann auch eine Ausnahme von der Verschreibungspflicht für die Abgabe an Hebammen und Entbindungspfleger vorgesehen werden, soweit dies für eine ordnungsgemäße Berufsausübung erforderlich ist. Dies bezieht sich in erster Linie auf krampflösende oder schmerzstillende Arzneimittel. Die Verschreibungsbefugnis der Ärzte ist auf den jeweiligen Bereich begrenzt, dh ein Humanmediziner darf keine Tierarzneimittel verschreiben.[1]

II. Formerfordernisse

Nach § 48 Abs. 1 AMG dürfen die nach Ziffer 1, 2 oder 3 als verschreibungspflichtig ein- 3 gestuften Arzneimittel nur bei Vorliegen einer ärztlichen, zahnärztlichen oder tierärztlichen Verschreibung, dh auf Rezept, an Verbraucher abgegeben werden. Die Anforderungen an eine ordnungsgemäße Verschreibung sind auf Grundlage von § 48 Abs. 2 Nr. 7 AMG in § 2 Abs. 1 Nr. 1–10 AMVV geregelt. So muss eine Verschreibung den Namen, die Berufsbezeichnung und die Anschrift des verschreibenden Arztes, das Datum der Ausfertigung, den Namen und das Geburtsdatum des Patienten sowie die Bezeichnung des Arzneimittels, die Darreichungsform, die abzugebende Menge, dh die Packungsgröße, die Gültigkeitsdauer

---
[1] Kloesel/Cyran, Arzneimittelrecht, § 1 AMVV Erl. 8.

der Verschreibung und schließlich die eigenhändige Unterschrift des Verschreibenden, enthalten. Für Rezepturarzneimittel, dh für Arzneimittel, die nach der Verschreibung eines Arztes in der Apotheke hergestellt werden sollen, bedarf es noch weiterer Angaben wie die Zusammensetzung nach Art und Menge. Insoweit muss die Verschreibung nach § 2 Abs. 1 Nr. 4 a AMVV alle für die Herstellung des Arzneimittels erforderlichen Angaben über die Wirkstoffe nach Art und Menge und eigentlich auch der Hilfsstoffe enthalten, die zur Herstellung des Arzneimittels durch den Apotheker erforderlich sind. Die in § 2 Abs. 1 AMVV enthaltenen zwingenden Formvorschriften dienen der Identifizierung des Verschreibenden und der klaren Bestimmung des verschriebenen Arzneimittels. So ist die Bezeichnung eines Arzneimittels ein ganz wesentliches Identitätsmerkmal, das durch die Angabe der Darreichungsform Tabletten, Dragees, Kapseln etc. noch weiter konkretisiert wird. Ein Rezept, das den vorgenannten Formvorschriften nicht genügt, darf vom Apotheker nach § 17 Abs. 4 ApBetrO nicht ausgeführt werden. Fehlt hingegen bei Fertigarzneimitteln die Angabe der Menge des verschriebenen Arzneimittels, so gilt gem. § 2 Abs. 4 AMVV immer die kleinste Packung als verschrieben, was dann in der Regel die N 1-Packungsgröße ist.

III. Rezeptvorlage und Kennzeichnung

4 Mittlerweile kann eine Verschreibung nicht nur schriftlich, sondern auch in **elektronischer Form** erfolgen. Die entsprechende Regelung findet sich in § 2 Abs. 1 Nr. 10 und Abs. 7 AMVV. Hierdurch soll die Anforderung verschreibungspflichtiger Arzneimittel durch Krankenhäuser erleichtert werden.[2] Außer im Fall der elektronischen Verschreibung bedarf es gem. § 1 AMVV immer der Vorlage der Verschreibung im Original. Der Apotheker muss daher darauf bestehen, dass ihm die Verschreibung im Original vorgelegt wird. Auf eine Nachreichung des Rezeptes darf sich ein Apotheker an und für sich nicht einlassen, wenngleich dies in der Praxis bei dem Apotheker gut bekannten und als zuverlässig erwiesenen Kunden durchaus schon einmal geschieht. In einem Notfall kann der Apotheker, wenn ihm aufgrund seiner Ausbildung erkennbar ist, dass ein Patient ein verschreibungspflichtiges Arzneimittel dringend benötigt und ein verschreibungsberechtigter Arzt zB wegen Wochenende, Urlaubszeit etc. nicht oder nicht rechtzeitig erreicht werden kann, ausnahmsweise einmal von der Vorlage eines Rezeptes absehen.[3]

Verschreibungspflichtige Fertigarzneimittel müssen nach § 10 Abs. 1 Nr. 10 AMG auf den Behältnissen und – soweit verwendet – auf den äußeren Umhüllungen in gut lesbarer Schrift den Hinweis „Verschreibungspflichtig" tragen, so dass verschreibungspflichtige Arzneimittel jederzeit und ohne weiteres als solches zu erkennen sind.

IV. Verschreibungspflichtige Medizinprodukte

5 Verschreibungspflichtig können nicht nur alle Arzneimittel gem. § 2 Abs. 1 und 2 AMG sein, sondern auch Medizinprodukte (siehe § 2 Rn 24). Welche Medizinprodukte der Verschreibungspflicht unterliegen, ergibt sich aus der Verordnung über die Verschreibungspflicht von Medizinprodukten (MPVerschreibV).

V. Kategorien der verschreibungspflichtigen Arzneimittel

6 § 48 Abs. 1 AMG sieht drei Kategorien von verschreibungspflichtigen Arzneimitteln vor. Zum einen gibt es die verschreibungspflichtigen Arzneimittel, die Stoffe oder Zubereitungen aus Stoffen enthalten oder Gegenstände sind, die in der Rechtsverordnung gemäß Nr. 1

---

2 Vgl Kloesel/Cyran, Arzneimittelrecht, § 2 AMVV Erl. 33.
3 Weitere Einzelheiten bei Kloesel/Cyran, Arzneimittelrecht, § 1 AMVV Erl. 23.

enthalten sind, und dies macht sicherlich die Mehrzahl aus. Die zweite Gruppe gemäß Nr. 2 sind alle nicht ohnehin schon unter Nr. 1 fallenden Tierarzneimitteln zur Anwendung bei Tieren, die der Gewinnung von Lebensmitteln dienen (siehe § 38 Rn 11 f). Die letzte Gruppe gemäß Nr. 3 sind Arzneimittel im Sinne des § 2 Abs. 1 oder Abs. 2 Nr. 1 AMG, die Stoffe mit in der medizinischen Wissenschaft nicht allgemein bekannten Wirkungen oder Zubereitungen solcher Stoffe enthalten, was praktisch der alten Regelung des § 49 AMG zur automatischen Verschreibungspflicht entspricht. Insoweit stellt § 48 Abs. 1 S. 3 AMG klar, dass § 48 Abs. 1 Nr. 3 AMG auch für Arzneimittel gilt, die Zubereitungen aus in ihren Wirkungen allgemein bekannten Stoffen sind, wenn die Wirkung dieser Zubereitungen in der medizinischen Wissenschaft nicht allgemein bekannt ist, es sei denn, dass die Wirkung nach Zusammensetzung, Dosierung, Darreichungsform oder Anwendungsgebiet der Zubereitung bestimmbar ist.

Mit der in § 48 Abs. 1 Nr. 3 AMG enthaltenen Regelung, die mit der 15. AMG-Novelle aufgenommen worden ist, wird eine Lücke geschlossen, die früher vereinzelt mit der Zulassungserteilung für ein Arzneimittel mit einem neuen Stoff entstanden ist, da nach der alten Regelung das Arzneimittel erst mit Aufnahme in die Rechtsverordnung verschreibungspflichtig wurde. Nach der unverändert gebliebenen Regelung in § 48 Abs. 1 Nr. 1 AMG unterfällt ein Stoff nur dann der Verschreibungspflicht, wenn er von der Verordnung erfasst ist. Nunmehr gilt mit Zulassungserteilung für einen neuen Stoff ohne weiteres die Regelung gemäß Nr. 3, so dass es nun wieder eine automatische Verschreibungspflicht für neue Stoffe gibt. Die ebenfalls mit der 15. AMG-Novelle neu eingeführte Regelung in § 48 Abs. 1 S. 5 AMG regelt, dass mit Aufnahme der betreffenden Stoffe in die Verordnung die Verschreibungspflicht nach der Verordnung gilt. Anders als bei der früheren automatischen Verschreibungspflicht enthält die Regelung nunmehr auch keine zeitliche Limitierung mehr. **7**

Die mit der 15. AMG-Novelle in § 48 Abs. 1 AMG eingefügten Sätze 3 und 4, die weitere Einzelheiten zu den neuen Stoffen gemäß Nr. 3 enthalten, entsprechen der bis dahin in § 48 Abs. 2 Nr. 1 AMG enthaltenen Regelung. Danach können mit der Verordnung auch Zubereitungen aus bekannten Stoffen als verschreibungspflichtig eingestuft werden, soweit sie in der medizinischen Wissenschaft **nicht allgemein bekannte Wirkungen** haben. "Zubereitungen eines Stoffes" sind Erzeugnisse aus Stoffen, die in den Erzeugnissen noch ganz oder teilweise enthalten sind.[4] **8**

Ob die Wirkungen eines Stoffes in der medizinischen Wissenschaft allgemein bekannt sind, kann unter Heranziehung der Rechtsprechung und Literatur zum *well-established medicinal use* im Sinne des § 22 Abs. 3 Nr. 1 AMG beantwortet werden. Danach ist ein Wirkstoff bekannt, wenn er seit mindestens zehn Jahren in der Europäischen Union allgemein medizinisch oder tiermedizinisch verwendet wird.[5] Allerdings ist die Zehnjahresfrist vorliegend nicht wirklich von Relevanz, da diese Frist in § 22 Abs. 3 Nr. 1 AMG bei der Frage der Zulassungserleichterung vorwiegend dem Schutz der innovativen Firmen dient. Die Frage der Verschreibungspflicht lässt jedoch die Interessen der innovativen Firmen unberührt, so dass ein Wirkstoff im Einzelfall auch bei kürzerer Verwendung als bekannt angesehen werden kann.

Die Formulierung des § 48 Abs. 1 S. 3 AMG entspricht der Formulierung des § 22 Abs. 3 Nr. 3 AMG mit der Ausnahme, dass dort statt von einer Zubereitungen von einer neuen Kombination bekannter Bestandteile die Rede ist. Wenn bei einer neuen Zubereitung, dh neuen Kombination, die Wirksamkeit und Unbedenklichkeit des Arzneimittels nach Zusammensetzung, Dosierung, Darreichungsform und Anwendungsgebieten aufgrund wissenschaftlichen Erkenntnismaterials bestimmbar ist, kann ausnahmsweise auch die neue Zube-

---

[4] Vgl Kloesel/Cyran, Arzneimittelrecht, § 2 AMG Erl. 18.
[5] Vgl Kloesel/Cyran, Arzneimittelrecht, § 22 AMG Erl. 89.

reitung (Kombination) nicht verschreibungspflichtig sein, wenn sich die Wirksamkeit und Unbedenklichkeit aus den Unterlagen über die einzelnen Bestandteile wissenschaftlich ableiten lässt.[6]

VI. Verordnungsermächtigung

9 Mit § 48 Abs. 2 Nr. 1 AMG wird das Bundesministerium für Gesundheit ermächtigt, im Einvernehmen mit dem Bundesministerium für Wirtschaft und Technologie durch Rechtsverordnung mit Zustimmung des Bundesrates Stoffe oder Zubereitungen aus Stoffen zu bestimmen, bei denen die Voraussetzungen nach § 48 Abs. Nr. 3 AMG auch in Verbindung mit Satz 3 vorliegen bzw die unter die Regelung des § 48 Abs. 2 Nr. 2 lit. a–c AMG fallen.

C. Inhalt der Rechtsverordnung

10 Dies ist durch die Verordnung über die Verschreibungspflicht von Arzneimitteln (AMVV) vom 21.12.2005 geschehen, die bei Bedarf geändert, dh in erster Linie in der Anlage ergänzt wird. Die Anlage der Verordnung enthält nunmehr gem. § 48 Abs. 2 Nr. 1 AMG Stoffe und Zubereitungen mit in der medizinischen Wissenschaft nicht allgemein bekannten Wirkungen und gem. § 48 Abs. 2 Nr. 2 AMG Stoffe und Zubereitungen, die die Gesundheit auch bei bestimmungsgemäßen Gebrauch gefährden können, wenn sie ohne ärztliche Überwachung angewendet werden oder die häufig in erheblichem Umfang nicht bestimmungsgemäß gebraucht werden.

11 Der **bestimmungsgemäße Gebrauch** iSd § 48 Abs. 2 Nr. 2 AMG richtet sich vorwiegend nach der vom pharmazeutischen Unternehmer vorgegebenen Gebrauchsinformation, insbesondere im Hinblick auf die zugelassenen Indikationen, die Art und Weise der Anwendung und die zu beachtenden Kontraindikationen.[7] Die Verschreibungspflicht für Arzneimittel, die auch bei bestimmungsgemäßem Gebrauch die Gesundheit gefährden können, soll sicherstellen, dass ihre Anwendung unter ärztlicher Kontrolle erfolgt, damit der Arzt zum einen die Patienten auf die entsprechenden Risiken besonders hinweisen kann und zum anderen im Falle ihres Auftretens sofort die erforderlichen Maßnahmen bis hin zum Therapieabbruch ergreifen kann.

12 Eine *unmittelbare* Gesundheitsgefährdung erfolgt in erster Linie durch Nebenwirkungen, wie sie in § 4 Abs. 13 AMG definiert sind. Eine *mittelbare* Gesundheitsgefährdung iSd § 48 Abs. 2 Nr. 2 lit. a und b AMG bedeutet, dass der Stoff oder die Zubereitung zwar keine unmittelbar schädliche Wirkung auf die Gesundheit hat, aber dazu geeignet ist, Spätfolgen zu verursachen. So kann beispielsweise die unsachgemäße Anwendung von Antibiotika zu Resistenzbildungen führen, die sich erst später auswirken, wenn wirklich ein Antibiotikum benötigt wird, das dann nicht mehr wirkt.[8]

13 Arzneimittel, die das Risiko eines Missbrauchs in sich bergen, sind in erster Linie Arzneimittel, denen ein Gewöhnungs- oder Abhängigkeitspotenzial innewohnt, wie Anregungs- oder Wachhaltemittel.[9]

Ein nicht bestimmungsgemäßer Gebrauch, der in erheblichem Umfang stattfindet und nach § 48 Abs. 2 Nr. 2 lit. b AMG ebenfalls eine Unterstellung unter die Verschreibungspflicht rechtfertigt, liegt demnach vor, wenn bekanntermaßen eine Anwendung entgegen der Hinweise des pharmazeutischen Unternehmers in der Gebrauchsinformation und insbesondere außerhalb des Anwendungsgebietes stattfindet.

---

6 Vgl Kloesel/Cyran, Arzneimittelrecht, § 22 AMG Erl. 94.
7 Vgl Kloesel/Cyran, Arzneimittelrecht, § 5 AMG Erl. 17.
8 Kloesel/Cyran, Arzneimittelrecht, 48 AMG Erl. 21 mit weiteren Beispielen.
9 Kloesel/Cyran, Arzneimittelrecht, § 48 AMG Erl. 23; Rehmann, AMG, § 48 Rn 8.

D. Aufhebung der Verschreibungspflicht

Nach § 48 Abs. 2 Nr. 3 AMG kann durch Rechtsverordnung die Verschreibungspflicht eines Arzneimittels wieder aufgehoben werden, wenn die Gründe zur Unterstellung unter die Verschreibungspflicht nicht oder nicht mehr vorliegen, dh, wenn entweder der nicht bestimmungsgemäße Gebrauch zurückgegangen ist, oder sich eine als möglich erachtete Gesundheitsgefährdung beim bestimmungsgemäßen Gebrauch nicht bewahrheitet hat. 14

Für die Stoffe, die mit Zulassungserteilung automatisch gem. § 48 Abs. 1 Nr. 3 AMG der Verschreibungspflicht unterfallen, kann die Aufhebung der Verschreibungspflicht gemäß § 48 Abs. 2 Nr. 3 Hs 2 AMG frühestens drei Jahre nach Inkrafttreten der Rechtsverordnung, mit der die Stoffe ausdrücklich in die Rechtsverordnung aufgenommen worden sind, wieder aufgehoben werden.

E. Höchstmengen

Nach § 48 Abs. 2 Nr. 4 AMG können für bestimmte Arzneimittel, für die bereits eine Verschreibungspflicht angeordnet worden ist, zusätzlich Höchstmengen für den Einzel- und Tagesgebrauch festgelegt werden. Bei diesen Stoffen, bei denen eine Höchstmengenbegrenzung besteht, ist der Apotheker als Adressat der Vorschrift verpflichtet, die Rezeptangaben zu prüfen und auf die Einhaltung der Vorschrift zu achten. Der behandelnde Arzt kann im Rahmen seiner Therapiefreiheit diese Höchstmengen überschreiten. Er muss dann jedoch die Überschreitung auf dem Rezept ausdrücklich kenntlich machen, damit der Apotheker eine Abgabe vornehmen kann.[10] 15

F. Wiederholbarkeit der Abgabe

§ 48 Abs. 2 Nr. 5. AMG sieht vor, dass der Verordnungsgeber die wiederholte Abgabe eines verschreibungspflichtigen Arzneimittels auf nur eine Verschreibung hin ausschließen kann. Von dieser Ermächtigung hat der Verordnungsgeber durch § 4 Abs. 3 AMVV Gebrauch gemacht. Aufgrund dieser Vorschrift ist die wiederholte Abgabe von verschreibungspflichtigen Arzneimitteln auf ein und dasselbe Rezept hin unzulässig. Sinn dieser Regelung ist, dass nicht der Patient selbst, sondern nur der Arzt, über eine Wiederholung der Anwendung entscheidet. Der Arzt hat jedoch die Möglichkeit, dem Patienten entweder mehrere Rezepte für das verschriebene Arzneimittel mitzugeben oder auf einem Rezept eine größere Arzneimittelmenge, die für einen längeren Zeitraum ausreicht, zu verordnen.[11] 16

G. Beschränkung der Verschreibungsberechtigung

§ 48 Abs. 2 Nr. 6 AMG eröffnet die Möglichkeit, die Verschreibungsberechtigung auf bestimmte Fachärzte oder Einrichtungen zu beschränken, sowie die Führung bestimmter Nachweise über die Verschreibung, Abgabe und Anwendung festzulegen. Diese Vorschrift ergänzt § 28 Abs. 2a AMG. Nach § 28 Abs. 2a AMG hat bereits das Bundesinstitut für Arzneimittel und Medizinprodukte die Möglichkeit Warnhinweise anzuordnen, um sicherzustellen, dass bestimmte Arzneimittel nur von Ärzten bestimmter Fachgebiete verschrieben werden oder nur unter deren Kontrolle angewendet werden dürfen. Wenn sich diese Auflagenermächtigung als nicht ausreichend erweist, besteht für den Verordnungsgeber die Möglichkeit, die Verschreibungsberechtigung ausdrücklich zu beschränken. Bei der Beschränkung der Verschreibungsberechtigung auf bestimmte Fachärzte dürfen Verschreibungen nicht berechtigter Ärzte vom Apotheker nicht ausgeführt werden. 17

---

10 Kloesel/Cyran, Arzneimittelrecht, § 48 AMG Erl. 24.
11 So auch Kloesel/Cyran, Arzneimittelrecht, § 5 AMVV Rn 8.

H. Sonderrezepte

18 Nach § 48 Abs. 2 S. 3 AMG kann in der Rechtsverordnung für Arzneimittel deren Verschreibung die Beachtung besonderer Sicherheitsanforderungen erfordert, vorgeschrieben werden, dass die Verschreibung nur auf einem Sonderrezept erfolgen darf. Ein Beispiel für ein derartiges Sonderrezept enthält § 3 a AMVV für thalidomid- und lenadomidhaltige Arzneimittel. In Anlehnung an die Regelung im Bereich des Betäubungsmittelrechts ist mit § 3 a AMVV ein neuer zweiteiliger Rezeptvordruck eingeführt worden. Die Einzelheiten hierzu sind sehr ausführlich, auch unter Wiedergabe des sog. T-Rezeptes, bei *Kloesel/Cyran* in der Kommentierung der AMVV dargestellt.[12]

I. Beschränkung der Verschreibungspflicht

19 Nach § 48 Abs. 3 AMG kann die Rechtsverordnung auch auf bestimmte Dosierungen, Potenzierungen, Darreichungsformen, Fertigarzneimittel oder Anwendungsbereiche beschränkt werden. Jüngstes Beispiel für eine derartige Einschränkung der Verschreibungspflicht war die Änderung des Verschreibungsstatus omeprazolhaltiger Fertigarzneimittel mit der am 10.7.2009 beschlossenen Verschreibungspflicht-Änderungsverordnung. Danach wurde Omeprazol zur Behandlung von Sodbrennen und saurem Aufstoßen in einer Einzeldosis von 20 mg, in einer Tageshöchstdosis von 20 mg, mit Beschränkung der Anwendungsdauer auf maximal 14 Tage und in einer maximalen Packungsgröße von 280 mg Wirkstoff, aus der Verschreibungspflicht entlassen. Dies hat zur Konsequenz, dass nur noch die übrigen Anwendungsgebiete, größeren Packungsgrößen und höheren Dosierungen verschreibungspflichtig sind.

Wenn von der Europäischen Kommission zentral zugelassene Arzneimittel aus der Verschreibungspflicht entlassen werden, so gilt dies in Deutschland nicht unmittelbar. Vielmehr muss die Entscheidung der Europäischen Kommission vom **Sachverständigenausschuss für Verschreibungspflicht** übernommen werden.[13] Ein Beispiel hierfür ist die Entscheidung der Europäischen Kommission zur Zulassung eines rezeptfreien Pantoprazol-Präparates zur kurzfristigen Behandlung von Sodbrennen und saurem Aufstoßen Mitte des Jahres 2009. Hierzu ist im Anschluss daran ein schriftliches Umfrageverfahren im Sachverständigenausschuss für Verschreibungspflicht zur generellen partiellen Entlassung des Wirkstoffes Pantoprazol durchgeführt worden, mit dem Ergebnis, dass mit Inkrafttreten der 8. Änderungsverordnung der AMVV am 1.1.2010 Pantoprazol in Analogie zu dem zentral zugelassenen Pantoprazol-Präparat nicht mehr verschreibungspflichtig ist.

J. Verstöße gegen die Verschreibungspflicht

20 Ein Apotheker, der verschreibungspflichtige Arzneimittel ohne Verschreibung abgibt, verletzt seine Berufspflichten. Dies kann bei wiederholtem Verstoß bis zum Widerruf der Apothekenbetriebserlaubnis führen.[14] Ansonsten kann die Abgabe verschreibungspflichtiger Arzneimittel ohne Verschreibung nach § 96 Nr. 13 AMG mit Freiheitsstrafe bis zu einem Jahr oder mit Geldstrafe bestraft werden. Die Abgabe von Tierarzneimitteln ohne Rezept ist nach § 95 Abs. 1 Nr. 6 AMG strafbar, wenn die abgegebenen Arzneimittel bei Tieren zur Anwendung gelangen, die der Lebensmittelgewinnung dienen. In diesen Fällen ist eine Freiheitsstrafe von bis zu drei Jahren möglich.

---

12 Kloesel/Cyran, Arzneimittelrecht, § 3 a AMVV Erl. 1–10.
13 Vgl Guttau/Winnands, PharmR 2009, 274.
14 Hessischer VGH DAZ 1981, 1218; vgl auch Kloesel/Cyran, Arzneimittelrecht, § 48 AMG Erl. 31.

Teil 5
Arzneimittelsicherheit in der Marktphase

§ 26 Pharmakovigilanz

A. Allgemeines 1
   I. Übersicht 1
   II. Verpflichtungen zur Pharmakovigilanz .. 5
   III. Definitionen 9
      1. Nebenwirkung 10
      2. Schwerwiegende Nebenwirkung 13
      3. Unerwartete Nebenwirkung 14
      4. Unerwünschtes Ereignis 15
      5. Wechselwirkungen mit anderen Mitteln 16
      6. Missbrauch 17
      7. Angehöriger eines Gesundheitsberufes 18
      8. Verdachtsfall 19
      9. 15-Tage-Bericht 21
   IV. „Pharmacovigilance Guide" mit Interpretation der Richtlinie 2001/83/EG und der Verordnung (EG) Nr. 726/2004 – Volume 9 a 22
   V. Pharmakovigilanz und Zulassungsunterlagen 23
      1. Risikomanagementsystem 24
      2. Detaillierte Beschreibung des Pharmakovigilanzsystems 25
   VI. Anzeige von Verdachtsfällen von Nebenwirkungen an die Behörden: „Individual Case Safety Reporting – ICSR" (15-Tage-Berichte) 26
      1. Fristbeginn 27
      2. Schwerwiegende Nebenwirkungen zentralisiert zugelassener Arzneimittel 28
      3. Schwerwiegende Nebenwirkungen von national, im Verfahren der gegenseitigen Anerkennung oder im dezentralisierten Verfahren zugelassenen Arzneimitteln 29
   VII. Anzeige von Verdachtsfällen nichtschwerwiegender Nebenwirkungen 33
      1. Nicht-schwerwiegende Nebenwirkungen aus Studien 34
      2. Nicht-schwerwiegende Nebenwirkungen aus allen anderen Quellen ... 35
   VIII. Anzeigepflichten in besonderen Situationen 36
      1. Nebenwirkungen während der Schwangerschaft 36
      2. Nebenwirkungen während der Stillzeit 37
      3. Mangelnde Wirksamkeit 38
      4. Überdosierung und Missbrauch 39
      5. Nebenwirkungen nach Ende des Inverkehrbringens in Deutschland ... 40
      6. Compassionate use; Einzelverordnungen nach § 73 Abs. 3 AMG 41
   IX. EudraVigilance und die Implementierung der elektronischen Übermittlung von Einzelfallberichten 42
   X. Regelmäßiger, aktualisierter Bericht über die Unbedenklichkeit von Arzneimitteln (periodischer Bericht, „Periodic Safety Update Report" – PSUR) 46
      1. Bestimmungen in der EU seit 1995 .. 46
      2. Ziele des PSUR 50
      3. Struktur und Inhalte des PSUR 51
      4. Fristen zur Vorlage periodischer Berichte 53
      5. Festlegung des „Birth Date" 54
      6. Harmonisierung der PSUR-Einreichung 55
      7. PSUR für bekannte Stoffe 56
   XI. Einsetzung und Aufgaben einer verantwortlichen qualifizierten Person für Pharmakovigilanz (QPPV) / Stufenplanbeauftragter 57
   XII. Variationsverordnung mit Bestimmungen zu Urgent Safety Restrictions (USR) 61
   XIII. EU-Risikoverfahren 63
      1. Verfahren nach Art. 31 bzw 36 des Humankodexes 63
      2. Risikoverfahren bei besonderer Dringlichkeit: Verfahren aufgrund von Pharmakovigilanz-Daten 68
      3. Nationale Umsetzung 70
      4. Pharmacovigilance Working Party des CHMP 71
      5. Stufenplanverfahren 72
   XIV. Schnellinformationssystem im Bereich der Arzneimittelsicherheit 73
      1. Kriterien für einen Rapid Alert in der Pharmakovigilanz 74
      2. Vorgehen beim Rapid Alert in der Pharmakovigilanz 76
   XV. Pharmakovigilanz-Inspektionen 78
      1. Neuregelungen im Humankodex 78
      2. Durchführung von Pharmakovigilanz-Inspektionen 80
   XVI. Information an die Öffentlichkeit 82
B. Landesrechtliche Überwachungskompetenzen (am Beispiel von NRW) 83
   I. Einführung 83
   II. Organisation der Landesbehörden 85
   III. Aufgaben der Landesbehörden / Qualitätssicherungssystem 87
   IV. Durchführung der Überwachung 94
      1. Erteilung von Erlaubnissen 97
      2. Bescheinigungen 103
         a) Herstellung 103
         b) Ausfuhr 104
         c) MRA-Zertifikat 105
      3. Probenahme nach § 65 AMG 106
      4. Qualitätsmängel 107
      5. Erfassung in der Datenbank 108
   V. Maßnahmen nach § 69 AMG 109
   VI. Ausblick: 15. AMG-Novelle 111

A. Allgemeines

I. Übersicht

1 Das neue europäische Zulassungssystem ist seit dem 1.1.1995 in Kraft. Erstmals waren hierin ausführliche Bestimmungen zur Pharmakovigilanz enthalten, die seitdem in der Europäischen Union (EU) weiterentwickelt wurden. Die Verordnungen (Regulations) zum zentralen Zulassungsverfahren bzw die Richtlinien (Directives) der Europäischen Union zur gegenseitigen Anerkennung, dem neuen dezentralen Verfahren, bzw für nationale Verfahren umfassen einerseits definierte Nebenwirkungsmeldpflichten für pharmazeutische Unternehmer an die Behörden, andererseits aber auch spiegelbildliche Mitteilungen der Behörden an die betroffenen Firmen bzw Weiterleitung von Informationen an die Europäische Arzneimittelagentur (EMEA).

2 Die EU-Bestimmungen haben auch den „Stufenplanbeauftragten" des deutschen AMG in Form einer **„Verantwortlichen Person für die Pharmakovigilanz"** (Qualified Person for Pharmacovigilance) aufgegriffen (siehe Rn 57). Die beschriebenen Anforderungen der EU treffen nicht nur für Arzneimittel zu, die das zentrale Zulassungsverfahren oder das Verfahren zur gegenseitigen Anerkennung bzw das mit der Revision des europäischen Arzneimittelrechts im Jahre 2004 neu eingeführte dezentrale Verfahren durchlaufen haben, sondern sind auch für Arzneimittel maßgeblich, die einfach national zugelassen sind.

3 Die zunächst bestehenden Unterschiede in der Meldung von Einzelfällen schwerwiegender Nebenwirkungen zwischen zentralem und gegenseitigem Anerkennungsverfahren bzw nationalem Verfahren wurden durch die Änderungsrichtlinie 2000/38/EWG der Richtlinie 75/319/EWG im Sinne der Bestimmungen des zentralen Verfahrens harmonisiert. Die Bestimmungen der Änderungsrichtlinie 2000/38/EWG wurden in den Humankodex (Richtlinie 2001/83/EG) übernommen und durch eine erneute Revision an den wissenschaftlichen Erkenntnisstand angepasst. Eine Umsetzung in deutsches Recht ist durch die 12. und 14. AMG-Novelle erfolgt.

4 Die kontinuierliche Mitteilung zusammenfassender Berichte an die Behörden wurde 1995 eingeführt: **Periodic Safety Update Reports** (siehe Rn 46 ff), die abhängig vom Zulassungsdatum gestufte Berichte fordert. Zum raschen Informationsaustausch über neu erkannte Arzneimittelrisiken zwischen den Behörden wurde ein **Schnellinformationssystem** (siehe Rn 73 ff) eingerichtet; zum Informationsaustausch für andere Pharmakovigilanzinformationen besteht das **Non-Urgent Information System** (NUIS). Außerdem enthalten die Verordnung (EG) Nr. 726/2004 und die geänderte Richtlinie 2001/83/EG Bestimmungen zum Vorgehen bei auftretenden Pharmakovigilanzproblemen und die Möglichkeit, durch sog. **Referrals** EU-einheitliche bindende Maßnahmen festzulegen. Es können alle Arzneimittel – unabhängig von der Art ihrer Zulassung (national, gegenseitige Anerkennung, dezentral, zentral) – einbezogen werden.

II. Verpflichtungen zur Pharmakovigilanz

5 Eine direkte **Definition des Begriffs „Pharmakovigilanz"** ist im EU-Recht nicht gegeben. Sie lässt sich indirekt ableiten von den Bestimmungen in „Titel IX Pharmakovigilanz", Artt. 101 bis 108 RL 2001/83/EG, die sowohl an den Inhaber einer Genehmigung für das Inverkehrbringen als auch an die Mitgliedstaaten gerichtet sind.

Die **Mitgliedstaaten sind insbesondere für Folgendes verantwortlich:**[1]
- Einrichtung eines Arzneimittel-Überwachungssystems (Pharmakovigilanzsystem), das der Sammlung von für die Arzneimittelüberwachung nützlichen Informationen, insbe-

---

[1] Art. 102 RL 2001/83/EG.

sondere von Informationen über Nebenwirkungen beim Menschen, und der wissenschaftlichen Auswertung dieser Informationen dient;
- Berücksichtigung sämtlicher verfügbarer Informationen über unsachgemäßen Gebrauch und Missbrauch von Arzneimitteln, die Auswirkungen auf die Bewertung der Vorteile und Risiken der Arzneimittel haben können;
- Weitergabe von Informationen, die mit Hilfe dieses Systems ermittelt wurden, an die anderen Mitgliedstaaten und die Agentur;
- dies erfolgt über die EudraVigilance-Datenbank, die ständig von allen Mitgliedstaaten eingesehen werden kann.

Der Inhaber der Genehmigung ist insbesondere dafür verantwortlich, dass ihm ständig und kontinuierlich eine für die Arzneimittelüberwachung (Pharmakovigilanz) verantwortliche, entsprechend qualifizierte Person (siehe Rn 57) zur Verfügung steht. Diese **qualifizierte Person** ist in der Gemeinschaft ansässig und für Folgendes verantwortlich:[2] **6**
- ein System einzurichten und zu führen, mit dem sichergestellt wird, dass Informationen über alle vermuteten Nebenwirkungen, die dem Personal des Unternehmens, einschließlich seines Verkaufspersonals und seiner Vertreter mitgeteilt werden, gesammelt und zusammengestellt werden, damit sie an zumindest einer Stelle verfügbar sind;
- die erforderlichen Berichte (siehe Rn 26 ff) für die zuständigen Behörden in der von diesen festgelegten Form und in Einklang mit dem Volume 9 a (siehe Rn 22) zu erstellen;
- sicherzustellen, dass alle Ersuchen der zuständigen Behörden auf Erteilung zusätzliche Informationen für die Beurteilung der Vorteile und Risiken eines Arzneimittels vollständig und rasch beantwortet werden, einschließlich der Erteilung von Informationen über das Umsatz- oder Verschreibungsvolumen für das betreffende Arzneimittel;
- die zuständigen Behörden über jegliche weitere Bewertung der Vorteile und Risiken eines Arzneimittels, einschließlich der Informationen über Unbedenklichkeitsstudien nach der Genehmigung, zu unterrichten.

Entsprechendes ist für **zentrale Zulassungen** in der Verordnung (EG) Nr. 726/2004 festgelegt.[3] Im deutschen Recht sind entsprechende Regelungen enthalten: **7**
- Die zuständige Bundesoberbehörde hat zur Verhütung einer unmittelbaren oder mittelbaren Gefährdung der Gesundheit von Mensch oder Tier die bei der Anwendung von Arzneimitteln auftretenden Risiken, insbesondere Nebenwirkungen, Wechselwirkungen mit anderen Mitteln, Verfälschungen sowie potenzielle Risiken für die Umwelt aufgrund der Anwendung eines Tierarzneimittels, zentral zu erfassen, auszuwerten und die nach diesem Gesetz zu ergreifenden Maßnahmen zu koordinieren. Sie wirkt dabei mit den Dienststellen der Weltgesundheitsorganisation, der Europäischen Arzneimittel-Agentur, den Arzneimittelbehörden anderer Länder, den Gesundheits- und Veterinärbehörden der Bundesländer, den Arzneimittelkommissionen der Kammern der Heilberufe, nationalen Pharmakovigilanzzentren sowie mit anderen Stellen zusammen, die bei der Durchführung ihrer Aufgaben Arzneimittelrisiken erfassen. Die zuständige Bundesoberbehörde kann die Öffentlichkeit über Arzneimittelrisiken und beabsichtigte Maßnahmen informieren (§ 62 AMG).
- Wer als pharmazeutischer Unternehmer Fertigarzneimittel in den Verkehr bringt, hat eine in einem Mitgliedstaat der Europäischen Union ansässige qualifizierte Person mit der erforderlichen Sachkenntnis und der zur Ausübung ihrer Tätigkeit erforderlichen Zuverlässigkeit (Stufenplanbeauftragter) zu beauftragen, ein Pharmakovigilanzsystem einzurichten, zu führen und bekannt gewordene Meldungen über Arzneimittelrisiken zu sammeln, zu bewerten und die notwendigen Maßnahmen zu koordinieren. Der Stufen-

---
2 Art. 103 RL 2001/83/EG.
3 Artt. 21 bis 29 VO (EG) Nr. 726/2004.

planbeauftragte ist für die Erfüllung von Anzeigepflichten verantwortlich, soweit sie Arzneimittelrisiken betreffen.

- Er hat ferner sicherzustellen, dass auf Verlangen der zuständigen Bundesoberbehörde weitere Informationen für die Beurteilung des Nutzen-Risiko-Verhältnisses eines Arzneimittels, einschließlich eigener Bewertungen, unverzüglich und vollständig übermittelt werden (§ 63 a AMG).

8 Während die Einrichtung und Führung eines Pharmakovigilanzsystems schon seit längerem eine Verpflichtung für pharmazeutische Unternehmer ist, gibt es seit der Neuregelung der Europäischen Gesetzgebung 2004 und der darauf folgenden 14. AMG-Novelle die ergänzende Verpflichtung, eine detaillierte Beschreibung dieses Systems den Behörden vorzulegen (siehe Rn 25). Außerdem haben die Behörden die Möglichkeit, diese Systeme im Rahmen von Inspektionen zu überprüfen (siehe Rn 78).

III. Definitionen

9 Die im Bereich der Pharmakovigilanz verwendeten Begriffe sind wie folgt definiert:

1. Nebenwirkung

10 Nach § 4 Abs. 13 AMG sind Nebenwirkungen schädliche, unbeabsichtigte Reaktionen, die beim bestimmungsgemäßen Gebrauch eines Arzneimittels auftreten. Eine ausführlichere Definition befindet sich in der europäischen Richtlinie:[4]

„Nebenwirkung" ist eine Reaktion auf das Arzneimittel, die schädlich und unbeabsichtigt ist und bei Dosierungen auftritt, wie sie normalerweise beim Menschen zur Prophylaxe, Diagnose oder Therapie von Krankheiten oder für die Wiederherstellung, Korrektur oder Änderung einer physiologischen Funktion verwendet werden.

11 Eine Nebenwirkung ist ein unerwünschtes Ereignis, bei dem ein Zusammenhang zwischen der aufgetretenen Nebenwirkung und einem oder mehreren angewendeten Arzneimittel/n von einem Angehörigen eines Gesundheitsberufes vermutet wird, Anhaltspunkte, Hinweise oder Argumente vorliegen, die eine Beteiligung des/der Arzneimittel für das Auftreten der Nebenwirkung plausibel erscheinen lassen oder zumindest eine Beteiligung der/des angewendeten Arzneimittel/s daran angenommen wird.[5] Es ist zu beachten, dass ein Zusammenhang auch mit Hilfsstoffen des Arzneimittels gesehen werden kann.

12 Schädliche und unbeabsichtigte Reaktionen, die bei der Anwendung eines Arzneimittels auftreten, die nicht im Einklang mit den in den Zulassungsbedingungen definierten Anwendungsgebieten und Dosierungen stehen (Off-Label-Use), fallen unter bestimmten Voraussetzungen für die Zwecke der Anzeige nach § 63 b AMG ebenfalls unter die Definition der Nebenwirkung. Ein bestimmungsgemäßer Gebrauch liegt zB auch dann vor, wenn dieser Gebrauch wissenschaftlich anerkannten Therapiekriterien genügt oder sonst bei den Anwendern verbreitet ist sowie dem Anzeigepflichtigen bekannt ist, ohne dass dieser ihm durch entsprechende Hinweise begegnet ist. Schwerwiegende Nebenwirkungen bei nahe liegendem Fehlgebrauch sollten im Interesse der Arzneimittelsicherheit ebenfalls als Einzelfall angezeigt werden.

Ist eine Zulassung noch nicht erteilt aber beantragt, so ist der Ausgangspunkt für die Ermittlung des bestimmungsgemäßen Gebrauchs der jeweils vom Antragsteller vorgesehene Gebrauch.

---

4 Art. 1 Nr. 11 RL 2001/83/EG.
5 Guideline CPMP/ICH/377/95 Clinical Safety Data Management: Definitions and Standards for Expedited Reporting (ICH E2A) sowie Guideline CPMP/ICH/3945/03, Post-Approval Safety Data Management – Definitions and Standards for Expedited Reporting (ICH E2D).

2. Schwerwiegende Nebenwirkung

Nach § 4 Abs. 13 AMG ist eine Nebenwirkung für Arzneimittel, die zur Anwendung am Menschen bestimmt sind, als „schwerwiegend"[6] einzustufen, wenn sie tödlich oder lebensbedrohend ist, eine stationäre Behandlung oder Verlängerung einer stationären Behandlung erforderlich macht, zu bleibender oder schwerwiegender Behinderung oder Invalidität führt oder eine kongenitale Anomalie bzw einen Geburtsfehler darstellt.

Die „Guidance and Procedures for Marketing Authorisation Holders"[7] empfiehlt in Anlehnung an die entsprechende CPMP/ICH-Guideline,[8] darüber hinaus, medizinisch bedeutsame Nebenwirkungen als „schwerwiegend" einzustufen. Das sind solche, die nicht sofort tödlich oder lebensbedrohlich sein oder zu einer stationären Behandlung führen müssen, aber den Patienten erheblich beeinträchtigen können. Medizinisch bedeutsam sind Nebenwirkungen auch dann, wenn sie eine Intervention/Behandlung zur Verhinderung eines Zustandes erfordern, der den in der Definition „schwerwiegende Nebenwirkung" genannten Kriterien entspricht.

3. Unerwartete Nebenwirkung

Unerwartete Nebenwirkungen sind Nebenwirkungen, deren Art, Ausmaß oder Ergebnis von der Packungsbeilage des Arzneimittels abweichen (§ 4 Abs. 13 AMG). Synonym wird in diesem Zusammenhang der Begriff „unbekannt" verwendet, im englischen Sprachgebrauch finden hierfür die Begriffe „unexpected" bzw „unlabelled" Verwendung.

4. Unerwünschtes Ereignis

Ein „unerwünschtes Ereignis"[9] ist jedes schädliche Vorkommnis, das einem Patienten nach Verabreichung eines Arzneimittels widerfährt, unabhängig davon, ob ein kausaler Zusammenhang mit dieser Behandlung vermutet worden ist oder ob ein bestimmungsgemäßer Gebrauch vorliegt.

5. Wechselwirkungen mit anderen Mitteln

Die Beeinflussung der pharmakodynamischen oder pharmakokinetischen Eigenschaften eines Arzneimittels durch gleichzeitige oder in engem zeitlichen Zusammenhang stehende Gabe eines anderen Stoffes wird als Wechselwirkung bezeichnet.

6. Missbrauch

„Missbrauch"[10] eines Arzneimittels ist die absichtliche, dauerhafte oder sporadische, übermäßige Verwendung von Arzneimitteln mit körperlichen oder psychologischen Schäden als Folge.

---

6 Art. 1 RL 2001/83/EG und § 4 Abs. 13 AMG.
7 Volume 9a of The Rules Governing Medicinal Products in the European Union – Guidelines on Pharmacovigilance for Medicinal Products for Human Use, Glossary.
8 CPMP/ICH/377/95, Note for Guidance „Clinical Safety Data Management: Definitions and Standards for Expedited Reporting". – CPMP/ICH/3945/03, Post-Approval Safety Data Management – Definitions and Standards for Expedited Reporting.
9 Volume 9a of The Rules Governing Medicinal Products in the European Union – Guidelines on Pharmacovigilance for Medicinal Products for Human Use, Glossary sowie Guideline CPMP/ICH/3945/03, Post-Approval Safety Data Management – Definitions and Standards for Expedited Reporting.
10 Art. 1 RL 2001/83/EG.

7. Angehöriger eines Gesundheitsberufes

18 Im Rahmen der Berichterstattung über Verdachtsfälle von Nebenwirkungen von Arzneimitteln zählen zu den Angehörigen der Gesundheitsberufe
- Ärzte
- Zahnärzte
- Apotheker
- Krankenpflegepersonal
- Hebammen
- in den angelsächsischen Ländern auch amtliche Leichenbeschauer (englisch: *coroner*)
- sowie in Deutschland zusätzlich Heilpraktiker und nichtärztliche Psychotherapeuten.[11]

8. Verdachtsfall

19 Ein Verdachtsfall einer Nebenwirkung liegt vor, wenn
- ein Angehöriger eines Gesundheitsberufes vermutet hat, dass die
- bei einem Patienten beobachtete
- schädliche und unbeabsichtigte Begleiterscheinung
- durch die Gabe des Arzneimittels

verursacht wurde und sie daher als Nebenwirkung des Arzneimittels einstuft.

Wird diese Vermutung dem pharmazeutischen Unternehmer gegenüber spontan zum Ausdruck gebracht, ist von einem Verdachtsfall einer Nebenwirkung auszugehen, auch dann, wenn der Verdacht auf einen kausalen Zusammenhang nicht explizit geäußert wird.[12]

20 Bei Berichten aus anderen Quellen, wie zB von Patienten, Rechtsanwälten, Verwandten oder Freunden des Patienten (im englischen oft auch als „consumer reports" bezeichnet), sollte der geschilderte Sachverhalt durch einen Arzt, der an der Behandlung des Patienten beteiligt war, bestätigt und erforderlichenfalls inhaltlich ergänzt werden. Eine solche inhaltliche Bestätigung und Ergänzung durch einen Arzt sollte nach Möglichkeit auch bei Berichten erfolgen, die von Angehörigen der Gesundheitsberufe ohne ärztliche Qualifikation stammen.

Beim erforderlichen zeitlichen Zusammenhang ist zu bedenken, dass der Verdacht auf eine Nebenwirkung nicht nur zeitnah mit der Gabe eines Arzneimittels auftreten kann, sondern je nach den pharmakologischen Eigenschaften des Arzneimittels und der Art des unerwünschten Ereignisses uU erst lange Zeit danach.

Ausgeschlossen als Verdachtsfall von Nebenwirkungen sind Symptome, die nachweislich in gleicher oder stärkerer Intensität vor der Verabreichung des Arzneimittels auftraten und solche, bei denen sich herausgestellt hat, dass das genannte Arzneimittel nachweislich nicht angewendet wurde.

9. 15-Tage-Bericht

21 Die Einzelfalldokumentation einer schwerwiegenden Nebenwirkung oder eines beobachteten erheblichen Missbrauchs ist der zuständigen Bundesoberbehörde unter bestimmten Voraussetzungen unverzüglich, spätestens aber 15 Tage nach Erhalt vorzulegen. Solche Berichte werden als 15-Tage-Berichte bezeichnet[13] (engl. „expedited reports").

---

11 Volume 9a of The Rules Governing Medicinal Products in the European Union – Guidelines on Pharmacovigilance for Medicinal Products for Human Use, Glossary.
12 Volume 9a of The Rules Governing Medicinal Products in the European Union – Guidelines on Pharmacovigilance for Medicinal Products for Human Use, Part I Nr. 4.
13 Art. 24 VO (EG) Nr. 726/2004, sowie Art. 104 RL 2001/83/EG und § 63b Abs. 1 und 2 AMG.

IV. „Pharmacovigilance Guide" mit Interpretation der Richtlinie 2001/83/EG und der Verordnung (EG) Nr. 726/2004 – Volume 9 a

Zur Interpretation der Pharmakovigilanzbestimmungen sowohl für die zuständigen Behörden als auch für die Zulassungsinhaber enthalten die „Rules governing medicinal products in the European Union"[14] einen Band „Volume 9 a (Pharmacovigilance Guide)", der die europäischen Bestimmungen zur Pharmakovigilanz für Humanarzneimittel sowohl für die Zulassungsbehörden als auch für die Zulassungsinhaber mit EU-weit abstimmten Interpretationen der rechtlichen Vorgaben zusammenfasst, aber keine eigenständige bindende rechtliche Norm darstellt.

Volume 9 a enthält folgende Abschnitte:

INTRODUCTION
1. Legal Basis and Structure of Volume 9 a
2. Legal Framework for Pharmacovigilance
3. The Roles of the Various Parties

PART I – Guidelines for Marketing Authorisation Holders
1. General Principles
2. Requirements for Pharmacovigilance Systems, Monitoring of Compliance and Pharmacovigilance Inspections
3. Requirements for Risk Management Systems
4. Requirements for Expedited Reporting of Individual Case Safety Reports
5. Requirements for Reporting in Special Situations
6. Requirements for Periodic Safety Update Reports
7. Requirements for Company-Sponsored Post-Authorisation Safety Studies
8. Overall Pharmacovigilance Evaluation and Safety-Related Regulatory Action

PART II – Guidelines for Competent Authorities and the Agency
1. Undertaking of Pharmacovigilance Activities by Competent Authorities in Member States
2A Conduct of Pharmacovigilance for Centrally Authorised Products
2B Crisis Management Plan regarding Centrally Authorised Products
3. Conduct of Pharmacovigilance for Medicinal Products Authorised through the Mutual Recognition or Decentralised Procedure
4. Rapid Alert and Non-Urgent Information System in Pharmacovigilance
5. Referrals in Case of Safety Concerns Related to Products Authorised in the EU and CHMP Opinions Following Suspension or Revocation of a Medicinal Product by a Member State
6. Principles of Collaboration with the World Health Organization in Matters of International Pharmacovigilance

PART III – Guidelines for Marketing Authorisation Holders, Competent Authorities and the Agency on Electronic Exchange of Pharmacovigilance Information in the EU

PART IV – Guidelines for Marketing Authorisation Holders and Competent Authorities on Pharmacovigilance Communication

PART V – Guidelines for Marketing Authorisation Holders and Competent Authorities on Product- or Population-Specific Pharmacovigilance
1. Guideline on Exposure to Medicinal Products During Pregnancy: Need for Post-Authorisation Data

---

14 <http://ec.europa.eu/enterprise/pharmaceuticals/eudralex/eudralex_en.htm>.

2. Guideline on the Conduct of Pharmacovigilance for Medicines Used by the Paediatric Population

ANNEXES
1. Glossary
2. Abbreviations
3. Terminology
4. ICH-Guidelines
5. Templates
6. Distribution Requirements and Address Lists for Data Submission

V. Pharmakovigilanz und Zulassungsunterlagen

23 Seit der Neuregelung der pharmazeutischen Gesetzgebung in Europa 2004[15] und der darauf folgenden 14. AMG-Novelle ist es erforderlich, dass einem Antrag auf Neuzulassung folgende Unterlagen zusätzlich beigefügt werden (§ 22 Abs. 2 Nr. 5 und 6 AMG):

- Eine detaillierte Beschreibung des Pharmakovigilanz und, soweit zutreffend, des Risikomanagement-Systems, das der Antragsteller einführen wird.
- Der Nachweis, dass der Antragsteller über eine qualifizierte Person für Pharmakovigilanz verfügt, die mit den notwendigen Mitteln zur Wahrnehmung ihrer Verpflichtungen ausgestattet ist.

Während es sich bei der detaillierten Beschreibung des Pharmakovigilanzsystems nicht um ein Produkt-, sondern ein Firmen-spezifisches Dokument handelt, hat das Risikomanagement-System einen direkten Bezug zum eingereichten Zulassungsantrag.

1. Risikomanagementsystem

24 Im Rahmen der Internationalen Konferenz zur Harmonisierung von Zulassungsanforderungen (ICH) wurden verschiedene Leitlinien zur Pharmakovigilanz entwickelt, u.a. die Leitlinie zum „Pharmacovigilance-Planning" (E2E), deren Grundansatz im Rahmen des Review in das EU-Recht übernommen wurde und die Basis für das Risikomanagement-System darstellt. Eine ausführliche Beschreibung ist im **Volume 9a** enthalten[16]:

Requirements for Risk Management Systems:
- Introduction
- Description of the Risk Management System
- EU Risk Management Plan (EU-RMP)
- Situations Requiring an EU-RMP
- Marketing Authorisations via the Centralised Procedure
- Marketing Authorisations via the Mutual Recognition or Decentralised Procedures
- Location in the Application
- Safety Specification
- Non-clinical Part of the Safety Specification
- Clinical Part of the Safety Specification
    - Limitations of the Human Safety Database
    - Populations Not Studied in the Pre-Authorisation Phase
    - Adverse Events/Adverse Reactions
    - Identified and Potential Interactions including Food-Drug and Drug-Drug Interactions

---

15 Art. 8 RL 2001/83/EG.
16 Volume 9a of The Rules Governing Medicinal Products in the European Union – Guidelines on Pharmacovigilance for Medicinal Products for Human Use, Part I Nr. 3.

- Epidemiology
- Pharmacological Class Effects
- Additional EU Requirements
■ Summary
■ Pharmacovigilance Plan
■ Routine Pharmacovigilance
■ Additional Pharmacovigilance Activities and Action Plans
■ Action Plan for Safety Concerns
■ Evaluation of the Need for Risk Minimisation Activities
■ Potential for Medication Errors
■ The Risk Minimisation Plan
■ Risk Minimisation Activities
■ Risk Communication
■ The Marketing Authorisation
■ Ensuring the Effectiveness of Risk Minimisation Activities
■ Assessment of Risk Minimisation
■ Summary of Activities in the EU-RMP
■ Submission of Updated EU-RMP Documents

Durch die kürzlich in Kraft getretene „15. AMG-Novelle"[17] vom 17.7.2009 erhält die zuständige Bundesoberbehörde eine neue Auflagenbefugnis. So kann ein Risikomanagementsystem mit Tätigkeiten, Maßnahmen und Bewertungen im Rahmen der Zulassung eines Arzneimittels auch nachträglich angeordnet werden (§ 28 Abs. 3 a und Abs. 3 b AMG).

2. Detaillierte Beschreibung des Pharmakovigilanzsystems

Die Detaillierte Beschreibung des Pharmakovigilanz-Systems (DDPS) soll einen Überblick über das Firmen-spezifische System anhand von Schlüsselelementen geben. Eventuelle Produkt-spezifische Informationen können in einem Anhang beigefügt werden, die Dokumentation ist vom Zulassungsinhaber auf einem aktuellen Stand zu halten. Änderungen der Dokumentation sind im Rahmen eines Variation-Verfahrens anzuzeigen. Einzelheiten sind dem Volume 9 a zu entnehmen[18]:

Detailed Description of the Pharmacovigilance System:
■ Location in the Marketing Authorisation Application and Update of the Detailed Description
■ Statement of the Marketing Authorisation Holder and the QPPV Regarding their Availability and the Means for the Notification of Adverse Reactions
■ Elements of the Detailed Description of the Pharmacovigilance System:
  - Qualified Person Responsible for Pharmacovigilance (QPPV)
  - Organisation
  - Documented Procedures
  - Databases
  - Contractual Arrangements with Other Persons or Organisations Involved in the Fulfilment of Pharmacovigilance Obligations
  - Training
  - Documentation

---

17 Gesetz zur Änderung arzneimittelrechtlicher Vorschriften und anderer Vorschriften v. 17.7.2009, BGBl. I, 1990.
18 Volume 9 a of The Rules Governing Medicinal Products in the European Union – Guidelines on Pharmacovigilance for Medicinal Products for Human Use, Part I Nr. 2.2.

- Quality Management System
- Supporting Documentation

VI. Anzeige von Verdachtsfällen von Nebenwirkungen an die Behörden: „Individual Case Safety Reporting – ICSR" (15-Tage-Berichte)[19]

26 Die nachfolgenden Anzeigepflichten beziehen sich auf die Meldeverpflichtung gegenüber den jeweiligen Zulassungsbehörden, dargestellt ist die Verpflichtung gegenüber den deutschen Behörden, entsprechendes gilt für andere Mitgliedstaaten.

1. Fristbeginn

27 Die Frist für 15-Tage-Berichte ist in Kalendertagen von dem Tag ab zu berechnen, ab dem die Minimalkriterien beim Anzeigepflichtigen erfüllt sind. Dabei ist zu beachten, dass Informationen zu Verdachtsfällen von Nebenwirkungen auch bei einem Mitarbeiter des Anzeigepflichtigen, bei der in der Verordnung (EG) Nr. 726/2004 definierten „qualified Person" bzw beim Stufenplanbeauftragten nach § 63 a AMG oder einer Person, die für diese tätig ist oder mit ihr zusammenarbeitet eingehen können. Dieser Tag zählt als Tag 0.

Bei pharmazeutischen Unternehmen, die eine zentrale Datenbank zur Dokumentation unerwünschter Arzneimittelwirkungen führen (zB bei multinational tätigen Unternehmen), beginnt die 15-Tage-Frist, wenn die Minimalkriterien in einer solchen Datenbank vorhanden sind. Es wird erwartet, dass der Anzeigepflichtige umfassenden Zugriff auf diese Daten besitzt und die Datenbanken zur Einhaltung der 15-Tage-Frist in engmaschigen Zeitabständen auf anzeigepflichtige Verdachtsfälle hin überprüft oder dass anderweitig sichergestellt wird, dass der Anzeigepflichtige alle anzeigepflichtigen Verdachtsfälle aus der zentralen Datenbank zur Einhaltung der 15-Tage-Frist rechtzeitig erhält.

Es wird empfohlen, die 15-Tage-Frist zur Vorlage gegenüber den Bundesoberbehörden auch bei Bekanntwerden medizinisch relevanter und für die Beurteilung des Einzelfalles bedeutsamer, ergänzender Information einzuhalten.[20]

2. Schwerwiegende Nebenwirkungen zentralisiert zugelassener Arzneimittel

28 Für Arzneimittel mit zentraler Zulassung durch die Europäische Kommission sind der zuständigen Bundesoberbehörde alle Verdachtsfälle schwerwiegender Nebenwirkungen, die dem Anzeigepflichtigen durch Angehörige eines Gesundheitsberufes bekannt geworden und in Deutschland aufgetreten sind, als 15-Tage-Berichte anzuzeigen.[21]

Ferner sind Verdachtsfälle schwerwiegender unerwarteter Nebenwirkungen aus Ländern außerhalb der Europäischen Union, die dem Anzeigepflichtigen durch Angehörige eines Gesundheitsberufes bekannt geworden sind, sowohl der zuständigen Bundesoberbehörde als auch der Europäischen Arzneimittelagentur gegenüber als 15-Tage-Berichte anzuzeigen.

In Analogie zum Vorgehen bei Arzneimitteln mit Zulassung im dezentralisierten oder MRP-Verfahren wird empfohlen, auch die Berichte schwerwiegender Nebenwirkungen aus anderen EU/EWR-Ländern anzuzeigen, für die Deutschland Rapporteur oder Co-Rapporteur ist.

---

19 BfArM, PEI: 5. Bekanntmachung zur Anzeige von Nebenwirkungen und Arzneimittelmissbrauch nach § 63 b Abs. 1 bis 8 des Arzneimittelgesetzes v. 5.12.2007.
20 Volume 9 a of The Rules Governing Medicinal Products in the European Union – Guidelines on Pharmacovigilance for Medicinal Products for Human Use„ Part I Nr. 4.2.
21 Art. 24 VO (EG) Nr. 726/2004.

3. Schwerwiegende Nebenwirkungen von national, im Verfahren der gegenseitigen Anerkennung oder im dezentralisierten Verfahren zugelassenen Arzneimitteln

Bei Arzneimitteln mit nationaler Zulassung, mit Zulassung im dezentralisierten oder MRP-Verfahren sind der zuständigen Bundesoberbehörde alle Verdachtsfälle schwerwiegender Nebenwirkungen, die in Deutschland aufgetreten sind, als 15-Tage-Berichte anzuzeigen. Ferner sind Verdachtsfälle schwerwiegender unerwarteter Nebenwirkungen aus Ländern außerhalb der Europäischen Union, die dem Anzeigepflichtigen durch Angehörige eines Gesundheitsberufes bekannt geworden sind, sowohl der zuständigen Bundesoberbehörde als auch der Europäischen Arzneimittelagentur gegenüber als 15-Tage-Berichte anzuzeigen.

Nach Volume 9 a[22] werden Verdachtsfälle von Übertragungen von infektiösen Erregern durch Arzneimittel grundsätzlich als schwerwiegende Verdachtsfälle von Nebenwirkungen angesehen. Zusätzlich zur Meldeverpflichtung bei schwerwiegenden Verdachtsfällen von Nebenwirkungen, die in Deutschland aufgetreten sind, hat der Inhaber der Zulassung hat ferner bei Arzneimitteln, die Bestandteile aus Ausgangsmaterial von Mensch oder Tier enthalten, jeden ihm bekannt gewordenen Verdachtsfall einer Infektion, die eine schwerwiegende Nebenwirkung ist und durch eine Kontamination dieser Arzneimittel mit Krankheitserregern verursacht wurde und nicht in einem Mitgliedstaat der Europäischen Union aufgetreten ist, unverzüglich, spätestens aber innerhalb von 15 Tagen nach Bekanntwerden, der zuständigen Bundesoberbehörde sowie der Europäische Arzneimittel-Agentur mitzuteilen.

Ist ein Arzneimittel im dezentralisierten Verfahren oder im MR-Verfahren zugelassen worden, bei dem Deutschland nicht als Reference Member State auftritt, so stellt der Anzeigepflichtige sicher, dass der zuständigen Behörde des Landes, das die Funktion des Reference Member State ausübt, alle Verdachtsfälle schwerwiegender Nebenwirkungen, die im Geltungsbereich des AMG aufgetreten sind, zugänglich sind. Diese Verpflichtung gilt auch gegenüber einem EU-Mitgliedstaat, der im Rahmen eines Schiedsverfahrens nach Art. 32 RL 2001/83/EG Berichterstatter war (§ 63 b Abs. 3 AMG).

Aufgrund der harmonisierten Gesetzgebung ist davon auszugehen, dass auch in allen anderen EU-Ländern auf der Grundlage des Art. 104 RL 2001/83/EG Regelungen über Anzeigepflichten gegenüber den zuständigen Behörden anderer Mitgliedstaaten für den Fall getroffen wurden, dass diese die Funktion des Reference Member State ausüben. Für den Fall, dass Deutschland die Funktion als Reference Member State ausübt, gilt die Sicherstellung der Zugänglichkeit als erfüllt, wenn den zuständigen Bundesoberbehörden alle Verdachtsfälle schwerwiegender Nebenwirkungen aus der EU als 15-Tage Berichte angezeigt werden.

VII. Anzeige von Verdachtsfällen nicht-schwerwiegender Nebenwirkungen

Die Anzeige nicht-schwerwiegender Nebenwirkungen erfolgt idR nicht in Form von Einzelfällen.

1. Nicht-schwerwiegende Nebenwirkungen aus Studien

Nicht-schwerwiegende Nebenwirkungen aus Studien sollen nicht in Form von Einzelfällen angezeigt, sondern in summarischer Form im jeweiligen Abschlussbericht dargestellt werden. Dieser Bericht soll neben einer Bewertung auch Angaben der absoluten und relativen Häufigkeit des Auftretens der Nebenwirkung enthalten. Die Vorlage der sicherheitsrele-

---

22 Volume 9 a of The Rules Governing Medicinal Products in the European Union – Guidelines on Pharmacovigilance for Medicinal Products for Human Use, Part I Nr. 4.

vanten Teile soll im Rahmen der „Periodic Safety Update Reports" gemäß der für das Arzneimittel geltenden Fristen erfolgen.

2. Nicht-schwerwiegende Nebenwirkungen aus allen anderen Quellen

35   Nebenwirkungen aus allen anderen Quellen, die nicht in Form von 15-Tage-Berichten angezeigt werden, sollen in der Regel in tabellarischer Form als sog. Line-Listing im Rahmen des periodischen Berichtes dargestellt werden. Eine Ergänzung dieser Auflistung durch Kopien der Einzelfalldokumentationen ist nicht vorgesehen.

VIII. Anzeigepflichten in besonderen Situationen

1. Nebenwirkungen während der Schwangerschaft[23]

36   Die Bundesoberbehörde erwartet, dass der Inhaber der Zulassung alle Berichte über Schwangerschaften, die ihm von Angehörigen der Gesundheitsberufe zur Kenntnis gebracht werden und bei denen eines seiner Arzneimittel angewendet worden ist, nachverfolgt. Bei entsprechenden Berichten aus nicht-ärztlicher Quelle (zB Patienten) soll versucht werden, nähere Einzelheiten durch den/die behandelnden Arzt/Ärzte in Erfahrung zu bringen.

Sollte sich aus den Recherchen der Verdacht ergeben, dass schwerwiegende Nebenwirkungen bei der Mutter oder etwa aufgetretene fötale Schädigungen mit der Gabe eines Arzneimittels im kausalen Zusammenhang stehen, so ist die Art der Schädigung unter Angabe aller näheren Umstände als 15-Tage-Bericht anzeigepflichtig unter Berücksichtigung des Zulassungsstatus und der regionalen Zuordnung des Berichts

2. Nebenwirkungen während der Stillzeit

37   Nebenwirkungen bei Mutter und/oder Kind während der Stillzeit sollten nach den gleichen Kriterien wie sie für andere Nebenwirkungen gelten, angezeigt werden.[24]

3. Mangelnde Wirksamkeit

38   Berichte über mangelnde Wirksamkeit,[25] die nicht als Folge einer Wechselwirkung angesehen werden, sind in der Regel nicht als Einzelfälle nach § 63 b Abs. 1 bis 4 AMG anzuzeigen. Eine Darstellung zu Fragen der (mangelnden) Wirksamkeit eines Arzneimittels soll im periodischen Bericht vorgenommen werden. Bei Impfstoffen, fraktionierten Plasmaprodukten, Blut und Blutbestandteilen oder gentechnisch hergestellten Gerinnungsfaktorenkonzentraten ist die Unwirksamkeit als Einzelfallmeldung innerhalb von 15 Tagen der zuständigen Behörde anzuzeigen. Eine klinische Bewertung unter Einbeziehung der Fach- und Gebrauchsinformation und Berücksichtigung der zu behandelnden Erkrankung sollen durchgeführt und der Behörde vorgelegt werden.

Als Nebenwirkung ist jedoch ein Wirkungsverlust zu melden, der als Folge einer Wechselwirkung auftritt und zu Konsequenzen geführt hat, die der Definition von „schwerwiegend" entsprechen.

---

23   Volume 9 a of The Rules Governing Medicinal Products in the European Union – Guidelines on Pharmacovigilance for Medicinal Products for Human Use, Part I Nr. 5.4.
24   Volume 9 a of The Rules Governing Medicinal Products in the European Union – Guidelines on Pharmacovigilance for Medicinal Products for Human Use, Part I Nr. 5.5.
25   Volume 9 a of The Rules Governing Medicinal Products in the European Union – Guidelines on Pharmacovigilance for Medicinal Products for Human Use, Part I Nr. 5.8.

4. Überdosierung und Missbrauch

Berichte über schädliche und unbeabsichtigte Reaktionen bei Überdosierung[26] von oder Intoxikationen mit Arzneimitteln (absichtlich oder unabsichtlich) entsprechen nicht notwendigerweise der Definitionen der Nebenwirkung beim bestimmungsgemäßen Gebrauch von Arzneimitteln. Solche Fälle sollen dennoch im Interesse der Arzneimittelsicherheit als 15-Tage-Berichte angezeigt werden.

5. Nebenwirkungen nach Ende des Inverkehrbringens in Deutschland

Die Anzeigepflicht nach § 63 b Abs. 1 bis 4 besteht für den Inhaber der Zulassung, den Inhaber der Registrierung, für den Antragsteller vor Erteilung der Zulassung unabhängig davon, ob sich das Arzneimittel noch im Verkehr befindet oder die Zulassung oder die Registrierung noch besteht. Die Verpflichtungen nach § 63 b Abs. 1 bis 4 gelten auch für einen pharmazeutischen Unternehmer, der nicht Inhaber der Zulassung oder Registrierung ist.[27]

Die Verpflichtung zur Suche von Literaturberichten in Datenbanken endet mit dem Ablauf der Verkehrsfähigkeit der letzten Charge in Deutschland.

6. Compassionate use;[28] Einzelverordnungen nach § 73 Abs. 3 AMG

Der verantwortliche pharmazeutische Unternehmer soll den Gebrauch von Arzneimitteln, welche sich nach § 73 Abs. 3 AMG im Verkehr befinden, streng überwachen. Als 15-Tage-Bericht anzeigepflichtig sind alle schwerwiegenden Nebenwirkungen, die in Deutschland aufgetreten sind.

§ 80 AMG ermächtigt das Bundesministerium für Gesundheit auf der Basis des Art. 83 VO (EG) Nr. 726/2004 Regelungen im Zusammenhang mit „Compassionate Use"-Programmen durch Rechtsverordnung festzulegen, in die auch Anzeigepflichten bei aufgetretenen Nebenwirkungen aufgenommen werden können. Bis zum Inkrafttreten dieser Rechtsverordnung wird empfohlen, Nebenwirkungen aus solchen Programmen entsprechend der Kriterien nach § 63 b AMG für zugelassene Arzneimittel anzuzeigen.

IX. EudraVigilance und die Implementierung der elektronischen Übermittlung von Einzelfallberichten

Die Übertragung der Einzelfälle meldepflichtiger schwerwiegender Nebenwirkungen erfolgt, von Ausnahmefällen abgesehen, auf elektronischem Wege an die EudraVigilance Datenbank entsprechend der Vorgaben der Verordnung über die elektronische Anzeige von Nebenwirkungen bei Arzneimitteln (AMG-Anzeigeverordnung – AMG-AV).[29] Im Volume 9 a, ergänzt um die EMEA Guidelines EMEA/115735/2004[30] und EMEA/H/20665/04[31], sind ausführliche Beschreibungen sowohl zum Inhalt wie auch zum Format der elektronischen Übermittlung enthalten.

---

26 Volume 9 a of The Rules Governing Medicinal Products in the European Union – Guidelines on Pharmacovigilance for Medicinal Products for Human Use, Part I Nr. 5.10.
27 § 63 b Abs. 7 AMG und BfArM, PEI: 5. Bekanntmachung zur Anzeige von Nebenwirkungen und Arzneimittelmissbrauch nach § 63 b Abs. 1 bis 8 des Arzneimittelgesetzes v. 5.12.2007.
28 Volume 9 a of The Rules Governing Medicinal Products in the European Union – Guidelines on Pharmacovigilance for Medicinal Products for Human Use, Part I Nr. 5.7.
29 BGBl. I 2005, 2775 (Nr. 58 v. 19.9.2005).
30 Note for Guidance on the electronic data exchange (EDI) of individual case safety reports (ICSRs) and medicinal product reports (MPRS) in Pharmacovigilance during the pre-and post-authorisation phase in the European Economic Area (EEA).
31 Note for Guidance – Eudravigilance human version 7 – Processing of safety messages and individual case safety reports (ICSRs).

43 Die o.g. Guidelines zur elektronischen Übermittlung berücksichtigen eine Reihe sog. strukturierter Datenfelder gemäß der international verabredeten Spezifikationen[32]. Die Bundesoberbehörden erwarten zur Erfüllung der Anzeigepflichten, dass diese auf der Basis der vorhandenen Informationen zum Einzelfall so vollständig wie möglich ausgefüllt sind. Dies bedeutet, dass i. d. R. mehr als nur die Felder bezüglich der Minimalkriterien oder der für elektronische Übermittlung zwingend vorgeschrieben Felder („mandatory fields") in codierter Form bereitgestellt werden müssen.

44 Als verpflichtende medizinische Terminologie zur Kodierung wird dabei die im Rahmen der Internationalen Konferenz zur Harmonisierung von Zulassungsanforderungen (ICH) entwickelte Terminologie MedDRA (Medical Dictionary for Drug Regulatory Activities)[33] vorgeschrieben. Die MedDRA-Terminologie hat damit die davor verwendete Terminologie der WHO-Adverse Reaction Terminology (WHO-ART)[34] abgelöst.

Nach der Richtlinie 2001/83/EG[35] tragen die Mitgliedstaaten Sorge dafür, dass vermutete schwerwiegende Nebenwirkungen, die in ihrem Hoheitsgebiet aufgetreten sind, der EMEA und den anderen Mitgliedstaaten **unverzüglich unter Nutzung der EudraVigilance-Datenbank übermittelt** werden.

45 Die Meldung kann prinzipiell auf zwei Wegen erfolgen, entweder über das ESTRI-Gateway, das eine Schnittstelle für die Kommunikation der EudraVigilance-Datenbank mit kommerzieller Pharmakovigilanz-Software darstellt, oder über das EVWEB, das einen internetbasierten Zugang zur EudraVigilance-Datenbank ermöglicht und keine senderseitigen Soft- und Hardwarevoraussetzungen fordert. Voraussetzung dafür ist, dass mindestens ein Anwender aus dem Unternehmen bzw der Behörde ein Training absolviert. Eine weitere Voraussetzung für das e-Reporting ist die Kodierung der Nebenwirkungen in MedDRA.

X. Regelmäßiger, aktualisierter Bericht über die Unbedenklichkeit von Arzneimitteln (periodischer Bericht, „Periodic Safety Update Report" – PSUR)

1. Bestimmungen in der EU seit 1995

46 Die Europäische Union (EU) schreibt seit 1995 mit der Verordnung (EWG) Nr. 2309/93 für zentral zugelassene Arzneimittel die Vorlage von Unterlagen über Nebenwirkungsmeldungen einschließlich einer wissenschaftlichen Beurteilung in definierten Abständen an die Europäische Arzneimittelagentur EMEA verbindlich vor. Parallel dazu legte die Richtlinie 93/39/EWG des Europäischen Parlaments und des Europäischen Rates zur Änderung der Richtlinie 75/319/EWG fest, dass auch für alle national zugelassenen Arzneimitteln, einschließlich den im Verfahren der gegenseitigen Anerkennung zugelassenen Arzneimittel, die gleichen Fristen für zusammenfassende Berichte einzuhalten waren. Die Termine bezogen sich auf den Zeitpunkt der Zulassung und definierten halbjährige Berichte in den ersten beiden Jahren nach der Zulassung, jährliche Berichte in den drei folgenden Jahren und anschließend fünfjährige Berichte mit der Zulassungsverlängerung.

47 Mit der im Jahre 2004 erfolgten Revision des europäischen Arzneimittelrechts und dessen Umsetzung in den Mitgliedstaaten, erfolgt eine Verkürzung des Fünfjahresberichts auf einen Dreijahresbericht.

---

32 Guideline ICH E2B(M) – Maintenance of the ICH-Guideline on Clinical Safety Data Management – Data Elements for Transmission of Individual Case Safety Reports.
33 <www.meddramsso.com>.
34 <http://www.umc-products.com/graphics/3149.pdf>.
35 Art. 105 RL 2001/83/EG.

Die detaillierten Vorgaben für die Erstellung von Erfahrungsberichten sind im Volume 9 a enthalten.[36] Form und Inhalt dieses Kapitels stellen eine Übernahme der im Rahmen der ICH entwickelten Leitlinie dar:

Clinical Safety Data Management: Periodic Safety Update Reports for Marketed Drugs[37]: Diese ICH-Leitlinie beruht weitgehend auf dem Final Report der CIOMS II Arbeitsgruppe „International Reporting of Periodic Drug-Safety Update Summary" (Genf 1992) (CIOMS: Council for International Organizations of Medical Sciences).[38] Damit erfolgte eine internationale Vereinheitlichung der Struktur und der Inhalte von Berichten über die Sicherheit und Unbedenklichkeit von Arzneimitteln. Da das Konzept der periodischen Berichte von CIOMS zunächst unter dem primären Blickwinkel der Arzneimittel mit neuen Inhaltsstoffen bearbeitet wurde, hat CIOMS in einem späteren Bericht „Current Challenges in Pharmacovigilance: Pragmatic Approaches" (CIOMS V) Vereinfachungen u.a. für das Zusammenfassen von Berichten, zu Brückenberichten und auch für Arzneimittel mit bekannten Inhaltsstoffen vorgeschlagen, die inzwischen auch in die entsprechende EU-Leitlinie übernommen wurden.

Definitionen und Empfehlungen der ICH-Leitlinie, die auch in das Volume 9 a übernommen wurden:

- **Company Core Data Sheet (CCDS):** Das „Company Core Data Sheet"[39] wird vom Inhaber der Zulassung erstellt und enthält alle Angaben, die aus seiner Sicht für den Gebrauch des Arzneimittel wichtig sind, zB zu den Indikationen des Arzneimittels, zur Dosierung, zur Pharmakologie, zu Nebenwirkungen sowie weitere relevante Informationen zum Produkt.
- **Company Core Safety Information (CCSI):** Die „Company Core Safety Information"[40] beinhalten alle für die Arzneimittelsicherheit relevanten Informationen des Company CCDS. Dieses Dokument wird durch den Inhaber der Zulassung erstellt und enthält die Informationen, die aus Sicht des Inhabers der Zulassung in den Fachinformationen der Länder enthalten sein sollten, in denen das Arzneimittel in Verkehr gebracht wird. Es dient als Referenzdokument zur Unterscheidung von „listedness" und „unlistedness" im Zusammenhang mit der Erstellung „periodischer Berichte". Für ausschließlich national zugelassene Arzneimittel, kann die Fach- und Gebrauchsinformation als Referenzdokument verwendet werden.
- **Nebenwirkungen, die „unlisted" (nicht in der CCSI aufgeführt) sind:** Eine Nebenwirkung wird als „unlisted"[41] eingestuft, wenn sie nach ihrer Art, Intensität, Spezifität und Ausgang nicht in der „Company Core Safety Information" beschrieben ist. Nebenwirkungen, die für die betreffende Arzneimittelgruppe in der „Company Core Safety Information" genannt sind, jedoch als nicht direkt im Zusammenhang mit der Anwendung dieses Arzneimittels auftretend beschrieben werden, fallen ebenfalls unter die Definition „unlisted".

---

36 Volume 9a of The Rules Governing Medicinal Products in the European Union – Guidelines on Pharmacovigilance for Medicinal Products for Human Use, Part I Nr. 6.
37 <http://www.ich.org/cache/compo/276-254-1.html>.
38 <http://www.cioms.ch/>.
39 Volume 9a of The Rules Governing Medicinal Products in the European Union – Guidelines on Pharmacovigilance for Medicinal Products for Human Use, Glossary.
40 Volume 9a of The Rules Governing Medicinal Products in the European Union – Guidelines on Pharmacovigilance for Medicinal Products for Human Use, Glossary.
41 Volume 9a of The Rules Governing Medicinal Products in the European Union – Guidelines on Pharmacovigilance for Medicinal Products for Human Use, Glossary.

- **Data Lock Point (DLP):** Der „Data Lock Point"[42] definiert den Zeitpunkt, bis zu dem alle relevanten Informationen in einem periodischen Bericht seit dem im zuletzt vorgelegten Bericht festgelegten Berichtszeitraum berücksichtigt sind.

Ein PSUR sollte den jeweiligen Berichtszeitraum abdecken und soll innerhalb von 60 Tagen nach dem DLP vorgelegt werden. Die Einreichung von mehreren PSURs zur Abdeckung einer Periode wird nur akzeptiert, wenn ein „bridging report" erstellt wird, der die relevanten Kapitel der Einzel-PSURs zusammenfassend darstellt.

2. Ziele des PSUR

50   Die Berichte sind dazu bestimmt, den Arzneimittelbehörden den Stand der wissenschaftlichen Erkenntnis zur Sicherheit und Unbedenklichkeit eines Arzneimittels weltweit darzustellen. Die Harmonisierung von Struktur und Inhalten der Berichte in Form des PSUR erleichtert einerseits den pharmazeutischen Unternehmen die Berichterstattung, da auf die Berücksichtigung national unterschiedlicher Anforderungen weitgehend verzichtet werden kann, andererseits erleichtert sie den Behörden die Sicherheitseinschätzung eines Arzneimittels, da von allen Zulassungsinhabern gleiche Kriterien und Formate für definierte Berichtszeiträume zu einem Wirkstoff vorgelegt werden. Der PSUR ermöglicht darüber hinaus dem pharmazeutischen Unternehmer, eine fundierte Risikoanalyse der betroffenen Arzneimittel durchzuführen und diese gegenüber den Behörden zu dokumentieren.

3. Struktur und Inhalte des PSUR

51   Ein dahin gehender regelmäßiger aktualisierter Bericht muss für alle zentral, dezentral und national zugelassenen Arzneimittel einschließlich solcher, die im gegenseitigen Anerkennungsverfahren eine Zulassung erhalten haben, erstellt werden, unabhängig davon, ob das Arzneimittel vermarktet wird oder nicht. Eines PSURs bedarf es nicht für den Antragsteller vor Erteilung der Zulassung und für registrierte Homöopathika.[43]

Es kann ein Bericht für verschiedene Darreichungsformen, Stärken und Anwendungsgebiete eines Wirkstoffes zusammen erstellt werden. Auch Angaben zu einem Arzneimittel in einer fixen Kombination können in einem PSUR aufgeführt werden.

52   Der Bericht soll gemäß Volume 9 a[44] die nachfolgend aufgeführten Angaben enthalten:
- Einleitung mit einer kurzen Beschreibung des/der Arzneimittel
- Weltweiter Zulassungsstatus
- Aktueller Stand von Maßnahmen zur Risikoabwehr durch Behörden und Zulassungsinhaber einschließlich Lizenzinhaber
- Änderungen in den Produktinformationen
- Patienten-Exposition einschließlich der Vertriebszahlen unter Angabe der Methode, an der die Schätzung der Exposition vorgenommen wurde
- Präsentation individueller Krankengeschichten (Einzelfallberichte) aus Spontanmeldungen, Studienberichten und der Literatur, zusammengefasst dargestellt als sog. Line Listing mit allen schwerwiegenden und unbekannten nicht-schwerwiegenden Nebenwirkungen, eine tabellarische Darstellung der Line Listings sowie ggf eine Analyse von Einzelfallberichten
- Angaben zu sicherheitsrelevanten Informationen zu abgeschlossenen, laufenden und geplanten Studien

---

42   Volume 9 a of The Rules Governing Medicinal Products in the European Union – Guidelines on Pharmacovigilance for Medicinal Products for Human Use, Glossary.
43   Art. 16 RL 2001/83/EG und § 63 b Abs. 7 AMG.
44   Volume 9 a of The Rules Governing Medicinal Products in the European Union – Guidelines on Pharmacovigilance for Medicinal Products for Human Use, Part I, Nr. 6.

- Sonstige Informationen
- Gesamtbeurteilung der Sicherheit des/der Arzneimittel(s)
- Schlussfolgerungen

4. Fristen zur Vorlage periodischer Berichte

Sofern im Zulassungsbescheid keine anderen Auflagen gemacht worden sind, ist im Regelfall das Datum der nationalen Zulassung bzw das Datum des Inverkehrbringens in Deutschland für die Fälligkeit der periodischen Berichte ausschlaggebend.

Die Anzeige soll auf Aufforderung unverzüglich oder in den nachfolgend angegebenen Intervallen erfolgen, falls nicht im Zulassungsbescheid oder auf Antrag des Inhabers der Zulassung andere Berichtszeiträume bestimmt worden sind[45]

- sechsmonatlich im Zeitraum nach der Zulassung bis zum Inverkehrbringen,
- sechsmonatlich in den ersten 2 Jahren nach dem ersten Inverkehrbringen,
- jährlich in den zwei folgenden Jahren,
- danach in Dreijahresabständen

Für Arzneimittel, die zum Zeitpunkt des Inkrafttretens der 14. AMG Novelle der Periodizität nach dem § 63 b Abs. 5 S. 2 AMG (5-jährige Berichtspflicht) in seiner bis dahin gültigen Fassung unterlagen, gelten Übergangsbestimmungen (§ 141 Abs. 13 AMG).

5. Festlegung des „Birth Date"

Da die Daten der Zulassung für ein Arzneimittel international und innerhalb Europas voneinander abweichen, wird für ein Arzneimittel ein „Birth Date" festgelegt. Dieses ist international das Datum der ersten Zulassung eines Arzneimittels für einen pharmazeutischen Unternehmer in irgendeinem Land der Welt (International Birth Date – IBD), in Europa das Datum der ersten Zulassung eines Arzneimittels für einen pharmazeutischen Unternehmer in einem Land der EU (European Birth Date – EBD). Für Arzneimittel, die im dezentralisierten Verfahren oder im Verfahren der gegenseitigen Anerkennung zugelassen worden sind, wird angestrebt, das „European Birth Date" bzw das Datum des erstmaligen Inverkehrbringens in der EU als Bezugszeitpunkt für die Berechnung der Vorlagefristen zu nehmen.

6. Harmonisierung der PSUR-Einreichung

Einer Initiative der Heads of Medicines Agencies (HMA) folgend ist es möglich, für bestimmte Wirkstoffe einen europäisch harmonisierten Einreichungstermin für PSURs zu wählen, um eine erleichterte Erstellung und Bearbeitung zu ermöglichen. Einzelheiten zu diesem freiwilligen Worksharing-Programm sind auf der Webseite der HMA zu finden.[46]

7. PSUR für bekannte Stoffe

Es besteht auch für bekannte Stoffe die Notwendigkeit, regelmäßige PSURs zu erstellen. Dabei ist es für ein harmonisiertes Vorgehen essenziell, die Berichtspflichten zu vereinheitlichen und für neu zugelassene bekannte Stoffe einen Antrag auf Verlängerung der Berichtsfrist zu stellen. Dies kann bereits zum Zeitpunkt der Zulassung erfolgen. Nach AMG kann die Frist auf maximal 3 Jahre verlängert werden (§ 63 b Abs. 5 AMG).

---

45 Volume 9 a of The Rules Governing Medicinal Products in the European Union – Guidelines on Pharmacovigilance for Medicinal Products for Human Use, Part I Nr. 6.2.4.a.
46 <http://www.hma.eu/80.html>.

XI. Einsetzung und Aufgaben einer verantwortlichen qualifizierten Person für Pharmakovigilanz (QPPV) / Stufenplanbeauftragter

57 Der pharmazeutische Unternehmer hat für die Überwachung von Arzneimittelnebenwirkungen eine verantwortliche qualifizierte Person einzusetzen, die im Bereich der gesamten EU bzw national Informationen über Verdachtsfälle von unerwünschten Wirkungen der zugelassenen Arzneimittel sammelt, bewertet, die vorgeschriebenen Meldungen durchführt und ggfs. Anfragen der Behörden vollständig und rasch beantwortet, einschließlich der Informationen über Das Umsatz- und Verschreibungsvolumen.[47] Dabei sind auch Mitteilungen aus Drittländern (dh von außerhalb der EU) zu berücksichtigen. Die Weitergabe von Berichten über meldepflichtige Verdachtsfälle von Nebenwirkungen an die jeweils zuständigen Behörden hat, wie oben bereits dargestellt, innerhalb von 15 Kalendertagen nach Bekanntwerden zu erfolgen. Außerdem sind auf Anfrage der jeweils zuständigen Behörden in der EU auch alle anderen relevanten Informationen zu geben. Dabei sind auch Daten über das Absatzvolumen einzubeziehen.

58 Es sind außerdem regelmäßige Berichte mit zusammenfassenden Angaben über Arzneimittelrisiken zu erstellen und den zuständigen nationalen Behörden bzw der EMEA (im allgemeinen in Form des PSUR) vorzulegen. Zu den beim Zulassungsinhaber vorhandenen Daten über Verdachtsfälle von Nebenwirkungen von Arzneimitteln muss für zentral zugelassene Arzneimittel ein Zugriff an einer zentralen Stelle in der EU bestehen.

59 Die „verantwortliche qualifizierte Person" muss Erfahrung in Fragen der Pharmakovigilanz haben. Es ist im EG-Recht nicht näher definiert, welche Ausbildung erforderlich ist. In der Regel dürften jedoch Ärzte und Apotheker oder andere naturwissenschaftlich ausgebildete Personen in Frage kommen. Das Volume 9 a weist auch auf die Notwendigkeit hin, dass in den Fällen, in den die QPPV keine ärztliche Vorbildung hat, die Hinzuziehung einer medizinisch qualifizierten Person möglich sein soll. Es ist ebenfalls festgelegt, dass die verantwortliche Person für die Pharmakovigilanz ihren Sitz in der EU bzw dem EWR haben muss. Weitere Einzelheiten zur Person, den Aufgaben und Verpflichtungen der QPPV sind im Volume 9 a näher beschrieben.[48] Ebenso finden sich dort die Verpflichtungen des Zulassungsinhabers in Bezug auf diese Person, insbesondere im Hinblick auf eine angemessene Ausstattung des Pharmakovigilanz-Bereichs mit Personal und Sachmitteln.[49]

60 Ein wichtiger Aspekt, insbesondere für kleinere Zulassungsinhaber, ist die vertragliche Auslagerung einiger oder aller Pharmakovigilanz-Verpflichtungen an Drittfirmen. Hierbei kommt der Vertragsgestaltung eine besondere Bedeutung bei, auch hierzu finden sich weitere Ausführungen im Volume 9 a.[50]

Entsprechende Bestimmungen enthält auch das AMG für den sog. **Stufenplanbeauftragten** (§ 63 a AMG):

(1) Wer als pharmazeutischer Unternehmer Fertigarzneimittel in den Verkehr bringt, hat eine in einem Mitgliedstaat der Europäischen Union ansässige qualifizierte Person mit der erforderlichen Sachkenntnis und der zur Ausübung ihrer Tätigkeit erforderlichen Zuverlässigkeit (Stufenplanbeauftragter) zu beauftragen ein Pharmakovigilanzsystem einzurichten, zu führen und bekannt gewordene Meldungen über Arzneimittelrisiken zu sammeln, zu bewerten und die notwendigen Maßnahmen zu koordinieren. Der Stufenplanbeauftragte ist

---

47 Art. 103 RL 2001/83/EG.
48 Volume 9 a of The Rules Governing Medicinal Products in the European Union – Guidelines on Pharmacovigilance for Medicinal Products for Human Use, Part I Nr. 1.2.
49 Volume 9 a of The Rules Governing Medicinal Products in the European Union – Guidelines on Pharmacovigilance for Medicinal Products for Human Use, Part I Nr. 1.2.2.
50 Volume 9 a of The Rules Governing Medicinal Products in the European Union – Guidelines on Pharmacovigilance for Medicinal Products for Human Use, Part I Nr. 1.3.

für die Erfüllung von Anzeigepflichten verantwortlich, soweit sie Arzneimittelrisiken betreffen. Er hat ferner sicherzustellen, dass auf Verlangen der zuständigen Bundesoberbehörde weitere Informationen für die Beurteilung des Nutzen-Risiko-Verhältnisses eines Arzneimittels, einschließlich eigener Bewertungen, unverzüglich und vollständig übermittelt werden.

(2) Der Stufenplanbeauftragte kann gleichzeitig sachkundige Person nach § 14 oder verantwortliche Person nach § 20 c sein.

(3) Der pharmazeutische Unternehmer hat der zuständigen Behörde und der zuständigen Bundesoberbehörde den Stufenplanbeauftragten und jeden Wechsel vorher mitzuteilen. Bei einem unvorhergesehenen Wechsel des Stufenplanbeauftragten hat die Mitteilung unverzüglich zu erfolgen.

Weitere Verpflichtungen, insbesondere im Hinblick auf eine erweiterte Verantwortlichkeit des Stufenplanbeauftragten für Qualitätsmängel enthält die Arzneimittel-Wirkstoff-Herstellungsverordnung (§ 19 AMWHV).

XII. Variationsverordnung mit Bestimmungen zu Urgent Safety Restrictions (USR)

Das Vorgehen bei vorläufigen eilbedürftigen Pharmakovigilanz-Maßnahmen („urgent safety restrictions") ist in der Verordnung (EG) Nr. 1234/2008 der Kommission vom 24.11.2008 festgelegt:[51]

Notfallmaßnahmen:

(1) Ergreift der Inhaber auf eigene Initiative Notfallmaßnahmen, weil im Fall von Humanarzneimitteln eine Gefahr für die öffentliche Gesundheit oder weil im Fall von Tierarzneimitteln eine Gefahr für die Gesundheit von Mensch oder Tier oder für die Umwelt besteht, unterrichtet er unverzüglich alle maßgeblichen Behörden und, falls es sich um eine zentralisierte Zulassung handelt, auch die Kommission.

Die Notfallmaßnahmen gelten als akzeptiert, wenn weder von einer maßgeblichen Behörde noch von der Kommission, falls es sich um eine zentralisierte Zulassung handelt, innerhalb von 24 Stunden nach Empfang der Mitteilung Einwände erhoben wurden.

(2) Besteht im Fall von Humanarzneimitteln eine Gefahr für die öffentliche Gesundheit oder besteht im Fall von Tierarzneimitteln eine Gefahr für die Gesundheit von Mensch oder Tier oder für die Umwelt, können die maßgeblichen Behörden oder die Kommission, falls es sich um zentralisierte Zulassungen handelt, vom Inhaber Notfallmaßnahmen verlangen.

(3) Ergreift der Inhaber eine Notfallmaßnahme oder verlangt eine maßgebliche Behörde oder die Kommission von ihm eine Notfallmaßnahme, reicht er den entsprechenden Antrag auf Änderung innerhalb von 15 Tagen nach Einleitung dieser Maßnahme ein.

Die Details des Verfahrens sind in einer Standardverfahrensanleitung der CMD(h) beschrieben:[52]

- Eigenverantwortliche (vorläufige) Notmaßnahmen des Zulassungsinhabers, zB Einschränkung der Indikation, Hinzufügung einer Gegenanzeige und/oder Warnung mit unverzüglicher Information der zuständigen Behörde(n) / EMEA, oder
- Entsprechende (vorläufige) Anordnung durch die zuständigen Zulassungsbehörden;
- Einreichung eines dahin gehenden Änderungsantrags innerhalb von 24 Stunden durch den Zulassungsinhaber;

---

51 Art. 22 VO (EG) Nr. 1234/2008.
52 CMD(h): URGENT SAFETY RESTRICTION MEMBER STATE STANDARD OPERATING PROCEDURE, June 2000, Revision 3, December 2005, <http://www.hma.eu/fileadmin/dateien/Human_Medicines/CMD_h_/procedural_guidance/USR/2005_12_USR_SOP_Rev3_Clean.pdf>.

- Information der Fachkreise (direkt oder durch Publikation);
- Ergänzende Einreichung einer üblichen Variation zur abschließenden Bewertung der Änderung.

XIII. EU-Risikoverfahren

1. Verfahren nach Art. 31 bzw 36 des Humankodexes[53]

63 Die EU-Risikoverfahren unterscheiden sich abhängig von der Zulassungsart:

Für ausschließlich nationale Zulassungen gelten primär die jeweiligen nationalen Regelungen, z. B in Deutschland das Stufenplanverfahren nach § 63 AMG (siehe Rn 72). Unter bestimmten Voraussetzungen „besondere Fälle von Gemeinschaftsinteresse" kann jedoch ein Verfahren nach Art. 31 RL 2001/83/EG eingeleitet werden. Von einem Gemeinschaftsinteresse ist in der Regel dann auszugehen, wenn

- ein gut begründeter Verdacht auf ein schwerwiegendes neues Risiko vorliegt,
- voraussichtlich eine größere Änderung der Zulassung vorgenommen wird,
- die betroffenen Arzneimittel in mehreren Mitgliedstaaten auf dem Markt sind.

64 Dieses Verfahren schließt mit einer bindenden einheitlichen Fassung der gesamten Produkteigenschaften (Summary of Product Characteristics – SmPC) sowie der Packungsbeilage ab. Anschließend unterliegen die betroffenen Produkte den Änderungsregelungen der Variations-Verordnung (EG) Nr. 1234/2008. Bezieht sich das Verfahren auf eine Gruppe von Arzneimitteln oder eine therapeutische Klasse, kann die EMEA das Verfahren auf bestimmte spezifische Teile des SmPC / Packungsbeilage beschränken.

65 Bei Arzneimitteln, die im gegenseitigen Anerkennungsverfahren / dezentral zugelassen sind, ist ein nationales Risikoverfahren im Alleingang nicht möglich. Sofern Änderungen der Zulassung aus Risikogründen seitens der nationalen Zulassungsbehörden für erforderlich gehalten werden, kann hier ein Verfahren nach Art. 36 RL 2001/83/EG eingeleitet werden. Für einzelstaatliche Entscheidungen besteht kein nationaler Handlungsspielraum. Die Mitgliedstaaten können lediglich bei Maßnahmen zum Schutz der öffentlichen Gesundheit in Ausnahmefällen vorläufige Maßnahmen anordnen.[54]

66 Der weitere Verfahrensverlauf dahin gehender Schiedsverfahren (sog. Referrals) ist, unabhängig von der Einleitung des Verfahrens nach Art. 31 oder Art. 36, in den Artt. 32 bis 34 des Humankodexes festgelegt. Im Fall von zentral zugelassenen Arzneimitteln kann in Risikofällen ein vergleichbares Verfahren nach Art. 20 VO (EG) Nr. 726/2004 eingeleitet werden. Es folgt eine Änderung der zentralen Zulassung nach Bewertung durch den CHMP und abschließender bindender Entscheidung durch die Europäische Kommission bzw durch den Europäischen Rat.

67 Diese Verfahren sind in ihren allgemeinen Rechten und Verpflichtungen der Beteiligten den nationalen Verfahren und den entsprechenden einschlägigen deutschen Vorschriften, zB dem Verwaltungsverfahrensgesetz (VwVfG) vergleichbar, so beispielsweise im Bereich des Anhörungsrechtes aller betroffenen pharmazeutischen Unternehmer und der Begründungspflicht für die Einleitung von Verfahren sowie der Entscheidungen. Das Einsichtsrecht in entscheidungsrelevante Unterlagen, wie es nach deutschem Verwaltungsverfahrensgesetz besteht, ist in diesen Bestimmungen zwar nicht ausdrücklich genannt, lässt sich aber aus anderen Bestimmungen des Europäischen Rechts ableiten.

---

53 Thiele/Sickmüller, Pharmakovigilanz-Verfahren in der Europäischen Union, pharmind 1997, 649–658.
54 Art. 36 Abs. 2 RL 2001/83/EG.

2. Risikoverfahren bei besonderer Dringlichkeit: Verfahren aufgrund von Pharmakovigilanz-Daten[55]

Erwägt ein Mitgliedstaat infolge der Prüfung von Pharmakovigilanz-Daten die Aussetzung, den Widerruf oder die Änderung einer Genehmigung, so unterrichtet er die Agentur, die anderen Mitgliedstaaten und den Inhaber der Genehmigung für das Inverkehrbringen unverzüglich davon. Ist eine Maßnahme zum Schutz der öffentlichen Gesundheit dringend erforderlich, so kann der betreffende Mitgliedstaat die Genehmigung für das Inverkehrbringen eines Arzneimittels aussetzen, sofern die Agentur, die Kommission und die anderen Mitgliedstaaten hiervon spätestens am nächsten Werktag unterrichtet werden. 68

Wird die Agentur über eine dahin gehende Aussetzung oder einen Widerruf informiert, so gibt der CHMP sein Gutachten innerhalb einer entsprechend der Dringlichkeit der Angelegenheit festzulegenden Frist ab. Die Kommission kann auf der Grundlage dieses Gutachtens die Mitgliedstaaten, in denen das Arzneimittel vertrieben wird, auffordern, sofort vorläufige Maßnahmen zu ergreifen. Die endgültigen Maßnahmen werden nach dem Verfahren des Ständigen Ausschusses[56] erlassen. 69

3. Nationale Umsetzung

Die Frist zur nationalen Umsetzung beträgt in der Regel 30 Tage.[57] Dieses gilt hauptsächlich dann, wenn Arzneimittel vom Markt zurückgezogen werden sollen. Sofern längere Umstellungsfristen, zB für den Druck neuer Produktinformationen, für erforderlich gehalten werden, sollte die anordnende Maßnahme der zuständigen Behörde innerhalb von 30 Tagen herausgegeben werden. 70

4. Pharmacovigilance Working Party des CHMP

Der CHMP hat die Aufgabe, auch außerhalb dieser vom Verfahrensablauf genau definierten Risikoverfahren alle ihm bezüglich der Erteilung, Änderung, Aussetzung oder des Widerrufs von Zulassungen vorgelegten Fragen zu prüfen. Hierbei wird in vielen Fällen zuerst die „CHMP-Pharmacovigilance Working Party" in die Diskussion eingeschaltet, bevor der CHMP selbst eine Empfehlung abgibt. Diese hat jedoch für die Mitgliedstaaten hinsichtlich der nationalen Umsetzung nur empfehlenden und keinen bindenden Charakter (Position Paper / Recommendation). 71

5. Stufenplanverfahren

Unabhängig von den hier beschriebenen europäischen Risikoverfahren sind die zuständigen Behörden der Mitgliedstaaten berechtigt, bei rein nationalen Arzneimittelsicherheitsproblemen eigene Maßnahmen vorzunehmen. Die Basis hierfür ist in Deutschland das sog. Stufenplanverfahren, das im AMG (§ 63 AMG) seine Rechtsgrundlage hat und in einer Verwaltungsvorschrift,[58] näher beschrieben ist. 72

---

55 Art. 107 RL 2001/83/EG.
56 Art. 121 Abs. 3 RL 2001/83/EG.
57 Art. 34 Abs. 3 RL 2001/83/EG.
58 Allgemeine Verwaltungsvorschrift zur Beobachtung, Sammlung und Auswertung von Arzneimittelrisiken (Stufenplan) nach § 63 des Arzneimittelgesetzes (AMG) v. 9.2.2005 (BAnz v. 15.2.2005, S. 2383); Sickmüller/Müller, Neufassung der Verwaltungsvorschrift zum Stufenplan, pharmind 2005, 507–510.

XIV. Schnellinformationssystem im Bereich der Arzneimittelsicherheit[59]

73 Bei Pharmakovigilanz-Problemen ist der rasche Austausch von Informationen zwischen den einzelnen Zulassungsbehörden der Mitgliedstaaten sowie den jeweils betroffenen pharmazeutischen Unternehmern von entscheidender Bedeutung für eine rasche Anpassung in einem einheitlich geregelten Arzneimittelmarkt. Aus diesem Grund hat die EU abgestufte Informationssysteme geschaffen, bei denen je nach Dringlichkeit nach dem jeweils erforderlichen Verfahren vorgegangen wird. Das Rapid Alert System (RAS) im Bereich der Pharmakovigilanz[60] wird angewandt, um über bestimmte Pharmakovigilanz-Probleme zu informieren, wenn ein dringender Handlungsbedarf zum Schutz der Patienten bestehen könnte. Hierbei ist dieses System nicht mit dem ebenfalls existierenden Rapid Alert System für Qualitätsmängel[61] zu verwechseln.

1. Kriterien für einen Rapid Alert in der Pharmakovigilanz

74 Das RAS sollte bevorzugt bei zentral und in der gegenseitigen Anerkennung bzw dezentral zugelassenen Arzneimitteln und nur in den Fällen angewendet werden, in denen die Dringlichkeit keine Verzögerung zulässt, damit das System nicht mit weniger wichtigen Informationen belastet wird.

Das RAS wird eingeleitet, sobald ein Mitgliedstaat einen Verdacht für eine Änderung des Nutzen/Risiko-Verhältnisses eines Arzneimittels sieht, der größere Änderungen des Zulassungsstatus erforderlich machen könnte. Ein Verdacht auf eine Änderung des Nutzen/Risiko-Verhältnisses könnte sich ergeben aus

- einzelnen oder mehreren Berichten über Verdachtsfälle unerwarteter und schwerwiegender Nebenwirkungen;
- Berichten über Verdachtsfälle bekannter Nebenwirkungen, die jedoch einen größeren Schweregrad oder schwerere Folgen erwarten lassen oder auf neue Risikofaktoren hinweisen;
- einem Anstieg der Melderate der Verdachtsfälle bekannter schwerwiegender Nebenwirkungen;
- Erkenntnissen aus Studien, die auf unerwartete Risiken oder eine Änderung in der Häufigkeit oder Schwere bekannter Risiken hinweisen;
- Erkenntnissen, dass die Wirksamkeit des Arzneimittels derzeit nicht belegt ist;
- Erkenntnissen, dass die Risiken des betroffenen Produkts größer sind als die alternativen Therapien mit vergleichbarer Wirksamkeit.

75 Größere Änderungen des Zulassungsstatus sind zB
- Rückruf eines Arzneimittels vom Markt;
- Ruhen oder Widerruf der Zulassung;
- Änderungen in der Produktcharakteristik (SmPC) wie zB zusätzliche Kontraindikationen, Indikationseinschränkungen, Dosisreduktion oder eine Einschränkung der Verfügbarkeit des Arzneimittels.

Ein zusätzlicher Grund, ein RAS zu versenden, ist das Erfordernis, Angehörige der Gesundheitsberufe oder Verbraucher ohne größere Verzögerung über mögliche Risiken zu informieren.

---

59 Thiele/Sickmüller, Die aktuellen Schnellinformationssysteme der EU im Bereich der Arzneimittelsicherheit, pharmind 2003, 630–639.
60 Volume 9 a of The Rules Governing Medicinal Products in the European Union – Guidelines on Pharmacovigilance for Medicinal Products for Human Use, Part II Nr. 4.
61 EMEA/INS/GMP/313510/2006 corr, COMPILATION OF COMMUNITY PROCEDURES ON INSPECTIONS AND EXCHANGE OF INFORMATION, PROCEDURE FOR HANDLING RAPID ALERTS AND RECALLS ARISING FROM QUALITY DEFECTS London, 20 September 2006.

2. Vorgehen beim Rapid Alert in der Pharmakovigilanz

Normalerweise wird der zugrunde liegende Sachverhalt durch einen Mitgliedstaat nach Bewertung der dort vorliegenden Unterlagen formuliert und übermittelt. Derzeit ist die am besten geeignete Art der Übermittlung das Telefax oder durch E-Mail. Es gibt jedoch Ansätze, diese, sobald die technischen Voraussetzungen flächendeckend zur Verfügung stehen, auf elektronischem Wege vorzunehmen.

Neben formalen Vorgaben wie zB der Verwendung einer bestimmten Schriftgröße zum Ausfüllen der Formulare gibt die Leitlinie folgende Mindestangaben für ein Rapid Alert (RA) vor:

- Genaue Bezeichnung des betroffenen Arzneimittels, der Wirkstoffe, Darreichungsform, Zulassungsstatus und des betroffenen pharmazeutischen Unternehmers.
- Genaue Beschreibung der vermuteten Risiken einschließlich kurzer Begründung für den Verdacht unter Angabe der Informationsquellen.
- Für erforderlich gehaltene oder bereits umgesetzte Maßnahmen.
- Klar formulierte Fragen an die anderen Mitgliedstaaten.

Sofern der auslösende Mitgliedstaat bereits einschränkende Maßnahmen ergriffen hat, muss er die anderen Mitgliedstaaten sowie die EMEA darüber spätestens am darauf folgenden Arbeitstag unterrichten.[62]

Der aussendende Mitgliedstaat sammelt die Antworten und fasst sie innerhalb von vier Wochen zu einem Zwischenbericht zusammen. Falls das gesammelte Material jedoch Hinweise auf schwerwiegende Risiken erkennen lässt, erarbeitet dieser Mitgliedstaat einen umfassenden Bewertungsbericht (Pharmacovigilance Assessment Report) nach vorgegebenem Schema. Dieser wird an alle Mitgliedstaaten, die EMEA und die Europäische Kommission versandt und auf der nächsten Sitzung der „CHMP Pharmacovigilance-Working Party" behandelt. Hier wird darüber beraten, ob das angesprochene Problem von Gemeinschaftsinteresse ist und demzufolge ein Referral-Verfahren einzuleiten ist.

Sofern die zu übermittelnde Information oder Anfrage keine unmittelbare Dringlichkeit hat, kann auch das System für Non Urgent Information (NUI) verwendet werden.

XV. Pharmakovigilanz-Inspektionen

1. Neuregelungen im Humankodex

Die Änderungsrichtlinie 2004/27/EG zur Änderung des Humankodexes 2001/83/EG hat auch die Möglichkeit der Durchführung von Pharmakovigilanz-Inspektionen eingeführt. Der Humankodex wurde im Titel XI „Überwachung und Sanktionen" wie folgt ergänzt:[63]

(1) Die zuständige Behörde des betreffenden Mitgliedstaats überzeugt sich durch wiederholte und erforderlichenfalls unangemeldete Inspektionen sowie gegebenenfalls durch die Durchführung von Stichprobenkontrollen, [...] davon, dass die gesetzlichen Vorschriften über Arzneimittel eingehalten werden. [...]

Diese Inspektionen können auch auf Antrag eines Mitgliedstaats, der Kommission oder der Agentur durchgeführt werden.

Diese Inspektionen werden von Bediensteten der zuständigen Behörden durchgeführt; diese Bediensteten müssen befugt sein

[...]

d) die Räumlichkeiten, Aufzeichnungen und Unterlagen der Inhaber der Genehmigung für das Inverkehrbringen oder anderer Unternehmen, die vom Inhaber dieser Genehmigung mit

---

62 Art. 36 Abs. 2 RL 2001/83/EG.
63 Art. 111 RL 2001/83/EG.

den in Titel IX (Pharmakovigilanz) und insbesondere den Artikeln 103 und 104 beschriebenen Tätigkeiten beauftragt wurden, zu inspizieren.

[...]

(3) Die Bediensteten der zuständigen Behörde erstatten nach jeder der in Absatz 1 genannten Inspektionen Bericht darüber, ob der Hersteller die Grundsätze und Leitlinien der guten Herstellungspraxis für Arzneimittel gemäß Artikel 47 oder gegebenenfalls die Anforderungen der Artikel 101 bis 108 (dh die Pharmakovigilanzbestimmungen – Anmerkung durch den Autor) einhält. Der überprüfte Hersteller oder Inhaber der Genehmigung für das Inverkehrbringen wird über den Inhalt der betreffenden Berichte informiert.

79 Eine entsprechende Regelung ist auch seit der 14. Novelle im AMG enthalten (§ 63 b AMG):

(5 a) Die zuständige Bundesoberbehörde kann in Betrieben und Einrichtungen, die Arzneimittel herstellen oder in den Verkehr bringen oder klinisch prüfen, die Sammlung und Auswertung von Arzneimittelrisiken und die Koordinierung notwendiger Maßnahmen überprüfen. Zu diesem Zweck können Beauftragte der zuständigen Bundesoberbehörde im Benehmen mit der zuständigen Behörde Betriebs- und Geschäftsräume zu den üblichen Geschäftszeiten betreten, Unterlagen einsehen sowie Auskünfte verlangen.

2. Durchführung von Pharmakovigilanz-Inspektionen

80 Neben einer detaillierten Beschreibung der Durchführung von Inspektionen im Volume 9 a:[64]

- **2.4 Pharmacovigilance Inspections**

    2.4.1 Conduct of Inspections
    2.4.2 Routine Inspections
    2.4.3 Targeted Inspections
    2.4.4 Pharmacovigilance System Inspections
    2.4.5 Product-Specific Inspections
    2.4.6 Requesting and Reporting of Inspections
    2.4.7 Inspections of Contractors and Licensing Partners
    2.4.8 Inspections in European Economic Area
    2.4.9 Inspections in Third Countries
    2.4.10 Fees for Inspections Requested by the CHMP
    2.4.11 Procedures for Coordination of Pharmacovigilance Inspection for Centrally Authorised Products
    2.4.12 Procedures for Pharmacovigilance Inspections
    2.4.13 Unannounced Inspections
    2.4.14 Inspection Reports
    2.4.15 Follow-up of Inspection Findings
    2.4.16 Sharing of inspection information
- **2.5 Regulatory Action**

hat die EMEA eine Reihe von Leitlinien erlassen, die den inspizierenden Behörden, insbesondere bei der Inspektion von Zulassungsinhabern zentral zugelassener Arzneimittel, weitere Anleitung geben.[65] Eine besondere Bedeutung kommt hierbei der „Procedure for conducting Pharmacovigilance inspections requested by the CHMP"[66] zu, die genaue Vorgaben

---

64 Volume 9 a of The Rules Governing Medicinal Products in the European Union – Guidelines on Pharmacovigilance for Medicinal Products for Human Use, Part I Nr. 2.4.
65 <http://www.emea.europa.eu/Inspections/phvproc.html>.
66 EMEA, Procedure for conducting Pharmacovigilance inspections requested by the CHMP, 12 November 2007 (EMEA/INS/GCP/218148/2007.).

dazu macht, welche Aspekte des Pharmakovigilanzsystems inspiziert werden sollten. Ein besonderer Fokus liegt hierbei auf:

- Legal and administrative aspects
- Organisational structure
    (i) Quality system and Standard Operating Procedures (SOP) for pharmacovigilance activities
    (ii) Qualified Person (QPPV)
    (iii) Resources and training of Personnel.
- Facilities and computer systems
- Safety Information from Clinical Investigations
- Safety information from other departments: quality defects, medical information, legal information etc.
- Data/documentation review

Die Klassifikation der gefundenen Ergebnisse ist wie folgt festgelegt:

- **Critical:** a deficiency in pharmacovigilance systems, practices or processes that adversely affects the rights, safety or well-being of patients or that poses a potential risk to public health or that represents a serious violation of applicable legislation and guidelines.
- **Major:** a deficiency in pharmacovigilance systems, practices or processes that could potentially adversely affect the rights, safety or well-being of patients or that could potentially pose a risk to public health or that represents a violation of applicable legislation and guidelines.
- **Minor:** a deficiency in pharmacovigilance systems, practices or processes that would not be expected to adversely affect the rights, safety or well-being of patients.

XVI. Information an die Öffentlichkeit

Neben den Bestimmungen der Richtlinie 2001/83[67] und des AMG (§ 63 b Abs. 5 b AMG), die eine Informationspflicht für Zulassungsinhaber bei die Pharmakovigilanz betreffenden Informationen zumindest gleichzeitig an die Behörden vorsehen, enthält das Volume 9 a ein spezifisches Kapitel zur Information der Fachkreise[68] unter dem Begriff: „Direct Healthcare Professional Communication" – Mitteilung an die Angehörigen der Heilberufe mit folgenden Unterkapiteln:

- 1. Introduction
- 2. **Direct Healthcare Professional Communications (DHPC)**
    2.1 Introduction
    2.2 Definition of Direct Healthcare Professional Communication
    2.3 Key Principles for Public Communication on Medicinal Products
    2.4 Situations Where a Direct Healthcare Professional Communication Should Be Considered
    2.5 Key Principles for Preparation of Texts for Direct Healthcare Professional Communications
    2.6 The Processing of Direct Healthcare Professional Communications
        2.6.1 The Roles and Responsibilities of Marketing Authorisation Holders, the Competent Authorities and the Agency
        2.6.2 Phased Approach to Processing
        2.6.3 Translations

---

67 Art. 104 Abs. 9 RL 2001/83/EG.
68 Volume 9 a of The Rules Governing Medicinal Products in the European Union – Guidelines on Pharmacovigilance for Medicinal Products for Human Use, Part IV.

Hierbei ist zu beachten, dass die Versendung der Informationen an Fachkreise national unterschiedlich geregelt ist. In Deutschland hat es sich seit vielen Jahren bewährt, dringende Informationen für Fachkreise in Form eines „Rote-Hand-Briefes"[69] zu versenden, der die besondere Aufmerksamkeit der Fachkreise hat und von Werbeaussendungen deutlich unterscheidbar ist. Er soll den Angehörigen der Heilberufe signalisieren, dass es sich bei diesem Schreiben um eine Risikoinformation handelt, die maßgebliche Auswirkungen auf die Anwendung des Arzneimittels hat und unverzüglich beachtet werden muss.

B. Landesrechtliche Überwachungskompetenzen (am Beispiel von NRW)

I. Einführung

83 Der Vollzug des Bundesrecht ist vom Grundsatz her Angelegenheit der Länder (Art 83 GG). Dies gilt auch für das Arzneimittelgesetz, das Apothekengesetz und das Heilmittelwerbegesetz sowie die aufgrund dieser Gesetze erlassenen Rechtsverordnungen und Verwaltungsvorschriften. Ausdrücklich davon ausgenommen sind solche Vorschriften, deren Durchführung ausdrücklich durch das AMG den Bundesoberbehörden vorbehalten sind. Zu den Aufgaben des Bundes im Vollzug arzneimittelrechtlicher Vorschriften gehören unter anderem die Zulassung von Arzneimitteln, Bekanntmachung über Zulassungsentscheidungen, Genehmigung von klinischen Prüfungen. Zur Wahrnehmung dieser Aufgaben hat der Bund Bundesoberbehörden errichtet. Die zuständigen Bundesoberbehörden werden im AMG genannt, das Bundesinstitut für Arzneimittel und Medizinprodukte (BfArM), das Paul-Ehrlich-Institut (PEI) oder das Bundesamt für Verbraucherschutz und Lebensmittelsicherheit (BVL).

84 Daneben wird im AMG die zuständige Behörde genannt, dies ist die nach dem jeweiligen Landesrecht in jedem Bundesland bestimmte Behörde. Die Landesbehörden sind für die Überwachung des Verkehrs mit Arzneimitteln zuständig. Dazu gehören auch die Erteilung von Erlaubnissen (Herstellung und Einfuhr von Arzneimitteln), Entgegennahme und Prüfung von Anzeigen nach § 67 AMG, und die aktive Überwachung der Einhaltung der Vorschriften durch Inspektionen. Die Bundesoberbehörden stellen mit der Zulassung eines Arzneimittels sicher, dass die Qualität, Wirksamkeit und Unbedenklichkeit gewährleistet wird. Die Behörden der Länder stellen mit der Überwachung sicher, dass die in der Zulassung festgelegten Anforderungen an die Herstellung eingehalten werden und die GMP (Good Manufacturing Pratice) Richtlinien erfüllt werden. Diese vorbeugende Überwachung trägt zur Arzneimittelsicherheit bei und dient dem Patientenschutz und einer ordnungsgemäßen Arzneimittelversorgung der Bevölkerung.

II. Organisation der Landesbehörden

85 Jedes Bundesland regelt die Errichtung und Zuständigkeiten in der Arzneimittelüberwachung in eigener Verantwortung. Welche Behörden für die Durchführung der Überwachung zuständig sind, bestimmt das Landesrecht. In der Regel ist die mittlere Verwaltungsebene zuständig (Regierungspräsident), in den Stadtstaaten Berlin, Bremen und Hamburg der zuständige Senator, im Saarland und Schleswig-Holstein der zuständige Minister, in Mecklenburg Vorpommern die Arzneimittelüberwachungsstelle. Die für den Vollzug des AMG zuständigen Behörden; Stellen und Sachverständigen werden durch das Bundesgesundheitsministerium veröffentlicht (Verzeichnis der für den Vollzug des Arzneimittelrechtes zuständigen Behörden, Stellen und Sachverständigen, Stand: Juni 2009, veröffentlicht auf der Homepage des BMG. In Nordrhein-Westfalen (NRW) sind die fünf Bezirksregierungen für die Überwachung der Arzneimittelhersteller, pharmazeutischen Unternehmer, Großhändler

---

69 Sickmüller, Der Rote Hand Brief, pharmind 2004, 252–254.

B. Landesrechtliche Überwachungskompetenzen (am Beispiel von NRW)

etc. zuständig. Als einziges Bundesland hat NRW für die Überwachung nach dem Gesetz über das Apothekenwesen die Kreise und kreisfreien Städte ermächtigt (Verordnung über Zuständigkeiten im Arzneimittelwesen und nach dem Medizinproduktegesetz). Dort sind Amtsapotheker angestellt, in anderen Bundesländern nehmen die ehrenamtlichen Pharmazieräte diese Aufgaben wahr, in Niedersachsen wurde die Überwachung des Apothekengesetzes auf die Apothekerkammer zur Erfüllung nach Weisung übertragen. Beiden Behörden übergeordnet ist das Ministerium für Arbeit, Gesundheit und Soziales des Landes NRW. Das Gesundheitsministerium soll die gleichmäßige Durchführung der Aufgaben sichern, in dem entsprechende Verwaltungsvorschriften erlassen werden und die fachliche Qualifikation des mit der Durchführung der Überwachung betrauten Personals sichergestellt wird. Die obersten Landesgesundheitsbehörden sind in den Bundesländern in der Regel die Gesundheitsministerien, sie sollen die Einheitlichkeit der Überwachung sicherstellen. Dazu tagt einmal jährlich die Gesundheitsministerkonferenz (GMK). Die GMK ist ein wichtiges Gremium des fachlichen und politischen Meinungsaustausches zwischen den Landesgesundheitsministerien und dem Bundesministerium für Gesundheit. Die Konferenz wird vorbereitet durch die zweimal jährlich tagende Arbeitsgemeinschaft der Obersten Landesgesundheitsbehörden (AOLG). An die AOLG berichtet die Arbeitsgruppe Arzneimittel- Apotheken-, Transfusions- und Betäubungsmittelwesen (AATB). In dieser Arbeitsgruppe sind die Ländervertreter auf Referatsebene der 16 Landesgesundheitsministerien vertreten. Die Arbeitsgruppe tagt unter Beteiligung von Gästen des Bundes und der ZLG ein- bis dreimal jährlich.

Im Hinblick auf die zunehmende Bedeutung einer einheitlichen Überwachung durch die Bundesländer im internationalen Vergleich und auf die Verhandlungen zwischen der Europäischen Kommission und Drittstaaten (Australien Japan, Kanada, Neuseeland, Schweiz) ist eine zentrale Koordinierung der Überwachung durch die Bundesländer vereinbart worden. Deshalb wurde das **Abkommen über die Zentralstelle der Länder für den Gesundheitsschutz (ZLG)** bei Arzneimitteln und Medizinprodukten auch auf Arzneimittel erweitert. Die ZLG nimmt Koordinierungsfunktionen im Arzneimittelbereich wahr (Abkommen über die Zentralstelle der Länder für Gesundheitsschutz bei Arzneimitteln und Medizinprodukten). Ihr obliegt insbesondere die Koordinierung der Spezialisierung von Überwachungsbeamten, von Schwerpunkten der Überwachung und vergleichenden Untersuchungen zur Qualität auf Veranlassung der EU und internationalen Überwachungsmaßnahmen in Deutschland. Sie koordiniert auch die Aktivitäten der Arzneimitteluntersuchungsstellen der Länder (OMCL), und die ZLG hat die Befugnis, Arzneimitteluntersuchungsstellen zu akkreditieren. Weiterhin unterstützt sie die Länder bei der Fortentwicklung der Qualitätssicherung auf den Gebieten der Arzneimittelüberwachung und Arzneimitteluntersuchung.

III. Aufgaben der Landesbehörden / Qualitätssicherungssystem

Nach § 67 AMG haben alle Betriebe und Einrichtungen, die Arzneimittel im Sinne von § 2 Abs. 1 und 2 AMG entwickeln, herstellen, prüfen, klinisch prüfen, lagern, verpacken, in den Verkehr bringen oder sonst mit ihnen Handel treiben, dies der nach Landesrecht zuständigen Behörde anzuzeigen. Unter diese Anzeigepflicht fallen damit Hersteller, Laboratorien, Großhändler, Vertriebsunternehmer und Einzelhändler. Betriebe und Personen, die klinische Prüfungen durchführen, haben dies ebenfalls vor Beginn der Studie anzuzeigen. Zuständig ist immer die Landesbehörde, in der der Anzeigende bzw das Prüfzentrum seinen Sitz hat. Nach § 64 AMG unterliegen diese Tätigkeiten der Überwachung durch die zuständige Behörde. Einige dieser Tätigkeiten, wie das Herstellen, das Einführen von Arzneimitteln sowie der Großhandel sind erlaubnispflichtig und die Überwachung dieser Betriebe soll in regelmäßigen Abständen erfolgen, in der Regel alle zwei Jahre.

Die Landesbehörden sollen damit die Einhaltung der Vorschriften des AMG sicherstellen.

88 Damit die Überwachung nach einheitlichen Kriterien erfolgt, hat der Gesetzgeber allgemeine Verwaltungsvorschriften als geeignetes Instrument für einen einheitlichen Vollzug erlassen. Dies ist die **Allgemeine Verwaltungsvorschrift zur Durchführung des Arzneimittelgesetzes (AMGVwV)** vom 29.3.2006, erlassen vom Bundesministerium für Gesundheit. Zusätzlich haben die Bundesländer gemeinsame Richtlinien zur einheitlichen Überwachung bekannt gemacht:
- Richtlinie für die Überwachung des Verkehrs mit Arzneimitteln
- Richtlinie für die Überwachung der Herstellung und des Verkehrs mit Blutzubereitungen
- Richtlinie für die Überwachung der klinischen Prüfung von Arzneimitteln
- Informationswege und Maßnahmen bei Arzneimittelzwischenfällen

Die Richtlinien stehen unter Vorbehalt der Vorgaben der AMGVwV, die auf gesetzlicher Grundlage vom zuständigen Bundesministerium mit Zustimmung des Bundesrates erlassen wurde.

89 Diese einheitlichen bundesrechtlichen Vorschriften und die ergänzenden gemeinsamen Richtlinien der Bundesländer stellen die einheitlichen Maßstäbe für die Überwachung durch die Überwachungsbehörden und ihrer Beauftragten dar und sind die Rechtsgrundlagen für das Qualitätsmanagementsystem. Die AMGVwV richtet sich an die Behörden des Bundes und der Länder, die die Einhaltung der Bestimmungen des AMG für Arzneimittel, Wirkstoffe und für andere zur Arzneimittelherstellung bestimmte Stoffe gemäß § 64 AMG überprüfen, insbesondere bei Herstellern, Vertriebsunternehmen, Großhändlern, und Einführern. Sie berücksichtigt dabei die von der Kommission der Europäischen Gemeinschaft veröffentlichten Gemeinschaftsverfahren für Inspektionen und Informationsaustausch (EMEA/INS/GMP/3351/03). Die Verwaltungsvorschrift findet auch Anwendung auf die Überwachung von klinischen Prüfungen (§ 15 GCP-V). Weiterhin fordert die Vorschrift, dass die Bundesländer ein **Qualitätsmanagementsystem** etablieren. Deutschland und die übrigen Mitgliedstaaten müssen aufgrund der Globalisierung eine gleichartige und gleichwertige Vorgehensweise der Arzneimittelüberwachung sicherstellen. Durch das Qualitätsmanagementsystem sollen Organisationsstrukturen, Verantwortlichkeiten und Verfahren festgelegt werden, die Folgendes regeln:
- Die Behörden sollen für die Durchführung der Aufgaben über ausreichende Personal- und Sachausstattung verfügen.
- Die mit der Durchführung von Inspektionen und Untersuchungen von Proben beauftragten Personen sollen ausreichend qualifiziert sein und unabhängig.
- Die Verfahren zur Planung und Durchführung bei Inspektionen, zur Untersuchung von Arzneimittelproben, zu Erteilung, Widerruf oder Rücknahme von Erlaubnissen und von Zertifikaten über die Gute Herstellungspraxis (GMP-Zertifikate) sowie entsprechender Folgemaßnahmen sind in Verfahrensanweisungen festzulegen.
- Ein effektives System zur Prüfung und Weiterleitung von Informationen über Qualitätsmängel bei Arzneimitteln, Arzneimittelrisiken einschließlich Arzneimittelfälschungen und die Durchführung von Rückrufen.

90 Für die Ausübung der Qualitätssicherungsfunktion einschließlich der Einführung und Aufrechterhaltung des Qualitätsmanagementsystems ist in der Behörde ein **Qualitätssicherungsbeauftragter** zu benennen. Die Vorgehensweise bei Abweichungen vom Qualitätsmanagementsystem sowie interne und externe Beanstandungen und die Einleitung von ggf. Korrektiven Maßnahmen sind in Verfahrensanweisungen zu regeln. In der Praxis bedeutet dies, dass u.a. die Voraussetzungen zur Erteilung von Herstellungs-, Einfuhr- und Großhandelserlaubnissen sowie von GMP- und WHO- Zertifikaten in Verfahrensanweisungen niedergelegt sind. Ebenso sind die unterschiedlichen Arten von Inspektionen, die Durchführung

und das Ergebnis der Inspektion beschrieben. Außerdem wird im Voraus ein Inspektionsplan festgelegt, um andere beteiligte Behörden und den zu Überwachenden rechtzeitig zu informieren. Inspektionen finden in der Regel im Team statt und die bei den Landesbehörden beauftragten Inspektoren müssen die erforderliche Sachkenntnis besitzen. Die Sachkenntnis wird erbracht durch die Approbation als Apotheker, für die Überwachung von Betrieben, die einer Herstellungs- oder Einfuhrerlaubnis bedürfen, ist zusätzlich eine zweijährige praktische Tätigkeit in der Arzneimittelprüfung erforderlich. Wenn noch andere Überwachungstätigkeiten ausgeführt werden sind noch andere Nachweise der Sachkenntnis möglich. Die Inspektoren müssen sich regelmäßig fortbilden, dazu soll ihnen genügend Zeit (bei GMP-Inspektoren zehn Tage im Jahr) zur Verfügung gestellt werden. Die Qualifikation der mit der Überwachung beauftragten Personen wird regelmäßig überprüft.

Jedes Land trägt für sich die Verantwortung für die Umsetzung des Qualitätsmanagementsystems auf den unterschiedlichen Verwaltungsebenen. Das beinhaltet u.a.: **91**

- Genehmigung / Inkraftsetzen von Dokumenten in den einzelnen Behörden
- Schulung des Qualitätsmanagementsystems
- Entwicklung von Zusatzdokumenten
- Festlegung von Verfahren zur Umsetzung von Qualitätszielen
- Durchführung von Selbstinspektionen / Internen Audits
- Prüfung der Umsetzung und Ermittlung des Änderungsbedarfs

Die Qualitätspolitik wird auf der politischen Ebene von den Gremien der Abteilungsleiter der obersten Landesgesundheitsbehörden (AOLG) festgelegt. Sie schafft die Voraussetzungen zur Einrichtung des Qualitätsmanagementsystems.

Die Verantwortung für die Umsetzung des Gesamtsystems liegt im Bereich Humanarzneimittel bei der länderübergreifend tätigen **Arbeitsgruppe AATB**. Die Arbeitsgruppe AATB beschließt das Qualitätsmanagement-Handbuch (Leitlinien) und das Qualitätssicherungs-Handbuch (u.a. Verfahrensanweisungen und Aide Memoire) sowie andere Qualitätsdokumente. Das Qualitätsmanagement-Handbuch beschreibt übergreifende Vorgaben in Form von Qualitätsleitlinien. Das Qualitätssicherungshandbuch besteht aus 17 Kapiteln entsprechend der Leitlinien. In diesem Handbuch befinden sich ca. 40 Verfahrensanweisungen, überwiegend mit Bezug zur GMP-Überwachung sowie acht Inspektionshilfen, sog. Aide memoire. Die Qualitätsdokumente werden von den Expertenfachgruppen der Länder erarbeitet. Die Genehmigung und Inkraftsetzung erfolgt über die Ministerien der Länder. Der AATB kommt seiner Aufgabe über Dokumente zu entscheiden, die Umsetzung zu überprüfen und Änderungsbedarf zu ermitteln durch ein Netz von Qualitätssicherungsbeauftragten nach. Jedes Land stellt einen QS-Beauftragten als Vertreter in die Expertenfachgruppe Qualitätssicherung und diese Gruppe berichtet über die ZLG an den AATB. **92**

Für die Umsetzung dieser Verwaltungsvorschrift hat jedes Bundesland ein eigenes Qualitätsmanagementsystem etabliert. Die **Verfahrensanweisungen** wurden von Expertenfachgruppen, die sich aus den Überwachungsbeamten der Länder zusammensetzen gemeinsam erarbeitet. Diese Expertenfachgruppen sind bei der ZLG angesiedelt und die ZLG hat die Koordinierung der Arbeit der Expertenfachgruppen übernommen. Die Verfahrensanweisungen sind auf der Homepage der ZLG veröffentlicht, und zum Teil sind sie öffentlich zugänglich, zB die Voraussetzungen zur Erteilung der Herstellungserlaubnis. Sobald die Verfahrensanweisungen behördeninterne Abläufe regeln, zB die Erstellung eines Inspektionsberichtes, sind sie nur für Behördenvertreter zugänglich. Zur Überprüfung, ob die Überwachungsbehörde das Qualitätsmanagementsystem einhält, werden regelmäßig Audits durch Behörden aus anderen Bundesländern durchgeführt. **93**

Auf den Inhalt der Anweisungen wird im nachfolgenden Abschnitt eingegangen.

IV. Durchführung der Überwachung

94 Nach § 64 AMG unterliegen Betriebe und Einrichtungen, in denen Arzneimittel hergestellt, geprüft, gelagert, verpackt oder in den Verkehr gebracht werden oder in denen sonst mit ihnen Handel getrieben wird, der Überwachung durch die zuständige Behörde. Das gleiche gilt für Betriebe und Einrichtungen, die Humanarzneimittel entwickeln und klinisch prüfen. Die Entwicklung, Herstellung, Prüfung, Lagerung, Verpackung und das Inverkehrbringen von Wirkstoffen und anderen zur Arzneimittelherstellung bestimmten Stoffen und von Gewebe sowie der sonstige Handel mit diesen Wirkstoffen und Stoffen unterliegen der Überwachung soweit sie durch eine Rechtsverordnung nach § 54 AMG, nach § 12 TFG oder nach § 16 a TPG geregelt sind. Das heißt, neben Arzneimitteln unterliegen auch Wirkstoffe, die in der Arzneimittel- und Wirkstoffverordnung aufgeführt sind, der Überwachung. Dies sind grundsätzlich alle Wirkstoffe, die zur Herstellung von Arzneimitteln bestimmt sind und solche die menschlicher oder tierischer oder mikrobieller Herkunft sind oder auf gentechnischem Weg hergestellt werden. Weiterhin unterliegen Blut und Blutbestandteile, zB Blutstammzellen, Nabelschnurblut und Gewebe wie Knorpel, Knochen, Haut der behördlichen Überwachung. Daneben ist in § 67 AMG die Anzeigepflicht geregelt. Betriebe und Einrichtungen, die Arzneimittel entwickeln, herstellen, klinisch prüfen, prüfen, lagern, verpacken, in den Verkehr bringen oder sonst mit ihnen Handel treiben haben dies vor Aufnahme der Tätigkeit der zuständigen Behörde anzuzeigen. Das AMG unterscheidet damit zwischen einer Anzeigepflicht und welche Arzneimittel bzw andere Stoffe der Überwachung unterliegen. Der Begriff „Arzneimittel" ist im § 2 AMG legal definiert, die anderen Stoffe werden im AMG selbst oder in anderen Gesetzen oder in Verordnungen definiert. Die Überwachungsbehörde hat daher verschiedene Aufgaben, die Erteilung von Erlaubnissen als Voraussetzung, dass ein Betrieb Arzneimittel herstellen, einführen und/oder vertreiben darf und die Entgegennahme von Anzeigen, die den Anzeigenden berechtigt, Arzneimittel zu entwickeln oder mit ihnen Handel zu treiben. Daraus ergeben sich auch die unterschiedlichen Arten der Überwachung durch die Behörde.

95 Die Überwachung gliedert sich in unterschiedliche Bereiche:
- Erteilung von Erlaubnissen nach §13 und § 72, 52 a AMG, die Erteilung der Herstellungs-, Einfuhr- oder Großhandelserlaubnis sowie nach § 20 AMG zur Gewinnung von Gewebe
- Ausstellung von Bescheinigungen nach § 64 Abs. 3 AMG (GMP-Zertifikat), § 72 a AMG (Einfuhrbescheinigung), nach §73 a AMG Ausfuhrbescheinigung (WHO-Zertifikat) und MRA-Zertifikat
- Regelmäßige Überwachung, ob die Vorschriften über den Verkehr mit Arzneimitteln, über die Werbung auf dem Gebiet des Heilwesens (HWG), des 2. Abschnittes des Transfusionsgesetzes, der Abschnitte 2, 3, 3 a des Transplantationsgesetzes und über das Apothekenwesen beachtet werden.
- Anlassbezogene Überwachung ausgelöst durch das Vorliegen eines Gefahrenverdachts.
- Die Überwachung der ordnungsgemäßen Durchführung von klinischen Prüfungen.

96 Die Überwachung kann unterschiedlich durchgeführt werden. Das AMG legt im § 64 fest, dass die Behörde regelmäßig in angemessenem Umfang unter der Berücksichtigung möglicher Risiken Besichtigungen vorzunehmen und Arzneimittelproben amtlich untersuchen zu lassen. Herstellungs-, Einfuhr- und Großhandelserlaubnisse werden erst erteilt, wenn sich die Behörde durch eine Besichtigung davon überzeugt hat, dass die Voraussetzungen für eine Erlaubniserteilung vorliegen. Betriebe mit einer Herstellungs- und / oder Einfuhrerlaubnis sind alle 2 Jahre zu besichtigen.

B. Landesrechtliche Überwachungskompetenzen (am Beispiel von NRW) 26

1. Erteilung von Erlaubnissen

Dabei unterscheidet sich die Art der Inspektion: Soll eine **Erlaubnis nach §§ 13, 72, 72b, 52a oder 20ff AMG** erteilt werden, wird überprüft, ob die im AMG festgelegten Voraussetzungen erfüllt sind. Dazu sind insbesondere die fachlichen Anforderungen an die Herstellung und Prüfung von Arzneimitteln, Prüfpräparaten, Wirkstoffen, die menschlicher, tierischer oder mikrobieller Herkunft sind oder auf gentechnischem Wege hergestellt werden und Geweben zu überprüfen. Die Anforderungen an die Herstellung und Prüfung ergeben sich in erster Linie aus der AMWHV (Verordnung über die Anwendung der Guten Herstellungspraxis von Arzneimitteln und über die Anwendung der Guten fachlichen Praxis bei der Herstellung von Produkten menschlicher Herkunft, Arzneimittel- und Wirkstoffherstellungsverordnung). Die AMWHV dient unter anderem der Umsetzung der Richtlinie 2003/94/EG zur Festlegung der Grundsätze und Leitlinien der Guten Herstellungspraxis für Humanarzneimittel und für die zur Anwendung beim Menschen bestimmten Prüfpräparate. Diese Richtlinie 2003/94/EG wird ergänzt durch den EG-Leitfaden der Guten Herstellungspraxis, um eine Gleichartigkeit und Gleichwertigkeit der Inspektionen zu gewährleisten. Dessen Umsetzung repräsentiert den Stand von Wissenschaft und Technik und spezifiziert die Anforderungen an die Herstellung und Prüfung von Arzneimitteln, Wirkstoffen menschlicher, tierischer oder mikrobieller Herkunft. Für die Herstellung von klinischen Prüfpräparaten ist ebenfalls eine Herstellungserlaubnis erforderlich, diese speziellen Anforderungen werden in der AMWHV iVm Annex 13 des EG-GMP-Leitfadens niedergelegt. 97

Am 1.8.2007 ist das **Gewebegesetz** in Kraft getreten. Danach ist u.a. für das Gewinnen von Geweben eine Erlaubnis erforderlich. Von dieser Regelung betroffen sind u.a. Herzklappen, Augenhornhäute, Haut, Knorpel, Knochen und Blutgefäße, sofern sie mit einfachen und bekannten traditionellen Verfahren be- oder verarbeitet werden. Dies gilt auch für menschliche Keimzellen, die im Rahmen der medizinisch unterstützen Befruchtung Verwendung finden. 98

Bei Erteilung der **Großhandelshandelserlaubnis** ist das Einhalten der Guten Vertriebspraxis neben den in § 52a AMG genannten Voraussetzungen eine Grundlage zur Erteilung der Erlaubnis.

Daneben gibt es eine **zulassungsbezogene Inspektion**, in der auf ein Arzneimittel bezogen überprüft wird, ob die im Zulassungsantrag gemachten Angaben tatsächlich eingehalten werden und diese Inspektion ist Voraussetzung für die Erteilung der Zulassung. Zuständig für diese Inspektion nach § 25 Abs. 5 AMG ist die Bundesoberbehörde.

Der **Import** von Arzneimitteln, den bereits oben aufgeführten Wirkstoffen und von Geweben ist in den §§ 72 bis 73 AMG geregelt. Innerhalb des Wirtschaftsraumes der Europäischen Union und der Vertragsstaaten des Europäischen Wirtschaftsraumes (EWR) gelten keine Einfuhrbeschränkungen. Wer Arzneimittel aus Staaten importieren will, die nicht zur europäischen Union oder der EWR gehören, benötigt eine Einfuhrerlaubnis nach § 72 AMG, zur Erteilung sind die gleichen Vorschriften wie zur Erteilung der Herstellungserlaubnis anzuwenden. Bei der Einfuhr von Arzneimitteln und bestimmten erlaubnispflichtigen Wirkstoffen und für Gewebe aus Drittstaaten, dh aus einem Land, dass kein Mitgliedstaat der EU oder Vertragsstaates der EWR ist, ist die Vorlage eines Zertifikates zur Bestätigung der GMP-gerechten Herstellung erforderlich. Das bedeutet, dass die Überwachungsbehörde in deren Gebiet der Einführer seinen Sitz hat, sich in dem Drittland überzeugt, dass die Vorschriften der guten Herstellungspraxis des EG-GMP-Leitfadens eingehalten werden. Auf diese Inspektion kann verzichtet werden, wenn bereits die Überwachungsbehörde eines anderen EU-Staates die GMP-gerechte Herstellung bestätigt hat oder wenn mit dem Drittland ein Mutual Recognition Agreement (MRA Abkommen) geschlossen wurde. 99

100 Weiterhin ist nach § 15 der Verordnung über die Anwendung der Guten klinischen Praxis bei der Durchführung von klinischen Prüfungen mit Arzneimitteln zur Anwendung am Menschen – GCP-Verordnung (GCP-V) festzustellen, ob die **klinischen Prüfungen** nach der Good Clinical Practice durchgeführt werden. Nach § 64 AMG unterliegen alle Parteien, die in die Studiendurchführung involviert sind, der Überwachung durch die zuständige Behörde. Dazu gehören die Institutionen, die klinische Studien in Auftrag geben (Sponsoren) oder im Auftrag durchführen (Auftragsforschungsinstitute oder CROs), Prüfer und auch in Studien involvierte Laboratorien. Zentrales Ziel der Inspektionen der Landesbehörden ist immer der Schutz der teilnehmenden Probandinnen und Probanden. Die Inspektionen erfolgen in der Regel mit Vorankündigung. In einzelnen Fällen werden neben den Routineinspektionen auch anlassbezogene Inspektionen durchgeführt, die kurzfristig und unangekündigt erfolgen. Die Inspektoren sind als GCP-Inspektoren qualifiziert (§ 15 Abs. 9 GCP-V iVm Art. 15 RL 2001/20/EG).

101 Die Voraussetzungen zur Erlaubniserteilung sind auch von den Eigenschaften der zu überwachenden Arzneimittel abhängig. Der EG-GMP-Leitfaden berücksichtigt dies in den Anhängen, zB Annex 1 Herstellung steriler Arzneimittel, Annex 13 Herstellung von klinischen Prüfpräparaten, Herstellung 14 von Arzneimitteln aus menschlichem Blut. Bei bestimmten Arzneimitteln, u.a. radioaktiven Arzneimitteln, Sera oder Blutprodukten, kann daher die Inspektion zusammen mit der zuständigen Bundesoberbehörde durchgeführt werden. Vor Erteilung der Erlaubnis ist das Benehmen mit der Bundesoberbehörde herzustellen. Als Arbeitshilfe für die Inspektoren sind die Aide Memoire erarbeitet worden, die auf der ZLG Homepage veröffentlicht sind. Die Aide Memoires und die Verfahrensanweisungen zur Erteilung der Erlaubnisse sind auch für die Betriebe hilfreich zur Vorbereitung einer behördlichen Inspektion.

Daneben gibt es noch die **Inspektion nach § 63 b Abs. 5 a AMG**, mit der festgestellt wird, ob die Vorschriften über die Pharmakovigilanz eingehalten werden. Dies macht die zuständige Bundesoberbehörde im Benehmen mit der zuständigen Überwachungsbehörde.

Für **zentral zugelassene Arzneimittel** ist die Europäische Arzneimittel-Agentur (EMEA) in London die zuständige Behörde (Art. 57 Abs. 1 lit. c und e VO (EG) Nr. 726/2004) Wenn hier eine Inspektion des Herstellungsbetriebes erfolgen soll, koordiniert die EMEA (siehe auch Verfahrensanweisung zur Koordinierung und Durchführung von EMEA Inspektionen, veröffentlicht auf der ZLG Homepage).

102 Die Ergebnisse der Inspektionen nach GMP und GCP sind in einem **Bericht** zusammenzufassen. Im Hinblick auf die einheitliche Durchführung der Inspektionen hat die Europäische Kommission Anleitungen für die Durchführung von Inspektionen erstellt Compilation of Community Procedures on Inspections and Exchange of Information, veröffentlicht auf der EMEA-Website). Dort ist auch der Standard für die Form und den Inhalt des Inspektionsberichtes festgelegt, darauf bezieht sich auch die AMGVwV und dies ist in einer entsprechenden Verfahrensanweisung festgelegt. Ein Bericht gliedert sich in eine allgemeine Beschreibung des zu inspizierenden Betriebes, die anzuwendenden Rechtsvorschriften, Feststellungen zu den inspizierten Bereichen und den festgestellten Mängeln. Die Mängel werden in kritische, schwerwiegende und sonstige Mängel unterteilt. Bei der Feststellung von kritischen Mängeln sind sofort Maßnahmen durch die Behörde einzuleiten, zB das Anordnen des Ruhens der Herstellungserlaubnis, dies wird in dem Abschlussgespräch bereits erläutert (Verfahrensanweisung zu Erstellung und Format von Inspektionsberichten, veröffentlicht auf der ZLG Homepage). Ziel all dieser Inspektionen ist es, sicherzustellen, dass die Vorschriften zur Sicherung der Qualität von Arzneimitteln eingehalten werden.

2. Bescheinigungen

a) Herstellung

Stellt die Behörde bei der Inspektion nach § 64 Abs. 3 AMG fest, dass der Hersteller die Regeln des EG-GMP-Leitfadens einhält, wird ein GMP-Zertifikat ausgestellt.

b) Ausfuhr

Auf Antrag des pharmazeutischen Unternehmers, des Herstellers, des Ausführers oder der zuständigen Behörde des Bestimmungslandes stellt die zuständige Behörde nach § 73 a AMG ein Zertifikat entsprechend dem Zertifikatsystem der Weltgesundheitsorganisation aus. Ein Muster dieses Zertifikates (Kapitel 15, Anlagen zur VAW 151104) finden Sie auf der Homepage der ZLG (Zentralstelle der Länder für Gesundheitsschutz bei Arzneimitteln und Medizinprodukten: <www.zlg.de>).

c) MRA-Zertifikat

Bei den Mutual Recognition Agreement (MRA) handelt es sich um ein Abkommen mit Drittstaaten, die im Arzneimittelbereich die gegenseitige Anerkennung der behördlichen Inspektionssysteme abdecken. Das bedeutet, dass in diesen Ländern (zur Zeit Kanada, Australien Neuseeland, Schweiz), die Inspektionen gegenseitig anerkannt sind und Inspektionen in diese Länder nicht erforderlich sind. Genauso stellt die zuständige deutsche Behörde der in ein Drittland exportierenden Firma ein MRA-Zertifikat aus.

3. Probenahme nach § 65 AMG

Die für die Arzneimittelüberwachung zuständigen Behörden stellen einen Probenplan auf, der die routinemäßige Entnahme von Proben regelt. Es ist anzustreben, dass von jedem Fertigarzneimittel, das im Überwachungsbereich der zuständigen Behörde hergestellt wird oder erstmals in den Verkehr gebracht wird innerhalb von fünf Jahren eine amtliche Probe genommen und untersucht wird. Dabei beziehen die Arzneimitteluntersuchungsstellen die Vorschläge im Rahmen des europäischen Netzwerkes der offiziellen Arzneimittelkontroll-Laboratorien (OMCL) unter der Federführung des europäischen Departments für die Qualität von Arzneimitteln (EDQM) mit ein. Die Probenahme von zentral zugelassen Arzneimitteln wird vom EDQM koordiniert. Zusätzlich zu den Planproben sind bei Verdacht auf Mängel Proben zu nehmen. Die Länder bestimmen Stellen zur Untersuchung und Begutachtung der Arzneimittelproben. Die Qualifikation des Leiters der Arzneimitteluntersuchungsstelle ist in der AMGVwV festgelegt.

Die für die Überwachung des pharmazeutischen Unternehmers zuständige Behörde wird von dem Ergebnis der Untersuchung unverzüglich unterrichtet und teilt das Ergebnis dem pharmazeutischen Unternehmer mit.

4. Qualitätsmängel

Verbraucherbeschwerden, Verdachtsfälle von Arzneimittelrisiken werden den Bezirksregierungen gemeldet. Meist erfolgt dies durch die Arzneimittelkommission oder den Hersteller selbst. In Betracht kommen insbesondere Mängel der Beschaffenheit wie Inhalt, Reinheit, Gehalt, Mängel der Behältnisse und äußeren Umhüllungen, Mängel der Kennzeichnung, Verwechslungen und Untermischungen. Der Mangel wird eingeteilt in Risikoklassen nach dem Rapid Alert System (RAS). Ein Mangel der Risikoklasse I ist potenziell lebensbedrohlich oder kann schwerwiegende Gesundheitsschäden verursachen, ein Mangel der Klasse II kann Krankheiten oder Fehlbehandlungen verursachen, fällt aber nicht unter Klasse I, ein Klasse-III-Mangel stellt kein signifikantes Risiko für die Gesundheit dar. In der Behörde bewertet ein GMP-Inspektor die Meldung und leitet dann die entsprechenden Maßnahmen ein. Dazu hat jedes Bundesland sein Vorgehen veröffentlicht. In NRW ist dies die Bekanntmachung „Informationswege und Maßnahmen bei Qualitätsmängeln von Arzneimitteln" vom 12.2.2008.

5. Erfassung in der Datenbank

108 Nach § 67 a AMG sollen die für den Vollzug des AMG zuständigen Behörden des Bundes und der Länder zusammen mit dem Deutschen Institut für Medizinische Dokumentation und Information (DIMDI, <www.dimdi.de>) ein gemeinsam nutzbares zentrales Informationssystem über Arzneimittel und deren Hersteller und Einführer errichten. Mit dieser Datenbank können dann die Behörden sich gegenseitig europaweit über den GMP Status von Betrieben informieren. Dazu wurde für die Bundesländer die Datenbank „PharmNet.Bund-Anwendung Register" eingerichtet. Diese Datenbank ist seit dem 10.6.2008 für die Erfassungskomponente Herstellungs- und Einfuhrerlaubnisse in Betrieb. Auch die Eingabe sowie die Generierung von GMP-Zertifikaten soll zukünftig möglich sein. Das Modul befindet sich zur Zeit in der Testphase.

V. Maßnahmen nach § 69 AMG

109 Alle der Überwachung unterliegenden Betriebe haben eine Duldungs- und Mitwirkungspflicht, um der Überwachungsbehörde zu ermöglichen ihren gesetzlichen Aufgaben nachzukommen. Der Inhaber des überwachten Betriebes ist verpflichtet den Behörden die erforderlichen Auskünfte zu erteilen. Dies erstreckt sich auf die Öffnung der Geschäftsräume, Zugang zu den erforderlichen Unterlagen, zB Herstellungsvorschriften und die Entnahme von Proben.

110 In § 69 AMG wird die generelle Befugnis der Überwachungsbehörde geregelt. Dies sind zum einen die zur Beseitigung festgestellter und zur Verhütung zukünftiger Verstöße notwendigen Anordnungen oder eine Verfolgung von Straftaten oder Ordnungswidrigkeiten die in den §§ 95 ff AMG festgelegt sind. Bei Straftatbeständen wird der Vorgang an die zuständige Staatsanwaltschaft abgegeben. Bei den Anordnungen hat die Behörde Beurteilungsspielraum in zweifacher Hinsicht, einmal in der Frage, ob ein Tätigwerden überhaupt notwendig ist und zum anderen welchen Inhalt die Anordnung haben soll. Gegenstand der Anordnungen sind meist das Verbot des Inverkehrbringens eines Arzneimittels und sowie die Anordnung des Rückrufes. Weiterhin kommen in Frage die Untersagung der Durchführung einer klinischen Prüfung, der Widerruf oder das Ruhen einer Herstellungserlaubnis nach § 13 AMG. Für die Anordnungen gilt der Grundsatz der Verhältnismäßigkeit, dh die Maßnahme darf nicht zu einer Beeinträchtigung des Betroffenen führen, die in einem offensichtlichen Missverhältnis zu dem beabsichtigten Zweck steht. Die Anordnung hat inhaltlich dem Grundsatz des geringstmöglichen Eingriffs zu entsprechen, von mehren möglichen aber gleich wirksamen Maßnahmen ist die weniger belastende zu wählen. Bei den Maßnahmen muss von ihren vorbeugenden Zweck her der Gesichtspunkt der Arzneimittelsicherheit (siehe § 1 AMG) im Vordergrund stehen. Im Einzelfall kann die sofortige Vollziehung der notwendigen Anordnungen verfügt werden, zum Beispiel, wenn ein Arzneimittel ohne Zulassung vertrieben wird.

VI. Ausblick: 15. AMG-Novelle

111 Mit dem Inkrafttreten der 15. AMG-Novelle am 23.7.2009 ändern sich die Aufgaben der Überwachungsbehörden nicht wesentlich. Neu hinzugekommen ist, dass Standardzulassungen nach § 36 AMG bei der zuständigen Überwachungsbehörde angezeigt werden müssen.

Außerdem wird in § 79 AMG der Absatz 5 angefügt. Danach können die zuständigen Behörden im Fall eines Versorgungsmangels der Bevölkerung mit Arzneimitteln, die zur Vorbeugung oder Behandlung lebensbedrohlicher Erkrankungen benötigt werden, im Einzelfall ein befristetes Inverkehrbringen nicht zugelassener Arzneimittel gestatten. Das Vorliegen eines Versorgungsmangels sowie dessen Beendigung werden vom Bundesministerium bekannt gemacht.[70]

---

70 Gesetz zur Änderung arzneimittelrechtlicher und anderer Vorschriften, BGBl. I 2009, Nr. 43 v. 22.7.2009.

§ 27 Haftung für Arzneimittelschäden

Literatur: *Fuhrmann*, Sicherheitsentscheidungen im Arzneimittelrecht, 2005; *Geiger*, Deutsche Arzneimittelhaftung und EG-Produkthaftung, 2006; *Heitz*, Arzneimittelsicherheit zwischen Zulassungsrecht und Haftungsrecht, 2005; *Jastrow/Schlatmann*, Informationsfreiheitsgesetz, 2006; *Kempe-Müller*, Der bestimmungsgemäße Gebrauch von Arzneimitteln gemäß § 84 Arzneimittelgesetz, 2008; *Krüger*, Arzneimittelgefährdungshaftung nach § 84 AMG unter besonderer Berücksichtigung alternativer Kausalität, 2006; *Kullmann*, ProdHaftG, 5. Auflage 2006; *Kullmann/Pfister (Hrsg)*, Produzentenhaftung, Losebl., Bd. 1, Stand: 2008; *Schoch*, Informationsfreiheitsgesetz, 2009; *Wandt*, Internationale Produkthaftung, 1995.

A. Voraussetzungen der Arzneimittelhaftung (§ 84 AMG) 1	dd) Abstrakt generell geeignet, schädliche Wirkungen hervorzurufen 54
I. Entstehung und Entwicklungslinien der Arzneimittelhaftung in Deutschland 1	ee) Wirkungslosigkeit des Arzneimittels 55
II. Voraussetzungen der Gefährdungshaftung (§ 84 AMG) 5	ff) Beweislastumkehr für den Fehlbereichsnachweis 56
1. Allgemeine Haftungsvoraussetzungen (§ 84 Abs. 1 S. 1 AMG) 7	b) Unzureichender Hinweis auf mögliche Nebenwirkungen (§ 84 Abs. 1 S. 2 Nr. 2 AMG) 59
a) Pharmazeutischer Unternehmer als Haftungssubjekt 7	aa) Angaben beschränkt auf Kennzeichnung, Fachinformation und Gebrauchsinformation 60
aa) Pharmazeutischer Unternehmer gemäß § 4 Abs. 18 AMG 8	bb) Anzugebende Nebenwirkungen 61
bb) Zulassungsinhaber und Mitvertrieb 9	cc) Maßgeblicher Zeitpunkt der Erkenntnisse der medizinischen Wissenschaft 63
cc) Anonymes Inverkehrbringen und Arzneimittelfälschungen 11	dd) Naheliegender Fehlgebrauch 65
b) Inverkehrbringen im Inland 12	ee) Wechselwirkungen 67
c) Schutzgüter und persönlicher Schutzbereich der Gefährdungshaftung 14	ff) Wirkungslosigkeit des Arzneimittels 68
aa) Ausschluss von Bagatellverletzungen („nicht unerheblich verletzt") 16	gg) Kausalität und Zurechnungszusammenhang 69
bb) Nasciturus, nondum conceptus 18	3. Kausalitätsvermutung (§ 84 Abs. 2 AMG) 71
cc) Sekundärgeschädigte 19	a) Konkret-generelle Eignung zur Schadensverursachung 74
dd) Kein Ersatz für Sach- oder reine Vermögensschäden 23	b) Widerlegung der Kausalitätsvermutung 77
d) Von der Gefährdungshaftung erfasste Arzneimittel 25	c) Anscheinsbeweis 80
aa) Zum Gebrauch bei Menschen bestimmtes Arzneimittel 28	III. Verhältnis des § 84 AMG zu anderen Haftungsgrundlagen 81
bb) Im Geltungsbereich dieses Gesetzes an den Verbraucher abgegeben 29	1. Sonderregelung der Gefährdungshaftung für den Arzneimittelbereich 81
(1) Abgabe 30	2. Grundlagen weitergehender Haftung 86
(2) Abgabeort im Inland 31	B. Rechtsfolgen der Ersatzpflicht 92
(3) Verbraucher 32	I. Umfang der Ersatzpflicht 92
cc) Pflicht zur Zulassung des Arzneimittels oder Befreiung von der Zulassungspflicht durch Rechtsverordnung 33	1. Bei Tötung (§ 86 AMG) 93
	2. Bei Körperverletzung (§ 87 AMG) ... 96
	a) Heilbehandlungskosten 97
2. Spezielle Haftungsvoraussetzungen gemäß § 84 Abs. 1 S. 2 AMG 38	b) Vermögensschäden durch verminderte oder aufgehobene Erwerbsfähigkeit 98
a) Unvertretbare Wirkungen des Arzneimittelgebrauchs (§ 84 Abs. 1 S. 2 Nr. 1, Abs. 3 AMG) .. 40	c) Verletzungsbedingte Mehraufwendungen 100
aa) Bestimmungsgemäßer Gebrauch 41	d) Schmerzensgeld 101
bb) Unvertretbarkeit der schädlichen Wirkungen 49	3. Begrenzung des Haftungsumfangs auf Höchstbeträge (§ 88 AMG) 104
cc) Maßgeblicher Zeitpunkt zur Bewertung der Unvertretbarkeit 53	a) Allgemeines 104
	b) Individuelle Haftungshöchstbeträge 106
	c) Globale Haftungshöchstbeträge 107

II. Mitverschulden des Geschädigten
(§ 85 AMG, § 254 BGB) 110
III. Verjährung............................. 114
  1. Beginn der regelmäßigen Verjährungsfrist........................... 115
  2. Verjährungsbeginn bei Spätschäden 118
  3. Höchstfristen für die Verjährung.... 120
  4. Verjährungshemmung............... 121
IV. Unabdingbarkeit der Gefährdungshaftung im Voraus (§ 92 AMG)............. 122
V. Mehrere Ersatzpflichtige (§ 93 AMG)... 123
VI. Besonderer Gerichtsstand (§ 94 a AMG) 128
VII. Deckungsvorsorge (§ 94 AMG).......... 130
  1. Haftpflichtversicherung............. 132
  2. Freistellungs- oder Gewährleistungsverpflichtung....................... 135
  3. Entsprechende Anwendung von Vorschriften des Versicherungsvertragsgesetzes...................... 136
C. **Auskunftsansprüche (§ 84 a AMG)**......... 137
  I. Auskunftsanspruch gegen den pharmazeutischen Unternehmer
    (**§ 84** a Abs. **1** AMG)..................... 140
    1. Voraussetzungen des Auskunftsanspruchs........................... 140
      a) Schaden iSd § 84 Abs. 1 AMG... 141
      b) Anwendung eines Arzneimittels iSd § 84 Abs. 1 AMG............ 142
      c) Verbindung zwischen Anwendung des Arzneimittels und Schaden...................... 143
      d) Erforderlichkeit der Auskunft.... 146
      e) Geheimhaltung von Angaben.... 149
    2. Inhalt und Form der Auskunft..... 151
    3. Eidesstattliche Versicherung......... 156
  II. Auskunftsanspruch gegen die Arzneimittelbehörden (§ 84 a Abs. 2 AMG)........ 157
  III. Informationsanspruch nach dem Informationsfreiheitsgesetz.................. 160
  IV. Prozessuale Geltendmachung von Auskunftsansprüchen.................... 163
    1. Gegen den pharmazeutischen Unternehmer........................ 163
    2. Gegen die zuständigen Arzneimittelbehörden............................ 165

A. Voraussetzungen der Arzneimittelhaftung (§ 84 AMG)

I. Entstehung und Entwicklungslinien der Arzneimittelhaftung in Deutschland

Selbst ein Höchstmaß an präventiver Arzneimittelsicherheit kann dem Patienten keinen absoluten Schutz garantieren. Arzneimittel sind nach einer gängigen Formulierung „unvermeidbar unsichere" Produkte.[1] In allen Fällen, in denen sich ein nicht mehr vertretbares Arzneimittelrisiko realisiert und zu einem Schaden führt, stellt sich die Frage nach einem wenigstens wirtschaftlichen Schutz des Patienten. Dem trägt die spezielle Gefährdungshaftung des pharmazeutischen Unternehmers für Arzneimittelschäden Rechnung.

Die am 1.1.1978 mit dem AMG vom 24.8.1976 in Kraft getretene Gefährdungshaftung für Arzneimittel gemäß §§ 84 ff AMG geht unmittelbar auf die Erfahrungen aus der Contergan-Katastrophe zurück. Die juristische Aufarbeitung zeigte, dass die seinerzeit allein bestehende verschuldensabhängige Deliktshaftung gemäß § 823 Abs. 1 BGB und § 823 Abs. 2 iVm § 6 AMG 1961 nicht in der Lage war, den Geschädigten ausreichend finanziell abzusichern. Zur finanziellen Bewältigung der Contergan-Katastrophe selbst wurde im Dezember 1971 die öffentlich-rechtliche Stiftung „Hilfswerk für behinderte Kinder" mit Stiftungskapital der Chemie Grünenthal GmbH sowie aus Bundesmitteln errichtet.[2]

Künftig sollten Schäden, die durch objektiv fehlerhafte Arzneimittel hervorgerufen werden, unabhängig von einem Verschuldensvorwurf zu ersetzen sein. Dies galt namentlich für die von den bisherigen Haftungsvorschriften nicht erfassten sog. Entwicklungsrisiken, die wegen des zwangsläufig begrenzten Erkenntnisstands bei Inverkehrbringen des Arzneimittels nicht vorhersehbar sind.[3]

Angesichts der immensen Haftungsrisiken gerade bei Massenschäden stellte sich allerdings die Frage, wie die Arzneimittelhaftung wirtschaftlich bewältigt werden kann. Im Gesetzge-

---

[1] Bericht, BT-Drucks. 7/5091, 9.
[2] BT-Drucks. 16/12413, 7, dort zur Erhöhung des Stiftungsvermögens zum Juli 2009 und zur Änderung des Stiftungszwecks durch das 2. Gesetz zur Änderung des Conterganstiftungsgesetzes.
[3] Begr. RegE, BT-Drucks. 7/3060, 43; Bericht, BT-Drucks. 7/5091, 9; Kullmann/Pfister, Produzentenhaftung, 53. Lfg., 3800, S. 5.

bungsverfahren wurden neben der individuellen Gefährdungshaftung zunächst die Einrichtung eines Arzneimittel-Entschädigungsfonds als Körperschaft des öffentlichen Rechts (Regierungsentwurf zu §§ 78 ff AMG-E)[4] sowie ein privatrechtlicher Fonds in der Form eines Versicherungsvereins auf Gegenseitigkeit, getragen von allen pharmazeutischen Unternehmern, diskutiert. Letztlich wurden die Fondslösungen verworfen und die Gefährdungshaftung des einzelnen pharmazeutischen Unternehmers mit einer obligatorischen Deckungsvorsorge gemäß § 94 AMG verbunden (sog. Versicherungslösung).[5]

3 Zu einer verstärkten Diskussion um eine Verschärfung der Arzneimittelhaftung kam es durch die Fälle HIV-kontaminierter Blutprodukte, die insbesondere in den 1980er Jahren bei der Übertragung zu HIV-Infektionen geführt hatten. Der durch den Bundestag im Oktober 1993 eingesetzte „Dritte Untersuchungsausschuss zur Verbesserung der Sicherheit von Blut und Blutprodukten" forderte, die Beweisführung zugunsten der durch ein Arzneimittel geschädigten Personen zu erleichtern; für Fälle der ungeklärten Kausalität wurde wiederum die Errichtung eines solidarisch von den pharmazeutischen Unternehmern zu tragenden Entschädigungsfonds vorgeschlagen.[6] Im Jahre 1995 wurde die Stiftung humanitäre Hilfe für durch Blutprodukte HIV-infizierter Personen errichtet,[7] deren Mittel vom Bund, den Ländern, pharmazeutischen Unternehmen und dem Roten Kreuz stammen. Ansprüche aus §§ 84 ff AMG werden indes durch diese Leistungen nicht ausgeschlossen.

4 Zu einer allgemeinen Fondslösung für Arzneimittelschäden kam es in der Folge wiederum nicht. Vielmehr wurde mit dem 2. Schadensersatzrechtsänderungsgesetz, in Kraft getreten am 1.8.2002, die individuelle Arzneimittelhaftung verschärft und erweitert. Dem Geschädigten kommen seither gesetzliche Beweiserleichterungen in Form einer Beweislastumkehr für den Fehlerbereichsnachweis sowie einer Kausalitätsvermutung zugute. Dem Geschädigten stehen zudem Auskunftsansprüche gegen den pharmazeutischen Unternehmer und gegen die zuständigen Behörden zu. Schließlich kann dem Geschädigten seither auch im Rahmen der Gefährdungshaftung Schmerzensgeld zugesprochen werden.

II. Voraussetzungen der Gefährdungshaftung (§ 84 AMG)

5 Die Gefährdungshaftung nach § 84 AMG knüpft die Einstandspflicht des pharmazeutischen Unternehmers nicht an ein schuldhaftes Fehlverhalten des Verantwortlichen, sondern an die objektive Fehlerhaftigkeit des Produkts. § 84 AMG regelt eine spezielle *Produkt*haftung, nicht *Produzenten*haftung.[8] Die objektive Gefährdungshaftung beruht auf der erhöhten Gefahr, die dem gesellschaftlich gewünschten – bei Arzneimitteln vielfach unverzichtbaren – Inverkehrbringen eines Produkts immanent ist. Bereits die bei der Zulassung eines Arzneimittels vorzunehmende Nutzen-Risiko-Abwägung zeigt, dass bestimmte Risiken der Arzneimittelanwendung als vertretbar hinzunehmen sind. Die trotz einer positiven Zulassungsentscheidung immanente Gefahr erst später erkannter unvertretbarer Nebenwirkungen, die *ex post* zur Versagung der Zulassung hätten führen müssen, soll im Schadensfall wirtschaftlich kompensiert werden. Gleiches gilt für die Gefahr, dass der Verbraucher vor erkannten Risiken der Arzneimittelanwendung nicht hinreichend gewarnt wird.

6 § 84 AMG weist eine komplexe **Regelungsstruktur** auf. Zunächst bestimmt § 84 Abs. 1 S. 1 AMG die allgemeinen Voraussetzungen der Gefährdungshaftung, nämlich Haftungssubjekt, Haftungsobjekt und den räumlich-persönlichen Schutzbereich der Norm. § 84 Abs. 1 S. 2 AMG beschränkt dann die Gefährdungshaftung anhand spezieller Haftungsvor-

---

[4] Begr. RegE, BT-Drucks. 7/3060, 60 f.
[5] Bericht, BT-Drucks. 7/5091, 9 ff, 20 f.
[6] Schlussbericht 3. UA, BT-Drucks. 12/8591, 259 f.
[7] Gesetz über die humanitäre Hilfe für durch Blutprodukte HIV-infizierter Personen, BGBl. I 1995, 972 ff.
[8] Vgl bereits Weitnauer, pharmind 1978, 425.

aussetzungen weiter auf Produktfehler, die ihre Ursache entweder in den Bereichen Herstellung und Entwicklung (Nr. 1) oder im Bereich der Instruktion haben müssen (Nr. 2). Die mit dem 2. Schadensersatzrechtsänderungsgesetz eingeführten Regelungen ergänzen den Haftungstatbestand um eine Kausalitätsvermutung (§ 84 Abs. 2 AMG) und eine Umkehr der Beweislast für den Fehlerbereichsnachweis bei Entwicklung und Herstellung iSd § 84 Abs. 1 S. 2 Nr. 1 (§ 84 Abs. 3 AMG).

1. Allgemeine Haftungsvoraussetzungen (§ 84 Abs. 1 S. 1 AMG)

a) Pharmazeutischer Unternehmer als Haftungssubjekt

Die Gefährdungshaftung trifft allein den pharmazeutischen Unternehmer, der das Arzneimittel im Inland in Verkehr gebracht hat (§ 84 Abs. 1 S. 1 AMG). 7

aa) Pharmazeutischer Unternehmer gemäß § 4 Abs. 18 AMG

Den Begriff des pharmazeutischen Unternehmers definiert § 4 Abs. 18 AMG: Pharmazeutischer Unternehmer ist danach bei zulassungs- oder registrierungspflichtigen Arzneimitteln der Inhaber der Zulassung oder Registrierung sowie derjenige, der Arzneimittel unter seinem Namen in den Verkehr bringt (ausführlich hierzu § 5 Rn 7 ff). Dies können Hersteller, Vertreiber, Importeure, Apotheken oder Einzelhandelsgeschäfte sein. Für die Einordnung als pharmazeutischer Unternehmer ist es somit unerheblich, wer das Arzneimittel hergestellt hat. Der Hersteller, der nicht zugleich pharmazeutischer Unternehmer ist, unterliegt lediglich der allgemeinen Produzentenhaftung gemäß § 823 BGB. 8

bb) Zulassungsinhaber und Mitvertrieb

Nach der Definition des § 4 Abs. 18 AMG ist auch der Zulassungsinhaber, der einem anderen den Mitvertrieb einräumt, letzterer das Arzneimittel iSd § 4 Abs. 17 AMG aber allein in Verkehr bringt, pharmazeutischer Unternehmer. Nach dem Urteil des BVerwG zum Mitvertrieb[9] ist der Zulassungsinhaber auf der äußeren Umhüllung und in der Packungsbeilage neben dem Mitvertreiber als pharmazeutischer Unternehmer aufzuführen. Nach § 84 Abs. 1 S. 1 AMG haftet allerdings nur der pharmazeutische Unternehmer, der ein Arzneimittel im Geltungsbereich dieses Gesetzes **in Verkehr bringt**. Durch dieses Tatbestandsmerkmal (siehe Rn 12 f) wird der Kreis der pharmazeutischen Unternehmer im Sinne der Gefährdungshaftung beschränkt.[10] Der Zulassungsinhaber haftet neben dem Mitvertreiber also nur dann als Gesamtschuldner (§ 93 AMG), wenn er das Arzneimittel auch selbst in Verkehr bringt. Eine bloße Gestattung des Inverkehrbringens durch den Mitvertreiber genügt hierfür nicht.[11] 9

Für den pharmazeutischen Unternehmer als Haftungssubjekt gemäß § 84 AMG kommt es also darauf an, wer mit seinem Namen in der Kennzeichnung des Arzneimittels (§ 10 Abs. 1 S. 1 Nr. 1 AMG) genannt ist und zugleich das Arzneimittel in den Verkehr gebracht hat.[12]

Im Falle des Inverkehrbringens durch mehrere Mitvertreiber oder Parallelimporteure, die einen gemeinsamen Vertrieb haben, ist jeder, dessen Name in der Kennzeichnung des Arzneimittels angegeben ist, als pharmazeutischer Unternehmer ersatzpflichtig. Gegenüber dem Geschädigten haften sie als Gesamtschuldner iSd § 93 AMG (hierzu Rn 123 ff). 10

---

9 BVerwG PharmR 2004, 93 ff.
10 Ebenso Krüger, PharmR 2004, 256, 258; Sander, Arzneimittelrecht, § 84 AMG Erl. 6.
11 Krüger, PharmR 2004, 256, 257 f.
12 Sander, Arzneimittelrecht, § 84 AMG Erl. 6.

Dies gilt auch für den Vertrieb sog. **unechter Hausspezialitäten,** die von einem industriellen Arzneimittelhersteller in gleicher Zusammensetzung für mehrere Apotheken produziert werden, die ihrerseits das Arzneimittel zusätzlich mit ihrem Namen versehen und an Verbraucher abgeben. Hier liegt bereits in der Abgabe an die Apotheken ein Inverkehrbringen, so dass Hersteller und Apotheken gesamtschuldnerisch als pharmazeutische Unternehmer gemäß § 84 AMG haften.[13]

cc) Anonymes Inverkehrbringen und Arzneimittelfälschungen

11 Der Gefährdungshaftung unterliegt im Ergebnis auch, wer ein Arzneimittel anonym oder unter fremdem Namen (zB Arzneimittelfälschungen)[14] in Verkehr bringt. Dieser ist zwar nicht pharmazeutischer Unternehmer im Sinne des Gesetzes. Nach Sinn und Zweck des § 84 AMG, Opfer von unvertretbaren Arzneimittelrisiken wirtschaftlich zu schützen, muss erst Recht derjenige, der Arzneimittel unter Verstoß gegen gesetzliche Regelungen in Verkehr bringt, zumindest in entsprechender Anwendung des § 84 AMG haften.[15] Der pharmazeutische Unternehmer, dessen Produkte gefälscht werden, haftet dagegen nicht.[16] Hier wird es regelmäßig bereits am Merkmal des Inverkehrbringens fehlen.

b) Inverkehrbringen im Inland

12 Der pharmazeutische Unternehmer muss das Arzneimittel im Geltungsbereich dieses Gesetzes in Verkehr gebracht haben. Nach § 4 Abs. 17 AMG ist das Inverkehrbringen definiert als das Vorrätighalten zum Verkauf oder zu sonstiger Abgabe, das Feilhalten, das Feilbieten und die Abgabe an andere. Das Merkmal des Inverkehrbringens im Inland dient der Kanalisierung des Haftungsrisikos[17] und damit zu einer räumlichen Beschränkbarkeit der nach § 94 AMG zu treffenden Deckungsvorsorge. Ausgeschlossen ist also die Gefährdungshaftung eines pharmazeutischen Unternehmers, wenn er das Arzneimittel im Ausland in den Verkehr gebracht hat, selbst wenn das Arzneimittel in Deutschland hergestellt und später hier an den Verbraucher abgegeben wurde.

13 Bei der Herstellung von Arzneimitteln, die im Ausland in Verkehr gebracht werden sollen, wird häufig zunächst eine Lagerung im Inland erfolgen. Dies führt, anders als man aus der Definition des § 4 Abs. 17 AMG herauslesen könnte, nicht zu einem Inverkehrbringen im Inland. Nach Sinn und Zweck der räumlichen Beschränkung ist auch auf die subjektive Komponente[18] des Inverkehrbringens abzustellen: Der Inlandsbezug wird in diesem, weit vor die eigentliche Abgabe an den Verbraucher vorverlegten Stadium nicht allein durch das Vorrätighalten, sondern zusätzlich durch die Absicht des Verkaufs im Inland vermittelt. Daher bedeutet nur ein Vorrätighalten der Arzneimittel zum Verkauf im Inland ein Inverkehrbringen im Geltungsbereich dieses Gesetzes.[19]

Auch bei **Reimporten** von Arzneimitteln, die der deutsche Hersteller im Ausland in Verkehr gebracht hat, haftet allein der Reimporteur, welcher der Kennzeichnungspflicht nach § 9 AMG unterliegt, aus § 84 AMG.

---

13 Jänisch, PharmR 2004, 107.
14 Zur rapiden Zunahme von Arzneimittelfälschungen Tillmanns, PharmR 2009, 66.
15 Weitnauer, pharmind 1978, 425, 428; Krüger, PharmR 2004, 256, 257; Sander, Arzneimittelrecht, § 84 AMG Erl. 8; Kullmann/Pfister, Produzentenhaftung, Lfg. 3/07, 3800, S. 47.
16 Näher: Tillmanns, PharmR 2009, 66, 69.
17 Wandt, Internationale Produkthaftung, Rn 440.
18 Sander, Arzneimittelrecht, § 84 AMG Erl. 6.
19 Kloesel/Cyran, Arzneimittelrecht, § 84 AMG Erl. 9; Kullmann/Pfister, Produzentenhaftung, Lfg. 3/07, 3800, S. 45 f.

A. Voraussetzungen der Arzneimittelhaftung (§ 84 AMG)

c) Schutzgüter und persönlicher Schutzbereich der Gefährdungshaftung

Die Schutzgüter der Gefährdungshaftung sind gemäß § 84 Abs. 1 S. 1 AMG Leben, Körper und Gesundheit des Menschen. Verletzungen an Tieren, auch wenn sie auf die Anwendung eines zum Gebrauch bei Menschen bestimmten Arzneimittels entstehen, fallen demnach nicht unter die Gefährdungshaftung. 14

Eine Körperverletzung liegt bei einem Eingriff in die körperliche Integrität des Menschen vor. Unter einer Gesundheitsverletzung ist die Störung der körperlichen, geistigen oder seelischen Lebensvorgänge, jedes Hervorrufen oder Steigern eines von den normalen körperlichen Funktionen nachteilig abweichenden Zustands zu verstehen, unabhängig davon, ob Schmerzen oder eine tiefgreifende Veränderung der Befindlichkeit auftreten.[20] Eine trennscharfe Abgrenzung zwischen Körper- und Gesundheitsverletzung ist im Einzelfall häufig nicht möglich, wegen der identischen Rechtsfolgen aber auch entbehrlich.[21] Insbesondere gilt für beide Tatbestandsmerkmale, dass es sich nicht um bloße Bagatellverletzungen handeln darf. 15

aa) Ausschluss von Bagatellverletzungen („nicht unerheblich verletzt")

Die durch das fehlerhafte Arzneimittel verursachte Körper- oder Gesundheitsverletzung ist vom Schutzbereich der Vorschrift nur erfasst, wenn sie „nicht unerheblich" ist, also eine gewisse Bagatellgrenze überschreitet. **Sozialadäquate Folgen** des Arzneimittelgebrauchs[22] sind dem Einzelnen zumutbar und fallen damit unter das allgemeine Lebensrisiko. Das Ziel der Gefährdungshaftung, Arzneimittelgeschädigten trotz aller Sicherheitsvorkehrungen einen ausreichenden wirtschaftlichen Schutz bei Eintritt von Verletzungen zu gewähren, schließt es aus, dass auch nur leichte Befindlichkeitsstörungen die Haftung auslösen. Dahinter dürfte auch die Intention stehen, die Funktionsfähigkeit der Gefährdungshaftung und der dahinterstehenden Deckungsvorsorge von Bagatellfällen freizuhalten.[23] 16

Die Erheblichkeitsschwelle lässt sich nicht abstrakt definieren. Im Einzelfall ist die Erheblichkeit sowohl quantitativ als auch qualitativ zu bestimmen. Zu bewerten sind im Einzelfall die physische oder psychische Beeinträchtigung, ihr Ausmaß (Intensität der Schmerzen, organische Veränderungen) und deren Dauer (klingen sie nach kurzer Zeit ohne Behandlung ab oder erst nach längerer Zeit aufgrund ärztlicher Behandlung oder sind Dauerschäden entstanden).[24] Ein leichtes Unwohlsein, vorübergehende Schweißausbrüche oder belanglose, vorübergehende allergische Reaktionen sind als unerheblich anzusehen.[25] 17

bb) Nasciturus, nondum conceptus

Grundsätzlich setzt der Schutz der Gefährdungshaftung mit Beginn der Rechtsfähigkeit des Menschen, also mit Vollendung der Geburt (§ 1 BGB) ein. Die Geburt ist vollendet mit dem vollständigen Austritt des lebenden (nicht notwendig lebensfähigen) Kindes aus dem Mutterleib.[26] Allerdings unterliegt auch eine Verletzung der erzeugten, aber noch ungeborenen 18

---

20 BGH NJW 2005, 2614, 2615 –HIV-Infektion, wobei es bei einer HIV-Infektion unerheblich ist, ob es zum Ausbruch der Immunschwächekrankheit AIDS gekommen ist; BGH NJW 1991, 1948.
21 Palandt/*Sprau*, § 823 BGB Rn 4.
22 Deutsch/Lippert/*Deutsch*, AMG, § 84 Rn 3.
23 Kloesel/Cyran, Arzneimittelrecht, § 84 AMG Erl. 20.
24 Kloesel/Cyran, Arzneimittelrecht, § 84 AMG Erl. 20; Sander, Arzneimittelrecht, § 84 AMG Erl. 11 aE, wonach auch die wirtschaftlichen Folgen zur Beurteilung einer „nicht unerheblichen" Verletzung herangezogen werden sollen.
25 Flatten, MedR 1993, 463, 464; Deutsch/Lippert/*Deutsch*, AMG, § 84 Rn 3.
26 Palandt/*Heinrichs*, § 1 BGB Rn 2; Deutsch/Spickhoff, Medizinrecht, Rn 1479.

Leibesfrucht (*nasciturus*)[27] sowie des noch nicht erzeugten Menschen (*nondum conceptus*)[28] nach der Geburt des lebenden Kindes der Gefährdungshaftung. Der Schutz des werdenden Menschen, der unmittelbar der schädlichen Arzneimittelwirkung ausgesetzt ist, entspricht gerade dem ausdrücklichen Ziel der Arzneimittelhaftung unter dem Eindruck der Contergan-Katastrophe.[29]

Die Tötung der Leibesfrucht ist nicht als Tötung eines Menschen anzusehen, hierin liegt aber eine Gesundheitsverletzung der Mutter, die wiederum in den Schutzbereich der Gefährdungshaftung fällt.[30]

cc) Sekundärgeschädigte

19 Ob sich der persönliche Schutzbereich der Gefährdungshaftung nach § 84 AMG auch auf Sekundärgeschädigte erstreckt, ist umstritten. Hierbei geht es um die Frage, ob auch mittelbar Verletzte in den Schutzbereich der Gefährdungshaftung fallen, bei denen sich die schädlichen Auswirkungen des einem anderen Menschen verabreichten Arzneimittels durch Ansteckung (zB bei HIV- oder Hepatitis-kontaminierten Blutprodukten) oder durch eine Übermaßreaktion des Patienten (zB Hervorrufen physischer oder psychischer Ausfallerscheinungen, durch die Dritte in Mitleidenschaft gezogen werden) verwirklicht haben. So lässt sich etwa das Beispiel bilden, dass ein durch Einnahme eines fehlerhaften Arzneimittels bewusstlos gewordene Autofahrer auf die Gegenfahrbahn gerät und mit einem anderen Fahrzeug kollidiert, dessen Insassen verletzt werden. Können auch diese Unfallopfer den pharmazeutischen Unternehmer aus § 84 AMG auf Ersatz für Heilungskosten, Erwerbsausfall, vermehrte Bedürfnisse der Lebensführung sowie Schmerzensgeld (§ 87 AMG) in Anspruch nehmen?

20 Rechtsprechung, die sich mit dieser Frage auseinanderzusetzen hatte, ist derzeit nicht ersichtlich. Im Ergebnis wird man den persönlichen Schutzbereich auf den Patienten beschränken müssen, dem das Arzneimittel zugeführt wurde und bei dem die schädliche Arzneimittelwirkung unmittelbar aufgetreten ist. Dies folgt aus dem einschränkenden Wortlaut des § 84 Abs. 1 S. 1 AMG. Die Haftung tritt demnach nur dann ein, wenn die Tötung oder Verletzung des Menschen **infolge der Anwendung** eines Arzneimittels eingetreten ist. Über den reinen Kausalzusammenhang hinaus setzt also die Vorschrift voraus, dass das Arzneimittel an dem Geschädigten selbst angewendet worden sein muss, indem es eingegeben, injiziert, infundiert oder äußerlich angewendet wurde.[31]

Demgegenüber soll nach Auffassung der Bundesregierung sowie schon zuvor der *interministeriellen Arbeitsgruppe Arzneimittelhaftung* der Schutzbereich des § 84 AMG nicht auf den unmittelbaren Anwender des Arzneimittels beschränkt sein, sondern auch Sekundärgeschädigte erfassen.[32]

21 Im Zuge des 2. Schadensersatzrechtsänderungsgesetzes hat der Gesetzgeber geprüft, ob § 84 Abs. 1 AMG einer ausdrücklichen Klarstellung des persönlichen Schutzbereichs der Arzneimittelhaftung dahin gehend bedarf, dass auch etwaige Sekundärgeschädigte erfasst werden. Ein Handlungsbedarf wurde jedoch im Ergebnis nicht gesehen. Eine Beschränkung

---

27 BGH NJW 1972, 1126.
28 BGH NJW 1953, 417 – Lues-Infektion.
29 Begr. BReg, BT-Drucks. 7/3060, 43; Kullmann/Pfister, Produzentenhaftung, 53. Lfg, 3800, S. 21.
30 Flatten, MedR 1993, 463, 464.
31 Ebenso ablehnend: Kullmann/Pfister, Produzentenhaftung, 53. Lfg, 3800, S. 21; Deutsch/Spickhoff, Medizinrecht, Rn 1480; Weitnauer, pharmind 40 (1978), 425, 426.
32 Begr. RegE, BT-Drucks. 14/7752, 19; Bericht IAA, BR-Drucks. 1012/96, 7 ff, 14; ebenso: Sander, Arzneimittelrecht, § 84 AMG Erl. 10; Kloesel/Cyran, Arzneimittelrecht, § 84 AMG Erl. 18; differenzierend nach dem Kriterium des sich unmittelbar verwirklichenden arzneimitteltypischen Risikos: Krüger, Arzneimittelgefährdungshaftung, S. 11 ff.

auf den unmittelbar Verletzten sei auch sonst im außervertraglichen Haftungsrecht unbekannt: Weder die allgemeine Verschuldenshaftung nach § 823 BGB noch § 1 ProdHaftG beschränken die Haftung auf den Primärgeschädigten.[33]

Der Verweis auf das allgemeine Deliktsrecht sowie das Produkthaftungsgesetz überzeugt indes nicht: Weder § 823 Abs. 1 BGB („Wer vorsätzlich oder fahrlässig das Leben, den Körper, die Gesundheit, die Freiheit, das Eigentum oder ein sonstiges Recht eines anderen widerrechtlich verletzt") noch § 1 ProdHaftG („Wird durch den Fehler eines Produkts jemand getötet, sein Körper oder seine Gesundheit verletzt oder eine Sache beschädigt") enthält eine dem § 84 Abs. 1 S. 1 AMG vergleichbare Einschränkung auf eine Verletzung „infolge der Anwendung" eines Arzneimittels. Der Gesetzeswortlaut, der die Auslösung der Gefährdungshaftung auf die schädlichen Wirkungen gerade der Arzneimittelanwendung begrenzt, setzt damit die Verwirklichung des spezifischen Arzneimittelrisikos voraus. Für eine weitergehende Auslegung nach allgemeinen Adäquanzgesichtspunkten ist danach kein Raum. Der Schutz Sekundärgeschädigter wird daher allein durch die allgemeine (Verschuldens-)Haftung vermittelt.

dd) Kein Ersatz für Sach- oder reine Vermögensschäden

Angesichts der beschränkten Schutzgüter der Gefährdungshaftung wird auf der Ebene des Schadensumfangs gemäß §§ 86 bis 89 AMG (hierzu näher Rn 92 ff) nur **Ersatz für Personenschäden**, nicht aber für Sachschäden oder reine Vermögensschäden geschuldet. Der Autofahrer, der in dem oben (Rn 19) gebildeten Beispiel durch die Einnahme eines fehlerhaften Arzneimittels bewusstlos wird und einen Unfall verursacht, bei dem er sich verletzt und sein Fahrzeug beschädigt wird, kann Reparaturkosten, Nutzungsausfall oder Wertverlust des Fahrzeugs nur nach dem allgemeinen Haftungsrecht ersetzt verlangen, insbesondere also aus (verschuldensabhängiger) Produzentenhaftung gemäß § 823 Abs. 1 BGB.[34]

Daher ist auch die Belastung mit der Unterhaltspflicht für ein nach ungewollter Schwangerschaft geborenes Kind nicht nach §§ 84, 87 AMG ersatzfähig.[35] Allerdings stellen die körperlichen Auswirkungen der Schwangerschaft, auch bei einem komplikationslosen Verlauf, einen nicht unerheblichen Eingriff in die körperliche Integrität der Mutter dar, wodurch das Tatbestandsmerkmal der Körperverletzung erfüllt ist. Insofern haftet der pharmazeutische Unternehmer aufgrund der Gefährdungshaftung auf Schmerzensgeld (§ 87 S. 2 AMG).[36]

d) Von der Gefährdungshaftung erfasste Arzneimittel

§ 84 Abs. 1 S. 1 AMG beschränkt die von der Gefährdungshaftung umfassten Arzneimittel in mehrfacher Hinsicht.

---

33 Begr. RegE, BT-Drucks. 14/7752, 19; Bericht, BR-Drucks. 1012/96, 9 ff, 14; der 3. Untersuchungsausschuss zur Verbesserung der Sicherheit von Blut- und Blutprodukten, BT-Drucks. 12/8591, 259, hatte *de lege ferenda* eine ausdrückliche Einbeziehung von Sekundärgeschädigten in den Schutzbereich der Arzneimittelhaftung für erforderlich gehalten, wobei die Ausdehnung auf Ansteckungsfälle und auf „nahestehende Personen" – kaum überzeugend – nach den Grundsätzen eines Vertrags mit Schutzwirkung für Dritte begrenzt sein sollte. Angesichts der kontroversen Diskussion forderte auch der Bundesrat eine Klarstellung im Gesetzestext, Stellungnahme, BT-Drucks. 14/7752, 45.
34 Sander, Arzneimittelrecht, § 84 AMG Erl. 10.
35 OLG Frankfurt NJW 1993, 2388, 2389.
36 OLG Frankfurt NJW 1993, 2388, 2389, noch zu § 823 Abs. 1 iVm § 847 Abs. 1 BGB aF: Erst mit dem 2. Schadensersatzrechtsänderungsgesetz, in Kraft getreten am 1.8.2002, erfasst die Gefährdungshaftung auch Schmerzensgeld.

Ausgangspunkt ist der Arzneimittelbegriff iS des Gesetzes. Die Legaldefinition ergibt sich aus § 2 AMG. Arzneimittel sind nach § 2 Abs. 1 AMG Stoffe oder Zubereitungen aus Stoffen,

- die zur Anwendung im oder am menschlichen oder tierischen Körper bestimmt sind und als Mittel mit Eigenschaften zur Heilung oder Linderung oder zur Verhütung menschlicher oder tierischer Krankheiten oder krankhafter Beschwerden bestimmt sind (sog. *Präsentationsarzneimittel*), oder
- die im oder am menschlichen oder tierischen Körper angewendet oder einem Menschen oder einem Tier verabreicht werden können, um entweder
  - die physiologischen Funktionen durch eine pharmakologische, immunologische oder metabolische Wirkung wiederherzustellen, zu korrigieren oder zu beeinflussen *oder*
  - eine medizinische Diagnose zu erstellen (sog. *Funktionsarzneimittel*).

26 In den Absätzen 2 bis 4 des § 2 AMG wird der Begriff weiter dadurch umgrenzt, dass bestimmte Gegenstände und Stoffe als Arzneimittel gelten bzw bestimmte Produkte vom Arzneimittelbegriff iS dieses Gesetzes ausgenommen werden. Mit der 15. AMG-Novelle wurde in den neuen § 2 Abs. 3 a AMG eine **Zweifelsfallregelung** übernommen, wonach auch Erzeugnisse als Arzneimittel einzuordnen sind, die Stoffe oder Zubereitungen aus Stoffen sind oder enthalten, die unter Berücksichtigung aller Eigenschaften des Erzeugnisses unter eine Begriffsbestimmung des Abs. 1 fallen und zugleich unter die Begriffsbestimmung eines Erzeugnisses nach Abs. 3 (zB Lebensmittel oder Medizinprodukte) fallen können. Eingehend zum Arzneimittelbegriff gemäß § 2 AMG und den damit verbundenen Abgrenzungsfragen § 2 Rn 1 ff.

27 Die Gefährdungshaftung gilt indes nicht für alle Arzneimittel iSd § 2 AMG. Sie umfasst nach § 84 Abs. 1 S. 1 AMG nur ein zum Gebrauch beim Menschen bestimmtes Arzneimittel, das im Geltungsbereich dieses Gesetzes an den Verbraucher abgegeben wurde und der Pflicht zur Zulassung unterliegt oder durch Rechtsverordnung von der Zulassung befreit worden ist.

aa) Zum Gebrauch bei Menschen bestimmtes Arzneimittel

28 Die Gefährdungshaftung gilt nur für Humanarzneimittel. Die in der Definition des § 2 Abs. 1 Nr. 1 AMG enthaltenen Tierarzneimittel sind ausgeschlossen. Die maßgebliche Gebrauchsbestimmung wird durch den pharmazeutischen Unternehmer mit der in der Packungsbeilage aufgeführten Indikationsstellung getroffen. Da nach § 10 Abs. 5 Nr. 1 AMG bei Arzneimitteln, die zur Anwendung bei Tieren bestimmt sind, der Hinweis *„Für Tiere"* anzugeben ist, ist davon auszugehen, dass alle Arzneimittel ohne diesen für Tierarzneimittel vorgeschriebenen Hinweis zur Anwendung bei Menschen bestimmt sind.[37] Damit fällt eine Anwendung von Tierarzneimitteln beim Menschen nicht unter die Gefährdungshaftung. Dies gilt auch für etwaige mittelbare Schäden, die etwa durch den Verzehr tierischer Produkte durch darin enthaltene Arzneimittelrückstände beim Menschen hervorgerufen werden.[38]

bb) Im Geltungsbereich dieses Gesetzes an den Verbraucher abgegeben

29 Das Arzneimittel muss im Geltungsbereich dieses Gesetzes an den Verbraucher abgegeben worden sein. Die Gefährdungshaftung setzt also, zusammen mit dem Inverkehrbringen in Deutschland, einen doppelten Inlandsbezug voraus.

---

[37] Kloesel/Cyran, Arzneimittelrecht, § 84 AMG Erl. 5.
[38] Kullmann/Pfister, Produzentenhaftung, Lfg. 2/08, 3800, S. 16 c.

(1) Abgabe

Abgabe meint vor allem den Verkauf in einer Apotheke, aber auch jede andere Form der Weitergabe an den Verbraucher, etwa durch Großhändler an Krankenhäuser zur Anwendung am Patienten oder die Übergabe von Fertigarzneimittelmustern an Ärzte zur Weitergabe an den Patienten.[39]

(2) Abgabeort im Inland

Der Abgabeort muss im Inland liegen. Für die Gefährdungshaftung ist es dagegen unerheblich, wo das Arzneimittel nach seiner Abgabe angewendet wird oder wo der Schaden eintritt (Erfolgsort). Die Gefährdungshaftung des § 84 AMG greift also nicht ein bei einem im Ausland erworbenen Arzneimittel, auch wenn es in Deutschland angewendet worden ist.

Demgegenüber stellt ein **Arzneimittelversand** aus dem Ausland an einen in Deutschland ansässigen Verbraucher eine Abgabe im Geltungsbereich des Gesetzes dar. Bei einem grenzüberschreitenden Arzneimittelversand kommt es also für den Abgabeort darauf an, wo der Verbraucher die tatsächliche Verfügungsgewalt über das Arzneimittel erlangt hat.[40]

(3) Verbraucher

Eine Legaldefinition des Verbraucherbegriffs im Sinne des § 84 AMG fehlt. Derjenige, an den das Arzneimittel abgegeben worden ist, ist zum einen Verbraucher, wenn das Arzneimittel zur Anwendung an ihm selbst bestimmt ist. Der Verbraucherbegriff umfasst aber auch Ärzte oder sonstige Personen wie etwa Familienangehörige, die das Arzneimittel zur Anwendung an einer anderen Person in Empfang nehmen.[41] Der Verbraucher, an den das Arzneimittel abgegeben worden sein muss, ist also nicht zwingend der durch die Arzneimittelanwendung Verletzte.[42]

cc) Pflicht zur Zulassung des Arzneimittels oder Befreiung von der Zulassungspflicht durch Rechtsverordnung

Des Weiteren sind nur solche Arzneimittel von der Gefährdungshaftung erfasst, die zulassungspflichtig oder durch Rechtsverordnung nach § 36 AMG von der Zulassungspflicht freigestellt sind.

Der Zulassungspflicht unterliegen gemäß § 21 Abs. 1 AMG grundsätzlich alle Fertigarzneimittel, die Arzneimittel im Sinne des § 2 Abs. 1 oder Abs. 2 Nr. 1 AMG sind. Als **Fertigarzneimittel** definiert § 4 Abs. 1 AMG solche Arzneimittel, die im Voraus hergestellt und in einer zur Abgabe an den Verbraucher bestimmten Packung in den Verkehr gebracht werden oder andere zur Abgabe an Verbraucher bestimmte Arzneimittel, bei deren Zubereitung in sonstiger Weise ein industrielles Verfahren zur Anwendung kommt oder die, ausgenommen in Apotheken, gewerblich hergestellt werden. Hierunter fallen nicht Zwischenprodukte, die für eine weitere Verarbeitung durch einen Hersteller bestimmt sind. Ausführlich zur Zulassungspflicht oben § 6 Rn 1 ff.

Unerheblich für die Gefährdungshaftung ist, ob das angewandte Arzneimittel tatsächlich zugelassen ist. Maßgeblich ist nach dem Gesetzeswortlaut allein dessen Zulassungspflichtigkeit im Zeitpunkt des Inverkehrbringens.

---

39 Kullmann/Pfister, Produzentenhaftung, Lfg. 2/08, 3800, S. 16 c.
40 Kloesel/Cyran, Arzneimittelrecht, § 84 AMG Erl. 7.
41 Kullmann/Pfister, Produzentenhaftung, Lfg. 2/08, 3800, S. 16 c f; Kloesel/Cyran, Arzneimittelrecht, § 84 AMG Erl. 8.
42 Sander, Arzneimittelrecht, § 84 AMG Erl. 9 b.

Erfasst sind zudem grundsätzlich zulassungspflichtige Arzneimittel, die durch Rechtsverordnung gemäß § 36 AMG (**Standardzulassungen**) von der Zulassung befreit worden sind. Nach § 36 Abs. 1 AMG ist eine solche Freistellung möglich, soweit eine unmittelbare oder mittelbare Gefährdung von Menschen nicht zu befürchten ist, weil die Anforderungen an die erforderliche Qualität, Wirksamkeit und Unbedenklichkeit erwiesen sind. Näher hierzu oben § 6 Rn 13 ff.

35 **§ 37 Abs. 1 S. 1 AMG** stellt unter anderem für die Gefährdungshaftung, soweit es hierbei auf eine Zulassung ankommt (§§ 84, 94 AMG), klar, dass eine von der Kommission der Europäischen Gemeinschaften oder dem Rat der Europäischen Union gemäß der Verordnung (EG) Nr. 726/2004 auch iVm der Verordnung (EG) Nr. 1901/2006 oder der Verordnung (EG) Nr. 1394/2007 erteilte Genehmigung für das Inverkehrbringen (zentrale Zulassung) einer nach § 25 AMG erteilten Zulassung gleichsteht. Gemäß **§ 37 Abs. 1 S. 2 AMG** gilt als Zulassung im Sinne des § 21 AMG auch die von einem anderen Staat für ein Arzneimittel erteilte Zulassung, soweit dies durch Rechtsverordnung des Bundesministeriums bestimmt wird.

36 Schon keine Fertigarzneimittel im Sinne des § 4 Abs. 1 S. 1 AMG und damit nicht der Zulassungspflicht unterliegend sind alle für den Einzelfall in Apotheken auf Vorlage eines Rezeptes hergestellten Arzneimittel (**Rezepturarzneimittel**).[43] Kein Fertigarzneimittel ist zudem sog. **Bulkware**, also Arzneimittel in einer nicht zur Abgabe an Verbraucher bestimmten Packung.[44]

Des Weiteren nimmt das Gesetz verschiedentlich Fertigarzneimittel von der Zulassungspflicht aus. Nicht zulassungspflichtig sind danach (näher § 6 Rn 21 ff):
- Gemäß § 21 Abs. 2 Nr. 1 AMG Arzneimittel, die aufgrund nachweislich häufiger ärztlicher oder zahnärztlicher Verschreibung in den wesentlichen Herstellungsschritten in einer Apotheke in einer Menge bis zu 100 abgabefertigen Packungen an einem Tag im Rahmen des üblichen Apothekenbetriebs hergestellt werden und zur Abgabe in dieser Apotheke bestimmt sind.
- Gemäß § 21 Abs. 2 Nr. 2 AMG Arzneimittel, die zur klinischen Prüfung bei Menschen bestimmt sind. Unter die zulassungsfreien Prüfarzneien fallen zudem wirkstofffreie Zubereitungen in Form von Placebos. Schädigungen bei der Durchführung klinischer Prüfungen sind durch die nach § 40 Abs. 1 S. 3 Nr. 8, Abs. 3 AMG vorgeschriebene Probandenversicherung abgedeckt. Gemäß § 2 der Allgemeinen Versicherungsbedingungen für klinische Prüfungen von Arzneimitteln (Probandenversicherung Arzneimittel) besteht Versicherungsschutz für Gesundheitsschädigungen, die Folge von den bei der klinischen Prüfung angewandten Arzneimitteln und/oder Stoffen sind (Abs. 1) sowie durch Maßnahmen hervorgerufen sind, die an dem Körper des Versicherten im Zusammenhang mit der klinischen Prüfung des Arzneimittels durchgeführt werden (zB Röntgen). Da Arzneimittel im Rahmen klinischer Prüfungen insgesamt gemäß § 21 Abs. 2 Nr. 2 AMG keiner Zulassung bedürfen und damit eine Voraussetzung der Gefährdungshaftung gemäß § 84 Abs. 1 AMG fehlt, ist die Gefährdungshaftung auch dann nicht anwendbar, wenn bereits zugelassene Standardarzneimittel als Kontrollpräparate im Rahmen klinischer Prüfungen eingesetzt werden.[45] Insofern stellt die Ausnahme bei klinischen Prüfungen auch für im Einzelfall verabreichte Standardarzneimittel mit der hier

---

43 Sander, Arzneimittelrecht, § 84 AMG Erl. 9 c.
44 Sander, Arzneimittelrecht, § 84 AMG Erl. 9 c; zum Begriff der Bulkware Kloesel/Cyran, Arzneimittelrecht, § 4 AMG Erl. 4.
45 Sander, Arzneimittelrecht, § 84 AMG Erl. 9 c; unklar: Kloesel/Cyran, Arzneimittelrecht, § 84 AMG Erl. 13, wonach bei einer fehlenden Kennzeichnung „zur klinischen Prüfung bestimmt" (§ 10 Abs. 10 S. 1 AMG) aus dem Gesichtspunkt des Vertrauensschutzes dem Geschädigten die Gefährdungshaftung zugute kommen müsse.

A. Voraussetzungen der Arzneimittelhaftung (§ 84 AMG)

eingreifenden Probandenversicherung eine spezifische Risikoabdeckung dar. Der 6. Abschnitt des AMG regelt den Schutz des Menschen speziell bei der klinischen Prüfung.[46]

- Ausgenommen sind Arzneimittel, die gemäß § 73 Abs. 2 oder Abs. 3 AMG ohne Zulassung importiert werden dürfen.
- Schließlich sind von der Gefährdungshaftung gemäß § 84 AMG mangels Zulassungspflicht homöopathische Arzneimittel und traditionelle pflanzliche Arzneimittel ausgenommen, die gemäß § 38 Abs. 1 AMG bzw § 39a AMG bei der zuständigen Bundesoberbehörde registriert sind. Diese unterfallen, wie der Wortlaut des § 15 ProdHaftG iVm § 2 Abs. 1 ProdHaftG klarstellt, der Gefährdungshaftung nach dem Produkthaftungsgesetz.[47] Die Gefährdungshaftung des § 84 AMG (sowie die Pflicht zur Deckungsvorsorge nach § 94 AMG) greift indes bei Fertigarzneimitteln ein, bei denen der Hinweis fehlt, dass es sich um ein homöopathisches Arzneimittel handelt und bei dem entgegen § 10 Abs. 4 S. 1 Nr. 9, § 11 Abs. 3 S. 1 AMG in der Packungsbeilage Angaben über Anwendungsgebiete enthalten sind.[48]

Bei der **Auseinzelung** von Fertigarzneimitteln und individuellen **Verblisterungen** greift die Gefährdungshaftung nach § 84 AMG schon nicht ein, da durch den Apotheker keine Fertigarzneimittel iSd § 4 Abs. 1 AMG hergestellt werden, sondern individuell zusammengestellte Arzneimittelkombinationen, die insofern Rezepturarzneimitteln ähneln.[49] Bei der industriellen Verblisterung liegt zwar wegen der industriellen Herstellungsweise nach § 4 Abs. 1 S. 1 AMG ein Fertigarzneimittel vor, das aber gemäß § 21 Abs. 2 Nr. 1b AMG von der Zulassung befreit ist. Mangels Zulassungspflicht fehlt es auch hier an einer Voraussetzung der Gefährdungshaftung gemäß § 84 AMG.[50]

2. Spezielle Haftungsvoraussetzungen gemäß § 84 Abs. 1 S. 2 AMG

§ 84 AMG statuiert keine umfassende Verursachungshaftung für Arzneimittelschäden. In § 84 Abs. 1 S. 2 AMG wird die Gefährdungshaftung des pharmazeutischen Unternehmers vielmehr auf eine **Fehlerhaftigkeit** des Arzneimittels im Zeitpunkt des Inverkehrbringens beschränkt, die in den Bereichen der Entwicklung bzw Herstellung oder der Instruktion begründet sein muss.

Nach § 84 Abs. 1 S. 2 AMG besteht die Ersatzpflicht nur, wenn

- das Arzneimittel bei bestimmungsgemäßem Gebrauch schädliche Wirkungen hat, die über ein nach den Erkenntnissen der medizinischen Wissenschaft vertretbares Maß hinausgehen (Nr. 1) oder
- der Schaden infolge einer nicht den Erkenntnissen der medizinischen Wissenschaft entsprechenden Kennzeichnung, Fachinformation oder Gebrauchsinformation eingetreten ist (Nr. 2).

Die Ersatzpflicht nach § 84 Abs. 1 S. 2 Nr. 1 AMG ist wiederum gemäß § 84 Abs. 3 AMG ausgeschlossen, wenn nach den Umständen davon auszugehen ist, dass die schädlichen Wirkungen des Arzneimittels ihre Ursache nicht im Bereich der Entwicklung und Herstellung haben. Die negative Formulierung in § 84 Abs. 3 AMG bewirkt eine Umkehr der Beweislast zulasten des pharmazeutischen Unternehmers. Dieser hat den Nachweis zu füh-

---

[46] Vgl bereits BT-Drucks. 7/5091, 20 zu § 80 Abs. 2 RegE AMG 1976; BSG MedR 2007, 59, 62 (Rn 29); Gödicke/Purnhagen, MedR 2007, 139, 140 f.
[47] Begr. RegE, BT-Drucks. 11/2447, 26.
[48] BVerwG NJW 1989, 2342.
[49] Voit, PharmR 2007, 1, 2 f.
[50] Voit, PharmR 2007, 1, 2 f.

ren, dass die schädlichen Wirkungen nicht auf einem fehlerhaft entwickelten oder hergestellten Arzneimittel beruhen.

a) Unvertretbare Wirkungen des Arzneimittelgebrauchs (§ 84 Abs. 1 S. 2 Nr. 1, Abs. 3 AMG)

40 Als schädliche Wirkungen des Arzneimittels sind Nebenwirkungen (§ 4 Abs. 13 AMG) einschließlich Wechselwirkungen mit anderen Mitteln (§ 4 Abs. 13 S. 4 AMG) anzusehen, welche die Gesundheit irgendwie nachteilig beeinflussen.[51] Anders als in § 84 Abs. 1 S. 1 AMG (*nicht unerhebliche Gesundheitsverletzung*) fehlt hier eine Einschränkung auf Wirkungen von gewissem Gewicht.[52] Somit sind auch bloße Befindlichkeitsstörungen in die Bewertung der Unvertretbarkeit einzubeziehen.

aa) Bestimmungsgemäßer Gebrauch

41 Die schädlichen Wirkungen müssen gemäß § 84 Abs. 1 S. 2 Nr. 1 AMG bei bestimmungsgemäßem Gebrauch des Arzneimittels auftreten. Diese Zweckbestimmung wird in erster Linie durch den pharmazeutischen Unternehmer getroffen, den auch die zivil- und strafrechtliche Verantwortlichkeit für das Arzneimittel trifft, wie § 25 Abs. 10 AMG klarstellt.[53] Die Zweckbestimmung folgt zunächst aus den ausdrücklichen Angaben auf der Packung, in der Packungsbeilage, in der Fachinformation an den Arzt sowie auf andere Weise, insbesondere in der Werbung.[54]

42 Dabei kann der pharmazeutische Unternehmer durch Angabe von Kontraindikationen, Angabe von Dosierung oder Dauer der Anwendung sowie von Neben- und Wechselwirkungen den haftungsbegründenden bestimmungsgemäßen Gebrauch beschränken.[55] Die Angabe von Unverträglichkeiten und Risiken muss allerdings, um den bestimmungsgemäßen Gebrauch wirksam einschränken zu können, aus Sicht des Verbrauchers klar und verständlich sein. Daher wird der bestimmungsgemäße Gebrauch durch die bloße Empfehlung, ein Medikament in bestimmten Situationen nicht einzunehmen oder durch den Hinweis, das Arzneimittel „sollte" nicht bzw „nur mit Vorsicht" verwendet werden, nicht beschränkt.[56] Dem pharmazeutischen Unternehmer obliegt es hier, den bestimmungsgemäßen Gebrauch mit deutlichen Worten von einem bestimmungswidrigen abzugrenzen.

43 Beispiele für einen bestimmungswidrigen Gebrauch, bei dem die Gefährdungshaftung nicht ausgelöst wird, sind etwa:[57]

- falsche Anwendung durch den Arzt oder Patienten entgegen den Angaben des pharmazeutischen Unternehmers;

---

51 Kullmann/Pfister, Produzentenhaftung, 53. Lfg, 3800, S. 24.
52 Fuhrmann, Sicherheitsentscheidungen im Arzneimittelrecht, S. 114 ff, mwN.
53 Kloesel/Cyran, Arzneimittelrecht, § 84 AMG Erl. 23; Deutsch/Spickhoff, Medizinrecht, Rn 1491; Sander, Arzneimittelrecht, § 84 AMG Erl. 13; Kempe-Müller, Der bestimmungsgemäße Gebrauch von Arzneimitteln gemäß § 84 AMG, S. 17 f.
54 BGH NJW 1989, 1542, 1543 – Asthmaspray; OLG Karlsruhe PharmR 2009, 81, 83 – Vioxx; Kullmann/Pfister, Produzentenhaftung, 53. Lfg, 3800, S. 24; Deutsch/Spickhoff, Medizinrecht, Rn 1491; Kempe-Müller, Der bestimmungsgemäße Gebrauch von Arzneimitteln gemäß § 84 AMG, S. 17 f; Kloesel/Cyran, Arzneimittelrecht, § 84 AMG Erl. 23.
55 Flatten, MedR, 1993, 463, 464; Kullmann/Pfister, Produzentenhaftung, 53. Lfg, 3800, S. 24 f.
56 Näher: Kullmann/Pfister, Produzentenhaftung, 53. Lfg, 3800, S. 26: Ein solcher Hinweis kann im Schadensfall lediglich zu einem Mitverschulden des Patienten bzw einer Mithaftung des behandelnden Arztes führen; Flatten, MedR 1993, 463, 464; Kempe-Müller, Der bestimmungsgemäße Gebrauch von Arzneimitteln gemäß § 84 AMG, S. 193 f. Vgl aber OLG Karlsruhe PharmR 2009, 81, 83 f – Vioxx: Ausschluss des bestimmungsgemäßen Gebrauchs durch die Formulierung, die „empfohlene" Tagesdosis „soll nicht" überschritten werden; die Worte „soll nicht" würden im allgemeinen Sprachgebrauch häufig mit „darf nicht" gleichgesetzt.
57 Kloesel/Cyran, Arzneimittelrecht, § 84 AMG, Erl. 23.

- suchtbedingte Einnahme;
- Einnahme mit Suizidabsicht;
- Einnahme zu Dopingzwecken.

Auch ein **naheliegender Fehlgebrauch** stellt einen bestimmungswidrigen Gebrauch dar, so dass die Gefährdungshaftung gemäß § 84 Abs. 1 S. 2 Nr. 1 AMG nicht greift. Allerdings kann die unterlassene Warnung vor Gefahren eines naheliegenden bestimmungswidrigen Fehlgebrauchs die Gefährdungshaftung wegen eines Instruktionsfehlers iSd § 84 Abs. 1 S. 2 Nr. 2 AMG auslösen[58] (hierzu Rn 59 ff). 44

Die Frage nach einer sachgerechten Eingrenzung der Haftungsrisiken des pharmazeutischen Unternehmers stellt sich insbesondere bei Arzneimittelschäden, die durch einen **Off-Label-Use** verursacht werden. Hierbei handelt es sich um eine Verwendung des Arzneimittels außerhalb seines Zulassungsbereichs aufgrund einer bewussten Therapieentscheidung des behandelnden Arztes.[59] In einzelnen Versorgungsbereichen und bei einzelnen Krankheitsbildern ist anerkannt, dass auf einen zulassungsüberschreitenden Einsatz nicht verzichtet werden kann, wenn dem Patienten eine dem Stand der medizinischen Erkenntnisse entsprechende Behandlung nicht vorenthalten werden soll (zB in weiten Teilen der Pädiatrie Arzneimittel, die für die betreffende Altersgruppe nicht zugelassen sind).[60] Der behandelnde Arzt kann also aufgrund einer anerkannten Therapiepraxis zu einem Off-Label-Use verpflichtet sein. Kann aber der pharmazeutische Unternehmer bei einem solchen zulassungsüberschreitenden Gebrauch aus Gefährdungshaftung verantwortlich gemacht werden? 45

Ausgangspunkt ist die Erkenntnis, dass der Anwendungsbereich des Arzneimittels in erster Linie von dem pharmazeutischen Unternehmer durch die Angabe von Indikationen und Kontraindikationen festlegt wird. Dann aber stellt der Off-Label-Use einen grundsätzlich bestimmungswidrigen Gebrauch des Arzneimittels dar, so dass es an einer tatbestandlichen Voraussetzung für eine Gefährdungshaftung gemäß § 84 Abs. 1 S. 2 Nr. 1 AMG fehlt.[61] Weiter folgt daraus, dass der Off-Label-Use eines Arzneimittels nur ausnahmsweise einen bestimmungsgemäßen Gebrauch darstellen kann, wenn der pharmazeutische Unternehmer durch entsprechende Äußerungen zurechenbar Vertrauen in die Anwendungssicherheit des Arzneimittels für die konkrete zulassungsüberschreitende Verwendung geschaffen hat.[62] 46

Demnach liegt ein bestimmungsgemäßer Gebrauch vor, wenn der Off-Label-Use dem pharmazeutischen Unternehmer bekannt ist und von ihm propagiert oder geduldet wird.[63] Für eine Duldung müssen aber konkrete Anhaltspunkte vorliegen (und von dem Geschädigten bewiesen werden), die auf eine stillschweigende Billigung[64] schließen lassen. 47

Der pharmazeutische Unternehmer hat es im Übrigen in der Hand, bei Erkenntnissen aus der **Produktbeobachtung** die konkrete Therapieform durch die Aufnahme einer entsprechenden Kontraindikation in Packungsbeilage und Fachinformation als bestimmungswidrig auszuschließen. Umgekehrt kann der pharmazeutische Unternehmer durch eine Neuzulassung des Arzneimittels für die betreffende Therapieform in den bestimmungsgemäßen Gebrauch einbeziehen. Ein Off-Label-Use liegt dann definitionsgemäß nicht mehr vor. 48

---

58 Vgl BGH NJW 1989, 1542, 1543 f – Asthmaspray: Fehlende Hinweise auf möglicherweise lebensbedrohende Risiken einer Überdosierung eines Dosier-Aerosols.
59 BSG NJW 2003, 460, 461; näher: Kempe-Müller, Der bestimmungsgemäße Gebrauch von Arzneimitteln gemäß § 84 AMG, S. 28 ff.
60 BSG NJW 2003, 460, 461.
61 Krüger, PharmR 2004, 52, 53, 55; Deutsch/Spickhoff, Medizinrecht, Rn 1491.
62 Näher hierzu Krüger, PharmR, 2004, 52 ff; ders., Arzneimittelgefährdungshaftung, 2006, S. 59 ff.
63 Krüger, PharmR 2004, 52, 54; Sander, Arzneimittelrecht, § 84 AMG, Erl. 13.
64 Deutsch/Spickhoff, Medizinrecht, Rn 1512; wohl strenger: Kozianka/Hußmann, PharmR 2006, 487, 488 f: Gefährdungshaftung, sofern es sich um wissenschaftlich anerkannte Therapiegewohnheiten handelt und der pharmazeutische Unternehmer eine solche Therapie nicht ausdrücklich ausgeschlossen hat.

bb) Unvertretbarkeit der schädlichen Wirkungen

49 Die durch das Arzneimittel hervorgerufenen schädlichen Wirkungen müssen über ein nach den Erkenntnissen der medizinischen Wissenschaft vertretbares Maß hinausgehen. § 84 Abs. 1 S. 2 Nr. 1 AMG zieht die haftungsrechtliche Konsequenz aus dem Verkehrsverbot[65] für **bedenkliche Arzneimittel** gemäß § 5 Abs. 1 AMG. Nach der Definition in § 5 Abs. 2 AMG sind solche Arzneimittel bedenklich, bei denen nach dem jeweiligen Stand der wissenschaftlichen Erkenntnisse der begründete Verdacht besteht, dass sie bei bestimmungsgemäßem Gebrauch schädliche Wirkungen haben, die über ein nach den Erkenntnissen der medizinischen Wissenschaft vertretbares Maß hinausgehen. Das Gesetz stellt also nicht auf ein „unvertretbares Arzneimittel", sondern auf die Unvertretbarkeit bestimmter schädlicher Wirkungen ab. Dies hat haftungsrechtlich zur Folge, dass der Schutzbereich des § 84 Abs. 1 S. 2 Nr. 1 AMG nur eröffnet ist für Verletzungsschäden, die im Einzelfall diesen unvertretbaren schädlichen Wirkungen entsprechen. Wenn demgegenüber bereits bei der Zulassung eines Arzneimittels bestimmte Nebenwirkungen bekannt und im Rahmen der Nutzen-Risiko-Analyse als vertretbar angesehen werden, löst ihr Eintritt beim Patienten nicht die Gefährdungshaftung des § 84 AMG aus, soweit in der Fachinformation oder in der Packungsbeilage darauf hingewiesen ist.[66]

50 Das Maß der Vertretbarkeit erfordert eine Abwägung von Nutzen und Risiko des Arzneimittels, wonach die therapeutische Wirksamkeit des Arzneimittels die Häufigkeit und Schwere von schädlichen Nebenwirkungen überwiegen muss. § 5 Abs. 2 AMG, ebenso wie § 25 Abs. 2 S. 1 Nr. 5 AMG (Versagung der Zulassung) und § 30 Abs. 1 AMG (Widerruf der Zulassung) zeigen, dass bestimmte schädliche Wirkungen eines Arzneimittels als tolerierte Nebenwirkungen die Unbedenklichkeit des Arzneimittels nicht berühren. Wegen der Verzahnung von präventiver Arzneimittelsicherheit und Gefährdungshaftung ist bei dem Tatbestandsmerkmal der Unvertretbarkeit eine Risiko-Nutzen-Abwägung entsprechend § 5 Abs. 2 AMG durchzuführen.[67] Schädliche Wirkungen sind demnach als nach den Erkenntnissen der medizinischen Wissenschaft nicht mehr vertretbar anzusehen, wenn sie zu einer Versagung der Zulassung (§ 25 Abs. 2 S. 1 Nr. 5 AMG) geführt hätten, wären sie im Zeitpunkt der Zulassungsentscheidung schon bekannt gewesen.[68] Ausführlich zur Nutzen-Risiko-Abwägung gemäß § 5 Abs. 2 AMG oben § 10 Rn 180 ff. Anders als bei § 5 Abs. 2 AMG reicht jedoch bezüglich der schädlichen Wirkungen nicht schon ein begründeter Verdacht aus, sondern die schädlichen Wirkungen müssen positiv feststehen.[69]

51 Schädliche Wirkungen sind umso eher hinzunehmen, je größer der therapeutische Nutzen des Medikaments, je schwerwiegender das Krankheitsbild und je weniger eine geringer belastende Therapiealternative zur Verfügung steht.[70] Ob der Aspekt der **Wirtschaftlichkeit** in die Abwägung einfließen darf, ist umstritten.[71] Tatsächlich wird man bei der vorzunehmenden Gesamtabwägung auch wirtschaftliche Gesichtspunkte, wie etwa die Frage, ob dem pharmazeutischen Unternehmer die Entwicklung eines Arzneimittels mit geringeren Nebenwirkungen betriebswirtschaftlich zumutbar war, nicht kategorisch für jeden Fall ausschließen können.[72] Auch **seltene Nebenwirkungen**, die lediglich bei Patienten mit einer

---

[65] Fuhrmann, Sicherheitsentscheidung im Arzneimittelrecht, S. 73 f.
[66] OLG Karlsruhe PharmR 2009, 81, 83 – Vioxx; Kullmann/Pfister, Produzentenhaftung, 53. Lfg, 3800, S. 27 f; Flatten, MedR 1993, 463, 465; Rehmann, AMG, § 84 Rn 5.
[67] Vgl Begr. RegE, BT-Drucks. 7/3060, 61; Rehmann, AMG, § 84 Rn 5.
[68] Kloesel/Cyran, Arzneimittelrecht, § 84 AMG Erl. 25.
[69] OLG Stuttgart VersR 1990, 631, 633 f – Procain.
[70] Kullmann/Pfister, Produzentenhaftung, 53. Lfg, 3800, S. 29 f; Rehmann, AMG, § 84 Rn 5.
[71] Ablehnend: Flatten, MedR 1993, 463, 465; Kullmann/Pfister, Produzentenhaftung, 53. Lfg, 3800, S. 32.
[72] Ebenso: Deutsch/Spickhoff, Medizinrecht, Rn 1492; Weitnauer, pharmind 1978, 425, 427.

bestimmten Konstitution auftreten, fließen in die Vertretbarkeitsprüfung ein.[73] Insofern ist es abzulehnen, quantitativ „sehr seltene" Nebenwirkungen, wie etwa ein anaphylaktischer Schock oder eine bisher noch nicht beobachtete allergische Reaktion, nicht in die Beurteilung der medizinischen Vertretbarkeit einzubeziehen.[74]

Das Maß der Vertretbarkeit knüpft das Gesetz an die **Erkenntnisse der medizinischen Wissenschaft**. Damit ist zum einen festgehalten, dass die haftungsrechtlich relevante Arzneimittelsicherheit – anders als in § 3 Abs. 1 ProdHaftG – nicht auf eine berechtigte Sicherheitserwartung des Verbrauchers abstellt, sondern allein eine medizinisch-wissenschaftliche Bewertung von Risiken und Nutzen des Arzneimittels im konkreten Einzelfall erfordert. Im Haftungsprozess ist ein medizinisches Sachverständigengutachten darüber einzuholen, ob der therapeutische Nutzen des Arzneimittels nach den wissenschaftlichen Erkenntnissen hinter dem Risiko des im konkreten Fall eingetretenen Schadens zurückbleibt und dieser somit als nicht mehr vertretbar zu bewerten ist.[75]

cc) Maßgeblicher Zeitpunkt zur Bewertung der Unvertretbarkeit

§ 84 Abs. 1 S. 2 Nr. 1 AMG trifft keine Aussage über den Zeitpunkt, auf den die Nutzen-Risiko-Abwägung, mithin die Frage der Unvertretbarkeit schädlicher Wirkungen, zu beziehen ist (anders § 1 Abs. 2 Nr. 2, 5 ProdHaftG, wo ausdrücklich auf den Zeitpunkt des Inverkehrbringens abgestellt wird). Immerhin zeigt die Regelung des § 84 Abs. 3 AMG, dass für Entwicklungsfehler gehaftet werden soll, die wegen des zwangsläufig begrenzten Erkenntnisstandes im Zeitpunkt des Inverkehrbringens objektiv (noch) nicht vorhersehbar waren.[76] So war es auch die erklärte Absicht des Gesetzgebers, Schäden vergleichbar der Contergan-Katastrophe künftig nicht entschädigungslos zu lassen. Angesichts dessen kann für die maßgeblichen Erkenntnisse der medizinischen Wissenschaft nicht allein auf den Zeitpunkt des Inverkehrbringens des Arzneimittels abgestellt werden.[77] Andererseits kann bei der Bewertung der Unvertretbarkeit der Zeitpunkt des Inverkehrbringens des konkreten Arzneimittels nicht gänzlich außer Betracht bleiben, da die Anordnung einer Gefährdungshaftung des pharmazeutischen Unternehmers durch das Inverkehrbringen eines potenziell gefährlichen Produkts gerechtfertigt ist. Überzeugend wird daher überwiegend auf die im Zeitpunkt der Beurteilung (im Haftungsprozess: Zeitpunkt der **letzten mündlichen Verhandlung**) vorhandenen Erkenntnisse der medizinischen Wissenschaft abgestellt. Dieser neueste Erkenntnisstand ist allerdings insofern auf den Zeitpunkt des Inverkehrbringens zurückzuprojizieren, als gefragt werden muss, ob bei den nunmehr bestehenden wissenschaftlichen Erkenntnissen, wenn sie damals bereits bekannt gewesen wären, ein Inverkehrbringen des Arzneimittels unter Berücksichtigung des sonstigen damaligen Arzneimittelangebots bzw der damals zur Verfügung stehenden Behandlungsalternativen hätte in Kauf genommen werden müssen.[78] Zu prüfen ist also, ob das Arzneimittel angesichts der nunmehr vorliegenden Erkenntnisse hätte zugelassen werden dürfen. Wenn es demgegenüber

---

[73] Vgl OLG Stuttgart VersR 1990, 631 – Procain; Kullmann/Pfister, Produzentenhaftung, 53. Lfg, 3800, S. 30; Sander, Arzneimittelrecht, § 84 AMG Erl. 12; Fuhrmann, Sicherheitsentscheidungen im Arzneimittelrecht, S. 117.
[74] AA Deutsch/Lippert/*Deutsch*, AMG, § 84 Rn 10; Deutsch/Spickhoff, Medizinrecht, Rn 1493.
[75] Kloesel/Cyran, Arzneimittelrecht, § 84 AMG Erl. 25; Kullmann/Pfister, Produzentenhaftung, 53. Lfg, 3800, S. 31.
[76] Bericht, BT-Drucks. 7/5091, 9.
[77] Sander, Arzneimittelrecht, § 84 AMG, Erl. 12 c; LG Kleve NJW 1991, 761, 762 – Faktor VIII-Präparat.
[78] OLG Stuttgart VersR 1990, 631, 633 – Procain; Kullmann/Pfister, Produzentenhaftung, 53. Lfg, 3800, S. 34 f; Kloesel/Cyran, Arzneimittelrecht, § 84 AMG Erl. 26; Deutsch/Spickhoff, Medizinrecht, Rn 1494; Rehmann, AMG, § 84 Rn 5; Flatten, MedR 1993, 463, 465; Weitnauer, pharmind 1978, 425, 426; vgl auch Schlussbericht 3. UA, BT-Drucks. 12/8591, 170.

bereits seinerzeit Alternativen mit gleichem therapeutischem Nutzen, indes mit geringeren schädlichen Wirkungen gab, ist das zu beurteilende Arzneimittel fehlerhaft.[79]

dd) Abstrakt generell geeignet, schädliche Wirkungen hervorzurufen

54 Das Gesetz stellt mit der Formulierung, dass das Arzneimittel bei bestimmungsgemäßem Gebrauch schädliche Wirkungen hat, auf eine abstrakt generelle Eignung ab, Schäden der im konkreten Fall aufgetretenen Art herbeizuführen.[80] Die Gefährdungshaftung greift also nicht schon bei Eintritt irgendeiner Nebenwirkung, wenn sich nach der Zulassung herausstellt, dass das Arzneimittel bestimmte unvertretbare Nebenwirkungen hat. Der Schutzbereich des § 84 AMG ist nur eröffnet für Verletzungsschäden, die der als unvertretbar zu bewertenden Nebenwirkung entsprechen.[81]

ee) Wirkungslosigkeit des Arzneimittels

55 Gemäß § 84 Abs. 1 S. 2 Nr. 1 AMG wird für schädliche Wirkungen, die über ein nach den Erkenntnissen der medizinischen Wissenschaft vertretbares Maß hinausgehen, gehaftet. Das Gesetz lässt damit erkennen, dass die haftungsbegründende Gefährdung in einem nicht mehr vertretbaren **Übermaß** von Nebenwirkungen des Arzneimittels liegt.

Die Wirkungslosigkeit eines Arzneimittels fällt danach nicht unter die Gefährdungshaftung gemäß § 84 Abs. 1 S. 2 Nr. 1 AMG. Vorausgesetzt wird der Eintritt schädlicher Wirkungen, was wiederum überhaupt eine „Wirkung" voraussetzt, also ein Effekt, der messbar, fühlbar oder in sonst wahrnehmbarer Weise durch ein Arzneimittel ausgelöst wird.[82] Ein im konkreten Fall wirkungsloses Arzneimittel zeigt gerade keine oder eine unzureichende pharmakologische Wirkung, so dass eine bestehende Krankheit lediglich nicht aufgehalten oder zum Abklingen gebracht wird (weil etwa eine empfohlene Dosis nicht ausreicht oder sich Resistenzen gegen das Mittel gebildet haben). Bereits dem Wortlaut des § 84 Abs. 1 S. 2 Nr. 1 AMG kann also eine Haftung für eine **„Unterlassungswirkung"** nicht entnommen werden[83] (zur möglichen Haftung wegen eines Instruktionsfehlers nach § 84 Abs. 1 S. 2 Nr. 2 AMG unten Rn 68).

ff) Beweislastumkehr für den Fehlerbereichsnachweis

56 Die Regelung des **§ 84 Abs. 3 AMG** zeigt, dass für unvertretbare schädliche Wirkungen nur bei Vorliegen eines Entwicklungs- oder Herstellungsfehlers gehaftet werden soll. Mögliche Fehlerquellen im Bereich der Entwicklung (bzw Konstruktion) sind etwa eine ungenügende pharmakologische oder toxikologische Bewertung, das Übersehen von in der Literatur angegebenen Kontraindikationen oder von Wechselwirkungen.[84] Fehler im Bereich der Herstellung haften nicht dem Arzneimittel generell an, sondern treten bei bestimmten Produktionschargen etwa durch die Verwendung mangelhafter Rohstoffe oder eines falschen

---

79 Kullmann/Pfister, Produzentenhaftung, 53. Lfg, 3800, S. 34.
80 Kloesel/Cyran, Arzneimittelrecht, § 84 AMG Erl. 24.
81 OLG Karlsruhe PharmR 2009, 81, 82 f – Vioxx; LG Berlin NJW 2007, 3582, 3583 – Vioxx; Wagner, PharmR 2008, 370, 374.
82 Vgl Fuhrmann, Sicherheitsentscheidungen im Arzneimittelrecht, S. 110 f, mwN zu § 5 Abs. 2 AMG.
83 Kullmann/Pfister, Produzentenhaftung, 53. Lfg, 3800, S. 35; Deutsch/Spickhoff, Medizinrecht, Rn 1499; Deutsch/Lippert/*Deutsch*, AMG, § 84 Rn 14; Rehmann, AMG, § 84 Rn 5. So im Ausgangspunkt auch Flatten, MedR 1993, 463, 465, der aber über den Gesetzeswortlaut hinaus die „Unterlassungswirkung" vom Schutzweck des § 84 Abs. 1 S. 2 Nr. 1 AMG erfasst sieht: Es komme insofern zu Schäden, als eine andere Therapie oder ein anderes Arzneimittel nicht wirksam eingesetzt werden, wodurch der Krankheitsprozess verlängert und erschwert werde. Hier kommt aber allenfalls ein Instruktionsfehler nach § 84 Abs. 1 S. 2 Nr. 2 AMG oder nach § 823 Abs. 1 BGB in Betracht, vgl auch BGH NJW 1981, 1603 – Apfelschorf I – zu § 823 Abs. 1 BGB.
84 Deutsch/Spickhoff, Medizinrecht, Rn 1495.

Herstellungsprozesses auf. Erfasst werden dabei auch „Ausreißer",[85] also Fehler im Herstellungsprozess, die trotz aller zumutbaren Vorkehrungen nicht vermeidbar sind.[86]

Mit dem 2. Schadensersatzrechtsänderungsgesetz wurde die Darlegungs- und Beweislast für den Fehlerbereichsnachweis dem pharmazeutischen Unternehmer auferlegt. Die Regelung entspricht § 1 Abs. 2 Nr. 2, Abs. 4 ProdHaftG und steht damit auch im Einklang mit der EG-Produkthaftungsrichtlinie[87] (hierzu näher Rn 81 ff). Das Gesetz geht also unter den Voraussetzungen des § 84 Abs. 1 S. 2 Nr. 1 AMG davon aus, dass ein Arzneimittelfehler im Bereich der Entwicklung oder Herstellung vorliegt. Gemäß § 84 Abs. 3 AMG ist die Ersatzpflicht des pharmazeutischen Unternehmers nach § 84 Abs. 1 S. 2 Nr. 1 AMG nur ausgeschlossen, wenn nach den Umständen davon auszugehen ist, dass die schädlichen Wirkungen des Arzneimittels ihre Ursache nicht im Bereich der Entwicklung und Herstellung haben. Der pharmazeutische Unternehmer hat also darzulegen und im Bestreitensfall zu beweisen, dass die schädlichen Wirkungen auf Umständen beruhen, die erst nach dem Inverkehrbringen des Arzneimittels entstanden sind, zB Verderben aufgrund unsachgemäßer Lagerung oder erst spätere Kontamination.

57

Dabei enthält § 84 Abs. 3 AMG eine **Beweismaßreduktion** zugunsten des Herstellers.[88] In Anlehnung an den Wortlaut des § 1 Abs. 2 Nr. 2 ProdHaftG braucht der Hersteller nur zu beweisen, dass „nach den Umständen davon auszugehen ist", dass die schädlichen Wirkungen nicht ihre Ursache in der Herstellung oder Entwicklung haben. Erforderlich ist damit nicht die volle Überzeugung des Gerichts, sondern es genügt (ähnlich § 287 ZPO) aufgrund der vom pharmazeutischen Unternehmer bewiesenen Umstände die überwiegende Wahrscheinlichkeit, dass der Fehler erst später in der Vertriebskette oder beim Verbraucher entstanden ist.[89] In Anlehnung an die zur deliktischen Produzentenhaftung entwickelten Befundsicherungspflichten[90] wird der pharmazeutische Unternehmer den Entlastungsbeweis anhand der Ergebnisse dokumentierter Prüf- und Kontrollverfahren zu führen haben. Weitere Indizien können etwa durch Rückstellproben der Charge, aus der das angewendete Arzneimittel stammt, gewonnen werden.[91]

58

b) Unzureichender Hinweis auf mögliche Nebenwirkungen (§ 84 Abs. 1 S. 2 Nr. 2 AMG)

Neben einem Entwicklungs- oder Herstellungsfehler kann die Gefährdungshaftung in der Variante des § 84 Abs. 1 S. 2 Nr. 2 AMG auf einem **Instruktionsfehler** beruhen. Danach besteht die Ersatzpflicht, wenn der Schaden infolge einer nicht den Erkenntnissen der medizinischen Wissenschaft entsprechenden Kennzeichnung, Fachinformation oder Gebrauchsinformation eingetreten ist.

59

aa) Angaben beschränkt auf Kennzeichnung, Fachinformation und Gebrauchsinformation

Der pharmazeutische Unternehmer haftet im Instruktionsbereich nur dann, wenn die fehlerhaften Angaben in der Kennzeichnung gemäß **§ 10 AMG**, der Fachinformation gemäß **§ 11 a AMG** oder in der Gebrauchsinformation (Packungsbeilage) gemäß **§ 11 AMG** enthalten sind.

60

---

85 Vgl BGH NJW 1995, 2162, 2163 – Mineralwasserflasche.
86 Rehmann, AMG, § 84 Rn 5; Flatten, MedR 1993, 463, 465.
87 Begr. RegE, BT-Drucks. 14/7752, 12, 19.
88 Wagner, NJW 2002, 2049, 2050.
89 Wagner, NJW 2002, 2049, 2050; zu § 1 Abs. 2 Nr. 2 ProdHaftG: Kullmann, Produkthaftungsgesetz, § 1 Rn 110.
90 Vgl BGH NJW 1995, 2162, 2163 – Mineralwasserflasche; ebenso: Wagner, NJW 2002, 2049, 2050.
91 Kullmann/Pfister, Produzentenhaftung, Lfg. 1/05, 3800, S. 53.

Diese Aufzählung ist abschließend. Der pharmazeutische Unternehmer haftet aus § 84 AMG demgegenüber nicht für falsche Aussagen, die in anderem Zusammenhang, insbesondere in der **Werbung** gemacht werden.[92] Für fehlerhafte Werbeaussagen, die zu Gesundheitsschäden führen, kommt lediglich eine Verschuldenshaftung gemäß § 823 Abs. 1 BGB in Betracht.

bb) Anzugebende Nebenwirkungen

61 Der pharmazeutische Unternehmer haftet für jede bekannte Nebenwirkung, wenn er auf sie nicht ausreichend hingewiesen hat und der Schaden (Tod oder nicht unerhebliche Verletzung von Körper oder Gesundheit) gerade durch die unzureichende Instruktion verursacht wurde. Bei der Haftung für Instruktionsfehler kommt es nicht darauf an, ob die schadensverursachende Nebenwirkung zusätzlich als unvertretbar zu bewerten wäre (anders § 84 Abs. 1 S. 2 Nr. 1 AMG).

Der **Zweck** der Instruktion ist es, den Anwender durch die Angaben zB zu Art und Höchstdauer der Anwendung, Dosierung, Verfallsdatum, Gegenanzeigen oder Wechselwirkungen mit anderen Mitteln in die Lage zu versetzen, den erkannten Gefahren des Präparats vorbeugen zu können. Auf mögliche schädliche Nebenwirkungen im Rahmen der Vertretbarkeit muss der Anwender in der Fachinformation und der Packungsbeilage hingewiesen werden, damit er entscheiden kann, ob er die aufgezeigten Risiken in Kauf nehmen möchte. Treten die aufgezeigten Risiken beim bestimmungsgemäßen Gebrauch tatsächlich ein, kommt eine Haftung für gelabelte Nebenwirkungen aus § 84 Abs. 1 S. 2 Nr. 2 AMG nicht in Betracht.[93]

62 Dabei muss aufgrund der Prüfungsunterlagen oder sonst später bekannt gewordener Tatsachen oder Erfahrungen davon auszugehen sein, dass ohne entsprechende Hinweise ein Gesundheitsschaden entstehen kann.[94] Eine Warnung ist demgegenüber nicht geboten, wenn keine gesicherten wissenschaftlichen Erkenntnisse bestanden haben oder wenn nur eine theoretische Möglichkeit besteht, dass bei der Anwendung weitere, möglicherweise bislang unbekannte Nebenwirkungen auftreten können.[95]

Nicht zu einer Enthaftung des pharmazeutischen Unternehmers führen sog. **Übermaßwarnungen** vor lediglich fingierten Nebenwirkungen,[96] die nach den aktuellen Erkenntnissen der Wissenschaft nicht angezeigt sind.

cc) Maßgeblicher Zeitpunkt der Erkenntnisse der medizinischen Wissenschaft

63 Für die Erkenntnisse der medizinischen Wissenschaft, denen die Angaben entsprechen müssen, ist der **Zeitpunkt des Inverkehrbringens** der konkret schadensverursachenden Charge maßgeblich.[97] Auf den Kenntnisstand bei Zulassung des Arzneimittels kommt es nicht an. Gerade die nach Einführung eines Präparats gewonnenen Erkenntnisse über mögliche Neben- und Wechselwirkungen oder über Anwendungsfehler in der Praxis, die bei der Zulassung objektiv noch nicht erkennbar waren, sind in der Instruktion für künftige Produktionschargen mit zu berücksichtigen.

64 Indem der maßgebliche Erkenntnisstand auf den Zeitpunkt des Inverkehrbringens fixiert ist, werden mögliche Defizite bei der **Produktbeobachtung** in der Nachmarktphase nicht

---

92 Sander, Arzneimittelrecht, § 84 AMG Erl. 14.
93 OLG Karlsruhe PharmR 2009, 81, 84 – Vioxx.
94 OLG Frankfurt NJW-RR 1995, 406, 408 – Mumpsschutzimpfung.
95 OLG Köln VersR 1994, 177 – Insektenschutzmittel.
96 Kloesel/Cyran, Arzneimittelrecht, § 84 AMG Erl. 27; Deutsch/Lippert/*Deutsch*, AMG, § 84 Rn 16.
97 BGH NJW 1989, 1542, 1544 – Asthmaspray; OLG Frankfurt NJW-RR 1995, 406, 408 f –Mumpsschutzimpfung; OLG Stuttgart VersR 1990, 631 – Procain; OLG Celle VersR 1983, 1143 – Tbc-Impfstoff; Kullmann/Pfister, Produzentenhaftung, 53. Lfg, 3800, S. 40 f; Deutsch/Spickhoff, Medizinrecht, Rn 1507.

von der Gefährdungshaftung des § 84 AMG erfasst (ebenso das Konzept der Gefährdungshaftung nach dem ProdHaftG). Die Produktbeobachtungspflicht des Herstellers folgt vielmehr aus den allgemeinen produzentenhaftungsrechtlichen Grundsätzen gemäß § 823 Abs. 1 BGB. Ab Inverkehrbringen hat der pharmazeutische Unternehmer das Produkt auf noch nicht bekannte schädliche Eigenschaften hin zu beobachten und sich über sonstige, eine Gefahrenlage schaffende Verwendungsfolgen zu informieren.[98] Hierzu gehört beispielsweise die Sammlung und Bewertung von Reklamationen und Meldungen über Schadensfälle, die Auswertung von Berichten in der pharmakologischen Literatur im In- und Ausland[99] sowie die Beobachtung von Wettbewerbsprodukten auf bekannt gewordene Probleme. Auf erkannte Gefahren hat der pharmazeutische Unternehmer im Rahmen des Pharmakovigilanzsystems zu reagieren (hierzu § 26 Rn 1 ff), Warnhinweise zu erteilen und das Arzneimittel ggf auch zurückzurufen, wenn eine nachträgliche Warnung nicht geeignet erscheint, die Gefahr effektiv zu beseitigen.[100] Für das Unterlassen gebotener Gefahrabwendungsmaßnahmen als Ausfluss der Produktbeobachtungspflicht kommt eine Haftung aus § 823 Abs. 1 BGB nach den Grundsätzen der Produzentenhaftung in Betracht, wenn hierdurch ein Schaden verursacht wird. Für künftig in Verkehr zu bringende Produktchargen markieren die neu gewonnenen Erkenntnisse den wiederum für die Gefährdungshaftung aus § 84 Abs. 1 S. 2 Nr. 2 AMG maßgeblichen Stand der medizinischen Wissenschaft.

dd) Naheliegender Fehlgebrauch

Von der Instruktionspflicht umfasst sind angemessene Warnungen vor einem naheliegenden Fehlgebrauch des Arzneimittels (**Anwendungs- und Folgewarnungen**).[101] Zwar hat der pharmazeutische Unternehmer grundsätzlich nicht vor Gefahren infolge exzessiven Gebrauchs bzw einer als unvernünftig anzusehenden missbräuchlichen Verwendung zu warnen. Deutliche Warnhinweise sind aber dann erforderlich, wenn erhebliche Risiken einer Überdosierung bekannt sind und das Arzneimittel gerade auch in dramatischen Situationen – zB ein Dosier-Aerosol bei Asthmaanfällen – vom Patienten selbst angewendet werden soll. Um eine möglichst effektive Information sicherzustellen, kann es insbesondere auch geboten sein, den Warnhinweis in die Kennzeichnung der Behältnisse und der äußeren Umhüllung aufzunehmen.[102] 65

Besonders deutliche Warnhinweise können auch dann geboten sein, wenn bekannt ist, dass sich trotz eines weniger prominent erteilten Hinweises ein Risiko infolge Fehlanwendung bereits mehrfach mit schweren Folgen realisiert hat (zB Verlust des Armes in Folge einer versehentlichen intraarteriellen Injektion eines Kurzzeit-Narkosemittels).[103] 66

ee) Wechselwirkungen

Unter die Gefährdungshaftung fallen auch unzureichende Warnhinweise auf Wechselwirkungen, die bei einem Zusammentreffen des Arzneimittels mit anderen Arzneimitteln oder auch mit Lebensmitteln auftreten können. Besonderheit ist hier, dass das Arzneimittel erst im Zusammenspiel mit einem oder mehreren anderen Mitteln zu schädlichen Wirkungen führen, etwa weil sich ihre Wirkungen potenzieren, gegenseitig aufheben oder deren 67

---

98 Vgl BGH NJW 1981, 1606, 1607 f – Benomyl.
99 OLG Stuttgart VersR 1990, 631 – Procain.
100 Rehmann, AMG, § 84 Rn 6.
101 BGH NJW 1972, 2217, 2221 – ESTIL.
102 BGH NJW 1989, 1542, 1544 – Asthmaspray.
103 BGH NJW 1972, 2217 ff – ESTIL.

Bestandteile eine gefährliche Verbindung eingehen.¹⁰⁴ Die Ermittlung von Wechselwirkungen ist Teil der Arzneimittelprüfung, diese sind in der Packungsbeilage und der Fachinformation anzugeben.

ff) Wirkungslosigkeit des Arzneimittels

68 Im Rahmen des § 84 Abs. 1 S. 2 Nr. 2 AMG haftet der pharmazeutische Unternehmer daher auch für unterbliebene Warnhinweise auf eine mögliche Wirkungslosigkeit des Arzneimittels im Zusammenwirken mit anderen Mitteln oder besonderen Umständen in der Person des Patienten.¹⁰⁵ Anders als in § 84 Abs. 1 S. 2 Nr. 1 AMG ist der Schutzbereich des Haftungstatbestandes eröffnet, da der Patient durch die unzureichende Information nicht in der Lage ist, mögliche Gesundheitsgefahren zu erkennen und seine Therapie darauf einzustellen. So kann etwa der pharmazeutische Unternehmer dazu verpflichtet sein, in der Packungsbeilage eines Antibiotikums deutlich darauf hinzuweisen, dass die kontrazeptive Wirkung der Antibabypille durch zeitgleiche Einnahme des Antibiotikums erheblich beeinträchtigt sein kann, wenn im Zeitpunkt des Inverkehrbringens ein solcher Zusammenhang in der medizinischen Wissenschaft bekannt ist bzw mindestens ernstlich diskutiert wird.¹⁰⁶

gg) Kausalität und Zurechnungszusammenhang

69 Der eingetretene Schaden muss gerade infolge der fehlerhaften Angaben eingetreten sein. hierzu hat der Geschädigte darzulegen und im Bestreitensfall zu beweisen, dass der Instruktionsfehler für den Schaden kausal war und dass eine den Erkenntnissen der medizinischen Wissenschaft entsprechende Instruktion den Schaden mit Sicherheit verhindert hätte.¹⁰⁷ Die bloße Möglichkeit, auch eine gewisse Wahrscheinlichkeit, genügen nicht.¹⁰⁸ Für den Nachweis der psychischen Kausalität hat der Geschädigte plausibel darzulegen, dass er bei hinreichender Information zumindest vor einem echten Entscheidungskonflikt gestanden hätte, ob er das Arzneimittel anwenden soll.¹⁰⁹

70 Beruhen die Risiken im konkreten Fall auf bekannt gewordenen Unverträglichkeiten im Zusammenwirken mit Umständen in der Person des Geschädigten, so hat dieser auch den Nachweis zu führen, dass er hinsichtlich des angewandten Arzneimittels zu den Risikopatienten gehört.¹¹⁰

Ein erforderlicher Zurechnungszusammenhang ist nicht nachgewiesen, wenn feststeht, dass der behandelnde Arzt zwar eine Packungsbeilage besessen, diese aber nicht zur Kenntnis genommen hat und daher auch eine ordnungsgemäße Instruktion ihn nicht erreicht hätte.¹¹¹

---

104 Sander, Arzneimittelrecht, § 93 AMG Erl. 2; vgl auch OLG Frankfurt NJW 1993, 2388 f; ebenso zu § 5 Abs. 2 AMG: Fuhrmann, Sicherheitsentscheidungen im Arzneimittelrecht, S. 113.
105 Ebenso: Kullmann/Pfister, Produzentenhaftung, 53. Lfg, 3800, S. 40.
106 Vgl zu Instruktionspflichten nach § 823 Abs. 1 BGB: OLG Frankfurt NJW 1993, 2388, 2389; vgl auch BGH NJW 1991, 1603, 1604 – Derosal.
107 BGH NJW 1989, 1542, 1544 – Asthmaspray.
108 BGH NJW 1975, 1827, 1829 – Spannhülse – zur Deliktshaftung für Instruktionsfehler. Kullmann/Pfister, Produzentenhaftung, Lfg. 1/05, 3800, S. 53. Abweichend: Deutsch/Spickhoff, Medizinrecht, Rn 1508: kein Vollbeweis, eine Wahrscheinlichkeit genüge.
109 Sander, Arzneimittelrecht, § 84 AMG Erl. 15; Kullmann/Pfister, Produzentenhaftung, Lfg. 1/05, 3800, S. 56: Anscheinsbeweis; Kloesel/Cyran, Arzneimittelrecht, § 84 AMG, Erl. 38.
110 OLG Stuttgart VersR 1990, 631 – Procain.
111 BGH VersR 1990, 634 – Procain; vorgehend: OLG Stuttgart VersR 1990, 631 – Procain; Kullmann/Pfister, Produzentenhaftung, 53. Lfg, 3800, S. 40; Sander, Arzneimittelrecht, § 84 AMG Erl. 15. AA Deutsch/Spickhoff, Medizinrecht, Rn 1508; Flatten, MedR 1993, 463, 466.

3. Kausalitätsvermutung (§ 84 Abs. 2 AMG)

Unabhängig davon, ob ein Herstellungs-/Entwicklungsfehler (§ 84 Abs. 1 S. 2 Nr. 1 AMG) oder ein Instruktionsfehler (§ 84 Abs. 1 S. 2 Nr. 2 AMG) vorliegt, haftet der pharmazeutische Unternehmer nur dann, wenn der Fehler des von ihm in Verkehr gebrachten Arzneimittels den Tod bzw die Körper- oder Gesundheitsverletzung des Geschädigten auch tatsächlich verursacht hat. Nach allgemeinen Grundsätzen trifft den Geschädigten die Beweislast für den Kausalzusammenhang zwischen der Anwendung des fehlerhaften Arzneimittels und dem eingetretenen Schaden gemäß § 84 Abs. 1 S. 1 AMG.[112] Es besteht also keine Beweislastumkehr zulasten des pharmazeutischen Unternehmers. 71

Allgemein lässt sich der Beweis des Kausalzusammenhangs in zwei Schritte unterteilen. Der Geschädigte hat in einem ersten Schritt zu beweisen, dass das angewendete Arzneimittel abstrakt-generell geeignet war, Schäden der in Rede stehenden Art hervorzurufen. Sodann muss er in einem zweiten Schritt beweisen, dass die bei ihm konkret eingetretenen Schäden durch das angewendete Arzneimittel tatsächlich bewirkt wurden.[113] Insbesondere der zweite Schritt setzt den Geschädigten regelmäßig erheblichen Beweisschwierigkeiten aus. Gerade bei Arzneimitteln ist der konkrete Nachweis der physiologischen Wirkzusammenhänge nach Anwendung des Arzneimittels und dabei der Ausschluss aller anderen Ursachen, die üblicherweise den gleichen Schaden hervorrufen können, regelmäßig nur sehr schwer zu führen. 72

Um dem Geschädigten insofern den Kausalitätsnachweis zu erleichtern, wurde mit dem 2. Schadensersatzrechtsänderungsgesetz in § 84 Abs. 2 AMG eine den §§ 6, 7 UmweltHG nachgebildete Kausalitätsvermutung eingeführt. Danach hat der Geschädigte nur noch darzulegen und im Bestreitensfalle zu beweisen, dass das von ihm angewendete Arzneimittel nach den Gegebenheiten des Einzelfalls geeignet ist, den in Rede stehenden Verletzungsschaden an einem der gemäß § 84 Abs. 1 AMG geschützten Rechtsgüter zu verursachen. Es genügt also der Nachweis der konkreten Möglichkeit der Schadensverursachung.[114] Gelingt ihm der Nachweis dieser **konkret-generellen Schadenseignung**, so wird vermutet, dass das Arzneimittel auch den beim Anwender eingetretenen Schaden verursacht hat. Diese *prima facie*-Vermutung kann der pharmazeutische Unternehmer nur dadurch widerlegen, dass er einen anderen Umstand behauptet und im Bestreitensfalle nachweist, der nach den Gegebenheiten des Einzelfalls als geeignete Schadensursache in Betracht kommt (§ 84 Abs. 2 S. 3 AMG). Gelingt dies, so muss der Geschädigte seinerseits den vollen Beweis für die von ihm behauptete Verursachung erbringen.[115] 73

Der in § 84 Abs. 2 S. 1 AMG verwendete Schadensbegriff meint den primären **Verletzungsschaden**, also die Tötung oder nicht unerhebliche Körper- oder Gesundheitsverletzung. In diesem Sinne wird der Begriff auch im Folgenden verstanden.

a) Konkret-generelle Eignung zur Schadensverursachung

Damit die Beweiserleichterung des § 84 Abs. 2 AMG zugunsten des Geschädigten greift, genügt nicht der Nachweis einer abstrakt-generellen Eignung des Arzneimittels zur Schadensverursachung. Vielmehr muss er konkrete Umstände des zu beurteilenden Einzelfalls vortragen und beweisen, aus denen die Eignung folgt.[116] Welche konkreten Umstände im Einzelfall herangezogen werden können, die für oder gegen eine Schadensverursachung sprechen, führt § 84 Abs. 2 S. 2 AMG beispielhaft auf. Danach hat der Geschädigte die von 74

---

[112] Melber/Moelle, StoffR 2004, 75, 77.
[113] Vgl Bericht IAA, BR-Drucks. 1012/96, 15.
[114] Begr. RegE, BT-Drucks. 14/7752, 19.
[115] Flatten, MedR 1993, 463, 466.
[116] Begr. RegE, BT-Drucks. 14/7752, 19; OLG Koblenz NJOZ 2004, 2983, 2986 f – Hepatitis C.

ihm behauptete konkret-generelle Schadenseignung durch **Eignungsumstände**[117] substanziiert darzulegen und im Bestreitensfalle zu beweisen:
- Zusammensetzung und Dosierung des angewendeten Arzneimittels,
- Art und Dauer seiner bestimmungsgemäßen Anwendung,
- zeitlicher Zusammenhang zwischen der Arzneimittelanwendung und dem Schadenseintritt,
- konkretes Schadensbild,
- gesundheitlicher Zustand des Geschädigten im Zeitpunkt der Arzneimittelanwendung sowie
- alle sonstigen Gegebenheiten, die im Einzelfall für oder gegen die Schadensverursachung sprechen.

75 An die **Darlegungslast** des Geschädigten dürfen, wie der BGH betont, keine überhöhten Anforderungen gestellt werden, um ein weitgehendes Leerlaufen der Vorschriften über die Arzneimittelschäden zu vermeiden.[118] Danach hält das OLG München eine Klage wegen Arzneimittelschäden für schlüssig, wenn vorgetragen wird, dass ein bestimmtes Medikament während einer bestimmten Zeit eingenommen worden ist und dass die Einnahme dieses Medikaments ursächlich für den geltend gemachten Arzneimittelschaden ist. Sind für diese Behauptungen Beweismittel angeboten worden, dann ist das erkennende Gericht verpflichtet, Beweis zu erheben.[119] Ein Antrag des Geschädigten auf Beiziehung der vollständigen Krankenunterlagen stellt grundsätzlich keinen unzulässigen Beweisermittlungsantrag dar.[120]

76 Zu betonen ist, dass der Geschädigte im Prozess auch solche Umstände umfassend darlegen muss, die *gegen* eine Schadenseignung des Arzneimittels sprechen können, wie etwa der Gesundheitszustand im Anwendungszeitpunkt, die Anwendung anderer Arzneimittel, Risikofaktoren wie Alkoholkonsum oder Rauchen oder ärztliche Applikationsfehler, die sich auf den Schadenseintritt ausgewirkt haben können.[121] In der Tat spricht die Formulierung des Gesetzestextes dafür, dass die Kausalitätsvermutung nicht eintritt, wenn der Geschädigte selbst keine Umstände vorträgt, die gegen eine konkrete Schadenseignung sprechen können.[122] Überzeugend weist *Wagner* darauf hin, dass zwar der Geschädigte gemäß § 84a AMG einen Auskunftsanspruch wegen der Eigenschaften des Arzneimittels hat, dem pharmazeutischen Unternehmer allerdings umgekehrt kein Auskunftsanspruch bezüglich des Gesundheitszustandes und der sonstigen, möglicherweise schadensgeeigneten Lebensumstände sowie der Einnahme anderer Medikamente zusteht. Der pharmazeutische Unternehmer hat daher im Prozess keine Möglichkeit, im Einzelfall an erforderliche Informationen über solche negativen Eignungsumstände zu kommen, über die regelmäßig nur der Geschädigte verfügt.[123] Dies ist schon zum Schutz der Privatsphäre des Geschädigten geboten. Dann ist es aber auch angemessen, dem Geschädigten die Darlegungslast auch für solche Umstände aus seiner Sphäre aufzuerlegen, die im Rahmen der richterlichen Gesamtwürdigung gegen eine Eignung des Arzneimittels zur Schadensverursachung sprechen können.[124]

---

117 LG Berlin NJW 2007, 3582, 3584 – Vioxx; zustimmend: Wagner, PharmR 2008, 371, 376; Pflüger, PharmR 2003, 363, 364 ff.
118 BGH NJW 2008, 2994 – Vioxx, m.Anm. Deutsch, NJW 2008, 2995.
119 OLG München (10. Zivilsenat) PharmR 2009, 352, 353 – Vioxx; ebenso: OLG München (19. Zivilsenat), Urt. v. 3.8.2009 – 19 U 2171/09 – Vioxx.
120 BGH NJW 2008, 2994 – Vioxx; vgl OLG München (10. Zivilsenat) PharmR 2009, 352, 354 – Vioxx.
121 Begr. RegE, BT-Drucks. 14/7752, 19; Pflüger, PharmR 2003, 363, 366; Kullmann/Pfister, Produzentenhaftung, Lfg. 3/07, 3800, S. 49 f.
122 Wagner, NJW 2002, 2049, 2051 f; Melber/Moelle, StoffR 2004, 75, 78.
123 Wagner, NJW 2002, 2049, 2052.
124 So auch Gegenäußerung BReg, BT-Drucks. 14/7752, 54 zur Ablehnung eines Auskunftsanspruchs des pharmazeutischen Unternehmers gegen den Anspruchsteller.

A. Voraussetzungen der Arzneimittelhaftung (§ 84 AMG)

b) Widerlegung der Kausalitätsvermutung

Gelingt dem Geschädigten der Nachweis der konkret-generellen Eignung zur Schadensverursachung, führt die gesetzliche Vermutung des § 84 Abs. 2 S. 1 AMG dazu, dass der Kausalzusammenhang zwischen dem Arzneimittelfehler und dem konkret eingetretenen Schaden als bewiesen angesehen wird. Der pharmazeutische Unternehmer muss dann gemäß § 84 Abs. 2 S. 3 AMG andere, nach den Gegebenheiten des Einzelfalls geeignete Schadensursachen substanziiert darlegen und im Bestreitensfalle beweisen (**prozessuale Einwendung**). 77

Dabei ist die Kausalitätsvermutung bereits widerlegt, wenn die festgestellten Umstände des Einzelfalls eine Eignung zur Schadensverursachung aufweisen. Der Wortlaut des § 84 Abs. 2 S. 3 AMG zeigt, dass die Kausalitätsvermutung gemäß § 84 Abs. 2 S. 1 AMG nicht zu einer Beweislastumkehr führt. Vielmehr setzt eine die Vermutung des § 84 Abs. 2 S. 1 AMG ausschließende Alternativursache ausreichend konkrete, den Gegebenheiten des Einzelfalls entsprechende Feststellungen dahin gehend voraus, dass sie (konkret-generell) geeignet ist, allein (oder im Zusammenwirken mit anderen, dem pharmazeutischen Unternehmer ebenfalls nicht zuzurechnenden Ursachen) den geltend gemachten Schaden herbeizuführen.[125] Für die **konkret-generelle Eignung** gilt ein entsprechender, an den Kriterien des Einzelfalls orientierter Prüfungsmaßstab, wie er in § 84 Abs. 2 S. 1 AMG für die positive Feststellung der Schadenseignung besteht.[126] Als mögliche Alternativursachen hat die Rechtsprechung zB angesehen: 78

- nach den konkreten Gegebenheiten des Einzelfalls konnte die Erblindung des Geschädigten auch alleine durch einen viralen oder bakteriellen Infekt verursacht worden sein;[127]
- ernstliche Möglichkeit, dass eine Lymphknotentuberkulose aufgrund eines vermutlich bei der Geschädigten bestehenden Immundefekts und nicht aufgrund eines Fehlers des angewendeten Tbc-Impfstoffes eingetreten ist;[128]
- die Muskelerkrankung des Geschädigten kann neben einer toxisch-medikamentösen Ursache (kombinierte Therapie von Lipobai und Gevilon uno) entweder auf einem Autoimmunprozess oder einer Infektion beruhen.[129]

§ 84 Abs. 2 S. 4 AMG regelt ausdrücklich, dass ein anderer zur Verursachung des Schadens geeigneter Umstand nicht in der **Anwendung weiterer Arzneimittel** liegt, die nach den Gegebenheiten des Einzelfalls geeignet sind, den Schaden zu verursachen, es sei denn, dass wegen der Anwendung dieser Arzneimittel Ansprüche „aus anderen Gründen als der fehlenden Ursächlichkeit für den Schaden" nicht gegeben sind (§ 84 Abs. 2 S. 4 Hs 2 AMG). Durch diese sperrige Ausnahme- und Rückausnahmeregelung sollen bei der Anwendung mehrerer Arzneimittel Unklarheiten über den Kausalzusammenhang nicht zulasten des Geschädigten gehen, wenn feststeht, dass mehrere Arzneimittel den Schaden iSd § 84 Abs. 1 AMG verursacht haben können und lediglich nicht festgestellt werden kann, welches der Arzneimittel den Schaden tatsächlich verursacht hat. Die jeweiligen pharmazeutischen Unternehmer sollen sich also der Kausalitätsvermutung nicht dadurch entziehen können, dass sie sich gegen- 79

---

125 So BGH NJW 1997, 2748, 2750 zu § 6 Abs. 1, § 7 Abs. 1, 2 UmweltHG, dem die Kausalitätsvermutung des § 84 Abs. 2 AMG nachgebildet ist; Krüger, Arzneimittelgefährdungshaftung, S. 37 f.
126 Vgl BGH NJW 2748, 2750; Sander, Arzneimittelrecht, § 84 AMG Erl. 16; Kullmann/Pfister, Produzentenhaftung, Lfg. 3/07, 3800, S. 50 a; Rehmann, AMG, § 84 Rn 9. AA wohl Pflüger, PharmR 2003, 363, der einen „lückenlosen medizinischen bzw biochemischen Nachweis" darüber verlangt, dass der eingetretene Gesundheitsschaden auf einer anderen Ursache beruht. Der Gesetzestext lässt aber die Eignung zur Schadensverursachung genügen.
127 OLG Hamm NJW-RR 2003, 1382.
128 OLG Celle VersR 1983, 1143 – Tbc-Impfstoff.
129 OLG Köln GesR 2007, 325.

seitig die mögliche Schadensverursachung zuschieben.[130] Die Rückausnahme in § 84 Abs. 2 S. 4 Hs 2 AMG wurde auf die Stellungnahme des Bundesrates hin aufgenommen. Der pharmazeutische Unternehmer kann sich gegen die vermutete Kausalität dann mit dem Hinweis auf die Verwendung eines anderen Arzneimittels verteidigen, wenn dessen Hersteller dem Geschädigten aus anderen Gründen als der fehlenden Kausalität nicht zum Schadenersatz verpflichtet ist.[131] Die Entlastung ist also in Fällen möglich, in denen die Haftungsvoraussetzungen iSd § 84 Abs. 1 AMG nicht vorliegen, weil die durch das weitere Arzneimittel hervorgerufenen schädlichen Wirkungen vertretbar sind und auch nicht auf einer unzureichenden Instruktion beruhen oder die schädlichen Wirkungen ihre Ursache nicht im Bereich der Entwicklung und Herstellung haben. Der in Anspruch genommene pharmazeutische Unternehmer soll nicht aufgrund der bloßen Kausalitätsvermutung des § 84 Abs. 2 S. 1 AMG möglicherweise für schädliche Wirkungen Schadensersatz leisten, für die der Hersteller des anderen Arzneimittels nicht haften würde. Wenn demgegenüber beide Arzneimittel der Gefährdungshaftung unterfallen und für beide unabhängig voneinander die Kausalitätsvermutung greift, haften beide pharmazeutischen Unternehmer nebeneinander als Gesamtschuldner gemäß § 93 S. 1 AMG.

c) Anscheinsbeweis

80 Weitere Beweiserleichterungen für den Geschädigten enthält § 84 AMG nicht. Neben der Kausalitätsvermutung des § 84 Abs. 2 AMG bleibt es bei den im Zivilprozess geltenden, **allgemeinen beweisrechtlichen Grundsätzen**. Insbesondere steht dem Geschädigten weiterhin der Anscheinsbeweis offen, bei dem aus dem Ergebnis eines nach Erfahrungssätzen üblichen und typischen Geschehens auf dessen Ablauf geschlossen werden kann.[132] Dies setzt den Nachweis von konkreten Tatsachen voraus, die den Schluss auf den zu beweisenden Ablauf zulassen.

Bei einer behaupteten Infektion durch Blutplasmaprodukte genügen die generelle Möglichkeit einer Infektion und der zeitlich plausible Zusammenhang zwischen Injektion und der Entdeckung der Infektion nicht, um einen Anscheinsbeweis zu führen. Vielmehr muss der Geschädigte die Kontamination der ihm verabreichten Trägersubstanz nachweisen.[133]

III. Verhältnis des § 84 AMG zu anderen Haftungsgrundlagen
1. Sonderregelung der Gefährdungshaftung für den Arzneimittelbereich

81 § 84 AMG stellt gegenüber anderen Vorschriften der Gefährdungshaftung eine Sonderregelung für den Arzneimittelbereich dar. So regelt **§ 15 Abs. 1 ProdHaftG** ausdrücklich: Wird infolge der Anwendung eines zum Gebrauch bei Menschen bestimmten Arzneimittels, das im Geltungsbereich des AMG an den Verbraucher abgegeben wurde und der Pflicht zur Zulassung unterliegt oder durch Rechtsverordnung von der Zulassung befreit worden ist, jemand getötet, sein Körper oder seine Gesundheit verletzt, so sind die Vorschriften des Produkthaftungsgesetzes nicht anzuwenden. Eine entsprechende Regelung trifft **§ 37 Abs. 1 GenTG** für die Haftungsvorschriften der §§ 32-36 GenTG.

---

130 Stellungnahme, BT-Drucks. 14/7752, 45; Kullmann/Pfister, Produzentenhaftung, Lfg. 3/07, 3800, S. 50 a f.
131 Stellungnahme, BT-Drucks. 14/7752, 45.
132 OLG Koblenz NJOZ 2004, 2983, 2987 – Hepatitis C; OLG Celle VersR 1983, 1143 – Tbc-Schutzimpfung; Deutsch/Spickhoff, Medizinrecht, Rn 1487.
133 OLG Stuttgart VersR 2002, 577, 578 – Hepatitis C; OLG Hamm NJW-RR 1997, 217, 218 f – HIV-Infektion.

A. Voraussetzungen der Arzneimittelhaftung (§ 84 AMG)

§ 15 Abs. 1 ProdHaftG enthält einen **Bestandsschutz**[134] für die Gefährdungshaftung gemäß § 84 AMG und ordnet deren exklusive Geltung für die in § 84 Abs. 1 AMG erfassten Arzneimittel an. Das Produkthaftungsgesetz beruht als sog. Transformationsgesetz auf der **EG-Produkthaftungsrichtlinie**.[135] Deren Art. 13 bestimmt, dass Ansprüche, die ein Geschädigter aufgrund einer zum Zeitpunkt der Bekanntgabe der Richtlinie bestehenden besonderen Haftungsregelung geltend machen kann, durch die Richtlinie nicht berührt werden. Erwägungsgrund 13 der EG-Produkthaftungsrichtlinie weist ausdrücklich auf die Arzneimittelhaftung hin: „Soweit in einem Mitgliedstaat ein wirksamer Verbraucherschutz im Arzneimittelbereich auch bereits durch eine besondere Haftungsregelung gewährleistet ist, müssen Klagen aufgrund dieser Regelung ebenfalls weiterhin möglich sein". Dabei handelt es sich um eine Sonderbestimmung, die nur mit Blick auf die Haftung gemäß § 84 AMG getroffen wurde, da im Zeitpunkt der Bekanntgabe der Richtlinie am 30.7.1985 in den EG-Mitgliedstaaten nur in Deutschland eine „besondere Haftungsregelung" im Arzneimittelbereich existierte.[136]

82

Zum Teil wird in der Literatur die **Richtlinienkonformität** des § 15 Abs. 1 ProdHaftG und damit der exklusiven Arzneimittelhaftung gemäß § 84 AMG verneint. Danach habe der deutsche Gesetzgeber den durch Art. 13 EG-Produkthaftungsrichtlinie vorgegebenen Rahmen überschritten, indem § 15 Abs. 1 ProdHaftG eine strengere, nämlich für den Verbraucher ungünstigere Regelung treffe, soweit die §§ 84 ff AMG hinter dem Produkthaftungsgesetz zurückbleiben.[137] Dies gelte etwa für den hier zusätzlich für den Einzelfall vorgesehenen Haftungshöchstbetrag von 600.000 € gemäß § 88 Nr. 1 AMG (dagegen regelt § 10 Abs. 1 ProdHaftG nur einen globalen Haftungshöchstbetrag von 85 Mio. €), für den Ausschluss von Bagatellverletzungen und Sachschäden in § 84 AMG oder die gegenüber § 4 ProdHaftG engere Eingrenzung der Haftpflichtigen gemäß § 84 AMG auf den pharmazeutischen Unternehmer.[138]

83

Die Gefährdungshaftung nach dem AMG geht allerdings auch in verschiedener Hinsicht über das Produkthaftungsgesetz hinaus, indem etwa Entwicklungsrisiken erfasst sind, ein höherer globaler Haftungshöchstbetrag von 120 Mio. € (§ 88 S. 1 Nr. 2 AMG) vorgesehen ist und eine Beweiserleichterung durch die Kausalitätsvermutung des § 84 Abs. 2 AMG flankiert durch Auskunftsansprüche gemäß § 84a AMG besteht. Insgesamt kann nicht übersehen werden, dass die einzelnen, im Vergleich zum Produkthaftungsgesetz bestehenden Begrenzungen zur Gesamtkonzeption der Gefährdungshaftung nach §§ 84 ff AMG gehören, die sich schlagwortartig mit der Kanalisierung der Arzneimittelhaftung auf den pharmazeutischen Unternehmer bei gleichzeitiger Pflicht zur Deckungsvorsorge (§ 94 AMG) zusammenfassen lässt.[139] Würde demgegenüber Art. 13 EG-Produkthaftungsrichtlinie eine Gefährdungshaftung nach dem Produkthaftungsgesetz vorsehen, soweit diese den Geschädigten besser stellt als § 84 AMG, wäre damit die Haftungskonzeption der §§ 84 ff AMG insgesamt untergraben.[140] Diese besondere Konzeption war bei der Ausarbeitung der EG-Produkthaftungsrichtlinie, wie Erwägungsgrund 13 zeigt, bekannt. Daher können die Zweifel an der richtlinienkonformen Umsetzung des Art. 13 EG-Produkthaftungsrichtlinie in

84

---

134 Begr. RegE, BT-Drucks. 11/2447, 26.
135 RL des Rates v. 25.7.1985 zur Angleichung der Rechts- und Verwaltungsvorschriften der Mitgliedstaaten über die Haftung für fehlerhafte Produkte (85/374/EWG).
136 Wandt, VersR 1998, 1059, 1061; Kullmann, Produkthaftungsgesetz, § 15 Rn 2.
137 Kullmann, Produkthaftungsgesetz, § 15 Rn 6 ff; Rehmann, AMG, § 84 Rn 1, der allerdings ohne weitere Begründung meint, dass der „Schutzstandard" mit dem 2. Schadensersatzrechtsänderungsgesetz an das Produkthaftungsgesetz angepasst worden sei.
138 Kullmann, Produkthaftungsgesetz, § 15 Rn 4 f.
139 Vgl Wandt, VersR 1998, 1059, 1060 f.
140 MüKoBGB/*Wagner*, § 15 ProdHaftG Rn 6; Wandt, VersR 1998, 1059, 1060 f, mwN.

§ 15 Abs. 1 ProdHaftG im Ergebnis nicht durchgreifen. Mangels Direktwirkung der EG-Produkthaftungsrichtlinie würde allerdings eine zu weitgehende Umsetzung in § 15 Abs. 1 ProdHaftG nichts an der für das nationale Recht verbindlich geregelten Exklusivität des § 84 AMG ändern.[141]

85 Art. 13 EG-Produkthaftungsrichtlinie ist im Übrigen als **Bereichsausnahme** für die Arzneimittelhaftung gemäß §§ 84 ff AMG zu verstehen.[142] Sie führt also nicht zu einer Versteinerung der Haftungsregeln zum Stichtag des 30.7.1985, sondern lässt Fortentwicklungen der Arzneimittelhaftung zu, wie sie etwa durch das 2. Schadensersatzrechtsänderungsgesetz vorgenommen wurden.

2. Grundlagen weitergehender Haftung

86 Gemäß **§ 91 AMG** bleiben gesetzliche Vorschriften unberührt, nach denen ein nach § 84 AMG Ersatzpflichtiger im weiteren Umfang als nach den Vorschriften des 16. Abschnitts des AMG haftet oder nach denen ein anderer für den Schaden verantwortlich ist. Die Vorschrift stellt also klar, dass die §§ 84 ff AMG lediglich die rechtliche Stellung des Geschädigten gegenüber dem pharmazeutischen Unternehmer verbessern sollen.[143]

87 Dies bedeutet, dass konkurrierende Schadensersatzansprüche **neben** die Haftung des pharmazeutischen Unternehmers aus § 84 AMG treten können. Des Weiteren lässt die Gefährdungshaftung des pharmazeutischen Unternehmers die **Haftung Dritter** für den Arzneimittelschaden unberührt. Aufgrund anderer Haftungsgrundlagen können neben dem pharmazeutischen Unternehmer ggf auch der Hersteller des Arzneimittels, der Importeur, Zulieferer von Teilprodukten oder für Entwicklungs- und Herstellungsfehler verantwortliche Mitarbeiter haften. In Betracht kommen zudem **Staatshaftungsansprüche** gegen die zuständigen Zulassungs- und Überwachungsbehörden gemäß § 839 BGB iVm Art. 34 S. 1 GG; diese greifen allerdings bei fahrlässiger Amtspflichtverletzung nur subsidiär ein, wenn der Geschädigte nicht auf andere Weise, insbesondere nicht vom pharmazeutischen Unternehmer, Ersatz zu erlangen vermag (§ 839 Abs. 1 S. 2 BGB).

88 Unberührt bleiben schließlich mögliche Haftungskonstellationen, die von den Tatbestandsvoraussetzungen des § 84 AMG nicht erfasst werden. So zB die Haftung für nicht zulassungspflichtige Arzneimittel sowie für Tierarzneimittel, die Haftung gegenüber Sekundärgeschädigten oder für Sachschäden (weitere Hinweise hierzu im jeweiligen Zusammenhang der Haftungsvoraussetzungen).

89 Als weitere Haftungsgrundlagen kommen vor allem allgemeine deliktische Ansprüche wegen unerlaubter Handlung aus **§ 823 Abs. 1 BGB**, insbesondere nach den Grundsätzen der Produzentenhaftung, und gemäß **§ 823 Abs. 2 BGB** iVm einer Schutzgesetzverletzung in Betracht. Solche Schutzgesetze können auch Vorschriften des AMG sein.[144] Eine Gefährdungshaftung aus **§ 1 ProdHaftG** kommt nur in Betracht, wenn das betreffende Arzneimittel nicht in den Geltungsbereich des § 84 AMG fällt[145] (§ 15 Abs. 1 ProdHaftG).

90 Diese weiteren Anspruchsgrundlagen sind jeweils in ihren Voraussetzungen und Rechtsfolgen selbständig zu beurteilen, zB ein zusätzlich erforderliches Verschulden. Im Hinblick auf die Rechtsfolgen ist die Haftung aus § 823 BGB insbesondere nicht auf Haftungshöchstbeträge beschränkt (anders § 88 AMG). Ersatzfähig sind aus § 823 Abs. 1 BGB auch Sachschäden. Ein wesentlicher Vorteil des § 823 BGB gegenüber § 84 AMG ist mit dem 2. Scha-

---

141 So auch Kullmann, Produkthaftungsgesetz, § 15 Rn 8.
142 So auch MüKoBGB/*Wagner*, § 15 ProdHaftG Rn 8 f; Wandt, VersR 1998, 1059, 1063 f.
143 Sander, Arzneimittelrecht, § 91 AMG Erl. 1.
144 OLG Stuttgart VersR 1990, 631 – Procain, zu §§ 5, 11 AMG; Überblick zu Schutzgesetzen bei Kullmann/Pfister, Produzentenhaftung, 42. Lfg, 1601, S. 9 ff.
145 MüKoBGB/*Wagner*, § 15 ProdHaftG Rn 7.

densersatzrechtsänderungsgesetz ausgeglichen worden, da seither auch aus § 84 AMG Schmerzensgeld verlangt werden kann (siehe Rn 101 ff).

Vertragliche Ansprüche des Geschädigten gegen den pharmazeutischen Unternehmer oder den Hersteller bestehen selten. Sie kommen etwa gegenüber dem Apotheker in Betracht, der als pharmazeutischer Unternehmer sog. unechte Hausspezialitäten (siehe Rn 10) vertreibt.[146]

In Fällen mit **grenzüberschreitendem Bezug** bestimmt sich das anwendbare Haftungsrecht nach der für die Produkthaftung einschlägigen Sonderkollisionsregel des **Art. 5 Rom II-Verordnung**.[147] § 84 AMG selbst enthält eine sachrechtliche Beschränkung seines Anwendungsbereichs auf Inlandssachverhalte,[148] wonach das Arzneimittel im Inland an den Verbraucher abgegeben sowie im Inland von dem pharmazeutischen Unternehmer in Verkehr gebracht worden sein muss. Insofern ist § 84 AMG auf Auslandssachverhalte nicht anwendbar, auch wenn die maßgeblichen Kollisionsregeln im Einzelfall auf die Anwendung deutschen Rechts verweisen.

B. Rechtsfolgen der Ersatzpflicht

I. Umfang der Ersatzpflicht

Der Umfang der Ersatzpflicht aus Gefährdungshaftung wird in den §§ 86 bis 89 AMG näher bestimmt. Es gilt das Prinzip der sog. Totalreparation, der Schädiger hat also den gesamten Schaden zu ersetzen, der durch das haftungsbegründende Ereignis entstanden ist.[149] Gewisse Einschränkungen ergeben sich aus den im Folgenden skizzierten speziellen Regelungen. Der Haftungsumfang ist insbesondere gekennzeichnet durch Haftungshöchstbeträge (§ 88 AMG). Die Höchstbeträge übersteigende Schäden können lediglich aufgrund allgemeiner Haftungsgrundlagen, insbesondere der Verschuldenshaftung aus § 823 Abs. 1 BGB, geltend gemacht werden.

1. Bei Tötung (§ 86 AMG)

Verstirbt der Patient infolge der Arzneimittelanwendung, sind gemäß § 86 Abs. 1 S. 1 AMG die Kosten einer versuchten Heilung sowie der Vermögensnachteil zu ersetzen, den der Getötete dadurch erlitten hat, dass während der Krankheit seine Erwerbsfähigkeit aufgehoben oder gemindert oder eine Vermehrung seiner Bedürfnisse eingetreten war. Diese noch in der Person des Getöteten entstandenen Ansprüche stehen seinen Erben zu. Insofern ist die Regelung des § 86 Abs. 1 S. 1 AMG überflüssig, da solche Schäden bereits gemäß § 87 S. 1 AMG zunächst in der Person des Verletzten entstehen, die dann auf seine Erben gemäß § 1922 BGB (Universalsukzession) übergehen. Die ausdrückliche Regelung des § 86 Abs. 1 S. 1 AMG hat daher im Wesentlichen klarstellende Funktion, insbesondere im Hinblick auf Kosten der versuchten Heilung, deren Ersatz nicht deshalb entfällt, weil der Verletzte verstorben ist.[150]

Beerdigungskosten sind demjenigen zu ersetzen, der verpflichtet ist, diese Kosten zu tragen. Diese Verpflichtung obliegt den Erben (§ 1968 BGB) oder, soweit die Bezahlung der Beer-

---

146 Kullmann/Pfister, Produzentenhaftung, 53. Lfg, 3805, S. 14.
147 VO (EG) Nr. 864/2007 des Europäischen Parlaments und des Rates v. 11.7.2007 über das auf außervertragliche Schuldverhältnisse anzuwendende Recht („Rom II"), in Kraft getreten am 11.1.2009.
148 Näher: von Hoffmann, in: FS Henrich, 2000, S. 293 f.
149 Kullmann/Pfister, Produzentenhaftung, 53. Lfg, 3805, S. 1 f: Folgeschäden, ggf auch Sachschäden, sind nach den allgemeinen schadensrechtlichen Grundsätzen zu ersetzen, sofern sie innerhalb des Schutzbereichs der Norm liegen.
150 Vgl zur Parallelvorschrift des § 7 ProdHaftG Kullmann, Produkthaftungsgesetz, §§ 7–11 Rn 3.

digungskosten nicht von den Erben zu erlangen ist, demjenigen, der dem Getöteten unterhaltspflichtig war (§ 1615 Abs. 2 BGB).

94 § 86 Abs. 2 AMG regelt Ansprüche, die in der Person eines mittelbar Geschädigten entstehen. Ein selbständiger Schadensersatzanspruch steht danach Personen zu, die zur Zeit der Verletzung gegenüber dem Getöteten einen **Unterhaltsanspruch** besaßen oder in Zukunft erwerben konnten, soweit diesen durch die Tötung das Recht auf Unterhalt entzogen ist. Die Unterhaltspflicht muss kraft Gesetzes bestehen. Vertraglich begründete Unterhaltspflichten werden nicht erfasst.[151] Gesetzliche Unterhaltspflichten kommen in Betracht bei Ehegatten (§§ 1360 ff BGB), geschiedenen Ehegatten (§§ 1569 ff BGB), Verwandten in gerader Linie (§§ 1601 ff BGB), einem nichtehelichen Kind und dessen Mutter (§ 1615 a und § 1615 l BGB), Adoptivkindern (§§ 1754 ff BGB) sowie Lebenspartnern während und nach Aufhebung der Lebenspartnerschaft (§§ 5, 16 LPartG).

95 Geschuldet ist Schadensersatz in Form eines **fiktiven Unterhalts**, also insoweit, als der Getötete während der mutmaßlichen Dauer seines Lebens zur Gewährung des Unterhalts verpflichtet gewesen sein würde. Zu Einzelheiten des Unterhaltsschadens kann auf die einschlägigen Kommentierungen zu § 844 Abs. 2 BGB verwiesen werden.

Die berechtigte Person hat gemäß § 89 Abs. 1 AMG für die Zukunft einen Anspruch auf Schadensersatz in Form einer Geldrente.

2. Bei Körperverletzung (§ 87 AMG)

96 Den Umfang der Ersatzpflicht bei einer Verletzung des Körpers oder der Gesundheit bestimmt § 87 AMG. Hierunter fällt der Ersatz der Heilungskosten, von Erwerbsschäden und der verletzungsbedingten Mehraufwendungen für die Lebensführung (S. 1). § 87 S. 2 AMG gewährt im Falle einer Körper- oder Gesundheitsverletzung auch Ersatz für Nichtvermögensschäden, also **Schmerzensgeld**.

a) Heilbehandlungskosten

97 Als Kosten der Heilbehandlung ist der zur Wiederherstellung der Gesundheit *erforderliche* Geldbetrag zu ersetzen. Ersatzfähig sind nur solche Maßnahmen, die zur Beseitigung der unvertretbaren Arzneimittelwirkung hervorgerufenen Gesundheitsschäden vorgenommen werden, nicht aber der Grunderkrankung, zu deren Bekämpfung das Arzneimittel angewendet wurde.[152] Damit sind auch Kosten einer **versuchten Heilung** zu ersetzen, die in dem Zeitpunkt, in dem der Heilungsversuch vorgenommen wurde, erfolgversprechend waren. Unvernünftige, den Erkenntnissen der Wissenschaft widersprechende Heilversuche sind mangels Erforderlichkeit nicht zu ersetzen.[153] Verstirbt der Geschädigte, so gehen die bereits entstandenen Ersatzansprüche auf dessen Erben über (siehe Rn 93).

b) Vermögensschäden durch verminderte oder aufgehobene Erwerbsfähigkeit

98 Nach § 87 S. 1 AMG ist der Vermögensnachteil des Verletzten zu ersetzen, den der Verletzte dadurch erleidet, dass infolge der Verletzung zeitweise oder dauernd seine Erwerbsfähigkeit aufgehoben oder gemindert ist. Der Erwerbsausfall ist **konkret nachzuweisen**. Zu ersetzen ist nicht der „Wert" der Arbeitskraft, sondern die negative Auswirkung des Ausfalls oder der Minderung der Arbeitsleistung im Vermögen des Geschädigten, die sich sichtbar im Erwerbsergebnis niederschlägt.[154] Das Gericht hat eine **Prognoseentscheidung** über die vor-

---

151 BGH NJW 2001, 971, 973 zur entspr. Vorschrift des § 844 Abs. 2 BGB.
152 Sander, Arzneimittelrecht, § 86 AMG Erl. 3.
153 Sander, Arzneimittelrecht, § 86 AMG Erl. 3.
154 BGH NJW 1995, 1023, 1024; 1970, 1411, 1412.

aussichtliche Entwicklung der Erwerbstätigkeit ohne das schädigende Ereignis nach dem gewöhnlichen Lauf der Dinge bzw nach den besonderen Umständen des Falls festzustellen. An die hierfür darzulegenden Anknüpfungstatsachen dürfen insbesondere bei noch in der Ausbildung befindlichen Geschädigten und bei Berufsanfängern keine überspannten Anforderungen gestellt werden.[155] Ein selbständiger Unternehmer kann als Erwerbsschaden nur geltend machen, was er nach dem schädigenden Ereignis weniger verdient hat als das, was er nach bisherigen Erfahrungen oder bisherigen Vorkehrungen erwarten konnte.[156]

Eine dem Geschädigten **verbliebene Arbeitskraft** muss er in zumutbarer Weise schadensmindernd einsetzen[157] (siehe auch Rn 112 zu § 85 AMG). Erwerbsschäden sind gemäß § 89 Abs. 1 AMG für die Zukunft durch Entrichtung einer **Geldrente** zu leisten. § 89 Abs. 2 erklärt die Vorschriften des § 843 Abs. 2–4 BGB sowie § 708 Nr. 8 ZPO für entsprechend anwendbar. Daher kann der Geschädigte bei Vorliegen eines wichtigen Grundes anstelle der Geldrente eine Kapitalabfindung verlangen (§ 843 Abs. 3 BGB). Gemäß § 843 Abs. 2 BGB iVm § 760 BGB ist die Geldrente für drei Monate im Voraus zu zahlen.

c) Verletzungsbedingte Mehraufwendungen

Gemäß § 87 S. 1 AMG ist dem Geschädigten Ersatz für den Vermögensnachteil zu leisten, der durch eine Vermehrung seiner Bedürfnisse eingetreten ist. Dieser Begriff umfasst alle verletzungsbedingten Mehraufwendungen, die als Ausgleich für die Nachteile dienen, die dem Geschädigten infolge dauernder Störungen seines körperlichen Wohlbefindens entstehen.[158] Hierunter fallen zB vermehrte Ausgaben für Diät, Kuren, Prothesen, Inanspruchnahme öffentlicher Verkehrsmittel sowie Pflegepersonal.[159] Der Schadensersatz ist für die Zukunft durch Entrichtung einer Geldrente zu leisten (§ 89 AMG).

d) Schmerzensgeld

Seit Inkrafttreten des 2. Schadensersatzrechtsänderungsgesetzes zum 1.8.2002 besteht auch im Rahmen der Gefährdungshaftung ein Anspruch auf Schmerzensgeld. § 87 S. 2 AMG bestimmt für den Fall der Körper- oder Gesundheitsverletzung, dass auch wegen des Schadens, der nicht Vermögensschaden ist, eine **billige Entschädigung** in Geld verlangt werden kann. § 87 S. 2 AMG ergänzt den allgemeinen Anspruch auf Schmerzensgeld gemäß § 253 Abs. 2 BGB und stellt dessen Gewährung für die Gefährdungshaftung klar.[160]

Mit der Ausweitung des (ursprünglich auf die Haftung aus § 823 Abs. 1 BGB beschränkten) Schmerzensgeldes auf das allgemeine Schuldrecht und damit die Gefährdungshaftung ist regelmäßig die Genugtuungsfunktion des Schmerzensgeldes unberücksichtigt zu lassen und allein auf dessen **Ausgleichsfunktion** abzustellen, wobei vor allem der Einfluss der Schädigung auf die Lebensführung des Verletzten, insbesondere die Schwere und die Dauer der Beeinträchtigung, zu berücksichtigen sind.[161]

Der Schmerzensgeldanspruch ist vererblich und übertragbar.[162] Verstirbt der Geschädigte nach Krankheit infolge der Arzneimittelanwendung, so geht auch der bereits in seiner Person

---

155 BGH NJW 2000, 3287.
156 Vgl BGH NJW 1970, 1411, 1412; Kullmann/Pfister, Produzentenhaftung, Lfg. 1/07, 3608, S. 5.
157 Vgl BGH VersR 1967, 953.
158 BGH NJW 1974, 41, 42.
159 BGH NJW 1974, 41, 42; OLG Celle VersR 1975, 1103: ggf Erstattung von Unterhaltskosten für einen PKW bei erheblichen Gehstörungen als Dauerschaden.
160 Begr. RegE, BT-Drucks. 14/7752, 21 f.
161 Kullmann/Pfister, Produzentenhaftung, Lfg 1/06, 3608, S. 7; siehe allg. zum Schmerzensgeldanspruch Palandt/*Heinrichs*, § 253 BGB Rn 11: Genugtuungsfunktion grundsätzlich nur noch bei Vorsatz und grober Fahrlässigkeit zu berücksichtigen.
162 Vgl Staudinger/*Schiemann*, § 253 BGB Rn 48.

entstandene Schmerzensgeldanspruch auf die Erben über. Soweit die Arzneimittelanwendung indes unmittelbar zum Tod geführt hat, entsteht ein Schmerzensgeldanspruch nicht, da die dahinterstehende Ausgleichsfunktion den Geschädigten nicht mehr erreichen kann.[163]

3. Begrenzung des Haftungsumfangs auf Höchstbeträge (§ 88 AMG)
a) Allgemeines

104 § 88 AMG begrenzt im Falle der Tötung oder Verletzung eines oder mehrerer Menschen den Umfang der Haftpflicht auf Höchstersatzbeträge (vergleichbare Regelungen zur Gefährdungshaftung finden sich in § 12 StVG, § 10 ProdHaftG, § 37 LuftVG, § 31 AtomG). Eine unbegrenzte Ersatzpflicht aufgrund Gefährdungshaftung erschiene für den einzelnen pharmazeutischen Unternehmer als wirtschaftlich nicht mehr tragbar und wäre, angesichts der bestehenden Pflicht zur Deckungsvorsorge nach § 94 AMG, nicht mehr versicherbar. Höchstbeträge waren bereits für Leistungen des geplanten (letztlich aber nicht umgesetzten) Entschädigungsfonds gemäß § 81 Abs. 2 AMG-E vorgesehen, um eine übermäßige Belastung des Fonds zu vermeiden. Die ursprünglichen Höchstbeträge sollten zugleich so bemessen sein, dass sie dem einzelnen Geschädigten ausreichenden wirtschaftlichen Schutz bieten, wobei den Höchstbeträgen für Serienschäden das Ausmaß der Contergan-Katastrophe zugrunde gelegt wurde.[164] Die Höchstbeträge wurden zwischenzeitlich durch das 5. Gesetz zur Änderung des AMG im Jahre 1994 und durch das 2. Schadensersatzrechtsänderungsgesetz im Jahre 2002 angehoben.

105 Die Begrenzung erfolgt zum einen durch individuelle Haftungshöchstbeträge (§ 88 S. 1 Nr. 1 AMG), zum anderen durch globale Haftungshöchstbeträge für Serienschäden (§ 88 S. 1 Nr. 2 AMG). Bei der Berechnung der Höchstbeträge sind Schmerzensgeldansprüche[165] sowie Ansprüche, die auf einen Sozialversicherungsträger übergegangen sind (zB § 116 SGB X), mit zu berücksichtigen. Nicht einzurechnen sind etwaige den Geschädigten zu erstattende Prozesskosten (§§ 91 ff ZPO), Prozesszinsen (§ 288 BGB) oder Verzugsschäden (§ 286 Abs. 1 BGB).

b) Individuelle Haftungshöchstbeträge

106 Im Falle der Tötung oder Verletzung eines (einzelnen) Menschen haftet der pharmazeutische Unternehmer bis zu einem Kapitalbetrag von 600.000 € oder bis zu einem Rentenbetrag von jährlich 36.000 € (§ 88 S. 1 Nr. 1 AMG).

Ein Mitverschulden des Geschädigten ist für den Höchstbetrag unbeachtlich: Ein durch Mitverschulden verminderter Schadensersatzanspruch ist ungekürzt zu leisten, wenn er innerhalb des Höchstbetrages liegt. Die Haftungshöchstgrenze wird also nicht entsprechend der Mitverschuldensquote verringert.[166]

c) Globale Haftungshöchstbeträge

107 Im Falle von **Serienschäden**, bei denen mehrere Menschen durch das gleiche Arzneimittel getötet oder verletzt werden (§ 88 S. 1 Nr. 2 AMG), gilt eine zweifache Haftungsbegrenzung. Jeder einzelne Geschädigte kann weiterhin nur den Höchstbetrag gemäß § 88 S. 1 Nr. 1 AMG verlangen. Zudem haftet der pharmazeutische Unternehmer gegenüber allen Geschädigten zusammen höchstens bis zu einem Kapitalbetrag von 120 Mio. € oder bis zu

---

163 Sander, Arzneimittelrecht, § 87 AMG Erl. 3.
164 Begr. RegE, BT-Drucks. 7/3060, 62.
165 Vgl Begr. RegE, BT-Drucks. 14/7752, 22.
166 Vgl BGH NJW 1964, 1898 ff; Kullmann/Pfister, Produzentenhaftung, 53. Lfg, 3805, S. 4.

einem Rentenbetrag von jährlich 7,2 Mio. €. Damit ist durch die globale Haftungsbegrenzung ein Schadensausgleich von 200 Schwerstgeschädigten im Umfang der individuellen Haftungshöchstgrenzen gewährleistet.[167]

Übersteigt die Summe der entstandenen Einzelschäden die Höchstbeträge gemäß § 88 S. 1 Nr. 2 AMG, so verringern sich die einzelnen Entschädigungen in dem Verhältnis, in welchem ihr Gesamtbetrag zu dem Höchstbetrag steht (§ 88 S. 2 AMG). 108

Die Haftungshöchstbeträge gemäß § 88 S. 1 Nr. 2 AMG setzen voraus, dass der Serienschaden durch das **gleiche Arzneimittel** verursacht worden ist. Wann ein in diesem Sinne „gleiches Arzneimittel" vorliegt, ist umstritten. Zahlreiche Arzneimittel werden bei gleicher Zusammensetzung der wirksamen Bestandteile in unterschiedlichen Darreichungsformen (zB Tabletten, Injektions- und Infusionslösungen, Zäpfchen, Inhalate) und in unterschiedlichen Konzentrationen in Verkehr gebracht.

Das Gesetz definiert den Begriff des gleichen Arzneimittels nicht. Immerhin knüpft aber § 84 Abs. 1 AMG die Gefährdungshaftung infolge der Anwendung eines Arzneimittels unter anderem daran, dass dieses Arzneimittel der Zulassungspflicht unterliegt. Nach § 25 Abs. 9 AMG kann ein Arzneimittel für verschiedene Darreichungsformen und verschiedene Konzentrationen Gegenstand einer einheitlichen umfassenden Zulassung sein, wobei eine einheitliche Zulassungsnummer mit weiteren Kennzeichen zur Unterscheidung der Darreichungsformen oder Konzentrationen zu verwenden ist. Allerdings ergibt sich aus § 29 Abs. 3 Nr. 1 und Nr. 2 AMG, dass Änderungen der Zusammensetzung der Wirkstoffe nach Art oder Menge sowie Änderungen der Darreichungsform eine Neuzulassung erfordern.[168] Hinzu kommt, dass verschiedene Darreichungsformen und Konzentrationen Einfluss auf die unterschiedliche Wirksamkeit eines Arzneimittels haben. Daher ist davon auszugehen, dass unterschiedliche Darreichungsformen als unterschiedliche Arzneimittel iSd § 88 S. 1 Nr. 2 AMG anzusehen sind.[169] Ebenso liegen unterschiedliche Arzneimittel bei unterschiedlichen Konzentrationen der Wirkstoffe bei gleicher Darreichungsform vor.[170] Ein „gleiches Arzneimittel" iSd § 88 S. 1 Nr. 2 AMG liegt auch dann nicht vor, wenn bei einem Arzneimittel Schäden infolge unterschiedlicher Fehler auftreten und sich somit unterschiedliche Arzneimittelrisiken realisieren. Die Haftungshöchstbeträge stehen also jeweils voll zur Verfügung, wenn zB ein Informationsfehler und in zeitlichem Abstand ein Herstellungsfehler Schäden verursachen.[171] 109

II. Mitverschulden des Geschädigten (§ 85 AMG, § 254 BGB)

Für den Fall, dass bei der Entstehung des Schadens ein Verschulden des Geschädigten mitgewirkt hat, verweist § 85 AMG auf § 254 BGB. Mitwirkendes Verschulden des Geschädigten ist als Handeln gegen sein eigenes wohlverstandenes Interesse zu verstehen (Verschulden gegen sich selbst). Der Geschädigte muss also bei der Entstehung oder der Entwicklung des Schadens die Sorgfalt außer Acht gelassen haben, die ein ordentlicher und verständiger Mensch anzuwenden pflegt, um sich selbst vor Schaden zu bewahren.[172] Aus 110

---

167 Begr. RegE, BT-Drucks. 14/7752, 22.
168 Vgl Kloesel/Cyran, Arzneimittelrecht, § 88 AMG Erl. 2.
169 Ebenso Kloesel/Cyran, Arzneimittelrecht, § 88 AMG Erl. 2. AA Sander, Arzneimittelrecht, § 88 AMG Erl. 4: der Begriff „gleiches Arzneimittel" umfasse alle aus den gleichen wirksamen Bestandteilen bestehenden Darreichungsformen eines Arzneimittels; wohl auch Kullmann/Pfister, Produzentenhaftung, 53. Lfg, 3805, S. 5.
170 Insofern übereinstimmend: Kloesel/Cyran, Arzneimittelrecht, § 88 AMG Erl. 2; Kullmann/Pfister, Produzentenhaftung, 53. Lfg, 3805, S. 5; Sander, Arzneimittelrecht, § 88 AMG, Erl. 4, Fn 2.
171 Kullmann/Pfister, Produzentenhaftung, 53. Lfg, 3805, S. 5; Kloesel/Cyran, Arzneimittelrecht, § 88 AMG Erl. 2; Deutsch/Lippert/*Deutsch*, AMG, § 88 Rn 3.
172 Vgl BGH NJW 1970, 945, 946.

§ 254 Abs. 1 BGB ergibt sich, dass bei einem Mitverschulden für den Umfang des Schadensersatzes in erster Linie die beiderseitigen Verursachungsbeiträge abzuwägen sind. Daneben ist in zweiter Linie das Maß des beiderseitigen Verschuldens abzuwägen.

111 Bei der **Entstehung** des Schadens kommt ein Mitverschulden des Geschädigten in Betracht, wenn er die Schäden, die grundsätzlich auch bei bestimmungsgemäßem Gebrauch des Arzneimittels eingetreten wären, dadurch vergrößert, dass er die erteilten Gebrauchsinformationen nicht beachtet. Ist der Schaden allerdings allein durch einen nicht bestimmungsgemäßen Gebrauch eingetreten, entfällt bereits eine Haftungsvoraussetzung des § 84 AMG, so dass es von vornherein an einer Gefährdungshaftung des pharmazeutischen Unternehmers fehlt.[173] Ein mitwirkendes Verschulden kann sich auch aus dem Verhalten des Geschädigten nach der Medikamenteneinnahme ergeben. In Betracht kommt etwa eine Vergrößerung der (nicht vertretbaren) schädlichen Wirkungen durch Genussmittel oder die Nichtbeachtung von körperlichen Warnzeichen nach der Einnahme, obwohl nach der Gebrauchsinformation bei deren Auftreten das Medikament abzusetzen ist. Auf eine **erhöhte Schadensdisposition** des Geschädigten kann sich der pharmazeutische Unternehmer allerdings ebenso wenig berufen wie auf ein Fehlverhalten des Geschädigten vor der Arzneimittelanwendung (zB Vorschädigungen durch Tabak- oder Alkoholkonsum, zu späte Konsultation eines Arztes).[174] Der Haftende hat also kein Anrecht darauf, so gestellt zu werden, als ob er einen gesunden Menschen geschädigt hätte.

112 Neben dem Mitverschulden bei der Entstehung des Schadens (§ 254 Abs. 1 BGB) kommt ein Mitverschulden auch auf der Ebene des Umfangs der Schadensersatzpflicht, also bei der **Haftungsausfüllung** in Betracht. Nach § 254 Abs. 2 S. 1 Var. 2 BGB kann das Mitverschulden also darauf beruhen, dass es der Patient unterlassen hat, die aufgrund der Verletzung eingetretenen Schadensfolgen abzuwenden oder zu mindern. Dem Einwand des Mitverschuldens auf der haftungsausfüllenden Ebene steht nach allgemeiner Ansicht der Wortlaut des § 85 AMG nicht entgegen, wo nur von der Mitwirkung des Geschädigten bei der „Entstehung" des Schadens die Rede ist.[175] So obliegt es dem Geschädigten, weitergehende Schadensfolgen der Verletzung durch zumutbare medizinische Maßnahmen zu mindern oder zu beseitigen.[176] Ebenso kommt eine Verminderung des zu ersetzenden Vermögensnachteils iSd § 87 S. 1 AMG in Betracht, wenn in Folge der arzneimittelbedingten Gesundheits- oder Körperverletzung die Erwerbsfähigkeit gemindert ist, der Geschädigte es aber unterlässt, seine verbliebene Arbeitskraft in zumutbarer Weise gewinnbringend einzusetzen.

113 Die **Beweislast** für den Mitverschuldenseinwand trägt der pharmazeutische Unternehmer. Daneben trifft den Geschädigten allerdings die Darlegungslast für solche Umstände, die in seiner Sphäre liegen, etwa die Darlegung zumutbarer Bemühungen zur Schadensminderung.[177]

Die im Rahmen des § 254 Abs. 1 BGB zu treffende Abwägung kann zu einer **Schadensquotelung**, aber auch zu einem vollständigen Wegfall der Ersatzpflicht oder zu einer dennoch vollen Haftung des pharmazeutischen Unternehmers führen. Es kommt auf die Umstände des Einzelfalls an, wobei ein mitwirkendes Verschulden von weniger als 10 % (zum Teil

---

173 Kullmann/Pfister, Produzentenhaftung, 53. Lfg, 3805, S. 7.
174 Kullmann/Pfister, Produzentenhaftung, 53. Lfg, 3805, S. 6 f; Sander, Arzneimittelrecht, § 85 AMG Erl. 1; Kloesel/Cyran, Arzneimittelrecht, § 85 AMG Erl. 2.
175 Vgl zur Parallelvorschrift des § 9 StVG BGH NJW 1996, 652, 653; Kullmann/Pfister, Produzentenhaftung, 53. Lfg, 3805, S. 8 f; vgl auch Begr. RegE, BT-Drucks. 7/3060, 62.
176 Koyuncu, PHi 2007, 42, 52; vgl BGH NJW 1994, 1592, 1593: Eine Operation zur Schadensminderung ist zumutbar, wenn diese einfach und gefahrlos ist, wenn sie nicht mit besonderen Schmerzen verbunden ist und wenn sie die sichere Aussicht auf Heilung oder wesentliche Besserung bietet; siehe auch OLG München NJW 1994, 1592, 1593: Für die Zumutbarkeit einer Operation reicht es nicht aus, dass sie indiziert ist und unter Abwägung der Chancen und Risiken von mehreren Ärzten empfohlen wird.
177 Vgl BGH NJW 1991, 1412, 1413.

sogar von 20 %) in der Regel nicht berücksichtigt wird.[178] Bei Vorsatz oder grob verkehrswidrigem Verhalten des Geschädigten kann die Gefährdungshaftung gänzlich entfallen.[179]

III. Verjährung

Die ursprünglich in § 90 AMG aF speziell geregelte Verjährungsvorschrift für Ansprüche aus § 84 AMG ist durch das Gesetz zur Anpassung von Verjährungsvorschriften an das Gesetz zur Modernisierung des Schuldrechts vom 9.12.2004 aufgehoben worden. Seither gilt für die Gefährdungshaftung aus § 84 AMG die regelmäßige Verjährung gemäß §§ 195, 199 BGB, die dem früheren § 852 BGB aF nachgebildet ist. 114

1. Beginn der regelmäßigen Verjährungsfrist

Gemäß § 195 BGB beträgt die regelmäßige Verjährungsfrist 3 Jahre. Der Beginn dieser Verjährungsfrist knüpft gemäß § 199 Abs. 1 BGB auch an subjektive Voraussetzungen in der Person des Geschädigten an. Danach beginnt die regelmäßige Verjährungsfrist mit dem Schluss des Jahres, in dem 115

- der Anspruch entstanden ist und
- der Gläubiger von den den Anspruch begründenden Umständen und der Person des Schuldners Kenntnis erlangt oder ohne grobe Fahrlässigkeit erlangen müsste.

Da auf den Schluss des jeweiligen Jahres abgestellt wird, liegt eine sog. **Jahresendverjährung** vor.

Im Sinne des § 199 Abs. 1 Nr. 1 BGB ist ein Anspruch entstanden, sobald er erstmals geltend gemacht und notfalls im Wege der Klage durchgesetzt werden kann.[180] Eine Kenntnis oder grob fahrlässige Unkenntnis des Verletzten (§ 199 Abs. 1 Nr. 2 BGB) von einem Arzneimittelschaden ist dann anzunehmen, wenn er eine nicht unerhebliche Beeinträchtigung seiner körperlichen Integrität feststellt, gleichgültig, ob er bereits den vollen Umfang der Schädigung übersehen kann.[181] Maßgebend ist daher der Zeitpunkt der Kenntnis von der ersten Verletzungsfolge. Die Kenntnis oder grob fahrlässige Unkenntnis muss bei einer Haftung aus § 84 Abs. 1 S. 2 Nr. 1 AMG auch von solchen Umständen bestehen, die den Schluss auf die **Unvertretbarkeit** der schädlichen Wirkungen tragen.[182] Wegen der subjektiv anzuknüpfenden Elemente (§ 199 Abs. 1 Nr. 2 BGB) kann die Verjährung je nach Lage des Falls auch noch erhebliche Zeit nach der Arzneimittelanwendung beginnen. 116

Bei einer **Tötung** ist für den Beginn der Verjährungsfrist zu differenzieren. § 86 Abs. 1 S. 1 AMG regelt Ersatzansprüche, die zunächst in der Person des später Getöteten entstanden und nunmehr dem Erben erwachsen sind. In diesem Fall bleibt für den Beginn der Verjährung eine zuvor gegebene Kenntnis oder grob fahrlässige Unkenntnis des Verstorbenen maßgeblich. Daher ändert sich an einer bereits laufenden Verjährung von Ansprüchen, die in der Person des Geschädigten entstanden sind, durch den Tod des Geschädigten nichts; der Anspruch geht, so wie er ist, auf den Erben (Rechtsnachfolger) über.[183] Demgegenüber regelt § 86 Abs. 1 S. 2, Abs. 2 AMG Ansprüche aus eigenem Recht desjenigen, der die Kosten der Beerdigung zu tragen hat bzw eines gegenüber dem Getöteten unterhaltsberechtigten Dritten. Da es sich insofern um einen originär in der Person des ersatzberechtigten Dritten 117

---

178 Palandt/*Heinrichs*, § 254 BGB Rn 66.
179 BGH NJW 1990, 1483; Sander, Arzneimittelrecht, § 85 AMG Erl. 4.
180 MüKoBGB/*Grothe*, § 199 BGB Rn 4 mN.
181 Sander, Arzneimittelrecht, § 90 AMG Erl. 5 b.
182 BGH NJW 1991, 2351, 2352 – Alival.
183 MüKoBGB/*Grothe*, § 199 BGB Rn 27; anders offenbar Sander, Arzneimittelrecht, § 90 AMG, Erl. 5 a, der auch in diesem Fall maßgeblich auf die Kenntniserlangung durch den Erben abstellen will.

entstandenen Anspruch handelt, kommt es allein auf dessen Kenntnis bzw grob fahrlässige Unkenntnis an.

2. Verjährungsbeginn bei Spätschäden

118 Weitergehende Schadensfolgen, die sich als eine bloße Weiterentwicklung der ersten Einbuße darstellen und mit denen bereits beim Auftreten der ersten Verletzungsfolge gerechnet werden konnte, sind für den Verjährungslauf unerheblich (Grundsatz der **Schadenseinheit**).[184] Somit beginnt die dreijährige Verjährungsfrist mit dem Schluss des Jahres, in dem der Patient erstmals die haftungsbegründende Verletzung festgestellt hat. Damit beginnt grundsätzlich auch die Verjährung hinsichtlich der Folgeschäden (zB Verschlimmerungen des Gesundheitszustandes), auch wenn diese sich erst nach mehreren Jahren entwickeln.

119 Dies gilt allerdings nicht für Spätschäden, die aufgrund des die Haftung auslösenden Schadensereignisses objektiv nicht vorhersehbar waren. Im Rahmen der allgemeinen Deliktshaftung soll es an der Vorhersehbarkeit von Spätschäden nur bei Körperverletzungen leichterer Art oder vorübergehenden Krankheiten, aus denen sich unerwartet schwere Folgeschäden oder chronische Leiden entwickeln, fehlen; dagegen seien bei nicht ganz leichten Verletzungen immer dann, wenn überhaupt mit der Möglichkeit von Komplikationen und ernsten Folgen gerechnet werden muss, auch etwa eintretende Spätschäden als vorhersehbar anzusehen.[185] Gerade im Rahmen der Arzneimittelhaftung erscheint es allerdings als zu weitgehend, bei sämtlichen Verletzungen, die nicht generell als ganz leicht und voraussichtlich komplikationslos einzustufen sind, alle sich entwickelnden Spätschäden für vorhersehbar zu halten.[186] Zu bedenken ist insbesondere, dass die Gefährdungshaftung (im Unterschied zur allgemeinen Deliktshaftung) erst oberhalb einer Bagatellgrenze ausgelöst wird, also stets eine nicht unerhebliche Verletzung des Körpers oder der Gesundheit verlangt. Daher scheint es angemessen, unabhängig vom Schweregrad der ursprünglichen Schädigung, die Vorhersehbarkeit späterer Komplikationen zu verneinen, die nach medizinischer Prognose als in hohem Maße atypisch erscheinen oder auf anwendungsbedingten Schädigungen beruhen, die ursprünglich nicht erkannt wurden.[187]

3. Höchstfristen für die Verjährung

120 Das Verjährungsrecht könnte seine wesentlichen Funktionen, durch Zeitablauf bedingten Beweisschwierigkeiten Rechnung zu tragen und für Rechtsfrieden zu sorgen, nicht erfüllen, wenn der pharmazeutische Unternehmer aufgrund des subjektiven Verjährungsbeginns noch nach Jahr und Tag auf Schadensersatz haften würde. § **199 Abs. 3 S. 1 BGB** setzt daher absolute Höchstfristen für die Verjährung. Schadensersatzansprüche verjähren danach

- ohne Rücksicht auf die Kenntnis oder grob fahrlässige Unkenntnis in 10 Jahren von ihrer Entstehung an und
- ohne Rücksicht auf ihre Entstehung und die Kenntnis oder grob fahrlässige Unkenntnis in 30 Jahren von der Begehung der Handlung, der Pflichtverletzung oder den sonstigen, den Schaden auslösenden Ereignis an.

Bei Arzneimittelschäden ist für das den Schaden auslösende Ereignis iSd § 199 Abs. 3 S. 1 Nr. 2 BGB auf den Zeitpunkt der Anwendung des Arzneimittels abzustellen.[188]

---

184 MüKoBGB/*Grothe*, § 199 BGB Rn 9.
185 Vgl etwa BGH NJW 1973, 702; kritisch gegenüber dieser pauschalen Einordnung: MüKoBGB/*Grothe*, § 199 BGB Rn 11.
186 MüKoBGB/*Grothe*, § 199 BGB Rn 11.
187 Vgl OLG Köln NJW-RR, 1993, 601: atypische Verletzungsfolgen; OLG Hamburg VersR 1978, 546.
188 Sander, Arzneimittelrecht, § 90 AMG Erl. 6.

4. Verjährungshemmung

Auch im Hinblick auf die Hemmung der Verjährung gelten die allgemeinen Vorschriften (§§ 203 ff BGB). Als Hemmungsgründe kommen danach im Rahmen der **Rechtsverfolgung** iSd § 204 Abs. 1 BGB insbesondere die Erhebung der Leistungs- oder Feststellungsklage (letzterer kommt insbesondere Bedeutung für Folgeschäden zu), die Zustellung eines Mahnbescheids im Mahnverfahren, die Zustellung der Streitverkündung oder die Zustellung des Antrags auf Durchführung eines selbständigen Beweisverfahrens in Betracht.

Außerhalb der gerichtlichen Geltendmachung kommt eine Verjährungshemmung bei **Verhandlungen** iSd § 203 BGB in Betracht. Als Verhandlungen ist dabei jeder zwischen den Parteien oder ihren Vertretern schwebende Meinungsaustausch über den Anspruch oder die den Anspruch begründenden Umstände zu verstehen, aufgrund dessen der Anspruchsteller davon ausgehen kann, dass sein Begehren von der Gegenseite noch nicht endgültig abgelehnt wird.[189]

IV. Unabdingbarkeit der Gefährdungshaftung im Voraus (§ 92 AMG)

Zum Schutz des Arzneimittelverbrauchers kann gemäß § 92 AMG die Gefährdungshaftung im Voraus, also vor Eintritt der Verletzung, weder ausgeschlossen noch beschränkt werden. Dies entspricht der Rechtslage auch bei anderen Vorschriften der Gefährdungshaftung (vgl § 14 ProdHaftG, § 7 HpflG, § 8 a S. 1 StVG, §§ 49, 54 S. 2 LuftVG). Unwirksam sind damit insbesondere auch Haftungsbeschränkungen in Form Allgemeiner Geschäftsbedingungen.

Dagegen kann eine nachträgliche vergleichsweise Erledigung etwaiger Ansprüche aus Gefährdungshaftung wirksam vereinbart werden.[190]

V. Mehrere Ersatzpflichtige (§ 93 AMG)

Sind mehrere Ersatzpflichtige für denselben Schaden verantwortlich, so haften sie im **Außenverhältnis** gegenüber dem Geschädigten als Gesamtschuldner (§ 93 S. 1 AMG). Dies bedeutet, dass jeder der Verantwortlichen verpflichtet ist, die ganze Schadensersatzleistung an den Geschädigten zu bewirken, dieser aber die Leistung insgesamt nur einmal zu fordern berechtigt ist. Der Geschädigte kann nach seiner Wahl die Schadensersatzleistung von jedem der Verantwortlichen ganz oder nur teilweise fordern (§ 421 BGB).

§ 93 S. 1 AMG setzt eine bestehende Schadensersatzpflicht jedes einzelnen Verantwortlichen aus § 84 AMG voraus.[191] Sind für denselben Schaden mehrere aus unterschiedlichen Haftungstatbeständen ersatzpflichtig (zB der pharmazeutische Unternehmer aus § 84 AMG und der Arzt aus Behandlungsvertrag sowie aus § 823 Abs. 1 BGB) ordnet die allgemeine Vorschrift des § 840 BGB für den dort weit zu verstehenden Begriff der „unerlaubten Handlung"[192] ebenfalls Gesamtschuldnerschaft an.

Unterschiedliche Haftungsgrundlagen schließen also eine Gesamtschuldnerstellung mehrerer Ersatzpflichtiger nicht aus. Allerdings können Haftungsbeschränkungen, die nur einen der Verantwortlichen privilegieren sollen (zB Haftungshöchstbeträge bei Gefährdungshaftung gegenüber vollem Haftungsumfang nach § 823 Abs. 1 BGB) dazu führen, dass der

---

189 MüKoBGB/*Grothe*, § 203 BGB Rn 5 mN.
190 Weitnauer, pharmind 1978, 425, 429.
191 Kloesel/Cyran, Arzneimittelrecht, § 93 AMG Erl. 1. AA wohl Sander, Arzneimittelrecht, § 93 AMG Erl. 2: auch bei Deliktshaftung; das AMG regelt allerdings als Sondervorschrift allein die Gefährdungshaftung für Arzneimittel.
192 Palandt/*Sprau*, § 840 BGB Rn 1.

jeweilige Verantwortliche auch bei Gesamtschuldnerschaft im Außenverhältnis nur auf den für ihn geltenden Haftungsumfang in Anspruch genommen werden kann.[193]

126 Als Gesamtschuldner haften etwa pharmazeutische Unternehmer, deren Arzneimittel bei gleichzeitiger Anwendung zu Wechselwirkungen geführt haben, vor denen bei Inverkehrbringen des jeweiligen Arzneimittels hätte gewarnt werden können. Als Gesamtschuldner haften verschiedene pharmazeutische Unternehmer auch bei einem **Mitvertrieb** des fehlerhaften Arzneimittels.

127 § 93 S. 2 AMG regelt das **Innenverhältnis** mehrerer Ersatzpflichtiger untereinander. Danach hängt die Verpflichtung zum Ersatz sowie der Umfang des zu leistenden Ersatzes von den Umständen, insbesondere davon ab, inwieweit der Schaden vorwiegend von dem einen oder anderen Teil verursacht worden ist. Diese, in Anlehnung an § 254 Abs. 1 BGB getroffene Regelung[194] konkretisiert die allgemeine Regelung zur Ausgleichungspflicht von Gesamtschuldnern untereinander (§ 426 Abs. 1 S. 1 BGB: „Soweit nicht ein anderes bestimmt ist"). Im Übrigen bleibt § 426 BGB für den Innenausgleich zwischen den Gesamtschuldnern anwendbar (auch wenn dies nicht, wie etwa in § 5 S. 2 ProdHaftG ausdrücklich angeordnet ist).[195] Insbesondere bestimmt § 426 Abs. 2 BGB den gesetzlichen Übergang der Forderungen des Geschädigten auf einen Gesamtschuldner, soweit dieser dem Geschädigten Ersatz geleistet hat und von den übrigen Gesamtschuldnern Ausgleich verlangen kann.

VI. Besonderer Gerichtsstand (§ 94 a AMG)

128 Um den Geschädigten die Geltendmachung seiner Ansprüche gegen den pharmazeutischen Unternehmer aus Gefährdungshaftung gemäß § 84 AMG sowie auf Auskunft gemäß § 84 a Abs. 1 AMG zu erleichtern, gewährt § 94 a AMG einen besonderen **Klägergerichtsstand** (zur Zuständigkeit für Auskunftsklagen gemäß § 84 a AMG unten Rn 163 ff). Danach ist auch das Gericht örtlich zuständig, in dessen Bezirk der Kläger zur Zeit der Klageerhebung seinen Wohnsitz bzw in Ermangelung eines solchen seinen gewöhnlichen Aufenthaltsort hat. Daneben steht dem Kläger offen, am allgemeinen Gerichtsstand des pharmazeutischen Unternehmers (§§ 12, 17 ZPO) zu klagen.

129 Der besondere Gerichtsstand steht auch dann noch zur Verfügung, wenn die erfassten Haftungs- und Auskunftsansprüche zuvor auf eine andere Person übergegangen sind. Danach gilt § 94 a AMG für den Fall, dass der pharmazeutische Unternehmer durch einen Sozialversicherungsträger aus übergegangenem Recht nach § 84 AMG, § 116 SGB X in Anspruch genommen wird, auch dann, wenn der Geschädigte vor Klageerhebung verstorben ist.[196]

VII. Deckungsvorsorge (§ 94 AMG)

130 § 94 AMG verpflichtet den pharmazeutischen Unternehmer Vorsorge dafür zu treffen, dass er aufgrund der Gefährdungshaftung für die von ihm in Verkehr gebrachten Arzneimittel Schadensersatz in dem gesetzlich bestimmten Umfang leisten kann. Der Verletzte soll im Schadensfall seinen Entschädigungsanspruch voll realisieren können, was bei einer Insolvenz des pharmazeutischen Unternehmers nicht gewährleistet wäre.[197] Allerdings entsteht dadurch kein Direktanspruch gegen denjenigen, der die Deckungsvorsorge erbringt (anders bei der Kfz-Haftpflichtversicherung, § 3 PflVG).[198] Anspruchsgegner ist allein der pharmazeutische Unternehmer.

---

193 Sander, Arzneimittelrecht, § 93 AMG Erl. 2.
194 Deutsch/Lippert/*Deutsch*, AMG, § 93 Rn 4.
195 Sander, Arzneimittelrecht, § 93 AMG Erl. 3.
196 BGH NJW 1990, 2316 – HIV-Infektion.
197 Bericht, BT-Drucks. 7/5091, 21.
198 Weitnauer, pharmind 1978, 425, 429.

B. Rechtsfolgen der Ersatzpflicht

Die Deckungsvorsorge bezieht sich nur auf die Gefährdungshaftung des pharmazeutischen Unternehmers aus § 84 AMG[199] und zwar in dem Umfang der Höchstbeträge gemäß § 88 S. 1 AMG (§ 94 Abs. 1 S. 2 AMG). **131**

Das Bestehen der Deckungsvorsorge ist indes keine Zulassungsvoraussetzung. Sie wird aber sichergestellt durch Überwachungsbefugnisse der zuständigen Behörden (§ 64 Abs. 4 Nr. 2 AMG) und durch die Strafbewehrung gemäß § 96 Nr. 19 AMG.[200]

Die Bundesrepublik Deutschland und die Bundesländer sind in den Fällen, in denen sie Träger von Einrichtungen sind, die als pharmazeutischer Unternehmer auftreten (zB Krankenhausapotheken, Landesimpfanstalten, Bundeswehr),[201] nicht zur Deckungsvorsorge verpflichtet (§ 94 Abs. 5 AMG).

1. Haftpflichtversicherung

Die Deckungsvorsorge kann durch eine Haftpflichtversicherung bei einem im Geltungsbereich des AMG zum Geschäftsbetrieb befugten Versicherungsunternehmen erbracht werden (§ 94 Abs. 1 S. 3 Nr. 1 AMG). Für die Versicherungsunternehmen besteht **kein Kontrahierungszwang**. Der Gesetzgeber sah einen solchen Eingriff in die Vertragsfreiheit unter Hinweis auf den bestehenden Wettbewerb in der Versicherungswirtschaft als nicht geboten an.[202] **132**

Um die geforderte Deckungssumme von 120 Mio. € je Arzneimittel anbieten zu können, hat der Bundesverband der pharmazeutischen Industrie mit der Versicherungswirtschaft ein Modell entworfen, bei dem die Deckungssumme von 120 Mio. € in zwei Tranchen aufgeteilt wird. Danach wird ein Sockelbetrag von 5 Mio. € von dem Erstversicherer, der den Versicherungsvertrag mit dem pharmazeutischen Unternehmer abschließt, selbst übernommen bzw. individuell rückversichert. Die zweite Tranche, die den den Sockelbetrag von 5 Mio. € übersteigenden Schaden bis zum Höchstbetrag abdeckt, wird zwar von dem Erstversicherer in die gleiche Police aufgenommen und nach außen hin uneingeschränkt vertreten, jedoch in vollem Umfang in die am 8.10.1976 gegründete Pharma-Rückversicherungs-Gemeinschaft mit Sitz in München (**Pharmapool**) eingebracht. Dieser gehören neben zahlreichen inländischen Erst- und Rückversicherungsunternehmen auch eine Vielzahl ausländischer Versicherungsunternehmen an.[203] **133**

Die deutschen Versicherer haben gegenüber dem Bundesaufsichtsamt für das Versicherungswesen eine geschäftsplanmäßige Erklärung abgegeben, wonach sie jedem pharmazeutischen Unternehmer, der nach § 94 AMG zur Deckungsvorsorge verpflichtet ist, hierfür Haftpflicht-Versicherungsschutz in Höhe der gesetzlich vorgeschriebenen Mindestdeckungssumme und gegen risikogerechte, den tatsächlichen Verhältnissen angemessene Prämien gewähren.[204] **134**

2. Freistellungs- oder Gewährleistungsverpflichtung

Die Deckungsvorsorge kann auch durch eine Freistellungs- oder Gewährleistungsverpflichtung eines deutschen Kreditinstituts oder eines Kreditinstituts eines anderen Mitgliedstaats der Europäischen Union oder eines anderen Vertragsstaats des Abkommens über den Europäischen Wirtschaftsraum erbracht werden (§ 94 Abs. 1 S. 2 Nr. 2 AMG). Diese Form **135**

---

199 Ebenso: Kullmann/Pfister, Produzentenhaftung, 53. Lfg, 3805, S. 17.
200 Bericht, BT-Drucks. 7/5091, S. 21.
201 Sander, Arzneimittelrecht, § 94 AMG Erl. 15.
202 Bericht, BT-Drucks. 7/5091, 21.
203 Näher hierzu Sander, Arzneimittelrecht, § 94 AMG Erl. 5; Kullmann/Pfister, Produzentenhaftung, 53. Lfg, 3805, S. 17 f.
204 Siehe Sander, Arzneimittelrecht, § 94 AMG Erl. 5, Fn 2.

der Deckungsvorsorge ist allerdings nur zulässig, wenn gewährleistet ist, dass das Kreditinstitut, solange mit seiner Inanspruchnahme gerechnet werden muss, in der Lage sein wird, seine Verpflichtungen im Rahmen der Deckungsvorsorge zu erfüllen (§ 94 Abs. 3 S. 1 AMG). Unklar bleibt indes, wie diese allgemeine Anforderung zu erfüllen ist.[205] Diese Form der Deckungsvorsorge hat bislang keine praktische Bedeutung erlangt.[206]

3. Entsprechende Anwendung von Vorschriften des Versicherungsvertragsgesetzes

136 Nach § 94 Abs. 2, Abs. 3 S. 1 AMG gelten die Vorschriften der §§ 113 Abs. 3, 114-124 VVG sinngemäß. Entsprechend § 117 Abs. 1 VVG bleibt für den Fall, dass der pharmazeutische Unternehmer seine Verpflichtung aus dem Versicherungsvertrag oder dem Freistellungs- oder Gewährleistungsvertrag nicht erfüllt und der Versicherer bzw das Kreditinstitut daher von der Verpflichtung zur Leistung gegenüber dem pharmazeutischen Unternehmer ganz oder teilweise frei ist, seine Verpflichtung in Ansehung des Geschädigten dennoch bestehen. Ein Umstand, der das Nichtbestehen oder die Beendigung des Versicherungs- oder Freistellungsvertrags zur Folge hat, wirkt gegenüber Dritten, insbesondere den Geschädigten, erst mit Ablauf eines Monats, nachdem der Versicherer diesen Umstand der hierfür zuständigen Stelle angezeigt hat (§ 117 Abs. 2 VVG entsprechend). Nach § 94 Abs. 4 AMG sind dies die nach § 64 AMG zuständigen Überwachungsbehörden der Länder.

C. Auskunftsansprüche (§ 84 a AMG)

137 Um die beweisrechtliche Stellung des Geschädigten im Arzneimittelprozess zu stärken, gibt das Gesetz dem Geschädigten einen Auskunftsanspruch gemäß § 84 a AMG gegen den pharmazeutischen Unternehmer sowie gegen die zuständigen Zulassungs- und Überwachungsbehörden. Dieser, mit dem 2. Schadensersatzrechtsänderungsgesetz eingeführte Auskunftsanspruch flankiert insbesondere die seinerzeit ebenfalls neu eingeführte Kausalitätsvermutung des § 84 Abs. 2 AMG. Vorbild der Regelung sind die §§ 8 f UmweltHG sowie § 35 GenTG.

138 Ausweislich der Gesetzesmaterialien verfolgt § 84 a AMG im Wesentlichen zwei Ziele.[207] Zum einen geht es um **prozessuale Chancengleichheit**. Während der pharmazeutische Unternehmer den jeweiligen Erkenntnisstand über Entwicklung, Erprobung und Herstellung des Arzneimittels, insbesondere im Hinblick auf die Vertretbarkeit, dokumentiert hat (entsprechendes gilt auch für die Zulassungs- und Überwachungsbehörden), stehen dem Geschädigten diese zur Geltendmachung etwaiger Ansprüche notwendigen Tatsachen nicht zur Verfügung. Der Auskunftsanspruch soll ihn also in die Lage versetzen, im Einzelnen zu prüfen, ob ihm ein Anspruch aus Gefährdungshaftung zusteht. Zum anderen sollte die **beweisrechtliche Stellung** des Geschädigten im Arzneimittelprozess selbst gestärkt werden. Dadurch soll er in die Lage versetzt werden, jene Tatsachen in den Prozess einzuführen und im Bestreitensfalle zu beweisen, die einen Haftungsanspruch begründen. Dies gilt namentlich für die von ihm zu beweisenden Tatsachen für die Kausalitätsvermutung des § 84 Abs. 2 AMG sowie für die Abwägung der Vertretbarkeit schädlicher Wirkungen des Arzneimittels.

139 Ein seitens des Bundesrates[208] mit Blick auf die vom pharmazeutischen Unternehmer zu beweisenden „anderen Umstände" iSd § 84 Abs. 2 S. 3 AMG geforderter Auskunftsanspruch gegen den Geschädigten wurde nicht eingeführt. Maßgeblich hierfür war letztlich die Auffassung, dass den Geschädigten nach § 84 Abs. 2 S. 2 AMG eine weitgehende Dar-

---

205 Sander, Arzneimittelrecht, § 94 AMG Erl. 12.
206 Vgl Kullmann/Pfister, Produzentenhaftung, 53. Lfg, 3805, S. 18.
207 Vgl zum Folgenden Begr. RegE, BT-Drucks. 14/7752, 20.
208 Stellungnahme, BT-Drucks. 14/7752, 48.

legungsobliegenheit auch für solche Tatsachen trifft, die nach den Gegebenheiten des Einzelfalls auch gegen die Schadensverursachung sprechen. Der mit einem Auskunftsanspruch des pharmazeutischen Unternehmers verbundene Eingriff in die Privatsphäre des Arzneimittelanwenders sei insofern nicht zumutbar.[209]

I. Auskunftsanspruch gegen den pharmazeutischen Unternehmer (§ 84 a Abs. 1 AMG)

1. Voraussetzungen des Auskunftsanspruchs

Der Auskunftsanspruch gegen den pharmazeutischen Unternehmer setzt gemäß § 84 a Abs. 1 S. 1 AMG Tatsachen voraus, die die Annahme begründen, dass ein Arzneimittel den Schaden verursacht hat. Eine Auskunft kann aber nicht verlangt werden, wenn dies zur Feststellung, ob ein Anspruch auf Schadensersatz nach § 84 AMG besteht, nicht erforderlich ist. Zudem besteht ein Auskunftsanspruch insoweit nicht, als die Angaben aufgrund gesetzlicher Vorschriften geheim zu halten sind oder die Geheimhaltung einem überwiegenden Interesse des pharmazeutischen Unternehmers oder eines Dritten entspricht. 140

Die tatsächlichen Grundlagen des Auskunftsanspruchs hat der Anspruchsteller im Prozess darzulegen und im Bestreitensfalle voll zu beweisen. Das Beweismaß ist lediglich für die Gesamtwürdigung dieser Indiztatsachen im Hinblick auf den Kausalzusammenhang zwischen Arzneimittelanwendung und Rechtsgutsverletzung abgesenkt („Annahme begründen").[210]

a) Schaden iSd § 84 Abs. 1 AMG

Der Anspruchsteller muss zunächst darlegen und ggf beweisen, dass er einen für die Gefährdungshaftung relevanten Schaden erlitten hat. Hierzu hat er eine **nicht unerhebliche Verletzung** der in § 84 Abs. 1 AMG geschützten Rechtsgüter (Leben, Körper, Gesundheit) darzulegen.[211] 141

b) Anwendung eines Arzneimittels iSd § 84 Abs. 1 AMG

Der Geschädigte hat darzulegen und ggf zu beweisen, dass er ein konkretes, von dem pharmazeutischen Unternehmer in Verkehr gebrachtes Arzneimittel iSd § 84 Abs. 1 AMG angewendet hat.[212] 142

---

209 Gegenäußerung BReg, BT-Drucks. 14/7752, 54 f.
210 Hieke, PharmR 2005, 35, 36.
211 Begr. RegE, BT-Drucks. 14/7752, 20.
212 Begr. RegE, BT-Drucks. 14/7752, 20; Hieke, PharmR 2005, 35. Krüger, PharmR 2007, 232, 233, verlangt für die Geltendmachung des Auskunftsanspruchs zudem den Nachweis einer *bestimmungsgemäßen* Anwendung des Arzneimittels, da ein bestimmungswidriger Gebrauch eine Haftung gemäß § 84 AMG ausschließe. Allerdings kann auch bei einem nicht fernliegenden bestimmungswidrigen Fehlgebrauch ein haftungsauslösender Instruktionsfehler iSd § 84 Abs. 1 S. 2 Nr. 2 AMG vorliegen. Bei bestimmungswidrigem Gebrauch kann indes die Erforderlichkeit der Auskunft entfallen, sofern lediglich eine Haftung gemäß § 84 Abs. 1 S. 2 Nr. 1 AMG in Betracht kommt; hierfür trägt aber der pharmazeutische Unternehmer die Darlegungs- und Beweislast ; vgl LG Köln, Urt. v. 29.7.2009 – 25 O 305/08 – Zoloft. Siehe dagegen KG Berlin, Teilurteil v. 8.6.2009 – 10 U 262/06 (n.v.): Die bestimmungsgemäße Anwendung des Arzneimittels sei für den Auskunftsanspruch unerheblich, da § 84 a AMG dies nicht als Anspruchsvoraussetzung nennt.

c) Verbindung zwischen Anwendung des Arzneimittels und Schaden

143 Der Geschädigte muss Tatsachen darlegen, welche die „Annahme begründen", dass die Anwendung des Arzneimittels den erlittenen Verletzungsschaden verursacht hat. Auch diese Tatsachen muss der Geschädigte im Bestreitensfall voll beweisen.[213]
Bezüglich des Ursachenzusammenhangs gilt dann ein reduziertes Beweismaß. Ausweislich der Gesetzesmaterialien soll damit ein geäußerter unbestimmter Verdacht nicht ausreichen, es muss aber auch nicht der Vollbeweis einer Kausalität geführt werden. Erforderlich ist vielmehr eine **Plausibilitätsprüfung**, ob die darzulegenden Tatsachen den Schluss auf einen Ursachenzusammenhang zwischen der Arzneimittelanwendung und dem Verletzungsschaden zulassen.[214]

144 Der Umfang der vom Geschädigten darzulegenden Tatsachen, die die Annahme einer Schadensverursachung begründen können, hängt vom jeweiligen Einzelfall ab. Bei der Beurteilung sind aber die Schwierigkeiten des Geschädigten bei der Sachverhaltsaufklärung zu berücksichtigen. Ihm soll nicht die Darlegung von Tatsachen abverlangt werden, die einen umfangreichen Sachverständigenbeweis erfordern. Der Auskunftsanspruch soll dem Geschädigten erst die notwendigen Erkenntnisse vermitteln, auf deren Grundlage ggf der Nachweis von Ersatzansprüchen geführt werden kann.[215]

145 Als Indiztatsachen kommen danach im Einzelfall zB in Betracht:
- Dosierung des angewendeten Arzneimittels;
- Art und Dauer der Anwendung;
- das konkret aufgetretene Schadensbild;
- ein unmittelbarer zeitlicher Zusammenhang zwischen der einzelnen Arzneimittelanwendung und dem Auftreten der Schädigung;
- das Wiederauftreten von Symptomen nach erneuter Anwendung;
- das Abklingen von Symptomen nach Absetzen des Arzneimittels;
- Parallelerkrankungen bei anderen Verbrauchern;
- der Gesundheitszustand des Geschädigten im Zeitpunkt der Anwendung sowie mögliche alternative Verursachungsfaktoren wie Vorerkrankungen, vorangegangene medizinische Eingriffe oder die Einnahme anderer Arzneimittel.

Das Kammergericht Berlin hält es für die Geltendmachung eines Auskunftsanspruchs nicht für erforderlich, dass der Geschädigte bereits andere schadensgeneigte Faktoren, die gegen einen Ursachenzusammenhang sprechen können, darlegt. Der Geschädigte müsse jedenfalls noch nicht im Auskunftsprozess, der die Haftungsklage erst vorbereiten soll, Details zu seiner Krankengeschichte bzw alle Krankenunterlagen vorlegen, wenn sich aus den vorgelegten Unterlagen die Plausibilität eines potenziellen Haftungsanspruchs ergibt.[216] Soweit ein haftungsbegründendes Zusammenwirken mehrerer Arzneimittel in Betracht kommt, muss der Geschädigte auch Tatsachen vortragen, die eine Mitverursachung des Schadens plausibel erscheinen lassen.[217]

---

[213] Hieke, PharmR 2005, 35, 36; Kullmann/Pfister, Produzentenhaftung, Lfg. 2/08, 3800, S. 57.
[214] Begr. RegE, BT-Drucks. 14/7752, 20. Siehe auch Hieke, PharmR 2005, 35, 36: die vorgetragenen Anhaltspunkte müssen die ernsthafte Möglichkeit der Schadensverursachung begründen.
[215] Begr. RegE, BT-Drucks. 14/7752, 20; LG Köln, Urt. v. 29.7.2009 – 25 O 305/08 – Zoloft.
[216] KG Berlin, Teilurteil v. 8.6.2009 – 10 U 262/06 (n.v.), im Anschluss an BGH NJW 2008, 2994 f – Vioxx. Deutlich strenger noch: LG Berlin NJW 2007, 3582, 3584; 2007, 3584, 3585 – Vioxx; Hieke, PharmR 2005, 35, 36 ff: Für die zur Plausibilitätsprüfung erforderliche Gesamtschau müsse der Geschädigte alle für oder gegen eine Schadensverursachung sprechenden Umstände, die in seiner Sphäre liegen, in einem substanziierten Vortrag offenlegen.
[217] Begr. RegE, BT-Drucks. 14/7752, 21.

d) Erforderlichkeit der Auskunft

Ein Auskunftsanspruch besteht nach § 84 a Abs. 1 S. 1 AMG nur insoweit, als dies zur Feststellung eines Schadensersatzanspruchs nach § 84 AMG erforderlich ist. § 84 a AMG gibt dem Geschädigten also **keinen Ausforschungsanspruch**. 146

Die geschuldete Auskunft bezieht sich auf den erlittenen Schaden und damit allein auf jene Informationen, von denen abhängt, ob das Arzneimittel insofern unvertretbar ist und das Arzneimittel zur Verursachung des konkreten Schadens geeignet erscheint. Der pharmazeutische Unternehmer muss also nicht sämtliche ihm vorliegenden Erkenntnisse über Neben- und Wechselwirkungen mitteilen, die im vorliegenden Fall keine Rolle spielen können, auch wenn sie unvertretbar sind und zur Verursachung anderer Schäden geeignet erscheinen.[218]

Die Auskunft ist nicht erforderlich, soweit die Informationen auch aus allgemein zugänglichen Quellen erlangt werden können.[219] An der Erforderlichkeit der Auskunft fehlt es auch, wenn eine in Betracht kommende Gefährdungshaftung auf jeden Fall ausscheidet,[220] zB wenn das Arzneimittel nicht bestimmungsgemäß gebraucht wurde (§ 84 Abs. 1 S. 2 Nr. 1 AMG),[221] der eingetretene Schaden auf einer vertretbaren Wirkung beruht, die in der Gebrauchsinformation angegeben war (§ 84 Abs. 1 S. 2 Nr. 2 AMG)[222] oder der Anspruch verjährt ist.[223] § 84 a Abs. 1 AMG begründet zur Durchsetzung des Haftungsanspruchs aus § 84 AMG lediglich einen **Hilfsanspruch**, an dem in diesen Fällen kein rechtliches Interesse mehr besteht. 147

Aus der Formulierung des § 84 a Abs. 1 S. 1 AMG („es sei denn") ergibt sich, dass die fehlende Erforderlichkeit der Auskunft von dem pharmazeutischen Unternehmer eingewandt werden muss, er also insofern die **Darlegungs- und Beweislast** trägt. Für die Einwendung des pharmazeutischen Unternehmers, die Auskunft sei in dem verlangten Umfang für die Feststellung der Schadensverursachung nicht erforderlich, ist dem Gericht ebenfalls eine Plausibilitätsprüfung auferlegt.[224] 148

e) Geheimhaltung von Angaben

Ein Auskunftsanspruch ist auch insoweit ausgeschlossen, als die Angaben aufgrund gesetzlicher Vorschriften geheim zu halten sind oder die Geheimhaltung einem überwiegenden Interesse des pharmazeutischen Unternehmers oder eines Dritten entspricht (§ **84 a Abs. 1 S. 4 AMG**). Ein überwiegendes Geheimhaltungsinteresses des pharmazeutischen Unternehmers kann sich selbstverständlich nicht aus dem Interesse ergeben, nicht zum Schadensersatz herangezogen zu werden. Unbeachtlich ist in aller Regel auch das Interesse, das der Ruf des Unternehmens keinen Schaden nimmt.[225] Ein zu beachtendes Interesse kann etwa im Schutz von wichtigen Fabrikations- oder Betriebsgeheimnissen, die im Einzelfall höherrangig als das Informationsinteresse des Geschädigten sind, liegen.[226] 149

Als grundsätzlich geschützte **Betriebs- oder Geschäftsgeheimnisse** lassen sich Tatsachen einordnen, die im Zusammenhang mit dem Geschäftsbetrieb stehen, nur einem engen Personenkreis bekannt und als solche nicht offenkundig und nach dem Willen des Betriebsinha- 150

---

218 Wagner, NJW 2002, 2049, 2052; Kullmann/Pfister, Produzentenhaftung, Lfg. 2/08, 3800, S. 58.
219 Krüger, PharmR 2007, 232, 236.
220 Kullmann/Pfister, Produzentenhaftung, Lfg. 3/07, 3800, S. 59; Hieke, PharmR 2005, 35, 38.
221 LG Berlin NJW 2007, 3584, 3586 – Vioxx, mit abl. Anm. Deutsch, NJW 2007, 3586, 3587.
222 Vgl Lach/Schulte, MPR 2009, 46, 49.
223 LG Berlin NJW 2007, 3584, 3586 – Vioxx; Hieke, PharmR 2005, 35, 38.
224 Begr. RegE, BT-Drucks. 14/7752, 21; LG Berlin NJW 2007, 3584, 3586 – Vioxx; Kloesel/Cyran, Arzneimittelrecht, § 84 a AMG Erl. 4.
225 Begr. RegE, BT-Drucks. 14/7752, 21.
226 Begr. RegE, BT-Drucks. 14/7752, 21.

bers geheim zu halten sind, wobei an deren Geheimhaltung ein begründetes Interesse bestehen muss.[227] Als Betriebs- und Geschäftsgeheimnisse kommen im Arzneimittelbereich in Betracht Informationen, aus denen Rückschlüsse auf Geheimverfahren oder Neuerungen gezogen werden können, Umsatzzahlen des Arzneimittels und Daten der Arzneimittelprüfung sowie sonstiger Forschungsarbeiten. Nicht von dem Begriff des Betriebs- oder Geschäftsgeheimnisses umfasst sind hingegen Informationen über spezifische Gesundheitsrisiken und beobachtete Verdachtsfälle unerwünschter Arzneimittelwirkungen.[228]

2. Inhalt und Form der Auskunft

151 Der Umfang des Auskunftsanspruchs richtet sich auf dem pharmazeutischen Unternehmer bekannte Wirkungen, Nebenwirkungen und Wechselwirkungen sowie ihm bekannt gewordene Verdachtsfälle von Nebenwirkungen und Wechselwirkungen und sämtliche weiteren Erkenntnisse, die (bezogen auf die konkret in Rede stehenden Schäden) für die Bewertung der Vertretbarkeit schädlicher Wirkungen von Bedeutung sein können (§ 84a Abs. 1 S. 2 AMG).

152 Die Auskunft ist eine **Wissenserklärung**. Maßgeblich ist der Erkenntnisstand zum Zeitpunkt der Bearbeitung des Auskunftsbegehrens. Gerade Verdachtsfälle, die nach Inverkehrbringen des Arzneimittels bzw nach Eintritt des Schadens bekannt geworden sind, können wesentlich zur Klärung der Vertretbarkeit von Arzneimittelwirkungen beitragen.[229]

153 Die Form der Auskunftserteilung ist nicht explizit geregelt. Nach Sinn und Zweck des Auskunftsanspruchs, die beweisrechtliche Situation des Geschädigten zu verbessern, ist die Auskunft grundsätzlich **schriftlich** zu erteilen.[230] Der pharmazeutische Unternehmer ist nicht dazu verpflichtet, die bei ihm vorliegenden Informationen für medizinische Laien verständlich aufzubereiten bzw zusammenzufassen.[231] Es genügt daher, dass die Informationen in einer für Fachleute verständlichen, geordneten Darstellung erteilt werden; bereits damit wird der tatsächliche Informationsvorsprung des pharmazeutischen Unternehmers ausgeglichen, eine Interpretation der Angaben mit Hilfe von Sachverständigen ist dem Geschädigten zumutbar.[232]

154 Der Geschädigte hat **keinen Anspruch auf Vorlage von Dokumenten** oder die Überlassung entsprechender Kopien.[233] Eine Pflicht, die erteilte Auskunft mit Dokumenten zu belegen, ergibt sich insbesondere nicht aus dem Verweis auf § 259 Abs. 1 BGB.[234] Dort wird die Vorlage von „Belegen" nur für eine bestehende Rechenschaftspflicht und auch nur insoweit angeordnet, als Belege „erteilt zu werden pflegen". § 84a AMG verpflichtet indes nicht zur Rechenschaftslegung, sondern lediglich zur Auskunft. Auch nach den Gesetzesmaterialien

---

227 BAG BB 1992, 1792, 1793 – Thrombosol-Rezeptur; Kloesel/Cyran, Arzneimittelrecht, § 84a AMG Erl. 17; Hieke, PharmR 2005, 35, 39 f, unter Hinweis auf die gängige Definition zu § 17 UWG; ebenso zum Begriff des Betriebs- oder Geschäftsgeheimnisses gemäß § 6 S. 2 IFG Jastrow/Schlatmann, Informationsfreiheitsgesetz, 2006, § 6 Rn 39.
228 Hieke, PharmR 2005, 35, 40.
229 Hieke, PharmR 2005, 35, 40; Kullmann/Pfister, Produzentenhaftung, Lfg. 3/07, 3800, S. 60.
230 Kullmann/Pfister, Produzentenhaftung, Lfg. 3/07, 3800, S. 60; Kloesel/Cyran, Arzneimittelrecht, § 84a AMG Erl. 8; allg. zu den §§ 259 bis 261 BGB, auf die § 84a Abs. 1 S. 3 AMG verweist: Palandt/*Heinrichs*, § 261 BGB Rn 20.
231 AA Kloesel/Cyran, Arzneimittelrecht, § 84a AMG Erl. 8.
232 Hieke, PharmR 2005, 35, 42 f; Kleveman, PharmR 2002, 393, 394; Kullmann/Pfister, Produzentenhaftung, Lfg. 3/07, 3800, S. 60.
233 Kleveman, PharmR 2002, 393, 394; Hieke, PharmR 2005, 35, 44 f; Kullmann/Pfister, Produzentenhaftung, Lfg. 3/07, 3800, S. 60; Kloesel/Cyran, Arzneimittelrecht, § 84a AMG Erl. 12.
234 AA Sander, Arzneimittelrecht, § 84a AMG Erl. 9.

soll der Verweis in § 84a Abs. 1 S. 3 AMG auf §§ 259-261 BGB lediglich die Voraussetzungen der Abgabe einer eidesstattlichen Versicherung regeln.[235]

Auskunftspflichtig gemäß § 84a Abs. 1 AMG sind der oder die pharmazeutischen Unternehmer, die das konkrete Arzneimittel in Verkehr gebracht haben. Die **Kosten der Auskunft** hat nach allgemeinen Grundsätzen der zur Auskunft verpflichtete pharmazeutische Unternehmer zu tragen.[236]

3. Eidesstattliche Versicherung

Wenn Grund zu der Annahme besteht, dass die in der Auskunft enthaltenen Angaben nicht mit der erforderlichen Sorgfalt gemacht worden sind, so ist der pharmazeutische Unternehmer zur Abgabe der eidesstattlichen Versicherung verpflichtet (§ 84a Abs. 1 S. 3 AMG iVm §§ 259-261 BGB).

II. Auskunftsanspruch gegen die Arzneimittelbehörden (§ 84a Abs. 2 AMG)

§ 84a Abs. 2 S. 1 AMG gibt dem Geschädigten einen weiteren Auskunftsanspruch gegenüber den Behörden, die für die Zulassung und Überwachung von Arzneimitteln zuständig sind. Dieser Auskunftsanspruch besteht unter denselben Voraussetzungen und Einschränkungen, wie sie gemäß § 84 Abs. 1 AMG bei dem Auskunftsanspruch gegenüber dem pharmazeutischen Unternehmer gelten. Ausdrücklich ordnet § 84 Abs. 2 S. 2 AMG an, dass die Behörde zur Auskunftserteilung nicht verpflichtet ist, soweit Angaben aufgrund gesetzlicher Vorschriften geheim zu halten sind oder die Geheimhaltung einem überwiegenden Interesse des pharmazeutischen Unternehmers oder eines Dritten entspricht. Auch wenn hier lediglich formuliert ist, dass die Behörde zur Erteilung der Auskunft „nicht verpflichtet" ist, ist dies dahin gehend zu verstehen, dass die Behörde hierzu auch nicht berechtigt ist, da eine dennoch erteilte Auskunft in rechtlich geschützte Geheimhaltungsinteressen des pharmazeutischen Unternehmers oder eines Dritten eingreifen würde.[237]

Als **Adressaten der Auskunftspflicht** kommen als Zulassungsbehörden das Bundesinstitut für Arzneimittel und Medizinprodukte und das Paul-Ehrlich-Institut (§ **77 Abs. 1, 2 AMG**) sowie die jeweils zuständigen Arzneimittelüberwachungsbehörden in den einzelnen Bundesländern in Betracht.[238] Der Auskunftsanspruch des Geschädigten gegenüber den zuständigen Arzneimittelbehörden ist öffentlich-rechtlicher Natur. Die Beteiligung der Betroffenen regelt sich daher nach den allgemeinen Vorschriften des Verwaltungsverfahrensrechts.[239]

Es gilt der **Amtsermittlungsgrundsatz**, Behörden und Verwaltungsgerichte haben also den Sachverhalt von Amts wegen zu ermitteln. An die Stelle der bei § 84a Abs. 1 AMG bestehenden Darlegungslast tritt hier die Mitwirkungsobliegenheit des Anspruchstellers zur Aufklärung von Tatsachen, die in seiner eigenen Sphäre liegen.[240] Dem betroffenen pharmazeutischen Unternehmer ist gemäß § 28 VwVfG Gelegenheit zu geben, sich zu den für die Entscheidung erheblichen Tatsachen zu äußern, namentlich ob überhaupt ein Schadensersatzanspruch nach § 84 AMG in Betracht kommt[241] (zu den möglichen Einwendungen des pharmazeutischen Unternehmers oben Rn 147 f).

---

235 Begr. RegE, BT-Drucks. 14/7752, 21.
236 Kloesel/Cyran, Arzneimittelrecht, § 84a AMG Erl. 23; Kullmann/Pfister, Produzentenhaftung, Lfg. 3/07, 3800, S. 60. Vgl allg. BGH NJW 1982, 1643, 1644; 1975, 1021, 1022.
237 Kleveman, PharmR 2002, 393, 395.
238 Kleveman, PharmR 2002, 393, 395.
239 Begr. RegE, BT-Drucks. 14/7752, 21.
240 Näher: Wudy, PharmR 2009, 161.
241 Kleveman, PharmR 2002, 393, 395.

III. Informationsanspruch nach dem Informationsfreiheitsgesetz

160 Mit der **15. AMG-Novelle** ist in einem neuen **§ 84a Abs. 2 S. 3 AMG** geregelt, dass Ansprüche nach dem Informationsfreiheitsgesetz (ausführlich hierzu § 44 Rn 2 ff) unberührt bleiben. Damit besteht nunmehr ausdrücklich ein **Kumulationsverhältnis**[242] zwischen dem Auskunftsanspruch gegen die Arzneimittelbehörden gemäß § 84a Abs. 2 AMG und dem Informationsanspruch gemäß § 1 Abs. 1 IFG. § 84a Abs. 2 AMG stellt keine dem Informationsanspruch vorgehende Rechtsvorschrift iSd § 1 Abs. 3 IFG dar.

161 **§ 1 Abs. 1 IFG** gewährt einen voraussetzungslosen Informationsanspruch der Öffentlichkeit gegen die Bundesbehörde, die über die begehrte Information verfügungsberechtigt ist (§ 7 Abs. 1 S. 1 IFG).[243] So hat nach § 1 Abs. 1 S. 1 IFG jeder nach Maßgabe dieses Gesetzes gegenüber den Behörden des Bundes einen Anspruch auf Zugang zu **amtlichen Informationen**. Unter einer amtlichen Information ist gemäß § 2 Nr. 1 IFG jede amtlichen Zwecken dienende Aufzeichnung, unabhängig von der Art ihrer Speicherung, zu verstehen. Im Bereich der pharmazeutischen Industrie ist hier vor allem an die im Zulassungsverfahren gemäß § 22 AMG einzureichenden Unterlagen sowie an die gemäß § 63b Abs. 4 AMG der zuständigen Bundesbehörde vorzulegenden Unterlagen über Verdachtsfälle von Nebenwirkungen und beobachteten Missbrauch zu denken.

162 Angesichts des voraussetzungslosen Informationszugangs sind die Grenzen des Anspruchs durch vorrangige Belange des Daten- und Geheimnisschutzes (§§ 3-6 IFG) von entscheidender Bedeutung. Die für den pharmazeutischen Unternehmer wohl wichtigste Begrenzung regelt **§ 6 S. 2 IFG**, wonach der Zugang zu **Betriebs- und Geschäftsgeheimnissen** (vgl Rn 150 und § 44 Rn 48 ff) nur mit Einwilligung des Betroffenen gewährt werden darf. Betriebsgeheimnisse betreffen vor allem den technischen Bereich eines Unternehmens, wie etwa Produktionsmethoden, Verfahrensabläufe oder Daten über verwendete Stoffe; Geschäftsgeheimnisse werden üblicherweise dem kaufmännischen Bereich zugeordnet, wie etwa Umsatzzahlen, Geschäftsverbindungen, Marktstrategien oder Forschungsarbeiten.[244] Die Behörde hat dem betroffenen pharmazeutischen Unternehmer Gelegenheit zur Stellungnahme gemäß **§ 8 Abs. 1 IFG** zu geben, sofern Anhaltspunkte vorliegen, dass er ein schutzwürdiges Interesse am Ausschluss des Informationszugangs haben kann.

IV. Prozessuale Geltendmachung von Auskunftsansprüchen

1. Gegen den pharmazeutischen Unternehmer

163 Der besondere **Klägergerichtsstand** gemäß § 94a Abs. 1 AMG (vgl oben Rn 128) gilt ausdrücklich auch für den Auskunftsanspruch gegen den pharmazeutischen Unternehmer. Die örtliche Zuständigkeit der Zivilgerichte ist danach, neben dem allgemeinen Gerichtsstand des pharmazeutischen Unternehmers (§§ 12, 17 ZPO), auch am Wohnsitz bzw gewöhnlichen Aufenthaltsort des Geschädigten gegeben.

164 Der Auskunftsanspruch gegen den pharmazeutischen Unternehmer kann prozessual im Wege der **Stufenklage** gemäß § 254 ZPO mit der Klage auf Schadensersatz aus Gefährdungshaftung verbunden werden. Die Durchsetzung der jeweiligen Ansprüche erfolgt dann auf drei Stufen. Auf der ersten Stufe kann Auskunft nach § 84a Abs. 1 S. 1 AMG verlangt werden. Gegebenenfalls kann auf der zweiten Stufe die Abgabe einer eidesstattlichen Versicherung nach §§ 259 Abs. 2, 261 BGB verlangt werden, worauf § 84a Abs. 1 S. 3 AMG

---

242 So bereits zur umstrittenen Rechtslage vor der 15. AMG-Novelle: Wudy, PharmR 2009, 161, 163 f; Schoch, IFG, 2009, § 1 Rn 198; aA zur Rechtslage vor der 15. AMG-Novelle: Brock/Morbach, PharmR 2009, 108, 109: § 84a AMG als vorrangige Spezialregelung iSd § 1 Abs. 3 IFG.
243 Näher: Wudy, PharmR 2009, 161, 162 f.
244 Jastrow/Schlatmann, IFG, § 6 Rn 38; näher zum Arzneimittelbereich: Hieke, PharmR 2005, 35, 40.

ausdrücklich verweist. Auf der dritten Stufe steht nach erteilter Auskunft die Geltendmachung des Haftungsanspruchs aus § 84 AMG.

2. Gegen die zuständigen Arzneimittelbehörden

Für Auskunftsklagen gegen die zuständigen Arzneimittelbehörden gemäß § 84 a Abs. 2 AMG ist der besondere Gerichtsstand des § 94 a Abs. 1 AMG nicht eröffnet. die Vorschrift verweist ausdrücklich nur auf § 84 a Abs. 1 AMG. Insofern konnte sich im Gesetzgebungsverfahren die Auffassung des Bundesrates[245] nicht durchsetzen, den Auskunftsanspruch gegen die Arzneimittelbehörden ausdrücklich dem Rechtsweg zu den Zivilgerichten zu unterwerfen und den besonderen Gerichtsstand auch hierauf auszudehnen, nachdem sich der Rechtsausschuss des Bundestages dagegen ausgesprochen hatte.[246] Damit stellt der Auskunftsanspruch gegen die zuständigen Behörden nach den allgemeinen Regeln einen öffentlich-rechtlichen, nämlich verwaltungsrechtlichen Anspruch dar, für den gemäß § 40 Abs. 1 S. 1 VwGO der **Verwaltungsrechtsweg** eröffnet ist.[247] **Örtlich zuständig** sind die Verwaltungsgerichte am Sitz der beklagten Behörde (§ 52 Nr. 5 VwGO).[248]

165

Nach Auffassung des Rechtsausschusses sei der für die Verwaltungsgerichtsbarkeit bestehende Amtsermittlungsgrundsatz im Interesse des Geschädigten als vorzugswürdig anzusehen. Damit verbunden war die Erwartung, dass es für Auskunftsklagen, soweit sie sich gegen die Zulassungsbehörde richten, weitgehend zu einer Zuständigkeitskonzentration bei demselben Verwaltungsgericht (nämlich dem für das BfArM örtlich zuständigen VG Köln) kommt und sich deshalb dort eine besondere Sachkunde bilden dürfte.[249]

166

---

245 Stellungnahme, BT-Drucks. 14/7752, 47, 48; insofern auch Gegenäußerung der BReg, BT-Drucks. 14/7752, 54, 55.
246 Bericht, BT-Drucks. 14/8780, 21.
247 VG Berlin PharmR 2005, 229 f – Vioxx, und zwar auch dann, wenn das Auskunftsbegehren der Vorbereitung eines den Zivilgerichten (Art. 34 S. 3 GG) zugewiesenen Staatshaftungsprozesses gegen die Zulassungsbehörde dienen soll; Wagner, NJW 2002, 2049, 2053.
248 VG Berlin PharmR 2005, 229, 230 – Vioxx.
249 Bericht, BT-Drucks. 14/8780, 21; VG Berlin PharmR 2005, 229, 230 – Vioxx.

**Teil 6
Heilmittelwerbung**

§ 28 Anforderungen an Arzneimittelwerbung nach dem Heilmittelwerbegesetz (HWG) und dem Gesetz gegen den unlauteren Wettbewerb (UWG)

Literatur: *Bernhardt,* Gesetz über die Werbung auf dem Gebiete des Heilwesens (Heilmittelwerbegesetz), Kommentar, 1966; *Beuthien/Schmölz,* Verbotene Laienwerbung unter Bezugnahme auf die Katalogkrankheiten des § 12 HWG, PharmR 1998, 118; *Bülow,* Das Tatbestandsmerkmal der zumindest mittelbaren Gesundheitsgefährdung im Heilmittelwerberecht – Verfassungskonforme und richtlinienkonforme Auslegung, GRUR 2005, 482; *Bülow,* Haftung der Werbeagentur gegenüber Dritten bei Verstößen gegen das Gesetz gegen den unlauteren Wettbewerb, BB 1975, 538; *Bülow/Ring,* Heilmittelwerbegesetz, Kommentar, 3. Auflage 2005; *v. Czettritz,* Pharma Online – Rechtliche Probleme der Pharmawerbung im Internet, PharmR 1997, 88; *Doepner,* Heilmittelwerbegesetz, Kommentar, 2. Auflage 2000; *Doepner/Reese,* Produktbezogene Patienteninformationen im Internet-Zeitalter – eine kritische Bestandsaufnahme nach deutschem und europäischem Heilmittelwerberecht, PharmR 2001 (Sonderdruck); *Gröning,* Neuordnung des Heilmittelwerberechts? – Die Umsetzung der Richtlinie 92/28/EWG durch das fünfte Gesetz zur Änderung des Arzneimittelgesetzes, WRP 1995, 576; *Gröning (u. a.),* Heilmittelwerberecht, Kommentar in 2 Bänden (Losebl.), Stand: 3. Aktualisierungslieferung, 2009; *Hamm/Bücker,* Gesetz über die Werbung auf dem Gebiete des Heilwesens (Heilmittelwerbegesetz), Kommentar, 1966; *Höpker,* Das Heilmittelwerbegesetz und seine Praxis, WRP 1971, 97; *Kernd'l/Marcetus,* Heilmittel-Werbegesetz, Kommentar, 1963; *Kleist,* Gesetzesgeschichte der Krankheitsliste des § 12 HWG, PharmR 1998, 2; *Meyer,* Das Arzneimittelwerberecht nach der Gintec-Entscheidung des EuGH, PharmR 2008, 407; *Ohly,* Arzneimittelwerbung im Internet – Anwendbarkeit deutschen Rechts, JZ 2006, 1189; *Poschenrieder,* Werbebeschränkungen für Arzneimittel. Inhaltliche Bestimmung und Überprüfung an höherrangigem Recht, 2008; *Reese,* Zur Bedeutung des Verbraucherleitbilds für das nationale und europäische Heilmittelwerberecht, PharmR 2002, 237; *Rolfes,* Internetapotheken – Rechtliche Probleme der Heilmittelwerbung Internet und die Zulässigkeit des E-Commerce mit Arzneimitteln, 2003; *Schneider,* Heilmittelwerbung, 1965; *Scholz,* Werbung mit der Packungsbeilage, PharmR 1997, 244; *Sieben,* Sind die bestehenden Werbebeschränkungen im Heilmittelrecht verfassungsgemäß?, MedR 2005, 637; *Sodan/Zimmermann,* Das Spannungsfeld zwischen Patienteninformierung und dem Werbeverbot für verschreibungspflichtige Arzneimittel – Eine Studie zur verfassungskonformen Auslegung von § 10 Abs. 1 des Heilmittelwerbegesetzes, 2008; *Stebner,* Einschränkende Auslegung einzelner Normen des HWG am Beispiel des BGH-Urteils vom 1. März 2007 (I ZR 51/04) sowie anderer Urteile und rechtspolitische Überlegungen, PharmR 2008, 25; *Stoll,* Das Publikumswerbeverbot für verschreibungspflichtige Arzneimittel – erste Anzeichen einer Auflockerung, PharmR 2004, 100; *Weihe-Gröning,* Die Stigmatisierung der Werbung für Arzneimittel zur Beeinflussung der Stimmungslage, WRP 1997, 667; *Weiler,* Die Harmonisierungsintensität des europäischen Arzneimittelwerberechts und richtlinienüberschreitende Regelungen des HWG, WRP 2006, 957; *Willi,* Der informierte Patient ist der beste Patient, PharmR 2007, 412; *Ziegler,* Arzneimittelrecht, Kommentar, Sonderdruck aus: *Ziegler,* Lebensmittelrecht, 1971.

A. Grundlegendes zum Heilmittelwerberecht .. 1	2. Vereinbarkeit mit Grundrechten 12
I. Allgemeine Bedeutung sowie Rechtsquellen des Heilmittelwerberechts 1	3. Verfassungskonforme Auslegung 16
II. Überblick über die historische Entwicklung des Heilmittelwerberechts 3	a) Merkmal einer „zumindest mittelbaren Gesundheitsgefährdung" .. 17
III. Das Heilmittelwerbegesetz (HWG) 5	b) Sonstige Einschränkungen aufgrund verfassungskonformer Auslegung 20
1. Entstehung des Heilmittelwerbegesetzes 5	V. Heilmittelwerbegesetz und europäisches Sekundärrecht 22
2. Schutzzwecke des Heilmittelwerbegesetzes 7	1. Die Richtlinie 2001/83/EG 22
3. Überwachung der Heilmittelwerbung 10	2. Verhältnis zum Heilmittelwerbegesetz 24
IV. Heilmittelwerbegesetz und Verfassungsrecht 11	a) Mindeststandard und Richtlinien-Unterschreitungen (Umsetzungsdefizite) 25
1. Gesetzgebungskompetenz 11	

§ 28 Anforderungen an Arzneimittelwerbung nach HWG und UWG

b) Vollharmonisierender Höchststandard und Richtlinien-Überschreitungen 26
B. Die Vorgaben des Heilmittelwerbegesetzes für die Arzneimittelwerbung 28
  I. Anwendungsbereich des Heilmittelwerbegesetzes 28
    1. Sachlicher Anwendungsbereich (§ 1 HWG) 28
      a) Das beworbene Produkt: „Arzneimittel" 29
      b) Die reglementierte Handlung: „Werbung" 30
        aa) „Werbung" im Sinne des Heilmittelwerbegesetzes 30
        bb) Nur produktbezogene Werbung, nicht Unternehmenswerbung ... 32
        cc) Absatzförderungsabsicht; Abgrenzung zur bloßen Information 34
        dd) Etikettierung, äußere Umhüllung oder Packungsbeilage (Gebrauchsinformation) als Werbung? 37
        ee) Publikumswerbung und Fachwerbung; „Fachkreise" gemäß § 2 HWG 39
      c) Der Adressatenkreis des HWG: Werbungstreibende 42
    2. Örtlicher Anwendungsbereich; Werbung ausländischer Unternehmen (§ 13 HWG) 44
  II. Die Verbotstatbestände des Heilmittelwerbegesetzes 46
    1. Überblick 46
    2. Irreführende Werbung (§ 3 HWG) .. 48
      a) Irreführung 49
      b) Die „Regelbeispiele" für eine irreführende Werbung (§ 3 S. 2 Nr. 1–3 HWG) 51
        aa) Werbung mit nicht vorhandener Wirkung/Wirksamkeit (§ 3 S. 2 Nr. 1 HWG) 51
        bb) Irreführung hinsichtlich Erfolgserwartungen, schädlichen Wirkungen und Wettbewerbszweck der Werbung (§ 3 S. 2 Nr. 2 HWG) 53
        cc) Unwahre oder täuschende Angaben über Zusammensetzung/Beschaffenheit oder Hersteller/Erfinder (§ 3 S. 2 Nr. 3 HWG) 56
    3. Werbung für nicht zugelassene Arzneimittel (§ 3 a HWG) 57
    4. Pflichtangaben nach § 4 HWG 58
      a) Allgemeines 58
      b) Die einzelnen Pflichtangaben nach § 4 Abs. 1 und Abs. 1 a HWG 60
        aa) Name oder Firma und Sitz des pharmazeutischen Unternehmers (§ 4 Abs. 1 S. 1 Nr. 1 HWG) 60

        bb) Bezeichnung des Arzneimittels (§ 4 Abs. 1 S. 1 Nr. 2, Abs. 1 a HWG) 61
        cc) Zusammensetzung des Arzneimittels (§ 4 Abs. 1 S. 1 Nr. 3 HWG) 62
        dd) Anwendungsgebiete (§ 4 Abs. 1 S. 1 Nr. 4 HWG) 63
        ee) Gegenanzeigen, Nebenwirkungen, Warnhinweise (§ 4 Abs. 1 Nr. 5, 6, 7 HWG) ... 65
        ff) Verschreibungspflichtigkeit (§ 4 Abs. 1 S. 1 Nr. 7 a HWG) .. 68
        gg) Wartezeit bei Tierarzneimitteln (§ 4 Abs. 1 S. 1 Nr. 8 HWG) 69
        hh) Traditionelle pflanzliche Arzneimittel (§ 4 Abs. 1 S. 2 HWG) ... 70
      c) Besonderheiten bei der Publikumswerbung (§ 4 Abs. 3 HWG) 71
      d) Ausgestaltung der Pflichtangaben (§ 4 Abs. 3 S. 1, Abs. 4 und 5 HWG) 72
      e) Erinnerungswerbung (§ 4 Abs. 6 HWG) 74
      f) Konflikte mit anderen Regelungen des HWG 75
    5. Werbung in der Packungsbeilage und in der Kennzeichnung (§ 4 a Abs. 1 HWG, § 10 Abs. 1 S. 4, § 11 Abs. 1 S. 2, 5 AMG) 76
    6. Werbung für die Verordnungsfähigkeit eines Arzneimittels (§ 4 a Abs. 2 HWG) 78
    7. Werbung für Anwendungsgebiete bei homöopathischen Arzneimitteln (§ 5 HWG) 79
    8. Werbung mit Gutachten, Zeugnissen, Fachveröffentlichungen (§ 6 HWG) 80
      a) Allgemeines 80
      b) Veröffentlichung oder Erwähnung von Gutachten oder Zeugnissen (§ 6 Nr. 1 HWG) 81
      c) Bezugnahme auf wissenschaftliche, fachliche, sonstige Veröffentlichungen (§ 6 Nr. 2 HWG) .. 82
      d) Zitate, Tabellen, sonstige Darstellungen (§ 6 Nr. 3 HWG) 83
    9. Werbung mit Zuwendungen oder sonstigen Werbegaben (§ 7 HWG) .. 84
      a) Generelles Werbeverbot mit Ausnahmen 84
      b) Verbot der Annahme von Werbegaben für die Fachkreise 87
      c) Richtlinienkonformität hinsichtlich Verbots auch der Publikumswerbung? 88
      d) Die zulässigen Ausnahmen 89
        aa) Geringwertige Gegenstände oder Kleinigkeiten (§ 7 Abs. 1 S. 1 Nr. 1 HWG) 89
        bb) Geld- und Mengenrabatte (§ 7 Abs. 1 S. 1 Nr. 2 HWG) 90
        cc) Handelsübliches Zubehör oder handelsübliche Nebenleistungen (§ 7 Abs. 1 S. 1 Nr. 3 HWG) 91

dd) Auskünfte oder Ratschläge
(§ 7 Abs. 1 S. 1 Nr. 4 HWG) 92
ee) Kundenzeitschriften
(§ 7 Abs. 1 S. 1 Nr. 5 HWG) 93
ff) Verschärfung des Werbeverbots für Angehörige der Heilberufe
(§ 7 Abs. 1 S. 2 HWG) 94
gg) Arzneimittelmuster/-proben 95
hh) Zuwendungen bei berufsbezogenen wissenschaftlichen Veranstaltungen (§ 7 Abs. 2 HWG) ... 96
e) Werbeverbot des § 7 Abs. 3 HWG (Zuwendungen für Blut-, Plasma-, Gewebespenden) 97
10. Teleshopping-Werbung; Werbung für Einzeleinfuhr (§ 8 HWG) 98
a) Teleshopping-Werbung
(§ 8 Alt. 1 HWG) 98
b) Werbung für Einzeleinfuhr
(§ 8 Alt. 2 HWG) 99
11. Werbung für Fernbehandlung
(§ 9 HWG) 100
12. Werbeverbot für verschreibungspflichtige Arzneimittel,
§ 10 Abs. 1 HWG 103
13. Werbung für Schlafmittel und Psychopharmaka (§ 10 Abs. 2 HWG) 105
a) Werbung für Arzneimittel zur Beseitigung der Schlaflosigkeit
(§ 10 Abs. 2 Var. 1 HWG) 106
b) Werbung für Arzneimittel zur Beseitigung psychischer Störungen
(§ 10 Abs. 2 Var. 2 HWG) 108
c) Werbung für Arzneimittel zur Beeinflussung der Stimmungslage
(§ 10 Abs. 2 Var. 3 HWG) 109
14. Einzelne Verbote für Publikumswerbung (§ 11 HWG) 110
a) Allgemeines zu § 11 HWG 110
b) Werbung mit Gutachten, Zeugnissen, Fachveröffentlichungen
(§ 11 Abs. 1 S. 1 Nr. 1 HWG) 111
c) Werbung mit fachlicher Empfehlung, Geprüftheit oder Anwendung
(§ 11 Abs. 1 S. 1 Nr. 2 HWG) 112
d) Werbung mit Wiedergabe von Krankengeschichten
(§ 11 Abs. 1 S. 1 Nr. 3 HWG) 113
e) Werbung mit heilberufsbezogenen bildlichen Darstellungen
(§ 11 Abs. 1 S. 1 Nr. 4 HWG) 114
f) Werbung mit bildlichen Darstellungen von körperlichen Veränderungen, Arzneimittelwirkungen oder -wirkungsvorgängen
(§ 11 Abs. 1 S. 1 Nr. 5 HWG) 115
g) Werbung mit fremd- und fachsprachlichen Bezeichnungen
(§ 11 Abs. 1 S. 1 Nr. 6 HWG) 118
h) Werbung unter Ausnutzung oder Hervorrufung von Angstgefühlen
(§ 11 Abs. 1 S. 1 Nr. 7 HWG) 119
i) Werbevorträge mit Feilbieten oder Anschriftenentgegennahme
(§ 11 Abs. 1 S. 1 Nr. 8 HWG) 120
j) Ihren Zweck verschleiernde Werbung
(§ 11 Abs. 1 S. 1 Nr. 9 HWG) 121
k) Werbung mit Selbstbehandlungsanleitungen
(§ 11 Abs. 1 S. 1 Nr. 10 HWG) .. 123
l) Werbung mit Äußerungen Dritter
(§ 11 Abs. 1 S. 1 Nr. 11 HWG) .. 125
m) Werbung gegenüber Kindern
(§ 11 Abs. 1 S. 1 Nr. 12 HWG) .. 127
n) Werbung mit Preisausschreiben, Verlosungen etc.
(§ 11 Abs. 1 S. 1 Nr. 13 HWG) .. 128
o) Werbung durch Abgabe von Mustern oder Proben
(§ 11 Abs. 1 S. 1 Nr. 14 HWG) .. 130
p) Vergleichende Werbung
(§ 11 Abs. 2 HWG) 132
15. Werbeverbot für bestimmte Krankheiten oder Leiden
(§ 12 Abs. 1 HWG) 134
16. Werbung ausländischer Unternehmen (§ 13 HWG) 138
17. Strafbarkeiten und Ordnungswidrigkeiten (§§ 14 bis 16 HWG) 139
a) Allgemeines 139
b) Strafbarkeit nach § 14 HWG 140
c) Ordnungswidrigkeiten nach § 15 HWG 141
d) Einziehung (§ 16 HWG) 143
C. Arzneimittelwerbung und UWG 144
I. UWG als Mittel zur privatrechtlichen Durchsetzung des HWG
(§ 4 Nr. 11, §§ 3, 8 UWG) 145
1. Unlauterkeit durch Verstoß gegen HWG 145
2. Anspruchsberechtigte (Aktivlegitimation) 146
3. Anspruchsgegner (Passivlegitimation) 147
II. Verstöße gegen das UWG im Übrigen („allgemeines" Lauterkeitsrecht) 149
1. Anwendbarkeit von UWG-Regelungen neben dem HWG 149
2. Insbesondere vergleichende Werbung
(§ 6 UWG) 151
D. Verhaltenskodizes zur Selbstkontrolle der Pharmawirtschaft 152

A. Grundlegendes zum Heilmittelwerberecht

I. Allgemeine Bedeutung sowie Rechtsquellen des Heilmittelwerberechts

Das Heilmittelwerberecht ist ein wichtiger ordnungspolitischer Faktor für den Verkehr mit Arzneimitteln. Anders als die meisten beworbenen Verbrauchsgegenstände des täglichen

Lebens sind Arznei- und andere Heilmittel eine grundsätzlich nicht unbedenkliche Ware, weil ihre Anwendung – nicht nur im Falle der Selbstmedikation – mit **gesundheitlichen Risiken durch Falschdosierung, Nebenwirkungen, Wechselwirkungen und Kontraindikationen** einhergehen kann. Da Werbung aber regelmäßig und naturgemäß auf die **Schaffung von Konsumanreizen** abzielt, ist sie häufig unsachlich, reißerisch, einseitig oder übertreibend – was hinsichtlich Produkten mit einem Gefährdungspotenzial schon per se problematisch ist. Zudem fehlt den Verbrauchern häufig auch das medizinisch-pharmakologische Fachwissen, um selbst sachlich gehaltene Werbeaussagen über Arznei-/Heilmittel richtig einordnen zu können. Prinzipielles Anliegen des Heilmittelwerberechts ist es daher, die Werbung für solche Mittel zum **Schutz der Konsumenten bzw Patienten** in Bahnen zu lenken, in denen eine für unsachgemäß erachtete Beeinflussung durch auf Konsumanreiz abzielende Werbeäußerungen sowie die hierdurch infolge unsachgemäßen Gebrauchs zu befürchtenden Gesundheitsgefahren minimiert oder ausgeschlossen werden.

2 Diesem spezifischen Anliegen trägt in Deutschland vor allem das **Heilmittelwerbegesetz (HWG)**[1] Rechnung, welches zahlreiche Vorgaben und Restriktionen, insbesondere Verbote für die Werbung mit Arzneimitteln (und anderen Heilmitteln) enthält. Daneben gelten für die Heilmittelwerbung – wie für jede andere Wirtschaftswerbung – die allgemeinen, dem Schutz der Lauterkeit des Wettbewerbes dienenden Vorschriften des **Gesetzes gegen den unlauteren Wettbewerb (UWG)**[2], welches gemäß § 17 HWG durch die Regelungen des Heilmittelwerbegesetzes unberührt bleibt. Auf der Ebene des europäischen Gemeinschaftsrechts regelt die **Richtlinie 2001/83/EG** des Europäischen Parlaments und des Rates vom 6.11.2001 zur Schaffung eines Gemeinschaftskodexes für Humanarzneimittel[3] in ihren Artt. 86 ff die Werbung für derartige Arzneimittel und beeinflusst das nationale Heilmittelwerberecht in erheblichem Maße (siehe näher zu dieser Richtlinie und ihrem Verhältnis zum nationalen Heilmittelwerberecht noch Rn 22 ff).

II. Überblick über die historische Entwicklung des Heilmittelwerberechts

3 Ihren Ausgangspunkt fand die Notwendigkeit zur staatlichen Reglementierung der Werbung für Arznei- und andere Heilmittel bereits im Beginn der Industrialisierung gegen Ende des 19. Jahrhunderts. Die mit der industriellen Fertigung von Arzneimitteln nach und nach einhergehende Professionalisierung ihrer Bewerbung brachte angesichts der damals zumeist marktschreierischen Züge dieser Werbung bald die Erkenntnis mit sich, dass zum Erwerb dieser in der Regel auf unbekannter Zusammensetzung basierenden Arzneimittel („Geheimmittel") wegen ihrer potenziellen Gefährlichkeit nicht in unsachlicher oder gar irreführender Weise animiert werden sollte.[4] Daher erließen die einzelnen Bundesstaaten aufgrund eines Beschlusses des Bundesrates vom **23.5.1903** inhaltlich identische **Verordnungen „über den Verkehr mit Geheimmitteln und ähnlichen Arzneimitteln"**,[5] die neben einer ärztlichen Verschreibungspflicht recht umfangreiche Vorgaben zur Kennzeichnung und Beschriftung der Arzneimittelverpackungen sowie Werbeverbote für in „Geheimmittellisten" aufgeführte

---

1 Gesetz über die Werbung auf dem Gebiete des Heilwesens (Heilmittelwerbegesetz – HWG), in der Fassung der Bekanntmachung v. 19.10.1994 (BGBl. I, 3068), zuletzt geändert durch Art. 2 des Gesetzes v. 26.4.2006 (BGBl. I, 984).
2 Vom 3.7.2004 (BGBl. I, 1414), zuletzt geändert durch Art. 1 des Gesetzes v. 22.12.2008 (BGBl. I, 2949).
3 ABl. EG Nr. L 311 v. 28.11.2001, S. 67, zuletzt geändert durch die RL 2008/29/EG des Europäischen Parlaments und des Rates v. 11.3.2008 (ABl. EU Nr. L 81 v. 20.3.2008, S. 51).
4 Siehe ausf. hierzu Ernst, Das „industrielle" Geheimmittel und seine Werbung – Arzneifertigwaren in der zweiten Hälfte des 19. Jahrhunderts in Deutschland, 1975, S. 113 ff; Kleist, Gesetzesgeschichte der Krankheitsliste des § 12 HWG, PharmR 1998, 2.
5 Siehe etwa die Bekanntmachung des Senats (der Freien und Hansestadt Hamburg) betreffend die Vorschriften über den Verkehr mit Geheimmitteln und ähnlichen Arzneimitteln, Amtsblatt der Freien und Hansestadt Hamburg 1903, No. 94, v. 9.7.1903.

Präparate aufstellten.⁶ Da die „Geheimmittellisten" mit der Entwicklung neuer Arzneimittel allerdings nur schwer Schritt hielten, wurden nach Ende des Ersten Weltkrieges die – weiter geltenden – Verordnungen ergänzt durch **Polizeiverordnungen** der Länder, sog. Ministerialerlasse, die nunmehr für sämtliche Arzneimittel (und für zu Heilzwecken bestimmte „Gegenstände", „Vorrichtungen" und „Methoden") irreführende oder inhaltlich unzutreffende Werbung verboten. Im Jahre 1927 brachte dann das **„Gesetz zur Bekämpfung der Geschlechtskrankheiten"**[7] ein erstes reichsweit einheitliches Publikumswerbeverbot für ein bestimmtes Indikationsgebiet mit sich.

In der Zeit der nationalsozialistischen Herrschaft wurde das Heilmittelwerberecht nach und nach einer Neuordnung unterzogen, ohne dass sich hierin aber typisch nationalsozialistisches Gedankengut niederschlug.[8] Diese Bestrebungen gipfelten am 29.9.1941 im Erlass der Polizeiverordnung über die Werbung auf dem Gebiete des Heilwesens (**Heilmittelwerbeverordnung, HWVO**)[9], mit deren Inkrafttreten am 1.10.1941 zugleich die landesrechtlichen Vorschriften über die Werbung auf dem Gebiete des Heilwesens aufgehoben wurden. In inhaltlicher und systematischer Hinsicht wies die Heilmittelwerbeverordnung bereits durchaus Parallelen mit dem Heilmittelwerbegesetz auf.[10] Die zunächst auf eine 20-jährige Geltungsdauer begrenzte Heilmittelwerbeverordnung galt aufgrund zweier Verlängerungen[11] bis zum 30.6.1965,[12] ehe sie **durch das Heilmittelwerbegesetz abgelöst** wurde.

III. Das Heilmittelwerbegesetz (HWG)

1. Entstehung des Heilmittelwerbegesetzes

Die zunehmende Stabilisierung der deutschen Wirtschaft, die auf deren weltkriegsbedingten Zusammenbruch folgte und schließlich im „Wirtschaftswunder" der zurückliegenden Fünfziger Jahre gipfelte, führte zu einer Zunahme nicht nur an neuartigen Heilmittelprodukten, sondern vor allem auch an innovativen, zumeist aus den Vereinigten Staaten übernommenen Werbemethoden sowie neuen Werbemedien (etwa dem Fernsehen). Infolgedessen wuchs die Auffassung, dass die in ihrer Geltungsdauer ohnehin begrenzte Heilmittelwerbeverordnung mit diesen Entwicklungen auf Dauer nicht würde Schritt halten können und sie auch künftige Entwicklungen nicht hinreichend zu berücksichtigen imstande sei. Gleichwohl sollte sie, da sie sich grundsätzlich bewährt hatte, als Grundlage einer Neuregelung dienen, das Heilmittelwerberecht aber weiter verschärft und der wirtschaftlichen und werbetechnischen Entwicklung sowie den gesundheitlichen Erfordernissen der Bevölkerung angepasst werden.[13] Da die zu regelnden Werbebeschränkungen nicht nur für Arzneimittel, sondern auch für sonstige Heilmittel als notwendig erachtet wurden, setzte sich die Auffassung durch, das neue Heilmittelwerberecht nicht innerhalb des Arzneimittelgesetzes (AMG), sondern in einem eigenständigen Gesetz zu reglementieren.[14]

---

6 Vgl Kernd'l/Marcetus, HWG, S. 11.
7 Vom 18.2.1927 (RGBl. I, 61).
8 Näher: Doepner, HWG, Einl. Rn 2.
9 RGBl. I, 587.
10 Siehe die Gegenüberstellungen bei Doepner, HWG, Einl. Rn 3; Gröning, Heilmittelwerberecht, Bd. 1, Loseblatt, Stand: 3. EL 2009, HWG Einl. Rn 8.
11 Durch Rechtsverordnungen v. 24.7.1961 (BGBl. I, 1106) und v. 15.8.1964 (BGBl. I, 625).
12 Siehe zum Fortbestehen ihrer Rechtsgültigkeit auch in der bundesrepublikanischen Rechtsordnung BVerwG NJW 1953, 1802 ff; BGH NJW 1954, 1133 f; BGHSt 8, 360 ff; vgl ferner BVerfGE 9, 213 ff.
13 Siehe Kernd'l/Marcetus, HWG, S. 24.
14 Siehe Hamm/Bücker, HWG, S. 15.

6   Ein fertiger Regierungsentwurf[15] des Heilmittelwerbegesetzes wurde dem Bundestag am 24.1.1964 mit einigen Änderungsvorschlägen des Bundesrates zugeleitet, und nach einer ersten Lesung vom 21.2.1964 sowie verschiedenen Änderungen inhaltlicher wie systematischer Natur wurde das Gesetz schließlich in der dritten Lesung am 20.5.1965 beschlossen.[16] Am **15.7.1965** trat das **Heilmittelwerbegesetz in Kraft**.[17] Seitdem wurde das Gesetz mehreren Änderungen unterzogen (unter anderem in Umsetzung verschiedener gemeinschaftsrechtlicher Vorgaben) und zweimal – am 18.10.1978[18] und am 19.10.1994[19] – neu bekannt gemacht. Seine bisher letzte Änderung erfuhr das Heilmittelwerbegesetz dann mit dem zum 1.5.2006 in Kraft getretenen Gesetz zur Verbesserung der Wirtschaftlichkeit in der Arzneimittelversorgung[20].

2. Schutzzwecke des Heilmittelwerbegesetzes

7   Der bereits in den vorangegangenen Ausführungen (siehe Rn 1 f, 5) angesprochene Zweck des Heilmittelwerbegesetzes besteht vorrangig im **Schutz der Bevölkerung vor Gesundheitsgefahren**, die „im heiklen Bereich der Heilmittelwerbung" durch eine „unrichtige und/oder unsachliche Beeinflussung" und die hiermit bewirkte Animierung potenzieller Heilmittelkonsumenten zum Gebrauch der beworbenen Heilmittel entstehen können, wenn „ein bestimmtes, in seinen Wirkungen und Nebenwirkungen vom Publikum nicht überschaubares Mittel ohne ärztliche Aufsicht oder Kontrolle durch den abgebenden Apotheker missbräuchlich angewandt wird".[21] Im Hinblick auf nicht frei zugängliche (verschreibungspflichtige) Arzneimittel wird ein **ergänzender Aspekt** des Gesundheitsschutzes ferner in der Unterbindung der Gefahr gesehen, dass ein Patient aufgrund eines unsachgemäßen werbungsinduzierten Drucks auf die Abgabe bzw Verschreibung eines bestimmten Medikamentes drängt und damit das Vertrauensverhältnis zwischen Arzt und Patient oder auch die unvoreingenommene Beratung durch den Apotheker stört (siehe hierzu auch noch Rn 103).[22]

8   Der auf die Verhütung von Gesundheitsgefahren ausgerichtete Schutzzweck des Heilmittelwerbegesetzes wird trotz der zahlreichen nachfolgenden Gesetzesänderungen nach wie vor sehr prägnant in der **amtlichen Begründung seines Regierungsentwurfs**[23] dargelegt. Im Allgemeinen Teil dieser Begründung heißt es dort zunächst hinsichtlich der Notwendigkeit, das Heilmittelwerberecht nicht nur überhaupt, sondern auch als eigenständige Materie zu reglementieren:

Die allgemeinen Vorschriften des Wettbewerbsrechts und des Strafrechts reichen für die Wirtschaftswerbung auf dem Gebiete des Heilwesens nicht aus. Die Interessen der Volksgesundheit erfordern und rechtfertigen eine Sonderregelung dieses Rechtsgebietes, die über

---

15 Entwurf eines Gesetzes über die Werbung auf dem Gebiete des Heilwesens, BT-Drucks. IV/1867 (im Folgenden: RegE-HWG 1963).
16 Siehe im Einzelnen die ausführliche Dokumentation zum parlamentarischen Werdegang des Gesetzes bei Kernd'l/Marcetus, HWG, S. 47 ff.
17 Gesetz über die Werbung auf dem Gebiete des Heilwesens v. 11.7.1965 (BGBl. I, 604). – Dass das Gesetz aufgrund einer zwischenzeitlichen Anrufung des Vermittlungsausschusses nicht wie geplant am 1.7.1965 und damit nahtlos anschließend an die mit Ablauf des 30.6.1965 ihre Gültigkeit verlierende HWVO in Kraft treten konnte, hatte den kuriosen Umstand zur Folge, dass in der Zeit v. 1.–14.7.1965 keine gesetzliche Spezialregelung für die Heilmittelwerbung existierte und insoweit nur die allgemeinen Wettbewerbsregelungen insb. des UWG galten.
18 BGBl. I, 1677.
19 BGBl. I, 3068.
20 Vom 26.4.2006 (BGBl. I, 984).
21 So BGHZ 140, 134, 139 f – Hormonpräparate.
22 Siehe etwa Stoll, PharmR 2004, 100, 101.
23 BT-Drucks. IV/1867, 5 ff.

A. Grundlegendes zum Heilmittelwerberecht 28

die Vorschriften des Gesetzes gegen den unlauteren Wettbewerb hinausgeht. Das Gesetz gegen den unlauteren Wettbewerb soll primär die Lauterkeit im Rechtsverkehr gewährleisten und schützt daher den einzelnen Teilnehmer im Rechtsverkehr vor unlauteren Methoden eines anderen Wettbewerbers. Die Vorschriften des Strafgesetzbuches, insbesondere die in diesem Zusammenhang einschlägigen Vorschriften gegen den Betrug, dienen zwar auch dem Verbraucherschutz, der Schutz erstreckt sich aber nur auf das Vermögen. Mit dem vorliegenden Gesetzentwurf wird das Ziel verfolgt, die Gesundheit des Einzelnen und die Volksgesundheit zu schützen.

Dieser Schutzzweck wird sodann mit folgenden Ausführungen näher erläutert:

Gegenstand dieses Gesetzes ist einmal die Werbung für Arzneimittel [...]. Das Arzneimittel stellt eine Ware besonderer Art dar, die häufig nicht ohne Risiko angewendet werden kann. Die Hersteller von Arzneimitteln oder diejenigen, die sonst Arzneimittel in den Verkehr bringen, haben grundsätzlich das Recht, im Rahmen ihrer Berufsausübung die Verbraucher über ihre Erzeugnisse zu unterrichten, um deren Absatz zu fördern. Dieses Recht auf Werbung muß aber Einschränkungen erfahren. Ein großer Teil der Arzneimittel enthält Stoffe, deren Wirkungen und Nebenwirkungen von Laien nicht übersehen werden können und die deshalb nur unter ärztlicher Aufsicht angewendet werden sollten. Es ist im Interesse der Volksgesundheit nicht vertretbar, daß für solche Mittel außerhalb der Fachkreise geworben werden kann und damit der fachunkundige Verbraucher angeregt wird, sich ihrer zur Selbstbehandlung zu bedienen. Ferner gibt es eine Reihe von Krankheiten, Leiden, Körperschäden oder krankhaften Beschwerden, bei denen jeder Versuch einer Selbstbehandlung, auch mit sogenannten harmlosen Mitteln, gefährlich werden kann. In diesen Fällen muß eine Werbung beim fachunkundigen Verbraucher entweder ausgeschlossen oder eingeschränkt sein.

Der Entwurf bekennt sich zu den Grundsätzen der Wahrheit, der Klarheit und der Sachlichkeit der Werbung. Diese Grundsätze sollen allgemein gelten. Es soll keinen Unterschied machen, ob sich die Werbung an die Fachkreise oder unmittelbar an die Verbraucher wendet. Es soll verhindert werden, daß derjenige, der Arzneimittel kaufen oder anwenden will, durch eine unwahre oder unsachliche Behauptung in seiner Entscheidung beeinflußt wird. Das gilt vor allem für eine Werbung, die sich unmittelbar an die Verbraucher wendet. Grundsätzlich hat jeder Staatsbürger das Recht, sich im Krankheitsfalle unter Zuhilfenahme von Arzneimitteln selbst zu behandeln; er hat daher auch ein berechtigtes Interesse, durch die Werbung zu erfahren, welche Arzneimittel auf dem Markt angeboten werden und für welche Zwecke sie bestimmt sind. Der Verbraucher vermag aber als Laie auf diesem schwer überschaubaren Gebiet in vielen Fällen Werbebehauptungen über die Güte und Wirkung eines Arzneimittels nicht zu beurteilen. Es kommt hinzu, daß er sich als kranker Mensch in einer psychischen Notlage befindet und daher besonders leicht einer irreführenden oder übertriebenen Arzneimittelwerbung zum Opfer fällt. Es ist mit ein Hauptziel dieses Entwurfs, den kranken Menschen davor zu bewahren, durch die Werbung zu einer mißbräuchlichen Anwendung von Arzneimitteln verleitet zu werden.

Zwar lässt sich aus diesen Ausführungen zum Gesetzeszweck „Gesundheitsschutz" ableiten, dass das Heilmittelwerbegesetz nicht primär dem Schutz der privatrechtlichen Rechtsverhältnisse zwischen den Werbungstreibenden untereinander oder zwischen Werbungstreibenden und Werbungsadressaten dient,[24] wie er durch das private Wettbewerbsrecht etwa des UWG (vgl dessen § 1) intendiert ist. Dies bedeutet indes nicht, dass Verletzungen der dem öffentlichen Recht zuzurechnenden[25] Vorgaben des HWG nicht zugleich **unlautere Wettbewerbshandlungen im Sinne von §§ 3, 4 Nr. 11 UWG** darstellen können. Denn da das

9

---

24 Vgl *Bülow*/Ring, HWG, Einführung Rn 1.
25 *Bülow*/Ring, HWG, Einführung Rn 1.

HWG sein Primärziel des Gesundheitsschutzes durch die Reglementierung von Wirtschaftswerbung für bestimmte Produkte zu erreichen sucht, hat es zugleich auch eine wirtschaftlich-marktbezogene Schutzrichtung, so dass seine Vorgaben regelmäßig **marktbezogene Verhaltensnormen** im Sinne des § 4 Nr. 11 UWG darstellen[26] (siehe ausf. Rn 145). Ein weiterer Schutzzweck des HWG wird zudem im Schutz der Abnehmerschaft vor wirtschaftlicher Übervorteilung erblickt[27].

3. Überwachung der Heilmittelwerbung

10 Die Überwachung der heilmittelwerberechtlichen Vorschriften soll nicht nur durch private, wettbewerblich motivierte Initiative auf Grundlage vor allem des Gesetzes über den unlauteren Wettbewerb erfolgen (siehe dazu Rn 144 ff). Vielmehr ist in § 64 Abs. 3 AMG **auch eine behördliche Überwachung** vorgesehen: Hiernach hat sich die zuständige Behörde unter anderem davon zu überzeugen, dass die Vorschriften über die Werbung auf dem Gebiete des Heilwesens beachtet werden. Näheres ist in § 7 der Allgemeinen Verwaltungsvorschrift zur Durchführung des Arzneimittelgesetzes (AMGVwV) vom 28.3.2006[28] geregelt. So soll die zuständige Behörde die Werbung insbesondere in Presse, Rundfunk, Fernsehen, elektronischen Medien sowie bei den in Verkehr befindlichen Prospekten und Plakaten auf Verstöße gegen das HWG beobachten (§ 7 Abs. 1 AMGVwV), insbesondere die Werbung von Firmen und Werbeträgern, und bei (Verdacht auf) Zuwiderhandlungen die zuständigen Verfolgungsbehörden (bei Straftaten, § 14 HWG, die Staatsanwaltschaft; bei Ordnungswidrigkeiten, § 15 HWG, die nach §§ 35 ff OWiG zuständige Behörde) unverzüglich und unmittelbar unterrichten (§ 7 Abs. 2 AMGVwV).

IV. Heilmittelwerbegesetz und Verfassungsrecht

1. Gesetzgebungskompetenz

11 Die Gesetzgebungskompetenz des Bundes zur Regelung der Werbung für Heilmittel ergibt sich aus Art. 72 iVm Art. 74 Abs. 1 Nr. 11, 19, 20 GG, denn das Heilmittelwerbegesetz hat vornehmlich den Verkehr, dh den Umgang mit Arznei- und Heilmitteln (Art. 74 Abs. 1 Nr. 19 GG), über diese Mittel hinausgehend den Schutz im Umgang mit einzelnen Bedarfsgegenständen (Art. 74 Abs. 1 Nr. 20 GG) sowie im übrigen das Recht der Wirtschaft (Art. 74 Abs. 1 Nr. 11 GG), wozu auch die Werbung zählt, zum Gegenstand.[29]

2. Vereinbarkeit mit Grundrechten

12 Die Werberestriktionen des Heilmittelwerbegesetzes betreffen einerseits die diesen Restriktionen unterliegenden Werbungstreibenden, auf der anderen Seite aber auch die hierdurch von bestimmten Informationen „abgeschnittenen" Konsumenten resp. Patienten in ihren grundrechtlich geschützten Freiheiten.[30]

13 Für die **Werbungstreibenden** (siehe Rn 42), etwa die Hersteller der zu bewerbenden Mittel, begründet das HWG vor allem Eingriffe in deren **Berufsfreiheit** (Art. 12 Abs. 1 GG), da in den Bereich der berufsbezogenen Tätigkeiten auch die berufliche Außendarstellung des Grundrechtsträgers einschließlich der Werbung für die Inanspruchnahme seiner Dienste

---

26 Siehe etwa OLG Oldenburg GRUR-RR 2006, 243, 244 – IgG-Antikörpertest.
27 Doepner, HWG, Einl. Rn 40.
28 BAnz Nr. 63 v. 30.3.2006 (S. 2287).
29 Siehe im Einzelnen Bernhardt, HWG, S. 20; Doepner, HWG, Einl. Rn 20; Hamm/Bücker, HWG, S. 39.
30 Siehe ausf. zu den insoweit jeweils betroffenen Grundrechtspositionen Sodan/Zimmermann, Das Spannungsfeld zwischen Patienteninformierung und dem Werbeverbot für verschreibungspflichtige Arzneimittel, 2008, S. 35 ff.

resp. den Erwerb seiner Produkte fällt[31]. Ferner greifen die Werberestriktionen des HWG in die durch Art. 5 Abs. 1 GG geschützte **Meinungsfreiheit** der Werbungstreibenden ein: Denn da das eine „Meinung" determinierende Element der Stellungnahme und des Dafürhaltens sich auch in der Auswahl „bloßer" Tatsachen durch den Äußernden manifestieren kann[32], stellt sich Wirtschaftswerbung in den weitaus meisten Fällen als „Meinung" in diesem Sinne dar, weil selbst völlig sachlich gehaltene, auf bloße Information über das beworbene Produkt abzielende Werbung immer noch zumindest konkludent der wertende Aussagegehalt zu entnehmen ist, das Produkt sei aufgrund seiner (sachlich) beschriebenen Eigenschaften für den Verbraucher von Nutzen.[33] Soweit Art. 5 Abs. 1 GG betroffen ist, stellt das Heilmittelwerbegesetz hierbei eine Schranke in Gestalt eines „allgemeinen Gesetzes" (Art. 5 Abs. 2 GG) dar, weil es sich nicht gegen eine bestimmte Meinung als solche richtet, sondern mit dem Gesundheitsschutz dem Schutz eines schlechthin, ohne Rücksicht auf eine bestimmte Meinung zu schützenden Rechtsgutes dient.[34]

Verbraucher bzw Patienten, denen aufgrund der Restriktionen des HWG bestimmte, sei es auch werbemäßige Informationen über die betreffenden Mittel vorenthalten werden, werden hierdurch zum einem in ihrer ebenfalls über Art. 5 Abs. 1 GG geschützten **Informationsfreiheit** betroffen, welche das Recht umfasst, sich aus allgemein zugänglichen Quellen (also etwa auch durch Werbung) ungehindert, also auch ohne staatliche Unterdrückung bestimmter Informationen, zu unterrichten.[35] Zudem werden sie in ihrem vom Schutz des Art. 2 Abs. 2 S. 1 GG umfassten **Recht auf Selbstbehandlung**[36], welches der Gesetzgeber bei der Schaffung des Heilmittelwerbegesetzes ausdrücklich anerkannt hat (s.o. Rn 8), tangiert, wenn ihnen bestimmte, als Entscheidungsgrundlage für die Ausübung dieses Rechts in Betracht kommende Informationen über verfügbare und potenziell anzuwendende Heilmittel durch staatliche Informationsbeschränkung vorenthalten werden.[37]

14

Diese durch das Heilmittelwerbegesetz bewirkten **Eingriffe in die Grundrechte** von Werbungstreibenden und Verbrauchern/Patienten sind allerdings regelmäßig – und vorbehaltlich eventueller Notwendigkeit zur verfassungskonformen Auslegung einzelner Tatbestände des HWG (siehe dazu sogleich unter Rn 16 ff) – **verfassungsrechtlich gerechtfertigt**, da sie mit dem intendierten Gesundheitsschutz der Bevölkerung dem Schutz eines hoch- bzw höherwertigen Allgemeingutes dienen und sich insoweit materiell-verfassungsrechtlich als verhältnismäßige Grundrechtseingriffe darstellen.[38] Die höchstrichterliche Rechtsprechung konnte daher in den allermeisten Fällen, in denen einzelne Regelungen des Heilmittelwerberechts zur verfassungsrechtlichen Prüfung gestellt waren, Grundrechtsverletzungen verneinen. Als verfassungs- bzw grundrechtlich unbedenklich wurden insoweit eingestuft: ein-

15

---

31 BVerfGE 85, 248, 256.
32 Siehe auch Sachs/*Bethge*, GG, Kommentar, 5. Aufl. 2009, Art. 5 Rn 27 ff; Beuthien/Schmölz, PharmR 1998, 118, 123; Maunz/Dürig/*Herzog*, GG, Kommentar, Loseblatt (Stand: Mai 2009) Art. 5 Abs. 1, 2 Rn 51 ff.
33 Siehe auch v. Mangoldt/Klein/*Starck*, GG, Kommentar, Bd. 1, 5. Aufl. 2005, Art. 5 Rn 25; vgl ferner BVerfGE 71, 162, 174; enger hingegen noch BVerfGE 40, 371, 380, wo Wirtschaftswerbung ohne nähere Begründung allein an Art. 12 Abs. 1 GG und nicht auch an Art. 5 Abs. 1 GG gemessen wurde.
34 BVerfG-Kammer NJW-RR 2007, 1680, 1681, zu §§ 3 a, 12 Abs. 1 HWG; vgl auch BVerfGE 71, 162, 175 f, betr ein berufsrechtliches Werbeverbot für Ärzte.
35 Siehe ausf. Sodan/Zimmermann, Das Spannungsfeld zwischen Patienteninformierung und dem Werbeverbot für verschreibungspflichtige Arzneimittel, 2008, S. 35 ff; vgl auch Doepner, HWG, Einl. Rn 21.
36 Dass dies von Art. 2 Abs. 2 GG erfasst ist, ergibt sich daraus, dass in einer freiheitlichen Gesellschaft die Verantwortung für die Gesundheit und die Heilfürsorge zuerst den Bürgern selbst an die Hand gelegt ist, vgl Maunz/Dürig/*di Fabio*, GG, Kommentar, Loseblatt (Stand: Mai 2009), Art. 2 Abs. 2 Rn 94; vgl ferner BVerwGE 123, 352, 355 f.
37 Siehe näher Sodan/Zimmermann, Das Spannungsfeld zwischen Patienteninformierung und dem Werbeverbot für verschreibungspflichtige Arzneimittel, 2008, S. 47 ff.
38 Siehe etwa BVerfGE 85, 248, 257/261; BGH GRUR 1970, 420, 421; BGHZ 140, 134, 145.

zelne Regelungen der HWVO[39], § 4 (Abs. 3) HWG[40], § 9 (aF, heute: § 11) Nr. 5 b HWG und § 10 (aF, heute: § 12) HWG[41], § 11 Nr. 3, 4 und 11 HWG[42], § 12 HWG[43], § 4 Abs. 1 HWG[44] sowie – nach einer verfassungskonformen Auslegung – § 10 Abs. 1 HWG[45]. Lediglich im Falle von § 8 Abs. 1 aF HWG (der ein Verbot für Werbung vorsah, die darauf hinwirkt, Arzneimittel, deren Abgabe den Apotheken vorbehalten ist, im Wege des Versandes zu beziehen) hatte das BVerfG in einer Entscheidung vom 11.2.2003 eine **Grundrechtswidrigkeit** bejaht, da das Verbot sich auf einen Tatbestand bezog, bei dem das Vorliegen einer Gesundheitsgefährdung der durch das Verbot geschützten Patienten schlechthin nicht in Betracht kam.[46]

3. Verfassungskonforme Auslegung

16 Ergibt sich aus dem Vorhergehenden auch, dass die Heilmittelwerberestriktionen des HWG „als solche" oder „prinzipiell" als grundrechtskonform angesehen werden können, heißt dies umgekehrt nicht, dass auch jedwede Auslegung dieser Normen von vornherein grundrechtskonform wäre.[47] Die durch das HWG bewirkten Eingriffe in Grundrechte der Patienten und Werbungstreibenden (s.o. Rn 13 f) gebieten vielmehr eine Auslegung und Handhabung der betreffenden Verbotsnormen, welche diese Grundrechtsimplikationen berücksichtigt und den insoweit schutzwürdigen Belangen der Grundrechtsträger hinreichend Rechnung trägt.[48] Die Bedeutung und Tragweite insbesondere der Grundrechte aus Art. 5 Abs. 1 S. 1 GG und aus Art. 12 Abs. 1 GG bei der Auslegung von gesetzlichen Werbebeschränkungen hat das BVerfG in zahlreichen Entscheidungen betont.[49]

a) Merkmal einer „zumindest mittelbaren Gesundheitsgefährdung"

17 Vor diesem Hintergrund hat in jüngerer Zeit vor allem der BGH in seiner „Lebertrankapseln"-Entscheidung vom 6.5.2004[50] sowie der „Krankenhauswerbung"-Entscheidung vom 1.3.2007[51] für einzelne Tatbestände des HWG im Rahmen einer verfassungskonformen und damit insbesondere dem Grundsatz der Verhältnismäßigkeit Rechnung tragenden Auslegung das einschränkende **ungeschriebene Tatbestandsmerkmal** einer hinreichenden unmittelbaren oder zumindest mittelbaren Gesundheitsgefährdung herausgearbeitet. Hierbei stützte er sich auch auf die zu Werbeverboten getroffenen bundesverfassungsgerichtlichen Feststellungen, nach denen sich bei einem nur mit mittelbaren Gefahren für die Bevölkerungsgesundheit begründeten Eingriff in die Berufsfreiheit Verbot und Schutzgut so weit voneinander entfernen, dass bei der Abwägung besondere Sorgfalt geboten ist und die

---

39 Siehe BVerfGE 9, 213, 221 f (zu § 5 Abs. 2 lit. e HWVO); s. ferner BGH NJW 1953, 1802, 1804 f; BVerwG NJW 1954, 1133, 1134.
40 BGH NJW-RR 2009, 620, 621.
41 BGH GRUR 1970, 420 – DRT-Methode.
42 BVerfGE 85, 248, 257/261; s. auch BGH NJW-RR 2001, 684, 685 – TCM-Zentrum.
43 BGH NJW 1996, 3077, 3078.
44 BGH GRUR 1997, 761, 765.
45 BVerfG-Kammer NJW 2004, 2660 f.
46 BVerfGE 107, 186, 197 ff, 205.
47 Siehe etwa BVerfG-Kammer NJW 2004, 2660 f; BGHZ 140, 134, 145 f; vgl auch Doepner/Reese, PharmR 2001 (Sonderdruck), S. IX f.
48 Siehe ausf. zur verfassungskonformen Auslegung des § 10 Abs. 1 HWG Sodan/Zimmermann, Das Spannungsfeld zwischen Patienteninformierung und dem Werbeverbot für verschreibungspflichtige Arzneimittel, 2008.
49 Siehe etwa BVerfGE 102, 347, 363; 107, 186, 196 f; BVerfG-Kammer NJW 2001, 3403, 3404; NJW 2002, 1331 f; NJW 2002, 3091, 3092; NJW 2003, 2818; NJW 2004, 660 f; vgl ferner BVerfGE 85, 248, 257 f.
50 BGH NJW-RR 2004, 1267 – betr. § 11 Abs. 1 Nr. 10 HWG.
51 BGH NJW-RR 2007, 1338 – betr. § 11 Abs. 1 Nr. 4 HWG.

Gefahren hinlänglich wahrscheinlich und die gewählten Mittel eindeutig erfolgversprechend sein müssen[52]. So hatte das BVerfG im Hinblick auf eine verfassungskonforme Auslegung des § **10 Abs. 1 HWG** ebenfalls die Berücksichtigung der konkreten Grades der behaupteten Gefahr (dort: der Selbstmedikation mit dem beworbenen Arzneimittel) vorgeschrieben.[53]

Das Merkmal der zumindest mittelbaren Gesundheitsgefährdung bewirkt, dass die betreffenden Heilmittelwerbeverbotstatbestände nicht mehr, wie ehedem, als **abstrakte Gefährdungstatbestände** zu verstehen sind, sondern als **konkrete**[54].[55] Während als *unmittelbare* Gesundheitsgefährdung der Fall angesehen wird, dass das beworbene Arzneimittel selbst von vornherein schädigend wirkt,[56] sind *mittelbare* Gesundheitsgefährdungen solche, die aus der nach Maßgabe des betreffenden Verbotstatbestandes unsachgemäßen Beeinflussung des Umworbenen resultieren[57].

Da die heilmittelwerberechtlichen Verbotstatbestände nahezu allesamt dem Schutz vor nur mittelbaren Gesundheitsgefährdungen im eben genannten Sinne dienen, liegt der Schluss nahe, dass das ungeschriebene Erfordernis der zumindest mittelbaren (konkreten) Gesundheitsgefährdung im Regelfall auch auf andere als die bisher „streitgegenständlichen" HWG-Regelungen anzuwenden ist. In der Rechtsprechung der Instanzgerichte wurde das Merkmal daher **auch auf andere HWG-Normen ausgedehnt**, etwa § 7[58], § 10 Abs. 1[59], 11 Abs. 1 Nr. 5 lit. a[60] sowie § 11 Abs. 1 Nr. 3 und § 12 Abs. 1[61]. Gleichwohl wird man bei den einzelnen Tatbeständen jeweils nach deren Sinn und Zweck zu beurteilen haben, ob ihnen auch die **Einstufung als bloß abstraktes Gefährdungsdelikt** die Verfassungskonformität belässt: Dies dürfte insb. bei Tatbeständen in Betracht kommen, bei denen vor dem Hintergrund der potenziellen Gefährlichkeit der beworbenen Mittel allein schon eine bestimmte Form der Werbung als „verwerflich" erscheint und quasi „general-präventiv" zu unterbinden ist, wie es etwa für die irreführende Werbung (§ 3 HWG)[62] oder das Verbot für an Kinder unter 14 Jahren gerichtete Werbemaßnahmen (**§ 11 Abs. 1 S. 1 Nr. 12 HWG**)[63] angenommen wird. Ferner kann beispielsweise auch § **3 a HWG** (Werbeverbot für nicht zugelassene Arzneimittel) seiner Intention nach nur als abstraktes Gefährdungsdelikt verstanden werden (siehe auch Rn 57).

---

52 BVerfG-Kammer NJW 2000, 2736, unter Bezugnahme auf BVerfGE 85, 248, 261; vgl ferner BVerfG-Kammer NJW 2004, 2660.
53 BVerfG-Kammer NJW 2004, 2660, 2661.
54 Während *abstrakte* Gefährdungstatbestände dadurch gekennzeichnet sind, dass die Verbotsfolge unmittelbar an die Erfüllung der Tatbestandsvoraussetzungen geknüpft und die Gefährdung durch deren Erfüllung indiziert ist, bedarf es bei *konkreten* Gefährdungstatbeständen einer konkreten Gefährdung der durch die Verbotsnorm geschützten Rechtsgüter, s. Reese, PharmR 2002, 237, 240.
55 BGH NJW-RR 2007, 1338, 1340.
56 BGH NJW-RR 2004, 1267; KG Berlin GRUR-RR 2005, 162, 166.
57 Siehe BGH NJW-RR 2007, 1338, 1340. – Im Hinblick auf § 11 Abs. 1 Nr. 10 HWG ist dies etwa der Fall, „wenn die Werbung [...] die nicht als geringfügig einzustufende Gefahr begründete, dass ihre Adressaten glauben, sie könnten ein bei ihnen vorliegendes [...] Leiden durch die Einnahme des beworbenen [Arzneimittels] heilen, und daher von einem Arztbesuch absehen, den sie ohne die Werbung gemacht hätten und der zum noch rechtzeitigen Erkennen anderer, ernsterer Leiden geführt hätte", BGH NJW-RR 2004, 1267; s. auch Rn 124.
58 OLG Frankfurt GRUR-RR 2008, 306.
59 OLG Karlsruhe PharmR 2007, 383, 387.
60 Vgl OLG Hamburg PharmR 2009, 40.
61 KG Berlin GRUR-RR 2005, 162, 166.
62 Siehe OLG Frankfurt GRUR-RR 2005, 394, 396.
63 Siehe Bülow, GRUR 2005, 482, 486 f.

b) Sonstige Einschränkungen aufgrund verfassungskonformer Auslegung

20 Weitere Kriterien, die im Hinblick auf eine verfassungskonforme Auslegung der HWG-Tatbestände beachtlich sind und deren Verbotsreichweite einschränken können, lassen sich insbesondere einer Kammerentscheidung des BVerfG vom 30.4.2004 entnehmen[64]: Im Hinblick auf ein auf § 10 Abs. 1 HWG gestütztes Verbot gegenüber einem Arzt, der bei der Vorstellung einer von ihm durchgeführten Behandlungsmethode (Facelifting) im Internet gleichzeitig das hierbei von ihm verwendete – verschreibungspflichtige – Präparat („Botox") bzw. dessen einzigen Wirkstoff (Botulinum-Toxin) erwähnte, betonte das Gericht neben dem bereits genannten Erfordernis einer konkreten mittelbaren Gesundheitsgefährdung (s.o. Rn 17ff) zum einen die Bedeutung des **Selbstdarstellungsrechts von Ärzten** (oder anderen Heilberufen), welches ohne eine Erwähnung einzelner Heilmittel unter Umständen nicht sinnvoll wahrnehmbar wäre. Daher seien „**sachangemessene Informationen**, die den Patienten nicht verunsichern, sondern ihn als mündigen Menschen befähigen, von der freien Arztwahl sinnvoll Gebrauch zu machen, [...] zulässig". Zudem erachtete es das BVerfG als einen die Verbotsreichweite beeinflussenden Aspekt, wenn es sich bei der beanstandeten Werbung um solche im **Internet** und damit in einem Medium handelt, welches als **passive Darstellungsplattform** in der Regel von interessierten Personen auf der Suche nach ganz bestimmten Informationen aufgesucht wird und sich daher der breiten Öffentlichkeit nicht unvorbereitet aufdrängt. Diese Aspekte, insb. der der Sachangemessenheit der Information, wurden in der Instanzenrechtsprechung etwa hinsichtlich der Einstufung einer elektronischen Arzneimitteldatenbank als heilmittelwerberechtlich zulässig zugrunde gelegt.[65]

21 Da diese in der Kammerentscheidung des BVerfG genannten Aspekte (Selbstdarstellungsrecht; Sachangemessenheit der Information; Passivität der Werbeplattform) auch außerhalb des dort „streitgegenständlichen" § 10 Abs. 1 HWG zum Tragen kommen, lassen sie sich grundsätzlich auch auf die übrigen HWG-Tatbestände übertragen und beeinflussen somit auch deren (verfassungskonforme) Auslegung.[66]

Ferner kommt auch eine grundrechtskonforme Auslegung von HWG-Verbotstatbeständen im Hinblick auf die durch Art. 5 Abs. 1 GG geschützte Meinungsfreiheit in Betracht, wenn in Bezug auf Arzneimittel werbewirksame Äußerungen getätigt werden, welche der **Abwehr von in der Öffentlichkeit erhobenen, ungerechtfertigten Angriffen Dritter** (insbesondere gegenüber den Herstellern der betreffenden Arzneimittel) dienen.[67]

V. Heilmittelwerbegesetz und europäisches Sekundärrecht
1. Die Richtlinie 2001/83/EG

22 Auch das europäische Sekundärrecht trifft Regelungen, die die Arzneimittelwerbung zum Gegenstand haben. Das europäische Recht für Humanarzneimittel ist seit dem Jahre 2001 in den **Artt. 86ff der Richtlinie 2001/83/EG des Europäischen Parlaments und des Rates vom 6.11.2001 zur Schaffung eines Gemeinschaftskodexes für Humanarzneimittel**[68] geregelt. Bis zu ihrer Schaffung war das Recht der Humanarzneimittel durch eine Vielzahl von

---

64 BVerfG-Kammer NJW 2004, 2660f – Aufgegriffen werden diese Kriterien etwa durch OLG München GRUR 2005, 696f (bzgl Auslegung der Reichweite des Werbeverbotes in § 11 Abs. 1 Nr. 1 HWG), recht „frei" gehandhabt hingegen durch OLG Frankfurt NJW-RR 2006, 1636f (s. zur Kritik an dieser Entscheidung Sodan/Zimmermann, Das Spannungsfeld zwischen Patienteninformierung und dem Werbeverbot für verschreibungspflichtige Arzneimittel, 2008, S. 97ff).
65 Siehe OLG Frankfurt GRUR-RR 2005, 95f; deutlich strenger dagegen OVG Lüneburg RdL 2006, 330.
66 Siehe ausf. zu diesen Kriterien Sodan/Zimmermann, Das Spannungsfeld zwischen Patienteninformierung und dem Werbeverbot für verschreibungspflichtige Arzneimittel, 2008, S. 91ff, 99ff.
67 Siehe hierzu etwa BGHZ 140, 134, 139ff; OLG Karlsruhe PharmR 2007, 383, 385ff.
68 ABl. EG Nr. L 311 v. 28.11.2001, S. 67, zuletzt geändert durch RL 2008/29/EG des Europäischen Parlaments und des Rates v. 11.3.2008 (ABl. EU Nr. L 81 v. 20.3.2008, S. 51).

Einzel-Richtlinien reglementiert, die jeweils einzelne Teilbereiche des Humanarzneimittelrechts zum Regelungsgegenstand hatten (für die Humanarzneimittelwerbung galt insoweit die Richtlinie 92/28/EWG vom 31.3.1992[69]). Die an ihre Stelle getretene Richtlinie 2001/83/EG (vgl deren Art. 128) soll diese einzelnen Richtlinien „aus Gründen der Übersicht und der Klarheit [...] kodifizieren und zu einem einzigen Text zusammenfassen".[70] Hinsichtlich der vom Heilmittelwerbegesetz ebenfalls erfassten Werbung für **Tierarzneimittel** (siehe § 1 Abs. 1 Nr. 1 HWG iVm § 2 Abs. 1 AMG) fehlt es auf gemeinschaftsrechtlicher[71] Ebene in der Richtlinie 2001/82/EG vom 6.11.2001 zur Schaffung eines Gemeinschaftskodexes für Tierarzneimittel[72] hingegen an mit Artt. 86 ff RL 2001/83/EG vergleichbaren Regelungen über Werbung.

Da die Richtlinie 2001/83/EG gemäß Art. 288 Abs. 3 AEUV (ehemals Art. 249 Abs. 3 EGV) nur an die Mitgliedstaaten gerichtet ist, entfaltet sie allerdings prinzipiell keine unmittelbare Wirkung im nationalen Recht. Vielmehr muss sie von den Mitgliedstaaten durch einen Transformationsakt **in nationales Recht umgesetzt** werden, was in Deutschland durch das schon zuvor existierende Heilmittelwerbegesetz einschließlich einiger in Ansehung von Richtlinie 2001/83/EG und 92/28/EWG erfolgter Änderungen grundsätzlich geschehen ist. 23

2. Verhältnis zum Heilmittelwerbegesetz

Die Richtlinie 2001/83/EG enthält zwar zahlreiche Werberestriktionen, die mit denen des Heilmittelwerbegesetzes vergleichbar sind,[73] gleichwohl erweisen sich Richtlinie und HWG **nicht** als **vollständig deckungsgleich**. Die führt zu der Frage, ob die für das nationale Recht grundsätzlich verbindlichen Richtlinienvorgaben hinreichend durch das Heilmittelwerbegesetz umgesetzt sind. 24

a) Mindeststandard und Richtlinien-Unterschreitungen (Umsetzungsdefizite)

Unstrittig ist, dass die Richtlinie 2001/83/EG jedenfalls einen Mindeststandard setzt, der durch die nationale Rechtsetzung **nicht unterschritten** werden darf. Trotz der insgesamt bereits recht hohen Verbotsdichte des HWG werden derlei **Umsetzungsdefizite** ausgemacht etwa im Hinblick auf **Art. 90 lit. c** der Richtlinie[74], wonach die Werbung nicht nahe legen darf, dass die normale Gesundheit des Patienten durch die Verwendung des Arzneimittels verbessert werden könnte, ferner bezüglich **Art. 90 lit. g** der Richtlinie, welcher es untersagt, das Arzneimittel einem Lebensmittel, kosmetischen Mittel oder anderen Gebrauchsgütern gleichzusetzen.[75] Das Richtlinien-Verbot des **Art. 90 lit. d** hingegen, wonach die Werbung nicht nahe legen darf, die normale gute Gesundheit könnte im Falle der Nichtverwendung des Arzneimittels beeinträchtigt werden, dürfte durch **§ 11 Abs. 1 Nr. 7 HWG** abgedeckt sein, da dieser Werbeaussagen verbietet, welche Angst auslösen oder ausnutzen.[76] Richtli- 25

---

69 ABl. EG Nr. L 113 v. 30.4.1992, S. 13.
70 Siehe den 1. Erwägungsgrund der RL 2001/83/EG.
71 Trotz des zwischenzeitlichen Inkrafttretens des Vertrages von Lissabon am 1.12.2009 und der hiermit einhergehenden Ablösung der Europäischen Gemeinschaft(en) durch die Europäische Union (Art. 1 Abs. 3 S. 3 EUV-Lissabon) wird vorliegend noch der tradierte und etablierte Begriff „Gemeinschaftsrecht" verwendet.
72 ABl. EG Nr. L 311 v. 28.11.2001, S. 1, zuletzt geändert durch RL 2009/9/EG der Kommission v. 10.2.2009 (ABl. EU Nr. L 44 v. 14.2.2009, S. 10).
73 Instruktive Synopse bei *Bülow*/Ring, HWG, Einf. Rn 62.
74 BGH GRUR 2009, 179, 181 – Konsumentenbefragung II; unter Bezugnahme auf EuGH, Rs. C-374/05, Slg 2007, I-9517 = GRUR 2008, 267, Rn 48 ff.
75 Siehe jeweils auch Gröning, Heilmittelwerberecht, Bd. 2, RL 2001/83/EG Einl. Rn 29; *Bülow*/Ring, HWG, Einf. Rn 15, 17.
76 So auch Gröning, Heilmittelwerberecht, Bd. 2, RL 2001/83/EG Einl. Rn 29; anders wohl *Bülow*/Ring, HWG, Einf. Rn 16.

nienunterschreitend kann zudem die Auslegung eines HWG-Tatbestandes als konkretes Gefährdungsdelikt sein (siehe dazu Rn 17 ff), wenn sich dessen gemeinschaftsrechtliches Gegenstück als abstraktes Gefährdungsdelikt erweist.[77]

b) Vollharmonisierender Höchststandard und Richtlinien-Überschreitungen

26 Umgekehrt können einzelne Regelungen des HWG aber auch über die sekundär-gemeinschaftsrechtlichen Vorgaben der Richtlinie 2001/83/EG hinausgehen, also **strengere Anforderungen** als diese an die Werbung für Humanarzneimittel aufstellen (siehe zu Beispielen sogleich Rn 27).

Ob die Überschreitung der Richtlinienvorgaben die betreffenden HWG-Regelungen richtlinienwidrig macht, hängt entscheidend davon ab, ob die Richtlinie 2001/83/EG ausschließlich einen Mindeststandard setzt (der von den Mitgliedstaaten nicht *unter*schritten werden darf, Rn 25) oder zugleich einen vollharmonisierenden Höchststandard. Dies war lange Zeit ungeklärt und lebhaft umstritten[78], ist aber nunmehr durch eine nach entsprechender Anfrage des BGH[79] ergangene Entscheidung des EuGH vom 8.11.2007 geklärt worden: Hiernach setzt die Richtlinie 2001/83/EG (auch) einen **Höchststandard**, mit dem eine **vollständige Harmonisierung des Bereichs der Arzneimittelwerbung** erfolgt ist, wobei die Fälle, in denen die Mitgliedstaaten befugt sind, Bestimmungen zu erlassen, die von der in der Richtlinie getroffenen Regelung abweichen, ausdrücklich aufgeführt sind (der EuGH nennt insoweit insb. Art. 88 Abs. 3, Art. 89 Abs. 1 lit. b, Art. 89 Abs. 2, Art. 91, Art. 96 Abs. 2 der Richtlinie).[80] Auch wenn die im Schrifttum im Nachgang zu dieser Entscheidung des EuGH vorgebrachten Einwände gegen das Konzept eines Höchststandards[81] durchaus nicht ohne jede Berechtigung sind, ist die Streitfrage durch die EuGH-Entscheidung jedenfalls für die Rechtsanwendung entschieden.

27 Eine **Überschreitung** der in der Richtlinie 2001/83/EG aufgestellten Höchststandards durch das HWG kommt etwa in Betracht hinsichtlich § 7, § 10 Abs. 2, § 11 Abs. 1 Nr. 5, 11, sowie § 12 Abs. 1 S. 1 HWG.[82] Vorrangig ist allerdings eine **richtlinienkonforme Auslegung** „problematischer" HWG-Tatbestände vorzunehmen,[83] wobei ebenfalls die bereits oben (Rn 17 ff) beschriebene Tatbestandsreduktion durch das Merkmal einer „zumindest mittelbaren Gesundheitsgefährdung" zum Tragen kommen kann. Auch wird sich die Frage nach einer Richtlinien-Überschreitung durch das HWG (und ebenso die nach einer Unterschreitung) nicht selten erst nach einer verbindlichen **Auslegung einzelner Tatbestände der Richtlinie** selbst beantworten lassen. Zudem bedeutet nicht jedes Fehlen eines unmittelbar vergleichbaren Tatbestandes in der Richtlinie, dass der betreffende HWG-Tatbestand über diese hinausginge, denn auch die in der Richtlinie normierten, weit gefassten **„Generalklauseln"** und die in ihr enthaltenen **Erwägungsgründe** können eine hinreichende „Grundlage" für nationale Verbotstatbestände darstellen.[84] Daher dürfte sich beispielsweise § 11 Abs. 1

---

77 Siehe hierzu im Hinblick auf § 11 Abs. 1 S. 1 Nr. 2 HWG und Art. 90 lit. f RL 2001/83/EG etwa OLG Hamburg PharmR 2009, 519 einerseits und OLG München PharmR 2009, 173 andererseits.
78 Für bloßen Mindeststandard etwa: OLG Frankfurt NJW-RR 1996, 750 f; WRP 2002, 730; *Bülow*/Ring, HWG, Einf. Rn 6; für Höchststandard hingegen etwa: KG Berlin PharmR 1995, 125, 137; OLG Schleswig PharmR 2003, 13; Gröning, Heilmittelwerberecht, Bd. 2, RL 2001/83/EG Einl. Rn 21 ff.
79 BGH GRUR 2005, 1067 – Konsumentenbefragung.
80 EuGH, Rs. C-374/05, Slg 2007, I-9517 = GRUR 2008, 267, Rn 20 ff, 39.
81 Siehe etwa Poschenrieder, Werbebeschränkungen für Arzneimittel, 2008, S. 49 ff, 64 ff.
82 Siehe hierzu im Einzelnen die betreffenden Ausführungen Rn 28 ff zu den jeweiligen HWG-Tatbeständen; vgl ferner die Gegenüberstellung der Regelungsgehalte dieser HWG-Vorschriften und der RL 2001/83/EG bei Weiler, WRP 2006, 957, 958 ff.
83 Siehe insoweit etwa BGH GRUR 2009, 179 – Konsumentenbefragung II, hinsichtlich § 11 Abs. 1 Nr. 11 HWG mit Blick auf Art. 90 lit. j RL 2001/83/EG.
84 Siehe EuGH, Rs. C-374/05, Slg 2007, I-9517 = GRUR 2008, 267, Rn 55 ff.

S. 1 Nr. 6 HWG, der keine direkte Entsprechung in Richtlinie 2001/83/EG hat, als eine Ausprägung des Verbots irreführender Werbung in Art. 87 Abs. 3, 2. Spiegelstrich der Richtlinie darstellen.[85] Ebenso erweist sich **§ 11 Abs. 1 S. 1 Nr. 13 HWG** trotz Fehlens einer besonderen Richtlinien-Regelung über Arzneimittelwerbung mit Auslosungen nicht als Richtlinien-Überschreitung, da insbesondere Art. 87 Abs. 3, Art. 88 Abs. 6 und Art. 96 Abs. 1 in Verbindung mit dem 45. Erwägungsgrund der Richtlinie die Werbung für ein Arzneimittel in Form einer im Internet angekündigten Auslosung verbieten, weil sie die unzweckmäßige Verwendung dieses Arzneimittels fördert und zu seiner direkten Abgabe an die Öffentlichkeit sowie zur Abgabe von Gratismustern führt.[86] Auch **§ 4 Abs. 3 S. 1 und 4 HWG** ist mit Richtlinie 2001/83/EG vereinbar.[87]

B. Die Vorgaben des Heilmittelwerbegesetzes für die Arzneimittelwerbung

I. Anwendungsbereich des Heilmittelwerbegesetzes

1. Sachlicher Anwendungsbereich (§ 1 HWG)

In sachlicher Hinsicht findet das Heilmittelwerbegesetz gemäß seinem § 1 Anwendung auf die Werbung für **Arzneimittel** im Sinne des § 2 AMG (§ 1 Abs. 1 Nr. 1 HWG), **Medizinprodukte** im Sinne des § 3 MPG (§ 1 Abs. 1 Nr. 1 a HWG) sowie auf andere, in § 1 Abs. 1 Nr. 2 und § 2 HWG näher umschriebene **Mittel, Verfahren, Behandlungen und Gegenstände**, nicht hingegen gemäß **§ 1 Abs. 4 HWG** auf Gegenstände zur Verhütung von Unfallschäden (wie etwa Sicherheitsgurte, Sturzhelme, Airbags etc.).

Um insbesondere den Verbrauchern eine bessere Möglichkeit zur Erlangung von Sachinformationen im Falle konkreter Anfragen zu einem bestimmten Arzneimittel zu geben, stellt der unglücklich, weil tautologisch formulierte **§ 1 Abs. 5 HWG** klar, dass es sich hierbei nicht um Werbung handelt, wenn die betreffenden Unterlagen und Schriftwechsel zur Beantwortung solcher Anfragen erforderlich sind.[88] Ebenso findet das HWG beim elektronischen Handel mit Arzneimitteln keine Anwendung auf Bestellformulare und die dort enthaltenen Angaben, soweit diese für die ordnungsgemäße Bestellung notwendig sind (**§ 1 Abs. 6 HWG**).

a) Das beworbene Produkt: „Arzneimittel"

Mit dem hier im Hinblick auf die Werbeanforderungen des Heilmittelwerbegesetzes interessierenden Produkt „Arzneimittel" sind ausweislich § 1 Abs. 1 Nr. 1 HWG **Arzneimittel im Sinne des § 2 AMG** gemeint. Insoweit sei hier auf die an anderer Stelle getätigten Ausführungen zum Arzneimittelbegriff des § 2 AMG verwiesen (siehe § 2 Rn 1 ff.).

b) Die reglementierte Handlung: „Werbung"

aa) „Werbung" im Sinne des Heilmittelwerbegesetzes

Das Heilmittelwerbegesetz enthält für den Begriff der „Werbung" **keine Legaldefinition**. In § 1 Abs. 3 HWG wird lediglich klargestellt, dass eine „Werbung" im Sinne dieses Gesetzes auch das Ankündigen oder Anbieten von Werbeaussagen ist, auf die das Heilmittelwerbe-

---

[85] Siehe auch Gröning, Heilmittelwerberecht, Bd. 1, § 11 Nr. 6 HWG Rn 2 sowie Bd. 2, RL 2001/83/EG Einl. Rn 28; anders hingegen (keine entsprechende RL-Vorschrift) OLG Frankfurt NJW-RR 1996, 750, 751.
[86] EuGH, Rs. C-374/05, Slg 2007, I-9517 = GRUR 2008, 267, Rn 53 ff, 59.
[87] BGH NJW-RR 2009, 620, 621; s. auch Rn 60.
[88] Instruktiv hierzu Gröning, Heilmittelwerberecht, Bd. 1, § 1 HWG Rn 339.

gesetz Anwendung findet.[89] In ihrer allgemeinen Erscheinung wird als **„Werbung"** diejenige Tätigkeit verstanden, die durch planmäßige Anwendung beeinflussender Mittel darauf abzielt, andere Menschen – sei es in deren Eigenschaft als Individuen oder als Mitglieder bestimmter Gruppen – für eine konkrete Meinung oder Verhaltensweise zu gewinnen.[90] Im Sinne des Heilmittelwerbegesetzes ist „Werbung" dabei nur die **Wirtschaftswerbung**, dh Werbung, deren spezifische Zweckbestimmung in dem subjektiven Ziel liegt, die Aufmerksamkeit der angesprochenen Verkehrskreise zu erregen, deren Interesse zu wecken und damit den Absatz von Waren oder Leistungen zu fördern.[91] Ob der Absatz eigener Produkte oder der von fremden Produkten gefördert werden soll, ist unerheblich. Auch auf das verwendete Werbemedium kommt es nicht.

31 Praktisch deckungsgleich mit dieser Begriffsbestimmung definiert die Richtlinie 2001/83/EG in **Art. 86 Abs. 1 Hs 1** (gleichlautend wie Art. 1 Abs. 3 S. 1 der früheren Richtlinie 92/28/EWG) als **„Werbung für Arzneimittel"** „alle Maßnahmen zur Information, zur Marktuntersuchung und zur Schaffung von Anreizen mit dem Ziel, die Verschreibung, die Abgabe, den Verkauf oder den Verbrauch von Arzneimitteln zu fördern". Nicht nur wegen der vollharmonisierenden Wirkung der Richtlinie 2001/83/EG (s.o. Rn 26), sondern auch wegen des *effet-utile*-Prinzips und der daraus resultierenden Verpflichtung zur gemeinschaftsrechtskonformen Auslegung des nationalen Rechts[92] ist diese Begriffsbestimmung damit **verbindlich** für die Auslegung des Begriffs „Werbung" im Sinne des HWG.

bb) Nur produktbezogene Werbung, nicht Unternehmenswerbung

32 Aus der im Heilmittelwerbegesetz bestehenden tatbestandlichen Konnexität des Begriffes „Werbung" zu einzelnen Produkten (Werbung *für Arzneimittel*) oder Leistungen (Werbung *für Verfahren, Behandlungen*) ergibt sich, dass das HWG „nicht schlechthin jede Pharma-Werbung" verbietet[93]. Vielmehr erfasst das Gesetz Wirtschaftswerbung nur insoweit, als sie produktbezogen (oder leistungsbezogen) ist, also **spezifisch für ein bestimmtes oder zumindest individualisierbares Produkt wirbt** und sich nicht lediglich in allgemeiner Firmenwerbung (Unternehmens-, Imagewerbung) erschöpft, „die ohne Bezugnahme auf bestimmte Präparate für Ansehen und Leistungsfähigkeit des Unternehmens allgemein wirbt, obwohl auch sie – mittelbar – den Absatz der Produkte des Unternehmens fördern kann und soll, wie umgekehrt die Produktwerbung immer auch Firmenwerbung ist".[94]

33 Zur **Abgrenzung** zwischen produktbezogener und (reiner) Firmenwerbung stellt der BGH[95] in erster Linie darauf ab, ob nach dem Gesamterscheinungsbild der Werbung die Darstellung des Unternehmens im Vordergrund steht (**Firmenwerbung**) oder die Anpreisung bestimmter, zumindest individualisierbarer Arzneimittel (**Absatzwerbung**), wobei – abgesehen von direkten Hinweisen auf namentlich genannte oder sonst unzweideutig kenntlich gemachte Arzneimittel – vor allem Faktoren maßgeblich sind wie die Gestaltung der Werbung, der Zusammenhang, in dem sie steht, der Name des werbenden Unternehmens oder inhaltliche Hinweise, wie etwa die Beschreibung eines Indikationsgebietes und der Sinn ver-

---

89 Hiermit ist „mittelbare" Werbung gemeint, dh bspw bereits der Hinweis auf eine Werbung (etwa darauf, dass eine solche auf Anforderung zugeschickt wird) ist seinerseits Werbung, s. Kernd'l/Marcetus, HWG, S. 127.
90 Vgl Doepner, HWG, § 1 Rn 10, einschließlich dortigem Überblick über verschiedene Definitionen von Werbung.
91 BGH NJW 1995, 3054; s. ferner die Begr. zum RegE-HWG 1963, BT-Drucks. IV/1867, 5.
92 Siehe dazu etwa Streinz, EUV/EGV, Kommentar, 2003, Art. 10 EGV Rn 16, 35.
93 BGH NJW 1992, 2964; KG Berlin PharmR 2005, 196, 201.
94 BGH NJW 1992, 2964; s. ferner BGH NJW 1983, 2634, 2635.
95 BGH NJW 1995, 1617; nahezu wortgleich: BGH NJW 1992, 2964 f; etwas enger hingegen: BGH NJW 1983, 2634, 2635.

wendeter Begriffe. **Nicht produktbezogen** ist insoweit etwa die durch ein Pharma-Unternehmen mittels Zeitungsanzeigen durchgeführte Aufklärung über ein bestimmtes Indikationsgebiet (zB Empfängnisverhütung) ohne Nennung bestimmter Produkte, jedenfalls wenn nur ein geringer Anteil der angesprochenen Zielgruppe damit Werbung für ein bestimmtes Produkt assoziiert, was umso mehr gelte, wenn der Schwerpunkt der Anzeige in der Heraushebung der Bedeutung ärztlicher Beratung liegt; ebenso wenig reicht es für eine produktbezogene Werbung aus, wenn die maßgeblichen Verkehrskreise mit der Werbeaussage nicht nur ein Produkt, sondern verschiedene gegenseitig austauschbare Produkte eines oder verschiedener Hersteller in Verbindung bringen.[96] Werden in einem Werbespot nur Indikationsgebiete genannt, für die Arzneimittel des Herstellers existieren, sei ferner maßgeblich, dass der Apotheker darüber entscheiden muss, welches Mittel aus der Angebotspalette des Herstellers er dem Kunden zum Erwerb empfiehlt.[97]

cc) Absatzförderungsabsicht; Abgrenzung zur bloßen Information

Das **Heilmittelwerbegesetz erfasst nur „Werbung"** für Arzneimittel (und andere Heilmittel), nicht hingegen jegliche sachliche Information über solche Mittel, etwa im Rahmen von wissenschaftlichen Darstellungen, Maßnahmen der gesundheitlichen Aufklärung und Informierung oder rein redaktionellen Berichterstattungen der Presse.[98] Es handelt sich nicht um ein Heilmittel*informations*gesetz. Die **Abgrenzung zwischen Werbung und bloßer Informierung über Arznei-/Heilmittel** gestaltet sich indes schwierig, denn auch schlichte Sachinformationen können, jedenfalls sofern sie nicht ausschließlich negativer Natur sind[99], die Konsumentenentscheidung zugunsten des betreffenden Arzneimittels beeinflussen und dessen Absatz fördern, sich objektiv also als werbewirksam darstellen. Erschwerend kommt hinzu, dass nach allgemeiner und zutreffender Ansicht „Werbung" im Sinne des HWG nicht allein auf plakative, schönfärberische, marktschreierische oder reklamehafte Äußerungen beschränkt ist, sondern – nicht zuletzt aufgrund einer entsprechenden Erwartung des Verkehrs im besonders sensiblen Gesundheitsbereich – auch mittels rein objektiver, sachlicher Informationen betrieben werden kann[100]. Zudem müssen – um Umgehungen des Gesetzeszweckes zu verhindern – beispielsweise auch Maßnahmen unter den Werbebegriff des HWG fallen, die rein äußerlich nicht als „typische" Werbemaßnahme (Werbespot, Werbeanzeige etc.) aufgemacht oder erkennbar sind, sondern als bloße Sachinformation daherkommen, gleichwohl aber der Absatzförderung dienen oder zumindest eine andere Zwecke überwiegende objektive Werbeeignung aufweisen und insoweit quasi „versteckte" oder „getarnte"[101] Werbung darstellen (bspw gezielt bzw „übermäßig" positive Berichterstattung durch Journalisten[102] o.Ä.).

Zur Abgrenzung dient insoweit vor allem die dem Werbebegriff gemäß der genannten Begriffsbestimmungen inhärente **subjektive Absatzförderungsabsicht**.[103] Das rechtspraktische Problem dieser in der Theorie relativ klar gezogenen Grenzlinie zwischen Werbung und bloßer Sachinformation besteht allerdings darin, dass der die Werbung konstituierende

---

96 Siehe zu alledem BGH NJW 1992, 2967, 2968 f.
97 BGH NJW 1995, 1617, 1618.
98 Siehe Begr. zum RegE-HWG 1963, BT-Drucks. IV/1867, 5; Gröning, Heilmittelwerberecht, Bd. 1, § 1 HWG Rn 14; vgl ferner etwa BGH WRP 1979, 193; NJW 1983, 2637.
99 Selbst in Informationen negativen Inhalts kann noch die positive Aussage mitschwingen, dass das beschriebene Mittel auch nur diese (und sonst keine) negativen Eigenschaften aufweist.
100 Siehe etwa BGHZ 114, 354, 356; BGH NJW 1994, 3054.
101 *Bülow*/Ring, HWG, § 1 Rn 5; Willi, PharmR 2007, 412, 416.
102 Siehe hierzu etwa BGH NJW 1990, 1529, 1531.
103 Vgl Begr. zum RegE-HWG 1963, BT-Drucks. IV/1867, 5; Gröning, Heilmittelwerberecht, Bd. 1, § 1 HWG Rn 14; Willi, PharmR 2007, 412, 415 f.

Absatzförderungswille als rein voluntatives Element schwer nachweisbar bzw sein Nichtvorhandensein (oder auch sein Vorhandensein) leicht zu behaupten ist. Daher muss man zu seiner Ermittlung in hohem Maße auch auf **objektive Umstände** wie das äußere Erscheinungsbild und den Gesamtkontext des untersuchten Informationsmittels zurückzugreifen.[104] Insgesamt gilt somit: Je stärker der Kommunikationsinhalt rein objektiv eine Werbewirksamkeit aufweist und je weniger andere Motivationen als die Absatzförderung ersichtlich sind, desto eher ist auf das Vorhandensein einer Absatzförderungsabsicht und damit auf das Vorliegen einer „Werbung" zu schließen. Oder anders gewendet: Je eher etwas rein objektiv als „Werbung" erscheint, desto weniger kann sich der Urheber mit Erfolg darauf einlassen, er habe nicht in Absatzförderungsabsicht gehandelt.

36 Bei der **Herleitung des Absatzförderungswillen (auch) aus der objektiven Werbewirksamkeit** einer Äußerung findet sich in Rechtsprechung und Schrifttum eine verbreitete Tendenz, bereits aus jedweder, auch bloß geringen objektiven Werbeeignung auf den subjektiven Absatzförderungswillen und damit auf das Vorliegen einer Werbung zu schließen; auf den Werbegrad sowie auf erkennbare andere Motivationen komme es insoweit nicht an.[105] Dies ist zwar im Hinblick auf die damit verminderten Abgrenzungsschwierigkeiten und die sichere Erfassung auch „getarnter" Werbung nachvollziehbar, andererseits führt diese Vorgehensweise bei rigoroser Anwendung ihrer Parameter zu einer sehr weitgehenden Gleichsetzung von bloßer Information und Werbung, da die zur Annahme der Absatzförderungsabsicht herangezogene objektive Werbewirksamkeit, wie dargelegt (siehe Rn 34), praktisch jedweder Information über ein Arzneimittel inhärent ist. Damit würde das gerade auch gemeinschaftsrechtlich für den Begriff „Werbung" vorgeschriebene Merkmal einer subjektiven Absatzförderungsabsicht (siehe Rn 31) praktisch aber weitgehend ausgehebelt. Und auch im Hinblick auf vor allem die grundrechtlich geschützte Meinungs- und Informationsfreiheit (Art. 5 Abs. 1 GG, siehe Rn 13 f) ist eine **allzu weite, die Grenzen zwischen Werbung und bloßer Information verwischende Auslegung** des heilmittelwerberechtlichen Werbebegriffes nicht unproblematisch.[106] Vorzugswürdig erscheint daher die verstärkte, in höherem Maße eine sachgemäße Einzelfallbetrachtung ermöglichende Hinwendung zu der vom BGH vor allem (aber nicht nur) in früheren Entscheidungen[107] praktizierten **Schwerpunktbetrachtung**, nach welcher zumindest eine geringe objektive Werbewirksamkeit gegebenenfalls hinter anderen, deutlich überwiegenden Zwecken zurücktreten kann.[108] Dem steht auch nicht die in der „Katovit"-Entscheidung des BGH vom 29.5.1991[109] zu Recht

---

104 Siehe etwa BGH WRP 1979, 193, 194; OLG Köln, WRP 1993, 515, 517 f/519. – Sehr weitgehend: OLG Köln GRUR 1972, 561, 563, wo bereits allein aufgrund der objektiven Werbewirksamkeit einer Angabe die subjektive Absatzförderungsabsicht als *indiziert* angesehen wird, „weil die angesprochene Verbraucherschaft dies nur so verstehen kann"; gegen eine bloße Vermutung der Wettbewerbsabsicht OLG Karlsruhe PharmR 1987, 20.

105 Siehe etwa OLG Hamburg GRUR 2004, 274, 275; OVG Lüneburg RdL 2006, 330, 331; VG Osnabrück NVwZ-RR 2005, 714; vgl auch Doepner, HWG, § 1 Rn 12: Gegensatz zwischen Sachinformation und heilmittelrechtlich relevanter Absatzwerbung sei abzulehnen.

106 Vgl etwa Doepner/Reese, Produktbezogene Patienteninformationen im Internet-Zeitalter – eine kritische Bestandsaufnahme nach deutschem und europäischem Heilmittelwerberecht –, PharmR 2001 (Sonderdruck), S. IX ff; Gröning, Heilmittelwerberecht, Bd. 1, § 1 HWG Rn 14 aE; Sodan/Zimmermann, Das Spannungsfeld zwischen sachlicher Patienteninformierung und dem Werbeverbot für verschreibungspflichtige Arzneimittel, 2008, S. 90 f.

107 BGH GRUR 1970, 558, 560 – Sanatorium; NJW 1972, 339, 340 – Pflanzensäfte; WRP 1979, 193, 194 – Sanatoriumswerbung; NJW 1983, 2637 – Ginseng; NJW 1990, 1529, 1531 – Schönheits-Chirurgie; NJW 1995, 3054 – Sauerstoff-Mehrschritt-Therapie; ferner etwa OLG Karlsruhe ZLR 1995, 65, 66 f; PharmR 2007, 383, 385 f; OLG Düsseldorf GRUR 1982, 622, 626.

108 In diese Richtung auch Doepner/Reese, Produktbezogene Patienteninformationen im Internet-Zeitalter – eine kritische Bestandsaufnahme nach deutschem und europäischem Heilmittelwerberecht –, PharmR 2001 (Sonderdruck), S. VI f und insb. S. XV.

109 BGHZ 114, 354, 356 ff.

getroffene Feststellung entgegen, dass **Werbung begrifflich eine sachliche Information „nicht ausschließt"**, da dies umgekehrt nicht bedeutet, dass jede sachliche Information zugleich auch immer Werbung *ist*. Mit dieser Schwerpunktbetrachtung wird zudem die **Parallele** zur Abgrenzung zwischen produktbezogener und Unternehmenswerbung[110] (s.o. Rn 32 f) sowie zum allgemeinen Recht des unlauteren Wettbewerbs (siehe hierzu auch unten Rn 144 ff) gezogen, wo eine Wettbewerbshandlung, dh ein Handeln zu Zwecken des Wettbewerbs dann vorliegt, „wenn das Verhalten objektiv geeignet ist, den eigenen oder einen fremden Wettbewerb zum Nachteil eines anderen zu begünstigen, und wenn der Handelnde zusätzlich in subjektiver Hinsicht in der Absicht vorgegangen ist, den eigenen oder fremden Wettbewerb zu fördern, und wenn diese Absicht nicht völlig hinter anderen Beweggründen zurücktritt"[111].

dd) Etikettierung, äußere Umhüllung oder Packungsbeilage (Gebrauchsinformation) als Werbung?

Auch die Etikettierung eines Arzneimittels, dessen äußere Umhüllung bzw Verpackung sowie die Packungsbeilage kommen als Werbeträger grundsätzlich in Betracht.[112] Unabhängig von der Frage, ob sie – jedenfalls soweit sie nur Pflichtangaben nach dem AMG enthalten – überhaupt von einer Absatzförderungsabsicht getragen sind,[113] ist allerdings hinsichtlich ihrer der **Werbebegriff des Heilmittelwerbegesetzes** gemeinschaftsrechtlich und aufgrund der Gesetzessystematik von HWG und AMG **normativ** dahin gehend **zu korrigieren**, dass alle Angaben, die arzneimittelrechtlich (dh insbesondere aufgrund der §§ 10 bis 12 AMG) für die Etikettierung, Packung oder Packungsbeilage/Gebrauchsinformation vorgeschrieben oder ausdrücklich gestattet sind und die ausschließlich zur sachlichen Produkt- und Gebrauchsinformation verwendet werden, unabhängig von ihrer etwaigen Werbeeignung und den Intentionen des Werbenden begrifflich keine Werbung im Sinne des HWG darstellen und somit nicht in den Anwendungsbereich des HWG fallen.[114] Gesetzessystematisch sowie teleologisch folgt dies aus der Erwägung, dass ansonsten dem Verbraucher Informationen vorenthalten werden könnten, welche ihn nach der Intention des AMG gerade erreichen sollen, damit er ein Präparat bestimmungsgemäß anwenden kann.[115] Das gleiche Ergebnis ergibt sich letztlich auch aus Art. 86 Abs. 2, 1. Spiegelstrich RL 2001/83/EG, wonach der die Werbung (für Humanarzneimittel) betreffende Titel VIII der Richtlinie nicht für die Etikettierung und die Packungsbeilage gilt; diese unterliegen vielmehr dem Titel V der Richtlinie. Nach diesem gemeinschaftsrechtlichen Verständnis[116], welches auch für die Auslegung des nationalen Heilmittelwerberechts maßgeblich ist (vgl. Rn 22 ff), sind **Etikettierung und Packungsbeilage also keine Werbung**, jedenfalls soweit sie allein die vorgeschriebenen oder zugelassenen Angaben enthalten. Nicht zugelassen sind wiederum **Angaben, die Werbecharakter haben können** (Art. 62 Hs 2 RL 2001/83/EG; zuvor Art. 2

---

110 Siehe hierzu etwa BGH NJW 1992, 2964 f – Pharma-Werbespot; NJW 1992, 2967, 2968 – Fenovan; NJW 1995, 1617 f – Pharma-Hörfunkwerbung.
111 BGH NJW 1990, 1529, 1530; nahezu wortgleich: BGH NJW 1992, 2231, 2232; NJW-RR 1993, 225, jeweils mwN – st. Rspr; s. auch BGH NVwZ 2008, 1270, 1271; OLG Köln WRP 1993, 515, 517 f, 519.
112 BGH NJW 1998, 3412 – Neurotrat forte; BGHZ 114, 354, 355 ff – Katovit; Gröning, Heilmittelwerberecht, Bd. 2, RL 2001/83/EG Art. 86 Rn 4.
113 Dagegen etwa Gröning, Heilmittelwerberecht, Bd. 1, § 1 HWG Rn 59; Scholz, PharmR 1997, 244, 246; dafür: Doepner, HWG, § 1 Rn 19.
114 BGH NJW 1998, 3412, 3413; NVwZ 2008, 1270, 1271; OLG Hamburg MD 2007, 1200 (unter B. II. 2. b, bb); Doepner, HWG, § 1 Rn 19.
115 BGH NJW 1998, 3412, 3413.
116 Instruktiv insoweit Gröning, WRP 1995, 576, 578 ff, wenn auch noch zu den – weitgehend inhaltsidentischen – Vorgänger-Richtlinien.

Abs. 2 Hs 2 und Art. 7 Abs. 3 Hs 2 RL 92/27/EWG). Der Umsetzung dessen ins nationale Recht dient zum einen § 4a Abs. 1 HWG, der in der Packungsbeilage die Werbung für andere Arzneimittel für unzulässig erklärt, zum anderen §§ 10 Abs. 1 S. 4, 11 Abs. 1 S. 2, 5 AMG, die für Kennzeichnung und Packungsbeilage neben den Pflichtangaben nur noch „erläuternde" sowie „weitere Angaben" zulassen, soweit diese mit der Anwendung des Arzneimittels im Zusammenhang stehen, für die gesundheitliche Aufklärung der Patienten wichtig sind und den Angaben nach § 11a AMG nicht widersprechen; Werbeangaben auch für das Arzneimittel selbst sollen insoweit unterbunden werden.[117] Auch wenn diese erläuternden oder weiteren Angaben als nach AMG zugelassene insoweit ebenfalls keine Werbung darstellen (s.o.), bleibt das **praktische Problem der Abgrenzung** von solchen bloß „**gebrauchssichernden Hinweisen**" gegenüber Angaben, die in ihrem Informationsgehalt hierüber hinausgehen und insoweit unzulässige Werbung darstellen können.[118] Einen solchen „werblichen Überschuss" stellte der BGH zuletzt etwa fest hinsichtlich der nichtvollständigen Angabe von Anwendungsgebieten auf der Arzneimittel-Verpackung, da die Anwendungsgebiete keine Pflichtangabe nach § 10 Abs. 1 S. 1 AMG darstellen und mangels Vollständigkeit auch nicht als „für die Gesundheit des Patienten wichtige" Angaben nach § 10 Abs. 1 S. 4 AMG anzusehen gewesen sein; um als Letzteres gelten zu können, hätten sie vielmehr vollständig und auch so wiedergegeben werden müssen, wie sie im Zulassungsbescheid ausgewiesen sind.[119]

38 Trotz der eben genannten Grundsätze können aber die Packungsbeilage oder die Verpackung als Werbung gelten, wenn sie **aus ihrer eigentlichen Funktion herausgelöst** und als eigenständiges Werbemedium verwendet werden, etwa durch – insbesondere vergrößerte – Zurschaustellung in Schaufenstern oder durch Integration in eine Anzeigen- oder Plakatwerbung.[120] Dies wiederum gilt nicht, wenn eine Packungsbeilage/Gebrauchsinformation, die lediglich die nach §§ 11, 12 AMG vorgeschriebenen oder zugelassenen Abgaben enthält, **im Internet zum Abruf** bereitgestellt wird, da es – nicht zuletzt unter dem Gesichtspunkt des Art. 5 Abs. 1 GG – "keinen Grund [gibt], dem Patienten diese Informationen vorzuenthalten, ehe er das Medikament erwirbt oder benützt".[121]

ee) Publikumswerbung und Fachwerbung; „Fachkreise" gemäß § 2 HWG

39 Hinsichtlich der Verbotsintensität unterscheidet das Heilmittelwerbegesetz der Sache nach zwischen Publikumswerbung und Fach(kreis)werbung. Da letztere sich an einen fachkundigeren Personenkreis richtet, **beziehen sich manche Werbeverbote nur auf die Publikumswerbung, nicht hingegen auf die Fachwerbung** (siehe etwa § 4 Abs. 3, § 4a Abs. 2, § 10 Abs. 2, § 11 und § 12 HWG; zudem enthält § 10 Abs. 1 HWG ein Verbot für Werbung außerhalb bestimmter Teile der Fachkreise).

40 Den Inhalt des Begriffs „**Fachkreise**" bestimmt § 2 HWG: Zu den von ihm erfassten „Angehörigen der Heilberufe oder des Heilgewerbes" (eine Abgrenzung zwischen beidem ist entbehrlich) zählen zB Ärzte, Zahnärzte, Tierärzte, Apotheker, Hebammen, Krankenschwestern, medizinisch-technische Assistenten, Krankengymnasten, Masseure, Heilpraktiker (§ 1 HeilprG), Psychotherapeuten (§ 1 Abs. 1 PsychThG), zu den „Einrichtungen, die der Gesundheit von Mensch und Tier dienen" gehören bspw. Krankenhäuser, Sanatorien,

---

117 Siehe BT-Drucks. 12/6480, 18 f, 25.
118 Siehe hierzu etwa OLG Hamburg GRUR-RR 2004, 274, 275; vgl ferner OLG Hamburg PharmR 2008, 126 ff, mit allerdings etwas inkonsequenter Terminologie.
119 BGH NVwZ 2008, 1270, 1271 – Amlodipin.
120 Scholz, PharmR 1997, 244, 248 f; s. auch OLG Frankfurt NJW-RR 1996, 750; vgl ferner BGH NJW 1998, 3412.
121 OLG München PharmR 2004, 308 f, mit Anm. v. Czettritz; s. auch die Vorinstanz LG München I, PharmR 2004, 114 ff, mit Anm. Stoll, PharmR 2004, S. 100 ff; aA Scholz, PharmR 1997, 244, 249.

B. Die Vorgaben des Heilmittelwerbegesetzes für die Arzneimittelwerbung 28

Gesundheitsämter, Veterinärämter, Chemische und Medizinaluntersuchungsanstalten sowie Ausbildungsstätten für die Heilberufe iS von § 47 Abs. 3 AMG[122], nicht hingegen Kurstätten, die keiner Konzession nach § 30 GewO bedürfen[123], und zu den „sonstigen Personen, soweit sie mit Arzneimitteln, Medizinprodukten [etc.] erlaubterweise Handel treiben oder sie in Ausübung ihres Berufes anwenden", werden etwa pharmazeutische Unternehmen und Großhändler (§ 47 Abs. 1 Nr. 1 AMG), Apotheker (sofern man sie nicht schon als „Heilberuf" erfasst), ferner Drogisten, Reformhäuser oder sonstige Einzelhändler gezählt, Letztere soweit sie mit Arzneimitteln handeln, die außerhalb der Apotheken abgegeben werden dürfen.[124] Da die Richtlinie 2001/83/EG (Rn 22) von einem engeren Kreis der Fachwerbung auszugehen scheint (vgl ihren **Art. 86 Abs. 1, 2. Spiegelstrich**: „Arzneimittelwerbung bei Personen, die zur Verschreibung oder zur Abgabe von Arzneimitteln befugt sind"), kann für den Anwendungsbereich der Richtlinie in Grenzbereichen eine gemeinschaftsrechtskonforme Reduzierung des Fachkreisbegriffes aus § 2 HWG geboten sein.[125]

Fachwerbung ist solche innerhalb, **Publikumswerbung** solche außerhalb der Fachkreise. Zur Abgrenzung ist auf „**gemischt subjektiv-objektive Kriterien**"[126] abzustellen: Herrscht etwa der erkennbare Wille vor, nur die Fachkreise anzusprechen (zB Werbung in Fachpublikationen, zB in einer Ärztezeitschrift; Direktwerbung), steht die gleichwohl verbleibende Kenntnisnahmemöglichkeit durch Laien der Einordnung als Fachwerbung nicht entgegen. Im **Internet** muss grundsätzlich der Zugang für Laien durch zuverlässige technische Hindernisse (etwa ein Passwort) beschränkt werden; ein bloßer Hinweis, dass die Inhalte nicht für Laien bestimmt sind, genügt nicht.[127] Werbung in Massenmedien wie **Radio oder Fernsehen** kann wegen deren objektiv-planmäßiger Ausrichtung gerade auch auf das Laienpublikum selbst bei anderslautendem Willen des Werbenden nie als Fachwerbung gelten. 41

c) Der Adressatenkreis des HWG: Werbungstreibende

Der Adressatenkreis des HWG ist nicht ausdrücklich normiert. Das Gesetz richtet sich an jeden Werbungstreibenden[128], dh an alle natürlichen oder juristischen Personen, die an der Verbreitung einer als Werbung im Sinne des HWG einzustufenden Aussage beteiligt bzw hierfür verantwortlich sind,[129] was unabhängig davon ist, ob ein eigenes Interesse an dem durch die Werbung angestrebten wirtschaftlichen Erfolg besteht oder nur der Erfolg eines anderen gefördert wird[130]. Insoweit richtet sich das HWG neben den **Urhebern der Werbung**, also denjenigen, denen die im Interesse einer Absatzförderung getätigte werbende Äußerung zuzurechnen ist, grundsätzlich auch an **die mit der Werbedurchführung Betrauten**, sprich „diejenigen, die sich sonst beruflich mit der Werbung auf dem Gebiete des Heilwesens beschäftigen".[131] **Werbungstreibende** im weitesten Sinne können demnach etwa sein: pharmazeutische Unternehmer, Hersteller, Vertreiber, Importeure, Großhändler, Ein- 42

---

122 Doepner, HWG, § 2 Rn 8.
123 Bülow/Ring, HWG, § 2 Rn 11.
124 Siehe zu alldem auch die Begr. zum RegE-HWG 1963, BT-Drucks. IV/1867, 7.
125 Näher: Gröning, Heilmittelwerberecht, Bd. 1, § 2 HWG Rn 5 (zur Vorgänger-RL 92/28/EWG).
126 Bülow/Ring, HWG, § 2 Rn 4; Gröning, Heilmittelwerberecht, Bd. 1, § 2 HWG Rn 9.
127 OLG Zweibrücken OLGR 2002, 257; vgl indes auch die Fallkonstellation bei OLG München GRUR 2005, 695. Zur Problematik Pharmawerbung im Internet auch v. Czettritz, PharmR 1997, 88 ff.
128 Vgl Kernd'l/Marcetus, HWG, S. 208; Doepner, HWG, 2. Aufl. 2000, § 1 Rn 13. – Der Begriff wird hier in einem weiten Sinne gebraucht, der prinzipiell auch Werbungsdurchführende umfasst. In einem engeren Sinne wird er häufig aber auch nur für denjenigen verwendet, der die Werbung für sein Produkt veranlasst, und dann dem „Werbungsdurchführenden" gegenübergestellt, s. etwa Bülow/Ring, Einf. Rn 45; ferner Bernhardt, HWG, S. 38.
129 Vgl Höpker, WRP 1971, 97, 98 f.
130 Bernhardt, HWG, S. 38; Gröning, Heilmittelwerberecht, Bd. 1, § 1 HWG Rn 75.
131 Bernhardt, HWG, S. 38.

zelhändler, Apotheker, Ärzte, Pharmaberater, ferner auch Werbeagenturen, Werbemedien, Verleger, verantwortliche Redakteure und Anzeigenleiter, jedenfalls soweit ihnen **Prüfpflichten** hinsichtlich des Werbeinhalts obliegen (siehe dazu auch unten Rn 148).[132] **Als Werbungstreibender ausscheiden** dürfte hingegen, wer zwar im weitesten Sinne an der Werbung „beteiligt" ist, aber keinerlei (Mit-)Verantwortung für den Inhalt der Werbung oder keinerlei spezifisches Interesse an deren Verbreitung hat, sondern nur unselbständig an Vorbereitung oder Verbreitung mitwirkt, wie bspw. Drucker[133], Plakatkleber, Prospektverteiler.[134]

43 Die **Verantwortlichkeit** für Straftaten und Ordnungswidrigkeiten gemäß §§ 14, 15 HWG richtet sich nach den allgemeinen Regeln über Täterschaft und Teilnahme/Beteiligung im StGB und im OWiG (siehe auch Rn 139). Zur wettbewerbsrechtlichen Haftung als Anspruchsgegner hinsichtlich Beseitigungs- und Unterlassungsansprüchen nach dem UWG siehe unten Rn 147 f.

2. Örtlicher Anwendungsbereich; Werbung ausländischer Unternehmen (§ 13 HWG)

44 Da örtlicher Anwendungsbereich (Geltungsbereich) des Heilmittelwerbegesetzes die Bundesrepublik Deutschland ist, erfasst das HWG **Werbung, die in Deutschland durchgeführt wird**, wobei eine Parallele zum im Wettbewerbsrecht geltenden Marktortprinzip[135] naheliegt[136]. Hinsichtlich der Straf- und Ordnungswidrigkeitstatbestände in §§ 14, 15 HWG gelten die „allgemeinen" Regelungen der §§ 3 ff StGB und der §§ 5 ff OWiG.[137]

45 Aufgrund der rechtlich wie praktisch häufig erschwerten Rechtsverfolgung von **aus dem Ausland begangenen, sich im Inland auswirkenden Straftaten** oder Ordnungswidrigkeiten bezweckt § 13 HWG eine **erleichterte Rechtsverfolgung** von Verstößen gegen das Heilmittelwerbegesetz, die von Unternehmen mit Sitz außerhalb der Bundesrepublik begangen werden.[138] Hierzu bestimmt er im Kern, dass Werbung von Unternehmen, die ihren Sitz außerhalb des Geltungsbereiches des HWG – sowie, in gemeinschaftsrechtskonformer Auslegung, außerhalb anderer Mitgliedstaaten der Europäischen Union[139] – haben, unzulässig ist, wenn nicht ein in der Bundesrepublik oder in einem anderen Mitgliedstaat der Europäischen Union (oder Vertragsstaat des Europäischen Wirtschaftsraums) Verantwortlicher vorhanden ist, der mit Sanktionen belegt werden kann.[140] Ein Verstoß gegen § 13 HWG kann seinerseits als **Ordnungswidrigkeit** verfolgt werden (§ 15 Abs. 1 Nr. 10 HWG), wobei dann allerdings die Verfolgungserleichterungen gerade nicht greifen, so dass hier vor allem der eigenständigen **Einziehung** des Werbematerials nach § 16 HWG iVm § 27 OWiG Bedeutung zukommt.

---

132 Ausführliche Aufzählung bei Doepner, HWG, § 1 Rn 13.
133 Anders hinsichtlich Druckern hingegen Bernhardt, HWG, S. 38.
134 Vgl auch Doepner, HWG, Vor §§ 14, 15 Rn 57.
135 Siehe hierzu etwa BGH GRUR 1998, 419, 420: Maßgeblichkeit des Ortes, an dem durch das betreffende Verhalten auf die Kundenentschließung eingewirkt werden soll; s. zum Marktortprinzip bei Arzneimittelwerbung aus dem Ausland im Internet BGHZ 167, 91 (100).
136 Gröning, Heilmittelwerberecht, Bd. 1, § 13 HWG Rn 14.
137 *Bülow*/Ring, HWG, § 1 Rn 9.
138 Doepner, HWG, § 13 Rn 2.
139 Bülow/*Ring*, HWG, § 13 Rn 10; Gröning, Heilmittelwerberecht, Bd. 1, § 13 HWG Rn 6.
140 Zur Kritik im Hinblick auf die praktische Verfehlung des Regelungszieles der Norm Gröning, Heilmittelwerberecht, Bd. 1, § 13 HWG Rn 5 ff.

II. Die Verbotstatbestände des Heilmittelwerbegesetzes

1. Überblick

Die im Heilmittelwerbegesetz in den §§ 3 ff enthaltenen Werbeverbote bzw Vorgaben für das Erlaubtsein von Arzneimittelwerbung lassen sich grob – und vorbehaltlich gewisser Überschneidungen – untergliedern in Werbeverbote, die für bestimmte Arten von Arzneimitteln gelten, sowie in Werbeverbote, die eine bestimmte Art oder Form der Werbung betreffen.

Auf **Werbung für eine bestimmte Arzneimittelart** bezogen sind etwa § 3 a HWG (zulassungspflichtige, aber nicht zugelassene Arzneimittel), § 4 Abs. 1 S. 2 HWG (traditionelle pflanzliche Arzneimittel), § 4 Abs. 1 a HWG (Arzneimittel mit nur einem arzneilich wirksamen Bestandteil), § 5 HWG (homöopathische Arzneimittel), § 10 Abs. 1 HWG (verschreibungspflichtige Arzneimittel), § 10 Abs. 2 HWG (Arzneimittel zur Beseitigung von Schlaflosigkeit oder psychischen Störungen oder zur Beeinflussung der Stimmungslage) und § 12 Abs. 1 HWG (Arzneimittel zur Erkennung, Verhütung, Beseitigung oder Linderung bestimmter Krankheiten oder Leiden).

Bestimmte **Werbearten** hingegen untersagen § 3 HWG (irreführende Werbung), § 4 HWG (Werbung ohne die dort genannten Angaben), § 4 Abs. 1 HWG (Werbung in der Packungsbeilage), § 4a Abs. 2 HWG (Werbung für die Verordnungsfähigkeit eines Arzneimittels), § 6 HWG (Werbung mit Gutachten, wissenschaftlichen Veröffentlichungen uÄ), § 7 HWG (Werbegaben), § 8 HWG (Teleshopping; Einzeleinfuhr), § 9 HWG (Werbung für Fernbehandlung), § 11 HWG (verschiedene Publikumswerbeverbote, zB Werbung mit bestimmten bildlichen Darstellungen, angstauslösende Werbung, Werbung allein gegenüber Kindern oder vergleichende Werbung) und schließlich § 13 HWG (Werbung bestimmter ausländischer Unternehmen, s. dazu bereits oben Rn 45).

§ 14 HWG regelt einen **Straftatbestand** (für den Verstoß gegen § 3 HWG), § 15 HWG **Ordnungswidrigkeiten** (für Verstöße gegen §§ 3a–13 HWG) und § 16 HWG die **Einziehungsmöglichkeit** hinsichtlich Werbematerialien.

2. Irreführende Werbung (§ 3 HWG)

§ 3 HWG enthält ein Verbot irreführender Werbung. § 3 S. 1 HWG verbietet diese generalklauselartig. § 3 S. 2 HWG nennt zudem einzelne, nicht abschließende „Regelbeispiele" für irreführende Werbung.

a) Irreführung

Nach § 3 S. 1 HWG ist eine irreführende Werbung unzulässig. Uneinheitlich wird hierbei beurteilt, ob die Norm einschränkend dahin gehend auszulegen ist, dass nicht jede auch von §§ 5, 5a UWG erfasste „allgemeine" Irreführung betreffend das Arzneimittel als Wirtschaftsgut unter § 3 HWG (und die gegenüber dem UWG strengere Sanktion des § 14 HWG) fällt, sondern **nur eine „heilmittelspezifische" Irreführung**, die im Hinblick auf die Erkennung, Verhütung, Beseitigung oder Linderung von Krankheiten oder Leiden entstehen kann.[141] Dagegen spricht allerdings, dass eine Trennung zwischen der Funktion als Wirtschaftsgut und derjenigen als Heil-/Arzneimittel praktisch kaum möglich ist[142] und dass auch § 3 S. 2 Nr. 2 lit. c eine „allgemeinwirtschaftliche", von der Funktion des beworbenen Produkts als Arzneimittel losgelöste Irreführung erfasst (nämlich hinsichtlich des Wettbe-

---

[141] Für diese einschränkende Auslegung Gröning, Heilmittelwerberecht, Bd. 1, § 3 HWG Rn 8; vgl auch KG Berlin WRP 1994, 184; für Erfassung jeglicher Irreführung hingegen Doepner, HWG, § 3 Rn 8, *Bülow*/Ring, HWG, § 3 Rn 25; Poschenrieder, Werbeschränkungen für Arzneimittel, 2008, S. 110 f.
[142] Siehe näher Poschenrieder, Werbeschränkungen für Arzneimittel, 2008, S. 110 f.

werbszwecks der Werbung). Auch der damaligen Gesetzesbegründung lässt sich nichts für eine einschränkende Auslegung entnehmen[143].

50 Der Begriff „Irreführung" in § 3 HWG ist grundsätzlich deckungsgleich mit dem im Wettbewerbsrecht (siehe §§ 5, 5 a UWG) verwendeten.[144] **Irreführend** ist eine Werbung, wenn sie bezüglich tatsächlicher Umstände, die für die Verbraucherentscheidung hinsichtlich des beworbenen Produkts relevant sind, bei einem nicht unbeachtlichen Teil der Umworbenen eine **Divergenz zwischen deren Vorstellung und der Realität** bewirkt.[145] Dies kann nicht nur durch Vermittlung falscher Tatsachen oder durch Verschleierung oder Verschweigen wahrer Tatsachen geschehen, sondern sogar durch die Nennung wahrer Tatsachen, sofern die Werbeadressaten hiermit eine falsche Vorstellung verbinden (etwa bei bestimmten Fachausdrücken oder der Heraushebung von Selbstverständlichkeiten). Abzustellen ist darauf, wie durchschnittlich informierte und verständige Durchschnittsverbraucher die Werbeaussagen verstehen.[146] Dabei ist nur entscheidend, dass die Aussagen zur Irreführung dieser Personengruppe geeignet sind, sie also die Gefahr eines Irrtums begründen; ob tatsächlich eine konkrete Irreführung eintritt, ist unerheblich.[147] Ebenso wenig ist die Feststellung einer konkreten, zumindest mittelbaren Gesundheitsgefährdung erforderlich.[148] Als Indizwirkung für eine solche abstrakte Irreführungseignung kann eine Quote von 10-15 % tatsächlich Irregeführter ausreichen.[149]

Im Gemeinschaftsrecht hat § 3 HWG seine Entsprechung in Art. 87 Abs. 3, 2. Spiegelstrich RL 2001/83/EG, nach dem Arzneimittelwerbung nicht irreführend sein darf.

b) Die „Regelbeispiele" für eine irreführende Werbung (§ 3 S. 2 Nr. 1–3 HWG)

aa) Werbung mit nicht vorhandener Wirkung/Wirksamkeit (§ 3 S. 2 Nr. 1 HWG)

51 Nach § 3 S. 2 Nr. 1 HWG liegt eine unzulässige irreführende Werbung vor, wenn dem beworbenen Arzneimittel eine therapeutische Wirksamkeit oder Wirkung beigelegt wird, die es nicht hat. Der **Nachweis der (fehlenden) Wirkung/Wirksamkeit** kann, jedenfalls wenn wissenschaftliche Erkenntnisse fehlen, auch durch praktische Erfahrungen erfolgen.[150] Problematisch ist vor allem der Fall, dass die (Nicht-)Wirksamkeit eines Arzneimittels nicht durch wissenschaftliche oder aus der Praxis gewonnene Erkenntnisse nachweisbar oder dass sie umstritten ist: Da die Wirksamkeit ebenso wie die Nichtwirksamkeit praktisch niemals im Sinne einer zu 100 % gesicherten Absolutheit nachweisbar sein werden,[151] ließe man § 3 S. 2 Nr. 1 HWG weitgehend leerlaufen, wenn man für seine Einschlägigkeit einen derart absoluten Nachweis der Unwirksamkeit fordern würde.[152] Vielmehr spricht neben dem Normzweck auch ein Vergleich mit § 11 Abs. 1 S. 2 Nr. 2, § 19 Abs. 1 S. 2 Nr. 1 und § 27 Abs. 1 S. 2 Nr. 1 LFBG (welche die Werbung für Lebens-, Futtermittel oder Kosmetika auch dann als irreführend ansehen, wenn mit wissenschaftlich nicht hinreichend gesicherten Erkenntnissen über deren Wirkung geworben wird) dafür, unter § 3 HWG ebenfalls bereits **nicht hinreichend gesicherte Wirksamkeitsangaben** zu erfassen: Denn wenn dies kraft – klar-

---

143 Siehe Begr. zum RegE-HWG 1963, BT-Drucks. IV/1867, 6 f (zu § 2 aF).
144 *Bülow*/Ring, HWG, § 3 Rn 4.
145 BGH GRUR 1993, 920, 921.
146 Siehe näher BGH NJW-RR 2000, 1490, 1491.
147 *Bülow*/Ring, HWG, § 3 Rn 25.
148 OLG Frankfurt GRUR-RR 2005, 394, 396.
149 Näher Gröning, Heilmittelwerberecht, Bd. 1, Vor § 3 HWG Rn 5 f; vgl auch BGH GRUR 1992, 66 ff.
150 Ausführlich: Doepner, HWG, § 3 Rn 61, 72 f.
151 Siehe etwa Gröning, Heilmittelwerberecht, Bd. 1, § 3 HWG Rn 14; Poschenrieder, Werbebeschränkungen für Arzneimittel, 2008, S. 115 f; s. ferner die betreffenden Gesetzesmaterialien in BT-Drucks. 7/5091, 6.
152 In diese Richtung aber *Bülow*/Ring, HWG, § 3 Rn 37, der dann allerdings Werbung mit „pseudowissenschaftlichen" Angaben zumindest an § 3 S. 1 HWG messen will.

stellender – Normierung für Lebens-, Futtermittel und Kosmetika gilt, muss dies erst recht für die potenziell weitaus gefährlicheren Heil-/Arzneimittel gelten[153]. Für die Annahme des Vorliegens der in der Werbung beigelegten Wirksamkeit eines Arzneimittels kann allerdings dessen **Zulassung** von Bedeutung sein.[154] Im übrigen wird man nur anhand einer konkreten **Einzelbetrachtung** ermitteln können, ob die beigelegte Wirkung hinreichend gesichert ist oder nicht.

Die **Beweislast** für das Nichtvorhandensein der beigelegten Wirkung/Wirksamkeit trägt zwar nach den im Wettbewerbsprozess geltenden Grundsätzen der Kläger. Jedoch ist nach der Rechtsprechung des BGH der Beklagte/Werbende darlegungs- und beweisbelastet, wenn er mit einer fachlich umstrittenen Meinung geworben hat, ohne die Gegenmeinung zu erwähnen. Denn der Werbende übernimmt in einem derartigen Fall dadurch, dass er eine bestimmte Aussage trifft, die Verantwortung für ihre Richtigkeit, die er im Streitfall dann auch beweisen muss.[155] Trägt ein Kläger das Fehlen einer wissenschaftlichen Grundlage einer gesundheitsbezogenen Werbeaussage substanziiert vor, ist es Aufgabe des Beklagten, die wissenschaftliche Absicherung seiner Werbeangabe zu beweisen.[156]

bb) Irreführung hinsichtlich Erfolgserwartungen, schädlichen Wirkungen und Wettbewerbszweck der Werbung (§ 3 S. 2 Nr. 2 HWG)

Da nach medizinischem Kenntnisstand regelmäßig nur die Wahrscheinlichkeit eines Erfolges, nicht aber sein sicherer Eintritt belegt werden kann,[157] verbietet § 3 S. 2 Nr. 2 lit. a HWG die Werbung mit Angaben, die fälschlich den Eindruck des sicheren Eintritts eines Erfolges bei einem nicht unerheblichen Teil der verständigen Durchschnittsverbraucher erwecken, also zumindest suggerieren.[158] Hierunter können insbesondere die Verwendung von Begriffen wie „zuverlässig"[159] oder „garantiert" fallen, ebenso „Geld-zurück-Garantien"[160].

Quasi „spiegelbildlich" zum Verbot nach lit. a und aus vergleichbaren Erwägungen verbietet § 3 S. 2 Nr. 2 lit. b HWG Werbung, die fälschlich den Eindruck erweckt, dass bei bestimmungsgemäßem oder längerem Gebrauch keine schädlichen Wirkungen (Nebenwirkungen u.a., etwa Schäden aus Anwendung bei Gegenanzeigen)[161] eintreten, was etwa durch Titulierungen wie „unschädlich", „unbedenklich", „harmlos" oder „frei von...", aber auch durch Verschweigen schädlicher Wirkungen erfolgen kann (siehe für diesen Fall auch § 4 Abs. 1 Nr. 5, 6 HWG).

§ 3 S. 2 Nr. 2 lit. c HWG verbietet Werbung, die fälschlich den Eindruck erweckt, sie werde nicht zu Zwecken des Wettbewerbs veranstaltet. Der Verbraucher soll hierdurch davor geschützt werden, Werbung nicht als solche zu erkennen und ihr dementsprechend nicht mit der gebotenen Vorsicht oder Skepsis bezüglich deren Objektivität gegenüberzutreten.[162]

---

153 So auch Poschenrieder, Werbeschränkungen für Arzneimittel, 2008, S. 116; im Erg. ebenso: OLG Frankfurt GRUR-RR 2005, 394; Gröning, Heilmittelwerberecht, Bd. 1, § 3 HWG Rn 14; Zipfel, Arzneimittelrecht, 1971, § 3 HWG Rn 7; vgl ferner BGH GRUR 1971, 153, 155 – Tampax: „... es liegt im Interesse der Allgemeinheit, Angaben auf dem Gebiet des Gesundheitswesens nur dann zuzulassen, wenn sie gesicherter wissenschaftlicher Erkenntnis entsprechen."
154 Näher: Gröning, Heilmittelwerberecht, Bd. 1, § 3 HWG Rn 15.
155 BGH NJW-RR 1991, 1391 mwN.
156 OLG Frankfurt GRUR-RR 2005, 394.
157 Dazu BVerwGE 94, 215, 222; Hamm/Bücker, HWG, S. 53.
158 Bülow/Ring, HWG, § 3 Rn 51 f, mit umfangreichem Kasuistik-Katalog.
159 Siehe dazu OLG Hamburg NJW 1991, 271; ferner Gröning, Heilmittelwerberecht, Bd. 1, § 3 HWG Rn 32.
160 BGH GRUR 1972, 663, 664.
161 Siehe zum Umfang des Begriffs „Wirkungen" Doepner, HWG, § 3 Rn 96.
162 Vgl BGHZ 130, 205, 215 f.

Legte man hierbei aber den weiten heilmittelwerberechtlichen Werbebegriff (Rn 34) zugrunde, wäre jede Werbung in dessen Sinne, die nicht als „typische" Absatzwerbung (bspw. als Werbespot, Werbeanzeige etc.) daherkommt, bereits automatisch wegen Verstoßes gegen § 3 S. 2 Nr. 2 lit. c HWG unzulässig. Daher kann diese Norm sinnvollerweise nur solche Werbung erfassen, die ganz bewusst eine „Umgehung" dieser typischen Absatzwerbeformen bezweckt, insbesondere wenn sie unter dem Eindruck der Uneigennützigkeit von durch den eigentlichen Werbungstreibenden „vorgeschobenen" Personen (etwa Journalisten, Wissenschaftler) betrieben wird, die zu ihm in einem Auftrags- oder Gefälligkeitsverhältnis stehen.[163] Zur Abgrenzung zu § 11 Abs. 1 S. 1 Nr. 9 HWG siehe Rn 122.

cc) Unwahre oder täuschende Angaben über Zusammensetzung/Beschaffenheit oder Hersteller/Erfinder (§ 3 S. 2 Nr. 3 HWG)

56 In der Werbung enthaltene Angaben über die Zusammensetzung oder Beschaffenheit von Arzneimitteln dürfen nach **§ 3 S. 2 Nr. 3 lit. a HWG** nicht unwahr oder zur Täuschung geeignet sein, wobei „Beschaffenheit" alle dem Mittel innewohnenden äußeren oder inneren, tatsächlichen oder rechtlichen Eigenschaften umfasst[164]. Zur Täuschung geeignet sein können auch wahre oder „neutrale" Angaben, die einen falschen Eindruck suggerieren, etwa über den Innovationsgrad des Mittels, die Dosierung eines Wirkstoffes oder den Anteil pflanzlicher Bestandteile (zB wegen Pflanzenabbildungen auf der Packung).[165]

Entsprechendes gilt nach § 3 S. 2 Nr. 3 lit. b HWG im Hinblick auf Angaben über die Person, Vorbildung, Befähigung oder Erfolge des Herstellers, Erfinders oder der für sie tätigen oder tätig gewesenen Personen.

3. Werbung für nicht zugelassene Arzneimittel (§ 3 a HWG)

57 § 3 a HWG verbietet die Werbung für zulassungspflichtige, aber nicht zugelassene oder nicht als zugelassen geltende Arzneimittel.[166] Satz 2 der Vorschrift stellt dabei klar, dass auch die Werbung für von einer vorhandenen Zulassung nicht erfasste Anwendungsgebiete oder Darreichungsformen unzulässig ist. Maßgeblich für den Umfang der Zulassung ist der nach § 25 AMG erteilte Zulassungsbescheid der zuständigen Behörde; die Fachinformation nach § 11 a AMG ist bei der Auslegung der Zulassung allenfalls ergänzend heranzuziehen.[167] Das Werbeverbot **flankiert die Arzneimittelsicherheit** und will die Aufmerksammachung der Verbraucher und ebenso der Fachkreise für Arzneimittel unterbinden, welchen mangels Zulassung der behördliche „Stempel" der Wirksamkeit und Unbedenklichkeit fehlt. Vor diesem Hintergrund kann § 3 a HWG nur als **abstraktes Gefährdungsdelikt** interpretiert werden, welches unabhängig davon erfüllt ist, ob das betreffende Arzneimittel die Zulassungsvoraussetzungen erfüllt oder nicht.[168] Auch der Hinweis auf die fehlende Zulassung steht einem Verstoß gegen § 3 a HWG daher nicht entgegen.[169]

---

163 Vgl auch *Bülow*/Ring, HWG, § 3 Rn 63; Gröning, Heilmittelwerberecht, Bd. 1, § 3 HWG Rn 44; Hamm/Bücker, HWG, S. 55 f; vgl ferner die – wenn auch unglücklich formulierte – Gesetzesbegründung zu § 2 S. 2 Nr. 2 lit. c HWG aF, BT-Drucks. IV/1867, 7, sowie des Weiteren die Vorgängervorschrift § 3 Abs. 2 lit. d HWVO: „... fälschlich, insbesondere durch vorgeschobene Personen, der Eindruck erweckt wird, daß die Werbung uneigennützig erfolgt".
164 Doepner, HWG, § 3 Rn 104; *Bülow*/Ring, HWG, § 3 Rn 69.
165 Näher und mit Kasuistik: Doepner, HWG, § 3 Rn 105.
166 Siehe zur Zulassung von Arzneimitteln siehe Teil 2 (§§ 6 ff) dieses Handbuchs.
167 BGH WRP 2009, 304, 306.
168 Näher *Bülow*/Ring, HWG, § 3 a Rn 1.
169 OLG Hamburg PharmR 1996, 212.

4. Pflichtangaben nach § 4 HWG

a) Allgemeines

Der ausschließlich für Arzneimittelwerbung geltende § 4 HWG dient der Versachlichung dieser Werbung, indem er zur **Erreichung eines Mindestmaßes an Sachinformationen** über die beworbenen Mittel bestimmte Angaben für die Arzneimittelwerbung zur Pflicht macht bzw Arzneimittelwerbung ohne diese Angaben verbietet.[170] Von ihm erfasst werden nur Arzneimittel im Sinne des § 2 Abs. 1 oder Abs. 2 Nr. 1 AMG (siehe näher hierzu oben § 2). § 4 Abs. 1, 1 a HWG enthält die einzelnen Pflichtangaben, welche nach § 4 Abs. 2 S. 1 HWG mit denjenigen übereinstimmen müssen, die **nach § 11 oder § 12 AMG für die Packungsbeilage vorgeschrieben** sind (es sei denn sie können nach § 4 Abs. 2 S. 2 HWG entfallen). Die nach § 4 Abs. 1 HWG vorgeschriebenen Angaben müssen gemäß § 4 Abs. 4 HWG deutlich von den übrigen Werbeaussagen abgesetzt und gut lesbar sein (siehe Rn 72). In § 4 Abs. 3, 5 und 6 HWG finden sich **Erleichterungen für die Publikumswerbung** (Abs. 3), für Werbung in audiovisuellen Medien (Abs. 5) und für die sog. Erinnerungswerbung (Abs. 6).

Gegenüber den allgemeinen Kennzeichnungspflichten nach §§ 10 bis 12 AMG enthält der Pflichtangabenkatalog des § 4 Abs. 1 HWG lediglich einen **Ausschnitt**, der zur gebotenen Versachlichung der Werbung als **Mindestinformationskern** in ihr enthalten sein muss. Soweit allerdings Etikettierung, Packungsbeilage oder äußere Umhüllung ihrerseits zu Werbezwecken eingesetzt werden (siehe dazu oben Rn 37 f), führt § 4 HWG nicht zu einer Verminderung der Anforderungen nach §§ 10 bis 12 AMG.[171]

Die Nichtregelung bestimmter Pflichtangaben in der Richtlinie 2001/83/EG ist grundsätzlich unschädlich im Hinblick auf weitergehende Anforderungen im HWG, denn **Art. 89 Abs. 1 lit. b RL 2001/83/EG** führt **nicht abschließend** auf, welche Angaben die Öffentlichkeitswerbung für ein Arzneimittel enthalten muss, sondern belässt den Mitgliedstaaten insoweit einen Spielraum[172]. Daher widerspricht beispielsweise § 4 Abs. 3 S. 1 und 4 HWG nicht der Richtlinie 2001/83/EG, und er verstößt auch gegen das übrige Gemeinschaftsrecht, da er als bloße Verkaufsmodalität, welche Produkte aus anderen Mitgliedstaaten nicht schlechter stellt als inländische Produkte, mit der Warenverkehrsfreiheit (Artt. 34, 36 AEUV, ehemals Artt. 28, 30 EGV) vereinbar ist[173]. In vergleichbarer Weise ist daher etwa auch § 4 Abs. 1 S. 1 Nr. 1 HWG als gemeinschaftsrechtskonform anzusehen.[174]

b) Die einzelnen Pflichtangaben nach § 4 Abs. 1 und Abs. 1 a HWG

aa) Name oder Firma und Sitz des pharmazeutischen Unternehmers (§ 4 Abs. 1 S. 1 Nr. 1 HWG)

Nach § 4 Abs. 1 S. 1 Nr. 1 HWG anzugeben sind Name oder Firma (§ 17 HGB) sowie der Sitz des pharmazeutischen Unternehmers. Dies ist gemäß § 4 Abs. 18 AMG der Inhaber der Zulassung oder Registrierung des Arzneimittels oder wer das Arzneimittel unter seinem Namen gemäß § 4 Abs. 17 AMG in den Verkehr bringt (siehe näher zu den Begriffen § 5 Rn 7 ff). Nicht hingegen ist der Hersteller (§ 4 Abs. 14 AMG) anzugeben, sofern er nicht

---

170 Siehe auch BGH GRUR 1994, 839, 840.
171 *Bülow*/Ring, HWG, § 4 Rn 9.
172 EuGH Slg 2007, I-9517 = GRUR 2008, 267, Rn 22; BGH NJW-RR 2009, 620, 621.
173 BGH NJW-RR 2009, 620, 621, auch zur Verfassungsmäßigkeit der Regelung.
174 Anders hingegen Gröning, Heilmittelwerberecht, Bd. 1, § 4 HWG Rn 38, noch zu Art. 4 Abs. 1 lit. b RL 92/28/EWG; Poschenrieder, Werbeschränkungen für Arzneimittel, 2008, S. 185, hinsichtlich Art. 91 Abs. 1 RL 2001/83/EG, allerdings unter Zugrundelegung eines bloßen Mindeststandardkonzepts der RL 2001/83/EG.

zugleich pharmazeutischer Unternehmer ist.[175] Hinsichtlich der **Abkürzbarkeit der Firma** wird überwiegend, obwohl § 4 Abs. 2 HWG die Übereinstimmung mit §§ 11, 12 AMG fordert, für die entsprechende Anwendung von § 10 Abs. 9 S. 2 AMG votiert.[176]

bb) Bezeichnung des Arzneimittels (§ 4 Abs. 1 S. 1 Nr. 2, Abs. 1a HWG)

61 Nach § 4 Abs. 1 S. 1 Nr. 2 HWG anzugeben ist die Bezeichnung des Arzneimittels (siehe § 11 Abs. 1 S. 1 Nr. 1 lit. a AMG, der wiederum auf § 10 Abs. 1 S. 1 Nr. 2, Abs. 1a AMG verweist; s. näher zu den Produktinformationstexten § 19 dieses Handbuchs). Für Arzneimittel, die nur einen Wirkstoff enthalten (**Monopräparate**), verlangt **§ 4 Abs. 1a HWG** zudem, dass der Bezeichnung des Arzneimittels die Bezeichnung des Wirkstoffs mit dem vorangestellten Hinweis "**Wirkstoff:**" folgt, was gemäß § 4 Abs. 1a Hs 2 HWG indes entbehrlich ist, wenn die Wirkstoffbezeichnung in der Arzneimittelbezeichnung enthalten, also zumindest ein Bestandteil von ihr ist. Ob die von § 10 Abs. 4 S. 1 AMG vorgeschriebene Angabe "**Homöopathisches Arzneimittel**" als so titulierter "Hinweis" der Bezeichnung des Arzneimittels im Sinne von § 4 Abs. 1 S. 1 Nr. 2 HWG zugerechnet werden muss, ist unklar: Dem Sinn und Zweck des Pflichtangabenrechts nach erschiene die Erfassung dieses Hinweises als Bestandteil der "Bezeichnung" im Sinne von § 4 Abs. 1 S. 1 Nr. 2 HWG zwar durchaus sachgerecht[177], jedoch stehen dieser Sichtweise systematische Bedenken entgegen,[178] da § 10 Abs. 1 Nr. 2 AMG mit dem dort enthaltenen Nebeneinander von "Bezeichnung" und "Hinweis" recht deutlich zwischen beidem trennt und § 4 Abs. 2 S. 1 HWG die Übereinstimmung mit den Angaben nach dem AMG fordert.

cc) Zusammensetzung des Arzneimittels (§ 4 Abs. 1 S. 1 Nr. 3 HWG)

62 Nach § 4 Abs. 1 S. 1 Nr. 3 HWG anzugeben ist die Zusammensetzung des Arzneimittels gemäß § 11 Abs. 1 S. 1 Nr. 6 lit. d AMG, mithin wegen § 4 Abs. 2 HWG die vollständige qualitative Zusammensetzung nach Wirkstoffen und sonstigen Bestandteilen sowie quantitative Zusammensetzung nach Wirkstoffen unter Verwendung gebräuchlicher Bezeichnungen für jede Darreichungsform des Arzneimittels, wobei § 10 Abs. 6 AMG Anwendung findet.

dd) Anwendungsgebiete (§ 4 Abs. 1 S. 1 Nr. 4 HWG)

63 Nach § 4 Abs. 1 S. 1 Nr. 4 HWG anzugeben sind die Anwendungsgebiete (**Indikationen**). Dabei dürfen nur diejenigen Anwendungsgebiete angegeben werden, für die das beworbene Arzneimittel die Zulassung erhalten hat (vgl § 22 Abs. 1 Nr. 6 AMG) oder registriert worden ist. Obwohl der Wortlaut ("*die Anwendungsgebiete*") anderes nahelegt, erfordert es die Zielsetzung des § 4 Abs. 1 HWG nach Ansicht des BGH nicht, in einer **Werbung für ein Mehrzweckpräparat**, die insgesamt oder allein auf eine oder mehrere bestimmte Indikationen bezogen ist, auch andere, von der Werbung im übrigen überhaupt nicht angesprochene Anwendungsgebiete mit aufzuführen[179].

64 Problematisch ist zudem die "**Kollision**" der Pflicht nach § 4 Abs. 1 S. 1 Nr. 4 HWG mit **Werbeverboten für bestimmte Anwendungsgebiete**, wie etwa in § 10 Abs. 2 HWG (Arzneimittel gegen Schlaflosigkeit, psychische Störungen oder zur Beeinflussung der Stimmungs-

---

175 Siehe zum Verhältnis zwischen den beiden Begriffen § 5 Rn 4 ff, 20 f; *Bülow*/Ring, HWG, § 4 Rn 36.
176 Siehe etwa *Bülow*/Ring, HWG, § 4 Rn 38; Gröning, Heilmittelwerberecht, Bd. 1, § 4 HWG Rn 42.
177 Im Ergebnis daher für Erfassung als Pflichtangabe *Bülow*/Ring, HWG, § 5 Rn 6; Gröning, Heilmittelwerberecht, Bd. 1, § 4 HWG Rn 45 sowie § 5 HWG Rn 5.
178 Daher gegen Erfassung als Pflichtangabe Doepner, HWG, § 5 Rn 5.
179 BGH GRUR 1983, 333, 334 f – Grippewerbung II = BGHZ 86, 277, 283; aA Doepner, HWG, § 4 Rn 37 mwN für beide Ansichten.

B. Die Vorgaben des Heilmittelwerbegesetzes für die Arzneimittelwerbung

lage) und insbesondere § 12 Abs. 1 HWG (Arzneimittel gegen die in der Anlage zum HWG aufgeführten Krankheiten/Leiden), ferner auch in § 5 HWG (homöopathische Arzneimittel). Der Schutzzweck sowie die Spezialität der §§ 5, 10 Abs. 2, 12 Abs. 1 HWG gegenüber § 4 Abs. 1 S. 1 Nr. 4 HWG gebieten hier grundsätzlich den **Vorrang der Verbote vor den Angabenpflichten**, so dass sich die Angabenpflicht nach § 4 Abs. 1 S. 1 Nr. 4 HWG im Falle eines Werbeverbotes nach §§ 5, 10 Abs. 2, 12 Abs. 1 HWG erübrigt.[180] Bei **Mehrzweckpräparaten**, die auch außerhalb von §§ 10 Abs. 2, 12 Abs. 1 HWG liegende Anwendungsgebiete haben, ist dabei aber – nicht zuletzt aus Verhältnismäßigkeitserwägungen – nicht die Werbung insgesamt zu verbieten, sondern nur Werbung für die von den Verbotsnormen erfassten Anwendungsgebiete.[181] § 4 Abs. 1 S. 1 Nr. 4 HWG ist insoweit nicht dahin zu verstehen, dass grundsätzlich in jeder Werbung für ein Arzneimittel alle seine Anwendungsgebiete genannt werden müssen[182] (siehe auch zuvor Rn 63).

ee) Gegenanzeigen, Nebenwirkungen, Warnhinweise (§ 4 Abs. 1 Nr. 5, 6, 7 HWG)

Nach § 4 Abs. 1 S. 1 Nr. 5 HWG anzugeben sind die Gegenanzeigen (§ 11 Abs. 1 S. 1 Nr. 3 lit. a, S. 6 AMG). Ebenso sind nach **§ 4 Abs. 1 S. 1 Nr. 6 HWG** die Nebenwirkungen im Sinne des § 4 Abs. 13 AMG anzugeben (§ 11 Abs. 1 S. 1 Nr. 5 AMG), wozu wegen der begrifflichen Trennung im AMG (siehe etwa § 4 Abs. 13 S. 4, § 11 Abs. 1 S. 1 Nr. 3 lit. c AMG) nicht auch die Wechselwirkungen zählen.[183] 65

Ferner sind nach **§ 4 Abs. 1 S. 1 Nr. 7 HWG** Warnhinweise anzugeben, soweit sie für die Kennzeichnung der Behältnisse und äußeren Umhüllungen vorgeschrieben sind, wofür § 10 Abs. 2 AMG maßgebend ist. Warnhinweise im Sinne des § 4 Abs. 1 S. 1 Nr. 7 HWG regelt etwa die auf § 12 AMG basierende **Arzneimittel-Warnhinweisverordnung (AMWarnV)** in ihrem § 2. Soweit einzelne Warnhinweise nicht für die Behältnisse und äußeren Umhüllungen vorgeschrieben sind (wie etwa die in § 3 AMWarnV), können sie gleichwohl beispielsweise unter § 4 Abs. 1 S. 1 Nr. 5 HWG fallen.[184] 66

Können die Angaben nach § 11 Abs. 1 S. 1 Nr. 3 lit. a, c, Nr. 5 AMG nicht gemacht werden (vgl § 11 Abs. 5 S. 1 AMG), so können sie **gemäß § 4 Abs. 2 S. 2 HWG entfallen**, was aber nicht den Hinweis erlaubt, dass Gegenanzeigen oder Nebenwirkungen nicht vorlägen (vgl auch § 3 S. 2 Nr. 2 lit. b HWG). 67

ff) Verschreibungspflichtigkeit (§ 4 Abs. 1 S. 1 Nr. 7 a HWG)

Für Arzneimittel, die nur auf ärztliche, zahnärztliche oder tierärztliche Verschreibung abgegeben werden dürfen, verpflichtet § 4 Abs. 1 S. 1 Nr. 7 a HWG zu der Angabe „**Verschreibungspflichtig**" (siehe zur Verschreibungspflichtigkeit von Arzneimitteln § 25 dieses Handbuchs). Da § 10 Abs. 1 HWG die Werbung für verschreibungspflichtige Arzneimittel nur gegenüber einem eingeschränkten Adressatenkreis erlaubt, ist die Angabe nach § 4 Abs. 1 S. 1 Nr. 7 a HWG auch nur insoweit relevant. 68

---

180 *Bülow*/Ring, HWG, § 4 Rn 13; Doepner, HWG, § 4 Rn 23, 38; krit. Gröning, Heilmittelwerberecht, Bd. 1, § 4 HWG Rn 21 ff, insb. 32 ff.
181 BGH GRUR 1983, 333, 334 f; *Bülow*/Ring, HWG, § 4 Rn 13, 16; vgl auch Doepner, HWG, § 4 Rn 38, der danach differenziert, ob die nicht bewerbbare Indikation den „Kernbereich" des Anwendungsspektrums des Arzneimittels ausmacht oder nicht.
182 BGH GRUR 1983, 333, 334.
183 BGH GRUR 1994, 839, 841 – Kontraindikationen.
184 Siehe näher BGH GRUR 1994, 839 ff.

gg) Wartezeit bei Tierarzneimitteln (§ 4 Abs. 1 S. 1 Nr. 8 HWG)

69 Nach § 4 Abs. 1 S. 1 Nr. 8 HWG ist bei Werbung für Arzneimittel, die **zur Anwendung bei Tieren bestimmt sind, welche zur Gewinnung von Lebensmitteln dienen**, die Wartezeit (§ 4 Abs. 12 AMG) anzugeben, die nach der Anwendung des Arzneimittels wegen der Gefahr von Rückständen eingehalten werden muss, ehe mit der Gewinnung von Lebensmitteln von dem behandelten Tier begonnen wird.

hh) Traditionelle pflanzliche Arzneimittel (§ 4 Abs. 1 S. 2 HWG)

70 Nach § 4 Abs. 1 S. 2 HWG muss eine Werbung für traditionelle pflanzliche Arzneimittel[185]. die nach dem AMG registriert sind (siehe § 39 a AMG), folgenden Hinweis enthalten: „Traditionelles pflanzliches Arzneimittel zur Anwendung bei... (spezifiziertes Anwendungsgebiet/spezifizierte Anwendungsgebiete) ausschließlich aufgrund langjähriger Anwendung". Die Vorschrift dient der Umsetzung von Art. 16 g Abs. 3 RL 2001/83/EG.[186]

c) Besonderheiten bei der Publikumswerbung (§ 4 Abs. 3 HWG)

71 § 4 Abs. 3 HWG sieht für die Publikumswerbung erleichternde Abweichungen gegenüber dem Angabenkatalog in § 4 Abs. 1 HWG vor: Die Angaben nach § 4 Abs. 1 Nr. 1, 3, 5, 6 HWG können entfallen (§ 4 Abs. 3 S. 3 HWG). Demgegenüber ist nach § 4 Abs. 3 S. 1 HWG[187] der Hinweis „Zu Risiken und Nebenwirkungen lesen Sie die Packungsbeilage und fragen Sie Ihren Arzt oder Apotheker" gut lesbar und von den übrigen Werbeaussagen deutlich abgesetzt und abgegrenzt anzugeben, und zwar nach dem Gesetzeswortlaut unabhängig davon, ob auf die Möglichkeit des § 4 Abs. 3 S. 3 HWG verzichtet wird. § 4 Abs. 3 S. 2 HWG enthält Modifizierungen dieses Hinweises für Heilwässer und Tierarzneimittel. Die Hinweispflicht nach § 4 Abs. 3 S. 1 HWG gilt – bei bestehen bleibender Möglichkeit des § 4 Abs. 3 S. 3 HWG – gemäß § 4 Abs. 3 S. 4 HWG nicht für Arzneimittel, die für den Verkehr außerhalb der Apotheken freigegeben sind (§ 44 AMG; sog. freiverkäufliche Arzneimittel), es sei denn, dass in der Packungsbeilage oder auf dem Behältnis Nebenwirkungen oder sonstige Risiken angegeben sind.

d) Ausgestaltung der Pflichtangaben (§ 4 Abs. 3 S. 1, Abs. 4 und 5 HWG)

72 § 4 **Abs. 4** HWG verlangt für die Pflichtabgaben in § 4 Abs. 1 (und dem folgend in Abs. 1 a) HWG, dass sie von den übrigen Werbeaussagen deutlich abgesetzt, abgegrenzt und gut lesbar sind; das gleiche gilt nach § 4 **Abs. 3 S. 1 HWG** für den dortigen Hinweis. Hierdurch soll verhindert werden, dass der Verkehr sich die erforderlichen Informationen nur unter besonderer Konzentration und mit Anstrengung verschaffen könnte; denn nach der allgemeinen Lebenserfahrung muss davon ausgegangen werden, dass ein nicht unerheblicher Teil der Angesprochenen diese Mühen scheuen und sich auf den Inhalt des vom Werbenden ausgesuchten, regelmäßig leichter lesbar gestalteten und die positiven Aspekte des Mittels herausstellenden Teils der Werbung beschränken würde.[188] „**Abgesetzt**" meint eine räum-

---

[185] Dies sind solche pflanzlichen Arzneimittel (§ 4 Abs. 29 AMG), für die eine ausreichend lange Verwendung (vgl § 39 b Abs. 1 Nr. 4 AMG: 30 Jahre, davon 15 in der EU) nachgewiesen werden kann, s. Deutsch/Lippert/*Anker*, AMG, § 39 a Rn 2.

[186] Eingefügt durch das 14. AMG-Änderungsgesetz v. 29.8.2005 (BGBl. I, 2570); s. Entwurfsbegründung, BT-Drucks. 15/5316, 47.

[187] Siehe zur Vereinbarkeit von § 4 Abs. 3 S. 1 und 4 HWG mit der RL 2001/83/EG sowie mit nationalem Verfassungsrecht BGH NJW-RR 2009, 620, 621.

[188] BGH NJWE-WettbR 1996, 265 f.

liche Trennung durch einen Zwischenraum,[189] „abgegrenzt" eine optisch wahrnehmbar ausgestaltete Abtrennung, etwa durch Trennlinien, Umrahmungen, andere Schriftgrößen oder -typen, andere Druckfarbe etc., was aber nicht zulasten der guten Lesbarkeit gehen darf. „Gut lesbar" bedeutet, dass die Wahrnehmung der Pflichtangaben dem (Durchschnitts-)Leser keinen zusätzlichen Aufwand oder besonderen Einsatz abfordert, was etwa der Fall ist bei zu kleiner Schriftgröße[190] oder senkrecht gegen die Leserichtung gestellter Schrift[191].[192] Diese Anforderungen gelten für Werbung in Printmedien sowie in Medien mit einem vergleichbar dauerhaft „feststehenden" Bild/Text (etwa E-Mails, Videotext, Internet-Texte).[193] Bei mündlicher Werbung müssen die Pflichtangaben **schriftlich vorgelegt** werden („gut *lesbar*").[194]

Für **audiovisuelle Medien** (Hörfunk, Fernsehen, auch Fernseh-/Videosequenzen im Internet) bestehen wegen des dort fehlenden „feststehenden" Bildes Erleichterungen nach § 4 Abs. 5 HWG: Nach einer dortigen Werbung ist der nach § 4 Abs. 3 S. 1 oder 2 HWG vorgeschriebene Text einzublenden (was im Falle von Hörfunk akustisches Einblenden, also Sprechen bedeutet) und im Fernsehen vor neutralem Hintergrund gut lesbar wiederzugeben und gleichzeitig zu sprechen. Die Angaben nach § 4 Abs. 1 (und dem folgend auch Abs. 1 a) HWG können demgegenüber entfallen (§ 4 Abs. 5 S. 2 HWG).

e) Erinnerungswerbung (§ 4 Abs. 6 HWG)

Nach § 4 Abs. 6 S. 1 HWG gelten die Absätze 1, 1 a, 3 und 5 des § 4 HWG nicht für eine Erinnerungswerbung, welche nach § 4 Abs. 6 S. 2 HWG vorliegt, wenn ausschließlich mit der Bezeichnung eines Arzneimittels oder zusätzlich mit dem Namen, der Firma, der Marke des pharmazeutischen Unternehmers oder dem Hinweis: „Wirkstoff:" geworben wird. Diese Freistellung beruht darauf, dass eine solche Werbung **keinerlei zusätzliche medizinisch-relevante Angaben enthält** und daher in weit überwiegendem Maße nur die Erinnerung und damit diejenigen Verbraucher anspricht, denen das beworbene Mittel bereits bekannt ist und deren Unterrichtung durch die Pflichtangaben daher entbehrlich erscheint.[195] Die Norm befreit aber nicht von anderen Werbebeschränkungen des HWG.[196]

f) Konflikte mit anderen Regelungen des HWG

Die Möglichkeit von Konflikten mit § 10 Abs. 2 HWG oder § 12 HWG und deren Behandlung wurde bereits an anderer Stelle erörtert (s.o. Rn 64). Theoretisch auftreten kann zudem ein Konflikt mit dem Verbot der Werbung mit fremd- oder fachsprachlichen Bezeichnungen in § 11 Abs. 1 S. 1 Nr. 6 HWG, wenn die Pflichtangaben, die nach § 4 Abs. 2 HWG mit denjenigen nach §§ 11, 12 AMG übereinstimmen müssen, solche Bezeichnungen enthalten.[197] Sofern dem Erfordernis in § 11 Abs. 1 S. 1 Nr. 6 HWG nicht schon durch das in

---

189 Vorausgesetzt ist dabei gleichwohl, dass die Angabe noch als der Werbung für das betreffende Arzneimittel zugeordnet erscheint, s. OLG Frankfurt WRP 2001, 1111, 1112 f.
190 Siehe BGH NJW 1988, 766: gut lesbar ist grundsätzlich eine 6-Punkt-Schrift oder größer; s. hierzu ferner BGH GRUR 1988, 71 – Lesbarkeit III; allerdings kann die Lesbarkeit trotzdem auch von anderen für das Druckbild maßgeblichen Umständen wie Wort- und Zeilenanordnung, Gliederung, Papier, Farben und ähnlichem abhängen, OLG Frankfurt WRP 2007, 111.
191 BGH NJW 1990, 2316 f.
192 Siehe hierzu auch BGH NJW 1988, 767 – Lesbarkeit I; NJW 1988, 768 – Lesbarkeit II; NJW-RR 1989, 301 – Lesbarkeit IV.
193 Siehe auch *Bülow*/Ring, HWG, § 4 Rn 127 a.
194 Gröning, Heilmittelwerberecht, Bd. 1, § 4 HWG Rn 14.
195 BGH GRUR 1983, 597, 598; OLG Köln GRUR-RR 2007, 116 f.
196 BGH NJW 1996, 3077.
197 Die Pflichtangaben sind selbst Teil der Werbung, vgl. § 4 Abs. 4 HWG („...von den *übrigen* Werbeaussagen deutlich abgesetzt..."); s. auch BGHZ 114, 354, 356 – Katovit.

§ 11 Abs. 1 S. 1 AMG enthaltene Gebot der allgemein verständlichen Abfassung in deutscher Sprache genügt ist, müssen die betreffenden Pflichtangaben noch entsprechend erläutert werden.[198]

5. Werbung in der Packungsbeilage und in der Kennzeichnung (§ 4a Abs. 1 HWG, § 10 Abs. 1 S. 4, § 11 Abs. 1 S. 2, 5 AMG)

76 § 4a Abs. 1 HWG verbietet es, in der Packungsbeilage (Gebrauchsinformation, § 11 AMG) eines Arzneimittels für ein anderes Arzneimittel zu werben. Zur **Packungsbeilage** in diesem Sinne zählt alles, was der Packung beiliegt, also auch Broschüren, in denen neben dem in der Packung befindlichen Arzneimittel auch für andere Arzneimittel geworben wird.[199] Wie auch schon weiter oben angesprochen,[200] dient die Regelung der Umsetzung von Art. 62 Hs 2 RL 2001/83/EG bzw der vorhergehenden Regelung in Art. 2 Abs. 2 Hs 2 und Art. 7 Abs. 3 Hs 2 RL 92/27/EWG, wonach Angaben, die Werbecharakter haben können, auf der äußeren Umhüllung und der Packungsbeilage nicht zulässig sind. Da diese gemeinschaftsrechtliche Vorgabe allerdings auch hinsichtlich Werbung für das zur äußeren Umhüllung/Packungsbeilage „zugehörige" Arzneimittel *selbst* gilt (und nicht nur wie § 4a Abs. 1 HWG hinsichtlich Werbung für *andere* Arzneimittel), hat der deutsche Gesetzgeber für Kennzeichnung (Behältnisse, äußere Umhüllungen) und Packungsbeilage in **§ 10 Abs. 1 S. 4, § 11 Abs. 1 S. 2, 5 AMG** bestimmt,[201] dass neben den Pflichtangaben nach dem AMG **nur noch „erläuternde" sowie „weitere Angaben" zugelassen** sind, soweit diese mit der Anwendung des Arzneimittels im Zusammenhang stehen, für die gesundheitliche Aufklärung der Patienten wichtig sind und den Angaben nach § 11a AMG nicht widersprechen; Werbeangaben auch für das Arzneimittel selbst (sowie für andere Arzneimittel) sollen insoweit unterbunden werden.[202] Der daneben im Grunde nur noch deklaratorische[203] § 4a HWG kann daher auch nicht als umsetzungsdefizitär und richtlinienwidrig angesehen werden.[204]

77 Da Art. 62 Hs 2 RL 2001/83/EG sich nur auf Packungsbeilage und äußere Umhüllung in ihrer „eigentlichen" Funktion bezieht, weswegen er sich auch nicht im Titel VIII („Werbung") der Richtlinie befindet (vgl dazu oben Rn 37 zum gemeinschaftsrechtlichen Werbeverständnis in diesem Fall), steht er ebenso wie der ihn umsetzende § 4a HWG indes nicht einer zu Werbezwecken „verselbständigten", dh **aus der „eigentlichen" Funktion herausgelösten Nutzung von Packungsbeilage oder äußerer Umhüllung** (siehe dazu Rn 38) entgegen.[205] Eine *solche* Werbung kann also zulässig sein, sofern sie den übrigen Vorgaben des HWG entspricht.

6. Werbung für die Verordnungsfähigkeit eines Arzneimittels (§ 4a Abs. 2 HWG).

78 § 4a Abs. 2 HWG verbietet die Publikumswerbung für die im Rahmen der vertragsärztlichen Versorgung bestehende Verordnungsfähigkeit eines Arzneimittels. Neben verschreibungspflichtigen Arzneimitteln sind nur solche nicht verschreibungspflichtigen Arzneimittel

---

198 BGHZ 114, 354, 358 f – Katovit.
199 BGH WRP 2001, 1360 f, in Bestätigung von OLG Schleswig WRP 2001, 1359 f; aA OLG Hamburg PharmR 2000, 323 f.
200 Siehe Rn 37, dort auch zur Eigenschaft von Etikettierung, äußerer Umhüllung und Packungsbeilage als „Werbung".
201 Siehe zum vermutlichen Grund des Gesetzgebers für diese Vorgehensweise außerhalb des § 4a HWG instruktiv Gröning, WRP 1995, 576, 578 ff, wenn auch noch zu den – weitgehend inhaltsidentischen – Vorgänger-Richtlinien.
202 Siehe BT-Drucks. 12/6480, 18 f, 25.
203 *Bülow*/Ring, HWG, § 4a Rn 5.
204 Anders: Poschenrieder, Werbebeschränkungen für Arzneimittel, 2008, S. 107 f.
205 So auch *Bülow*/Ring, HWG, § 4a Rn 4.

B. Die Vorgaben des Heilmittelwerbegesetzes für die Arzneimittelwerbung

von der Versorgung durch die gesetzliche Krankenversicherung erfasst, die durch den Vertragsarzt verordnet werden können und verordnet werden (siehe im einzelnen §§ 31, 34 SGB V, näher § 46 Rn 47 ff, 68 ff, 72 ff). Da die Verordnungsfähigkeit von Arzneimittel somit für den Patienten den Vorteil der **Erstattung durch seine Krankenkasse** hat, soll mit der Verordnungsfähigkeit eines Arzneimittels nicht geworben werden, um das Arzt-Patienten-Verhältnis nicht mit einem durch den Patienten erzeugten Verordnungsdruck zu belasten.[206] § 4 a Abs. 2 HWG verbietet hierzu allerdings nur „jegliche Hinweise" in der Publikumswerbung auf eine Verordnungsfähigkeit des beworbenen Arzneimittels im Rahmen der vertragsärztlichen Versorgung,[207] nicht hingegen die Werbung für ein verordnungsfähiges Arzneimittel schlechthin.

7. Werbung für Anwendungsgebiete bei homöopathischen Arzneimitteln (§ 5 HWG)

Gemäß § 5 HWG darf für homöopathische Arzneimittel (§ 4 Nr. 26 AMG), die nach dem AMG registriert (§ 38 Abs. 1 S. 1 AMG) oder **von der Registrierung freigestellt** sind (§ 38 Abs. 1 S. 3 AMG), nicht mit der Angabe von Anwendungsgebieten geworben werden. Die Regelung geht insoweit der Angabepflicht nach § 4 Abs. 1 S. 1 Nr. 4 HWG vor (siehe auch Rn 64), die übrigen Anforderungen des § 4 HWG bleiben jedoch bestehen[208]. Die Norm dient dem Schutz vor einer Selbstmedikation auf Grundlage von Angaben über Anwendungsgebiete, für welche aber bei homöopathischen Arzneimitteln in der Regel ein Wirksamkeitsnachweis wegen des hohen Verdünnungsgrades und des damit verbundenen geringeren Gehalts an wirksamen Bestandteilen kaum zu führen ist.[209] Zu der Frage, ob die von § 10 Abs. 4 S. 1 AMG zur Kennzeichnung vorgeschriebene Angabe „Homöopathisches Arzneimittel" als Pflichtangabe nach § 4 Abs. 1 S. 1 Nr. 2 HWG auch in der Werbung getätigt werden muss, siehe oben Rn 61.

Ist ein homöopathisches Arzneimittel nach §§ 21 ff AMG **zugelassen** (vgl § 39 Abs. 2 Nr. 8 AMG), greift § 5 HWG nicht. Die Angabepflicht nach § 4 Abs. 1 HWG gilt dann auch hinsichtlich der Anwendungsgebiete (§ 4 Abs. 1 S. 1 Nr. 4 HWG).

8. Werbung mit Gutachten, Zeugnissen, Fachveröffentlichungen (§ 6 HWG)

a) Allgemeines

§ 6 HWG verbietet eine Heilmittelwerbung mit Veröffentlichungen, die eine fachliche Kompetenz des Urhebers suggerieren (Gutachten, Zeugnisse, wissenschaftliche, fachliche, sonstige Veröffentlichungen), wenn nicht deren Nachprüfbarkeit und die „fachliche Eignung" des Urhebers gesichert sind. Da § 11 Abs. 1 S. 1 Nr. 1 und 2 HWG die *Publikums*werbung mit Gutachten, Zeugnissen, wissenschaftlichen und fachlichen Veröffentlichungen sowie verschiedenen Arten von ärztlichen Empfehlungen vollständig verbietet, hat § 6 HWG daneben weitgehend nur noch die **Fachwerbung** zum Gegenstand.[210] § 6 HWG dient letztlich dem **Schutz vor einer Irreführung** durch eine mindere Qualität der von ihm erfassten Veröffentlichungen, denen gemeinhin, gerade vom Fachpublikum, ein qualitativ hochwertiger Informationswert beigemessen wird. Daher kann § 6 HWG, soweit er gemeinschaftsrechtlich nicht bereits durch Art. 92 RL 2001/83/EG „gedeckt" ist, sondern darüber hin-

---

206 Siehe BT-Drucks. 15/5316, 47.
207 BT-Drucks. 15/5316, 47.
208 Doepner, HWG, § 2 Rn 5.
209 OLG Hamm MD 2008, 285, unter I.2.c; s. auch BT-Drucks. 7/3060, 52 f.
210 Eine Ausnahme stellt die Werbung mit „sonstigen Veröffentlichungen" (§ 6 Nr. 2 Var. 3 HWG) dar, die von § 11 Abs. 1 S. 1 Nr. 1 und 2 HWG nicht erfasst ist, s. Gröning, Heilmittelwerberecht, Bd. 1, § 6 HWG Rn 4.

ausgeht, als **Ausprägung des gemeinschaftsrechtlichen Irreführungsverbots** in Art. 87 Abs. 3, 2. Spiegelstrich RL 2001/83/EG angesehen werden.[211]

b) Veröffentlichung oder Erwähnung von Gutachten oder Zeugnissen (§ 6 Nr. 1 HWG)

81 § 6 Nr. 1 HWG verbietet die Werbung, wenn hierin Gutachten oder Zeugnisse veröffentlicht oder erwähnt werden, die nicht von wissenschaftlich oder fachlich hierzu berufenen Personen erstattet worden sind oder[212] nicht die Angabe des Namens, Berufes und Wohnorts der Person, die das Gutachten erstellt oder das Zeugnis ausgestellt hat, sowie den Zeitpunkt der Ausstellung des Gutachtens oder Zeugnisses enthalten. **Gutachten** sind auf wissenschaftlicher Grundlage gewonnene und in wissenschaftlicher Weise dargestellte Stellungnahmen eines Verfassers zu einem bestimmten Untersuchungsgegenstand;[213] auf die tatsächliche Fachkunde des Verfassers kommt es für den Gutachtenbegriff nicht an, da § 6 Nr. 1 HWG sonst ad absurdum geführt wäre. Unter den Begriff „Gutachten" lassen sich „sprachlich zwanglos auch die Bezeichnungen Studie, klinische Prüfung, Feldstudie oder Compliance-Studie fassen".[214] **Zeugnisse** sind gegenüber Gutachten eher auf bloße Ergebnisbescheinigung denn auf zusätzliche Ergebnisherleitung ausgerichtet, wobei eine genaue Grenzziehung letztlich entbehrlich ist. „**Veröffentlichen**" ist die wörtliche (auch teilweise) Wiedergabe, „**erwähnen**" die bloße Bezugnahme auf den Inhalt.[215] Die hinreichende **Fachkunde** des Verfassers („wissenschaftlich oder fachlich berufen") kann kaum nach allgemeinen Kriterien, sondern nur anhand des konkreten Einzelfalles ermittelt werden.[216] Genauso wie sich eine gewisse „Indizwirkung" der Zugehörigkeit zu den „Fachkreisen" iS des § 2 HWG in Einzelfällen erschüttern lassen wird, können umgekehrt auch Fachfremde je nach Themenstellung zur Erstattung „berufen" sein.[217] Die zur fachlichen Überprüfung **notwendigen Angaben** (Name, Beruf, Wohnort, Zeitpunkt der Ausstellung) müssen kumulativ vorliegen.

c) Bezugnahme auf wissenschaftliche, fachliche, sonstige Veröffentlichungen (§ 6 Nr. 2 HWG)

82 Unzulässig ist nach § 6 Nr. 2 HWG eine Werbung, wenn darin auf wissenschaftliche, fachliche oder sonstige Veröffentlichungen Bezug genommen wird, ohne dass aus der Werbung hervorgeht, ob die Veröffentlichung das Arzneimittel (etc.) selbst betrifft, für das geworben wird (anstatt nur ein ähnliches Produkt, Anwendungsgebiet oder einen ähnlichen Wirkstoffe etc.), und ohne dass der Name des Verfassers, der Zeitpunkt der Veröffentlichung und die Fundstelle genannt wird. „**Veröffentlichungen**" sind Ausführungen, die an einen größeren, nicht durch besondere Bindungen (etwa Firmen- oder Verbandsangehörigkeit) zusammengehörenden Personenkreis zur Kenntnis gebracht werden sollen.[218] **Wissenschaftliche oder fachliche** Veröffentlichungen sind Stellungnahmen zu einem fachlich bedeutsamen Gegenstand, die sich durch die Inanspruchnahme einer gewissen Fachkompetenz sowie eine entsprechende Ernsthaftigkeit, Stringenz, Sprachwahl, Fundierung und Nachvollziehbarkeit der Herleitung ihrer Aussagen und Ergebnisse auszeichnen. Daneben sind auch „**sonstige**", dh nicht-wissenschaftliche, nicht-fachliche, pseudo- oder populärwissenschaftliche Veröf-

---

211 Siehe auch Poschenrieder, Werbebeschränkungen für Arzneimittel, 2008, S. 127 f.
212 Die im Gesetz verwendete Formulierung „und" ist nach Sinn und Zweck der Norm als „oder" zu lesen, ganz hM, s. bereits Bernhardt, HWG, S. 51 f.
213 Vgl BayObLG NJW 1963, 402.
214 OLG Hamburg GRUR-RR 2002, 365.
215 Siehe Bülow/*Ring*, HWG, § 6 Rn 12.
216 Bernhardt, HWG, S. 52.
217 Vgl Doepner, HWG, § 6 Rn 28.
218 Doepner, HWG, § 6 Rn 32 f.

fentlichungen von der Norm erfasst. Auf Veröffentlichungen „**Bezug nehmen**" ist nach Sinn und Zweck der Norm weit zu verstehen, umfasst also neben der bloßen Erwähnung (Rn 81) einer Veröffentlichung auch die wortgetreue Wiedergabe[219], da nicht ersichtlich ist, warum bei Letzterer die geforderten Angaben wie etwa der Name des Verfassers, Zeitpunkt der Veröffentlichung oder die Fundstelle entbehrlich sein sollten. Das Fachpublikum, an das sich die Werbung richtet, soll mit Hilfe dieser Angaben in die Lage versetzt werden, die mitgeteilten Ergebnisse **kritisch und selbständig zu überprüfen**. Dazu genügt es wiederum nicht, dass etwaige Studienergebnisse bei den Zulassungsbehörden oder dem pharmazeutischen Unternehmer abgerufen werden könnten, verlangt wird vielmehr die unmittelbare Angabe der in § 6 HWG aufgeführten Daten.[220]

d) Zitate, Tabellen, sonstige Darstellungen (§ 6 Nr. 3 HWG)

§ 6 Nr. 3 HWG erklärt Werbung für unzulässig, in der aus der Fachliteratur entnommene Zitate, Tabellen oder sonstige Darstellungen (etwa Grafiken, Schaubilder) nicht wortgetreu übernommen werden. Derartige Gedankeninhalte anderer dürfen also nur **inhaltlich identisch, ohne Veränderungen, Abwandlungen, Auslassungen** etc. übernommen werden. Zulässig ist allerdings die nicht wortgetreue Nutzung als Datenquelle für eigene Bearbeitungen; dies ist indes hinreichend deutlich zu machen, wofür der Hinweis „nach [Verfasser]" nicht ausreicht, da dieser ein Zitat suggeriert.[221] Ein Zitat, das zwar wortgetreu, aber aus dem Zusammenhang gerissen und daher sinnentstellend ist, ist nicht an § 6 Nr. 3, sondern an § 3 HWG zu messen.

9. Werbung mit Zuwendungen oder sonstigen Werbegaben (§ 7 HWG)

a) Generelles Werbeverbot mit Ausnahmen

§ 7 HWG verbietet es (in Abs. 1 S. 1 Hs 1) generell, Zuwendungen und sonstige Werbegaben bei der Heilmittelwerbung anzubieten, anzukündigen oder zu gewähren oder als Angehöriger der Fachkreise anzunehmen, und erklärt dies nur in bestimmten Ausnahmefällen für zulässig. Diese Ausnahmen (und ggf Rückausnahmen) finden sich § 7 Abs. 1 S. 1 (Hs 2) Nr. 1–5, S. 2, Abs. 2 HWG. Sie gelten indes nicht für das spezielle Verbot in § 7 Abs. 3 HWG.

Die Norm will Werbung mit Hilfe von Werbegaben (sog. **Wertreklame** oder **Wertwerbung**) unterbinden, da Werbegaben regelmäßig in keiner sachlichen Verbindung mit dem beworbenen Produkt stehen, sondern den Kaufanreiz ganz vornehmlich durch die Erzeugung einer Gewogenheit oder Sympathie für den Anbieter bewirken (insb. im Falle typischer „Werbegeschenke"), oder weil sie zumindest (etwa im Falle von Gratisproben oder Preisnachlässen) einen bloß quantitativ begründeten Kaufanreiz schaffen. In der Werbung für „heikle" Produkte wie Arznei-/Heilmittel soll aber nicht auf derart „sachfremde" Weise ein Kaufanreiz geschaffen werden, sondern allenfalls durch sachliche und sachangemessene Informationsvermittlung über die Qualität des beworbenen Mittels. Dieser Schutzzweck kann auch dann greifen, wenn die Werbegabe nicht dem Erwerber des Arzneimittels selbst zukommen soll, sondern einem (ihn Werbenden) Dritten.[222] Gestützt auf die Rspr des BGH zum ungeschriebenen Erfordernis einer **zumindest mittelbaren Gesundheitsgefährdung** in

---

219 Anders augenscheinlich die hM (s. etwa Bernhardt, HWG, S. 52; Bülow/*Ring*, HWG, § 6 Rn 17; Gröning, Heilmittelwerberecht, Bd. 1, § 6 HWG Rn 24), die das Erfordernis der Quellenangabe für wortgetreue Zitate dann aber aus § 6 Nr. 3 HWG herleiten (s. Bülow/*Ring*, HWG, § 6 Rn 20; Gröning, Heilmittelwerberecht, Bd. 1, § 6 HWG Rn 29).
220 OLG Hamburg GRUR-RR 2002, 365 f.
221 Vgl OLG Hamburg GRUR-RR 2001, 115, 116, mit weiteren Anforderungen an „wortgetreue Übernahme".
222 Näher BGH GRUR 2006, 949, 952 – Kunden werben Kunden.

§ 11 Abs. 1 Nr. 4 und 10 HWG (siehe Rn 17 ff) hat das OLG Frankfurt[223] § 7 HWG als **konkretes Gefährdungsdelikt** ausgelegt.

86 Die weite Begriffsfassung „Zuwendungen und sonstige Werbegaben (Waren oder Leistungen)" macht deutlich, dass § 7 HWG **grundsätzlich sämtliche zur Werbung gewährten gegenständlichen und nichtgegenständlichen Vorteile** erfasst, unabhängig davon, ob es sich um nicht-akzessorische (dh unabhängig von einem Vertragsschluss gewährte) Vorteile handelt oder um akzessorische (sog. Zugaben im Sinne der früheren Zugabeverordnung).[224] Soweit allerdings Arzneimittelwerbung durch Werbegaben bereits über einen anderen, spezielleren Verbotstatbestand des HWG wie § 11 Abs. 1 S. 1 Nr. 13, 14 HWG untersagt ist, scheidet eine Anwendung von § 7 HWG und dessen Ausnahmemöglichkeiten aus (siehe dazu auch Rn 128).

b) Verbot der Annahme von Werbegaben für die Fachkreise

87 Kein Werbeverbot, sondern ein im Grunde „systemfremdes" Verbot der Annahme von Werbegaben stellt § 7 Abs. 1 S. 1 Hs 1 Var. 4 HWG für die Angehörigen der Fachkreise (§ 2 HWG, s. Rn 40) auf. Zu Ausnahmen siehe Rn 94). Die Regelung verfolgt das Ziel einer effektiveren Bekämpfung unerwünschter Verhaltensweisen im Bereich der Heilmittelwerbung.[225] In der Richtlinie 2001/83/EG findet sich eine vergleichbare Regelung in deren Art. 94 Abs. 3.

c) Richtlinienkonformität hinsichtlich Verbots auch der Publikumswerbung?

88 Während § 7 HWG Publikums- und Fachwerbung mittels Werbegaben verbietet, findet sich im Gemeinschaftsrecht lediglich ein entsprechendes Verbot für die Fachwerbung (Art. 94 RL 2001/83/EG). Damit stellt sich die Frage, ob § 7 HWG hinsichtlich der von ihm ebenfalls erfassten *Publikums*werbung den durch die Richtlinie 2001/83/EG grundsätzlich aufgestellten Verbots-Höchststandard (siehe Rn 26) überschreitet. Der Annahme einer **Richtlinienüberschreitung**[226] lässt sich aber entgegenhalten, dass die Richtlinie 2001/83/EG generell einer Arzneimittelwerbung mit „**sachfremden**" **Kaufanreizen**, wie sie § 7 HWG gerade unterbinden will (siehe Rn 85), entgegensteht. Dies lässt sich zum einen aus dem **45. Erwägungsgrund** der Richtlinie herleiten, welcher Restriktionen nicht nur für „übertriebene", sondern auch für „unvernünftige" Öffentlichkeitswerbung fordert, worunter sich Werbung mit sachfremden Anreizen durchaus subsumieren lässt.[227] Zum anderen fordert die Generalklausel in **Art. 87 Abs. 3, 1. Spiegelstrich** der Richtlinie, dass Arzneimittelwerbung einen „zweckmäßigen Einsatz des Arzneimittels fördern" muss, „indem sie seine Eigenschaften objektiv und ohne Übertreibungen darstellt". Wenn aber insoweit ein „Sachlichkeitsgebot" für die Eigenschaften eines Arzneimittels gilt, dann ist wohl erst recht Werbung ausgeschlossen (oder ausschließbar), die sich nicht auf die Eigenschaften des beworbenen Mittels, sondern auf sachfremde Kaufanreize bezieht. Angesichts dessen dürfte sich auch die Erfassung von Publikumswerbung in § 7 HWG als richtlinienkonform erweisen.

---

223 GRUR-RR 2008, 306.
224 Siehe *Bülow*/Ring, HWG, § 7 Rn 7 iVm 5; Gröning, Heilmittelwerberecht, Bd. 1, § 7 HWG Rn 26.
225 Siehe näher BT-Drucks. 15/1170, 138.
226 Dafür etwa Weiler, WRP 2006, 957, 960.
227 Vgl Gröning, Heilmittelwerberecht, Bd. 1, § 7 HWG Rn 15; vgl. ferner EuGH, Rs. C-374/05, Slg 2007, I-9517 = GRUR 2008, 267, Rn 53 ff, der aus derselben Erwägung das vom Schutzzweck her mit § 7 HWG vergleichbare Verbot des § 11 Abs. 1 S .1 Nr. 13 HWG (s. dazu Rn 128) für richtlinienkonform erachtet hat (s. ausf Rn 129).

d) Die zulässigen Ausnahmen

aa) Geringwertige Gegenstände oder Kleinigkeiten (§ 7 Abs. 1 S. 1 Nr. 1 HWG)

Zulässig als Werbegaben sind nach § 7 Abs. 1 S. 1 Nr. 1 HWG geringwertige Gegenstände, die durch eine dauerhafte und deutlich sichtbare Bezeichnung des Werbenden oder des beworbenen Produkts (oder beider) gekennzeichnet sind, und geringwertige Kleinigkeiten. „Kleinigkeiten" sind Waren oder Leistungen, die von niemandem, auch nicht von Käufern, die nur über geringe Mittel verfügen, wirtschaftlich sonderlich geachtet werden.[228] Eine allgemeingültige **Geringwertigkeitsgrenze** ist – auch angesichts nur schwer vereinheitlichungsfähiger Kasuistik – kaum ermittelbar. Soweit zu Zeiten der D-Mark als grobe Grenze ein Betrag von 1 DM (ca. 0,50 €) formuliert worden ist, wird diese Grenze heute teilweise in Zweifel gezogen.[229] Überhaupt ist in der Regel eine stark einzelfallorientierte Betrachtung angezeigt, in die primär, aber nicht nur der objektive Warenwert einfließt (zulässig etwa: Luftballons, Streichholzheftchen, Fähnchen; str. schon bei Stofftragetaschen[230]), daneben auch der Wert, welcher der Gabe vom Empfänger beigemessen wird[231], so dass beispielsweise einem imitierten Goldkettchen trotz eines Warenwertes von lediglich 0,20 DM (ca. 0,10 €) die „Geringwertigkeit" fehlen kann[232]. Bei **geringwertigen Gegenständen mit Reklameaufdruck** ist die mit dem Aufdruck regelmäßig verbundene „Entwertung" in Rechnung zu stellen.[233] Bei mehreren gleichzeitig abgegebenen Werbegaben wird deren Wert **kumuliert**.[234] Zu Arzneimittelmustern und -proben siehe Rn 95.

89

bb) Geld- und Mengenrabatte (§ 7 Abs. 1 S. 1 Nr. 2 HWG)

Zulässig sind nach § 7 Abs. 1 S. 1 Nr. 2 HWG[235] Werbegaben, die in einem bestimmten oder auf bestimmte Art zu berechnenden Geldbetrag (Hs 1 lit. a; **Geldrabatt**) oder in einer bestimmten oder auf bestimmte Art zu berechnende Menge gleicher Ware (Hs 1 lit. b; **Natural-/Mengenrabatt**) gewährt werden. Nach Halbsatz 2 der Norm gelten diesbezüglich aber wiederum **Einschränkungen hinsichtlich Arzneimitteln**: Werbegaben in Form von Geldrabatten nach lit. a sind unzulässig, soweit sie **entgegen den Preisvorschriften gewährt** werden, die aufgrund des AMG gelten (siehe § 78 AMG iVm der Arzneimittelpreisverordnung, AMPreisV, s. näher hierzu etwa § 21 Rn 25 ff, 44 ff), so dass der von der Arzneimittelpreisverordnung vorgegebene Rahmen das Maß erlaubter Rabatte darstellt; soweit die Preisvorschriften indes keine Regelungen vorsehen (etwa für nicht verschreibungspflichtige Arzneimittel, § 1 Abs. 4 AMPreisV), bleiben Preisnachlässe zulässig, weil sie außerhalb und damit nicht entgegen der Preisvorschriften gewährt werden.[236] Naturalrabatte nach lit. b scheiden aus hinsichtlich Arzneimitteln (verschreibungspflichtigen wie nicht verschreibungspflichtigen), deren **Abgabe den Apotheken vorbehalten** ist.[237]

Wird ein Rabatt allerdings nicht zur Produkt-, sondern zur **Unternehmens-/Imagewerbung** (Rn 32 f) verwendet, ist § 7 HWG nicht einschlägig, etwa wenn allgemein die Ausgabe

90

---

228 BGHZ 11, 260, 268; OLG Frankfurt NJW-RR 1992, 496, 497.
229 Siehe etwa OLG Stuttgart NJW 2005, 227, 228.
230 Gegen Geringwertigkeit: BGH NJW-RR 1994, 942; dafür: OLG Bremen NJW-RR 1996, 685 (hiernach aber wiederum nicht geringwertig bei Abgabe zusammen mit einer hühnereigroßen Kerze).
231 Vgl Gröning, Heilmittelwerberecht, Bd. 1, § 7 HWG Rn 32.
232 Siehe OLG Hamburg WRP 1992, 805, 806.
233 Näher Gröning, Heilmittelwerberecht, Bd. 1, § 7 HWG Rn 34.
234 OLG Bremen NJW-RR 1996, 685, 686.
235 Die Vorschrift wurde durch Art. 2 des Gesetzes v. 26.4.2006 (BGBl. I, 984) novelliert; zu den Motiven s. BT-Drucks. 16/194, 11 f, und 16/691, 18.
236 Siehe Begr. zur Beschlussempfehlung für die Neufassung der Norm, BT-Drucks. 16/691, 18.
237 Siehe zu den gesetzgeberischen Motiven dieser Regelungen Poschenrieder, Werbebeschränkungen für Arzneimittel, 2008, S. 135 f.

von **Gutscheinen** durch eine Apotheke gleichsam als Entschädigung für bestimmte Unannehmlichkeiten des Kunden angekündigt wird.[238] Strittig ist dabei allerdings, ob eine Produktwerbung bereits dann ausscheidet, wenn die Vergünstigung allein auf eine unbestimmte, breit gefächerte Gruppe von Arzneimitteln (zB „alle zuzahlungsfreien Generika", „nichtverschreibungspflichtiges Arzneimittel nach Wahl") oder gar das gesamte Arzneimittelsortiment (nicht aber das gesamte Warensortiment) einer Apotheke bezogen wird: Denn einerseits wird hier die Vergünstigung zwar nicht für ein *bestimmtes* Arzneimittel angeboten, aber für ein bestimmtes Arzneimittel *gewährt*.[239] Andererseits wird die Gefahr der unsachgemäßen Beeinflussung, nämlich zum Kauf eines bestimmten Arzneimittels gerade wegen eines hierfür in Aussicht gestellten Vorteils, umso geringer, je diffuser die Anreizwirkung wegen der breiten Fächerung der für die Vorteilserlangung zur Auswahl stehenden Arzneimittel ist.[240] Jedenfalls aber dann, wenn ein Rabattsystem nicht eine **zumindest mittelbare Gesundheitsgefährdung** bewirkt (siehe allgemein hierzu Rn 17 ff), scheidet ein Verstoß gegen § 7 HWG aus.[241]

cc) Handelsübliches Zubehör oder handelsübliche Nebenleistungen (§ 7 Abs. 1 S. 1 Nr. 3 HWG)

91 § 7 Abs. 1 S. 1 Nr. 3 HWG gestattet Werbegaben, die nur in handelsüblichem Zubehör zur Ware oder in handelsüblichen Nebenleistungen bestehen. Hinsichtlich „**Zubehör**" ist grundsätzlich vom Zubehörbegriff in § 97 BGB auszugehen, auch wenn keine vollständig Deckungsgleichheit besteht.[242] Entscheidend ist, ebenso wie für den Begriff der Nebenleistung, eine besondere Zweckbestimmung, die Hauptsache bzw Hauptleistung zu fördern, zu ermöglichen oder ihr zu dienen.[243] Um überhaupt Werbegabe zu sein, muss das Zubehör einen **eigenständigen (Zweit-)Nutzungswert** haben, was bei bestimmten Verpackungen (etwa wiederverwendbaren Trinkgläsern als Behältnis für Flüssigarzneimittel[244]) der Fall sein kann. Die Zulässigkeit richtet sich dann nach der **Handelsüblichkeit**, wofür die Verkehrsanschauung maßgeblich ist. Die in der Norm als handelsübliche Nebenleistung deklarierte Übernahme von **Fahrtkosten** des öffentlichen Personennahverkehrs dürfte für Arzneimittelwerbung nur geringe praktische Bedeutung haben. Handelsübliche Nebenleistung ist – jedenfalls ab einem Warenwert von 100 € – die **Übernahme von Versandkosten**.[245]

dd) Auskünfte oder Ratschläge (§ 7 Abs. 1 S. 1 Nr. 4 HWG)

92 Zulässig sind nach § 7 Abs. 1 S. 1 Nr. 4 HWG Werbegaben, die in der Erteilung von Auskünften oder Ratschlägen bestehen, da hierin **keine sachfremde Beeinflussung** (siehe Rn 85) liegt. Zum Berufsbild gehörende Auskünfte oder Ratschläge (wie die von Apothekern) stel-

---

238 Siehe OLG Hamburg NJW-RR 2008, 61 f – SAARTALER; vgl auch OLG Rostock GRUR-RR 2005, 391, 392 (betr. Apotheken-Bonuscard).
239 Insoweit für Produktwerbung: OLG Frankfurt GRUR-RR 2005, 393; OLG München GRUR-RR 2007, 297, 298 f; vgl auch BGH GRUR 2006, 949, 952, dort hat der BGH – ohne in irgendeiner Form auf das Problem einzugehen – die Werbung eines Augenoptikerunternehmens für Gleitsichtgläser ohne Unterscheidung nach Hersteller oder sonstigen konkretisierenden Merkmalen nicht als eine bloße Unternehmenswerbung, sondern als eine den Verboten des Heilmittelwerbegesetzes unterfallende Produktwerbung angesehen.
240 Daher gegen Produktwerbung: OLG Düsseldorf WRP 2005, 135 f; OLG Naumburg GRUR-RR 2006, 336 f.
241 OLG Frankfurt GRUR-RR 2008, 306, nach dieser Entscheidung kommt gleichwohl ein eigenständiger Verstoß gegen die betreffenden Arzneimittel-Preisvorschriften in Betracht; vgl zu Letzterem auch OLG Naumburg GRUR-RR 2006, 336, 337 ff.
242 BGH GRUR 1968, 53, 55.
243 Vgl BGH BB 1994, 676, 678.
244 Beispiel nach *Bülow*/Ring, HWG, § 7 Rn 26.
245 *Bülow*/Ring, HWG, § 7 Rn 27 mit weiteren Beispielen.

len allerdings schon gar **keine Werbegabe** dar. Bedeutung hat die Norm insoweit vor allem für das Zeitungsgewerbe.

ee) Kundenzeitschriften (§ 7 Abs. 1 S. 1 Nr. 5 HWG)

Zulässig sind gemäß § 7 Abs. 1 S. 1 Nr. 5 HWG ferner Werbegaben, bei denen es sich um unentgeltlich an Verbraucher abzugebende Zeitschriften handelt, die nach ihrer Aufmachung und Ausgestaltung der Kundenwerbung und den Interessen der verteilenden Person dienen, durch einen entsprechenden Aufdruck auf der Titelseite diesen Zweck erkennbar machen und in ihren Herstellungskosten gering sind (sog. Kundenzeitschriften). Die Regelung ersetzt den zuvor auch hinsichtlich Kundenzeitschriften bestehenden Verweis auf nach der zeitgleich aufgehobenen Zugabeverordnung zulässige Werbezugaben.[246] Damit eine Zeitschrift **der Kundenwerbung dient,** darf der belehrende oder unterhaltende, redaktionelle Teil den werbenden Teil nicht völlig in den Hintergrund treten lassen.[247] Die **Geringwertigkeit** bezieht sich auf die Herstellungskosten, nicht auf den Verkehrswert; Vergleichsmaßstab sind die durchschnittlichen Herstellungskosten von üblichen, im Handel erhältlichen Zeitschriften.[248]

93

ff) Verschärfung des Werbeverbots für Angehörige der Heilberufe (§ 7 Abs. 1 S. 2 HWG)

§ 7 Abs. 1 S. 2 HWG verschärft für *Fach*werbung das Werbeverbot des § 7 Abs. 1 S. 1 HWG, indem er die dort nach Nr. 1-5 an sich erlaubten Ausnahmen im Falle von Werbegaben für Angehörige der Heilberufe (siehe dazu Rn 40) nur unter der **einschränkenden Voraussetzungen** für zulässig erklärt, dass die Werbegaben **zur Verwendung in der ärztlichen, tierärztlichen oder pharmazeutischen Praxis bestimmt** sind. Zulässig sind insoweit etwa geringwertige Gegenstände (§ 7 Abs. 1 S. 1 Nr. 1 HWG) wie Kalender, Schreibmaterialien, Notizblöcke etc. Da die Norm eine unsachliche Beeinflussung bzw „Gewogenmachung" der Heilberufler vermeiden will, dürfte aber die *laufende* Ausstattung mit solchen Gegenständen des Praxisbedarfs zumindest problematisch sein.

94

gg) Arzneimittelmuster/-proben

Publikumswerbung mit Mustern oder Proben von Arzneimitteln (oder Gutscheinen dafür) ist bereits nach § 11 Abs. 1 Nr. 14 HWG untersagt (siehe näher Rn 130 f). Im Rahmen von § 7 HWG kommt deren Abgabe als Werbegabe[249] daher nur an die **Fachkreise** in Betracht. Dabei bleibt gemäß § **7 Abs. 1 S. 3 HWG** die Regelung des § **47 Abs. 3 AMG** (siehe näher hierzu § 21 Rn 19 ff) unberührt, so dass dessen für die Abgabe von Mustern bestehenden Vorgaben, die – auch wegen Art. 96 RL 2001/83/EG – nur im Zusammenhang mit § 47 Abs. 4 AMG gesehen werden können[250], zu beachten sind, in ihrem Rahmen aber die Abgabe dann auch zulässig bleibt[251]. Soweit die in § 47 Abs. 3 AMG genannten heilkundlich Tätigen Arzneimittelmuster an Patienten zu diagnostischen oder therapeutischen Zwecken abgeben, ist § 7 HWG mangels Werbezweck der Abgabe nicht einschlägig.[252]

95

---

246 Siehe Gesetz zur Aufhebung der Zugabeverordnung und zur Anpassung weiterer Rechtsvorschriften (ZugabeVAufhG) v. 23.7.2001 (BGBl. I, 1661); Normbegründung in BT-Drucks. 14/6469, 9.
247 Vgl hierzu BGH GRUR 1966, 338, 340; OLG Düsseldorf WRP 1997, 968 ff.
248 Siehe hierzu etwa BGH GRUR 1967, 665, 668 f; OLG Düsseldorf WRP 1997, 968, 972.
249 Siehe dazu Doepner, HWG, Vor § 7 Rn 21, § 7 Rn 27; vgl auch *Bülow*/Ring, HWG, § 7 Rn 18, wo für eine teleologische Reduktion des § 7 HWG hinsichtlich Arzneimittelproben plädiert wird, da hier der Kaufanreiz nicht durch unsachliche Beeinflussung erzielt werde.
250 Vgl auch Doepner, HWG, § 7 Rn 59.
251 Siehe auch Gröning, Heilmittelwerberecht, Bd. 1, § 7 HWG Rn 52.
252 Doepner, HWG, § 7 Rn 59.

hh) Zuwendungen bei berufsbezogenen wissenschaftlichen Veranstaltungen (§ 7 Abs. 2 HWG)

96 Nach § 7 Abs. 2 HWG gilt das Werbeverbot des Abs. 1 nicht für Zuwendungen im Rahmen ausschließlich berufsbezogener wissenschaftlicher (daher nicht: fachfremder wissenschaftlicher oder berufsbezogener nichtwissenschaftlicher)[253] Veranstaltungen, sofern diese einen vertretbaren Rahmen[254] nicht überschreiten, insbesondere in Bezug auf den wissenschaftlichen Zweck der Veranstaltung von untergeordneter Bedeutung sind und sich nicht auf andere als im Gesundheitswesen tätige Personen erstrecken. Als grundsätzlich zulässig angesehen wird insoweit etwa die **Übernahme von Reise- und Aufenthaltskosten**, soweit sie sich nicht auch auf fachfremde Begleitpersonen erstreckt.[255]

e) Werbeverbot des § 7 Abs. 3 HWG (Zuwendungen für Blut-, Plasma-, Gewebespenden)

97 Nach § 7 Abs. 3 HWG ist es unzulässig, für die Entnahme oder sonstige Beschaffung von Blut-, Plasma- oder Gewebespenden zur Herstellung von Blut- und Gewebeprodukten und anderen Produkten zur Anwendung beim Menschen, wozu auch Arzneimittel gehören können (vgl § 13 Abs. 1, 4 AMG), mit der Zahlung einer finanziellen Zuwendung oder Aufwandsentschädigung zu werben. Aufgrund der Gesetzessystematik gelten die Ausnahmen in § 7 Abs. 1 und Abs. 2 HWG hier nicht. Nach einer Entscheidung des OLG Düsseldorf gilt das Verbot des § 7 Abs. 3 HWG aber nicht einschränkungslos, sondern muss sich – nicht zuletzt im Hinblick auf Art. 12 Abs. 1 GG – auf die **reklamehafte, anpreisende, die Aufwandsentschädigung als Anlockmittel in den Vordergrund stellende** oder gar **reißerische Werbung** beschränken, wohingegen die bloße sachliche Information darüber, dass eine bestimmte Aufwandsentschädigung gezahlt wird, nicht verboten ist, mag sie auch in einen werblichen Zusammenhang eingebettet sein.[256]

10. Teleshopping-Werbung; Werbung für Einzeleinfuhr (§ 8 HWG)

a) Teleshopping-Werbung (§ 8 Alt. 1 HWG)

98 § 8 Alt. 1 HWG verbietet die Werbung, Arzneimittel im Wege des Teleshoppings zu beziehen. Teleshopping ist der **Fernabsatz über das Medium Fernsehen**.[257] Da Teleshopping-Sendungen ihrer ganzen Natur nach Werbung sind, wird letztlich nicht nur die Werbung für Teleshopping, sondern werden **Teleshopping-Sendungen für Arzneimittel selbst verboten**. Im Gemeinschaftsrecht ist ein Teleshopping-Verbot für Arzneimittel nicht Gegenstand der Richtlinie 2001/83/EG, sondern der Richtlinie 89/552/EWG (Art. 14) in der durch die Richtlinie 97/36/EG geänderten Fassung, so dass § 8 Alt. 1 HWG diesbezüglich auch nicht gegen den von der Richtlinie 2001/83/EG gesetzten Höchststandard für Arzneimittelwerbung (Rn 26) verstoßen kann.

b) Werbung für Einzeleinfuhr (§ 8 Alt. 2 HWG)

99 § 8 Alt. 2 HWG verbietet die Werbung, bestimmte Arzneimittel im Wege der Einzeleinfuhr nach § 73 Abs. 2 Nr. 6 a oder § 73 Abs. 3 AMG zu beziehen. Diese Normen enthalten Ausnahmen vom grundsätzlichen Verbringungsverbot des § 73 Abs. 1 AMG. Da das Verbrin-

---

253 *Bülow*/Ring, HWG, § 7 Rn 43.
254 Zur Kritik an der Unbestimmtheit dieser Voraussetzung Doepner, HWG, § 7 Rn 72.
255 Poschenrieder, Werbebeschränkungen für Arzneimittel, 2008, S. 140 f.
256 Siehe ausf OLG Düsseldorf, GRUR-RR 2007, 117 – betr. Werbung mit Aufwandsentschädigung für Blutspende.
257 Siehe auch die Begriffsbestimmung in Art. 1 lit. l der RL 89/552/EWG in der durch RL 97/36/EG geänderten Fassung: „Sendungen direkter Angebote an die Öffentlichkeit für den Absatz von Waren oder die Erbringung von Dienstleistungen [...] gegen Entgelt".

gungsverbot primär für nicht-zugelassene Arzneimittel gilt, müsste das Werbeverbot des § 8 Alt. 2 HWG an sich von Art. 87 Abs. 1 RL 2001/83/EG gedeckt sein.²⁵⁸ Demgegenüber hat der EuGH in einem Urteil vom 8.11.2007 entschieden, dass das Werbeverbot des § 8 (Alt. 2) HWG nicht an der Richtlinie 2001/83/EG, sondern primär an den Grundfreiheiten der Artt. 28 und 30 EGV (nunmehr Artt. 34 und 36 AEUV) zu messen sei: Diese stünden einem auf § 8 (Alt. 2) HWG gestützten Verbot entgegen, soweit es für die Übersendung von Listen nicht zugelassener Arzneimittel an Apotheker gilt, deren Einfuhr aus einem anderen Mitgliedstaat oder aus einem dritten Vertragsstaat des Abkommens über den Europäischen Wirtschaftsraum nur ausnahmsweise zulässig ist und die keine anderen Informationen als die über den Handelsnamen, die Verpackungsgrößen, die Wirkstärke und den Preis dieser Arzneimittel enthalten.²⁵⁹

11. Werbung für Fernbehandlung (§ 9 HWG)

§ 9 HWG verbietet die Werbung für sog. Fernbehandlungen, dh für die Erkennung oder Behandlung von Krankheiten, Leiden, Körperschäden oder krankhaften Beschwerden, die **nicht auf eigener Wahrnehmung an dem zu behandelnden Menschen oder Tier beruht**. Wegen der grundsätzlichen Bedenklichkeit von nicht auf persönlicher Inaugenscheinnahme und Untersuchung des Patienten, sondern lediglich auf fernmündlicher oder schriftlicher Mitteilung von Krankheitssymptomen beruhenden (Fern-)Behandlungen soll diesen nicht durch Werbung für sie Vorschub geleistet werden. Die Fernbehandlung selbst wird durch § 9 HWG aber nicht untersagt.

Das Verbot kommt zwar vornehmlich hinsichtlich Werbung für die Fernbehandlungsleistungen selbst zum Tragen, kann aber **auch hinsichtlich Arzneimitteln** relevant sein, nämlich wenn auf diesem Wege zugleich der Absatz für ein bestimmtes in die Fernbehandlung bzw in die Werbung hierfür einbezogenes Arzneimittel gefördert werden soll, etwa wenn eine produktbezogene Werbung eines Pharmaunternehmens zu Angaben über Symptome zum Zwecke individueller Beratung hinsichtlich Dosierung oder Anwendung des beworbenen Mittels auffordert²⁶⁰. Eine Fernbehandlung liegt aber nur in der individuellen Ferndiagnose oder -therapie für einen individuellen, konkreten Patienten, nicht jedoch in allgemeinen Ratschlägen oder Empfehlungen an eine unbestimmte Vielzahl von Personen, bei bestimmten Symptomen ein bestimmtes Arzneimittel anzuwenden.²⁶¹ Bei einer bloßen Information über ein Produkt und seine Anwendungsgebiete fallen Anwender und Behandelnder in der Regel zusammen (Selbsttherapie), so dass keine Fernbehandlung vorliegt und die betreffende Werbung nicht an § 9 HWG zu messen ist.²⁶²

Die gemeinschaftsrechtliche Entsprechung zu § 9 HWG, der **Art. 90 lit. a RL 2001/83/EG**, bezieht sich nur auf das Verbot von *Publikums*werbung für Fernbehandlungen, während § 9 HWG eine solche Einschränkung tatbestandlich fehlt. Praktisch gesehen ist diese Divergenz aber kaum von Bedeutung, da eine Werbung für Fernbehandlungen gegenüber den Fachkreisen kaum vorkommen dürfte.²⁶³

---

258 Vgl auch EuGH GRUR 2004, 174 – Doc Morris.
259 EuGH, Rs. C-143/06, GRUR 2008, 264.
260 Vgl Kernd'l/Marcetus, HWG, S. 146 f.
261 *Bülow/Ring*, HWG, § 9 Rn 4.
262 Vgl Kernd'l/Marcetus, HWG, S. 146; Poschenrieder, Werbebeschränkungen für Arzneimittel, 2008, S. 167 f.
263 Vgl auch *Bülow/Ring*, HWG, § 9 Rn 3 a.

12. Werbeverbot für verschreibungspflichtige Arzneimittel, § 10 Abs. 1 HWG

103 Nach § 10 Abs. 1 HWG darf für verschreibungspflichtige Arzneimittel nur bei Ärzten, Zahnärzten, Tierärzten, Apothekern und Personen, die mit diesen Arzneimitteln erlaubterweise Handel treiben[264], geworben werden. Aufgestellt wird somit ein **Publikumswerbeverbot** und zugleich ein **Werbeverbot gegenüber den Teilen der Fachkreise** (§ 2 HWG), die in § 10 Abs. 1 HWG nicht genannt sind (vgl hierzu Rn 39 f). Dass Art. 88 Abs. 1 lit. a RL 2001/83/EG ein Werbeverbot für verschreibungspflichtige Arzneimittel demgegenüber nur für die Öffentlichkeits-/Publikumswerbung vorschreibt, führt wegen des deutlich engeren Personenkreises, den Art. 86 Abs. 2, 2. Spiegelstrich RL 2001/83/EG den Fachkreisen zuordnet und der insoweit dem in § 10 Abs. 1 HWG genannten Personenkreis entspricht, nicht zu einer Divergenz zwischen § 10 Abs. 1 HWG und Art. 88 Abs. 1 lit. a RL 2001/83/EG.

Die Verschreibungspflicht von Arzneimitteln richtet sich nach § 48 AMG (siehe näher § 25 Rn 2 ff). Da durch sie die freie Erlangbarkeit von als besonders „bedenklich" erachteten (und daher verschreibungspflichtigen) Arzneimitteln eingeschränkt wird, ist der „eigentliche" **Schutzzweck** des Heilmittelwerbegesetzes – nämlich der Schutz der Gesundheit vor der Gefahr, dass Verbraucher durch Werbung in besonderer Weise dazu verleitet werden, Arznei-/Heilmittel zu erlangen und infolge der werbemäßigen Beeinflussung unkontrolliert und unsachgemäß anzuwenden (siehe auch Rn 7 ff) – im Hinblick auf verschreibungspflichtige Arzneimittel bereits durch die Verschreibungspflicht selbst erfüllt. § 10 Abs. 1 HWG hat daher lediglich die **ergänzende Funktion**, zu verhindern, dass Verbraucher/Patienten unter dem Eindruck von Werbung auf die ärztliche Verschreibung dieses Mittels drängen und somit das **Vertrauensverhältnis zwischen Arzt und Patient** sowie die **unbeeinflusste Behandlung durch den Arzt** stören.

104 Im Hinblick auf den Begriff „Werbung" und somit die prinzipielle Verbotsreichweite des § 10 Abs. 1 HWG kann grundsätzlich auf die allgemeinen Ausführungen zum heilmittelwerberechtlichen Werbebegriff in Rn 30 ff verwiesen werden. Indes gelten auch und gerade – nicht zuletzt wegen seines bloß ergänzenden Schutzzwecks – hinsichtlich § 10 Abs. 1 HWG die bereits oben beschriebenen, aus der Notwendigkeit einer **verfassungskonformen Auslegung** der Norm resultierenden Reduktionen seiner Verbotswirkung: So ist § 10 Abs. 1 HWG als **konkretes Gefährdungsdelikt** zu sehen, das eine **zumindest mittelbare Gesundheitsgefährdung** voraussetzt[265] (siehe dazu auch Rn 17 ff). Und ferner ist ebenso den bereits oben in Rn 20 f genannten Aspekten, nämlich etwa der Sachangemessenheit der Information für den um Information nachsuchenden Verbraucher/Patienten oder der Passivität des Werbemediums Internet, Rechnung zu tragen bei der (verfassungskonformen) Beurteilung der Verbotsreichweite des § 10 Abs. 1 HWG.[266] Demgemäß wurden zuletzt etwa Verstöße gegen § 10 Abs. 1 HWG verneint hinsichtlich einer elektronischen Arzneimitteldatenbank mit über 7000 namentlich gelisteten, zum Teil verschreibungspflichtigen Arzneimitteln, die ohne Zugangsbeschränkung nach Namen und Wirkstoffen durchsucht werden kann, solange nicht einzelne Arzneimittel werbetypisch herausgehoben sind[267], hinsichtlich werbewirksamer Äußerungen über ein verschreibungspflichtiges Arzneimittel, welche der Abwehr von in der Öffentlichkeit erhobenen Angriffen Dritter gegenüber dem Hersteller

---

264 Insb. Pharmaunternehmen, Großhändler, nicht hingegen Drogisten, Reformhausinhaber oder andere Einzelhändler (vgl § 50 AMG).
265 OLG Karlsruhe PharmR 2007, 383, 387; vgl auch BVerfG-Kammer NJW 2004, 2660, 2661.
266 Siehe hierzu ausf. Sodan/Zimmermann, Das Spannungsfeld zwischen Patienteninformierung und dem Werbeverbot für verschreibungspflichtige Arzneimittel, 2008, S. 91 ff und passim.
267 Siehe OLG Frankfurt GRUR-RR 2005, 95 f; deutlich strenger dagegen OVG Lüneburg RdL 2006, 330.

dienten[268] oder hinsichtlich Werbung für eine ärztliche Behandlung („biologisches Facelifting") unter Nennung eines verschreibungspflichtigen Arzneimittels bzw von dessen einzigem Wirkstoff („Botox"/Botulinum-Toxin), die entscheidend durch die Wahl des Wirkstoffs und nicht durch Besonderheiten einer Behandlungsmethode geprägt ist.[269]

13. Werbung für Schlafmittel und Psychopharmaka (§ 10 Abs. 2 HWG)

§ 10 Abs. 2 HWG statuiert ein Publikumswerbeverbot für Arzneimittel, die dazu bestimmt sind, bei Menschen die Schlaflosigkeit (Var. 1) oder psychische Störungen (Var. 2) zu beseitigen oder die Stimmungslage zu beeinflussen (Var. 3). Das Verbot will den **Gefahren einer (Verleitung zur) Selbstmedikation entgegenwirken**, die bei diesen Leiden in besonderem Maße unsachgemäß erfolgen und besonders gravierende Folgen, bspw. auch psychische oder physische Abhängigkeiten, nach sich ziehen kann.[270] Sind die unter § 10 Abs. 2 HWG fallenden Mittel verschreibungspflichtig, besteht zugleich ein (engeres, da auch gegenüber bestimmten Teilen der Fachkreise geltendes) Werbeverbot nach § 10 Abs. 1 HWG.

105

Im Hinblick auf den Kreis der Arzneimittel, die in dem mit § 10 Abs. 2 HWG vergleichbaren Art. 88 Abs. 1 lit. b RL 2001/83/EG genannt sind (Arzneimittel, die psychotrope Substanzen oder Suchtstoffe im Sinne internationaler Übereinkommen enthalten), werden allerdings **Zweifel an der Richtlinienkonformität** des diesen Kreis unter Umständen überschreitenden § 10 Abs. 2 HWG angemeldet[271].

a) Werbung für Arzneimittel zur Beseitigung der Schlaflosigkeit (§ 10 Abs. 2 Var. 1 HWG)

§ 10 Abs. 2 Var. 1 HWG verbietet die Publikumswerbung für Arzneimittel, die dazu bestimmt sind, bei Menschen die Schlaflosigkeit zu beseitigen. Als solche erfasst werden aber nicht sämtliche „Schlafmittel", sondern nur **Schlafmittel im pharmakologischen Sinne**, also Mittel, die den Schlaf erzwingen (Narcotica, Hypnotica), nicht hingegen die gesundheitlich regelmäßig unbedenklichen sog. Sedativa, die lediglich dazu geeignet sind, die Schlafbereitschaft zu fördern (insb. Beruhigungsmittel mit zumeist pflanzlichen Wirkstoffen wie Baldrian, Hopfen, Melisse, Johanniskraut).[272]

106

Indes kann eine Werbung für ein zur Beseitigung von Schlaflosigkeit „bestimmtes" Arzneimittel auch im Falle eines bloßen Sedativums gegeben sein, wenn der Werbende dem Mittel – fälschlicherweise – eine solche **Zweckbestimmung beimisst**, die Werbung also den Eindruck vermittelt, es handle sich um ein Schlafmittel im pharmakologischen Sinne.[273] Umgekehrt liegt aber auch dann eine Werbung für ein zur Beseitigung der Schlaflosigkeit bestimmtes Arzneimittel vor, wenn dieses **objektiv diese Eignung hat**, aber „verharmlosend" als bloßes Sedativum beworben wird. In beiden Fällen kommt zudem eine irreführende Werbung im Sinne des § 3 HWG in Betracht.

107

b) Werbung für Arzneimittel zur Beseitigung psychischer Störungen (§ 10 Abs. 2 Var. 2 HWG)

§ 10 Abs. 2 Var. 2 HWG verbietet die Publikumswerbung für Arzneimittel, die dazu bestimmt sind, bei Menschen psychische Störungen zu beseitigen. Da § 10 Abs. 2 HWG

108

---

268 OLG Karlsruhe PharmR 2007, 383, 385 ff; vgl etwa BGHZ 140, 134, 139 ff.
269 BVerfG-Kammer NJW 2004, 2660 f, entgegen OLG München WRP 2003, 1468.
270 BGH GRUR 2000, 546, 548.
271 Siehe etwa Weiler, ZRP 2006, 957, 959 f.
272 BGH NJW 1979, 1937, 1938 f – Klosterfrau Melissengeist, mit ausf. Begr.; s. ferner Kernd'l/Marcetus, HWG, S. 153 f.
273 BGH NJW 1979, 1937, 1939, dort abgelehnt für die Aussage „Schlechter Schlaf weit verbreitetes Problem".

aufgrund seiner systematischen Stellung nach § 10 Abs. 1 HWG wohl ähnlich wie dieser und anders als § 12 HWG (vgl Rn 134) die von ihm erfasste Werbung nicht wegen der Gefährlichkeit des genannten Krankheitsbildes, sondern vor allem wegen der **Gefährlichkeit der Selbstmedikation** verbietet, die im Falle von § 10 Abs. 2 Var. 2 HWG in besonderer Weise die Gefahr der Toleranzsteigerung, Gewöhnung bis hin zur Abhängigkeit mit sich bringen kann,[274] spricht – trotz unvermeidlicher Abgrenzungsschwierigkeiten – einiges dafür, unter dem überaus unbestimmten Begriff der Arzneimittel zur Beseitigung „psychischen Störungen" nicht jegliche **Psychopharmaka**[275], sondern **nur solche im engeren Sinne** zu fassen (insb. Neuroleptika, Antidepressiva, Tranquillantien), also solche zur Beseitigung psychischer Störungsformen mit Krankheitscharakter, sprich erhöhter Intensität und Dauer, und mit einer gewissen Wirkungsintensität sowie einem beachtlichen toxischen Potenzial, mithin nicht solche, deren Zweckbestimmung in der Beseitigung lediglich situationsbedingter, vorübergehender, relativ kurzzeitiger Störungszustände wie Stress, Hektik, Überreizung, Erschöpfung oder Lustlosigkeit liegt.[276] Hinsichtlich der Frage, wann eine Werbung mit einem **zur Beseitigung psychischer Störungen „bestimmten" Mittel** vorliegt, gelten die in Rn 107 zu Schlafmitteln getroffenen Ausführungen entsprechend.

c) Werbung für Arzneimittel zur Beeinflussung der Stimmungslage (§ 10 Abs. 2 Var. 3 HWG)

109 § 10 Abs. 2 Var. 3 HWG verbietet die Publikumswerbung für Arzneimittel, die dazu bestimmt sind, bei Menschen die Stimmungslage zu beeinflussen. Diese 3. Variante des § 10 Abs. 2 HWG steht **gleichberechtigt und eigenständig** neben den anderen beiden, hat also nicht bloßen Auffangcharakter,[277] verfolgt aber den gleichen Schutzzweck wie diese (siehe Rn 105). „Stimmungslage" ist die variable, körperlich nicht fassbare Basis des jeweiligen Erlebens und Empfindens, also letztlich der jeweilige Gemütszustand oder die Gefühlslage.[278] Insoweit kann die durch ein Arzneimittel zu beeinflussende „Stimmungslage" gerade auch ein menschlicher „Normalzustand" sein und muss sich nicht zwangsläufig in einem Krankheitsbild erschöpfen.[279] Wegen der insoweit äußerst weit gefassten Begrifflichkeit ist umso mehr gefordert, dass das zur Beeinflussung geeignete Arzneimittel diese Beeinflussung als **Primärzweck** verfolgt.[280] Ferner muss, wegen der Vergleichbarkeit der Schutzrichtung, das betreffende Arzneimittel über einen **gewissen pharmakologischen bzw toxikologischen Wirkungsgrad** verfügen und eine **vergleichbare Gefahrenlage hinsichtlich der Selbstmedikation** wie die von der 1. und 2. Variante erfassten Mittel begründen, weswegen nur **Psychopharmaka im pharmakologischen Sinn** erfasst sein können, also solche, die vor allem die Aktivität des zentralen Nervensystems beeinflussen und eine Wirkung auf psychische Funktionen haben, so dass beispielsweise die von der 1. Variante nicht erfassten Sedativa auch nicht unter die 3. Variante fallen.[281] Erfasst von der 3. Variante sind beispielsweise Psychostimulantien (Weckamine/Amphetamine) bzw Psychoanaleptika (Arzneimittel mit

---

274 Gröning, Heilmittelwerberecht, Bd. 1, § 10 HWG Rn 44.
275 So aber Bülow/*Ring*, HWG, § 10 Rn 14 ff.
276 Siehe ausf. Gröning, Heilmittelwerberecht, Bd. 1, § 10 HWG Rn 40 ff, insb. Rn 48 ff; s. ebenso Doepner, HWG, § 10 Rn 36 ff; Weihe-Gröning, WRP 1997, 667, 673 f; vgl auch LG Berlin PharmR 1995, 28, 29.
277 Siehe BGH GRUR 2000, 546, 548; LG Berlin PharmR 1995, 28, 29.
278 Doepner, HWG, § 10 Rn 46.
279 HM, s. Doepner, HWG, § 10 Rn 46; Gröning, Heilmittelwerberecht, Bd. 1, § 10 HWG Rn 56; Weihe-Gröning, WRP 1997, 667, 674; LG Berlin PharmR 1995, 28, 29; aA Bülow/*Ring*, HWG, § 10 Rn 24: es müsse sich um ein „echtes Krankheitsbild" handeln.
280 Weihe-Gröning, WRP 1997, 667, 675.
281 Siehe zu allem BGH GRUR 2000, 546, 547/548.

vorwiegend anregender Wirkung auf die Psyche) oder Psychodysleptika (Arzneimittel, die psychopathologische Phänomene hervorrufen, zB Halluzinogene).[282]

14. Einzelne Verbote für Publikumswerbung (§ 11 HWG)
a) Allgemeines zu § 11 HWG

§ 11 HWG ist ein Sammelbecken für verschiedene **Publikumswerbeverbote**, die insoweit aber einen übergeordneten gemeinsamen Schutzzweck aufweisen, als sie der Unterbindung bestimmter unsachlicher, nicht auf Information allein beschränkter und gewisse Suggestivwirkungen aufweisender Werbeaussagen gegenüber dem Laienpublikum dienen, von denen die Gefahr einer unsachlichen Beeinflussung oder Irreführung des Verkehrs ausgehen kann.[283] Zahlreiche der einzelnen Tatbestände, etwa § 11 Abs. 1 S. 1 Nr. 2[284], Nr. 3[285], Nr. 4[286], Nr. 5 lit. a[287], Nr. 10[288] HWG, werden mittlerweile allerdings nicht mehr als bloß abstrakte, sondern als konkrete Gefährdungsdelikte angesehen, so dass durch die betreffende Werbung ggf eine **zumindest mittelbare Gesundheitsgefährdung** feststellbar sein muss (siehe allgemein hierzu Rn 17 ff). Wie alle anderen HWG-Tatbestände gilt § 11 HWG nur für die Produktwerbung, nicht auch für die Unternehmens-/Imagewerbung (siehe allgemein hierzu Rn 32 f).

110

b) Werbung mit Gutachten, Zeugnissen, Fachveröffentlichungen (§ 11 Abs. 1 S. 1 Nr. 1 HWG)

§ 11 Abs. 1 S. 1 Nr. 1 HWG verbietet Publikumswerbung mit Gutachten, Zeugnissen, wissenschaftlichen oder fachlichen Veröffentlichungen (siehe zu diesen Begriffen bereits Rn 81 f) sowie mit Hinweisen darauf, da das Laienpublikum derartigen Fachstellungnahmen in der Regel eine besondere Objektivität und Aussagekraft beimisst, ohne deren Richtigkeit hinreichend beurteilen zu können. „**Veröffentlichung**" ist die vollständige oder teilweise Wiedergabe, „**Hinweis**" die Bezugnahme auf entsprechende Inhalte. Zur Abgrenzung gegenüber § 6 HWG siehe Rn 80. Die in der Werbung für ein Arzneimittel außerhalb der Fachkreise verwendete Aussage, dass sich die Wissenschaft mit diesem beschäftige, enthält noch keinen Hinweis auf Gutachten, Zeugnisse oder wissenschaftliche oder fachliche Veröffentlichungen im Sinne dieser Vorschrift.[289] Das Verbot kann und soll allerdings nicht generell dazu herhalten, dem interessierten Publikum den **Zugang zu derartigen Inhalten** zu versagen; es bezweckt in grundrechtskonformer Auslegung (siehe Rn 16 ff) nicht, den Laien und möglichen Patienten daran zu hindern, sich die von ihm für fachangemessen gehaltenen Informationen zu beschaffen, die ihn befähigen, von der freien Arztwahl sinnvoll Gebrauch zu machen.[290]

111

c) Werbung mit fachlicher Empfehlung, Geprüftheit oder Anwendung (§ 11 Abs. 1 S. 1 Nr. 2 HWG)

§ 11 Abs. 1 S. 1 Nr. 2 HWG verbietet Publikumswerbung mit Angaben, dass das Arzneimittel (zahn-/tier-)ärztlich oder anderweitig fachlich empfohlen oder geprüft ist oder ange-

112

---

282 Ausführliche Aufstellung bei Doepner, HWG, § 10 Rn 47 ff; s. ferner LG Berlin PharmR 1995, 28, 29.
283 BGH GRUR 1991, 701, 702; OLG Oldenburg GRUR-RR 2006, 243, 246 f.
284 OLG München, PharmR 2009, 173 f; Bülow/Ring, HWG, § 11 Abs. 1 Nr. 2 Rn 3 b; wegen Art. 90 lit. f RL 2001/83EG aA OLG Hamburg, PharmR 2009, 519.
285 KG Berlin GRUR-RR 2005, 162, 166.
286 BGH NJW-RR 2007, 1338.
287 Vgl OLG Hamburg PharmR 2009, 40.
288 BGH NJW-RR 2004, 1267.
289 BGH GRUR 1998, 495 – Lebertran II.
290 Näher: OLG München GRUR 2005, 695, 696.

wendet wird.²⁹¹ Im Rahmen der allgemeinen Zielsetzung des § 11 HWG (Rn 110) kommt der Nr. 2 die Aufgabe zu, den Suggestivwirkungen zu begegnen, die für den Laien nach der allgemeinen Lebenserfahrung von fachlicher Autorität ausgehen.²⁹² „Fachlich" sind Empfehlungen, denen der Verkehr eine besondere Fachkenntnis und entsprechende Autorität des Empfehlenden beimisst, worunter auch Empfehlungen von Fachleuten oder Autoritäten aus dem Hause oder aus dem Einflussbereich des Herstellers des Arzneimittels selbst fallen können.²⁹³ Die **Bestimmung des relevanten Urheberkreises** einer Empfehlung hat sich wegen des durch Richtlinie 2001/83/EG vermittelten Höchststandards (Rn 26 f) an Art. 90 lit. f zu orientieren²⁹⁴ (Wissenschaftler, im Gesundheitswesen tätige Personen sowie Personen, die aufgrund ihrer Bekanntheit zum Arzneimittelverbrauch anregen können). Angaben über die (wissenschaftliche) Geprüftheit eines Arzneimittels oder dessen (erfolgreiche) fachliche Anwendung lassen sich wohl im weitesten Sinne ebenfalls als „Empfehlung" im Sinne von Art. 90 lit. f RL 2001/83/EG ansehen. Sofern Art. 90 lit. f RL 2001/83/EG einen konkreten Gefährdungstatbestand darstellt, kann auch § 11 Abs. 1 S. 1 Nr. 2 HWG als konkretes Gefährdungsdelikt ausgelegt werden, welches als ungeschriebenes Tatbestandsmerkmal eine **zumindest mittelbaren Gesundheitsgefährdung** (siehe Rn 17 ff) erfordert.²⁹⁵

d) Werbung mit Wiedergabe von Krankengeschichten (§ 11 Abs. 1 S. 1 Nr. 3 HWG)

113 § 11 Abs. 1 S. 1 Nr. 3 HWG verbietet Publikumswerbung mit der Wiedergabe von Krankengeschichten, worunter nicht nur patientenbezogene Aufzeichnungen eines Arztes, sondern alle Berichte (wie etwa journalistische) über Anamnese, Krankheitsursachen und -verlauf sowie über diagnostische und therapeutische Maßnahmen bzgl einer Person fallen.²⁹⁶ Die von der Norm zu verhütende Gefahr, dass durch die wissenschaftliche oder fachliche Sprache der Krankengeschichte das besondere Interesse des fachunkundigen, nicht zur richtigen Beurteilung befähigten Publikums geweckt und dieses unter Umständen sogar zu einer vergleichenden Selbstdiagnose animiert wird, besteht gleichermaßen bei **echten** wie bei **erfundenen** Krankengeschichten.²⁹⁷ Neben deren (vollständiger oder teilweiser) Wiedergabe ist auch der bloße Hinweis, also die Bezugnahme auf sie, erfasst. Gemeinschaftsrechtliche Entsprechungen für die Norm lassen sich Art. 90 lit. a, i und j RL 2001/83/EG entnehmen.

e) Werbung mit heilberufsbezogenen bildlichen Darstellungen (§ 11 Abs. 1 S. 1 Nr. 4 HWG)

114 § 11 Abs. 1 S. 1 Nr. 4 HWG verbietet Publikumswerbung mit der bildlichen Darstellung von Personen in der Berufskleidung oder bei der Ausübung der Tätigkeit von Angehörigen der Heilberufe, des Heilgewerbes oder des Arzneimittelhandels. Ganz ähnlich wie § 11 Abs. 1 S. 1 Nr. 2 HWG soll die Norm den **Suggestivwirkungen begegnen, die für den Laien nach der allgemeinen Lebenserfahrung von fachlicher Autorität ausgehen**. Insoweit soll sie verhindern, dass durch Abbildungen der Eindruck erzeugt wird, das fragliche Heilmittel oder Behandlungsverfahren werde fachlich empfohlen oder angewendet, und dass die Autorität der Heilberufe dazu ausgenutzt wird, direkt oder indirekt die Vorstellung besonderer Wirk-

---

291 Eine umfangreiche Zusammenstellung einschlägiger Beispiele aus der Judikatur findet sich bei Bülow/*Ring*, HWG, § 11 Abs. 1 Nr. 2 Rn 14 ff.
292 BGH GRUR 1991, 701, 702.
293 BGH GRUR 1991, 701, 702 f.
294 Bülow/*Ring*, HWG, § 11 Abs. 1 Nr. 2 Rn 4.
295 OLG München PharmR 2009, 173 f; s. indes auch OLG Hamburg PharmR 2009, 519, wo Art. 90 lit. f RL 2001/83/EG und dem folgend § 11 Abs. 1 S. 1 Nr. 2 HWG als abstrakte Gefährdungsdelikte ausgelegt werden.
296 Siehe näher Gröning, Heilmittelwerberecht, Bd. 1, § 11 Nr. 3 HWG Rn 3 ff.
297 Vgl BGH NJW 1981, 1316, 1318; Begr. zum RegE-HWG 1963, BT-Drucks. IV/1867, 8.

samkeit bestimmter Präparate oder Behandlungen zu wecken.[298] Um die beschriebene Suggestivwirkung zu erzielen, müssen die bildlichen Darstellungen allerdings eine **eindeutige Zuordnung zu einer Fachautorität** erlauben und nicht bloß äußerlich neutrale Motive abbilden. Auch ist der Abgrenzung gegenüber Unternehmens-/Imagewerbung[299] sowie im Falle redaktioneller Hinweise in Zeitungen/Zeitschriften der Bedeutung der **Pressefreiheit** (Art. 5 Abs. 1 S. 2 GG)[300] besondere Beachtung zu schenken. Zudem ist der BGH nunmehr dazu übergegangen, die Norm als konkretes Gefährdungsdelikt zu betrachten: Ihr Tatbestand setzt danach voraus, dass die Werbung geeignet ist, das Laienpublikum unsachlich zu beeinflussen und dadurch **zumindest eine mittelbare Gesundheitsgefährdung** zu bewirken.[301] Dies dürfte vor allem dann der Fall sein, wenn den visuellen Elementen tatsächlich eine konkludente Empfehlungswirkung für das beworbene Arzneimittel entnommen werden kann, womit § 11 Abs. 1 S. 1 Nr. 4 HWG dann zugleich richtlinienkonform mit dem ebenfalls nur Empfehlungselemente umfassenden Art. 90 lit. f RL 2001/83/EG (siehe Rn 112) wäre[302].

f) Werbung mit bildlichen Darstellungen von körperlichen Veränderungen, Arzneimittelwirkungen oder -wirkungsvorgängen (§ 11 Abs. 1 S. 1 Nr. 5 HWG)

§ 11 Abs. 1 S. 1 Nr. 5 HWG verbietet Publikumswerbung mit bildlichen Darstellungen von Veränderungen des menschlichen Körpers oder seiner Teile durch Krankheiten, Leiden oder Körperschäden (**lit. a**), der Wirkung eines Arzneimittels durch vergleichende Darstellung des Körperzustandes oder des Aussehens vor oder nach der Anwendung (**lit. b**) sowie des Wirkungsvorganges eines Arzneimittels am menschlichen Körper oder an seinen Teilen (**lit. c**). Die Norm will der **Suggestivwirkung besonders eindringlicher Darstellungen** der (negativen) Auswirkung von Krankheiten (lit. a) bzw der (positiven) Wirkung von Arzneimitteln (lit. b, c) beim fachunkundigen, nicht zur richtigen Beurteilung befähigten Publikum entgegenwirken. 115

Sieht man in § 11 Abs. 1 S. 1 **Nr. 5 lit. a** wie die hM eine Art von „illustrierter Ergänzung" zu § 11 Abs. 1 S. 1 Nr. 3 HWG, die vornehmlich der Animierung zu vergleichenden Selbstdiagnosen entgegenwirken will, ist es folgerichtig, anders als bei lit. b und lit. c nur bildliche Darstellungen des für den Laien sichtbaren Körperäußeren als von der Norm erfasst anzusehen.[303] Die **Erfassung auch des Körperinneren** ist jedoch nicht fernliegend, wenn man stattdessen den Schutzzweck gerade auch in der Vermeidung von erschreckenden und verängstigenden Darstellungen sieht – wofür der Vergleich mit Art. 90 lit. k RL 2001/83/EG spricht (siehe dazu auch Rn 117) und womit § 11 Abs. 1 S. 1 Nr. 5 lit. a HWG zugleich eine spezielle, klarstellende Ausprägung des „Verängstigungsverbots" in § 11 Abs. 1 S. 1 Nr. 7 HWG wäre. Bei **Nr. 5 lit. b** muss die vergleichende Vorher-Nachher-Darstellung nicht ein und dieselbe Person zeigen,[304] da das Vorher-Nachher des Anwendungsverlaufs **auch bei unterschiedlichen Personen** visualisiert werden und außerdem die Norm ansonsten leicht umgangen werden kann. **Nr. 5 lit. c** muss nach Sinn und Zweck gerade auch die **bloß sche-** 116

---

298 BGH NJW-RR 2007, 1338, 1340 – Krankenhauswerbung.
299 BGH NJW-RR 2007, 1338, 1339.
300 BGH GRUR 1990, 373, 375 – Schönheits-Chirurgie.
301 BGH NJW-RR 2007, 1338, 1340; s. allgemein zu diesem Erfordernis oben Rn 17 ff.
302 Vgl Gröning, Heilmittelwerberecht, Bd. 1, § 11 Nr. 4 HWG Rn 2.
303 Siehe für die hM Gröning, Heilmittelwerberecht, Bd. 1, § 11 Nr. 5 a HWG Rn 1; Poschenrieder, Werbebeschränkungen für Arzneimittel, 2008, S. 148.
304 AA Doepner, HWG, § 11 Nr. 5 b Rn 8; Gröning, Heilmittelwerberecht, Bd. 1, § 11 Nr. 5 b HWG Rn 5: es müsse zumindest der Eindruck entstehen, dass dieselbe Person dargestellt sei; wie hier wohl Bülow/Ring, HWG, § 11 Abs. 1 Nr. 5 lit. b Rn 6 mwN.

matische Darstellung der Wirkungsvorgänge erfassen, da diese häufig gar nicht auf andere Weise sinnvoll darstellbar sind.[305]

117 Da Art. 90 lit. k RL 2001/83/EG die unter § 11 Abs. 1 S. 1 Nr. 5 HWG fallenden Darstellungen allerdings nur dann einer Verbotswirkung unterzieht, wenn diese „in missbräuchlicher, abstoßender oder irreführender Weise" erfolgen, ist § 11 Abs. 1 S. 1 Nr. 5 HWG wegen des durch die Richtlinie 2001/83/EG aufgestellten Höchststandards (siehe Rn 26 f) richtlinienkonform ebenso auszulegen.[306] Zumindest rein praktisch sich weitgehend damit decken dürfte sich eine auch schon für zahlreiche andere Tatbestände des § 11 HWG vorgenommene Auslegung des § 11 Abs. 1 S. 1 Nr. 5 HWG als konkretes Gefährdungsdelikt, das **zumindest eine mittelbare Gesundheitsgefährdung** erfordert (siehe Rn 17 ff, 110).

g) Werbung mit fremd- und fachsprachlichen Bezeichnungen (§ 11 Abs. 1 S. 1 Nr. 6 HWG)

118 § 11 Abs. 1 S. 1 Nr. 6 HWG verbietet die Publikumswerbung mit fremd- oder fachsprachlichen Bezeichnungen, soweit sie nicht in den allgemeinen deutschen Sprachgebrauch eingegangen sind. Der **Schutzzweck** besteht in der Sicherung der allgemeinen Verständlichkeit der sachlich zu haltenden Werbung und in der Verhinderung der von einem unverständlichen Fremdwort ausgehenden Suggestiv- und Anlockwirkung einschließlich der Vermeidung von Missverständnissen. Der **„allgemeine deutsche Sprachgebrauch"** bestimmt sich letztlich danach, was der durchschnittlich informierte und gebildete Werbeadressat versteht,[307] wobei allerdings den Besonderheiten eines eng begrenzten (und begrenzbaren) Adressatenkreises Rechnung getragen werden kann, etwa wenn dieser über besondere Kenntnisse medizinischer Fachausdrücke verfügt.[308] Jedoch ist die Verwendung eines fremd-/fachsprachlichen Begriffs in der Gesundheitswerbung **nicht schlechthin untersagt**, sondern kann nach Sinn und Zweck der Norm zulässig sein, wenn der Begriff entweder in der Werbung selbst in verständlicher Weise erläutert wird oder sich jedenfalls hinreichend aus dem Gesamtzusammenhang der Werbung ergibt,[309] wofür es wiederum nicht ausreicht, wenn lediglich auf das Anwendungsgebiet und auf die Art und Weise der Verwendung des Mittels hingewiesen wird[310]. **Komplett in fremder Sprache abgefasste Werbetexte** sind nach der Rechtsprechung des BGH nicht als solche, sondern nur insoweit an § 11 Abs. 1 S. 1 Nr. 6 HWG zu messen, als sie gemessen an üblichen Fremdsprachenkenntnissen ihrerseits „eingestreute" Fremd- oder Fachsprache enthalten.[311] Siehe zur **Kollision mit § 4 HWG** bereits oben bei Rn 75. § 11 Abs. 1 S. 1 Nr. 6 HWG hat zwar keine unmittelbare Entsprechung in der Richtlinie 2001/83/EG, lässt sich aber als Ausprägung der in Art. 87 Abs. 3, 1. und 2. Spiegelstrich, Art. 89 Abs. 1 lit. b, 2. Spiegelstrich RL 2001/83/EG enthaltenen Wertungen (Sachlichkeit, Verständlichkeit, Schutz vor Irreführung) ansehen und ist daher richtlinienkonform.[312]

---

305 AA Kernd'l/Marcetus, HWG, S. 163; wie hier die hM, etwa Gröning, Heilmittelwerberecht, Bd. 1, § 11 Nr. 5 c HWG Rn 3.
306 Siehe auch OLG Hamburg PharmR 2009, 40.
307 Für den medizinischen Laien unverständlich sind etwa Begriffe wie „intermittierend" oder „Zervikalsyndrom", s. OLG Karlsruhe GRUR 1995, 510, 513; in den allgemeinen Sprachgebrauch übergegangen sind hingegen Begriffe wie „Ginseng", „Cellulitis", „Cholesterin", „Physiotherapie", s. insgesamt die umfangreichen Zusammenstellungen mit positiven wie negativen Fallbeispielen bei Bülow/Ring, HWG, § 11 Abs. 1 Nr. 6 Rn 16 ff, und bei Gröning, Heilmittelwerberecht, Bd. 1, § 11 Nr. 6 HWG Rn 7 f.
308 Siehe ausf. BGH NJW 1970, 1967, 1969 – Sanatorium; BGH NJW 1989, 2329 (betr. „Chelat-Therapie"/"Original THX") – st. Rspr.
309 BGH NJW 1995, 3054 – Sauerstoff-Mehrschritt-Therapie.
310 BGH NJW 1992, 750 – Chelat-Infusionstherapie.
311 BGH NJW 1980, 639, 640 – Ginseng-Werbung.
312 Vgl auch KG Berlin GRUR 1995, 684, 688 f; OLG Karlsruhe GRUR 1995, 510, 513; Gröning, Heilmittelwerberecht, Bd. 1, § 11 Nr. 6 HWG Rn 2.

h) Werbung unter Ausnutzung oder Hervorrufung von Angstgefühlen (§ 11 Abs. 1 S. 1 Nr. 7 HWG)

§ 11 Abs. 1 S. 1 Nr. 7 HWG verbietet Publikumswerbung mit Werbeaussagen, die geeignet sind, Angstgefühle hervorzurufen oder bereits vorhandene Angstgefühle auszunutzen. Die Norm will **irrationalen, weil auf Angst fußenden Erwerbsentscheidungen** für ein Arzneimittel (etc.) sowie **angstgeleiteter und dann regelmäßig unkritischer, unvorsichtiger Selbstmedikation** begegnen. Da allerdings zum einen die Angst vor Gesundheitsbeeinträchtigungen ein geradezu naturgegebener Wesenszug des Menschen ist und zum anderen selbst die sachlichste Arzneimittelwerbung das Vorhandensein von Gesundheitsgefahren widerspiegelt, ist eine **gewisse Erheblichkeitsschwelle** für unzulässige „Angstwerbung" zu fordern: Entscheidend für einen Verstoß gegen § 11 Abs. 1 S. 1 Nr. 7 HWG kann insoweit etwa eine unnötig dramatisierende Wortwahl oder die unverhältnismäßige Fokussierung der Werbung auf Krankheitssymptome bzw Gesundheitsgefahren sein,[313] wobei auch die besondere Sensibilität spezieller Adressatenkreise (etwa Suchtkranker oder psychisch Instabiler) zu berücksichtigen ist. Umgekehrt soll auch eine **„drastische" Wortwahl unbedenklich** sein, wenn für **erkennbar harmlose Mittel** geworben wird (etwa eine Kräuteressenz), die nur gegen „banale" Leiden (wie einfache Erkältungskrankheiten) Einsatz finden.[314] Gemeinschaftsrechtlich ist § 11 Abs. 1 S. 1 Nr. 7 HWG durch Art. 87 Abs. 3 und Art. 90 lit. d RL 2001/83/EG abgedeckt.

119

i) Werbevorträge mit Feilbieten oder Anschriftenentgegennahme (§ 11 Abs. 1 S. 1 Nr. 8 HWG)

§ 11 Abs. 1 S. 1 Nr. 8 HWG verbietet Publikumswerbung durch Werbevorträge, mit denen ein Feilbieten oder eine Entgegennahme von Anschriften verbunden ist. Werbevorträge sind Vorträge, bei denen der Vortragende oder der Veranstalter des Vortrags in Absatzförderungsabsicht für ein bestimmtes Produkt/Arzneimittel handelt. Die Vorschrift will insoweit dem von einem solchen Vortrag ausgehenden **besonderen Erwerbsanreiz**, der aufgrund der Anschaulichkeit des Vortrags und des unmittelbaren, persönlichen Kontakts zum Vortragenden entstehen kann, sowie den **Gefahren einer durch die vermeintliche Fachkompetenz des Vortragenden beeinflussten Selbstmedikation** begegnen. Erfasst sind allerdings nur Werbevorträge, bei denen der „Geschäftskontakt" direkt mit der Veranstaltung verbunden ist, sei es durch das **Feilbieten**, dh durch das Anbieten der beworbenen Mittel zum Kauf, oder durch die **Entgegennahme von Anschriften** potenzieller Interessenten zum Zwecke der Herstellung eines späteren geschäftlichen Kontaktes. § 11 Abs. 1 S. 1 Nr. 8 HWG hat zwar keine direkte Entsprechung in der Richtlinie 2001/83/EG, dürfte aber durch deren Art. 90 lit. a[315] gedeckt sein sowie überdies durch deren Art. 90 lit. f, wenn eine der dort genannten Personen Vortragender oder Veranstalter ist.

120

j) Ihren Zweck verschleiernde Werbung (§ 11 Abs. 1 S. 1 Nr. 9 HWG)

§ 11 Abs. 1 S. 1 Nr. 9 HWG verbietet Publikumswerbung mit Veröffentlichungen, deren Werbezweck missverständlich oder nicht deutlich erkennbar ist. Die Norm will vor Werbung schützen, die ihren Charakter als Werbung verschleiert („getarnte" Werbung), und verfolgt somit einen Schutzzweck, der mit dem des § 3 S. 2 Nr. 2 lit. c HWG praktisch identisch ist: Es soll der **falsche Anschein von Objektivität und Neutralität verhindert** werden, weil die Verbraucher vermeintlich objektiven Empfehlungen für ein Arzneimittel erheblich

121

---
313 OLG Karlsruhe NJW-RR 1992, 437 f.
314 BGH NJW-RR 1987, 163.
315 Siehe Bülow/*Ring*, HWG, § 11 Abs. 1 Nr. 8 HWG Rn 2 a.

höheres Gewicht beimessen als klar erkennbarer Wirtschaftswerbung.[316] Die bereits zu § 3 Abs. 2 S. 2 lit. c HWG angesichts der Weite des heilmittelrechtlichen Werbebegriffes angestellten Überlegungen zur Verbotsreichweite von Verboten „getarnter" Werbung (siehe Rn 55) gelten hinsichtlich § 11 Abs. 1 S. 1 Nr. 9 HWG entsprechend.

122 § 11 Abs. 1 S. 1 Nr. 9 HWG gilt – anders und insoweit enger als § 3 Abs. 2 S. 2 lit. c HWG – **allein für die Laienwerbung** und nur für Veröffentlichungen, dh für **Druck-Erzeugnisse** (nicht: Sendebeiträge in audiovisuellen Medien),[317] womit er vor allem für eine **als redaktioneller Beitrag „getarnte" Werbung** von Bedeutung ist. Die betreffenden Veröffentlichungen, etwa Haus- und Kundenzeitschriften oder Informationsbroschüren, sollen von vermeintlich bloß redaktionellen Beiträgen, welche „in Wirklichkeit" aber Werbung sind, freigehalten werden, es sei denn die Werbeeigenschaft wird unmissverständlich (etwa durch einen klar sichtbaren Aufdruck) erkennbar gemacht.[318] Da § 3 Abs. 2 S. 2 lit. c HWG jede Werbung und damit auch die Publikumswerbung sowie Werbung mit Veröffentlichungen erfasst, besteht diesem gegenüber der **eigenständige Bedeutungsgehalt** von § 11 Abs. 1 S. 1 Nr. 9 HWG letztlich darin, dass er für diesen Anwendungsbereich geringere Anforderungen an die „Tarnung" stellt, weil es nach ihm bereits ausreicht, dass der Werbezweck „missverständlich" oder „nicht deutlich" erkennbar ist.

k) Werbung mit Selbstbehandlungsanleitungen (§ 11 Abs. 1 S. 1 Nr. 10 HWG)

123 § 11 Abs. 1 S. 1 Nr. 10 HWG verbietet Publikumswerbung mit Veröffentlichungen (vgl Rn 122) sowie Sendebeiträgen in audiovisuellen Medien, die dazu anleiten, bestimmte Krankheiten, Leiden, Körperschäden oder krankhafte Beschwerden beim Menschen selbst zu erkennen (**Selbstdiagnose**) und mit in der Werbung bezeichneten Arzneimitteln (etc.) zu behandeln. Die Norm dient dem Schutz vor werbungsinduzierten, unüberlegten oder voreiligen und nicht mit dem notwendigen objektiven Blick für das verwendete Heilmittel durchgeführten Selbstbehandlungen durch den Laien.[319] Auch die Verleitung zur Erkennung und Behandlungen von Krankheiten Dritter (etwa des eigenen Kindes) muss nach diesem Normzweck als „Selbstbehandlung" gelten.[320] Nicht unter die Norm fallen Beiträge, die zwar zur Selbsterkennung von Krankheiten geeignet sind und Behandlungsvorschläge unterbreiten, diese Inhalte aber losgelöst von „bestimmten" Arzneimitteln vermitteln.[321] § 11 Abs. 1 S. 1 Nr. 10 HWG lässt sich gemeinschaftsrechtlich auf Art. 90 lit. a sowie lit. i RL 2001/83/EG stützen.[322]

124 Wie die Verknüpfung mittels des Wortes „und" nahelegt, muss nicht nur zur Selbstdiagnose, sondern auch zu einer **Selbstbehandlung** mit dem beworbenen Mittel angeleitet werden, wobei für Letzteres einerseits bloße Empfehlungen zur Anwendung des beworbenen Mittels nicht ausreichen dürften[323], andererseits hieran aber auch keine allzu hohen Anforderungen

---

316 OLG Frankfurt WRP 2001, 1111, 1112.
317 *Bülow*/Ring, HWG, § 11 Abs. 1 Nr. 9 Rn 3.
318 Siehe etwa OLG Frankfurt WRP 2001, 1111, 1112, betr. eine von einem pharmazeutischen Unternehmen herausgegebene, 166 Seiten starke und in Apotheken kostenlos erhältliche Broschüre „Ratgeber Selbstmedikation A–Z", in der die Produktpalette des Unternehmens vorgestellt wird; ferner OLG Köln WRP 1993, 515.
319 Vgl auch die Begr. zum RegE-HWG 1963, BT-Drucks. IV/1867, 8 (zu Nr. 6): Schutz vor Fehldiagnosen und Fehlbehandlungen.
320 Wie hier: Doepner, HWG, § 11 Nr. 10 Rn 9; Poschenrieder, Werbebeschränkungen für Arzneimittel, 2008, S. 158; aA Gröning, Heilmittelwerberecht, Bd. 1, § 11 Nr. 10 HWG Rn 6.
321 Allgemeine Ansicht, s. etwa Gröning, Heilmittelwerberecht, Bd. 1, § 11 Nr. 10 HWG Rn 9.
322 Siehe ausf. hierzu Bülow/*Ring*, HWG, § 11 Abs. 1 Nr. 10 Rn 1 a; Gröning, Heilmittelwerberecht, Bd. 1, § 11 Nr. 10 HWG Rn 3 (zur Vorgänger-RL).
323 Vgl OLG Schleswig WRP 2001, 1108, 1110 f; aA Gröning, Heilmittelwerberecht, Bd. 1, § 11 Nr. 10 HWG Rn 8.

zu stellen sind (nicht zuletzt um eher dubiose „Anleitungen" erfassen zu können),³²⁴ so dass unter Umständen schon der Hinweis genügen kann, gegen die Einnahme „einer Schlaftablette" sei „nichts einzuwenden".³²⁵ Für eine Anleitung zur Selbst*diagnose* kann schon die **Schilderung von Symptomen** genügen, die wegen Art. 90 lit. i RL 2001/83/EG in richtlinienkonformer Auslegung **einigermaßen „ausführlich"** sein muss. Jedoch fehlt es an der vom BGH für § 11 Abs. 1 S. 1 Nr. 10 HWG geforderten konkreten, **zumindest mittelbaren Gesundheitsgefährdung** (siehe allgemein hierzu Rn 17 ff), wenn nur Symptome von Krankheiten geschildert werden, die dem Umworbenen ohnehin geläufig sind.³²⁶ Demgegenüber wäre eine solche Gefährdung gegeben, wenn die Werbung die nicht nur geringfügige Gefahr begründet, dass ihre Adressaten glauben, sie könnten eine bei ihnen vorliegende Erkrankung selbst erkennen sowie durch Selbstbehandlung mit dem beworbenen Mittel heilen, und hierdurch von einem Arztbesuch absehen, den sie ohne die Werbung gemacht hätten und der zum noch rechtzeitigen Erkennen anderer, ernster Leiden geführt hätte.³²⁷

l) Werbung mit Äußerungen Dritter (§ 11 Abs. 1 S. 1 Nr. 11 HWG)

§ 11 Abs. 1 S. 1 Nr. 11 HWG verbietet Publikumswerbung mit Äußerungen Dritter, insbesondere mit **Dank-, Anerkennungs- oder Empfehlungsschreiben**, oder mit Hinweisen (dh Bezugnahmen) auf solche Äußerungen. Zweck der Norm ist der Schutz vor der Suggestivwirkung durch positive werbewirksame Äußerungen Dritter, da solche Äußerungen den Eindruck von Objektivität vermitteln, vom Werbeadressaten aber weder überprüft noch im Hinblick auf die Eignung des beworbenen Mittels hinreichend bewertet werden können.³²⁸ Wie auch die beispielhafte Aufzählung von Dank-, Anerkennungs- oder Empfehlungsschreiben zeigt, können nach Sinn und Zweck **nur heilmittelbezogene Äußerungen** gemeint sein. „Dritter" ist jede – auch fiktive – Person, hinsichtlich derer der Eindruck besteht, sie stehe außerhalb der „Beziehung" zwischen Werbendem und Umworbenen und äußere sich insoweit neutral und unabhängig.³²⁹

Da § 11 Abs. 1 S. 1 Nr. 11 HWG lediglich auf Art. 90 lit. j der höchststandardsetzenden Richtlinie 2001/83/EG (siehe Rn 26) gestützt werden kann, dieser aber nur ein Verbot für sich in missbräuchlicher, abstoßender oder irreführender Weise auf Genesungsbescheinigungen beziehende Werbung enthält, ist § 11 Abs. 1 S. 1 Nr. 11 HWG in entsprechender Weise **gemeinschaftsrechtskonform einschränkend auszulegen**, also dahin gehend, dass eine Publikumswerbung für Arzneimittel mit Äußerungen Dritter oder mit Hinweisen auf solche Äußerungen nur dann unzulässig ist, wenn sie eine **Genesungsbescheinigung** in Form eines Hinweises enthält, dass die Verwendung des Mittels zur Wiederherstellung der Gesundheit eines an einer bestimmten Krankheit oder an bestimmten Gesundheitsstörungen Leidenden führt, und wenn dieser Hinweis zudem **in missbräuchlicher, abstoßender oder irreführender Weise** erfolgt.³³⁰ Letzteres wäre nach der EuGH-Rechtsprechung beispielsweise dann der Fall, „wenn die heilenden Wirkungen dieser Arzneimittel übertrieben dargestellt würden, so dass zu ihrem Verbrauch angeregt werden könnte, oder so, dass Angst vor den Folgen ihrer Nichtverwendung geweckt werden könnte, oder auch, wenn ihnen Merkmale zugesprochen würden, die sie nicht besitzen, und der Verbraucher dadurch in Bezug auf ihre Wirkweise und ihre therapeutischen Wirkungen in die Irre geführt würde".³³¹

---

324 Doepner, HWG, § 11 Nr. 10 Rn 8.
325 OLG Köln WRP 1993, 62.
326 BGH NJW-RR 2004, 1267 f; s. auch OLG Frankfurt PharmR 2003, 211.
327 BGH NJW-RR 2004, 1267.
328 Siehe auch die Begr. zum RegE-HWG 1963, BT-Drucks. IV/1867, 8 (zu Nr. 8).
329 Vgl Bülow/*Ring*, HWG, § 11 Abs. 1 Nr. 11 Rn 8.
330 BGH GRUR 2009, 179, 180 – Konsumentenbefragung II.
331 EuGH GRUR 2008, 267, 270 (Rn 47); aufgegriffen durch BGH GRUR 2009, 179, 180.

m) Werbung gegenüber Kindern (§ 11 Abs. 1 S. 1 Nr. 12 HWG)

127 § 11 Abs. 1 S. 1 Nr. 12 HWG verbietet Publikumswerbemaßnahmen,[332] die sich ausschließlich oder überwiegend an **Kinder unter 14 Jahren** richten, da ein Urteilsvermögen über die Anwendung von Arzneimitteln (etc.) und über entsprechende Werbeaussagen im allgemeinen nicht vorausgesetzt werden kann[333]. Ob die Kinder auch als Käufer in Betracht kommen, ist unerheblich, denn letztlich sollen gerade **auch die Eltern** als potenzielle Käufer vor dem „unsachlichen" Druck, der durch ihre umworbenen Kinder erzeugt wird, geschützt werden.[334] Eine Werbung **richtet sich ausschließlich oder überwiegend an Kinder**, wenn sie entweder ihrer textlichen oder bildlichen Gestaltung nach auf die Interessengebiete oder die besondere Sprache von Kindern abgestellt ist oder wenn sie so gesteuert wird, dass sie Kinder ausschließlich oder überwiegend erreicht.[335] Die gemeinschaftsrechtliche Entsprechung findet sich in Art. 90 lit. e RL 2001/83/EG.

n) Werbung mit Preisausschreiben, Verlosungen etc. (§ 11 Abs. 1 S. 1 Nr. 13 HWG)

128 § 11 Abs. 1 S. 1 Nr. 13 HWG verbietet Publikumswerbung mit Preisausschreiben, Verlosungen und anderen Verfahren, deren Ergebnis vom Zufall abhängig ist (Werbung mit aleatorischen Anreizen, sog. **aleatorische Werbung**). Das Verbot existiert, da derartige aleatorische Anreize dem kritiklosen, von einer sachlichen Prüfung losgelösten Erwerb und einer entsprechenden Anwendung der hiermit beworbenen Arzneimittel Vorschub leisten und außerdem – vergleichbar mit Wertgaben im Falle des § 7 HWG (siehe Rn 85) – in keinem sachlichen Zusammenhang mit dem beworbenen Mittel stehen, vielmehr den Absatz in die Nähe des Glücksspiels rücken.[336] Fachkreiswerbung mit aleatorischen Anreizen ist grundsätzlich erlaubt, kommt aber selten vor und kann dann an § 7 HWG (Werbung mit Wertgaben) zu messen sein. Für die Anwendbarkeit von § 11 Abs. 1 S. 1 Nr. 13 HWG ist es unerheblich, ob das beworbene **Arzneimittel (etc.) selbst als Preis/Gewinn** des aleatorischen Verfahrens ausgesetzt wird oder ob mittels eines mit der Werbung verknüpften aleatorischen Verfahrens, das **einen anderen Preis/Gewinn** bereithält, die Aufmerksamkeit für das beworbene Mittel erzeugt oder gesteigert werden soll; in beiden Fällen ist der beschriebene Schutzzweck einschlägig.[337] Soweit gleichzeitig ein Fall des § **7 HWG** vorliegt, geht die Verbotswirkung des § 11 Abs. 1 S. 1 Nr. 13 HWG vor.[338] „**Preisausschreiben**" sind Auslobungen, die eine Preisbewerbung zum Gegenstand haben (§ 661 BGB), wobei der Bewerber eine Leistung erbringen muss (zB ein Rätsel lösen), woran es bei **Verlosungen** wiederum fehlt. **Andere aleatorische Verfahren** sind etwa das sog. Sweepstake (von vornherein feststehende Gewinnlose werden nach Zufallsprinzip verteilt), Lotterien und Ausspielungen (siehe § 287 StGB) oder sog. Preisrätselgewinnauslobungen (Zwischenform aus Preisausschreiben und Verlosung)[339]. Für die **Zufallsabhängigkeit** kommt es nicht auf das Überwiegen beeinflussbarer gegenüber nicht-beeinflussbaren Elementen an.[340]

129 Trotz Fehlens eines ausdrücklichen Verbots in der höchststandardsetzenden Richtlinie 2001/83/EG (siehe Rn 26) ist § 11 Abs. 1 S. 1 Nr. 13 HWG nach Feststellung des EuGH

---

332 Fachkreiswerbung, die sich an Kinder richtet, bleibt zwar theoretisch möglich, kommt aber praktisch nicht in Betracht.
333 Begr. zum RegE-HWG 1963, BT-Drucks. IV/1867, 8.
334 Vgl Kerndl/Marcetus, HWG, S. 172.
335 Bernhardt, HWG, S. 72 f.
336 Vgl Begr. zum RegE-HWG 1963, BT-Drucks. IV/1867, 8 (zu Nr. 11); Gröning, Heilmittelwerberecht, Bd. 1, § 11 Nr. 13 HWG Rn 2.
337 Siehe auch Gröning, Heilmittelwerberecht, Bd. 1, § 11 Nr. 13 HWG Rn 4.
338 Vgl Poschenrieder, Werbebeschränkungen für Arzneimittel, 2008, S. 160: speziellere Norm.
339 Näher hierzu Gröning, Heilmittelwerberecht, Bd. 1, § 11 Nr. 13 HWG Rn 6.
340 Hamm/Bücker, HWG, S. 78.

wegen der im **45. Erwägungsgrund** dieser Richtlinie angeführten Notwendigkeit, übertriebene und unvernünftige Werbung, die sich auf die öffentliche Gesundheit auswirken könnte, zu verhindern, und wegen der in **Art. 87 Abs. 3, 1. Spiegelstrich RL 2001/83/EG** wiederholten Notwendigkeit, dass die Werbung für Arzneimittel deren zweckmäßigen Einsatz fördert, **richtlinienkonform**; im Falle, dass ein Arzneimittel als Gewinn ausgelobt ist, tragen zudem Art. 88 Abs. 6 und Art. 96 Abs. 1 RL 2001/83/EG das Verbot.[341]

o) Werbung durch Abgabe von Mustern oder Proben (§ 11 Abs. 1 S. 1 Nr. 14 HWG)

§ 11 Abs. 1 S. 1 Nr. 14 HWG verbietet Publikumswerbung durch die Abgabe von Mustern oder Proben von Arzneimitteln oder durch Gutscheine hierfür; ob die Abgabe verlangt wurde oder nicht, ist – anders als bei § 11 Abs. 1 S. 1 Nr. 15 HWG, der für andere Mittel oder Gegenstände als Arzneimittel gilt – unerheblich. Schutzzweck ist die **Vermeidung einer kritiklosen Anwendung** der so erlangten Arzneien, denn dem Laien fehlt regelmäßig die notwendige Fachkompetenz, um das zu Prüfzwecken verteilte Werbemittel (Muster, Probe) sachgemäß beurteilen zu können; überdies steigert auch die Erlangung eines Arzneimittels als „Werbegeschenk" die Gefahr kritikloser, übermäßiger Anwendung. § 11 Abs. 1 S. 1 Nr. 14 HWG lässt die Abgabe von Mustern und Proben gegenüber den Fachkreisen unberührt, jedoch gilt hierfür § 7 HWG (siehe Rn 95). Soweit im Falle von Publikumswerbung gleichzeitig ein Fall des § **7 HWG** vorliegt, geht die Verbotswirkung des § 11 Abs. 1 S. 1 Nr. 14 HWG vor. Gemeinschaftsrechtlich ist § 11 Abs. 1 S. 1 Nr. 14 HWG durch Art. 88 Abs. 6, Art. 96 sowie den 46. Erwägungsgrund der Richtlinie 2001/83/EG gedeckt.

Nach arzneimittelrechtlichem Verständnis (siehe § 47 Abs. 3, 4 AMG) sind „**Muster**" verkaufsfähige Waren, die zur Abgabe außerhalb der gewöhnlichen Vertriebswege bestimmt sind und nur in der kleinsten originalen Packungsgröße abgegeben werden dürfen, „**Proben**" wiederum werden eigens zu Erprobungszwecken in kleineren Einheiten als der kleinsten Originalpackung abgegeben. Da § 11 Abs. 1 S. 1 Nr. 14 HWG indes seinem Schutzzweck nach jegliche direkte Abgabe von Arzneimitteln als Werbegabe unterbinden will, kommt es für das heilmittelwerberechtliche Verständnis der Begriffe „Muster" oder „Probe" *nicht* auf die **Packungsgröße** an, da das Verbot ansonsten durch Abgabe größerer Packungen völlig sinnwidrig umgangen werden könnte.[342] Ebenso wenig kommt es auf eine **Be- oder Kennzeichnung als „Muster" oder „Probe"** an. Auch eine genaue Abgrenzung zwischen „Muster" und „Probe" ist vor diesem Hintergrund entbehrlich, da § 11 Abs. 1 S. 1 Nr. 14 HWG beides einheitlich erfasst. Deren „**Abgabe**", dh Überlassung, kann sowohl **unentgeltlich** als auch **entgeltlich** (etwa zum Werbe-/Vorzugs-/Probierpreis) erfolgen.[343] Neben der direkten Abgabe sind auch **Gutscheine** für Arzneimittelmuster oder -proben als bloße Ermöglichung einer späteren Direktabgabe verboten, damit hierdurch das Verbot nicht umgangen werden kann.

p) Vergleichende Werbung (§ 11 Abs. 2 HWG)

Nach § 11 Abs. 2 HWG[344] darf in einer Publikumswerbung für Humanarzneimittel nicht mit Angaben geworben werden, die nahe legen, dass die Wirkung des Arzneimittels einem anderen Arzneimittel oder einer anderen Behandlung entspricht oder überlegen ist. Der **Grund für das Verbot** liegt darin, dass Wirkungsvergleiche für den Laien insoweit trügerisch sein können, als sie nichts über sonstige Faktoren aussagen, die für die optimale Anwendung des Arzneimittels bei einem bestimmten Patienten von Bedeutung sind, wie etwa Neben-

---

341 EuGH, Rs. C-374/05, Slg 2007, I-9517 = GRUR 2008, 267, Rn 53 ff.
342 HM, s. etwa Doepner, HWG, § 11 Nr. 14 Rn 12.
343 Doepner, HWG, § 11 Nr. 14 Rn 13.
344 Eingefügt durch Art. 2 des Gesetzes v. 1.9.2000 (BGBl. I, 1374).

wirkungen, Gegenanzeigen, Darreichungsformen etc. Die Regelung bildet eine Ausnahme zur nach § 6 UWG grundsätzlichen Erlaubtheit vergleichender Werbung (siehe zu § 6 UWG noch unten Rn 151). Verboten ist nach § 11 Abs. 2 HWG aber **nur der Wirkungsvergleich; Preisvergleiche sind daher nicht erfasst** und unterliegen somit nur den allgemeinen Anforderungen des § 6 UWG (siehe dazu Rn .151).[345] Letzteres gilt ebenso hinsichtlich Fachkreiswerbung für Humanarzneimittel sowie für Tierarzneimittelwerbung. § 11 Abs. 2 HWG hat seine Entsprechung in Art. 90 lit. b Alt. 2 RL 2001/83/EG. Zudem dürfte er als Verbot nur der Publikumswerbung auch verfassungsrechtlich unbedenklich sein.[346]

133 Ein hinreichender **Vergleich mit „einem anderen Arzneimittel"** liegt nur dann vor, wenn ein solches in der Werbung **ausdrücklich benannt** oder zumindest **indirekt individualisierbar** ist,[347] etwa durch konkrete Bezugnahme auf eine vergleichende Studie[348]. Hingegen ist ein Werbevergleich grundsätzlich dann zu verneinen, wenn die beanstandete Werbeaussage so allgemein gehalten ist, dass sich den angesprochenen Verkehrskreisen eine Bezugnahme auf Mitbewerber nicht aufdrängt, sondern diese sich nur reflexartig daraus ergibt, dass mit jeder Hervorhebung eigener Vorzüge in der Regel unausgesprochen zum Ausdruck gebracht wird, dass nicht alle Mitbewerber die gleichen Vorteile zu bieten haben[349], etwa durch die Aussage „Nichts hilft schneller"[350].

15. Werbeverbot für bestimmte Krankheiten oder Leiden (§ 12 Abs. 1 HWG)

134 Gemäß § 12 Abs. 1[351] HWG darf sich die Werbung für Arzneimittel außerhalb der Fachkreise nicht auf die **Erkennung** (Diagnose), **Verhütung** (das Entgegenwirken vor Ausbruch), **Beseitigung** (Heilung) oder **Linderung** (Herabsetzung der Beschwerden) der in **Abschnitt A der Anlage zu § 12 HWG aufgeführten Krankheiten** (heilbare Störungen der normalen Körpertätigkeit oder -beschaffenheit) und Leiden (länger anhaltende, auch unheilbare Störungen) beim Menschen beziehen, und ebenso wenig auf die der in **Abschnitt B der Anlage zu § 12 HWG** aufgeführten Krankheiten oder Leiden beim Tier. Dieses Publikumswerbeverbot untersagt seinem Wortlaut nach die Arzneimittelwerbung **für bestimmte Indikationsgebiete**, dh unter deren Nennung, womit aber praktisch die gesamte Werbung für ein betreffendes, zum Einsatz auf einem der einschlägigen Indikationsgebiete bestimmtes Arzneimittel unmöglich gemacht wird, da einerseits die Werbung für ein Arzneimittel wenig Sinn hat, wenn nicht zugleich das Anwendungsgebiet genannt werden darf, und weil andererseits die Arzneimittelwerbung zumindest im Regelfall nach § 4 Abs. 1 S. 1 Nr. 4 HWG nicht ohne Angabe des Anwendungsgebietes erfolgen darf. Der **Normzweck** besteht im Schutz des Laienpublikums vor den Gefahren einer durch Werbung veranlassten Selbstbehandlung mit bestimmten zwar verschreibungsfreien (ansonsten schon Verbot nach § 10 Abs. 1 HWG) Arzneimitteln, deren **Indikationsgebiete aber insoweit als gefährlich angesehen werden**, als die unsachgemäße Selbstbehandlung und/oder der Verzicht auf den Arztbesuch dem Pati-

---

345 Siehe Gesetzesbegründung, BT-Drucks. 14/2959, 13 (zu Art. 2).
346 Vgl hierzu BVerfG-Kammer NJW 2001, 3403, 3405 f – Therapeutische Äquivalenz: Dort wurde zwar das Verbot einer wirkungsvergleichenden Arzneimittelwerbung in einer Ärztezeitschrift (*Fachkreis*werbung) als Verletzung der Meinungsfreiheit (Art. 5 Abs. 1 GG) gewertet, dies allerdings insbesondere unter Hinweis auf ein fehlendes Gefährdungspotential der Werbung, da „der angesprochene Adressatenkreis in ärztlicher Verantwortung, und nicht zuletzt unter Haftungsrisiken, kritisch zu prüfen hat, welche Medikamente dem Patienten zu verabreichen sind". Genau ein solches Gefährdungspotential ist bei Publikumswerbung hingegen anzunehmen.
347 OLG Hamburg PharmR 2009, 40; vgl BGH GRUR 1996, 983, 984.
348 Vgl BGH NJW 1992, 2969; BVerfG NJW 2001, 3403, 3405.
349 BGH WRP 1999, 1141, 1144.
350 OLG Hamburg, PharmR 2009, 40.
351 § 12 Abs. 2 HWG gilt nicht für Arzneimittelwerbung.

enten sowie ggf – insbesondere im Falle ansteckender Krankheiten – auch Dritten in gesteigerter Weise schaden können.

Abschnitt A der Anlage zu § 12 HWG[352], welcher die für § 12 Abs. 1 HWG relevanten Krankheiten und Leiden beim Menschen nennt, umfasst neben bösartigen Neubildungen (Nr. 2), Suchtkrankheiten, ausgenommen Nikotinabhängigkeit (Nr. 3) und krankhaften Komplikationen der Schwangerschaft, der Entbindung und des Wochenbetts (Nr. 4) vor allem (Nr. 1) **nach dem Infektionsschutzgesetz (IfSG) meldepflichtige Krankheiten** (siehe § 6 IfSG, etwa Botulismus, Cholera, Diphterie, Masern, Milzbrand, Pest, Tollwut) oder durch meldepflichtige Krankheitserreger verursachte Infektionen (siehe § 7 IfSG). Zu letzteren zählen insbesondere auch Influenzaviren bzw die dadurch verursachte „echte" **Grippe**. Da der Verkehr mit dem in unterschiedlicher Weise belegten Begriff „Grippe" regelmäßig auch diese echte Virusgrippe (Influenza) und nicht lediglich grippale Infekte oder Erkältungen assoziiert, liegt ein Verstoß gegen § 12 Abs. 1 HWG vor, wenn eine Arzneimittelwerbung Angaben wie „gegen Grippe" oder (erst recht) „bewährt bei Erkältung und Grippe" enthält[353] oder einen Namen wie „Kontragripp" trägt[354], wobei gleichzeitig noch ein Verstoß gegen § 3 S. 2 Nr. 1 HWG wegen Irreführung in Betracht kommt, wenn das Mittel nicht auch tatsächlich gegen „echte" Grippe wirkt (sondern nur ein „Erkältungsmittel" ist)[355]. 135

Im Falle von **Mehrzweckpräparaten**, bei denen einige Anwendungsgebiete unter § 12 Abs. 1 HWG fallen, andere nicht, erstreckt sich das Verbot des § 12 HWG nur auf die von ihm erfassten Anwendungsgebiete; für die anderen, nicht von § 12 HWG erfassten Anwendungsgebiete darf geworben werden, wobei dann auch nur bezüglich dieser die Pflichtangaben nach § 4 Abs. 1 S. 1 Nr. 4 HWG gemacht werden müssen (siehe auch Rn 64).[356] 136

Im Hinblick auf die durch die Richtlinie 2004/27/EG erfolgte Streichung von Art. 88 Abs. 2 S. 2 RL 2001/83/EG, nach welchem in der Öffentlichkeitswerbung therapeutische Anweisungen bzw Heilanzeigen für bestimmte Krankheiten zu untersagen waren, wird die **Richtlinienkonformität** des § 12 HWG mit Richtlinie 2001/83/EG mitunter bezweifelt.[357] Indes war die besagte Änderung in Art. 88 Abs. 2 RL 2001/83/EG vornehmlich redaktioneller Natur und hat sogar vorher vorhandene Unklarheiten bzgl der Verbotsreichweite („therapeutische Anweisungen"/„Heilanzeigen") beseitigt,[358] trotz derer § 12 HWG gleichwohl überwiegend als richtlinienkonform angesehen wurde[359]. Der zuvor von Art. 88 Abs. 2 S. 2 RL 2001/83/EG grundsätzlich erfasste Verbotsgehalt findet sich nun (aufgrund eines Umkehrschlusses sowie mit einem durchaus erheblichen Umsetzungsspielraum) im einzig verbliebenen Satz von Art. 88 Abs. 2 RL 2001/83/EG: Denn wenn hiernach Öffentlichkeitswerbung für Arzneimittel erfolgen kann, „die nach ihrer Zusammensetzung und Zweckbestimmung so beschaffen und konzipiert sind, dass sie ohne Tätigwerden eines Arztes [...] verwendet werden können", dann heißt dies umgekehrt, dass die Öffentlichkeitswerbung für Arzneimittel auszuscheiden hat, bei denen dies aufgrund ihrer Zusammensetzung und Zweckbestimmung nicht der Fall ist. Mit dem durch § 12 HWG verfolgten 137

---

352 BGBl. I 2005, 2599.
353 BGHZ 81, 130, 132 f – Grippewerbung = BGH NJW 1981, 2517, 2518; BGHZ 86, 277, 280 ff – Grippewerbung II = GRUR 1983, 333, 334.
354 BGH NJW 1983, 2633, 2634 – Grippewerbung III.
355 Vgl BGHZ 81, 130 – Grippewerbung = BGH NJW 1981, 2517; BGH NJW 1983, 2633, 2634 – Grippewerbung III.
356 BGH GRUR 1983, 333, 334 f; OLG Karlsruhe GRUR 1995, 510, 512 f; *Bülow*/Ring, HWG, § 4 Rn 13; krit. hierzu Doepner, HWG, § 12 Rn 12.
357 Siehe etwa Weiler, WRP 2006, 957, 960.
358 Siehe Gröning, Heilmittelwerberecht, Bd. 2, RL 2001/83/EG Art. 88 Rn 5 f, 10 f.
359 Siehe Nachweise bei Weiler, WRP 2006, 957, 960.

Schutzzweck (Rn 134), der insoweit zwar weniger an die Zusammensetzung als an die Zweckbestimmung des Arzneimittels anknüpft, dürfte dies auch angesichts der weiten, nur indirekten Verbotsfassung des Art. 88 Abs. 2 RL 2001/83/EG korrespondieren.[360]

16. Werbung ausländischer Unternehmen (§ 13 HWG)

138 Siehe hierzu oben Rn 45.

17. Strafbarkeiten und Ordnungswidrigkeiten (§§ 14 bis 16 HWG)

a) Allgemeines

139 Die §§ 14 bis 16 HWG regeln das Sanktionsinstrumentarium bei Verstößen gegen die in den §§ 3 ff HWG aufgestellten Werberestriktionen resp. -verbote. Die gemeinschaftsrechtliche „Grundlage" für diese Sanktionierungsmöglichkeiten findet sich in Art. 99 RL 2001/83/EG. § 14 HWG enthält einen Straftatbestand, § 15 HWG regelt Ordnungswidrigkeiten, § 16 HWG normiert die Einziehbarkeit von Gegenständen, auf die sich eine Strafbarkeit nach § 14 HWG oder eine Ordnungswidrigkeit nach § 15 HWG bezieht. Für **Täterschaft und Beteiligung/Teilnahme** gelten die allgemeinen Regelungen des StGB bzw. des OWiG. Als Täter kommen regelmäßig alle werbungstreibenden Personen in Betracht, die über das Ob und Wie der Werbung entscheiden.[361] Bei lediglich fremde Werbung durchführenden bzw. veröffentlichenden Personen ist für die Täterschaft eine **Prüfpflicht** zu fordern (vgl. dazu auch Rn 42, 148).[362]

b) Strafbarkeit nach § 14 HWG

140 Nach § 14 HWG begründet der **Verstoß gegen das Verbot der irreführenden Werbung (§ 3 HWG)** eine Strafbarkeit, die mit Freiheitsstrafe bis zu einem Jahr oder mit Geldstrafe geahndet werden kann. Nach den allgemeinen Regeln (§ 15 StGB) ist nur die *vorsätzliche* Begehung von der Strafbarkeit nach § 14 HWG umfasst; der *fahrlässige* Verstoß gegen § 3 HWG ist eine Ordnungswidrigkeit (§ 15 Abs. 2 HWG).

c) Ordnungswidrigkeiten nach § 15 HWG

141 Im Übrigen stellen – vorsätzliche oder fahrlässige – Verstöße gegen die §§ 3 ff HWG nach § 15 Abs. 1 Nr. 1-10 HWG (nur) Ordnungswidrigkeiten dar. Gemäß § 15 Abs. 3 HWG kann eine Ordnungswidrigkeit nach § 15 Abs. 1 HWG mit einer Geldbuße bis zu 50.000 €, die Ordnungswidrigkeit nach § 15 Abs. 2 HWG mit einer Geldbuße bis zu 20.000 € geahndet werden.

142 Der **Katalog in § 15 Abs. 1 Nr. 1–10 HWG** ist zwar umfangreich, umfasst aber nicht jedweden denkbaren Verstoß gegen die §§ 3 ff HWG. So fehlt es hinsichtlich eines Verstoßes gegen § 4 a HWG bereits an einer entsprechenden Ordnungswidrigkeitsbestimmung in § 15 HWG. Da zudem auch für Ordnungswidrigkeiten ein strenges **Bestimmtheitsgebot** gilt (§ 3 OWiG, Art. 103 Abs. 2 GG), ist ferner etwa die Erfassung von Verstößen gegen § 4 Abs. 4 HWG durch § 15 Abs. 1 Nr. 2 HWG sowie von Verstößen gegen § 6 Nr. 3 HWG durch § 15 Abs. 1 Nr. 3 HWG zweifelhaft: § 4 Abs. 4 HWG macht nämlich nur gestalterische Vorgaben für die (nach § 4 Abs. 1 HWG) vorgeschriebenen Angaben, während § 15 Abs. 1 Nr. 2 HWG das *Fehlen* der vorgeschriebenen Angaben sanktioniert. Wollte man stattdessen auch den Verstoß gegen die Vorgaben des § 4 Abs. 4 HWG als Fehlen der nach § 4 (ein-

---

[360] So auch Poschenrieder, Werbebeschränkungen für Arzneimittel, 2008, S. 104; wohl auch Gröning, Heilmittelwerberecht, Bd. 2, RL 2001/83/EG Art. 88 Rn 5 f, 10.
[361] Vgl Doepner, HWG, Vor § 14, 15 Rn 55 ff; Gröning, Heilmittelwerberecht, Bd. 1, § 14 Rn 12 ff.
[362] Gröning, Heilmittelwerberecht, Bd. 1, § 14 Rn 12 ff iVm § 15 Rn 15.

schließlich Abs. 4) „vorgeschriebenen Angaben" gemäß § 15 Abs. 1 Nr. 2 HWG erfassen, näherte man sich der durch § 3 OWiG, Art. 103 Abs. 2 GG geschützten Wortlautgrenze.[363] Ähnliches gilt in Bezug auf § 6 Nr. 3 HWG: Zwar ließe sich hier im weitesten allgemeinsprachlichen Sinne auch die nicht wortgetreue Übernahme von Zitaten, Tabellen oder sonstigen Darstellungen noch als (unzulässige) „Bezugnahme auf Veröffentlichungen" (§ 15 Abs. 1 Nr. 3 HWG) erfassen, jedoch näherte man sich auch mit dieser Erstreckung des von seiner Formulierung her nur mit dem Wortlaut von § 6 Nr. 1 und Nr. 2 HWG übereinstimmenden § 15 Abs. 1 Nr. 3 HWG ebenfalls der durch § 3 OWiG, Art. 103 Abs. 2 GG gezogenen Grenze.[364]

d) Einziehung (§ 16 HWG)

§ 16 HWG schließlich regelt, dass Werbematerial und sonstige Gegenstände, auf die sich eine Straftat nach § 14 HWG oder eine Ordnungswidrigkeit nach § 15 HWG bezieht, eingezogen werden können, wobei die erweiterten Voraussetzung der Einziehung nach § 74a StGB und nach § 23 OWiG ausdrücklich Anwendung finden.

143

C. Arzneimittelwerbung und UWG

Das **Gesetz gegen den unlauteren Wettbewerb (UWG)**, welches nach § 17 HWG unberührt bleibt, hat hinsichtlich der Heil- bzw Arzneimittelwerbung eine „doppelte" Bedeutung: Zum einen unterliegt diese Werbung, wie § 17 HWG verdeutlicht, auch den „allgemeinen" Anforderungen an die wettbewerbliche Lauterkeit von Werbung, wie sie im UWG aufgestellt werden (siehe dazu Rn 149 ff). Und zum anderen ermöglicht das UWG über die privatrechtliche „Umschaltnorm" des § 4 Nr. 11 UWG in Verbindung mit §§ 3, 8 UWG die privatrechtliche „Ahndung" von Verstößen gegen das HWG (siehe dazu sogleich).

144

I. UWG als Mittel zur privatrechtlichen Durchsetzung des HWG (§ 4 Nr. 11, §§ 3, 8 UWG)

1. Unlauterkeit durch Verstoß gegen HWG

Während von staatlicher Seite die zuständigen Behörden über die Einhaltung des HWG wachen (siehe § 64 Abs. 3 HWG; dazu oben Rn 10) und Verstöße als Straftat oder Ordnungswidrigkeit (§§ 14, 15 HWG) verfolgen und ahnden, wird die „Durchsetzung" des HWG von privatrechtlicher Seite durch das UWG ermöglicht: Die Abwehrnorm des § 8 UWG ermöglicht es Mitbewerbern und bestimmten Verbänden (siehe § 8 Abs. 3 Nr. 1-4 UWG, Rn 146), **Beseitigung** oder (bei Wiederholungsgefahr) **Unterlassung** von nach § 3 (oder § 7) UWG unzulässigen geschäftlichen Handlungen zu verlangen. Der Anspruch auf Unterlassung besteht dabei nach § 8 Abs. 1 S. 2 UWG bereits dann, wenn eine derartige **Zuwiderhandlung gegen** § 3 oder § 7 UWG droht. Nach § 3 Abs. 1 UWG sind geschäftliche Handlungen und somit auch Werbemaßnahmen (vgl § 2 Abs. 1 Nr. 1 UWG) unzulässig, wenn sie **unlauter** sind (sowie geeignet, die Interessen von Mitbewerbern, Verbrauchern und sonstigen Marktteilnehmern spürbar zu beeinträchtigen). Nach § **4 Nr. 11 UWG** wiederum handelt unlauter, wer einer gesetzlichen Vorschrift zuwiderhandelt, die auch dazu bestimmt ist, im Interesse der Marktteilnehmer das Marktverhalten zu regeln (sog. **Unlauterkeit durch Rechtsbruch** wert- bzw marktbezogener **Verhaltensnormen**). Hierbei entspricht es allgemeiner Auffassung, dass die Werberegelungen bzw Werbeverbote des HWG wegen der

145

---

363 Für Nichterfassung des § 4 Abs. 4 HWG durch § 15 Abs. 1 Nr. 2 HWG daher Bülow/*Ring*, HWG, § 6 Rn 30; Gröning, Heilmittelwerberecht, Bd. 1, § 6 HWG Rn 32, § 15 HWG Rn 4.
364 Vgl auch Bülow/*Ring*, § 15 Rn 2 Fn. 9; Gröning, Heilmittelwerberecht, Bd. 1, § 6 HWG Rn 32, § 15 HWG Rn 4/5.

dabei betroffenen gesundheitspolitischen Zielsetzung, die Bevölkerung vor einer unsachlich werbenden Beeinflussung zu schützen, wertbezogene Bedeutung haben, diese Vorschriften danach also auch das Marktverhalten regeln sollen; mithin stellen sie **marktbezogene Verhaltensnormen im Sinne des** § 4 Nr. 11 UWG dar, und ein Verstoß gegen sie führt grundsätzlich zu einer nicht unerheblichen Beeinträchtigung des Wettbewerbs im Sinne des § 3 Abs. 1 UWG.[365] Bei einem Verstoß kommen neben den – verschuldensunabhängigen – Beseitigungs- oder Unterlassungsansprüchen nach § 8 UWG zudem verschuldensabhängige **Schadensersatzansprüche** nach § 9 UWG in Betracht.

2. Anspruchsberechtigte (Aktivlegitimation)

146   Den Kreis der Anspruchsberechtigten zieht § 8 Abs. 3 UWG: Danach stehen Beseitigungs- oder Unterlassungsansprüche nach § 8 Abs. 1 UWG zunächst jedem **Mitbewerber** zu (§ 8 Abs. 3 Nr. 1 UWG), also jedem unmittelbar verletzten (oder durch eine Verletzung bedrohten) Unternehmer, der mit dem Verletzer (Täter oder Teilnehmer)[366] in einen konkreten Wettbewerbsverhältnis steht (vgl § 2 Abs. 1 Nr. 3 UWG). Ein **konkretes Wettbewerbsverhältnis** liegt zwischen Unternehmen grundsätzlich vor, wenn sie die gleichen oder gleichartige Waren oder Dienstleistungen innerhalb desselben Abnehmerkreises abzusetzen versuchen mit der Folge, dass die beanstandete Wettbewerbshandlung den Mitbewerber beeinträchtigen, dh in seinem Absatz behindern oder stören kann.[367] Anspruchsberechtigt sind ferner bestimmte **rechtsfähige Verbände** zur Förderung gewerblicher oder selbständiger Interessen (§ 8 Abs. 3 Nr. 2 UWG, zu den näheren Anforderungen s. dort; hierzu zählt etwa die Zentrale zur Bekämpfung unlauteren Wettbewerbs, sog. Wettbewerbszentrale), soweit die Zuwiderhandlung die Interessen ihrer Mitglieder berührt. Nach § 8 Abs. 3 Nr. 3 UWG anspruchsberechtigt sind **qualifizierte Einrichtungen** aus der Liste[368] nach § 4 UKlaG (zB Verbraucherverbände) oder dem Verzeichnis der Kommission der Europäischen Gemeinschaften/Union nach Art. 4 RL 98/27/EG, und nach § 8 Abs. 3 Nr. 4 UWG die **Industrie- und Handelskammern** sowie die **Handwerkskammern**. Nicht anspruchsberechtigt ist der einzelne Verbraucher.[369]

3. Anspruchsgegner (Passivlegitimation)

147   Gegner bzw Schuldner des Abwehranspruchs (auf Beseitigung oder Unterlassung) nach § 8 Abs. 1 UWG ist, wer zum Kreis der Adressaten der jeweiligen verletzten Wettbewerbsnorm gehört und für den erfolgten bzw drohenden Wettbewerbsverstoß verantwortlich ist.[370] Dies ist zum einen der der betreffenden Wettbewerbsnorm zuwiderhandelnde[371] **Verletzer** im engeren Sinne (Täter oder Teilnehmer), wobei neben einer Haftung für eigenes verletzendes Verhalten auch eine **Einstandspflicht für das Verhalten Dritter** in Betracht kommt[372], etwa nach § 8 Abs. 2 UWG eine Haftung des Inhabers eines Unternehmens für Zuwiderhandlungen, die von einem Mitarbeiter oder Beauftragten begangen werden. Ferner kann eine Person als **Störer** in Anspruch genommen werden, die – ohne Täter oder Teilnehmer zu sein – in irgendeiner Weise willentlich und adäquat kausal an der Herbeiführung einer rechts-

---

365 Allgemeine Ansicht, zusammenfassend: OLG Oldenburg GRUR-RR 2006, 243, 244.
366 Siehe hierzu näher Hefermehl/*Köhler*/Bornkamm, § 8 UWG Rn 2.2 ff.
367 Hefermehl/*Köhler*/Bornkamm, § 2 UWG Rn 94 mwN.
368 Die jeweils aktuelle Fassung dieser Liste kann auf der Internet-Präsenz des Bundesamtes für Justiz (www.bundesjustizamt.de) abgerufen werden.
369 Siehe dazu auch *Bülow*/Ring, HWG, Einführung Rn 40.
370 Vgl. Harte-Bavendamm/Henning-Bodewig/*Bergmann*, § 8 UWG Rn 56.
371 Zum maßgeblichen Ort der Zuwiderhandlung bei Fällen mit internationalem Bezug, insb. Wettbewerbsverletzungen im Internet, siehe BGHZ 167, 91, 98 ff.
372 Näher Hefermehl/*Köhler*/Bornkamm, § 8 UWG Rn 2.19 ff.

widrigen Beeinträchtigung eines anderen mitgewirkt und darüber hinaus zumutbare **Prüfungspflichten** verletzt hat, deren Umfang sich unter Berücksichtigung der Funktion und Aufgabenstellung des Inanspruchgenommenen sowie im Blick auf die Eigenverantwortung des unmittelbar Handelnden beurteilen.[373] Demgegenüber scheidet eine Inanspruchnahme von Personen, die zwar rein tatsächlich an der Verletzungshandlung mitwirken, aber **nicht entscheidungsbefugt und in völlig untergeordneter Stellung** tätig sind (zB Plakatkleber, Prospektverteiler), aus[374] (vgl auch Rn 42).

Täter ist vor allem derjenige, der die **Werbung veranlasst** und sie **selbst durchführt** oder von einem Werbungsdurchführenden, etwa einer Werbeagentur, **durchführen lässt**, im Arzneimittelbereich also vor allem der pharmazeutische Unternehmer.[375] Aber auch die Inanspruchnahme von **Werbungsdurchführenden** selbst ist möglich, insb. einer **Werbeagentur**[376]. Die Haftung der **Presse als Störer** kommt, soweit sie Werbeanzeigen lediglich veröffentlicht und nicht selbst auf Inhalt und Form Einfluss nimmt, nur im Rahmen von **Prüfpflichten** in Betracht: In der Rechtsprechung ist anerkannt, dass Verleger und Redakteure bei der Entgegennahme von Anzeigenaufträgen grundsätzlich zur Prüfung verpflichtet sind, ob die Veröffentlichung der Anzeige gegen gesetzliche Vorschriften verstößt, wobei sich die Prüfungspflicht jedoch lediglich auf grobe und eindeutige Verstöße erstreckt, um die tägliche Pressearbeit nicht unzumutbar zu erschweren.[377] Dieser letztgenannte Aspekt dürfte dazu führen, dass auch hinsichtlich Verstößen gegen das HWG, welches mit dem Gesundheitsschutz der Bevölkerung einem besonders hochwertigen Schutzgut dient, zumindest keine wesentlich erhöhten Prüfpflichten der Presse bestehen.[378] Vergleichbare Grundsätze wie für die Presse gelten grundsätzlich auch für **Internet-Provider**, vorrangig sind hier allerdings die speziellen Verantwortlichkeitsregelungen der §§ 7 ff TMG.

II. Verstöße gegen das UWG im Übrigen („allgemeines" Lauterkeitsrecht)
1. Anwendbarkeit von UWG-Regelungen neben dem HWG

Wie § 17 HWG klarstellt, gelten für die Arznei-/Heilmittelwerbung neben den speziell auf die Belange von Heilmittelwerbung zugeschnittenen Restriktionen des HWG auch die für jede andere Werbung geltenden, allgemeinen Lauterkeitsregelungen des UWG. Einige UWG-Tatbestände haben **im HWG „heilmittelspezifische" Ausprägungen** gefunden, die gegenüber den UWG-Regelungen teils deckungsgleich oder präzisierend oder gar verschärfend sind (siehe etwa § 4 Nr. 1 UWG/§ 7 HWG, § 4 Nr. 2 UWG/§ 11 Abs. 1 S. 1 Nr. 7, 12 HWG, § 4 Nr. 3 UWG/§ 11 Abs. 1 S. 1 Nr. 9 HWG, § 5 UWG/§ 3 HWG),[379] so dass in diesen Fällen gegebenenfalls beide Normen **parallel zur Anwendung** kommen können.

Eigenständige Bedeutung haben die UWG-Tatbestände dort, wo es **keine oder keine vollständig entsprechenden Regelungen im HWG** gibt. Soweit etwa Werbegaben nach § 7 HWG ausnahmsweise zulässig sind, sind sie gleichwohl noch an **§ 4 Nr. 4 UWG** (klare und eindeutige Angabe der Inanspruchnahmebedingungen) zu messen; Vergleichbares gilt hinsicht-

---

373 Harte-Bavendamm/Henning-Bodewig/*Bergmann*, § 8 UWG Rn 63 f mwN.
374 Siehe näher Hefermehl/*Köhler*/Bornkamm, § 8 UWG Rn 2.7.
375 *Bülow*/Ring, HWG, Einf. Rn 45, 47.
376 Siehe BGH GRUR, 1973, 208, 209 f; Bülow, BB 1975, 538 f.
377 Siehe etwa BGH GRUR 1973, 203, 204; GRUR 1972, 722; KG Berlin WRP 1987, 108, 110.
378 Im Einzelnen strittig: Gegen Erhöhung der Prüfpflicht: Gröning, Heilmittelwerberecht, Bd. 1, § 6 HWG Rn 32, § 15 HWG Rn 4; ebenfalls gegen Erhöhung der Prüfpflicht, soweit es um den „weiteren Bereich der Volksgesundheit" geht (konkret: Werbeverstoß nach – damaligem – LMBG, nunmehr LFBG): BGH GRUR 1990, 454, 456; für erhöhte Prüfpflicht hingegen OLG Düsseldorf GRUR 1982, 622, 626; Doepner, HWG, Einl. Rn 55.
379 Siehe auch den Überblick über solche Kongruenzen zwischen HWG und UWG bei *Bülow*/Ring, Einführung Rn 26 f.

lich der Vorgaben des § 4 Nr. 6 UWG, soweit Preisausschreiben und Gewinnspiele außerhalb von § 11 Abs. 1 S. 1 Nr. 13 HWG zulässig bleiben. Ferner ist Arzneimittelwerbung beispielsweise am Verbot unzumutbarer Werbebelästigung (§ 7 UWG) zum messen.[380]

2. Insbesondere vergleichende Werbung (§ 6 UWG)

151 Insbesondere § 6 UWG kommt neben den HWG-Restriktionen eigenständige Bedeutung zu, nämlich für die durch § 11 Abs. 2 HWG nicht verbotene Publikumswerbung für Humanarzneimittel mit Preisvergleichen, vergleichende Werbung für Tierarzneimittel sowie vergleichende Arzneimittelwerbung gegenüber den Fachkreisen (vgl Rn 132 f). Für diese **von § 11 Abs. 2 HWG nicht erfassten Formen vergleichender Werbung** bleibt es wegen § 17 HWG bei den durch § 6 Abs. 2 UWG aufgestellten Kriterien für die Unlauterkeit vergleichender Werbung. An einer vergleichenden Werbung fehlt es indes, wenn kein Konkurrenzprodukt erkennbar ist, sondern zu einem solchen ein **allenfalls reflexartiger Bezug** hergestellt wird, etwa durch den Hinweis auf eine bisherige Unzufriedenheit eines Patienten.[381] Bei der Beurteilung der **wesentlichen Gleichartigkeit** von verschreibungspflichtigen Arzneimitteln im Sinne von § 6 Abs. 2 Nr. 1 UWG kommt es in erster Linie auf quantitative Aspekte, nämlich auf das Ausmaß der Verschreibungen für die übereinstimmenden Indikationen zweier Medikamente im Verhältnis zu den Verschreibungen für die zusätzlichen Indikationen eines dieser Medikamente an.[382] Im Bereich von Arzneimitteln ist von der **gleichen Bedarfsdeckung oder derselben Zweckbestimmung** auszugehen, wenn für die verglichenen Präparate dieselbe Indikation besteht, und beides ist auch nicht deshalb zu verneinen, weil die Präparate in verschiedenen Wirkstärken oder Packungsgrößen angeboten werden; entscheidend ist, dass die Präparate grundsätzlich einen identischen Anwendungsbereich haben.[383] Eine unzulässige vergleichende Werbung im Sinne des **§ 6 Abs. 2 Nr. 2 UWG** kann vorliegen, wenn nach den konkreten Umständen des Einzelfalls durch die Werbung ein schiefes Bild zulasten eines Mitbewerbers hervorgerufen wird, etwa wenn ein Durchschnittswert des eigenen Arzneimittels mit dem möglichen Extremwert des Konkurrenzprodukts verglichen wird, ohne dass dies hinreichend deutlich gemacht wird.[384] Ein nach § 6 Abs. 2 Nr. 2 UWG unzulässiger, da **auf nicht nachprüfbare Eigenschaften der Ware bezogener Vergleich** liegt auch vor, wenn mit reinen Präferenzbekundungen von Verbrauchern hinsichtlich zweier Arzneimittel geworben wird.[385]

D. Verhaltenskodizes zur Selbstkontrolle der Pharmawirtschaft

152 Die Werbung für Arzneimittel ist nicht nur Gegenstand gesetzgeberischer Vorgaben und Restriktionen, sondern unterliegt zudem einer **freiwilligen Selbstkontrolle der Arzneimittelwirtschaft**. Diese freiwillige Selbstkontrolle hat zum einen die Überprüfung von Arzneimittelwerbung anhand der gesetzlichen Vorschriften insbesondere des HWG und des UWG zum Gegenstand, basiert daneben aber vor allem auch auf verschiedenen **Kodizes**, die von einzelnen Selbstkontrolleinrichtungen der Arzneimittelindustrie geschaffen wurden und für die Mitgliedsunternehmen dieser Selbstkontrolleinrichtungen verbindlich sind. Derartige

---

380 Siehe hierzu etwa VG Köln CR 2005, 801 (Werbung mit unerbetenen Faxen); LG Berlin MD 2008, 820 (Werbung mit persönlich adressiertem Schreiben ohne Absenderangabe); ferner LSG Darmstadt A&R 2007, 128 (von einer Krankenkasse betriebene Telefonarbeit, sog. Outbound-Telefonie, zum Zwecke der Bindung der Versicherten an ihre Krankenkasse, bei der auf die Möglichkeit hingewiesen worden ist, OTC-Präparate im Versandhandel zu beziehen).
381 OLG Hamburg MD 2007, 1044.
382 OLG Hamburg PharmR 2007, 522 f.
383 Siehe zu allem OLG Hamburg MD 2007, 1060.
384 OLG Hamburg MD 2008, 792.
385 OLG Hamburg PharmR 2007, 201.

D. Verhaltenskodizes zur Selbstkontrolle der Pharmawirtschaft 28

Kontrolleinrichtungen, die entsprechende Kodizes erlassen haben, sind derzeit der im Februar 2004 gegründete „Freiwillige Selbstkontrolle der Arzneimittelindustrie e.V." („FS Arzneimittelindustrie e.V.", kurz: **FSA**) sowie der im November 2007 ins Leben gerufene „Arzneimittel und Kooperation im Gesundheitswesen e.V." („AKG e.V.", kurz: **AKG**).

Regeln für die Werbung enthalten insbesondere die von FSA und AKG jeweils geschaffenen **Kodizes für die Zusammenarbeit mit den Fachkreisen**[386]. Beide Kodizes finden Anwendung auf die jeweils in ihrem 3. Abschnitt geregelte Werbung für verschreibungspflichtige[387] Humanarzneimittel gegenüber den Fachkreisen sowie auf die jeweils in ihrem 4. Abschnitt geregelte Zusammenarbeit der Mitgliedsunternehmen mit Angehörigen der Fachkreise im Bereich von Forschung, Entwicklung, Herstellung und Vertrieb von verschreibungspflichtigen Humanarzneimitteln. Die hierin geregelten Werberestriktionen orientieren sich grob an denen des HWG, welche dort hinsichtlich der für verschreibungspflichtige Arzneimittel nur zulässigen Fachkreiswerbung (siehe § 10 Abs. 1 HWG) bestehen (etwa Irreführungsverbot, Pflichtangaben, Bezugnahme auf Gutachten etc., vergleichende Werbung, Werbegaben, s. §§ 7, 10, 11, 12, 21 der beiden Kodizes), sowie an solchen des UWG (etwa Verbot unzumutbar belästigender Werbung, s. §§ 13 der beiden Kodizes), treffen im Einzelnen aber **auch konkretisierende oder gar verschärfende Regelungen** (wie beispielsweise ein Verbot für die nach HWG prinzipiell gestattete Gewinnspielwerbung gegenüber den Fachkreisen, s. §§ 23 der beiden Kodizes). Neben diesen Fachkreis-Kodizes existieren ferner einzelne Werberegeln in den **Kodizes zum Verhältnis der Zusammenarbeit mit Patientenorganisationen**[388]. 153

Verstöße gegen Kodex-Bestimmungen können durch die in den Satzungen und Verfahrensordnungen von FSA und AKG vorgesehenen **Schlichtungs- und Schiedsstellen** (AKG) bzw. **Spruchkörper** (FSA) der 1. und 2. Instanz verfolgt und sanktioniert werden. Das **Sanktionsinstrumentarium** umfasst insbesondere Ordnungsgelder (FSA: bis zu 50.000 € in der 1. Instanz, bis zu 250.000 € in der 2. Instanz; AKG: bis zu 250.000 €), Geldstrafen (FSA: bis zu 50.000 € in der 1. Instanz, bis zu 250.000 € in der 2. Instanz; AKG: bis zu 20.000 €) und öffentliche Rügen. 154

---

[386] Siehe den FSA-Kodex für die Zusammenarbeit der pharmazeutischen Industrie mit Ärzten, Apothekern und anderen Angehörigen medizinischer Fachkreise („FSA-Kodex Fachkreise") v. 22.4.2004, BAnz Nr. 76, S. 8732, zuletzt geändert am 18.1.2008, BAnz Nr. 68, S. 1636, sowie den Verhaltenskodex der Mitglieder des „Arzneimittel und Kooperation im Gesundheitswesen e.V." („AKG-Verhaltenskodex") in der Fassung v. 7.4.2008, zuletzt geändert am 10.2.2009, BAnz Nr. 59, S. 1465. – Beide jeweils auch zum Download bereitgehalten auf den betreffen Internet-Präsenzen von FSA (www.fs-arzneimittelindustrie.de) und AKG (www.ak-gesundheitswesen.de), ebenso wie die Satzungen, Verfahrensordnungen, übrige Kodizes etc.

[387] Gemäß § 6 Abs. 2 der Satzung des FSA können sich zudem die Mitglieder und die mit ihnen verbundenen Unternehmen für nicht verschreibungspflichtige Arzneimittel freiwillig dem FSA-Kodex Fachkreise unterwerfen, s. auch § 2 Abs. 2 S. Hs 2 der Verfahrensordnung des FSA.

[388] FSA-Kodex zur Zusammenarbeit mit Patientenorganisationen („FSA-Kodex Patientenorganisation") v. 13.6.2008, BAnz Nr. 109, S. 2684; AKG-Kodex zur Zusammenarbeit mit Patientenorganisationen („AKG-Kodex Patientenorganisation") v. 6.11.2008, BAnz Nr. 110 (v. 29.7.2009), S. 2603.

Zimmermann

§ 29 Pharmaberater

A. Sachkenntnis, Tätigkeit und Pflichten	1
I. Sachkenntnis	1
1. Amtliche Begründung	1
2. Voraussetzungen	2
a) Sachkunde kraft Berufs	3
aa) Akademische Berufe	3
bb) Assistenzberufe	4
b) Fortbildung (geprüfter Pharmareferent)	5
aa) Prüfung	6
bb) Zulassung zur Prüfung	7
cc) Vorbereitung auf die Prüfung	8
c) Besitzständler	9
d) Anerkennung im Einzelfall	10
II. Tätigkeit	11
1. Auftraggeber, arbeits- bzw dienstrechtliche Stellung des Pharmaberaters	12
2. Hauptberufliche Ausübung	13
3. Adressaten	14
a) Besuche, Veranstaltungen, Telefonate	15
b) Informationsinhalte	16
III. Pflichten	17
1. Entgegennahme von Meldungen (Nebenwirkungs-, Wechselwirkungs-Missbrauchsfälle)	17
a) Schriftform	18
b) Verbot der Selektion	19
c) Eigene Dokumentation	20
2. Abgabe von Mustern	21
3. Einhaltung der Vorschriften des HWG/UWG	22
4. Lagerung	23
5. Weiterbildung	24
B. Verbände	25
C. Ordnungswidrigkeiten	26

A. Sachkenntnis, Tätigkeit und Pflichten

I. Sachkenntnis

1. Amtliche Begründung

1 Nach § 75 AMG dürfen pharmazeutische Unternehmer nur Personen, die eine näher bestimmte Sachkenntnis besitzen damit beauftragen, hauptberuflich Angehörige von Heilberufen aufzusuchen, um diese über Arzneimittel iSd § 2 Abs. 1 oder Abs. 2 Nr. 1 AMG fachlich zu informieren (Pharmaberater). Grund dafür, eine bestimmte (Mindest-) Sachkenntnis als Zulassungsvoraussetzung für die Aufnahme der Tätigkeit als Pharmaberater festzuschreiben ist das allgemeine Interesse an der Sicherheit im Verkehr mit Arzneimitteln. So heißt es in der amtlichen Begründung zum Gesetz zur Neuordnung des Arzneimittelrechts u.a.:

Es ist unerlässlich, daß die wissenschaftlichen Erkenntnisse der Arzneimittelforschung objektiv und kritisch an die Angehörigen der Heilberufe gelangen, um diesen eine sachgerechte Anwendung insbesondere der neuentwickelten Arzneimittel zu ermöglichen. Dabei spielt der Pharmaberater infolge seines ständigen Kontaktes mit den Ärzten eine gewichtige Rolle. Er dient dem Informationsaustausch zwischen Arzneimittelhersteller und Arzneimittelanwender. In diesem Zusammenhang fällt auch ins Gewicht, daß die Ärzte dem Pharmaberater nicht selten im Verlauf der mit ihm geführten Gespräche Beobachtungen, die sie in ihrer Praxis über Nebenwirkungen, Gegenanzeigen und sonstige Risiken des Arzneimittels gemacht haben, mitteilen. Der Pharmaberater soll diese ihrer Bedeutung wegen schriftlich aufzeichnen und sie seinem Auftraggeber übermitteln (§ 76 Abs. 1). Dem Pharmaberater kommt nach allem im Rahmen des Verkehrs mit Arzneimitteln eine bedeutsame Funktion zu, die es rechtfertigt, eine Mindestqualifikation für die Ausübung dieser Tätigkeit festzulegen. […]

2. Voraussetzungen

2 In § 75 Abs. 2 AMG ist im Einzelnen bestimmt, wann die als subjektive Voraussetzung für die Ausübung der Tätigkeit eines Pharmaberaters vom Gesetz geforderte Sachkenntnis vorliegt.

a) Sachkunde kraft Berufs

aa) Akademische Berufe

So besitzen die erforderliche Sachkunde die in § 75 Abs. 2 Nr. 1 AMG aufgeführten akademischen Berufe, nämlich Apotheker und Personen mit einem Zeugnis über eine nach abgeschlossenen Hochschulstudium der Pharmazie, der Chemie, der Biologie, der Human- oder der Veterinärmedizin abgelegte Prüfung. Die Berufsbezeichnung Apotheker darf nur führen, wer als Apotheker approbiert oder zur vorübergehenden Ausübung des Apothekerberufs aufgrund einer Erlaubnis nach § 2 Abs. 2 der Bundesapotheker-Ordnung befugt ist. Neben den Apothekern sind aber auch sachkundig Personen mit einem Zeugnis über eine nach abgeschlossenem Hochschulstudium der Pharmazie abgelegte Prüfung. Entsprechendes gilt für das Hochschulstudium der Chemie mit den Abschlüssen Diplom-Chemiker und Diplom-Ingenieur (nicht einbezogen ist der graduierte Chemieingenieur). Als Hochschulstudium der Biologie ist auch das des Mikrobiologen anzusehen. Der Begriff Humanmedizin umfasst auch das Studium der Zahn-, Mund- und Kieferheilkunde. Die ärztliche Approbation ist weder für die Humanmediziner noch für die Veterinärmediziner erforderlich.

bb) Assistenzberufe

Nach § 75 Abs. 2 Nr. 2 AMG wird die erforderliche Sachkunde außerdem angenommen bei Apothekerassistenten sowie Personen mit einer abgeschlossenen Ausbildung als technische Assistenten in der Pharmazie, der Chemie, der Biologie, der Human- oder Veterinärmedizin. Die Berufsbezeichnung **Apothekerassistent** darf nach § 1 des Gesetzes über die Rechtstellung vorgeprüfter Apothekenanwärter vom 4.12.1973[1] führen, wer die pharmazeutische Vorprüfung nach der Prüfungsordnung für Apotheker vom 18.5.1904[2] oder nach der Prüfungsordnung für Apotheker vom 8.12.1934[3] bestanden hat (vorgeprüfter Apothekenanwärter). Eine abgeschlossene Ausbildung als **technischer Assistent in der Pharmazie** hat, wem das Zeugnis über die Prüfung nach § 10 Abs. 3 der Ausbildungs- und Prüfungsordnung für pharmazeutisch-technische Assistenten vom 12.8.1969[4] erteilt worden ist. Alternativ kann der Nachweis auch durch die Vorlage der Erlaubnisurkunde nach § 1 des Gesetzes über den Beruf des pharmazeutisch-technischen Assistenten vom 18.3.1968[5] erbracht werden. Die Ausbildung zum **technischen Assistenten der Chemie oder Biologie** ist nicht bundeseinheitlich geregelt. Sie richtet sich nach Landesrecht. Nach der Rahmenrichtlinie der Kultusminister der Länder vom 17./18.12.1964 für die Ausbildung und Prüfung von technischen Assistenten ist als Ausbildungsvoraussetzung eine dem Realschulabschluss vergleichbare Schulbildung erforderlich. Die Ausbildung selbst erfolgt in einem zweijährigen Lehrgang, der durch ein sechsmonatiges Praktikum ergänzt werden kann. Am Ende der Ausbildung findet die Abschlussprüfung vor einem staatlichen Prüfungsausschuss statt. Das erteilte Zeugnis enthält die Berechtigung, die Berufsbezeichnung Biologisch-technische(r) Assistent(in) bzw Chemisch-Technische(r) Assistent(in) zu führen. Nicht in § 75 Abs. 2 Nr. 2 AMG aufgeführt sind die Berufe Chemotechnikers und des Chemielaboranten. Diese Berufe berechtigen nicht zur Aufnahme der Tätigkeit des Pharmaberaters.[6] Die Ausbildung zum **technischen Assistenten der Human- oder Veterinärmedizin** ist bundeseinheitlich in der Ausbildungs- und Prüfungsordnung für medizinisch-technische Laboratoriumsassistenten, für medizinisch-technische Radiologieassistenten und für veterinär-medizinisch-technische

---

1 BGBl. I, 1813.
2 Zentralblatt für das Deutsche Reich, S. 150.
3 Reichsministerialblatt, S. 769.
4 BGBl. I, 1200.
5 BGBl. I, 228.
6 Ausführlicher: Sander, Arzneimittelrecht, § 75 AMG, Erl. 10 d).

Assistenten geregelt (Ausbildungs- und Prüfungsordnung für technische Assistenten in der Medizin – MTA-APrV vom 25.4.1994.[7] Personen, die diese Ausbildung abgeschlossen haben, ist ein Zeugnis nach Muster der Anlage 18 zu § 10 Abs. 2 S. 1 der MTA-APrV erteilt worden. Der Nachweis kann aber auch durch die Erlaubnisurkunde nach § 1 des Gesetzes über technische Assistenten in der Medizin (MTA-G) vom 2.8.1993[8] geführt werden.

Eine **Ausbildung** als Pharmazieingenieur, Apothekenassistent oder Veterinäringenieur **in der DDR** belegt nach § 123 AMG ebenfalls die nach § 75 Abs. 2 Nr. 2 AMG erforderliche Sachkunde für die Ausübung der Tätigkeit als Pharmaberater.[9]

b) Fortbildung (geprüfter Pharmareferent)

5   Nach § 75 Abs. 2 Nr. 3 AMG besitzen ferner die erforderliche Sachkunde Personen mit einer beruflichen Fortbildung als geprüfter Pharmareferent. Auf Grund des § 53 Abs. 1, 2 des Berufsbildungsgesetzes vom 23.3.2005[10] hat das Bundesministerium für Bildung und im Einvernehmen mit dem Bundesministerium für Gesundheit und dem Bundesministerium für Wirtschaft und Technologie die Verordnung über die Prüfung zum anerkannten Abschluss Geprüfter Pharmareferent/Geprüfte Pharmareferentin (PharmRefPrV) vom 26.6.2007[11] erlassen., die spezifisch auf die Tätigkeit als Pharmaberater zielt. § 1 Abs. 2 PharmRefPrV lautet:

(2) Durch die Prüfung ist festzustellen, ob die notwendigen Qualifikationen und Erfahrungen vorhanden sind, um die folgenden Aufgaben eines Pharmaberaters im Sinne des Arzneimittelgesetzes wahrzunehmen:

1. Angehörige von Heilberufen fachlich kritisch und vollständig über Arzneimittel unter Beachtung der geltenden Rechtsvorschriften zu informieren und

2. Mitteilungen von Angehörigen der Heilberufe über unerwünschte Arzneimittelwirkungen und Gegenanzeigen oder sonstige Risiken bei Arzneimitteln oder Einnahmeproblemen der Therapeutika zu dokumentieren, schriftlich aufzuzeichnen und dem Auftraggeber zu übermitteln.

Dazu gehört die Befähigung,

1. biologische, biochemische und molekularbiologische Zusammenhänge sowie die klinischen Grundlagen von Krankheitsbildern zu beschreiben,

2. Krankheitsverläufe mit Pharmakotherapien zu verknüpfen,

3. Wirkungen von Arzneimittel und Anwendungsempfehlungen zu erläutern,

4. Beratungsgespräche zu führen und Marketinginstrumente einzusetzen.

aa) Prüfung

6   Die Prüfung gliedert sich in die Qualifikationsbereiche naturwissenschaftliche und medizinische Grundlagen, Pharmakologie, Pharmakotherapie und Krankheitsbilder, Arzneimittelrecht, Gesundheitsmanagement und -ökonomie, Kommunikation, Pharmamarkt Pharmamarketing (vgl § 3 PharmRefPrV). ausgerichtet ist. Die Prüfung enthält einen schriftlichen und einen mündlichen Teil (vgl § 4 PharmRefPrV). Zum mündlichen Teil (praxisorientiertes Fachgespräch) ist zuzulassen, wer in allen schriftlichen Prüfungen mindestens ausreichende Prüfungsleistungen erbracht hat. Wurde in nicht mehr als einer schriftlichen Prüfungsleistung eine mangelhafte Leistung erbracht, ist in diesem Qualifikationsbe-

---

7   BGBl. I, 922.
8   BGBl. I, 1402.
9   Ausführlicher: Kloesel/Cyran, Arzneimittelrecht, § 75 AMG Erl. 15.
10 BGBl. I, 931.
11 BGBl. I, 1192.

reich eine mündliche Ergänzungsprüfung anzubieten. Durchgeführt werden die Prüfungen bei der Industrie- und Handelskammer (IHK), die auch über die Zulassung zur Prüfung entscheidet.

bb) Zulassung zur Prüfung

Nach § 2 PharmRefPrV ist zur Prüfung zuzulassen, wer eine mit Erfolg abgelegte Abschlussprüfung in einem anerkannten medizinischen, naturwissenschaftlichen, heilberuflichen oder kaufmännischen Ausbildungsberuf nachweist, der wesentliche Bezüge zu den Qualifikationsinhalten nach § 3 PharmRefPrV hat, und danach eine mindestens zweijährige Berufspraxis oder eine mindestens fünfjährige Berufspraxis sowie die Teilnahme an einer Bildungsmaßnahme gemäß der Anlage 3 zu § 2 Abs. 1 Nr. 3 PharmRefPrV nachweist oder glaubhaft macht, entsprechende Kenntnisse über die in § 3 PharmRefPrV genannten Qualifikationsbereiche auf andere Weise erworben zu haben. Dabei muss auch die Berufspraxis wesentliche Bezüge zu den Qualifikationsbereichen haben. Sie kann auch in Handel oder Vertrieb erworben worden sein. Ausnahmsweise kann auch zur Prüfung zugelassen werden, wer durch Vorlage von Zeugnissen oder auf andere Weise glaubhaft macht, Fertigkeiten, Kenntnisse und Fähigkeiten (berufliche Handlungsfähigkeit) erworben zu haben, die die Zulassung zur Prüfung rechtfertigen. Für den Nachweis der Berufsausbildung werden insbesondere folgende Abschlüsse anerkannt: Biologie-, Chemie- und Physiklaborant, Bio-, Chemo- und Physiotechniker, Pharmakant, Krankenschwester und -pfleger, pharmazeutisch-kaufmännischer Angestellter, Apothekenhelfer, Drogist, Rettungsassistent, medizinischer Dokumentationsassistent, Diätassistent, Arzt-, Zahnarzt- und Tierarzthelfer sowie eine Beschäftigung im Sanitätsdienst der Bundeswehr mit anschließender beruflicher Verwendung. Eine kaufmännische Berufspraxis wird als einschlägig nur anerkannt, wenn sie in der pharmazeutisch-chemischen Industrie oder im Pharmahandel nachgewiesen wird. Auch Handels- und Vertriebserfahrung müssen einen insgesamt wesentlichen Bezug aufweisen, zB Groß- und Außenhandel bei einem Pharmaunternehmen.

cc) Vorbereitung auf die Prüfung

War früher die Heranbildung von Pharmareferenten von der Konzeption im Wesentlichen als betriebliche Fortbildung geplant, die primär in den Unternehmen der pharmazeutischen Industrie vorgenommen wurde,[12] wird sie inzwischen zunehmend von privaten Pharmaschulen durchgeführt. In Anlage 3 zu § 2 Abs. 1 Nr. 3 PharmRefPrV sind die Anforderungen an die Durchführung von Bildungsmaßnahmen zur Vorbereitung auf die Prüfung zum anerkannten Abschluss Geprüfter Pharmareferent/Geprüfte Pharmareferentin im Einzelnen aufgeführt. Dabei werden als Richtwert 1.000 Unterrichtsstunden angegeben, die sich verteilen auf die Qualifikationsbereiche naturwissenschaftliche und medizinische Grundlagen mit 250, Pharmakologie, Pharmakotherapie und Krankheitsbilder mit 420, Arzneimittelrecht, Gesundheitsmanagement und -ökonomie mit 180 sowie Kommunikation, Pharmamarkt, Pharmamarketing mit 150 Unterrichtsstunden. Auch die notwendigen Unterrichtsinhalte werden im Einzelnen beschrieben. Ob und inwieweit die Vorgaben der Anlage 3 zu § 2 Abs. 1 Nr. 3 PharmRefPrV in der Praxis, insbesondere in den privaten Pharmaschulen, eingehalten werden, darf und muss im allgemeinen Interesse an der Sicherheit im Verkehr mit Arzneimitteln in Frage gestellt werden. Kurse werden im Direktunterricht (schon ab drei Monate Vollzeitunterricht) aber auch in Form von Fernunterricht angeboten.

---

12 Vgl zur früheren Rechtslage und Praxis ausführlich Sander, Arzneimittelrecht, § 75 AMG Erl. 13–16.

c) Besitzständler

9   Schließlich dürfen die Tätigkeit als Pharmaberater noch ausüben die sog. Besitzständler nach § 115 AMG. Wer am 01.1.1978 die Tätigkeit eines Pharmaberaters nach § 75 AMG ausübt, bedarf keines Ausbildungsnachweises nach § 75 Abs. 2 AMG.

d) Anerkennung im Einzelfall

10 Nach § 75 Abs. 3 AMG können die zuständigen Behörden der Bundesländer im Einzelfall eine abgelegte Prüfung oder abgeschlossene Ausbildung als ausreichend anerkennen. Dabei muss diese mit einer Ausbildung der in § 75 Abs. 2 AMG genannten Personen gleichwertig sein, anderenfalls die in § 75 Abs. 1 AMG geforderte Sachkenntnis nicht gewährleistet ist.[13]

II. Tätigkeit

11 All diese, die Voraussetzungen des § 75 Abs. 2 oder Abs. 3 AMG erfüllenden Personen dürfen die Tätigkeit des Pharmaberaters hauptberuflich ausüben.

1. Auftraggeber, arbeits- bzw dienstrechtliche Stellung des Pharmaberaters

12 Auftraggeber muss stets ein pharmazeutischer Unternehmer sein. Dabei ist es nicht erforderlich, dass der Pharmaberater in unmittelbarer arbeits- oder dienstrechtlicher Stellung zum pharmazeutischen Unternehmer steht. Er kann seine Tätigkeit als Selbständiger ausüben. Er kann aber auch im Arbeits- oder Dienstverhältnis zu einem sog. Pharmadienstleister stehen, der seine Mitarbeiter der Pharmabranche – oft nur projektbezogen – zur Verfügung stellt. Wird der Pharmaberater als Selbständiger tätig, wird er idR nicht als Handelsvertreter anzusehen sein, da seine beratende Tätigkeit keine Kundenwerbung iSd § 89 b Abs. 1 Nr. 1 HGB darstellt.[14] Anderes gilt, wenn derselbe Pharmaberater auch beauftragt ist, Arzneimittelbestellungen von Apotheken entgegenzunehmen. Insoweit ist er Handelsvertreter.

2. Hauptberufliche Ausübung

13 Pharmaberater ist nur, wer seine Tätigkeit hauptberuflich ausübt. Wer nur gelegentlich Angehörige von Heilberufen über Arzneimittel informiert, wird nicht als Pharmaberater tätig und benötigt deshalb auch nicht die in § 75 AMG vorausgesetzte Sachkunde.[15]

3. Adressaten

14 Zu den Angehörigen der Heilberufe, die der Pharmaberater über Arzneimittel informiert, gehören alle zur Ausübung der Heilkunde befugte Personen (Ärzte, Zahnärzte, Tierärzte, Heilpraktiker, Tierheilpraktiker) sowie die Apotheker. Nicht zur Ausübung der Heilkunde befugt sind die Angehörigen der Heilhilfsberufe.

a) Besuche, Veranstaltungen, Telefonate

15 Kennzeichnend für die Tätigkeit des Pharmaberaters ist das Aufsuchen von Angehörigen der Heilberufe. Aber auch die nicht nur gelegentlich oder nebenbei erfolgende fachliche Information über Arzneimittel bei Veranstaltungen (zB Kongresse, Fortbildungsvorträge) darf nach Sinn und Zweck des Sachkundegebotes nur durch Personen erbracht werden, die die Qualifikation zum Pharmaberater besitzen. Seit Inkrafttreten des 2. AMG-Änderungsgesetz am 1.2.1987 ist ferner festgeschrieben, dass die Sachkunde des Pharmaberaters auch

---

13 Ausführlich: Kloesel/Cyran, Arzneimittelrecht, § 75 AMG Erl. 22.
14 BGH, Urt. v. 1.12.1983 – I ZR 181/81, abgedruckt in Sander, Arzneimittelrecht, Entscheidungsband.
15 Zur Abgrenzung vgl die Beispiele in Sander, Arzneimittelrecht, § 75 AMG Erl. 3 und 5.

erforderlich ist für im Rahmen der hauptberuflichen Tätigkeit anfallende fernmündliche Informationen. Entsprechendes gilt für einen E-Mail-Verkehr.

b) Informationsinhalte

Inhalt und Umfang der Informationen, die der Pharmaberater an die Angehörigen der Heilberufe weitergeben soll, werden regelmäßig vom Auftraggeber bestimmt. Das Gesetz schreibt allerdings vor, dass der Pharmaberater – soweit er über einzelne Arzneimittel fachlich informiert – die (jeweils aktuelle) Fachinformation nach § 11 a AMG vorzulegen hat (§ 76 Abs. 1 S. 1 AMG). Mit dieser mit dem 5. AMG-Änderungsgesetz neu gefassten Vorschrift wurde Art. 8 Abs. 2 RL 92/28/EWG in nationales Recht transformiert.[16] Mit der Weitergabe der Fachinformation, deren Inhalt gesetzlich vorgeschrieben ist, erhält die Information des Arztes eine objektive und jederzeit nachvollziehbare Grundlage. Es kann erwartet werden, dass der Pharmaberater Fachinformationen über diejenigen Arzneimittel mit sich führt, die er dem Arzt vorstellen will. Sollte der Arzt über weitere Arzneimittel informiert werden wollen oder wird er vom Pharmaberater fernmündlich beraten, reicht es aus, wenn der Pharmaberater ihm die entsprechende Fachinformation alsbald nachreicht.

III. Pflichten

1. Entgegennahme von Meldungen (Nebenwirkungs-, Wechselwirkungs- Missbrauchsfälle)

Nach § 76 Abs. 1 S. 2 AMG ist der Pharmaberater außerdem verpflichtet, Mitteilungen von Angehörigen der Heilberufe über Nebenwirkungen und Gegenanzeigen oder sonstige Risiken des Arzneimittels schriftlich aufzuzeichnen und dem Auftraggeber (pharmazeutischen Unternehmer) schriftlich mitzuteilen. Dieser Verpflichtung kommt im Interesse der Allgemeinheit an der Arzneimittelsicherheit besondere Bedeutung zu. So tragen die Meldungen der Pharmaberater dazu bei, dass die pharmazeutischen Unternehmer ihren Pflichten nach §§ 62 ff AMG im Rahmen des von BfArM und PEI eingerichteten Systems zur Erfassung von Arzneimittelrisiken (Stufenplan) genügen und ihre Pflicht zur Anzeige von Nebenwirkungs-, Wechselwirkungs- und Missbrauchsfällen nach § 29 Abs. 1 AMG erfüllen können. Letztlich haben die pharmazeutischen Unternehmer wegen der sie treffenden Produktbeobachtungspflicht ein (weiteres) eigenes Interesse an der zuverlässigen Übermittlung festgestellter Arzneimittelrisiken.

a) Schriftform

Um das Risiko von Übermittlungsfehlern und Informationsverlusten möglichst zu minimieren, hat der Gesetzgeber für die Meldung durch den Pharmaberater die Schriftform angeordnet. Dies hat zur Folge; dass der Pharmaberater im Arztgespräch erhaltene Angaben über Arzneimittelrisiken unverzüglich aufzeichnen muss. Dies kann im Besuchsbericht erfolgen. Besser wäre eine getrennte Aufzeichnung, die aufgrund ihrer äußeren Gestaltung (wie andersfarbiges Papier) sofort zu erkennen ist. Der Wert der Meldung korrespondiert mit der Vielzahl der in ihr niedergelegten Details und deren Genauigkeit. Neben den Angaben über die Art des Arzneimittelrisikos, Häufigkeit des Auftretens und Zeitraum der Beobachtung muss selbstverständlich das betroffene Arzneimittel exakt benannt werden.[17] Angaben über die Anwendung gehören ebenso dazu, wie die Benennung des Informanten. Abschließend

---

16 Inzwischen ist die RL 92/28/EWG aufgehoben und ihr Art. 8 Abs. 2 in den Art. 93 Abs. 2 Gemeinschaftskodex für Humanarzneimittel eingegangen.
17 Falls bekannt, sollte unbedingt auch die Chargennummer erfasst werden, damit nachvollzogen werden kann, ob es sich (nur) um ein Problem einer einzelnen Charge handelt oder das Arzneimittel allgemein mit dem gemeldeten Risiko behaftet ist.

ist die Mitteilung zu datieren und vom Pharmaberater zu unterschreiben. Außer Nebenwirkungen und Gegenanzeigen sind auch sonstige Risiken aufzuzeichnen. Zu diesen sonstigen Risiken gehören zB Wechselwirkungen (ggf auch mit Nichtarzneimitteln wie zB Lebens- und Genussmittel oder Kosmetika), Missbrauch, Qualitätsmängel (Verunreinigungen, chemische Veränderungen, Instabilität), Kennzeichnungs- und Verpackungsfehler (zB fehlende oder falsche Angaben auf der Packung, der äußeren Umhüllung oder in der Packungsbeilagen, Fehlen der Packungsbeilage, Verwechslung der Packungsbeilage oder der Packung).

b) Verbot der Selektion

19 Auch hat der Pharmaberater alle entsprechenden Mitteilungen von Angehörigen der Heilberufe aufzuzeichnen. Er darf keine Auswahl vornehmen. Insbesondere darf er nicht Mitteilungen über wiederholt aufgetretene Nebenwirkungen nicht weitergeben. Gerade auch die Häufigkeit des Auftretens einer Nebenwirkung kann für die Beurteilung der Sicherheit eines Arzneimittels von wesentlicher Bedeutung sein. Die Verpflichtung zur Aufzeichnung von Arzneimittelrisiken bezieht sich auf alle Arzneimittel des oder der pharmazeutischen Unternehmer, für den oder die der Pharmaberater tätig wird, dh auch auf solche, über die er nicht aktuell informiert. Die Meldung ist an den pharmazeutischen Unternehmer zu richten, dessen Arzneimittel betroffen ist. Die Aufzeichnung des Pharmaberaters und die Meldung an den pharmazeutischen Unternehmer dürfen identisch sein.

c) Eigene Dokumentation

20 Der Pharmaberater muss keine eigene Dokumentation unterhalten, wenn dies auch wegen der Bußgeldvorschrift des § 97 Abs. 2 Nr. 30 AMG in seinem eigenen Interesse sinnvoll erscheinen mag.

2. Abgabe von Mustern

21 Schließlich hat der Pharmaberater, soweit er vom pharmazeutischen Unternehmer beauftragt wird, Muster von Fertigarzneimitteln an die nach § 47 Abs. 3 AMG berechtigten Personen abzugeben, nach § 76 Abs. 2 AMG über die Empfänger von Mustern sowie über Art, Umfang und Zeitpunkt der Abgabe von Mustern Nachweise zu führen und auf Verlangen der zuständigen Behörde vorzulegen. Diese Dokumentationspflicht trifft den Pharmaberater unmittelbar selbst. Sie steht neben der den pharmazeutischen Unternehmer treffende Dokumentationspflicht aus § 47 Abs. 4 AMG. Die Nachweise müssen für jeden Empfänger gesondert geführt werden und Angaben enthalten, die die Identifikation des pharmazeutischen Unternehmers und des Pharmaberaters ermöglichen. Die Einschränkungen nach § 47 Abs. 3 und Abs. 4 AMG muss der Pharmaberater beachten. Die schriftliche Anforderung des Arztes sollte der Dokumentation des Pharmaberaters (ggf in Fotokopie oder Durchschrift) beigefügt sein.

3. Einhaltung der Vorschriften des HWG/UWG

22 Ferner hat der Pharmaberater selbstverständlich die Bestimmungen des HWG wie auch des UWG und den Kodex der Mitglieder des Bundesverbandes der Pharmazeutischen Industrie e.V. zu beachten. Erläuterungen dazu enthält das vom Bundesverband der Pharmazeutischen Industrie herausgegebene Merkblatt.

4. Lagerung

Weitere Pflichten für den Pharmaberater ergeben sich unabhängig vom AMG aus seiner Sorgfaltspflicht im Umgang mit Arzneimitteln, insbesondere hinsichtlich der Lagerung.[18] Probleme ergeben sich auch im Zusammenhang mit der Veruntreuung von Arzneimitteln.

5. Weiterbildung

Um auf Dauer im Spannungsfeld zwischen pharmazeutischen Unternehmen einerseits und Heilberuflern andererseits erfolgreich tätig sein zu können bedarf es auch der ständigen Weiterbildung. Dabei geht es nicht nur um die – meist vom pharmazeutischen Unternehmen durchgeführte – präparatebezogene Schulung und die selbstverständliche Pflicht, sich fachlich auf dem neuesten Stand zu halten, was auch die Kenntnis über geänderte rechtliche Vorschriften einschließt. Vielmehr werden von den Heilberuflern zunehmend Beratungsaufgaben im Hinblick auf ein effizientes Praxismanagement an die Pharmaberater herangetragen. Die Weiterentwicklung vom reinen Produktberater zu einem Produkt-, Kosten- und Kooperationsmanager verspricht der Studiengang „Gesundheitsmanagement für Pharmaberater/-innen „Health Manager Pharma (HMP®)", wie er zB von der Fachhochschule Hannover angeboten wird.

B. Verbände

Der Berufsverband der Pharmaberater e.V. (BdP) in Worms ist die beim Deutschen Bundestag akkreditierte Berufsvertretung der Mitarbeiter/innen des deutschen pharmazeutischen Außendienstes und vertritt deren Interessen durch ehrenamtliche und vorwiegend selbst im Außendienst beschäftigte Vorstände.

C. Ordnungswidrigkeiten

Die mit der Tätigkeit des Pharmaberaters zunächst in Zusammenhang stehenden Ordnungswidrigkeiten sind in § 97 Abs. 2 Nr. 28 bis 30 AMG geregelt. Danach handelt ordnungswidrig, wer entgegen § 75 Abs. 1 S. 1 AMG eine Person als Pharmaberater beauftragt, die nicht die erforderliche Sachkunde besitzt, wer entgegen § 75 Abs. 1 S. 3 AMG eine Tätigkeit als Pharmaberater ausübt, ohne die erforderliche Sachkunde zu besitzen, und wer als Pharmaberater die ihm nach § 76 Abs. 1 S. 2 oder Abs. 2 AMG obliegenden Aufzeichnungs-, Mitteilungs- und Nachweispflichten verletzt. Ferner zu beachten sind § 97 Abs. 2 Nr. 12 a AMG, wonach ordnungswidrig handelt, wer Muster ohne schriftliche Anforderung oder in einer anderen als der kleinsten Packungsgröße oder über die zulässige Menge hinaus abgibt bzw abgeben lässt, und § 97 Abs. 2 Nr. 13 AMG, wonach auch ordnungswidrig handelt, wer die in § 47 Abs. 4 S. 3 AMG vorgeschriebenen Nachweise nicht oder nicht richtig führt oder der zuständigen Stelle auf Verlangen nicht vorlegt. All diese Ordnungswidrigkeiten können mit einer Geldbuße bis zu 25.000 € geahndet werden (vgl § 97 Abs. 3 AMG).

---

18 Hierzu ausführlich Kloesel/Cyran, Arzneimittelrecht, § 76 AMG Erl. 10–12.

Teil 7
Gewerblicher Rechtsschutz

§ 30 Gewerbliche Schutzrechte im Pharmabereich

Literatur: *Benkard*, Europäisches Patentübereinkommen, Kommentar, 2002; *Benkard*, Patentgesetz, Kommentar, 10. Auflage 2006; *Brückmann/Günther/Beyerlein*, Kommentar zum Geschmacksmustergesetz, 2007; *Bugdahl*, Marken machen Märkte, 1998; *Bühring*, Gebrauchsmustergesetz, Kommentar, 7. Auflage 2007; *Bulling/Langöhrig/Hellwig*, Gemeinschaftsgeschmacksmuster, 2. Auflage 2006; *Büscher/Dittmer/Schiwy*, Gewerblicher Rechtsschutz – Urheberrecht – Medienrecht, Kommentar, 2008; *Busse*, Patentgesetz, Kommentar, 6. Auflage 2003 (zitiert: Busse/*Bearbeiter*); *Douglas*, Die markenrechtliche Erschöpfung beim Parallelimport von Arzneimitteln, 2005 (zitiert: Douglas, Die markenrechtliche Erschöpfung); *Eichmann/von Falckenstein*, Geschmacksmustergesetz, Kommentar, 3. Auflage 2005; *Eisenführ/Schennen*, Gemeinschaftsmarkenverordnung, Kommentar, 2. Auflage 2007; *Fammler*, Der Markenlizenzvertrag, 2. Auflage 2007; *Fezer*, Handbuch zur Markenpraxis, 2 Bde., 2007; *Fezer*, Markenrecht, Kommentar, 4. Auflage 2009; *Heidelberger Kommentar zum Markenrecht*, 2 Bde., hrsg. von Ekey/Klippel, 2003; *Hildebrandt*, Marken und andere Kennzeichen, 2. Auflage 2009; *Ingerl/Rohnke*, Markengesetz, Kommentar, 2. Auflage 2003; *Marshall*, Guide to the Nice Agreement, 2. Auflage 2002; *Marx*, Deutsches, europäisches und internationales Markenrecht, 2. Auflage 2007 (zitiert: Marx, Markenrecht); *Mes*, Patentgesetz, Gebrauchsmustergesetz, Kommentar, 2. Auflage 2005; *Ruhl*, Gemeinschaftsgeschmacksmuster, Kommentar, 2006; *Schulte*, Patentgesetz mit EPÜ, 8. Auflage 2008; *Singer/Stauder* Europäisches Patentübereinkommen 5. Auflage 2009; *Stöckel/Lüken*, Handbuch Marken- und Designrecht, 2. Auflage 2006; *Ströbele/Hacker*, Markengesetz, Kommentar, 9. Auflage 2009.

A. Übersicht 1	a) Internationale Registrierung (IR-Marke) 38
B. Marken 2	b) Gemeinschaftsmarke 41
I. Vorbemerkung 2	c) Ausländische Prioritäten 44
II. Geschichte des Markenschutzes 3	3. Verwendung des -Symbols 45
III. Wesentliche Funktionen der Marke 4	VIII. Aufrechterhaltung von Marken 46
1. Qualitäts- und Vertrauensfunktion 5	1. Erneuerung 46
2. Orientierungsfunktion 6	2. Benutzung 47
3. Individualisierungsfunktion 7	a) Ernsthaft im geschäftlichen Verkehr 47
4. Kommunikationsmedium 8	b) Verwendungsformen 51
5. Investitionsschutz 9	c) Für die eingetragenen Waren und Dienstleistungen 52
IV. Gesetzliche Anforderungen an Marken 10	d) Durch Inhaber bzw Dritte 54
1. Abstrakte Unterscheidungskraft 11	e) In abweichender Form 55
2. Konkrete Unterscheidungskraft 12	f) Benutzungsgebiet 56
3. Kein Freihaltebedürfnis 13	g) Benutzungsschonfrist 57
V. Markenformen 16	h) Berechtigte Gründe für die Nichtbenutzung 58
1. Wort- und Bildmarken 17	IX. Verteidigung der Markenrechte 59
2. Dreidimensionale Gestaltungen 19	1. Allgemeines 59
3. Farbmarken 20	2. Identität bzw Verwechslungsgefahr 60
4. Hörmarken und andere Markenformen 23	3. Beurteilungskriterien für die Verwechslungsgefahr 61
VI. Markenstrategische Überlegungen 24	4. Markenverletzungsverfahren 66
1. Sprachlich-linguistische Erwägungen 24	X. Schranken des Schutzes 69
2. Markentypen 25	1. Verjährung, Verwirkung 69
a) Ableitung aus Wirkstoffnamen 25	2. Erschöpfung der Markenrechte 70
b) Kombination von Wirkstoffnamen und Unternehmensnamen 26	a) Grundsätze 70
c) Ableitung aus Indikation oder Einsatzort 27	b) Erschöpfungsgrundsatz und Parallelimport von Arzneimittel 72
d) Verwendung von Bestandteilen des Firmennamens 28	aa) Hintergrund 72
e) Fantasienamen 29	bb) Der Begriff des Umverpackens 73
VII. Entstehung von Markenschutz 31	cc) Anforderungen an das Umverpacken 74
1. Markenanmeldung 32	dd) Markenersetzung 75
a) Bestimmung des Schutzbereichs 32	XI. Lizenzverträge 76
b) Eintragungsverfahren – Beispiel DPMA 34	
2. Durchsetzungsstrategien für weltweite Marken 37	

XII. International Nonproprietary Names (INNs) 77
XIII. Gesundheitsbehördliche Anforderungen an Marken 79
  1. Beispiel: EMEA-Verfahren 80
  2. Das Verfahren der gegenseitigen Anerkennung (MR-Verfahren) 85
  3. Beispiel USA: FDA-Verfahren 86
C. Patente 90
  I. Patentgesetze und Patentabkommen 90
  II. Grundsätze der Patentierbarkeit 94
  III. Was ist patentierbar im Arzneimittelbereich? 98
  IV. Patentanmeldung 103
  V. Priorität 104
  VI. Patenterteilungsprozess 105
    1. Patentanmeldungsverfahren 105
    2. Patenterteilungsverfahren 110
      a) Recherche 110
        aa) Deutsches Patent- und Markenamt (DPMA) 110
        bb) Europäisches Patentübereinkommen (EPA) 111
        cc) Patent Cooperation Treaty (PCT) 112
      b) Prüfung 113
    3. Teilanmeldungen 121
    4. Auswahlerfindungen und abhängige Patente 122
  VII. Einspruchsverfahren 125
    1. Einspruch gegen ein deutsches Patent 125
    2. Einspruch gegen ein europäisches Patent 127
    3. Beschränkungsverfahren 129
  VIII. Nichtigkeitsverfahren 130
  IX. Wirkung eines Patents 132
    1. Allgemeine Regeln 132
    2. Ausnahmen vom Ausschließungsrecht 135
    3. Erschöpfung und Parallelimport 136
    4. Vorbenutzung 138
    5. Off-Label-Use 139
    6. Zwangslizenzen 140
  X. Ergänzende Schutzzertifikate 141
    1. Zweck und Historie 141
    2. Voraussetzungen der Zertifikatserteilung 144
    3. Zertifikatslaufzeitverlängerung 154
    4. Laufzeitberechnung 156
    5. Erlöschen, Nichtigkeit und Widerruf der Laufzeitverlängerung 158
    6. Tenorierung und Schutzgegenstand 159
  XI. Durchsetzung von Patentrechten 161
    1. Patentverletzung 161
    2. Vorgehen bei Patentverletzung 163
  XII. Patentrecht in den USA 169
  XIII. Patentrecherchen 174
  XIV. Arbeitnehmererfinderrecht 177
  XV. Anmeldestrategien und Patentportfoliomanagement 178
  XVI. Lizenzierung von Patenten 182
    1. Lizenzvertrag 182
    2. Due Diligence 184
D. Gebrauchsmuster 185
E. Geschmacksmuster 190

A. Übersicht

1 Gewerbliche Schutzrechte sind im Pharmabereich von großer Bedeutung, da sie einen wirksamen Schutz vor Nachahmung bieten und es so ermöglichen, die hohen Forschungs- und Entwicklungskosten zu finanzieren. Für pharmazeutische Produkte sind unter den gewerblichen Schutzrechten vor allem Marken, Patente und Gebrauchsmuster wichtig. In einzelnen Fällen kann auch das Design von Verpackungen oder Vorrichtungen als Geschmacksmuster angemeldet werden. Dagegen spielen der Sortenschutz (für Pflanzen) und der Halbleiterschutz eine eher untergeordnete Rolle.

	Patente	Gebrauchsmuster	Geschmacksmuster	Marken
Gegenstand	Technische Erfindung	Technische Erfindung (kein Verfahren)	Design	Marken für Waren- und Dienstleistungen
Verfahren	Materielle Prüfung / Erteilung	Keine Prüfung / Eintragung	Keine Prüfung / Eintragung	Prüfung auf absolute (und im Rahmen des Widerspruchsverfahrens) auf relative Schutzhindernisse

	Patente	Gebrauchsmuster	Geschmacksmuster	Marken
Laufzeit	20 Jahre	10 Jahre	Max. 25 Jahre	Alle 10 Jahre verlängerbar; Benutzungszwang fünf Jahre nach Eintragung

B. Marken

I. Vorbemerkung

Dieser Abschnitt ermöglicht dem Leser einen ersten Einstieg in die komplexe Materie des Markenrechts. Dem Überblick über die Funktionen der Marke und ihrer rechtlichen Grundlagen folgen strategische Überlegungen zur Entwicklung von Marken und deren internationalen Durchsetzung. Diesen schließen sich Ausführungen zur rechtserhaltenden Benutzung und Verteidigung von Marken sowie der Schutzschranken an. Die letzten beiden Kapitel widmen sich den INNs und den regulatorischen Anforderungen an Marken am Beispiel der EMEA und FDA. Zur Vertiefung der jeweiligen Themen wird auf die in den Fußnoten aufgeführte Literatur und Rechtsprechung verwiesen.

II. Geschichte des Markenschutzes

Bereits in der Antike wurden Amphoren mit den Namen der Hersteller oder Symbolen (zB Sterne oder Kreuze) und im Mittelalter Produkte mit Wappen und Symbolen (zB auf Tapisserien und Porzellan) der Handelsgilden und Zunfthäuser versehen, um auf die Herkunft der darin enthaltenen Produkte und die damit verbundene Qualität hinzuweisen. Das Wort Marke wird seit dem 17. Jahrhundert für ein auf einer Ware angebrachtes Zeichen benutzt.[1] Mit der im 19. Jahrhundert einsetzenden Industrialisierung, deren Massenproduktion erstmals Produkte für eine breite Öffentlichkeit erschwinglich machte, wuchs die Bedeutung von Marken und damit der Schutz vor Nachahmern. Mit dem Gesetz zum Schutz der Warenbezeichnungen vom 12.5.1894 wurde die Eintragung von Zeichen als Marken in einer beim damaligen Reichspatentamt geführten Zeichenrolle ermöglicht. Dieses später in Warenzeichengesetz (WZG) umbenannte Gesetz erfuhr in den folgenden Jahrzehnten einige Änderungen und wurde zum 1.1.1995 durch das Markengesetz (MarkenG) abgelöst. Der 100 Jahre lang geltende Begriff „Warenzeichen" wurde **durch die Bezeichnung „Marke" ersetzt**. Namen pharmazeutischer Produkte werden seit Ende des 19. Jahrhunderts als Marke geschützt, zB die seit 1899 eingetragene Marke ASPIRIN®.

III. Wesentliche Funktionen der Marke

Die Hauptfunktion der Marke ist die Gewährleistung der **Herkunft** der Ware oder Dienstleistung gegenüber den Verbrauchern und damit die Möglichkeit der Unterscheidung der Waren oder Dienstleistungen eines Unternehmens von denen eines anderen Unternehmens (Herkunftsfunktion). Daneben hat die Rechtsprechung des EuGH weitere Funktionen aner-

---

[1] Marx, Markenrecht, Rn 104; das Wort „Marke" stammt vom französischen „marquer" (= kennzeichnen) ab.

kannt, u.a. die Gewährleistung der Qualität und die Kommunikations-, Investitions- oder Werbefunktion.²

1. Qualitäts- und Vertrauensfunktion

5 Die Marke garantiert die Güte eines Produkts und den mit ihm verbundenen Fortschritt von Technik und Forschung. Die Kennzeichnung der Produkte erlaubt es Unternehmen, ihre Kunden durch die Qualität ihrer Erzeugnisse oder Dienstleistungen an sich zu binden. Ein Arzt, der ein bestimmtes Produkt verschreibt oder ein Patient, der dieses Präparat einnimmt, verbindet mit der Marke ein Qualitätsversprechen. Dies kann sich zB auf die Verträglichkeit, nachhaltige Linderung von Beschwerden und damit einhergehende Aufrechterhaltung einer bestimmten Lebensqualität beziehen. Ärzte und Patienten erwarten, dass sich dieses Qualitätsversprechen jedes Mal erfüllt, wenn dieses Produkt erworben und eingenommen wird.

2. Orientierungsfunktion

6 Die Marke **erleichtert die Auswahl des richtigen Produkts** und damit die Kaufentscheidung.³ Wer in der Apotheke nach einem freiverkäuflichen Mittel gegen Erkältung oder Kopfschmerzen fragt, wird Produkte verschiedener Hersteller angeboten bekommen. In vielen Fällen wird neben dem Preis auch die vorangegangene Erfahrung mit einem Produkt die Kaufentscheidung beeinflussen. Gleiches gilt für den Arzt, der bei der Auswahl des geeigneten Präparats die Erfahrungen mit einem bestimmten Produkt in vorangegangenen vergleichbaren Fällen oder die wissenschaftlichen Veröffentlichungen zu diesem Produkt berücksichtigen wird.

3. Individualisierungsfunktion

7 Die Marke hebt das Produkt aus der Anonymität des Marktes mit seiner Vielzahl an Produkten heraus und vermittelt dem Arzt oder Patienten eine bestimmte Produktidentität, gegenüber der die Bedeutung der Marke als Hinweis auf ein bestimmtes Unternehmen zurücktritt. Unternehmen können ihre Marken-Produkte über einen Lizenznehmer vertreiben oder an einen Dritten veräußern. Oft kennen Ärzte und Patienten das Unternehmen nicht und sind erst recht nicht mit dessen gesellschaftsrechtlichen Strukturen und Vertriebskanälen (zB Lizenzvertragsbeziehungen) vertraut. Gleichwohl stärkt es zB das Image eines forschenden Unternehmens und die Reputation des Unternehmensnamens als Marke, wenn seine Produkte gegenüber herkömmlichen Präparaten zu einer verbesserten Vorbeugung oder Therapie von Krankheiten beitragen.

4. Kommunikationsmedium

8 Die Kommunikationsleistung von Marken geht somit weit über das hinaus, was bloße Zahlenkombinationen, technische Codierungen oder Wirkstoffnamen (sog. International Non Proprietary Names, INNs) leisten könnten. Sie transportiert unterschiedliche Arten von Botschaften, kann unmittelbar informativ oder assoziativ wirken und damit über das markierte Produkt hinaus einen immateriellen Zusatznutzen stiften.⁴ Die Marke ist ein Medium,

---

2 EuGH MarkenR 2009, 369 Rn 58 – L'Oréal; zur Herkunftsfunktion s. auch MarkenR 2007, 70 Rn 21 – Adam Opel; MarkenR 2004, 116 – Waschmittelflasche; MarkenR 2002, 394 Rn 41 – Arsenal Football Club; MarkenR 2002, 231 – Philips/Remington, mwN; ebenso § 3 MarkenG, s. aber auch Hinweise auf die Werbefunktion in § 14 Abs. 3 Nr. 5 MarkenG und die Qualitätsfunktion in den §§ 24 Abs. 2, 30 Abs. 2 Nr. 5 MarkenG.
3 Bugdahl, Marken machen Märkte, S. 6.
4 Marx, Markenrecht, Rn 93.

das wie ein Akkumulator[5] aufgeladen ist mit den Erfahrungen und Informationen, die zB ein Arzt oder Patient zu diesem Produkt zur Verfügung hat und auf die er im Falle der Entscheidung für oder gegen ein Produkt zurückgreift. **Negative Erfahrungen oder Berichte über gefährliche Nebenwirkungen** können den Akkumulator Marke in den Augen des Publikums schnell entladen und zur Auswahl eines anderen Produkts veranlassen.

5. Investitionsschutz

Die Marke bietet ihrem Inhaber ferner Schutz seiner Investitionen zur Entwicklung und Aufbau der Marke und die damit verbundene gesamte Kommunikationsleistung. Dieser investive Vorlauf kann durch Kopien, Nachahmung oder übermäßige Anlehnungen seitens Markenpiraten oder Trittbrettfahrern übersprungen werden, die so ungerechtfertigt am Ergebnis bzw dem Erfolg der Investitionen des Markeninhabers teilhaben und diese entsprechend schädigen.[6] Wer jedoch eine unterscheidungskräftige Marke aufbaut, rechtserhaltend benutzt und in diese durch entsprechenden stringenten Marketingaufwand investiert, erwirbt eine gesteigerte Abwehrkraft, wenn Verwechslungsgefahr mit einer jüngeren Markenanmeldung besteht.

IV. Gesetzliche Anforderungen an Marken

Zwingende Voraussetzung für Zeichen, die als Marke eingetragen werden sollen, ist, dass sie abstrakte (§ 3 MarkenG) und konkrete (§ 8 MarkenG) **Unterscheidungskraft** besitzen. Darüber hinaus darf gem. § 8 Abs. 2 Nr. 2 MarkenG **kein Freihaltebedürfnis** an ihnen bestehen. Diese im Eintragungsverfahren von Amts wegen zu prüfenden Anforderungen (sog. absolute Eintragungshindernisse) können nicht hoch genug eingeschätzt werden, da zB das DPMA (aber auch Markenämter anderer Länder) im Zweifel umfangreiche Recherchen in Wörterbüchern und Internetsuchmaschinen durchführt. Darüber hinaus dürfen Marken nicht in die Rechte der Inhaber älterer Rechte an Marken eingreifen, mit denen Verwechslungsgefahr besteht (sog. relative Eintragungshindernisse; Näheres unter Rn 60 ff).

1. Abstrakte Unterscheidungskraft

Diese besitzt eine Marke, wenn sie geeignet ist, Waren oder Dienstleistungen eines Unternehmens von denjenigen anderer zu unterscheiden (§ 3 Abs. 1 MarkenG). Damit wird die Herkunftsfunktion als Hauptfunktion der Marke umschrieben.[7] Es genügt die bloße theoretische Möglichkeit, dass ein Zeichen Unterscheidungskraft besitzt. Nicht erforderlich ist eine Unterscheidungskraft im Hinblick auf bestimmte Waren und Dienstleistungen (konkrete Unterscheidungskraft). Daher ist eine Eignung zur Unterscheidung nur dann zu verneinen, wenn unter allen denkbaren Umständen ausgeschlossen werden kann, dass ein Zeichen als Hinweis auf die betriebliche Herkunft jeder Art von Waren bzw Dienstleistungen dienen kann.[8] Dies ist zB der Fall, wenn der Verkehr in einem Zeichen überhaupt keinen Herkunftshinweis erkennen kann (zB Wörter wie „Pille", „Tablette", „Medikament", Werbeanpreisungen wie „super", „prima", „extra", „ultra").[9]

---

[5] Ausführlich: Deichsel, GRUR 1998, 336 ff.
[6] Marx, Markenrecht, Rn 102.
[7] St. Rspr., vgl zB EuGH MarkenR 2009, 369 Rn 58 – L'Oréal; MarkenR 2005, 438, Nr. 23 f – THOMSON LIFE; MarkenR 2004, 393, Rn 23 – SAT 2; MarkenR 2004, 112, 113 – Henkel; GRUR Int. 1996, 1144, 1148 – Bristol-Myers Squibb; ausführlich: Ströbele/Hacker, § 3 MarkenG Rn 5.
[8] EuGH MarkenR 2003, 227, Rn 40 f – Libertel.
[9] Ströbele/Hacker, § 3 MarkenG Rn 6 mwN.

2. Konkrete Unterscheidungskraft

12 Diese besitzt eine Marke, wenn sie im Hinblick auf die im **Waren- und Dienstleistungsverzeichnis** konkret beanspruchten Waren und Dienstleistungen geeignet ist, diese von denen anderer Unternehmen zu unterscheiden. So fehlt zB der Bezeichnung „Apple" die konkrete Unterscheidungskraft für die Ware „frisches Obst", nicht jedoch für die Ware „Computer". Maßgeblich für die Beurteilung der Frage, ob eine Marke konkrete Unterscheidungskraft besitzt, ist die Auffassung der beteiligten inländischen Verkehrskreise. Dabei ist auf den normal informierten und angemessen aufmerksamen und verständigen Durchschnittsverbraucher im Bereich der einschlägigen Waren und Dienstleistungen abzustellen. Hierzu zählen nicht nur die an Herstellung und Vertrieb der Waren und Dienstleistungen beteiligten Kreise[10] sondern auch deren Endabnehmer und das von der Marke angesprochene Publikum, selbst wenn es nicht unmittelbar über die Nachfrage entscheidet.[11] Gemäß § 8 Abs. 2 Nr. 1 MarkenG sind nur solche Marken von der Unterscheidungskraft ausgeschlossen, denen jede Unterscheidungskraft fehlt. **Jede noch so geringe Unterscheidungskraft** reicht nach der Rechtsprechung aus.[12] Die Unterscheidungskraft verneint und damit die Eintragung als Marke versagt wurde zB bei den Bezeichnungen „BioGeneriX"[13] „Pharmacheck"[14], „PharmaResearch"[15] „Melissengeist"[16], „LipoBinder"[17] und „MinusLipid"[18]

3. Kein Freihaltebedürfnis

13 Mit dem Freihaltebedürfnis wird das im Allgemeininteresse liegende Ziel verfolgt, dass Zeichen oder Angaben, die Waren –und/oder Dienstleistungsgruppen beschreiben, von jedermann, insbesondere auch von den Mitbewerbern des Anmelders jederzeit, dh auch in Zukunft, frei verwendet werden können. Sofern keine Verkehrsdurchsetzung nach § 8 Abs. 3 MarkenG erlangt wird, können solche Bezeichnungen nicht als Marke eingetragen werden.[19] Einer Fehlmonopolisierung in Bezug auf beschreibende Angaben soll so bereits im Eintragungsverfahren entgegengewirkt werden.[20]

14 Dieses Eintragungshindernis erfasst alle **unmittelbar beschreibenden Zeichen und Angaben**. Unbeachtlich ist, ob noch andere gleichwertige oder sogar gebräuchlichere Ausdrücke und Formen zur Verfügung stehen. Den Mitbewerbern muss die freie Wahl zwischen allen unmittelbar beschreibenden Angaben und Zeichen erhalten bleiben.[21] Gleichwohl besteht Freihaltebedürfnis nur an unmittelbar beschreibenden Zeichen und Angabe. Es muss feststehen, dass die Marke gerade zur Beschreibung der beantragten Waren bzw Dienstleistungen dient.[22] Nicht ausreichend ist, wenn ein Zeichen oder Angabe für die umworbenen Abnehmerkreise zB als Verkaufs- oder Vertriebsmodalität indirekt bedeutsam sein könnte.[23]

---

10 EuGH GRUR 2004, 682 Rn 23 ff – Bostongurka.
11 BGH GRUR 2006, 763 f. - Seifenspender; v. Gamm in: Büscher/Dittmer/Schiwy, § 8 Rn 8.
12 BGH MarkenR 2006, 274, 276 f – Porsche Boxster.
13 EuG PharmR 2009, 73.
14 EuG PharmR 2009, 129.
15 EuG Urt. v. 17.6.2009, Rs T-464/07 – Korsch AG ./. HABM.
16 BPatG PharmR 2007, 467.
17 BPatG 25 W(pat) 30/07.
18 BPatG 25 W(pat) 19/07.
19 EuGH MarkenR 1999, 189 Rn 31, 37 – Chiemsee.
20 v. Gamm in: Büschner/Dittmer/Schiwy, § 8 Rn 23.
21 EuGH MarkenR 2004, 99 Rn 55 ff, 101 – Postkantoor.
22 EuGH MarkenR 2004, 99 Rn 33 – Postkantoor.
23 BGH GRUR 1998, 465, 467 – BONUS.

Ein Freihaltebedürfnis besteht insbesondere bei **Gattungsbezeichnungen** sowie bei Art- und Beschaffenheitsangaben, wie die Zusammensetzung, die Darstellung, die Wirkungsweise und die sonstigen wesensbestimmenden Eigenschaften einer Ware bzw Dienstleistung.[24] Nicht als Marken eintragbar sind somit Namen von Wirkstoffen bzw Wirkstoffkombinationen wie zB **INNs (International Nonproprietary Names)** oder deren nationalen Äquivalente (zB USAN; Näheres siehe unter Rn 77). Ferner gilt dies zB für die Bezeichnung von Wirkstoffstärken, wie „forte" oder „mite". Der Auffangtatbestand des § 8 Abs. 2 Nr. 2 MarkenG umfasst solche Angaben und Zeichen, die für den Warenverkehr und umworbene Abnehmerkreise wichtige und bedeutsame Umstände mit Bezug auf die Ware umschreiben, wie zB Preisgünstigkeit, Erfüllung besonderer Umwelt-, Güte- oder Sicherheitsstandards.[25]

V. Markenformen

§ 3 Abs. 1 MarkenG enthält nur eine beispielhafte Aufzählung der zulässigen Zeichenformen. Insbesondere Mischformen wie zB Wort/Bildmarken sind zulässig. Ein *numerus clausus* der Markenformen wird allgemein abgelehnt.[26]

1. Wort- und Bildmarken

Jedes Wort kann eine Marke bilden, sofern es für irgendeine Ware oder Dienstleistung Unterscheidungskraft besitzt.[27] Indizien dafür sind Mehrdeutigkeit bzw Interpretationsbedürftigkeit, Kürze, und Prägnanz.[28] An der konkreten Unterscheidungskraft fehlt es hingegen, wenn die verkaufsfördernde Botschaft nur als solche verstanden wird.[29] Für Werbeslogans gelten die gleichen Grundsätze.[30]

Zulässig sind die im Bereich der pharmazeutischen Industrie häufigen **Kunstwörter**, wie zB VIAGRA, VIOXX, ZOCOR, NEBIDO, NEXAVAR und XARELTO. Dies gilt auch für Wörter aus anderen Sprachen.[31] Deren konkrete Unterscheidungskraft wird jedoch verneint, wenn sie im Hinblick auf die geschützten Waren bzw Dienstleistungen beschreibend sind und deren Bedeutung auch im Inland geläufig ist.

Markenfähig sind ferner Personennamen (zB Bayer, Boehringer, Krupp, Merck, Schering), Abbildungen, Buchstaben, Zahlen sowie Einzelbuchstaben, Buchstabenkombinationen (zB BMW, VW, BNP), Zahlen[32] und die Kombination von Buchstaben und Zahlen. Bezüglich der konkreten Unterscheidungskraft ist jeweils eine Einzelbeurteilung vorzunehmen. Sie liegt nicht vor, wenn Buchstaben- bzw Zahlenkombinationen beschreibende Abkürzungen darstellen oder aus sonstigen branchenbedingten Gründen ungeeignet zur Erfüllung der Herkunftsfunktion sind.[33]

Bildmarken sind grundsätzlich markenfähig. Keine konkrete Unterscheidungskraft liegt jedoch vor, wenn die Bildwirkung geläufiger grafischer Mittel auf ihre üblicherweise dekorative oder ornamentale Form beschränkt ist.[34]

---

24 v. Gamm in: Büscher/Dittmer/Schiwy, § 8 Rn 28.
25 Vgl Ströbele/Hacker, § 8 MarkenG Rn 222 ff mwN.
26 Vgl zB EuGH MarkenR 2002, 231, Rn 39 f – Philips/Remington.
27 Ingerl/Rohnke, § 3 MarkenG Rn 25.
28 BGH GRUR 2002, 816, 817 – BONUS.
29 EuG MarkenR 2003, 314 – Best Buy.
30 BGH MarkenR 2000, 50, 51 – Partner with the Best.
31 Vgl zB BGH MarkenR 2001, 480 f – LOOK; MarkenR 1999, 351 – FOR YOU.
32 Auch einstellige Zahlen, Brüche, Wurzeln, Gleichungen, vgl zB BGH MarkenR 2002, 291 – Zahl „1".
33 Beispiel: Der BGH (GRUR 2000, 608, 610) hat die Zahl 1 als beschreibend für Rundfunk und Fernsehsendungen angesehen, nicht hingegen für Tabakwaren (GRUR 2002, 970, 971).
34 EuGH MarkenR 2004, 449 Rn 22 f – Glasverbel; BGH MarkenR 2000, 99, 100 f – St. Pauli Girl.

2. Dreidimensionale Gestaltungen

19 Dreidimensionale Gestaltungen, wie zB die Form einer Ware oder deren Verpackungen sind grundsätzlich markenfähig. Gleiches gilt für Phantasieformen (zB der „Mercedesstern") und Teile einer Ware, wie zB der pfeilförmige Clip eines Kugelschreibers.[35] Voraussetzung für das Vorliegen von konkreter Unterscheidungskraft ist jedoch, dass der Verkehr eine bestimmte Formgestaltung nicht mit einer bestimmten Funktion der betreffenden Ware verbindet oder in dieser ganz allgemein das Bemühen der Hersteller sieht, ein ästhetisch anspruchsvolles Produkt zu schaffen.[36] Bei **Tablettenformen** wird die Markeneintragung idR an der konkreten Unterscheidungskraft bzw wegen Vorliegen eines Freihaltebedürfnisses scheitern. Beim Aufdruck der Produktmarke oder Firmenlogo auf die Tablette ist der unterscheidungskräftige Bestandteil in der Regel nur die Produktmarke bzw das Firmenlogo. Markenschutz an der Tablettenform durch Erlangung von Verkehrsgeltung (§ 4 Nr. 2 MarkenG) bzw Verkehrsdurchsetzung (§ 8 Abs. 3 MarkenG) ist lediglich in besonderen Ausnahmefällen denkbar (zB blaue rautenförmige VIAGRA-Tablette – aber nur kraft Verkehrsdurchsetzung).[37]

3. Farbmarken

20 Gemeint sind von figürlichen Darstellungen völlig losgelöste abstrakte einzelne Farben (dh für Farben als solche) bzw Farbzusammenstellungen oder -Kombinationen. Davon zu unterscheiden sind farbige Darstellungen von Markenformen, wie zB Wörtern oder bildlichen Darstellungen. Bei diesen handelt es sich um Bildmarken bzw Wort-Bildmarken.

Während die Markenfähigkeit abstrakt bestimmter Farbzusammenstellungen (zB die Verteilung der Farben weiß und blau auf Zapfsäulen, Öldosen und Dachkonstruktionen einer Tankstellenkette) in der Regel bejaht wird, sind der Markenfähigkeit abstrakter einzelner Farben nach der Rechtsprechung Grenzen gesetzt.[38] Sie müssen eindeutige Informationen insbesondere über die Herkunft einer Ware oder einer Dienstleistung übermitteln und dürfen nicht nur als die Eigenschaft eines Gegenstandes wahrgenommen- oder nur zu rein ästhetischen Zwecken eingesetzt werden.

21 Ferner müssen **abstrakte Farbmarken grafisch darstellbar** sein (zentrales materiell-rechtliches Erfordernis), um sie als im Markenregister eingetragene Marken einer interessierten Öffentlichkeit zugänglich zu machen.[39] Sie müssen so beschaffen sein, dass das Zeichen mit Hilfe von grafischen Mitteln, wie Figuren, Linien oder Schriftzeichen so wiedergegeben

---

35 Ingerl/Rohnke, § 3 MarkenG Rn 32.
36 BGH MarkenR 2006, 274, 277 f – Porsche Boxster.
37 Nach der auf Arzneimitteltabletten entsprechend anwendbaren Rspr. des EuGH zu Geschirrspültabletten werden Marken, die aus der Form einer Ware (oder deren Verpackung) bestehen, vom Verkehr nicht in gleicher Weise wie Wort- oder Bildmarken aufgefasst, weil der Durchschnittsverbraucher aus der Form der Ware oder deren Verpackung, wenn grafische oder Wortelemente fehlen, gewöhnlich nicht auf die betriebliche Herkunft dieser Ware schließt. Eine solche Marke erfüllt die erforderliche Herkunftsfunktion nur dann, wenn sie von der Norm oder Branchenüblichkeit erheblich abweicht. Solche Abweichungen müssen vom Verkehr ohne besondere Aufmerksamkeit, analysierende und vergleichende Betrachtung oder nähere Prüfung zu erkennen sein (vgl EuGH GRUR 2004, 428 Rn 48–53 – Henkel zu Flaschenformen; GRUR Int. 2004, 631 Rn 38 ff – Dreidimensionale Tablettenform I: Verneinung der Unterscheidungskraft bei Geschirrspültabletten, bestehend aus einer unteren weißen Schicht und einer oberen roten bzw. grünen Schicht; GRUR Int. 2004, 635 Rn 36 ff – Dreidimensionale Tablettenform II: keine Unterscheidungskraft von Geschirrspültabletten mit einer jeweils einfarbigen Schicht und einer solchen, die mit farbigen Sprenkeln versehen ist; GRUR Int. 2004, 639 Rn 36 ff – Dreidimensionale Tablettenform III: keine Unterscheidungskraft von quadratischen bzw. rechteckigen Geschirrspültabletten mit gerillten Rändern, abgeschrägten oder leicht abgerundeten Ecken, Sprenkeln und farbigen Einlagerungen auf der Oberseite). Siehe auch BPatGE 41, 211, 214 f – Tablettenform.
38 EuGH MarkenR 2003, 227, Rn 27 – Libertel; MarkenR 2004, 338, Rn 23 – Heidelberger Bauchemie.
39 EuGH MarkenR 2004, 338, Rn 23 – Heidelberger Bauchemie; MarkenR 2003, 26, Rn 46–51 – Sieckmann.

werden kann, dass es leicht zugänglich und verständlich ist und somit eindeutig und objektiv identifiziert werden kann. Aufgrund der im Prinzip unbegrenzten Verlängerungsmöglichkeiten von Marken muss die Darstellung dauerhaft sein. Da auf Papier aufgedruckte Farbmuster ebenso wie ihre elektronischen Versionen mit der Zeit Veränderungen unterworfen sind, ist die Beschreibung einer Farbe mittels eines international anerkannten Kennzeichnungscode (zB RAL, Pantone und HKS) empfehlenswert.

Noch strenger sind die Voraussetzungen bei der grafischen Darstellung von zwei oder mehr abstrakt und konturlos beanspruchten Farbzusammenstellungen. Diese müssen systematisch so angeordnet sein, dass die betreffenden Farben in vorher festgelegter und beständiger Weise nach quantitativem Verhältnis und räumlicher Abfolge verbunden sind.[40] Neben den Kennzeichnungscodes sind daher zusätzlich Angaben zum quantitativen Verhältnis der Farben innerhalb der Kombination sowie zu deren Abfolge erforderlich.[41]

Die konkrete Unterscheidungskraft von Farben wird nur unter außergewöhnlichen Umständen und unter Berücksichtigung der spezifischen Branchengewohnheiten bejaht, da der Verbraucher Farben von Waren und Verpackungen in der Regel als Dekoration, nicht jedoch als betriebliche Herkunftsfunktion sieht und das Allgemeininteresse an der notwendigen freien Verfügbarkeit der Farben zu berücksichtigen ist.[42]

4. Hörmarken und andere Markenformen

Hörmarken, wie zB melodieartige akustische Signale vor Nachrichtensendungen der Radio- und Fernsehsender, der Jingle der Deutschen Telekom sowie Geräusche werden in § 3 Abs. 1 MarkenG ausdrücklich erwähnt. Konkrete Unterscheidungskraft ist zu bejahen, wenn der Verkehr einen Hinweis auf bestimmte Waren- oder Dienstleistungen annimmt und in ihnen nicht nur eine bloße akustische Untermalung oder ein mit der Ware und Dienstleistung im Zusammenhang stehendes Geräusch sieht. Ein gewisser Wiedererkennungseffekt reicht bei einer Tonfolge aus.[43] Hinsichtlich weiterer möglicher Markenformen wird auf weiterführende Literatur verwiesen.[44]

VI. Markenstrategische Überlegungen

1. Sprachlich-linguistische Erwägungen

Eine Marke sollte **einfach aussprechbar**, leicht merkbar sein und sich unkompliziert schreiben lassen. Soll ein Produkt unter der gleichen Marke in anderen Ländern oder gar weltweit vermarktet werden, sollte die Marke zudem **keine negativen Assoziationen** in anderen Sprachen oder Kulturkreisen auslösen. Das laut Roter Liste in Deutschland vertriebene Verhütungsmittel OVIOL® müsste in Frankreich unter einer anderen Marke vertrieben werden. Die Marke ist im französischen fast identisch mit dem Wort „le viol", das „Vergewaltigung" bedeutet. Daher dürfte diese Marke durch die französische Gesundheitsbehörde abgelehnt

---

40 EuGH MarkenR 2004, 338, Rn 23 – Heidelberger Bauchemie; BGH MarkenR 2006, 544 – Farbmarke gelb/grün II, in Abkehr von BGH MarkenR 2002, 118, 120 – Farbmarke gelb/grün.
41 Vgl ausführlich zum gesamten Themenkomplex Bölling, MarkenR 2005, 384, 389.
42 EuGH MarkenR 2003, 227, Rn 54 ff – Libertel; MarkenR 2004, 338, Rn 41 – Heidelberger Bauchemie.
43 Zur Schallmarke „Arzneimittel ihres Vertrauens: Hexal" s. HABM-BK GRUR 2006, 343.
44 Informationen zu Geruchsmarken, Bewegungsmarken, Positionsmarken, Kennfadenmarken, virtuellen Marken und Lichtmarken zB bei Schork in: Stöckel/Lüken, S. 96 ff; zur Positionsmarke s. auch Bingener, MarkenR 2004, 377; zur Schallmarke „Arzneimittel ihres Vertrauens: Hexal" s. HABM-BK GRUR 2006, 343.

werden. Gleiches gilt für das zentrale Zulassungsverfahren vor der EMEA.[45] Die Gesundheitsbehörden weisen ferner solche Marken zurück, die bewerbende bzw. anpreisende Botschaften enthalten bzw implizieren (siehe Rn 79).[46] Daher ist eine linguistische Prüfung der für ein internationales Projekt in Betracht kommenden Markenkandidaten jeweils durch mehrere Muttersprachler ratsam.

2. Markentypen
a) Ableitung aus Wirkstoffnamen

25 In der Vergangenheit wurden viele Medikamentennamen aus dem Wirkstoffnamen (INNs) abgeleitet. Bei zu großer Ähnlichkeit mit INNs besteht jedoch das Risiko, dass die Markenämter den Markenschutz solcher Begriffe wegen des Vorliegens eines Freihaltebedürfnisses ablehnen. Das DPMA prüft, ob Verwechslungsgefahr zwischen der Marke und einem INN besteht, ob Verkehrskreise, die den INN kennen bzw. von ihm Kenntnis erlangen, diesen in der Marke erkennen.[47] Sollten im Einzelfall Bezeichnungen, die aus Ableitungen von INNs gebildet wurden, zur Eintragung zugelassen worden sein, riskieren diese angesichts der zT eindeutigen Vorgaben der Gesundheitsbehörden Zurückweisungen im Zulassungsverfahren vor der EMEA[48] oder der US-amerikanischen FDA (und einer zunehmenden Zahl an Ländern, zB Argentinien, Frankreich, Japan, Kanada, Spanien, Portugal, Türkei und Südafrika).

b) Kombination von Wirkstoffnamen und Unternehmensnamen

26 Wenig sinnvoll ist außerdem die Kombination von Wirkstoffbezeichnung und Unternehmensnamen (Beispiel: Ambroxolhydrochlorid X). Zwar werden solche Marken in der Regel eingetragen und auch die Gesundheitsbehörden lassen diese Wortkombination zur Kennzeichnung von Produkten ausdrücklich zu.[49] Kennzeichnungskraft und damit Markenschutz kommt allein dem Unternehmensnamen zu, der in der Regel schon einen breiten markenrechtlichen Schutz genießt. Kein Schutz besteht somit nach Patentablauf dagegen, dass ein anderes Unternehmen den gleichen Wirkstoff in der Kombination Wirkstoffbezeichnung und eigener Unternehmensname vermarktet. So gibt es beispielsweise den Wirkstoff Simvastatin unter dem identischen Wirkstoffnamen vertrieben durch Aliud Pharma, Dolorgiet, Ratiopharm, Sandoz, STADApharm.[50]

c) Ableitung aus Indikation oder Einsatzort

27 Insbesondere bei Ärzten und Apothekern beliebt[51] war die in der Vergangenheit häufig praktizierte Anlehnung an die Indikation oder Einsatzort. Ihr Nachteil besteht darin, dass sie stark beschreibende Bestandteile besitzen, die viele Produktnamen ebenfalls enthalten.

---

45 Siehe auch Art. 2.3.3 der EMEA Guideline on the acceptability of names for human medicinal products processes through the centralised procedure v. 11.12.2007, abrufbar unter < http://www.emea.europa.eu/pdfs/human/regaffair/032898en.pdf>.
46 Siehe auch die „Bekanntmachung über Hinweise und Empfehlungen zur Vermeidung von irreführenden Arzneimittelbezeichnungen" des Bundesgesundheitsamts und Paul-Ehrlich-Instituts, Bundesamt für Sera und Impfstoffe vom 9./22.08.1991, Bundesanzeiger Nr. 185 (1991), 6971.
47 ZB Zurückweisung der Markenanmeldung „ILUPROST" wg. „INN Iloprost", aber Eintragung von „METRORPLOC" (trotz INN: Metroprolol), vgl Viefhues/Budde in: World Trademark Review Mai/Juni 2008, 88.
48 Siehe auch Art. 2.2 der EMEA Guideline on the acceptability of names for human medicinal products processes through the centralised procedure v. 11.12.2007, abrufbar unter <http://www.emea.europa.eu/pdfs/human/regaffair/032898en.pdf>.
49 Siehe Art. 4.2.5 Nr. 3 der EMEA-Richtlinie Guideline on the acceptability of names for human medicinal products processes through the centralised procedure v. 11.12.2007, siehe vorherige Fn.
50 Zitiert nach Bugdahl, MarkenR 2006, 314, 317.
51 Vgl die bei Höcker/Samland in PharmR 2008, 532 erwähnte Umfrage.

Damit wird die Unterscheidung der Produkte gerade für Patienten erschwert, die oft über keine medizinisch-naturwissenschaftliche Vorbildung verfügen. Außerdem schwächen beschreibende Wortbestandteile die Kennzeichnungskraft von Marken, weil sie sich kaum von den übrigen Marken mit ähnlichen beschreibenden Wortbestandteilen unterscheiden. Im Anmeldeverfahren besteht so die Gefahr, dass Inhaber älterer Produktnamen einer solchen Marke mit Widersprüchen Steine in den Weg zu legen. In Ländern, in denen Markenämter Neuanmeldungen noch auf das Vorliegen relativer Schutzhindernisse hin überprüfen (dh Verwechslungsgefahr mit älteren Marken), besteht zudem die Gefahr, dass die Markenanmeldung zurückgewiesen wird. In einigen ostasiatischen Ländern werden sonst übliche Zustimmungserklärungen seitens der Inhaber der entgegengehaltenen Markenrechte nicht akzeptiert und wird die Eintragung der Marke versagt. Gelingt die Eintragung einer solchen Marke, verringert deren schwache Kennzeichnungskraft die Möglichkeiten einer effektiven Verteidigung. Beschreibende Bestandteile einer Marke gelten als kennzeichnungsschwach und werden nur beim Vorliegen weiterer Übereinstimmungen bzw Ähnlichkeiten entscheidungserheblich.[52]

d) Verwendung von Bestandteilen des Firmennamens

Eine weitere anzutreffende Praxis der Markenentwicklung besteht darin, kennzeichnungsstarke Bestandteile des Herstellernamens in die Marke aufzunehmen.[53] Diese erleichtern zwar einerseits den Aufbau von Markenfamilien sowie deren markenrechtliche Eintragung. Andererseits können Probleme mit einem Produkt leicht einen negativen Imagetransfer auf die übrige Produktfamilie zur Folge haben. Darüber hinaus erschweren sie die Übertragung von Marken- und Produktportfolios im Rahmen von Unternehmenszusammenschlüssen und Übernahmen bzw Verkauf von Unternehmensteilen an Dritte. Zum einen passen solche Marken oft nicht in das Markenkonzept des neuen Inhabers und zum anderen kann es nicht im Sinne des bisherigen Markeninhabers sein, dass Marken, die Elemente seines Unternehmensnamen enthalten, nun durch Dritte kontrolliert werden. Zwar können im Rahmen von Lizenzvereinbarungen Qualitätsstandards vereinbart werden; gleichwohl kann die Gefahr der Verwässerung der Kennzeichnungskraft des Unternehmensnamen des bisherigen Markeninhabers nicht völlig ausgeschlossen werden, wenn durch Dritte benutzte Marken ohne weiteres erkennbare Bestandteile von diesem enthalten.[54]

e) Fantasienamen

Einen wesentlich **höheren Grad an Unterscheidungskraft** haben Fantasienamen. Hierunter versteht man Marken mit einer Bedeutung, die mit dem Medikament selbst nichts zu tun hat.[55] Beispiele sind SONATA® (Wyeth) für ein Schlafmittel, Blutdrucksenker CARMEN® und VOTUM® (jeweils Berlin-Chemie AG) und YASMIN® für ein Verhütungsmittel (Bayer Schering Pharma AG).

Noch mehr gilt dies für **synthetische Namen**. Bei diesen handelt es sich um Kunstwörter, die in keiner der bekannten Sprachen eine Bedeutung haben.[56] Beispiele hierzu sind ZOCOR®, ein Blutfettsenker (Merck & Co.), GLIVEC®, ein Krebsmittel (Novartis), XARELTO®, ein Präparat zur Bekämpfung von Thrombosen und NEXAVAR®, ein Krebsmittel (jeweils Bayer Schering Pharma AG). Der Nachteil für beide Markenformen besteht in dem

---

52 Vgl zB Beschl. des BPatG v. 3.2.2009 – 25 W (pat) 114/06, zu den Marken CEFAZID/CEFASEPT.
53 Einige Beispiele aus der Roten Liste: „Cefa-"-Marken der Cefak KG; „-HEXAL"-Marken der früheren Hexal AG, „Infecto-"-Marken der Infectopharm GmbH.
54 Im Erg. auch Höcker/Samland, PharmR 2008, 532.
55 Bugdahl, MarkenR 2006, 314, 316 f.
56 Bugdahl, MarkenR 2006, 314, 316 f.

oft erhöhten Aufwand bei der Einführung des jeweiligen Produkts bei traditionell denkenden Ärzten und Apothekern, die einer nichts sagenden Buchstabenkombination anfängliche Skepsis entgegenbringen. Dies gilt gelegentlich auch für die unternehmensinterne Akzeptanz solcher Marken, auch wenn sich diese aufgrund linguistischer Begutachtung sowie umfangreicher rechtlicher und regulatorischer Risikoanalyse sowie Marktforschung als geeignete Marke für die (weltweite) Vermarktung eines bestimmten Produkts empfehlen. Hier sollte berücksichtigt werden, dass das Leben vieler bekannter Marken nicht anders begonnen hat.

Der alles überwiegende Vorteil von Fantasie- bzw Kunstnamen gegenüber indikations- bzw produktbeschreibenden Anklängen ist somit deren **Alleinstellung**, ihr **hoher Grad an Kennzeichnungskraft** und damit ein erheblich breiterer Schutzbereich, unter Umständen auch Schutz gegen solche jüngere Marken, die nur eine entfernte Ähnlichkeit aufweisen.[57] Gelingt eine erfolgreiche Produkteinführung nicht zuletzt Dank eines mit positiven Erfahrungen der Ärzte, Apotheker und Patienten aufgeladenen „Akkumulators Marke"[58] können solche Marken auch nach Patentablauf besser vor Schädigungen durch mögliche Trittbrettfahrer oder Rufausbeutung geschützt werden.

Während der Patentschutz zeitlich begrenzt ist, kann der Markenschutz und damit das Monopol für den Namen als Basis für den Vertrieb[59] im Prinzip unbegrenzt verlängert werden. Marken unterstützen somit Ärzte und Patienten auch im scharfen Wettbewerb mit Generika-Anbietern bei der Auswahl des als geeignet angesehenen Produkts und binden sie so weiter als Kunden an das Unternehmen.

VII. Entstehung von Markenschutz

Gemäß § 4 Nr. 1 MarkenG kann Markenschutz durch Eintragung eines markenfähigen Zeichens in das vom Patent- und Markenamt geführte Markenregister sowie durch Benutzung eines solchen Zeichens im geschäftlichen Verkehr erlangt werden, soweit eine Benutzungsmarke innerhalb der beteiligten Verkehrskreise Verkehrsgeltung erworben hat (§ 4 Nr. 2 MarkenG). Die **Benutzungsmarke** ist an hohe Voraussetzungen gebunden und birgt insbesondere im Verletzungsprozess erhebliche Unsicherheiten, da deren Bestehen zunächst gerichtlich festgestellt werden muss. Darüber hinaus sehen viele Rechtsordnungen ein solches Recht nicht vor. Der Regelfall ist daher die Erlangung des Markenschutzes im Rahmen des Eintragungsverfahrens vor dem Patent- und Markenamt. Die Anforderungen an eine solche Markeneintragung sind deutlich geringer als an das Bestehen einer Benutzungsmarke. Die **eingetragene Marke** verbrieft dem Inhaber nicht nur das Recht selbst, sondern auch den Anmeldetag. Ferner muss der Inhaber die Marke auch nicht selber benutzen, sondern kann deren rechtserhaltende Benutzung durch Vergabe von Lizenzen an Dritte (zB Konzernholding an Tochtergesellschaften) sicherstellen.[60]

1. Markenanmeldung

a) Bestimmung des Schutzbereichs

Erst durch die Eintragung wird die Marke zur registrierten Marke. Zunächst ist der Schutzbereich der Marke durch die Abfassung des **Waren- und Dienstleistungsverzeichnisses** zu

---

57 Höcker/Samland, PharmR 2008, 532, 533; im Erg. auch Bugdahl, MarkenR 2006, 314, 317.
58 Siehe oben Rn 8; eindrucksvolles Beispiel ist die Marke VIAGRA®, die 1998 in kurzer Zeit weltweite Bekanntheit erlangte.
59 Bugdahl, MarkenR 2006, 314, 317.
60 Weiteres bei Lüken in: Stöckel/Lüken, S. 46 ff.

bestimmen.⁶¹ Für pharmazeutische Produkte kommt **in erster Linie die Warenklasse 5** (enthält u.a. pharmazeutische Erzeugnisse sowie diätetische Erzeugnisse für medizinische Zwecke) und für Medizinprodukte die Klasse 10 in Betracht. Steht die Vermarktung der Wirk- bzw Grundstoffe im Vordergrund, sollte Markenschutz in der Klasse 1 (u.a. chemische Erzeugnisse für gewerbliche Zwecke) beantragt werden. Im Bereich der Dienstleistungsklassen sind vor allem die Klassen 42 (wissenschaftliche und industrielle Forschung) und 44 (umfasst u.a. medizinische Dienstleistungen) einschlägig. Bei der Abfassung des Warenverzeichnisses ist zu beachten, dass dieses jeweils die geplante Benutzung der Marke in vollem Umfang umfasst. Das Warenverzeichnis einer einmal angemeldeten Marke kann nachträglich nicht mehr erweitert werden. Sind Erweiterungen erforderlich, muss die Marke neu angemeldet werden. Ebenso ist zu berücksichtigen, dass die Marke nur dann aufrechterhalten werden kann, wenn sie auch tatsächlich für die Waren und Dienstleistungen benutzt wird, die Gegenstand der Markeneintragung sind.⁶² Abgrenzungsprobleme kann es bei der Klasse 5 im Hinblick auf Kosmetika (Klasse 3) und bestimmten Nahrungsmitteln, zB sog. funktional Food geben (gehört in die Klassen 29 oder 30, die verschiedene Arten Nahrungsmittel ohne medizinische Wirkung umfassen). Nahrungsergänzungsmittel gehören hingegen in Klasse 5.

Auch wenn viele Länder sehr breite Warenverzeichnisse, wie zB „pharmazeutische Präparate" zulassen, bergen diese jedoch angesichts der hohen Zahl an Markeneintragungen in der Klasse 5 die **Gefahr von Widersprüchen älterer Markeninhaber**. Der Begriff „pharmazeutische Präparate" erstreckt sich auf alle Arten von pharmazeutischen Produkten, so dass bei Vorliegen der übrigen Voraussetzungen Verwechslungsgefahr mit jeder älteren Marke in Klasse 5 bestehen kann. Das Risiko von Widersprüchen kann im Einzelfall begrenzt werden durch die Einschränkung der Markenanmeldung auf einen bestimmten Indikationsbereich (zB onkologische Präparate), oder mehrere Indikationsbereiche, falls die Marke im Prinzip für eine von mehreren gleichzeitig laufenden Produktentwicklungen in Betracht kommt (zB Pharmazeutische Präparate im Bereich der Onkologie, Kardiologie und Urologie).⁶³ Im letzteren Fall ist jedoch zu beachten, dass im Konfliktfall der Gegner die Teillöschung der Marke wegen Nichtbenutzung und damit die Streichung bestimmter Indikationsbereiche aus dem Warenverzeichnis der Marke erreichen kann. Darüber hinaus sind Einschränkungen des Warenverzeichnisses auf das konkrete Produkt möglich. Dieses empfiehlt sich im Rahmen der Anmeldung schon dann, wenn man bei den Markenrecherchen auf ältere, phonetisch und vom Schriftbild her ähnliche Markenanmeldungen gestoßen ist, die aber für unterschiedliche Indikationen verwendet werden. Das Warenverzeichnis kann aber auch erst im Widerspruchsverfahren als Folge einer mit der Gegenseite geschlossenen Abgrenzungs- bzw Vorrechtsvereinbarung eingeschränkt werden, um die bestehende Kollisionslage zu beenden. Der Nachteil ist jedoch, dass ein Widerspruchsverfahren das Eintragungsverfahren und damit die Zeit der Unsicherheit über die Verfügbarkeit einer Marke verlängert. Im Ausland kommen teilweise erhebliche Anwaltskosten hinzu. In einigen Ländern in Zentralamerika, der Karibik und in Asien, verlangen die Markenämter ohnehin die Beschränkung des Schutzbereiches einer Marke auf bestimmte Indikationsbereiche. Bei Markenanmeldungen in den USA ist die Verwendung eines auf den Indikationsbereich eingeschränkten Warenverzeichnisses sogar dringend zu raten. Das US-Markenamt (USPTO)

---

61 Eine gute Entscheidungshilfe liefert der Kommentar von Marshall, Guide to the Nice Agreement, s. auch Ströbele/Hacker, Anhang 1.
62 Siehe dazu auch Rn 47 ff, insb. Rn 57 f.
63 Zu berücksichtigen ist jedoch, dass im Einzelfall eine Verwechslungsgefahr zwischen dem weiten Warenverzeichnis „pharmazeutische Präparate" und dem eingeschränktem Warenverzeichnis, zB „onkologische Präparate", bestehen kann.

akzeptiert keine breiten Warenverzeichnisse, wie zB „pharmazeutische Präparate". Formulierungshilfen finden sich auf der Website des USPTO.[64]

Bei der deutschen Marke, der IR-Marke und der Gemeinschaftsmarke kann mit einer Anmelde- bzw Eintragungsgebühr ein Schutzbereich von **bis zu drei Warenklassen** beansprucht werden. In einigen Ländern Asiens und Lateinamerikas werden Anmeldungen in mehreren Klassen jeweils als separate Marken behandelt.

b) Eintragungsverfahren – Beispiel DPMA

34 Internationale Harmonisierungen des Markenrechts haben zu einer ähnlichen Ausgestaltung des Eintragungsverfahrens geführt. Das DPMA prüft nach Einreichung des Anmeldeantrags und Einzahlung der Gebühren die Markenanmeldungen zunächst auf das Vorliegen absoluter Schutzhindernisse.[65] Liegen solche nicht vor, trägt das DPMA die Marke in das Markenregister ein, bevor mit der nachfolgenden Veröffentlichung die dreimonatige Widerspruchsfrist beginnt. Gemäß § 38 MarkenG kann das Prüfungsverfahren gegen Zahlung einer zusätzlichen Gebühr beschleunigt werden. Kann im Widerspruchsverfahren (§§ 42 ff MarkenG) keine Einigung mit dem Gegner erzielt werden, trifft das Amt eine Entscheidung. In Deutschland kann mittels einer Erinnerung beim DPMA (§ 64 MarkenG) bzw nachfolgend Beschwerde vor dem Bundespatentgericht (§§ 66 ff MarkenG) die Überprüfung der Entscheidung erreicht werden. Wird die Rechtsbeschwerde zugelassen, kann gem. § 83 ff MarkenG gegen Beschlüsse der Beschwerdesenate des Bundespatentgerichts Rechtsbeschwerde beim BGH eingelegt werden.

35 In den meisten anderen Jurisdiktionen erfolgt die Markeneintragung erst nach Veröffentlichung und Ablauf der Widerspruchsfrist bzw Abschluss des Widerspruchsverfahrens. In einigen Ländern Asiens und Lateinamerika prüfen die Ämter (immer noch), ob ältere Marken Dritter einer Neuanmeldung wegen Verwechslungsgefahr entgegenstehen können (Prüfung auf Vorliegen relativer Schutzhindernisse). Bis auf einige ostasiatische Länder können solche Amtsentgegenhaltungen durch Zustimmungserklärungen seitens der Inhaber der als Eintragungshindernis zitierten Marken überwunden werden. Besonderheiten bestehen u.a. in den USA und Kanada (Anmeldung mit Benutzungsabsicht, sog. *intent-to-use*-Verfahren oder Anmeldung aufgrund ausländischer Markeneintragung).

36 Die **Zeit von der Anmeldung bis zur Eintragung der Marke** ist von Land zu Land unterschiedlich und stark abhängig von der finanziellen und personellen Ausstattung der Markenämter. Sofern keine Beanstandungen vorliegen, werden nach Erfahrung des Verfassers Marken in Deutschland und als Gemeinschaftsmarke innerhalb von 8 bis 12 Monaten eingetragen. In den USA und anderen europäischen Ländern sollten ca. 12 bis 15 Monate, in einigen Ländern Lateinamerikas und Asien 18 Monate bis drei Jahre eingeplant werden. Widerspruchsverfahren verlängern das Eintragungsverfahren zT erheblich.

2. Durchsetzungsstrategien für weltweite Marken

37 Neben der Frage, in welchen Ländern eine Marke für die Vermarktung eines Produkts benötigt wird, sind die mit der Sicherung der Markenrechte verbundenen Kosten zu berücksichtigen. Weltweite nationale Anmeldungen werden nur die wenigsten Firmen in Betracht ziehen. Da in jedem Land ein lokaler Anwalt beauftragt werden muss, sind neben den Anmelde- und Eintragungsgebühren (und späteren Erneuerungsgebühren) der jeweiligen Ämter auch Anwaltskosten zu bezahlen. Gleichwohl gibt es hierzu in den Ländern keine

---

64 <http://www.uspto.gov>.
65 Vgl §§ 32 ff MarkenG; Formulare im Internet zB unter <http://www.dpma.de>.

Alternative, die weder den Madrider Markenabkommen noch dem Gemeinschaftsmarkensystem angehören.

a) Internationale Registrierung (IR-Marke)

Die Eintragung einer IR-Marke richtet sich nach dem **Madrider Markenabkommen (MMA)** und dem **Protokoll zum Madrider Markenabkommen (PMMA)** bzw §§ 107 ff MarkenG. Die Bundesrepublik Deutschland ist Vertragsstaat bei beiden unabhängig nebeneinander bestehenden Verträgen. MMA und PMMA erlauben dem Inhaber einer in einem Vertragsstaat eingetragenen Marke durch eine Registrierung beim internationalen Büro der Weltorganisation für Geistiges Eigentum (WIPO) in Genf die Eintragung dieser Marke in die Markenregister in allen von ihm ausgewählten (bis zu derzeit 78) Vertragsstaaten. Die auf diese Weise erfolgte Schutzerstreckung der Marke ist in jedem Vertragsstaat wie eine nationale Markenanmeldung zu behandeln. Der Vorteil einer IR-Marke nach dem MMA/PMMA liegt für den Markeninhaber in einem erheblich **geringeren (internen) Verwaltungsaufwand** und wesentlich **niedrigeren Kosten**, als bei einer nationalen Anmeldung.[66] So fallen bei der Schutzerstreckung von IR-Marken in die einzelnen Vertragsstaaten nur sehr geringe Verwaltungskosten und keine Anwaltskosten an. Nur bei Amtsentgegenhaltungen bzw Widerspruchsverfahren ist ein lokaler Anwalt zur Wahrnehmung der Rechte des Markenanmelders vor der jeweiligen nationalen Behörde erforderlich.

Wesentliche Unterschiede zwischen beiden Vertragsregimen bestehen zum einen hinsichtlich ihrer Mitgliedstaaten.[67] IR-Marken nach dem MMA benötigen als Basis eine nationale Markeneintragung, während bei internationalen Registrierungen nach dem PMMA bereits eine Markenanmeldung als Basis genügt. Die Frist, innerhalb deren die in einer IR-Markenanmeldung benannten Länder den Schutz einer Marke wegen absoluter bzw relativer Schutzhindernisse verweigern können, beträgt beim MMA ein Jahr (Art. 5 Abs. 2 MMA). Beim PMMA haben die Vertragsstaaten das Recht, die Frist zur Erklärung auf 18 Monate auszudehnen (Art. 5 Abs. 2 lit. b, c). Die Widerspruchsfrist kann in einzelnen PMMA-Ländern auch erst nach der 18-Monate-Frist beginnen.

Für einen Zeitraum von fünf Jahren sind die einzelnen Schutzerstreckungen vom Bestand der Basismarke abhängig. Wird zB die deutsche Basismarke in Folge eines Widerspruchs- oder Löschungsverfahren aus dem Register gelöscht, verfallen sämtliche im Rahmen des MMA erfolgten Schutzerstreckungen. Nur im Rahmen des PMMA besteht gem. Art. 9^{quinquies} PMMA die Möglichkeit der Umwandlung der Schutzerstreckungen in nationale Markenanmeldungen unter Wahrung des Zeitranges der IR-Marke einschließlich der für diese wirksam in Anspruch genommene Priorität. Weitere Unterschiede gibt es hinsichtlich der Verfahrenssprache sowie der Gebühren.

b) Gemeinschaftsmarke

Soll die Marke später in einer großen Zahl von EU-Mitgliedstaaten eingesetzt werden, empfiehlt sich die Anmeldung einer Gemeinschaftsmarke beim Harmonisierungsamt für den Binnenmarkt (HABM) in Alicante in Spanien.[68] Das Anmeldeverfahren richtet sich nach den Art. 25 ff GMV, das Widerspruchs- bzw Beschwerdeverfahren nach den Artt. 42 ff bzw

---

66 Einen genauen Überblick gibt das auf der Internetseite der WIPO eingerichtete Kostenrechnungsprogramm. Unter <http://www.wipo.int> sowie auf der Internetseite des DPMA (http://www.dpma.de) finden sich weitere Informationen und Formulare zur IR-Marke.
67 57 Länder gehören dem MMA und 70 Länder (zzgl die Europäische Gemeinschaft) dem PMMA an. 48 Staaten gehören beiden Abkommen an.
68 Informationen, insb. zu Ermäßigungen bei elektronischer Anmeldung im Internet unter <http://www.oami.eu>.

Art. 57 ff GMV. Entscheidungen der HABM-Beschwerdekammern können gem. Art. 63 GMV vor dem EuG angefochten werden.

42 Aus dem Prinzip der Einheitlichkeit des Rechts der Gemeinschaftsmarke und dem Konzept des Gemeinsamen Marktes als eines Marktes ohne Binnengrenzen folgt die **territoriale Unteilbarkeit** der Marke.[69] Der Schutz einer eingetragenen Gemeinschaftsmarke erstreckt sich somit auf alle (derzeit 27) Mitgliedstaaten. Dieses „**Alles-oder-Nichts-Prinzip**"[70] führt jedoch im Falle des erfolgreichen Widerspruchs eines Inhabers einer älteren nationalen Marke (es genügt eine ältere gültige Marke in einem EU-Mitgliedstaat) zum Verfall der gesamten Gemeinschaftsmarkenanmeldung. In diesem Fall ist es jedoch möglich, diese gem. Art. 108 GMV **in ein Bündel nationaler Markenanmeldungen umzuwandeln** und in allen EU-Mitgliedstaaten eintragen zu lassen, in denen kein Widerspruch eingelegt wurde. Dabei wird zugunsten des Markenanmelders als Anmelde- bzw Prioritätsdatum jeweils das der Gemeinschaftsmarkenanmeldung zugrunde gelegt. Damit wird Gemeinschaftsmarkenanmeldern erspart, vorsorglich parallele nationale Anmeldungen als Auffangrecht für den Fall vorzuhalten, dass ihre Anmeldung oder Eintragung im Gemeinschaftsmarkenregister später scheitern sollte.[71] Der Inhaber der in nationale Marken umgewandelten Gemeinschaftsmarke wird aber nicht bessergestellt, als wenn er zum Zeitpunkt der Gemeinschaftsmarkenanmeldung eine identische nationale Anmeldung vorgenommen hätte. Daher sieht Art. 108 Abs. 2 lit. a GMV vor, dass eine wegen langjähriger Nichtbenutzung gelöschte Gemeinschaftsmarke nicht über den Umweg der Umwandlung in nationale Einzelrechte wieder aufleben darf. Ebenso ist nach Art. 108 Abs. 2 lit. b GMV eine Umwandlung der Gemeinschaftsmarke in den Ländern ausgeschlossen, in denen der Grund (absolutes bzw relatives Eintragungshindernis, Verfalls oder Nichtigkeitsgründe) für das Scheitern der Gemeinschaftsmarke liegt.

43 Ferner kann gem. Art. 34 Abs. 1 GMV der Inhaber einer in einem Mitgliedstaat registrierten (oder mit Wirkung auf den für einen Mitgliedstaat international registrierten) älteren Marke, der eine identische Marke mit identischen Waren- bzw Dienstleistungen zur Eintragung als Gemeinschaftsmarke anmeldet, den Zeitrang in Bezug auf den Mitgliedstaat in Anspruch nehmen (sog. **Seniorität**).[72] Art. 34 Abs. 2 GMV bestimmt, dass dieser Zeitrang auch dann fortbesteht, wenn das ältere Markenrecht in dem Mitgliedstaat verfällt.[73] Damit wird der integrationspolitische Zweck verfolgt, die nationalen Marken zugunsten sukzessive angemeldeter Gemeinschaftsmarken auslaufen zu lassen, um künftig nur noch den Gemeinschaftsmarkenbestand zu verteidigen und durch Benutzung und Erneuerung aufrechtzuerhalten.[74]

c) Ausländische Prioritäten

44 Um zu verhindern, dass Markenpiraten weltweite Anmeldestrategien durchkreuzen, ist es bei globalen Projekten empfehlenswert, die Markenanmeldungen zeitnah in allen relevanten Jurisdiktionen durchzuführen. Sollte es jedoch nicht möglich sein, kurzfristig eine Entschei-

---

69 Marx, Markenrecht, Rn 1165.
70 Bugdahl, Marken machen Märkte, S. 140.
71 Marx, Markenrecht, Rn 1236.
72 Aus dem Englischen: „claiming the seniority of a national trademark".
73 Beispiel: Firma F verfügt über die deutsche Marke A mit Schutz für „pharmazeutische Präparate" in Klasse 5. Anmeldedatum ist der 1.7.1999. Am 1.9.2007 hat F die Marke A für das gleiche Warenverzeichnis als Gemeinschaftsmarke angemeldet. Beantragt F die Seniorität seiner Gemeinschaftsmarke gem. Art. 34 GMV, kann er im Hinblick auf Deutschland als Zeitrang für die Gemeinschaftsmarke das Anmeldedatum (1.7.1999) der deutschen Marke A auch nach deren Verfall durch Nichterneuerung nach dem 1.7.2009 in Anspruch nehmen.
74 Marx, Markenrecht, Rn 1221.

dung über die Anzahl der Marken zu erzielen, die weltweit angemeldet werden sollen, empfiehlt es sich, alle in Frage kommenden Marken zunächst nur im Heimatland (zB Deutschland) anzumelden. **Innerhalb von sechs Monaten** nach der Anmeldung kann auch in den übrigen Ländern, sofern sie Mitglied der PVÜ bzw des TRIPS sind, das Anmelde- bzw Prioritätsdatum der ersten Marke als Anmelde- bzw Prioritätsdatum beansprucht werden, sofern die Marke und das beanspruchte Warenverzeichnis jeweils identisch sind.[75]

3. Verwendung des ®-Symbols

Erst nach Eintragung darf die Marke zusammen mit dem ®-Symbol verwendet werden. **45** Wird dieses Symbol zusammen mit einer Marke im Anmeldeverfahren verwendet, so ist dieser Hinweis irreführend und kann im Einzelfall wettbewerbsrechtliche Ansprüche begründen.[76] Wird die eingetragene Marke zusammen mit einem beschreibenden Zusatz verwendet, ist das ®-Symbols hinter der Marke aber vor dem beschreibenden Zusatz anzubringen (Beispiel: „Marke®-Zusatz"). Um bereits **während des Anmeldeverfahren** auf beanspruchte Markenrechte hinzuweisen, kann die Abkürzung „TM" verwendet werden, ggf in Verbindung mit dem Fußnotenhinweis „Markenschutz beansprucht". Innerhalb der europäischen Union ist für die Verwendung des ®-Symbols das Bestehen eines Schutzrechts in einem Mitgliedstaat ausreichend, auch wenn in den anderen Mitgliedstaaten ein solcher Schutz nicht besteht.[77]

VIII. Aufrechterhaltung von Marken

1. Erneuerung

Gemäß § 47 Abs. 1 MarkenG beginnt die Schutzdauer einer Marke mit dem Anmeldetag **46** und endet nach zehn Jahren am letzten Tag des Monats, der durch seine Benennung dem Monat entspricht, in den der Anmeldetag fällt. Gemäß § 47 Abs. 2 MarkenG kann die Schutzdauer unbegrenzt jeweils um 10 Jahre verlängert werden.[78]

2. Benutzung

a) Ernsthaft im geschäftlichen Verkehr

Marken sollen als Mittel zur Kennzeichnung von Waren und Dienstleistungen verwendet **47** werden und nicht als Behinderungsinstrument dienen. Daher verliert der Markeninhaber sein Schutzbedürfnis, wenn er seine Marke über einen längeren Zeitraum nicht benutzt.[79] So verlangt § 26 iVm § 49 Abs. 1 MarkenG, dass der Markeninhaber seine Marke **innerhalb der letzten fünf Jahre** vor der Geltendmachung der Ansprüche ernsthaft benutzt hat.[80] Erforderlich sind Benutzungshandlungen **im geschäftlichen Verkehr**, die in Bezug auf den betroffenen Wirtschaftszweig objektiv als **wirtschaftlich sinnvoll** anzusehen sind, um Marktanteile für die durch die Marke geschützten Waren bzw Dienstleistungen zu erhalten oder zu gewinnen.[81] Eine minimale Benutzung kann hierzu bereits ausreichen, zB durch einen einzigen Kunden, der wenige aber sehr hochwertige Medikamente für eine bestimmte

---

75 Art. 4 PVÜ, Art. 2 Abs. 1 TRIPS, Artt. 29, 30, 31 GMV bzw. § 34 MarkenG.
76 BGH MarkenR 2009, 450 Rn 18 ff, s. auch BGH GRUR 1990, 364 – Baelz; KG GRUR-RR 2001, 136 – DOMO; OLG Hamburg WRP 1997, 101 – selenium ACE, hinsichtlich der Anbringung hinter dem beschreibenden Bestandteil.
77 EuGH GRUR Int. 1991, 215 (Nr. 23) – Pall Corp./P.J. Dahlhausen u.Co.
78 Zur Gemeinschaftsmarke vgl Artt. 46 f GMV, zur IR-Marke s. Art. 7 MMA bzw Art. 7 PMMA.
79 Ingerl/Rohnke, § 26 MarkenG Rn 7.
80 Zur Verwendung der Marke auch als Unternehmenskennzeichen vgl Ströbele/Hacker, § 26 MarkenG Rn 14 ff.
81 EuGH GRUR 2003, 425 Rn 43 – Ansul/Ajax; BGH GRUR 2006, 150, 151 f – NORMA.

Indikation importiert, sofern das Importgeschäft für den Markeninhaber einen ernsthaften wirtschaftlichen Zweck erfüllt. Nicht ausreichend sind jedoch sog. Scheinbenutzungen, die nur symbolhaft und allein zum Zweck der Wahrung der durch die Marke verliehenen Rechte erfolgen.[82]

48 Zu berücksichtigen sind erzielte Umsätze sowie der Umfang der Werbeaufwendungen, die Produktart, Kundenkreise, Art, Sortimentsstruktur und Größe des benutzenden Unternehmens sowie das Benutzungsverhalten vor- und nach dem Fünfjahreszeitraum. Nicht erforderlich ist eine an Rentabilität oder Schlüssigkeit der Geschäftsstrategie orientierte Zweckmäßigkeitskontrolle. Nicht zulässig sind ferner das Aufstellen von Mindestanforderungen an Umsatz, Menge oder Dauer der Benutzungshandlung, die über die im Einzelfall gebotenen wirtschaftlichen Tätigkeiten hinausgehen.

49 Ausreichend sind im Einzelfall bereits **Vorbereitungshandlungen** für eine bevorstehende Markteinführung, sofern diese nach Art, Umfang und Intensität wirtschaftlich nachvollziehbar sind. Nicht ausreichend ist hingegen die längere Verwendung der Marke nur in Werbeschriften oder nur im (konzern-)internen Bereich.[83] Bei hochpreisigen Produkten können Einzelanfertigen bzw geringe Stückzahlen bereits genügen.[84] Eine Benutzungsaufnahme kurz vor Schutzfristende ist ausreichend, sofern sie nicht umgehend wieder eingestellt wird.[85] Eine Benutzung von mengenmäßig geringem Umfang kann bei Dauerhaftigkeit als ernsthaft anzuerkennen sein.[86]

50 Keine Verwendung im geschäftlichen Verkehr stellen **innerbetriebliche Verwendungen** von Marken dar, zB die Herstellung bestimmter Produkt- oder Verpackungsmuster, die nicht zum Inverkehrbringen bestimmt sind sowie innerbetriebliche Korrespondenz.[87] Gleiches gilt für den Warenvertrieb innerhalb von Konzerngesellschaften, wenn die tatsächliche Verfügungsgewalt wegen der Konzernverflechtung sowohl des Veräußerers als auch des Empfängers letztlich unverändert bei derselben Leitungsstelle verbleibt (zB Übergabe von der beherrschenden Muttergesellschaft an die mehrheitlich beherrschte Tochtergesellschaft bzw umgekehrt).[88]

Ferner fehlt es an einer Verwendung im geschäftlichen Verkehr, wenn die Marke zu **rein beschreibenden Zwecken** hinsichtlich der Merkmale der angebotenen Waren verwendet wird.[89]

b) Verwendungsformen

51 Die Marke soll grundsätzlich **auf der Ware selbst**, ihrer **Verpackung** oder **Umhüllung** angebracht werden, sofern die Benutzung der Marken üblicherweise in dieser Form erfolgt.[90] Ausnahmen bestehen zB in den Fällen, in denen mit eingetragenen Marken gekennzeichnete Waren in die Erzeugnisse anderer Abnehmer eingebaut und ausschließlich unter einer anderen Marke auf den Markt gebracht werden oder bei Schüttgut oder Flüssigkeiten (zB Chemikalien), bei denen die unmittelbare Verbindung mit einer Ware unüblich ist. Hier erfüllt

---

82 EuGH GRUR 2003, 425 Rn 43 – Ansul/Ajax, Rn 36 u. 39.
83 Ingerl/Rohnke, § 26 MarkenG Rn 155.
84 Vgl zB BPatG GRUR 2001, 58, 59 – Cobra Cross (für Rennwagenreplika); BPatG GRUR 1997, 287, 289 – INTECTA/tecta (für Designer-Möbel).
85 BGH GRUR 2003, 428, 431 = MarkenR 2003, 141, 143 – BIG BERTHA.
86 BPatG GRUR 1996, 496 – PARK/Jean Barth; GRUR 1995, 590, 591 – MANHATTAN.
87 Ingerl/Rohnke, § 26 MarkenG Rn 28.
88 Vgl Ingerl/Rohnke, § 14 MarkenG Rn 193.
89 EuGH GRUR 2002, 692 Rn 16 f – Hölterhoff; BGH GRUR 2004, 949, 950 – Regiopost/Regional Post.
90 ZB EuGH GRUR 2003, 425 Rn 33–37 – Ansul/Ajax; s. auch Ströbele/Hacker, § 26 MarkenG Rn 17 ff mit umfangreicher Darstellung zahlreicher Einzelfälle.

bereits die Verwendung der Marke in Katalogen, Warenbegleitpapieren, Rechnungen die Anforderungen an eine markenmäßige Benutzung.

c) Für die eingetragenen Waren und Dienstleistungen

Die Marke muss für die Waren und Dienstleistungen benutzt werden, für die sie eingetragen worden ist. Zu fragen ist jeweils, ob die Ware oder Dienstleistung einem bestimmten Begriff des beanspruchten Warenverzeichnisses zugeordnet werden kann (Subsumption)[91] oder ob die Verwendung einer Marke für eine spezielle Ware oder Dienstleistung nur für diese Einzelware oder auch für einen weiteren im Warenverzeichnis enthaltenden Oberbegriff gilt (Integration).[92] Maßgeblich ist die **Rechtslage zum Zeitpunkt der Markeneintragung**. Wirtschaftliche bzw technische Entwicklungen sind jedoch angemessen zu berücksichtigen. Bei einer für Arzneimittel oder pharmazeutische Produkte eingetragenen Marke, die nur für eine Arzneimittelspezialität benutzt wird, wird weder auf das konkrete Einzelprodukt in seiner konkreten chemisch-pharmazeutischen Zusammensetzung, Darreichungsform, Rezeptpflichtigkeit etc. noch auf den weiten Oberbegriff abgestellt. Stattdessen wird eine Benutzung in einem weiteren Bereich anerkannt, der der jeweiligen Arzneimittelhauptgruppe in der „Roten Liste" entspricht.[93]

Wird eine Marke für **verschreibungspflichtige Arzneimittel** eingetragen, liegt grundsätzlich keine rechterhaltende Benutzung vor, wenn sie für freiverkäufliche Arzneimittel verwendet wird. Fällt die Rezeptpflicht hingegen erst nach Vertriebsaufnahme weg, wird weiterhin von einer rechterhaltenden Weiterbenutzung ausgegangen. Zur Wahrung der Rechtssicherheit von Inhabern älterer Markenrechte bleibt der Schutzbereich der Marke jedoch auf rezeptpflichtige Arzneimittel beschränkt. Andernfalls besteht die Gefahr von zahlreichen Verfahren wegen Verletzung von Vorrechts- bzw Abgrenzungsvereinbarungen, in denen die Rezeptpflicht wesentlicher Vertragsbestandteil ist. Ferner würde das Vertrauen der Inhaber älterer Markenrechte in das Register nachhaltig erschüttert werden, die gerade im Hinblick auf die im Warenverzeichnis niedergelegte Verschreibungspflicht auf Widerspruchsverfahren verzichtet oder diese nicht weiterbetrieben haben.[94]

d) Durch Inhaber bzw Dritte

Der Inhaber muss die Marke nicht selber benutzen, sondern kann Dritten die Benutzung gestatten. Hauptanwendungsfall ist der in § 30 MarkenG geregelte **Lizenzvertrag**. Die Zurechnungskette kann bei einer mit Zustimmung des Markeninhabers erteilten Unterlizenz auch mehrstufig sein. Bloßes Dulden reicht nicht aus. Die Zustimmung muss ausdrücklich oder konkludent durch den Markeninhaber erklärt werden. Die Vorlage eines Lizenzvertrages ist nicht erforderlich.[95] Ausreichend sind auch sonstige Umstände, sofern sie hinreichend klar erkennen lassen, dass eine Marke im Einverständnis mit dem Markeninhaber von einem Dritten benutzt wird. Dies gilt insbesondere für enge wirtschaftliche Verflech-

---

91 Beispiel (a) für rechterhaltende Benutzung: BPatG GRUR 1998, 727, 728 – VITACROMBEX, Vitaminpräparate für Tiere gilt als Benutzung für "pharmazeutische Präparate für veterinärmedizinische Zwecke" und (b) für nicht rechterhaltende Benutzung: BPatGE 31, 245 – Digonorapid, bei Desinfektionsmittel für „Arzneimittel".
92 Vgl zB BGH GRUR 2002, 65, 67 – Ichthyol: bei einer für „Arzneimittel" oder „pharmazeutische Produkte" eingetragenen Marke ist zu prüfen, ob eine (behauptete) Benutzung für eine Vielzahl von Arzneimitteln nicht doch eine Beschränkung auf eine entsprechende Untergruppe erfordert.
93 BGH GRUR 2002, 65, 67 – Ichthyol, Einschränkung des weiten Oberbegriffes „Arzneimittel" auf einen alle benutzen Präparate umfassenden Obergriff erforderlich; im Ergebnis ähnlich aber auf die Indikation abstellend EuG GRUR Int. 2007, 593 Rn 33 ff – RESPICUR, Benutzung für „rezeptpflichtige Corticoidhaltige Dosieraerosole" umfasst alle „Atemwegstherapeutika".
94 BPatGE 41, 267, 271 – Taxanil/Taxilan.
95 BPatG GRUR 1997, 836, 837 – Apfelbauer.

tungen zwischen Markeninhaber und Benutzer im Rahmen eines Konzerns (**Mutter-Tochter-Unternehmen**), wo eine mündliche Gebrauchsüberlassung ausreicht.[96] Der auf einem Produkt angebrachte Hinweis, dass Inhaberin der Marke eine Firmengruppe (zB ABC-Group) bzw ein Konzern (zB XYZ-Konzern) ist, lässt darauf schließen, dass derart verbundenen Unternehmen die Marke rechtserhaltend für den Markeninhaber (idR die Konzernholding) benutzen. Die Zustimmung zur Benutzung durch Dritte muss rechtswirksam sein (dh keine Zurechenbarkeit der Markenbenutzung durch Lizenznehmer bei nichtigem Lizenzvertrag) und der Dritte muss mit Fremdbenutzungswillen handeln. An diesem fehlt es bei einem eigenmächtigen Weitervertrieb der Ware durch den Abnehmer der Ware.[97]

e) In abweichender Form

55   Gemäß § 26 Abs. 3 MarkenG kann die eingetragene Marke auch dann noch rechtserhaltend benutzt werden, wenn die **Benutzung von der Eintragung abweicht.** Damit soll dem Markeninhaber ermöglicht werden, Veränderungen an der Darstellung der Marke ohne Rechtsverlust vorzunehmen, um dem natürlichen Wechsel des Zeitgeschmacks und der damit einhergehenden veränderten Anforderungen an Marketingauftritte Rechnung zu tragen. Voraussetzung ist jedoch, dass der kennzeichnende Charakter der Marke nicht verändert wird und der Verkehr die eingetragene Marke und die benutzte Form als ein und dasselbe Zeichen ansieht bzw in den hinzugefügten Bestandteilen keine maßgebende eigene kennzeichnende Wirkung ansieht.[98] Generell unschädlich sind zB Abweichungen bezüglich der Groß- und Kleinschreibung,[99] abweichende Schrifttype,[100] Vergrößerung der Anfangsbuchstaben,[101] Modernisierungen des Schrifttyps,[102] stilistische Modernisierungen von Farb- und Bildzeichen und bei Aufspaltung von Wortzeichen.[103] Ein enger Gestaltungsspielraum besteht bei abstrakten Farbmarken.[104] Zurückhaltend sollte das Weglassen von Wortbestandteilen gehandhabt werden, da die einzelnen Wortelemente idR einen kennzeichnenden Charakter haben. Unschädlich ist die Veränderung von Bildbestandteilen, soweit sie vom Verkehr als bloße Verzierung oder werbeübliche Verstärkung eines dominierenden Wortelements gesehen werden. Dies gilt auch für die Hinzufügung neuer Zeichenbestandteile soweit der kennzeichnende Charakter der Marke dadurch nicht verändert wird. Schädlich ist hingegen die Verbindung von eingetragenen Marken, die eine eigenständige Kennzeichnungskraft besitzen und die eingetragene Marke in ihrem Sinngehalt verändern bzw überlagern.

Nach § 26 Abs. 3 S. 2 MarkenG kann eine Benutzungshandlung mehreren Markeneintragungen zugerechnet werden, zB in Fällen, in denen der Markeninhaber die ursprünglich eingetragene Marke weiterhin verteidigt und zusätzlich noch die abgeänderte Benutzungsform aus Sicherheitserwägungen eintragen lässt.

---

96   BPatGE 30, 101, 104 – WEKROMA; 36, 1, 6 – CHARRIER.
97   BPatGE 25, 50, 52 – Bommi.
98   Ausführlich zu allen in Betracht kommenden Konstellationen Ströbele/Hacker, § 26 MarkenG Rn 90 ff, 96 ff.
99   BGH GRUR 2000, 1038, 1039 – Kornkammer („Korn-kammer" statt „Kornkammer"); OLG Hamburg GRUR-RR 2003, 139, 141 – EVIAN/REVIAN II („evian" statt „EVIAN").
100 BGH GRUR 1999, 167, 168 – Karolus Magnus.
101 BGH GRUR 1999, 164, 165 – JOHN LOBB.
102 ZB BGH GRUR 1989, 510, 512 – Teekanne II („Thee" durch „Tee"); BPatG GRUR 1979, 709 – Kurant („Courant" ist keine Benutzung von „KURANT").
103 Sofern nicht durch die Trennung der Begriffsgehalt oder eine sonstige schutzbegründende Kombinationswirkung verändert wird, vgl BPatGE 21, 179, 18 s f („Bio Mix" ist keine Benutzung von „Biomix").
104 Näheres bei Ströbele/Hacker, § 26 MarkenG Rn 127 ff.

f) Benutzungsgebiet

Erforderlich ist eine Benutzung im Inland, dh im Geltungsbereich des MarkenG. Bei ernsthafter Benutzung reicht ein örtlich begrenzter Gebrauch aus. Das Erfordernis der Inlandbenutzung gilt auch für den deutschen Teil von IR-Marken. Eine Benutzung der IR-Marke nur im Ausland genügt nicht. Bei der Gemeinschaftsmarke genügt die Benutzung der Marke in einem Mitgliedstaat der EU. Benutzungshandlungen im Ausland sind nur im Fall einer Gleichstellung von Inlands- und Auslandsbenutzung im Rahmen bilateraler völkerrechtliche Verträge rechtserhaltend.[105] Gemäß § 26 Abs. 4 MarkenG liegt eine rechtserhaltende Markenbenutzung bei ausschließlich zum Export bestimmten Waren bereits dann vor, wenn die Marke auf der Ware oder der Verpackung angebracht wird.

g) Benutzungsschonfrist

Der **Fünfjahreszeitraum**, innerhalb dessen die Benutzung der Marke aufgenommen werden soll (Benutzungsschonfrist), beginnt in Deutschland mit der Eintragung der Marke. Innerhalb dieses Zeitraumes darf die Verteidigung der Marke nicht von dem Nachweis ihrer Benutzung abhängig gemacht werden. In Fällen, in denen gegen eine Markeneintragung Widerspruch eingelegt wird, verschiebt § 26 Abs. 5 MarkenG den Beginn der fünfjährigen Benutzungsschonfrist auf den Zeitpunkt des Abschlusses des Widerspruchsverfahrens. Bei IR-Marken beginnt dieser Zeitraum nach § 117 iVm § 115 Abs. 2 MarkenG mit dem Tag, an dem die Jahresfrist nach Art. 5 Abs. 2 MMA abgelaufen ist. Für Marken, die im Rahmen des PMMA auf Deutschland erstreckt wurden, gilt gem. § 124 MarkenG entsprechendes. Wird eine Marke auch nach Ablauf der Benutzungsschonfrist nicht benutzt, kann sie nicht mehr wirksam verteidigt werden. Gem. der §§ 49 bzw 50 MarkenG kann sie durch Dritte gelöscht werden. Der Inhaber einer unbenutzten Marke muss daher die Eintragung jüngerer ähnlicher bzw identischer Marken dulden, wenn er nicht die Löschung seiner Marke riskieren will. Sofern kein Löschungsantrag gestellt wurde, kann die Benutzung der Marke auch nach Ablauf der Fünfjahresfrist jederzeit gem. § 49 Abs. 1 S. 2 MarkenG aufgenommen werden. In der Zwischenzeit entstandene Zwischenrechte sind durch den Inhaber der älteren Marke gem. der §§ 51 Abs. 4, 22 Abs. 2 Nr. 2 Hs 1 MarkenG zu dulden.

h) Berechtigte Gründe für die Nichtbenutzung

Diese liegen nur bei solchen Umständen vor, die dem Einfluss des Markeninhabers nicht zurechenbar sind, wie insbesondere höhere Gewalt.[106] Sie sind vom Markeninhaber vorzutragen und ggf. zu beweisen. Eine berechtigte Nichtbenutzung führt nur dazu, dass der Ablauf der Fünfjahresfrist, innerhalb deren die Benutzung stattzufinden hat, iSv § 49 Abs. 1 MarkenG gehemmt wird. Entfallen die Gründe, läuft die gehemmte Frist weiter.[107] **Hauptanwendungsfall** ist die Unmöglichkeit rechtserhaltender Benutzung von Marken für zulassungspflichtige Produkte wie Arzneimittel vor dem Abschluss des Zulassungsverfahrens. Voraussetzung ist, dass das Zulassungsverfahren ernsthaft betrieben wird. Führt ein Dritter das Zulassungsverfahren mit Zustimmung des Markeninhabers durch, kann dies dem Markeninhaber gem. § 26 Abs. 2 MarkenG zugerechnet werden.[108] Wie bei der „echten" Benutzung hat der Markeninhaber innerhalb der Benutzungsschonfrist den Zulas-

---

105 Nach Art. 5 Abs. 1 des Übereinkommens zwischen dem Deutschen Reich und der Schweiz betreffend den gegenseitigen Patent- und Markenschutz v. 13.4.1892 (abgedruckt u.a. bei Fezer, S. 2071) ist die Benutzung einer deutschen Marke in der Schweiz rechtserhaltend.
106 Unbeachtlich sind also Probleme des unternehmerischen Risikos (zB Marktsättigung) und solche, die in der Person des Markeninhabers liegen (zB wirtschaftliche Unrentabilität bzw sonstige betriebsinterne Schwierigkeiten).
107 Ströbele/Hacker § 26 MarkenG Rn 76 mwN.
108 BGH GRUR 2000, 890 – IMMUNINE/IMUKIN.

sungsantrag vorzubereiten bzw bei der zuständigen Behörde einzureichen. Die Ausnutzung des Fünfjahreszeitraums ist nur in angemessener Weise zulässig und darf nicht grundlos bis unmittelbar vor Ablauf dieses Zeitraumes hinausgezögert werden. Nach der Erteilung der Zulassung muss der Markeninhaber „echte" Benutzungshandlungen vornehmen.[109]

IX. Verteidigung der Markenrechte[110]

1. Allgemeines

59 Markenkonflikte sind angesichts der hohen Zahl an Markenanmeldungen in der Klasse 5 nicht selten. Bevor eine Marke angemeldet wird, ist es ratsam, umfangreiche **Recherchen auf ältere Markenrechte Dritter** durchzuführen. Dies gilt besonders für Deutschland, wo Widerspruchsverfahren relativ günstig (und damit häufig) sind und erst recht im Hinblick auf Markenanmeldungen in anderen Ländern. Hinsichtlich der Klasse 5 sollten Recherchen sowohl in den Markenregistern[111] als auch in sog. Pharma-in-Use Datenbanken durchgeführt werden.

§ 9 MarkenG fasst alle Konstellationen zusammen, nach denen eine jüngere Markenanmeldung, die mit einer älteren Marke kollidiert, gelöscht werden kann. Nach § 125 b MarkenG sind ältere Gemeinschaftsmarken den älteren nationalen Marken gleichgestellt. Die Verletzungstatbestände des § 9 MarkenG wirken als relative Eintragungshindernisse im Eintragungsverfahren.[112] Sie sind zu unterscheiden von den Verletzungstatbeständen des § 14 MarkenG bei denen zusätzlich eine rechtsverletzende Benutzung im geschäftlichen Verkehr verlangt wird (siehe Rn 66).

Wird ein **Widerspruch** vor dem DPMA nicht innerhalb der gem. § 42 MarkenG dreimonatigen Widerspruchsfrist[113] eingelegt, kann der Inhaber der älteren Marke innerhalb von fünf Jahren **Löschungsklage** erheben, sofern er nicht die Benutzung der jüngeren Marke trotz Kenntnis davon fünf Jahre lang geduldet hat, es sei denn, die jüngere Marke wurde bösgläubig angemeldet (§§ 9, 51 Abs. 1 und 2 MarkenG).

2. Identität bzw Verwechslungsgefahr

60 Voraussetzung für die Löschung der jüngeren Markenanmeldung ist das Bestehen von Identität oder Verwechslungsgefahr zwischen einer älteren und jüngeren Marken und der jeweils geschützten Waren- und Dienstleistungen. Liegt Identität vor, kann die Marke nach § 9 Abs. 1 Nr. 1 MarkenG gelöscht werden, ohne dass weitere Voraussetzungen vorliegen müssen. Besteht hingegen nur Ähnlichkeit zwischen den Marken oder Dienstleistungen, hat die Marke mit älterem Zeitrang gem. § 9 Abs. 1 Nr. 2 MarkenG nur dann Vorrang, wenn für die maßgeblichen Verkehrskreise Verwechslungsgefahr[114] einschließlich der Gefahr des gedanklichen Verbindung besteht. Neben einer **unmittelbaren Verwechslung** (das Publikum hält die jüngere Marke für die ältere) liegt Verwechslung auch dann vor, wenn das Publikum erkennt, dass die jüngere Marke von der älteren abweicht aber irrigerweise davon ausgeht, dass es sich um eine Variation der ihm bekannten Marke des Herstellers handelt. Von

---

109 Ströbele/Hacker, § 26 MarkenG Rn 71.
110 Einen Überblick über das markenrechtliche Rechtsschutzsystem findet sich bei Büscher in: Büscher/Dittmer/Schiwy § 14 Rn 568.
111 Näheres s. Fammler in: Fezer, Handbuch der Markenpraxis Band 2, S. 397 ff.
112 Hildebrandt, Marken und andere Kennzeichen, § 10 Rn 5; zum Widerspruchsverfahren s. §§ 42 ff, §§ 116 und 124 MarkenG sowie Art. 41 ff GMV.
113 Die Widerspruchsfrist ist von Land zu Land unterschiedlich ausgestaltet, sie beträgt zB in den USA nur einen Monat.
114 Es genügt also bereits die Gefahr von Verwechslungen; eine konkrete Verwechslung muss nicht nachgewiesen werden, vgl EuG GRUR Int. 2003, 760 – Mystery/Mixery.

Verwechslungsgefahr im weiteren Sinne wird ausgegangen, wenn die Unterschiede der Marken erkannt und diese auch unterschiedlichen Herstellern zugeordnet werden, aber ein tatsächlich unzutreffender organisatorischer, gesellschafts- oder vertragsrechtlicher Zusammenhang zwischen den Markeninhabern unterstellt wird.[115]

3. Beurteilungskriterien für die Verwechslungsgefahr

Hierzu sind alle Umstände des Einzelfalls umfassend zu berücksichtigen.[116] Ferner kommt es auf den jeweiligen Gesamteindruck der einander gegenüberstehenden Zeichen an. Maßgebliche Faktoren sind hier die Kennzeichnungs- bzw Unterscheidungskraft der älteren Marke von Haus aus sowie ihre etwaige durch Benutzung erworbene Bekanntheit. All diese Faktoren stehen zueinander in einer **Wechselbeziehung**. So kann ein geringer Grad der Produktähnlichkeit durch einen höheren Grad der Zeichenähnlichkeit ausgeglichen werden. Andererseits kann eine Marke trotz des geringeren Grades der Produktähnlichkeit von der Eintragung ausgeschlossen werden, wenn große Ähnlichkeit zur älteren Marke mit hoher Kennzeichnungskraft besteht.[117] Beurteilungsmaßstab ist die **konkrete Vertriebssituation** und damit die sich gegenüberstehenden Produktgruppen und die jeweils angesprochenen Verkehrskreise.[118]

61

Anhaltspunkte für die im Rahmen der Wechselwirkung zu prüfenden Kennzeichnungs- bzw Unterscheidungskraft der Marke sind der von der geschützten Marke gehaltene Marktanteil, die Intensität, die geografische Verbreitung und Dauer der Markenbenutzung, Werbeaufwand des Unternehmens für die Marke und der Teil der beteiligten Verkehrskreise, die die Waren oder Dienstleistungen aufgrund der Marke als von einem bestimmten Unternehmen stammend erkennt.[119]

62

Die schwierigste Frage überhaupt ist jedoch die der **Ähnlichkeit von Marken und Waren bzw Dienstleistungen**. Die Verwechslungsgefahr zweier Zeichen kann aufgrund der klanglichen Erscheinung zweier Marken (damit ist auch die gesprochene Wortmarke gemeint), der bildlichen (Bildmarken) oder schriftbildlichen (Wort-/Bildmarken) Gestalt oder aufgrund eines ähnlichen Sinngehaltes bestehen. Bei der klanglichen Erscheinung geht die Rechtsprechung davon aus, dass sich die Aufmerksamkeit des Verbrauchers üblicherweise auf den Wortanfang richtet.[120] Bei sehr kurzen Marken hat der erste Buchstabe besondere Bedeutung. Dies gilt unabhängig davon, ob die Betonung auf dem Anfang des Wortes oder seinem Ende liegt.[121] Anders ist es bei unterscheidungsschwachem oder beschreibendem Zeichenbeginn (zB CARDIO oder URO) oder wenn die übrigen Zeichenunterschiede überwiegen. Ferner kann bei der Beurteilung der Vokal- und Konsonantenähnlichkeiten von Bedeutung sein, dass sich bestimmte Vokale und Konsonanten einander in klanglicher Hinsicht stärker ähneln als andere (Beispiele für klangliche nahe Vokale und Konsonanten: „o" und „u", „e" und „i", „b" und p", „d" und „t"). Bei Abweichungen ausschließlich in der Zeichenmitte hängt die Beurteilung der Ähnlichkeit häufig von der Betonung, Silbenzahl und -struktur sowie Vokalfolge ab. Ähnlich sind zB TRIVASTAN und TRAVATAN und

63

---

115 BGH MarkenR 2005, 519, 523 – coccodrillo; MarkenR 2004, 348, 352 – Zwilling/Zwibrüder mwN.
116 EuGH GRUR 1998, 922, Rn 15 ff – Canon; GRUR 1998, 387 – Sabèl/Puma.
117 EuGH GRUR 1998, 922, Rn 17 ff – Canon.
118 Hinsichtlich Konflikten mit Gemeinschaftsmarken vgl Hildebrandt, Marken und andere Kennzeichen, § 12 Rn 17 f mwN.
119 EuGH MarkenR 1999, 236 Rn 23 – Lloyd; BGH MarkenR 2002, 332 – DKV/OKV; Näheres bei Büscher in: Büscher/Dittmer/Schiwy, § 14 Rn 194 ff; Hildebrandt, Marken und andere Kennzeichen, § 12 Rn 19 ff.
120 EuG GRUR Int. 2004, 647 – MUNDICOLOR/MUNDICOR; BGH GRUR 1998, 942, 943 – ALKA-SELTZER.
121 BGH GRUR 1999, 735 f – MONOFLAM/POLYFLAM; GRUR 1998, 942, 943 – ALKA-SELTZER.

ARTEX und ALREX.[122] Bedeutsam kann bei ähnlichen Wortmarken auch deren ähnliches Schriftbild sein.[123]

64 Bei Arzneimitteln sind als maßgebliche Verkehrskreise nicht nur die **medizinisch geschulten Fachkreise**, sondern **auch die weniger kompetenten Endabnehmer** zu berücksichtigen.[124] Nach der Rechtsprechung gilt insbesondere für verschreibungspflichtige Medikamente, deren Auswahl vom Arzt oder Apotheker zu verantworten ist, dass es auf die Betrachtungsweise dieses fachkundigen Personenkreises ankommt, der erfahrungsgemäß im Umgang mit Arzneimitteln sorgfältiger ist und deshalb seltener Markenverwechslungen unterliegt.[125] Gleiches gilt auch für die Endabnehmer, bei denen auf den durchschnittlich informierten, aufmerksamen Durchschnittsverbraucher abzustellen ist. Obwohl dessen Aufmerksamkeit unterschiedlich hoch sein kann, pflegen auch diese bei allem, was mit Gesundheit zusammenhängt, eine **gesteigerte Aufmerksamkeit** beizumessen.[126] Richtet sich ein Produkt gleichermaßen Endverbraucher wie an Fachkreise, so genügt es festzustellen, dass für die Endverbraucher eine Verwechslungsgefahr besteht[127].

65 Neben der Identität bzw Ähnlichkeit von Zeichen ist **Produktähnlichkeit** erforderlich. Nach der Rechtsprechung sind alle erheblichen Faktoren zu berücksichtigen, die das Verhältnis zwischen den Produkten bestimmen, wie zB die Art der Produkte, ihr Verwendungszweck, ihre Nutzung sowie die Eigenart als miteinander konkurrierende oder einander ergänzende Waren oder Dienstleistungen. Bei einer Marke, die sich bereits außerhalb der Benutzungsschonfrist befindet und nur für einen Teil der Waren bzw. Dienstleistungen benutzt wird, für die sie eingetragen ist, werden nur diese bei der Beurteilung der Verwechslungsgefahr in Betracht gezogen. Ist die ältere Marke nicht für eine bestimmte Indikation, sondern für eine **Gruppe von Indikationen bzw Waren** eingetragen, die hinreichend weit gefasst sind, um diese Gruppe in Untergruppen aufteilen zu können, wird bei der Beurteilung der Verwechslungsgefahr nur auf diese Untergruppe abgestellt. Ist eine solche Aufteilung nicht möglich, deckt der Nachweis der Benutzung für die Zwecke des Widerspruchsverfahrens die gesamte Gruppe ab. Nach der Rechtsprechung des EuG ist auf den Zweck und die Bestimmung des Heilmittels abzustellen, die sich in der jeweiligen therapeutischen Indikation äußert.[128] Bei einer für »Arzneimittel« oder »pharmazeutische Produkte« eingetragenen Marke, die nur für eine Arzneimittelspezialität benutzt wird, wird weder auf das konkrete Einzelprodukt in seiner konkreten chemisch-pharmazeutischen Zusammensetzung, Darreichungsform, Rezeptpflichtigkeit etc. noch auf den weiten Oberbegriff abgestellt. Stattdessen wird eine

---

122 EuG GRUR Int. 2005, 1019 Rn 63 ff – TRAVATAN (bestätigt durch EuGH PharmR 2007, 456); EuG GRUR Int. 2006, 141 – ALREX; Näheres bei Hildebrandt, Marken und andere Kennzeichen, § 12 Rn 67 ff.
123 Bezüglich anderer Markenformen s. Büscher in: Büscher/Dittmer/Schiwy, § 14 Rn 285 ff mwN.
124 EuGH GRUR Int. 2007 718 Rn 56, 58 – TRAVATAN II; BGH GRUR 1999, 735, 736 – MONOFLAM/POLYFLAM.
125 BGH GRUR 2000, 603, 604 f – Ketog/ETOP; GRUR 1998, 815, 817 – Nitrangin; GRUR 1997, 629, 632 – Sermion II; GRUR 1995, 50, 52 – Indorektal/Indohexal.
126 EuG GRUR Int. 2007, 593 Rn 46 f. – RESPICUR; BGH GRUR 1995, 50, 52 – Indorektal/Indohexal; BPatG GRUR 2004, 950, 951 – ACELAT/Acesal; HABM-BK MarkenR 2000, 451, 453 f – PONALAR/BONOLAT.
127 EuG GRUR Int. 2007, 593 Rn 70 ff. – RESPICUR.
128 EuG GRUR Int. 2007, 593 Rn 23 – RESPICUR, die für „pharmazeutische Erzeugnisse, Präparate für die Gesundheitspflege; Pflaster" eingetragene ältere Marke wird für „rezeptpflichtige Corticoide enthaltende Doseraerosole" benutzt. Sie gehört nach Ansicht des EuG zur (Unter-) Gruppe der Atemwegstherapeutika. S. auch EuG GRUR Int. 2007, 416 Rn 28 ff – GALZIN, die für „pharmazeutische und medizinische Präparate, insbesondere Präparate auf Kalziumbasis" eingetragene ältere Marke wird für Präparate auf Kalziumbasis benutzt. Das Warenverzeichnis führt die Untergruppe „Präparate auf Kalziumbasis" bereits auf und wurde als für die Benutzung maßgebliche Untergruppe angenommen.

Benutzung in einem weiteren Bereich anerkannt, der der jeweiligen Arzneimittelhauptgruppe in der „Roten Liste" entspricht.[129]

Beispiele für bejahte Verwechslungsgefahr: TRIVASTAN und TRAVATAN[130], ARTEX und ALREX[131], CALSYN und GALZIN[132], RESPICUR und RESPICORT[133], PANTO und Pantohexal[134], ZELLDOX und ZELDON[135], AVANCEL und ARA-cell[136], DEATIN und DESITIN[137], CEFAZID und CEFASEPT[138];

---

129 BGH GRUR 2002, 65, 67 – Ichthyol, Einschränkung des weiten Oberbegriffes „Arzneimittel" auf einen alle benutzen Präparate umfassenden Obergriff erforderlich; im Ergebnis ähnlich aber auf die Indikation abstellend EuG GRUR Int. 2007, 593 Rn 33 ff. – RESPICUR, Benutzung für „rezeptpflichtige Corticoidhaltige Dosieraerosole" umfasst alle „Atemwegstherapeutika".
130 EuG GRUR Int. 2005, 1019 Rn 63 ff – TRAVATAN (bestätigt durch EuGH PharmR 2007, 456); TRAVATAN angemeldet für "ophthalmisch-pharmazeutische Präparate; die Benutzung der älteren Marke TRIVASTAN wurde nachgewiesen für einen „peripheren Vasodilator zur Behandlung peripherer und zerebraler vaskulärer Störungen des Auges und des Ohrs".
131 EuG GRUR Int. 2006, 141– ALREX; ALREX angemeldet für „Antiallergene, Steroid-, ophthalmologische Präparate, nämlich Augentropfen, Lösungen, Gele und Salben für die Behandlung von Augeninfektionen und -entzündungen"; ARTEX eingetragen für „Arzneispezialitäten für Herz- und Gefäßerkrankungen; Arzneimittel, tierärztliche Präparate, Hygieneartikel; Material für Zahnfüllungen und -abdrücke"; Näheres bei Hildebrandt, § 12 Rn 67 ff.
132 EuG GRUR Int. 2007, 416 – GALZIN; GALZIN angemeldet für „pharmazeutische Präparate zur Behandlung der Wilson-Krankheit"; CALSYN eingetragen für „pharmazeutische und medizinische Präparate, insbesondere Präparate auf Kalziumbasis".
133 EuG GRUR Int. 2007, 593 – RESPICUR; RESPICUR angemeldet für „Atemwegstherapeutika" und RESPICORT eingetragen für „pharmazeutische Erzeugnisse, Präparate für die Gesundheitspflege; Pflaster".
134 BGH MarkenR 2008, 436; PANTOHEXAL eingetragen für „Pharmazeutische und veterinärmedizinische Erzeugnisse sowie Präparate für die Gesundheitspflege; diätetische Erzeugnisse für medizinische Zwecke", PANTO eingetragen für „Humanarzneimittel, nämlich Magen-Darm-Präparate".
135 BPatG 30 W(pat) 53/07, BeckRS 2009 06060; ZELLDOX eingetragen für sehr breites Warenverzeichnis in Kl. 5; ZELDON eingetragen für „Pharmazeutische und veterinärmedizinische Erzeugnisse sowie Präparate für die Gesundheitspflege.
136 BPatG 30 W(pat) 171/06, BeckRS 2009, 11252; AVANCEL eingetragen für „Pharmaceutical preparations" ARA-cell eingetragen für „Pharmazeutische und veterinärmedizinische Erzeugnisse sowie Präparate zur Gesundheitspflege, Arzneimittel, Diagnostika für medizinische Zwecke, immunologische und onkologische Produkte".
137 BPatG 25 W(pat) 156/02, BeckRS 2008, 26600; DEATIN angemeldet für „Pharmazeutische Erzeugnisse, nämlich Dermatika"; DESITIN ua für „Arzneimittel" eingetragen.
138 BPatG 25 W(pat) 114/06, Beck RS 2009, 06607; CEFAZID eingetragen für "Veterinärmedizinische Erzeugnisse, nämlich rezeptpflichtige cefalosporinhaltige Tierarzneimittel zur Behandlung von Fellerkrankungen", CEFASEPT eingetragen für „Arzneimittel für den inneren Gebrauch zur unspezifischen Reiztherapie bei infektiösen Prozessen".

Beispiele für verneinte Verwechslungsgefahr: CEFAVORA und CEFAVALE einerseits und CEFALLONE andererseits[139], KYTERA und KYTOSA[140], EICOVIT und EUSOVIT[141], VALODOLOR und VALORON[142], LEKTRA und BIOLECTRA[143], ROXIMYCIN und ROVAMYCINE[144], ICHTHYOL und ETHYOL[145].

4. Markenverletzungsverfahren

66 Gemäß der §§ 51, 14 MarkenG muss Verwechslungsgefahr vorliegen und die Marke **im geschäftlichen Verkehr in rechtsverletzender Weise benutzt** werden. Hierunter wird die Verwendung der Marke im Rahmen einer auf einen wirtschaftlichen Vorteil gerichteten kommerziellen Tätigkeit verstanden. Davon abzugrenzen ist die Benutzung im privaten Bereich.[146] Rechtsverletzende Benutzung liegt vor, wenn die Marke durch Dritte in der Weise benutzt wird, dass die Funktionen der Marke und insb. ihre Hauptfunktion, die Gewährleistung der Herkunft der Ware gegenüber den Verbrauchern, beeinträchtigt wird oder beeinträchtigt werden könnte.[147] § 14 Abs. 3 MarkenG, Art. 9 Abs. 2 GMV bzw Art. 5 Abs. 3 MRRL enthalten einen nicht abschließenden Beispielskatalog für typische Benutzungshandlungen. An einer markenmäßigen Benutzungshandlung fehlt es bei der rein beschreibenden Verwendung einer Marke hinsichtlich der Merkmale der angebotenen Waren[148] oder wenn die angegriffenen Marken oder ihre Wortbestandteile für die maßgeblichen Verkehrskreise beschreibend waren.[149]

67 Ein **erweiterter Schutz** besteht gem. der §§ 14 Abs. 1 Nr. 3, 14 Abs. 2 Nr. 3 MarkenG bzw Art. 16 Abs. 3 TRIPS, Art. 4 Abs. 3, 4, Art. 5 MRRL, Art. 8 Abs. 5, 9 Abs. 1 lit. c GMV für die bekannte Marke. Ein hierzu erforderlicher Bekanntheitsgrad gilt als erreicht, wenn die ältere Marken einem bedeutenden Teil des Publikums bekannt ist, das von den durch diese Marke erfassten Waren oder Dienstleistungen betroffen ist.[150] Eine Verwechslungsgefahr zwischen der bekannten Marke und dem jüngeren Zeichen ist nicht erforderlich. Es genügt,

---

139 BGH NJW-RR 1999, 1055 – Cefallone.
140 BPatG 25 W(pat) 28/03, BeckRS 2008, 26733, die im Warenverzeichnis festgeschriebene Rezeptpflicht wirkt sich trotz identischer Waren (Atemwegstherapeutika) deutlich kollisionsmindernd aus. Wegen der heute vorhandenen EDV in Krankenhäusern und Arztpraxen verliert die handschriftliche Rezeptur an Bedeutung wobei bei der Beurteilung der Markenähnlichkeit nur eine normal leserliche Schrift zugrunde zu legen ist.
141 BPatG 30 W(pat) 317/03, BeckRS 2009, 00690; EICOVIT eingetragen für "pharmazeutische und veterinärmedizinische Erzeugnisse"; EUSOVIT, eingetragen für "Arzneimittel".
142 BPatG 25 W(pat) 31/04, BeckRS 2008, 26752; VALODOLOR eingetragen für "Pharmazeutische Erzeugnisse für den humanmedizinischen Gebrauch, nämlich Schmerzmittel", VALORON, eingetragen für "Arzneimittel, nämlich Analgetica".
143 BPatG 25 W(pat) 71/07, BeckRS 2009, 29871; LEKTRA eingetragen für „pharmazeutische und veterinärmedizinische Erzeugnisse; diätetische Erzeugnisse für medizinische Zwecke sowie Präparate für die Gesundheitspflege; Babykost, Pflaster, Verbandmaterial", BIOLECTRA eingetragen ua für „Arzneimittel und Verbandstoffe für Menschen und Tiere".
144 BPatG 25 W(pat) 81/06, Beck 2008, 26066; ROXIMYCINE eingetragen für " Pharmazeutische und veterinärmedizinische Erzeugnisse sowie Präparate für die Gesundheitspflege, nämlich Arzneimittel mit dem Wirkstoff Roxithromycin, ROVAMYCINE eingetragen für „Tous produits pharmaceutiques spéciaux ou non, désinfectants, produits vétérinaires".
145 BGH GRUR GRUR 2006, 937; ICHTHYOL eingetragen ua für „Arzneimittel, chemische Erzeugnisse", verwendet für einen Rohstoff als Rezeptursubstanz und eine Salbe als rezeptfrei in Apotheken erhältliches Fertigarzneimittel; ETHYOL eingetragen für „therapeutische, in Verbindung mit Chemo- und Strahlentherapie mittels Injektion zu verabreichende, verschreibungspflichtige Arzneimittel für Krebsbehandlung".
146 ZB: Veränderung von Markenware, die der Endabnehmer für den Eigenbedarf vornimmt, ist markenrechtlich irrelevant, BGH GRUR 1998, 696 – Rolex-Uhr mit Diamanten, mwN.
147 EuGH GRUR 2005, 153 – Anheuser-Busch/Budvar; BGH GRUR 2004, 775, 777 – EURO 2000; GRUR 2005, 162 – SodaStream.
148 EuGH GRUR 2002, 692 Rn 16 f – Hölterhoff; BGH GRUR 2004, 949, 950 – Regiopost/Regional Post.
149 Vgl zB BGH GRUR 2002, 809, 811 – Frühstücks-Drink I; GRUR 2002, 812 f – Frühstücks-Drink II.
150 ZB BGH GRUR 2002, 340, 341 f – Fabergé.

dass beide gedanklich in Verbindung gebracht werden. Die Benutzung eines mit der bekannten Marke identischen oder ähnlichen Zeichens muss ferner die Unterscheidungskraft oder die Wertschätzung der bekannten Marke ausnutzen bzw beinträchtigen.

Dem Markeninhaber stehen bei der Rechtsverletzung die **Ansprüche** auf Unterlassung (§ 14 Abs. 5 MarkenG), auf Löschung der Marke bzw Rücknahme der Anmeldung (§§ 50, 51 f MarkenG), auf Schadensersatz (§ 14 Abs. 7 MarkenG), aus ungerechtfertigter Bereicherung, auf Auskunft, Vorlage und Besichtigung (§§ 19 und 19 a MarkenG), auf Sicherung des Schadensersatzanspruchs (§ 19 b MarkenG), auf Urteilsveröffentlichung (§ 19 c MarkenG), auf Vernichtung (§ 18 MarkenG) und ausnahmsweise auf Übertragung (§ 17 MarkenG) zu. Weitere Instrumente sind die in den §§ 143 ff MarkenG geregelten strafrechtlichen Bestimmungen und die Vorschriften der §§ 146 ff MarkenG bzw die in der Verordnung (EG) Nr. 1383/2003 vom 22.7.2003 zur Grenzbeschlagnahme.

X. Schranken des Schutzes

1. Verjährung, Verwirkung

Markenrechtliche Ansprüche verjähren gem. § 20 MarkenG, § 195 BGB regelmäßig nach drei Jahren. Nach § 21 MarkenG kann Verwirkung eintreten, wenn der Inhaber einer älteren Marke die Benutzung der prioritätsjüngeren Marke fünf Jahre lang geduldet hat und hiervon positive Kenntnis gehabt hat. Der Inhaber der prioritätsjüngeren Marke darf die Anmeldung seiner jüngeren Marke jedoch nicht bösgläubig vorgenommen haben.

2. Erschöpfung der Markenrechte

a) Grundsätze

Eine wichtige Schranke ist der in § 24 MarkenG geregelte **Erschöpfungsgrundsatz**. Gemeint ist die Begrenzung der Verbotsrechte des Markeninhabers hinsichtlich der Waren, die von ihm selbst oder mit seiner Zustimmung in den Verkehr gebracht worden sind. Dem Markeninhaber obliegt die Entscheidung über den Zeitpunkt und die Art und Weise des ersten Inverkehrbringens. Die markenrechtliche Kontrolle des weiteren Vertriebsweges ist ihm hingegen im Interesse des Wirtschaftsverkehrs an der Weiterveräußerung der Ware über mehrere Handelsstufen untersagt.[151]

Voraussetzungen der Erschöpfung sind ein erstmaliges Inverkehrbringen der Ware des Markeninhabers durch diesen selbst oder mit seiner Zustimmung im Gebiet des EWR. Der Markeninhaber muss dabei die tatsächliche Verfügungsgewalt über die mit der Marke versehene Ware im EWR willentlich an einen Dritten verloren haben.[152] Die Ware muss ferner in einem EWR-Mitgliedstaat erstmalig in den Verkehr gebracht worden sein. § 24 MarkenG greift also nicht ein, wenn zB ein deutscher Markeninhaber Ware in der Ukraine vertreibt und diese durch Dritte ohne Genehmigung des Markeninhabers nach Deutschland eingeführt wird. Der Markeninhaber muss die Zustimmung zum Inverkehrbringen ausdrücklich erteilt haben. Die Beweislast liegt beim Beklagten, da es sich insoweit um Einwendungen gegen die Ansprüche des Markeninhabers handelt.[153] Die **Erschöpfung umfasst alle dem Markeninhaber vorbehaltenen Rechte.**[154]

Ausnahmen von der Erschöpfung sind die neben den in § 24 Abs. 2 MarkenG genannten Gründen der Veränderung und Verschlechterung der Waren die der Imageschädigung, der

---

151 Vgl zB EuGH GRUR 1998, 919, Rn 17 ff – Silhouette.
152 Kein Inverkehrbringen bei Konzernunternehmen unter einer einheitlichen Leitung iSv § 18 AktG, vgl zB OLG Köln 346, 347 – Davidoff Cool Water.
153 EuGH GRUR Int. 2002, 147 Rn 54 – Davidoff; GRUR 2003, 512 Rn 35 f – stüssy.
154 Insb. die oben am Ende von Rn 68 aufgeführten Ansprüche.

irreführenden Darstellung der Beziehung zwischen Werbenden und Markeninhaber sowie die Irreführung über die in der Ware enthaltenen Inhaltsstoffe.[155]

b) Erschöpfungsgrundsatz und Parallelimport von Arzneimittel
aa) Hintergrund

72 Große Bedeutung hat die Erschöpfung der Markenrechte bei der Änderung von Verpackungen von Arzneimitteln im Rahmen von Parallelimporten.[156] Hintergrund des Parallelhandels ist einerseits das Zusammenspiel zwischen uneinheitlichen Arzneimittelpreisen innerhalb der einzelnen EU-Mitgliedstaaten und der in den Artt. 34 und 36 AEUV (ehemals Artt. 28 und 30 EGV) geregelten Warenverkehrsfreiheit sowie andererseits die auf Krankenversicherungsvorschriften und festen ärztlichen Verschreibungsgewohnheiten beruhenden unterschiedlichen Packungsgrößen und Darreichungsformen.[157] Hinzu kommen unterschiedliche Anforderungen an die Beipackzettel, die in die Sprache des Importlands übersetzt werden müssen. Darüber hinaus kommt es vor, dass Arzneimittelhersteller ihre Produkte nicht in allen Mitgliedstaaten unter der gleichen Marke vermarkten können, da ältere entgegenstehende Markenrechte Dritter oder die Vorgaben der nationalen Gesundheitsbehörden die Wahl einer anderen Marke erfordern.

bb) Der Begriff des Umverpackens

73 Der **Begriff des Umverpackens** ist umfassend zu verstehen und erfasst alle Änderungen des Inhalts und des Aussehens einer äußeren Originalpackung. Allgemein unterscheidet man zwischen dem **Re-Labelling** (dh dem Anbringen von neuen Etiketten und Aufklebern auf der eingeführten Originalpackung), dem **Re-boxing** (dh dem Umfüllen der inneren Verpackung in eine neue einschließlich der Bündelung von Packungen kleiner Mengen in größere durch den Importeur), dem **Re-Branding**, (dh dem Austausch der Originalmarke durch die im Importland gebräuchliche Marke) und dem **Co-Branding** (dh dem Versehen des eingeführten Originalprodukts mit zusätzlichen Ausstattungsmerkmalen mit teilweisen rein dekorativem Charakter).[158]

cc) Anforderungen an das Umverpacken

74 Die aus dem Umverpacken resultierenden Veränderungen der Produktverpackungen stellen nach ständiger Rechtsprechung[159] eine Markenverletzung und damit einen berechtigten Grund iSv Art. 7 Abs. 2 MRRL bzw § 24 Abs. 2 MarkenG dar. Da angesichts des grenzüberschreitenden Charakters von Parallelimporten die Wertungen des Art. 36 S. 2 AEUV (ehemals Art. 30 S. 2 EGV) zur **innergemeinschaftlichen Warenverkehrsfreiheit** zu berücksichtigen sind, scheidet eine Berufung auf einen berechtigten Grund aus, wenn die durch den EuGH entwickelten folgenden Voraussetzungen kumulativ erfüllt sind:

1. Es muss zum einen nachgewiesen werden, dass die Geltendmachung der Markenrechte objektiv zu einer künstlichen Abschottung der Märkte führt und ein **Umverpacken im Zeitpunkt des Vertriebs objektiv notwendig** macht, um das Produkt im Einfuhrmit-

---

155 Zu den Einzelheiten vgl zB Hildebrand, Marken und andere Kennzeichen, § 16 Rn 18 ff, Ströbele/Hacker, § 24 MarkenG Rn 48 ff.
156 Zu den rechtlichen Rahmenbedingungen in der Schweiz s. Kohler/Glatthaar in PharmR 2008, 189.
157 Umfassend zur Kritik aus wirtschaftlicher Sicht Douglas, Die markenrechtliche Erschöpfung, Rn 171 ff, 290 ff.
158 Ausführlich mit Beispielen und Rspr.: Römhild, MarkenR 2002, 105 ff.
159 Siehe in der umfangreichen Rspr. zB EuGH GRUR Int. 1978, 291 Rn 7 ff – Hoffmann-La Roche/Centrafarm; GRUR Int. 1996, 1144 – Bristol-Myers Squibb; GRUR Int. 2000, 159 – Pharmacia; MarkenR 2002, 162 – Merck Sharp & Dome; GRUR Int. 2002, 739 – Boehringer Ingelheim.

gliedstaat verkehrsfähig zu machen. Nicht ausreichend sind evtl wirtschaftliche Vorteile zugunsten des Parallelimporteurs durch Anlehnung an die vom Markeninhaber im Einfuhrstaat verwendete Packungsgestaltung.

2. Der Parallelimporteur hat den Eingriff in das Markenrecht so gering wie möglich zu halten und sich des mildesten Mittels bedienen, um die Verpackung verkehrsfähig zu machen.[160] **Mildere Maßnahmen** als das Umverpacken sind zB das Aufbringen von Etiketten, das Auf- oder Abstocken des Inhalts, der Ausgleich eines Leerraums in der Packung durch einen Füllkörper, die Beilegung eines neuen Beipack- und Informationszettels oder die Bildung von Bündelpackungen. Besteht hingegen bei einem nicht unerheblichen Teil der Verbraucher Widerstand gegen mit Etiketten überklebte Arzneimittel- oder Bündelpackungen, die sich auch auf die Verschreibungspraxis von Ärzten und Apothekern auswirkt, so kann dies einen Rechtfertigungsgrund für das Umverpacken darstellen. Betrachtet man jedoch die steigenden Umsätze der Parallelhändler, so dürfte dieser Nachweis den Importeuren in Deutschland kaum gelingen, da sich die Verbraucher inzwischen an die veränderten Originalpackungen gewöhnt haben.[161] Darf der Parallelimporteur eine Neuverpackung vornehmen, so darf er nicht nur die wörtliche Markenbezeichnung, sondern auch die markenrechtlich als Benutzungsmarke geschützte Warenausstattung des Ausfuhrstaates, hinsichtlich deren ebenfalls Erschöpfung eingetreten ist, auf der neuen Verpackung verwenden, da das Fehlen einer verkehrsbekannten Ausstattung Vorbehalte bei den Abnehmern hinsichtlich der Echtheit des Produkts auslösen und so den Parallelimport unzumutbar behindern kann.[162] **Gegenstand der Erschöpfung** ist jeweils die komplette originale Wareneinheit. Ist also Umverpacken erforderlich, gilt dies für den gesamten Packungsinhalt.[163]

3. Der **Originalzustand der Ware** darf weder mittelbar noch unmittelbar beeinträchtigt werden. Keine unmittelbare Beeinträchtigung liegt vor, wenn Blisterstreifen, Flaschen, Ampullen oder Inhalatoren in eine neue äußere Verpackung umverpackt werden oder auf diesen Aufkleber angebracht werden. Eine mittelbaren Beeinträchtigung liegt vor, wenn die äußere oder innere Verpackung der umgepackten Ware oder ein neu eingelegter Beipackzettel bestimmte Angaben nicht oder in unzutreffender Weise enthält oder wenn ein vom Importeur in die Verpackung eingelegter zusätzlicher Artikel, der zur Einnahme und zur Dosierung des Arzneimittels dient, nicht der Gebrauchsanweisung und den Dosierungsempfehlungen des Herstellers entspricht.

4. Auf der Verpackung muss **deutlich lesbar** angegeben werden, **von wem das Arzneimittel umverpackt wurde und wer der Hersteller ist**.

5. Das umgepackte Arzneimittel darf nicht so aufgemacht werden, dass dadurch der **Ruf der Marke und ihres Inhabers geschädigt** werden kann. Als Beispiele hierfür werden in der Rechtsprechung[164] schadhafte oder unordentliche Verpackungen oder solche von schlechter Qualität genannt. Sie darf auch nicht so beschaffen sein, dass sie den **Wert der Marke** dadurch **beeinträchtigt**, dass sie das mit einer solchen Ware verbundene Image der Zuverlässigkeit und Qualität sowie das Vertrauen schädigt, das sie bei den

---

160 EuGH GRUR Int. 1998, 145 Rn 46 – Loendersloot/Ballantine.
161 Douglas, Die markenrechtliche Erschöpfung, Rn 953.
162 BGH GRUR 2002, 1063, 1066 – Aspirin; kritisch: Douglas, Die markenrechtliche Erschöpfung, Rn 523, Römhild, MarkenR 2002, 111.
163 BGH MarkenR 2007, 487 Rn 26 f. – STILNOX, krit. mit überzeugenden Argumenten: Wolpert, WRP 2008, 453, 459 unter Verweis auf BGH MarkenR 2002, 406, 410 – ASPIRIN I, wonach die Originalschachtel des Markeninhabers so weit wie möglich weiterzuverwenden ist, da bei der Verwendung des Originalkartons die Herkunftsgarantie der Marke am weitesten gewährleistet ist.
164 EuGH GRUR Int. 1996, 1144 Nr. 79 – Bristol-Myers Squibb.

betroffenen Verkehrskreisen wecken kann.¹⁶⁵ Eine Beeinträchtigung der Marke und damit ein berechtigter Grund iSv § 24 Abs. 2 MarkenG liegt im Einzelfall ferner vor, wenn der Parallelimporteur die Marke nicht auf dem neuen äußeren Karton anbringt (sog. **de-branding**), entweder ein (auf der Originalpackung nicht vorhandenes) eigenes Logo oder Firmenkennzeichen, eine Firmenaufmachung oder eine für eine Reihe verschiedener Waren verwendete eigene Aufmachung (zB Streifen) für den äußeren Karton verwendet (sog. **co-branding**) oder wenn er entweder einen zusätzlichen Aufkleber so anbringt, dass die Marke des Inhabers ganz oder teilweise überklebt wird bzw. auf den zusätzlichen Aufkleber nicht den Inhaber der Marke angibt oder den Namen des Parallelimporteurs in Großbuchstaben schreibt.¹⁶⁶ Dies ist zB der Fall, wenn der Parallelimporteur nicht die Produktgestaltung des Ausfuhrstaates verwendet, sondern sich an den davon unterschiedlichen Produktauftritt des Importstaates anlehnt. Auch dies kann dem Markeninhaber zugerechnet werden, der so als ein Unternehmen erscheint, das selbst innerhalb eines Landes kein einheitliches Packungsdesign zustande bringen kann.¹⁶⁷ Nach der BGH-Rechtsprechung sind die berechtigten Interessen des Markeninhabers jedoch bereits dadurch gewahrt, dass der Parallelimporteur deutlich auf der Umverpackung aufdrucken muss, dass die Ware von ihm umverpackt und vertrieben wird.¹⁶⁸ Daher kann der Parallelimporteur nach der BGH-Rechtsprechung auch die Verpackung des Markeninhabers mit allen markenrechtlich geschützten Ausstattungsmerkmalen nachbilden¹⁶⁹ und neben den notwendigen Angaben zum Parallelimport auch sein eigenes Logo an prominenter Stelle anbringen¹⁷⁰.

6. **Der Importeur muss den Markeninhaber vorab vom Feilhalten des umgepackten Arzneimittels unterrichten** und ihm **auf Verlangen ein Muster der umgepackten Ware liefern**. Diese Regelung gilt ausnahmslos. Die Lieferung des Musters erfolgt kostenlos, sonst tritt keine Erschöpfung ein. Die Frist zwischen Information und Inverkehrbringen ist einzelfallabhängig. Sie muss dem Markeninhaber die Möglichkeit zur Reaktion noch vor dem Inverkehrbringen ermöglichen¹⁷¹. Ein Schweigen des Markeninhabers, insb. das Ausbleiben einer Beanstandung auf die Vertriebsanzeige bedeutet keine Zustimmung. Nach der Rechtsprechung des BGH begründet die Unterrichtungspflicht des Markeninhabers durch den Importeur ein den Grundsätzen von Treu und Glauben unterliegendes gesetzliches Schuldverhältnis gem. § 242 BGB.¹⁷²

dd) Markenersetzung

75 Nach der Rechtsprechung des EuGH¹⁷³ finden die Grundsätze der Umpack-Rechtsprechung auf **jede Veränderung des Originalzustands der Packung** Anwendung. Damit gelten sie auch, wenn der Parallelimporteur die im Ausfuhrland verwendete Marke mit der im Einfuhrstaat

---

165 EuGH MarkenR 2009, 59 Rn 30 – Wellcome/Paranova; MarkenR 2007, 254 Rn 42 f – Boehringer/Swingward.
166 EuGH MarkenR 2007, 254 Rn 42-45 – Boehringer/Swingward.
167 AA BGH MarkenR 2007, 487, 490 – Stilnox, zu Recht krit. Wolpert WRP 2008, 453, 459.
168 BGH MarkenR 2007, 487 Rn 31 ff – Stilnox; im Erg. auch BGH MarkenR 2008, 16 Rn 33 f. - Cordarone.
169 BGH MarkenR 2008, 321 Rn 17 ff – Micardis, krit. Mehler, MarkenR 2009, 281, 287.
170 BGH MarkenR 2008, 503 Rn 18 f – Lefax/Lefaxin, krit. Mehler, MarkenR 2009, 281, 287; Römhild, GRUR 2008, 1091 f.
171 Als grobe Richtschnur gilt eine Frist von 15 Arbeitstagen.
172 BGH MarkenR 2007, 491, 494 – Aspirin II; ebenso: BGH MarkenR 2008, 203 Rn 24 f – Acerbon; aA Mehler, MarkenR 2009, 281, 285 wg. Unvereinbarkeit mit EuGH MarkenR 2009, 59 Rn 32 f, wonach der Parallelimporteur die Beweislast für eine künstliche Marktabschottung trägt; nach Wolpert, WRP 2008, 453, 463 und Hacker in: Ströbele/Hacker § 24 MarkenG Rn 94 ist ein schutzwürdiger Besitzstand des Parallelimporteurs nach den allgemeinen Verwirkungsregeln (§ 21 MarkenG) zu beurteilen.
173 MarkenR 1999, 391 Rn 31 - Pharmacia/Upjohn.

verwendeten (unterschiedlichen) Marke überklebt. Ist der Parallelimporteur nicht zwingend an der Verwendung der Marke des Ausfuhrstaates gehindert, ist davon auszugehen, dass er die Inlandsmarke nur zu seinem wirtschaftlichen Vorteil einsetzen möchte. Die damit verbundenen Hindernisse der gewerblichen Tätigkeit sind dem Importeur zuzumuten, da das erstmalige Anbringen einer fremden Marke auf der Ware noch viel schwerer in die Rechte des Markeninhabers eingreift, als das erneute Anbringen der Marke nach dem Umverpacken.[174] Nach der Rechtsprechung des BGH[175] kann ein Parallelimporteur jedoch die vom Markeninhaber im Ausfuhrstaat verwendete Marke CORDARONE im Inland als eigene Marke eintragen lassen[176], wenn der Markeninhaber dort keine Rechte an der Marke CORDARONE hat und das identische Produkt vom Markeninhaber im Inland unter der Marke CORDAREX vertrieben wird. Muss der Parallelimporteur umpacken, kann er die ausländische Marke CORDARONE des Markeninhabers durch seine Inlandsmarke CORDARONE ersetzen solange er seiner vom EuGH geforderten Informationspflicht nachkommt.[177]

Eine **objektive Zwangslage** liegt bei öffentlich-rechtlichen Vorschriften zB des Arzneimittelrechts oder dann vor, wenn der Marke des Ausfuhrstaates ein älteres, im Sinne von § 14 Abs. 2 Nr. 2 MarkenG verwechslungsfähiges Zeichen entgegensteht.[178] Keine Zwangslage liegt jedoch vor, wenn der Parallelimporteur selbst oder über einen Strohmann die im Inland nicht benutzten Auslandsmarken des Herstellers im Inland für sich eintragen lässt und der Strohmann dann den Parallelimporteur zur Entfernung der erschöpften Ausweichmarke auf den parallelimportierten Waren zwingt.[179] Keinen Einfluss auf die Wahl der Marke haben arzneimittelrechtlichen Zulassungsfragen, da Importarzneimittel entweder keine eigene Zulassung bzw lediglich eine Änderungsanzeige benötigen oder nur ein vereinfachtes Zulassungsverfahren durchlaufen müssen.[180] Nach der Rechtsprechung des BGH[181] kann der Parallelimporteur ein Präparat, das im EWR-Ausland mit einer Dosieranleitung unter der erschöpften Marke KLACID vertrieben wird, umpacken und im Inland durch die Marke KLACID PRO ersetzen, auch wenn der Markeninhaber im Inland das wirkstoffidentische Produkt auf Basis unterschiedlicher Arzneimittelzulassungen mit zwei Dosieranweisungen unter verschiedenen Bezeichnungen (KLACID und KLACID-PRO) vertreibt. Nach Ansicht des BGH rechtfertigt der Ausschluß von dem KLACID-PRO-Teilmarkt die Annahme einer künstlichen Marktabschottung, ohne dass es auf die Möglichkeit ankommt, „KLACID" aus dem Ausfuhrstaat im Inland unter KLACID vertreiben zu können.[182]

---

174 OLG Hamburg PharmR 2003, 323, 329 – Treloc; OLG Frankfurt/M. GRUR 2001, 246 f – Markenersetzung I.
175 BGH MarkenR 2008, 16 Rn 20 ff – CORDARONE.
176 Zu den Umständen der im Ergebnis bösgläubigen Anmeldung der Marke CORDARONE durch eine Markenagentur s. BGH PharmR 2009, 469, 472 f.
177 Hierzu krit. Mehler, MarkenR 2009, 281, 286 und Wolpert, WRP 2008, 453, 460, wonach die Gefahr der Irreführung deshalb besteht, weil auf den Blistern weiterhin die (identische) Marke des Parallelimporteurs aufgedruckt ist. Selbst wenn der Verkehr dies erkennen könnte, würde der Eindruck einer in Wahrheit nicht vorhandenen Geschäftsbeziehung zwischen Markeninhaber und Parallelimporteur hervorgerufen. Da der Parallelimporteur die Marke des Markeninhabers aus dem Ausfuhrstaat auf der Umverpackung ohne Weiteres hätte belassen können, wird angenommen, dass das Anbringen der identischen eigenen Marke als Produktmarke auf dem Produkt eines anderen Herstellers nur dazu diente, die Vorgaben des EuGH zu umgehen.
178 BGH MarkenR 2002, 342, 346 – Zantac/Zantic; krit. Douglas, Die markenrechtliche Erschöpfung, Rn 667 ff und 706 ff; Römhild, MarkenR 2002, 105, 110.
179 OLG Frankfurt/M. MarkenR 2005, 157, 160 – Depro-Provera.
180 BGH GRUR 2008, 1089 Rn 33 – KLACID PRO; MarkenR 2005, 50, 52 – Topinasal.
181 BGH GRUR 2008, 1089 Rn 33 – KLACID PRO.
182 Krit. Römhild, GRUR 2008, 1091 f, wegen fehlender Auseinandersetzung mit EuGH GRUR Int. 2000, 159 Rn 144 – Upjohn/Paranova, wonach die Umkennzeichnung aus wirtschaftlichen Gründen (keine Zwangslage!) nicht erlaubt ist; ebenso Mehler, MarkenR 2009, 281, 287 f.

Schalk

Der gegenüber Parallelimporteuren liberalen Rechtsprechung ist entgegenzuhalten, dass die Regeln zum Parallelimport nur der Sicherstellung des freien Warenverkehrs im europäischen Binnenmarkt dienen. Eigene Marken oder Warenausstattungen des Parallelimporteurs betreffen hingegen nicht den Marktzugang an sich, sondern dienen ausschließlich den wirtschaftlichen Interessen des Parallelimporteurs. Gerade dies muss der Markeninhaber nach der Rechtsprechung des EuGH[183] nicht hinnehmen. Außerdem widerspricht es dem Sinn und Zweck des Markenrechts als kommerzielles Eigentum, wenn der vom Markeninhaber erarbeitete Ruf und die Kreditwürdigkeit der Marke von anderen zu deren Vorteil ausgenutzt wird. Die vom EuGH in seiner Entscheidung „Hoffmann-LaRoche/Centrafarm"[184] skizzierten Balance zwischen Warenverkehrsfreiheit und gewerblichem Eigentum scheint im Bereich der parallel importierten Arzneimittel nicht mehr zu bestehen.[185]

XI. Lizenzverträge

76 § 30 MarkenG enthält gesetzliche Bestimmungen zur Markenlizenz, ohne diese Materie umfassend zu regeln. Die Markenlizenz stellt die Einräumung von Nutzungsrechten auf Zeit dar. Von der Rechtsnatur her ein Vertrag eigner Art[186] ist der Markenlizenzvertrag ein Dauerschuldverhältnis auf den die allgemeinen Regeln des BGB entsprechend anwendbar sind. Der Grundfall der Lizenzvergabe ist die **einfache Lizenz**. Der Lizenzgeber kann die Lizenz an beliebig viele Lizenznehmer erteilen und die Marke weiter selber nutzen. Erteilt er an einen Lizenznehmer eine **ausschließliche bzw exklusive Lizenz**, kann er keine Lizenzen an Dritte verleihen und die Marke auch nicht mehr selber nutzen. Die Lizenz kann auf einzelne Waren oder Dienstleistungen beschränkt werden, für die die Marke Schutz genießt. Inhaltlich kann die Lizenz als Herstellungslizenz zur Entwicklung bzw Fertigung von Produkten unter der lizenzierten Marke oder als Vertriebslizenz zum Absatz bestimmter Produkte und Dienstleistungen ausgestaltet werden. Auch eine sog. vollstufige Lizenz ist möglich, die sowohl Entwicklung, Produktion als auch Vertrieb von Waren und Dienstleistungen unter einer bestimmten Marke ermöglicht. Der **Umfang der Lizenz kann frei vereinbart werden**. Hierzu zählt insb. das Recht des Lizenznehmers zur vollständigen Übertragung auf Dritte bzw der Erteilung von Unterlizenzen im Rahmen der erteilten Lizenz, das Vertragsgebiet, Laufzeit und Kündigungsrechte. Sofern keine kartellrechtlichen Bestimmungen entgegenstehen, können alle Modalitäten der Nutzung der Marke frei vereinbart werden. Pflichten des Lizenznehmers sind u.a. die Zahlung einer Lizenzgebühr, die Benutzung der Marke, die Verpflichtung, den Bestand der Lizenzmarke nicht anzugreifen (Nichtangriffsklausel), zur Rechnungslegung und Einhaltung von Qualitätsvorgaben. Pflichten des Lizenzgebers sind u.a. Gestattung der Benutzung des Markenrechts im Rahmen des Lizenzvertrages und die Aufrechterhaltung (Erneuerung) und Verteidigung des Markenrechts. Weitere Pflichten sind vertraglich frei zu vereinbaren.[187] Zur Bedeutung von Lizenzverträgen für die rechtserhaltende Benutzung von Marken vgl oben Rn 54.

XII. International Nonproprietary Names (INNs)

77 Die Abkürzung „INN" steht für International Nonproprietary Names (auch „generic name" genannt). Bei INNs handelt es sich um weltweit gültige Bezeichnungen für pharma-

---

183 EuGH GRUR Int. 2002, 745 Rn 27 – Merck/Paranova; GRUR Int. 2000, 159 Rn 44 – Upjohn/Paranova.
184 EUGH GRUR Int. 1978, 291 Rn 7 ff. – Hoffmann-La Roche/Centrafarm.
185 So die hM in der Lit., s. Böttcher GRUR Int. 2009, 646, 649; Mehler, MarkenR 2009, 281, 285, 288; Römhild, GRUR 2008, 1091 f; Ströbele/Hacker, § 24 MarkenG Rn 91; Wolpert, WRP 2008, 453, 460.
186 Ingerl/Rohnke, § 30 MarkenG Rn 27.
187 Ausführlich u.a. bei Schmoll in: Büscher/Dittmer/Schiwy, Kap. 12; Gehring in: Stöckel/Lüken, S. 386 ff; Ingerl/Rohnke, § 36 MarkenG; Fammler, Der Lizenzvertrag.

zeutische Substanzen bzw Wirkstoffe. Sie ermöglichen eine **weltweite Kommunikation** zwischen Ärzten, Apothekern und weiterem medizinischem Personal und leisten somit einen wichtigen Beitrag zur sicheren und adäquaten medizinischen Behandlung von Patienten. Ferner dienen INNs dem internationalen wissenschaftlichem Austausch über pharmazeutische Forschungsprojekte, die sich in frühen Entwicklungsstadien befinden. An INNs kann daher kein Markenschutz erworben werden. Nationale und zwischenstaatliche Rechtsordnungen sehen die Verwendung von INNs u.a. in Arzneimittelverzeichnissen (zB Rote Liste, Orange Book), in Werbematerial, auf Verpackungen und in den Beipackzetteln vor. Das INN-System wurde 1950 eingeführt und wird von der Weltgesundheitsorganisation (WHO) verwaltet. Die in einigen Ländern noch vorhandenen nationalen Wirkstoffnamen[188] entsprechen weitgehend den INNs.

INNs werden für eindeutig durch eine chemische Formel bzw durch chemische Namen identifizierbare Substanzen erteilt. Keine INNs werden somit für Kombinationen von chemischen Substanzen sowie für Substanzen auf Kräuterbasis und für homöopathische Produkte erteilt.

Anträge auf Erteilung von INNs sind bei der **WHO** einzureichen. Es können bis zu vier Namensvorschläge eingereicht werden. Die Verfahrensdauer bis zum Abschluss der Einspruchsfrist beträgt ca. 14 Monate. Neben der Anhörung eines WHO Expertengremiums sind die internen Prüfungen auf Vereinbarkeit mit den WHO-Richtlinien Basis für die Auswahl eines geeigneten INNs. Ferner darf keine Verwechslungsgefahr mit bereits existierenden INNs und Marken bestehen. Der von der WHO ausgewählte INN (sog. vorgeschlagener INN) wird anschließend von der WHO in der Publikation „WHO Drug Information" veröffentlicht. Innerhalb von vier Monaten nach Veröffentlichung können **Einsprüche** gegen einen vorgeschlagenen INN geltend gemacht werden. So können Markeninhaber Einsprüche einlegen, wenn nach ihrer Ansicht Verwechslungsgefahr mit einer ihrer Marken besteht. In diesem Fall wird die WHO zunächst eine Einigung auf dem Verhandlungsweg versuchen. Ggf. wird die WHO den INN leicht abwandeln oder einen neuen INN vorschlagen.[189] Im Gegensatz zum Markeneintragungsverfahren gibt es bei Einsprüchen gegen INNs keine Verfahren zur Überprüfung und ggf Aufhebung der Entscheidung der WHO bei der Auswahl von INNs. Die praktische Bedeutung von Einsprüchen ist gering. Die Gründe liegen in der Befürchtung der Markeninhaber, dass eine für ein bestimmtes Entwicklungsprojekt vorgesehene Marke später durch die Gesundheitsbehörden im Rahmen des Zulassungsverfahrens wegen Verwechslungsgefahr mit einem inzwischen ausgewählten INN abgelehnt werden kann. Gleichwohl sollten Markeninhaber die Entscheidung über die Einlegung eines Einspruchs gegen veröffentlichte INNs mit Augenmaß treffen.

XIII. Gesundheitsbehördliche Anforderungen an Marken

Die **Verwechslung von Medikamentennamen** durch Ärzte, Apotheker sowie medizinisches Personal in Krankenhäusern stellt eine Gefahr für die Gesundheit der betroffenen Patienten

---

[188] ZB British Approved Names (BAN), Dénomiation Communes Francaises (DCF), Japanese Adopted Names (JAN), United States Adopted Names (USAN).
[189] Ausführliche Informationen zu INNs finden sich auf der Webseite der Weltgesundheitsorganisation WHO unter <http://www.who.int/medicines/services/inn/innguidance/en/index.html>, <http://www.who.int/medicines/services/inn/GeneralprinciplesEn.pdf> sowie unter <http://whqlibdoc.who.int/hq/2004/WHO_EDM_QSM_2004.5.pdf>.

dar.[190] Ursachen sind u.a. klanglich und vom Schriftbild her ähnliche Arzneimittelmarken (**sound alike / look alike**), deren Verwechslung begünstigt wird durch (immer noch vorhandene und zT schwer entzifferbare) handschriftliche ärztliche Rezepte, missverstandene telefonische Order von Ärzten an Apotheker, durch Arbeitsüberlastung hervorgerufene Unachtsamkeit seitens des medizinischen Personals sowie durch falsche Übertragungen von therapierelevanten Informationen in Computer bzw Datenbanken.[191]

Im Rahmen ihrer Prüfungen von Zulassungsanträgen für Arzneimittel prüfen Gesundheitsbehörden die für die jeweiligen Produkte vorgesehenen Marken darauf, ob diese eine Gefahr für die Arzneimittelsicherheit darstellen können. Nach den **Empfehlungen des Bundesgesundheitsamts und des Paul-Ehrlich-Instituts von 1991** soll sich die Bezeichnung eines Arzneimittels deutlich von denjenigen eines anderen unterscheiden. Diese Unterschiede sollen umso deutlicher sein, je größer die Unterschiede der einzelnen Arzneimittel und je höher das Anwendungsrisiko eines Arzneimittels bei Gefahr der Verwechslung mit einem andersartigen Arzneimittel ist. Ferner darf die Arzneimittelmarke keine unzutreffenden Vorstellungen über die Qualität, therapeutische Wirksamkeit, Unbedenklichkeit oder sonstige erhebliche Merkmale des betreffenden Präparats wie Zusammensetzung oder Anwendungsart auslösen. Zu vermeiden sind ferner sprachliche Anklänge an ähnliche Worte mit Begriffsinhalten, die im Hinblick auf das konkrete Arzneimittel unzutreffend sind und so falsche Assoziationen bei Laien oder Fachkreise begünstigen können[192].

Bei pharmazeutischen Produkten, auf die das EMEA Zulassungsverfahren Anwendung findet, gelten für Marke die in der EMEA-Richtlinie für die Zulässigkeit von Marken für Humanarzneimittel[193] (im Folgenden: EMEA-Richtlinie) festgelegten Voraussetzungen.

1. Beispiel: EMEA-Verfahren

80 Gemäß Art. 2.1.1 EMEA-Richtlinie darf keine Verwechslungsgefahr zwischen der für das neue Produkt vorgesehenen Marke (im Sprachgebrauch der Richtlinie „invented name") und Marken anderer Arzneimittel bestehen. Die Verwechslungsgefahr darf weder im Hinblick auf das gedruckte noch auf das handschriftliche Erscheinungsbild der Marke bestehen. Gleiches gilt in klanglicher Hinsicht. Kriterien sind u.a. die Indikation, die Patientenpopulation, die Zusammensetzung des Produkts bzw dessen Wirkstoffstärke, die Darreichungsform, das (Nicht)Bestehen von Verschreibungspflicht, mögliche weitere, neue Darreichungsformen und das Verletzungspotenzial im Falle von Produktverwechslungen. Der Beurteilungsmaßstab für die Verwechslungsgefahr durch die EMEA und andere Gesundheitsbehörden ist daher ein anderer als bei den Markenämtern und Gerichten. Es wird geprüft, ob die eingereichte Marke ein **Verwechslungspotenzial** bezüglich solcher Marken besitzt, die für die Kennzeichnung in der EU zugelassener Arzneimittel verwendet werden und inwieweit eine Verwechslung mit anderen Produkten zu Gesundheitsschäden bei den betroffenen Patienten führen kann. Nach den Erfahrungen des Verfassers ist es nicht erforderlich, dass die

---

190 Beispiele: SARAFEM® (prämenstruelle Probleme) und SEROPHENE® (Unfruchtbarkeit), PRIMAXIN® (Antibiotikum) und PRIMCAOR® (Bluthochdruck), REMINYL® (Alzheimer) und AMARYL® (Diabetes Mellitus); <www.fda.gov/Safety/MedWatch/SafetyInformation/SafetyAlertsforHumanMedicalProducts/UCM165270.pdf>; s. auch Financial Times Deutschland v. 16.1.2004; Lambert et al. in Drug Safety 2005, 495–512; weitere Informationen und viele Beispiele unter <http://www.ismp.org>.
191 Informationen zur Erhebung der EMEA zu diesem Thema unter <http://www.emea.europa.eu/meetings/conferences/24feb09.htm>.
192 Vgl „Bekanntmachung über Hinweise und Empfehlungen zur Vermeidung von irreführenden Arzneimittelbezeichnungen" des Bundesgesundheitsamt und Paul-Ehrlich Institut Bundesamt für Sera und Impfstoffe vom 9./22.08.1991, BAnz Nr. 185 (1991), 6971.
193 EMEA Guideline on the acceptability of names for human medicinal products processed through the centralised procedure v. 11.12.2007, abrufbar unter <http://www.emea.europa.eu/pdfs/human/regaffair/032898en.pdf>.

anderen Produkte tatsächlich schon auf dem Markt sind. In Einzelfällen wurden Marken aus einem genehmigten Zulassungsantrag entgegengehalten. Das Produkt war jedoch nicht im Handel.

Die Marke eines Arzneimittels darf außerdem keine Wortbestandteile enthalten, die auf eine andere, vom vorliegenden Arzneimittel nicht umfasste therapeutische Wirkung oder pharmakologische Zusammensetzung des Produkts schließen lassen. Darüber hinaus darf gem. Art. 2.2 EMEA-Richtlinie keine Verwechslungsgefahr zwischen der Marke und den INNs bestehen.[194] Nach Art. 2.3.2 EMEA-Richtlinie darf die Marke keine Aussagen im Hinblick auf die therapeutischen bzw pharmazeutischen Eigenschaften des Produkts und dessen Zusammensetzung enthalten. Ebenso darf die Marke gem. Art. 2.3.3 EMEA-Richtlinie keine negative Bedeutung in einer der Amtssprachen der EU haben.

Marken können gem. Art. 2.3.1 EMEA-Richtlinie im Prinzip mit **Zusätzen** (sog. *qualifiers*) oder **Abkürzungen** versehen werden. Bei der Entscheidung über deren Zulässigkeit prüft die EMEA neben möglichen Nutzen und Risiken solcher komplexer Namen, ob die Zusätze zusätzliche Informationen über das Produkt enthalten bzw dem Anwender dabei helfen, dieses Produkt von anderen zu unterscheiden und das richtige Produkt auszuwählen. Der Anmelder muss der EMEA die Gründe für die Verwendung der Zusätze mitteilen. Dies gilt auch für die Verwendung von Zahlen, die nur in bestimmten Fällen, zB bei Impfstoffen, neben Marken verwendet werden sollen.

Art. 4.2 EMEA-Richtlinie regelt das Prüfverfahren für Marken. Bis zu vier Marken können pro Produkt frühestens 18 Monate vor der geplanten Einreichung des Zulassungsantrags bei der EMEA eingereicht werden. Den Marken ist eine möglichst umfassende Beschreibung des Produkts beizufügen.[195] Zuständige Stelle bei der EMEA ist die **NRG** (**Name Review Group**, Teil des „Committee for Human Medicinal Products", CHMP), die sich aus Vertretern der Gesundheitsbehörden der EU Mitgliedstaaten zusammensetzt. Die eingereichten Marken werden bei den nationalen Gesundheitsbehörden auf Verwechslungsgefahr mit anderen für die Vermarktung von Arzneimitteln benutzten Marken geprüft. Die Kriterien unterscheiden sich von Land zu Land und sind oft nicht transparent. Ebenso werden die WHO und die Europäische Kommission zur Stellungnahme eingeladen. Die ermittelten Ergebnisse werden in der NRG diskutiert und die Genehmigung bzw Zurückweisung der eingereichten Marke entschieden. Die **Zurückweisungsrate** lag **2009 bei etwas über 50 %**.[196]

Im Fall der Zurückweisung der Marke kann der Zulassungsinhaber gem. Art. 4.2.5 Nr.1 EMEA-Richtlinie eine andere Marke einreichen oder gem. Art. 4.2.5 Nr. 2 EMEA-Richtlinie seine Gründe mitteilen, warum er die Marke für geeignet hält. In diesem Zusammenhang kann er zur Untermauerung seiner Position zB Ergebnisse aus Studien bzw Marktforschungen vorlegen, die er im Rahmen der Markenentwicklung oder im Hinblick auf die von der EMEA geäußerten Bedenken durchgeführt hat. Markenrechtliche Erwägungen, wie zB dass ein nationales Gericht oder der EuG bzw. EuGH die Verwechslungsgefahr mit der entgegengehaltenen Marke verneint hat, finden keine Berücksichtigung. Mit der Eintragung erwirbt der Inhaber zwar ein Markenrecht. Ob er es jedoch nutzen kann, hängt davon ab, ob Gesundheitsbehörden wie die EMEA die Benutzung der Marke für die Kennzeichnung eines Medikaments gestatten. Die **Prüfungsmaßstäbe von Markenämtern und Gesundheitsbehörden** sind jedoch **unterschiedlich**, was es dem Anmelder fast unmöglich macht, die

---

194 Zu INNs vgl oben Rn 77 ff.
195 Zumindest die in Art. 2.1.1 der Richtlinie aufgeführten Informationen.
196 Im ersten Halbjahr 2009 akzeptierte die NRG in ihren Sitzungen am 27.1.2009, 17.3.2009, 12.5.2009 und 16.7.2009 insgesamt 121 Marken und lehnte 122 ab. Einsprüche gegen vorangegangene Zurückweisungen hatten in 10 von 13 Fällen Erfolg, vgl pharmind 2009, 445, 951, 1158 und 1553.

markenamtliche Eintragung und gesundheitsbehördliche Zulassung seiner Marke vorauszusehen. Eine Harmonisierung der Prüfungsmaßstäbe ist dringend notwendig[197].

In dem Fall, dass die **EMEA mehrere oder alle eingereichten Marken eines Zulassungsinhabers für ein bestimmtes Produkt für zulässig hält**, sollte der EMEA mitgeteilt werden, welche Marken nicht mehr für die Vermarktung des zugelassenen Arzneimittels benötigt werden. Die Genehmigung für die Verwendung von Marken wird immer nur für ein bestimmtes Produkt erteilt. Genehmigte aber nicht benötigte Marken stehen somit nicht ohne weiteres für ein anderes Produkt zur Verfügung, sondern müssen das Prüfungsverfahren neu durchlaufen. Darüber hinaus besteht die Gefahr einer zunehmenden Überfüllung der bei der EMEA vorgehaltenen Datenbank oder Liste über die zugelassenen Marken, die dann allen künftigen Antragstellern einschließlich des Zulassungsinhabers völlig grundlos entgegengehalten werden können.

Produkte, die das zentralisierte Zulassungsverfahren der EMEA durchlaufen, sollen in der gesamten EU unter einer Marke (**single invented name**) vermarktet werden. Abweichungen hiervon sind nur in Ausnahmefällen möglich und müssen schriftlich bei der Europäischen Kommission beantragt werden. Bislang wurden solche Ausnahmen nur dann gewährt, wenn eine Marke in einem EU-Mitgliedstaat wegen älterer Markenrechte Dritter nicht eingetragen werden konnte.

2. Das Verfahren der gegenseitigen Anerkennung (MR-Verfahren)

85 Durchläuft ein Produkt das Verfahren der gegenseitigen Anerkennung (multiple recognition procedure oder MR-Verfahren), wird die Marke durch die zuständigen nationalen Gesundheitsbehörden nach ihren jeweiligen und zT deutlich voneinander abweichenden Richtlinien auf ihre Unbedenklichkeit geprüft.

3. Beispiel USA: FDA-Verfahren

86 Ein mit der EMEA vergleichbares Prüfungsverfahren für Marken sieht die US-Gesundheitsbehörde FDA vor. Die Entscheidungspraxis von EMEA und FDA ist jedoch sehr unterschiedlich.[198] Die Einreichung von Marken (im Sprachgebrauch der FDA: „**proprietary name**") sollte nicht vor dem Ende der klinischen Phase 2 bzw zu Beginn der Phase 3 erfolgen. Darreichungsformen und Dosierungen des Produkts müssen bereits bekannt sein.

Zunächst sollte nur eine Marke eingereicht werden. Eine Ausweichmarke sollte erst auf Verlangen der FDA präsentiert werden. Die in der Richtlinie „Guidance for Industry Contents of a Complete Submission for the Evaluation of Proprietary Names"[199] aufgeführten Informationen sind dem Antrag beizufügen. Im Rahmen ihrer Prüfung wird der **Verschreibungsprozess** des Produkts unter Verwendung der eingereichten Marke **durch die FDA simuliert**. So stellen zB bei der FDA beschäftigte Mediziner handschriftliche Rezepte aus und erteilen telefonische Order, die durch Pharmazeuten auf die Gefahr von Missverständnissen geprüft werden. Ferner wird die eingereichte Marke darauf hin geprüft, ob sie unzulässige Werbeaussagen enthält oder Irreführungen hinsichtlich der Indikation, Wirkungsweise und stofflicher Zusammensetzung enthält.

87 Auf Pharmamarken spezialisierte kommerzielle Agenturen haben dieses Simulationsverfahren nachgebildet und zT. weiter verfeinert. Somit können Firmen ihre Markenkandidaten vor ihrer Einreichung bei der FDA nicht nur auf ihre Akzeptanz im Markt sondern auch auf

---

197 Siehe auch Römhild, Markenartikel 2009, 88, 90.
198 Die Ablehnungsrate von Oktober 2008 bis April 2009 betrug ca. 35 %. Wird eine Marke durch die FDA oder EMEA zugelassen, kann die jeweils andere Behörde die gleiche Marke dennoch ablehnen, da beide Behörden die eingereichten Marken unabhängig voneinander prüfen.
199 <http://www.fda.gov>.

ihre regulatorische Unbedenklichkeit hin überprüfen lassen. Die Ergebnisse einer solchen Studie können (müssen aber nicht) zusammen mit der Marke eingereicht werden. Angesichts exorbitant hoher Schadensersatzforderungen in US-amerikanischer Produkthaftungsverfahren sollte die Einreichung der Studienergebnisse und der sie untermauernden Daten im Einzelfall erwogen werden. Die Ergebnisse dieser Studien können ferner als Argumentationshilfe bei Beanstandungen durch die FDA dienen.

Der **erste Genehmigungsbescheid** ist **nur vorläufig**. Drei Monate vor der endgültigen Zulassungserteilung für das entsprechende Produkt wird die jeweilige Marke im Hinblick auf nach dem ersten Genehmigungsbescheid durch die FDA zugelassene Marken geprüft. Eine ursprünglich genehmigte Marke kann daher kurz vor der endgültigen Zulassungserteilung doch noch zurückgewiesen werden. 88

Mit einem im Oktober 2009 beginnenden zweijährigen **Pilotprojekt**[200] prüft die FDA, ob solche Studien in Zukunft nach noch zu entwickelnden Vorgaben nur noch durch die Industrie durchgeführt werden sollen, die ihre dabei ermittelten Daten bei der FDA zur Prüfung einreicht. Ziel des Pilotprojekts ist die Festlegung von Mindestanforderungen an Prüfverfahren, mit denen risikobehaftete Marken identifiziert und die Arzneimittelsicherheit erhöht werden soll. Teilnehmer an diesem Pilotverfahren führen mit Hilfe von spezialisierten Agenturen die bereits erwähnten umfangreichen Marktforschungen und mit dem FDA –Verfahren vergleichbare Simulationen durch und reichen die dabei ermittelten Daten bei der FDA ein. Die FDA prüft die Marken der Pilotteilnehmer nach dem bisherigen Verfahren und prüft parallel die eingereichten Daten. Im Gegensatz zu den herkömmlichen Prüfungsverfahren sind feste Zeitrahmen vorgesehen, innerhalb deren die FDA den Zulassungsantragstellern ihre Entscheidung mitteilt. Marken von Firmen, die nicht an dem Pilotverfahren teilnehmen, werden auf die herkömmliche Weise durch die FDA geprüft. Insgesamt sollen ca. 50 Marken aus Firmen unterschiedlicher Größe an dem Pilotprojekt teilnehmen. Die Ergebnisse des Pilotprojekts sollen in den Jahren 2011 und 2012 umfangreichen FDA - internen Analysen unterzogen, ein Vorschlag für ein verbindliches Verfahren erarbeitet und im Rahmen öffentlicher Anhörungen in 2012 zur Diskussion gestellt werden. Voraussichtlich im Jahre 2013 soll das neue Prüfverfahren für Marken Verbindlichkeit erlangen. 89

Weitere Länder, in denen Richtlinien zum Thema regulatorische Anforderungen an Marken entweder in Vorbereitung oder bereits in Kraft sind, sind derzeit Argentinien, Ägypten[201], Japan, Kanada[202], Türkei und Südafrika.

C. Patente

I. Patentgesetze und Patentabkommen

Durch die Patentgesetze soll ein Interessensausgleich zwischen Patentanmeldern und der Öffentlichkeit hergestellt werden. Der Anmelder erhält durch die Patentierung ein zeitlich begrenztes Ausschließlichkeitsrecht, durch das er Dritten untersagen kann, seine Erfindung zu nutzen. Im Gegenzug erfährt die Öffentlichkeit durch die im Patentgesetz vorgesehene Veröffentlichung der Patentanmeldung 18 Monate nach der ersten Einreichung der Anmeldung bereits sehr früh von der Erfindung. 90

---

200 Ausführliche Informationen zum „PDUFA Pilot Project Proprietary Name Review" unter <http://www.fda.gov/downloads/AboutFDA/CentersOffices/CDER/ManualofPoliciesProcedures/UCM182730.pdf> mit weiterführenden Links sowie <http://www.fda.gov/downloads/Drugs/Guidance-ComplianceRegulatoryInformation/Guidances/ucm075068.pdf> und Federal Register Vol. 74, Nr. 115 v. 17.6.2009, S. 28706 ff und Nr. 189 v. 1.10.2009, S. 50806.
201 <http://eda.mohp.gov.eg/Name_Rules.doc>.
202 <http://www.hc-sc.gc.ca/dhp-mps/alt_formats/hpfb-dgpsa/pdf/brgtherap/lasa_premkt-noms_semblables_precomm-eng.pdf >.

91 Ein Patent ist ein nationales Schutzrecht, dessen regionaler Schutzbereich sich ausschließlich auf das Land bezieht, für das es erteilt wurde. In jedem Land kommt das jeweilige nationale Patentrecht zur Anwendung. Die Patentgesetzgebung der Staaten, die das **TRIPS-Abkommen** (Agreement on Trade-Related Aspects of Intellectual Property Rights von 1994) unterschreiben haben, sind in wesentlichen Punkten harmonisiert worden. In Deutschland wird die Patentierung durch das **Patentgesetz (PatG)** geregelt.

92 In Europa sind derzeit 36 Staaten (Stand vom 15.7.2009) Mitglied des **Europäischen Patentübereinkommens (EPÜ)**. Eine Übersicht über die Mitgliedstaaten ist auf der Internet-Seite des Europäischen Patentamtes zu finden (www.EPA.org). Das EPÜ sieht eine gemeinsame Anmeldung für die 36 Staaten vor, die zentral beim Europäischen Patentamt (München, Berlin und Den Haag) geprüft wird. Wenn die Patentierbarkeit festgestellt wurde, wird ein europäisches Patent erteilt. Dieses zerfällt dann in ein Bündel von nationalen Patenten unter der Voraussetzung, dass der Anmelder den Übersetzungserfordernissen des jeweiligen Landes nachgekommen ist und ggf nationale Gebühren bezahlt hat. Die verbindliche Fassung des EPÜ ist der vom Europäischen Patentamt herausgegebenen Veröffentlichung „Europäisches Patentübereinkommen" zu entnehmen.

93 Derzeit 141 Staaten sind dem **Patent Cooperation Treaty** (Patentzusammenarbeitsvertrag von 1970), **PCT** genannt, beigetreten, der eine gemeinsame Anmeldung für alle diese Staaten regelt. Eine aktuelle Liste der Mitgliedstaaten ist auf der Internet-Seite der World Intellectual Property Organization **WIPO** zu finden (www.wipo.int). Der Anmelder hat damit die Option innerhalb einer festgelegten Frist in jedem dieser Staaten eine nationale Anmeldung zu tätigen, die dann das Anmeldedatum der PCT-Anmeldung erhält. Bei Vorliegen der Patentierungsvoraussetzungen wird vom jeweiligen nationalen Patentamt ein nationales Schutzrecht erteilt. Bereits 1883 wurde die **Pariser Verbandsübereinkunft (PVÜ)** abgeschlossen, die einen gemeinsamen Stichtag für die Neuheitsprüfung (Prioritätstag) regelt. Inzwischen sind 173 Länder beigetreten.

II. Grundsätze der Patentierbarkeit

94 Das deutsche, europäische und auch die meisten anderen nationalen Patentgesetze fordern als Voraussetzung für die Erteilung eines Patents:
- das Vorliegen einer Erfindung (Art. 52 EPÜ, § 1 PatG),
- Neuheit (Art. 54 EPÜ, §3 PatG),
- erfinderische Tätigkeit (Art. 56 EPÜ, §4 PatG),
- gewerbliche Anwendbarkeit der beschriebenen Erfindung (Art. 57 EPÜ, § 5 PatG) und
- ihre vollständige Offenbarung (Art. 83 EPÜ, §34 PatG)

95 Eine **Erfindung** kann sich per gesetzlicher Definition nur auf technische Gebiete beziehen. Keine Erfindungen sind demnach Entdeckungen, wissenschaftliche Theorien, mathematische Methoden und Programme für Datenverarbeitungsanlagen (Software als solche ohne technische Funktionsmerkmale).

Nach dem deutschen PatG und dem EPÜ ist **Neuheit** gegeben, wenn sie nicht zum Stand der Technik gehört. Alles, was der Öffentlichkeit vor dem Prioritätsdatum durch schriftliche oder mündliche Beschreibung, durch Benutzung oder in sonstiger Weise zugänglich gemacht worden ist, gilt als neuheitsschädlich. Dabei ist es unerheblich, in welchem Land oder in welcher Sprache die Publikation erfolgt ist oder ob der Erfinder selbst der Autor ist. Dazu gehören zB auch Vorträge auf Kongressen oder Publikationen im Internet. Auch Publikationen während des Prioritätsjahres können problematisch sein, wenn sich später herausstellt, dass das Prioritätsdatum nicht zuerkannt wird. Bei der Beurteilung der Neuheit werden immer nur einzelne Dokumente herangezogen, es erfolgt keine Kombination von mehreren Dokumenten. Für eine deutsche Anmeldung sind auch solche deutsche

Patentanmeldungen und europäische und PCT-Patentanmeldungen, die Deutschland benennen, Stand der Technik, wenn sie vor dem Prioritätsdatum der eigenen Anmeldung eingereicht wurden aber erst nach dem Prioritätsdatum veröffentlicht werden (sog. ältere Rechte). Ebenso können für europäische Anmeldungen früher angemeldete aber später publizierte europäische und PCT-Anmeldungen neuheitsschädlich sein, nicht aber entsprechende nationale Anmeldungen.

Eine Erfindung gilt als auf einer **erfinderischen Tätigkeit** beruhend, wenn sie sich für den Fachmann nicht in nahe liegender Weise aus den Stand der Technik ergibt. Hierbei können mehrere Publikationen kombiniert werden im Sinne einer syllogistischen Kette. Ältere Rechte gehören hier nicht zum Stand der Technik. Für weitergehende Informationen zur Beurteilung der erfinderischen Tätigkeit wird auf Kommentare[203] oder die Entscheidungen der Beschwerdekammern des EPA, des Bundespatentgerichts oder des BGH verwiesen.

96

Die **gewerbliche Anwendbarkeit** liegt vor, wenn die Erfindung auf irgendeinem gewerblichen Gebiet hergestellt oder benutzt werden kann. Sie ist bei Arzneimitteln in der Regel gegeben. Allerdings gelten Verfahren zur chirurgischen oder therapeutischen Behandlung des menschlichen oder tierischen Körpers und Diagnostizierverfahren, die am menschlichen oder tierischen Körper vorgenommen werden, nicht als gewerblich anwendbar und sind daher von der Patentierbarkeit ausgenommen. Nicht ausgeschlossen sind jedoch Erzeugnisse, Stoffe oder Stoffgemische zur Anwendung in solchen Verfahren, zB Arzneimittel oder chirurgische Instrumente (siehe Rn 101)

97

III. Was ist patentierbar im Arzneimittelbereich?

Grundsätzlich patentierbar sind pharmazeutisch wirksame chemische Substanzen und biologische Stoffe. Patentansprüche können sich auf einzelne chemische Verbindungen oder auf allgemeine Formeln, sog. Markush-Strukturen beziehen. Markush-Strukturen sind generische Strukturformeln, die Platzhalter für bestimmte Substituenten besitzen.

98

Nach Verabschiedung der **Biopatentrichtlinie**[204] durch das EU-Parlament wurden spezielle Regelungen zur Patentierbarkeit von biologischen Stoffen sowohl in das deutsche Patentgesetz (§ 1 Abs. 2 und § 1 a PatG) als auch das EPÜ (Regel 29) eingefügt. Danach sind sowohl Nukleinsäuren als auch Proteine patentierbar, wobei das deutsche Patentgesetz vorsieht, dass bei einem Anspruch auf eine menschliche Sequenz oder Teilsequenz eines Gens deren Verwendung in den Patentanspruch aufzunehmen ist.

99

Weiterhin können u.a. auch Zellen und Antikörper patentiert werden. Gegenstand einer Erfindung kann auch biologisches Material sein, das mit Hilfe eines technischen Verfahrens aus seiner natürlichen Umgebung isoliert oder hergestellt wird. Ausgeschlossen von der Patentierung sind der menschliche Körper in den einzelnen Phasen seiner Entstehung und Entwicklung, Verfahren zum Klonen von menschlichen Lebewesen und Eingriffe in die menschliche Keimbahn.

100

Neben den Stoffen können auch Herstellungsverfahren und Analysemethoden patentiert werden. Im Rahmen der Arzneimittelentwicklung identifizierte vorteilhafte galenische Formulierungen und neue medizinische Indikationen können auch Gegenstand von Patentanmeldungen sein. Wenn zum ersten Mal eine medizinische Indikation für einen Stoff beansprucht wird, kann dies in Form eines zweckgebundenen Stoffanspruchs erfolgen (zB „Stoff x zur Verwendung als Arzneimittel"). Dazu braucht der Stoff nicht neu zu sein, allerdings darf eine medizinische Verwendung nicht vorher bekannt gewesen sein. Ein Stoff, von

101

---

203 Schulte, Patentgesetz mit EPÜ; Singer/Stauder, Europäisches Patentübereinkommen.
204 RL 98/44/EG des Europäischen Parlaments und des Rates vom 6.7.1998 über den rechtlichen Schutz biotechnologischer Erfindungen (ABl. EG Nr. L 213/13).

dem bereits eine medizinische Verwendung bekannt ist, kann noch für eine zweite oder weitere Indikation patentierbar sein („Stoff x zur Behandlung von Krankheit y"), sofern die Indikation neu und erfinderisch ist. Inwieweit neue Behandlungsregime mit bekannten Stoffen für eine bekannte Indikation patentierbar sind, wird zur Zeit von der Großen Beschwerdekammer des Europäischen Patentamts untersucht (Vorlage G 2/08).

102 Ausgenommen von der Patentierbarkeit sind Verfahren zur chirurgischen oder therapeutischen Behandlung des menschlichen Körpers und diagnostische Verfahren. Im Bereich der Diagnostik am Menschen wurde von der Großen Beschwerdekammer des Europäischen Patentamts entschieden, dass diagnostische Verfahren, bei denen nicht alle essenziellen technischen Schritte unmittelbar am menschlichen Körper selbst ausgeführt werden, patentierbar sind (G 1/04).

IV. Patentanmeldung

103 Eine Patentanmeldung besteht aus der Beschreibung, Beispielen, ggf Zeichnungen, den Patentansprüchen und einer Zusammenfassung. Bei Anmeldungen zu biologischen Erfindungen müssen Nukleotid- und Aminosäuresequenzen in einem Sequenzprotokoll dargestellt werden.

Während des Erteilungsverfahrens können die Ansprüche geändert werden. Dies kann nur auf der Basis der in der Beschreibung vorhandenen Merkmale geschehen. Die Beispiele sollten Ausführungsformen der Erfindung so gut beschreiben, dass ein Fachmann sie nacharbeiten kann. Zusätzliche Daten können während des Erteilungsverfahrens zwar dem Prüfer mitgeteilt werden, aber nicht in Beschreibung aufgenommen werden.

V. Priorität

104 In der Pariser Verbandsübereinkunft (PVÜ) ist vereinbart worden, dass ein Anmelder, der seine Patentanmeldung in einem PVÜ-Mitgliedstaat angemeldet hat, für die zweite Anmeldung derselben Erfindung in allen PVÜ Staaten den Zeitrang (Priorität) der ersten Anmeldung erhält. Voraussetzung ist, dass die Zweitanmeldung innerhalb von 12 Monaten nach der Erstanmeldung erfolgt und der Inhalt der Nachanmeldung in der Erstanmeldung bereits vollständig und ausführbar offenbart wurde. Der Anmeldetag der ersten Anmeldung wird als **Prioritätsdatum** bezeichnet. Dieses Datum wird bei der Neuheitsrecherche zugrunde gelegt.

VI. Patenterteilungsprozess

1. Patentanmeldungsverfahren

105 Um ein Patent zu erhalten, stehen dem Anmelder mehrere Wege zur Verfügung:
- Nationaler Weg: Einreichung einer Patentanmeldung beim nationalem Patentamt, für Deutschland beim Deutschen Patent- und Markenamt (DPMA)
- Europäischer Weg: Einreichung einer europäischen Patentanmeldung beim Europäischen Patentamt (EPA) und eine Validierung des Europäischen Patents für die gewünschten Länder
- Einreichung einer PCT-Anmeldung beim nationalen Patentamt (zB DPMA), beim EPA oder bei der WIPO (World Intellectual Property Organization) und Nationalisierung/Regionalisierung der PCT-Anmeldung beim EPA oder DPMA

106 Patente anmelden können die oder der Erfinder oder deren Rechtsnachfolger. Bei Arbeitnehmern in Deutschland wird das Recht auf das Patent durch das Arbeitnehmererfindergesetz geregelt (siehe Rn 177). Es besteht kein Vertreterzwang, wenn die natürliche oder die

juristische Person im Falle einer Anmeldung beim DPMA den Sitz in Deutschland hat und im Fall einer Anmeldung beim EPA oder bei der WIPO, den Sitz in einem Mitgliedstaat hat. Wenn der Anmelder nur unzureichende Kenntnisse auf dem Gebiet des Patentwesens besitzt, wird dringend empfohlen, die Dienste eines beim Patentamts zugelassenen Vertreters in Anspruch zu nehmen.

Nach Eingang einer Patentanmeldung beim DPMA oder EPA wird die Anmeldung und der Antrag zunächst auf Formerfordernisse und die korrekte Bezahlung der Gebühren überprüft und der Anmelder ggf über Mängel informiert und ihm eine Frist zur Mängelbeseitigung gegeben. Der Anmelder hat dem Patentamt spätestens 16 Monate nach der ersten Anmeldung die Namen der Erfinder zu nennen.

Ein **typischer Ablauf eines Patentanmeldeprozesses** ist in folgender Abbildung dargestellt:

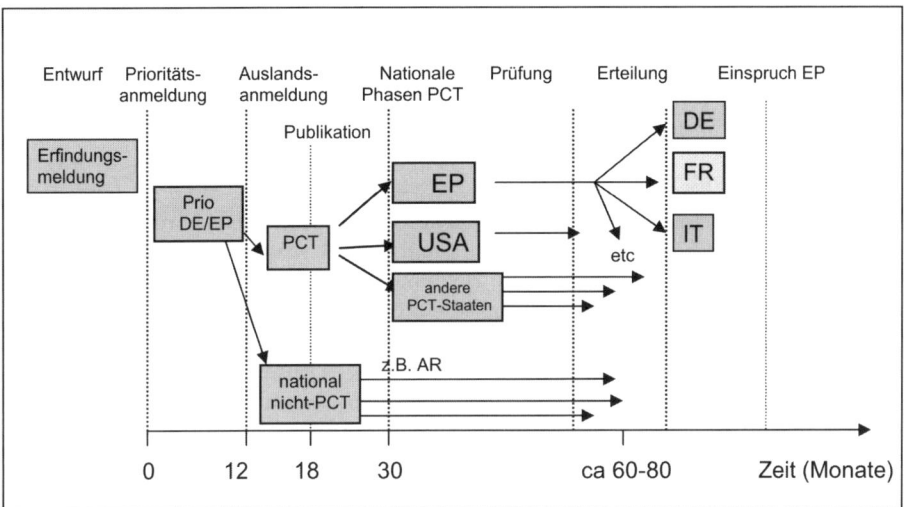

Die Einreichung der ersten Anmeldung begründet ein Prioritätsdatum. Wird im Laufe der weiteren Forschungsarbeiten die Erfindung ausgeweitet oder ergänzt, können zusätzliche prioritätsbegründende Anmeldungen eingereicht werden. Zwölf Monate nach der Einreichung der ersten Anmeldung können dann alle Anmeldungen zu einer Auslandsanmeldung zusammengefasst werden und die Prioritäten aller Anmeldungen in Anspruch genommen werden.

Häufig wird als Auslandsanmeldung eine PCT-Anmeldung eingereicht. Nur wenige Länder (zB Argentinien, Uruguay, Jordanien, Saudi Arabien) sind nicht Mitglied des PCT und müssen über die nationale Route angemeldet werden.

18 Monate nach dem ersten Anmeldedatum der nationalen Anmeldung wird die PCT-Anmeldung oder EP-Anmeldung veröffentlicht. Spätestens 30 oder 31 Monate (je nach Staat verschieden) muss der Anmelder die nationalen Phasen einleiten, dh auf Grundlage der PCT-Anmeldung werden nationale und regionale (zB europäische) Patentanmeldungen eingereicht. Dazu muss die Anmeldung in die jeweilige Landessprache übersetzt werden und Gebühren bezahlt werden. Die europäische Anmeldung kann in englisch, deutsch oder französisch eingereicht werden. Die nationalen bzw regionalen Anmeldungen werden dann von den nationalen Ämtern geprüft und ggf das Patent erteilt.

2. Patenterteilungsverfahren

a) Recherche

aa) Deutsches Patent- und Markenamt (DPMA)

110 Das Patentamt wird zunächst eine Recherche zum Stand der Technik durchführen. Beim DPMA werden die Rechercheergebnisse zusammen mit dem ersten Prüfbescheid dem Anmelder übermittelt

bb) Europäisches Patentübereinkommen (EPA)

111 Bei einer europäischen Erstanmeldung erfolgt zunächst die Recherche, die spätestens sechs Monate nach dem Anmeldetag erstellt wird. Dieser Recherchenbericht wird publiziert.

Bei einer europäischen Anmeldung, die aus einer PCT-Anmeldung hervorgegangen ist, wird nur dann ein ergänzender europäischer Recherchenbericht erstellt, wenn der internationale Recherchenbericht nicht vom EPA erstellt wurde. Details zum Vorgehen des EPA finden sich in dem vom EPA veröffentlichten Leitfaden „Der Weg zum europäischen Patent EURO-PCT".

cc) Patent Cooperation Treaty (PCT)

112 Bei einer PCT-Anmeldung wird von der Internationalen Recherchenbehörde, zB vom EPA, eine internationale Recherche durchgeführt und ein internationaler Recherchenbericht erstellt, der zeigt, ob die gefundenen Dokumente neuheitsschädlich (gekennzeichnet mit „x") sind oder die erfinderische Tätigkeit betreffen (gekennzeichnet mit „y").

Zusammen mit diesem Bericht erhält der Anmelder einen nicht bindenden Bescheid darüber, ob die Erfindung neu ist, auf einer erfinderischen Tätigkeit beruht und gewerblich anwendbar ist. Der internationale Recherchenbericht wird zusammen mit der PCT-Anmeldung oder, wenn er erst nach 18 Monaten erstellt wird, gesondert veröffentlicht.

b) Prüfung

113 Auf Antrag und gegen Zahlung einer Gebühr wird die Patentanmeldung geprüft. Wie bereits erwähnt, erfolgt die Prüfung beim DPMA zusammen mit der Recherche, während beim EPA dies in einem zweiten Schritt erfolgt. Auch während des PCT-Verfahrens kann ein Antrag auf eine internationale vorläufige Prüfung gestellt werden. Dies liegt aber im Ermessen des Anmelders. Beim DPMA und beim EPA hingegen muss innerhalb gesetzlicher Fristen Prüfantrag gestellt werden, damit die Anmeldung nicht als fallen gelassen gilt.

114 Bei der Prüfung der Anmeldung durch das DPMA oder EPA wird nicht nur auf Neuheit, erfinderische Tätigkeit und gewerbliche Anwendbarkeit geprüft, sondern auch die **Einheitlichkeit der Erfindung**, die **Offenbarung** und die **Klarheit der Ansprüche** beurteilt. Die Patentanmeldung darf nur eine einzige Erfindung oder eine Gruppe von Erfindungen, die durch eine gemeinsame erfinderische Idee verbunden sind, enthalten. Falls der Prüfer die Anmeldung für nicht einheitlich hält, kann der Anmelder nur einen einheitlichen Teil in der Anmeldung weiterverfolgen und den restlichen Teil der Anmeldung in einer Teilanmeldung abtrennen (siehe Rn 121).

115 Die Erfindung ist in der Anmeldung so deutlich zu offenbaren, dass ein Fachmann sie ausführen kann. Stellt der Prüfer eine mangelnde Offenbarung fest, ist es nicht zulässig, nachträglich Beispiele oder Erläuterungen in den Anmeldetext aufzunehmen. Lediglich experimentelle Daten, die die bereits vorhandenen Beispiele unterstützen, können dem Prüfer vorgelegt werden, werden aber nicht in die Anmeldung aufgenommen. Auch die Klarheit der Ansprüche kann bemängelt werden. Aus den Patentansprüchen muss klar hervorgehen, wofür Schutz begehrt wird.

Der Anmelder werden über das Prüfungsergebnis durch einen Amtsbescheid informiert. 116
Innerhalb einer vom Amt festgesetzten Frist kann der Anmelder dazu Stellung nehmen und
ggf die Ansprüche anpassen. In der Regel erfolgen mehrere Amtsbescheide bevor das Patentamt über die Erteilung des Patents oder die Zurückweisung der Anmeldung entscheidet. Der
Anmelder kann auch eine mündliche Anhörung beim Prüfer (DPMA) oder eine mündliche
Verhandlung (EPA) beantragen. Bei der mündlichen Verhandlung beim EPA entscheidet
eine Prüfungsabteilung bestehend aus drei Prüfern über die Anmeldung.

Ergeht der Erteilungsbeschluss für das europäische Patent, muss der Anmelder die Ertei- 117
lungsgebühr und die Druckkostengebühr bezahlen und die Ansprüche in die beiden anderen
Amtssprachen des EPAs übersetzen, dh wenn die Anmeldung in deutscher Sprache vorliegt,
müssen die Ansprüche ins Englische und Französische übersetzt werden. Dann wird die
Patentschrift veröffentlicht (B1-Schrift). Für jeden Vertragsstaat, für den Schutz begehrt
wird, muss das Patent validiert werden, dh je nach Landeserfordernis Übersetzungen anfertigt werden und ggf Druckkostengebühren bezahlt werden. Näheres ist der Informationsbroschüre „Nationales Recht zum EPÜ", die vom EPA herausgegeben wird, zu entnehmen.
Die Erteilung des deutschen Patents wird im **Patentblatt** veröffentlicht. Damit treten die
gesetzlichen Wirkungen ein. Gegen die Erteilung des europäischen Patents oder eines deutschen Patents kann jedermann **Einspruch** einlegen (siehe Rn 125 und 127).

Sollte die Patentanmeldung zurückgewiesen werden, hat der Patentanmelder die Möglich- 118
keit, **Beschwerde** einzulegen. Für Beschwerden gegen Beschlüsse des DPMA ist das DPMA
und in zweiter Instanz das Bundespatentgericht und für die des EPA die Beschwerdekammer
des EPA zuständig. Die große Beschwerdekammer des EPA wird nur bei Fällen von grundlegender juristischer Bedeutung eingeschaltet.

Zur Aufrechterhaltung eines Patents ist es erforderlich, **Jahresgebühren** zu entrichten. Für 119
eine Patentanmeldung werden diese zum ersten Mal für das dritte Jahr nach der Patentanmeldung beim EPA oder beim DPMA fällig und zwar im voraus. Nach Erteilung des europäischen Patents sind die Jahresgebühren an die nationalen Ämter zu zahlen. Sie steigen jährlich an, zB beim DPMA von 70 € im dritten Jahr auf 1.940 € im 20. Jahr.

Die **amtlichen Gebühren** für Anmeldung, Prüfung und Erteilung liegen beim DPMA bei ca. 120
400 € und beim EPA bei ca. 4.000 €, wobei hier die Kosten steigen, wenn die Anmeldung
mehr als 30 Seiten oder mehr als 15 Ansprüche hat. Beim europäischen Patent kommen
dann noch die Übersetzungskosten hinzu, so dass die Kosten erheblich ansteigen können.
Diese Angaben beziehen sich auf die reinen Amtsgebühren, bei Hinzuziehung eines Patentanwalts entstehen natürlich weitere Kosten.

3. Teilanmeldungen

Falls während des Erteilungsverfahrens die **Uneinheitlichkeit** einer Patentanmeldung fest- 121
gestellt wird, kann der Anmelder den beanstandeten Teil in einer Teilanmeldung weiterverfolgen. Teilanmeldungen können sowohl beim DPMA (§ 39 PatG) als auch beim EPA
(Art. 76 EPÜ) auch freiwillig durch den Anmelder eingereicht werden. Gründe dafür können
zB eine geplante Lizenzvergabe an nur einem Teil der Erfindung oder ein schnelleres Patentierungsverfahren von einzelnen Aspekten einer Erfindung sein. Die problematischen
Aspekte der Erfindung würden dann in einer getrennten Anmeldung weiterverfolgt. Die
Teilanmeldung gilt als Neuanmeldung und unterliegt damit wiederum der Formalprüfung,
der Recherche und der Sachprüfung. Teilanmeldungen können eingereicht werden solange
die Stammanmeldung noch anhängig ist, dh solange sie weder zurückgewiesen noch aufgegeben oder erteilt wurde. Es sind die gleichen Gebühren wie für eine Neuanmeldung zu
zahlen. Die Teilanmeldung erhält dieselbe Priorität wie die Stammanmeldung. Nach einer
geplanten Änderung der Regeln können Teilanmeldungen beim EPA nur noch innerhalb

von zwei Jahren nach dem ersten Amtsbescheid eingereicht werden. Während des PCT-Verfahrens ist die Einreichung einer Teilanmeldung nicht vorgesehen.

4. Auswahlerfindungen und abhängige Patente

122 Im Patentrecht gilt der Grundsatz, dass ein bekannter allgemeiner Begriff (zB Metall) einem Spezialbegriff (zB Kupfer) nicht die Neuheit nehmen kann. Es kann eine sog. **Auswahlerfindung** vorliegen, die aus einem größeren Bereich einen bestimmten Teilbereich herausgreift, dessen besondere Eigenschaften vorher nicht bekannt waren. Es muss sich um eine gezielte Auswahl handeln. Nach geltender Entscheidungspraxis des EPA ist dieser ausgewählte Teilbereich patentierbar, wenn er im Vergleich zum bekannten Bereich eng ist, genügend Abstand von im Stand der Technik offenbarten konkreten Ausführungsbeispielen des bekannten Bereichs hat und keine bloße Ausführungsform des Stands der Technik ist. In Deutschland wurde eine Auswahlerfindung bisher in der Regel nicht als neu angesehen, nach der jüngsten „Olanzapin"-Entscheidung[205] scheinen jedoch auch in Deutschland inzwischen Auswahlerfindungen anerkannt zu werden.

123 Im Bereich der Arzneimittelchemie sind Auswahlerfindungen dann wichtig, wenn zB eine allgemeine Formel einer chemischen Substanzklasse bekannt ist und nun gefunden wird, dass einzelne Verbindungen, die unter die allgemeine Formel fallen, aber nicht explizit im Stand der Technik genannt sind, besondere Eigenschaften haben (zB bessere Wirkung, bessere Bioverfügbarkeit). Diese einzelnen Verbindungen können dann noch patentierbar sein vorausgesetzt, die vorteilhaften Eigenschaften werden in der Patentanmeldung durch Daten belegt. Sollte die allgemeine Formel in einem Patent beansprucht worden sein, wäre der Anmelder der Auswahlerfindung bei der Nutzung seiner Erfindung von dem Patent der allgemeinen Formel abhängig. Er wäre dann nicht frei, seine Erfindung zu nutzen ohne vorher eine Lizenz an dem Patent der allgemeinen Formel zu erhalten. Auf der anderen Seite ist auch der Patentinhaber des Patents der allgemeinen Formel nicht frei, die in dem Auswahlpatent beanspruchten Substanzen zu nutzen. Um diese Problem der gegenseitigen Blockade zu lösen, kommt es häufig zu Kreuzlizenzen.

124 Eine Auswahlerfindung kann auch neu sein, wenn eine Auswahl aus zwei oder mehr Listen mit spezifischen Merkmalen vorliegt. Wenn zB im Stand der Technik eine allgemeine chemische Formel mit zwei Substituenten R1 und R2 bekannt ist und jeweils für R1 und R2 eine Liste von chemischen Gruppen gegeben ist, so kann eine Substanz, die eine Kombination von zwei individuellen Substituenten, die aus diesen beiden Listen ausgewählt wurden, enthält, neu sein.

VII. Einspruchsverfahren

1. Einspruch gegen ein deutsches Patent

125 Innerhalb von drei Monaten nach der Veröffentlichung der Erteilung des Patents im Patentblatt (www.DPMA.de) kann jedermann Einspruch gegen das Patent beim DPMA einlegen. Der Einspruch muss begründet werden. Als Einspruchsgründe kommen in Frage (§ 21 PatG): Mangelnde Neuheit, erfinderische Tätigkeit und gewerbliche Anwendbarkeit, mangelnde Offenbarung und eine unzulässige Erweiterung der Ansprüche gegenüber der ursprünglich eingereichten Fassung. Weiterhin kann eingesprochen werden, wenn der Anmelder unberechtigt die Erfindung einer anderen Person angemeldet hat (widerrechtliche Entnahme). Diesen Einspruchsgrund kann aber nur diese andere Person vorbringen. Das Verfahren besteht aus einem schriftlichen Teil und in der Regel einer mündlichen Verhandlung. Das DPMA entscheidet, ob das Patent widerrufen wird, in geänderter Form aufrecht

---

205 BGH v. 16.12.2008 – X ZR89/07, GRUR 2009, (9) 797.

erhalten wird oder wie erteilt bestehen bleibt. Wird das Patent in geänderter Form aufrecht erhalten, wird eine neue Patentschrift veröffentlicht.

Gegen die Entscheidung des DPMA kann durch den Patentinhaber und den Einsprechenden Beschwerde beim Bundespatentgericht eingelegt werden. Wenn es dann endgültig widerrufen wird, gilt es als von Anfang an nicht rechtskräftig. Jede Partei trägt ihre eigenen Kosten unabhängig vom Ausgang des Verfahrens. 126

2. Einspruch gegen ein europäisches Patent

An die Erteilung eines europäischen Patents schließt sich eine neunmonatige Einspruchsfrist an, innerhalb deren jedermann Einspruch gegen die Erteilung des Patents einlegen kann. Der Einspruch erfasst das Patent für alle Vertragsstaaten, in denen es gültig ist. Die Einspruchsgründe sind die selben wie im deutschen Verfahren mit der Ausnahme, dass die widerrechtliche Entnahme kein Einspruchsgrund ist. Auch hier handelt sich um ein schriftliches und mündliches Verfahren. 127

Gegen die Einspruchsentscheidung kann durch den Patentinhaber und den Einsprechenden Beschwerde beim EPA eingelegt werde. Das Patent kann in unveränderter oder in geänderter Form aufrechterhalten werden oder widerrufen werden. Die geänderte Form wird wiederum veröffentlicht (B2 Schrift). Das Beschwerdeverfahren hat aufschiebende Wirkung, dh während des Beschwerdeverfahrens bleibt das Patent in Kraft. Wie im deutschen Verfahren trägt auch beim europäischen Einspruchsverfahren jede Partei die eigenen Kosten. 128

3. Beschränkungsverfahren

Auf Antrag des Patentinhabers kann das deutsche Patent (§ 64 PatG) und das europäische Patent (Art. 105 b EPÜ) widerrufen oder durch Änderung der Patentansprüche beschränkt werden. Der Antrag kann nicht gestellt werden, solange ein Einspruchsverfahren in Bezug auf das europäische Patent anhängig ist. 129

VIII. Nichtigkeitsverfahren

Nach Abschluss des europäischen Einspruchs- und Beschwerdeverfahren gibt es auf europäischer Ebene keine weiteren Verfahren. Die nationalen Patente können jedoch bei den nationalem Gerichten/Ämtern nichtig geklagt werden. 130

Für ein Nichtigkeitsverfahren gegen ein deutsches Patent ist in der ersten Instanz das **Bundespatentgericht** (BPatG) und in der der zweite Instanz der **Bundesgerichtshof** (BGH) zuständig. Die Klage kann gegen ein national erteiltes Patent oder gegen den deutschen Teil eines europäischen Patents erhoben werden. Als Nichtigkeitsgründe können die gleichen Gründe wie im Einspruchsverfahren angeführt werden, wobei hier zusätzlich die unzulässige Erweiterung gegen das ursprünglich erteilte Patent vorgebracht werden kann (§ 22 PatG). Das Verfahren besteht aus einem schriftlichen Teil und einer mündlichen Verhandlung. Über die Kosten wird gemäß der Zivilen Prozessordnung vom Gericht entschieden. Das bedeutet, dass in der Regel die unterliegende Partei neben den eigenen auch die Kosten der Gegenseite und die Gerichtskosten zu tragen hat. Gegen das Urteil des BPatG kann Berufung beim BGH eingereicht werden. Für ein Nichtigkeitsverfahren ist die Vertretung durch einen Patentanwalt oder einen Rechtsanwalt erforderlich.

Wird der deutschen Teil eines europäischen Patents für nichtig erklärt, so gilt das Urteil des BPatG bzw des BGH nur für den deutschen Teil des Patents. Die anderen Teile mit Gültigkeit für andere europäischen Länder sind von dem Urteil nicht betroffen und müssen ggf bei den nationalen Gerichten oder Ämtern nichtig geklagt werden. Es gibt Bestrebungen, eine gemeinsame EU-weite Patentgerichtsbarkeit zu etablieren, bisher ist aber noch keine Einigung zustande gekommen, 131

IX. Wirkung eines Patents

1. Allgemeine Regeln

132 Jedem Dritten ist verboten, ein patentgeschütztes Erzeugnis herzustellen, einzuführen, anzubieten, in Verkehr zu bringen oder auch nur zur gewerblichen Zwecken zu besitzen oder ein patentgeschütztes Verfahren anzuwenden.

Ein Patent gibt ein **Ausschließungsrecht**, jedoch kein Benutzungsrecht. Das Benutzungsrecht kann eingeschränkt sein zB durch andere Rechte wie das Arzneimittelrecht oder durch Patente eines Dritten, denn ein eigenes Patent schützt nicht vor der Verletzung von Patenten Dritter. Das Ausschließungsrecht wirkt gegen jeden und das Recht kann übertragen werden (zB durch Verkauf oder Vererbung). Außerdem kann eine Benutzungsbefugnis (Lizenz) erteilt werden. Der Patentinhaber hat gegenüber einem Patentverletzer Anspruch auf Unterlassung, Schadensersatz, Auskunft, Vernichtung der Verletzungsgegenstände und Erstattung der Anwaltskosten. Das Recht entsteht mit der Erteilung des Patents und währt **maximal 20 Jahre** ab Anmeldetag. Für Arzneimittel kann eine Patentlaufzeitverlängerung beantragt werden.

133 Sind die Patentansprüche auf einen Stoff gerichtet, so besteht absoluter Schutz, dh nicht nur der Stoff ist geschützt sondern auch alle seine Verwendungen. Ist ein Herstellungsverfahren patentiert, umfasst der Schutz auch das unmittelbar durch das patentierte Verfahren hergestellte Erzeugnis, wenn es neu ist. Im Verletzungsfall gilt hier die Beweislastumkehr (§ 139 PatG). Der Benutzer muss nachweisen, dass er das patentierte Verfahren nicht benutzt hat.

134 Die Wirkung des Patents tritt mit der Veröffentlichung der Erteilung ein. Für den Zeitraum nach der Publikation der Anmeldung bis zu der Erteilung des Patents steht dem Patentinhaber ein vorläufiger Schutz zu. Dieser sieht eine angemessene Entschädigung (§ 33 PatG) bei einer Verletzung vor, wenn später das Patent erteilt wird. Bis dahin besteht allerdings kein Unterlassungsanspruch. Voraussetzung ist, dass die Ansprüche in deutscher Sprache publiziert wurden.

Vor der Publikation der Anmeldung bestehen keine Rechte.

2. Ausnahmen vom Ausschließungsrecht

135 Ausnahmen vom Ausschließungsrecht sind in § 11 PatG geregelt. Darunter fallen Handlungen im privaten Bereich ohne gewerblichen Zweck.

Ausgenommen sind auch Experimente, die sich auf den patentierten Gegenstand beziehen (**Versuchsprivileg**). Dies soll anhand eines Rezeptorbindungsassays erläutert werden. Ist der Rezeptor patentgeschützt, stellen Versuche zur Untersuchung des Rezeptors keine Patentverletzung dar. Wird der Rezeptor allerdings in einem Screen verwendet, mit dem aus einer großen Menge von Substanzen diejenigen Verbindungen identifiziert werden sollen, die an den Rezeptor binden, so wären diese Versuche nicht erlaubt.

Auch Versuche und Studien, die für die Erlangung einer arzneimittelrechtlichen Zulassung notwendig sind, stellen keine Patentverletzung dar. Eine weitere Ausnahme stellt die unmittelbare Zubereitung der Arzneimittel in Apotheken aufgrund ärztlicher Verordnung dar.

3. Erschöpfung und Parallelimport

136 Wenn der Patentinhaber oder der Lizenznehmer die patentgeschützte Ware in Verkehr gebracht hat, so kann er sich bezüglich dieses konkreten Produkts nicht mehr auf sein Patent berufen. Dritte dürfen dann dieses Produkt weiterverkaufen, ohne dass dies der Patentinhaber verbieten darf. Man spricht dann von der Erschöpfung des Patents. Nach den Ent-

scheidungen des EuGH gilt der Erschöpfungsgrundsatz nicht nur national sondern für den gesamte Europäischen Wirtschaftsraum (EU-Staaten und Norwegen, Island, Lichtenstein). Im Arzneimittelbereich ist die Patenterschöpfung relevant im Hinblick auf den Parallelimport von Produkten. Hier werden Arzneimittel aus einem Niedrigpreisland in ein Hochpreisland eingeführt, um die Ware dann in Konkurrenz zum offiziellen Vertriebsweg zu verkaufen. Sind zB in Deutschland patentgeschützte Erzeugnisse durch den Patentinhaber (oder mit seiner Zustimmung) in Portugal erstmals in Verkehr gebracht worden, so kann ein Parallelimport dieser Erzeugnisse nach Deutschland nicht unter Berufung auf das dort bestehende Patent verhindert werden. Dies ist unabhängig davon, ob in Portugal Patentschutz besteht oder erlangt werden konnte und auch davon, ob hier über die Arzneimittel eine Preiskontrolle ausgeübt wird. Für die zehn zuletzt der EU beigetretenen Staaten (Estland, Lettland, Litauen, Polen, Tschechien, Slowakei, Ungarn, Slowenien, Malta, Zypern) wurden Übergangs- und Ausnahmebestimmungen zum Grundsatz der EU-weiten Erschöpfung beschlossen, da in den meisten Staaten gewerblicher Schutzrechte erst zwischen 1991 und 1994 eingeführt wurden. Demnach kann zB der Inhaber eines deutschen Patents die Einfuhr nach Deutschland verhindern, wenn sein Patent einen Anmeldetag besitzt, an dem im Beitrittsstaat noch kein Patentschutz erlangt werden konnte.

4. Vorbenutzung

Die Wirkung des Patents tritt gegen den nicht ein, der zur Zeit der Anmeldung bereits im Inland die Erfindung benutzt hat oder die dazu erforderlichen Veranstaltungen getroffen hatte (§ 12 PatG). Er hat dann ein Vorbenutzungsrecht und darf die Erfindung in seinem Betrieb nutzen. Die Befugnis kann nur zusammen mit dem Betrieb vererbt oder veräußert werden. Zu beachten ist, dass das Vorbenutzungsrecht nur im Inland gilt und der Export in einen anderen Staat, in dem Patentschutz besteht, in diesem anderen Staat eine Patentverletzung darstellt.

5. Off-Label-Use

Unter Off-Label-Use versteht man die Verwendung eines zugelassenen Arzneimittels außerhalb des von den Zulassungsbehörden genehmigten Gebrauchs. Ist zB die Verwendung eines Arzneimittels für die Behandlung einer bestimmten Krankheit patentiert, ist es Unbefugten untersagt, das Arzneimittel für diese Indikation zu verkaufen. Ein Arzt kann aber das Arzneimittel *off label* verordnen, ohne eine Patentverletzung zu begehen, da er per Gesetz keine gewerbliche Tätigkeit ausübt.

6. Zwangslizenzen

Das Bundespatentgericht kann eine Zwangslizenz erteilen, wenn bestimmte Bedingungen erfüllt sind. Zunächst muss sich der Lizenzsucher erfolglos bemüht haben, vom Patentinhaber eine Lizenz zu angemessenen Konditionen zu erhalten. Zusätzlich muss entweder ein öffentliches Interesse an der Erteilung einer Zwangslizenz bestehen oder der Lizenzsucher besitzt ein von dem zu lizenzierenden abhängiges Schutzrecht, das eine wesentliche Weiterentwicklung der Technik darstellt. Bisher gab es in Deutschland in den letzten Jahrzehnten nur ein Verfahren, bei dem zunächst eine Zwangslizenz erteilt wurde, die später vom BGH aber widerrufen wurde.[206]

---

[206] BGH, Urt. v. 5.12.1995 – X ZR 26/92, Polyferon, GRUR 1996, 190.

X. Ergänzende Schutzzertifikate

1. Zweck und Historie

141　Ein Pharmaunternehmen kann einen neu entwickelten Wirkstoff erst nach zeitaufwendigen und kostspieligen arzneimittelrechtlichen Prüfungen in den Verkehr bringen. Dadurch wird der Patentschutz des Wirkstoffs auf eine Laufzeit verringert, der für die Amortisierung der Investitionen unzureichend ist.[207] Im Juni 1992 hat der Rat der Europäischen Gemeinschaften daher eine Verordnung über die Schaffung von ergänzenden Schutzzertifikaten für Arzneimittel (VO (EG) Nr. 1768/92) erlassen. Diese wurde im Juli 2009 durch die Verordnung (EG) Nr. 469/2009[208] ersetzt, die unmittelbar in jedem Mitgliedstaat gilt (Art. 288 Abs. 2 AEUV; ehemals Art. 249 Abs. 2 EGV). Ihr gingen gesetzliche Regelungen in den USA (1984) und Japan (1988) voraus.

142　Seit April 1993 ist das Zertifikat auch im Deutschen Patentgesetz (§§ 16a, 49a PatG)[209], seit Juli 1997 in Art. 63 Abs. 2–4 EPÜ[210] erwähnt. Weitere anwendbare Normen finden sich in der Verordnung (EG) Nr. 1610/96 (vgl Erwägungsgrund 17). Erst im Dezember 2006 wurde die Möglichkeit der Verlängerung der Zertifikatslaufzeit um sechs Monate nach Durchführung pädiatrischer Studien geschaffen (vgl Art. 36 Nr. 1 VO (EG) Nr. 1901/2006). Verweise auf die VO (EG) Nr. 1768/92 gelten als Verweise auf VO (EG) Nr. 469/2009, Art. 22 S. 2 VO (EG) Nr. 469/2009.

143　Bis Mitte 2009 wurden in vielen weiteren Staaten (zB Europäische Union, Australien, Kroatien, Israel, Island, Südkorea, Marokko, Mazedonien, Norwegen, Russland, Schweiz, Singapur, Taiwan, Ukraine, Weißrussland u.a.) vergleichbare Schutzrechte oder Laufzeitverlängerungen etabliert. In anderen Industriestaaten (zB Kanada), in Südamerika oder Asien (zB China, Indien, Pakistan, Malaysia, Indonesien, Thailand) sucht man sie bislang allerdings vergebens.

2. Voraussetzungen der Zertifikatserteilung

144　Das Recht auf das Zertifikat steht dem Inhaber des Grundpatents oder seinem Rechtsnachfolger zu, Art. 6 VO (EG) Nr. 469/2009. Daraus leitet das DPMA ab, dass nur dieser – nicht jedoch der Lizenznehmer – antragsberechtigt sei, 3.2.4. RLPVESZ[211].

145　In Fällen sein, in denen eine Genehmigung für das Inverkehrbringen (Zulassung), aber dem Zulassungsempfänger noch kein Grundpatent erteilt worden ist[212] könnte dies problematisch sein. Obwohl mehrere Zertifikate auf ein Erzeugnis erteilt werden können, solange die Anmelder nicht identisch sind (Art. 3 Abs. 2, Erwägungsgrund 17 der VO (EG) Nr. 1610/96),[213] besteht die Gefahr, dass der Zulassungsempfänger leer ausgeht, wenn auf ein bereits erteiltes Grundpatent eines Dritten ein Zertifikat erteilt wird, vgl 3.3.2. RLPVESZ. Noch deutlicher wird dieses Problem, wenn man berücksichtigt, dass die verschiedenen nationalen Erteilungsbehörden mit unterschiedlicher Geschwindigkeit arbeiten und die Zertifikatserteilung damit von der Erteilungsgeschwindigkeit der Behörde abhängt und in den Mitgliedstaaten zu unterschiedlichen Ergebnissen führen kann. In den USA wird

---

207　Vgl Erwägungsgrund 4 der VO (EG) Nr. 469/2009.
208　BlPMZ 2009, 415 ff, mit Konkordanzliste zur VO (EG) Nr. 1768/92.
209　BGBl. I, 366.
210　BGBl. II, 1446.
211　RLPVESZ: Richtlinien für das Prüfungsverfahren bei ergänzenden Schutzzertifikaten (www.dpma.de/docs/service/formulare/patent/p2799.pdf).
212　Vgl hierzu Vorabentscheidungsersuchen C-482/07; mittlerweile entschieden: EuGH, Rs. C-482/07: Art. 3 Abs. 2 S. 2 VO (EG) Nr. 1610/96 steht der Erteilung eines Schutzzertifikats zugunsten des Inhabers eines Grundpatents für ein Erzeugnis, für das zum Zeitpunkt der Anmeldung des Zertifikats bereits einem Inhaber eines anderen Grundpatents ein Zertifikat erteilt worden ist, nicht entgegen.
213　Vgl auch EuGH, Rs. C-181/95, GRUR Int. 1997, 363 – Biogen/Smithkline.

daher – falls der Antragsteller nicht der Zulassungsempfänger ist – der Nachweis einer „Agency Relationship" zwischen beiden während des Zulassungsverfahrens gefordert, vgl § 2752 MPEP[214]. In Situationen in denen der Zulassungsempfänger – zum Beispiel aus „Freedom to Operate" Gründen – Patente eines Dritten einlizensiert, sollten im Lizenzvertrag Regelungen zu Informationspflichten bezüglich Zertifikatsanmeldungen und ggf die Einholung einer Anmeldungsgenehmigung im Falle noch nicht erteilter eigener Patentanmeldung enthalten sein.

Die Zertifikatsanmeldung muss innerhalb einer Frist von sechs Monaten nach Zulassung in Deutschland oder – falls die Patenterteilung später erfolgt – nach Patenterteilung eingereicht werden, Art. 7 Abs. 1, 2 VO (EG) Nr. 469/2009. Dabei ist für den ersten Fall auf das Ausstellungsdatum der Zulassung abzustellen.[215] Als Datum der Patenterteilung gilt das Veröffentlichungsdatum der Erteilung im deutschen oder europäischen Patentblatt, 3.2.3. RLPVESZ. Diese Anmeldefristen verkürzen sich, wenn das auslösende Ereignis weniger als sechs Monate vor Patentablauf eintritt. Die weiteren formellen Anforderungen an die Zertifikatsanmeldung sind in Art. 8 VO (EG) Nr. 469/2009 geregelt. 146

Materiell-rechtlich wird ein Zertifikat erteilt, wenn in dem Mitgliedstaat, in dem die Anmeldung eingereicht wird, zum Zeitpunkt dieser Anmeldung 147
- das Erzeugnis durch ein in Kraft befindliches Grundpatent geschützt ist;
- für das Erzeugnis als Arzneimittel eine gültige Genehmigung für das Inverkehrbringen gemäß Richtlinie 2001/83/EG bzw 2001/82/EG erteilt wurde;
- für das Erzeugnis nicht bereits ein Zertifikat erteilt wurde und[216]
- die unter Buchstabe b) erwähnte Genehmigung die erste Genehmigung für das Inverkehrbringen dieses Erzeugnisses als Arzneimittel ist, Art. 3 VO (EG) Nr. 469/2009.

Erzeugnis ist als Wirkstoff oder Wirkstoffzusammensetzung eines Arzneimittels definiert, Art. 1 lit. b VO (EG) Nr. 469/2009. Die erstmalige Zulassung als Humanarzneimittel ändert nichts an der Identität des Erzeugnisses mit einem vorzugelassenen Tierarzneimittel.[217] Zusammensetzungen, die aus zwei Stoffen bestehen, von denen nur einer eigene arzneiliche Wirkungen besitzt und von denen der andere eine Darreichungsform des Arzneimittels ermöglicht, die für die arzneiliche Wirksamkeit des ersten Stoffes notwendig ist, sind vom Begriff „Wirkstoffzusammensetzung eines Arzneimittels" nicht umfasst.[218] Schützt das Grundpatent eine zweite medizinische Verwendung eines Wirkstoffs, so ist diese Verwendung ebenfalls kein integraler Bestandteil der Erzeugnisdefinition.[219] Erzeugnisse, die sich nur in den zusätzlichen Hilfsstoffen oder im Gehalt der aktiven Wirkstoffe unterscheiden werden vom DPMA daher als identische Erzeugnisse angesehen (3.3.1.3. RLPVESZ). Bislang nicht höchstrichterlich entschieden ist die Frage, ob ein getrenntes Stereoisomer gegenüber einem vorzugelassenen Isomerengemisch ein neues Erzeugnis darstellen kann.[220] 148

Zu beachten ist auch, dass die Erteilung eines Zertifikats für ein aus einem Wirkstoff bestehendes Erzeugnis der Erteilung von weiteren Zertifikaten für seine Derivate (Salze und Ester)

---

214 MPEP: Manual of Patent Examining Procedure (www.uspto.gov/web/offices/pac/mpep/index.htm).
215 BPatG Mitt. 2006, 73, 73 (nicht rechtskräftig): Vorlage an EuGH; vgl BGH GRUR 2008, 65 – Porfimer.
216 Vgl aber EuGH, Rs. C-482/07: zur gleichlautenden Voraussetzung in Art. 3 Abs. 1 lit. c VO (EG) Nr. 1610/96.
217 EuGH, Rs. C-31/03, GRUR 2005, 139 – Dostinex.
218 EuGH, Rs. C-431/04, GRUR 2006, 694 – Wirkstoffzusammensetzung.
219 EuGH, Rs. C-202/05, Mitt. 2007, 308 – Calcitriol.
220 BPatG v. 11.11.2008 – 3 Ni 37/07 [V.] – Cetirizin, vgl aber auch EuGH, Rs. C-258/99, GRUR Int. 2001, 754 – Chloridazon; BPatG GRUR Int. 2000, 921 – Fusilade; Nach Generics v. Daiichi, GRUR Int. 2009, 878 handelt es sich um zwei verschiedene Erzeugnisse, wenn das patentgeschützte Racemat und ein enantiomerenreiner Stoff, der in einem späteren Patent besonders beansprucht wird, vorliegen.

nicht entgegensteht, sofern diese Derivate Gegenstand von Patenten sind, in denen sie besonders beansprucht werden, Erwägungsgrund 14 VO (EG) Nr. 1610/96.

149 Als Grundpatent kommen Patente in Frage, die das Erzeugnis als solches, ein Verfahren zu dessen Herstellung oder seine Verwendung schützten, Art. 1 lit. c VO (EG) Nr. 469/2009. Anders als in Art. 1 Nr. 9 VO (EG) Nr. 1610/96 sind dort Patente auf Zubereitungen, also Gemenge, Gemische oder Lösungen aus zwei oder mehreren Stoffen, davon mindestens einem Wirkstoff nicht genannt, Art. 1 lit. c VO (EG) Nr. 469/2009. Dennoch scheinen die Patentämter einiger EU-Mitgliedstaaten Patente auf pharmazeutische Formulierungen als Grundpatente anzuerkennen.[221]

150 Fraglich ist auch, ob ein Grundpatent, welches nur einen Wirkstoff einer zugelassenen Wirkstoffkombination beansprucht, die Wirkstoffkombination iSv Art. 3 lit. a, Art. 1 lit. c, b VO (EG) Nr. 469/2009 schützt. Während der britische High Court of Justice dies verneinte[222] und diese Frage dem EuGH wegen „acte claire" nicht vorlegte, bejahte das Schweizer Bundesgericht dies auf Grundlage des mit VO (EG) Nr. 1768/92 weitgehend deckungsgleichen Schweizer Patentrechts.[223]

151 Auf die Auswahl des richtigen Grundpatents sollte viel Sorgfalt verwandt werden. Entscheidend hierfür dürfte weniger die Frage der maximal erzielbaren Laufzeitverlängerung, sondern vielmehr die Validität des Grundpatents, der zu erzielende Schutzbereich und die Dauer des parallel laufenden Unterlagenschutzes sein. So kann es – bei Zweifeln an der Validität eines Auswahlpatents auf den Wirkstoff – sinnvoll sein, ein prioritätsälteres allgemeineres Patent als Grundpatent anzugeben. Das Zertifikat kann für einen im Grundpatent als solchen nicht genannten Wirkstoff erteilt werden, der vom Schutzbereich eines Anspruchs des Patents umfasst wird, ohne dass es darauf ankommt, ob patentrechtlich eine Beschränkung auf den Wirkstoff möglich wäre.[224] Andererseits spricht im Falle gleichlaufenden Unterlagenschutzes (zB bei Zulassung 15 Jahre nach Patentanmeldung) viel für die Auswahl eines jüngeren Patents, da eine zehnjährige Exklusivität bereits über den Unterlagenschutz weitgehend abgesichert ist, vgl § 24 b AMG.

152 Eine Genehmigung für das Inverkehrbringen liegt vor, wenn der Wirkstoff in einem Arzneimittel in einem EWR-Staat (EU, Norwegen, Island oder [Schweiz mit Wirkung für] Liechtenstein;[225] seit Juni 2005 erkennt Liechtenstein schweizer Neuzulassungen nur noch mit einer Verzögerung von zwölf Monaten an) gemäß Richtlinie 2001/83/EG zugelassen wurde. Weitere – zB die Preisgestaltung oder Erstattungsfähigkeit betreffende – Genehmigungen spielen hingegen keine Rolle.[226] Für „Gemäß der Richtlinie 2001/83/EG" dürfte genügen, dass die Zulassung unter Prüfung von Qualität, Wirksamkeit und Sicherheit erfolgte.[227]

153 Während mehrere Zertifikate für mehrere Inhaber von Patenten auf ein Erzeugnis erteilt werden können, Art. 3 Abs. 2 S. 2, Erwägungsgrund 17 VO (EG) Nr. 1610/96, solange zum Zeitpunkt der Zertifikatsanmeldung für das Erzeugnis noch kein Zertifikat erteilt war, Art. 3 c VO (EG) Nr. 469/2009, gilt dies nicht bei Inhaberidentität, Art. 3 Abs. 2 S. 1, Erwägungsgrund 17 VO (EG) Nr. 1610/96. Ob diese Unterscheidung sachlich gerechtfertigt ist, bleibt – zB wegen der vor Abschluss eines Nichtigkeitsverfahrens kaum zu evaluierenden Validität des gewählten Grundpatents – fraglich. Auch ist unklar, ob Inhaberidentität im

---

221 Vgl <http://thespcblog.blogspot.com/2009/03/harmonisation-in-denmark-patents.html> v. 26.3.2009.
222 Takeda vs. Comptroler General, [2003] EWHC 649 (Pat) – Lanzoprazol.
223 BG GRUR Int 1999, 286 – Fosinopril.
224 BGH GRUR 2002, 415 – Sumatriptan.
225 Vgl EuGH, Rs. C-207/03, GRUR Int. 2005, 581 – Novartis.
226 EuGH, Rs. C-127/00, GRUR 2004, 225 – Omeprazol.
227 Busse/*Hacker*, PatG, § 16 a Rn 96.

Konzernverbund, bei Abtretung und exklusiver Rücklizensierung oder bei Teilidentität vorliegt.

3. Zertifikatslaufzeitverlängerung

Einmalig wird eine sechsmonatige Zertifikatslaufzeitverlängerung (Art. 13 Abs. 3 VO (EG) Nr. 469/2009) gewährt, wenn:

- der Zulassungsantrag nach Art. 7 oder 8 VO (EG) Nr. 1901/2006 die Ergebnisse sämtlicher Studien beinhaltet, die entsprechend einem gebilligten pädiatrischen Prüfkonzept (PIP) durchgeführt wurden, Art. 36 Abs. 1 Unterabs. 1 VO (EG) Nr. 1901/2006, unabhängig davon, ob dies zu einer Genehmigung einer pädiatrischen Indikation führt, Art. 36 Abs. 1 Unterabs. 2 VO (EG) Nr. 1901/2006;
- das Arzneimittel in allen Mitgliedstaaten zugelassen ist, Art. 36 Abs. 3 VO (EG) Nr. 1901/2006;
- das Arzneimittel durch ein ergänzendes Schutzzertifikat oder durch ein Patent geschützt ist, das für ein ergänzendes Schutzzertifikat in Frage kommt, Art. 36 Abs. 4 S. 1 VO (EG) Nr. 1901/2006;
- das Arzneimittel nicht für seltene Leiden ausgewiesen ist, Art. 36 Abs. 4 S. 2 VO (EG) Nr. 1901/2006 und
- keine einjährige Verlängerung des Unterlagenschutzes gemäß Art. 10 Abs. 1 Unterabs. 4 RL 2001/83/EG beantragt und gewährt wird, Art. 36 Abs. 5 VO (EG) Nr. 1901/2006.

Führten die Studien nicht zur Genehmigung einer pädiatrischen Indikation, so müssen die Studienergebnisse in der Packungsbeilage wiedergegeben werden, Art. 36 Abs. 1 Unterabs. 2 VO (EG) Nr. 1901/2006. Gemäß Art. 36 Abs. 2 VO (EG) Nr. 1901/2006 kann der Antragsteller das Vorliegen der Voraussetzungen gemäß Art. 36 Abs. 1 VO (EG) Nr. 1901/2006 durch eine Übereinstimmungserklärung der zuständigen Behörde gemäß Art. 28 Abs. 3 S. 1 VO (EG) Nr. 1901/2006 nachweisen. Die Möglichkeit der Selbstzertifizierung, wenn der Anmelder alles notwendige getan und die Umsetzungsfrist durch die nationalen Behörden abgelaufen ist, wird vom DPMA zur Zeit noch nicht anerkannt. Ebenfalls unklar ist die Formulierung „wenn das Arzneimittel in allen Mitgliedstaaten zugelassen ist" in Art. 36 Abs. 3 VO (EG) Nr. 1901/2006. EU-Kommission, EMEA und DPMA scheinen hierunter sowohl die Zulassung des Arzneimittels als auch der pädiatrischen Indikation bzw die Änderung der Packungsbeilage in allen Mitgliedstaaten zu verstehen. Der Antrag auf Laufzeitverlängerung ist spätestens zwei Jahre vor Zertifikatsablauf zu stellen, Art. 7 Abs. 4 VO (EG) Nr. 469/2009 (Übergangsregelung in Abs. 5).[228]

4. Laufzeitberechnung

Das Zertifikat gilt ab Ablauf des Grundpatents für eine Dauer, die dem Zeitraum zwischen Patentanmeldung und Zulassung, abzüglich fünf Jahren entspricht. Seine Laufzeit beträgt maximal fünf Jahre, Art. 13 Abs. 1, 2 VO (EG) Nr. 469/2009. Die so errechnete Laufzeit kann bei Anwendung von Art. 36 VO (EG) Nr. 1901/2006 um sechs Monate verlängert werden, Art. 13 Abs. 3 VO (EG) Nr. 469/2009. Die Regelung zur Zertifikatslaufzeitverkürzung in Art. 13 Abs. 4 VO (EG) Nr. 469/2009 dürfte vor allem für Italien erteilte Zertifikate betreffen und hat in Deutschland keinen Anwendungsbereich. In der folgenden Grafik ist die Berechnung der Zertifikatslaufzeit (ohne pädiatrische Verlängerung) in Abhängigkeit vom Zulassungsdatum (Zulassung vor fünf Jahren (A), nach genau fünf Jahren (B), zwischen fünf und zehn Jahren (C), nach genau zehn Jahren (D) und später als zehn Jahre (E) ab

---

228 Zur Bedeutung dieser Frist und der Möglichkeit der Mängelbeseitigung nach Art. 10 Abs. 3 VO (EG) Nr. 469/2009 vgl Du Pont v. UK IPO [2009] EWCA Civ 966, Rn 45 ff.

Patentanmeldung) dargestellt. Die waagerechten schmalen schwarzen Linien stellen dabei einen Zeitraum von 15 Jahren ab Erstzulassung, die fetten schwarzen Linien die entsprechende Zertifikatslaufzeit dar. Die senkrechten gestrichelten Linien entsprechen dem Anmeldetag, der maximalen Laufzeit des Grundpatents (lange waagerechte graue Linie; kurze graue Linie: Prioritätsanmeldung) und der maximalen Laufzeit des Zertifikats.

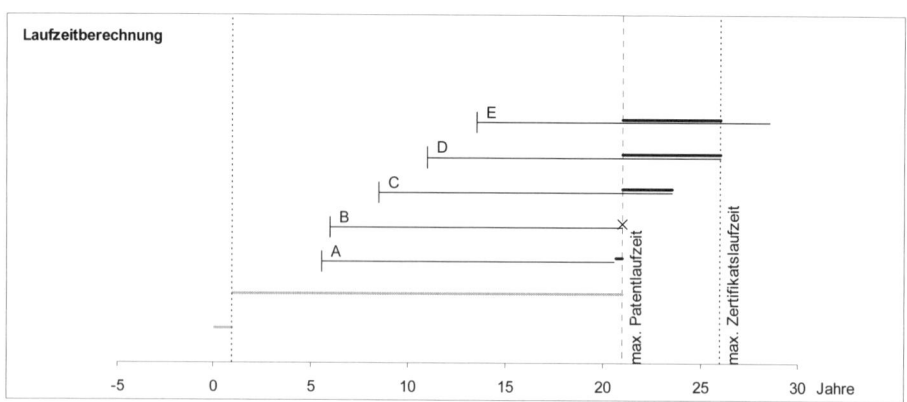

157 Das britische Patentamt hat am 14.4.2008 auf den Wirkstoff Sitagliptin ein Zertifikat erteilt[229], dessen Laufzeit am 20.3.2022 und damit vor dem Laufzeitende des Grundpatents am 5.7.2022 endet (vgl o.g. Fall (A), Rn 156) um die Erteilung einer pädiatrischen Verlängerung in der Zukunft nicht von vornherein auszuschließen. Das DPMA wies einen entsprechenden Antrag für Deutschland zurück. Auf einem Zertifikatsexpertentreffen am 26.9.2008 äußerte die EU-Kommission die Ansicht, dass keine pädiatrischen Verlängerungen auf Zertifikate ohne (Fall B) bzw mit negativer (Fall A) Laufzeit erteilt werden sollten.[230]

5. Erlöschen, Nichtigkeit und Widerruf der Laufzeitverlängerung

158 Das Zertifikat erlischt am Ende seiner Laufzeit, bei Verzicht, bei nicht rechtzeitiger Jahresgebührenzahlung und bei Widerruf der Zulassung, Art. 14 VO (EG) Nr. 469/2009. Es ist nichtig, wenn es entgegen Art. 3 VO (EG) Nr. 469/2009 erteilt worden oder das Grundpatent vor Ablauf seiner gesetzlichen Laufzeit erloschen, für nichtig erklärt oder derartig beschränkt worden ist, dass das Erzeugnis nicht mehr von den Ansprüchen des Grundpatents erfasst wird, Art. 15 VO (EG) Nr. 469/2009. Anders als zB in §§ 22, 21 Abs. 1 PatG, Art. 100 EPÜ scheinen die Nichtigkeitsgründe in Art. 15 VO (EG) Nr. 469/2009 nicht abschließend geregelt zu sein. So führte die Zertifikatserteilung entgegen der Stichtagsregelung in Art. 19 Abs. 1 VO (EG) Nr. 1768/92 zur Nichtigkeit.[231] Außerdem scheint eine zeitliche (Teil-)Nichtigkeit bei falscher Laufzeitberechnung möglich zu sein, Art. 17 Abs. 2, Erwägungsgrund 17 VO (EG) Nr. 1610/96.[232] Der Widerruf der Laufzeitverlängerung ist möglich, wenn diese im Widerspruch zu Art. 36 VO (EG) Nr. 1901/2006 erteilt wurde, Art. 16 Abs. 1 VO (EG) Nr. 469/2009. Erlöschen, Nichtigkeit und Widerruf der Verlängerung sind bekannt zu machen, Art. 17 VO (EG) Nr. 469/2009.

---

229 BL 0/108/08; EP 1412357; SPC/GB07/046.
230 Record of the Third meeting of national „Supplementary Protection Certificate" (SPC) experts held on 26 September 2008 at the EMEA, S. 14/18 [IV.7.].
231 EuGH, Rs. C-127/00, GRUR 2004, 225 – Omeprazol.
232 BPatG GRUR 2008, 67 – Finasterid; zur Laufzeitberichtigung seit 1.10.2009 vgl §§ 49a Abs. 4, 81 Abs. 2 S. 2 PatG; BlPMZ 2009, 301, 302, 312, mit amtl. Begründung.

6. Tenorierung und Schutzgegenstand

Ein Großteil der deutschen Zertifikatsrechtsprechung betrifft die Bezeichnung des geschützten Erzeugnisses,[233] obwohl die Aufstellung von „Zertifikatsansprüchen" in Art. 8 VO (EG) Nr. 469/2009 nicht vorgesehen ist.[234] Ist ein bestimmtes Salz oder Solvat eines Wirkstoffs X zugelassen worden und sind im Anspruch des Grundpatent dessen physiologisch annehmbaren Salze oder Solvate explizit erwähnt, so kann ein Zertifikat auf zB „X und physiologisch annehmbare Salze und Solvate hiervon, einschließlich X-hydrochlorid-Dihydrat" erteilt werden.[235]

159

Gemäß Art. 4 VO (EG) Nr. 469/2009 bezieht sich der durch das Zertifikat gewährte Schutz in den Grenzen des Grundpatents allein auf das Erzeugnis, das von der Genehmigung für das Inverkehrbringen des entsprechenden Arzneimittels erfasst wird, und zwar auf diejenigen Verwendungen des Erzeugnisses als Arzneimittel, die vor Ablauf des Zertifikats genehmigt wurden. Der Patentanspruch ist dabei so zu lesen, als ob darin nur der im Zertifikat bezeichnete Wirkstoff angegeben wäre.[236] Die Begrenzung auf das Grundpatent stellt klar, dass der Zertifikatsinhaber nicht besser gestellt sein darf als der Grundpatentinhaber. Ist zB vom Grundpatent nur ein bestimmtes Salz des Wirkstoffs erfasst, so kann der Zertifikatsinhaber dem Wettbewerber die Verwendung eines anderen Salzes auf Grund des Zertifikats nicht untersagen. Die Beschränkung auf die genehmigten Verwendungen als Arzneimittel ändert den absoluten Stoffschutz eines Stoffgrundpatents in einen zweckgebundenen Schutz. Dadurch sind nichtmedizinische Verwendungen frei und Versuche mit dem Wirkstoff auch ohne Rückgriff auf das Versuchsprivileg möglich. Selbst die nicht vom Versuchsprivileg gedeckte Verwendung des zertifikatsgeschützten Wirkstoffs als Forschungswerkzeug (zB Verwendung als Referenzsubstanz in einem Assay) könnte der Zertifikatsinhaber nicht unterbinden.

160

XI. Durchsetzung von Patentrechten

1. Patentverletzung

Der Patentinhaber kann Klage wegen Patentverletzung bei Landgerichten mit Spezialkammern für gewerblichen Rechtsschutz einreichen. Bei der Beurteilung einer Patentverletzung wird immer auf den Inhalt der Patentansprüche abgestellt (§ 14 PatG, Art. 69 EPÜ). Die Patentverletzung kann wortlautgemäß sein, dh alle Merkmale eines Patentanspruchs sind in der verletzenden Ausführungsform verwirklicht. Ein **äquivalente Patentverletzung** liegt vor, wenn zumindest ein Merkmal eines Patentanspruchs nicht wortlautgemäß sondern durch gleich wirkende Austauschmittel verwirklicht wird. Diese Austauschmittel müssen bei gleicher technischer Funktion die gleiche Wirkung erzielen und ein Fachmann muss die Austauschmittel als gleichwertige Lösung in Betracht ziehen. Darüber hinaus kann eine **mittelbare Patentverletzung** (§ 10 PatG) vorliegen, wenn Dritte ohne Zustimmung des Patentinhabers Mittel, die sich auf ein wesentliches Element der Erfindung beziehen, zur Benutzung der Erfindung anbieten oder liefern. Dabei muss der Dritte wissen oder es muss auf Grund der Umstände offensichtlich sein, dass diese Mittel nicht nur dazu geeignet sondern auch bestimmt sind, für die Benutzung der Erfindung verwendet zu werden. Es kann sich zB bei dem Verkauf einer Maschine, mit der ein patentgeschützter Gegenstand hergestellt werden kann, um eine mittelbare Patentverletzung handeln.

161

---

233 Vgl BGH GRUR 2000, 683 – Idarubicin.
234 BPatGE 41, 56 – Clarithromycin.
235 BPatG v. 5.6.2002 – 15 W (pat) 22/96 – Ondansetron.
236 Busse/*Hacker*, PatG, § 16a Rn 59.

162 Der Kläger trägt grundsätzlich die Beweislast für die Verletzung seines Patents. Eine Ausnahme besteht für Patente auf Herstellungsverfahren. Hier gilt die Beweislastumkehr (§ 139 PatG), wenn der Gegenstand des Patents ein Verfahren zur Herstellung eines neuen Erzeugnisses ist. Der Benutzer muss nachweisen, dass er das patentierte Verfahren nicht benutzt hat. Die Umsetzung der EU-Richtlinie zur Durchsetzung der Rechte des geistigen Eigentums (Richtlinie 2004/48/EG) hat die Beweiserhebung durch den Patentinhaber erleichtert.

2. Vorgehen bei Patentverletzung

163 Zunächst müssen Beweismittel gesammelt werden. Dies können zB Kaufproben oder Verkaufsangebote sein, aber auch Beweissicherungsverfahren, beispielsweise zu Herstellungsverfahren, sind möglich. Eventuell wird dann eine **Berechtigungsanfrage** oder eine **Abmahnung** erfolgen. In einer Berechtigungsanfrage fragt der Patentinhaber an, aus welchen Gründen sich der Adressat zur Benutzung des Patents berechtigt fühlt. Hierbei handelt es sich nicht um eine Abmahnung.

164 Die Abmahnung, auch Verwarnung genannt, sollte das verletzte Schutzrecht und die beanstandete Verletzungsform nennen und die Abgabe einer strafbewehrten Unterlassungserklärung innerhalb einer gewissen Frist fordern. Falls vor Klageerhebung keine Verwarnung geschickt wird und der Verletzter sofort die Patentverletzung anerkennt, trägt der Patentinhaber die Prozesskosten. Eine unberechtigte Verwarnung kann zum Anspruch auf Schadensersatz gegenüber dem Patentinhaber führen. Nach einer Verwarnung hat der vermeintliche Verletzer die Möglichkeit, eine Feststellungsklage auf Nichtverletzen einzureichen. Wenn ein korrespondierendes Patent im europäischen Ausland existiert, kann die negative Feststellungsklage auch im Ausland eingereicht werden. Nach EU-Recht (Art. 27 EuGVVO) muss dann die Verletzungsklage, die in Deutschland später erhoben wurde, so lange ausgesetzt werden, bis die negative Feststellungsklage rechtskräftig entschieden ist. Diese Tatsache wurde in der Vergangenheit häufig ausgenutzt, indem die negative Feststellungsklage in Italien anhängig gemacht wurde, wo die Gerichte recht langsam arbeiten. Das Vorgehen ist bekannt unter dem Begriff „italienisches Torpedo".

165 In besonders eilbedürftigen Fällen besteht die Möglichkeit, eine **einstweilige Verfügung** beim Landgericht zu beantragen. Dazu muss die Patentverletzung glaubhaft gemacht werden und zusätzlich eine Dringlichkeit belegt werden. Wird die einstweilige Verfügung erlassen, ist der Beklagte zur Unterlassung verpflichtet. Sollte die einstweilige Verfügung zu Unrecht erteilt worden sein, besteht eine Schadensersatzpflicht des Klägers (Patentinhabers).

166 Die Einreichung der **Patentverletzungsklage** erfolgt beim Landgericht. Es besteht Vertretungspflicht durch einen Rechtsanwalt. Bei Klageeinreichung muss ein Gerichtskostenvorschuss gezahlt werden. Dessen Höhe ist abhängig vom Streitwert. Das Verletzungsgericht prüft in der Regel nicht den Rechtsbestand des Klagepatents. Es kann allerdings das Verfahren aussetzen, wenn ein Einspruch oder eine Nichtigkeitsklage gegen das Klagepatent anhängig ist. Dies erfolgt jedoch in der Regel nur dann, wenn nach Auffassung des Verletzungsgerichts der Einspruch oder die Nichtigkeitsklage eine hohe Erfolgsaussicht hat. Nur bei Gebrauchsmustern wird häufiger bis zur Entscheidung im Löschungsverfahren ausgesetzt.

167 Nach einer mündlichen Verhandlung ergeht das Urteil. Wird eine Patentverletzung festgestellt, hat der Patentinhaber Anspruch u.a. auf Unterlassung, Schadensersatz und Auskunft. Der Schaden kann als Schaden des Verletzten, als Gewinn des Verletzers oder in Lizenzanalogie in Form einer angemessenen Lizenzgebühr berechnet werden. Gegen eine Sicherheitsleistung sind erstinstanzliche Urteile vollstreckbar. Der Patentinhaber haftet jedoch im Falle einer solchen Vollstreckung auf Schadensersatz, falls das erstinstanzliche Urteil später aufgehoben wird.

Gegen das erstinstanzliche Urteil kann Berufung beim Oberlandesgericht eingereicht werden. Bei grundsätzlichen rechtlichen Fragestellungen kann gegen ein Urteil des Oberlandesgerichts auch Revision beim BGH zugelassen werden. Der Verlierer muss neben den eigenen Anwaltskosten auch die Anwaltskosten der Gegenseite und die Gerichtskosten zahlen.

XII. Patentrecht in den USA

Da das US-Patentrecht sich in einigen wesentlichen Punkten von dem anderer Staaten unterscheidet, soll hier kurz darauf eingegangen werden. Es gilt hier das **„first to invent"-Prinzip** während in anderen Ländern das „first to file"-Prinzip Anwendung findet. Nach dem **„first to file"-Prinzip** steht demjenigen das Patent zu, der es zuerst beim Patentamt eingereicht hat, also das frühere Prioritätsdatum hat. Dagegen wird nach dem „first to invent"-Prinzip das Patent demjenigen zugesprochen, der zuerst im Erfindungsbesitz war. Im Zweifel wird der wahre Erfinder in einem sog. Interference-Verfahren ermittelt, wenn zwei Patentanmelder den früheren Erfindungsbesitz behaupten. Das Verfahren kann vom Prüfer der US-Patentamts initiiert werden und hat zur Folge, dass die Patentanmelder durch Vorlage von Laborbüchern und anderen Beweismaterial nachweisen müssen, zu welchem Zeitpunkt sie im Erfindungsbesitz waren. Das Interference-Verfahren kann sich über einen längeren Zeitraum hinziehen und erhebliche Kosten verursachen. Wichtig ist es daher, dass Labordokumentation „beweissicher" geführt wird. Dazu gehört zB die zeitnahe Dokumentation der Versuche, die Unterschrift des Erfinders und eines Zeugen und die sichere Archivierung, die nachträgliche Änderungen unmöglich macht.

Weiterhin unterscheidet sich das US-Patentrecht vom Europäischen Patentrecht durch das Bestehen einer Neuheitsschonfrist. Eine Veröffentlichung der Erfindung gilt dann nicht als neuheitsschädlich, wenn sie nicht länger als ein Jahr vor dem Anmeldedatum liegt und der Anmelder nachweisbar schon vor der Publikation im Erfindungsbesitz war.

Ein wesentliche Anforderung während des Prüfungsverfahrens ist die „Duty of Disclosure", dh der Anmelder ist verpflichtet, alle für die Erfindung relevanten Dokumente dem US-Prüfer vorzulegen. Dazu gehören auch Rechercheergebnisse von Patentämtern anderer Staaten. Kommt der Anmelder dieser Verpflichtung nicht nach und das Patent wird erteilt, kann es später Probleme bei der Durchsetzung des Patents gegen einen Patentverletzer geben. Falls der Richter in einem Verletzungsprozess die nicht vorgelegten Dokumente für relevant hält, kann er „inequitable conduct", dh unbilliges Verhalten feststellen und in der Folge das Patente für nicht durchsetzbar erklären.

Ein weiterer Unterschied zum europäischen Patentrecht besteht in der Anforderung, den „best mode" in der Patentanmeldung zu benennen. Damit ist gemeint, dass die beste Ausführungsform (Substanz, Syntheseverfahren etc.), die am Anmeldetag bekannt war, in der Patentanmeldung genannt werden muss. Missachtung dieser Anforderung kann zur Nichtdurchsetzbarkeit des Patents führen.

Für den Arzneimittelbereich ist das **Orange Book** von großer Bedeutung. In dieses Register werden alle Patente mit Ausnahme von Herstellungspatenten, die ein zugelassenes Produkt schützen, eingetragen. Wenn Generikahersteller eine bezugnehmende Zulassung (abbreviated new drug application, ANDA) einreichen, müssen sie gegenüber dem Patentinhaber zu den Patenten Stellung nehmen. Der Patentinhaber hat dann die Möglichkeit innerhalb einer 45-tägigen Frist, eine Patentverletzungsklage einzureichen. Durch Einreichung der Klage wird die Zulassung des Generikums solange ausgesetzt bis das Gericht über die Patentverletzungsklage entschieden hat längstens aber für 30 Monate.

XIII. Patentrecherchen

174 Zur Einschätzung des Standes der Technik werden Recherchen nach angemeldeten und erteilten Patenten durchgeführt. Die Rechercheergebnisse sind zum einen wichtig für die Einschätzung der Neuheit einer eigenen Erfindung zum anderen aber auch um die Verletzung von Patenten Dritter durch eigene Aktivitäten auszuschließen (sog. **Freedom-to-operate-Analyse**).

175 Im **Internet** stehen kostenfreie und kommerzielle Patentdatenbanken zur Verfügung. Die wichtigsten kostenfreien Informationsdienste sind DEPATISnet vom DPMA (www.depatisnet.de), esp@cenet® vom EPA (www.espacenet.com) und die Datenbank des US-Patentamts (www.uspto.gov). Kommerzielle Datenbanken sind zB Derwent World Patents Index, STN-international oder Thompson Scientific.

Neben der Suche nach Stichwörtern, Erfindern, Patentnummern etc. kann auch nach der **internationalen Patentklassifikation** gesucht werden. Diese sog. IPC-Klassen werden weltweit einheitlich von den Patentämtern vergeben und klassifizieren die technischen Inhalte von Patenten.

176 Die Patentpublikationen erhalten abhängig vom Patentamt und vom Status (zB angemeldet oder erteilt) eine Zusatzbezeichnung zur **Patentnummer**. Die wichtigsten sind beim DPMA: A1: Offenlegungsschrift (die nach 18 Monaten publizierte Patentanmeldung), B4 (vormals C1): Patentschrift, T1: Veröffentlichung der Patentansprüche der europäischen Patentanmeldung in deutscher Übersetzung, T2: Übersetzung der europäischen Patentschrift. Beim EPA: bedeuten A1 Patentanmeldung mit Recherchebericht, A2 Patentanmeldung ohne Recherchebericht, A3 Veröffentlichung des Rechercheberichts und B1 Patentschrift.

XIV. Arbeitnehmererfinderrecht

177 Das Recht an der Erfindung liegt zunächst grundsätzlich beim Arbeitnehmererfinder. Der Arbeitgeber kann dieses Recht aber beanspruchen. Dieses gilt auch für Hochschulen als Arbeitgeber. Der Arbeitnehmererfinder hat dann Anspruch auf eine angemessene Vergütung.

Die Rechte und Pflichten für den Arbeitgeber und den Arbeitnehmer sind im **Arbeitnehmererfindergesetz (ArbnErfG)** geregelt. Nach § 5 ArbnErfG muss der Arbeitnehmererfinder die Erfindung schriftlich dem Arbeitgeber melden. Bisher hatte der Arbeitgeber dann vier Monate Zeit, die Erfindung schriftlich in Anspruch zu nehmen. Seitdem das Patentrechtsmodernisierungsgesetz am 1.10.2009 in Kraft getreten ist, ist dies nicht mehr erforderlich, vielmehr geht das Recht an der Erfindung auf den Arbeitgeber über, wenn er nicht innerhalb von vier Monaten auf die Erfindung verzichtet. Die neue Regelung ist auf alle Erfindungen anzuwenden, die nach dem Inkrafttreten des Gesetzes gemeldet wurden. Wenn die Rechte an der Erfindung auf den Arbeitgeber übergegangen sind, hat er die Verpflichtung, sie im Inland zum Patent anzumelden (§ 13 ArbnErfG). Entscheidet der Arbeitgeber, die Erfindung nicht zum Patent anzumelden, sondern als Betriebsgeheimnis geheim zu halten, so muss er trotzdem vergüten, wenn die Erfindung patentfähig ist. Dies kann durch Einreichen einer Patentanmeldung und Prüfung durch das DPMA festgestellt werden. Die Anmeldung kann dann vor Publikation zurückgezogen werden und wird somit nicht der Öffentlichkeit bekannt. Die Vergütung bei Inanspruchnahme ist in § 9 ArbnErfG geregelt. Für die Bemessung der Vergütung sind insbesondere die wirtschaftliche Verwertbarkeit der Diensterfindung (zB die erzielten Umsätze), die Aufgaben und die Stellung des Arbeitnehmers im Betrieb sowie der Anteil des Betriebes an dem Zustandekommen der Diensterfindung maßgebend. Falls der Arbeitgeber das Patent oder die Patentanmeldung aufgeben will, muss er sie vorher dem Erfinder anbieten, der sie dann auf eigene Kosten weiterführen kann.

Falls der Arbeitgeber und der Erfinder sich nicht über die Vergütung einigen können, kann die Schiedsstelle angerufen werden. Sie ist beim DPMA angesiedelt.

XV. Anmeldestrategien und Patentportfoliomanagement

Da die Patentierung erhebliche Kosten verursachen kann, muss an bestimmten Punkten des Anmeldeverfahrens die Anmeldestrategie neu überdacht werden und an die Forschungs- und Entwicklungsstrategie angepasst werden. **178**

Bei dem Zeitpunkt der ersten Anmeldung ist abzuwägen, ob die Erfindung in einem hochkompetitiven Gebiet gemacht wurde und daher ein frühzeitiges Anmeldedatum wünschenswert ist oder ob die weitere Datenerhebung wichtiger ist, damit dann ggf ein breiterer Patentanspruch gewährbar ist. Dann muss entschieden werden, ob eine kostengünstige Anmeldung beim deutschen Patent- und Markenamt oder eine europäische Patentanmeldung eingereicht werden soll. Die europäische Anmeldung kann Vorteile bieten, wenn der Anmeldetext in englisch vorliegt oder eine schnelle Erteilung in den EPÜ-Mitgliedstaaten gewünscht wird.

Am Ende des Prioritätsjahres muss über die Auslandsanmeldungen entschieden werden. Wenn nicht nur der europäische Markt von Interesse ist, für den eine europäische Anmeldung ausreicht, wird in der Regel eine PCT-Anmeldung eingereicht werden, die meistens den größten Teil des Marktes abdeckt. Sollten verstärkt Aktivitäten in Lateinamerika oder in arabischen Staaten geplant sein, so ist zu beachten, dass in einigen Ländern dieser Regionen bereits zum Ende des Prioritätsjahres national angemeldet werden muss, da einige Staaten nicht Mitglied des PCT sind (zB Argentinien, Uruguay, Jordanien, Saudi Arabien). **179**

Am Ende der 30/31 Monatsfrist steht die sehr kostenintensive Nationalisierung der PCT-Anmeldung an. Deshalb ist hier der Länderumfang sehr sorgfältig abzuwägen. Da nach dem ersten Anmeldetag bereits fast 2,5 Jahre vergangen sind, kann die Wichtigkeit der Erfindung für ein Projekt wahrscheinlich inzwischen besser eingeschätzt werden. Je nachdem, ob es sich bei der Erfindung zB ein Forschungsmittel, eine Substanz für ein Arzneimittel oder um eine neue Indikation für ein bekanntes Arzneimittel handelt, kann der Länderumfang erheblich abweichen. In die Entscheidung fließen auch die anvisierten Absatzmärkte und die Aktivitäten von Wettbewerbern mit ein. Den breitesten Länderumfang wird sicherlich die Stoffanmeldung haben, die das spätere Produkt schützt. **180**

Schließlich ist nach Erteilung des europäischen Patents über die Staaten zu entscheiden, für die das Patent gelten soll. Im Pharmabereich sind dies in der Regel zumindest alle Staaten des Europäischen Wirtschaftsraums, um Reimporte aus dem außereuropäischen Raum zu verhindern.

Im Laufe eines Entwicklungsprojekts werden in der Regel mehrere Patentfamilien entstehen. So wird zunächst eine größere Anzahl von Verbindungen einer Strukturklasse („Markush-Anspruch") angemeldet. Wenn dann durch weitere Forschungsarbeiten klar wird, welche Substanz die beste ist, kann sie, falls sie nicht schon explizit in der ersten Patentanmeldung genannt wurde, Gegenstand einer Auswahlerfindung sein. Im weiteren Projektverlauf werden dann eventuell eine neue erfinderische galenische Formulierung des Arzneimittels und ein neuer Herstellungsprozess entwickelt, die auch zum Patent angemeldet werden können. Eventuell zeigt sich bei den Studien, das das Arzneimittel auch für weitere Indikationen eingesetzt werden kann. Falls dieser Befund neu und erfinderisch ist, kann die Verwendung zum Patent angemeldet werden. Weiterhin besteht die Möglichkeit, bestimmte überlegene Strukturformen der aktiven chemischen Substanz zu patentieren. So entsteht ein Patentportfolio, das einer kontinuierlichen Pflege bedarf. In regelmäßigen Abständen sollte gemeinsam von Forschung, Entwicklung, Management und Patentfachleuten überprüft werden, ob die Patentfamilien noch relevant für die Produktentwicklung sind oder ob sich, **181** zB durch Änderung der Forschungsstrategie, die Schwerpunkte verschoben haben und manche Patentfamilien nicht mehr benötigt werden. Diese könnten zB auslizensiert, verkauft oder fallen gelassen werden.

XVI. Lizenzierung von Patenten

1. Lizenzvertrag

182 Patente aber auch Patentanmeldungen können in vollem Umfang oder auch nur bezogen auf ein bestimmte Ausführungsform (zB Substanz oder Indikation) lizenziert werden. Die Lizenz kann für alle Länder, in denen das Patent angemeldet wurde oder nur für einzelne Länder gelten. Sie kann exklusiv sein, dh nur ein Lizenznehmer kann die Erfindung nutzen oder einfach sein, dh es gibt mehrere Lizenznehmer. Die alleinige Lizenz ist eine Sonderform der exklusiven Lizenz. Der Lizenzgeber behält dabei sein eigenes Nutzungsrecht, kann aber keine Lizenzen an Dritte vergeben. Im Prinzip herrscht Vertragsfreiheit zwischen den Parteien. Diese wird allerdings durch kartellrechtliche Vorschriften eingeschränkt. Für diesen Themenkomplex sollte unbedingt fachlicher Rat durch einen Patentanwalt oder einen auf gewerbliche Schutzrechte spezialisierten Rechtsanwalt eingeholt werden.

183 Im Patentlizenzvertrag werden in der Regel folgende Klauseln geregelt: Lizenzgegenstand, Vertragsgebiet, Art der Lizenz (einfache, exklusive oder alleinige Lizenz), Unterlizenzvergabe (Zulieferung, Vertrieb), Durchsetzung/Verteidigung von Schutzrechten, Kündigung des Vertrags, Rechte an Verbesserungen des Lizenzgegenstandes, Lizenzgebühren (einmalig, laufend, up-front payments, mile-stone payments, Mindestzahlungen), Warranties/Gewährleistungsausschlüsse und Vertragsdauer.

Lizenzen können sowohl im deutschen als auch im europäischen Patentregister eingetragen werden. Die Eintragung kann dem Lizenznehmer Vorteile beim Geltendmachen von Rechten im Fall der Insolvenz des Patentinhabers bieten.

2. Due Diligence

184 Vor der Lizenzierung oder dem Kauf eines oder mehrerer Patente oder Patentanmeldungen wird häufig eine umfassende Prüfung der Patentlage durchgeführt. Diese sog. Due Diligence dient dem Lizenznehmer oder Käufer zur Einschätzung von wirtschaftlichen und rechtlichen Risiken. Es werden unter anderem die Erfolgsaussichten der Patentanmeldungen und Validität der Patente unter Berücksichtigung von anhängigen Einspruchsverfahren geprüft. Weiterhin werden Informationen über ggf anhängige Patentverletzungsverfahren vom Patentinhaber verlangt. Wichtig ist auch die Inanspruchnahmen von Arbeitnehmererfindungen und Rechtsübergänge bei Übertragungserklärungen zu prüfen.

Bei größeren Lizenz- und Kooperationsverträgen ist die Patent Due Diligence in der Regel ein Teil einer umfassenden Prüfung der wissenschaftlichen, wirtschaftlichen und rechtlichen Lage.

D. Gebrauchsmuster

185 Das Gebrauchsmuster ist ein rein nationales Recht, das es in Deutschland und einigen anderen europäischen Staaten gibt. Es gibt kein europäisches oder internationales Anmeldeverfahren. Der Vorteil des Gebrauchsmusters ist die schnelle und relativ kostengünstige Eintragung. Die Laufzeit beträgt zehn Jahre.

Das Gebrauchsmusterverfahren wird im Gebrauchsmustergesetz (GebrMG) geregelt. Mit einem deutschen Gebrauchsmuster können technische Erfindungen, aber keine Verfahren (zB Herstellungsverfahren) und keine biotechnologischen Erfindungen geschützt werden.

Beim Gebrauchsmuster handelt es sich um ein reines Registrierungsrecht, dh eine sachliche Prüfung findet nicht statt. Allerdings muss die geschützte Erfindung auch neu sein, auf einem erfinderischen Schritt beruhen und gewerblich anwendbar sein, wenn das Gebrauchsmuster rechtsbeständig sein soll. Es gilt aber ein eingeschränkter Neuheitsbegriff. Nur schriftliche Beschreibungen (weltweit) oder Benutzungen der Erfindung im Inland vor dem Anmeldetag sind neuheitsschädlich. Veröffentlichungen des Erfinders innerhalb von 6 Monaten vor der Anmeldung zum Gebrauchsmuster durch ihn oder seinen Rechtsvorgänger sind bei der Beurteilung der Neuheit unbeachtlich (sog. Neuheitsschonfrist). In der Vergangenheit war der Anspruch an einen erfinderischen Schritt grundsätzlich geringer als an die beim Patent geforderte erfinderische Tätigkeit. Jedoch hat der BGH in einer Entscheidung von 2006[237] den erfinderischen Schritt der erfinderischen Tätigkeit im Wesentlichen gleichgestellt. 186

Das Gebrauchsmuster begründet auch eine **Priorität** und zwar auch für eine nachgereichte Patentanmeldung. Wenn dieselbe Erfindung im Ausland angemeldet werden soll, kann die Priorität der deutschen Gebrauchsmusteranmeldung in Anspruch genommen werden. Voraussetzung ist, dass die Auslandsanmeldung innerhalb von zwölf Monaten nach der deutschen Gebrauchsmusteranmeldung eingereicht wird. 187

Ein Gebrauchsmuster kann auch aus einer Patentanmeldung mit gleichem Inhalt abgezweigt werden. Dies ist möglich innerhalb von zehn Jahren nach dem Anmeldetag der Patentanmeldung. Dazu muss die Patentanmeldung noch anhängig sein, dh sie darf nicht fallen gelassen oder erteilt worden sein. Die Anhängigkeit erstreckt sich bis zum Ende eines Einspruchsverfahrens. 188

Der Gebrauchsmusterschutz gilt zunächst für drei Jahre. Jeweils nach drei, sechs und acht Jahren kann der Schutz verlängert werden. Dazu ist jeweils eine **Aufrechterhaltungsgebühr** zu zahlen.

Die Wirkung des Gebrauchsmusters ist die gleiche wie die eines Patents. Der Inhaber kann die Nutzung der Erfindung untersagen und Schadensersatz fordern. Allerdings besteht das Risiko, dass das Gebrauchsmuster im Rahmen eines **Löschungsverfahrens** widerrufen wird. Dann kann der Inhaber unter Umständen wegen unberechtigten Vorgehens gegen Mitbewerber seinerseits auf Schadensersatz verklagt werden. 189

Die Löschung eines Gebrauchsmusters kann jedermann beim Patentamt beantragen. Es wird dann inhaltlich geprüft. Nur wenn Neuheit, erfinderischer Schritt und gewerbliche Anwendbarkeit gegeben sind, bleibt es bestehen. Ansonsten geht es rückwirkend verloren.

E. Geschmacksmuster

Das Geschmacksmuster schützt eine zwei- oder dreidimensionale ästhetische Gestaltungsform. Die rechtlichen Grundlagen sind im Geschmacksmustergesetz (GeschmMG) geregelt. Der Schutz entsteht mit der Eintragung des Musters in das Geschmacksmusterregister und kann bis zu 25 Jahre bestehen bleiben, wenn die Aufrechterhaltungsgebühren entrichtet werden. 190

Im Arzneimittelbereich können zB Verpackungen, besondere Blisterformen oder Vorrichtungen als Geschmacksmuster eingetragen werden.

Es bestehen verschiedenen Möglichkeiten ein Geschmacksmuster zu erhalten. Ein Geschmacksmuster mit Wirkung nur für Deutschland kann beim DPMA eingetragen werden. Weiterhin gibt es ein Gemeinschaftsgeschmacksmuster, das in der gesamten Europäischen Union gilt und beim Harmonisierungsamt für den Binnenmarkt (HABM) eingetragen wird. Darüber hinaus kann ein Geschmacksmuster gleichzeitig in mehreren Mitgliedstaaten 191

---

237 BGH v. 20.6.2006 – X ZB27/05, GRUR 2006, 842 – Demonstrationsschrank.

des Haager Musterabkommens geschützt werden. Diese internationale Anmeldung erfolgt bei der WIPO und gilt für die Staaten, für die der Anmelder Gebühren bezahlt hat.

192 Das Geschmacksmuster wird nur registriert und nicht sachlich geprüft. Trotzdem muss es, um valide zu sein, einige Voraussetzungen erfüllen. Es muss neu sein. Es gibt eine Neuheitsschonfrist von zwölf Monaten, innerhalb deren eine Vorveröffentlichung durch den Anmelder nicht neuheitsschädlich ist. Eine weitere Voraussetzung ist Eigenart. Das bedeutet, dass der Gesamteindruck, den das Muster auf den informierten Benutzer macht, sich vom Gesamteindruck unterscheiden muss, den ein anderes Muster macht.

Teil 8
Stoffe biologischer Herkunft und Arzneimittel aus Stoffen biologischer Herkunft

§ 31 Sera und Impfstoffe

Literatur: *Enzmann/Schneider*, Die Rolle des Ausschusses für Humanarzneimittel (CHMP) bei der europäischen zentralen Zulassung, Bundesgesundheitsblatt – Gesundheitsforschung – Gesundheitsschutz 2008, S. 731; *Friese/Jentges/Muatzam*, Guide to Drug Regulatory Affairs, 2007; *Keller-Stanislawski et al.*, Verdachtsfälle von Impfkomplikationen nach dem Infektionsschutzgesetz und Verdachtsfälle von Nebenwirkungen (von Impfstoffen) nach dem Arzneimittelgesetz v. 1.1.2004 bis zum 31.12.2005, Bundesgesundheitsblatt – Gesundheitsforschung – Gesundheitsschutz 2007, S. 1404; *Schneeweiß/Pfleiderer/Keller-Stanislawsky*, Impfsicherheit heute, DÄ 2008, 590; *Schriever/Schwarz/Steffen/Krafft*, Das Genehmigungsverfahren klinischer Prüfungen von Arzneimitteln bei den Bundesoberbehörden, Bundesgesundheitsblatt – Gesundheitsforschung – Gesundheitsschutz 2009, S. 377 ff.

A. Einleitung... 1	3. Zulassungsentscheidung... 14
I. Begriffsdefinitionen... 1	III. Änderungen der Zulassung... 15
1. Impfstoffe... 1	IV. Staatliche Chargenprüfung... 20
2. Sera... 2	1. Die staatliche Chargenfreigabe als zusätzliches Erfordernis für das Inverkehrbringen... 20
II. Gründe für den Bedarf an arzneimittelrechtlichen Sonderregelungen... 4	
III. Zuständige Bundesoberbehörde... 7	2. Voraussetzungen für die staatliche Chargenfreigabe und Verfahrensarten... 22
B. Rechtliche Besonderheiten bei den verschiedenen behördlichen Verfahren... 8	
I. Herstellungs- und Einfuhrerlaubnis... 8	3. Widerruf und Rücknahme der staatlichen Chargenfreigabe... 29
II. Zulassungsverfahren... 9	
1. Verfahrensarten... 9	V. Pharmakovigilanz... 35
2. Regulatorische Unterschiede gegenüber chemisch definierten Arzneimitteln... 10	

A. Einleitung

I. Begriffsdefinitionen

1. Impfstoffe

Impfstoffe oder Vakzine sind nach der Definition des § 4 Abs. 4 AMG Arzneimittel im Sinne des § 2 Abs. 1 AMG, die Antigene oder rekombinante Nukleinsäuren enthalten und die dazu bestimmt sind, bei Mensch oder Tier zur Erzeugung von spezifischen Schutzstoffen angewendet zu werden und, soweit sie rekombinante Nukleinsäuren enthalten, ausschließlich zum Schutz vor Infektionskrankheiten bestimmt sind. 1

Die meisten Impfstoffe zum Schutz vor Infektionskrankheiten enthalten als Wirkstoff intakte oder abgeschwächte Erreger (Bakterien oder Viren) oder Bestandteile davon. Die darin befindlichen sog. Antigene induzieren eine aktive Immunisierung, dh, dass durch die Zuführung des Impfantigens der Organismus selbst dazu angeregt wird, innerhalb von drei bis vier Wochen Antikörper zu bilden. Gleichzeitig wird das Immunsystem dahin gehend geprägt, dass es bei einer späteren Begegnung mit dem Erreger diesen erkennt und schnell wieder schützende Antikörper produziert (immunologisches Gedächtnis).

2. Sera

Sera sind gemäß § 4 Abs. 3 AMG Arzneimittel im Sinne des § 2 Abs. 1 AMG, die Antikörper, Antikörperfragmente oder Fusionsproteine mit einem funktionellen Antikörperbestandteil als Wirkstoff enthalten und wegen dieses Wirkstoffs angewendet werden. Sie gelten nicht als Blut- oder Gewebezubereitungen. 2

Mit einem Serum wird eine passive Immunisierung durch die Zufuhr von antikörperhaltigem Immunglobulin durchgeführt. Sera werden aus dem Blut bzw aus dem Blutplasma menschlicher Spender oder aus Plasma tierischen Ursprungs gewonnen. Von auf natürlichem Wege immunisierten Menschen werden sog. normale Immunglobuline gewonnen. Durch eine Auswahl von Spenden mit besonders hohem Antikörpergehalt einer bestimmten Spezifität oder durch Hyperimmunisierung erhält man sog. spezifische Immunglobuline. Tiere werden stets künstlich immunisiert. Sera tierischen Ursprungs werden jedoch nur noch vereinzelt verwendet, wenn die entsprechenden Antikörper (zB gegen Schlangen– oder andere Gifte) beim Menschen nicht vorkommen oder sich eine Immunisierung verbietet. Zu den Seren gehören auch sog. monoklonale Antikörper. Man erzeugt diese in vitro aus sog. Hybridomen, für die eine antikörperbildende und eine kontinuierlich vermehrbare Zelle fusioniert und deren Nachkommen dann selektiert bzw kloniert werden, so dass, anders als bei der Isolierung von Immunglobulinen aus Blutplasma, nur ein Antikörper mit nur einer Spezifität entsteht. Die o.g. Definition zu „Sera" in § 4 Abs. 3 AMG wurde mit der 15. AMG-Novelle im Hinblick auf die monoklonalen Antikörper präzisiert.[1]

3   Anders als nach einer Impfung stehen mit der Gabe von Immunglobulinen die Antikörper sofort zur Verfügung. Andererseits ist deren Wirksamkeit zeitlich begrenzt, denn sie werden in einigen Wochen abgebaut und ausgeschieden und das Gedächtnis des Immunsystems wird nicht geprägt. Zu den Sera gehören zB sog. normales Immunglobulin vom Menschen und Tetanus-Immunglobulin. Neben Sera zum raschen Schutz bei einem Kontakt mit Krankheitserregern, Giften o.Ä. gibt es Anti-D-Immunglobulin, Anti-Lymphozyten-Serum und die monoklonalen Antikörper für gezielte Therapieansätze z.B. bei bestimmten Krebs- oder Autoimmunerkrankungen.

II. Gründe für den Bedarf an arzneimittelrechtlichen Sonderregelungen

4   Impfstoffe und Sera gehören zu den wirksamsten und gleichzeitig zu den am seltensten mit ernsten oder schwerwiegenden unerwünschten Wirkungen behafteten Arzneimitteln.[2] Trotzdem bedarf es bei diesen Arzneimitteln (und bei anderen sog. biologischen Arzneimitteln) einiger rechtlicher Sonderregelungen, die über die für sonstige Arzneimittel geltenden Regelungen hinausgehen.

Bei Impfstoffen, teilweise aber auch bei Sera, ist die Herstellung – insbesondere deren erste Teilstrecke vom Ausgangs-/Ursprungsstoff zum Wirkstoff – durch ihre Eigenart mit speziellen Risiken verbunden.[3] Außerdem sind die Nachweis- und Genauigkeitsgrenzen der erforderlichen biologischen Prüfverfahren deutlich niedriger als diejenigen vieler chemischer und physikalisch-chemischer Techniken.

5   Impfstoffe stammen in der Regel aus Krankheitserregern, die erst, ggf nach Abschwächung, angezüchtet oder danach inaktiviert werden. Die Erreger sind für ihre natürliche biologische Variabilität bekannt. Ihr Variabilitätspotenzial wird auch während der Anzucht behalten. Wenn sich dieses Potenzial frei entfalten könnte, würde dies uU die Eigenschaften des Arzneimittels – insbesondere dessen gleichbleibende Wirksamkeit und konstant hohe Unbedenklichkeit – beeinträchtigen. Schwankungen könnten schon als Folge geringster Verän-

---

1 Vgl amtl. Begründung (BT-Drucks. 16/12256, S. 42).
2 Zur Risikobewertung siehe Schneeweiß/Pfleiderer/Keller-Stanislawsky, Impfsicherheit heute, DÄ 2008, 590 ff.
3 Grundsätzlich ist diese Teilstrecke der Herstellung nicht der „Arzneimittelherstellung" zugeordnet, sondern sie gilt als „Wirkstoffherstellung". Für die Wirkstoffherstellung bestehen die GMP-Vorgaben des EU-Leitfadens „Basic Requirements for Active Substances used as Starting Materials", die auch Eingang in die AMWHV gefunden haben. Wegen der Besonderheiten bei der Handhabung biologischer Stoffe und der deshalb erforderlichen Vorsichts- und Schutzmaßnahmen gelten bei Biologika jedoch vom ersten bis zum letzten Schritt die strengen GMP-Vorschriften für die Arzneimittelherstellung. Dies ist in dem Leitfaden der WHO über GMP-Anforderungen bei der Herstellung biologischer Arzneimittel (WHO Technical Report Series 834, 1993, siehe < http://whqlibdoc.who.int/trs/WHO_TRS_834.pdf#page=26 >) und in dem einschlägigen EU-Leitfaden (http://ec.europa.eu/enterprise/pharmaceuticals/eudralex/vol4_en.htm) vorgesehen.

derungen des Mikroorganismus stattfinden, weshalb das oberste Herstellungsziel ab dem Moment, in dem vom ursprünglichen isolierten Erreger der umfangreich charakterisierte sog. Impfstamm gewonnen wird, darin besteht, jede Variabilität durch streng einzuhaltende Regeln zu minimieren. Dazu gehört u.a. ein Saatgut, dessen Vorrat über Jahre ausreichen sollte, eine Obergrenze für daraus gewonnene Passagen (Generationen), strenge Grenzen der Anzuchtparameter (zB Temperatur, pH-Wert), sowie ein ständiges Monitoring und In-Prozess-Kontrollen. Dies gilt um so mehr, als kleine aber ggf gravierende Abweichungen kaum und im meist verdünnten Endprodukt auch wegen der anfangs erwähnten Grenzen der Prüfmethoden oft gar nicht erkannt werden können. Vergleichbares gilt zB für die Anzucht von Hefezellen, die durch DNA-Rekombination ein Virusantigen exprimieren und für Zellkulturen aus Geweben höherer Organismen auf Viren vermehrt werden.

Bei Sera muss sichergestellt sein, dass in dem menschlichen oder tierischen Ausgangsblut keine Krankheitserreger nachgewiesen werden und für den Fall, dass solche unentdeckt vorhanden gewesen waren, dass diese inaktiviert werden. Kommen spezielle Techniken zum Einsatz (bei Impfstoffen zB DNA-Rekombination, bei monoklonalen Antikörpern die Hybridisierungsverfahren) so muss u.a. die Irreversibilität des Konstrukts sichergestellt sein. 6

Auch ist zu erwähnen, dass insbesondere Impfstoffe, aber auch die meisten Sera, gesunden Menschen, darunter zu einem großen Anteil auch Kindern, verabreicht werden. Dies begründet besonders hohe Anforderungen an das Sicherheitsprofil der Arzneimittel.

III. Zuständige Bundesoberbehörde

Diese Besonderheiten bedingen nicht nur spezielle arzneimittelrechtliche Regelungen, sondern erfordern auch eine besondere Expertise bei der behördlichen Erfüllung der Prüfaufgaben, die gesetzlich für eine Zulassung und das Inverkehrbringen vorgeschrieben sind. 7

Das **Paul-Ehrlich-Institut (PEI)**, welches früher als „Staatliche Anstalt für experimentelle Therapie"[4] eine öffentlich-rechtliche Anstalt des Landes Hessen war und mit dem „Gesetz über die Errichtung eines Bundesamtes für Sera und Impfstoffe"[5] vom 7.7.1972[6] als Bundesoberbehörde dem Bund zugeordnet wurde, verfügt über weit in die Vergangenheit reichende Erfahrungen bei der Prüfung und Beurteilung von Sera und Impfstoffen.[7] Es ist heute für eine vielfältige Palette biologischer Arzneimittel,[8] nämlich die in § 77 Abs. 2 AMG genannten Präparate, zuständig. Neben den bereits genannten Sera und Impfstoffen sind dies Blutzubereitungen, Gewebezubereitungen, Gewebe, Allergene, Arzneimittel für neuartige Therapien, xenogene Arzneimittel und gentechnisch hergestellte Blutbestandteile. Viele Sonderregelungen, die für Sera und Impfstoffe nachfolgend erläutert werden, gelten auch für diese Arzneimittel.

---

4 Zur vorausgehenden Historie des Instituts siehe <www.pei.de>.
5 Heutige Bezeichnung: „Bundesinstitut für Impfstoffe und biomedizinische Arzneimittel".
6 BGBl. I, 1163.
7 Auch Tierimpfstoffe werden vom PEI zugelassen. Das Verfahren richtet sich aber nicht nach dem AMG, sondern nach der aufgrund des Tierseuchengesetzes ergangenen Tierimpfstoff-Verordnung v. 24. Oktober 2006 (BGBl. I, 2355).
8 Der Begriff „biologische Arzneimittel" umfasst nach dem Anhang der RL 2001/83/EG (Modul 3, 3.2.1.1.a) Arzneimittel, deren Wirkstoff ein biologischer Stoff ist. Ein biologischer Stoff ist ein Stoff, der biologischen Ursprungs ist oder aus biologischem Ausgangsmaterial erzeugt wird und zu dessen Charakterisierung und Qualitätsbestimmung physikalische, chemische und biologische Prüfungen und die Beurteilung des Produktionsprozesses und seiner Kontrolle erforderlich sind. Sera und Impfstoffe gehören zu einer Untergruppe der biologischen Arzneimittel, nämlich zu den immunologischen Arzneimitteln.

Hauptaufgaben des Paul-Ehrlich-Instituts sind die Zulassung[9] und die staatliche Chargenprüfung, die Genehmigung klinischer Prüfungen,[10] die Sammlung und Beurteilung von Pharmakovigilanzdaten,[11] die Mitwirkung bei Aufgaben aus dem Zuständigkeitsbereich der Bundesländer sowie Forschungstätigkeiten.

B. Rechtliche Besonderheiten bei den verschiedenen behördlichen Verfahren

I. Herstellungs- und Einfuhrerlaubnis

8 Die Erteilung der Herstellungserlaubnis obliegt bei Sera und Impfstoffen, ebenso wie bei allen anderen Arzneimitteln, der für die Betriebsstätte örtlich zuständigen Landesbehörde, § 13 Abs. 1 iVm § 13 Abs. 4 S. 1 AMG. Im Hinblick auf die produktspezifischen Besonderheiten von Sera und Impfstoffen ergeht die Entscheidung über die Erlaubnis gemäß § 13 Abs. 4 S. 2 AMG hier im Benehmen mit dem PEI. In der Praxis bedeutet dies, dass das PEI die Landesbehörde bei der Besichtigung bzw Inspektion der Betriebsstätte begleitet und den besonderen Sachverstand im Hinblick auf die Herstellung der genannten Arzneimittel mit einbringt (vgl § 64 Abs. 3 S. 3 AMG iVm § 3 Abs. 1 der Allgemeinen Verwaltungsvorschrift zur Durchführung des Arzneimittelgesetzes (AMGVwV).[12] Auch bei der Entscheidung der zuständigen Landesbehörde über die Einfuhrerlaubnis von Sera und Impfstoffen im Sinne des § 72 AMG ist das Benehmen mit dem PEI herzustellen, § 72 Abs. 1 S. 2 AMG.

II. Zulassungsverfahren

1. Verfahrensarten

9 Die Art des Zulassungsverfahrens ist abhängig von dem Arzneimittel selbst und davon, ob der pharmazeutische Unternehmer das Arzneimittel nur in Deutschland (nationales Verfahren) oder auch in anderen Mitgliedstaaten der Europäischen Union bzw des Europäischen Wirtschaftsraums zu vermarkten beabsichtigt (Verfahren der gegenseitigen Anerkennung oder dezentralisiertes Verfahren, ggf zentralisiertes Zulassungsverfahren).[13]

Die rein nationale Neuzulassung eines Serums oder Impfstoffs ist heute eher die Ausnahme. Zunehmend werden Zulassungen im Verfahren der gegenseitigen Anerkennung (MRP) und dem dezentralisierten Verfahren (DCP) zugelassen. Auch gibt es Produkte, die im Hinblick auf ihre Wirkstoffe oder Indikationsgebiete zwingend oder optional unter den Anhang der Verordnung (EG) Nr. 726/2004 fallen. Diese werden durch den Ausschuss für Humanarzneimittel (CHMP) der EMEA[14] beurteilt und von der Europäischen Kommission zugelassen. „Klassische" Impfstoffe unterliegen dem zentralisierten Verfahren nicht, wohl aber solche, die gentechnologisch hergestellte Antigene enthalten, wie zB Kombinationsimpfstoffe, die

---

9 Soweit nicht nach der VO (EG) Nr. 726/2004 zur Festlegung von Gemeinschaftsverfahren für die Genehmigung und Überwachung von Human- und Tierarzneimitteln und zur Errichtung einer Europäischen Arzneimittel-Agentur oder nach der VO (EG) Nr. 1394/2007 über Arzneimittel für neuartige Therapien, nach Durchführung des Zulassungsverfahrens durch die EMEA, die Europäische Kommission die Zulassungsentscheidung erlässt.
10 Zum Ablauf des behördlichen Verfahrens und zu den Rechtsgrundlagen für das Genehmigungsverfahren siehe Schriever/Schwarz/Steffen/Krafft, Das Genehmigungsverfahren klinischer Prüfungen von Arzneimitteln bei den Bundesoberbehörden, Bundesgesundheitsblatt – Gesundheitsforschung – Gesundheitsschutz 2009, S. 377 ff.
11 Nach dem Medizinproduktegesetz auch bei sog. In-Vitro-Diagnostika.
12 Vom 29.3.2006, BAnz Nr. 63, S. 2287.
13 Zu den Einzelheiten der verschiedenen Verfahren siehe Kloesel/Cyran, Arzneimittelrecht, § 25 b AMG Erl. 3 ff und Enzmann/Schneider, Die Rolle des Ausschusses für Humanarzneimittel (CHMP) bei der europäischen zentralen Zulassung, Bundesgesundheitsblatt – Gesundheitsforschung – Gesundheitsschutz 2008, S. 731 ff.
14 Zur Organisation der EMEA siehe Friese/Jentges/Muatzam, Guide to Drug Regulatory Affairs, A. 3.3.

B. Rechtliche Besonderheiten bei den verschiedenen behördlichen Verfahren

als Komponente einen rekombinanten (rDNA) Hepatitis-B-Impfstoff enthalten. Auch monoklonale Antikörper werden heute im Hinblick auf ihre biotechnologische Herstellung im zentralisierten Verfahren zugelassen. Im zentralisierten Verfahren bringt das PEI regelmäßig seine Expertise als Berichterstatter oder Mitberichterstatter[15] im Sinne des Art. 61 der Verordnung (EG) Nr. 726/2004 ein, dessen Aufgabe die Erstellung des Bewertungsberichts zur Qualität, Wirksamkeit und Sicherheit des zur Zulassung beantragten Arzneimittels ist..[16]

2. Regulatorische Unterschiede gegenüber chemisch definierten Arzneimitteln

Wie bei anderen Arzneimitteln auch, ist der Antrag auf Zulassung bei Sera und Impfstoffen im „nationalen" Verfahren mittels eines bestimmten Formularsatzes zu erstellen.[17] Anders als bei chemisch definierten Arzneimitteln, bei denen gemäß § 22 Abs. 1 Nr. 11 AMG „Angaben über die Herstellung des Arzneimittels" mitzuteilen sind, ist bei Sera und Impfstoffen die Vorlagepflicht der Beschreibung des Herstellungsverfahrens gegenüber der Zulassungsbehörde nicht auf den Herstellungsprozess des Fertigarzneimittels beschränkt, sondern erstreckt sich auf die gesamte Herstellung, insbesondere auch auf den Herstellungsprozess des Wirkstoffs. Dies gilt im Hinblick auf die dargestellten Besonderheiten bei der Herstellung von Biologika. Die gesetzliche Ermächtigung des PEI, diese Angaben vom pharmazeutischen Unternehmer zu verlangen, ist § 25 Abs. 8 S. 3 AMG bzw die nachfolgend genannte Arzneimittelprüfrichtlinie.

Kernpunkt der speziellen Regelungen für biologische Arzneimittel ist die behördliche Ermächtigung zur Durchführung auch eigener experimenteller Untersuchungen im Rahmen des Zulassungsverfahrens zur Beurteilung der Qualität, Wirksamkeit und Unbedenklichkeit des Arzneimittels. § 25 Abs. 8 AMG regelt dementsprechend für Sera und Impfstoffe, dass das PEI die Zulassung entweder aufgrund der Prüfung der eingereichten Unterlagen, aufgrund eigener Untersuchungen oder aufgrund der Beobachtung der Prüfungen des Herstellers erteilt. Demgemäß werden durch das PEI neben der „Papierprüfung" der eingereichten Zulassungsunterlagen regelmäßig Laborprüfungen des Arzneimittels bzw seiner Ausgangsstoffe vorgenommen.[18] Weiterhin führt das PEI, im Benehmen mit der zuständigen Landesbehörde, zulassungsbezogene Inspektionen in den Herstellungsbetrieben der Arzneimittel durch (§ 25 Abs. 5 S. 2 und 3 AMG).

Der Maßstab für die von der Zulassungsbehörde zu stellenden Anforderungen an die nach § 22 Abs. 2 AMG einzureichendem Unterlagen über die analytische, pharmakologisch-toxikologische und klinische Prüfung ergibt sich aus den gemäß § 26 Abs. 1 AMG ergangenen Arzneimittelprüfrichtlinien.[19] Die Arzneimittelprüfrichtlinien verweisen bzgl der einzuhaltenden Anforderung auf die Monographien und die allgemeinen Kapitel des Europäischen

---

15 Sog. Rapporteur oder Co-Rapporteur.
16 Auf der Homepage des PEI (www.pei.de) finden sich Listen, die u.a. die in Deutschland zugelassenen Impfstoffe und Sera (Tiersera, Immunglobuline und monoklonale Antikörper) enthalten. Diejenigen Produkte, deren Zulassungsnummer mit den Buchstaben „EU" beginnt, wurden im zentralisierten Verfahren zugelassen.
17 Dieser wurde von BfArM und PEI in der Beilage Nr. 69 a zum Bundesanzeiger Nr. 69 v. 9.4.2003, S. 7058 bekannt gemacht und kann über <www.pei.de> heruntergeladen werden.
18 Siehe auch Kloesel/Cyran, Arzneimittelrecht, § 25 AMG Erl. 129 ff.
19 Mit der Zweiten Allgemeinen Verwaltungsvorschrift zur Änderung der Allgemeinen Verwaltungsvorschrift zur Anwendung der Arzneimittelprüfrichtlinie v. 11.10.2004 (BAnz Nr. 197 v. 16.10.2004) wurde die Geltung des Anhangs I der RL 2001/83/EG über „Analytische, toxikologisch-pharmakologische und ärztliche oder klinische Vorschriften und Nachweise über Versuche mit Arzneimitteln" iSd § 26 AMG bekannt gemacht.

bzw des Deutschen Arzneibuchs.[20] Daneben werden über die Prüfrichtlinien europäische Leitlinien[21] in die Anforderungen einbezogen. Weiter wird auf einschlägige europäische Richtlinien[22] und Verordnungen verwiesen. Die Arzneimittelprüfrichtlinie enthält, neben den generellen Anforderungen, die jedes Arzneimittel zu erfüllen hat, besondere Bestimmungen für biologisches Arzneimittel.[23] Auch gibt es eine Reihe von Leitlinien für biologische Arzneimittel und spezielle Leitlinien für Immunglobuline, Impfstoffe und monoklonale Antikörper.[24]

13 Anhang I der Richtlinie 2001/83/EG ist nicht nur „nationale" Arzneimittelprüfrichtlinie im Sinne des § 26 AMG, sondern regelt auch die Anforderungen im Verfahren der gegenseitigen Anerkennung, dem dezentralisierten Verfahren und dem zentralisierten Zulassungsverfahren, da in den einschlägigen Regelungen jeweils auf die Inhalte der Richtlinie 2001/83/EG Bezug genommen wird. Dies gewährleistet eine Harmonisierung der Zulassungsanforderungen innerhalb der Mitgliedstaaten.

3. Zulassungsentscheidung

14 Soweit sich nach der Prüfung des Serums oder Impfstoffes im Zulassungsverfahren und ggf nach der Durchführung eines sog. Mängelbeseitigungsverfahrens[25] iSd § 25 Abs. 4 iVm § 27 Abs. 1 AMG ergibt, dass keiner der Versagungsgründe des § 25 Abs. 2 AMG vorliegt, wird die Zulassung erteilt und diese Erteilung gemäß § 34 Abs. 1 Nr. 1 AMG im Bundesanzeiger bekannt gemacht. Im MRP oder DCP-Verfahren erfolgt, soweit das PEI lediglich „betroffener Mitgliedstaat" (CMS) ist, die Umsetzung der abschließenden Entscheidung des europäischen Verfahrens durch den Erlass eines „nationalen" Zulassungsbescheides.

Die Gebührenerhebung im Zulassungsverfahren richtet sich nach § 2 der Kostenverordnung für Amtshandlungen des Paul-Ehrlich-Instituts nach dem Arzneimittelgesetz vom 4.10.2002[26].

Nur in seltenen Fällen war bei Sera und Impfstoffen bisher der Widerruf, die Rücknahme oder die Anordnung des Ruhens der Zulassung erforderlich. Einschlägig ist hier die Regelung des § 30 AMG.

III. Änderungen der Zulassung

15 Beabsichtigt der pharmazeutische Unternehmer Änderungen am zugelassenen Modell seines Arzneimittels vorzunehmen, ist bei Sera und Impfstoffen, wie bei den sonstigen Arzneimitteln auch, zunächst zu beachten, in welchem Verfahren das Produkt zugelassen worden ist. Bei einer rein „nationalen" Zulassung regelt § 29 AMG, wie die Änderungen anzuzeigen sind. Bei einer Zulassung, die nach Abschluss eines MR- oder DCP-Verfahrens ergangen ist, ist derzeit noch das Verfahren nach der Verordnung (EG) Nr. 1084/2003 einschlägig. Die

---

20 Für Biologika, insb. Impfstoffe und Sera, beschreiben die Monographien des Arzneibuchs die komplette Herstellung und Prüfung (Details der Prüfung finden sich zT in separaten Monographien) und sogar den Gehalt des Fertigarzneimittels an Wirkstoff.
21 Siehe <http://ec.europa.eu/enterprise/pharmaceuticals/eudralex/vol3_en.htm>.
22 ZB die RL 2001/20/EG zur Angleichung der Rechts- und Verwaltungsvorschriften der Mitgliedstaaten über die Anwendung der guten klinischen Praxis bei der Durchführung von klinischen Prüfungen mit Humanarzneimitteln, welche in das deutsche Recht durch §§ 40 ff AMG und die GCP-Verordnung umgesetzt wurde.
23 ZB zur Definition des Ausgangsstoffes (unter 3.2.1.1.b), in Bezug auf spezielle Maßnahmen zur Verhütung der Übertragung spongiformer Enzephalopathien und der Eliminierung bzw dem Unschädlichmachen potenziell pathogener Fremdagenzien (3.2.1.2.c).
24 Siehe <www.emea.europa.eu/htms/human/humanguidelines/biologicals.htm>.
25 Nähere Ausführungen zu diesem Verfahren bei Kloesel/Cyran, Arzneimittelrecht, § 25 AMG Erl. 65 ff.
26 BGBl. I, 4017, zuletzt geändert durch Verordnung vom 30.6.2009 (BGBl. I, 1671).

B. Rechtliche Besonderheiten bei den verschiedenen behördlichen Verfahren 31

Verordnung (EG) Nr. 1234/2008 der Kommission vom 24. November 2008[27] über die Prüfung von Änderungen der Zulassung von Human- und Tierarzneimitteln ersetzt mit Wirkung vom 1.1.2010 die vorgenannte Verordnung. Sowohl nach § 29 AMG als auch nach den genannten europäischen Verordnungen sind für Änderungen bei Sera und Impfstoffen Sonderregelungen getroffen.

Im Hinblick auf die bereits oben aufgezeigte besondere Bedeutung des Herstellungs- und Prüfverfahrens bei biologischen Arzneimitteln darf nach § 29 Abs. 2 a Nr. 4 AMG eine Änderung dieser Verfahren erst vollzogen werden, wenn das PEI der angezeigten Änderung zugestimmt hat oder der Änderung nicht innerhalb einer Frist von drei Monate widersprochen hat. Im Gegensatz dazu ist eine Änderung des Herstellungs- und/oder Prüfverfahrens bei chemisch definierten Arzneimitteln eine nur anzeigebedürftige Änderung im Sinne des § 29 Abs. 1 AMG. 16

Die Verordnung (EG) Nr. 1084/2003 unterscheidet zwischen geringfügigen (Typ IA und IB) und bedeutsamen (Typ II) Sachverhalten und sieht entsprechend zwei Änderungsverfahren vor: ein Mitteilungs- und ein Genehmigungsverfahren. Anhang I der Verordnung enthält die Tatbestände vom Typ I und ordnet sie den Stufen IA und IB zu. Nicht in diesem Anhang gelistete Sachverhalte gelten als genehmigungspflichtige Typ II-Änderungen oder sind – soweit in Anhang II der Verordnung aufgeführt – Erweiterungen der Zulassung. Bei einer Vielzahl der in Anhang I aufgelisteten Sachverhalte ist ausdrücklich vorgesehen, dass die Einstufung nur dann gilt, wenn es sich nicht um biologische Arzneimittel handelt. Bei diesen findet die nächst höhere Stufe Anwendung, mit der Folge, dass bei Biologika viele Änderungssachverhalte, für die sonst nur ein Mitteilungsverfahren gilt, dem Genehmigungsverfahren unterliegen. 17

Für die Änderung der Zulassung von Grippeimpfstoffen für den Menschen, bei welchen, je nach der epidemiologisch vorherrschenden Virusvariante, der Impfstamm und damit der Wirkstoff geändert werden muss, gilt gemäß Art. 7 VO (EG) Nr. 1084/2003 ein besonderes, abgekürztes Genehmigungsverfahren. Für den Fall, dass eine ausbrechende Epidemie große Eile gebietet, ist in Art. 8 eine vorläufige Genehmigung der Impfstoffänderung vorgesehen. Nach der künftig geltenden Verordnung (EG) Nr. 1234/2008 soll die Einstufung von Änderungen als Typ IB bzw das entsprechende Mitteilungsverfahren das Standardverfahren sein. Für biologische Arzneimittel wird jedoch der Gedanke aus der Verordnung (EG) Nr. 1084/2003, nämlich der einer höheren Einstufung vieler Änderungen, weitergetragen. 18

Gemäß Art. 4 Abs. 1 lit. a VO (EG) Nr. 1234/2008 ergehen, zusätzlich zu den in den Anhängen der Verordnung getroffenen allgemeineren Einstufungen von Änderungen, ausführliche Leitlinien der Europäischen Kommission, die für detailliert benannte Änderungen eine Einstufung in die verschiedenen Änderungskategorien (als Typ IA, Typ IA$_{IN}$, Typ IB oder Typ II) vornehmen. Die Einstufung orientiert sich an den Auswirkungen der Änderung auf die Qualität, Wirksamkeit und Unbedenklichkeit des jeweiligen Arzneimittels. 19

Sowohl nach dem Anhang II der Verordnung, als auch nach dem öffentlichen Konsultationspapier der Kommission[28] zu der Leitlinie über die Details zu den verschiedenen Änderungskategorien, sind die weit überwiegende Anzahl der Änderungen bei biologischen Arzneimitteln genehmigungspflichtige Typ II-Änderungen.

---

27 ABl. EU Nr. L 334 v. 12.12.2008, S. 334 ff.
28 „Public Consultation Paper" der Europäischen Kommission zur Implementierung der Änderungsverordnung (EG) Nr. 1234/2008: „Regulation (EC) No 1234/2008 Article 4(1)(a): Guidelines on the details of the various categories of Variations", siehe <http://ec.europa.eu/enterprise/pharmaceuticals/pharmacos/docs/doc2009/2009_03/41a/41 a.pdf>.

Auch die Verordnung (EG) Nr. 1234/2008 sieht ein besonderes Änderungsverfahren bei Grippeimpfstoffen[29] und für den Fall von Influenzapandemien beim Menschen[30] vor.

IV. Staatliche Chargenprüfung

1. Die staatliche Chargenfreigabe als zusätzliches Erfordernis für das Inverkehrbringen

20   Im Zulassungsverfahren wird, wie oben ausgeführt, das Modell des Arzneimittels bzw das seiner Herstellung und Prüfung festgeschrieben. An dieses Modell hat der pharmazeutische Unternehmer sich nachfolgend bei allen Produktionsschritten und Prüfungen, einschließlich deren, die die Endproduktchargen betreffen, zu halten.

Im Unterschied zu chemisch definierten Arzneimitteln ist, über die nach der AMWHV vorgeschriebene firmeninterne Chargenfreigabe hinaus, für die Verkehrsfähigkeit von biologischen Arzneimitteln gemäß § 32 Abs. 1 AMG erforderlich, dass jede Charge des Endprodukts zuvor vom PEI geprüft wurde und eine staatliche Freigabe erhalten hat.

21   Der Grund für die staatliche Chargenprüfung für Biologika ist, dass diese Arzneimittel trotz aller beschriebenen Herstellungs- und Prüfvorkehrungen, welche die regelmäßige Gewinnung eines gleichbleibenden Produkts sichern sollen, von Charge zu Charge gewisse Schwankungen in ihren Eigenschaften zeigen können.[31] Bei Impfstoffen ist hier insbesondere die anfangs erwähnte, zwar durch Monitoring und In-Prozess-Kontrollen „im Zaum" gehaltene, jedoch nie ganz auszuschließende biologische Variabilität der Mikroorganismen und auch der ggf benötigten Zellkulturen während der Anzucht zu nennen. Am ehesten trifft diese auf den Gehalt an Wirkstoff bzw die biologische Aktivität der Produkte zu. Die geringere Genauigkeit vieler biologischer Prüfverfahren, die zur Quantifizierung biologischer Stoffe verwendet werden, kann dazu führen, dass beispielsweise Messwerte nur mit einer Präzision von + 0.3 log den reellen Gehalt wiedergeben, dh dieser nur halb oder doppelt so hoch sein kann als gemessen wurde. Selbst dies erfordert besondere Vorkehrungen – darunter die Verwendung geeigneter von der WHO und der EDQM bereitgehaltener Referenzpräparate – und eben auch die zusätzliche behördliche Prüfung.

2. Voraussetzungen für die staatliche Chargenfreigabe und Verfahrensarten

22   Die staatliche Chargenfreigabe setzt gemäß § 32 Abs. 1 AMG voraus, dass die Charge – also die aus derselben Ausgangsmenge in einem Herstellungsgang erzeugte Menge des Produkts[32] – nach Herstellungs- und Kontrollmethoden, die dem Stand der wissenschaftlichen Erkenntnisse entsprechen, hergestellt und geprüft worden ist, und dass sie die erforderliche Qualität, Wirksamkeit und Unbedenklichkeit aufweist.

Neben der Prüfung der Dokumentationen des Herstellers im Hinblick darauf, ob die angewandten Herstellungs- und Kontrollmethoden der Zulassung entsprechen und ob die weiteren Voraussetzung für die Freigabe erfüllt sind, besteht in der Durchführung der experimentellen Prüfung bei Sera und Impfstoffen der wesentliche Kernpunkt der staatlichen Kontrolle.[33]

Eine Chargenfreigabe aufgrund einer reinen „Papierprüfung", welche im Hinblick auf den Verweis in § 32 Abs. 3 AMG auf § 25 Abs. 8 AMG grundsätzlich möglich wäre, ist bei Impfstoffen eher die Ausnahme.

---

29 Siehe Artt. 12 und 18 VO (EG) Nr. 1234/2008.
30 Art. 21 VO (EG) Nr. 1234/2008.
31 Vgl Kloesel/Cyran, Arzneimittelrecht, § 32 AMG Erl. 1.
32 Siehe zum Chargenbegriff die Definition des § 4 Abs. 16 AMG.
33 Vgl Kloesel/Cyran, Arzneimittelrecht, § 32 AMG Erl. 8.

B. Rechtliche Besonderheiten bei den verschiedenen behördlichen Verfahren

Demgemäß muss der pharmazeutische Unternehmer mit dem Antrag auf staatliche Chargenfreigabe seine Unterlagen zur Herstellung sowie die Ergebnisse aller durchgeführten Qualitätskontrolltests zusammen mit Prüfmustern der hergestellten Charge beim PEI einreichen. Ergeben die Überprüfung der Chargendokumentation sowie die behördliche experimentelle Untersuchung, dass die genannten Voraussetzungen erfüllt sind, erhält der pharmazeutische Unternehmer vom PEI einen Bescheid über die Freigabe der Charge. Dieser „nationale" Freigabebescheid erlaubt dem pharmazeutischen Unternehmer, die Charge in Deutschland zu vermarkten. **23**

§ 32 Abs. 1 S. 3 AMG sieht die staatliche Chargenfreigabe in Deutschland gleichermaßen für den Fall vor, dass die zuständige Behörde eines anderen Mitgliedstaates der Europäischen Union nach einer experimentellen Untersuchung festgestellt hat, dass die Voraussetzungen für die Chargenfreigabe erfüllt sind. Diese Regelung wurde mit dem Fünften Gesetz zur Änderung des Arzneimittelgesetzes in Umsetzung des Art. 4 Abs. 3 RL 89/342/EWG in das deutsche Recht aufgenommen[34] und statuiert die Verpflichtung zur gegenseitigen Anerkennung der aufgrund von anerkannten amtlichen Kontrolllaboren der Mitgliedstaaten nach experimenteller Prüfung getroffenen Feststellungen. **24**

Die europäische Regelung, welche im Hinblick auf dieses Verfahren heute einschlägig ist, ist Art. 114 RL 2001/83/EG. Diese sieht die Ermächtigung der Mitgliedstaaten vor, u.a. bei Lebendimpfstoffen und bei für die Primärimmunisierung von Kleinkindern oder anderen Risikogruppen verwendeten immunologischen Arzneimitteln, vom Zulassungsinhaber Proben von jeder Charge zur Prüfung vor der Freigabe durch ein „amtliches Arzneimittelkontrolllabor" zu verlangen, es sei denn, die Charge ist in einem anderen Mitgliedstaat hergestellt und von der zuständigen Behörde dieses Mitgliedstaates vorher geprüft und mit den genehmigten Spezifikationen konform erklärt worden. **25**

Die anerkannten europäischen Prüfstellen sind die sog. OMCLs,[35] die bei der Europäischen Direktion für die Qualität von Medikamenten (EDQM) im „OMCL-Network" zusammengeschlossen sind. Die Liste der OMCLs, welche die für die staatliche Chargenprüfung erforderlichen Voraussetzungen erfüllen, wird bei der EDQM geführt und ggf aktualisiert. Das Verfahren und die Voraussetzungen für die gegenseitige Anerkennung der experimentellen Chargenprüfung innerhalb der Mitgliedstaaten sind in einer Leitlinie zu Art. 114 RL 2001/83/EG mit dem Titel „EC Administrative Procedure For Official Control Authority Batch Release" in der für Impfstoffe und Blutprodukte geltenden Version: „Control Authority Batch Release of Vaccines and Blood Products" ausgeführt.[36] **26**

Sofern dem PEI ein Chargenzertifikat eines OMCL-Labors, in dem die Feststellung der Voraussetzungen für die Chargenfreigabe getroffen ist, vorgelegt wird, ergeht der „nationale" Freigabebescheid auf der Grundlage dieses Zertifikats. Die vom PEI zu erhebenden Gebühren für die Chargenfreigabe sind in diesem Falle sehr gering.[37]

Umgekehrt bescheinigt das PEI in Anwendung dieses Anerkennungsverfahrens, sofern die hiesige Prüfung einer eingereichten Charge ergeben hat, dass die in der Zulassung festgelegten Kriterien und die Vorgaben des Europäischen Arzneibuchs erfüllt sind, dies in einem sog. EU-Zertifikat.[38] Mit diesem kann der pharmazeutische Unternehmer die Anerkennung der staatlichen Chargenprüfung in einem anderen Mitgliedstaat des OMCL-Netzwerkes **27**

---

34 Vgl Kloesel/Cyran, Arzneimittelrecht, § 32 AMG Erl. 6 a.
35 Official Medicines Control Laboratories.
36 Abzurufen über <www.edqm.eu>.
37 Vgl § 5 Abs. 7 der Kostenverordnung für Amtshandlungen des Paul-Ehrlich-Instituts nach dem Arzneimittelgesetz.
38 „EC Official Control Authority Batch Release Certificate".

beantragen. Ein EU-Zertifikat kann auch noch beantragt werden, nachdem die „nationale" Chargenfreigabe bereits beschieden wurde.

Eine staatliche Chargenprüfung findet nicht nur bei Produkten statt, die vom PEI „rein national" oder nach einem europäischen Anerkennungsverfahren in Deutschland zugelassen worden sind, sondern auch bei den von der Kommission aufgrund der Verordnung (EG) Nr. 726/2004 zugelassenen Produkten. Auch sog. Parallelimporteure benötigen in Deutschland eine staatliche Chargenfreigabe des eingeführten, in der Regel umverpackten und umetikettierten, Produkts.

28 Der Zeitrahmen, innerhalb dessen das PEI über eine beantragte Chargenfreigabe zu entscheiden hat, beträgt nach § 32 Abs. 1a AMG zwei Monate seit Probeneinreichung. Auch im Chargenfreigabeverfahren ist nach heutiger Gesetzeslage (§ 32 Abs. Abs. 1a S. 2 iVm § 27 Abs. 2 AMG) die Möglichkeit eines Mängelbeseitigungsverfahrens vorgesehen. Faktisch kommt dieses jedoch weit weniger zum Tragen als die Mängelbeseitigung während des Zulassungsverfahrens. Über eine Vielzahl der beantragten Chargenfreigaben wird auch weit unterhalb eines Zeitraums von zwei Monaten entschieden.

3. Widerruf und Rücknahme der staatlichen Chargenfreigabe

29 Auch wenn Biologika heute unter GMP-Bedingungen hergestellt werden, kommt es bei nahezu der gesamten Produktpalette, die der staatlichen Chargenfreigabe durch das PEI unterworfen ist, vereinzelt vor, dass sich nach der Chargenfreigabe Tatsachen ergeben oder bekannt werden, die zur Rücknahme oder zum Widerruf derselben führen.

Die staatliche Chargenfreigabe ist nach § 32 Abs. 5 AMG zurückzunehmen, wenn eine Voraussetzung für die Freigabe bereits im Zeitpunkt ihrer Erteilung nicht vorgelegen hat. Der Widerruf ist angezeigt, wenn eine der Voraussetzungen nachträglich weggefallen ist. In aller Regel handelt es sich dabei um Mängel, die im Zeitpunkt der Chargenfreigabe sowohl beim pharmazeutischen Unternehmer als auch beim PEI nicht erkennbar waren. Diese Mängel sind unterschiedlicher Natur. Sie ergeben sich zB aus Anwender- oder Pharmakovigilanzmeldungen, aus Meldungen über Produktmängel, die im Handel festgestellt werden oder aus nachträglich durch den pharmazeutischen Unternehmer identifizierten Störungen im Herstellungsprozess. Beispiele derartiger Mängel sind: Fremdpartikel oder Eintrübungen im Produkt, Haarrisse bei Glasbehältnissen, nachträgliches Unterschreiten der Spezifikation u.a.

30 Die Meldungen können sich auf nur in Deutschland in Verkehr gebrachte Chargen beziehen. Es können aber auch im Ausland in Verkehr gebrachte Teile einer vom PEI freigegeben Charge oder im Ausland freigegebene Chargen betroffen sein, die unter denselben fehlerhaften Produktionsbedingungen hergestellt worden sind wie eine andere, in Deutschland freigegebene Charge. Über das Unterrichtungssystem, das nicht nur zwischen den zuständigen Landesbehörden und dem PEI, sondern auch zwischen den zuständigen Stellen der europäischen Mitgliedstaaten besteht, ist ein schnelles Reagieren auf Zwischenfälle fast immer möglich. In den meisten Fällen werden Chargenprobleme zeitnah vom pharmazeutischen Unternehmer selbst gemeldet.

Die Chargenfreigabe ist zurückzunehmen oder zu widerrufen, wenn die Charge auch nur eine der Voraussetzungen für ihre Freigabe nicht mehr aufweist. Es handelt sich nach § 32 Abs. 5 AMG nicht um eine Entscheidung, die in das Ermessen des PEI gestellt ist, sondern um eine Regelung, an welche die Behörde gebunden ist („Ist-Regelung").

31 Da § 32 Abs. 5 AMG keine Unterscheidung zwischen der Art der Mängel trifft, ist das PEI nicht nur dann, wenn ein Mangel zur Bedenklichkeit einer Charge führt – also der begründete Verdacht besteht, dass die Anwendung des Produkts unvertretbare schädliche Wir-

kungen für den Körper oder die Gesundheit hat[39] – zum Widerruf bzw der Rücknahme einer Chargenfreigabe verpflichtet. Auch wenn „nur" die erforderliche Qualität nicht mehr gegeben ist oder sich herausgestellt, dass die Charge nicht nach Herstellungs- und Kontrollmethoden, die dem Stand der wissenschaftlichen Erkenntnisse entsprechen, hergestellt und geprüft worden ist, ist der Widerruf bzw die Rücknahme der Chargenfreigabe auszusprechen. Sie bewirkt, dass der pharmazeutische Unternehmer das Arzneimittel in Deutschland nicht mehr in den Verkehr bringen darf.

Auch wenn eine Charge auf der Grundlage der experimentellen Untersuchungen eines anderen Mitgliedstaates in Deutschland freigegeben worden ist, muss, sofern die Voraussetzungen für eine Chargenfreigabe nach § 32 Abs. 1 S. 2 AMG nicht mehr gegeben sind, eine Maßnahme nach § 32 Abs. 5 AMG beschieden werden. Dies gilt auch dann, wenn in dem Mitgliedstaat, dessen OMCL ursprünglich das Vorliegen der Voraussetzungen für die Chargenfreigabe festgestellt hat, ein Inverkehrbringen der Charge, zB aus Gründen der Marktversorgung, weiter erlaubt wird.

Soweit eine Maßnahme nach § 32 Abs. 5 AMG wegen Bedenklichkeit ausgesprochen wird, kann das PEI nach § 69 Abs. 1 S. 3 AMG zusätzlich zum Widerruf/der Rücknahme der Chargenfreigabe den Rückruf bereits in Verkehr gebrachter Ware der Charge anordnen. Bei anderen Widerrufs- und Rücknahmegründen als der Bedenklichkeit haben diese Befugnis nur die zuständigen Landesbehörden. Die Überwachung des Rückrufs obliegt, auch sofern dieser vom PEI angeordnet wurde, den zuständigen Landesbehörden.

Im Rahmen der Ermessenserwägungen, ob die Anordnung eines Rückruf der Produkte durch das PEI erforderlich ist oder nicht, wird insbesondere geprüft, inwieweit der pharmazeutische Unternehmer bereits durch eigenverantwortliche Maßnahmen einen Rückruf des Produkts veranlasst hat und ob seine entsprechenden Maßnahmen geeignet sind, alle betroffenen Stellen zu erreichen um wirksam zu verhindern, dass bedenkliche Arzneimittel weiter angewendet werden. Dies ist gegenüber dem PEI schriftlich zu belegen.

Wird der Widerruf oder die Rücknahme einer Chargenfreigabe angeordnet, für die zusätzlich ein sog. EU-Zertifikat ausgestellt worden ist, ergeht die Rücknahme oder der Widerruf dieses Zertifikats nach den Vorschriften des Verwaltungsverfahrensgesetzes. Die Rücknahme oder der Widerruf einer Chargenfreigabe ist im Bundesanzeiger bekannt zu machen (§ 34 Abs. 1 Nr. 8 AMG).

Bei Vorliegen eines Arzneimittelrisikos sind gemäß dem Stufenplan im Sinne des § 63 AMG[40] die Stufenplanbeteiligten zu informieren. Im Übrigen gelten die Mitteilungs- und Unterrichtungspflichten des § 68 AMG.

V. Pharmakovigilanz

Neben den Meldepflichten über Verdachtsfälle von Nebenwirkungen, die nach § 63 b AMG[41] für den Inhaber der Zulassung, den Antragsteller vor Erteilung der Zulassung sowie den pharmazeutischen Unternehmer, der nicht Inhaber der Zulassung ist (bedeutend insbesondere für den sog. Mitvertreiber) bestehen, gibt es für Impfstoffe in Deutschland eine weitere gesetzliche Meldeverpflichtung nach dem Infektionsschutzgesetz (IfSG).[42] § 6

---

39 Siehe auch § 5 Abs. 2 AMG.
40 Vgl „Allgemeine Verwaltungsvorschrift zur Beobachtung, Sammlung und Auswertung von Arzneimittelrisiken (Stufenplan) nach § 63 des Arzneimittelgesetzes" v. 9.2.2005 (BAnz, S. 2383).
41 Zu Einzelheiten siehe "5. Bekanntmachung des BfArM und des PEI zur Anzeige von Nebenwirkungen und Arzneimittelmissbrauch nach § 63 b Abs. 1 bis 8 des Arzneimittelgesetzes" v. 5.12.2007 (BAnz Nr. 16 a v. 30.1.2008, S. 1).
42 Gesetz zur Verhütung und Bekämpfung von Infektionskrankheiten beim Menschen (Infektionsschutzgesetz) v. 20.7.2000 (BGBl. I, 1045).

Abs. 1 Nr. 3 IfSG bestimmt, dass der Verdacht einer über das übliche Ausmaß einer Impfreaktion hinausgehenden gesundheitlichen Schädigung (Impfkomplikation) zu melden ist.[43] Die Meldung ist vom feststellenden Arzt[44] an das Gesundheitsamt zu richten. Mit der Meldung sind die persönlichen Daten des Patienten sowie Angaben zur Erkrankung bzw Diagnosestellung zu treffen (§ 9 Abs. 1 IfSG). Das Gesundheitsamt ist nach § 11 Abs. 2 IfSG verpflichtet, die Meldung in pseudonymisierter Form an die zuständige Landesbehörde und an das PEI zu übermitteln. Weiterhin erhält das PEI über die Arzneimittelkommission der deutschen Ärzteschaft (AKDÄ) Meldungen von Verdachtsfällen von Arzneimittelnebenwirkungen, welche der AKDÄ von der Ärzteschaft aufgrund standesrechtlicher Verpflichtungen gemeldet werden. Auch wenden sich Ärzte direkt mit Verdachtfällen von Nebenwirkungen an das PEI.

36 Alle Meldungen werden im PEI mittels eines Datenbanksystems zentral erfasst und im Hinblick auf die Beurteilung einen möglichen kausalen Zusammenhangs mit der Impfung nach festgelegten Kriterien wissenschaftlich bewertet.[45] Sofern nach dem Ergebnis der Bewertung erforderlich, werden durch das PEI die notwendigen Maßnahme zur Risikoabwehr und/oder Risikovorsorge nach den arzneimittelrechtlichen Vorschriften ergriffen.

Bezüglich der ebenfalls zu den Pharmakovigilanzaufgaben gehörenden Auswertung der vom Zulassungsinhaber in bestimmten Intervallen oder nach Aufforderung des PEI vorzulegenden sog. PSURs (Periodic Safety Update Reports) und den Einzelheiten zu diesem Verfahren wird auf die „Bekanntmachung über die Vorlage von regelmäßig aktualisierten Berichten über die Unbedenklichkeit eines Arzneimittels nach § 63 b Abs. 5 AMG", die gemeinsam vom BfArM und dem PEI erarbeitet wurde, verwiesen.[46]

---

43 Die Ständige Impfkommission (STIKO) am Robert-Koch-Institut hat in Zusammenarbeit mit dem PEI Kriterien dazu entwickelt, welche Vorkommnisse als übliche Impfreaktion und welche als Impfkomplikation anzusehen sind (siehe <www.rki.de>).
44 Zu weiteren meldepflichtigen Personen, die Heilberufe ausüben, siehe § 8 IfSG.
45 Siehe Keller-Stanislawski et al., Verdachtsfälle von Impfkomplikationen nach dem Infektionsschutzgesetz und Verdachtsfälle von Nebenwirkungen (von Impfstoffen) nach dem Arzneimittelgesetz v. 1.1.2004 bis zum 31.12.2005, Bundesgesundheitsblatt – Gesundheitsforschung – Gesundheitsschutz 2007, S. 1404 ff.
46 Siehe BAnz Nr. 186 v. 30.9.2005, S. 14550.

§ 32 Blut und Blutprodukte

Literatur: *Von Auer/Seitz*, Gesetz zur Regelung des Transfusionswesens (Transfusionsgesetz), Kommentar und Vorschriftensammlung (Losebl.), Stand: Januar 2009 (zitiert: v. Auer/Seitz, Transfusionsgesetz); *Friese/Jentges/Muazzam*, Guide to Drug Regulatory Affairs, 2007; *Heiden/Seitz*, Zulassung von Blutkomponenten zur Transfusion, BGesBl. 1999, 150; *Heinemann/Harney*, Biosimilars – ein Markt der Zukunft?, PharmR 2007, 265; *Rehmann*, Rechtliche Rahmenbedingungen für einen effizienten Marktzugang von Generika, A&R 2008, 147; *Seitz/Heiden*, Arzneimittel aus Blut: Gestern – Heute – Morgen: Perspektiven für die Transfusionsmedizin nach 10 Jahren Paul-Ehrlich-Institut, TransfusMedHemother 2004, 109.

A. Einleitung 1	3. Parallelimporte 37
I. Historischer Hintergrund – Der Blut-Aids-Skandal 1	D. Besonderheiten bei der staatlichen Chargenprüfung von Blutzubereitungen 39
II. Begriffsbestimmungen 3	I. Plasma-Pool-Zertifikate 41
III. Produktgruppen 6	II. OMCL-Netzwerk 42
1. Blutprodukte aus Mischungen von Blutplasma (Plasmaderivate) 8	III. Parallelimporte 43
2. Blutkomponenten zur Transfusion (Transfusionsprodukte) 11	E. Pharmakovigilanz bei Blutzubereitungen/Hämovigilanz 44
B. Besonderheiten bei der Herstellung von Blutzubereitungen 15	I. Pharmakovigilanz bei Plasmaderivaten.. 45
C. Besonderheiten bei der Zulassung von Blutzubereitungen 16	II. Pharmakovigilanz bei Transfusionsprodukten 46
I. Sonderregelungen des § 25 Abs. 8 AMG 18	III. Rückverfolgung/Look-Back-Verfahren.. 48
II. Kennzeichnung/Packungsbeilage/Fachinformation 19	IV. Meldungen durch die Gesundheitsämter 52
III. Zulassungsübergreifende Unterlagen 24	F. Sonstige Besonderheiten bei der Regulierung von Blutzubereitungen 53
1. Plasma-Stammdokumentation 24	I. Verschreibungspflicht/Vertriebswege.... 53
2. Spenden-Stammdokumentation..... 25	II. Überschneidungen des Arzneimittelrechts mit dem Transfusionsrecht 54
IV. Auflagen (insb. § 28 Abs. 3 c AMG) 26	1. Hämotherapierichtlinien 56
1. Tatbestandliche Voraussetzungen... 28	2. Koordiniertes Meldewesen 57
2. Sofortige Vollziehbarkeit 29	3. Arbeitskreis Blut 59
3. Folgeänderungen 30	
V. Änderungen der Zulassungsunterlagen.. 31	
VI. Bezugnehmende Zulassungen 32	
1. Generika/"Biosimilars" 33	
2. Well-established Use 35	

A. Einleitung

I. Historischer Hintergrund – Der Blut-Aids-Skandal

Die staatliche Regulierung von Blut und Blutprodukten in ihrer heutigen Form wurde maßgeblich bestimmt durch den sog. Blut-Aids-Skandal. Der Blut-Aids-Skandal muss nach dem Contergan-Debakel wohl als zweitgrößte und weltweit bedeutsame Arzneimittel-Katastrophe bezeichnet werden. **1**

Nachdem im Jahr 1981 AIDS als neue Erkrankung erstmals beschrieben wurde, konnten französische Forscher im Jahr 1983 das humane Immundefizienz Virus (HIV) als Auslöser dieser Krankheit identifizieren. Die mögliche Übertragung dieses Erregers über das Blut war grundsätzlich schon sehr frühzeitig erkennbar; bereits im Jahr 1983 waren mehrere Hämophilie-Patienten (sog. Bluter und damit Konsumenten von Blutgerinnungsmitteln, die aus dem Blut anderer Menschen hergestellt werden) an AIDS erkrankt. Dennoch reagierten die pharmazeutische Industrie und die zuständigen staatlichen Stellen viel zu zögerlich auf diese Bedrohung.

In Deutschland gipfelte der Blut-Aids-Skandal Ende des Jahres 1993 in der Einberufung eines **Bundestags-Untersuchungsausschusses** u.a. zur Feststellung der Verantwortlichkeiten in deutschen Behörden und Unternehmen im Zusammenhang mit der Übertragung von HIV **2** durch Blutkonserven und andere Arzneimittel aus Blut. Kurz zuvor im Jahr 1993 hatte der damalige Bundesgesundheitsminister *Seehofer* personelle Veränderungen an der Spitze des damals zuständigen Bundesgesundheitsamtes (BGA) vorgenommen. Die Koblenzer Firma UB-Plasma, die in großen Mengen HIV-verseuchte Blutkonserven vertrieben hatte, wurde geschlossen und zwei ihrer leitenden Angestellten mussten sich strafrechtlich verantworten. Das BGA wurde Ende 1994 in drei selbständige Behörden aufgeteilt; zudem wurden Teile der Aufgaben des BGA anderen Behörden übertragen. Die Zuständigkeit für die Zulassung von Blut und Blutprodukten erhielt in diesem Zusammenhang das zuvor schon selbständige Paul-Ehrlich-Institut (PEI), bei dem eigens hierfür eine neue Abteilung eingerichtet wurde.[1]

Materiell-rechtlich war der Erlass des Transfusionsgesetzes (TFG) im Jahr 1998[2] die deutlichste und größte gesetzgeberische Reaktion auf den Blut-Aids-Skandal.[3]

II. Begriffsbestimmungen

3 § 4 Abs. 2 AMG definiert den Begriff der Blutzubereitung wie folgt:

Blutzubereitungen sind Arzneimittel, die aus Blut gewonnene Blut-, Plasma- oder Serumkonserven, Blutbestandteile oder Zubereitungen aus Blutbestandteilen sind oder als Wirkstoffe enthalten.

Neben den allgemeinen Voraussetzungen des § 2 Abs. 1 AMG, die ein Stoff oder eine Zubereitung erfüllen muss, um als Arzneimittel eingestuft zu werden, muss eine Blutzubereitung Bestandteile des Blutes als **Wirkstoff** enthalten. Die Verwendung von Blutbestandteilen als Hilfsstoff macht ein Arzneimittel noch nicht zu Blutzubereitung. Das Blutprotein Albumin wird beispielsweise in zahlreichen Arzneimitteln als Stabilisator verwendet, was aber nicht dazu führt, dass für diese Arzneimittel die Vorschriften über Blutzubereitungen gelten.

4 **Sera** nach § 4 Abs. 3 S. 1 AMG können grundsätzlich ebenfalls unter die Definition der Blutzubereitung fallen, wenn die in ihnen enthaltenen Antikörper aus dem Blut von (idR immunisatorisch vorbehandelten) Lebewesen gewonnen wurden, was regelmäßig bei Immunglobulinen der Fall ist. Sera gelten jedoch nach § 4 Abs. 3 S. 2 AMG nicht als Blutzubereitungen, so dass für Sera nicht zusätzlich auch die Sondervorschriften über Blutzubereitungen gelten – obgleich zahlreiche Sondervorschriften gleichermaßen für Sera und Blutzubereitungen Anwendung finden.[4]

5 Die Definition der Blutzubereitung beschränkt sich nicht auf humanes Blut. Auch Arzneimittel aus **tierischem Blut** können grundsätzlich Blutzubereitungen nach § 4 Abs. 2 AMG sein. In der Praxis jedoch werden alle Blutzubereitungen, die zur Verwendung beim Menschen bestimmt sind, auch aus humanem Blut hergestellt. Lediglich Sera, die aber – wie soeben (Rn 4) erläutert – nicht unter die Sondervorschriften für Blutzubereitung fallen, werden gelegentlich (aber nur noch sehr selten) auch aus tierischem Blut hergestellt.[5]

---

1 Siehe zu dem gesamten Komplex des Blut-Aids-Skandals umfassend den Abschlussbericht des 3. Untersuchungsausschusses des 12. Deutschen Bundestages „HIV-Infektionen durch Blut und Blutprodukte" v. 25.10.1994, BT-Drucks. 12/8591, und zusammenfassend statt vieler die Darstellung auf den Internetseiten der Interessengemeinschaft Hämophiler e.V.: <http://www.igh.info/88.html>.
2 BGBl. I, 1752; aktuell idF d. Bek. v. 28.8.2007 (BGBl. I, 2169) zuletzt geändert durch Art. 12 des Ges. v. 17.7.2009 (BGBl. I, 1990).
3 v. Auer/Seitz, Transfusionsgesetz, A 2.1 Einl. Rn 1.
4 Siehe genauer zu Sera oben § 31 Rn 2 f.
5 Siehe ausführlich zum Begriff der Blutzubereitung Kloesel/Cyran, Arzneimittelrecht, § 4 AMG Erl. 11 ff; Sander, Arzneimittelrecht, § 4 AMG Erl. 5 ff.

III. Produktgruppen

Die Verabreichung von **Vollblut**, also die Übertragung einer weitgehend unbehandelten Blutspende, wird heute nur noch in sehr seltenen medizinischen Ausnahmefällen vorgenommen. Vielmehr wird eine Vollblutspende in der Regel in seine einzelnen Bestandteile aufgetrennt, die in unterschiedlichen Indikationen zum Einsatz kommen. 6

Blutzubereitungen lassen sich grob in zwei Gruppen einteilen, die Blutkomponenten zur Transfusion (im Folgenden verkürzt auch **Transfusionsprodukte** genannt) und die **Fraktionierungsprodukte** bzw **Plasmaderivate** (im Folgenden wird einheitlich nur der Begriff „Plasmaderivate" verwendet). Produkte aus beiden Gruppen können aus Vollblut- oder Apheresespenden gewonnen werden. Eine Vollblutspende kann mit relativ geringem technischem Aufwand durch Zentrifugation in die Transfusionsprodukte (Blutplasma und zelluläre Blutkomponenten) aufgeteilt werden. Bei der sog. Apheresespende durchläuft das Blut bereits während der Entnahme einen maschinellen Auftrennprozess, bei dem je nach Anforderung unterschiedliche Komponenten direkt gewonnen werden können (dazu genauer Rn 13).

Im Blutplasma ist eine Vielzahl von Proteinen gelöst, die u.a. unterschiedlichste Aufgaben im Immunsystem, in der Blutgerinnung oder der Auflösung von Blutgerinnseln wahrnehmen. Diese einzelnen Plasmaproteine können mit dem Verfahren der **Plasmafraktionierung** weitgehend voneinander getrennt werden. Die Plasmafraktionierung ist technisch aufwendig und eine sinnvolle Ausbeute der einzelnen Plasmabestandteile lässt sich nur erreichen, wenn eine Vielzahl von Plasmakonserven zu einem sog. **Plasma-Pool** (mit bis zu mehreren tausend Liter Volumen) zusammengefügt werden, aus dem dann die verschiedenen Plasmaderivate hergestellt werden. Das Zusammenfügen großer Mengen Plasma aus Einzelspenden birgt jedoch grundsätzlich das Risiko, dass Krankheitserreger bereits durch eine einzelne infektiöse Blutspende auf eine sehr große Zahl von Patienten übertragen werden – schlimmstenfalls nämlich auf alle Patienten, die ein Produkt aus dem betreffenden kontaminierten Plasma-Pool erhalten haben. Dies ist einer der Gründe, warum Blutzubereitungen einer sehr engmaschigen rechtlichen und wissenschaftlichen Kontrolle unterworfen sind. 7

Wenn im Schrifttum oder in offiziellen Schreiben von Blut und Blutprodukten gesprochen wird, sind idR mit „Blut" die Transfusionsprodukte und mit „Blutprodukten" die Plasmaderivate gemeint.

1. Blutprodukte aus Mischungen von Blutplasma (Plasmaderivate)

Heutzutage werden aus dem Blutplasma folgende **Arten von Plasmaderivaten** gewonnen:[6] 8

- Albumin (zum Zwecke des Flüssigkeitsersatzes bei Blutverlust oder zur Verwendung bei der Herstellung anderer Arzneimittel)
- Gerinnungsfaktoren (zum Zwecke des Ersatzes dieser Faktoren bei einer entsprechenden Mangelerkrankung [insb. der Hämophilie, der sog. Bluterkrankheit])
- Gerinnungsinhibitoren (zum Zwecke der Verzögerung der Blutgerinnung)
- Fibrinkleber (zum Zwecke des Wundverschlusses zusätzlich oder anstelle des Vernähens)
- Immunglobuline (welche jedoch Sera sind und nicht als Blutzubereitungen gelten und damit teilweise anderen Anforderungen unterliegen (s.o. Rn 4 und § 31 Rn 2 f)

Einen Sonderfall stellt **virusinaktiviertes Frischplasma** dar. Hierbei wird ein Plasma-Pool einem Verfahren zur Inaktivierung viraler Krankheitserreger unterzogen, sterilfiltriert und 9

---

[6] Zur Kenntnisnahme der in Deutschland als Arzneimittel zugelassenen Plasmaderivate siehe Internetseiten des PEI, URL: <http://www.pei.de/cln_116/nn_154442/DE/arzneimittel/blutprodukte/blutprodukte-node.html?__nnn=true>.

anschließend wieder in einzelne Plasmakonserven abgefüllt, die ein für die Transfusionsmedizin sinnvolles Volumen aufweisen. Das Blutplasma wird hier also nicht durch Fraktionierung aufgeteilt, sondern soll im Gegenteil in seiner Zusammensetzung möglichst unverändert erhalten bleiben. Virusinaktiviertes Frischplasma ist damit zwar ein Pool-Plasma-Produkt aber kein Plasmaderivat und zählt daher aus medizinischer Sicht eher zu den Transfusionsprodukten.

10 Einen weiteren Sonderfall stellen die **rekombinanten Gerinnungspräparate** dar. Hierbei werden Säugetierzellen unter Einsatz der „rekombinanten DNA-Technologie" genetisch so verändert, dass sie im Bioreaktor einen bestimmten Gerinnungsfaktor produzieren. Da rekombinante Gerinnungsfaktoren nicht aus Blut hergestellt werden, fallen sie nicht unter den Begriff der Blutzubereitung nach § 4 Abs. 2 AMG; die Sondervorschriften für Blutzubereitungen gelten mithin für diese Produkte nicht. Dies ist auch sachgerecht, da eventuelle Sicherheitsrisiken dieser Produkte nicht in deren biologischem Ausgangsmaterial, sondern eher in dem hochkomplexen Herstellungsverfahren begründet liegen. Durch § 2 Nr. 1 der Verordnung zur Änderung der Zuständigkeit des Paul-Ehrlich-Instituts vom 25.9.1996[7] wurde dem PEI gleichwohl die Zuständigkeit für rekombinante Blutgerinnungsfaktoren übertragen wegen der großen Sachnähe zu anderen biologischen Arzneimitteln, insbesondere den monoklonalen Antikörpern. Rekombinante Blutgerinnungsfaktoren unterliegen nach Art. 3 Abs. 1 VO (EG) Nr. 726/2004[8] iVm deren Anhang Nr. 1 erster Spiegelstrich der Pflicht zur zentralisierten Zulassung durch die EU-Kommission.

2. Blutkomponenten zur Transfusion (Transfusionsprodukte)

11 Zelluläre Blutkomponenten zur Transfusion haben nur eine kurze Haltbarkeitsdauer. Ihr medizinischer Nutzen ist am größten, wenn sie weitgehend unbehandelt und „frisch" verabreicht werden können. Eine übermäßige Bearbeitung dieser Produkte mit pharmazeutischen Herstellungsmethoden wird weitgehend vermieden, da hierdurch die Qualität der Transfusionsprodukte beeinträchtigt wird. Bereits durch das Einfrieren zum Zwecke der Konservierung nehmen zelluläre Blutkomponenten erheblichen Schaden. Dies kann nur durch Zufügung von Chemikalien (teilweise) verhindert werden. Diese Chemikalien und die Inhaltsstoffe der (dennoch) zerstörten Zellen müssen nach dem Auftauen und vor der Transfusion natürlich wieder aus dem Produkt entfernt (ausgewaschen) werden, was nicht vollständig möglich ist. **Plasmakonserven** hingegen können gut eingefroren und damit vergleichsweise lange haltbar gemacht werden.[9]

12 Folgende Transfusionsprodukte finden medizinische Verwendung:[10]

- **Gefrorenes Frischplasma** (Abk.: GFP oder FFP vom englischen Fresh Frozen Plasma; zum Zwecke des Ersatzes von Blutgerinnungsfaktoren, die nicht mittels Fraktionierung als Konzentrate hergestellt werden können oder zum Zwecke des Blutersatzes bei größerem Blutverlust idR zusammen mit EK'n)
- **Erythrozytenkonzentrate** (Abk.: EK; zum Zwecke der Erhöhung Sauerstofftransportfähigkeit des Blutes, oft bei größerem Blutverlust idR zusammen mit GFP)
- **Thrombozytenkonzentrate** (Abk.: TK; zur Unterstützung akut gestörter Blutgerinnung bei zu niedrigem Gehalt an Thrombozyten)

---

7 BGBl. I, 1487.
8 VO (EG) Nr. 726/2004 des Europäischen Parlaments und des Rates v. 31.3.2004 zur Festlegung von Gemeinschaftsverfahren für die Genehmigung und Überwachung von Human- und Tierarzneimitteln und zur Errichtung einer Europäischen Arzneimittel-Agentur (ABl. EU Nr. L 136/1).
9 Einführend: Heiden/Seitz, Bundesgesundheitsblatt 1999, 150.
10 Zur Kenntnisnahme der in Deutschland als Arzneimittel zugelassenen Transfusionsprodukte siehe Internetseiten des PEI, URL: <http://www.pei.de/nn_159316/DE/arzneimittel/blutprodukte/blutkomponenten/blutkomponenten-node.html?__nnn=true>.

- **Granulozytenkonzentrate** (selten; zum Zwecke der Unterstützung der Immunabwehr bei immunsupprimierten Patienten)
- **Leukozytenkonzentrate** (selten; zum Zwecke der Unterstützung von Stammzelltransplantationen)

Alle oben (Rn 12) genannten Blutkomponenten können auch mittels des **Aphereseverfahrens** gewonnen werden. Hierbei wird nicht eine Vollblutspende entnommen und anschließend zentrifugiert, sondern es wird in einem geschlossenen Kreislauf (ähnlich wie bei einer Dialyse) Blut entnommen und in ein Separationsgerät geleitet, welches die entsprechende Blutkomponente aus dem Vollblut heraustrennt; die übrigen Blutkomponenten werden dem Spender unmittelbar in seinen Blutkreislauf zurückgeleitet.

Besondere Erwähnung erfordern die **Stammzellzubereitungen**. Stammzellzubereitungen können derzeit aus drei unterschiedlichen Quellen gewonnen werden. Die klassische Gewinnung erfolgt über die Entnahme von Knochenmark. Diese Methode wurde jedoch zunehmend durch die Gewinnung von Stammzellen aus dem peripheren Blut abgelöst. Dabei werden Stammzellen durch die Gabe eines hormonähnlichen Präparates vom Knochenmark in den Blutkreislauf ausgeschwemmt und von dort mittels des Aphereseverfahrens (s.o. Rn 13) gewonnen. Schließlich können Stammzellen noch aus Nabelschnurblut gewonnen werden. Bei den beiden letzteren Gewinnungsmethoden sind die Stammzellen zum Zeitpunkt der Entnahme Bestandteil des Blutes; das fertige Stammzelltransplantat ist daher in diesen Fällen eine Blutzubereitung. Stammzellen aus Knochenmark sind hingegen als Gewebezubereitung einzustufen. Aufgrund der nahezu identischen medizinischen Verwendung und der großen Ähnlichkeiten in der Aufbereitung aller Stammzellzubereitungen werden sie jedoch weitgehend einheitlich unter den Vorschriften für Gewebezubereitungen reguliert.[11]

B. Besonderheiten bei der Herstellung von Blutzubereitungen

Die Herstellung von Blutzubereitungen muss – wie die Herstellung aller Arzneimittel – nach den Grundsätzen der guten Herstellungspraxis (Good Manufacturing Practice, GMP) erfolgen; insoweit bestehen für Blutzubereitungen keine rechtlichen Besonderheiten. Die **Arzneimittel- und Wirkstoffherstellungsverordnung (AMWHV)** hält allerdings in § 31 zahlreiche **ergänzende Regelungen für Blutspendeeinrichtungen** vor. Der aufgrund von Art. 47 RL 2001/83/EG[12] ergangene EU-GMP-Leitfaden[13] enthält in seinem Anhang 2 Sondervorschriften für die Herstellung biologischer Arzneimittel, die auch für die Herstellung von Blutzubereitungen von Bedeutung sind; **Anhang 13 des EU-GMP-Leitfadens** trifft Sonderregelungen für die Gewinnung und Herstellung von Plasmaderivaten.

Die Erteilung einer Herstellungserlaubnis für Blutzubereitungen ergeht gemäß § 13 Abs. 4 AMG im **Benehmen** mit der zuständigen Bundesoberbehörde, dem Paul-Ehrlich-Institut (PEI).

C. Besonderheiten bei der Zulassung von Blutzubereitungen

Bei allen Zulassungsfragen im Zusammenhang mit Blutzubereitungen ist zu beachten, dass Blutkomponenten zur Transfusion (abgesehen von virusinaktiviertem Poolplasma) nicht in

---

11 Siehe hierzu genauer unten § 33.
12 RL 2001/83/EG des Europäischen Parlaments und des Rates v. 6.11.2001 zur Schaffung eines Gemeinschaftskodexes für Humanarzneimittel (ABl. EG Nr. L 311/67).
13 EudraLex – The Rules Governing Medicinal Products in the European Union, Volume 4 – Good Manufacturing Practice (GMP) Guidelines, veröffentlicht auf den Internetseiten der Europäischen Kommission: <http://ec.europa.eu/enterprise/pharmaceuticals/eudralex/vol4_en.htm>; zusammengestellt inkl. der verfügbaren deutschen Übersetzungen auch auf den Internetseiten der Zentralstelle der Länder für Gesundheitsschutz bei Arzneimitteln und Medizinprodukten (ZLG): <http://www.zlg.de/cms.php?PHPSESSID=9c18daf0233fafe9db274795ad23a0fb&mapid=619>.

den Anwendungsbereich der Richtlinie 2001/83/EG fallen (Art. 3 Nr. 6 der genannten Richtlinie). Zelluläre Blutkomponenten und therapeutische Einzelplasmen sind daher in Deutschland ausnahmslos „rein national" zugelassen und können nicht Gegenstand eines Verfahrens der gegenseitigen Anerkennung oder eines dezentralisierten Verfahrens nach § 25 b AMG sein.

Dem Rechnung tragend hat die für die Zulassung zuständige Bundesoberbehörde, das PEI, ein gesondertes **Zulassungsformular** für Blutkomponenten zur Transfusion veröffentlicht, in dem zudem die Besonderheiten dieser Arzneimittel gegenüber den industriell hergestellten Blutzubereitungen berücksichtigt werden.[14]

17 Die **Arzneimittelprüfrichtlinien** nach § 26 AMG,[15] deren Abschnitte 2–5 mit Anhang I der Richtlinie 2001/83/EG identisch sind, enthalten für Plasmaderivate zahlreiche Sondervorschriften, die von den pharmazeutischen Unternehmern und dem PEI im Zulassungsverfahren zu beachten sind. Eine Darstellung der in den Arzneimittelprüfrichtlinien enthaltenen Besonderheiten für Blutzubereitungen würde den Rahmen der vorliegenden Abhandlung allerdings weit übersteigen und wäre zudem überwiegend pharmazeutisch und biomedizinisch geprägt. Die Europäische Arzneimittelagentur (**European Medicines Agency, EMEA**) hat zahlreiche **Leitlinien** im Zusammenhang mit der Zulassung von Plasmaderivaten veröffentlicht, die auf den Internetseiten der EMEA eingesehen werden können.[16] Diese Dokumente sind in erster Linie durch pharmazeutische Unternehmen bei der Erstellung des Zulassungsdossiers zu berücksichtigen, aber auch für die Bewertung durch die Zulassungsbehörden von Interesse.

I. Sonderregelungen des § 25 Abs. 8 AMG

18 Blutzubereitungen unterliegen im Zulassungsverfahren wie fast alle biologischen Arzneimittel der Sondervorschrift des § 25 Abs. 8 AMG. Hinsichtlich der rechtlichen Anforderungen ergeben sich diesbezüglich keine Besonderheiten gegenüber der Zulassung anderer Biologika. Insofern kann an dieser Stelle auf die entsprechenden Ausführungen zu Sera und Impfstoffen unter § 31 Rn 10 ff verwiesen werden.

Von der Möglichkeit, die **Mitteilung des vollständigen Herstellungsverfahrens** zu verlangen (§ 25 Abs. 8 S. 3 AMG), macht das PEI bei allen Blutzubereitungen stets und ausnahmslos Gebrauch.[17]

II. Kennzeichnung/Packungsbeilage/Fachinformation

19 Die Kennzeichnung sowie die Gestaltung von Packungsbeilage und Fachinformation erfolgt grundsätzlich wie bei allen anderen Arzneimitteln. §§ 10, 11 und 11 a AMG enthalten jedoch einige Bestimmungen, die für Blutzubereitungen besondere Bedeutung haben.

Für Blutkomponenten zur Transfusion bestimmt § 10 Abs. 8 a AMG die auf der Kennzeichnung erforderlichen **Mindestangaben**. Die Angabe der Chargenbezeichnung ist dabei nur für virusinaktiviertes Frischplasma von Bedeutung, da alle anderen Transfusionsprodukte nicht in Chargen hergestellt werden. § 10 Abs. 8 a AMG bestimmt zudem auch **zusätzliche**

---

14 BAnz 2004, 1083, Beilage Nr. 15 a.
15 Allgemeine Verwaltungsvorschrift zur Anwendung der Arzneimittelprüfrichtlinien idF v. 6.8.2004 (BAnz, 22037 f).
16 <http://www.emea.europa.eu/htms/human/humanguidelines/biologicals.htm>.
17 Zu den Einzelheiten der geforderten Angaben in den Zulassungunterlagen für Transfusionsprodukte siehe im Überblick Heiden/Seitz, Bundesgesundheitsblatt 1999, 150 ff (aus wissenschaftlicher Sicht jedoch nicht mehr in allen Aussagen aktuell); zu den nachfolgenden Entwicklungen in der Zulassung von Blutzubereitungen bis 2004 siehe im Überblick Seitz/Heiden, TransfusMedHemother 2004, 109 ff.

C. Besonderheiten bei der Zulassung von Blutzubereitungen

Angaben in der Kennzeichnung, die ausschließlich bei Transfusionsprodukten erfolgen müssen, insb. die Blutgruppenmerkmale.

Plasmaderivate werden in vielen Fällen als gefriergetrocknetes Pulver (Lyophilisat) in sehr kleinen Primärbehältnissen dargereicht. Hierbei kommt zumeist die Vorschrift des § 10 Abs. 8 S. 3 AMG zum tragen, wonach auf Behältnissen von weniger als zehn Milliliter Nennfüllmenge und bei Ampullen, die nur eine einzige Gebrauchseinheit enthalten, **reduzierte Kennzeichnungsangaben** und geeignete **Abkürzungen** zulässig sind.

Bei Plasmaderivaten sind in der Packungsbeilage und in der Fachinformation die Länder anzugeben, aus denen das Plasma stammt, welches in dem betreffenden Produkt als Ausgangsmaterial verwendet wird (§§ 11 Abs. 3 a, 11 a Abs. 1 a AMG). Hierbei sind einheitlich alle Länder zu nennen, in denen grundsätzlich Blut für die Herstellung des betreffenden Produkts gewonnen wird – unabhängig davon, ob in einen konkreten Plasmapool nur Blut aus einem oder einigen der angegebenen Länder eingegangen ist. Packungsbeilage und Fachinformation müssen also nicht bei jedem verarbeiteten Plasma-Pool individuell für die daraus hergestellten Arzneimittelchargen anpasst werden.

Die Angabe des **Plasmaherkunftslandes** beruht nicht auf einer Vorgabe des Europäischen Rechts, sondern ist eine nationale deutsche Besonderheit. Die Angabe des Plasmaherkunftslandes bereitet deshalb regelmäßig Schwierigkeiten in Verfahren der gegenseitigen Anerkennung, dezentralisierten Verfahren und zentralisierten Verfahren. In diesen Zulassungsverfahren sind harmonisierte Packungsbeilagen und Fachinformationen vorgeschrieben. Da die Artt. 11 und 59 RL 2001/83/EG, die den Inhalt der Zusammenfassung der Produktmerkmale und der Packungsbeilage bestimmen, nicht die Angabe des Plasmaherkunftslandes vorsehen, verlangen die meisten EU-Mitgliedstaaten und die EMEA diese Angabe nicht. In Deutschland darf auf diese Angabe jedoch nicht ohne Weiteres aus Gründen der Harmonisierung verzichtet werden. Denn §§ 11, 11 a AMG gelten nicht einfach nur für das Zulassungsverfahren sondern postulieren ihrem Wortlaut nach ein Verkehrsverbot, wenn von den dort vorgeschriebenen Angaben abgewichen wird – auch bei zentralisiert zugelassenen Arzneimitteln. Andererseits dürfte aufgrund von Art. 60 RL 2001/83/EG das Inverkehrbringen von Blutprodukten ohne Angabe des Plasmaherkunftslandes eigentlich nicht untersagt werden. Dennoch besteht für diese deutsche Sondervorschrift eine Berechtigung in Art. 152 Abs. 4 lit. a, Abs. 5 EGV (nunmehr Art. 168 Abs. 4 lit. a, Abs. 7 AEUV), wonach die Mitgliedstaaten nicht gehindert sind, bei der Spende und der medizinischen Verwendung von Blut über die Qualitäts- und Sicherheitsstandards der europäischen Regelungen hinauszugehen (siehe auch Erwägungsgrund 22 der Richtlinie 2002/98/EG[18] [sog. Blutrichtlinie]).

Dieses rechtliche „Dilemma" wird in der Praxis so gelöst, dass die Europäischen Zulassungsbehörden die Angabe des Plasmaherkunftslandes in den deutschen Versionen der „**Blue Box**" (einem blau umrandeten Textteil in der Packungsbeilage bzw der Fachinformation/Zusammenfassung der Produktmerkmale) als weitere Angabe akzeptieren, die mit der Anwendung des Arzneimittels in Zusammenhang steht und für die gesundheitliche Aufklärung der Patienten wichtig ist (§§ 11 Abs. 1 S. 5, 11 a Abs. 1 S. 3 AMG, Art. 62 RL 2001/83/EG).

Die Zulassungsinhaber nehmen für viele Blutzubereitungen (bei Transfusionsprodukten bislang sogar ausnahmslos) die Möglichkeit des § 11 a Abs. 4 AMG in Anspruch und erstellen eine **kombinierte Gebrauchs- und Fachinformation** – vorausgesetzt es handelt sich um ein Produkt, das ausschließlich von Angehörigen der Heilberufe verabreicht wird.

---

18 RL 2002/98/EG des Europäischen Parlaments und des Rates v. 27.1.2003 zur Festlegung von Qualitäts- und Sicherheitsstandards für die Gewinnung, Testung, Verarbeitung, Lagerung und Verteilung von menschlichem Blut und Blutbestandteilen und zur Änderung der RL 2001/83/EG (ABl. EG Nr. L 33/30).

III. Zulassungsübergreifende Unterlagen

1. Plasma-Stammdokumentation

24 Bei fast allen Blutzubereitungen gibt es im Rahmen des Herstellungsverfahrens Teile, die für mehrere Produkte identisch ablaufen. So werden bei den Plasmaderivaten zunächst das Spendeverfahren, die Zusammenfügung des Plasmapools sowie die Testung der Spenden und des Plasmapools auf Krankheitserreger für eine Vielzahl von Produkten einheitlich vorgenommen, bevor ab dem Herstellungsschritt der Fraktionierung erst unterschiedliche Arzneimittel entstehen. Im Grunde müsste in den Zulassungsunterlagen für jedes dieser Arzneimittel der Anfang des Herstellungs- und Prüfverfahrens **identisch dargestellt** werden. Änderungen in diesen Bereichen des Herstellungs- und Prüfverfahrens würden (identische) Änderungsanzeigen für jede dieser Zulassungen erfordern. Um diesen sowohl für die pharmazeutischen Unternehmer als auch für die Zulassungsbehörden unnötigen Verwaltungsaufwand zu beseitigen, wurde die Möglichkeit der Nutzung einer sog. Plasma-Stammdokumentation (engl. Plasma Master File, PMF) geschaffen. Hierbei handelt es sich um ein einheitliches, eigenständiges Dokument, welches die Herstellung und Prüfung im Rahmen der Spendengewinnung und bis hin zur Zusammensetzung und Testung des Plasmapools darstellt. Auf den PMF kann dann in den Zulassungsunterlagen zu den einzelnen, im Weiteren produzierten Arzneimitteln **Bezug** genommen werden. Ein PMF, auf den nur für Arzneimittel Bezug genommen wird, die in (nur) einem EU-Mitgliedstaat zugelassen sind, wird von der Zulassungsbehörde dieses Mitgliedstaates verwaltet.[19] Sobald ein PMF jedoch für Zulassungen in mehreren EU-Mitgliedstaaten gilt, wird der PMF bei der EMEA geführt.[20] Letzteres hat sich konsequenterweise in der Praxis als Regelfall herausgebildet. Der PMF ist rechtlich etwas „versteckt" geregelt, und zwar in Anhang I der Richtlinie 2001/83 Teil 3 Punkt 1.1.[21]

2. Spenden-Stammdokumentation

25 Bei den Transfusionsprodukten ist die Sachlage nicht ganz so komplex wie bei den Plasmaderivaten. Dennoch bestand auch hier ein erhebliches Interesse der deutschen Blutbanken und des PEI daran, das gesamte Spendengewinnungs- und Prüfverfahren eines Zulassungsinhabers in einem einheitlichen Dokument darzustellen. Denn auch hier kommen für nahezu die gesamte Produktpalette eines Zulassungsinhabers einheitliche Verfahren zur Anwendung. Diese kann ein Zulassungsinhaber nun also in einer sog. Spenden-Stammdokumentation zusammenfassen und hierauf dann in den einzelnen Zulassungsunterlagen seiner Blutkomponenten zur Transfusion verweisen.[22]

Die außerordentliche Erleichterung des Verwaltungsaufwandes bei der Nutzung von Plasma-Stamm- bzw Spenden-Stammdokumentation hat auch ihren Niederschlag in § 2 Abs. 8 der **Kostenverordnung** für Amtshandlungen des Paul-Ehrlich-Instituts nach dem Arzneimittelgesetz gefunden.

---

19 Zum Verfahren für einen „nationalen" PMF siehe Bek. des PEI v. 19.9.2001 (BAnz, 21362).
20 Zum Verfahren für einen „europäischen" PMF siehe zum sog. *1st step* bei der EMEA die Leitlinien der EMEA CPMP/BWP/4663/03 (http://www.emea.europa.eu/pdfs/human/bwp/466303en.pdf) und CPMP/BWP/3749/03 (http://www.emea.europa.eu/pdfs/human/bwp/379403enfin.pdf) und zum sog. *2nd step* beim PEI die Bek. auf deren Internetseiten (http://www.pei.de/cln_116/nn_154580/SharedDocs/bekanntmachungen/2006/2nd-step-pmf-190706.html?__nnn=true).
21 Zum PMF siehe auch Friese/Jentges/Muatzam, Guide to Drug Regulatory Affairs, 1. Aufl. 2007, C. 1.3.7.
22 Zum Verfahren für eine Spenden-Stammdokumentation siehe Bek. des PEI v. 19.9.2001 (BAnz, 21361).

C. Besonderheiten bei der Zulassung von Blutzubereitungen

IV. Auflagen (insb. § 28 Abs. 3 c AMG)

Die Zulassung für eine Blutzubereitung kann wie für jedes anderes Arzneimittel mit Auflagen nach § 28 AMG verbunden werden. Besonders häufig wird bei Blutzubereitungen allerdings die Auflagenermächtigung des § 28 Abs. 3 c AMG genutzt. § 28 Abs. 3 c wurde im Jahr 1994 mit der fünften AMG-Novelle[23] in das AMG eingefügt – eine weitere gesetzliche Reaktion auf den Blut-Aids-Skandal (s.o. Rn 1 f).

In Anbetracht der Tatsache, dass Blutkomponenten zur Transfusion (ausgenommen virusinaktiviertes Frischplasma) keinen Maßnahmen zur Entfernung oder Inaktivierung von Krankheitserregern unterzogen werden, besteht bei diesen Arzneimitteln das permanente Risiko der Übertragung von Erregern die neu oder bislang unbekannt sind. Das Risiko der Übertragung unbekannter Erreger lässt sich freilich nicht bannen. Aber die Auflagenermächtigung des § 28 Abs. 3 c AMG bietet der Zulassungsbehörde die Möglichkeit, schnell auf neue Bedrohungen reagieren zu können. Auch neue Entwicklungen zur Verbesserung der Sicherheit von Blutzubereitungen (zB in Form neuer Testverfahren) lassen sich auf diese Weise flächendeckend verbindlich durchsetzen.[24]

Auflagen nach § 28 Abs. 3 c AMG sind – wenn sie Blutzubereitungen betreffen – in der überwiegenden Zahl der Fälle das Ergebnis eines **Stufenplanverfahrens** gemäß der „Allgemeinen Verwaltungsvorschrift zur Beobachtung, Sammlung und Auswertung von Arzneimittelrisiken (Stufenplan) nach § 63 des Arzneimittelgesetzes (AMG)".[25]

1. Tatbestandliche Voraussetzungen

Die tatbestandlichen Voraussetzungen des § 28 Abs. 3 c AMG sind relativ weit formuliert. § 28 Abs. 3 c AMG findet zunächst nur Anwendung auf Arzneimittel, die biologischer Herkunft sind oder auf biotechnologischem Wege hergestellt werden; dies trifft auf alle Blutzubereitungen zu. Eine Anordnung nach § 28 Abs. 3 c AMG kann die Anwendung bzw Einhaltung bestimmter Maßnahmen, Verfahren bzw Anforderungen bei Herstellung und/oder Kontrolle des Arzneimittels betreffen und den Zulassungsinhaber zur Vorlage von Unterlagen verpflichten, die die Eignung dieser Maßnahmen bzw Verfahren belegen. Bei Bedrohungslagen durch neue Krankheitserreger läuft dies in aller Regel auf die Anordnung bestimmter Kriterien bei der **Spenderauswahl** hinaus und/oder auf die Durchführung bestimmter **Testverfahren**. Eine Anordnung nach § 28 Abs. 3 c AMG ist schließlich nur zulässig, wenn sie zur Gewährleistung angemessener Qualität des Arzneimittels oder zur Risikovorsorge geboten ist. Der Begriff der **Risikovorsorge** beinhaltet, dass es hier nicht um die Abwehr eines bereits bestehenden Risikos gehen muss; vielmehr ist bereits ein potenzielles Risiko ausreichend. Aus wissenschaftlicher/medizinischer Sicht muss mithin nicht abschließend geklärt sein, dass durch einen bestimmten (risikobewerteten) Sachverhalt tatsächlich eine Gefahr für die Empfänger von Blutzubereitungen ausgeht. Gleichwohl muss durch eine solche Auflage ein gewisser Sicherheitsgewinn verzeichnet werden können, damit sie als geboten angesehen werden kann. Rein rechnerisch darf dieser Sicherheitsgewinn jedoch um so geringer ausfallen, je schwerwiegender die Auswirkungen auf den einzelnen Patienten wären, wenn sich das (potenzielle) Risiko, das durch die Anordnung verringert werden soll, bei ihm realisieren würde. So hat zB die Übertragung von HIV durch eine Blutzubereitung für den Empfänger sehr viel massivere Folgen als zB die Übertragung von

---

23 Fünftes Gesetz zur Änderung des Arzneimittelgesetzes v. 9.8.1994 (BGBl. I, 2071).
24 Für eine Übersicht über die vom PEI auf Grundlage eines Stufenplanverfahrens angeordneten Auflagen siehe Internetseiten des PEI (http://www.pei.de/cln_116/nn_155870/DE/service/bekanntmachungen/functions/stufenplan-node.html?__nnn=true).
25 BAnz 2005, 2383.

Parvovirus B19 oder Hepatitis A-Virus.[26] Eine sehr kostenintensive Maßnahme kann daher schon dann geboten sein, wenn rechnerisch (dh statistisch gesehen) nur sehr wenige Übertragungen von HIV dadurch verhindert werden könnten.

2. Sofortige Vollziehbarkeit

29 Anordnungen nach § 28 Abs. 3 c AMG sind sofort vollziehbar. Zulassungsinhaber, die einer solchen Anordnung nicht nachkommen wollen, sind darauf angewiesen, neben der Erhebung des Widerspruchs beim Verwaltungsgericht auch die Anordnung dessen aufschiebender Wirkung nach § 80 Abs. 5 VwGO zu beantragen. Gleichwohl bleibt es dem Zulassungsinhaber nicht erspart, der Anordnung bis zum Abschluss des Verfahrens nach § 80 Abs. 5 VwGO nachzukommen, will er nicht den **Verlust der Zulassung** riskieren (s.u. Rn 30).

3. Folgeänderungen

30 Die Anordnung von Maßnahmen nach § 28 Abs. 3 c AMG bewirkt in den meisten Fällen, dass der Zulassungsinhaber **Änderungen am Herstellungs- oder Prüfverfahren** vornehmen muss, um der Auflage nachzukommen. Diese Änderungen sind der Zulassungsbehörde anzuzeigen und bedürfen nach § 29 Abs. 2 a S. 1 Nr. 4 AMG deren Zustimmung. In diesem Verfahren wird überprüft, ob die Auflage ordnungsgemäß umgesetzt wurde. Das Unterlassen der (Änderungs-)Anzeige zur Umsetzung einer Auflage ist für den Zulassungsinhaber mit außerordentlich hohem Risiko verbunden. Denn die Zulassungsbehörde kann in diesem Fall ohne größeren Begründungsaufwand die Zulassung nach § 30 Abs. 2 S. 1 Nr. 2 AMG widerrufen. Eine erneute inhaltliche Auseinandersetzung mit dem Gegenstand der Anordnung nach § 28 Abs. 3 c AMG, die der Zulassungsinhaber dann vor dem Verwaltungsgericht in Frage stellen könnte, ist bei einem solchen Zulassungswiderruf nicht erforderlich. Es reicht lediglich die Feststellung, dass der vollziehbaren Auflage nicht nachgekommen wurde (siehe auch § 8 Rn 56).

V. Änderungen der Zulassungsunterlagen

31 Die Änderung der Zulassung für eine Blutzubereitung weist keine wesentlichen Besonderheiten gegenüber der Zulassungsänderung anderer Arzneimittel auf. Bei „rein national" zugelassenen Arzneimitteln kommt allerdings sehr häufig die Zustimmungspflicht des § 29 Abs. 2 a AMG zum tragen, da insb. Änderungen im Herstellungs- und/oder Prüfverfahren nicht selten vorgenommen werden müssen.

Für zentralisierte, dezentralisierte und gegenseitig anerkannte Zulassungen sehen die Leitlinien, die die EU-Kommission aufgrund von Art. 4 Abs. 1 lit. A VO (EG) Nr. 1234/2008[27] erlassen hat,[28] an zahlreichen Stellen vor, dass eine Änderung, die sonst als Typ IA oder IB eingestuft wird, als Typ II einzustufen ist, wenn es sich um ein **Arzneimittel aus biologischem Ausgangsmaterial** handelt, was stets auch auf Blutzubereitungen zutrifft.

---

26 Im Gegensatz zu einer Infektion mit HIV, die die betroffene Person für den Rest ihres Lebens beeinträchtigen wird und regelmäßig zu einem vorzeitigen Tod durch AIDS führt, können Erkrankungen aufgrund von Parvovirus B19 und Hepatis A-Virus klinisch gut behandelt werden und heilen in aller Regel nach relativ kurzer Zeit vollständig aus.
27 VO (EG) Nr. 1234/2008 der Kommission v. 24.11.2008 über die Prüfung von Änderungen der Zulassungen von Human- und Tierarzneimitteln (ABl. EU Nr. L 334/7).
28 „EU Detailed Classification Guideline" (Draft for public consultation: EMEA/122634/2009) und „EU Procedural Guideline" (Draft for public consultation: EMEA/39548/2009).

C. Besonderheiten bei der Zulassung von Blutzubereitungen

Dies war auch im Wesentlichen so auch schon bei den Vorgängerverordnungen (EG) Nr. 1084/2003[29] und Nr. 1085/2003[30] der Fall.[31]

VI. Bezugnehmende Zulassungen

Auch bei Blutzubereitungen finden grundsätzlich die Verfahrenserleichterungen Anwendung, die das AMG durch die Bezugnahme auf andere Zulassungen oder auf wissenschaftliches Erkenntnismaterial zur Verfügung stellt. Aufgrund der Andersartigkeit von Blut und Blutprodukten gegenüber anderen (insb. chemisch definierten) Arzneimitteln ergeben sich hier jedoch einige Besonderheiten.

1. Generika/"Biosimilars"

Bislang existieren in Deutschland keine generischen Zulassungen für Blutzubereitungen. Die Voraussetzungen für die Zulassung eines Generikums sind bei Blutzubereitungen, so wie bei allen biologischen Arzneimitteln, extrem schwer zu erfüllen. Insbesondere der Nachweis der gleichen **Zusammensetzung der Wirkstoffe** nach Art und Menge (§ 24 b Abs. 2 S. 1 AMG) beim Generikum und dem Referenzarzneimittel ist bei Biologika so gut wie nicht zu erbringen. Denn die Charakteristika eines Biologikums werden ganz maßgeblich von der Individualität und biologischen Schwankungsbreite seiner Ausgangsmaterialien und seines Herstellungsprozesses bestimmt. Bereits geringste Abweichungen und Veränderungen dieser Parameter können erhebliche Auswirkungen auf das Endprodukt haben.

Diese Eigenarten von biologischen Arzneimitteln gegenüber chemisch definierten Arzneimitteln haben in der Vergangenheit eine nicht zu überwindende **faktische Hürde** für die Hersteller von Generika dargestellt, da es so gut wie unmöglich ist, einen biologischen Wirkstoff identisch nachzuahmen. Um diese Hürde ein Stück weit abzubauen wurden mit der 14. AMG-Novelle[32] in § 24 b Abs. 5 AMG ausdrücklich Möglichkeiten zur generischen Zulassung biologischer Arzneimittel geschaffen. Das Nachahmerprodukt muss dem Referenzprodukt danach lediglich noch „ähnlich" sein (engl. *biosimilar*). Der Antragsteller für das Biosimilar-Produkt muss allerdings Unterlagen über „geeignete vorklinische oder klinische Versuche" vorlegen; diese Versuche entsprechen ihrem Umfang nach aber nicht den Untersuchungen, die ohne die Möglichkeit zur Bezugnahme auf ein Referenzarzneimittel erforderlich sind. Die EMEA hat hierzu bereits mehrere **wissenschaftliche Leitlinien** zur Beantragung von Biosimilar-Zulassungen veröffentlicht.[33] Dennoch bestehen in der Zulassungspraxis bislang nur sehr begrenzte Erfahrungen mit Biosimilars, so dass abzuwarten bleibt, inwieweit und in welchem Umfang die Generikaindustrie § 24 b Abs. 5 AMG für Blutzubereitungen tatsächlich nutzen kann und wird.[34]

---

29 VO (EG) Nr. 1084/2003 der Kommission v. 3.6.2003 über die Prüfung von Änderungen einer Zulassung für Human- und Tierarzneimittel, die von einer zuständigen Behörde eines Mitgliedstaats erteilt wurde (ABl. EU L 159/1).
30 VO (EG) Nr. 1085/2003 der Kommission v. 3.6.2003 über die Prüfung von Änderungen einer Zulassung für Human- und Tierarzneimittel gemäß der VO (EWG) Nr. 2309/93 des Rates (ABl. Nr. L 159/24).
31 Zum Verfahren zur Änderung einer Zulassung nach der VO (EG) Nr. 1234/2008 siehe § 11 Rn 52 ff.
32 Vierzehntes Gesetz zur Änderung des Arzneimittelgesetzes v. 29.8.2005 (BGBl. I, 2570).
33 Leitlinie EMEA/CHMP/BWP/49348/2005 (http://www.emea.europa.eu/pdfs/human/biosimilar/4934805en.pdf) und Leitlinie CHMP/437/04 (http://www.emea.europa.eu/pdfs/human/biosimilar/043704en.pdf).
34 Siehe zur Zulassung von Biosimilars auch Heymann/Harney, PharmR 2007, 265 ff sowie Rehmann, A&R 2008, 148 f.

2. Well-established Use

35 Bei Blutkomponenten zur Transfusion können sich die Antragsteller regelmäßig auf die Vorschrift des § 22 Abs. 3 S. 1 Nr. 1 AMG (sog. *well-established use*) berufen. Danach kann anstatt der pharmakologisch-toxikologischen Unterlagen und der Ergebnisse von klinischen Prüfungen **anderes wissenschaftliches Erkenntnismaterial** (idR wissenschaftliche Publikationen) mit dem Zulassungsantrag vorgelegt werden, wenn die Wirkstoffe des Arzneimittels seit mindestens zehn Jahren in der EU allgemein medizinisch verwendet werden und ihre Wirkungen und Nebenwirkungen bekannt sind.

36 Teil des Blut-Aids-Skandals (s.o. Rn 1 f) war es, dass im damaligen BGA die Nachzulassungsverfahren nach § 105 AMG für Transfusionsprodukte niemals konsequent bearbeitet wurden. Erst mit Übergang der Zuständigkeit auf das PEI wurden diese Nachzulassungsverfahren systematisch aufgearbeitet. Zum Zeitpunkt der Nachzulassungsbearbeitung und -entscheidung war das Transfusionswesen daher schon ein etablierter Zweig der medizinischen Versorgung und der Umgang mit Transfusionsprodukten war seit langem übliche und bekannte Praxis. Dementsprechend umfangreich gab und gibt es **medizinische Publikationen** zu diesen Arzneimitteln, welche als wissenschaftliches Erkenntnismaterial iSv § 22 Abs. 3 S. 1 Nr. 1 AMG vom PEI anerkannt werden. Im Vorfeld der Zulassungsbeantragung für Transfusionsprodukte müssen daher heute in aller Regel keine pharmakologisch-toxikologischen Untersuchungen und keine klinischen Prüfungen mehr durchgeführt werden.

3. Parallelimporte

37 Grundsätzlich sind alle Blutzubereitungen auch einem Vertrieb im Wege des Parallelhandels zugänglich.[35] Blutkomponenten zur Transfusion werden allerdings aus verschiedenen Gründen nicht parallel gehandelt. Zum einen sind sie idR nicht lange haltbar, zweitens erfordern sie eine besondere Sorgfalt in ihrer Handhabung (insb. Lagerung und Transport) und schließlich sind sie in keinem Mitgliedstaat der EU außer Deutschland arzneimittelrechtlich zulassungspflichtig. Transfusions-Produkte sind daher für den Parallelhandel uninteressant.

38 Plasmaderivate werden vereinzelt parallel gehandelt. Die unproblematische Erlangung einer Zulassung im Falle des Parallelimports ist für den Parallelimporteur aber nur gewährleistet, wenn die Zulassungen für das Arzneimittel im Exportland und in Deutschland über ein Verfahren der gegenseitigen Anerkennung oder ein dezentralisiertes Verfahren miteinander verbunden sind. Anderenfalls kann es für den Parallelimporteur schwierig werden, in Deutschland eine geeignete Zulassung zu finden, auf die er für seine Parallelzulassung Bezug nehmen kann. Zwar hat der EuGH im Verlauf seiner Rechtsprechung die Vorraussetzungen für eine Bezugnahme immer weiter herabgesetzt, so dass für den Erhalt einer Parallelzulassung (zusammengefasst ausgedrückt) lediglich eine „hinreichende Vergleichbarkeit" des im Exportland und im Importland zugelassenen Arzneimittels ausreichend ist.[36] Allerdings gibt es im Zusammenhang mit Parallelimporten bislang noch keine Entscheidung des EuGH zu der Frage der hinreichenden Vergleichbarkeit bei biologischen Arzneimitteln. Vor dem Hintergrund der zahlreichen Besonderheiten biologischer Arzneimittel gegenüber chemisch definierten Arzneimitteln – insb. der Tatsache, dass bei biologischen Arzneimitteln bereits geringste Abweichungen oder Änderungen im Herstellungsverfahren erhebliche Auswirkungen auf das Endprodukt haben können – wird man in dieser Frage allerdings deutlich strenge Kriterien anlegen müssen. Letztlich dürfte für eine hinreichende Vergleichbarkeit

---

35 Zu allgemeinen zulassungsbezogenen Fragen des Parallelhandels s.o. § 23 Rn 6 ff.
36 Siehe insb. EuGH, Urt. v. 20.5.1976, C-104/75 – de Peijper; Urt. v. 12.11.1996, C-201/94 – Smith & Nephew, Primecrown; Urt. v. 16.12.1999, C-94/98 – Rhône-Poulenc Rorer, May & Baker; Urt. v. 10.10.2002, C-172/00 – Ferring, Eurim-Pharm; Urt. v. 8.5.2003, C-113/01 – Paranova; Urt. v. 1.4.2004, C-112/02 – Kohlpharma.

zweier Blutzubereitungen aber zu fordern sein, dass beide Produkte **in derselben Produktionsanlage unter denselben Bedingungen** hergestellt werden.

D. Besonderheiten bei der staatlichen Chargenprüfung von Blutzubereitungen

Blutzubereitungen wurden 1994 im Zuge der gesetzlichen Reaktionen auf den Blut-Aids-Skandal (s.o. Rn 1 f) der Pflicht zur staatlichen Chargenprüfung nach § 32 AMG unterworfen.[37] Dies gilt allerdings nur für Produkte aus Mischungen von humanem Blutplasma – also für Plasmaderivate und virusinaktiviertes Frischplasma. Denn hier ist die Gefahr der großflächigen Verbreitung von Krankheitserregern durch infektiöse Blutspenden besonders hoch. Blutkomponenten zur Transfusion (außer virusinaktiviertes Frischplasma) werden zudem gar nicht in Chargen hergestellt und wären dem System der Chargenprüfung daher schon aus diesem Grunde nicht zugänglich gewesen.

Die staatliche Chargenprüfung von Blutzubereitungen wird den EU-Mitgliedstaaten durch Art. 114 Abs. 2 RL 2001/83/EG ermöglicht, muss aber nicht zwingend in nationales Recht umgesetzt werden. Nicht alle EU-Mitgliedstaaten haben von dieser Möglichkeit bislang Gebrauch gemacht.

Im Wesentlichen erfolgt das Verfahren der staatlichen Chargenfreigabe von Blutzubereitungen wie bei allen anderen biologischen Arzneimitteln, die der Pflicht zur staatlichen Chargenprüfung unterliegen. Insofern kann an dieser Stelle auf die entsprechenden Ausführungen zu Sera und Impfstoffen unter § 31 Rn 20 ff verwiesen werden.

I. Plasma-Pool-Zertifikate

Bei der Chargenprüfung von Blutzubereitungen besteht eine ähnliche Besonderheit wie im Verfahren zur Zulassung von Plasmaderivaten. Mit dem Antrag zur staatlichen Chargenfreigabe müssen für jede Arzneimittelcharge grundsätzlich auch die Herstellungs- und Prüfprotokolle des Herstellers eingereicht werden. Bei vielen Plasmaderivaten müssten in diesem Zusammenhang identische Unterlagen über die Herstellung und Prüfung des Plasma-Pools eingereicht werden. Ähnlich dem Plasma Master File (PMF) im Zulassungsverfahren (s.o. Rn 24), kann der Zulassungsinhaber hier zunächst ein sog. Plasma-Pool-Zertifikat beantragen, mit dem die prüfende Behörde bescheinigt, dass der Plasma-Pool allen Anforderungen aus der/den Zulassung/en bzw aus dem PMF entspricht. Dieses Plasma-Pool-Zertifikat kann der Zulassungsinhaber dann mit seinen Anträgen auf staatliche Chargenfreigabe anstatt der Unterlagen einreichen, die er bereits mit dem Antrag auf das Plasma-Pool-Zertifikat eingereicht hatte. Plasma-Pool-Zertifikate werden zwischen den Europäischen Behörden, die für staatliche Chargenprüfung zuständig sind, **gegenseitig anerkannt** – genauso wie bei Endprodukten die staatlichen Chargenfreigaben anderer EU-Mitgliedstaaten als Grundlage für die eigene Freigabe anerkannt werden (§ 32 Abs. 1 S. 3 AMG).

II. OMCL-Netzwerk

Die Behörden, die für die staatliche Chargenprüfung von Arzneimitteln zuständig sind, haben sich in einem Netzwerk der „Official Medicines Control Laboratories" (OMCL) zusammengeschlossen. Das OMCL-Netzwerk wird vom European Directorate for the Quality of Medicines (EDQM) des Europarates betreut und organisiert. Die dortigen Arbeitsgruppen beraten regelmäßig auch über Fragestellungen im Zusammenhang mit der staatlichen Chargenprüfung biologischer Arzneimittel und einigen sich auf **Leitlinien** zur europaweit einheitlichen Vorgehensweise auf diesem Gebiet (siehe dazu auch § 31 Rn 26).

---

37 Verordnung über die Einführung der staatlichen Chargenprüfung bei Blutzubereitungen v. 15.7.1994 (BGBl. I, 1614), geändert durch VO v. 26.6.1995 (BGBl. I, 854).

III. Parallelimporte

43 Für parallel importierte (dh unter einer eigenen Zulassung des Parallelhändlers in den Verkehr gebrachte) und parallel vertriebene (dh unter der zentralisierten Zulassung des Original-Zulassungsinhabers in den Verkehr gebrachte) Blutzubereitungen muss der Parallelhändler eigene staatliche Chargenfreigaben nach § 32 AMG beantragen. Die vom Parallelhändler importierten Produkte werden umverpackt oder umetikettiert und mit einer neuen Gebrauchsinformation versehen. Diese Handlungen sind als Herstellungshandlungen iSv § 4 Abs. 14 AMG anzusehen, womit der Parallelhändler **neue Chargen** des Arzneimittels herstellt,[38] die einer eigenen staatlichen Chargenfreigabe bedürfen.

E. Pharmakovigilanz bei Blutzubereitungen/Hämovigilanz

44 Bei den Dokumentations- und Meldepflichten über unerwünschte Arzneimittelwirkungen (Pharmakovigilanz) ist im Zusammenhang mit Blutzubereitungen zu beachten, dass für Plasmaderivate § 63 b AMG Anwendung findet und für die Transfusionsprodukte § 63 c AMG. Aufgrund einiger Besonderheiten in der Pharmakovigilanz von Blutzubereitungen wird hierfür häufig auch der Begriff Hämovigilanz verwendet.

I. Pharmakovigilanz bei Plasmaderivaten

45 Die Pharmakovigilanz von Plasmaderivaten weist keine erheblichen Besonderheiten gegenüber anderen Arzneimitteln auf. Lediglich für den regelmäßigen aktualisierten Bericht über die Unbedenklichkeit (engl. Periodic Safety Update Report, PSUR) werden in § 63 b Abs. 5 S. 7 AMG besondere zusätzliche Fristen festgelegt. Der Bericht ist demnach abweichenden von üblichen **PSUR-Fristen** nach § 63 b Abs. 5 Sätze 1 bis 3 AMG mindestens einmal jährlich vorzulegen, wenn für die betreffende Blutzubereitung Rückrufe durchgeführt werden mussten oder wenn Verdachtsfälle schwerwiegender Nebenwirkungen aufgetreten sind.

II. Pharmakovigilanz bei Transfusionsprodukten

46 Die Pharmakovigilanz bei Transfusionsprodukten richtet sich nach § 63 c AMG. Für diese Produkte sieht die Richtlinie 2005/61/EG[39] andere Dokumentations- und Meldepflichten vor als dies die Richtlinie 2001/83/EG für sonstige Arzneimittel tut. Der maßgebliche Unterschied zwischen den beiden Vorschriften ist, dass § 63 b AMG an „Verdachtsfälle von Nebenwirkungen" iSv § 4 Abs. 13 AMG anknüpft und § 63 c AMG an „schwerwiegende Zwischenfälle" und „schwerwiegende unerwünschte Reaktionen". Die beiden Begriffe werden unmittelbar in § 63 c Abs. 6 und 7 AMG definiert und sind nicht deckungsgleich mit dem Begriff der Nebenwirkung nach § 4 Abs. 13 AMG, sondern beruhen auf den Vorgaben des Art. 3 lit. g und lit. h RL 2002/98/EG.

47 Im Übrigen verläuft die Pharmakovigilanz nach § 63 c AMG jedoch ähnlich der des § 63 b AMG. § 63 c Abs. 1 regelt **Dokumentationspflichten**; Abs. 2 und 3 regeln die **Meldepflichten**, wobei die Meldungen bei zugelassenen Blutzubereitungen an das PEI erfolgen und bei nicht zugelassenen Blutzubereitungen an die zuständige Landesbehörde, die die Meldung dann zum Zwecke der Bewertung an das PEI weiterleitet; Abs. 4 regelt die **PSURs**; Abs. 5 schließlich ermöglicht vigilanzbezogene **Inspektionen** durch das PEI und verbietet die **Veröffentlichung** vigilanzbezogener Informationen, bevor die Meldung an das PEI bzw die zuständige Landesbehörde erfolgt ist.

---

38 So auch Bay. VGH A&R 2006, 224, 225.
39 RL 2005/61/EG der Kommission v. 30.9.2005 zur Durchführung der RL 2002/98/EG des Europäischen Parlaments und des Rates in Bezug auf die Anforderungen an die Rückverfolgbarkeit und die Meldung ernster Zwischenfälle und ernster unerwünschter Reaktionen (ABl. EU Nr. L 256/32).

III. Rückverfolgung/Look-Back-Verfahren

Von besonderer Bedeutung für die Hämovigilanz ist die Rückverfolgbarkeit von Blutzubereitungen nach § 19 TFG. Aufgrund der besonderen Risiken, die von Arzneimitteln aus Blut ausgehen können, muss zu jedem Zeitpunkt – von der Blutspende bis zur Nachbeobachtungszeit des Empfängers – eine bestimmte Blutzubereitung sowohl seinem Spender (bzw seinen Spendern) als auch seinem Empfänger zugeordnet werden können. Anders ausgedrückt muss zu jeder Zeit feststellbar sein, wessen Blutspenden in welche Blutzubereitung(en) eingegangen sind und welche Person(en) diese Blutzubereitung(en) empfangen hat (haben). 48

Wenn bei einem Blutspender nachträglich die Infektion mit einem über Blut übertragbaren Erreger festgestellt wird, müssen Maßnahmen zum Schutz bzw zur zügigen medizinischen Behandlung der Empfänger eingeleitet werden. Ggf. haben auch bestimmte Testverfahren nicht zuverlässig gearbeitet, so dass die Infektion des Spenders nicht schon früher erkannt wurde. Bei dieser Konstellation spricht man von einem **Spender-Look-Back** (§ 19 Abs. 1 TFG). 49

Wird bei einem Empfänger von Blutzubereitungen nachträglich festgestellt, dass er mit einem über Blut übertragbaren Erreger infiziert ist, muss festgestellt werden, ob er diese Infektion durch die Blutzubereitung erhalten hat und wenn ja, von welchem Blutspender die Infektion ausging. Weitere Empfänger von Blutzubereitungen, die aus Blut dieses Spender hergestellt wurden könnten betroffen sein, ggf sind alle Dosen einer oder mehrerer Chargen von ggf sogar mehreren Arzneimitteln betroffen, die dann unverzüglich zurückgerufen werden müssen. Bei dieser Konstellation spricht man von einem **Empfänger-Look-Back** (§ 19 Abs. 2 TFG). 50

Das Ziel aller Maßnahmen ist es, die Gründe für eine eventuelle Übertragung von Krankheitserregern festzustellen und weitere Übertragungen auszuschließen. Im Falle von Plasmaderivaten (und auch bei virusinaktiviertem Frischplasma) kann uU die Nachtestung von zahlreichen Spendern und/oder Empfängern erforderlich werden. Ein Look-Back-Verfahren steht immer auch im Zusammenhang mit Meldungen nach §§ 63 b, 63 c AMG. Die entsprechenden (betriebsinternen) **Verfahrensanweisungen** sind integraler Bestandteil jedes Hämovigilanzsystems bei den pharmazeutischen Unternehmern von Blutzubereitungen.[40] 51

IV. Meldungen durch die Gesundheitsämter

Meldungen im Rahmen der Pharmakovigilanz von Blutzubereitungen können ggf auch von den Gesundheitsämtern aufgrund von § 25 Abs. 2 des Infektionsschutzgesetzes (IfSG) erfolgen. Danach hat das Gesundheitsamt die zuständigen Stellen des Bundes und der Länder zu informieren, wenn es feststellt, dass eine Person, die an einer nach dem IfSG meldepflichtigen und durch Blut übertragbaren Krankheit erkrankt ist, nach dem vermuteten Zeitpunkt der Infektion Blutspender war. 52

F. Sonstige Besonderheiten bei der Regulierung von Blutzubereitungen

I. Verschreibungspflicht/Vertriebswege

Blutzubereitungen (humanen Ursprungs) sowie rekombinante Blutgerinnungsfaktoren und -inhibitoren unterliegen der Pflicht zur ärztlichen Verschreibung nach § 48 Abs. 1 53

---

[40] Auch der „Arbeitskreis Blut" (siehe hierzu unten Rn 59) hat in seinem Votum 34 v. 14.6.2006, das durch Votum 35 v. 11.10.2006 ergänzt wurde, Empfehlungen für das Verfahren zur Rückverfolgung (Look-Back) nach § 19 TFG abgegeben. Eingehend zum Look-Back-Verfahren auch v. Auer/Seitz, Transfusionsgesetz, A 2.2 § 19.

Nr. 1 AMG; sie werden in der Anlage zur Arzneimittelverschreibungsverordnung (**AMVV**) genannt. Die Abgabe von Blutzubereitungen darf gemäß § 47 Abs. 1 Nr. 2 lit. a AMG direkt an Krankenhäuser und hämostaseologisch qualifizierte Ärzte erfolgen.

II. Überschneidungen des Arzneimittelrechts mit dem Transfusionsrecht

54 Eine klare **Abgrenzung** des Arzneimittel- und des Transfusionsrechts – namentlich des Transfusionsgesetzes (TFG) und seiner nachgeordneten Rechts- und Verwaltungsvorschriften – ist nicht möglich. Das Arzneimittelrecht hat in erster Linie das Arzneimittel als Produkt im Blick. Das Transfusionsrecht stellt Regeln für die Gewinnung von Blut und die Anwendung von Blutzubereitungen auf. Ganz allgemein kann daher eine Abgrenzung dahin gehend formuliert werden, dass das Transfusionsrecht vor und hinter das Arzneimittelrecht geschaltet ist – die Grenzen verlaufen dort, wo der unmittelbare Einfluss auf das Produkt Blutzubereitung beginnt bzw endet. Diese Abgrenzung wird für die konkrete Anwendung von Rechtsvorschriften indes wenig hilfreich, in aller Regel allerdings wohl auch nicht erforderlich sein.

55 Vielmehr gibt es zahlreiche Sachverhalte, die sowohl transfusionsrechtliche als auch arzneimittelrechtliche Bedeutung haben – auf die Bedeutung des Rückverfolgungsverfahrens nach § 19 TFG für die Pharmakovigilanz bei Blutzubereitungen (Hämovigilanz) wurde oben (Rn 48 ff) bereits hingewiesen. Und so wie die transfusionsrechtlichen Vorschriften des TFG an vielen Stellen in das Arzneimittelrecht übergreifen, können auch die entsprechenden europäischen Vorschriften in vielen Fällen zur Beurteilung von arzneimittelrechtlichen Sachverhalten im Zusammenhang mit Blutzubereitungen herangezogen werden – namentlich die Richtlinie 2002/98/EG[41] und die hierzu ergangenen Durchführungsrichtlinien 2004/33/EG,[42] 2005/61/EG[43] und 2005/62/EG.[44]

1. Hämotherapierichtlinien

56 Zahlreiche Regelungen des Transfusionsgesetzes, die den Ablauf der Blutspende betreffen, dienen sowohl dem Schutz des Spenders als auch der Produktsicherheit und -qualität. Die **Spenderauswahlkriterien** sind daher stets auch Teil der arzneimittelrechtlichen Zulassungsunterlagen und die Zulassungsbehörde orientiert sich bei der Beurteilung dieser Unterlagen an den transfusionsrechtlichen Vorgaben. Von besonderer Bedeutung sind in diesem Zusammenhang die aufgrund von §§ 12 a Abs. 1, 18 Abs. 1 TFG ergehenden sog. Hämotherapierichtlinien.[45] In diesen Richtlinien stellt die Bundesärztekammer den allgemein anerkannten Stand der Erkenntnisse der medizinischen Wissenschaft und Technik im Zusammenhang mit der Gewinnung von Blut und Blutbestandteilen und der Anwendung von Blutprodukten

---

41 RL 2002/98/EG des Europäischen Parlaments und des Rates v. 27.1.2003 zur Festlegung von Qualitäts- und Sicherheitsstandards für die Gewinnung, Testung, Verarbeitung, Lagerung und Verteilung von menschlichem Blut und Blutbestandteilen und zur Änderung der RL 2001/83/EG (ABl. EG Nr. L 33/30).
42 RL 2004/33/EG der Kommission v. 22.3.2004 zur Durchführung der RL 2002/98/EG des Europäischen Parlaments und des Rates hinsichtlich bestimmter technischer Anforderungen für Blut und Blutbestandteile (ABl. EU Nr. L 91/25).
43 RL 2005/61/EG der Kommission v. 30.9.2005 zur Durchführung der RL 2002/98/EG des Europäischen Parlaments und des Rates in Bezug auf die Anforderungen an die Rückverfolgbarkeit und die Meldung ernster Zwischenfälle und ernster unerwünschter Reaktionen (ABl. EU Nr. L 256/32).
44 RL 2005/62/EG der Kommission v. 30.9.2005 zur Durchführung der RL 2002/98/EG des Europäischen Parlaments und des Rates in Bezug auf gemeinschaftliche Standards und Spezifikationen für ein Qualitätssystem für Blutspendeeinrichtungen (ABl. EU Nr. L 256/41).
45 Richtlinien zur Gewinnung von Blut und Blutbestandteilen und zur Anwendung von Blutprodukten (Hämotherapie) gemäß §§ 12 und 18 des Transfusionsgesetzes (TFG) (Änderungen und Ergänzungen 2007) v. 17.4.2007 (BAnz, 5075) – Anm.: Durch Art. 3 des Gesetzes über Qualität und Sicherheit von menschlichen Geweben und Zellen (Gewebegesetz) v. 20.7.2007 (BGBl. I, 1574) wurde § 12 TFG, der zuvor die Hämotherapierichtlinien regelte, neu gefasst und als neuer § 12 a TFG eingefügt.

F. Sonstige Besonderheiten bei der Regulierung von Blutzubereitungen

fest. Dem breiten Überschneidungsfeld von Arzneimittel- und Transfusionsrecht Rechnung tragend ergehen die Richtlinien im Benehmen mit dem PEI, welches auch für die Bekanntmachung der Richtlinien im Bundesanzeiger verantwortlich ist. Die Richtlinien sind hinsichtlich ihrer rechtlichen Qualität als **antizipiertes Sachverständigengutachten** anzusehen.[46] Durch die Beachtung der Richtlinien wird die Einhaltung des Standes der medizinischen Wissenschaft und Technik vermutet (§§ 12 a Abs. 2, 18 Abs. 2); eine Abweichung von den Richtlinien ist dementsprechend wissenschaftlich fundiert zu begründen. Immer wenn in arzneimittelrechtlichen Vorschriften die Einhaltung des Standes von Wissenschaft und Technik verlangt wird, kann im Zusammenhang mit Blutzubereitungen davon ausgegangen werden, dass dies durch die Beachtung der Hämotherapierichtlinien gewährleistet werden kann – vorausgesetzt, die Hämotherapierichtlinien treffen zu der betreffenden Frage hinreichende Aussagen.

2. Koordiniertes Meldewesen

Jeder pharmazeutische Unternehmer von Blutzubereitungen sowie die Träger der Spendeeinrichtungen und die Einrichtungen der Krankenversorgung haben nach § 21 TFG jährlich den Umfang der Gewinnung, Herstellung und Anwendung von Blutzubereitungen dem PEI mitzuteilen, woraus dieses einen **jährlichen Bericht** zusammenstellt, der die **Versorgung** mit Blut und Blutprodukten in Deutschland dokumentieren soll. Meldungen können auch elektronisch übermittelt werden.[47] Derzeit laufen zudem Vorbereitungen, dass zukünftig der Teil der Meldungen nach § 21 TFG zum Verbrauch von Gerinnungspräparaten zur Behandlung von Hämophiliepatienten auch über eine Datenbank (das **Deutsche Hämophilieregister**, DHR) erfolgen kann, die den Patienten mit behandlungsbedürftigen Gerinnungsstörungen und deren behandelnden Ärzten zahlreiche Unterstützungs- und Optimierungsmöglichkeiten bei individuellen Therapieentscheidungen liefern soll.[48]

Die pharmazeutischen Unternehmer von Blutzubereitungen, die in aller Regel auch ihre eigenen Spendeeinrichtungen betreiben, verfügen aufgrund dieser Tätigkeiten über eine große Menge an Daten über das Aufkommen und die Verteilung von Krankheitserregern in Deutschland. Um diese Daten für das öffentliche Gesundheitswesen nicht ungenutzt und unkoordiniert zu lassen, sind die Träger der Spendeeinrichtungen nach § 22 TFG verpflichtet, vierteljährlich und jährlich einen **nach epidemiologischen Kriterien aufbereiteten Bericht** an das Robert-Koch-Institut (RKI) zu übermitteln. Wenn sich aus diesen Daten für das RKI ein infektionsepidemiologisch aufklärungsbedürftiger Sachverhalt ergibt, kann es hierüber die zuständigen Landesbehörden und/oder das PEI unterrichten, damit diese Behörden ggf arzneimittelrechtliche Maßnahmen einleiten.

Einzelheiten der Anforderungen an die Meldungen nach §§ 21 und 22 TFG sind in der Transfusionsgesetz-Meldeverordnung (TFGMV) geregelt.

3. Arbeitskreis Blut

Beim RKI wurde aufgrund von § 24 TFG ein Arbeitskreis aus sachverständigen Personen aus dem Bereich der Blutprodukte und des Transfusionswesens (Arbeitskreis Blut) eingerichtet. Der Arbeitskreis Blut soll die für diesen Themenbereich zuständigen Behörden des Bundes und der Länder beraten. Er erlässt seine Empfehlungen in Form schriftlicher

---

46 v. Auer/Seitz, Transfusionsgesetz, A 2.2 § 12 a Rn 18.
47 Zur erreichen über die Internetseiten des PEI (http://www.pei.de/cln_116/nn_156154/DE/infos/21tfg/04-online/online-21-node.html?__nnn=true).
48 Weitere Informationen zum DHR auf den Internetseiten des PEI (http://www.pei.de/cln_116/DE/infos/fachkreise/dhr/dhr-node.html?__nnn=true).

Voten, die er im Bundesgesundheitsblatt veröffentlicht.[49] Ein vom Arbeitskreis Blut beschlossenes Votum geht in vielen Fällen einher mit Maßnahmen des PEI nach § 28 Abs. 3 c AMG im Rahmen eines Stufenplanverfahrens.

---

49 Einzusehen auch auf den Internetseiten des RKI (http://www.rki.de/cln_160/nn_206134/DE/Content/Infekt/Blut/AK__Blut/Voten/voten__node.html?__nnn=true).

§ 33 Arzneimittel aus Stoffen menschlicher Herkunft (ausgenommen Blutzubereitungen)

A. Begrifflichkeiten 1	III. Erlaubnis für die Be- oder Verarbeitung, Konservierung, Prüfung, Lagerung oder das Inverkehrbringen von Gewebe oder Gewebezubereitungen nach § 20 c AMG 22
I. Stoffe biologischer Herkunft 2	
1. Stoffe pflanzlicher Herkunft 3	
2. Stoffe tierischer und menschlicher Herkunft 4	
3. Mikroorganismen 7	IV. Pflichten nach Erteilung der Erlaubnis ... 26
II. Arzneimittel aus Stoffen biologischer Herkunft 8	C. Einfuhr 29
	D. Inverkehrbringen 33
1. Somatische Zelltherapeutika im Sinne des § 4 Abs. 9 AMG 9	I. Genehmigung nach Art. 3 Abs. 1 VO (EG) Nr. 726/2004 34
2. Biotechnologisch bearbeitete Gewebeprodukte im Sinne des § 4 Abs. 9 AMG 10	II. Nationale Zulassung nach § 21 Abs. 1 S. 1 AMG 37
3. Gewebezubereitungen im Sinne des § 4 Abs. 30 AMG 13	III. Genehmigung von Gewebezubereitungen nach § 21 a Abs. 1 S. 1 AMG 40
B. Herstellen 14	IV. Genehmigung von Arzneimitteln für neuartige Therapien nach § 4 b Abs. 3 S. 1 AMG 44
I. Herstellungserlaubnis nach § 13 Abs. 1 AMG 16	
II. Erlaubnis für die Gewinnung von Gewebe und die Laboruntersuchungen nach § 20 b AMG 18	

A. Begrifflichkeiten

Nur Stoffe oder Zubereitungen aus Stoffen können Arzneimittel im Sinne des § 2 Abs. 1 AMG sein (ausführlich zum Begriff des Arzneimittels siehe § 2 Rn 1 ff). Der Stoffbegriff selbst ist in § 3 AMG definiert (siehe hierzu § 2 Rn 122 ff). Stoffe biologischer Herkunft werden als Ausgangsstoff zur Herstellung eines biologischen Arzneimittels eingesetzt, sind aber noch nicht selbst das Endprodukt Arzneimittel. **1**

I. Stoffe biologischer Herkunft

Was Stoffe im Sinne des AMG sind, wird im nationalen Recht durch § 3 AMG definiert. Diese Vorschrift entspricht inhaltlich dem europäischen Stoffbegriff in Art. 1 Nr. 3 RL 2001/83/EG.[1] Danach ist zu unterscheiden zwischen Stoffen pflanzlicher, tierischer, menschlicher sowie chemischer Herkunft. **2**

Nicht biologischer Herkunft sind Stoffe chemischer Herkunft, also chemische Elemente und chemische Verbindungen sowie deren natürlich vorkommende Gemische und Lösungen (vgl § 3 Nr. 1 AMG).

1. Stoffe pflanzlicher Herkunft

Pflanzen, Pflanzenteile, Pflanzenbestandteile, Algen, Pilze und Flechten in bearbeitetem oder unbearbeiteten Zustand sind Stoffe pflanzlicher Herkunft (vgl § 3 Nr. 2 AMG). **3**

2. Stoffe tierischer und menschlicher Herkunft

Tierkörper, auch lebender Tiere, sowie Körperteile, Körperbestandteile und Stoffwechselprodukte von Mensch oder Tier in bearbeitetem oder unbearbeitetem Zustand fallen unter den Stoffbegriff des § 3 Nr. 3 AMG. Hierzu gehören zum Beispiel Organe, Knochen, **4**

---

[1] RL 2001/83/EG des Europäischen Parlaments und des Rates zur Schaffung eines Gemeinschaftskodexes für Humanarzneimittel v. 6.11.2001 (ABl. EG Nr. L 311/67 v. 28.11.2001), zuletzt geändert durch RL 2008/29 v. 11.3.2008 (ABl. EU Nr. L 81/51 v. 20.3.2008).

Gewebe, Zellen und Blut von Mensch oder Tier. Gewebe und Zellen menschlicher Herkunft haben im AMG eine Sonderregelung erfahren.

5 Das AMG nimmt hinsichtlich der Definition des Begriffs Gewebe Bezug auf § 1 a Nr. 4 TPG[2], vgl zB § 4 Abs. 30 und § 20 b Abs. 1 S. 1 AMG. Danach sind „Gewebe alle aus Zellen bestehenden Bestandteile des menschlichen Körpers, die keine Organe nach Nr. 1 sind, einschließlich einzelner menschlicher Zellen".

Im Sinne des TPG sind gemäß § 1 a Nr. 1 TPG „Organe, mit Ausnahme der Haut, alle aus verschiedenen Geweben bestehenden Teile des menschlichen Körpers, die in Bezug auf Struktur, Blutgefäßversorgung und Fähigkeit zum Vollzug physiologischer Funktionen eine funktionale Einheit bilden, einschließlich der Organteile und einzelnen Gewebe eines Organs, die zum gleichen Zweck wie das ganze Organ im menschlichen Körper verwendet werden können mit Ausnahme solcher Gewebe, die zur Herstellung von Arzneimitteln für neuartige Therapien im Sinne des § 4 Absatz 9 des Arzneimittelgesetzes bestimmt sind".

6 Eine Definition des Begriffs Zellen findet sich im deutschem Recht nicht. Es gibt allerdings eine Definition in der europäischen Geweberichtlinie 2004/23/EG.[3] Die Geweberichtlinie wurde durch das Gewebegesetz[4] in deutsches Recht umgesetzt. Zwar wurde der Begriff Zellen so im deutschen Recht nicht umgesetzt, aber dennoch ist die europarechtliche Definition zur Orientierung im deutschen Arzneimittelrecht geeignet.

Danach sind Zellen einzelne **menschliche** Zellen oder Zellansammlungen, die durch keine Art von Bindegewebe zusammengehalten werden (Art. 3 lit. a RL 2004/23/EG). Zelllinien sind Zellen einer Gewebeart, die sich unbegrenzt fortpflanzen können.

3. Mikroorganismen

7 Ferner sind Stoffe im Sinne des AMG auch Mikroorganismen einschließlich Viren sowie deren Bestandteile oder Stoffwechselprodukte, zum Beispiel Clostridium histolyticum (vgl § 3 Nr. 4 AMG). Darunter fallen auch Mikroorganismen im Sinne des § 3 Nr. 1 a GenTG,[5] nämlich Viren, Viroide, Bakterien, Pilze, mikroskopisch-kleine ein- oder mehrzellige Algen, Flechten, andere eukaryotische Einzeller oder mikroskopisch-kleine tierische Mehrzeller sowie tierische und pflanzliche Zellkulturen.[6]

II. Arzneimittel aus Stoffen biologischer Herkunft

8 Im Bereich der Biomedizin eröffnet der wissenschaftliche Fortschritt in der Zell- und Molekularbiotechnologie die Möglichkeit der Entwicklung von Arzneimitteln für neuartige Therapien, wie der Gentherapie, der somatischen Zelltherapie und der biotechnologischen Gewebebearbeitung (Tissue-Engineering).[7] Dementsprechend wurde eine Kategorie von

---

2 Gesetz über die Spende, Entnahme und Übertragung von Organen und Geweben (Transplantationsgesetz – TPG) in der Fassung der Bekanntmachung v. 4.9.2007 (BGBl. I, 2206), zuletzt geändert durch Gesetz v. 17.7.2009 (BGBl. I, 1990).
3 RL 2004/23/EG des Europäischen Parlaments und des Rates v. 31.3.2004 zur Festlegung von Qualitäts- und Sicherheitsstandards für die Spende, Beschaffung, Testung, Verarbeitung, Konservierung, Lagerung und Verteilung von menschlichen Geweben und Zellen (ABl. EU Nr. L 102/48 v. 7.4.2004).
4 Gesetz über Qualität und Sicherheit von menschlichen Geweben und Zellen (Gewebegesetz) v. 20.7.2007 (BGBl. I, 1574).
5 Gesetz zur Regelung der Gentechnik (Gentechnikgesetz – GenTG) v. 16.12.1993 (BGBl. I, 2066), zuletzt geändert durch Gesetz v. 1.4.2008 (BGBl. I, 499).
6 Eine Übersicht über Organismen findet sich in Hasskarl, Deutsches Gentechnikrecht, Textsammlung mit Einführung, 6. Aufl. 2007, Annex 1.
7 Vgl Erwägungsgrund 1 der VO (EG) Nr. 1394/2007 des Europäischen Parlaments und des Rates v. 13.11.2007 über Arzneimittel für neuartige Therapien und zur RL 2001/83/EG und der VO (EG) Nr. 726/2004 (ABl. EU Nr. L 324/121 v. 10.12.2007).

„Arzneimitteln für neuartige Therapien" geschaffen. Dies sind gemäß § 4 Abs. 9 AMG Gentherapeutika (siehe § 34 Rn 28 f), somatische Zelltherapeutika oder biotechnologisch bearbeitete Gewebeprodukte nach Art. 2 Abs. 1 lit. a VO (EG) Nr. 1394/2007. Zu den Arzneimitteln aus Stoffen biologischer Herkunft gehören aber auch Gewebezubereitungen im Sinne des § 4 Abs. 30 AMG, Blutzubereitungen im Sinne des § 4 Abs. 2 AMG (zum Begriff „Blutzubereitungen" siehe § 32 Rn 3) und Immunologische Arzneimittel (siehe § 31 Rn 1 ff).

1. Somatische Zelltherapeutika im Sinne des § 4 Abs. 9 AMG

Die deutsche Definition des Begriffs somatische Zelltherapeutika ist aufgrund des in § 4 Abs. 9 AMG enthaltenen Verweises auf Art. 2 Abs. 1 lit. a VO (EG) Nr. 1394/2007 in Verbindung mit Anhang I Teil IV der Richtlinie 2001/83/EG identisch mit der europäischen Definition. Danach ist unter somatischer Zelltherapie die Verwendung von autologen (vom Patienten selbst stammenden), allogenen (von einem anderen Menschen stammenden) oder xenogenen (von Tieren stammenden) lebenden Körperzellen am Menschen zu verstehen, deren biologische Eigenschaften durch eine Bearbeitung so verändert wurden, dass auf metabolischem, pharmakologischem und immunologischem Weg eine therapeutische, diagnostische oder präventive Wirkung erzielt wird. Die Bearbeitung besteht unter anderem in der Expansion oder Aktivierung von autologen Zellpopulationen ex vivo (zB adoptive Immuntherapie), der Verwendung allogener und xenogener Zellen in Verbindung mit *ex vivo* oder auch *in vivo* eingesetzten Medizinprodukten (Mikrokapseln, implantierbare Matrizes/Gerüste, auch nicht biologisch abbaubar).

Ein Produkt, das zugleich unter die Definition „somatisches Zelltherapeutikum" oder „biotechnologisch bearbeitetes Gewebeprodukt" und „Gentherapeutikum" fallen kann, gilt als Gentherapeutikum (Art. 2 Abs. 5 VO (EG) Nr. 1394/2007).

2. Biotechnologisch bearbeitete Gewebeprodukte im Sinne des § 4 Abs. 9 AMG

Biotechnologisch bearbeitete Gewebeprodukte im Sinne des § 4 Abs. 9 AMG sind gemäß Art. 2 Abs. 1 lit. a, b VO (EG) Nr. 1394/2007 gleichfalls Arzneimittel für neuartige Therapien.

Ein „biotechnologisch bearbeitetes Gewebeprodukt" ist danach ein Produkt,
- das biotechnologisch bearbeitete Zellen oder Gewebe enthält oder aus ihnen besteht und
- dem Eigenschaften zur Regeneration, Wiederherstellung oder zum Ersatz menschlichen Gewebes zugeschrieben werden oder das zu diesem Zweck verwendet oder Menschen verabreicht wird.

Gemäß Art. 2 Abs. 1 lit. b VO (EG) Nr. 1394/2007 kann ein biotechnologisch bearbeitetes Gewebeprodukt Zellen oder Gewebe menschlichen oder tierischen Ursprungs enthalten. Die Zellen oder Gewebe können lebensfähig oder nicht lebensfähig sein. Es kann außerdem weitere Stoffe enthalten wie Zellprodukte, Biomoleküle, Biomaterial, chemische Stoffe und Zellträger wie Gerüst- oder Bindesubstanzen.

Produkte, die ausschließlich nicht lebensfähige menschliche oder tierische Zellen und/oder Gewebe enthalten oder aus solchen bestehen und die keine lebensfähigen Zellen oder Gewebe enthalten und nicht hauptsächlich pharmakologisch, immunologisch oder metabolisch wirken, fallen nicht unter diese Begriffsbestimmung.

Nach Art. 2 Abs. 1 lit. c VO (EG) Nr. 1394/2007 gelten Zellen oder Gewebe als „biotechnologisch bearbeitet", wenn sie wenigstens eine der folgenden Bedingungen erfüllen:
- Die Zellen oder Gewebe wurden substanziell bearbeitet, so dass biologische Merkmale, physiologische Funktionen oder strukturelle Eigenschaften, die für die beabsichtigte Regeneration, Wiederherstellung oder den Ersatz relevant sind, erzielt werden. Nicht als

substanzielle Bearbeitungsverfahren gelten insbesondere die in Anhang I aufgeführten Bearbeitungsverfahren (Schneiden, Zerreiben, Formen, Zentrifugieren, Einlegen in antibiotische oder antimikrobielle Lösungen, Sterilisieren Bestrahlen, Separieren, Konzentrieren oder Reinigen von Zellen, Filtern, Lyophilisieren, Einfrieren, Kryopräservieren, Verglasen);
- Die Zellen oder Gewebe sind nicht dazu bestimmt, im Empfänger im Wesentlichen dieselbe(n) Funktion(en) auszuüben wie im Spender.

12 Bei der **Produkteinordnung** sind ferner die in **Art. 2 VO (EG) Nr. 1394/2007** enthaltenen **Fiktionen** zu beachten. Enthält ein Produkt (Arzneimittel) lebensfähige Zellen oder Gewebe, so gilt die pharmakologische, immunologische und metabolische Wirkung dieser Zellen oder Gewebe als die Hauptwirkungsweise dieses Produkts (Art. 2 Abs. 2 VO (EG) Nr. 1394/2007). Ein Arzneimittel für neuartige Therapien, das sowohl autologe (vom Patienten selbst stammende) als auch allogene (von anderen Personen stammende) Zellen oder Gewebe enthält, gilt als Arzneimittel zur allogenen Verwendung (Art. 2 Abs. 3 VO (EG) Nr. 1394/2007). Ein Produkt (Arzneimittel), auf das die Definition für „biotechnologisch bearbeitetes Gewebeprodukt" und die Definition für somatische Zelltherapeutika zutreffen, gilt als biotechnologisch bearbeitetes Gewebeprodukt (Art. 2 Abs. 4 VO (EG) Nr. 1394/2007). Ein Produkt, das unter die Definition „somatisches Zelltherapeutikum" oder „biotechnologisch bearbeitetes Gewebeprodukt" und „Gentherapeutikum" fallen kann, gilt als Gentherapeutikum (Art. 2 Abs. 5 VO (EG) Nr. 1394/2007).

3. Gewebezubereitungen im Sinne des § 4 Abs. 30 AMG

13 Gewebezubereitungen sind gemäß § 4 Abs. 30 AMG Arzneimittel, die Gewebe im Sinne von § 1 a Nr. 4 TPG sind (siehe § 33 Rn 5) oder aus solchen Geweben hergestellt worden sind. Menschliche Samen- und Eizellen, einschließlich imprägnierter Eizellen (Keimzellen), und Embryonen sind weder Arzneimittel noch Gewebezubereitungen (aber Gewebe).

B. Herstellen

14 Das Herstellen von Arzneimitteln, von in § 13 Abs. 1 AMG genannten Wirkstoffen im Sinne des § 4 Abs. 19 AMG und von anderen zur Arzneimittelherstellung bestimmten Stoffen menschlicher Herkunft ist grundsätzlich erlaubnispflichtig (zur Herstellungserlaubnispflicht siehe § 14 Rn 26 ff). Herstellen ist nach der Definition des § 4 Abs. 14 AMG das Gewinnen, das Anfertigen, das Zubereiten, das Be- oder Verarbeiten, das Umfüllen einschließlich Abfüllen, das Abpacken, das Kennzeichnen und die Freigabe (zum Begriff des Herstellens siehe § 13 Rn 4 f).

Der Gesetzgeber hat die erlaubnispflichtige Herstellung zum einen in § 13 Abs. 1 AMG geregelt. Zum anderen hat er durch das Gewebegesetz die Erlaubnispflicht für die Gewinnung von Gewebe und die Laboruntersuchungen in § 20 b AMG und für die Be- oder Verarbeitung, Konservierung, Prüfung, Lagerung oder das Inverkehrbringen von Gewebe oder Gewebezubereitungen in § 20 c AMG spezialgesetzlich eingeführt. Pflichten, die im Rahmen einer Erlaubnis nach §§ 13, 20 b oder 20 c AMG einzuhalten sind, finden sich vor allem in der AMWHV[8] und der TPG-GewV.[9]

---

8 Verordnung über die Anwendung der Guten Herstellungspraxis bei der Herstellung von Arzneimitteln und Wirkstoffen und über die Anwendung der Guten fachlichen Praxis bei der Herstellung von Produkten menschlicher Herkunft (Arzneimittel- und Wirkstoffherstellungsverordnung – AMWHV) v. 3.11.2006 (BGBl. I, 2523), zuletzt geändert durch VO v. 26.3.2008 (BGBl. I, 521).

9 Verordnung über die Anforderungen an Qualität und Sicherheit der Entnahme von Geweben und deren Übertragung nach dem Transplantationsgesetz (TPG-Gewebeverordnung – TPG-GewV) v. 26.3.2008 (BGBl. I, 512).

Mit der sog. 15. AMG-Novelle[10] hat der Gesetzgeber erstmals geregelt, dass es auch für eine Prüfung von Arzneimitteln, also für deren qualitative und quantitative Analyse, auf deren Grundlage dann die Freigabe des Arzneimittels für das Inverkehrbringen (vgl §§ 16, 17 AMWHV) erklärt wird, einer Erlaubnis bedarf (vgl § 13 Abs. 1 S. 3 AMG).

Das AMG findet gemäß § 4 a S. 1 Nr. 3 AMG insgesamt keine Anwendung auf Gewebe, die innerhalb eines Behandlungsvorgangs einer Person entnommen werden, um auf diese ohne Änderung ihrer stofflichen Beschaffenheit rückübertragen zu werden. Auch auf geringfügige Arbeitsschritte innerhalb eines Behandlungsvorgangs, die im Hinblick auf die Anwendungsfähigkeit des Gewebes erforderlich sein können, findet das AMG keine Anwendung. Dies betrifft zum Beispiel das Säubern und Spülen des autologen Gewebes, das Glätten seiner Schutzränder oder seine sachgerechte Aufbewahrung bis zur Anwendung.[11] Für die Herstellung derartiger Transplantate bedarf es daher weder einer Herstellungserlaubnis nach § 13 Abs. 1 AMG noch unterliegt der Vorgang mangels Anwendbarkeit des AMG der behördlichen Überwachung gemäß § 64 AMG.

I. Herstellungserlaubnis nach § 13 Abs. 1 AMG

Wer a) Arzneimittel im Sinne des § 2 Abs. 1 oder Abs. 2 Nr. 1 AMG, b) Wirkstoffe, die menschlicher, tierischer oder mikrobieller Herkunft sind oder die auf gentechnischem Wege hergestellt werden (nachfolgend auch biologische Wirkstoffe genannt) oder c) andere zur Arzneimittelherstellung bestimmte Stoffe menschlicher Herkunft gewerbs- oder berufsmäßig herstellt, bedarf grundsätzlich einer Erlaubnis der zuständigen Behörde (§ 13 Abs. 1 S. 1 AMG) (zur Herstellungserlaubnis siehe § 14 Rn 1 ff).

Diese Vorschrift findet allerdings keine Anwendung auf Gewebe im Sinne von § 1 a Nr. 4 TPG, für die es einer Erlaubnis nach § 20 b oder § 20 c AMG bedarf (§ 13 Abs. 1 a Nr. 1 AMG), auf die Gewinnung und die Laboruntersuchung von autologem Blut zur Herstellung von biotechnologisch bearbeiteten Gewebeprodukten, für die es einer Erlaubnis nach § 20 b AMG bedarf (§ 13 Abs. 1 a Nr. 2 AMG), auf Gewebezubereitungen, für die es einer Erlaubnis nach § 20 c AMG bedarf (§ 13 Abs. 1 a Nr. 3 AMG) (siehe hierzu § 33 Rn 22 ff) sowie auf die Rekonstitution, soweit es sich nicht um Arzneimittel handelt, die zur klinischen Prüfung bestimmt sind (§ 13 Abs. 1 a Nr. 4 AMG).

Keiner Herstellungserlaubnis nach § 13 Abs. 1 AMG bedarf eine Person, die **Arzt** oder **sonst zur Ausübung der Heilkunde bei Menschen befugt** ist, soweit die Arzneimittel unter ihrer unmittelbaren fachlichen Verantwortung zum Zwecke der persönlichen Anwendung bei einem bestimmten Patienten hergestellt werden (§ 13 Abs. 2 b S. 1 AMG). Die Tätigkeit unterliegt jedoch wegen der Anwendbarkeit des AMG grundsätzlich der behördlichen Überwachung (vgl § 64 AMG).[12] Daher besteht grundsätzlich eine Anzeigepflicht nach § 67 AMG.[13]

Die Ausnahmevorschrift des § 13 Abs. 2 b S. 1 AMG ist jedoch nicht anwendbar auf Arzneimittel für neuartige Therapien und xenogene Arzneimittel (legaldefiniert in § 4 Abs. 21 AMG), soweit diese genetisch modifizierte oder durch andere Verfahren in ihren biologischen Eigenschaften veränderte lebende Körperzellen sind oder enthalten (§ 13 Abs. 2 b S. 2 Nr. 1 AMG), sowie auf Arzneimittel, die zur klinischen Prüfung bestimmt

---

10 Gesetz zur Änderung arzneimittelrechtlicher und anderer Vorschriften v. 17.7.2009 (BGBl. I, 1990).
11 Vgl amtl. Begr. (BT-Drucks. 16/12256 v. 16.3.2009, S. 43).
12 Zur Ausnahme im Falle der Rekonstitution iSd § 4 Abs. 31 AMG siehe § 64 Abs. 1 S. 5 AMG.
13 Zur Ausnahme im Falle der Rekonstitution iSd § 4 Abs. 31 AMG siehe § 67 Abs. 1 S. 7 AMG.

sind,[14] soweit es sich nicht nur um eine Rekonstitution (legaldefiniert in § 4 Abs. 31 AMG) handelt (§ 13 Abs. 2 b S. 2 Nr. 2 AMG). In diesen Fällen besteht daher eine Herstellungserlaubnispflicht nach § 13 Abs. 1 AMG.

II. Erlaubnis für die Gewinnung von Gewebe und die Laboruntersuchungen nach § 20 b AMG

18 Mit der durch das Gewebegesetz eingeführten Erlaubnispflicht für die Gewinnung von Gewebe und die Laboruntersuchungen nach § 20 b AMG wurde die Richtlinie 2006/17/EG[15] in nationales Recht umgesetzt. Hiermit korrespondiert die Vorschrift des § 13 Abs. 1 a Nr. 1 AMG, wonach es im Falle einer Erlaubnispflicht gemäß § 20 b AMG keiner Herstellungserlaubnis nach § 13 Abs. 1 AMG bedarf.

Danach bedarf eine Einrichtung, die zur Verwendung bei Menschen bestimmte Gewebe im Sinne von § 1 a Nr. 4 TPG gewinnen (**Entnahmeeinrichtung**) oder die für die Gewinnung erforderlichen **Laboruntersuchungen** (zB Infektionsserologie) durchführen will, einer Erlaubnis der zuständigen Behörde (§ 20 b Abs. 1 S. 1 AMG). Dabei ist gemäß § 20 b Abs. 1 S. 2 AMG Gewinnung die direkte oder extrakorporale Entnahme von Gewebe einschließlich aller Maßnahmen, die dazu bestimmt sind, das Gewebe in einem be- oder verarbeitungsfähigen Zustand zu erhalten, eindeutig zu identifizieren und zu transportieren (zum Beispiel Überführung in ein Aufbewahrungs- oder Transportmedium, Zwischenlagerung). Da es alleine darauf ankommt, ob das entnommene Gewebe „zur Verwendung bei Menschen" bestimmt ist, ist für die Erlaubnispflicht nach § 20 b AMG unerheblich, ob das Gewebe zu einer Gewebezubereitung im Sinne des § 4 Abs. 30 AMG oder zu einem Medizinprodukt im Sinne des § 3 MPG[16] verarbeitet wird.

19 Der Anwendungsbereich des § 20 b AMG wurde durch die sog. 15. AMG-Novelle auf die Gewinnung und die Laboruntersuchung von autologem Blut für die Herstellung von biotechnologisch bearbeiteten Gewebeprodukten erweitert (siehe § 20 b Abs. 4 AMG). Dementsprechend bedarf es dann keiner Herstellungserlaubnis nach § 13 Abs. 1 AMG (vgl § 13 Abs. 1 a Nr. 2 AMG).

20 Von dieser grundsätzlichen Erlaubnispflicht nach § 20 b Abs. 1 AMG regelt § 20 b Abs. 2 AMG eine Ausnahme. Danach bedarf einer eigenen Erlaubnis nach § 20 b Abs. 1 AMG nicht, wer diese Tätigkeiten unter vertraglicher Bindung mit einem Hersteller oder einem Be- oder Verarbeiter ausübt, der eine Erlaubnis nach § 13 oder § 20 c für die Be- oder Verarbeitung von Gewebe oder Gewebezubereitungen besitzt. In diesem Fall hat der Hersteller oder der Be- oder Verarbeiter die Entnahmeeinrichtung oder das Labor der für diese jeweils örtlich zuständigen Behörde anzuzeigen und der Anzeige die Angaben und Unterlagen nach § 20 b Abs. 1 S. 3 AMG beizufügen. Nach Ablauf von einem Monat nach dieser Anzeige hat der Hersteller oder der Be- oder Verarbeiter die Entnahmeeinrichtung oder das Labor der für ihn zuständigen Behörde anzuzeigen, es sei denn, dass die für die Entnahmeeinrichtung oder das Labor zuständige Behörde widersprochen hat. In Ausnahmefällen verlängert sich die Monatsfrist um weitere zwei Monate. Ein etwaiger Widerspruch

---

14 Zur Legaldefinition klinischer Prüfpräparate siehe § 3 Abs. 3 GCP-V (Verordnung über die Anwendung der Guten Klinischen Praxis bei der Durchführung von klinischen Prüfungen mit Arzneimitteln zur Anwendung am Menschen [GCP-Verordnung – GCP-V] v. 9.8.2004 [BGBl. I, 2081], zuletzt geändert durch Verordnung zur Änderung der GCP-Verordnung v. 15.3.2006 [BGBl. I S. 542]).
15 RL 2006/17/EG der Kommission v. 8.2.2006 zur Durchführung der RL 2004/23/EG des Europäischen Parlaments und des Rates hinsichtlich technischer Vorschriften für die Spende, Beschaffung und Testung von menschlichen Geweben und Zellen (ABl. EU Nr. L 38/40 v. 9.2.2006).
16 Gesetz über Medizinprodukte (Medizinproduktegesetz – MPG) in der Fassung der Bekanntmachung v. 7.8.2002 (BGBl. I, 3146), zuletzt geändert durch Gesetz v. 29.7.2009 (BGBl. I, 2326).

der für die Entnahmeeinrichtung oder das Labor zuständigen Behörde hat zur Folge, dass die genannten Fristen gehemmt sind bis der Grund für den Widerspruch behoben ist.

Eine weitere Ausnahme von der Erlaubnispflicht für Gewebe und Gewebezubereitungen ist in § 20 d S. 1 AMG geregelt. Danach bedarf einer Erlaubnis nach § 20 b Abs. 1 AMG und § 20 c Abs. 1 AMG nicht eine Person, die Arzt ist oder sonst zur Ausübung der Heilkunde bei Menschen befugt ist (zum Beispiel Heilpraktiker) und die dort genannten Tätigkeiten mit Ausnahme des Inverkehrbringens ausübt, um das Gewebe oder die Gewebezubereitung persönlich bei ihren Patienten anzuwenden. Dies gilt jedoch nicht für klinische Prüfpräparate im Sinne des § 3 Abs. 3 GCP-V[17] (vgl § 20 d S. 2 AMG). 21

Diese Vorschrift wurde im Zuge der Aufhebung des § 4 a S. 1 Nr. 3 AMG durch die sog. 15. AMG-Novelle eingefügt. Da im Falle der ärztlichen Eigenherstellung eines Arzneimittels zur Anwendung am eigenen Patienten nunmehr das AMG grundsätzlich Anwendung findet, ist zu beachten, dass der Vorgang grundsätzlich der Überwachung durch die zuständige Behörde gemäß § 64 AMG unterliegt und daher grundsätzlich eine entsprechende Anzeigepflicht nach § 67 AMG besteht.

In personeller Hinsicht ist eine angemessen ausgebildete Person mit der erforderlichen Berufserfahrung erforderlich. Diese kann, soweit es sich um eine Entnahmeeinrichtung handelt, zugleich die ärztliche Person im Sinne von § 8 d Abs. 1 S. 1 TPG sein (vgl § 20 b Abs. 1 S. 3 Nr. 1 AMG).

Die für die Erteilung der Erlaubnis zuständige Landesbehörde kann dabei die zuständige Bundesoberbehörde (also das Paul-Ehrlich-Institut nach § 77 Abs. 2 AMG) beteiligen (vgl § 20 b Abs. 1 S. 6 AMG). Eine Abnahmebesichtigung ist vor Erteilung der Erlaubnis nach § 20 b AMG nicht zwingend erforderlich (vgl § 20 b Abs. 1 S. 4 AMG).

III. Erlaubnis für die Be- oder Verarbeitung, Konservierung, Prüfung, Lagerung oder das Inverkehrbringen von Gewebe oder Gewebezubereitungen nach § 20 c AMG

Nach § 13 Abs. 1 a Nr. 1 AMG findet die in § 13 Abs. 1 AMG geregelte Herstellungserlaubnispflicht keine Anwendung auf Gewebe im Sinne von § 1 a Nr. 4 TPG, für die es einer Erlaubnis nach § 20 c AMG bedarf. Gleiches gilt für Gewebezubereitungen, die einer Erlaubnis nach § 20 c AMG bedürfen (§ 13 Abs. 1 a Nr. 3 AMG). Durch die Schaffung des § 20 c AMG hat der Gesetzgeber die Richtlinie 2006/86/EG[18] in deutsches Recht transponiert. Nach § 20 c Abs. 1 AMG bedarf eine Einrichtung, die Gewebe oder Gewebezubereitungen, die **nicht mit industriellen Verfahren be- oder verarbeitet** werden und deren **wesentliche Be- oder Verarbeitungsverfahren in der EU hinreichend bekannt** sind, be- oder verarbeiten, konservieren, prüfen, lagern oder in den Verkehr bringen will, abweichend von § 13 Abs. 1 einer Erlaubnis der zuständigen Behörde nach den folgenden Vorschriften. Dies gilt auch im Hinblick auf Gewebe oder Gewebezubereitungen, deren Be- oder Verarbeitungsverfahren neu, aber mit einem bekannten Verfahren vergleichbar sind. 22

---

17 Verordnung über die Anwendung der Guten Klinischen Praxis bei der Durchführung von klinischen Prüfungen mit Arzneimitteln zur Anwendung am Menschen (GCP-Verordnung – GCP-V) v. 9.8.2004 (BGBl. I, 2081), zuletzt geändert durch Verordnung zur Änderung der GCP-Verordnung v. 15.3.2006 (BGBl. I, 542)).

18 RL 2006/86/EG der Kommission v. 24.10.2006 zur Umsetzung der RL 2004/23/EG des Europäischen Parlaments und des Rates hinsichtlich der Anforderungen an die Rückverfolgbarkeit, der Meldungen schwerwiegender Zwischenfälle und unerwünschter Reaktionen sowie bestimmter technischer Anforderungen an die Kodierung, Verarbeitung, Konservierung, Lagerung und Verteilung von menschlichen Geweben und Zellen (ABl. EU Nr. L 294/32 v. 25.10.2006).

23 Durch § 20c AMG hat der Gesetzgeber die Bestimmungen für „klassische" Gewebezubereitungen in einer Rechtsvorschrift zusammengefasst und vereinfacht.[19] Unter diese Vorschrift fallen zB Herzklappen, Augenhornhäute, Knochen oder Blutgefäße, sofern sie mit einfachen und bekannten traditionellen Verfahren be- oder verarbeitet werden.[20] Werden bei der Be- oder Verarbeitung von Gewebe anspruchsvolle technische oder aufwendige maschinelle Verfahren eingesetzt, so liegt eine industrielle Herstellung vor[21] mit der Folge, dass nicht § 20c AMG, sondern § 13 AMG zwingend Anwendung findet. Aber auch dann, wenn die wesentlichen Be- oder Verarbeitungsschritte so neu sind, dass die Auswirkungen auf die Produkte nicht hinreichend bekannt sind, muss aus Sicherheitsgründen eine tief greifende Bewertung der Herstellungsstätten und Herstellungsverfahren in einem Erlaubnisverfahren nach § 13 AMG erfolgen.[22] Von einem hinreichenden Bekanntheitsgrad ist insbesondere auszugehen, wenn die Be- oder Verarbeitungsverfahren der Gewebe oder Gewebezubereitungen bereits seit zehn Jahren oder länger in der Europäischen Union bekannt sind. Auch bei erst seit wenigen Jahren bekannten Verfahren kann ein hinreichender Bekanntheitsgrad erreicht sein, falls die Verfahren mit bekannten Verfahren vergleichbar sind oder das Gefährdungspotenzial möglicher Auswirkungen sicher einschätzbar ist.[23]

24 Einer Erlaubnis nach § 20c Abs. 1 AMG bedarf allerdings nicht eine Person, die Arzt ist oder sonst zur Ausübung der Heilkunde bei Menschen befugt ist und die dort genannten Tätigkeiten mit Ausnahme des Inverkehrbringens ausübt, um das Gewebe oder die Gewebezubereitung persönlich bei ihren Patienten anzuwenden (vgl § 20d AMG; siehe § 33 Rn 21).

Liegen die in § 20c Abs. 1 S. 1 und 2 AMG genannten Voraussetzungen nicht vor, ist grundsätzlich eine Herstellungserlaubnis nach § 13 Abs. 1 AMG erforderlich. Dies gilt nicht für eine Person, die Arzt oder sonst zur Ausübung der Heilkunde bei Menschen befugt ist, soweit die Arzneimittel unter ihrer unmittelbaren fachlichen Verantwortung zum Zwecke der persönlichen Anwendung bei einem bestimmten Patienten hergestellt werden (§ 13 Abs. 2b AMG) (siehe § 33 Rn 17).

25 Die Voraussetzungen zur Erteilung einer Erlaubnis können im Einzelnen § 20c Abs. 2 AMG entnommen werden. Die Entscheidung über die Erteilung der Erlaubnis trifft die zuständige Behörde des Landes, in dem die Betriebsstätte liegt oder liegen soll, im Benehmen mit der zuständigen Bundesoberbehörde, dh mit dem Paul-Ehrlich-Institut nach § 77 Abs. 2 AMG (§ 20c Abs. 1 S. 3 AMG). Vor der Erlaubniserteilung findet eine Abnahmebesichtigung nach § 64 Abs. 3 S. 3 AMG statt.

IV. Pflichten nach Erteilung der Erlaubnis

26 Der Inhaber einer Herstellungserlaubnis gemäß § 13 AMG muss gewährleisten, dass die Herstellung oder Prüfung der Arzneimittel nach dem Stand von Wissenschaft und Technik vorgenommen wird (§ 14 Abs. 1 Nr. 6a AMG) (siehe hierzu und zu den Grundsätzen der Guten Herstellungspraxis § 14 Rn 168 ff).

Im Falle einer Erlaubnis nach § 20b AMG ist zu gewährleisten, dass die Gewebegewinnung oder die Laboruntersuchungen nach **dem Stand der medizinischen Wissenschaft und Technik** und nach den Vorschriften der Abschnitte 2 (sc. Entnahme von Organen und Geweben bei toten Spendern), 3 (sc. Entnahme von Organen und Geweben bei lebenden Spendern)

---

19 So die amtl. Begr. (BT-Drucks. 16/5443 v. 23.5.2007, S. 102).
20 Amtl. Begr., aaO, S. 103.
21 Amtl. Begr., aaO.
22 Vgl amtl. Begr., aaO.
23 Amtl. Begr., aaO; vgl auch § 22 Abs. 3 AMG.

und 3 a (sc. Gewebeeinrichtungen, Untersuchungslabore, Register) des Transplantationsgesetzes vorgenommen werden (§ 20 b Abs. 1 S. 3 Nr. 4 AMG).

Eine Einrichtung, die einer Erlaubnis nach § 20 c AMG für Gewebe oder Gewebezubereitungen bedarf, muss gewährleisten, dass die Be- oder Verarbeitung einschließlich der Kennzeichnung, Konservierung und Lagerung sowie die Prüfung nach dem Stand von Wissenschaft und Technik vorgenommen werden (§ 20 c Abs. 2 Nr. 4 AMG). Zum anderen muss sie ein Qualitätsmanagementsystem nach den Grundsätzen der **guten fachlichen Praxis** einrichten und auf dem neuesten Stand halten (§ 20 c Abs. 2 Nr. 5 AMG).

Dementsprechend bestimmt die Vorschrift des § 3 Abs. 3 AMWHV, dass Entnahme- und Gewebeeinrichtungen sowie Gewebespenderlabore, definiert in § 2 Nr. 10 bis 13 AMWHV, ihre Tätigkeiten nach den Standards der guten fachlichen Praxis (GFP) ausüben.

27 Zur Umsetzung zahlreicher Gewebe betreffender gemeinschaftsrechtlicher Vorgaben, insbesondere der Richtlinie 2004/23/EG, der Richtlinie 2006/17/EG sowie der Richtlinie 2006/86/EG, hat der deutsche Verordnungsgeber die AMWHV geändert[24] und Sondervorschriften für Entnahme- und Gewebeeinrichtungen sowie für Gewebespenderlabore im Abschnitt 5 a der AMWHV (§§ 32 bis 41 AMWHV) geschaffen. Diese stellen die GFP dar. Hierdurch wird den Besonderheiten unter anderem im Hinblick auf die technischen Anforderungen an Gewinnung von Gewebe, Be- oder Verarbeitung und Lagerung, Prüfung, Freigabe, Inverkehrbringen, Einfuhr, Transport sowie Rückverfolgbarkeit, Meldung schwerwiegender Zwischenfälle und unerwünschter Reaktionen Rechnung getragen.

28 Zeitgleich mit der Änderung der AMWHV hat der Verordnungsgeber die Richtlinien 2004/23/EG, 2006/17/EG sowie 2006/86/EG ferner durch Schaffung der TPG-GewV[25] in deutsches Recht transponiert. Die TPG-GewV, die auf der gesetzlichen Grundlage des § 16 a TPG erlassen wurde, regelt insbesondere Anforderungen an die Entnahme von Geweben, an die ärztliche Beurteilung der medizinischen Eignung des Spenders, an Laboruntersuchungen und Untersuchungsverfahren sowie an Spenderakte und Entnahmebericht.

Daneben existieren auch konkretisierende fachliche Empfehlungen und Richtlinien verschiedener Fachkreise, die allerdings rechtlich nicht bindend sind.[26]

C. Einfuhr

29 Bei der Einfuhr aus Ländern, die nicht Mitgliedstaat der EU oder andere Vertragsstaaten des Abkommens über den Europäischen Wirtschaftsraum sind, ist zum einen § 72 Abs. 1 AMG zu beachten. Danach bedarf derjenige, der Arzneimittel iSd § 2 Abs. 1 AMG, Wirkstoffe, die menschlicher, tierischer oder mikrobieller Herkunft sind oder Wirkstoffe, die auf gentechnischem Wege hergestellt werden, sowie andere zur Arzneimittelherstellung bestimmte Stoffe menschlicher Herkunft gewerbs- oder berufsmäßig nach Deutschland einführen will, einer **Einfuhrerlaubnis**. § 13 Abs. 4 und die §§ 14 bis 20 a AMG sind entspre-

---

24 Verordnung zur Änderung der Arzneimittel- und Wirkstoffherstellungsverordnung v. 26.3.2008 (BGBl. I, 521).
25 Verordnung über die Anforderung an Qualität und Sicherheit der Entnahme von Geweben und deren Übertragung nach dem Transplantationsgesetz (TPG-Gewebeverordnung – TPG-GewV) v. 26.3.2008 (BGBl. I, 512).
26 Zum Beispiel „Eckpunkte und Empfehlungen zur Umsetzung der RL 2004/23/EG des Europäischen Parlamentes und des Rates zur Festlegung von Qualitäts- und Sicherheitsstandards für die Spende, Beschaffung, Testung, Verarbeitung, Konservierung, Lagerung und Verteilung von menschlichen Geweben und Zellen" der Bundesärztekammer v. 15.4.2005, abrufbar unter <www.bundesaerztekammer.de>; „Leitfaden der Deutschen Gesellschaft für Chirurgie zur Guten Fachlichen Praxis (GFP) für die Entnahme von menschlichen Geweben und Zellen zur Herstellung eines Arzneimittels" (Download unter <www.dgch.de>).

chend anzuwenden (zu den Voraussetzungen der Erteilung einer Einfuhrerlaubnis nach § 72 AMG siehe § 16 Rn 13 ff).

Zum anderen bedarf es für den Import von Arzneimitteln und Wirkstoffen aus Ländern, die nicht Mitgliedstaat der EU oder andere Vertragsstaaten des Abkommens über den Europäischen Wirtschaftsraum sind nach § 72 a AMG eines Zertifikats über die GMP-gerechte Herstellung (siehe § 16 Rn 18 ff).

30 Auf Personen und Einrichtungen, die berufs- oder gewerbsmäßig Arzneimittel menschlicher Herkunft zur unmittelbaren Anwendung bei Menschen einführen wollen, findet § 72 Abs. 1 AMG mit der Maßgabe Anwendung, dass die Erlaubnis nur versagt werden darf, wenn der Antragsteller nicht nachweist, dass für die Beurteilung der Qualität und Sicherheit der Arzneimittel und für die gegebenenfalls erforderliche Überführung der Arzneimittel in ihre anwendungsfähige Form nach dem Stand von Wissenschaft und Technik qualifiziertes Personal und geeignete Räume vorhanden sind (§ 72 Abs. 2 AMG). Aus dieser Sonderregelung folgt, dass § 72 Abs. 1 S. 2 AMG, wonach § 13 Abs. 1 S. 2 und Abs. 4 AMG und die §§ 14 bis 20 a AMG entsprechend anzuwenden sind, bei Arzneimitteln menschlicher Herkunft zur unmittelbaren Anwendung bei Menschen nicht greift.

31 Mit der Vorschrift in § 72 Abs. 3 AMG werden die Ausnahmen von der Erlaubnispflicht nach § 72 Abs. 1 AMG geregelt. Danach finden § 72 Abs. 1 und 2 AMG unter anderem keine Anwendung auf Gewebe im Sinne von § 1 a Nr. 4 TPG (siehe § 33 Rn 5), für die es einer Erlaubnis nach § 72 b bedarf (§ 72 Abs. 3 Nr. 1 AMG), auf autologes Blut zur Herstellung von biotechnologisch bearbeiteten Gewebeprodukten (siehe § 33 Rn 10 ff), für das es einer Erlaubnis nach § 72 b AMG bedarf (§ 72 Abs. 3 Nr. 2 AMG) und auf Gewebezubereitungen im Sinne von § 20 c (siehe § 33 Rn 13), für die es einer Erlaubnis nach § 72 b AMG bedarf (§ 72 Abs. 3 Nr. 3 AMG).

Dabei regelt § 72 b Abs. 1 AMG die Einfuhrerlaubnispflicht für Gewebe im Sinne von § 1 a Nr. 4 TPG und Gewebezubereitungen im Sinne von § 20 c AMG direkt, während § 72 b Absätze 1 bis 4 AMG entsprechend für autologes Blut für die Herstellung von biotechnologisch bearbeiteten Gewebeprodukten gelten (§ 72 b Abs. 5 AMG).

32 Für die Einfuhr von Gewebezubereitungen zur unmittelbaren Anwendung (zum Beispiel Knochenmark) gilt § 72 Abs. 2 AMG entsprechend (§ 72 b Abs. 1 S. 3 AMG). Daher darf die Einfuhrerlaubnis nur aus den in § 72 Abs. 2 AMG genannten Gründen versagt werden.

Hinsichtlich der Erteilung einer Einfuhrerlaubnis nach § 72 b AMG ist § 20 c Abs. 1 S. 3 und Abs. 2 bis 7 AMG entsprechend anzuwenden (§ 72 b Abs. 1 S. 2 AMG). Es bedarf daher unter anderem einer verantwortlichen Person nach § 20 c AMG mit der nach § 20 c Abs. 3 AMG erforderlichen Sachkenntnis und Erfahrung.

Hinsichtlich eines Zertifikats ist § 72 b Abs. 2 AMG zu beachten.

D. Inverkehrbringen

33 Die Voraussetzungen zum Inverkehrbringen (zum Begriff des Inverkehrbringens siehe § 17 Rn 1 ff) eines Arzneimittels aus Stoffen biologischer Herkunft sind im europäischen und nationalen Recht geregelt. Je nach dem wie das Produkt einzuordnen ist bzw hergestellt wird, bedarf es entweder einer Genehmigung nach Art. 3 Abs. 1 VO (EG) Nr. 726/2004,[27] einer nationalen Zulassung nach § 21 Abs. 1 S. 1 AMG, einer Genehmigung nach § 21 a S. 1 AMG oder einer Genehmigung nach § 4 b Abs. 3 S. 1 AMG.

---

[27] VO (EG) Nr. 726/2004 des Europäischen Parlaments und des Rates v. 31.3.2004 zur Festlegung von Gemeinschaftsverfahren für die Genehmigung und Überwachung von Human- und Tierarzneimitteln und zur Errichtung einer Europäischen Arzneimittel-Agentur (ABl. EU Nr. 136/1 v. 30.4.2004).

I. Genehmigung nach Art. 3 Abs. 1 VO (EG) Nr. 726/2004

Auf europäischer Ebene ist zwischen einer obligatorischen und einer fakultativen zentralen Zulassung, die von der EU-Kommission erteilt wird, zu unterscheiden (zur Genehmigung nach Art. 3 Abs. 1 und 2 VO (EG) Nr. 726/2004 siehe auch § 6 Rn 40 ff). Beide Genehmigungen führen zur Verkehrsfähigkeit des Arzneimittels innerhalb der Gemeinschaft. Da sich bereits aus dem Vorrang des Gemeinschaftsrechts vor dem nationalen Recht die Verkehrsfähigkeit ergibt, ist § 21 Abs. 1 AMG insoweit rein deklaratorischer Natur.

Ein Arzneimittel, das unter den Anhang der Verordnung (EG) Nr. 726/2004 fällt, darf innerhalb der Gemeinschaft nur in den Verkehr gebracht werden, wenn von der Gemeinschaft gemäß dieser Verordnung eine Genehmigung für das Inverkehrbringen erteilt worden ist (Art. 3 Abs. 1 VO (EG) Nr. 726/2004). Dies sind Arzneimittel, die mit Hilfe eines bestimmten biotechnologischen Verfahrens hergestellt werden (Nr. 1 des Anhangs) (siehe hierzu § 33 Rn 11), bestimmte Tierarzneimittel (Nr. 2 des Anhangs), Humanarzneimittel, die einen neuen Wirkstoff enthalten, der bei Inkrafttreten dieser Verordnung noch nicht in der Gemeinschaft genehmigt war und dessen therapeutische Indikation die Behandlung bestimmter Erkrankungen ist (erworbenes Immundefizienz-Syndrom, Krebs, neurodegenerative Erkrankungen, Diabetes sowie – mit Wirkung vom 20. Mai 2008 – Autoimmunerkrankungen und andere Immunschwächen sowie Viruserkrankungen) (Nr. 3 des Anhangs) sowie Arzneimittel, die als Arzneimittel für seltene Leiden gemäß der Verordnung (EG) Nr. 141/2000[28] ausgewiesen sind (Nr. 4 des Anhangs).

Durch die Verordnung (EG) Nr. 1394/2007[29] wurden der Gemeinschaftskodex[30] und die VO (EG) Nr. 726/2004 geändert. Nunmehr werden „Arzneimittel für neuartige Therapien" von Nr. 1 a des Anhangs der Verordnung (EG) Nr. 726/2004 erfasst und sind somit gemäß Art. 3 Abs. 1 VO (EG) Nr. 726/2004 zwingend zentral zulassungspflichtig. Hierunter fallen gemäß Art. 2 Abs. 1 lit. a VO (EG) Nr. 726/2004 Gentherapeutika (siehe § 34 Rn 28), somatische Zelltherapeutika (zum Begriff siehe § 33 Rn 9) sowie biotechnologisch bearbeitete Gewebeprodukte (zum Begriff siehe § 33 Rn 10 ff).

Ferner wurde durch Art. 28 Nr. 2 VO (EG) Nr. 726/2004 bestimmt, dass die Richtlinie 2001/83/EG nicht für Arzneimittel für neuartige Therapien gilt, die nicht routinemäßig nach spezifischen Qualitätsnormen hergestellt und in einem Krankenhaus in demselben Mitgliedstaat unter der ausschließlichen fachlichen Verantwortung eines Arztes auf individuelle ärztliche Verschreibung eines eigens für einen einzelnen Patienten angefertigten Arzneimittels verwendet werden.[31] Die Herstellung dieser Arzneimittel muss durch die zuständige Behörde des Mitgliedstaats genehmigt (nach deutschem Recht erlaubt) werden. Die Mitgliedstaaten stellen sicher, dass die einzelstaatlichen Rückverfolgbarkeits- und Pharmakovigilanzanforderungen sowie die in diesem Absatz genannten spezifischen Qualitätsnormen denen entsprechen, die auf Gemeinschaftsebene für Arzneimittel für neuartige Therapien gelten, für die eine zentrale Zulassung erforderlich ist. Diesem Umstand hat der nationale

---

28 VO (EG) Nr. 141/2000 des Europäischen Parlaments und des Rates v. 16.12.1999 über Arzneimittel für seltene Leiden (ABl. EG Nr. L 18/1 v. 22.1.2000) (sog. Orphan Drug-Verordnung).
29 VO (EG) Nr. 1394/2007 des Europäischen Parlaments und des Rates v. 13.11.2007 über Arzneimittel für neuartige Therapien und zur Änderung der RL 2001/83/EG und der VO (EG) Nr. 726/2004 (ABl. EU Nr. L 324/121 v. 10.12.2007).
30 RL 2001/83/EG des Europäischen Parlaments und des Rates zur Schaffung eines Gemeinschaftskodexes für Humanarzneimittel v. 6.11.2001 (ABl. EG Nr. L 311/67 v. 28.11.2001), zuletzt geändert durch RL 2008/29 v. 11.3.2008 (ABl. EU Nr. L 81/51 v. 20.3.2008).
31 Vgl auch Erwägungsgrund 6 der VO (EG) Nr. 1394/2007, wonach mit dieser Verordnung nur Arzneimittel für neuartige Therapien geregelt werden sollten, die für das Inverkehrbringen in Mitgliedstaaten bestimmt sind und entweder industriell zubereitet werden oder bei deren Herstellung ein industrielles Verfahren zur Anwendung kommt.

Gesetzgeber im Zuge der sog. 15. AMG-Novelle durch Schaffung des § 4 b AMG Rechnung getragen (siehe hierzu § 33 Rn 44 f).

II. Nationale Zulassung nach § 21 Abs. 1 S. 1 AMG

37 Unterliegt ein Arzneimittel nicht der obligatorischen zentralen Zulassungspflicht nach Art. 3 Abs. 1 VO (EG) Nr. 726/2004 in Verbindung mit deren Anhang Nr. 1 und ist es auch nicht auf freiwilliger Basis von der EU-Kommission nach Art. 3 Abs. 2 VO (EG) Nr. 726/2004 genehmigt, darf ein Fertigarzneimittel (zum Begriff siehe § 2 Rn 168 ff) grundsätzlich nur dann in Deutschland in den Verkehr gebracht werden, wenn es von der zuständigen Bundesoberbehörde zugelassen ist (§ 21 Abs. 1 S. 1 AMG). Von der grundsätzlichen Zulassungspflicht sind in § 21 Abs. 2 AMG verschiedene Ausnahmen geregelt.

38 Einer Zulassung bedarf es gemäß § 21 Abs. 2 Nr. 1 a AMG nicht für Arzneimittel, die Arzneimittel sind, bei deren Herstellung bestimmte Stoffe menschlicher Herkunft eingesetzt werden und die entweder zur autologen oder gerichteten, für eine bestimmte Person vorgesehene Anwendung bestimmt sind oder aufgrund einer Rezeptur für einzelne Personen hergestellt werden, es sei denn es handelt sich um Arzneimittel im Sinne von § 4 Abs. 4 AMG (also Impfstoffe) (zum Begriff Stoffe menschlicher Herkunft siehe § 33 Rn 4 ff).

39 Ferner bedarf es keiner Zulassung für Gewebezubereitungen, die der Pflicht zur Genehmigung nach den Vorschriften des § 21 a Abs. 1 AMG unterliegen (§ 21 Abs. 2 Nr. 1 d AMG; zum Begriff „Gewebezubereitungen" siehe § 33 Rn 13, zur Genehmigung von Gewebezubereitungen siehe § 33 Rn 40 ff; zu den weiteren Ausnahmen nach § 21 Abs. 2 Nr. 2 AMG [klinische Prüfpräparate] – und § 21 Abs. 2 Nr. 6 AMG [Compassionate Use] siehe § 6 Rn 32 ff).

III. Genehmigung von Gewebezubereitungen nach § 21 a Abs. 1 S. 1 AMG

40 Ein gesondertes Genehmigungsverfahren für „klassische Gewebezubereitungen", das gegenüber dem Zulassungsverfahren nach § 21 AMG vereinfacht ist, dennoch aber die Mindestanforderungen der Geweberichtlinie 2004/23/EG berücksichtigt, ist in § 21 a AMG geregelt.[32]

Gewebezubereitungen, die **nicht mit industriellen Verfahren be- oder verarbeitet** werden und deren **wesentliche Be- oder Verarbeitungsverfahren in der EU hinreichend bekannt** und deren **Wirkungen und Nebenwirkungen aus dem wissenschaftlichen Erkenntnismaterial ersichtlich** sind, dürfen im Geltungsbereich dieses Gesetzes nur in den Verkehr gebracht werden, wenn sie abweichend von der Zulassungspflicht nach § 21 Abs. 1 AMG von der zuständigen Bundesoberbehörde (vgl § 77 Abs. 2 AMG) genehmigt worden sind (§ 21 a Abs. 1 S. 1 AMG). Dies gilt gemäß § 21 a Abs. 1 S. 2 AMG auch im Hinblick auf Gewebezubereitungen, deren Be- oder Verarbeitungsverfahren neu, aber mit einem bekannten Verfahren vergleichbar sind. § 21 a Abs. 1 S. 1 AMG gilt entsprechend für Blutstammzellzubereitungen, die zur autologen oder gerichteten, für eine bestimmte Person vorgesehenen Anwendung bestimmt sind (§ 21 a Abs. 1 S. 3 AMG). Dafür wird also eine Genehmigung benötigt.

41 Unwesentliche Neuerungen, wie zum Beispiel die Verwendung eines anderen Hilfsstoffes oder Stabilisators, machen die Gewebezubereitung nicht zu einem neuartigen Produkt, das der Zulassungspflicht nach § 21 AMG unterliegt.[33] Erst wenn die wesentlichen Be- oder Verarbeitungsverfahren so neuartig sind, dass die Auswirkungen auf die Gewebezubereitungen nicht hinreichend bekannt sind, muss aus Sicherheitsgründen eine Zulassung nach

---

32 So amtl. Begr. (BT-Drucks. 16/5443 v. 23.5.2007, S. 58).
33 Amtl. Begr., aaO.

§§ 21 ff AMG beantragt werden, wobei auch Ergebnisse klinischer Studien von der Zulassungsbehörde verlangt werden können.³⁴
Das Genehmigungsverfahren für Gewebezubereitungen nach § 21 a AMG unterscheidet sich von der Zulassung der „normalen" Arzneimittel nach § 21 AMG dadurch, dass die Zulassungsbehörde nicht das Produkt als solches auf Wirksamkeit, Unbedenklichkeit und Qualität prüft, sondern die Verfahren bewertet, mit denen das Produkt hergestellt wird und die so gestaltet sein müssen, dass das Produkt seine Funktion erfüllt und es nicht schädlich für die Patienten ist.³⁵

Klassische Gewebezubereitungen und autologe Blutstammzellzubereitungen (aus Knochenmark, peripherem Blut, Nabelschnurblut) (nicht industriell, mit bekannten Verfahren hergestellt) bedürfen also grundsätzlich einer „Gewinnungserlaubnis" nach § 20 b AMG, einer „Verarbeitungserlaubnis" nach § 20 c AMG und einer vom Paul-Ehrlich-Institut erteilten Genehmigung nach § 21 a AMG. Dagegen unterliegen Gewebezubereitungen, die mit industriellen Verfahren oder mit nicht industriellen aber unbekannten Verfahren hergestellt werden, im Bereich der Herstellung grundsätzlich dem üblichen Anwendungsbereich des § 13 Abs. 1 AMG und dürfen grundsätzlich nur mit einer gemäß § 21 Abs. 1 AMG vom Paul-Ehrlich-Institut erteilten Zulassung in den Verkehr gebracht werden. Für Arzneimittel für neuartige Therapien besteht eine zentrale Genehmigungspflicht durch die EU-Kommission nach Art. 3 Abs. 1 VO (EG) Nr. 1394/2007.

42

Mit der sog. 15. AMG-Novelle hat der Gesetzgeber sinnvollerweise entsprechend der Ausnahmeregelung in § 21 Abs. 2 Nr. 2 AMG bestimmt, dass Gewebezubereitungen, die zur klinischen Prüfung bei Menschen bestimmt sind, keiner Genehmigung nach § 21 a Abs. 1 AMG bedürfen (§ 21 a Abs. 1 a AMG).
Gewebezubereitungen, die in einem Mitgliedstaat der EU oder im EWR-Raum in den Verkehr gebracht werden dürfen, bedürfen abweichend von § 21 a Abs. 1 AMG bei ihrem erstmaligen Verbringen in den Geltungsbereich des AMG einer Bescheinigung der zuständigen Bundesoberbehörde (§ 21 a Abs. 9 S. 1 AMG).

43

IV. Genehmigung von Arzneimitteln für neuartige Therapien nach § 4 b Abs. 3 S. 1 AMG

Da nach Art. 28 Nr. 2 VO (EG) Nr. 1394/2007 bestimmte Arzneimittel für neuartige Therapien vom Anwendungsbereich dieser Verordnung ausgenommen sind, aber gleichwohl den Rückverfolgbarkeits- und Pharmakovigilanzanforderungen sowie den spezifischen Qualitätsnormen, die auf Gemeinschaftsebene für Arzneimittel für neuartige Therapien gelten, entsprechen sollen, hat der deutsche Gesetzgeber eine entsprechende Sondervorschrift für bestimmte Arzneimittel für neuartige Therapien in § 4 b AMG geschaffen.

44

Für Arzneimittel für neuartige Therapien, die im Geltungsbereich des AMG **als individuelle Zubereitung für einen einzelnen Patienten ärztlich verschrieben** (§ 4 b Abs. 1 S. 1 Nr. 1 AMG), nach spezifischen Qualitätsnormen **nicht routinemäßig hergestellt** (§ 4 b Abs. 1 S. 1 Nr. 2 AMG) und in einer spezialisierten **Einrichtung der Krankenversorgung**³⁶ **unter der fachlichen Verantwortung eines Arztes angewendet** (§ 4 b Abs. 1 S. 1 Nr. 3 AMG) werden, finden der Vierte (sc. Zulassung der Arzneimittel) und Siebte Abschnitt (sc. Abgabe von Arzneimitteln) des AMG keine Anwendung. Gleichwohl dürfen derartige Arzneimittel

---

34 Amtl. Begr., aaO.
35 Amtl. Begr., aaO.
36 Der Begriff „Einrichtung der Krankenversorgung" ist in § 14 Abs. 2 S. 2 TFG legaldefiniert. Er umfasst zum einen staatliche und kommunale Krankenhäuser (Krankenhaus), zum anderen auch private Kliniken und einzelne Arztpraxen (andere ärztliche Einrichtungen), also neben der stationären auch die ambulante Anwendung (amtl. Begr., BT-Drucks. 16/12256 v. 16.3.2009, S. 43).

nur an andere abgeben werden, wenn sie durch die zuständige Bundesoberbehörde (vgl § 77 Abs. 2 AMG) genehmigt worden sind (§ 4 b Abs. 3 S. 1 AMG). Die Vorschriften über die Genehmigung von Gewebezubereitungen nach § 21 a AMG (§ 21 a Abs. 2 bis 8 AMG) gelten gemäß § 4 b Abs. 3 S. 2 AMG entsprechend.

45 **Nicht routinemäßig hergestellt** im Sinne von § 4 b Abs. 1 S. 1 Nr. 2 AMG werden insbesondere Arzneimittel, die in geringem Umfang hergestellt werden und bei denen auf der Grundlage einer routinemäßigen Herstellung Abweichungen im Verfahren vorgenommen werden, die für einen einzelnen Patienten medizinisch begründet sind (§ 4 b Abs. 2 Nr. 1 AMG), oder die noch nicht in ausreichender Anzahl hergestellt worden sind, so dass die notwendigen Erkenntnisse für ihre umfassende Beurteilung noch nicht vorliegen (§ 4 b Abs. 2 Nr. 2 AMG). Eine Herstellung in einem geringem Umfang im Sinne des § 4 b Abs. 2 Nr. 1 AMG liegt vor, wenn eine Herstellung für eine kleine Patientenzahl in einer geringen Menge erfolgt, wobei auch nur eine geringe Häufigkeit gegeben sein darf.[37]

---

[37] Amtl. Begr. (BT-Drucks. 16/5443 v. 23.5.2007, S. 58).

§ 34 Gentechnikrechtliche Besonderheiten

A. Einführung 1
B. Grundzüge des Gentechnikrechts 6
   I. Rechtliche Grundlagen 6
   II. Begriffe 9
   III. Persönliche gentechnikrechtliche Verantwortungsträger 14
   IV. Unterlagen 21
   V. Überwachung 22
   VI. Haftung 23
   VII. Straf- und Bußgeldvorschriften 25
C. Wirkstoffherstellung 27
D. Gentherapeutika 28
E. Klinische Prüfung von Prüfpräparaten mit GVO und gentechnisch hergestellten Wirkstoffen 30

A. Einführung

1 Arzneimittel bedürfen als Voraussetzung für ihr Inverkehrbringen grundsätzlich der staatlichen Zulassung, wie dies in § 21 AMG vorgeschrieben ist oder, soweit das Vertriebsgebiet die Europäische Union als Ganzes umfassen soll, einer europarechtlichen Genehmigung, wie dies wiederum in Art. 3 Abs. 1 VO (EG) Nr. 726/2004[1] vorgesehen ist (siehe auch § 6 Rn 40 ff). Es steht dabei grundsätzlich dem Antragsteller und späteren Zulassungsinhaber (pharmazeutischen Unternehmer im Sinne des § 4 Abs. 18 S. 1 AMG) nicht frei, das nationale Zulassungsverfahren oder das zentrale europäische Genehmigungsverfahren zu wählen. Soweit Arzneimittel mit Hilfe bestimmter biotechnologischer Verfahren hergestellt werden, nämlich mittels der Technologie der rekombinierten DNS, der kontrollierten Expression in Prokaryonten und Eukaryonten einschließlich transformierter Säugetierzellen, von Genen, die für biologisch aktive Proteine kodieren oder nach Verfahren auf der Basis von Hybridomen und monoklonalen Antikörpern, ist in der EU zwingend das **zentrale Genehmigungsverfahren** vorgeschrieben. Dies lässt sich dem Anhang Nr. 1 der genannten VO (EG) Nr. 726/2004 entnehmen. Auffällig ist, dass im letztgenannten Fall das Herstellungsverfahren maßgebend für das schließlich zu wählende Genehmigungsverfahren (Zulassungsverfahren) ist.

2 Die in dem genannten Anhang Nr. 1 gewählte Formulierung, dass zentral zulassungspflichtig sind „Arzneimittel, die mit Hilfe eines der folgenden biotechnologischen Verfahren hergestellt werden", ist im Übrigen rechtlich ungenau, wenn nicht sogar unzutreffend. Arzneimittel selbst werden nicht mit Hilfe biotechnologischer Verfahren hergestellt. Mit diesem Verfahren werden vielmehr Wirkstoffe hergestellt, die anschließend für die Arzneimittelherstellung verwendet werden. Dabei ist der Wirkstoffbegriff im deutschen Recht in § 4 Abs. 19 AMG definiert. Zutreffend muss der Einleitungssatz zu Nr. 1 des Anhangs zur Verordnung (EG) Nr. 726/2004 daher wie folgt gelesen werden: „Arzneimittel, deren Wirkstoffe mit Hilfe eines der folgenden biotechnologischen Verfahren hergestellt werden: [...]" Der deutsche Gesetzgeber verwendet, diesem Gedanken folgend, richtigerweise den Begriff „Wirkstoffe, die auf gentechnischem Wege hergestellt werden", wie dies zum Beispiel in § 13 Abs. 1 und in § 72 Abs. 1 AMG zum Ausdruck kommt.

3 Für die Herstellung von Wirkstoffen, die auf gentechnischem Wege hergestellt werden – das ist deckungsgleich mit den „biotechnologischen Verfahren", die im Anhang Nr. 1 zur Verordnung (EG) Nr. 726/2004 genannt werden – bedarf es nicht etwa einer europarechtlichen Erlaubnis, sondern einer **nationalen Erlaubnis** (Subsidiaritätsprinzip, Art. 5 EUV; ehemals Art. 5 EGV), in Deutschland also einer Herstellungserlaubnis nach § 13 Abs. 1 AMG, die genau die Herstellung dieser gentechnisch hergestellten Wirkstoffe abdeckt. Diese Erlaubnis wird unter den Voraussetzungen der §§ 14 bis 20 a AMG erteilt (zur Erteilung der Herstellungserlaubnis siehe § 14 Rn 1 ff).

---

[1] VO (EG) Nr. 726/2004 des Europäischen Parlaments und des Rates v. 31.3.2004 zur Festlegung von Gemeinschaftsverfahren für die Genehmigung und Überwachung von Human- und Tierarzneimitteln und zur Errichtung einer Europäischen Arzneimittel-Agentur (ABl. EU Nr. 136/1 v. 30.4.2004).

4   Die Erlaubnis zur Herstellung eines derartigen Wirkstoffs erfolgt also nicht auf der Grundlage des Gentechnikrechts, sondern des Arzneimittelrechts. Dies bedeutet auch, dass die Vorschriften der **AMWHV** einzuhalten sind. Ausdrücklich bestimmt § 1 Abs. 1 Nr. 2 AMWHV, dass der Anwendungsbereich der AMWHV sich unter anderem auf die gentechnisch hergestellten Wirkstoffe bezieht. Maßgebende Vorschriften für die Herstellung gentechnischer Wirkstoffe sind insbesondere die §§ 21 bis 29 AMWHV (siehe hierzu § 34 Rn 27). Bevor jedoch eine derartige Wirkstoffherstellung beginnen kann, muss es für die zeitlich davorliegende Phase des gentechnischen Arbeitens bereits eine rechtlich ganz anders geartete staatliche „Erlaubnis" geben, die es dem Betreiber überhaupt erst ermöglicht, gentechnisch zu arbeiten. Eine derartige Gestattung erfolgt nicht auf der Grundlage des Arzneimittelrechts, sondern auf der Grundlage des Gentechnikrechts. Das gentechnikrechtliche Genehmigungsverfahren ist daher ein dem arzneimittelrechtlichen Herstellungserlaubnisverfahren und damit der Wirkstoffherstellung selbst zwingend vorgeschaltetes „Vorverfahren", soweit es um Wirkstoffe geht, die auf gentechnischem Wege hergestellt werden.

5   Im Folgenden sollen daher in der gebotenen Kürze die rechtlichen Voraussetzungen dargestellt werden, die derjenige, der gentechnisch arbeiten will, zu erfüllen hat, bevor er einen arzneimittelrechtlich relevanten Wirkstoff herstellt. Die rechtliche Notwendigkeit der Abgrenzung der Herstellung von gentechnisch veränderten Organismen von Wirkstoffen, die gentechnisch hergestellt wurden, und von Arzneimitteln, deren Wirkstoffe gentechnisch hergestellt wurden, war bereits einige Jahre vor Inkrafttreten des Gentechnikgesetzes Gegenstand in der einschlägigen Literatur.[2]

B. Grundzüge des Gentechnikrechts

I. Rechtliche Grundlagen

6   Das deutsche Gentechnikrecht umfasst das Gentechnikgesetz (**GenTG**) sowie die darauf beruhenden Rechtsverordnungen über die Zentrale Kommission für die Biologische Sicherheit (**ZKBS-Verordnung**),[3] über Aufzeichnungen bei gentechnischen Arbeiten und bei Freisetzungen (Gentechnik-Aufzeichnungs-Verordnung – **GenTAufzV**),[4] über die Sicherheitsstufen und Sicherheitsmaßnahmen bei gentechnischen Arbeiten in gentechnischen Anlagen (Gentechnik-Sicherheits-Verordnung – **GenTSV**),[5] über Anhörungsverfahren nach dem Gentechnikgesetz (Gentechnik-Anhörungs-Verordnung – **GenTAnhV**),[6] über Antrags- und Anmeldeunterlagen und über Genehmigungs- und Anmeldeverfahren nach dem Gentechnikgesetz (Gentechnik-Verfahrensverordnung – **GenTVfV**),[7] die Bundeskostenverordnung

---

[2] Vgl Hasskarl, Rechtsfragen der Entwicklung, Herstellung und Zulassung gentechnologischen Arzneimittel, Medizinrecht 1986, 269 ff.

[3] Verordnung über die Zentrale Kommission für die Biologische Sicherheit in der Fassung der Bekanntmachung v. 5.8.1996 (BGBl. I, 1232), zuletzt geändert durch Gesetz v. 31.10.2006 (BGBl. I, 2407).

[4] Verordnung über Aufzeichnungen bei gentechnischen Arbeiten und bei Freisetzungen in der Fassung der Bekanntmachung v. 4.11.1996 (BGBl. I, 1644), zuletzt geändert durch die Zweite Verordnung zur Änderung gentechnikrechtlichen Vorschriften v. 28.4.2008 (BGBl. I, 766).

[5] Verordnung über die Sicherheitsstufen und Sicherheitsmaßnahmen bei gentechnischen Arbeiten in gentechnischen Anlagen in der Fassung der Bekanntmachung v. 14.3.1995 (BGBl. I, 297), zuletzt geändert durch VO v. 6.3.2007 (BGBl. I, 261).

[6] Verordnung über Anhörungsverfahren nach dem Gentechnikgesetz in der Fassung der Bekanntmachung v. 4.11.1996 (BGBl. I, 1649), zuletzt geändert durch die Zweite Verordnung zur Änderung gentechnikrechtlichen Vorschriften v. 28.4.2008 (BGBl. I, 766).

[7] Verordnung über Antrags- und Anmeldeunterlagen und über Genehmigungs- und Anmeldeverfahren nach dem Gentechnikgesetz in der Fassung der Bekanntmachung v. 4.11.1996 (BGBl. I, 1657), zuletzt geändert durch die Zweite Verordnung zur Änderung gentechnikrechtlicher Vorschriften v. 28.4.2008 (BGBl. I, 766).

zum Gentechnikgesetz,[8] die Gentechnik-Beteiligungsverordnung (**GenTBetV**),[9] die Gentechnik-Notfallverordnung (**GenTNotfV**)[10] sowie die Verordnung über die gute fachliche Praxis bei der Erzeugung gentechnisch veränderter Pflanzen (Gentechnik-Pflanzenerzeugungsverordnung – **GenTPflEV**)[11].

Grundlage des deutschen Gentechnikrechts ist das europäische Gentechnikrecht, das in zwei bedeutsamen EG-Richtlinien das nationale Recht bereits vorstrukturiert hat. Zum einen handelt es sich um die **Richtlinie 90/219/EWG**,[12] (jetzt: **Richtlinie 2009/41/EG**)[13] zum anderen um die Richtlinie 2001/18/EG.[14] Daneben setzt das deutsche Gentechnikrecht auch die Arbeitnehmerschutzrichtlinie 2000/54/EG,[15] gestützt auf Art. 137 Abs. 2 EGV (nunmehr Art. 153 Abs. 2 AEUV), um.

Maßgebend für gentechnisches Arbeiten als Voraussetzung für die Herstellung und Gewinnung von gentechnischen Wirkstoffen ist damit allein die bereits erwähnte **Richtlinie 90/219/EWG (jetzt: Richtlinie 2009/41/EG)**, die auch als Systemrichtlinie oder Contained-Use-Richtlinie bezeichnet wird und auf Art. 175 EGV (nunmehr Art. 192 AEUV) gestützt ist, also auf das Recht zur Regulierung von Umweltschutzmaßnahmen. Es handelt sich um das gentechnische Arbeiten in gentechnischen Anlagen (geschlossenen Systemen). Dieser Bereich ist im Zweiten Teil des Gentechnikgesetzes in den §§ 7 bis 12 GenTG geregelt. Zentrale Norm ist dabei die gentechnikrechtliche „Herstellungserlaubnis", die im Gentechnikrecht je nach den Gegebenheiten als Genehmigung, Anzeige oder Anmeldung ausgestaltet ist und die in § 8 Abs. 1 GenTG reguliert wird. Danach dürfen gentechnische Arbeiten nur in gentechnischen Anlagen durchgeführt werden. Die Errichtung und der Betrieb gentechnischer Anlagen bedürfen einer Genehmigung (Anlagengenehmigung), wenn es sich um Arbeiten der Sicherheitsstufen 3 oder 4 handelt. Im übrigen ist die Errichtung und der Betrieb gentechnischer Anlagen und die Durchführung gentechnischer Arbeiten der Sicherheitsstufe 1 oder 2 von einer ordnungsgemäßen Anzeige oder Anmeldung abhängig, wie sich § 8 Abs. 2 GenTG entnehmen lässt.

---

8 Bundeskostenordnung zum Gentechnikgesetz v. 9.10.1991 (BGBl. I, 1972), geändert durch Gesetz v. 24.6.1994 (BGBl. I, 1416) und durch Gesetz v. 23.10.2001 (BGBl. I, 2702), zuletzt geändert durch das Zuständigkeitsanpassungsgesetz v. 22.3.2004 (BGBl. I, 454).

9 Verordnung über die Beteiligung des Rates, der Kommission und der Behörden der Mitgliedstaaten der Europäischen Union und der anderen Vertragsstaaten des Abkommens über den Europäischen Wirtschaftsraum im Verfahren zur Genehmigung von Freisetzungen und Inverkehrbringen sowie im Verfahren bei nachträglichen Maßnahmen nach dem Gentechnikgesetz v. 17.5.1995 (BGBl. I, 734), zuletzt geändert durch die Verordnung zur Änderung gentechnikrechtlicher Vorschriften v. 23.3.2006 (BGBl. I, 565).

10 Verordnung über die Erstellung von außerbetrieblichen Notfallplänen und über Informations-, Melde- und Unterrichtungspflichten v. 10.12.1997 (BGBl. I, 2882), zuletzt geändert durch die Zweite Verordnung zur Änderung gentechnikrechtlicher Vorschriften v. 28.4.2008 (BGBl. I, 766).

11 Verordnung über die gute fachliche Praxis bei der Erzeugung gentechnisch veränderter Pflanzen v. 7.4.2008 (BGBl. I, 655).

12 RL 90/219/EWG des Rates v. 23.4.1990 über die Anwendung genetisch veränderter Mikroorganismen in geschlossenen Systemen (ABl. EWG Nr. L 117/1 v. 8.5.1990), geändert vor allem durch RL 98/81/EG des Rates v. 26.10.1998 (ABl. EG Nr. L 330/13 v. 5.12.1998, berichtigt in ABl. EG Nr. L 93/27 v. 8.4.1999 und zuletzt durch VO (EG) Nr. 1882/2003 v. 29.9.2003 (ABl. EU Nr. L 284/1 v. 31.10.2003).

13 RL 2009/41/EG vom 6.5.2009 über die Anwendung genetisch veränderter Mikroorganismen in geschlossenen Systemen (ABl. EU Nr. L 125/75 vom 21.5.2009).

14 RL 2001/18/EG des Europäischen Parlaments und des Rates v. 12.3.2001 über die absichtliche Freisetzung genetisch veränderter Organismen in die Umwelt und zur Aufhebung der RL 90/220 EWG des Rates (ABl. EG Nr. L 106/1 v. 17.4.2001), zuletzt geändert durch Verordnungen (EG) Nr. 1829/2003 und (EG) Nr. 1830/2003 v. 22.9.2003 (ABl. EU Nr. L 268/1 und 24 v. 18.10.2003).

15 RL 2000/54/EG des Europäischen Parlaments und des Rates v. 18.9.2000 über den Schutz der Arbeitnehmer gegen Gefährdung durch biologische Arbeitsstoffe bei der Arbeit (ABl. EG Nr. L 262/21 v. 17.10.2000).

II. Begriffe

9   Wie das Arzneimittelrecht so enthält auch das Gentechnikrecht zahlreiche Definitionen, die es dem Rechtsanwender ermöglichen sollen, das Gentechnikrecht als eine Grenzmaterie zwischen Naturwissenschaft und Recht richtig anzuwenden. Die Begriffe sind in § 3 GenTG enthalten. Was in § 13 Abs. 1 iVm § 4 Abs. 14 AMG als Herstellung von Wirkstoffen verstanden wird, nämlich das Gewinnen, Anfertigen, Zubereiten, Be- oder Verarbeiten, Umfüllen, einschließlich Abfüllen, Abpacken, Kennzeichnen und die Freigabe, ist im Gentechnikrecht die gentechnische Arbeit. Sie ist einer der wenigen zentral wichtigen Begriffe des Gentechnikrechts. Unter **gentechnischen Arbeiten** wird gemäß § 3 Nr. 2 GenTG die Erzeugung gentechnisch veränderter Organismen (GVO) verstanden, aber auch deren Vermehrung, Lagerung, Zerstörung, Entsorgung und der innerbetriebliche Transport. Damit ist die Vermehrung eines gentechnisch veränderten Organismus im Fermenter, zum Beispiel des E.-Coli-Bakteriums, das einen humanen Tumor-Nekrosis-Faktor enthält, eine gentechnikrechtliche Herstellung. Unter einem GVO wird ein Organismus verstanden, dessen genetisches Material in einer Weise verändert worden ist, wie sie unter natürlichen Bedingungen durch Kreuzen oder natürliche Rekombination nicht vorkommt. Dies folgt aus § 3 Nr. 3 GenTG.

Schließlich enthält das GenTG auch die Definition des **Organismus** selbst. Nach § 3 Nr. 1 GenTG wird darunter jede biologische Einheit verstanden, die fähig ist, sich zu vermehren oder genetisches Material zu übertragen, einschließlich Mikroorganismen.

10 GVOs werden in **gentechnischen Anlagen** hergestellt. Auch dieser Begriff ist legal definiert. Unter einer gentechnischen Anlage ist gemäß § 3 Nr. 4 GenTG eine Einrichtung zu verstehen, in der gentechnische Arbeiten im Sinne des § 3 Nr. 2 GenTG im geschlossenen System durchgeführt werden und bei der spezifische Einschließungsmaßnahmen angewendet werden, um den Kontakt der verwendeten Organismen mit Menschen und der Umwelt zu begrenzen und ein dem Gefährdungspotenzial angemessenes Sicherheitsniveau zu gewährleisten. Eine solche Anlage bedarf also, wie dargestellt, der staatlichen Gestattung in Form einer vom Betreiber zu beantragenden Genehmigung, von ihm durchzuführenden Anmeldung oder von ihm zu erstattenden Anzeige. Welches dieser verwaltungsrechtlichen Vehikel gewählt werden muss, ist von der Sicherheitsstufe der gentechnischen Arbeit abhängig und im GenTG festgelegt.

11 Es werden **vier Sicherheitsstufen** unterschieden, vergleiche § 7 Abs. 1 S. 1 GenTG. Bei Arbeiten der Sicherheitsstufe 1 ist nach dem Stand der Wissenschaft nicht von einem Risiko für Mensch und Umwelt auszugehen, bei der Sicherheitsstufe 2 von einem geringen Risiko, bei der Sicherheitsstufe 3 von einem mäßigen Risiko und bei der Sicherheitsstufe 4 von einem hohen Risiko. Eine Genehmigung im Sinne eines ausdrücklichen begünstigenden Verwaltungsakts ist nur bei den Sicherheitsstufen 3 und 4 erforderlich, bei der Sicherheitsstufe 2 genügt grundsätzlich eine Anmeldung und bei der Sicherheitsstufe 1 eine bloße Anzeige. Zuständige Behörde ist, wie im Arzneimittelrecht, die nach Landesrecht zuständige Behörde.

12 Dem Antragsteller im Sinne des § 13 AMG, also dem künftigen Herstellungserlaubnisinhaber, entspricht im GenTG der Begriff „**Betreiber**". Unter einem Betreiber wird nach § 4 Nr. 7 GenTG eine juristische oder natürliche Person oder eine nicht rechtsfähige Personenvereinigung verstanden, die unter ihrem Namen eine gentechnische Anlage errichtet oder betreibt, gentechnische Arbeiten oder Freisetzungen durchführt oder Produkte, die gentechnisch veränderte Organismen enthalten oder aus solchen bestehen, erstmalig in Verkehr bringt.

13 Inhaber gentechnikrechtlicher Rechte und Pflichten ist daher der Betreiber. Dieser Begriff ist von überragender verwaltungsrechtlicher Bedeutung. Soweit beispielsweise gentechnische Arbeiten an Universitäten durchgeführt werden, ist Betreiber dieser gentechnischen

Anlage nicht etwa zum Beispiel das Institut für Pflanzengenetik, in dem die Arbeiten tatsächlich durchgeführt werden, sondern die öffentlich-rechtliche Körperschaft Universität. Diese Feststellung hat unter anderem für Haftungsfragen Bedeutung. Der Betreiber hat danach den Antrag auf Genehmigung der Errichtung oder des Betreibens einer gentechnischen Anlage zu stellen, eine entsprechende Anmeldung vorzunehmen oder eine Anzeige zu erstatten. Die Genehmigung stellt einen begünstigenden Verwaltungsakt im Sinne des § 35 S. 1 VwVfG dar, mit der Folge, dass eine gentechnische Anlage nicht betrieben und eine gentechnische Arbeit nicht durchgeführt werden darf, bevor dieser Verwaltungsakt erlassen wurde. Der Beginn der gentechnischen Arbeit ohne eine Genehmigung stellt gemäß § 39 Abs. 2 Nr. 2 GenTG einen Straftatbestand dar. Demgegenüber führt die Anmeldung – nach Ablauf einer im Gesetz enthaltenen Frist – zu einem fiktiven begünstigenden Verwaltungsakt, wie sich § 12 Abs. 5 S. 3 GenTG entnehmen lässt. Im Falle einer Anzeige darf der Betreiber dagegen sofort nach Eingang dieser Anzeige bei der zuständigen Behörde mit der gentechnischen Arbeit beginnen, wie dies aus § 12 Abs. 5 a S. 1 GenTG folgt.

III. Persönliche gentechnikrechtliche Verantwortungsträger

In personeller Hinsicht muss der Betreiber über zwei besonders sachkundige Personen verfügen, nämlich über einen **Projektleiter** und über einen **Beauftragten für die biologische Sicherheit (BBS)**. Dies folgt aus § 10 Abs. 2 S. 2 Nr. 2 und 3 GenTG für das Genehmigungsverfahren, aus § 12 Abs. 2 S. 2 GenTG für das Anmeldeverfahren und aus § 12 Abs. 2 S. 1 Nr. 1 GenTG für das Anzeigeverfahren. Die persönlichen Verantwortungsträger im Gentechnikrecht sind daher einschränkungslos der Projektleiter und der BBS. Ein Projektleiter ist gemäß § 3 Nr. 8 GenTG und gemäß § 14 Abs. 1 S. 1 GenTSV die Person, die im Rahmen ihrer beruflichen Obliegenheiten die unmittelbare Planung, Leitung oder Beaufsichtigung einer gentechnischen Arbeit oder einer Freisetzung durchführt. Demgegenüber ist der Beauftragte für die biologische Sicherheit gemäß § 3 Nr. 9 GenTG eine Person oder eine Mehrheit von Personen (Ausschuss für biologische Sicherheit), die die Erfüllung der Aufgaben des Projektleiters überprüft und den Betreiber berät.

Beide Verantwortungsträger benötigen die erforderliche **Sachkunde**. Diese ist nicht im Gentechnikgesetz, sondern in der bereits oben (§ 34 Rn 6) erwähnten GenTSV beschrieben. Die Sachkunde des Projektleiters ist Gegenstand des § 15 GenTSV, die Sachkunde des BBS ist mit der Sachkunde des Projektleiters identisch, wie sich § 17 S. 2 GenTSV entnehmen lässt. Beide müssen daher nachweisbare Kenntnisse insbesondere in klassischer und molekularer Genetik und praktische Erfahrungen im Umgang mit Mikroorganismen, Pflanzen oder Tieren haben und die erforderlichen Kenntnisse über Sicherheitsmaßnahmen und Arbeitsschutz bei gentechnischen Arbeiten besitzen, vgl § 15 Abs. 1 GenTSV. Die erforderliche Sachkunde wird nachgewiesen durch den Abschluss eines naturwissenschaftlichen oder medizinischen oder tiermedizinischen Hochschulstudiums. Dieses Erfordernis ähnelt dem Erfordernis für eine sachkundige Person nach § 14 AMG, wie sich § 15 Abs. 2 Nr. 1 GenTSV entnehmen lässt.

Darüber hinaus müssen Projektleiter und BBS gemäß § 15 Abs. 2 Nr. 2 GenTSV eine mindestens dreijährige Tätigkeit auf dem Gebiet der Gentechnik, insbesondere der Mikrobiologie, der Zellbiologie, der Virologie oder der Molekularbiologie nachweisen. Im Arzneimittelrecht ist hier eine mindestens zweijährige praktische Tätigkeit in der Arzneimittelprüfung auf dem Gebiet der qualitativen und quantitativen Analyse sowie sonstiger Qualitätsprüfungen von Arzneimitteln erforderlich (§ 15 Abs. 1 AMG).

Schließlich müssen Projektleiter und BBS eine Bescheinigung über den Besuch einer von der zuständigen Behörde, der Landesbehörde, anerkannten Fortbildungsveranstaltung nachweisen. Diese Veranstaltung muss die Themenbereiche über Gefährdungspotenziale von

Organismen bei gentechnischen Arbeiten in gentechnischen Anlagen unter der besonderen Berücksichtigung der Mikrobiologie und bei Freisetzungen, Sicherheitsmaßnahmen für gentechnische Laboratorien, gentechnische Produktionsbereiche und Freisetzungen, aber auch Rechtsvorschriften zu Sicherheitsmaßnahmen für die gentechnische Laboratorien, Produktionsbereiche und Freisetzungen und zum Arbeitsschutz umfassen. Dies folgt aus § 15 Abs. 2 Nr. 3 iVm Abs. 4 GenTSV.

18 Während der Verantwortungsbereich für die sachkundige Person nach § 14 AMG in § 19 AMG definiert ist, ist der **Verantwortungsbereich des Projektleiters** von gentechnischen Arbeiten in § 14 Abs. 1 S. 2 GenTSV umfassend umschrieben. Er ist ausdrücklich verantwortlich für die Beachtung der Vorschriften über die allgemeine Schutzpflicht und den Arbeitsschutz, über Sicherheitsmaßnahmen im Labor- und Produktionsbereich, über die Herstellung von Pflanzen in Gewächshäusern, über die Haltung von Versuchstieren, über Arbeitssicherheitsmaßnahmen, über die Unterrichtung der Beschäftigten und über die Anforderungen an die Abwasser- und Abfallbehandlung. Zusätzlich muss der Projektleiter, natürlich abhängig von der tatsächlich durchgeführten gentechnischen Arbeit, die Einhaltung der seuchenrechtlichen, der tierseuchenrechtlichen, der tierschutzrechtlichen, der artenschutzrechtlichen und der pflanzenschutzrechtlichen Vorschriften gewährleisten. Auch ist er dafür verantwortlich, dass gentechnische Arbeiten erst begonnen werden dürfen, wenn eine Genehmigung erteilt, eine Anmeldung vorgenommen oder eine Anzeige erstattet wurde. Verantwortlich ist er auch für die Umsetzung von behördlichen Auflagen und Anordnungen und ebenfalls für die ausreichende Qualifikation und Einweisung der Beschäftigten. Des Weiteren ist er für deren Unterweisung und die Veranlassung der medizinischen Vorsorgeuntersuchungen verantwortlich. Schließlich muss er den BBS unterrichten, die notwendigen Maßnahmen zur Abwehr von Gefahren treffen und jedes unerwartete Vorkommnis anzeigen.

19 Demgegenüber sind die **Aufgaben des Beauftragten für die biologische Sicherheit** in § 18 GenTSV definiert. Als eine Art Kontrollinstitution für den Projektleiter kommt dem BBS danach eine starke überwachende Aufgabenstellung zu (§ 18 Abs. 1 Nr. 1 GenTSV). Zugleich ist er Beratungsorgan des Betreibers und von dessen verantwortlichen Personen sowie des Betriebs- oder Personalrats, § 18 Abs. 1 Nr. 2 GenTSV.

20 Projektleiter und BBS haben ständig in einem fachlichen Dialog zu stehen. In diesem Zusammenhang ist der Hinweis von Bedeutung, dass der Betreiber gemäß § 19 Abs. 4 GenTSV dafür zu sorgen hat, dass der BBS seine Vorschläge oder Bedenken (in Bezug auf die Tätigkeit des Projektleiters) unmittelbar der entscheidenden Stelle (des Betreibers) vortragen kann, wenn er sich mit dem Projektleiter nicht einigen konnte und der BBS wegen der besonderen Bedeutung der Sache eine Entscheidung dieser Stelle für erforderlich hält.

IV. Unterlagen

21 Wie im Arzneimittelrecht in den §§ 24 a ff AMG (siehe § 6 Rn 164 ff), kann ein Antragsteller auch im Gentechnikrecht auf die Unterlagen eines Vorantragstellers Bezug nehmen (Zweitanmeldersituation). Dies folgt aus § 17 GenTG. Die Angaben, die der Betreiber im Zusammenhang mit einem Genehmigungsantrag, einer Anmeldung oder einer Anzeige macht, unterliegen der Vertraulichkeit. Dies folgt aus § 17 a GenTG. Die genehmigende Behörde kann im Übrigen den begünstigenden Verwaltungsakt mit Nebenbestimmungen, insbesondere auch mit nachträglichen Auflagen versehen. Da neben gentechnikrechtlichen Gestattungserfordernissen nicht selten weitere behördliche Entscheidungen, insbesondere Genehmigungen, erforderlich sind, wie beispielsweise die Genehmigung zur Durchführung von

Tierversuchen (siehe § 8 Abs. 1 iVm § 7 Abs. 1 Nr. 2 TierSchG),[16] hat § 22 Abs. 1 GenTG eine sog. Konzentrationsmaxime normiert, wonach weitere Genehmigungen von der Anlagengenehmigung umfasst sind.

V. Überwachung

Wie im Arzneimittelrecht in den §§ 64 ff AMG, so besitzt die zuständige Behörde im Gentechnikrecht erhebliche Überwachungsbefugnisse; sie besitzt Auskunftsrechte, denen umgekehrt Duldungspflichten des Betreibers, des Projektleiters und des BBS entsprechen, vgl § 25 GenTG. Wie in § 69 AMG, der der zuständigen Landesbehörde im Arzneimittelrecht bedeutende Eingriffsbefugnisse einräumt, so ermöglicht § 26 GenTG der zuständigen Landesbehörde im Einzelfall die Anordnungen zu treffen, die zur Beseitigung festgestellter oder zur Verhütung künftiger Verstöße gegen das GenTG, die aufgrund dieses Gesetzes erlassenen Rechtsverordnungen oder gegen unmittelbar geltende Rechtsakte der Europäischen Gemeinschaft, also gegen EG-Verordnungen, im Anwendungsbereich dieses Gesetzes notwendig sind. Dazu gehört auch die Befugnis, den Betrieb einer gentechnischen Anlage oder gentechnische Arbeiten ganz oder teilweise zu untersagen, wenn bestimmte Voraussetzungen gegeben sind, die sich im Einzelnen § 26 Abs. 1 GenTG entnehmen lassen.

VI. Haftung

Ferner soll nicht unerwähnt bleiben, dass, wie im Arzneimittelrecht, auch im Gentechnikrecht spezielle Haftungsvorschriften geschaffen wurden. § 84 AMG begründet die verschuldensunabhängige Gefährdungshaftung des pharmazeutischen Unternehmers, der das zulassungspflichtige Arzneimittel in den Verkehr gebracht hat, das einen Schaden verursacht hat. Diese Haftung ist nach § 94 AMG durch eine gesetzlich verpflichtend vorgeschriebene Haftpflichtversicherung abzudecken (zur Haftung für Arzneimittelschäden siehe oben § 27).

Auch im Gentechnikrecht hält der Gesetzgeber eine strenge **Gefährdungshaftung** für erforderlich; die Einzelheiten sind in den §§ 32 bis 37 GenTG enthalten. Während die Gefährdungshaftung im Arzneimittelrecht den pharmazeutischen Unternehmer und damit gemäß § 4 Abs. 18 AMG denjenigen trifft, der als Zulassungsinhaber oder unter seinem Namen Arzneimittel in den Verkehr bringt, und also nicht den Hersteller, so trifft die Gefährdungshaftung des GenTG den Betreiber, wenn in Folge von Eigenschaften eines Organismus, die auf gentechnischen Arbeiten beruhen, jemand getötet, sein Körper oder seine Gesundheit verletzt oder eine Sache beschädigt wird, vgl § 32 Abs. 1 GenTG. Das Gentechnikrecht enthält daher – im Gegensatz zum Arzneimittelrecht – eine Gefährdungshaftung des „Herstellers", also des Betreibers. Auch hierfür schreibt § 36 GenTG eine **Deckungsvorsorge** bzw eine Haftpflichtversicherung vor. Bis zum heutigen Tage ist die erforderliche Deckungsvorsorge – Rechtsverordnung nicht ergangen und können daher die Risiken gentechnischen Arbeitens kaum versichert werden. Es scheint jedoch, dass ein Bedürfnis für eine derartige Deckungsvorsorgeverordnung im Gentechnikrecht gar nicht besteht. Wie sich dem Bericht der Bundesregierung über Erfahrungen mit dem Gentechnikgesetz entnehmen lässt, hat es bis 30. April 2007, also innerhalb von circa 17 Jahren, nicht einen einzigen Haftungsfall auf der Grundlage des Gentechnikgesetzes gegeben.[17]

---

16 Tierschutzgesetz in der Fassung der Bekanntmachung v. 18.5.2006, geändert durch Gesetz v. 15.7.2009 (BGBl. I, 1950).
17 BT-Drucks. 16/8155 v. 18.2.2008, S. 44.

VII. Straf- und Bußgeldvorschriften

25 § 39 GenTG regelt einige **Straftatbestände** im Falle des vorsätzlichen oder fahrlässigen Verstoßes gegen Bestimmungen des GenTG. So kann mit einer Freiheitsstrafe bis zu drei Jahren bestraft werden, wer vorsätzlich ohne Genehmigung eine gentechnische Anlage betreibt (vergleiche § 39 Abs. 2 GenTG).

Mit Freiheitsstrafe von drei Monaten bis zu fünf Jahren wird bestraft, wer in den genannten Fällen zugleich Leib oder Leben eines anderen, fremde Sachen von bedeutendem Wert oder Bestandteile des Naturhaushalts von erheblicher ökologischer Bedeutung gefährdet (vergleiche § 39 Abs. 3 GenTG). Der Versuch und die fahrlässige Begehung sind gleichfalls strafbar (siehe § 39 Abs. 4 bis 6 GenTG).

§ 38 Abs. 1 GenTG enthält eine Reihe von **Bußgeldvorschriften** für den Fall des vorsätzlichen oder fahrlässigen Zuwiderhandelns gegen bestimmte gesetzliche Verpflichtungen. Derartige Ordnungswidrigkeiten können mit einer Geldbuße bis zu 50.000 € geahndet werden (§ 38 Abs. 2 GenTG).

26 Zusammenfassend ist daher festzustellen, dass die „**gentechnische Wirkstoffherstellung**" in zwei Phasen stattfindet. Zunächst muss der Betreiber einer gentechnischen Anlage vollständig die gentechnikrechtlichen Voraussetzungen für die Erzeugung und Vermehrung eines GVOs erfüllt haben. Erst dann beginnt die eigentliche arzneimittelrechtliche Wirkstoffherstellung, indem der Inhaber einer Herstellungserlaubnis nach § 13 AMG nunmehr die in den GVOs enthaltenen Proteine als Wirkstoff „aberntet" und zu einem Wirkstoff im Sinne des § 4 Abs. 19 AMG verarbeitet. Das GenTG gilt ausdrücklich nicht für die Anwendung von GVOs am Menschen, vergleiche § 2 Abs. 2 GenTG. Hierfür ist das Arzneimittelrecht maßgebend. Wer sich mit Fragen des Gentechnikrechts vertiefend beschäftigen will, sei hingewiesen auf die von Hasskarl herausgegebene und mit einer Einteilung versehene Textsammlung „Deutsches Gentechnikrecht",[18] die weitere Literaturhinweise enthält. Die europarechtlichen Zusammenhänge des Gentechnikrechts sind dargestellt in: Europäisches Gentechnikrecht – European Genetic Engineering Law.[19]

C. Wirkstoffherstellung

27 Die eigentliche Herstellung des Wirkstoffs im Sinne des Arzneimittelrechts, nämlich gemäß §§ 21 bis 29 AMWHV, geschieht dann auf der Grundlage des EG-Leitfadens für die Gute Herstellungspraxis,[20] Teil II: Wirkstoffe. Die Einzelheiten sind im Abschnitt 18, Spezifische Anleitung für Wirkstoffe, die mit Hilfe von Zellkulturen/Fermentation hergestellt werden, enthalten. Hierzu gehören Allgemeine Anforderungen, Zellbankwartung und -protokollierung, Zellkultur/Fermentation, Ernte, Isolierung und Reinigung und Schritte zur Virusentfernung und -inaktivierung.

D. Gentherapeutika

28 Die VO (EG) Nr. 1394/2007[21] hat die zentrale europäische Zulassung für Gentherapeutika, somatische Zelltherapeutika (siehe zum Begriff § 33 Rn 9) und biotechnologisch bearbeitete Gewebeprodukte (siehe zum Begriff § 33 Rn 10 ff) eingeführt. Bei diesen drei Produktgruppen handelt es sich um Arzneimittel für neuartige Therapien (siehe Art. 2 Abs. 1 lit. a

---

18 Hasskarl, Deutsches Gentechnikrecht, 6. Aufl. 2007.
19 Hasskarl, Europäisches Gentechnikrecht – European Genetic Engineering Law, 2002.
20 EG-GMP-Leitfaden (BAnz Nr. 210 v. 9.11.2006, S. 6887).
21 VO (EG) Nr. 1394/2007 des Europäischen Parlaments und des Rates v. 13.11.2007 über Arzneimittel für neuartige Therapien und zur Änderung der RL 2001/83/EG und der VO (EG) Nr. 726/2004 (ABl. EU Nr. 324/121 v. 10.12.2007).

VO (EG) Nr. 1394/2007). Unter einem Gentherapeutikum ist dabei ein Arzneimittel zu verstehen, bei dem durch eine Reihe von Verarbeitungsvorgängen der (*in vivo* oder *ex vivo* erfolgende) Transfer eines prophylaktischen, diagnostischen oder therapeutischen Gens (dh eines Stücks Nukleinsäure) in menschliche oder tierische Zellen und dessen anschließende Expression in vivo bewirkt werden soll. Der Gentransfer erfordert ein Expressionssystem, das in einem Darreichungssystem, einem sog. Vektor, enthalten ist, der viralen aber auch nicht-viralen Ursprungs sein kann. Der Vektor kann auch in einer menschlichen oder tierischen Zelle enthalten sein, vgl Richtlinie 2001/83/EG,[22] Anhang I: Analytische, toxykologisch-pharmakologische oder ärztliche oder klinische Vorschriften und Nachweise über Versuche mit Arzneimitteln, Teil IV: Arzneimittel für neuartige Therapien, 1. Dabei werden **drei Kernelemente des Herstellungsprozesses** unterschieden, nämlich die Ausgangsstoffe, die Wirkstoffe und das Fertigarzneimittel. Unter den **Ausgangsstoffen** werden Materialien verstanden, aus denen der Wirkstoff hergestellt wird, wie zum Beispiel Zellbanken und Virenbestände. Als **Wirkstoff** werden bezeichnet ein rekombinanter Vektor, ein Virus, nackte oder komplexe Plasmide, virenerzeugende Zellen, Zellen, die in vitro genetisch verändert wurden. Als **Fertigarzneimittel** wird hier definiert ein in seiner Formulierung im endgültigen unmittelbaren Behältnis vorliegender Wirkstoff, wie er für den vorgesehenen medizinischen Verwendungszweck bestimmt ist. Je nach Art des Gentherapeutikums können der Verabreichungsweg und die Anwendungsbedingungen eine *ex vivo* Behandlung der den Patienten entnommenen Zelle erfordern, aaO, 1.2.

Zu klären ist noch, warum die Arzneimittel für neuartige Therapien und damit auch die Gentherapeutika in § 4 Abs. 9 AMG in der Fassung der sog. 15. AMG-Novelle[23] überhaupt im AMG definiert werden, nach dem sie nur zentral zulassungspflichtig und -fähig sind und daher von einer deutschen Bundesoberbehörde nicht zugelassen werden können. Die Antwort liegt darin, dass der Gesetzgeber mit der Novelle eine neue Vorschrift, nämlich den § 4 b AMG (**Sondervorschriften für Arzneimittel für neuartige Therapien**) geschaffen hat. Diese Vorschrift beschäftigt sich nicht mit der industriellen Herstellung der Arzneimittel für neuartige Therapien – diese ist Gegenstand der **Verordnung (EG) Nr. 1394/2007** –, sondern lediglich mit deren individueller Zubereitung für einen einzelnen Patienten, wobei diese Arzneimittel nicht routinemäßig nach spezifischen Qualitätsnormen hergestellt werden und im Übrigen in einer spezialisierten Einrichtung der Krankenversorgung unter der fachlichen Verantwortung eines Arztes angewendet werden. Diese Individualarzneimittel unterliegen dem deutschen Recht und benötigen einer Genehmigung der zuständigen Bundesoberbehörde, wie sich § 4 b Abs. 3 S. 1 AMG entnehmen lässt. In diesem Zusammenhang stellt der Gesetzgeber klar, dass unter nicht routinemäßiger Herstellung zu verstehen ist, dass die Arzneimittel in geringem Umfang hergestellt werden und bei denen auf der Grundlage einer routinemäßigen Herstellung Abweichungen im Verfahren vorgenommen werden, die für einen einzelnen Patienten medizinisch begründet sind oder die noch nicht in einer ausreichenden Anzahl hergestellt worden sind, sodass die notwendigen Erkenntnisse für eine umfassende Beurteilung noch nicht vorliegen. Diese Klarstellungen sind in § 4 b Abs. 2 AMG enthalten (siehe zu § 4 b AMG auch § 33 Rn 44 f).

---

22 RL 2001/83/EG des Europäischen Parlaments und des Rates zur Schaffung eines Gemeinschaftskodexes für Humanarzneimittel v. 6.11.2001 (ABl. EG Nr. L 311/67 v. 28.11.2001), zuletzt geändert durch RL 2008/29 v. 11.3.2008 (ABl. EU Nr. L 81/51 v. 20.3.2008).
23 Gesetz zur Änderung arzneimittelrechtlicher und anderer Vorschriften vom 17.7.2009 (BGBl. I, 1990).

E. Klinische Prüfung von Prüfpräparaten mit GVO und gentechnisch hergestellten Wirkstoffen

30 Wenn ein Arzneimittel, dessen Wirkstoff auf gentechnischem Wege hergestellt wurde, zur Zulassung gebracht werden soll, ist die zuständige Bundesoberbehörde ausdrücklich befugt, durch Auflage Anordnungen zu treffen, die die Herstellung und Kontrolle derartiger Arzneimittel beziehungsweise von deren Wirkstoffen betreffen. Nach **§ 28 Abs. 3 c AMG** kann sie verlangen, dass bei der Herstellung und der Kontrolle bestimmte Anforderungen eingehalten und bestimmte Maßnahmen und Verfahren angewendet werden, dass Unterlagen vorgelegt werden, die die Eignung bestimmter Maßnahmen und Verfahren begründen, einschließlich von Unterlagen über die Validierung, und die Einführung oder Änderung bestimmter Anforderungen, Maßnahmen und Verfahren der vorherigen Zustimmung der Behörde bedarf. Derartige Auflagen sind sofort vollziehbar, mit der Folge, dass Widerspruchs- und Anfechtungsklage keine aufschiebende Wirkung besitzen (§ 28 Abs. 3 c S. 2 und S. 3 AMG).[24]

31 Bevor jedoch ein Arzneimittel, dessen Wirkstoff auf gentechnischem Wege hergestellt wurde oder das lebende GVO als Wirkstoff enthält oder aus ihnen besteht, zugelassen werden kann, bedarf es – wie grundsätzlich bei jedem Arzneimittel – der vorherigen Durchführung einer **klinischen Prüfung**. Sowohl das AMG als auch die auf der Grundlage des § 42 Abs. 3 AMG vom Bundesgesundheitsminister erlassenen GCP-Verordnung[25] enthalten zahlreiche Vorschriften, die diese Art von Arzneimitteln betreffen. So folgt aus § 40 Abs. 1 S. 3 Nr. 2 a AMG, dass eine klinische Prüfung in diesem Fall nur durchgeführt werden darf, wenn und solange nach dem Stand der Wissenschaft im Verhältnis zum Zweck der klinischen Prüfung eines Arzneimittels, das aus einem gentechnisch veränderten Organismus oder einer Kombination von gentechnisch veränderten Organismen besteht oder solche enthält, unvertretbare schädliche Auswirkungen auf die Gesundheit Dritter und die Umwelt nicht zu erwarten sind. Sollte in diesem Fall eine ausreichende Versicherung von Drittrisiken nicht bestehen, ist die Genehmigung der klinischen Prüfung zu versagen, wie aus § 42 Abs. 2 S. 3 Nr. 3 AMG folgt. Zudem ordnet § 42 Abs. 2 S. 7 Nr. 1 bis 3 AMG an, dass – abweichend von dem Grundsatz, dass mit einer klinischen Prüfung grundsätzlich 30 Tage nach Eingang der Antragsunterlagen begonnen werden darf – in diesem Fall die klinische Prüfung einer ausdrücklichen, an den Sponsor gerichteten schriftlichen Genehmigung bedarf. In § 7 Abs. 4 Nr. 3 GCP-Verordnung ist festgelegt, dass der Sponsor bei Prüfpräparaten, die aus einem GVO bestehen oder einen solchen enthalten, eine Darlegung und Bewertung der Risiken für die Gesundheit nicht betroffener Personen und die Umwelt darlegen muss. Abweichend von der Frist von 60 Tagen, innerhalb deren die Ethikkommission ein klinisches Prüfvorhaben zu bewerten hat, beträgt die Frist bei Arzneimitteln, die GVOs enthalten, 90 Tage (vergleiche § 8 Abs. 4 GCP-Verordnung). Eine Fristverlängerung ist auch für die Genehmigung durch die zuständige Bundesoberbehörde nach § 9 Abs. 4 GCP-Verordnung vorgesehen. Schließlich bedarf eine Änderung einer genehmigten klinischen Prüfung mit den genannten Arzneimitteln einer zustimmenden Bewertung durch die Ethikkommission und zugleich einer ausdrücklichen Genehmigung der Bundesoberbehörde, vgl. § 10 Abs. 1 S. 1 Nr. 5, § 10 Abs. 2 GCP-Verordnung. § 11 Abs. 2 GCP-Verordnung legt zudem dem Prüfer und dem Sponsor die Verpflichtung auf, bei der klinischen Prüfung derartiger Arzneimittel

---

24 Siehe hierzu auch Note for guidance on the quality, preclinical and clinical aspects of gene transfer medicinal products (CPMP/BWP/3088/99 v. 24.4.2001) und Entwurf Guideline on quality, non-clinical and clinical and clinical aspects of live recombinant viral vectored vaccines (Doc. Ref. EMEA/CHMP/VWP/141697/2009 v. 20.4.2009; abrufbar unter <www.emea.europa.eu>).

25 Verordnung über die Anwendung der Guten Klinischen Praxis bei der Durchführung von klinischen Prüfungen mit Arzneimitteln zur Anwendung am Menschen v. 9.8.2004 (BGBl. I, 2081), zuletzt geändert durch Verordnung zur Änderung der GCP-Verordnung v. 15.3.2006 (BGBl. I, 542).

E. Klinische Prüfung von Prüfpräparaten mit GVO und gentechn. herg. Wirkstoffen 34

alle gebotenen Maßnahmen zum Schutz der Gesundheit nicht betroffener Personen und der Umwelt durchzuführen.

Nach § **12 Abs. 1 Nr. 14 GCP-Verordnung** ist der Prüfer im Rahmen einer klinischen Prüfung verpflichtet, der zuständigen Behörde unter anderem Informationen darüber zu geben, ob Regelungen des Gentechnikrechts zu beachten sind oder ob es sich um ein somatisches Gentherapeutikum oder ein Gendiagnostikum handelt. Ferner besitzt er die Verpflichtung, den Sponsor unverzüglich über Beobachtungen von in der Risikobewertung nicht vorgesehenen etwaigen schädlichen Auswirkungen auf die Gesundheit nicht betroffener Personen und die Umwelt zu unterrichten (vgl § 12 Abs. 7 GCP-Verordnung). 32

Schließlich trifft den Sponsor bezüglich derartiger Prüfpräparate selbst die Verpflichtung, die zuständige Bundesoberbehörde über Gefahren für die Gesundheit nicht betroffener Personen und die Umwelt unverzüglich zu unterrichten (vgl § 13 Abs. 7 GCP-Verordnung).

Teil 9
Besonderheiten bei Tierarzneimitteln

§ 35 Zuständigkeiten und Definitionen im Tierarzneimittelrecht

A. Einführung 1
B. Zuständigkeiten 2
C. Tierarzneimittelspezifische Besonderheiten beim Arzneimittelbegriff 5
I. Fiktive Arzneimittel 5
II. Ausnahmen vom Anwendungsbereich des AMG 7

A. Einführung

Das **Arzneimittelgesetz** ist die Basis für die Zulassung und den Verkehr von Human- und Tierarzneimitteln. Es trifft Regelungen zur ordnungsgemäßen und sicheren Arzneimittelversorgung von Mensch und Tier. Grundsätzlich sind die Regelungen des AMG sowohl auf Human- als auch auf Tierarzneimittel anwendbar. Sofern Besonderheiten in Bezug auf Arzneimittel bestehen, die zur Anwendung bei Tieren bestimmt sind, ist dies im AMG gesondert geregelt. Ebenso ist im AMG gesondert aufgeführt, sofern Vorschriften nur auf Humanarzneimittel anwendbar sind. Nachfolgend werden lediglich die Besonderheiten bei Tierarzneimitteln dargestellt. Soweit Regelungen sowohl für Human- als auch für Tierarzneimittel anwendbar sind, wird auf die Erläuterungen in den vorstehenden Kapiteln verwiesen. Es handelt sich um eine Abhandlung zu den Grundlagen des Tierarzneimittelrechts; aufgrund der Konzeption des Kapitels können nicht alle Details berücksichtigt werden.

B. Zuständigkeiten

Das **Bundesamt für Verbraucherschutz und Lebensmittelsicherheit (BVL)** ist die für die Zulassung und Registrierung von Tierarzneimitteln, ausgenommen Tierimpfstoffe, zuständige Bundesoberbehörde. Derzeit sind ca zweitausend Arzneimittel für Tiere in Deutschland zugelassen bzw registriert. Das BVL wurde im Rahmen der Neuordnung zentraler Einrichtungen des Gesundheitswesens 2002 durch das BVL-Gesetz[1] errichtet. Die Abteilung für Tierarzneimittelzulassung wurde aus dem damaligen Bundesinstitut für gesundheitlichen Verbraucherschutz und Veterinärmedizin (BgVV), einem Nachfolgeinstitut des Bundesgesundheitsamtes (BGA), in das neu gegründete BVL übernommen. Bei der Tierarzneimittelzulassung werden sowohl Aspekte der Risikobewertung als auch des Risikomanagements im BVL bearbeitet.

Die Zuständigkeiten der Bundesoberbehörden BfArM, PEI und BVL werden in § 77 AMG geregelt. Dem BVL wurde mit der 15. AMG-Novelle[2] eine neue Aufgabe zugewiesen. Zur Überwachung der Wirksamkeit von Antibiotika führt das BVL ein Resistenzmonitoring durch. Dieses Resistenzmonitoring umfasst kontinuierliche Beobachtungen, Untersuchungen und Bewertungen der Resistenzlage tierischer Krankheitserreger gegenüber Stoffen mit antibakterieller Wirkung, die als Wirkstoffe in Tierarzneimitteln enthalten sind. Dazu werden auch Berichte mit Auswertung der Ergebnisse erstellt. Das BVL wird in diesem Zusammenhang zur koordinierenden Stelle für die Datensammlung und Berichterstattung im Bereich Antibiotikaresistenz soweit es sich um Tierarzneimittel handelt.

Das BVL ist bemüht, im Rahmen seiner Zuständigkeit die Ausbreitung von Antibiotikaresistenzen zu verhindern. Diese Aktivität muss auch im Kontext der Aktivitäten der EU-Kommission (Directorate General Sanco, Directorate General Enterprise), der Europäischen Arzneimittelagentur (European Medicines Agency – EMEA)[3] und anderer EU-Mitgliedstaaten gesehen werden, mit denen eine enge Kooperation besteht.

---

[1] Gesetz über die Errichtung eines Bundesamtes für Verbraucherschutz und Lebensmittelsicherheit v. 6.8.2002 (BGBl. I, 3082, 3084); zuletzt geändert durch Art. 2 des Gesetzes v. 30.6.2009 (BGBl. I, 1669), Geltung ab 1.11.2002.
[2] Gesetz zur Änderung arzneimittelrechtlicher und anderer Vorschriften v. 17.7.2009 (BGBl. I, 1990).
[3] <http://www.emea.europa.eu/>.

4   Generell wirken Mitarbeiter/innen des BVL mit bei der Zulassung von Tierarzneimitteln auf EU-Ebene bei der EMEA in London, in den entsprechenden Gremien wie dem Wissenschaftlichen Ausschuss für Tierarzneimittel (Committee for Veterinary Medicinal Products, CVMP)[4] und seinen diversen Arbeitsgruppen. Auch auf internationaler Ebene sind Experten in den entsprechenden Gremien des Codex Alimentarius Committees der World Health Organisation (WHO)[5] und der Food and Agriculture Organisation of the United Nations (FAO)[6] und der Veterinary International Conference on Harmonisation (VICH)[7] vertreten.

Das BVL ist eine Behörde im Geschäftsbereich des Bundesministeriums für Ernährung, Landwirtschaft und Verbraucherschutz (BMELV). Die Fachaufsicht für die Abteilung „Tierarzneimittelzulassung" liegt für den Zulassungsbereich beim Bundesministerium für Gesundheit (BMG), für den Bereich des Verkehrs mit Tierarzneimitteln jedoch beim BMELV.

Für die Umweltrisikobewertung für Tierarzneimittel ist das **Umweltbundesamt (UBA)** seit 2005 Einvernehmensbehörde für die Zulassungsverfahren, sowohl auf nationaler als auch auf EU-Ebene.

C. Tierarzneimittelspezifische Besonderheiten beim Arzneimittelbegriff

I. Fiktive Arzneimittel

5   Abweichende Regelungen für Tierarzneimittel finden sich in **§ 2 AMG** bei der Arzneimitteldefinition. Die in Abs. 2 Nr. 1 a bis 4 genannten Gegenstände und Stoffe (sog. fiktive Arzneimittel) unterliegen im Gegensatz zu den in Abs. 1 oder Abs. 2 Nr. 1 genannten Stoffen und Zubereitungen nicht der Zulassungspflicht. Gleichwohl müssen diese Gegenstände, die medizinischen und hygienischen Zwecken dienen, die gleichen Qualitäts- und Sicherheitsstandards erfüllen, die das AMG für zulassungspflichtige Arzneimittel definiert.

In **§ 2 Abs. 2 Nr. 1 bis 4 AMG** wird klar gestellt, dass sterile, zur Einmalanwendung bestimmte tierärztliche Instrumente als Arzneimittel gelten und somit den arzneimittelrechtlichen Regelungen unterworfen sind. Diese Regelung erklärt sich dadurch, dass das Medizinproduktegesetz[8] nur Produkte aus dem human- und zahnmedizinischen Bereich zur Anwendung am Menschen umfasst. Veterinärprodukte, die eigentlich analog als Medizinprodukte einzustufen wären, unterfallen weiterhin dem AMG. Beispielhaft als tierärztliche Instrumente sind hier Einwegspritzen und -kanülen sowie Infusionsbestecke zu nennen. Da im Gesetz keine konkreten Beispiele genannt werden, ist in erster Linie die Zweckbestimmung der Instrumente, nämlich zur Ausübung einer tierärztlichen Handlung, zusätzlich zu den Kriterien Sterilität und Einmalverwendung ausschlaggebend für die Zuordnung.

6   Auch andere Gegenstände, die dazu bestimmt sind „in den tierischen Körper dauernd oder vorübergehend eingebracht zu werden" (**§ 2 Abs. 2 Nr. 2 AMG**), dh Gegenstände, die keine Arzneimittel sind und die zu therapeutischen oder diagnostischen Zwecken verwendet werden, fallen unter den fiktiven Arzneimittelbegriff. Derartige Gegenstände sind zB Marknägel, Magnetkäfige für metallische Fremdkörper, sowie nicht resorbierbares Nahtmaterial, welches im Tierkörper verbleibt. Auch Verbandstoffe und chirurgische Nahtmaterialien,

---

4 <http://www.emea.europa.eu/htms/general/contacts/CVMP/CVMP.html>.
5 <http://www.who.int/en>.
6 <http://www.fao.org/>.
7 <http://www.vichsec.org/>.
8 Medizinproduktegesetz in der Fassung der Bekanntmachung v. 7.8.2002 (BGBl. I, 3146), zuletzt geändert durch Art. 1 des Gesetzes v. 14.6.2007 (BGBl. I, 1066).

C. Tierarzneimittelspezifische Besonderheiten beim Arzneimittelbegriff

„die zur Anwendung am oder im tierischen Körper bestimmt sind" (§ 2 Abs. 2 Nr. 3 AMG), werden explizit genannt.[9]

Zusätzlich sind weitere Stoffe und Zubereitungen aus Stoffen aufgeführt, welche als veterinärmedizinische Diagnostika zu betrachten sind (§ 2 Abs. 2 Nr. 4 AMG), wie zum Beispiel Reagenzien, zur Untersuchung von Körperflüssigkeiten sowie Testsera und Testantigene.[10]

Weitere Besonderheiten zu Tierarzneimitteln finden sich in § 4 AMG unter den sonstigen Begriffsbestimmungen. Wegen Definitionen zu den Begriffen „Fütterungsarzneimittel, Arzneimittelvormischung und Wartezeit" wird verwiesen auf § 38 Rn 32 f.

II. Ausnahmen vom Anwendungsbereich des AMG

Analog zu den Regelungen bezüglich Humankosmetika sind auch Tierkosmetika sind keine Arzneimittel (§ 2 Abs. 2 AMG). Unter Tierkosmetika werden Stoffe zur Reinigung oder Pflege von Tieren bzw zur Beeinflussung des Aussehens oder des Körpergeruchs derselben verstanden, sofern sie keine apothekenpflichtigen Stoffe enthalten. Beispiele für Tierkosmetika sind Shampoos oder Fellglanzsprays.

In § 4 a AMG werden Ausnahmen zum Anwendungsbereich des AMG geregelt. Die Nummern 1 und 2 betreffen veterinärmedizinische Bereiche, die nicht unter das AMG fallen. § 4 a Nr. 1 AMG bezieht sich auf Arzneimittel, die zur prophylaktischen oder therapeutischen Bekämpfung von Tierseuchen eingesetzt werden und unter Verwendung von Krankheitserregern oder biotechnisch hergestellt werden. Die Tierimpfstoffe werden in Deutschland ausschließlich durch tierseuchenrechtliche Vorschriften geregelt und unterfallen nicht dem AMG. Hier ist ein Unterschied zur EU-Gesetzgebung festzustellen: Dort werden Veterinärpharmazeutika und -impfstoffe einheitlich in der Verordnung (EG) Nr. 726/2004[11] und der Richtlinie 2001/82/EG[12] geregelt.

Für die Zulassung von **biotechnisch hergestellten Arzneimitteln,** vor allem gentechnisch hergestellte, ist die Europäische Kommission formal zuständig auf der Basis der Empfehlung des CVMP bei der EMEA. Die Zulassung von Impfstoffen in Deutschland erfolgt durch das Paul-Ehrlich-Institut (PEI), für besondere Tierseuchen wie Aviäre Influenza, Schweinepest und die Blauzungenkrankheit (Bluetongue Disease) ist das Friedrich-Loeffler-Institut (FLI) auf der Insel Riems die Zulassungsbehörde.

§ 4 a Nr. 2 AMG betrifft die Gewinnung und das Inverkehrbringen von Keimzellen zur künstlichen Befruchtung bei Tieren. Dieser Bereich spielt bei der künstlichen Besamung in der Nutztierzucht eine große Rolle und ist im Tierzuchtgesetz[13] geregelt. Das AMG findet keine Anwendung.

---

9 Vgl Kloesel/Cyran, Arzneimittelrecht, § 10 AMG Erl. 97.
10 Vgl Zrenner/Paintner, Arzneimittelrechtliche Vorschriften für Tierärzte, § 2 Abs. 2 Nr. 4 AMG.
11 VO (EG) Nr. 726/2004 des Europäischen Parlaments und des Rates v. 31.3.2004 zur Festlegung von Gemeinschaftsverfahren für die Genehmigung und Überwachung von Human- und Tierarzneimitteln und zur Errichtung einer Europäischen Arzneimittel-Agentur (ABl. EU Nr. L 136/1 v. 30.4.2004).
12 RL 2001/82/EG des Europäischen Parlaments und des Rates v. 6. November 2001 zur Schaffung eines Gemeinschaftskodexes für Tierarzneimittel (ABl. EU Nr. L 311/1 v. 28.11.2001), zuletzt geändert durch RL 2009/9/EG der Kommission v. 10.2.2009 (ABl. EU Nr. L 44/10 v. 14.2.2009).
13 Tierzuchtgesetz v. 21.12.2006 (BGBl. I, 3294).

§ 36 Kennzeichnung, Gebrauchs- und Fachinformation bei Tierarzneimitteln

A. Kennzeichnung	1	B. Gebrauchs- und Fachinformation	7
I. Der neue § 10 Abs. 5 AMG	2	I. Packungsbeilage, § 11 Abs. 4 AMG	8
1. Angabe der Tierarten, Hinweis „Für Tiere"	4	1. Unterschiede Human- und Tierarzneimittel	9
2. Wartezeit	5	2. Neuerungen durch die 15. AMG-Novelle	11
II. Tierarzneimittel zur klinischen Prüfung oder Rückstandsprüfung	6	II. Fachinformation, § 11 a Abs. 1 c AMG	12

A. Kennzeichnung

1 Fertigarzneimittel sind im Interesse der Arzneimittelsicherheit auf den Behältnissen und, soweit verwendet, auf den äußeren Umhüllungen nach den Vorgaben des § 10 AMG zu kennzeichnen (siehe § 19 Rn 4 ff). § 10 Abs. 5 AMG, der mit der 15. AMG-Novelle[1] zur besseren Verständlichkeit und Transparenz umfassend neu gefasst wurde, bestimmt, welche Besonderheiten bei Tierarzneimitteln zu beachten sind.

I. Der neue § 10 Abs. 5 AMG

2 Bei Tierarzneimitteln sind gem. § 10 Abs. 5 S. 1 AMG nF anstelle der für Humanarzneimittel geltenden Angaben nach § 10 Abs. 1 S. 1 Nr. 1 bis 14 und Abs. 1 a AMG die in Abs. 5 S. 1 aufgeführten Angaben zu machen. Mit der Neufassung sind Intransparenzen bei der Kennzeichnung von Tierarzneimitteln beseitigt worden, da nicht mehr lediglich die ergänzenden Angaben, sondern nunmehr sämtliche erforderlichen Angaben in der Regelung aufgeführt werden. Gegenüber der bisherigen Rechtslage sind nur einige wenige inhaltliche Klarstellungen vorgenommen worden. Entfallen ist die Verpflichtung der Angabe des Hinweises „Arzneimittel-Vormischung" bei Arzneimittel-Vormischungen gem. § 10 Abs. 5 Nr. 4 AMG aF, da diese – als spezielle Darreichungsform für Tiere – bereits über die Verpflichtung zur Angabe der Darreichungsform erfasst ist. Es wird ferner klargestellt, dass die bisherige Pflicht gem. § 10 Abs. 1 S. 1 Nr. 14 AMG aF bei nicht verschreibungspflichtigen Arzneimitteln den Verwendungszweck anzugeben, auf Tierarzneimittel keine Anwendung findet.[2] Bei Behältnissen mit nicht mehr als 10 ml Nennfüllmenge und Ampullen sind gem. § 10 Abs. 8 S. 3 aE AMG nF mindestens die Angaben nach § 10 Abs. 5 S. 1 Nr. 1, 3, 7, 9, 12 und 14 AMG aufzuführen.[3]

3 Die novellierte Kennzeichnungsvorschrift entspricht inhaltlich wesentlich den Mustertexten des Bundesamtes für Verbraucherschutz und Lebensmittelsicherheit für die Kennzeichnung, welche zur Erleichterung der Erstellung der Kennzeichnung verfasst und auf der Homepage veröffentlicht worden sind; wobei sich jedoch in der Abfolge einige Verschiebungen ergeben.[4]

§ 10 Abs. 5 S. 2–5 AMG nF beinhaltet Regelungen zu homöopathischen Tierarzneimitteln, zu Tierarzneimittel, die nach § 38 Abs. 1 S. 3 AMG oder nach § 60 Abs. 1 AMG von der Registrierung freigestellt sind, sowie zu traditionellen pflanzlichen Tierarzneimitteln.

---

1 Gesetz zur Änderung arzneimittelrechtlicher und anderer Vorschriften v. 17.7.2009 (BGBl. I, 1990).
2 BT-Drucks. 16/12256, 44.
3 Sofern in Verfahren gem. § 25 b AMG abweichende Anforderungen an kleine Behältnisse zugrunde gelegt werden, findet gem. § 10 Abs. 8 S. 4 AMG nF Satz 3 ebenfalls Anwendung. Diese Neuregelung berücksichtigt, dass im europäischen Recht die genaue Größe der „kleinen Behältnisse" nicht festgelegt ist und deshalb aus Gründen der Praktikabilität in europäischen Zulassungsverfahren, insb. bei Tierarzneimitteln, abweichende Behältnisse (zB Behältnisse bis 50 ml) als kleine Behältnisse akzeptiert werden, BT-Drucks. 16/12256, 44.
4 Die Vorlagen sind abrufbar unter <www.bvl.bund.de> → Tierarzneimittel → Zulassung → Für Antragsteller und Anwender → Vorlagen für Produkttexte nach §§ 10–11 a.

1. Angabe der Tierarten, Hinweis „Für Tiere"

Gemäß § 10 Abs. 5 Nr. 6 AMG nF sind die Tierarten aufzuführen, bei denen das Arzneimittel angewendet werden soll. Dabei ist die Tierart so präzise wie möglich zu fassen. Ungenaue Angaben wie „Großtiere", „Kleintiere", „Geflügel" dürfen nicht verwandt werden.[5] Eine Abbildung der Tierart ist möglich, aber für sich allein stehend nicht ausreichend.[6] Zum Zwecke des Verbraucherschutzes ist gem. § 10 Abs. 5 Nr. 12 AMG nF der Hinweis „Für Tiere" anzugeben.[7]

2. Wartezeit

Bei Arzneimitteln, die zur Anwendung bei der Lebensmittelgewinnung dienenden Tieren bestimmt sind ist ferner gem. § 10 Abs. 5 Nr. 8 AMG nF die Wartezeit anzugeben. Nach der Legaldefinition des Art. 2 b VO (EG) Nr. 470/2009 vom 6.5.2009[8] sind dies Tiere, die für den Zweck der Lebensmittelgewinnung gezüchtet, aufgezogen, gehalten, geschlachtet oder geerntet werden. Die Wartezeit ist die Zeit, die bei bestimmungsgemäßer Anwendung des Arzneimittels nach der letzten Anwendung des Arzneimittels bei einem Tier bis zur Gewinnung von Lebensmitteln, die von diesem Tier stammen, einzuhalten ist. Die Wartezeit stellt sicher, dass Rückstände in diesen Lebensmitteln (zB Fleisch, Eier, Milch) die festgelegten Höchstmengen für pharmakologisch wirksame Stoffe nicht überschreiten[9] und somit nicht oder nur in gesundheitlich unbedenklichen Mengen auf den Menschen übergehen. Nicht mehr anzugeben ist nach der 15. AMG-Novelle die fehlende Notwendigkeit der Einhaltung einer Wartezeit, wie es noch in § 10 Abs. 5 Nr. 2 AMG aF angegeben war. Hier war zB der Hinweis „Wartezeit nicht erforderlich" oder „Keine Wartezeit" aufzuführen.

II. Tierarzneimittel zur klinischen Prüfung oder Rückstandsprüfung

Gemäß § 10 Abs. 10 AMG nF findet die Vorschrift des § 10 Abs. 5 AMG nF für Arzneimittel, die zur Anwendung bei Tieren und zur klinischen Prüfung oder zur Rückstandsprüfung bestimmt sind, eingeschränkt Anwendung. Diese Arzneimittel sind soweit zutreffend mit dem Hinweis „Zur klinischen Prüfung bestimmt" oder „Zur Rückstandsprüfung bestimmt" zu versehen. Durchdrückpackungen sind mit der Bezeichnung, der Chargenbezeichnung und dem Hinweis nach Satz 2 zu versehen.

B. Gebrauchs- und Fachinformation

Die §§ 11 Abs. 4 sowie 11a Abs. 1 c AMG beinhalten die die allgemeinen Regelungen ergänzenden bzw ersetzenden Vorgaben für die Gebrauchs- und Fachinformation für Tierarzneimittel. Dabei sind durch die 15. AMG-Novelle nur einige wenige Änderungen an § 11 Abs. 4 AMG vorgenommen worden. Textvorlagen zur Erstellung der Gebrauchs- und Fachinformation sind ebenso wie die Kennzeichnungsvorlagen auf der Internetseite des Bundesamtes für Verbraucherschutz und Lebensmittelsicherheit veröffentlicht.[10]

---

5 Kloesel/Cyran, Arzneimittelrecht, § 10 AMG Erl. 87.
6 Rehmann, AMG, § 10 Rn 25.
7 Zuvor § 10 Abs. 5 Nr. 1 AMG aF.
8 VO (EG) Nr. 470/2009 des Europäischen Parlaments und des Rates v. 6.5.2009 über die Schaffung eines Gemeinschaftsverfahrens für die Festsetzung von Höchstmengen für Rückstände pharmakologisch wirksamer Stoffe in Lebensmitteln tierischen Ursprungs, zur Aufhebung der VO (EWG) Nr. 2377/90 des Rates und zur Änderung der RL 2001/82/EG des Europäischen Parlaments und des Rates und der VO (EG) Nr. 726/2004 des Europäischen Parlaments und des Rates (ABl. EU Nr. L 152/11 v. 16.6.2009).
9 Legaldefinition gem. § 4 Abs. 12 AMG iVm VO (EG) Nr. 470/2009.
10 Siehe <www.bvl.bund.de> → Tierarzneimittel → Zulassung → Für Antragsteller und Anwender → Vorlagen für Produkttexte nach §§ 10–11 a.

§ 36 Kennzeichnung, Gebrauchs- und Fachinformation bei Tierarzneimitteln

I. Packungsbeilage, § 11 Abs. 4 AMG

8 § 11 Abs. 4 S. 1 AMG führt ersetzend zu Abs. 1 S. 1 auf, welche Angaben in der Packungsbeilage, auch Gebrauchsinformation genannt, für Tierarzneimittel anzugeben sind. Im Übrigen gelten die Regelungen des § 11 Abs. 1 AMG.[11] Ebenso wie bei Humanarzneimitteln ist die Gebrauchsinformation allgemein verständlich in deutscher Sprache, in gut lesbarer Schrift und in Übereinstimmung mit den Angaben der Fachinformation zu machen. Die Reihenfolge der Angaben in der Gebrauchsinformation für Tierarzneimittel ist nicht identisch mit der Reihenfolge für Humanarzneimittel. Ursächlich hierfür sind die unterschiedlichen Vorgaben in Art. 61 RL 2001/82/EG bzw. Art. 59 RL 2001/83/EG[12]

1. Unterschiede Human- und Tierarzneimittel

9 Für Tierarzneimittel bestehen gem. § 11 Abs. 4 AMG insbesondere folgende Besonderheiten im Vergleich zu den Humanarzneimitteln:
- Es sind keine Wechselwirkungen anzugeben.
- Die Tierarten, für die das Arzneimittel bestimmt ist, sowie die Dosierungsanleitung für jede Tierart sind aufzuführen (§ 11 Abs. 4 S. 1 Nr. 5 AMG).
- Anzugeben ist die Wartezeit bei Lebensmittel liefernden Tieren. Sofern keine Wartezeit erforderlich ist, ist dies ebenfalls zu vermerken (§ 11 Abs. 4 S. 1 Nr. 6 AMG).
- Die Verpflichtung zur Angabe besonderer Vorsichtsmaßnahmen für die Beseitigung von nicht verwendeten Arzneimitteln oder sonstige besondere Vorsichtsmaßnahmen zur Vermeidung von Umweltgefahren besteht nur bei Tierarzneimitteln (§ 11 Abs. 4 S. 1 Nr. 9 AMG).
- Bei Arzneimittel-Vormischungen sind Hinweise für die sachgerechte Herstellung der Fütterungsarzneimittel und Angaben über die Dauer der Haltbarkeit der Fütterungsarzneimittel aufzunehmen (§ 11 Abs. 4 S. 3 AMG nF).

10 Unterschiede ergeben sich zudem in der Praxis bei der Angabe von Nebenwirkungen. Die umfangreichen Nebenwirkungsangaben in Gebrauchsinformationen von Humanarzneimitteln resultieren auch aus der haftungsrechtlichen Folge dieser Angabe (siehe oben § 27). Gemäß § 84 Abs. 1 S. 2 AMG besteht eine Schadensersatzpflicht aus Gefährdungshaftung gem. § 84 AMG nur, wenn das Arzneimittel bei bestimmungsgemäßen Gebrauch schädliche Wirkungen hat, die über ein nach den Erkenntnissen der medizinischen Wissenschaft vertretbares Maß hinausgehen oder der Schaden infolge einer nicht den Erkenntnissen der medizinischen Wissenschaft entsprechenden Kennzeichnung, Fachinformation oder Gebrauchsinformation eingetreten ist. Dass die Gefährdungshaftung der §§ 84 ff AMG nur für den Humanarzneimittelbereich gilt, führt dazu, dass es an einer extensiven Angabe von Nebenwirkungen bei Tierarzneimitteln fehlt.

2. Neuerungen durch die 15. AMG-Novelle

11 Mit der 15. AMG-Novelle wurde die Verpflichtung in § 11 Abs. 4 S. 3 AMG aF, geeignete Mischfuttermitteltypen und Herstellungsverfahren sowie Wechselwirkungen mit nach Futtermittelrecht zugelassenen Zusatzstoffen anzugeben, gestrichen. Die Forderung nach diesen Angaben der geeigneten Mischfuttermitteltypen und Herstellungsverfahren sowie von Wechselwirkungen mit nach Futtermittelrecht zugelassenen Zusatzstoffen führte regelmä-

---

[11] Vor der 15. AMG-Novelle war von einer entsprechenden Anwendung von § 11 Abs. 1 AMG die Rede. Die Streichung des Wortes „entsprechend" mit der Gesetzesänderung ist systematisch richtig, da alle Absätze, soweit sie nichts Gegenteiliges bestimmen, für Arzneimittel zur Anwendung bei Menschen und Tieren gleichermaßen gelten, BT-Drucks. 16/12256, 45.

[12] RL 2001/83/EG des Europäischen Parlaments und des Rates v. 6.11.2001 zur Schaffung eines Gemeinschaftskodexes für Humanarzneimittel (ABl. EU Nr. L 311/67 v. 28.11.2001).

ßig zu Schwierigkeiten bei der Harmonisierung von Gebrauchsinformationen von Tierarzneimitteln.[13]

Die neu eingefügten Sätze 5 und 6 in § 11 Abs. 4 AMG beinhalten Sonderregelungen bzgl der Gebrauchsinformation von homöopathischen Tierarzneimitteln, zu Tierarzneimitteln, die nach § 38 Abs. 1 S. 3 AMG oder nach § 60 Abs. 1 AMG von der Registrierung freigestellt sind, sowie zu traditionellen pflanzlichen Tierarzneimitteln.

II. Fachinformation, § 11a Abs. 1c AMG

Bei Arzneimitteln, die zur Anwendung bei Tieren bestimmt sind, muss die Fachinformation unter der Nummer 4 „klinische Angaben" die in § 11a Abs. 1c AMG aufgeführten Angaben enthalten. Hinsichtlich der allgemeinen Bestimmungen zur Fachinformation wird auf § 19 Rn 40ff verwiesen. Die Fachinformation dient der Information der Fachkreise, vorliegend also der Tierärzte.

---

[13] Die Informationen sind nach den Vorschriften der RL 2001/82/EG und nach den Vorgaben des QRD-Templates/CMDv-Templates (QRD = Quality Review of Documents, s. <http://www.emea.europa.eu/htms/vet/qrd/qrdintro.htm>, CMDv = Co-ordination Group for Mutual Recognition and Decentralised Procedures – Veterinary, s. <http://www.hma.eu/cmdv.html>) nicht erforderlich, BT-Drucks. 16/12256, 45.

§ 37 Die Zulassung von Tierarzneimitteln

A. Allgemeines	1	D. Entscheidung über die Zulassung	12
B. Zulassungspflicht	2	I. Zulassungsversagung	12
C. Tierarzneimittelspezifische Zulassungsunterlagen	5	II. Zulassung unter Auflagen	13
I. Unterlagen zur Umweltrisikobewertung	6	III. Öffentlichkeitsinformation	14
II. Unterlagen bei Arzneimitteln für Lebensmittel liefernde Tiere	9	E. Tierarzneimittelspezifische Änderungen nach der Zulassung	15
III. Unterlagen bei Arzneimittel-Vormischungen	11	F. Erlöschen der Zulassung	17

A. Allgemeines

1 Gemäß § 21 Abs. 1 S. 1 AMG unterliegen Fertigarzneimittel, die Arzneimittel im Sinne des § 2 Abs. 1 oder Abs. 2 Nr. 1 AMG sind, der Zulassungspflicht. Die sog. fiktiven Arzneimittel gem. § 2 Abs. 2 Nr. 1a bis 4 AMG sind nicht zulassungspflichtig. Die Zulassung von Tierarzneimitteln weist gegenüber der Zulassung von Humanarzneimitteln eine Vielzahl von Besonderheiten auf. Hinsichtlich der sowohl für Human- als auch für Tierarzneimittel geltenden Zulassungsregelungen siehe oben §§ 2 bis 11.

B. Zulassungspflicht

2 Anders als im Humanarzneimittelbereich sind nicht nur Fertigarzneimittel, sondern auch Nichtfertigarzneimittel zulassungspflichtig. Gemäß § 21 Abs. 1 S. 2 AMG sind dies zur Anwendung bei Tieren bestimmte Nichtfertigarzneimittel. Einschränkende Voraussetzung ist, dass die Arzneimittel nicht an pharmazeutische Unternehmer mit Herstellungserlaubnis abgegeben werden.

3 **Nicht zulassungspflichtig** sind gem. § 21 Abs. 2 AMG
- Fütterungsarzneimittel (siehe § 38 Rn 32 ff), die bestimmungsgemäß aus zugelassenen Arzneimittel-Vormischungen hergestellt sind (Nr. 3),
- Arzneimittel, die für Einzeltiere oder Tiere eines bestimmten Bestandes in Apotheken oder tierärztlichen Hausapotheken hergestellt werden, unter der Voraussetzung des § 21 Abs. 2 a AMG (Nr. 4) sowie
- Prüfarzneimittel zur klinischen Prüfung bei Tieren oder zur Rückstandsprüfung (Nr. 5).

4 **Einzeltiere** im Sinne von § 21 Abs. 2 Nr. 4 AMG sind Tiere, die von anderen Tieren unterschieden werden können. Ist dies nicht möglich, handelt es sich nicht um Einzeltiere. Das Gesetz gibt keine Angabe zur Maximalzahl von Einzeltieren. Ebenso wie Einzeltiere müssen auch die Tiere eines bestimmten Bestandes benannt werden können. Die Herstellung auf Vorrat für Einzeltiere bzw Tiere eines bestimmten Bestandes ist unzulässig.[1] Die zulassungsfreie Herstellung einschränkend bestimmt § 21 Abs. 2a AMG, dass Arzneimittel, die verschreibungs- oder apothekenpflichtige Stoffe enthalten, nur hergestellt werden dürfen, sofern ein zugelassenes Arzneimittel nicht verfügbar ist, die notwendige arzneiliche Versorgung der Tiere ernstlich gefährdet wäre (sog. Therapienotstand) und eine Gefährdung der Gesundheit von Mensch und Tier weder mittel- noch unmittelbar zu befürchten ist. Der Beurteilungszeitpunkt bzgl der Gefährdungstatbestände ist in die Zukunft gerichtet, da die Einschätzung der Gefährdung lediglich als Prognose erfolgen kann. Die zulassungsfreie Herstellung von Arzneimitteln unter Verwendung von verschreibungs- oder apothekenpflichtigen Stoffen ist gem. § 21 Abs. 2a S. 2 AMG auf Apotheken eingeschränkt. Die mit der 11. AMG-Novelle eingeführte Einschränkung auf Rezepturarzneimittel, die nicht für Lebensmittel liefernde Tiere bestimmt waren, wurde, um im Falle des Therapienotstandes

---
[1] Kloesel/Cyran, Arzneimittelrecht, § 21 AMG Erl. 48.

die Arzneimittelversorgung sicherzustellen, mit der 13. AMG-Novelle wieder aufgehoben.² Die Einschränkung auf die Herstellung in Apotheken gilt gem. § 21 Abs. 2 a S. 3 AMG nicht für das Zubereiten eines Arzneimittels aus einem Fertigarzneimittel und nicht arzneilich wirksamen Bestandteilen sowie für das Mischen von Fertigarzneimitteln zum Zwecke der Immobilisation von Zoo-, Wild- und Gehegetieren. Hier sind die Befugnisse der tierärztlichen Hausapotheken wiederum erweitert. Gemäß § 21 Abs. 2 a S. 4 AMG ist Herstellen im Sinne des Satzes 1 nicht das Umfüllen, Abpacken oder Kennzeichnen von Arzneimitteln in unveränderter Form, soweit geeignete Packungsgrößen im Handel nicht zur Verfügung stehen oder das Behältnis nicht beschädigt wird. Damit wird vorliegend zum Zwecke der Auseinzelung ein anderer Herstellbegriff definiert als in § 4 Abs. 14 AMG.³

C. Tierarzneimittelspezifische Zulassungsunterlagen

Die Zulassung eines Tierarzneimittels erfordert die Vorlage besonderer Zulassungsunterlagen:⁴ 5

I. Unterlagen zur Umweltrisikobewertung

Unterlagen zur Umweltrisikobewertung sind sowohl bei Human- als auch bei Tierarzneimitteln erforderlich; allerdings stellt der Gesetzgeber bzgl der Tierarzneimittel weitere Anforderungen und knüpft an den Ausgang der Bewertung der Umweltrisiken weiter reichende Rechtsfolgen. Arzneimittel generell können ein Umweltrisiko darstellen, da sie, sofern sie bzw ihre Metaboliten biologisch nur schwer oder gar nicht abbaubar sind, sich in Böden und Gewässern anreichern können, was zu Gefahren für Mensch, Tier und Natur führen kann. Gerade wenn punktuell große Mengen von Arzneimitteln bzw ihre Metaboliten in die Umwelt gelangen, bestehen solche Gefahren. Von ihrer Molekülstruktur sind zB Antiparasitika schlecht abbaubar. Gesetzgeberisch ist diesem Risiko dadurch Rechnung getragen, dass gem. § 22 Abs. 3 c S. 3 AMG nF für Tierarzneimittel die Ergebnisse der Prüfungen zur Bewertung möglicher Umweltrisiken vorzulegen sind.⁵ Bei einem ungünstiges Nutzen-Risiko-Verhältnis bzgl des Arzneimittels durch unerwünschte Auswirkungen auf die Umwelt kann die Zulassungsbehörde die Zulassung zu versagen, § 25 S.1 S. 1 Nr. 5 Nr. 5 iVm § 4 Abs. 27 lit. b, 28 AMG. Zuständige Behörde für die Bewertung von Umweltrisiken ist das Umweltbundesamt. 6

Die Unterlagen zur Bewertung der Umweltrisiken müssen den **Anforderungen gem. § 22 Abs. 2 S. 2–4 AMG entsprechen**. So muss aus den Unterlagen Art, Umfang und Zeitpunkt der Prüfungen hervorgehen. Dem Zulassungsantrag sind sämtliche zweckdienlichen Angaben beizufügen; gleich ob günstig oder ungünstig. Abgebrochene Versuche oder Prüfungen sind anzugeben. Neben den Prüfungsergebnissen sind gem. § 23 Abs. 3 c S. 1 AMG ferner besondere Vorsichts- und Sicherheitsmaßnahmen zur Vermeidung von Umwelt- oder Gesundheitsgefahren anzugeben, zB der Hinweis, dass ein Arzneimittel nicht in Gewässer gelangen darf, da dies für Fische und andere Wasserorganismen gefährlich sein kann, oder auch besondere Entsorgungshinweise. 7

---

2 Elftes Gesetz zur Änderung des Arzneimittelgesetzes v. 21.8.2002 (BGBl. I, 3348), Dreizehntes Gesetz zur Änderung des Arzneimittelgesetzes v. 29.8.2005 (BGBl. I, 2555).
3 § 21 Abs. 2 a S. 5 AMG beinhaltet eine Ausnahmevorschrift zugunsten Homöopathika.
4 Für die Zulassung eines generischen Tierarzneimittels gelten die Sondervorschriften § 24 Abs. 2 S. 7, Abs. 7, 8 AMG.
5 Vor der 15. AMG-Novelle war diese Regelung eingeschränkt auf Lebensmittel liefernde Tiere, § 23 Abs. 1 S. 1 Nr. 3 AMG aF. Aus europarechtlichen Gründen wurde sie auf sämtliche Tierarzneimittel erstreckt, BT-Drucks. 16/12256, 48.

8   Die genauen Vorgaben für eine Umweltverträglichkeitsprüfung oder auch Ökotoxizitätsprüfung sind in der **VICH-Guideline on Environmental Impact Assessment for Veterinary Medicinal Products** geregelt.[6] In der ersten Phase ist der Umwelteintrag abzuschätzen sowie die Persistenz in den Ausscheidungen des Wirkstoffs bzw seines Metaboliten und in der Umwelt. Sofern die Ergebnisse ein Umweltrisiko bedeuten, ist eine zweite Prüfungsphase einzuleiten, mittels deren der Verbleib der Stoffe im Boden überprüft wird (Persistenz, Bioakkumulation, Inaktivierung durch biologische Mechanismen). Eine Guideline der EMEA ergänzt und erläutert die zweistufige VICH-Guideline[7] (Näheres bei § 5 Rn 142 ff).

II. Unterlagen bei Arzneimitteln für Lebensmittel liefernde Tiere

9   Bei Lebensmittel liefernden Tieren ist gem. § 23 Abs. 1 S. 1 Nr. 1 AMG die Wartezeit unter Hinzufügung der entsprechenden Unterlagen über die Ergebnisse der Rückstandsprüfung anzugeben. Die Anwendung von pharmakologisch wirksamen Stoffen bei Lebensmittel liefernden Tieren kann zu Rückständen dieser Stoffe in den von den Tieren gewonnenen Lebensmitteln führen. Die einzureichenden Unterlagen müssen insbesondere den Verbleib der pharmakologisch wirksamen Bestandteile und deren Metaboliten sowie die Beeinflussung der Lebensmittel dokumentieren.

10 Arzneimittel zur Anwendung bei Tieren, die der Gewinnung von Lebensmitteln dienen, werden daher nur zugelassen, wenn alle enthaltenen pharmakologisch wirksamen Stoffe gemäß dem Verfahren der Verordnung (EG) Nr. 470/2009 vom 6.5.2009 im Hinblick auf ihre Rückstandsunbedenklichkeit für den Verbraucher bewertet worden sind (siehe § 38 Rn 49 f). Bei einem Arzneimittel, dessen pharmakologisch wirksamer Bestandteil noch nicht gemäß dem Verfahren der Verordnung (EG) Nr. 470/2009 bewertet worden ist, hat der Antragsteller eine Bescheinigung vorzulegen, dass der Rückstandsbewertungsantrag bei der EMEA sechs Monate zuvor gestellt wurde.

III. Unterlagen bei Arzneimittel-Vormischungen

11 Bei Arzneimittel-Vormischungen ist gem. § 23 Abs. 2 AMG das als Trägerstoff bestimmte Mischfuttermittel unter Bezeichnung des Futtermitteltyps anzugeben. Es ist außerdem zu begründen und durch Unterlagen zu belegen, dass sich die Arzneimittel-Vormischungen für die bestimmungsgemäße Herstellung der Fütterungsarzneimittel eignen, insbesondere dass sie unter Berücksichtigung der bei der Mischfuttermittelherstellung zur Anwendung kommenden Herstellungsverfahren eine homogene und stabile Verteilung der wirksamen Bestandteile in den Fütterungsarzneimitteln erlauben; ferner ist zu begründen und durch Unterlagen zu belegen, für welche Zeitdauer die Fütterungsarzneimittel haltbar sind. Darüber hinaus ist eine routinemäßig durchführbare Kontrollmethode, die zum qualitativen und quantitativen Nachweis der wirksamen Bestandteile in den Fütterungsarzneimitteln geeignet ist, zu beschreiben und durch Unterlagen über Prüfungsergebnisse zu belegen.

---

6   Environmental Impact Assessment for Veterinary Medicinal Products – Phase I, Ref. No. CVMP/VICH/592/98, Environmental Impact Assessment for Veterinary Medicinal Products – Phase II, Ref. No. CVMP/VICH/790/03, s. <www.umweltbundesamt.de> → Chemikalienpolitik und Schadstoffe, REACH → Umweltbewertung der Arzneimittel → Bewertungskonzepte.

7   EMEA-Guideline on Environmental Impact Assessment for Veterinary Medicinal Products in Support of the VICH-Guidelines GL 6 (Phase I) and GL 38 (Phase II), Ref. No. EMEA/CVMP/ERA/418282/2005, s. <www.umweltbundesamt.de> → Chemikalienpolitik und Schadstoffe, REACH → Umweltbewertung der Arzneimittel → Bewertungskonzepte.

D. Entscheidung über die Zulassung

I. Zulassungsversagung

Zu den tierarzneimittelspezifischen Zulassungsversagungsgründen gem. § 25 Abs. 2 S. 1 AMG zählen

- ein ungünstiges Nutzen-Risiko-Verhältnis durch unerwünschte Auswirkungen auf die Umwelt (Nr. 5 iVm § 4 Abs. 27 lit. b, 28 Hs 2 AMG),
- nicht ausreichende Wartezeit (Nr. 6),
- Nichtdurchführbarkeit routinemäßiger Kontrollmethoden zum Nachweis der Wirkstoffe in Fütterungsarzneimitteln bei Arzneimittel-Vormischungen (Nr. 6 a),
- fehlende positive Rückstandsbewertung gemäß dem Verfahren der Verordnung (EG) Nr. 470/2009 bei Arzneimitteln zur Anwendung bei Lebensmittel liefernden Tieren (Nr. 6 b),
- Verstoß durch das Inverkehrbringen des Arzneimittels oder seiner Anwendung bei Tieren gegen gesetzliche Vorschriften oder gegen eine Verordnung oder eine Richtlinie oder eine Entscheidung des Rates oder der Kommission der Europäischen Gemeinschaften (Nr. 7).

II. Zulassung unter Auflagen

Milderes Mittel im Vergleich zur Versagung der Zulassung ist die Erteilung der Zulassung unter Auflagen. Die Auflagenbefugnis ist in § 28 AMG geregelt. Bei Auflagen zum Schutz der Umwelt, entscheidet das BVL im Einvernehmen mit dem Umweltbundesamt, soweit Auswirkungen auf die Umwelt zu bewerten sind, § 28 Abs. 1 S. 2 AMG.

Mit der 15. AMG-Novelle ist die Auflagenbefugnis zum Schutz der Umwelt erweitert worden. Gemäß § 28 Abs. 3 d AMG nF kann das BVL im Einvernehmen mit dem Umweltbundesamt bei Tierarzneimitteln in begründeten Einzelfällen anordnen, dass weitere Unterlagen, mit denen eine Bewertung möglicher Umweltrisiken vorgenommen wird, und weitere Ergebnisse von Prüfungen zur Bewertung möglicher Umweltrisiken vorgelegt werden, sofern dies für die umfassende Beurteilung der Auswirkungen des Arzneimittels auf die Umwelt erforderlich ist. Die Erfüllung der Auflage ist unverzüglich nach Ablauf der Vorlagefrist zu überprüfen. Hintergrund für diese Ausnahmevorschrift waren positive Erfahrungen im Rahmen europäischer Verfahren, die gezeigt haben, dass eine solche Möglichkeit zur Harmonisierung der Verfahrensabläufe und Anforderungen und zur gleichmäßigen Durchführung der Verfahren erforderlich ist.[8] Je nach Bewertung der Umweltrisiken kann im Anschluss an die Auflage gem. § 28 Abs. 3 d AMG eine nachträgliche weitere Auflage gem. § 28 Abs. 1 S. 2 AMG oder der Widerruf der Zulassung angeordnet werden.

III. Öffentlichkeitsinformation

Das BVL ist gem. § 25 Abs. 5 a AMG verpflichtet, einen Beurteilungsbericht über die eingereichten Unterlagen zur Qualität, Wirksamkeit und Unbedenklichkeit sowie zur Rückstandsprüfung zu erstellen; Letzteres nur, sofern es sich um Lebensmittel liefernde Tiere handelt. Der Beurteilungsbericht ist gem. § 34 Abs. 1 a Nr. 2 AMG mit einer Stellungnahme der Öffentlichkeit zur Verfügung zu stellen. Sofern neue Informationen verfügbar sind, ist der Beurteilungsbericht zu aktualisieren, § 25 Abs. 5 a S. 2 AMG.

---

8 BT-Drucks. 16/12256, 49.

E. Tierarzneimittelspezifische Änderungen nach der Zulassung

15 Eine zustimmungspflichtige Änderungsanzeige ist gem. § 29 Abs. 2 a S. 1 Nr. 6 AMG erforderlich, wenn eine Änderung der Wartezeit eines zur Anwendung bei Tieren bestimmten Arzneimittels erfolgt, wenn diese auf der Festlegung oder Änderung einer Rückstandshöchstmenge gemäß der Verordnung (EG) Nr. 470/2009 beruht oder der die Wartezeit bedingende Bestandteil einer fixen Kombination nicht mehr im Arzneimittel enthalten ist. § 29 Abs. 2 a S. 1 Nr. 1 AMG gilt auch für eine Erweiterung der Zieltierarten bei Arzneimitteln, die nicht zur Anwendung bei Tieren bestimmt sind, die der Gewinnung von Lebensmitteln dienen.

16 Aufgrund der die Richtlinien 2001/82/EG (Tierarzneimittel) und 2001/83/EG (Humanarzneimittel) ändernden Richtlinie 2009/53/EG[9] wird das deutsche Änderungsanzeigensystem gem. § 29 AMG grundlegende Änderungen erfahren. Die Richtlinie sieht die Anwendung der Verordnung (EG) Nr. 1234/2008[10] auf nationale Zulassungen vor. Die deutsche Systematik von anzeige-, zustimmungs- sowie neuzulassungspflichtigen Änderungen unterscheidet sich deutlich vom europäischen System, welches in der Verordnung (EG) Nr. 1234/2008 niedergelegt ist (siehe näher § 11 Rn 52 ff). Die Verordnung enthält derzeit Regelungen bzgl der Änderungen von Zulassungen auf europäischer Ebene für zentrale und dezentrale Zulassungen sowie Zulassungen im gegenseitigen Anerkennungsverfahren. Die Verordnung (EG) Nr. 1234/2008 gilt seit dem 1.1.2010 und löst die Verordnungen (EG) Nr. 1084/2003[11] und Nr. 1085/2003[12] ab.

Nach Umsetzung der Richtlinie 2009/53/EG in deutsches Recht bis zum 20.1.2011 werden Änderungen von Tierarzneimittelzulassungen in der Europäischen Union vollständig harmonisiert sein. Anders als im Humanarzneimittelbereich haben die Mitgliedstaaten bei Tierarzneimitteln nicht die Möglichkeit, vom Geltungsbereich der Verordnung (EG) Nr. 1234/2008 rein nationale Zulassungen auszunehmen, die vor dem 1.1.1998 erteilt wurden.[13]

F. Erlöschen der Zulassung

17 Die Zulassung erlischt gem. § 31 Abs. 1 Nr. 3 a AMG bei einem Arzneimittel, das zur Anwendung bei Tieren bestimmt ist, die der Gewinnung von Lebensmitteln dienen und das einen pharmakologisch wirksamen Bestandteil enthält, der gem. Art. 14 Abs. 2 lit. d VO (EG) Nr. 470/2009 (siehe § 38 Rn 49 f) eingestuft wurde, nach Ablauf einer Frist von 60 Tagen nach Veröffentlichung im Amtsblatt der Europäischen Union, sofern nicht innerhalb dieser Frist auf die Anwendungsgebiete bei Tieren, die der Gewinnung von Lebensmitteln dienen, nach § 29 Abs. 1 AMG verzichtet worden ist; im Falle einer Änderungsanzeige nach § 29 Abs. 2a AMG, die die Herausnahme des betreffenden pharmakologisch wirksamen Bestandteils bezweckt, ist die 60-Tage-Frist bis zur Entscheidung der zuständigen Bundesoberbehörde oder bis zum Ablauf der Frist nach § 29 Abs. 2a S. 2 AMG gehemmt und es ruht die Zulassung nach Ablauf der 60-Tage-Frist während dieses Zeit-

---

9 RL 2009/53/EG des Europäischen Parlaments und des Rates v. 18.6.2009 zur Änderung der RL 2001/82/EG und der RL 2001/83/EG in Bezug auf Änderungen der Bedingungen für Genehmigungen für das Inverkehrbringen von Arzneimitteln (ABl. EU Nr. L 168/33).
10 VO (EG) Nr. 1234/2008 der Kommission v. 24.11.2008 über die Prüfung von Änderungen der Zulassungen von Human- und Tierarzneimitteln (ABl. EU Nr. L 334/7).
11 VO (EG) Nr. 1084/2003 der Kommission v. 3.6.2003 über die Prüfung von Änderungen einer Zulassung für Human- und Tierarzneimittel, die von einer zuständigen Behörde eines Mitgliedstaates erteilt wurde.
12 VO (EG) Nr. 1085/2003 der Kommission v. 3.6.2003 über die Prüfung von Änderungen einer Zulassung für Human- und Tierarzneimittel gemäß der VO (EWG) Nr. 2309/93 des Rates.
13 Vgl Art. 2 RL 2009/52/EG, dort Art. 23 b Abs. 4.

37

raums; die Halbsätze 1 und 2 gelten entsprechend, soweit für die Änderung des Arzneimittels die Verordnung (EG) Nr. 1234/2008[14] Anwendung findet.

---

14 Im Gesetz genannt ist noch die VO (EG) Nr. 1084/2003, die gem. Art. 27 Abs. 1 der VO (EG) Nr. 1234/2008 aufgehoben wurde. Verweise auf die aufgehobenen Verordnungen gelten als Verweise auf die neue Verordnung.

§ 38 Verkehr mit Tierarzneimitteln

A. Apothekenmonopol und tierärztliches Dispensierrecht ... 1
  I. Allgemeines ... 1
  II. Begriff der Behandlung ... 3
  III. Betrieb einer tierärztlichen Hausapotheke als Voraussetzung des tierärztlichen Dispensierrechts ... 4
  IV. Versandverbot ... 5
  V. Bezug und Abgabe durch Veterinärbehörden ... 6
  VI. Abgabe von Arzneimitteln zwischen Tierärzten ... 7
  VII. Mitteilungspflicht für pharmazeutische Unternehmer ... 8
B. Verkaufsabgrenzung ... 9
  I. Grundsatz: Apothekenpflicht ... 9
  II. Verschreibungspflicht ... 10
C. Verschreibung, Abgabe und Anwendung von Arzneimitteln durch Tierärzte ... 15
  I. Grundprinzipien ... 16
  II. Abgabemengenbeschränkung bei Lebensmittel liefernden Tieren ... 17
  III. Umwidmungskaskade ... 19
  IV. Verordnungen zur Regelung von Nachweispflichten und tierärztlichem Anwendungsvorbehalt ... 23
  V. Tierarzneimittelanwendungskommission, Leitlinien ... 24
D. Stoffe und Zubereitungen aus Stoffen ... 25
E. Herstellung von Arzneimitteln durch Tierärzte ... 28
F. An Tierhalter gerichtete Vorschriften ... 29
  I. Erwerb von Arzneimitteln durch Tierhalter ... 30
  II. Anwendung von Arzneimitteln durch Tierhalter ... 31
G. Fütterungsarzneimittel ... 32
  I. Grundsatz ... 32
  II. Vertriebsweg ... 34
  III. Herstellung in einem anderen EU-Mitgliedstaat ... 35
  IV. Einmischen mehrerer Arzneimittel-Vormischungen ... 36
  V. Kennzeichnung von Fütterungsarzneimitteln ... 37
  VI. Verschreibung von Fütterungsarzneimitteln ... 39
H. Ausnahmen für Heimtierarzneimittel ... 40
I. Heilmittelwerbegesetz ... 45
J. Arzneimittelpreisverordnung ... 47
K. Klinische Prüfung und Rückstandsprüfung ... 48
L. Rückstände in Lebensmitteln tierischer Herkunft, neue Rückstandshöchstmengenverordnung ... 49

A. Apothekenmonopol und tierärztliches Dispensierrecht

I. Allgemeines

1 In Deutschland besteht ein **Apothekenmonopol**, dh die Abgabe von apothekenpflichtigen Arzneimitteln an den Endverbraucher ist gem. § 43 Abs. 1 AMG grds. den Apotheken vorbehalten (siehe § 18 Rn 15). Eine Ausnahme vom Apothekenmonopol stellt das **tierärztliche Dispensierrecht** dar. § 43 Abs. 4 AMG ermöglicht es dem Tierarzt, Arzneimittel im Rahmen des Betriebs einer tierärztlichen Hausapotheke (siehe § 41 Rn 1) an Halter der von ihm behandelten Tiere abzugeben und zu diesem Zweck vorrätig zu halten. Die Befugnis des Tierarztes zur Abgabe von Arzneimitteln erstreckt sich dabei auch auf krankheitsvorbeugende Maßnahmen. Der Bezug dieser Arzneimittel von pharmazeutischen Unternehmern und Großhändlern ist in § 47 AMG geregelt. Nach § 47 Abs. 1 Nr. 6 iVm Abs. 1a AMG dürfen pharmazeutische Unternehmer und Großhändler apothekenpflichtige Arzneimittel in Form von Fertigarzneimitteln an Tierärzte zur Anwendung an den von ihnen behandelten Tieren und zur Abgabe an deren Halter abgeben, sofern diese ihnen eine Bescheinigung der zuständigen Behörde vorgelegt haben, dass sie ihre tierärztliche Hausapotheke gem. § 67 AMG angezeigt haben. Tierärzte dürfen die Arzneimittel nur für den eigenen Bedarf im Rahmen der Erfüllung ihrer Aufgaben beziehen (§ 47 Abs. 2 AMG).

2 Das **tierärztliche Dispensierrecht** gibt dem Tierarzt kein dem Apotheker vergleichbares Recht zum Handel mit Arzneimitteln. Es ermöglicht die Abgabe apothekenpflichtiger Arzneimittel nur für die vom Tierarzt behandelten Tiere. Das Wesen des tierärztlichen Berufs im Gegensatz zu dem des Apothekers besteht in der Behandlung von Tieren. Nur insoweit die Arzneimittelabgabe einen integralen Bestandteil der tierärztlichen Behandlung darstellt, ist die Ausnahme vom Apothekenmonopol gerechtfertigt und hat sich u.a. durch kurze und direkte Vertriebswege und die enge zeitliche Bindung der Arzneimittelabgabe und -anwendung an Diagnosestellung und Beratung durch den verordnenden Tierarzt zur effektiven

und schnellen Versorgung von Tieren mit Arzneimitteln bewährt. Die Einschränkung des Dispensierrechts auf die vom Tierarzt behandelten Tiere macht sowohl § 47 AMG im Hinblick auf den Bezug, als auch § 43 AMG im Hinblick auf die Abgabe. Sie wird in § 56a AMG (siehe Rn 16) und § 12 TÄHAV[1] (siehe § 41 Rn 2), in denen die Voraussetzungen für die Abgabe apothekenpflichtiger Arzneimittel durch Tierärzte geregelt sind, präzisiert. Außerhalb einer tierärztlichen Behandlung gibt es dagegen keinen Grund, vom System der Arzneimittelversorgung durch Apotheken abzuweichen.

II. Begriff der Behandlung

Der Begriff der Behandlung durch den Tierarzt erlangt damit zentrale Bedeutung.[2] Nach § 12 Abs. 2 TÄHAV (siehe § 41 Rn 2) schließt eine ordnungsgemäße Behandlung insb. ein, dass nach den Regeln der tierärztlichen Wissenschaft die Tiere oder der Tierbestand **in angemessenem Umfang untersucht** worden sind und die Anwendung der Arzneimittel und der Behandlungserfolg vom Tierarzt kontrolliert werden. Unter dem Begriff „Behandeln" ist eine umfassende Bezeichnung für alle Maßnahmen zu verstehen, die ein Tierarzt bei ordnungsgemäßer Ausübung seines Berufes und unter Berücksichtigung aller gesundheitlichen und wirtschaftlichen Aspekte hinsichtlich Zweck und Erfolg der Behandlung in einem Tierbestand glaubt ergreifen zu müssen und die nach dem Stand der medizinischen Wissenschaft zu rechtfertigen sind.[3] Diese Darstellung berücksichtigt die Therapiefreiheit des Tierarztes. Generell muss die angeordnete Arzneimittelanwendung auf einer durch den Tierarzt gewonnenen Erkenntnis beruhen, der dem Einzelfall angemessene wissenschaftliche Methoden der Untersuchung zugrunde liegen.[4] Der angemessene Umfang der Untersuchung kann je nach Lage des Falles verschieden sein, er muss aber zumindest eine Diagnose und damit eine exakte Indikation für den Einsatz des Arzneimittels ermöglichen.[5] Bei Tierbeständen bezieht sich der angemessene Untersuchungsumfang auf den Bestand, der Tierarzt muss nicht jedes einzelne Tier untersuchen.

3

III. Betrieb einer tierärztlichen Hausapotheke als Voraussetzung des tierärztlichen Dispensierrechts

Das tierärztliche Dispensierrecht ist an den Betrieb einer tierärztlichen Hausapotheke gebunden. Tierärzte, die keine tierärztliche Hausapotheke betreiben, können Arzneimittel lediglich verschreiben. Auf Verschreibung dürfen Arzneimittel nach § 43 Abs. 3 AMG nur von Apotheken abgegeben werden, dh unter anderem, dass Tierärzte auch im Rahmen des Betriebs tierärztlicher Hausapotheken Verschreibungen – auch wenn es sich um Verschreibungen von Tierarzneimitteln handelt – nicht beliefern dürfen. Diese Bestimmung ist vor dem Hintergrund des beschriebenen Verständnisses der tierärztlichen Arzneimittelabgabe alleinig als Bestandteil einer tierärztlichen Behandlung zu sehen.

4

---

1 VO über tierärztliche Hausapotheken idF der Bek. v. 8.7.2009 (BGBl. I, 1760).
2 Zum Behandlungsbegriff s.a. Kloesel/Cyran, Arzneimittelrecht, § 56 AMG Erl. 26–29, 32–33.
3 Bericht des Ausschusses für Jugend, Familie und Gesundheit des Deutschen Bundestages v. 5.6.1974 (BT-Drucks.7/1845).
4 BayObLGSt 1983, 99, 102.
5 Zur Abgabe von Wurmmitteln führen Zrenner/Paintner, Arzneimittelrechtliche Vorschriften für Tierärzte, aus, dass „als Untersuchung in angemessenem Umfang auch der Fall anzusehen sein wird, bei dem der Tierhalter die Abgabe eines Wurmmittels ohne Vorstellung des Patienten vom Tierarzt verlangt, sofern der Tierarzt sich vergewissert, um welche Wurmart es sich handelt, bzw er zu der Überzeugung gelangt, dass ein bestimmtes Wurmmittel indiziert ist und nicht ein anderes, unter der Voraussetzung, dass der Tierarzt den Patienten aus früheren Behandlungen kennt". – Zur Unzulässigkeit der Fernbehandlung durch den Tierarzt, vgl Kloesel/Cyran, Arzneimittelrecht, § 43 AMG Erl. 37.

IV. Versandverbot

5 Das Versandverbot für apothekenpflichtige Tierarzneimittel ist weitgehender als das für Humanarzneimittel (siehe § 21 Rn 60). Nach § 43 Abs. 5 AMG dürfen zur Anwendung bei Tieren bestimmte, apothekenpflichtige Arzneimittel nur in der **Apotheke** oder **tierärztlichen Hausapotheke** oder durch den **Tierarzt** ausgehändigt werden. Dies schränkt die Abgabe auf die Räumlichkeiten der Apotheke oder tierärztlichen Hausapotheke bzw die Außenpraxis des Tierarztes persönlich ein und schließt einen Versand aus. Eine behördliche Genehmigung nach § 43 Abs. 1 AMG für den Versand ist damit für solche Arzneimittel nicht möglich.[6] Ausgeschlossen ist auch die Zustellung durch einen Boten.[7]

§ 43 Abs. 5 AMG wurde mit der 1. AMG-Novelle vom 24.2.1984[8] eingefügt, um im Interesse des Verbraucherschutzes und zur Verhütung eines Arzneimittelmissbrauchs sicher zu stellen, dass Arzneimittel nur kontrolliert unter tierärztlicher Überwachung angewendet werden.[9] In seiner ursprünglichen Fassung enthielt der Absatz noch eine Ausnahmeregelung für Arzneimittel, die im Einzelfall in geringen Mengen für vom Tierarzt behandelte Einzeltiere dem Tierhalter zugesandt oder zugestellt wurden. Diese wurde mit der 8. AMG-Novelle vom 7.9.1998[10] gestrichen.

Für die sog. Heimtierarzneimittel nach § 60 AMG (siehe Rn 40) kann die zuständige Behörde Ausnahmen von § 43 Abs. 5 S. 1 AMG zulassen (§ 60 Abs. 4 AMG).

V. Bezug und Abgabe durch Veterinärbehörden

6 Veterinärbehörden dürfen nach § 47 Abs. 1 Nr. 4 AMG von pharmazeutischen Unternehmern und Großhändlern mit Arzneimitteln, die zur Durchführung öffentlich-rechtlicher Maßnahmen bestimmt sind, beliefert werden; nach § 43 Abs. 4 AMG dürfen sie verschreibungsfreie Arzneimittel zur Durchführung tierseuchenrechtlicher Maßnahmen in der jeweils erforderlichen Menge an Tierhalter abgeben. In der Praxis hat diese Bestimmung insb. im Rahmen der Bekämpfung der Varroose der Honigbienen Bedeutung.

VI. Abgabe von Arzneimitteln zwischen Tierärzten

7 Während die Abgabe von Arzneimitteln zwischen Tierärzten im Normalfall nicht möglich ist, weil es sich beim empfangenden Tierarzt idR nicht um den Halter eines vom abgebenden Tierarzt behandelten Tieres handelt, wurde mit der 13. AMG-Novelle ähnlich der Regelung in § 4 Abs. 1 Nr. 2 lit. d BtMG[11] in § 43 Abs. 6 AMG vorgesehen, dass der Arzneimittelbestand bei der **Übergabe einer tierärztlichen Praxis** an den Nachfolger im Betrieb der tierärztlichen Hausapotheke abgegeben werden kann.

VII. Mitteilungspflicht für pharmazeutische Unternehmer

8 Die Mitteilungspflicht für pharmazeutische Unternehmer und Großhändler nach § 47 Abs. 1c AMG wurde mit der 11. AMG-Novelle eingefügt und durch die 15. AMG-Novelle grundlegend überarbeitet. Die Daten sollen eine **effizientere Überwachung der Stoffströme**

---

6 Zur Vereinbarkeit des Versandverbotes für Tierarzneimittel mit der Berufsausübungsfreiheit der Apotheker und mit dem Gleichheitsgrundsatz s. LKRZ 2007, 33; OVG-Sachsen-Anhalt, Beschl. v. 8.8.2007 – 2 L 160/06.
7 Kloesel/Cyran, Arzneimittelrecht, § 43 AMG Erl. 16.
8 BGBl. I 1984, 169.
9 BT-Drucks. 9/1598 v. 27.4.1982.
10 BGBl. I 1998, 2649.
11 Betäubungsmittelgesetz idF der Bek. v. 1.3.1994 (BGBl. I, 358), zuletzt geändert durch Artikel 2 des Gesetzes v. 29.7.2009 (BGBl. I S. 2288).

bestimmter Substanzen ermöglichen sowie zur **Beurteilung der Ausbreitung von Antibiotikaresistenzen** herangezogen werden.[12] Die Mitt. erfolgt nach Maßgabe einer Verordnung. Ein entsprechender Verordnungsentwurf wurde dem Bundesrat im August 2009 zugeleitet.

B. Verkaufsabgrenzung
I. Grundsatz: Apothekenpflicht

Tierarzneimittel unterliegen wie Humanarzneimittel nach § 43 AMG grds. der Apothekenpflicht (siehe § 24). Sie können nach den gleichen Prinzipien wie Humanarzneimittel für den Verkehr außerhalb der Apotheken freigegeben oder der Verschreibungspflicht unterstellt werden. Die Rechtsverordnungen nach den §§ 45, 46 und 48 AMG werden vom BMELV im Einvernehmen mit dem BMG und dem Bundesministerium für Wirtschaft und Technologie erlassen, soweit Tierarzneimittel betroffen sind.

II. Verschreibungspflicht

Hinsichtlich der Unterstellung unter die Verschreibungspflicht sind zwei Besonderheiten hervorzuheben, mit denen Art. 67 RL 2001/82/EG umgesetzt wurde.

Zusätzlich zu den auch für Humanarzneimittel geltenden Kriterien für die Unterstellung unter die Verschreibungspflicht werden Tierarzneimittel auch dann der Verschreibungspflicht unterstellt, wenn ihre Anwendung eine **vorherige tierärztliche Diagnose** erfordert oder **Auswirkungen** haben kann, die die späteren diagnostischen oder therapeutischen Maßnahmen erschweren oder überlagern (§ 48 Abs. 2 Nr. 2 lit. c AMG).

Daneben unterliegen Arzneimittel, die zur Anwendung bei **Lebensmittel liefernden Tieren** bestimmt sind, nach § 48 Abs. 1 Nr. 2 AMG grds. unmittelbar der Verschreibungspflicht, ohne dass es hierzu einer Verordnung bedarf. Der Einsatz von Arzneimitteln bei Lebensmittel liefernden Tieren kann zu Rückständen der verwendeten pharmakologisch wirksamen Stoffe in Lebensmitteln tierischer Herkunft und damit zu einer Verbrauchergefährdung führen. Um dies zu verhindern, sieht das Arzneimittelrecht im Hinblick auf die Arzneimittelanwendung bei diesen Tieren verschiedene Maßnahmen vor, die dem vorbeugenden Verbraucherschutz dienen. Die grds. Verschreibungspflicht soll sicherstellen, dass Arzneimittel bei Lebensmittel liefernden Tieren nur dann angewendet werden, wenn auch tatsächlich eine (tierärztlich festgestellte) Indikation und damit Notwendigkeit für die Anwendung besteht.

§ 48 Abs. 6 AMG ermächtigt das BMELV, **Arzneimittel von dieser Verschreibungspflicht nach Abs. 1 Nr. 2 auszunehmen**, sofern die Anforderungen des Gemeinschaftsrechts eingehalten werden. Die gemeinschaftsrechtlichen Kriterien für solche Ausnahmen sind in der Richtlinie 2006/130/EG[13] festgelegt. Das BMELV hat von seiner Ermächtigung Gebrauch gemacht. Die entsprechenden Regelungen finden sich in § 6 iVm Anlage 2 der Arzneimittelverschreibungsverordnung (AMVV).[14]

Nicht der Verschreibungspflicht unterliegen zusammengefasst solche Arzneimittel für Lebensmittel liefernde Tiere, die

- keinen der Wirkstoffe Enilconazol, Flunixin oder Meclofenaminsäure enthalten,
- nicht zur Infusion oder Injektion – außer zur subkutanen Injektion – bestimmt sind und
- nicht unter § 48 Abs. 1 Nr. 1 AMG fallen.

---

12 BT-Drucks. 14/8613; BT-Drucks. 16/12256.
13 RL 2006/130/EG der Kommission v. 11.12.2006 zur Durchführung der RL 2001/82/EG des Europäischen Parlaments und des Rates in Bezug auf die Festlegung von Kriterien für die Ausnahme bestimmter Tierarzneimittel, die für zur Nahrungsmittelerzeugung genutzte Tiere bestimmt sind, von der Pflicht der tierärztlichen Verschreibung (ABl. EU Nr. L 349/15 v. 12.12.2006).
14 Arzneimittelverschreibungsverordnung v. 21.12.2005 (BGBl. I, 3632), zuletzt geändert durch VO v. 21.7.2009 (BGBl. I, 2114).

13 Nach § 2 Abs. 1 Nr. 9 AMVV müssen tierärztliche Verschreibungen zusätzlich zu den auf einer ärztlichen Verschreibung zu machenden Angaben, weitere Angaben enthalten. Sie bestehen aus drei (Arzneimittel zur Anwendung bei Lebensmittel liefernden Tieren) bzw zwei Ausfertigungen (§ 13a TÄHAV, s. § 41 Rn 9). Für den beliefernden Apotheker gelten erweiterte Nachweispflichten nach § 19 ApBetrO.[15]

14 Insgesamt ist festzustellen, dass ein größerer Anteil an Tierarzneimitteln der Verschreibungspflicht unterliegt als es bei Humanarzneimitteln der Fall ist und teilweise vergleichbare Arzneimittel als Tierarzneimittel verschreibungspflichtig, als Humanarzneimittel jedoch verschreibungsfrei erhältlich sind. Ein wesentlicher Grund hierfür ist darin zu sehen, dass der Mensch im Gegensatz zum Tier in der Lage ist, einerseits Eigenverantwortung für die Selbstmedikation zu übernehmen und andererseits seine Krankheitssymptome und die Notwendigkeit der Einbeziehung eines Arztes selber einschätzen und kommunizieren kann. Beim Tier fehlt die differenzierte Ausdrucksmöglichkeit über etwaige Krankheitssymptome weitgehend. Eine korrekte Diagnosestellung und damit adäquate Arzneimittelauswahl – die iS des Tierschutzes, ggf aber auch der Zoonoseprävention von Bedeutung ist – wird daher häufig nur dem Tierarzt als Fachmann möglich sein. Im Bereich der Nutztierhaltung soll, wie oben bereits ausgeführt, auch aus Verbraucherschutzgründen insb. sichergestellt werden, dass Arzneimittel nur dann eingesetzt werden, wenn die Notwendigkeit durch tierärztliche Indikationsstellung festgestellt wurde.

C. Verschreibung, Abgabe und Anwendung von Arzneimitteln durch Tierärzte

15 § 56a AMG stellt die zentrale Vorschrift für die Verschreibung, Abgabe und Anwendung apothekenpflichtiger Arzneimittel durch Tierärzte dar. Absatz 1 regelt die Voraussetzungen, Absatz 2 die sog. Umwidmung, dh die hinsichtlich Anwendungsgebiet und Tierart von der Zulassung abw. Verwendung im Ausnahmefall.

I. Grundprinzipien

16 § 56a Abs. 1 AMG lässt sich von zwei Grundprinzipien leiten: Dem **Zulassungsprimat**[16] und der **Einschränkung des tierärztlichen Dispensierrechts**.[17] Entsprechen müssen die vom Tierarzt abgegebenen, verschriebenen oder angewendeten apothekenpflichtigen Arzneimittel grds. für die von ihm behandelten Tiere bestimmt sein, zugelassen sein, hinsichtlich Tierart und Anwendungsgebiet gemäß Zulassung verwendet werden und hinsichtlich Anwendungsgebiet und Menge geeignet sein, das Behandlungsziel zu erreichen.

Die Abgabemenge darf also nicht größer sein, als es der Gesundheitszustand des von dem Tierarzt behandelten Einzeltieres oder Tierbestandes und der Behandlungszweck nach Dosis und voraussichtlicher Dauer der Anwendung erfordern.[18] Eine Abgabe auf Vorrat durch den Tierarzt ist unzulässig.

II. Abgabemengenbeschränkung bei Lebensmittel liefernden Tieren

17 Für Lebensmittel liefernde Tiere schränkt § 56a Abs. 1 S. 1 Nr. 5 AMG die erlaubte Abgabemenge verschreibungspflichtiger Arzneimittel darüber hinaus absolut auf den Bedarf der

---

15 Apothekenbetriebsordnung idF der Bek. v. 26.9.1995 (BGBl. I, 1195), zuletzt geändert durch Art. 2 der VO v. 2.12.2008 (BGBl. I, 2338).
16 Grds. sind auf Qualität, Wirksamkeit und Unbedenklichkeit geprüfte, zugelassene Arzneimittel zu verwenden.
17 Tierärztliche Arzneimittelanwendung und -abgabe als integraler Bestandteil der im Vordergrund stehenden tierärztlichen Behandlung, ein Handel des Tierarztes mit Arzneimitteln in Konkurrenz zum bestehenden Abgabesystem der Apotheken ist ausgeschlossen (s. Rn 2).
18 Kloesel/Cyran, Arzneimittelrecht, § 43 AMG Erl. 34.

auf die Abgabe folgenden 31 Tage bzw im Fall von Antibiotika, die nicht ausschließlich zur lokalen Anwendung bestimmt sind, sieben Tage ein. Ausgenommen sind Arzneimittel, deren Zulassungsbedingungen eine längere Anwendungsdauer vorsehen. Voraussetzung bleibt in jedem Fall, dass die Abgabemenge veterinärmedizinisch gerechtfertigt, dh durch eine entspr. tierärztlich festgestellte Indikation begründet sein muss. Eine Abgabe über die veterinärmedizinisch gerechtfertigte Menge hinaus ist auch innerhalb des Rahmens von 31 bzw sieben Tagen nicht erlaubt. Die Regelungen zur Abgabemenge sollen die enge Bindung der tierärztlichen Diagnosestellung an die Arzneimittelanwendung sicher stellen.

Die Abgabemengenbeschränkung bedeutet jedoch nicht, dass – eine veterinärmedizinische Rechtfertigung der Menge vorausgesetzt – verschreibungspflichtige Arzneimittel nicht wiederholt und ohne erneute Untersuchung der Tiere oder des Tierbestandes für diesen Zeitraum abgegeben werden dürfen. Dieser Sachverhalt wird durch § 56a Abs. 1 S. 2 AMG aufgegriffen, mit dem deutlich wird, dass der Gesetzgeber davon ausgeht, dass der Tierarzt den prognostischen Verlauf eines Falles höchstens für 31 Tage überblicken kann. Er hat daher in § 56a Abs. 1 S. 2 AMG geregelt, dass der Tierarzt bei wiederholter Abgabe mind. alle 31 Tage die Notwendigkeit der erneuten Anwendung im jeweiligen Behandlungsfall durch eine Untersuchung der Tiere oder des Bestandes überprüft.

III. Umwidmungskaskade

§ 56a Abs. 2 AMG regelt die sog. Umwidmungskaskade, nach der der Tierarzt, soweit die notwendige arzneiliche Versorgung der Tiere ansonsten ernstlich gefährdet wäre und eine unmittelbare oder mittelbare Gefährdung der Gesundheit von Mensch und Tier nicht zu befürchten ist, Arzneimittel anwenden, abgeben oder verschreiben darf, die **nicht für das betreffende Anwendungsgebiet und/oder nicht für die betreffende Tierart zugelassen** sind. Dabei kann es sich kaskadenartig um Arzneimittel handeln, die

1. für ein anderes Anwendungsgebiet,
2. für eine andere Tierart,
3. für den Menschen oder in einem anderen Mitgliedstaat der EU oder Vertragsstaat des EWR für Tiere bzw Lebensmittel liefernde Tiere zugelassen sind, oder
4. an letzter Stelle, in der Apotheke oder durch den Tierarzt hergestellt werden.

Bei Lebensmittel liefernden Tieren ist § 56a Abs. 2 S. 2 AMG zu beachten, nach dem nur solche Arzneimittel angewendet werden dürfen, die ausschließlich pharmakologisch wirksame Stoffe enthalten, deren **Rückstandsunbedenklichkeit** gemäß dem Verfahren der Verordnung (EG) Nr. 470/2009 bewertet worden ist[19] (siehe Rn 49). Abweichende Regelungen hierzu gelten für Equiden (siehe § 42 Rn 4). Hinsichtlich der Festlegung einer **Wartezeit** s. § 41 Rn 6.

Die Umwidmungskaskade basiert auf Gemeinschaftsrecht (Artt. 10 und 11 RL 2001/82/EG). Sie soll die arzneiliche Versorgung von Tieren iS des Tierschutzes auch dann sicherstellen, wenn geeignete Tierarzneimittel nicht verfügbar sind. Insb. für wirtschaftlich weniger bedeutende Tierarten (siehe § 40 Rn 5) wäre die arzneiliche Versorgung mit den für diese Tierarten zugelassenen Tierarzneimitteln nicht möglich. Die Umwidmungskaskade ermöglicht es dem Tierarzt – selbst bei Lebensmittel liefernden Tieren –, in Deutschland zugelassene Humanarzneimittel zu verwenden, wenn das Behandlungsziel mit den verfügbaren Tierarzneimitteln nicht erreicht werden kann. In anderen Mitgliedstaaten der EU oder Ver-

---

19 Zum Bezug auf die VO (EWG) Nr. 2377/90, s. Fn 80. Siehe außerdem Art. 16 Abs. 1 VO (EG) Nr. 470/2009, nach dem bei Lebensmittel liefernden Tieren nur pharmakologisch wirksame Stoffe eingesetzt werden dürfen, für die eine Rückstandshöchstmenge oder eine vorläufige Rückstandshöchstmenge festgelegt wurde oder das Fehlen des Erfordernisses der Festsetzung einer Rückstandshöchstmenge festgestellt wurde. Dies entspricht den früheren Anhängen I, III bzw II der VO (EWG) Nr. 2377/90.

tragsstaaten des EWR zugelassene Tierarzneimittel müssen unter Beachtung von § 73 Abs. 3 a AMG verbracht werden (siehe § 40 Rn 4). Die Verwendung von ausschließlich in Drittländern zugelassenen Arzneimitteln bei Tieren – auch solchen, die nicht der Gewinnung von Lebensmitteln dienen – ist ebenso wie ihre Einfuhr (§ 73 AMG) nicht möglich.

21 Die Regelungen des § 56 a Abs. 1 und 2 AMG, mit denen sichergestellt wird, dass Tierarzneimittel soweit verfügbar hinsichtlich Anwendungsgebiet und Tierart entsprechend der Zulassung anzuwenden sind, werden zuweilen von Tierärzten als Eingriff in die Therapiefreiheit kritisiert. Sie dienen jedoch letztlich dem Tierschutz, dem Verbraucherschutz und dem Umweltschutz. Bei der Zulassung von Tierarzneimitteln werden Aspekte der Qualität, Wirksamkeit und Unbedenklichkeit, einschl. Anwendersicherheit, Rückstandsunbedenklichkeit und Umweltsicherheit berücksichtigt. Diese umfassende behördliche Prüfung kann vom einzelnen Tierarzt nicht durch seine Empirie ersetzt werden. Ohne die Regelung des § 56 a Abs. 1 S. 1 Nr. 3 AMG wäre zudem langfristig nicht sichergestellt, dass überhaupt noch Tierarzneimittel in nennenswertem Umfang entwickelt und zugelassen würden. Damit würden aber auch keine Kenntnisse mehr über Wirksamkeit, Verträglichkeit oder Dosierungen neuer pharmakologisch wirksamer Stoffe bei verschiedenen Tierarten vorliegen, die heute überwiegend von der pharmazeutischen Industrie im Rahmen der Entwicklung und Zulassung von Tierarzneimitteln erarbeitet werden.

Auch aus Haftungsgründen ist der Tierarzt gut beraten, nach Möglichkeit zugelassene Tierarzneimittel zu verwenden.

22 § 56 b AMG ermächtigt das BMELV, von den Vorschriften des § 56 a AMG **Ausnahmen** zuzulassen, soweit die notwendige arzneiliche Versorgung der Tiere ansonsten ernstlich gefährdet wäre. Von der Ermächtigung hat das BMELV mit Verordnung vom 7.4.2008[20] Gebrauch gemacht. Die Verordnung ermöglicht die Verwendung eines Insektizids oder Repellents, das in einem anderen Mitgliedstaat der EU oder Vertragsstaat des EWR für die zu behandelnde Tierart zugelassen ist, zum Schutz vor der Blauzungenkrankheit, wenn in Deutschland ein für die zu behandelnde Tierart zugelassenes Arzneimittel nicht zur Verfügung steht. Die Anwendung von Insektiziden bzw Repellents ist in bestimmten Fällen tierseuchenrechtlich vorgeschrieben. Die Verordnung bewirkt, dass für die zu behandelnde Tierart in anderen EU- oder EWR-Staaten zugelassene Arzneimittel – deren Unbedenklichkeit für die Tierart somit geprüft und für die eine Wartezeit festgelegt wurde – auch dann angewendet werden dürfen, wenn in Deutschland für andere Tierarten zugelassene Arzneimittel zur Verfügung stehen. Von Bedeutung ist die Regelung insb. für die Behandlung von Ziegen.

IV. Verordnungen zur Regelung von Nachweispflichten und tierärztlichem Anwendungsvorbehalt

23 Von der Ermächtigung des § 56 a Abs. 3 AMG hat das BMELV hinsichtlich Nr. 1 (Nachweisführung durch Tierärzte) mit der TÄHAV (siehe unten § 41) und hinsichtlich Nr. 2 (tierärztlicher Anwendungsvorbehalt) mit der PharmStV[21] Gebrauch gemacht. § 2 iVm Anlage 2 und 3 PharmStV bestimmt Arzneimittel, die nur durch den Tierarzt selbst angewendet werden dürfen.[22] Nach § 56 a Abs. 4 AMG darf der Tierarzt diese Arzneimittel nicht an Tierhalter abgeben oder diesen verschreiben. Der Tierhalter darf sie gem. § 57 Abs. 1 a AMG nicht in Besitz haben.

---

20 BGBl. I 2008, 721.
21 VO über Stoffe mit pharmakologischer Wirkung idF der Bek. v. 8.7.2009 (BGBl. I, 1768).
22 Anwendung von β-Agonisten mit anaboler Wirkung zur Induktion der Tokolyse bei Rindern und Equiden; Anwendung von Testosteron, Progesteron oder Derivaten dieser Stoffe bei Lebensmittel liefernden Tieren zur Behandlung von Fruchtbarkeitsstörungen oder Abbruch einer unerwünschten Trächtigkeit.

V. Tierarzneimittelanwendungskommission, Leitlinien

§ 56a Abs. 5 AMG ermächtigt das BMELV zur Errichtung einer Tierarzneimittelanwendungskommission, die in **Leitlinien** den **Stand der veterinärmedizinischen Wissenschaft** beschreibt. Beachtet der Tierarzt diese Leitlinien, muss nach § 56a Abs. 6 AMG – zB auch von der ihn kontrollierenden Überwachungsbehörde – davon ausgegangen werden, dass er, wie in § 56 Abs. 5 S. 1 Nr. 3 AMG oder in § 56a Abs. 1 S. 1 Nr. 4 AMG gefordert, den Stand der veterinärmedizinischen Wissenschaft eingehalten hat. Von der Ermächtigung hat das BMELV bislang keinen Gebrauch gemacht, so dass entspr. Leitlinien nicht existieren. Über die Frage, ob der Stand der veterinärmedizinischen Wissenschaft eingehalten wurde, müssen sich insofern im Zweifelsfall der Tierarzt und die zuständige Behörde, ggf auch vor Gericht, auseinandersetzen.

24

D. Stoffe und Zubereitungen aus Stoffen

§ 59a Abs. 1 AMG enthält ein umfassendes **Handelsverbot** mit Stoffen oder Zubereitungen aus Stoffen, die auf Grund einer Verordnung nach § 6 AMG bei der Herstellung von Tierarzneimitteln nicht verwendet werden dürfen. Relevant war insb. die Verordnung über das Verbot der Verwendung bestimmter Stoffe bei der Herstellung von Arzneimitteln zur Anwendung bei Tieren vom 21.10.1981,[23] die mit Verordnung vom 16.3.2009[24] aufgehoben wurde. Als Gegenstand der Regelung kommen jetzt noch solche Stoffe in Betracht, deren Verwendung zur Herstellung von Arzneimitteln generell (Human- und Tierarzneimitteln) durch Rechtsverordnung nach § 6 AMG verboten ist.

25

Mehr Bedeutung hat § 59a Abs. 2 AMG, der **Tierärzten und Tierhaltern den Bezug von Rohstoffen weitgehend verbietet**. Das tierärztliche Dispensierrecht wird damit im Wesentlichen auf zugelassene Arzneimittel eingeschränkt und damit das Zulassungsprimat (siehe Rn 16) umgesetzt. Bis zum Inkrafttreten der 11. AMG-Novelle galt die Regelung nur für die in der AMVV (damals Verordnung über verschreibungspflichtige Arzneimittel) aufgeführten Stoffe und wurde dann auf alle Stoffe, die nicht für den Verkehr außerhalb der Apotheken freigegeben sind, ausgeweitet.[25] Korrespondierend dazu wurden die Möglichkeiten des Tierarztes zur Herstellung von Arzneimitteln eingeschränkt. Das Verbot umfasst den Bezug durch Tierärzte sowie die Abgabe an Tierärzte.[26] § 59a Abs. 2 S. 1 AMG schließt auch aus, dass Tierärzte zur Herstellung aus Stoffen in der Apotheke verschriebene Arzneimittel (Verschreibung für Praxisbedarf) beziehen. Solche Arzneimittel können lediglich dem Tierhalter unter Einhaltung der in § 56a AMG geregelten Voraussetzungen (siehe Rn 16) verschrieben werden. Tierhalter dürfen Stoffe oder Zubereitungen aus Stoffen, die nicht für den Verkehr außerhalb der Apotheken freigegeben sind, zur Anwendung bei Tieren nur erwerben oder lagern, wenn sie von einem Tierarzt als Arzneimittel verschrieben oder durch einen Tierarzt abgegeben worden sind; wobei aufgrund des Bezugsverbotes für den Tierarzt nur die Verschreibung in Frage kommt.

26

Für bestimmte Stoffe, die als Tierarzneimittel oder zur Herstellung von Tierarzneimitteln verwendet werden können, gelten nach § 59c AMG **besondere Nachweispflichten**. Die

27

---

23 BGBl. I 1981, 1135.
24 BGBl. I 2009, 510, 740.
25 BR-Drucks. 950/01 v. 8.11.2001: „Durch eine ‚inflationäre' Unterstellung des sog. Therapienotstandes wurde das Primat der Zulassung von Fertigarzneimitteln unterlaufen. Daher dürfen Tierärzte künftig nur noch solche Stoffe beziehen, die nicht der Apothekenpflicht unterliegen. In den Fällen des Therapienotstands ist die Umwidmung eines zugelassenen Fertigarzneimittels der Herstellung aus Rohstoffen vorzuziehen, da es sich um Arzneimittel handelt, deren Wirksamkeit, Qualität und Unbedenklichkeit geprüft sind".
26 Ergänzend hierzu § 47 Abs. 1 Nr. 6 AMG: Pharmazeutische Unternehmer und Großhändler dürfen apothekenpflichtige Arzneimittel an Tierärzte nur abgeben, soweit es sich um Fertigarzneimittel handelt.

Bestimmung dient u.a. der Umsetzung von Art. 9 RL 96/22/EG.[27] Sie richtet sich an Betriebe und Einrichtungen, die die bezeichneten Stoffe herstellen, lagern, einführen oder in Verkehr bringen sowie Personen, die diese Tätigkeiten berufsmäßig ausüben. Diese Betriebe, Einrichtungen und Personen werden außerdem durch § 69 a AMG der Überwachung nach den §§ 64 bis 69 AMG unterstellt.

E. Herstellung von Arzneimitteln durch Tierärzte

28 Grundsätzlich bedarf die Herstellung von Arzneimitteln nach § 13 AMG der Erlaubnis durch die zuständige Behörde. Für die in § 13 Abs. 2 Nr. 3 AMG aufgeführten Herstellungsvorgänge bedarf der Tierarzt jedoch im Rahmen des Betriebs einer tierärztlichen Hausapotheke keiner Erlaubnis, sofern die Herstellung für die von ihm behandelten (siehe Rn 3) Tiere erfolgt. Die **erlaubnisfreie Herstellung** von Arzneimitteln durch Tierärzte wurde erst durch die 11. AMG-Novelle mit Wirkung ab dem 1.11.2002 auf die in § 13 Abs. 2 Nr. 3 lit. a bis e AMG aufgeführten Herstellungsvorgänge deutlich eingeschränkt, um das Zulassungsprimat durchzusetzen. Hinzu kommt, dass eine relevante Herstellung die Möglichkeit des Bezuges von Rohstoffen, die Freistellung von der Zulassungspflicht sowie die Erlaubnis zur Anwendung und Abgabe der hergestellten Arzneimittel voraussetzen würde. Diese sind jedoch in § 59 a AMG (siehe Rn 26), § 21 AMG (siehe § 37 Rn 4) und § 56 a AMG (siehe Rn 16) ebenfalls eingeschränkt, so dass eine maßgebliche Herstellung in der tierärztlichen Hausapotheke praktisch nicht mehr stattfindet.

Keiner Erlaubnis bedarf nach § 13 Abs. 2 c iVm Abs. 2 b AMG auch der Tierarzt im Rahmen des Betriebs einer tierärztlichen Hausapotheke soweit die Arzneimittel zu seiner persönlichen Anwendung bei von ihm behandelten Tieren hergestellt werden. Die Einfügung des Absatzes mit der 15. AMG-Novelle war aufgrund der gleichzeitigen Aufhebung von § 4 a Nr. 3 AMG erforderlich.

F. An Tierhalter gerichtete Vorschriften

29 Die §§ 57 und 58 AMG richten sich an den Tierhalter. § 57 AMG regelt den Erwerb und Besitz durch Tierhalter, § 58 AMG die Anwendung bei Tieren, die der Gewinnung von Lebensmitteln dienen.

I. Erwerb von Arzneimitteln durch Tierhalter

30 Korrespondierend zu den Vorschriften des § 47 AMG (siehe Rn 1) und § 43 AMG (siehe Rn 1) dürfen Tierhalter nach § 57 Abs. 1 AMG apothekenpflichtige Arzneimittel nur in der **Apotheke** oder bei dem **behandelnden Tierarzt** erwerben. Zum Erwerb von Rohstoffen durch Tierhalter s. Rn 26. Andere Personen als Tierhalter nach § 57 Abs. 1 S. 2 AMG dürfen Arzneimittel nur in der Apotheke erwerben, wobei hier nur verschreibungsfreie Arzneimittel in Frage kommen. Zu Fütterungsarzneimitteln und Arzneimittel-Vormischungen siehe Rn 32, 34. Zu § 57 Abs. 1 a AMG siehe Rn 23.

Von der Ermächtigung in § 57 Abs. 2 AMG hat das BMELV mit der Tierhalter-Arzneimittel-Nachweisverordnung[28] Gebrauch gemacht (siehe § 41 Rn 11).

---

27 RL 96/22/EG des Rates v. 29.4.1996 über das Verbot der Verwendung bestimmter Stoffe mit hormonaler bzw thyreostatischer Wirkung und von β-Agonisten in der tierischen Erzeugung und zur Aufhebung der Richtlinien 81/602/EWG, 88/146/EWG und 88/299/EWG (ABl. EU Nr. L 125/3 v. 23.5.1996), zuletzt geändert durch RL 2008/97/EG des Europäischen Parlaments und des Rates v. 19.11.2008 (ABl. EU Nr. L 318/9 v. 28.11.2008).
28 BGBl. I 2006, 3450, 3453.

II. Anwendung von Arzneimitteln durch Tierhalter

Nach § 58 AMG darf die Anwendung vom Tierarzt bezogener Arzneimittel bei Lebensmittel liefernden Tieren **nur gemäß der tierärztlichen Behandlungsanweisung** erfolgen. Diese hat insofern Vorrang vor den Hinweisen der Packungsbeilage. Die Entscheidung über die Arzneimittelanwendung bei Lebensmittel liefernden Tieren obliegt grds. dem **Tierarzt**. Das gilt auch für etwaige Restmengen, die zB entstehen, wenn bei Injektionslösungen die kleinste Einheit den Bedarf überschreitet. Auch solche beim Tierhalter verbleibenden Restmengen dürfen nicht nach seinem Ermessen ohne Indikationsstellung durch den Tierarzt angewendet werden. Der Tierarzt kann jedoch bei Vorliegen einer entspr. Indikation und sofern keine Anhaltspunkte dafür vorliegen, dass die Arzneimittelqualität beeinträchtigt ist, solche Arzneimittel bei einer neuen Behandlungsanweisung berücksichtigen. Damit der Tierhalter die Anwendung gemäß tierärztlicher Behandlungsanweisung der Behörde gegenüber belegen kann, empfiehlt sich eine schriftliche Behandlungsanweisung; in der Praxis hat sich der sog. Nullbeleg, dh der tierärztliche Nachweis gemäß TÄHAV (siehe § 41 Rn 7) mit der Abgabemenge Null, bewährt.

Verschreibungsfreie, apothekenpflichtige Arzneimittel, die der Tierhalter zur Anwendung bei Lebensmittel liefernden Tieren ohne Einbeziehung eines Tierarztes in der Apotheke erwirbt, sind hinsichtlich Tierart, Anwendungsgebiet, Dosierung und Anwendungsdauer gemäß der Packungsbeilage anzuwenden. Eine Umwidmung (siehe Rn 19) ist dem Tierhalter nicht erlaubt. Diese Regelungen gelten genauso für weitere Personen, wie zB Tierheilpraktiker (zum Beruf des Tierheilpraktikers s. § 40 Rn 1).

Von der Ermächtigung des § 58 Abs. 2 AMG hat das BMELV bislang keinen Gebrauch gemacht.

G. Fütterungsarzneimittel

I. Grundsatz

Fütterungsarzneimittel sind gem. § 4 Abs. 10 AMG Arzneimittel in verfütterungsfertiger Form, die aus Arzneimittel-Vormischungen und Mischfuttermitteln hergestellt werden und die dazu bestimmt sind, zur Anwendung bei Tieren in den Verkehr gebracht zu werden. Arzneimittel-Vormischungen sind Arzneimittel, die ausschließlich dazu bestimmt sind, zur Herstellung von Fütterungsarzneimitteln verwendet zu werden (§ 4 Abs. 11 AMG), sie dürfen gem. § 56 a Abs. 1 S. 4 AMG vom Tierarzt nicht an den Tierhalter abgegeben oder diesem verschrieben werden, der Tierhalter darf sie nach § 57 Abs. 1 S. 4 AMG nicht erwerben. Die zur Herstellung von Fütterungsarzneimitteln verwendeten Arzneimittel-Vormischungen unterliegen der Zulassungspflicht nach § 21 AMG (siehe § 37 Rn 2), das Fütterungsarzneimittel selber jedoch nicht (§ 21 Abs. 2 Nr. 3 AMG). Die Herstellung von Fütterungsarzneimitteln bedarf der Erlaubnis nach § 13 Abs. 1 S. 1 AMG. Besondere Bestimmungen zu Fütterungsarzneimitteln enthalten neben § 56 AMG insb. § 7 TÄHAV sowie § 30 AMWHV.[29] Die Vorschriften dienen auch der Umsetzung der Richtlinie 90/167/EWG.[30] U.a. sind bei der Herstellung die Grundsätze der Guten Herstellungspraxis nach dem EU-GMP-Leitfaden unter Berücksichtigung der sich nach dem Stand der Wissenschaft ergebenden Besonderheiten von Fütterungsarzneimitteln zu beachten (§ 3 Abs. 2 iVm § 30 Abs. 2 AMWHV).

---

29 Arzneimittel- und Wirkstoffherstellungsverordnung v. 3.11.2006 (BGBl. I, 2523), geändert durch Art. 1 der VO v. 26.3.2008 (BGBl. I, 521).
30 RL 90/167/EWG des Rates v. 26.3.1990 zur Festlegung der Bedingungen für die Herstellung, das Inverkehrbringen und die Verwendung von Fütterungsarzneimitteln in der Gemeinschaft (ABl. Nr. L 92/42 v. 7.4.1990).

33 Fütterungsarzneimittel eignen sich insb. für die orale arzneiliche Versorgung größerer Tierbestände. In den letzten Jahren hat die Bedeutung von Fütterungsarzneimitteln in Deutschland jedoch stark abgenommen. Stattdessen werden vermehrt oral anzuwendende Fertigarzneimittel eingesetzt. Da dieser Einsatz mit bestimmten Risiken verbunden sein kann, sah sich das BMELV veranlasst, einen **Leitfaden über die orale Anwendung von Tierarzneimitteln im Nutztierbereich über das Futter oder das Trinkwasser** herauszugeben.[31]

II. Vertriebsweg

34 Fütterungsarzneimittel unterliegen der **Verschreibungspflicht**, werden jedoch abw. von dem in § 47 Abs. 1 AMG geregelten üblichen Vertriebsweg vom Hersteller unmittelbar an den Tierhalter abgegeben (§ 56 Abs. 1 S. 1 Hs 1 AMG). Dieser Vertriebsweg ist zweckmäßig, da Fütterungsarzneimittel einerseits üblicherweise in Mengen von mehreren Tonnen abgegeben werden, andererseits der Transport ihre Qualität durch Entmischung nachteilig beeinflussen kann.

Von seiner Ermächtigung zur Regelung von **Form und Inhalt der Verschreibung von Fütterungsarzneimitteln** hat das BMELV im Rahmen der TÄHAV Gebrauch gemacht und Formblätter für die Verschreibung vorgegeben (siehe § 7 iVm Anlage 1 und 1a TÄHAV). Die Formblätter bestehen aus mehreren Ausfertigungen (jeweils Original und Durchschriften). Sie werden jeweils vom Tierarzt und vom Hersteller ausgefüllt. Nachdem der Tierarzt die von ihm zu machenden Angaben eingetragen hat, behält er eine Durchschrift und übersendet das Original und die verbleibenden Durchschriften an den Hersteller. Dieser ergänzt die von ihm zu machenden Angaben, behält das Original und verfährt mit den Durchschriften wie in den Fußnoten der Formblätter angegeben.

III. Herstellung in einem anderen EU-Mitgliedstaat

35 Fütterungsarzneimittel können nach § 56 Abs. 1 AMG auch zur Herstellung in einem anderen Mitgliedstaat der EU oder in einem anderen EWR-Vertragsstaat verschrieben werden. In diesem Fall sind entweder in Deutschland zugelassene Arzneimittel-Vormischungen oder Arzneimittel-Vormischungen mit gleicher qualitativer und vergleichbarer quantitativer Zusammensetzung wie in Deutschland zugelassene Arzneimittel-Vormischungen zu verwenden, die im Geltungsbereich des AMG geltenden arzneimittelrechtlichen Vorschriften sind einzuhalten und dem Fütterungsarzneimittel ist eine **Begleitbescheinigung** nach dem vom BMELV bekannt gemachten Muster beizugeben. Ein entsprechendes Muster wurde in damaliger Zuständigkeit vom BMG im Bundesanzeiger veröffentlicht.[32] Es entspricht im Wesentlichen dem nunmehr als Anlage 1a zur Verordnung über tierärztliche Hausapotheken vorgegebenen Formblatt zur Verschreibung von Fütterungsarzneimitteln zur Herstellung in einem anderen Mitgliedstaat der EU oder Vertragsstaat des EWR.

Der im Ausland ansässige Hersteller gibt dem Fütterungsarzneimittel eine Durchschrift als Begleitbescheinigung bei.

IV. Einmischen mehrerer Arzneimittel-Vormischungen

36 Um das gleichzeitige Einmischen mehrerer Arzneimittel-Vormischungen in ein Fütterungsarzneimittel einzuschränken, wurde mit der 11. AMG-Novelle festgelegt, dass nur unter bestimmten Voraussetzungen höchstens drei Arzneimittel-Vormischungen eingemischt wer-

---

[31] Orale Anwendung von Tierarzneimitteln im Nutztierbereich über das Futter oder das Trinkwasser, Leitfaden der Arbeitsgruppe im BMELV vom 19.6.2009, <www.bmelv.de>.
[32] Bekanntmachung einer Begleitbescheinigung für Fütterungsarzneimittel gem. § 56 Abs. 1 des Arzneimittelgesetzes v. 29.6.1995 (BAnz Nr. 128, 7522).

den dürfen (§ 56 Abs. 2 S. 2 AMG). Es dürfen jedoch maximal zwei Arzneimittel-Vormischungen mit jeweils einem antibiotisch wirksamen Stoff oder höchstens eine Arzneimittel-Vormischung mit mehreren antibiotisch wirksamen Stoffen enthalten sein. Werden mehrere Arzneimittel-Vormischungen in ein Fütterungsarzneimittel eingemischt, müssen diese jeweils für die zu behandelnde Tierart zugelassen sein.

V. Kennzeichnung von Fütterungsarzneimitteln

Die Kennzeichnung von Fütterungsarzneimitteln erfolgt grds. gem. § 10 AMG (siehe § 19, § 36). Weitere Kennzeichnungsvorschriften sind in § 30 Abs. 4 AMWHV enthalten. Gemäß § 11 AMG ist Fütterungsarzneimitteln eine Packungsbeilage beizugeben. Werden Fütterungsarzneimittel in Tankwagen oder ähnlichen Behältnissen befördert, so genügt es, wenn die erforderlichen Angaben in mitgeführten, für den Tierhalter bestimmten Begleitpapieren enthalten sind (§ 30 Abs. 2 S. 4 AMWHV).

In § 30 **AMWHV** wurden 2006 die an den Hersteller von Fütterungsarzneimitteln gerichteten Sondervorschriften zusammengeführt. Verschiedene ehemals in der TÄHAV enthaltene, an den Hersteller gerichtete Vorschriften wurden daher gestrichen,[33] die entsprechenden Vorschriften in § 56 Abs. 4 AMG zur Kennzeichnung sind grds. ebenfalls entbehrlich geworden. Dies gilt auch für die Regelung in § 56 Abs. 3 AMG, die sich nun in § 30 Abs. 1 AMWHV wiederfindet und verdeutlicht, dass zwar das Fütterungsarzneimittel als Arzneimittel den arzneimittelrechtlichen Vorschriften unterliegt, das verwendete Futtermittel jedoch den futtermittelrechtlichen Vorschriften genügen muss. Das Verbot der Verwendung von Futtermitteln mit Kokzidiostatika dient der Vermeidung unerwünschter Interaktionen mit den in der Arzneimittel-Vormischung enthaltenen pharmakologisch wirksamen Stoffen.

VI. Verschreibung von Fütterungsarzneimitteln

Die Regelung des § 56 Abs. 4 AMG zum Mengenverhältnis des Fütterungsarzneimittels zur täglichen Futterration bzw zum täglichen Bedarf an Ergänzungsfuttermitteln dient der Umsetzung von Art. 4 Abs. 1 RL 90/167/EWG.

§ 56 Abs. 5 AMG regelt die Voraussetzungen der **Verschreibung von Fütterungsarzneimitteln** durch Tierärzte im Wesentlichen entspr. den Voraussetzungen, die für die Abgabe und Verschreibung sonstiger apothekenpflichtiger Arzneimittel in § 56 a AMG festgelegt werden (siehe Rn 16). Auch eine **Umwidmung von Fütterungsarzneimitteln** ist unter Beachtung der in § 56 a Abs. 2 AMG festgelegten Anforderungen möglich, bei Verwendung mehrerer Arzneimittel-Vormischungen müssen diese jedoch für die jeweilige Tierart zugelassen sein (Rn 36).

H. Ausnahmen für Heimtierarzneimittel

Für Arzneimittel, die ausschließlich zur Anwendung bei Zierfischen, Zier- oder Singvögeln, Brieftauben, Terrarientieren, Kleinnagern, Frettchen oder nicht der Gewinnung von Lebensmitteln dienenden Kaninchen bestimmt sind, gelten nach § 60 AMG sowie §§ 4 und 8 der Verordnung über apothekenpflichtige und freiverkäufliche Arzneimittel[34] Ausnahmeregelungen in Bezug auf die Zulassungspflicht, die Verkaufsabgrenzung, die Herstellung und das Inverkehrbringen.

---

33 Art. 2 der VO zur Ablösung der Betriebsverordnung für pharmazeutische Unternehmer v. 3.11.2006 (BGBl. I, 2523).
34 VO über apothekenpflichtige und freiverkäufliche Arzneimittel idF der Bek. v. 24.11.1988 (BGBl. I, 2150; 1989 I, 254), zuletzt geändert durch Art. 1 der VO v. 19.12.2006 (BGBl. I, 3276).

§ 4 der Verordnung über apothekenpflichtige und freiverkäufliche Arzneimittel entlässt solche Arzneimittel, sofern sie nicht der Verschreibungspflicht unterliegen, aus der Apothekenpflicht. § 60 AMG wiederum entlässt sie, sofern sie nicht der Apothekenpflicht unterliegen, aus der Zulassungspflicht. Insg. ergibt sich daraus, dass alle Arzneimittel, die ausschließlich zur Anwendung bei den genannten Tierarten bestimmt und nicht verschreibungspflichtig sind, freiverkäuflich sind und nicht der Zulassungspflicht unterliegen.

41 Die Arzneimittel werden üblicherweise zB im Zoofachhandel in den Verkehr gebracht. Dabei finden nach § 60 AMG auch die Vorschriften des § 50 AMG keine Anwendung, dh die beim Einzelhandel mit freiverkäuflichen Arzneimitteln sonst erforderliche **Sachkenntnis** muss nicht vorhanden sein. Werden jedoch gleichzeitig freiverkäufliche Arzneimittel für andere Tierarten wie Hunde oder Katzen in den Verkehr gebracht, so ist die Sachkenntnis im Hinblick auf diese Arzneimittel nachzuweisen.

42 Für das Eingreifen der Ausnahmeregelungen ist entscheidend, ob das Arzneimittel der Verschreibungspflicht unterliegt. Für die Unterstellung unter die Verschreibungspflicht gelten auch für die sog. Heimtierarzneimittel nach § 60 AMG die Kriterien nach § 48 AMG ohne Ausnahme. Zu beachten ist, dass **Arzneimittel mit neuen Stoffen**[35] seit Inkrafttreten der 15. AMG-Novelle wie schon im früheren Recht (§ 49 AMG idF vor Inkrafttreten der 14. AMG-Novelle)[36] unmittelbar der Verschreibungspflicht unterliegen, ohne dass es hierzu einer Verordnung bedarf. Bei der Frage, ob für ein „Heimtierarzneimittel" die dargestellten Ausnahmeregelungen greifen, kann sich der pharmazeutische Unternehmer insofern nicht auf die Prüfung beschränken, ob die enthaltenen Stoffe in Anlage 1 der Arzneimittelverschreibungsverordnung aufgeführt sind, sondern muss auch prüfen, ob es sich um ein unmittelbar der Verschreibungspflicht unterliegendes Arzneimittel nach § 48 Abs. 1 Nr. 3 AMG handelt. Üblicherweise erfolgt im Rahmen der Zulassung eine behördliche Prüfung, ob solche neuen Stoffe enthalten sind. Bei „Heimtierarzneimitteln" besteht insofern eine besondere Konstellation, als im Fall des Greifens der Ausnahmeregelungen keine Zulassungspflicht besteht und dieser „Automatismus" der behördlichen Prüfung mithin nicht wirkt. Geht jedoch der Inverkehrbringende fälschlich davon aus, dass das Arzneimittel nicht der Verschreibungspflicht unterliegt und bringt es im Rahmen der vermeintlich geltenden Ausnahmetatbestände nach § 4 der Verordnung über apothekenpflichtige und freiverkäufliche Arzneimittel sowie nach § 60 AMG in den Verkehr, liegen Verstöße gegen § 21 Abs. 1 AMG, § 43 Abs. 1 AMG und § 48 Abs. 1 AMG sowie ggf weiterer Vorschriften – mithin möglicherweise Straftatbestände – vor.

43 § 60 Abs. 2 AMG enthält Erleichterungen bzgl des erforderlichen **Personals bei der Herstellung freiverkäuflicher Heimtierarzneimittel**. Im Hinblick auf die enthaltenen **Wirkstoffe** gelten außerdem die Anforderungen der AMWHV nicht, durch Einhaltung vergleichbarer Standards und Verfahren ist jedoch sicherzustellen, dass die Qualität der Herstellung und Prüfung gleichwertig ist (§ 1 Abs. 3 Nr. 7 iVm S. 2 AMWHV). Von der Ermächtigung in § 60 Abs. 3 AMG hat das BMELV keinen Gebrauch gemacht.

44 Die beschriebenen Ausnahmeregelungen tragen der Befürchtung Rechnung, dass aufgrund der geringen wirtschaftlichen Bedeutung der betroffenen Tierarten kein Interesse der pharmazeutischen Industrie an der Zulassung von Arzneimitteln besteht. Um dennoch Arzneimittel verfügbar zu machen, wird für die nicht der Verschreibungspflicht unterliegenden Arzneimittel u.a. auf die behördliche Prüfung der Qualität, Wirksamkeit und Unbedenklichkeit verzichtet. Die Verantwortung für diese Produkteigenschaften liegt mithin alleinig

---

35 Arzneimittel, die Stoffe oder Zubereitungen aus Stoffen mit in der medizinischen Wissenschaft nicht allg. bekannten Wirkungen enthalten.
36 BGBl. I 2005, 2570.

I. Heilmittelwerbegesetz

Auch das Heilmittelwerbegesetz[37] (siehe § 28) findet grundsätzlich auf Human- und Tierarzneimittel gleichermaßen Anwendung. Analog dem bekannten Hinweis bei der Werbung für Humanarzneimittel außerhalb der Fachkreise lautet dieser bei der Werbung für Tierarzneimittel „Zu Risiken und Nebenwirkungen lesen Sie die Packungsbeilage und fragen Sie Ihren Tierarzt oder Apotheker". Nach § 10 HWG darf für verschreibungspflichtige Arzneimittel nur bei Ärzten, Zahnärzten, Tierärzten, Apothekern und Personen, die mit diesen Arzneimitteln erlaubterweise Handel treiben, geworben werden. Dies schließt die Werbung bei Tierhaltern, auch bei gewerblichen Tierhaltern zB in landwirtschaftlichen Fachzeitschriften aus. Damit soll u.a. ein Anreiz zu Missbrauch vermieden werden. Das Werbeverbot nach § 10 Abs. 2 HWG für Arzneimittel zur Beseitigung von Schlaflosigkeit oder psychischen Störungen oder Beeinflussung der Stimmungslage gilt dagegen nur für Humanarzneimittel. Tatsächlich sind solche Arzneimittel im Veterinärbereich aber derzeit ohnehin von untergeordneter Bedeutung und dürften in der Regel nach § 10 Abs. 1 HWG einem Werbeverbot unterliegen. Auch die erlaubte Werbung außerhalb der Fachkreise unterliegt nach § 11 HWG bestimmten Anforderungen, wobei § 11 Abs. 1 Nr. 5 lit. a und lit. c sowie Nr. 10 HWG sich nur auf Humanarzneimittel beziehen.

45

Ein weitergehendes Werbeverbot außerhalb der Fachkreise besteht für Werbung, die sich auf die Erkennung, Verhütung, Beseitigung oder Linderung bestimmter, in der Anlage zum Gesetz aufgeführter, Krankheiten und Leiden bezieht (§ 12 HWG). Die Anlage differenziert zwischen Krankheiten und Leiden beim Menschen bzw beim Tier. Aufgeführt sind anzeige- oder meldepflichtige Seuchen oder Krankheiten, bösartige Neubildungen, bakterielle Eutererkrankungen bei Kühen, Ziegen und Schafen und Koliken bei Pferden und Rindern.

46

J. Arzneimittelpreisverordnung

Die Arzneimittelpreisverordnung (AMPreisV)[38] regelt die Preisspannen des Großhandels, der Apotheken und der Tierärzte bei der Abgabe von apothekenpflichtigen Fertigarzneimitteln sowie von Arzneimitteln, die in Apotheken oder von Tierärzten hergestellt werden. Ausgenommen sind seit dem 1.1.2004 die Preisspannen und Preise von nicht verschreibungspflichtigen Arzneimitteln.

47

Mit dem GKV-Modernisierungsgesetz[39] wurden die ursprünglich für Human- und Tierarzneimittel identischen **Großhandelszuschläge** in § 2 AMPreisV bei der Abgabe an Apotheken oder Tierärzte für Humanarzneimittel neu geregelt. Da für Tierarzneimittel die alten Zuschläge beibehalten wurden, gelten seit dem 1.1.2004 unterschiedliche Spannen. Ähnliches gilt für die in § 3 AMPreisV geregelten **Apothekenzuschläge** für Fertigarzneimittel. Auch hier gelten seit dem 1.1.2004 für Human- und Tierarzneimittel unterschiedliche Zuschläge. Von Bedeutung ist daneben, dass bei der Abgabe von Arzneimitteln zur Anwendung bei Tieren nicht wie bei zur Anwendung bei Menschen bestimmten Arzneimitteln ein

---

[37] Heilmittelwerbegesetz idF der Bek. v. 19.10.1994 (BGBl. I, 3068), zuletzt geändert durch Art. 2 des Gesetzes v. 26.4.2006 (BGBl. I, 984).
[38] Arzneimittelpreisverordnung v. 14.11.1980 (BGBl. I, 2147), zuletzt geändert durch Artt. 7, 7d des Gesetzes v. 17.7.2009 (BGBl. I, 1990).
[39] Art. 24 des Gesetzes zur Modernisierung der gesetzlichen Krankenversicherung v. 14.11.2003 (BGBl. I, 2190).

Fest- sondern ein Höchstzuschlag gilt, bei der Preisfestlegung also nach unten abgewichen werden kann. Dabei ist nicht die Zweckbestimmung laut Zulassung, sondern die tatsächliche Zweckbestimmung entscheidend. Während § 10 AMPreisV, der die Zuschläge für Tierärzte durch Verweis auf §§ 3 bis 5 AMPreisV regelt, schon in seiner ursprünglichen Fassung einen Höchstzuschlag vorsah, wurde dies für die Apotheken erst mit dem GKV-Modernisierungsgesetz eingeführt.

K. Klinische Prüfung und Rückstandsprüfung

48 Gegenstand von klinischen Prüfungen oder von Rückstandsprüfungen bei Lebensmittel liefernden Tieren sind entweder Arzneimittel, die noch gar nicht zugelassen sind, oder deren Zulassung auf weitere Tierarten, Dosierungen oder Anwendungsgebiete erweitert werden soll oder deren Wartezeit verkürzt werden soll. In jedem Fall stellt sich die Frage nach der **Gewinnung von Lebensmitteln von den betroffenen Tieren**. Nach § 59 Abs. 2 AMG können Lebensmittel von den Tieren gewonnen werden, wenn die zuständige Bundesoberbehörde – das BVL – eine angemessene Wartezeit festgelegt hat. Die Zuständigkeit wurde mit der 14. AMG-Novelle von den Behörden der Länder auf das BVL verlagert. Da zur Festlegung der Wartezeit aufwendige pharmakologisch-toxikologische Bewertungen erforderlich werden können, soll sie durch die zuständige Bundesoberbehörde erfolgen, die auch für die Festlegung der Wartezeit im Rahmen der Zulassung zuständig ist, wodurch dort die spezifische Fachkompetenz und Erfahrung vorhanden ist. Außerdem soll sichergestellt werden, dass bei Multizenter-Studien eine einheitliche Wartezeit festgelegt wird.

L. Rückstände in Lebensmitteln tierischer Herkunft, neue Rückstandshöchstmengenverordnung

49 Die Anwendung von pharmakologisch wirksamen Stoffen bei Lebensmittel liefernden Tieren kann zu Rückständen dieser Stoffe in den von den Tieren gewonnenen Lebensmitteln führen. Dabei kann es sich um die verabreichte Muttersubstanz oder um Metabolite der Muttersubstanz handeln.

Arzneimittel zur Anwendung bei **Tieren, die der Gewinnung von Lebensmitteln dienen**, werden daher nur zugelassen, wenn alle enthaltenen pharmakologisch wirksamen Stoffe gemäß dem Verfahren der Verordnung (EG) Nr. 470/2009 im Hinblick auf ihre Rückstandsunbedenklichkeit für den Verbraucher bewertet worden sind.[40] IE der wissenschaftlichen Risikobewertung gemäß der Verordnung werden die jeweiligen Stoffe eingestuft und – ggf bezogen auf bestimmte Gewebe wie Muskulatur, Leber, Niere, Fett, Haut bzw Produkte (Milch, Eier, Honig) sowie Tierarten – eine Rückstandshöchstmenge oder vorl. Rückstandshöchstmenge festgesetzt oder das Fehlen des Erfordernisses der Festsetzung einer

---

40 Die relevanten Stellen des Arzneimittelgesetzes verweisen noch auf die VO (EWG) Nr. 2377/90 des Rates v. 26.6.1990, die durch die genannte VO abgelöst wurde. Unter der VO (EWG) Nr. 2377/90 waren die bewerteten pharmakologisch wirksamen Stoffe in denen Anhängen I bis IV aufgeführt. Nach Art. 27 der neuen VO (EG) Nr. 470/2009, die keine Anhänge mit den bewerteten Stoffen mehr enthält, erlässt die Kommission bis zum 4.9.2009 eine VO, in der die Stoffe der bisherigen Anhänge I bis IV der VO (EWG) Nr. 2377/90 ohne Änderung enthalten sind. Bis dahin gelten die Anhänge I bis IV der VO (EWG) Nr. 2377/90 noch fort (Art. 29 VO (EG) Nr. 470/2009). Nach Inkrafttreten der neuen VO sind die entsprechenden Verweise im AMG auf die Anhänge der VO (EWG) Nr. 2377/90 bis zur Anpassung des Gesetzes entsprechend als Verweise auf die neue VO zu lesen. Die neue VO enthält die Einstufung gem. Art. 14 VO (EG) Nr. 470/2009. Nach diesem Art. wird für jeden Stoff und ggf für best. Lebensmittel oder Tierarten eine Rückstandshöchstmenge (entspricht Anhang I der VO (EWG) Nr. 2377/90) oder vorläufige Rückstandshöchstmenge (entspricht Anhang III der VO (EWG) Nr. 2377/90) festgelegt oder das Fehlen des Erfordernisses der Festsetzung einer Rückstandshöchstmenge (entspricht Anhang II der VO (EWG) Nr. 2377/90) festgestellt oder ein Anwendungsverbot (entspricht Anhang IV der VO (EWG) Nr. 2377/90) verfügt.

Rückstandshöchstmenge festgestellt oder ein Anwendungsverbot verfügt (Art. 14 VO (EG) Nr. 470/2009).

Üblicherweise wird die Rückstandsbewertung von einem interessierten pharmazeutischen Unternehmer bei der Europäischen Arzneimittelagentur (EMEA) beantragt. In bestimmten Fällen kann ein Antrag aber auch von der Kommission, einem Mitgliedstaat oder einer betroffenen Organisation gestellt werden (Art. 9 VO (EG) Nr. 470/2009). Das Ergebnis der Bewertung ist nicht geschützt, dh die positive Bewertung im Hinblick auf die Rückstandsunbedenklichkeit kann von jedem pharmazeutischen Unternehmer, der die Zulassung eines entspr. Tierarzneimittels anstrebt, genutzt werden. Im Rahmen der Zulassung von Tierarzneimitteln für Lebensmittel liefernde Tiere werden auf der Basis der Rückstandshöchstmengen soweit erforderlich für das jeweilige Arzneimittel **Wartezeiten** für die einzelnen Tierarten festgelegt, nach deren Ablauf die Rückstandshöchstwerte unterschritten sind und Lebensmittel von den behandelten Tieren gewonnen werden dürfen (§ 4 Abs. 12 AMG).

Nach § 59 b AMG hat der pharmazeutische Unternehmer der zuständigen Behörde die zur Durchführung von Rückstandskontrollen erforderlichen Stoffe auf Verlangen zur Verfügung zu stellen.

§ 39 Pharmakovigilanz bei Tierarzneimitteln

Literatur: Woodward, Kevin (Editor): Veterinary Pharmacovigilance: Adverse Reactions to Veterinary Medicinal Products, 2009.

A. Allgemeines.........................	1	D. Risiken für die Umwelt...................	6
B. Überwachung der Arzneimittelsicherheit...	2	E. Dokumentations- und Meldepflichten......	7
C. Spontanmeldesystem für Nebenwirkungen	3		

A. Allgemeines

1   Die Begriffsbestimmung der „Nebenwirkungen" ist für Human- und Tierarzneimittel weitgehend identisch; allerdings wird bei der Definition der „schwerwiegenden Nebenwirkungen" in § 4 Abs. 13 S. 2 Hs 2 AMG, der nur für Tiere gilt, ergänzt: „für Arzneimittel, die zur Anwendung bei Tieren bestimmt sind, sind schwerwiegend auch Nebenwirkungen, die ständig auftretende oder lang anhaltende Symptome hervorrufen". Dies spiegelt die Definition in der Richtlinie 2001/82/EG wieder. Die Formulierung trägt der Tatsache Rechnung, dass Tiere, auch wenn sie schwer oder dauerhaft erkranken, häufig nicht wie Menschen stationär behandelt werden. Insofern können auch lang andauernde oder permanente Symptome bei Tieren, wie Lahmheit, Störungen der Nahrungsaufnahme, als schwerwiegende Nebenwirkung betrachtet werden, mit allen sich daraus ergebenden Verpflichtungen zu Meldefristen für die pharmazeutischen Unternehmer.

B. Überwachung der Arzneimittelsicherheit

2   In **§ 62 AMG** wird das Netzwerk beschrieben, welches auf internationaler und nationaler Ebene Arzneimittelrisiken erfasst und auswertet, um gegebenenfalls schnelle Maßnahmen zur Risikoabwehr koordinieren zu können. Im Zentrum stehen die jeweils zuständigen Bundesoberbehörden, für Tierarzneimittel das BVL, die zusammenwirken mit den Gesundheits- und Veterinärbehörden der Bundesländer, den Arzneimittelkommissionen der Heilberufe, für Tierarzneimittel mit dem Ausschuss für Arzneimittel und Futtermittel der Bundestierärztekammer (BTK), nationalen Pharmakovigilanzzentren, mit Arzneimittelbehörden anderer EU-Mitgliedstaaten, der EMEA, sowie anderen Stellen, die Arzneimittelrisiken erfassen. Die zuständige Bundesoberbehörde kann die Öffentlichkeit, falls erforderlich, über Arzneimittelrisiken und erforderliche Risikomanagementmaßnahmen informieren.

C. Spontanmeldesystem für Nebenwirkungen

3   Das wichtigste Instrument zur Überwachung der Arzneimittelsicherheit ist das im Tierarzneimittelbereich schon seit 1982 etablierte Spontanmeldesystem für Nebenwirkungen von Tierarzneimitteln. Im Laufe der Jahre sind die Meldezahlen im Veterinärbereich kontinuierlich angestiegen, was nicht auf höhere Risiken, sondern nur auf die bessere Nutzung des Systems schließen lässt. Insgesamt ist die Rate der gemeldeten Nebenwirkungen im Verhältnis zur Anzahl der Behandlungen bei Tieren gering, insbesondere trifft das auf schwerwiegende Nebenwirkungen zu. Die Auswertung der Nebenwirkungen erfolgt nach einem EU-weit einheitlichen System (**Guideline on Causality Assessment**).[1]

Seit Bereitstellung der EudraVigilance-Datenbank für den Veterinärbereich bei der EMEA, wo Meldungen aus allen Mitgliedstaaten zusammengeführt werden, gibt es eine solide Basis zur statistischen Auswertung von Nebenwirkungen, als dies vorher in den einzelnen Mitgliedstaaten auf der Basis der begrenzten örtlichen Datenlage der Fall war. Dies erlaubt

---

[1] European Medicines Agency. Guideline on Harmonising the Approach to Causality Assessment for Adverse Reactions to Veterinary Medicinal Products. EMEA/CVMP/552/03-Final. 2004.

auch den Einsatz statistischer Methoden zur Analyse der Daten wie die integrierten Funktionen des „Data Warehouse" und den Einsatz der Proportional Reporting Ratio (PRR).

Der Nachteil des spontanen Meldesystems ist die **häufig unzureichende Datenlage**, die eine Bewertung des Kausalzusammenhangs erschwert. Auch eine Inzidenzberechnung ist auf der Basis von Spontanmeldungen nicht möglich, dazu bedarf es der Verkaufs- und Anwendungsdaten, wie sie nur im Periodischen Bericht zur Sicherheit (Periodic Safety Update Report, PSUR) vorhanden sind. Als Ergänzung zum spontanen Meldesystem sind deshalb gezielt durchgeführte Post Marketing Safety Studien oder Kooperationen mit Universitätskliniken und Tierarztpraxen zur gezielten, kontinuierlichen Beobachtung von Nebenwirkungen von großer Bedeutung. 4

Für Tierarzneimittel gehört zu den Risiken, neben klinischen Nebenwirkungen, Wechselwirkungen, Verfälschungen, die hier insbesondere gemeint sind, auch das potenzielle Risiko für die Umwelt. Hierin spiegelt sich der erweiterte Rahmen bei der Definition des Risikos für Tierarzneimittel aus § 4 Abs. 27 und 28 AMG wieder.

Wie in **§ 4 Abs. 27 AMG** ausgeführt, bezieht sich das Anwendungsrisiko eines Tierarzneimittels auf Auswirkungen auf die Gesundheit von „Mensch und Tier". Hiermit wird das erweiterte Spektrum betont, das bei der Zulassung und beim Einsatz von Tierarzneimitteln zu beachten ist. Auch im Rahmen des Zulassungsverfahrens werden schon Aspekte der Anwendersicherheit geprüft und entsprechende Anweisungen und Warnhinweise zur Risikominimierung für den Menschen als Anwender von Tierarzneimitteln aufgenommen. Weiterhin muss auch ein gesundheitliches Risiko für den Menschen durch Arzneimittelrückstände in tierischen Lebensmitteln in der Nutzen-/Risiko-Abwägung berücksichtigt werden. 5

D. Risiken für die Umwelt

Umweltrisiken werden ebenso im Zusammenhang mit der Anwendung eines Arzneimittels betrachtet. Aufgrund der im Zulassungsverfahren einzureichenden Unterlagen werden Risikominimierungsmaßnahmen für die Umwelt geprüft und über Auflagen oder besondere Hinweise für den Anwender umgesetzt. 6

Bei der Beurteilung des **Nutzen-Risiko-Verhältnisses** muss für Tierarzneimittel im Gegensatz zu Humanarzneimitteln auch der Aspekt „des Risikos unerwünschter Auswirkungen auf die Umwelt" in die Betrachtung einbezogen werden (**§ 4 Abs. 28 AMG**). Umweltrisiken können bei der Entscheidung über die Zulassung eines Tierarzneimittels ein Versagungsgrund sein. Auch die Auswirkungen auf die menschliche Gesundheit (Anwendersicherheit und Lebensmittelsicherheit) sind für eine abschließende Bewertung des Nutzen-Risiko-Verhältnisses als Kriterium zusätzlich heranzuziehen.

Nebenwirkungsmeldungen zur **Ökotoxizität** von Tierarzneimitteln sind im Rahmen des spontanen Meldesystems für Nebenwirkungen nach jahrelangen Erfahrungen in EU-Mitgliedstaaten äußerst selten und beschränken sich auf Einzelfälle von Off-Label-Use bzw Fehlanwendungen oder akzidentielle Exposition.

E. Dokumentations- und Meldepflichten

Schwerwiegende Nebenwirkungen aus der EU oder schwerwiegende und unerwartete Nebenwirkungen aus Drittländern, sowie Nebenwirkungen beim Menschen ausgelöst durch Tierarzneimittel werden innerhalb von 15 Tagen von den Behörden der Mitgliedstaaten an die EMEA weitergeleitet und dort in die **Eudravigilance-Datenbank** aufgenommen. Alle übrigen Meldungen werden vom pharmazeutischen Unternehmer im PSUR zusammengefasst und der Bundesoberbehörde in bestimmten festgelegten Zeitabständen vorgelegt. 7

Die regelmäßige Information der Öffentlichkeit und der Fachöffentlichkeit über Arzneimittelrisiken ist ein wichtiger Aspekt, um über Transparenz und Aufklärung eine verbesserte

Sicherheit bei der Anwendung von Tierarzneimitteln zu erreichen. Sie wird auf EU-Ebene von der EMEA und auf nationaler Ebene von den Zulassungsbehörden in Form von Jahresberichten und Veröffentlichungen zu aktuellen Problemen wahrgenommen.

8 Die Dokumentations- und Meldepflichten von pharmazeutischen Unternehmern werden in § **63 b** AMG geregelt. Zu den schwerwiegenden Nebenwirkungen, die innerhalb von 15 Tagen gemeldet werden müssen, zählen auch solche, die als Verdachtsfälle in einem Drittland aufgetreten sind und durch Arzneimittel hervorgerufen wurden, die Ausgangsmaterial von Mensch oder Tier enthalten, das mit Krankheitserregern kontaminiert wurde. Dieser Passus setzt die Regelungen der Richtlinie 2001/82/EG sowie der Verordnung (EG) Nr. 726/2004 in Bezug auf die Sicherheit von Arzneimitteln biologischer Herkunft in nationales Recht um.

Auch Meldungen zu erheblichem Missbrauch und Fehlgebrauch von Tierarzneimitteln müssen, wenn die Gesundheit von Mensch oder Tier unmittelbar gefährdet ist, innerhalb von 15 Tagen gemeldet werden.

9 Diese Frist gilt auch für Nebenwirkungen, die beim Menschen im Zusammenhang mit der Anwendung eines Tierarzneimittels auftreten. **Nebenwirkungen beim Menschen** zu Tierarzneimitteln gelten per se als schwerwiegend, auch wenn in Bezug auf die Symptome nur milde, vorübergehende Reaktionen zu konstatieren sind. Diese Nebenwirkungen beim Menschen müssen an das BVL und nicht an das BfArM gemeldet werden, da das BVL die für Tierarzneimittel und ihre Risikoabwehr zuständige Behörde ist.

In § **63 b Abs. 3 AMG** wird klargestellt, dass die Pflicht in Bezug auf Meldungen der Nebenwirkungen beim Menschen durch Tierarzneimittel in der gleichen Weise gilt für Arzneimittel, die im Verfahren der gegenseitigen Anerkennung oder im dezentralen Verfahren zugelassen wurden.

§ 40 Überwachung bei Tierarzneimitteln

A.	Allgemeines	1	
B.	Kontrollen im Bereich der Tierarzneimittel	2	
C.	Ausnahme vom Verbringungsverbot	3	
D.	In Deutschland nicht zugelassene Arzneimittel	4	
E.	Therapienotstand	5	
F.	Minor Uses, Minor Species	6	

A. Allgemeines

In § 64 Abs. 1 S. 1 AMG am Ende wird Bezug genommen, „auf Arzneimittel, die zur Anwendung bei Tieren" bestimmt sind und „Betriebe und Einrichtungen die diese erwerben oder anwenden". Danach fallen alle tierärztliche Praxen, Kliniken, Einkaufsgenossenschaften und zentrale Beschaffungsstellen sowie auch Zoohandlungen unter die Überwachungspflicht. 1

Landwirtschaftliche Betriebe, Zoos, aber auch sog. Tierheilpraktiker gehören zu den Betrieben, die Tierarzneimittel erwerben und anwenden und unterstehen der Überwachung. Tierheilpraktiker ist in Deutschland keine anerkannte (geschützte) Berufsbezeichnung.

Es wird weiterhin in Absatz 3 ausgeführt, in welchem Umfang und in welchen Zeitabständen die zuständige Landesbehörde die Überwachung durchzuführen hat. Bei tierärztlichen Hausapotheken ist in der Regel alle zwei Jahre eine Besichtigung durchzuführen.

In § 65 Abs. 1 AMG werden die Möglichkeiten der Probennahme bei der Überwachung geregelt. Die Befugnis erstreckt sich insbesondere auf die Entnahme von Proben von Futtermitteln und Tränkwasser und bei lebenden Tieren einschließlich der dabei erforderlichen Eingriffe". Sie besteht prinzipiell und nicht nur im Verdachtsfall.

B. Kontrollen im Bereich der Tierarzneimittel

Die Kontrollen im Bereich der Tierarzneimittel dienen vor allem dem Verbraucherschutz und der Verhinderung der illegalen Anwendung von Tierarzneimitteln. Es ist wichtig für die Behörden im Sinne der Kontrollen „from stable to table" die Möglichkeit zu haben, auch nach dem AMG Proben am lebenden Tier nehmen zu können. Tierarzneimittel können von den zuständigen Landesbehörden sichergestellt werden, falls der begründete Verdacht besteht, dass arzneimittelrechtliche Vorschriften nicht eingehalten wurden. Auch auf Stoffe und Zubereitungen aus Stoffen ist diese Regelung anwendbar. Damit werden auch Stoffe erfasst, die aus dem Rohstoff- oder Chemikalienhandel bezogen werden können (§ 69 Abs. 2 a AMG). 2

In § 69 a AMG werden die für die Überwachung von Betrieben, Einrichtungen und Personen, die dem § 59 c AMG unterfallen, benötigten Voraussetzungen geschaffen. Sie erstrecken sich auch auf solche Betriebe, die gem. Art. 14 Abs. 2 lit. d VO (EG) Nr. 470/2009 eingestufte Stoffe herstellen, lagern, einführen oder in Verkehr bringen. Damit wird den Überwachungsbehörden die Möglichkeit gegeben, einem Verdacht auf illegale Anwendung dieser Stoffe nachzugehen.

C. Ausnahme vom Verbringungsverbot

Ausnahme vom Verbringungsverbot: 3

- § 73 Abs. 1 Nr. 1 AMG stellt die Bedingungen dar, nach denen Tierärzte, neben Apothekern, pharmazeutischen Unternehmern, Großhändlern oder Krankenhausbetreibern, Arzneimittel aus anderen Mitgliedstaaten verbringen können. Alle zulassungs- oder registrierungspflichtigen Tierarzneimittel dürfen aus einem anderen Mitgliedstaat oder aus einem Staat des europäischen Wirtschaftsraums nur in den Geltungsbereich des

AMG verbracht werden, wenn sie hier zugelassen, registriert oder davon freigestellt sind und der Empfänger zum angegebenen Personenkreis gehört.
- In § 73 Abs. 1a AMG werden die Bedingungen für Fütterungsarzneimittel klargestellt, nach denen sie eingeführt werden dürfen und zwar, wenn sie den nach AMG geltenden Vorschriften entsprechen und der Empfänger zu dem im Absatz 1 genannten Personenkreis gehört. Auch für Tierhalter nach § 56 Abs. 1 S. 1 AMG ist hier eine Ausnahme möglich.
- § 73 Abs. 2 Nr. 1 AMG nennt Ausnahmen von Abs. 1 S. 1, die für das Verbringen von Tierarzneimitteln relevant sind. Im Einzelfall gibt es „für die arzneiliche Versorgung bestimmter Tiere bei Tierschauen, Turnieren oder ähnlichen Veranstaltungen" die Möglichkeit für die Dauer der Veranstaltung in „geringen Mengen" die Arzneimittel die für die mitgeführten Tiere benötigt werden, zu verbringen.
- § 73 Abs. 3a AMG betrifft eine weitere Ausnahmeregelung vom Verbringungsverbot und Abweichung von Abs. 1 Nr. 1, in Bezug auf Arzneimittel zur Anwendung bei Tieren.

D. In Deutschland nicht zugelassene Arzneimittel

4   In Deutschland nicht zugelassene Arzneimittel dürfen zum Zweck der Anwendung bei Tieren in den Geltungsbereich des AMG verbracht werden, wenn sie von Apotheken für Tierärzte oder Tierhalter im Rahmen der bestehenden Apothekenbetriebserlaubnis abgegeben werden oder vom Tierarzt im Rahmen des Betriebs der tierärztlichen Hausapotheke für von ihm behandelte Tiere bestellt werden und wenn sie in einem anderen EU-Mitgliedstaat oder einem Staat des europäischen Wirtschaftsraums als Tierarzneimittel zugelassen sind und im Geltungsbereich des AMG kein geeignetes zugelassenes Tierarzneimittel zur Verfügung steht. Die Bestellung und Abgabe in Apotheken darf nur bei Vorliegen einer tierärztlichen Verschreibung erfolgen. § 73 Abs. 3 S. 3 AMG, der sich auf den Bezug von Humanarzneimitteln aus Drittländern bezieht, gilt entsprechend.

Wenn Tierärzte entsprechende Arzneimittel nach § 73 Abs. 1 AMG bestellen, von Apotheken beziehen oder verschreiben, müssen sie dies unverzüglich bei der zuständigen Landesbehörde anzeigen. In der Anzeige muss angegeben werden, für welche Tierart und Indikation das Arzneimittel eingesetzt werden soll, das Land aus dem es bezogen wird, die Bezeichnung und Menge des Arzneimittels sowie die Wirkstoffe nach Art. und Menge. Bei Anwendung dieser Arzneimittel ist § 56a AMG zu beachten.

E. Therapienotstand

5   Mit diesen Regelungen wird dem Tierarzt, genauso wie dem Arzt und Zahnarzt die Möglichkeit eingeräumt, in Ausnahmefällen auf Arzneimittel zurückzugreifen, die in Deutschland nicht im Verkehr sind. Im Veterinärbereich betrifft dies vor allem den sog. Therapienotstand und die sog. MUMS (= *minor uses, minor species*) Problematik. Dies bedeutet, dass für bestimmte Tierarten und Indikationen kein zugelassenes Tierarzneimittel zur Verfügung steht. Häufig sind die Gründe, dass kein Zulassungsantrag gestellt wird, im mangelnden kommerziellen Interesse der pharmazeutischen Unternehmer zu sehen, wenn aufgrund geringer Tierzahlen oder Krankheitsinzidenzen nur ein begrenzter Markt vorliegt, oder sich aus anderen Gründen keine ausreichenden Einnahmen mit der Vermarktung eines Tierarzneimittels erzielen lassen.

F. Minor Uses, Minor Species

Zu den „minor species" zählen: Pferd, Milchschaf, Pute, Enten, Gänse, Meerschweinchen, Kaninchen, Kleinnager, Fische und Bienen.

§ 73 Abs. 4 AMG regelt die Unterstellung der nach § 73 AMG verbrachten Arzneimittel unter diverse Anforderungen des AMG zur Verbesserung der Arzneimittelsicherheit bei der Anwendung dieser Präparate. Deshalb werden diese Arzneimittel u.a. den Regelungen der §§ 56a, 57, 58 Abs. 1 sowie 59 AMG unterstellt. Auch gilt die Nachweisverordnung für Arzneimittel, die zur Anwendung bei Tieren bestimmt sind.[1]

Für Arzneimittel nach § 73 Abs. 2 AMG, die für die dort genannten Personen und Einrichtungen bestimmt sind, gelten zwar die Bestimmungen des AMG nicht, aber sie dürfen nach § 5 AMG nicht bedenklich sein und keine irreführende Bezeichnung nach § 8 AMG führen.

§ 73 Abs. 5 AMG erlaubt dem Tierarzt bei der Ausübung seines Berufes im grenzüberschreitenden Bereich in Deutschland unter bestimmten Voraussetzungen Arzneimittel für von ihm behandelte Tiere mit sich zu führen, die in seinem Herkunftsland zugelassen sind. Bedingung ist, dass die Arzneimittel von ihm selbst angewendet werden. Die Abgabe an Tierhalter ist verboten. Wichtig ist aber, dass er den Tierhalter, wenn es sich um Lebensmittel liefernde Tiere handelt, auf die Einhaltung der im Bereich des AMG geltenden Wartezeit aufmerksam macht.

Im „kleinen Grenzverkehr" bestehen für Ärzte und Tierärzte Vereinbarungen zwischen den EU Mitgliedstaaten und der Schweiz, um ihnen das Ausüben ihres Berufes im grenzüberschreitenden Bereich zu erleichtern.

---

1 Tierhalter-Arzneimittel-Nachweisverordnung v. 20.12.2006 (BGBl. I, 3450, 3453).

§ 41 Die Verordnung über tierärztliche Hausapotheken (TÄHAV) und die Tierhalter-Arzneimittel-Nachweisverordnung

A. Verordnung über tierärztliche Hausapotheken (TÄHAV).................................. 1
   I. Allgemeines.. 1
   II. Abgabe von Arzneimitteln durch Tierärzte.................................. 2
   III. Lagerung und Aufbewahrung von Arzneimitteln............................ 4
   IV. Kennzeichnung....................................... 5
   V. Wartezeit.. 6
   VI. Nachweispflicht..................................... 7
   VII. Verschreibung von Arzneimitteln für Tiere..................................... 9
   VIII. Apotheken der tierärztlichen Bildungsstätten.............................. 10
B. Tierhalter-Arzneimittel-Nachweisverordnung.. 11
   I. Erwerbsnachweise................................ 12
   II. Nachweis der Arzneimittelanwendung im Bestand................................ 13

A. Verordnung über tierärztliche Hausapotheken (TÄHAV)

I. Allgemeines

1 Das Führen einer tierärztlichen Hausapotheke ist Voraussetzung für die Ausübung des tierärztlichen Dispensierrechts. Eine Anzeige des Betriebs nach § 67 Abs. 1 AMG (Allgemeine Anzeigepflicht, s. siehe § 38 Rn 1) ist erforderlich; der anzeigende Tierarzt hat persönlich für den ordnungsgemäßen Betrieb der tierärztlichen Hausapotheke Sorge zu tragen (§ 2 TÄHAV). Arzneimittelrechtlich ist der Betrieb einer tierärztlichen Hausapotheke nicht an eine Niederlassung gebunden. Tierärzte haben grundsätzlich die Möglichkeit, eine tierärztliche Hausapotheke im Rahmen ihrer Tätigkeit in Industrie bzw Forschung oder auch für den Eigenbedarf anzuzeigen.

Die Verordnung[1] enthält Vorschriften über den Betrieb der tierärztlichen Hausapotheke u.a. zur Beschaffenheit der Betriebsräume, den vorzuhaltenden Geräten und Rechtsvorschriften sowie Anforderungen an Herstellung, Prüfung bzw Lagerung von Arzneimitteln.

Im Hinblick auf die ordnungsgemäße Behandlung von Tieren sowie die Anwendung von Arzneimitteln sind beim Betrieb einer tierärztlichen Hausapotheke die Regeln der veterinärmedizinischen Wissenschaft zu beachten (§ 1 a TÄHAV). Letztere werden zB im Bereich des Antibiotikaeinsatzes durch Leitlinien[2] detailliert dargestellt. Für die Herstellung, Lagerung und Prüfung von Arzneimitteln sind die im Arzneibuch (§ 55 AMG, siehe § 7 Rn 193 und § 8 Rn 22) zusammengefassten Regeln anzuwenden.

II. Abgabe von Arzneimitteln durch Tierärzte

2 Die Abgabe der Arzneimittel an Tierhalter setzt gem. § 12 TÄHAV die ordnungsgemäße Behandlung (siehe § 38 Rn 3) von Tieren oder Tierbeständen voraus. Somit ist die Abgabe von Arzneimitteln durch den Tierarzt Teil der tierärztlichen Dienstleistungserbringung.[3] Eine Behandlung nach den Regeln der tierärztlichen Wissenschaft schließt insbesondere mit ein, dass die Tiere oder der Tierbestand in angemessenem Umfang untersucht worden sind und sowohl die Anwendung der Arzneimittel als auch der Behandlungserfolg vom Tierarzt kontrolliert werden. Der Umfang der Untersuchung ist mit dem Begriff „angemessen" weit definiert; als Resultat der Untersuchung sollte jedoch eine Diagnose bzw Behandlungsindikation gestellt werden können. Generell gelten als Tierbestand auch Tiere verschiedener

---

1 In der Fassung der Bekanntmachung v. 20.12.2006 (BGBl. I, 3455), zuletzt geändert durch Art. 2 der VO zur Änderung der VO über Stoffe mit pharmakologischer Wirkung und der VO über tierärztliche Hausapotheken sowie zur Aufhebung der VO über das Verbot der Verwendung bestimmter Stoffe bei der Herstellung von Arzneimitteln zur Anwendung bei Tieren v. 16.3.2009 (BGBl. I, 510, 740).
2 Deutsches Tierärzteblatt, November 2000: Leitlinien für den sorgfältigen Umgang mit antimikrobiell wirksamen Tierarzneimitteln (Verlagsbeilage).
3 Zrenner/Paintner, Arzneimittelrechtliche Vorschriften für Tierärzte, zu § 1 AMG.

Eigentümer oder Besitzer, wenn die Tiere gemeinsam gehalten oder auf Weiden zusammengebracht werden (zB in Pensionstierhaltungen).

Die Definition der Abgabebedingungen schließt einen gewerblichen Handel mit Arzneimitteln durch Tierärzte aus. Die Menge der in der Außenpraxis mitgeführten Arzneimittel darf mithin den regelmäßigen täglichen Bedarf der tierärztlichen Tätigkeit nicht überschreiten (§ 11 Abs. 2 TÄHAV).

Die vom Tierarzt eingesetzten Mitarbeiter (Studierende, Hilfskräfte) dürfen nur ihrer Ausbildung und ihren Kenntnissen entsprechend eingesetzt werden. Sie sind vom Tierarzt, der die persönliche Verantwortung für die ordnungsgemäße Führung der Hausapotheke trägt (siehe Rn 1), zu beaufsichtigen. Da der Grad der Kenntnisse nicht definiert wird, kommt es allein dem Tierarzt zu, die Entscheidung über die Art der Beschäftigung der Hilfskräfte zu treffen.[4]

Im Falle der Abgabe von Arzneimitteln zur Anwendung bei Lebensmittel liefernden Tieren hat sich der Tierarzt von der Möglichkeit der ordnungsgemäßen Arzneimittelanwendung durch den Tierhalter zu vergewissern.

III. Lagerung und Aufbewahrung von Arzneimitteln

Die Arzneimittel müssen an einem einzigen Standort gelagert werden; Ausnahmen sind abschließend geregelt (zB in einer Besamungsstation, einer Tierklinik, einer Untereinheit der Praxis), wenn die Arzneimittel für die dort vorhandenen oder im Fall einer Untereinheit der Praxis auch für die von dort behandelten Tiere bestimmt sind und der ausschließlichen Verfügungsgewalt eines Tierarztes unterliegen. Die Erlaubnis zur Lagerung an einem einzigen Standort ist an die jeweilige Person gebunden. Sie gilt auch dann, wenn dieser Tierarzt mehrere Niederlassungen betreibt. Für die weiteren Niederlassungen ist dann jeweils eine anderer zuständige Person verantwortlich. Praxis und Untereinheit müssen im selben bzw angrenzenden Landkreis liegen. Des Weiteren wird die Art und Weise der Aufbewahrung (Beschriftung, Sicherung gegen Unbefugte etc.) geregelt.

Der Tierarzt hat sich über die einwandfreie Beschaffenheit der Arzneimittel seiner Apotheke zu vergewissern. Wenn sich keine Anhaltspunkte ergeben, die die einwandfreie Beschaffenheit der Arzneimittel in Frage stellen, genügt eine Sinnenprüfung. Andernfalls sind die betroffenen Arzneimittel zu vernichten.

Sollten klinische Anhaltspunkte (wie zB unerwünschte Arzneimittelwirkungen einschließlich mangelnder Wirksamkeit) die einwandfreie Beschaffenheit der Arzneimittel in Frage stellen, so ist der Tierarzt gemäß der Berufsordnung für Tierärzte verpflichtet, dies der zuständigen Bundesoberbehörde mitzuteilen. Im Sinne der Arzneimittelsicherheit ist es von besonderer Bedeutung, mögliche Risiken frühzeitig zu erkennen.

IV. Kennzeichnung

Die Behältnisse, in denen Arzneimittel vom Tierarzt abgegeben werden, müssen – auch wenn es sich nicht um Fertigarzneimittel handelt – mit den Angaben nach den §§ 10 und 11 des AMG gekennzeichnet werden. Wenn die Arzneimittel vom Tierarzt in unveränderter Form als umgefüllte oder abgepackte Arzneimittel abgegeben werden, müssen lediglich die Kennzeichnungsvorgaben für Blister gem. §§ 10 Abs. 8 S. 1 und 11 Abs. 7 S. 1 und 2 AMG erfüllt werden (siehe § 36 Rn 5) und die Arzneimittel zusätzlich mit dem Namen und der Praxisanschrift des behandelnden Tierarztes sowie der abgegebenen Menge gekennzeichnet sind. Zusätzlich ist dem Tierhalter die Gebrauchsinformation mitzugeben. Es dürfen nur Behält-

---

4 Zrenner/Paintner, Arzneimittelrechtliche Vorschriften für Tierärzte, zu § 2 Abs. 2 AMG.

nisse verwendet werden, die die einwandfreie Beschaffenheit des Arzneimittels nicht beeinträchtigen. Abgabebehältnisse, die mit Arzneimitteln direkt in Kontakt kommen, müssen den Anforderungen des Arzneibuchs entsprechen (§ 55 Abs. 8 AMG, siehe Rn 1). Eine Wiederverwendung bereits benutzter Gefäße ist in diesem Zusammenhang als bedenklich einzustufen.

V. Wartezeit

6   Wird ein Arzneimittel vom Tierarzt bei Tieren, die der Gewinnung von Lebensmitteln dienen, angewendet oder zur Anwendung bei diesen Tieren von ihm selbst oder auf seine ausdrückliche Weisung abgegeben, so hat der Tierarzt den Tierhalter gem. § 12a Abs. 1 TÄHAV (Informationspflichten) unverzüglich auf die Einhaltung der Wartezeit hinzuweisen (vgl § 56a AMG, siehe § 38 Rn 19).

Im Rahmen des oben (Rn 6) Hinweises nach § 12a Abs. 1 TÄHAV hat der Tierarzt mindestens die Wartezeit, die auf einem Fertigarzneimittel für die zu behandelnde Tierart angegeben ist, zugrunde zu legen.

Bei Abweichung von den Zulassungsbedingungen ist die Wartezeit so zu bemessen, dass die in der Rückstandshöchstmengenverordnung festgesetzten Höchstmengen (siehe § 38 Rn 19) nicht überschritten werden. Sofern auf einem Arzneimittel keine Wartezeit für die betreffende Tierart angegeben ist, darf die festzulegende Wartezeit die in § 12a Abs. 2 S. 3 TÄHAV festgelegten Zeiträume nicht unterschreiten. Dabei handelt es sich um Mindestzeiten, sofern Anhaltspunkte vorliegen, dass diese Wartezeiten nicht ausreichend sind, hat der Tierarzt entsprechend längere Zeiten festzulegen.

Die Wartezeit für apothekenpflichtige homöopathische Arzneimittel, die ausschließlich Wirkstoffe enthalten, die gem. Art. 14 Abs. 2 lit. c VO (EG) Nr. 470/2009 (siehe § 38 Rn 19) eingestuft wurden, dh für die das Fehlen des Erfordernisses der Festsetzung einer Rückstandshöchstmenge festgestellt wurde, darf auf null Tage festgesetzt werden.

VI. Nachweispflicht

7   Der Tierarzt hat über den **Erwerb** und den **Verbleib** der Arzneimittel in der jeweiligen tierärztlichen Hausapotheke und über die Verschreibung von Fütterungsarzneimitteln Nachweise zu führen. Auch zur Herstellung – außer dem Umfüllen, Abpacken oder Kennzeichen von Arzneimitteln in unveränderter Form – oder über die Prüfung von Arzneimitteln, sofern sie über eine Sinnenprüfung hinausgeht, sind Nachweise zu führen.

Bei der **Anwendung** von apotheken- bzw verschreibungspflichtigen Arzneimitteln bei Tieren, die der Gewinnung von Lebensmitteln dienen, sowie bei der Abgabe von Arzneimitteln, die zur Anwendung bei diesen Tieren bestimmt sind, ist ein Nachweis zu führen. Dieser muss mindestens folgende Angaben in übersichtlicher Weise enthalten: Das Anwendungs- oder Abgabedatum, die fortlaufende Belegnummer des Tierarztes im jeweiligen Jahr, den Namen und Praxisanschrift des behandelnden Tierarztes, den Namen und Anschrift des Tierhalters, die Anzahl, Art und Identität der Tiere, die Arzneimittelbezeichnung, die angewendete oder abgegebene Menge des Arzneimittels und die Wartezeit.

Im Falle der **Abgabe** von Arzneimitteln muss der Nachweis *zusätzlich* die Diagnose, die Chargenbezeichnung, die Dosierung des Arzneimittels pro Tier und Tag sowie die Art, Dauer und Zeitpunkt der Anwendung und ggfs. weitere Behandlungsanweisungen an den Tierhalter enthalten.

8   Der Tierarzt muss dem Tierhalter den Nachweis unverzüglich aushändigen bzw übermitteln. Wenn nach der Anwendung des Arzneimittels durch den Tierarzt die Dokumentation nach § 2 S. 1 der Tierhalter-Arzneimittel-Nachweisverordnung (siehe Rn 14) unverzüglich vor-

genommen wird und der Tierarzt die entsprechende Eintragung durch seine Unterschrift und die Angabe seiner Praxis bestätigt, kann der Anwendungsbeleg entfallen. Im Falle der elektronischen Nachweisführung ist die Authentizität der tierärztlichen Bestätigung sicherzustellen.

Der Nachweis über Abgabe und Anwendung von Arzneimitteln an nicht Lebensmittel liefernde Tiere erfolgt durch Aufzeichnungen im Tagebuch der Praxis oder in der Patientenkartei, dabei sind Art und Menge sowie Name und Anschrift des Empfängers anzugeben, wobei diese Eintragungen gegenüber anderen Eintragungen besonders hervortreten müssen. Auch der sonstige Verbleib von Arzneimitteln (zB Bruch oder Restmengen) ist zu dokumentieren. Dies kann ebenfalls durch Aufzeichnungen im Tagebuch der Praxis erfolgen.

Als Nachweise für den Erwerb gelten die geordnete Zusammenstellung der Lieferscheine, Rechnungen oder Warenbegleitscheine, aus denen sich Lieferant, Art und Menge und, soweit vorhanden, die Chargenbezeichnung der Arzneimittel ergeben müssen. Als Nachweis für die Verschreibung von Fütterungsarzneimitteln gilt die beim Tierarzt verbliebene Durchschrift der Verschreibung. Als Belege für den sonstigen Verbleib können Aufzeichnungen in einem besonderen Arzneimitteltagebuch herangezogen werden. Des Weiteren enthält die Verordnung Angaben zu Nachweisen für die Herstellung und Prüfung von Arzneimitteln.

VII. Verschreibung von Arzneimitteln für Tiere

Verschreibungspflichtige Arzneimittel, die zur Anwendung bei Lebensmittel liefernden Tieren bestimmt sind, müssen in drei Ausfertigungen, sonstige Verschreibungen in zwei Ausfertigungen verschrieben werden. Das Original der Verschreibung sowie das für die Apotheke bestimmte erste Doppel sind dem Tierhalter auszuhändigen. Im Falle von Verschreibungen von Arzneimitteln, die zur Anwendung bei Lebensmittel liefernden Tieren bestimmt sind, verbleibt das zweite Doppel beim Tierarzt. Zur Verschreibung von Fütterungsarzneimitteln ist ein spezielles Formblatt (Anlage 1 der TÄHAV) zu verwenden.

Für den Eigenbedarf einer verschreibenden Person bedarf die Verschreibung gem. § 4 Abs. 2 AMVV nicht der schriftlichen oder elektronischen Form. Beim Bezug von Arzneimitteln für den Eigenbedarf in einer Apotheke durch einen Tierarzt, der sich mit seinem Tierarztausweis ausgewiesen hat, ist keine Dokumentation durch den Tierarzt erforderlich.

VIII. Apotheken der tierärztlichen Bildungsstätten

Die Vorschriften der TÄHAV finden auf die Apotheken der tierärztlichen Bildungsstätten, die der Ausbildung der Studierenden der Veterinärmedizin und der arzneilichen Versorgung tierärztlich behandelter Tiere im Hochschulbereich dienen, entsprechende Anwendung. Der Leiter der Apotheke der tierärztlichen Bildungsstätte hat die nach den Vorschriften dieser Verordnung dem Tierarzt obliegenden Verpflichtungen zu erfüllen. Er darf sich auch durch einen Apotheker vertreten lassen. Arzneimittel dürfen nur zu den in Absatz 1 bezeichneten Zwecken erworben, hergestellt, gelagert oder abgegeben werden.

B. Tierhalter-Arzneimittel-Nachweisverordnung

Die Tierhalter-Arzneimittel-Nachweisverordnung[5] präzisiert, wie Betriebe, die Lebensmittel liefernde Tiere halten, über Erwerb und Anwendung der von ihnen bezogenen, zur Anwendung bei diesen Tieren bestimmten und nicht für den Verkehr außerhalb der Apotheken freigegebenen Arzneimittel Nachweise zu führen haben. Die Nachweise sind in übersichtlicher und allgemein verständlicher Form zu führen, mindestens fünf Jahre vom Zeitpunkt

---
[5] Tierhalter-Arzneimittel-Nachweisverordnung v. 20.12.2006 (BGBl. I, 3450, 3453).

ihrer Erstellung an im Bestand aufzubewahren und der zuständigen Behörde auf Verlangen vorzulegen. Sie können auch als elektronisches Dokument geführt und aufbewahrt werden, sofern sichergestellt ist, dass die Daten während der Dauer der Aufbewahrung verfügbar sind, jederzeit lesbar gemacht werden können und unveränderlich sind.

I. Erwerbsnachweise

12 Nachweise über den Erwerb sind im Falle von Fütterungsarzneimitteln die vom Hersteller mit dem Fütterungsarzneimittel übersandte erste Durchschrift der Verschreibung, bei Arzneimitteln, die von einem Tierarzt abgegeben wurden, der Nachweis gemäß der Verordnung über tierärztliche Hausapotheken (siehe Rn 8), bei verschreibungspflichtigen Arzneimitteln, die aus Apotheken bezogen wurden, das Original der tierärztlichen Verschreibung und bei sonstigen Arzneimitteln besondere Aufzeichnungen oder Belege wie tierärztliche Verschreibungen, Rechnungen, Lieferscheine oder Warenbegleitscheine, aus denen sich Lieferant, Art und Menge der erworbenen Arzneimittel ergeben.

II. Nachweis der Arzneimittelanwendung im Bestand

13 Betriebe, die Tiere halten, die der Gewinnung von Lebensmitteln dienen, haben jede durchgeführte Anwendung von Arzneimitteln, die nicht für den Verkehr außerhalb der Apotheken freigegeben sind, unverzüglich zu dokumentieren. Die Dokumentationen sind in jedem Bestand des Betriebs zu führen und haben folgende Angaben in übersichtlicher und allgemein verständlicher Form und zeitlich geordnet in Bezug auf den gesamten Bestand oder auf Einzeltiere oder Tiergruppen des Bestandes zu enthalten:

- Anzahl, Art und Identität der behandelten Tiere und, falls zur Identifizierung der Tiere erforderlich, deren Standort,
- die Bezeichnung und verabreichte Menge des angewendeten Arzneimittels, die Belegnummer des Nachweises gemäß der Verordnung über tierärztliche Hausapotheken (siehe Rn 7), das Datum der Anwendung, die Wartezeit in Tagen
- und den Namen der Person, die das Arzneimittel angewendet hat.

14 Personen, die Arzneimittel berufs- oder gewerbsmäßig bei Tieren anwenden, ohne eine Zulassung zum tierärztlichen Beruf zu besitzen (zB Tierheilpraktiker), haben über Erwerb und Verbleib der von ihnen bezogenen, zur Anwendung bei Tieren bestimmten apothekenpflichtigen Arzneimittel Nachweise zu führen. Hierzu können die von einer Apotheke ausgestellten Rechnungen oder Lieferscheine, aus denen sich Art und Menge und Erwerbsdatum der Arzneimittel ergeben müssen, verwendet werden.

Nachweise über den Verbleib sind Art und Menge der angewendeten Arzneimittel sowie Name und Anschrift der tierhaltenden Person, bei deren Tieren sie die Arzneimittel angewendet haben. Auch diese Nachweise sind mindestens fünf Jahre aufzubewahren und der zuständigen Behörde auf Verlangen vorzulegen.

§ 42 Besonderheiten bei der Behandlung von Equiden

A. Allgemeines 1
B. Kennzeichnung von Equiden, Ausnahmeregelung 2
C. Lebensmittel liefernde Pferde 4
D. Nicht Lebensmittel liefernde Pferde 6

A. Allgemeines

Grundsätzlich gelten Equiden (Pferde, Esel, deren Kreuzungen sowie Zebras) in der Europäischen Union als Lebensmittel liefernde Tiere. Im Gegensatz zu den Lebensmittel liefernden Nutztieren wird das Pferd jedoch nicht primär zur Gewinnung von Nahrungsmitteln gehalten, sondern überwiegend als Sport- bzw Freizeitpferd eingesetzt. Nur ein geringer Teil der ca. eine Million in Deutschland lebenden Equiden wird der Lebensmittelkette zugeführt, im Jahr 2008 waren es 9.517 Pferde. Im selben Zeitraum wurden 54.847.733 Schweine, 3.534.786 Rinder (ohne Kälber), 1.148.476 Schafe und 26.225 Ziegen geschlachtet.[1]

B. Kennzeichnung von Equiden, Ausnahmeregelung

Das seit dem 1.7.2009 in Kraft getretene System zur Kennzeichnung von Equiden basiert auf einem einzigen Identifizierungsdokument (Equidenpass), das nach der Geburt bzw beim Import des Tieres ausgestellt wird und lebenslang gültig ist. In Verbindung mit dem Identifizierungsdokument wird das Tier mit einem Mikrochip ausgestattet, dessen individuelle Kennnummer in einer Datenbank registriert wird. Die Identifizierbarkeit ist nicht nur aus Gründen der Tiergesundheit notwendig (zB Kontrolle des Tierverkehrs bei Tierseuchen), sondern auch im Hinblick auf die Sicherstellung der öffentlichen Gesundheit, da Equiden möglicherweise auch Lebensmittel für den menschlichen Verzehr liefern.

Die Verordnung zur Identifizierung von Equiden[2] gestattet es, den Status eines Pferdes als nicht Lebensmittel liefernd festzulegen. Die diesbezügliche Festlegung erfolgt im Equidenpass (s.u.); sie ist nicht widerrufbar. Mit dieser Regelung soll ausgeschlossen werden, dass Equiden in die Lebensmittelkette gelangen, wenn sie einer medizinischen Behandlung unterzogen wurden, die nicht durch die Vorschriften für Lebensmittel liefernde Pferde abgedeckt ist. Diese Ausnahmeregelung für die Verwendung von Arzneimitteln bei Equiden wurde im Gemeinschaftskodex für Tierarzneimittel festgelegt.

C. Lebensmittel liefernde Pferde

Generell dürfen nur solche Substanzen bei Lebensmittel liefernden Pferden angewendet werden, deren Rückstandsunbedenklichkeit gemäß dem Verfahren der Verordnung (EG) Nr. 470/2009 (siehe § 38 Rn 19) bewertet wurde.

Mit der Verordnung (EG) Nr. 1950/2006[3] wurde eine equidenspezifische Regelung in Kraft gesetzt, die die Therapiemöglichkeiten von Lebensmittel liefernden Pferden betrifft. Die genannte Verordnung basiert ebenfalls auf dem Gemeinschaftskodex für Tierarzneimit-

---

[1] Schlachtungen und Fleischerzeugung 2008, Fachserie 3 Reihe 4.2.1, Statistisches Bundesamt, Wiesbaden 2009.
[2] VO (EG) Nr. 504/2008 zur Umsetzung der Richtlinien 90/426/EWG und 90/427/EWG des Rates in Bezug auf Methoden zur Identifizierung von Equiden v. 6.6.2008.
[3] Verordnung zur Erstellung eines Verzeichnisses von für die Behandlung von Equiden wesentlichen Stoffen gemäß der RL 2001/82/EG des Europäischen Parlaments und des Rates zur Schaffung eines Gemeinschaftskodexes für Tierarzneimittel v. 13.12.2006 (ABl. EU Nr. L 367/33).

tel;[4] sie enthält im Anhang eine Liste mit Wirkstoffen („Positivliste"), die für die Behandlung von Equiden als essenziell angesehen wurden. Diese Wirkstoffe, die nicht gemäß dem Verfahren der Verordnung (EG) Nr. 470/2009 bewertet wurden, dürfen dennoch bei Lebensmittel liefernden Equiden angewendet werden. Die Wartezeit beträgt für alle Stoffe der Liste sechs Monate. Bei der Anwendung von Stoffen der Positivliste ist die Kaskade gemäß § 56a AMG (siehe § 38 Rn 19) einzuhalten. Die Dokumentation nach § 13 TÄHAV (entsprechend tierärztlichem Nachweis, siehe § 41 Rn 7) und eine Eintragung in die Arzneimittel-Nachweis-Dokumentation (durch den Tierhalter, siehe § 41 Rn 13) sind erforderlich.

5 Vor Inkrafttreten der Verordnung (EG) Nr. 470/2009, mit der Art. 10 Abs. 3 RL 2001/82/EG geändert wurde, konnten nur Substanzen in die Positivliste aufgenommen werden, wenn für eine therapeutische Indikation keine zufriedenstellende alternative Behandlung zugelassen ist und diese Erkrankung bei unterbleibender Behandlung unnötiges Leiden für das Tier mit sich bringen würde. Die Liste basierte mithin auf der Annahme eines gravierenden Therapienotstandes. Mit der Verordnung (EG) Nr. 470/2009 wurde eine Änderung des Gemeinschaftskodexes für Tierarzneimittel vorgenommen, die Auswirkungen auf die Positivliste der für die Behandlung von Equiden notwendigen Stoffe hat. Diese Liste soll künftig auch Stoffe beinhalten, deren Einsatz einen zusätzlichen klinischen Nutzen im Vergleich zu den vorhandenen Behandlungsmethoden für Equiden liefert. Ein überarbeiteter Anhang der Verordnung wurde zur Drucklegung noch nicht veröffentlicht.

Ungeachtet der bisherigen Regelungen in den einzelnen EU-Mitgliedstaaten wurde eine europaweit einheitliche Ausnahmeregelung für Lebensmittel liefernde Equiden getroffen, die das Angebot an therapeutischen Mitteln im Vergleich zu anderen Lebensmittel liefernde Tieren nachhaltig erweitert, um die Gesundheit und das Wohlergehen von Equiden sicherzustellen, ohne dabei das hohe Maß an Schutz für die Verbraucher zu gefährden.

D. Nicht Lebensmittel liefernde Pferde

6 Eine Therapie mit Wirkstoffen, deren Rückstandsunbedenklichkeit nicht gemäß dem Verfahren der Verordnung (EG) Nr. 470/2009 bewertet wurde und die nicht in der „Positivliste" enthalten sind, ist nur möglich, wenn die Pferde vor der Behandlung unwiderruflich in den Status eines „Nicht Lebensmittel liefernden Tieres" überführt werden.

Pferde, die laut Identifizierungsdokument den Status „nicht Lebensmittel liefernd" haben, dürfen mit allen Substanzen, die bei den nicht Lebensmittel liefernden Tieren (wie zB Hunden und Katzen) eingesetzt werden dürfen, behandelt werden. Die Behandlungen müssen weder im Equidenpass noch in die Arzneimittel-Nachweis-Dokumentation (durch den Tierhalter, siehe § 41 Rn 13) eingetragen werden. Ungeachtet dessen gelten aber die sonstigen arzneimittelrechtlichen Vorschriften, wie zB § 56a Abs. 1 AMG (siehe § 38 Rn 19).

---

[4] RL 2001/82/EG des Europäischen Parlaments und des Rates v. 6.11.2001 zur Schaffung eines Gemeinschaftskodexes für Tierarzneimittel (ABl. EU Nr. L 311/1 v. 28.11.2001), zuletzt geändert durch RL 2009/9/EG der Kommission v. 10.2.2009 (ABl. EU Nr. L 44/10 v. 14.2.2009).

Teil 10
Besondere Rechtsfragen

§ 43 Betäubungsmittel- und Grundstoffüberwachung

A. Grundlagen des Betäubungsmittelrechts ... 1
  I. Geschichte des Betäubungsmittelrechts .. 1
  II. Gliederung des Betäubungsmittelrechts .. 5
    1. Betäubungsmittelgesetz 5
      a) Begriffsbestimmungen 7
        aa) Betäubungsmittel 7
          (1) Anlagen 8
          (2) Stoff 9
          (3) Aufnahme von Stoffen in die Anlagen 10
        bb) Zubereitung 11
        cc) Ausgenommene Zubereitung ... 12
        dd) Herstellen 13
      b) Erlaubnis nach § 3 BtMG 14
      c) Ausnahmen von der Erlaubnispflicht (§ 4 BtMG) 15
    2. Betäubungsmittel-Binnenhandelsverordnung (BtMBinHV) 16
    3. Betäubungsmittel-Außenhandelsverordnung (BtMAHV) 19
      a) Einfuhren 20
      b) Ausfuhren 25
    4. Betäubungsmittel-Kostenverordnung (BtMKostV) 26
    5. Betäubungsmittel-Verschreibungsverordnung (BtMVV) 27
B. Umgang mit Betäubungsmitteln 28
  I. Überwachung und durchführende Behörde 28
  II. Vor dem Verkehr mit Betäubungsmitteln 29
    1. Die Erlaubnis nach § 3 BtMG als Grundlage für die Teilnahme am Betäubungsmittelverkehr 30
    2. Ausnahmen von der Erlaubnispflicht 31
    3. Erlaubnis nach § 3 BtMG 32
      a) Antragstellung 33
        aa) Antrag auf Erteilung einer Erlaubnis nach § 3 BtMG 34
        bb) Antragsteller 35
        cc) Betriebsstätte 37
        dd) Verantwortlicher für den Betäubungsmittelverkehr (§ 5 Abs. 1 Nr. 1 BtMG) 38
          (1) Zuverlässigkeit 39
          (2) Sachkenntnis 41
        ee) Umfang des beabsichtigten Betäubungsmittelverkehrs 43
          (1) Herstellung von Betäubungsmitteln oder ausgenommenen Zubereitungen 46
          (2) Handel mit Betäubungsmitteln .. 47
          (3) Umgang mit Betäubungsmitteln zu wissenschaftlichen Zwecken 48
        ff) Lagerung der Betäubungsmittel und Maßnahmen zur Sicherung 49
      b) Entscheidung 51
  III. Während des Verkehrs mit Betäubungsmitteln 53
    1. Anzeigepflicht 53
    2. Erwerb und Abgabe 54
    3. Binnenhandel 55
    4. Einfuhr und Ausfuhr 56
    5. Außenhandel 57
    6. Herstellung von Zubereitungen für wissenschaftliche Zwecke (Analytik, pharmazeutisch-technische Entwicklungsarbeiten) 58
    7. Herstellung von Betäubungsmitteln (Stoffen oder Zubereitungen) 59
    8. Herstellung von ausgenommenen Zubereitungen 60
    9. Lagerung und Sicherung (§ 15 BtMG) 61
    10. Kennzeichnung und Werbung (§ 14 BtMG) 63
    11. Vernichtung (§ 16 BtMG) 64
    12. Führen von Aufzeichnungen (§ 17 BtMG) 65
    13. Erstattung von Meldungen (§ 18 BtMG) 66
  IV. Überwachung (§ 22 BtMG) 67
  V. Nach dem Verkehr mit Betäubungsmitteln 68
    1. Rückgabe der Erlaubnis durch den Erlaubnisinhaber 68
    2. Widerruf der Erlaubnis durch die Bundesopiumstelle 69
  VI. Aufgaben der Bundesopiumstelle 70
C. Grundstoffüberwachung 77
  I. Rechtsgrundlagen 77
    1. Überblick 77
    2. Der Begriff des Grundstoffs 80
  II. Verpflichtungen für den Umgang mit Grundstoffen 84
    1. Allgemeine Verpflichtungen 84
    2. Besondere Verpflichtungen 87
      a) Umgang mit Grundstoffen der Kategorie 1 87
        aa) Erlaubnispflicht 87
        bb) Abgabe und Erwerb von Grundstoffen der Kategorie 1 innerhalb der Gemeinschaft 96
        cc) Ein- und Ausfuhr von Grundstoffen der Kategorie 1 98
        dd) Aufbewahrungsfrist der Unterlagen und Kennzeichnung 102
        ee) Meldungen an das BfArM 103
      b) Umgang mit Grundstoffen der Kategorie 2 104
        aa) Registrierungspflicht 104
        bb) Abgabe und Erwerb von Grundstoffen der Kategorie 2 innerhalb der Gemeinschaft 107
        cc) Ein- und Ausfuhr von Grundstoffen der Kategorie 2 109
        dd) Aufbewahrungsfrist der Unterlagen und Kennzeichnung 114
        ee) Meldungen an das BfArM 115
      c) Umgang mit Grundstoffen der Kategorie 3 116
        aa) Registrierungspflicht 116
        bb) Abgabe und Erwerb von Grundstoffen der Kategorie 3 innerhalb der Gemeinschaft 119
        cc) Ein- und Ausfuhr von Grundstoffen der Kategorie 3 120

dd) Aufbewahrungsfrist der Unterlagen und Kennzeichnung 126
ee) Meldungen an das BfArM 128
d) Vernichtung von Grundstoffen . . 129
III. Gebühren 130

A. Grundlagen des Betäubungsmittelrechts

I. Geschichte des Betäubungsmittelrechts

1 Die Geschichte der Menschheit war stets auch eine Geschichte des Gebrauchs von „Drogen". Seit frühester Zeit wurden Kräuter, Wurzeln, Rindenstücke, Blätter und Pflanzen zB zur Schmerzstillung und als Hilfe zur Behandlung von Krankheiten verwendet. In richtiger Anwendung und Dosierung waren solche Drogen ein Segen für die Menschheit. Leider erzeugen manche Drogen Nebeneffekte wie Euphorie, allgemeines Wohlgefühl, gute Stimmung oder das Gefühl der Macht. Was zunächst eine harmlose Form von Erholung war, wurde langsam zu einem Problem der Abhängigkeit und des Missbrauchs. In den letzten drei Jahrzehnten hat sich der illegale Gebrauch von Drogen schneller entwickelt als je zuvor und dabei jeden Teil der Erde erreicht. Kein Land ist somit von den verheerenden Problemen des Drogenmissbrauchs geschützt. Längst sind es nicht nur mehr die pflanzlichen Drogen allein, sondern Substanzen aus dem Pflanzenreich und insbesondere synthetische Drogen.

Das Problem des Drogenmissbrauchs, des Drogenhandels und der in diesem Zusammenhang zu beobachten Kriminalität lässt sich nicht kurzfristig lösen, vielmehr kann man nur versuchen, im Rahmen der internationalen Zusammenarbeit dieses Problem zu bekämpfen.

2 Von grundlegender Bedeutung für den langfristigen Erfolg bei der Bekämpfung des Drogenmissbrauchs und der mit dem Drogenmissbrauch zusammenhängenden Verbrechen sind Aufklärung über die Gefahren des Drogenmissbrauchs, Vorbeugung gegen den Missbrauch und konkrete Maßnahmen gegen den Missbrauch. Das weltweite Angebot von illegalen Drogen übersteigt bei weitem die gegenwärtige Nachfrage. Das Fortbestehen eines hohen Angebotsniveaus unterminiert die langfristige Wirksamkeit von Vorbeugemaßnahmen und kann zudem zu geringeren Schwarzmarktpreisen und erhöhtem Verbrauch führen.

Ziel muss es sein, Kranken jederzeit die notwendigen Betäubungsmittel in ausreichender Menge zur Verfügung zu stellen und die Forschung zu ermöglichen, gleichzeitig aber die illegale Herstellung bzw Gewinnung solcher Stoffe sowie den Handel mit ihnen zu unterbinden und die Therapie von Drogenabhängigen zu ermöglichen. Das kann nur in internationaler Kooperation geschehen.

3 Die Völkergemeinschaft hat stets versucht, dieses Ziel durch geeignete Maßnahmen zu erreichen, in internationalen Abkommen festzulegen und für alle Staaten verbindlich zu machen. Die derzeit aktuellen und für den Betäubungsmittel und Grundstoffverkehr in Deutschland relevanten Konventionen der Vereinten Nationen sind:

- Einheitsübereinkommen über Suchtstoffe, 1961, einschließlich der „List of narcotic drugs under international control (*yellow list*)";[1]
- Übereinkommen über Psychotrope Stoffe, 1971, einschließlich der „List of psychotropic substances under international control (*green list*)";[2]
- Protokoll zur Änderung des Einheitsübereinkommens über Suchtstoffe, 1972;
- Übereinkommen der Vereinten Nationen gegen den unerlaubten Verkehr mit Suchtstoffen und Psychotropen Stoffen, 1988, einschließlich der „List of precursors and chemicals

---

[1] Single Convention on Narcotic Drugs, 1961, as amended by the 1972 Protocol Amending the Single Convention on Narcotic Drugs, 1961.
[2] Convention on Psychotropic Substances, 1971.

frequently used in the illicit manufacture of narcotic drugs and psychotropic substances under international control (*red list*)".[3]

Deutschland ist den Abkommen von 1961 und 1971 beigetreten und hat sich damit zur Einhaltung dieser Abkommen verpflichtet. Sie wurden mit dem Betäubungsmittelgesetz (BtMG) in nationales Recht umgesetzt. Das BtMG unterscheidet nicht zwischen den Suchtstoffen (Narcotic Drugs) der Konvention von 1961 und den Psychotropen Stoffen (Psychotropic Substances) der Konvention von 1971 und hat mit dem Betäubungsmittelrecht eine einheitliche Rechtsgrundlage geschaffen. Die Übereinkommen bilden den Rahmen für Maßnahmen, die von den Vertragspartnerländern auf nationaler und internationaler Ebene umzusetzen sind. 4

Vertragspartei des Abkommens von 1988 ist die Europäische Gemeinschaft und nicht Deutschland. Der Grundstoffverkehr wird daher in der EU und damit auch in Deutschland durch EG-Verordnungen (Nr. 273/2004, Nr. 111/2005 und Nr. 1277/2005) geregelt und in Deutschland durch das „Gesetz zur Überwachung des Verkehrs mit Grundstoffen, die für die unerlaubte Herstellung von Betäubungsmitteln missbraucht werden können" ergänzt.

II. Gliederung des Betäubungsmittelrechts

1. Betäubungsmittelgesetz[4]

Das BtMG hat den Zweck, die notwendige medizinische Versorgung der Bevölkerung sicherzustellen, daneben aber den Missbrauch von Betäubungsmitteln oder die missbräuchliche Herstellung ausgenommener Zubereitungen sowie das Entstehen oder Erhalten einer Betäubungsmittelabhängigkeit soweit wie möglich auszuschließen (§ 5 Abs. 1 Nr. 6 BtMG). 5

Der Umgang mit Betäubungsmitteln ist grundsätzlich verboten, wird aber auf Antrag in bestimmten Fällen erlaubt. (Verbot unter Erlaubnisvorbehalt). Einer Erlaubnis des Bundesinstituts für Arzneimittel und Medizinprodukte (BfArM) bedarf, wer Betäubungsmittel anbauen, herstellen, mit ihnen Handel treiben, sie, ohne mit ihnen Handel zu treiben, einführen, ausführen, abgeben, veräußern, sonst in den Verkehr bringen, erwerben oder ausgenommene Zubereitungen (§ 2 Abs. 1 Nr. 3 BtMG) herstellen will (§ 3 Abs. 1 Nr. 2). Eine Erlaubnis für die in Anlage I bezeichneten BtM kann das BfArM nur ausnahmsweise zu wissenschaftlichen oder anderen im öffentlichen Interesse liegenden Zwecken erteilen (§ 3 Abs. 2 BtMG). Eine Erlaubnis ist demnach nicht erforderlich für die Durchfuhr, den Besitz, Konsum oder Vernichtung. Das Gesetz sieht Ausnahmen von der Erlaubnispflicht vor (siehe Rn 15).

Das Betäubungsmittelgesetz gliedert sich in acht Abschnitte: 6

1. Abschnitt:	Begriffsbestimmungen	§§ 1, 2 BtMG
2. Abschnitt:	Erlaubnis und Erlaubnisverfahren	§§ 3–10 a BtMG
3. Abschnitt:	Pflichten im Betäubungsmittelverkehr	§§ 11–18 a BtMG
4. Abschnitt:	Überwachung	§§ 19–25 BtMG
5. Abschnitt:	Vorschriften für Behörden	§§ 27–28 BtMG
6. Abschnitt:	Straftaten und Ordnungswidrigkeiten	§§ 29–34 BtMG
7. Abschnitt:	Betäubungsmittelabhängige Straftäter	§§ 35–38 BtMG
8. Abschnitt:	Übergangs- und Schlussvorschriften	§§ 39–41 BtMG

---

3 United Nations Convention against the Illicit Traffic in Narcotic Drugs and Psychotropic Substances, 1988.
4 Betäubungsmittelgesetz in der Fassung der Bekanntmachung v. 1.3.1994 (BGBl. I, 358), das zuletzt durch Artikel 2 des Gesetzes v. 29.7.2009 (BGBl. I, 2288) geändert worden ist.

a) Begriffsbestimmungen
aa) Betäubungsmittel

7 Der Begriff „Betäubungsmittel" ist zunächst nicht eindeutig, nach dem BtMG jedoch eindeutig definiert (§ 1 Abs. 1 BtMG). Demnach sind Betäubungsmittel iS des Gesetzes, die in den Anlagen I bis III zum BtMG **aufgeführten** Stoffe und deren Zubereitungen.

Diese „Positivliste" hat den Vorteil, dass Stoffe eindeutig über ihre chemische Bezeichnung bzw Nomenklatur beurteilt werden können, ob sie in den Anlagen aufgeführt sind und somit Betäubungsmittel sind oder nicht. Diese abschließende Aufzählung bietet Rechtssicherheit. So können die Anlagen auch relativ schnell und einfach angepasst werden, da nicht der Gesetzgeber, sondern die Bundesregierung bzw der Bundesministerium für Gesundheit Änderungen beschließt (§ 1 Abs. 3 BtMG). Nachteilig ist, dass insbesondere im illegalen Bereich neue Substanzen hergestellt werden, die ähnliche chemische Strukturen und ähnliche oder stärkere Wirkungen besitzen und damit eine Gefahr für die Bevölkerung darstellen, sie aber nicht gelistet sind und damit keine Stoffe iS des Gesetzes sind und der Umgang mit ihnen nach BtMG nicht geahndet werden kann. Hinsichtlich der allgemeinen Verkehrsfähigkeit ist bei nicht aufgeführten Stoffen zu beurteilen, ob sie wegen ihrer Wirkung Arzneimittel iS des AMG sind. Über die Aufnahme von Stoffen in die Anlagen zum BtMG (siehe Rn 19)

(1) Anlagen

8 Nach § 1 Abs. 1 BtMG sind die in den Anlagen zum Betäubungsmittelgesetz aufgeführten Stoffe und Zubereitungen Betäubungsmittel iS des Gesetzes. Anlage I enthält die nicht verkehrsfähigen, Anlage II die verkehrsfähigen, aber nicht verschreibungsfähigen und Anlage III die verkehrsfähigen und verschreibungsfähigen Betäubungsmittel.

Die Anlagen sind jeweils in drei Spalten gegliedert. Sie enthalten die Bezeichnungen der einzelnen Stoffe: Die erste Spalte enthält die INN (International Nonproprietary Names) der Weltgesundheitsorganisation, die vor den anderen Bezeichnungen Vorrang haben. Die zweite Spalte enthält andere nicht geschützte Stoffbezeichnungen (Kurzbezeichnungen oder Trivialnamen). Wenn für einen Stoff kein INN existiert, kann zu dessen eindeutiger Bezeichnung die in dieser Spalte fett gedruckte Bezeichnung verwendet werden. Alle anderen nicht fett gedruckten Bezeichnungen sind wissenschaftlich nicht eindeutig. Sie sind daher in Verbindung mit der Bezeichnung in Spalte 3 zu verwenden. Die dritte Spalte enthält die chemische Stoffbezeichnung nach der Nomenklatur der International Union of Pure and Applied Chemistry (IUPAC). Wenn in Spalte 1 und Spalte 2 keine Bezeichnung aufgeführt ist, ist die der Spalte 3 zu verwenden. Mit der 15. AMG-Novelle wurde der Stoffbegriff dem im AMG angepasst.

(2) Stoff

9 Die Definition eines Stoffes ergibt sich aus § **2 Abs. 1 lit. a bis d BtMG**

1. *Stoff:*
   a) chemische Elemente und chemische Verbindungen sowie deren natürlich vorkommende Gemische und Lösungen,
   b) Pflanzen, Algen, Pilze und Flechten sowie deren Teile und Bestandteile in bearbeitetem oder unbearbeitetem Zustand,
   c) Tierkörper, auch lebender Tiere, sowie Körperteile, -bestandteile und Stoffwechselprodukte von Mensch und Tier in bearbeitetem oder unbearbeitetem Zustand,
   d) Mikroorganismen einschließlich Viren sowie deren Bestandteile oder Stoffwechselprodukte

Wie am Ende der Anlagen in den Spiegelstrichen jeweils angegeben, sind auch die Ester, Ether, Isomere, Molekülverbindungen und Salze Betäubungsmittel iS des Gesetzes.

(3) Aufnahme von Stoffen in die Anlagen

Die Aufnahme von Stoffen in die Anlagen I bis III sowie Umstufung eines Stoffes von einer Anlage in eine andere ist wie folgt geregelt:

1. **Durch internationalen Zugzwang (§ 1 Abs. 4 BtMG):** Aufgrund der Tatsache, dass Deutschland die Konventionen von 1961 und 1971 unterzeichnet hat, ergibt sich für Deutschland die Verpflichtung, die international unterstellten und in den Anlagen (*yellow list, green list*; s. Rn 3) zu den Konventionen aufgeführten Stoffe auch national der Betäubungsmittelkontrolle zu unterstellen. Das Bundesministerium für Gesundheit (BMG) ist ermächtigt, durch Rechtsverordnung ohne Zustimmung des Bundesrates die Anlagen I bis III oder die aufgrund dieses Gesetzes erlassenen Rechtsverordnungen zu ändern, soweit das aufgrund von Änderungen der Anhänge zu der UN-Konvention von 1961 über Suchtstoffe in der Fassung der Bekanntmachung vom 4.2.1977 (BGBl. II, 111) und der UN-Konvention von 1971 über psychotrope Stoffe (BGBl. II 1976, 1477) (Internationale Suchtstoffübereinkommen) in ihrer jeweils für die Bundesrepublik Deutschland verbindlichen Fassung erforderlich ist. Dies hat entsprechend der Konventionen innerhalb von 180 Tagen nach der entsprechenden Resolution durch Rechtsverordnung zu erfolgen.

2. **Durch Eilverordnung (§ 1 Abs. 3 BtMG):** Sofern ein Stoff oder eine Zubereitung in Deutschland missbräuchlich verwendet wird und eine unmittelbare Gefahr für die Bevölkerung darstellt, kann das BMG durch Rechtsverordnung ohne Zustimmung des Bundesrates, Stoffe und Zubereitungen, die keine Arzneimittel sind, in die Anlagen I bis III aufnehmen. Eine auf diese Weise erlassene Rechtsverordnung tritt nach Ablauf eines Jahres außer Kraft. Innerhalb dieser Zeit hat sich der Betäubungsmittel-Sachverständigenausschuss dazu zu äußern, ob der Stoff in eine Anlage des BtMG aufgenommen werden soll und spricht eine entsprechende Empfehlung aus. Die endgültige und unbefristete Aufnahme erfolgt ggf. durch Rechtsverordnung.

3. **Durch Rechtsverordnung durch die Bundesregierung nach Anhörung des Betäubungsmittelsachverständigenausschusses (§ 1 Abs. 2 BtMG):** Eine Änderung bzw eine Ergänzung der Anlagen I bis III kann erfolgen, wenn dies nach wissenschaftlichen Erkenntnissen wegen der Wirkungsweise eines Stoffes von allem im Hinblick auf das Hervorrufen einer Abhängigkeit, wegen der Möglichkeit, aus einem Stoff oder unter Verwendung eines Stoffes Betäubungsmittel herstellen zu können, oder zur Sicherheit und Kontrolle des Verkehrs mit Betäubungsmitteln oder anderen Stoffen oder Zubereitungen wegen des Ausmaßes der missbräuchlichen Verwendung oder wegen der unmittelbare oder mittelbaren Gefährdung des Gesundheit erforderlich ist. In der Rechtsverordnung können einzelne Stoffe oder Zubereitungen ganz oder teilweise von der Anwendung dieses Gesetzes oder einer aufgrund dieses Gesetzes erlassenen Rechtsverordnung ausgenommen werden, soweit die Sicherheit und die Kontrolle des Betäubungsmittelverkehrs gewährleistet bleiben.

bb) Zubereitung

Eine Zubereitung ist ohne Rücksicht auf Ihren Aggregatzustand ein Stoffgemisch oder eine Lösung eines oder mehrerer Stoffe außer den natürlich vorkommenden Gemischen und Lösungen.

cc) Ausgenommene Zubereitung

12　Eine ausgenommene Zubereitung ist eine in den Anlagen I bis III bezeichnete Zubereitung, die von den betäubungsmittelrechtlichen Vorschriften ganz oder teilweise ausgenommen ist.

dd) Herstellen

13　Herstellen ist: das Gewinnen eines Stoffes aus einer Pflanze, das Anfertigen, Zubereiten, Be- und Verarbeiten (Mechanische oder chemische Einwirkung ohne Veränderung der stofflichen Zusammensetzung oder Eigenschaften), Reinigen (Befreien von Fremdstoffen) und Umwandeln von in den Anlagen I bis III aufgeführten Stoffen, sowie die Herstellung von Zubereitungen und ausgenommenen Zubereitungen.

b) Erlaubnis nach § 3 BtMG

14　Der Verkehr mit BtM ist zunächst verboten. Der Verkehr mit BtM steht unter Erlaubnisvorbehalt, dh der Verkehr mit BtM darf erst aufgenommen werden, wenn eine Erlaubnis nach § 3 BtMG aufgrund eines entsprechenden Antrags erteilt wurde. In bestimmten, nachstehend beschriebenen Fällen ist keine Erlaubnis erforderlich, jedoch eine Anzeige über den beabsichtigten Betäubungsmittelverkehr.

c) Ausnahmen von der Erlaubnispflicht (§ 4 BtMG)

15　§ 4 BtMG regelt die Ausnahmen von der Erlaubnispflicht wie folgt:

(1) Einer Erlaubnis nach § 3 bedarf nicht, wer

1. *Im Rahmen des Betriebs einer öffentlichen Apotheke oder einer Krankenhausapotheke (Apotheke).*
    a) in Anlage II oder III bezeichnete Betäubungsmittel oder dort ausgenommener Zubereitungen herstellt,
    b) in Anlage II oder III bezeichnete Betäubungsmittel erwirbt,
    c) In Anlage III bezeichnete Betäubungsmittel aufgrund ärztlicher, zahnärztlicher oder tierärztlicher Verschreibung abgibt oder
    d) in Anlage II oder III bezeichnete Betäubungsmittel an Inhaber einer Erlaubnis zum Erwerb dieser Betäubungsmittel zurückgibt oder an den Nachfolger im Betrieb der Apotheke abgibt,
    e) in Anlage I, II oder III bezeichnete Betäubungsmittel zur Untersuchung, zur Weiterleitung an eine zur Untersuchung von Betäubungsmitteln berechtigte Stelle oder zur Vernichtung entgegen nimmt,
2. *im Rahmen des Betriebs einer tierärztlichen Hausapotheke in Anlage III bezeichnete Betäubungsmittel in Form von Fertigarzneimitteln*
    a) für ein von ihm behandeltes Tier miteinander, mit anderen Fertigarzneimitteln oder arzneilich nicht wirksamen Bestandteilen zum Zwecke der Anwendung durch ihn oder für die Immobilisation eines von ihm behandelten Zoo-, Wild- und Gehegetieres mischt,
    b) erwirbt,
    c) für ein von ihm behandeltes Tier oder Mischungen nach Buchstabe a für die Immobilisation eines von ihm behandelten Zoo-, Wild- und Gehegetieres abgibt oder
    d) an Inhaber der Erlaubnis zum Erwerb dieser Betäubungsmittel zurückgibt oder an den Nachfolger im Betrieb der tierärztlichen Hausapotheke abgibt,".

3. in Anlage III bezeichnete Betäubungsmittel
   a) aufgrund ärztlicher, zahnärztlicher oder tierärztlicher Verschreibung oder
   b) zur Anwendung an einem Tier von einer Person, di dieses Tier behandelt und eine tierärztliche Hausapotheke betreibt, erwirbt,
4. in Anlage III bezeichnete Betäubungsmittel
   a) als Arzt, Zahnarzt oder Tierarzt im Rahmen des grenzüberschreitenden Dienstleistungsverkehrs oder
   b) aufgrund ärztlicher, zahnärztlicher oder tierärztlicher Verschreibung erworben hat und sie als Reisebedarf ausführt oder einführt,
5. gewerbsmäßig
   a) an der Beförderung von Betäubungsmitteln zwischen befugten Teilnehmern am Betäubungsmittelverkehr beteiligt ist oder die Lagerung und Aufbewahrung von Betäubungsmitteln im Zusammenhang mit einer solchen Beförderung oder für reinen befugten Teilnehmer am Betäubungsmittelverkehr übernimmt oder
   b) die Versendung von Betäubungsmitteln zwischen befugten Teilnehmern am Betäubungsmittelverkehr durch andere besorgt oder vermittelt oder
6. in Anlage I, II oder III bezeichnete Betäubungsmittel als Proband oder Patient im Rahmen einer klinischen Prüfung oder in Härtefällen nach § 21 Absatz 2 Satz 1 Nummer 6 des Arzneimittelgesetzes in Verbindung mit Artikel 83 der Verordnung (EG) Nr. 726/2004 des Europäischen Parlaments und des Rates vom 31. März 2004 zur Festlegung von Gemeinschaftsverfahren für die Genehmigung und Überwachung von Human- und Tierarzneimitteln und zur Errichtung einer Europäischen Arzneimittel-Agentur (ABl. L 136 vom 30.4.2004, S. 1) erwirbt.

(2) Einer Erlaubnis nach § 3 bedürfen nicht Bundes- und Landesbehörden für den Bereich ihrer dienstlichen Tätigkeit sowie die von Ihnen mit der Untersuchung von Betäubungsmitteln beauftragten Behörden.

(3) Wer nach Abs. 1 Nr. 1 und 2 keiner Erlaubnis bedarf und am Betäubungsmittelverkehr teilnehmen will, hat dies dem Bundesinstitut für Arzneimittel und Medizinprodukte zuvor anzuzeigen. [...]

2. Betäubungsmittel-Binnenhandelsverordnung (BtMBinHV)[5]

Diese Verordnung regelt den Verkehr mit Betäubungsmittel zwischen den Berechtigten im Geltungsbereich des Gesetzes, das sind Erlaubnisinhaber, Bundes- und Landesbehörden für den Bereich ihrer dienstlichen Tätigkeiten sowie die von Ihnen mit der Untersuchung von Betäubungsmitteln beauftragten Behörden oder Einrichtungen, die von der Erlaubnispflicht nach § 4 BtMG befreit sind und der Bundesopiumstelle (BOPST) zuvor ihre Teilnahme am Betäubungsmittelverkehr angezeigt haben (Apotheken).

Hierbei hat der Abgebende zunächst zu prüfen, ob er selbst zur Abgabe eines bestimmten Stoffes oder einer Zubereitung nach Art und Menge berechtigt ist. Darüber hinaus hat er sich bei jeder beabsichtigten Abgabe zu vergewissern, dass der Erwerber dazu berechtigt ist. Dies geschieht in der Regel durch Vorlage der entsprechenden Erlaubnis nach § 3 BtMG, die im Einzelnen beschreibt, welche Stoffe nach Art und Menge oder/und welche Zubereitungen erworben werden dürfen. Bei Bundes- und Landesbehörden, die für ihre dienstlichen Aufgaben keine Erlaubnis nach § 3 BtMG benötigen, ist die BtM-Nummer, die der Behörde von der Bundesopiumstelle zugeordnet wurde, anzugeben. Bei Apotheken, die für den Apotheken-üblichen Bereich, das ist der Erwerb in Deutschland sowie die Abgabe der Betäubungsmittel aufgrund einer ärztlichen Verschreibung sowie die Rückgabe an den Lieferanten

---
5 BGBl. I 1981, 1425, BGBl. I 1994, 1416).

auch keine Erlaubnis benötigen, stellt die BOPST die sog. BtM-Nummernbescheide aus. Im Zweifelsfall sollte die BOPST zur Klärung kontaktiert werden.

18 Der Verkehr zwischen den Beteiligten ist nach der BtMBinHV durch die **Abgabe** und den **Erwerb** charakterisiert. Vor der Abgabe ist der 4-teilige Abgabebeleg, bestehend aus Abgabemeldung, Lieferschein, Empfangsbescheinigung und Lieferscheindoppel vom Abgebenden mit folgenden Angaben auszufüllen:

- Jeweils Name und Anschrift sowie BtM-Nummer des Abgebenden und des Erwerbers.
- Bezeichnung des abzugebenden Produkts mit Angabe der Menge sowie der dazu gehörigen Pharmazentralnummer. Bei der Pharmazentralnummer handelt es sich um eine siebenstellige alphanumerische Zahl, die für einzelne Produkte vergeben werden. Vor der Abgabe trennt der Abgebende vom 4-teiligen Formularsatz die Abgabemeldung und das Lieferscheindoppel ab. Der Abgabebeleg wird unverzüglich an die BOPST geschickt, der Lieferschein verbleibt beim Abgebenden. Das Betäubungsmittel wird mit Empfangsbestätigung und Lieferschein an den Erwerber geschickt, der die erhaltenen Betäubungsmittel mit den auf Empfangsbestätigung angegebenen Angaben vergleicht.
- Sofern die Angaben mit der Lieferung übereinstimmen, bestätigt der Empfänger auf dem vorgesehenen Feld den ordnungsgemäßen Empfang der Betäubungsmittel mit Unterschrift und Datum, trennt ihn vom Lieferschein ab und schickt die Empfangsbestätigung an den Lieferanten zurück und nimmt den Lieferschein mit den entsprechenden Datum zu seinen Unterlagen.
- Sofern die Angaben mit der Lieferung nicht übereinstimmen, entscheidet der vorgesehene Erwerber, ob er die Annahme der Lieferung verweigert, dies auf dem Empfangsbeleg vermerkt und vollständig zurückschickt oder ob er die Lieferung annimmt und auf der Empfangsbestätigung die entsprechende Korrektur anbringt, die Empfangsbestätigung mit dem entsprechenden Vermerk zurückschickt und den Lieferschein mit dem Korrekturvermerk „zdA" nimmt und die Ware behält. In diesem Fall hat der Erwerber vorher zu prüfen, ob er zum Erwerb berechtigt ist. Wenn das nicht der Fall ist, darf er die Ware nicht annehmen. Der Erwerb ohne gültige Erlaubnis stellt einen Straftatbestand dar.
- Die Daten der Abgabe und des Erwerbs sind jeweils tagesaktuell in den Aufzeichnungen nach § 17 BtMG der beteiligten Einrichtungen zu dokumentieren.

3. Betäubungsmittel-Außenhandelsverordnung (BtMAHV)[6]

19 Diese Verordnung regelt den grenzüberschreitenden Verkehr mit Betäubungsmitteln. Das BtMG gilt nur im Geltungsbereich dieses Gesetzes, dh in Deutschland. Der grenzüberschreitende Verkehr beinhaltet das Verbringen von Betäubungsmitteln ins Ausland oder vom Ausland nach Deutschland. Hierbei wird das korrespondierende Einfuhr-/Ausfuhrgenehmigungsverfahren angewandt. Die Voraussetzung für die Ein- bzw Ausfuhr ist eine Erlaubnis nach § 3 BtMG bzw bei Bundes- und Landesbehörden ihre BtM-Nummer.

a) Einfuhren

20 Bei vorgesehenen Einfuhren beantragt der Einführer bei der BOPST eine Einfuhrgenehmigung. Dazu bedient er sich eines Formblattes, das von der Homepage der BOPST heruntergeladen werden kann. Die BOPST prüft, ob der Einführer dazu berechtigt ist und ob die Lieferung innerhalb des vom International Narcotics Control Board (INCB) für Deutschland festgelegten Einfuhrkontingents liegt. Die Einfuhrgenehmigung wird auf drei Monate befristet in vierfacher Ausfertigung ausgestellt. Zwei Exemplare erhält der Antragsteller, ein

---

[6] BGBl. I 1981, 1420), zuletzt geändert durch VO v. 19.6.2001 (BGBl. I, 1180).

Exemplar schickt die BOPST an die Korrespondenzbehörde im Ausland und ein Exemplar verbleibt bei der BOPST.

In dem beschrieben Fall schickt der deutsche Importeur ein Exemplar der deutschen Einfuhrgenehmigung an seinen Lieferanten im Ausland, der bei seiner Behörde unter Vorlage der deutschen Einfuhrgenehmigung die korrespondierende Ausfuhrgenehmigung beantragt. Diese Behörde prüft die relevanten nationalen Bedingungen und darüber hinaus, ob das importierende Land ausreichendes Importkontingent hat. Nach positiver Prüfung erhält der Ausführer die Ausfuhrgenehmigung und kann die Ware mit der Ausfuhrgenehmigung verschicken.

Bei **Ware**, die **nicht aus dem EU-Binnenmarkt** importiert wird, erfolgt eine Zollabfertigung und der deutsche Importeur erhält auf der von Ihm zurückgehaltenen Einfuhrgenehmigung den entsprechenden Zollabfertigungsvermerk. Geringere als die genehmigten Mengen dürfen eingeführt werden, die abweichende Menge ist zu bestätigen. Eine größere als die von der BOPST genehmigte Menge darf nicht eingeführt werden. Nach Eingang der Betäubungsmittel beim Erwerber hat dieser der BOPST unverzüglich die erfolgte Einfuhr nach Art und Menge mittels Einfuhranzeige und Anlage der mit dem zollamtlichen Abfertigungsvermerk versehenen Einfuhrgenehmigung anzuzeigen und den Zugang in seinen Aufzeichnungen nach § 17 BtMG zu dokumentieren.

Bein **Einfuhren aus dem EU-Binnenmarkt** entfällt die zollamtliche Abfertigung. Anstelle des Abfertigungsvermerks durch den Zoll hat der Einführer selbst in dem entsprechenden Feld der Einfuhrgenehmigung die a) Nummer und Ausstellungsdatum der Handelsrechnung oder Packliste und b) Nummer und Ausstellungsdatum des Frachtdokumentes mit Angabe des Frachtführers anzugeben und die Handelsrechnung oder Packliste der Einfuhrgenehmigung in Kopie beizufügen und dieses Exemplar zusammen mit der Einfuhranzeige der BOPST anzuzeigen und den Zugang in seinen Aufzeichnungen nach § 17 BtMG zu dokumentieren.

Besonders zu berücksichtigen sind die in den Anlagen II und III jeweils aufgeführten **ausgenommenen Zubereitungen**. Die in Anlage III aufgeführten ausgenommenen Zubereitungen sind im grenzüberschreitenden Verkehr Betäubungsmittel und bedürfen neben einer Erlaubnis nach § 3 BtMG zur Einfuhr oder/und Ausfuhr sowie für jede einzelne Lieferung die oben beschriebene Einfuhr- bzw Ausfuhrgenehmigung. Diese Regelung entspricht den Forderungen der UN-Konvention von 1971 wonach die Einfuhr und Ausfuhr psychotroper Stoffe zu kontrollieren ist. Dennoch kann jedes Land strengere Regeln anwenden.

Die Zubereitungen der Anlage II und der beiden Stoffe Codein und Dihydrocodein aus der Anlage III hingegen sind auch international ausgenommene Zubereitungen nach Schedule III der UN-Konvention von 1961 und bedürfen zum grenzüberschreitenden Verkehr weder einer Erlaubnis noch einer Einfuhr- oder Ausfuhrgenehmigung.

b) Ausfuhren

Bei vorgesehenen Ausfuhren benötigt der deutsche Exporteur zunächst eine entsprechende Erlaubnis nach § 3 BtMG und die Einfuhrgenehmigung seines Kunden im Ausland. Letztere reicht der Exporteur zusammen mit dem Formblatt (Ausfuhrantrag), das von der Homepage der BOPST heruntergeladen werden kann, der BOPST ein. Diese prüft den Antrag und erteilt die Ausfuhrgenehmigung.

4. Betäubungsmittel-Kostenverordnung (BtMKostV)[7]

Das BfArM erhebt für seine Amtshandlungen Gebühren. Die seit 1993 unverändert gebliebenen Gebührensätze wurden durch die Betäubungsmittel-Kostenverordnung vom

---
[7] BGBl. I 2009, 1675.

30.6.2009 zur Deckung des Verwaltungsaufwandes angepasst und neue Gebührentatbestände eingeführt, so zB für die Bearbeitung von Anzeigen von Apotheken, für fachliche Beratung von Antragstellern und für die Durchführung von Besichtigungen.

5. Betäubungsmittel-Verschreibungsverordnung (BtMVV)[8]

27 Die in Anlage III aufgeführten Betäubungsmittel dürfen nach § 13 BtMG nur in Form von Zubereitungen auf den besonderen, jeweils dreiteiligen Formularen (Betäubungsmittelrezept, Betäubungsmittelanforderungsschein) verschrieben werden, wenn die Anwendung am menschlichen oder tierischen Körper begründet ist. Die Anwendung ist dann begründet, wenn der beabsichtigte Zweck auf anderer Weise nicht erreicht werden kann. Die verschriebenen Betäubungsmittel dürfen nur im Rahmen des Betriebs einer Apotheke aufgrund der Verschreibung abgegeben werden, für den Stationsbedarf aufgrund eines ausgefertigten Betäubungsmittelanforderungsscheines (Stationsverschreibung). Die BtMVV regelt das Verschreiben der in Anlage III bezeichneten Betäubungsmittel detailliert, ihre Abgabe sowie die Dokumentation auf den Rezepten und das Aufzeichnen bei Ärzten und Apotheken.

B. Umgang mit Betäubungsmitteln

I. Überwachung und durchführende Behörde

28 Die Überwachung des Betäubungsmittelverkehrs obliegt bei Händlern, Herstellern, wissenschaftlichen Einrichtungen und Prüfärzten der Bundesopiumstelle:
Bundesinstitut für Arzneimittel und Medizinprodukte
– Bundesopiumstelle –
Kurt-Georg-Kiesinger-Allee 3
53175 Bonn

Die Überwachung der Apotheken und Ärzte erfolgt jeweils durch die Landesbehörden der Bundesländer und die Überwachung des Verkehrs im Bereich der Bundeswehr erfolgt in eigener Verantwortung. Beim grenzüberschreitenden Betäubungsmittelverkehr wirken die Zollstellen mit.

Die Bundesopiumstelle (BOPST) als zuständige Abteilung des Bundesinstituts für Arzneimittel und Medizinprodukte (BfArM) ist die besondere Verwaltungsdienststelle nach Maßgabe der drei vorstehend genannten internationalen Übereinkommen und steht mit dem Internationalen Suchtstoffkontrollamt (INCB) in stetem Kontakt bezüglich von Statistiken und Schätzungen über den Verbrauch von Betäubungsmitteln für medizinische und wissenschaftliche Zwecke, die Herstellung sowie die Einfuhr und Ausfuhr von Betäubungsmitteln.

II. Vor dem Verkehr mit Betäubungsmitteln

29 Für die Phase vor dem Verkehr mit Betäubungsmittel sind insbesondere die ersten beiden Abschnitte des Betäubungsmittelgesetzes zu beachten.

1. Die Erlaubnis nach § 3 BtMG als Grundlage für die Teilnahme am Betäubungsmittelverkehr

30 Der Umgang mit Betäubungsmitteln ist grundsätzlich verboten, wird aber auf Antrag in bestimmten Fällen erlaubt (Verbot unter Erlaubnisvorbehalt). Einer Erlaubnis des Bundesinstituts für Arzneimittel und Medizinprodukte (BfArM) bedarf, wer Betäubungsmittel

---

8 BGBl. I 1998, 74, zuletzt geändert durch Art. 3 des Gesetzes zur diamorphingestützten Substitutionsbehandlung v. 15.7.2009 (BGBl. I 2009, 1801).

anbauen, herstellen, mit ihnen Handel treiben, einführen, ausführen, abgeben, veräußern, sonst in den Verkehr bringen, erwerben oder ausgenommene Zubereitungen (§ 2 Abs. 1 Nr. 3 BtMG) herstellen will (§ 3 Abs. 1 Nr. 1 und 2 BtMG). Eine Erlaubnis für die in Anlage I bezeichneten BtM kann das BfArM nur ausnahmsweise zu wissenschaftlichen oder anderen im öffentlichen Interesse liegenden Zwecken erteilen (§ 3 Abs. 2 BtMG).

2. Ausnahmen von der Erlaubnispflicht

Ausnahmen von der Erlaubnispflicht nach § 3 BtMG sind in § 4 BtMG aufgeführt. 31

3. Erlaubnis nach § 3 BtMG

Betäubungsmittel werde als Stoffe oder Zubereitungen in verschiedenen Bereichen der Wissenschaft, Chemie, Medizin und Pharmazie verwendet zB als Puffersubstanz/-lösung, Standard- bzw Referenzsubstanz, Verunreinigung, Ausgangsstoff für die Herstellung von anderen Stoffen (Betäubungsmittel oder Nicht-Betäubungsmittel), als Zwischen- oder Endprodukt einer Synthese oder für die Herstellung von Arzneimitteln in Form von Zubereitungen oder ausgenommenen Zubereitungen oder als Zwischenprodukten bei Synthesen. 32

Einer Erlaubnis nach § 3 Abs. 1 BtMG bedarf, wer

1. Betäubungsmittel anbauen, herstellen, mit ihnen Handel treiben, sie, ohne mit ihnen Handel zu treiben, einführen, ausführen, abgeben, veräußern, sonst in den Verkehr bringen, erwerben oder
2. ausgenommene Zubereitungen (§ 2 Abs. 1 Nr. 3) herstellen will.

a) Antragstellung

Während wie unter Rn 15 beschrieben Bundes- und Landesbehörden für ihre dienstlichen Tätigkeit sowie Ärzte, Patienten, Probanden in einer klinischen Prüfung keiner Erlaubnis nach § 3 BtMG bedürfen, ist in allen anderen Fällen eine Erlaubnis erforderlich. Diese ist bei der für die in Deutschland ansässigen Einrichtungen bei der Bundesopiumstelle des Bundesinstituts für Arzneimittel und Medizinprodukte zu beantragen. Die Antragstellung erfordert eine sorgfältige Vorbereitung und setzt voraus, dass alle an einem Projekt in einer Einrichtung möglicherweise involvierten Abteilungen bzw Personen so früh wir möglich involviert sind, um unvollständige und fehlerhafte Anträge zu vermeiden. Dazu sind alle Tätigkeiten sowie der Materialfluss innerhalb der Einrichtung zu identifizieren und bei komplexeren Vorhaben in Form von Fließdiagrammen bzw grafisch aufzuarbeiten und Schnittstellen zwischen den einzelnen Bereichen eines Unternehmens zu definieren. 33

aa) Antrag auf Erteilung einer Erlaubnis nach § 3 BtMG

Der Antrag auf Erteilung einer Erlaubnis kann formlos beantragt werden und es sind dazu die nachstehend genannten Angaben zu machen und entsprechende Unterlagen einzureichen. Auf der Homepage des BfArM (www.bfarm.de) hat die Bundesopiumstelle unter Betäubungsmittel einige Formulare oder Checklisten eingestellt, die bei der Antragstellung eine Hilfe sein können. 34

bb) Antragsteller

Ein Antragsteller kann eine natürliche Person sein, in der Regel sind es jedoch juristische Personen. Natürliche Personen haben zur eindeutigen Identifizierung ihren Namen, die Vornamen, Geburtsdatum und Geburtsort, Nationalität sowie die aktuelle Wohnanschrift anzugeben und den Ort zu benennen, wo der beabsichtigte Betäubungsmittelverkehr stattfinden soll. Juristische Personen sind in der Regel Europäische Aktiengesellschaften (SE), 35 deutsche Aktiengesellschaften (AG), Gesellschaften mit beschränkter Haftung (GmbH) oder Vereine, die im Handels- oder Vereinsregister eingetragen sind.

36　Dazu ist ein Auszug aus dem Handelsregister einzureichen, und für die darin genannten Vorstände oder Geschäftsführer sind jeweils die Passdaten (Vornamen, Geburtsdatum und Geburtsort, Nationalität sowie die aktuelle Wohnanschrift) anzugeben.

cc) Betriebsstätte

37　Es ist die Beschreibung der Lage der Betriebsstätten nach Ort (ggf Flurbezeichnung), Straße, Hausnummer, Gebäude, Gebäudeteil sowie die Bauweise des Gebäudes zu beschreiben und die entsprechenden Pläne der BOPST vorzulegen.

dd) Verantwortlicher für den Betäubungsmittelverkehr (§ 5 Abs. 1 Nr. 1 BtMG)

38　Der Erlaubnisinhaber hat eine Person zu benennen, die für die Einhaltung der betäubungsmittelrechtlichen Vorschriften und Anordnungen der Überwachungsbehörden verantwortlich ist. Der Antragsteller kann selbst die Stelle des Verantwortlichen übernehmen (§ 5 Abs. 1 Nr. 1 BtMG).

Die genannte Person muss zuverlässig sein und die erforderliche Sachkenntnis besitzen. Anzugeben sind dazu die Passdaten (Name, Vorname, ggf Geburtsname, Geburtsdatum, Geburtsort, aktuelle Wohnanschrift) sowie der Nachweis der erforderlichen Sachkenntnis. Der Verantwortliche für den Betäubungsmittelverkehr ist eine natürliche Person, die im Organisationsplan der Betriebsstätte namentlich genannt ist. Der Verantwortliche ist zur Erfüllung seiner Aufgaben mit den erforderlichen Kompetenzen wie Weisungsbefugnis und Kontrollmöglichkeiten gegenüber den am Betäubungsmittelverkehr beteiligten Mitarbeitern, er muss zuverlässig sein, die erforderliche Sachkenntnis besitzen und die tatsächliche Möglichkeit der Aufgabenerfüllung haben. Das Fehlen einer der Voraussetzungen führt zwingend zu einer Versagung der Erlaubnis nach § 3 BtMG zum Verkehr mit BtM nach § 5 Abs. 1 BtMG.

(1) Zuverlässigkeit

39　Die Zuverlässigkeit fehlt, wenn Tatsachen vorliegen, aus denen sich Bedenken gegen die Zuverlässigkeit ergeben, bloße Verdachtsmomente reichen nicht aus. Zur Beurteilung sind Art und Umfang der Teilnahme des Verantwortlichen am Betäubungsmittelverkehr, seine Person und seine Stellung im Betrieb. Durch den Verantwortlichen soll Sicherheit und Kontrolle um Betrieb gewährleiste sein, je mehr Einfluss, der Verantwortliche auf den Betäubungsmittelverkehr hat, desto strenger ist die Beurteilung. Unzuverlässig sind diejenigen, die im Zusammenhang mit dem Betäubungsmittelgesetz Straftaten begangen haben. Das BfArM erhält bei Bundeszentralregister die volle Auskunft über die ggf. begangenen Straftaten.

40　Der **Verantwortliche für den Betäubungsmittelverkehr**, nachfolgend „Verantwortlicher" benannt, ist eine Person, die für die Einhaltung der betäubungsmittelrechtlichen Vorschriften und der Anordnungen der Überwachungsbehörden verantwortlich ist. Die Voraussetzung für den Verantwortlichen:

- Der Verantwortliche ist eine natürliche Person und ist bestimmt durch den Namen, ggf. dem davon abweichenden Geburtsdatum, den Vornamen, dem Geburtsdatum und Geburtsort.
- Der Verantwortliche ist von der Geschäftsführung oder vom Vorstand namentlich zu benennen und sollte im Organisationsplan ausgewiesen sein. Er soll mit den erforderlichen Kompetenzen wie Weisungsbefugnis und Kontrollmöglichkeiten gegenüber den am Betäubungsmittelverkehr beteiligten Mitarbeitern ausgestattet sein.

- Der Verantwortliche muss die für die Aufgabe notwendige Zuverlässigkeit besitzen. Die Zuverlässigkeit fehlt, wenn Tatsachen vorliegen, aus denen sich Bedenken gegen die Zuverlässigkeit ergeben. Bloße Verdachtsmomente reichen nicht aus. Zur Gesamtbewertung sind Art und Umfang der Teilnahme der Verantwortlichen am Betäubungsmittelverkehr, seine Person und seine Stellung im Betrieb. Maßstab sind Sicherheit und Kontrolle des Betäubungsmittelverkehrs, je mehr Einfluss, der Verantwortliche auf den Betäubungsmittelverkehr hat, desto strenger ist die Beurteilung. – Eine Unzuverlässigkeit ist dann gegeben, wenn Straftaten im Zusammenhang mit dem Betäubungsmittelgesetz begangen wurden.

(2) Sachkenntnis

Die erforderliche Sachkenntnis richtet sich nach den Aufgaben des Verantwortlichen. So kann differenziert werden zwischen:

- **Herstellung von Betäubungsmitteln, die Arzneimittel sind:** Der Nachweis der erforderlichen Sachkenntnis nach § 16 BtMG wird hier entsprechend § 15 AMG als sachkundige Person erbracht durch die Approbation als Apotheker oder das Zeugnis über eine nach angeschlossenem Hochschulstudium der Pharmazie, der Chemie, der Biologie, der Human- oder Veterinärmedizin abgelegte Prüfung sowie eine mindestens zweijährige Tätigkeit in der Arzneimittelprüfung.
- **Herstellung von Betäubungsmitteln, die keine Arzneimittel sind:** Der Nachweis der erforderlichen Sachkenntnis wird erbracht durch das Zeugnis über eine nach abgeschlossenem Hochschulstudium der Pharmazie, der Chemie, der Biologie, der Human- oder der Veterinärmedizin abgelegte Prüfung und durch die Bestätigung einer mindestens einjährigen praktischen Tätigkeit in der Herstellung oder Prüfung von Betäubungsmitteln.
- **Verwenden von Betäubungsmitteln zu wissenschaftlichen Zwecken:** Die erforderliche Sachkenntnis wird erbracht durch das Zeugnis über eine nach abgeschlossenem Hochschulstudium der Biologie, der Chemie, der Pharmazie, der Human- oder Veterinärmedizin abgelegte Prüfung.
- **Handel mit Betäubungsmitteln, sonstiger Umgang mit Betäubungsmitteln:** Die erforderliche Sachkenntnis wird erbracht durch das Zeugnis über eine abgeschlossene Berufsausbildung als Kaufmann im Groß- und Außenhandel in den Fachbereichen Chemie oder Pharma und durch die Bestätigung einer mindestens einjährigen praktischen Tätigkeit im Betäubungsmittelverkehr.

In Einzelfällen kann die Bundesopiumstelle von den oben genannten Anforderungen an die Sachkenntnis abweichen, wenn die Sicherheit und Kontrolle des Betäubungsmittelverkehrs oder der Herstellung ausgenommener Zubereitungen gewährleistet sind.

Der Verantwortliche muss in der Lage sein, seine Verpflichtung ständig zu erfüllen. Eine ständige Anwesenheit ist jedoch nicht erforderlich. Er muss Zugang zu den notwendigen Informationen haben oder sie sich beschaffen und Anordnungen treffen können. Der Umgang mit Betäubungsmitteln sollte eindeutig geregelt sein. Dazu ist die Schriftform zu wählen und zB in Form von SOPs verbindlich zu machen. Sofern der Verantwortliche nicht ständig anwesend sein kann, sollte die Vertretung ebenso geregelt und schriftlich festgehalten werden. Verschiedenen Verantwortungsbereiche des oder ggf. mehrerer Verantwortlicher müssen klar definiert und voneinander abgegrenzt sein. Bei weiterer Delegation von Aufgaben des Verantwortlichen auf nachgeordnete Mitarbeiter müssen auch hier die Verantwortungsbereiche klar abgegrenzt und definiert sein. Der Verantwortliche bleibt aufsichts- und kontrollpflichtig.

ee) Umfang des beabsichtigten Betäubungsmittelverkehrs

43 Vor der Teilnahme am Betäubungsmittelverkehr und der entsprechenden Antragstellung ist eine sorgfältige Planung unter Beteiligung aller möglicherweise in ein Projekt involvierten Kreise erforderlich, insbesondere bei Firmen, die sich mit der Entwicklung, Forschung, Herstellung und Vertrieb von Betäubungsmitteln als Arzneimittel beschäftigen. Wie oben beschrieben, ist für den Umgang mit Betäubungsmitteln immer eine Erlaubnis erforderlich. Aus den vorgesehenen Mengen zum Umgang mit Betäubungsmittel und dem Status der verwendeten oder herzustellenden Betäubungsmittel oder ausgenommen Zubereitungen ergeben sich die verschiedenen Anforderungen an die Lagerung und die Sicherungsmaßnahmen.

44 Während sich früher alle Tätigkeiten von der Forschung, Entwicklung, Herstellung und Vertrieb eines Arzneimittels innerhalb eines Unternehmens abspielten, sind die Arbeiten heute auf verschiedene Firmen verteilt, die in eigener Verantwortung in Analytik oder Forschung oder Entwicklung oder Herstellung oder Vertrieb tätig sind. Bei der Planung der Tätigkeiten ist ganz früh zu klären und festzulegen welche Tätigkeiten in welchem Unternehmen erfolgen sollen und wie demnach der Übergang von einer auf die andere Firma erfolgen muss (Schnittstellen).

45 Beachten ist dabei auch die Tatsache, dass eine Erlaubnis auch dann erforderlich ist, wenn in einem Betrieb keine Betäubungsmittel vorhanden sind, das Unternehmen aber Bestellungen ausführt und Rechnungen schreibt. Dieser „Handel ohne eigene Lagerhaltung" ist nach § 3 BtMG erlaubnispflichtig.

(1) Herstellung von Betäubungsmitteln oder ausgenommenen Zubereitungen

46 Bei der Beantragung der Herstellung (§ 2 Abs. 1 Nr. 4 BtMG) ist eine kurz gefasste Beschreibung des Herstellungsgangs unter Angabe von Art und Menge der Ausgangsstoffe oder -zubereitungen, der Zwischen- und Endprodukte, auch wenn Ausgangsstoffe oder -zubereitungen, Zwischen- und Endprodukte keine Betäubungsmittel sind, vorzulegen. Um Sicherheit und Kontrolle des Betäubungsmittelverkehrs zu gewährleisten, sollte die theoretische Ausbeute angegeben werden. Bei aufwendigen Herstellungen ist die Darstellung in einem Fließdiagramm hilfreich. Bei nicht abgeteilten Zubereitungen sind zusätzlich die Prozentsätze, bei abgeteilten Zubereitungen die Gewichtsmengen der je abgeteilte Form enthaltenen Betäubungsmittel anzugeben.

(2) Handel mit Betäubungsmitteln

47 Für den Handel mit Stoffen oder Zubereitungen sind diese nach Art und Menge aufzulisten, darüber auch die Jahreshöchstmengen. Es ist hier zu beachten, dass die Erlaubnis auf den notwendigen Umfang zu beschränken ist (§ 9 Abs. 1 BtMG).

(3) Umgang mit Betäubungsmitteln zu wissenschaftlichen Zwecken

48 Die Beantragung soll den vollen Umfang der wissenschaftlichen Tätigkeit beschreiben, dh die Angabe der erforderlichen Stoffe oder Zubereitungen nach Art und Menge sowie ggf. die Einfuhr oder/und Erwerb oder die Abgabe oder/und die Ausfuhr der Stoffe bzw Zubereitungen. Auch hier ist die Erlaubnis auf den notwendigen Umfang zu beschränken.

Bei Umgang mit Betäubungsmitteln der Anlage I für wissenschaftliche Zwecke oder im öffentlichen Interesse liegenden Zwecken eine Erläuterung des verfolgten Zwecks unter Bezugnahme auf einschlägige wissenschaftliche Literatur (§ 3 Abs. 2 BtMG).

ff) Lagerung der Betäubungsmittel und Maßnahmen zur Sicherung

Betäubungsmittel sind nach § 16 BtMG getrennt von anderen Stoffen getrennt aufzubewahren und gegen unerlaubtes Entfernen zu sichern. Die notwendige Sicherung richtet sich nach der Sicherungskategorie der einzelnen Stoffe und den Richtlinien des BfArM. Um Antragstellern bei der Frage nach der erforderlichen Sicherungsmaßnahmen eine Hilfestellung zu geben, hat das Bundesinstitut für Arzneimittel und Medizinprodukte auf seiner Homepage einen Sicherungsrechner eingestellt, mit dem die geforderten Sicherungsmaßnahmen zu errechnen sind. 49

Zu berücksichtigen ist, dass alle Betäubungsmittel gesichert zu lagern sind. Während für den Umgang mit einem Stoff nur ein kleinvolumiges Wertschutzbehältnis erforderlich ist, kann für die Lagerung mehrerer Paletten der daraus hergestellten Fertigarzneimittel ein großer gesicherter Raum erforderlich sein. Bei der Planung sollte die Bundesopiumstelle möglichst frühzeitig involviert werden, um unter Umständen falsche Planung, unnötige Kosten und Zeitverlust zu vermeiden. 50

b) Entscheidung

Die Bundesopiumstelle des Bundesinstituts für Arzneimittel und Medizinprodukte soll nach § 8 Abs. 1 BtMG innerhalb von 3 Monaten nach Eingang des Antrags über die Erteilung einer Erlaubnis entscheiden. Sofern bei der Prüfung des Antrags Mängel (fehlende bzw. unvollständige Unterlagen) festgestellt werden, wird der Antragsteller aufgefordert, diese innerhalb einer Frist abzustellen bzw Unterlagen nachzureichen. Sofern die Unterlagen vollständig sind, wird die Erlaubnis nach § 3 BtMG in der Regel unbefristet erteilt. Für einmalige oder befristete Vorhaben wird die Erlaubnis entsprechend befristet erteilt. 51

Die Erlaubnis ist jeweils auf den notwendigen Umfang zu beschränken. So werden bei der Entwicklung eines Arzneimittels zunächst die Entwicklungsarbeiten erlaubt. Sofern die Produktion der Handelsware erfolgen soll und die entsprechende Erlaubnis erteilt wurde, wird die Erlaubnis um die Herstellung des Betäubungsmittels (Fertigarzneimittels) und je nach der Zulassung in Deutschland oder im Ausland mit dem Binnenhandel oder dem Außenhandel aufgeführt. 52

Da die Möglichkeit gegeben sein soll, nicht mehr benötige Betäubungsmittel zurückzuschicken, führt die BOPST in der Erlaubnis automatisch die Formulierung „Rückgabe oder Rücknahme der in der Erlaubnis aufgeführten Tätigkeiten – nur in der erworbenen Form.

III. Während des Verkehrs mit Betäubungsmitteln

1. Anzeigepflicht

Nach § 8 Abs. 3 BtMG hat der Inhaber einer Erlaubnis jede Änderung der in § 7 BtMG bezeichneten Angaben unverzüglich dem BfArM anzuzeigen. Bei einer Änderung hinsichtlich der Jahreshöchstmenge etc. wird die Erlaubnis geändert. Der Anzeigende kann mit der Anzeige sofort am BtM-Verkehr teilnehmen. 53

Bei einer vorgesehenen Erweiterung der Erlaubnis ist ein Antrag auf Erweiterung der Erlaubnis zu stellen und der Antragsteller darf erst nach der erteilten Erlaubnis den beantragten Betäubungsmittelverkehr aufnehmen.

Bei der Änderung der Erlaubnis hinsichtlich der Rechtsform des Erlaubnisinhabers oder bei einem Umzug, Ausnahme innerhalb eines Hauses, erlischt die Erlaubnis und jede weitere Tätigkeit wäre ein Straftatbestand. In solchen Fällen ist der Antrag so rechtzeitig zu stellen, dass die Erlaubnis zum Zeitpunkt des Wirksamwerdens der neuen Firma oder des Umzugs erteilt ist.

2. Erwerb und Abgabe

54 Sowohl der Erwerb als auch die Abgabe eines Betäubungsmittels erfolgt nach der Betäubungsmittel-Binnenhandelverordnung mit dem oben (Rn 18) beschriebenen Verfahren. Der Abgebende hat zunächst zu prüfen, ob die eigene Erlaubnis die Abgabe nach der Art und Menge des Stoffes bzw der Zubereitung zulässt. Vor der Abgabe hat sich der Abgebende zu vergewissern, ob der Erwerber dazu (Art und Menge des Stoffes oder der Zubereitung) berechtigt ist. Dabei kann der Abgebende nicht unbedingt feststellen, ob der Erwerber nicht noch von anderer Stelle die Ware erworben hat. Diese Kontrolle hat der Erwerber selbst vorzunehmen.

3. Binnenhandel

55 Der Binnenhandel setzt sich aus den Teilaktivitäten Erwerb und Abgabe zusammen und wird nach dem Abgabebelegverfahren (Rn 18) abgewickelt. Die in den Erlaubnissen aufgeführten Jahreshöchstmengen sind jeweils für den Erwerb und zusätzlich für die Abgabe zu berücksichtigen. Rücklieferungen an den ursprünglichen Lieferanten werden hierbei nicht berücksichtigt.

4. Einfuhr und Ausfuhr

56 Sowohl die Einfuhr als auch die Ausfuhr erfolgen nach der Betäubungsmittel-Außenhandelsverordnung mit dem korrespondierenden Einfuhr- /Ausfuhr-Genehmigungsverfahren (siehe Rn 19).

Es sei besonders darauf hingewiesen, dass für die in Anlage III zum BtMG aufgeführten ausgenommenen Zubereitungen grenzüberschreitend die betäubungsmittelrechtlichen Vorschriften über die Einfuhr. Ausfuhr und Durchfuhr gelten (§ 11 Abs 1 BtMG) und demzufolge für deren Einfuhr als auch Ausfuhr neben der Erlaubnis nach § 3 BtMG eine Einfuhrgenehmigung nach § 3 BtMAHV bzw eine Ausfuhrgenehmigung nach § 9 BtMAHV erforderlich sind.

Sofern der Status eines Stoffes oder einer Zubereitung im Ausland anders ist als in Deutschland ist folgendes zu beachten:

- Bei der **Ausfuhr:** Sofern ein Stoff in Deutschland den betäubungsmittelrechtlichen Vorschriften untersteht, im Ausland jedoch nicht, hat der deutsche Ausführer zur Beantragung seiner Ausfuhrgenehmigung eine Bescheinigungen (no-objection-certificate) der zuständigen Behörde des Einfuhrlandes vorzulegen, dass der Stoff der dortigen Betäubungsmittelkontrolle nicht untersteht und daher ohne Einfuhrgenehmigung eingeführt werden kann.
- Bei der **Einfuhr:** Sofern ein in Deutschland nicht dem BtMG unterstellter Stoff bzw Zubereitung durch ein deutsches Unternehmen eingeführt werden soll, benötigt dieses für seinen ausländischen Lieferanten eine Unbedenklichkeitsbescheinigung (no-objection-certificate) der Bundesopiumstelle, um bei seiner Behörde die entsprechende Ausfuhrgenehmigung beantragen zu können.

5. Außenhandel

57 Der Außenhandel setzt sich aus den vier Teilaktivitäten Einfuhr, Erwerb, Ausfuhr und Abgabe zusammen und wird hinsichtlich Einfuhr und Ausfuhr entsprechend der BtMAHV abgewickelt (Rn 19). Bei der Berücksichtigung der in der Erlaubnis nach § 3 BtMG festgelegten Jahreshöchstmenge gilt, dass der Erlaubnisinhaber die genannte Menge zugehen und abgehen darf.

6. Herstellung von Zubereitungen für wissenschaftliche Zwecke (Analytik, pharmazeutisch-technische Entwicklungsarbeiten)

Ein erlaubter Erwerb eines Stoffes zu wissenschaftlichen Zwecken mit einer bestimmten Jahreshöchstmenge lässt die oben genannten wissenschaftliche Arbeiten, dh nur die Herstellung von Zubereitungen oder ausgenommenen Zubereitungen zu. Die Veränderung des Stoffes durch chemische Umwandlung in einen anderen Stoff ist hiervon ausgenommen. 58

7. Herstellung von Betäubungsmitteln (Stoffen oder Zubereitungen)

Die Herstellung eines Stoffes oder einer Zubereitung hat nach den bei der Antragstellung auf Erteilung einer Erlaubnis vorgelegten Unterlagen zu erfolgen und ist detailliert zu dokumentieren. Hierbei ist zu beachten, dass der Materialfluss, insbesondere der Betäubungsmittel klar aufgezeigt wird. Es muss möglich sein, alle Schritte zwischen dem Einsatz eines Betäubungsmittel und der Ausbeute auf den verschiedenen Stufen nachzuvollziehen. Gleiches gilt, wenn aus einem Betäubungsmittel Stoffe hergestellt werden, die der Betäubungsmittelkontrolle nicht mehr unterliegen. 59

8. Herstellung von ausgenommenen Zubereitungen

Die Herstellung hat wie bei der Herstellung von Betäubungsmittel entsprechend der bei der Antragstellung auf Erteilung einer Erlaubnis vorgelegten Unterlagen zu erfolgen und ist detailliert zu dokumentieren. 60

9. Lagerung und Sicherung (§15 BtMG)

Der Erlaubnisinhaber ist verpflichtet, die Betäubungsmittel gesichert zu lagern. Innerhalb seines Unternehmens hat er sicherzustellen, dass die jeweils erforderlichen Sicherungsmaßnahmen vorhanden sind. 61

Betäubungsmittel sind getrennt von anderen Stoffen aufzubewahren und gegen unbefugte Entnahme zu sichern. Die notwendige Sicherung richtet sich nach der Sicherungskategorie der einzelnen Stoffe und den Richtlinien über Maßnahmen zur Sicherung von Betäubungsmittelvorräten bei Erlaubnisinhabern nach § 3 BtMG. Um Antragstellern bei der Frage nach der erforderlichen Sicherungsmaßnahmen eine Hilfestellung zu geben, hat das BfArM auf seiner Homepage einen Sicherungsrechner eingestellt, mit dem die geforderten Sicherungsmaßnahmen abgelesen werden können.

Zu berücksichtigen ist, dass *alle* Betäubungsmittel gesichert zu lagern sind. Während für den Umgang mit einem Stoff nur ein kleinvolumiges Wertschutzbehältnis erforderlich ist, kann für die Lagerung mehrerer Paletten der daraus hergestellten Fertigarzneimittel ein großer gesicherter Raum erforderlich sein. 62

Hinweis: Es ist dringend darauf zu achten, dass Betäubungsmittel nicht mit anderer Ware zusammen oder außerhalb der vorgesehenen Lagerstätten aufbewahrt werden.

10. Kennzeichnung und Werbung (§14 BtMG)

Die Betäubungsmittel sind unter Verwendung der in den Anlagen aufgeführten Bezeichnungen zu kennzeichnen, bei rohen, ungereinigten und nicht abgeteilten Betäubungsmitteln ist der Prozentsatz und bei abgeteilten Betäubungsmitteln das Gewicht des reinen Stoffs anzugeben. 63

Für Betäubungsmittel der Anlage I darf nicht geworben werden. Für Betäubungsmittel der Anlage II und III darf nur in Fachkreisen der Industrie und des Handels sowie bei Personen, die eine Apotheke betreiben, geworben werden und für in Anlage III bezeichnete Betäubungsmittel auch bei Ärzten.

Nach § 47 Abs. 3 S. 2 AMG dürfen Muster von Arzneimitteln keine Stoffe oder Zubereitungen iSd § 2 BtMG, die als solche in der Anlage II oder III des BtMG aufgeführt sind, enthalten.

11. Vernichtung (§ 16 BtMG)

64 Nicht mehr benötigte Betäubungsmittel sind durch den Eigentümer zu vernichten. Die Art der Vernichtung ist nicht vorgeschrieben und liegt in der Verantwortung des Erlaubnisinhabers. Die Vernichtung ist in Gegenwart zweier Zeugen vorzunehmen und ein entsprechendes Vernichtungsprotokoll anzufertigen. Eine Vernichtung hat so zu erfolgen, dass auch eine teilweise Wiedergewinnung der Betäubungsmittel ausgeschlossen ist und der Schutz von Mensch und Umwelt von schädlichen Einwirkungen gegeben ist. Bei kleinen Mengen an Betäubungsmitteln können diese chemisch zerstört oder durch starkes Verdünnen oder Vermischen mit zB Arzneimittelmüll vernichtet werden. Bei großen Mengen empfiehlt sich die Vernichtung in Verbrennungsanlagen. Dazu hat ein Vertreter des Eigentümers nach Absprache mit einer Verbrennungsanlage die Verbrennung terminlich zu vereinbaren. Die Verbrennung erfolgt dann in Gegenwart dreier Personen, die im Protokoll namentlich genannt sind und das Protokoll unterzeichnen..

Sofern der Eigentümer keinen Zugriff auf die Betäubungsmittel, die vernichtet werden sollen, hat, kann er den Besitzer, in der Regel ist das ein Lohnauftragnehmer, auffordern, die Vernichtung unter zwei Zeugen vorzunehmen und ein entsprechendes Protokoll anzulegen.

12. Führen von Aufzeichnungen (§ 17 BtMG)

65 Der Inhaber einer Erlaubnis hat die Verpflichtung, regelmäßig Aufzeichnungen über jeden Zugang und Abgang zu führen. Diese müssen lückenlos mit jeweiligem Datum jede Bewegung und Verwendung beinhalten, ebenso Verluste und Gewinne, sowie Angabe zum Erwerber oder Empfänger und den jeweiligen aktuellen Bestand ausweisen. Außerordentliche Vorgänge, wie Gewinne und Verluste bei der Herstellung und Verluste durch Verschütten sind ebenso zu dokumentieren, wie die erfolgten Vernichtungen.

Die Verpflichtung wird in der Praxis häufig vernachlässigt, was dazu führt, dass die betriebsinterne Kontrolle lückenhaft ist und Fehler schwer oder gar nicht identifiziert werden können und damit die Sicherheit und Kontrolle des Betäubungsmittelverkehrs nicht gewährleistet ist. Da in einem Unternehmen verschiedentlich Verlagerungen von einem in einen anderen Bereich erfolgen, ist diese Verlagerung präzise zu dokumentieren.

13. Erstattung von Meldungen (§ 18 BtMG)

66 Der Inhaber einer Erlaubnis nach § 3 BtMG hat halbjährlich Meldungen über den Betäubungsmittelverkehr in seinem Betrieb auf den vorgesehenen Meldeformularen der BOPST einzureichen. Dazu werden die Aufzeichnungen nach § 17 BtMG benötigt, und der Buchbestand ist mit der aktuellen Inventur zu vergleichen, und Unstimmigkeiten sind zu klären.

IV. Überwachung (§ 22 BtMG)

67 Die Inhaber einer Erlaubnis nach § 3 BtMG unterliegen der Überwachung durch die BOPST. Die außendienstliche Inspektion findet in unregelmäßigen Abständen statt und soll bei Herstellern alle zwei Jahre erfolgen. Inspektionen haben eine vorbeugende Wirkung und sollen die Sicherheit und Kontrolle des Betäubungsmittelverkehrs vor Ort gewährleisten.

Auf der Basis der der Behörde bekannten Daten werden diese vor Ort mit der augenblicklichen Situation verglichen. Es werden die laufenden Aufzeichnungen in den verschiedenen Bereichen eines Unternehmens eingesehen, mit den Daten der Einfuhr, Ausfuhr, Erwerb und

Abgabe sowie mit den aktuellen Beständen verglichen. Bei Herstellern werden die Herstellungsprotokolle eingesehen und der Durchsatz der Betäubungsmittel auf Plausibilität geprüft.

V. Nach dem Verkehr mit Betäubungsmitteln

1. Rückgabe der Erlaubnis durch den Erlaubnisinhaber

Sofern eine Erlaubnis nach § 3 BtMG nicht mehr benötigt wird, ist die Erlaubnis zurückzugeben. Das gilt auch für Teile der Erlaubnis. Nach § 9 Abs. 1 BtMG ist eine Erlaubnis jeweils auf den notwendigen Umfang zu beschränken. 68

2. Widerruf der Erlaubnis durch die Bundesopiumstelle

Sofern bei der Prüfung der Meldungen nach § 18 BtMG festgestellt wird, dass die bestehende Erlaubnis nicht oder nicht in allen Punkten benötigt wurde, kann die BOPST die Erlaubnis oder Teile der Erlaubnis widerrufen. Das geschieht in der Regel nach Anhörung des Erlaubnisinhabers. Die BOPST verzichtet auf den Widerruf, wenn der Erlaubnisinhaber die Notwendigkeit der Erlaubnis nachweist. 69

VI. Aufgaben der Bundesopiumstelle

Die Bundesopiumstelle (BOPST) als zuständige Abteilung des Bundesinstituts für Arzneimittel und Medizinprodukte (BfArM) ist die besondere Verwaltungsdienststelle nach Maßgabe der drei vorstehend genannten internationalen Übereinkommen. Sie hat somit die Verpflichtung, dem Internationalen Suchtstoffkontrollamt (INCB) in Wien in unterschiedlichen Intervallen verschiedene Berichte zu liefern. 70

Dazu gehören die quartalsweisen Berichte über die erfolgten Einfuhren und Ausfuhren der wichtigsten Betäubungsmittel. Da alle Länder verpflichtet sind, dem INCB diese Berichte zeitnah zu erstellen, werden dort die Meldungen der einzelnen Länder gegeneinander ausgewertet, so dass bei unterschiedlichen Meldungen zweier korrespondierender Länder uU Abzweigungen in illegale Kanäle erkannt und verfolgt werden können.

Mit den jährlichen Berichten (Statistik) wird dem INCB der Bestand an BtM, die Herstellung von BtM, die Umwandlung von Betäubungsmitteln in andere BtM oder in Stoffe, die dem BtMG nicht unterstellt sind, die Herstellung ausgenommener Zubereitungen, die Einfuhr und Ausfuhr aller BtM sowie der Verbrauch jedes einzelnen im BtMG enthaltenen BtM für medizinische und wissenschaftliche Zwecke gemeldet. Die Daten werden von der BOPST in einem aufwendigen Verfahren ermittelt. 71

Grundlage für die Statistiken sind die Meldungen der Inhaber von Erlaubnissen nach § 3 BtMG sowie die bei der BOPST regelmäßig eingehenden Informationen über die erfolgte Abgabe von Betäubungsmitteln in Deutschland, sowie der erfolgten Ein- und Ausfuhr.

Über ihre Aktivitäten haben die Erlaubnisinhaber **tagaktuelle Aufzeichnungen** zu führen und zweimal jährlich die Meldungen nach § 18 BtMG einzureichen, in denen alle Aktivitäten für das betreffende Kalenderhalbjahr zusammengefasst dargestellt sind. Diese Meldungen werden durch Mitarbeiter der BOPST geprüft und mit den Daten aus der Datenverarbeitung (Abgabebelege, Einfuhr- bzw Ausfuhranzeigen) verglichen. Hierbei sind bei den Berichten über die Herstellung die Daten hinsichtlich Einsatz und Ausbeute entsprechend den vorliegenden Herstellungsbeschreibungen und bei den Handelsaktivitäten die Zugänge und Abgänge bei den einzelnen Erlaubnisinhabern zu prüfen, auszuwerten und zur Berichterstattung an das INCB zusammenzufassen. Für die Ermittlung der Daten steht der BOPST ein Datenverarbeitungsprogramm zur Verfügung, in dem alle am BtM-Verkehr Beteiligten 72 und jede einzelne Betäubungsmittelbewegung zwischen berechtigten Teilnehmern am BtM-Verkehr erfasst werden.

73 Weiter hat die BOPST jährlich **Schätzungen** über die Herstellung und den Verbrauch an BtM für medizinische und wissenschaftliche Zwecke für das Folgejahr auf der Basis der erstellten Statistik der vergangenen Jahre zu erstellen. Besondere Entwicklungen, wie die Zulassung neuer betäubungsmittelhaltiger Arzneimittel, sowie die Erweiterung von Indikationen oder die Einführung neuer Darreichungsformen müssen mit in die Berechnung einfließen und dem INCB erklärt werden, gleichermaßen auch das Erlöschen von Zulassungen sowie das Vorhandensein größerer Bestände an BtM.

74 Diese Schätzungen sind die Grundlagen für die sog. **Betäubungsmittelkontingente**, die den einzelnen Ländern vom INCB jeweils für das folgende Kalenderjahr zugeteilt werden. Mit der Kontingentierung versucht das INCB einer Überproduktion von BtM und damit ein Überangebot zu verhindern, jedoch die für die medizinische Versorgung notwendige Menge zur Verfügung zu stellen. Dazu werden vom INCB sämtliche von den einzelnen Ländern jeweils gemeldeten Daten ausgewertet, auf Plausibilität geprüft und die Kontingente festgelegt. Sollten die vorausberechneten Kontingente nicht ausreichen, müssen Nachschätzungen mit den notwendigen Erklärungen erfolgen.

75 Die Kontingente werden allen Ländern mitgeteilt. Bei diesem internationalen Kontrollverfahren hat die zuständige Behörde des Ausfuhrlandes bei der Bearbeitung von Ausfuhranträgen zu prüfen, ob die zur Ausfuhr anstehende Lieferung von der Behörde des Einfuhrlandes genehmigt ist und das Land über ein ausreichendes Kontingent verfügt. Sofern ausreichende Kontingente nicht zur Verfügung stehen, muss ein Ausfuhrantrag abgelehnt werden.

76 Insgesamt handelt es sich beim Betäubungsmittelverkehr um einen national und international streng regulierten Markt, der das Ziel hat, einerseits den Patienten die notwendigen Betäubungsmittel in stets ausreichender Menge zur Verfügung zu stellen und andererseits ein Überangebot mit den Gefahren der missbräuchliche Verwendung und der Abzweigung in illegale Kanäle zu verhindern.

C. Grundstoffüberwachung

I. Rechtsgrundlagen

1. Überblick

77 Für die Herstellung aller Betäubungsmittel, mit Ausnahme von Haschisch und Marihuana, werden Chemikalien benötigt, sei es als wesentlicher Bestandteil, wie zB bei den vollsynthetischen Betäubungsmitteln (insbesondere für Amfetamine und Methamfetamine), sei es als Reagenzien und Lösungsmittel bei den halbsynthetischen Drogen (insbesondere für Heroin und Kokain). Gesetzlich geregelt sind derzeit weltweit 23 gelistete Stoffe, nachfolgend als Grundstoffe bezeichnet, die in großem Umfang legal gehandelt werden und in den unterschiedlichsten Wirtschaftszweigen, u.a. in der pharmazeutischen Industrie und der chemischen Industrie, Verwendung finden. Zur Verhinderung der Abzweigung dieser Grundstoffe aus dem legalen Wirtschaftskreislauf für die unerlaubte Herstellung von Betäubungsmitteln wurde ein System der weltweiten Kontrolle und Überwachung des Verkehrs mit Grundstoffen geschaffen, das einen unverzichtbaren und wesentlichen Beitrag zur Bekämpfung des illegalen Rauschgiftphänomens darstellt. Grundlage hierfür ist das Übereinkommen der Vereinten Nationen von 1988 gegen den unerlaubten Verkehr mit Suchtstoffen und psychotropen Stoffen (**Suchtstoffübereinkommen von 1988**).[9] Art. 12 des Über-

---

9 BGBl. II 1993, 1136.

einkommens sieht den Erlass geeigneter Maßnahmen zur Überwachung der Herstellung und des Vertriebs von Grundstoffen vor. Vertragspartei zu Art. 12 ist die Europäische Gemeinschaft und nicht der einzelne EU-Mitgliedstaat.

In der Europäischen Gemeinschaft werden die Regelungen des Art. 12 des Suchtstoffübereinkommens von 1988 durch folgende **EG-Verordnungen**, die unmittelbar geltendes Recht in jedem Mitgliedstaat darstellen, umgesetzt: 78
- Verordnung (EG) Nr. 273/2004 des Europäischen Parlamentes und des Rates vom 11.2.2004 betreffend Drogenausgangsstoffe[10] (regelt den innergemeinschaftlichen Grundstoffverkehr),
- Verordnung (EG) Nr.111/2005 des Rates vom 22.12.2004 zur Festlegung von Vorschriften für die Überwachung des Handels mit Drogenausgangsstoffen zwischen der Gemeinschaft und Drittländern[11] (regelt den Drittlandshandel),
- Verordnung (EG) Nr. 1277/2005 der Kommission vom 27.7.2005 mit Durchführungsvorschriften zu der Verordnung (EG) Nr. 273/2004 des Europäischen Parlamentes und des Rates betreffend Drogenausgangsstoffe und zur Verordnung (EG) Nr. 111/2005 des Rates vom 22.12.2004 zur Festlegung von Vorschriften für die Überwachung des Handels mit Drogenausgangsstoffen zwischen der Gemeinschaft und Drittländern,[12] geändert durch Verordnung (EG) Nr. 297/2009 der Kommission vom 08.4.2009 mit Durchführungsvorschriften zur Verordnung (EG) Nr. 273/2004 und zur Verordnung (EG) Nr. 111/2005[13] (Durchführungsverordnung).

In Deutschland werden im Bereich der Kontrolle und Überwachung des Verkehrs mit Grundstoffen diese EG-Verordnungen durch das „Gesetz zur Überwachung des Verkehrs mit Grundstoffen, die für die unerlaubte Herstellung von Betäubungsmitteln missbraucht werden können (**Grundstoffüberwachungsgesetz – GÜG**)"[14] ergänzt, soweit dies für deren Durchführung erforderlich oder durch Regelungsgebote dem nationalen Gesetzgeber ausdrücklich aufgegeben ist. Gleichzeitig erfüllt das GÜG die verschiedenen Sanktionsgebote der einschlägigen internationalen und EU-rechtlichen Regelungen, zu deren innerstaatlichen Umsetzung Deutschland ebenfalls verpflichtet ist und legt Behördenzuständigkeiten fest. 79

2. Der Begriff des Grundstoffs

Der Begriff „Grundstoff" wird national im GÜG verwendet und umfasst die „erfassten Stoffe" nach den Definitionen im jeweiligen Art. 2 lit. a in den Verordnungen (EG) Nr. 273/2004 und Nr. 111/2005. International wird von „Drug Precursors", den Drogenausgangsstoffen, gesprochen. 80

Die derzeit 23 international unterstellten Stoffe unter das Suchtstoffübereinkommen von 1988 sind in den EU-Vorschriften in drei Kategorien[15] eingeteilt. Die Kategorie 1, die auch arzneilich verwendete Stoffe enthält, umfasst die eigentlichen Drogenausgangsstoffe. In Kategorie 2 sind die Chemikalien eingestuft, die als Reagenzien bei der Drogenherstellung eine essenzielle Rolle spielen (zB Essigsäureanhydrid für die Diamorphinherstellung und Kaliumpermanganat in der Kokainproduktion). Die Kategorie 3 enthält Lösungsmittel und Säuren.

---

10 ABl. EU Nr. L 47/1.
11 ABl. EU Nr. L 22/1.
12 ABl. EU Nr. L 202/7.
13 ABl. EU Nr. L 95/13.
14 Neu gefasst durch Art. 1 des Gesetzes v. 11.3.2008 (BGBl. I, 306).
15 Siehe Anhang der VO (EG) Nr. 273/2004 (ABl. EU Nr. L 47/1) und Nr. 111/2005 (ABl. EU Nr. L 22/1).

81 Es handelt sich hierbei um folgende Stoffe:

Kategorie 1	Ephedrin
	Ergometrin
	Ergotamin
	N-Acetylanthranilsäure
	Norephedrin
	Lysergsäure
	1-Phenyl-2-propanon
	Pseudoephedrin
	3,4-Methylendioxyphenyl-2-propanon
	Isosafrol
	Piperonal
	Safrol
Kategorie 2	Anthranilsäure
	Essigsäureanhydrid
	Kaliumpermanganat
	Phenylessigsäure
	Piperidin
Kategorie 3	Aceton
	Ethylether
	Methylethylketon
	Toluol
	Schwefelsäure
	Salzsäure

Die vorbezeichneten Grundstoffe werden häufig auch unter **Synonymbezeichnungen** gehandelt. Weiteres hierzu ist der Seite des Internationalen Suchtstoffkontrollamtes, INCB (International Narcotics Control Board), in der „Red List"[16] zu entnehmen.

Änderungen der Stoffkategorien (Neuaufnahme, Umstufung, Streichung eines Grundstoffs) in den EG-Verordnungen erfolgen bei Änderung der Tabellen des Suchtstoffübereinkommens von 1988.

82 Der Kontrolle unterliegen ebenfalls ihre Salze und ihre Stereoisomeren, mit Ausnahme von Cathin (hierbei handelt es sich um ein Betäubungsmittel der Anlage III des Betäubungsmittelgesetzes), sofern das Bestehen solcher Formen möglich ist. Des Weiteren sind Mischungen und Naturprodukte, die derartige Stoffe enthalten, rechtlich ebenfalls Grundstoffe. Davon ausgenommen sind Arzneimittel gemäß der Definition der Richtlinie 2001/83/EG,[17] pharmazeutische Zubereitungen, Mischungen, Naturprodukte und sonstige Zubereitungen, die erfasste Stoffe enthalten und so zusammengesetzt sind, dass diese Stoffe nicht einfach verwendet oder leicht und wirtschaftlich extrahiert werden können. Naturprodukte, die unter die Grundstoffüberwachung fallen, sind derzeit safrolreiche Öle (zB Sassafrasöl) sowie Ephedra.

---

16 <www.incb.org/pdf/e/list/red.pdf>.
17 ABl. EG Nr. L 311/67 v. 28.11.2001, zuletzt geändert durch die RL 2003/63/EG der Kommission (ABl. EU Nr. L 159/46 v. 27.6.2003).

Die amtliche Entscheidung, ob es sich bei einer **grundstoffhaltigen Mischung** um einen Grundstoff handelt, wird anhand der in den Definitionen „erfasster Stoff" in den oben (Rn 80) genannten EG-Verordnungen festgelegten Kriterien – einfache (missbräuchliche) Verwendung oder leichte und wirtschaftliche Wiedergewinnung – getroffen und ist immer eine Einzelfallentscheidung. Daher können auch Pharmazwischenprodukte, wie zB grundstoffhaltige Granulate oder Bulkware, der Grundstoffkontrolle unterliegen. Einzige Ausnahme hierbei sind Fertigarzneimittel, die zurzeit generell nicht der Grundstoffüberwachung unterliegen. 83

II. Verpflichtungen für den Umgang mit Grundstoffen
1. Allgemeine Verpflichtungen

Ziel der gesetzlichen Grundstoffüberwachung ist es, die Abzweigung und missbräuchliche Verwendung der Grundstoffe zum Zweck der unerlaubten Herstellung von Betäubungsmitteln zu verhindern bzw zu verfolgen. Zu den für jede Stoffkategorie festgelegten Kontroll- und Überwachungsmaßnahmen enthält das GÜG Vorschriften, die sich an jeden Teilnehmer am Grundstoffverkehr, unabhängig vom Grundstoff, richten. Neben dem in § 3 GÜG festgeschriebenen strafbewehrten Verbot des Umgangs mit Grundstoffen, wenn sie zur unerlaubten Herstellung von Betäubungsmitteln verwendet werden sollen, enthält § 4 GÜG die Verpflichtung, Vorkehrungen gegen Abzweigungen von Grundstoffen zur unerlaubten Betäubungsmittelherstellung zu treffen. Hierzu gehören u.a. die sichere Aufbewahrung aller Grundstoffe, um sie vor unbefugter Entnahme zu schützen oder auch, dass der Lieferant von Grundstoffen der Kategorie 3 vom Kunden, also auch vom pharmazeutischen Unternehmen, eine Kundenerklärung über den genauen Verwendungszweck einholt, obwohl es per Gesetz nicht ausdrücklich vorgeschrieben ist (s.u. Rn 107 und Rn 119). 84

Das internationale System der Kontrolle und Überwachung des Grundstoffverkehrs geht von einer engen Zusammenarbeit zwischen den zuständigen Behörden und den Teilnehmern am Grundstoffverkehr aus. Daher sehen in Umsetzung des Art. 12 Abs. 9 lit. a des Suchtstoffübereinkommens von 1988 Art. 8 Abs. 1 VO (EG) Nr. 273/2004 und Art. 9 Abs. 1 VO (EG) Nr. 111/2009 ein System zur Meldung verdächtiger Vorgänge vor. Für die Entgegennahme von **Verdachtsmitteilungen** ist die nach § 6 GÜG eingerichtete Gemeinsame Grundstoffüberwachungsstelle von Zollkriminalamt und Bundeskriminalamt beim Bundeskriminalamt zuständig.[18] Bei den Verdachtsmitteilungen kann es sich zB um dubiose Anfragen Dritter zur Herstellung grundstoffhaltiger Arzneimittel einschließlich Zwischenprodukten oder Bulkware handeln. In den letzten Jahren wurden verstärkt Abzweigungen ephedrin- und pseudoephedrinhaltiger (Fertig)Arzneimittel festgestellt. 85

Für den Umgang mit Stoffen der Kategorie 1 und dem registrierungspflichtigen Umgang mit Stoffen der Kategorie 2 schreibt das EU-Recht in Art. 3 Abs. 1 VO (EG) Nr. 273/2004 und in Artt. 3 und 4 VO (EG) Nr. 1277/2005 vor, dass vom Wirtschaftsbeteiligten ein **verantwortlicher Beauftragter** (Grundstoffverantwortlicher; international als *responsible officer* bezeichnet) zu benennen ist. Die Aufgabe ist nicht an eine bestimmte Qualifikation gebunden. Der verantwortliche Beauftragte sorgt dafür, dass der Grundstoffverkehr gemäß den geltenden Rechtsbestimmungen durchgeführt wird, dh er hat alle erforderlichen organisatorischen Maßnahmen zur Umsetzung und Beachtung der grundstoffrechtlichen Vorschriften zu treffen. Er muss befugt sein, den Wirtschaftsbeteiligten zu vertreten und die für die Erfüllung der genannten Aufgaben erforderlichen Entscheidungen zu treffen. Für die Benennung des verantwortlichen Beauftragten durch die Geschäftsführung hat das Bundesinstitut für Arzneimittel und Medizinprodukte (BfArM) ein Formblatt auf seiner Homepage 86

---

18 Erreichbarkeit: 65173 Wiesbaden; Tel.: 0611 551-4888 oder -4999; Fax: 0611 551 4093.

<www.bfarm.de> hinterlegt, das ausgefüllt mit dem Erlaubnisantrag oder der Registrierungsanzeige einzureichen ist.

2. Besondere Verpflichtungen

a) Umgang mit Grundstoffen der Kategorie 1

aa) Erlaubnispflicht

87 Grundsätzlich gilt, dass jeder Teilnehmer am Verkehr mit Grundstoffen der Kategorie 1 eine **Erlaubnis** benötigt. Ausgenommen sind Zollagenten und Spediteure, wenn sie ausschließlich in dieser Eigenschaft handeln. Die Erlaubnispflicht ergibt sich aus Art. 3 Abs. 2 VO (EG) Nr. 273/2004, wonach Wirtschaftsbeteiligte für den **Besitz** und das **Inverkehrbringen** dieser Stoffe eine Erlaubnis benötigen. Zwar ist der Begriff „Inverkehrbringen" trotz der per Definition im Art. 2 lit. a VO (EG) Nr. 273/2004 umfassten Tätigkeiten wie Lagerung, Herstellung, Erzeugung, Weiterverarbeitung, Handel, Vertrieb oder Vermittlung von Grundstoffen ausschließlich auf die bezahlte oder unentgeltliche Abgabe von Grundstoffen in der Gemeinschaft gerichtet. Da aber Herstellung und Erzeugung dieser Stoffe zum Besitz führen und die Weiterverarbeitung den Besitz voraussetzt, besteht für jeden Erlaubnispflicht.

88 Der europäische Gesetzgeber knüpft die Pflichten im Grundstoffverkehr an den Begriff des Wirtschaftsbeteiligten, der in Art. 2 lit. d VO (EG) Nr. 273/2004 als jede natürliche oder juristische Person, die erfasste Stoffe in Verkehr bringt, definiert wird. Hierunter werden auch Behörden, wie zB die Zoll- und Polizeibehörden (siehe hierzu Art. 12 Abs. 2 VO (EG) Nr. 1277/2005) sowie Einrichtungen der Bundeswehr verstanden, obwohl es sich nicht um Wirtschaftsbeteiligte im engeren Sinne handelt. Sie werden dennoch in den EG-Verordnungen als Wirtschaftsbeteiligte angesehen und sollen bestimmten Regeln unterliegen. Zu beachten ist ebenfalls, dass Grundstoffe der Kategorie 1 nach Art. 3 Abs. 3 VO (EG) Nr. 273/2004 nur an Inhaber einer Erlaubnis nach Art. 3 Abs. 2 VO (EG) Nr. 273/2004 abgegeben werden dürfen.

Im Verkehr mit Nicht-EU-Staaten wird für die **Einfuhr, Ausfuhr und Vermittlungsgeschäfte** (umfasst nach der Definition in Art. 2 lit. 2 VO (EG) Nr. 111/2005 Strecken- und Vermittlungsgeschäfte) von Stoffen der Kategorie 1 ebenfalls eine Erlaubnis benötigt. Dies betrifft auch den Warenverkehr mit den EFTA-Staaten Schweiz, Norwegen, Island und Liechtenstein.

89 In Deutschland ansässige Wirtschaftsbeteiligte beantragen die Erlaubnis formlos schriftlich beim

> Bundesinstitut für Arzneimittel und Medizinprodukte (BfArM)
> Kurt-Georg-Kiesinger-Allee 3
> 53175 Bonn

als zuständiger Behörde für die Erlaubniserteilung nach § 5 GÜG.

90 Nach Art. 5 Abs. 1 VO (EG) Nr. 1277/2005 hat der **Antrag** nachfolgend aufgeführte Angaben und Unterlagen zu enthalten:

a) den vollständigen Namen und die vollständige Anschrift des Antragstellers,
b) den vollständigen Namen des verantwortlichen Beauftragten,
c) eine Beschreibung der Stellung und Aufgaben des verantwortlichen Beauftragten im Unternehmen (siehe Rn 86),
d) die vollständige Anschrift der Betriebsstätten,
e) die Beschreibung aller Orte, an denen die Grundstoffe gelagert, erzeugt, hergestellt und verarbeitet werden,
f) Informationen darüber, dass angemessene Maßnahmen zur Sicherung gegen die unbefugte Entnahme der Grundstoffe getroffen wurden,

g) Bezeichnung und KN-Code der Grundstoffe gemäß Anhang I der Verordnung (EG) Nr. 273/2004,
h) für Mischungen und Naturprodukte(siehe Rn 83):
die Angabe der Bezeichnung der Mischung oder des Naturprodukts, der Bezeichnung und des KN-Codes aller in der Mischung oder dem Naturprodukt enthaltenen Grundstoffe, des höchstmöglichen Gehaltes derartiger Grundstoffe in der Mischung oder dem Naturprodukt,
i) eine Beschreibung der geplanten Vorgänge (zB Besitz, Lagerung, Herstellung, Einfuhr),
j) einen beglaubigten Auszug aus dem Handelsregister bzw eine beglaubigte Kopie der Gewerbeanmeldung,
k) behördliches Führungszeugnis über den Antragsteller und den verantwortlichen Beauftragten.

Das Führungszeugnis ist beim örtlichen Einwohnermeldeamt oder Bürgeramt zu beantragen. Für den Fall, dass das Führungszeugnis direkt dem BfArM übersandt wird, sollte es einen Vermerk zum Bestimmungszweck, zB „Grundstoffverantwortlicher" oder, sofern bekannt, das Aktenzeichen des Erlaubnisantrags beim BfArM enthalten.

Bei juristischen Personen ist nur das Führungszeugnis des verantwortlichen Beauftragten erforderlich.

Aus Kontroll- und Überwachungsgründen ist es nicht ausreichend, im Erlaubnisantrag im Fall des Inverkehrbringens nur diesen Begriff zu verwenden. Es ist genau anzugeben, welche der unter diesem Begriff subsumierten Vorgänge beantragt werden.

Weitere Angaben und Unterlagen sind dem BfArM nach Art. 5 Abs. 1 letzter Unterabsatz VO (EG) Nr. 1277/2005 auf Verlangen zu übermitteln.

Das BfArM entscheidet nach Art. 7 Abs. 1 VO (EG) Nr. 1277/2005 über den Erlaubnisantrag innerhalb von 60 Arbeitstagen nach Eingang des Antrags. Diese Frist wird ausgesetzt, wenn vom Antragsteller weitere Angaben und Unterlagen nachzureichen sind. 91

In den Fällen, in denen sowohl eine Erlaubnis nach Art. 3 Abs. 2 VO (EG) Nr. 273/2004 als auch nach Art. 6 Abs. 1 VO (EG) Nr. 111/2005 beantragt wurde, stellt das BfArM auch nur ein Erlaubnisdokument aus. Die Erlaubnis wird für alle eine Betriebsstätte betreffenden Vorgänge erteilt, kann aber auch, sofern beantragt, alle am Grundstoffverkehr teilnehmenden Betriebsstätten des Wirtschaftsbeteiligten in Deutschland umfassen.

Die Erlaubnis kann nach Art. 3 Abs. 5 VO (EG) Nr. 273/2004 auf drei Jahre befristet werden, wird aber in der Regel, sofern nicht durch den Antrag bereits ein sachlicher Grund, zB befristete Dauer eines Forschungs- und Entwicklungsprojektes, vorliegt, unbefristet erteilt. 92

Die Erlaubnis wird generell nach dem Muster in Anhang I der Verordnung (EG) Nr. 1277/2005 erteilt. Hierdurch ist der **Umfang der Erlaubnis**, wie er in Art. 3 Abs. 5 VO (EG) Nr. 273/2004 und Art. 7 VO (EG) Nr. 1277/2005 vorgegeben ist, festgelegt:
- Gültigkeit der Erlaubnis,
- Bezeichnung der/des Grundstoffe/s inkl. KN-Code,
- Art des Grundstoffverkehrs (Vorgang),
- Betriebsstätte/n.

Die Erlaubnis ist nach Art. 8 VO (EG) Nr. 1277/2005 zu **versagen**, wenn die Voraussetzungen des Art. 5 Abs. 1 VO (EG) Nr. 1277/2005 nicht erfüllt sind oder wenn ein begründeter Verdacht besteht, die Grundstoffe könnten zur unerlaubten Herstellung von Betäubungsmitteln bestimmt sein. Die Erlaubnis kann nach Art. 3 Abs. 4 S. 2 VO (EG) Nr. 273/2004 auch versagt werden, wenn berechtigter Zweifel an der Eignung und Verlässlichkeit des Antragstellers oder des verantwortlichen Beauftragten besteht. Nach § 13 GÜG gilt dieser Versagungsgrund für die Erlaubnis nach Art. 6 Abs. 1 VO (EG) Nr. 111/2005 entsprechend. 93

94 Eine **neue Erlaubnis** ist zu **beantragen**, wenn ein weiterer Grundstoff hinzukommt, ein neuer Vorgang aufgenommen werden soll oder bei Änderung der Betriebsstätte.

Treten andere Änderungen ein, zB Änderung des verantwortlichen Beauftragten, so ist diese Änderung binnen zehn Arbeitstagen dem BfArM mitzuteilen. Der Änderungsmitteilung sollte in diesem Fall der Erklärungsvordruck für den verantwortlichen Beauftragten (siehe Rn 86) beigefügt sein sowie der Hinweis, dass das polizeiliche Führungszeugnis nachgereicht wird.

95 Die **Erlaubnis** kann nach Art. 3 Abs. 4 S 3 VO (EG) Nr. 273/2004 und Art. 6 Abs. 2 VO (EG) Nr. 111/2005 iVm Art. 11 VO (EG) Nr. 1277/2005 **ausgesetzt oder widerrufen** werden, wenn berechtigter Grund zur Annahme besteht, dass der Inhaber nicht mehr geeignet ist, im Besitz der Erlaubnis zu sein oder dass die Voraussetzungen, unter denen die Erlaubnis erteilt wurde, nicht mehr vorliegen oder dass begründeter Verdacht besteht, dass die erfassten Stoffe zur unerlaubten Betäubungsmittelherstellung bestimmt sind. Die Erlaubnis kann auch ausgesetzt oder widerrufen werden, wenn sie drei Jahre lang nicht in Anspruch genommen wurde. Der Widerruf ist im zuletzt genannten Fall regelmäßige Praxis.

Ungültig gewordene Erlaubnisurkunden sind von den Erlaubnisinhabern nach Art. 10 Abs. 4 VO (EG) Nr. 1277/2005 an das BfArM zurückzusenden.

bb) Abgabe und Erwerb von Grundstoffen der Kategorie 1 innerhalb der Gemeinschaft

96 Eine Abgabe von Grundstoffen der Kategorie 1 innerhalb der Gemeinschaft darf nur an Inhaber einer Erlaubnis nach Art. 3 Abs. 2 VO (EG) Nr. 273/2004 erfolgen, die den Besitz des entsprechenden Grundstoffes umfasst. Nach Art. 4 VO (EG) Nr. 273/2004 muss der Erwerber (Kunde) eine **Erklärung des Kunden über den genauen Verwendungszweck** (Abk.: Kundenerklärung) nach dem Muster des Anhangs III Nr. 1 der Verordnung (EG) Nr. 273/2004 abgeben. Juristische Personen stellen die Erklärung auf Briefpapier mit ihrem Kopfbogen aus. Der Lieferant hat die Erklärung auf Plausibilität zu prüfen. Sollte eine verdächtige Bestellung vorliegen, so ist hierüber die Gemeinsame Grundstoffüberwachungsstelle von Zollkriminalamt und Bundeskriminalamt zu informieren (siehe Rn 85).

Der Lieferant hat eine Kopie der Kundenerklärung zu fertigen und diese mit Stempel und Unterschrift zu versehen. Diese Kopie muss die Sendung während des Transportes innerhalb der Gemeinschaft stets begleiten und ist auf behördliches Verlangen vorzulegen.

97 Abgaben von Stoffen der Kategorie 1 sind nach Art. 5 VO (EG) Nr. 273/2004 zu **dokumentieren**. Die Handelspapiere müssen ausreichende Angaben zur Feststellung folgender Punkte enthalten:

- Bezeichnung des Grundstoffs gemäß Anhang I der Verordnung (EG) Nr. 273/2004,
- Menge und Gewicht und, sofern es sich um eine Mischung oder ein Naturprodukt handelt, ggf Menge und Gewicht der Mischung oder des Naturprodukts sowie Menge und Gewicht jedes in der Mischung enthaltenen Stoffes der Kategorie 1,
- Name und Anschrift des Lieferanten, des Händlers, des Endempfängers und nach Möglichkeit der anderen Wirtschaftsbeteiligten, die unmittelbar an dem Vorgang beteiligt sind.

Die Unterlagen müssen ferner eine Erklärung des Kunden über den Verwendungszweck enthalten.

Die Verordnung enthält keine Regelung über die Aufbewahrung der Kopie der Kundenerklärung nach Erhalt der Ware. Es ist allerdings empfehlenswert, diese als Teil der geschäftlichen Dokumentation vorzuhalten.

cc) Ein- und Ausfuhr von Grundstoffen der Kategorie 1

Zusätzlich zu der erforderlichen Erlaubnis nach Art. 6 Abs. 1 VO (EG) Nr. 111/2005 ist für jede Einfuhr eines Grundstoffs der Kategorie 1 aus einem Nicht-EU-Land eine **Einfuhrgenehmigung** nach Art. 20 VO (EG) Nr. 111/2005 erforderlich. Dies gilt auch für Mustersendungen. Sie ist beim BfArM als zuständiger Behörde für die Erteilung der Einfuhrgenehmigungen nach § 5 GÜG im Grundstoffverkehr für in Deutschland ansässige Unternehmen zu beantragen. Das Antragsformular ist unter <www.bfarm.de> abrufbar. 98

Innerhalb von 15 Werktagen, gerechnet ab dem Zeitpunkt, an dem der Antrag behördlich als vollständig erachtet wird, ergeht eine Entscheidung. Die Einfuhrgenehmigung wird in vier Exemplaren mit den laufenden Nummern 1 bis 4 ausgestellt. Dem Einführer werden die Exemplare 3 und 4 zugesandt. Exemplar 3 ist der Zollstelle bei Anmeldung der Sendung zum Zollverfahren vorzulegen und begleitet die Ware vom Ort des Eingangs in die Gemeinschaft bis zur Betriebsstätte des Einführers, der dieses Exemplar an das BfArM als ausstellende Behörde zurücksendet. Exemplar 4 wird vom Einführer aufbewahrt. Der zuständigen Behörde des Ausfuhrlandes wird vom BfArM das Exemplar 2 der Einfuhrgenehmigung zugesandt. Exemplar 1 verbleibt beim BfArM als ausstellende Behörde.

Die Geltungsdauer der Einfuhrgenehmigung, innerhalb deren die Grundstoffe in das Zollgebiet der Gemeinschaft verbracht worden sein müssen, darf höchstens sechs Monate betragen. In Ausnahmefällen kann die Frist auf Antrag verlängert werden. 99

Für die Ausfuhr von Grundstoffen der Kategorie 1 in Nicht-EU-Staaten ist neben der Erlaubnis nach Art. 6 Abs. 1 VO (EG) Nr. 111/2005 für jeden Ausfuhrvorgang, auch für Mustersendungen, eine **Ausfuhrgenehmigung** nach Art. 12 VO (EG) Nr. 111/2005 erforderlich. Sie ist beim BfArM als zuständiger Behörde für die Erteilung der Ausfuhrgenehmigungen nach § 5 GÜG im Grundstoffverkehr für in Deutschland ansässige Unternehmen zu beantragen. Das Antragsformular ist unter <www.bfarm.de> abrufbar. Zur Verkürzung der Bearbeitungszeit empfiehlt es sich, dem Ausfuhrantrag eine Kopie der Einfuhrgenehmigung des ausländischen Kunden beizufügen.

Die zuständige Behörde des Empfängerlandes wird vom BfArM über die beabsichtigte Lieferung nach Art. 11 VO (EG) Nr. 111/2005 unterrichtet. Ihr wird eine Antwortfrist von 15 Werktagen eingeräumt. Die Praxis hat gezeigt, dass bei Fehlen der Einfuhrgenehmigung Bedenken gegen die Lieferung bestehen, die dem BfArM aufgrund seiner vorgeschriebenen Vorausfuhrunterrichtung mitgeteilt werden.

Innerhalb von 15 Werktagen, gerechnet ab dem Zeitpunkt, an dem der Vorgang behördlich als vollständig erachtet wird, ergeht eine Entscheidung. Da bereits der Behörde des Empfängerlandes eine Antwortfrist auf die Vorausfuhrunterrichtung von 15 Werktagen nach Art. 11 Abs. 1 VO (EG) Nr. 111/2005 eingeräumt wird, und erst mit der Antwort des Empfängerlandes bzw dem Verstreichen der Antwortfrist über den Ausfuhrantrag entschieden werden kann, kann die Bearbeitungszeit mehr als 15 Werktage betragen. 100

Die Ausfuhrgenehmigung wird in vier Exemplaren mit den laufenden Nummern 1 bis 4 ausgestellt. Die Exemplare Nr. 2, Nr. 3 und Nr. 4 werden dem Ausführer zugesandt. Die Exemplare Nr. 2 und Nr. 3 sind bei der Beförderung der erfassten Stoffe mitzuführen und der Zollstelle, bei der die Ausfuhranmeldung vorgenommen wird sowie der Zollstelle am Ort des Ausgangs der Sendung aus dem Zollgebiet der Gemeinschaft vorzulegen. Diese sendet das Exemplar Nr. 2 an das BfArM zurück. Das Exemplar Nr. 3 begleitet die Sendung bis zur zuständigen Behörde des Einfuhrlandes. Das Exemplar Nr. 4 wird vom Ausführer aufbewahrt. Exemplar Nr. 1 verbleibt beim BfArM als ausstellende Behörde.

Die Geltungsdauer der Ausfuhrgenehmigung, innerhalb deren die Waren das Zollgebiet der Gemeinschaft verlassen haben müssen, darf höchstens sechs Monate betragen. In Ausnahmefällen kann die Frist auf Antrag verlängert werden. 101

Alle **Ein- und Ausfuhren** sowie die **Vermittlungsgeschäfte** sind durch Zoll- und Handelspapiere zu **dokumentieren**. Sie müssen folgende Angaben enthalten:

- Bezeichnung des Grundstoffs gemäß Anhang der Verordnung(EG) Nr. 111/2005 bzw im Fall von Mischungen oder Naturprodukten deren Bezeichnung und die Bezeichnung jedes in der Mischung oder dem Naturprodukt enthaltenen Grundstoffs mit dem Zusatz „Drug Precursors",
- Menge und Gewicht des Grundstoffs und im Falle von Mischungen oder Naturprodukten Menge Gewicht und, soweit verfügbar, prozentualer Anteil jedes darin enthaltenen erfassten Stoffes,
- Name und Anschrift des Ausführers, des Einführers, des Endempfängers und gegebenenfalls der am Vermittlungsgeschäft beteiligten Person.

dd) Aufbewahrungsfrist der Unterlagen und Kennzeichnung

102 Die Unterlagen sind über einen Zeitraum von drei Jahren nach Ende des Kalenderjahres, in dem der Vorgang stattgefunden hat, aufzubewahren. Die Unterlagen müssen so in elektronischer Form oder in Papierform vorliegen, dass sie den zuständigen Behörden auf Verlangen jederzeit zur Prüfung vorgelegt werden können.

Auf allen Packungen, die Grundstoffe enthalten, muss eine **Kennzeichnung** angebracht sein, aus der die Bezeichnung des Grundstoffs entsprechend den Angaben im Anhang I der Verordnung (EG) Nr. 273/2004 bzw im Anhang der Verordnung (EG) Nr. 111/2005 hervorgeht. Zusätzlich darf die handelsübliche Kennzeichnung angebracht sein.

ee) Meldungen an das BfArM

103 Jährlich bis zum 15. Februar ist dem BfArM für das zurückliegende Kalenderjahr schriftlich formlos auf dem Firmenbriefpapier Meldung zu erstatten.

Die Meldung hat stoffbezogen folgende Angaben in zusammengefasster Form zu enthalten:

- verwendete Mengen,
- innerhalb der Gemeinschaft gelieferte Mengen je dritte Partei unter Angabe des Namens und der Anschrift des Kunden,
- Vermittlungsgeschäfte im Sinne der Definition des Art. 2 lit. e VO (EG) Nr. 111/2005,
- ausgeführte Mengen unter Angabe des Bestimmungslandes und der Nr. der Ausfuhrgenehmigung,
- eingeführte Mengen an Stoffen der Kategorie 1 unter Angabe des Ausfuhrlandes und der Nr. der Einfuhrgenehmigung.

Auf Verlangen des BfArM sind weitere Angaben zu übermitteln.

b) Umgang mit Grundstoffen der Kategorie 2

aa) Registrierungspflicht

104 Bei Grundstoffen der Kategorie 2 handelt es sich um Stoffe, die u.a. bei der Synthese von Arzneistoffen eingesetzt werden und im Laborbereich Verwendung finden. Teilweise können aus ihnen auch Grundstoffe der Kategorie 1 hergestellt werden. Der Erwerb und der Besitz von Grundstoffen der Kategorie 2 sind nicht registrierungspflichtig. Die Registrierungspflicht des Unternehmens beim BfArM besteht nach Art. 3 Abs. 6 VO (EG) Nr. 273/2004 und Art. 7 VO (EG) Nr. 111/2005 bei

- Inverkehrbringen (umfasst jegliche bezahlte oder unentgeltliche Abgabe; dazu gehören auch Lagerung, Herstellung, Erzeugung, Weiterverarbeitung, Handel, Vertrieb oder Vermittlung zum Zweck ihrer Abgabe in der Gemeinschaft),
- Einfuhr,

- Ausfuhr,
- Betreiben von Vermittlungsgeschäften (umfasst nach der Definition in Art. 2 lit. e VO (EG) Nr. 111/2005 Strecken- und Vermittlungsgeschäfte).

Das Weiterverarbeiten von Grundstoffen der Kategorie 2 unterliegt nur dann der Registrierungspflicht, wenn im Ergebnis dieses Prozesses ein Produkt entsteht (siehe Rn 82 und 83), dass der Grundstoffüberwachung unterliegt und in der Europäischen Gemeinschaft abgegeben werden soll.

Werden bei der Abgabe von Grundstoffen der Kategorie 2 innerhalb der Gemeinschaft nachfolgende Mengen nicht überschritten,[19] entfällt die Registrierungspflicht: 105

Stoff	Schwellenwert
Essigsäureanhydrid	100 l
Kaliumpermanganat	100 kg
Anthranilsäure und ihre Salze	1 kg
Phenylessigsäure und ihre Salze	1 kg
Piperidin und seine Salze	0,5 kg

In der Regel ist nach derzeitiger Rechtslage der pharmazeutische Unternehmer nicht von der Registrierungspflicht betroffen. Sollte er dennoch darunter fallen, zB bei Einfuhr eines Kategorie 2-Stoffes, so hat er sich unverzüglich beim BfArM registrieren zu lassen. Hierfür sind folgende Angaben zu übermitteln: 106

- Name des Wirtschaftsbeteiligten,
- Anschrift der Geschäftsräume, in denen diese Grundstoffe hergestellt bzw von denen aus sie gehandelt werden,
- Bezeichnung der Grundstoffe entsprechend der Angaben im Anhang I der Verordnung (EG) Nr. 273/2004 bzw im Anhang der Verordnung (EG) Nr. 111/2005,
- für Mischungen (siehe Rn 83): die Angabe der Bezeichnung der Mischung, der Bezeichnung und des KN-Codes aller in der Mischung enthaltenen Grundstoffe sowie des höchstmöglichen Gehaltes derartiger Grundstoffe in der Mischung,
- Verkehrsarten, zB Handel in der Europäischen Gemeinschaft, Weiterverarbeitung, Einfuhr, Ausfuhr, Vermittlung, Vermittlungsgeschäfte,
- Name und Anschrift des verantwortlichen Beauftragten und eine Beschreibung seiner Stellung und Aufgaben im Unternehmen (siehe Rn 86).

Das BfArM übersendet nach § 14 GÜG innerhalb eines Monats eine Bestätigung über die erfolgte Registrierung. Die Registrierung ist zeitlich nicht befristet. Jede Änderung ist dem BfArM unverzüglich bekannt zu geben.

bb) Abgabe und Erwerb von Grundstoffen der Kategorie 2 innerhalb der Gemeinschaft

Der Lieferant von Grundstoffen der Kategorie 2 ist verpflichtet, bei Überschreiten der unter Rn 105 genannten Mengen eine Erklärung des Kunden über den Verwendungszweck einzuholen. Sollten diese Mengen nicht überschritten werden, kann der Kunde nach Art. 15 VO (EG) Nr. 1277/2005 alternativ zur Erklärung über den Verwendungszweck dem Lieferanten mitteilen, dass er diese Mengen nicht überschreitet. 107

Die Erklärung über den Verwendungszweck ist nach dem Muster des Anhangs III Nr. 1 der Verordnung (EG) Nr. 273/2004 abzugeben. Juristische Personen stellen die Erklärung auf Briefpapier mit ihrem Kopfbogen aus. Der Lieferant hat die Erklärung auf Plausibilität zu prüfen. Sollte regelmäßig beim selben Lieferanten bezogen werden, besteht die Möglichkeit, eine einzige Erklärung abzugeben, die mehrere Vorgänge innerhalb eines Jahres umfasst.

---

19 Vgl Art. 6 iVm Anhang II der VO (EG) Nr. 273/2004 (ABl. EU Nr. L 47/1).

Diese Erklärung ist nach dem Muster des Anhangs III Nr. 2 der Verordnung (EG) Nr. 273/2004 zu erstellen.

108 **Abgaben** von Stoffen der Kategorie 2 sind nach Art. 5 VO (EG) Nr. 273/2004 zu **dokumentieren**. Die Handelspapiere müssen ausreichende Angaben zur Feststellung folgender Punkte enthalten:
- Bezeichnung des Grundstoffs gemäß Anhang I der Veordnung (EG) Nr. 273/2004
- Menge und Gewicht und, sofern es sich um eine Mischung oder ein Naturprodukt handelt, ggf Menge und Gewicht der Mischung oder des Naturprodukts sowie Menge und Gewicht jedes in der Mischung enthaltenen Stoffes der Kategorie 2,
- Name und Anschrift des Lieferanten, des Händlers, des Endempfängers und nach Möglichkeit der anderen Wirtschaftsbeteiligten, die unmittelbar an dem Vorgang beteiligt sind.

Die Unterlagen müssen ferner eine Erklärung des Kunden über den Verwendungszweck enthalten.

Die Verordnung enthält keine Regelung über die Aufbewahrung der Kopie der Kundenerklärung nach Erhalt der Ware. Es ist allerdings empfehlenswert, diese als Teil der geschäftlichen Dokumentation vorzuhalten.

cc) Ein- und Ausfuhr von Grundstoffen der Kategorie 2

109 Für die Einfuhr von Grundstoffen der Kategorie 2 ist nur die Registrierung erforderlich. Es ist **keine Einfuhrgenehmigung** vorgeschrieben. Sollte die Behörde des ausländischen Lieferanten auf Vorlage einer Genehmigung bestehen, so kann der Einführer beim BfArM eine Unbedenklichkeitsbescheinigung unter Angabe von
- Name und Anschrift des deutschen Einführers,
- Name und Anschrift des ausländischen Lieferanten,
- Bezeichnung des Grundstoffs und einzuführende Menge und
- Verwendungszweck des Grundstoffs

beantragen.

110 Für die Ausfuhr von Grundstoffen der Kategorie 2 in Nicht-EU-Staaten ist neben der Registrierung nach Art. 7 VO (EG) Nr. 111/2005 für jeden Ausfuhrvorgang, auch für Mustersendungen, eine **Ausfuhrgenehmigung** nach Art. 12 VO (EG) Nr. 111/2005 erforderlich. Sie ist beim BfArM als zuständiger Behörde für die Erteilung der Ausfuhrgenehmigungen nach § 5 GÜG im Grundstoffverkehr für in Deutschland ansässige Unternehmen zu beantragen.

Das Antragsformular ist unter <www.bfarm.de> abrufbar. Zur Verkürzung der Bearbeitungszeit empfiehlt es sich, dem Ausfuhrantrag eine Kopie der Einfuhrgenehmigung des ausländischen Kunden beizufügen.

Die zuständige Behörde des Empfängerlandes wird vom BfArM über die beabsichtigte Lieferung nach Art. 11 VO (EG) Nr. 111/2005 unterrichtet. Ihr wird eine Antwortfrist von 15 Werktagen eingeräumt. Die Praxis hat gezeigt, dass bei Fehlen der Einfuhrgenehmigung Bedenken gegen die Lieferung bestehen, die dem BfArM aufgrund seiner vorgeschriebenen Vorausfuhrunterrichtung mitgeteilt werden.

111 Innerhalb von 15 Werktagen, gerechnet ab dem Zeitpunkt, an dem der Vorgang behördlich als vollständig erachtet wird, ergeht eine Entscheidung. Da bereits der Behörde des Empfängerlandes eine Antwortfrist auf die Vorausfuhrunterrichtung von 15 Werktagen nach Art. 11 Abs. 1 VO (EG) Nr. 111/2005 eingeräumt wird, und erst mit der Antwort des Empfängerlandes bzw dem Verstreichen der Antwortfrist über den Ausfuhrantrag entschieden werden kann, kann die Bearbeitungszeit mehr als 15 Werktage betragen.

Die Ausfuhrgenehmigung wird in vier Exemplaren mit den laufenden Nummern 1 bis 4 ausgestellt. Die Exemplare Nr. 2, Nr. 3 und Nr. 4 werden dem Ausführer zugesandt. Die Exemplare Nr. 2 und Nr. 3 sind bei der Beförderung der erfassten Stoffe mitzuführen und der Zollstelle, bei der die Ausfuhranmeldung vorgenommen wird sowie der Zollstelle am Ort des Ausgangs der Sendung aus dem Zollgebiet der Gemeinschaft vorzulegen. Diese sendet das Exemplar Nr. 2 an das BfArM zurück. Das Exemplar Nr. 3 begleitet die Sendung bis zur zuständigen Behörde des Einfuhrlandes. Das Exemplar Nr. 4 wird vom Ausführer aufbewahrt. Exemplar Nr. 1 verbleibt beim BfArM als ausstellende Behörde. 112

Die Geltungsdauer der Ausfuhrgenehmigung, innerhalb deren die Waren das Zollgebiet der Gemeinschaft verlassen haben müssen, darf höchstens sechs Monate betragen. In Ausnahmefällen kann die Frist auf Antrag verlängert werden.

Alle **Ein- und Ausfuhren** sowie die **Vermittlungsgeschäfte** (umfasst nach der Definition in Art. 2 lit. e VO (EG) Nr. 111/2005 Strecken- und Vermittlungsgeschäfte) sind durch Zoll- und Handelspapiere zu **dokumentieren.** Sie müssen folgende Angaben enthalten: 113

- Bezeichnung des Grundstoffs gemäß Anhang der Verordnung (EG) Nr. 111/2005 bzw im Fall von Mischungen oder Naturprodukten deren Bezeichnung und die Bezeichnung jedes in der Mischung oder dem Naturprodukt enthaltenen Grundstoffs der Kategorie 2 mit dem Zusatz „Drug Precursors",
- Menge und Gewicht des Grundstoffs und im Falle von Mischungen oder Naturprodukten Menge Gewicht und, soweit verfügbar, prozentualer Anteil jedes darin enthaltenen Grundstoffs,
- Name und Anschrift des Ausführers, des Einführers, des Endempfängers und gegebenenfalls der am Vermittlungsgeschäft beteiligten Person.

dd) Aufbewahrungsfrist der Unterlagen und Kennzeichnung

Die Unterlagen sind über einen Zeitraum von drei Jahren nach Ende des Kalenderjahres, in dem der Vorgang stattgefunden hat, aufzubewahren. Die Unterlagen müssen so in elektronischer Form oder in Papierform vorliegen, dass sie den zuständigen Behörden auf Verlangen jederzeit zur Prüfung vorgelegt werden können. 114

Auf allen Packungen, die Grundstoffe enthalten, muss eine **Kennzeichnung** angebracht sein, aus der die Bezeichnung des Grundstoffs entsprechend den Angaben im Anhang I der Verordnung (EG) Nr. 273/2004 bzw im Anhang der Verordnung (EG) Nr. 111/2005 hervorgeht. Zusätzlich darf die handelsübliche Kennzeichnung angebracht sein.

ee) Meldungen an das BfArM

Der Meldepflicht unterliegen registrierte Wirtschaftsbeteiligte und diejenigen, die von der Registrierungspflicht ausgenommen sind, dh die die im Anhang II der Verordnung (EG) Nr. 273/2004 genannten Mengen bei der Abgabe nicht überschreiten. Jährlich bis zum 15. Februar werden dem BfArM für das zurückliegende Kalenderjahr für Grundstoffe der Kategorie 2 115

- verwendete Mengen,
- innerhalb der Gemeinschaft gelieferte Mengen je dritte Partei unter Angabe des Namens und der Anschrift des Kunden,
- Vermittlungsgeschäfte im Sinne der Definition des Art. 2 lit. e VO (EG) Nr. 111/2005,
- ausgeführte Mengen unter Angabe des Bestimmungslandes und der Nr. der Ausfuhrgenehmigung,
- eingeführte Mengen unter Angabe des Ausfuhrlandes sowie

- alle Fälle, in denen Grundstoffe der Kategorie 2 in eine Freizone des Kontrolltyps II verbracht, in ein Nichterhebungsverfahren, ausgenommen das Versandverfahren, oder in den zollrechtlich freien Verkehr übergeführt wurden,

gemeldet.

Auf Verlangen des BfArM sind weitere Angaben zu übermitteln.

c) Umgang mit Grundstoffen der Kategorie 3
aa) Registrierungspflicht

116 Bei Grundstoffen der Kategorie 3 handelt es sich um Stoffe, die bei der Synthese von Arzneistoffen eingesetzt werden und im Laborbereich Verwendung finden. Der Erwerb, der Besitz und die Abgabe von Grundstoffen der Kategorie 3 innerhalb der Gemeinschaft sind nicht registrierungspflichtig. Die Registrierungspflicht des Unternehmens nach Art. 7 VO (EG) Nr. 111/2005 beim BfArM besteht **nur im Fall der Ausfuhr** dieser Stoffe in Nicht-EU-Staaten.

117 Eine **Ausnahme** von der Registrierungspflicht besteht dann, wenn die Gesamtausfuhrmenge im vorausgegangenen Kalenderjahr nachfolgende Mengen[20] nicht überschritten hat:

Stoff	Schwellenwert
Aceton	50 kg
Ethylether	20 kg
Methylethylketon	50 kg
Toluol	50 kg
Schwefelsäure / Salzsäure	je 100 kg

118 Werden die Mengen im laufenden Kalenderjahr bei der Ausfuhr überschritten, so muss der Wirtschaftsbeteiligte sich unverzüglich beim BfArM registrieren lassen. Hierfür sind folgende Angaben zu übermitteln:
- Name des Wirtschaftsbeteiligten,
- Anschrift der Geschäftsräume, in denen diese Grundstoffe hergestellt bzw von denen aus sie gehandelt werden,
- Bezeichnung der Grundstoffe gemäß Anhang der Verordnung (EG) Nr. 111/2005,
- für Mischungen: die Angabe der Bezeichnung der Mischung, der Bezeichnung und des KN-Codes aller in der Mischung enthaltenen Grundstoffe der Kategorie 3 sowie des höchstmöglichen Gehaltes derartiger Grundstoffe in der Mischung.

Das BfArM übersendet nach § 14 GÜG innerhalb eines Monats eine Bestätigung über die erfolgte Registrierung. Die Registrierung ist zeitlich nicht befristet. Jede Änderung ist dem BfArM unverzüglich bekannt zu geben.

bb) Abgabe und Erwerb von Grundstoffen der Kategorie 3 innerhalb der Gemeinschaft

119 Abgabe und Erwerb unterliegen keinen Vorschriften nach dem Grundstoffrecht. Im Rahmen der Verpflichtung, Vorkehrungen gegen eine Abzweigung zu treffen, verlangen viele Händler von ihren Kunden eine Erklärung über den Verwendungszweck, obwohl sie gesetzlich nicht direkt vorgeschrieben ist.

cc) Ein- und Ausfuhr von Grundstoffen der Kategorie 3

120 Für die Einfuhr von Grundstoffen der Kategorie 3 gibt es keine Vorschriften nach dem Grundstoffrecht. Sollte die Behörde des ausländischen Lieferanten auf Vorlage einer Geneh-

---

20 Vgl Art. 14 iVm Anhang II der VO (EG) Nr. 1277/2005 (ABl. EU Nr. L 202/7).

migung bestehen, so kann der Einführer beim BfArM eine Unbedenklichkeitsbescheinigung unter Angabe von

- Name und Anschrift des deutschen Einführers,
- Name und Anschrift des ausländischen Lieferanten,
- Bezeichnung des Grundstoffs und einzuführende Menge und
- Verwendungszweck des Grundstoffs

beantragen.

Unabhängig von der Registrierungspflicht und der Ausfuhrmenge, ist vor Ausfuhr in nachfolgende Länder[21] eine Ausfuhrgenehmigung zu beantragen: 121

Stoff	Bestimmungsland	
Methylethylketon (MEK) Toluol Aceton Ethylether	Antigua und Barbuda Argentinien Benin Bolivien Brasilien Kanada Kaimaninseln Chile Kolumbien Costa Rica Dominikanische Republik Ecuador Ägypten El Salvador Äthiopien Guatemala Haiti Honduras Indien Jordanien Kasachstan	Libanon Madagaskar Malaysia Malediven Mexiko Nigeria Oman Pakistan Paraguay Peru Philippinen Republik Moldau Republik Korea Russische Föderation Saudi-Arabien Tadschikistan Türkei Vereinigte Arabische Emirate Vereinigte Republik Tansania Uruguay Venezuela
Salzsäure Schwefelsäure	Bolivien Chile Kolumbien Ecuador	Peru Türkei Venezuela

Die Liste ist Gegenstand eines Aktualisierungsmechanismus'. Staaten, die beim UN-Generalsekretär um Vorausfuhrunterrichtung ersuchen und Staaten, mit denen die EU ein Abkommen im Grundstoffbereich geschlossen hat, werden in diese Liste aufgenommen. Ausfuhren dorthin unterliegen dann der Ausfuhrgenehmigungspflicht. Die Ausfuhrgenehmigungspflicht besteht unabhängig von der Registrierungspflicht.

---

21 Vgl Art. 20 und 22 iVm Anhang IV, Tabelle II der VO (EG) Nr. 1277/2005 (ABl. EU Nr. L 202/7), geändert durch VO (EG) Nr. 297/2009 (ABl. EU L 95/13).

122 Die Ausfuhrgenehmigung ist für jeden Ausfuhrvorgang erforderlich. Es besteht auch die Möglichkeit der Beantragung einer sog. **vereinfachten Ausfuhrgenehmigung.** Dieser Begriff bezieht sich nicht auf das Zollverfahren, sondern beinhaltet, dass die Genehmigung die Ausfuhrvorgänge an denselben Einführer im Drittland für die maximale Dauer eines Jahres für die maximal zur Ausfuhr bestimmte Menge des Grundstoffs abdeckt. Diese Möglichkeit gibt es nur für die Ausfuhr von Stoffen der Kategorie 3. Das Antragsformular für die Ausfuhrgenehmigung ist unter <www.bfarm.de> abrufbar.

Sie ist beim BfArM als zuständiger Behörde für die Erteilung der Ausfuhrgenehmigungen nach § 5 GÜG im Grundstoffverkehr für in Deutschland ansässige Unternehmen zu beantragen. Zur Verkürzung der Bearbeitungszeit empfiehlt es sich, dem Ausfuhrantrag eine Kopie der Einfuhrgenehmigung des ausländischen Kunden beizufügen. Im Feld 3 des Antragsformulars ist anzukreuzen, ob eine vereinfachte Ausfuhrgenehmigung beantragt wird.

123 Die zuständige Behörde des Empfängerlandes wird vom BfArM über die beabsichtigte Lieferung nach Art. 11 VO (EG) Nr. 111/2005 unterrichtet. Ihr wird eine Antwortfrist von 15 Werktagen eingeräumt. Die Praxis hat gezeigt, dass bei Fehlen der Einfuhrgenehmigung Bedenken gegen die Lieferung bestehen, die dem BfArM aufgrund seiner vorgeschriebenen Vorausfuhrunterrichtung mitgeteilt werden.

Innerhalb von 15 Werktagen, gerechnet ab dem Zeitpunkt, an dem der Vorgang behördlich als vollständig erachtet wird, ergeht eine Entscheidung. Da bereits der Behörde des Empfängerlandes eine Antwortfrist auf die Vorausfuhrunterrichtung von 15 Werktagen nach Art. 11 Abs. 1 VO (EG) Nr. 111/2005 eingeräumt wird, und erst mit der Antwort des Empfängerlandes bzw dem Verstreichen der Antwortfrist über den Ausfuhrantrag entschieden werden kann, kann die Bearbeitungszeit mehr als 15 Werktage betragen.

124 Die **Ausfuhrgenehmigung** wird in vier Exemplaren mit den laufenden Nummern 1 bis 4 ausgestellt. Die Exemplare Nr. 2, Nr. 3 und Nr. 4 werden dem Ausführer zugesandt. Die Exemplare Nr. 2 und Nr. 3 sind bei der Beförderung der erfassten Stoffe mitzuführen und der Zollstelle, bei der die Ausfuhranmeldung vorgenommen wird sowie der Zollstelle am Ort des Ausgangs der Sendung aus dem Zollgebiet der Gemeinschaft vorzulegen. Diese sendet das Exemplar Nr. 2 an das BfArM zurück. Das Exemplar Nr. 3 begleitet die Sendung bis zur zuständigen Behörde des Einfuhrlandes. Das Exemplar Nr. 4 wird vom Ausführer aufbewahrt. Exemplar Nr. 1 verbleibt beim BfArM als ausstellende Behörde.

125 Die **vereinfachte Ausfuhrgenehmigung** wird in drei Exemplaren mit den laufenden Nummern 1, 2 und 4 ausgestellt. Die Exemplare Nr. 2 und 4 werden dem Ausführer zugesandt. Nach Art. 27 VO (EG) Nr. 1277/2005 vermerkt der Ausführer auf der Rückseite von Exemplar Nr. 2 genaue Angaben zum Ausfuhrvorgang, insbesondere die Menge des ausgeführten Stoffes und die Restmenge. Das Exemplar Nr. 2 wird der Zollstelle vorgelegt, bei der die Zollanmeldung vorgenommen wird. Diese Zollstelle bestätigt die Angaben und gibt das Exemplar dem Ausführer zurück.

Exemplar Nr. 1 verbleibt beim BfArM als ausstellender Behörde. Der Ausführer vermerkt für jeden Ausfuhrvorgang seine Genehmigungsnummer und die Angabe „vereinfachtes Ausfuhrgenehmigungsverfahren" auf der Zollanmeldung. Spätestens zehn Tage nach Ende der Geltungsdauer der im vereinfachten Verfahren erteilten Ausfuhrgenehmigung schickt der Ausführer das Exemplar Nr. 2 an das BfArM zurück.

dd) Aufbewahrungsfrist der Unterlagen und Kennzeichnung

126 Da das Inverkehrbringen von Grundstoffen der Kategorie 3 innerhalb der EU keinen administrativen Vorschriften unterliegt, sind hierüber nach dem Grundstoffrecht auch keine Aufzeichnungen zu führen.

Alle **Ein- und Ausfuhren** sowie die **Vermittlungsgeschäfte** sind durch Zoll- und Handelspapiere zu **dokumentieren**. Sie müssen folgende Angaben enthalten:
- Bezeichnung des Grundstoffs gemäß Anhang der Verordnung (EG) Nr. 111/2005 bzw im Fall von Mischungen oder Naturprodukten deren Bezeichnung und die Bezeichnung jedes in der Mischung oder dem Naturprodukt enthaltenen Grundstoffs der Kategorie 3 mit dem Zusatz „Drug Precursors",
- Menge und Gewicht des Grundstoffs und im Falle von Mischungen oder Naturprodukten Menge Gewicht und, soweit verfügbar, prozentualer Anteil jedes darin enthaltenen Grundstoffs,
- Name und Anschrift des Ausführers, des Einführers, des Endempfängers und gegebenenfalls der am Vermittlungsgeschäft beteiligten Person.

Die Unterlagen sind über einen Zeitraum von drei Jahren nach Ende des Kalenderjahres, in dem der Vorgang stattgefunden hat, aufzubewahren. Die Unterlagen müssen so in elektronischer Form oder in Papierform vorliegen, dass sie den zuständigen Behörden auf Verlangen jederzeit zur Prüfung vorgelegt werden können.

Auf allen Packungen, die Grundstoffe enthalten, muss eine **Kennzeichnung** angebracht sein, aus der die Bezeichnung des erfassten Stoffes gemäß Anhang der Verordnung (EG) Nr. 111/2005 hervorgeht. Zusätzlich darf die handelsübliche Kennzeichnung angebracht sein.

ee) Meldungen an das BfArM

Der jährlichen Meldepflicht bis zum 15. Februar für das zurückliegende Kalenderjahr unterliegen registrierte Wirtschaftsbeteiligte, deren Ausfuhr einer Ausfuhrgenehmigung bedurfte. Folgende Angaben hat die stoffbezogene Meldung an das BfArM zu enthalten: ausgeführte Mengen unter Angabe des Bestimmungslandes und der Nummer der Ausfuhrgenehmigung. Auf Verlangen des BfArM sind weitere Angaben zu übermitteln. Für das Inverkehrbringen von Stoffen der Kategorie 3 hat eine Meldung über gelieferte und verwendete Mengen nur auf Verlangen des BfArM zu erfolgen.

d) Vernichtung von Grundstoffen

Die EG-Verordnungen (siehe Rn 78) und auch das GÜG enthalten dazu keine Vorschrift! Es gilt § 4 GÜG – Treffen von Vorkehrungen gegen eine Abzweigung von Grundstoffen: Die Grundstoffe sind in einer Weise zu vernichten, die jede Wiedergewinnung der Grundstoffe ausschließt sowie den Schutz von Mensch und Umwelt vor schädlichen Einwirkungen sicherstellt. Es ist empfehlenswert, über die Vernichtung eine Niederschrift zu fertigen, die drei Jahre aufzubewahren ist (in Analogie zu Art. 5 Abs. 5 VO (EG) Nr. 273/2004 und Art. 4 VO (EG) Nr. 111/2005). Sie sollte folgende Angaben enthalten:
- Bezeichnung und Menge des vernichteten Grundstoffs,
- Datum der Vernichtung,
- Unterschrift/en der Person/en, die die Vernichtung durchführen sowie Unterzeichnung von mindestens einem Zeugen.

Vorsorglich sei darauf hingewiesen, dass bei Grundstoffen der Kategorie 1 nur dann der Besitz, also die tatsächliche Gewalt über die Grundstoffe gewechselt werden darf, wenn sowohl der Abgebende als auch der Erwerber (Entsorger) im Besitz einer gültigen Erlaubnis nach Art. 3 Abs. 2 VO (EG) Nr. 273/2004 sind.

III. Gebühren

130 Das BfArM kann nach § 15 GÜG für die in Art. 3 Abs. 7 VO (EG) Nr. 273/2004 und Art. 26 Abs. 5 VO (EG) Nr. 111/2005 bezeichneten Amtshandlungen Gebühren zur Deckung des Verwaltungsaufwandes sowie Auslagen erheben. Die gebührenpflichtigen Tatbestände sowie die Gebührenhöhe sind der Grundstoff-Kostenverordnung (GÜG-KostV)[22] vom 30.6.2009, in Kraft getreten am 4.7.2009, zu entnehmen. Sie ist auch auf der Homepage des BfArM <www.bfarm.de> hinterlegt.

---

22 BGBl. I, 1678.

§ 44 Informationshandeln der Behörden

Literatur: *Berger/Roth/Scheel*, Informationsfreiheitsgesetz, Kommentar, 2006; *Rossi*, Informationsfreiheitsgesetz, Handkommentar, 2006; *Schoch*, Informationsfreiheitsgesetz, Kommentar, 2009.

A. Grundlagen des Informationshandelns der Behörden 1	3. Sonstige Transparenzvorschriften ... 23
I. Einführung 1	IV. Die Kosten des Informationshandelns ... 30
II. Das Informationsfreiheitsgesetz des Bundes (IFG) 2	V. Die Grenzen der Transparenz 39
1. Das IFG im nationalen Kontext 2	B. Besondere Probleme im Bereich des Informationshandelns der Behörden 45
2. Das IFG und die Rechtsquellen des VIG, UIG und IWG 4	1. Unkonkrete Auskunftsersuchen 47
III. Spezialgesetzliche Transparenzvorschriften des Pharmarechts im Kontext des IFG 8	2. Schutz des geistigen Eigentums und von Betriebs- und Geschäftsgeheimnissen 48
1. Der Auskunftsanspruch nach § 84a AMG und sein Verhältnis zum IFG 11	3. Informationsersuchen zu laufenden Verwaltungsverfahren 53
2. Das IFG und § 22 Abs. 3 der Medizinprodukte-Sicherheitsplanverordnung (MPSV) 17	4. Behördliche Fristen 54
	5. Gebühren 55
	6. Unzumutbarer Aufwand 58

A. Grundlagen des Informationshandelns der Behörden

I. Einführung

Der Zugang zu Informationen und deren Beschaffung ist für Unternehmen in der Informationsgesellschaft ein wesentlicher Faktor für ein qualifiziertes Informationsmanagement damit eine strategische Ausrichtung zur erfolgreichen Aufgabenerfüllung erzielt werden kann. Informationen sind ein kostbares Gut für Staat, Gesellschaft und die freie Wirtschaft. Als Grundvoraussetzung müssen Informationen in nennenswertem Umfang und von gewisser Qualität und Güte überhaupt vorhanden und verfügbar sein, damit an ihnen ein Interesse der Öffentlichkeit besteht. Der Umgang mit Informationen und deren Verarbeitung ist den Aufgaben der meisten öffentlichen Einrichtungen und somit ebenfalls den für das Pharmarecht zuständigen Behörden immanent.[1] Denn diese Behörden verfügen über einen tiefen Fundus an Informationen, wie etwa zu laufenden und abgeschlossenen Zulassungs- und Genehmigungsverfahren, und Informationen, welche im Rahmen der Überwachungs- und Kontrollaufgaben der Behörden an diese herangetragen werden. Hieraus resultiert die Relevanz von Regelungen des Informationszugangs und -schutzes für die mit dem Pharmarecht befassten Unternehmen. 1

II. Das Informationsfreiheitsgesetz des Bundes (IFG)

1. Das IFG im nationalen Kontext

Das erst zum 1.1.2006 in Kraft getretene Gesetz zur Regelung des Zugangs zu Informationen des Bundes, Informationsfreiheitsgesetz (IFG), gewährt jedem Bürger gegenüber den Behörden des Bundes einen Anspruch auf Zugang zu amtlichen Informationen. Die Behörden können gemäß § 1 Abs. 2 S. 1 IFG Auskunft erteilen, Akteneinsicht gewähren oder Informationen in sonstiger Weise zur Verfügung stellen. Mit dieser Kodifizierung des allgemeinen Transparenzgedankens des staatlichen Verwaltungshandelns werden in Deutschland Zugangsrechte des Bürgers zu amtlich vorhandenen Dokumenten erst vergleichsweise spät 2

---

[1] Dies kann für die Bundesoberbehörden bereits aus Art. 1 Gesundheitseinrichtungen-Neuordnungs-Gesetz (GNG) iVm § 4 Abs. 4 BGA-Nachfolgegesetz abgeleitet werden, welcher normiert, dass die Bundesinstitute im Rahmen ihrer Zuständigkeit die Öffentlichkeit informieren.

umgesetzt. Sowohl im Bereich der EU-Mitgliedstaaten als auch im internationalen Umfeld bestanden zum Zeitpunkt des Inkrafttretens des IFG des Bundes bereits diesem entsprechende Normierungen.[2] In über 50 Staaten gehört der Grundsatz der Amtsverschwiegenheit seit längerem bereits der Vergangenheit an. In Schweden existieren entsprechende Transparenzvorschriften bereits seit 1766 und in den USA garantiert der bekannte Freedom of Information Act (FOIA) seit 1967 derartige Bürgerrechte, welche im Grundsatz tief in der amerikanischen Rechtsgeschichte verwurzelt sind. Außer Luxemburg ist Deutschland in der EU das vorletzte Land, welches Informationszugangsrechte seiner Bürger gesetzlich festgeschrieben hat.[3]

3 Neben dem IFG des Bundes sind derzeit elf Landesgesetze in Berlin, Brandenburg, Bremen, Hamburg, Mecklenburg-Vorpommern, Nordrhein-Westfalen, Saarland, Schleswig-Holstein, Thüringen, Sachsen-Anhalt und Rheinland-Pfalz in Kraft. Obwohl die konkrete Ausgestaltung dieser Landes-Informationsfreiheitsgesetze teils unterschiedlich ist, decken sich die regulatorischen Schwerpunkte und Kernaussagen mit dem IFG des Bundes. In den süddeutschen Ländern Baden-Württemberg und Bayern, sowie Hessen, Sachsen und Niedersachsen finden sich keine entsprechenden Regelungen.[4] Dies kann für den **Informationszugang bei den zuständigen Landesbehörden** nach dem Arzneimittelgesetzbuch[5] von Relevanz sein, sofern die dort vorhandenen amtlichen Informationen nicht auch bei den zuständigen Bundesbehörden vorliegen. Ein materiell voraussetzungsloser Anspruch, wie das IFG des Bundes ihn gewährt, auf Zugang zu amtlichen Informationen, die bei Landesbehörden dieser Bundesländer vorhanden sind, kann daher mangels Rechtsgrundlage noch nicht geltend gemacht werden.

2. Das IFG und die Rechtsquellen des VIG, UIG und IWG

4 Das Gesetz zur Verbesserung der gesundheitsbezogenen Verbraucherinformation, **Verbraucherinformationsgesetz (VIG)**, das **Umweltinformationsgesetz (UIG)** und das IFG des Bundes haben alle drei das Ziel sich von dem überholten Grundsatz der **Amtsverschwiegenheit** und dem Aktengeheimnis abzuwenden und dem Bürger den Zugang zu den bei den Behörden vorhandenen Informationen zu ermöglichen. Das BVerfG hat demgegenüber im Jahre 1986 noch davon gesprochen, dass im Hinblick auf Art. 5 Abs. 1 S. 1 GG Behördenakten keine allgemein zugänglichen Informationsquellen seien.[6]

5 Das am 1.5.2008 in Kraft getretene **Verbraucherinformationsgesetz** versteht sich als Reaktion des Gesetzgebers auf die sog. Gammelfleisch- und andere Lebensmittelskandale. Das VIG gewährt, wie das IFG und das UIG, einen generellen Anspruch auf Informationen ohne ein berechtigtes Interesse am Informationszugang nachweisen zu müssen. Es beschränkt sich jedoch auf Informationen über Verstöße, Gefahren und Risiken der Erzeugnisse im Sinne des Lebensmittel-, Bedarfsgegenstände- und Futtermittelgesetzbuch, Lebensmittel- und Futtermittelgesetzbuch (LFGB). Im Vordergrund steht die verlässliche Information des Verbrauchers für eine bewusste Kaufentscheidung.[7] Der § 1 VIG grenzt den Informationsbegriff mittels einer Legaldefinition für Informationen im Sinne dieses Gesetzes ein. Hierbei wird auf das LFGB verwiesen, welches in § 2 LFGB Erzeugnisse als Lebensmittel, einschließlich Lebensmittel-Zusatzstoffe, Futtermittel, kosmetische Mittel und Bedarfsgegenstände definiert. Teilweise wird im Hinblick auf § 1 Abs. 3 IFG vertreten, dass sofern der Anwen-

---

2 Vgl Berger/Roth/Scheel/*Kollbreck/von Dobeneck*, IFG, I. Rn 1 ff.
3 Reinhart, DÖV 2007, 18.
4 Neumann, DuD 2009, 78; Schoch, IFG, Einl. Rn 99, 102.
5 Etwa gemäß § 64 AMG.
6 Reinhart, DÖV 2007, 18; BVerfG NJW 1986, 1243.
7 Wustmann, ZLR 2009, 167.

dungsbereich des VIG eröffnet ist, dieses *lex specialis* gegenüber dem allgemeinen IFG sei und dieses verdränge.[8] Nach § 1 Abs. 4 VIG bleiben Bestimmungen über den Informationszugang und Informationspflichten aufgrund anderer Gesetze jedoch ausdrücklich unberührt. Nach dem eindeutigen Wortlaut des Gesetzes würden somit die Regelungen des IFG neben dem VIG anwendbar bleiben. Allerdings wird in der offiziellen Begründung zu § 1 Abs. 4 VIG die Anwendung des IFG ausdrücklich ausgeschlossen.[9] Dieser Wille des Gesetzgebers hat aber in dem letztlich maßgeblichen Gesetzeswortlaut keinen Ausdruck gefunden. Eine vom Gesetzeswortlaut abweichende restriktive Informationspraxis stünde schließlich im Widerspruch zu dem vom VIG ausdrücklich verfolgten Gesetzeszweck, dem Verbraucher zusätzliche Informationsansprüche zu gewähren und nicht bestehende Informationszugangsrechte einzuschränken.[10] Das VIG erstreckt sich gemäß § 1 Abs. 2 S. 1 VIG im Gegensatz zum IFG und UIG auch auf Landesbehörden, jedoch gemäß § 1 Abs. 2 S. 2 VIG nicht auf Kommunen.[11]

Zweck des **Umweltinformationsgesetzes** ist es gemäß § 1 Abs. 1 UIG, den rechtlichen Rahmen für den freien Zugang zu Umweltinformationen bei informationspflichtigen Stellen sowie für die Verbreitung dieser Umweltinformationen zu schaffen. Der Begriff der Umweltinformationen wird in § 2 Abs. 3 UIG legal definiert. Für Umweltinformationen muss danach zumindest ein indirekter Zusammenhang zu Umweltbestandteilen möglich sein. Der Zugang zu Umweltinformationen richtet sich ausschließlich nach dem UIG. Ein Rückgriff auf das IFG ist aufgrund des § 1 Abs. 3 IFG verwehrt.[12] Das Konkurrenzverhältnis zwischen UIG und IFG entspricht damit dem des VIG und des IFG. Unterschiede zwischen UIG und dem IFG bestehen weiterhin darin, dass bei den Ablehnungsgründen das UIG in den §§ 8, 9 UIG weniger strenge Maßstäbe anlegt als das IFG in den §§ 3 bis 6 IFG, denn dort findet sich die Pflicht zur Abwägung gegen das Geheimhaltungsinteresse. Die Tatsache dass das Geheimhaltungsinteresse gegen das Informationsinteresse der Öffentlichkeit abgewogen werden muss, eröffnet für den Informationssuchenden weitere Spielräume und argumentative Ansatzpunkte. Auch die Ausschluss- und Beschränkungsgründe des § 2 VIG unterscheiden sich insofern von den §§ 3 bis 6 IFG.[13] Das IFG sieht im § 5 Abs. 1 IFG ein Abwägungsgebot nur vor, soweit personenbezogene Daten im Sinne des § 3 Abs. 1 BDSG betroffen sind.[14]

Das Gesetz über die Weiterverwendung von Informationen öffentlicher Stellen, **Informationsweiterverwendungsgesetz** (IWG) dient der Umsetzung der Richtlinie 2003/98/EG des Europäischen Parlaments und des Rates vom 17.11.2003 über die Weiterverwendung von Informationen des öffentlichen Sektors.[15] Das IWG soll die Weiterverwendung von Informationen des öffentlichen Sektors erleichtern. Aufgrund der Bedeutung von Informationen des öffentlichen Sektors als Wirtschaftsgut können diese nach dem IWG der Öffentlichkeit zur Verfügung gestellt werden. Dies sollte unter Beachtung des Gleichbehandlungsgrundsatzes transparent, nicht diskriminierend und exklusiv, zeitnah, und ohne überhöhte Entgelte geschehen. Die kommerzielle Weiterverwendung der zur Verfügung gestellten Informationen kann so im Ergebnis ermöglicht werden. Der § 3 Abs. 4 IWG bestimmt, dass Ausschließlichkeitsvereinbarungen zwischen der öffentlichen Stelle und Dritten über die

---

8 Schoch, IFG, § 1 Rn 173; Schomerus/Tolkmitt, DÖV 2007, 985, 991 mwN.
9 BR-Drucks. 273/07, 22.
10 Vgl den 1. Tätigkeitsbericht zur Informationsfreiheit für die Jahre 2006 und 2007 des Bundesbeauftragten für den Datenschutz und die Informationsfreiheit, S. 13.
11 Schoch, IFG, Einl. Rn 50.
12 Berger/Roth/Scheel/*Scheel*, IFG, § 1 Rn 133; Schoch, IFG, § 1 Rn 171.
13 Schoch, IFG, § 1 Rn 171, 173.
14 Schomerus/Tolkmitt, DÖV 2007, 985, 992.
15 ABl. EU Nr. L 345/90.

Weiterverwendung bestimmter Informationen grundsätzlich nicht zulässig sind. Ein weiterer Informationszugangsanspruch wird durch das IWG nicht begründet. Ebenso wenig besteht die Verpflichtung der öffentlichen Einrichtungen, Datensammlungen zu erstellen oder fortzuschreiben.[16] Der sachliche Anwendungsbereich des IWG ist weiter als der des IFG, da es auch für die Landesverwaltungen Geltung beansprucht, wohingegen das IFG nur für die Bundesverwaltung gilt.[17]

III. Spezialgesetzliche Transparenzvorschriften des Pharmarechts im Kontext des IFG

8   Mit dem Informationsfreiheitsgesetz des Bundes wurde bewusst kein Mindeststandard für Informationszugangsrechte geschaffen.[18] Der § 1 Abs. 3 IFG bestimmt ausdrücklich, dass Regelungen in anderen Rechtsvorschriften über den Zugang zu amtlichen Informationen mit Ausnahme des § 29 des Verwaltungsverfahrensgesetzes und des § 25 des Zehnten Buches Sozialgesetzbuch vorgehen. Mit dieser Regelung wird versucht Rechtsklarheit in die Normenkonkurrenz mit spezialgesetzlich bestehenden und zukünftig entstehenden Rechtsvorschriften zu bringen. Die Kollision mit zumindest bestehenden fachrechtlichen Auskunftsansprüchen und Normen führt teilweise zu Schwierigkeiten in der Rechtsanwendung, da der mit dem IFG nachträglich neu eingeführte generelle Transparenzgedanke sich nicht passgenau in die bereits bestehenden Auskunftsansprüche einfügt.[19] Das Recht der Informationsfreiheit hat und wird daher Anpassungen der fachrechtlichen Spezialregelungen an den allgemeinen Transparenzgedanken nach sich ziehen.[20]

9   Das IFG bestimmt, dass spezialgesetzliche Informationszugangsregeln vorgehen, eine Aussage ob diese die Anwendbarkeit des IFG ausschließen ist damit explizit nicht getroffen worden. Dennoch lässt sich das Verhältnis zwischen den fachgesetzlichen Regelungen und dem IFG als sog. **verdrängende Spezialität** beschreiben. Danach ist die parallele Anwendung der konkurrierenden Rechtsvorschriften grundsätzlich ausgeschlossen. Dass der allgemeine Informationszugangsanspruch nach § 1 Abs. 1 S.1 IFG nicht zur Unanwendbarkeit besonderer Informationszugangsansprüche führt, folgt bereits aus dem allgemeinen Rechtssatz, dass die speziellere Norm die allgemeine verdrängt (*lex specialis derogat legi generali*).[21]

10 Der postulierte Vorrang des Fachrechts gemäß § 1 Abs. 3 IFG gilt unabhängig von dessen zeitlichen Inkrafttretens. Einerseits verdrängt das IFG als zeitlich jüngeres Gesetz, nicht ältere, den Informationszugang regelnde spezialgesetzliche Normen, andererseits gilt dies auch für nach dem Inkrafttreten des IFG entstandene und zukünftige Fachgesetze. Dies gewährleistet, dass der bereits erwähnte Mindeststandard für Informationszugangsrechte nicht entsteht.[22]

1. Der Auskunftsanspruch nach § 84 a AMG und sein Verhältnis zum IFG

11 Die Regelung des § 84 a AMG gewährt einen Auskunftsanspruch gegen den pharmazeutischen Unternehmer und gegenüber den Behörden, die für die Zulassung und Überwachung von Arzneimitteln zuständig sind. Er richtet sich auf die Mitteilung von bekannten oder verdächtigen Tatsachen über mögliche Wirkungen, Nebenwirkungen und Wechselwirkungen des Arzneimittels und allen sonstigen Erkenntnissen, die für die Bewertung schädlicher

---

16 Sydow, NVwZ 2008, 481, 484.
17 Schoch, IFG, Einl. Rn 146.
18 Schmitz/Jastrow, NVwZ 2005, 984, 989; Schoch, IFG, § 1 Rn 159.
19 Vgl zur Unklarheit der Normierung Rossi, IFG, § 1, Rn 102; Schoch, IFG, § 1 Rn 158.
20 So auch Kugelmann, NJW 2005, 3609, 3611.
21 Rossi, IFG, § 1 Rn 104; vgl mwN zur hM Schoch, IFG, § 1 Rn 162.
22 Schmitz/Jastrow, NVwZ 2005, 984, 989; Schoch, IFG, § 1 Rn 169.

Wirkungen von Bedeutung sein können. Es müssen Tatsachen vorliegen, welche die Annahme begründen, dass ein Arzneimittel den Schaden verursacht hat. Ferner müssen die begehrten Informationen zur Feststellung, ob ein Anspruch auf Schadensersatz nach § 84 AMG besteht, erforderlich sein. Ein Auskunftsanspruch besteht gegenüber dem pharmazeutischen Unternehmer insoweit nicht, als die Angaben aufgrund gesetzlicher Vorschriften geheim zu halten sind oder die Geheimhaltung einem überwiegenden Interesse des pharmazeutischen Unternehmers oder eines Dritten entspricht. Die Behörde ist zur Erteilung der Auskunft nicht verpflichtet, soweit Angaben aufgrund gesetzlicher Vorschriften geheim zu halten sind oder die Geheimhaltung einem überwiegenden Interesse des pharmazeutischen Unternehmers oder eines Dritten entspricht.

Diese fachrechtliche Regelung des § 84a AMG gewährt einen Auskunftsanspruch nur, sofern die dargestellten strengen Anspruchsvoraussetzungen erfüllt sind. Dies gilt sowohl gegenüber dem pharmazeutischen Unternehmer als auch gegenüber den Behörden, die für die Zulassung und Überwachung von Arzneimitteln zuständig sind. Gegenüber den Behörden ist die Durchsetzung dieses Auskunftsanspruches erheblich erleichtert worden. Die im Zuge der 15. AMG-Novelle nun in das AMG aufgenommene Regelung des § 84a Abs. 2 S. 3 AMG stellt eine Ausnahme zu dem oben dargestellten Grundsatz des § 1 Abs. 3 IFG dar, dass fachgesetzliche Regelungen im Sinne einer verdrängenden Spezialität abschließend sind. Denn der § 84a Abs. 2 S. 3 AMG bestimmt ausdrücklich, dass Ansprüche nach dem Informationsfreiheitsgesetz unberührt bleiben. Der Gesetzgeber erlaubt damit **ausnahmsweise** die **parallele Anwendung der Informationszugangsansprüche** des § 84a AMG und des § 1 IFG im Arzneimittelrecht.

Bis zum Inkrafttreten der 15. AMG-Novelle wurde nach überwiegender Ansicht dem Auskunftsanspruch nach § 84a AMG verdrängende Spezialität im Sinne des § 1 Abs. 3 IFG im Hinblick auf § 1 Abs. 1 IFG zugesprochen. Die Sperrwirkung setzte bereits bei abstrakter Möglichkeit eines Auskunftsanspruches nach § 84a AMG ein. Im Bereich der Arzneimittelhaftung war daher ein Rückgriff auf die allgemeine Anspruchsnorm des § 1 Abs. 1 IFG verwehrt.[23]

Nach der Gesetzesbegründung zur Neueinführung des § 84a Abs. 2 S. 3 AMG soll der zur Stärkung der Rechte einer geschädigten Patientin oder eines geschädigten Patienten eingeführte Auskunftsanspruch nach § 84a AMG nicht dazu führen, dass im Einzelfall weiter gehende Informationsansprüche nach dem Informationsfreiheitsgesetz entfallen.[24]

Für den durch ein Arzneimittel geschädigten Patienten ist es nun formell einfacher über den Auskunftsanspruch nach § 1 Abs. 1 IFG bei den Behörden an Informationen zur **Vorbereitung eines Schadensersatzprozesses** zu gelangen. Die formell strengen Voraussetzungen des § 84a AMG müssen nicht mehr nachgewiesen werden. Dies stellt eine Stärkung der Verbraucherrechte im Hinblick auf den allgemeinen Transparenzgedanken dar. Man könnte jedoch auch argumentieren, hierbei handele es sich nur um einen neuen Scheinvorteil. Denn auch bisher war es dem geschädigten Patienten möglich ohne Bezug auf seine Schädigung den allgemeinen Informationsanspruch nach § 1 Abs. 1 IFG zu den Informationen betreffend das für ihn interessante Arzneimittel zu stellen. Persönliche Voraussetzungen im Sinne eines berechtigten Interesses stellt diese Vorschrift gerade nicht auf. Fraglich verbleibt nur, inwiefern die Behörden sich diese Kenntnis für eine Abgrenzung der Anfragen hätten verschaffen müssen. Die Beantwortung dieser Frage ist aufgrund der in Kraft getretenen Neuregelung obsolet geworden.

Zweifelhaft ist, ob dogmatisch nun für den Auskunftsanspruch nach § 84a AMG gegenüber Behörden überhaupt noch ein Anwendungsbereich verbleibt. Praktische Relevanz könnte

---

23 Kloesel/Cyran, § 84a AMG Rn 35; Brock/Morbach, PharmR 2009, 108, 109.
24 Gesetzesbegründung zur 15. AMG Novelle, zu Nr. 71 (§ 84a AMG), BT-Drucks. 16/12256, 56.

dies im Hinblick auf die **Kostenfolge der beantragten Amtshandlung** haben. Für Auskunftsanfragen nach § 84a AMG gegenüber den Behörden ist die Erhebung von Gebühren nicht vorgesehen. Sollte es einem Anspruchsteller gelingen die Voraussetzungen des § 84a AMG glaubhaft darzulegen und ein entsprechender Auskunftsanspruch bestehen, so müssten die Informationen unentgeltlich zur Verfügung gestellt werden.

16 Anders verhält es sich, sofern der Antragsteller sein Informationsbegehren auf das IFG stützt. Der § 10 Abs. 1 IFG bestimmt, dass für Amtshandlungen nach dem IFG Gebühren und Auslagen erhoben werden. Aufgrund der Verordnungsermächtigung des § 10 Abs. 3 IFG wurde die Verordnung über die Gebühren und Auslagen nach dem Informationsfreiheitsgesetz, **Informationsgebührenverordnung** (IFGGebV) erlassen. Die hiernach mögliche Maximalgebühr in Höhe von 500 € dürfte bei den einzureichenden höchst umfangreichen Unterlagen im Rahmen eines arzneimittelrechtlichen Zulassungsverfahrens schnell erreicht sein.

2. Das IFG und § 22 Abs. 3 der Medizinprodukte-Sicherheitsplanverordnung (MPSV)

17 Im Bereich des Medizinprodukterechts verhält es sich anders als bezüglich der Auskunftsansprüche im Rahmen der Arzneimittelhaftung. Nach der Spezialvorschrift des § 22 Abs. 3 MPSV dürfen Informationen und Auskünfte zu vorliegenden Meldungen, durchgeführten Risikobewertungen und **korrektiven Maßnahmen** auch an den Medizinischen Dienst der Spitzenverbände der Krankenkassen, die Deutsche Krankenhausgesellschaft und andere Organisationen, Stellen und Personen übermittelt werden, soweit von diesen ein Beitrag zur Risikoverringerung geleistet werden kann oder ein berechtigtes Interesse besteht.

18 Fraglich ist, ob Informationsauskünfte und Anfragen zu vorliegenden Meldungen, durchgeführten Risikobewertungen und korrektiven Maßnahmen im Sinne des § 22 Abs. 3 MPSV dieser Vorschrift unterfallen und/oder dem Anwendungsbereich des IFG zuzuordnen sind. Entscheidend ist, ob § 22 Abs. 3 MPSV als abschließende Spezialregelung zu verstehen ist. Nach § 1 Abs. 3 IFG gehen Regelungen in anderen Rechtsvorschriften über den Zugang zu amtlichen Informationen vor, sofern nicht einer der genannten Ausnahmetatbestände greift. Von einem Fall des § 29 VwVfG oder § 25 SGB X ist vorliegend nicht auszugehen. Eine dem § 84a Abs. 2 S. 3 AMG vergleichbare Ausnahmeregelung ist im Bereich des Medizinprodukterechts nicht ersichtlich. Aus der Anordnung „Vorgehen" des § 1 Abs. 3 IFG ist nicht ersichtlich, ob besonderen Zugangsrechten stets ein abschließender Charakter zugesprochen werden soll mit der Folge, dass § 1 Abs. 1 S. 1 IFG überhaupt keine Anwendung mehr findet, oder ob § 1 Abs. 1 S. 1 IFG noch subsidiär bzw parallel anwendbar ist.[25] Eine verdrängende Spezialität bzw Vorrangigkeit der spezielleren Norm im Sinne einer Ausschließlichkeit, die den Rückgriff auf die allgemeine Norm sperrt, liegt nur dann vor, wenn die Rechtsfolgen der Normen sich logisch ausschließen, nicht jedoch, wenn die speziellere Norm die allgemeine ergänzen oder modifizieren soll. Das ist eine im Einzelfall durch teleologische und systematische Auslegung zu klärende Frage. Hierbei ist darauf abzustellen, ob im Einzelfall der allgemeine Anspruch dem Schutzzweck des Spezialgesetzes zuwiderliefe.

19 Sofern besondere Zugangsrechte – wie vorliegend – an die Darlegung eines besonderen rechtlichen oder berechtigten Interesses anknüpfen, führt dies allein noch nicht zum Ausschluss des Informationszugangsanspruchs nach § 1 Abs. 1 S. 1 IFG. Es ist entscheidend zu welchem Schutzzweck ein Zugangsanspruch an solche Voraussetzungen geknüpft wird. Hiernach bemisst sich, ob neben dem besonderen auch das allgemeine Zugangsrecht anwendbar oder ob es ausgeschlossen ist.[26]

---

[25] Vgl Rossi, IFG, § 1 Rn 105 mwN.
[26] Vgl Berger/Roth/Scheel/*Scheel*, IFG, § 1 Rn 118; Rossi, IFG, § 1 Rn 108.

Zwar ist zu berücksichtigen, dass bei Erlass der MPSV ein allgemeiner Informationsanspruch nach dem IFG noch nicht bestand, da vor Inkrafttreten des IFG die Tätigkeit der Verwaltung grundsätzlich nicht öffentlich war. Jedoch rechtfertigt der Sinn und Zweck des § 22 MPSV, dass dessen Abs. 3 als abschließende Sonderreglung im Hinblick auf § 1 Abs. 3 IFG angesehen wird.

Denn die europäischen Richtlinien fordern, dass die zuständigen Behörden grundsätzlich alle Informationen, die ihnen im Rahmen der Wahrnehmung ihrer Aufgaben bekannt werden, im Hinblick auf die Interessen sowohl der Hersteller als auch der Privatpersonen (Patienten und Verbraucher) vertraulich zu behandeln haben. Vor diesem Hintergrund regeln die Vorschriften des § 22 MPSV über den Informationsaustausch zwischen den für die Erfassung, Bewertung und Abwehr von Risiken unmittelbar zuständigen Behörden hinaus weitere Ausnahmen vom Vertraulichkeitsgebot und tragen somit zur Rechtssicherheit und -klarheit bei. Der Verordnungsgeber hat die Interessenabwägung, die ansonsten im jeweiligen Einzelfall geboten wäre, teilweise selbst vorgenommen oder zumindest die Kriterien hierfür vorgegeben.[27]

Der spezielle Schutzzweck des § 22 Abs. 3 MPSV erlaubt daher nur eine Weitergabe von Informationen und Auskünften wenn die besonderen persönlichen und sachlichen Voraussetzungen dieser Norm erfüllt sind. Der allgemeine Informationsanspruch des IFG steht diesem Schutzzweck entgegen. Zudem ist § 22 Abs. 3 MPSV als Ermessensnorm ausgestaltet und begründet damit lediglich einen Anspruch auf ermessensfehlerfreie Entscheidung. Das IFG gewährt dem Antragsteller hingegen einen durchsetzbaren Anspruch auf Zugang zu amtlichen Informationen.

Die Normierung des Vorrangs aus § 1 Abs. 3 IFG gilt als weitere Voraussetzung auch für die vom Range einer Rechtsverordnung aufgrund der formellen gesetzlichen Ermächtigungsgrundlage des § 37 Abs. 7 und Abs. 11 MPG mit Zustimmung des Bundesrates erlassene Medizinprodukte- Sicherheitsplanverordnung. Denn die Norm des § 22 Abs. 3 MPSV ist eine andere Rechtsvorschrift im Sinne des § 1 Abs. 3 IFG.

Werden Informationen zu vorliegenden Meldungen, durchgeführten Risikobewertungen oder korrektiven Maßnahmen im Sinne des § 22 Abs. 3 MPSV begehrt, so ist dessen Anwendungsbereich eröffnet mit der Folge, dass für die Anwendung des IFG kein Raum mehr verbleibt.

3. Sonstige Transparenzvorschriften

Die Transparenzvorschrift des § 11 IFG legt den Behörden bestimmte Veröffentlichungspflichten auf. Danach sollen die Behörden Verzeichnisse führen, aus denen sich die vorhandenen Informationssammlungen und -zwecke erkennen lassen. Organisations- und Aktenpläne ohne Angabe personenbezogener Daten sind nach Maßgabe des IFG allgemein zugänglich zu machen. Die ausweislich der Gesetzesbegründung bezeichnete **Internetklausel** bestimmt, dass die Behörden die genannten Pläne und Verzeichnisse sowie weitere geeignete Informationen in elektronischer Form allgemein zugänglich machen sollen. Die Behörden sollen das Internet nutzen, um Informationen ebenso wie vorhandene Pläne und Verzeichnisse allgemein zugänglich zu machen. Gleiches gilt für weitere Informationen, insbesondere solche, bei denen ein Informationsinteresse der Bürger zu erwarten ist. Aktive Verbreitung von Informationen nach dem IFG durch die Behörden dient zugleich der Verwaltungsvereinfachung. Durch die sog. Internetklausel kommt der elektronischen Veröffentlichung besondere Bedeutung zu.

---

[27] Vgl Altenberger in: Anhalt/Dieners, Handbuch des Medizinprodukterechts, § 11 Rn 78.

24 Die für den Bereich des Pharmarechts zuständigen Bundesoberbehörden haben diesen Transparenzgedanken schon seit geraumer Zeit verwirklicht. Einige herausgenommene Beispiele sollen dies exemplarisch verdeutlichen. Sämtliche Internetpräsenzen der Bundesoberbehörden enthalten Informationssammlungen für interessierte Besucher. Das aufgrund des § 67a AMG eingerichtete datenbankgestützte Arzneimittelinformationssystem AMIS beinhaltet ebenfalls eine Vielzahl von veröffentlichten Informationen. Zur Verbesserung der Arzneimitteltransparenz, der Arzneimittelsicherheit und der Kontrolle des therapiegerechten Einsatzes von Arzneimitteln wird das Arzneimittelinformationssystem AMIS vom Deutschen Institut für medizinische Dokumentation und Information für Recherchen zur Verfügung gestellt. AMIS enthält Daten der Arzneimittelzulassungsbehörden Bundesinstitut für Arzneimittel und Medizinprodukte (BfArM), Paul-Ehrlich-Institut, Bundesamt für Sera und Impfstoffe (PEI) und Bundesamt für Verbraucherschutz und Lebensmittelsicherheit (BVL). Einige Bereiche des AMIS öffentlichen Teils werden nicht unentgeltlich zur Verfügung gestellt.

25 Eine vergleichbare Kooperation stellt das Portal „**PharmNet.Bund**" dar. Hierbei entsteht schrittweise ein integriertes Arzneimittel-Informationssystem des Bundes und der Länder, das die bundesweit vorliegenden amtlichen Daten im Rahmen der Zulassung/Registrierung bzw Überwachung von Arzneimitteln in Deutschland zentral zur Verfügung stellt. Neben den oben bereits erwähnten Behörden, ist das Robert-Koch-Institut (RKI) und die für die Arzneimittelüberwachung zuständigen Behörden der Länder, koordiniert durch die Zentralstelle der Länder für Gesundheitsschutz bei Arzneimitteln und Medizinprodukten (ZLG), beteiligt. Über das „PharmNet.Bund"-Portal werden Informationen zu Arzneimitteln aus dem Arzneimittel-Informationssystem der Bundesoberbehörden für die Öffentlichkeit zur Verfügung gestellt. Dabei sind neben administrativen Daten rund um die Zulassung von Arzneimitteln auch Fach- und Gebrauchsinformationen enthalten.[28] Für Elektronische Änderungsanzeigen existiert ein Teilprojekt der elektronischen Antragstellung. Es umfasst zurzeit die Online-Erfassung aller nationalen Änderungsanzeigen und Änderungen aus dem Verfahren der gegenseitigen Anerkennung und dem dezentralisierten Verfahren beim BfArM. Für die anderen Behörden erfolgt die Komplettierung der Daten sukzessive. Der Zugriff ist auf die Bundesoberbehörden sowie pharmazeutische Unternehmer beschränkt.

26 Die Meldungen der **Verdachtsfälle unerwünschter Arzneimittelwirkungen (UAW)** werden vom BfArM kostenfrei im Internet veröffentlicht. Nicht nur um den Informationspflichten gegenüber den pharmazeutischen Unternehmern gemäß § 63b Abs. 6 AMG gerecht zu werden, sondern auch für interessierte Fachkreise und Bürger stehen diese Informationen zum Download bereit.[29]

Im Bereich der Medizinprodukte veröffentlicht das BfArM Mitteilungen gemäß § 2 Nr. 4 MPSV, die der Verantwortliche nach § 5 MPG an seine Kunden versendet. Kundeninformationen enthalten beispielsweise Informationen von Herstellern über eigenverantwortlich durchgeführte Rückrufe von Medizinprodukten.

27 Eine weitere im Zuge der 14. AMG-Novelle in das Gesetz aufgenommene Transparenzvorschrift ist der § 34 Abs. 1a – 1d AMG. Die Änderungen in § 34 AMG berücksichtigen die neuen Vorschriften zur Information der Öffentlichkeit in Art. 21 Abs. 3 und 4, Art. 22 und Art. 125 der geänderten Richtlinie 2001/83/EG sowie Art. 25 Abs. 3 und 4, Art. 26 Abs. 3 und Art. 94 Abs. 3 der geänderten Richtlinie 2001/82/EG. Die Absätze 1a und 1b enthalten die Informationen, die der Öffentlichkeit zur Verfügung gestellt werden. Neben den Informationen über die Erteilung einer Zulassung zusammen mit der Zusammenfassung der Produktmerkmale sind dies der Beurteilungsbericht mit einer Stellungnahme in Bezug auf die

---

28 <http://www.pharmnet-bund.de>.
29 <http://www2.bfarm.de/uaw/>.

Ergebnisse von pharmazeutischen, pharmakologisch-toxikologischen und klinischen Versuchen für jedes beantragte Anwendungsgebiet und bei Arzneimitteln, die zur Anwendung bei Tieren bestimmt sind, die der Gewinnung von Lebensmitteln dienen, auch von Rückstandsuntersuchungen. Sofern die Informationen zu zentral zugelassenen Arzneimitteln von der Europäischen Arzneimittel-Agentur (EMEA) der Öffentlichkeit zugänglich gemacht werden entfällt eine Veröffentlichungspflicht für die nationalen Behörden.[30] Aus Gründen der Praktikabilität ist festgelegt, dass die Informationen elektronisch, das heißt im Internet zur Verfügung gestellt werden. Dies betrifft etwa die Möglichkeit einer Stellungnahme zum Beurteilungsbericht im Rahmen von § 34 Abs. 1 a Nr. 2 AMG.[31] Die zuständige Bundesoberbehörde wird vor den Maßnahmen nach § 34 Abs. 1 und 1 a AMG die betroffenen pharmazeutischen Unternehmer dann informieren, wenn dies zur Vermeidung möglicher Konflikte mit dem Schutz von Betriebs- oder Geschäftsgeheimnissen sachdienlich ist.[32]

Ebenfalls durch die 14. AMG-Novelle in das AMG aufgenommen wurde der mit „Unabhängigkeit und Transparenz" amtlich überschriebene § 77 a AMG. Diese Regelung berücksichtigt Art. 126 b der geänderten Richtlinie 2001/83/EG. Der hier interessante § 77 a Abs. 2 AMG bestimmt, dass im Rahmen der Durchführung ihrer Aufgaben nach dem AMG die zuständigen Bundesoberbehörden und die zuständigen Behörden die Geschäftsordnungen ihrer Ausschüsse, die Tagesordnungen sowie die **Ergebnisprotokolle** ihrer Sitzungen öffentlich zugänglich machen. Sofern es im Zusammenhang mit Unterlagen wie Ergebnisprotokollen zur Vermeidung möglicher Konflikte mit dem Schutz von Betriebs- oder Geschäftsgeheimnissen sachdienlich ist, wird die zuständige Behörde betroffene Unternehmen informieren bevor bestimmte Informationen öffentlich zugänglich gemacht werden. Hierbei können sich die Behörden am Drittbeteiligungsverfahren des § 8 IFG orientieren.

28

Problematisch erscheint der Umfang der vorgegebenen Transparenz bei der Auslegung des § 77 a Abs. 2 AMG. Zunächst könnte der Wortlaut der Vorschrift so verstanden werden, dass allein die Ergebnisprotokolle der Ausschüsse zu veröffentlichen sind. Bei einer derart engen Norminterpretation wäre der Anwendungsbereich des § 77 a Abs. 2 AMG nur klein, da damit im Anwendungsbereich des AMG allein die Arbeit der Sachverständigen-Ausschüsse nach § 53 AMG erfasst würde. Nur diese werden im AMG ausdrücklich als „Ausschüsse" bezeichnet. Denkbar wäre freilich auch ein Verständnis, nach dem die „[...] Ergebnisprotokolle ihrer Sitzungen [...]", dh der Sitzungen der zuständigen Bundesoberbehörden und der zuständigen Behörden, öffentlich zugänglich zu machen sind. Alle behördlichen Sitzungen wären sodann zu protokollieren und unterfielen der Vorschrift des § 77 a Abs. 2 AMG. Diese Interpretation der Vorschrift wird durch die in ihrem Anwendungsbereich weite Formulierung des Art. 126 b RL 2001/83/EG unterstützt, welcher Grundlage für die nationale Umsetzung in das AMG war. Die Gesetzesbegründung zur Einführung des § 77 a AMG erwähnt jedoch ausdrücklich, dass auch Praktikabilitätsaspekte bei der Umsetzung der Regelung zu berücksichtigen sind.[33] Im Hinblick auf die Wahrung des Verhältnismäßigkeitsgrundsatzes dürfte sich der Informationsbedarf aus den erkennbar praktisch erforderlichen Informationen für die Öffentlichkeit ergeben.

29

IV. Die Kosten des Informationshandelns

Das IFG sieht gemäß § 10 Abs. 1 IFG für Amtshandlungen nach dem IFG die Erhebung von Gebühren und Auslagen vor. Eine kostendeckende Gebührenerhebung für die entstandenen

30

---

30 VO (EG) Nr. 726/2004 (ABl. EU Nr. L 136/6).
31 Vgl die Gesetzesbegründung zur 14. AMG Novelle, BR-Drucks. 15/237/05, 94.
32 Zum Begriff der Betriebs- und Geschäftsgeheimnisse s. unter Rn 42.
33 BR-Drucks. 15/237/05, 105.

Amtshandlungen nach dem IFG ist nicht vorgesehen.[34] Mit Wirkung zum 1.1.2006 ist aufgrund der Ermächtigungsgrundlage des § 10 Abs. 3 IFG die Verordnung über die Gebühren und Auslagen nach dem Informationsfreiheitsgesetz, Informationsgebührenverordnung (IFGGebV) in Kraft getreten (siehe Rn 16).

31 Die Erteilung einfacher Auskünfte ist nach § 10 Abs. 1 IFG gebührenfrei. Hierunter können insbesondere mündliche bzw telefonische Auskünfte ohne Rechercheaufwand fallen.[35] Fraglich ist, ob auch die Beantwortung einfacher schriftlicher Anfragen nach dem IFG gebührenfrei ist, welcher Schwellenwert für eine Gebührenerhebung angesetzt werden muss und inwiefern hierbei für die Behörden Spielräume bestehen.

32 Zunächst ist allein der notwendige Verwaltungsaufwand und nicht der Umfang der Auskunft entscheidend.[36] Dies führt unter Umständen zu Unverständnis bei den Anfragenden wenn Unterlagen und Auskünfte nur in geringem Umfang herausgegeben werden, sich die Gebührenforderung jedoch den Maximalgebühren annähert, weil durch die entsprechende Vorbereitung der Anfrage im Hinblick auf die §§ 4 bis 6 IFG teils erheblicher Verwaltungsaufwand entsteht. Praktisch relevant ist hier der Schutz der Betriebs- und Geschäftsgeheimnisse der pharmazeutischen Unternehmer nach § 6 IFG sofern Akteneinsichtsbegehren und Auskunftsansprüche sich auf Verfahrensunterlagen beziehen.

33 Die Vorschrift des § 10 Abs. 1 IFG bestimmt, dass für Amtshandlungen nach diesem Gesetz Gebühren und Auslagen „erhoben werden". Die Gebührenerhebung könnte in das Ermessen der die Information bereitstellenden Behörde gestellt sein. Insbesondere im Bereich der Mindestgebühren von 15 € bzw 30 € ist der entstehende Verwaltungsaufwand unter wirtschaftlichen Aspekten der **Kostendeckung** kaum zu realisieren.[37] Der Wortlaut des § 10 Abs. 1 IFG lässt einen Ermessensspielraum jedoch nicht erkennen. Die Gesetzesbegründung zu § 10 IFG erläutert, dass Gebühren und Auslagen nach Verwaltungsaufwand, jedoch nicht notwendig kostendeckend erhoben werden. Dies betrifft aber vornehmlich die Fälle, in denen Arbeitsaufwand jenseits der Maximalgebühr in Höhe von 500 € entsteht.[38] Ein Absehen von der Kostenerhebung dürfte nach dem Wortlaut des § 10 Abs. 1 IFG daher nicht möglich sein, die Kostenerhebung steht nicht im Ermessen der Behörde.[39]

34 Für die **Erteilung einfacher Auskünfte** werden gemäß § 10 Abs. 1 S. 2 IFG keine Gebühren erhoben. Für die praktische Anwendung zu klären ist, wann eine Auskunft noch als „einfach" angesehen werden kann. Die Grenze zur nicht einfachen Auskunft ist überschritten, sobald die Gebührengrenze der Mindestgebühr der Nr. 1.2 des Gebührenverzeichnisses der IFGGebV in Höhe von 30 € erreicht ist. Fraglich ist, nach welchem Bearbeitungsaufwand bei Erteilung einer Auskunft die Mindestgebühr der Nr. 1.2 des Gebührenverzeichnisses der IFGGebV in Höhe von 30 € fällig wird, um im Umkehrschluss die maximale Bearbeitungszeit für eine gebührenfreie einfache schriftliche Auskunft bestimmen zu können.

35 Der Mindestsatz der Rahmengebühr aus Nr. 1.2 des Gebührenverzeichnisses in Höhe von 30 €, bei Erteilung einer schriftlichen Auskunft, entspricht etwa einem Arbeitszeitaufwand von ca. 60 Minuten des mittleren Dienstes im nachgeordneten Bereich, ca. 40 Minuten des gehobenen Dienstes oder ca. 30 Minuten des höheren Dienstes in obersten Bundesbehörden. Diese Werte ergeben sich bei der Berechnung der Kostensätze anhand der durchschnittlichen

---

34 Schmitz/Jastrow, NVwZ 2005, 984, 991.
35 Vgl die Gesetzesbegründung zum IFG, BT-Drucks. 15/4493, 16.
36 Berger/Roth/Scheel/*Berger*, IFG, § 10, Rn 12.
37 § 10 Abs. 1 IFG iVm § 1 Abs. 1 IFGGebV und der Anlage zu § 1 Abs. 1 IFGGebV, Teil A Gebühren, Nr. 1.2, 2.1 und 3.
38 Gemäß § 10 Abs. 1 IFG iVm § 1 Abs. 1 IFGGebV und der Anlage zu § 1 Abs. 1 IFGGebV, Teil A Gebühren, Nr. 1.3, 2.2 und 3.
39 Berger/Roth/Scheel/*Berger*, IFG, § 10, Rn 5 mwN insb. auch zur entspr. Rechtslage nach dem Umweltinformationsgesetz.

Personalkostensätze einschließlich sonstiger Personalgemeinkosten der jeweiligen Laufbahngruppe nach den Vorgaben des BMF, wie die Anwendungshinweise zum IFG des BMI vom 21.5.2005 es empfehlen.[40]

Damit würde nach einer Gesamtbearbeitungszeit von ca. 30 bis 40 Minuten eines IFG Vorganges die Mindestgebühr der Nr. 1.2 des Gebührenverzeichnisses erreicht.[41] Selbst wenn nur aufgrund der Tatsache der Kostenerhebung der Arbeitsaufwand höher ist als die wirtschaftliche Gegenleistung in Höhe der Mindestgebühr in diesen Fällen, spricht dies nicht zwingend dafür, von einer Kostenerhebung gänzlich abzusehen, da nach § 10 Abs. 1 IFG eine kostendeckende Gebührenerhebung nicht gefordert wird und die Entscheidung ob Gebühren erhoben werden durch diese Vorschrift nicht in das Ermessen der Behörden gestellt ist. Die Beantwortung einfacher schriftlicher Anfragen etwa per E-Mail dürfte daher unter die Gebührenfreiheit fallen, soweit die Gesamtbearbeitungszeit des IFG Vorganges ca. 30 bis 40 Minuten nicht überschreitet.

Die Prüfung der **IFG Ausschlussgründe** gemäß §§ 3 bis 6 IFG in Vorbereitung der Beantwortung der IFG Anfrage kann zum notwendigen Verwaltungsaufwand des § 10 Abs. 1 IFG für Amtshandlungen nach diesem Gesetz gezählt werden. Dieser Aufwand ist in die Gebührenfestsetzung aufzunehmen. Die Prüfung der Frage, ob IFG Ausschlussgründe vorliegen ist untrennbarer Bestandteil der Entscheidung. Zumindest die Überlegung in welchem Umfang der Zugang gewährt wird ist davon umfasst. Eine Trennung von der Antragsbearbeitung im Übrigen ist praktisch kaum möglich. Dies gilt insbesondere, wenn der Zeitaufwand für die Prüfung und die sonstige Bearbeitung des Informationsbegehrens in Zeiterfassungssystemen dokumentiert ist und anhand des sonstigen Akteninhalts mit entsprechenden Vermerken und internen Stellungnahmen nachvollzogen werden kann. Die Berücksichtigung der Prüfung der Ausnahmetatbestände nach dem IFG soll selbst dann gelten, wenn aus Anlass einer IFG Anfrage die bis dahin bestehende Verwaltungspraxis unter dem Stichwort der Amtsverschwiegenheit, mit Blick auf die nunmehr anzuwendenden Vorschriften des am 1.1.2006 in Kraft getretenen IFG, aufgegeben wurde, so dass auch deshalb eine besonders gründliche Prüfung vorab erforderlich war.[42]

Ausweislich des § 10 Abs. 2 IFG und der Gesetzesbegründung zu § 10 IFG sind Gebühren auch unter Berücksichtigung des Verwaltungsaufwandes so zu bemessen, dass der Informationszugang wirksam in Anspruch genommen werden kann. Die Gebühren dürfen also nicht abschreckend wirken.[43] Diesem gesetzgeberischen Anliegen ist dadurch Rechnung getragen worden, dass jenseits der Gebührenfreiheit für mündliche und einfache schriftliche Auskünfte, die Ablehnung eines Antrags auf Informationszugang gebührenfrei ist,[44] dass gemäß § 2 IFGGebV aus Gründen der Billigkeit oder des öffentlichen Interesses die Gebühr um bis zu 50 Prozent ermäßigt werden kann oder aus den genannten Gründen in besonderen Fällen von der Erhebung der Gebühr abgesehen werden kann, und dass schließlich der Gebührenrahmen in der Gebührennummer 1.2 der Anlage zu § 1 Abs. 1 IFGGebV eine niedrig bemessene Mindestgebühr von 30 € vorsieht.[45]

---

40 Anwendungshinweise zum IFG, BMI, Az V 5 a – 130 250/16 v. 21.11.2005, S. 10.
41 Zur Gebührengesetzgebung der Länder wird teilweise die Auffassung vertreten, nur einen Verwaltungsaufwand bis zur zeitlichen Grenze von 15 Minuten als unerheblich zu qualifizieren, vgl VG Arnsberg NVwZ 2005, 1099, 1101 mwN.
42 VG Köln, Urt. v. 5.10.2007 – 25 K 1603/07; VG Berlin, Urt. v. 6.5.2008 – VG 2 A 84.07 und v. 8.11.2007 – VG 2 A 15.07; zum IFG NRW und zur Verwaltungsgebührenordnung zum IFG NRW vgl VG Arnsberg NVwZ 2005, 1099, 1101.
43 Gesetzesbegründung zum IFG, BT-Drucks. 15/4493, 16.
44 Schomerus/Tolkmitt, DÖV 2007, 985, 991.
45 Vgl VG Arnsberg NVwZ 2005, 1099, 1101.

Durch die Regelung des § 10 Abs. 3 S. 2 IFG, den ausdrücklich normierten Anwendungsausschluss des § 15 Abs. 2 VwKostG, fallen bei einer Antragsrücknahme ebenfalls keine Gebühren an.[46]

V. Die Grenzen der Transparenz

39 Die durch das IFG geschaffene Transparenz findet ihre Grenze, sobald die **schützenswerten Rechte Dritter** tangiert sind. Der § 6 IFG bestimmt hierzu, dass der Anspruch auf Informationszugang nicht besteht, soweit der Schutz geistigen Eigentums entgegensteht. Zugang zu Betriebs- oder Geschäftsgeheimnissen darf nur gewährt werden, soweit der Betroffene eingewilligt hat.

40 Damit genießen Betriebs- und Geschäftsgeheimnisse und das geistige Eigentum absoluten Schutz. Der Schutz der Betriebs- und Geschäftsgeheimnisse nimmt im Bereich des Pharmarechts eine besondere Stellung ein. Den Zulassungsbehörden steht aufgrund ihrer Kontroll- und Überwachungsbefugnisse eine Vielzahl von Informationen aus laufenden und abgeschlossenen Zulassungsverfahren zur Verfügung. Nicht nur um Schadensersatzforderungen aus Amtshaftungsprozessen vorzubeugen, sondern auch um das Vertrauen in der Zusammenarbeit zwischen Zulassungsbehörden und der pharmazeutischen Industrie zu erhalten, ist eine intensive und genaue Prüfung ggf. unter Beteiligung der Betroffenen zwingend erforderlich.

41 Die entscheidende Frage ist, was unter den Begriff der **Betriebs- und Geschäftsgeheimnisse** subsumiert werden kann. Die Qualifizierung im konkreten Fall, ob Betriebs- und Geschäftsgeheimnisse betroffen sind, obliegt allein der mit dem Antrag auf Informationszugang konfrontierten Behörde. Bejaht diese das Vorliegen von Betriebs- und Geschäftsgeheimnissen, so ist, sofern eine Einwilligung zur Preisgabe des betroffenen Dritten nicht vorliegt, der Informationszugang zwingend zu versagen. Die behördliche Einordnung, ob Betriebs- oder Geschäftsgeheimnisse vorliegen ist, da es sich um eine gebundene Entscheidung handelt, der vollen gerichtlichen Kontrolle unterworfen.[47]

42 Der BGH hat den Begriff der Betriebs- und Geschäftsgeheimnisse im Rahmen des Wettbewerbsrechts wie folgt definiert:

Betriebs- und Geschäftsgeheimnisse liegen vor, wenn Tatsachen im Zusammenhang mit einem wirtschaftlichen Geschäftsbetrieb, die nur einem eng begrenzten Personenkreis bekannt und nicht offenkundig sind, nach dem erkennbaren Willen des Inhabers aufgrund eines berechtigten wirtschaftlichen Interesses geheim gehalten werden sollen.[48] Beschrieben ist hiermit ein viergliedriger Schutztatbestand, welcher voraussetzt:

1. eine Unternehmensbezogenheit,
2. die fehlende Offenkundigkeit der Information,
3. einen Geheimhaltungswillen des Geheimnisinhabers,
4. und ein berechtigtes Geheimhaltungsinteresse.

Diese Voraussetzungen müssen kumulativ vorliegen, damit von einem Betriebs- und Geschäftsgeheimnis gesprochen werden kann.[49]

43 Zu Betriebs- und Geschäftsgeheimnissen zählen beispielsweise Ertragslagen, Geschäftsbücher, Bezugsquellen, Marktstrategien, Unterlagen zur Kreditwürdigkeit, Kalkulationsunterlagen, Patentanmeldungen und sonstige Entwicklungs- und Forschungsprojekte, ferner

---

46 Gesetzesbegründung zum IFG, BT-Drucks. 15/4493, 16; aA Schoch, IFG, § 10 Rn 39 f.
47 Schoch, IFG, § 6 Rn 65; Trips-Hebert, PharmR 2005, 155, 159.
48 BGH NJW 1995, 2301; Gesetzesbegründung zum IFG, BT-Drucks. 15/4493, 14.
49 Vgl die Aufstellung bei Schoch, IFG, § 6 Rn 45 mwN; Rossi, IFG, § 6 Rn 66.

behördliche Zulassungs-, Genehmigungs- oder Untersagungsverfahren, durch die die wirtschaftlichen Verhältnisse eines Betriebs maßgeblich bestimmt werden können.

Als Betriebs- und Geschäftsgeheimnisse im Bereich des Pharmarechts werden in diesem Zusammenhang unter anderem beispielsweise angesehen:
- sämtliche Qualitätsunterlagen zu einer Arzneimittelzulassung, dh insbesondere die Hilfsstoff-Zusammensetzung oder weitergehende Informationen, welche nicht in den Fach- und Gebrauchsinformationen enthalten sind,
- Daten, welche im nicht öffentlichen Teil der Arzneimitteldatenbank AMIS enthalten sind, zB die Tatsache, dass ein neuer Zulassungsantrag eines pharmazeutischen Unternehmers bei einer Zulassungsbehörde vorliegt.

B. Besondere Probleme im Bereich des Informationshandelns der Behörden

Seit dem Inkrafttreten des Informationsfreiheitsgesetzes am 1.1.2006 konnten die Bundesoberbehörden zahlreiche, sicherlich sehr unterschiedliche Erfahrungen sammeln, die regelmäßig im Rahmen eines Erfahrungsaustausch der obersten Bundesbehörden diskutiert werden. Ebenso werden vom Bundesministerium des Innern halbjährlich Statistiken erhoben, um die **Nutzung des Informationszugangs** durch den Bürger und den entsprechenden Umgang der Behörden damit (u.a. wird die Anzahl der Informationsbegehren, die Gewährung bzw Ablehnung des Informationszuganges statistisch erfasst) zu sammeln und zu bewerten. Dabei ist festzuhalten, dass bereits die Einstufung einer Bürgeranfrage als Informationsersuchen gem. IFG in Abgrenzung zu anderen Rechtsbereichen durchaus schwierig sein kann. So kann es sich ebenso um ein Informationsersuchen gem. § 84 a AMG oder um Amtshilfe handeln oder die Anfrage unterliegt dem Pressegesetz. Nur bei einheitlicher Einstufung von Informationsersuchen bei den Bundesbehörden, können statistische Vergleiche gezogen werden.

Auch ergeben sich unterschiedliche Vorgehensweisen bei Anträgen auf nicht vorhandene Informationen. Hier wird vom BMI eine **unbürokratische Handhabung** in einzelnen Fällen empfohlen.

Mit dem Inkrafttreten des IFG wurde der Bundesbeauftragte für den Datenschutz zugleich **Bundesbeauftragter für die Informationsfreiheit**.[50] Er erstattet alle zwei Jahre einen Tätigkeitsbericht und berät den Deutschen Bundestag, die Bundesregierung, alle Behörden des Bundes, sonstige Bundesorgane und -einrichtungen. Ebenso kontrolliert der Bundesbeauftragte für die Informationsfreiheit bei den verpflichteten Behörden die Einhaltung der Vorschriften über die Informationsfreiheit und bearbeitet Eingaben von Bürgerinnen und Bürgern, die ihr Recht auf Informationsfreiheit als verletzt ansehen.

Folgende Probleme ergeben sich im Umgang mit Informationsersuchen gem. IFG im Hinblick auf Informationen im Bereich der Arzneimittelzulassung:

1. Unkonkrete Auskunftsersuchen

Wird im Rahmen eines Auskunftsersuchen gem. IFG pauschal nach den Zulassungsunterlagen gefragt und ist kein **Public Assessment Report (PAR)** gem. § 34 Abs. 1 a AMG verfügbar oder wird pauschal um Akteneinsicht gebeten, so ist um **Konkretisierung des Informationsbegehrens** zu verlangen. Nur dann kann von Seiten der Behörde geprüft werden, inwieweit die begehrten Informationen anderweitig verfügbar sind (und eine Ablehnung des Antrags gem. § 9 Abs. 3 IFG) oder welche Informationen zur Verfügung gestellt werden, ohne dass ein **unverhältnismäßiger Verwaltungsaufwand** entsteht. Auch können dadurch

---

50 Der Bundesbeauftragte für den Datenschutz und die Informationsfreiheit: Informationsfreiheitsgesetz des Bundes –Text und Erläuterungen, Info 2.

die anfallenden Kosten, die gem. § 10 IFG erhoben werden müssen, in einen vertretbaren Rahmen gehalten werden.

Hintergrund allgemeiner, unkonkreter Auskunftsersuchen ist möglicherweise die Unkenntnis des Zulassungsverfahrens und der damit verbundene große Umfang an Informationen zu einem einzelnen Arzneimittel.

2. Schutz des geistigen Eigentums und von Betriebs- und Geschäftsgeheimnissen

48 Wie oben bereits erläutert (Rn 39 ff), ist bei jedem Auskunftsersuchen auf den Schutz des geistigen Eigentums und von Betriebs- und Geschäftsgeheimnissen zu prüfen. Im Bereich der Arzneimittelzulassung ist neben der Prüfung des Schutzes geistigen Eigentums[51] insbesondere die Prüfung des Schutzes von Betriebs- und Geschäftsgeheimnissen wichtig und aufwendig. Der Begriff der Betriebs- und Geschäftsgeheimnisse ist gesetzlich nicht definiert. Es ist daher auf die allgemein geltende, zu § 17 UWG entwickelte, oben bereits dargestellte Begriffsbestimmung zurückzugreifen.[52] Dieser Definition entspricht es, dass es nicht allein vom Willen des Betriebsinhabers abhängt, wann ein Betriebs- und Geschäftsgeheimnis vorliegt. Vielmehr hat die Behörde aufgrund der Angaben des Betriebsinhabers zu prüfen, ob ein **berechtigtes Geheimhaltungsinteresse** anzuerkennen ist. Dabei ist insbesondere sicherzustellen, dass das Geheimhaltungsinteresse nicht im Widerspruch zur Rechtsordnung steht. Außerdem hat die Behörde im Einzelnen darzulegen, inwiefern die Offenlegung der begehrten Information zu einem konkreten wirtschaftlichen Nachteil des Unternehmers führen kann und daher ein wirtschaftliches Geheimhaltungsinteresse besteht. Bei der Prüfung durch die Behörde ist der Grundsatz der Verhältnismäßigkeit zu berücksichtigen.[53]

49 Ein Schutz von Betriebs- und Geschäftsgeheimnissen liegt nur dann vor, wenn das Bekanntwerden der Information dem Unternehmen im Wettbewerb mit seinen Konkurrenten oder im Verhältnis zu seinen Kunden **wirtschaftliche Nachteile** bringen würde. Dies ist aber ausgeschlossen, wenn ein Wettbewerbsverhältnis gar nicht besteht oder wirtschaftliche Nachteile nicht eintreten können. Das Bekanntwerden einer Information kann zwar die wirtschaftlichen Interessen des Unternehmens beeinträchtigen, das Interesse an der Geheimhaltung muss aber nicht immer als berechtigt anzusehen sein.[54]

50 Diese behördliche Prüfung erfolgt unter Beteiligung des pharmazeutischen Unternehmers und kann durchaus langwierig sein. Pauschale Ablehnungen Dritter mit Verweis auf den Schutz von Betriebs- und Geschäftsgeheimnissen können folglich nicht stattgegeben werden, da für jedes einzelne Auskunftsersuchen auf Schutz von geistigem Eigentum und von Betriebs- und Geschäftsgeheimnisse aufgrund der o.g. Kriterien von der Behörde geprüft werden muss.

51 Der pharmazeutische Unternehmer ist als Dritter auch dann zu beteiligen, wenn die Behörde im Einzelfall der Ansicht ist, dass sein Geheimhaltungsinteresse das Informationsinteresse des Antragstellers nicht überwiegt. Denn möglicherweise ist die Interessenlage des Dritten der Behörde nicht umfassend bekannt, oder der Dritte ist sogar mit der Offenbarung der fraglichen Information einverstanden.[55]

52 Wie bereits oben (Rn 44) ausgeführt gelten Informationen zur pharmazeutischen Qualität (u.a. vollständige Zusammensetzung des Arzneimittels auch im Hinblick auf die quantitative Hilfsstoffzusammensetzung, Spezifikationen, Stabilitätsdaten etc.) als Betriebs- und

---

51 Vgl VG Berlin, Urt. v. 22.10.2008 – VG 2 A 60.08.
52 Vgl VG Düsseldorf, Urt. v. 9.7.2004 – 26 K 4163/03.
53 Vgl BVerwG, Beschl. v. 21.2.2008 – 20 F 2.07, zu § 99 VwGO.
54 Erster Tätigkeitsbericht zur Informationsfreiheit für die Jahre 2006 und 2007 des Bundesbeauftragten für den Datenschutz und die Informationsfreiheit.
55 Vgl VGH Hessen, Beschl. v. 21.10.2008 – 6B 1133/08.

Geschäftsgeheimnis und dürfen nicht ohne vorhergehende Prüfung heraus gegeben werden. Ebenso zählen Auskünfte zum Drug Master File, zum User-test oder zur Sunset-clause, aber auch zu gem. § 42 ff AMG angemeldeten klinischen Studien als Betriebs- und Geschäftsgeheimnis.

3. Informationsersuchen zu laufenden Verwaltungsverfahren

Informationsersuchen zu Zulassungsverfahren, die noch nicht beschieden sind, werden in der Regel abgelehnt. Neben dem Schutz von Betriebs- und Geschäftsgeheimnissen ist auch der **Schutz des behördlichen Entscheidungsprozesses** (vgl § 4 IFG) zu prüfen. Hier ist allerdings zu prüfen, ob der Erfolg der Entscheidung bzw Maßnahme durch den Informationszugang vereitelt würde.[56] Zu den geschützten Entscheidungsprozessen zählen auch die Vorbereitungen von Gesetzen in den Bundesministerien.

Bereits die Auskunft, dass ein Antrag auf Zulassung für ein Arzneimittel gestellt wurde, wird nicht erteilt. Auch Informationen zu erfolgten Beratungsgesprächen mit pharmazeutischen Unternehmern, die sich im Vorfeld zu einem Antrag auf Zulassung eines Arzneimittel von der Behörde beraten lassen, werden nicht mitgeteilt. Hier ist die Vertraulichkeit zwischen Behörde und Antragsteller wichtig.

4. Behördliche Fristen

§ 7 Abs. 5 IFG regelt die Bearbeitungsfrist der Behörde. Der Antrag ist **unverzüglich**, dh ohne schuldhaftes Verzögern zu bescheiden. Diese Regelung wird ergänzt durch eine Sollfrist von einem Monat, sofern keine Beteiligung Dritter erforderlich ist (vgl § 8 Abs. 1 und Abs. 2 S. 2). Diese Regelfrist ermöglicht Ausnahmen für atypische Fälle. Die Behörde muss diese jedoch begründen und dem Antragsteller innerhalb der Frist eine Zwischennachricht übersenden.

Die Erfahrung zeigt jedoch, dass in nicht wenigen Fällen ein wie vom Gesetz vorgesehen schneller Informationszugang nicht gewährleistet werden kann. Problematisch ist, dass das IFG weder für die Bescheidung von Widersprüchen gegen die Ablehnung eines Informationsanspruchs eine Frist vorsieht, noch für die Fälle, in denen der Bundesbeauftragte für den Datenschutz und die Informationsfreiheit nach § 12 Abs. 1 IFG beteiligt wird. Dieser kann eine zügige Bearbeitung durch die Behörde nicht erzwingen.[57]

Bei Fristüberschreitung kommt eine Untätigkeitsklage nach § 75 VwGO in Betracht.

5. Gebühren

Wie bereits oben ausgeführt ist der Informationszugang nach den Vorschriften des IFG in der Regel nicht kostenlos. Nach § 10 IFG werden für Amtshandlungen nach diesem Gesetz Gebühren und Auslagen erhoben, deren Berechnung sich nach der **Verordnung über die Gebühren und Auslagen nach dem Informationsfreiheitsgesetz** (IFGGebV) richtet (siehe Rn 16). Entscheidend ist in Anlehnung an § 7 Nr. 1 VwKostG der notwendige Verwaltungsaufwand und nicht der Umfang der Auskunft.

Allerdings sollen sie so bemessen werden, dass der Informationszugang in Anspruch genommen werden kann (§ 10 Abs. 2 IFG). So kann bereits der Hinweis auf mögliche Kosten verbunden mit der Frage, ob der Antragsteller die Anfrage aufrecht erhalten möchte, als Ver-

---

56 Vgl VG Berlin, Urt. v. 22.10.2008 – VG 2 A 114.07, hier wurden in Sitzungsprotokollen der STIKO Passagen geschwärzt, deren Kenntnis zukünftige Beratungen der STIKO mit hinreichender Wahrscheinlichkeit beeinträchtigen würde.
57 Erster Tätigkeitsbericht zur Informationsfreiheit für die Jahre 2006 und 2007 des Bundesbeauftragten für den Datenschutz und die Informationsfreiheit.

such empfunden werden, diesen von einem Informationswunsch abzuhalten. Jedoch ist es aus Sicht der Behörde nicht nur zulässig, sondern auch geboten, einen Antragsteller vorab auf eine zu erwartende Gebührenforderung hinzuweisen, insbesondere da in der Vergangenheit Informationen häufig kostenlos zur Verfügung gestellt worden sind.

57 Bei Auskunftsersuchen, bei denen die Behörde Unterlagen vorab durchsehen und aufbereiten muss, kann es durchaus zu Kosten von mehreren Hundert Euro kommen. Der Bundesbeauftragte für den Datenschutz und die Informationsfreiheit weist jedoch darauf hin, dass Gebühren nicht kostendeckend zu berechnen sind.[58] Dies wäre durch die Obergrenze von 500 € auch nicht immer möglich, da der Verwaltungsaufwand in einzelnen Fällen diese Grenze deutlich überschreiten kann. Auch ist darauf hinzuweisen, dass keine Kosten erhoben werden können, wenn die angeforderten Informationen der Behörde nicht vorliegen, auch wenn diese Tatsache erst nach aufwendiger Recherche festgestellt werden kann.

Im Jahr 2006 wurden bei allen Bundesbehörden lediglich in rund fünf Prozent der positiv beschiedenen Anträge auf Informationszugang Gebühren erhoben. In weiteren 50 Fällen lag die Gebühr unter 50 €.[59]

6. Unzumutbarer Aufwand

58 Wesentlicher Aspekt des Informationsfreiheitsgesetz ist, dass jedermann Zugang zu den der Behörde vorliegenden amtlichen Informationen verlangen kann. Eine Begründung des Informationsbegehrens ist nur dann zu fordern, wenn Daten Dritter iSv § 5 Abs. 1 und 2 oder § 6 IFG betroffen sind (vgl § 7 Abs. 1 IFG).

Ein Anspruch auf Informationszugang besteht auch ohne dass – wie zB von §29 Abs. 1 VwVfG für die Akteneinsicht bei Behörden gefordert – ein rechtliches oder berechtigtes Interesse geltend zu machen ist.

Allerdings ist darauf hinzuweisen, dass bei Vorliegen eines begründeten Interesses die Bearbeitung des Informationsersuchens sowohl bei der Behörde, als auch bei dem pharmazeutischen Unternehmer – soweit er beteiligt wird – erleichtert werden kann.

59 Es werden durchaus Anträge auf Informationszugang gestellt, die mit einem **erheblichen Verwaltungsaufwand** verbunden sind, der teilweise für die Behörde unzumutbar sein kann. In diesen Fällen kann das Informationsersuchen abgelehnt werden (vgl § 7 Abs. 2 IFG). Zum Schutz der Behörde steht die teilweise Stattgabe unter dem Vorbehalt, dass die Aussonderung der geheim zu haltenden Informationen keinen unverhältnismäßigen Verwaltungsaufwand erfordert.[60] Die Anforderungen an diese Schutzklausel dürfen im Interesse der grundsätzlichen Informationszugangsfreiheit nicht zu niedrig gestellt werden. Ein unverhältnismäßiger Verwaltungsaufwand besteht aber beispielsweise in Fällen, in denen die Behörde zur Beantwortung einer einzelnen Frage mehrere Aktenordner Seite für Seite durchblättern müsste.[61]

---

58 Erster Tätigkeitsbericht zur Informationsfreiheit für die Jahre 2006 und 2007 des Bundesbeauftragten für den Datenschutz und die Informationsfreiheit.
59 Bericht des Bundesinnenministeriums v. 15.1.2007, „Ein Jahr Informationsfreiheit des Bundes".
60 Vgl VG Frankfurt, Urt.v. 19.3.2008 – 7 E 4067/06.
61 Rossi, § 7 IFG, Rn 30.

B. Besondere Probleme im Bereich des Informationshandelns der Behörden

Bereits nach allgemeinen verwaltungsrechtlichen Grundsätzen des Rechtsmissbrauchs werden **querulatorische Anträge** weder entgegengenommen noch bearbeitet.[62] Es kann zu einer übermäßigen Belastung der Behörde und des ggf zu beteiligenden pharmazeutischen Unternehmers kommen, die im Interesse der Öffentlichkeit nicht notwendig ist.[63] Allerdings bleibt zurzeit unklar, wann ein Verwaltungsaufwand für die Behörde nicht mehr zumutbar ist.

---

62 BT-Drucks. 15/4493, 16.
63 Brock/Morbach, PharmR 2009, 108 ff.

§ 45 Arzneimittelstrafrecht

Literatur: *Achenbach/Ransiek* (Hrsg.), Handbuch Wirtschaftsstrafrecht (HWSt), 2. Auflage 2008; *Alexander*, Die strafrechtliche Verantwortlichkeit für die Wahrung der Verkehrssicherungspflichten in Unternehmen, 2005; *Besch*, Produkthaftung für fehlerhafte Arzneimittel, 2000; *Biermann*, Die Arzneimittelprüfung am Menschen, 1985; *Blasius et al.*, Arzneimittel und Recht in Deutschland, 1998; *Bock*, Produktkriminalität und Unterlassen, 1997; *Bosch*, Organisationsverschulden in Unternehmen, 2002; *Däbritz*, Die Bestimmung strafbaren fahrlässigen Verhaltens in der Forschung am Beispiel ärztlicher Humanerprobungen, 2004; *Dany*, Die Haftung des pharmazeutischen Unternehmers für Arzneimittelschäden durch „off label use", 2008; *Di Fabio*, Risikoentscheidungen im Rechtsstaat, 1994; *Eichinger*, Die strafrechtliche Produkthaftung im deutschen im Vergleich zum anglo-amerikanischen Recht, 1997; *Eidam*, Unternehmen und Strafe, 3. Auflage 2008; *Fischer*, Medizinische Versuche am Menschen, 1979; *Fischer*, Strafgesetzbuch und Nebengesetze, 56. Auflage 2009; *Frisch*, Das Fahrlässigkeitsdelikt und das Verhalten des Verletzten, 1973; *Frisch*, Tatbestandsmäßiges Verhalten und Zurechnung des Erfolgs, 1988; *Frisch*, Verwaltungsakzessorietät und Tatbestandsverständnis im Umweltstrafrecht, 1993; *Fuhrmann*, Sicherheitsentscheidungen im Arzneimittelrecht, 2005; *Glaeske/Greiser/Hart*, Arzneimittelsicherheit und Länderüberwachung, 1996; *Göben*, Das Mitverschulden des Patienten im Arzthaftungsrecht, 1998; *Göhler* (Begr.), Ordnungswidrigkeitengesetz, 15. Auflage 2009; *Greiff*, Notwendigkeit und Möglichkeiten einer Entkriminalisierung leicht fahrlässigen ärztlichen Handelns, 2005; *Gretenkordt*, Herstellen und Inverkehrbringen stofflich gesundheitsgefährlicher Verbrauchs- und Gebrauchsgüter, 1993; *Große Vorholt*, Behördliche Stellungnahmen in der strafrechtlichen Produkthaftung, 1997; *Hannes*, Der Vertrauensgrundsatz bei arbeitsteiligem Verhalten, 2002; *Hart*, Arzneimitteltherapie und ärztliche Verantwortung, 1990; *Hart/Hilken/Merkel/Woggan*, Das Recht des Arzneimittelmarktes, 1988; *Hassemer*, Produktverantwortung im modernen Strafrecht, 2. Auflage 1996; *Heitz*, Arzneimittelsicherheit zwischen Zulassungsrecht und Haftungsrecht, 2005; *Hellmann/Beckemper*, Wirtschaftsstrafrecht, 2. Auflage 2008; *Hilgendorf*, Strafrechtliche Produzentenhaftung in der „Risikogesellschaft", 1993; *Hillenkamp*, 32 Probleme aus dem Strafrecht Allgemeiner Teil, 12. Auflage 2006; *Höhfeld*, Strafrechtliche Produktverantwortung und Zivilrecht, 1999; *Jenke*, Haftung für fehlerhafte Arzneimittel und Medizinprodukte, 2004; *Joecks et al.* (Hrsg.), Münchener Kommentar zum Strafgesetzbuch, 2003 ff (zitiert: MüKo-StGB/*Bearbeiter*); *Jürgens*, Die Beschränkung der strafrechtlichen Haftung für ärztliche Behandlungsfehler, 2005; *Kamm*, Die fahrlässige Mittäterschaft, 1999; *Kaufmann*, Die Dogmatik der Unterlassungsdelikte, 2. Auflage 1988; *Kempe-Müller*, Der bestimmungsgemäße Gebrauch von Arzneimitteln gemäß § 84 Arzneimittelgesetz, 2008; *Kindhäuser et al.* (Hrsg.), Nomos Kommentar zum Strafgesetzbuch, 2. Auflage 2005 (zitiert: NK-StGB/*Bearbeiter*); *Knauer*, Die Kollegialentscheidung im Strafrecht, 2001; *Körner*, Betäubungsmittelgesetz, Arzneimittelgesetz, 6. Auflage 2007; *Koyuncu*, Das Haftungsdreieck Pharmaunternehmen – Arzt – Patient, 2004; *Kraatz*, Die fahrlässige Mittäterschaft, 2006; *Krekeler/Werner*, Unternehmer und Strafrecht, 2006; *Kreß*, Die Ethik-Kommission im System der Haftung bei der Planung und Durchführung von medizinischen Forschungsvorhaben am Menschen, 1990; *Krudop-Scholz*, Die ärztliche Aufklärung bei der Arzneibehandlung, 2005; *Kuhlen*, Fragen einer strafrechtlichen Produkthaftung, 1989; *Landry*, Inverkehrbringen und Herstellen gesundheitsschädlicher Gegenstände (§§ 324, 326 StGB, 3 und 11 LMG), 1966; *Laufhütte et al.* (Hrsg.), Leipziger Kommentar zum Strafgesetzbuch, 12. Auflage 2006 ff (zitiert: LK-StGB/*Bearbeiter*); *Lege*, Strafbarkeitsbegründende Rechtspflichten zur Abwendung von Schäden durch gefährliche Produkte, insbesondere zum Rückruf rechtsgutsgefährdender Produkte, 2000; *Marx*, Die behördliche Genehmigung im Strafrecht, 1993; *Mayer*, Strafrechtliche Produktverantwortung bei Arzneimittelschäden, 2008; *Müller-Gugenberger/Bieneck* (Hrsg.), Handbuch des Wirtschaftsstraf- und -ordnungswidrigkeitenrechts, 4. Auflage 2006; *Papier*, Der bestimmungsgemäße Gebrauch der Arzneimittel – die Verantwortung des pharmazeutischen Unternehmers, 1980; *Peter*, Arbeitsteilung im Krankenhaus aus strafrechtlicher Sicht, 1992; *Prittwitz*, Strafrecht und Risiko, 1993; *Puppe*, Die Erfolgszurechnung im Strafrecht, 2000; *Putz*, Strafrechtliche Produktverantwortlichkeit, insbesondere bei Arzneimitteln, 2004; *Räpple*, Das Verbot bedenklicher Arzneimittel, 1991; *Ransiek*, Unternehmensstrafrecht: Strafrecht, Verfassungsrecht, Regelungsalternativen, 1996; *Rudolphi et al.* (Hrsg.), Systematischer Kommentar zum Strafgesetzbuch (Losebl.), 7., tw. 8. Auflage (zitiert:

SK-StGB/*Bearbeiter*); *Rettenbeck*, Die Rückrufpflicht in der Produkthaftung, 1994; *Röckrath*, Kausalität, Wahrscheinlichkeit und Haftung, 2004; *Ronzani*, Erfolg und individuelle Zurechnung im Umweltstrafrecht, 1992; *Sangenstedt*, Garantenstellung und Garantenpflicht von Amtsträgern, 1989; *Schaal*, Strafrechtliche Verantwortlichkeit bei Gremienentscheidungen in Unternehmen, 2001; *Scheu*, In Dubio Pro Securitate: Contergan, Hepatitis-/ AIDS-Blutprodukte, Spongiformer Humaner Wahn und kein Ende?, 2003; *Schmidt-Salzer*, Produkthaftung, Band I, Strafrecht, 2. Auflage 1988; *Schmucker*, Die „Dogmatik" einer strafrechtlichen Produktverantwortung, 2001; *Schönke/Schröder* (Begr.), Strafgesetzbuch, 27. Auflage 2006; *Schürer-Mohr*, Erlaubte Risiken: Grundfragen des „erlaubten Risikos" im Bereich der Fahrlässigkeitsdogmatik, 1998; *Schwartz*, Strafrechtliche Produkthaftung, 1999; *Siebert*, Strafrechtliche Grenzen ärztlicher Therapiefreiheit, 1982; *Spitz*, Strafrechtliche Produkthaftung – Übertragbarkeit zivilrechtlicher Betrachtungsweisen?, 2001; *Stock*, Der Probandenschutz bei der medizinischen Forschung am Menschen, 1998; *Tag*, Der Körperverletzungstatbestand im Spannungsfeld zwischen Patientenautonomie und Lex artis, 2000; *Terbille* (Hrsg.), Münchener Anwaltshandbuch Medizinrecht, 2009; *Ulsenheimer*, Arztstrafrecht in der Praxis, 4. Auflage 2008; *Unger*, Kausalität und Kausalitätsbeweis produktverursachter Gesundheitsschädigungen, 2001; *von der Sanden*, Haftung medizinischer Ethik-Kommissionen bei klinischer Arzneimittelprüfung, 2008; *Wabnitz/Janovsky* (Hrsg.), Handbuch des Wirtschafts- und Steuerstrafrechts, 3. Auflage 2007; *Wagner*, Arzneimittel-Delinquenz, 1984; *Weber*, Off-label use, 2009; *Weiß*, Die rechtliche Gewährleistung der Produktsicherheit, 2008; *Weißer*, Kausalitäts- und Täterschaftsprobleme bei der strafrechtlichen Würdigung pflichtwidriger Kollegialentscheidungen, 1996; *Wilhelm*, Verantwortung und Vertrauen bei Arbeitsteilung in der Medizin, 1984; *Winkelbauer*, Zur Verwaltungsakzessorietät des Umweltstrafrechts, 1985; *Wolz*, Bedenkliche Arzneimittel als Rechtsbegriff: der Begriff der bedenklichen Arzneimittel und das Verbot ihres Inverkehrbringens in den §§ 95 I Nr. 1 iVm § 5 AMG, 1988; *Zaczyk*, Strafrechtliches Unrecht und die Selbstverantwortung des Verletzten, 1993.

A. Einführung 1	a) Generelle Kausalität 49
B. Sanktionsrechtliches Normengefüge 4	b) Konkrete Kausalität 50
I. Normen des AMG 5	2. Normative Zurechnung 53
1. § 95 Abs. 1 Nr. 1 AMG 11	a) Erlaubtes Risiko 54
2. § 95 Abs. 3 AMG 19	b) Behördliche Genehmigungen 56
3. §§ 95 ff AMG im Übrigen 23	II. Verhaltenszurechnung 58
II. Normen des StGB 24	1. Kausalität 59
1. § 314 StGB 25	2. Normative Zurechnung 60
2. §§ 211 ff, 223 ff StGB 30	a) Eigenverantwortlichkeitsprinzip ... 61
C. Straftatbestandliches Verhalten 35	b) Vertrauensgrundsatz 63
I. Abgrenzung von positivem Tun und Unterlassen 36	3. Arbeitsteilung 65
II. Tun und Unterlassen im Umgang mit Arzneimitteln 37	E. Subjektive Vorwerfbarkeit 71
III. Garantenstellung der am Arzneimittelverkehr Beteiligten 38	F. Haftung für Arzneimittelschäden 74
1. Pharmazeutischer Unternehmer 39	I. Allgemeine Nebenwirkungsschäden 75
2. Arzneimittelgroßhändler und Apotheker 41	II. Schäden durch fehlerhafte Arzneimittelanwendung 79
3. Arzt 42	III. Therapie- und indikationsfehlerbedingte Schäden 81
4. BfArM, PEI, Landesbehörden und Ethik-Kommission 43	IV. Schäden durch bedenkliche Arzneimittel 85
D. Objektive Zurechnung 44	V. Schäden durch mangelhafte Arzneimittel 89
I. Erfolgszurechnung 47	VI. Schäden im Rahmen der klinischen Prüfung 90
1. Kausalität 48	

A. Einführung

Primäres Ziel der arzneimittelgesetzlichen Regelungen ist ausweislich § 1 AMG die Gewährleistung eines Höchstmaßes an Arzneimittelsicherheit. Diesem Zweck dienen auch die vom Gesetzgeber in den **§§ 95 ff AMG** geschaffenen, Zuwiderhandlungen gegen die im AMG statuierten Ge- und Verbote mit Strafe bzw Geldbuße sanktionierenden Straf- und Buß-

1

geldtatbestände, welche den arzneimittelgesetzlichen Vorgaben zusätzliches Gewicht verleihen und ihnen zu größtmöglicher Durchsetzung verhelfen sollen. Erweist sich die Anwendung eines Arzneimittels als gesundheitsschädlich, oder treten gar arzneimittelbedingte Gesundheitsbeeinträchtigungen auf, so kann dies darüber hinaus neben zivilrechtlichen Schadensersatzansprüchen auch eine Strafbarkeit nach den erhebliche Strafandrohungen enthaltenden Sanktionsnormen des Strafgesetzbuches (StGB), namentlich §§ 211 ff, 223 ff, 314 StGB, nach sich ziehen.

2   Vor dem Hintergrund, dass die **Vermeidung von Arzneimittelschäden letztlich eine Gemeinschaftsaufgabe aller am Arzneimittelverkehr Beteiligten** – vom pharmazeutischen Unternehmer über die Gesundheitsbehörden des Bundes und der Länder, die an Arzneimittelprüfungen beteiligten Ethik-Kommissionen, Arzneimittelgroßhändler, Apotheker und Ärzte bis hin zum Patienten – ist, stellt sich stets die Frage, wer im Einzelfall hierfür konkret verantwortlich zeichnet. Aufgabe des Strafrechts als **individuelles Verhaltensunrecht** sanktionierender, auf persönlicher Vorwerfbarkeit und Schuld beruhender Rechtsordnung ist es sodann, unter den vielen als potenzielle Straftäter in Betracht kommenden Personen den oder die Verantwortlichen zu ermitteln. Anders als das Zivilrecht kann sich das Strafrecht nicht damit begnügen, die Verantwortung pauschal einer Behörde, einem Unternehmen oder einer sonstigen, als eigenständigem Rechtssubjekt am Arzneimittelverkehr teilnehmenden juristischen Person zuzuweisen, sondern ist gehalten, in einem weiteren Schritt den innerhalb der jeweiligen Personenmehrheit für die Vermeidung von Rechtsverstößen der betreffenden Art Verantwortlichen zu identifizieren.

3   Wenngleich zur Vermeidung einer defensiven, von Resignation, Verantwortungsscheu und sinkendem Mut, fehlender Risikobereitschaft und weitläufigen Haftungsfreizeichnungsklauseln geprägten sowie den wissenschaftlichen Fortschritt hemmenden Medizin mitunter eine **Entkriminalisierung** des Medizinsektors gefordert wird,[1] erscheint angesichts des hohen verfassungsrechtlichen Rangs der Rechtsgüter Leben und Gesundheit, der Entwicklung immer tiefer in den menschlichen Organismus eingreifender Pharmaka sowie einer zunehmenden, das Wohl des Patienten als oberstes Gebot mitunter aus den Augen verlierenden Ökonomisierung der Medizin ein völliger Rückzug des Strafrechts aus diesem Bereich wenig sachgerecht.[2]

B. Sanktionsrechtliches Normengefüge

4   Aufgrund ihrer unterschiedlichen Konzeption und Schutzrichtung finden die das Arzneimittelstrafrecht bildenden Vorschriften der §§ 95 ff AMG und §§ 211 ff, 223 ff, 314 StGB grundsätzlich nebeneinander Anwendung.[3] Während die Tötungs- und Körperverletzungstatbestände des StGB dem Schutz des Einzelnen dienen und als **Erfolgsdelikte** die (versuchte) Herbeiführung konkreter Rechtsgutsverletzungen voraussetzen und sanktionieren, greifen die Tatbestände des AMG als **abstrakte Gefährdungsdelikte** bereits im Vorfeld eines noch nicht konkret eingetretenen Verletzungserfolgs ein und ahnden zum Schutz der Allgemeinheit vor arzneimittelbedingten Gesundheitsgefahren bereits den bloßen Verstoß gegen die im AMG zur Vermeidung von Arzneimittelschäden statuierten Ge- und Verbote.[4] Dabei regeln die Ge- und Verbotstatbestände des AMG lediglich den Verkehr mit Arzneimitteln, treffen mithin keine Aussage über die Zulässigkeit der Arzneimittelanwendung im konkre-

---

1 Vgl Greiff, 2005, S. 37 ff; Jürgens, 2005, S. 123; Siebert, MedR 1983, S. 216; Ulsenheimer, 2008, Rn 1 c, 6; Wilhelm, 1984, S. 55 f.
2 Im Ergebnis ebenso: Eser, ZStW 97 (1985), S. 46; Scheu, 2003, S. 85.
3 Vgl Deutsch/Lippert/*Tag*, AMG, §§ 95/96 Rn 3; Kloesel/Cyran, Arzneimittelrecht, § 95 AMG Erl. 13.
4 Vgl Kuhlen in: Achenbach/Ransiek, 2008, II Rn 17; Wagner, 1984, S. 103, 223.

ten Einzelfall.[5] Nach zutreffender Ansicht[6] wird auch § 314 StGB, obwohl wie die §§ 95 ff AMG als abstraktes Gefährdungsdelikt ausgestaltet,[7] nicht von § 95 Abs. 1 Nr. 1 AMG als Spezialvorschrift verdrängt. Denn indem § 95 Abs. 1 Nr. 1 AMG den begründeten Verdacht schädlicher Wirkungen genügen lässt, § 314 StGB aber eine erwiesene Gesundheitsschädlichkeit voraussetzt, stellt § 314 StGB gerade nicht die allgemeinere Vorschrift dar.

I. Normen des AMG

Den §§ 95 bis 97 AMG ist gemein, dass sie entsprechend ihrer Zielsetzung als **Blanketttatbestände** ausgestaltet sind, welche keine eigenständigen Tatbestandsmerkmale formulieren, sondern schlicht auf die arzneimittelgesetzlichen Ge- und Verbotstatbestände Bezug nehmen und Zuwiderhandlungen gegen diese als strafwürdiges Unrecht qualifizieren. Diese Verweisungstechnik konfligiert in zweierlei Hinsicht mit dem gesetzlichen Bestimmtheitsgebot des **Art. 103 Abs. 2 GG** iVm **§§ 1 StGB, 3 OWiG** und sieht sich daher im Schrifttum teils erheblicher Kritik ausgesetzt.[8] Zum einen wird die Erkennbarkeit der strafbaren Verhaltensweise und damit Bestimmtheit der Tatbestände in Frage gestellt, da diese nicht aus sich heraus, sondern nur in Verbindung mit den an anderer Stelle statuierten Ge- und Verbotsnormen verständlich seien.[9] Zum anderen wird die Wahrung des strengen Gesetzesvorbehalts, dem jede strafrechtliche Ahndung unterliegt, in Zweifel gezogen, wenn, wie etwa in § 95 Abs. 1 Nr. 2 AMG bzw § 96 Nr. 1 AMG, auf den Verstoß gegen eine Rechtsverordnung und damit einen Akt der Exekutive abgestellt wird.[10] Letztlich greifen diese Bedenken jedoch nicht durch. Die Binnenverweisung auf konkrete, in demselben Fachgesetz geregelte Verhaltensanforderungen wird dem **Bestimmtheitsgebot** im Ergebnis weit mehr gerecht als eine gesonderte abstrakt-generelle Umschreibung derselben in eigenständigen Straftatbeständen.[11] Und dem **Gesetzlichkeitsprinzip**, verstanden als Letztverantwortung des Gesetzgebers für die Bestimmung strafbaren Verhaltens, wird hinreichend dadurch Rechnung getragen, dass der Gesetzgeber gemäß Art. 80 GG gehalten ist, in der zum Erlass der Rechtsverordnung ermächtigenden Vorschrift deren Inhalt, Zweck und Ausmaß abstrakt vorzugeben.[12]

Die §§ 95 ff AMG weisen unterschiedliche Sanktionsrahmen auf. Während die in den §§ 95, 96 AMG aufgeführten Verstöße **Straftaten** darstellen, die mit Freiheitsstrafe bis zu einem Jahr oder Geldstrafe (§ 96 AMG) bzw Freiheitsstrafe bis zu drei Jahren oder Geldstrafe, in besonders schweren Fällen gar mit Freiheitsstrafe von einem Jahr bis zu zehn Jahren (§ 95 AMG) bedroht sind, handelt es sich bei den von § 97 AMG erfassten Verhaltensweisen um bloße **Ordnungswidrigkeiten**, die mit einer Geldbuße von bis zu 25.000 € bzw wegen § 17 Abs. 2 OWiG von bis zu 12.500 € im Fall der fahrlässig begangenen Ordnungswidrigkeit nach § 97 Abs. 2 AMG geahndet werden können. Diese **Abstufung der Sanktionsdrohungen** beruht auf einer Differenzierung sowohl nach dem objektiven Gefährdungspotenzial der jeweiligen Verfehlungen als auch nach der subjektiven Willensrichtung des

---

5 Folglich verbietet das AMG weder einen ärztlich vollzogenen Off-Label-Use bzw Compassionate Use noch die Abgabe eines Präparates zwecks Off-Label- bzw Compassionate Use durch den Arzt bzw auf dessen Verordnung im Rahmen der Einzelfallbehandlung. Ebenso: OLG Köln ArztR 1991, 294 – Aciclovir; Ehlers/Bitter, PharmR 2003, 77; Göben, PharmR 2009, S. 89. Dagegen im Fall der Off-Label-Use eine Strafbarkeit gem. § 96 Nr. 5 AMG bejahend: Freund, PharmR 2004, 292; Weber, 2009, S. 105.
6 NK-StGB/*Herzog*, § 314 Rn 14; Räpple, 1991, S. 39; Sander, Arzneimittelrecht, § 95 AMG Erl. 8; Fischer, StGB, § 314 Rn 15; aA SK-StGB/*Wolters/Horn*, § 314 Rn 28.
7 Fischer, StGB, § 314 Rn 1; Gretenkordt, 1993, S. 1; Horn, NJW 1986, 153; Landry, 1966, S. 22; LK-StGB/*Wolff*, § 314 Rn 1; NK-StGB/*Herzog*, § 314 Rn 2.
8 Vgl MüKo-StGB/*Freund*, Vor §§ 95 ff AMG Rn 45 ff mwN.
9 So Deutsch/Lippert/*Tag*, §§ 95/96 Rn 4.
10 So MüKo-StGB/*Freund*, Vor §§ 95 ff AMG Rn 48 ff mwN.
11 So auch Kühne, NJW 1997, 1954; vgl auch BVerfGE 87, 399 ff.
12 Im Erg. ebenso: MüKo-StGB/*Schmitz*, Vor §§ 324 ff Rn 40; vgl auch BVerfGE 75, 329 ff.

Zuwiderhandelnden. So stellt § 95 AMG diejenigen arzneimittelgesetzlichen Zuwiderhandlungen unter Strafe, denen ein besonders hohes Gesundheitsrisiko innewohnt, während die §§ 96 f AMG Verhaltensweisen mit geringerem Risikopotenzial erfassen. Zudem setzen die erheblichen Strafdrohungen des § 95 Abs. 1 und 3 AMG sowie § 96 AMG gemäß § 15 StGB ein vorsätzliches Handeln voraus, wohingegen die Verhängung einer minderen Strafe nach § 95 Abs. 4 oder eines Bußgeldes nach § 97 AMG auch bei fahrlässigem Verhalten in Betracht kommt.[13]

7 Die Verwirklichung eines Straf- oder Bußgeldtatbestandes nach den §§ 95 ff AMG kann neben der Ahndung der den arzneimittelgesetzlichen Vorgaben zuwider handelnden Person gemäß § 30 OWiG auch die Festsetzung einer **Verbandsgeldbuße** gegen eine juristische Person oder Personenvereinigung nach sich ziehen, sofern in der Zuwiderhandlung zugleich eine Verletzung von die juristische Person bzw Personenvereinigung treffenden Pflichten liegt und der oder die Zuwiderhandelnde eine herausgehobene Stellung in dieser juristischen Person oder Personenvereinigung bekleidet. Indes stellt § 30 OWiG weder eine eigenständige Sanktionsnorm noch eine Ausnahme vom Strafbarkeitserfordernis eines vorwerfbaren individuellen Fehlverhaltens dar, knüpft die Festsetzung der Verbandsgeldbuße doch an die rechtswidrige und schuldhafte Verwirklichung eines Straf- oder Bußgeldtatbestandes durch eine natürliche Person an.[14]

8 Gemäß **§ 95 Abs. 2 AMG** ist darüber hinaus bereits der bloße **Versuch** einer Zuwiderhandlung im Sinne des § 95 Abs. 1 AMG (gegebenenfalls iVm § 95 Abs. 3 AMG) mit Strafe bedroht, die jedoch gemäß §§ 23 Abs. 2, 49 Abs. 1 StGB im Einzelfall milder ausfallen kann als bei Vollendung der Tat. Hinsichtlich der übrigen Tatbestände der §§ 95 ff AMG scheidet eine Versuchsstrafbarkeit wegen §§ 23 Abs. 1, 12 Abs. 1 und 2 StGB, 13 Abs. 2 OWiG aus. Eine Strafbarkeit wegen Versuchs iSd §§ 22, 23 StGB setzt subjektiv Vorsatz im Sinne eines Entschlusses zur Tatbegehung und objektiv ein unmittelbares Ansetzen zur Tatbegehung durch eine Handlung voraus, welche das geschützte Rechtsgut nach der Vorstellung des Handelnden bereits in eine konkrete Gefahr bringt, da sie ohne wesentliche Zwischenschritte unmittelbar in die Verwirklichung des Tatbestandes einmünden soll.[15] Bedenkt man indes, dass die abstrakten Gefährdungstatbestände des § 95 Abs. 1 AMG bereits mit Vornahme der gefahrträchtigen Handlung als solcher vollendet sind, ohne dass es des Eintritts einer Gesundheitsbeeinträchtigung bedarf, so zeigt sich, dass für eine Versuchsstrafbarkeit im engeren Sinn wenig Raum bleibt und die nochmalige Vorverlagerung der Strafbarkeit auf den bloßen Versuch der Vornahme einer potenziell gesundheitsschädlichen Handlung durch § 95 Abs. 2 AMG zu einer erheblichen **Vorfeldkriminalisierung** führt.[16]

9 Bei Begehung einer Straftat nach §§ 95, 96 AMG droht zudem gemäß **§ 70 StGB** die **Anordnung eines Berufsverbotes**, sofern die Tat unter Missbrauch des ausgeübten Berufes oder Gewerbes oder unter grober Verletzung der damit verbundenen Pflicht verwirklicht worden ist und eine Gesamtwürdigung von Tat und Täter bei fortgesetzter Berufs- bzw Gewerbeausübung die Begehung weiterer Straftaten befürchten lässt.

10 Straftaten nach § 95 Abs. 1-3 AMG **verjähren** gemäß § 78 Abs. 3 Nr. 4 StGB nach fünf Jahren, solche nach § 95 Abs. 4 AMG und § 96 AMG gemäß § 78 Abs. 3 Nr. 5 StGB nach drei Jahren. Die Ordnungswidrigkeit nach § 97 Abs. 1 AMG verjährt ebenso wie die vorsätzlich begangene Ordnungswidrigkeit nach § 97 Abs. 2 AMG gemäß § 31 Abs. 2 Nr. 1 OWiG

---

13 Zur Abgrenzung von Vorsatz und Fahrlässigkeit siehe Rn 72.
14 OLG Hamm wistra 2000, 393, 394; Göhler/*Gürtler*, OWiG, § 30 Rn 15.
15 So die stRspr, vgl die Nachw. bei Fischer, StGB, § 22 Rn 10. Ebenso: Deutsch/Lippert/*Tag*, AMG, § 95/96 Rn 20; LK-StGB/*Hillenkamp* § 22 Rn 85.
16 So auch MüKo-StGB/*Freund*, § 95 AMG Rn 21. Dies gilt insb. angesichts der extensiven Definition des Inverkehrbringens gem. § 4 Abs. 17 AMG, welches bereits das Vorrätighalten zur Abgabe umfasst.

nach drei Jahren, die fahrlässig begangene Ordnungswidrigkeit nach § 97 Abs. 2 AMG gemäß § 31 Abs. 2 Nr. 2 OWiG bereits nach zwei Jahren.

1. § 95 Abs. 1 Nr. 1 AMG

§ 95 Abs. 1 Nr. 1 AMG, der das Inverkehrbringen bedenklicher Arzneimittel unter Strafe stellt, bildet durch den Verweis auf die zentrale Vorschrift des § 5 AMG gewissermaßen den **Grundtatbestand** aller Straf- und Bußgeldtatbestände der §§ 95 ff AMG. Denn die Vermeidung potenzieller Arzneimittelschäden durch Abgabe inadäquater Medikamente ist gemeinsames Motiv aller Sanktionstatbestände, welches in den einzelnen Absätzen und Ziffern der §§ 95 ff AMG lediglich für die verschiedenen Phasen des Arzneimittelverkehrs näher konkretisiert wird.[17]

Grund und Grenzen der Strafbarkeit gemäß § 95 Abs. 1 Nr. 1 AMG ergeben sich aus § 5 **AMG**, der das Inverkehrbringen solcher Arzneimittel verbietet, bei denen nach dem jeweiligen Stand der wissenschaftlichen Erkenntnisse der begründete Verdacht besteht, dass sie bei bestimmungsgemäßem Gebrauch schädliche Wirkungen haben, die über ein nach den Erkenntnissen der medizinischen Wissenschaft vertretbares Maß hinausgehen.

Inverkehrbringen im Sinne der Norm beinhaltet gemäß § 4 Abs. 17 AMG nicht nur jedwede Abgabe an andere, sondern bereits das darauf abzielende Vorrätighalten, Feilhalten oder Feilbieten. Nicht erfasst ist hingegen die Herstellung eines Arzneimittels als solche sowie die unmittelbare Anwendung des Arzneimittels namentlich durch den Arzt.[18]

Unter **schädlichen Wirkungen** sind all diejenigen messbar, fühlbar oder sonst eindeutig erkennbar durch ein Arzneimittel unmittelbar oder mittelbar ausgelösten physischen oder psychischen Reaktionen des menschlichen Körpers zu verstehen, welche die Gesundheit nachteilig beeinflussen und insofern Krankheitswert besitzen, sei es unverzüglich oder auch erst in Form von Spätschäden.[19] Hierzu zählen namentlich Neben- und Wechselwirkungen eines Medikaments iSd § 4 Abs. 13 AMG, ohne dass es einer gewissen Erheblichkeit der Gesundheitsbeeinträchtigung bedarf.[20]

Durch die Berücksichtigung nur derjenigen schädlichen Wirkungen, die bei bestimmungsgemäßem Gebrauch des Arzneimittels auftreten, wird die Verantwortung des pharmazeutischen Unternehmers für auftretende Arzneimittelschäden in Anbetracht der Tatsache, dass die missbräuchliche Anwendung eines Arzneimittels regelmäßig Gesundheitsbeeinträchtigungen nach sich zieht, sachgerecht begrenzt und zugleich eine erste typisierende Abgrenzung der Risiko- und Verantwortungssphären von pharmazeutischem Unternehmer einerseits und Arzneimittelanwender andererseits vorgenommen. Der **bestimmungsgemäße Gebrauch** umfasst indes nicht nur den empfohlenen Gebrauch, wie er sich der Verpackung, dem Beipackzettel, der Fachinformation oder der Werbung entnehmen lässt, sondern nach zutreffender Ansicht auch einen konkret vorhersehbaren nahe liegenden Fehlgebrauch sowie eine medizinwissenschaftlich anerkannte und in der medizinischen Praxis weit verbreitete abweichende bzw Off-Label-Anwendung des betreffenden Präparates.[21]

Als Reaktion auf die im Contergan-Strafverfahren zu Tage getretenen Schwierigkeiten verlangt § 5 AMG anders als die Vorgängerregelung des § 6 AMG 1961 keine erwiesene

---

17 Mayer, 2008, S. 104.
18 Vgl Heitz, 2005, S. 315 f; Räpple, 1991, S. 58; Rosenau, RPG 2002, 95.
19 Hansen-Dix, PharmR 1989, 9; Räpple, 1991, S. 42; Wagner, 1984, S. 75.
20 Hart/Hilken/Merkel/Woggan, 1988, S. 84; Kloesel/Cyran, Arzneimittelrecht, § 5 Erl. 16; Räpple, 1991, S. 48, 56 f; aA OVG Berlin PharmR 1988, 57, 58; 1988, 66; 1989, 160, 161 f.
21 Franken, A&R 2006, 156; Koenig/Müller, MedR 2008, 195 f; MüKo-StGB/*Freund*, § 5 AMG Rn 8 f; Papier, 1980, S. 12; Sander, Arzneimittelrecht, § 5 AMG Erl. 5; aA Dany, 2008, S. 91; Kempe-Müller, 2008, S. 53, 160; Krüger, PharmR 2004, 55. Siehe auch die Nachweise bei Mayer, 2008, S. 106 ff, sowie Rn 82.

Schädlichkeit des Arzneimittels, sondern lässt unter Verzicht auf einen naturwissenschaftlich nachweisbaren Kausalzusammenhang zwischen Arzneimittelkonsum und Gesundheitsbeeinträchtigung den **begründeten Verdacht** einer Schadenseignung des Präparates genügen. Ein solcher ist gegeben, wenn ernst zu nehmende Erkenntnisse oder Erfahrungen auf eine gewisse Schädigungswahrscheinlichkeit hindeuten.[22] Genügt ein nach oberflächlicher Prüfung aufkommender, auf bloßen Vermutungen beruhender vager Verdacht somit nicht, so bedarf es andererseits aber auch keiner (medizin-)wissenschaftlich anerkannten Erkenntnisse.[23] Der Verdacht hat zwar nach dem insoweit eindeutigen Wortlaut des § 5 AMG den **Erkenntnissen der medizinischen Wissenschaft** Rechnung tragen, darf diesen mithin nicht widersprechen, muss seinerseits jedoch nicht selbst wissenschaftlich verifiziert sein, liefe dies doch im Ergebnis auf einen Nachweis der Schadenseignung hinaus, den § 5 AMG gerade nicht mehr verlangt.

17 Zentrales Kriterium der Bedenklichkeit iSd § 5 AMG ist die **Unvertretbarkeit** der schädlichen Wirkungen, welche im Wege einer **Nutzen-Risiko-Abwägung** in Form der Gegenüberstellung und anschließenden normativen Abwägung von therapeutischem Nutzen und Schadensrisiko eines Arzneimittels zu beurteilen ist.[24] Dabei bestimmt sich der therapeutische Nutzen eines Präparates neben seiner therapeutischen Breite, der Einfachheit seiner Anwendung und seiner Haltbarkeit insbesondere nach der Schwere der Erkrankung sowie Grad und Wahrscheinlichkeit der zu bewirkenden Verbesserung des Gesundheitszustandes.[25] Entsprechend lässt sich auch das Risiko eines Arzneimittels als Produkt aus Schadensgröße (Art, Intensität, Dauer der Gesundheitsbeeinträchtigung) und Schadenswahrscheinlichkeit definieren.[26] Die Abwägung wiederum hat abstrakt und vom Einzelfall losgelöst zu erfolgen. Maßstab ist nicht das individuelle Nutzen- und Risikopotenzial für einen bestimmten Patienten, entscheidend sind vielmehr Nutzen und Risiko für die Allgemeinheit als potenzieller Patientenschaft.[27]

18 Unter Zugrundelegung dessen lassen sich zwei Bedenklichkeitsschwellen unterscheiden: die absolute und die relative Bedenklichkeit.[28] **Absolut bedenklich** ist ein Arzneimittel, dessen Nutzen-Risiko-Bilanz für sich genommen bereits negativ ist, weil die Gesundheitsrisiken den therapeutischen Nutzen übersteigen. **Relativ bedenklich** ist ein Arzneimittel, dessen Nutzen-Risiko-Bilanz zwar an sich positiv ist, jedoch hinter derjenigen eines Alternativpräparates zurückbleibt.

2. § 95 Abs. 3 AMG

19 § 95 Abs. 3 AMG sieht in besonders schweren Fällen ein erhöhtes Strafmaß vor und zählt beispielhaft vier Lebenssachverhalte auf, in denen regelmäßig ein solcher besonders schwerer Fall vorliegt (sog. **Regelbeispielstechnik**). Während einerseits dem beispielhaften Charakter der Aufzählung zu entnehmen ist, dass neben den geschriebenen auch ungeschriebene besonders schwere Fälle denkbar sind, ist andererseits bei Vorliegen eines der genannten Lebenssachverhalte angesichts der Formulierung „in der Regel" stets zu prüfen, ob im konkreten Einzelfall der zu beurteilende Sachverhalt auch tatsächlich dergestalt vom typischen Durchschnittsgeschehen abweicht, dass eine den Regelstrafrahmen überschreitende Sank-

---

22 Hart, 1990, S. 54; Räpple, 1991, S. 77 f.
23 Mayer, 2008, S. 109; aA di Fabio, 1994, S. 177, 258; Körner, BtMG, Vorbem AMG Rn 97.
24 Di Fabio, 1994, S. 176 ff; Samson/Wolz, MedR 1988, 71. Vertiefend: Mayer, 2008, S. 191 ff mwN.
25 Jenke, 2004, S. 53; Kloesel/Cyran, Arzneimittelrecht, § 5 AMG Erl. 32; Wolz, 1988, S. 79 ff.
26 Besch, 2000, S. 56; di Fabio, 1994, S. 178 ff; Räpple, 1991, S. 108 f.
27 Mayer, 2008, S. 194; Sieger, VersR 1989, 1015.
28 Siehe hierzu Fuhrmann, 2005, S. 235 ff; Glaeske/Greiser/Hart, 1996, S. 155; Jenke, 2004, S. 54 f; Räpple, 1991, S. 111 f.

tion geboten ist. Erforderlich ist mithin stets eine umfassende Gesamtwürdigung aller objektiven und subjektiven Tatumstände.[29]

Die Gefährdung der Gesundheit einer großen Zahl von Menschen iSd **Nr. 1** erfordert weder eine Realisierung der geschaffenen Gefahr in konkreten Gesundheitsbeeinträchtigungen noch eine gewisse Erheblichkeit der möglichen Arzneimittelschäden. Zur Bejahung des Regelbeispiels reicht es daher bereits aus, wenn das Arzneimittel dergestalt zu den Ausgabestellen gelangt ist, dass es den Endverbrauchern in großer Zahl zur Verfügung steht und infolge dessen arzneimittelbedingte Gesundheitsschäden ernsthaft zu befürchten sind.[30] Angesichts dieser vergleichsweise geringen Voraussetzungen sind zur Rechtfertigung des erhöhten Strafrahmens an die geforderte große Zahl von Menschen strenge Maßstäbe anzulegen. Richtigerweise wird man eine solche erst ab einer dreistelligen Personenzahl annehmen können.[31] **20**

Im Gegensatz dazu lässt die **Nr. 2** die Gefährdung einer Einzelperson genügen, verlangt dafür aber, dass die geschaffene Gefahr den Grad einer konkreten Todesgefahr bzw einer schwere Schädigungen von Körper oder Gesundheit konkret befürchten lassenden Gefahr erreicht. Schwer ist eine Schädigung, die mit einer langwierigen ernsten Krankheit, einer langfristigen erheblichen Beeinträchtigung der Arbeitsunfähigkeit oder vergleichbar gewichtigen Auswirkungen einhergeht, ohne dass es des Eintritts einer schweren Folge iSd § 226 StGB bedarf.[32] **21**

Aus grobem Eigennutz iSd **Nr. 3** handelt, wer sich in besonders anstößiger, das normale kaufmännische Maß übersteigender Art und Weise vom Streben nach einem – zumindest mittelbar – eigenen materiellen, dh geldwerten Vorteil leiten lässt.[33] Ein Vermögensvorteil großen Ausmaßes ist regelmäßig erst ab einem Wert von 50.000 EUR gegeben.[34] **22**

Das in **Nr. 4** enthaltene Regelbeispiel schließlich trägt der besonderen Schutzwürdigkeit von Minderjährigen im Zusammenhang mit der Verabreichung von Dopingmitteln Rechnung, sind diese doch meist nicht in der Lage, die mit der Einnahme derartiger Präparate verbundenen Gefahren für die eigene Gesundheit zu erkennen.

3. §§ 95 ff AMG im Übrigen

Hinsichtlich der weiteren, sich in der Sanktionierung spezifischer Verstöße gegen bestimmte AMG-Vorschriften erschöpfenden Tatbestände der §§ 95 ff AMG wird zur Vermeidung von Wiederholungen auf die bereits an anderer Stelle in diesem Handbuch erfolgten Ausführungen zu den betreffenden AMG-Vorschriften sowie ergänzend auf die einschlägige Kommentarliteratur[35] verwiesen. **23**

---

29 Kloesel/Cyran, Arzneimittelrecht, § 95 AMG Erl. 9. Siehe auch Körner, BtMG, § 95 AMG Rn 192 ff mit Beispielen für ungeschriebene besonders schwere Fälle. Vertiefend zur Regelbeispielstechnik im Allgemeinen sowie zur Strafbarkeit des Versuchs eines Regelbeispiels: Fischer, StGB, § 46 Rn 88 ff mwN.
30 Deutsch/Lippert/*Tag*, AMG, §§ 95/96 Rn 36; Kloesel/Cyran, Arzneimittelrecht, § 95 AMG Erl. 10; Körner, BtMG, § 95 AMG Rn 199.
31 Körner, BtMG, § 95 AMG Rn 199; aA Deutsch/Lippert/*Tag*, AMG, §§ 95/96 Rn 36.
32 So wohl auch Deutsch/Lippert/*Tag*, §§ 95/96 Rn 37; enger hingegen Kloesel/Cyran, Arzneimittelrecht, § 95 AMG Erl. 10.
33 Vgl BGH wistra 1991, 106; 1995, 222; Deutsch/Lippert/*Tag*, §§ 95/96 Rn 38; Fischer, StGB, § 264 Rn 46; § 266a Rn 27; Körner, BtMG, § 95 Rn 203; jeweils mwN.
34 BGHSt 48, 360; NStZ-RR 2002, 50; Deutsch/Lippert/*Tag*, §§ 95/96 Rn 38.
35 Deutsch/Lippert, AMG; Kloesel/Cyran, Arzneimittelrecht; Körner, BtMG, AMG; MüKo-StGB/*Freund*, AMG; Rehmann, AMG; Sander, Arzneimittelrecht.

II. Normen des StGB

24 Wenngleich die §§ 95 ff AMG aufgrund der Ausdifferenziertheit und Breite der erfassten Verhaltensweisen den Kern des Arzneimittelstrafrechts ausmachen, ist im Einzelfall der Frage einer etwaigen Strafbarkeit nach den Vorschriften des StGB angesichts deren weit schärferen Strafandrohungen eine ungleich größere Beachtung zu schenken. Mangels Existenz eines speziellen kernstrafrechtlichen Produkthaftungstatbestandes[36] kommt insoweit den allgemeinen Straftatbeständen der §§ 211 ff, 223 ff und 314 StGB maßgebliche Bedeutung zu.

1. § 314 StGB

25 § 314 StGB stellt je nach Tatobjekt verschiedene Verhaltensweisen unter Strafe. Gemäß der für den Arzneimittelbereich allein einschlägigen Nr. 2 wird sowohl derjenige bestraft, der Gegenstände, die zum öffentlichen Verkauf oder Verbrauch bestimmt sind, vergiftet oder Ihnen gesundheitsschädliche Stoffe beimischt (1. Alternative), als auch derjenige, der solch vergiftete bzw mit gesundheitsschädlichen Stoffen vermischte Gegenstände verkauft, feilhält oder sonst in Verkehr bringt (2. Alternative).

26 Anders als bei Rezepturarzneimitteln, die gerade nicht **zum Verkauf** bzw **Verbrauch durch die allgemeine Öffentlichkeit bestimmt** sind, liegen in Bezug auf Fertigarzneimittel die Voraussetzungen der Nr. 2 vor.[37] Dem Merkmal der allgemeinen Öffentlichkeit steht insbesondere nicht entgegen, dass apotheken- bzw verschreibungspflichtige Arzneimittel gemäß §§ 43 ff AMG zunächst nur an bestimmte Personen (Arzneimittelgroßhändler, Apotheker, Ärzte) ausgeliefert werden, erfolgt diese Auslieferung doch mit der Bestimmung einer späteren Weitergabe der Präparate an die Patientenschaft und damit an die allgemeine Öffentlichkeit.[38]

27 Da es für das **Vergiften oder Beimischen gesundheitsschädlicher Stoffe** iSd 1. Alternative weder darauf ankommt, dass gerade der zugesetzte Stoff gesundheitsschädlich, die Grundsubstanz dagegen ungefährlich ist, noch auf das Mischungsverhältnis der Bestandteile zueinander,[39] stellt die Produktion von Arzneimitteln in Anbetracht der Unvermeidbarkeit jedweder Nebenwirkungen stets ein tatbestandsmäßiges Verhalten dar. Mag diese pauschale strafrechtliche Erfassung einer in den weit überwiegenden Fällen der Volksgesundheit gerade zugute kommenden und letztlich unverzichtbaren Tätigkeit zunächst befremdlich anmuten, so ist zu bedenken, dass die Erfüllung der Tatmodalität allein noch keine Strafbarkeit begründet. Dementsprechend bedarf es auch keiner pauschalen Herausnahme des Arzneimittelsektors aus dem Normbereich,[40] da sowohl vermittels des Rechtsinstituts des „erlaubten Risikos" als auch im Wege einer angemessen Abgrenzung der Verantwortungsbereiche im Einzelfall sachgerechte Ergebnisse erzielt werden können.[41]

28 Indem die 2. Alternative des § 314 StGB das **Verkaufen, Feilhalten oder sonstige Inverkehrbringen** von gesundheitsschädlichen Gegenständen iSd 1. Alternative unter Strafe stellt, werden neben dem pharmazeutischen Unternehmer bzw Hersteller auch die weiteren an der Verbreitung von Arzneimitteln beteiligten Personen – Großhändler, Apotheker, Ärzte – in den potenziellen Täterkreis einbezogen. Wesensmerkmal der Tathandlungen der 2. Alternative ist die (beabsichtigte) Übertragung der Verfügungsgewalt über ein Arzneimittel an

---

36 Zu Forderungen nach Einführung eines solchen siehe MüKo-StGB/*Freund*, Vor §§ 95 ff Rn 71 ff; Putz, 2004, S. 45 ff; jeweils mwN.
37 LK-StGB/*Wolff*, § 314 Rn 6.
38 Gretenkordt, 1993, S. 7; LK-StGB/*Wolff*, § 314 Rn 5.
39 Fischer, StGB, § 314 Rn 7; LK-StGB/*Wolff*, § 314 Rn 10 mwN.
40 Zum diesbezüglichen Meinungsstand im Schrifttum siehe Mayer, 2008, S. 115 f.
41 Zum erlaubten Risiko siehe Rn 54, zur Verantwortungsabgrenzung Rn 61 ff.

eine andere Person.⁴² Da diese andere Person nicht zwingend der Endverbraucher sein muss, folgt hieraus nicht nur, dass die den Arzneimittelvertrieb beschränkenden §§ 43, 47 AMG einer Strafbarkeit nicht im Wege stehen, sondern auch, dass Arzneimittel auf ihrem Weg vom pharmazeutischen Unternehmer über den Großhändler und Apotheker zum Arzt bzw Patienten mehrfach in Verkehr gebracht werden.⁴³

Anders als § 95 Abs. 1 Nr. 1 AMG verlangt § 314 StGB eine erwiesene **Gesundheitsschädlichkeit** des Gegenstandes. In Anbetracht der Tatsache, dass im Zeitpunkt des Herstellens bzw Inverkehrbringens des Gegenstandes Art und Menge seiner Verwendung noch nicht feststehen, wird man für die Beurteilung der Gesundheitsschädlichkeit und damit der Strafbarkeit des konkreten Handelns auf die hypothetische Verwendungsweise abzustellen haben. Entscheidend für die Frage der Gesundheitsschädlichkeit eines Arzneimittels iSd § 314 StGB ist somit wiederum dessen bestimmungsgemäßer Gebrauch.⁴⁴ 29

2. §§ 211 ff, 223 ff StGB

Führt die Anwendung eines Arzneimittels zu nicht unerheblichen Gesundheitsbeeinträchtigungen oder gar zum Tod des Patienten, droht eine Strafbarkeit nach Maßgabe der allgemeinen Tötungs- und Körperverletzungstatbestände der §§ 211 ff, 223 ff StGB. 30

Eine **Körperverletzung** iSd Grundtatbestandes des **§ 223 StGB** begeht, wer eine andere Person körperlich misshandelt oder an der Gesundheit schädigt. **Körperliche Misshandlung** ist jede üble, unangemessene Behandlung, welche das körperliche Wohlbefinden oder die körperliche Unversehrtheit mehr als unerheblich beeinträchtigt.⁴⁵ Der Begriff der **Gesundheitsschädigung** wiederum erfasst jedes Hervorrufen oder Steigern eines von Normalzustand körperlicher Funktionen nachteilig abweichenden, dh pathologischen Zustandes.⁴⁶ 31

Wenngleich die eigentliche schädliche Einwirkung auf die Gesundheit erst durch die Einnahme des Präparates seitens des Patienten bzw dessen Verabreichung durch den Arzt erfolgt, schließt dies eine Strafbarkeit der übrigen am Arzneimittelverkehr Beteiligten, namentlich des pharmazeutischen Unternehmers und Apothekers, nicht aus, setzen diese doch mit dem Herstellen und Inverkehrbringen des Medikaments eine notwendige Vorbedingung für dessen spätere Anwendung und müssen sich daher unter bestimmten Umständen das körperverletzende Handeln des Arztes bzw Patienten zurechnen lassen.⁴⁷ 32

Arzneimittelbedingte Gesundheitsschäden können darüber hinaus eine Strafbarkeit wegen **gefährlicher Körperverletzung** iSd **§ 224 Abs. 1 Nr. 1 und 5 StGB** nach sich ziehen. 33

Unter einem **Gift** iSd **Nr. 1** ist jeder Stoff zu verstehen, der unter bestimmten Bedingungen geeignet ist, die Gesundheit durch chemische oder chemisch-physikalische Wirkung ernsthaft zu schädigen.⁴⁸ Da es für eine Beibringung iSd Nr. 1 nach zutreffender Ansicht gleichgültig ist, ob der Stoff unmittelbar in den Körper eingebracht oder – wie bei Salben – derart auf den Körper aufgebracht wird, dass dieser seine schädlichen Wirkungen im Körperinnern konkret entfalten kann, erfüllen nebenwirkungsbehaftete Arzneimittel grundsätzlich den Giftbegriff des § 224 Abs. 1 Nr. 1 StGB.⁴⁹ Allerdings wird man, um der erhöhten Strafandrohung des § 224 StGB angemessen Rechnung zu tragen, verlangen müssen, dass das Arz-

---

42 Fischer, StGB, § 314 Rn 8; LK-StGB/*Wolff*, § 314 Rn 12 mwN.
43 Gretenkordt, 1993, S. 62.
44 Hilgendorf, 1993, S. 166; Kuhlen, 1989, S. 160; Schönke/Schröder/*Heine*, StGB, § 314 Rn 13. Zum bestimmungsgemäßen Gebrauch siehe bereits Rn 15.
45 Fischer, StGB, § 223 Rn 3 a; MüKo-StGB/*Joecks*, § 223 Rn 4; jeweils mwN.
46 NK-StGB/*Paeffgen*, § 223 Rn 14; Schönke/Schröder/*Eser*, StGB, § 223 Rn 5; jeweils mwN.
47 Hierzu detailliert Rn 79 f, 82 f.
48 Fischer, § 224 Rn 3; MüKo-StGB/*Hardtung*, § 224 Rn 9; jeweils mwN.
49 So auch NK-StGB/*Paeffgen*, § 224 Rn 9.

neimittel gerade funktional zum Zweck der Gesundheitsschädigung eingesetzt wird.⁵⁰ Für die Annahme einer **das Leben gefährdenden Behandlung** iSd **Nr. 5** wiederum reicht es aus, dass die Behandlung, wie etwa die Einnahme bzw Verabreichung eines Arzneimittels, generell geeignet ist, eine Lebensgefahr hervorzurufen. Einer konkreten Gefährdung im Einzelfall bedarf es mithin nicht.⁵¹

34 Der Bejahung einer Körperverletzung iSd §§ 223 ff StGB steht nicht entgegen, dass Sinn und Zweck des Herstellens, Inverkehrbringens, Verabreichens und Einnehmens von Arzneimitteln nicht die Verschlechterung, sondern vielmehr die Verbesserung bzw Wiederherstellung des Gesundheitszustandes ist, das Auftreten arzneimittelbedingter Gesundheitsschäden somit regelmäßig unbeabsichtigte Nebenfolge der medikamentösen Heilbehandlung ist. Denn nach ständiger Rechtsprechung stellt jede im Rahmen einer **Heilbehandlung** hervorgerufene Substanzverletzung bzw Gesundheitsschädigung eine tatbestandsmäßige Körperverletzung dar, selbst wenn die Therapiehandlung medizinisch indiziert war, lege artis durchgeführt wurde und im Ergebnis zum Erfolg führte.⁵²

C. Straftatbestandliches Verhalten

35 Während die §§ 95 ff AMG sowie § 314 StGB in Gestalt namentlich des Herstellens, Inverkehrbringens, Vorrätighaltens, Feilhaltens, Feilbietens, Verkaufs und der Abgabe konkrete Tatmodalitäten voraussetzen,⁵³ sind die Tötungs- und Körperverletzungstatbestände teilweise verhaltensoffen formuliert. Anknüpfungspunkt einer Strafbarkeit ist außer in den Fällen der §§ **96 Nr. 6, 97 Abs. 2 Nr. 7, 24 c, 27 a, 30 AMG**, die als sog. **echte Unterlassungsdelikte** ausgestaltet sind, stets ein positives Tun iS eines aktiven Verhaltens. Jedoch stellen die §§ **13 StGB, 8 OWiG** klar, dass unter den dort genannten Voraussetzungen auch eine Tatbestandsverwirklichung durch Unterlassen in Betracht kommt (sog. **unechte Unterlassungsdelikte**).⁵⁴

I. Abgrenzung von positivem Tun und Unterlassen

36 In ontologischer Hinsicht bereitet die **Abgrenzung von Tun und Unterlassen** keine größeren Probleme, kann diesbezüglich doch an das deutlich wahrnehmbare Kriterium der willentlich in die Außenwelt eingreifenden Körperbewegung angeknüpft werden. Als weit schwieriger erweist sich die normative Abgrenzung in Fällen ambivalenten, dh sowohl Elemente aktiven Tätigwerdens als auch passiven Untätigbleibens beinhaltenden Verhaltens. Beispielhaft sei in diesem Zusammenhang das Auftreten unvertretbarer Nebenwirkungen durch Anwendung eines bedenklichen Arzneimittels genannt, dessen Ursache sowohl im aktiven Tun des (fortgesetzten) Inverkehrbringens des betreffenden Präparates als auch im Unterlassen gebotener Warn- bzw Rückrufmaßnahmen nach Inverkehrgabe des Präparates gesehen werden kann. Richtigerweise⁵⁵ ist die Unterlassungstat als subsidiär zur Begehungstat anzusehen, so dass für eine Strafbarkeit wegen unechten Unterlassens nur Raum ist, wo entweder eine

---

50 Mayer, 2008, S. 121; ebenso: Tag, 2000, S. 427 f.
51 Fischer, StGB, § 224 Rn 12 mwN.
52 So erstmals das Reichsgericht (RGSt 25, 375 ff) und diesem folgend der BGH (BGHSt 16, 309 ff; 43, 306, 308 f; 45, 219, 221). Zur kritischen Auseinandersetzung mit dieser Rechtsprechung im Schrifttum und ihrer Relevanz für das Handeln der das Arzneimittel nicht unmittelbar anwendenden Akteure des Arzneimittelverkehrs, namentlich des pharmazeutischen Unternehmers, vgl Mayer, 2008, S. 122 ff mwN.
53 Hinsichtlich der konkreten Anforderungen der Verhaltensalternativen sei auf die einschlägige Kommentarliteratur, namentlich Körner, BtMG, Vorbem. AMG Rn 110 ff, verwiesen.
54 Entgegen der hA im Schrifttum gilt dies auch für § 95 Abs. 1 Nr. 1 AMG und § 314 StGB, vgl Mayer, 2008, S. 221 ff; aA Lege, 2000, S. 15; MüKo-StGB/*Freund*, Vor §§ 95 ff AMG Rn 36, 76.
55 Kuhlen in: Achenbach/Ransiek, 2008, II Rn 22; Mayer, 2008, S. 217 f; NK-StGB/*Wohlers*, § 13 Rn 7; Walter, ZStW 116 (2004), 573.

Strafbarkeit wegen aktiven Tuns gänzlich ausscheidet oder der Unrechtsgehalt der Begehungstat ausnahmsweise hinter demjenigen der Unterlassungstat zurückbleibt.[56]

II. Tun und Unterlassen im Umgang mit Arzneimitteln

Überträgt man diese Abgrenzungskriterien auf den Bereich des Arzneimittelstrafrechts, so folgt hieraus, dass eine Unterlassungsstrafbarkeit wegen Untätigbleibens trotz erkannter bzw erkennbarer Schädlichkeit der Arzneimittelanwendung nur dort denkbar ist, wo das zeitlich zwingend vorausgegangene Inverkehrbringen des betreffenden Arzneimittels dem Untätigbleibenden nicht zu einer Begehungsstrafbarkeit gereicht oder das Inverkehrbringen ausnahmsweise als weniger schwerwiegend als das spätere Unterbleiben von Warn- bzw Rückrufmaßnahmen erscheint. Bedeutung erlangt dabei namentlich die Tatsache, dass sich die Schädlichkeit eines Arzneimittels aufgrund der zunehmenden Komplexität moderner Pharmaka sowie der Individualität des menschlichen Organismus bei zugleich beschränkter Zahl der an klinischen Arzneimittelprüfungen teilnehmenden Probanden oftmals erst nachträglich, mitunter gar erst mehrere Jahre nach erstmaliger Inverkehrgabe eines Medikaments offenbart. Unter dem Stichwort „**Chargenproblem**" gilt es hier wie folgt zu unterscheiden: Hinsichtlich solcher Präparate, die nach Bekanntwerden der Schädlichkeit (weiterhin) in Verkehr gebracht werden, liegt eine Begehungstat in Form des Inverkehrbringens erkannt schädlicher Arzneimittel vor, hinter die eine ebenfalls konstruierbare Unterlassungstat durch Nichtanordnung eines Produktions- und Vertriebsstopps als subsidiär zurücktritt – es sei denn, das Untätigbleiben erfolgt im Gegensatz zum Inverkehrbringen vorsätzlich und weist insofern einen höheren Unwertgehalt auf. In Bezug auf diejenigen Arzneien, die zuvor in Unkenntnis ihrer zu jener Zeit nicht erkennbaren Bedenklichkeit ausgeliefert wurden, kommt dagegen mangels Strafbarkeit des Inverkehrbringens als prinzipiell vorrangiger Begehungstat von vornherein nur eine Unterlassungstat wegen ausbleibender Warnung vor den Risiken des Medikaments bzw unterlassenen Rückrufs der Präparate in Betracht.[57]

III. Garantenstellung der am Arzneimittelverkehr Beteiligten

Wegen eines unechten Unterlassens macht sich gemäß §§ 13 StGB, 8 OWiG nur strafbar, wer als **Garant** rechtlich dafür einzustehen hat, dass der tatbestandliche Erfolg nicht eintritt. Der Begriff des Garanten stellt einen **Typusbegriff** dar, der auf dem kumulativen Zusammentreffen dreier Faktoren in der Person des Garanten, nämlich der Schaffung einer Gefahrenlage durch den Garanten, der Herrschaft des Garanten über die Gefahrenquelle und dem Vertrauen der potenziell Gefahrbetroffenen auf hinreichende Gefahrenabwehrmaßnahmen seitens des Garanten, beruht.[58] Nach der dualistischen Funktionenlehre *Armin Kaufmanns*[59] lassen sich in Gestalt des Beschützergaranten und des Überwachergaranten grundsätzlich zwei Garantentypen unterscheiden, bei denen die einzelnen, eine Garantenstellung begründenden Kriterien der Gefährdung, Herrschaft und des Vertrauens unterschiedlich stark ausgeprägt sind. Als **Beschützergarant** gilt, wem im Sinne einer Rundumverteidigung gegen jedwede Gefahren eine Obhutspflicht für ein bestimmtes Rechtsgut obliegt. **Überwachergarant** ist dagegen, wen eine Sicherungspflicht dahin gehend trifft, jegliche von einer bestimmten Gefahrenquelle für fremde Rechtsgüter ausgehenden Gefahren bestmöglich zu

---

56 Dies sind namentlich diejenigen Fälle, in denen die Begehungstat lediglich versucht ist bzw fahrlässig begangen wurde, die (spätere) Unterlassungstat indes vollendet bzw vorsätzlich verwirklicht wird.
57 Ähnlich der BGH in der „Lederspray"-Entscheidung (BGHSt 37, 106 ff) und im „Holzschutzmittel"-Prozess (BGHSt 41, 206 ff). Ebenso: Höhfeld, 1999, S. 13 f; Schwartz, 1999, S. 41.
58 Hierzu sowie zu den alternativ propagierten Garantenlehren siehe Mayer, 2008, S. 224 ff.
59 Kaufmann, 1988, S. 283 ff.

unterbinden.⁶⁰ Ausgehend von dieser Zweiteilung hat sich in Rechtsprechung und Schrifttum eine weitere Ausdifferenzierung anhand verschiedener Fallgruppen durchgesetzt. So werden Schutzpflichten aus Lebens- und Gefahrgemeinschaften, aus rechtlich fundierten Verhältnissen enger natürlicher Verbundenheit, aus der Stellung als Amtsträger, aus freiwilliger Übernahme von Schutz- und Beistandspflichten oder aus besonderen Rechtssätzen sowie Überwachungspflichten aus Verkehrssicherungspflichten, aus der Pflicht zur Beaufsichtigung Dritter, aus gefährlichem Vorverhalten (Ingerenz) sowie aus freiwilliger Übernahme von Sicherungspflichten unterschieden.⁶¹

1. Pharmazeutischer Unternehmer

39 Nach Auffassung des BGH⁶² sowie eines Teils des Schrifttums⁶³ begründet die Inverkehrgabe eines potenziell schädlichen Gutes, wie zB eines bedenklichen Arzneimittels, als vorangegangenes gefährdendes Tun unter dem Gesichtspunkt der **Ingerenz** eine Garantenstellung des Inverkehrbringenden, etwa des pharmazeutischen Unternehmers. Richtigerweise trägt der Ingerenzgedanke aber nur dort, wo das Gefahrgut in Kenntnis seiner Schädlichkeit – bei Arzneimitteln mithin ihrer Bedenklichkeit – in Verkehr gebracht wird, da nach zutreffender Ansicht Wesensmerkmal der Ingerenzgarantenstellung die Pflichtwidrigkeit, dh Vorwerfbarkeit des Vorverhaltens ist.⁶⁴ Folglich scheidet eine Garantenstellung des pharmazeutischen Unternehmers kraft Ingerenz in den Fällen aus, in denen die Bedenklichkeit des Präparates zum Zeitpunkt der Inverkehrgabe nach dem seinerzeitigen Stand der Wissenschaft nicht erkennbar war, sondern erst später zu Tage getreten ist.⁶⁵

40 Vorzugswürdig erscheint es daher, dem pharmazeutischen Unternehmer eine Garantenstellung kraft Übernahme einer Schutzfunktion sowie kraft Herrschaft über die Gefahrenquelle zuzuschreiben. Voraussetzung einer Garantenstellung kraft **Übernahme einer Schutzfunktion** ist, dass die zu schützende Person im berechtigten Vertrauen auf die Präsenz und Schutzbereitschaft des Gewährübernehmers auf anderweitige Schutzvorkehrungen verzichtet bzw drohenden Gefahren weniger Aufmerksamkeit entgegenbringt.⁶⁶ Bedenkt man, dass sich das Gefährdungspotenzial eines Arzneimittels in seiner Gänze regelmäßig erst im Laufe der Zeit offenbart, weshalb der Verbraucher berechtigterweise und für den pharmazeutischen Unternehmer erkennbar darauf vertraut, dass dieser sein Produkt ständig beobachtet und gegebenenfalls Gefahren abwehrend tätig wird, lässt sich eine derartige Übernahmegarantenstellung in Bezug auf den pharmazeutischen Unternehmer durchaus bejahen.⁶⁷ Die Annahme einer Garantenstellung kraft **Herrschaft über die Gefahrenquelle** wiederum beruht darauf, dass der pharmazeutische Unternehmer aufgrund des gesetzlichen Nachmarktkontrollsystems und der darin statuierten weitreichenden Dokumentations- und Meldepflichten selbst nach Auslieferung eines Arzneimittels in der Lage ist, dessen Weiterver-

---

60 Fischer, StGB, § 13 Rn 9; SK-StGB/*Rudolphi*, § 13 Rn 24.
61 Fischer, StGB, § 13 Rn 1 ff; SK-StGB/*Rudolphi*, § 13 Rn 26.
62 Vgl das „Lederspray"-Urteil (BGHSt 37, 106, 114 ff) sowie die „Holzschutzmittel"-Entscheidung (BGHSt 41, 206, 218).
63 So etwa Hassemer, 1996, S. 52; Rettenbeck, 1994, S. 33 f.
64 Zum diesbzgl. Meinungsstand siehe Hillenkamp, 2006, 29. Problem, sowie Mayer, 2008, S. 240 ff.
65 Anders der BGH (BGHSt 37, 206, 214 ff), der zwar vordergründig am Pflichtwidrigkeitskriterium festhalten will, in Fällen der genannten Art aber dennoch eine Ingerenzgarantenstellung bejaht und damit *de facto* auf eine Pflichtwidrigkeit des Vorverhaltens verzichtet. Kritisch zu dieser Rspr. Mayer, PharmR 2008, 242 ff; ders., 2008, S. 245 ff mwN.
66 Vgl Schönke/Schröder/*Stree*, StGB, § 13 Rn 27; SK-StGB/*Rudolphi*, § 13 Rn 58.
67 Ausführlich: Mayer, PharmR 2008, 245 f; ders., 2008, S. 250 ff. Im Erg. ebenso: Sangenstedt, 1989, S. 145.

breitung zu unterbinden sowie die in Verkehr gebrachten Präparate zu lokalisieren und vom Markt zu nehmen.[68]

2. Arzneimittelgroßhändler und Apotheker

Der pharmazeutische Unternehmer kann seiner Garantenverantwortung indes nur unter Mithilfe der Arzneimittelgroßhändler und Apotheker nachkommen, haben diese doch genauere Kenntnis von den konkreten Abnehmern eines bestimmten Arzneimittels bzw einer konkreten Arzneimittelcharge. Daraus resultiert, dass auch den Arzneimittelgroßhändlern und Apothekern kraft **Herrschaft über die Gefahrenquelle** und deren Eindämmung eine Garantenstellung zukommt. Nimmt der Apotheker im Fall der Abgabe nichtverschreibungspflichtiger Arzneimittel oder der **aut idem-Substitution gemäß § 129 SGB V bzw § 17 Abs. 5 a ApBetrO** gar eine arztähnliche Funktion war, ist eine Garantenstellung des Apothekers – wie nachfolgend dargelegt – auch aus dem Übernahmegesichtspunkt herzuleiten. 41

3. Arzt

Dass der behandelnde Arzt eine Garantenposition gegenüber seinen Patienten einnimmt, ist unbestritten. Führt man sich vor Augen, dass der Patient im Vertrauen auf die Heilkünste des Arztes eigene Schutzmaßnahmen unterlässt und Gesundheitsrisiken – wie etwa das Auftreten von Nebenwirkungen im Zuge einer medikamentösen Therapie – weitgehend unreflektiert auf sich nimmt, so steht außer Zweifel, dass dem Arzt aus der faktischen **Übernahme der Heilbehandlung** eine Garantenstellung gegenüber dem Patienten erwächst.[69] 42

4. BfArM, PEI, Landesbehörden und Ethik-Kommission

Unter dem Gesichtspunkt der **Übernahme einer Schutzfunktion** wächst schließlich auch den Mitarbeitern der Gesundheitsbehörden sowie den Mitgliedern der Ethik-Kommission eine Garantenstellung anheim. Angesichts der Spezialisierung namentlich von BfArM, PEI und Ethik-Kommissionen, die gerade zu dem Zweck geschaffen wurden, die mangels hinreichender medizinischer Kenntnisse zu effektivem Eigenschutz nicht fähige Patientenschaft vor arzneimittelbedingten Gesundheitsschäden zu bewahren, besteht ein berechtigtes Vertrauen der Allgemeinheit auf behördlichen Schutz vor individuell nicht erfassbaren und kontrollierbaren Arzneimittelrisiken.[70] 43

D. Objektive Zurechnung

Strafrechtlich verantwortlich für die Verwirklichung eines Straftatbestandes ist nur, wem diese objektiv zurechenbar ist. Dabei kann sich das dem Schuldprinzip verpflichtete, personales Verhaltensunrecht sanktionierende Strafrecht – im Gegensatz zum Zivilrecht – nicht damit begnügen, die Verantwortung pauschal einer Personenmehrheit in Gestalt einer juristischen Person (zB einem Unternehmen oder einer Behörde) zuzuschreiben. Erforderlich ist vielmehr, dass sich das betreffende strafrechtlich relevante Geschehen auf das Verhalten einer oder mehrerer natürlicher Personen zurückverfolgen und diesen als Ausfluss individuell vorwerfbaren eigenen Fehlverhaltens zuzurechnen ist.[71] 44

---

68 Vgl Mayer, PharmR 2008, 247 f; ders., 2008, S. 254 ff mwN zu den teils abweichenden Auffassungen zu Wesen und Reichweite der Herrschaftsgarantenstellung im Allgemeinen.
69 Vgl BGH NJW 1979, 1258 f; ArztR 1994, 156 f; NK-StGB/*Wohlers*, § 13 Rn 39; Tag, 2000, S. 406; Schmidt in: Ratzel/Luxenburger, 2008, § 14 Rn 17; Ulsenheimer in: Laufs/Uhlenbruck, 2002, § 140 Rn 14.
70 Vgl Große Vorholt, 1997, S. 134; NK-StGB/*Wohlers*, § 13 Rn 63; SK-StGB/*Rudolphi*, § 13 Rn 54 c, 54 d.
71 Vgl bereits Rn 2 sowie Kuhlen in: Achenbach/Ransiek, 2008, II Rn 7.

45 Letztlich stellt sich die Frage der objektiven Zurechnung in zweierlei Hinsicht. So ist zum einen in Bezug auf die Straftatbestände, welche wie §§ 211 ff, 223 ff StGB den Eintritt eines bestimmten Erfolges – etwa des Todes oder der Gesundheitsschädigung – voraussetzen, unter dem Gesichtspunkt der **Erfolgszurechnung** der Frage nachzugehen, inwieweit der Eintritt eines tatbestandlichen Erfolgs auf einem als tauglicher Anknüpfungspunkt für eine Strafbarkeit in Betracht kommenden Verhalten einer konkreten Person beruht.

46 Zum anderen ist vor dem Hintergrund, dass sich das Arzneiwesen durch ein komplexes Zusammenwirken verschiedener Personen und Institutionen auszeichnet, mithin an der Realisierung einer straftatbestandlichen Verhaltensweise – etwa dem Inverkehrbringen oder der gesundheitsschädlichen Anwendung eines Arzneimittels – regelmäßig mehrere Personen beteiligt sind, unter dem Gesichtspunkt der **Verhaltenszurechnung** zu klären, wer den entscheidenden Beitrag hierzu geleistet und insofern als Zentralgestalt des Geschehens und maßgeblicher Urheber des Straftatverhaltens zur Verantwortung zu ziehen ist. Dass dies nicht stets bzw ausschließlich die Person sein muss, welche die Tatbestandshandlung als solche vornimmt, zeigt etwa das Beispiel, dass die Anwendung eines schädlichen Arzneimittels durch den Arzt als eigentliche Körperverletzungshandlung erst durch das Inverkehrbringen des Präparates seitens des pharmazeutischen Unternehmers ermöglicht wird, wobei wiederum das Inverkehrbringen unternehmensintern zwar durch die Mitarbeiter der Vertriebsabteilung erfolgt, diese aber auf Anordnung der Unternehmensführung tätig werden, so dass eine Zurechnung des gesundheitsschädlichen Verhaltens des Arztes zu den Mitgliedern der Unternehmensleitung nicht von vornherein ausgeschlossen ist.

I. Erfolgszurechnung

47 Die Prüfung der Erfolgszurechnung erfolgt stets in zwei Stufen: In einem ersten Schritt ist die rein tatsächliche Frage zu beantworten, ob das als tauglicher Anknüpfungspunkt für eine Strafbarkeit in Betracht kommende Verhalten ursächlich für den späteren Erfolgseintritt ist, mithin ein Kausalzusammenhang zwischen Verhalten und Schaden besteht. Ist dies der Fall, so ist in einem zweiten Schritt zu klären, ob der Erfolgseintritt der dafür ursächlich gewordenen Person auch normativ zugerechnet werden kann.[72]

1. Kausalität

48 Die strafrechtliche Praxis greift zur Kausalitätsbestimmung auf die sog. **Äquivalenztheorie** zurück, wonach ein Verhalten für einen Erfolg dann kausal ist, wenn es *conditio sine qua non* für den Erfolg ist, mithin nicht hinweggedacht werden kann, ohne dass der Erfolg entfiele.[73] In Übereinstimmung mit der von weiten Teilen des Schrifttums zur Beantwortung der Kausalitätsfrage herangezogenen **Lehre von der gesetzmäßigen Bedingung**[74] ist Voraussetzung, dass das betreffende Verhalten erstens generell, dh aufgrund eines abstrakten, vom konkreten Einzelfall abstrahierten naturwissenschaftlichen Kausalgesetzes, geeignet ist, einen Erfolg der gegebenen Art herbeizuführen (sog. **generelle Kausalität**), und sich zweitens im konkreten Fall auch tatsächlich erfolgsursächlich ausgewirkt hat, mithin nachweislich einen Beitrag zum Eintritt des Erfolges geleistet hat (sog. **konkrete Kausalität**).

---

[72] Vertiefend zu dieser zweistufigen Vorgehensweise SK-StGB/*Rudolphi*, Vor § 1 Rn 38; kritisch: NK-StGB/*Puppe*, Vor § 13 Rn 80.
[73] Siehe aus vieler: Fischer, StGB, Vor § 13 Rn 21; Schönke/Schröder/*Lenckner/Eisele*, StGB, Vorbem §§ 13 ff Rn 73. Vgl auch RGSt 1, 373, 374; BGHSt 1, 332, 333; 39, 195, 197; 45, 270, 294 f; 49, 1, 3.
[74] Vgl Fischer, StGB, Vor § 13 Rn 23 mwN.

a) Generelle Kausalität

Speziell im Produktstrafrecht bereitet die Frage der generellen Kausalität erhebliche Schwierigkeiten, wenn es darum geht, festzustellen, ob zwischen der Anwendung eines Produkts – hier eines Arzneimittels – und einem erlittenen Schaden – hier einer Gesundheitsbeeinträchtigung – eine empirische Gesetzmäßigkeit im Sinne einer abstrakten Schadenseignung des Produkts existiert. Sowohl im Contergan- als auch im Lederspray- und Holzschutzmittel-Verfahren waren zwar stets Indizien für einen Zusammenhang zwischen Produktverwendung und aufgetretenen Gesundheitsschäden vorhanden, jedoch konnte aufgrund der Komplexität und noch weitgehenden Unbekanntheit der genauen biochemischen Vorgänge innerhalb des menschlichen Organismus in keinem der Verfahren ein positiver Nachweis für einen dahin gehenden naturgesetzlichen Zusammenhang erbracht werden.[75] Dennoch gelangte der BGH im Lederspray- und Holzschutzmittelverfahren im Wege eines indirekten Indizienbeweises zu einem positiven Kausalitätsurteil, welches maßgeblich auf dem **Ausschluss von Alternativursachen** beruhte.[76] Wenngleich diese Rechtsprechung im juristischen Schrifttum zu Recht heftig kritisiert worden ist,[77] folgt hieraus für die Praxis, dass die generelle Kausalität auf der Grundlage dieser, vergleichsweise geringe Anforderungen an den Kausalitätsnachweis stellenden Rechtsprechung regelmäßig zu bejahen sein wird.[78]

49

b) Konkrete Kausalität

Schwierigkeiten können sich auch in Bezug auf die konkrete Kausalität eines Verhaltens ergeben. Als irrelevant und damit unproblematisch erweist sich zunächst, ob das zu beurteilende Verhalten den Erfolg nur im Zusammenwirken mit weiteren externen Faktoren herbeigeführt hat, reicht zur Bejahung der Kausalität doch eine bloße **Mitverursachung** aus. Dass die aufgetretene Gesundheitsbeeinträchtigung bloße Folge von Wechselwirkungen zwischen dem angewendeten Arzneimittel und weiteren Präparaten bzw Lebensmitteln ist, schließt eine Strafbarkeit demnach nicht per se aus.

50

Ebenso wenig steht der Bejahung des konkreten Kausalzusammenhangs zwischen Inverkehrbringen eines Arzneimittels und späterem Arzneimittelschaden entgegen, dass zum Zeitpunkt des Inverkehrbringens nicht erkennbar ist, welche konkreten Personen womöglich zu Schaden kommen, mithin das Opfer der Tathandlung nicht individualisiert ist. Denn die §§ 211 ff, 223 ff StGB setzen lediglich voraus, dass (irgend)ein Mensch verletzt bzw getötet wird, so dass es auf die **Individualisierbarkeit des Opfers** nicht ankommt.[79]

51

Dagegen bedarf die Frage der **Kausalität eines Unterlassens** – etwa eines Warnhinweises oder eines Produktrückrufs – stets einer eingehenden Prüfung. Denn dem Kausalitätsurteil liegt im Fall des Unterlassens stets eine hypothetische Betrachtungsweise zugrunde, bedarf es doch einer konkreten Prognose, inwieweit sich das Geschehen bei Vornahme der unterlassenen Handlung anders entwickelt hätte. Was namentlich die **Kausalität eines unterlassenen Produktrückrufs** anbelangt, ist zu berücksichtigen, dass der pharmazeutische Unternehmer zur erfolgreichen Durchführung einer Rückrufaktion der Hilfe der sich in Besitz der vom Markt zu nehmenden Präparate befindlichen Patienten, Ärzte, Apotheker und Großhändler bedarf. Dies hat zur Folge, dass eine Schadensursächlichkeit des Unterlassens letztlich nur unter der Hypothese angenommen werden kann, dem Rückruf werde von Seiten der Produktbesitzer effektiv Folge geleistet, was angesichts der Erfahrungen aus der Praxis,

52

---

75 Vgl LG Aachen JZ 1971, 507 ff; BGHSt 37, 106 ff; 41, 206 ff.
76 BGHSt 37, 106, 112. Zustimmend: Bock, 1997, S. 71; Kuhlen, NStZ 1990, 567; ders., JZ 1994, 1145.
77 Braun, KritV 1994, 184; Samson, StV 1991, 183; Schwartz, 1999, S. 56 f.
78 Zusammenfassend und auf der Grundlage eines probalistischen Kausalbegriffs ebenfalls zu einem positiven Kausalitätsurteil gelangend: Mayer, 2008, S. 132 ff.
79 Vgl BGHSt 2, 351, 352 f; Mayer, 2008, S. 166 ff.

wonach die Rücklaufquote bei Produktrückrufen im Durchschnitt bei nur 50 % liegt, auf den ersten Blick realitätsfremd erscheint. Wenn die Rechtsprechung dennoch richtigerweise regelmäßig einen Kausalzusammenhang zwischen unterlassenem Rückruf und produktbedingter Gesundheitsbeeinträchtigung bejaht,[80] so beruht dies auf der zutreffenden Erwägung, dass eine fiktive Pflichtverletzung Dritter nicht pauschal unterstellt werden kann. Eine solche Unterstellung widerspräche nicht zuletzt dem Menschenbild der grundgesetzlichen Werteordnung, welcher die Annahme zugrunde liegt, dass der Einzelne sowohl imstande als auch bereit ist, Recht und Unrecht zu unterscheiden und sich rechtmäßig zu verhalten, weswegen grundsätzlich von einem pflichtgemäßen Handeln Dritter auszugehen ist, solange nicht konkrete Anhaltspunkte für das Gegenteil sprechen.[81]

2. Normative Zurechnung

53　Neben dem Kausalzusammenhang zwischen Verhalten und Schaden ist Voraussetzung einer strafrechtlichen Ahndung des Verhaltens, dass durch dieses eine rechtlich missbilligte Gefahr geschaffen worden ist und sich eben diese Gefahr in adäquater, objektiv vorhersehbarer Art und Weise im späteren Schaden realisiert hat.[82]

An der Vorhersehbarkeit und **Adäquanz** des Schadenseintritts in Gestalt arzneimittelbedingter Gesundheitsbeeinträchtigungen mangelt es in der Regel nicht, entspricht es doch gerade der allgemeinen Lebenserfahrung, dass Arzneimittel selbst bei ordnungsgemäßer Anwendung nicht selten unerwünschte Nebenwirkungen auslösen. Hingegen kommt dem Gesichtspunkt der rechtlichen Missbilligung der Gefahrschaffung durch Inverkehrgabe bzw Anwendung nebenwirkungsbelasteter Medikamente in Anbetracht ihres gleichzeitigen therapeutischen Nutzens besondere Bedeutung zu.

a) Erlaubtes Risiko

54　Nach der **Lehre vom erlaubten Risiko** ist ein gefahrträchtiges Verhalten mangels rechtlicher Missbilligung nicht strafbar, wenn die damit verbundenen Risiken entweder allgemeine, mit der sozialen zwischenmenschlichen Interaktion einhergehende und damit letztlich unvermeidbare Lebensrisiken darstellen oder aber zur Verwirklichung erwünschter und als höherwertig erachteter Ziele unverzichtbar sind.[83] Jedoch führt die soziale Nützlichkeit eines riskanten Verhaltens stets nur dann zur Straflosigkeit desselben, wenn alle zumutbaren Sicherheitsmaßnahmen ergriffen worden sind, um die damit einhergehenden Gefahren auf das unumgängliche Restrisiko zu minimieren.[84]

55　Für das Arzneimittelstrafrecht enthält § 5 AMG, nach dessen Abs. 2 bestimmte schädliche Arzneimittelwirkungen bei insgesamt positiver Nutzen-Risiko-Bilanz des betreffenden Präparates zwecks Nutzbarmachung dessen therapeutischen Potenzials als unbedenklich hinzunehmen sind, eine positivrechtliche Umschreibung des in Bezug auf die Inverkehrgabe von Pharmaka erlaubten Risikos.[85] Allerdings ist die abstrakte Norm des § 5 AMG im Zusammenhang mit den übrigen Vorschriften des AMG, namentlich den ein Genehmigungserfordernis für das Inverkehrbringen statuierenden §§ 21, 40 AMG zu sehen. Denn zu den zumutbaren Sicherheitsmaßnahmen, die zu ergreifen sind, um das Gefahrenpotenzial auf

---

80　Vgl die „Lederspray"-Entscheidung des BGH (BGHSt 37, 106 ff).
81　Vgl BVerfGE 32, 98, 107 f; Frisch, 1988, S. 269 f. Zum Eigenverantwortlichkeitsprinzip und Vertrauensgrundsatz als Ausfluss dieses Menschenbildes siehe Rn 61 ff.
82　SK-StGB/*Rudolphi*, Vor § 1 Rn 57 ff mwN.
83　Frisch, 1973, S. 105 f; Prittwitz, 1993, S. 283. Zur dogmatischen Herleitung und Verortung des erlaubten Risikos vgl Mayer, 2008, S. 170 ff; Schürer-Mohr, 1998.
84　Ronzani, 1992, S. 106 f.
85　So auch Eichinger, 1997, S. 232; Spitz, 2001, S. 375.

das unvermeidbare Minimum zu reduzieren und somit als erlaubtes Restrisiko von Strafe auszunehmen, gehört nicht zuletzt die Begutachtung des betreffenden Arzneimittels durch das BfArM bzw PEI und die zuständige Ethik-Kommission als mit neutralem Sachverstand ausgestattete Genehmigungsbehörden. Das ungenehmigte Inverkehrbringen eines Arzneimittels stellt mithin grundsätzlich kein erlaubtes Risiko dar.[86]

b) Behördliche Genehmigungen

Aus vorstehenden Ausführungen ergibt sich zugleich die spezifische **strafrechtliche Relevanz behördlicher Genehmigungen** wie etwa der Arzneimittelzulassung oder der Genehmigung einer klinischen Prüfung. Bei Straftatbeständen, die wie **§ 96 Nr. 4, 5 und 11 AMG** explizit die Abwesenheit einer das betreffende Verhalten gestattenden Genehmigung voraussetzen, schließt das Vorliegen der Genehmigung die Straftatbestandsverwirklichung von vornherein aus. Bei Straftatbeständen wie § 95 Abs. 1 Nr. 1 AMG oder §§ 211 ff, 223 ff, 314 StGB, welche keinen Bezug zu etwaigen behördlichen Genehmigungen herstellen, ist deren Bedeutung indes umstritten. Während einige Stimmen im Schrifttum[87] behördlichen Genehmigungen eine strafbefreiende Funktion grundsätzlich absprechen und auch der Bundesgerichtshof in seiner „Lederspray"-Entscheidung[88] die Stellungnahme des Bundesgesundheitsamtes als unbeachtlich ansah, kommt behördlichen Genehmigungen nach zutreffender Ansicht[89] in begrenztem Umfang durchaus eine gewisse **Legalisierungswirkung** zu. Dabei stellt die behördliche Genehmigung entgegen einer im Schrifttum vielfach vertretenen Auffassung[90] keinen Rechtfertigungsgrund dar, sondern entfaltet vielmehr als Konstituens und zugleich sorgfaltspflichtbegrenzende Konkretisierung des erlaubten Risikos bereits auf Tatbestandsebene strafbarkeitsausschließende Wirkung,[91] sofern der Genehmigungsadressat berechtigterweise auf die Ordnungsgemäßheit der Genehmigungserteilung vertrauen darf.[92] Die Genehmigung konkretisiert und individualisiert die abstrakten gesetzlichen Anforderungen für den Einzelfall und überführt diese in strafrechtlich verbindliche Vorgaben für das betreffende Verhalten.

Dem steht auch nicht **§ 25 Abs. 10 AMG** entgegen, stellt die Norm doch nur klar, dass die Arzneimittelzulassung die strafrechtliche Verantwortung des Einzelnen auf der Grundlage der allgemein gültigen strafrechtlichen Grundsätze unberührt lässt, ohne zugleich eine Aussage darüber zu treffen, inwieweit nach diesen allgemeinen strafrechtlichen Grundsätzen die Verantwortung des Einzelnen generell durch behördliche Genehmigungen und somit auch durch die Arzneimittelzulassung eingeschränkt wird.[93]

---

86 Daher zutreffend eine Straflosigkeit allein schon aufgrund der generellen Genehmigungsfähigkeit eines riskanten Verhaltens verneinend LK-StGB/*Rönnau*, Vor § 32 Rn 290 f; NK-StGB/*Paeffgen*, Vor §§ 32 bis 35 Rn 202; jeweils mwN. Einen Sonderfall bildet der sog. Compassionate Use iSd § 21 Abs. 2 Nr. 6 AMG. Hierzu Sudhop, BGesBl. 2009, 439 ff.
87 Di Fabio, 1994, S. 305; Heitz, 2005, S. 425 f.
88 BGHSt 37, 106, 122. Ähnlich: BGHZ 106, 273, 280 – Alupent; BGH NJW 1987, 372, 373 – Verzinkungsspray.
89 Breuer, DÖV 1987, 177; ders., NJW 1988, 2076; ders., JZ 1994, 1083; Frisch, 1993, S. 8; LK-StGB/*Rönnau*, Vor § 32 Rn 289; Prittwitz, 1993, S. 285; Rogall, GA 1995, 308; Schönke/Schröder/*Lenckner*, StGB, Vorbem §§ 32 ff Rn 63 d; Weiß, 2008, S. 505.
90 Vgl Jünemann, 1998, S. 36; Marx, 1993, S. 142, 172; Rengier, ZStW 101 (1989), 878 f.
91 Im Erg. ebenso: Frisch, 1993, S. 62 ff; Große Vorholt, 1997, S. 193; Heine, NJW 1990, 2432; Weiß, 2008, S. 506. Zusammenfassend: Mayer, MedR 2008, 595 ff; ders., 2008, S. 323 ff; jeweils mwN zu den zu Wesen, Bedeutung und dogmatischer Verortung behördlicher Genehmigungen sowie deren strafrechtlichen Relevanz vertretenen Auffassungen.
92 Zur Frage des berechtigten Vertrauens in eine erteilte Genehmigung siehe Rn 86 ff.
93 Im Erg. ebenso Ronzani, 1992, S. 120, 123.

II. Verhaltenszurechnung

58 Auch die Verhaltenszurechnung erfolgt auf der Grundlage einer zweistufigen Prüfung. Voraussetzung ist zunächst, dass ein ursächlicher Beitrag zum straftatbestandlichen Verhalten geleistet wird. Ist dies zu bejahen, so bedarf es darüber hinaus der normativen Zurechnung des Verhaltens in Gestalt der Zuschreibung der maßgeblichen Verantwortlichkeit für dessen Realisierung. Eindeutig gegeben und daher nicht zu problematisieren ist der Zurechnungszusammenhang bei Verwirklichung des straftatbestandlichen Verhaltens in eigener Person. Demgegenüber bereitet gerade das den Arzneimittelverkehr prägende arbeitsteilige Zusammenwirken mehrerer Personen mitunter erhebliche Schwierigkeiten.

1. Kausalität

59 Auf Kausalitätsebene wirft namentlich die Zurechnung strafbarer Verhaltensweisen, die in Umsetzung einer zuvor getroffenen **Gremienentscheidung** vorgenommen werden, zahlreiche Fragen auf. Als problematisch erweist sich hier, dass bei **Kollegialentscheidungen**, die mit mehr als einer Stimme Mehrheit zustande kommen, ohne Weiteres eine die gesetzeswidrige Verhaltensweise befürwortende Stimme des einzelnen Gremienmitglieds hinweggedacht resp. eine die gesetzeswidrige Verhaltensweise ablehnende Stimme hinzugedacht werden kann, ohne dass der später eingetretene Rechtsverstoß entfiele. Das Stimmverhalten des Einzelnen stellt sich somit gerade nicht iSd Äquivalenztheorie als conditio sine qua non und damit kausal für das strafbare Verhalten dar. Nichtsdestotrotz soll nach der Rechtsprechung des BGH[94] jedes Gremienmitglied, welches es trotz seiner Mitwirkungskompetenz unterlässt, einen Beitrag zum Unterbleiben einer strafbaren Verhaltensweise zu leisten, als kausaler Mitverursacher für die daraus hervorgehenden Schäden strafrechtlich haftbar sein. Insbesondere könne sich der Einzelne nicht damit entlasten, dass seinem Bemühen, die gebotene Kollegialentscheidung herbeizuführen, wegen vermeintlicher Überstimmung durch die übrigen Gremienmitglieder ohnehin kein Erfolg beschieden wäre. Wenngleich die Begründung, mit der der BGH zu diesem positiven Kausalurteil gelangt, dogmatisch fragwürdig und daher im Schrifttum zu Recht kritisiert worden ist,[95] ist dem BGH im Ergebnis zu folgen.[96] So lässt sich die Miturheberschaft des einzelnen Gremienmitglieds für die schadensstiftende Kollegialentscheidung sowohl im Wege der **mittäterschaftlichen Zurechnung des Abstimmungsverhaltens der übrigen Gremienmitglieder** iSd § 25 Abs. 2 StGB herleiten[97] als auch unter Heranziehung der wissenschaftstheoretischen **Definition der Ursache als INUS-Bedingung**.[98] Dabei erweist sich die INUS-Definition als sachgerechte Verknüpfung der in der Rechtswissenschaft seit langem anerkannten Rechtsinstitute der kumulativen und alternativen Kausalität. Während erstere den Fall der Mitursächlichkeit mehrerer, nur gemeinsam zum Erfolg führender Bedingungen umschreibt, folgt aus letzterer, dass von mehreren Bedingungen, die unabhängig voneinander, dh jeweils für sich bereits den Erfolg herbeiführen, jede als kausal anzusehen ist. Ist das Votum des einzelnen Gremienmitglieds aber notwendiger Bestandteil einer Einstimmenmehrheit als Mindestbedingung für das Zustandekommen der Kollegialentscheidung (kumulative Kausalität), so scheitert die Kausalität des Einzelvotums folglich nicht daran, dass die zustande gekommene Kollegialent-

---

[94] Vgl BGHSt 37, 106, 113 – Lederspray; 48, 77, 94 – Politbüro.
[95] Knauer, 2001, S. 94; Schaal, 2001, S. 113; Weißer, 1996, S. 110 f.
[96] Ebenso: Kuhlen, JZ 1994, 1146; Schönke/Schröder/*Lenckner*, StGB, Vorbem §§ 13 ff Rn 83 a.
[97] Vgl Mayer, 2008, S. 476 ff mwN. Entgegen zahlreichen Stimmen im Schrifttum gilt dies nicht nur im Fall vorsätzlichen, sondern auch im Fall fahrlässigen Zusammenwirkens. Zur umstrittenen Frage der Anerkennung einer fahrlässigen Mittäterschaft vgl Kamm, 1999; Knauer, 2001; Kraatz, 2006; Schaal, 2001; Weißer, 1996.
[98] **I**nsufficient but **N**onredundant part of an **U**nnecessary but **S**ufficient condition.

scheidung alternativ aus mehreren, in der Personenzusammensetzung variierenden Einstimmenmehrheiten abgeleitet werden kann (alternative Kausalität).[99]

2. Normative Zurechnung

Auch der normativen Zurechnung kommt gerade in einer überwiegend arbeitsteilig strukturierten Welt entscheidende Bedeutung zu. Mit zunehmender Aufteilung komplexer und gefahrenträchtiger Tätigkeiten – wie der Herstellung und dem Vertrieb von Arzneimitteln – erhöht sich zwangsweise die Zahl derer, die im Fall der Realisierung der damit verbundenen Gefahren einen kausalen Beitrag hierzu geleistet haben und somit in den Fokus des Strafrechts rücken. Der hiermit einhergehenden Vervielfachung potenzieller Straftäter gilt es auf der Ebene der normativen Zurechnung durch eine wertende Verantwortungszuschreibung auf der Grundlage des Eigenverantwortlichkeitsprinzips und des daraus resultierenden Vertrauensgrundsatzes sachgerecht zu begegnen.

a) Eigenverantwortlichkeitsprinzip

Basierend auf dem **Menschenbild des Grundgesetzes**, wonach der Mensch ein autonomes, zu vernünftiger, verantwortlicher Selbstbestimmung fähiges Wesen ist,[100] ist nach dem Eigenverantwortlichkeitsprinzip grundsätzlich jeder nur für sein eigenes Verhalten, nicht aber das Verhalten Dritter verantwortlich.[101] Denn indem jedem Menschen die Fähigkeit zu vernünftigem, verantwortungsbewusstem Handeln zugeschrieben wird, ist der Einzelne nicht gehalten, etwaige Verfehlungen Dritter bei der Ausgestaltung seines Verhaltens einzubeziehen. Insoweit führt das Eigenverantwortlichkeitsprinzip zu einer sachgerechten **Abgrenzung der Verantwortungsbereiche** aller an einem strafrechtlich relevanten Geschehen kausal beteiligten Personen.[102] Dass das eigene Verhalten womöglich ein rechtsgutsverletzendes Fehlverhalten Dritter ermöglicht oder von diesen gar bewusst deliktisch ausgenutzt wird, begründet demnach als solches noch keine Strafbarkeit.

Im Umkehrschluss folgt aus dem vorstehend Gesagten, dass eine Zurechnung von Drittverhaltensweisen dann in Betracht kommt, wenn dem Dritten im konkreten Einzelfall die Fähigkeit zu selbstbestimmtem, verantwortungsbewusstem Handeln offensichtlich fehlt. Dies ist der Fall, wenn der Dritte mangels Einsichts- und Urteilsfähigkeit nicht in der Lage ist, Wesen, Bedeutung und Tragweite seines Handelns – namentlich dessen Risikopotenzial – zu erkennen, oder das Drittverhalten einem Irrtum entspringt und sich daher gerade nicht als wohlerwogene, selbstbestimmte Verhaltensentscheidung darstellt.[103] Inwieweit ein solches **Defizit** in Rechnung zu stellen und demnach eine Zurechnung des Drittverhaltens zu bejahen ist, bestimmt sich wiederum nach dem Vertrauensgrundsatz.

b) Vertrauensgrundsatz

Nach dem Vertrauensgrundsatz braucht derjenige, der sich selbst pflichtgemäß verhält, nicht vorsorglich alle möglichen Sorgfaltswidrigkeiten anderer einzukalkulieren, sondern darf erwarten und darauf vertrauen, dass andere an einem gefahrenträchtigen Geschehen Beteiligte ebenfalls die ihnen zukommende Verantwortung für eigene und fremde Rechtsgüter durch sorgfaltsgemäßes Handeln wahrnehmen, sofern nicht konkrete Anhaltspunkte

---

99 Vertiefend: NK-StGB/*Puppe*, Vor § 13 Rn 122; Röckrath, 2004; Unger, 2001; zusammenfassend: Mayer, 2008, S. 483 ff.
100 Vgl Frisch, 1988, S. 269 f Fn. 137.
101 Schönke/Schröder/*Lenckner/Eisele*, StGB, Vorbem §§ 13 ff Rn 101/101 a mwN; SK-StGB/*Rudolphi*, Vor § 1 Rn 72.
102 Schönke/Schröder/*Cramer/Sternberg-Lieben*, StGB, § 15 Rn 171 mwN; Zaczyk, 1993, S. 12.
103 Vertiefend: Mayer, 2008, S. 347 ff mwN.

das Gegenteil nahe legen.[104] Derartige Anhaltspunkte können sich aus einer äußerlich wahrnehmbaren **konstitutionellen Unverantwortlichkeit** iSd §§ 19, 20, 35 StGB, 3 JGG, einer aus häufigem Fehlverhalten in der Vergangenheit ableitbaren generellen **Unzuverlässigkeit** sowie einem erkennbar **unzulänglichen Risikobewusstsein** ergeben.[105]

64 Ebenso wenig kann derjenige, der als **Garant** Schutzpflichten gegenüber einer Person wahrzunehmen bzw deren Verhalten zu überwachen hat, auf ein verantwortungsbewusstes, pflichtgemäßes Verhalten dieser Person vertrauen. Denn die Existenz der Garantenstellung trägt gerade dem Umstand Rechnung, dass mit einem Fehlverhalten der zu schützenden bzw zu überwachenden Person typischerweise zu rechnen ist.[106]

Schließlich kann sich nicht auf den Vertrauensgrundsatz berufen, wer sich **selbst pflichtwidrig** verhält und hierdurch die Wahrscheinlichkeit und damit zugleich Absehbarkeit eines rechtsgutsverletzenden Anschlussverhaltens Dritter erhöht.[107]

3. Arbeitsteilung

65 Auf der Grundlage des Eigenverantwortlichkeitsprinzips und des Vertrauensgrundsatzes lassen sich im Fall arbeitsteiligen Tätigwerdens die Verantwortungsbereiche der daran Beteiligten sachgerecht abgrenzen und diejenigen Personen ermitteln, die für Rechtsgutsverletzungen, welche aus dem gemeinschaftlichen Handeln hervorgehen, strafrechtlich zur Verantwortung zu ziehen sind.[108] Ausgangspunkt ist dabei stets die **tatsächliche Aufgaben- und Kompetenzverteilung** entsprechend der von den einzelnen Personen im Rahmen des arbeitsteiligen Prozesses übernommenen Positionen und Funktionen.[109]

66 Arbeitsteiliges Zusammenwirken tritt im Arzneiwesen in verschiedenen Formen in Erscheinung.[110] So ist einerseits zwischen der innerbetrieblichen Arbeitsteilung, wie sie innerhalb von Unternehmen, Krankenhäusern und Behörden stattfindet, und der zwischenbetrieblichen Arbeitsteilung, wie sie sich im Rahmen der funktionalen Kooperation zwischen pharmazeutischem Unternehmer, Großhändler, Apotheker, Arzt und Behörden vollzieht, zu unterscheiden. Zum anderen ist zwischen horizontaler und vertikaler Arbeitsteilung zu differenzieren. Während erstere das Zusammenwirken von Angehörigen desselben Fachbereiches auf der Grundlage eines mit Weisungsrechten verbundenen Subordinationsverhältnisses beschreibt, stehen sich bei der horizontalen Arbeitsteilung Angehörige verschiedener Fachbereiche als gleichrangige, gleichberechtigte Partner gegenüber.

67 Im Fall der **zwischenbetrieblichen horizontalen Arbeitsteilung** rechtfertigt die grundsätzliche Gleichrangigkeit der Beteiligten sowie die fehlende Einsicht in die Materie des fremden Fachgebiets, welche die zwischenbetriebliche Kooperation ja gerade erforderlich macht, ein umfassendes Vertrauen in die Qualifikation des Kooperationspartners sowie die sachgerechte Ausgestaltung der diesem unterstehenden Organisation.[111] Folglich bestehen zwischen pharmazeutischem Unternehmer, Großhändler, Apotheker und Arzt so lange keine wechselseitigen Kontroll- und Auswahlpflichten, solange solche nicht ausdrücklich gesetz-

---

104 Vgl BGHSt 4, 188, 191; 14, 201, 211; Bock, 1997, S. 127; Bosch, 2002, S. 380 f; NK-StGB/*Puppe*, Vor § 13 Rn 162.
105 Vgl Schönke/Schröder/*Lenckner/Eisele*, StGB, Vorbem §§ 13 ff Rn 101 c; SK-StGB/*Hoyer*, Anh. zu § 16 Rn 46.
106 Mayer, 2008, S. 392 mwN.
107 Vgl BGHSt 13, 169, 173; Puppe, 2000, S. 135 f.
108 Vgl BGH NJW 1980, 649, 650. Ebenso Bock, 1997; S. 127; Bosch, 2002, S. 380; Deutscher/Körner, wistra 1996, 329; aA Hannes, 2002, S. 162; Alexander, 2005, S. 131; Schmucker, 2001, S. 214.
109 Alexander, 2005, S. 310; Eichinger, 1997, S. 225.
110 Eingehend: Hannes, 2002, S. 54 f; Peter, 1992, S. 19 f; Wilhelm, 1984, S. 4 f.
111 Bosch, 2002, S. 386; Hannes, 2002, S. 204 f.

lich angeordnet sind bzw sich nicht aufgrund konkreter, selbst für einen Fachfremden erkennbarer Anhaltspunkte Zweifel an der Zuverlässigkeit des Partners ergeben.[112]

Anders gestaltet sich die Verantwortungsabgrenzung im Fall der **zwischenbetrieblichen vertikalen Arbeitsteilung**, wie sie charakteristisch für das **Outsourcing** von Teiltätigkeiten ist.[113] Da der beauftragte Subunternehmer hier im originären Aufgaben- und Kompetenzbereich des Auftraggebers tätig wird, geht mit der Aufgabenübertragung keine vollumfängliche Verantwortungsbefreiung einher. Vielmehr verbleiben beim Auftraggeber umfassende Auswahl-, Instruktions- und Kontrollpflichten.[114] Nur wenn dieser sich von der hinreichenden Qualifikation des Auftragnehmers überzeugt und diesen über die an die übertragene Tätigkeit gestellten Anforderungen unterrichtet hat, darf er auf eine ordnungsgemäße Aufgabenerfüllung vertrauen und wird von eigener Verantwortung frei. Eine Pflicht zur Kontrolle des Beauftragten bis hin zu dessen Entbindung von der übertragenen Tätigkeit entsteht in diesem Fall erst, wenn aufgrund erkennbarer Anhaltspunkte Zweifel an der Zuverlässigkeit des Auftragnehmers begründet sind.[115] **68**

Ausgangspunkt für die Verantwortungsabgrenzung im Fall der **innerbetrieblichen vertikalen Arbeitsteilung** ist der den gesellschafts- und arbeitsrechtlichen sowie organisationssoziologischen Gegebenheiten Rechnung tragende Grundsatz der **Allzuständigkeit und Generalverantwortung der Geschäftsleitung**. Diese trifft eine Primärverantwortung für eine ordnungsgemäße, straftatbestandliche Verhaltensweisen unterbindende Betriebsorganisation.[116] Basiert ein straftatbestandliches Verhalten eines Unternehmensmitarbeiters auf einer ausdrücklichen Anordnung der Geschäftsleitung, erachtet der BGH in Anbetracht der der Geschäftsleitung zukommenden Herrschaft über die Unternehmensorganisation eine Strafbarkeit der Geschäftsleitungsmitglieder als mittelbare Täter iSd § 25 Abs. 1 Alt. 2 StGB für grundsätzlich möglich.[117] Im Übrigen gelten die Ausführungen zur zwischenbetrieblichen vertikalen Arbeitsteilung entsprechend, so dass eine Verantwortungsbefreiung der Geschäfts- und Abteilungsleiter nur bei ordnungsgemäßer Auswahl und Instruktion der jeweils unmittelbar nachgeordneten Mitarbeiter sowie fehlenden Anhaltspunkten für deren Unzuverlässigkeit in Betracht kommt.[118] **69**

Hinsichtlich der in Form zunehmender Aufteilung der Unternehmens- bzw Behördentätigkeit auf verschiedene Abteilungen mit spezifischen Ressortzuständigkeiten geübten **innerbetrieblichen horizontalen Arbeitsteilung** kann wiederum auf das zur zwischenbetrieblichen horizontalen Arbeitsteilung Gesagte zurückgegriffen werden. Demnach darf sich der Einzelne so lange auf eine ordnungsgemäße Aufgabenwahrnehmung durch die Mitarbeiter eines anderen Ressorts verlassen, solange aus ressortfremder Sicht keine Anhaltspunkte für das Gegenteil sprechen. Wechselseitige ressortübergreifende Kontroll- und Überwachungspflichten bestehen aufgrund der fehlenden Einsichtsfähigkeit in die Zusammenhänge anderer Fachressorts sowie der überlegenen Qualifikation der Mitarbeiter im jeweiligen Fach- **70**

---

112 Deutscher/Körner, wistra 1996, 330; Hannes, 2002, S. 203.
113 Beispielhaft sei hier die Übertragung der Packmittelherstellung vom pharmazeutischen Unternehmen auf ein hierauf spezialisiertes externes Unternehmen genannt.
114 Alexander, 2005, S. 310; Spitz, 2001, S. 362 f.
115 Mayer, 2008, S. 425; aA Alexander, 2005, S. 313, der von einer permanenten, anlasslosen Überwachungspflicht ausgeht.
116 Vgl BGHSt 37, 106, 124; Bosch, 2002, S. 363; Eidam, 2008, Rn 1111; Lippert in: Ratzel/Luxenburger, 2008, § 30 Rn 298, 311; Spitz, 2001, S. 60 f; Weiß, 2008, S. 514.
117 Vgl BGHSt 40, 218, 236 f; 45, 270, 296; 48, 77, 91. Im Erg. ebenso: Kuhlen in: Achenbach/Ransiek, 2008, II Rn 54; Raum in: Wabnitz/Janovsky, 2007, Kap. 4 Rn 62 f; Schmid in: Müller-Gugenberger/Bieneck, 2006, § 56 Rn 37; kritisch hierzu Krekeler/Werner, 2006, Rn 7; Mayer, 2008, S. 438 ff mwN.
118 Detailliert: Mayer, 2008, S. 448 ff mwN. Speziell zur Verantwortungsabgrenzung im gemeinschaftlichen Praxis- bzw Krankenhausbetrieb siehe Deutsch/Spickhoff, 2008, Rn 374 ff; Mayer, 2008, S. 536 ff; Peter, 1992; S. 43 ff; Quaas/Zuck, 2008, § 13 Rn 119 ff; Terbille in: MüAnwHdb MedR, § 2 Rn 645 ff.

ressort grundsätzlich nicht.[119] Ist auch die Geschäftsführung nach Ressorts gegliedert, indem den einzelnen Geschäftsleitungsmitgliedern jeweils bestimmte Ressorts zugewiesen sind, so tritt die mit der **Ressortaufteilung** verbundene Verantwortungsbefreiung **in Spannung mit dem Grundsatz der Allzuständigkeit und Generalverantwortung der Geschäftsleitung.** Nach zutreffender Ansicht dürfen sich die Geschäftsleitungsmitglieder zwar bis zum Erkennbarwerden des Gegenteils berechtigterweise auf eine ordnungsgemäße Organisation und Überwachung des jeweiligen Ressorts durch das dieses leitende Geschäftsleitungsmitglied verlassen, so dass eine Zurechnung dort auftretender Gesetzesverstöße ausscheidet.[120] In **Krisen- und Ausnahmesituationen** jedoch schließt die Allzuständigkeit und Generalverantwortung der Geschäftsleitung als Kollegialorgan eine Berufung auf den Vertrauensgrundsatz aus, ist die Bewältigung derartiger Situationen doch gerade nicht geschäftsplanmäßig einem einzelnen Ressort zugewiesen.[121] Ist in diesen Fällen die Geschäftsleitung als Kollegialorgan zum Handeln aufgerufen, treten neben den bereits angesprochenen, mit der Beschlussfassung in Gremien verbundenen Kausalitätsproblemen (siehe Rn 59) spezifische Zurechnungsfragen auf. Da sich die einzelnen Geschäftsleitungsmitglieder aufgrund des **Ressortprinzips** grundsätzlich auf eine ordnungsgemäße Unterrichtung über aufgetretene Probleme durch den für das betroffene Ressort zuständigen Geschäftsleitungskollegen verlassen und dessen sachkundige Bewertung zur Grundlage ihres Abstimmungsverhaltens machen dürfen, scheidet eine Strafbarkeit der ressortfremden Geschäftsleitungsmitglieder wegen Ergreifens unzureichender Maßnahmen – etwa eines unterlassenen Produktrückrufs – aus, solange sich die beschlossenen Maßnahmen unter Zugrundelegung der unterbreiteten Informationen als hinreichend darstellten.[122] Erkennt das einzelne Geschäftsleitungsmitglied die Fehlerhaftigkeit einer abzusehenden Beschlussfassung, so begründet die bloße Teilnahme an der Abstimmung als solche entgegen vereinzelter Stimmen im Schrifttum[123] ebenfalls keine Strafbarkeit, solange das Geschäftsleitungsmitglied durch ein entsprechendes Abstimmverhalten und unter vollem Einsatz seiner Mitwirkungsrechte das ihm Mögliche und Zumutbare tut, um die Beschlussfassung zu verhindern.[124]

E. Subjektive Vorwerfbarkeit

71 Strafbar ist nur, wem die Verwirklichung eines Straftatbestandes auch subjektiv vorwerfbar ist. Das Gesetz unterscheidet insoweit zwischen vorsätzlicher und fahrlässiger Straftatbegehung, wobei letztere gemäß § 15 StGB nur bei ausdrücklicher gesetzlicher Strafdrohung eine Strafbarkeit begründet.

72 Unter **Vorsatz** ist der Wille zur Straftatbestandsverwirklichung in Kenntnis der das Unrecht der Straftat konstituierenden gesetzlichen Tatbestandsmerkmale, mithin die wissentliche und willentliche Verwirklichung eines Straftatbestandes zu verstehen. Dabei genügt, sofern der Tatbestand kein absichtliches Handeln bzw Handeln wider besseres Wissen verlangt,[125] zur Bejahung des Vorsatzes, dass der Täter die Verwirklichung des Straftatbestan-

---

119 Lege, 2000, S. 145, 157; Schmucker, 2001, S. 206.
120 Eidam, 2008, Rn 1154; Hellmann/Beckemper, 2008, Rn 929; Ransiek, 1996, S. 41; Raum in: Wabnitz/Janovsky, 2007, Kap. 4 Rn 29; Weiß, 2008, S. 514.
121 BGHSt 37, 106, 123 f; Mayer, 2008, S. 473 mwN; Ransiek, 1996, S. 66.
122 Vgl BGH wistra 2000, 305 ff; Lippert in: Ratzel/Luxemburger, 2008, § 30 Rn 300, 313; Schmidt-Salzer, 1988, Rn 1.201, 1.288 ff.
123 Schmid in: Müller-Gugenberger/Bieneck, 2006, § 30 Rn 24; Weißer, 1996, S. 118. Ebenso OLG Stuttgart NStZ 1981, 27 f.
124 BGHSt 9, 203, 215 f; 37, 106, 125 f; Eidam, 2008, Rn 1185; Hilgendorf, 1993, S. 111; Kuhlen, JZ 1994, 1147.
125 Zu den diesbzgl. Anforderungen siehe Fischer, StGB, § 15 Rn 5 ff mwN.

des in intellektueller Hinsicht ernsthaft für möglich hält und sich in voluntativer Hinsicht mit dieser abfindet (sog. **Eventualvorsatz**).[126]

Im Gegensatz dazu bedeutet **Fahrlässigkeit** die ungewollte, wenngleich vorhersehbare und vermeidbare Verwirklichung eines Straftatbestandes aufgrund pflichtwidriger Außerachtlassung der im Verkehr gebotenen Sorgfalt.[127] Maßstab der Vorhersehbarkeit und gebotenen Sorgfalt bildet **in objektiver Hinsicht** die durchschnittliche Verkehrserwartung. Demnach ist objektiv vorhersehbar, was ein umsichtig handelnder Mensch aus dem Verkehrskreis des Täters unter den jeweils gegebenen Umständen aufgrund der allgemeinen Lebenserfahrung in Rechnung stellen würde.[128] Art und Maß der objektiv anzuwendenden Sorgfalt wiederum bestimmt sich nach den Anforderungen, welche bei *ex ante*-Betrachtung der Gefahrenlage an einen besonnenen und gewissenhaften Menschen in der konkreten Lage und sozialen Rolle des Täters zu stellen sind.[129] Dabei kommt Verhaltensanforderungen statuierenden **Sondernormen**, wie sie etwa in Verordnungen und Richtlinien, aber auch Berufsordnungen, Leitlinien, Betriebsvorschriften und technischen Regeln zu finden sind, sowie den seitens der **Zivilgerichtsbarkeit** – namentlich für den Bereich der Produkthaftung – präzisierten Pflichtenkatalogen allenfalls **indizielle Bedeutung** zu.[130] Der so ermittelte objektive Maßstab bedarf sodann **in subjektiver Hinsicht** der Überprüfung und Korrektur anhand des individuellen Wissens und Könnens des konkret Handelnden, wobei nach zutreffender Ansicht ein etwaiges individuelles **Sonderkönnen** bzw **Sonderwissen** pflichtschärfend zu berücksichtigen ist.[131] Liegt auch subjektiv eine Pflichtverletzung bei gleichzeitiger subjektiver Vorhersehbarkeit und Vermeidbarkeit der Tatbestandsverwirklichung vor, ist ein Fahrlässigkeitsvorwurf zu bejahen.

F. Haftung für Arzneimittelschäden

Abschließend soll kurz auf den Problemkreis der strafrechtliche Verantwortung für auftretende Arzneimittelschäden eingegangen werden, lässt sich die Frage der Strafbarkeit diesbezüglich doch anders als in den von §§ 95 ff AMG erfassten Fällen nicht durch bloße Subsumtion unter die einschlägigen Normen beantworten.

I. Allgemeine Nebenwirkungsschäden

Im Ausgangspunkt stellt die Einnahme von nebenwirkungsbehafteten Arzneimitteln seitens des Patienten einen Akt der **eigenverantwortlichen Selbstgefährdung** dar, so dass daraus resultierende Nebenwirkungsschäden grundsätzlich keine Strafbarkeit begründen. Indes setzt die Eigenverantwortlichkeit des Medikamentenkonsums voraus, dass der Patient als medizinischer Laie imstande ist, die mit der Arzneimittelanwendung einhergehenden Gesundheitsrisiken sachgerecht zu erfassen. Hieraus resultiert die spezifische Bedeutung des sog. *informed consent*, wonach eine Strafbarkeit wegen Nebenwirkungsschäden nur bei ordnungsgemäßer Aufklärung des Patienten über deren etwaiges Auftreten ausscheidet.

---

126 Ebenso: Eichinger, 1997, S. 269. Ähnlich die Rechtsprechung, welche eine billigende Inkaufnahme der Tatbestandsverwirklichung verlangt, vgl BGHSt 7, 363 ff. Zusammenfassend zu den im Schrifttum verfochtenen Vorsatztheorien: MüKo-StGB/*Joecks*, § 16 Rn 19 ff; Schönke/Schröder/*Cramer/Sternberg-Lieben*, StGB, § 15 Rn 73 ff; jeweils mwN.
127 Eichinger, 1997, S. 271; Schönke/Schröder/*Cramer/Sternberg-Lieben*, StGB, § 15 Rn 121 mwN.
128 Vgl LK-StGB/*Vogel*, § 15 Rn 260 mwN.
129 BGHSt 7, 307; 20, 315, 321; 37, 184; Fischer, StGB, § 15 Rn 16.
130 Deutsch/Spickhoff, 2008, Rn 215; Höhfeld, 1999, S. 177; Kuhlen, 1989, S. 121, 149 f; Terbille in: MüAnwHdb MedR, § 1 Rn 577; aA Herzberg, NStZ 2004, 662.
131 Ebenso: Eichinger, 1997, S. 220; Kuhlen, 1989, S. 86. Detailliert: Mayer, 2008, S. 272 f mwN zum Meinungsstand.

Aufklärungspflichtig sind insoweit grundsätzlich sowohl der pharmazeutische Unternehmer als auch der behandelnde Arzt und der das Arzneimittel abgebende Apotheker.

76 Die **Instruktionsverantwortung des pharmazeutischen Unternehmers** findet ihren Niederschlag in den konkrete Vorgaben für die Ausgestaltung der Gebrauchs- und Fachinformation enthaltenen **§§ 11, 11a AMG**. Während erstere der unmittelbaren Aufklärung des Patienten dient, trägt letztere mittelbar zur Unterrichtung des Patienten bei, indem sie dem Arzt bzw Apotheker die für eine sachgerechte Patientenaufklärung erforderlichen Informationen vermittelt.[132] Kommt der pharmazeutische Unternehmer[133] seiner Instruktionsverantwortung – einschließlich der Verpflichtung zur Aktualisierung der Gebrauchs- und Fachinformation nach Bekanntwerden zusätzlicher Nebenwirkungen in der Nachmarktphase – ordnungsgemäß nach, trifft ihn nach Maßgabe des Vertrauensgrundsatzes keine strafrechtliche Verantwortung für etwaige Nebenwirkungen, darf er doch darauf vertrauen, dass der Patient mittels Beipackzettel und Aufklärung durch den Arzt oder Apotheker von den Nebenwirkungsrisiken Kenntnis erlangt, die Medikamenteneinnahme mithin Ausdruck einer eigenverantwortlichen Inkaufnahme der damit verbundenen Gesundheitsgefahren darstellt.

77 Umgekehrt darf der zur Aufklärung des Patienten verpflichtete **Arzt**[134] in Abwesenheit gegenteiliger Anhaltspunkte auf die Richtigkeit und Vollständigkeit der Fachinformation vertrauen. Erweisen sich die darin enthaltenen Angaben als lückenhaft, ist dem Arzt eine daraus resultierende unzureichende Patientenaufklärung nicht vorwerfbar, solange die Unzulänglichkeit der Fachinformation für ihn nicht erkennbar war.[135] Indes genügt der Arzt seiner Instruktionsverantwortung nicht bereits durch bloßen Verweis auf die dem Arzneimittel beiliegende Gebrauchsinformation. Denn während diese abstrakt-generelle Informationen über das Arzneimittel enthält, ist der Arzt zu einer konkret-individuellen Aufklärung unter Berücksichtigung der spezifischen gesundheitlichen Konstitution des jeweiligen Patienten verpflichtet.[136]

78 Hinsichtlich der **Instruktionsverantwortung des Apothekers** ist gemäß **§ 20 ApBetrO** zwischen der Abgabe von Medikamenten aufgrund ärztlicher Verschreibung einerseits und der unrezeptierten Abgabe im Wege der **Selbstmedikation** zu unterscheiden. Bei ersterer trifft den Apotheker keine eigene Pflicht zur Patientenaufklärung, darf er doch darauf vertrauen, dass diese bereits durch den Arzt erfolgt ist. Fehlt es indes an einer ärztlichen Verordnung oder weicht der Apotheker im Wege der **aut idem-Substitution** gemäß § 129 SGB V bzw § 17 Abs. 5a ApBetrO von dieser ab, ist der Apotheker wie der Arzt, dessen Platz er gewissermaßen einnimmt, gemäß § 20 Abs. 1 S. 3 ApBetrO zur umfassenden Aufklärung verpflichtet.

II. Schäden durch fehlerhafte Arzneimittelanwendung

79 Entsprechendes gilt für Schäden, die aus einer fehlerhaften Arzneimittelanwendung resultieren. Zwar geht mit Übergabe des Präparates an den Patienten die Verantwortung für

---

[132] Vgl LG Aachen JZ 1971, 507, 515 – Contergan; Scheu, 2003, S. 829.
[133] Zur Frage der unternehmensinternen Verteilung der Instruktionsverantwortung siehe Mayer, 2008, S. 498 f mwN.
[134] Hinsichtlich der konkreten Anforderungen an Art und Weise sowie Umfang der ärztlichen Aufklärung siehe Deutsch/Spickhoff, 2008, Rn 265 ff; Krudop-Scholz, 2005; Terbille in: MüAnwHdb MedR, § 1 Rn 373 ff; Ulsenheimer, 2008, Rn 66 ff; jeweils mwN.
[135] Insoweit kommt der Pflicht des Arztes, sich anhand der einschlägigen Fachliteratur über neue Erkenntnisse auf dem Laufenden zu halten, entscheidende Bedeutung zu, vgl Ulsenheimer, 2008, Rn 22a.
[136] BGH JR 2006, 67 f; OLG Hamburg VersR 1996, 1537; Hart, 1990, S. 73; Koyuncu, 2004, S. 115 f; aA LG Dortmund MedR 2000, 331, 332.

dessen sachgerechte Anwendung auf diesen über.¹³⁷ Die berechtigte Erwartung eines gewissenhaften Umgangs mit dem Arzneimittel setzt jedoch zwingend eine diesbezüglich vorangegangene Unterweisung voraus, weshalb ein eigenschädliches Patientenverhalten dem pharmazeutischen Unternehmer, Arzt und Apotheker dann Strafbarkeit begründend zurechenbar ist, wenn diese ihrer Instruktionsverantwortung gegenüber dem Patienten nicht hinreichend nachgekommen sind.

Die durch entsprechende Ausgestaltung der Gebrauchs- und Fachinformation wahrzunehmende **Instruktionsverantwortung des pharmazeutischen Unternehmers** umfasst dabei nicht nur die exakte Beschreibung der bestimmungsgemäßen Anwendungsmodalitäten, sondern auch explizite Warnungen vor einem nahe liegenden bzw in der medizinischen Praxis weit verbreiteten Fehlgebrauch des betreffenden Präparates.¹³⁸

Je nachdem, ob der **behandelnde Arzt** das Medikament – wie etwa im Fall der Impfung – selbst appliziert oder zur häuslichen Einnahme verschreibt, hat er entweder das Präparat selbst lege artis anzuwenden oder dessen sachgerechte Handhabung kraft umfassender Instruierung des Patienten sicherzustellen, wobei der bloße Verweis auf die Packungsbeilage auch insoweit nicht ausreicht.¹³⁹ Liegen erkennbare Anzeichen dafür vor, dass der Patient hierzu nicht in der Lage ist, ist er zur Vermeidung strafrechtlicher Konsequenzen gehalten, von der Verschreibung des Präparates Abstand zu nehmen und die Einnahme des Arzneimittels nur in den eigenen Praxisräumen bzw im Krankenhaus zuzulassen.¹⁴⁰

Vorstehendes gilt im Fall der unrezeptierten Arzneimittelabgabe auch für den **Apotheker**. Hingegen darf er bei Vorliegen einer ärztlichen Verordnung bis zum Auftreten erkennbarer Gegenanzeichen von einer ordnungsgemäßen ärztlichen Aufklärung des Patienten und bestimmungsgemäßen Arzneimittelanwendung durch diesen ausgehen.¹⁴¹

III. Therapie- und indikationsfehlerbedingte Schäden

Die Vermeidung therapie- und indikationsfehlerbedingter Arzneimittelschäden obliegt, sofern kein Fall der Selbstmedikation vorliegt (siehe hierzu Rn 83 f), grundsätzlich dem behandelnden **Arzt**. Dieser hat auf der Grundlage einer gewissenhaften Diagnose, basierend auf einer umfassenden Arzneimittelanamnese und Befundauswertung, aus der Vielzahl der alternativ zur Verfügung stehenden Arzneimittel das im konkreten Einzelfall indizierte Präparat auszuwählen und Art, Dauer sowie Umfang der Therapie der Indikation entsprechend festzulegen. Wenngleich die Therapiewahl stets dem fachärztlichen Standard entsprechen muss, billigen Rechtsprechung und Schrifttum dem Arzt seit jeher weitgehende **Therapiefreiheit** zu und räumen diesem im Rahmen der Therapiewahl einen gewissen **Beurteilungsspielraum** ein, der – nach verantwortlicher medizinischer Würdigung und Abwägung aller Umstände des Einzelfalls sowie entsprechender Aufklärung des Patienten¹⁴² – auch **Außenseiter- und Neulandmethoden** sowie einen **Off-Label-Use** oder gar **Compassionate Use** iSd § 21 Abs. 2 Nr. 6 AMG zulässt und der erst überschritten ist, wenn die gewählte (Arzneimittel-)Therapie einer alternativ zur Verfügung stehenden Behandlungsmethode offensicht-

---

137 Blasius et al., 1998, S. 199; Sander, Arzneimittelrecht, § 5 AMG Erl. 5; Schellenberg, VersR 2005, 1620.
138 Vgl Dany, 2008, S. 146; Eichinger, 1997, S. 230; Höhfeld, 1999, S. 192; Kuhlen, 1989, S. 144 f; Wolter, ZRP 1974, 262. Vertiefend: Mayer, 2008, S. 515 ff.
139 Hart, MedR 2003, 605; Schlund, ArztR 2004, 32.
140 Vgl Mayer, ArztR 2009, 92; NK-StGB/*Puppe*, Vor § 13 Rn 191. Zur Problematik der Arzneimittelabgabe an Suchtkranke siehe Körner, BtMG, AMG Ärzte Rn 7 ff.
141 Vgl Mayer, ArztR 2009, 93 f.
142 Hinsichtlich der insoweit gesteigerten Aufklärungspflichten vgl BGH MedR 2008, 87 ff. Siehe auch Strücker-Pitz, VersR 2008, 752 ff mwN aus der Rspr.

lich unterlegen ist.¹⁴³ Ist der Off-Label-Use eines Medikaments als Behandlungsmethode allgemein anerkannt, kann dessen Unterlassen sogar seinerseits strafrechtliche Konsequenzen zur Folge haben.¹⁴⁴

82   Indes ist der Arzt bei der Therapiewahl und -durchführung auf Informationen sowohl seitens des Patienten als auch des pharmazeutischen Unternehmers angewiesen. Stellen diese die erforderlichen Informationen nicht zur Verfügung, scheidet eine Strafbarkeit des Arztes wegen eines daraus resultierenden Indikations- oder Therapiefehlers aus. So hat der **Patient** auf entsprechende Nachfrage des Arztes zutreffende Angaben zu seiner gesundheitlichen Konstitution, etwaigen Schadensdispositionen, Unverträglichkeiten oder einer bestehenden, die Gefahr von Wechselwirkungen hervorrufenden Begleitmedikation zu machen.¹⁴⁵ Der **pharmazeutische Unternehmer** wiederum hat den Arzt im Wege der Fachinformation über die maßgeblichen Parameter des betreffenden Arzneimittels, namentlich das Indikationsgebiet, die empfohlene Dosierung sowie bekannte Kontraindikationen und Wechselwirkungsrisiken zu unterrichten.¹⁴⁶ Tut er dies, so kann ihm ein abweichendes Therapieverhalten des Arztes nicht angelastet werden. Dies gilt insbesondere auch für einen vom Arzt praktizierten **Off-Label-Use**, es sei denn, dieser ist in der medizinischen Praxis etabliert und wird vom pharmazeutischen Unternehmer ausweislich eines fehlenden diesbezüglichen Widerspruchs in der Fachinformation stillschweigend geduldet.¹⁴⁷

83   Im Fall der **Selbstmedikation** obliegt die Vermeidung indikations- oder therapiefehlerbedingter Schäden dem Patienten selbst. Eine Strafbarkeit des pharmazeutischen Unternehmers kommt insoweit nur dann in Betracht, wenn die Angaben in der Gebrauchsinformation, auf die sich der Patient grundsätzlich verlassen darf, unrichtig oder unvollständig sind und hieraus ein indikations- oder therapiefehlerhafter Einsatz des Arzneimittels seitens des Patienten resultiert.

84   Hingegen geht für den **Apotheker** mit der unrezeptierten Abgabe eines Arzneimittel zur Selbstmedikation, aber auch mit einer aut idem-Substitution ein erhebliches Haftungsrisiko für spätere indikations- oder therapiefehlerbedingter Schäden einher. Während bei Vorliegen einer ärztlichen Verschreibung eine Strafbarkeit des Apothekers ausscheidet, solange die Indikations- oder Therapiefehlerhaftigkeit der Verordnung nicht offensichtlich ist, schlüpft der Apotheker im Fall der Selbstmedikation bzw Substitution quasi in die Rolle des Arztes und hat wie dieser durch gewissenhafte Anamnese, Diagnose und Indikationsstellung Indikations- und Therapiefehler zu vermeiden oder aber, sofern er sich hierzu nicht imstande sieht, die Arzneimittelabgabe zu verweigern und den Patienten auf die Inanspruchnahme ärztlicher Hilfe zu verweisen.¹⁴⁸

IV. Schäden durch bedenkliche Arzneimittel

85   Stellt sich eine aufgetretene Gesundheitsbeeinträchtigung als unvertretbare schädliche Wirkung eines bedenklichen Arzneimittels iSd § 5 Abs. 2 AMG dar, hängt die Frage der Strafbarkeit maßgeblich davon ab, ob für das betreffende Präparat eine **Zulassung gemäß**

---

143 Vgl RGSt 64, 263; 67, 11, 22; BGHSt 37, 383, 385; Dany, 2008, S. 24; Jürgens, 2005, S. 46 f mwN; Quaas/Zuck, 2008, § 13 Rn 73; Siebert, 1982, S. 75. Vertiefend: Mayer, 2008, S. 526 ff, namentlich auch zur Verantwortungsabgrenzung bei Zusammenwirken mehrerer Medizinpersonen. Siehe insoweit auch Sommer/Tsambikakis in: MüAnwHdb MedR, § 2 Rn 77 ff.
144 Vgl insoweit die „Aciclovir"-Entscheidung des OLG Köln, ArztR 1991, 294 ff.
145 Göben, 1998, S. 49; Koyuncu, 2004, S. 127 ff.
146 Vgl Hart, 1990, S. 54.
147 Heitz, 2005, S. 205; Krüger, PharmR 2004, 52; Mayer, 2008, S. 525. Eine Haftung des pharmazeutischen Unternehmers auch in diesem Fall verneinend: Kempe-Müller, 2008, S. 103 f; Wemhöhner/Frehse, PharmR 2004, 432.
148 Ebenso: Koyuncu, 2004, S. 180 ff.

F. Haftung für Arzneimittelschäden

§ 25 AMG erteilt worden ist. Ist dies der Fall, so scheidet eine Strafbarkeit sowohl des pharmazeutischen Unternehmers wegen Inverkehrgabe des Arzneimittels als auch des behandelnden Arztes bzw Apothekers wegen Anwendung und Abgabe desselben – unbeschadet einer etwaigen Strafbarkeit wegen Indikations- oder Therapiefehlerhaftigkeit des Arzneimitteleinsatzes im Einzelfall (siehe Rn 81 ff) – nach zutreffender Ansicht grundsätzlich aus.[149] Denn durch die Einführung der Zulassungspflicht für Arzneimittel gemäß § 21 AMG, die Etablierung eines aufwendigen Zulassungsverfahrens gemäß §§ 22 ff AMG und die Schaffung spezifischer, mit pluralistischem Sachverstand ausgestatteter Zulassungsbehörden obliegt die Beurteilung der (Un-)Bedenklichkeit eines Arzneimittels nach dem Willen des Gesetzgebers ausschließlich dem BfArM bzw PEI als maßgeblicher Zulassungsbehörde. Diese gesetzgeberische Grundentscheidung trägt zum einen der Komplexität der mit diversen Unsicherheitsfaktoren belasteten (Un-)Bedenklichkeitsbeurteilung Rechnung, angesichts deren dem pharmazeutischen Unternehmer eine eigenständige Beurteilung der (Un-)Bedenklichkeit mit Blick auf das damit einhergehende Haftungsrisikos redlicherweise nicht zugemutet werden kann. Zum anderen berücksichtigt die Kompetenzzuweisung an staatliche Behörden, dass der Bewertung eines Arzneimittels in Gestalt der Abwägung von Nutzen und Risiken für die Volksgesundheit eine gesundheits- und sozialpolitische Dimension innewohnt, die Entscheidung, welche Risiken der Gemeinschaft zumutbar sind, aber schlechterdings nur dem Staat als Repräsentant der Volksgemeinschaft und nicht etwa dem einzelnen Unternehmer anvertraut sein darf.[150] Folgerichtig weisen auch die §§ 62, 63 AMG den staatlichen Stellen die Koordinationshoheit über die zu ergreifenden Gefahrenabwehrmaßnahmen zu.

86 Beinhaltet die Arzneimittelzulassung demnach ein verbindliches (Un-)Bedenklichkeitsurteil, so kommt unter Verweis auf die zur Bedeutung behördlicher Genehmigungen gemachten Ausführungen (siehe Rn 56 f) eine Strafbarkeit der das Arzneimittel in Verkehr bringenden, anwendenden oder abgebenden Personen nur dann in Betracht, wenn die bestehende Zulassung erkennbar fehlerbehaftet ist und somit ein Vertrauen in diese nicht berechtigt ist. Den Maßstab bildet insoweit der **Vertrauensgrundsatz** (siehe hierzu bereits Rn 63 f). Dabei ist hinsichtlich der Fehlerhaftigkeit der Zulassung zwischen der Zulassung eines bereits im Zeitpunkt der Zulassungserteilung bedenklichen Arzneimittels und der Zulassung eines aufgrund von in der Nachmarktphase bekannt gewordenen Nebenwirkungen erst nachträglich bedenklich werdenden Arzneimittels zu unterscheiden.

87 Bedenkt man, dass der **pharmazeutische Unternehmer** verpflichtet ist, die Zulassungsbehörde im Rahmen der nach § 22 AMG geforderten Zulassungsunterlagen umfassend über die Eigenschaften des Arzneimittels zu informieren, so folgt hieraus, dass ein strafbarkeitsausschließendes berechtigtes Vertrauen des pharmazeutischen Unternehmers in die erteilte Zulassung ausscheidet, wenn die eingereichte Arzneimitteldokumentation zumindest fahrlässig unzutreffende oder unzulängliche Angaben enthält.[151] Entsprechend endet ein zunächst berechtigtes Vertrauen, wenn sich die vormals zutreffenden Angaben in den Zulassungsunterlagen aufgrund von in der Nachmarktphase bekannt werdenden schädlichen Arzneimittelwirkungen als unrichtig oder unvollständig erweisen und der pharmazeutische Unternehmer die Zulassungsbehörde entgegen der in §§ 29 Abs. 1, 31 Abs. 2, 63 b Abs. 2 und 5 AMG statuierten Verpflichtung nicht über die ihm bekannt gewordenen Veränderungen in Kenntnis setzt.[152] Kommt der pharmazeutische Unternehmer indes seiner Informationsverantwortung ordnungsgemäß nach, so ist eine Strafbarkeit wegen (fortgesetzten)

---

149 AA wohl der BGH, der behördlichen Genehmigungen insoweit keine Relevanz beimisst, vgl Rn 56.
150 Vgl Mayer, 2008, S. 560 ff.
151 Vgl Frisch, 1993, S. 73 f; Mayer, MedR 2008, 597; Weiß, 2008, S. 506.
152 Mayer, MedR 2008, 598.

Inverkehrbringens des (nunmehr) bedenklichen Präparates zu verneinen.[153] Strafbar macht sich der pharmazeutische Unternehmer erst nach Aufhebung der Zulassung sowie dann, wenn der konkreten Anordnung eines Vertriebsstopps oder gar eines Produktrückrufs durch die Bundes- oder Landesbehörden nicht unverzüglich Folge geleistet wird.[154]

88 Entsprechendes gilt für **Ärzte und Apotheker**. Diese dürfen sich grundsätzlich nicht nur auf den (Fort-)Bestand einer Zulassung und damit Anerkennung des betreffenden Präparates als unbedenklich verlassen, sondern auch darauf vertrauen, dass der pharmazeutische Unternehmer seine Mitteilungspflichten gegenüber den staatlichen Stellen ordnungsgemäß erfüllt. Mangels Garantenstellung gegenüber der Allgemeinheit scheidet eine Strafbarkeit von Ärzten und Apothekern auch dann aus, wenn diese ihnen bekannt gewordene schädliche Arzneimittelwirkungen entgegen § 21 ApBetrO bzw § 6 MBOÄ pflichtwidrig nicht melden und dadurch die Einleitung gefahrenabwehrender Maßnahmen durch den pharmazeutischen Unternehmer bzw die zuständigen Behörden vereiteln. Eine Strafbarkeit kommt somit nur bei fortgesetzter Anwendung, Verschreibung bzw Abgabe des Arzneimittels in Kenntnis bzw fahrlässiger Unkenntnis der Bedenklichkeit in Betracht.[155]

V. Schäden durch mangelhafte Arzneimittel

89 Ist die aufgetretene Gesundheitsbeeinträchtigung nicht Ausfluss der generellen Bedenklichkeit des Arzneimittels, sondern vielmehr der Mangelhaftigkeit (zB Verunreinigung) des konkret konsumierten Präparates, zeichnet hierfür regelmäßig der **pharmazeutische Unternehmer** allein verantwortlich. Dieser ist nicht nur gehalten, durch qualitätssichernde, den Anforderungen der **AMWHV** entsprechende Ausgestaltung des Produktions- und Vertriebsprozesses für eine weitestgehende Mangelfreiheit der einzelnen Präparate Sorge zu tragen, sondern ist darüber hinaus verpflichtet, nach Bekanntwerden von Qualitätsmängeln auch ohne entsprechende behördliche Anordnung unverzüglich den Rückruf der betreffenden Arzneimittelchargen in die Wege zu leiten.[156]

Eine Strafbarkeit von **Ärzten und Apothekern** kommt daneben nur in Betracht, wenn diese das Präparat trotz bekannt gewordener Mangelhaftigkeit unvermindert anwenden, verschreiben oder abgeben.

VI. Schäden im Rahmen der klinischen Prüfung

90 Treten im Rahmen der klinischen Prüfung eines Arzneimittels Gesundheitsschäden auf, so ist in Anknüpfung an die Ausführungen zur Bedeutung behördlicher Genehmigungen (siehe Rn 56 f) zunächst zu klären, inwieweit die **Genehmigung der Prüfung** sowohl durch die Bundesoberbehörde als auch durch die Ethik-Kommission einer etwaigen Strafbarkeit der an der Prüfung Mitwirkenden entgegensteht. Dabei lassen sich nach Aufwertung des Kommissionsvotums zu einem kondominialen Genehmigungs- und damit Verwaltungsakt[157] die zur strafbefreienden Wirkung der Arzneimittelzulassung erarbeiteten Grundsätze im Wesentlichen übertragen, so dass sich der als Sponsor gemäß § 4 Abs. 24 AMG in Erscheinung tretende **pharmazeutische Unternehmer** nach Einreichung eines die Vorgaben des § 7

---

153 Vgl Frisch, 1993, S. 80 f; Marx, 1993, S. 97; Winkelbauer, 1985, S. 73; ders., NStZ 1988, 206. Vertiefend: Mayer, 2008, S. 562 ff, 573 ff.
154 Zur Frage der unternehmensinternen Verantwortlichkeiten sowie einer etwaigen Strafbarkeit von Behördenmitarbeitern bei Unterlassen entsprechender Anordnungen siehe Mayer, 2008, S. 585 ff.
155 Hart, MedR 1991, 305.
156 Anders als im Fall der Bedenklichkeit scheidet eine Berufung auf die Arzneimittelzulassung aus, da diese nur die Genehmigung des (mangelfreien) Arzneimittelmodells als solches, nicht aber des Inverkehrbringens eines konkreten (mangelhaften) Präparates beinhaltet.
157 Deutsch, MedR 2006, 415; Meuser/Platter, PharmR 2005, 396; von der Sanden, 2008, S. 48.

GCP-V erfüllenden Antrags und Einhaltung der in der Prüfgenehmigung statuierten Anforderungen prinzipiell in strafbefreiender Weise auf das Votum der Ethik-Kommission und die erteilte Genehmigung berufen kann.[158] Indes scheidet ein berechtigtes Vertrauen auf die Prüfgenehmigung nicht nur bei Unzulänglichkeit der Antragsunterlagen sowie Missachtung der Prüfvorgaben aus, sondern auch dann, wenn dem pharmazeutischen Unternehmer in Gestalt einer fehlerhaften Prüfungskonzeption ein eigenes pflichtwidriges Verhalten zur Last zu legen ist.

Auch eine Strafbarkeit der an der Prüfung beteiligten **Medizinalpersonen** ist bei genehmigungskonformer Durchführung der Prüfung im Grundsatz zu verneinen.[159] Allerdings ist diesbezüglich zu berücksichtigen, dass die Prüfgenehmigung die Erprobung eines bestimmten Arzneimittels nur abstrakt-generell gestattet, mithin keine Aussage über die Zulässigkeit der Arzneimittelanwendung in der konkreten Behandlungssituation trifft. Folglich befreit die Genehmigung die Prüfärzte weder von der Verantwortung für im Einzelfall begangene **Aufklärungs-** bzw **Behandlungsfehler** (siehe hierzu Rn 77, 80 ff) noch von der Verpflichtung, sich vor jeder Abgabe bzw Anwendung des Testpräparates der konkret-individuellen, auf den einzelnen Probanden bezogenen Vertretbarkeit der Prüfung zu vergewissern.[160] Unterläuft dem Prüfarzt ein Aufklärungs- bzw Behandlungsfehler oder erweist sich die Verabreichung des Testpräparates als individuell unvertretbar, kommt daher eine Strafbarkeit unbeschadet der erteilten Prüfgenehmigung in Betracht.[161] Eine Strafbarkeit des pharmazeutischen Unternehmers für Aufklärungs- und Behandlungsfehler scheidet indes aus, wenn dieser die Prüfinstitution und das Prüfpersonal nach Maßgabe des § 40 Abs. 1 S. 3 Nr. 5 AMG gewissenhaft ausgewählt, gemäß § 40 Abs. 1 S. 3 Nr. 7 AMG umfassend über die Eigenschaften des Testpräparates sowie den Prüfplan instruiert und den Prüfungsverlauf im Wege eines effektiven **Monitorings** kontinuierlich überwacht hat. 91

Ein wesentlicher Unterschied zur Arzneimittelzulassung besteht darüber hinaus dahin gehend, dass bei Auftreten schwerwiegender schädlicher Arzneimittelwirkungen eine strafbefreiende Berufung auf die erteilte Genehmigung ausscheidet. Denn während der Marktzulassung eines erprobten Medikaments eine grundsätzlich abschließende Nutzen-Risiko-Beurteilung desselben immanent ist, zeichnet sich die auf Feststellung der in ihrer Dimension bislang unbekannten Nutzen und Risiken eines Arzneimittels gerichtete Prüfgenehmigung gerade durch ihre **Vorläufigkeit** aus, welche bei wesentlicher Veränderung der Prüfparameter einem berechtigten Vertrauen in ihren unverminderten Fortbestand entgegensteht.[162] Folglich sind zur Vermeidung strafrechtlicher Konsequenzen sowohl der pharmazeutische Unternehmer als auch die an der Prüfung beteiligten Ärzte gemäß **§ 11 GCP-V** verpflichtet, die Prüfung bei Auftreten unerwarteter erheblicher Nebenwirkungen unverzüglich abzubrechen und etwaige ausgehändigte Prüfpräparate zurückzurufen.[163] 92

---

158 Ebenso: Däbritz, 2004, S. 136; Stock, 1998, S. 82.
159 Andreas, ArztR 1995, 16; Kreß, 1990, S. 114; von der Sanden, 2008, S. 151.
160 Vgl Lippert, VersR 1997, 546; Stock, 1998, S. 82; von der Sanden, 2008, S. 148.
161 Zu den Anforderungen an die ärztliche Aufklärung im Rahmen der klinischen Prüfung siehe Mayer, 2008, S. 621 ff mwN. Zu den modifizierten Anforderungen an die ärztliche Sorgfalt im Bereich der Humanerprobung siehe Biermann, 1985, S. 337; Fischer, 1979, S. 20; Rosenau, RPG 2002, 99.
162 Ebenso: Däbritz, 2004, S. 134.
163 Hart/Hilken/Merkel/Woggan, 1988, S. 60. Zur Frage der strafrechtlichen Verantwortung von Mitgliedern der Ethik-Kommission bzw Mitarbeitern der Bundesoberbehörde für im Rahmen der klinischen Prüfung auftretende Schäden siehe Mayer, 2008, S. 616 ff, 627 ff; von der Sanden, 2008.

Teil 11
Arzneimittel im System der Gesetzlichen Krankenversicherung

§ 46 Arzneimittelversorgung im System der GKV – Gesundheitsrechtliche und -strategische Überlegungen

Literatur: *Aktories/Förstermann/Hofmann (Hrsg.)*, Allgemeine und spezielle Pharmakologie und Toxikologie, 2005 (zitiert: Aktories/Förstermann/Hofmann, Pharmakologie); *Bass/Vamvakas*, Zulassung und Überwachung von Arzneimitteln, in: Aktories/Förstermann/Hofmann, Pharmakologie, S. 93; *Behles/Schweim*, Off-Label-Use in den USA Arzneimittelrechtliche und pädiatrische Aspekte, A&R 2006, 206; *Becker/Arend*, Die Steuerung der Arzneimittelversorgung in der GKV, 2006; *Bultmann*, Die Insolvenzfähigkeit der gesetzlichen Krankenkassen nach dem GKV-OrgWG, MedR 2009, 32; *v. Czettritz*, Die Kostenerstattung gem. § 13 Abs. 3 SGB V für in der Nachzulassung befindliche Arzneimittel, PharmR 1999, 2; *Fastabend/Schneider*, Das Leisungsrecht der gesetzlichen Krankenversicherung, 2004; *Dettling/Kieser/Ulshöfer*, Zytostatikaversorgung nach der AMG-Novelle, PharmR 2009, 421; *Fischer*, Der Gemeinsame Bundesausschuss als „zentrale korporative Superorganisation", MedR 2006, 509; *Friese/Jentges/Muazzam*, Guide to Drug Regulatory Affairs, 2007; *Füsser*, Das GKV-OrgWG – Gesetz zur Weiterentwicklung der Organisationsstrukturen in der gesetzlichen Krankenversicherung – Inhalte und Motive, SGb 2009, 126; *Gabriel*, Arzneimittelrabattvertragsausschreibungen im generischen und patentgeschützten Bereich: Überblick über den aktuellen Stand, NZS 2009, 422; *Gaßner*, Neuregelung der Insolvenz der Krankenkassen aus Ländersicht, Gesundheitsrecht 2009, 121; *Gehring*, Die Folgen des Wettbewerbsstärkungsgesetzes für die Krankenkassen – nach der Reform ist vor der Reform, Vierteljahreszeitschrift für Sozialrecht 3/2009, 185; *Gerdelmann*, Arzneimittel und Rezeptprüfung, Beratung und Regress, Losebl., Stand: 2009; *Göpffarth/Sichert*, Morbi-RSA und Einflussnahmen auf ärztliches Kodierverhalten, Die Krankenversicherung 2009, 186; *Greß/Wasem*, Gemeinsamer Bundesausschuss und die Wettbewerbsordnung in der GKV, MedR 2006, 512; *Hase*, Verfassungsrechtliche Bewertung der Normsetzung durch den Gemeinsamen Bundesausschuss, MedR 2005, 391; *Hauck*, Der Off-Label-Use in der Rechtsprechung des Bundessozialgerichts, A&R 2006, 147; *Hauck/Noftz*, Sozialgesetzbuch SGB V, Kommentar (Losebl.), Stand: 2006 (zitiert: Hauck/Noftz/*Bearbeiter*); *Häussler/Höer/Hempel/Storz*, Arzneimittel-Atlas 2007, Der Arzneimittelverbrauch in der GKV, 2007, S. 14; *Heberlein*, Die Insolvenz von Krankenkassen aus Sicht von Versicherten – ein verfehltes Paradigma, GesR 2009, 141; *Hennies*, Heilversuch-Beobachtungsstudie-Klinische Arzneimittelprüfung, ArztR 1996, 95; *Hess*, Darstellung der Aufgaben des Gemeinsamen Bundesausschusses, MedR 2005, 385; *Hofmann*, Zur Verfassungsmäßigkeit eines Verbots von Arzneimittel-Pick-up-Stellen, A&R 2009, 99; *Hoffmann*, Die Insolvenzproblematik aus Sicht der Kassenärztlichen Vereinigungen, GesR 2009, 135; *Jäkel*, Hemmnisse für den Compassionate Use durch die 15. AMG-Novelle, PharmR 2009, 323; *Kasseler Kommentar Sozialversicherungsrecht*, hrsg. von Leitherer, (Losebl.), Stand: Juli 2009 (zitiert: KK-SVR/*Bearbeiter*); *Klenk/Nullmeier et.al.*, Das Ende einer Bismarck-Tradition?, Sozialer Fortschritt, Jahrgang 58, Heft 5, Mai 2009, S. 85; *Knispel*, Neuregelungen im Leistungserbringerrecht der GKV durch das GKV-OrgWG, GesR 2009, 236; *Kraft*, Der Anwendungsbereich des „Compassionate Use" von Arzneimitteln, A&R 2007, 252; *Krauskopf*, Soziale Krankenversicherung, Pflegeversicherung, Kommentar (Losebl.), Stand: Mai 2009 (zitiert: Krauskopf/*Bearbeiter*); *Krüger*, Rechtliche Grundlagen der klinischen Prüfung von Arzneimitteln am Menschen, KHuR 2005, 24; *v. Langsdorff/Schlegel/Weidenbach*, Off-Label-Use bei sehr seltenen Erkrankungen, Der Kassenarzt 2004, 62; *Letzel*, IQWIG „ Allgemeine Methoden Version 3.0", PharmR 2008, 48; *Martis/Winkhart*, Arzthaftungsrecht, Fallgruppenkommentar, 2. Auflage 2007; *Meyer-Ladewig*, Sozialgerichtsgesetz, 9. Auflage 2008; *Pfeifer/Preiß/Unger (Hrsg.)*, Onkologie integrativ – Konventionelle und komplementäre Therapie, 2006; *Pflüger*, Weiterversorgung mit wirksamer Prüfmedikation nach Studienabschluss (Pilot-Studien, Compassionate Use, Off-Label-Verordnung), KliFoRe 2006, 133; *Pfohl/Sichert*, Der Gesundheitsfonds: Sondervermögen des Bundes oder der Krankenkassen?, NZS 2008, 71; *Plagemann*, Der Gemeinsame Bundesausschuss – Auswirkungen auf den Leistungsanspruch der Patienten, dargestellt an ausgewählten Beispielen, MedR 2005, 401; *Posser/Müller*, Arzneimittelmarkt 2004 – EuGH, Nutzenbewertung und Leistungsausschlüsse, NZS 2004, 247; *Prüfer-Storcks*, Lösen Hausarzt- und Direktverträge die Verträge ab? Cui bono?, RPG 2009, 27; *Rehmann/Paal*, Die 15. AMG Novelle – Ein Überblick, PharmR 2009, 195; *Rostalski*, Das GKV-Wettbewerbsstärkungsgesetz und die Neuregelungen zur Arzneimittelversorgung – Stand der Umsetzung, ErsatzK 2007, 224; *Schimmelpfeng-Schütte*, Die Zeit ist reif für mehr Demokratie in der Gesetzlichen Krankenversicherung, MedR 2006, 21; *Schneider*, Kassenarztrecht, 1983; *Schulin*, Handbuch des Sozialversicherungsrechts, Band I, Krankenversicherungsrecht, 1994 (zitiert Schulin/*Bearbeiter*); *Schulteis*, Hausarztzentrierte Versorgung, Ein Beitrag zum Spannungsverhältnis zwischen optimierter medizinischer Versorgung und Wirtschaftlichkeit am Beispiel der hausarztzentrierten Versorgung, 2007; *Schwabe/Paffrath (Hrsg.)*, Arzneiverordnungsreport, 2008 ff; *Schwarz/Bass/Holz-Slomczyk/Völler/Wartensleben*, Therapieversuche mit nicht zugelassenen Prüfsubstanzen (Compassionate Use) und zugelassenen Arzneimitteln (Off-Label-Use), pharmind 1999, 309; *Tillmanns*, Die aufsichtsrechtlichen Befugnisse des Bundesgesundheitsministeriums gegenüber dem G-BA, A&R 2009, 219; *Vöcking*, Beiträge zur Insolvenzproblematik aus Sicht der Beteiligten und Betroffenen, GesR 2009, 138; *Walter*, Neue gesetzgeberische Akzente in der hausarztzentrierten Versorgung, NZS 2009, 307; *Wartensleben*, „IQWIG – und was noch?", PharmR 2008, 46; *Wegscheider*, Klinische Prüfungen – Ein Überblick, Bundesgesundheitsblatt – Gesundheitsforschung – Gesundheitsschutz 2005, 515; *Wenner*, Rationierung, Priorisierung, Budgetierung: verfassungsrechtliche Vorgaben für die Begrenzung und Steuerung von Leistungen der Gesundheitsversorgung, GesR 2009, 169; *Wigge*, Zur Vorgreiflichkeit der Arzneimittelzulassung in der GKV, PharmR 2002, 305 u. 348; *Wille/Koch*, Die Gesundheitsreform 2007, 2007; *Wolff*, Zusammenhänge von Rabattverträgen und ausgewählten Steuerungsinstrumenten im Arzneimittelmarkt, RPG 2009, 30.

A. Einführung	1
I. GKV – Arzneimittel – Markt im Überblick	1
1. Historie	1
2. Zahlen, Daten, Fakten	3
II. Unterteilung ambulant/stationär und Verzahnungsmodelle	5
1. Ambulanter Sektor	5
2. Krankenhaussektor und Modalitäten der Arzneimittelversorgung	6
3. Verzahnungsformen	11
III. Aktuelle Gesetzgebung der Jahre 2008 und 2009	12
1. Die Gesundheitsreform 2007 – Das GKV-WSG	12
2. Das GKV-OrgWG	13
3. Die 15. AMG-Novelle	23
B. Paradigmenwechsel durch Gesundheitsfonds und morbiditätsorientierten Risikostrukturausgleich (Morbi-RSA)	34
I. Der Gesundheitsfonds	34
II. Der morbiditätsorientierte Risikostrukturausgleich (Morbi-RSA)	39
III. Ergebnis	44
C. Der Leistungsanspruch in der GKV auf Versorgung mit Arzneimitteln	45
I. Grundlagen	45
II. Die Bedeutung der arzneimittelrechtlichen Zulassung für die Erstattung in der GKV	47
1. Einführung	47
2. Der Off-Label-Use	51
a) Allgemein	51
b) Gesetzliche Grundlagen	52
3. Der Compassionate Use	59
a) Allgemein	59
b) Gesetzliche Grundlagen	61
D. Begrenzung des Anspruchs durch Gesetz und untergesetzliche Regelungen	68
I. Einführung: § 31 SGB V	68
II. Ausgeschlossene Arznei-, Heil- und Hilfsmittel (§ 34 SGB V)	72
1. Ausschluss nicht verschreibungspflichtiger Arzneimittel; Richtlinien-Kompetenz des Gemeinsamen Bundesausschusses, Ausschluss von Bagatellarzneimitteln und Life-Style-Präparaten (§ 34 Abs. 1 SGB V)	73
2. Ausschluss von Arzneimitteln bei geringfügigen Gesundheitsstörungen (§ 34 Abs. 2 SGB V)	75
3. Ausschluss von unwirtschaftlichen Arzneimitteln (§ 34 Abs. 3 SGB V)	76
III. Arzneimittelrichtlinien – AM-RL (§ 92 Abs. 1 S. 2 Nr. 6 SGB V)	77
1. Allgemeines	77
2. Rechtsnatur	80
3. Der Gemeinsame Bundesausschuss (G-BA)	83
a) Organisation und Geschäftsordnung	85
b) Verfahrensordnung nach § 91 Abs. 4 Nr. 1 SGB V (VerfO G-BA)	87
c) Institut für Qualität und Wirtschaftlichkeit im Gesundheitswesen (IQWiG)	88
d) Weitere Kompetenzen des G-BA	97
e) Aufsicht und Kontrolle	98
4. Neue Arzneimittelrichtlinie (§§ 44 ff AM-RL)	99
IV. Festbetragsregelungen als Mittel zur Arzneimittelausgabensteuerung	101
1. Einführung	101
2. Verfahren zur Festsetzung der Festbeträge	105
3. Beurteilung durch BSG und BVerfG	108
4. Ausblick	113
5. Einzelheiten	117
6. Rechtsschutz gegen Festsetzung von Festbeträgen	120

V. Höchstbeträge 125	dd) Inhalt der Richtgrößenüberprüfungen 167
VI. Verordnung besonderer Arzneimittel (§ 73 d SGB V) 129	ee) Prüfungskonsequenz, Anwendungsbeobachtungen 179
VII. Rabattverträge 136	b) Zufälligkeitsprüfungen nach § 106 Abs. 2 Nr. 2 SGB V 180
1. Allgemeines 136	
2. Inhalte 137	c) Durchschnittswertüberprüfungen 186
3. Rechtsweg 139	
4. Ausblick 140	d) Weitere Prüfungsmöglichkeiten .. 187
VIII. „Bonus-Malus"-Regelungen 145	e) Exkurs: DIMDI, ATC-Klassifikation 188
1. Zielvereinbarungen 145	
2. Arzneimittelvereinbarungen 147	X. Neue Gestaltungsformen der Versorgung durch Kollektiv- und Selektivverträge als Instrumente zur Ausgabensteuerung im Arzneimittelbereich 189
IX. Wirtschaftlichkeitsprüfungen gem. § 106 SGB V 149	
1. Einleitung 149	
2. Funktion der Wirtschaftlichkeitsprüfung 151	1. Hausärztliche Versorgung 189
3. Verfahren 157	2. Fachärztliche Versorgung 192
4. Arten der Überprüfung 160	3. Integrierte Versorgung (§§ 140 a ff SGB V) 194
a) Richtgrößenüberprüfung als Auffälligkeitsprüfung 161	
aa) Definition 162	4. Disease-Management-Programme (DMP) 199
bb) Vereinbarung der Richtgrößen .. 165	
cc) Bezugszeitraum 166	5. Exkurs: Aut-idem-Verordnung 202

A. Einführung

„In den letzten Jahren wurde der Arzneimittelmarkt bei jeder Reform maßgeblich verändert und ist inzwischen überreguliert."[1]

I. GKV – Arzneimittel – Markt im Überblick

1. Historie

Die gesetzliche Krankenversicherung ist einer der wichtigsten Teile des deutschen Sozialversicherungssystems und geht auf die Bismarcksche Sozialgesetzgebung zurück. Mit der Verkündung der Reichsversicherungsordnung (RVO) am 19.7.1911[2] wurden erstmals die bis dahin vorhandenen Sozialversicherungsgesetze zusammengefasst, gegliedert und in sechs Büchern kodifiziert. Welch grundlegendes Werk geschaffen wurde, ist nicht nur daran erkennbar, dass sich später auch andere Länder daran orientiert haben, sondern, dass Grundzüge dieses Regelungswerkes bis zum Inkrafttreten des Gesundheitsreformgesetzes (GRG) im Jahr 1989[3] galten.

Nachdem die Kosten im Gesundheitssystem in den 90iger Jahren, insbesondere die Arzneimittelkosten, zunehmend stiegen, war die Politik bemüht, mit immer neuen Regelungsmechanismen dieser Entwicklung entgegenzuwirken. Rückblickend setzten die strukturellen Veränderungen des Gesundheitswesens mit der Verabschiedung des Gesundheitsstrukturgesetzes im Jahr 1993[4] ein.[5] Damit wurde u.a. der Risikostrukturausgleich eingeführt und den Versicherten der GKV (seit dem 1.1.1996) die Möglichkeit der freien Wahl der Kran-

---

[1] Gemeinsame Stellungnahme zum Entwurf des GKV-Wettbewerbsstärkungsgesetzes (GKV-WSG) v. 24.10.2006, BT-Drucks. 16/3100, 9.
[2] RGBl. 509.
[3] BGBl. I, 2477. Damit wurden große Teile der RVO in das neue SGB V überführt und das System der GKV auf eine neue gesetzliche Grundlage gestellt.
[4] Gesetz zur Sicherung und Strukturverbesserung der Gesetzlichen Krankenversicherung, sog. GKV-GSG, v. 21.12.1992, zuletzt geändert durch Art. 205 der VO v. 25.11.2003 (BGBl. I 2003, 2304).
[5] Klenk/Nullmeier, Das Ende einer Bismarck-Tradition?, Sozialer Fortschritt (58) 2009, 85 ff.

kenkassen eingeräumt (sog. Kassenwahlfreiheit). Es folgten dann das GKV-GRG,[6] das GKV-GMG,[7] das AVWG,[8] das GKV-WSG,[9] das VÄndG[10] und das GKV-OrgWG.[11]

2. Zahlen, Daten, Fakten

3 Jedes Jahr werden in Deutschland knapp 240 Mrd. € im Bereich Gesundheit ausgegeben, weshalb der Gesundheitssektor ca. 11 % des Bruttoinlandsprodukts beträgt. Mit rund 50,6 Mio. Versicherten und 143 Mrd. € trägt die gesetzliche Krankenversicherung davon den größten Anteil.[12]

Insbesondere der Bereich der Arzneimittel, bei dem es sich um das zweitgrößte Kostensegment der GKV[13] handelt, zeichnet sich durch eine extrem steigende Ausgabenentwicklung aus. Im Jahr 2007 lagen die Ausgaben für Arzneimittel in der GKV – mit einer Steigerung um 6,7 % bei 27.759 Mrd. € (ohne Impfungen). Damit lagen diese Aufwendungen über allen anderen Ausgabenblöcken in der GKV.[14] Im Jahr 2008 erhöhten sich die Ausgaben der GKV insgesamt auf 153,62 Mrd. €.[15] Damit zeigt sich, dass die moderate Ausgabenentwicklung bei Arzneimitteln im Jahr 2006[16] eine Einzelerscheinung war. Die gesunkenen Arzneimittelpreise – speziell im Generika-Bereich – haben wesentlich dazu beigetragen, dass die Ausgaben nicht noch stärker gestiegen sind.

4 Die Gründe für diese Steigerungsraten sind neben arzneitherapeutischen Entwicklungen vor allem die Anhebung der Mehrwertsteuer von 16 % auf 19 % (Mehrausgaben von 763 Mio. €) und die Übernahme von Schutzimpfungen in den Leistungskatalog der GKV (Mehrausgaben von 660 Mio. €).

Der Gesetzgeber ist daher seit mehreren Jahren bemüht, die Ausgaben speziell im Bereich der Arzneimittel durch verschiedene Eingriffe ins System der GKV zu begrenzen.[17] Zum einen wurde vonseiten der KBV, den Spitzenverbänden der Krankenkassen und dem G-BA versucht, auf das Verordnungsverhalten der Ärzte einzuwirken. Zum anderen wurde versucht, den Arzneimittelmarkt, der sich im Gegensatz zu anderen Märkten nicht beliebig über den Wettbewerb steuern lässt, zu regulieren.

---

6 Gesetz zur Reform der Gesetzlichen Krankenversicherung v. 22.12.1999 (BGBl. I 1999, 2626); zuletzt geändert durch Artikel 3 G. v. 15.2.2002 (BGBl. I 2002, 684), Geltung ab 1.1.2000.
7 Gesetz zur Modernisierung der gesetzlichen Krankenversicherung (GKV-GMG) v. 14.11.2003 (BGBl. I 2003, 2190).
8 Gesetz zur Verbesserung der Wirtschaftlichkeit der Arzneimittelversorgung, sog. Arzneimittelversorgungs-Wirtschaftlichkeitsgesetz (AVWG), v. 26.4.2006 (BGBl. I 2006, 984), Geltung ab dem 1.5.2006.
9 Gesetz zur Stärkung des Wettbewerbs in der gesetzlichen Krankenversicherung (GKV-WSG; BT-Drucks. 16/3100, BGBl. I 2007, 378 ff).
10 Gesetz zur Änderung des Vertragsarztrechts und anderer Gesetze (Vertragsarztrechtsänderungsgesetz – VÄndG) v. 22.12.2006 (BGBl. I 2006, 3439), Geltung ab 1.1.2007.
11 Gesetz zur Weiterentwicklung der Vertragsstrukturen in der Gesetzlichen Krankenversicherung (GKV-OrgWG) v. 15.12.2008, verkündet am 17.12.2008 (BGBl. I 2008, 2426).
12 Koch/Wille, Die Gesundheitsreform 2007.
13 Schwabe/Paffrath (Hrsg.), Arzneiverordnungsreport 2008, S. 3; vgl auch Rostalski, ErsatzK 2006, 225.
14 Schwabe/Paffrath (Hrsg.), Arzneiverordnungsreport 2008, S. 3 f.
15 Dabei ist anzumerken, dass bei diesen Zahlen Kostensenkungen zB durch Rabattverträge § 130 a Abs. 8 SGB V mangels Bekanntgabe nicht berücksichtigt werden konnten.
16 Im Jahr 2006 sind die Ausgaben für Arznei- und Verbandsmittel gegenüber dem Vorjahr um 2,0 % bzw 516 Mio. € auf nunmehr 25.874 Mrd. € gestiegen, vgl Häussler/Höer/Hempel/Storz, Arzneimittel-Atlas 2007, Der Arzneimittelverbrauch in der GKV, S. 14.
17 Vgl allg. dazu Wenner, GesR 2009, 169.

II. Unterteilung ambulant/stationär und Verzahnungsmodelle

1. Ambulanter Sektor

Unter ambulanter Behandlung wird hier diejenige durch niedergelassene Ärzte verstanden oder zusätzlich durch gesondert zu ermächtigte Krankenhausärzte (§ 116 SGB V) oder weitere Einrichtungen: Krankenhäuser in bestimmten Fällen der Unterversorgung (§ 116a SGB V), Krankenhäuser insbesondere bei Erbringung hochspezialisierter Leistungen (§ 116 b SGB V) sowie bestimmte Hochschulambulanzen, Institutsambulanzen und sozialpädiatrische Zentren, wie auch Einrichtungen der Behindertenhilfe (§§ 117 bis 119a SGB V).

Die GKV-Versicherten haben Anspruch auf derartige ambulante Leistungen gem. § 27 Abs. 1 S. 2 Nr. 1 und 2 SGB V iVm § 28 SGB V. Bis zur Einführung des Gesundheitsstrukturgesetzes (GSG)[18] galt als ambulante Behandlung all diejenige außerhalb der voll- oder teilstationären Behandlung in einem Krankenhaus unter Einschluss vollständiger Gewährung von Unterkunft und Verpflegung.

Es existierte eine klare Trennung zwischen ambulanter und stationärer Versorgung, wobei die Versorgungsstruktur im ambulanten Bereich durch SGB V-Verträge und Gesamtvergütung geprägt war.

2. Krankenhaussektor und Modalitäten der Arzneimittelversorgung

Gemäß § 39 SGB V kann eine Krankenhausbehandlung vollstationär, teilstationär, vor- und nachstationär (§ 115a SGB V), sowie ambulant (§ 115b SGB V) erbracht werden. Alle diese genannten Formen der stationären wie auch ambulanten (!) Leistungserbringung in einem zugelassenen Krankenhaus (§ 108 SGB V) sind Krankenhausbehandlung und von der ambulanten Versorgung nach Teil 1 (s.o. Rn 5) zu unterscheiden.

Soweit GKV-Versicherte in einem solchen Krankenhaus der Versorgung bedürfen, ist unter anderem die notwendige Versorgung mit Arzneimitteln sicher zustellen (§ 39 Abs. 1 S. 3 SGB V). Das Gebot wirtschaftlicher Verordnungsweise (§ 12 SGB V) gilt für diesen Bereich und ist im Rahmen von Verträgen nach § 112 SGB V näher zu regeln.[19]

Vom Grundsatz, dass Grundlagenforschung und klinische Studien nicht zulasten der GKV erbracht werden dürfen, weicht die Regelung des § 137c Abs. 2 S. 2 Hs 2 SGB V ab, wenn dort für den Krankenhausbereich Untersuchungs- und Behandlungsmethoden als GKV-erstattungsfähig gelten, die diesem Zweck dienen. Allerdings gilt dies nicht für klinische Studien noch nicht zugelassener Arzneimittel.[20]

Für neue Behandlungsverfahren im Krankenhaus sind Beschränkungen nur insoweit existent, als der Gemeinsame Bundesausschuss (G-BA; vgl Rn 83 ff) dazu eine negative Stellungnahmen gem. § 135 Abs. 1, S. 2 und 3 SGB V abgegeben hat.[21]

Im Krankenhausbereich sind vorbehaltlich der vertraglichen Regelungen nach § 112 SGB V durch die Versorgung mittels Krankenhausapotheken weitestgehend pharmakotherapeutische Versorgungsformen möglich, die den im nachfolgenden darzustellenden limitierten Möglichkeiten der Versorgung im ambulanten Bereich weit überlegen sind.

Für Verordner im ambulanten (das heißt: hauptsächlich niedergelassenen) Bereich ergaben sich damit schon zu Zeiten der Reichsversicherungsordnung (RVO) die Problematiken in

---

18 Vom 21.12.1992 (BGBl. I, 2266).
19 Vgl Krauskopf/*Wagner*, § 39 SGB V Rn 3.
20 So BSG v. 22.7.2004 – B 3 KR 21/03 R, MedR 2005, 305; vgl auch Krauskopf/*Wagner*, § 39 SGB V Rn 32 mwN.
21 BSG v. 26.9.2006 – B 1 KR 3/06, SozR 4-2500, § 27 Nr. 10.

der Nachbehandlung stationär entlassener Patienten, die bestimmte Pharmakotherapieempfehlungen erhalten.

9 Die (insbesondere) für den hausärztlich nachbehandelnden Verordner auftretende Konfliktsituation besteht darin, dass das Verordnungsregime des Krankenhauses nicht 1 zu 1 ohne Wirtschaftlichkeitsüberprüfungen und Überprüfungen nach weiteren Regularien (s.u.) vorgenommen werden kann. An dieser Schnittstelle der pharmakotherapeutischen Versorgung zwischen stationärem und ambulanten Bereich ist im Hinblick auf § 115 c SGB V eine Lösungsmöglichkeit erarbeitet worden. Danach haben Krankenhäuser in Fällen der Notwendigkeit der Verordnung von Arzneimitteln im Anschluss an die Krankenhausbehandlung weiter behandelnden Vertragsärzten Therapievorschläge unter Verwendung der Wirkstoffbezeichnungen mitzuteilen. Soweit möglich, ist mindestens ein preisgünstigerer Therapievorschlag abzugeben, es sei denn, es liegen medizinisch begründete Ausnahmefälle vor. Gemäß § 115 c Abs. 2 SGB V[22] soll das Krankenhaus für den Fall der Notwendigkeit der Fortsetzung der im Krankenhaus begonnenen Arzneimitteltherapie bei Entlassung Arzneimittel anwenden, die den Kautelen der vertragsärztlichen Versorgung entsprechen, also zweckmäßig und wirtschaftlich sind – allerdings nur soweit dies ohne eine Beeinträchtigung der Behandlung im Einzelfall oder ohne eine Verlängerung der Verweildauer möglich ist.

10 Vor dem Hintergrund der hohen Regressgefahr für Niedergelassene auch nach Einführung dieser Vorschrift aufgrund der immer noch bestehenden Versorgungsschere bestimmt § 137 Abs. 2 SGB V in der seit dem 1.7.2008 geltenden Fassung, dass der Gemeinsame Bundesausschuss (G-BA) Qualitätssicherungsrichtlinien zu erlassen hat, die sektorenübergreifend sind. In der Begründung zum GKV-WSG wird ausgeführt, dass die bisherigen Erfahrungen gezeigt haben, dass eine sektorenbezogene Betrachtung in der Regel nicht ausreicht, um insbesondere die Ergebnisqualität der Behandlung sachgerecht bewerten zu können. Gerade vor dem Hintergrund einer immer kürzer werdenden Verweildauer in den Krankenhäusern ist es erforderlich, die Behandlungsergebnisse bei anschließender Versorgung bewerten zu müssen.

3. Verzahnungsformen

11 Dass die fehlende sektorenübergreifende Verzahnung zu Unwirtschaftlichkeiten aufgrund unkoordinierter Doppelmaßnahmen pp. geführt hatte, hatte den Gesetzgeber bereits veranlasst, die prä- und poststationäre Behandlung nach § 115 a SGB V einzuführen und ambulante Operationen im Krankenhaus als Teil der Krankenhausbehandlung durchzuführen.[23]
Auch die Möglichkeiten integrierter Versorgung nach den §§ 140 a bis 140 d SGB V – eingeführt mit dem GRG 2000 – sollten die damalige Aufgabenteilung zwischen ambulanter und stationärer Versorgung gezielt durchbrechen und unter Einschluss von Krankenhäusern und Niedergelassenen interdisziplinär fachübergreifende Versorgung zur Verbesserung der Versorgungsqualität der Versicherten herbeiführen.
Weiter sehen die Regelungen der §§ 116 a, 116 b SGB V vor, dass Krankenhäuser unter bestimmten Voraussetzungen direkt an der ambulanten Versorgung teilnehmen können – in diesem Zusammenhang unterliegen sie dem unten weiter darzustellenden regulatorischen Normengeflecht.
Soweit eine Teilnahme eines Krankenhauses an einem MVZ (vgl § 95 SGB V) stattfindet, gelten diese Regelungen für die ambulante Versorgung ebenso.

---

22 Eingeführt durch das GKV-WSG (Gesetz zur Stärkung des Wettbewerbs in der gesetzlichen Krankenversicherung – GKV-WSG; BT-Drucks. 16/3100, BGBl. I 2007, 378 ff).
23 Die Vorschrift wurde durch das GKV-GSG zum 1.1.1993 wirksam, da den Möglichkeiten zum Abschluss dreiseitiger Verträge gem. § 115 Abs. 2 Nr. 4 SGB V, eingeführt durch das Gesundheitsreformgesetz zum 1.1.1989, nur rudimentär nachgekommen war.

III. Aktuelle Gesetzgebung der Jahre 2008 und 2009

1. Die Gesundheitsreform 2007 – Das GKV-WSG

Die Große Koalition hat mit dem Gesetz zur Stärkung des Wettbewerbs in der gesetzlichen Krankenversicherung (GKV-WSG)[24] eine umfassende Struktur- und Finanzreform verfolgt, die jedoch nach Ansicht der Kritiker nur begrenzt zur Steigerung des Wettbewerbs beigetragen hat.[25]

Bereits bei den Koalitionsverhandlungen hatten sich bei der Konkretisierung der Reformziele große Unterschiede zwischen den Koalitionären gezeigt. CDU/CSU einerseits und der SPD andererseits hatten jeweils mit der Solidarischen Gesundheitsprämie (Kopfpauschale) bzw der Bürgerversicherung gegenläufige Konzepte entwickelt, die sich nicht ohne weiteres vereinbaren ließen. Da sich SPD und CDU/CSU iRd Koalitionsverhandlungen nicht auf eine gemeinsame Linie zur zukünftigen Gesundheitspolitik verständigen konnten, einigte man sich auf folgende Reformziele:

- Einführung einer Krankenversicherung für alle
- Reform der Versorgungsstrukturen und der Kassenorganisation
- Reform der Privaten Krankenversicherung
- Reform der Finanzierungsordnung[26]

2. Das GKV-OrgWG

Das **Gesetz zur Weiterentwicklung der Organisationsstrukturen in der gesetzlichen Krankenversicherung** (GKV-OrgWG) vom 15.12.2008 wurde am 17.12.2008 im Bundesgesetzblatt verkündet.[27] Eine der wesentlichsten Änderungen, die mit Inkrafttreten des GKV-WSG eingeführt wurde, ist, dass nunmehr alle gesetzlichen Krankenkassen ab dem 1.1.2010 insolvenzfähig sind (§ 171 b SGB V).[28]

Bereits mit dem GKV-WSG (siehe Rn 2) hatten die Bundesländer 2007 durchgesetzt, dass das Insolvenzverfahren und die Enthaftung in einem weiteren Bundesgesetz geregelt werden sollten.[29] Im Wortlaut des Gesetzestextes in § 171 b S. 2 SGB V ist eine Enthaftung der Länder bereits angelegt.[30] Ebenfalls wurde in § 171 b SGB V vorgegeben, dass die Krankenkassen ab 2010 für ihre Versorgungsverpflichtungen ein ausreichendes Deckungskapital bilden müssen, wofür ein Zeitraum von 40 Jahren vorgesehen ist.

Bis dahin hatten die Bundesländer auf der Grundlage des § 12 Abs. 2 InsO die landesunmittelbaren Krankenkassen aufgrund landesrechtlicher Vorschriften von der Insolvenzfä-

---

24 Gesetz zur Stärkung des Wettbewerbs in der gesetzlichen Krankenversicherung (GKV-WSG; BT-Drucks. 16/3100, BGBl. I 2007, 378 ff).
25 Yzer, Ärzte-Zeitung v. 17.4.2007.
26 Die GKV finanzierte sich bislang gem. § 220 SGB V aus Beiträgen sowie aus sonstigen Einnahmen (Kapitalerträgen, Säumniszuschlägen etc.). Getragen wurden diese Beiträge der versicherungspflichtig Beschäftigten von ihnen selbst und von ihren Arbeitgebern jeweils zur Hälfte (§ 249 SGB V). Seit dem 1.7.2005 sind die Aufwendungen für Zahnersatz und Krankengeld von den Versicherten allein zu finanzieren, hierfür wird ein zusätzlicher Beitragssatz von 0,9 % erhoben.
Die Beiträge des Beitragspflichtigen orientierten sich an seiner wirtschaftlichen Leistungsfähigkeit. Daher war bei Arbeitnehmern die Höhe des Arbeitsentgelts und nicht wie in der PKV das Versicherungsrisiko maßgebend. Die Finanzierung erfolgte im Umlageverfahren. Die Höhe des Beitragssatzes der einzelnen Kasse bestimmte sich im Wesentlichen nach ihrer Risikostruktur und der sich daraus ableitenden Finanzkraft.
27 GKV-OrgWG v. 15.12.2008, verkündet am 17.12.2008 (BGBl. I 2008, 2426).
28 Von der Insolvenzfähigkeit ausgenommen sind nur die Landwirtschaftlichen Krankenkassen und die Deutsche Rentenversicherung Knappschaft Bahn See.
29 Vgl die Begr. des 14. Ausschusses zu § 171 b S. 2 SGB V (BT-Drucks. 16/4247 v. 1.2.2007).
30 Dabei ging es in erster Linie um die AOKen; Vgl Gaßner, GesR 2009, 121.

higkeit ausgenommen. Dies hatte eine ungleiche Ausgangsposition im Wettbewerb zwischen den landes- und bundesunmittelbaren Krankenkassen zur Folge.

15 Im Fall einer drohenden Zahlungsunfähigkeit oder Überschuldung hat der Vorstand der Krankenkasse dies der zuständigen Aufsichtsbehörde unverzüglich mitzuteilen. Nur das Bundesversicherungsamt (oder die jeweilige Länderaufsichtsbehörde) kann dann den Eröffnungsantrag stellen (§ 171 b Abs. 3 SGB V), wofür der Aufsichtsbehörde von der Anzeige des Insolvenzgrundes drei Monate Zeit bleiben (§ 171 b Abs. 3 S. 3 SGB V). Danach ist ein Insolvenzantrag ausgeschlossen.

16 Daneben bleibt jedoch weiterhin für die Aufsichtsbehörde die Möglichkeit bestehen, eine Krankenkasse wegen dauernder Leistungsunfähigkeit gem. § 146 a S. 1, § 153 S. 1 Nr. 3, § 163 S. 1 Nr. 3, § 170 S. 1 SGB V zu schließen. Das bedeutet, dass beide Möglichkeiten parallel bestehen bleiben.[31] § 171 b Abs. 3 S. 1 SGB V sieht jedoch einen Vorrang des Schließungsrechts vor, wenn neben den Insolvenzgründen *zugleich* die Voraussetzungen für eine dauerhaft nicht mehr gesicherte Leistungsfähigkeit (§ 153 S. 1 Nr. 3 SGB V) des Trägers vorliegen.

17 In der Gesetzesbegründung heißt es weiter, dass „im Regelfall hat sie [die Aufsichtsbehörde, Anm. des Verfassers] daher die Krankenkasse zu schließen, es sei denn, dass im Einzelfall sachliche Gründe für die Stellung eines Insolvenzantrags sprechen."[32] Damit ist der Vorrang des Schließungsrechts wieder relativiert. Zudem bleibt unklar, wann ein sachlicher Grund gegeben sein soll. Man kann nur vermuten, ob damit möglicherweise der Aufsichtsbehörde eine Interessenabwägung zwischen den beiden Optionen eröffnet werden sollte.

18 In der Folge stellt sich die Frage, ob für das Insolvenzverfahren dann überhaupt ein tatsächlicher Anwendungsbereich bestehen wird, da bei einer (drohenden) Zahlungsunfähigkeit und Überschuldung möglicherweise auch die Voraussetzungen einer auf Dauer nicht mehr gesicherten Leistungsfähigkeit gegeben sein werden. Dass diese Fragestellung nicht rein akademischer Natur ist, wird anhand der unterschiedlichen Abwicklungsvorschriften deutlich.[33] Gemäß § 171 b Abs. 4 SGB V hat die Aufsichtsbehörde den Spitzenverband Bund der Krankenkassen (§ 217 a SGB V) unverzüglich über die Stellung des Insolvenzantrags zu unterrichten, da dieser im Insolvenzfalle für die bis zum 31.12.2009 entstandenen Altersversorgungsverpflichtungen dieser Kasse (§ 171 d SGB V) einzustehen hat.

19 Es bleibt abzuwarten, inwieweit in der Praxis bzw von den Aufsichtsbehörden (in erster Linie dem Bundesversicherungsamt) das vom Gesetzgeber privilegierte Schließungsrecht (mit dem Vorteil für die Gläubiger, dass deren Forderungen voll zu befriedigen sind) tatsächlich ein Vorrang eingeräumt wird.[34] Gerade die besondere Stellung der Leistungserbringer und der Versicherten, die der Gesetzgeber anerkennt, zeigt, dass das System des Insolvenzrechts nicht ohne Weiteres in das System der GKV übertragbar ist.

20 Insgesamt stellt sich die Frage, wie durch diese Regelungen die vom Gesetzgeber beabsichtigte stärkere Nachhaltigkeit der Finanzierung erreicht werden soll.[35]

---

31 Füsser, SGb 2009, 126 ff.
32 BT-Drucks. 16/9559, 20; vgl auch Bultmann, MedR 2009, 25, 31.
33 Bei einer Schließung der Krankenkasse behält die Aufsichtsbehörde die Verfahrenshoheit. Dadurch könne sie, so die Gesetzesbegründung, zB durch Vereinigung mit einer anderen Kasse, die Liquidation vermeiden. Das Insolvenzverfahren wird von einem Insolvenzverwalter geführt (§ 58 InsO), der unter der Aufsicht des Insolvenzgerichts steht, vgl dazu eingehend Bultmann, MedR 2009, 27, 25, 31. Vgl allg. dazu Hoffmann, GesR 2009, 135; Vöcking, GesR 2009, 138; Heberlein, GesR 2009, 141.
34 So Bultmann, MedR 2009, 27, 32.
35 Nach Auffassung des Gesetzgebers ist „mit Einführung der Insolvenzfähigkeit der landes- und bundesunmittelbaren Krankenkassen ein weiterer Schritt zur Schaffung gleicher Rahmenbedingungen für alle Krankenkassen geschaffen worden, mit dem zugleich eine stärkere Nachhaltigkeit der Finanzierung erreicht werden soll", vgl BT-Drucks. 16/9559, 1.

Darüber hinaus hat der Gesetzgeber mit dem GKV-OrgWG einige Änderungen und Klarstellungen in Hinblick auf das Leistungserbringerrecht und im Bereich der Hilfsmittel vorgenommen.[36] Klargestellt wurde, dass das Vergaberecht der §§ 97 ff GWB im Leistungserbringerrecht der GKV Anwendung findet und dass die Landessozialgerichte für die Überprüfung der Entscheidungen der Vergabekammern zuständig sind. Im Bereich der Hilfsmittel wurde ein eigenes Prüfungsverfahren das sog. Präqualifizierungsverfahren, normiert, was vom GKV-Spitzenverband ausgestaltet werden soll.

Eine weitere wesentliche Änderung ist die Verpflichtung der Krankenkassen zum Abschluss von Hausarztverträgen[37] nach § 73 b SGB V mit Vereinigungen von Allgemeinärzten bis spätestens 30.6.2009. **21**

Weitere Änderungen im Überblick:
- Leistungsausweitung für parenterale Ernährung,
- Finanzierung der Weiterbildung von Allgemeinmedizinern,
- Aufhebung der Altersgrenze für Vertragsärzte,
- Ausweitung des Anspruchs auf Rehabilitationsmaßnahmen für Kinder und Jugendliche und

Man kann feststellen, dass mit der Einführung eines hoheitlich festgelegten Einheitsbetrages der gesetzlichen Krankenkassen, dem Gesundheitsfonds und dem Insolvenzrecht der Weg zum System einer Einheitskasse eingeschritten wurde, da wesentliche Wettbewerbsparameter entfallen sind. **22**

Nach der Bundestagswahl 2009 hat die neue Koalition aus CDU/CSU und FDP im Koalitionsvertrag festgelegt, dass „die Vielzahl der sich zum Teil widersprechenden Instrumente, die den Arzneimittelmarkt regeln, (überprüft werden sollen). Der Arzneimittelmarkt wird unter patienten-, mittelstandsfreundlichen und wettbewerblichen Kriterien effizient neu geordnet."[38]

3. Die 15. AMG-Novelle[39]

Im Gegensatz zur 14. AMG-Novelle werden die vorgelegten Änderungen der bereits seit längerem vom BMG angekündigten 15. AMG-Novelle von keinem zentralen Thema dominiert. Vielmehr soll das AMG an die Verordnungen (Regulations) des europäischen Parlamentes (EG/1901/2006) und des Rates vom 12.12.2006 über Kinderarzneimittel, sowie die Verordnungen des europäischen Parlamentes (EG/1394/2007) und des Rates vom 13.11.2007 über Arzneimittel für neuartige Therapien angepasst werden. Darüber hinaus werden neben weiteren Änderungen des AMG auch Anpassungen in anderen damit in Zusammenhang stehenden Gesetzen vorgenommen, zB Betäubungsmittelgesetz, Transfusionsgesetz, SGB V, Arzneimittelpreisverordnung etc. Auf die wesentlichsten Änderungen soll in chronologischer Reihenfolge kurz eingegangen werden. **23**

Neben der Anpassung verschiedener Definitionen (§§ 2, 4 AMG[40]) führt der Gesetzgeber im Bereich der Arzneimittel für neuartige Therapien verschiedene Sondervorschriften ein, vgl. § 4 b AMG. Die Regelung geht zurück auf die Verordnung (EG) Nr. 1394/2007 über Arzneimittel für neuartige Therapien. Danach werden nunmehr Regelungen für solche Produkte getroffen, die von der Verordnung ausgenommen sind, weil sie nicht routinemäßig, **24**

---

36 Vgl dazu ausführlich Knispel, GesR 2009, 236 ff.
37 Vgl allgemein dazu Schulteis, Hausarztzentrierte Versorgung, 2007.
38 Koalitionsvertrag, S. 87; vgl auch unten § 49.
39 Gesetz zur Änderung arzneimittelrechtlicher und anderer Vorschriften, Gesetzentwurf der Bundesregierung und Begründung, BR-Drucks. 171/09 v. 20.2.2009, BT-Drucks. 16/13428 v. 17.6.2009.
40 In der Fassung der Bekanntmachung vom 12.12.2005 (BGBl. I, 3394), zuletzt geändert durch Art. 1 der VO vom 28.9.2009 (BGBl. I, 3172, 3578).

sondern speziell für einzelne Patienten hergestellt werden. Für diese Produkte werden mit dem Entwurf spezielle Regelungen zur Herstellung, zur Genehmigung sowie zu Rückverfolgbarkeits- und Pharmakovigilanzanforderungen vorgesehen.

25 Des Weiteren wird der Schutz vor bedenklichen Arzneimitteln und Arzneimittelfälschungen verbessert (§§ 5, 8 AMG), in dem der Schutz (vor Arzneimittelfälschungen) auf gefälschte Wirkstoffe ausgeweitet wird, da das Gefährdungspotenzial, das von diesen ausgeht, vergleichbar ist mit dem gefälschter Arzneimittel. Das Verbringen von gefälschten Arzneimitteln und Wirkstoffen in den Geltungsbereich des Gesetzes wird ausdrücklich verboten und stellt eine Ordnungswidrigkeit dar.

26 Eine weitere praxisrelevante Änderung ist die Ausdehnung der Erlaubnispflicht gem. §§ 13 ff AMG auf jede Form der Herstellung. Dies hat zur Folge, dass auch Arzneimittel den Herstellungsvorschriften unterworfen werden, die ausschließlich zur klinischen Prüfung bestimmt sind. In Angleichung an die EG-rechtlichen Regelungen wird in § 14 AMG die Funktion des „Leiters der Herstellung und des Leiters der Qualitätskontrolle" als Voraussetzung für die Erteilung einer Herstellungserlaubnis gestrichen.[41] Damit wird im Ergebnis, wie in anderen Mitgliedstaaten auch, nunmehr allein auf die sachkundige Person nach § 14 AMG verwiesen.

27 § 21 Abs. 2 Nr. 6 AMG nimmt die Arzneimittel von der Zulassung aus, die im Wege des Compassionate Use[42] eingesetzt werden. Mit dem 15. Änderungsgesetz werden die pharmazeutischen Unternehmer verpflichtet, die Kosten zu tragen.[43]

28 Im Hinblick auf problematische Fälle des Unterlagenschutzes zwischen dem Originator und Generikaherstellern wird klargestellt, dass bei bezugnehmenden Zulassungen mit Zustimmung des Vorantragstellers nur ein vollständiger und kein teilweiser Rückgriff auf dessen Unterlagen zulässig ist.[44] Die Vorgaben der Richtlinie 2001/83/EG, in welchem Umfang auf Unterlagen des Originalherstellers Bezug genommen werden kann, werden in den §§ 24 a und 24 b AMG vollständig umgesetzt. Darüber hinausgehend sieht § 24 d AMG eine „Allgemeine Verwertungsbefugnis" vor. Dadurch soll verhindert werden, dass die zuständige Behörde einem unbefugten Dritten die geschützten Unterlagen, die dieser gestützt auf Informationsfreiheitsgesetze einsehen will, herausgibt.

29 Im Bereich der klinischen Prüfungen wurden einige Erleichterungen für den pharmazeutischen Unternehmer aufgenommen, so § 40 Abs. 1 S. 3 Nr. 5 AMG oder § 40 Abs. 2 S. 4 AMG.[45] Das Recht der Ethikkommissionen iRd klinischen Prüfung wurde ausgebaut. Nunmehr kann die Ethikkommission zB erteilte Voten nachträglich zurücknehmen oder widerrufen (§ 42 a Abs. 4 a AMG).

30 Mit der Gesetzesänderung wird ein neuer § 52 b AMG[46] eingeführt, der pharmazeutischen Unternehmern und Arzneimittelgroßhändlern einen öffentlichen Sicherstellungsauftrag für die Versorgung mit Arzneimitteln zuweist. Bislang oblag dieser Sicherstellungsauftrag allein den Apotheken. Nunmehr haben sowohl Großhandel als auch der pharmazeutische Unternehmer „eine angemessene und kontinuierliche Bereitstellung des Arzneimittels sicherstellen, damit der Bedarf von Patienten im Geltungsbereich dieses Gesetzes gedeckt ist".[47] Durch

---

41 Als Funktion bleiben diese allerdings noch bestehen, da sowohl die Arzneimittelherstellungsverordnung (AMWHV) als auch der EG-GMP-Leitfaden deren Aufgaben beschreiben.
42 Vgl dazu unten Rn 59 (Compassionate Use).
43 Darunter fallen national und zentral zugelassene Arzneimittel, § 21 Abs. 2 Nr. 6 AMG.
44 Vgl BR-Drucks. 171/2009, 78.
45 Weitere Erleichterungen im Rahmen der klinischen Prüfung, zB Festlegungen Art und Umfang von Verschlüsselungspraktiken bei Pseudonymisierung, wurden nicht aufgenommen.
46 Ausweislich der Begr. des Gesetzesentwurfs dient die Vorschrift der Umsetzung des Art. 81 RL 2001/83/EG.
47 BR-Drucks. 171/2009, 86.

diese Regelung soll den veränderten Bedingungen des Arzneimittelmarktes und dem gestiegenen Bedürfnis der Patienten nach einer möglichst schnellen Verfügbarkeit der benötigten Arzneimittel Rechnung getragen werden. In der Praxis schlägt sich diese Neuregelung des Sicherstellungsauftrags in einem Belieferungsanspruch zwischen den Handelsstufen nieder. Das Gesetz konkretisiert in § 52 b AMG diesen Auftrag für die vollversorgenden Pharmagroßhändler.[48] Für den pharmazeutischen Unternehmer fehlt eine weitergehende Regelung. Damit ist der pharmazeutische Unternehmer weiterhin frei in der Entscheidung „in welcher Form und welchen vollversorgenden Großhandlungen gegenüber" er seiner Pflicht zur Belieferung nachkommt (kein Kontrahierungszwang).[49] Dies schließt auch die sog. Direct-to-Pharmacy-Modelle nicht aus, da nicht davon auszugehen ist, dass dadurch eine angemessene Versorgung der Bevölkerung gefährdet ist.

Ebenfalls werden verschiedene Änderungen in Bereich der Meldepflichten bei Arzneimittelrisiken und der Überwachung vorgenommen (§§ 63 a, 63 b, 64, 67, 68 AMG).[50] **31**

Die zuvor erwähnten Änderungen haben auch eine Änderung der Straf- und Bußgeldvorschriften des AMG zur Folge. Nicht durchgesetzt hat sich der Versuch, das Bezahlsystems des Großhandels zu reformieren. Auch bleibt es dabei, dass Einzelhändler weiterhin „Pick-up"-Stellen[51] in Zusammenarbeit mit Versandapotheken betreiben dürfen. In diesem Punkt wird es jedoch zu Veränderungen kommen, da im Koalitionsvertrag zwischen CDU/CSU und FDP festgelegt wurde, dass die Abgabe von Arzneimitteln über „Pick-up"-Stellen verboten werden soll.[52] **32**

Durch die 15. AMG-Novelle werden auch einige Änderungen im SGB V vorgenommen. Dabei handelt es sich größtenteils um Änderungen im Bereich der Leistungsansprüche. Vor allem folgende sind für die pharmazeutische Industrie von Interesse: **33**

- § 128 (**Unzulässige Zusammenarbeit zwischen Leistungserbringern und Vertragsärzten**): Mit dieser vom Verfasser als „Pilot-Vorschrift" im Hilfsmittelbereich eingefügten Bestimmung sind Maßstäbe für eine ordnungsgemäße Zusammenarbeit mit Wirkung zum 1.4.2009 in das SGB V eingefügt worden. Durch die 15. AMG-Novelle wird nicht nur die Zusammenarbeit der Leistungsbringer mit Vertragsärzten erfasst, sondern erweitert auf Ärzte in Krankenhäusern und anderen medizinischen Einrichtungen. Definiert werden als unzulässige wirtschaftliche Vorteile unter anderem die unentgeltliche oder verbilligte Überlassung von Geräten und Materialien und Durchführung von Schulungsmaßnahmen sowie die Bestellung von Räumlichkeiten oder Personal oder die Beteiligung an den Kosten hierfür. Außer dezidierten Definitionen und regulatorischen Regelungen sind auch Sanktionsmöglichkeiten vorgesehen, so zB der Ausschluss von Leistungserbringern für die Dauer bis zu zwei Jahren von der Versorgung der Versicherten. Wesentlich ist der nunmehr neu eingefügte Absatz 6 mit weitreichenden Konsequenzen für die

---

48 Unter „vollversorgende Arzneimittelgroßhandlungen" werden nach § 52 b Abs. 2 S. 2 AMG solche Großhandlungen gefasst, die ein vollständig herstellerneutral gestaltetes Sortiment an apothekenpflichtigen Arzneimitteln unterhalten, das nach Breite und Tiefe so beschaffen ist, dass damit der Bedarf von Patienten von den mit der Großhandlung in Geschäftsbeziehungen stehenden Apotheken werktäglich innerhalb angemessener Zeit gedeckt werden kann.
49 In der Gesetzesbegründung wird klargestellt, dass dies nicht für Arzneimittelgroßhändler gilt, die nur ein Teilsortiment vorhalten, BT-Drucks. 16/12256, 53.
50 Vgl dazu das Kapitel Pharmakovigilanz (§ 26). So sind zB nach § 67 Abs. 1 S. 5 AMG nunmehr ausschließlich gegenüber der zuständigen (Landes-)Behörde sämtliche an einer klinischen Prüfung am Menschen beteiligte Prüfer mit Angabe der Qualifikation namentlich zu benennen. Die bisherige zusätzliche Meldung an die zuständige Bundesoberbehörde entfällt künftig.
51 Hofmann, Zur Verfassungsmäßigkeit eines Verbots von Arzneimittel-Pick-up-Stellen, A&R 2009, 99 ff.
52 Koalitionsvertrag zwischen CDU/CSU und FDP, S. 87.

Leistungserbringer im GKV-Bereich.[53] Damit gelten diese teilweise bis an die Grenzen des Bestimmtheitsgebots gehenden Beschränkungen für den gesamten Arzneimittelmarkt. Zu diskutieren sein wird insbesondere der Begriff „bei der Erbringung von Leistungen".

Die Bedeutung und Reichweite dieser Norm darf nicht unterschätzt werden. Ausgehend von den Beziehungen der Kostenträger zu den Leistungserbringern im Hilfsmittelbereich und insofern nahezu „versteckt" werden durch Abs. 6 dieser Vorschrift die Beteiligten im Bereich der Arzneimittelversorgung einbezogen. Im ausgeführten unbestimmten und ausfüllungsbedürftigen Maß wird die Reichweite dieser Bestimmung zu diskutieren sein. Die gesetzessystematische Implementierung dient jedenfalls nicht der von den Beteiligten im Gesundheitssystem geforderten Transparenz.

Nach der Rechtsprechung des BGH[54] hat der Arzt als Schlüsselfigur[55] die Verordnungshoheit zumindest im GKV-Bereich unter Beachtung der regulatorischen Normen vorzunehmen. Nach Auffassung des BGH[56] ist er deshalb in dem Bereich der Vermögensbetreuungspflichten zugunsten der Kostenträger eingebunden und hat daher pflichtenadäquat zu handeln. Das bedeutet nunmehr, dass die Pflichten nach § 128 Abs. 1–3 zu beachten sind.

Die Rechtsprechung der Strafsenate des BGH beurteilt ausgehend von den Prinzipien des vertragsärztlichen Abrechnungssystems den Vertragsarzt bei Ausstellung einer Verordnung als Vertreter der Krankenkasse, in dem er an ihrer Stelle das Rahmenrecht des einzelnen Versicherten auf medizinische Versorgung konkretisiert. Damit kann er Täter einer Untreue nach § 266 Abs. 1 StGB in Form des Missbrauchstatbestands sein, wenn er seine im Außenverhältnis wirksame, aber im Verhältnis zum Geschäftsherrn (der Krankenkasse) bestimmungswidrige Ausübung der Befugnis zur Vermögensverfügung missbraucht. Verschreibt also ein Vertragsarzt ein Medikament zulasten einer Krankenkasse, obwohl er weiß, dass er die Leistung im Sinne des § 12 Abs. 1 SGB V nicht bewirken darf, so missbraucht er seine ihm vom Gesetz eingeräumte Befugnis und verletzt seine Betreuungspflicht gegenüber dem betroffenen Vermögen der Krankenkasse.[57] Soweit nach § 128 Abs. 6 iVm § 128 Abs. 1–3 SGB V Vermögensbetreuungsverpflichtungen hergeleitet werden sollten, wäre die strafrechtliche Dimension nahezu unabsehbar.

- **§ 129 (Rahmenvertrag über die Arzneimittelversorgung):** Neu eingeführt ist § 129 Abs. 5 c, der Regelungen über die früher als „Zytostatika"[58] und jetzt als „parentarale Zubereitungen aus Fertigarzneimittel in der Onkologie" bezeichnete Präparate einführt. Sie beinhalten eine dezidierte Preisregelung, wie auch eine Nachweispflicht der Apotheken gegenüber der Krankenkassen bezüglich Bezugsquellen und Preisbildung. In Beschlussempfehlungen des Ausschusses für Gesundheit[59] heißt es, dass Einkaufsvorteile

---

53 § 128 Abs. 6 SGB V lautet: „Ist gesetzlich nichts anderes bestimmt, gelten *bei der Erbringung von Leistungen* nach den §§ 31 und 116 b Absatz 6 die Absätze 1 bis 3 sowohl zwischen pharmazeutischen Unternehmern, Apotheken, pharmazeutischen Großhändlern und sonstigen Anbietern von Gesundheitsleistungen als auch jeweils gegenüber Vertragsärzten, Ärzten in Krankenhäusern und Krankenhausträgern entsprechend. Hiervon unberührt bleiben gesetzlich zulässige Vereinbarungen von Krankenkassen mit Leistungserbringern über finanzielle Anreize für die Mitwirkung an der Erschließung von Wirtschaftlichkeitsreserven und die Verbesserung der Qualität der Versorgung bei der Verordnung von Leistungen nach den §§ 31 und 116 b Absatz 6." (Hervorhebung vom Verf.).
54 BGH, Beschl. v. 25.11.2003 – 4 StR 239/03, NJW 2004, 454 ff.
55 So das BSG v. 3.8.2006 – 3 KR 7/05, SozR 4-2500, § 129 Nr. 1.
56 So BGH, aaO.
57 So BGH aaO.
58 Vgl. dazu Dettling/Kieser/Ulshöfer, PharmR 2009, 421 ff.
59 14. Ausschuss, BT-Drucks. 16/13428 v. 17.6.2009.

und Rabatte von pharmazeutischen Unternehmern für Arzneimittel, die aufgrund besonderer Fallgestaltung unter das Rabattverbot des § 78 Abs. 3 AMG fallen und insbesondere Rabatte bei parentaralen Zubereitungen insbesondere in der Onkologie den Krankenkassen zur Entlastung der Beitragszahler weitergeleitet werden sollen.

- § 130a SGB V (**Rahmenverträge mit pharmazeutischen Unternehmern**): Festgehalten ist, dass zukünftig die Krankenkassen den Abschlag (Rabattierung) auch für Fertigarzneimittel in parentaralen Zubereitungen erhalten, wobei bei Zubereitung nur einer Teilmenge des Fertigarzneimittels der Abschlag nur für diese Mengeneinheit erhoben wird.

B. Paradigmenwechsel durch Gesundheitsfonds und morbiditätsorientierten Risikostrukturausgleich (Morbi-RSA)

I. Der Gesundheitsfonds

„Mit der Einrichtung eines Gesundheitsfonds werden der Wettbewerb zwischen den Kassen und die Anreize für die wirtschaftliche Verwendung der Einnahmen sowie für mehr innovative Angebote der Kassen erhöht."[60]

34

Mit dem Kernelement des GKV-WSG – dem Fonds – wurde ein Begriff gewählt, der inhaltlich auf einen Vorschlag des Wissenschaftlichen Beirats beim BMF zurückgeht.

Die Funktion des Fonds, der als **Sondervermögen** geführt wird,[61] besteht darin, einkommensbezogene Beitragszahlungen in einkommensunabhängige Versicherungsprämien (Grundpauschalen) umzuwandeln. Der Fonds bündelt zukünftig die einheitlichen Beiträge[62] der Arbeitgeber und Arbeitnehmer, der anderen Sozialversicherungsträger und der Mitglieder der Krankenkassen, sowie die Bundesmittel nach § 221 SGB V (§ 271 Abs. 1 SGB V). Im Ergebnis verlieren die Kassen damit ihre Finanzautonomie. Ein neutraler beim Bundesversicherungsamt (BVA) angesiedelter Schätzerkreis hat der Bundesregierung einen Vorschlag zur Höhe des erforderlichen Beitrags für 2009 gemacht. Dieser wurde am 1.11.2008 durch die Bundesregierung gem. § 241 Abs. 2 SGB V per Rechtsverordnung auf 15,5 % festgelegt. Dieser Beitragssatz soll zusammen mit dem Bundeszuschuss (§ 221 SGB V) die im Jahr 2009 zu erwartenden Ausgaben der Krankenkassen bis zu 100 % decken (vgl. § 220 SGB V).[63] Der Beitragssatz soll zukünftig immer dann angepasst werden, wenn die Ausgaben der Kassen nicht mehr zu mindestens 95 % aus dem Gesundheitsfonds gedeckt sind.

Der Schätzerkreis, der sich aus Vertretern des GKV-Spitzenverbandes, des Bundesversicherungsamtes und des Bundesgesundheitsministeriums zusammensetzt, rechnete im Oktober 2009 mit rund 7,45 Mrd. €, die unterm Strich den Krankenkassen im Jahr 2010 fehlen werden.[64] Es wäre jedoch falsch, dieses Defizit dem Fonds anzulasten. Aber der Fonds mindert den Kostendruck eben auch nicht. Damit wird die neue Regierung an einer grundlegenden Finanzreform nicht vorbeikommen.

Der **allgemeine Beitragssatz** zur gesetzlichen Krankenversicherung beträgt seit dem 1.1.2009 einheitlich für alle Beitragszahler 15,5 %. Hiervon trägt der Arbeitnehmer einen Eigenanteil von 0,9 %. Die verbleibenden 14,6 % werden paritätisch von Arbeitgeber und Arbeitnehmer getragen (jeweils 7,3 %). Damit gelten, wie in der Pflege-, Renten- und Arbeitslosenversicherung üblich, einheitliche Beiträge in der GKV.

35

---

60 Auszug aus der Gesetzesbegründung, BT-Drucks. 16/3100 (BGBl. I 2007, 378 ff).
61 Vgl kritisch zur Rechtsnatur des Gesundheitsfonds Pfohl/Sichert, NZS 2008, 71 ff.
62 Gehring, Vierteljahreszeitschrift für Sozialrecht 2009, 185.
63 Um unterjährige Beitragsschwankungen zu decken, wurde eine Liquiditätsreserve aufgebaut.
64 Bericht des Schätzerkreises vom 6.10.2009.

36 Die erste Veränderung des Beitragssatzes erfolgte bedingt durch die weltweite Wirtschaftskrise bereits kurz nach Einführung des Gesundheitsfonds zu Beginn des Jahres 2009. Die Bundesregierung brachte am 27.1.2009 das Gesetz zur Sicherung von Beschäftigung und Stabilität in Deutschland auf den Weg.[65] Zum 1.7.2009 wird der Bundeszuschuss an die gesetzlichen Krankenversicherungen erhöht. Damit verbunden ist die Senkung der paritätisch finanzierten Beitragssätze um 0,6 % ab dem 1.7.2009. Der allgemeine Beitragssatz zur gesetzlichen Krankenversicherung beträgt dann einheitlich 14,9 %. Hiervon trägt der Arbeitnehmer weiterhin einen Eigenanteil von 0,9 %. Die verbleibenden 14,0 % teilen sich Arbeitgeber und Arbeitnehmer.

37 Bei einem gesetzlich fixierten Beitragssatz für alle Krankenkassen soll sich der Wettbewerb unter ihnen nur über die Leistungen und/oder über die Möglichkeit eines **Zusatzbeitrags/ Bonus** entfalten. Hat eine Kasse gut gewirtschaftet und die Möglichkeiten des Wettbewerbs um neue Versorgungsformen (Hausarztmodelle, integrierte Versorgung, Wahltarife) genutzt, kann sie ihren Versicherten einen Teil des Beitrags zurückerstatten. Kommt eine Krankenkasse mit den zugewiesenen Mitteln nicht aus, muss sie (im Folgejahr) einen Zusatzbeitrag erheben, dessen Höhe begrenzt ist.[66] Die Krankenkassen dürfen einen zusätzlichen Beitrag maximal in der Höhe von 1 % der beitragspflichtigen Einnahmen verlangen. Diese Regelung soll die Versicherten vor einer Überforderung schützen. Zusatzbeiträge bis 8 € (pro Monat) dürfen dabei ohne eine Prüfung der Einkommenssituation erhoben werden. Kassen, die einen Zusatzbeitrag erheben, müssen ihre Mitglieder auf die Möglichkeiten eines Kassenwechsels hinweisen (Sonderkündigungsrecht).

38 Zur Versorgung ihrer Versicherten erhalten die Kassen für jeden Versicherten aus dem Gesundheitsfonds eine **Versichertenpauschale**, sowie Zu- und Abschläge zum Ausgleich der unterschiedlichen Risikostrukturen (gem. § 266 SGB V), Zuweisungen für aufwendige Leistungsfälle (§ 269 SGB V) und Zuweisungen für sonstige Ausgaben (§ 270 SGB V).

Daneben bekommen die Kassen risikoabhängige Zu- oder Abschläge für ihre Versicherten. Damit soll ein möglichst zielgenauer Ausgleich der alters-, geschlechts- und krankheitsbedingten Risiken zwischen den Krankenkassen erreicht werden. Dieser Mittelverwendung durch den Fonds liegt der Grundgedanke des **Risikostrukturausgleichs** (RSA) zugrunde.[67]

Nach den Koalitionsverhandlungen zeichnet sich ab, dass voraussichtlich ab 2011 die Krankenkassen wieder mehr Autonomie über ihre Beiträge bekommen sollen, der Arbeitgeberanteil eingefroren werden soll und die Arbeitnehmer demnächst eine einkommensabhängige Pauschale bezahlen sollen. Soziale Härten sollen jedoch über Steuern ausgeglichen werden. Dies würde im Ergebnis zu einer faktischen Abschaffung des Gesundheitsfonds führen.

---

65 BGBl. I 2009, 416. In einer Gemeinsamen Erklärung bestätigte der beim Bundesversicherungsamt angesiedelte GKV-Schätzerkreis am 1.7.2009, „dass in Folge des konjunkturellen Einbruchs im Jahr 2009 und der damit verbundenen Verschlechterung der Lohn- und Beschäftigungsentwicklung die Einnahmen des Gesundheitsfonds gegenüber der Schätzung vom Oktober 2008 um rund 2,9 Milliarden Euro geringer ausfallen" werden.

66 Wird von den Kassen ein Zusatzbeitrag erhoben, muss diesen allein der Arbeitnehmer tragen. Die Arbeitgeber können mit einem stabilen Einheitssatz kalkulieren. Die maximale Belastung liegt bei einem Prozent der beitragspflichtigen Einnahmen, bei einer Beitragsbemessungsgrenze von 3.600 € pro Monat.

67 Mit Wirkung zum 1.1.1994 wurde das Gesundheitsstrukturgesetz (GSG) und damit u.a. der Risikostrukturausgleich eingeführt, mit dem Ziel, die Unterschiede in den beitragspflichtigen Einnahmen der Versicherten auszugleichen. Unmittelbarer Anlass für diese Neuregelungen waren rapide steigende Kosten im Gesundheitswesen (vgl BT-Drucks. 12/3608, 66).
Was die Änderungen in der Organisationsstruktur anbetrifft, lagen die Ursachen für den Reformbedarf tiefer. Überkommene berufs- und betriebsbezogene Gliederungsprinzipien führten zu unterschiedlichen Risikostrukturen, zu Risikoselektionen und zu Wettbewerbsverzerrungen zwischen den Kassen, wodurch das Solidaritätsprinzip der gesetzlichen Krankenversicherung zunehmend gefährdet war. Der Risikostrukturausgleich sollte daher Unterschiede in den Einnahmen der Versicherten betreffend Alter und Geschlecht ausgleichen.

II. Der morbiditätsorientierte Risikostrukturausgleich (Morbi-RSA)

Ab 1.1.2009 soll das bisherige Verfahren des RSA nun noch genauer ausgestaltet werden. Die nur mittelbare Morbiditätsorientierung des alten Risikostrukturausgleichs führte dazu, dass keine Anreize für Kassen gesetzt wurden, sich gerade um chronisch kranke Versicherte zu bemühen. Zukünftig soll auch die Morbidität der Versicherten berücksichtigt werden, so dass eine Kasse einen Ausgleich für die Krankheitsbelastung ihrer Versicherten bekommt. Bei dieser Umverteilung sollen 80 schwerwiegende und kostenintensive chronische Krankheiten mithilfe des sog. Klassifikationsmodells berücksichtigt werden (3600 Diagnosen). Dieser weiterentwickelte RSA soll zu einem Ausgleich der Krankheitsrisiken unter den Krankenkassen zwischen alten und jungen, kranken und gesunden Versicherten führen. Die Folge ist, dass Kassen mit hohen Anteilen an alten und kranken – also kostenintensiveren – Mitgliedern wettbewerbsfähiger werden. 39

Die Einführung des direkt morbiditätsorientierten Risikostrukturausgleichs gibt zu verfassungsrechtlichen Bedenken keinen Anlass. Dem Gesetzgeber kommt ein erheblicher sozialpolitischer Gestaltungsspielraum zu, den er mit dem Reformgesetz nicht überschritten hat – so das BVerfG in seinen Entscheidungen vom Juni 2004 und September 2005.[68] 40

Der Gesetzgeber verfolgt mit der direkten Morbiditätsorientierung legitime Ziele, weil er hierdurch den Solidarausgleich zwischen Gesunden und Kranken verbessern und insbesondere Risikoselektion zulasten von chronisch Kranken vermeiden will. Zugleich schreibt er Praktikabilität und Kontrollierbarkeit als wesentliche Systemvoraussetzungen des morbiditätsorientierten Risikostrukturausgleichs fest (§ 268 Abs. 1 S. 1 Nr. 5 SGB V). Zwar erhält eine Krankenkasse mehr Geld aus dem Fonds, je kränker ihre Mitglieder sind, gleichzeitig verursachen diese Versicherten aber auch höhere Kosten.

Es ist zu bezweifeln, dass Deutschland zu einem Land der Multimorbiden wird, wie es zum Teil bei der heftig kritisierten Einführung des Fonds prognostiziert wurde. Vielmehr ist zu erwarten, dass die Krankenkassen in einen Leistungswettbewerb um Präventionsprogramme und eine bessere Patientenversorgung treten werden. 41

Die Auswirkungen dieser Veränderungen für die pharmazeutische Industrie sind nicht zu unterschätzen, da das Klassifikationsmodell des Bundesversicherungsamtes die Verordnung festgelegter Arzneimittel als indizierend für die Risikozuschläge annimmt. Die Folge wird sein, dass Krankenkassen davon abweichende Arzneimittelverordnungen, wie zB beim Off-Label-Use, erst recht nicht mehr zulassen werden.

Die Krankenkassen waren bereits zur Einführung des Gesundheitsfonds bemüht, einheitliche Kodierungsstandards für die Leistungserbringer festzulegen, um dadurch Risikozuschläge des Morbi-RSA zu erhalten (sog. Right-Coding[69]).

Ebenso im Fokus zweifelhafter strategischer Planungen stand das sog. **Up-Coding**[70]. Darunter ist zu verstehen, dass Ärzte mehr Diagnosen stellen, als eigentlich beim Patienten vorhanden sind. Dass eine einzelne Kasse von einer solchen Vorgehensweise nicht profitieren kann, ergibt sich daraus, dass die Höhe der finanziellen Ausstattung des Gesundheitsfonds im Voraus feststeht und ein allgemeines Up-Coding lediglich dazu führt, dass die Höhe der jeweiligen Morbiditätszuschläge im Durchschnitt fällt. Außerdem kann das Bundesversi- 42

---

68 Vgl BVerfG, Nichtannahmebeschluss v. 9.6.2004 – 2 BvR 1248/03, 1249/03, NZS 2005, 139 ff und BVerfG, Beschl. v. 13.9.2005 – 2 BvF 2/03, NVwZ 2006, 191 ff.
69 Göpffarth/Sichert, Die Krankenversicherung 2009, 186.
70 Göpffarth/Sichert, Die Krankenversicherung 2009, 186.

cherungsamt bei Verdacht auf Up-Coding Plausibilitätberechnungen vornehmen, mit denen man einen solchen Betrug feststellen könnte.[71]

43 Kritisch zu sehen ist, bezogen auf die Arzneimittelverordnungen, der Katalog der 80 Krankheiten im Rahmen des Morbi-RSA. Inwieweit der Morbi RSA Einfluss auf den Vertragswettbewerb haben kann bzw als „fünfte Hürde" in Bezug auf Arzneimittelinnovationen anzusehen ist, wird später näher betrachtet werden.

III. Ergebnis

44 Die vom Gesetzgeber gewählte Konstruktion ist ein Novum in der Geschichte der GKV. Der Charme des Fondsmodells liegt darin, dass es ermöglicht, die Finanzierung des Gesundheitswesens und die wettbewerbliche Ordnung des Versicherungsmarktes als Problemkreise zu trennen. Erstmals ist der Staat im Rahmen der GKV beteiligt und kann so Einfluss nehmen.

Für das Jahr 2009 kann bereits jetzt festgestellt werden, dass die erwartete Fusionswelle begonnen hat. Ebenso ist davon auszugehen, dass die meisten Krankenkassen – zumindest bis zur Bundestagswahl – versuchen werden, im Jahr 2009 eine Zusatzprämie zu vermeiden. Insgesamt ist mit den Reformen der Großen Koalition die Finanzierungsschwäche der GKV nicht beseitigt worden. Das bedeutet, dass unmittelbar nach der Bundestagswahl im September 2009 eine neue Gesundheitsreform und auch neue Finanzierungsreform der GKV zu erwarten ist.

C. Der Leistungsanspruch in der GKV auf Versorgung mit Arzneimitteln

I. Grundlagen

45 Der Leistungsanspruch der gesetzlich Versicherten auf Versorgung mit Arzneimitteln basiert auf § 27 Abs. 1 SGB V. Danach wird vom Leistungsanspruch

---

71 Mit einem Änderungsantrag zum Gesetz zur Änderung arzneimittelrechtlicher und anderer Vorschriften (BT-Drucks. 16/12256) wurde auf „Initiative" des Bundesversicherungsamtes (BVA) ein neuer § 273 SGB V eingefügt. Darin wird dem BVA als für die Durchführung des RSA zuständiger Stelle zum einen die Befugnis eingeräumt, Krankenkassen zu überprüfen, ob sie die rechtlichen Vorgaben eingehalten haben. Es handelt sich bei dieser Befugnis um eine erweiterte Plausibilitätsprüfung, die das BVA vornimmt. Ziel war es, sicherzustellen, dass Datenmeldungen der Träger, die nicht den Vorgaben des § 268 Abs. 3 S. 1, 2 und 14 SGB V entsprechen, nicht zu erhöhten Zuweisungen führen. Die von den Krankenkassen übermittelten Daten werden einer kassenübergreifenden Vergleichsanalyse unterzogen. Das BVA kann für den Fall, dass eine Kasse auffällt, eine Einzelfallprüfung vornehmen und im Rahmen dessen weitere Auskünfte und Nachweise verlangen.
Der Bundesrat hat am 10.7.2009 dem Gesetz zur Änderung arzneimittelrechtlicher und anderer Vorschriften zugestimmt (BR-Drucks. 571/09). Zwar verzichtete der Bundesrat auf einen Antrag gem. Art. 77 Abs. 2 GG, jedoch wurde auf Antrag von Baden-Württemberg folgende Entschließung verabschiedet (Hervorhebungen von der Verf.):
„a) Der Bundesrat hat bereits mehrfach seiner Sorge Ausdruck verliehen, dass sich im Zusammenhang mit der Gesetzgebung des Bundes im Bereich der Sozialversicherung zunehmend Tendenzen manifestieren, den föderalen Aufbau der Bundesrepublik Deutschland durch zentralistische Strukturen deutlich zu schwächen.
b) Auch im vorliegenden Gesetz sind Regelungen enthalten, die diesen Trend bestätigen. So sehen sich die landesunmittelbaren Krankenkassen zukünftig aufgrund der Vorgaben des neuen § 273 SGB V neben Prüfungen durch die Landesprüfungsämter und den Bundesrechnungshof auch Vor-Ort-Prüfungen durch das Bundesversicherungsamt ausgesetzt. Wurden in der Vergangenheit Auffälligkeiten im Zusammenhang mit der Durchführung des Risikostrukturausgleichs durch Prüfungen der Landesprüfungsämter ‚im Auftrag' des Bundesversicherungsamtes aufgeklärt, soll nunmehr dem Bundesversicherungsamt ein originäres Prüfrecht zustehen. Überzeugende Gründe, die den damit verbundenen Eingriff in die föderale Grundordnung rechtfertigen könnten, sind nicht ersichtlich.
c) Der Bundesrat fordert vor diesem Hintergrund nochmals in aller Deutlichkeit, zukünftig den bundespolitischen Bestrebungen zum Zentralismus Einhalt zu gebieten und dem föderalen Staatsaufbau sowie den berechtigten Interessen der Länder umfassend Rechnung zu tragen." (BR-Drucks. 571/09).

C. Der Leistungsanspruch in der GKV auf Versorgung mit Arzneimitteln

„jede Pharmakotherapie (umfasst), wenn sie notwendig ist, um eine Krankheit zu erkennen, sie zu heilen, ihre Verschlimmerung zu verhüten oder Beschwerden zu lindern"

Im Folgendem werden die einschlägigen Normen sozialversicherungsrechtlicher Art hinsichtlich der Pharmakotherapie beleuchtet. Seien sie speziell für diese erlassen oder im Leistungserbringungsrecht allgemein gültig und unmittelbar auf die Arzneimitteltherapie ausstrahlend:

- **§ 2 SGB V – Leistungen:** Gemäß § 2 Abs. 1 S. 1 SGB V haben die Krankenkassen den Versicherten die im dritten Kapitel des SGB V[72] SGB V genannten Leistungen unter Beachtung des Wirtschaftlichkeitsgebots (§ 12 Abs. 1 SGB V) zur Verfügung zu stellen, soweit diese Leistungen nicht der Eigenverantwortung der Versicherten zugerechnet werden. Behandlungsmethoden, Arznei- und Heilmittel der besonderen Therapierichtungen sind nicht ausgeschlossen. Qualität und Wirksamkeit der Leistungen haben dem allgemein anerkannten Stand der medizinischen Erkenntnisse zu entsprechen und den medizinischen Fortschritt zu berücksichtigen. Grundsätzlich erhalten die Versicherten diese Leistungen als Sach- und Dienstleistungen (§ 2 Abs. 2 S. 1 SGB V).
- **§ 12 Abs. 1 SGB V – Wirtschaftlichkeitsgebot:** Danach müssen Leistungen ausreichend, zweckmäßig und wirtschaftlich sein; sie dürfen das Maß des Notwendigen nicht überschreiten. Leistungen, die nicht notwendig oder unwirtschaftlich sind, können Versicherte nicht beanspruchen, dürfen die Leistungserbringer nicht erwirken und die Krankenkassen nicht bewilligen.

Eine weitere Anspruchsvoraussetzung für die Versorgung mit Arzneimitteln stellt der Arztvorbehalt und die damit verbundene ärztliche Verordnung[73] (§ 73 Abs. 2 Nr. 7 SGB V) dar.

Grundsätzlich haben GKV-Versicherte gem. § 31 SGB V einen Anspruch auf Versorgung mit **apothekenpflichtigen** Arzneimitteln.[74] Mit Einführung des GKV-GMG[75] wurde die bislang bereits auf apothekenpflichtige Arzneimittel beschränkte Versorgung weiter in der Weise modifiziert, dass auch nicht verschreibungspflichtige Arzneimittel von der Versorgung ausgeschlossen sind, §§ 34 Abs. 1 S. 1, S. 5 Nr. 1, Nr. 2 SGB V.[76] Der Gesetzgeber ist verfassungsrechtlich nicht gehindert, den Leistungskatalog der gesetzlichen Krankenversicherung zu beschränken, um dadurch die Finanzierbarkeit des Gesamtsystems zu erhalten.[77]

II. Die Bedeutung der arzneimittelrechtlichen Zulassung für die Erstattung in der GKV

1. Einführung

Ursprünglich hat der Gesetzgeber bei der Arzneimittelversorgung weitgehend auf eigenen Regelungen zur Qualitätssicherung verzichtet. Zwischenzeitlich ergingen Regelungen zur

---

72 §§ 11 ff SGB V – Leistungen der Krankenversicherung.
73 Ebenso ist in Nr. 4 der Arzneimittelrichtlinien die Notwendigkeit einer vertragsärztlichen Verordnung normiert, vgl dazu auch BSGE 73, 271, 277 (§ 73 Abs. 2 Nr. 7 SGB V).
74 § 43 Abs. 1 S. 1 AMG: „Arzneimittel im Sinne des § 2 Abs. 1 oder Abs. 2 Nr. 1, die nicht durch die Vorschriften des § 44 oder der nach § 45 Abs. 1 erlassenen Rechtsverordnung für den Verkehr außerhalb der Apotheken freigegeben sind, dürfen außer in den Fällen des § 47 berufs- oder gewerbsmäßig für den Endverbrauch nur in Apotheken und ohne behördliche Erlaubnis nicht im Wege des Versandes in den Verkehr gebracht werden; das Nähere regelt das Apothekengesetz.".
75 Gesetz zur Modernisierung der gesetzlichen Krankenversicherung (GKV-Modernisierungsgesetz – GMG) v. 14.11.2003 (BGBl. I 2003, 2190).
76 Ausnahme: Kinder bis zum 12. Lebensjahr und Jugendliche mit Entwicklungsstörungen bis zum 18. Lebensjahr.
77 Vgl BVerfG NJW 1997, 3085.

Qualitätssicherung bei der Arzneimittelversorgung im Bereich des Krankenversicherungsrecht (zB §§ 135 bis 139, 35 bis 35c SGB V).

Unabhängig von den vorgenannten Regelungen bestimmt das AMG hingegen in § 21 AMG, dass Fertigarzneimittel nur im Rahmen ihrer Zulassung[78] beim Menschen angewendet werden dürfen. Eine Zulassung setzt voraus, dass ein Arzneimittel durch sog. klinische Prüfungen[79] auf seine Unbedenklichkeit, Qualität und Wirksamkeit getestet worden ist.[80]

48 Das SGB V stellt daher die Zulassung nach dem AMG ab, da diese nach Auffassung der Rechtsprechung des BSG einen Mindeststandard, der an die Verordnungsfähigkeit eines Arzneimittels zu stellen ist, sichert.[81] „Bei Vorliegen der arzneimittelrechtlichen Zulassung kann davon ausgegangen werden, dass damit zugleich die Mindeststandards einer wirtschaftlichen und zweckmäßigen Arzneimittelversorgung im Sinne des GKV-Rechts erfüllt sind."[82] Dieser Grundsatz der Rechtsprechung des BSG zieht sich bis heute durch alle Entscheidungen in Fragen des Erstattungsrechts.[83] Man spricht daher von einer sog. Vorgreiflichkeit der Arzneimittelzulassung.[84]

49 Der Umkehrschluss, dass aber allein die Verkehrsfähigkeit eines Arzneimittels die Erstattungsfähigkeit bedingt, wäre falsch, dh sie hat keine Auswirkungen auf das Leistungsrecht des SGB V und damit auf den Leistungsanspruch des Versicherten.[85]

Das BSG hat immer wieder in seiner Rechtsprechung gerade im Hinblick auf die Kriterien der §§ 2, 12 SGB V festgestellt, dass nicht alles, was arzneimittelrechtlich zulässig ist, in der Folge zu einer krankenversicherungsrechtlichen Leistungsverpflichtung führt. Man kann aufgrund dieser Einschränkung von einer „negativen Vorgreiflichkeit" der Arzneimittelzulassung sprechen.

50 Dennoch gibt es vom Grundsatz, dass ein zulassungspflichtiges aber nicht zugelassenes Arzneimittel, nicht erstattet wird (sog. Vorgreiflichkeit der Arzneimittelzulassung), anerkannte Ausnahmen. Dies betrifft den Import von nicht in Deutschland zugelassenen Arzneimitteln (§ 73 AMG), den zulassungsüberschreitenden Einsatz von Arzneimitteln (sog. Off-Label-Use) und den Einsatz von Arzneimitteln aus Mitleid (sog. Compassionate Use).

---

78 Wenn im Folgenden von „Zulassung" (engl. *marketing authorisation*) die Rede ist, sind darunter Arzneimittel zu verstehen, die nach § 21 AMG zugelassen werden. Darunter fallen demnach keine pflanzlichen (§ 109a AMG) oder homöopathischen Arzneimittel gem. § 39 AMG.
79 Hennies, ArztR 1996, 95, 97 f; Wegscheider, Bundesgesundheitsblatt-Gesundheitsforschung-Gesundheitsschutz, 2005, 515, 517; Krüger, KHuR 2005, 24 ff.
80 Vgl oben Teil 2, §§ 6 ff.
81 BSGE 72, 252, 256 f = SozR 3-2200, § 187 Nr. 17 – Goldnerz-Aufbaucreme; BSG SozR 3-2500, § 31 Nr. 3 – Edelsolfin; BSGE 82, 233 = SozR 3-2500, § 31 Nr. 5 – Jomol; BSG SozR 3-2500, § 31 Nr. 7 – ATC; BSGE 89, 184, 185 = SozR 3-2500, § 31 Nr. 8 – Sandoglobulin-Entscheidung; BSGE 93,1 = SozR 4-2500, § 31 Nr. 1 – Immucuthel; BSG, Urt. v. 27.9.2005 – B 1 KR 6/04 R – Wobe-Mugos; vgl dazu auch Wigge, Zur Vorgreiflichkeit der Arzneimittelzulassung in der GKV, PharmR 2002, 348 ff und 305 ff.
82 Hauck, Der Off-Label-Use in der Rechtsprechung des Bundessozialgerichts, A&R 2006, 147 ff.
83 SozR 3-2500, § 31 Nr. 7 – Edelfosin; BSGE 82, 233 – Jomol; BSG SozR 3-2500, § 31 Nr. 7 – ATC; BSGE 93,1 – Immucothel; B 1 KR 6/04 R – Wobe-Mugos.
84 Dabei wurden jedoch die gänzlich unterschiedlichen Zielsetzungen des AMG und des SGB V außer Acht gelassen. Die BSG-Rechtsprechung (BSGE 89, 184, 185 f = SozR 3-2500, § 31 Nr. 8, 29) einschließlich des BVerfG (1 BvR 1071/95 = NJW 1997, 3085) sieht in den unterschiedlichen Zielsetzungen der Gesetze jedoch kein Problem und hält das arzneimittelrechtlich zulässige für eine Verordnung im Rahmen der GKV für zulässig. Soweit folglich eine arzneimittelrechtliche Zulassung vorliegt, bedarf es bislang „keiner generellen zusätzlichen krankenversicherungsrechtlichen Qualitätsprüfung" (Hauck, Der Off-Label-Use in der Rechtsprechung des Bundessozialgerichts, A&R 2006, 48; BSGE 86, 54, 59 f – ASI; BSGE 89, 184, 191 – Sandoglobulin; BSGE 93, 236, 240 – Visudyne). Dies bedeutet auch, dass, soweit eine arzneimittelrechtliche Zulassung fehlt, eine Verordnungsfähigkeit nach Maßgabe des SGB V nicht gegeben ist.
85 Von Cettritz, PharmR 1999, 2 ff.

C. Der Leistungsanspruch in der GKV auf Versorgung mit Arzneimitteln

2. Der Off-Label-Use

a) Allgemein

Darunter ist in erster Linie die Abweichung von der zugelassenen Indikation zu verstehen. Der Begriff des Off-Label-Use sollte aber ausgehend von der therapeutischen Anwendungspraxis weit gezogen werden und daher auch für jede Abweichung vom genehmigten „Kern der Zulassung", dh für Abweichungen vom Anwendungsgebiet, der Dosierung und der Darreichungsform, gelten.

b) Gesetzliche Grundlagen

Die rechtlichen Voraussetzungen für die Erstattung bei Off-Label-Use ergeben sich aus dem § 35 b SGB V und dem § 35 c SGB V,[86] der eine Kostenübernahme für Off-Label-Use-Verordnungen im Rahmen klinischer Studien begründet, sowie aus richterlicher Rechtsfortbildung.[87] Nach § 35 b Abs. 3 SGB V geben beim BfArM eingerichtete Expertengruppen Bewertungen zum Stand der wissenschaftlichen Erkenntnis über die Anwendung von zugelassenen Arzneimitteln für Indikationen und Indikationsbereiche ab, für die sie nach dem AMG nicht zugelassen sind. Diese Bewertungen werden dann dem G-BA[88] als Empfehlung zur Beschlussfassung in den Arzneimittelrichtlinien gem. § 92 Abs. 1 S. 12 Nr. 6 SGB V zugeleitet.

Aufgrund der Vielzahl von Off-Label-Use-Anwendungen in der medizinischen Praxis, insbesondere in den Bereichen der Onkologie und Neonatologie und der sehr langsamen Beschlussfassung der Expertengruppen ist eine nachhaltige Lösung des Off-Label-Use-Problems nicht erreicht worden.

Bei Arzneimitteln, für die noch keine Bewertung vorliegt, müssen die Voraussetzungen nach der Rechtsprechung des BSG **kumulativ** erfüllt sein. Das bedeutet, dass

- es sich um eine schwerwiegende bedrohliche Erkrankung handeln muss, die die Lebensqualität auf Dauer nachhaltig beeinträchtigt,
- keine andere Therapie verfügbar ist und
- aufgrund der Datenlage die begründete Aussicht besteht, dass mit dem Arzneimittel ein Behandlungserfolg (kurativ oder palliativ) erzielt werden kann.[89]

Diesem gestuften System der Anerkennung und Ausnahmeregelung war das BVerfG ursprünglich nicht entgegengetreten.[90] Mit der vielbeachteten und diskutierten „Nikolaus"-Entscheidung vom 6.12.2005[91] modifizierte das Gericht seine Auffassung und hob ein Urteil des BSG auf, in dem das BSG einen Anspruch auf Kostenerstattung abgelehnt hatte. Dabei stellte das BVerfG besonders darauf ab, dass es mit der staatlichen Schutzpflicht aus Art. 2 Abs. 2 und Abs. 2 GG unvereinbar sei, wenn eine ambulante Behandlungsmethode im Fall einer lebensbedrohlichen (oder regelmäßig tödlich verlaufenden) Erkrankung, für die eine Standardbehandlung nicht vorliegt und für die eine nicht ganz fernliegende Aussicht auf Heilung oder wenigstens auf spürbare positive Einwirkung auf den Krankheitsverlauf durch die begehrte Methode bestehe, von der Finanzierung durch die GKV ausgeschlossen werde.[92]

---

86 Eingefügt durch das GKV-Modernisierungsgesetz (GMG) v. 14.11.2003 (BGBl. I 2003, 2190), vgl BT-Drucks. 15/1525.
87 Vgl BSG v. 19.3.2002 – B 1 KR 37/00 – Sandoglobulin, GesR 2002/03, 35 ff.
88 Auf der Internetseite des G-BA (www.g-ba.de) und des BfArM (www.bfarm.de) sind sowohl die vom G-BA angenommenen Empfehlungen als auch der Stand der Bearbeitung in den Expertengruppen einsehbar.
89 Vgl BSG v. 19.3.2002 – B 1 KR 37/00 – Sandoglobulin, GesR 2002/03, 35 ff.
90 BVerfGE 106, 275.
91 BVerfGE 115, 25.
92 Vgl BVerfG v. 6.12.2005 – 1 BvR 347/98.

55 In der Folge hat der Beschluss des BVerfG nicht zu einer versichertenfreundlicheren Interpretation des Off-Label-Use in der Rechtsprechung der Sozialgerichtsbarkeit geführt. Vielmehr ist vier Jahre nach dem Nikolaus-Beschluss festzustellen, dass die Vorgaben des BVerfG in der Praxis sehr restriktiv gehandhabt werden. Viele der vom BVerfG aufgestellten Kriterien blieben diffus. So sind zB die Details bei den Kriterien des Schweregrades, der Alternativlosigkeit und der Erfolgsaussichten weiterhin unklar.

56 Der Gesetzgeber könnte für Anreize sorgen, die das (ökonomische) Interesse der pharmazeutischen Industrie an Zulassungserweiterungen steigern. So wurden in den USA in den Gesetzen und amtlichen Bekanntmachungen Anreize zur Durchführung und Einreichung pädiatrischer Studien bei der FDA geschaffen. Diese Anreize können zB in verbesserten Vermarktungsmöglichkeiten der Arzneimittel bestehen, was zu einer optimierten Refinanzierung führen kann. In der Folge könnte ein gewisser regulatorischer Druck entstehen, der die pädiatrischen Entwicklungen vorantreibt.[93]

57 Andere finanzielle Anreize für die pharmazeutischen Unternehmer sind zB der Erlass oder die Reduktion von Zulassungsgebühren, die Gewährung befristeter Alleinvermarktungsrechte oder einer „Schnellzulassung" in Form von beschleunigten Beurteilungs- und Entscheidungsverfahren („fast track") oder die Ermöglichung eines Inverkehrbringens bereits vor der Zulassung.[94] Auch ist es vorstellbar, ein zentrales Off-Label-Use-Register beim BfArM einzurichten. Diesem Register würden niedergelassene Ärzte und Krankenhäuser ihre Off-Label-Use Verordnungen melden. Auf diese Weise könnten vorhandene Wissenspotenziale vermehrt und Wissensbruchstücke bei einzelnen Verordnungen zum Nutzen der Patienten verknüpft werden.[95]

58 Unabhängig von diesen regulatorischen Optimierungen stehen Firmen mit einem großen Anteil *off label* verordneter Arzneimittel seit dem Inkrafttreten des GKV-WSG unter erhöhtem Druck. Bedingt durch den Morbi-RSA ist absehbar, dass solche pharmazeutischen Unternehmen mit Absatzrückgängen rechnen müssen, da Off-Label behandelte Patienten keine Risikozuschläge mehr auslösen. Infolgedessen werden die Krankenkassen versuchen, solche Verordnungen zu unterbinden.

3. Der Compassionate Use

a) Allgemein

59 Ausgehend von der Wortbedeutung ist eine Compassionate-Use-Verordnung eine Verordnung aus Mitleid (= Compassion)[96] bzw „aus humanitären Erwägungen".[97] Als Compassionate Use versteht man „die Anwendung eines möglicherweise wirksamen, jedoch nicht zugelassenen Arzneimittels im Einzelfall bei Patienten in lebensbedrohlichen Situationen oder mit schwerwiegenden, nicht oder nicht mehr anderweitig therapierbaren Erkrankungen."[98] Damit stellt der Compassionate Use eine Unterform des No-Label-Use dar. Eine solche Anwendung eines Arzneimittels ist jedoch nur dann indiziert, wenn alle anderen

---

93 Behles/Schweim, A&R 2006, 206 ff.
94 Es soll jedoch nicht verschwiegen werden, dass es bereits Lösungsansätze auf europäischer Ebene gab, wie zB die Orphan Drug Regulation oder die Paediatric Regulation. Bei der seit dem 26.1.2007 bestehenden Kinderverordnung (Paediatric Regulation) wurde eine Verlängerung des Patent- und Unterlagenschutzes eingeführt.
95 Eine ähnlich Regelung findet sich in Art. 83 Abs. 6 VO (EG) Nr. 726/2004.
96 Pflüger, KliFoRe 2006, 133, 134; gemeinsame Hinweise zur rechtlichen Einordnung von Arzneimitteln in der Erprobung, Medizinischer Dienst der Krankenkassen, Juli 2003, 16; vgl auch Schwarz et al., pharmind 61 (1999), 309, 310; Medizinischer Dienst der Krankenkassen, Gemeinsame Hinweise zur rechtlichen Einordnung von Arzneimitteln in der Erprobung, Juli 2003, 16.
97 Vgl dazu Rehmann, AMG, Vor § 21 Rn 35.
98 Schwarz et al., pharmind 54 (1992), 423.

Therapiemaßnahmen bei einer behandlungsbedürftigen, schwerwiegenden Erkrankung (zB fortgeschrittene Stadien bei Multipler Sklerose, Parkinson) ausgeschöpft sind[99] oder keinen Erfolg versprechen. Darüber hinaus ist ein Compassionate Use auch bei lebensbedrohlichen (zB tödlicher Krankheitsverlauf innerhalb weniger Monate, zB AIDS) oder seltenen Erkrankungen (Orphan Diseases)[100] gegeben.

Die Verantwortung für die Folgen einer Compassionate-Use-Verordnung trägt sowohl der behandelnde Arzt im Rahmen des § 34 StGB und des § 16 OWiG, der seinen Patienten umfassend über die Indikation und Dosierung der Prüfsubstanz aufklären und dies dokumentieren muss, als auch der pharmazeutische Unternehmer, der sich gem. § 84 AMG, § 823 BGB schadensersatzpflichtig[101] macht, wenn er ein Medikament als Fertigarzneimittel ohne Zulassung außerhalb einer klinischen Prüfung in Verkehr bringt und in der Folge ein Schaden eintritt.

60

Da bereits in einigen Ländern der EU positive Erfahrungen mit sog. Compassionate-Use-Programmen gemacht wurden, werden derzeit entsprechende Programme bei der EMEA etabliert. Dabei werden Patienten außerhalb von klinischen Prüfungen mit noch nicht zugelassenen Arzneimitteln versorgt.

b) Gesetzliche Grundlagen

Gemäß § 21 Abs. 2 Nr. 6 AMG sind Arzneimittel von der Zulassungspflicht ausgenommen, die im Wege des sog. Compassionate Use verordnet werden. Mit dem 15. Änderungsgesetz werden die pharmazeutischen Unternehmer jedoch verpflichtet die Kosten zu tragen.[102] Dabei handelt es sich gemäß des Art. 83 VO (EG) Nr. 726/2004 um Arzneimittel, für die bereits ein Antrag auf Genehmigung einer Zulassung gestellt wurde oder deren Wirkstoff Gegenstand einer noch nicht abgeschlossenen klinischen Prüfung ist. (Art. 83 Abs. 2 VO (EG) Nr. 726/2004).[103]

61

Die 14. AMG Novelle hatte in § 21 Abs. 2 Nr. 6 AMG die Voraussetzungen des Art. 83 Abs. 2 VO (EG) Nr. 726/2004 übernommen und im Übrigen auf eine verfahrensregelnde Rechtsverordnung verwiesen. Es ist davon auszugehen, dass das BMG Anfang 2010 eine solche Verfahrensordnung erlassen wird. Bis dahin hindert das Fehlen einer solchen Verordnung jedoch aufgrund der unmittelbaren Wirkung der europäischen Verordnung nicht die Anwendung der Regelung zum Compassionate Use.[104]

62

Da das BfArM derzeit keine Rechtsbefugnis hat, über Compassionate-Use-Programme zu entscheiden, werden nur empfehlende Hinweise für Compassionate-Use-Programme gegeben. Nach Einschätzung der Bundesoberbehörde müssen vor der Durchführung eines sol-

63

---

99 Vgl Bass/Vamvakas, Zulassung und Überwachung von Arzneimitteln, in: Aktories/Förstermann/Hofmann, Pharmakologie, S. 93.
100 Unter Orphan Diseases versteht man Erkrankungen, die nicht auf zugelassene Medikamente ansprechen bzw nicht ausreichend behandelt werden können, oder Erkrankungen, die intolerant oder ausbehandelt gegenüber zugelassenen Medikamenten sind; v. Langsdorff/Schlegel/Weidenbach, Der Kassenarzt 2004, 62 ff.
101 Eine Haftung gem. §§ 1, 3 ProdHaftG ist nicht gegeben, da § 15 ProdHaftG eine Anwendbarkeit der Produkthaftung auf Arzneimittel ausschließt, vgl dazu Palandt/*Sprau*, § 15 ProdHaftG Rn 2.
102 Darunter fallen national und zentral zugelassene Arzneimittel, § 21 Abs. 2 Nr. 6 AMG.
103 Auf die praktische Relevanz wird bereits von Preiß, in: Pfeifer/Preiß/Unger (Hrsg.), S. 828 hingewiesen. Dies ist vor allem dann der Fall, wenn ein Wirkstoff im Rahmen eines Compassionate Use eingesetzt wird, zwischenzeitlich aber der Zulassungsantrag zurückgezogen wurde.
104 Vgl dazu auch die Guideline on Compassionate Use of Medicinal Products, Pursuant to Article 83 of Regulations No. 726/2004 (Draft).

chen Programms mehrere Kriterien erfüllt sein, die bis zum Erlass einer Rechtsverordnung eine Entscheidungshilfe sein können.[105]

64 In der Empfehlung des BfArM wird auf den Entwurf der „Guideline on Compassionate Use of Medicinal Products, pursuant to Article 84 of regulation (EC) No 726/2004" verwiesen, die vom CHMP[106] am 19.7.2007 verabschiedet wurde. Nach dieser Verordnung fallen nur die in ihrem Anhang genannten Arzneimittel (zB biotechnologisch hergestellte Arzneimittel) und die sog. „optional scope"-Arzneimittel gem. Art. 3 Abs. 2 VO (EG) Nr. 726/2004 unter die Regelung zum Compassionate Use.[107] Bei diesen Arten von Arzneimitteln handelt es sich um zentral zugelassene. Der deutsche Gesetzgeber hat iRd 15. AMG Novelle den Anwendungsrahmen auch auf national zugelassene Arzneimittel ausgedehnt.

65 Auch erstattungsrechtlich nimmt die 15. AMG Novelle in § 21 Abs. 2 Nr. 6 AMG – systemfremd – eine Änderung vor, in dem sie festlegt, dass Arzneimittel, die im Wege des Compassionate Use in den Verkehr gebracht werden, nur kostenlos abgegeben werden dürfen.[108] Damit stellt sich die lange umstrittene Frage der Erstattungsfähigkeit von Compassionate-Use-Verordnungen in der gesetzlichen Krankenversicherung scheinbar nicht mehr. Zwar ist diese Änderung aus Sicht der betroffenen Patienten zu begrüßen, dennoch bleiben einige wesentliche Fragen ungeklärt.[109]
Offen bleibt jedoch, ob dies auch für Kombinationstherapien aus einem Standardmedikament und einem Arzneimittel, das im Compassionate Use eingesetzt wird, gilt.

66 Die Frage, ob die Beschränkung § 21 Abs. 2 Nr. 6 AMG auf kostenlose Abgabe ausschließlich für Compassionate-Use-Programme oder auch für Einzelfälle gilt, muss im Sinne des Art. 83 Abs. 3 und Abs. 8 VO (EG) Nr. 726/2004 ausgelegt werden. Danach ist davon auszugehen, dass eine kostenlose Abgabe ausschließlich für eine Gruppe von Patienten (Art. 83 Abs. 3 VO (EG) Nr. 726/2008) bzw für Patienten im Rahmen von Compassionate-Use-Programmen in Betracht kommt (Art. 83 Abs. 8 VO (EG) Nr. 726/2004).[110]

67 Grundsätzlich ist davon auszugehen, dass Fertigarzneimittel ohne eine deutsche oder Euweite Zulassung mangels Zweckmäßigkeit und Wirtschaftlichkeit (§ 2 Abs. 1 S. 1, § 12 Abs. 1 S. 1 SGB V) nicht von der Leistungspflicht der GKV gem. §§ 27 Abs. 1 S. 2 Nr. 1 und 3, § 31 Abs. 1 S. 1 SGB V umfasst sind.[111]
Etwas anderes gilt nur im Falle einer notstandähnlichen Situation des Patienten. Diese ist dann gegeben, wenn sich nach den konkreten Umständen des Einzelfalles ein voraussichtlich tödlicher Krankheitsverlauf innerhalb eines kürzeren, überschaubaren Zeitraums mit großer Wahrscheinlichkeit verwirklicht. Lediglich dann ist eine verfassungskonforme Auslegung

---

105 Hinweise des BfArM zu „Compassionate Use"-Programmen v. 4.8.2006, in der Fassung v. 8.8.2006 (www.bfarm.de/arzneimittel/klinischeprüfung/compassionateuse). Neben dem Vorliegen dieser Kriterien ist es sinnvoll, sich mit der zuständigen Landesbehörde in Verbindung zu setzen, da die Frage, ob es sich ggf um einen Compassionate Use handelt, die Zulassungspflicht eines Arzneimittels betrifft.
106 Friese/Jentges/Muazzam, Guide to Drug Regulatory Affairs, S. 52 ff.
107 Guideline on Compassionate Use in the european Community pursuant to Article 83 and the Annex of Regulation (EC) No 726/2004 (EMEA/27170/06), Page 4/8: „… Article 83 is not applicable to: … – Medicinal products which are not eligible for the Centralized Procedure, …".
108 Vgl. kritisch dazu Jäkel, PharmR 2009, 323 ff.
109 Rehmann/Paal, PharmR 2009, 195, 196.
110 Ungeklärt bleibt dabei, wie viele Patienten eine „Gruppe" bilden bzw in einem „Programm" sein müssen. Auch die Guideline on Compassionate Use of Medicinal Products, Pursuant to Article 83 of Regulation (EC) No 726/2004 (EMEA/27170/2006) der EMEA lässt diese Fragen offen. Unter Punkt 3 *Scope and general Principles* wird lediglich ausgeführt: The compassionate use programme is intended for a „group of patients".
111 Vgl BSG, Urt. v. 27.3.2007 – B 1 Kr 30/06 R; LSG NRW, Urt. v. 27.8.2008 – L 5 KR 119/07.

der Vorschriften des SGB V nach den Grundsätzen, die das BVerfG in seinem Beschluss vom 6.12.2005 aufgestellt hat,[112] geboten.[113]

D. Begrenzung des Anspruchs durch Gesetz und untergesetzliche Regelungen
I. Einführung: § 31 SGB V

Sedis materiae ist § 31 SGB V.[114] Danach haben GKV-Versicherte Anspruch auf Versorgung mit apothekenpflichtigen Arzneimitteln. § 31 SGB V ist Teil des 3. Kapitels des SGB V (Leistungen der Krankenversicherung), Abschn. 5 (Leistungen bei Krankheit). In diesem Kapitel sind die Leistungen der GKV für den Krankheitsfall geregelt.[115] Generalklausel für die Leistungen an Versicherte ist der § 11 SGB V (Leistungsarten). Ausdrücklich ausgeklammert sind Leistungen bei Schwerpflegebedürftigkeit, die nach dem Katalog der Leistungsansprüche gem. SGB XI erfasst sind. Außerhalb des SGB V sind weiterhin Leistungen bei Schwangerschaft und Mutterschaft geregelt (§§ 195 bis 200 RVO). Im Folgenden werden schwerpunktmäßig die Regelungen des SGB V beleuchtet.

68

Der Anspruch der Versicherten auf Versorgung mit apothekenpflichtigen Arzneimitteln ist begrenzt, soweit die Arzneimittel (nicht) nach § 34 SGB V oder durch Richtlinien nach § 92 Abs. 1 S. 2 Nr. 6 SGB V ausgeschlossen sind. Die Vorschrift konkretisiert den Rechtsanspruch der Versicherten auf die Versorgung mit apothekenpflichtigen Arznei- und Verbandmittel, der durch den Ausschluss bestimmter Arzneimittel nach § 34 SGB V oder Richtlinien des Gemeinsamen Bundesausschusses eingeschränkt sein kann, sowie mit Harn- und Blutteststreifen. Wegen der Vielzahl der daraus resultierenden Ausschlüsse aus der Versorgung, die letztlich nicht nur generell-abstrakt, sondern auch individuell-konkret zu beachten sind, sind diverse Versuche unternommen worden, den Leistungserbringerrahmen konstitutiv zu definieren, und zwar im Rahmen der Arzneimittelversorgung mit definitiv aufgelisteten Arzneimitteln (sog. Positivliste, vgl § 33 a SGB V – mittlerweile aufgehoben).[116]

69

Mit einer **Positivliste** wären nach Auffassung des Verfassers – und das nur aus sozialversicherungsrechtlicher Sicht – die vielfältigen Problematiken im Leistungsrecht wie auch im Leistungserbringerrecht transparent gelöst – durchaus auch auf Kosten der Versicherten ohnehin, wie auch der am Markt Beteiligten.[117] *De lege lata* ist eine Positivliste nicht existent, sondern das im Nachfolgenden darzustellende komplizierte System der Verordnungs- und Erstattungsfähigkeit im Rahmen der gesetzlichen Krankenversicherung. Dieses System – wobei die Begrifflichkeit durchaus euphemistisch gemeint ist – ist für die Versicherten zunehmend undurchschaubar geworden und für die Akteure im Leistungserbringungsrecht heute quasi eine Art Vabanquespiel.

70

---

112 Az: 1 BvR 347/98.
113 Hessisches LSG, Urt. v. 15.1.2009 – L 1 KR 51/05.
114 SGB V (BGBl. I, 2477); zuletzt geändert durch Art. 1 G v. 30.7.2009 (BGBl. I, 2495).
115 Nach § 20 d SGB V sind bestimmte Schutzimpfungen als Präventionsleistungen zulasten der GKV verordnungs- und erstattungsfähig. Gemäß § 23 SGB V sind Anspruchsvoraussetzungen im Bereich medizinischer Vorsorgeleistungen normiert, u.a. Arzneimittel betreffend. Für diese gelten die §§ 31 bis 34 SGB V entsprechend (§ 23 Abs. 3 SGB V).
116 Durch das GMG, vgl BT-Drucks. 15/1525, 86; vgl auch Fastabend/Schneider, Das Leistungsrecht der gesetzlichen Krankenversicherung (GK), 2004, S. 160 f mwN.
117 „Leistungsrecht" beinhaltet die Ansprüche der Versicherten gegenüber ihrem Versicherungsunternehmen, dh den Krankenkassen; „Leistungserbringerrecht" bezieht sich auf die Beziehungen u.a. der Ärzte zu den Kostenträgern, vgl nur Schulin/*Schmitt*, Handbuch SVR, § 29 Rn 1 ff. Eine Diversifikation zwischen Leistungs- und Leistungserbringerrecht soll ausgeschlossen sein, was sich aus dem Grundsatz der Identität zwischen diesen Rechtsgebieten ergibt (vgl nur jüngst LSG Berlin-Brandenburg v. 22.4.2009 – L 7 KA 6/09).

71 In der Begründung zum GKV-WSG wird ausgeführt, dass im Bereich der Arzneimittel nur ein eingeschränkter Wettbewerb bei geringer Markttransparenz zu verzeichnen ist.[118] Daher sollen nach gesetzgeberischer Intendenz der sog. Verschwendung von Arzneimitteln Regelungen entgegengesetzt werden, durch die die Verordnung preisgünstiger Arzneimittel erwirkt wird. Angedacht ist eine Steuerung des Verordnungsverhaltens durch finanzielle Anreize, veränderte Wirtschaftlichkeitsüberprüfungen und eine Nutzenbewertung von Arzneimitteln durch das Institut für Qualität und Wirtschaftlichkeit im Gesundheitswesen, sowie eine neue Festbetragsregelung für patentgeschützt Arzneimittel und die Herausnahme nicht verschreibungspflichtiger Arzneimittel und sog. Life-Style-Arzneimittel aus dem Leistungskatalog der GKV.[119]

II. Ausgeschlossene Arznei-, Heil- und Hilfsmittel (§ 34 SGB V)

72 Durch diese Vorschrift wird der in § 31 Abs. 1 S. 1 SGB V eingeräumte Anspruch auf die Versorgung mit apothekenpflichtigen Arznei- und Verbandmitteln weiter eingeschränkt. Ursprünglich war vorgesehen, dass eine Reihe von nachfolgend darzustellenden Ausschlussgründen wegfallen sollte, und zwar nach Inkrafttreten der sog. Positivliste, also der Zusammenstellung verordnungsfähiger Arzneimittel nach § 33 a SGB V. Mit oben (Rn 69) genannter Aufgabe einer Positivlistenregelung kommt § 34 SGB V zentrale Bedeutung für die Regelung der Beschränkung der Erstattungsfähigkeit von Arzneimitteln zu. Im Nachfolgenden beschränkt sich der Verfasser kurz auf den wesentlichen Inhalt der Regelungen.

1. Ausschluss nicht verschreibungspflichtiger Arzneimittel; Richtlinien-Kompetenz des Gemeinsamen Bundesausschusses, Ausschluss von Bagatellarzneimitteln und Life-Style-Präparaten (§ 34 Abs. 1 SGB V)

73 Nicht verschreibungspflichtige Arzneimittel sind von der Versorgung nach § 31 SGB V ausgeschlossen. Der Gemeinsame Bundesausschuss legt in den Richtlinien nach § 92 Abs. 1 S. 2 Nr. 6 SGB V erstmals bis zum 31.3.2004 fest, welche nicht verschreibungspflichtigen Arzneimittel, die bei der Behandlung schwerwiegender Erkrankungen als Therapiestandard gelten, zur Anwendung bei diesen Erkrankungen mit Begründungen vom Vertragsarzt ausnahmsweise verordnet werden können. Dabei ist der therapeutischen Vielfalt Rechnung zu tragen,[120] dh die besonderen Therapierichtungen sollen verpflichtend Berücksichtigung finden, damit verhindert wird, dass diese Arzneimittel wegen ihrer andersartigen Zusammensetzungen und eines nach den evidenzbasierten Kriterien der schulmedizinisch möglichen Wirksamkeitsnachweise von der Verordnungsfähigkeit zulasten der GKV ausgeschlossen werden.[121]

74 Von der Versorgung sind außerdem Arzneimittel ausgeschlossen, bei deren Anwendung eine Erhöhung der Lebensqualität im Vordergrund steht. Ausgeschlossen sind insbesondere Arzneimittel, die überwiegend zur Behandlung der erektilen Dysfunktion, der Anreizung sowie Steigerung der sexuellen Potenz, zur Raucherentwöhnung, zur Abmagerung oder zur Zügelung des Appetits, zur Regulierung des Körpergewichts oder zur Verbesserung des Haarwuchses dienen. Das Nähere regeln die Richtlinien nach § 92 Abs. 1 S. 2 Nr. 6 SGB V.

---

118 BT-Drucks. 11/2237, 138 f.
119 So schon die Begr. zum GMG, vgl BT-Drucks. 15/1525, 86.
120 § 34 Abs. 3 S. 3, Abs. 2 S. 3 führt als Arzneimittel der besonderen Therapierichtungen beispielhaft homöopatische, phytotherapeutische und antroposophische Arzneimittel auf.
121 Vgl KK-SVR/*Hess*, § 34 SGB V Rn 2.

2. Ausschluss von Arzneimitteln bei geringfügigen Gesundheitsstörungen (§ 34 Abs. 2 SGB V)

Danach ist das Bundesministerium für Gesundheit ermächtigt, im Einvernehmen mit dem Bundesministerium für Wirtschaft und Technologie durch Rechtsverordnung mit Zustimmung des Bundesrates von der Versorgung nach § 31 SGB V weitere Arzneimittel auszuschließen, die ihrer Zweckbestimmung nach üblicherweise bei geringfügigen Gesundheitsstörungen verordnet werden.

Von dieser Verordnungsermächtigung ist aktuell kein Gebrauch gemacht worden. Durch die Neufassung der Arzneimittelrichtlinien (AM-RL; s. dazu näher dort, Rn 99) wie auch durch das anspruchsbegründende Kriterium der Verschreibungspflicht dürfte diese Regelung weitgehend leerlaufen.

3. Ausschluss von unwirtschaftlichen Arzneimitteln (§ 34 Abs. 3 SGB V)

Dem Bundesministerium für Gesundheit wird im Einvernehmen mit dem Bundesministerium für Wirtschaft und Technologie die Kompetenz zugewiesen, durch Rechtsverordnung mit Zustimmung des Bundesrates von der Versorgung nach § 31 SGB V unwirtschaftliche Arzneimittel auszuschließen. Als unwirtschaftlich sind insbesondere danach Arzneimittel anzusehen, die für das Therapieziel oder zur Minderung von Risiken nicht erforderliche Bestandteile enthalten oder deren Wirkungen wegen der Vielzahl der enthaltenen Wirkstoffe nicht mit ausreichender Sicherheit beurteilt werden können oder deren therapeutischer Nutzen nicht nachgewiesen ist. Die gegen die Verordnungsausschlussmöglichkeiten erhobenen verfassungsrechtlichen Bedenken teilt das BVerfG nicht.[122]

III. Arzneimittelrichtlinien – AM-RL (§ 92 Abs. 1 S. 2 Nr. 6 SGB V)

1. Allgemeines

Neben den oben im Einzelnen erwähnten Ausschlusstatbeständen nach § 34 SGB V kommt bei der Pharmakotherapie zentrale Bedeutung den Arzneimittelrichtlinien (AM-RL) gem. § 92 Abs. 1 S. 2 Nr. 6 SGB V zu. In Fortführung der kaum noch überschaubaren regulatorischen Bemühungen zur Begrenzung der Kosten insbesondere im Arzneimittelbereich hat der Gemeinsame Bundesausschuss (G-BA) in seinen Sitzungen vom 18.12.2008 und 22.1.2009 die Arzneimittelrichtlinie mit Wirkung zum 1.4.2009 grundlegend neugefasst.[123]

Ziel u.a. ist die Zusammenfassung der unterschiedlichen auch auf verschiedener rechtlicher Ebene kodifizierten Ausschlussgründe von der vertragsärztlichen Versorgung in einem „Kompendium" nämlich den Arzneimittelrichtlinien. Kodifiziert waren die Ausschlüsse in den o.a. gesetzlichen Vorschriften, in den früheren Arzneimittelrichtlinien sowie in diversen Rechtsverordnungen.

Die Arzneimittelrichtlinien einschließlich der Anlagen sind für die an der vertragsärztlichen Versorgung teilnehmenden Ärztinnen und Ärzte sowie die in ärztlichen Einrichtungen nach

---

122 BVerfG, SozR 3-3500, § 34 Nr. 1; danach ist der Gesetzgeber nicht verpflichtet, für jedes zugelassene Arzneimittel die Verordnungsfähigkeit zulasten der GKV zu ermöglichen oder zu garantieren. Durch das AMG wird mit der Zulassung von Arzneimitteln eine gesundheitspolitische Zielsetzung verfolgt, wohingegen die Verordnungs- und Erstattungsfähigkeit zulasten der GKV die Prüfung der Kosten und des therapeutischen Nutzens zur Gewährleistung der notwendigen Stabilität der GVK erfordern. Vgl. auch Wenner, GesR 2009, 169 ff, 181, der in seiner lesenswerten Analyse zu dem weitreichenden Schluss kommt, dass Leistungseinschränkungen zulasten der Versicherten unzumutbar sind, solange deren Beitragsmittel verwendet werden, um die von Finanzinvestoren gesetzten Renditeziele der Hersteller von Arzneimitteln zu erreichen.

123 Bekanntmachung eines Beschlusses des Gemeinsamen Bundesausschusses über die Neufassung der Arzneimittelrichtlinie, BAnz. v. 31.3.2009.

§ 95 SGB V (MVZ)[124] tätigen Ärzte, sowie für Einrichtungen nach § 116 b SGB V[125] ebenso verbindlich wie für Kassenärztliche Vereinigungen, Krankenkassen, deren Verbände sowie die Versicherten (§ 3 AM-RL).

79 Sie haben das Ziel einer bedarfsgerechten und wirtschaftlichen Versorgung der Versicherten vor dem Hintergrund der Erhaltung der Finanzierbarkeit der Krankenversicherung. Da ein Gebot oder gar eine Pflicht zur Zurverfügungstellung von Sozialversicherungsleistungen in einem bestimmten sachlichen Umfang dem Grundgesetz nicht entnehmbar ist,[126] ist der Gesetzgeber grundsätzlich nicht gehindert gewesen, zur Erhaltung der Finanzierbarkeit der Krankenversicherungen bestimmte Leistungen oder Leistungsbereiche ganz aus der gesetzlichen Krankenversicherung auszugliedern.[127]

2. Rechtsnatur

80 Nach der Rechtsprechung des BSG regeln die Arzneimittelrichtlinien verbindlich Art und Umfang der Arzneimittelversorgung sowohl für die Vertragsärzte als auch für die Krankenkassen und für die Versicherten.[128]

In diesem Zusammenhang soll darauf hingewiesen werden, dass die Position des G-BA durchaus umstritten ist.[129] Kritisch hinterfragt werden muss die Normqualität der Beschlüsse des G-BA, da das Gremium über keine demokratische Legitimation verfügt.[130] Ebenso zweifelhaft bleibt die Rechtsqualität der Bewertungen.[131] Man wird wohl annehmen, dass den Bewertungen kein eigener normativer Charakter zukommt. Vielmehr sind sie lediglich eine Analyse des momentanen Stands der wissenschaftlichen Erkenntnis durch eine Gruppe sachverständiger Experten. Es ist fraglich, woher sich die Bindungswirkung für Vertragsärzte ergeben soll, da die Richtlinien Rechtssicherheit für Ärzte und Patienten gewährleisten sollen und von den Prüfgremien als Konkretisierung des Wirtschaftlichkeitsgebotes herangezogen werden. In der Literatur wird daher zu recht auch von einer „diffusen Verbindlichkeit"[132] gesprochen.

81 Mit der neuen zum 1.4.2009 in Kraft getretenen umfassenden Kodifizierung der Beschränkung der Leistungen, sich unmittelbar auf das Leistungserbringerrecht auswirkend, im Rahmen der Pharmakotherapie (u.a.) sind die lang bestehenden Streitigkeiten um die Rechtsnatur der Richtlinien des Gemeinsamen Bundesausschusses zu einem vorläufigen Höhepunkt – und vielleicht Ende? – gekommen.

82 Für die unmittelbar Rechtunterworfenen, das heißt die Vertragsärzte und Versicherten, besteht eine Legitimationsbedürftigkeit der Richtlinien, da sie von einem Gremium erlassen sind, das ihnen gegenüber weder staatlich-demokratisch noch mitgliedschaftlich-autonom legitimiert ist.[133]

---

124 Medizinisches Versorgungszentrum, eingeführt als Teilnehmer an der vertragsärztlichen Versorgung mit Wirkung zum 1.1.2004 durch das GMG.
125 Ambulante Behandlung durch Krankenhäuser.
126 Vgl BVerfG NJW 1997, 3085.
127 LSG NRW, Urt. v. 3.3.2005 – L 5 KR 169/04.
128 Vgl BSGE 81, 240, 242; aA der Vorsitzende des G-BA *Hess*, der in der Ärztezeitung v. 24.4.2006 sagte, dass es nicht gesagt sei, dass ein Arzneimittel keineswegs verordnungsunfähig ist, wenn es in Teil B der Anlage als „nicht verordnungsfähig" gelistet sei.
129 *Hess*, MedR 2005, 385 ff.
130 Vgl dazu unter anderem *Schimmelpfeng-Schütte*, MedR 2006, 21 ff; *Fischer*, MedR 2006, 509 ff; *Greß/Wasem*, MedR 2006, 512 ff; *Hase*, MedR 2005, 391 ff; *Plagemann*, MedR 2005, 401 ff – im Gegensatz dazu *Hess*, MedR 2005, 385 ff.
131 Vgl dazu nur BSG, Urt. v. 19.3.2002 – B 1 KR 37/00 R – Sandoglobulin.
132 So *Becker/Arend*, Die Steuerung der Arzneimittelversorgung im Recht der GKV, S. 184.
133 Vgl BVerfGE 44, 322, 348; 46, 208, 214.

D. Begrenzung des Anspruchs durch Gesetz und untergesetzliche Regelungen 46

Dieselbe Legitimationsbedürftigkeit wird man auch für die nicht unmittelbar betroffenen Leistungserbringer postulieren müssen. Lange Zeit war herrschende Auffassung, dass die Richtlinien nicht absolut verbindlich sind.[134] Die demokratische Legitimation der Träger der Selbstverwaltung wie auch des Gemeinsamen Bundesausschusses[135] steht in der verfassungsrechtlichen Kritik.[136] Zur Klärung dieser Fragen ist zunächst die rechtliche Einordnung des Gemeinsamen Bundesausschusses vorzunehmen.

3. Der Gemeinsame Bundesausschuss (G-BA)

Durch das GKV-Modernisierungsgesetz (GMG) vom 14.11.2003[137] wurde der Gemeinsame Bundesausschuss (G-BA) als neues Gremium der gemeinsamen Selbstverwaltung der Ärzte, Zahnärzte und Krankenhäuser einerseits sowie der Krankenkassen andererseits zum 1.1.2004 errichtet (§ 91 SGB V). 83

Als Rechtsnachfolger der Bundesausschüsse der Ärzte/Zahnärzte und Krankenkassen, des Koordinierungsausschusses und des Ausschusses „Krankenhaus" übernahm er deren Aufgaben, erweitert dadurch, dass das Gremium auch die Anforderungen an die Qualitätssicherung im ambulanten und stationären Bereich zu beschließen hat. Insbesondere wurden seine Kompetenzen erweitert, als dass er mit einer generellen Kompetenz zum Ausschluss oder zur Einschränkung von Leistungen ausgestattet ist. Die oben (Rn 82) erwähnte verfassungsrechtliche Kritik gründete insbesondere in der Ausschlusskompetenz neben dem Gesetz- und Verordnungsgeber. Mit Wirkung ab dem 1.7.2008 ist durch das GKV-WSG geregelt, dass gem. **§ 91 Abs. 6 SGB V** die Beschlüsse mit Ausnahme der Beschlüsse zu Entscheidungen nach § 137b SGB V (Förderung der Qualitätssicherung in der Medizin) und zu Empfehlungen nach § 137f SGB V (strukturierte Behandlungsprogramme bei chronischen Krankheiten) für die Träger, dh die Kassenärztliche Bundesvereinigung, die Deutsche Krankenhausgesellschaft, den Spitzenverband Bund der Krankenkassen, deren Mitglieder und Mitgliedskassen sowie für die Versicherten und die Leistungserbringer verbindlich sind. 84

a) Organisation und Geschäftsordnung

Das Beschlussgremium des Gemeinsamen Bundesausschusses setzt sich aus insgesamt 12 Mitgliedern zusammen, deren Amtszeit jeweils vier Jahre beträgt; eine zweite Amtszeit ist zulässig, § 91 Abs. 2 S. 11 SGB V. Neben einem unparteiischen Vorsitzenden und zwei weiteren unparteiischen Mitgliedern werden die übrigen Mitglieder von den Trägern entsandt, nämlich 85

- der Kassenärztlichen Bundesvereinigung,
- der Kassenzahnärztlichen Bundesvereinigung,
- der Deutschen Krankenhausgesellschaft,
- dem Spitzenverband Bund der Krankenkassen.

Im Plenum wird die Geschäftsordnung festgelegt (§ 91 Abs. 4 S. 1 Nr. 2 SGB V). Neu ist darin geregelt, dass die Einrichtung von Unterausschüssen zur Vorbereitung der Beschlussvorlagen für das Beschlussgremium möglichst sektorenübergreifend zu erfolgen hat. Dies ist nach der GKV-WSG Begründung insbesondere auch im Hinblick auf die Straffung der Gremienarbeit von Bedeutung. Vor dem Hintergrund der Erwartung stringenterer und in sich 86

---

134 Schneider, Kassenarztrecht 1983, 259 ff mwN.
135 Den Vorgänger des Gemeinsamen Bundesausschusses, den Bundesausschuss der Ärzte und Krankenkassen, hat das BSG als Anstalt des öffentlichen Rechts angesehen, vgl BSGE 78, 70, 80 ff.
136 Vgl Becker/Arend, Die Steuerung der Arzneimittelversorgung im Recht der GKV, S. 433 ff mwN.
137 BGBl. I, 2190.

geschlossener Problemlösungen soll der Ausschuss in seinen Strukturen professioneller gemacht und seine Entscheidungsabläufe transparenter gestaltet werden.[138]

b) Verfahrensordnung gem. § 91 Abs. 4 Nr. 1 SGB V (VerfO G-BA)

87 In der Verfahrensordnung ist vom Gemeinsamen Bundesausschuss zu regeln, welche insbesondere methodischen Anforderungen an die wissenschaftliche sektorenübergreifende Bewertung des Nutzens, der Notwendigkeit und der Wirtschaftlichkeit von Maßnahmen als Grundlage für Beschlüsse heranzuziehen sind, sowie die Anforderungen an den Nachweis der fachlichen Unabhängigkeit von Sachverständigen und das Verfahren der Anhörung zu den jeweiligen Richtlinien, insbesondere die Feststellung der anzuhörenden Stellen, die Art und Weise der Anhörung und deren Auswertung.

c) Institut für Qualität und Wirtschaftlichkeit im Gesundheitswesen (IQWiG)

88 Gemäß § 139 a Abs. 1 SGB V hat der G-BA das Institut für Qualität und Wirtschaftlichkeit im Gesundheitswesen (IQWiG) zu gründen, das grundsätzlich in seinem Auftrag tätig ist. Der G-BA hat 2004 die rechtsfähige Stiftung für Qualität und Wirtschaftlichkeit im Gesundheitswesen als Trägerin des IQWiG ins Leben gerufen. Da der Gesetzgeber der Auffassung war, dass nicht jedes Arzneimittel, das teuer ist, auch gut ist, solle bei neuen Arzneimitteln die begrenzten finanziellen Mittel nicht für fragwürdige Therapien oder Scheininnovationen ausgegeben werden.

89 Während vor Inkrafttreten des GKV-WSG das IQWiG vom G-BA beauftragt werden konnte, den Nutzen von Arzneimitteln zu bewerten, ist dieser Auftrag nunmehr erweitert und zwar zu einer Kosten-Nutzen-Bewertung. Schon allein die Rechtmäßigkeit und Zweckmäßigkeit einer Nutzenbewertung durch das IQWiG sind verfassungsrechtlich kritisiert worden.[139] Gemäß § 139 a SGB V wird das Institut tätig zu Fragen von *grundsätzlicher* Bedeutung für die Qualität und Wirtschaftlichkeit der im Rahmen der gesetzlichen Krankenversicherung erbrachten Leistungen. Nach § 139 a Abs. 3 Nr. 5 SGB V hat es die Bewertung des Nutzens und der Kosten von Arzneimitteln vorzunehmen. Streit bestand bereits zu Zeiten der Aufgabenzuweisung allein in Richtung Nutzenbewertung, da eine gesetzliche Definition des Nutzens fehlt.[140]

90 Nach § 35 b SGB V wird für das Leistungsrecht (3. Kapitel des SGB V: Leistungen der Krankenversicherung) die vom Gesetzgeber gewünschte Vorstellung über den Nutzen im Gegensatz zu den Regelungen im Leistungserbringungsrecht (§§ 139 a ff SGB V) enger gefasst. Für alle Arzneimittel, „die von Bedeutung sind" (so § 35 b Abs. 1 S. 2 SGB V), können Bewertungen erstellt werden, und zwar durch Vergleich mit anderen Arzneimitteln, insbesondere unter Berücksichtigung des sog. therapeutischen Zusatznutzens für die Patienten im Verhältnis zu den Kosten.

91 In der Begründung zum GKV-WSG heißt es, dass durch die gesetzliche Neuregelung die Möglichkeit eröffnet wird, den medizinischen Nutzen für Arzneimittel wirtschaftlich zu bewerten.[141] Ökonomische Kriterien kamen verstärkt zur Geltung.[142] Hintergrund war die Forderung des Gesetzgebers gem. § 35 b Abs. 1 S. 4 SGB V, dass eine Kostenübernahme für

---

138 Begr. zum GKV-WSG, BT-Drucks. 16/3100 v. 24.10.2006.
139 Vgl Posser/Müller, NZS 2004, 247, die insb. darauf verweisen, dass das gesetzliche Konkretisierungsgebot bei den gravierenden und weitreichenden Beschränkungen des Freiheitsbereichs nicht beachtet worden ist; sie nehmen einen Verstoß gegen den Parlamentsvorbehalt an.
140 Vgl Letzel, PharmR 2008, 48 ff.
141 BT-Drucks. 16/3100, 103.
142 Vgl Wartensleben, PharmR 2008, 46 ff mwN.

D. Begrenzung des Anspruchs durch Gesetz und untergesetzliche Regelungen 46

die Solidargemeinschaft nämlich angemessen und zumutbar ist. (Fern-)Ziel ist die Festsetzung von Erstattungshöchstbeträgen durch den Spitzenverband Bund der Krankenkassen.

Kritisch ist insbesondere festzustellen, dass vom Gesetzgeber die Frage nach der zu wählenden Bewertungsmethode nicht beantwortet wurde; schon an einer einheitlichen und hinreichend präzisen gesetzlichen Definition des Nutzens fehlt es, wobei auch die Parameter in § 35 b Abs. 1–4 SGB V nicht abschließend bestimmt sind („Sollen insbesondere..... berücksichtigt werden"). Darüber hinaus ist nicht geregelt gewesen, in welcher Weise Kriterien für die Gegenüberstellung von Kosten und Nutzen auszufüllen sind.[143] 92

Mit seiner neuen Verfahrensordnung (VerfO G-BA) hat der G-BA die Bewertung von Nutzen, Zusatznutzen und Wirtschaftlichkeit auf eine neue Grundlage gestellt.[144] Im vierten Kapitel (Bewertung von Arzneimitteln und Medizinprodukten), 2. Abschnitt (Bewertung des therapeutischen Nutzens, der medizinischen Notwendigkeit und der Wirtschaftlichkeit von Arzneimitteln) sind die Bemühungen zur Konkretisierung der unbestimmten Rechtsbegriffe ersichtlich.[145] 93

Ausdrücklich ist in § 7 VerfO G-BA des vierten Kapitels zu den Nutzenbewertungen des Gemeinsamen Bundesausschusses ausgeführt, dass eine Bewertung des therapeutischen Nutzens auf Basis der arzneimittelgesetzlichen Zulassung, der Fachinformationen sowie Publikationen von Zulassungsbehörden und der Bewertung von klinischen Studien nach methodischen Grundsätzen der evidenzbasierten Medizin, soweit diese allgemein verfügbar sind oder gemacht werden und ihre Methodik internationalen Standards entspricht, erfolgt.[146] 94

Das IQWiG wird in § 8 VerfO G-BA gesondert erwähnt, und zwar im Hinblick auf seine Nutzenbewertungen (wobei § 35 b Abs. 1 SGB V in Bezug genommen wurde). Festgehalten ist nach § 8 Abs. 2, dass der zuständige Unterausschuss die Empfehlungen des IQWiG im Rahmen einer Plausibilitätskontrolle überprüft. Die näheren Einzelheiten sind in § 8 VerfO G-BA aufgeführt. Aufgrund dieser Regelungen wird die Bestimmung des § 35 b Abs. 4 SGB V nachvollziehbar. Danach sind besondere Klagen gegen die Bewertungen (des IQWiG) nicht zulässig. 95

Wie weit das IQWIG die Grenzen seines Auftrags zieht, macht die pressewirksame Mitteilung vom 26.6.2009 um das Insulinanalogon Glargin, welches Sanofi Aventis unter dem Namen Lantus vertreibt, deutlich. In dieser Pressemitteilung teilt das IQWIG mit, dass Glargin möglicherweise das Krebsrisiko steigert. Dabei geht es nicht um die Frage, ob Insulin und somit auch Glargin normale Zellen zu Krebszellen werden lässt, sondern darum, ob das Wachstum schon existenter Krebszellen angeregt wird. In der vom BfArM in diesem Zusammenhang veröffentlichten Risikoinformation heißt es dazu: „Das BfArM hält es beim gegenwärtigen Kenntnisstand nicht für nötig, dass Diabetiker, die Lantus anwenden, die Behandlung mit diesem Arzneimittel beenden." 96

Zu der im Koalitionsvertrag vereinbarten angestrebten Neuordnung des Arzneimittelmarktes gehört auch eine praktikable Kosten-Nutzen-Bewertung. Dafür soll nach Auffassung

---

143 Vgl dazu nur Oehlrich/Fuderer/Heiple, RPG 2009, 37 f.
144 Siehe dazu Verfahrensordnung des G-BA in der Fassung v. 18.12.2008, geändert am 19.3.2009, veröffentlich im BAnz 2009, 2050, in Kraft getreten am 1.4.2009.
145 So heißt es im vierten Kapitel unter § 6 (therapeutischer Nutzen): Die Bewertung des therapeutischen Nutzens eines Arzneimittels erfolgt auf der Grundlage von Unterlagen entweder zum Ausmaß des therapeutischen Nutzens des Arzneimittels bei einer bestimmten Indikation oder durch Vergleich mit anderen Arzneimitteln oder Behandlungsformen unter Berücksichtigung des therapeutischen Zusatznutzens für die Patientinnen oder Patienten. Gemäß Abs. 2 ist maßgeblich für die Beurteilung des therapeutischen Nutzens das Ausmaß der Beeinflussung patientenrelevanter Punkte, insbesondere Morbidität, Mortalität und Lebensqualität.
146 Vgl im Einzelnen die Vorschrift des § 7 VerfO G-BA mit ihren dezidierten Regelungen.

der Regierungskoalition die Arbeit des IQWIG stringenter und transparenter werden und damit die Akzeptanz von Entscheidungen für Patienten, Leistungserbringer und Hersteller verbessern. Dabei sollen die Betroffenen frühzeitig beteiligt werden.[147] Insoweit ist in der kommenden Legislaturperiode mit einer Veränderung in diesem Bereich zu rechnen.

d) Weitere Kompetenzen des G-BA

97 Mit dem GKV-WSG wurde die Kompetenz des G-BA zur Erstellung der Arzneimittel-Richtlinien erweitert, und zwar im Hinblick auf:
- die Liste verordnungsfähiger, nicht verschreibungspflichtiger Arzneimittel im Ausnahmefall (§ 34 Abs. 1 S. 2 SGB V),
- eine Liste von Arzneimitteln, bei deren Anwendung eine Erhöhung der Lebensqualität im Vordergrund steht, sog. Lifestyle-Medikamente, die von der Verordnungsfähigkeit ausgeschlossen werden sollen – § 34 Abs. 1 S. 7–9 SGB V,
- die Einbeziehung von patentgeschützten Wirkstoffen in die Festbetragsgruppen – § 35 Abs. 1 a SGB V
- die Nutzen-Bewertung von Arzneimitteln aufgrund Vorbereitung der vom IQWiG durchzuführenden Bewertung – § 35 Abs. 1 b SGB V,
- die Möglichkeit der Erweiterung der Beauftragung des IQWiGs über die Nutzenbewertung, das Kosten-Nutzen-Verhältnis von Arzneimitteln zu bewerten,
- die Transformation der Off-Label-Empfehlung der beim Bundesinstitut für Arzneimittel und Medizinprodukte berufenen Expertengruppe.

e) Aufsicht und Kontrolle

98 Mit der ihm zugewiesene Kernkompetenz ist der G-BA mittlerweile zum (fast) (allein-) entscheidenden Gremium – jedenfalls im Bereich der Pharmakotherapie – gemacht worden.[148] Gemäß § 91 Abs. 8 SGB V führt das Bundesministerium für Gesundheit die (Rechts-)Aufsicht über den G-BA entsprechend den Vorschriften der §§ 67, 88 und 89 des SGB IV.[149]

Alle vom G-BA beschlossenen Richtlinien sind dem Bundesministerium für Gesundheit vorzulegen. Dieses hat ein Beanstandungsrecht innerhalb von zwei Monaten, bei Beschlüssen über Festbeträge nach § 35 Abs. 1 innerhalb von vier Wochen. Die Aufsichtsmöglichkeiten werden in § 94 Abs. 1 S. 2 ff SGB V konkretisiert. § 94 Abs. 1 S. 4 SGB V regelt die Möglichkeit der Ersatzvornahme zum Richtlinienerlass durch das Bundesministerium für Gesundheit.

4. Neue Arzneimittelrichtlinie (§§ 44 ff AM-RL)

99 Mit Inkrafttreten der AM-RL zum 1.4.2009 sind die §§ 44 bis 49 AM-RL neu eingefügt worden. Diese sind nunmehr im Abschnitt N enthalten, der übertitelt ist mit „Verordnung besonderer Arzneimittel (Verfahren zur Verordnung besonderer Arzneimittel nach § 73 d SGB V)."

Nach § 73 d Abs. 1 S. 2 SGB V ist der G-BA „ermächtigt", in den AM-RL das Nähere insbesondere zu Wirkstoffen, Anwendungsgebieten, Patientengruppen, zur qualitätsgesicherten Anwendung und zu den Anforderungen an die Qualifikation der Ärzte für besondere Arzneimitteltherapie für die jeweiligen Arzneimittel zu bestimmen. Durch den neuen

---
147 Vgl. Koalitionsvertrag, S 87.
148 Zu den Ausnahmen bezüglich der Kompetenzen des Spitzenverbandes Bund der Krankenkassen sowie aufgrund von Rabattverträgen siehe unten Rn 125 und 138. §.
149 Urteil des BSG vom 6.5.2009, B 6 A 1/08; vgl dazu Tillmanns, A&R 2009, 219 ff.

D. Begrenzung des Anspruchs durch Gesetz und untergesetzliche Regelungen 46

Abschnitt N der AM-RL ist der Ausschuss seiner Kompetenz nachgekommen und führt in einer Anlage XI die besonderen Arzneimittel auf, bei denen aufgrund ihrer besonderen Wirkungsweise zur Verbesserung der Qualität und Wirtschaftlichkeit ihrer Anwendung, insbesondere hinsichtlich der Patientensicherheit und des Therapieerfolges besondere Fachkenntnisse erforderlich sind, die über das Übliche hinausgehen. § 44 S. 1 AM-RL ist übertitelt mit „Besondere Arzneimittel" und meint damit *expressis verbis* „insbesondere Präparate mit hohen Jahrestherapiekosten oder Arzneimittel mit erheblichem Risikopotenzial."

Neben einem vom Patienten einzuholenden Einverständnis nach Aufklärung über eine entsprechende Behandlung ist zwischen dem Verordner und einem weiteren Arzt, demjenigen für besondere Arzneimitteltherapie, nach Maßgabe detaillierter Regelungen gem. § 46 AM-RL ein Beurteilungsverfahren durchzuführen.[150]

Ausdrücklich bestimmt § 45 Abs. 3 AM-RL, dass die Verordnung eines gelisteten besonderen Arzneimittels nur innerhalb der arzneimittelgesetzlichen Zulassung möglich ist. Eine Off-Label-Use-Verordnung soll danach ausscheiden. Gemäß § 47 AM-RL legt der G-BA die erforderliche Qualifikation einer Ärztin oder eines Arztes für besondere Arzneimitteltherapie arzneimittelbezogen in Anlage XI fest. Spätestens alle zwei Jahre hat der G-BA eine Überprüfungspflicht. Die Regelungen und die Auswirkungen sind daraufhin zu analysieren, ob die gesetzlichen Ziele iSd § 73 d SGB V erreicht sind.

IV. Festbetragsregelungen als Mittel zur Arzneimittelausgabensteuerung

1. Einführung

Festbeträge sind vom Spitzenverband Bund gemeinsam und einheitlich festgesetzte Preisniveaus für bestimmte Arzneimittelgruppen (und Verbandmittel), über die der Leistungsanspruch der Versicherten nicht hinausgeht (vgl. §§ 35, 31 Abs. 2 SGB V).

Nach der Begründung[151] des Gesundheits-Reformgesetzes (GRG) vom 20.12.1988[152] soll dem Wirtschaftlichkeitsgebot im Bereich der Arzneiverordnungen verstärkt Durchsetzung durch weiteres Aufdecken von Wirtschaftlichkeitsreserven verschafft werden. Das das GKV-System beherrschende und immanente Wirtschaftlichkeitsgebot verlangt danach, die GKV von Kosten teurer Arzneimittel zu entlasten, soweit preisgünstigere und qualitativ gleichwertige Präparate zur Verfügung stehen. Für Versicherte ist ein finanzieller Anreiz dadurch geschaffen, dass sie Wert auf kostengünstige Arzneimittel legen sollen, da eine Festbetragsfestsetzung eine Begrenzung des Erstattungshöchstbetrages der Krankenkassen zur Folge hat. Der Versicherte hat die den Festbetrag übersteigenden Kosten selber zu tragen, wenn ein im Rahmen der GKV verordnetes Arzneimittel preislich über dem Festbetrag liegt (§ 31 Abs. 2 S. 1 SGB V).[153]

Gemäß § 31 Abs. 3 SGB V haben die Versicherten nach Vollendung des 18. Lebensjahr für alle der zulasten der gesetzlichen Krankenversicherung verordneten Arznei- und Verbandmittel, also auch für die Festbetragsmittel, eine Zuzahlung in Höhe des sich nach § 61 SGB V ergebenden Betrages zu zahlen.[154] Gleichzeitig soll der Preiswettbewerb unter Bei-

---

150 Ausweislich der tragenden Gründe zum Beschluss des G-BA über eine Änderung des Beschlusses zur Neufassung der AM-RL v. 19.3.2009 wird der Begriff „Zweitmeinung" ersetzt, da er aufgrund Verwendung in anderen Regelungskontexten bereits einen bestimmten Bedeutungsinhalt habe und deshalb durch den neutralen Begriff „Beurteilung" ersetzt wird – Änderungen am normativen Inhalt der Regelung sind damit jedoch nicht verbunden.
151 BT-Drucks. 11/3480, 24.
152 BGBl. I, 2477.
153 Zur Verfassungsgemäßheit vgl BVerfG NZS 2003, 114 = NJW 2003, 1232.
154 Zu den Einzelheiten vgl Krauskopf/*Wagner*, Soziale Krankenversicherung, Pflegeversicherung, § 31 SGB V Rn 29 ff.

behaltung des Sachleistungsprinzips unter den Leistungserbringern – hier den konkurrierenden Arzneimittelherstellern – verstärkt werden.

104 Nach § 35 Abs. 1 SGB V bestimmt der gemeinsame Bundesausschuss in den Richtlinien nach § 92 Abs. 1 S. 2 Nr. 6, für welche Gruppen von Arzneimitteln Festbeträge festgesetzt werden können. In diesen Gruppen sollen Arzneimitteln mit
- (1) denselben Wirkstoffen,
- (2) pharmakologisch-therapeutisch vergleichbaren Wirkstoffen, insbesondere mit chemisch-verwandten Stoffen sowie
- (3) therapeutisch vergleichbarer Wirkung, insbesondere Arzneimittelkombinationen zusammengefasst werden.

Dabei sind unterschiedliche Bioverfügbarkeiten wirkstoffgleicher Arzneimittel zu berücksichtigen, sofern sie für die Therapie bedeutsam sind.

2. Verfahren zur Festsetzung der Festbeträge

105 Das Verfahren ist zweistufig aufgebaut. Die Zuständigkeit zur Festsetzung eines Festbetrages auf Grundlage von rechnerischen mittleren Tages- oder Einzeldosen oder anderen geeigneten Vergleichsgrößen liegt beim Spitzenverband Bund[155] der Krankenkassen. Nach § 35 Abs. 6 SGB V gilt für das Verfahren zur Festsetzung der Festbeträge § 213 Abs. 2 und 3 SGB V.[156]

106 Die Entscheidung des Spitzenverbandes Bund zur Festsetzung der Festbeträge erfolgt gem. den Abs. 3 und 5 des § 35 SGB V auf der Grundlage von vom Gemeinsamen Bundesausschuss gem. Abs. 1 S. 5 ermittelten rechnerischen mittleren Tages- oder Einzeldosen oder anderen geeigneten Vergleichsgrößen. Der Gemeinsame Bundesausschuss hat dazu die unter (Rn 119) angegebenen Gruppen (1) bis (3) entsprechend der gesetzlichen Vorgaben gebildet.

107 Voraussetzung für die Entscheidungsbildung des Gemeinsamen Bundesausschuss ist die Sachverständigenanhörung gem. § 35 Abs. 2 SGB V, wonach den Experten der medizinischen und pharmazeutischen Wissenschaften und Praxis sowie der Arzneimittelhersteller und der Berufsvertretungen der Apotheker vor Entscheidung Gelegenheit zur Stellungnahme zu geben ist. Ebenso sind zur Beurteilung von Arzneimitteln der besonderen Therapierichtungen Stellungnahmen von Sachverständigen dieser Therapierichtungen einzuholen. Stellungnahmen selber sind in die Entscheidung einzubeziehen.

Die Einzelheiten zum Verfahren sind in § 35 Abs. 1 S. 3ff., Abs. 1 a, Abs. 1 b geregelt sowie in der Verfahrensordnung des G-BA. Am Ende des Verfahrensgangs erfolgt die Festbetragsfestsetzung durch Allgemeinverfügung iS eines Verwaltungsaktes.[157] Dieser Verwaltungsakt ist mit einer Rechtsmittelbelehrung zu versehen.[158]

3. Beurteilung durch BSG und BVerfG

108 Die umfassende Ermächtigung der in das Festbetragsfestsetzungsverfahren eingebundenen Gremien war Gegenstand eingehender verfassungsrechtlicher Überprüfung. Mit seinem Urteil vom 17.12.2002 hat das BVerfG festgestellt, dass die Ermächtigung der Verbände der Krankenkassen (jetzt Spitzenverband Bund) zur Festsetzung von Festbeträgen für die im

---

155 Bis zum 30.6.2008: Spitzenverbände der Krankenkassen; geändert mit Wirkung v. 1.7.2008 durch Art. 1 Nr. 18, Art. 46 IX GKV-WSG v. 26.3.2007 (BGBl. I, 378).
156 Mit Wirkung ab dem 1.1.2009 ist durch Art. 1 Nr. 145 GKV-WSG aufgrund Rechtsnachfolge des Spitzenverbandes Bund nach den Spitzenverbänden der Krankenkassen Abs. 3 des § 35 komplett verändert worden. – Die Bezugnahme in § 35 Abs. 6 SGB V stellt wohl ein gesetzgeberisches redaktionelles Versehen dar.
157 BT-Drucks. 11/3480 S. 54; BVerfG NJW 2003, 1232.
158 Siehe BT-Drucks. aaO.

Rahmen der gesetzlichen Krankenversicherung zu erbringenden Arzneimittel mit dem Grundgesetz vereinbar ist.[159]

Zugrunde lagen drei Aussetzungs- und Vorlagebeschlüsse des 3. Senats des Bundessozialgerichts, die Festbeträge für Arzneien und Hilfsmittel betrafen.[160] Unter anderem hatte das BSG die Auffassung vertreten, dass zur Festbetragsfestsetzung zumindest eine Rechtsverordnung im Sinne des Art. 80 GG hätte erlassen werden müssen. In seiner Entscheidung stellte das BVerfG fest, dass das Grundrecht die Berufsfreiheit der Pharmaunternehmen sowie der Hörgeräteakustiker und der Optiker nicht berührt sei. Soweit auf die Berufsausübung der Ärzte eingewirkt werde und soweit Leistungsansprüche der Versicherten verändert würden, sind zwar Grundrechte betroffen, aber nicht dadurch verletzt, dass der Gesetzgeber für die Festbetragsfestsetzung die Form der Allgemeinverfügung festgesetzt hat.

Die Aufgabenzuweisung an die Krankenkassen – genauer jetzt: an den Spitzenverband Bund – hält sich insgesamt im Rahmen des Verwaltungshandelns, der den Krankenkassen und ihren Verbänden im System der Krankenversicherung zugewiesen ist. § 35 SGB V legt in seinen Absätzen 1 und 2 fest, an welchen Tatsachen sich der Bundesausschuss der Ärzte und Krankenkassen bei der Gruppenbildung auszurichten hat und welchen Drittbetroffenen vor der verantwortlichen Entscheidung Gehör zu gewähren ist. Insbesondere im Hinblick auf das Grundrecht der Berufsfreiheit der Anbieter führt der Senat aus, dass dieses nicht durch die Veröffentlichung der Festbeträge beeinträchtigt ist. Auf diese Weise werde allen Marktteilnehmern Orientierung ermöglicht, und die Funktionsfähigkeit des Wettbewerbs setzt als Grundbedingung für Entscheidungsfreiheit bei den Teilnehmern am Markt ein hohes Maß an Informationen über marktrelevante Faktoren voraus. Solche Informationen beeinträchtigen den Schutzbereich der Berufsfreiheit von Marktteilnehmern selbst dann nicht, wenn diese zuvor einen wirtschaftlichen Vorteil aus fehlender Transparenz im Hinblick auf marktrelevante Faktoren ziehen konnten.

Der Gesetzgeber hat das Versorgungsziel der gesetzlichen Krankenversicherung immer mit unbestimmten Rechtsbegriffen definiert, weil ihre Ausfüllung von den wirtschaftlichen Gegebenheiten, von Fortschritten in der Medizin und in anderen Wissenschaften, aber auch von internatonalen Wirtschaftsbeziehungen und der Lebensführung der Versicherten abhängig ist. Damit genügen die Normen zur Festbetragsetzung im Hinblick auf diese Eigenart des zu ordnenden Sachbereichs dem rechtsstaatlichen Bestimmtheitsgebot.[161]

Zusammengefasst hat das BVerfG in dieser Entscheidung festgehalten, dass Art. 12 Abs. 1 GG im Hinblick auf die Berufsfreiheit der Leistungserbringer Arzneimittelhersteller nicht durch die Festbetragsfestsetzung in Form einer Allgemeinverfügung berührt ist. Berührt seien die Behandlungsfreiheit der Versicherten gem. Art. 2 Abs. 1 GG und die Berufsausübungsfreiheit der Ärzte nach Art. 12 Abs. 1 GG; ein grundrechtswidriger Eingriff liegt jedoch nicht vor. Offengeblieben ist insbesondere die Frage nach der verfassungsgemäß hinreichenden demokratischen Legitimation der handelnden Organe.[162]

4. Ausblick

Die Entscheidung ist in jeder Hinsicht aktuell geblieben und bildet für die Strukturen des Leistungsrechts sowie des Leistungserbringungsrechts[163] den verfassungsrechtlichen Rah-

---

159 Zur Verfassungsgemäßheit vgl BVerfG NZS 2003, 114 = NJW 2003, 1232.
160 Statt aller: BSG v. 14.6.1995 – 3 RK 20/94, NZS 1995, 502.
161 BVerfG NJW 2003, 1232, 1235.
162 So zutreffend Hauck/Noftz/*Flindt*, SGB V, § 35 Rn 25.
163 Seit BSGE 78, 70 ist die Kongruenz von Leistungsrecht und Leistungserbringungsrecht in st. Rspr. festgeschrieben. Danach sind widersprüchliche Ergebnisse für das Verhältnis Versicherter-Krankenkasse einerseits und Leistungserbringer-Krankenkasse andererseits auszuschließen.

men, soweit es um die Kompetenz- Kompetenz zum Erlass regulatorischer Beschränkungen im System der GKV geht. Auf die Ausführungen zum Gemeinschaftsrecht, die in diesem Zusammenhang nicht vertieft werden, sei verwiesen.[164] Der Senat hatte deutlich gemacht, dass jede Umgestaltung im Leistungsrecht der gesetzlichen Krankenversicherung zur Folge hat, dass sich der Anspruch der Versicherten und damit auch der Umfang dessen verändert, woran die Leistungserbringer teilhaben. Das Verfassungsgericht beurteilt dies als notwendigen unvermeidbaren Reflex geänderter Leistungsansprüche.

114 Im Übrigen hat es die Grundproblematiken der Legitimation zu Verfahren, die heute wegen angespannter wirtschaftlicher Lage und wegen des Finanzierungsvorbehalts für die Krankenkassen so aktuell sind, wie kaum zuvor, analysiert und fordert ein rationales Verhalten der beteiligten Personen in einem unübersichtlichen Markt.

115 Wenn – wie im System der gesetzlichen Krankenversicherung – Nachfrage, Anspruchsberechtigung und Kostentragung auseinanderfallen, kann das geforderte rationale Verhalten auch dadurch bewirkt werden, dass die Angebotsvielfalt strukturiert wird, indem die Klassifizierung, identische, teilidentische oder vom Nutzen her ähnliche Produkte erkennbar wird. Das BVerfG favorisiert den Preisvergleich, der auf eine Standardmenge bezogen wird, da damit eine Entscheidung unter Berücksichtigung der Kosten-Nutzen-Relation erleichtert wird. Es betont noch einmal die hohe Wertigkeit der Transparenz, wenn es ausführt:

„Bei einem Sachleistungssystem", bei dem das Entgelt für einzelne Produkte oder Leistungen nicht dem in Rechnung gestellt wird, dem diese zu Gute kommen, wird die Transparenz für die Nachfrager verbessert, wenn durch Kenntnis der Höchstpreislinie wirtschaftliches Verhalten von unwirtschaftlichem geschieden werden kann.

116 Zu Recht weist das Verfassungsgericht darauf hin, dass diese Entscheidungshilfen den Patienten wegen ihres Interesses und den Arzt wegen seiner Verpflichtung, sich wirtschaftlich zu verhalten, beeinflussen können/sollen. Das Verfassungsgericht goutiert die zulässige Form des Vollzuges hinreichend bestimmter gesetzlicher Vorschriften in Form einer Allgemeinverfügung, da mit der Wahl dieser Handlungsform unmittelbar Rechtsschutz gegen die Festbetragsfestsetzung eröffnet ist. Erginge die Festsetzung als Rechtsverordnung, wäre deren direkte richterliche Kontrolle nach geltendem Verfahrensrecht nicht möglich.[165]

5. Einzelheiten

117 Die nach § 35 Abs. 1 S. 2 und 3 SGB V gebildeten Gruppen[166] müssen gewährleisten, dass Therapiemöglichkeiten nicht eingeschränkt werden und medizinisch notwendige Verordnungsalternativen zur Verfügung stehen; ausgenommen von diesen Gruppen sind **Arzneimittel mit patentgeschützten Wirkstoffen**, deren Wirkungsweise neuartig ist oder die eine therapeutische Verbesserung, auch wegen geringerer Nebenwirkung bedeuten. Sie sollen im Allgemeinen eine ausreichende, zweckmäßige und wirtschaftliche sowie eine qualitätsgesicherte Versorgung gewährleisten.

118 Der Festbetrag für die Arzneimittel in einer Festbetragsgruppe (1) sowie erstmals zum 1.4.2006 auch nach den Nummern (2) und (3) soll den höchsten Abgabepreis des unteren Drittels des Intervalls zwischen dem niedrigsten und dem höchsten Preis einer Standardpackung nicht übersteigen. Damit hat der Gesetzgeber aus seiner Sicht der Situation Rechnung getragen, dass bei der Bildung der Festbeträge in den Stufen 2 und 3 bisher gewichtete Durchschnittspreise aller Arzneimittel der Gruppe ermittelt worden waren und somit auch

---

164 So BVerfG NJW 2003, 1232, 1235.
165 So im Jahr 2002 das BVerfG aaO; vgl Meyer-Ladewig, SGG, § 55 Rn 10a–e, der instruktiv die ausnahmsweise Zulässigkeit der Feststellungsklage gegen untergesetzliche Rechtsnormen beleuchtet.
166 Vgl oben Rn 104.

D. Begrenzung des Anspruchs durch Gesetz und untergesetzliche Regelungen 46

die Produkte von Anbietern mit hohen Preisen in die Berechnung eingegangen sind.[167] Zusätzlich sind bei der oben aufgeführten Berechnung für das untere Drittel hochpreisige Packungen mit einem Anteil von weniger als 1 % in der Festbetragsgruppe nicht zu berücksichtigen. Der Gesetzgeber wollte – wohl mit zweifelhafter Wirkung – die Versorgungssicherheit dadurch stärken, dass mindestens ein Fünftel aller Verordnungen sowie ein Fünftel aller Packungen – berechnet auf Basis der zuletzt verfügten Basisdaten des Arzneimittelindexes – zum Festbetrag verfügbar sein müssen.

Gemäß § 35 Abs. 1 a SGB V gilt die alte Durchschnittspreisberechnungsmöglichkeit für Arzneimittel mit patentgeschützten Wirkstoffen, sofern die Gruppe mindestens 3 Arzneimittel umfasst und die Gruppenbildung nur für Arzneimittel erfolgt, die jeweils unter Patentschutz stehen.

Betragsgruppen: 119

(1) **Arzneimittel mit denselben Wirkstoffen** (§ 35 Abs. 1 S. 2 Nr. 1 SGB V): Hierbei werden chemisch identische Arzneimittel zusammengefasst, wobei dazu auch wirkstoffgleiche Nachahmerpräparate – Generika – zählen. Eine Einteilung in diese Gruppe ist auch für Kombinationspräparate zulässig, soweit es sich um identische Kombinationen handelt. In dieser Gruppe sind die unterschiedlichen Bioverfügbarkeiten zu berücksichtigen. Wegen unterschiedlicher galenischer Zubereitung und im Hinblick auf Wirkstoffe und andere wirksame Bestandteile kann sich eine unterschiedliche Bioverfügbarkeit geben. Damit werden Geschwindigkeit und Ausmaß bezeichnet, mit der ein chemischer Wirkstoff eines Arzneimittels resorbiert wird und am Zielort des Körpers eine Wirkung entfaltet.[168] Maßeinheit für die Bioverfügbarkeit ist die Fläche unter der Serumspiegelkurve (AUC = Area under the Court), die nach der Trepezsummenformel berechnet werden kann.

Die Bioäquivalenz soll ausweislich der Begründung des Ausschusses für Arbeit und Sozialordnung[169] bei der Gruppenbildung nicht berücksichtigt werden. Die Bioäquivalenz ermöglicht den Vergleich zwischen Originalpräparat und Zweithersteller oder Nachahmerprodukt (Generikum). Bioäquivalente Arzneimittel sind solche mit pharmazeutisch identischen Wirkstoffen, deren Geschwindigkeit und Ausmaß der Resorption keine signifikanten Unterschiede zeigen, wenn sie in gleicher Dosis des therapeutisch wirksamen Bestandteils unter vergleichbaren experimentellen Bedingungen gegeben werden.

(2) **Arzneimittel mit vergleichbaren Wirkstoffen:** In dieser Gruppe sind regelmäßig Arzneimittel vorhanden, die nur einen Wirkstoff enthalten. Die Zusammenfassung dieser sog. Monopräparate zu einer Gruppe ist normiert, weil es sich bei den Wirkstoffen um Molekülvarianten einer gleichen chemischen Grundstruktur mit ähnlichen pharmakologischen Wirkungen handelt. Beispiele für Arzneimittel mit chemischer Stoffen und vergleichbarem pharmakodynamischen Wirkungsprofil sind unter den (Benzo)-Diazepinen zu finden.

(3) **Arzneimittel mit therapeutisch vergleichbarer Wirkung**, insbesondere Arzneimittel-Kombinationen, stellen die 3. Gruppen dar.

6. Rechtsschutz gegen Festsetzung von Festbeträgen

Gegen Festbetragsfestsetzungen ist entsprechend der Entscheidung des BVerfG vom 120 17.12.2002[170] Rechtsschutz unmittelbar möglich; die Frage der direkten richterlichen Kontrolle bei der Festsetzung als Rechtsverordnung (vgl § 35 a SGB V) stellt sich in der Regel nicht mehr. Streitig war die Frage, ob bei Festbetragsstreitigkeiten der Rechtsweg zu den

---

167 Vgl Gesetz zur Verbesserung der Wirtschaftlichkeit in der Arzneimittelversorgung v. 26.4.2006 (AVWG; BGBl. I, 984).
168 Vgl nur Hauck/Noftz/*Haines-Gerlach*, SGB V, § 35 Rn 11.
169 BT-Drucks. 11/3480 zu § 35 Abs. 8 SGB V.
170 BVerfG NJW 2003, 1232, 1235.

Sozialgerichten oder zu den Zivilgerichten eröffnet ist[171] oder ob die Zivilgerichte insbesondere dann einzuschalten sind, wenn Pharmaunternehmen ihren Anspruch auf Unterlassung einer bestimmten Festbetragsfestsetzung auf die Verletzung wettbewerbsbeschränkende Vereinbarungen bzw den Missbrauch marktbeherrschender Stellungen stützen.[172] Diese Streitigkeiten sind mittlerweile durch § 69 SGB V in Verbindung mit § 51 Abs. 2 SGG entschieden.[173] Danach ist die Zuweisung zu den Sozialgerichten bei Streitgegenständen auch wettbewerbs- oder kartellrechtlicher Natur gegeben. Diese Normierung des Gesetzgebers ist unter dem Gesichtspunkt des Finanzierungsvorbehalts des Systems zu sehen und hat zu weiteren Auseinandersetzungen geführt (vgl dazu § 47 Rn 17 f).

121 Im Hinblick auf die den Festsetzungen der Festbeträge durch den Spitzenverband Bund der Krankenkassen vorausgehenden Entscheidungen des G-BA insbesondere wegen Bildung von Festbetragsgruppen und Bestimmung von Vergleichsgrößen soll nach der gesetzlichen Regelung eine isolierte Klage nicht möglich sein (vgl § 35 Abs. 7 S. 4 SGB V).[174] Diese Regelung erscheint problematisch, da es sich bei den Vorbereitungsarbeiten des G-BA nicht um reine Verwaltungsinterna handelt und indirekt die Wesentlichkeitstheorie des BVerfG[175] hier nicht beachtet zu sein scheint. Führt die Einschränkung des Leistungsrechts, korrespondierend – wie ausgeführt zum Leistungserbringungsrecht – zu unmittelbaren Einschränkungen beim versicherten Patienten, ist iS einer verfassungsrechtlich annehmbaren Normenstruktur zu fordern, dass die Leistungsrechtsunterworfenen unmittelbar iSd. Demokratieprinzips Einfluss nehmen können. Eine solche unmittelbare Herleitung lässt sich im momentanen Normensystem nicht erkennen (auch hier gilt insbesondere: *pessima tempora, plurimae leges*).

122 Der 3. Senat des BSG hat sich mit seiner Entscheidung vom 24.11.2004 mit den Vorgaben des BVerfG auseinandergesetzt und die grundsätzliche Klagebefugnis von Arzneimittelherstellern festgestellt.[176] Mit dieser Entscheidung hat sich das BSG von der Entscheidung des BVerfG vom 17.12.2002[177] abgegrenzt und deutlich gemacht, wie nach den verbindlichen Vorgaben des BVerfG und in welcher Weise Rechtsschutz für betroffene Arzneimittelhersteller erlangt werden kann. Im zugrunde liegenden Fall handelt es sich um das nämliche klagende Unternehmen, das zum Vorlagebeschluss des BSG[178] geführt hatte und zu der oben zitierten Entscheidung des BVerfG.[179] Der erkennende Senat des Bundessozialgerichts hatte anschließend mit Beschluss vom 10.4.2003 das Revisionsverfahren erneut bis zur Entscheidung des EuGH[180] ausgesetzt. In diesen Verfahren waren dem EuGH Fragen zur Vereinbarkeit der deutschen Vorschriften zur Festbetragsfestsetzung für Arzneimittel mit dem europäischen Wettbewerbsrecht vorgelegt worden. Der EuGH hat mit Urteil vom 16.3.2004[181] entschieden, dass die Spitzenverbände der Krankenkassen nicht dem europäischen Wettbewerbsrecht unterliegen, soweit sie nach Maßgabe der deutschen Vorschriften

---

171 LSG NRW ErsatzK 1998, 593.
172 OLG Düsseldorf NZS 1998, 296.
173 §§ 87, 96 GWB wurden entsprechend geändert.
174 Eine gesonderte Klage gegen die Gruppeneinteilung nach Abs. 1 S. 1–3 gegen die rechnerischen mittleren Tages- oder Einzeldosen oder anderen geeigneten Vergleichsgrößen nach Abs. 1 S. 4 oder *gegen sonstige Bestandteile der Festsetzung der Festbeträge* ist unzulässig.
175 St. Rspr. des BVerfG. Seit BVerfGE 49, S. 89 ff, 126 f ist der Gesetzgeber verpflichtet, in grundlegenden normativen Bereichen, zumal im Bereich der Grundrechtsausübung, soweit diese staatlicher Regelung zugänglich ist, alle wesentlichen Entscheidungen selbst zu treffen.
176 BSG, Urt. v. 24.11.2004 – B 3 KR 23/04 R 0.
177 Zur Verfassungsgemäßheit vgl BVerfG NZS 2003, 114 = NJW 2003, 1232.
178 Beschl. v. 14.7.1995 – 3 RK 20/94.
179 BVerfG aaO.
180 In den verbundenen Rechtssachen Rs. C- 264/01, C – 306/01, C – 354/01, C – 355/01.
181 MedR 2004, 261.

D. Begrenzung des Anspruchs durch Gesetz und untergesetzliche Regelungen 46

Festbeträge für Arzneimittel festsetzen, bis zu deren Erreichen die Krankenkassen die Kosten übernehmen. Das Verfahren vor dem BSG ist anschließend wieder aufgenommen worden mit dem Antrag, dass die seinerzeitige Festbetragsfestsetzung, durch nachfolgende Festbetragsfestsetzungen abgelöst, rechtswidrig gewesen war.

Da mit dem Urteil des BVerfG die materiell-inhaltlichen Vorgaben des § 35 SGB V nicht überprüft worden waren, hatte nunmehr das BSG im zitierten Urteil entschieden, dass gem. Art. 19 Abs. 4 GG eine gerichtliche Kontrolle der gesamten Festbetragsfeststellung für ein Arzneimittel gegeben ist. Es unterscheidet zwischen der vom Verfassungsgericht gebilligten grundsätzlichen Bildung von Festbeträgen sowie den nicht vorliegenden Verstößen gegen wettbewerbsschützende Bestimmungen einerseits und Grundrechtsbetroffenheit durch mögliche Festbetragsfestsetzung. Zu recht führt der Senat aus, dass § 35 SGB V in verfassungskonformer Auslegung die Anrufung der Gerichte durch Arzneimittelhersteller jedenfalls dann zulässt, wenn geltend gemacht wird, dass die Festbetragsfestsetzung sie in Grundrechten verletze.[182] Dafür reicht es wie für jedes andere sozialgerichtliche Rechtsschutzbegehren aus, dass die Rechtsverletzung generell möglich ist und im Einzelfall nachvollziehbar dargelegt wird. 123

Das BSG hat die Angelegenheit zur weiteren Tatsachenfeststellung an das Landessozialgericht zurückverwiesen und einige bemerkenswerte Hinweise gegeben: 124

Die Krankenkassen und ihre Verbände sind nach dem deutschen Krankenversicherungssystem Teil der mittelbaren Staatsverwaltung; ihre den Markt der Grundsatzleistungen regelnden Maßnahmen sind damit „staatliche Maßnahmen" in diesem Sinne. Art. 12, Abs. 1 GG begründet ein Recht der Unternehmen auf Teilhabe am Wettbewerb, was zwar nicht vor der Zulassung von Konkurrenten, wohl aber vor ungerechtfertigter staatlicher Begünstigung von Konkurrenten[183] schützt. Von einem solchen Recht auf fairen Wettbewerb gehen auch die gesetzlichen Vorschriften zur Festbetragsfestsetzung aus.[184]

Zu Recht wird weiter in dieser Entscheidung darauf verwiesen, dass die Festbeträge zwar einen „wirksamen" Preiswettbewerb auslösen sollen; darunter kann der Gesetzgeber aber nur einen „fairen" Wettbewerb unter unverfälschten Bedingungen gemeint haben. Der Gleichheitssatz verbietet nicht nur die unterschiedliche Behandlung von Gleichem, sondern auch die Gleichbehandlung von sachlich Ungleichem. Im einzelnen wird ausgeführt, dass im vorliegenden Fall eine verfassungswidrige Gleichbehandlung vorläge, wenn es zutreffen sollte, dass die Arzneimittel der Klägerin trotz des gleichen Wirkstoffs wegen der andersartigen Bioverfügbarkeit im Vergleich zu Konkurrenzprodukten anderer Hersteller so unterschiedlich sind, dass sie durch diese praktisch nicht ersetzt werden können und damit therapeutisch unverzichtbar sind."[185]

V. Höchstbeträge

Gemäß § 31 Abs. 2 a SGB V **setzt der Spitzenverband Bund der Krankenkassen** für Arzneimittel, die nicht in eine Festbetragsgruppe nach § 35 einzubeziehen sind, Höchstbeträge fest, bis zu denen die Krankenkassen die Kosten tragen. Die gesetzgeberische Intention für diese Regelung war die Tatsache, dass neuartige und nach Auffassung des Gesetzgebers zu teure Arzneimittel unmittelbar ab ihrer Marktzulassung und -einführung zulasten der Krankenkassen verordnungsfähig, häufig jedoch nicht einem Festbetrag zuzuführen sind (vgl § 35 Abs. 1 S. 3 und 4 SGB V). Die Regelung soll die ursprünglich vom Gesetzgeber vorgesehene 125

---
182 BSG Urt. v. 24.11.2004 – B 3 KR 23/04 R 0.
183 Vgl BVerfGE 82, 209, 223.
184 BSG, Beschl. v. 14.7.1995 – 3 RK 20/94.
185 BSG aaO; vgl auch zum Begründungserfordernis bei Allgemeinverfügungen BSG v. 24.11.2004 – B 3 KA 23/04 R.

Ausnahme als Lücke charakterisieren und diese nach den Regularien der Festbetragsregelung nicht einbeziehbaren Arzneimittel einem Höchstbetrag zuführen. Der durch das GKV-WSG neu eingeführte Begriff bedeutet damit quasi einen „Festbetrag der nicht-festbetragsgebundenen Arzneimittel."[186]

126 Der Gesetzgeber des GKV-WSG meint nun in diesem Zusammenhang eine Lücke schließen zu müssen, in dem er die einem Festbetrag zunächst nicht zuführbaren Arzneimittel einer Kosten-Nutzen-Bewertung durch das Institut für Qualität und Wirtschaftlichkeit im Gesundheitswesen (IQWiG) unterzieht. Betroffen davon sind nicht von einer Festbetragsregelung erfasste, neue innovative Arzneimittel, die eine therapeutische Verbesserung darstellen. Erreicht werden soll, dass zusätzliche Kostenbelastungen durch diese Arzneimittel in einem angemessenen Verhältnis zu dem medizinischen Zusatznutzen stehen.[187] Da solche Arzneimittel grundsätzlich unmittelbar ab ihrer Marktzulassung bzw Markteinführung zulasten der GKV erstattungsfähig sind, soll dem Wirtschaftlichkeitsgebot durch diese Höchstbetragsregelung Geltung verschafft werden. Dieser Höchstbetrag ist festzulegen aufgrund einer Kosten-Nutzen-Bewertung gem. § 31 Abs. 2 a S. 3 SGB V oder einvernehmlich mit dem Hersteller (§ 31 Abs. 2 a S. 5 SGB V).

127 Diese letztere etwas theoretische Möglichkeit bedeutet *in praxi* die Erwirkung der oben (Rn 89) genannten Kosten-Nutzen-Bewertung. Nach der gesetzlichen Grundkonzeption bleibt zunächst die Erstattungsfähigkeit erhalten und zwar aufgrund der erwähnten Generalerstattungsnormen unter Einbeziehung der einschränkenden Normen (Verordnungen/Richtlinien). In diesen Fällen wird die Erstattungsfähigkeit nicht zurückgestellt, bis eine Kosten-Nutzen-Berechnung vorliegt, sondern es ist ausreichend Zeit einzuräumen, Erkenntnisse über das neue Arzneimittel zu sammeln und zwar als Grundlage für die dann vorzunehmende Kosten-Nutzen-Berechnung.[188]

128 Arzneiinnovationen bleiben also zunächst grundsätzlich GKV-erstattungsfähig. Um den Problematiken hinsichtlich zweifelhafter Erstattungsfähigkeit aus dem Wege zu gehen, ist das sog. Zweitmeinungsverfahren in das SGB V implantiert worden (vgl. § 73 d SGB V; dazu Rn 129).

Festzuhalten bleibt, dass durch die Errichtung des IQWiG keine vierte Hürde für die (im Rahmen dieses Kapitels nicht relevante) Zulassungsfähigkeit entsteht. Im Rahmen der Beurteilung der Erstattungsfähigkeit sind die Äußerungen dieses Instituts als Verwaltungsinterna zu charakterisieren, als Entscheidungsvorbereitung für die Regelungen des G-BA.[189]

Als sog. vierte Hürde dürfte sich die Zweitmeinungsregelung erweisen.

VI. Verordnung besonderer Arzneimittel (§ 73 d SGB V)

129 Mit dem GKV-WSG vom 26.3.2007[190] wurde § 73 d SGB V mit Wirkung zum 1.4.2007 eingeführt. Danach hat die Verordnung von Arzneimitteln, insbesondere von Spezialpräparaten mit hohen Jahrestherapiekosten oder mit erheblichem Risikopotenzial, bei denen aufgrund ihrer besonderen Wirkungsweise zur Verbesserung der Qualität ihrer Anwendung, insbesondere hinsichtlich der Patientensicherheit sowie des Therapieerfolgs, besondere Fachkenntnisse erforderlich sind, die über das übliche hinausgehen (besondere Arzneimittel), durch den behandelnden Arzt in Abstimmung mit einem Arzt für besondere Arzneimitteltherapie nach Abs. 2 oder durch diesen Arzt zu erfolgen.

---

186 So zu Recht Wille/Koch, Gesundheitsreform 2007, Rn 215.
187 BT-Drucks. 16/3100, 101.
188 So zu Recht Wille/Koch aaO, Rn 215.
189 Vgl KK-SVR/*Hess*, § 35 b SGB V Rn 29 ff.
190 BGBl. I, 378.

D. Begrenzung des Anspruchs durch Gesetz und untergesetzliche Regelungen

In der Begründung zum Normzweck wurde ausgeführt, dass mit dieser Vorschrift der Erkenntnis Rechnung getragen werden soll, dass die zielgenaue und wirtschaftliche Anwendung hochmoderner innovativer Arzneimittel und Diagnostika spezialisierte Fachkenntnisse erfordert.[191] In Europa werden Zweitmeinungsverfahren zB in Österreich, Frankreich und Finnland angewandt.

Zu den beispielhaft aufgeführten Spezialpräparaten gehören insbesondere gentechnisch und biotechnologisch hergestellte Arzneimittel und Verfahren, die zB zur Behandlung von Autoimmun- oder Tumorerkrankungen eingesetzt werden.[192] Beispielhaft werden die hohen Therapiekosten etwa bei Immunsuppressiva bei Multipler Sklerose angeführt, die das 10-fache im Vergleich zu chemisch definierten Arzneimitteln erreichen; entsprechende Kostenrelationen können das 100-fache bei der rheumatoiden Arthritis erreichen.[193] Diese Beispiele sind jedoch nicht abschließend, denn die Legaldefinition des Normgebers lautet, dass besondere Arzneimittel, die von § 73 d SGB V umfasst sind, diejenigen sind, die **über das Übliche hinausgehen**. Damit ist dem Gesetzgeber wieder eine „schwammige Formulierung unterlaufen", die nur mit Mühe dem Bestimmtheitsgebot subsumiert werden kann.

Die näheren Einzelheiten zum Verfahren bestimmen Richtlinien nach § 92 Abs. 1 S. 2 Nr. 6 SGB V des Gemeinsamen Bundesausschusses insbesondere zu Wirkstoffen, Anwendungsgebieten, Patientengruppen, zur qualitätsgesicherten Anwendung und zu den Anforderungen an die Qualifikation der Ärzte für besondere Arzneimitteltherapie für die jeweiligen Arzneimittel. Weiterhin ist in diesen Richtlinien das Nähere zur Abstimmung zwischen behandelndem Arzt und Arzt für besondere Arzneimitteltherapie zu regeln (vgl Rn 99 ff).

Von Bedeutung ist die Regelung des § 73 d Abs. 3 SGB V für verordnende Ärzte. Diese besonderen Arzneimittel sind bei der Prüfung der Wirtschaftlichkeit nach § 106 SGB V als Praxisbesonderheit zu berücksichtigen, soweit diese nach den Vorschriften des SGB V in Verbindung mit den AM-RL verordnet worden sein sollten, dh dass der verordnende Arzt in Abstimmung mit einem Arzt für besondere Arzneimitteltherapie gehandelt haben muss, es sei denn, der verordnende Arzt ist selber ein Arzt für besondere Arzneimitteltherapie.

Gemäß § 73 d Abs. 2 müssen die Ärzte für besondere Arzneimitteltherapie nicht nur den Richtlinienkatalog erfüllen; sie werden erst durch KVen im Einvernehmen mit den Landesverbänden der Krankenkassen und der Ersatzkassen bestimmt, sofern sie ihre Beziehungen zur pharmazeutischen Industrie einschließlich Art und Höhe von Zuwendungen offen legen (§ 73 b Abs. 2 S. 1 letzter Hs SGB V). Soweit das Einvernehmen zwischen KVen und den Krankenkassen nicht in „angemessener Frist" zu Stande kommt und, so wörtlich weiter im Text des § 73 d Abs. 2 S. 2 SGB V, „sind hierdurch bessere Ergebnisse für die Versorgung hinsichtlich der Patientenversorgung und der Wirtschaftlichkeit zu erwarten, kann die Krankenkasse nach vorheriger Ausschreibung durch Vertrag die Wahrnehmung der Aufgabe eines Arzte für besondere Arzneimitteltherapie auf einzelne der nach Satz 1 bestimmten Ärzte beschränken".

Welche besseren Ergebnisse hinsichtlich der Versorgung für eine Krankenkasse durch einzelvertragliche Bindung mit einzelnen ohnehin für die besondere Arzneimitteltherapie qualifizierten Ärzten damit gemeint sein sollen, erschließt sich nicht.[194]

EXKURS – § 135 SGB V als Generalhürde: Gemäß § 135 SGB V ist der Gemeinsame Bundesausschuss zuständig für die Anerkennung der Erstattungsfähigkeit neuer Untersuchungs- und Behandlungsmethoden, also auch von Therapieverfahren, zum Beispiel im Bereich der

---

191 Begr. BT-Drucks. 16/3100, 115.
192 Begr. BT-Drucks. aaO.
193 BT-Drucks. 16/4247, 37.
194 Vgl dazu auch KK-SVR/*Hess*, § 73 d SGB V Rn 9, der zu Recht auf die fragliche Sinnhaftigkeit dieser Regelung hinweist.

Pharmakotherapie. Diese Vorschrift ist Teil des vierten Kapitels des SGB V (Beziehungen der Krankenkassen zu den Leistungserbringern und verortet im neunten Abschnitt – Sicherung der Qualität der Leistungserbringung).

Gesetzestechnisch handelt es sich dabei um eine subsidiäre Bestimmung im Hinblick auf das im dritten Kapitel geregelte Leistungsrecht der Krankenversicherung. Wegen der Identität zwischen Leistungs- und Leistungserbringerrecht[195] und dem daraus folgenden Gebot der praktischen Konkordanz ist neben den AM-RL mit ihren in neuer Fassung ab dem 1.4.2009 geltenden Bestimmungen § 135 SGB V als „Qualitätssicherungsschranke" zu beachten.

135 Da der G-BA als Entscheidungs- respektiven Entscheidungsvorbereitungsorgan (für den Spitzenverband der Krankenkassen) tätig ist, gilt diese Bestimmung *de jure* auch für neuartige Arzneitherapien. Faktisch wird jedoch nur eine Relevanz für Rezepturarzneimittel gegeben sein, da sie einer Zulassungspflicht nicht unterliegen.[196]

VII. Rabattverträge

1. Allgemeines

136 Hintergrund der Einführung der Vorschrift des § 130a SGB V – Rabatte der Pharmazeutischen Unternehmer – zum 1.1.2003 war die überproportionale Ausgabenentwicklung in den Jahren 2001 und 2002 im Vergleich zu den beitragspflichtigen Einnahmen der Mitglieder der GKV.

Da als Ursache wesentlich die deutlich gestiegenen Kosten im Bereich der Arzneimittelversorgung gesehen wurden und der Gesetzgeber insbesondere einen überproportionalen Zuwachs bei den Arzneimittelausgaben je GKV-Mitglied begrenzen wollte,[197] wurde zur Stärkung der Finanzgrundlagen der GKV und – damals – zur Stabilisierung des Beitragssatzniveaus den Pharmazeutischen Unternehmern ein Beitrag zur Stabilisierung der finanziellen Situation der GKV auferlegt.[198]

2. Inhalte

137 Gemäß § 130a Abs. 8 SGB V können Krankenkassen oder ihre Verbände mit Pharmazeutischen Unternehmern zusätzlich zu den Abschlägen nach den Abs. 1 und 2 Rabattvereinbarungen treffen. Nachdem zunächst aus betriebswirtschaftlicher Sicht der Abschluss von Rabattverträgen nur schleppend in Gang kam, da Umsatzgarantien für Hersteller von den Krankenkassen nicht gegeben werden konnten, sind durch die Vielzahl der aufgeführten Gesetzesänderungen und Veränderungen der rahmenvertraglichen Voraussetzungen weitere Steuerungsmechanismen in das System der GKV implantiert worden, die in erheblichem Maß mit der Möglichkeit des Abschlusses von Rabattverträgen interagieren.[199]

138 In der Ausgestaltung, dh insbesondere hinsichtlich der Höhe oder Abstaffelungen sind die Vertragspartner frei (§ 130a Abs. 8 S. 2 SGB V). Nachfolgend seien die wichtigsten gesetzlichen Regelungen mit nach Auffassung des Unterzeichners noch nicht absehbaren Interdependenzen aufgeführt:

- Bei der Substitution durch wirkstoffgleiche Arzneimittel sind Rabattarzneimittel bevorzugt abzugeben (§ 129 Abs. 1 S. 3 SGB V).

---

195 BSGE 78, 70.
196 Vgl BSG NZS 1999, 245.
197 BT-Drucks. 15/28, 11.
198 Vgl BSG v. 28.7.2007 – B 1 KR 4/08 R, NZS 2009, 281 ff, wonach § 130a Abs. 1 SGB V den sog. Herstellerrabatt europarechtskonform nur auf solche Fertigarzneimittel erstreckt, die deutschem Preisrecht unterliegen, nicht aber auf Importarzneimittel, die von Versandhandelsapotheken aus dem Ausland eingeführt werden.
199 Vgl nur Wolff, RPG 2009, 30 ff.

Durch diese mit dem GKV-WSG eingeführte Regelung im Rahmen der sog. Aut-idem-Verschreibung ist es zum vermehrten Abschluss derartiger Rabattvereinbarungen gekommen.

- Gemäß § 140 a Abs. 1 S. 5 SGB V soll die für die ambulante Behandlung im Rahmen der integrierten Versorgung notwendige Versorgung mit Arzneimitteln durch Rabattverträge erfolgen.

  Hier wird die Zunahme integrierter Versorgungsverträge die Behandlung mit Rabattarzneimitteln sicherlich mit deutlichem Potenzial vergrößern.

- Rabattarzneimittel unterliegen nicht der sog. Richtgrößenüberprüfung nach den §§ 84, 106 SGB V, sofern der Arzt einer Rabattvereinbarung beigetreten ist (§ 106 Abs. 2 S. 8 SGB V).

  Hierdurch wird sich bei entsprechendem Verhalten der verordnenden Ärzte eine erhebliche Problematik bzgl der Datenlage bei der Richtgrößenüberprüfung im Rahmen der Wirtschaftlichkeitsprüfung ergeben.

- Rabattarzneimittel sind gem. § 84 Abs. 4 a S.2 SGB V von Bonus-Malus-Regelungen ausgenommen.

  Hier bleibt mit Spannung zu erwarten, welche Wirtschaftlichkeitsreserven dadurch erschlossen werden.

- Leistungserbringer können an den Rabattverträgen beteiligt werden (§ 130 a Abs. 8 S. 5 SGB V).

  Diese Möglichkeit ist insbesondere für verordnende Ärzte von Interesse, da sie im Rahmen der Teilnahme der Richtgrößenüberprüfung nicht unterfallen.

- Soweit Rabattarzneimittel verordnet werden und hieraus Einsparungen zu erwarten sind, kann die gesetzliche Zuzahlung verringert werden oder ganz entfallen (§ 31 Abs. 3 S. 5 SGB V).

3. Rechtsweg

Infolge § 69 SGB V sind die Rechtsbeziehungen der Krankenkassen zu den Leistungserbringern dem öffentlichen Recht zugewiesen, so dass aufgrund § 51 SGG der Rechtsweg vor die Sozialgerichte gegeben ist. Wegen der Streitigkeiten insbesondere unter wettbewerbsrechtlichen sowie europarechtlichen Aspekten vgl § 47 Rn 17 f.

4. Ausblick

Mit dem Beitragssatzsicherungs-Gesetz (BSSichG) ermöglichte der Gesetzgeber erstmals den Abschluss von Rabattverträgen gem. § 130 a Abs. 8 SGB V. Deutliche Anreize und neue Vorgaben, die durch das GKV-WSG eingeführt wurden, haben aber erst dazu geführt, dass dieses Instrument zunehmend stärker für alle Player der GKV im Bereich der Arznei- und Hilfsmittelversorgung genutzt wurde.

Bedingt durch den Gesundheitsfonds ist der Druck auf der Erstattungsseite enorm gestiegen. Dies macht sich nicht nur im Rahmen der Kassenfusionen bemerkbar (in den ersten sechs Monaten des Jahres 2009 sank die Zahl der bundesunmittelbaren Krankenkassen von 215 auf 196, Stand: 1.7.2009), sondern auch in der Zahl der gestiegenen Rabattverträge. Bereits im September 2008 war rund jedes zweite in der Apotheke abgegebene, verschreibungspflichtige Arzneimittel ein Rabattarzneimittel[200] – Tendenz steigend.

Die Bedeutung von Rabattverträgen hat daher immer stärker zugenommen und ist von den Krankenkassen als Instrument iRd Kostensenkung eingesetzt worden. Bezogen sich Rabatt-

---

200 Angaben von IMS Health 2008.

verträge anfänglich nur auf generische Wirkstoffe,[201] so sind mittlerweile auch vermehrt die Originalhersteller bei Rabattverträgen beteiligt.

Ursprünglich beinhalteten die abgeschlossenen Rabattverträge fast ausschließlich Vereinbarungen über Preis und Mengen, sog. Preis-Volumen-Rabatte, zum Teil wurden dabei auch sog. Mindestabnahmemengen vereinbart. In einem nächsten Schritt wurden die Rabattverträge dann auf das gesamte Sortiment eines pharmazeutischen Unternehmers erweitert (sog. Sortimentsverträge) bzw im Rahmen von Bietergemeinschaften wurden sich ergänzende Arzneimittel zu einem Paket zusammengefasst. Diese kombinierten Rabattverträge können sowohl Generika, als auch patentgeschützte Arzneimittel und OTC-Produkte enthalten.

Bedingt durch die veränderten Vergütungs- und Erstattungsstrukturen in der Folge der Einführung des Gesundheitsfonds und des Morbi-RSA ist eine Weiterentwicklung zu umfassenderen Rabattvertragsmodellen[202] unumkehrbar.

142 Denkbar sind Finanzierungsvereinbarungen von innovativen Arzneimitteln direkt nach Markteinführung bzw in der Phase des bestehenden Patent- und Unterlagenschutzes. Gerade in diesen Fällen finden die sog. **Cost-und-Risk-Sharing-Verträge** Anwendung.

Im Fall eines „Cost-Sharing"-Vertrags wird eine Vereinbarung zwischen dem pharmazeutischen Unternehmer und den Krankenkassen abgeschlossen, bei denen eine Preisobergrenze für kostenintensive Arzneimittel vereinbart wird. Der bekannteste Fall eines solchen „Cost-Sharing"-Vertrags ist das Arzneimittel Avastin (in der First-Line-Behandlung des metastasierenden Mammakarzinoms).

Bei den „Risk-Share"-Verträgen verpflichten sich die Krankenkassen, das Arzneimittel zu erstatten. Der pharmazeutische Unternehmer bietet im Gegenzug an, das Geld zurückzuzahlen, wenn das Arzneimittel nicht die gewünschte Wirkung gezeigt hat.[203]

143 Weitere Rabattvertragsmodelle könnten so aussehen, dass die Krankenkassen versuchen werden, die pharmazeutischen Unternehmer mit in den Versorgungsprozess im Rahmen von **„Pay for Performance"-Verträgen** miteinbeziehen. Unter „Pay for Performance" ist ein solcher Vertrag zu verstehen, der sich auf das Arzneimittel und zugleich auf die dabei vorzunehmende Behandlung zB gemäß den Leitlinien der Fachgesellschaft bezieht.

144 Kritisch zu sehen sind Ansätze, die von sich überlappenden Ausschreibungszeitspannen ausgehen (zB GWQ Service Plus AG), da fraglich ist, nach welchen Kriterien der Apotheker eine Auswahl aus mehreren gleichzeitig zur Verfügung stehenden Arzneimitteln vornehmen soll. Vergaberechtlich gesehen bleibt der Vertragsgegenstand im Schnittmengenzeitpunkt unklar, da die Kontingente nicht mehr klar voneinander abgrenzbar sind. Kritisch zu sehen sind im Hinblick auf die Therapiefreiheit von Ärzten die oben genannten Entwicklungen, die auch für die Verordner haftungsrechtliche Relevanz haben dürften.

---

201 Nach Angaben des BMG wurden 97,6 % der vereinbarten Rabatte bisher im Marktsegment der Generika abgeschlossen (Bericht über die Auswirkungen von Rabattvereinbarungen für Arzneimittel, insbesondere auf die Wirksamkeit der Festbetragsregelung, Unterrichtung der Bundesregierung, BT-Drucks. 16/9284).
202 Gabriel, NZS 2009, 422ff.
203 Aktuell haben die DAK und die Barmer Ersatzkasse mit der Novartis Pharma GmbH zwei Kooperationsverträge über die Arzneimittel Sandimmun® Optoral, Myfortic®, Certican® und Aclasta® abgeschlossen. Dabei wurde vereinbart, dass, wenn sich zB im Fall einer Therapie mit Aclasta® dennoch eine durch Osteoporose bedingte Fraktur ereignet, die Arzneimittelkosten zu 100 % zurückerstattet werden (Quelle: Stellungnahme der Arzneimittelkommission der deutschen Ärzteschaft v. 8.5.2008).

VIII. „Bonus-Malus"-Regelungen

1. Zielvereinbarungen

Gemäß § 84 Abs. 7 a S. 1 SGB V war seit dem Jahr 2006 für ausgewählte Wirkstoffgruppen die Zielwertfestsetzung für Durchschnittskosten je definierter Tagesdosis vorgesehen (Defined Daily Dosis – DDD). Nach bestimmten Mechanismen mussten Verordner Teile des Überschreitungsbetrages individuell ausgleichen (§ 84 Abs. 7 a S. 6 SGB V). Gemäß § 84 Abs. 7 a S. 7 SGB V ist ein von den Krankenkassen an die KVen zu leistender Bonus bei Unterschreitungen verpflichtend, sofern die im Bezirk einer Kassenärztlichen Vereinigung verordnenden Ärzte im Hinblick auf die insgesamt verordneten Arzneimittel die Durchschnittskosten je definierter Dosiereinheit unterschreiten. 145

Von der Möglichkeit der Kassenärztlichen Bundesvereinigung und des Spitzenverbandes Bund, jeweils für ein Kalenderjahr Rahmenvorgaben für die Inhalte der Arzneimittelvereinbarungen zu treffen, haben diese für das Jahr 2008 in der Weise Gebrauch gemacht, dass sie die Durchschnittskostenregelung je definierter Dosiereinheit ausgesetzt haben. Begründet wurde dies mit verschiedenen Regelungen des GKV-WSG zu rabattbegünstigten Arzneimitteln, da diese die Regelung zu den DDDs in ihrer Umsetzung und Wirkung konterkarierten.[204] 146

2. Arzneimittelvereinbarungen

Die Arzneimittelvereinbarungen gem. § 84 Abs. 1 SGB V sind regionale Mittel der influenzierenden Ausgabensteuerung und beinhalten daher keine Ge- oder Verbote der Verordnung von bestimmten Arzneimitteln oder Arzneimittelgruppen. In den jährlich zu treffenden Vereinbarungen werden für den Bereich jeder einzelnen KV zwischen der KV und den Verbänden der Krankenkassen Ausgabenvolumina für die insgesamt von den Vertragsärzten zu verordnenden Arznei- und Verbandmittel bestimmt. 147

Gleichzeitig werden in den Vereinbarungen Versorgungs- und Wirtschaftlichkeitsziele und konkret auch die auf Umsetzung dieser Ziele ausgerichteten Maßnahmen, auch zur Verordnung wirtschaftlicher Einzelmengen (Zielvereinbarung), beschlossen. In diesen Arzneimittelvereinbarungen, die kalenderjährlich beschlossen werden, sind die Instrumentarien für die Ergebnismessung und Kontrollen sowie für Sofortmaßnahmen bei Übersteigen der Ausgabenvolumina enthalten. Zu den Zielvereinbarungen werden Versorgungsziele mit verschiedenen Arzneimittelgruppen definiert, die in jedem KV-Bereich differieren (können).[205] 148

IX. Wirtschaftlichkeitsprüfungen gem. § 106 SGB V

1. Einleitung

Wie in kaum einem anderen Berufszweig ist der ambulant verordnende Arzt (für Ermächtigte gilt dies analog) einer Situation ausgesetzt, die einen gewissen Alleinstellungsanspruch für sich vereinnahmen kann: 149

Im Rahmen seiner genuinen ärztlichen Tätigkeit – nämlich in der Behandlung am Patienten – wird der Verordner mit abstrakten Werten verglichen, seien sie Durchschnittswerte oder Richtgrößenwerte pp. – anhand deren er attestiert bekommt, ob er wirtschaftlich gehandelt hat oder im Übermaß – hier interessierende – Pharmakotherapien verschrieben hat, für die er selber finanziell einstehen muss. Im Gegensatz zu Verfahren der Wirtschaftlichkeitsüber-

---

[204] Rahmenvorgaben zwischen der KBV und den damaligen Spitzenverbänden der Krankenkassen DÄ 2008, S. A 595 f.
[205] Näher dazu Gerdelmann, Arzneimittel und Rezeptprüfung, Beratung und Regress, Kap. 595.

prüfung der Honoraranforderung, in denen Kontingente der abgerechneten Leistungen gekürzt werden und die insofern zu entsprechenden Honorarverlusten führen, handelt es sich bei den Regressverfahren im Rahmen der Pharmakotherapie quasi um echte Schadensersatzansprüche, denen ein generiertes Abrechnungsvolumen nicht gegenüber steht. Das heißt mit anderen Worten:

Der Verordnende muss bei Feststellung unwirtschaftlichen Verhaltens die Regressansprüche „über sich ergehen lassen". Im Rahmen der GKV hängt also ständig das Damoklesschwert der Regressierung über jedem Verordner.

150 Vielfältige Computerprogramme sollen den Verordnern helfen – darüber hinaus sind Fortbildungsveranstaltungen für diesen Bereich en vogue – und das schon seit vielen Jahren. Aus dem Bereich der Arzneimittelhersteller werden solche Veranstaltungen genutzt, um das Verordnungsverhalten den regulatorischen Bestimmungen anzupassen. Damit der damit verbundene werbliche Effekt im normativen Rahmen verläuft, haben sich im Wege der Selbstverpflichtung bestimmte Pharma-Kodizes gebildet.[206]

Festzuhalten bleibt, dass neben bestimmten Regularien (drohende) Arzneimittelregresse ganz wesentlich das Verordnungsverhalten steuern. Der Arzt als „Schlüsselfigur" der Ausgabenerzeugung[207] ist der Dreh- und Angelpunkt für die Beschaffungsentscheidungen im Rahmen der Arzneimittelversorgung.

2. Funktion der Wirtschaftlichkeitsprüfung

151 Wesentliche Funktion der Wirtschaftlichkeitsprüfung ist die Kontrolle der Beachtung des Wirtschaftlichkeitsgebots (§ 12 SGB V) in der vertragsärztlichen Versorgung. Neben der Überwachung der Honoraranforderungen[208] stellt sie eines der wesentlichen Steuerungsinstrumente der Arzneimittelausgaben im Leistungserbringerrecht und damit mittelbar auch im Leistungsrecht dar.

152 Eingeführt wurde § 106 SGB V mit Wirkung zum 1.1.1989[209] und erfuhr eine Fülle von Änderungen in den Folgejahren.[210] Die hohe Regelungsdichte zur Steuerung der Arzneimittelausgaben korreliert mit einem Anstieg der Arzneimittelausgaben.[211] Die zunehmende Intensivierung der aus Sicht des Gesetzgebers notwendigen Aufdeckung weiterer Wirt-

---

206 Vgl zB Verhaltenskodex der Mitglieder des Verbands Arzneimittel und Kooperation im Gesundheitswesen e.V. (AKG-Verhaltenskodex) v. 7.4.2008; Kodex der Mitglieder des Bundesverbandes der pharmazeutischen Industrie e.V. (BPI – in der Fassung v. 27.11.2001); Verhaltensempfehlungen für die Zusammenarbeit der pharmazeutischen Industrie mit Ärzten (Verhaltensempfehlungen BAH, BPI, VFA v. 27.3.2003).
207 Krauskopf/Wagner/*Knittel*, § 130 a SGB V Rn 14 unter Hinweis auf BSG v. 3.8.2006 – 3 KR 7/05, SozR 4-2500, § 129 Nr. 1 ; LSG BW, Beschl. v. 27.2.2008 – B 11 KR 517/08 ER – B.
208 Nach § 106 SGB V wird die Wirtschaftlichkeit für die im Zeitraum eines Jahres oder in einem kürzeren Zeitraum erbrachten verordneten und veranlassten Leistungen geprüft. Davon zu unterscheiden ist die Abrechnungsprüfung gem. § 196 a SGB V, wonach Rechtmäßigkeit und Plausibilität der Abrechnungen geprüft werden.
209 Durch das Gesundheitsreformgesetz (GRG) vom 20.12.1988 (BGBl. I, 2477). Damit wurden große Teile der RVO in das neue SGB V überführt und das System der GKV auf eine neue gesetzliche Grundlage gestellt.
210 Letzte umfassende Änderung durch das GKV-WSG; weitere Änderungen durch das Gesundheitsstrukturgesetz – GSG – v. 21.12.1992 (BGBl. I, 226); durch das zweite GKV-NOG v. 23.6.1997 (BGBl. I, 1520); durch das GKV-Solidaritätsgesetz (SolG) v. 19.12.1998 (BGBl. I, 3853); durch das GKV-Gesundheitsreformgesetz 2000 v. 22.12.1999 (BGBl. I, 2626); durch das 6. SGGÄndG v. 17.8.2001 (BGBl. I, 2144); durch das Arzneimittelbudget-Ablösungsgesetz – ABAG – v. 19.12.2001 (BGBl. I, 3773); durch das GKV-ModernisierungsG (GMG) v. 14.11.2003 (BGBl. I, 2003, 2190); vgl auch Gesetz zur Stärkung der Wirtschaftlichkeit in der vertragsärztlichen Versorgung (BGBl. I, 2007, 378).
211 Zahlen 1989 und aktuell 2008.

D. Begrenzung des Anspruchs durch Gesetz und untergesetzliche Regelungen

schaftlichkeitsreserven führt für den einzelnen Leistungserbringer zu nicht mehr oder kaum noch überschaubaren Normengeflechten.[212]

Gemäß § 106 Abs. 1 SGB V überwachen die Krankenkassen und die Kassenärztlichen Vereinigungen die Wirtschaftlichkeit der vertragsärztliche Versorgung durch Beratungen und Prüfungen – die Aufgaben werden ab dem 1.1.2008 von Prüfstellen und Beschwerdeausschüssen wahrgenommen. In der Regel handelt es sich bei diesen Verfahren vor den Gremien der Gemeinsamen Selbstverwaltung um mehrstufige, das heißt eine Eingangsinstanz, die Prüfstelle (bis zum 31.12.2007: der Prüfungsausschuss) enthaltende, und eine „Widerspruchsinstanz", der Beschwerdeausschuss, wobei das Verfahren vor letzterem als Vorverfahren im Sinne des SGG gilt (§ 78 SGG). 153

Gemäß § 106 Abs. 5 S. 2 SGB V können betroffene Ärzte und ärztlich geleitete Einrichtungen, die Krankenkassen, die betroffenen Landesverbände der Krankenkassen sowie die Kassenärztlichen Vereinigungen diesen Beschwerdeausschuss anrufen, wobei diese Anrufung aufschiebende Wirkung hat. Die §§ 84 Abs. 1 und 85 Abs. 3 SGG sind für das Verfahren anzuwenden.

Eingeführt durch das GKV-WSG ist nunmehr bestimmt, dass ein **Vorverfahren** gegen Entscheidungen der Prüfstelle dann nicht stattfindet, wenn diese eine Ausgleichspflicht für den Mehraufwand bei Leistungen festgesetzt hat, die durch das Gesetz oder durch die Richtlinien nach § 92 SGB V (vgl Rn 77 ff) ausgeschlossen sind. Auch Pharmakotherapie im Off-Label-Use (vgl Rn 51 ff) unterfällt dieser Unterprüfung auf Unzulässigkeit der Verordnung. 154

Diese nunmehr ausdrücklich gesetzlich der Zuständigkeit der Prüfgremien zugewiesene Festsetzung einer Erstattungspflicht (= Regress) war früher zB als Festsetzung eines sonstigen Schadens oder Regress wegen Unzulässigkeit bezeichnet worden. Über die Kompetenz zur Entscheidung einer Regressfestsetzung in diesen Fällen bestand lange Streit[213].

Das BSG hat in seiner zitierten Entscheidung[214] deutlich gemacht, dass es sich bei den Regressierungsverfahren wegen Prüfung der Zulässigkeit von Einzelverordnungen um solche handelt, die der Kompetenz der Gremien zur Überprüfung der Wirtschaftlichkeit grundsätzlich zugewiesen sind. Klagen gegen Entscheidungen des Beschwerdeausschusses haben gem. § 106 Abs. 5 a letzter Satz SGB V keine aufschiebende Wirkung. 155

Für den betroffenen Leistungserbringer ist mit einer für ihn negativen Entscheidung der Vorverfahrensinstanz ein hohes finanzielles Risiko verbunden, für das verschiedene Abfederungsmöglichkeiten vorhanden sind (Rn 165).

Ob eine Klage gegen eine von der Prüfstelle getroffene Entscheidung aufschiebende Wirkung hat, dürfte unterschiedlich beurteilt werden. Geht man davon aus, dass grundsätzlich auch ohne Durchführung eines Vorverfahrens das Fehlen einer aufschiebenden Wirkung einer Klage *de lege lata* festgestellt sein muss, wird man mangels entsprechender gesetzlicher Regelungen die aufschiebende Wirkung einer Klage gegen eine Entscheidung der Prüfstelle annehmen müssen.[215] 156

Im Nachfolgenden beschränkt sich die Darstellung im wesentlichen auf die sog. Regresse für Arzneimittel sowie die „unzulässigen" Verordnungen.

---

212 Vgl BT-Drucks. 15/1525, 113 zum GKV-ModernisierungsG v. 14.11.2003, wonach bestimmte Änderungen der Prüfungsarten damit gerechtfertigt wurden, dass bisher die Prüfung nur qualitativ unzureichend erfolgte und insb. verdeckte Unwirtschaftlichkeiten kaum erkannt werden konnten.
213 Vgl § 48 BMV-Ä sowie BSG, Urt. v. 14.3.2001 – B 6 KA 18/00 R.
214 BSG aaO.
215 Vgl dazu eingehend Hauck/Noftz/*Engelhardt*, § 106 SGB V Rn 629 ff.

3. Verfahren

157 Die Verfahren werden grundsätzlich von Amts wegen eingeleitet; ein gesondertes Antragsrecht besteht für die KVen und Krankenkassen(-Verbände) gem. § 106 Abs. 3 Hs 2 SGB V zur Durchführung von Einzelfallprüfungen.

Die neu eingerichtete Prüfstelle wird bei der jeweiligen Kassenärztlichen Vereinigung oder einem der Landesverbände der Krankenkassen oder bei einer bereits bestehenden Arbeitsgemeinschaft im Land errichtet. Ihre Zusammensetzung ist im Gegensatz zur früheren detaillierten Regelung für ihre Funktionsvorgänger, die Prüfungsausschüsse, nicht dezidiert qua Gesetz geregelt, sondern den Partnern der gemeinsamen Selbstverwaltung überlassen. Nach § 106 Abs. 4 a S. 3 SGB V einigen sich diese über die Errichtung, den Sitz und den Leiter der Prüfstelle; auf weiteren Vorschlag des Leiters einigen sie sich jährlich bis zum 30.11. über die personelle, sachliche sowie finanzielle Ausstattung der Prüfstelle für das folgende Kalenderjahr. In der Begründung zum GKV-WSG[216] heißt es, dass der bisherige ehrenamtlich besetzte Prüfungsausschuss entfällt und die Geschäftsstelle zur neuen Prüfungsstelle mit eigener Entscheidungskompetenz umgebildet wird – im Gegensatz zur bisherigen Rechtslage, bei dem die Entscheidung in I. Instanz dem Prüfungsausschuss oblag und die Geschäftsstelle dabei unterstützend tätig war. Die Unterstützung des weiterhin fortbestehenden Beschwerdeausschusses durch die neue Prüfungsstelle wird auf die rein organisatorischen Angelegenheiten beschränkt (keine Entscheidungsvorbereitung). Damit soll gemäß der Tendenz des Normgebers die Neuregelung dem durch das GKV-ModernisierungsG eingeleiteten Pfad der Professionalisierung und Verbesserung von Effizienz und Effektivität der Prüfungsgremien folgen. Auch meint man, dass die Abläufe damit weiter entbürokratisiert und vereinfacht werden, insbesondere um teilweise entstandene Antrags- und Entscheidungsstaus zügig abzubauen. Der Beschwerdeausschuss bleibt danach ein ehrenamtlich besetztes Gremium, das über Widersprüche entscheidet.

158 Die Zusammensetzung und die grundsätzlichen Regelungen zum Verfahren hat der Gesetzgeber für den Beschwerdeausschuss (wie früher für diesen und ebenso für den Prüfungsausschuss) geregelt und zwar derart, dass der Beschwerdeausschuss aus Vertretern der KV und der Krankenkassen in gleicher Zahl besteht sowie einem unparteiischen Vorsitzenden (§ 106 Abs. 4 S. 2 SGB V). Die Amtsdauer ist mit zwei Jahren festgelegt, und für den Fall der Stimmengleichheit gibt die Stimme des unparteiischen Vorsitzenden den Ausschlag. Weiter ist vorgesehen, dass zur Bestimmung des Vorsitzenden und seines Stellvertreters und auch des Sitzes des Beschwerdeausschusses eine Einigung zwischen der KV und den Landesverbänden der Krankenkassen (Verbände der Ersatzkassen) zu Stande kommen soll.

Ist dies nicht der Fall, bestimmt die Aufsichtsbehörde im Benehmen mit den genannten Institutionen den Vorsitzenden und dessen Stellvertreter und entscheidet über den Sitz des Beschwerdeausschusses.

159 Problematisch erscheint die Regelung bezüglich der Prüfstelle, da die Transparenz für die teilweise massiven Eingriffsverwaltungsakten unterworfenen Leistungserbringer nicht im gleichen Maße wie früher durch Prüfungsausschüsse gegeben ist. Ist zB aufgrund der Verfahrensregelungen nach §§ 16 und 17 SGB X dem Betroffenen ermöglicht, seine Verfahrensrechte zB über die Information der Besetzung des Ausschusses im Hinblick auf mögliche Besorgnis der Befangenheit durchzusetzen, in dem die Namhaftmachung der Ausschussmitglieder verpflichtend wird, so ist nunmehr in der Prüfstelle ein namentlich erkennbarer Leiter/eine namentlich erkennbare Leiterin tätig, während ansonsten für den Rechtsunterworfenen anonym gearbeitet wird. Angesichts der weit reichenden Möglichkeiten zu Rechtseingriffen insbesondere in den Fällen der Regressierungen, bei denen gegen das

---

216 Frakt E GKV-WSG, BT-Drucks. 16/3100, 137.

D. Begrenzung des Anspruchs durch Gesetz und untergesetzliche Regelungen 46

Gesetz oder Richtlinien nach § 92 SGB V verstoßen worden sein soll und bei denen ein Vorverfahren nicht stattfindet, ist Nachbesserungsbedarf angesagt. Die Prüfgremien setzen sich also einmal transparent und einmal intransparent zusammen.

4. Arten der Überprüfung

Ärztlich verordnete Leistungen werden zum einen aufgrund einer sog. Auffälligkeitsüberprüfung der Analyse unterzogen (vgl dazu Rn 161) oder aufgrund einer sog. Zufälligkeitsüberprüfung auf der Grundlage von arztbezogenen und versichertenbezogenen Stichproben (§ 106 Abs. 2, S. 5 Nr. 1 SGB V; vgl dazu Rn 180). Weiter ist es den Beteiligten der gemeinsamen Selbstverwaltung unbenommen, über diese Prüfungsformen hinaus Prüfungen ärztlich verordneter Leistungen nach Durchschnittswerten zu vereinbaren (dazu Rn 186). 160

Generalklauselartig wird den Partnern der gemeinsamen Selbstverwaltung die Kompetenz zugewiesen, jedwede anderen Prüfungsarten zu vereinbaren – dies nur limitiert durch die datenschutzrechtlichen Bestimmungen des 10. Kapitels, wonach versichertenbezogene Daten nur nach dessen Vorschriften erhoben, verarbeitet und benutzt werden können.

a) Richtgrößenüberprüfung als Auffälligkeitsprüfung

Damit bezieht sich der Gesetzgeber gem. § 106 Abs. 2 Satz1 Nr. 1 SGB V auf die Überprüfung bei Überschreitung der Richtgrößenvolumina nach § 84 SGB V – sog. Richtgrößenprüfung. 161

aa) Definition

Bei Richtgrößen handelt es sich um die einem verordnenden Leistungserbringer zugeordneten Quartalswerte in Euro, die diesem pro behandelten Versicherten zustehen. Unterschieden werden diese Richtgrößenwerte nach Versichertenstatus: M/F-Versicherte, das heißt Mitglieder und Familienmitglieder erhalten einen einheitlichen Richtgrößenwert pro Arzt und pro Quartal (sog. AV-Wert); R-Versicherte (Rentner) erhalten einen gesonderten – zweiten – Wert (RV-Wert). Mit dieser grundsätzlich zweistufigen Unterteilung werden Richtgrößenwerte je Arztgruppe (Einteilung nach Schlüsselverzeichnis zB 038 Fachärzte für Neurologie und Psychiatrie, 080 Fachärzte für Allgemeinmedizin) zugeordnet und zwar nach der gesetzgeberischen Intention bis zum 15.11. für das jeweils folgende Kalenderjahr – § 84 Abs. 6 S. 1 SGB V. 162

Der Leistungserbringer soll sich im Vorhinein auf die Sollgröße seines als wirtschaftlich anerkannten Verordnungsvolumens einstellen können und daher im Vorhinein über die grundsätzlich nach dieser Prüfart prüfungslos als wirtschaftlich anerkannten Quantitäten in Kenntnis gesetzt sein. Die Richtgrößen sollen den Vertragsarzt bei seiner Entscheidung über die Verordnung von Arznei- und Verbandsmitteln nach dem Wirtschaftlichkeitsgebot leiten (§ 84 Abs. 6 S. 3 SGB V). Ob diese Leitungsfunktion auch dann vorhanden war, wenn die Richtgrößen erst nach diesem Zeitpunkt und zwar im Laufe des betreffenden Verordnungsjahres bekannt gegeben waren, war Gegenstand vieler sozialgerichtlicher Auseinandersetzungen zwischen Leistungserbringern und den Beschwerdeausschüssen. Das Bundessozialgericht hat mit seiner richtungweisenden Entscheidung vom 2.11.2005[217] unter anderem deutlich gemacht, dass Richtgrößen dogmatisch quasi standardisierte Durchschnittswertgrößen sind. Es hat ausgehend von den lange Zeit üblichen und heute teilweise noch durchgeführten Durchschnittswertüberprüfungen. 163

Richtgrößenvolumen als Größe für den normal zu erwartenden Verordnungsvolumenstand des nach state of the Art handelnden Arztes charakterisiert. Das derart zugestandene Ver- 164

---

[217] BSG, Urt. v. 2.11.2005 – B 6 KA 63/0 R, GesR 2006, 316 ff.

ordnungsvolumen des Verordnenden wird aus den zweistufigen Werten (siehe Rn 162), multipliziert mit der entsprechenden Behandlungsfallzahl[218] errechnet. Der sich daraus ergebende Wert ist das Richtgrößenvolumen, das bei Überschreitung Ausgangspunkt für weitere Überprüfungen ist.

bb) Vereinbarung der Richtgrößen

165 Richtgrößen für Arznei- und Verbandmittel werden nicht bundeseinheitlich festgesetzt, sondern wie vom Normgeber entsprechend der föderalen Struktur vorgeschrieben, gesondert für jeden Bereich einer KV.[219]

Die Richtgrößenvolumina werden durch Vereinbarungen unter den Partnern der gemeinsamen Selbstverwaltung fortentwickelt und zwar auf Basis der Vereinbarung über das Arznei- und Verbandmittelausgabenvolumen. So ist zB das Richtgrößenvolumen 2008 auf Basis des Richtgrößenvolumens 2007 gemäß der Rahmenvorgabe der KBV und der Spitzenverbände der Krankenkasse nach § 84 Abs. 7 SGB V unter Berücksichtigung einer bedarfsgerechten zweckmäßigen und wirtschaftlichen Versorgung angepasst worden.[220] Rechtsgrundlage für diese Vereinbarung ist § 84 Abs. 6 SGB V, wonach bis zum 15.11. für das jeweils folgende Kalenderjahr zur Sicherstellung der vertragsärztlichen Versorgung für das auf das Kalenderjahr bezogene Volumen der je Arzt verordneten Arznei- und Verbandmittel (Richtgrößenvolumen) arztgruppenspezifische fallbezogene Richtgrößen als Durchschnittswerte gebildet werden.

Die Überschreitung des Richtgrößenvolumens löst eine Wirtschaftlichkeitsprüfung nach § 106 Abs. 5 a SGB V unter den dort genannten Voraussetzungen aus.

cc) Bezugszeitraum

166 Mit dem GKV-WSG wurde den Prüfgremien die Möglichkeit eröffnet, die Richtgrößenüberprüfung, die kalenderjährlich durchzuführen ist, für den Zeitraum nur eines Quartals nach Maßgabe der jeweiligen Prüfvereinbarung (dazu siehe unten) durchzuführen. Damit soll eine zeitnähere Prüfung ermöglicht werden, so dass der Arzt sein Verordnungsverhalten entsprechend früher anpassen kann.

Zudem sind nach den Begründungen zum GKV-WSG die finanziellen Belastungen für die betroffenen Ärztinnen und Ärzte bei einer quartalsbezogenen Überprüfung geringer als bei einer Prüfung für den Zeitraum eines Jahres.

Insofern nähert sich ab dem Quartal I/08 die Regelung bezüglich der Richtgrößenüberprüfungen derjenigen bezüglich der Durchschnittsüberprüfungen an, die jeweils quartalsweise durchgeführt wurden und werden.

dd) Inhalt der Richtgrößenüberprüfungen

167 Mit dem standardisierten Durchschnittswert (= Richtgrößenwert) werden die individuellen Verordnungswerte der Leistungserbringer verglichen.

---

218 „Behandlungsfall" ist definiert in § 21 Abs. 1 1 BMV-Ä sowie gleichlautend in § 25 Abs. 1 EKV-Ä: gesamte von derselben Arztpraxis (Vertragsarzt, Vertragspsychotherapeut, Berufsausübungsgemeinschaft, Medizinischen Versorgungszentrum) innerhalb eines Quartals zulasten derselben KK ambulant vorgenommenen Behandlung.
219 Insgesamt gibt es davon im Bereich der Bundesrepublik Deutschland 16: Schleswig-Holstein, Hamburg, Niedersachsen, Bremen, Mecklenburg-Vorpommern, Sachsen-Anhalt, Berlin, Brandenburg, Sachsen, Thüringen, Nordrhein, Hessen, Rheinland-Pfalz, Saarland, Baden-Württemberg, Bayern.
220 So zB für den Bereich der KVNO gem. § 1 der dort zwischen den Landesverbänden der Krankenkassen und der KVNO geschlossenen Vereinbarung über Richtgrößen für Arznei- und Verbandmittel 2008.

D. Begrenzung des Anspruchs durch Gesetz und untergesetzliche Regelungen

Im Rahmen des Verfahrens nach § 106 Abs. 5 a SGB V führt die Prüfungsstelle zunächst eine Vorabprüfung durch, wenn das Verordnungsvolumen eines Arztes in einem Kalenderjahr das Richtgrößenvolumen um mehr als 15 von 100 übersteigt. Im Rahmen dieser Vorab-Prüfung wird analysiert, ob die vorliegende Überschreitung in vollem Umfang durch Praxisbesonderheiten begründet ist. Sollte dies nicht der Fall sein, wird im Überschreitungsrahmen zwischen 15 bis 25 % eine Beratung durch die Prüfungsstelle erteilt.

Bei einer Überschreitung des Richtgrößenvolumens von mehr als 25 % hat der Leistungserbringer nach Feststellung durch die Prüfungsstelle den sich daraus ergebenden Mehraufwand den Krankenkassen zu erstatten und zwar bis zu einer hier sog. Kappungsgrenze von 25 % über dem durchschnittlichen Richtgrößenvolumen, soweit nicht Praxisbesonderheiten den Mehraufwand begründen.

Dreh- und Angelpunkt und häufiger Diskussionspunkt in den Verfahren in den Prüfgremien ist dieser Begriff der Praxisbesonderheit.[221] Praxisbesonderheiten sind nach der herkömmlichen Rechtsprechung zur Wirtschaftlichkeitsprüfungen nach § 106 SGB V diejenigen Umstände, die die Typik der geprüften Praxis von derjenigen der Ärzte der Vergleichsgruppe unterscheidet. Maßgeblich ist die durch behandelte Patienten induzierte Praxisausrichtung und -ausstattung, wobei letztere nur Beachtung findet, soweit sie sich auf die Zusammensetzung des Krankengutes und die Behandlung dieses Krankengutes auswirkt.[222]

Als **anerkannte Praxisbesonderheiten** gelten zB ein hoher Rentneranteil, eine onkologisch ausgerichtete Praxis, eine diabetologische Schwerpunktpraxis, wenn sie nicht gerade mit anderen diabetologischen Schwerpunktpraxen verglichen wird, sondern zB mit allen an der hausärztlichen Versorgung teilnehmenden Praxen. Dieser herkömmliche Begriff der Praxisbesonderheit, der durch die Rechtsprechung ausgefüllt worden ist, ist modifiziert im Rahmen des § 106 Abs. 5 a SGB V kodifiziert worden. So sind nach Satz 2 des Absatzes 5 a die zur Bestimmung der Richtgrößen nach § 84 Abs. 6 SGB V verwendeten Maßstäbe nicht erneut zur Feststellung von Praxisbesonderheiten heranziehbar.

Bedeutendster diesbezüglicher Maßstab ist die Feststellung nach § 84 Abs. 6 S. 2 SGB V. Danach sollen die Vertragspartner die Richtgrößen nach altersgemäß gegliederten Patientengruppen und darüber hinaus auch nach Krankheitsarten bestimmen.

Eine gewisse Berücksichtigung ist durch die oben (Rn 162) erwähnte Unterteilung in AV-Versicherte einerseits und Rentnerversicherte andererseits erfolgt. Dies schließt jedoch nicht das Vorliegen einer Praxisbesonderheit bei entsprechender Altersstruktur aus, insbesondere wenn man davon ausgeht, dass viele freiwillig Versicherte bis zur Entscheidung des BVerfG im Jahre 2002[223] als Mitgliederversicherte geführt wurden.

In den Prüfvereinbarungen, die zwischen den Partnern der gemeinsamen Selbstverwaltung geschlossen werden (§ 106 Abs. 3 SGB V) haben sie Maßstäbe zur Prüfung der Berücksichtigung von Praxisbesonderheiten zu bestimmen (§ 106 Abs. 5 a S. 5 SGB V). Dabei werden in den einzelnen Richtgrößenvereinbarungen zwischen den diversen KVen bestimmte Therapien bei bestimmten Indikationen aufgeführt. Zum Teil werden diese vollständig von den Verordnungskosten abgezogen und der Richtgrößenüberprüfung insofern nicht unterzogen. Zum Teil werden sie quantitativ nicht in toto berücksichtigt, sondern nur die auf die Praxisbesonderheiten entfallenden Mehrkosten gegenüber den Durchschnittswerten der Vergleichsgruppe.

In der Regel erfolgt diese **Anerkennung** solcher Praxisbesonderheiten **von Amts wegen**, so dass die Beweislast für das Vorliegen einer Praxisbesonderheit nicht beim Leistungserbringer liegt. Die Behandlung von Praxisbesonderheiten und die Quantifizierung von Mehr- und

---

221 Vgl KK-SVR/*Hess*, § 106 SGB V Rn 51 ff; Hauck/Noftz/*Engelhardt*, § 106 SGB V Rn 189 ff.
222 Vgl KK-SVR/*Hess* aaO mit vielen wN.
223 BVerfG, Beschl. v. 15.3.2000 – 1 BvL 16/96 u.w., SGb 2000, 624.

Minderausgaben ist in den einzelnen KÄV-Bereichen divergierend gelöst[224] Weitere Praxisbesonderheiten sind auf Antrag des Arztes durch die Prüfungsstelle hinsichtlich des Ob und des Wie zu ermitteln. Dabei hat der Arzt grundsätzlich nachzuweisen, dass er der Art und der Anzahl nach besondere von der Arztgruppentypik abweichende Erkrankungen behandelt hat und hierdurch notwendige Mehrkosten entstanden sind. Die Anerkennung einer solchen Praxisbesonderheit ist auf die Höhe der dadurch bedingten Mehrkosten begrenzt. Der Leistungserbringer hat darauf zu achten, die Praxisbesonderheiten schlüssig darzulegen und zwar sowohl dem Grunde als auch der Höhe nach.

173 Bei der **Ermittlung und Überprüfung** sind der Prüfungsstelle die erforderlichen Daten gemäß den §§ 296, 297 SGB V zur Verfügung zu stellen, wobei die Übermittlung der Werte nach § 296 Abs. 2 SGB V (Arztnummer des verordnenden Arztes, Kassennummer, Art und Menge verordneter Arznei-, Verband-, Heil- und Hilfsmittel getrennt nach Rentnern und Mitgliedern pp.) die Prüfinstanzen in die Lage versetzen muss, den Prüfungsgegenstand bezogen auf die Praxisführung des betroffenen Arztes einschließlich möglicher Praxisbesonderheiten vollständig zu erfassen.

174 Soweit nach der Überprüfung der Praxisbesonderheiten und entsprechender Verrechnung mit den Verordnungskosten eine über 25 %ige Überschreitung des Richtgrößenvolumens verbleibt, setzt die Prüfungsstelle einen sog. Richtgrößenregress fest. Zuzahlungen von Versicherten sowie Rabatte nach § 130 a Abs. 8 SGB V aufgrund von Verträgen, denen der Arzt beigetreten ist, sind als pauschalierte Beträge abzuziehen.

175 Die Gesamtvergütung nach Maßgabe der Gesamtverträge zwischen den Partnern der Selbstverwaltung verringert sich um diese Regressbeträge; in einer Art Legalzession erhält die Kassenärztliche Vereinigung in der jeweiligen Höhe Rückforderungsansprüche gegen den Leistungserbringer, die der an die KV zu entrichtenden Vergütung zugerechnet werden.

Die Möglichkeit der Unterstützung bei wirtschaftlicher Gefährdung des Leistungserbringers wird der KV – nicht einem der Kostenträger – zugewiesen; ihr ist es erlaubt, diese Regresse entsprechend § 76 Abs. 2 Nr. 1 und 3 des SGB IV zu stunden oder zu erlassen.

176 Ein in der Praxis des Richtgrößenprüfgeschäfts eher selten vorkommender Tatbestand ist der Abschluss einer **individuellen Richtgröße** zwischen der Prüfungsstelle und – in der Terminologie des Gesetzgebers (§ 106 Abs. 5 d SGB V) – dem Arzt.

Der betroffene Leistungserbringer kann dadurch den Prüfzeitraum, auf den sich das Verfahren bezieht, regresslos abschließen, wenn er sich in einer Vereinbarung verpflichtet, ab dem Quartal, das auf dasjenige des Schlusses der Vereinbarung folgt, jeweils den sich aus einer Überschreitung der individuellen Richtgröße ergebenden Mehraufwand den Krankenkassen zu erstatten. Eine solche Richtgröße ist für den Zeitraum von vier Quartalen zu vereinbaren und für den folgenden Zeitraum zu überprüfen, soweit nichts anderes vereinbart ist. Nach Auffassung des Bundesgesundheitsministeriums soll die Vereinbarung einer individuellen Richtgröße auch noch im Verfahren vor dem Beschwerdeausschuss möglich sein.

177 Zur Förderung der Möglichkeit der Ablösung von Regressen durch individuelle Richtgrößen ist durch das GKV-WSG mit Wirkung ab dem 1.1.2008 zusätzlich ermöglicht, dass eine Zielvereinbarung nach § 84 Abs. 1 SGB V als individuelle Richtgröße vereinbart werden kann. Dies setzt voraus, dass in der Zielvereinbarung konkrete Wirtschaftlichkeitsziele für bestimmte Gruppen von Arzneimitteln bestimmt sind.[225] Gemäß § 106 Abs. 2 S. 5 SGB V ist nunmehr durch das GKV-WSG die Möglichkeit eingeführt worden, die Richtgrößenvoluminaüberprüfung nicht nur für den Zeitraum eines Jahres durchzuführen, sondern auch

---

224 Vgl zB § 4 der Arzneimittelrichtgrößenvereinbarung 2009 KV Berlin, sowie die Anlage 2 der Richtgrößenvereinbarung 2009 KV Bremen.
225 Vgl Begr. zum GKV-WSG, BT-Drucks. 16/3100 v. 24.10.2006.

für den Zeitraum eines Quartals, wenn dies die Wirksamkeit der Prüfung zur Verbesserung der Wirtschaftlichkeit erhöht und hierdurch das Prüfungsverfahren vereinfacht wird.

Wie es zu einer Vereinfachung des Prüfungsverfahrens kommen soll, wenn für vier Quartale eines Jahres vier Richtgrößenüberprüfungen durchgeführt werden und nicht nur eine, bleibt wohl das Geheimnis des Gesetzgebers. Im übrigen dürften die Richtgrößenüberprüfungen über einen längeren Zeitraum den Eigenvergleich des Arztes innerhalb der eigenen Quartale – sog. Vertikalvergleich – besser, da zusammengefasst, ermöglichen und insofern die Relevanz von statistischen Ausreißern in einzelnen Quartalen relativieren, zumal Über- und Unterschreitungen im Laufe eines Quartals in der Jahresrichtgrößenüberprüfung kompensationsfähig gegenüber stehen 178

Für die Fälle, in denen eine Richtgrößenüberprüfung nicht durchgeführt werden kann – zB weil für die entsprechende Arztgruppe eine Richtgröße nicht vereinbart ist – erfolgt die Wirtschaftlichkeitsüberprüfung auf Grundlage des Fachgruppendurchschnitts mit ansonsten gleichen gesetzlichen Vorgaben (§ 106 Abs. 2 S. 5 dritter Drittelsatz SGB V).

ee) Prüfungskonsequenz, Anwendungsbeobachtungen

Nach § 106 Abs. 5 a SGB V hat die Festsetzung eines – ungenau formuliert: den Krankenkassen – zu erstattenden Mehraufwands innerhalb einer Frist von zwei Jahren nach Ende des geprüften Verordnungszeitraumes zu erfolgen. Hierbei handelt es sich um eine Ausschlussfrist, deren Beginn das Ende des geprüften Verordnungszeitraumes ist – im Falle der Jahresüberprüfung also der eines Jahres. Innerhalb des Zweijahreszeitraumes muss ein Richtgrößenregressverwaltungsakt dem Leistungserbringer bekannt gegeben sein. 179

Ausdrücklich ist gemäß § 106 Abs. 2 letzter Satz SGB V bestimmt, dass bei Prüfungen nach Satz 1 nicht nur *insbesondere* Ärzte geprüft werden sollen, die bei ärztlich verordneten Leistungen in bestimmten Anwendungsgebieten deutlich von der Fachgruppe abweichen, sondern auch verordnete Leistungen solcher Ärzte, die an einer Untersuchung nach § 67 Abs. 6 AMG – Anwendungsbeobachtungen – beteiligt sind. Mit der 15. AMG-Novelle (vgl Rn 23 ff) wird mit dieser Vorschrift zusätzlich die Übermittlung des Beobachtungsplans gefordert.

Zweck der Änderung soll die Überwachung von Anwendungsbeobachtungen in effektiver Art sein. Dazu ist über die Durchführung und die Ergebnisse innerhalb einer angemessenen Frist ein Abschlussbericht zu erstellen, der eine biometrische Auswertung und eine Bewertung aus medizinischer Sicht enthält.[226]

b) Zufälligkeitsprüfungen nach § 106 Abs. 2 Nr. 2 SGB V

Diese Art der Überprüfungen werden auf Grundlage von arztbezogenen und versichertenbezogenen Stichproben, die mindestens zwei von 100 der Ärzte je Quartal umfassen, durchgeführt. Gegenstand der Zufälligkeitsüberprüfung ist die medizinische Notwendigkeit der Leistungen (Indikation), die Eignung der Leistung zur Erreichung des therapeutischen oder 180

---

[226] Durch umfangreiche Ermittlungsverfahren der Staatsanwaltschaften Ulm (Ratiopharm) und Aachen (Trommsdorff) sind Anwendungsbeobachtungen in den Mittelpunkt der Kritik geraten. Die Staatsanwaltschaften untersuchen in diesem Zusammenhang, ob die Tatbestände der §§ 263, 266 StGB (Betrug und Untreue) erfüllt wurden. Die Staatsanwaltschaft Aachen folgt der Ansicht, nach der die Annahme eines Vorteils durch einen Kassenarzt für die Verordnung eines bestimmten Arzneimittels eine Bestechlichkeit im geschäftlichen Verkehr begründet, wobei als Geschädigter und Geschäftsträger insbesondere die beteiligten Krankenkassen und nicht die KV anzusehen sind. Der BGH vertritt in seinem Beschluss vom 27.4.2004 die Auffassung, dass der Kassenarzt (heute: Vertragsarzt) bei der Verordnung von Medikamenten gegenüber dem Apotheker als Vertreter der Krankenkassen auftritt. Missbräuchliche Verordnungen begründen deshalb den Tatbestand der Untreue durch Missbrauch der Vertretungsmacht (so BGH NStZ 2004, 568 ff, vgl auch OLG Hamm, Urt. v. 22.12.2004, NStZ RR 2006, S. 13 ff).

diagnostischen Ziels (Effektivität), die Übereinstimmung der Leistungen mit den anerkannten Kriterien für ihre fachgerechte Erbringung (Qualität) insbesondere mit in den Richtlinien des gemeinsamen Bundesausschusses enthaltenen Vorgaben und die Angemessenheit der durch die Leistungen verursachten Kosten im Hinblick auf das Behandlungsziel. Mit diesen Zufälligkeitsprüfungen soll dem Wirtschaftlichkeitsgebot bei denjenigen vermehrt Geltung verschafft werden, die sich im Rahmen einer statistischen Unauffälligkeit bewegen, also die Aufgreifkriterien zur Durchführung von Richtgrößenüberprüfungen nicht erfüllen.

181 Im Rahmen von Durchschnittswertüberprüfungen sind statistische Überprüfungen grundsätzlich erst ab Vorliegen eines sog. offensichtlichen Missverhältnisses[227] zulässig. Die Bedeutung von Prüfungen bei Überschreitungen in der sog. Übergangszone[228] (Zone zwischen kalkulatorischer Streubreite und Beginn des offensichtlichen Missverhältnisses) ist zunehmend zurückgegangen, da sich ein negatives Effektivitäts-Wirksamkeits-Verhältnis ergeben hat, mit anderen Worten: Der Aufwand bei der Prüfung als eingeschränkte Einzelfallüberprüfung und oder Einzelfallüberprüfung erwies sich gegenüber dem Nutzen durch Aufdeckung von Wirtschaftlichkeitsreserven als zu hoch.

182 Zur näheren **Durchführung der Zufälligkeitsüberprüfung** nach Stichproben haben die Kassenärztliche Bundesvereinigung und der Spitzenverband der Krankenkassen nach einheitlichen Bundesvorgaben Prüfrichtlinien zu vereinbaren. In der Präambel dieser Richtlinien[229] heißt es, dass die Wirtschaftlichkeitsmaßstäbe des § 106 Abs. 2 a SGB V als Beurteilungskriterien nur operationalisiert werden, wenn Prüfungsgegenstände und ergänzende Prüfkriterien vorgegeben werden, die in ihrer Sachlogik, die in § 106 Abs. 2 a Nr. 1 – 4 SGB V aufgeführten Relationen abbilden können und je nach Art und Umfang der Abrechnungen oder Verordnungen die Wirtschaftlichkeit der Vorgehensweise oder die Unwirtschaftlichkeit nahe legen. In den §§ 3 und 4 der Zufälligkeitsprüfungsrichtlinien werden die Datenlieferungen durch die Kassenärztliche Vereinigung und die Krankenkassen gem. Abschnitt 5 §§ 9 und 10 des Vertrages über den Datenaustausch auf Datenträgern geregelt. Als Prüfungsmethoden kommen Einzelfallprüfungen und repräsentative Einzelfallprüfungen nach Maßgabe vorher festgelegter Prüfungsgegenstände in Betracht.[230]

183 Außerdem kommt der **Vertikalvergleich** in Betracht, das heißt der zeitliche Vergleich der Abrechnungsergebnisse desselben Leistungserbringers aus verschiedenen Quartalen oder Jahren. Gemäß § 9 Nr. 2 ist bei der Zufälligkeitsprüfung eine Prüfung nach statistischen Durchschnitten möglich, die im einzelnen in § 11 Zufälligkeitsprüfungsrichtlinie (ZufPrüfRi) normiert ist. Hier können insbesondere die Verordnungsweise des Leistungserbringers mit derjenigen der Fachgruppe oder mit denen einer nach verfeinerten Kriterien gebildeten engeren Vergleichsgruppe in demselben Prüfzeitraum verglichen werden. Für diesen Fall gelten dann die Regularien der Durchschnittsüberprüfung, insbesondere soll bei Vorliegen eines offensichtlichen Missverhältnisses der Werte[231] im Vergleich zum durchschnittlichen Aufwand der Vergleichsgruppe der Anscheinsbeweis der Unwirtschaftlichkeit gegeben sein. Dieser kann vom „Vertragsarzt"[232] durch den Beleg von Praxisbesonderheiten entkräftet werden.

184 Die **Anlage 1 zur ZufPrüfRi** enthält Begriffsbestimmungen, die sich durch das gesamte Wirtschaftlichkeitssystem ziehen. Deshalb werden sie, soweit interessierend, im Nachfolgenden zitiert:

---

227 Vgl dazu KK-SVR/*Hess*, § 106 SGB V Rn 46.
228 Vgl KK-SVR/*Hess*, § 106 SGB V Rn 45.
229 Richtlinien gem. § 106 Abs. 2 S. 2 Nr. 2 SGB V („Zufälligkeitsprüfung") v. 25.11.2005.
230 Zu Einzelfallprüfungen, repräsentativen, eingeschränkten Einzelfallprüfungen und weiteren Prüfarten vgl Hauck/Noftz/*Engelhardt*, § 106 SGB V Rn 128 ff.
231 Die sich allesamt auf Abrechnungswerte und nicht auf Verordnungsweise beziehen.
232 So die Wortwahl in § 11 Abs. 1 ZufPrüfRi.

aa) Stichprobe: Ein Verfahren zur Zufallsauswahl von Ärzten/Psychotherapeuten, welche einer Prüfung nach § 106 Abs. 2 S. 1 Nr. 2 SGB V unterzogen werden.

bb) Arztbezogene Prüfung ärztlicher Verordnungen: Prüfungen ärztlicher Verordnungen von Arzneimitteln/Verbandsmitteln/Krankenhauseinweisungen, Arbeitsunfähigkeitsbescheinigungen und Heilmitteln.

cc) Beurteilungskriterien der Wirtschaftlichkeit: Die Beurteilungskriterien des § 106 Abs. 2 a SGB V
- Eine der Indikation entsprechende notwendige Leistungserbringung
- eine dem therapeutischen und diagnostischen Ziel entsprechende ausreichende und zweckmäßige Leistungserbringung
- einen den Richtlinien des gemeinsamen Bundesausschuss entsprechende fachgerechte Leistungserbringung
- eine wirtschaftliche und kostengünstige Leistungserbringung

dd) Stichprobengruppe: Untergliederung der Gesamtheit der Ärzte/Psychotherapeuten in Untergruppen mit unterschiedlichen Merkmalen als Ausgangspunkt der Stichprobenziehung. Der Stichprobenumfang (Zahl/Anteil) der zufällig aus der Stichprobengruppe ausgewählten Ärzte/Psychotherapeuten kann unterschiedlich nach Feststellung der Stichprobengruppen bestimmt werden.

ee) Fachgebiete gem. § 106 Abs. 3 S. 4 Hs 2 SGB V: Fachgebiete sind sachlich, nach der Weiterbildungsordnung abgegrenzte Arztgruppen. Ein Fachgebiet können die an der hausärztlichen Versorgung teilnehmenden Artgruppen, ggfs. als Teilgruppe (zB Hausärzte mit Zusatzbezeichnungen) bilden. Die Fachgebiete der an der fachärztlichen Versorgung teilnehmenden Fachärzte können sich nach den Fachgebieten der Weiterbildungsordnung oder Teilgruppen richten. Ein weiteres Fachgebiet können die an der psychotherapeutischen Versorgung teilnehmenden – ausschließlich psychotherapeutisch tätigen – Vertragsärzte und Vertragspsychotherapeuten (psychologische Psychotherapeuten sowie Kinder- und Jugendlichenpsychotherapeuten) bilden, ggfs. als Teilgruppe (z. B: nach Therapiemethode). Als Fachgebiete zum Zweck der Bildung von Stichprobengruppen können auch bestimmte Zusammensetzungen bestimmt werden, zB fachübergreifende und funktionsübergreifende Gemeinschaftspraxen sowie Medizinische Versorgungszentren.

In der **Anlage 2 der ZufPrüfRi** werden die Prüfkriterien definiert. Danach können im Bereich der Pharmakotherapie je nach Verfügbarkeit insbesondere ausgewertet werden Arzneimittelverordnungen, aggregiert, unter Berücksichtigung der Versicherten- und Versorgungsstruktur, sowie der Arztgruppe in der jeweilige Region und nach Wirkstoffgruppen 185
- nach Verfügbarkeit der Datenlieferung durch die Krankenkassen,
- nach ATC-Grupppen[233] und dort sortiert nach Anzahl der verordneten Packungen, nach nachweisbarem Einsparpotenzial und nach Arzneimittelumsatz,
- nach Häufigkeit und Umsatz der häufigsten verordneten Einzelmedikamente,
- nach Behandlungsfall.

c) Durchschnittswertüberprüfungen

Die Methode der Prüfung nach statistischem Durchschnittswerten stellte viele Jahre lang die Regelprüfmethode dar.[234] Auch nach Einführung der oben (Rn 161, 180) genannten Kategorien der Richtgrößenüberprüfungen und Zufälligkeitsprüfungen mit dem Gesundheitsstrukturgesetz 1993 ist die Durchschnittswertüberprüfung die vorherrschende Prüfmethode 186

---

233 ATC bedeutete: Anatomisch-therapeutisch-chemisches Klassifikationssystem zur Einordnung von Medikamenten nach WHO-Standard.
234 Vgl nur BSG, Urt. v. 5.11.2003 – B 6 KA 55/02.

im Rahme der Auffälligkeitsüberprüfungen geblieben. „Verdrängt" wurde sie durch Richtgrößenüberprüfungen, die in den einzelnen Kassenärztlichen Vereinigungen teilweise bereits ab Mitte der 1990er Jahre vorbereitet wurden (vgl KV Berlin) teilweise aber erst 2002/2003 eingeführt worden (vgl zB KV Westfalen Lippe).

Die Bedeutung der Durchschnittswertüberprüfung im Bereich der Arzneiregressierung beschränkt sich auf Ersatzprüfungen zusätzlich neben Richtgrößenüberprüfungen, insbesondere soweit diese nicht durchführbar sind.[235]

d) Weitere Prüfungsmöglichkeiten

187 Durch das Gesetz zur Verbesserung der Wirtschaftlichkeit in der Arzneimittelversorgung vom 26.4.2006[236] wird gem. § 84 Abs. 7 a SGB V neben den traditionellen Instrumenten der Arzneimittelsteuerung, also den Arzneimittelvereinbarungen nach § 84 Abs. 1 SGB V und den Richtgrößen nach § 84 Abs. 6 SGB V, ein neues Steuerungsinstrument in das System der gesetzlichen Krankenversicherung eingeführt..[237] Die Kassenärztliche Bundesvereinigung und der Spitzenverband Bund haben nach § 84 Abs. 7 a S. 1 SGB V für bestimmte Gruppen von Arzneimitteln Durchschnittskosten je definierter Dosiereinheit zu vereinbaren (vgl Rn 145), die sich bei wirtschaftlicher Verordnungsweise ergeben. Die Vereinbarungen auf Bundesebene können gem. § 84 Abs. 4a SGB V durch regionale Vereinbarungen ersetzt werden. Eine solche Vereinbarung findet keine Anwendung für einen Vertragsarzt, soweit er zulasten der Krankenkassen Arzneimittel verordnet, für die eine Vereinbarung nach § 130 a Abs. 8 SGB V mit Wirkung für die Krankenkasse besteht (sog. Rabattverträge) – ebenso § 106 Abs. 2 S. 8 SGB V, wonach Verordnungen von Arzneimitteln, für die der Arzt einem Vertrag nach § 130 a Abs. 8 SGB V beigetreten ist, nicht Gegenstand einer Prüfung nach S. 1 Nr. 1 ist – Auffälligkeitsüberprüfung, Richtgrößenüberprüfung, Durchschnittswertüberprüfung.

e) Exkurs: DIMDI, ATC-Klassifikation

188 Auf den Webseiten des DIMDI[238] befinden sich unter „Arzneimittel" bzw „Klassifikationen" die aktualisierten amtlichen Fassungen der anatomisch-therapeutisch-chemischen Klassifikation (ATC-Klassifikation) inklusive definierter Tagesdosen (DDD). Die amtliche ATC-Klassifikation ist eine an die Besonderheiten der deutschen Versorgungssituation angepasste Fassung der internationalen ATC/DDD-Qualifikation der WHO. Die Anpassung erfolgt jährlich durch ein transparentes, regelgebundenes Verfahren. Die gesetzlichen Anwendungszwecke dieser Klassifikation sind im 5. Buch Sozialgesetz (SGB V) geregelt. Danach sind gem. § 73 Abs. 8 SGB V die DDD-Angaben eine rechtssichere Grundlage für die Bestimmungen von Tagestherapiekosten, durch die Ärzten der Vergleich von Arzneimittelkosten erleichtert werden soll. Dabei dienen die DDD-Angaben als Durchschnittsgröße, die nicht notwendiger Weise die im Einzelfall angewendete Dosierung eines Arzneimittels wieder gibt. Dies gilt entsprechend auch für die auf dieser Basis errechneten Tagestherapiekosten.

---

235 Vgl zum Ganzen KK-SVR/*Hess*, § 106 SGB V Rn 10 ff.
236 Gesetz zur Verbesserung der Wirtschaftlichkeit der Arzneimittelversorgung, sog. Arzneimittelversorgungs-Wirtschaftlichkeitsgesetz (AVWG), v. 26.4.2006 (BGBl. I 2006, 984), Geltung ab dem 1.5.2006.
237 Vgl dazu Hauck/Noftz/*Engelhardt*, § 106 SGB V Rn 187 b.
238 <www.dimdi.de>.

X. Neue Gestaltungsformen der Versorgung durch Kollektiv- und Selektivverträge als Instrumente zur Ausgabensteuerung im Arzneimittelbereich

1. Hausärztliche Versorgung

Gemäß § 73 a SGB V haben die Krankenkassen ihren Versicherten eine besondere hausärztliche respektive hausarztzentrierte Versorgung anzubieten. Damit verbunden ist eine Herausnahme dieser Leistungen aus den bisherigen kollektivvertraglichen Regelungen zwischen den Partnern der gemeinsamen Selbstverwaltung. Die Herausnahme der Hausärztlichen Versorgung der Versicherten aus der bisherigen kollektivvertraglichen Struktur bedeutet eine Ersetzung des Sicherstellungsauftrags der Kassenärztlichen Vereinigungen durch einen entsprechenden Sicherstellungsauftrag der Krankenkassen. Damit ist ein grundsätzlicher Paradigmenwechsel vorgegeben, da bis zur Wirksamkeit des GKV-Modernisierungsgesetzes (GMG) der Sicherstellungsauftrag grundsätzlich bei den Kassenärztlichen Vereinigungen lag.

189

Durch das GKV-WSG werden inhaltliche Mindestanforderungen an die hausarztzentrierte Versorgung gesetzlich ausgestaltet und die zwischen Krankenkassen und Leistungserbringern zu schließenden Verträge aus dem gesamtvertraglichen Rahmen herausgelöst.[239]

190

Unabhängig von der hier nicht weiter zu vertiefenden Frage, in welcher Art und Weise und wem gegenüber Angebote zum Abschluss eines solchen Vertrages an die Kostenträger abgegeben werden müssen,[240] sind pharmakotherapiesteuernde Maßnahmen von diesen Verträgen weniger zu erwarten. Da der Sicherstellungsauftrag der Kassenärztlichen Vereinigungen nach § 75 Abs. 1 SGB V durch diese Verträge eingeschränkt wird, ist eine Interpolation von Leistungsbeschränkungen im System der Kollektivverträge zu diskutieren. Gemäß § 73 b Abs. 5 S. 3 SGB V können Gegenstand der hausarztzentrierten Versorgung nur solche Leistungen sein, über deren Eignung als Leistung der gesetzlichen Krankenversicherung der Gemeinsame Bundesausschuss nach § 91 SGB V im Rahmen der Beschlüsse nach § 92 Abs. 1 S. 2 Nr. 5 SGB V keine ablehnende Entscheidung getroffen hat[241] (vgl Rn 198 zur integrierten Versorgung, § 140 b Abs. 3 SGB V). Allerdings soll in Einzelverträgen Abweichendes von den Vorschriften des 4. Kapitels des SGB V (Beziehungen der Krankenkassen zu den Leistungserbringern) sowie von den nach diesen Vorschriften getroffenen Regelungen geregelt werden können (so ausdrücklich § 73 b Abs. 5 S. 4 SGB V).[242]

Durch den unbestimmten Rechtsbegriff der Einführung „neuer Untersuchungs- und Behandlungsmethoden" wird in den Bereich von Therapieoptionen eingegriffen. Die Vertragspartner dieser hausarztzentrierten Kollektivverträge sollen daher den Regelungen des § 135 SGB V unterworfen sein. Danach dürfen neue Untersuchungs- und Behandlungsmethoden in der vertragsärztlichen (und vertragszahnärztlichen) Versorgung zulasten der Krankenkassen nur erbracht werden, wenn der G-BA auf Antrag der Kassenärztlichen Bundesvereinigung, einer Kassenärztlichen Vereinigung oder des Spitzenverbandes Bund der Krankenkassen in Richtlinien nach § 92 Abs. 1 S. 2 Nr. 5 SGB V Empfehlungen gegeben hat,

191

---

239 Vgl dazu Walter, NZS 2009, 307 ff.
240 Vgl KK-SVR/*Hess*, § 73 b SGB V Rn 16 ff.
241 Nach dieser Vorschrift soll der Gemeinsame Bundesausschuss Richtlinien beschließen über die Einführung neuer Untersuchungs- und Behandlungsmethoden.
242 Wegen Fehlens gesetzlicher Definitionen zur Zielsetzung und Begrenzung solcher Abweichungen bestehen zu Recht verfassungsrechtliche Bedenken gegen diese Ermächtigung der Krankenkassen, vgl auch KK-SVR/*Hess*, § 73 b SGB V Rn 29.

und zwar über Anerkennung des Nutzens diagnostischer und therapeutischer Art dieser neuen Methode sowie deren medizinischer Notwendigkeit und Wirtschaftlichkeit.[243]

Im Rahmen der Kollektivverträge dieser Art sollen also die Steuerungsmechanismen des SGB V wie dargestellt vollumfänglich mit enthalten sein – die unklare Formulierung in § 73 b Abs 5 S. 4 SGB V wird zu Diskussionen führen.

2. Fachärztliche Versorgung

192 Gemäß 73 c SGB V ist es den Krankenkassen ermöglicht, ihren Versicherten die ambulante ärztliche Versorgung durch Abschluss von Selektivverträgen anzubieten. Im Gegensatz zur hausarztzentrierten Versorgung nach § 73 b SGB V bleibt es Ihnen dabei überlassen, ob und in welchem Umfang sie derartige Verträge abschließen. Es herrscht dabei weitestgehende Vertragsfreiheit hinsichtlich der abzugrenzenden Teile der ambulanten ärztlichen Versorgung als auch hinsichtlich der Vertragsformen. Vorgegeben ist, dass die im Kollektivvertragssystem geltenden Qualitätsanforderungen durch solche Verträge nicht unterschritten werden.

193 Anders als bei der hausarztzentrierten und der integrierten Versorgung (§§ 140 ff SGB V) können Vertragspartner der Verträge nach § 73 c SGB V auch Kassenärztliche Vereinigungen sein. Fraglich erscheint, ob mit dem System der Selektivverträge das Kollektivvertragssystem ablösbar sein wird. Zu Recht wird darauf verwiesen, dass wohl die ethische Verpflichtung bestehen sollte, eine selektivvertraglich erprobte und eindeutig bessere Versorgung allen Versicherten der GKV zugänglich zu machen.[244] Innerhalb dieser Verträge bestehen die Antipoden des Erreichens der bestmöglichen Versorgungssituation sowie der Wirtschaftlichkeitsziele. So wird man daran zu denken haben, dass Mehrausgaben etwa im Bereich des ärztlichen Honorars durch Einsparungen an anderer Stelle kompensiert werden müssen, zB durch wirtschaftlichere Arzneimittelverordnung oder andere Kostensenkungen im außergebührenmäßigen Bereich.

Colorandi causa sei hier noch auf die Problematik der Sicherstellungsfrage im Selektivvertragssystem verwiesen.[245]

3. Integrierte Versorgung (§§ 140 a ff SGB V)

194 Integrierte Versorgungsformen sollen entweder eine verschiedene Leistungssektoren übergreifende Versorgung oder eine interdisziplinär fachübergreifende Versorgung ermöglichen. Zwecks dessen ist es den Krankenkassen ermöglicht, mit verschiedenen einzelnen in § 140 b Abs. 1 SGB V genannten Leistungserbringern und unabhängig von Krankenkassenverbänden und Kassenärztlichen Vereinigungen Verträge zu schließen.

195 Der Sicherstellungsauftrag der Kassenärztlichen Vereinigungen, die an Verträgen zur integrierten Versorgung nicht unmittelbar teilzunehmen berechtigt sind, geht auf den Leistungserbringerverbund über, der die Gewähr dafür zu übernehmen hat, dass neben organisatorischen und betriebswirtschaftlichen Voraussetzungen, insbesondere die medizinischen Voraussetzungen, entsprechend dem allgemein anerkannten Stand der medizinischen Erkenntnisse und des medizinischen Fortschritts erfüllt sind.

---

243 Nicht vertieft werden kann an dieser Stelle die Situation des sog. Systemversagens, bei dessen Vorliegen ein Erstattungsanspruch des Versicherten trotz fehlender positiver Beurteilungen durch den G-BA gegeben ist. Ein solches ist anzunehmen, wenn eine neue Methode von Versicherten in Anspruch genommen wird und das Beurteilungsverfahren ungebührlich verzögert ist (vgl dazu KK-SVR/*Hess*, § 135 SGB V Rn 6 ff mwN aus der Case-Law-Entscheidungspraxis des BSG).
244 Vgl dazu Prüfer-Storcks, RPG 2009, 27 ff.
245 Prüfer-Storcks, aaO.

D. Begrenzung des Anspruchs durch Gesetz und untergesetzliche Regelungen

Die Verträge, können nach § 140 b Abs. 1 SGB V *nur* mit bestimmten Leistungserbringern, zugelassenen Krankenhäusern, Vorsorge- und Rehabilitationseinrichtungen, MVZs pp.[246] abgeschlossen werden.

Integrierte Versorgungsverträge können auch Apotheker mit einbeziehen, vgl § 129 Abs. 5 b SGB V. Nach dessen Satz 3 kann in den Leistungserbringerverträgen mit den Apothekern das nähere über Qualität und Struktur der Arzneimittelversorgung für die an der integrierten Versorgung teilnehmenden (eingeschriebenen) Versicherten auch *abweichend* von den Vorschriften dieses Buches vereinbart werden.

Mit anderen Worten: Es ist wohl eine Begrenzung der freien Apothekenwahl für die Versicherten auf die am Vertrag beteiligten Apotheken möglich ebenso wie die Einbeziehung der in dieser Versorgungsform verursachten Arzneimittelausgaben in ein sog. kombiniertes Budget für definierte Teilbereiche, vgl § 140 c Abs. 2 S. 1 SGB V. Die Entwicklung hat gezeigt, dass mit integrierten Versorgungssystemen – angelehnt insbesondere an das in den USA stark repräsentierte HMO-System (Health Maintenance Organisation) nur fragliche Qualitätssicherung zugunsten der Versicherten erfolgten. Die beteiligten Leistungserbringer haben typischerweise bei Teilnahme an solchen Verträgen die Budgetverantwortung zu übernehmen. Versicherte werden es sich überlegen, sich einzuschreiben, wenn ein weitgehender Verzicht auf die freie Arztwahl damit verbunden ist.

An Letzterem scheitert auch die Durchschlagskraft im aktuellen Berichtszeitraum. Im Hinblick auf die Arzneimittelversorgung werden diese mit Eigenbudgets versehenen Leistungserbringer im hohen Maße darauf zu achten haben, dass Wirtschaftlichkeitsziele erreicht werden, da Überschreitungen der Budgets zu Regressen führen würden. Ob dies mit einer qualitativ hochstehenden Versorgung vereinbar ist, bleibt abzuwarten. So sind zB Zuzahlungsbefreiungen für eingeschriebene Versicherte in solchen Verträgen nicht der unbedingte Anreiz, auf die ansonsten freie Arztwahl im GKV-System zu verzichten.

Exkurs – §§ 135, 137 c SGB V: Wie ausgeführt (Rn 135) sind grundsätzlich gem. § 135 SGB V neue Untersuchungs- und Behandlungsmethoden in der GKV-Versorgung nur erstattungsfähig, wenn der G-BA positive Empfehlungen gem. § 135 Abs. 1 SGB V abgegeben hat (vgl Rn 190, zu § 73 b Abs. 5 S. 3 SGB V). Nach § 140 b Abs. 3 SGB V können neue Untersuchungs- und Behandlungsmethoden im Rahmen der integrierten Versorgung Gegenstand der Erstattungsfähigkeit bleiben, sofern der G-BA keine negative Entscheidung getroffen hat, und zwar gem. § 137 c Abs. 1 SGB V.[247] § 135 SGB V gilt für die gesamte vertragsärztliche und vertragszahnärztliche Versorgung, und zwar im Sinne eines Verbots mit Erlaubnisvorbehalt bei allen neuen Untersuchungs- und Behandlungsmethoden hinsichtlich ihres diagnostischen und therapeutischen Nutzens sowie ihrer medizinischen Notwendigkeit und Wirtschaftlichkeit auch im Vergleich zu den bereits zulasten der GKV anwendbaren und erstattungsfähigen Methoden.

§ 137 c SGB V gilt für Krankenhäuser, die gem. § 108 SGB V zugelassen sind.[248] Die Regelung stellt insoweit eine Erlaubnis mit Verbotsvorbehalt dar, da das Tor für Innovationen im Bereich dieser Versorgung geöffnet bleiben soll[249] – die Durchführung klinischer Studien bleibt ausdrücklich gem. § 137 c Abs. 2 S. 2 SGB V unberührt von den negativen Voten gem. § 137 c SGB V und § 135 SGB V.

---

246 Vgl KK-SVR/*Hess*, § 140 b SGB V Rn 2 ff.
247 § 137 c Abs. 1 SGB V regelt die Bewertung von Untersuchungs- und Behandlungsmethoden im Krankenhaus.
248 Die Problematik bezüglich nicht zugelassener Krankenhäuser, die in Kooperationsformen gem. § 95 SGB V integriert sind, ist hier ausgeblendet.
249 Vgl KK-SVR/*Hess*, § 137 c SGB V Rn 4.

4. Disease-Management-Programme (DMP)

199 Als spezialgesetzlich geregelte sektorenübergreifende integrierte Versorgung stellen sich die strukturellen Behandlungsprogramme für chronisch Kranke nach § 137f SGB V dar. Der Koordinierungsausschuss nach § 137i Abs. 2 S. 2 SGB V hat mindestens für vier geeignete chronische Krankheiten strukturierte Behandlungsprogramme (Disease-Management-Programme) zu entwickeln, um den Behandlungsablauf und die Qualität der medizinischen Versorgung chronisch Kranker zu verbessern. Bisher sind in diese DMP aufgenommen worden koronare Herzerkrankung (KHK), Diabetes Melitus Typ II, Brustkrebs und Asthma.

200 Für Versicherte ist die Teilnahme an diesen Chroniker-Programmen freiwillig; sie können sich nach Information durch ihre Krankenkasse zu diesem Programm einschreiben lassen (§ 137f Abs. 3 S. 1 u. 2 SGB V).

Die strukturierten Behandlungsprogramme sollen sich nach § 137f Abs. 2 S. 2 SGB V iVm § 28b RSA-VO auf evidenzbasierte Leitlinien stützen. Gemäß § 139a Abs. 3 Nr. 4 SGB V soll das IQWiG Empfehlungen zu DMP geben. Diese Empfehlungen werden über dem G-BA an das Bundesministerium für Gesundheit weitergeleitet. Hintergrund ist die finanzielle Entlastung derjenigen Krankenkassen, die einen hohen Anteil an Versicherten mit den entsprechenden Erkrankungen haben (Ausschussbericht RSA-RefG[250]).

201 Gemäß § 268 SGB V wird der Risikostrukturausgleich durch den Morbi RSA weiter entwickelt. Gemäß § 268 Abs. 2 SGB V regelt das Bundesministerium für Gesundheit bis zum 31.12.2009 durch Rechtsverordnung nach § 266 Abs. 7 SGB V die Unterteilung in Versichertengruppen und die Gewichtungsfaktoren nach bestimmten Klassifikationsmerkmalen, die die Morbidität der Versicherten die durchschnittlichen krankheitsspezifischen Leistungsausgaben abbilden und die Anreiz zur Risikoselektion zwischen den Krankenkassen verringern.

Gemäß § 268 Abs. 1 S. 1 Nr. 4 SGB V sollen dabei auch Qualität und Wirtschaftlichkeit der Leistungserbringung gefördert werden. In diesem Zusammenhang ist die Weiterentwicklung der DMP-Programme mit Spannung zu erwarten.

5. Exkurs: Aut-idem-Verordnung

202 § 129 SGB V regelt die Rechtsbeziehung zwischen den Kostenträgern und den Apotheken. Es ist danach ein Rahmenvertrag zwischen dem Spitzenverband Bund der Krankenkassen und der Spitzenorganisation der Apotheker zu schließen, nach dem nach Maßgabe der Bestimmungen des § 129 SGB V Arzneimittel an GKV-Versicherte abzugeben sind.

Die Regelungen zur sog. Aut-idem-Verordnung sind in den letzten Jahren mehrfach verändert worden. Aut idem setzt Wirkstoffgleichheit sowie Identität von Wirkstärke und Packungsgröße voraus (§ 129 Abs. 1 S. 2 SGB V). Nachdem es ursprünglich dem Apotheker erlaubt war, wirkstoffgleiche Präparate herauszugeben, wenn ein Kreuz im entsprechenden Verordnungsblatt des Arztes vorhanden war, ist nunmehr aufgrund der Vordruckvereinbarung geregelt, dass ein ausdrückliches Ankreuzen erforderlich ist, wenn es nicht zu einem Aut-idem-Austausch kommen darf. Als Inhaber der Therapiehoheit entscheidet der verordnende Leistungserbringer. Haftungsrechtliche Probleme, ergeben sich im Hinblick auf die therapeutische Aufklärung wie auch die Eingriffsaufklärung über (gefährliche) Nebenwirkungen.[251]

203 Die Therapiehoheit bei der Verordnung von Arzneimitteln obliegt dem Arzt respektive anderen dazu berechtigten Leistungserbringern. Er ist als die bereits benannte Schlüsselfigur verantwortlich für die Versorgung der GKV – Versicherten mit den notwendigen Arznei-

---

250 BT-Drucks. 14/7395 zu § 137f.
251 Vgl nur Martis/Winkhart, Arzthaftungsrecht, Fallgruppenkommentar, S. 92 f, 108 f, 144.

mitteln und hat es in der Hand, dass seine Patienten das von ihm gewünschte Präparat bekommen. Soweit er in sein Therapieregime Apotheker einbindet und zwar durch Nichtankreuzen des Ausschlusses von *aut idem*, ist der Apotheker verpflichtet, ein preisgünstiges Arzneimittel abzugeben. Gleiches gilt, wenn der Verordner ein Arzneimittel nur unter seiner Wirkstoffbezeichnung verordnet hat (§ 129 Abs. 1 Nr. 1 SGB V).

Ein verordnender Leistungserbringer kann dabei angesichts der Problematiken hinsichtlich Bioverfügbarkeit und Bioäquivalenz in eine Haftungsfalle geraten. Darüber hinaus ist der verordnende Leistungserbringer Ansprechpartner und Anspruchsgegner im Falle von Arzthaftpflichtklagen und wird im Rahmen der für ihn verpflichtenden berufsrechtlichen Dokumentation von Verordnungen zunächst einmal das konkret herausgegebene Präparat nicht anzugeben vermögen.

Hinzuweisen ist weiter auf die Verpflichtung, rabattbegünstigte wirkstoffgleiche Arzneimittel durch den Apotheker abzugeben, wenn eine Rabattvereinbarung nach § 130 Abs. 8 SGB V geschlossen ist.[252]

---

[252] Vgl KK-SVR/*Hess*, § 129 SGB V Rn 5.

§ 47 Vergaberechtliche Rahmenbedingungen

Literatur: *Becker/Kingreen*, SGB V, Gesetzliche Krankenversicherung, Kommentar, 2008; *Boldt*, Rabattverträge – Sind Rahmenvereinbarungen zwischen Krankenkasse und mehreren pharmazeutischen Unternehmen unzulässig?, PharmR 2009, 377; *Brauer,* Das Verfahren vor der Vergabekammer, NZBau 2009, 297; *Kulartz/Kus/Portz*, Kommentar zum GWB-Vergaberecht, 2. Auflage 2009 (zitiert: Kulartz/Kus/Portz/*Bearbeiter*); *Kulartz/Marx/Portz/Prieß*, Kommentar zur VOL/A, 2007 (zitiert: Kulartz/Marx/Portz/Prieß/*Bearbeiter*); *Schickert*, Rabattverträge für patentgeschützte Arzneimittel im Sozial- und Vergaberecht, PharmR 2009, 164; *Wille*, Arzneimittel mit Patentschutz – Vergaberechtliche Rechtfertigung eines Direktvertrages?, A&R 2008, 164; *Willenbruch,* Der Tanz um die Rabattverträge: Vorwärts – Rückwärts – Seitwärts – Schluss?, PharmR 2008, 488.

A. Anwendbarkeit des Vergaberechts	1	I. Verfahrensart	11
I. Rechtlicher Rahmen	1	II. Grundsätze des Vergabeverfahrens	13
II. Tatbestandliche Voraussetzungen	5	C. Rechtsschutz gegen Zuschlagsentscheidungen/Nachprüfungsverfahren	17
1. Öffentlicher Auftraggeber	5		
2. Öffentliche Aufträge	6	I. Allgemeine Voraussetzungen	17
III. Rabattverträge nach § 130 a SGB V	7	II. Einleitung und Ablauf eines Nachprüfungsverfahrens	19
B. Ablauf eines Vergabeverfahrens	11		

A. Anwendbarkeit des Vergaberechts

I. Rechtlicher Rahmen

1 Kauft die öffentliche Hand durch Behörden oder staatliche Institutionen Güter und Leistungen ein, muss sie dabei die Regeln und Vorschriften des Vergaberechts beachten. Dieses schreibt bestimmte Vorgehensweisen beim Einkauf vor. Das Vergaberecht ist anwendbar, sobald ein **öffentlicher Auftraggeber** mit Unternehmen **entgeltliche Verträge** abschließt, die Liefer-, Bau- oder Dienstleistungen zum Gegenstand haben. Im Bereich Arzneimittel wird dies insbesondere relevant für den Abschluss von Rabattvereinbarungen von gesetzlichen Krankenkassen mit Arzneimittelherstellern.

2 Die Umsetzung der europäischen Binnenmarktregeln und damit auch der EG-Richtlinien zur Koordinierung der nationalen Vorschriften über die Vergabe öffentlicher Aufträge[1] in das deutsche Recht hat zu einer Zweiteilung des Vergaberechts geführt. Der wesentliche Unterschied aus Sicht der Bieter bzw Bewerber besteht in Art und Umfang des subjektiven Rechtsschutzes. Die Auftraggeber ihrerseits sind zahlreichen formellen und inhaltlichen Anforderungen unterworfen, die sich aus dem in deutsches Recht umgesetzten EU- Vergaberecht ergeben.

3 Für Aufträge **unterhalb** der sich aus den Richtlinien ergebenden **Schwellenwerte** ist nach wie vor das traditionelle deutsche Vergaberecht anzuwenden.[2] Für öffentliche Auftraggeber besteht daher „nur" die Verpflichtung zur Beachtung haushaltsrechtlicher Grundsätze, nämlich der Gebote der Wirtschaftlichkeit und Sparsamkeit, sowie des Vorrangs der öffentlichen Ausschreibung (vgl § 22 SVHV). Daneben haben öffentliche Auftraggeber bei grenzüberschreitenden Sachverhalten unterhalb der Schwellenwerte aber auch das unmittelbar geltende primäre EG-Recht, dh die Grundsätze der Gleichbehandlung, Transparenz und Verhältnismäßigkeit, zu beachten.[3] Die EU-Kommission hat in einer „Mitteilung zu Auslegungsfragen in Bezug auf das Gemeinschaftsrecht, das für die Vergabe öffentlicher Aufträge

---

1 Siehe nur aktuell RL 2004/18/EG des Europäischen Parlaments und des Rates v. 31.3.2004 über die Koordinierung der Verfahren zur Vergabe öffentlicher Bauaufträge, Lieferaufträge und Dienstleistungsaufträge (ABl. EU Nr. L 134/114 v. 30.4.2004).
2 Aktueller Schwellenwert für Liefer- und Dienstleistungsaufträge nach § 100 Abs. 1 GWB iVm § 2 Nr. 3 VgV: 206.000 €.
3 EuGH, Urt. v. 20.10.2005, VergabeR 2006, 54, 58.

gilt, die nicht oder nur teilweise unter die Vergaberichtlinien fallen" vom 24.7.2006 unter Hinweis auf die Rechtsprechung des EuGH verschiedene grundlegende Anforderungen („basic standards") für die Vergabe von Aufträgen unterhalb der Schwellenwerte formuliert.[4] Der Rechtsweg für die Geltendmachung dieser grundlegenden Rechte ist gemäß § 51 Abs. 1 Nr. 2, Abs. 2 S. 1 SGG der Sozialrechtsweg.[5] Mangels rechtzeitiger Informationen über den Abschluss des Vergabeverfahrens ist hier jedoch häufig ein vorbeugender Rechtsschutz, der das Verfahren vor dem Vertragsschluss auf den Prüfstand stellt, nicht durchsetzbar.

Oberhalb der Schwellenwerte ist das sog. Kartellvergaberecht des vierten Teils des Gesetzes gegen Wettbewerbsbeschränkungen (§§ 97 ff GWB) iVm der Vergabeverordnung (VgV) und der Verdingungsordnung für Leistungen Teil A (VOL/A, Abschnitt 2) anzuwenden. Der Gesetzgeber hat mit dem Gesetz zur Weiterentwicklung der Organisationsstrukturen in der gesetzlichen Krankenversicherung (GKV-OrgWG)[6] in § 69 Abs. 2 S. 1 Hs 2 SGB V klargestellt, dass das Kartellvergaberecht anwendbar ist, sofern seine Voraussetzungen vorliegen. Ist dies der Fall, steht dem betroffenen Bieter mit dem Nachprüfungsverfahren nach §§ 102 ff GWB ein effektiver Rechtsschutz zur Verfügung. 4

II. Tatbestandliche Voraussetzungen

1. Öffentlicher Auftraggeber

Gesetzliche Krankenkassen sind öffentliche Auftraggeber nach § 98 Nr. 2 GWB. Der EuGH hat mit Urteil vom 11.6.2009 auf einen Vorlagebeschluss des OLG Düsseldorf[7] entschieden, dass gesetzliche Krankenkassen die Tatbestandsmerkmale erfüllen, die das Gesetz für den öffentlichen Auftraggeber vorsieht.[8] Unproblematisch sind die gesetzlichen Kassen juristische Personen des öffentlichen Rechts, die zu dem besonderen Zweck gegründet wurden, im Allgemeininteresse liegende Aufgaben nicht-gewerblicher Art zu erfüllen. Klargestellt hat der EuGH nun, dass die gesetzlichen Krankenkassen auch überwiegend durch den Staat finanziert werden. Dieses dritte Tatbestandsmerkmal des § 98 Nr. 2 GWB (bzw Art. 1 Abs. 9 Unterabs. 2 c RL 2004/18/EG) war bisher höchst umstritten. Nach dem EuGH ist davon auszugehen, 5

dass eine Finanzierung eines öffentlichen Krankenversicherungssystems wie die im Ausgangsverfahren fragliche, die durch einen staatlichen Akt eingeführt worden ist, in der Praxis durch die Träger der öffentlichen Gewalt garantiert wird und durch eine öffentlich-rechtlichen Vorschriften unterliegende Art der Erhebung der sich hierauf beziehenden Beiträge sichergestellt wird, die Voraussetzung der überwiegenden Finanzierung durch den Staat für die Anwendung der Gemeinschaftsvorschriften auf dem Gebiet der Vergabe öffentlicher Aufträge erfüllt.

2. Öffentliche Aufträge

Dem Vergaberecht unterfallen Verträge gesetzlicher Krankenkassen, wenn sie zusätzlich den Begriff des öffentlichen Auftrags nach § 99 Abs. 1 GWB erfüllen. Das ist der Fall, wenn entgeltliche Verträge mit Unternehmen über Liefer-, Bau- oder Dienstleistungen geschlossen 6

---

4 ABl. EU Nr. C 179/02 v. 1.8.2006.
5 Vgl Becker/Kingreen/*Becker/Kingreen*, § 69 SGB V Rn 46; bei Vergaberechtsstreitigkeiten unterhalb des Schwellenwerts, die nicht Rechtsbeziehungen der gesetzlichen Krankenkassen zu den Leistungserbringern betreffen, ist der Zivilrechtsweg gegeben, vgl Kulartz/Kus/Portz/*Eschenbruch/Röwekamp*, § 100 GWB Rn 18.
6 Vom 15.12.2008 (BGBl. I, 2426).
7 GesR 2007, 429.
8 Rs. C-300/07, PharmR 2009, 389.

werden. Lieferaufträge sind gem. § 99 Abs. 2 GWB Verträge zur Beschaffung von Waren. Die Beschaffung von Arzneimitteln fällt damit grundsätzlich unter den Begriff des öffentlichen Auftrags in Form des Lieferauftrags.

III. Rabattverträge nach § 130 a SGB V

7   Rabattverträge der gesetzlichen Krankenkassen über Arzneimittel nach § 130 a SGB V unterfallen grundsätzlich dem Begriff der **Rahmenvereinbarung** iSd § 3 a Nr. 4 Abs. 1 VOL/A (bzw Art. 1 Abs. 5, Art. 32 RL 2004/18/EG). Eine Rahmenvereinbarung zeichnet sich dadurch aus, dass sie selbst noch nicht den eigentlichen Austauschvertrag beinhaltet, sondern lediglich Bedingungen für Einzelverträge regelt, die zu einem späteren Zeitpunkt abgeschlossen werden. Der Rahmenvertrag wird in § 3 a Nr. 4 VOL/A dem öffentlichen Auftrag gleichgestellt, ohne selbst bereits die Voraussetzungen eines öffentlichen Auftrags im eigentlichen Sinne des § 99 Abs. 1 GWB zu erfüllen. Der Begriff des öffentlichen Auftrags wird mit § 3 a VOL/A folglich ausgedehnt.

8   Rabattverträge nach § 130 a SGB V müssen daher, damit sie dem Vergaberecht unterfallen, auch die Tatbestandsmerkmale des öffentlichen Auftrags gemäß § 99 Abs. 1 GWB erfüllen. Daran besteht grundsätzlich kein Zweifel: Ausschreibungsgegenstand ist zwar primär die Einräumung von Rabatten auf zu liefernde Medikamente. Im Ergebnis liegt darin aber die Beschaffung der Medikamente selbst. Die Abwicklung der Einzelverträge aufgrund des Rahmenvertrags erfolgt, wenn ein Versicherter zulasten der gesetzlichen Krankenkasse (wegen ihrer Sachleistungsverpflichtung, § 2 Abs. 2 SGB V) aufgrund einer ärztlichen Verordnung ein rabattiertes Arzneimittel in einer Apotheke bezieht.[9] Es ist dabei unerheblich, dass nicht die Krankenkasse selbst die Entscheidung über die Einzelaufträge fällt, sondern der Arzt und/oder der Apotheker aufgrund der entsprechenden ärztlichen Verordnung, da beide der Krankenkasse zugerechnet werden. Es kommt allein darauf an, dass die Krankenkasse (über den Arzt bzw Apotheker) den Auftragnehmer mit der Lieferung eines Medikaments beauftragt und diesen für die Lieferung bezahlt. Gleichermaßen ist deshalb für das Vorliegen eines öffentlichen Auftrags unerheblich, wer die Ware wie liefert und aushändigt und wie, wann und an wen das Eigentum an den Medikamenten übergeht.[10]

9   In der Judikatur der Landessozialgerichte (nunmehr Beschwerdeinstanz bei Entscheidungen der Vergabekammern) wird im Rahmen der Prüfung, ob ein öffentlicher Auftrag in Form eines Rahmenvertrags vorliegt, als **zusätzliches „Tatbestandsmerkmal"** die Zusicherung von **Exklusivität** im Rabattvertrag zT als erforderlich angesehen.[11] Ein solches zusätzliches Tatbestandsmerkmal kann jedoch in die abschließende Definition des öffentlichen Auftrags in § 99 Abs. 1 GWB (bzw Art. 1 Abs. 2 RL 2004/18/EG) **nicht hineingelesen** werden.[12] Die Ausschreibungspflicht hängt nicht von der formalen Ausgestaltung des Rahmenvertrags ab. Entscheidend ist allein, dass der Zuschlagsempfänger den sich aus der Ersetzungspflicht des § 129 Abs. 1 S. 3 SGB V ergebenden Wettbewerbsvorteil nutzen und seine Produkte an die Versicherten der Krankenkasse absetzen kann. Es besteht also ohne Zweifel eine Ausschreibungspflicht des Rabattvertrags auch ohne Exklusivitätsklausel.[13] Für diese Auffassung

---

9   VK Bund, Beschl. v. 23.1.2009 – VK 3 – 194/08; VK Bund, Beschl. v. 19.5.2009 – VK 2 – 15/09; Willenbruch, PharmR 2008, 488, 489.
10 Vgl OLG Düsseldorf, Beschl. v. 19.12.2007 – VII-Verg 48/07, und v. 17.1.2008 – VII-Verg 57/07.
11 Vgl nur LSG NRW, Beschl. v. 26.3.2009 – L 21 KR 26/09 SFB unter Bezugnahme auf LSG Baden-Württemberg, Beschl. v. 23.1.2009 – L 11 WB 5971/08 und Beschl. v. 28.10.2008 – L 11 KR 4810/08 ER-B.
12 So nun auch LSG NRW, Beschl. v. 3.9.2009 – L 21 KR 51/09 SFB; VK Bund, Beschl. v. 22.5.2009 – VK 1 - 77/09; Beschl. v. 19.5.2009 – VK 2 - 15/09; Beschl. v. 15.8.2008 – VK 3 - 107/08.
13 LSG NRW, Beschl. v. 3.9.2009 – L 21 KR 51/09 SFB; VK Bund, Beschl. v. 15.8.2008 – VK 3 – 107/08: keine Lenkungswirkung erforderlich.

spricht gerade auch, dass eine gesetzliche Krankenkasse sonst ihre Ausschreibungspflicht beliebig manipulieren könnte, indem sie Verträge ohne entsprechende Klauseln abschließt. Soweit die Vorschriften zur Rahmenvereinbarung in § 3a Nr. 4 Abs. 1 S. 3 VOL/A die Vorgabe enthalten, dass Auftraggeber **für dieselbe Leistung nicht mehrere Rahmenvereinbarungen** vergeben dürfen, sieht die VOL/A selbst jedoch eine Exklusivität des Vertragsgegenstands vor.[14] Diese dürfte aber eher materiell-rechtlich unter dem Aspekt des gerechten Interessenausgleichs zwischen öffentlichem Auftraggeber und Rahmenvertragspartner(n) einzuordnen sein. Denn Rahmenverträge dürfen von öffentlichen Auftraggebern nicht missbräuchlich angewendet werden (§ 3a Nr. 4 Abs. 2 VOL/A, Art. 32 Abs. 2 Unterabs. 2 RL 2004/18/EG).

Rahmenvereinbarungen können mit einem oder **mehreren pharmazeutischen Unternehmen** abgeschlossen werden, § 3a Nr. 4 Abs. 1 S. 1 VOL/A. Wird ein Vertrag mit mehreren Unternehmen geschlossen, so muss die Vergabe der Einzelaufträge bestimmten vergaberechtlichen Anforderungen genügen. Sofern nicht alle Bedingungen in der Rahmenvereinbarung festgelegt sind, muss ein erneuter Aufruf zum Wettbewerb erfolgen, § 3a Nr. 4 Abs. 6 VOL/A. Sind die Bedingungen hingegen festgelegt, erfolgt der Einzelabruf entsprechend diesen Vorgaben. Aus Praktikabilitätsgründen werden Rabattverträge im Regelfall nur in der zweiten Variante ausgeschrieben werden. Problematisch ist die **Ausgestaltung des Einzelabrufs** bei Rabattverträgen. Der Einzelabruf in der Apotheke muss, um vergaberechtskonform zu sein, den Kriterien der Transparenz und Nichtdiskriminierung genügen.[15] Das LSG NRW ist insoweit der Auffassung, dass die vergaberechtlichen Anforderungen an die Steuerung der Einzelaufträge niedrig zu setzen sind. So ist nach seiner Auffassung das dem Apotheker nach § 4 Abs. 2 S. 2 des Rahmenvertrags über die Arzneimittelversorgung nach § 129 Abs. 2 SGB V eingeräumte Wahlrecht bei Vorliegen mehrerer rabattbegünstigter Arzneimittel als vergaberechtlich hinreichend anzusehen.[16]

B. Ablauf eines Vergabeverfahrens

I. Verfahrensart

Vergabeverfahren über den Schwellenwerten sind europaweit auszuschreiben.[17] Dies geschieht im Regelfall im sog. **offenen Verfahren**, an dem sich jeder interessierte Bieter innerhalb der Fristen beteiligen kann. In begründeten Fällen kann die ausschreibende Stelle das nichtoffene Verfahren wählen. Diesem geht idR ein Teilnahmewettbewerb voraus. Unter bestimmten eng eingegrenzten Voraussetzungen (siehe § 3a Nr. 1 Abs. 5, Nr. 2 VOL/A) kann ein Verhandlungsverfahren mit oder ohne vorherige öffentliche Vergabebekanntmachung durchgeführt werden.

Ein Verhandlungsverfahren ohne öffentliche Vergabebekanntmachung ist nach § 3a Nr. 2 lit. c VOL/A statthaft, wenn ein **Ausschließlichkeitsrecht** (zB Patent-, Urheberrecht) besteht. Die Norm fordert als eng auszulegender Ausnahmetatbestand[18] zusätzlich, dass aufgrund des Ausschließlichkeitsrechts nur ein einziges Unternehmen den fraglichen Auftrag durchführen kann. Abzustellen ist dabei auf die gesamte EU, da diese den Anwendungsbereich des in deutsches Recht umgesetzten EU-Vergaberechts darstellt. Gerade dieses Merkmal dürfte aber idR schon deshalb ausscheiden, weil selbst bei einem Zuschnitt auf einzelne, patentgeschützte Wirkstoffe entscheidend ist, ob der konkrete Bedarf auch durch andere

---

14 Zur Sperrwirkung von Rahmenvereinbarungen: Kulartz/Marx/Portz/Prieß/*Korthals*, § 3a VOL/A Rn 114.
15 VK Bund, Beschl. v. 19.5.2009 – VK2 - 15/09; Boldt, PharmR 2009, 377, 380.
16 LSG NRW, Beschl. v. 3.9.2009 – L 21 KR 51/09 SFB.
17 Darstellung im Folgenden ausschließlich für Verfahren über den Schwellenwerten.
18 EuGH, Urt. v. 3.5.1994 – Rs. C-328/92.

therapeutisch austauschbare Arzneimittel gedeckt werden könnte.[19] Zumindest aber wären Re- und Parallelimporteure als Wettbewerber der Patentrechtsinhaber um einen der Rabattverträge zu berücksichtigen.[20] Re- oder Parallelimporteure scheiden auch nicht von vornherein wegen mangelhafter Lieferfähigkeit als Vertragspartner aus. Es kommt vielmehr im Einzelfall auf die Anforderungen an die Lieferfähigkeit an, die die Krankenkasse von den Bietern im Vergabeverfahren konkret gefordert hat. Dies ist letztlich eine Frage der Eignungsprüfung, führt aber nicht dazu, dass im Vorfeld der Ausschreibung ein weniger wettbewerbliches Vergabeverfahren gewählt werden darf.

II. Grundsätze des Vergabeverfahrens

13 Der öffentliche Auftraggeber muss im Vergabeverfahren zahlreiche, größtenteils bieterschützende, Vorschriften beachten. Die wesentlichen **Grundsätze des Vergabeverfahrens** lassen sich § 97 GWB entnehmen. Danach beschaffen öffentliche Auftraggeber im Wettbewerb und im Wege transparenter Vergabeverfahren (§ 97 Abs. 1 GWB). Die Teilnehmer an einem Vergabeverfahren sind gleich zu behandeln (§ 97 Abs. 2 GWB). Mittelständische Interessen sind bei der Vergabe vornehmlich zu berücksichtigen: So sind Leistungen in der Menge aufgeteilt (Teillose) und getrennt nach ihrer Art oder ihrem Fachgebiet (Fachlose) zu vergeben (§ 97 Abs. 3 GWB). Aufträge werden an fachkundige, leistungsfähige sowie gesetzestreue und zuverlässige Unternehmen vergeben (§ 97 Abs. 4 GWB). Der Zuschlag wird auf das wirtschaftlichste Angebot erteilt (§ 97 Abs. 5 GWB). Diese allgemeinen Grundsätze des Vergaberechts finden sich im Detail in zahlreichen Einzelnormen der VOL/A – Abschnitt 2 – wieder. Zu den sich hieraus ergebenden Anforderungen des Vergaberechts hat sich eine umfassende Kasuistik der Vergabekammern von Bund und Ländern sowie der zuständigen Beschwerdeinstanzen – der Oberlandesgerichte und seit kurzem der Landessozialgerichte in Angelegenheiten des § 69 SGB V – entwickelt.

14 Bei der **Auswahlentscheidung** nimmt der Auftraggeber eine gestufte Prüfung vor (vgl § 25 VOL/A). Er muss zunächst Angebote, die den strengen Formvorschriften des Vergaberechts nicht genügen, von der Wertung ausschließen. In einem nächsten Schritt muss er die **Eignung** (Fachkunde, Leistungsfähigkeit, Zuverlässigkeit) der Bieter anhand der eingereichten Unterlagen prüfen. Dann überprüft er die Preise in Hinblick auf ungewöhnlich niedrig erscheinende Angebote. Auf Angebote, deren **Preise** in offenbarem Missverhältnis zur Leistung stehen, darf der Zuschlag nicht erteilt werden (§ 25 Nr. 2 Abs. 3 VOL/A). Allerdings ist diese Vorschrift primär zum Schutz des öffentlichen Auftraggebers konzipiert worden. Sie soll verhindern, dass dieser Verträge mit Auftragnehmern eingeht, die wegen einer unangemessenen Preiskalkulation in die Gefahr geraten, ihren Leistungsverpflichtungen nicht (mehr) nachkommen zu können. Konkurrierende Bieter können sich nur im Ausnahmefall auf die Verletzung dieser Vorschrift berufen.[21] Ist sodann die nächste und letzte Wertungsstufe erreicht, geht es um den eigentlichen Kern der Auswahlentscheidung, nämlich die Ermittlung des **wirtschaftlichsten Angebots**. Die Wertung erfolgt anhand der im Vorhinein, nämlich bereits in der Bekanntmachung oder später in den Vergabeunterlagen, allen Bietern

---

19 VK Bund, Beschl. v. 15.8.2008 – VK 3 – 107/08: Ist eine therapeutische Austauschbarkeit bei bestimmten Arzneimitteln, die einen speziellen Anwendungsbereich haben, nicht möglich, besteht zB die Möglichkeit der Losbildung; s. ausf. zur Ausschreibungspflicht: Schickert, PharmR 2009, 164, 172; s.a. Wille, A&R 2008, 164, 165.
20 VK Bund, Beschl. v. 22.8.2008 – VK 2 – 73/08;.
21 Siehe hierzu Kulartz/Marx/Portz/Prieß/*Dicks*, § 25 VOL/A Rn 148 mwN.

mitgeteilten Wertungskriterien (inklusive ihrer Rangfolge und Gewichtung).[22] Die Angebotswertung darf in diesem Stadium keine Elemente der Eignungsprüfung oder -bewertung mehr berücksichtigen (denn die Eignungsprüfung ist zu diesem Zeitpunkt bereits abgeschlossen).

Der gesamte Prozess des Vergabeverfahrens ist von seinem Beginn an (einschließlich Vorüberlegungen und Planung vor der europaweiten Bekanntmachung) bis zur Wertungsentscheidung vom öffentlichen Auftraggeber zu dokumentieren (sog. Vergabevermerk, § 30 VOL/A). Diese Dokumentationspflicht dient u.a. der späteren Überprüfung im Rahmen eines Nachprüfungsverfahrens. **15**

Alle Bieter sind vor der beabsichtigten Vergabe über den Namen des Unternehmens, dessen Angebot angenommen werden soll, über die Gründe der vorgesehenen Nichtberücksichtigung ihres Angebots und über den frühesten Zeitpunkt des Vertragsschlusses schriftlich zu informieren (sog. **Informations- und Wartepflicht**, § 101 a GWB). Der Vertragsschluss darf erst 10 bzw 15 Kalendertage nach Absendung dieser Information erfolgen.[23] Ein Verstoß gegen die Wartefrist bewirkt eine sog. schwebende Unwirksamkeit des Vertrages (§ 101 b GWB). Innerhalb eines Zeitkorridors von höchstens sechs Monaten (vgl Einschränkungen in § 101 b GWB) kann der Vertragsschluss durch ein Nachprüfungsverfahren vor der Vergabekammer überprüft werden. **16**

C. Rechtsschutz gegen Zuschlagsentscheidungen/Nachprüfungsverfahren

I. Allgemeine Voraussetzungen

Vergabeverfahren über den Schwellenwerten unterliegen der Nachprüfung durch die Vergabekammern des Bundes bzw der Länder. Die Unternehmen haben einen einklagbaren Anspruch darauf, dass der Auftraggeber die Bestimmungen über das Vergabeverfahren einhält (§ 97 Abs. 7 GWB). Zuständige Vergabekammer für den Bereich der bundesunmittelbaren gesetzlichen Krankenkassen ist die **Vergabekammer des Bundes** (beim Bundeskartellamt in Bonn).[24] Für landesunmittelbare gesetzliche Krankenkassen (also die Allgemeinen Ortskrankenkassen) ist trotz ihrer Kontrolle durch die Bundesländer davon auszugehen, dass aufgrund ihrer mittelbaren Finanzierung durch Bundesgesetz, jedenfalls nach Einführung des Gesundheitsfonds, ebenfalls eine Zuordnung zum Bund erfolgen kann und damit auch eine Zuständigkeit der Vergabekammer des Bundes anzunehmen ist.[25] Da aber daneben die Aufsicht der Länderbehörde besteht, ist eine parallele Zuständigkeit der Vergabekammern der Länder nicht ausgeschlossen. Bei länderübergreifenden Beschaffungen sind die Auftraggeber verpflichtet, in der Vergabebekanntmachung nur eine zuständige Vergabekammer zu benennen, § 106 a Abs. 3 S. 2 GWB. Ist eine Bestimmung der zuständigen Kammer gem. § 106 a Abs. 1 und 2 iVm § 104 Abs. 1 GWB nicht möglich, hat der Antragsteller die Wahl, an welche Vergabekammer er seinen Nachprüfungsantrag richtet.[26] **17**

Im Hinblick auf kartellrechtliche Vorschriften ist der Rechtsweg in das vergaberechtliche Nachprüfungsverfahren nicht eröffnet. **Gegenstand eines Nachprüfungsverfahrens** ist allein die Verletzung von bieterschützenden Bestimmungen über das Vergabeverfahren. Dies **18**

---

22 Als Wertungskriterien kommen gem. § 25 a Nr. 1 Abs. 1 VOL/A verschiedene durch den Auftragsgegenstand gerechtfertigte Kriterien in Betracht, zB Qualität, Preis, technischer Wert, Ästhetik, Zweckmäßigkeit, Umwelteigenschaften, Betriebskosten, Rentabilität, Kundendienst und technische Hilfe, Lieferzeitpunkt und Lieferungs- oder Ausführungsfrist.
23 Die kürzere Frist gilt bei Versendung der Information per Fax oder auf elektronischem Weg.
24 Siehe Abgrenzung der Zuständigkeit der Vergabekammern gem. § 106 a GWB.
25 Inzident ableitbar nunmehr auch aus: EuGH, Urt. v. 11.6.2009 – C-300/07 (zum Begriff des öffentlichen Auftraggebers, s. § 47 Rn 5§.
26 Kularz/Kus/Portz/*Portz*, § 106 a Rn 23.

ergibt sich aus §§ 107 Abs. 2 S. 1, 97 Abs. 7 GWB. Die Verletzung von Vorschriften des Kartellrechts stellen insoweit Verstöße außerhalb des Vergabeverfahrens dar und können nicht zum Gegenstand eines Nachprüfungsverfahrens gemacht werden.[27] Gemäß § 104 Abs. 2 S. 2 GWB bleiben aber die Befugnisse der Kartellbehörden von der Rechtswegkonzentration des Nachprüfungsverfahrens unberührt. Das heißt, dass die **Zuständigkeit der Kartellbehörden** für die Verfolgung und Ahndung von Kartellrechtsverstößen grundsätzlich **parallel zum Nachprüfungsverfahren** bestehen bleibt. Im Bereich des SGB V ergibt sich für die gesetzliche Krankenversicherung durch die abschließende Anwendungsregelung des § 69 Abs. 2 SGB V, mit Verweis auf eine entsprechende Anwendbarkeit der Missbrauchsvorschriften in §§ 19 bis 21 GWB, allerdings eine „beschnittene" Zuständigkeit der Aufsichtsbehörden für das deutsche Kartellrecht. Das Kartellverbot (§ 1 GWB) hat der Bundesgesetzgeber außer Kraft gesetzt. Einkaufskooperationen gesetzlicher Krankenkassen unterfallen damit nur der Missbrauchsaufsicht, nicht aber dem Kartellverbot. Ein Verstoß gegen das europäische Kartellverbot (Art. 101 AEUV; ehemals Art. 81 EGV) scheitert hingegen an der fehlenden Unternehmenseigenschaft der gesetzlichen Krankenkassen iSd gemeinschaftsrechtlichen Kartellrechts.[28]

II. Einleitung und Ablauf eines Nachprüfungsverfahrens

19 **Voraussetzungen** für die Einleitung eines Nachprüfungsverfahrens sind:[29]

- Der Bieter ist **antragsbefugt**. Er muss ein Interesse am Auftrag haben und eine Verletzung in seinen Rechten nach § 97 Abs. 7 GWB geltend machen. Er hat darzulegen, dass ihm durch die behauptete Verletzung der Vergabevorschriften ein Schaden entstanden ist oder zu entstehen droht.

- Der Bieter muss den geltend gemachten Vergabeverstoß gem. § 107 Abs. 3 GWB **rechtzeitig gerügt** haben, andernfalls ist sein Nachprüfungsantrag prozessual unzulässig. Der Bieter ist nach dem Gesetz verpflichtet, sobald er den Vergabefehler erkannt hat, unverzüglich gegenüber dem Auftraggeber zu rügen. Verstöße, die aufgrund der Bekanntmachung oder in den Vergabeunterlagen erkennbar sind, müssen bis spätestens zum Ablauf der in der Vergabebekanntmachung benannten Frist zur Angebotsabgabe oder Bewerbung gerügt werden.

- Der Zuschlag ist noch **nicht wirksam erteilt** worden (Ausnahme: schwebende Unwirksamkeit bei Verstoß gegen die Informations- und Wartepflicht bzw bei sog. De-facto-Vergaben, dh ohne förmliches Vergabeverfahren erfolgte Vertragsschlüsse). Der Termin für die beabsichtigte Zuschlagsentscheidung ergibt sich aus dem Informationsschreiben. Eine **weitere Ausschlussfrist** ergibt sich aus einer Mitteilung des Auftraggebers, einer Rüge (die beispielsweise schon früh im Verlauf des Vergabeverfahrens ausgesprochen wurde) nicht abhelfen zu wollen. Hier muss der Nachprüfungsantrag innerhalb von 15 Kalendertagen nach Eingang gestellt werden.

- Das Nachprüfungsverfahren ist **kostenpflichtig**. Die Mindestgebühr beträgt 2.500 € und muss vor der Übermittlung des Nachprüfungsantrags an den öffentlichen Auftraggeber durch die Vergabekammer (dh vor Auslösung des Zuschlagsverbots, dem eigentlichen

---

27 LSG NRW, Beschl. v. 26.3.2009 – L 21 KR 26/09 SFB unter Bezugnahme auf LSG Baden-Württemberg, Beschl. v. 23.1.2009 – L 11 WB 5971/08 und OLG Düsseldorf, Beschl. v. 10.4.2002 – Verg 6/02.
28 LSG NRW, Beschl. v. 26.3.2009 – L 21 KR 26/09 SFB unter Bezugnahme auf EuGH, Urt. v. 16.3.2004 – C-264/01 sowie EuGH, Urt. v. 5.3.2009 – C-350/07.
29 Ausführliche Informationen unter <www.bundeskartellamt.de>, Merkblatt und Checkliste zum Nachprüfungsverfahren; zum Verfahren nach der Vergaberechtsnovelle 2009: Brauer, NZBau 2009, 297 ff.

C. Rechtsschutz gegen Zuschlagsentscheidungen/Nachprüfungsverfahren

„Beginn" des Nachprüfungsverfahrens)[30] als Vorschuss gezahlt werden. Es besteht keine Anwaltspflicht.

Das antragstellende Unternehmen hat ein Recht auf **Akteneinsicht** in die Vergabeakte. Die Akteneinsicht ist allerdings eingeschränkt, soweit Betriebs- und Geschäftsgeheimnisse oder Gründe des Geheimschutzes dies erfordern (§ 111 Abs. 2 GWB). Daneben lädt die Vergabekammer von Amts wegen das Unternehmen bei, dessen Interessen durch die Entscheidung schwerwiegend berührt werden (idR der oder die Zuschlagskandidaten). Dem **Beigeladenen** stehen alle prozessualen Rechte zu. Je nach Intensität seiner Beteiligung kann er an der Kostentragung bzw -erstattung (zu seinen Gunsten) im Verfahren beteiligt werden. 20

Die Vergabekammer unterliegt dem sog. Beschleunigungsgebot (§ 113 GWB). Dies bedeutet, dass sie die vom Gesetzgeber vorgesehene kurze Verfahrensdauer von nur **fünf Wochen** seit Eingang des Antrags einhalten muss. In dieser Zeit muss die mündliche Verhandlung anberaumt und durchgeführt sowie die schriftliche Entscheidung gefällt worden sein.[31] 21

Gegen die Entscheidung der Vergabekammer können die Beteiligten binnen einer Frist von zwei Wochen **sofortige Beschwerde** einlegen. In Angelegenheiten nach § 69 SGB V, also bei Arzneimittelrabattverträgen, ist das entsprechende Landessozialgericht zuständig (116 Abs. 3 S. 1 Hs 2 GWB).[32]

---

[30] Rechtlicher Beginn und damit kostenpflichtiger Beginn des Nachprüfungsverfahrens ist allerdings bereits die Einreichung des Nachprüfungsantrags bei der Vergabekammer – unabhängig davon, ob dieser unzulässig ist.
[31] Die Beschlüsse der Vergabekammern des Bundes sind in anonymisierter Fassung unter <www.bundeskartellamt.de> als pdf-Dateien abrufbar.
[32] Im Übrigen sind die Oberlandesgerichte für sofortige Beschwerden gegen Entscheidungen der Vergabekammern zuständig.

§ 48 Kartellrechtliche Grenzen des Arzneimittelvertriebs

Literatur: *Bechtold*, Kartellgesetz, Gesetz gegen Wettbewerbsbeschränkungen, Kommentar, 5. Auflage 2008; *Bechtold/Bosch/Brinker/Hirsbrunner*, EG-Kartellrecht, Kommentar, 2005; *Immenga/Mestmäcker*, GWB, Kommentar zum Kartellgesetz, 4. Auflage, 2007; *Immenga/Mestmäcker*, Wettbewerbsrecht, Kommentar zum Europäischen Kartellrecht, Band 1, EG/Teil 1, 4. Auflage 2007; *Koenig/Engelmann*, Parallelhandelsbeschränkungen im Arzneimittelbereich auf dem Prüfstand des Art. 82 EG, GRUR 2005, 304; *Liebscher/Flohr/Petsche*, Handbuch der EU-Gruppenfreistellungsverordnungen, 2003; *Münchener Kommentar zum Europäischen und Deutschen Wettbewerbsrecht (Kartellrecht)*, 3 Bde., hrsg. von Hirsch/Montag/Säcker, 2007 ff (zitiert: MüKoWettbR/*Bearbeiter*); *Schultze/Pautke/Wagener*, Die Gruppenfreistellungsverordnung für Technologietransfer-Vereinbarungen, Praxiskommentar, 2005; *Schultze/Pautke/Wagener*, Vertikal-GVO, Praxiskommentar, 2. Auflage 2008; *Wauschkuhn*, Der Vertragshändlervertrag, 3. Auflage 2009; *Wiedemann*, Handbuch des Kartellrechts, 2. Auflage 2008; *Wiemer*, Informationsaustausch im Vertikalverhältnis, WuW 2009, 750.

A. Einführung ... 1	aa) Preisbindung ... 25
B. Kartellverbot und Missbrauchsaufsicht – Die Bedeutung des deutschen und europäischen Kartellrechts beim Vertrieb von Arzneimitteln ... 3	bb) Gebiets- und Kundenbeschränkungen ... 28
I. Deutsches und europäisches Kartellverbot – Kartellrechtliche Grenzen und Möglichkeiten in Vertriebsverträgen für Arzneimittel ... 5	b) Nicht freigestellte Beschränkungen und zulässige Gestaltungsalternativen ... 34
1. Das Kartellverbot des Art. 101 AEUV und des § 1 GWB ... 5	aa) Wettbewerbsverbot ... 35
2. Legalausnahme und Gruppenfreistellung ... 6	bb) Mindestabnahmepflicht ... 36
a) Anwendbarkeit der „richtigen" Gruppenfreistellungsverordnung ... 11	cc) Direktbezugsverpflichtung ... 37
b) Ermittlung des kommerziellen Fokus der Vereinbarung ... 12	4. „Settlement"- und „Early-Entry"- Vereinbarungen zwischen Originalpräparate- und Generikaherstellern ... 38
c) Abgrenzung des relevanten Marktes ... 14	5. Vertrieb zwischen Wettbewerbern ... 39
d) Identifikation des Wettbewerbsverhältnisses zwischen den Parteien ... 19	a) Keine automatische Freistellung, sondern Beurteilung nach Horizontal-Leitlinien ... 40
e) Ermittlung von Marktanteilen ... 21	b) Risikofaktor Informationsaustausch ... 41
f) Prüfung der Vereinbarung anhand der einschlägigen GVO bzw Selbsteinschätzung nach der Legalausnahme ... 22	c) Marketing-Komitees oder sonstige vertragliche Arbeitsgruppen ... 42
3. Typische Vertragsbeschränkungen in Arzneimittelvertriebsverträgen zwischen Nicht-Wettbewerbern im Anwendungsbereich der Vertikal-GVO ... 23	d) Co-Promotion ... 43
	II. Bedeutung des kartellrechtlichen Missbrauchsverbots beim Vertrieb von Arzneimitteln für ausgewählte einseitige Verhaltensweisen ... 44
	1. Normadressatenschaft ... 45
	2. Missbräuchliches Verhalten ... 47
a) Kernbeschränkungen und praxisrelevante Ausnahmen ... 24	a) Drehtüreffekt ... 51
	b) Rabattstrukturen und Koppelungen ... 52
	c) Missbrauch von Patent- und Verfahrensrechten ... 55
	d) Mengenmanagementsysteme ... 59

A. Einführung

1 Pharmaunternehmen stehen eine Vielzahl von Vertriebsmöglichkeiten und Vertriebswegen offen. Dazu zählen Belieferungs- und Vertriebsvereinbarungen mit Länderdistributoren, Großhandelsverträge, industriespezifische Vertriebsvereinbarungen wie Mitvertrieb, Co-Marketing oder Co-Promotion, aber auch Vertriebsregelungen infolge von Ein- oder Auslizensierungen oder im Anschluss an Forschungs- und Entwicklungsvereinbarungen. All diese Vereinbarungen beinhalten typischerweise Regelungen, die einem oder beiden Vertragspartnern bestimmte Beschränkungen ihrer wettbewerblichen Handlungsfreiheit aufer-

legen, zB im Hinblick auf das Gebiet oder die Kunden, an die vertrieben oder nicht vertrieben werden soll, den gleichzeitigen Vertrieb von Wettbewerbsprodukten, Abnahmeverpflichtungen uÄ. Die Zulässigkeit derartiger **wettbewerbsbeschränkender Vereinbarungen** bestimmt sich nach dem **europäischen und/oder nationalen Kartellverbot** (siehe dazu Rn 5 ff). Kartellrecht kann darüber hinaus auch bei der Beurteilung **einseitiger Verhaltensweisen** pharmazeutischer Unternehmen im Zusammenhang mit dem Vertrieb von Arzneimitteln eine Rolle spielen, sofern das Pharmaunternehmen über eine bestimmte **Marktmacht** verfügt. Zu denken ist hier an Fragen der Preis-, Rabatt- und Konditionengestaltung, aber auch an industriespezifische Absatzkonzepte wie zB die sog. Mengenmanagement-Systeme (siehe dazu Rn 44 ff).

Die Konsequenzen bei Nichteinhaltung kartellrechtlicher Regeln sind, nicht zuletzt aufgrund der spektakulären Bußgelder der Europäischen Kommission, in aller Munde.[1] Die Bedeutung der Einhaltung von Kartellrecht, auch bei Absatzstrategien für Arzneimittel, hat die Kommission durch ihre großangelegte Untersuchung des Arzneimittelsektors auf wettbewerbliche Defizite unterstrichen („**Arzneimittelsektoruntersuchung**"). Die Kommission hatte im Januar 2008 durch die unangekündigte Durchsuchung verschiedener Pharmaunternehmen und eine daran anschließende, schriftliche Befragung von einer Vielzahl von Originalpräparate- und Generikaherstellern eine umfassende Durchleuchtung des Pharmasektors in Europa eingeleitet, um den Ursachen der vermeintlich abnehmenden Zahl innovativer, marktreifer Arzneimittel und dem verzögerten Eintritt von generischen Produkten auf den Grund zu gehen.[2] Die Ergebnisse dieser Untersuchung hat die Kommission am 8.7.2009 in einem Bericht veröffentlicht („**Abschlussbericht Arzneimittelsektoruntersuchung**").[3]

B. Kartellverbot und Missbrauchsaufsicht – Die Bedeutung des deutschen und europäischen Kartellrechts beim Vertrieb von Arzneimitteln

Das deutsche und das europäische Kartellrecht basieren auf den gleichen Prinzipien: **Zwei- oder mehrseitige Vereinbarungen**, die ein spürbares Potenzial zur Wettbewerbsbeschränkung haben, beurteilen sich nach dem Kartellverbot (§ 1 GWB, Art. 101 AEUV [ehemals Art. 81 EGV]). **Einseitige Verhaltensweisen** unterfallen nur dann der Kontrolle durch das Kartellrecht, wenn sie eine **missbräuchliche Ausnutzung von Marktmacht** darstellen (§§ 19, 20 GWB, Art. 102 AEUV [ehemals Art. 82 EGV]). Während das deutsche Kartellrecht seit der 7. GWB-Novelle im Jahr 2005 im Hinblick auf die Beurteilung zwei- oder mehrseitiger Wettbewerbsbeschränkungen fast vollständig an das europäische Kartellrecht angeglichen

---

[1] Zuletzt verhängte die Kommission am 13.5.2009 das bisher höchste Einzelbußgeld von 1,06 Mrd. € gegen den Chip-Hersteller Intel wegen einer kartellrechtswidrigen Rabattstrategie, Pressemitteilung IP/09/745; am 8.7.2009 verhängte die Kommission je 553 Mio. € gegen die Unternehmen E.ON und Gaz de France wegen der Aufteilung der Gasmärkte in Frankreich und Deutschland, Pressemitteilung IP/09/1009.

[2] Die über ein Jahr währende Befragung von 43 Originalpräparateherstellern und 27 Generikaherstellern, bezüglich 219 Wirkstoffen für den Zeitraum 2000 bis 2007, auf die im Jahre 2007 etwa 50 % des EU-Gesamtumsatzes mit verschreibungspflichtigen Arzneimitteln entfielen, stellte die bis dahin größte Sektoruntersuchung der Kommission überhaupt dar. Nicht im Fokus der Untersuchung standen Vertriebsverträge oder Parallelhandelshindernisse sowie der intra-generische Wettbewerb. Zu beachten ist, dass die Kommission zu den kartellrechtlichen Schwächen des Arzneimittelvertriebs derzeit eine weitere Untersuchung des Arzneimittelsektors durchführt. Siehe dazu die Arbeitsunterlage der Kommissionsdienststellen „Market Monitoring: State of Play and Envisaged Follow-up", derzeit abrufbar unter <http://ec.europa.eu/economy_finance/publications/publication13688_en.pdf>.

[3] Siehe Mitteilung der Kommission – Zusammenfassung des Berichts über die Untersuchung des Arzneimittelsektors, abrufbar unter <http://ec.europa.eu/competition/sectors/pharmaceuticals/inquiry/communication_de.pdf>.

ist, bestehen im Hinblick auf die Beurteilung einseitiger Verhaltensweisen nach deutschem Kartellrecht weitergehende Eingriffsmöglichkeiten als im europäischen Kartellrecht.[4]

4 Die Anwendbarkeit deutschen und europäischen Kartellrechts bestimmt sich (wie auch die Anwendbarkeit der meisten Kartellrechtsordnungen weltweit) nach dem **Auswirkungsprinzip**: Weist eine Vereinbarung oder Verhaltensweise ein Potenzial zur spürbaren Wettbewerbsbeschränkung in Europa/in Deutschland auf, ist das europäische bzw deutsche Kartellrecht anwendbar und zwar unabhängig vom Willen der Vertragsparteien bzw der von diesen getroffenen Rechtswahl. Für die Anwendbarkeit von deutschem oder europäischem Kartellrecht ist es somit irrelevant, ob ein oder alle an einer beschränkenden Vereinbarung bzw einem ebensolchen Verhalten beteiligten Unternehmen ihren Sitz in Deutschland oder Europa haben, sofern ihr Verhalten den deutschen bzw europäischen Markt betrifft. Umgekehrt bedeutet dies auch: Wettbewerbsbeschränkungen, die keinerlei Auswirkungspotenzial auf Europa/Deutschland haben, unterliegen nicht dem Anwendungsbereich europäischen/deutschen Kartellrechts, ggf aber der Kartellrechtsordnung eines anderen Landes.

Deutsches und europäisches Kartellrecht sind **grundsätzlich nebeneinander** anwendbar, wobei die Anwendung europäischen Kartellrechts im Konfliktfalle vorgeht.[5] Europäisches Kartellrecht ist auch für deutsche Behörden und Gerichte unmittelbar anwendbares Recht.

I. Deutsches und europäisches Kartellverbot – Kartellrechtliche Grenzen und Möglichkeiten in Vertriebsverträgen für Arzneimittel

1. Das Kartellverbot des Art. 101 AEUV und des § 1 GWB

5 Das **europäische Kartellverbot** des Art. 101 Abs. 1 AEUV (ehemals Art. 81 Abs. 1 EGV) verbietet Vereinbarungen, abgestimmte Verhaltensweisen und Beschlüsse zwischen Unternehmen und Unternehmensvereinigungen, die (1.) eine spürbare[6] Wettbewerbsbeschränkung bezwecken oder bewirken und die (2.) geeignet sind, den Handel zwischen den Mitgliedstaaten spürbar[7] zu beeinträchtigen. Bis auf die Eignung zur Beschränkung des zwischenstaatlichen Handels ist das europäische Kartellverbot mit dem deutschen Kartellverbot des § 1 GWB wortgleich. Auch vom **deutschen Kartellverbot** sind nur spürbare Wettbewerbsbeschränkungen erfasst.[8]

Vereinbarungen, die gegen Art. 101 Abs. 1 AEUV (ehemals Art. 81 Abs. 1 EGV) bzw § 1 GWB verstoßen, ohne dass die Voraussetzungen der sog. **Legalausnahme** gemäß Art. 101 Abs. 3 AEUV (ehemals Art. 81 Abs. 3 EGV) bzw § 2 Abs. 1 GWB erfüllt sind, sind gemäß Art. 101 Abs. 2 AEUV (ehemals Art. 81 Abs. 2 EGV) bzw § 1 GWB, § 134 BGB nichtig und

---

4 Das deutsche GWB kennt neben der Kontrolle einseitiger Verhaltensweisen durch marktbeherrschende Unternehmen auch die Verhaltenskontrolle „marktstarker" Unternehmen. Dies sind Unternehmen, von denen kleine und mittlere Unternehmen als Anbieter oder Nachfrager ohne zumutbare Ausweichmöglichkeit abhängig sind, § 20 Abs. 2 GWB. Ausführlich dazu Lübbert in: Wiedemann, Handbuch des Kartellrechts, § 25 Rn 5 ff. Auf diesen deutschen Sondertatbestand wird jedoch im Folgenden aus Platzgründen nicht näher eingegangen.
5 Art. 3 Abs. 2 S. 1 VO Nr. 1/2003; § 22 Abs. 2 S. 1 GWB.
6 Die Kommission geht gemäß ihrer sog. Bagatellbekanntmachung davon aus, dass es an einer spürbaren Wettbewerbsbeschränkung fehlt, wenn eine Vereinbarung keine „Kernbeschränkungen" enthält und die Marktanteile der an der Vereinbarung beteiligten Unternehmen 15 % zwischen Nicht-Wettbewerbern und 10 % zwischen Wettbewerbern nicht überschreiten. Bekanntmachung der Kommission über die Vereinbarung von geringer Bedeutung, die den Wettbewerb gemäß Art. 81 Abs. 1 des Vertrages nicht spürbar beschränkt (de minimis), ABl. EG 2001 Nr. C 368/13.
7 Zur Ermittlung der spürbaren Beschränkung des zwischenstaatlichen Handels: Bekanntmachung der Kommission, Leitlinien über den Begriff der Beeinträchtigung des Zwischenstaatlichen Handels in den Art. 81 und 82 des Vertrages, ABl. EG 2004 Nr. C 101/81.
8 Zur Frage der Spürbarkeit einer Wettbewerbsbeschränkung nach dem GWB: Bekanntmachung Nr. 18/2007 des Bundeskartellamtes über die Nichtverfolgung von Kooperationsabreden mit geringer wettbewerbsbeschränkender Bedeutung („Bagatellbekanntmachung") v. 13.3.2007.

können nach Art. 23 Abs. 2 lit. a VO (EG) Nr. 1/2003 von der Kommission bzw nach § 81 Abs. 1, 2, 4 GWB vom deutschen Bundeskartellamt mit **Bußgeldern** von bis zu 10 % des weltweiten Konzernumsatzes der an der Vereinbarung beteiligten Unternehmen belegt werden.[9]

Die **Nichtigkeit** vertraglicher Vereinbarungen nach EU- bzw deutschem Kartellrecht betrifft grundsätzlich nur die wettbewerbsbeschränkenden Klauseln. Das Schicksal der restlichen Vereinbarung bestimmt sich nach nationalem Recht, dh nach § 139 BGB, wobei die Parteien oft vertragliche Regelungen zur Wirksamkeit des Restvertrages in Form salvatorischer Klauseln getroffen haben werden.[10]

2. Legalausnahme und Gruppenfreistellung

Die **Legalausnahme** des Art. 101 Abs. 3 AEUV/§ 2 Abs. 1 GWB sieht vor, dass von Art. 101 Abs. 1 AEUV bzw § 1 GWB erfasste Wettbewerbsbeschränkungen dann vom Kartellverbot ausgenommen und folglich wirksam durchsetzbar sind, wenn – wie die Kommission in ihren Leitlinien zur Anwendung von Art. 81 Abs. 3 EGV[11] („Art. 81 Abs. 3 – Leitlinien"; nunmehr Art. 101 Abs. 3 AEUV) vereinfacht zusammenfasst – die **wettbewerbsfördernden Auswirkungen die negativen Auswirkungen auf den Wettbewerb überwiegen**.[12] In der Praxis ist die nach der Legalausnahme des Art. 101 Abs. 3 AEUV bzw § 2 Abs. 1 GWB vorzunehmende Selbsteinschätzung jedoch mit vielen Unwägbarkeiten behaftet: Sie setzt regelmäßig eine umfassende ökonomische Analyse des jeweiligen Markt- und Wettbewerbsumfelds durch die an der Vereinbarung beteiligten Unternehmen voraus. Entsprechend groß ist deshalb die praktische Bedeutung der sog. **Gruppenfreistellungsverordnungen** („**GVOen**"). GVOen sind Rechtsverordnungen der Europäischen Kommission, in denen die Voraussetzungen formuliert sind, unter denen wettbewerbsbeschränkende Vereinbarungen in typischen Vertragskonstellationen automatisch vom Kartellverbot freigestellt sind. Den GVOen kommt damit die Rolle eines **sicheren Hafens** (*„safe harbour"*) zu. Oder rechtlich ausgedrückt: Ist eine beschränkende Vereinbarung durch eine GVO erfasst, sind die Parteien von ihrer Verpflichtung nach Art. 2 VO (EG) Nr. 1/2003 entbunden nachzuweisen, dass ihre individuellen, vertraglichen Beschränkungen sämtliche Voraussetzungen der Legalausnahme erfüllen. Sie müssen lediglich beweisen, dass die Vereinbarung unter die jeweilige GVO fällt.[13]

---

[9] Die konkrete Bußgeldberechnung erfolgt nach den jeweiligen Bußgeldleitlinien der Europäischen Kommission bzw des Bundeskartellamtes. Für die Kommission: Leitlinien für das Verfahren zur Festsetzung von Geldbußen gemäß Artikel 23 Abs. 2 Buchstabe a) der Verordnung Nr. 1/2003, ABl. EU 2006 Nr. C 210/02; für das BKarA: Bekanntmachung Nr. 38/2006 über die Festsetzung von Geldbußen nach § 81 Abs. 4 Satz 2 des Gesetzes gegen Wettbewerbsbeschränkungen (GWB) gegen Unternehmen und Unternehmensvereinigungen – Bußgeldleitlinien – v. 15.9.2005.

[10] Siehe zur Beweislast für die Darlegung der Gesamtnichtigkeit im Falle einer salvatorischen Klausel: BGH, Urt. v. 24.9.2002, WuW/DE-R 1031 – Tennishallenpacht, unter Aufgabe seiner früheren Rspr in Urt. v. 8.2.1994, WuW/E BGH 2909, 2913 – Pronuptia II.

[11] Bekanntmachung der Kommission, Leitlinien zur Anwendung von Art. 81 Abs. 3 EG-Vertrag, ABl. EG 2004 Nr. C 101/8, Rn 35 Satz 4 (nunmehr Art. 101 Abs. 3 AEUV).

[12] Art. 81 Abs. 3 – Leitlinien (s. vorherige Fn), Rn 33 Satz 3; dies ist der Fall, wenn die Parteien einer beschränkenden Vereinbarung nachweisen können, dass die folgenden *vier Voraussetzungen* des Art. 81 Abs. 3 EGV (nunmehr Art. 101 Abs. 3 AEUV) vollständig erfüllt sind: a) Die Wettbewerbsbeschränkungen dienen der Verbesserung der Warenerzeugung oder -verteilung oder der Förderung des technischen oder wirtschaftlichen Fortschritts – b) Die Verbraucher werden am Gewinn angemessen beteiligt – c) Die Wettbewerbsbeschränkungen sind für die Verwirklichung dieser Ziele unerlässlich – d) Die Vereinbarung eröffnet den Parteien nicht die Möglichkeit, für einen wesentlichen Teil der betreffenden Waren den Wettbewerb auszuschalten.

[13] Art. 81 Abs. 3 – Leitlinien, Rn 35 Satz 4 (nunmehr Art. 101 Abs. 3 AEUV).

§ 48 Kartellrechtliche Grenzen des Arzneimittelvertriebs

7 Die wichtigsten GVOen im Zusammenhang mit der Prüfung von Verträgen zum Arzneimittelvertrieb sind:
- Die Verordnung (EG) Nr. 2790/1999 der Kommission über die Anwendung von Artikel 81 Absatz 3 des Vertrages auf Gruppen von vertikalen Vereinbarungen und aufeinander abgestimmte Verhaltensweisen („**Vertikal-GVO**");[14]
- Die Verordnung (EG) Nr. 772/2004 der Kommission über die Anwendung von Artikel 81 Absatz 3 EG-Vertrag auf Gruppen von Technologietransfer-Vereinbarungen („**TT-GVO**");[15]
- Die Verordnung (EG) Nr. 2659/2000 der Kommission über die Anwendung von Artikel 81 Absatz 3 des Vertrages auf Gruppen von Vereinbarungen über Forschung und Entwicklung („**F&E-GVO**").[16]

8 Die Vertikal-GVO läuft zum 30.5.2010 aus und wird deshalb in Kürze durch eine Nachfolgeregelung ersetzt. Die Kommission hat zu den Reformvorschlägen für die Vertikal-GVO und den Vertikal-Leitlinien am 28.7.2009 ein Konsultationspapier mit Entwurfsvorschlägen für eine überarbeitete Vertikal-GVO und überarbeitete Vertikal-Leitlininien vorgelegt.[17] Obgleich diese Vorschläge bis zum Inkrafttreten der neuen GVO noch Änderungen unterliegen können, wird in Ermangelung des finalen Textes der neuen Vertikal-GVO bis Drucklegung – soweit für die hier diskutierten Themen einschlägig – auf die Entwürfe der Kommission Bezug genommen.

Zu all diesen GVOen bestehen **Leitlinien**, die sich sowohl mit der Frage befassen, wie die jeweiligen GVOen anzuwenden sind, als auch praktische Hilfe bei der Beurteilung von Vereinbarungen geben, die außerhalb des Anwendungsbereichs der jeweiligen GVO liegen.[18]

9 Mittlerweile gehen alle GVOen von der gleichen Regelungs- bzw Freistellungssystematik für wettbewerbsbeschränkende Vereinbarungen aus, die regelmäßig als „**Schirmtechnik**" bezeichnet wird: Danach sind innerhalb bestimmter Marktanteilsgrenzen alle, in den Anwendungsbereich der jeweiligen GVO fallenden, beschränkenden Vereinbarungen freigestellt, sofern sie in der jeweiligen GVO nicht explizit als unzulässige Kernbeschränkungen bzw als nicht freigestellte Beschränkungen aufgeführt sind.[19] **Kernbeschränkungen** stellen dabei schwerwiegende Wettbewerbsbeschränkungen dar, die sowohl die Anwendbarkeit der GVO selbst, als auch regelmäßig die Freistellung der Vereinbarung auf Grundlage der Legalausnahme des Art. 101 Abs. 3 AEUV (ehemals Art. 81 Abs. 3 EGV) bzw § 2 Abs. 1 GWB ausschließen.[20] **Nicht freigestellte Beschränkungen** sind weniger schwerwiegende Wettbewerbsbeschränkungen, die zwar nicht mehr von einer GVO erfasst und damit „automatisch" freigestellt sind, für die ggf aber eine Freistellung möglich ist, wenn die Parteien

---

[14] ABl. EG 1999 Nr. L 336/21.
[15] ABl. EG 2004 Nr. L 123/11.
[16] ABl. EG 2000 Nr. L 304/7.
[17] Die Diskussionsentwürfe für eine überarbeiteten Vertikal-GVO sowie für überarbeitete Vertikal-Leitlinien können gegenwärtig abgerufen werden unter: <http://ec.europa.eu/competition/consultations/2009_vertical_agreements/draft_regulation_de.pdf>; <http://ec.europa.eu/competition/consultations/2009_vertical_agreements/draft_notice_de.pdf>.
[18] Mitteilungen der Kommission: Leitlinien für vertikale Beschränkungen, ABl. EG 1999 Nr. C 291/1 („Vertikal-Leitlinien"); Leitlinien zur Anwendbarkeit von Artikel 81 EG-Vertrag auf Vereinbarungen über horizontale Zusammenarbeit, ABl. EG 2001 Nr. C 3/2 („Horizontal-Leitlinien"); Leitlinien zur Anwendung von Artikel 81 EG-Vertrag auf Technologietransfer-Vereinbarungen, ABl. EG 2004 Nr. C 101/2 („TT-Leitlinien").
[19] Zur Systematik von GVOen zB Schultze/Pautke/Wagener, Vertikal-GVO, Rn 13 ff.
[20] Bechtold/Bosch/Brinker/Hirsbrunner, EG-Kartellrecht, Art. 81 EG Rn 154; Immenga/Mestmäcker/*Fuchs*, GWB, § 2 Rn 44.

das Vorliegen der Voraussetzungen der Legalausnahme des Art. 101 Abs. 3 AEUV bzw § 2 Abs. 1 GWB individuell nachweisen.[21]

Die **GVOen** sind über § 2 Abs. 2 GWB auch im Geltungsbereich des deutschen Kartellrechts **unmittelbar anwendbares Recht**. Inwieweit die zu den GVOen von der Kommission entwickelten **Leitlinien** ebenfalls bindend sind, ist umstritten. Die wohl hM sieht in ihnen in erster Linie eine Selbstverpflichtung der Kommission ohne rechtliche Bindungswirkung für nationale Behörden und Gerichte.[22] In der Praxis ist ihre **faktische Bedeutung** jedoch **sehr hoch**.

a) Anwendbarkeit der „richtigen" Gruppenfreistellungsverordnung

Die Anwendung der „richtigen" GVO auf die jeweils zu beurteilenden Vereinbarung ist zentral: Dies liegt daran, dass **alle GVOen unterschiedliche Freistellungsvoraussetzungen** vorsehen und insbesondere die **Liste der Kernbeschränkungen voneinander abweicht**. In der Praxis bedeutet dies, dass die vertragliche Ausschöpfung der Freistellungsmöglichkeiten einer weiten, dh relativ umfangreiche Beschränkungen zulassende GVO, wie der TT-GVO, dazu führen würde, dass der Vertrag Kernbeschränkungen enthielte, sollte er tatsächlich nach einer anderen GVO, wie insbesondere der Vertikal-GVO zu beurteilen sein.[23]

b) Ermittlung des kommerziellen Fokus der Vereinbarung

Der erste wichtige Schritt bei der Ermittlung der einschlägigen GVO ist die Feststellung des **kommerziellen Fokus** oder **Hauptgegenstands** einer Vereinbarung. Dies ist vor allem im Arzneimittelvertrieb nicht unproblematisch, da neben den typischen Vertriebselementen im Vertrag nicht selten Regelungen zu Lizenzen (zB im Hinblick auf die Nutzung von Zulassungsunterlagen) oder Forschungs- und Entwicklungsarbeiten (etwa im Hinblick auf klinische Studien für die Marktzulassung) vorgesehen sind. Die in den jeweiligen Leitlinien enthaltenen Abgrenzungshilfen[24] tragen, genau wie die Bezeichnung der Vereinbarung, zur zutreffenden, kartellrechtlichen Einordnung in der Praxis oftmals wenig bei: So sehen viele „Lizenzvereinbarungen" zwar besagte Nutzungsregeln für die Zulassungsunterlagen vor, weisen aber einen klaren Belieferungs-/Vertriebsfokus ohne Herstellungselemente auf Seiten des "Lizenznehmers" auf und werden damit regelmäßig von der Vertikal-GVO und nicht etwa von der TT-GVO erfasst.[25]

Auf die Gefahr hin, die Sachlage zu sehr zu vereinfachen, soll die nachfolgende Darstellung einen groben Überblick über die auf typische Vertriebsstrukturen/-vereinbarungen in der Pharmabranche anwendbaren Wettbewerbsregeln bieten. Es versteht sich von selbst, dass diese Grobrasterung eine Einschätzung der konkreten Vereinbarung im Einzelfall nicht ersetzen kann:

---

21 Schultze/Pautke/Wagener, Vertikal-GVO, Rn 16 b ff.
22 Immenga/Mestmäcker/*Fuchs*, GWB, § 2 Rn 38 ff mwN; Kirchhoff in: Wiedemann, Handbuch des Kartellrecht, § 10 Rn 41.
23 Siehe dazu Schultze/Pautke/Wagener, Vertikal-GVO, Rn 343 ff.
24 Siehe zB TT-Leitlinien, Rn 56–64.
25 Schultze/Pautke/Wagener, Vertikal-GVO, Rn 353 a.

Vertragsfokus	Anwendbare Wettbewerbs-regeln	Relevante Markt-anteilsschwelle	Praxisbeispiel
Vertrieb/Lieferungs-vereinbarungen zwischen Nicht-Wettbewerbern[26]	Vertikal-GVO	30 % (Marktanteil des Lieferanten, und (voraussichtlich) des Käufers)[27]	häufig Vertrieb durch Länderdistributoren, Großhandelsvereinbarungen, Mitvertrieb, seltener Co-Marketing-Vereinbarungen
Vertrieb/Lieferungs-vereinbarungen zwischen Wettbewerbern[28]	Horizontal-Leitlinien	15 % (gemeinsam)	uU Vertrieb durch Länderdistributoren, häufig Co-Marketingvereinbarungen
Herstellung und Vertrieb nach Ein-/Auslizensierung[29]	TT-GVO	20 % (in Vereinbarungen zwischen Wettbewerbern) 30 % (in Vereinbarungen zwischen Nicht-Wettbewerbern)	„klassische" Patent- und oder Know-How Lizenzen in allen Phasen des Molekül-/Produktlebenszyklus

---

26 Erfasst sind Vertriebs- oder Belieferungsvereinbarungen zwischen Nicht-Wettbewerbern, in denen der Lieferant den Vertriebshändler mit dem fertigen Arzneimittel oder mit Halbfertigware beliefert. Letzteres allerdings nur, sofern für die Fertigstellung/Verblisterung/Verpackung des Arzneimittels keine IP-Rechte des Lieferanten übertragen werden.

27 Das am 28.7.2009 veröffentlichte Konsultationspapier der Kommission zur Reform der Nachfolgeregelung der Vertikal-GVO und der Vertikalen Leitlinien sieht vor, dass die Marktanteilsschwelle von 30 % künftig sowohl für den Lieferanten als auch für den Käufer/Vertreiber der Ware gilt. Der finale Text der Vertikal-GVO war bei Drucklegung jedoch noch nicht veröffentlicht.

28 Erfasst sind die gleichen Vereinbarungen wie in der ersten Spalte der Tabelle beschrieben, jedoch zwischen Wettbewerbern. Die Vertikal-GVO bleibt auf solche Vereinbarungen nur unter den Voraussetzungen des Art. 2 Abs. 4 Vertikal-GVO anwendbar.

29 Erfasst sind Ein- und Auslizensierung von Know-How und Patenten zur Herstellung von Arzneimitteln, die dann vom Lizenznehmer vertrieben werden. Vereinbarungen ohne Herstellungselement werden nicht von der TT-GVO erfasst; siehe zur Abgrenzung auch Schultze/Pautke/Wagener, Vertikal-GVO, Rn 349 ff.

Vertragsfokus	Anwendbare Wettbewerbsregeln	Relevante Marktanteilsschwelle	Praxisbeispiel
Gemeinsamer oder individueller Vertrieb nach gemeinschaftlicher Forschung und Entwicklung[30]	F&E-GVO	25 % (Vereinbarungen zwischen Wettbewerbern)	Kooperationsvereinbarungen zur gemeinsamen Forschung und Entwicklung in allen Phasen des Molekül-/ Produktlebenszyklus; Vereinbarungen zur gemeinsamen Durchführung von klinischen Studien
Belieferung mit Produkten, die vom Auftragnehmer auf Grundlage der IP Rechte des Auftraggebers ausschließlich für diesen gefertigt wurden.[31]	Zulieferbekanntmachung[32] ggf TT-GVO	Keine (sofern Zulieferbekanntmachung einschlägig)	Lohnherstellung
Vertrieb über Absatzmittler, die ohne Vertrags- und Geschäftsrisiken im Hinblick auf die vermittelten Produkte handeln, sondern gleichsam in die Vertrieborganisation des Herstellers eingegliedert sind[33]	Keine Anwendbarkeit des Kartellverbots – deshalb keine Ausnahmeregel erforderlich	Keine	Handelsvertreter, Kommissionäre

---

[30] Erfasst sind Vereinbarungen zum gemeinschaftlichen oder individuellen Vertrieb, denen gemeinschaftliche F&E-Arbeiten vorangehen. Gemeinschaftliches F&E ist nicht nur dann anzunehmen, wenn gemeinschaftliche Forschungsteams bestehen, sondern kann auch im Wege der Spezialisierung zwischen den Parteien aufgeteilt sein. Rein einseitige F&E-Arbeiten, die einer Vertragspartei etwa im Hinblick auf die Marktzulassung des konkreten Vertragsprodukts auferlegt werden, sind davon jedoch nicht erfasst. Hier greift vielmehr die TT-GVO (TT-Leitlinien, Rn 45).

[31] Erfasst sind Vereinbarungen, bei denen der Auftraggeber bestimmte IP-Rechte auf den Zulieferer überträgt, damit dieser darauf basierend Arzneimittel für den Lizenzgeber herstellt. Lieferungsvereinbarungen, die nicht auch einen Know-how Transfer beinhalten, werden nicht von der TT-GVO/Zulieferbekanntmachung erfasst, sondern von der Vertikal-GVO.

[32] Bekanntmachung der Kommission v. 18.12.1978 über die Beurteilung nach Art. 85 Abs. 1 des Vertrages zur Gründung der Europäischen Wirtschaftsgemeinschaft, ABl. EG 1979 Nr. C 1/2.

[33] Erfasst sind Vereinbarungen mit „echten Handelsvertretern", nach Rn 12 ff der Vertikal-Leitlinien, die im Hinblick auf die Vertragsprodukte keinerlei kommerzielles oder vertriebsspezifisches Risiko tragen. Der „echte Handelsvertreter" wird regelmäßig nicht Eigentümer der vermittelten Produkte. Die Vorgaben der Kommission im Hinblick auf die Risikoverteilung sind dabei strikt einzuhalten; weiterführend: Schultze/Pautke/Wagener, Vertikal-GVO, Rn 147 ff.

c) Abgrenzung des relevanten Marktes

14 Die Abgrenzung des relevanten Marktes ist für die kartellrechtliche Beurteilung von Arzneimittelvertriebsverträgen in zweifacher Hinsicht relevant: Zum einen folgt daraus die Bestimmung des Wettbewerbsverhältnisses zwischen den Vertragsparteien, zum anderen ist der relevante Markt die Bezugsgröße zur Ermittlung der Marktanteile. Wettbewerbsverhältnis und Marktanteile wiederum entscheiden darüber, ob eine Vereinbarung in den Anwendungsbereich einer bestimmten GVO fällt oder nicht.

15 Die kartellrechtliche Marktabgrenzung erfolgt im Hinblick auf den relevanten Produktmarkt nach dem sog. **Bedarfsmarktkonzept.** Danach sind all diejenigen Produkte oder Dienstleistungen als zu einem Markt gehörig anzusehen, die von Abnehmern hinsichtlich ihrer Eigenschaften, Preise und ihres vorgesehenen Verwendungszwecks als substituierbar angesehen werden.[34] In geographischer Hinsicht umfasst der relevante Markt das Gebiet, in dem die beteiligten Unternehmen die relevanten Produkte oder Dienstleistungen anbieten, in dem die Wettbewerbsbedingungen hinreichend homogen sind, und das sich von benachbarten Gebieten durch spürbar unterschiedliche Wettbewerbsbedingungen unterscheidet.[35]

16 In Übereinstimmung mit der Marktabgrenzungspraxis der Kommission und des Bundeskartellamtes in Fusionskontrollverfahren,[36] behilft sich die Pharmabranche in der Praxis damit, die dritte oder vierte Stufe der **Anatomical Therapeutical Chemical" („ATC") Klassifikation** eines Arzneimittels als Ausgangspunkt für die sachliche Marktabgrenzung zu nehmen. Die ATC-Klassen werden auch von den anerkannten Statistikunternehmen IMS Health oder Insight Health verwendet und sind in der Pharmabranche eine bekannte und grundsätzlich weitgehend verfügbare statistische Einheit, auf die auch die Kartellbehörden regelmäßig zurückgreifen.

17 Zu beachten ist allerdings, dass diese Art der sachlichen Marktabgrenzung ihre Wurzeln in der Fusionskontrolle hat und sich für die kartellrechtliche Beurteilung von Vertragsvereinbarungen bzw einseitiger Verhaltensweisen nicht selten als zu weit erweist. Maßstab muss letztlich immer die therapeutische Austauschbarkeit im konkreten Fall bleiben. Insbesondere in Missbrauchsfällen auf nationaler Ebene finden sich folglich auch sehr viel engere Marktabgrenzungen.[37] Auch in den Rabattausschreibungen deutscher Krankenkassen sind die Märkte regelmäßig nicht weiter abzugrenzen als durch die Ausschreibung vorgegeben, was im Falle generischer Arzneimittel auf eine Abgrenzung nach Wirkstoffen hinaus-

---

34 Bekanntmachung der Kommission v. 9.12.1997 über die Definition des relevanten Marktes, ABl. EG 1997 Nr. C 372/5, 6, Rn 7; Immenga/Mestmäcker/*Emmerich,* Wettbewerbsrecht EG/Teil 1, Art. 81 Rn 208 ff.

35 Bekanntmachung der Kommission v. 9.12.1997 über die Definition des relevanten Marktes, ABl. EG 1997 Nr. C 372/5, 6, Rn 8, 28 ff; Immenga/Mestmäcker/*Emmerich,* Wettbewerbsrecht EG/Teil 1, Art. 81 Rn 220 ff.

36 Vgl Kommission, Entsch. v. 19.12.2008, COMP/M.5295 – Teva/Barr, Rn 10 ff mwN oder BKarA, Entsch. v. 13.8.2003, B 3 – 11/03 – Novartis/Roche.

37 In *Napp Pharmaceuticals Holding,* OFT v. 30.3.2001, CA 98/2/2001, ist das englische Office of Fair Trading so weit gegangen, dass es einen eigenständigen Markt für „sustained release morphine tablets and capsules" angenommen hat. Diese Marktabgrenzung wurde durch das Competition Commission Appeal Tribunal bestätigt. Vgl auch *Genzyme v. Office of Fair Trading* [2004] CAT 4 v. 11.3.2004 (Berufung der OFT-Entscheidung *Genzyme Ltd.* (CA 98/3/03 v. 27.3.2003). Die griechische Behörde SIFAIT hat einen gegen GlaxoSmithKline gerichteten Fall wegen Missbrauchs einer marktbeherrschenden Stellung durch einseitige Reduktion von Liefermengen zur Vermeidung von Parallelimporten auf der zugrunde liegenden Annahme an die Kommission verwiesen, dass jedes Unternehmen hinsichtlich verschreibungspflichtiger Medikamente eine marktbeherrschende Stellung innehabe, da eine Substitution aus Verbrauchersicht im Regelfall nicht möglich sei (Nr. C-53/03, ABl. EG 2003 Nr. C 101/32 – SIFAIT v. GlaxoSmithKline).

läuft.³⁸ Je nach betrachteter Verhaltensweise sind die Märkte zudem grundsätzlich nach Absatzkanälen in Krankenhaus und Apothekenverkäufe zu untergliedern.³⁹

In **geographischer Hinsicht** sind die Märkte im Pharmabereich regelmäßig national. Dies wird auch durch den Abschlussbericht der Europäischen Kommission zur Arzneimittelsektoruntersuchung unterstrichen. Die Bestandsaufnahme der Kommission zeigt, dass die Arzneimittelmärkte in Europa im Hinblick auf regulatorische und sozialrechtliche Rahmenbedingungen, IP-rechtliche Regelungen und nicht zuletzt im Hinblick auf das Preisniveau von Medikamenten ein so unterschiedliches Bild abgeben, dass auf Angebotsseite noch nicht einmal mittelfristig von einem einheitlichen europäischen Markt, statt einer Vielzahl nationaler Märkte, ausgegangen werden könnte. Die entspricht auch der ständigen Entscheidungspraxis der Europäischen Kommission ⁴⁰

d) Identifikation des Wettbewerbsverhältnisses zwischen den Parteien

Für die Frage nach der Anwendbarkeit der richtigen GVO ist auch die Identifikation des Wettbewerbsverhältnisses zwischen den vertragsschließenden Parteien maßgeblich. Das Kartellrecht behandelt Vereinbarungen zwischen Wettbewerbern strikter als Vereinbarungen zwischen Nicht-Wettbewerbern. Die Vertikal-GVO ist auf Vereinbarungen zwischen Wettbewerbern regelmäßig nicht anwendbar.⁴¹ TT-GVO und F&E-GVO gelten zwar sowohl zwischen Wettbewerbern als auch zwischen Nicht-Wettbewerbern, sehen aber für Wettbewerbervereinbarungen geringere Marktanteilsschwellen vor. Die TT-GVO kennt für derartige Vereinbarungen zudem eine eigene Liste von Kernbeschränkungen.

Das Wettbewerbsverhältnis ist auf dem, nach den obigen Grundsätzen abgegrenzten, sachlich relevanten Markt zu ermitteln. Alle GVOen gehen von einem Wettbewerbsverhältnis aus, wenn Unternehmen Produkte herstellen, die auf dem gleichen sachlich relevanten Markt vertrieben werden (**tatsächliche Wettbewerber**) oder anzunehmen ist, dass sie die notwendigen Investitionen oder Umstellungskosten vornehmen würden, um in Erwiderung auf eine geringfügige, dauerhafte Preiserhöhung zeitnah in diesen Markt einzutreten (**potenzielle Wettbewerber**).⁴² Die Präsenz auf dem gleichen geographischen Markt wird im Hinblick auf die Bestimmung des Wettbewerbsverhältnisses hingegen nur im Rahmen der TT-GVO ausdrücklich zum Maßstab gemacht.⁴³ Die Vertikal-GVO und die F&E-GVO lassen die Präsenz der Vertragsparteien im gleichen geographisch relevanten Markt dagegen für die Ermittlung des Wettbewerbsverhältnisses unbeachtet.

Die TT-GVO sowie die F&E-GVO fragen für die Bestimmung des Wettbewerbsverhältnisses zwischen den Vertragsparteien neben ihrer aktuellen oder potentiellen Präsenz auf den

---

38 Vgl bspw LSG Baden-Württemberg, Beschl. v. 31.1.2009 – L 11 WB 5971/08 – Rabattausschreibung.
39 KG v. 24.8.1978, WuW/E OLG 2053, 2055 – Valium; BGH v. 12.2.1980 WuW/E BGH 1678, 1681 – Valium II.
40 Kommission, Entsch. v. 19.11.2004 COMP/M. 3544 – Bayer Healthcare/Roche (OTC Business), Rn 31 ff; Kommission, Entsch. v. 26.4.2004, COMP/M. 3354 – Sanofi-Synthelabo/Aventis, Rn 117 ff; Kommission, Entsch. v. 27.5.2005, COMP/M. 3751 – Novartis/Hexal, Rn 4 ff; Kommission, Entsch. v. 11.12.2006, COMP/M.4314 – Johnson & Johnson/Pfizer Consumer Healthcare, Rn 11 ff; Kommission, Entsch. v. 19.12.2008, COMP M.5295 – Teva/Barr, Rn 19 ff.
41 Dies gilt unter der praktisch wichtigen Ausnahme des „dualen Vertriebs" nach Art. 2 Abs. 4 (b) und (c) Vertikal-GVO, dh für eine Situation, in der die Vertragsparteien nur Wettbewerber auf Vertriebsebene, nicht aber auf der Herstellungsebene sind. Dazu Schultze/Pautke/Wagener, Vertikal-GVO, Rn 315 ff. Das Konsultationspapier der Kommission zur reformierten Vertikal-GVO sieht vor, dass die bisher in Art. 2 Abs. 4 (a) Vertikal-GVO vorgesehene Ausnahme für Käufer mit geringer Bedeutung entfallen wird.
42 Art. 1 (a) Vertikal-GVO; Vertikal-Leitlinien Rn 26; sowie Art. 2 (12) F&E-GVO.
43 Art. 1 (1) (j) (ii) TT-GVO und TT-Leitlinien, Rn 26–33.

sachlich relevanten Produktmärkten auch nach deren aktuellen Präsenz auf den relevanten Technologiemärkten.[44]

e) Ermittlung von Marktanteilen

21 Die Frage, ob beschränkende Vereinbarungen in einem Vertrag zum Vertrieb von Arzneimitteln unmittelbar von einer GVO profitieren können, bestimmt sich auch nach den Marktanteilen der Parteien. Diese sind regelmäßig nicht nur zum Zeitpunkt des Vertragsschlusses, sondern fortlaufend zu beobachten. Der Ausgangspunkt für die Ermittlung der Marktanteile ist bei jeder GVO der Umsatz, der mit den fraglichen Produkten (und ihren Substituten) innerhalb des vorhergehenden Kalenderjahres erzielt wurde, wobei jede GVO Besonderheiten zur genauen Berechnung der Marktanteile kennt.[45]

f) Prüfung der Vereinbarung anhand der einschlägigen GVO bzw Selbsteinschätzung nach der Legalausnahme

22 Ist die anwendbare GVO ermittelt, stellt sich nun die Frage, ob die vertraglichen Beschränkungen mit den in der jeweiligen GVO enthaltenen Listen von Kernbeschränkungen oder nicht freigestellten Beschränkungen im Widerspruch steht oder nicht. Kernbeschränkungen machen die jeweilige GVO insgesamt unanwendbar und stehen regelmäßig einer Legalausnahme im Hinblick auf die entsprechenden Beschränkungen entgegen.

Weder nach europäischem noch nach deutschem Kartellrecht besteht noch die Möglichkeit, wettbewerbsbeschränkende Vereinbarungen zur Prüfung vorzulegen, um von der Wettbewerbsbehörde eine Beurteilung und individuelle Freistellung vom Kartellverbot zu erhalten. Folglich obliegt es den Parteien, die kartellrechtliche Zulässigkeit ihrer Verträge selbst einzuschätzen. Sie tragen auch das Risiko einer Fehleinschätzung.

3. Typische Vertragsbeschränkungen in Arzneimittelvertriebsverträgen zwischen Nicht-Wettbewerbern im Anwendungsbereich der Vertikal-GVO

23 Der nachfolgende Abschnitt befasst sich mit den Fragen nach der kartellrechtlichen Zulässigkeit typischer, beschränkender Klauseln in „klassischen" Belieferungs- bzw Vertriebsverträgen zum Kauf und Weiterverkauf von Arzneimitteln zwischen Nicht-Wettbewerbern im Anwendungsbereich der Vertikal-GVO. Wie oben aufgeführt, zählen dazu in erster Linie Länderdistributionsverträge, Großhandelsvereinbarungen, Mitvertriebsvereinbarungen, seltener auch Co-Marketing-Verträge.

a) Kernbeschränkungen und praxisrelevante Ausnahmen

24 Die Vertikal-GVO benennt in Art. 4 ua zwei Kernbeschränkungen, die im Arzneimittelvertrieb von besonderer praktischer Bedeutung sind: das Verbot der Preisbindung (Art. 4 lit. a Vertikal-GVO) und die Gebiets- bzw Kundenbeschränkungen (Art. 4 lit. b Vertikal-GVO), jeweils bezogen auf den Vertreiber bzw Käufer der Produkte. Der Einordnung als Kernbeschränkung liegt die, durch die Gerichte bestätigte, Auffassung der Kommission zugrunde, dass derartige Beschränkungen im Grundsatz eine Wettbewerbsbeschränkung bezwecken,

---

44 Art. 1 (1) (j) (i) TT-GVO, dazu weiterführend Schultze/Pautke/Wagener, TT-GVO, 2005 Rn 166 ff.
45 Art. 9 Vertikal-GVO und Vertikal-Leitlinien, Rn 88 ff; Art. 6 F&E-GVO und Horizontal-Leitlinien, Rn 54 f; Art. 8 TT-GVO und TT-Leitlinien, Rn 70 ff.

eine Ausnahme vom Kartellverbot nach der Legalausnahme im Rahmen der individuellen Selbsteinschätzung also grundsätzlich nicht in Betracht kommt.[46]

aa) Preisbindung

Verboten und sowohl von Kommission[47] als auch vom Bundeskartellamt[48] regelmäßig mit substantiellen Bußgeldern belegt, sind direkte oder indirekte Beschränkungen des Verkaufspreises eines Absatzmittlers, die die Wirkung eines Fix- oder Minimumpreises haben.[49] 25

Das Verbot der Preisbindung im Vertikalverhältnis gehört zu den allgemein bekannten kartellrechtlichen Verboten. Entsprechend selten finden sich direkte **vertragliche Preisbindungen in Arzneimittelvertriebsverträgen**. Ein Einfallstor können jedoch Regelungen zur Vorlage von Marketingplänen sein. Dies zB in der Gestalt, dass der Vertreiber verpflichtet wird, seine Pläne zur Vermarktung der Vertragsprodukte, einschließlich Verkaufspreisen und Rabatten, dem Lieferanten vorab zur Genehmigung vorzulegen.

In der Praxis spielen **indirekte Formen der Preisbindung** eine große Rolle. So zB durch die Festlegung bestimmter Höchstrabatte, Margen oder Gewinnspannen des Vertreibers (vor allem gegenüber Krankenhäusern oder bei Ausschreibungen) sowie durch Mechanismen, mit denen die Einhaltung bestimmter Verkaufspreise durch den Händler zwar nicht zwingend vorgegeben, aber inzentiviert (zB durch günstige Einkaufspreise oder entsprechende Rabatte) oder bei entsprechenden Abweichungen sanktioniert wird.[50] Kommission und nationale Behörden werten auch Kündigungen oder angedrohte Kündigungen als Preisbindung, die von dem Preisverhalten des Vertreibers motiviert sind.[51] Die Kommission sieht zudem in **Preisüberwachungssystemen** grundsätzlich ein Indiz für unzulässige Maßnahmen zur Preissetzung.[52] Das Bundeskartellamt hat in seinen jüngsten Bußgeldentscheidungen auch Rabattkalkulationen für den Vertreiber bzw Folgegespräche zu vermeintlich zu geringen Preisen des Händlers als Verstoß gegen das Preisbindungsverbot mit Bußgeldern geahndet.[53] 26

Besondere Vorsicht ist in sog. **dualen Vertriebssituationen** geboten, dh in Situationen, in denen das Pharmaunternehmen ein Arzneimittel zB über den Mitvertrieb mit einem weiteren Pharmaunternehmen vertreibt, zu dem es dann auf der reinen Vertriebsebene im Wettbewerb steht. Hier sind die Gefahren, in kartellrechtswidriger Weise Einfluss auf Verkaufs- 27

---

46 Im Hinblick auf Exportbeschränkungen hat die Pharmaindustrie hier zwar in jüngerer Vergangenheit gewisse Teilsiege errungen (EuG, Urt. v. 27.9.2006, Rs T-168/01, Slg 2006, II-2969 – GlaxoSmithKline Services Unlimited/Kommission, Rn 214 ff. Die praktischen Anforderungen an den Nachweis der Legalausnahme sind vom EuG aber so hoch angesetzt worden, dass diese nur in Ausnahmefällen gelingen dürfte. Die Entscheidung des EuGH steht noch aus.
47 Siehe zB ein gegen Yamaha verhängtes Bußgeld in Höhe von 2,56 Mio. € wegen der Beschränkung des Handels und der Festsetzung von Weiterverkaufspreisen, Kommission, Entsch. v. 16.7.2003, COMP/37.975 – Yamaha; ebenso Bußgeld gegen VW in Höhe von ca. 30 Mio € wegen Verlangens von Preisdisziplin der deutschen Händler, Kommission, Entsch. v. 2.10.2001, COMP/F-2/36.693, ABl. EG 2001 Nr. L 262/14 – Volkswagen; allerdings mangels Vereinbarung aufgehoben von EuG, Urt. v. 3.12.2003, Rs T-208/01, WuW/E EU-R 761.
48 BKartA, Bußgelder in Höhe von 4,2 Mio. € gegen Phonak, 11,5 Mio. € gegen Ciba Vision sowie 9 Mio. € gegen Microsoft jeweils wegen Preisbindungen von Händlern, Pressemitteilungen v. 15.10.2009; 25.9.2009 und 8.4.2009; BKarA, Bußgeld in Höhe von ca. 10 Mio. € gegen Bayer Vital wegen Einflussnahme auf Apothekenverkaufspreise für OTCs, Pressemitteilung v. 28.5.2008.
49 Unverbindliche Preisempfehlungen und Höchstpreisbindungen sind dagegen zulässig, solange sie nicht wie Fix- oder Mindestpreisbindungen wirken, vgl Art. 4 lit. a Vertikal-GVO.
50 Vertikal-Leitlinien Rn 47; Schultze/Pautke/Wagener, Vertikal-GVO, Rn 401 ff mwN; Bechtold/Bosch/Brinker/Hirsbrunner, EG-Kartellrecht, Art. 4 VO 2790/1999, Rn 5.
51 Vertikal-Leitlinien Rn 47 (Konsultationsentwurf Vertikal-Leitinien Rn 48).
52 Vertikal-Leitlinien Rn 47 (Konsultationsentwurf Vertikal-Leitinien Rn 48).
53 BKarA: Bußgeld gegen Microsoft, Pressemitteilung vom 8.4.2009 und Bußgeld gegen Ciba Vision, vom 25.09.2009 - B 3 123/08, Rn 53 f.

preise zu nehmen, besonders hoch. Bereits der **Austausch detaillierter Informationen zur Preis- und Rabattstellung** ist kartellrechtlich problematisch, sofern er über das aus der jeweiligen Vertriebsbeziehung anzuerkennende Maß hinaus geht.[54] In der Praxis führen auch die Ausschreibungen von Rabattverträgen durch Krankenkassen leicht in Versuchung, das **Preisverhalten in Mitvertriebsszenarien zu koordinieren**, bzw dem Mitvertriebspartner bestimmte Mindestpreise vorzugeben, um von diesem nicht unterboten zu werden. Das kartellrechtliche Risiko ist immens: Absprachen im Rahmen von Ausschreibungen sind nicht nur kartellrechtlich verboten, sondern stellen zudem einen Straftatbestand nach § 298 StGB (**Submissionsabsprachen**) dar.[55]

bb) Gebiets- und Kundenbeschränkungen

28 Ein Per-se-Verbot an den Händler, Vertragsprodukte außerhalb des zugewiesenen Vertragsgebietes oder einer zugewiesenen Kundengruppe zu verkaufen, ist eine kartellrechtswidrige Kernbeschränkung. Wie bei Preisbindungen ist das Risiko von Bußgeldern bei der Vereinbarung kartellrechtswidriger Gebiets- oder Kundenbeschränkungen hoch.[56]

Art. 4 lit. b, 1. Spiegelstrich der Vertikal-GVO sieht folgende praxisrelevante Ausnahmen vom Totalverbot der Gebiets- oder Kundenkreisbeschränkung vor: Der Lieferant darf dem Händler den **aktiven Verkauf** in die Gebiete bzw die Kundengruppen untersagen, die sich der Lieferant selbst **exklusiv vorbehalten** oder die er **exklusiv einem anderen Händler** zugewiesen hat.[57]

29 Dies bedeutet in der Praxis Folgendes: Nur aktive Verkäufe können überhaupt beschränkt werden. Darunter fällt die aktive Ansprache von Kunden oder Kundengruppen über Werbung etc, sowie das Einrichten von Lagern oder Vertriebsstätten.[58] **Passive Verkäufe**, dh die Reaktion auf nicht veranlasste Kundenanfragen[59], von außerhalb eines Vertragsgebietes/ einer Vertragskundengruppe müssen dagegen stets zulässig bleiben. Sie können also nie unterbunden werden. Ein **undifferenziertes Verbot** an den Vertreiber, nicht aktiv außerhalb des Vertragsgebietes/der zugewiesenen Kundengruppe zu verkaufen, ist ebenfalls unzulässig. Zulässig ist nur die Beschränkung des aktiven Verkaufs in die zugewiesenen **Exklusivgebiete/Exklusivkundengruppen**[60] anderer Vertreiber bzw des Herstellers selbst. Diese müssen dem Vertreiber bekannt sein. Gibt es solche Exklusivgebiete bzw Exklusivkundengruppen nicht, etwa weil das Gebiet/die Kundengruppe weder vom Hersteller noch von einem Vertreiber überhaupt oder von keinem der beiden exklusiv bearbeitet wird, kann ein entsprechendes aktives Verkaufsverbot nicht vereinbart werden.

---

54 Siehe zum Informationsaustausch auch Rn 41; ausführlich: Wiemer, WuW 2009, 750, 754 f.
55 Allgemein zur Submissionsabsprache Klusmann in: Wiedemann, Handbuch des Kartellrechts, § 8 Rn 247 ff.
56 Vgl bspw die gegen die Nintendo Co. Ltd. verhängte Geldbuße in Höhe von 149 Mio. € wegen Absprachen mit seinen Vertriebshändlern zur Verhinderung von Parallelausfuhren, Kommission, Entsch. v. 30.10.2002, COMP/35.706, ABl. EG 2003 Nr. L 255/33 – Nintendo.
57 Die Kommission hat im Zuge der Reform der Vertikal-GVO darüber nachgedacht, diesen Punkt zu ändern und durch eine praktikablere Lösung zu ersetzen, wonach nur passive Verkaufsbeschränkungen als Kernbeschränkungen gelten. Es stand bei Drucklegung noch nicht fest, ob die Kommission diesen von Unternehmen und Rechtsberatern gleichermaßen gewünschten Reformansatz doch noch umsetzen wird. Die publizierten Konsultationsentwürfe der Vertikal-GVO und der Vertikal-Leitlinien sehen dies derzeit nicht vor, sondern halten am alten Ansatz der Vertikal-GVO fest.
58 Vertikal-Leitlinien Rn 50 (Konsultationsentwurf Vertikal-Leitlinien Rn 51).
59 Vertikal-Leitlinien Rn 50 (Konsultationsentwurf Vertikal-Leitlinien Rn 51).
60 Vertikal-Leitlinien Rn 50 (Konsultationsentwurf Vertikal-Leitlinien Rn 51); ausführlich dazu Schultze/Pautke/Wagener, Vertikal-GVO, Rn 466 ff; Immenga/Mestmäcker/*Veelken*, Wettbewerbsrecht EG, Vertikal-VO Rn 203 ff.

Eine vertragliche Kunden- bzw Gebietsbeschränkung in einem Arzneimittelvertriebsvertrag, 30
die mit der Vertikal-GVO konform geht, kann etwa wie folgt aussehen: [61]

Der Vertragshändler darf die Vertragsprodukte innerhalb der Europäischen Union und des Europäischen Wirtschaftsraumes nicht in solche Gebiete oder an solche Kundengruppen aktiv verkaufen, die der Unternehmer ausschließlich einem anderen Vertriebsmittler zuweist oder sich selbst oder einem mit dem Unternehmer verbundenen Unternehmen vorbehält; Verkäufe seitens der Kunden des Vertragshändlers sind dadurch nicht beschränkt. Das Verbot in Satz 1 gilt nur, wenn und insoweit der Unternehmer dem Vertragshändler im Hinblick auf die Europäische Union und den Europäischen Wirtschaftsraum die entsprechenden exklusiven Gebiete und Kundengruppen mitgeteilt hat. Gegenwärtig sind im Hinblick auf die Europäische Union und den Europäischen Wirtschaftsraum die in Anlage ___ aufgeführten Gebiete und Kundengruppen anderen Vertriebsmittlern exklusiv zugewiesen; die in Anlage ___ aufgeführten Gebiete und Kundengruppen im Hinblick auf die Europäische Union und den Europäischen Wirtschaftsraum hat der Unternehmer sich selbst oder einem mit dem Unternehmer verbundenen Unternehmen im Sinne des Art. 11 Abs. (2) Vertikal-GVO exklusiv vorbehalten. Der Unternehmer wird den Vertragshändler unverzüglich über alle Änderungen der Anlagen ___ und ___, das heißt über das Hinzukommen und den Wegfall exklusiv vergebener Gebiete und Kundengruppen, informieren.

Der Vertragshändler darf die Vertragsprodukte nicht an Kunden verkaufen, die ihren Sitz außerhalb der Europäischen Union und des Europäischen Wirtschaftsraumes haben.

Wie auch im Falle der Preisbindung ist sorgfältig darauf zu achten, dass Exportbeschrän- 31
kungen auch **nicht indirekt vereinbart** werden. Als indirekte Exportbeschränkungen qualifizieren ua die duale Preisstellung (dh die Vereinbarung höherer Preise für Produkte, die zum Export bestimmt sind, bzw günstigere Preise für inländisch vertriebene Produkte),[62] die Verweigerung von Rabattgewährung für ausländisch verkaufte Produkte,[63] Ausgleichsverpflichtungen für Exporte an die in diesem Gebiet ansässigen Vertreiber oder Verweisungspflichten für Kundenanfragen außerhalb des zugewiesenen Gebiets bzw der zugewiesenen Kundengruppe.[64] Von der Kommission als indirekte Exportbeschränkungen gewertet werden auch Garantieleistungen, die nur im Ursprungslang ihre Gültigkeit haben.[65]

Im Zusammenhang mit dem Arzneimittelvertrieb begegnet man in der Praxis häufig gefährlichen Missverständnissen, was die Möglichkeit zu Gebietsbeschränkungen angeht, von denen die wichtigsten hier kurz angesprochen werden sollen:

Der Teilsieg der Pharmaindustrie durch die **Entscheidung des EuG in Sachen „GlaxoSmith-** 32
Kline"[66] (nunmehr dem Grunde nach bestätigt durch den EuGH) hat die oben zusammengefassten Prinzipien auch für die Pharmabranche nicht grundsätzlich in Frage gestellt: Zwar haben die Gerichte in gewissem Umfang anerkannt, dass die Wettbewerbsbedingungen in der Pharmabranche insbesondere aufgrund vielfacher Preisregulierungen differenzierter zu sehen sind als in anderen Industrien. Nicht anerkannt wurde jedoch das Vorbringen des betroffenen Unternehmens, dass das Verbot bzw die Erschwernis von Exporten zur Verhinderung des in der Industrie weit verbreiteten Parallelhandels bereits keine Wettbewerbsbeschränkung bezwecke, wenn Exporte aus einem preisregulierten Niedrigpreisland (in die-

---

61 Siehe auch Wauschkuhn, Der Vertragshändlervertrag, S. 82.
62 Kommission, Entsch. v. 8.5.2001, IV/36.957/F3, ABl. EG 2001 Nr. L 301/1 – GlaxoSmithKline, jedoch teilweise aufgehoben durch EuG, Urt. v. 27.9.2006, Rs T-168/01, Slg 2006 II, 2969; EuGH, Urt. v. 6.10.2009, Rs. C-501/06 P.
63 Bußgeld in Höhe von 35 Mio. € gegen Opel Nederlands, Kommission, Entsch. v. 20.9.2000, COMP/36.653, ABl. EG 2001 Nr. L 59/1; bestätigt vom EuGH, Urt. v. 6.4.2006, Rs C-551/03 P, Slg 2006, I-3173; siehe auch Bußgeld in Höhe von 102 Mio. € gegen VW, Kommission, ABl. EG 1998, Nr. L 124/50, jedoch nicht bestätigt vom EuG, Urt. v. 6.7.2000, WuW/E EU-R 330, Rn 162 ff.
64 Vertikal-Leitlinien Rn 49 (Konsultationsentwurf Vertikal-Leitlinien Rn 50).
65 Vertikal-Leitlinien Rn 49 (Konsultationsentwurf Vertikal-Leitlinien Rn 52).
66 Vgl EuG, Urt. v. 27.9.2006, Rs T-168/01, Slg 2006, II-2969 – GlaxoSmithKline; nunmehr letztinstanzlich bestätigt durch EuGH, Urt. v. 6.10.2009, Rs. C-501/06 P.

sem Fall Spanien) in ein höherpreisiges Land verhindert werden sollen. Der EuGH hat Pharmaunternehmen im Falle solcher Verhaltensweisen hohe Hürden auferlegt, die vermeintlich wettbewerbsfördernden Wirkungen einer solchen Beschränkung positiv nachzuweisen – um so über die Legalausnahme des Art. 101 Abs. 3 AEUV (ehemals Art. 81 Abs. 3 EGV) von einer Ausnahme vom Kartellverbot profitieren zu können. So haben die Gerichte die vorgetragene Argumentation des Unternehmens GlaxoSmithKline zur Kenntnis genommen, die durch die Verhinderung von Parallelhandel eingesparten Verluste zum Wohle des Verbrauchers in F&E-Aktivitäten zu investieren, aber das Unternehmen für die Analyse, ob ein solches Verhalten nach Art. 101 Abs. 3 AEUV gerechtfertigt sein kann, zurück an die Kommission verwiesen.

33 Es ist nicht möglich, den **Export von Arzneimitteln** durch den Verweis auf nationale Zulassungen zu verhindern und so die kartellrechtlichen Regeln zu umgehen. Dies gilt auch für den in der Praxis nicht seltenen Fall, dass über den Verweis auf nationale Zulassungen entsprechende, ausschließlich nationale Nutzungsrechte, ggf flankiert durch Markenlizenzen, etabliert werden sollen. Selbstverständlich ist ein Pharmaunternehmen nicht angehalten, den Parallelimport seiner Produkte aktiv zu fördern, etwa indem es mehrsprachige Verpackungen oä anbietet. Ebenfalls selbstverständlich ist es, dass ein Parallelimporteur selbst dafür Sorge tragen muss, dass das eingeführte Produkt den regulatorischen Anforderungen im Zielland entspricht. Die klare Zuweisung eines Vertragsgebietes, insbesondere flankiert durch Regelungen, die eine Konzentration auf dieses Vertragsgebiet sicherstellen, stellt aber bereits dann regelmäßig eine indirekte Gebietsbeschränkung dar, wenn sie eine Beschränkung der Verkäufe außerhalb des Vertragsgebietes bezweckt.[67]

b) Nicht freigestellte Beschränkungen und zulässige Gestaltungsalternativen

34 Im Hinblick auf ihre wettbewerbswidrige Wirkung werden die „nicht freigestellten Beschränkungen" gemäß Art. 5 Vertikal-GVO weniger schwerwiegend als Kernbeschränkungen angesehen.

aa) Wettbewerbsverbot

35 Nach Art. 5 lit. a der Vertikal-GVO sind **vertragliche Wettbewerbsverbote** des Händlers nur dann automatisch vom Kartellverbot ausgenommen, wenn sie nicht für mehr als fünf Jahre vereinbart werden. Wettbewerbsverbote in Verträgen mit unbestimmter Laufzeit oder mit Regelungen zur automatischen Verlängerung gelten als unbefristete Wettbewerbsverbote und sind damit nicht von der Vertikal-GVO erfasst.[68] Gleiches gilt für **nachvertragliche Wettbewerbsverbote**, da die sehr engen Freistellungsvoraussetzungen des Art. 5 lit. b Vertikal-GVO im Arzneimittelvertrieb nicht erfüllt sind.[69]

Ein Wettbewerbsverbot, das mit der Vertikal-GVO konform ist, könnte etwa wie folgt formuliert sein:[70]

Der Vertragshändler darf für die Dauer dieses Vertragshändlervertrages, jedoch begrenzt auf einen Höchstzeitraum von fünf Jahren ab Vertragsbeginn, mit den Vertragsprodukten in Wettbewerb stehende Erzeugnisse nicht beziehen, verkaufen oder weiterverkaufen. Die Vertragsparteien verpflichten sich, neun Monate vor dem Ablauf der in Satz 1 bestimmten Fünfjahresfrist

---

67 Siehe auch Schultze/Pautke/Wagner, Vertikal-GVO, Rn 470 a.
68 Siehe dazu Schultze/Pautke/Wagener, Vertikal-GVO, Rn 659 ff; Petsche in: Liebscher/Flohr/Petsche, Handbuch der EU-Gruppenfreistellungsverordnungen, § 7 Rn 161.
69 Diese sehen eine Freistellung von nachvertraglichen Wettbewerbsverboten u.a. nur vor, wenn sich diese auf die Räumlichkeiten beschränkt, von denen der Händler die Vertragsprodukte verkauft hat.
70 Siehe auch Wauschkuhn, Der Vertragshändlervertrag, S. 81.

über eine Verlängerung dieses Wettbewerbsverbotes, um einen weiteren Fünfjahreszeitraum zu verhandeln.

bb) Mindestabnahmepflicht

Art. 1 lit. b Vertikal-GVO setzt **Bezugsverpflichtungen** dann mit Wettbewerbsverboten gleich, wenn diese den Vertreiber dazu verpflichten, mehr als 80 % seines Einkaufsvolumens des vorherigen Kalenderjahres an den Vertragsprodukten sowie an den mit diesen konkurrierenden Waren beim Lieferanten zu beziehen. Auch eine solche Bezugsverpflichtung würde damit der Regelung des Art. 5 lit. a Vertikal-GVO unterfallen und müsste auf einen Zeitraum von fünf Jahren während der Vertragslaufzeit befristet werden.[71] Wenn eine vertragliche Mindestabnahmepflicht so formuliert ist, dass sie nicht nur ein fertiges Arzneimittel erfasst (und damit wohl als Direktbezugsverpflichtung, siehe dazu sogleich, qualifiziert), sondern sich auch auf Wettbewerbsprodukte erstreckt, kann eine zulässige Vertragsgestaltungsvariante darin bestehen, nach Ablauf von fünf Jahren eine Reduktion der Bezugsmenge vorzusehen. Von der Vertikal-GVO erfasst wäre eine vertragliche Regelung, wonach die Mindestabnahmeverpflichtung ab dem sechsten Vertragsjahr nur noch höchstens 80 % des Gesamtbedarfs des Vertreibers an Vertragsprodukten und Substituten bezogen auf den Einkaufswert des vorherigen Kalenderjahres ausmacht.[72]

In der Praxis ist es wichtig, eine vertragliche Regelung zu diesem Punkt mit etwaigen **Mindestumsatzverpflichtungen** zu harmonisieren. Auch diese müssten so formuliert werden, dass die Abnahmeverpflichtung von höchstens 80 % des Gesamtbedarfs nicht überschritten wird.

36

cc) Direktbezugsverpflichtung

Viele Arzneimittelvertriebsverträge enthalten die Verpflichtung des Vertreibers, das konkrete Vertragsprodukt in Form eines Fertigarzneimittels oder einer spezifischen Halbfertigware ausschließlich vom Lieferanten zu beziehen. Bei derartigen Verpflichtungen handelt es sich regelmäßig um eine Alleinbezugsverpflichtung in Form einer sog. Direktbezugsverpflichtung.[73] Diese fällt zwar in den Anwendungsbereich des Kartellverbots nach Art. 101 Abs. 1 AEUV (ehemals Art. 81 Abs. 1 EGV) bzw § 1 GWB, wenn die Wettbewerbsbeschränkung spürbar ist, ist jedoch im Anwendungsbereich der Vertikal-GVO vom Kartellverbot freigestellt, wenn sie so formuliert ist, dass sie den Bezug eines Wettbewerbsprodukts nicht beschränkt.

37

4. „Settlement"- und „Early-Entry"-Vereinbarungen zwischen Originalpräparate- und Generikaherstellern

Die Kommission hat im Rahmen der Arzneimittelsektoruntersuchung ein besonderes Augenmerk auf Streitbeilegungsvereinbarungen oder „Settlement"-Vereinbarungen sowie „Early-Entry"-Vereinbarungen zwischen Originalpräparateherstellern und Generikaunternehmen gelegt. Die Settlement-Vereinbarungen betreffen die Beilegung von Patentstreitigkeiten, häufig unter Gewährung von Zahlungen an das Generikaunternehmen oder der Vereinbarung von Liefer- oder Lizenzvereinbarungen in Folge der Streitbeilegung. Bei Early-Entry-Vereinbarungen handelt es sich um Markteintrittsvereinbarungen mit ausgewählten Generikaherstellern vor Ablauf des Patentschutzes bzw der Exklusivität. Gleichzeitig mit

38

---

71 Vertikal-Leitlinien, Rn 58 (Konsultationsentwurf Vertikal-Leitlinien Rn 62); Immenga/Mestmäcker/*Veelken*, Wettbewerbsrecht EG, Vertikal-VO Rn 280; Bechtold/Bosch/Brinker/Hirsbrunner, EG-Kartellrecht, Art. 1 VO 2790/1999 Rn 5 ff.
72 MüKoWettbR/*Habermeier/Ehlers*, EuWettbR 2007, GVO Nr. 2790/1999 Art. 5 Rn 4.
73 Schultze/Pautke/Wagener, Vertikal-GVO, Rn 50.

der Veröffentlichung des Abschlussberichtes zur Arzneimittelsektoruntersuchung am 8.7.2009 hat die Kommission darüber informiert, dass sie ein Verfahren gegen einen Originalpräparatehersteller wegen des Verdachts auf kartellrechtswidriges Verhalten, einschließlich wettbewerbswidriger Vereinbarungen mit verschiedenen Generikaunternehmen eingeleitet hat.[74]

Unternehmen, die derartige Settlement- oder Early-Entry-Vereinbarungen in der Vergangenheit abgeschlossen haben oder dies in Zukunft planen, sollten nach den Warnungen der Kommission solche Vereinbarungen damit einer sorgfältigen kartellrechtlichen Überprüfung unterziehen.

5. Vertrieb zwischen Wettbewerbern

39 Arzneimittelvertriebsverträge zwischen Wettbewerbern sind nicht selten. Sie kommen in der Praxis insbesondere im Bereich Co-Marketing oder Co-Promotion vor, etwa um die Produktpalette abzurunden. Derartige Verträge müssen unter kartellrechtlichen Gesichtspunkten genau geprüft werden, da sie strengeren kartellrechtlichen Regeln unterliegen als Vertriebsvereinbarungen zwischen Nicht-Wettbewerbern.

a) Keine automatische Freistellung, sondern Beurteilung nach Horizontal-Leitlinien

40 Vertriebsvereinbarungen zwischen im Wettbewerb zueinander stehenden Pharmaunternehmen können nicht von einer automatischen Freistellung mittels einer GVO profitieren.[75] Die Kommission verweist in ihren Horizontal-Leitlinien darauf, dass für derartige Vereinbarungen auch im Regelfall nur bis zu einem gemeinsamen Marktanteil von 15 % eine Legalausnahme nach Art. 101 Abs. 3 AEUV (ehemals Art. 81 Abs. 3 EGV) möglich ist.[76] Dies gilt jedoch nur, sofern die Vereinbarung keine Kernbeschränkungen enthält. Zwischen Wettbewerbern sind dies jede Form von Preisabsprachen, sowie Vereinbarungen, die zur Aufteilung von Gebieten oder Märkten führen.[77] In Folge der sehr engen Grenzen, überhaupt wirksam Beschränkungen vereinbaren zu können, müssen entsprechende Vereinbarungen auch aus kommerziellen Gründen sorgsam überdacht werden. Durch die Arzneimittelsektoruntersuchung der Kommission sind auch vermeintliche „Standardverträge" in der Branche in den kartellrechtlichen Fokus geraten. Es bleibt abzuwarten, wie die Kommission ggf mit Hilfe der nationalen Behörden auf die von ihr identifizierten, wettbewerblichen Defizite in derartigen Verträgen reagieren wird.[78]

---

74 Der Vorwurf der Kommission geht dahin, dass das französische Unternehmen Les Laboratoires Servier durch verschiedene Verhaltensweisen den Markteintritt von Generikaherstellern erschwert haben soll. Dazu gehören Patentstrategien und Patentcluster, missbräuchliche Rechtsstreitigkeiten gegen Generikahersteller, Settlements mit Generikaherstellern sowie eine Reihe wettbewerbswidriger Absprachen mit den genannten Generikaherstellern. Offenbar geht es bei diesen Absprachen um „Early-Entry"-Vereinbarungen; siehe Pressemitteilung der Kommission v. 8.7.2009, MEMO/09/322.
75 Zu beachten ist, dass dies nicht für „duale Vertriebsvereinbarungen" nach Art. 2 Abs. 4 Vertikal-GVO gilt, wonach die Unternehmen nur auf der Vertriebs- nicht aber auf der Herstellungsebene miteinander im Wettbewerb stehen.
76 Horizontal-Leitlinien, Rn 149.
77 Horizontal-Leitlinien, Rn 18, 25; Immenga/Mestmäcker/*Zimmer*, Wettbewerbsrecht EG, Art. 81 Abs. 1 EGV Rn 306 ff.
78 Die bisherigen Ergebnisse ihrer Untersuchung haben die Kommission bereits dazu bewogen, den Arzneimittelvertrieb einer besonderen Marktbeobachtung zu unterziehen. Siehe dazu die Arbeitsunterlage der Kommissionsdienststellen „Market Monitoring: State of Play and Envisaged Follow-up", derzeit abrufbar unter <http://ec.europa.eu/economy_finance/publications/publication13688_en.pdf>.

B. Kartellverbot und Missbrauchsaufsicht

b) Risikofaktor Informationsaustausch

Kartellrechtlich ist nicht nur beim Entwurf, sondern auch bei der praktischen Umsetzung von Vertriebsverträgen zwischen Wettbewerbern Vorsicht geboten. Dies vor allem deshalb, weil bereits der **Austausch von sog. sensiblen Informationen zwischen Wettbewerbern** nach deutschem und europäischem Kartellrecht einen **Kartellrechtsverstoß mit hoher Bußgeldrelevanz** darstellt.[79] Als sensible Informationen werden von Kartellbehörden in Europa Geschäftsgeheimnisse mit Marktrelevanz angesehen, deren Kenntnis den ansonsten zwischen den Unternehmen bestehenden **Geheimwettbewerb** schwächt.[80] Neben evidenten Informationen, wie zukunftsgewandten Marketingstrategien, Preis- und Rabattstrukturen, Kostenstrukturen, Margen oder Kapazitäten, zählen auch Ergebnisse von Kundengesprächen, aktuelle Umsatzzahlen oder aktuelle Marktanteile dazu, soweit diese Informationen nicht bereits öffentlich verfügbar sind.[81]

c) Marketing-Komitees oder sonstige vertragliche Arbeitsgruppen

Kartellrechtlich regelmäßig nicht zu rechtfertigen sind vor diesem Hintergrund vertraglich vereinbarte „Marketing-Komitees" in Vertriebskooperationen zwischen Wettbewerbern. Derartige Gremien bergen die konkrete Gefahr, dass hier ein kartellrechtswidriger Informationsaustausch zwischen Wettbewerbern zu sensiblen Informationen institutionalisiert wird, und führen nicht selten dazu, dass hier die Marketingstrategie für das Vertragsprodukt, einschließlich seiner preislichen Positionierung miteinander abgestimmt wird, was klar gegen das Kartellverbot verstößt.[82] Selbst wenn die Parteien bei der Errichtung derartiger vertraglicher Arbeitsgruppen eine andere Intention verfolgt haben, werden missverständliche Vertragsformulierungen regelmäßig zu einer Beweislastumkehr zulasten der betroffenen Unternehmen führen. Diese müssen dann nachweisen, dass die geschilderten Kartellrechtsverstöße in einem solchen Gremium nicht stattfinden bzw stattgefunden haben.[83] Je nach Sachlage ist eine solche Beweisführung oft schwer oder gar unmöglich. Sofern ein Vertrag gemeinsame Komitees vorsieht, muss deshalb bereits vertraglich sichergestellt sein und während seiner Umsetzung darauf geachtet werden, dass die Inhalte dieser Komitees kartellrechtskonform sind, etwa indem sich der dort vollzogene Informationsaustausch auf einen aus medizinischer und wissenschaftlicher Sicht notwendigen Erfahrungsaustausch beschränkt.

d) Co-Promotion

Co-Promotion ist eine zwischen Wettbewerbern häufige Form der Zusammenarbeit. Sofern diese in der hier verstandenen Form betrieben wird, wonach der der Außendienst eines Wettbewerbers Produkte eines anderen lediglich bei Abnehmern mitbewirbt, die Abnehmer für konkrete Bezugsverhandlungen, einschließlich Verhandlung von Bezugskonditionen, dann aber an den Zulassungsinhaber verweist, sind kartellrechtliche Probleme in der Praxis eher selten. Sie stellen sich allenfalls dann, wenn die Vertragspartner bestimmte Exklusivitäten verhandeln und marktbeherrschend sind, wenn durch die Co-Promotion-Vereinba-

---

79 Siehe zB Bußgeldentscheidung des Bundeskartellamts gegen verschiedene Drogerieartikelhersteller, Pressemitteilung des BKartA v. 20.2.2008, und Luxuskosmetikhersteller, Pressemitteilung des BKartA v. 10.7.2008 wegen Informationsaustausches.
80 EuGH, Urt. v. 4.6.2009 – C8/08 – T-Mobile Nederlands, Rn 32 ff; ausführlich zum Austausch von marktrelevanten Informationen Lübbig in: Wiedemann, Handbuch des Kartellrechts, § 8 Rn 239 ff.
81 Immenga/Mestmäcker/*Zimmer*, GWB, § 1 Rn 303 f.
82 MüKoWettbR/*Wollmann/Schedl*, EuWettbR 2007, Art. 81 EG Rn 192 ff.
83 Siehe zur Kausalitätsvermutung, dass mit Wettbewerbern ausgetauschte Informationen bei der Festsetzung des Marktverhaltens auch berücksichtigt werden, zuletzt EuGH, Urt. v. 4.6.2009 C8/08 – T-Mobile Nederlands, Rn 51.

rung das Konkurrenzprodukt des Wettbewerbers vom Markt genommen bzw in seiner Verbreitung eingeschränkt wird oder wenn durch die Co-Promotion-Vereinbarung zwischen den Unternehmen marktrelevante Geschäftsgeheimnisse ausgetauscht werden.[84]

II. Bedeutung des kartellrechtlichen Missbrauchsverbots beim Vertrieb von Arzneimitteln für ausgewählte einseitige Verhaltensweisen

44 Einseitige Marketing- und Absatzstrategien beim Vertrieb von Arzneimitteln unterliegen nur dann der besonderen Kontrolle durch das deutsche und europäische Kartellrecht, wenn und soweit das Verhalten
- ein Produkt betrifft, mit dem ein Unternehmen über eine marktbeherrschende (§ 19 Abs. 2, 3 GWB sowie Art. 102 AEUV [ehemals Art. 82 EGV]) oder eine sog. marktstarke (§ 20 Abs. 2, 4 GWB) Stellung[85] auf einem relevanten Markt verfügt,
- missbräuchlich ist und
- es dafür keine objektive Rechtfertigung gibt.

1. Normadressatenschaft

45 Der EuGH definiert die beherrschende Stellung eines Unternehmens in ständiger Rechtsprechung als

die wirtschaftliche Machtstellung eines Unternehmens [...], die dieses in die Lage versetzt, die Aufrechterhaltung eines wirksamen Wettbewerbs auf dem relevanten Markt zu verhindern, indem sie ihm die Möglichkeit verschafft, sich seinen Wettbewerbern, seinen Abnehmern und letztlich den Verbrauchern gegenüber in einem nennenswerten Umfang unabhängig zu verhalten.[86]

46 Die Marktanteilsbetrachtung ist in der Praxis nach wie vor das wichtigste Indiz für das Vorliegen einer marktbeherrschenden Stellung, auch wenn weitere Faktoren und Marktstrukturkriterien ebenfalls zu berücksichtigen sind.[87]

Hinsichtlich der Marktanteilsbetrachtung für die Ermittlung von Einzelmarktbeherrschung unterscheiden sich die deutsche und europäische Entscheidungspraxis trotz unterschiedlicher Regelungsvoraussetzungen im Ergebnis nicht: Zwar sieht das deutsche Kartellrecht eine (widerlegbare) Einzel-Marktbeherrschungsvermutung nach § 19 Abs. 3 GWB bereits bei einem Einzelmarktanteil von ein Drittel vor. Dennoch ist ein Einschreiten der Behörden sowohl auf deutscher als auch auf europäischer Ebene in aller Regel erst zu erwarten, wenn Marktanteilsschwellen von 40 % überschritten werden, wobei Marktanteile von 50 % und mehr eine marktbeherrschende Stellung zunächst einmal indizieren.[88]

2. Missbräuchliches Verhalten

47 Es gibt typische Fälle von Missbrauch, wie zB Treuerabatte, Exklusivitätsvereinbarungen, Lieferverweigerungen oder Diskriminierung. Missbräuchliches Verhalten ist aber keines-

---

84 MüKoWettbR/*Wollmann/Schedl*, EuWettbR 2007, Art. 81 EG Rn 192 ff.
85 Aus Platzgründen wird auf diesen deutschen Sondertatbestand im Folgenden nicht weiter eingegangen.
86 EuGH, Urt. v. 13.2.1979, Slg 1979, 461, 520 – Hoffmann-La Roche/Kommission.
87 Dazu zählen zB Finanzkraft eines Unternehmens, Zugang zu den Absatz- und Beschaffungsmärkten, Verflechtungen mit anderen Unternehmen, Marktzutrittsschranken, potenzieller Wettbewerb, Macht der Marktgegenseite, Umstellungsflexibilität, Technologievorsprung etc.; zum deutschen Recht: Bechtold, Gesetz gegen Wettbewerbsbeschränkungen, § 19 Rn 21 ff; zum europäischen Recht: de Bronett in: Wiedemann, Handbuch des Kartellrechts, § 22 Rn 17 ff.
88 Siehe insoweit das grundlegende Urteil des EuGH in Sachen „AKZO", Urt. v. 3.7.1991, Slg 1991, I-3359, 3453, wonach für Märkte, in denen über mehr als fünf Jahre Marktanteile von 50 % bestanden haben, von einer marktbeherrschenden Stellung auszugehen ist, sofern nicht gewichtige Widerlegungsgründe vorliegen.

wegs enumerativ auf bestimmte Verhaltensweisen begrenzt. Zur besseren Erfassbarkeit wird missbräuchliches Verhalten seiner Wirkung nach regelmäßig in **Behinderungs- und Ausbeutungsmissbrauch** unterteilt. Die Grenzen zwischen diesen Kategorisierungen sind durchaus fließend.

Die Beurteilung missbräuchlichen Verhaltens nach Art. 102 AEUV (ehemals Art. 82 EGV) ist gegenwärtig in einer Umbruchsphase. Die bisherige Fallpraxis der europäischen und nationalen Kartellbehörden, bestätigt durch die obersten europäischen Gerichte, hat für bestimmte Praktiken (wie zB Treuerabatte oder Exklusivitätsbindungen) allein aus deren Potenzial zur Marktabschottung auf ein Per-se-Verbot geschlossen.[89]

Dagegen steht der **neue ökonomische Ansatz** der Europäischen Kommission für die Beurteilung von Behinderungsmissbrauch, wie er in der im Dezember 2008 veröffentlichten Mitteilung der Kommission zur Beurteilung von Verhaltensweisen nach Art. 82 EGV (nunmehr Art. 102 AEUV) zum Ausdruck kommt.[90] Danach soll für den Behinderungsmissbrauch nicht allein das Potenzial zur Marktabschottung, sondern vielmehr erst der tatsächliche, marktabschottende Effekt zu einem Verstoß gegen das kartellrechtliche Missbrauchsverbot führen. Dieser wird vor allem daran gemessen, ob das jeweilige Verhalten des Marktbeherrschers einen Wettbewerber mit Kostenstrukturen, die ebenso effizient sind wie diejenigen des Marktbeherrschers, an einer kommerziell erfolgreichen Marktteilnahme hindert.

Der Kommissionsansatz schafft für marktbeherrschende Unternehmen im Einzelfall mehr Flexibilität, ist aber für das betroffene Unternehmen auch mit erhöhter Rechtsunsicherheit und einem signifikanten Darlegungsaufwand für das Fehlen von Abschottungswirkungen (insbesondere anhand detaillierter Kostenmodelle) verbunden.

Nachfolgend werden lediglich einige ausgewählte Verhaltensweisen hervorgehoben, die für die Branche typisch sind und die als missbräuchliches Verhalten bewertet worden sind oder bewertet werden könnten.

a) Drehtüreffekt

Die britische Kartellbehörde hat 2001 einen Verstoß gegen das kartellrechtliche Missbrauchsverbot durch Napp Pharmaceuticals festgestellt und gegen das Unternehmen ein Bußgeld wegen seiner Verkaufsstrategie für langsam wirkende Morphinkapseln und -tabletten verhängt.[91] Nach Feststellung der Behörde hatte das Unternehmen die marktbeherrschenden Morphine mit **Rabatten von bis zu 90 % an Krankenhäuser** verkauft. Dort wurden die Patienten mit chronischen Schmerzen auf das Medikament „eingestellt". Nach Entlassung haben die Patienten das gleiche Medikament dann in der Apotheke zu, nach Feststellung der Behörde, **überhöhten Preisen** bezogen. Dieses Verhalten wird in der Branche auch als „Drehtüreffekt" bezeichnet. Die Entscheidung der englischen Kartellbehörde ist gerichtlich durch das Competition Commission Appeal Tribunal bestätigt worden.[92]

---

89 Vgl Kommission, Entsch. v. 14.7.1999, IV/D-2/34.780 – Virgin/British Airways, ABl. EG 2000 Nr. L 30/1, bestätigt durch das letztinstanzliche Urteil des EuGH v. 15.3.2007, Rs C-95/04 P, Slg 2007, I-02331; Kommission v. 20.6.2001, COMP/E-2/36.041/PO – Michelin, ABl. EG 2002 Nr. L 143/1, bestätigt durch Urteil des EuG v. 30.9.2003, Rs T-203/01, Slg 2003, II-04071.
90 Mitteilung der Kommission – Erläuterungen zu den Prioritäten der Kommission bei der Anwendung von Artikel 82 des EG-Vertrages auf Fälle von Behinderungsmissbrauch durch marktbeherrschende Unternehmen, ABl. EU 2009, Nr. C 45/7.
91 *Napp Pharmaceuticals Holding*, OFT v. 30.3.2001, CA 98/2/2001.
92 Urteil des Competition Commission Appeal Tribunal v. 22.5.2001, Case No. 1000/1/1/01 (IR) – Napp Pharmaceuticals Holding/Director General of Fair Trading; siehe im nationalen Recht auch den Beschluss des LG München I v. 18.1.2008 – 33 O 11741/06.

b) Rabattstrukturen und Koppelungen

52 Rabatte, die einen kommerziellen Anreiz dafür schaffen, dass ein Abnehmer seinen Bedarf **exklusiv oder nahezu exklusiv** von einem mit diesem Produkt marktbehrrschenden Anbieter bezieht, sind bereits seit der Grundsatzentscheidung des EuGH in Sachen „Hoffmann-La Roche" aus dem Jahre 1979 als typischer Fall von missbräuchlichem Verhalten bekannt.[93] Die Kommission, bestätigt durch die Gerichte, hat auch **Rabatte mit Treue- oder diskriminierender Wirkung** für missbräuchlich erachtet, die für marktbeherrschende Produkte gewährt wurden.[94] Gleiches gilt für sog. Koppelungspraktiken, bei denen der Bezug des marktbeherrschenden Produkts entweder technisch oder kommerziell mit der Abnahme anderer (typischerweise nicht marktbeherrschender) Produkte verbunden wird.[95] Wie bereits ausgeführt, hat sich die Haltung der Kommission zur Beurteilung von Behinderungsmissbrauch, einschließlich Rabattmodellen, Koppelungen und anderen preisrelevanten Verhaltensweisen, mittlerweile gewandelt. Per-se-Verbote bestimmter Verhaltensweisen sind einem **auswirkungsbasierten Ansatz** gewichen, nach dem die wettbewerbswidrige Wirkung jeweils im Einzelfall anhand ökonomischer Kostenbetrachtungen festzustellen ist. Die Bußgeldentscheidungen der Kommission aus der jüngeren Vergangenheit, allen voran in Sachen „**Microsoft**" und „**Intel**",[96] beweisen allerdings, dass mit dem neuen Ansatz kein geringeres Bußgeldrisiko für die Unternehmen einhergeht, denen die wettbewerbswidrigen Auswirkungen ihrer Verhaltensweisen nachgewiesen werden. Ob sich nationale Kartellbehörden und insbesondere das Bundeskartellamt dem neuen Beurteilungsansatz der Kommission anschließen werden, ist noch weitgehend offen.

53 In der Praxis werden sich sowohl nach dem alten als auch nach dem neuen Beurteilungsansatz häufig solche Rabatte als unproblematisch erweisen, die als **diskriminierungsfrei gehandhabte, inkrementelle Mengenrabatte** ausgestaltet sind, die für erhöhte Abnahmemengen innerhalb bestimmter Rabattstaffeln jeweils lediglich einen Rabatt für die in diese Staffeln fallenden Einheiten vorsehen.[97] Gleiches gilt für jede Form von Rabatten, die lediglich die Weitergabe von **Effizienzen auf Seiten des Herstellers** weitergeben. Hohes kartellrechtliches Risiko bergen dagegen **Ziel-**[98] oder **Steigerungsrabatte**[99] sowie **Gesamtumsatz- oder Sortimentsrabatte**.[100]

---

93 EuGH, Urt. v. 13.2.1979, Rs 85/76, Slg 1979, S. 461.
94 Vgl Kommission v. 14.7.1999, IV/D-2/34.780 – Virgin/British Airways, ABl. EG 2000 Nr. L 30/1, bestätigt durch das letztinstanzliche Urteil des EuGH v. 15.3.2007, Rs C-95/04 P, Slg 2007, I-02331; Kommission v. 20.6.2001, COMP/E-2/36.041/PO – Michelin, ABl. EG 2002 Nr. L 143/1, bestätigt durch Urteil des EuG v. 30.9.2003, Rs T-203/01, Slg 2003, II-04071.
95 BGH, Urt. v. 30.3.2004, NJW 2004, 2375 ff – Der Oberhammer; Kommission, Entsch. v. 24.5.2004, COMP/C-3/37.792 – Microsoft, ABl. EG 2007 Nr. L 32/23; bestätigend: EuG Urt. v. 17.9.2007, Rs T-201/04, Slg 2007, II-03601.
96 Kommission, Entsch. v. 24.5.2004, COMP/C-3/37.792 – Microsoft, ABl. EG 2007 Nr. L 32/23; bestätigend: EuG Urt. v. 17.9.2007, Rs T-201/04, Slg 2007, II-03601; siehe auch die gegen Tomra verhängte Geldbuße in Höhe von 24 Mio. €, Kommission, Entsch. v. 29.3.2006, COMP/E-1/38.113; ABl. EG 2008 Nr. C 219/1 s – Prokent/Tomra; sowie das kürzlich von der Kommission verhängte Rekordbußgeld in Höhe von 1,06 Mrd Euro gegen Intel, Pressemitteilung IP/09/745 v. 13.5.2009.
97 Retroaktive Mengenrabatte, die beim Überschreiten bestimmter Rabattstaffeln auf die erste gekaufte Einheit zurückwirken, können dagegen wesentlich schneller mit kartellrechtswidrigen Sog- und Abschottungswirkungen einhergehen.
98 Als Zielrabatte werden solche Rabatte bezeichnet, die an das Erreichen von bestimmten Umsatzschwellen oder Abnahmequoten anknüpfen, und die nicht selten individuell bestimmt und am Gesamtbedarf des Abnehmers orientiert sind.
99 Steigerungsrabatte sind Rabatte, die an der Steigerung des Abnahmevolumens des jeweiligen Abnehmers bezogen auf einen vorangegangenen Referenzzeitraum anknüpfen.
100 Gesamtumsatzrabatte werden bei Erreichen bestimmter Umsatzvolumina mit mehreren Produkten in Aussicht gestellt und bedingen nicht selten die Abnahme eines gesamten Produktsortiments (Sortimentsrabatte).

Ein Sonderproblem stellt die **Vereinbarung oder Ausschreibung von Rabattverträgen nach § 130a SGB V** durch Krankenkassen dar. Die (vergabe)kartellrechtliche Beurteilung der Rabattausschreibungen ist oben in § 47 behandelt. Aus Unternehmenssicht abzuwarten bleibt, ob sich die Vergabekammern und die Landessozialgerichte in Zukunft von ihrer Haltung abbringen lassen werden, die entsprechende Anwendung des kartellrechtlichen Missbrauchsverbotes auf gesetzliche Krankenkassen – nach Auffassung der Verfasserin entgegen dem gesetzgeberischen Willen – weiterhin aus dem vergaberechtlichen Nachprüfungsverfahren auszuklammern.[101] Ebenfalls abzuwarten bleibt, inwieweit sich das Bundeskartellamt mit der Frage befassen wird, ob und wenn ja unter welchen Voraussetzungen die Konditionen, die die Pharmaunternehmen in einer marktbeherrschenden Stellung in derartigen Rabattverträgen vereinbaren, der kartellrechtlichen Missbrauchsaufsicht unterliegen. 54

c) Missbrauch von Patent- und Verfahrensrechten

Die Europäische Kommission hat im Jahr 2005 ein Bußgeld in Höhe von 60 Mio. € gegen das Pharmaunternehmen AstraZeneca wegen missbräuchlicher Patent- und Verfahrensstrategien verhängt.[102] Nach Feststellung der Kommission hat das Unternehmen im Zusammenhang mit seinem Produkt „Losec" unrichtige Angaben gegenüber nationalen Patentämtern gemacht, um eine Verlängerung des Patentschutzes zu erreichen. Die Kommission hat weiter festgestellt, dass AstraZeneca die Regeln und Verfahren der nationalen Arzneimittelzulassungsstellen missbraucht hat, indem AstraZeneca die Marktzulassung für Losec-Kapseln in Dänemark, Norwegen und Schweden abgemeldet und durch eine neue Tablettenformulierung ersetzt hat. Auf diese Weise sind Generikaunternehmen Referenzdaten entzogen und ihr Markteintritt verzögert bzw. blockiert worden. 55

Die Entscheidung der Kommission in Sachen „AstraZeneca" ist insbesondere wegen des zweiten rechtlichen Vorwurfs umstritten, stellt die Entscheidung letztlich den Gebrauch bestimmter – an sich zulässiger – Verfahrensstrategien dann in Frage, wenn diese (zumindest auch) einen kartellrechtsrelevanten Zweck verfolgen. Dass die Kommission offenbar keine Scheu hat, den in Sachen AstraZeneca beschrittenen Weg weiterzugehen, legt jedoch der Abschlussbericht zur Arzneimittelsektoruntersuchung nahe.[103] 56

Die Kommission hat den in ihrem Zwischenbericht vom 28.11.2008[104] vorgelegten Maßnahmenkatalog kartellrechtlich problematischer Verhaltensweisen von Originalpräparateherstellern in ihrem Abschlußbericht durch ein Bekenntnis zum Patent- und Innovationsschutz in der Branche relativiert. Dennoch stuft die Kommission neben einigen zweiseitigen Verhaltensweisen (dazu Rn 38) nach wie vor eine Reihe einseitiger Verhaltensweisen – eine marktbeherrschende Stellung mit dem betreffenden Produkt vorausgesetzt – als kartellrechtlich problematisch ein. Aus praktischer Sicht unbefriedigend ist dabei, dass sich die Kommission einer detaillierten rechtlichen Analyse der von ihr identifizierten Verhaltensweisen in ihrem Abschlussbericht fast vollständig enthält. 57

---

101 Siehe zur Problematik Gabriel, Anmerkung zu Urt. LSG Baden-Württemberg, Beschluss v. 23.1.2009 – L 11 WB 5971/08 – Rabattausschreibung, VergR 2009, 452, 466 f.
102 Kommission, Entsch. V. 15.6.2005, COMP/A. 37.507/F3 – AstraZeneca, derzeit anhängig beim EuG unter dem Aktenzeichen T-321/05.
103 Abschlussbericht Arzneimittelsektoruntersuchung, derzeit abrufbar unter <http://ec.europa.eu/competition/sectors/pharmaceuticals/inquiry/staff_working_paper_part1.pdf> und <http://ec.europa.eu/competition/sectors/pharmaceuticals/inquiry/staff_working_paper_part2.pdf>.
104 Zwischenbericht der Kommission zur Arzneimittelsektoruntersuchung v. 28.11.2008, derzeit abrufbar unter <http://ec.europa.eu/competition/sectors/pharmaceuticals/inquiry/preliminary_report.pdf>.

58 Zu den von der Kommission identifizierten Verhaltensweisen zählen **Patentstrategien** wie die Anmeldung sog. Patentcluster oder Patentdickichte[105] (dh der Anmeldung möglichst zahlreicher Patente für dasselbe Arzneimittel) oder freiwillige Teilpatentanmeldungen zur Verlängerung der Prüffristen des Patentamtes auch nach Rückzug des Hauptpatents.[106] Die Kommission nennt zudem „vorgeschobene" Patentstreitigkeiten und -einsprüche sowie Interventionen vor den Zulassungsbehörden, ohne jedoch die Voraussetzungen für einen missbräuchlichen Einsatz der grundsätzlich vollkommen legitimen Mittel zur Wahrung eigener Rechte zu spezifizieren.[107] Schließlich führt die Kommission auch „**Lebenszyklusstrategien**" für Produkte der zweiten Generation als mögliche Verhaltensweise an, unter denen Originalpräparatehersteller ihre Marktstellung uU missbrauchen könnten.[108] Es bleibt abzuwarten, wie die Kommission ihre Beobachtungen im Hinblick auf die Verfolgung vermeintlich missbräuchlicher Patent- und Verfahrensstrategien praktisch umzusetzen gedenkt.

Hinweis: Unternehmen sind in jedem Fall gut beraten, ihre interne Kommunikation auf mögliche kartellrechtlich problematische oder auch nur missverständliche Strategiehinweise und Absichtsbekundungen hin zu überprüfen. Wie nicht zuletzt die aus Unternehmensdokumenten hervorgehobenen Zitate im Abschlussbericht der Kommission zur Sektoruntersuchung zeigen, wird der erfolgreiche Nachweis eines Kartellrechtsverstoßes auf Behördenseite nicht zuletzt davon abhängen, welche Strategie hinter den beanstandeten Verhaltensweisen steht und ob diese einen Missbrauch nahelegt.

d) Mengenmanagementsysteme

59 Seit der Grundsatzentscheidung des EuGH in Sachen „Bayer Adalat"[109] werden im Arzneimittelvertrieb zunehmend einseitige Mengenmanagementsysteme[110] eingesetzt, um dem allgegenwärtigen Problem des Parallelhandels zu begegnen. Angesichts des Umstandes, dass zwei- oder mehrseitige Abreden, die einem Vertreiber den Export von Arzneimitteln außerhalb eines Vertragsgebietes verbieten, als kartellrechtliche Kernbeschränkungen qualifizieren und allenfalls mit sehr hohem Begründungsaufwand rechtfertigbar sind, ist die Branche dazu übergegangen, die Möglichkeiten zur Ausnutzung des Preisgefälles für Arzneimittel in Europa dadurch zu kontrollieren, dass **Arzneimittelmengen kontingentiert** werden. Dies bedeutet konkret, dass die in einem Land verfügbaren Mengen des Arzneimittels so bemessen werden, dass sie nicht signifikant über den zuvor ermittelten Inlandsbedarf hinausgehen. Das erfolgreiche Betreiben eines Mengenmanagementsystems ist kartellrechtlich nicht ohne Herausforderungen. Wie die Entscheidung „Bayer Adalat" zeigt, muss das Pharmaunternehmen strikt darauf achten, die **Mengenbegrenzung rein einseitig** zu halten, dh sie weder direkt noch indirekt zum Bestandteil einer Vereinbarung mit einem Vertreiber zu machen.

60 Der Fall „Bayer Adalat" macht deutlich, dass die **richtig kontrollierte, externe Kommunikation** dieses Systems damit von zentraler Bedeutung ist.[111] Sie muss darauf angelegt sein, jeden Anschein einer gemeinsamen Front zwischen Lieferant und Vertreiber von vornherein

---

105 Abschlussbericht Arzneimittelsektoruntersuchung (aaO), Rn 484 ff.
106 Abschlussbericht Arzneimittelsektoruntersuchung (aaO), Rn 507 ff.
107 Abschlussbericht Arzneimittelsektoruntersuchung (aaO), Rn 578 ff und 665 ff.
108 Abschlussbericht Arzneimittelsektoruntersuchung (aaO), Rn 987 ff.
109 EuGH, Urt. v. 6.1.2004, Rs C-2/01 P und C-3/01 P, Slg 2004, I-23 – Bayer Adalat.
110 Oft auch englisch als *Supply Quota Systems* bezeichnet.
111 Der EuGH hatte die Einseitigkeit des Mengenmanagementsystems von Bayer – und damit dessen kartellrechtliche Zulässigkeit im konkreten Fall – vor allem daran festgemacht, dass Bayer den Händlern lediglich Lieferengpässe als Grund für die nicht vollständige Ausführung von Ordermengen angegeben hatte, exportierende Händler nicht sanktioniert wurden und ein mangelnder Konsens über die Hintergründe des System schon daraus ersichtlich wurde, dass die Händler beständig versucht haben, die Mengenkontingentierung Bayers durch ihr Orderverhalten zu umgehen.

zu vermeiden, was in der Praxis auch dem internen Kommunikationsmanagement eine große praktische Bedeutung zuweist. Besondere Anforderungen an ein Mengenmanagementsystem sind aus kartellrechtlicher Sicht zudem gestellt, wenn das betreffende Pharmaunternehmen für die relevanten Produkte über eine **marktbeherrschende Stellung** verfügt. Hier hat der EuGH im Jahre 2008 im Zusammenhang mit den Praktiken des Unternehmens GlaxoSmithKline in Griechenland festgehalten, dass ein Unternehmen seine marktbeherrschende Stellung missbräuchlich ausnutzt, wenn es „normale" Bestellmengen von Händlern nicht ausführt, um den Parallelhandel zu beschränken.[112] Die „Normalität" einer Händlerbestellung sei nach dem Bedarf des nationalen Marktes und nach den früheren Geschäftsbeziehungen zu beurteilen.[113] In der Praxis sind damit viele Fragen zu den praktischen Anforderungen für die zulässige Ausgestaltung derartiger Mengenmanagementsysteme durch marktbeherrschende Unternehmen offen geblieben. Diese sind für Deutschland durch den im Zuge der jüngsten AMG Novelle eingeführten Belieferungsanspruch des Großhandels nach § 52 b Abs. 2 AMG weiter verstärkt worden.

---

[112] EuGH, Urt. v. 16.9.2008, Rs C-468/06 bis C-478/06 – Sot. Lélos; zum Hintergrund des Verfahrens s. Koenig/Engelmann, Parallelhandelsbeschränkungen im Arzneimittelbereich auf dem Prüfstand des Art. 82 EG, GRUR 2005, 304 ff.
[113] EuGH, Urt. v. 16.9.2008, Rs C-468/06 bis C-478/06 – Sot. Lélos Rn 33 ff.

§ 49 Gesundheitspolitischer Ausblick: Reformbestrebungen aus Sicht der forschenden Pharma-Unternehmen

A. Allgemeines

1 Die Innovationen der forschenden pharmazeutischen Industrie haben maßgeblichen Anteil daran, dass die Lebenserwartung in den letzten hundert Jahren deutlich gestiegen ist. Hatte eine Frau, die um 1900 geboren wurde, nur geringe Chancen älter als 50 Jahre zu werden, so können heute geborene Mädchen davon ausgehen, dass sie ihr neuntes Lebensjahrzehnt erleben werden.[1]

So ist zum Beispiel die Sterblichkeit bei Herz-Kreislauf-Erkrankungen seit Mitte der 1960er Jahre um knapp 60 % gesunken; auch die Fortschritte bei der medikamentösen Therapie von Diabetes, bei verschiedenen Krebserkrankungen oder Infektionskrankheiten wie Hepatitis oder HIV/AIDS haben dazu beigetragen, dass viele Erkrankungen, die noch vor wenigen Jahrzehnten ein sicheres Todesurteil bedeuteten, heute gut behandelbar sind und Menschen mit ihnen noch Jahre oder Jahrzehnte leben können.

2 Selbst wenn Krankheiten nicht besiegt sind, sorgen moderne Medikamente dafür, dass die Lebensqualität für die Patienten heute deutlich verbessert ist. Je älter wir werden, desto mehr treten Krankheiten in den Fokus, die früher kaum ein Mensch wahrgenommen hat – ganz einfach weil die Menschen starben, bevor sie daran erkrankten: bestimmte Krebsarten, Infektionskrankheiten, die Alzheimer-Demenz, Morbus Parkinson. Auch gegen diese Alterskrankheiten erwarten die forschenden Pharma-Unternehmen in den nächsten Jahren spürbare therapeutische Fortschritte dank innovativer Arzneimittel.

3 Immer mehr ältere – oft multimorbide – Patienten und der medizinische Fortschritt werden also dafür sorgen, dass die Ausgaben für Arzneimittel in den nächsten Jahren und Jahrzehnten nicht sinken werden. Gleichzeitig werden immer weniger Beitragszahler die steigenden Gesundheitskosten (nicht nur Arzneimittelkosten) bewältigen müssen.

B. Vorschlag für eine Reform des Arzneimittelmarktes

4 Will man auch in Zukunft die bestmögliche Qualität des Gesundheitswesens sichern, sind Reformen unumgänglich. Dies gilt auch für den Arzneimittelmarkt.

Der deutsche Arzneimittelmarkt heute ist überreguliert: Er ist gekennzeichnet durch eine Vielzahl unterschiedlicher Reglementierungen. Teilweise zielen diese Regulierungen auf die Arzneimittelpreise, teils auf die Menge der verordneten Präparate, teils auf die Struktur des Verordnungssortiments. So zählen wir zurzeit über 20 verschiedene Regulierungen, die zum Teil nebeneinander stehen und sich bisweilen im Ergebnis gegenseitig aufheben oder in ihrer Wirkung ungeplant verstärken. So entwerten sich Festbeträge und Zuzahlungsbefreiungsgrenzen gegenseitig und beide gemeinsam behindern die Rabattverträge, die ihrerseits wiederum die Arzneimittelvereinbarungen aushöhlen. Zudem sind die Rabattverträge – als erste wettbewerbliche Elemente – unsystematisch in diesem hochregulierten Umfeld implementiert.

5 Dieses vielschichtige, weitgehend intransparente Regulierungssystem bietet nicht den ordnungspolitischen Rahmen, in dem sich wettbewerbliche Instrumente funktionsgerecht entfalten können – es besteht eine dysfunktionale und daher instabile Mischung aus zentraladministrativen und wettbewerblich-dezentralen Steuerungsinstrumenten. Das bestehende Regulierungssystem weist augenfällige Defizite hinsichtlich Nachhaltigkeit und Stabilität, Effizienz, Transparenz, Rechts- und Planungssicherheit sowie Konsistenz und Fairness auf.

---

1 Vgl Abschlussbericht der Studie „Lebenserwartung in Deutschland: Trends, Prognose, Risikofaktoren und der Einfluss ausgewählter Medizininnovationen" des Rostocker Zentrums zur Erforschung des Demografischen Wandels, Rostock 2008.

B. Vorschlag für eine Reform des Arzneimittelmarktes

Alle Akteure – Krankenkassen und Leistungserbringer – sehen sich mit einer Rahmenordnung konfrontiert, der eine belastbare Grundlage fehlt, den Entscheidungsträgern eine längerfristige Orientierung unmöglich macht und in ihren Steuerungswirkungen in vieler Hinsicht willkürlich erscheint.

Daher wäre dringend eine Deregulierung notwendig: Zentrale Instrumente – wie zB Festbeträge, Höchstbeträge oder Herstellerabschläge (Zwangsrabatte) – müssten mit dem Ziel abgeschafft werden, ein durchgehend wettbewerblich organisiertes Gesundheitssystem zu schaffen, in das ein wettbewerblicher Arzneimittelmarkt eingebettet wäre. Das Leitbild dafür wäre eine qualitätsgesicherte, patientenorientierte, den individuellen Bedürfnissen entsprechende Versorgung der Bürger.

Zudem müsste sich ein fairer Wettbewerb entfalten, in dem die beteiligten Pharma-Unternehmen und Krankenkassen ihre Angelegenheiten durch selektives Kontrahieren, also die Möglichkeit Einzelverträge abzuschließen, regeln. Die Rahmenbedingungen für diesen Wettbewerb würden dort gesetzt, wo sie im Patienteninteresse oder aus kartellrechtlichen Gründen geboten wären.

Wenn die zentralen (Preis- und Mengen-) Regulierungen abgeschafft würden, müssten dezentrale Verhandlungen ihren Platz einnehmen: Krankenkassen würden aktiv mit den Arzneimittelherstellern verhandeln, um die Versorgung ihrer Mitglieder zu gewährleisten. Ein wesentlicher Vorteil dezentraler Verhandlungen wäre dabei ein größeres Spektrum an Wahlmöglichkeiten – starre Vorgaben „von oben" würden zugunsten höchst möglicher Flexibilität abgeschafft: Jede Krankenkasse könnte sich – innerhalb bestimmter Mindeststandards – ein eigenes Profil geben.

Um einer zu befürchtenden Bildung von Monopolen oder Oligopolen entgegenzutreten, müsste der Übergang zu einer vertragswettbewerblichen Steuerung des GKV-Arzneimittelmarktes (wie der anderer Versorgungsbereiche auch) mit einer klaren kartell- bzw wettbewerbsrechtlichen Weichenstellung einhergehen.

Beim Abschluss von Einzelverträgen im Allgemeinen und von Versorgungs- und Rabattverträgen für Arzneimittel im Besonderen sollten Krankenkassen als Unternehmen im Sinne des „funktionalen Unternehmensbegriffs" des GWB (Gesetz gegen Wettbewerbsbeschränkungen) gelten und in vollem Umfang sowohl dem nationalen, als auch dem europäischen Kartell- und Wettbewerbsrecht unterliegen. Dementsprechend müsste auch eine ausschließliche Zuständigkeit der Kartellbehörden und Zivilgerichte gelten.

Denn: Wenn Krankenkassen unternehmerisch handeln, muss auch der entsprechende Rahmen gesetzt werden – die Regeln des Sozialgesetzbuches sind dafür nicht geeignet.

Oberstes Ziel eines wettbewerblichen Gesundheitssystems ist die qualitativ hochwertige Versorgung der Patienten, die den Herausforderungen der Zukunft – wie beispielsweise dem Abbau von Unterversorgung im Bereich verbreiteter Volkskrankheiten – gerecht wird. Dazu gehört, dass jede Krankenkasse – unabhängig davon, wie sie sich im Wettbewerb positioniert – ein breites therapeutisches Spektrum anbietet. Folglich können auch im Wettbewerb einzelne Arzneimittel nur dann nicht im Programm einer Krankenkasse enthalten sein, wenn sie gleichwertige Therapiealternativen bereithält. Ein Verzicht auf Therapieoptionen und damit eine Verkürzung des Leistungsanspruchs des Versicherten wäre nicht möglich und eine etwaige Risikoselektion der Krankenkassen wäre ausgeschlossen.

Um festzustellen, welche Medikamente vergleichbar sind, wäre in diesen Fällen nicht nur ihre Zulassung für eine bestimmte Indikation entscheidend, sondern auch ein im Bezug auf den Behandlungserfolg gleichwertiges Wirkungs- und Nebenwirkungsprofil, sowie eine übereinstimmende Anwendungsform und Gesamtverträglichkeit.

Das von einer Krankenkasse anhand dieser Vorgaben definierte Programm würde eine generelle Richtschnur bieten, die es dem Arzt in begründeten Ausnahmefällen auch ermöglichen würde, Medikamente zu verordnen, die außerhalb dieses Programms lägen. Nur so könnte die Breite der Behandlungsanforderungen auf der einen Seite und der Therapiemöglichkeiten auf der anderen Seite erfasst und zur Deckung gebracht werden.

11 Krankenkassen in einem wettbewerblichen Gesundheitssystem würden so vom „Payer" zum „Player": Sie könnten die Versorgung ihrer Mitglieder aktiv gestalten und neue Mitglieder über Preis und Leistung werben.

Krankenkassen hätten jedoch weiterhin vielfältige Möglichkeiten, sich voneinander durch Effizienz oder Leistung abzugrenzen: So könnten sich Kassen – oberhalb des durch politische Rahmenbedingungen garantierten Mindeststandards – zum Beispiel als qualitäts- oder preissensitiv positionieren. Auch innerhalb ein und derselben Kasse wären verschiedene Tarife möglich, etwa um neben der Grundversorgung weitere Arzneimittelalternativen als Wahlleistung anzubieten – dann zum Beispiel durch einen höheren Beitrag.

12 Ebenso zahlreich wie die neuen Möglichkeiten der Krankenkassen wären die Anreize der Bürger, davon Gebrauch zu machen: Während der eine eher auf den Preis achtet, ist ein anderer bereit, für die Erstattung von höherwertigen Präparaten einen Zusatzbeitrag zu zahlen.

Von herausragender Bedeutung ist, dass die Arzneimittelversorgung innovationsoffen und -freundlich ist. Innovative Arzneimittel sind ein unverzichtbarer Bestandteil einer hochqualifizierten Versorgung und Träger des medizinischen Fortschritts. Daher müssen innovative Arzneimittel von ihrer Markteinführung an grundsätzlich allgemein verordnungs- und erstattungsfähig sein. Dadurch wird eine neue Therapieoption zunächst auf jeden Fall gesichert.

13 Preise für Innovationen müssen sich im Markt bilden können. Die Erstattungskonditionen werden dagegen bestimmt durch das Leistungsvermögen und die Prioritätensetzung des gesetzlichen Krankenversicherungssystems, woran forschende Arzneimittelhersteller verantwortlich mitwirken wollen.

Die Kosten-Nutzen-Bewertung und die darauf aufbauende Festsetzung von Erstattungshöchstbeträgen durch den GKV-Spitzenverband sind dabei gesetzliche Realität und werden akzeptiert, sofern die Bewertungen transparent, wissenschaftlich korrekt und ergebnisoffen erfolgen.

14 Möglich wäre es aber auch, andere vertragliche Lösungen als reine Erstattungshöchstbeträge zentral oder dezentral zu vereinbaren. Bewertungen, die als Basis von Verhandlungen dienen, würden ebenfalls den Vertragsparteien obliegen (Verständigung auf Durchführung eines HTA, Wahl der Institution etc.). Auch für diese Bewertungen gelten die Anforderungen Ergebnisoffenheit, Verfahrenstransparenz und wissenschaftliche Korrektheit.

15 Im generikafähigen Marktsegment haben eindimensionale Rabattverträge Effizienzreserven gehoben. Für den Bereich innovativer Arzneimittel würden diese jedoch zu kurz greifen, da sie einseitig auf die Preiskomponente fixiert sind. Vorstellbar sind dagegen mehrdimensionale Verträge, die Effizienz und Qualität der Versorgung sicherstellen. Diese könnten auch dazu beitragen, die langsame Marktdurchdringung mit innovativen Medikamenten – ein Resultat des stark regulierten deutschen Gesundheitssystems – abzubauen.

Eine qualitativ hochwertige Versorgung mit Arzneimittel-Innovationen wäre so möglich. Machen wir den Weg frei für fairen Wettbewerb um die beste Qualität im deutschen Gesundheitswesen. Die forschenden Pharma-Unternehmen in Deutschland werden sich diesem Wettbewerb stellen.

Stichwortverzeichnis

Fette Zahlen bezeichnen die Paragraphen, magere die Randnummern.

Abgabe von AMn **17** 8 ff
Abgekürztes Zulassungsverfahren **6** 166, 185
Abverkauf
– Auslauffrist bei Altarzneimitteln **9** 81
– Erlöschen der Zulassung **9** 53 ff
– Prozessvergleich **9** 56
– Zulassungsverzicht **9** 53 f
Ähnlichkeitsprinzip *siehe* Homöopahtie
Allopathie **4** 1 ff, 2, 4 ff
– Abgrenzung zur Homöopathie **4** 4 f
– GKV **4** 6 ff
– rechtliche Verankerung **4** 6 ff
Altarzneien **6** 9
Altarzneimittelmarkt *siehe* Nachzulassung
AMWHV
– Anwendungsbereich **15** 3 ff
– Dokumentationspflicht **15** 7 ff
– Qualitätsmanagementsystem **15** 5 f
Änderungsanzeige **11** 1 ff
– 15. AMG-Novelle **11** 26
– Änderung der Bezeichnung **11** 19 ff
– Änderung des Herstellungsverfahrens **11** 17
– Änderung des Zulassungsinhabers, Meldepflicht **11** 14
– Anpassung an Mustertext **11** 15
– Anpassung an Referral **11** 6
– Anwendungsgebiete **11** 28
– Anzeigepflicht **11** 5
– Anzeigepflicht, Adressat **11** 6
– Anzeigeverpflichteter **11** 6
– Bedeutung **11** 7
– Best Practice Guides, Variations **11** 55
– Bezeichnung **11** 19 ff
– Darreichungsform, vergleichbare **11** 36 ff
– Dosierung **11** 27
– formale Anforderungen **11** 8
– Frist **11** 11
– Fristberechnung **11** 24
– Funktion **11** 3 ff
– Gegenanzeigen **11** 29 f
– Mitteilungspflichten **11** 42 ff
– Mitteilungspflichten, Inverkehrbringen **11** 44 ff
– Mitteilungspflichten, Pharmakovigilanz **11** 43
– Mitteilungspflichten, Vertriebseinstellung **11** 44 ff
– Mustertext **11** 15
– Nebenwirkungen **11** 31
– Neuzulassung **11** 22 ff
– Packungsgröße **11** 40 f
– PharmNet **11** 8
– redaktionelle Änderung **11** 13
– Referral **11** 16
– RL 2009/53/EG **11** 61 f
– Strukturnummer (SKNR) **11** 13
– Sunset-Clause **11** 45; *siehe auch dort*
– Unterlassen einer Ä. **11** 10
– unverzügliches Einreichen **11** 11
– Variations **11** 52 ff
– Variations, Änderungskategorien **11** 55
– Variations, Arbeitsteilung **11** 60
– Variations, Gruppenbildung **11** 60
– Variations, Verfahren **11** 56 ff
– vergleichbare Darreichungsform **11** 36 ff
– VO (EG) 1234/2008 **11** 52 ff
– Wechselwirkungen **11** 32
– Wirkstoffe **11** 33 ff
– Zeitpunkt der Ä. **11** 11
– Zulassungsinhaber **11** 14
– Zustimmungsfiktion **11** 24
– Zustimmungspflicht **11** 22 ff
– Zustimmungspflicht, Dreimonatsfrist **11** 24
Änderung von AM nach Zulassung *siehe* Änderungsanzeige
Anhörung, Zulassung **6** 240
Annual Safety Report (ASR) **12** 77 ff
Anstaltspackungen **20** 6
Anthroposophie **4** 2, 50 ff, 81 f; *siehe auch* Anthroposophische AM
– A. und Arzneimittelrecht **4** 56 ff
– Berücksichtigung im AMG **4** 7 f
– Methode **4** 51 ff

Stichwortverzeichnis

Anthroposophische AM
- Definition 4 58 f
- Registrierung und Zulassung 4 57, 61
- Wirksamkeitsnachweis 10 177

Anwendungsgebiete, Packungsbeilage
  19 30

Anwendungs- und Folgewarnungen
  27 65

Anwendungsvorrang 3 4

Apotheken 21 42 ff; *siehe auch* Apothekenpflicht
- Abgabebestimmungen 21 49 f
- Apothekenmonopol 24 5; *siehe auch* Apotheker
- Apothekenvorbehalt 21 42
- Aufgabe 24 3
- Bedeutung 24 1
- Fremdbesitz 21 54 f
- Großhandelserlaubnispflicht 18 12
- Kooperationen 21 56
- Krankenhausapotheke 21 33
- krankenhausversorgende Apotheke 21 33 f
- Mehrbesitz 21 54 f
- Rekonstitution 14 54 f
- Sicherstellungsauftrag 21 42
- Substitutionspflicht 21 52 f

Apothekenarzneien, Zulassungsbedürftigkeit 6 21 ff

Apothekenpflicht 24 1 ff
- Ausnahmekatalog 24 18
- Befreiung von der A. 24 16
- Grundsatz 24 5
- Umgehungsausschluss 24 11
- Verordnungsgeber 24 29
- Wiederherstellung 24 27

Apotheker 18 15 ff
- Garantenstellung 45 41
- pharmazeutischer Unternehmer 18 2

Arbeitnehmererfinderrecht 30 177

Arbeitskreis Blut 32 59

Arbeitsteilung 45 65 ff
- horizontale A. 45 67, 70
- innerbetriebliche A. 45 69 f
- Strafrecht 45 65 ff
- vertikale A. 45 68 f
- zwischenbetriebliche A. 45 67 f

Arzneibuch, Deutsches *siehe* Deutsches Arzneibuch

Arzneibuch, Europäisches *siehe* Europäisches Arzneibuch

Arzneimittel
- Abfüllen 13 9
- Abgabeart 24 7
- Abgrenzungen, Negativdefinition 2 17 ff
- Abgrenzung von Lebensmitteln 2 18 ff, 28 ff
- Abgrenzung von Medizinprodukten 2 109 ff; *siehe auch* Medizinprodukte
- Abgrenzung von Organen/Organteilen 2 160 ff
- Abgrenzung von stofflichen Medizinprodukten mit AM-Anteil 2 154 ff
- Abpacken 13 9
- AM aus gentechnisch veränderten Organismen 34 31
- AM aus Stoffen biologischer Herkunft 33 8 ff
- AM aus Stoffen menschlicher Herkunft 33 1 ff; *siehe auch* dort
- AM für Kinder *siehe* Kinderarzneimittel
- AM für neuartige Therapien 33 8
- AM kraft gesetzlicher Erstreckung 2 27
- AM kraft gesetzlicher Fiktion 2 26
- AM zur klinischen Prüfung 24 40
- Änderung nach Zulassung *siehe* Änderungsanzeige
- Anfertigen 13 6
- Anwendung 17 12
- Arzneimitteldefinition 2 1 ff
- Arzneimittelsicherheit 2 178 ff
- ärztliche Eigenherstellung 33 21
- Ausfuhr 18 22
- Bearbeiten 13 8
- bedenkliche AM, Definition 2 179
- Bezeichnung 10 73 ff; *siehe auch* Arzneimittelbezeichnung
- biologische AM, Zulassung 6 223
- Einfuhr 16 1 ff; *siehe auch* Arzneimitteleinfuhr
- Endverbrauch 18 16
- Exporteur 18 22
- fiktive AM 2 14 ff

- fiktive AM, Abgrenzung von Medizinprodukten mit AM-Anteil 2 148 ff
- fiktive AM, Zulassungsbedürftigkeit 6 4
- Freigabe für das Inverkehrbringen 13 11
- Funktionsarzneimittel *siehe dort*
- Fütterungsarzneimittel *siehe dort*
- Geltungsarzneimittel 2 148 ff; *siehe auch dort*
- generisches AM 6 164 ff
- Gewinnen von AMn 13 5
- Haftung *siehe* Arzneimittelhaftung (§ 84 AMG)
- Heimtierarzneimittel 38 40 ff; *siehe auch dort*
- Herstellen von AMn *siehe dort*
- Hersteller von AMn *siehe dort*
- Herstellungserlaubnis 14 1 ff; *siehe auch dort*
- homöopathische AM 7 95 ff; *siehe auch dort*
- homöopathische AM, Registrierung 6 63
- Importeur 18 11
- Inhaber einer Zulassung oder Registrierung 18 2
- Inspektion 26 97
- Inverkehrbringen 17 1 ff
- Kennzeichnung 13 10
- Kombinationsarzneimittel 10 239 ff; *siehe auch dort*
- lose Kombination mit Medizinprodukten 2 159
- Mangelhaftigkeit 45 89
- Muster 24 51
- pflanzliche AM *siehe auch* Phytotherapie; *siehe dort*
- Pharmakovigilanz *siehe dort*
- Präsentationsarzneimittel *siehe dort*
- Preisbindung 21 25 ff; *siehe auch dort*
- Preisvorschriften 21 25 ff
- Probenahme 26 106
- Qualitätsmangel 26 107
- radioaktive AM, sachkundige Person 14 108
- Sicherheit 2 178 ff
- Strafrecht *siehe dort*
- traditionelle pflanzliche AM 7 134 ff; *siehe auch dort*
- traditionelle pflanzliche AM, Registrierung 6 56
- Verschreibungspflicht 25 1 ff; *siehe auch dort*
- Vertriebswege 21 1 ff; *siehe auch dort*
- Werbung *siehe* Werbung für AM
- Wirksamkeit *siehe dort*
- Wirksamkeitsnachweis 10 147 ff; *siehe auch dort*
- Wirkungen 10 182 ff; *siehe auch dort*
- xenogene AM, sachkundige Person 14 106
- Zweifelsfallregelung 2 7 f

Arzneimittel aus Stoffen menschlicher Herkunft
- allogene Zellen 33 9
- autologe Zellen 33 9
- biologische Wirkstoffe 33 16
- biotechnologisch bearbeitete Gewebeprodukte 33 10
- Embryonen 33 13
- Erlaubnis für die Gewinnung von Gewebe und Laboruntersuchungen nach § 20b AMG 33 18 ff
- Genehmigung nach Art. 3 VO (EG) Nr. 726/2004 33 34 ff
- Genehmigung von AMn für neuartige Therapien nach § 4b AMG 33 44 f
- Gewebe 33 5
- Gewebezubereitungen 33 13
- Herstellen von AMn 33 14 ff
- Herstellungserlaubnis (§ 13 AMG) 33 16
- Laboruntersuchungen für die Gewinnung von Gewebe 33 18
- menschliche Samen- und Eizellen 33 13
- Mikroorganismen 33 7
- somatische Zelltherapeutika 33 9
- Stand der medizinischen Wissenschaft und Technik 33 26 ff
- Stoffe biologischer Herkunft 33 2 ff
- Stoffe menschlicher Herkunft 33 4
- Stoffe pflanzlicher Herkunft 33 3
- Stoffe tierischer Herkunft 33 4
- Tissue-Engineering 33 8
- Transplantate 33 15
- Zertifikate für Gewebe und Gewebezubereitung 33 29 ff

Stichwortverzeichnis

Arzneimittelbezeichnung *siehe* Irreführungsverbot (§ 8 AMG)
Arzneimitteleinfuhr **16** 1 ff
- Einfuhrerlaubnis **16** 1 ff; *siehe auch dort*
- Einführer von AMn, Begriff **16** 4
- Einführer von AMn, Person **16** 5
- Einfuhrverbot **16** 31
- Einfuhrzertifikat **16** 19 ff
- Einfuhrzertifikat Ausfuhrland **16** 20
- Einfuhrzertifikat Einfuhrland **16** 21 ff
- Einfuhrzertifikat wegen öffentlichen Interesses **16** 24

Arzneimittelfertigwaren **1** 1
Arzneimittelhaftung (§ 84 AMG)
- Arzneimittelversand, Gefährdungshaftung bei **27** 31
- Auskunftsansprüche (§ 84a AMG) *siehe dort*
- Bagatellverletzungen **27** 16 f
- bestimmungsgemäßer Gebrauch **27** 41 ff
- Deckungsvorsorge (§ 84 AMG) **27** 130 ff
- Entwicklungsfehler **27** 53, 71
- Fehlerbereichsnachweis **27** 56 ff
- Haftungshöchstbeträge **27** 104 ff
- Heilbehandlungskosten **27** 96 f
- Herstellungsfehler **27** 56
- Instruktionsfehler **27** 59 ff; *siehe auch dort*
- Kausalitätsvermutung **27** 71 ff
- Klägergerichtsstand **27** 128 f, 163 f
- Mitverschulden **27** 110 ff
- Nasciturus **27** 18
- Nebenwirkungen **27** 61 ff
- Nondum conceptus **27** 18
- Off-Label-Use **27** 45 ff
- Produktbeobachtung **27** 48
- Schadensersatzansprüche, konkurrierende **27** 86 ff
- schädliche Wirkungen **27** 40 ff; *siehe auch dort*
- Schmerzensgeld **27** 101 ff
- Sekundärgeschädigte **27** 19 ff
- Unterhaltsanspruch **27** 94 f
- Unterlassungswirkung **27** 55
- Unvertretbarkeit *siehe dort*
- Verjährung der Gefährdungshaftung **27** 114 ff
- Verjährungsbeginn der Gefährdungshaftung bei Spätschäden **27** 118 ff
- Wechselwirkungen **27** 40, 67; *siehe auch* Schädliche Wirkungen

Arzneimittelherstellung *siehe auch* Arzneimitteleinfuhr; *siehe auch* Herstellen; *siehe auch* Wirkstoffherstellung
- Apotheker **14** 49 ff
- Ärzte **14** 59 ff
- Aufbewahrungspflichten, AMWHV **15** 18
- Aufbewahrungspflichten, Betriebsschließung **15** 19
- berufsmäßig **14** 27 ff
- Chargenfertigungsprotokoll **15** 15
- Chargenverpackungsprotokoll **15** 15
- EDV-Systeme, Dokumentationseignung **15** 17
- Einzelhändler **14** 70 ff
- elektronische Aufzeichnungsgeräte, Dokumentationseignung **15** 17
- Erlaubnispflicht **14** 33 ff
- Gewährleistung des Standes der Wissenschaft und Technik **14** 122, 168 ff
- gewerbsmäßig **14** 27 ff
- Großhändler **14** 69
- Guidelines, Wissenschaft und Technik **14** 172
- Heilpraktiker **14** 59 ff
- Herstellungsvorschrift **15** 12
- Hygiene und Reinigung **14** 162 ff
- Krankenhausträger **14** 56 f
- Leiter der Herstellung **14** 118 ff
- Leiter der Herstellung, Zuverlässigkeit **14** 125
- Leiter der Qualitätskontrolle **14** 118 ff
- Leiter der Qualitätskontrolle, Zuverlässigkeit **14** 125
- Lieferantenqualifizierung, AMWHV **15** 22 ff
- Lieferantenqualifizierung, beauftragte Dritte **15** 25 f
- sachkundige Person, Zuverlässigkeit **14** 110 ff
- Selbstinspektion **15** 20 ff
- Tierärzte **14** 64 ff
- Verarbeitungsanweisung **15** 12 f
- Vereine **14** 30
- Verpackungsanweisung **15** 14

Arzneimittelmuster **24** 51

Stichwortverzeichnis

Arzneimittelprüfrichtlinien **1** 11
– generische Zulassung **6** 183, 194
– Zulassungsverfahren **6** 67, 117
Arzneimittel-Richtlinie
– Verordnungsausschluss **4** 9
– Verordnungsfähigkeit zulasten der GKV **4** 8 f
Arzneimittelrichtlinien **46** 77 ff
– neue A. **46** 99
– Rechtsnatur **46** 80
Arzneimittelrisiken **10** 210 ff; *siehe auch* Verdacht auf schädliche Wirkungen
– Arzneimittelabgrenzung **2** 58 ff
Arzneimittelschäden, Strafrecht **45** 74 ff
Arzneimittelsektoruntersuchung **48** 2, 3, 8, 46, 55
Arzneimittelsicherheit **2** 178 ff
Arzneimittelüberwachung **3** 10
Arzneimittel- und Wirkstoffherstellungsverordnung *siehe* AMWHV
Arzneimittelversand, Gefährdungshaftung bei **27** 31
Arzneimittelwerbung *siehe* Werbung für AM
Arzneispezialitäten **1** 2, **2** 171
– Registrierung, Zulassung **6** 1 ff
Arzt, Garantenstellung **45** 42
Ärztemuster, Weitergabe **24** 6
Aspirin **23** 36
Assistenzberufe (Pharmaberater)
– Apothekerassistent **29** 4
– Sachkunde **29** 4
ATC-Klassifikation **46** 188
Aufbewahrungshinweise, Packungsbeilage **19** 34
Auflagen **8** 1 ff; *siehe auch* Mängelbeseitigung
– allg. Ermächtigung nach § 36 VwVfG **8** 40 ff
– Allgemeinverfügung **8** 5, 32
– AM, großer therapeutischer Wert **8** 34 f
– Anhörung **8** 3
– Aufbewahrungshinweis **8** 22 ff
– Auflagenbefugnis, spezialgesetzlich **8** 40, 49; *siehe auch* Nachzulassung

– Behältnis **8** 30 ff
– differentialdiagnostischer Hinweis **8** 19 ff
– Dosierungsvorrichtung **8** 31
– echte Auflage **8** 4 ff, 14
– Fachinformation **8** 9 ff
– Frist zur Auflagenerfüllung **8** 45
– Gegenanzeige **8** 10 ff
– Gegensachverständiger, unabhängiger **8** 45, 51
– Kennzeichnung **8** 9 ff
– Kinderhinweis **8** 11 ff
– Lagerhinweis **8** 22 ff
– Mangel, gravierender **8** 49
– Mangel, leichter **8** 44, 49
– Mängelbeseitigung *siehe dort*
– Mustertexte **8** 27
– nachträgliche Anordnung **8** 5, 52
– Nachzulassung **7** 254 ff, **8** 46 ff; *siehe auch dort*
– Packungsbeilage **8** 9 ff; *siehe auch dort*
– Packungsgröße, therapiegerecht **8** 29
– Packungsgrößenverordnung **8** 29
– Risikomanagementsystem **8** 36 f
– Schwangerenhinweis **8** 11 ff
– Stillendenhinweis **8** 11 ff
– Teilversagung, Abgrenzung zur echten Auflage **8** 13 ff
– Tierarzneimittel **37** 13
– Umhüllung, äußere **8** 30
– Verschluss, kindergesicherter **8** 32
– Zulassung, bedingte **8** 35
Aufstocken, Umpacken **23** 28
Augenhornhäute **2** 162, 167
Ausfuhr von AMn **18** 22
Auskunftsansprüche (§ 84a AMG) **27** 137 ff
– Betriebs- und Geschäftsgeheimnisse **27** 149 f, 162
– Informationsanspruch nach dem IFG **27** 160 ff
Ausschreibung, Vergabeverfahren **47** 11 f
Auswirkungsprinzip, Kartellrecht **48** 4
Aut-idem-Verordnung **46** 202 ff

Bademoore **24** 20

1263

Beauftragter für die biologische Sicherheit (BBS)
– als gentechnikrechtlicher Verantwortungsträger   34 14
– Aufgaben   34 19

Befindlichkeitsstörung   10 187

Bekannter Wirkstoff, Zulassung   6 168, 190

Benutzungsmarke   30 31

Bereitstellungspflicht   5 5

Berufsverbot   45 9

Besitzständler, Pharmaberater   29 9

Besondere Therapierichtungen   4 2, 7 f, 10 ff, 82
– Anthroposophie   siehe dort
– Homöopathie   siehe dort
– Phytotherapie   siehe dort

Bezeichnungsverordnung   6 82, 19 12

Bezeichnungszusätze   6 79

Bezugsverpflichtung, Kartellrecht   48 36

Bezugszulassung   23 17

BfArM   5 28

Bibliographische Zulassung   6 165, 168, 177
– Blutzubereitungen   32 35 f

Bilanzierte Diäten   2 96

Bildmarke   30 17 f

Binnenmarkt   3 1 ff

Binnenmarktkonzept   3 7

Bioäquivalenz, Zulassung   6 188

Bioäquivalenzstudien, Zulassung   6 185

Biologika
– Änderungsanzeige   31 15 ff
– Einfuhrerlaubnis   31 8
– Herstellungserlaubnis   31 8

Biopatentrichtlinie   30 99

Biosimilars
– generische Zulassung biologischer AM   32 33 f
– Zulassung   6 191, 223

Biotechnologisch bearbeitete Gewebeprodukte   33 10

Biotechnologisches Verfahren
– Zulassung   6 224

Biotechnologische Verfahren   34 1

Blister   19 21

Blut   32 1 ff

Blut-Aids-Skandal   32 1 f

Blutkomponenten zur Transfusion   32 11 ff

Blutprodukte   siehe Blutzubereitungen

Blutstammzellenzubereitungen, sachkundige Person   14 100

Blutzellen, sachkundige Person   14 101

Blutzubereitungen   32 1 ff
– Arbeitskreis Blut   32 59
– Arzneimittel- und Wirkstoffherstellungsverordnung (AMWHV)   32 15
– Auflagen   32 26 ff
– autologe B., sachkundige Person   14 102
– bibliografische Zulassung   32 35 f
– Biosimilar   32 33 f
– Blutkomponenten zur Transfusion   32 11 ff
– Chargenprüfung, staatliche   32 39 ff
– Definition   32 3 ff
– Fachinformation   32 19 ff
– Fraktionierungsprodukte   32 8 ff
– Hämotherapierichtlinien   32 56
– Hämovigilanz   32 44 ff
– Kennzeichnung   32 19 ff
– koordiniertes Meldewesen   32 57 f
– Look-Back-Verfahren   32 48 ff
– Meldewesen, koordiniertes   32 57 f
– OMCL-Netzwerk   32 42
– Packungsbeilage   32 19 ff
– Parallelimport   32 37 f, 43
– Pharmakovigilanz   32 44 ff
– Plasmaderivate   32 8 ff
– Plasma-Master-File   32 24
– Plasma-Pool-Zertifikate   32 41
– Plasma-Stammdokumentation   32 24
– Rückverfolgbarkeit   32 48 ff
– sachkundige Person   14 100
– Spenden-Stammdokumentation   32 25 f
– staatliche Chargenprüfung   32 39 ff
– Stufenplan   32 27
– Transfusionsprodukte   32 11 ff
– Verschreibungspflicht   32 53
– Well-established Use   32 35 f
– Zulassung   6 7
– Zulassung, Änderung   32 31

Stichwortverzeichnis

- Zulassung, Besonderheiten 32 16 ff
- Zulassung, bezugnehmende 32 32 ff

Bridging report 6 162

Bridging studies 6 222

Brückenstudien 6 222

Bulkware
- Abgrenzung von Zwischenprodukt 2 177
- Begriff 6 5
- pharmazeutischer Unternehmer 5 15
- Zulassungsbedürftigkeit 6 5, 7

Bündelpackungen 20 6

Bundesamt für Verbraucherschutz und Lebensmittelsicherheit (BVL) 5 31

Bundesgesundheitsamt 1 4
- Auflösung 1 20

Bundesinstitut für Arzneimittel und Medizinprodukte (BfArM) 5 28

Clopidogrel 6 204

Co-Branding 23 42

Co-Marketing, Zulassung 6 173

Committee for Medicinal Products for Human Use (CHMP) 1 16

Committee for Proprietary Medicinal Products (CPMP) 1 16

Common Technical Document (CTD) 6 67, 116, 124

Compassionate Use 1 26
- Begriff 6 33
- GKV 46 27, 59
- klinische Prüfung 12 10 ff
- Strafrecht 45 81
- Voraussetzungen 6 35 f

Contained-Use-Richtlinie 34 8

Contergan 1 5, 11, 10 216 ff, 27 1, 53, 104
- Strafrecht 45 16

Contract Research Organisation (CRO) 12 45 f

Cross-over-Studie 10 165

Dachmarke 6 76

Darreichungsform
- Änderungsanzeige 11 36
- Zulassungsverfahren 6 83

Data Monitoring Committee (DMC) 12 75 f

DDR, Rechtsüberleitung 1 13

DDR-Produkte 6 10

Deckungsvorsorge (§ 36 GenTG) 34 24

Deckungsvorsorge (§ 84 AMG) 27 130 ff
- Pharmapool 27 133

Deckungsvorsorge (§ 94 AMG) 18 6

Defektur 6 22, 18 18

De Peijper 23 8

Desinfektionsmittel 24 23

Detailed Description of the Pharmacovigilance System (DDPS) 26 25

Deutsche Arzneimittel- und Medizinprodukteagentur (DAMA) 7 6

Deutsches Arzneibuch 3 49

Deutsches Institut für Medizinische Dokumentation und Information (DIMDI) 46 188

Dezentralisiertes Zulassungsverfahren 1 18, 3 9, 6 166

Diamorphin 24 57

Diätetische Lebensmittel 2 91 ff

Direktbelieferung
- AM zur klinischen Prüfung 24 40
- Blutegel und Blutfliegenlarven 24 42
- Blutzubereitungen und Blutbestandteile 24 34
- Compassionate Use 24 43
- Forschungseinrichtung und Hochschulen 24 49
- Gewebezubereitungen und tierisches Gewebe 24 35
- Impfstoffe 24 44
- Infusionslösungen 24 36
- Krankenhäuser und Ärzte 24 33
- medizinische Gase 24 38
- pharmazeutischer Unternehmer und Großhändler 24 32
- radioaktive AM 24 39
- Tierärzte 24 46
- Veterinärbehörden und zentraler Beschaffungsstellen 24 45
- Zahnärzte 24 48
- Zubereitung zu Diagnosezwecken 24 37

Direktbezugspflicht, Kartellrecht 48 36

Disease-Management-Programme (DMP) 46 199 ff
Dosierung
– Änderungsanzeige 11 27
– Packungsbeilage 19 32
– Zulassungsverfahren 6 93
Drehtüreffekt, Kartellrecht 48 51
Drogenausgangsstoff *siehe* Grundstoff
Drogenmonographien 4 67
Drug Precursor *siehe* Grundstoff
Dublettenzulassung 6 175
Durchdrückpackungen 19 21

Earl-Entry-Vereinbarung, Kartellrecht 48 38
EG-Recht-Überleitung (DDR) 1 13
Einfuhr
– von Stoffen menschlicher Herkunft 18 21
– von Wirkstoffen 18 21
Einführer 18 11, 21
Einfuhrerlaubnis
– Anspruch auf Erteilung 16 11
– Arzneimittel 16 1 ff
– Gewebeprodukte, biotechnologisch bearbeitete 16 17
– homöopathische Wirkstoffe 16 17
– Mängelbeseitigungsverfahren 16 11 f
– Rechtsnatur 16 6 ff
Einfuhrverbot
– Stoffe 16 31
– Stoffzubereitungen 16 31
Einfuhrzertifikat 16 19 ff
– Ausfuhrland 16 20
– Ausnahme 16 27 ff
– Einfuhrland 16 21 ff
– wegen öffentlichen Interesses 16 24
Eingriffsbefugnisse (§ 26 GenTG) 34 22
Einzelhandel 21 57 ff
– Pick-up-Stellen 21 59
– Sachkenntnisnachweis 22 16
Einzelhändler 18 10
– Sachkenntnisnachweis 18 23
Einzelimport 23 5
Einzelzulassung 6 196
Eizellen, menschliche 33 13
Elektroakupunktur nach Voll 4 21

Embryonen 33 13
EMEA/EMA 1 16, 3 11 ff
– Ausschüsse 3 64 ff
– Marken 30 80 ff
– Verhaltenskodex 3 67
– Verwaltungsdirektor 3 60
– Verwaltungsrat 3 61 ff
– Zulassung 6 39 ff
– Zuständigkeit 6 235
Endverbrauch von AMn 18 16
Entnahmeeinrichtungen für Gewebe 33 18
Entwicklungsfehler 27 53, 71
Equiden 42 1 ff
– Equidenpass 42 2
– Kennzeichnung 42 2
– Lebensmittel liefernd 42 1, 4
– nicht Lebensmittel liefernd 42 3, 6
– VO (EWG) Nr. 1950/2006 42 4 f
Erfasster Stoff *siehe* Grundstoff
Ergänzendes Schutzzertifikat *siehe* Schutzzertifikat
Erlaubtes Risiko, Strafrecht 45 54 f
Erlöschen der Zulassung 9 36 ff
– Abverkauf 9 36, 53 ff; *siehe auch dort*
– Bekanntmachung 9 36
– fiktive Zulassung 9 75 ff; *siehe auch dort*
– Nichtgebrauch der Zulassung 9 48; *siehe auch* Sunset-Clause
– Parallelimportzulassung 9 58 f
– Registrierung 9 36
– Tierarzneimittel 9 49 f
– traditionelle pflanzliche AM 9 51
– Wiedereinsetzung 9 45 f
– Wirkung des Verlängerungsantrags 9 39 f
Erschöpfungsgrundsatz (Marke) 30 70 ff
– Markenersetzung 30 75
– Parallelimport von AMn 30 72 ff
– Umverpacken von AMn 30 73 ff
Erstattungsfähigkeit 4 6 ff; *siehe auch* Gesetzliche Krankenversicherung (GKV)
Erstzulassung 6 212
Erwerbsfähigkeit, verminderte oder aufgehobene 27 98 f
Essential similarity, Zulassung 6 186

Stichwortverzeichnis

Ethikkommission, klinische Prüfung
  12 49
EudraCT-Nummer 12 114 f
Eudra Vigilance 26 42 ff
Eudravigilance Veterinary 39 3, 7
EuGH 3 71
EU-Risikoverfahren 26 63 ff
Europackungen 23 24
Europäische Arzneimittel- Agentur
  (EMEA) *siehe* EMEA
Europäische Kommission, zentrale Zulassung 3 70
Europäisches Arzneibuch 3 46 ff, 4 32 f
– Monographie 1038 4 33, 36
Europäisches Patentübereinkommen
  (EPÜ) 30 92
Europäisches Referenzarzneimittel, Zulassung 6 201
Evidenzbasierte Medizin 4 5
– Abgrenzung zur Schulmedizin 4 5
– Bedeutung bei der Verordnungsfähigkeit zulasten der GKV 4 9
Ex-ante-Unterlagen 1 23
Excipients-Guideline 6 151
– Fachinformation 19 43
– Packungsbeilage 19 31
Exporteur 18 22

Fachinformation
– Anwendungsgebiete 19 45
– Art der Anwendung 19 45
– Aufbewahrungshinweise 19 47
– Auflagen 8 9 ff
– Besonderheitenliste, nationale Empfehlung 19 43
– Bezeichnung des AMs 19 42
– Dauer der Behandlung 19 45
– Dosierung 19 45
– Excipients-Guideline 19 43
– Gegenanzeigen 19 45
– Häufigkeit der Verabreichung 19 45
– Nebenwirkungen 19 45
– pharmakologische Eigenschaften
  91 46
– pharmazeutischer Unternehmer (Zulassungsinhaber) 19 48
– Stoffdatenbank 19 43
– Strafrecht 45 76 f

– Tierarzneimittel 36 12
– traditionelle pflanzliche AM 7 203 ff
– Überdosierung 19 45
– Vorsichtsmaßnahmen 19 45
– Warnhinweise 19 45
– Wechselwirkungen 19 45
– Zulassungsverfahren 6 148 ff
– Zusammensetzung, qualitative und
  quantitative 19 43
Farbmarke 30 20 ff
Fehlerbereichsnachweis
– Beweislastumkehr 27 56 ff
– Beweismaßreduktion zugunsten des
  Herstellers 27 58
Fehlgebrauch 10 194 ff
– naheliegender F. , Arzneimittelhaftung
  27 44
– Strafrecht 45 79 f
Feilbieten 17 9
Fertigarzneimittel 2 168 ff, 17 2 ff
Fertigpackungsverordnung 20 7
Festbetragsregelung (GKV) 46 101 ff,
  145 ff
– Arzneimittelvereinbarungen 46 147 f
– Ausblick 46 113
– Betragsgruppen 46 119 ff
– Rechtsschutz 46 120 ff
– Verfahren 46 105
– Zielvereinbarungen 46 145 f
Fiktive Zulassung
– Auslauffrist 9 81
– Erlöschen 9 75 ff
– Verlängerung *siehe* Nachzulassung
– Verzicht 9 82 f
formula magistralis 2 169
formula officinalis 2 169
Forschungs-und-Entwicklungs-GVO
  48 7, 13
Fraktionierungsprodukte 32 8 ff
Freiverkäuflichkeit 24 26
– Beschränkung 24 28
Frischplasmazubereitungen, sachkundige
  Person 14 101
Funktionsarzneimittel 2 5 f, 31 ff
– Erheblichkeitsschwelle 2 41 ff
Fütterungsarzneimittel 38 32 ff
– Begleitbescheinigung 38 35

1267

- Definition 38 32
- Einmischen mehrerer Arzneimittelvormischungen 38 36, 39
- Herstellung, RL 90/167/EWG 38 32
- Herstellung durch Tierarzt 14 68
- Herstellung in anderem Mitgliedstaat 38 35
- Herstellungserlaubnis 38 32
- Kennzeichnung 38 37
- Umwidmung 38 39
- Verschreibung 38 39
- Verschreibungspflicht 38 34
- Vertriebsweg 38 34
- Zulassung 37 3
- Zulassungspflicht 38 32

Garantenstellung 45 38 ff
- Apotheker 45 41
- Arzneimittelgroßhändler 45 41
- Arzt 45 42
- Bundesoberbehörden 45 43
- Ethik-Kommission 45 43
- Ingerenz 45 39
- Landesbehörden 45 43
- pharmazeutischer Unternehmer 45 39
- Vertrauensgrundsatz 45 64

GCP-Bescheinigung 6 101, 122
GCP-Richtlinie 12 100 ff
GCP-Verordnung 12 106 ff
Gebietsbeschränkung, Kartellrecht 48 28 ff
Gebrauch
- bestimmungsgemäßer G. 10 192 ff, 45 15
- bestimmungsgemäßer G., Arzneimittelhaftung 27 41 ff
- bestimmungswidriger G. 10 196 ff
- Fehlgebrauch 10 194 ff
- G. in Entsprechung zu den informativen Texten 10 195

Gebrauchsinformation
- Strafrecht 45 76 f
- Tierarzneimittel 36 7 ff
- Zulassungsverfahren 6 148 f

Gebrauchsmuster 30 1, 185 ff
- Aufrechterhaltungsgebühr 30 188
- Löschungsverfahren 30 189
- Priorität 30 187

Gebühren, Zulassungsverfahren 6 242 ff; *siehe auch* Zulassungsverfahren, Kosten
Gefahr, schwerwiegende 6 51
Gefährdungshaftung (§ 84 AMG) 18 6
Gefährdungshaftung (§§ 32–37 GenTG) 34 24
Gefahrenabwehr 7 11
Gefahrenverdacht 7 12
Gefahrenvorsorge 7 12
Gegenanzeigen
- Änderungsanzeige 11 29 f
- Auflagen 8 10 ff
- Zulassungsverfahren 6 86 f

Gegenseitige Anerkennung, Zulassung 6 46 ff
Geltungsarzneimittel *siehe auch* Arzneimittel, fiktive AM
- Abgrenzung von Medizinprodukten mit AM-Anteil 2 148 ff
- Herstellungserlaubnis 14 37 ff

Gemeinsame Grundstoffüberwachungsstelle von Zollkriminalamt und Bundeskriminalamt beim Bundeskriminalamt 43 85

Gemeinsamer Bundesausschuss (G-BA) 46 83 ff
- Aufsicht 46 98
- Organisation 46 84 f
- Verfahrensordnung 46 86

Gemeinschaftskodex 1 24, 3 3, 15
Gemeinschaftsmarke 30 41 ff
Gemeinschaftsrechtskonformität, Zulassung 6 199 f
Gemeinschaftszulassung 6 172, 190
Gendiagnostikum 34 32
Genehmigung
- klinische Prüfung 45 56, 90 ff
- Strafrecht 45 56 f, 85 ff

Generikum 6 164 ff
Genotoxizität
- Zulassungsverfahren 6 137

Gentechnikrecht
- AM aus gentechnisch veränderten Organismen 34 31
- Anlagengenehmigung im Gentechnikrecht 34 8

- Anmeldung im G. 34 8
- Anzeige im G. 34 8
- Beauftragter für die biologische Sicherheit (BBS) 34 14
- Beauftragter für die biologische Sicherheit (BBS), Sachkunde 34 15
- Betreiber von gentechnischen Anlagen 34 12
- biotechnologische Verfahren 34 1
- Contained-Use-Richtlinie 34 8
- Deckungsvorsorge (§ 36 GenTG) 34 24
- Eingriffsbefugnisse (§ 26 GenTG) 34 22
- Gefährdungshaftung (§§ 32 - 37 GenTG) 34 24
- Gendiagnostikum 34 32
- gentechnikrechtliche Genehmigungsverfahren 34 4
- gentechnische Anlagen 34 10
- gentechnische Arbeiten 34 9
- Gentherapeutika 34 28
- Gentransfer 34 28
- klinische Prüfung 34 31
- Organismus 34 9
- Projektleiter 34 14, 18
- Projektleiter, Sachkunde 34 15
- somatische Gentherapeutika 34 32
- Straf- und Bußgeldvorschriften 34 25 f
- Subsidiaritätsprinzip (Art. 5 EUV) 34 3
- Überwachungsbefugnisse 34 22
- Zweitanmeldersituation 34 21

Gentechnische Anlagen 34 10
Gentechnische Arbeiten 34 9
Gentherapeutika 34 28
- somatische G. 34 32
Gentransfer 34 28
Geschmacksmuster 30 1, 190 ff
Gesetz gegen den unlauteren Wettbewerb (UWG)
- Arzneimittelwerbung 28 144 ff; siehe auch Werbung für AM
- Arzneimittelwerbung und allg. Lauterkeitsrecht 28 149 ff
- Durchsetzung des HWG mittels des UWG 28 144 ff

Gesetzliche Krankenversicherung (GKV) 46 1 ff
- 15. AMG Novelle 46 23 ff
- AM, Versorgungsausschluss 46 72 ff
- Arzneimittelgroßhändler 46 30
- Arzneimittelrichtlinien 46 77 ff
- Arzneimittelrichtlinien, neue 46 99
- Arzneimittelrichtlinien, Rechtsnatur 46 80
- ATC-Klassifikation 46 188
- Aut-idem-Verordnung 46 202 ff
- Beitragssatz 46 35 ff
- Compassionate Use 46 27, 59
- DIMDI 46 188
- Disease-Management-Programme (DMP) 46 199 ff
- Durchschnittswertüberprüfungen 46 186 ff
- fachärztliche Versorgung 46 192 ff
- Festbetragsregelung 46 101 ff; siehe auch Festbetragsregelung (GKV)
- Gemeinsamer Bundesausschuss (G-BA) 46 83 ff; siehe auch dort
- Gesundheitsfonds 46 34 ff
- GKV-GSG 46 2
- GKV-OrgWG 46 13 ff
- GKV-WSG 46 12 ff
- hausärztliche Versorgung 46 189 ff
- Heilmittel, Versorgungsausschluss 46 72
- Hilfsmittel, Versorgungsausschluss 46 72
- Höchstbeträge 46 125 ff
- integrierte Versorgung 46 11, 194 ff
- IQWIG 46 88 ff
- Krankenkasseninsolvenz 46 14
- Leistungsanspruch 46 45 ff
- Lifestyle-Präparate, Versorgungsausschluss 46 73
- Medizinisches Versorgungszentrum (MVZ) 46 11, 78
- morbiditätsorientierter Risikostrukturausgleich (Morbi-RSA) 46 2, 39 ff
- Morbi-RSA, Right-Coding 46 41
- Morbi-RSA, Up-Coding 46 42
- Off-Label-Use 46 51 f
- Pick-up-Stellen 46 32 ff
- Positivliste 46 70 f
- Rabattverträge 46 136 ff

- Reichsversicherungsordnung (RVO) 46 1 f
- Richtgrößen 46 165 ff
- Richtgrößenüberprüfung 46 161 ff
- Right-Coding, Morbi-RSA 46 41
- Schätzerkreis 46 34
- Unterlagenschutz 46 28
- unwirtschaftliche AM 46 76
- Up-Coding, Morbi-RSA 46 42
- Verordnung besonderer AM 46 129 ff
- Wirtschaftlichkeitsprüfungen (§ 106 SGB V) 46 149 ff; siehe auch dort

Gesundheitsfonds 46 34 ff

Gewebe 33 5

Gewebegesetz 2 164

Gewebeherstellung, Erlaubnispflicht 14 44 ff

Gewebe- oder Gewebezubereitung
- Erlaubnis 33 22 ff

Gewebeprodukte, biotechnologisch bearbeitete
- Einfuhrerlaubnis 16 17

Geweberichtlinie 2 164

Gewebe und Gewebezubereitung
- Zertifikate 33 29 ff

Gewebezubereitungen 1 27
- Begriff 33 13
- Erlaubnis nach § 20c AMG 17 4 ff
- Inverkehrbringen 17 3
- Zulassungsbedürftigkeit 6 30

Gewerbeordnung 1 1

Gewerbliche Schutzrechte
- Gebrauchsmuster 30 185 ff
- Geschmacksmuster 30 190 ff
- Laufzeiten 30 1
- Marke *siehe dort*
- Patent *siehe dort*
- Überblick 30 1

GKV-GSG 46 2

GKV-OrgWG 46 13 ff

GKV-WSG 46 12

Gleiche AM-Bezeichnung (§ 25 Abs. 3 AMG) 10 281 ff
- Bezeichnungsgleichheit 10 288 ff
- Hauptbezeichnung 10 291 ff
- unterschiedliche Wirkstoffmenge 10 293

Global marketing authorisation *siehe* Globalzulassung

Globalzulassung 6 190, 196, 219

GMP-Zertifikat 26 95

Großhandel 5 22 f, 21 3 ff; *siehe auch* Großhändler
- Arzneimittelmuster 21 19 f
- Begriff 21 3 f
- Belieferungsanspruch 21 7 f
- Großhandelserlaubnis 22 1 ff; *siehe auch dort*
- Kontrahierungszwang 21 9 f
- Sicherstellungsauftrag 21 6
- Vergütung 21 25 f
- vollversorgende Arzneimittelgroßhandlung 21 8

Großhandelserlaubnis 22 1 ff
- Anzeigepflichten 22 8
- Ausnahmen 18 11
- Entzug 22 9
- erlaubnisbedürftige Großhandelstätigkeiten 22 1 f
- Erteilungsvoraussetzungen 22 3 f
- Mitvertreiber 18 3
- Nachweispflichten im Vertrieb 22 12 f
- sachkundige Person 22 7
- Versagung 22 9

Großhändler
- als pharmazeutischer Unternehmer 18 2
- Arzneimittelgroßhändler, Garantenstellung 45 41
- Arzneimittelherstellung 14 69
- Begriff 18 9 ff

Großherstellung 18 18

Grundstoff 43 80 ff
- Abgabe 43 97, 107, 119
- Abzweigungsvorkehrungen 43 84
- Ausfuhrgenehmigung 43 99, 110, 121
- Ausfuhrgenehmigung, vereinfachte 43 122
- Ausnahme von der Erlaubnispflicht 43 87
- Besitz 43 87
- Dokumentation 43 97
- Dokumentation, G. der Kategorie 1 43 101, 108, 113, 126
- Einfuhr, G. der Kategorie 1 43 98
- Einfuhr, G. der Kategorie 2 43 109

- Einfuhr, G. der Kategorie 3 43 120
- Ein- und Ausfuhr, G. der Kategorie 1 43 98
- Ein- und Ausfuhr, G. der Kategorie 2 43 109
- Ein- und Ausfuhr, G. der Kategorie 3 43 120
- Erlaubnis, G. der Kategorie 1 43 87 ff
- Erlaubnis, Geltungsdauer 43 92
- Erlaubnisantrag, G. der Kategorie 1 43 90
- Erlaubniserteilung, Zuständigkeit 43 89
- Erlaubnispflicht 43 87
- Erlaubnisumfang, G. der Kategorie 1 43 92
- Erlaubnisversagung 43 93
- Erwerb 43 97, 107, 119
- G. der Kategorie 3, sensible Länder 43 121
- Gebühren, Grundstoffverkehr 43 130
- Gemeinsame Grundstoffüberwachungsstelle von Zollkriminalamt und Bundeskriminalamt beim Bundeskriminalamt 43 85
- grundstoffhaltige Mischung 43 83
- Grundstoffüberwachung 43 77 ff
- Grundstoffüberwachungsgesetz (GÜG) 43 79 ff
- Grundstoffunterlagen, Aufbewahrungsfrist 43 102, 114, 126
- Grundstoffverantwortlicher 43 86, 90, 93, 106
- Grundstoffverkehr, Frist für Aufbewahrung von Unterlagen 43 102, 114, 126
- Inverkehrbringen, G. der Kategorie 1 43 87
- Inverkehrbringen, G. der Kategorie 2 43 109
- Kennzeichnung 43 102, 114, 126
- Kosten 43 130
- Kundenerklärung 43 96
- Kundenerklärung über genauen Verwendungszweck 43 96
- Meldung 43 103, 115, 128
- Red List 43 81
- Registrierung, Teilnahme am G.-Verkehr 43 104, 116
- Registrierung, Zuständigkeit 43 106, 118
- Responsible officer 43 86, 90, 93, 106
- Suchtstoffübereinkommen von 1988 43 3, 77, 80
- Unbedenklichkeitsbescheinigung 43 109, 120
- verantwortlicher Beauftragter 43 86, 90, 93, 106
- Verdachtsmitteilung 43 85
- Vernichtung 43 129
- VO (EG) Nr. 111/2005 43 78 ff
- VO (EG) Nr. 1277/2005 43 78 ff
- VO (EG) Nr. 273/2004 43 78 ff

Grundstoffüberwachung 43 77 ff
- Ziel 43 84 ff

Grundstoffüberwachungsgesetz (GÜG) 43 79 ff

Gruppenfreistellungsverordnungen, Kartellrecht 48 6 ff

Guideline on Readability 19 3
- Kennzeichnung 19 24
- Packungsbeilage 19 38

Guideline on SmPC 19 3
- Fachinformation 19 49

Guidelines 3 20 ff
- der EMEA 3 26 ff
- der Kommission 3 21 Ff
- Erstellung 3 30
- Rechtscharakter 3 31 ff
- zeitliche Geltung 3 38

Gute fachliche Praxis 33 26

Gute Klinische Praxis 1 25

Gute Vertriebspraxis 18 14

Haftung siehe Arzneimittelhaftung (§ 84 AMG)

Hahnemann 4 4 f

Hämotherapierichtlinien 32 56

Hämovigilanz 32 44 ff

Handelshemmnisse 3 7

Hauptbezeichnung 6 73 ff

Haut 2 163

Heilerde 24 20

Heilmittel 1 1

Heilmittelwerbegesetz (HWG) 28 1 ff; siehe auch Werbung für AM
- Adressatenkreis 28 42 ff
- Anwendungsbereich, örtlicher 28 44 f

Stichwortverzeichnis

- Anwendungsbereich, sachlicher 28 28 ff
- Entstehungsgeschichte 28 5 f
- Europarechtliche Vorgaben 28 22 ff
- Gefährdungstatbestände, abstrakte/ konkrete 28 17 ff
- Gesetzgebungskompetenz 28 11
- Grundrechtsvereinbarkeit 28 12 ff
- marktbezogene Verhaltensnormen 28 9, 145
- mittelbare Gesundheitsgefährdung 28 17 ff
- Schutzzweck 28 7 ff
- Strafbarkeiten und Ordnungswidrigkeiten 28 139 ff
- Tierarzneimittel 38 45 f
- Verbotstatbestände 28 46 ff; *siehe auch* Werbung für AM
- verfassungskonforme Auslegung 28 16 ff
- Vorgaben für die Arzneimittelwerbung 28 28 ff, 46 ff; *siehe auch* Werbung für AM
- Werbebegriff 28 30 ff

Heilmittelwerbeverordnung (HWVO) 28 4

Heilwässer
- Apothekenpflicht, Ausnahmen 24 19
- Zulassungsbedürftigkeit 6 31

Heimtierarzneimittel 38 40 ff
- Herstellung 38 40 ff
- Inverkehrbringen 38 40 ff
- Sachkenntnis im Einzelhandel 38 40 41
- Verkaufsabgrenzung 38 40 ff
- Versand 38 5
- Verschreibungspflicht 38 42
- Zulassungspflicht 38 40 ff

Herstellen von AMn 13 4 ff, 33 14 ff; *siehe auch* Arzneimittelherstellung; *siehe auch* Herstellungserlaubnis; *siehe auch* Wirkstoffherstellung
- Abfüllen 13 9
- Abpacken 13 9
- Anfertigen 13 6
- Arzneimittel 14 33 ff
- Bearbeiten 13 8
- berufsmäßig 14 27
- Freigabe 13 11
- Gewinnen 13 5
- Herstellungshandlungen 13 5 ff
- Kennzeichnen 13 10
- Prüflabor 13 12
- Umfüllen 13 9
- vorläufiges Einstellen 14 17 ff
- Wirkstoffe 14 3 ff
- Zubereiten 13 7

Hersteller von AMn 5 16, 20 f, 13 15, 18 29 ff
- juristische Person 13 15
- natürliche Person 13 15
- Personenvereinigung 13 15
- Zulassungsverfahren 6 72

Herstellungserlaubnis 5 16, 20 f, 14 1 ff
- allg. räumliche Anforderungen 14 139 ff
- AM aus Stoffen menschlicher Herkunft 33 16 f
- Anforderung an Einrichtung und Ausstattung 14 160 f
- Anforderungen an Lagerbereiche 14 156
- Anforderungen an Nebenräume 14 159
- Anforderungen an Produktionsräume 14 149 ff
- Anforderungen an Qualitätskontrollbereiche 14 157 ff
- Anspruch auf Erteilung 14 4
- Aufhebung 14 13 ff
- Bundesoberbehörde 14 24 f
- Erteilungsfrist 14 7 ff
- Erteilungsvoraussetzungen 14 74 ff
- Geltungsarzneimittel 14 37 ff
- Mängelbeseitigungsverfahren 14 5 f
- Ortsgebundenheit 14 4
- personelle Anforderungen 14 127 ff
- Personengebundenheit 14 2
- Rechtsnatur 14 1 ff
- Ruhensanordnung 14 13 ff
- sachkundige Person 14 81 ff
- Stand von Wissenschaft und Technik 14 168 ff
- Stoffe 14 42
- Umstrukturierung, Auswirkung auf H. 14 78
- Verfahren 14 4 ff
- Verschmelzung, Auswirkung auf H. 14 78

– zuständige Behörde 14 23 ff
– Zuverlässigkeit Antragsteller 14 75 ff
Herstellungsfehler 27 56
Herstellungsschritt 18 29
Hilfsstoff 6 204
HMPC 4 80
Homöopathie 4 1 ff, 2, 10 ff, 81 f; *siehe auch* Homöopathische AM
– Abgrenzung zur Allopathie 4 4 f
– Antihomotoxikologie 4 22
– Arzneimittellehren 4 16
– Arzneimittelprüfung 4 16
– Aufbereitungskommission 4 41
– Berücksichtigung im AMG 4 7 f
– Biochemie nach Schüssler 4 23
– Deutsche Homöopathische Arzneibuch-Kommission 4 31 f
– Elektroakupunktur nach Voll 4 21
– fixe Kombinationen 4 26
– H. und AMG 4 29 ff
– Hering'sche Regeln 4 17
– Homotoxikologie 4 22
– klinische H. 4 20
– Komplexismus 4 26
– Komplexmittelhomöopathie 4 26
– Methode 4 11 ff
– Miasma 4 15
– Monographien 4 41
– Potenzakkorde 4 22
– Potenzen 4 27 f
– Repertorien 4 16
– Spagyrik 4 25
Homöopathika *siehe* Homöopathische AM
Homöopathische AM 7 95 ff
– 1000er-Regelung 7 99
– Abgrenzung zu Allopathika 4 4 f
– Darreichungsformen 4 38
– Definition 4 35
– Dosierungsempfehlung 4 47
– Herstellung durch Tierarzt 14 67
– Kennzeichnung 7 132 f
– Packungsbeilage 7 132 f
– Registrierung, Änderung 7 130
– Registrierung, Rücknahme 7 131
– Registrierung, Verlängerung 7 129
– Registrierung, Widerruf 7 131
– Registrierungsentscheidung 7 110

– Registrierungsverfahren 4 40, 7 95 ff, 104 ff
– Registrierungsvoraussetzungen 7 101 ff
– Registrierung und Zulassung 4 30, 38
– Tierarzneimittel 7 100, 117
– Versagungsgründe (§ 39 Abs. 2 AMG) 7 111 ff
– Wirksamkeitsnachweis 10 174 ff
– Wirkstoffherstellung 14 73
Homöopathisches Arzneibuch (HAB) 4 30 ff, 36, 60
Homöopathische Wirkstoffe, Einfuhrerlaubnis 16 17
Hörmarken 30 23
HWG *siehe* Heilmittelwerbegesetz (HWG)
Hybridantrag 6 190, 206
Hybrid application 6 190, 206
Hybridzulassung 6 221 f
Identitätsfiktion, Zulassung 6 203 ff
Impfstoffe 31 4 ff
– Begriffsbestimmungen 31 1
– Chargenprüfung, Anerkennung von OMCL-Prüfungen 31 24
– Chargenprüfung, staatliche 31 20 ff
– Chargenprüfung, Widerruf und Rücknahme 31 29 ff
– Paul-Ehrlich-Institut 31 7
– Pharmakovigilanz 31 35 f
– Zulassungsverfahren 31 9 ff
Importeur 18 11, 21
Influenza 6 28
Informationsaustausch, kartellrechtliche Risiken 48 41 ff
Informationsbeauftragter 18 8
Informationsfreiheitsgesetz (IFG) 44 2 ff
– Internetklausel 44 23
Informationspflichten von Behörden 44 1 ff
– behördliche Fristen 44 54
– Betriebs- und Geschäftsgeheimnis 44 48 ff
– Betriebs- und Geschäftsgeheimnisse 44 40
– Bundesbeauftragter für die Informationsfreiheit 44 46

Stichwortverzeichnis

- Ergebnisprotokolle 44 28
- Grenzen 44 39 ff
- Kosten 44 15, 30 ff
- laufendes Verwaltungsverfahren 44 53
- Public Assessment Report (PAR) 44 47
- Schutz geistigen Eigentums 44 48 ff
- unkonkretes Auskunftsersuchen 44 47
- unverhältnismäßiger Verwaltungsaufwand 44 58 ff
- Verordnung über die Gebühren und Auslagen nach dem IFG (IFGGebV) 44 55 ff

Informed consent, Strafrecht 45 75
Informed-consent-Zulassung 6 169 ff
- Zustimmungserklärung 6 181
Instruktionsfehler 27 59 ff
- Anwendungs- und Folgewarnungen 27 65
- maßgeblicher Zeitpunkt für die Instruktion 27 63 f
- Übermaßwarnungen 27 62
International Conference on Harmonisation (ICH) 3 43 ff, 12 84
International Nonproprietary Names (INN) 30 77 f
Inverkehrbringen von AMn 5 9, 17 1 ff
- Abgabe 17 8 ff
- Anzeigepflicht nach § 67 AMG 18 3
- Apotheke 18 12
- Apotheker 18 15 ff
- Ausfuhr 18 22
- Beteiligte und Verantwortliche 18 1 ff
- Einfuhr 18 21
- Einzelhändler 18 10, 23
- Exporteur 18 22
- Feilbieten 17 9
- Feilhalten 17 9
- Fertigarzneimittel 17 2 ff
- für den Endverbrauch 18 16
- Gefährdungshaftung (§ 84 AMG) 18 6
- gesetzliche Verbote nach §§ 5, 6a, 8 AMG 17 6
- Gewebezubereitungen, Genehmigungspflicht nach § 21a AMG 17 3 ff
- Großhandelserlaubnis (§ 52a AMG) 18 3
- Großhandelserlaubnispflicht 18 11
- Großhändler 18 9 ff
- Großherstellung 18 18
- Gute Vertriebspraxis 18 14
- Hersteller 18 29 ff
- Importeur 18 11
- Makler 18 10
- Mitvertreiber 18 3 ff
- Pharmaberater 18 32
- Pharmakovigilanzsystem 18 7
- pharmazeutischer Unternehmer 18 2 ff
- Prüfpräparat 18 1
- Rezepturarzneimittel 18 18
- Sachkenntnis des Einzelhändlers 18 23
- Sponsor 18 4, 24 ff
- Stufenplanbeauftragter 18 7
- Überwachungsbehörden 17 5
- verantwortliche Person beim Großhändler 18 14
- Vertrag zwischen Zulassungsinhaber und Mitvertreiber 18 3

IQWIG 46 88 ff
- Bedeutung bei der Verordnungsfähigkeit zulasten der GKV 4 9
IR-Marke 30 38 ff
Irreführungsverbot (§ 8 AMG) 10 69 ff
- Arzneimittelbezeichnung 10 76
- Arzneimittelbezeichnung, freie Wahl 10 76
- Arzneimittelbezeichnung, Grundsätze 10 73 ff
- Arzneimittelbezeichnung, Indikationen 10 80
- Arzneimittelbezeichnung, Zusätze 10 79 ff
- Arzneimittelname 10 76
- Bezeichnungsänderung, Änderungsanzeige 10 87
- Bezeichnungszusatz 10 79 ff
- Dachmarke 10 78
- Irreführung 10 71
- medizinische Fachkreise 10 72
- Umbenennung 10 84
- Umbenennung von AM, Änderungsanzeige 10 87
- Umbenennung von AM, Verfahren 10 84
- Verbraucher 10 72
- Wettbewerbsrecht 10 69

Jumex 23 12

Kaiserliche Verordnung 1 1

Kartellrecht 48 1 ff
- Arzneimittelsektoruntersuchung 48 2, 3, 8, 46, 55
- Auswirkungsprinzip 48 4
- Bezugsverpflichtung 48 36
- Bußgelder 48 5
- Drehtüreffekt 48 51
- Early-Entry-Vereinbarung 48 38
- Forschungs- und-Entwicklungs-GVO 48 7, 13
- Gebietsbeschränkung 48 28 ff
- Gruppenfreistellungsverordnungen 48 6 ff
- Informationsaustausch 48 41 ff
- Kartellrechtsverstoß, Rechtsfolgen 48 5
- Kartellverbot, deutsches und europäisches 48 5 ff
- Koppelung 48 52 ff
- Marktabgrenzung 48 16 ff
- Marktanteile, Ermittlung 48 21
- Marktbeherrschung 48 45 ff
- Mengenmanagementsysteme 48 59 ff
- Mindestabnahmepflicht 48 36
- Missbrauchsverbot 48 3, 44 ff
- Parallelhandel 48 32
- Patentstrategien 48 55 ff
- Preisbindung 48 25 ff
- Rabatte 48 52 ff
- Settlementvereinbarung 48 38
- Supply Quota Systems 48 59 ff
- Technologietransfer-GVO 48 7, 13
- Vertikal-GVO 48 7, 13, 23 ff
- Wettbewerber 48 19, 48
- wettbewerbsbeschränkende Vereinbarung 48 1, 5 ff
- Wettbewerbsverbot 48 35

Kartellverbot, deutsches und europäisches 48 5 ff

Kausalität
- generelle K. 45 49
- Gremienentscheidung 45 59
- INUS-Bedingung 45 59
- konkrete K. 45 50 f
- Mitursächlichkeit 45 50
- Produktrückruf 45 52
- Strafrecht 45 48 ff

- Unterlassen 45 52
- Wechselwirkung 45 50

Kennzeichnung
- Blister 19 21
- Blue Box Requirements 19 25
- Braille 19 5
- Einführer 19 6
- Guideline on Readability 19 24
- Hersteller 19 6
- homöopathische AM 7 132 f
- irreführende Bezeichnungen 19 24
- kleine Behältnisse 19 22
- Nennfüllmenge 19 22
- örtlicher Vertreter 19 6
- Parallelvertrieb 13 10
- pharmazeutischer Unternehmer (Zulassungsinhaber) 19 6
- Primärverpackung 19 4 f, 20
- QRD-Templates 19 24 f
- Sekundärverpackung 19 4 f, 6 ff; siehe auch Sekundärverpackung (Kennzeichnung)
- Tierarzneimittel 36 1 ff, 41 5
- traditionelle pflanzliche AM 7 203 ff

Kinderarzneimittel 1 28, 7 24 ff
- AM zur pädiatrischen Verwendung 7 67
- Anreize und Bonusse 7 79 ff
- EMEA 7 87
- Erfassung vorhandener klinischer Daten 7 68 ff
- Fach- und Gebrauchsinformation 7 85 f
- Freistellung von der Vorlage eines Prüfkonzeptes 7 58
- klinische Prüfung mit Minderjährigen 7 30 ff
- klinische Studien und Transparenz 7 34
- Kommission für Arzneimittel für Kinder und Jugendliche (KAKJ) 7 91
- Pädiatrieausschuss 7 88
- pädiatrische Bevölkerung 7 24
- pädiatrisches Prüfkonzept 7 35 ff
- Rückstellung zur Durchführung des pädiatrischen Prüfkonzepts 7 55
- VO (EG) Nr. 1901/2006 7 24 ff
- Zulassung 7 61 ff
- Zulassung, existierende (Überprüfung) 7 68

Stichwortverzeichnis

- Zulassungsantrag 7 74 ff
- Zulassungsbescheid 7 79 ff
- Zulassungsmöglichkeit 7 67
- Zulassungspflicht 7 61 ff
- Zulassungsvoraussetzungen 7 30 ff
- Zuständigkeiten 7 87 ff

Klinische Prüfung 12 1 ff
- Annual Safety Report (ASR) 12 77 ff
- Bewertung durch eine Ethikkommission 12 125 ff
- Compassionate Use 12 10 ff
- Contract Research Organisation (CRO) 12 45 f
- Data Monitoring Committee (DMC) 12 75 f
- Deklaration von Helsinki 12 62 f
- Ethikkommission 12 49
- EudraCT-Nummer 12 114 f
- GCP-Prinzipien 12 57 ff
- GCP-Richtlinie 12 100 ff
- GCP-Verordnung 12 106 ff
- Genehmigung 45 56, 90 ff
- Genehmigungsverfahren 12 112 ff
- Gentechnikrecht 34 31
- Haftung 12 131 ff
- International Conference on Harmonisation (ICH) 12 84
- Minderjährige 12 85 ff
- nicht-einwilligungsfähige Personen 12 96 ff
- nicht-interventionelle Studie 12 5 f
- nicht-kommerzielle Studie 12 7 f
- Pharmakovigilanz 12 64 ff
- Phasen 12 29 ff
- Probandenversicherung 12 50, 135
- Prüfer 5 26, 12 42, 66 ff
- Prüfungsteilnehmer 12 17, 41
- Rekonstitution 14 54
- Serious Unexpected Suspected Adverse Reaction (SUSAR) 12 71 ff
- Sponsor 12 47 f, 68 ff, 18 24 ff
- Strafrecht 45 90 ff
- Tierarzneimittel 38 48
- Verblindung 12 21
- Wirksamkeitsnachweis 10 160 ff
- Zulassungsverfahren 6 101, 122

Klinische Studie *siehe* Klinische Prüfung
Knochenmark 2 160

Kombinationsarzneimittel
- Arzneimittelkombination bei zeitlich abgestimmter Anwendungsvorgabe 10 239 ff
- Auszüge aus Arzneipflanzen 10 243
- Definition Arzneimittelkombination 10 237 ff
- Kombinationspackung 10 239 ff
- Prodrugs / Wirkstoffaufspaltung 10 238

Kombinationsbegründung 10 245 ff
- Arzneimittelprüfrichtlinien 10 271
- Begründungsumfang 10 257 ff
- Darlegungs-/Beweislast 10 262 ff
- Gemeinschaftsrecht 10 254 ff
- Zulassungsverfahren 6 127 ff
- Zulassungsverlängerung, Nachzulassung 10 250 ff

Kombinationspackung
- Zulassungsverfahren 6 130

Kommission C 4 56, 7 94
Kommission D 4 41 ff, 7 94
Kommission E 4 63, 76, 7 94
Komplexismus 4 26
Komplexmittelhomöopathie 4 26

Konventionelle Therapiemethoden
- Abgrenzung zu nicht-konventionellen Therapiemethoden 4 5

Konzentrierungsverfahren 1 13
Koppelung, Kartellrecht 48 52 ff
Krankenhaus 21 32 ff
- Arzneimittelabgabe 21 35
- Arzneimittelpreise 21 37 f
Krankhafte Beschwerden 2 11

Krankheit
- Definition 2 10
- Körperschäden 2 11
- krankhafte Beschwerden 2 11

Kundenbeschränkung, Kartellrecht 48 28 ff

Laufzeitverlängerung *siehe* Schutzzertifikat

Lebensmittel
- Abgrenzung von AMn 2 18 ff, 28 ff
- diätetische L. 2 91 ff
- Funktionsarzneimittel 2 31 ff
- Nahrungsergänzungsmittel 2 7

1276

- Pharmakologische Wirkung 2 31 ff
- Zweifelsfallregelung 2 63 ff

Lebensmittel liefernde Tiere
- Abgabemengenbeschränkung 38 17 f
- Arzneimittelanwendung durch Tierhalter 38 31
- klinische Prüfung, Rückstandsprüfung 38 48
- Rückstände 38 49 f
- Umwidmung 38 19 f
- Unterlagen bei AMn 37 9 f
- Verschreibungspflicht 38 11 ff
- Wartezeit 36 5, 37 12, 41 6

Lesbarkeitstest
- Zulassungsverfahren 6 154 ff

Lissabon-Vertrag 3 6, 53

Lizenzvertrag 6 215

Logistikunternehmen 18 10

Lohnhersteller 5 9

Look-Back-Verfahren 32 48 ff

Makler 18 10

Mängelbeseitigung 7 251 ff, 8 44, 10 53 ff, 306 ff, 14 8

Marke 30 2 ff
- Benutzungsmarke 30 31
- BGA-Empfehlung von 1991 30 79
- dreidimensionale Gestaltungen 30 19
- EMEA-Verfahren 30 80 ff
- EMEA-Zurückweisungsrate 30 83
- Erschöpfungsgrundsatz 30 70 ff; siehe auch Erschöpfungsgrundsatz (Marke)
- europäische Gemeinschaftsmarke 30 41 ff
- Farbmarken 30 20 ff
- FDA-Verfahren zu Marken 30 86 ff
- Freihaltebedürfnis 30 13 ff
- Funktionen 30 2 ff
- Gemeinschaftsmarke 30 41 ff
- gesetzliche Anforderungen 30 10 ff
- gesundheitsbehördliche Anforderungen 30 79 ff
- gesundheitsbehördliche Anforderungen in anderen Ländern als EU oder USA 30 89
- Herkunftsfunktion 30 4
- Hörmarken 30 23
- Individualisierungsfunktion 30 7

- International Nonproprietary Names (INN) 30 77 f
- Investitionsschutz 30 9
- IR-Marke 30 38 ff
- Kommunikationsfunktion 30 8
- Lizenzverträge 30 76
- Markenanmeldung 30 32 ff; siehe auch dort
- Markenbenutzung 30 47 ff; siehe auch dort
- Markenerneuerung 30 46
- Markenformen 30 16 ff; siehe auch dort
- Markenschutz 30 31 ff; siehe auch dort
- markenstrategische Überlegungen 30 25 ff
- Markentypen 30 25 ff
- Markenverteidigung 30 59 ff; siehe auch dort
- MR-Verfahren 30 85
- Orientierungsfunktion 30 6
- Qualitätsfunktion 30 5
- ®-Symbol 30 45
- Tablettenformen 30 19
- Unterscheidungskraft, abstrakte 30 11
- Unterscheidungskraft, konkrete 30 12
- Verfahren der gegenseitigen Anerkennung 30 85
- Vertrauensfunktion 30 5
- Verwechslungsgefahr 30 60 ff; siehe auch Verwechslungsgefahr (Marke)
- Wort- und Bildmarken 30 17 f

Markenanmeldung
- Eintragungsverfahren 30 34 ff
- Schutzbereichsbestimmung 30 32 f
- Verfahren vor den Markenämtern 30 32 ff

Markenbenutzung
- Benutzung durch Dritte 30 54
- Benutzungsgebiet 30 56
- Benutzungsschonfrist 30 57
- im geschäftlichen Verkehr 30 47 ff
- in abweichender Form 30 55
- Nichtbenutzung, berechtigte Gründe 30 58
- rechtserhaltende Benutzung 30 47 ff
- Verwendungsformen 30 51 ff

Markenersetzung 23 44

Stichwortverzeichnis

Markenformen 30 16 ff
- dreidimensionale Gestaltungen 30 19
- Farbmarken 30 20 ff
- Hörmarken 30 23
- Wort- und Bildmarken 30 17 f

Markenfunktionen
- Herkunftsfunktion 30 4
- Individualisierungsfunktion 30 7
- Investitionsschutz 30 9
- Kommunikationsfunktion 30 8
- Orientierungsfunktion 30 6
- Qualitätsfunktion 30 5
- Vertrauensfunktion 30 5

Markenschutz
- Entstehung 30 31 ff
- Schutzbereich 30 32 f
- Verjährung, Verwirkung 30 69
- Warenverzeichnis 30 32 f

Markenverteidigung 30 59 ff
- Löschungsklage 30 59
- Verletzungsverfahren 30 66 ff
- Widerspruch 30 59

Marktabgrenzung
- geographisch 48 18
- Kartellrecht 48 16 ff
- sachlich 48 17

Marktanteile, Ermittlung 48 21

Marktbeherrschung, Kartellrecht 48 45 ff

Marktexklusivitätsrecht 6 191

MedDRA, Zulassungsverfahren 6 89

Medizin
- evidenzbasierte M. siehe dort
- naturwissenschaftliche M. 4 5
- wissenschaftliche M. 4 5

Medizinprodukte 2 109 ff
- Abgrenzung von AMn 2 117 ff, 127 ff
- Abgrenzung von fiktiven AMn 2 148 ff
- Begriffsdefinitionen 2 119 f
- Einstufungsentscheidung 2 133 ff
- Entscheidungshilfen bei Abgrenzung von AM 2 146
- fixe Kombinationsprodukte 2 147
- Geltungsarzneimittel, Abgrenzung 2 148 ff
- gesetzliche Grundlagen 2 110 ff
- lose Kombination mit AM 2 159
- M. mit AM-Anteil 2 148 ff
- Produktabgrenzung 2 117 ff
- stoffliche M. mit AM-Anteil 2 154 ff
- Verkehrsfähigkeit 2 115 f
- Verschreibungspflicht 25 5
- Zweifelsfallregelung (§ 2 Abs. 3a AMG) 2 137 ff

Medizinprodukte-Sicherheitsplanverordnung (MPSV) 44 17 ff

Mehrstaatenverfahren 1 8

Mengenmanagementsysteme, Kartellrecht 48 59 ff

Menschliche Samen- und Eizellen 33 13

Miasma 4 15

Micardis 23 37

Mikroorganismen 33 7

Mindestabnahmepflicht 48 36

Missbrauchsverbot, Kartellrecht 48 3, 44 ff

Mistelpräparate 4 9

Mitvertreiber
- als pharmazeutischer Unternehmer 18 3 ff
- Anzeigepflicht nach § 67 AMG 18 3

Mitvertrieb 5 12, 7 20, 24 51

Mitvertriebsrecht 18 3

Monographien (EMEA) 3 39 f

Morbiditätsorientierter Risikostrukturausgleich (Morbi-RSA) 46 2, 39 ff

MRA-Zertifikat 26 95

Muster 20 6
- Abgabe durch Pharmaberater 29 21
- Nachweis 24 52
- schriftliche Anforderung 24 51

Mutual Recognition Agreements (MRA) 3 52

Nachmarktkontrolle 3 10, 7 15

Nachzulassung 7 211 ff; siehe auch Zulassung
- Altarzneimittelmarkt 7 215, 221
- Änderungen fiktiv zugelassener AM 7 224, 244 ff
- Änderungen fiktiv zugelassener AM, arzneilich wirksamer Bestandteil 7 245 ff

- Änderungen fiktiv zugelassener AM, Darreichungsform 7 248
- Änderungen fiktiv zugelassener AM, Kombinationspräparat 7 249 ff
- Antrag 9 84 ff
- Auflagen 7 252, 254 ff
- Auflagenbefugnis 8 46 ff
- Auflagenerfüllung 8 51
- Beanstandungsverfahren 7 251 ff
- Bezugnahme 9 91 ff
- Erlöschen 9 75 ff
- Ex-ante-Unterlagen 7 228 ff
- Ex-ante-Verpflichtung 9 77
- fiktive Zulassung 7 219 ff, 252; *siehe auch dort*
- Frist, gesetzliche 7 224
- Inverkehrbringen 7 219 f
- Kurzantrag 7 223 ff
- Langantrag 7 223 ff
- Mängelbeseitigung 7 251 ff
- Qualität, pharmazeutische 7 214, 218, 221
- Taktaufrufe, Taktfrist 7 226 f
- Traditionsliste 7 258
- Unbedenklichkeit 7 214, 218, 221
- Unterlagenschutz 7 260 ff
- Verlängerungsantrag 7 223 ff
- Versagung 10 1
- Versagungsgründe 9 95
- Versagungsgründe, Vergleichbarkeit 7 238 ff
- Wiedereinsetzung 7 224, 227
- Wirksamkeit 7 214, 218, 221

Nahrungsergänzungsmittel 2 7, 55 f, 63 f; *siehe auch* Lebensmittel

Nasciturus, Arzneimittelhaftung 27 18

Naturwissenschaftliche Medizin 4 5

Nebenwirkungen 26 10; *siehe auch* Schädliche Wirkungen
- Änderungsanzeige 11 31
- Anzeige von Verdachtsfällen 26 26 ff
- anzugebende N., Arzneimittelhaftung 27 61 ff
- Befindlichkeitsstörungen 10 187
- Packungsbeilage 19 33
- Pharmakovigilanz 26 10
- schwerwiegende N. 10 184
- Zulassungsverfahren 6 88, 109 f

Neulandmedizin
- Strafrecht 45 81

Neuzulassung
- Änderungsanzeige 11 22 ff

Nicht-konventionelle Therapiemethoden
- Abgrenzung zu konventionellen Therapiemethoden 4 5

Nondum conceptus
- Arzneimittelhaftung 27 18

Nutzen-Risiko-Abwägung (§ 25 Abs. 2 S. 1 Nr. 5 AMG)
- absolute Bedenklichkeit 10 223 ff
- Abwägungsvorgang 10 219 ff
- Allgemeines 10 180 ff
- Nutzen-/Bedenklichkeitsgrenzen 10 220 ff
- relative Bedenklichkeit 10 227 ff

Nutzen-Risiko-Abwägung, Strafrecht 45 17

Öffentliche Gesundheit, Gefahr für 20 51

Off-Label-Use
- Arzneimittelhaftung 27 45 ff
- GKV 46 51 f
- Strafrecht 45 81 f
- Zulassung 6 186

OMCL-Netzwerk 32 42

Opiumgesetz 1 1

Ordnungswidrigkeit 45 6

Organe
- Abgrenzung zu AM 2 160 ff
- Arzneimittelbegriff 2 163 f
- Augenhornhäute 2 162, 167
- Gewebegesetz 2 164
- Gewebrichtlinie 2 164
- Haut 2 163
- Knochenmark 2 160
- Legaldefintion 2 161 ff
- Organteile 2 165

Organismus 34 9

Organteile *siehe* Organe

Outsourcing
- Strafrecht 45 68

Packungsbeilage 19 27 ff
- Anwendungsgebiete 19 30
- Art der Anwendung 19 32
- Arzneimittel-Warnhinweisverordnung 19 31

1279

- Aufbewahrungshinweise 19 34
- Auflagen 8 9 ff
- Besonderheitenliste, nationale Empfehlung 19 31
- Bezeichnung des AMs 19 29
- Darreichungsform 19 34
- Dauer der Behandlung 19 32
- Dosierung 19 32
- Dosisstärke 19 24
- Einführer 19 34
- Empfehlungen zur Gestaltung 19 3
- Excipients-Guideline 19 31
- Folgen des Absetzens 19 32
- Gegenanzeigen 19 31
- Guideline on Readability 19 38
- Häufigkeit der Verabreichung 19 32
- Hersteller 19 34
- homöopathische AM 7 132 f
- Indikationsgruppe 19 29
- Inhalt nach Gewicht, Rauminhalt oder Stückzahl 19 34
- Nebenwirkungen 19 33
- örtlicher Vertreter 19 34
- pharmazeutischer Unternehmer (Zulassungsinhaber) 19 34
- QRD-Templates 19 37 f
- sonstige Bestandteile nach der Art 19 34
- Stoffdatenbank 19 23
- Stoffgruppe 19 29
- traditionelle pflanzliche AM 7 203 ff
- Überdosierung 19 32
- unterlassenen Einnahme 19 32
- Verfalldatum 19 34
- Vorsichtsmaßnahmen 19 31
- Warnhinweise 19 31
- Wechselwirkungen 19 31
- Wirkstoffe nach Art und Menge 19 34
- Wirkungsweise 19 29
- Zulassungsverfahren 6 148 f
- Zusammensetzung, qualitative und quantitative 19 34

Packungsgröße 20 1 ff
- Änderung 20 12 ff
- Änderung der Wirkstoffmenge 11 40
- Änderungsanzeige 11 40
- Angemessenheit 20 11
- Neuzulassungspflicht 20 14
- Nichtvertrieb einer P., Anzeigepflicht 11 41

- therapiegerechte P. 8 29

Packungsgrößenverordnung 8 29, 20 2

Pädiatrieausschuss 7 88

Parallelhandel
- Kartellrecht 48 32
- Mengenmanagementsysteme 48 59 ff

Parallelimport 5 14, 23 4
- Bekanntmachungen 23 2
- besonderer Mechanismus 23 55
- Blutzubereitungen 32 37 f, 43
- EMEA 23 19 ff
- Erschöpfungsgrundsatz (Marke) 30 72 ff
- gemeinsamer Ursprung 23 12
- Mitteilungen 23 3
- Zulassung 23 6 ff
- Zulassungsbedürftigkeit 6 11

Parallelvertrieb 5 14, 6 12, 23 4

Patent
- Arbeitnehmererfinderrecht 30 177
- Ausschließungsrecht 30 132 ff
- Auswahlerfindung 30 122 ff
- Beschränkungsverfahren 30 129
- Durchsetzung 30 161 ff
- Einspruchsverfahren 30 125 ff
- Erschöpfung 30 136 ff
- Freedom-to-operate-Analyse 30 174
- IPC-Klassen 30 175
- Jahresgebühren 30 119
- Laufzeit 30 1
- Laufzeitverlängerung siehe Schutzzertifikat
- Nichtigkeitsverfahren 30 130 ff
- Patentanmeldung 30 105 ff
- Patenterteilungsverfahren 30 110 ff
- Patentklassifikation 30 175
- Patentlizenzen siehe dort
- Patentrecherchen 30 174 ff
- Patentverletzungsklage siehe dort
- Prioritätsdatum 30 104
- Uneinheitlichkeit 30 121
- US-Patentrecht siehe dort
- Versuchsprivileg 30 135
- Vorbenutzung 30 138
- Wirkung 30 132 ff

Patent Cooperation Treaty (PCT) 30 93

Patentierbarkeit
- erfinderische Tätigkeit 30 96
- gewerbliche Anwendbarkeit 30 97

– Neuheit 30 95
Patentlizenzen
– Due Diligence 30 184
– Lizenzvertrag 30 182 f
– Zwangslizenzen 30 140
Patentportfoliomanagement 30 178 ff
Patentstrategien, Kartellrecht 48 55 ff
Patent Term Extension siehe Schutzzertifikat
Patentverletzungsklage
– Abmahnung 30 164
– äquivalente Patentverletzung 30 161
– Berechtigungsanfrage 30 163
– mittelbare Patentverletzung 30 161
Paul-Ehrlich-Institut 5 30
Peloide, Zulassungsbedürftigkeit 6 31
Pferde siehe Equiden
Pflanzen 24 21
Pflanzenteile 24 21
Pflanzliche AM 4 62 ff; siehe auch Phytotherapie
– EMEA 4 80
– HMPC 4 80
– pflanzlicher Stoff 4 64 f, 68 ff
– pflanzliche Zubereitung 4 64 f, 69 ff
– Registrierung 4 74, 77 ff
– Wirksamkeitsnachweis 10 178 f
– Wirkstoffe 4 67 ff
– Zulassung 4 75 f
Pflaster 24 22
Pharmaberater 5 5, 18 32, 29 1 ff
– Besitzständler 29 9
– Meldungen (Nebenwirkungs-, Wechselwirkungs-, Missbrauchsfälle) 29 17 ff
– Musterabgabe 29 21
– Ordnungswidrigkeiten 29 26
– Pflichten 29 17 ff
– Sachkenntnis 29 1 ff
– Verbände 29 25
– Weiterbildung 29 24
Pharmakovigilanz 1 17, 3 10, 26 1 ff
– AMGVwV 26 88
– Anzeige von Nebenwirkungsverdachtsfällen 26 26 ff
– Arbeitsgemeinschaft der Obersten Landesgesundheitsbehörden (AOLG) 26 85

– Arbeitsgruppe Arzneimittel- Apotheken-, Transfusions- und Betäubungsmittelwesen (AATB) 26 85, 92
– Arzneimittel-Inspektion 26 97
– Arzneimittel-Probenahme 26 106
– Arzneimittel-Qualitätsmangel 26 107
– Blutzubereitungen 32 44 ff
– Eudra Vigilance 26 42 ff
– EU-Risikoverfahren 26 63 ff
– GMP-Zertifikat 26 95
– Herstellungserlaubnis-Erteilung 26 95
– Impfstoffe 31 35 f
– Inspektionen 26 78 ff
– klinische Prüfung 12 64 ff
– Mitteilungspflichten 11 43
– MRA-Zertifikat 26 95
– Nebenwirkung 26 10
– PharmNet 26 108
– PSUR 26 46 ff
– QPPV 26 57
– Qualitätssicherungssystem 26 87
– Rapid Alert 26 73 ff
– Risikomanagementsystem 26 24
– Stufenplanbeauftragter 26 57
– Stufenplanverfahren 26 72
– Tierarzneimittel 39 1 ff
– traditionelle pflanzliche AM 7 209
– Urgent Safety Restriction 26 61
– Volume 9a 26 22
– WHO-Zertifikat 26 95
– Zentralstelle der Länder für den Gesundheitsschutz (ZLG) 26 86
– zuständige Behörde 26 84
Pharmakovigilanz-Inspektionen 26 78 ff
Pharmakovigilanzsystem 18 7
– Zulassungsverfahren 6 104 ff
Pharmapool 27 133
Pharmareferent, geprüfter 29 5 ff
Pharmawerbung siehe Werbung für AM
Pharmazeutischer Unternehmer 5 4 ff, 18 2 ff
PharmNet 11 8, 26 108
Phytotherapie 4 2, 62 ff, 81 f
– Arzneimittelrecht 4 74 ff, 81 f
– Berücksichtigung im AMG 4 7 f
– EMEA 4 80
– HMPC 4 80
– Registrierung traditioneller pflanzl. AM (§§ 39a ff AMG) 4 77 ff

Stichwortverzeichnis

- Therapiefreiheit 4 81 f
- Therapiepluralismus 4 81 f
- Wirkstoffe 4 67 ff
- Zulassung (§§ 21 ff AMG) 4 75 f

Pick-Up-Stellen 46 32 ff

Placebo 10 164

Plasmaderivate 32 8 ff

Plasma-Herkunftsland 32 21 f

Plasma-Master-File 32 24

Plasma-Pool-Zertifikate 32 41

Plasma-Stammdokumentation 32 24

Positivliste (GKV) 46 70 f

Potenzen, Versagung der Zulassung 10 31

Präsentationsarzneimittel 2 5 f, 79 ff
- Irreführung 2 88

Preisbindung 21 25 ff
- Ausnahmen 21 26
- Kartellrecht 48 25 ff
- nicht verschreibungspflichtige AM 21 29 f
- Rabattgewährung 21 28 f
- verschreibungspflichtige AM 21 25 f

Probandenversicherung, klinische Prüfung 12 50, 135

Probepackungen 20 6

Produktbeobachtung 27 48

Produktinformationstexte 19 1 ff
- AMG von 1961 19 1
- AMNG von 1978 19 1
- Fachinformation 19 40 ff; *siehe auch* dort
- Guideline on Readability 19 3
- Guideline on SmPC 19 3
- Kennzeichnung 19 4 ff; *siehe auch* dort
- Packungsbeilage 19 27 ff; *siehe auch* dort
- QRD-Templates 19 3

Prüfarzneien, Zulassungsbedürftigkeit 6 32

Prüfer (klinische Prüfung) 5 26, 12 42, 66 ff

Prüflabor 13 12

Prüfpräparat 18 1; *siehe auch* Klinische Prüfung

Prüfrichtlinien *siehe* Arzneimittelprüfrichtlinien

Prüfung (§ 25 Abs. 2 S. 1 Nr. 2 AMG)
- allg. medizinisch verwendet 10 128 f
- anderes wissenschaftliches Erkenntnismaterial 10 125 ff
- Anhang 1 RL 2001/83/EG 10 117 ff
- bezugnehmende Zulassungen 10 132
- bibliographisches Dossier 10 128 f
- Empfehlungen von Fachgesellschaften 10 133
- gesicherter Stand der wissenschaftlichen Erkenntnisse 10 117 ff, 123 f
- Leitlinien der FDA 10 133
- Leitlinien der WHO 10 133
- selbständige Zulassungen 10 131
- Well-established Use 10 128 f

PSUR 26 46 ff

PTE *siehe* Schutzzertifikat

Public Private Partnership 7 6

QPPV 26 57

QRD-Templates 19 3
- Fachinformation 19 49 f
- Kennzeichnung 19 24 f
- Packungsbeilage 19 37 f

Rabatte, Kartellrecht 48 52 ff

Rabattvertrag (§ 130a SGB V) 47 7 ff
- Patentrecht 47 12

Rahmenvereinbarung (§ 3a Nr. 4 Abs. 1 VOL/A) 47 7 ff

Rapid Alert (Pharmakovigilanz) 26 73 ff

Rechtsharmonisierung 3 4

Referenzarzneimittel
- europäisches R., Zulassung 6 201
- Zulassung 6 195

Registrierung, Versagung
- anthroposophische AM 10 36 ff
- homöopathische AM 10 31 ff
- pflanzliche AM 10 19 ff

Re-Import 23 4
- Zulassung 23 6 ff
- Zulassungsbedürftigkeit 6 11

Rekonstitution
- Apotheke 14 54 f
- Herstellungshandlung 14 46
- klinische Prüfung 14 54

Rezeptur, verlängerte 6 22

Rezepturarzneimittel 2 168, 173 f, 6 22, 18 18; siehe auch Fertigarzneimittel
Rezeptvorlage 25 4
Risiken siehe Arzneimittelrisiken
Risikomanagementsystem 26 24
Risikovorsorge 7 13
Römische Verträge 3 3
®-Symbol 30 45
Rücknahme der Zulassung 9 9 ff; siehe auch Zulassung
– Arzneimittelrückgabe 9 14
– Bekanntmachung 9 12
– Sofortvollzug 9 32
– Verkehrsverbot 9 13
– Voraussetzungen 9 17 ff
Ruhen der Zulassung 9 96 ff; siehe auch Zulassung
– Arzneimittelexport 9 97
– Bekanntmachung 9 99
– Sofortvollzug 9 105 f
– Verlängerung der Zulassung 9 43; siehe auch dort
– Wirkung 9 96 ff
Sachkundenachweis siehe Sachkundige Person
Sachkundige Person 5 21
– Apothekerapprobation 14 84
– ausländische Zulassung 14 87
– Fachhochschulabschlüsse 14 88
– Hochschulstudium 14 85 f
– praktische Tätigkeit 14 90 ff
– Sachkundenachweis 14 84 ff
– Weisungsbefugnis 14 118
– zeitliche Anforderungen 14 109
– Zuverlässigkeit 14 110 ff
Samen, menschlicher 33 13
Schadensersatzansprüche, konkurrierende 27 86 ff
Schädliche Wirkungen 10 182 ff, 27 40
– unterbliebene Warnhinweise auf Wirkungslosigkeit 27 67
– Unvertretbarkeit 27 49 ff; siehe auch dort
– Verdacht auf schädliche Wirkungen 10 203 ff; siehe auch dort
– Wirkungslosigkeit 27 55
Schätzerkreis (GKV) 46 34

Schiedsverfahren (Art. 29 RL 2001/83/EG) 6 208
Schmerzensgeld 27 101 ff
Schulmedizin 4 5
– Abgrenzung zur evidenzbasierten Medizin 4 5
Schutzfrist, Zulassung 6 209 ff
Schutzzeitraum, Zulassung 6 190
Schutzzertifikat 30 141 ff
– Anmeldefrist 30 146
– Antragsberechtigung 30 144
– Auswahl Grundpatent 30 151
– Erlöschen 30 158
– Genehmigung für das Inverkehrbringen 30 152
– Grundpatent 30 149 ff
– Laufzeitberechnung 30 156
– Laufzeitverlängerung 30 154 f
– mehrere Schutzzertifikate 30 145
– negative Laufzeit 30 157
– Nichtigkeit 30 158
– Schutzgegenstand 30 159 f
– Voraussetzungen 30 144 ff
– Widerruf 30 158
Schwangerschaftsabbruch, AM zum 24 53 ff
– besondere Lagerhaltung 24 55
Seifen 24 20
Sekundärgeschädigte 27 19 ff
Sekundärverpackung (Kennzeichnung)
– Abgabestatus 19 15
– Art der Anwendung 19 11
– Aufbewahrungshinweis 19 17
– Beseitigung von nicht verwendeten AMn 19 17
– Bezeichnung des AMs 19 7
– Chargenbezeichnung 19 9
– Darreichungsform 19 10
– Dosisstärke 19 7
– gentechnologisch gewonnene AM 19 13
– gesundheitlichen Aufklärung des Patienten 19 19
– Inhalt nach Gewicht, Rauminhalt oder Stückzahl, 19 11
– sonstige Bestandteile nach der Art 19 12
– Stoffdatenbank 19 7
– unverkäufliches Muster 19 16

Stichwortverzeichnis

- Verfalldatum 19 14
- Verwendungszweck, nicht verschreibungspflichtige AM 19 18
- wichtige für die Anwendung des AMs 19 19
- Wirkstoffe nach Art und Menge 19 12
- Zulassungsnummer 19 8
- Zusammensetzung, qualitative und quantitative 19 12

Selbstgefährdung, Strafrecht 45 75
Selbstkontrolle der Pharmawirtschaft hinsichtlich (AM-)Werbung 28 152 ff
Selbstmedikation, Strafrecht 45 78, 83 f
Sera 31 4 ff
- Begriffsbestimmungen 31 2
- Chargenprüfung, Anerkennung von OMCL-Prüfungen 31 24
- Chargenprüfung, staatliche 31 20 ff
- Chargenprüfung, Widerruf und Rücknahme 31 29 ff
- Paul-Ehrlich-Institut 31 7
- Zulassungsverfahren 31 9 ff

Serious Unexpected Suspected Adverse Reaction (SUSAR) 12 71 ff
Settlementvereinbarung, Kartellrecht 48 38
Somatische Gentherapeutika 34 32
Somatische Zelltherapeutika 33 9
Sonderrezepte 25 18
Spagyrik 4 25
SPC *siehe* Schutzzertifikat
Spenden-Stammdokumentation 32 25 f
Sponsor 5 24 f, 18 4, 24 ff
- klinische Prüfung 12 47 f, 68 ff; *siehe auch dort*

Stammzellenzubereitungen, sachkundige Person 14 103
Standardzulassung
- Abwägungsgebot 6 18
- Begriff 6 14
- Verhältnis zur Einzelzulassung 6 17

Stilnox 23 30
Stoffdatenbank 19 12
Stoffe 2 202
- ambivalente Stoffe 14 41
- biologischer Herkunft 33 2 ff
- Einfuhrverbot 16 31

- Herstellungserlaubnis 14 42
- menschlicher Herkunft 33 4
- pflanzlicher Herkunft 33 3
- Stoffdatenbank 19 12
- tierischer Herkunft 33 4

Stoffzubereitungen, Einfuhrverbot 16 31
Strafbarkeit *siehe* Strafrecht
Strafrecht 45 1 ff
- AMG 45 5 ff
- Apotheker, Garantenstellung 45 41
- Arbeitsteilung *siehe dort*
- Arzneimittelgroßhändler, Garantenstellung 45 41
- Arzneimittelschäden 45 74 ff
- Arzt, Garantenstellung 45 42
- Aufgabe 45 2
- Aufklärung 45 75
- Außenseitermethode 45 81
- aut idem 45 78, 84
- Bedenklichkeit, absolute 45 18
- Bedenklichkeit, relative 45 18
- begründeter Verdacht 45 16
- behördliche Genehmigung 45 56 f; *siehe auch* Genehmigung
- Berufsverbot 45 9
- Beschützergarant 45 38
- Bestimmtheitsgebot 45 5
- Bestimmtheitsgebot, Blanketttatbestand 45 5
- bestimmungsgemäßer Gebrauch 45 15
- Blanketttatbestand 45 5
- Bundesoberbehörden, Garantenstellung 45 43
- Chargenproblem 45 37
- Compassionate Use 45 81
- Contergan 45 16
- eigenverantwortliche Selbstgefährdung 45 75
- Eigenverantwortlichkeitsprinzip 45 61 f
- Entkriminalisierung 45 3
- Erfolgszurechnung 45 45
- erlaubtes Risiko 45 54 f
- Ethik-Kommission, Garantenstellung 45 43
- Fachinformation 45 76 f
- Fahrlässigkeit 45 73
- Fehlgebrauch 45 79 f
- Garantenstellung 45 38 ff; *siehe auch dort*

- Genehmigung 45 56 f, 85 ff
- generelle Kausalität 45 49
- Gesetzesvorbehalt 45 5
- Gremienentscheidung, Kausalität 45 59
- Heilbehandlung 45 34
- Indikationsfehler 45 81
- informed consent 45 75
- Ingerenz 45 39
- Inverkehrbringen 45 13
- Kausalität 45 48 ff; *siehe auch dort*
- Kollegialentscheidung, Kausalität 45 59
- Körperverletzung 45 31 f
- Körperverletzung, gefährliche 45 33
- Landesbehörden, Garantenstellung 45 43
- Neulandmedizin 45 81
- Normen 45 4
- Nutzen-Risiko-Abwägung 45 17
- objektive Zurechnung 45 44 ff
- Off-Label-Use 45 81 f
- Outsourcing 45 68
- pharmazeutischer Unternehmer, Garantenstellung 45 39 f
- Produktrückruf, Kausalität 45 52
- Regelbeispiel 45 19 ff
- Ressortbildung 45 70
- Ressortprinzip 45 70
- Risiko-Nutzen-Abwägung 45 17
- Rückruf, Kausalität 45 52
- schädliche Wirkungen 45 14
- Selbstgefährdung 45 75
- Selbstmedikation 45 78, 83 f
- Sondernormen 45 73
- StGB 45 24
- Therapiefehler 45 81
- Therapiefreiheit 45 82
- Überwachergarant 45 38
- Unterlassungsdelikt *siehe dort*
- Verantwortungsabgrenzung 45 15
- Verbandsgeldbuße 45 7
- Verdacht, begründeter 45 16
- Verhaltenszurechnung 45 46
- Verjährung 45 10
- Versuchsstrafbarkeit 45 8
- Vertrauensgrundsatz 45 63 f, 86 ff
- Vertrauensgrundsatz, Garantenstellung 45 64
- Vertretbarkeitsprüfung 45 17
- Vorfeldkriminalisierung 45 8
- Vorsatz 45 72
- Wechselwirkung, Kausalität 45 50
- Zulassung 45 56 f, 85 ff
- Zurechnung 45 44 ff
- Zurechnung, normative 45 53 ff, 60 ff
- Zurechnung, objektive 45 44 ff

Straftat 45 6

Stufenplanbeauftragter 18 7, 26 57
- Zulassungsverfahren 6 102, 107 f

Stufenplanverfahren 26 72

Suchtstoffübereinkommen von 1988 43 3, 77, 80

Sunset-Clause 1 26, 7 18, 9 107 ff, 11 45
- Arzneimittelmuster 9 114
- Ausnahmegenehmigung 9 118
- Dreijahresfrist 9 115 f
- Erlöschen der Zulassung 9 48
- Exportarzneimittel 9 113
- Inverkehrbringen 9 111 ff
- Meldepflichten 9 109
- MRP/DCP-Zulassungen 9 119
- Prüfarzneimittel 9 114
- zentrale Zulassungen 9 119

Supplementary Protection Certificate *siehe* Schutzzertifikat

Supply Quota Systems, Kartellrecht 48 59 ff

Tablettenformen 30 19

TÄHAV 41 1 ff

Technologietransfer-GVO 48 7, 13

Tendenzschutz 4 7 f

Testantigene, Zulassungsbedürftigkeit 6 7

Testsera, Zulassungsbedürftigkeit 6 7

Thalidomid 24 52

Therapiefehler, Strafrecht 45 81

Therapiefreiheit
- Strafrecht 45 82
- Tierärzte 38 21

Therapien, neuartige 1 28

Therapiepluralismus im AMG 4 7

Therapierichtungen, besondere *siehe* Besondere Therapierichtungen

Tierarzneimittel
- Abgabe 38 1, 4, 15 ff, 41 2 f

Stichwortverzeichnis

- Abgabe, Nachweispflicht 41 7
- Abgabe, wiederholte 38 18
- Abgabe auf Vorrat 38 16
- Abgabe durch Veterinärbehörden 38 6
- Abgabemenge 38 16
- Abgabemengenbeschränkung 38 17
- Abgabe zwischen Tierärzten 38 7
- AMWHV 38 32, 37 f
- Änderungsanzeigen 37 15 f
- Anwendung 38 15 ff
- Anwendung, Tierhalter 38 31
- Anwendungsnachweis 41 13
- Anwendungsrisiko 39 5
- Apotheken 41 10
- Apothekenmonopol 38 1 ff
- Apothekenpflicht 38 9
- Arzneimittelpreisverordnung 38 47
- Arzneimittelrisiken 39 1, 7
- Arzneimittelverschreibungsverordnung 38 12
- Arzneimittel-Vormischung 38 32
- Aufbewahrung 41 3
- Auflagen 37 13
- Behandlung, ordnungsgemäße 38 3
- Behandlung durch Tierärzte 38 3, 41 2
- Bewertung der Rückstandsunbedenklichkeit 38 49 f
- Bezug durch Veterinärbehörden 38 1, 6
- Blauzungenkrankheit 38 22
- Dokumentationspflichten 39 7 ff
- Einzeltiere 37 4
- EMEA 38 50
- Equiden, Umwidmung 38 19
- Erlöschen der Zulassung 9 49 f, 37 17
- Erwerb, Tierhalter 38 30
- Erwerbsnachweis 41 12
- Eudravigilance Veterinary 39 3, 7
- Fachinformation 36 12
- Fehlgebrauch 39 7
- Fütterungsarzneimittel 38 32 ff, 41 8; siehe auch dort
- Gebrauchsinformation 36 7 ff
- Heimtierarzneimittel 38 40 ff; siehe auch dort
- Herstellung durch Tierärzte 38 28
- homöopathische AM 7 100, 117
- Kennzeichnung 36 1 ff, 41 5
- klinische Prüfung 38 48
- Lagerung 41 4
- Lebensmittel liefernde Tiere siehe dort
- Leitfaden über die orale Anwendung 38 33
- Meldepflichten 39 7 ff
- Minor use, minor species 40 5 f
- Missbrauch 39 7
- Mitteilungspflicht 38 8
- Nachweispflichten für Stoffe 38 27
- Nebenwirkung, Datenanalyse 39 3
- Nebenwirkung, Kausalitätsbewertung 39 3
- Nebenwirkung, schwerwiegende 39 1, 7
- Nebenwirkungen bei Menschen 39 8
- Nullbeleg 38 31
- Nutzen-Risiko-Verhältnis 37 12
- Ökotoxizität 39 5
- oral anzuwendende Fertigarzneimittel 38 33
- ordnungsgemäße Behandlung 38 3
- Packungsbeilage 36 8
- Periodic Safety Update Report 39 4, 7
- Pharmakovigilanz 39 1 ff
- Post Marketing Safety Studie 39 4
- Restmengen, Anwendung durch Tierhalter 38 31
- Risikoabwehr 39 2
- RL 2001/82/EG 38 10
- RL 2006/130/EG 38 12
- RL 2009/53/EG 37 16
- Rückstände 38 49 f
- Rückstandsbewertung 37 9 f, 12, 38 50
- Rückstandsbewertung (EMEA) 38 50
- Rückstandsprüfung 38 48
- Rückstandsunbedenklichkeit, Umwidmung 38 19
- Spontanmeldesystem 39 3 f
- Stand der veterinärmedizinischen Wissenschaft, Leitlinien 38 24
- Stoffe und Zubereitungen aus Stoffen, Bezug durch Tierärzte 38 25
- Stoffe und Zubereitungen aus Stoffen, Bezug durch Tierhalter 38 26
- Therapienotstand 37 4, 40 5
- Tierarzneimittelanwendungskommission 38 24
- tierärztliche Behandlungsanweisung, Vorrang vor Packungsbeilage 38 31
- tierärztliche Bildungsstätte 41 10

- tierärztliche Hausapotheke 38 28, 41 1 ff; siehe auch dort
- tierärztlicher Anwendungsvorbehalt 38 23
- tierärztliches Dispensierrecht 38 1 ff; siehe auch dort
- Tiere eines bestimmten Bestandes 37 4
- Tierhalter-Arzneimittel-Nachweis 41 12, 13
- Tierhalter-Arzneimittel-Nachweisverordnung 41 10
- Umweltrisiko 39 4 ff
- Umweltrisikobewertung 37 6 ff
- Umwidmung 38 15 ff
- Umwidmungskaskade 38 19 ff
- Untersuchung, angemessener Umfang 38 3
- Verkaufsabgrenzung 38 9 ff
- Verkehr mit Tierarzneimitteln 38 1 ff; siehe auch dort
- Versandverbot 24 14, 38 5
- Verschreibung 38 13, 15 ff, 41 9
- Verschreibungspflicht 38 10
- Veterinärbehörde, Bezug und Abgabe von Tierarzneimitteln 38 6
- VO (EG) Nr. 1234/2008 37 16
- VO (EG) Nr. 470/2009 38 19, 49 f
- VO (EWG) Nr. 2377/90 38 49 f
- Vormischung 37 11
- VO über Stoffe mit pharmakologischer Wirkung 38 23
- VO über tierärztliche Hausapotheken (TÄHAV) 41 1 ff
- Wartezeit bei Lebensmittel liefernden Tiere 36 5, 37 12
- Wartezeit bei Lebensmittel liefernden Tieren 41 6
- Weiterverwendung durch Praxisnachfolger 24 15
- Zulassung 37 1 ff
- Zulassungspflicht 37 2 ff
- Zulassungsprimat 38 16, 26
- Zulassungsprimat, Herstellung durch Tierärzte 38 28
- Zulassungsversagung 37 12

Tierarzneimittelanwendungskommission 38 24

Tierärzte, Therapiefreiheit 38 21

Tierärztliche Hausapotheke 24 13
- Abgabe von AMn 38 1

- Voraussetzung für Dispensierrecht 38 4
- Vorrätighalten von AMn 38 1

Tierärztliches Dispensierrecht 38 1 ff
- Bezug von Rohstoffen 38 26
- Einschränkung 38 2, 16

Tissue-Engineering 33 8

Traditionelle pflanzliche AM 7 134 ff
- Änderungsmöglichkeiten 7 175 ff
- Dokumentationspflichten 7 209
- entsprechende Präparate 7 181 ff
- Erlöschen der Zulassung 9 51
- europäische Pflanzenmonographie 7 147 ff, 168
- Fachinformation 7 203 ff
- HMPC 7 146 f
- Kennzeichnung 7 203 ff
- Lesbarkeitstests 7 210
- Listenposition 7 149 ff, 168, 173
- Meldepflichten 7 209
- Packungsbeilage 7 203 ff
- Pharmakovigilanz 7 209
- Registrierungsbescheid 7 165
- Registrierungsnummer 7 165, 205
- Traditionsbeleg 7 169, 179 ff
- Überführungsantrag 7 143 f
- Umweltverträglichkeit 7 210
- vereinfachtes Registrierungsverfahren 7 139, 153
- vergleichbarer Wirkstoff 7 187 ff
- Versagung der Registrierung (§ 39c Abs. 2 AMG) 7 190 ff
- Wirksamkeitsnachweis 10 179
- Wirksamkeitsplausibilität 7 160 f

Transfusionsprodukte 32 11 ff

Transplantate 33 15

UAW-Meldungen 6 88, 109 f
- Veröffentlichung im Internet 44 26

Überdosierung, Packungsbeilage 19 32

Übermaßwarnungen 27 62

Umfüllen 13 9

Umkennzeichnung 23 43

Umpacken 23 23 ff
- Aufstocken 23 27
- Markenrecht 30 73 ff
- Vorabinformationspflicht 23 26

Umverpackung 23 24

1287

Unterlagenschutz
– Zulassung 6 186, 191
Unterlassungsdelikt
– Abgrenzung 45 36
– echtes U. 45 35
– Kausalität 45 52
– unechtes U. 45 35
Untersuchungsgrundsatz (§ 24d AMG), Zulassung 6 226
Unvertretbarkeit 27 49 ff
– maßgeblicher Bewertungszeitpunkt 27 53
– Nutzen-Risiko-Abwägung 27 50 f
Unvollständige Unterlagen (§ 25 Abs. 2 S. 1 Nr. 1 AMG) 10 92 ff; siehe auch dort
– Anhang 1 RL 2001/83/EG 10 95 ff
– Arzneimittelprüfrichtlinien, § 26 AMG 10 95, 115 ff
– Bezugnahme, vollständige 10 103
– bezugnehmende Zulassungen 10 96
– bibliographischer Antrag 10 104
– CTD, harmonisierte Struktur 10 95 ff
– CTD, Implementierung 10 110 ff
– europäische Verfahren 10 114 ff
– Generikum 10 102
– nationales Verfahren 10 100, 106, 114
– selbständige Zulassungen 10 96
– Vollständigkeitsprüfung 10 107 ff
Urgent Safety Restriction 26 61
US-Patentrecht
– Best mode 30 172
– Duty of Disclosure 30 171
– Orange Book 30 173
UWG siehe Gesetz gegen den unlauteren Wettbewerb (UWG)

Validierung, Zulassung 6 166
Verblindung 12 21
Verbot
– präventives Verbot mit Erlaubnisvorbehalt 7 11 ff
– repressives Verbot mit Befreiungsvorbehalt 7 11 ff
Verbraucher, AM zur Abgabe an 2 175
Verbringen siehe Einfuhr

Verdacht auf schädliche Wirkungen 10 203 ff; siehe auch Schädliche Wirkungen
– Ausmaß des Gesundheitsschadens 10 216 ff
– betroffene Rechtsgüter 10 215
– Gefahrenverdacht 10 204
– Kriterien einer Verdachtsentscheidung 10 213 ff
– Wahrscheinlichkeit der Gefahr 10 207 ff
Verdachtsmitteilung, Grundstoff 43 85
Vereinfachtes Zulassungsverfahren, Parallel- und Re-Importe 23 8
Verfahren, biotechnologisches (Zulassung) 6 224
Verfallsdatum, Packungsbeilage 19 34
Verfügungsgewalt 17 8 ff
Vergaberecht 47 1 ff
– öffentlicher Auftrag 47 6
– öffentlicher Auftraggeber 47 5
– Schwellenwert 47 3 f
Vergabeverfahren 47 11 ff
– anwendbares Recht 47 18
– Grundsätze der Vergabe 47 13
– Informations- und Wartepflicht 47 16
– Nachprüfungsverfahren 47 17 ff
– Rechtsschutz 47 17 ff
Vergleich zur Erteilung einer Zulassung 7 5
Verhaltenskodizes zur Selbstkontrolle der Pharmawirtschaft hinsichtlich (AM-)Werbung 28 152 ff
Verkehr mit Tierarzneimitteln siehe auch Tierarzneimittel
– Abgabemengenbeschränkung 38 17
– Abgabe von AMn durch Tierärzte 38 15 ff
– Abgabe von AMn zwischen Tierärzten 38 7
– Anwendung durch Tierhalter 38 31
– Anwendung von AMn durch Tierärzte 38 15 ff
– Apothekenmonopol 38 1 ff
– Apothekenpflicht 38 9
– Arzneimittelpreisverordnung 38 47
– Behandlungsbegriff 38 3

Stichwortverzeichnis

- Betrieb einer tierärztlichen Hausapotheke 38 4
- Bezug und Abgabe durch Veterinärbehörden 38 6
- Erwerb durch Tierhalter 38 30
- Heilmittelwerbegesetz 38 45 f
- Heimtierarzneimittel 38 40 ff
- Herstellung durch Tierärzte 38 28
- klinische Prüfung 38 48
- Mitteilungspflicht für pharmazeutische Unternehmer 38 8
- Rückstände 38 49 f
- Rückstandhöchstmengenverordnung 38 49 f
- Rückstandsprüfung 38 48
- Stoffe und Zubereitungen aus Stoffen 38 25
- Tierarzneimittelanwendungskommission 38 24
- tierärztlicher Anwendungsvorbehalt 38 23
- tierärztliches Dispensierrecht 38 1 ff
- Umwidmungskaskade 38 19
- Verkaufsabgrenzung 38 9 f
- Versandverbot 38 5
- Verschreibungspflicht 38 10
- Verschreibung von AMn durch Tierärzte 38 15 ff

Verkehrsfähigkeit 6 1 ff

Verkehrsverbot 2 183 ff

Verlängerung der Zulassung 9 61 ff; siehe auch Zulassung
- Antrag 9 62
- Antragsfrist 9 41 f
- Feststellungslast 9 70
- fiktive Zulassung siehe Nachzulassung
- MRP/DCP-Zulassungen 9 74
- Musterbasis 9 72
- Parallelimport 9 60
- Registrierung 9 69
- Versagung 9 66 ff
- Wiedereinsetzung 9 45 f
- zentrale Zulassung 9 73

Verordnungsfähigkeit zulasten der GKV 4 6 ff; siehe auch Gesetzliche Krankenversicherung (GKV)

Verordnung über apothekenpflichtige und freiverkäufliche AM 24 30

Verordnung über tierärztliche Hausapotheken (TÄHAV) 41 1 ff

Versagung der Registrierung
- anthroposophische AM 10 36 ff
- homöopathische AM 10 31 ff
- pflanzliche AM 10 19 ff

Versagung der Zulassung 10 1 ff; siehe auch Zulassung
- 2004-Regelung 10 42
- AMNG 10 41
- Anthroposophie 10 17 ff, 36
- Anthroposophika 10 37
- Arzneimittelprüfrichtlinien 10 3 ff
- Arzneimittelprüfung 10 2
- Aufbereitungskommission 10 59
- Aufbereitungsmonographie 10 46, 56
- Beanstandungsverfahren 10 53 ff
- bibliografische Zulassung 10 4
- EMEA 10 8, 14
- EMEA-Guidelines 10 8
- fiktive Zulassung 10 41
- Guidelines 10 6 ff
- Hahnemann, Samuel 10 26
- Homöopathie 10 16, 26 ff
- Homöopathie, Erstverschlimmerung 10 32
- Homöopathisches Arzneibuch (HAB) 10 33 f
- ICH-Guidelines 10 7
- Kinderarzneimittel 10 11 ff
- Kommission für Arzneimittel für Kinder und Jugendliche 10 12
- Kommission für Arzneimittel für Kinder und Jugendliche (KAKJ) 10 62 f
- Kommission C 10 38, 59
- Kommission D 10 29, 59
- Kommission E 10 10, 59
- Kurzantrag 10 42
- Langantrag 10 42
- Monographien 10 9 f
- Nachzulassung 10 1
- Nachzulassungsverfahren 10 41 ff
- paediatric investigation plan (PIP) 10 14 f
- Phytopharmaca 10 9
- Phytotherapie 10 16, 19 ff
- Potenzen 10 31
- Präklusion 10 54
- Prüfsymptomatik 10 32

1289

Stichwortverzeichnis

- Registrierung *siehe* Versagung der Registrierung
- Totalaustausch 10 46
- Traditionsarzneimittel 10 21 ff, 48 ff
- Traditionsliste 10 48 f
- Verfahrensfehler 10 1, 65 ff
- VO über Kinderarzneimittel 10 13 ff
- Zulassungskommission 10 57 f

Versagungsgründe (§ 25 Abs. 2, 3 AMG) 10 88 ff
- AM mit gleicher Bezeichnung (§ 25 Abs. 3 AMG) 10 281 ff
- Arzneimittelrechtsneuordnungsgesetz (AMNG) 10 88
- Bedenklichkeit 10 180 ff
- Europarecht 10 90
- Gesetzesverstoß (§ 25 Abs. 2 S. 1 Nr. 7 AMG) 10 272 ff
- gleiche AM-Bezeichnung (§ 25 Abs. 3 AMG) 10 281 ff; *siehe auch dort*
- mangelnde Kombinationsbegründung 10 234
- Prüfung (§ 25 Abs. 2 S. 1 Nr. 2 AMG) 10 117 ff; *siehe auch dort*
- Qualität (§ 25 Abs. 2 S. 1 Nr. 3 AMG) 10 136 ff
- Unvollständige Unterlagen (§ 25 Abs. 2 S. 1 Nr. 1 AMG) 10 92 ff
- Wirksamkeitsnachweis 10 147 ff; *siehe auch dort*

Versandapotheken 6 26

Versandhandel 21 60 ff, 24 8 ff
- Hintergrund 21 60
- Preisvorschriften 21 63
- Widerrufs- und Rückgaberecht 24 10
- Zulassungsvoraussetzungen 21 61 f

Versandhandelserlaubnis 24 9

Verschreibung
- in elektronischer Form 25 4
- schriftliche V. 25 4

Verschreibungsberechtigung 25 2
- Beschränkung 25 17

Verschreibungspflicht 25 1 ff
- allgemein bekannte Wirkung 25 8
- Arzneimittel 25 1 ff
- Aufhebung 25 14
- Beschränkung 25 19
- bestimmungsgemäßer Gebrauch 25 11
- Blutzubereitungen 32 53
- Erfordernis 25 3
- Fütterungsarzneimittel 38 34
- Heimtierarzneimittel 38 42
- Höchstmengen 25 15
- Medizinprodukte 25 5
- Missbrauchsrisiko 25 13
- Tierarzneimittel 38 10 ff
- unmittelbare Gesundheitsgefährdung 25 12
- Verstoß gegen V. 25 20
- Wiederholbarkeit 25 16

Verschriebene AM 24 12

Vertikal-GVO 48 7, 13, 23 ff

Vertrag
- öffentlich-rechtlicher V. 7 4

Vertriebswege
- Apotheken 21 42 ff; *siehe auch dort*
- Ausnahmen von der Vertriebsbindung 21 16 f
- außerhalb von Apotheken 24 31; *siehe auch* Direktbelieferung
- Einzelhandel 21 57 ff; *siehe auch dort*
- Großhandel 21 3 ff; *siehe auch dort*
- Versandhandel 21 60 ff; *siehe auch dort*

Verwaltungsrechtsverhältnis 5 2

Verwechslungsgefahr (Marke) 30 60 ff
- Ähnlichkeit von Waren- und Dienstleistungen 30 63 ff
- bei Arzneimittelmarken 30 64 f
- Produktähnlichkeit 30 65
- Zeichenähnlichkeit 30 63 f

Verwertungsbefugnis, Zulassung 6 227

Verwertungssperre, Zulassung 6 229

Veterinärarzneimittel *siehe* Tierarzneimittel

Vielfalt, therapeutische 4 7

Vollblut 32 6

Vollharmonisierung, Zulassung 6 188

Vollzulassung 6 175, 200

Volume 9a 26 22

Vorabinformation 23 50

Vorabinformationspflicht, Umpacken 23 26

Vorfeldkriminalisierung 45 8

Vormarktkontrolle 7 13

Stichwortverzeichnis

Vorrätighalten zum Verkauf 17 8; *siehe auch* Inverkehrbringen

Warenverkehrsfreiheit 3 2

Wechselwirkungen 10 184 f
- Änderungsanzeige 11 32
- Packungsbeilage 19 31

Well-established medicinal use 6 132, 140

Well-established Use, Blutzubereitungen 32 35 f

Well-established-use-Zulassung 6 168; *siehe auch* Bibliographische Zulassung

Werbung für AM *siehe auch* Gesetz gegen den unlauteren Wettbewerb (UWG); *siehe auch* Heilmittelwerbegesetz (HWG)
- Abgrenzung zur bloßen sachlichen Information 28 34 ff
- Absatzförderungsabsicht 28 34 ff
- Absetzung und Abgrenzung der Werbung (vom übrigen Text etc.) 28 72
- Abwehr von Äußerungen/Angriffen Dritter 28 21, 104
- Adressatenkreis des HWG 28 42 ff
- aleatorische Anreize bzw. aleatorische Werbung 28 128 f
- Angaben über den pharmazeutischen Unternehmer (Name, Firma, Sitz) 28 60
- Angstwerbung 28 119
- Annahme(verbot) von Werbegaben für die Fachkreise 28 87, 94
- Anschriftenentgegennahme, Werbevorträge mit 28 120
- Anwendung des AMs, Werbung mit 28 112
- Anwendungsgebiete, Angabe der 28 63
- Arzneimittelbegriff 28 29
- Arzneimittelwirkungen und -wirkungsvorgänge, bildliche Darstellung von 28 115 ff
- Auskünfte oder Ratschläge 28 92
- ausländische Unternehmen, Werbung durch 28 44 f, 138
- Äußerungen/Angriffe Dritter, Abwehr von 28 21, 104
- Äußerungen Dritter, Werbung mit 28 125 f
- Bezeichnung des AMs, Angabe der 28 61
- bildliche Darstellungen der Heilberufe 28 114
- bildliche Darstellungen von körperlichen Veränderungen, Arzneimittelwirkungen oder -wirkungsvorgängen 28 115 ff
- Blut-, Plasma-, Gewebespenden, Zuwendungen für 28 97
- Einzeleinfuhr, Werbung für 28 99
- Einziehung von Werbematerial etc. 28 143
- Erinnerungswerbung 28 74
- Etikettierung, äußere Umhüllung oder Packungsbeilage (Gebrauchsinformation) als Werbung 28 37 f
- europarechtliche Vorgaben 28 22 ff
- Fach(kreis)werbung 28 39 ff
- Fach-/Fremsprachliche Bezeichnungen 28 118
- Fachkreise 28 40
- fachliche(r) Empfehlung, Werbung mit 28 112
- Fachveröffentlichungen, Werbung mit 28 80 ff, 111
- Feilbieten, Werbevorträge mit 28 120
- Fernbehandlung, Werbung für 28 100 ff
- gebrauchssichernde Hinweise 28 37
- Gegenanzeigen, Angabe der 28 65 ff
- Geprüftheit des AMs 28 112
- geringwertige Kleinigkeiten/Gegenstände als Werbegaben 28 89
- Gesetz gegen den unlauteren Wettbewerb (UWG) 28 144 ff
- getarnte Werbung 28 34, 55, 121 f
- Grippemittel 28 135
- Gutachten, Werbung mit 28 80 ff, 111
- Gutscheine als Produktwerbung oder als Imagewerbung 28 90
- handelsübliche(s) Zubehör/Nebenleistungen 28 91
- heilberufsbezogene bildliche Darstellungen 28 114
- Heilmittelwerbegesetz (HWG), Vorgaben durch das 28 28 ff
- Historie 28 3 ff
- Höchststandard der RL 2001/83/EG 28 26 f

1291

Stichwortverzeichnis

- homöopathische AM 28 79
- Imagewerbung 28 32 f
- in der Packungsbeilage und in der Kennzeichnung 28 76 f
- Indikationsgebiete, Angabe der 28 63
- Internet-Provider 28 148
- irreführende Werbung 28 48 ff
- Kinder als Werbeadressat 28 127
- körperliche Veränderungen, bildliche Darstellung von 28 115 ff
- Krankengeschichten, Wiedergabe von 28 113
- Krankheiten oder Leiden, Werbeverbot für bestimmte 28 134 ff
- Kundenzeitschriften 28 93
- Lesbarkeit 28 72 f
- Mindeststandard der RL 2001/83/EG 28 25
- Muster/Proben von AMn 28 95, 130 f
- Nebenwirkungen, Angabe der 28 65 ff
- nicht zugelassene AM 28 57
- Ordnungswidrigkeiten 28 141 f
- Packungsbeilage 28 37 f, 76 f
- Pflichtangaben 28 58 ff
- Pflichtangaben, Ausgestaltung der 28 72 f
- pharmazeutischer Unternehmer (Name, Firma, Sitz) 28 60
- Preisausschreiben, Verlosungen etc. 28 128 f
- Presse, Haftung und Prüfpflichten der 28 148
- produktbezogene Werbung 28 32 f
- Prüfpflichten von Werbungsdurchführenden 28 42, 147 f
- Psychopharmaka 28 105 ff
- Publikumswerbung 28 39 ff
- Rabatte (Geld-/Natural-/Mengen-) 28 90
- Richtlinienüberschreitungen (bzgl. RL 2001/83/EG) 28 26 f
- Richtlinienunterschreitungen (bzgl. RL 2001/83/EG) 28 25
- Schlafmittel 28 105 ff
- Schwerpunktbetrachtung zur Abgrenzung von bloßer Sachinformation 28 36
- Selbstbehandlungsanleitungen 28 123
- Selbstkontrolle der Pharmawirtschaft 28 152 ff
- Strafbarkeiten 28 140
- Teleshopping 28 98
- traditionelle pflanzliche AM 28 70
- Überwachung, behördliche 28 10
- Umsetzungsdefizite bzgl. Gemeinschaftsrecht 28 25
- Unlauterkeit durch Rechtsbruch 28 145
- Unternehmenswerbung 28 32 f
- Veranstaltungen, berufsbezogene wissenschaftliche 28 96
- Verfassungsrechtliche Vorgaben 28 11 ff
- vergleichende Werbung 28 132 f, 151
- Verhaltenskodizes der Pharmawirtschaft 28 152 ff
- Verordnungsfähigkeit eines AMs 28 78
- Verordnungsfähigkeit eines Arzneimittels 28 78
- verschleierte/versteckte Werbung 28 34, 55, 121 f
- verschreibungspflichtige AM 28 103 f
- Verschreibungspflichtigkeit, Angabe der 28 68
- Vollharmonisierung durch RL 2001/83/EG 28 26 f
- Warnhinweise, Angabe der 28 65 ff
- Wartezeit bei Tierarzneimitteln, Angabe der 28 69
- Werbeagenturen 28 42, 148
- Werbebegriff 28 30 ff
- Werbegaben (Wertreklame/Wertwerbung) 28 84 ff
- Werbevorträge mit Feilbieten oder Anschriftenentgegennahme 28 120
- Werbungdurchführende 28 42 f
- Werbungtreibende 28 42 ff
- Wiedergabe von Krankengeschichten 28 113
- Zeugnisse(n), Werbung mit 28 80 ff, 111
- Zitate, Tabellen, sonstige Darstellungen 28 83
- „Zu Risiken und Nebenwirkungen lesen Sie die Packungsbeilage und fragen Sie Ihren Arzt oder Apotheker" 28 71
- Zusammensetzung des AMs, Angabe der 28 62
- Zuwendungen, Werbung mit 28 84 ff

Stichwortverzeichnis

– Zuwendungen für Blut-, Plasma-,
  Gewebespenden 28 97
Wesentliche Gleichheit, Zulassung 6 186
Wettbewerber, Kartellrecht 48 19, 48
Wettbewerbsbeschränkende Vereinbarung 48 1, 5 ff
Wettbewerbsverbot 48 35
WHO-Zertifikat 26 90, 95
Widerruf der Zulassung 9 9 ff; *siehe auch* Zulassung
– Arzneimittelrückgabe 9 14
– Bekanntmachung 9 12
– Verkehrsverbot 9 13
– Voraussetzungen 9 17 ff
Wirksamkeit
– Grad der therapeutischen W. 2 190 ff
– Nachweis 2 196 ff
– therapeutische W. 2 188 f
– Wirkungen 2 187
Wirksamkeitsnachweis 1 6, 10 147 ff
– anthroposophische AM 10 177
– bekannte Wirkstoffe 10 171 ff
– besondere Therapierichtungen 10 149 f
– Cross-over-Studie 10 165
– Definition 10 152 f
– Evidenz 10 172 f
– Gute Klinische Praxis 10 163
– homöopathische AM 10 174 ff
– homöopathische Arzneimittelprüfung 10 176
– klinische Prüfung 10 160 ff
– Leitlinien zur Wirksamkeit 10 170
– neue Anwendungsgebiete 10 169
– neue Wirkstoffe 10 159 ff
– pflanzliche AM 10 178 f
– Placebo 10 164
– Prüfplan 10 161 f
– Signifikanz 10 167 f
– traditionelle pflanzliche AM 10 179
– Versagungsgründe 10 155 ff
– Wirksamkeit als Zulassungsvoraussetzung 10 147 ff
Wirkstoff 2 203 ff
– Abgrenzung von Organismen 34 5
– auf gentechnischem Weg hergestellte W. 34 2
– bekannter W., Zulassung 6 168, 190
– biologische W. 33 16

– neuer W., Zulassung 6 186
– W.-Gleichheit, Zulassung 6 203 ff
Wirkstoffherstellung 13 3
– ambivalente Stoffe 14 41
– Erlaubnispflicht 14 37 ff
– Homöopathie 14 73
Wirkungen 10 182 ff; *siehe auch* Nebenwirkungen
– pharmakologisch-toxikologische W. 10 188 ff
– schädliche W. 10 182 ff
Wirtschaftlichkeitsprüfungen (§ 106 SGB V) 46 149 ff
– Arten der Überprüfung 46 160
– Auffälligkeitsprüfung 46 161 ff
– Bezugszeitraum 46 166 ff
– Durchschnittswertüberprüfungen 46 186 ff
– Einführung 46 149 ff
– Funktion 46 151 ff
– Verfahren 46 157 ff
– Zufälligkeitsprüfungen 46 180 ff
Wissenschaftliche Medizin 4 5
Wissenschaftliches Erkenntnismaterial, Zulassung 6 168
Wortmarke 30 17 f
Zellen
– allogene Z. 33 9
– autologe Z. 33 9
– Begriff 33 6
Zelltherapeutika, somatische 33 9
Zentralstelle der Länder für den Gesundheitsschutz (ZLG) 26 86
Zubereiten 13 7
Zulassung *siehe auch* Standardzulassung; *siehe auch* Zulassungsverfahren
– abgekürztes Verfahren 6 166, 185
– Altarzneien 6 9
– AM, fiktive Z. 6 4
– Änderungen fiktiv zugelassener AM *siehe* Nachzulassung
– Anhörung 6 240
– Antragserfordernis 7 7
– Apothekenarzneien 6 21 ff
– Arzneimittelprüfrichtlinien 6 183, 194
– Arzneispezialitäten 6 1 ff
– Auflagen 8 1 ff; *siehe auch* dort
– Befristung 7 18

1293

- bekannter Wirkstoff 6 168, 190
- besondere Zulassungsformen 6 38 ff
- bibliographischer Zulassungsantrag 6 131, 135 f, 138, 140
- bibliographische Z. 6 165, 168, 177
- Bioäquivalenz 6 188
- Bioäquivalenzstudien 6 185
- biologische AM 6 223
- Biosimilars 6 191
- biotechnologisches Verfahren 6 224
- Blutzubereitungen 6 7
- Brückenstudien 6 222
- Bulkware 6 5
- Co-Marketing 6 173
- Compassionate Use 6 33 ff
- DDR-Produkte 6 10
- Defektur 6 22
- dezentralisiertes Verfahren 6 166
- Dublettenzulassung 6 175
- Einzelzulassung 6 196
- EMEA 6 39 ff, 235
- Erlöschen 9 36 ff; *siehe auch* Erlöschen der Zulassung
- Erstzulassung 6 212
- europäisches Referenzarzneimittel 6 201
- fiktive Z. 7 219 ff; *siehe auch dort*
- Gefahr, schwerwiegende 6 51
- gegenseitige Anerkennung 3 9, 17, 6 46 ff
- Gemeinschaftsrechtskonformität 6 199 f
- Gemeinschaftszulassung 6 172, 190
- gemischter Zulassungsantrag 6 139
- Generika 6 164 ff, 204
- generische Z. 6 165
- Gewebezubereitungen 6 30
- Globalzulassung 6 190, 196, 219
- Heilwässer 6 31
- Hilfsstoff 6 204
- homöopathische AM 6 63
- Hybridantrag 6 190, 206
- Hybridzulassung 6 221 f
- Influenza 6 28
- Informed-consent-Zulassung 6 169 ff
- Kinderarzneimittel 7 61 ff; *siehe auch dort*
- Klageart im Zulassungs- und Nachzulassungsverfahren 10 331 ff
- Klagebefugnis 10 334
- Klagefrist 10 336
- Kosten eines verwaltungsgerichtlichen Verfahrens 10 358
- Lizenzvertrag 6 215
- Mängelbeseitigung 10 306 ff
- Mängel des Zulassungs- oder Nachzulassungsantrags 10 317
- Mängelschreiben 10 318
- Marktexklusivitätsrecht 6 191
- Nachzulassung *siehe dort*
- neuer Wirkstoff 6 186
- öffentliche Gesundheit 20 51
- Off-Label-Use 6 186
- Paralellimporte 6 11
- Paralellvertrieb 6 12
- Parallel- und Reimporte 23 6 ff
- Peloide 6 31
- Präklusion 10 306 ff, 325, 344
- Prüfarzneien 6 32
- Rechtsschutz 10 328 ff
- Referenzarzneimittel 6 195
- Reimport 6 11
- Rezeptur, verlängerte 6 22
- Rezepturarzneimittel 6 22
- Risiko 6 52
- Rücknahme 9 9 ff; *siehe auch* Rücknahme der Zulassung
- Ruhen 9 96 ff; *siehe auch* Ruhen der Zulassung
- Ruhensvergleiche im Nachzulassungsverfahren 10 339 f
- Sachverhaltsermittlung im verwaltungsgerichtlichen Verfahren 10 345 ff
- Schiedsverfahren (Art. 29 RL 2001/83/EG) 6 208
- Schutzfrist 6 209 ff
- Schutzzeitraum 6 190
- Standardzulassung 6 14
- Streitwert im verwaltungsgerichtlichen Verfahren 10 357
- Sunset-Clause 9 107 ff; *siehe auch dort*
- teilweise Bezugnahme (§ 24a AMG) 6 180
- Testantigene 6 7
- Testsera 6 7
- Tierarzneimittel 37 1 ff; *siehe auch dort*
- traditionelle pflanzliche AM 6 56
- Unterlagenschutz 6 186, 191

Stichwortverzeichnis

- Untersuchungsgrundsatz (§ 24d AMG) 6 226
- Validierung 6 166
- Verfahren der gegenseitigen Anerkennung 6 166
- Verfahrenskosten *siehe* Zulassungsverfahren, Kosten
- Verlängerung 9 61 ff; *siehe auch* Verlängerung der Zulassung
- Versagung 10 1 ff; *siehe auch* Versagung der Zulassung
- Versagungsgründe (§ 25 Abs. 2, 3 AMG) 10 88 ff; *siehe auch* dort
- Versandapotheken 6 26
- verwaltungsgerichtlicher Hauptsacherechtsschutz 10 331 ff
- Verwertungsbefugnis 6 227
- Verwertungssperre 6 229
- Vollharmonisierung 6 188
- Vollzulassung 6 175, 200
- vorläufiger Rechtsschutz im Nachzulassungsverfahren 10 353 ff
- vorläufiger Rechtsschutz im Zulassungsverfahren 10 352
- Well-established-use-Zulassung 6 168
- wesentliche Gleichheit 6 186
- Widerruf 9 9 ff; *siehe auch* Widerruf der Zulassung
- Widerspruchsverfahren 10 335
- Wirkstoffgleichheit 6 203 ff
- wissenschaftliches Erkenntnismaterial 6 168
- Zeitpunkt für die Beurteilung der Sach- und Rechtslage im verwaltungsgerichtlichen Verfahren 10 343
- zentrale Z., EU-Kommission 3 70
- Zulassungsentscheidung *siehe* dort
- Zulassungserweiterung 6 213
- Zulassungsfähigkeit 6 64
- Zulassungsinhaber 5 10, 19
- Zulassungskommission 6 240
- Zulassungsnummer 7 2, 17
- Zulassungspflicht 6 1 ff, 17 1 ff
- Zulassungspflicht, Ausnahmen 6 13 ff
- Zulassungsverfahren *siehe* dort
- Zusicherung 7 5

Zulassungsentscheidung
- Allgemeines 7 1 ff
- Form 7 21 ff
- Grenzen 7 7
- Rechtsformgebot 7 4 f
- Rechtsnatur 7 3
- Rechtswirkungen 7 8 ff
- Teilversagung 7 7
- Versagung der Zulassung 10 1 ff
- Z. als Verwaltungsakt 7 3

Zulassungserweiterung 6 213
Zulassungsfähigkeit 6 64
Zulassungsinhaber 5 10, 19
Zulassungskommission 6 240
Zulassungsnummer 7 2, 17
Zulassungspflicht 6 1 ff, 17 1 ff
- Ausnahmen 6 13 ff

Zulassungsverfahren 6 65 ff
- abgekürztes Z. 6 166, 185
- allgemeine medizinische Verwendung 6 132, 140
- AM, Bezeichnungszusatz 6 75 ff
- AM-Bezeichnung, Dachmarke 6 76
- AM-Bezeichnung, Grundsätze 6 73 ff
- AM-Bezeichnung, Verschreibungsstatus 6 77
- Antragsteller 6 70
- Anwendungsart 6 94
- Anwendungsdauer 6 94
- Anwendungsgebiet 6 122, 131, 138, 140
- Arzneimittelprüfrichtlinien 6 67, 117
- Bridging report 6 162
- Common Technical Document (CTD) 6 67, 116, 124
- Darreichungsform 6 83
- dezentralisiertes Z. 1 18, 3 9, 6 166
- differentialdiagnostischer Hinweis 6 85
- Dosierung 6 93
- Enviromental risk assessment 6 142 ff
- Fachinformation 6 148 ff
- GCP-Bescheinigung 6 101, 122
- Gebrauchsinformation 6 148 f
- Gegenanzeigen 6 86 f
- Genotoxizität 6 137
- Gutachten 6 123, 138
- Gutachter 6 124 ff, 138
- Haltbarkeit 6 96 f
- Hersteller 6 72
- Kennzeichnung 6 148
- klinische Prüfung 6 101, 122
- klinische Studie 6 101, 122

Stichwortverzeichnis

- Kombinationsbegründung 6 127 ff
- Kombinationspackung 6 130
- Kosten *siehe* Zulassungsverfahren, Kosten
- Lesbarkeitstest 6 154 ff
- MedDRA 6 89
- Nebenwirkungen 6 88, 109 f
- Packungsbeilage 6 148 f
- Packungsgröße, therapiegerechte 6 98 ff
- Pharmakovigilanzsystem 6 104 ff
- Prüfung, pharmakologisch-toxikologische 6 120 f
- Qualified person for pharmacovigilance 6 102, 107 f
- Referenzpräparat 6 138
- Risikomanagementplan, Thalidomid 6 115
- Risikomanagementplan, Voraussetzungen 6 111 ff
- Risikospezifikation 6 113
- Sachverständigengutachten 6 123, 138
- Stabilitätsprüfung 6 96 f
- Studie, pharmakologisch-toxikologische 6 120 f
- Stufenplanbeauftragter 6 102, 107 f
- UAW-Meldungen 6 88, 109 f
- Umweltrisiken 6 142 ff
- Unternehmer, pharmazeutischer 6 70, 72
- User testing 6 154 ff
- Versagungsgründe 6 66, 117 f
- Wechselwirkungen 6 90 ff, 121 f
- Well-established medicinal use 6 132, 140
- Z. der gegenseitigen Anerkennung 6 166
- zentralisiertes Z. 1 11, 18, 3 11 ff, 6 106
- Zulassungsantrag, bibliographischer 6 131, 135 f, 138, 140
- Zulassungsantrag, gemischter 6 139

Zulassungsverfahren, Kosten 6 241 ff
- Amtshandlung 6 242
- Äquivalenzprinzip 6 244
- Auslagen 6 252 f
- Auslagen für Sachverständige 6 253
- Aussetzung der Vollziehung von Kostenbescheiden 6 268 f
- Entstehung der Kostenschuld 6 275
- Ermäßigung von Gebühren (AMG-KostV) 6 260 ff
- Ermäßigung von Gebühren (PEI-KostVO) 6 284
- Ermäßigung von Gebühren (VO (EG) Nr. 297/95) 6 288 f
- Fälligkeit der Kosten 6 268, 287
- Gebühren 6 242 ff
- Gebührenermäßigung (AMGKostV) 6 260 ff
- Gebührenermäßigung (PEIKostVO) 6 284
- Gebührenermäßigung (VO (EG) Nr. 297/95) 6 288 f
- Gebührenfreiheit 6 258 f
- Kostenbegriff 6 241
- Kostendeckungsprinzip 6 243
- Kostenschuldner 6 254 ff
- Kostenverordnung (EG) Nr. 297/95 6 286 ff
- Kostenverordnung, AMGKostV 6 241 ff
- Kostenverordnung, BGAHomAMKostV 6 285
- Kostenverordnung, PEIKostVO 6 281 ff
- persönliche Gebührenfreiheit 6 258 f
- Rechtsbehelfe gegen Kostenentscheidung 6 272
- Säumniszuschlag 6 270
- Stundung 6 271
- Verjährung der Kostenforderung 6 273 ff
- Vollstreckung von Kostenforderungen 6 270 f
- Widerspruchsgebühr 6 250

Zusicherung, Zulassung 7 5
Zwischenprodukte 2 176
Zytostatika 2 168